Filmjahr 2012

Hugo Cabret (Paramount)

Filmjahr 2012

Lexikon des Internationalen Films

Das komplette Angebot in Kino, Fernsehen
und auf DVD/Blu-ray

Redaktion
Horst Peter Koll

Mitarbeit
Jörg Gerle (DVD/Blu-ray), Stefan Lux, Hans Messias

Herausgegeben von der Zeitschrift FILMDIENST
und der Katholischen Filmkommission für Deutschland

SCHÜREN

Bibliografische Information der Deutschen Nationalbibliothek
Die Deutsche Nationalbibliothek verzeichnet diese Publikation in der Deutschen Nationalbibliografie; detaillierte bibliografische Daten sind im Internet über http: / / dnb.d-nb.de abrufbar.

Lexikon des Internationalen Films
Begründet von Klaus Brüne (1920–2003)

Das Magazin FILMDIENST erscheint alle 14 Tage. Kostenloses Probeheft unter: FILMDIENST-Leserservice, Heinrich-Brüning-Str. 9, 53113 Bonn. Im Internet: www.filmdienst.de

Diesem Buch liegt eine Karte für Ihren persönlichen Zugang zur Internet-Datenbank der Zeitschrift FILMDIENST bei. Sollte diese Karte verloren gegangen sein, melden Sie sich bitte per E-Mail bei marketing@filmdienst.de oder unter der Telefonnummer 0228-26000 251.

Bildnachweis: wenn nicht anders angegeben: Archiv FILMDIENST; Martin Scorsese Collection, New York: S. 6, 37, 41, 61, 63; Marian Stefanowski: S. 30; Screenshots: absolut medien (S. 55), Arthaus (S. 10, 25, 51), Buena Vista / Touchstone (S. 31), e-m-s (S. 35, 39), Koch Media (S. 11), MGM (S. 48, 57), Sony (S. 32, 43), Splendid Film (S. 65), Universal (S. 23, 30, 34, 46, 53), Warner (S. 12, 33, 38)

Originalausgabe
1.–5. Tsd.
Schüren Verlag GmbH
Universitätsstraße 55 · D-35037 Marburg
www.schueren-verlag.de
© Schüren Verlag 2013
Alle Rechte vorbehalten
Gestaltung: Erik Schüßler
Korrektorat: Thomas Schweer
Umschlaggestaltung: Wolfgang Diemer, Köln
Piktogramme: Wolfgang Diemer
Umschlagfoto vorne: Hugo Cabret (Paramount),
Umschlagfoto hinten: My Week With Marilyn (Ascot Elite),
Foto Buchrücken: Liebe (X Filme / Warner)
Datenbankkonzeption: TriniDat Software-Entwicklung
Druck: CPI – Clausen & Bosse, Leck
Printed in Germany
ISSN 2191-317X
ISBN 978-3-89472-824-3
Auch als ePub: 978-3-89472-801-4

Inhalt

Vorwort «Filmjahr 2012»		6	**Preise**
			Preis der deutschen Filmkritik 2012 ... 486
Im Jahr der ziemlich besten Freunde			Festivalpreise 2012 der internationalen
Das Kinojahr 2012 in einer Art von			katholischen Organisation SIGNIS ... 487
Jahreschronik		7	Deutscher Filmpreis 2012 ... 490
			Bayerischer Filmpreis 2012 ... 490
			Hessischer Filmpreis 2012 ... 491
Brevier «Martin Scorsese»		28	Europäischer Filmpreis 2012 ... 491
Intro: Bilder einer Ausstellung		29	Internationale Filmfestspiele Berlin ... 492
Teil 1: Inspirationsquellen		31	Internationale Filmfestspiele in Cannes ... 494
Teil 2: Arbeitsweisen		44	Die internationalen Filmfestspiele in Locarno ... 494
Teil 3: Der Filmhistoriker & Filmbewahrer		54	Die internationalen Filmfestspiele in San
Teil 4: Drei Gespräche mit Scorsese		59	Sebastián ... 495
			Die internationalen Filmfestspiele in Venedig ... 496
Lexikon der Filme 2012		67	Internationales Filmfestival Mannheim-Heidelberg ... 496
			Weitere Festivalpreise 2012 ... 497
Die besten Kinofilme des Jahres 2012		442	Caligari-Filmpreis 2012 ... 498
			Amerikanische Akademiepreise 2012
«Sehenswert» 2012		461	(«Oscars») ... 499
Kinotipp der katholischen Filmkritik		463	Lexikon der Regisseure 2012 ... 500
Die Silberlinge 2012			Lexikon der Originaltitel 2012 ... 528
Die herausragenden DVD-und Blu-ray-Editionen		466	

Vorwort
«Filmjahr 2012»

Für die Kinobranche war 2012 ein Jahr der Superlative: Der Umsatz aus dem Verkauf von Eintrittskarten erreichte erstmals in der Geschichte einen Gesamtbetrag von über einer Milliarde Euro. Bei den Besucherzahlen meldete die Filmförderungsanstalt das beste Ergebnis seit 2009: 135,1 Mio. Besucher. Allerdings gibt es für die Branche auch Entwicklungen, die keinen Anlass zum Jubel bieten: Die Zahl der Kinos geht zurück. Nur noch in 909 Städten und Gemeinden gibt es mindestens ein Kino, 2009 waren es noch 1.016.

Zu den Superlativen des Kinojahres 2012 zählt die bisher teuerste deutsche Filmproduktion: 100 Mio. Euro hat der Verfilmung des Bestsellers CLOUD ATLAS gekostet, nicht weniger wurde für das Marketing ausgegeben. Mit Tom Tykwer und den Wachowski-Geschwistern als Regisseure und einer Hollywood-Star-Besetzung schaffte es der Film in Deutschland zwar über die Millionengrenze, aber dennoch nicht in die «TOP 10»-Liste der Kinohits des Jahres. Erfolge verbuchten vor allem Filme nach erprobten Erfolgsrezepten: der neue James Bond SKYFALL, die dritte Fortsetzung von ICE AGE oder die neue Tolkien-Verfilmung von Peter Jackson DER HOBBIT – EINE UNERWARTETE REISE. An der Spitze der Kinocharts landete aber erstaunlicherweise ein Film ohne Hollywood-Stars, ohne 3-D und Spezialeffekte, der weder auf eine Literaturvorlage noch auf Vorläufer einer Serie zurückgreifen konnte. Die französische Komödie ZIEMLICH BESTE FREUNDE über einen Reichen, der als Querschnittsgelähmter an den Rollstuhl gefesselt ist, und seinen farbigen Pfleger bewegte die Herzen der Zuschauer mehr als jeder andere Film, der die Möglichkeiten digitaler Technik ausnutzte.

Das gesamte Angebot des Kinos war noch sehr viel breiter. Zwischen Wohlfühlfilm und effektvoller Großproduktion gab es wieder zahllose sehens- und diskussionswerte Produktionen, die in der vorliegenden Bilanz des Filmjahres 2012 erfasst sind. Akribisch recherchierte Fakten und abgewogene Bewertungen findet der interessierte Kinofreund in den Lexikoneinträgen zu jedem Film, der in Deutschland im Kino, im Fernsehen und auf DVD/Blu-Ray veröffentlicht wurde. Dazu bietet der Band Informationen über die Preise bei internationalen Filmfestivals, über herausragende Filme, die Jahreschronik sowie erstmals einen monothematischen Schwerpunkt zu Martin Scorsese.

Die Erfassung und Überprüfung der Daten und die Erarbeitung der Texte bedeutet ein immenses Arbeitspensum. Für die Mühe danken die Herausgeber den beteiligten Redakteuren und Mitarbeitern, Horst Peter Koll, Hans Messias sowie Jörg Gerle und Stefan Lux. Ein besonderer Dank gilt wie immer auch den *FILMDIENST*-Kritikern, die mit ihren Rezensionen die Basis für viele Lexikoneinträge geliefert haben, sowie dem Schüren Verlag für die verlegerische Betreuung.

Dr. Peter Hasenberg
Katholische Filmkommission für Deutschland

Im Jahr der ziemlich besten Freunde
Das Kinojahr 2012 in einer Art von Jahreschronik

Zusammengestellt von Horst Peter Koll

Wie könnte man sich am besten in ein doch eben erst zu Ende gegangenes Kinojahr zurückversetzen? In ein Jahr, das einem in der ersten spontanen Rückschau spektakulär erscheinen mag und doch zugleich auch seltsam trocken und papieren anmutet, obwohl (oder gerade weil) es doch mit Superlativen nur so protzte: mit der erfolgreichsten Kinokomödie, der gigantischsten neuen Projektionstechnik, dem höchsten Umsatz aus dem Verkauf von Eintrittskarten – alles musste möglichst steigerungsunfähig sein, um aufzufallen und davon zu zeugen, dass das Kino immer noch da ist und seinen Platz behauptet. Einen Platz, der freilich mehr als wirtschaftlich konkurrenzfähige Position verstanden wird, weniger als angemessener Ort für ein «Erzählmedium», das (auch) von Befindlichkeiten, Wünschen und Fantasien, von Träumen und Ängsten, Zweifeln und Hoffnungen handelt. Man sagt, dass das Kino gerade in Krisenzeiten zum Zuschauer- und Wirtschaftsmagnet wird; gerade «in schlechten Zeiten» gierten die Menschen nach Filmen. Auch würde bei den Menschen angesichts von Ungerechtigkeit, ökologischen sowie wirtschaftlichen Krisen die «Sehnsucht nach Sinn» wachsen, wie es ein früherer Bundespräsident einmal ausdrückte. Wäre also das Kino ein möglicher Ort für Sinnhaftigkeit? Auf welche Krisen aber reagiert man angesichts globaler Strukturen denn genau? Der eigenen Wirtschaft geht es gut, behauptet jeder, reagiert man also eher auf die Euro-Krise, das enorme Staatsdefizit der USA, auf die weltweit spürbare Bankenkrise und ihre risikofreudigen Hasardeure? Die Zuordnung ist nicht leicht, und vielleicht ist es ja gerade die Gemengelage, die am meisten verunsichert. Bezeichnend ist bei alldem, dass die «gute alte» Rezeptur eines Kinofilms als eskapistische Fantasie immer noch zu funktionieren scheint: Mach' Dir ein paar schöne Stunden: Gehe ins Kino! So verkaufen einem die Medien und ihre Werbestrategen das Kino immer noch am liebsten. Nur selten wird es ernst, sodass man nicht nur die Feuilletons, sondern auch die Nachrichten und die unvermeidlichen Talk-Runden bemühen muss. Etwa, wenn eine Komödie religiöse Gefühle verletzt, sich eine polternde Satire «ethnisch inkorrekt» verhält oder wenn ein Blockbuster als Anlass für ein reales Massaker gebrandmarkt wird. Dann werden rasch «Experten» für Analysen, Kommentare und Orientierungshilfen herangezogen, die öffentlich über alles Mögliche räsonieren, selten aber über das, was Film auch ist: ein Kommunikationsmittel, mit dem sich eine Gesellschaft über Welt- und Menschenbilder sowie ihre moralischen Standards verständigt.

Ausgerechnet Kinogroßmeister **Martin Scorsese** hat in diesem Jahr den Mut, alles, wirklich alles über «das Kino und die Welt» in einen einzigen filmischen Entwurf zu packen: In HUGO CABRET (Start: 9.2.) startet er einen Frontalangriff auf das Sehorgan, und das mit dem archaischen Bild aus Georges Méliès' mehr als 100 Jahre altem Stummfilmklassiker LE VOYAGE DANS LA LUNE (1902): Dem Mond fliegt eine Rakete ins Auge – ein schönes Symbol dafür, wie «eindringlich» Kinobilder sein können. Längst springt man heutzutage nicht mehr in Panik auf, und doch setzt Scorsese trotzig und selbstbewusst ein Zeichen für die Wirkmächtigkeit und Magie des Kinos. Im Hintergrund seines in den 1930er-Jahren in Paris angesiedelten Märchens scheinen die Krisen einer Epoche auf: die Nachwirkungen eines Weltkriegs, die neue Technikbegeisterung, der Forscherdrang der Moderne, die fatale Tendenz zu einem neuen absolutistischen Denken, das jedes Individualistische diskreditiert. Das alles als spielerisch-philosophischer Exkurs über die Zeit und den Lebenssinn, in dem Scorsese schwärmerisch zurückblickt und zugleich die Schaulust dank allerneuester Kinotechnologie zufrieden stellt – groß, digital und in 3D, dabei magisch, anrührend und «nostalgisch» wie eine Erzählung von Charles Dickens. Martin Scorsese ist einer der letzten Großmeister des Kinos, der die Illusionisten-Tricks aus dem Hut zu zaubern versteht. Und vielleicht mit HUGO CABRET schon alles sagt, was man im Moment wirklich über Kino sagen kann.

Januar

Doch das Jahr ist noch lang. Auch andere suchen Antworten, benutzen andere Mittel, finden vermeintlich effizientere «Lösungen» und kommerzielle Erfolge, die man zu Beginn des Jahres nicht annähernd erwarten kann. ZIEMLICH BESTE FREUNDE (Start: 5.1.) kam

Der Schauspieler **Michael Gwisdek** feiert am 14.1. seinen 70. Geburtstag. Allein in der DDR spielte er in mehr als 50 Filmen, in den letzten 20 Jahren mag die gleiche Anzahl noch einmal dazu gekommen sein. «Für mich war der Untergang der DEFA eine Katastrophe», sagte Gwisdek einmal. «Ich hatte die völlig naive Vorstellung, Europa bekommt wieder einen Filmmittelpunkt. Die Kleinstaaterei ist vorbei, jetzt gibt es ein Großstudio, und in Babelsberg treffen sich Autoren, Regisseure und Schauspieler. Und wir haben das Glück, dass wir schon hier sind. Das war meine große Illusion.» Einer der herausragenden seiner vielen Figuren verkörperte Gwisdek 1999 in Andreas Dresens NACHTGESTALTEN (1999) als kleiner Angestellter Peschke: «Gwisdek bricht nach und nach jene Schalen auf, die Peschke als Schutzschichten gegen eine unwirtliche, stressige, von tausenderlei Enttäuschungen geprägte Gegenwart um sich gelegt hat. Peschke mit der Berliner Kodderschnauze mutiert im Lauf des Films zu einem wundersam verlorenen Engel, komisch und melancholisch, seine Menschlichkeit hinter einer Mauer aus boshaften Sentenzen verbergend und schließlich doch ganz sachte und mit großem Herzen. Gwisdek spielt souverän auf der Klaviatur der Gefühle, so als kenne er das Leben und die Welt und wisse ziemlich genau, wie daraus große Kunst entsteht.» (Ralf Schenk)

erst zwei Monate zuvor in Frankreich in die Kinos und avancierte dort zur erfolgreichsten Komödie des Jahres mit annähernd 20 Mio. Zuschauern. Kurioserweise funktioniert der Stoff auch hierzulande: Am ersten Wochenende kommen 290.000 Zuschauer in Kinos, eine Woche darauf springt der Film mit 468.000 Besuchern an die Spitze der deutschen Kinocharts – und am Ende des Jahres (und entsprechend langen Laufzeiten) werden den Film in Deutschland 8,9 Mio. Zuschauer gesehen haben. Die Mechanik der Geschichte funktioniert: Friede, Freude, Eierkuchen – allen sozialen Spannungen und Straßenkämpfen zum Trotz versöhnen sich im schönen Kinotraum das französische Besitzbürgertum und das Prekariat mit Migrationshintergrund. «Die sympathischen Hauptdarsteller François Cluzet und Omar Sy schlagen sich exzellent und füllen ihre Figuren mit Leben; das Drehbuch gibt ihnen mit pfiffigen Dialogen gute Vorlagen zu Szenen, die mal humor-, mal gefühlvoll die wachsende Zuneigung der beiden beleuchten. Den Regisseuren geht es dabei nicht um eine Freundschaft, die trotz, sondern gerade wegen der Gegensätze der beiden entsteht. Dass kulturelle und soziale Differenz nicht Angst und Hass provozieren muss, sondern neugierig machen sollte auf das gegenseitige Voneinander-Lernen, ist die schöne Botschaft des Films – ein cineastisches Pflaster sozusagen über den realen Wunden, die sich immer unübersehbarer in der französischen Gesellschaft auftun. Dies unbeschwert und heiter-gefühlig auf die Leinwand zu bringen, gelingt allerdings nur auf Kosten jeder Glaubwürdigkeit.» (Felicitas Kleiner)

Entdeckung junges deutsches Kino (1)

Im Lauf des Jahres starten bemerkenswerte deutsche Filme von jungen, talentierten Filmschaffenden. 15 davon sollen jeweils zum Kinostart notiert werden - als «Entdeckung Junges deutsches Kino». David Wnendts Film KRIEGERIN (Start: 19.1.) macht den Anfang. Während die NSU-Debatte angesichts immer heftiger geführt wird, zeigt Wnendt Menschen, die ein spießiges Kleinbürgerdasein führen, Ordnung, Anstand und Sicherheit verklären und allen, die anders denken, Chaos, Brutalität und Angst bringen. Eine junge Frau aus Mecklenburg schlägt und tritt sich als Neo-Nazi durch ihr tristes Dasein.

Für **Eiko Ishioka** waren ihre extravaganten Kostümdesigns stets mehr als schmückendes Beiwerk: Ihre fantasievollen Kreationen gerieten zu ausladenden (Alb-)Traumgebilden, die ihre Träger zu Dämonen oder Engeln erheben konnten. Der 1938 in Tokio geborenen Grafikdesignerin gelang es, die seelische Befindlichkeit und die Entwicklung eines Charakters expressiv herauszukehren und aus den Gewändern der Figuren schillernde Kunstwerke zu machen, die raffiniert verschiedenste historische und kulturelle Quellen «anzapften» und damit beziehungsreich spielten. Dabei war es ihr stets wichtiger, der Stimmung des Films zu dienen, als sich sklavisch an historische Fakten zu klammern. Für Coppolas DRACULA-Verfilmung erhielt die Designerin 1992 den «Oscar». Neben ihrer Tätigkeit beim Film arbeitete sie u.a. an diversen Broadway-Aufführungen mit und entwarf die Kostüme der Eröffnungsfeier der Olympischen Sommerspiele 2008; auch beschränkte sie sich nicht nur auf ihre Tätigkeit als Kostümdesignerin, entwarf u.a. auch das Cover zu Miles Davis' Album «Tutu» und führte Regie bei Musikvideos der isländischen Sängerin Björk. In den letzten Jahren arbeitete sie eng mit Tarsem Singh zusammen und prägte die Ausgestaltung seiner imposanten Bilderwelten. «In Singhs Filmen entstehen aus der Synthese aus Schauspieler-Körper und Ishiokas üppigen Gewändern zeichenhafte, betörend schöne Kreaturen, die, ähnlich wie die Figuren eines Märchens, ihr Wesen wie eine Schale sichtbar am Leib tragen.» (Sebastian Otto) Eiko Ishioka stirbt 73-jährig am 21.1. in Tokio.

Das Filmjahr 2012

Am 24.1 stirbt der große griechische Regisseur **Theo Angelopoulos**. Ausgerechnet jetzt, im Augenblick einer extremen wirtschaftlichen Destabilisierung, verliert das Land auch noch einen seiner ganz großen Künstler. Kaum ein anderer Grieche ist für sein Schaffen im Ausland so oft gewürdigt worden wie Angelopoulos. Ein Filmemacher, der den Landschaftsnebel filmisch als Vorhang benutzte, um einen kritischen Blick hinter die Kulissen der griechischen Realität zu werfen. Seine Charaktere wirkten menschlich nah und zugleich einer anderen Welt entsprungen: zu filigran und zerbrechlich. Die Reaktionen in Griechenland auf Angelopoulos' Tod lassen eines deutlich erkennen: Kunst bleibt am Ende über alle menschlichen Schwächen erhaben. So demonstrieren es zumindest in großer Einigkeit alle Medienanstalten des Landes, auch die staatlichen und privaten Fernsehsender: Vom Zeitpunkt seines Todes bis zur Beisetzung werden vor jeder Sendung Ausschnitte aus seinen Filmen eingeblendet, untermalt mit den tragenden Klängen von Eleni Karaindrou, Angelopoulos' liebster Komponistin. Ähnlich würdigen ihn die überregionalen Zeitungen mit Sonderbeilagen. Parallel dazu veröffentlichen alle Parteiführer des Landes denkwürdige Beileidsbekundungen. Sogar Staatspräsident Karolos Papoulias überbringt den Hinterbliebenen seine Trauerbotschaft. Wie viele Staaten in Europa gibt es noch, die ihre Künstler so würdevoll zu Grabe tragen?

Am 24.1. stirbt in Berlin **Vadim Glowna** (24.1.). Seine erste Hauptrolle in einem Fernsehfilm spielte er bereits 1964 in IM SCHATTEN DER GROSSSTADT von Johannes Schaaf. Danach wurde Glowna auf einen bestimmten Typ von Anti-Held festgelegt, nicht nur aufgrund seiner prägnanten Physiognomie, sondern auch, weil er sich selbst mit «Alltagsmenschen» und «Verlierern» identifizierte: «Kämpfen ums Überleben ist oftmals noch deren vitalster Ausdruck», charakterisierte er seine bevorzugten Figuren. Ab Mitte der 1970er-Jahre gelang Glowna der Karrieresprung in internationale Produktionen, er drehte u.a. mit Alain Corneau (POLICE PYTHON 357), Bertrand Tavernier (DEATH WATCH), Krzysztof Zanussi (DAS JAHR DER RUHIGEN SONNE) und Sam Peckinpah (STEINER – DAS EISERNE KREUZ). Über seine Arbeit mit Peckinpah, die zu einer Männer-Freundschaft führte, veröffentlichte Glowna einen sehr offenen Erfahrungsbericht: «Arbeit mit einem Besessenen» zeugt auch von einer so gar nicht erwarteten Seelenverwandtschaft zweier radikaler Künstler.

■ **Entdeckung junges deutsches Kino (2)**
TAGE DIE BLEIBEN (Start 26.1.). Nach dem Tod der Mutter verliert eine ohnehin schon kriselnde Familie den Boden, weil der Schicksalsschlag das Auseinanderdriften der Hinterbliebenen weiter beschleunigt. Begräbnisgroteske zwischen Drama und Komödie, die den souverän agierenden Darstellern viel Raum gewährt. Regie: Pia Strietmann

Februar

Das **Zeughaus Kino** in Berlin feiert seinen 20. Geburtstag zeigt zum Jubiläum (1.2.) eine fast vollständige Fritz-Lang-Retrospektive. Zwischen den Berliner Filmkunsthäusern «Arsenal» und «Babylon» hat sich das kleine Kino im Zeughaus ein ganz eigenes Profil zwischen Filmgeschichte und Geschichte im Film geschaffen, von Stummfilmen mit Klavierbegleitung bis zu modernen digitalen Formaten. Das Kino ist eigenständiger Teil des Deutschen Historischen Museums. Geplant wurde es zu DDR-Zeiten, 1959 als Teil des Museums für deutsche Geschichte, eröffnet aber erst 1964 als «Camera» unter der Regie des Staatlichen Filmarchivs der DDR. Im Rahmen der Um- und Anbauarbeiten des Deutschen Historischen Museums (1998 bis 2004) wurde auch der Kinosaal mit 165 Plätzen nach denkmalschützerischen Vorgaben im Stil der frühen 1960er-Jahre saniert. Rainer Rother, heute Künstlerischer Leiter des Museums für Film und Fernsehen/Deutsche Kinemathek, führte das Kino bis 2006, auf ihn folgte der Filmhistoriker Jörg Friess. Inhaltlich reichte das Spektrum von «Ritterfilmen» über «Avantgarde-Film und Nationalsozialismus», «Nach dem Jahr Null» bis zu «Im Aufbau», eine Retrospektive des frühen israelischen Kinos. Ein großer Publikumserfolg ist die Reihe «Berlin-Dokumente», die seit Sommer 2010 die Entwicklung der Stadt in Dokumentarfilm und Wochenschau nachzeichnet.

■ **Entdeckung junges deutsches Kino» (3)**
DIE UNSICHTBARE (Start: 9.2.). Eine unsichere Schauspielschülerin bekommt von ihrem Regisseur die Hauptrolle in einem Stück übertragen, wobei der Vamp, den sie spielen soll, ihrer wahren Person denkbar unähnlich ist. Drama im Theatermilieu, das von einem eindrucksvollen Ensemble, vor allem der hervorragenden Hauptdarstellerin sowie einer stimmigen atmosphärischen Bildsprache lebt.
Regie: Christian Schwochow

Der ungarische Regisseur Béla Tarr eröffnet Anfang Februar von der Bühne des altehrwürdigen Budapester Kinos Uránia herab die **43. Ungarische Filmschau**.

Er selbst bezeichnete sich einmal als den «glücklichsten Menschen auf Erden», einfach weil er Filmregisseur sei, also seine Träume verwirklichen könne. François Truffaut liebte das Kino ebenso wie das Leben und die Frauen («... eine Frau zu sein, ist bereits ein Beruf, in dem Gott der einzige Chef ist»), er kämpfte für das Kino als eigenständige Kunstform, dies sowohl mit seinen poetisch-charmanten Filmen als auch mit seinen auch heute noch lesenswerten Texten zum Kino. So schrieb er 1979: «Mit jedem weiteren technischen Fortschritt, mit jeder neuen Erfindung verliert das Kino an Poesie (...) 3-D-Versuche mögen der Industrie helfen zu leben und zu überleben, aber nichts davon wird dem Film helfen, eine Kunstform zu bleiben.» Am 6.2. wäre François Truffaut 80 Jahre alt geworden. Er starb 1984 im Alter von nur 52 Jahren.

Nachdem die staatliche Filmförderung keinerlei Anstrengungen unternommen hatte, um das renommierte nationale Festival zu unterstützen, sieht sich der Filmverband, die unabhängige Berufsorganisation der Filmemacher, in der Pflicht, für eine entsprechende Präsentation Sorge zu tragen. Innerhalb weniger Wochen und mit einem Budget, das gegen Null tendierte, werden Spielorte gefunden und Sponsoren akquiriert. Tarr lädt als neuer Vorsitzender des Filmverbands Regisseure und Autoren ein, ihre bislang noch nicht aufgeführten Arbeiten vorzustellen. Gleichzeitig nutzen er und seine Kollegen die Chance, öffentlich deutlich zu machen, dass sich Ungarns Kino in einer existenziellen Krise befindet. So gerät die Filmschau zur Generalabrechnung mit der Filmpolitik der rechtskonservativen Orbán-Regierung. Vor mehr als einem Jahr zerschlug die Administration das bisherige System der Filmförderung, in dem ein demokratisches Mitspracherecht der Künstler fest verankert war. An die Stelle der Gremien trat ein einzelner Mann: der Produzent Andrew G. Vajna, dessen Familie nach dem Ungarn-Aufstand 1956 aus dem Land emigriert war und der es in Hollywood, u.a. mit RAMBO-Filmen, zum Multimillionär gebracht hatte. Premierminister Viktor Orbán, dem Vajna publicityträchtige Auftritte mit Arnold Schwarzenegger und Robert de Niro verschaffte, belohnte seinen aus den USA zurückgekehrten Duzfreund mit dem Posten des neuen Filmförderungschefs und stellte ihm ein Jahresbudget von rund 18 Mio. Euro in Aussicht. Das Geld entstammt der Spielsteuer für Lotterien; wohin es fließen wird, obliegt allein Vajnas Gunst. Während einer Podiumsdiskussion auf der «Berlinale» fordert Vajna Vertrauen für seine neue Filmförderung und erklärt, er werde aus den bisher gemachten Fehlern zu lernen wissen. Zumindest wolle er die Sprachlosigkeit zwischen seinem Büro und den ungarischen Künstlern beenden. «Würde es ihm damit tatsächlich Ernst sein, sollte er als ersten Schritt anordnen, das im neuen ungarischen Filmgesetz verankerte Recht des Staates auf den ‹final cut›, die endgültige Schnittfassung eines Films, zu streichen. Obwohl die staatliche Filmförderung nur einen Bruchteil der Herstellungskosten eines Spielfilms trägt, maßt sie sich die Rolle eines Produzenten an und besteht auf dieser ‹Endkontrolle›. ‹Wir wollen ja nur sicherstellen, dass die uns vorgelegten Drehbücher auch verfilmt werden – und nicht irgendwas anderes›, heißt es dazu aus dem Büro Vajna. Man könnte es auch knapper sagen und das Bestehen auf dem ‹final cut› als das benennen, was es ist: Staatszensur.» (Ralf Schenk)

Etwa 111 Mio. Amerikaner versammeln sich am Abend des 5.2. vor dem Fernseher, um das Endspiel der National Football League, dem **Super Bowl**, zu sehen. Das sind rund 47 Prozent aller US-Fernsehhaushalte. Doch am nächsten Morgen, wird fast mehr über ein zweiminütiges Commercial diskutiert als über den Sport. Zwischen all den uninspinierten Werbespots war der Schatten **Clint Eastwoods** aufgetaucht und hatte Amerikas «Spirit» beschworen. Eastwood, der Schauspieler und Regisseur, der im Verlauf einer langen Karriere seinem Heimatland schon oft ins Gewissen geredet hat und den in den USA alle respektieren, sprach nicht von Football, sondern von der Wirtschaftskrise und ihren Folgen: «Wir haben alle Angst, denn das ist kein Spiel.» Doch Eastwood wäre nicht Eastwood, hielte er nicht einen positiven Ausblick bereit. Es sei nicht nur Halbzeit beim Super Bowl, sagt er, es sei auch Halbzeit für Amerika. Und mit dem Beispiel der Autostadt Detroit vor Augen, appelliert er an das Land, alle Kräfte zu sammeln für eine gute gemeinsame Zukunft. Eastwoods Botschaft erregt die politischen Geister: «Die einen halten sie für eine idealisierte Manipulation eines Amerikas, das es so nie gegeben hat; andere betrachten sie als eine Lobrede auf Präsident Obama und die Darlehen Washingtons an die Autoindustrie. Eigenartig nur, dass Eastwood Republikaner ist und nach eigener Aussage nie für einen Demokraten im Weißen Haus gestimmt hat. Die Mehrzahl der Sportfans scheint seine Ansichten

Das Filmjahr 2012

zu teilen, obwohl das Commercial unverkennbar vom Automobilkonzern Chrysler finanziert wurde. Schon zwei Tage nach dem Endspiel hatten sich bei YouTube fünf Mio. Menschen den Werbespot angesehen. Nicht einmal tausend waren gegen ihn.» (Franz Everschor)

Die drei großen Vorauswahlkommissionen (Spielfilm, Dokumentarfilm und Kinderfilm) mit 33 Teilnehmern (28 Mitglieder der Deutschen Filmakademie, ein branchenerfahrenes externes Mitglied, vier Vertreter aus dem Ausschuss für Kultur und Medien des Deutschen Bundestages) haben in der ersten Wahlstufe die Entscheidungen für 43 deutsche Kinofilme ins Nominierungsverfahren (2. Stufe) zum **Deutschen Filmpreis 2012** getroffen. Alle Mitglieder werden für ihre Gewerke aus diesem Gesamtpaket nun die Nominierungen für die Filme und Einzelleistungen wählen. Die Ergebnisse sollen am 23.3. bekannt gegeben werden. Die Vorauswahl «Spielfilm» umfasst einen bunten Strauß qualitativ höchst unterschiedlicher Werke von SCHLAFKRANKHEIT und HELL bis zu HOTEL LUX und BLUTZBRÜDAZ; unter den Dokumentarfilmen finden sich CHARLOTTE RAMPLING – THE LOOK, JOSCHKA UND HERR FISCHER, KLITSCHKO und GERHARD RICHTER PAINTING; beim Kinderfilm findet sich alles, was durchs marktkonforme Family Entertainment des zurückliegenden Jahres kreuchte und fleuchte (FÜNF FREUNDE, TOM SAWYER, VORSTADTKROKODILE 3) – während ein künstlerisch wie auch thematisch wichtiger Kinderfilm wie WINTERTOCHTER von Johannes Schmid entweder schlicht übersehen oder aber demonstrativ ignoriert wurde. Die Produktionsfirma schlichtundergreifend-film macht deshalb von der «Wild Card-Regelung» Gebrauch, einem Korrektiv, dass es (nach Passus 6.7. der Auswahlkriterien) Produzenten erlaubt, ihren abgelehnten Film erneut allen Sektionen ans Herz zu legen.

Die «Lola», den Deutschen Filmpreis, hat er schon erobert, nun bekommt er auch die «Paula»: Der PROGRESS Film-Verleih ehrt den Schauspieler **Henry Hübchen** am 12.2. mit dem von der Industrie- und Handelskammer Berlin gestifteten Filmpreis «Paula». Anlässlich des 60. Unternehmensjubiläums von PROGRESS 2010 ins Leben gerufen, ehrt dieser Preis jährlich Filmschaffende, die ihre Karriere bei der DEFA begannen und sich nach der Wende «um den gesamtdeutschen Film verdient gemacht haben». Nach Katharina Thalbach und Katrin Sass ist Hübchen der dritte Schauspieler, der sich über die von Jürgen Böttcher/STRAWALDE entworfene Bronzestatuette freuen darf.

Als Enttäuschung des Jahres entpuppt sich **Helmut Dietls** ZETTL (Start: 2.2.): Darin avanciert ein ehrgeiziger Chauffeur im Prominenten-Milieu der «Berliner Republik» zum Chefredakteur eines neuen Boulevard-

Als **Ben Gazzara** 1968 bei Dreharbeiten von den Unruhen des «Prager Frühlings» betroffen wurde, erreichte ihn ein Anruf von John Cassavetes: Er solle sich bloß nicht umbringen lassen, da die Finanzierung für HUSBANDS (1970) zustande gekommen sei. Zum Glück wechselte die Crew nach Rom, wo auch die ersten Drehbuch-Konferenzen mit Cassavetes stattfanden. Peter Falk stieß dazu, den Gazzara später gelegentlich in dessen Langzeit-Rolle als schrulligen Fernseh-Inspektor Columbo inszenierte; auch Cassavetes hielt er die Treue und spielte noch in zwei weiteren Filmen, unter denen ihm MORD AN EINEM CHINESISCHEN BUCHMACHER (1975) offenbar weniger lag. Gazzara wurde am 28.8.1930 als Sohn sizilianischer Einwanderer in New York geboren. Er trat erfolgreich am Broadway auf, war Serienstar im Fernsehen und in Filmen wie THE BIG LEBOWSKI (1997) und DOGVILLE (2003) zu sehen. Sein Merkmal war ein süffisantes, auch rätselhaftes Schmunzeln, das im besten Fall ein Charakterbild pointierte, wie den zynischen Sergeant Angelo in DIE BRÜCKE VON REMAGEN (1968), der einfach mit dem Leben davonkommen will. Gazzara stirbt am 3.2. in New York.

Magazins, stößt auf politische Skandale und Intrigen wie die Geschlechtsumwandlung der Berliner Oberbürgermeisterin und den verheimlichten Tod des Bundeskanzlers, kann aber daraus kein Kapital schlagen, wird vielmehr vereinnahmt und zurecht gestutzt. Vom Chauffeur zum Chefredakteur – das ist schon phonetisch kein so weiter Weg, und wenn an einer Stelle einmal die Worte «Hysteriker» und «Historiker» durcheinander geraten, dann beschreibt das durchaus treffend den bescheidenen Spielraum von Dietls Fantasie, die betont atemlos und gehetzt-hysterisch an der Naht zwischen Kabarett und deftigem Bauerntheater daherkommt, vielleicht, um den ganzen Wahnsinn des skrupellosen Treibens als Methode zu versinnbildlichen, aber im Grunde nur eine lärmige Nummern-Revue kreiert, die in erster Linie alten Weggefährten Dietls von Götz George bis Harald Schmidt eine Plattform bietet. Das alles verdichtet sich weder zu einem analytisch scharfen noch erhellenden oder gar unterhaltsamen Kinofilm, da ihm schlicht jede inszenatorische Raffinesse und Verdichtungskunst abgehen. Als öffentliches Event mag das ausreichen, weil das Kino damit «gehypt» wird, freilich als Abspielort für ein künstlerisch wie thematisch ernüchternd altbackenes Werk, an dem nichts sonderlich neu und originell ist.

Die Nachricht ihres frühen Todes kommt nicht ganz überraschend: Die Sängerin **Whitney Houston** stirbt am 11.2. an den Folgen ihrer langjährigen Alkohol-, Drogen- und Medikamentensucht. Ihr Kinodebüt als Schauspielerin gab sie im Thriller BODYGUARD (1992) an der Seite von Kevin Costner), WARTEN AUF MR. RIGHT (1995), das Regieerstlingswerk von Schauspieler Forest Whitaker, zeigte sie als Karrierefrau, die in der Liebe weniger Glück hat, Penny Marshalls RENDEZVOUS MIT EINEM ENGEL (1996) war ein Remake der Cary-Grant-Komödie JEDE FRAU BRAUCHT EINEN ENGEL (1947). Whitney Houston wurde 48 Jahre alt.

Es ist unmöglich, ein Filmfestival wie die **Internationalen Filmfestspiele Berlin** in einem (Ab-)Satz zusammenzufassen oder gar bewerten zu wollen. Rund 400 Filme in zehn Tagen und mehr als 300.000 verkaufte Kinokarten sind die Eckdaten für die 62. «Berlinale» (9.-19.2.), eine gigantische Großveranstaltung in Sachen Kino, die längst ihre eigene Gesetzmäßigkeit entwickelt hat, ständig zwischen Kommerz und Kalkül, Event und Kunst mäandert und sich dabei (innerhalb fester Kategorien) permanent selbst verändert. Dazu bedarf es eines großen Selbstbewusstseins, aber auch einer nicht minder großen Entspanntheit, die Dinge anzustoßen und dann doch auf sich zukommen zu lassen, Abstürze und Defizite ebenso einkalkulierend wie filmkünstlerische Höhepunkte, Entdeckungen und weitreichende Weichenstellungen kreierend. Was die «Berlinale» für Berlin ebenso wie für die Wahrnehmung des Kinos im ganzen Land leistet, ist ihr dabei gar nicht hoch genug anzurechnen. Sie generiert Öffentlichkeit für ein Medium, das es im (Kino-)Alltag nicht mehr leicht hat; sie sensibilisiert für mannigfache Aspekte der Filmgeschichte wie für die Zukunftsfähigkeit des Kinos, schafft Aufmerksamkeit, weckt Neugierde. Die diesjährige «Berlinale» ist besonders reich an Impressionen, von denen viele lange über die zehn Festivaltage hinaus im Gedächtnis bleiben: der Wind in den wild bewegten Bäumen, an denen Barbara (in Christian Petzolds gleichnamigem Film) vorbeiradelt; der Blick von Martina Gedeck in die Sonne, wenn sie die Wärme eines Sommertags in sich speichert (DIE WAND); die facettenreichen Bilder von Kindern in Filmen, in denen ihnen grausam die Kindheit geraubt wird, oder ihnen, ganz im Gegenteil, über Leid und Kummer hinweg diese Kindheit gerade erst möglich wird; ein 1960er-Schlager am Rand eines Pools irgendwo in Afrika (TABU) oder ein hinreißendes Chanson als Liebeserklärung an das (vermeintlich) Hässliche (WAS BLEIBT).

Nach den «Golden Globes» und den Bafta-Awards ist Michel Hazanavicius' THE ARTIST auch der strahlende Sieger bei den «**Oscars**» (26.2.). Er wird nicht nur als bester Film ausgezeichnet, sondern auch in den Kategorien «Beste Regie», «Bester Hauptdarsteller» (Jean Dujardin), «Bestes Kostümdesign» und «Beste Musik». Hazanavicius' wunderbare Beschwörung der wortlos sich entfaltenden Macht filmischen Erzählens hat sich auch für die Mitglieder der Academy of Motion Pictures Arts and Sciences als unwiderstehlich erwiesen. Neben dieser französischen Stummfilm-Hommage ans klassische Hollywood ist der andere große «Oscar»-Gewinner, Martin Scorseses HUGO CABRET, interessanterweise eine Art Gegenstück zu THE ARTIST: eine amerikanische Hommage ans frühe französische Kino, die sich modernster filmsprachlicher Mittel bedient, um nostalgisch auf die Anfänge der «Siebenten Kunst» zurückzuschauen. Scorseses Film wird für die furiose 3D-Kameraarbeit von Robert Richardson ausgezeichnet sowie in fast sämtlichen anderen «technischen» Kategorien, die den «Look» und «Sound» eines Films definieren. Die schiere Liebe zum Kino, die beide Filme genussvoll zelebrieren, ist also Trumpf bei den «Oscars» 2012.

Rückblick auf ein folgenreiches Ereignis vor 50 Jahren: Eigentlich sah alles nach einem normalen Festivalalltag aus: Die **Westdeutschen Kurzfilmtage Oberhausen** (26.2.–3.3.1962) fanden zum achten Mal statt, Oberbürgermeisterin Luise Albertz und Oberstadtdirektor Werner Schütz luden zur Eröffnungsveranstaltung, und zum fünften Mal folgte man ebenso engagiert wie weltoffen dem programmatischen Festivalmotto «Weg zum Nachbarn» (von dem sich das Festival erst 1997 verabschiedete). Dann, am 28. Februar 1962, kam es unter dem Titel «Opas Kino ist tot» zu einer denkwürdigen Pressekonferenz, die als Aktion der Münchener DOC 59-Gruppe von Haro Senft initiiert wurde: Ferdinand Khittl verlas einen Text, der als «Oberhausener Manifest» in die Geschichte des deutschen Films einging, Alexander Kluge moderierte die anschließende Diskussion über eine Erklärung, die 26 deutsche Filmemacher unterzeichnet hatten und die nichts Geringeres als die Geburt des «neuen deutschen Films» postulierte: «Wir erklären unseren Anspruch, den neuen deutschen Spielfilm zu schaffen. Dieser neue Film braucht neue Freiheiten.» Seitdem wurde das Oberhausener Manifest selbst zur (Film-)Geschichte und erfuhr das Schicksal so mancher öffentlichen Erklärung von Zielen und Absichten, derer man sich im Detail irgendwann gar nicht mehr erinnert, aber umso sicherer weiß, dass es «etwas ganz

Das Filmjahr 2012

Wichtiges» war. Tatsächlich markierte das Manifest eine Art Wendepunkt: mit ihm begann die Wiedergeburt des westdeutschen Kinofilms, ein Prozess, der schrittweise in Gang kam, bis ab 1966 die ersten langen Spielfilme des Jungen deutschen Films in die Kinos fanden. Darunter waren Werke wie ABSCHIED VON GESTERN von Alexander Kluge, DER JUNGE TÖRLESS von Volker Schlöndorff, SCHONZEIT FÜR FÜCHSE von Peter Schamoni, Es von Ulrich Schamoni und DER SANFTE LAUF von Haro Senft.

50 Jahre nach der Unterzeichnung des Oberhausener Manifests finden Feierlichkeiten, Retrospektiven und analytische Bestandsaufnahmen statt, in München (mit zwei Jubiläumsveranstaltungen im Februar) sowie in Oberhausen, wo die diesjährigen **Internationalen Kurzfilmtage Oberhausen** (26.4.–1.5.) eine umfassende Werkschau präsentieren. Dazu erscheinen ein profundes Buch («Provokation der Wirklichkeit. Das Oberhausener Manifest und die Folgen», hrsg. von Ralph Eue und Lars Henrik Gass) sowie eine eindrucksvolle Doppel-DVD mit wichtigen Kurzfilmen der Manifest-Unterzeichner. Übrigens: Ende 2007 hat Volker Schlöndorff ein gänzlich anderes, weniger Aufsehen erregendes «Mini-Manifest» verfasst, in dem er sich voller Sorge zum Zustand des aktuellen (Arthouse-)Kinos äußerte. Sein Text endete damals kämpferisch mit den Sätzen: «Zu viele würden uns gerne auseinander dividieren. Es ist das alte Lied, wie zu Zeiten des Oberhauser Manifestes: das Kino ist tot, ES LEBE DAS KINO!»

März

BARBARA von Christian Petzold sorgte bereits auf der «Berlinale» für Aufsehen, nun kommt der Film in die Kinos (Start: 8.3.). «Christian Petzold erzählt strikt aus dem Blickwinkel der Titelfigur. Sommer 1980 in der DDR. Barbaras Perspektive ist nicht weit von der des heutigen Zuschauers: Die DDR hat sich erledigt, kann abgehakt werden. Doch wirft der Film, wie Barbara selbst, neue, ungewohnte Blicke auf ein Land, das vielleicht sogar zu retten wäre, und sei es um der Menschen willen, die leben, hoffen, träumen. Barbara ist Ärztin, strafversetzt in ein mecklenburgisches Provinzkrankenhaus. Ihre Patienten sind Kinder und Jugendliche, Lebenshungrige in einem sterbenskranken Staat. Barbaras Konflikt: Man lässt die Kranken, selbst die Todgeweihten, nicht im Stich. Andre, der Chefarzt, verliebt sich in Barbara. Er würde seine Patienten, das Krankenhaus, sein Land kaum verlassen. Die moralische Perspektive des Mediziners zeigt sich in einer Szene, die bezeichnend ist für Petzolds Experimentierlust. (...) Barbara und Andre vertiefen sich in einen Kunstdruck von Rembrandts ‹Anatomie des Dr. Tulp› (1632) und stellen fest, dass die gemalten Ärzte auf ein Anatomiebuch am Bildrand fixiert sind, statt auf den Leichnam zu schauen. Es ist ein Gehenkter, und Rembrandt zwingt den Betrachter, diesen Menschen anzusehen. Verantwortung, ein humanistisches Menschenbild scheinen in dem Bild bedroht, obwohl es doch Wissenschaftler zeigt, Männer der Aufklärung. Petzold schneidet mehrmals auf Gemäldedetails, zeigt vor allem auch die leeren Blicke dieser Ärzte, die in der dialogischen Montage zu Figuren des Films werden, wie Barbara und Andre. Die Szene endet mit einer Einstellung, die vier starrende Männergesichter isoliert. «Wie entartete Funktionäre», bemerkte Petzold, blicken die gemalten Männer. Ein aufregender Kinomoment, der fragen lässt, ob Petzold nur ein Bild der DDR entwirft. Dreht sich ‹Barbara› nicht mehr um Europa, um aus dem Ruder laufende Utopien, ums Hier und Jetzt?» (Jens Hinrichsen) Zu den Entdeckungen des Films gehört auch mitzuerleben, wie zwei Menschen in einer Extremsituation eine neue, sehr intime Sprache für sich entwickeln. Petzold: «Wir sahen uns ‹Haben und Nichthaben› von Howard Hawks aus dem einzigen Grund an, um zu studieren, wie Liebende sich aus einer Extremsituation heraus der herrschenden Sprache entziehen. Sie reden zwischen den Zeilen, physischer oder tänzerischer, und das war auch das Ziel, dass Nina Hoss und Ronald Zehrfeld hatten: andere Blicke, eine andere Sprache und dadurch auch eine andere Erotik zu finden. Diese Leidenschaft wird am Schluss ganz offensichtlich, und sie hätte zugleich auch eine Utopie für dieses Land DDR sein können, wenn eine Chance dafür bestanden hätte. Geschichte ist selbst in Phasen der vollkommenen Stagnation, der Agonie immer auch in Bewegung, und nichts ist endgültig, auch unsere Gegenwart nicht.» (Aus einem von Ralf Schenk geführten Interview)

DAS TURINER PFERD (Start: 15.3.), der Abschiedsfilm eines noch nicht mal 60-jährigen Regisseurs, der mit seinem schmalen Oeuvre Weltgeltung erzielte: **Béla Tarr**. « Ja, der Film ist eine Anti-Schöpfungsgeschichte», erläutert Tarr. «Wir wissen zwar, wie diese schreckliche Welt entstand, aber wir wissen nicht, wie sie enden wird. Tag für Tag sind wir in unserer Routine gefangen, tun immer wieder dieselben Dinge. Aber tagtäglich werden wir auch kraftloser und schließlich, langsam, ist das Leben uns entschwunden. Das wollten wir mit unserem Film bewusst machen: Tag für Tag verlieren wir etwas von dem, was das Leben bedeutet. Ein Kutscher, der sein Pferd einbüßt, verliert seine Arbeit, seine Überlebenskraft, sein Universum. Wir dürfen nicht verdrängen, dass es das Ende gibt, wir müssen damit rechnen und es akzeptieren.» Auf die Konfrontation mit «letzten Dingen» hatten zuvor schon die kosmischen

Entwürfe von Terrence Malick (THE TREE OF LIFE) und Lars von Trier (MELANCHOLIA) eingestimmt. Während THE TREE OF LIFE noch mit dem leidenden Individuum sympathisierte und sich damit tröstete, dass der Mensch im «großen Ganzen» aufgehoben sei, suchte von Trier sein Heil in der Auslöschung der Welt. Bela Tarr hingegen erstrebt im Prinzip gar nichts (mehr), er registriert lediglich, konstatiert – und lässt es dunkel werden. Sein Film ist die Konsequenz eines auf das Notwendigste reduzierten Minimalismus, der allein durch seine visuelle Archaik vor jeder Banalität bewahrt wird. Die betörende Fotografie erschafft ihr eigenes Universum abseits platter Erklärungsmuster, sie ist konkret und zugleich visionär, voller Sinnbilder und absoluter Metaphern. Wobei es unwichtig zu sein scheint, ob die Welt «aufhört» oder ob die Menschen zu denken und handeln aufhören. Oder ob beides eng miteinander verbunden ist.

Entdeckung junges deutsches Kino (4)

GENERATION KUNDUZ – DER KRIEG DER ANDEREN (Start: 15.3.). Porträt dreier junger Afghanen, aus deren Perspektive Lebensumstände und gesellschaftliche Bruchstellen eines Landes geschildert werden. Der Dokumentarfilm beschreibt die Schwierigkeiten des Landes aus einer Innenperspektive und zeichnet ein differenziertes, über die gängige Berichterstattung hinaus weisendes Bild.
Regie: Martin Gerner

Endlich tut sich etwas im Kinderfilm. Allzu oft und dazu lieb- und herzlos im Kino an den Rand gedrängt, überlebt er derzeit weitgehend nur als «Family Entertainment» dank populärer (Buch-)Marken, während künstlerisch und thematisch ambitionierte Filme, die die Lebenswelten ihrer jungen Zuschauerinnen und Zuschauer ebenso unterhaltsam wie glaubwürdig abbilden, kaum die Chance bekommen, wahrgenommen zu werden. Dabei sind die Filme da! Und sie lohnen, gesehen zu werden – von Jung und Alt! Einer der herausragenden Kinderfilme des Jahres ist THE LIVERPOOL GOALIE ODER: WIE MAN DIE SCHULZEIT ÜBERLEBT! (Start: 15.3.), das Spielfilmdebüt des norwegischen Werbefilmers Arild Andresen, das sich von Anfang an erfrischend anders präsentiert als eine nach Schema F konfektionierte Coming-of-Age-Komödie oder eine vor Pädagogik triefende Moralpredigt – nämlich herrlich durchtrieben. Mit viel Selbstironie, schwarzem Humor und einem Hang zu maßloser Übertreibung kommentiert ein 13-jähriger Junge aus dem Off seine Neurosen, die erlebten Demütigungen sowie seine stokkende Annäherung an ein hübsches gleichaltriges Mädchen. Dabei geht seine Fantasie regelmäßig mit ihm durch, was sich auf der visuellen Ebene spiegelt. Immer wieder durchkreuzen Tagtraum-Sequenzen das Geschehen, und zwar derart, dass sie nicht auf Anhieb als solche erkennbar sind. «Der Film ist Teil einer langen Reihe norwegischer Filme, die sich auf originelle und zugleich tiefgründige Weise mit den alltäglichen Problemen des Heranwachsens beschäftigen. Dank hervorragender Förderstrukturen, die auf Vielfalt setzen, hat es das kleine Land, das nur knapp fünf Mio. Einwohner zählt, geschafft, eine der aufregendsten Filmszenen für ein junges Publikum auszubilden, die zu Hause für volle Kinos sorgt. (...) Norwegischen Filmen gelingt es, einen Roman erzählerisch und visuell spannend für die Leinwand zu adaptieren, weil sie nicht am Original kleben bleiben. Statt eine Dramaturgie und Effekte aus dem Standardkatalog einzusetzen, laden sie den Stoff mit eigenen Ideen und Visionen auf. Die Adaption gerät dann nicht bloß zum Vehikel für den Verkauf einer bekannten Marke, sondern zum eigenständigen Werk. Humor und Anspruch, schräge Einfälle und Lebensnähe: Das sind Dinge, die sich im Kinderfilmland Norwegen nicht widersprechen.» (Marguerite Seidel)

Zum dritten Mal lädt der Arbeitskreis «Kirche & Kino» zum «Kirchlichen Filmfestival» (16.-18.3.) nach Recklinghausen. Das Programm mit elf Spiel- und Dokumentarfilme dreht sich um Konflikte und Chancen menschlichen Zusammenlebens. Der Filmpreis geht an KADDISCH FÜR EINEN FREUND von Leo Khasin (Start: 15.3.). Der Debütfilm erzählt von einem 14-jährigen Palästinenser, der auf ungewöhnliche Weise mit einem alten Juden Freundschaft schließt. Eröffnet wird das Festival mit GENERATION KUNDUZ – DER KRIEG DER ANDEREN von Martin Gerner. Die bunte Mischung der ausgewählten Filme macht den besonderen Reiz des Fests aus, das auch den Dialog zwischen Publikum, Kritikern und Filmschaffenden in den Vordergrund rückt. Das komplette Festivalprogramm findet sich auf der Website des Festivals.

In der Zeit nach (und zwischen) den *Harry Potter*-Bänden war es für lesehungrige Jugendliche schwer, eine halbwegs akzeptable Ersatzlektüre zu finden. Kaum eines der vielen Bücher, die urplötzlich auf der Welle von Fantasy, Zauberei und magischen Parallelwelten mitschwimmen wollten, hielt dem kritischen Urteil, aber auch dem gewachsenen Anspruch an erzählerische Solidität stand. Tolkien war längst abgegrast, Philip Pullmans *His Dark Materials*-Trilogie ansatzweise schon (glücklos) verfilmt (DER GOLDENE KOMPASS); da fanden allenfalls noch Jonathan Strouds herrlich ironische *Bartimäus*-Bände oder Cornelia Funkes *Tintenwelt* Gnade bei den ambitionierten jungen Lesern – und eben die Romane von Suzanne Collins' dystopischer Fantasy-Trilogie *Die Tribute von Panem*. Auch hier wird im Grunde «nur» ein Patchwork aus längst vertrauten Genreelementen geschickt neu angerührt: Archaisch-antike Gladiatoren-Kämpfe à la SPARTACUS und BEN HUR (wie sie bereits asiatische Mangas in zeitgenössischem Ambiente wiederentdeckt hatten) treffen auf George Orwells totalitären Überwachungsstaat, und das in einer medialen Zukunftswelt, in der technisch nahezu alles möglich ist und zur Verführung, Manipulation und Kontrolle willfähriger Massen angewandt wird. Doch die Versatzstücke sind eben nur das eine. Suzanne Collins nahm in ihren Büchern vor allem ihr junges Zielpublikum jederzeit ernst, indem sie ihnen eine komplexe, raffiniert mehrere Ebenen verschachtelnde Handlung um eine glaubwürdige weibliche Identifikationsfigur anbot. So verbirgt sich hinter der vermeintlich spekulativen «Tagline», dass hier nun Jugendliche ums nackte Überleben kämpfen, indem sie sich gegenseitig umbringen, eine vielschichtige, geschickt verdichtete Auseinandersetzung mit jugendlicher Orientierungssuche, mit individueller wie kollektiver Freiheit, Aufrichtigkeit, Respekt und Empathie – und das in einer heute schon recht vertraut erscheinenden Zeit, in der Gefühle von Liebe bis Mitleid, Trauer bis Hass in Musik-, Talk- und Casting-Showformaten gnaden- und distanzlos instrumentalisiert werden. Nun kommt die Verfilmung des ersten Teils der Trilogie ins Kino. DIE TRIBUTE VON PANEM – THE HUNGER GAMES (Start 22.3.) erweist sich als spannender Abenteuerfilm, der die komplexe Substanz des düsteren Fantasy-Stoffs aber nur zögerlich aufgreift. Den Ängsten und Schmerzen der jugendlichen Protagonisten, vor allem ihrer Sehnsucht nach Zuneigung, Liebe und Gerechtigkeit kommt er nur bedingt nahe – und wenn, dann dank der beachtlichen Hauptdarstellerin Jennifer Lawrence als Katniss Everdeen.

April

Entdeckung junges deutsches Kino (5)
DIE AUSBILDUNG (Start: 5.4.). Ausgebildet an einem Büroarbeitsplatz in einer Dienstleistungsfirma, wartet ein junger Mann auf einen Anstellungsvertrag. In lakonischen Bildern macht der Film die Eiseskälte der «schönen neuen Arbeitswelt» und das zunehmende Ausgeliefertsein des Individuums an moderne Technik transparent.
Regie: Dirk Lütter

«Helmut Dziuba war ein gütiger Mensch, ein integrer Charakter, ein Philanthrop, dessen leiser, verschmitzter Humor jeden Gesprächspartner bezauberte. Seine von Liebe und Freundlichkeit durchtränkte Weltsicht wurde auch zum Kennzeichen seiner Filme. Deren kindlichen und jugendlichen Figuren gehörte sein ganzes

Mehr als 50 Jahre im Filmgeschäft hat Thomas Mauch miterlebt und mitgestaltet, mehr als 100 Filme hat er vor allem als Kameramann, aber auch als Regisseur, Darsteller, Drehbuchautor und Produzent verantwortet. Der Neue Deutsche Film wurde von seiner Handschrift mitgeprägt – in Kooperation u.a. mit Edgar Reitz, Alexander Kluge und Werner Herzog. Später arbeitete er u.a. mit Christian Wagner (WALLERS LETZTER GANG, TRANSATLANTIS). Das Filmmuseum Düsseldorf widmet Mauch anlässlich dessen 75. Geburtstag am 4.4. eine sehenswerte Filmreihe, die einen Überblick über wichtige Stationen seines Schaffens gewährt. Sie rückt speziell den Kameramann Mauch ins Rampenlicht, dessen Arbeit sich durch einen besonderen Stil auszeichnet: «Die Kamera von Mauch bedient sich eines semi-dokumentarischen Erzählmodus (...) Diese Technik erzeugt eine authentische Wirkung und etabliert eine auch für die spätere Arbeit von Mauch charakteristische narrative Strategie. Zu seiner typischen Arbeitsweise zählen der Einsatz der Handkamera, eine seltene Verwendung von Kameraschwenks und die Szenen, die in langen Einstellungen gefilmt werden.»

Herz, sein Vertrauen, seine Leidenschaft; mit ihnen begab er sich auf die Suche nach Glück und menschlicher Wärme, auch in Zeiten der Trauer, der Angst und des Schmerzes.» So schrieb Ralf Schenk nach dem Tod von Regisseur und Autor Helmut Dziuba (am 19.4.), der nicht nur bedeutende deutsche Kinderfilme schuf, sondern zu den letzten verbliebenen großen Identifikationsfiguren des gesamtdeutschen Films zählte. «Dziubas Kunst bestand darin, seine Geschichten konsequent aus der Perspektive der jeweiligen jungen Helden zu erzählen, er nahm sie und ihre Konflikte ernst, erhob sich niemals über sie, lehnte den pädagogisierenden Zeigefinger ebenso ab wie anschmeichelnde Kindertümelei. Unvergessen bleibt SABINE KLEIST, SIEBEN JAHRE... (1982), jenes Mädchen, das die Eltern bei einem Autounfall verlor und es im Heim nicht mehr aushält. Ein subtiler Film voller Kummer und Sehnsucht, die solidarische Entdeckungsreise in eine verletzte Psyche; auch ein Warnsignal an die Gesellschaft, die Nöte des Einzelnen nicht gering zu schätzen, vielmehr Sorge zu tragen für eine lebenswerte Welt jenseits bürokratischer Strukturen und des eiligen Vergessens und Verdrängens. (...) Dass er nach dem Ende der DEFA, nach JANA UND JAN (1992) über ein Paar, das aus einem DDR-Jugendwerkhof in die Realität des gesellschaftlichen

Umbruchs entlassen wird, keinen Film mehr drehen konnte, ist ein Armutszeugnis für deutsche Kino- und Fernsehproduzenten, die seine Stoffe in einem Jahrzehnt der filmischen Banalitäten wohl als zu ‹schwer› und zu wenig quotentauglich ansahen.»

Entdeckung junges deutsches Kino (6)
TRAUMFABRIK KABUL (Start: 19.4.). Ein von Respekt und Neugier getragener Dokumentarfilm über die afghanische Filmemacherin Saba Sahar, die für die Frauenrechte in ihrer Heimat kämpft. Dabei bürstet er das gängige Medienbild des Landes gründlich gegen den Strich.
Regie: Sebastian Heidinger

Auch im achten Jahr unter neuer «Regentschaft» ist der **Deutsche Filmpreis** (verliehen am 27.4.) eine riesige Dauerbaustelle, auf der zwar kräftig gewerkelt wird, bei der man aber noch nicht annähernd erkennen kann, ob hier irgendwann einmal ein attraktives Gebäude mit Namen «Deutscher Film» entsteht. Im Moment sieht es eher nach einem kosmetischen Reparatur- und Renovierungsbetrieb aus, nicht nach einer nachhaltigen medienarchitektonischen Vision. Was zugegebenermaßen nicht leicht ist, wenn Unternehmer, Politiker und insbesondere die Filmschaffenden selbst – als die vermeintlich besten Kenner ihres Metiers – zusammenwachsen sollen, um das entscheidende «Big Picture», den heiligen Gral des qualitativ hochwertigen und zugleich marktfähigen deutschen Kinofilms zu (er-)finden. Doch bereits in der Vorauswahl «übersah» man schlicht einen künstlerisch wie thematisch relevanten (Kinder- und Familien-)Film wie WINTERTOCHTER (der dann mittels der Wild Card des Produzenten doch noch nominiert und am Ende sogar mit dem Filmpreis ausgezeichnet wurde); es durften erstmals drei (statt zwei) Dokumentarfilme nominiert werden – doch nach welchen Kriterien dies geschah und warum dann ausgerechnet eine eher biedere Dokumentation wie GERHARD RICHTER PAINTING prämiert wurde, die ihr Sujet filmisch nicht annähernd durchdringt, das bleibt rätselhaft; erstaunlich zudem, wie pragmatisch man den Spagat zwischen zwei ähnlich häufig nominierten, dabei aber gänzlich unvergleichbaren Filmen wie dem hochbudgetierten Historiengemälde ANONYMA und der pulsierenden Endzeitvision HELL «löst» – indem man den wirtschaftlich vermeintlich wertigeren Film ANONYMUS in nahezu allen technischen Kategorien auszeichnet und HELL mit einer einzigen Ehrung (Beste Musik) abspeist; fast schon skandalös muss man den Umgang mit Christian Petzolds vielfach nominiertem Film BARBARA nennen, der mit lediglich einer Auszeichnung (Bester Spielfilm in Silber) der große Verlierer des Abends ist. Konnten oder wollten die Berufskollegen nicht (an-)erkennen, dass BARBARA ein Meisterwerk von bestmöglicher erzählerischer Kompetenz ist – vor allem ein explizit filmisches Kunstwerk, wie es hierzulande nur selten entsteht? Der Filmpreis 2012 präsentiert jedenfalls keine glaubwürdige Perspektive. Es ist der (Fest-)Akt einiger schöner, aber auch mancher desaströser Momente, die unvereinbar nebeneinander standen: Dominique Horwitz singt zutiefst anrührend «Ne me quitte pas» – während man im nächsten Moment dem unfassbar banalen Geschwätz des Moderatoren-Duos ausgeliefert ist; geschliffene Kabarettkunst eines Josef Hader kontrastiert subversiv die Bemühungen der Jury-Präsidentin um eine (auch kulturpolitisch) tragfähige Plattform zwischen Glamour und Glaubwürdigkeit: halbherzige, mutlose Kompromisse. Vielleicht muss man so etwas aber tatsächlich aushalten, um konfrontativ, aber konstruktiv über Chancen und Visionen des deutschen Filmschaffens reden zu können. Um überhaupt miteinander zu reden.

Mai

Entdeckung junges deutsches Kino (7)
SCHILDKRÖTENWUT (Start: 10.5.). Die Filmemacherin setzt sich mit ihrem Vater, einem Palästinenser, auseinander. Dieser verließ seine Familie in Berlin und kehrte in seine Heimat zurück, bis er dort ausgewiesen wurde, wieder nach Berlin zurückkehrte, aber zu Frau und Tochter auf Distanz blieb. Der Dokumentarfilm eröffnet eine ungewohnte Perspektive auf den Nahost-Konflikt, wobei er mit seinen offenen Fragen konstruktiv und produktiv irritiert.
Regie: Pary El-Qalqili

Cannes, die 65ste! Während früher runde Geburtstage des Festivals Anlass für eine große Sause waren, will diesmal (16.–27.5.) keine Feierstimmung aufkommen. Fast hätte man die einsame Geburtstagskerze, mit der Marylin Monroe auf dem Plakat zum Jubiläum gratuliert, als (selbst-)ironischen Kommentar auf den Wettbewerb verstehen können. Auch dort gibt es nur einen einzigen Film, der alle anderen Beiträge überragt: Michael Hanekes LIEBE. Die neue Bescheidenheit ist nicht nur den krisenhaften Zeitläuften geschuldet; sie resultiert auch aus den verkrusteten Strukturen des Festivals. Vom Neuanfang unter Thierry Fremaux ist nichts mehr zu spüren; wie zu Gilles Jacobs Zeiten dominiert das alte «Compain»-System: Wer es einmal nach Cannes geschafft hat, der kommt immer wieder – und sei es wie bei Fatih Akin mit einer bescheidenen Dokumentation (MÜLL IM GARTEN EDEN). Wagemut, Neugier und Entdeckerfreude sehen anders aus. Fremaux' Replik auf die feministischen Attacken in Le Monde, die das Fehlen

Das Filmjahr 2012

von Regisseurinnen im Wettbewerb beklagten («Männer zeigen Filme, Frauen ihren Ausschnitt»), klang arg gewunden: Als «Citoyen» würde er das Anliegen des Feminismus uneingeschränkt unterstützen, als Festivalchef sei er aber der Qualität verpflichtet, und die würde durch jede Form einer Quotierung unterminiert. Eine eher fadenscheinige Argumentation, auch angesichts der Herkunft jener sieben Filme von Frauen, die in Nebenreihen laufen: Sie stammen alle, oh Wunder, aus Frankreich. Obwohl die konzertierte Frauen-Power-Aktion über Frankreich hinaus Wellen schlägt, ist «Sexismus» dann doch kein Thema des diesjährigen Festivals. Auch Gender-Fragen werden kaum berührt; dafür überrascht die Dichte sehr unterschiedlicher Reflexionen über die Liebe. Ulrich Seidls PARADIES: LIEBE (dem ersten Teil einer PARADIES-Trilogie) führt das Wort im Titel, obgleich der Film von weiblichem Sex-Tourismus handelt. Doch seine minimalistischen Bilder erzählen nur vordergründig vom Hunger nach körperlichem Glück. Ungeachtet aller freizügigen Einsichten kreist das Drama um ungestillte Sehnsüchte. DER GESCHMACK VON ROST UND KNOCHEN (DE ROUILLE ET D'OS) von Jacques Audiard überzeugt als wuchtiges, sehr körperliches (Melo-)Drama, das durch die kraftvolle Inszenierung zweier ungehobelter Protagonisten bezwingt. Ein roher, rauer Film mit einem arg versöhnlichen Ende, was der antiromantischen Liebesgeschichte aber nichts nimmt. Michael Haneke und die Liebe? Das muss im Desaster enden. Tut es aber nicht, auch wenn es ums Sterben (und nebenbei um eine Tötung auf Verlangen) geht. Zu Beginn erklingt Schuberts «impromptus opus 90»: ein harter, definitiver Akkord, dem dann gefälligere, erläuternde Töne folgen. Davon handelt LIEBE, und so ist der nahezu perfekte Film auch gebaut. Ein Kammerspiel. Zwei alles überragende Darsteller plus eine Inszenierung, deren Strategien in vielen Jahren gereift sind. Das heißt: Reduktion, Reduktion, Reduktion. Haneke ist der Zen-Meister unter den Regisseuren, der immer noch etwas weg lässt, um die Konzentration innerhalb einer Einstellung zu steigern. Was nicht das mit großer Detailfreude arrangierte Interieur der Wohnung meint oder den psychologischen Realismus, sondern Rhythmus, Intention und Schauspielerführung. Jede Szene steht für sich; der Zusammenhang der Szenen ist chronologisch-elliptisch, zwingend und ungezwungen zugleich. Das Ergebnis ist ein tief berührender Film über die Liebe und die Vergänglichkeit der menschlichen Natur, eine Meditation über das Ende, bar aller Illusionen, getragen jedoch von einer Würde, die auch das provokante Finale trägt. (Aus dem Festivalbericht von Josef Lederle)

Eine der langlebigsten und zugleich lebendigsten «Perlen» der vielfältigen Filmfestival- und Veranstal-

Alle Welt hatte erwartet, dass die Walt Disney Company den kürzlich vakant gewordenen Posten ihres Studiochefs mit einem jungen, vorwärts drängenden Executive besetzen werde. Doch keiner der möglichen Kandidaten, deren Namen in der Branche herumgereicht wurden, machte das Rennen, nicht einmal Marvels hoch gelobter Produktionschef Kevin Feige. Der Auserwählte ist **Alan Horn**, der fast 70-jährige einstige Präsident von Warner Bros. Entertainment. Als Robert Iger, der Konzernchef von Disney, die Ernennung am 31.5. bekannt gibt, zeigen sich alle Kenner des Geschäfts überrascht. «Es ist nicht immer eine Frage des Alters, ob jemand eine Nase für gute und erfolgreiche Filme besitzt. Oft kommt es mehr darauf an, die richtigen Mitstreiter zu Höchstleistungen herauszufordern und eine Atmosphäre zu schaffen, in der neue Ideen willkommen sind. In dieser Hinsicht ist Horn eine treffliche Ergänzung zu seinen Kollegen bei Pixar, Marvel und DreamWorks, den Schwesterfirmen im Disney-Verbund. Von ihnen kam auch sogleich enthusiastisches Einverständnis mit Igers Wahl. So sagten die DreamWorks-Partner Steven Spielberg und Stacey Snider: ‹Alan hat den Weg geebnet für einige der besten und erfolgreichsten Filme unserer Zeit. Wir freuen uns darauf, mit ihm zusammenzuarbeiten.› Worte, auf die man während der Ägide von Rich Ross drei Jahre lang vergeblich gewartet hatte.» (Franz Everschor)

tungspalette Hessens ist die **Werkstatt der Jungen Filmszene**, die zu den etablierten deutschen Nachwuchsfilmfestivals zählt. Bereits zum 47. Mal findet das Festival für junge Filmemacher/-innen in Wiesbaden-Naurod statt (25.–28.5.). Veranstaltet von der Jungen Filmszene im Bundesverband Jugend und Film, bietet die Werkstatt jungen Filmschaffenden ein spannendes Diskussionsforum. Nach einem Einreichungsrekord von über 300 Nachwuchsproduktionen werden 82 Filme fürs Festivalprogramm ausgewählt; gezeigt werden Schülerfilme, medienpädagogische Arbeiten, freie und studentische Projekte sowie Arbeiten von Filmhochschulen. Die filmische Qualität, die thematische Vielfalt und der Ideenreichtum des Programms führen zum intensiven Austausch über das Gesehene. Etwa 150 Teilnehmer zwischen zwölf und 27 Jahren aus ganz Deutschland sind zu Gast; zu knapp 60 Nachwuchsproduktionen sind die Filmemacher anwesend. Ganz bewusst werden bei der Werkstatt keine Preise vergeben, um Konkurrenz zu vermeiden und das offene Gespräch der jungen Filmemacher untereinander zu fördern. So wird auch in diesem Jahr lebhaft über aktuelle Projekte diskutiert; neue Kontakte dienen dem Weg zur Professionalität und füllen den in der Kulturlandschaft oft geforderten Begriff der Nachhaltigkeit mit Leben.

Juni

Die European Film Academy (EFA) ruft den «**Young Audience Award**» ins Leben. Bereits die Ermittlung des Preisträgers mit tatkräftiger Hilfe der jungen Zielgruppe wird ebenso lebendig wie zeitgemäß konzipiert und nutzt die Chance, das traditionelle Erzählmedium «Kino» eng an die digitalen Nutzungserfahrungen der jungen Zielgruppe heranzuführen: Junges Kino trifft auf Internet, Facebook und Skype. Sechs Partner engagieren sich für den neuen Preis: das EYE Filminstitut Niederlande, das Filmcenter Serbien, das Dänischen Filminstitut, die Deutsche Kindermedienstiftung «Goldener Spatz», das Schwedische Filminstitut und das Nationale Filmmuseum in Italien. In sechs europäischen Städten wählt zeitgleich am 10.6. ein Publikum aus zehn- bis 13-jährigen Zuschauern den Preisträger aus drei zuvor nominierten Filmen aus. Die Kinofilmvorstellungen finden in Amsterdam, Belgrad, Erfurt, Kopenhagen, Norrköping und Turin statt. Danach haben die Kinder Zeit zum Diskutieren und wählen ihren Favoriten. Die nationalen Entscheidungen werden per Skype-Videokonferenz live in die angeschlossenen Kinos übermittelt. Der Gewinner ist: KAUWBOY von Boudewijn Koole aus den Niederlanden, ein mitreißendes, von großem Einfühlungsvermögen und erzählerischer Leichtigkeit getragenes kleines Meisterwerk, in dem sich zehnjähriger Junge eines aus dem Nest gefallenen Dohlen-Kükens annimmt und es großzieht, womit er vehement und mit aller Lebensenergie dem Verlust seiner gestorbenen Mutter entgegenwirkt. Bleibt die alte Frage: Hilft der Preis dem Film bei seiner Kinoauswertung? Wird man KAUWBOY also auch in deutschen Kinos sehen können – gut synchronisiert und promotet, damit junges Publikum ebenso wie interessierte Erwachsene (im Idealfall gemeinsam) aufmerksam wird? So begrüßenswert der neue «junge» Filmpreis ist: Er erfüllt erst seinen Zweck, wenn er dem Preisträger zu bestmöglicher Wahrnehmung verhilft – im Kino.

Entdeckung junges deutsches Kino» (8)

DIE WOHNUNG (Start 14.6.). Der Filmemacher dokumentiert die Auflösung der Wohnung seiner verstorbenen Großmutter, einer deutschen Jüdin, die 1935 mit ihrem Mann nach Israel emigrierte. Unter den Dokumenten findet sich ein Foto, das auf die Spur einer befremdlichen Freundschaft führt: Offensichtlich waren die Großmutter und ihr Mann mit einem deutschen Ehepaar befreundet. Ein bewegendes Dokument des Schweigens von Tätern und Opfern. Regie: Arnon Goldfinger

Es ist ein bitterer Marsch, den der amerikanische Augenarzt Tom Avery antritt: Die Pilgerreise nach Santiago de Compostela ist für ihn fast eine Art Passionsweg, und das nicht nur, weil die körperlichen Anstrengungen und Unbequemlichkeiten des Pilgerns für den alten Mann eine große Strapaze darstellen. Tom ist das Schlimmste widerfahren, was einem Vater passieren kann: Er hat sein Kind verloren. Toms erwachsener Sohn Daniel ist auf dem Camino verunglückt. Was für Tom umso qualvoller ist, weil er sich in den Jahren zuvor von seinem Sohn entfremdet hatte. Warum genau sich Tom dafür entscheidet, anders als ursprünglich geplant Daniels Leiche nicht aus Südfrankreich heim in die USA zu bringen, sondern ihn einäschern zu lassen, dann die Asche in Daniels Wanderrucksack zu packen und stellvertretend für den Sohn die traditionelle Wanderung Richtung Santiago anzutreten, das lässt der Film offen. DEIN WEG (Start: 21.6.) von Emilio Estevez (der Regisseur ist der Sohn von Hauptdarsteller Martin Sheen) erweist sich reizvolle Auseinandersetzung mit dem Jakobsweg und reflektiert vielgestaltig und durchaus ambivalent Formen des modernen Pilgerns, ohne in übliche «Wellness»-Frömmigkeit zu verfallen. «Mit Mystifizierung oder religiöser Erweckung hat das nichts zu tun, gleichwohl aber mit der Einsicht und Akzeptanz der menschlichen Grenzen – seien diese nun durch den Tod gesetzt oder nur durch die eigenen Schwächen – und der daraus resultierenden Heilsbedürftigkeit. Die Antwort auf die von Jack im Lauf des Films aufgeworfene Frage, was ein ‹wahrer Pilger› sei, bleibt dem Zuschauer überlassen. Ebenso wie ein Urteil darüber, ob der Segen des Pilgerns ‹von oben› kommt, ob aus dem Pilgernden selbst oder vielleicht auch aus der Gemeinschaftserfahrung des Unterwegsseins mit anderen.» (Felicitas Kleiner)

Ab dem 22.6. empfängt den Besucher in der dritten Etage des Deutschen Filmmuseums in Frankfurt am Main ein ungewöhnliches Ambiente: Ein stilecht nachempfundenes Nachtlokal aus den 1940er-Jahren mit einer Bar an der Fensterfront mag im ersten Augenblick für Irritation sorgen, die aber rasch der Erkenntnis einer gelungenen Einstimmung auf die neue, mit viel Gespür fürs Audiovisuelle aufwartende Sonderausstellung «**Film Noir!**». In übersichtlichen Kapiteln – Einflüsse, Wirkung, Kameraführung, Lichtsetzung, Bildaufbau, Figuren, Schauplätze und Erzählformen des Film Noir – werden filmhistorische Grundlagen und Denkanstöße geboten. Das Lichtdesign der Ausstellung mit seinem phosphoreszierenden Neon-Look entführt in magisch-düstere Halbwelten aus Straße, Büro und Kino. Im Zentrum stehen sechs Leinwände, auf denen kurze, repräsentative Filmausschnitte des Genres zu sehen sind. Das Interieur reicht von orangefarbenen Sofas, bequemen Sesseln, Bürotischen mit zeitgenössischen Schreibmaschinen bis zu exemplarischen Arbeitsmaterialien. Schauspieler-Ikonen der Schwarzen Serie locken von aufreizenden Originalplakaten und Aushangfotos in halb geöffneten Stahlschränken. In Vitrinen liegen die Originaldrehbücher zu den Filmen TOTE SCHLAFEN FEST oder GANGSTER IN KEY LARGO. Eine ansprechende Präsentation, die nostalgisch veranlagte Cineasten wie auch nachwachsende Generationen sinnlich und medienpädagogisch geschickt an das Thema heranführt.

Am 30. Juni wird im Kardinal-Wendel-Haus in München erstmals der neu ins Leben gerufene «Fritz Gerlich Preis» verliehen. Der von der Tellux-Beteiligungsgesellschaft gestiftete, mit 10.000 Euro dotierte Preis erinnert an den Münchner Publizisten Fritz Gerlich (geb. am 15.2.1883), der als katholischer Christ aus Gewissensgründen bereits früh die menschenverachtende Ideologie der Nationalsozialisten anprangerte und am 30. Juni 1934 im KZ Dachau ermordet wurde. Erster Fritz-Gerlich-Preisträger ist der Dokumentarfilmregisseur Philipp Scheffner, der für seinen ebenso bewegenden wie aufklärerischen Film REVISION (Kinostart: 13.9.) ausgezeichnet wird. REVISION beweist, dass filmische Interventionen Sinn machen, wenn er in Zeugenaussagen und Interviews mit den Familien der Opfer den 20 Jahre zurückliegenden Tötungsfall aufrollt, bei dem zwei rumänische Immigranten der Sinti und Roma im deutsch-polnischen Grenzgebiet erschossen wurden – angeblich ein Jagdunfall, für den aber niemand zur Verantwortung gezogen wurde. Die Asylgesetzdebatte, Anschläge von Neo-Nazis auf Ausländer und das Rostocker Pogrom bilden den zeithistorischen Kontext, wobei Scheffner nie den zentralen «Fall» aus den Augen verliert. Was REVISION motiviert, ist, dem Vorfall einen Zusammenhang, den Opfern eine konkrete Geschichte zu geben und ihren Tod auf ein gesellschaftliches Klima grassierender Fremdenfeindlichkeit zu beziehen. Scheffner sucht die Angehörigen der Getöteten in Rumänien auf und lässt sie erzählen, was zuvor nie gehört wurde, stets konzentriert auf die Menschen, die er ebenso beharrlich wie respektvoll befragt. Allen Betroffenen, Zeugen und Sachkundigen gibt Scheffner die Möglichkeit, ihre Aussagen anzuhören und diese zu überdenken – anders als bei der gängigen Dokumentarfilmpraxis, die einmal getätigten Aussagen zur Tatsache erhebt. So unterwirft er nicht nur den Fall selbst einer filmischen Revision, sondern auch das Medium Dokumentarfilm.

Sein hoch reflektierter Umgang mit Bildern, Tönen und Zeugnissen gewinnt an beklemmender Dichte und kreiert kunstvoll ein Mosaik aus Landschaft, Erinnerung, Akten und «deutschen Zuständen». Mit dem «Fritz Gerlich Preis» sollen Filmschaffende ausgezeichnet werden, die sich mit ihrem Werk wie Fritz Gerlich «entschlossen und unbeirrbar für die Menschenwürde einsetzen und damit konsequent gegen Verfolgung, Ausgrenzung und Erniedrigung» eintreten.

Juli

Ihre bissigen Kommentare zum «American Way of Life» liefern DIE SIMPSONS sonst im Fernsehen ab. Das unerschütterlichste Mitglied des gelben Clans glänzt nun auch – in aller Kürze – im Kino: Baby Maggie,

Am 6.7. beginnt in Bonn eine wunderbare Filmausstellung – und das in einem «ordentlichen» Museum, in das Film an sich nur selten Einzug findet. Doch hier macht das Sinn: «**Pixar - 25 Years of Animation**» präsentiert ein Kunst-Event geschaffen, keine Promotion-Plattform. Die handgefertigten Konzeptzeichnungen, die den Schaffensprozess selbst eines stereoskopischen 3D-Films wie «Merida – Legende der Highlands» einleiten, sind in ihrer Unfertigkeit, ihrer Wildheit und in ihrer späteren expressionistischen Farbenfreude und überbordenden Detailtreue das umwerfende Zeugnis außergewöhnlicher Schaffenskraft. «Storyboard Artists» wie John Lasseter (der später bei «TOY STORY», «DAS GROSSE KRABBELN» oder «CARS» auch Regie führte), Ricky Nierva («FINDET NEMO»), Pete Doctor (zudem Regie bei «DIE MONSTER AG» und «OBEN»), Robert Kondo («RATATOUILLE») oder Ralph Eggleston («TOY STORY», «FINDET NEMO», «WALL*E») sind herausragende Zeichner, die mit Bleistift, Tusche oder Pastellkreide die Seele des Films vorwegnehmen. Man spürt sie in jedem noch so gekritzelten oder abstrakt wirkenden Einzelblatt, dem in Bonn ein würdevoller Platz an der Wand der Bundeskunsthalle eingeräumt wird, so als stammte es von Anselm Kiefer.

Am 21.7. stirbt mit **Susanne Lothar** eine der herausragenden deutschen Theater-, Film- und Fernsehdarstellerinnen. Sie wurde nur 51 Jahre alt. «Bereits in ihrem Spielfilmdebüt EISENHANS (1982) von Tankred Dorst glänzte sie an der Seite von Gerhard Olschewski als dessen geistig zurückgebliebene Tochter Marga und wurde dafür mit dem Deutschen Filmpreis ausgezeichnet. Trotz dieses frühen Erfolgs gab Susanne Lothar in den folgenden Jahren der Arbeit am Theater den Vorzug. (...) Damals spielte sie schon einige Jahre vorwiegend an der Seite ihres Mannes Ulrich Mühe, den sie 1990 anlässlich einer Inszenierung von Die Jüdin von Toledo bei den Salzburger Festspielen kennen und lieben gelernt hatte. Gemeinsam hatte man zwei Kinder, gemeinsam spielte man in Filmen von Michael Haneke, als die Opfer sinnloser Gewalt in FUNNY GAMES – sicher eine der eindrücklichsten und intensivsten Darstellungen überhaupt – sowie in Hanekes Kafka-Adaption DAS SCHLOSS (beide 1997). Eine vergleichbare Intensität, die die von Lothar offenbar favorisierten Rollen der gedemütigten, verzweifelten, leidenden und doch zähen Frauen auf den Punkt bringt, war ihre Darstellung der verbal erniedrigten Hebamme in Hanekes DAS WEISSE BAND (2009), deren Ohnmacht und Selbstverachtung zutiefst verstört, bevor sie sich verbal zu wehren beginnt und präzise Treffer landet. In einem Interview zu ihrem Tod erklärte Ulrich Tukur, mit dem sie wiederholt zusammen arbeitete: ‹Es war immer sehr viel Verzweiflung in dem, was sie gemacht hat.›»
(Ulrich Kriest)

das dem meisten Unbill mit einem unbeeindruckten Nuckeln am Schnuller begegnet, ist in einem schönen **Kurzfilm** zu sehen, der als Vorfilm von ICE AGE 4 (Start: 2.7.) läuft. Darin wird Maggie mit einem brutalen Zwei-Klassen-Erziehungssystem konfrontiert: Von der Mama in der Betreuungsanstalt abgeliefert, erhascht sie auf die idyllische Kita-Abteilung der Privilegierten nur einen Blick, bevor sie als «Nothing Special» in die Ecke der Kinder verdammt wird, die, wie ein Schild an der Wand zeigt, eh keine Perspektiven haben. Und da geht es ruppig zu! Ein Schicksal, das Maggie mit einer Cleverness und menschlichen Größe meistert, die derjenigen eines Burt Lancaster in DER GEFANGENE VON ALCATRAZ in nichts nachstehen. Als 3D-Film gedreht, bleiben die Figuren zwar so flächig, wie man sie aus dem Fernsehen kennt, doch nutzen die Macher die Tiefenwirkung geschickt, um die Kita-Knast-Welt, in die Maggie ausgesetzt wird, umso eindrucksvoller zu machen.

Entdeckung junges deutsches Kino (9)
MAN FOR A DAY (Start 19.7.). Dokumentarfilm über die Gender-Aktivistin Diane Torr und einen von ihr geleiteten Workshop in Berlin, in dem rund 20 Frauen die Geheimnisse männlicher Identität dadurch zu ergründen versuchen, dass sie in Männerkleider schlüpfen und typisch männliche Verhaltensweisen imitieren. Ein Beitrag über Mythen und Klischees des Geschlechterdiskurses mit vielen erhellenden Perspektiven
Regie: Katarina Peters

Am 20.7. kommt es in den USA zu einem Gewaltverbrechen, das weltweit die Menschen schockiert: Bei einem **Amoklauf** erschießt ein 24-jähriger Einzeltäter in einem Multiplex-Kino in Aurora im US-Bundesstaat Colorado während der mitternächtlichen Premiere des neuen BATMAN-Films THE DARK KNIGHT RISES zwölf Menschen; 58 weitere werden zum Teil schwer verletzt. Für die Tat färbt sich der Täter die Haare rot und orange, um dem Joker aus «Batman» ähnlich zu sehen, und hängt sich Schnellfeuerwaffen und Munition über die Schulter. Teile der Öffentlichkeit und der Medien suchen nach griffigen Sprachfloskeln, bezeichnen das Verbrechen als «Anschlag von Aurora», als «Kino-Massaker» oder auch als «Batman-Amoklauf». Die Medien diskutieren das vermeintlich fatale Zusammenwirken eines realen Verbrechens und eines fiktiven, aber doch nicht gewaltvollen Filmspektakels; auch das ambivalente Verhältnis der Filmkritik zur Gewalt im Kino wird zum Thema. Die Filmindustrie reagiert aufgeregt. In ihrer Hilflosigkeit bieten Kinobesitzer an, im Voraus gekaufte Eintrittskarten für THE DARK KNIGHT RISES zurückzuerstatten. Warner Bros., Produzent und Verleiher des Films, sagt die Premieren des Films in Paris, Tokio und Mexico City ab, in Hollywood beginnen die Verantwortlichen wenige Stunden nach der Schießerei, die Einsatzpläne für den Film umzuschreiben. THE DARK KNIGHT RISES ist für Warner Bros. der wichtigste Film des Jahres. Seine Einspielergebnisse entscheiden über die Jahresbilanz des Unternehmens. Das große Zittern beginnt weniger aus Angst vor Imitationstätern in anderen Kinos als vielmehr wegen der Ungewissheit, wie die Millionen Batman-Fans reagieren würden: ob der Schock sie vom Besuch des Films, und vielleicht überhaupt von jedem Kinobesuch, abhalten würde. «Wie sich bald zeigte, waren die Bedenken überflüssig. Das Gros des Publikums reagierte wie der 21-jährige Aldo Salgado aus Los Angeles: ‹Ich habe auf den Film

Das Filmjahr 2012

den ganzen Sommer über gewartet. Nicht einmal das Ende der Welt könnte mich abhalten, ihn zu sehen.› Die spontanen Pläne, Sicherheitspersonal für alle Kinos zu engagieren, die den Film zeigen, und Besucher wie auf einem Flughafen zu kontrollieren, wurden rasch wieder verworfen. Doch für kurze Zeit waren Öffentlichkeit und Filmwirtschaft für die Diskussion über Gewalt im Kino sensibilisiert. Warner Bros. nahm einen Werbetrailer für den Film ‹Gangster Squad› mit einer Szene aus den Kinos, die den Ereignissen in Colorado allzu ähnlich sah, und die amerikanische Presse widmete sich mit großer Ausführlichkeit der Erörterung möglicher Ursachen, ohne freilich auch nur einen einzigen Schritt weiterzukommen als bei früheren Vorkommnissen ähnlicher Art.» (Franz Everschor)

Der Filmemacher **Chris Marker** hat zu Lebzeiten selbst so viele Spuren in die Zukunft gelegt, dass der Tod seinem mäandernden Werk nicht wirklich etwas anzuhaben scheint. «Sein Œuvre hat er konsequent als Rhizom angelegt», schreibt Claus Löser, «nicht als Stammbaum, bei dem ein Schritt logisch aus dem vorherigen folgt, sondern als vielschichtiges, mit überraschenden Verknüpfungen arbeitendes Geflecht. Immer wieder hat ihn dabei die Zeit als grundlegende philosophische Kategorie interessiert. Mehrfach verwies er auf oder zitierte er aus Hitchcocks VERTIGO. Mit LA JETÉE realisierte er 1962 einen (Foto-)Film, der in mehrfacher Hinsicht Maßstäbe setzte und 1995 Terry Gilliam als Inspiration für seinen Zeitreisen-Film TWELVE MONKEYS diente. Es mutet in diesem Zusammenhang fast wie feine Ironie an, dass Chris Marker an seinem eigenen Geburtstag (am 29.7.) stirbt. Mit 91 Jahren hat er ein biblisches Alter erreicht.

Mit **Kurt Maetzig** stirbt am 8.8. das letzte der fünf Gründungsmitglieder der DEFA und ihr erster Künstlerischer Direktor. Zwischen 1947 und 1976 hatte Maetzig neben Dokumentarfilmen und der DEFA-Wochenschau DER AUGENZEUGE rund zwei Dutzend Spielfilme für die in Potsdam-Babelsberg ansässige Filmgesellschaft gedreht. Dabei versuchte er sich stets in politische und moralische Diskurse seiner Zeit einzubringen. Er «verstand sich als Mahner und Propagandist eines ‹besseren› Deutschland, das er nach den Erfahrungen der NS-Jahre mit aufzubauen hoffte. Viele seiner Arbeiten sind, jenseits ihrer tagesaktuellen Bedeutung, spannende zeitgeschichtliche Dokumente, nicht zuletzt auch für die Widersprüche und Irrtümer in Maetzigs Jahrhundertleben, dessen enthusiastische Aufbrüche, aber auch Anpassungsstrategien und resignativen Momente. (...) Mit DER SCHWEIGENDE STERN (1959) drehte er den ersten Science-Fiction-Film der DEFA, in dem er vor der Gefahr der Atombombe warnte; mit DAS KANINCHEN BIN ICH (1965) stellte er sich an die Spitze einer Gruppe von DEFA-Regisseuren, die sich kritisch mit der Entwicklung des Sozialismus in der DDR auseinander setzten. Anliegen des Films war es, dringende Reformen im Rechtswesen einzuklagen und dabei auch Lüge und Heuchelei von Parteifunktionären zu brandmarken. DAS KANINCHEN BIN ICH, ästhetisch einer der freiesten und ungezwungensten Filme des Regisseurs, wurde verboten und kam erst 1990 auf die Leinwände – ein Schlag, von dem sich Maetzig künstlerisch nie mehr erholte.» (Ralf Schenk)

August

Endlich wieder ein bemerkenswerter Kinder- und Jugendfilm aus Deutschland: TOM UND HACKE (Start: 2.8.). Klassische Literatur wird allgemein als «zeitlos» angesehen, weil sie erzählerisch «formvollendet» daherkommt und frei von Moden unabhängige Themen verhandelt. Insofern ist Mark Twains Jugendbuch *Die Abenteuer des Tom Sawyer* (1876) in der Tat ein Klassiker, dessen herrliche, satirisch pointierte Episoden von der Liebe nach Freiheit und Unabhängigkeit, von Widerstand und Verantwortung, aber auch notwendiger Anpassung erzählen. Und doch spielt *Tom Sawyer* (wie die Fortsetzung *Die Abenteuer des Huckleberry Finn*) ja nicht im luftleeren, abstrakten Raum: Erst die stimmungsvolle, detailfreudige Verortung im Missouri-Städtchen St. Petersburg an den Ufern des Mississippi macht den Roman so einzigartig. Während sich viele Verfilmungen am äußerlichen Reiz der pittoresken Ort- und Landschaften orientieren, geht Norbert Lechner (TONI GOLDWASCHER) einen gänzlich anderen Weg, indem er den thematischen Nexus sowie die zentralen Handlungsbögen von Twains Fabel in einen historisch und gesellschaftlich völlig anderen Zusammenhang überträgt – und siehe da: Auch in einer bayrischen Kleinstadt im Mai 1948 erweist sich die Fabel als tragfähig. Aus den Twain-Helden Tom Sawyer und Huckleberry Finn werden die Freunde Tom Sojer und Bartel Hacker, genannt Hacke. Und wie bei Twain ist alles da in dieser spannenden, mitunter auch angemessen düsteren (Nachkriegs-)Geschichte: die Kinderstreiche, die «wilden» Fantasien der Jungs und ihr großspuriges Aufschneiden, vor allem um einem Mädchen wie der scheuen, am Ende aber sehr tapferen Biggi zu imponieren, die Konflikte um Freundschaft, Loyalität und Gerechtigkeit – und doch ist alles ein bisschen anders, weil Lechners «Zeitreise-Kunstgriff» nun die Befindlichkeiten der konkreten deutschen Nachkriegssituation anspricht: den Schock und die physischen wie mentalen Folgen eines verlorenen Kriegs, die Nöte, Ängste und Verzweiflung angesichts des noch nicht absehbaren Neubeginns. Lechner vermittelt die Zeitumstände vorwiegend visuell über Ausstattung, Kleidung und Stimmungsbilder, die einem jungen Publikum nie den Spaß an der Geschichte nehmen, es zugleich aber spielerisch dazu anregen, aufzumerken und nachzufragen. Dass Lechner den Mut hatte, konsequent den dialektalen bayerischen Zungenschlag durchzuhalten, trägt eindrucksvoll zum «Klangbild» des Films bei.

Spanische Produzenten, Verleiher und Regisseure stehen unter Schock: Im Zeichen der Wirtschaftskrise will die konservative Regierung den **Mehrwertsteuersatz** von 16 auf 21 Prozent anheben und zudem manche ermäßigte Steuer reduzieren. Dies betrifft besonders den Kulturbereich; Eintrittskarten für Kinos, Theater und Museen sollen statt wie bisher mit acht in Zukunft mit 21 Prozent besteuert werden – in Deutschland sind es aktuell sieben Prozent. Retten kann sich im spanischen Kulturbereich nur das Buch mit seinen minimalen vier Prozent Mehrwertsteuer. Die Kinobesitzer indes fürchten das Schlimmste: Dem Sektor, der ohnehin unter einem massiven Zuschauerschwund sowie unter den Folgen der massiven Videopiraterie leidet, würde eine Erhöhung der Eintrittspreise den endgültigen Todesstoß versetzen. Pessimisten gehen davon aus, dass 70 Prozent der spanischen Kinos die Erhöhung der Eintrittspreise nicht überleben werden. Pedro Perez, der Präsident der spanischen Produzentenvereinigung FAPAE, zeigt sich völlig überrascht, hatte sich die Branche nach Gesprächen mit der spanischen Regierung doch auf eine maximal zweiprozentige Erhöhung des Mehrwertsteuersatzes eingestellt: «Das kann das Ende des Kinos bedeuten.»

Bereits auf der «Berlinale» wurde der deutsche Film THIS AIN'T CALIFORNIA (Start 16.8.) entdeckt und gefeiert, bald danach aber auch kritisiert. Der semidokumentarische Film berichtet über einen jungen Mann, der in der DDR der 1980er-Jahre zur Subkultur der Skater zählte. Anlässlich seines frühen Todes als Soldat in Afghanistan erinnern sich nun zwei Freunde an die gemeinsame Zeit. Aus historischem Filmmaterial, privaten Super 8-Aufnahmen, reinszenierten Szenen und Animationen sowie einem furiosen Soundtrack setzt der Film nicht nur dem Protagonisten und einer Subkultur in der DDR ein Denkmal, sondern fängt am Beispiel einer besonderen deutsch-deutschen Geschichte das Lebensgefühl einer Generation ein. «Dieser Film beruht auf einer wahren Begebenheit.» Für einen Dokumentarfilm klänge dieses Pochen auf den Realitätsgehalt, das in manchem Spielfilm Vor- oder Abspann von Spielfilme vorangestellt wird, wie eine Tautologie, schließlich ist der Realitätsgehalt in einem Dokumentarfilm selbstverständlich. Doch nun ist die Frage, was im dokumentarischen Genre an Fiktionalisierung erlaubt ist, wieder ganz aktuell: «Ganz dokumentarisch», «Fast dokumentarisch», «Guido Knopp-dokumentarisch»? Marten Persiel (Regie) und Ronald Vietz (Produktion) haben in THIS AIN'T CALIFORNIA so manches «Doku»-Material aus DDR-Tagen täuschend echt nachgespielt – dies aber nicht kenntlich gemacht. Manche sprechen von Betrug. Das weisen die Filmemacher energisch zurück: Als Dokumentarfilmer habe man zwei Aufgaben, so Vietz: «Die erste ist eine wahrhafte Geschichte zu erzählen und die zweite, nicht zu langweilen.» Da alle Details des Films gut recherchiert seien, «ist es überhaupt nicht wichtig, ob er (der Protagonist im Film) echt ist oder nicht». Dem widerspricht der (Dokumentar-)Filmemacher Andres Veiel vehement: Es sei ein «Verstoß gegen einen unausgesprochenen Kontrakt zwischen mir (dem Regisseur) und dem Zuschauer. Wenn wir da nicht genau sind, verlieren wir unsere Glaubwürdigkeit.» «Bilder an sich sind nie wahr», sagt Persiel. «Wahr werden sie erst dann, wenn man als Künstler respektvoll mit ihnen umgeht. Das haben wir versucht.»

▌ **Entdeckung junges deutsches Kino (10)**
▌ DAS DING AM DEICH – VOM WIDERSTAND GEGEN EIN ATOMKRAFTWERK (Start: 23.8.). Dokumentarfilm über das Leben
▌ in Brokdorf an der Unterelbe, wo 1986 trotz heftiger Proteste ein Atomkraftwerk ans Netz ging. Ohne Kommentar und Musik, dafür mit stimmungsvollen Stillleben einer trügerischen Idylle versetzt, gelingt ein eindrucksvolles Porträt des Dorfs. Regie: Antje Hubert

Das **Filmfestival von Venedig**, die «Mostra Internazionale d'Arte Cinematografica» (29.8.–8.9.), stellt in diesem Jahr hartnäckig die Frage: Wie steht es mit der Religion? Welche Werte bestimmen unser Leben, und was sind wir bereit, für sie zu tun? Extremisten jedweder ideologischen Couleur tummeln sich im Programm; religiöse Praktiken vom katholischen Rosenkranz-Beten (PARADIES: GLAUBE von Ulrich Seidl) über jüdische Sabbath-Feiern («Lemale et ha'chalal» von Rama Burstein) bis zu muslimischen Hochzeitsritualen auf den Philippinen (SINAPUPUNAN / THY WOMB von Brillante Mendoza) werden durchexerziert, Priester und Prediger unterschiedlichster religiöser oder politischer Bekenntnisse vom linken Protestler der 1968er-Revolution (APRÈS MAI von Olivier Assayas) über einen zweifelnden Pfarrer (TO THE WONDER von Terrence Malick) bis zum Scientology-mäßigen Guru (THE MASTER von Paul Thomas Anderson) ringen um die Seelen ihrer Schäfchen. Dies sorgt für einen Wettbewerb, über den sich trefflich streiten lässt: Seidls PARADIES: GLAUBE stößt auf massive Proteste katholischer Gruppen, die sich über eine Szene echauffieren, in der die weibliche Hauptfigur mit einem Kruzifix masturbiert; LEMALE ET HA'CHALAL provoziert liberale Cineasten, die sich daran stoßen, wie distanzlos und unkritisch die Filmemacherin das Milieu chassidischer Juden darstellt, und wie unhinterfragt sie dessen restriktives weibliches Rollenbild übernimmt. Marco Bellocchios LA BELLA ADDORMENTATA entzündet neuerlich die italienischen Grabenkämpfe um Euthanasie, die das Land bereits 2009 erschütterten. Die Frage, ob nicht nur religiöser Extremismus, sondern auch ein enthemmter Kapitalismus eine fundamentalistisch-inhumane Ideologie sei, wirft nicht nur Mira Nairs THE RELUCTANT FUNDAMENTALIST auf, sondern auf ungleich verstörendere und schmerzhaftere Weise auch Kim Ki-duks PIETÀ (Start: 8.11.).

September

Mitte September wird bekannt, dass die rechtskonservative Regierung unter Premierminister Viktor Orbán eine weitere Maßnahme zur Kontrolle von Ungarns Filmindustrie durchgesetzt hat. Orbans Duz-Freund Andrew G. Vajna schloss einen Vertrag mit dem ungarischen Produzentenverband MMKA, der vorsieht, dass alle Studios, Immobilien und Kopierwerke der Firmen Mafilm und Magyar Filmlaboratoriúm in Eigentum seiner Filmstiftung übergehen. Als Ausgleich übernimmt er die Schulden in Höhe von rund 6,3 Milliarden Forint (22,5 Mio Euro), die Mitglieder des MMKA in den letzten 20 Jahren bei Banken angehäuft haben. Gegen diesen Schachzug, der von Vajna ausschließlich ökonomisch begründet wird, legt der ungarische Filmverband unter Leitung von Béla Tarr einen geharnischten Protest ein. In einem Brief «An die Freunde des ungarischen Kinos» schreibt Tarr, der Coup sei «vom politischen Willen getragen und ohne Fachvertreter zustande gekommen». Der Verband betrachte den Vorgang als «unakzeptabel und illegitim. Wir weigern uns, die Idee zu akzeptieren, dass eine Förderung, die nur noch aus einem Kanal gespeist wird, das bisherige vielfältige Filmfördersystem ersetzen soll und dass der Mechanismus einer zentralen Mittelvergabe an die Stelle der einstigen, von einem breiten Konsens getragenen, viele ästhetische Richtungen berücksichtigenden Selbstverwaltung der Filmemacher treten soll». Tarr fürchtet, dass das pluralistische ungarische Kino

Mehr als drei Millionen Zuschauer machten aus der Komödie TED um einen jungen Mann und sein lebendig gewordenes Kuscheltier allein in Deutschland einen Blockbuster-Erfolg. Das mag am Hauptdarsteller Mark Wahlberg gelegen haben, am ungewöhnlich gebrochenen Sujet vom «Kind im Manne» oder an den zotigen, gar nicht mal so unkomischen Dialogen von «American Dad»-Regisseur Seth MacFarlane; in jedem Fall hat TED genügend Geld in die Kassen des Verleihs gespült, damit dieser nun ein wenig «herumspaßen» kann. Was Asterix und Obelix recht ist, das kann für John und seinen Teddybären nur billig sein, und so spricht Ted seit dem 6. September nun auch Dialekt – allerdings nur in den beiden vermeintlich führenden deutschen Mundarten Berlinerisch und Bayrisch; Friesen, Franken, Kölner oder «Ossis» bleiben außen vor. Das computeranimierte Kuscheltier frotzelt nicht nur in gepflegtem (auch für «Fremddeutsche» verständlichem) Dialekt, es adaptiert auch «landestypische» Eigenarten. So «schiebt sich» der Berliner nach dem Sex «noch 'ne Currywurscht in die Fresse», während der Bayer sich (nein, keine Weißwurst) «oa Lakritzstang ins Maul» steckt. Da darf man sich wohl schon auf die DVD «freuen», auf der dann vielleicht auch in Englisch, Französisch, Italienisch und vielleicht sogar Türkisch Landestypisches verspeist wird.

unter der Leitung Vajnas, der vor allem auf Actionfilme und gefällige Lustspiele setzt, an einem Endpunkt angelangt sein könnte. Noch sind die ersten von der neuen Filmstiftung geförderten Arbeiten nicht im Kino. Nach ihren Premieren im kommenden Jahr wird man genauer wissen, wohin die ästhetische und ideologische Ausrichtung des ungarischen Kinos geht.

Entdeckung junges deutsches Kino (11)

WIR WOLLTEN AUFS MEER (Start: 13.9.). Düsteres DDR-Drama über Menschen voller Sehnsucht nach einer besseren Welt, die in die Zwangsjacke eines Systems geraten, das ihnen keine Entscheidungsgewalt über ihr Leben zubilligt. Die herausragenden Darsteller überspielen souverän und geben den verhandelten Gewissensfragen die Dimension einer griechischen Tragödie.
Regie: Toke Constantin Hebbeln

Insgesamt 283.500 Standbilder aus 30 Filmen von Alfred Hitchcock hat der Künstler Benjamin Samuel zu einem leuchtenden, grafisch anmutenden Werk aus Farben, Licht und Schatten «hochgerechnet». Das Bild *Hitchcock*[30] wird fortan das Foyer des Deutschen Filmmuseums in Frankfurt/Main zieren. Seine Inspiration schöpfte der Künstler nicht nur aus den Filmen selbst, sondern auch aus den berühmten Gesprächen zwischen Hitchcock und François Truffaut.

Entdeckung junges deutsches Kino (12)
DER FLUSS WAR EINST EIN MENSCH (Start 27.9.). Ein deutscher Tourist bereist das Okavango-Delta in Botswana. Was als entspannter Urlaub beginnt, schlägt in der Begegnung mit einer unvertrauten Natur und Kultur in eine bedrohliche Grenzerfahrung um. Der mutige Film entwickelt eine radikale Fremdheitserfahrung als außergewöhnliche Kinoerfahrung. Regie: Jan Zabeil

Oktober

Entdeckung junges deutsches Kino (13)
3 ZIMMER/KÜCHE/BAD (Start: 4.10.). Die Freunde einer Berliner Studenten-Wohngemeinschaft schlingern auf ihrer Suche nach passenden Lebens- und Liebesentwürfen durch unterschiedliche Turbulenzen. Eine optimistische Cliquen-Komödie mit vorzüglichen Darstellerinnen und Darstellern, flüssigem Erzählrhythmus und klar konturierten Charakteren. Regie: Dietrich Brüggemann

«Heute, am fünften November, beginne ich mit meinem Bericht. Ich werde alles so genau aufschreiben, wie es mir möglich ist. Aber ich weiß nicht einmal, ob heute wirklich der fünfte November ist.» Sowohl Marlen Haushofers Roman *Die Wand* als auch seine Verfilmung durch Julian Pölsler (Start 11.10.) beginnen mit diesen (Vor-)Sätzen. Was man im Buch liest, das erklingt im Film aus dem Off und wird gesprochen von der höchst eindrucksvollen Schauspielerin Martina Gedeck, während man im Bild sieht, wie sie schreibt, sich immer wieder unterbricht, auf und ab geht, sich sammelt, das Geschehene rekapituliert: eine tiefen Ernst ausstrahlende, beherrscht und doch unendlich erschöpft wirkende Frau mit kurzen Haaren, umhergehend in einer Holzhütte, wie gefangen in der idyllischen Stille des abgedunkelten Innenraums, einer Art Höhle, aus der heraus ihre Erinnerungen aufsteigen, zu Geschichten und zu Bildern werden. Natürlich prägt das Literarische den Film. Wenn Martina Gedeck aus dem Off spricht und exakt aus dem Roman zitiert, dann ergäbe sich allein schon daraus ein fulminantes Hörbuch. Doch die Filmbilder sind nie nur schmückend-redundantes Beiwerk, schaffen vielmehr einen reichen Mehrwert an sinnlichen Eindrücken und Erkenntnissen – in ihrer atemberaubenden Schönheit schmerzen sie im einen Moment und versetzen im nächsten in einen wahren Glückstaumel. Im trägen Rhythmus der wechselnden Jahreszeiten saugen sie den Betrachter ins Atmosphärische hinein und vergegenwärtigen doch stets konkret die Grundspannung eines Lebens in und mit der Natur, das permanent der existenziellen Bedrohung, der Gefährdung, schließlich auch der Katastrophe ausgesetzt ist. Anders als die betont schönen, oft aber eher distanzlos staunenden «Naturfilme» der jüngsten Zeit dockt DIE WAND nachhaltig an der menschlichen Existenz an, als deren grundlegendes Prinzip die Erzählerin die Liebe erkennt – als einzige, womöglich längst verspielte Hoffnung auf ein besseres Leben: «Ich kann nicht verstehen, dass wir den falschen Weg einschlagen mussten, und weiß nur, dass es zu spät ist.»

Die **KurzFilmAgentur Hamburg** (KFA) wird 20! Nach dem Vorbild der französischen «L'agence du court métrage» entstand aus dem KurzFilmFestival Hamburg heraus Anfang Oktober 1982 die KFA, um Kurzfilme auch ganzjährig verfügbar zu machen. Mit Hilfe der Hamburger Kulturbehörde wurde der Aufbau eines Filmstocks in Angriff genommen; viele Initiativen wurden gestartet, um Kurzfilme als Vorfilm wieder in die Kinos zurück zu bringen. Aktuell beliefert die KurzFilmAgentur etwa 300 Kinos und hält 400 Kurzfilme bereit, die als Vorfilm oder in speziell zusammengestellten Programmen laufen. Mehr als 100 Kinos haben das «Kurzfilmabo» gebucht, mit dem sie jede Woche mit wechselnden Kurzfilmen beliefert werden. Im Jahr 2011 haben so mehr als eine Million Kinozuschauer Kurzfilme aus dem Verleih der KFA gesehen. In Zukunft will die KFA auch international tätig werden, wofür die Möglichkeiten zum Downloaden von Filmen ausgebaut wurden. Die Agentur verfügt über eine Kurzfilm-Datenbank und ein umfangreiches Archiv. Ein wichtiger Schritt, um Kurzfilme besser im Kino promoten zu können, war die Gründung der AG Kurzfilm, der den Kurzfilmern eine aktive filmpolitische Vertretung sichert. Jüngstes Projekt ist die «KurzFilmSchule», mit dem Workshops an Schulen organisiert werden, um Kinder das Handwerkszeug der Filmproduktion nahe zu bringen. Anlässlich des KFA-Jubiläums haben sich die Mitarbeiter eine pfiffige Idee einfallen lassen: ein Kurzfilmquartett mit 32 Spielkarten, die Wissenswertes über Kurzfilm-Highlights der letzten Jahre (u.a. WASP, DAS GRÜNE SCHAF oder SKADEMELDINGEN) enthalten. Das Spiel kann zum Preis von fünf Euro online unter shop.shortfilm.com bezogen werden.

Entdeckung junges deutsches Kino (14)
OH BOY (Start: 25.10.). Ein junger Mann, der längst sein Studium aufgegeben hat, lässt sich einen Tag und eine Nacht durch Berlin treiben und begegnet an den unterschiedlichsten Orten den unterschiedlichsten Menschen. Melancholische Komödie mit perfekt getimten Sketchen und pointenreichem Dialogwitz. In der Hauptrolle souverän gespielt. Regie: Jan Ole Gerster

November

James Bond kehrt zurück mit SKYFALL (Start 1.11.). «Wie Tantalos-Fetzen hält Regisseur Sam Mendes Fragmente des alten Bond dem kundigen Publikum immer wieder vor die Augen oder eben an die Ohren, ehe er den neuen Bond gemeinsam mit ‹M› auf eine ‹Reise in die Vergangenheit› schickt. In einer Lagerhalle stöbert der britische Geheimagent den legendären Aston Martin seines Vorgängers auf. Erst dann – endlich –, als er im silbernen Kultschlitten losbraust, ertönt auch die Bondmelodie, ganz und unverfälscht, wie früher, und sie klingt noch schöner, weil man so lange auf sie warten musste. Ein paar Gänsehauttakte lang ist die Bond-Welt wieder in Ordnung. Doch ganz so einfach ist das mit der ‹Wiederauferstehung› natürlich nicht, der sich Bond (im Film) und Mendes (mit dem Film) verschrieben haben. Während des Showdowns, der sich in einer melancholisch-surrealen Harry-Potter-Atmosphäre entfaltet, muss Bond mit ansehen, wie der Bösewicht Silva den Aston Martin in die Luft jagt. Es ist, als müssten Bond und sein Mythos erst noch einmal sterben, um am Ende vielleicht neu belebt zu werden. Nicht nur ‹Q› und Miss Moneypenny feiern in SKYFALL ihr Comeback. Am Ende meldet sich mit der berühmten Schuss durch die Lochblende auch die alte Bond-Ikone zurück zum Dienst. Ob das schon der Vorspann für ‹Bond 24› war? Sam Mendes hat die Scherben des Kinomythos jetzt erst einmal aufgesammelt. Zusammenkleben muss sie dann wohl ein Anderer.» (Stefan Volk)

Fanatische Demonstranten stürmen die amerikanische Botschaft in Teheran. Sie klettern über Absperrungen, zersplittern Fenster, schlagen Türen ein, während Botschaftsangestellte im Inneren hektisch versuchen, alles wichtige und geheime Material zu vernichten. Nein, das ist nicht Bengasi und auch nicht das Jahr 2012. Doch die Ereignisse, die zu Beginn von Ben Afflecks Film ARGO (Start: 8.11.) geschildert werden, gleichen aktuellen Fernsehbildern aufs Haar. Was sich vor über 30 Jahren in Teheran abgespielt hat, könnte heute sein. Und was heute in Libyen geschieht, sieht aus wie damals die Bilder aus Teheran. Nur an eingeblendeten Nachrichten-Fragmenten lässt sich erkennen, dass nicht

Am 1.11. wird **Edgar Reitz**, der große Chronist der HEIMAT, 80 Jahre alt. Als er 1995 zum 100-jährigen Jubiläum des Kinos «Die Nacht der Regisseure» drehte, in dem in einem fiktiven Filmmuseum Filmemacher über das Kino diskutierten, kommentierte Reitz: «Film war immer der Sieg der Fantasie über die Wirklichkeit.» Dem mag die Bezeichnung «Chronik» seiner drei «Heimat»-Serien entgegenstehen. Die Wirklichkeit der Menschen der Hunsrück-Dörfer wie die Wirklichkeit der Bundesrepublik Deutschland der 1960er-Jahre in München ist die Basis, die Reitz selbst erlebt sowie später sehr genau studiert und beschrieben hat. Diese umfangreichen Vorstudien und Recherchen wurden teilweise dokumentiert. So ging der ersten HEIMAT die Dokumentation «Geschichten aus den Hunsrückdörfern» (1980) voraus. Dass der Mikrokosmos Hunsrück die Welt spiegelt, dass die Geschichten um die Simons, um Hermännche und Clarissa Welthaltigkeit haben, dass sie auch Menschen in ganz anderen Welten interessieren und bewegen, das ist auch ein Sieg der Fantasie. Edgar Reitz, der hartnäckige deutsche «Heimatforscher» aus dem Hunsrück, wurde so ein wichtiger Teil des internationalen Kinos. Noch einmal will er von den Menschen aus dem Hunsrück erzählen, noch einmal ist es dem Autorenfilmer gelungen, der deutschen Kino- und Fernsehszene ein aufwändiges Unternehmen «abzutrotzen». Der vierte Teil seiner HEIMAT soll eine Art Prolog zu den drei vorliegenden Serien sein. Die Armut der Menschen im Hunsrück trieb Mitte des 19. Jahrhunderts viele in die Emigration nach Südamerika. Von diesen Auswanderern will Reitz erzählen. Man kann davon ausgehen, dass diese Auswanderer auch etwas über die Auswanderer unserer Zeiten zu erzählen haben. Noch ein Heimatfilm mit Welthaltigkeit. (Michael Hanisch)

Barack Obama im Weißen Haus regiert, sondern Jimmy Carter. Die politische Geschichte des Mittleren Ostens bewegt sich langsam. Zu Beginn von ARGO scheint sie trotz aller Turbulenz der Szenen stillzustehen. Ben Affleck wirft den Zuschauer mitten in den Tumult des Jahres 1979, als militante Iraner 52 Angestellte der amerikanischen Botschaft gefangen nahmen und 444 Tage lang als Geiseln einsperrten. Nur sechs gelang es zu entkommen und im Haus des kanadischen Botschafters Unterschlupf zu finden. «Affleck hat sich mit diesem Konzept auf gefährliches Terrain gewagt. Einerseits musste er politisch korrekt bleiben, damit sein Film nicht selbst zum Gegenstand ohnehin leicht entflammbarer Empfindlichkeiten würde. Andererseits wollte er die geradezu lachhafte Geschichte von der falschen Filmcrew nicht im Stil eines falschen Dokumentarfilms abhandeln. Deshalb entschloss er sich zu einer Gratwanderung zwischen historischem Drama, Spionage-Story, politischem Thriller und Hollywood-Satire. (Franz Everschor)

CLOUD ATLAS (Start: 15.11.) wird mit etwa 100 Mo. Dollar Herstellungskosten als der bis dato teuerste deutsche Film in die Geschichte eingehen – angesichts der notwendigen Refinanzierung ist umso bemerkenswerter, dass sich das opulente Gemeinschaftswerk des deutschen Regisseurs Tom Tykwer sowie der US-Filmemacher Lana und Andy Wachowski respektabel aus den Zwängen des Kommerzes befreien kann: als wilde Reise durch Zeit und Raum, Epochen und Moden, Gedankenwelten und Weltansichten – wobei das nur scheinbar Vergangene weit über die Zukunft hinaus weist und zur düsteren Vision des noch Kommenden wird: MATRIX meets LOLA, oder besser DER KRIEGER UND DIE KAISERIN, weil Tykwer in diesem Film noch am fabulierfreudigsten sein Spiel mit der Zeit vorantrieb und sich auf die magische Suche nach den Prinzipien des Schicksals machte. Dass man am Ende von CLOUD ATLAS gar nicht mehr so genau weiß, für welche Szenen Lana und Andy Wachowski, für welche Tykwer verantwortlich zeichnet, das ist eine sehr schöne, durchaus konstruktive «Verwirrtheit», die der narrativen Strategie des Films entspricht: ein poetisch überhöhtes Filmkonzept für David Mitchells ausufernden Roman zu finden, das spektakulär unterhält und dabei auch intelligent über das «Weltengefüge» philosophiert, die Fallstricke des Lebens, moralisch fragwürdige Machtspiele, die menschliche Zivilisation als permanentem Tanz auf dem Vulkan. Abenteuerfilm und Thriller, Science-Fiction- und Kunstfilm, Satire und kulturkritische Farce – CLOUD ATLAS spielt mutig und leidenschaftlich, durchaus auch risikofreudig auf der Klaviatur dieser verrückten Genre-Melange und findet eine attraktive visuelle Entsprechung für die literarischen Bilderwelten.

Entdeckung junges deutsches Kino (15)

TRANSPAPA (Start 22.11.). Nach Jahren der Abwesenheit tritt ein transsexueller Vater, der sich immer noch in seine weibliche Identität hineinlebt, wieder ins Leben seiner verwirrten Tochter.. Ein ebenso kluger wie unaufdringlicher, subtil auf Zwischentöne setzender Film über eine außergewöhnliche Eltern-Kind-Beziehung.
Regie: Sarah Judith Mettke

Dezember

Der vierte bundesweite Kongress von «Vision Kino» zu «Film – Kompetenz – Bildung» findet in Köln statt (5.–7.12.). Lehrkräfte, Kinobetreiber und Vertreter aus den Bereichen Film, Bildung, Politik und Wissenschaft diskutieren lebhaft über den Status quo und die Perspektiven der Filmbildung. In Zusammenarbeit mit «Film+Schule NRW» rückt der Kongress vor allem die inklusive Filmbildung ins Zentrum. Auch geht es um Themen wie «Film – Curriculum – Ausbildung», «Urheberrecht und der Schutz des geistigen Eigentums» und «Filmbildung als präventiver Jugendmedienschutz». Praxisorientierte Workshops vertiefen die Diskussionen, indem sie u.a. veranschaulichen, wie inklusive Filmbildung in der Praxis funktionieren kann, und stellen technische Lösungen für eine barrierefreie Filmrezeption vor. Bei der Kongress-Eröffnung am 5.12. wird der «Kindertiger»-Preis für das beste Drehbuch eines Kinderfilms an WINTERTOCHTER verliehen.

Wenn Weihnachten tatsächlich von einem Kinofilm verschönert wird, dann von LIFE OF PI – SCHIFFBRUCH MIT TIGER (Start: 20.12.). Ang Lee hat die dramaturgischen Fesseln der Romanvorlage von Yann Martels, die lange als unverfilmbar galt, immer wieder gelockert. «Kleine Zufälle und Überraschungen, praktische Überlebensstrategien und märchenhafte Bilder, Prüfungen und Zwischenspiele – da ist genug, was das Interesse des Zuschauers wach hält. Oder hat man schon einmal einen seekranken Tiger im Kino gesehen? Oder einen Schwarm fliegender Fische, die – in einer der spektakulärsten Szenen des Films – über Pi und Richard Parker hinweg brausen? Sehr viel stiller, von einer poetischen Grandezza ist jenes Bild, in dem unzählige Leuchtfische wie Glühwürmchen das dunkle Meer erhellen. Für Gefühle wie Angst, Einsamkeit und Verlust, die durch die ständige Lebensgefahr, sei es durch das endlose Meer, sei es durch den unberechenbaren Tiger, wach gehalten werden, findet Ang Lee emblematische Bilder, die das Wunder und die Schönheit der Schöpfung feiern, noch dazu in 3D, das seit Scorseses HUGO nicht mehr so aufregend und überzeugend genutzt wurde. Die Inszenierung durchbricht immer wieder die Grenzen des Realismus und etabliert eine Magie, die den Zuschauer wunderbar gefangen hält.» (Michael Ranze)

Am Ende liegen dann doch wieder die alles und nichts aussagenden **Zahlen** vor. Die Filmförderungsanstalt (FFA) teilt mit, dass die Kinos in Deutschland 2012 die höchsten Einnahmen ihrer Geschichte erzielt und erstmals aus dem Verkauf von Eintrittskarten einen Gesamtumsatz von über einer Milliarde Euro erreicht haben. Mit 1,033 Mrd. Euro setzten die Filmtheater von

Das Filmjahr 2012

Januar bis Dezember 2012 74,9 Mio. Euro mehr um als im Jahr davor (958,1 Mio.), das entspricht einem Umsatzwachstum von 7,8 Prozent. Im selben Zeitraum lösten 135,1 Mio. Besucher (Vorjahr 129,6 Mio.) eine Eintrittskarte an der Kinokasse und sorgten bei einer Steigerung von 4,2 Prozent für das beste Ergebnis seit 2009 – trotz Fußball-Europameisterschaft und der Olympischen Spiele im Sommer. Unter den wirtschaftlich erfolgreichsten Filmen des Jahres sind mit TÜRKISCH FÜR ANFÄNGER, CLOUD ATLAS, FÜNF FREUNDE und RUBBELDIEKATZ vier deutsche Produktionen mit jeweils mehr als eine Million Besucher. Die drei Top-Filme des Jahres 2012: ZIEMLICH BESTE FREUNDE (8,9 Mio.), SKYFALL (7,5 Mio.) und ICE AGE 4 (6,7 Mio.) – sie stellten mit 23,1 Mio. Tickets allein die Hälfte aller Besucher der erfolgreichsten zehn Filme des Jahres. An der Umsatzentwicklung im Kinomarkt habe nicht zuletzt die gemeinsam von der FFA mit dem Bund und den Ländern getragene Digitalisierungsförderung der Kriterienkinos beigetragen: Aktuell hat die FFA 1.093 Anträge auf Digitalisierungsförderung in einem Gesamtvolumen von 10,2 Mio. Euro bewilligt – allein 322 davon für Leinwände in Städten und Gemeinden unter 20.000 Einwohnern. «Die Förderung fand und findet genau zum richtigen Zeitpunkt an der richtigen Stelle statt», bilanziert der FFA-Vorstand. In einem Jahr werden wir mehr über die Gewinner und die Verlierer der Kinodigitalisierung wissen.

(Hinweis: Die namentlich zitierten Passagen entstammen Artikeln oder Rezensionen, die im Kinomagazin FILM-DIENST veröffentlicht wurden.)

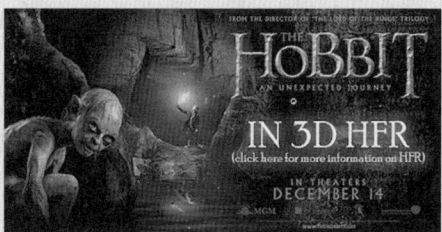

Vielleicht ist die Diskussion über die innovative Aufnahme- und Vorführtechnik von DER HOBBIT – EINE UNERWARTETE REISE (Start: 13.12.) spannender als der Film selbst. Als sei die Diskussion um «analog», «digital», «2D» und «3D» nicht schon verwirrend genug, muss man als Kinozuschauer jetzt auch noch auf die Bildfrequenz achten. Zumindest, wenn man sich den Film so ansehen möchte, wie ihn Regisseur Peter Jackson realisiert hat. Die Stereoskopie ist nicht nicht ganz am Markt (geschweige denn vom Publikum akzeptiert), da lautet das neue Zauberwort schon «HFR 3D». Das so genannte **High-Frame-Rate-Kino** kann einen Film in verdoppelter Bildanzahl präsentieren: nicht mit 24, sondern mit 48 Bildern pro Sekunde. Dies soll einen höheren Schärfeeindruck und bei 3D-Projektionen eine fehlerfreie und natürlichere Projektion sicherstellen, insbesondere bei temporeichen Szenen. Jackson ist der erste Filmemacher, der mit DER HOBBIT ein Werk für diese Technik konzipiert und in 48 B/Sek. gedreht hat. Was aber nicht heißt, dass man den Film so auch in allen Kinos zu sehen bekommt: Bei der Auswahl des Kinos muss man das Kleingedruckte beachten, denn es gibt (ohne IMAX) vier mögliche Projektionsverfahren: neben dem analogen 35mm-Film noch digital 2D, digital 3D und digital HFR 3D. Vor das ungetrübte Filmerlebnis im Saal hat der HOBBIT-Verleih Warner den (mit Kosten verbundenen) Antrag der Kinos gesetzt: Um den Film mit 48 Bildern pro Sekunde zeigen zu können, müssen sich die Spielstätten erst einmal mit der nötigen Technik ausstatten lassen. Wer indes glaubt, dass die Reise damit ein Ende hat, der irrt: James Cameron will AVATAR 2 am liebsten gleich mit 60 Bildern pro Sekunde drehen.

Brevier «Martin Scorsese»

Martin Scorsese ist einer der herausragenden Filmkünstler unserer Zeit. Geboren als Martin Marcantonio Luciano Scorsese am 17.11.1942 in Queens, New York City, ist der Regisseur, Drehbuchautor und Filmproduzent italienischer Abstammung nicht nur einer der einflussreichsten Filmemacher, sondern ebenso ein einzigartiger Kenner der Filmhistorie. Für die Deutsche Kinemathek in Berlin hat Scorsese im Jahr 2013 erstmals sein Archiv geöffnet: Das Museum für Film und Fernsehen präsentiert in diesem Jahr die weltweit erste Ausstellung zu Scorseses Werk. Anlass genug, Scorsese ein kleines Handbuch-Brevier zu widmen, das in seinen Kosmos eintauchen hilft. Die Beiträge erschienen zwischen 1992 und 2013 im Filmagazin FILMDIENST.

Intro: Bilder einer Ausstellung

Vom Auge ins Herz
Einige Exponate in der großen Martin-Scorsese-Ausstellung in Berlin 2013

I. Scorseses Liebe zu den «Roten Schuhen»

Die im Museum ausgestellten Ballettschuhe stammen aus dem Privatbesitz von Martin Scorsese, es sind Requisiten aus dem berühmtesten Film des britischen Regie-Gespanns Michael Powell und Emeric Pressburger: Ihr Filmklassiker THE RED SHOES (DIE ROTEN SCHUHE; 1948) erzählt von einer Primaballerina, die nicht mit dem Tanzen aufhören kann. Hin- und hergerissen zwischen der Liebe zur Bühne und einem Mann, stürzt sie letztlich in den Tod.

Auch Scorsese ist ein Besessener, nicht nur von seiner eigenen Kunst. Seine Freundschaft zum lange bewunderten britischen Regisseur Michael Powell (1905–1990) begann 1975 – nach dessen Karriereknick, als der (erst spät rehabilitierte) Serienmörder-Film PEEPING TOM (AUGEN DER ANGST; 1960) bei Kritik und Publikum in Ungnade gefallen war. Kein Regisseur hat Scorsese mehr beeinflusst als Powell. Es heißt, dass der ältere Kollege beim Dreh von RAGING BULL (WIE EIN WILDER STIER; 1980) als künstlerischer Berater fungierte. Bei diesem Film sollen die raffiniert choreografierte Sparringsszenen von Powells Opern- und Ballettfilm THE TALES OF HOFFMANN (HOFFMANNS ERZÄHLUNGEN; 1951) inspiriert worden sein. Auch dass Scorsese sein Boxerdrama in Schwarz-Weiß drehte, geht wohl auf Powell zurück. Wobei: Powell pfand, dass Scorsese es mit dem Einsatz der roten Farbe – eine Reverenz an die Farbdramaturgie des Briten – mitunter übertrieb. Während Powell Scorsese wertvolle Ratschläge gab, kämpfte dieser für eine Renaissance der Powell-Filme. Außerdem lernte Powell über Scorsese die 35 Jahre jüngere Thelma Schoonmaker kennen – und heiratete sie – Thelma Schoonmaker ist noch heute Scorseses Stammcutterin.

Zwar sind die roten Schuhe in der Vitrine sind etwas verblasst. Für Martin Scorsese, den Sammler, ist das wohl weniger tragisch als das Ausbleichen von Filmmaterialien. Schon Ende der 1970er-Jahre stieß er auf das Problem mangelnder Haltbarkeit von Filmkopien und appellierte an den Eastman-Kodak-Konzern, farbechtes Filmmaterial zu entwickeln. Um die Öffentlichkeit zu sensibilisieren und Geld zu sammeln, gründete Scorsese 1990 gemeinsam mit Steven Spielberg, Francis Ford Coppola, Stanley Kubrick und anderen Kollegen die «Film Foundation». Mehr als 500 Filme sind im Auftrag der Organisation seither restauriert worden, darunter auch THE RED SHOES und THE LIFE AND DEATH OF COLONEL BLIMP (LEBEN UND STERBEN DES COLONEL BLIMP;1943) – ebenfalls inszeniert von Powell/Pressburger –, der 2011 in New York wiederaufgeführt wurde.

II. Hepburns Kleid: Senfgelbe Sinnes-Attacke

Atemberaubend, wie Cate Blanchett die Hollywood-Legende Katharine Hepburn im Scorsese-Film AVIATOR (2004) darstellt: Blanchett hat die Schauspielkollegin eingehend studiert, hütet sich aber vor einer übertriebenen Imitation. Cate Blanchett verkörpert die Frau, nicht die Ikone. Um das zu zeigen, ist das senfgelbe Kleid – Blanchett trägt es in einer öffentlichen Szene – gewiss nicht das treffendste Beispiel. Dennoch ist das von Sandy Powell entworfene Kostüm, in dem Katharine Hepburn wie die laszive Schwester von Miss Liberty wirkt, für den Film wie für dessen weibliche Hauptfigur unverzichtbar. «Wir sind uns zu ähnlich», sagt Katharine Hepburn, als sie sich von Howard Hughes (Leonardo DiCaprio) trennt. Sie unterschlägt (oder ahnt nicht), dass dem technikbegeisterten Milliardär die von ihr selbst spielend gemeisterten Wechsel zwischen privater und öffentlicher Person zunehmend schwerer fallen. Hughes entwickelt sich zu einem für Scorsese typischen Einzelkämpfer (die oft von Robert De Niro gespielt werden). Zwar erzählt der Regisseur vorwiegend Männergeschichten, aber die Frauen werden kaum an den Rand gedrängt, sind vielschichtig wie Katharine Hepburn in AVIATOR oder Ginger McKenna in CASINO (CASINO; 1995). Katharine Hepburns amazonenhaft-elegantes Kleid ist gelb. Der Grünstich mag der Farbe das Schrille nehmen, in der 52. Filmminute von AVIATOR wird das Senfgelb trotzdem zur Sinnes-Attacke. Der knappen ersten Stunde des Films entzieht Scorsese die Farbe Gelb, um die Wirkung eines historischen Filmfarbsystems nachzuahmen.

III. Hommage an Multicolor

Bis Mitte der 1930er-Jahre – bevor die Technicolor-Company Hollywood mit der berühmten Drei-Streifen-Kamera revolutionierte – waren Aufzeichnung und Wiedergabe der drei Grundfarben unmöglich. In den frühen Szenen von AVIATOR orientierte sich Scorsese am alten Multicolor-System, das von Howard Hughes favorisiert wurde und das nur die cyanblauen und roten Anteile zeigte. Ist es ein Zufall, dass in den von einem Technikfetischisten wie Hughes produzierten (Farb-) Filmen kein Grün der Natur vorkommt? Die seltsamsten Farbeindrücke im ersten Drittel von AVIATOR bieten sich gerade in der Natur, wenn Hughes und Katharine Hepburn Golf spielen: eisblauer Rasen, rotbraunes Laub, an Hepburns leuchtend-rotem Lippenstift saugt sich der Blick fest als einzig lebendigem Farbfleck. Lange bevor sich seine zwangsneurotische Hauptfigur ins Exil eines Filmvorführraums zurückzieht, lässt Scorsese

Hier geht's zur Ausstellung

Howard Hughes durch ein bizarr koloriertes Universum segeln. Amerika, der fremde Planet.

IV. Familie und Mamas Rezepte

Gleich am Anfang der Ausstellung stößt man auf eine Reihe von sehr persönlichen Familienschätzen: gerahmte Malerei-Reproduktionen und Fotos. Darauf sieht man z. B. George Washington und Mona Lisa. Und Charles und Catherine Scorsese, die Eltern, und «Marty», das Baby. Auf einem Tisch, der aus Scorseses New Yorker Elternhaus stammt, steht ein Monitor. Darauf zu sehen ist Scorseses Dokumentarfilm ITALIANAMERICAN (ITALIANAMERICAN; 1974). Charles und Catherine rekapitulieren darin die Familiengeschichte der Scorseses, die nach Sizilien zurückführt. Herrlich die kleinen Kabbeleien des Ehepaars, bei denen Catherine – in vielen späteren Nebenrollen ist sie bei Scorsese als typische italienische Mamma zu sehen – meistens die Oberhand behält. Und die Hälfte des Nachspanns ist für Catherines Fleischbällchen-Rezept reserviert. Wie sollte ein Film über italienische Immigranten auch ohne kulinarische Traditionen auskommen?

Trotz dieses Familiensinns zeigt Martin Scorsese in seinen Filmen erstaunlicherweise kaum glückliche, «heile» Familien. In ALICE DOESN'T LIVE HERE ANYMORE (ALICE LEBT HIER NICHT MEHR; 1974) schickte er eine alleinerziehende Mutter auf die Reise; drei Filme bis hin zu GOODFELLAS (GOODFELLAS – ZWEI JAHRZEHNTE IN DER MAFIA; 1990) widmete er sich schließ-

Robert De Niro und Nick Nolte in CAPE FEAR: Das Hemd – ein echter Hingucker

lich der Mafia. «Familie», das sind für Scorsese auch die Bowdens in CAPE FEAR (KAP DER ANGST; 1991): Vater, Mutter, Kind kriechen im schlammigen Finale des Thrillers wie Lemuren aufeinander zu. Glück gehabt. Aber Familienglück sieht anders aus.

V. Diabolischer Schmerz und ein blutiges Hemd

Das Hemd, das Rita Ryack für die berühmte Prügelszene in Martin Scorseses KAP DER ANGST entworfen hat, wäre auch ohne leuchtendes Kunstblut eine Attraktion jeder Film-Ausstellung. Doch so wirkt es noch stärker – wie der Film. Ex-Häftling Max Cady (Robert De Niro) terrorisiert den Anwalt Sam Bowden (Nick Nolte) und dessen Familie. Sein Outfit in der Überfall-Szene tendiert zu unschuldigem Weiß, aber das Hemd ist mit islamisch anmutenden Ornamenten «tätowiert». Die weiße Aussparung auf Brusthöhe ist das ideale Feld für Blut und Wunden. Es scheint, als hätte Cady den Angriff damit regelrecht provoziert. Er triumphiert über die Schläger und trägt das zerschlitzte, blutbesudelte Hemd mit Stolz.

Wie überall bei Scorsese ist Blut auch hier mit den christlichen Wurzeln verbunden. «Ich bin wie Gott, und Gott ist wie ich», ruft der teuflische Cady am Ende der Szene – die Verballhornung eines Verses von Angelus Silesius. «Ich bin so groß wie Gott, und Gott ist so klein wie ich. Er kann nicht über mir, ich nicht unter ihm stehen!»

Jens Hinrichsen (Quelle: FILMDIENST 4/2013, veröffentlicht aus Anlass der ersten großen Scorsese-Ausstellung im Museum für Film und Fernsehen, Berlin, im Jahr 2013

Scorseses New York in der Ausstellung der Kinemathek Berlin

Teil 1: Inspirationsquellen

Alles ist Kino
Kino und Martin Scorsese: Augenblicke einer wunderbaren Freundschaft

In seiner privaten Videothek stehen gut 40.000 Filme, für deren Verwaltung er eigens einen Videothekar angestellt hat. Er sieht sich täglich mindestens einen Film an und setzt sich seit Jahren für die Erhaltung von Filmklassikern ein. Die Dokumentation A PERSONAL JOURNEY WITH MARTIN SCORSESE THROUGH AMERICAN MOVIES (MARTIN SCORSESES REISE DURCH DEN AMERIKANISCHEN FILM; 1995) gehört zu den schönsten und fachkundigsten Liebeserklärungen an die achte Kunst. Kurz: Martin Scorsese ohne Kino ist unvorstellbar – genauso wenig wie Kino ohne Scorsese.

Scorsese hat nie ein Geheimnis daraus gemacht, dass er von den großen Werken der Filmgeschichte inspiriert ist, ja diese Beeinflussung ausdrücklich sucht. Seine Drehbücher versieht er jeweils mit einer detaillierten Shotlist, in der er nicht nur festhält, wie eine Szene auf der Leinwand aussehen soll, sondern oft auch gleich seine Referenz aus der Filmgeschichte angibt. Anmerkungen wie «Siehe MARNIE: Szene, in der sie ihr Pferd erschießt» sind bei Scorsese keine Seltenheit, und sein Kameramann Michael Ballhaus berichtet, dass er ihm entsprechende Schlüsselfilme und -szenen auf Video vorgeführt habe. Selbst im Schneideraum lässt Scorsese jene Referenzwerke laufen, die ihm Vorbild sind. Anhand seines Films BRINGING BRINGING OUT THE DEAD (OUT THE DEAD – NÄCHTE DER ERINNERUNG; 1999) lässt sich exemplarisch zeigen, wie bewusst Scorsese bestehende Filme in sein Werk einbezieht und weiterentwickelt, ohne jedoch platten Abklatsch zu liefern. Er geht zwar immer wieder bei den großen seiner Zunft in die Schule, ein Epigone aber ist Martin Scorsese nie gewesen.

Trauer und Verzweiflung

Wie vielleicht nie zuvor variiert und transformiert Scorsese in BRINGING OUT THE DEAD sein eigenes filmisches Werk – ganz folgerichtig, nachdem er inzwischen selbst Teil der Filmgeschichte geworden ist. erzählt er hier die Geschichte von Frank Pierce (Nicolas Cage), einem Ambulanzfahrer, der rastlos durch die Straßen von New York fährt, physisch und psychisch isoliert ist und unter der Grausamkeit der Großstadt leidet. Er ist Gottes einsamer Mensch, der eigentlich nur eines sucht – Erlösung. Genau das war im Kern bereits die Geschichte von Travis Bickle (Robert De Niro) in TAXI DRIVER (TAXI DRIVER; 1975). Die Analogien zwischen den beiden Filmen lassen sich bis in die Einzelheiten verfolgen: Schon die geheimnisvollen Rauchschwaden zu Beginn sind ein Selbstzitat. Heute wie damals verdichten sich Detailaufnahmen des fahrenden Autos zur puren Atmosphäre. In beiden Filmen dienen rot eingefärbte Bilder – die ohnehin eine Vorliebe Scorseses sind – dem Sichtbarmachen von Emotionen. Und sowohl von Travis Bickles als auch von Frank Pierce wird das Augenpaar leinwandfüllend gezeigt, eine Großaufnahme, die alles über ihren psychischen Zustand verrät.

In TAXI DRIVER fleht Travis die Kioskfrau in einem Pornokino förmlich an, ihm ihren Namen zu nennen – in BRINGING OUT THE DEAD wird der Einsiedler Frank vom Bild eines Opfers verfolgt, das er nicht vergessen kann, gerade weil es ihm seinen Namen genannt hat und damit aus der anonymen Masse herausgetreten ist. Schließlich arbeiten sowohl Travis als auch Frank vor allem nachts, weil sie keinen Schlaf mehr finden können. Dennoch ist BRINGING OUT THE DEAD kein Remake von TAXI DRIVER. Während in TAXI DRIVER hinter jeder Szene Aggressivität lauert, ist das vorherrschende Gefühl in BRINGING OUT THE DEAD Trauer

Nicolas Cage in BRINGING OUT THE DEAD

und Verzweiflung. Es sind zwei verschiedene Arten von Wahnsinn, die hier am Werk sind: Der «Todesengel» Travis will die Welt retten, indem er sie zerstört, der barmherzige Samariter Frank zerstört sich selbst, weil er die Welt nicht heilen kann. Der eine wünscht sich die Sintflut herbei, damit endlich das große Reinemachen beginnen kann – der andere fährt mit seiner «Arche» durch die Straßen, in der Hoffnung, so viele Menschen wie möglich zu retten.

Eine außergewöhnliche Kraft erhalten Scorseses Visionen vor allem deshalb, weil er meisterhaft mit Kontrapunkten umgeht. Taxi Driver fließt fast schon träge dahin, begleitet von der unvergesslich schwerblütigen Musik Bernard Hermanns, und doch ist der Film von einer geradezu unheimlichen Gewalttätigkeit. Die Traurigkeit und Resignation, die in Bringing Out the Dead dominiert, steht in scharfem Kontrast zum horrenden Tempo des Films, den ruhelosen Bildern und der aufpeitschenden Musik – man befindet sich mitten in einem irrsinnigen Totentanz durch das nächtliche New York.

Formal drängen sich viel stärker Erinnerungen an After Hours (Die Zeit nach Mitternacht; 1985) auf. Auch dort ist die Hauptfigur ein isolierter Mann: der Programmierer Paul Hackett (Griffin Dunne), der ebenfalls keinen Schlaf findet. Ihn schickt Scorsese auf eine grausame Achterbahnfahrt durch das nächtliche New York. Er ist ein willenloses Opfer, das nichts weiter tun kann als seine Verzweiflung gegen den Himmel zu schreien. Am Morgen sitzt er – leicht lädiert zwar – wieder an seinem Arbeitsplatz, als wäre nichts geschehen. Man mag das nach dem vorangegangenen Höllentrip als Hoffnungsschimmer deuten, ebenso gut kann man aber auch annehmen, die Schlange habe sich in ihren Schwanz gebissen, und das Ganze sei deshalb erst der Anfang einer Selbstzerstörung.

Gefangener und Gejagter

An die Rasanz von After Hours hat Scorsese in Bringing Out the Dead angeknüpft, die verrückte, lebensgefährliche Fahrt im Taxi wiederholt sich in den aberwitzigen Fahrten mit dem Ambulanzwagen – ein beängstigendes, unaufhaltsames Domino-Spiel in Lebensgröße. Wohl nicht zufällig gibt es in beiden Filmen ein musikalisches Motiv, das an das unerbittliche Ticken der Uhr erinnert. Wie Paul dreht sich auch Frank im Kreise, als Gefangener eines Labyrinths, aus dem es keinen Ausweg gibt. Und wie in After Hours kippen die Szenen immer wieder ins Absurde, in eine Wahnwitzigkeit, die komisch ist – so komisch wie Franz Kafka und Hieronymus Bosch. Paul Hackett wird ohne eine Chance auf Erlösung durch den Film gejagt, und

Robert De Niro in Taxi Driver

Griffin Dunne und John Heard in AFTER HOURS

am Ende landet er wieder da, wo er angefangen hat – Frank ergeht es in BRINGING OUT THE DEAD genauso. Er ist wie Paul Gefangener und Gejagter zugleich.

Martin Scorseses große Leidenschaft neben dem Kino ist die Religion. Wenn er sich mit Paul Schrader zusammentut, darf man in dieser Hinsicht erst recht einiges erwarten. Immerhin hat Schrader für Scorsese bereits die Drehbücher zu so religiös «aufgeladenen» Filmen wie TAXI DRIVER, RAGING BULL (WIE EIN WILDER STIER; 1979) und THE LAST TEMPTATION OF CHRIST (DIE LETZTE VERSUCHUNG CHRISTI; 1988) geschrieben. Am Anfang von BRINGING OUT THE DEAD steht ein Filmplakat mit einem unübersehbaren Kreuz im Zentrum, am Ende eine bewusst nachgestaltete Pietà-Darstellung. Dazwischen liegen eine ganze Reihe von Szenen, die der christlichen Bildtradition verpflichtet sind. Da gibt es beispielsweise eine Jungfrauengeburt, an die ausgerechnet Marcus (Ving Rhames), der sonst überaus aufgeweckte Partner Franks nicht glauben mag, obwohl die kindliche Mutter doch Maria heißt. Derselbe Marcus inszeniert in einem Club ein Auferstehungswunder, um die dort versammelten Junkies von ihrem schlechten Weg abzubringen. Und immer wieder begegnet Frank dem verstörten Noël (Marc Anthony),

der nie genug Wasser kriegen kann, weil er sich in der Wüste wähnt. Noël wird zum eigentlichen Alter-Ego Franks – der eine verdurstet, der andere verhungert, und bei beiden wird dieser unstillbare Hunger zum Symbol für ihre Sehnsucht nach Erlösung.

Noël sieht den einzigen Weg dazu im Tod und bittet deshalb Straßenpassanten, ihn umzubringen. Frank wiederum will endlich von seiner aussichtslos scheinenden Mission befreit werden. Weil er das selbst nicht schafft, versucht er, seinen Einsatzleiter mittels lausiger Arbeitshaltung dazu zu bringen, ihn zu entlassen – vergeblich. Schließlich nimmt ihn sein Vorgesetzter in den Arm und versichert Frank, dass er ihn gar nicht entlassen könne – Gottvater ist auf Menschen wie Frank angewiesen. Dass Frank tatsächlich ein Stellvertreter Christi ist, kommt auf subtile Weise in einer kurzen Dialogzeile zum Ausdruck, in der sein Partner über ihn sagt: «He's dying for saving someone – Er stirbt, um jemanden zu retten.»

Im Reich der Toten

Eine weitere Spur führt wieder zurück in die Filmgeschichte: zu VERTIGO (AUS DEM REICH DER TOTEN; 1958) von Alfred Hitchcock. Frank kurvt zwar mit an-

James Stewart fährt in Hitchcocks VERTIGO durch San Francisco

derer Geschwindigkeit, zu anderer Musik und in einer anderen Stadt um die Häuserblocks, aber er wird von derselben Obsession getrieben wie Scottie (James Stewart) in Hitchcocks Klassiker. (Ganz nebenbei gelingt Scorsese ein ebenso faszinierendes Porträt New Yorks wie VERTIGO eines von San Francisco ist.) So wie Scottie den Tod seiner Traumfrau Madeleine nicht verhindern konnte und nun krampfhaft auf der Suche nach ihrem Ebenbild, ihrer Reinkarnation ist, so fühlt sich auch Frank schuldig am Tod einer Frau, ist fixiert auf ihr Gesicht, dem er nun überall begegnet. Scottie wie Frank versinken immer tiefer im Strudel ihrer Wahnvorstellung. Bei Hitchcock taucht die Spirale schon auf dem Filmplakat auf und wird zum Leitmotiv des gesamten Films, bei Scorsese kulminieren die endlosen Kreisbewegungen in einem Moment, an dem sich die Kamera um die eigene Achse dreht. Und in beiden Fällen wird in einer Traumsequenz sichtbar, wie sehr die beiden im Reich der Toten gefangen sind. Genau wie James Stewart verkörpert Nicolas Cage einen Mann, der ganz unten anfängt und noch tiefer fällt – die Spirale hat ihn gepackt, und sie lässt ihn nicht mehr los. Ganz am Schluss scheinen zwar beide von ihrem Stigma erlöst, der eine kann furchtlos in die Tiefe blicken, der andere endlich wieder schlafen. Aber in beiden Fällen mag man sich das Happy End nicht einreden – zu grausam wurden beide nach unten getrieben, sodass man annehmen muss, sie seien eher aus Erschöpfung als aus Erlösung zur Ruhe gekommen.

Thomas Binotto (Quelle: FILMDIENST Nr. 9/2000)

«Was stellst du dir vor, wer du bist?»
Über die Inspirationsquellen des Regisseurs Martin Scorsese

Mit roter Schrift auf hellblauer Seide beginnt ALICE DOESN'T LIVE HERE ANYMORE (1974), dazu singt Alice Fay: «You'll Never Know». Als Kind hatte Martin Scorsese im Kino bemerkt, dass die New Yorker Bürgersteige irritierend sauber und viel höher waren als in Wirklichkeit. In den Hollywood-Studios waren sie den kalifornischen Bordsteinkanten abgeschaut und falsch nachgebaut worden. Für NEW YORK, NEW YORK (NEW YORK, NEW YORK; 1977) wollte Scorsese genau diese spezielle Künstlichkeit und engagierte deshalb Boris Leven. Der 1900 geborene Szenenbildner war an unzähligen Produktionen tätig, so auch an jenem Alice-Fay-Film von 1943, aus dem der Song «You'll Never Know» stammt. Noch 1986 war Leven am Erfolg von THE COLOR OF MONEY (DIE FARBE DES GELDES; 1986) beteiligt. Aus dem Billard-Drama, das als Fortsetzung zu Robert Rossens THE HUSTLER (HAIE DER GROSSSTADT; 1961) geplant war, machte Scorsese eine US-Cover-Version von Dino Risis IL SORPASSO (VERLIEBT IN SCHARFE KURVEN; 1963). Das italienische und das amerikanische Kino hat er in zwei grossen Dokumentarfilmen 1995 und 1999 «bereist». Er nennt die Filme selbst «Reisen», aber natürlich hat er gar nicht vor, von diesen Reisen irgendwann heimzukehren.

Elegante Verbeugungen

BOB DYLAN – NO DIRECTION HOME (BOB DYLAN – NO DIRECTION HOME; 2005), Scorseses Bob-Dylan-Porträt, erzählt vom Drama der Erwartungen und vom Fluchtwunsch: der Musik ganz zu verfallen, alle Verpflichtungen, auch den eigenen Anhängern gegenüber, aufzukündigen. In VAL LEWTON: MAN IN THE SHADOWS (VAL LEWTON: MAN IN THE SHADOWS; 2007, Regie: Kent Jones) versenkt sich Scorsese mit ähnlicher Hingabe ins Studium der geheimnisvollen Werke des Hollywood-Produzenten Val Lewton, so magischer Filme wie CAT PEOPLE (KATZENMENSCHEN; 1948) und THE SEVENTH VICTIM (1943). Vor den völlig unbekannten ISLE OF THE DEAD (DIE TODESINSEL; 1945) und BEDLAM (BEDLAM; 1946) machte er mit SHUTTER ISLAND (SHUTTER ISLAND; 2010) eine elegante Verbeugung. Scorseses filmgeschichtliche Lieblingsepoche ist die des Film noir. Ein Genre, das eigentlich kein Genre war – denn es gab Film-noir-Western, es gab Film-noir-Musicals. Mehr als nur ein Stil war der Film noir eine Kunstform des Nachkriegs, die Mitleid hat mit Leuten, die ihre Seele verloren haben. In ALICE DOESN'T LIVE

Brevier «Martin Scorsese»

Harvey Keitel, Robert De Niro und David Proval in MEAN STREETS

HERE ANYMORE bekommt der kleine Donald (gespielt von Billy Green Bush) gegen die Langeweile, weil seine Mutter kellnert, von der rührend komischen Valerie Curtin ein Taschenbuch geschenkt: «The Bride Screamed Murder». Ein Buch, das gar nicht existiert, ein erfundenes Buch aus einem anderen Film: Deanna Durbin liest es 1945 in LADY ON A TRAIN (DIE DAME IM ZUG), einer extravaganten Film-noir-Komödie. In mancherlei Hinsicht ist Scorseses Kino eine nie endende Tour, ein Leben aus dem Koffer. Aber der Koffer ist gigantisch.

Als sich abzeichnete, wer den Johnny Boy in MEAN STREETS (HEXENKESSEL; 1973) spielen würde, fand Robert De Niro in seiner Wohnung in der 14th Street noch Klamotten aus den alten Tagen. Scorsese erinnert sich (in Cahiers du Cinema, Nr. 500, März 1996) an den Moment, als De Niro einen Hut aufsetzte: «Und ich dachte: perfekt! Ich sagte das nicht laut, sondern lediglich: Gut, gut. Aber als ich ihn mit dem Hut sah, wusste ich, das ist (…) er. Nichts an ihm ändern, nicht anfassen!» Scorseses Humor konturiert in dieser knappen Szene das blinde Verständnis, aber auch die vorsichtige Scheu zwischen den beiden Kreativen. In ihren Filmen sind Begegnungen ganz selten einfach nur Begegnungen, sondern Kollisionen, wenn nicht gar gleich Duelle. Räume werden betreten, als ginge es um die Aufnahme in den Kreis der Götter. Oder sofort auf die Schlachtbank. Johnny Boy trägt seinen 25-Dollar-Hut mit vorn hoch geklappter Krempe und betritt in Begleitung zweier kichernder, großer Mädchen eine Bar. Seine Hose, die er wie frisch gekauft am Bund in der Hand hält, gibt er an der Garderobe ab. Erst dann folgt zu «Jumping Jack Flash» der Rolling Stones in rotglühender Zeitlupe sein Eintritt ins Gedächtnis der Welt.

Scorsese & De Niro

«Ein großer Schauspieler wie Robert De Niro, der spricht und sich bewegt wie Nachbild und Vorbild zugleich (er existiert und beschreibt zugleich, existierend, ein Leben): Neidgefühl,» notierte Peter Handke 1977, «dass solche Schauspieler heutzutage, in ihrer intensiven Selbstlosigkeit für andere, die eigentlichen Schriftsteller seien: ihre Schrift ist selbstverständlich (wie Henry Fondas Bewegungen, die mir als Lettern erschienen).»

Der Casino-Chef Ace Rothstein geht über roten Teppichboden in hellblauen Schuhen – und ohne Hose – zum Wandschrank, in dem die Bügelfalten seiner hellblauen Anzughose vor dem ruinösen Sitzen am

Martin Scorsese und Robert De Niro bei den Dreharbeiten zu TAXI DRIVER

Schreibtisch verschont werden. Dass er seinem mächtigen Besucher, der erst eingelassen wird, als sich De Niro – mit Hose – hinterm Schreibtisch positioniert hat, unnachgiebig, aus purem Stolz einen Gefallen verweigert, das besiegelt seinen tiefen Fall.

Martin Scorsese, der in Interviews, ganz anders als es in seiner Zunft gemeinhin üblich ist, ganz offen über Krisen und Selbstzweifel spricht, gesteht gern, dass Robert De Niro oft lange vor ihm wissen würde, um was es in den gemeinsamen Filmen eigentlich geht. Sowohl RAGING BULL als auch THE KING OF COMEDY (KING OF COMEDY; 1983)waren Projekte De Niros; Scorsese ließ sich vom Enthusiasmus des Freunds anstecken, aus Depressionen reißen. Ein starkes Gespür für Dramatik zeigt sich auch in seinen Aussagen zu kommenden, noch gänzlich unfinanzierten und mitunter noch schwer vorstellbaren Filmvorhaben. Ständig von neuem steht fest, dass er bald wieder mit De Niro drehen wird, nur noch zuvor schnell ein, zwei Filme ohne ihn.

Die unernste Rolle des Regisseurs liegt Scorsese wie vor ihm nur Alfred Hitchcock, bis hin zum karikaturhaft gezeichneten Porträt im Profil. Die Silhouette als Versteck. Eine schlaue Selbstparodie, die nicht Hitchcock, sondern vor ihm schon ein anderer erfand: Cecil B. DeMille. Von dem hat Scorsese abgeschaut, wie man imposante Fassaden vor häusliche Dramen baut und durch monumentale Pforten hässliche Szenen zwischen Männern und Frauen filmt. Im schönen Schein steckt die Gewalt noch vor dem Ausbruch, als kaum kontrollierte Eifersucht, als Ehrgeiz, Neid und Argwohn. In CASINO sehen die 1970er-Jahre in Las Vegas aus wie die Mode unter König Ramses in DeMilles THE TEN COMMANDMENTS (DIE ZEHN GEBOTE). Der Technicolorfilm von 1956 ist Quintessenz dessen, was Scorsese, in einem herrlichen Text über seine heimlichen Lieblingsfilme (in «Film Comment», 1978) ein «guilty pleasure» nennt. Der Begriff war noch nicht so verbraucht wie heute, doch der Trick schon damals alt: Das Vergnügen vergrößern durch Verbotsbruch – gegen den guten Geschmack. 50-mal sah er sich THE TEN COMMANDMENTS an. Hat man DeMilles Filme als Kind gesehen, sagt Scorsese, dann ist man fürs Leben gezeichnet.

Ein Gruß der Mutter

Pink, türkis, pfirsich- und creme- und lachs- und lavendelfarben sind seine Hemden und Kravatten, seine Anzüge und Schuhe, 52 Kostümwechsel hat De Niro in CASINO. Einmal geht eine Überblendung wie ein Röntgenblick durch ein Hosenbein auf den darunter verborgenen Morse-Sender eines Kartenspielbetrügers; ein andermal – in THE AGE OF INNOCENCE (ZEIT DER UNSCHULD; 1993) – durch eine Westentasche auf einen Schlüssel. Stummer Film. So, als wäre es ein Zwischentitel, liegt in MEAN STREETS ein handgeschriebener Gruß der Mutter auf einem neuen Hemd. Leinwandfüllend ertasten Harvey Keitels Fingerkuppen auf der hellblauen Hemdbrust das gestickte Monogramm. «Von allen äußeren Kräften, die aus uns machen, was wir sind, ist Kleidung die mächtigste. Sie bedeckt unsere Ideen so gut wie unseren Leib – bis wir schließlich werden, wie wir aussehen.» Aus Sätzen wie diesen von David Graham Phillips machte Jeanie Macpherson Zwischentitel für DeMille.

DeMilles Stummfilmversion von THE TEN COMMANDMENTS (DIE ZEHN GEBOTE; 1923) handelt nur anfangs von Moses, dann klappt eine Mutter die Bibel zu, und es geht um die Konkurrenz ihrer beiden Söhne, um Korruption, Pfusch am Bau, bröckelnden Beton. Die Frauen tragen Röcke aus Nerz, und an Pelzmänteln sind Orchideen angenäht. Die Kamera fährt mit der Frau, die von beiden Brüdern geliebt wird, im Baustellenaufzug hoch zur Spitze eines Kirchturms. Der ist aus gefährlich bröckelndem Beton. Es ist nicht allzu erstaunlich, dass DeMilles Film von 1923 moderner ist als sein Remake drei Jahrzehnte später. Die Filmkunst kennt Moden, keinen Fortschritt. Das Gerede von Innovationen meint nur, dass Arbeit billiger erledigt wird.

Zwei Wochen mehr Drehzeit hätte er gebraucht bei THE LAST TEMPTATION OF CHRIST (1988), sagt Scorsese. Vielleicht denkt er dabei auch nur an Edward G. Robinson, der sich zwei zusätzliche Wochen wünscht und diese nicht bekommt, als erschöpfter Regisseur Krueger in Vincente Minnellis TWO WEEKS IN ANOTHER TOWN (ZWEI WOCHEN IN EINER ANDEREN STADT), in Cinecittà, in Rom 1962. Alles, die ganze Welt, sagt Scorsese, sei für ihn irgendwann zwischen 1961 und 1963 stehen geblieben, mit Anfang 20 oder schon früher. Ein Leben mit 19. Man könnte auch sagen: Mit Ende Zehn, aber leider kommt diese Formulierung im Sprachgebrauch nicht vor.

Einer der schönsten Filme Scorseses und einer der schönsten Dokumentarfilme, die es gibt, ist ITALIANAMERICAN (1974). Lichterloh brennt die Neugier, mit der er da seine Eltern befragt, wie rasend schnell sie sprechen, und wie er dann doppelt so schnell die nächste Frage hinterher jagt. Wenn Scorsese den Mund aufmacht, dann ist das New York, sagte Bertrand Tavernier. Weswegen er ihm in ROUND MIDNIGHT (UM MITTERNACHT; 1986) eine Gastrolle gab: Um sich die Totalen von der Stadt zu sparen.

Seit seinen Filmstudententagen traten Scorseses Eltern in fast allen seinen Filmen auf. Bis beide in den

Martin Scorsese und seine Eltern in ITALIANAMERICAN

Alice und ihr Sohn in ALICE DOESN'T LIVE HERE ANYMORE

1990er-Jahren starben. Wenn De Niro als Rupert Pupkin in KING OF COMEDY (1983) in seinem Kellerstudio an der Karriere bastelt, ruft Catherine Scorsese als Mutter aus dem Off: «Was machst du da unten eigentlich?» Sein gewaltsam herbeigeführter Fernsehauftritt weckt nicht sonderlich viel Interesse bei dem an einer Theke sitzenden Charles Scorsese. In TAXI DRIVER zeigt ein Zeitungsfoto beide als die Eltern der heim geholten Jodie Foster. In GOODFELLAS kocht Catherine Scorsese als Mutter von Joe Pesci zu später Stunde den Gangstern noch was Leckeres und zeigt ein selbstgemaltes Bild: der Porträtierte erinnert die harten Jungs an den toten Kerl im Kofferraum. Was wissen Eltern von Kindern?

Sich im Anderen erkennen

Ein Hühnerstall leuchtet im Sonnenuntergang, Alice Fay singt «You'll never Know», und ein kleines Mädchen, das sich vor dem Abendessen noch draußen herumtreibt, wird ins Haus gerufen, in ein Hexenhäuschen mit Eltern als Silhouetten, unter Androhung grässlicher Prügel. Der Anfang von ALICE DOESN'T LIVE HERE ANYMORE ist THE WIZARD OF OZ (Der Zauberer von Oz; 1939) plus THE NIGHT OF THE HUNTER (DIE NACHT DES JÄGERS; 1955). Vor diesem Gemisch aus Musical und Horror weicht die Kamera zurück, bis das Normalformat ins Dunkel implodiert und plötzlich taghell im Breitwandbild die dokumentarische Tristesse einer Vorstadtsiedlung tief überflogen wird; hinein in ein Wohnzimmer, auf dessen Teppich ein Elfjähriger rücklings zwischen zwei Lautsprecherboxen mit den kreischenden Klängen von Mott the Hoople die Autorität seines Vater herausfordert.

30 Jahre umfasst der Zeitsprung, aus der Kindheit der Mutter, die als kleine Alice zu sich selbst sagt, so gut wie Alice Fay sänge sie allemal, herüber in die Kindheit des unverfrorenen Bengels, der auf die Standardfrage «Wie konnte ich so was kriegen wie dich?» die Antwort weiß: «Du wurdest schwanger.» Die Art, wie Scorsese seine Figuren dem Zuschauer vorstellt, ist weder verträumte Reminiszenz, noch Ironie, sondern aggressiver Humor. Radikalste Eröffnung einer Chance: sich im Anderen zu erkennen, jede Kindheit, jedes Leben als Zwickmühle, Zwangslage zwischen Langeweile und Angst zu sehen.

«Was stellst du dir vor, wer du bist?», fragt die wütende Alice ihr Kind. Aber irgendwas muss jeder sich vorstellen. Scorseses Helden können meist nur beweisen, dass sie nicht totzukriegen sind. Ellen Burstyn und Billy Green Bush sind als Mutter und Sohn ein ganz besonderer Fall, das einzige Gespann, das jemals zu zweit einen Scorsese-Film heil durchquert hat. Jeanie MacPherson, die drei Jahrzehnte lang Drehbücher für Cecil B. DeMille schrieb, verriet einmal ihr Motto, das so mancher Doktrin widerspricht: «Jede Szene ist ein Drama; der Film eine Kette kleiner Dramen! Statt zu fragen, was hinzuzufügen ist, frag dich, was du weglassen kannst!»

Ich frage mich trotzdem, ob ich nicht noch erwähnen soll, dass Anne Bauchens 40 Jahre DeMilles Cutterin war, ein Rekord, den Thelma Schoonmaker und Scorsese wahrscheinlich einholen werden. Um die Verwandtschaft des DeMille-Preisträgers mit DeMille zu belegen, hätten allerdings zwei Bilder mehr Überzeugungskraft als tausend Worte: Die todesmutige Gloria Swanson in MALE AND FEMALE (1919), unter der Pranke eines Löwen liegend, und der sanfte David Proval, der in MEAN STREETS zu einer Löwin in den Käfig steigt und mit ihr schmust. Das Kino war, ist und bleibt eine Sache des Zutrauens.

Rainer Knepperges (Quelle: FILMDIENST 1/2013)

Vom Warten auf Erlösung
Martin Scorsese und sein New York

«It's up to you – New York, New York»
– John Kander / Fred Ebb

I.

Das Bewusstsein der Moderne ist ein urbanes Bewusstsein. Seit dem frühen 19. Jahrhundert schlägt sich in Philosophie wie Literatur, Malerei wie Fotografie eine Erfahrung nieder, der die Großstadt zum Schicksal wurde. In der Stadt prägt sich die moderne conditio humane, prägen sich die Bedingungen am nachhaltigsten aus, unter denen der Mensch von jetzt an zu leben hat: in einem Ort der extremen sozialen Gegensätze, der Naturferne und der Künstlichkeit, der Anonymität und der Einsamkeit in der Masse; einem Ort, in dem die Sinne permanent durch eine Vielfalt von Eindrücken überreizt werden; einem Ort der Entfremdung, der Gewalt und des Ich-Verlustes. Und dennoch ist es unmöglich, ihm zu fliehen. Die Großstadt ist der definitive Raum der Bewährung. Schon früh wird sie als Hölle empfunden und beschrieben, aber auch früh ist schon deutlich, dass nur in ihr die Läuterung und das Glück zu erlangen sind.

So wurde New York wie keine andere Metropole zum mythischen «Mekka und Menetekel» der Moderne (Hartmut Häußermann / Walter Siebel), zum Fluchtpunkt für Millionen von meist armen Einwanderern aus ganz Europa, die nichts nährte, außer der Hoffnung, die in der amerikanischen Unabhängigkeitserklärung jedem verbrieft ist – dem Recht der «pursuit of happiness», dem Recht, hier sein Glück zu suchen. Diese Suche ist das Zentrum des American Dream, der sich freilich gerade in den Straßen der großen Stadt immer wieder in sein Gegenteil verwandeln kann: in einen infernalischen Albtraum. Der Fotograf Weegee, der als Kind nach New York einwanderte, hat die Stadt als *Naked City* (1945) porträtiert, hat Hoffnung und Hoffnungslosigkeit dokumentarisch in seinen schwarzweißen Bildern eingefangen. Elf Jahre nach Weegee stimmte Allen Ginsberg, Kind von Immigranten, in seinem Gedicht *Howl* (1956) gequält und quälend ein apokalyptisches Geheul an, in dem seine Stadt New York als «Moloch» aus «Zement und Aluminium», aus «Einsamkeit! Dreck! Hässlichkeit!» verschrieen wird, als «Moloch, der mir früh in die Seele drang!». Schon deshalb macht es keinen Sinn, die Stadt zu verlassen. Man trägt sie, egal wohin man sich wendet, immer in sich.

New York bei Nacht in MEAN STREETS

II.

Martin Scorsese, der am 17.11.1942 geborene Enkel italienischer Einwanderer, wuchs im «Little Italy» New Yorks auf, in einem Viertel, in dem sich bis in die 1960er-Jahre ein ganz eigener traditioneller «Italian way of life», eine Art Enklave in der rasend modernen Metropole zu bewahren suchte. Die Basis dieser scheinbar autonomen Lebensform bildeten die Mafia und der Katholizismus. Von seiner Jugend in «Little Italy» sagt Scorsese: «Wir kümmerten uns nicht um die Regierung oder die Politiker oder die Polizei. Wir fühlten, dass wir auf unsere eigene Art in Ordnung waren. (...) In dem Viertel, in dem ich aufwuchs, gab es zwei Mächte: die harten Jungs auf der Straße – und die Kirche. Die Kriminellen grüßten den Priester und hüteten ihre Zunge, wenn sie ihn sahen. Und sie ließen ihre Autos und ihre Haustiere segnen. Das hatte, als ich acht oder neun Jahre alt war, vielleicht etwas mit meiner Entscheidung zu tun, Priester zu werden. Wie auch immer, ich wollte Priester werden, bis ich meinen ersten Film drehte.»

Wenn es eine Erfahrung gibt, die Scorseses Werk durchdringt, dann ist es diese Erfahrung New Yorks: dass die Gegensätze, die das Leben bestimmen, dicht beieinander liegen und sich in permanenter explosiver Kollision befinden. Die physische und psychische Gewalt ist allgegenwärtig, mit ihr die Schuld und der Wunsch, es könne Vergebung, vielleicht sogar Erlösung geben aus dem Schuldzusammenhang. Und aus dem katholischen Glauben und seiner Symbolwelt entsteht der Wunsch, als Künstler eine symbolhafte Welt zu schaffen, die alle Gegensätze in einer Perspektive erfasst, ohne sie zu versöhnen. «Scorsese gibt Geisteszustände (states of mind) wieder», schreibt Robert Kolker: Geisteszustände vom Leben und Sterben, vor allem vom Kämpfen ums Überleben in New York. Sie sind so fragmentarisch, so kaleidoskopisch wie die immens vielfältige und zerrissene Metropole selbst. Solche «states of mind» strukturieren alle New-York-Filme von Martin Scorsese: Who's That Knocking at My Door? (Wer klopft denn da an meine Tür?;1969), Hexenkessel (1973), Taxi Driver (1976) und New York, New York (1977), The King of Comedy (1983), After Hours (1985), Goodfellas (1990) und The Age of Innocence (1993) bis zu Bringing out the Dead (2000) und schließlich dem opus magnum Gangs of New York (2002).

In all diesen Filmen herrscht der Kampf, gar Krieg. Es ist jedoch vor allem Scorseses persönliches Ringen mit der Idee, es könne eine Redemption geben, eine Errettung, eine Erlösung aus dem ewigen Kreislauf von Gewalt, Verfehlung, Schuld, Rache und neuer Gewalt. Mean Streets beginnt denn auch, noch im Off, mit den von Scorsese selbst gesprochenen Worten: « You don't make up for your sins in church. You do it in the streets. You do it at home. The rest is bullshit. And you know it.» Es erwacht ein Mann (Harvey Keitel) aus dem Schlaf wie aus einem bösen Traum, steht auf, geht durch ein enges Zimmer, an dessen weißer Wand ein Kruzifix hängt, und blickt in den Spiegel, als wolle er sich versichern, wer er ist. Draußen heulen Polizeisirenen. Der Mann befindet sich untrüglich in New York City. Dann kommt, aus dem Off, wie die Stimme zuvor, der Song «Be My Baby» von den Ronettes, und er verspricht eine Liebe 'till eternity», die es nie geben kann. Der Mann fällt, durch Montage wiederholt, schwer zurück ins Bett, und Scorsese zeigt einen Filmprojektor. Die ersten Minuten des Films bündeln Scorseses zentrale Erfahrungen vom Leben in New York, in den Albträumen der Schuld, auf der Suche nach Erlösung durch Liebe und vom Kampf mit sich selbst auf dem Weg zu dieser Erlösung.

Davon erzählen die New-York-Filme Scorseses in einer Weise, die aus Erfahrungen eine Form macht: die ästhetische Form der Charakter-Studien von Männern, die aus dem Gleichgewicht sind, die etwas umtreibt, die nicht schlafen können oder wollen, die steigen, um zu fallen, von Männern, die immer wieder in Spiegel blicken, um ein Bild von sich zu finden, das stabil bleiben könnte, aber nur Chimäre ist. Scorseses männliche Protagonisten sind von Charlie (Harvey Keitel) in Mean Streets über Travis Bickle (Robert De Niro) in Taxi Driver bis zu Frank Pierce (Nicolas Cage) in Bringing Out the Dead einsame Männer, Männer ohne Zentrum. Sie sind wie die Stadt, von der nur die Legende sagt, sie sei ein Melting Pot, ein Schmelztiegel der Gegensätze, von der aber der «New York state of mind» in Scorseses Filmen bekundet, was sie vor allem ist: ein Moloch.

III.

«I'm dealing with this urban existence. I'm not like Thoreau, I don't go to Walden.» Diese Sätze markieren Scorseses Position in der modernen amerikanischen Kultur, die immer wieder auch die Fluchtträume kennt, die Fantasien vom Auf- und Ausbruch, dem Exodus aus den großen Städten, den Henry D. Thoreau in seinem Buch *Walden, or Life in the Woods* (1854) spätromantisch und mit ungeheurer Wirkung auf die Hippie-Generation der 1960er-Jahre ausmalte. Scorsese hingegen ist besessen von New York, der Mega-Metropole mit ihrem steinernen Wald aus Symbolen der Moderne, von der Stadt, die wie keine andere in sich instabil ist, permanent wuchert, wächst und verfällt. New York ist «ein

Scorsese bei den Dreharbeiten zu WHO'S THAT KNOCKING ON MY DOOR?

gefährlicher Ort, denn seine Symbole liegen im steten Kampf miteinander, im Kampf um Sonne und Licht; sie wollen sich gegenseitig auslöschen, sich verstricken, um sich in Luft aufzulösen. Wenn also New York ein Wald der Symbole ist, dann ist es ein Wald, in dem Äxte und Bulldozer immer an der Arbeit sind, und immer werden große Werke zerstört». (Marshall Berman) Eine Stadt, wie gemacht als Schauplatz für den Kampf von Gut und Böse, von Licht und Finsternis, für das Ringen um Erlösung.

WHO'S THAT KNOCKING AT MY DOOR?, Scorseses erster Spielfilm, zeigt New York nur im Anriss und ganz als Innenraum, als kaleidoskopisch facettierten Bewusstseinszustand des Protagonisten J.R. (Harvey Keitel), der zerrissen ist zwischen der traditionellen italienischen Lebensweise in «Little Italy» und der populären amerikanischen Kultur, den Filmen und der Rockmusik, zwischen der Gruppe junger Männer, die nicht erwachsen werden wollen, und der Liebe zu einer Frau, die ihn aus der Gruppe herausführen könnte. Am Ende des Films stürzt in Scorseses Montage alles Symbolische in- und durcheinander im Kopf von J. R.: die Ikonen des Katholizismus mit ihrem Versprechen der Erlösung, Visionen von Sexualität und Gewalt, und der Rock'n'Roll. «Who's That Knocking at My Door?» ist ein Song der längst vergessenen Band «The Genies», und die Frage, die der Song stellt, bleibt ohne Antwort. Wer könnte da kommen, welcher Gast brächte welche Botschaft? Auf diesen symbolischen Gast, den großen Anderen, der kommen wird, einmal kommen muss, warten alle Protagonisten Scorseses in New York: auf die Verwandlung.

TAXI DRIVER nimmt schon im Titel das urbane Leben auf, ein Leben in der Stadt als Berufsbezeichnung. Mehr als das: Der Titel signalisiert ein Leben in Bewegung, ein transitorisches Leben zwischen Orten, immer auf den Straßen, ein Leben in permanenter Aufmerksamkeit, ein Augen-Leben in der Symbolwelt New Yorks. Travis Bickle fährt durch ein New York des Verfalls, ein Dickicht aus Kriminalität und Müll, Versprechungen und Verrohung. Er sieht die Stadt – und Scorsese zeigt sie mit Bickles Augen – als Dschungel von Symbolen, Verhaltensweisen, Blicken und Gesten, die Bickle nicht oder falsch versteht. Er kommt aus Vietnam, und wenn er zu Anfang das Büro der Taxi-Zentrale betritt, um einen Job zu bekommen, weht für einen Moment um ihn ein infernalischer Rauch. Dieser Taxi Driver, der ewig

Reisende, fährt aus einer Hölle in die nächste, und so reagiert er auch. Er wappnet sich gegen die höllische Stadt, aber da niemand an seine Tür klopft, um ihn zu verwandeln, erwählt er eine junge Prostituierte, deren gewaltsame Rettung aus dem Inferno ihn verwandeln soll. Aus der Finsternis ins Licht, und das mit Gewalt. Und in der Medienwelt ist der Rächer Travis Bickle dann genau für die 15 Minuten berühmt, die Andy Warhol, auch er ein Immigrant und der bewussteste und zynischste New Yorker, einmal jedem versprach. Danach fährt Bickle wieder Taxi: eine tickende Zeitbombe.

Es gibt keine Alternative zur urbanen Existenz. Der Weg aus der Stadt in die rettende Natur ist den Protagonisten Scorseses unmöglich. Wo er einmal gegangen wird, in Who's That Knocking at My Door? und in Mean Streets, wird Natur als langweilig und öde empfunden. Natur hat in der Moderne ihre die Entfremdung transzendierende Kraft verloren. Scorseses Helden brauchen die Stadt, auf Leben und Tod, denn sie lebt und wuchert längst in ihnen mit all ihrem Glanz und ihrem Elend. Sogar Judäa wird in The Last Temptation of Christ (1988) so visualisiert, dass falsche Propheten und die Derwische und Dämonen in der Wüste an die Gespenster aus Fleisch und Blut auf den Straßen New Yorks in Taxi Driver erinnern. In Bringing Out the Dead ist dann das New York der Gegenwart bei Nacht erfüllt von den Besessenen, den Verkrüppelten und Irren, die direkt aus «der letzten Versuchung» kommen. Gibt es ein Bild der Hölle auf Erden, dann hat es für Scorsese die Züge New Yorks. Gäbe es ein Bild des Himmels auf Erden – für Scorsese wäre es wohl der Umriss New Yorks.

IV.

Der American Dream ist ein Traum vom Leben in den großen Städten, vom Aufstieg, den es nur dort geben kann. Fast jede Möglichkeit, ihn sich zu erfüllen, also von «Rags to Riches», aus Lumpen zu Reichtümern zu gelangen, hat Scorsese in seinen Filmen einer kritischen (Traum-)Deutung unterzogen. Nie ist er dem Ursprung dieses Traums näher gekommen als in Gangs of New York. Zwischen den Einwanderern und den bereits Ansässigen tobte schon Mitte des 19. Jahrhunderts ein blutiger Krieg, und dennoch nimmt Scorsese ernst, was dieser Krieg aus den Menschen machte und setzt «the hands that built America» ein Denkmal. Es waren raue Hände, die immer nur harte Arbeit kannten, Hände, die töteten und sich nur zögernd ausstreckten, um zärtlich zu sein oder um Vergebung zu erlangen. Hände, die sich aus der fürchterlichen Armut und dem Dreck ans Licht graben wollten. Als Gespenst aus Allmachtsfantasien, Sehnsucht, Gewalt und Irrsinn, Tradition und Rebellion, aus Hoffnung und Desillusion, Aufstieg und notwendigem Fall: so deutet Scorsese die Latenzen des American Dream, der nirgendwo so verzweifelt zu leben versucht wird wie in New York.

Nach der sarkastischen Tragödie von Taxi Driver und dem Versuch, in New York, New York die Glamour-Welt des Musicals im Licht des Film noir zu brechen, wird Scorseses Blick auf seine Stadt immer ironischer, gar satirisch. Es ist vielleicht dieser Gestus, der sich stets in Endzeiten zeigt. In den späten 1970er- und 1980er-Jahren lag New York am Boden. Die Stadt war verwüstet. Diese Verwüstung zeigt Scorsese nur indirekt: als eine des Bewusstseins seiner Protagonisten. Rupert Pupkin (Robert De Niro) will in The King of Comedy ganz nach oben in der Welt des Fernsehens, aber da er ein Nichts ist, baut er sich sein enges Heim zu einem Fernsehstudio um, in dem er die große Welt simuliert, bis er sich in ihr verirrt und verliert. Aber auch das New York, das er erlebt, ist eine bitter-böse Fernsehwelt aus Zeichen, die für keine Realität mehr stehen. In After Hours stürzt sich der schüchterne Programmierer Paul (Griffin Dunne), erotisch verlockt, in ein mitternächtliches New York wie in einen Dschungel, in dem die Zeichen kafkaesk und freudianisch zugleich zu wuchern beginnen. Jeder Raum, den er betritt, ist der einer undurchschaubaren Intrige; Graffiti an Toilettenwänden drohen mit Kastration, jede Verheißung endet in Gewalt. Er kommt gerade noch mit dem Leben davon.

Je weiter sich Scorseses Werk entwickelt, umso zeichenhafter, aber auch umso signifikanter wird New York als «state of mind» des amerikanischen Traums. Der elegante Gangsterfilm Goodfellas und der stilisierte melodramatische Historienfilm The Age of Innocence sind die entscheidenden komplementären Werke in Scorseses New-York-Bild. Das, woran die rigiden Konventionen der aristokratischen upper-class von New York um 1870 in The Age of Innocence den Anwalt Newland Archer (Daniel Day Lewis) hindern, nämlich sein ganz privates, intimes Glück jenseits der sozialen Konvention zu finden, das nimmt sich der Gangster Henry Hill (Ray Liotta) hundert Jahre später in Goodfellas mit Gewalt – und kommt am Ende dort an, von wo er ausging: im verachteten kleinen Leben des Mittelmaßes.

V.

Bringing out the Dead spielt, wie Taxi Driver und After Hours, die bittere schwarze Komödie über einen, der auszieht, das Glück zu finden und das Fürchten lernt, meist in der Nacht. Die Nacht ist die Zeit, in der

Michelle Pfeiffer und Daniel Day Lewis in THE AGE OF INNOCENCE

die großen Städte bis zur Kenntlichkeit entstellt sind. Sie zeigen sich wirklich nackt. Frank Pierce ist in «Nächte der Erinnerung» vom Schicksal bestimmt, Leben zu retten. Er ist Rettungssanitäter in New York, der Stadt, in der nichts zu retten ist. Einmal hat er ein Leben verloren, und seither ist seines unrettbar. Die Nacht ist für ihn ohne Ende. Er kann nicht einmal seinen Job kündigen, denn sogar ein Mann, der so am Ende ist wie er, ist in der Bürokratie, die nichts mehr im Griff hat, unverzichtbar. So fährt er Nacht um Nacht aus ins menschliche Elend. Der Film wird strukturiert durch einen Song von Van Morrison, «TB Sheets», in dem Morrison in einem langen inneren Monolog von der Schuld eines Mannes singt, der nach Jahren ans Krankenbett der einst verlassenen Geliebten kommt. Sie stirbt an Tuberkulose, und in dem Zimmer, in dem sie liegt, stinkt es nach Tod. Der Mann will nur raus, aber er kann nicht. Er muss etwas sagen, etwas tun, aber was? BRINGING OUT THE DEAD ist ein Film, in dem das Elend New Yorks tatsächlich höllisch stinkt. Scorsese zeigt schwangere Huren auf dem Straßenstrich, verreckende Penner, in Erbrochenem und Blutlachen liegende Körper.

Frank Pierce ist mittendrin. Und dann hört er das Klopfen an der Tür. Da ist eine Frau, die auch nicht weiß, wie es weitergehen soll. Frank hört auf dieses sachte Klopfen, vielleicht ist es das ihres Herzens, vielleicht ist es seines, und er geht zu ihr. Dann liegen sie da, am Morgen auf dem Bett, er, endlich schlafend, in ihrem Arm, und von draußen fällt durchs Fenster auf beide ein Licht, das nicht von dieser Welt sein kann. Eine Pietà beschließt den Film, ein Heiligen-Bild der Maria mit dem toten Christus. Das wäre, ohne jeden Zweifel, religiöser Kitsch. Aber in diesem Bild ist alles zu sehen, worauf Martin Scorsese es immer, höchst riskant, anlegte: darauf, dass es einen Moment im Leben in der großen Stadt geben muss, von dem man, aus Träumen erwachend, sagen könnte: Den Moment will ich für immer. Dann wäre man vielleicht erlöst. In New York. Bis zur nächsten Nacht.

Bernd Kiefer (Quelle: FILMDIENST 3/2003)

Teil 2: Arbeitsweisen

Fatale Kontinuitäten
Martin Scorsese und das Filmzitat

«*I love movies – it's my whole life and that's it.*»
– Martin Scorsese, 1975

Jeder Künstler, der oft und gerne andere Kunstwerke zitiert, riskiert zweierlei Vorwürfe. Macht er seine Anleihen allzu offenkundig, gilt er rasch als Epigone, macht er die Anleihen zu heimlich, riskiert er, als Plagiator entlarvt zu werden. Martin Scorsese hat nie ein Geheimnis daraus gemacht, welch zentrale Rolle andere Filme für seine Arbeit spielen. Nach seinen eigenen Aussagen bildete das Kino gemeinsam mit dem Milieu der Mafia und der römisch-katholischen Religion jenes Dreieck, in dessen Spannungsfeld er aufwuchs und auf das sich seine Arbeit immer wieder bezieht. Diese Wichtigkeit von Filmen, das sich bildende Bewusstsein für die Genealogien innerhalb des Kinos schlägt sich auch in seiner Arbeit als Förderer von Filmretrospektiven und der Restauration von Filmen nieder. Außerdem hat diese Cinephilie zu zwei großen Dokumentarfilmen von je vier Stunden Länge geführt: Scorseses persönlicher Filmgeschichte des amerikanischen Kinos A PERSONAL JOURNEY THROUGH AMERICAN MOVIES und der Hommage an den italienischen Film IL MIO VIAGGIO IN ITALIA (MEINE ITALIENISCHE REISE; 1999).

Hinzu kommen die zwar nach bloßer Legende klingenden, von seinen Mitarbeitern aber verbürgten Anekdoten, wonach Scorsese nahezu ununterbrochen Filme in seinem Privatkino schaue. Schließlich und vor allem aber tritt seine Liebe zur Filmgeschichte in seinen eigenen Werken offen zutage. Bewundernswerterweise verkommt Scorsese dabei das Filmzitat weder zum zwar schmucken, aber verzichtbaren Ornament noch lässt er seine Geschichten zu verkopften Collagen erstarren. Kino ist vielmehr, wie der katholische Glaube oder das mafiöse Milieu, nicht mehr und nicht weniger als ein Stoff, aus dem sich neue Geschichten entwickeln lassen. So stehen Scorseses Filme immer auch im Dialog mit den Filmen, die ihm vorangegangen sind. Die Zitate bilden somit einen Mehrwert, sie fügen Scorseses Filmen Bedeutungsfacetten hinzu, können mögliche Interpretationen anweisen oder aber auch ein bereits gefundenes, oberflächliches Verständnis wieder zerstören. Auch umgekehrt funktioniert die Beeinflussung: Das Zitat wird in seiner neuen Verwendung zum Kommentar über den Film, aus dem es stammt. Insgesamt also hat man es mit einem Gewebe von Bezügen zu tun, das zu analysieren ebenso lehrreich wie unerschöpflich ist.

Es ist eine irritierend mysteriöse Szene, mit der Scorsese sein Mafia-Epos GOODFELLAS enden lässt: Der Epilog des Protagonisten ist verklungen, die Geschichte zu Ende. Doch dann sieht man noch ein letztes Mal Tommy, jenen hitzköpfigen Killer, gespielt von Joe Pesci. Einen großen Hut auf dem Kopf, feuert er mit einer Pistole frontal in die Kamera und damit mitten ins Gesicht der ihn anblickenden Zuschauer – und schießt ihn damit buchstäblich aus der Kinofiktion zurück in die Realität. Dieses ungewöhnliche Finale findet sich in exakt gleicher Form in Edwin Porters THE GREAT TRAIN ROBBERY (DER GROSSE EISENBAHNRAUB) aus dem Jahr 1903, dem ersten Film-Western überhaupt. Damit macht Scorsese gleichsam im letzten Bild noch einmal klar, in welcher Tradition sich sein Film lesen lässt. Das glamouröse und zugleich leicht schäbige Leben der amerikanischen Mafia von den 50er- bis in die 70er-Jahre wird souverän mit den Zeiten des Wilden Westens kurzgeschlossen, und es wird klar: Einmal mehr wurden die «good old days» beklagt. Das in GOODFELLAS gezeichnete Bild des Mobs entpuppt sich als Gründermythos der italoamerikanischen Unterschicht, so, wie der Western die legendären Ursprünge des weißen Amerika umreißt. GOODFELLAS also ein melancholischer Western mit Mafia-Inventar. Zugleich vollzieht diese Schlussszene jedoch auch einen ironischen Bruch, einerseits dadurch, dass sie die bereits tote Figur Tommys noch einmal auftreten lässt, andererseits aber durch besagten intertextuellen Verweis: Was man sah, war aller authentischen Emotionalität zum Trotz eben auch bloße filmische Illusion und geschichtlicher Mythos.

Verbeugung

Wer zitiert, ist Dieb und Liebender zugleich. Er eignet sich an, was ihm nicht gehört, und offenbart gerade darin seine Bewunderung für den Bestohlenen. Für Scorsese haben Filmzitate auch die Funktion einer Verbeugung vor den Vorbildern: Der frühe Film BOXCAR BERTHA (DIE FAUST DER REBELLEN; 1972), der vielleicht einzige reine Genrefilm in seinem Oeuvre, ist in vielerlei Hinsicht eine liebevolle Studie über die Erzählsprache von Arthur Penns BONNIE AND CLYDE (BONNIE UND CLYDE; 1967)» und Sam Peckinpahs THE WILD BUNCH (THE WILD BUNCH – SIE KANNTEN KEIN GESETZ; 1969). Auch später begegnet man immer wieder kleinen oder größeren Referenzerweisungen in Scorseses Filmen: In MEAN STREETS sieht man in einem Kino Ausschnitte aus THE TOMB OF LIGEIA (DAS GRAB DER LYGEIA; 1964) von Roger Corman, einem frühen Förderer des jungen Regisseurs. NEW YORK, NEW YORK ist (unter anderem) der Versuch, ein Musical im Stile der 50er-Jahre zu machen, in RAGING BULL endet der Boxer Jake La Motta als Rezitator von Marlon Barndos Monologen in ON THE WATERFRONT (DIE FAUST IM NACKEN; 1954), in THE COLOR OF MONEY rekrutiert Scorsese die Filmfigur aus THE HUSTLER, in KUNDUN (Kundun; 1997) hat er Bilder aus Godfrey Reggios Kinomeditation KOYAANISQATSI (KOYAANISQATSI – PROPHEZEIUNG; 1982) geschmuggelt.

Aneignung

Doch mit einer bloßen, augenzwinkernden Hommage an seine Lieblingsfilme ohne weiterführende Hintergedanken belässt es Scorsese nicht. Er ist, wie in der Malerei, ein Kopist, der von den alten Meister lernt, indem er ihre Techniken imitiert – ein veritabler Student jener Filme, auf die er explizit oder auch nur implizit verweist. Er bedient sich einer Bildsprache, die er bei den Vorbildern vorfindet, und eignet sie sich an, um mit ihr die eigene Geschichte möglichst adäquat erzählen zu können. So hat er etwa die Technik jener hypnotischen Zeitlupenaufnahmen in TAXI DRIVER von den Traumsequenzen Michael Powells TALES OF HOFFMANN gelernt, einem Lieblingsfilm seiner Kindheit. Gewiss ist diese Anlehnung, ohne entsprechendes Hintergrundwissen lediglich als intertextueller Verweis entschlüsselbar. Stattdessen geht die entlehnte Technik gänzlich auf in der adäquaten Repräsentation jener somnambulen, paranoiden Atmosphäre, die Scorseses Film durchzieht. Der bei Powell geborgte Effekt emanzipiert sich von seiner früheren Verwendung und wird für Scorsese zum Werkzeug fürs eigene Erzählen.

In GOODFELLAS lässt Scorsese das bewegte Kinobild immer wieder zu einem Standbild gefrieren. Diese Zäsuren im Film- und Erzählfluss und ein darüber gelegter Kommentar aus dem Off dienen dazu, Wendepunkte in der Biografie der dargestellten Figuren anzuzeigen. Diese einfache Methode, Schwerpunkte zu setzen – eine Methode, die zwar einerseits die Kohärenz der filmischen Illusion durchbricht, andererseits aber dadurch, dass sie sich direkt an den Zuschauer wendet, das Filmerleben noch intensiviert –, hat Scorsese von den Vertretern der Nouvelle Vague übernommen, wie er selbst darlegt. Die Idee, einen einzelnen Moment zu einem Tableau, einem Stand-Bild zu kristallisieren, beggnen einem bereits in François Truffauts JULES ET JIM (JULES ET JIM; 1962), und wenn sich die Hauptfigur Henry Hill während der Gerichtsszene gegen Ende des Films plötzlich an den Zuschauer wendet, ihn ansieht und anspricht, dann mag man sich an die Regelverstöße in den frühen Filmen Jean-Luc Godards erinnert fühlen. Aber gleichwohl wird damit aus GOODFELLAS noch kein Nachzügler der Nouvelle Vague, und der Zuschauer hat wenig mehr, als jene elitäre Freude des Eingeweihten, wenn er diese Referenz zu lesen versteht. Der formale Kniff erhält, obwohl anderen Filmen entliehen, Eigenständigkeit im neuen Gebrauch.

Crossmapping

Die beiden Formen des Zitats, die Referenzerweisung aus Distanz oder die Eingliederung fremder Bildsprache ins eigene Repertoire der Erzählformen, sind kaum eindeutig voneinander zu scheiden. Besonders faszinierend, gleichwohl auch ungemein komplex werden Scorseses Filme da, wo er mit den Zitaten beides gleichzeitig macht: respektvolle Hommage und selbstbewusste Aneignung in einem. Dabei kommt es darauf an, das Zitat in den neuen Film vollständig zu integrieren, ohne es vom Kontext seiner Herkunft vollkommen loszulösen. Gemeinsam mit dem zitierten Stück muss auch ein Teil des restlichen Films, ein Thema, eine Stimmung in die neue Umgebung hinübergerettet werden. Eine Verbindung entsteht zwischen zwei Filmen, ein Dialog, der die beiden Filme mit Bedeutungsfacetten anreichert, sodass ein Mehrwert entsteht. Scorsese erweist sich gerade darin als Meister, seinen eigenen Film mit dem durch Zitat herangezogenen Werk in produktiven Kontakt treten zu lassen. Er macht dann, was die Kulturwissenschaftlerin Elisabeth Bronfen unter dem Begriff des «crossmapping» zu fassen versucht: das Übereinanderlegen, das Verschweißen oder Verknoten von zwei (Film-)Texten, auf dass sich die Beiden nun gegenseitig beeinflussen und gleichsam aufzuladen beginnen, ohne in einer bloßen Synthese ihre jeweilige Eigenständigkeit einzubüßen.

Ein unterschätzter, von der Kritik gerne als Auftragsarbeit Scorseses abgetaner Film, kann hier als Erläuterung dienen: CAPE FEAR, die Neuverfilmung des 1962 von J. Lee Thompson unter demselben Titel (dt. EIN KÖDER FÜR DIE BESTIE) adaptierten Stoffes. An diesem Remake lässt sich zeigen, wie Scorsese einerseits immer die ihm vorangehende Verfilmung im Auge behält, um sie zugleich in seiner eigenen Interpretation zu verfremden, der alten Geschichte neue Themen zu entlocken und so aus einem scheinbar simplen Genrefilm ein komplexes Kinovexierbild wird.

In beiden Versionen scheint die Grundvoraussetzung dieselbe: Der aus der Haft entlassene Gewaltverbrecher Max Cady terrorisiert aus Rache den für seine Verhaftung verantwortlichen Anwalt und dessen Familie. Doch während der Vorläufer auf hartem Kontrast von guter

Famile und bösem Verbrecher beruht, ist Scorseses Version hoffnungsloser. Wo im Vorgänger ungetrübtes Familienglück kolportiert wird, ortet Scorsese bereits Risse in den Beziehungen: Die pubertierende Tochter grenzt sich gegen ihre Eltern ab, und die Beziehung zwischen den Eheleuten ist durch Unaufrichtigkeit und sexuelle Frustration gespannt. War Cady vormals noch externer Eindringling, wird er hier zum Symptom der internen Krise. Der Thriller wird zur Allegorie überhöht, und Cady, der in der ersten Version von Robert Mitchum noch als zu überwindender Bösewicht gespielt wurde, wird in der Interpretation durch Robert De Niro zum personifizierten Prinzip des Bösen, das man zwar zeitweilig zurückdrängen, nie jedoch auslöschen kann. Die ehemals heile Welt entpuppt sich in der Neubearbeitung als immer schon ausgehöhlt und morsch. Es ist darum nicht bloß scherzhaft, wenn Scorsese die Kontrahenten aus der ersten Version, Robert Mitchum als Cady und Gregory Peck als Anwalt, in seinem Remake noch einmal, aber diesmal auf vertauschten Seiten auftreten lässt. Allein durch dieses intertextuelle Spiel zwischen seiner und der ursprünglichen Version macht Scorsese klar, wie uneindeutig die Zuweisungen von Gut und Böse geworden sind.

Anspielungen

Die Beklemmung wird noch genauer durch jene anderen Anspielungen akzentuiert, mit denen Scorsese seinen Film spickt. So werfen auch die Werke Alfred Hitchcocks ihren Schatten auf die Geschichte: Wie in MARNIE (MARNIE; 1964) verweisen auch in CAPE FEAR irreale, offensichtliche Rückprojektionen und Kulissen im Hintergrund auf die Gefangenschaft und das Ausgeliefertsein der vor ihnen agierenden Charaktere. Zitate aus STRANGERS IN A TRAIN (DER FREMDE IM ZUG; 1951) legen eine enge Verbundenheit der Kontrahenten Cady und Anwalt nahe, wie es in Hitchcocks Film zwischen den Protagonisten der Fall ist. Schließlich stammt auch das fulminante Feuerwerk am Nachthimmel, das die erste Begegnung zwischen Cady und der Frau des Anwalts überstrahlt, aus der Liebesszene von TO CATCH A THIEF (ÜBER DEN DÄCHERN VON NIZZA; 1955) – eine unbequeme Anspielung, legt sie doch nahe, dass zwischen dem Verbrecher Cady und der guten Ehefrau des Anwalts eine ähnlich knisternde Erotik besteht wie zwischen Cary Grant und Grace Kelly in Hitchcocks romantischem Krimi.

Damit bietet Scorsese allein durch die Verwendung von Zitaten die Handhabe, seinen scheinbar konventionellen Thriller zum cleveren Geniestreich umzubauen. Die Zitate werden zu Zeichen, die es zu verstehen gilt, will man über eine bloß oberflächliche Betrachtung des Films hinaussteigen. Sie sind Wegmarken, die einen nur noch tiefer in die fatalen Verstrickungen dieser Geschichte führen. «Ich weiß nicht, ob ich ihn bloß ansehen oder lesen soll», meint der Polizeichef einmal angesichts von Max Cadys unzähligen Tätowierungen. Man erinnere sich an den mordenden Priester in Charles Laughtons THE NIGHT OF THE HUNTER, der sich die Worte «Love» und «Hate» auf die Knöchel seiner Fäuste hat tätowieren lassen. Gespielt wurde diese Figur von Robert Mitchum, und er ist es nun auch, der in Scorseses Film darauf anspielt. Eine beängstigende Kontinuität wird offenbar, die das Diesseits und Jenseits des Gesetzes kurz schließt. Eine Kontinuität, die über die Grenzen einer einzigen Geschichte hinausgeht und diverse Film-Geschichten zu einem Reigen verbindet, dem Scorsese mit seiner eigenen Arbeit eine Bühne bietet.

Johannes Binotto (Quelle: FILMDIENST 3/2003)

Robert De Niro und das Feuerwerk in CAPE FEAR

Can you hear me knocking?
Notizen zu Martin Scorsese und der Funktion der Popmusik in seinen Filmen

Wieder einmal scheinen sämtliche Anstrengung vergebens, der Mann ist tot. Frank Pierce, der gerade noch eine spirituelle Reflexion über die Seele, die nur ungern in den einmal verlassenen Körper zurück will, angestellt hat, lässt seinen Blick über die Familienfotos an den Wänden gleiten und wendet sich entschuldigend an die Tochter des Toten: «Haben Sie Musik? Ich denke, es hilft, wenn sie etwas auflegen, was er mochte.» Dann hört man Frank Sinatras «September Of My Years» – und plötzlich beginnt das Herz des Totgeglaubten wieder zu schlagen.

Dies ist eine der lichtesten Szenen innerhalb dieser düsteren Exkursion nach «Hell's Kitchen», auf die einen Martin Scorsese in BRINGING OUT THE DEAD mitnimmt – und dennoch wird es Frank Pierce (Nicolas Cage) sein, der gegen Ende des Films Mr. Burke «erlöst». Ansonsten ist die Tonspur des Films randvoll mit Musikstücken aus der E-Musik («Le Sacre du printemps»), teilweise obskurer U-Musik aller Genres sowie der Originalfilmmusik von Elmer Bernstein. Wenn Pierce und seine Sanitäterkollegen verzweifelt, ausgebrannt und unter Drogeneinfluss in ihrer «Raumkapsel» durch die Straßen rasen, dann hört man den Adrenalin geschwängerten Punkrock der «Clash». Songzeilen aus Van Morrisons «T.B.Sheets» oder auch das getriebene «Nowhere To Run» von Martha Reeves & The Vandellas betonen das Klaustrophobische der Lebenssituation von Frank Pierce. Wobei man «Nowhere To Run» auch durchaus auf die Erinnerung – «You Can't Put Your Arm Around A Memory» singt der notorische Fixer Johnny Thunders – an die junge Rose beziehen kann, der Pierce auf seinen nächtlichen Fahrten immer wieder zu begegnen scheint; geht es in diesem Song doch um die Erinnerung an das Gesicht eines Mannes, vor dem die Frau nicht davonrennen kann: «When I look in the mirror to comb my hair / I see your face just smiling there / No! Nowhere To Run!» Insofern ist BRINGING OUT THE DEAD auch eine polyphone Gespenstergeschichte.

Musik als persönliche Erinnerung

Im Zusammenhang mit der Songauswahl zu GOODFELLAS hat Scorsese seine Musikästhetik ausführlicher vorgestellt: «Oft wird heutzutage in Filmen Musik lediglich eingesetzt, um eine Zeit und einen Ort zu etablieren, und ich halte das für bequem. Schon seit WHO'S THAT KNOCKING AT MY DOOR? und MEAN STREETS wollte ich mir die emotionale Wirkung von Musik zunutze machen, und daher stammt einiges aus den Vierzigern. Es war nämlich so, dass, als die Beatles aufkamen, an vielen Orten die Musikboxen immer noch Benny Goodman und altes italienisches Zeug enthielten. Bei GOODFELLAS galt die Regel, nur Musik zu benutzen, die auch zu der Zeit gehört wurde. Wenn eine Szene 1973 spielte, konnte ich jede Musik benutzen, die damals aktuell oder älter war.» Über die dramaturgische Funktion der Musikboxen mit ihren potenziellen Ungleichzeitigkeiten, die ihrerseits Ausdruck der Ungleichzeitigkeiten der Kultur der multi-ethnischen US-Gesellschaft sind, äußerte sich Scorsese im Zusammenhang mit THE COLOR OF MONEY: «Der größte Teil des Films spielt in Bars und Billardhallen, und wenn man dort hineinkommt, spielt meistens eine Musikbox. Überall, wo wir hingingen, hörten wir Rock'n'Roll, schwarze Musik oder Swing.» Wenn sich in den frühen Filmen Scorseses noch ganz konkrete autobiografische Momente und Erinnerungen in den Soundtrack schlichen – bei MEAN STREETS etwa Rock'n'Roll und Motown Soul von den «Chantells», den «Marvelettes», den «Ronettes», Rock von den «Rolling Stones» oder Eric Clapton, italienische Lieder von Giuseppe Di Stefano oder Renato Carosone – so scheint diese Auswahl in der Tat noch in der Beschreibung eines spezifischen kulturellen Raums und einer bestimmten Zeit aufzugehen.

Scorsese gehört zu der Generation, die mit klassischem Rock'n'Roll, Doo Wop und später Rockmusik sozialisiert wurde; Erinnerungen an Swing und italienische Schlager sowie an Filmmusik dürften in die Kindheit zurückreichen. Bereits in WHO'S THAT KNOCKING AT MY DOOR? gibt es Rock von den «Doors» und von «Mitch Ryder & The Detroit Wheels» zu hören. In den Jahren danach arbeitete Scorsese als Cutter einschlägiger Dokumentationen wie WOODSTOCK, MEDICINE BALL CARAVAN und ELVIS ON TOUR, was schließlich in die Regie beim Schwanengesang der Woodstock-Generation, THE LAST WALTZ (THE BAND; 1978), mündete. Die hier begonnene Begegnung und Zusammenarbeit mit Robbie Robertson, dem Sänger und Gitarristen der «Band», führte in den folgenden Jahren zu dessen kontinuierlicher Mitarbeit als musikalischer Berater: Robertson «schickte mir eine Kassette mit ungefähr 15 verschiedenen Ideen, dann noch einmal sechs mit je 20 musikalischen Vorschlägen», berichtete Scorsese im Zusammenhang mit THE COLOR OF MONEY.

The Band in Scorseses THE LAST WALTZ

Musik als Kommentar

War auch dieser Film noch immer dem Musikbox-Konzept verpflichtet, so erhielt die Tonspur in den episch angelegten Mafia-Geschichten GOODFELLAS und CASINO eine weit komplexere dramaturgische Funktion. Kommt man noch einmal auf Scorseses Konzept einer archivarischen Authentizität zurück, so erlaubt die gewählte Musik zumindest negativ die Datierung einzelner Szenen, wenn wie hier eine chronologische Erzählweise aufgegeben wird. GOODFELLAS beginnt mit dem Tony-Bennett-Song «From Rags To Riches», der zugleich die Aufstiegsambitionen von Henry Hill exponiert, und endet sarkastisch mit Sid Vicious' Trash-Punk-Version von Frank Sinatras «My Way»; die Musik begleitet die erzählte Zeit von 30 Jahren, besitzt aber zugleich eine weitere kommentierende Funktion: «Ich benutzte ‹Sunshine Of Your Love› von Cream für die Szene, in der sich Jimmy an der Theke umschaut und zu dem Schluss kommt, dass er sich all dieser Leute entledigen muss, und die Kamera sich langsam auf sein Gesicht zubewegt. Wir probierten zehn Songs aus, und ‹Sunshine...› stellte sich als der Interessanteste heraus: Wir fanden, er passte perfekt zu seinen Augen, und es entstand wirklich ein Gefühl von Gefahr und Sexualität.» Hier wird die Musik zur Figurencharakteristik genutzt, allerdings wird auch die Kontrollierbarkeit der Rezeption der inszenatorischen Vorgaben vertraut. Scorsese räumt ein, dass hier eine reizvolle Intertextualität ins Spiel kommt, die kaum noch kontrollierbar scheint, weil sie einen individuell verfügbaren Korpus (pop-)kulturellen Wissens abruft. Freilich unterstützt dieser inszenatorische Reichtum, neben den zahllosen Referenzen an die Filmgeschichte, den elegant montierten Erzählfluss von Scorseses Filmen.

Als besonders ambitioniert erweist sich die Tonspur von CASINO: Mit einem Ausschnitt aus Johann Sebastian Bachs «Matthäus-Passion» beginnt der Film. Ein Mann geht zu einem Auto und spricht aus dem Off über Liebe und Vertrauen. Man erkennt Robert De Niro. Dann startet er das Fahrzeug – und fliegt in die Luft. Die Off-Stimme gehört «Ace» Rothstein, der von den Mafia-Bossen in Chicago in die Wüste geschickt wurde, um dort möglichst viele Leute auszunehmen.

Nach dem explosiven Vorspann hört man erneut die Stimme, die erste Informationen über die Handlung mitteilt. Spricht da ein Toter? Dann kommt eine zweite Off-Stimme hinzu, die eine neue Perspektive auf das Geschehen beisteuert. Es handelt sich um die Stimme von Nicky Santoro, der von seiner mörderischen Drecksarbeit berichtet und auch gleich verrät, wie die Geschichte enden wird. Hier kommt die Stimme aus dem Jenseits. CASINO – das sind zwei konkurrierende Off-Stimmen und insgesamt 55 Songs auf der Tonspur.

Doch CASINO ist auch eine Liebesgeschichte, und diese Liebesgeschichte wird zu einem Gutteil von der Musik des Soundtracks erzählt. Schon die Abfolge der Songtitel erzählt Geschichten: «How High the Moon», «I'll Take You There», «Hurt», «I'm Sorry», «The Thrill is Gone», «Go Your Own Way», «Love is Strange» und – bitteres Fazit – «You're Nobody Till Somebody Loves You». Im Abspann hört man eine tieftraurige Musik, Georges Delerues Thema der Camille aus Godards «Die Verachtung», auch dies ein Film über den Moment, in dem Liebe in Verachtung umschlägt. Scorsese: «Danach gab es als einzige Möglichkeit nur noch einen der grössten Songs, der je geschrieben wurden Hoagy Carmichaels ‹Stardust› – das einzige Stück, das die Gefühle und Gedanken über das, was man gesehen hat, zusammenfassen konnte.»

Musik als episches Verfahren

Wenn man die Tonspur auf diese Art produktiv machen will, dann muss man auch damit rechnen, dass die Zuschauer, zumal bei populärer Musik, ihre eigenen Erfahrungen und Erinnerungen, die mit der jeweiligen Musik verknüpft sind, mit dem Film verweben. Wenn Scorsese einzelne Textzeilen von Songs hochblendet, um sie als Kommentar zur Handlung zu nutzen, so ist kaum zu garantieren, dass diese Botschaft beim Zuschauer ankommt. Solchen Tiefendimensionen erschliessen sich allererst beim wiederholten Sehen. Scorsese ist sich des Anspruchs seines Verfahrens durchaus bewusst: «Bei jedem einzelnen Song, jeder einzelnen Szene muss man genau aufpassen, dass der Song die Handlung kommentiert, ohne dies zu offensichtlich zu tun. Und man braucht den besten Ausschnitt des Songs oder die besten Textzeilen, zwischen den Dialogen.» Ein Beispiel: Wenn «Ace» Ginger zum ersten Mal begegnet, inszeniert die Kamera eine «love at first sight», und auf dem Soundtrack hört man «You're the One». Dann erfährt man, dass Ginger ein stadtbekanntes Call-Girl ist, und die Rolling Stones singen «Heart of Stone». Wessen Herz? Es folgt «Love is a Drug» von Roxy Music, was sicherlich in diesem Moment für «Ace» zutrifft, während Ginger alle anderen Drogen bevorzugt. Aber dieser Song beginnt auch mit dem Geräusch eines Anlassers, und dieses Geräusch erinnert an den Anfang des Films, als Aces Auto explodiert. So erzählt die Musik bereits die ganze Liebesgeschichte – ein episches Verfahren par excellence.

Es gibt in CASINO Musik von Interpreten, die man in einem Film über Las Vegas erwartet: Dean Martin, Louis Prima, Brenda Lee und Hoagy Carmichael. Wenn aber Soul von den Staple Singers oder von Otis Redding zu hören ist, dann bekommt Las Vegas einen Touch von Alcatraz – und allein die Musik berichtet von Dingen, die sich dort draussen ereignen, wo das «richtige Leben» stattfindet. In Las Vegas gibt es vielleicht Japaner, aber keine Farbigen. Scorsese setzt der perfekten Pop-Idee, dem Tand- und Talmi-Traum einer Spielerstadt mitten in der Wüste, ein filmisches Denkmal. Learning from Las Vegas: Diese Erzählung scheint auf, wenn man am Ende der furiosen ersten 20 Minuten, in denen hinter die Kulissen, auf den Geldfluss von Las Vegas geblickt wird, Les McCann singen hört: «Try to make it real, compared to what?» Hollywood ist Vegas ist Hollywood. Traumfabriken unter sich.

Man könnte noch weiter gehen und die Musiken auf ihre jeweilige Quelle hin untersuchen: Wird sie gerade «live» eingespielt? Kommt sie aus einem Radio, einem Fernseher oder vom Plattenspieler? Ist sie Teil der Filmhandlung? Oder kommt sie von ausserhalb, ist Kommentar? Man könnte so eine Geschichte der Top 40-Radios rekonstruieren. Scorsese über einen Glücksfall: «Wenn Ace und Nicky sich unterhalten müssen, setzen sie sich für ihr privates Gespräch in der Garage ins Auto. Sie sitzen im Wagen und schalten das Radio ein. Und gespielt wird ‹Go your own way› von Fleetwood Mac, das war von Mitte bis Ende der 70er-Jahre ein Schlüsselsong. Was immer die Stimmung des Gesprächs ist, diese Musik läuft.» Am Ende von CASINO werden alte Gebäude weggesprengt; die Stadt verändert ihr Antlitz. Eine neue Zeit bricht an, und im Gegenlicht nähert sich wie eine Armee von Zombies die neue Klientel der Spielhölle Las Vegas: eine amorphe Masse in geschmacklosen Jogging-Anzügen. Die Musik zu diesem Bild des Schreckens hat Scorsese dem Zuschauer zum Glück erspart.

Ulrich Kriest (Quelle: FILMDIENST 3/2003)

Beschwörung des Ewig-Wiederkehrenden
Philip Glass' ungewöhnliche Filmmusik zu Martin Scorseses KUNDUN

Filmmusik ist ein weites Feld. Der Streit, ob sie die Handlung oder die Idee eines Films illustrieren soll, ist so alt wie ihre Existenz. Vielleicht soll die beste Filmmusik auch gar nichts illustrieren, sondern eine Art Wegweiser für das Publikum zu Situation und Stil des Films sein. Traditionsgemäß finden leicht konsumierbare, illustrative Filmkompositionen am schnellsten Aufmerksamkeit und Anerkennung.

Philip Glass, neben Steve Reich einer der «Erfinder» minimalistischer Musik, hat sich mit Scorseses Projekt nicht zum ersten Mal dem Film zugewandt. Schon Anfang der 80er Jahre fiel seine Musik zu dem Experimentalfilm KOYAANISQATSI auf, und im Herbst 1994 führte die Brooklyn Academy of Music seine Musik zu Jean Cocteaus LA BELLE ET LA BÊTE (ES WAR EINMAL – DIE SCHÖNE UND DIE BESTIE; 1946) auf, der einer weniger rigorosen Komposition für Cocteaus ORPHÉE (ORPHÉE; 1949) vorausgegangen war. Die Aufführung von LA BELLE ET LA BÊTE war insofern einzigartig, als der Film ohne seinen originalen Ton projiziert wurde und verschiedene Sänger den französischen Dialog in Glass' Vertonung vortrugen, begleitet vom Philip- Glass-Ensemble – drei elektronischen Klavieren und Streichinstrumenten. Ein ganz neues Operngenre? Zumindest ein faszinierender Versuch, Minimalismus, Oper und Kino unter einen Hut zu bringen.

Dem Publikum eine Tür öffnen

Glass hat Erfahrung auf dem Opernsektor. Es war eine Oper, *Einstein on the Beach* (1976), die auch heute noch als Höhepunkt seines Stils angesehen wird. Und es war abermals eine Oper, *Satyagraha* (1980), die dessen Durchlässigkeit für lyrischen Ausdruck definierte. *Satyagraha* – eine Kombination der beiden Hindu-Wörter für «Wahrheit» und «Beständigkeit» – ist auch Zeugnis für Glass' Affinität zu buddhistischem Gedankengut. Mehrere Asien-Reisen und seine Begegnungen mit dem indischen Sitar-Meister Ravi Shankar waren prägende Erlebnisse und schlugen sich in den Kompositionen von Philip Glass nieder, lange bevor es zu der Zusammenarbeit mit Martin Scorsese kam. Glass war – neben dem Schauspieler Richard Gere – einer der Initiatoren des New Yorker Kulturzentrums «Tibet House», zu dessen Vorstandsmitgliedern auch die KUNDUN-Autorin Melissa Mathison (übrigens die Ehefrau von Harrison Ford) gehörte. Auf diese Weise kam Glass schon sehr früh mit dem KUNDUN-Projekt in Berührung. Er wartete nicht einmal das Ergebnis der Dreharbeiten ab. Nachdem er sich mit Scorsese über die Dreharbeiten unterhalten hatte, begann er mit der Arbeit. Bereits während der Außenaufnahmen in Marokko schickte er Scorsese die ersten Kostproben. Als das Team nach Amerika zurückkam, hatte Glass die Musik für die erste Hälfte des Films schon fertig. Scorsese schien das nur recht zu sein. Er tat etwas, was vor ihm nur wenige Regisseure gemacht hatten: Er schnitt ganze Passagen des Films nach der Musik. Sergio Leone hatte das mit Enno Morricones Musik bei ONCE UPON A TIME IN THE WEST (SPIEL MIR DAS LIED VOM TOD; 1968) gemacht. Leone war sogar noch weiter gegangen und hatte den Schauspielern auf dem Set unaufhörlich Morricones Musik vorspielen lassen.

Die Besonderheit des Soundtracks für KUNDUN (KUNDUN; 1997), einen Film über das Heranwachsen des 14. Dalai Lamas, beginnt mit Glass' musikalischem Konzept und hört mit der Zusammensetzung des ausführenden Ensembles noch lange nicht auf. Während Hollywoods Filmkomponisten sich für gewöhnlich eines großen sinfonischen Klangkörpers bedienen, beschränkte sich Glass auf eine Streichergruppe, ein paar Holz- und Blechbläser, rund ein Dutzend tibetischer Musiker, die ihre eigenen Instrumente spielen, und sechs tibetische Mönche, deren Stimmen durch mehrfache Überspielung verstärkt wurden. Von Anfang an hatte er nicht vor, Handlungsdetails musikalisch zu beschreiben oder dem Publikum emotionale Hilfestellung zu geben. In einem Interview sagte er vielmehr, er hätte im Sinn gehabt, «eine Tür zu öffnen», damit der Zuschauer ein Gespür für den Handlungsort bekäme.

Nicht für sich selbst sprechen

John Williams beginnt seine Musik zu dem thematisch verwandten Film SEVEN YEARS IN TIBET (SIEBEN JAHRE IN TIBET; 1997) mit einem Harfenglissando, das des Publikums Aufmerksamkeit weckt. Dem läßt er ein richtiges, groß orchestriertes Kinothema folgen: Ankündigung einer zu Herzen gehenden Geschichte. Blech und Beckenschlag stimmen ein: Spektakuläres wird sich ereignen. Damit man für die CD noch einen zusätzlichen Hit besitzt, darf Weltstar Yo-Yo-Ma ein paar periphäre Akzente setzen. Und damit das Ganze authentische Atmosphäre spiegelt, werden auch tibetische Mönche und Glockenklänge hinzuaddiert. John Williams ist ein Meister plakativer Filmmusik, und in der Kurzbesprechung des Soundtracks in fd 26/1997

KUNDUN

heißt es mit Recht, seine Musik spreche für sich selbst. Glass' Musik will gar nicht für sich selbst sprechen. Das machen sogleich die ersten Takte in KUNDUN klar: Dumpfe tibetische Hörner über einem flirrenden Hintergrund der Streicher, akzentuiert von den tiefen Stimmen der Mönche, geben Raum für eine fließende, sich repetierende Tonreihe. Getreu seinen frühen minimalistischen Prinzipien wird das «Thema» nur geringfügig variiert, wiederholt sich dafür aber in allen möglichen Instrumentenkombinationen. Das ist weder Musik um ihrer selbst willen noch möchte sie um die Aufmerksamkeit des Publikums buhlen. Statt Dramatisches oder Unterhaltsames suggeriert zu bekommen, verliert man sich in der «Monotonie» des Klangs: Beschwörung des Zyklischen, des Ewig-Wiederkehrenden. Welch fundamentaler Gegensatz zu Williams und seinen Epigonen!

Man muss gar nicht über die ersten Minuten der Musik zu KUNDUN hinauskommen, um zu wissen, dass es ihr um die Vermittlung einer Geisteshaltung und nicht um die Illustration einer Geschichte, eines psychologischen Profils oder eines Konfliktes geht. Immer wieder sind es auch später simple musikalische Zellen, die in zyklischer Repetition des sparsamen Materials die unendliche Weite der tibetischen Hochebenen, aber ebenso die unendliche Weite des schweifenden Gedankens beschwören. Glass versteht sich in den gesteckten Grenzen zu bewegen: Seine Musik durchstreift die ganze Skala von spielerischer Leichtigkeit bis zu finsterer Bedrohung, ohne jemals das Bild direkt zu kommentieren oder gar zu verdoppeln. Er erzählt die Story von KUNDUN auf seine Weise, die der meditativen Qualität des Buddhismus und dem Schicksal des tibetischen Volkes näherkommt als Scorseses Szenenfolge.

Vor allem die zweite Hälfte des Films liefert eine Menge Beispiele dafür, wie weit sich Glass inzwischen von der doktrinären Enge des Minimalismus wegbewegt hat. An vielen Stellen lässt er lange harmonische Melodielinien einfließen, die deutlich zeigen, dass es den strengen Puristen Glass nicht mehr gibt. Aber auch sie werden der ritualistischen Symmetrie des Ganzen unterworfen; auch sie werden Teil jenes geradezu hypnotischen Duktus, der den Zuhörer weder beim Anschauen des Films noch beim späteren Abspielen des Soundtracks aus der Faszination der Musik entlässt. Wenn KUNDUN es vermögen sollte, gelegentlich aus der distanzierten «Dokumentation» in eine spirituelle Ebene vorzustoßen, dann ist es die Komposition von Philip Glass, die daran den größten Anteil hat. Dass der Opernkomponist Glass es nicht lassen kann, zum Schluss auch auf der Tonspur eine große Klimax zu inszenieren, mag ihm gern verziehen sein.

Franz Everschor (Quelle: FILMDIENST 5/1998)

CAPE FEAR
Die Musik von Bernard Herrmann

Wie die meisten Hollywood-Komponisten hat auch Bernard Herrmann sein dramatisches Talent auf weiten Strecken an leidlich oberflächliche Routine-Produktionen verschenkt. Tatsache bleibt, dass Hollywoods Regisseure das tiefenpsychologische Potenzial von Herrmanns Musik mit ihrer oft nahezu hypnotischen Ausstrahlung, ihrem zuweilen unter die Oberfläche greifenden Trance-Charakter (wie auch Martin Scorsese dem Komponisten im Vorwort der CD attestiert) so gut wie kaum genutzt haben. Nicht von ungefähr ist die Zusammenarbeit mit Alfred Hitchcock die musikdramatische Quintessenz im Herrmannschen (Film-)Oeuvre. Kein anderer Regisseur hat mit seinen Filmen den Komponisten besser motivieren können. Das Surreal-Albtraumhafte, das Bizarre in Hitchcocks Bilderkosmos spornte Herrmann nicht nur dazu an, die Musik als Elementarfaktor bzw. als integralen Bestandteil des auditiven Ganzen emanzipieren zu wollen – vielmehr verhalf er den Obsessionen des Regisseurs mit unkonventionellen klanglichen Synonymen zu akustischer Präsenz. So stark aber die Impulse der Filme Hitchcocks auch waren (denn sie boten das filmische Äquivalent zu den musikalischen Exaltationen des Komponisten) – Herrmanns weitere Ausflüge ins kriminalistische Genre zeugen von der Neigung, selbst artistisch minderwertige Produkte in gleicher Energie zu handhaben.

Die Partitur zu J. Lee Thompsons 1962 entstandenem Reißer CAPE FEAR (EIN KÖDER FÜR DIE BESTIE) macht hierbei keine Ausnahme. Während der auf Hochspannung getrimmte Film sich wenig um die psychologische Ausleuchtung seines Konfliktes schert und das schematisierte Gut-Böse-Konzept in ein eher braves Showdown zweier Hollywood-Stars umfunktioniert, beschwört Herrmann in seiner Musik eine pathologische Aura herauf, die mehr Schrecken verbreitet als Robert Mitchum in seiner Rolle als Psychopath. In Thompsons Film allerdings kommt der Partitur erstrangig die Bedeutung einfacher Illustration zu. Das effiziente Wechselverhältnis, das die Konturenschärfe der Musik in den Filmen Hitchcocks auszeichnete, findet nicht statt – zu oberflächlich ist der Film, zu tiefgründig die Musik. Wenn Martin Scorsese sich nun entschlossen hat, für sein Remake nicht nur die beiden Stars von ehedem, sondern auch noch die Musik zu reaktivieren (anstatt einen neuen Komponisten zu verpflichten), hat das allerdings weitaus diffizilere Gründe und darf keinesfalls als überzogen wirkende Hommage missverstanden werden. Im Gegenteil. Etwas überspitzt könnte man behaupten: Erst Scorsese hat für die abgrundtiefe Klanghemisphäre Bernard Herrmanns die adäquate Bilderwelt geschaffen.

Nicht nur, dass Scorseses Affinität für die Musik Bernard Herrmanns ohnehin evident ist – im Falle von CAPE FEAR kommt der Musik darüber hinaus auch eine explizite, über ihre funktionale Bedeutung weit hinausreichende Interpretationsebene für das Filmschaffen Scorseses selbst zu. Hervorstechendes Augenmerk ist hierbei zunächst, dass Scorsese nur selten Originalkompositionen in Auftrag gibt (was in etwa auch daran liegt, dass seine Filme für Musik selten Platz lassen. Von seinen dramatischen Filmen weist daher bislang nur TAXI DRIVER eine eigens komponierte Filmmusik auf. Dass es sich hierbei um die letzte Partitur Bernard Herrmanns handelt, ist in Bezug auf CAPE FEAR sicherlich nicht mehr als eine zufällige, jedoch sehr nützliche Koinzidenz. (Per Definitionem ist CAPE FEAR last not least eine Semi-Fortsetzung von TAXI DRIVER, wobei es in diesem Zusammenhang nicht einer gewissen Ironie entbehrt, dass ausgerechnet noch Herrmann höchstpersönlich den Weg Travis Bickles vom seelisch deformierten Amokläufer zum psychopathischen Killer vorgezeichnet hat: in der Abspannmusik von TAXI DRIVER – «God's Lonely Man» – ertönt das Norman-Bates-Motiv aus PSYCHO [PSYCHO; 1960].) Die Gründe allerdings, warum Scorsese in diesen beiden Filmen auf derart sonore Klangpaletten zurückgreift, sind nur ansatzweise zu klären. Vordergründig betrachtet spielt hierbei sicherlich die ungemäß exponierte Aura des Morbiden und der Hang zu einer immanent exhibitionistischen Gewalttätigkeit eine wesentliche Rolle. Aber auch mit der Konsequenz, mit der Scorsese beispielsweise das ursprüngliche Drehbuch von CAPE FEAR als Folie eigener Obsessionen fruchtbar macht und zum prätentiösen Vexierspiel ummodelliert, nimmt die Notwendigkeit einer musikalischen Prämiierung psychologischer Vorgänge in hohem Maße zu.

Herrmanns Partitur für CAPE FEAR trägt diesem Anspruch in vollem Umfang Rechnung. Zwar musste der bereits mit der Musik des Komponisten bestens vertraute Elmer Bernstein (er spielte in den 70er Jahren THE GHOST AND MRS. MUIR [GESPENST AUF FREIERSFÜSSEN; 1947] sowie TORN CURTAIN [DER ZERRISSENE VORHANG; 1966] für Schallplatte ein) die Originalpartitur für Scorseses Film erheblich modifizieren, einen dramaturgischen Lapsus – schließlich werden hier ganze Musiksequenzen aus ihrem ursprünglichen Rahmen gerissen und in einen anderen dramaturgischen Kontext implantiert – verursacht dieses ästhetisch zweifelhafte Montageprinzip indes nicht. Auf Bernsteins Konto dürften dabei auch zwei Zitate aus Herrmanns verworfener TORN CURTAIN-Partitur gehen, die sich im blutrünstigen Finale einstellen und nicht ohne Ironie das grausame Geschehen kommentieren: «The Fight» wird mit der impulsiven Dynamik des aus chromatisch abwärtssteigenden Moll-Dreiklängen gebildeten Gefahrenmotivs unterstrichen; die in mächtigen Synkopen der Hörner manifestierte kleine Terz kündigt hingegen in «The Destruction» wie bereits für Hitchcocks Film konzipiert – den nahenden Wendepunkt des Konfliktes an. (In der «Turning Point»-Sequenz von BATTLE OF NERETVA (DIE SCHLACHT AN DER NERETVA; 1969) hat Herrmann 1972 dieses Motiv übrigens selbst noch einmal aufgegriffen und in seiner Funktion bekräftigt.)

Obgleich die Musik gerade auf CD zuweilen repititiv und zerdehnt wirkt, bietet sie trotzdem besten Herrmann. Genaugenommen bildet die symphonische Textur von CAPE FEAR das musikalische Bindeglied zwischen dem monochronen Streicherklang von PSYCHO und dem ausschließlich mit Bläsern und tiefen Streichern bestückten TORN CURTAIN-Ensemble; der musikalische Blickwinkel ist also sowohl retrospektiv als auch vorwärts gerichtet. Die hochkultivierten Klangmassive mit ihrer teils forcierten Harmonik stehen auf handwerklicher Basis in ihrer konzisen Faktur den besten Kompositionen Herrmanns dabei ebenso wenig nach wie auch die kunstvolle Ausbreitung der oft nur wenige Takte umfassenden Leitmotive. Zupackende Stringenz und autoritative Direktheit auf der einen, suggestiv-aufgeladene Spannungsbilder auf der anderen Seite – Herrmanns Klangsprache ist ebenso plastisch wie durchdringend. Ohne sie würde Scorseses dialektischer Diskurs über das Böse im Menschen viel an tiefenpsychologischer Wirkung einbüßen.

Thomas Karban (Quelle: FILMDIENST 5/1992)

CAPE FEAR

Teil 3: Der Filmhistoriker & Filmbewahrer

Der Mann, der fürs Kino lebt
Martin Scorsese – Filmhistoriker und Filmbewahrer

Seine Augen glänzten, als er von Billy Wilder sprach. Im Mai 2002 in Cannes vor über 2000 Zuschauern im Kino, zwei Monate nach Wilders Tod. Die Hommage in Worten und Filmbildern war Martin Scorsese ein wirkliches Anliegen, das spürte man. Er erzählte von SUNSET BOULEVARD (BOULEVARD DER DÄMMERUNG; 1950), dem ersten Wilder-Film, den er als Achtjähriger sah und nicht verstand. «Erst später war mir klar, dass es ein Horrorfilm war und der aufrichtigste Film über Hollywood, den ich je gesehen habe. Ich hegte Sympathien für das Monster, ich lebte mit diesem Film.» Und die Zuschauer warteten in der 20-minütigen Montage mit Ausschnitten aus Wilders Filmen auf Gloria Swanson in SUNSET BOULEVARD. Der Ausschnitt kam natürlich als letzter; denn Scorsese inszeniert alles, was ihm wichtig ist, mit der gleichen Perfektion. Was das Kino betrifft, ist ihm alles wichtig – vor allem sind es die alten Meisterwerke.

Scorsese scheint sie alle auswendig zu kennen, zumindest erinnert er sich an viele Details, selbst an Filme, die er als Kind sah. Das allein ist schon ein Glücksfall. Aber viel wichtiger ist, dass er nicht distanziert Filmausschnitt an Filmausschnitt reiht, wenn er von der Filmgeschichte spricht, sondern ganz emotional erzählt, was ihn bei jedem Film so gepackt hat. Zum Beispiel die sengende Sonne in der Titelsequenz von DUEL IN THE SUN (DUELL IN DER SONNE; 1946), die er auch sofort im Filmausschnitt zeigt. Er erzählt, dass er als Kind vor Entsetzen die Augen schloss, als Jennifer Jones geschossen hat. Mit dem Film selbst hat das wenig zu tun, aber mit dem Film-Erleben und damit, wie man sich nach Jahren und Jahrzehnten noch an die Dinge erinnert, die einen prägen. «Ich kann nicht objektiv sein», sagt er zu Beginn von A PERSONAL JOURNEY WITH MARTIN SCORSESE THROUGH AMERICAN MOVIES, der Auftragsarbeit des British Film Institute zu 100 Jahre Kino (1995).

Ein begnadeter Kino-Erzähler

Scorseses Beitrag ist mit knapp vier Stunden der längste der Reihe, die anderen sind nicht einmal halb so lang – und halb so gut, auch wenn Scorsese viele wichtige Regisseure nicht erwähnt, was er selbst bedauert. Darauf kommt es auch nicht an. Das Wunderbare ist diese wirklich sehr persönliche, fast schon intime Art, Filmgeschichte nacherlebbar zu machen, die aus Martin Scorsese den vielleicht besten Kino-Erzähler unserer Zeit macht. In jedem Satz und jedem Ausschnitt ist die Begeisterung fürs Kino zu spüren und überträgt sich nach einer Weile ganz automatisch auf die Zuschauer, da die Worte und die Ausschnitte perfekt zusammenpassen.

Scorseses Einteilung der amerikanischen Filmgeschichte vom Stummfilm bis zu den 60er-Jahren (als er anfing, selbst Filme zu drehen), ist ungewöhnlich. In seinem imaginären Museum hat er (zusammen mit Michael Henry Wilson) fünf Abteilungen aufgemacht: Die erste handelt vom Dilemma des Regisseurs, den kreativen Prozess zu steuern und vom Einfluss des Produzenten in Hollywoods goldenen Jahren, als Vincente Minnelli THE BAD AND THE BEAUTIFUL (STADT DER ILLUSIONEN; 1952) drehte, King Vidor DUEL IN THE SUN und Buster Keaton und Erich von Stroheim im Studio-System zu gebrochenen Männern wurden. Dann kommen Kapitel über den Regisseur als Erzähler anhand von Western, Gangster-Filmen und Musicals (Edwin S. Porter, Griffith, Raoul Walsh, Busby Berkeley, Vincente Minnelli), dann sieht er den Regisseur als Illusionist (auch mit Hilfe neuer Errungenschaften wie Farbfilm, Scope und digitalen Effekten), als Schmuggler, der neue merkwürdige Welten kreiert (film noir, die Zeit der schwarze Listen, die Bloßstellung von Nonkonformisten in der Gesellschaft) und Bilderstürmer (Chaplin, Welles, Kazan, Wilder, auch von dem Hintergrund der Filmzensur, bis zu Kubrick und Cassavetes, die auch für sexuelle und psychische Provokationen sorgen).

Das einzige Problem der langen Reise sind die eingeschnitten Statements der Regisseure, denn sie stammen aus Interviews, die andere geführt haben, und fügen sich nicht immer nahtlos zu Scorseses Erzählungen und Erläuterungen. Aber Scorsese ging es wohl eher darum, die (vorwiegend toten) Ikonen als lebendige Menschen wenigstens einmal den Zuschauern zu präsentieren: John Ford, Frank Capra, Howard Hawks, Sam Fuller, Fritz Lang, Douglas Sirk, Nicholas Ray, King Vidor. Nebenbei wurde Scorseses Dokumentarfilm selbst zur Geschichte: Es ist der letzte Film, an dem der für seine Vorspänne berühmte Saul Bass (er starb 1996) mitarbeitete. Von ihm stammen die schlichten, wie mit Kreide auf eine schwarze Tafel geschriebenen Kapitel-Überschriften und auch die etwas kantige Karikatur von Scorsese (wohl als Hommage an die berühmte rundliche Hitchcock-Silhouette).

Italienische Wurzeln

Auf die Interviews verzichtete Scorsese bei seiner zweiten, noch persönlicheren Filmgeschichte IL MIO VIAGGIO IN ITALIA (MEINE ITALIENISCHE REISE; 1999 – in Anlehnung an Rossellinis Film VIAGGIO IN ITALIA [LIEBE IST STÄRKER; 1954], den er ausführlich vorstellt) über das italienische Kino von den 40er- bis zu den 60er-Jahren. Sie kommt noch mehr aus seinem Herzen, hat er doch als Amerikaner sizilianischer Abstammung eine besondere Beziehung zu Rossellini, Fellini, De Sica, Antonioni und Visconti (vgl. Artikel in fd 11/2002). Denn im Prinzip kommen nur diese fünf Regisseure vor, keine Komödien, keine Sandalenfilme, sondern nur die Meisterwerke des Neorealismus, die ihn schon immer beeindruckten. Da Scorsese diese Filme als Junge und Teenager gar nicht im Kino sehen konnte, sondern nur auf dem kleinen 14-Zoll-Schwarz-Weiß-Fernseher seiner Eltern (allerdings im Original mit Untertiteln), wirkten sie entsprechend anders – seltsamerweise noch intensiver. «Paisà» etwa, in dem ein Toter auf einem Floß treibt, ist der erste italienische Film, den er mit sieben Jahren gesehen hat, nicht ohne Schocks, wie er erzählt: «Wenn meine Familie nicht aus Italien ausgewandert wäre, wäre ich wohl auch so ein kleiner Junge wie der, der auf dem Markt Schuhe verkauft», merkt Scorsese zu einer anderen Szene aus dem Film an. Fast 30 Filme kommen in der vierstündigen Reise vor, von ROMA, CITTÀ APERTA (ROM, OFFENE STADT; 1945) bis zu Fellinis 8 1/2 (ACHTEINHALB; 1963). Diesmal analysiert er aus dem Off einzelne Szenen, allerdings nicht streng akademisch wie ein Filmwissenschaftler, sondern ganz subjektiv. Aber gerade dadurch erfährt man ganz konkret, durch welche Stilmittel Filme ihre Wirkung erzielen.

Dass IL MIO VIAGGIO IN ITALIA so eindringlich wirkt, liegt daran, dass die Ausschnitte wesentlich länger sind als bei der amerikanischen Filmreise. Bis zu einer Viertelstunde und noch länger – ein einzigartiges Unterfangen. Schon allein aus finanziellen Gründen kann sich kein normaler Dokumentarist solch langen Ausschnitte leisten, in denen man Essenzielles erfahren kann – und bei denen beim Zuschauer der Wunsch wächst, die entsprechenden Filme komplett zu sehen. Scorsese gab sich nicht damit zufrieden, Filmkopien der neorealistischen Meisterwerke aufzuspüren, etliche Ausschnitte ließ er selbst restaurieren, um sie in einer besseren Qualität zeigen zu können – und eine größere Wirkung zu erzielen.

Titel zu Martin Scorseses Filmreise

Rettungstaten

Bereits Ende der 70er-Jahre hatte er begonnen, sich für die technische Qualität der Filme und für Restaurierungen einzusetzen. Der Anlass war ein persönlicher: Er erfuhr, dass selbst die Farben seiner eigenen Filme aus den 70er-Jahren (z.B. TAXI DRIVER) zu verblassen drohten. Scorseses legendärem Appell an Eastman Kodak, haltbares und farbechtes Filmmaterial zu entwickeln, schlossen sich weltweit viele Kollegen an. Er hielt Vorträge – u.a. auf der «Berlinale» 1981 –, um auf das Problem der verblassenden Farben und später auch auf das der vom Zerfall bedrohten und der verschollenen (Stumm-)Filme aufmerksam zu machen. «Mit jedem Meter Film, der verloren ist, verlieren wir ein Fenster zu unserer Kultur, zu der Welt um uns herum, zu anderen und zu uns selbst», sagte er immer wieder und zog seine Konsequenzen. 1990 gründet er – zusammen mit neun weiteren Regisseuren, darunter Eastwood, Altman, Spielberg, Coppola und Kubrick – die «Film Foundation», die sich der Rettung und Restaurierungen von Filmen von der Stummfilmzeit bis heute widmet; er ist einer der Vizepräsidenten des «National Center for Film and Video Preservation» am American Film Institute (AFI). Für seine Bemühungen um die Filmrestauration erhielt er den «AFI Life Achievement Award» (1997) und 2001 den ersten «Preservation Award» der Vereinigung der Filmarchive (FIAF).

Wie viel Geld Scorsese in die Rettung der Filme steckt, verrät er nicht, aber immer wieder liest man, dass er maßgeblich beteiligt war an der Restaurierung von Charles Laughtons THE NIGHT OF THE HUNTER, D.W. Griffiths ORPHANS OF THE STORM (ZWEI WAISEN IM STURM; 1921) oder David Leans LAWRENCE OF ARABIA (LAWRENCE VON ARABIEN; 1962) – oder auch von weniger prestigeträchtigen Filmen wie Joseph Kanes FAIR WIND TO JAVA (DER REBELL VON JAVA; 1953), den er als Kind mochte. «Ich liebe Filme, sie sind mein ganzes Leben», sagt Scorsese, der eine sehr große Filmsammlung besitzt, die er (wahrscheinlich ungern) auch ab und zu ausleiht, etwa für die Retrospektiven der «Berlinale». Immer wieder, auch in seinen zahlreichen Vorworten zu Regisseurs-Monografien und Büchern über Film-Restaurierungen, weist er darauf hin, wie wichtig es ist, Filme für die Nachwelt zu retten und im Kino zu zeigen. Wie er sich das vorstellt, hat er mit seinen beiden Dokumentationen – er liebäugelt schon mit einer zweiten über das italienische Kino mit den bislang vernachlässigten Genres und einer über britische Filme – bereits vorgemacht, auch wenn sie bisher nur bei großen Festivals auf der Kinoleinwand zu sehen waren und sich alle anderen Filmfreunde mit Video- und DVD-Versionen begnügen müssen. In Amerika gab IL MIO VIAGGIO IN ITALIA immerhin den Anstoß für eine komplette Fernsehreihe mit den erwähnten Klassikern des Neorealismus. In Frankreich gab ihm die Filmzeitschrift Cahiers du Cinéma – beeindruckt von der Dokumentation über das US-Kino – die Gelegenheit, ein komplettes Heft zum Kino nach seinen Vorstellungen zu gestalten. Herausgekommen sind mehr Beiträge Scorseses zu anderen Regisseuren – auch seiner Generation, zur Filmgeschichte und zur Cinephilie – als zu seinen eigenen Spielfilmen.

Man wird wohl kaum einen anderen Filmschaffenden finden, der sich so sehr für die Bedeutung und Bewahrung des Kinos einsetzt, der versucht, anderen etwas von der Magie des Kino zu vermitteln, die ihn selbst erfasst hat und der dabei so bescheiden geblieben ist wie Scorsese. Auch wenn er es nicht zugeben würde, seine Worte bei der Hommage auf Billy Wilder in Cannes treffen auch auf ihn selbst zu: «Es gibt niemanden mehr wie ihn. Wir, die wir das Kino lieben, sollten die Verbindung zu ihm nicht verlieren.»

Andrea Dittgen (Quelle: FILMDIENST 3/2003)

Kinostunde mit Scorsese

Das 1200-Plätze-Kino reichte kaum aus für alle Filmfreunde, die Martin Scorsese live erleben wollten. Einen so großen Andrang gab es seit Einführung der Kinostunde vor 16 Jahren noch nicht, und auch die Standing Ovations zu Beginn zeigten, dass hier die Fans – Quentin Tarantino inklusive – dem Meister lauschten. Der sprach in einem so schnellen Tempo, dass man Mühe hatte zu folgen. Zum Beispiel von seiner Kindheit, dass er mit elf Jahren Fritz Langs THE BIG HEAT (HEISSES EISEN; 1953) und EAST OF EDEN (JENSEITS VON EDEN; 1955) und ON THE WATERFRONT, und dass diese Filme ihn prägten. Ebenso wie BONNIE AND CLYDE in den 1960er-Jahren – bei dem er erkannte, was ihn am Kino so faszinierte: «Es war die Kamera». Er sah eine Szene, dachte es wäre ein Close-Up – und erkannte beim zweiten Sehen, dass es ein Medium Shot war. So erklärte Scorsese (64) dem in New York geborenen französischen Starkritiker Michel Ciment (78), seinem Interview-Partner auf der Bühne, wie er allmählich immer besessener vom Kino wurde. Auch habe er keine Filmschule im heutigen Sinne besucht, sondern nur eine Abteilung an der New York University, die sich auch mit Film befasste, aber einen Professor hatte, dessen Begeisterung ansteckend war. Doch erst im achten Semester, zum Abschluss, hätten die Studenten damals einen Film drehen können, einen Kurzfilm. Das war Scorsese zu wenig: «Ich drehte zwei», sagte er mit einem verschmitzten Lächeln. Überhaupt gab er sich recht locker und erzählte auch von seinen Lehrern, etwa Roger Corman, der von Scorsese forderte, MEAN STREETS in 24 Tagen zu drehen, und ihm den Tipp gab, das Schwierigste in den ersten zwei Tagen zu drehen, damit er es hinter sich hat. Von Corman habe er die Disziplin gelernt, frühmorgens mit dem Dreh zu beginnen und vorher alles aufzuzeichnen, und durch seine Jobs als Cutter für Corman auch die Nachbereitung. Dennoch wurde bei MEAN STREETS viel experimentiert: «Wir wollten unbedingt die Erzählstruktur aufbrechen, so wie bei LE MÉPRIS (DIE VERACHTUNG; 1963) und TIREZ SUR LE PIANISTE (SCHIESSEN SIE AUF DEN PIANISTEN; 1960), erinnerte sich Scorsese an seine frühen Jump Cuts. Amüsant waren seine Ausführungen zu RAGING BULL. «Boxen gehörte nicht zu meiner Kultur. Im Kino sah ich einmal alle 15 Runden eines Boxkampfs – aus nur einem Blickwinkel! Das war langweilig. Bis ich dann einen Boxkampf live erlebte und sah, wie das Blut fließt.» Er habe darum gekämpft, in Schwarzweiß drehen zu können, weil jede Farbe eine Bedeutung habe und er nicht wollte, dass die Zuschauer nur auf die roten Boxhandschuhe sahen. Doch eigentlich habe er den Film gar nicht drehen wollen, «es war eher Robert De Niros Film». Zu jedem Filmausschnitt gab Scorsese Erklärungen – vorher und nachher, es war wirklich eine Schulstunde, aber eine lehrreiche, bei der Sätze wie «Es ist die latente Bedrohung durch Gewalt, die wichtig ist, nicht unbedingt die Gewalt selbst»,

Robert De Niro (links) in RAGING BULL

nicht im luftleeren Raum blieben. Und Scorsese auch Witze machte: «Warum man Sexszenen dreht? Keine Ahnung. Aber ich sehe erwartungsvoll dem Tag entgegen, an dem auch ich mal Sexszenen drehe. Ich habe da so einige Ideen».

Andrea Dittgen (Quelle: FILMDIENST 13/2007)

Die «World Cinema Foundation»

Martin Scorsese präsentierte während des Festival de Cannes 2007 die «World Cinema Foundation», die es sich zum Ziel setzt, gefährdete Filme durch Restaurierung vor dem Zerfall zu retten und für die Nachwelt zu bewahren. «Ich habe 1990 mit anderen Regisseuren bereits die ‹Film Foundation› gegründet, um in den USA Filme zu retten», so Scorsese. Nach diesem Modell ist auch die neue Stiftung organisiert. Mitkämpfer im Direktorium sind u.a. Stephen Frears, Wong Kar-wai, Walter Salles oder Fatih Akin. Nach der Restaurierung sollen die Filme einem größeren Publikum zugänglich gemacht werden. Sponsoren wie Armani oder Cartier unterstützen das ambitionierte Projekt. Ein genaues Budget existiert noch nicht. Die Direktoriumsmitglieder sollen sich in ihren Ländern um finanzielle Unterstützung bemühen. Auch Scorsese ist bereit, «bei Politikern um Geld zu betteln»: «In Amerika sind 90 Prozent der alten Stummfilme verloren und 50 Prozent der Filme bis 1950». Ein Skandal. «Wir Regisseure tragen Verantwortung nicht nur für unsere eigenen Werke, sondern auch für die vom endgültigen Verschwinden bedrohten – vor allem in Afrika, Lateinamerika, Asien und Mitteleuropa», sagt Scorsese. Der Ehrengast des Festivals trommelt mit aller Kraft für die neue Initiative: «Durch Filme können wir eine andere Kultur verstehen lernen und das Gefühl von Fremdheit überwinden. Die großen Filme sind so etwas wie ein Weltkulturerbe. Nicht nur Regisseure und Archive, auch die Studios müssen ihren Obolus leisten und sich als Hüter dieser vom Untergang bedrohten cineastischen Schätze fühlen», forderte er und warf den Hollywood-Studios «Geiz» und mangelndes Engagement vor. Zu den ersten

Projekten auf der Agenda gehören Ahmed El Maanounis TRANCES (TRANSES; Marokko 1981), Mário Peixotos LIMITE (LIMIT; Brasilien 1931) und Liviu Ciuleis PĂDUREA SPÂNZURAȚILOR (DER WALD DER GEHENKTEN; Rumänien 1964). Die Auswahl erfolgt durch die Direktoriums-Mitglieder in Koordination mit kompetenten Archiven. Es kann sein, dass die Entscheidung mal für ein weniger kostenintensives Projekt fällt, «aber eine Kopie, die aufgrund ihrer Zerstörung nicht warten kann, hat Vorrang». Als Problem gelten die Kopierwerke, die aufgrund mangelhafter technischer Ausstattung die Herausforderungen nicht immer optimal bewältigen können. Auch in diesem Bereich wird eine Unterstützung der Modernisierung gefordert. Fatih Akin fühlt sich «verantwortlich, Filme als Teil der Geschichte zu erhalten». Er wird Filme aus der türkischen Filmgeschichte aussuchen, die für eine Restaurierung in Frage kommen.

Margret Köhler (Quelle: FILMDIENST 15/2007)

Schillerndes Kunstwerk: TAXI DRIVER restauriert

Die Zusammenarbeit zwischen dem Museum of Modern Art (New York) und Sony dauert im Fall von Martin Scorseses Klassiker TAXI DRIVER nun bereits 20 Jahre. Was seinerzeit mit dem schlichten Versuch begann, die Negative des Filmklassikers vor noch weiterem Verfall zu bewahren, mündete mit den fortschreitenden Errungenschaften im Bereich der Filmrestaurierung in eine Rekonstruktion des durch Lagerung und Abnutzung zum Teil arg ramponierten Materials. TAXI DRIVER ist uns erhalten geblieben – sogar im Kino! Das ist eine der wahrlich guten Nachrichten von der «Berlinale». Das Studio, das mit Scorseses zentralem Beitrag zum Kino des «New Hollywood» Filmgeschichte geschrieben hat, bewahrt den Film nun also auch für die (digitale) Leinwand. Im Rahmen einer Gala im Friedrichstadtpalast wurde die Arbeit des Restauratoren-Teams erstmals der Öffentlichkeit vorgeführt. Mit überragendem Erfolg, bei dem Drehbuchautor Paul Schrader und Grover Crisp, Chefrestaurator von Sony Pictures, Standing Ovations erhielten.

Der Inhalt des Films stand ohnehin stets außer Frage, es war vor allem die Form, auf die man bei dieser Vorführung gespannt sein durfte. Für die Restaurierung wurde das originale Kamera-Negativ mit einem 4K Scanner abgetastet. Für das Super-Breitwand-Seitenverhältnis von 1.85:1 entspricht das etwa 4096 × 2216 Pixel. Fehlende Frames wurden weitgehend rekonstruiert, Verknitterungen, Abschabungen digital getilgt, schließlich wurde das Ausgangsmaterial farbkorrigiert. Sieben Monate Arbeit investierten die Techniker in die Restaurierungsarbeiten des Films; Regisseur Martin Scorsese und Kameramann Michael Chapman hatten diese Wiederherstellung künstlerisch beaufsichtigt und kommentiert, sodass das Ergebnis nun das aktuell bestmögliche ist. Dabei war allen Beteiligten wichtig, dass der Film nicht «modernisiert» und den heutigen Sehgewohnheiten angepasst werden solle, sondern jenen «Look» zurückerhalten müsse, den das Publikum bei der Premiere des Films im Jahr 1976 goutiert hatte. Das ist sicherlich nicht ganz richtig, denn die Kinos, die seinerzeit TAXI DRIVER spielten, waren beileibe nicht alle auf dem bestmöglichen technischen Stand, und die Kopien, die seinerzeit vom Kamera-Negativ erstellt wurden, genügten nicht den hohen technischen Ansprüchen, mit denen die aktuelle Digital-Kopie gemastert wurde. Lange Zeit, so Grover Crisp, sei man davon ausgegangen, dass TAXI DRIVER ein über weite Strecken düsterer, grobkörniger Film mit gedeckten Farben sei. Dass dies nicht so ist, sieht man an den mitunter vor Farbe nur so sprühenden Sequenzen der jetzt vorliegenden Version, die über einen jener 4K-Projektoren das Licht der Leinwand erblickte, über die sonst eher 3D-Filme mit ihren zwei versetzten 2K-Bildern projiziert werden. Wie gut die Arbeit der Restauratoren gelungen und wie wertvoll die Möglichkeiten des 4K-Scannings sind, erkennt man nun nicht unbedingt an der brillanten Bildschärfe auch bei riesiger Leinwand; es ist vor allem die Farbtiefe, die das Bild zum Leben erweckt und es keineswegs digital-kalt und künstlich erscheinen lässt. So geraten die Spiegelungen der Neonreklamen New Yorks auf den polierten Scheiben des Taxis von Travis Bickle zu einem bunt pulsierenden, kontrastreichen und zugleich abstrakten Kunstwerk.

Im Mai 2011 erscheint hierzulande die Blu-ray dieser restaurierten Fassung von TAXI DRIVER. Da davon auszugehen ist, dass in den hiesigen Multiplexen über die 4K-Projektoren kein TAXI DRIVER mehr fahren wird, wird dies dann die einzige Möglichkeit sein, einer breiten Öffentlichkeit ein Stück Filmgeschichte zu bewahren.

Jörg Gerle (Quelle: FILMDIENST 6/2011)

Teil 4: Drei Gespräche mit Scorsese

Gespräch 1
Filme im Kopf
Der Kameramann Michael Ballhaus über Martin Scorsese

Als Sie bei AFTER HOURS (1984) zum ersten Mal mit Martin Scorsese gedreht haben, steckte dieser nach mehreren Flops in Folge in einer tiefen künstlerischen Krise. Haben Sie davon bei den Dreharbeiten etwas mitbekommen?
Ballhaus: Wenn einer wie Scorsese einen Low-Budget-Film für vier Mio. Dollar macht, ist das natürlich ein offensichtliches Zeichen dafür, dass in seiner Karriere nicht alles rund läuft. Aber von einer künstlerischen Krise war nichts zu spüren. Er wirkte nie unsicher oder gehemmt – und ein wenig kannten wir uns ja schon.
Woher?
Als ich mit Peter Lilienthal in Portugal DAS AUTOGRAMM (1983) drehte, klingelte in meinem Hotel das Telefon, und am anderen Ende war Mr. Scorsese persönlich, der mir einen Film anbot. Das war für mich wie ein Wunder, denn 1981, als er auf der «Berlinale» RAGING BULL (1980) präsentiert hatte, saß ich im Publikum und flüsterte meiner Frau zu: «Mit diesem Regisseur möchte ich gerne einmal arbeiten.» Das schien damals ein völlig irrealer Wunschtraum. Und nun plötzlich lud mich Scorsese zu einem Gespräch über THE LAST TEMPTATION OF CHRIST nach Los Angeles ein. Ich kann mich noch genau erinnern, wie ich an seinem Geburtstag mit einem Blümchen in der Hand im Hotel stand, kurz davor, mein Regie-Idol zu treffen.
Dann drehten Sie aber zunächst AFTER HOURS.
Nachträglich bin ich froh, dass dies unser erster gemeinsamer Film war, weil ich hier all meine in Deutschland gewonnene Erfahrung optimal einsetzen konnte. Von einer Großproduktion wäre ich zu diesem Zeitpunkt wahrscheinlich überfordert gewesen.
Dennoch sieht AFTER HOURS nicht wie ein billiger Film aus.
Scorsese standen für die Dreharbeiten nur 40 Nächte zu Verfügung. Er hat die Produzenten deshalb beauftragt, mir das Buch zu schicken, mit der Frage verbunden, ob ich den Film in dieser Zeit und mit diesem Budget realisieren könne. Nach dem (vorläufigen) Scheitern von LAST TEMPTATION wollte ich diese zweite Chance natürlich unbedingt packen. Also habe ich das Buch mitsamt seinen detaillierten Bemerkungen, die Scorsese immer am Rand des Scripts notiert, minutiös durchgearbeitet und bin zum Schluss gekommen, dass wir es schaffen konnten, wenn wir pro Nacht 16 Einstellungen drehten.

Wir haben mit viel Risiko gedreht, mit praktisch offener Blende und minimaler Schärfentiefe – aber Scorsese konnte seinen Film machen, und er kriegte jede Einstellung, die er sich gewünscht hatte. Erst später habe ich von ihm erfahren, dass diese Erfahrungen mit mir für ihn die Wiedergeburt als Regisseur bedeutete.
Die zwei wichtigsten Regisseure in Ihrer Karriere sind Rainer Werner Fassbinder und Martin Scorsese. Gibt es da Parallelen?
AFTER HOURS war vom Arbeitsstil her in mancher Hinsicht eine Fortsetzung meiner Arbeit mit Fassbinder. Mit wenig Geld, einer kleinen, aber fantasievollen und enthusiastischen Crew, sehr schnell und gleichzeitig innovativ zu arbeiten – hier konnte ich mich auf einem Gebiet beweisen, auf dem ich gut und erfahren war. Wie Fassbinder ist auch Scorsese ein Regisseur, der eine sehr präzise Vorstellung davon hat, wie er eine Geschichte visuell auflösen will. Beide haben ihre Filme im Kopf, noch bevor sie gedreht werden. Menschlich dagegen ist Scorsese ein ganz anderer Typ. Fassbinder war genial, aber zeitweise auch sehr schwierig, wie mittlerweile jeder weiß. Scorsese ist ein genialer Künstler, aber er bleibt in allen schwierigen Situationen ausgeglichen.
Wenn ein Regisseur so klare Visionen vorgibt, besteht dann für Sie noch gestalterischer Spielraum?
Scorsese hält seine Vorstellung in einer detaillierten Shotlist am Rande des Manuskripts fest. Aber das sind trotz allem nur Notizen, die den Rhythmus einer Szene, die Größenverhältnisse und die Bildabfolgen skizzieren, aber über Brennweite, Licht und Bildkomposition sagen sie kaum etwas aus. Mit anderen Worten: Er hat zwar die Ideen, aber er braucht mich, um sie zu realisieren. Erleichtert wird das dadurch, dass seine Bildwelten meinem Stil so sehr entsprechen, dass ich den Film schon vor mir sehe, wenn ich das Drehbuch lese. Unsere Zusammenarbeit hat sich in den Jahren zudem immer weiter entwickelt, wir vertrauen uns hundertprozentig. Scorsese ist für mich immer der unbestrittene Boss, aber es gibt Situationen, wo ich eine andere Idee habe. In THE AGE OF INNOCENCE beispielsweise gibt es eine Szene, in der Winona Ryder und Daniel Day-Lewis durch einen Laubengang gehen und miteinander sprechen. Ursprünglich sollten sie das Gespräch auf einer Bank sitzend führen. Aber die Szene war ziemlich lang, und als ich diesen wunderbaren Garten sah,

habe ich Scorsese vorgeschlagen, die Szene im Gehen zu drehen, um sie dynamischer zu machen. Wenn ihm ein Vorschlag wie dieser einleuchtet, dann geht er auch darauf ein.
Das klingt sehr nach einem partnerschaftlichen Verhältnis. Sie selbst haben inzwischen auch einige visuelle Markenzeichen, allen voran die legendäre Ballhaus-Kreisfahrt...
...die ich immer seltener einsetze. Kreisfahrten sind inzwischen ein derart alltägliches Stilmittel geworden, dass sich Abnutzung spürbar macht. Natürlich gibt es auch in GANGS OF NEW YORK ein paar Kreisfahrten, aber sie sind praktisch im Kampfgetümmel versteckt. Es war ausgerechnet eine Kreisfahrt, jene in RECKLESS (RECKLESS – JUNG UND RÜCKSICHTSLOS; 1983), durch die Scorsese auf mich aufmerksam wurde. Die wilde Kreisfahrt mit Tom Cruise beim Billardspiel in THE COLOR OF MONEY (1986) habe ich ihm vorgeschlagen. Aber wie gesagt, die Kreisfahrt ist letztlich nur eines von vielen Stilmitteln und darf sich nicht verselbstständigen.
Arbeitsteilung und Teamarbeit, die Sie so schätzen, bedeuten, dass auch Sie Aufgaben delegieren, also nicht mehr selbst die Kamera führen. Bereitet Ihnen das Mühe?
Als ich bei THE COLOR OF MONEY das Schwenken aufgeben musste, war das für mich eine schwierige Situation. Wenn man die Kamera jahrelang selbst führt, entwickelt man ein ganz besonderes Gefühl für Rhythmus, Tempo und Bewegung. Ich vergleiche es mit einem Porsche, den man jahrelang selbst gefahren hat, und nun plötzlich sitzt man daneben und lässt einen anderen steuern. Aber ich habe mir im Lauf der Jahre Mitarbeiter herangezogen, die meinen Stil genau kennen und inzwischen den Porsche genauso gut fahren wie ich – manchmal sogar noch besser.
Nach AFTER HOURS und THE COLOR OF MONEY haben Sie doch noch THE LAST TEMPTATION OF CHRIST (1987) gedreht. Haben sie dort angeknüpft, wo sie Jahre zuvor gestoppt worden waren?
Es war im Grunde ein völlig anderes Projekt. Nun war THE LAST TEMPTATION ein Low-Budget-Film, wo wir alle für viel weniger Geld arbeiteten als sonst. Gedreht wurde auch nicht mehr in Israel, sondern in Marokko. Auch in der Besetzung gab es Veränderungen. Es war letztlich ein Liebesdienst für Marty, weil wir alle wussten, wie sehr ihm dieser Film am Herzen lag. Aber dass diesmal viel weniger Geld zur Verfügung stand, hat dem Film und seiner Glaubwürdigkeit nur gut getan. Wunderbarerweise haben sich bei den Dreharbeiten all unsere Probleme immer zum Guten gewendet. Wir mussten Motive kurzfristig wegen Dürre oder Schnee aufgeben und fanden immer neue – und stets bessere.

In Scorseses Filmen spielt die Musik eine zentrale Rolle. In GOODFELLAS (1989) gibt es Dutzende von zeitgenössischen Stücken, die im fertigen Film wirken, als wären sie eigens dafür komponiert worden.
Die Musik zu GOODFELLAS stand größtenteils schon fest, bevor wir mit dem Drehen begannen. Teilweise haben wir die Musik während den Aufnahmen laufen lassen, um in den Rhythmus zu kommen, und wir haben auch den Sprachrhythmus, der in diesem Film besonders wichtig ist, mit der Kamera übernommen. Das letztlich Entscheidende geschah aber im Schneideraum, wo Scorsese zum genialen Perfektionisten wird. Während der ersten Vorführung von GOODFELLAS in Los Angeles saß ich wie gebannt im Kino und vergaß vollkommen, dass ich den Film gedreht hatte. Obwohl ich jedes Bild kannte, sah ich einen neuen Film.
Gibt es Scorsese-Filme, die sie abgelehnt haben?
Seit AFTER HOURS hat Scorsese jeden Film zunächst mir angeboten, und grundsätzlich hätte ich auch jeden gemacht, aber es hat nicht immer geklappt. Bei CASINO (1995) scheiterte es daran, dass sich der Film verschob, bis ich nach einem halben Jahr nicht mehr warten konnte und einen anderen Film annahm. Bei KUNDUN (1997) war ich gerade dabei, mich von einer schweren Erkrankung zu erholen, weshalb mir mein Arzt verbot, in Indien im Gebirge zu drehen, obwohl der Film dann letztlich in Marokko gedreht wurde, weil Scorsese als Asthmatiker ebenfalls nicht auf 2000 Meter Höhe drehen konnte. BRINGING OUT THE DEAD (1999) wiederum kam sehr plötzlich, als ich bereits beim Dreh eines anderen Films war. Ich muss allerdings gestehen, dass ich darüber nicht ganz unglücklich war, denn mit BRINGING OUT THE DEAD hätte ich Schwierigkeiten gehabt. Ich bin auch nicht unglücklich darüber, dass mir CASINO entgangen ist, weil für mich die Vorstellung, monatelang in Las Vegas zu drehen, ein Albtraum ist.
Wenn Sie von ihrer Zusammenarbeit mit Scorsese erzählen, gewinnt man den Eindruck, dass Ihnen THE AGE OF INNOCENCE ganz besonders am Herzen liegt.
Das ist auch so. Er ist eine Kombination von allem, was ich liebe: Eine unglückliche Liebesgeschichte, ein prächtiges Dekor, in dem man schwelgen kann, und wunderbare Schauspieler – und das alles zusammen mit Scorsese! Natürlich ist auch GOODFELLAS ein toller Film, aber die Dreharbeiten dazu waren aufgrund der Thematik ziemlich belastend und schwierig, bei THE AGE OF INNOCENCE dagegen waren sie das reinste Vergnügen.
GANGS OF NEW YORK soll um die 100 Mio. Dollar gekostet haben. Sie haben schon mehrmals bei Projekten dieser Größenordnung mitgearbeitet, für Scorsese war es das erste Mal. Stand er unter besonderem Druck?
Natürlich hat man gespürt, wie viel für ihn auf dem

Michael Ballhaus hinter der Kamera von The Color of Money

Spiel stand. Das hat sich vor allem daran gezeigt, dass er viel mehr Material und Alternativeinstellungen gedreht hat als gewöhnlich, um im Schneideraum mehr Spielraum zu besitzen. Ich habe es in dieser Hinsicht einfacher: Wenn der Film nicht so erfolgreich werden sollte, ist er immer noch gut fotografiert und wird meiner Karriere nicht schaden. Aber Scorsese kann sich momentan keinen Flop leisten, weil er sonst unter Umständen wieder dort stehen könnte, wo er nach The King of Comedy (1983) schon einmal war – nur dass er jetzt doch einige Jahre älter ist.

Sie haben mit Scorsese unter anderem auch gemeinsam, dass sie beide noch nie mit einem «Oscar» geehrt wurden.[1] Welche Rolle spielt diese Auszeichnung?

Es wäre idiotisch, zu behaupten, man wünsche sich keinen «Oscar». Selbstverständlich hätte ich ihn gerne. Aber meine Karriere würde er sicher nicht mehr wesentlich beeinflussen, ich kann auch ohne diese Auszeichnung die Filme machen, die ich machen will. Für Scorsese liegt der Fall etwas anders. Es ist schier unglaublich, wie sehr er nach all diesen Jahren und all diesen tollen Filmen immer noch um seine Budgets kämpfen muss. Der «Oscar» würde sicher vieles erleichtern. Und ich hoffe sehr, dass es diesmal für ihn klappt, zumal mir Gangs of New York von all unseren Filmen – zusammen mit The Age of Innocence – am besten gefällt.

Das Gespräch führte Thomas Binotto.
(Quelle: FILMDIENST 3/2003)

---

1 Das Gespräch wurde im Jahre 2003 geführt. 2006 bekam Martin Scorsese den Regie-Oscar für The Departed (Departed – Unter Feinden; 2006)

Gespräch 2
Religion = Action
Martin Scorsese über Religion, Gewalt die Kraft der Bilder

Ist es an der Zeit, die Dinge des Lebens Revue passieren zu lassen?
Scorsese: 63 Jahre ist nicht alt! Aber in diesem Alter will ich die menschliche Natur ergründen, will wissen, wer ich bin, wo meine Fähigkeiten liegen, meine schlechten und guten Seiten. Ich mache mir zunehmend Gedanken über Religion, über den Sinn des Lebens und die Zukunft.

Wie sieht die für Sie persönlich aus?
Vielleicht werde ich mich etwas von Hollywood zurückziehen. Für Filme mit dunklen Seiten gibt es nicht mehr viel Platz. Es dauert immer so lange, bis ein großer Film fertig ist. Ich möchte dazwischen mehr Dokumentarfilme drehen wie das Bob-Dylan-Porträt No Direction Home.

Was hat Sie an Bob Dylan interessiert?
Der Film entstand aus Liebe zu Dylan, der wie kein anderer die 1960er- und 1970er-Jahre repräsentiert. Er kann noch immer die damalige Stimmung und Kraft einer Generation einem jungen Publikum vermitteln, das damit sonst wenig anfangen kann. Ich kannte ihn, war aber nie «hip» genug, mit ihm herumzuhängen.

Was bleibt von den 1970er-Jahren und dem «New Hollywood»?
Man kann die Uhr nicht zurückdrehen. Wir lebten unsere Träume, glaubten wirklich, es den Herrschaften in Hollywood zeigen zu können, und folgten der Devise «Take the money and run». Nach George Lucas' Star Wars und Steven Spielbergs Der weisse Hai ging es plötzlich nur noch ums Geschäft. Superteure Produktionen müssen ihr Geld wieder einspielen. Visionen oder Risikobewusstsein sind deshalb heute Fehlanzeige.

Was heißt das in der Konsequenz?
Als ich noch jünger war und über sehr viel Energie verfügte, habe ich abwechselnd einen Film für mich und einen für die anderen gedreht. Jetzt haushalte ich mit meiner Zeit und habe keine Lust mehr, mich nach Hollywoods Decke zu strecken oder wie ein Knecht für meine Filme auf Promo-Tour zu gehen. Ich werde nur noch Projekte durchziehen, die meinen Vorstellungen entsprechen.

Und die wären?
Zwischen den großen Spielfilmen mal wie nebenbei und aus Spaß an der Sache einen Dokumentarfilm übers britische Kino zu drehen. Oder die Adaption von William Kennedys Roscoe. Als nächstes steht die Verfilmung von Shusaku Endos Silence an. Ein Drama aus dem Japan des 17. Jahrhunderts – eine Herzensangelegenheit seit zehn Jahren. Jetzt scheint die Realisierung endlich zu klappen. Auf meiner Wunschliste steht auch The Rise of Theodore Rosevelt, der mich nach Gangs of New York, Aviator und The Departed erneut mit Leonardo DiCaprio zusammenführt.

Verbindet Sie mit dem Schauspieler so etwas wie ein Vater-Sohn-Verhältnis?
Er erinnert mich an den jungen De Niro. DiCaprio wollte einmal einen «tougheren» Gegenwartstypen verkörpern. So ist The Departed mein erster Gegenwartsfilm seit 20 Jahren. Ich musste mich zuerst an die Kleidung gewöhnen, diese Sneakers und Hosen, die mir nach all den historischen Werken sehr seltsam vorkamen.

Wie sehen Sie Ihre Zukunft als Regisseur?
Da ist mir nicht bange, auch wenn ich mich in Zukunft auf «kleinere» Filme konzentriere. Ich hoffe, ich bleibe da hart, denn ich erliege doch immer wieder der Verlockung größerer Projekte. Vor 15 Jahren gab es noch Platz für meine Filme und ihre abgründigen Themen in Hollywood. Das ist vorbei. Das Geschäft läuft jetzt auf einer anderen Schiene. Ab einem bestimmten Alter ist Schluss mit Kompromissen.

Macht es Sie wütend, dass Sie bisher beim «Oscar» als Bester Regisseur übergangen wurden?[2]
Das ist Schnee von gestern – auch wenn mich das natürlich wurmt. Vielleicht fehlt mir in den Augen der Academy-Mitglieder die nötige Bescheidenheit. Wir von der Ostküste haben die Großen des Business in Hollywood mit unserer Unbotmäßigkeit schon einige Male verschreckt. Allein Harvey Weinsteins Idee, den «Oscar» in die Radio City Music Hall nach New York zu holen, sorgte für Entsetzen und Aufregung in Los Angeles.

Wann entdeckten Sie Ihre Liebe zum Film?
Als Heranwachsender mit Filmen des italienischen Neo-Realismus im Fernsehen wie Ladri di biciclette (Fahrraddiebe; 1948) oder Roma, città aperta. Während meine Großmutter dabei immer weinte, spürte ich diese wahnsinnige Faszination. Ich wollte auch Filme machen, selbst wenn ich mich Regisseuren wie Vittorio de Sica, Roberto Rossellini oder Elia Kazan gegenüber klitzeklein fühlte.

---

2 Das Interview wurde im Jahre 2005 geführt. 2006 bekam Martin Scorsese den Regie-Oscar für The Departed (Departed – Unter Feinden; 2006)

Martin Scorsese, Leonardo DiCaprio und Matt Damon am Set von THE DEPARTED

Woher resultiert das Interesse an Gangsterfilmen?
Ich bin in einfachen Verhältnissen in der Lower East Side in New York aufgewachsen, da lernt man Gewalt kennen, emotionale wie physische. In den Straßen und Bars herrschten klare Machtstrukturen und traditionelle Machtrituale, eine harte Umgebung. Die Einwanderer lebten zwar in der Neuen Welt, hatten aber die alte noch im Kopf. Figuren wie in MEAN STREETS, RAGING BULL oder GOODFELLAS sind keine reinen Fiktionen, sondern entsprangen der Wirklichkeit. Deshalb interessieren mich Fragen nach Schuld, Selbstzerstörung und die schmale Grenze zwischen Gut und Böse noch heute, wie auch die Frage nach meinen Wurzeln und der Religion.

Was heißt Religion für Sie?
Religion ist «Action», etwas in Bewegung zu setzen. Dabei geht es nicht nur ums Beten in der Kirche. Das alltägliche Leben und die Arbeit sind auch eine Form von Gebet.

Empfinden Sie Zuversicht?
Ich bin Optimist und glaube an die Veränderungskraft der Kinobilder. Sie sind universell und grenzüberschreitend. Wir leben in unsicheren Zeiten, Vorurteile nehmen zu. Hier sollte das Kino einhaken. Wenn ein Junge in Chicago einen Film aus Marokko oder Tunesien sieht, bekommt er vielleicht einen anderen Eindruck von Nordafrika. Das müssen wir unterstützen. Filme können Konflikte nicht von einem Tag auf den anderen ausräumen, aber Verständnis schaffen. Sie sind ein Anfang, ein Weg zum friedlichen Zusammenleben ohne Krieg und Zerstörung.

Die Welt brennt an allen Ecken und Enden, was nicht zuletzt mit dem Zusammenprall der Kulturen und Religionen zu tun hat.
Die Verschmelzung unterschiedlicher Kulturen halte ich dennoch für möglich, trotz mancher Rückschläge wie die Unruhen in den Pariser Vorstädten. In Amerika ist es ein ständiger Kampf. Doch schauen Sie auf New York: ein Melting Pot, der größtenteils funktioniert. Voraussetzung für friedliches Zusammenleben ist Respekt gegenüber dem anderen.

Das Gespräch führte Margret Köhler während des Filmfests Marrakesch im November 2005.
(Quelle: FILMDIENST 2/2006)

Gespräch 3
Gewalt als Motor des Lebens
Martin Scorsese über GANGS OF NEW YORK

Ihr Drehbuchautor Jay Cocks bemerkte, Sie hätten in Ihrem neuen Film «mit dem Teufel Walzer getanzt». War die Arbeit an GANGS OF NEW YORK wirklich so schlimm?
Das ist seine Wahrnehmung. Jay ist mein engster Freund. Wir kennen uns seit mehr als 30 Jahren, und er hat mich schon viele Male mit dem Teufel tanzen sehen. Dieser «Teufel» ist aber keine bestimmte Person, er ist das System. Und man muss herausfinden, wie man innerhalb des Systems zurechtkommt. Ich habe über die Jahre und die Filme, die ich gemacht habe, versucht, einen Weg zu finden – aber so, wie ich es wollte, so weit wie möglich auf meine Weise! Obwohl mir Harvey Weinstein zusagte: «Wir machen diesen Film», habe ich lange Zeit gezweifelt. Denn den Film hatte ich schon zu lange geplant, zu viele Jahre im Kopf – ich habe gar nichts und niemandem mehr geglaubt. Aber ich wusste: Dieser Typ hatte den nötigen Enthusiasmus. Er war der Einzige, der in der Lage war, das zu machen. Das Problem ist, welchen Film man genau machen will. Darum wurde täglich gekämpft, geredet, argumentiert – darum hat es drei Jahre gedauert.

Mussten Sie große Kompromisse eingehen?
Ich mache mir jedenfalls darüber keine Illusionen: Wenn einer einem knapp 100 Millionen Dollar gibt, sollte der Film zumindest das Aussehen eines traditionellen amerikanischen Film-Epos haben, mit wunderbaren Stars. Ich verstehe die Sorgen des Studios: ein großes Budget, das auch noch überschritten wird. Irgendwann kommt dann natürlich das Studio und fragt: Wie lange dauert es noch? Das ist deshalb nicht gleich der Teufel. Nur will ich es nicht hören.

Es heißt, es gäbe eine längere, etwa gut dreistündige Version Ihres Filme, einen «Director's Cut».
Das ist der «Director's Cut», tut mir Leid! Es gibt nur diesen Film. Diese Gerüchte sind das Ergebnis der ganzen voreiligen Berichterstattung während der Dreharbeiten und der Schneidearbeit. Die allererste Fassung hatte eine Länge von drei Stunden und 38 Minuten – das war noch nicht einmal der Rohschnitt. Das eigentliche Problem beim Schneiden waren die Verdichtung und der Rhythmus zwischen den verschiedenen Elementen. Aber es gibt keine einzige Szene – von denen, die wir drehen konnten –, die ich nicht zeige. Ich halte nichts von diesem ganzen «Director's Cut»-Geschäft. Es sei denn, dass der Film dem Regisseur vom Studio aus der Hand genommen wurde.

Was hat Sie an der Geschichte der New Yorker Gangs des 19. Jahrhunderts besonders fasziniert?
Es gibt keine Helden und keine Bösen. Es gibt nicht nur Schwarz oder Weiß, sondern Grauschattierungen. Wir teilen nicht die Werte der Figuren, aber können uns einfühlen. Sie sind Menschen. Ich interessiere mich nicht für traditionelle Erzählstrukturen: Am Ende ein Showdown zwischen Gut und Böse. So einfach ist es im Leben nicht. Im Gangkrieg gibt es keinen Helden und keinen Schurken. Und am Ende ist es die Geschichte selbst, die die Figuren überwältigt. Aber das Leiden war notwendig, damit sich die Welt verändern kann. Es sind Stammesrituale. Darum gibt es am Ende auch keinen richtigen Kampf. Bill the Butcher gibt sein Leben hin. Es ist fast ein Selbstmord, durchgeführt von jemandem, den er liebt und respektiert. Denn er weiß: Das ist nicht mehr seine Welt. Was ich auch zeige, ist die Religion dieser Charaktere: Wenn Leos Figur betet und seine Leute um sich sammelt – dann wird klar: Der Glaube gilt einer Art Gott des Krieges, keinem Gott der Liebe. Ich will das nicht rechtfertigen, aber es gibt dort keine Hoffnung.

Wie repräsentativ sind diese Gangs für das Amerika der damaligen Zeit?
Einer der Gründe warum wir den Film gemacht haben – von meiner Obsession für die Epoche einmal abgesehen – war, das Verlangen von Menschen zu zeigen, ein anständiges Leben zu leben, und der Kampf, bis das auch gelingt, und was man durchmacht, um sich und seine Familie zu unterhalten. Das ist die Basis aller Kämpfe. Diese Gangs spiegeln verschiedene Interessengruppen. Sie schlossen sich nach ethnischen Kriterien – Iren, geborene Amerikaner – zusammen. Sie hatten politische Kandidaten, die sie unterstützten. Was der Film zeigt, ist sehr akkurat: Bill the Butcher etwa ist eine historische Figur. Er war ein wichtiger Faktor. Er starb in Wirklichkeit etwas früher als im Film, aber er war auch historisch ein Spieler, harter Trinker, ein Schläger. Er prügelte sich mit jedem Iren, der ihm über den Weg lief. Die Einwandererwellen sind repräsentativ. Die Iren waren ja nur die Ersten. Ich denke nicht, dass die Gründerväter wirklich daran dachten, eine Heimat für so viele Ethnien zu errichten. Die amerikanische Revolution begann zwar 1776, endete aber erst 1865 mit dem Bürgerkrieg. Da fand das Land erst zusammen. Die Freiheitsstatue mit ihrem Motto «Bring us your homeless» wurde erst in den 1880er-Jahren errichtet. Der Film reflektiert natürlich das New York

FILMSZENE AUS GANGS OF NEW YORK

des 19. Jahrhunderts. Aber das Wesen der Gefühle und Geschehnisse hat auch eine Bedeutung für die heutige Welt. Die Geschichte kann hoffentlich auch als Warnung dienen; sie zeigt, wo mögliche Brüche liegen, wo die Zivilisation plötzlich auseinander fallen kann – vielleicht wird man durch sie ein bisschen klüger.

Warum war so viel Gewalt unumgänglich?
Zum einen: Ich glaube, es wird heute bei uns oft vergessen, was es eigentlich heißt, auf der Straße aufzuwachsen. Ich bin auf der Elizabeth-Street aufgewachsen, dort gab es vier Schlachtereien. Ich konnte sehen, wie die Tiere hineingeführt wurden, wie man sie zerlegte – das ist eine Kunst. Aber sehr blutig. Die Menschen von Five Points hatten keine andere Wahl, als brutal zu sein. Wenn man da lebt, dann ist Gewalt Teil des täglichen Lebens. Es ist keine Option, sondern Wirklichkeit. Es passiert jeden Tag. Und es schwappt über – von den Straßen ins Heim. Lesen Sie die Romane Zolas! Oder *Reise ans Ende der Nacht* von Celine. Oder schauen Sie sich LOS OLVIDADOS (DIE VERGESSENEN 1950) von Buñuel an. Gewalt ist in einer Gesellschaft der Armen und Unterdrückten ein Teil der Existenz. Und berücksichtigen Sie zusätzlich die Tatsache, dass sich das Land im Krieg mit sich selbst befand. Gewalt ist in jeder Gesellschaft verbreitet, die noch dabei ist, sich selbst zu definieren. Es irgendwie anders zu zeigen, wäre eine totale Lüge. Ein Weißwaschen der Geschichte. Das kann man heute nicht mehr machen. Man kann nicht von Charakteren erzählen, die täglich ums Überleben kämpfen, aber dann keine Gewalt zeigen. Aber ich wollte überhaupt nichts glorifizieren, die Gewalt in ihrer Hässlichkeit nicht feiern. Die Kämpfe sollten so wirken, als ob man Insekten beobachtet. Filmisch arbeiten wir eher dezent. Das Meiste wird nur durch den Schnitt und den Ton impliziert. Wenn Sie die Einzelbilder analysieren, werden Sie merken, dass alles auf der Montage basiert. Aber es gibt wohl immer ein paar Leute, denen meine Filme zu gewalttätig sind. Das ist dann einfach nicht mein Publikum.

Ihr Film kommt zu einem besonderen Zeitpunkt heraus: Nach dem 11. September 2001, vor einem möglichen Krieg. Was ist die Botschaft des Films in dieser historischen Situation?
Der 11. September hat uns berührt, keine Frage. Aber wir haben nichts Grundsätzliches verändert. Insbesondere die Skyline am Ende mit dem World Trade Center, das stand bereits in einer Drehbuchfassung aus dem Jahr 1978. Ich habe nie daran gedacht, sie nachträglich noch zu verändern, etwa die Türme zu entfernen. Nein: Die Leute, um die sich der Film dreht, hatten Anteil daran, diese Skyline aufzubauen, nicht daran, sie zu zerstören. Wir haben nicht an die Gegenwart gedacht; wir haben einen Film über eine bestimmte Periode Amerikas gemacht. Ich versuche, zu den Grundlagen vorzudringen, das heißt zur Stammesgesellschaft. Meine ultimative Frage ist: Müssen wir Menschen so sein? Die Charaktere von Leo und Daniel müssen sich beide bis auf den Tod bekämpfen. In gewissem Sinn ist ihnen egal, wer gewinnt. Das New York, das ich zeige, ist wie die ganze Welt. Aber die Frage ist: Kann sie nur mit Gewalt zusammengehalten werden? Was man nicht weiß, ist: Kann man die menschliche Natur vielleicht verändern? Können wir uns weiterentwickeln, unsere bestialische Seite ablegen? Vielleicht wird das in 25.000 Jahren das Ergebnis der Evolution sein.

Das Gespräch führte Rüdiger Suchsland.
(Quelle: FILMDIENST 3/2003)

Lexikon der Filme 2012

Die Kurzkritiken dieses Lexikons informieren über Inhalt und Bedeutung der Spiel- und Dokumentarfilme, die im Berichtszeitraum erstmals in den deutschen Kinos, im Fernsehen, auf Videokassette und auf DVD und Blu-ray gezeigt beziehungsweise vertrieben wurden. Das Lexikon enthält auch Kurzkritiken von Filmen, die in der Zeitschrift FILMDIENST aus unterschiedlichen Gründen nicht erfasst werden konnten. Die Altersangaben am Ende des jeweiligen Textes bezeichnen die Tragbarkeit für die entsprechenden Altersstufen nach Meinung der Katholischen Filmkommission. Bei nur für Erwachsene geeigneten Filmen erfolgt keine Alterseinstufung.

Das Lexikon enthält auch Filme, die nicht gesichtet werden konnten, deren Texte auf Grund von Archivmaterial beziehungsweise anhand der Programminformationen der Fernsehanstalten formuliert werden mussten. In der Regel geben diese Texte nur den Inhalt wieder und enthalten sich einer kritischen Würdigung. Der Berichtszeitraum beginnt mit dem 1. Januar 2012 und endet mit dem 31. Dezember 2012. Dies entspricht den im FILMDIENST veröffentlichten Kritiken unter den laufenden Nummern 40843 bis 41470. In einigen wenigen Fällen können auch Filme mit höherer FILMDIENST-Nummer auftauchen; hier wurde dann dem Erstaufführungsdatum Vorrang gegenüber dem Erscheinen der Kritik im FILMDIENST eingeräumt.

Das Lexikon informiert mit wenigen Ausnahmen über Filme, die eine Laufzeit von mindestens 60 Minuten haben. Bei im Kino gezeigten Filmen gilt – sofern der Film zur Prüfung vorgelegen hat – die von der Freiwilligen Selbstkontrolle der Filmwirtschaft (FSK) angegebene Länge. Längenangaben zu den nicht von der FSK freigegebenen Filmen beruhen auf Informationen aus den Presseheften und / oder anderem Archivmaterial. Bei im Fernsehen gezeigten Filmen war die Redaktion bemüht, die eigentliche Laufzeit des Films zu ermitteln. Falls die Kinolänge der im Fernsehen ausgestrahlten Filme nicht eindeutig ermittelt werden konnte, wird die Sendelänge genannt, versehen mit dem Hinweis (TV); bei reinen Fernsehproduktionen entfällt in der Regel dieser Hinweis. Ist der Unterschied zwischen Kino- und Sendelänge größer als der durch technische Gründe erklärbare Spielraum, werden in der Regel zwei Längen angegeben. Dies deutet auf eine gegenüber der Kinofassung veränderte Fernseh- oder Videofassung hin.

Die alphabetische Reihenfolge richtet sich nach dem ersten Wort des Titels ohne Berücksichtigung des bestimmten oder unbestimmten Artikels. Steht der Artikel jedoch im Wes-, Wem- oder Wen-Fall, so ist der Artikel, nicht das folgende Wort maßgebend. Bestimmend für die Reihenfolge ist ferner das erste Wort des Titels ohne Heranziehung des zweiten («Anbausystem»). In Fällen, in denen ein fremdsprachiger Titel auch der deutsche ist, gilt der Artikel als Teil des Titels – ist im Alphabet also unter dem entsprechenden Buchstaben zu suchen. So finden sich beispielsweise Filme, die auch hierzulande mit dem englischen Artikel «The» beginnen, unter «T»; Filme, die mit den französischen Artikeln «Le», «La» oder «Les» beginnen, unter «L». Ausländische Filmtitel, die mit einer Ziffer beginnen, sind unter dem deutschen Zahlwort zu finden; wenn der Originaltitel eines fremdsprachigen Films mit einer arabischen Ziffer beginnt, wird der Film, numerisch eingeordnet, im Verzeichnis der Originaltitel noch vor dem ersten Buchstaben des Alphabets, also vor «A», platziert.

Abkürzungen

Am Ende jeder Kurzkritik stehen in folgender Ordnung Angaben (soweit sie zu ermitteln waren) über
- die technische Ausführung des Films (bei farbigen Filmen im Normalformat erfolgt kein gesonderter Hinweis, ansonsten wird mit «3D», «Scope», «Schwarzweiß» oder «Teils schwarzweiß» die Ausführung charakterisiert)
- das Ursprungsland (bei Co-Produktionen die Ursprungsländer)
- das Produktionsjahr
- die Produktionsfirma (**P**)
- den Kinoverleih (**KI**)
- den Videoanbieter (**VA**)
- den DVD-Anbieter (**DVD**). In Klammern werden die technischen Details in folgender Reihenfolge spezifiziert: Hinweise auf die angebotenen Bildformate (anamorphe Bildabtastung im Format 16:9; FF =

Full Frame / Vollbild (in der Regel 1.33:1); die Bildformate sind Näherungswerte, so wird etwa «2.35:1» äquivalent für CinemaScope-Formate verwendet, die im tatsächlichen Bildschirmformat zwischen «2.30:1» und «2.40:1» schwanken können; Tonformate (Mono, DD = Dolby Digital von 2.0 bis 6.1, wobei stets immer nur das «höchste» Tonformat angegeben wird; DTS = Digital Theatre Sound); bei den verschiedenen Sprachversionen (in der Regel sind dt. Untertitel vorauszusetzen, lediglich Abweichungen werden erwähnt) werden, neben der deutschen Tonspur, lediglich die im Original gesprochenen Sprachen berücksichtigt. Werden die Sprachfassungen durch ein «&» verbunden, so werden auf der gleichen Tonspur mehrere Sprachen gesprochen.

- den Blu-ray-Anbieter (**BD**). Grundsätzlich sind die Angaben analog denen der DVD-Anbieter (siehe oben). Nur beim Tonformat gibt es signifikante Änderungen. Hier unterscheidet man zwischen folgenden Tonformaten: Unkomprimiert (PCM – in der Regel 5.1, andere Boxenverteilung, etwa 2.0 werden gesondert vermerkt). PCM stellt eine exakte Replikation des Audiomaster dar. Verlustfrei komprimiert (Dolby TrueHD [DTrueHD], dts-HD, DTS HD Master Audio [dts-HDMA] – wenn nicht anders vermerkt in 5.1). Mit Ausnahme von dts-HD sind die Tonformate hier «lossless», d.h. identisch zum decodierten Studiomaster. Schließlich verlustbehaftet komprimiert (DD, dts) analog dem DVD Ton.
- den Produzent / die Produzenten (**Pd**)
- Regie (**R**)
- Drehbuchautor / en (**B**)
- Verweis auf die Buch- oder Theaterstückvorlage (**Vo**)
- Kamera (**K**)
- Musik (**M**)
- Schnitt (**S**)
- Hauptdarsteller mit Rollennamen (**D**)
- die Laufzeit in Minuten (**L**). Die Längenangaben der DVD ergibt sich durch die Abtastung von 25 Bildern / Sekunde (B / s). Im Kino sowie auf Blu-ray (BD) haben Filme grundsätzlich identische Längen, da sie jeweils mit 24 Bildern / Sekunde zur Ausstrahlung gelangen. Die Reihenfolge der Längenangaben korrespondieren mit der Reihenfolge im Feld Erstaufführungen.
- den Freigabeentscheid der Freiwilligen Selbstkontrolle der Filmwirtschaft (**FSK**). Seit der Neufassung des Jugendschutzgesetzes vom 1.4.1985 existieren die Kategorien o.A. (freigegeben ohne Altersbeschränkung), ab 12, ab 16, nicht unter 18 (hier als ab 18) sowie feiertagsfrei (f) oder nicht feiertagsfrei (nf). Die Altersfreigabe «Nicht freigegeben unter 18» änderte sich mit dem Jugendschutzgesetz vom 1.4.2003 in «Keine Jugendfreigabe» (KJ). Seit dem 30.12.2008 gilt Anstelle der Angabe «o.A.» die Kennzeichnung «FSK ab 0» und für die Angabe «KJ» wieder die Bezeichnung «FSK ab 18». In diesem Lexikon werden die mit diesen Altersstufen versehenen Filme weiter als «o.A.» und «ab 18» vermerkt. Eine Feiertagsregelung gilt nicht für die Freigabe von Filmen auf Videokassette. Der bei DVD- und BD-Veröffentlichungen mögliche «SPIO / JK»-Vermerk verweist auf ein von der FSK nicht prädikatisiertes, aber von einer Juristen-Kommission der Spitzenorganisation der Filmwirtschaft (SPIO) als strafrechtlich unbedenklich attestiertes Produkt. Im Gegensatz zu den prädikatisierten Veröffentlichungen (etwa «KJ») kann eine solche DVD indiziert, u.U. auch beschlagnahmt werden. Seit Oktober 2007 geltende Unterscheidung in «SPIO / JK geprüft: keine schwere Jugendgefährdung» (SPIO / JK I) und «SPIO / JK geprüft: strafrechtlich unbedenklich» (SPIO / JK II). Letztere hat schärfere Vertriebs- und Werbebeschränkungen zur Folge. Als «ungeprüft» bezeichnete DVDs wurden der FSK nicht zur Bewertung vorgelegt und sind mitunter in Österreich und der Schweiz veröffentlicht worden.
- das Prädikat der Filmbewertungsstelle Wiesbaden (**FBW**): «wertvoll» (w) oder «besonders wertvoll» (bw)
- das Erstaufführungsdatum in der Bundesrepublik Deutschland (**E**). Bei Videofilmen und Filmen auf DVD wird das möglichst präzise Datum der ersten Auslieferung des Films genannt; in der Regel handelt es sich hierbei um den Verleihstart (Videotheken), der bis zu 6 Monate vor dem Verkaufstart liegen kann.
- die laufende Nummer der ausführlichen Kritik in der Zeitschrift *FILMDIENST* (**fd**)

Die Bewertungen der Filme bedeuten:
✩ sehenswert
✶ diskussionswert
★ Kinotipp

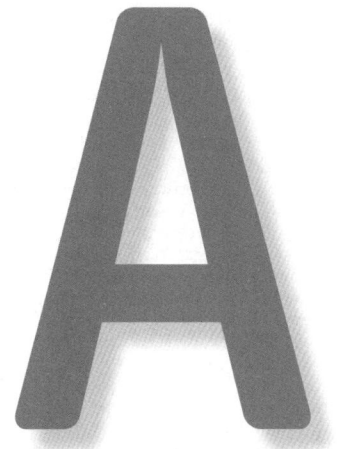

ALPEN (Rapid Eye Movies)

A Beginner's Guide to Endings
A BEGINNER'S GUIDE TO ENDINGS
Dem Testament ihres zu Lebzeiten wenig fürsorglichen Vaters entnehmen fünf Brüder, dass drei von ihnen als Kind für Medikamententests missbraucht wurden und dem Tod geweiht sind. Voller Hektik wollen sie die verbleibende Zeit nutzen und ihrem Leben einen Sinn geben. Eine turbulente, durchaus nachdenklich stimmende Tragikomödie über unvorhersehbare Wechselfälle des Lebens; amüsant beschreibt sie, wie sich aus vorgeblicher Zeitnot Kapital schlagen lässt. – Ab 16. USA/Kanada 2010 **P** Darius Films / The Harold Greenberg Fund **DVD** WVG (16:9, 1.78:1, DD5.1 engl./dt.) **Pd** Nicholas Tabarrok **R+B** Jonathan Sobol **K** Samy Inayeh **S** Geoff Ashenhurst **D** Scott Caan (Cal White), Tricia Helfer (Mitranda), Harvey Keitel (Duke White), J. K. Simmons (Onkel Pal), Paulo Costanzo (Jacob «Cob» White), Jared Keeso (Juicebox), Jason Jones (Nuts), James Preston Rogers (Big Mitch) **L** 92 **FSK** ab 12 **E** 9.2.2012 DVD **fd** –

A.C.A.B. – All Cops Are Bastards ★
A.C.A.B.: ALL COPS ARE BASTARDS
In einer italienischen Elitetruppe aus Bereitschaftspolizisten steht jeder Kollege für den anderen ein, auch wenn er dafür Berichte fälschen muss. Selbst nach brutalen Einsätzen bei Demonstrationen oder Fußballspielen behalten sie alle eine reine Weste. Als der Sohn eines Einsatzleiters in die rechte Szene abrutscht, bekommt die Mauer des Schweigens Risse, zumal ein junger gewissenhafter Neuzugang Courage beweisen will. Kontroverses Drama um Gewalt, Gegengewalt und deren Gewichtung innerhalb der Instanzen. Der Film nimmt für keine Seite Partei, konstatiert Korruption und Mordlust auf beiden Seiten und lässt keinen Raum für Helden. Ein spannender Diskurs über Mechanismen sinnloser, mitunter sanktionierter Gewalt.
Italien/Frankreich 2012 **P** Cattleya / Babe Film **DVD** Universal (16:9, 2.35:1, DD2.0 engl., DD5.1 dt.) **BD** Universal (16:9, 2.35:1, dts-HDMA2.0 engl., dts-HDMA dt.) **Pd** Marco Chimenz, Giovanni Stabilini, Riccardo Tozzi **R** Stefano Sollima **B** Daniele Cesarano, Barbara Petronio, Leonardo Valenti, Stefano Sollima **Vo** Carlo Bonini **K** Paolo Carnera **M** Mokadelic **S** Patrizio Marone **D** Pierfrancesco Favino (Cobra), Filippo Nigro (Negro), Marco Giallini (Mazinga), Andrea Sartoretti (Carletto), Domenico Diele (Adriano), Roberta Spagnuolo (Maria), Eugenio Mastrandrea (Giancarlo), Eradis Josende Oberto (Miriam) **L** 105 **FSK** ab 16 **E** 11.10.2012 DVD & BD **fd** –

A Chinese Ghost Story – Die Dämonenkrieger
SIEN NUI YAU WAN
Ein naiver Abgesandter des Kaisers soll in abgelegenen Wäldern eine Quelle erschließen, ohne zu ahnen, dass sich dort Geister tummeln. Prompt verliebt er sich in ein besonders reizendes Exemplar, was Vertreter sowohl aus dem Dies- als auch dem Jenseits gegen ihn aufbringt. Remake eines wegweisenden Fantasy-Klassikers chinesischer Provenienz mit deutlich aufgefrischten Tricks. Der Film fährt zwar eine weit größere Portion Gefühlsduselei auf als das charmantere Original, lässt aber zugleich das Herzblut vermissen, mit dem die Geschichte aus dem Land der Geister und Wunder seinerzeit inszeniert wurde. – Ab 16.
DVD/BD: Erhältlich als DVD, 2D BD und 2D/3D BD. Die Extras umfassen u. a. ein ausführliches, aber nicht sonderlich ergiebiges «Behind the Scenes»-Feature (40 Min.).
3D. Scope. VR China / Hongkong 2011 **P** Beijing Forbidden City Film / Golden Sun / Lan Tien Motion Pic. / TIK Culture Development / CHS Media / Asia Bright Investment / Golden Sun Century Multimedia **DVD** NewKSM (16:9, 2.35:1, DD5.1 Mandarin/dt.) **BD** NewKSM (16:9, 2.35:1, dts-HDMA Mandarin/dt.) **R** Wilson Yip **K** Arthur Wong **M** Ronald Ng **D** Louis Koo (Yan Chixia), Liu Yifei (Nie Xiaoqian), Yu Shao-qun (Ning), Kara Hui (Baumgeist), Elvis Tsui (Dorfchef) **L** 95 **FSK** ab 12 **E** 7.9.2012 DVD & BD **fd** –

A Gang Story – Eine Frage der Ehre
LES LYONNAIS
Von ihrer großen Zeit als Köpfe der «Bande von Lyon» sind für zwei Freunde Jahre später nur noch weh-

mütige Erinnerungen geblieben. Einer der beiden sitzt im Gefängnis, der andere will ihn befreien, ohne sich selbst in Gefahr zu bringen. Glaubwürdig und mit Verve gespielte, souverän in Rückblenden erzählte Gangster-Saga, die den epischen Atem französischer Genreklassiker atmet, dabei aber mit mehr zeitgenössischem Tempo und viel Action erzählt wird. – Ab 16.
DVD/BD: Die Extras umfassen u. a. ein ausführliches «Making of» (52 Min.). Scope. Frankreich 2011 **P** LGM Films/ Rhône-Alpes Cinéma / Gaumont/ Nexus Factory / uFilm **DVD** EuroVideo (16:9, 2.35:1, DD5.1 frz./dt.) **BD** EuroVideo (16:9, 2.35:1, dts-HDMA frz./dt.) **Pd** Cyril Colbeau-Justin, Jean-Baptiste Dupont, Jeremy Burdek, Sylvain Goldberg, Nadia Khamlichi, Adrian Politowski, Gilles Waterkeyn **R** Olivier Marchal **B** Olivier Marchal, Edgar Marie **Vo** Edmond Vidal **K** Denis Rouden **M** Erwann Kermorvant **S** Raphaëlle Urtin **D** Gérard Lanvin (Momon Vidal), Tchéky Karyo (Serge Suttel), Daniel Duval (Christo), Dimitri Storoge (junger Momon Vidal), Patrick Catalifo (Kommissar Max Brauner), François Levantal (Joan Chavez), Lionnel Astier (Dany Deve Djian), Francis Renaud (Brandon) **L** 98 **FSK** ab 16 **E** 6.9.2012 DVD & BD **fd** –

A Woman
A WOMAN
Während einer Lesereise durch die USA trifft ein Bestseller-Autor auf eine geheimnisvolle Schöne, die ihn an seine jüngst verstorbene Frau erinnert, und macht ihr Avancen. Sie folgt ihm nach Süditalien und wird zu ihrem Leidwesen immer mehr vereinnahmt. Auf bedeutungsschwangere Bilder und Dialoge setzendes Liebesdrama, das mit Elementen des Mystery-Thrillers spielt, dabei aber an der gelacktlangweiligen Oberfläche von gepflegtem Arthaus-Kino verharrt. – Ab 16.
USA/Italien 2010 **P** Bidou Pic. **DVD** Ascot/Elite (16:9, 1.78:1, DD5.1 engl./dt.) **BD** Ascot/Elite (16:9, 1.78:1, dts-HDMA engl./dt.) **Pd** Rita Capasa, Frank Frattaroli **R+B** Giada Colagrande **K** Tommaso Borgstorm **M** Angelo Badalamenti **S** Natalie Cristiani **D** Willem Dafoe (Max Oliver), Jess Weixler (Julie), Stefania Rocca (Natalie), Michele Venitucci (Vincenzo), Mariela Franganillo (Lucia Giordano) **L** 97 **FSK** ab 12 **E** 16.7.2012 DVD & BD **fd** –

Aballay – Der Mann ohne Angst
ABALLAY, EL HOMBRE SIN MIEDO
Aus Sühne für einen Mord an einem Vater unter den Augen von dessen Sohn beschließt der einsame Rächer und Täter Aballay, nie wieder vom Pferd zu steigen, und wird so zur Legende, die sich unter der argentinischen Landbevölkerung zu einer wahrhaftigen Heldensaga verselbstständigt. Als Jahre später der inzwischen erwachsene Junge seinen Vater rächen will, muss er gegen einen lebenden Mythos antreten. Episch angelegte, in seinem Heimatland vielfach ausgezeichnete südamerikanische Variante des Italowesterns mit allen Ingredienzen von Gewalt und Emotionen bis zum Abgesang einer heilen Welt.
Argentinien/Spanien 2010 **P** Boya Films / INCAA / KV Entertainment / Armonika Entertainment / Universidad Nacional de omas de Zamora **DVD** Sunfilm (16:9, 1.85:1, DD5.1 span./dt., dts dt.) **BD** Sunfilm (16:9, 1.85:1, dts-HDMA7.1 span./dt.) **Pd** Eduardo Carneros, Fernando Spiner, Javier Ibarretxe **R** Fernando Spiner **B** Valentín Javier Diment, Santiago Hadida, Fernando Spiner **K** Claudio Beiza **M** Gustavo Pomeranec **S** Alejandro Parysow **D** Pablo Cedrón (Aballay), Nazareno Casero (Julián), Claudio Rissi (El Muerto), Mariana Anghileri (Juana), Luis Ziembrowski (Torres), Aníbal Guiser (Mercachifle), Lautaro Delgado (Angel), Tobías Mitre (Julián Niño) **L** 98 **FSK** ab 18 **E** 8.11.2012 DVD & BD **fd** –

Abandon
ABANDON
Eine junge Frau steht nach ihrem College-Abschluss vor einer blendenden Karriere. Ihr Leben gerät aus den Fugen, als ein Polizeidetektiv die Suche nach ihrem vor zwei Jahren verschwundenen Geliebten wieder aufnimmt, plötzlich merkwürdige Dinge geschehen und sie glaubt, dem Verschwundenen etliche Male zu begegnen. Auf der Folie eines Gruselthrillers entwickelt sich ein Melodram um eine ständig zurückgewiesene Frau. – Ab 16.
USA 2002 **P** Paramount / Spxyglass / Lynda Obst Prod. / Bedford Falls/ MFP **KI** offen **Pd** Gary Barber, Roger Birnbaum, Lynda Obst, Edward Zwick, Shannon Burke, Elizabeth Joan Hooper **R+B** Stephen Gaghan **K** Matthew Libatique **M** Clint Mansell **S** Mark Warner **D** Katie Holmes (Kate Burke), Benjamin Bratt (Wade Handler), Charlie Hunnam (Embry Langan), Zooey Deschanel (Samantha Harper), Fred Ward (Lt. Bill Stayton), Gabrielle Union (Amanda Luttrell), Gabriel Mann (Harrison Hobert), Melanie Lynskey (Mousy Julie) **L** 89 **E** 7.4.2012 sixx **fd** –

Abendland Ibiza
ABENDLAND IBIZA / IBIZA OCCIDENT
Musik-Dokumentarfilm, der am Beispiel des DJs Alfredo, der jahrelang Star in der Musikszene der Ferien- und Feierinsel Ibiza war, nun aber an Depressionen leidet und versucht, wieder an die Spitze zu kommen, in den Mikrokosmos der Freizeitkultur der Insel eintaucht und sich deren ganz speziellem Lebensgefühl annähert. Er erzählt neuneinhalb «Musikgeschichten», die jeweils ganz bestimmte Aspekte ansprechen und sich in der Gesamtschau zu einem mitunter befremdlichen Bild zusammensetzen, das eine Freizeitmaschinerie zeigt, die einzig der Befriedigung von Wunschvorstellungen dient. – Ab 16.
Österreich/Spanien 2011 **P** Mosolov-P/Günter Schwaiger Film/TVE/ORF **KI** offen **Pd+R+B** Günter Schwaiger **K** Victor Martin, Günter Schwaiger **S** Martin Eller, Günter Schwaiger **L** 86 **E** 17.6.2012 ORF 2 **fd** –

Die Abenteuer der kleinen Giraffe Zarafa
ZARAFA
Während der Kolonialzeit in Afrika wird eine Giraffe gefangen, um als exotisches Geschenk des ägyptischen Paschas an den französischen König verschickt zu werden. Ein kleiner Junge schließt Freundschaft mit dem Tier und will es befreien. Der lose aus einem historischen Stoff entwickelte Zeichentrickfilm findet nicht immer den rechten Ton zwischen kindgerechter Unterhaltung und dem Versuch, ein Stück Kolonialgeschichte aufzuarbeiten. Ebenso schwächen holzschnittartige Darstellungen mitunter die ambitionierte Kindergeschichte, die dennoch zum Nachdenken anregt und immer wieder mit schönen (Bild-)Ideen überrascht. – Ab 8 möglich.
Frankreich/Belgien 2012 **P** Prima Linea Prod. / Pathé / France 3 Cinéma /

Chaocorp. / Scope Pic. **Kl** Alamode **Pd** Christophe Jankovic, Valérie Schermann **R** Rémi Bezançon, Jean-Christophe Lie **B** Alexander Abela, Rémi Bezançon **M** Laurent Perez **S** Sophie Reine **L** 79 (24 B./sec.) / 76 (25 B./sec.) **FSK** o.A.; f **FBW** bw **E** 11.10.2012
fd 41 309

Die Abenteuer des Huck Finn
Der freiheitsliebende Junge Huckleberry Finn flüchtet Ende des 19. Jahrhunderts vor seinem geldgierigen, gewalttätigen Vater und macht sich mit einem ebenfalls geflohenen Sklaven auf eine abenteuerliche Reise nach Ohio. Am Mississippi-Ufer stoßen die ungleichen Flüchtlinge auf Gauner, herzlose Raffzähne und eitle Betrüger, wobei Huck allmählich die ernüchternde Alltagswirklichkeit erfasst. Aufwändige, auf äußere Turbulenzen, Komik und Spannung setzende Romanverfilmung als Nachfolger von Tom Sawyer (2011), die nur einige Handlungsfäden aus Mark Twains Klassiker aufgreift, dabei aber weder die Abenteuerlichkeit der Vorlage noch deren ambitionierte Auseinandersetzung mit Sklaverei und Rassismus, Freundschaft, Toleranz und notwendigen gegenseitigen Respekt erfasst. – Ab 10.
Scope. Deutschland 2012 **P** Neue Schönhauser Filmprod. / Majestic Filmprod. / Filmaufbau Leipzig / MMC Independent **Kl** Majestic **Pd** Boris Schönfelder, Benjamin Herrmann, Bettina Reitz, Sophie Seitz, Andreas Schreitmüller, Cornelius Conrad, Bastie Griese (= Bastian Griese), Eric Benz, Michael Kölmel **R** Hermine Huntgeburth **B** Sascha Arango **Vo** Mark Twain (Roman *Die Abenteuer des Huckleberry Finn*) **K** Sebastian Edschmid **M** Niki Reiser **S** Eva Schnare **D** Leon Seidel (Huck), Louis Hofmann (Tom), Jacky Ido (Sklave Jim), August Diehl (alter Finn), Henry Hübchen (Sklavenjäger Packard), Andreas Schmidt (Sklavenjäger Bill), Michael Gwisdek (König), Kurt Krömer (Herzog), Rosalie Thomas (Judith Loftus), Peter Lohmeyer (Richter Thatcher), Hinnerk Schönemann (Sheriff), Margit Bendokat (Witwe Douglas), Rosa Enskat (Miss Watson), Mathias Herrmann (Auktionator), Christian Steyer (Mark Twain), Heike Makatsch (Tante Polly) **L** 102 (24 B./sec.) / 98 (25 B./sec.) **FSK** ab 6; f **E** 20.12.2012 **fd** 41 467

Abenteuer Sibirien
Im 18. Jahrhundert wagten sich deutsche Siedler, Glücksjäger und Wissenschaftler als erste in die unwirtlichen Weiten Sibiriens zwischen Ural und Pazifik. Die dokumentarische (Fernseh-)Reportage stellt einige von ihnen vor und verknüpft ihre Geschichten mit der Gegenwart, in der unberührte Natur und uralte Kulturen, aber auch die Ausbeutung von Bodenschätzen das Bild prägen. – Ab 14.
Deutschland 2012 **P** Kay Siering / ZDF **Kl** offen **R+B** Kay Siering **L** 87 **E** 17.11.2012 arte **fd** –

Die Abenteuer von Chris Fable
THE WYLDS / THE ADVENTURES OF CHRIS FABLE
Um seinen leiblichen Vater zu finden, macht sich ein Waisenjunge in die weite, ihm zunehmend fantastischer anmutende Welt auf, findet hilfreiche Weggefährten und besteht gefährliche Abenteuer. Betont ereignisreiches, mit christlicher Religion verbrämtes Fantasy-Abenteuer voller georg budgetierter Spezialeffekte als unfreiwillig komisches, ohne Seele erzähltes Gerne-Märchen. – Ab 12.
USA 2010 **P** Good Outlaw Studios / Pilgrim Prod. **DVD** KSM (16:9, 1.78:1, DD5.1 engl./dt.) **BD** KSM (16:9, 1.78:1, dts-HDMA engl./dt.) **Pd** Marianne Wiest, Robert Milo Andrus **R** Andrew Wiest **B** Andrew Weist **Vo** John Bunyan (nach dem Roman: *Pilgrim's Progress*) **K** Justin Silvey, Andrew Wiest **S** Andrew Wiest **D** Solomon Ray (Chris Fable), Robert Bear (Luc), Lillith Fields (Hope), Judah Justine (Duck), Christian Krager (Itchy), Scott Phillips (Grant), Isabella Ray, Nathan Wilson (Tim) **L** 105 **FSK** ab 12 **E** 5.10.2012 DVD & BD **fd** –

Abraham Lincoln Vampirjäger
ABRAHAM LINCOLN: VAMPIRE HUNTER
Abraham Lincoln, der spätere 16. Präsident der USA, erlernt als junger Mann die Kunst des Vampir-Jagens, womit er den Zorn des Anführers der Untoten auf sich zieht. Als er in den Sezessionskrieg eingreift, steht er einer mächtigen Phalanx aus Südstaatlern und Vampiren gegenüber. Inhaltlich verwegenes, in der Heldenrolle allzu blass besetztes Horrormärchen, das zudem den betont antiquierten «Look» des Films durch aufgesetzte 3D-Optik und überhektische Schnitte weitgehend zerstört. – Ab 16.

DVD/BD: Erhältlich als DVD, 2D BD und 2D/3D BD. Die Extras umfassen u.a. einen dt. untertitelbaren Audiokommentar von Autor Seth Grahame-Smith. Die BD enthält zudem eine Audiodeskription für Sehbehinderte, allerdings nur in englischer Sprache. Nur sie enthält auch das mehrteilige Feature «Die Entstehung von Abraham Lincoln-Vampirjäger» über die technischen und künstlerischen Aspekte des Films (ingesamt 75 Min.). Die BD-Edition ist mit dem Silberling 2013 ausgezeichnet.
3D. Scope. USA 2012 **P** Abraham Prod. / Bazelev Prod. / Tim Burton Prod. **Kl** Twentieth Century Fox **DVD** Fox (16:9, 2.35:1, DD5.1 engl./dt.) **BD** Fox (16:9, 2.35:1, dts-HDMA7.1 engl., dts dt.) **Pd** Tim Burton, Timur Bekmambetov, Jim Lemley **R** Timur Bekmambetov **B** Seth Grahame-Smith **Vo** Seth Grahame-Smith (Roman *Abraham Lincoln Vampire Hunter / Abraham Lincoln – Vampirjäger*) **K** Caleb Deschanel **M** Henry Jackman **S** William Hoy **D** Benjamin Walker (Abraham Lincoln), Dominic Cooper (Henry Sturges), Anthony Mackie (Will Johnson), Mary Elizabeth Winstead (Mary Todd Lincoln), Rufus Sewell (Adam), Marton Csokas (Jack Barts), Jimmi Simpson (Joshua Speeed), Joseph Mawle (Thomas Lincoln), Robin McLeavy (Nancy Lincoln) **L** 105 (24 B./sec.) / 101 (25 B./sec.) **FSK** ab 16; f **E** 3.10.2012/14.2.2013 DVD & BD **fd** 41 294

Abraham Lincoln vs. Zombies
ABRAHAM LINCOLN VS. ZOMBIES
Der 16. Präsident der USA muss sich nicht nur mit Bürgerkriegsfragen und Blutsaugern herumschlagen. Auf den Spuren von Timur Bekmambetovs Horrorfilm Abraham Lincoln Vampirjäger entwirft Horror-Massenproduzent The Asylum ein Szenario, in dem es für den älteren Herrn auch noch gilt, eine Zombie-Konföderation auszurotten. Billiger, selbst für Trash-Fans ermüdender Trittbrettfahrer-Film.
DVD/BD: Erhältlich als DVD, 2D BD und 2D/3D BD. Die dt. Fassung ist gegenüber der Originalfassung um knapp drei Minuten geschnitten. Die FSK-Freigabe «ab 18» der DVD/BD bezieht sich auf das Bonusmaterial (Trailer etc.), der Film selbst hat eine Freigabe «ab 16».

3D. USA 2012 **P** The Asylum **DVD** Great Movies (16:9, 1.78:1, DD5.1 engl./dt.) **BD** Great Movies (16:9, 1.78:1, dts-HD engl./dt.) **Pd** David Michael Latt, Paul Bales **R+B** Richard Schenkman **K** Tim Gill **M** Chris Ridenhour **S** James Kondelik **D** Bill Oberst jr. (Abraham Lincoln), Jason Vail (John Wilkinson), Baby Norman (Mary Ownes), Rhianna Van Helton (Nancy Lincoln), Josh Sinyard (Aide), Bernie Ask (Edwin Stanton), Richard Schenkman (Dr. Malinoff), Jim E. Chandler (Eckert) **L** 90 **FSK** ab 16 **E** 2.7.2012 DVD & BD fd –

Abrir puertas y ventanas ☆
ABRIR PUERTAS Y VENTANAS
Argentinien während der Militärdiktatur in den 1990er-Jahren: Drei Schwestern, junge Frauen, die von ihrer Großmutter großgezogen wurden, müssen sich nach deren Tod allein in ihrem Leben arrangieren und orientieren. Als die Jüngste das behütende Haus aus heiterem Himmel verlässt, erkennen sie, wie wenig sie voneinander wissen. Der an Tschechows Drama *Drei Schwestern* angelehnte Erstlingsfilm erzählt sensibel und mit viel Einfühlungsvermögen die Geschichte dreier Menschen, die einander zärtlich zugetan sind, aber lernen müssen, das Leben in Hinblick auf die eigenen Fähigkeiten und Talente individuell zu meistern. – Sehenswert ab 16.
Argentinien/Schweiz/Niederlande 2011 **P** Alina Film / Ruda Cine / Walterland Film &TV / RTS **KI** Look Now! (Schweiz) **Pd** Violeta Bava, David Epiney, Eugenia Mumenthaler, Rosa Martínez Ribero **R+B** Milagros Mumenthaler **Vo** Anton Tschechow (Bühnenstück *Drei Schwestern*) **K** Martín Frías **S** Gion-Reto Killias **D** María Canale (Marina), Martina Juncadella (Sofía), Ailín Salas (Violeta), Julián Tello **L** 99 **FSK** – **E** 10.5.2012 Schweiz fd 41 072

Abschied von den Fröschen ☆
Aus einem Videotagebuch, das der Filmemacher Ulrich Schamoni (1939–1998) Ende der 1990er-Jahre in seinem letzten Lebensjahr zwischen der Krebsdiagnose und seinem Tod erstellte, sowie aus Material aus seinen Filmen montierte seine Tochter das vielschichtige Porträt einer außergewöhnlichen (Künstler-)Persönlichkeit und ihres Schaffens. Dabei geht es nicht nur um die Reflexion der Krankheit und die Auseinandersetzung mit dem Tod, sondern auch um die facettenreiche Beobachtung eines Jahresablaufs sowie die Rückkopplung an ein Leben und Werk, das von Eigensinn im positiven Sinne und dem Mut zur Originalität zeugt. – Sehenswert ab 16.
Deutschland 2011 **P** Ziegler Film/Bärenfilm/ZDF **KI** Central Film **Pd** Ulrike Schamoni, Regina Ziegler **R+B** Ulrike Schamoni **S** Grete Jentzen **L** 96 **FSK** o.A.; f **E** 15.3.2012 fd 40 951

Absentia
ABSENTIA
Just in dem Moment, in dem eine traumatisierte Frau ihren verschwundenen Mann für tot erklären lassen will, beginnen seltsame Träume und Vorahnungen, ihre Seele zu quälen. Könnte es sein, dass sieben Jahre nach den tragischen Vorkommnissen etwas, das nicht von dieser Welt ist, nach Aufmerksamkeit schreit? Die Zeichen führen in einen alten Fußgängertunnel. Harter Geisterhorror, der mit klug gesetzten Schockmomenten und plausibel agierenden Darstellerinnen eine stimmige Atmosphäre erzeugt.
DVD/BD: Die FSK-Freigabe «ab 18» der DVD/BD bezieht sich auf das Bonusmaterial (Trailer etc.), der Film selbst hat eine Freigabe «ab 16».
USA 2011 **P** FallBack Plan Prod. **DVD** dtp/Great Movies (16:9, 1.78:1, DD5.1 engl./dt.) **BD** dtp/Great Movies (16:9, 1.78:1, dts-HD engl./dt.) **Pd** Morgan Peter Brown, Mike Flanagan, Justin Gordon, Joe Wicker, Joe Hollow, Kevin Kale, Jason Poh **R+B** Mike Flanagan **K** Rustin Cerveny **M** Ryan David Leack **S** Mike Flanagan **D** Katie Parker (Callie), Courtney Bell (Tricia), Dave Levine (Det. Ryan Mallory), Morgan Peter Brown (Daniel Riley), Justin Gordon (Det. Lonergan), James Flanagan (Jamie Lambert), Scott Graham (Dr. Elliott), Doug Jones (Walter Lambert) **L** 87 **FSK** ab 16 **E** 2.11.2012 DVD & BD fd –

8 erste Dates
8 PERVYKH SVIDANIY
Ein Mann und eine Frau stehen kurz vor der Hochzeit mit einem jeweils anderen Partner. Nach einer durchfeierten Nacht erwachen sie gemeinsam in einem Doppelbett in einem Modellhaus auf einem Messegelände. Auch wenn sie sich im Zank trennen: Wie durch ein Wunder wiederholt sich das skurrile gemeinsame Erwachen, bis sie sich ineinander verlieben. Wenig originelle romantische Komödie nach altbekannten Mustern, die einen gewissen Reiz durch die Fülle bizarrer Details sowie die charmante Hauptdarstellerin bezieht. – Ab 12.
Russland 2011 **P** Etalon film **KI** Kinostar **Pd** Wladimir Zelenskij, Ekaterina Gordetskaja, Andrej Radjko, Sergej Schefir, Boris Schefir, Andrej Jakowlew, Wadim Schuschanjanz **R** David Dodson, Sascha Maljarewskij **B** Michail Sawin, Jurij Kostjuk, Dmitrij Grigorenko, Jurij Mikulenko, Timofej Saenko, Wladimir Zelenskij, Boris Schefir, Sergej Schefir, Andrej Jakowlew **K** Bruce Green **D** Wladimir Zelenskij, Oxana Akinschina, Denis Nikoforow, Ekaterina Warnawa, Swetlana Chodtschenkowa, Jewgenij Koschewoj, Sabina Achmedowa, Igor Zhizhikin, Olesha Zheleznjak, Viktor Wasiljew, Viktoria Bonja, Maria Petrowskaja **L** 86 **FSK** ab 6; f **E** 15.3.2012 fd 40 992

Der achte Sommer
Dokumentarfilm über zwei Mukoviszidose-Erkrankte, die ein Paar wurden, als beide um die 30 waren und statistisch nur noch wenige Jahre zu leben hatten. Er blickt zurück auf acht Jahre einer intensiven Liebesbeziehung und begleitet das Paar in einer Krisensituation, in der sich der Zustand des Mannes rapide verschlechtert und er sich einer Lungentransplantation unterziehen muss. Dabei entsteht ein intimes und bewegendes Bild über den Versuch zweier Menschen, auch unter schwierigsten Umständen glücklich zu sein. – Ab 16.
Deutschland 2010 **P** Schramm-Matthes-Film/WDR/3sat **KI** offen **Pd** Jana Matthes, Andrea Schramm **R+B** Andrea Schramm **K** Steffen Schenker **S** Frank Brummundt **L** 86 **E** 15.5.2012 3sat fd –

18 Comidas – 18 Mahlzeiten
18 COMIDAS
Ein bunter Reigen unterschiedlichster Menschen und Situationen, die um die Zubereitung von Speisen und das gemeinsame Essen gruppiert sind. Aus einem halben Dutzend Handlungssträngen ragen zwei Episoden heraus, die durch eine raffinierte Montage mit den anderen Geschichten verknüpft

sind. Strukturiert wird der Ensemble-Film durch die melancholischen Lieder eines Straßenmusikers und den Running Gag um einen Schauspieler, der stets vergeblich den Tisch für ein Rendezvous deckt. Ein eher auf Details fokussiertes Kaleidoskop menschlichen Beziehungsverhaltens, das für den Handlungsort Santiago de Compostela kaum Aufmerksamkeit übrig hat. (O.m.d.U.) – Ab 14.
Spanien / Argentinien 2010 **P** Tic Tac Prod. / ZircoZine / Lagarto Cine / Televisión de Galicia **KI** Cine Global **Pd** Hugo Castro Fau, Farruco Castromán, Fernanda Del Nido, Luis Tosar **R** Jorge Coira **B** Jorge Coira, Araceli Gonda, Diego Ameixeiras **K** Brand Ferro **M** Iván Laxe, Piti Sanz **S** Jorge Coira **D** Luis Tosar (Edu), Fede Pérez (Tuto), Victor Fábregas (Fran), Esperanza Pedreño (Sol), Gael Nodar Fernández (Gael), Mario Zorrilla (Teo) **L** 101 **FSK** – **E** 6.12.2012 **fd** 41 428

Act of Valor
ACT OF VALOR
Ein Trupp hochspezialisierter Navy Seals befreit in Costa Rica eine Undercover-Agentin aus den Händen eines Drogenbarons und verhindert an der mexikanischen Grenze das Einschleusen philippinischer Selbstmordattentäter in die USA. Banaler Actionfilm als unverhohlene Werbung für eine Eliteeinheit der US-Army, der abstoßende und hochbedrohliche Szenarien aufbaut, um damit ohne kritisches Hinterfragen den rücksichtslosen Einsatz der Seals zu rechtfertigen.
Scope. USA 2012 **P** Bandito Brothers **KI** Universum **DVD** Universum (16:9, 2.35:1, DD5.1 engl./dt.) **BD** Universum (16:9, 2.35:1, dts-HD engl./dt.) **Pd+R** Mike McCoy, Scott Waugh **B** Kurt Johnstad **K** Shane Hurlbut **M** Nathan Furst **S** Siobhan Prior, Michael Tronick, Scott Waugh **D** Rorke, Michael, Dave, Ajay, Sonny, Ray, Duncan Smith, Van O, Weimy, Roselyn Sanchez (Agentin Morales), Alex Veadov (Christo), Jason Cottle (Abu Shabal), Nestor Serrano (Walter Ross) **L** 111 (24 B./sec.) / 107 (25 B./sec.) **FSK** ab 16; f **E** 24.5.2012 / 16.11.2012 DVD & BD **fd** 41 090

Der Adler des Königs
AGUILA ROJA – LA PELICULA
Der Klerus ist in Intrigen verstrickt, die nicht nur den Armen und Unterdrückten die letzte Luft zum Atmen nehmen, sondern ganz Spanien ins Unglück stürzen könnten. Ein Grund mehr für den «Roten Adler», seinen Sohn zu rächen und das Land von der Knechtschaft des Kardinals zu befreien. Kinoadaption einer erfolgreichen spanischen Fernsehserie, die einen maskierten Helden mit dem Pathos und Machismo der guten alten «Zorro»-Zeit inszeniert. Hier tut ein edler starker Held noch Gutes und bekommt die schönsten Frauen. – Ab 14.
Spanien 2011 **P** TVE/Globo Media/ ICAA/Versátil Cinema **DVD** Sunfilm (16:9, 1.78:1, DD5.1 span./dt., dts dt.) **BD** Sunfilm (16:9, 1.78:1, dts-HDMA7.1 span./dt.) **Pd** Daniel Écija **R** José Ramón Ayerra **B** Guillermo Cisneros, Juan Manuel Córdoba, Pilar Nadal **K** Adolfo Hernández **M** Daniel Sánchez de la Hera **S** Arturo Barahona **D** David Janer (Gonzalo de Montalvo), Javier Gutiérrez (Sátur), Pepa Aniorte (Cata), Francis Lorenzo (El Comisario), Inma Cuesta (Margarita), José Angel Egido (Kardinal Mendoza), Miryam Gallego (Marquesa), Roberto Álamo (Juan de Calatrava) **L** 118 **FSK** ab 12 **E** 6.9.2012 DVD & BD **fd** –

Adopted ★
Die Künstlerin Gudrun F. Widlok stößt das Projekt «Adopted» an, bei dem sich Deutsche in afrikanische Großfamilien hinein adoptieren lassen können. Der amüsant und atmosphärisch dicht entwickelte Dokumentarfilm begleitet drei Menschen unterschiedlicher Altersstufen in ihren Gastfamilien nach Ghana und beschreibt einen «Clash of Cultures», bei dem traditionelle Vorstellungen von Entwicklungshilfe in ihr Gegenteil verkehrt werden. Über die Auseinandersetzung mit Klischees und Vorurteilen entsteht ein erfrischender Blick auf afrikanische Lebensrealität. – Ab 12.
Deutschland 2010 **P** Torero Film/ Hanfgarn & Ufer/ZDF **KI** imFilm **Pd** Teresa Renn, Gunter Hanfgarn **R+B** Gudrun F. Widlok, Rouven Rech **K** Grischa Schmitz **M** Matthias Falkenau **S** Julia Wiedwald **L** 92 **FSK** o.A.; f **E** 1.3.2012 **fd** 40 923

Adopting Terror
ADOPTING TERROR
Ein junges Ehepaar adoptiert ein kleines Mädchen, dessen leiblicher, psychopathisch veranlagter Vater im Gefängnis sitzt, doch seine Tochter um jeden Preis behalten will. Als er frei kommt, beginnt für das Paar eine lebensbedrohliche Entwicklung, zumal die Polizei keinen Handlungsbedarf sieht. Grobschlächtig konzipierter Psychothriller, zwar nicht uninteressant besetzt, aber allzu schlampig inszeniert.
USA 2012 **P** The Global Asylum **DVD** Edel Media (16:9, 1.78:1, DD5.1 engl./dt.) **BD** Edel Media (16:9, 1.78:1, dts-HD engl./dt.) **Pd** David Michael Latt, Paul Bales **R** Micho Rutare **B** Micho Rutare, Nik Frank-Lehrer **K** Adam Silver **M** Douglas Edward **S** Brian Brinkman **D** Sean Astin (Tom Broadbent), Samaire Armstrong (Cheryl Broadbent), Monet Mazur (Fay Hopkins), Brendan Fehr (Kevin Anderson), Michael Gross (Dr. Ziegler), Bryan Okes (Officer Groves), Ken Colquitt (Richter Ryans), Leilani Smith (Officer Nieland) **L** 86 **FSK** ab 18 **E** 6.12.2012 DVD & BD **fd** –

Adrenalin Rush
KWIK / QUICK
Weniger als 30 Minuten bleiben einem jungen Motorradkurier, um eine Bombe an ihren Bestimmungsort in Seoul zu bringen, sonst stirbt seine Freundin. Rasanter, mit Comedy-Elementen aufgelockerter Actionfilm der Marke STIRB LANGSAM, der einzig dazu da ist, um waghalsige Motorrad-Stunts aneinanderzureihen. – Ab 16.
DVD/BD: Erhältlich als DVD, 2D BD und 2D/3D BD.
3D. Scope. Südkorea 2011 **P** CJ Entertainment/JK Film **DVD** Los Bandidos/Ascot Elite (16:9, 2.35:1, DD5.1 korea./dt.) **BD** Los Bandidos/Ascot Elite (16:9, 2.35:1, DD5.1 korea./dt.) **Pd** Youn JK, Sean Lee, Gil Youngmin, Lee Han-seung **R** Cho Beom-gu **B** Park Soo-jin, Youn JK, Cho Beomgu **K** Kim Young-ho **M** Dalparan **S** Shin Min-kyung **D** Lee Min-ki (Han Gi-soo), Kang Ye-won (Ah-rom), Kim In-kwon (Kim Myeong-sik), Ko Chang-Seok (Detective Seo), Ju Jin-mo (Teamleader Kim), Kim Byeongcheol (Detective Park), Kim Eun-ok (Miss Lee), Yun Je-mun (Jeong Inhyeong) **L** 110 **FSK** ab 16 **E** 6.8.2012 DVD & BD **fd** –

Afrika ruft nach dir
AFRIKA RUFT NACH DIR
Ein verwitweter Tierarzt zieht mit seinen beiden Kindern nach Afrika, um

dort eine Tierstation zu leiten. Gemeinsam mit einer engagierten Wildhüterin kommt er einer gefährlichen Wilderer-Bande auf die Spur und erkennt, dass auch im eigenen Team nicht jeder mit offenen Karten spielt. Dramatischer (Fernseh-)Abenteuer- und Liebesfilm mit pittoresker Szenerie und weitgehend konfektionierten Konflikten. – Ab 12.
Deutschland/Österreich 2012 **P** Mona Film / Tivoli Film / TOP / ORF (für ARD Degeto) **KI** offen **Pd** Thomas Hroch, Gerald Podgornig, Bertha Spieker, Giselher Venzke **R** Karsten Wichniarz **B** Maximilian Krückl, Markus Mayer **K** Peter Zeitlinger **M** Otto M. Schwarz **S** Britta Nahler **D** Erol Sander (Masrkus Wenninger), Christina Plate (Ariane), Heinz Marecek (Apfel), Sven Martinek (Oliver), Ana Lieman (Katta), Nico Liersch (Jakob), Ivy Nkutha (Cecilia), Andrew Stock (Mr. Peter), Ernest Ndlovu (Themba), Nathaniel Junior Singo (= Junior Singo) (Bo) **L** 88 **E** 28.12.2012 ARD **fd** –

Agent Hamilton – Im Interesse der Nation
HAMILTON – I NATIONES INTRESSE
Der schwedische Geheimagent Carl Hamilton soll in Somalia Ehre und Vaterland verteidigen und stößt auf Waffenschiebereien, in die auch höhere Regierungskreise verwickelt sind. Stilgerechte Verfilmung der Romane um Jan Gillous Agenten, der im Fahrwasser von James Bond und OSS 117 auch bei lebensbedrohlicher Action eine gute Figur macht. Er tut dies auf recht unterhaltsame, aber auch weit drastischere Weise als seine Kollegen. Scope. Schweden 2012 **P** TV 4 Sweden / Pampas Prod. **DVD** Ascot/Elite (16:9, 2.35:1, DD5.1 swe./dt., dts dt.) **BD** Ascot/Elite (16:9, 2.35:1, dts-HDMA swe./dt.) **Pd** Jan Marnell **R** Kathrine Windfeld **B** Stefan Thunberg **Vo** Jan Guillou (Romanserie) **K** Jonas Alarik **M** Philippe Boix-Vives, Jon Ekstrand **S** Sofia Lindgren **D** Mikael Persbrandt (Carl Hamilton), Saba Mubarak (Mouna Al Fathar), Pernilla August (Sara Landhag), Jason Flemyng (Rob Hart), Lennart Hjulström (DG), Aleksandr Nosik (Krutov), Ray Fearon (Benjamin Lee), Peter Andersson (Staffan Wärnman) **L** 106 **FSK** ab 18 **E** 20.8.2012 DVD & BD **fd** –

Agent Ranjid rettet die Welt
Ein schusseliger Inder, der in der Basis eines Geheimdienstes als Putzmann arbeitet, wird kurzerhand zum Agenten «befördert» und soll die Welt gegen einen größenwahnsinnigen Superschurken verteidigen. Die vom Fernseh-Comedian Kaya Yanar kreierte Figur des täppischen Inders Ranjid stolpert durch eine fadenscheinige Nummernrevue von Gags, die als blasse, infantile Parodie aufs Agentenfilm-Genre nie überzeugt. – Ab 14.
Deutschland 2012 **P** Westside Filmprod. / Constantin Film / Mainstream Media **KI** Constantin **Pd** Christian Becker **R** Michael Karen **B** Kaya Yanar, Norman Cöster, Dieter Tappert **K** Stephan Schuh **M** Egon Riedel, Siggi Müller **S** Charles Ladmiral **D** Kaya Yanar (Agent Ranjid / Süleyman/Hakan), Birte Glang (Verena / Viagra van den Hupen), Rutger Hauer (Freek van Dyk), Gode Benedix (Reppe), Vedat Erincin (Süleyman), Tom Gerhardt, Heinrich Giskes, Ralph Herforth, Carolin Kebekus, Mark Keller **L** 81 (24 B./sec.) / 78 (25 B./sec.) **FSK** ab 6; f **E** 18.10.2012 **fd** 41 373

Ai Weiwei: Never Sorry ★
AI WEIWEI: NEVER SORRY
Dokumentarfilm über den chinesischen Künstler und Dissidenten Ai Weiwei, der sich durch seine Aktionen zunehmend der Willkür der Behörden ausgesetzt sieht. Er interessiert sich weniger für Ais ästhetische Qualitäten, sondern konzentriert sich auf dessen Rolle als politischer Agitator. Die Kamera begleitet Ai auf Reisen und bei Projekten; Rückblicke wechseln mit Interviews; man gewinnt einen Einblick in die Gepflogenheiten chinesischer Behörden. Ein recht konventionell gestaltetes, gleichwohl vielseitiges Porträt eines Mannes, der mit den Mitteln der Kunst um gesellschaftlich-politische Veränderungen ringt. (O.m.d.U.) – Ab 14.
USA 2012 **P** Expressions United Media / MUSE Film and TV / Never Sorry **KI** dcm **DVD** EuroVideo (16:9, 2.35:1, DD5.1 Mandarin/dt.) **BD** EuroVideo (16:9, 2.35:1, dts-HD Mandarin/dt.) **Pd** Alison Klayman, Adam Schlesinger, Colin Jones **R+B** Alison Klayman **K** Alison Klayman **M** Ilan Isakov **S** Jennifer Fineran **L** 90 (24 B./sec.) / 87 (25 B./sec.) **FSK** ab 6; f **E** 14.6.2012/13.9.2012 Schweiz / 17.1.2013 DVD & BD **fd** 41 103

Airborne – Come Die With Me
AIRBORNE
Eigentlich hätte man allein schon wegen eines tobenden Orkans nicht von London in Richtung New York starten sollen; doch was dann an Bord eines Jumbo-Jets an unheimlichen Dingen passiert, lässt die Passagiere zudem auch noch an Geister glauben. Ohne die Piloten müssen sie das Flugzeug landen, wenn sie nicht schon vorher eines unnatürlichen Todes sterben. Krude Mischung aus Horror- und Actionfilm, die weder mit Effekten noch mit Akteuren punkten kann. – Ab 16.
Scope. Großbritannien 2012 **P** Hawthron Prod. / Press on Features **DVD** Ascot/Elite (16:9, 2.35:1, DD5.1 engl./dt.) **BD** Ascot/Elite (16:9, 2.35:1, dts-HDMA engl./dt.) **Pd** Dominic Burns, Patricia Rybarczyk, Jonathan Sothcott, Alain Wildberger, Toby Meredith, Andy Thompson **R** Dominic Burns **B** Paul Chronnell **K** Alessio Valori **M** Matthew Williams **S** Richard Colton **D** Craig Conway (Luke), Simon Phillips (Alan), Mark Hamill (Malcolm), Gemma Atkinson (Harriett), Sebastian Street (Agent Moss), Alan Ford (Max), Julian Glover (George), Peter Barrett (Kenny) **L** 78 **FSK** ab 16 **E** 3.9.2012 DVD & BD **fd** –

Albert Nobbs ★
ALBERT NOBBS
Irland im 19. Jahrhundert: Während große Teile der Bevölkerung unter Arbeitslosigkeit und Hunger leiden, verdient ein Kellner in einem angesehenen Hotel gutes Geld. Doch das Glück hat seinen Preis: In Wahrheit ist es eine Frau, die sich den Job erschlichen hat und ihr biologisches Geschlecht in Frage stellt. Stilvoll inszeniertes Historiendrama, das die Geschlechtsproblematik von verschiedenen Seiten beleuchtet und seinen Protagonisten eine ambivalente Haltung zubilligt. – Ab 16.
Großbritannien/Irland 2011 **P** Chrysalis Films / Mockingbird Pictures / Morrison Films / Parallel Film / Trillian / WestEnd Films / Canal+ **KI** Pathé (Schweiz) **Pd** Glenn Close, Bonnie Curtis, Alan Moloney, Pierre-François Bernet **R** Rodrigo García **B** John Banville, Gabriella Prekop **K** Michael McDonough **M** Brian Byrne **S** Steven Weisberg **D** Glenn Close (Albert Nobbs), Antonia Campbell-Hughes (Emmy), Mia Wasikowska (Helen),

Pauline Collins (Margaret (Madge) Baker), Maria Doyle Kennedy (Mary), Mark Williams (Sean Casey), James Greene (Patrick) **L** 113 **E** 19.4.2012 Schweiz **fd** –

Alexander Granach – Da geht ein Mensch
Lebensstationen des Schauspielers Alexander Granach (1890–1945) von seiner Geburt in Galizien über die stürmischen Jahre im expressionistischen Theater Berlins bis zur Emigration und zum frühen Tod in New York. Eine unterhaltsame, spannende Lebens- und Zeitreise, die sich als Fleißarbeit auszeichnet, aber die Tiefenschichten der Figur nicht auslotet. Der Dokumentarfilm gönnt sich nur selten Ruhepunkte, eine Vertiefung in die Stimmung des Augenblicks ist kaum möglich. Nur gelegentlich blitzt eine Ahnung von der ekstatischen Kunst auf, zu der Granach fähig war. – Ab 14.
Teils schwarz-weiß. Deutschland 2012 **P** Bavaria **KI** Zorro **Pd** Uschi Reich **R+B** Angelika Wittlich **K** Lars R. Liebold (= Lars Liebold) **M** Andrej Melita **L** 110 (24 B./sec.) / 105 (25 B./sec.) **FSK** o.A.; f **E** 29.11.2012 **fd** 41 394

Alexandre Ajas Maniac
MANIAC
Remake des Horrorfilms Maniac (1979) über einen Serienmörder, der aus einem Mutterkomplex heraus Frauen skalpiert und ermordet. Der Film hält sich weitgehend an die Handlung des Originals, inszeniert sie jedoch anders: Er nimmt weitgehend den Blickwinkel des Täters ein, was überdeutliche Gewaltszenen nach sich zieht, dem beabsichtigten Psychogramm eines Wahnsinnigen aber im Wege steht. Ein über die Maßen brutaler, lediglich dem Gore-Effekt verpflichteter Abklatsch.
Scope. Frankreich/USA 2012 **P** Aja-Levasseur Prod. / La Petite Reine / Studio 37 **KI** Ascot Elite **Pd** Alexandre Aja, Grégory Levasseur, Thomas Langmann, William Lustig **R** Franck Khalfoun **B** Alexandre Aja, Grégory Levasseur **Vo** C. A. Rosenberg und Joe Spinell (Drehbuch zu Maniac von 1979) **K** Maxime Alexandre **M** Rob S Baxter, Franck Khalfoun **D** Elijah Wood (Frank), Nora Arnezeder (Anna), Liane Balaban (Judy), America Olivo (Frank Mutter), Sammi Rotibi (Jason), Genevieve Alexandra (Jessica), Morgane Slemp (Jenna), Sal Landi (Detective), Megan Duffy (Lucie), Jan Broberg (Rita), Steffinnie Phrommany (Stephanie) **L** 93 (24 B./sec.) / 89 (25 B./sec.) **FSK** ab 18; f **E** 27.12.2012
fd 41 461

Alice im Wunderland ★
ALICE
Eine junge Frau gerät auf den Spuren ihres entführten Freundes in eine seltsame Welt hinter den Spiegeln und damit in den Konflikt zwischen der tyrannischen Herzkönigin und aufbegehrenden Rebellen. Sie spielt eine Schlüsselrolle in diesem Zwist und muss herausfinden, wem sie trauen kann. Weitere (Fernseh-)Adaption von Lewis Carrolls Buchklassiker *Alice im Wunderland* als erzählerisch wie visuell interessante Variation zwischen Märchen und postapokalyptischem Entwurf. Eine originelle Neuinterpretation mit schrägen Charakteren. – Ab 12.
USA 2009 **P** Reunion Pictures / Alice Prod. / Studio Eight / RHI Entertainment Distributors **DVD** Polyband/WVG (16:9, 1.78:1, DD5.1 engl./dt.) **Pd** Alex Brown, Michael O'Connor, Holly Redford **R+B** Nick Willing **Vo** Lewis Carroll (Roman *Alice in Wonderland / Alice im Wunderland*) **K** Jon Joffin **M** Ben Mink **S** Peter Forslund, Allan Lee **D** Caterina Scorsone (Alice), Andrew Lee Potts (Hatter), Matt Frewer (Weißer Ritter), Kathy Bates (Herzkönigin), Philip Winchester (Jack Chase), Colm Meaney (Herzkönig), Tim Curry (Dodo), Harry Dean Stanton (Raupe) **L** 170 **FSK** ab 12 **E** 31.8.2012 DVD **fd** 41 446

Alien Dawn
ALIEN DAWN
Einmal mehr landen Monster aus dem Weltall auf der Erde, um diese zu unterjochen. Doch haben sie die Rechnung einmal mehr ohne die Menschen gemacht, die sich im Siegeswillen einigen, wenn es ernst wird. Schließlich ist die Geschichte einmal mehr einfallslos dicht an Spielbergs Krieg der Welten-Version, wobei die Effekte nicht ganz so unterirdisch sind wie das Produktionsbudget vermuten lässt. – Ab 16.
USA 2012 **P** Morphius Film **DVD** Great Movies / Starmovie (16:9, 1.78:1, DD5.1 engl./dt.) **BD** Great Movies/ Starmovie (16:9, 1.78:1, dts-HDMA engl./dt.) **Pd** Neil Johnson, Philip Burthem, Dawn Hayes, Cynthia Martin **R+B** Neil Johnson **K** Kyle Wright **M** Nedy John Cross **S** Cynthia Martin **D** Rachelle Dimaria (Marissa J. McKellen), Tiffany Martin (Tiffany Lewis), Alex Bell (Anders Kaczynsik), Michael Abruscato (Roger Kaczynski), Tiffany Adams (Sera Michaels), Cynthia Martin (Joni Mitchell), Iva Franks Singer (Reporterin), Giovanni V. Giusti (Pierpaolo DeMejo) **L** 78 **FSK** ab 16 **E** 2.11.2012 DVD & BD **fd** –

Alien Trespass
ALIEN TRESPASS
Einäugige Monster aus dem All wollen sich die Erde untertan machen. Zum Glück bekommt ein wacker kämpfender Astronom unerwartet Hilfe von anderen Wesen von der Milchstraße, die mit dem Blauen Planeten Erbarmen haben. Ganz im Stil der 1950er-Jahre gehaltene Persiflage, zugleich aber auch eine Hommage an den guten alten Science-Fiction-Film, den man nicht ernst nehmen, aber durchaus wertschätzen kann. – Ab 16.
DVD/BD: Erhältlich als DVD, 2D BD und 2D/3D BD.
3D. Kanada/USA 2009 **P** Accelerator Films/Rangeland **DVD** dtp/Great Movies (16:9, 1.85:1, DD5.1 engl./dt.) **BD** dtp/Great Movies (16:9, 1.85:1, dts-HD engl./dt.) **Pd** R.W. Goodwin, James Swift **R** R.W. Goodwin **B** Steven Fisher **K** David Moxness **M** Louis Febre **S** Vaune Kirby, Michael Jablow **D** Eric McCormack (Dr. Ted Lewis/Urp), Jenni Baird (Tammy), Robert Patrick (Vern), Dan Lauria (Chief Dawson), Jody Thompson (Lana), Aaron Brooks (Cody), Sarah Smyth (Penny), Andrew Dunbar (Dick) **L** 81 **FSK** ab 16 **E** 12.7.2012 DVD & BD **fd** –

All Beauty Must Die ★
ALL GOOD THINGS
Während der Flower-Power-Ära werden ein Millionärssohn und ein «All American Girl» ein Paar. Der Versuch des jungen Mannes, sich dem Einfluss seines mächtigen Vaters zu entziehen, scheitert; fortan geht auch die junge Ehe in die Brüche, bis zum blutigen Ende. Auf realen Vorkommnissen beruhende Mischung aus Ehedrama und Krimi, die von latenten Gewaltstrukturen innerhalb der US-amerikanischen Gesellschaft erzählt und durch

zwei hervorragende Hauptdarsteller besticht. Nicht die Aufklärung des Verbrechens steht im Vordergrund, sondern die Konfrontation mit einem schmerzhaft ausgeloteten Entfremdungsprozess. – Ab 16.
DVD/BD: Die Extras umfassen u. a. einen Audiokommentar des Regisseurs sowie Robert Durst (ihm wurde die Hauptfigur nachempfunden), einen Audiokommentar mit dem Regisseur, dem Co-Autor Marcus Hinchey und dem Co-Autor Marc Smerling sowie ein Feature mit im Film nicht verwendeten Szenen (5 Min.). Des Weiteren enthalten die umfangreichen Extras die Dokumentationen «ALL BEAUTY MUST DIE: Die Wahrheit hinter der Fiktion» (26 Min.) und «Zeitsprung in die Vergangenheit: Die ursprüngliche Geschichte» (23 Min.) sowie das Werkstattgespräch mit dem Regisseur: «Andrew Jarecki: Ein Blick unter die Oberfläche von ALL BEAUTY MUST DIE» (58 Min.). Die Editionen (DVD & BD) sind mit dem **Silberling 2012** ausgezeichnet.
USA 2010 **P** Groundswell Prod. / Hit the Ground Running Films **DVD** Ascot/Elite (16:9, 1.78:1, DD5.1 engl./ dt., dts dt.) **BD** Ascot/Elite (16:9, 1.78:1, dts-HDMA engl./dt.) **Pd** Andrew Jarecki, Michael London, Bruna Papandrea, Marc Smerling, Marcus Hinchey, David Rosenbloom **R** Andrew Jarecki **B** Marcus Hinchey, Marc Smerling **K** Michael Seresin **M** Rob Simonsen **S** David Rosenbloom, Shelby Siegel **D** Ryan Gosling (David Marks), Kirsten Dunst (Katie Marks), Frank Langella (Sanford Marks), Philip Baker Hall (Malvern Bump), Lily Rabe (Deborah Lehrman), Michael Esper (Daniel Marks), Diane Venora (Janice Rizzo), Nick Offerman (Jim McCarthy) **L** 97 **FSK** ab 16 **E** 24.2.2012 DVD & BD fd 41 125

Allah in Ehrenfeld
Dokumentarfilm über die Ereignisse um den Bau einer Moschee im Kölner Stadtteil Ehrenfeld. Obwohl das Viertel seit Jahrzehnten multikulturell geprägt ist, entbrannte um den Bau eines der größten muslimischen Sakralbauten in Europa ein heftiger Streit, der die Bewohner spaltete und von diversen Gruppierungen zur Stimmungsmache genutzt wurde. Der Film stellt die verschiedenen Positionen dar, lässt Gegner und Befürworter des Bauvorhabens zu Wort kommen und geht den Polemiken auf den Grund. Deutlich wird, dass das multikulturelle Miteinander auch im liberalen Köln eine höchst fragile Angelegenheit ist. – Ab 12.
Deutschland 2012 **P** Bildersturm (für SWR/WDR) **KI** offen **Pd** Birgit Schulz **R+B** Birgit Schulz, Gerhard Schick **K** Steffen Bohn, Henning Drechsler, Saschko Frey, Timm Lange **M** Marcus Schmickler **S** Oliver Held **L** 90 **E** 10.7.2012 ARD fd –

Alle sterben, ich nicht ★
VSE UMRUT, A YA OSTANUS
Drei 16-jährige Schülerinnen einer Moskauer Vorstadtschule sehnen die große Abschluss-Party herbei, vertrödeln ihre Zeit, lenken sich mit Disco-Besuchen ab, lernen Gefühle wie Eifersucht und Begierde kennen und sind auch dem Alkohol zugeneigt. Eine einfühlsame Studie über das Leben in einer Zwischenwelt, die nicht mehr der Jugendzeit, aber noch nicht dem Erwachsensein zugerechnet werden kann. Die Coming-of-Age-Geschichte zeichnet sich durch ihre genaue Beobachtung und die drei hervorragenden Protagonistinnen aus. Wie nebenbei zeichnet der Film ein präzises Bild vom Leben der Menschen in den Moskauer Vorstädten. – Ab 16.
Russland 2008 **P** Igor Tolstunov Prod. (PROFIT) **KI** offen **Pd** Igor Tolstunow **R** Valeria Gaï Guermanika **B** Alexander Rodonow, Iouri Klavdiyev **K** Alicher Khamidkhodjaev **S** Julia Batalowa, Iwan Lebedew **D** Olga Chouvelowa (Wika), Aghnia Kouznetsowa (Janna), Polina Filonenko (Katia), Julia Alexandrowa (Nastia), Donatas Groudowitch (Alex), Anastassia Zabadaewa (Lialia) **L** 80 **E** 29.8.2012 arte fd –

Allein die Wüste
Der Filmemacher Dietrich Schubert setzt sich in der südmarokkanischen Wüste einem Selbstversuch aus, um herauszufinden, wie sich die Einsamkeit, das Fehlen zivilisatorischer Ablenkungen und das Leben in einer unwirtlichen Natur auf ihn und seinen Gemütszustand auswirken. Der tagebuchartige Film dokumentiert mit statischer Kamera das fünfwöchige Eremitendasein inmitten einer überwältigenden Landschaft. Dabei gelingt es ihm kaum, der Leere des Raums und der damit verbundenen Ereignislosigkeit eine adäquate filmische Form abzuringen. – Ab 14.
Deutschland 2011 **P** Filmproduktion Dietrich Schubert **KI** Real Fiction **Pd+R+B** Dietrich Schubert **K** Dietrich Schubert **S** Dietrich Schubert **L** 88 (24 B./sec.) / 85 (25 B./sec.) **FSK** o.A.; f **E** 19.7.2012 fd 41 182

Allein unter Nachbarn
Um seiner siebenköpfigen Familie mehr Lebensraum zu verschaffen, mietet der Vater eine vermeintliche Traumwohnung zum Freundschaftspreis. Diese liegt in einem Berliner Multikulti-Viertel, in dem vor allem Afghanen das große Wort führen, was für den Familienvater kein Problem darstellt, baut er doch auf seine Erfahrung als Bundeswehr-Offizier. Schnell aber zeigt sich, dass er seine Rechnung ohne die vielen Wirte macht. Unterhaltsame (Fernseh-)Komödie als vierter Teil der turbulenten ALLEIN UNTER...-Reihe, in dem es um Migrationshintergründe und solidarisches Miteinander geht. – Ab 12.
Deutschland 2012 **P** Hager Moss Film **KI** offen **Pd** Kirsten Hager **R** Oliver Schmitz **B** Carolin Hecht **K** Peter-Joachim Krause **M** Andrej Melita **S** Connie Strecker (= Cornelie Strecker) **D** Hannes Jaenicke (Harald Westphal), Dana Golombek (Sabine), Nina Gummich (Maria), Nina Monka (Floh), Johann David Talinski (Isko), Patrick von Blume (Daniel Löbel), Garry Fischmann (Mustafa), Tamer Trasoglu (Omar) **L** 88 **E** 9.10.2012 SAT.1 fd –

Alleingang ★
Ein Polizeikommissar, der zwei Jahre zuvor von seiner Frau verlassen wurde, ringt sich gerade erst zu einer Therapie durch, als er zu einer Geiselnahme gerufen wird. Der Täter verlangt, beide Polizisten zu sehen. Tatsächlich werden die Beamten gegen die Geiseln ausgetauscht und begeben sich in die Hand des offensichtlich auf eine Abrechnung fixierten Kriminellen. Spannender (Fernseh-)Krimi als dicht erzählte Mischung aus Action-Drama und klaustrophobischem Kammerspiel, geprägt ebenso von der psychologischen Feinzeichnung der Figuren wie von der Präsenz seines Hauptdarstellers. – Ab 16.
Deutschland 2010 **P** Cinecentrum Berlin **DVD** Telepool/KNM (16:9, 1.78:1, DD2.0 dt.) **Pd** Dagmar Rosen-

bauer **R+B** Hartmut Schoen **K** Eeva Fleig **M** Matthias Frey **S** Vessela Martschewski **D** Armin Rohde (Mattock «King»), Alexander Held (= Gerald Alexander Held) (Polizeikommissar Zuckmaier), Maria Schrader (Sonja Zuckmaier), Matthias Koeberlin (Wolfgang Schübel), Oliver Wnuk (Georg Pachleitner), Christina Grosse (Susanne Gelhart), Peter Kremer (Landes-Polizeipräsident), Alexander Hörbe (Marco Müller), Zora Holt (Eva Udolski) **L** 90 **FSK** ab 12 **E** 25.1.2012 ARD / 16.8.2012 DVD **fd** –

Allerleirauh ☆

Verblendet und verbittert durch den Tod seiner Frau, will ein die Realität aus den Augen verlierender König seine eigene Tochter heiraten. Die schöne junge Frau verhüllt sich bis zur Unansehnlichkeit in einem Tierfell und flüchtet in den Wald, wo sie ein junger König findet, sie mit auf sein Schloss nimmt und sie zur Küchenhilfe erniedrigt. Mit Hilfe eines freundlichen Kochs kann sie den Herrscher läutern und sein Herz erobern. Poetische (Fernseh-)Verfilmung eines Kinder- und Hausmärchens der Brüder Grimm (in der französischen Fassung von Charles Perrault: Peau d'Âne), die stimmungsvoll, mit viel Romantik und einer Spur Melancholie von der wahren, nicht fehlgeleiteten Liebe erzählt. – Ab 8.
Deutschland 2012 **P** Ziegler Film **DVD** Telepool im Vertrieb der KNM Home Entertainment **Pd** Elke Ried **R** Christian Theede **B** Leonie Bongartz, Dieter Bongartz **Vo** Wilhelm Karl Grimm (Märchen), Jakob Ludwig Karl Grimm (Märchen) **K** Felix Kramer **M** Peter W. Schmidt **S** Martin Rahner **D** Henriette Confurius (Prinzessin Lotte), André Kaczmarczyk (König Jakob), Fritz Karl (Koch Mathis), Ulrich Noethen (König Tobalt), Adrian Topol (Rasmus), Nina Gummich (Friederike), Gabriela Maria Schmeide (Köchin Birthe) **L** 60 **FSK** o.A. **E** 15.11.2012 DVD / 26.12.2012 ARD **fd** –

Alles außer Liebe

Ein Wiener Prominenten-Arzt und Frauenheld reist mit seiner neuen Eroberung an den Wolfgangsee, wo die gemietete Villa doppelt vergeben wurde, sodass man das Urlaubsdomizil mit einer Kochbuchautorin und deren Vater teilen muss. Bald kommt es zu Reibereien, wobei die Autorin bald merkt, dass sich hinter der Selbstgefälligkeit des Arztes ein sensibler Mensch verbirgt, der um seine verstorbene Frau trauert. Konventionell gestaltete romantische (Fernseh-)Komödie um ein Paar, das etliche Widrigkeiten aus dem Weg räumt und zueinander findet. – Ab 14.
Deutschland/Österreich 2012 **P** Mona Film **KI** offen **Pd** Thomas Hroch, Gerald Podgornig **R** Karsten Wichniarz **B** Maja Brandstetter, Wolfgang Brandstetter **K** Susanne Kellermann **M** Otto M. Schwarz **S** Uschi Erber **D** Fritz Wepper (Toni), Gila von Weitershausen (Julia), Ernst Stankovski (Arthur), Eva-Maria Grein von Friedl (= Eva-Maria Grein) (Emma), Mike Galeli (Alexander), Heinz Winkler (Fernsehkoch), Alexander Jagsch (Polizist), Elke Hagen (Tourismusbeamtin) **L** 87 **E** 6.12.2012 ARD **fd** –

Alles Bestens

Obwohl es in ihrer eigenen Familie an allen Ecken und Enden brennt und manche Krise zu bewältigen wäre, engagiert sich eine Frau ehrenamtlich für eine Stiftung, die leidgeprüften Familien helfen will. Während ihr Mann als Zahnarzt chronisch überfordert ist, die wenig selbstbewusste Tochter die Schule schwänzt und der antriebsarme Sohn von einer Karriere als Pop-Star träumt, eskaliert die heikle Situation, als die Mutter bei einem Autounfall eine junge Frau anfährt. Konventionelle (Fernseh-)Komödie, die auf Turbulenzen und chaotische Verwicklungen setzt statt den Ereignissen eine glaubwürdige Vertiefung zu geben. – Ab 12.
Deutschland 2012 **P** Ziegler Film **KI** offen **Pd** Elke Ried **R** Christian Theede **B** Stefan Rogall **K** Simon Schmejkal **M** Andreas Weidinger **S** Martin Rahner **D** Ann-Kathrin Kramer (Sabine Meister), Stephan Kampwirth (Jakob Meister), Marija Mauer (Julia Meister), Finn Honold (Karsten Meister), Dietrich Hollinderbäumer (Paul Redamacher), Kathrin Heß (Penny Sturm), Catrin Striebeck (Dr. Silvisa Schulze-Lohmann) **L** 90 **E** 10.12.2012 ZDF **fd** –

Alles wird gut ☆

Dokumentation über die Genese eines Theaterstücks, bei dem behinderte und nicht behinderte Darsteller zusammenarbeiten. Darin geht es um eine Casting-Show, bei der eine Gruppe behinderter Bewerber auf ihre Chance auf den großen Auftritt wartet. Feinfühlig, mal komisch, mal aufwühlend, lässt der Film den Zuschauer an der Entwicklung, Vorführung und Wirkung des Theaterprojekts teilhaben und reflektiert auf mehreren Ebenen den Umgang mit körperlichen und mentalen Einschränkungen, die Behinderte wie «Normalos» in einer nach Perfektion strebenden (Medien-)Gesellschaft betreffen. (Teils O.m.d.U.) – Sehenswert ab 14.
Deutschland 2011 **P** Palladio Film / DR / BR **KI** nfp **Pd+R+B** Niko von Glasow **K** Sebastian Salanta, Markus Henkel, Anna Heinzig, Alexander Gheorghiu **S** Mechthild Barth, Bernhard Reddig **L** 96 (24 B./sec.) / 93 (25 B./sec.) **FSK** o.A.; f **FBW** w **E** 1.11.2012 **fd** 41 330

Alpen ☆
ALPIS

Die «Alpen» sind eine Gruppe aus zwei Männern und zwei Frauen, die einer skurril-makabren Nebenbeschäftigung nachgehen. Für Menschen, die Angehörige oder Freunde verloren haben, schlüpfen sie in die Rolle der Verlorenen, um deren Verlust zu überbrücken. Eine der Frauen, die immer mehr in den Rollenspielen aufgeht, gerät dabei in Konflikt mit dem Chef der «Alpen». Im Spannungsfeld zwischen der nüchternen Realität eines tristen urbanen Griechenlands und den absurd-theatralen Performances entwickelt der Film das Ringen seiner Heldin um einen emotionalen wie auch gesellschaftlichen Platz als verstörendes, zwischen Komik, Schrecken und Zärtlichkeit changierendes Drama. Trotz der konsequenten Düsternis in der visuellen Umsetzung behaupten die lebenshungrigen Figuren ihre Vitalität gegenüber aller Resignation. – Sehenswert ab 16.
Scope. Griechenland 2011 **P** Haos Films / Faliro House Prod. / Feelgood Ent. / Marni Film / Avion Films / Cactus Three / ERT **KI** Rapid Eye Movies **DVD** REM (16:9, 1.85:1, DD5.1 gri.) **Pd** Giorgos Lanthimos, Athina Rachel Tsangari, Victoria Bousis, Maria Hatzakou, Matthew Johnson, Thoma Kikis, Thanos Papastergiou, Aggeliki Papoulia, Lee Polydor, Johnny Vekris, Christos Voudouris, Andre-

as Zoupanos **R** Giorgos Lanthimos **B** Efthymis Filippou, Giorgos Lanthimos **K** Christos Voudouris **S** Giorgos Mavropsaridis **D** Aggeliki Papoulia (Krankenschwester / Monte Rosa), Aris Servetalis (Rettungssanitäter / Mont Blanc), Johnny Vekris (Trainer / Matterhorn), Ariane Labed (Sport-Gymnastin), Stavros Psillakis (Vater der Krankenschwester), Efthymis Filippou (Besitzer des Lampenladens), Eftihia Stefanidou (Blinde Frau) **L** 93 (24 B./sec.) / 90 (25 B./sec.) **FSK** ab 12; f **E** 14.6.2012 / 1.2.2013 DVD **fd** 41 119

Alpen-Monopoly in Andermatt
ALPEN-MONOPOLY IN ANDERMATT
Dokumentarfilm über einen milliardenschweren Tourismus-Komplex, den ein ägyptischer Investor im schweizerischen Andermatt errichten will, das nach der Schließung militärischer Einrichtungen unter verstärkter Arbeitslosigkeit leidet. Er zeichnet die Entwicklung des Großprojekts nach, dem sich unerwartete Hindernisse wie die Revolution in Ägypten, der starke Schweizer Franken, aber auch politischer Widerstand vor Ort entgegenstellen. – Ab 14.
Schweiz 2011 **DVD** Praesens Film (Schweiz; 16:9; Schweizerdeutsch DD 2.0, Deutsch DD 2.0) **R+B** Alain Godet **L** 93 **E** 2.2.2012 DVD Schweiz / 25.3.2012 3sat **fd** –

Alpha und Omega
ALPHA AND OMEGA
Zwei Wölfe, ein dominantes Weibchen, das seine Verantwortung für das Rudel längst übernommen hat, und ein antriebsschwaches Männchen, werden von Rangern in den kanadischen Nationalpark verschleppt, wo sie für Nachwuchs sorgen sollen. Er kann sich mit der neuen Situation schnell anfreunden, sie aber will zurück in die Heimat. Auf dem Weg raufen sie sich angesichts zahlreicher Gefahren zusammen. Die Geschichte einer Tierfreundschaft bzw. -liebe als weitgehend uninspirierte 3D-Animation; ohne Witz und Schwung erzählt, ignoriert der Film die wegbereitenden Vorgänger des Genres. – Ab 10.
DVD/BD: Der 3D Film ist als Blu-ray in 2D und 3D erhältlich. Die Extras enthalten u. a. ein Feature mit im Film nicht verwendeten Szenen.
3D. USA 2010 **P** Lions Gate / Crest Animation **DVD** Ascot/Elite (16:9, 1.78:1, DD5.1 engl./dt., dts dt.) **BD** Ascot/Elite (16:9, 1.78:1, dts-HDMA engl./dt.) **Pd** Ken Katsumoto, Steve Moore, Richard Rich, Tracey Kimball **R** Ben Gluck, Anthony Bell **B** Chris Denk, Steve Moore **M** Chris Bacon **S** Scott Anderson, Joe Campana **L** 84 **FSK** ab 6 **E** 13.1.2012 DVD & BD / 22.12.2010 KiKa **fd** –

Alpsegen ✶
ALPSEGEN
Dokumentarfilm über den Bet-Ruf der Schweizer Bergbauern in katholischen Gebieten, eine Symbiose aus Gebet und Gesang, den so genannten Alpsegen, mit dem der Schutz für den Berghof erbeten wird. Anhand von fünf Protagonisten beschwört der Film eine uralte Tradition herauf, die ursprünglich Sennern vorbehalten war, nun aber vereinzelt auch von Frauen praktiziert wird. Dabei lässt er sich auf die Spiritualität der Protagonisten ein und stellt ohne Verklärung ihre Verwurzelung mit der als Gottes Schöpfung betrachteten Natur dar; auch wird der beschwerliche Alltag des Senn-Lebens beleuchtet. Während er sich zu sehr auf Alltagsbeschreibungen des Berglebens konzentriert, geht dem Film die spirituelle Luft aus. – Ab 14.
Schweiz 2011 **P** PS Film / Schweizer Radio und Fernsehen **KI** filmcoopi (Schweiz) **Pd** Peter Spoerri **R+B** Bruno Moll **K** Bruno Moll, Peter Ramseier **M** Ben Jeger **S** Manfred Zazzi **L** 90 **FSK** – **E** 5.4.2012 Schweiz **fd** –

Alraune – Die Wurzel des Grauens
MANDRAKE
Ein sagenumwobener Edelsteindolch veranlasst eine Gruppe von Wissenschaftlern und Glücksrittern, im Dschungel eine alte Begräbnisstätte zu suchen. Doch ein nicht minder sagenhaftes Wesen rächt sich für die Ruhestörung. Dass die Alraune ein gefährliches Pflanzenwesen ist, weiß man spätestens seit HARRY POTTER; um die hier weit drastischere Variante des Ungetüms spinnt sich der günstig produzierte Horrorreißer als effektvolle Variante eines Abenteuerfilms à la INDIANA JONES.
USA 2010 **P** Mandrake Botanical Prod. **DVD** Sunfilm (16:9, 1.85:1, DD5.1 engl./dt., dts dt.) **BD** Sunfilm (16:9, 1.85:1, dts-HDMA7.1 engl./dt.) **Pd** Andrew Stevens, Nathan Ross **R** Tripp Reed **B** David Ray **K** Ken Blakey **M** Jermaine Stegall **D** Max Martini (Sgt. McCall), Betsy Russell (Felicia), Benito Martinez (Harry Vargas), Jon Mack (Carla Manning), Nick Gomez (Santiago Zavala), Wayne Pére (Lin), Freddie Joe Farnsworth (Boss des Camps), Alex Livinalli **L** 86 **FSK** ab 16 **E** 5.7.2012 DVD & BD **fd** –

Als Hessen fliegen lernte – Die Geschichte der Luftfahrt
Das Bundesland Hessen und einige seiner Bewohner haben in allen Bereichen der Luftfahrt wichtige Pionierleistungen erbracht: In der Ballonfahrt hatte man die Nase vorn, die erste Luftfahrtmesse fand 1909 in Frankfurt statt, dort war später die Anlaufstelle für Zeppeline, ferner der Gründungsort der Lufthansa. Der liebevoll gestaltete (Fernseh-)Dokumentarfilm würdigt Entdecker- und Erfindergeist, ruft fast vergessene Tüftler in Erinnerung und erzählt von der Begeisterung für die Luftfahrt. – Ab 12.
Teils schwarz-weiß. Deutschland 2010 **P** Hessischer Rundfunk (HR) **KI** offen **R+B** Peter Gerhardt **K** Martin Warren **L** 90 **E** 26.12.2010 hr **fd** –

Alyce – Außer Kontrolle
ALYCE
Der Strudel in den Wahnsinn ist unaufhaltsam: Erst stößt eine junge Frau ihre beste Freundin in einer drogengeschwängerten Nacht aus dem Fenster, dann steigert sie sich immer mehr in Wahnvorstellungen, die im sinnlosen Abschlachten von Freunden und Fremden ihre Katharsis finden. Was als Gesellschaftsdrama beginnt, steigert sich in der zweiten Hälfte zu einem infernalischen Slasher-Film mit immerhin guten Darstellern.
USA 2011 **P** Social Construct **DVD** Sunfilm (16:9, 1.85:1, DD5.1 engl./dt., dts dt.) **BD** Sunfilm (16:9, 1.85:1, dts-HDMA7.1 engl./dt.) **Pd** Zak Kilberg, Jim Roof **R+B** Jay Lee **K** Jay Lee **M** Billy White Acre **D** Jade Dornfeld (Alyce), Tamara Feldman (Carroll), James Duval (Vince), Eddie Rouse (Rex), Larry Cedar (Harold), Yorgo Constantine (Warner), Megan Gallagher (Ginny), Rena Owen (Danielle) **L** 90 **FSK** ab 18 **E** 9.8.2012 DVD & BD **fd** –

Am Ende der Nacht
DAYLIGHT FADES
Überfordert vom Liebesbekenntnis ihres Freundes und unsicher über ihre

eigenen Gefühle, trennt sich eine Frau von ihrem Liebsten. Als dieser kurz darauf einen Unfall hat und dem Tod nur entgeht, indem er in einen Vampir verwandelt wird, ergeben sich neue Spannungen. Mix aus Vampirfilm und Liebesdrama, der seine Geschichte um emotionale Verwicklungen zwar leiser und erwachsener als ähnliche Teenie-Filme erzählt, dennoch aber keinen frischen Zugriff auf das arg strapazierte Genre findet. – Ab 16.
USA 2010 **P** Old School Pic. **DVD** Sunfilm (16:9, 1.85:1, DD5.1 engl./dt., dts dt.) **BD** Sunfilm (16:9, 1.85:1, dts-HDMA7.1 engl./dt.) **Pd** Brad Ellis, Allen Gardner, Chris Blancett, Adam Burns, Sean Faust, Mark Norris, Matt Weatherly **R** Brad Ellis **B** Allen Gardner **K** John Paul Clark **M** Sean Faust, Kenton Smith **S** Matt Weatherly **D** Matthew Stiller (Johnny), Rachel Miles (Elizabeth), Allen Gardner (Seth), Rachel Kimsey (Raven), Kim Justis (Sarah), Dennis Phillippi (Patrick), Michael Gravois (Tim), Drew Smith (Jake) **L** 96 **FSK** ab 16 **E** 6.9.2012 DVD & BD **fd** 41 420

Am Ende eines viel zu kurzen ☆
Tages
DEATH OF A SUPERHERO / SUPERHERO
Ein an Krebs erkrankter Teenager kanalisiert seine Ängste durch die Kreation eines Comic-Universums, in dem sein Alter Ego als Superheld gegen personalisierte Formen seines Leidens antritt. Gegenüber seinen Eltern und Therapeuten schottet sich der Junge entschieden ab, doch dann findet ein Psychiater endlich einen Zugang zu ihm. Realszenen wechseln in diesem Coming-of-Age-Drama mit animierten Sequenzen, wobei die Fülle an Ideen und Handlungselementen den Film dramaturgisch mitunter überfrachtet; trotzdem findet er, auch dank des großartigen Hauptdarstellers, zu einem eindringlichen Ausdruck für die Befindlichkeit seines jungen Helden. – Ab 14.
Deutschland / Irland / Österreich 2011 **P** Bavaria Pic. / Grand Pic. / Trixter Film / CinePostproduction / Picture Circle **KI** nfp **Pd** Michael Garland, Astrid Kahmke, Philipp Kreuzer, Michael Coldewey, Mark Porsche **R** Ian Fitz-Gibbon **B** Anthony McCarten **Vo** Anthony McCarten (Roman *Superhero*) **K** Tom Fährmann **M** Marius Ruhland **S** Tony Cranstoun **D** Andy Serkis (Dr.

Adrian King), Thomas Sangster (Donald Clarke), Aisling Loftus (Shelly), Michael McElhatton (James Clarke), Sharon Horgan (Renata Clarke), Jessica Schwarz (Tanya), Ronan Raftery (Jeff Clarke), Ben Harding (Michael), Killian Coyle (Hugo), Jane Brennan (Dr. Rebecca Johnston) **L** 97 (24 B./sec.) / 93 (25 B./sec.) **FSK** ab 12; f **FBW** bw **E** 30.8.2012 / 27.9.2012 Schweiz **fd** 41 232

Am Grenzfluss ☆
LA RIVIERE TUMEN / DOOMAN RIVER
Viele Nordkoreaner überqueren im Winter den zugefrorenen Tumen, den Grenzfluss zwischen China und Nordkorea, und erhoffen sich Almosen von den nicht minder armen Chinesen. Vor diesem Hintergrund entwickelt sich die Freundschaft zwischen einem zwölfjährigen Chinesen und einem gleichaltrigen Flüchtlingsjungen, die auf eine harte Probe gestellt wird, als die Übergriffe und Forderungen der Flüchtlinge immer maßloser werden und die Schwester des Chinesen vergewaltigt wird. Das wortkarge, in ebenso ruhigen wie eindringlichen Bildern erzählte Drama verdichtet die Lebensbedingungen in der Region nachdrücklich zur Metapher über Freundschaft und Solidarität. (O.m.d.U.) – Ab 14.
Frankreich/Südkorea 2009 **P** Arizona Films/Lu Films/ARTE France Cinéma **KI** offen **Pd** Guillaume de Seille, Lee Jeong, Woo Hye Kyung **R+B** Zhang Lu **K** Xu Wei **M** Ran Wang, Marc Nouyrigat, Frédéric Théry **S** François Quiqueré **D** Cui Jian (Chang-ho), Yin Lan (Soon-hee), Li Jinglin (Jeong-jin), Lin Jinlong (Großvater), Jin Xuansheng (Chui-bu) **L** 89 **E** 10.10.2012 arte **fd** –

Am Himmel der Tag ☆
Zwei Studentinnen verbindet eine enge Freundschaft, die ihre flüchtigen Beziehungen zu Männern an Intensität und Vertrautheit in den Schatten stellt. Ihre Bindung wird auf die Probe gestellt, als eine der beiden ungeplant schwanger wird, sich entscheidet, das Kind zu behalten, es dann aber verliert. Ein subtiles, zunächst schnell in fragmentarischen Szenen, später sich ruhig entfaltendes Drama, das sich mit diversen Facetten gegenwärtiger weiblicher Identität – im Verhältnis zu sich selbst und dem eigenen Körper, zu Männern, Eltern, zur Mut-

terschaft – auseinandersetzt. In der Hauptrolle herausragend gespielt. – Sehenswert ab 16.
Scope. Deutschland 2012 **P** ALIN-Filmprod./Osiris Media/Hochschule für Film und Fernsehen «Konrad Wolf» (HFF) **KI** Kinostar **Pd** Iris Sommerlatte, Ali Saghri **R** Pola Beck **B** Burckhardt Wunderlich **K** Juan C. Sarmiento Grisales **M** Ninca Leece **S** David J. Rauschning **D** Aylin Tezel (Lara), Henrike von Kuick (Nora), Tómas Lemarquis (Elvar), Godehard Giese (Martin), Marion Mitterhammer (Claudia, Laras Mutter), Lutz Blochberger (Paul, Laras Vater), Kai-Michael Müller (Christoph), Lisa Altenpohl (Jana), Sebastian Freigang (Georg), Eddie Irle (Torben), Anne Werner (Britta) **L** 89 (24 B./sec.) / 86 (25 B./sec.) **FSK** ab 12; f **E** 29.11.2012 **fd** 41 410

Amador
siehe: **Amador und Marcelas Rosen**

Amador und Marcelas Rosen ☆
AMADOR
Eine schwangere peruanische Immigrantin pflegt in Barcelona einen alten, schwer kranken Mann, der mit unermüdlicher Geduld große Puzzles zusammensetzt. Zwischen der introvertierten Frau und dem lebenserfahrenen Mann bahnt sich zögerlich eine Freundschaft an, die auch den Tod des Alten überdauert. Das bitter-zarte Drama erzählt einfühlsam, aber ungeschönt hart von der stillen Emanzipation einer Frau und den komplizierten Facetten ihres Daseins. Hinter der spröden Schale des Dramas offenbart sich eine Erzählung voller verschmitzter Lakonie und mystischer Poesie. – Sehenswert ab 16.
Scope. Spanien 2010 **P** Peposado Prod. / Mediapro **KI** Alamode/Xenix (Schweiz) **DVD** Alamode (16:9, 2.35:1, DD5.1 span./dt.) **Pd** Fernando León de Aranoa, Jaume Roures **R+B** Fernando León de Aranoa **K** Ramiro Aisenson (= Ramiro Civita) **M** Lucio Godoy **S** Nacho Ruiz Capillas **D** Magaly Solier (Marcela), Pietro Sibille (Nelson), Celso Bugallo (Amador), Sonia Almarcha (Yolanda), Eleazar Ortiz (Vecino), Fanny de Castro (Puri) **L** 113 (24 B./sec.) / 109 (25 B./sec.) **FSK** ab 6; f **E** 19.1.2012 Schweiz / 7.6.2012/12.10.2012 DVD **fd** 40 876

Amer – Die dunkle Seite deiner Träume
AMER

Eine vierteilige, visuell großartig gestaltete Liebeserklärung an das Genrekino des italienischen «Giallo» als hypnotisierendes Poesiealbum modernisierter Kino-Reminiszenzen: Ein kleines Mädchen begegnet im verwunschenen Anwesen seiner Eltern dem Leichnam seines Großvaters. Jahre später erlebt sie im Teenager-Alter erotisches Begehren und Begehrt-Werden. Schließlich erwachsen geworden, zieht es sie in das elterliche Haus zurück, wo die kindlichen Dämonen nun zu einer realen Bedrohung werden. Die Handlung bewegt sich mit albtraumhafter Schwere im Kreis und rückt die Psychoanalyse ins Schaufenster einer ins Obskure verliebten Fantasie. – Ab 16.
DVD/BD: Die schöne, wertig aufgemachte DVD & BD-Edition enthält als Extras jeweils u. a. ein 16-seitiges Booklet mit informativen Texten zum Film sowie die Kurzfilme der Regisseurin: CATHARSIS (3 Min.), CHAMBRE JAUNE (8 Min.), L'ETRANGE PORTRAIT DE LA DAME EN JAUNE (6 Min.) und LA FIN DE NOTRE AMOUR (9 Min.). Scope. Frankreich/Belgien 2010 **P** Anonymes Films / Tobina Film **KI** Koch Media **DVD** Koch (16:9, 2.35:1, DD5.1 frz./dt.) **BD** Koch (16:9, 2.35:1, dts-HDMA frz./dt.) **Pd** François Cognard, Eve Commenge **R+B** Hélène Cattet, Bruno Forzani **K** Manu Dacosse **S** Bernard Beets **D** Marie Bos (Ana), Harry Cleven, Delphine Brual (Graziella), Cassandra Forêt (Ana als Kind), Charlotte Eugène Guibeaud (jugendliche Ana), Bianca Maria D'Amato (Mutter), Jean-Michel Vovk (Vater), Bernard Marbaix (toter Großvater) **L** 90 **FSK** ab 16 **E** 19.1.2012 / 2.3.2012 DVD & BD **fd** 40 873

American Evil
OLDER THAN AMERICA

Kurz nach einem Erdbeben wird die Freundin eines im Indianerreservat tätigen Sheriffs von Visionen psychisch misshandelter Kinder heimgesucht. Ein dort forschender Geologe wird in die übernatürlichen Vorkommnisse verwickelt, die auf eine ungeheuerliche Praxis in der hiesigen Psychiatrie hindeuten. Konstruiertes Drama als Vehikel für eine mediokre Mischung aus Horror und Vergangenheitsbewältigung. – Ab 16.

USA 2008 **P** Older Than America **DVD** Schröder-Media (16:9, 1.78:1, DD5.1 engl./dt.) **Pd** Christine K. Walker, Andrew Peterson **R** Georgina Lightning **B** Georgina Lightning, Christine K. Walker **K** Shane F. Kelly **M** George S. Clinton **S** Clayton Condit **D** Adam Beach (Johnny), Georgina Lightning (Rain), Bradley Cooper (Luke), Chris Mulkey (Paul Gunderson), Tantoo Cardinal (Tante Apple), Wes Studi (Richard Two Rivers), Stephen Yoakam (Pater Bartoli), Rose Berens (Irene) **L** 98 **FSK** ab 16 **E** 20.12.2012 DVD **fd –**

American Passages
AMERICAN PASSAGES

Dokumentarisches Road Movie durch die USA, das die durch die Wahl Barack Obamas zum US-Präsidenten 2008 ausgelöste Euphorie zum Anlass einer assoziativen Bestandsaufnahme macht. Arm und reich, schwarz und weiß, Gewinner und Verlierer werden auf ebenso epische wie überraschende Weise kontrastiert und fügen sich zum kritisch-liebevollen Gesamtbild einer widersprüchlichen und gebrochenen Gesellschaft. (O.m.d.U.) – Ab 16.
Österreich 2011 **P** Ruth Beckermann Filmprod. **KI** offen **Pd+R+B** Ruth Beckermann **K** Antoine Parouty, Lisa Rinzler **S** Dieter Pichler **L** 120 **E** 4.11.2012 ORF 2 **fd –**

American Pie: Das Klassentreffen
AMERICAN REUNION

Eine High-School-Clique findet anlässlich eines Klassentreffens in ihrem Heimatstädtchen in Michigan erneut zusammen. Die Protagonisten, nunmehr alle Anfang 30, sind freilich nicht reifer geworden, was sich besonders im Umgang mit dem anderen Geschlecht zeigt. Außerdem bekommen sie es mit der Folge-Generation von High-School-Kids zu tun. Müde Klamotte als Fortsetzung der ersten drei AMERICAN PIE-Filme, die mit abgehangenen Sex-Gags nicht gegen gesellschaftliche Prüderie rebellieren, sondern leiglich das alte Erfolgskonzept nostalgisch aufwärmt. – Ab 16.
DVD/BD: Die Extras enthalten u. a. ein Feature mit sieben im Film nicht verwendeten Szenen (15 Min.). Die BD enthält zudem u. a. noch einen Audiokommentar mit Jon Hurwitz und Hayden Schlossberg.
USA 2012 **P** Universal Pic. **KI** Universal **DVD** Universal (16:9, 1.85:1, DD5.1 engl./dt.) **BD** Universal (16:9, 1.85:1, dts-HDMA engl., dts-HD dt.) **Pd** Craig Perry, Warren Zide, Chris Moore, Adam Herz **R+B** Jon Hurwitz, Hayden Schlossberg **Vo** Adam Herz (Charaktere) **K** Daryn Okada **M** Lyle Workman **S** Jeff Betancourt **D** Jason Biggs (Jim Levenstein), Alyson Hannigan (Michelle), Chris Klein (Oz), Thomas Ian Nicholas (Kevin), Tara Reid (Vicky), Seann William Scott (Steve Stifler), Mena Suvari (Heather), Eddie Kaye Thomas (Finch), Jennifer Coolidge (Stiflers Mutter), Eugene Levy (Jims Vater), Natasha Lyonne (Jessica), John Cho **L** 113 **FSK** ab 12; f **E** 26.4.2012/30.8.2012 DVD & BD **fd** 41 038

American Warship – Die Invasion beginnt
AMERICAN BATTLESHIP

Ein Flottenverband um die mächtige «USS Iowa» wird bis auf das Vorzeigeschiff selbst ausgelöscht. Dessen Besatzung entdeckt, dass Aliens dafür verantwortlich zeichnen – und bläst zum Angriff. Miserabel gespielte Billigvariante des auch nicht besseren BATTLESHIP-Blockbusters. – Ab 16.
DVD/BD: Erhältlich als DVD, 2D BD und 2D/3D BD. Die FSK-Freigabe «ab 16» der DVD/BD bezieht sich auf das Bonusmaterial (Trailer etc.), der Film selbst hat eine Freigabe «ab 12».
3D. USA 2012 **P** The Asylum / The Global Asylum **DVD** dtp / Great Movies (16:9, 1.78:1, DD5.1 engl./dt.) **BD** dtp/Great Movies (16:9, 1.78:1, dts-HD engl./dt.) **Pd** David Michael Latt, Paul Bales **R+B** Thunder Levin **K** Stuart Brereton **M** Chris Ridenhour **S** Karl Armstrong (= Karl R. Armstrong) **D** Mario Van Peebles (Capt. James Winston), Carl Weathers (Gen. Hugh McKraken), Johanna Watts (Lt. Caroline Bradley), Nikki McCauley (Dr. Julia Flynn), Elijah Chester (Sekretär des Verteidigungsministeriums), Sean Patrick Smith (Officer Bryant), Devin McGee (Lt. Juarez), Chris Hayes (Lt. Anders) **L** 86 **FSK** ab 12 **E** 24.5.2012 DVD & BD **fd –**

Amityville Haunting
AMITYVILLE HAUNTING

Einmal mehr steht im Haus, das in seinen Mauern das Böse speichert, im Mittelpunkt einer einfallslosen Geschichte. Wieder zieht eine alle Zei-

chen ignorierende Familie ein, und wieder wird sie von Übersinnlichem in Beschlag genommen. Einzige Neuerung in der ermüdenden Version der AMITYVILLE-Reihe: Der Spross der Familie filmt alles mit eigener Kamera, was den «Found Footage»-Appeal des Machwerks rechtfertigen soll.
USA 2011 **P** The Asylum / Taut Prod. **DVD** Great Movies (16:9, 1.78:1, DD5.1 engl./dt.) **BD** Great Movies (16:9, 1.78:1, dts-HD engl./dt.) **Pd** David Michael Latt **R** Geoff Meed **K** Ben Demaree **M** David Raiklen **S** Cody Peck **D** Jason Williams (Douglas Benson), Amy Van Horne (Virginia Benson), Gracie Largent (Melanie Benson), Devin Clark (Tyler Benson), Tyler Shamy (Gregg), Jon Kondelik (Brett), Piper Kennedy (Bri), Jon Gale (Officer Nathen) **L** 83 **FSK** ab 16 **E** 22.11.2012 DVD & BD **fd** –

Amok – Columbine School Massacre
APRIL SHOWERS
Nach einer Tragödie wie der an der Colombine High School ist es für Zeugen unmöglich, zur Normalität überzugehen. Ein betroffener Jugendlicher hat seine große Liebe verloren. Mehr Psychodrama als reißerischer Actioner, bemüht sich der unter Mithilfe eines Columbine-Überlebenden entstandene Film um die Aufarbeitung eines Traumas anhand exemplarischer Einzelschicksale, möchte dabei aber auch durchaus unterhalten, was mitunter arg melodramatisch ausfällt. – Ab 16.
DVD/BD: Die Extras umfassen ein Booklet zum Film. Die FSK-Freigabe «ab 16» der DVD/BD bezieht sich auf das Bonusmaterial (Trailer etc.), der Film selbst hat die Freigabe «ab 12».
USA 2009 **P** April Showers **DVD** I-On/Störkanal (16:9, 1.78:1, DD5.1 engl./dt.) **BD** I-On/Störkanal (16:9, 1.78:1, dts-HD engl./dt.) **Pd** Jenna Edwards, April Wade **R+B** Andrew Robinson **K** Yoshi Carroll, Miguel Cedillo, Aaron Platt **M** Dominik Rausch **S** Mark Sult **D** Kelly Blatz (Sean Ryan), Daryl Sabara (Jason), Janel Parrish (Vicki), Tom Arnold (Mr. Blackwell), Brigette Chizek (Patricia Blackwell), Mark Arnold (Seans Vater), Illeana Douglas (Sally), Deborah Juliot (Mary), Rachel Lien (Jessica) **L** 107 **FSK** ab 12 **E** 29.6.2012 DVD & BD **fd** –

Anatomie des Weggehens
Dokumentarfilm, mit dem der Regisseur einen Teil seiner eigenen Familiengeschichte aufarbeitet. Im Oktober 1987 nutzte sein Vater eine Reise nach München, um der Ceaucescu-Diktatur in Rumänien den Rücken zu kehren und sich abzusetzen. Unmittelbar darauf reichte die Mutter für sich und den 14-jährigen Sohn einen Ausreiseantrag ein, auf den 26 Monate zermürbenden Wartens folgten. Kurz vor Weihnachten 1989 können beide nach Deutschland ausreisen und erfahren bei der Ankunft in Nürnberg, dass der Diktator am selben Tag aus dem Land geflohen ist. Eine betont subjektive Auseinandersetzung mit dem Aufwachsen in einer Diktatur und dem Gefühl verlorener Heimat. – Ab 16.
Deutschland 2012 **P** Filmallee-David Lindner Filmprod. / Hochschule für Film und Fernsehen (HFF)/BR **KI** offen **Pd** David Lindner (= David Lindner Leporda) **R+B** Oliver Tataru **K** Oliver Tataru **S** Simon Weber **L** 73 **E** 7.11.2012 BR **fd** –

Eine andere Zeit
HORS SAISON
Nach zwölfjähriger Abwesenheit kehrt der Filmemacher in sein Heimatdorf zurück, das er nach dem Bankrott des Vaters verließ. Seine Kamera dient ihm dabei als Instrument der neuerlichen Annäherung, über das er den Kontakt zu seinen Eltern sucht, zu denen jede Verbindung abgerissen war. Ein betont subjektiver, sehr persönlicher Dokumentarfilm. Mittels statischer Kameraeinstellungen nimmt der Regisseur die Perspektive eines Außenstehenden ein, der sich nur zögerlich dem Eltern und ihrer Lebenswirklichkeit nähert. – Ab 16.
Frankreich 2008 **P** Petit à Petit Prod. **KI** offen **Pd** Emmanuel Parraud **R+B** Jean-Claude Cottet **K** Jean-Claude Cottet **M** Stéphane Marchew **S** Julien Chigot **L** 42 **E** 9.7.2012 arte **fd** –

Andrew Lloyd Webber's Love Never Dies
LOVE NEVER DIES / ANDREW LLOYD WEBBER'S LOVE NEVER DIES
Quasi eine Fortsetzung von Andrew Lloyd Webbers dramatischem Musical Das Phantom der Oper, die die Handlung in Coney Island des Jahres 1907 verlegt und durch die prächtige Ausstattung, gute Darsteller und eine perfekte musikalische Interpretation gediegen unterhält. – Ab 12.
Scope. USA 2012 **P** The Really Useful Theatre Company **DVD** Universal (16:9, 2.35:1, DD5.1 engl.) **BD** Universal (16:9, 2.35:1, dts-HDMA engl.) **Pd** Clayton Jacobsen, Andrew Lloyd Webber, Brett Sullivan **R** Brett Sullivan, Simon Phillips **B** Andrew Lloyd Webber, Ben Elton, Glenn Slater **D** Ben Lewis (Phantom), Anna O'Byrne (Christina Daaé), María Mercedes (Madame Giry), Simon Gleeson (Raoul), Sharon Millerchip (Meg Giry), Emma J. Hawkins (Ieck), Paul Tabone (Squwlch), Dean Vince (Gangle) **L** 120 **FSK** ab 6 **E** 9.2.2012 DVD & BD **fd** –

Android Insurrection
ANDROID INSURRECTION
«Es jagt uns», lautet die lapidare Erkenntnis einiger Menschen in Kolonien, die in ferner Zukunft in weit entfernten Galaxien gegründet wurden. Die Arbeitsroboter rebellieren, eine Spezialeinheit soll alles richten, doch die Aufgabe ist gefährlicher als vermutet. Triviales Science-Fiction-Märchen um aufständische Androiden, geprägt von simplen Dialogen und einer Ausstattung, die aus Nichts nicht viel macht. – Ab 16.
DVD/BD: Die FSK-Freigabe «ab 16» der DVD/BD bezieht sich auf das Bonusmaterial (Trailer etc.), der Film selbst hat die Freigabe «ab 12».
USA 2012 **P** Halcyon International Pictures / Pandora Machine **DVD** Great Movies (16:9, 1.78:1, DD5.1 engl./dt.) **BD** Great Movies (16:9, 1.78:1, dts-HD engl./dt.) **Pd** Laura Schlachtmeyer **R** Andrew Bellware **B** Austin Lacher, Guacamo Chuffasmith, Ralph Boswell **M** Scott Altham, Prague Spring **S** Rebecca Kush **D** Virginia Logan (Foxwell), Joe Chapman (Hammermill), Jeff Wills (Rathbone), Rebecca Kush (Arcady), Thomas Rowan (Tango), Juanita Arias (Cage), Beckett Lee (Prinz Beckett), David Ian Lee (Col. Bellware) **L** 78 **FSK** ab 12 **E** 10.5.2012 DVD & BD **fd** –

Andy Warhol – Godfather of Pop
ANDY WARHOL: A DOCUMENTARY
Porträt des US-amerikanischen (Pop-)Künstlers Andy Warhol, der als erster bewusst die Trennung zwischen Kunst und Kommerz auflöste und dem Kunstwerk zu Zeiten der Reproduzierbarkeit zur wirklichen

Geltung verhalf. Der spannende Dokumentarfilm stellt auch den weniger bekannten Menschen Warhol sowie seine Beweggründe vor und umreißt dessen bahnbrechenden Einfluss auf die bildenden Künste der letzten 50 Jahre. – Ab 14.
USA 2006 **P** High Line **KI** offen **Pd** Ric Burns, Donald Rosenfeld, Daniel Wolf, Robin Espinola, Marilyn Ness, Mary Recine, Alexis Zoullas **R** Ric Burns **K** Buddy Squires **S** Juliana Parroni, Yu Li-Shin **L** 228 (114 & 114) **E** 25./26.2.2012 arte (Zwei Teile) **fd** –

Angels & Airwaves – Love
LOVE / ANGELS & AIRWAVES LOVE
Im Jahr 2039 soll ein Astronaut herausfinden, ob die Raumstation ISS nach 20 Jahren Pause den Betrieb wieder aufnehmen kann. Der Fund eines rätselhaften Bord-Tagebuchs lässt ihn vermuten, dass bereits vor 150 Jahren «aus der Zeit gefallene» Objekte auf der Erde Spuren hinterlassen haben. Formal bemerkenswerter, technisch virtuos und mit Gespür für Atmosphäre gestalteter Science-Fiction-Film, der gegen Ende allzu konfus gerät und sich an philosophisch-metaphysischen Weitungen verhebt. – Ab 14.
DVD/BD: Die Extras enthalten u. a. ein Feature mit im Film nicht verwendeten Szenen.
USA 2011 **P** Angels & Airwaves **DVD** Splendid (16:9, 1.78:1, DD5.1 engl./dt.) **BD** Splendid (16:9, 1.78:1, dts-HDMA engl./dt.) **Pd** Angels & Airwaves, Dan Figur, Nate Kolbeck, Vertel Scott **R+B** William Eubank **K** William Eubank **M** Angels & Airwaves **S** Brian Berdan, Scott Chestnut **D** Gunner Wright (Captain Lee Miller), Corey Richardson (General McClain), Bradley Horne (Captain Lee Briggs), Nancy Stelle (russische Astronautin), Roger E. Fanter (Geschichtenerzähler), Jesse Hotchkiss (Skateboard-Fahrer), Troy Mittleider (Marineinfantrist), Brid Caveney (Motorrad-Rennfahrer) **L** 81 **FSK** ab 12 **E** 12.4.2012 DVD & BD
fd 41 151

Angels' Share – Ein Schluck für die Engel ☆
THE ANGELS' SHARE
Ein junger, körperlich eher schmächtiger Glasgower Hitzkopf, der mit Tochter seines Todfeinds ein Kind erwartet, wird mit drei weiteren Jugendlichen zu gemeinnütziger Sozialarbeit verurteilt. Dank eines engagierten Sozialarbeiters entdeckt er, dass er eine feine Nase für Whisky besitzt, und heckt einen verwegenen Plan aus, wie ein einziges Fass Single Malt die Tür zu einer besseren Welt aufstoßen könnte. Eine erfrischend zupackende Komödie, die dramaturgisch zwar in mehrere Teile zerfällt, aber ein so erdiges Loblied auf Solidarität und Mitmenschlichkeit anstimmt, dass man sich der beglückenden Katharsis einer späten Gerechtigkeit nicht entziehen kann. – Ab 14.
Großbritannien / Frankreich / Belgien / Italien 2012 **P** Sixteen Films / Why Not Prod. / Wild Bunch / BFI / Les Films du Fleuve / Urania Pic. / France 2 Cinéma / Canal+ / Ciné + / Soficinéma 8 / Le Pacte / Cinéart / France Télévisions **KI** Prokino **Pd** Rebecca O'Brien **R** Ken Loach **B** Paul Laverty **K** Robbie Ryan **M** George Fenton **S** Jonathan Morris **D** Paul Brannigan (Robbie), Siobhan Reilly (Leonie), John Henshaw (Harry), Gary Maitland (Albert), Willam Ruane (Rhino), Jasmine Riggins (Mo), Scott Dymond (Willy), Roger Allam (Thaddeus) **L** 101 **FSK** ab 12; f **E** 18.10.2012/29.11.2012 Schweiz
fd 41 324

Anleitung zum Unglücklichsein
Eine junge Frau, die einen Feinkostladen führt, rechnet stets mit dem Schlimmsten. Mit ihrem vorauseilenden Pessimismus steht sie sich immer wieder selbst im Weg, nicht zuletzt, was das Liebesglück angeht. Mäßig unterhaltsame Komödie, die auf einem parodistisch die Glücksanleitungen gängiger Ratgeberliteratur verkehrenden Sachbuch beruht. Wenn die Hauptfigur in eine sich aus der Logik sich selbst erfüllender Prophezeiungen entwickelnde Reihe von Fettnäpfchen und Pannen stolpert, ergeben sich altbackene und brave Gags und Dialoge, aus denen sich keine tragfähige Liebesgeschichte ergibt. – Ab 14.
Deutschland 2012 **P** Desert Flower Filmprod. / MTM West / Studio Babelsberg / Dor Film-West / BR / Degeto **KI** StudioCanal **Pd** Peter Herrmann, Christoph Fisser, Henning Molfenter, Charlie Woebcken (= Carl L. Woebcken), Franz Kraus, Antonio Exacoustos, Rodolphe Buet, Senta Menger, Bettina Reitz, Hans-Wolfgang Jurgan (= Wolfgang Jurgan), Bettina Ricklefs, Hubert von Spreti **R+B** Sherry Hormann **Vo** Paul Watzlawick (Buch *Anleitung zum Unglücklichsein*) **K** Wojciech Szepel **S** Clara Fabry **D** Johanna Wokalek (Tiffany), Iris Berben (Tiffanys Mutter), Richy Müller (Hans Luboschinski), David Kross (Benno), Benjamin Sadler (Frank Henne), Itay Tiran (Thomas Paulson), Michael Gwisdek (Paul), Katharina Marie Schubert (= Katharina M. Schubert) (Rita), Margarita Broich (Luise), Rüdiger Vogler (Tiffanys Vater), Dogan Akgün (Roma), Luna Rösler (junge Tiffany), Vladimiere Gorochov (Vincent), Michael Kranz (Moritz) **L** 87 (24 B./sec.) / 84 (25 B./sec.) **FSK** ab 6; f **E** 29.11.2012 / 20.12.2012 Schweiz
fd 41 403

Anna Karenina ☆
ANNA KARENINA
Verfilmung des Romanklassikers von Tolstoi um eine Ehefrau aus der feinen russischen Gesellschaft, die Ehebruch begeht und sich von ihrem Mann trennt, deren leidenschaftliche Liebe aber an der gesellschaftlichen Ächtung scheitert. Die Handlung wird teilweise in einen künstlichen (Theater-)Raum verlegt, der die verhängnisvolle Dynamik des gesellschaftlichen Beobachtens und Beobachtetwerdens suggestiv zum Ausdruck bringt. Bildgewaltig inszeniert und bravourös gespielt, gelingt dabei eine fesselnd neue Lesart des Romans. – Sehenswert ab 14.
Scope. Großbritannien 2012 **P** Working Title Films **KI** Universal **Pd** Tim Bevan, Eric Fellner, Paul Webster **R** Joe Wright **B** Tom Stoppard **Vo** Leo Tolstoi (Roman *Anna Karenina*) **K** Seamus McGarvey **M** Dario Marianelli **S** Melanie Ann Oliver (= Melanie Oliver) **D** Keira Knightley (Anna Karenina), Jude Law (Karenin), Aaron Taylor-Johnson (= Aaron Johnson) (Wronskij), Kelly MacDonald (Dolly), Matthew MacFadyen (Oblonskij), Domhnall Gleeson (Levin), Ruth Wilson (Prinzessin Betsy), Alicia Vikander (Kitty), Olivia Williams (Gräfin Wronskij), Emily Watson (Gräfin Lydia), Susanne Lothar, Bill Skarsgård **L** 130 (24 B./sec.) / 125 (25 B./sec.) **FSK** ab 12; f **FBW** bw **E** 6.12.2012 **fd** 41 422

Anna Politkowskaja – Ein Leben für die Freiheit
A BITTER TASTE OF FREEDOM
Porträt der streitbaren russischen Journalistin Anna Politkowskaja, die

am 7. Oktober 2006 in Moskau erschossen wurde. Der Dokumentarfilm zeichnet das Bild einer aufrechten, unerschrockenen Frau, einer erklärten Gegnerin des russischen Präsidenten Putin, Vermittlerin in Sachen Menschenrechte, die ausschließlich der journalistischen Wahrheit verpflichtet war. Neben dem journalistischen Engagement der Toten wird auch ein sehr persönlicher Eindruck vermittelt. – Ab 16.
USA 2011 **KI** offen **Pd** Malcolm Dixelius **R+B** Marina Goldowskaja **K** Marina Goldowskaja **M** Bruce Hanifan **S** Daniel Levin **L** 85 **E** 28.2.2012 arte   **fd** –

Anne liebt Philipp ☆
JØRGEN + ANNE = SANT
Eine temperamentvolle, unangepasste Zehnjährige verliebt sich in einen neuen Mitschüler, wobei es ihr schwer fällt, mit den neuen Empfindungen umzugehen. Hin- und hergerissen zwischen Schwärmerei und Eifersucht handelt sie impulsiv, aber auch verletzend und verstrickt sich in manche Lüge sowie in eine Intrige. Eine ebenso temperamentvolle wie einfühlsame (Kinder-)Liebesgeschichte, die mitunter am Rand einer Katastrophe entlangschrammt, bevor am Ende alles gut wird. Vorzüglich inszeniert und gespielt, begegnet der Film seiner fantasiebegabten Protagonistin stets auf Augenhöhe und nimmt ihre Gefühle und Fantasien, Sorgen und Ängste jederzeit ernst. – Sehenswert ab 10.
Scope. Norwegen/Deutschland 2011 **P** Cinenord Kidstory / Ulysses Filmprod. / Filmfond FUZZ **KI** farbfilm **DVD** EuroVideo (16:9, 2.35:1, DD5.1 norw./dt.) **Pd** Tanya Badendyck, Silje Hopland (= Silje Hopland Eik), Teréz Hollo, Maite Woköck **R** Anne Sewitsky **B** Kamilla Krogsveen **Vo** Vigdis Hjorth (Roman *Tilla liebt Philipp*) **K** Anna Myking **M** Marcel Noll **S** Christoffer Heie **D** Maria Annette Tanderø Berglyd (Anne), Otto Garli (Philipp Ruge), Aurora Bach Rodal (Beate), Vilde Fredriksen Verlo (Ellen), Kristin Langsrud (Tone), Peder Holene (Knut), Sigurd Saethereng (Einar), Torkil Hoeg (Ole), Adrian Holte Kristiansen (Dag), Silje Breivik (Annes Mutter), Terje Ranes (Annes Vater) **L** 86 **FSK** ab 6; f **FBW** bw **E** 12.1.2012/9.8.2012 DVD   **fd** 40838

Another American Crime
THE AFFLICTED
In einem abgelegenen Einfamilienhaus entwickelt sich eine Tragödie zum schieren Überlebenskampf der drei Töchter, als die von ihrem Mann verlassene Mutter immer mehr den Sinn für die Realität verliert. Sie steigert sich in einen obsessiven religiösen Wahn und misshandelt ihre Kinder mittleren Alters systematisch. Ebenso spannendes wie verstörendes Psychodrama mit einigen logischen Brüchen; die harte, von wahren Begebenheiten inspirierte Geschichte verkauft sich vor allem dank der jugendlichen Darsteller recht passabel.
DVD/BD: Die FSK-Freigabe «ab 18» der DVD/BD bezieht sich auf das Bonusmaterial (Trailer etc.), der Film selbst hat eine Freigabe «ab 16».
USA 2010 **P** Afflicted Picturehouse **DVD** I-On/Splendid (16:9, 1.85:1, DD5.1 engl./dt.) **BD** I-On/Splendid (16:9, 1.85:1, dts-HDMA engl./dt.) **Pd** Leslie Easterbrook, Jason Stoddard **R** Jason Stoddard **B** Lee Dashiell **S** Jason Stoddard **D** Leslie Easterbrook (Maggie), Kane Hodder (Hank), Michele Grey (Cathy), Katie Holland (Carla), Daniel Jones (Randy), Cody Allen (Bill), Matthew M. Anderson (Officer Salinski), J.D. Hart **L** 80 **FSK** ab 16 **E** 27.7.2012 DVD & BD **fd** –

Another Happy Day ☆
ANOTHER HAPPY DAY
Zur Hochzeit des ältesten Sohns treffen sich die Familien eines geschiedenen sowie eines neu liierten Ehepaars auf dem Anwesen der Großeltern mütterlicherseits. Alte emotionale Wunden brechen auf, neue werden hinzugefügt. Das vorzügliche Drehbuch fächert glaubwürdig und ernsthaft die mitunter skurrilen, angehäuft wirkenden Probleme des großen Familienverbunds auf. Die besonnene Regie und das klug ausgewählte Ensemble machen aus der potenziellen Farce ein bewegendes Psychogramm. – Ab 16.
Scope. USA 2011 **P** Filmula / Mandalay Visions / Michigan Prod. Studios / Taggart Prod. **DVD** StudioCanal (16:9, 2.35:1, DD5.1 engl./dt.) **BD** StudioCanal (16:9, 2.35:1, dts-HDMA engl./dt.) **Pd** Ellen Barkin, Pamela Fielder, Johnny Lin, Michael Nardelli, Salli Newman, Celine Rattray, Todd Traina, Gordon Bijelonic, Christo Dimassis, Todd Labarowski (= Todd J. Labarowski), Lauren Maddox, Damon Martin, George McFarland, Anne O'Shea, Drew Sherman, Cindy Tolan, Datari Turner **R+B** Sam Levinson **K** Ivan Strasburg **M** Olafur Arnalds **S** Ray Hubley **D** Ellen Barkin (Lynn), Demi Moore (Patty), Ezra Miller (Elliot), Kate Bosworth (Alice), Ellen Burstyn (Doris Baker), Thomas Haden Church (Paul), George Kennedy (Joe Baker), Jeffrey DeMunn (Lee) **L** 114 **FSK** ab 16 **E** 20.11.2012 DVD & BD   **fd** –

Anton Corbijn Inside Out
ANTON CORBIJN INSIDE OUT
Dokumentation über den Fotografen, Videokünstler und Filmemacher Anton Corbijn (geb. 1955), die dessen fotografische Arbeit in den Mittelpunkt stellt. Über Interviews sowie Betrachtungen des fotografischen Werks vermittelt sich viel Wissenswertes über den Menschen und Fotokünstler, während seine Bedeutung als Regisseur, der den Musikvideoclip zur eigenständigen Kunstform machte, weitgehend außen vor bleibt. Der Versuch, filmsprachlich dem Stilwillen des Porträtierten nachzueifern, lenkt zudem eher von Corbijns Werk ab. (O.m.d.U.) – Ab 12.
DVD/BD: Die BD enthält als Doublefeature zudem noch Cobijns Film CONTROL.
Niederlande / Belgien / Irland 2012 **P** LEV Pictures / CTM Films / Fastnet Films / Savage Film / Eyes Wide Films / VPRO **KI** mindjazz **DVD** Capelight (16:9, 1.85:1, DD5.1 niederl./dt.) **BD** Capelight (16:9, 1.85:1, dts-HDMA niederl./dt.) **Pd** Sander Verdonk, Gertjan Langeland, Denis Wigman, Baart van Langendonck, Morgan Bushe, Klaartje Quirijns **R+B** Klaartje Quirijns **K** Martijn van Broekhuizen, Diderik Evers **M** Gavin Friday **S** Boris Gerrets **L** 84 (24 B./sec.) / 82 (25 B./sec.) **FSK** o.A.; f **E** 19.4.2012/31.8.2012 DVD & BD   **fd** 41022

Apparition – Dunkle Erscheinung
THE APPARITION
Einige Studenten veranstalten eine Séance mit fatalem Ausgang. Später zieht ein junges Paar in ein neues Haus und wird ebenfalls von unerklärlichen Phänomenen geängstigt, die sich als Folge des einstigen Spiels mit dem Unheimlichen herausstellen. Geisterfilm mit müden Schockeffekten und

lieblos gezeichneten Figuren, der in den Gleisen erfolgreicher Vorgänger fährt.
Scope. USA 2012 **P** Dark Castle Ent. **KI** StudioCanal **Pd** Alex Heineman, Todd Lincoln, Andrew Rona, Joel Silver, Christoph Fisser, Charlie Woebcken (= Carl L. Woebcken) **R+B** Todd Lincoln **K** Daniel Pearl **M** tomandandy **S** Jeff Betancourt, Tom Elkins, Harold Parker **D** Ashley Greene (Kelly), Sebastian Stan (Ben), Tom Felton (Patrick), Julianna Guill (Lydia), Luke Pasqualino (Greg), Rick Gomez (Mike), Anna Clark (Maggie) **L** 82 (24 B./sec.) / 79 (25 B./sec.) **FSK** ab 16; f **E** 13.12.2012 **fd** 41 438

Arachnoquake
ARACHNOQUAKE
Monströse Spinnen werden durch Erdstöße um ihre prähistorische Ruhe gebracht und kriechen aus den Erdspalten der Tiefe, um sich an Einwohnern und Touristen von New Orleans gütlich zu tun. Ausgesprochen billiger (Fernseh-)Action-Horrorfilm, weder formal noch inhaltlich bemerkenswert.
DVD/BD: Der in 2D produzierte und auf 3D konvertierte Film ist als Bluray in 2D und 3D erhältlich.
3D. USA 2012 **P** Active Entertainment **DVD** dtp / Great Movies (16:9, 1.85:1, DD5.1 engl./dt.) **BD** dtp/Great Movies (16:9, 1.85:1, dts-HD engl./dt.) **Pd** Kenneth M. Badish, Daniel Lewis **R** Griff Furst **B** Paul A. Birkett **K** Lorenzo Senatore **M** Andrew Morgan Smith **S** Griff Furst, Misty Talley **D** Tracey Gold (Katelynn), Edward Furlong (Charlie), Bug Hall (Paul), Ethan Phillips (Roy), Megan Adelle (Annabel), Gralen Bryant Banks (Major Crandle), Paul Boocock (Victor Tureau), Tiara Gathright (Tina) **L** 84 **FSK** ab 16 **E** 6.12.2012 DVD & BD **fd** –

ARBEIT HEIMAT OPEL ★
Erhellender Dokumentarfilm über sechs Jugendliche, die 2009 ihre Ausbildung im Opel-Werk in Bochum begonnen haben – zu einer Zeit, als Opel immer tiefer in den Strudel der internationalen Finanzkrise geriet. In dieser Zeit des persönlichen wie sozialen Umbruchs vermittelt der Film ihre Hoffnungen und Ängste, Lebensträume und Sorgen; zugleich kontrastiert er diese mit den «großen» Geschicken von GM und Opel auf der Weltbühne und verknüpft somit globale Weichenstellungen mit lokalen Lebensentwürfen. – Ab 14.
Deutschland 2012 **P** filmproduktion loekenfranke/WDR **KI** offen **Pd+R+B** Ulrike Franke, Michael Loeken **K** Jörg Adams, Michael Loeken, Reinhard Köches, Dieter Stürmer **S** Bert Schmidt **L** 90 **E** 13.12.2012 WDR **fd** –

Arbitrage
ARBITRAGE
Ein New Yorker Geschäftsmann muss seine pleite gegangene Firma verkaufen. Als er bei einem Ausflug mit seiner Geliebten einen Unfall verursacht, bei dem eine Frau getötet wird, begeht er Fahrerflucht, um die Verhandlungen mit der Bank nicht zu gefährden. Bald ist ihm ein abgebrühter Polizist auf den Fersen. Filmdebüt als Spiel mit Doppelmoral und Vertuschung, das als effektvolle Meditation über das Leben eines Superreichen beginnt; dessen illegale Geldmanipulationen wirken realitätsnah und geben Anlass zu vergnüglichen sarkastischen Situationen. Bald aber konzentriert sich der Film nur noch auf den privaten Fehler des reichen Manipulators und gerinnt zur aufwändig besetzten und fotografierten Soap Opera. – Ab 16.
USA 2012 **P** Green Room Films / Treehouse Pictures / Parlay Films / Artina Films / Lionsgate / Lucky Monkey Pictures / Parlay Films **KI** Ascot Elite (Schweiz) **Pd** Michael Heller Bederman, Laura Bickford, Marek Gabryjelski, Justin Nappi, Anna Rozalska, Robert Salerno, Kevin Turen **R+B** Nicholas Jarecki **K** Yorick Le Saux **M** Cliff Martinez **S** Douglas Crise **D** Richard Gere (Robert Miller), Susan Sarandon (Ellen Miller), Tim Roth (Det. Michael Bryer), Brit Marling (Brooke Miller), Laetitia Casta (Julie Côte), Nate Parker (Jimmy Grant), Stuart Margolin (Syd Felder) **L** 100 **FSK** – **E** 11.10.2012 Schweiz **fd** –

Archipelago ★
ARCHIPELAGO
Eine Familie trifft sich in ihrem Ferienhaus auf einer abgeschiedenen Insel im äußersten Südwesten Großbritanniens. Während die Abreise des Sohns nach Afrika bevorsteht und man auf den Vater wartet, geht man sommerlichen Unternehmungen wie Wandern und Radfahren nach, wobei sich unter der sorgsam gehüteten Glasglocke großbürgerlicher Umgangsformen unterdrückte Konflikte und Neurosen abzeichnen. Ohne die Figuren psychologisch auszudeuten, arbeitet der Film eindrucksvoll die Symptome einer familiären Zerrüttung heraus und verkehrt die Weite der Insel-Landschaft in einen klaustrophobischen Raum bürgerlicher Repressionen. (O.m.d.U.) – Ab 16.
Großbritannien 2010 **P** Wild Horses Film Company **KI** fugu films **Pd** Gayle Griffith **R+B** Joanna Hogg **K** Ed Rutherford **S** Helle le Fevre **D** Christopher Baker (Christopher), Kate Fahy (Patricia), Tom Hiddleston (Edward), Andrew Lawson (Chefgärtner), Lydia Leonard (Cynthia), Amy Lloyd (Rose), Mike Pender (Hummerfischer) **L** 114 **FSK** – **E** 24.5.2012 **fd** 41 058

Arena
ARENA
Ein Kampfsportler ist nach der Unfalltod seiner Freundin in den Alkohol abgedriftet. Im benebelten Zustand landet er in einem Verlies und muss an Gladiatorenkämpfen teilnehmen, die via Internet einem zahlenden Publikum zugespielt werden. Der um ein solides Niveau bemühte Actionfilm kann bei allen Ambitionen seine Herkunft aus dem trivialen Prügelfilm-Genre nicht verleugnen.
USA 2011 **P** MPCA / Zero Gravity / RCR Media Group / Fury Prod. **DVD** Sony (16:9, 2.35:1, DD5.1 engl./dt.) **BD** Sony (16:9, 2.35:1, dts-HDMA engl./dt.) **Pd** Mike Callaghan, Brad Krevoy, Mark Williams, Justin Bursch **R** Jonah Loop **B** Tony Giglio **K** Nelson Cragg **M** Jeff Danna **S** Robert Berman, Harvey Rosenstock **L** 90 **FSK** ab 18 **E** 12.1.2012 DVD & BD **fd** –

Argo ★
ARGO
Die auf wahren Begebenheiten beruhende Geschichte einer kuriosen Geiselbefreiung: Im Jahr 1979 werden die Mitglieder der US-Botschaft in Teheran als Geiseln genommen, doch sechs von ihnen gelingt die Flucht in die kanadische Botschaft. Ein CIA-Agent kommt auf die wahnwitzige Idee, sie nach den Dreharbeiten zu einem fiktiven Science-Fiction-Film als Mitglieder der Crew außer Landes zu schmuggeln. Ein spannender,

mit komödiantisch-kritischen Spitzen aufwartender Politthriller, der ein detailverliebtes, facettenreiches Zeitbild entwirft und mit präzisen Figurenzeichnungen überzeugt. – Ab 14.
Scope. USA 2012 **P** Warner Bros. / GK FIlms / Smoke House **KI** Warner Bros. **Pd** Ben Affleck, George Clooney, Grant Heslov **R** Ben Affleck **B** Chris Terrio **Vo** Joshuah Bearman (Artikel) **K** Rodrigo Prieto **M** Alexandre Desplat **S** William Goldenberg **D** Ben Affleck (Tony Mendez), Bryan Cranston (Jack O'Donnell), Alan Arkin (Lester Siegel), John Goodman (John Chambers), Victor Garber (Ken Taylor), Tate Donovan (Bob Anders), Clea DuVall (Cora Lijek), Scoot McNairy (Joe Stafford), Rory Cochrane (Lee Schatz), Christopher Denham (Mark Lijek) **L** 120 (24 B./sec.) / 115 (25 B./sec.) **FSK** ab 12; f **E** 8.11.2012 **fd** 41 382

Arirang – Bekenntnisse eines Filmemachers ☆
ARIRANG
Dokumentarischer Essayfilm, mit dem sich der koreanische Filmemacher Kim Ki-duk aus einer schweren Depression zu befreien versucht, in die ihn traumatische Erlebnisse bei den Dreharbeiten zu seinem Film DREAM (2008) stürzten. Das tagebuchartige, während der dreijährigen Schaffenskrise entstandene Filmmaterial wird zur schonungslos-schmerzhaften Auseinandersetzung mit sich, seinen Träumen und Filmen sowie dem Wesen des Kinos. Dabei vermeidet die kunstvoll strukturierte Selbstreflexion stets die Falle eines naiven Authentizismus, dokumentiert vielmehr durch listige Brechungen die Widersprüchlichkeit des Ichs. – Sehenswert ab 16.
Südkorea 2011 **P** Kim Ki-Duk Film **KI** Rapid Eye Movies **Pd+R+B** Kim Ki-duk **K** Kim Ki-duk **S** Kim Ki-duk **L** 94 **FSK** ab 12; f **E** 26.1.2012 **fd** 40 866

Armadillo
siehe: **Camp Armadillo**

Armageddon of the Living Dead
SOLOS / DESCENDENTS
Wissenschaftler haben fast alle Menschen in Freaks verwandelt, weil sie aus Unachtsamkeit ein Mutanten-Virus an die Luft gesetzt haben. Während die verbleibenden Gesunden an vielen Fronten ums Überleben kämpfen, scheinen einige Neugeborene immun gegen die Krankheit zu sein. Low-Budget-Horror, der im Wust einschlägiger Zombie-Filme einige originellere Ansätze bietet; dabei wartet er mit Kindern in den Hauptrollen und einem esoterischen Twist zum Finale auf.
Chile 2008 **P** Chile Films / Sleeping Giant entertainment **DVD** MIG/EuroVideo (16:9, 1.78:1, DD5.1 engl./dt.) **BD** MIG/EuroVideo (16:9, 1.78:1, dts-HD engl./dt.) **Pd** Ana María Aguilar **R** Jorge Olguín **B** Carolina Gracía, Jorge Olguín **K** Juan Carpintero **M** Claudio Perez **S** Jorge Olguín, Guillermo Perez **D** Karina Pizarro, Cristobal Barra, Patricio Lynch, Camille Lynch, Carolina Andrade, Jenny Cavallo, Martín Morales, Carina Vera **L** 74 **FSK** ab 16 **E** 3.5.2012 DVD & BD **fd –**

Armed and Deadly
ARMED AND DEADLY
Eine junge Golfkrieg-Veteranin muss sich in der Heimat mit den Albträumen der Kindheit auseinandersetzen, als ihr psychopathischer Bruder, der einst die Eltern umgebracht hat, aus der Anstalt entlassen wird. Alle Befürchtungen bewahrheiten sich, als sich der Verwandte anschickt, mit seiner Schwester Gleiches zu tun. Harter, lausig gespielter Thriller, der nie die Kontrolle über die fragmentarische Dramaturgie gewinnt.
DVD/BD: Die FSK-Freigabe «ab 16» der DVD/BD bezieht sich auf das Bonusmaterial (Trailer etc.), der Film selbst hat eine Freigabe «ab 12».
USA 2011 **P** DeVere Films / Deviated Films **DVD** KNM/Apollon (16:9, 1.78:1, DD2.0 engl., DD5.1 dt.) **BD** KNM/Apollon (16:9, 1.78:1, dts-HD2.0 engl., dts-HD dt.) **Pd** Andrzej Mrotek, Alan Cameron Roberts **R** Andrzej Mrotek **B** Alan Cameron Roberts **K** Andrzej Mrotek **M** Chris Lane **S** Stan Cole **D** Lisa Varga (Janis McKenzie), Audrey Landers (Andrey Landers), Diane Ford (Diane Ford), Toni Ann Rossi (Carol Dodd), Ken Stellingwerf (Jamey McKenzie), Seva Anthony (Marie Barbeau), Ronald Dime (Polizist), David Mackey (Ben Rogers) **L** 97 **FSK** ab 12 **E** 22.3.2012 DVD & BD **fd –**

Arne Dahl – Böses Blut
ARNE DAHL: ONT BLOD
Bei der schwedischen Polizei schrillen die Alarmglocken, als man erfährt, dass ein berüchtigter US-Serienkiller, der angeblich seit 30 Jahren tot ist, unter falschem Namen einreist. Bald hinterlässt der Foltermörder eine blutige Spur. Eines der schwedischen Opfer, das im Verdacht steht, palästinensischen Terroristen Unterschlupf zu gewähren, weist dem Ermittlungsteam den richtigen Weg. (Fernsehserien-)Krimi als dichter Thriller mit einer Reihe von Parallelhandlungen, der CIA-Machenschaften und Menschenrechtsverletzungen anprangert. – Ab 16.
DVD/BD: Erschienen als Triple-Feature mit BÖSES BLUT, FALSCHE OPFER und MISTERIOSO auf DVD & BD.
Schweden/Deutschland 2012 **P** Filmlance International/SVT/ZDF/Network Movie/Filmregion Stockholm-Mälardalen/Nordisk Film/YLE/TV2 AS **DVD** Edel Media (16:9, 1.78:1, DD5.1 swe./dt.) **BD** Edel Media (16:9, 1.78:1, dts-HD swe./dt.) **Pd** Martin Cronström, Ulf Synnerholm **R** Mani Maserrat **B** Cilla Börjlind (= Cecilia Börjlind), Rolf Börjlind **Vo** Arne Dahl (Roman) **K** Andréas Lennartsson **M** Niko Röhlcke **S** Kristin Grundström, Richard Krantz, Michal Leszczylowski **D** Malin Arvidsson (Kerstin Holm), Irene Lindh (Jenny Hultin), Claes Ljungmark (Viggo Norlander), Shanti Roney (Paul Hjelm), Magnus Samuelsson (Gunnar Nyberg), Matias Varela (Jorge Chavez), Niklas Åkerfelt (Aarto Söderstadt), Mats Blomgren (Dan Mörner) **L** 110 **FSK** ab 16 **E** 11.11.2012 ZDF / 14.12.2012 DVD / 4.1.2013 BD **fd –**

Arne Dahl – Falsche Opfer
ARNE DAHL: UPP TILL TOPPEN AV BERGET
Bei der Explosion einer Autobombe in den Niederlanden werden drei Menschen getötet. Der verwendete Sprengstoff verweist auf eine Drogenbande, die Verbindungen nach Schweden unterhält. Auch eines der Opfer soll als Undercover-Agent in Schweden tätig gewesen sein und dort einen als Gastronom getarnten Drogenboss ausspioniert haben. Als in dessen Restaurant eine weitere Bombe explodiert und Verbindungen zu einem Kinderporno-Ring auftauchen, zieht der Fall weitere Kreise. (Fernseh-)Kriminalfilm nach Arne Dahl, der erneut eine Sondereinheit zur Bekämpfung grenzüberschreitender Kriminalität in den Mittelpunkt rückt. – Ab 16.
DVD/BD: Erschienen als Triple-Feature

mit BÖSES BLUT, FALSCHE OPFER und MISTERIOSO auf DVD & BD. Schweden / Deutschland / Finnland / Norwegen 2012 **P** Filmlance International / SVT / ZDF / Network Movie / Filmregion Stockholm-Mälardalen / Nordisk Film / YLE / TV2 AS **DVD** Edel Media (16:9, 1.78:1, DD5.1 swe./dt.) **BD** Edel Media (16:9, 1.78:1, dts-HD swe./dt.) **Pd** Martin Cronström, Ulf Synnerholm **R** Jörgen Bergmark **B** Cilla Börjlind (= Cecilia Börjlind), Rolf Börjlind **Vo** Arne Dahl (Roman *Upp till toppen av berget / Falsche Opfer*) **K** Ellen Kugelberg **M** Niko Röhlcke **D** Malin Arvidsson (Kerstin Holm), Irene Lindh (Jenny Hultin), Claes Ljungmark (Viggo Norlander), Shanti Roneyy (Paul Hjelm), Magnus Samuelsson (Gunnar Nyberg), Matias Varela (Jorge Chavez), Niklas Åkerfelt (Aarto Söderstedt), Frida Hallgren (Cilla Hejelm), Mats Blomgren (Dan Mörner), Bisse Unger (Danne Hjelm), Vera Vitali (Sara Svenhagen), Pablo Leiva Wenger (Angel), Jacob Nordenson (David Billinger) **L** 180 (90 & 90) **FSK** ab 16 **E** 18.11.2012 ZDF / 14.12.2012 DVD / 4.1.2013 BD **fd –**

Arne Dahl – Misterioso
ARNE DAHL: MISTERIOSO
Nach einem Banküberfall in der Provinz bleibt einer der Täter tot zurück, ermordet mit einem Dartpfeil. In Stockholm wiederum werden drei einflussreiche Unternehmer getötet. Ein neu zusammengestelltes Polizei-Team aus unterschiedlichen Spezialisten sucht fieberhaft nach Verbindungen. Eine Spur führt zu einer estnischen Gang. (Fernseh-)Krimi als erster von fünf Filmen nach Romanen des schwedischen Autors Arne Dahl (Pseudonym des Publizisten Jan Lennart Arnald). Im Mittelpunkt steht das «A-Team», eine Sonderermittlungsgruppe für Verbrechen von internationaler Tragweite. – Ab 16.
DVD/BD: Erschienen als Triple-Feature mit BÖSES BLUT, FALSCHE OPFER und MISTERIOSO auf DVD & BD.
Schweden / Deutschland / Finnland / Norwegen 2011 **P** Filmlance International / SVT / ZDF / Network Movie / Filmregion Stockholm-Mälardalen / Nordisk Film / YLE / TV2 AS **DVD** Edel Media (16:9, 1.78:1, DD5.1 swe./dt.) **BD** Edel Media (16:9, 1.78:1, dts-HD swe./dt.) **Pd** Martin Cronström, Ulf Synnerholm **R** Harald Hamrell **B** Cil-la Börjlind (= Cecilia Börjlind), Rolf Börjlind **Vo** Arne Dahl (Roman *Misterioso*) **K** Trolle Davidson **M** Niko Röhlcke **S** Kristin Grundström, Rickard Krantz, Michal Leszczylowski **L** 120 **FSK** ab 16 **E** 4.11.2012 ZDF/14.12.2012 DVD / 4.1.2013 BD **fd –**

Assassin's Bullet – Im Visier der Macht
siehe: **Sofia – Im Visier der Macht**

Asterix & Obelix – Im Auftrag Ihrer Majestät
ASTÉRIX ET OBÉLIX: AU SERVICE DE SA MAJESTÉ
Die durch einen Zaubertrank unbesiegbaren Gallier Asterix und Obelix wollen ihren von den Römern bedrängten Freunden in Großbritannien ein Fass mit diesem Trank bringen, was nicht ohne allerlei Abenteuer inklusive Liebesverwicklungen abgeht. Unterhaltsame Realverfilmung auf der Basis des Comics *Asterix bei den Briten*, deren Humor sich mehr an der gezeichneten Vorlage als an den klamaukigen Vorgängerfilmen orientiert. Auch wenn sich der Film manchen Gag des Originals zugunsten weniger gelungener Neuerfindungen entgehen lässt, spießt er nationale Eigenheiten ebenso satirisch-amüsant auf wie das angespannte Verhältnis zwischen Briten und Franzosen. – Ab 10.
3D. Frankreich / Spanien / Italien / Ungarn 2012 **P** Cinetotal / Fidélité Films / Film Kairòs / Morena Films / Wild Bunch / M6 Films **Kl** Concorde **Pd** Olivier Delbosc, Marc Missonnier **R** Laurent Tirard **B** Grégoire Vigneron **Vo** René Goscinny (Comic), Albert Uderzo (Comic) **K** Catherine Pujol, Denis Rouden **M** Klaus Badelt **S** Valérie Deseine **D** Gérard Depardieu (Obelix), Edouard Baer (Asterix), Fabrice Luchini (Julius Cäsar), Catherine Deneuve (Cordelia, Königin von England), Guillaume Gallienne (Jolitorax), Vincent Lacoste (Goudurix), Valérie Lemercier (Miss Macintosh), Charlotte Lebon (Ophelia), Jean Rochefort (Lucius Fouinus), Gérard Jugnot (Piratenkapitän), Dany Boon (Têtedepiaf), Bouli Lanners, Götz Otto, Michel Duchaussoy **L** 111 (24 B./sec.) / 107 (25 B./sec.) **FSK** o.A.; f **FBW** w **E** 18.10.2012 **fd** 41329

Die Athena-Verschwörung – In tödlicher Mission
ATHENA: GOODESS OF WAR
Eine die Welt umspannende Verbrecherorganisation will selbige unterjochen. Ein Fall für den südkoreanischen «National Anti Terrorist Service» und ein neues Mitglied, das die bislang erfolglose Jagd nach den Drahtziehern entscheidend vorwärts bringen soll. Reichlich Gelegenheit, um im Exkalt einer südkoreanischen Actionserie allerlei Action in Form von Verfolgungsjagden, Handkantenkämpfen und explosiven Katastrophenszenarien zu präsentieren. Das tut der solide Actioner routiniert, aber nicht sonderlich aufregend. – Ab 16.
Südkorea 2010 **P** Taewon Entertainment **DVD** Sunfilm (16:9, 1.85:1, DD5.1 engl./dt., dts dt.) **BD** Sunfilm (16:9, 1.85:1, dts-HDMA7.1 engl./dt.) **R** Hwang Jung-hyun, Kim Myungjun, Kim Tae-hun **B** Kim Hyun-jun, Yoo Nam-kyung **M** Lee Dong-jun **S** Steve M. Choe, Kim Changju **D** Jung Woo-sung (Lee Jung Woo), Ae Soo (Yoon Hye-in), Cha Seung-won (Son-Hyeok), Kim Min-jong (Kim Ki-soo), Choi Si Won (Kim Joon Ho), Yun Dong-geun (Direktor Kwon Yong-Kwan) **L** 122 **FSK** ab 16 **E** 6.12.2012 DVD & BD **fd –**

Die Atlas Trilogie: Wer ist John Galt?
ATLAS SHRUGGED: PART 1
In naher Zukunft leiden die USA unter einer Wirtschaftskrise; die Bevölkerung ist gezwungen, im großen Stil vom Auto auf die Bahn umzusteigen. Der sich in dieser Stimmung abzeichnende Verdrängungswettkampf zwischen den großen Eisenbahngesellschaften nimmt für die kleine Taggart Transcontinental existenzielle Züge an, doch deren Chefin weiß durch kühne Allianzen zu punkten. Erste Episode eines als Mehrteiler angelegten (Fernseh-)Wirtschaftsdramas nach einem Science-Fiction-Roman aus dem Jahr 1957. Eher dialogbetont, gefällt der Film als gediegenes Event auf gehobenem Pay-TV-Niveau. – Ab 16.
Scope. USA 2011 **P** The Strike Prod. **DVD** EuroVideo (16:9, 2.35:1, DD5.1 engl./dt.) **BD** EuroVideo (16:9, 2.35:1, dts-HDMA engl./dt.) **Pd** John Aglialoro, Harmon Kaslow **R** Paul Johansson **B** John Aglialoro, Brian Patrick O'Toole **Vo** Ayn Rand (Roman) **K** Ross Berryman **M** Elia Cmiral **S** Jim Flynn,

Sherril Schlesinger **D** Grant Bowler (Henry Rearden), Taylor Schilling (Dagny Taggert), Navid Negahban (Dr. Robert Stadler), Patrick Fischler (Pauil Larkin), Edi Gathegi (Eddie Willers), Armin Shimerman (Dr. Potter), Michael O'Keefe (Hugh Akston), Paul Johansson (John Galt) **L** 97 **FSK** ab 6 **E** 18.10.2012 DVD & BD **fd** –

ATM – Tödliche Falle
ATM

Ein Pärchen und dessen Freund wollen für einen netten Vorweihnachtsabend noch Geld abheben, doch plötzlich steht vor dem abgelegenen Automatenhäuschen ein bulliger Unbekannter und ermordet vor ihren Augen einen arglosen Passanten. Die drei fühlen sich wehrlos angesichts der immer perfideren Spiele, die der Killer mit ihnen in der eiskalten Nacht treibt. Die spannende Ausgangssituation kann der fast schon kammerspielartig inszenierte Psycho-Thriller nicht sinnvoll zu Ende bringen, weil er sich immer mehr in Unwahrscheinlichkeiten verhaspelt. – Ab 16.
USA/Kanada 2012 **P** Buffalo Gal Pic. / Gold Circle Films / The Safran Company **DVD** Universum (16:9, 1.85:1, DD5.1 engl./dt.) **BD** Universum (16:9, 1.85:1, dts-HDMA engl./dt.) **Pd** Paul Brooks, Peter Safran, Phyllis Laing **R** David Brooks **B** Chris Sparling **K** Bengt Jonsson **M** David Buckley **S** David Brooks **D** Brian Geraghty (David), Josh Peck (Corey), Alice Eve (Emily), Aaron Hughes (Aufpasser), Omar Khan (Christian), Will Woytowich (Seargent), Glen Thompson (Harold), Robert Huculak (Robert) **L** 86 **FSK** ab 16 **E** 11.7.2012 DVD & BD **fd** –

Der atmende Gott – Reise zum Ursprung des modernen Yoga ★

Der Dokumentarfilm begibt sich in Indien auf Spurensuche nach den Ursprüngen des modernen Yoga und seines «Vaters» T. Krishnamacharya (1890–1989), der aus überlieferten Praktiken das entwickelte, was bis heute als Yoga praktiziert wird. Eine vielschichtige Annäherung an den Guru, sein Leben und seine spirituelle Philosophie, die durch ihr Bemühen um Verständnis und eine kluge Montage besticht. Über das Thema «Yoga» hinaus entwirft der Film ein nunanciertes, facettenreiches Bild des modernen Indien. (Teils O.m.d.U.) – Ab 14.
DVD/BD: Die Extras umfassen u. a. ein 8-seitiges Booklet zum Film.
Deutschland 2011 **P** Pars Media **KI** MFA+ **DVD** Ascot/Elite (16:9, 1.66:1, DD5.1 dt.) **Pd** Marieke Schroeder, Jan Schmidt-Garre **R+B** Jan Schmidt-Garre **K** Diethard Prengel **S** Gaby Kull-Neujahr (= Gaby Kull) **L** 105 **FSK** o.A.; f **E** 5.1.2012/9.8.2012 Schweiz / 25.9.2012 DVD   **fd** 40 836

Atomic Age ★
L' ÂGE ATOMIQUE

Die Odyssee zweier junger Männer ins Pariser Nachtleben, inszeniert als Stimmungsbild jugendlicher Befindlichkeiten zwischen der Suche nach Kontakt und ständiger Abgrenzung. Obwohl es immer wieder um extreme Stimmungsumschwünge der jungen Protagonisten geht, entfaltet sich der Film als poetisch-traumgleiches Gleiten, getragen vom fließenden Zusammenspiel von Klängen, Bildern und Licht, das impressionistisch die Gefühlslagen der Figuren charakterisiert. (O.m.d.U.) – Ab 16.
DVD/BD: Die Extras umfassen u. a. den Kurzfilm CARNAVAL (11 Min.).
Frankreich 2011 **P** Kidam **KI** Pro-Fun **DVD** Pro-Fun (16:9, 1.78:1, DD5.1 frz.) **Pd** Alexandre Perrier **R+B** Hélèna Klotz **K** Hélène Louvart **M** Ulysse Klotz **S** Cristóbal Frenández, Marion Monnier **D** Eliott Paquet (Victor), Dominik Wojcik (Rainer), Niels Schneider (Theo), Mathilde Bisson (Cécilia), Clémence Boisnard (Rose), Luc Chessel (schwuler Junge), Arnaud Rebotini (Türsteher), Cécilia Ranval (Mädchen im Club) **L** 66 (24 B./sec.) / 64 (25 B./sec.) **FSK** ab 12; f **E** 16.8.2012 / 21.9.2012 DVD   **fd** 41 211

Attenberg ☆
ATTENBERG

Eine junge Frau begleitet ihren sterbenden Vater, einen Architekten. Gleichzeitig begibt sie sich mit Hilfe ihrer besten Freundin und eines Mannes, den sie während der Arbeit trifft, auf emotional-erotische Entdeckungsreise. Ein höchst eigenwilliger, zwischen Skurrilität, verfremdender Theatralität und «zoologischer» Beobachtung der seltsamen Spezies «Mensch» changierender Film, der den Prozess des Abschiednehmens auslotet. Dabei skizziert er ein offenes Bild des krisengebeutelten Griechenlands und erzählt auch von den verlorenen Utopien der Vätergeneration sowie den Versuchen der Jungen, sich eine neue Identität zu schaffen. (O.m.d.U.) – Sehenswert ab 16.
Griechenland 2010 **P** Haos Films / Faliro House Prod. / Boo Prod. / Stefi **KI** Rapid Eye Movies **DVD** REM (16:9, 1.85:1, DD5.1 gri.) **Pd** Maria Hatzakou, Giorgos Lanthimos, Iraklis Mavroidis, Athina Rachel Tsangari, Angelos Venetis **R+B** Athina Rachel Tsangari **K** Thimios Bakatakis **S** Sandrine Cheyrol, Matthew Kohnson **D** Ariane Labed (Marina), Giorgos Lanthimos (Ingenieur), Vangelis Mourikis (Spiros), Evangelia Randou (Bella) **L** 96 **FSK** ab 12; f **E** 10.5.2012 / 23.11.2012 DVD   **fd** 41 055

Au Pair 3 – Abenteuer im Paradies
AU PAIR III – ADVENTURES IN PARADISE

Ein erfolgreicher Geschäftsmann macht mit seiner Familie Urlaub auf Puerto Rico, wird aber von seinen Geschäften eingeholt. Als der Aufenthalt zum Fiasko zu werden droht, liegt es an der Ehefrau, alle Interessen in Einklang zu bringen. Anspruchslose zweite Fortsetzung eines familienfreundlichen Unterhaltungsfilms. Das Kindermädchen aus dem ersten Teil (EIN KINDERMÄDCHEN FÜR PAPA, 1999) hat inzwischen seinen ehemaligen Arbeitgeber geheiratet und mit ihm eine Familie gegründet. – Ab 12.
USA 2008 **P** ABC FAMILY **KI** offen **Pd** Jeffrey C. Sherman (= Jeff Sherman), Jody Brockway, Craig McNeil **R** Mark Griffiths **S** John Gilbert **D** Gregory Harrison (Oliver Caldwell), Heidi Lenhart (Jennifer «Jenny» Caldwell), Katie Volding (Katie Caldwell), Jake Dinwiddie (Alex Caldwell), Kathleen Mealia (Ariana), Gerrit Graham (Rupert), Ciaran Tyrrell (Danny Taylor), Olga Medediz (Teresa) **L** 85 **E** 14.7.2012 RTL 2   **fd** –

Auf der Jagd nach dem Weihnachtsmann
SECRET SANTA

Eine Journalistin soll die Identität eines Wohltäters ermitteln, der zu Weihnachten Geschenke an Bedürftige verteilen lässt. Als sie mit der Recherche nicht weiterkommt, vermutet sie in dem Unbekannten den reichsten Mann der Stadt. Lahme Weihnachtsgeschichte ohne Charme und Überzeugungskraft. – Ab 14.

USA 2003 **P** Madison Avenue Prod. / The Polson Company **KI** offen **R** Ian Barry **B** Robert Tate Miller **K** Larry Reibman **M** Alan Williams **S** Edward Ornelas **D** Jennie Garth (Rebecca Chandler), Steven Eckholdt (= Steve Eckholdt) (John Martin Carter), Charles Robinson (Russell), Joel McKinnon Miller (Gharley), Victor Raider-Wexler (Bob), Josh Randall (Ryan), Kathryn Joosten (Winifred), Sam Anderson (Mr. Gibson), Marnette Patterson (Callie), Cody Fleetwood (Scotty) **L** 84 **E** 26.12.2012 RTL 2 **fd** –

Auf der Spur des Löwen
Eine Frau mit einer krankhaften Scheu vor Menschen zwingt sich zu einer Reise nach Südafrika, um ihrem todkranken Bruder beizustehen, der dort als Missionar tätig ist. Die Reise wird ihr Leben grundlegend verändern. Betont gefühlvolles (Fernseh-) Drama mit etlichen Klischees. – Ab 14.
Deutschland/Südafrika 2011 **P** Tivoli **KI** offen **R** Erhard Riedelsperger **B** Andrea Sixt, Andreas Bradler **K** Meinolf Schmitz **S** Frank Soiron **D** Jutta Speidel (Eleonore), Max Herbrechter (Max), Michael Mendl (Fred), Nicole Beutler (Gesine), Elvis Mahomba (Thabo), Hary Prinz (Mr. Fletcher), Ndoni Khanyile (Maliha) **L** 90 **E** 4.4.2012 ORF 2/9.4.2012 ZDF **fd** –

Auf der Suche nach der verlorenen Zeit
A LA RECHERCHE DU TEMPS PERDU
Marcel Prousts Geschichte eines von Nervenkrisen und Asthmaanfällen geplagten jungen Mannes, der an der Normandie-Küste Linderung von seinen Leiden und Ablenkung von einer Liebeskrise sucht. Er lernt die Liebe seines Lebens kennen, verlässt sie aber, weil es ihn in die mondänen Pariser Salons und zu immer neuen Liebschaften zieht. Als die Frau bei einem Unfall ums Leben kommt und ein Freund an der Front des Ersten Weltkriegs fällt, schwinden seine Lebensgeister, doch will er den Glanz vergangener Tage nicht missen. (Fernseh-)Verfilmung des epochalen Romans von Marcel Proust (1871–1922) über das Lebensgefühl der Pariser Belle Epoque als groß angelegtes Sittengemälde, stilvoll inszeniert und überzeugend gespielt. – Ab 16.
Frankreich 2010 **P** Ciné Mag Bodard / France Télévisions / ARTE France / TV5 Monde **KI** offen **Pd** Alain Bessaudou **R+B** Nina Companéez **Vo** Marcel Proust (Roman) **K** Dominique Brabant **M** Bruno Bontempelli **S** Michèle Hollander **D** Micha Lescot (Erzähler), Dominique Blanc (Madame Verdurin), Didier Sandre (Baron de Charlus), Valentine Varela (Duchesse de Guermantes), Bernard Farcy (Duc de Guermantes), Catherine Samie (Großmutter), Dominique Valadié (Mutter), Caroline Tillette (Alberine) **L** 232 (113 & 119) **E** 29.6.2012 arte **fd** –

Auf der Suche nach einem Freund fürs Ende der Welt
SEEKING A FRIEND FOR THE END OF THE WORLD
Verursacht durch einen Meteoriteneinschlag, steht das Ende der Welt bevor. Während andere längst Besseres mit dem Rest ihres Lebens anfangen, ringt ein Pechvogel hartnäckig um Fassung, fährt weiter brav ins Büro oder flüchtet sich ins Badezimmer. Mischung aus Weltuntergangsfilm und Feel-Good-Movie, in der die Tragik der Situation konsequent ins Komische kippt, bevor sich dann die absurde Komödie zur hemmungslosen Romanze wandelt. Die Beschwörung der Liebe als einzige Macht, die dem Schrecken des Todes trotzt, funktioniert vor allem dank der nuanciert aufspielenden Darsteller. – Ab 16.
DVD/BD: Die Extras umfassen u. a. einen Audiokommentar der Regisseurin, der Mutter der Regisseurin (Gail Scafaria), des Produzenten Joy Gorman und der Darsteller Patton Oswald und Adam Brody.
Scope. USA 2012 **P** Anonymous Content / Indian Paintbrush / Mandate Pic. **KI** Universal **DVD** Universal (16:9, 2.35:1, DD5.1 engl./dt.) **BD** Universal (16:9, 2.35:1, dts-HDMA engl./dt.) **Pd** Steve Golin, Joy Gorman, Steven M. Rales, Mark Roybal, Kelli Konop **R+B** Lorene Scafaria **K** Tim Orr **M** Jonathan Sadoff, Rob Simonsen **S** Zene Baker **D** Steve Carell (Dodge), Keira Knightley (Penny), Connie Britton (Diane), Adam Brody (Owen), Rob Corddry (Warren), Gillian Jacobs (Kellnerin / Katie), Derek Luke (Speck), Melanie Lynskey (Karen), T.J. Miller (Darcy), Mark Moses (Moderator), Patton Oswald (Roache), William Petersen (Trucker) **L** 101 **FSK** ab 12; f **FBW** w **E** 20.9.2012/24.1.2013 DVD & BD **fd** 41 263

Auf die Nacht folgt der Tag ★
PO DLOUHE NOCI DEN
Berührender Dokumentarfilm über die Lebenswege dreier osteuropäischer Frauen, die in ihrer Jugend nach Deutschland verschleppt wurden, um während des Zweiten Weltkriegs Zwangsarbeit zu leisten. Auf eindringliche Weise beschreibt er individuelle Biografien, beschwört damit aber gleichzeitig die universelle Kraft des Lebens, wobei der Liebe eine besondere Bedeutung zukommt. – Ab 14.
Tschechien/Deutschland 2011 **P** Le Vision / Negativ Film / RBB / Tsdchechisches Fernsehen **KI** offen **Pd** Simone Baumann, Solveigh Hardt, Katerina Cerná **R+B** Tomás Kudrna, Jirí Menzel **K** Marcus Winterbauer **M** Matthias Falkenau **S** Evzenie Brabcová, Simon Spidla **L** 89 **E** 27.11.2012 RBB **fd** –

Auf Grund gelaufen
VALPARAISO
Eine französische Umweltaktivistin, Europa-Abgeordnete der Grünen, kommt einem Umweltverbrechen auf die Spur, als ein Supertanker vor der Küste der Normandie auf Grund läuft und eine Ölkatastrophe herauf beschwört. Der Konzern, in dem ihr Vater als Manager tätig ist, scheint maßgeblich in den Skandal verwickelt zu sein. Als die Frau bei einem mysteriösen Flugzeugabsturz ums Leben kommt, übernimmt ihr Vater ihre Rolle und will für Aufklärung sorgen. Umwelt-Thriller um groß angelegte Ölschiebereien und wenig sichere Supertanker, der die Profitgier international agierender Konzerne mit großem Engagement anprangert. – Ab 16.
Frankreich 2011 **P** AGAT / Artemis / Samsa / ARTE France / A plus image 2 **KI** offern **Pd** Dominique Barneaud **R** Jean-Christophe Delpias **B** Vincent Maillard, Jean-Christophe Delpias **K** Laurent Machuel **M** André Dziezuk, Marc Mergen **S** Thaddée Bertrand **D** Jean-François Stévenin (Balthazar Paredes), Peter Coyote (Edward Drexler), Héléna Noguerra (Emma Caglione), François Caron (Antoine Andréani), Thierry Godard (Gregory van Kalck), Sandrine Blancke (Nathalie Andréani) **L** 97 **E** 3.2.2012 arte **fd** –

Die Aufnahmeprüfung
Nach fünf Jahren Alleinsein glaubt eine alleinerziehende Mutter, endlich den neuen Mann fürs Leben gefun-

den zu haben. Dieser stößt bei ihren drei Kindern auf einhellige Ablehnung, ist er doch der ungeliebte Mathematiklehrer des pubertierenden Sohns. Die heikle Situation wird den eifersüchtigen Ex-Mann nicht gerade erleichtern. Turbulente (Fernseh-) Familienkomödie um einen durchaus sympathischen Protagonisten, der um die Gunst einer Familie kämpft und eine Reihe von Prüfungen bestehen muss. – Ab 14.
Deutschland 2011 **P** Olga Film **KI** offen **Pd** Anita Schneider, Ulrike Weber **R** Peter Gersina **B** Jens Urban **K** Carsten Thiele **M** Egon Riedel **S** Max Fey **D** Birge Schade (Susanne Meissner), Jan-Gregor Kremp (Markus Sedlow), Herbert Knaup (Ferdinand Meissner), Ilse Neubauer (Anni Süßmayer), René Dumont (Jean-Luc), Beate Maes (Marietta), Lilly Forgách (Krankenschwester), Til Schindler (Toni Meissner) **L** 90 **E** 30.11.2012 ARD **fd** –

Der Aufschneider
DER AUFSCHNEIDER
Ein Wiener Pathologe, der mit sich und der Welt hadert, will einem verhassten Kollegen, der mit seiner Ex-Frau liiert ist, unbedingt ärztliche Kunstfehler nachweisen. Ein gemeinsames Abendessen soll die Situation entspannen, doch das genaue Gegenteil ist der Fall. Temporeiche schwarze Komödie mit bissigen Dialogen, die aus der Perspektive der «Ärzte im Keller» das realistische Bild eines Klinikalltags entwirft. Neben den privaten Konflikten sorgen Absprachen zwischen Pathologie-Ärzten und Bestattungsunternehmen für Turbulenzen. – Ab 16.
Österreich 2009 **P** Superfilm **DVD** Hoanzl (16:9, 1.78:1, DD2.0 dt.) **Pd** John Lüftner, David Schalko **R** David Schalko **B** David Schalko, Josef Hader **K** Marcus Kantner **M** Cosmix Media GmbH **S** Evi Romen **D** Josef Hader (Hermann Fuhrmann), Oliver Baier (Dr. Böck), Ursula Strauss (Karin Fuhrman), Pia Hierzegger (Dr. Wehninger), Tanja Raunig (Feli Fuhrmann), Manuel Rubey (Winkler), Georg Friedrich (Moritz), Raimund Wallisch (Max) **L** 176 (86 & 90) **E** 3.12.2010 DVD (A) / 18.5.2012 arte **fd** –

Der Aufsteiger ☆
L' EXERCICE DE L'ETAT
Der französische Verkehrsminister eilt zu einem Busunglück in den Ardennen, was ihm die Aufmerksamkeit der Medien, aber auch die Rivalität seiner Kabinettskollegen sichert. Sein Engagement gegen die Privatisierung der Bahnhöfe befördert ihn in höchste Sphären, droht ihn anderntags aber auch zu zerschmettern. Mit hohem Tempo und wohltuend direktem Zugriff seziert das bissige Drama das Leben eines Politikers, der sich zwischen den Zwängen einer omnipräsenten (Medien-)Öffentlichkeit und den Ränkespielen der Macht zu verlieren droht. Ein energetischer, virtuos inszenierter und fotografierter Film, der die Chiffren des Genres meidet und in Tuchfühlung mit den realen politischen Verhältnissen bleibt. – Sehenswert ab 16. Scope. Frankreich/Belgien 2011 **P** Archipel 35 / Les Films du Fleuve / France 3 Cinéma / RTBF / Belgacom **KI** Kool Filmdistribution **Pd** Jean-Pierre Dardenne, Luc Dardenne, Denis Freyd **R+B** Pierre Schoeller **K** Julien Hirsch **M** Philippe Schoeller **S** Laurence Briaud **D** Olivier Gourmet (Bertrand Saint-Jean), Michel Blanc (Gilles), Zabou Breitman (= Zabou) (Pauline), Laurent Stocker (Yan), Sylvain Deblé (Martin Kuypers), Didier Bezace (Dominique Woessner), Jacques Boudet (Senator Juillet), François Chattot (Gesundheitsminister Falconetti), Gaëtan Vassart (Loïk) **L** 112 (24 B./sec.) / 108 (25 B./sec.) **FSK** ab 12; f **E** 22.11.2012 **fd** 41 390

Der Auftrag – Anklage Mord ☆
Spannender Dokumentarfilm über die Arbeit eines Strafverteidigers, der einen Mordverdächtigen als Anwalt vertritt, seine Rolle, seine Berufsauffassung sowie seine Sicht auf Gerechtigkeit. Was wie ein Gerichtsdrama klingt, versagt sich in der betont kargen filmischen Aufbereitung jede Tröstung aus Genremustern. Die Verhandlung, in der der Beschuldigte am Ende freigesprochen wird, sieht man nicht, es durfte nicht gedreht werden. Die Gespräche zwischen Anwalt und Mandant prägen den Film; in ihrer mäandernden Art mögen sie lang und umständlich verlaufen sein, werden aber im Schnitt zu einem klaren und kühlen, nie aber berührungslosen Ablauf verdichtet, sodass man ständig mit der Frage konfrontiert bleibt, ob der Beschuldigte nun lügt oder nicht. – Ab 16.
Deutschland 2012 **P** Zum Goldenen Lamm Filmproduktion/SWR **KI** offen **Pd+R+B** Ayla Gottschlich **K** Sebastian Naumann **M** Heinrich Schiffers **S** Gregor Bartsch **E** 11.11.2012 3sat / 3.12.2012 SWR **fd** –

Der Auftragskiller – Meister des Thai-Boxens
THE SANCTUARY
100 Jahre nach dem Selbstmord des gehörnten Wächters eines Nationalschatzes wird ein Nachfahr beim Versuch, den Fall aufzuklären, von einer Antiquitätenschieberbande hingerichtet. Doch sein kampferprobter Zwillingsbruder löst zusammen mit einer Archäologiestudentin den «Familienfall» auf schlagkräftige Art und Weise. Auch dieser Thai-Martial-Arts-Film nimmt die zu bewahrende Historie zum Anlass, um Kampfexperten eindrücklich aufeinander einprügeln zu lassen. – Ab 16.
Thailand 2009 **P** Film Frame / Pachpunna Prod. / Action Slate Films **DVD** EuroVideo (16:9, 1.78:1, DD5.1 thai./dt.) **BD** EuroVideo (16:9, 1.78:1, dts-HDMA thai./dt.) **Pd** Thanapon Maliwan, Chokchai Ptchpunna, Russell Wong **R** Thanapon Maliwan **B** Anuwat Kaewsopark, Thanapon Maliwan **K** Amon Chunprasert **M** Tuomas Kantelinen, Thai Team **S** Sombat Thepkumdee **D** Mike B. (= Michael B.) (Krit), Patharawarin Timkul (Selina), Erik Markus Schuetz (Gary), Russell Wong (Patrick), Intira Jaroenpura (Praifa), Winston Sefu **L** 86 **FSK** ab 16 **E** 22.11.2012 DVD & BD **fd** –

Aurora ☆
AURORA
Ein eben geschiedener Mann Anfang 40 streift zwei Tage lang ruhelos durch Bukarest, getrieben von einer unbestimmten Nervosität und dem dumpfen Drang, seinem Leben eine Wendung zu geben. Er kauft sich ein Gewehr und Munition, versteckt sich in der Nähe eines Hotels und beginnt, scheinbar fremde Menschen zu erschießen. Eine beklemmende, konzentriert inszenierte, weitgehend wortlose Studie über den Absturz eines Menschen, die in ihrem Verlauf immer offener und rätselhafter wird. Der mit statisch-langen Einstellungen erzählte Film geizt mit Informationen, lässt sich aber als diffuses Echo auf eine postsozialistische Welt verstehen. – Ab 16.

Rumänien / Frankreich / Schweiz / Deutschland 2010 **P** Mandragora / Romana de Televiziune / TSR / SSR / Essential Filmprod. / Bord Cadre Films / S.F.P. **KI** debesefilm **Pd** Anca Puiu, Bobby Paunescu, Philippe Bober, Dan Wechsler **R+B** Cristi Puiu **K** Viorel Sergovici **S** Ioachim Stroe **D** Cristi Puiu (Viorel), Clara Voda (Gina), Valeria Seciu (Pusa), Luminita Gheorghiu (Mioara), Catrinel Dumitrescu (Frau Livinski), Gelu Colceag (Herr Livinski), Valentin Popescu (Stoian) **L** 181 **FSK** – **E** 29.3.2012
fd 41 034

Aus der Küche ins Bundeshaus
DE LA CUISINE AU PARLEMENT
Der Dokumentarfilm beschreibt den 140 Jahren langen Kampf der Schweizerinnen für das passive sowie das aktive Wahlrecht, die langwierigen Bestrebungen der Frauen nach (politischer) Gleichberechtigung und die Gegenbewegung der Männerwelt, die lange nicht an ihrer Vorherrschaft rütteln lassen wollte. Der ebenso informative wie amüsant-ironische Bilderbogen hinterfragt auch den aktuellen Stand der Dinge. – Ab 14.
Teils schwarz-weiß. Schweiz 2011 **P** Climage **KI** offen **Pd+R+B** Stéphane Goël **K** Bastien Genoux, Nicolas Veuthey **S** Janine Waeber **L** 66 **E** 28.5.2012 SF 1/DRS **fd** –

Aus Liebe zu dir
Eine Witwe und ihre erwachsene Tochter sind zur gleichen Zeit schwanger. Nach einem Autounfall der Jüngeren wird deren Kind in einer Notoperation zur Welt gebracht; die Aufregung führt bei der Älteren zur frühzeitigen Geburt. Als sie erfährt, dass das Neugeborene ihrer Tochter verstorben ist, tauscht sie die Babys aus und betreut ihr eigenes Kind fortan als «Oma». Überkonstruiertes (Fernseh-)Melodram, das noch eine postnatale Depression der Tochter, Probleme in der eigenen neuen Beziehung sowie immer stärker an die Oberfläche drängende Muttergefühle bemüht, um die innere Zerreißprobe der Hauptfigur zu veranschaulichen. – Ab 16.
Deutschland 2010 **P** Phoenix Film **KI** offen **Pd** Markus Brunnemann **R** Udo Witte **B** Ines Eschmann, Elke Sudmann **K** Jochen Radermacher **S** Sabine Matula **D** Christina Plate (Sophia), Isabell Gerschke (Adriana), Timothy Peach (Marc), Hubertus Grimm (Jobst), Christian Kohlund (Helmuth), Patrizia Moresco (Alexandra), Marie Gruber (Ärztin), Dieter Okras (Arzt), Claudia Eisinger (Carola), Angela Sandritter (Laura), Jutta Hoffmann (ältere Frau), Peter Gavajda (Professor Brög) **L** 88 **E** 9.11.2012 ARD **fd** –

Die Ausbildung ☆
Ausgebildet an einem Büroarbeitsplatz in einer Dienstleistungsfirma, wartet ein junger Mann auf einen Anstellungsvertrag. Ohne seine inneren Regungen sichtbar zu machen, beobachtet er, was um ihn herum vorgeht: anonyme Leitungsentscheidungen, der ständig zunehmende Arbeitsdruck, die Überlastung einzelner Kollegen, der schleichende Ausschaltung des Betriebsrats. Der Film macht in lakonischen Bildern die Eiseskälte der «schönen neuen Arbeitswelt» und das zunehmende Ausgeliefertsein des Individuums an moderne Technik transparent. Moralische Fragen, die in einem kafkaesk anmutenden Universum um Vertrauen und Verrat kreisen, werden nicht abschließend beantwortet, sondern an den Zuschauer delegiert. – Sehenswert ab 14.
Deutschland 2010 **P** unafilm/WDR **KI** Basis **Pd** Titus Kreyenberg **R+B** Dirk Lütter **K** Henner Besuch **M** Falko Brocksieper, Lars Niekisch **S** Antonia Fenn **D** Joseph Bundschuh (Jan Westheim), Anke Retzlaff (Jenny Sikorski), Anja Beatrice Kaul (Marianne Westheim), Stefan Rudolf (Tobias Hoffmann), Dagmar Sachse (Susanne Ostermeier), Gerrit Klein (Jens), Frank Voß (Stefan Westheim) **L** 89 **FSK** ab 12; f **E** 5.4.2012 **fd** 40 973

Ausente ☆
AUSENTE
Die aggressiven Avancen eines Schülers bringen einen Sportlehrer durcheinander und gefährden sein emotionales Gleichgewicht wie auch seine berufliche Position. In Form eines Psychothrillers zehrt der Film von der Verunsicherung: Was von den Erlebnissen filmische Realität ist und was sich im Kopf des Protagonisten abspielt, bleibt unklar. Mehr als auf äußere Handlung kommt es der Inszenierung mit ihrer ins Subjektive spielenden Bildsprache und einer Tonebene, die virtuos Musik und Geräusche verbindet, auf ein dichtes Stimmungsbild sowie die existenzialistische Bestandsaufnahme eines festgefahrenen Lebens an. – Sehenswert ab 16.
Argentinien 2011 **P** Oh My Gomez! Films **KI** Pro-Fun **DVD** Pro-Fun (16:9, 1.78:1, DD2.0 span.) **Pd** Mariano Contreras **R+B** Marco Berger **K** Tomás Pérez Silva **M** Pedro Irusta **S** Marco Berger **D** Carlos Echevarría (Sebastian), Javier De Pietro (Martin), Antonella Costa (Mariana), Rocío Pavón (Ana), Alejandro Barbero (Juan Pablo), Luis Mango (Bademeister) **L** 87 **FSK** ab 6; f **E** 12.1.2012 / 22.3.2012 DVD **fd** 40 835

Ausgerechnet Sibirien
Einen biederen Tuchhändler aus Leverkusen verschlägt es nach Sibirien, wo er eine Firma auf Vordermann bringen soll. Während seine Untergebenen mit Wodka-Gelagen und krimineller Energie den widrigen Lebensverhältnissen trotzen, geht er mit einer mongolischen Sängerin auf Selbstfindungstrip. Schematische Komödie mit eher schlichten Gags und nur wenigen stimmigen Momenten; eine unoriginelle Variante kultureller Klischees. – Ab 12.
DVD/BD: Die Extras umfassen u. a. ein Feature mit neun im Film nicht verwendeten Szenen.
Scope. Deutschland / Russland 2012 **P** Jooyaa Filmprod. / Getaway Pic. / CTB Film / cine plus Filmprod. **KI** Majestic **DVD** Fox (16:9, 2.35:1, DD5.1 dt.) **BD** Fox (16:9, 2.35:1, dts-HDMA dt.) **Pd** Minu Barati, Skady Lis, Sergej Seljanow **R** Ralf Huettner **B** Michael Ebmeyer, Minu Barati **Vo** Michael Ebmeyer (Roman *Der Neuling*) **K** Stefan Ciupek **M** Ralf Hildenbeutel, Stevie B-Zet **S** Horst Reiter **D** Joachim Król (Matthias Bleuel), Vladimir Burlakov (Artjom), Yulya Men (Sajana), Armin Rohde (Holger), Katja Riemann (Ilka), Michael Degen (Direktor Fengler), Soja Burjak (Galina Karpova), Svetlana Tsvichenko (Natalja), Alexandr Garkushenko (Vladik), Nesipkul Umarbekova (Olga, die Schmanin), Mandzhieva Gilyana (Kiné) **L** 105 **FSK** o.A.; f **E** 10.5.2012 / 9.11.2012 DVD & BD
fd 41 073

Ausländer oder eingebürgert?
CITOYENS OU ÉTRANGERS / CITIZEN OR STRANGER
Ausgehend von der Frage, ab wann und dank welcher Umstände sich

ein Immigrant in der neuen Heimat als vollwertiger Bürger fühlen kann, beobachtet der (Fernseh-)Dokumentarfilm Angehörige einer somalischen Familie, die in den 1990er-Jahren auswanderte. Heute leben ihre Mitglieder in Frankreich, England, Dänemark, den Niederlanden, Kanada und den USA. Der Film vergleicht Erfahrungen in Ländern, die Immigranten eher zur Pflege ihrer eigenen Kutlur ermutigen (USA, Kanada), mit jenen, die stärkeren Anpassungsdruck (Frankreich) ausüben. – Ab 16.
Frankreich / Kanada 2012 **P** Point du Jour / Intuitive Pictures / ARTE France / SRC Radio Canada **KI** offen **R** Jon Kalina **B** Jon Kalina, Josh Freed, Stephanie Binet **L** 82 (auch 2 x 52) **E** 3.4.2012 arte **fd** –

Auslandseinsatz

Zwei Zeitsoldaten sollen in Afghanistan eine Hilfsorganisation unterstützen und den Kontakt zu einem entlegenen Dorf aufnehmen. Während eines Gefechts kommt es zu Spannungen, wobei sie unterschiedlich auf die Belastungen reagieren. Die Situation eskaliert, als ein US-Trupp einen Sohn des Bürgermeisters erschießt und die Zwangsverheiratung der Bürgermeister-Tochter mit einem Taliban droht. Realitätsnaher, an Originalschauplätzen gedrehter (Fernseh-)Antikriegsfilm, der nachdrücklich die Bedrohungen und Fremdheit des Einsatzorts einfängt und verdeutlicht, dass es in diesem Konflikt nur Verlierer gibt. In seinem aufklärerischen Gestus zuweilen etwas zu didaktisch, mitunter auch dramaturgisch eher steif. – Ab 16.
Deutschland 2012 **P** Relevant Film (für WDR) **DVD** Dynasty Film (16:9, 1.78:1, DD5.1 dt.) **BD** Dynasty Film (16:9, 1.78:1, dts-HD dt.) **Pd** Heike Wiehle-Timm **R** Till Endemann **B** Holger Karsten Schmidt **K** Lars R. Liebold (= Lars Liebold) **M** Jens Grötzschel **S** Jens Müller **D** Max Riemelt (Daniel Gerber), Hanno Koffler (Ronnie Klein), Omar El-Saeidi (Emal Demir), Devid Striesow (Herbert Glowalla), Bernadette Heerwagen (Anna Wöhler), Henriette Müller (Sarah Schulz), Vedat Erincin (Jamil), Marwan Kamal (Asib) **L** 90 **FSK** ab 12 **E** 17.10.2012 ARD / 30.11.2012 DVD & BD **fd** –

Der Ausreißer
LE ROI DE L'EVASION

Ein schwuler Traktorenverkäufer in der Provinz des südwestlichen Frankreichs kommt einer 16-Jährigen zur Hilfe, die von Mitschülern drangsaliert wird, und verliebt sich wider Erwarten in sie. Als ihr Vater gegen die ungleiche Verbindung vorgeht und die Polizei dem Mann eine elektronische Fußfessel anlegt, ergreift das Paar die Flucht. Schale Komödie, die weder aus der im Grunde recht amüsanten Ausgangsidee noch aus den aberwitzigen Nebenfäden der Handlung unterhaltendes Kapital zu schlagen versteht. – Ab 16.
Frankreich 2009 **P** Les Films du Worso / Gladys Glover Films **KI** offen **Pd** Sylvie Pialat **R** Alain Guiraudie **B** Alain Guiraudie, Laurent Lunetta, Frédérique Moreau **K** Sabine Lancelin **M** Xavier Boussiron **S** Bénédicte Brunet, Yann Dedet **D** Hafsia Herzi (Curly Durandot), Ludovic Berthillot (Armand Lacourtade), Luc Palun (Daniel Durandot), Pierre Laur (Robert Rapaille), François Clavier (der Kommissar), Pascal Aubert (Paul, der Wirt), Bruno Valayer (Jean-Jacques), Jean Toscan (Jean) **L** 89 **E** 22.8.2012 arte **fd** –

Australien in 100 Tagen

Reise-Feature über Australien, bei dem die Filmemacher den Kontinent umrunden und dabei ihre Eindrücke mit der Kamera festhalten. Ihr Dokumentarfilm orientiert sich an den bekannten Sehenswürdigkeiten und Naturschauspielen, ohne Neues über das Land zu vermitteln. Auch die Off-Kommentare und Interviews bieten wenig, das über den Informationswert gängiger Reiseführer hinausgeht. – Ab 10.
Deutschland 2012 **P** comfilm.de **KI** comfilm.de **Pd+R+B** Silke Schranz, Christian Wüstenberg **K** Silke Schranz, Christian Wüstenberg **S** Silke Schranz, Christian Wüstenberg **L** 105 (24 B./sec.) / 101 (25 B./sec.) **FSK** o.A.; f **E** 4.10.2012 **fd** 41302

Ave ☆
AVE

Ein Kunststudent reist per Anhalter zum Begräbnis eines Freundes, wobei er die unerwünschte Begleitung einer jungen, irritierend aufdringlichen Frau bekommt, der vorgeblich dasselbe Reiseziel hat und die Autofahrer mit erfundenen Geschichten unterhält. Während der Reise werden die ungleichen Gefährten ein Paar. Ein außergewöhnliches Road Movie, das mit ausgeklügelter Farbdramaturgie die ebenso bizarre wie zärtliche Geschichte zweier aus dem Alltag gefallener Menschen erzählt, die auf der Flucht vor sich und ihrem Schicksal in einem Land sind, das keine Zukunft zu bieten hat. – Sehenswert ab 16.
Bulgarien 2011 **P** Camera / KB Films **KI** trigon-film (Schweiz) **Pd** Konstantin Bojanov, Dimitar Gochev, Geoffroy Grison **R** Konstantin Bojanov **B** Arnold Barkus, Konstantin Bojanov **K** Nenad Boroevich, Radoslav Gochev **M** Tom Paul **S** Stela Georgieva **D** Angela Nedialkova (Avé), Ovanes Torosian (Kamen), Martin Brambach (Lastwagenfahrer), Bruno S. (Viktors Großvater), Krassimir Dokov (Viktors Onkel), Maria Petrova (Nia) **L** 86 **FSK** – **E** 12.4.2012 Schweiz **fd** 41015

Awka Liwen – Rebellion im Morgengrauen
AWKA LIWEN – REBELLION AT DAWN

Dokumentarfilm über die Geschichte der Feldzüge gegen die indigene Bevölkerung Argentiniens. Er beschreibt die Enteignung von 30 Mio. Hektar fruchtbaren Landes, die Entstehung nationaler Gründungsmythen und historisch-sozialer Kontinuitäten bis in die Gegenwart. Um die «zivilisierte» (weiße) Bevölkerung in den ländlichen Räumen vor der «Barbarei» durch indigene Stämme zu schützen, wurden diese ermordet und ihrer Länder beraubt; die Feldzüge erreichten 1879 mit der «Eroberung der Wüste» ihren Höhepunkt. Profiteure waren stets die Protagonisten einer reichen Minderheit, einer Land-Oligarchie, die ihre Interessen mit allen Mitteln, auch mit Hilfe von Militärdiktaturen, durchsetzte. – Ab 16.
Argentinien 2010 **P** Macanudo Films / INCAA **KI** Eigenverleih **Pd** Mariano Aiello **R** Mariano Aiello, Kristina Hille **B** Mariano Aiello, Osvaldo Bayer, Kristina Hille **S** Ramiro Chacón, Pablo Noé **E** 26.7.2012 **fd** –

Axed
AXED

Ein bis dahin unauffälliger Familienvater verliert seinen Job und beschließt, seine Lieben auf einen unauffälligen Ausflug zu «entführen». Was niemand weiß: Inzwischen ist er dem

Ay büyürken uyuyamam

Wahnsinn verfallen und will allen Beteiligten mit der Axt Scheinheiligkeit, Wollust und Ehebruch austreiben. Triviale Psychogroteske als spekulative Variation von FALLING DOWN.
DVD/BD: Die Extras umfassen u. a. einen Audiokommentar des Regisseurs, ein Feature mit im Film nicht verwendeten Szenen (6 Min.) sowie ein ausführliches «Making of» (29 Min.).
Großbritannien 2012 **P** Shining Light Prod. **DVD** Sunfilm (16:9, 1.85:1, DD5.1 engl./dt., dts dt.) **BD** Sunfilm (16:9, 1.85:1, dts-HDMA7.1 engl./dt.) **Pd** Ryan Lee Dricoll **R+B** Ryan Lee Driscoll **K** Edward Wright **M** Aleksandar Dimitrijevic **S** Olly R.C. Lenseraid **D** Jonathan Hansler (Kurt Wendell), Andrea Gordon (Steph Wendell), Nicola Posener (Megan Wendell), Christopher Rithin (Jack Wendell), Henry Douthwaite (Zack Petersen), Brandon Francis (Sam Weeks) **L** 84 **FSK** ab 18 **E** 4.10.2012 DVD & BD **fd** –

Ay büyürken uyuyamam ★
AY BÜYÜRKEN UYUYAMAM
Eine Mutter und ihre zwei Töchter geraten durch Klatsch und Tratsch in einer türkischen Kleinstadt unter öffentlichen Druck, dem sie standhalten, bis der Bürgermeister religiöse Ressentiments gegen das emanzipierte Frauen-Trio schürt. Attraktiver Stilmix aus arabesker Soap und politischem Lehrstück als Spagat zwischen türkischer Klassik und arabesken Motiven. Bildsprachlich knüpft der Film an das politische Kino der 1970er-Jahre an und vereint die Chronologie eines gesellschaftlichen Verrats mit einem lustspielartigen Spektakel. (O.m.d.U.) – Ab 16.
Türkei 2011 **P** M.G. Prod. **Kl** AF-Media **Pd** Emre Kara **R** Serif Gören **B** Serif Gören, Necati Cumali **Vo** Necati Cumali (Roman) **K** Sinan Güngör **M** Firat Yükselir **D** Ayça Bingöl (Melek), Hazal Kaya (Hülya), Firat Çelik (Mert), Firat Tanis (Cafer), Ali Düsenkalkar (Takkeli Hoca), Selin Sekerci (Leyla), Bülent Sakrak (Dalgaci Mahmut), Hakan Boyav (Dönek Hüsam) **L** 111 **FSK** – **E** 5.1.2012 **fd** 40 861

BARBARA (Piffl Medien)

B

Babamin Sesi – Die Stimme meines Vaters ☆
BABAMIN SESI
Eine Kurdin Mitte 60, die ihre beiden Söhne nahezu allein aufgezogen hat, vereinsamt nach dem Unfalltod ihres türkischen Ehemanns. Im Dorf hat sie nie richtig Wurzeln geschlagen, ihre Söhne sind längst ausgezogen. Als einer der beiden selbst Nachwuchs erwartet und seine Familiengeschichte zu erforschen beginnt, versucht er, sich seiner Mutter wieder anzunähern. Das anrührende Drama nähert sich einfühlsam und mit dokumentarischem Sensus den Figuren und ihren Lebensumständen an; dabei reflektiert der Film als Porträt der entfremdeten Familie die Spannungen und Brüche der türkischen Gesellschaft. (O.m.d.U.) – Sehenswert ab 14.
Türkei / Deutschland / Frankreich 2011 **P** Perisan Film / Riva Filmprod. / Arizona Films **KI** Aries **Pd** Özgür Dogan, Dirk Decker, Michael Eckelt, Guillaume de Seille **R** Orhan Eskiköy, Zeynel Dogan **B** Orhan Eskiköy **K** Emre Erkmen **S** Orhan Eskiköy, Çiçek Kahraman **D** Basê Dogan (Basê), Zeynel Dogan (Mehmet), Gülizar Dogan (Gülizar) **L** 87 (24 B./sec.) / 84 (25 B./sec.) **FSK** o.A.; f **E** 15.11.2012   fd 41359

Baby – Live Fast. Kill Young
BABY
Entfremdet von seinen Eltern, wird ein Kind von den Gangstern in seinem Viertel sozialisiert, bis ihn ein Mord an einem anderen Gangmitglied eine Zelle in einer Jugendhaftanstalt beschert. Als er nach sieben Jahren entlassen wird, muss er sich seinen Status in einer neu geordneten Gangstruktur erkämpfen. In der asiatischen Community spielender Thriller, der mit sozialen Klischees hantiert, aber nur den Pfaden eines «coolen» Gangsterfilms folgt.
USA 2008 **P** Affiliated Entertainment **DVD** MIG/EuroVideo (16:9, 2.35:1, DD5.1 engl./dt.) **R** Juwan Chung **B** Felix Chan, Juwan Chung **K** Johnny Ching **D** David Huynh (Baby), Feodor Chin (Benny), Kenneth Choi (Mike), Shannon Dang (junge Sammy), Aljarreau Galang (Robbie), Kenzo Lee (Roy), Tzi Ma (Pops), Ron Yuan (Tommy) **L** 100 **FSK** ab 18 **E** 4.4.2012 DVD   fd –

Babycall
BABYCALL
Eine junge Mutter aus sozial desolaten Verhältnissen hat sich vom Vater ihres achtjährigen Sohns getrennt, nachdem dieser dem Kind Schreckliches angetan hat. Doch die Angst lässt sie nicht los. Neue Kontakte scheinen ihr wie auch dem Jungen zu helfen, doch seltsame Geräusche aus der Nachbarwohnung und befremdende Verhaltensweisen lassen die Frau nicht zur Ruhe kommen. In der Hauptrolle souverän gespielt, gelingt dem Film dennoch nicht der Balanceakt zwischen Psychothriller und Horror. Der Versuch, die Handlung zu verrätseln, stiftet zudem mehr Verwirrung als Spannung. – Ab 16.
Scope. Norwegen/Schweden/Deutschland 2011 **P** 4 1/2 Film / BOB Film Sweden / Pandora Filmprod. **KI** nfp **DVD** nfp/EuroVideo (16:9, 2.35:1, DD5.1 norw./dt.) **Pd** Turid Øversveen, Karl Baumgartner, Anna Croneman **R+B** Pål Sletaune **K** John Andreas Andersen **M** Fernando Velazquez **S** Jon Endre Mørk **D** Noomi Rapace (Anna), Kristoffer Joncr (Helge), Vetle Qvenild Werring (Anders), Stig Amdam (Ole), Maria Bock (Grete), Torkil Johannes Høeg Swensen (dunkelhaariger Junge) **L** 95 **FSK** ab 16; f **E** 12.7.2012/18.10.2012 Schweiz / 24.1.2013 DVD   fd 41169

Back in the Game ☆
TROUBLE WITH THE CURVE
Ein ruppiger alter Baseball-Scout mit nachlassender Sehkraft, aber einem untrüglichen Gespür für Talente tourt mit seiner Tochter durch die Südstaaten-Provinz, um einen arroganten, selbstverliebten Offensivspieler zu begutachten. Auf der Reise kommen sich Vater und Tochter, die sich vor langer Zeit entfremdeten, langsam wieder näher. Anrührende Mischung aus Sportfilm und Familiendrama mit markant, mitunter überdeutlich gezeichneten Charakteren. Clint Eastwood spielt einmal mehr einen alt gewordenen Mann, der die Veränderungen seiner Welt nur ungern zur

Kenntnis nimmt und es trotz körperlicher Versehrtheit noch einmal wissen will. – Ab 16.
Scope. USA 2012 **P** Warner Bros. / Malpaso **KI** Warner Bros. **Pd** Clint Eastwood, Robert Lorenz, Michele Weisler **R** Robert Lorenz **B** Randy Brown **K** Tom Stern **M** Marco Beltrami **S** Gary D. Roach (= Gary Roach), Joel Cox **D** Clint Eastwood (Gus), Amy Adams (Mickey), Justin Timberlake (Johnny), John Goodman (Pete Klein), Matthew Lillard (Phillip Sanderson), Robert Patrick (Vince), Jo Massingill (Bo Gentry), Ed Lauter (Max) **L** 111 (24 B./sec.) / 107 (25 B./sec.) **FSK** ab 6; f **E** 29.11.2012 **fd** 41 425

Back to Stay – Abrir puertas y ventanas
siehe: **Abrir puertas y ventanas**

Bad Ass
BAD ASS
Eigentlich will ein alternder Vietnam-Veteran nach der Arbeit nur seine Ruhe haben, aber als zwei Skinheads im Linienbus randalieren, macht er mit einigen Faustschlägen alles klar. Via Internet wird sein Handeln zur Heldentat, und der Underdog bekommt Geschmack an der Sache – zum Ärger der korrupten Staatsmacht. Geschmäcklerische Heldensaga, bei der die «coole» Prügelerei über die vage angedeutete Sozialkritik triumphiert.
USA 2012 **P** Silver Nitrate / Amber Lamps **DVD** Universal (16:9, 1.78:1, DD5.1 engl./dt.) **BD** Universal (16:9, 1.78:1, dts-HDMA engl./dt.) **Pd** Ash R. Shah, Jim Busfield **R** Craig Moss **B** Craig Moss, Elliot Tishman **K** John Barr **M** Todd Haberman **S** Jim Flynn **D** Danny Trejo (Frank Veha), Charles S. Dutton (Panther), Ron Perlman (Bürgermeister Williams), Joyful Drake (Amber Lamps), Patrick Fabian (Malark), John Duffy (Martin), Winter Ave Zoli (Tatiana), Danny Woodburn (Sluggy Korn-nuts) **L** 87 **FSK** ab 18 **E** 16.8.2012 DVD & BD **fd** –

Bad Behaviour
BAD BEHAVIOUR
Es ist Party-Time in einer australischen Kleinstadt, doch der örtlichen Lehrerin ist das freizügige Wochenende nicht vergönnt, weil ihr Liebhaber gekidnappt wurde – besser gesagt: Ihr Ehemann will ein Hühnchen mit ihm rupfen. Erschwerend kommt ein Serienkiller-Pärchen hinzu, das in die Stadt einfällt. Temporeiche, in nur lose verbundene Einzelepisoden zerfallende Thriller-Komödie, die nur wenig originell die genreüblichen Ingredienzen Blut und Witz verbindet.
Australien 2010 **P** Sterling Cinema / Caldwell Entertainment / OZPIX Entetainment / Global Alliance Prod. / Mediakin **DVD** Lighthouse/Donau Film (16:9, 2.35:1, DD5.1 engl./dt.) **BD** Lighthouse/Donau Film (16:9, 2.35:1, dts-HD engl./dt.) **Pd** Steven Caldwell, Craig A. Kocinski, Kristijana Maric **R+B** Joseph Stephen Sims **K** Justin Cerato **M** Luke McDonald **S** Steven Caldwell **D** John Jarratt (Ricky), Georgina Symes (Jennifer), Lindsay Farris (Peterson), Dwaine Stevenson (Mark), Robert Coleby (Clive), Roger Ward (Voyte), Jean Kittson (Jane), Caroline Levien (Emma) **L** 84 **FSK** ab 18 **E** 10.8.2012 DVD & BD **fd** –

Bad Behaviour – Bösen Menschen passieren böse Dinge!
siehe: **Bad Behaviour**

Bad Sitter
THE SITTER
Ein verantwortungsloser Studienabbrecher springt als Babysitter für drei Kinder ein und nimmt sie auf eine Reise in die Nacht mit, um Kokain für eine Party zu organisieren. Plakative Komödie, die ihren unsympathischen «Helden» in einer lieblosen Aneinanderreihung von Einzelszenen von einer derben Situation in die nächste schickt und dabei weniger subversiven Humor als Befremden auslöst.
DVD/BD: Die DVD enthält keine bemerkenswerten Extras. Die Extras der BD enthalten u. a. ein Feature mit im Film nicht verwendeten Szenen (26 Min.).
USA 2011 **P** Twentieth Century Fox / Michael De Luca Prod. **KI** Twentieth Century Fox **DVD** Fox (16:9, 1.85:1, DD5.1 engl./dt.) **BD** Fox (16:9, 1.85:1, dts-HDMA engl., dts dt.) **Pd** Michael de Luca **R** David Gordon Green **B** Brian Gatewood, Alessandro Tanaka **K** Tim Orr **M** Jeff McIlwain, David Wingo **S** Craig Alpert **D** Jonah Hill (Noah), Max Records (Slater), Ari Graynor (Marisa), J.B. Smoove (Julio), Sam Rockwell (Karl), Landry Bender (Blithe), Kevin Hernandez (Rodrigo), Kylie Bunbury (Roxanne), Erin Daniels (Mrs. Pedulla), D.W. Moffett (Dr. Pedulla), Jessica Hecht (Sandy Griffith), Bruce Altman (Jim Griffith) **L** 82 (DVD: Kinofassung 79 [= 82 BD]; Extended Cut 84 [= 87 BD]) **FSK** ab 12; f **E** 31.5.2012/12.10.2012 DVD & BD **fd** 41 079

Bad 25
BAD 25
Musikdokumentation aus Anlass des 25-jährigen Jubiläums des legendären Musikalbums «Bad» von Michael Jackson, von dem weltweit mehr als 40 Mio. Exemplare verkauft wurden. Spike Lee verbindet auf sehr persönliche Art bislang unveröffentlichte Auftritte Jacksons sowie Video- und Studio-Footage, etwa aus Zusammenarbeit mit Quincy Jones, mit Interviews u. a. mit Mariah Carey, Stevie Wonder, Cee-Lo Green und Chris Brown. Ein höchst vitaler Dokumentarfilm, der sich weitgehend dem unkritischen Hype um den verstorbenen Pop-Star entzieht und dem eine glaubhafte, von Respekt und Sachkenntnis getragene Würdigung gelingt. – Ab 12.
USA 2012 **P** 40 Acres & A Mule Filmworks **KI** offen **Pd+R+B** Spike Lee **K** Kerwin DeVonish **S** Barry Alexander Brown **L** 123 **E** 20.10.2012 Vox **fd** –

Balkan Melodie ★
BALKAN MELODIE
Dokumentarfilm über den Umgang mit Musiktraditionen in den Balkanländern, historisch aufgearbeitet auf der Basis des Archivs des Schweizer Ehepaars Cellier, das seit 1950 jenseits des Eisernen Vorhangs die dortige traditionelle Musik erfasste. Immer wieder geht es dabei um die Frage nach der Authentizität des Volkstümlichen im Spannungsfeld von kommerziellen und ideologischen Interessen. Der Film bietet ein Füllhorn an Wissens- und Hörenswertem, kann mitunter angesichts der Fülle des Materials aber keinen klaren roten Faden finden. – Ab 12.
Teils schwarz-weiß. Schweiz/Deutschland/Bulgarien 2012 **P** Maximage / zeroone / agitprop / SRF / RTS / SRG SSR / BR / Bulgarisches Fernsehen **KI** Ventura/Look Now! (Schweiz) **Pd** Cornelia Seitler, Brigitte Hofer, Thomas Kufus, Martichka Bozhilova **R+B** Stefan Schwietert **K** Pierre Mennel, Pio Corradi **S** Isabel Meier **L** 92 **FSK** – **E** 8.3.2012 Schweiz/7.2.2013 **fd** 41 529

Der Ballermann – Ein Bulle auf Mallorca

Die Suche nach den Mördern seines besten Freundes führt einen schlagkräftigen Polizei-Kommissar nach Mallorca, wo er sich mit der Unterwelt und der Polizei anlegt. Er stößt auf die charismatische Insel-Patin, bei der alle Fäden zusammenzulaufen scheinen und von der man lange nicht weiß, auf welcher Seite sie steht. Aufwändig produzierter, mit derbem Humor gewürzter (Fernseh-)Krimi als Pilotfilm einer möglichen Actionserie. – Ab 16. Deutschland 2012 **P** action concept **KI** offen **Pd** Stefan Retzbach, Hermann Joha **R** Heinz Dietz **B** Marc Hillefeld **K** Tobias Schmidt **S** Daniela Beauvais **D** Tobias Licht (Tom Hammer), Nina Gnädig (Steffi), Sonja Kirchberger (der Boss), Özgür Karadeniz (Cruz), Philipp Danne (Fernando), Markus Boysen (Torres), Richard van Weyden (Enrico Sola), Francisco Medina (Santiago), Birte Glang (Victoria) **L** 120 **E** 27.12.2012 RTL **fd** –

Balthasar Berg – Sylt sehen und sterben

Ein erfolgreicher Kriminalschriftsteller und Ex-Kommissar will seine Schreibkrise auf Sylt in den Griff bekommen. Bei diesem Erholungsurlaub stößt er am Strand auf die Leiche einer Schokoladen-Fabrikantin, die mit einem Produkt aus ihrer Firma vergiftet wurde. Launige (Fernseh-)Kriminalkomödie mit psychologischer Grundierung, die mit dem Image der illustren Sylter Gesellschaft spielt. – Ab 12. Deutschland 2011 **P** Bavaria **KI** offen **Pd** Jürgen Kriwitz **R** Lars Jessen **B** Jürgen Werner **K** Maximilian Lips **M** Stefan Wulff, Hinrich Dageför **S** Sebastian Thümler **D** Dieter Pfaff (Balthasar Berg), Fritz Karl (Oliver Renner), Petra Kelling (Hermine Kanefly), Saskia Vester (Marie van Sant), Jan Georg Schütte (Kommissar Doberan), Annika Blendl (Svenja Fenlo), Jens Münchow (Hein Stüversen), Jan Peter Heyne (Knut Hansen) **L** 340 **E** 1.11.2012 ZDF **fd** –

Bamberger Reiter. Ein Frankenkrimi

Der Tod einer jungen Western-Reiterin beschäftigt einen melancholischen Kommissar, der in seine Bamberger Heimat zurückgekommen ist, um den Nachlass seiner verstorbenen Mutter zu ordnen. Er bekommt es mit einem Cowboy-Club und Western-Reitern zu tun, wobei ein Techtelmechtel mit einer ehemaligen Kollegin die Ermittlungen erschwert. Solide inszenierter (Fernseh-)Krimi mit regionaler Anbindung. – Ab 14. Deutschland 2012 **P** TV-60 Filmprod. **DVD** Telepool/KNM (16:9, 1.78:1, DD2.0 dt.) **BD** Telepool/KNM (16:9, 1.78:1, DD2.0 dt.) **Pd** Sven Burgemeister **R** Michael Gutmann **B** Peter Probst **K** Kay Gauditz **M** Rainer Michel **S** Dirk Göhler **D** Thomas Schmauser (Kommissar Peter Haller), Teresa Weißbach (Birgit Sacher), Tobias Oertel (Stefan Breu), Anna Schudt (Tessi Breu), Katharina Schüttler (Eva Leupold), Sven Waasner (Herbert Schäufele), Paul Triller (Georg), Annette Lober (Leonie) **L** 88 **FSK** ab 12 **E** 27.10.2012 Bayern 3/29.10.2012 DVD & BD **fd** –

Bana Bir Soygun Yaz!
BANA BIR SOYGUN YAZ!

Durch ein Missgeschick kommt einem Mann ein Batzen Mafia-Geld, das ihm ohne sein Wissen untergeschoben wurde, abhanden. Nun muss er das verlorene Geld mit satten Zinsen zurückzahlen, wenn er nicht sein Leben lassen will. Das Skript für einen gelungenen Banküberfall, das ein Drehbuchautor liefert, soll die Vorlage für ein lukratives Verbrechen abliefern. Allerdings ist der Held mitsamt seinen Kumpels nicht gerade der hellste Dieb. Konventionelle Komödie, die nach dem Schema «Gut und Naiv versus Böse und Durchtrieben» eine Sketch-Parade abfackelt, dabei aber zu sehr auf abgegriffene Gags setzt. (O.m.d.U.) Türkei 2012 **P** Eser **KI** Pera Film **Pd** Burhan Safak **R** Biray Dalkiran **B** Inci Uluçay **K** Seyhan Bilir **S** Baris Kiliç **D** Hakan Yilmaz, Sera Tokdemir, Mehmet Özgür, Hazel Çamlidere, Mehmet Usta, Çetin Altay, Umut Oguz, Ömür Arpaci **L** 104 **FSK** – **E** 20.12.2012 **fd** 41 613

Bankraub für Anfänger

Als seine Bank die Gelder ihrer Kunden verzockt und dafür nicht gerade stehen will, schlüpft ein Angestellter des Geldinstituts in die Rolle eines Bankräubers, um das Unrecht wieder gutzumachen. Daraus ergeben sich unvorhersehbare Verwicklungen, zumal sich eine Kollegin in den «Verbrecher» verliebt. Gesellschaftskritische (Fernseh-)Komödie vor dem Hintergrund betrügerischer Anlageberater und Finanzkrise, im Mittelpunkt ein liebenswertes Schlitzohr mit ausgeprägtem Gerechtigkeitssinn. – Ab 12. Deutschland 2011 **P** Yellow Bird (für ZDF) **DVD** Edel Media (16:9, 1.78:1, DD2.0 dt.) **Pd** Klaus Bassiner, Katharina Görtz, Oliver Schündler **R** Claudia Garde **B** Holger Karsten Schmidt **K** Andreas Doub **M** Francesco Wilking, Patrick Reising **S** Jürgen Winkelblech **D** Wolfgang Stumph (Jürgen Wolf), Steffi Kühnert (Rosalie Westermann), Edgar Selge (Frank Lamm), Pheline Roggan (Miriam Böhm), Michael Ehnert (Christoph Müller), André Hennicke (Victor), Doris Buchrucker (Ingeborg Böhm), Tamara Simunovic (Angelika Huber) **L** 89 **FSK** ab 12 **E** 12.4.2012 ZDF/11.5.2012 DVD **fd** –

Banks – Der Solist
DCI BANKS

Ein Serienmörder, der im englischen East Yorkshire mehrere junge Frauen getötet hat, stirbt nach seiner Festnahme auf dem Weg ins Krankenhaus. Der ermittelnde Chefinspektor Banks arbeitet unter Hochdruck, um das Versteck des verschleppten fünften Opfers zu finden. Zudem kommt der Verdacht auf, dass der Mörder kein Einzeltäter ist. Stil- und stimmungsvoll inszenierter (Fernseh-)Krimi als Pilotfilm einer Serie nach Kriminalromanen von Peter Robinson. – Ab 16. Großbritannien 2010 **P** Left Bank Pic. **KI** offen **Pd** Andy Harries, Francis Hopkinson **R** James Hawes **B** Robert Murphy **K** Matthew Gray **S** Kristina Hetherington **D** Stephen Tompkinson (Alan Banks), Charlotte Riley (Lucy Payne), Andrea Lowe (Annie Cabbot), Sian Breckin (Janet Taylor), Monica Dolan (Maggie Forrest), Samuel Roukin (Marcus Payne), Hannah Orr (Leanne Wray), Michael Keogh (Dennis Morrisey) **L** 90 **E** 2.11.2012 arte **fd** –

Bar 25 – Tage außerhalb der Zeit

Dokumentarfilm über die Berliner «Bar 25», einen auf einem Brachgelände am Spreeufer errichteten Szene-Treffpunkt, zu dem später ein Hostel, ein Restaurant und eine Pizza-Bude kamen, bis die alternative Location im Jahr 2010 auf behördlichen Druck geschlossen wurde. Der Film zelebriert

vor allem die nostalgische Heraufbeschwörung von Erinnerungen. Kritische Selbstreflexionen der Beteiligten werden kaum weiterverfolgt. Eine bunte Materialsammlung, die ihr analytisches Potenzial nicht ausschöpft. – Ab 14.
Deutschland 2012 **P** 25 Films / Arden Film / zdf.kultur / 3sat **Kl** Movienet **DVD** Lighthouse (16:9, 1.78:1, DD5.1 dt.) **Pd** Britta Mischer, Nana Yuriko, Andro Steinborn **R+B** Britta Mischer, Nana Yuriko **K** Peppa Meissner, Alexander Schmalz **M** Reecode **S** Bobby Good **L** 99 (24 B./sec.) / 95 (25 B./sec.) **FSK** o.A.; f **E** 3.5.2012 / 16.11.2012 DVD **fd** 41 047

Barbara ☆★
In der DDR der frühen 1980er-Jahre plant eine junge Kinderärztin, die sich nach einer Haftstrafe unter ständiger Stasi-Beobachtung weiß, ihre Flucht in den Westen. Doch durch die neue Arbeit in einem Provinzkrankenhaus sowie die Begegnung mit dem dortigen Chefarzt kommen ihr Zweifel an ihrem Vorhaben. Der eindrucksvoll gespielte und inszenierte Film nutzt die sich eher behutsam andeutende Liebesgeschichte, um ebenso differenziert wie grundsätzlich Freiheits- und Glücksmöglichkeiten auszuloten. Dabei arbeitet er mit einer stimmigen Raum- und Farbdramaturgie sowie einer subtil austarierten Choreografie der Gesten und Blicke, um die Innenwelt der in sich gekehrten Hauptfigur transparent zu machen. (Kinotipp der katholischen Filmkritik) – Sehenswert ab 14.
DVD/BD: Die Extras der BD umfassen u. a. ein ausführliches «Making of» (40 Min.) sowie eine Audiodeskription für Sehbehinderte.
Deutschland 2011 **P** Schramm Film Koerner & Weber / ZDF **Kl** Piffl Medien **DVD** Piffl (16:9, 1.85:1, DD5.1 dt.) **BD** Piffl (16:9, 1.85:1, DD5.1 dt.) **Pd** Florian Koerner von Gustorf, Michael Weber **R+B** Christian Petzold **K** Hans Fromm **M** Stefan Will **S** Bettina Böhler **D** Nina Hoss (Barbara), Ronald Zehrfeld (Andre), Rainer Bock (Klaus Schütz), Christina Hecke (Assistenzärztin Schulze), Jasna Fritzi Bauer (Stella), Mark Waschke (Jörg), Claudia Geisler (Stationsschwester Schlösser), Peter Weiss (Medizinstudent), Carolin Haupt (Medizinstudentin), Deniz Petzold (Angelo), Rosa Enskat (Hausmeisterin Bungert) **L** 108 **FSK** ab 6; f **FBW** bw **E** 8.3.2012/16.10.2012 DVD & BD **fd** 40 925

Barbie – Die Prinzessin und der Popstar
BARBIE: THE PRINCESS AND THE POPSTAR
Eine Prinzessin, die ein Pop-Star sein möchte, und eine Sängerin, die gerne Prinzessin wäre, tauschen ihre Rollen. Nur langsam finden sie sich im jeweils neuen Leben zurecht, bis Diebe den Schutzzauber des Königreichs entwenden und sie zusammenhalten müssen. Anspruchsarmes, betont märchenhaftes Barbie-Zeichentrickabenteuer in bunten Farben und mit vielen Liedern, das vor überzogenem Wunschdenken warnt. – Ab 8.
USA 2012 **P** Mattel **DVD** Universal (16:9, 1.78:1, DD5.1 engl./dt.) **R** Zeke Norton **B** Steve Granat, Cydne Clark **L** 72 **FSK** o.A. **E** 13.9.2012 DVD **fd** –

Barbie und das Geheimnis von Oceana 2
BARBIE IN A MERMAID TALE 2
Barbie schlüpft erneut in die Rolle der leidenschaftlichen Surferin Merliah und nimmt an der Weltmeisterschaften in Australien teil. Da erreicht die junge Frau, die unter Wasser eine Meerjungfrau ist, der Hilferuf ihrer Mutter, der Königin des Unterwasserreichs Oceana, die von ihrer bösen Schwester bedroht wird. Konventionelles Sequel des gleichnamigen Animationsfilms (2009) als süßliche Abenteuerunterhaltung für sehr junge weibliche Teenager. – Ab 8.
USA 2011 **P** Rainmaker Entertainment **DVD** Universal (16:9, 1.78:1, DD5.1 engl./dt.) **Pd** Harry Linden **R** William Lau **B** Elise Allen **L** 70 **FSK** o.A. **E** 22.3.2012 DVD / 13.4.2012 Super RTL **fd** –

Baron Münchhausen
«Lügenbaron» Münchhausen schwadroniert von seinen großen Zeiten. Als ein Zirkuskind ihn mit der Behauptung konfrontiert, es sei seine Tochter, macht er sich auf den Weg nach St. Petersburg, um die Mutter zu suchen. Auf der langen Reise, die bis zum Mond führt, dann zum Hof der Zarin und schließlich ins orientalische Reich seines Erzfeinds, des Sultans, erlebt er alles, was er zuvor erträumte. Komödiantischer (Fernseh-)Abenteuerfilm, der die Lügengeschichten moderat «überarbeitet» und ihnen eine fabulierfreudige neue Perspektive verleiht. Zwar nervt mitunter der Hauptdarsteller, der weniger eine eigene Münchhausen-Interpretation als eine aufdringliche Jack-Sparrow-Imitation bietet, doch nimmt die Geschichte in der zweiten Hälfte Rasanz auf und steigert sich zur sympathisch-prallen «Räuberpistole». – Ab 10 möglich.
Deutschland 2012 **P** teamWorx / ARD Degeto / BR / SWR / HR / Beta **DVD** Polyband (16:9, 1.78:1, DD2.0 dt.) **BD** Polyband (16:9, 1.78:1, dts-HD2.0 dt.) **Pd** Ariane Krampe, Jochen Laube **R** Andreas Linke **B** Marc O. Seng **K** Stefan Unterberger **S** Gergana Voigt **D** Jan Josef Liefers (Baron Münchhausen), Katja Riemann (Zarin Katharina), Tonio Arango (Grigorij), Jessica Schwarz (Constanze), Helen Ottmann (Frieda), Isabelle Ottmann (Frieda), Gennadi Vengerov (Vladimir), Lars Rudolph (Hermez), Tayfun Bademsoy (Sultan), Lino Bademsoy (Aydin) **L** 180 (90 & 90) **FSK** ab 6 **E** 25./26.12.2012 ARD (zwei Teile) / 27.12.2012 DVD **fd** –

Die Barry Munday Story
BARRY MUNDAY
Ein Schicksalsschlag verpasst einem überheblichen Playboy eine Amputation am Gemächt. Zur selben Zeit erfährt er, dass er schon seit längerem Vater ist, und muss sich mit der eher unscheinbaren Mutter arrangieren. Dank des Nachwuchses kommt sich das sich neckende Paar näher. Weitgehend alberne, in den Figurenzeichnungen unglaubwürdige romantische Komödie, in der sich prominente Darsteller mit Mut zur Hässlichkeit zum Affen macht. – Ab 16.
DVD/BD: Die Extras umfassen u. a. einen Audiokommentar des Regisseurs und der Darsteller Patrick Wilson und Judy Greer.
USA 2010 **P** Stick 'N' Stone Prod. / Corner Store Entertainment / Far Hills Pic. / Prospect Prod. **DVD** Koch (16:9, 1.78:1, DD5.1 engl./dt, dts engl./dt.) **BD** Koch (16:9, 1.78:1, dts-HD engl./dt.) **Pd** Mickey Barold, Stone Douglass, Eric Kopeloff, Matt Weaver (= Matthew Weaver), Tom Pellegrini **R+B** Chris D'Arienzo **Vo** Frank Turner Hollon **K** Morgan Susser **M** Jude Christodal **S** Joan Sobel **D** Patrick Wilson (Barry Munday),

Judy Greer (Ginger Farley), Malcolm McDowell (Mr. Farley), Chloe Sevigny (= Chloë Sevigny) (Jennifer Farley), Cybill Shepherd (Mrs. Farley), Jean Smart (Carol Munday), Billy Dee Williams (Lonnie Green), Shea Wigham (Donald) **L** 91 **FSK** ab 12 **E** 25.5.2012 DVD & BD **fd** –

Barylli's Baked Beans
BARYLLI'S BAKED BEANS
Ein mit allen Beziehungswassern gewaschener Mann verliebt sich in eine Frau mit ebensolchen Erfahrungen und Einsichten. Beide wollen nun gemeinsam alles besser machen, doch mündet ihre Beziehung doch nur wieder ins vertraute Drama um Eifersucht, Enttäuschungen und Missverständnisse. Klischeehafte Liebeskomödie, in der sich die Akteure theatralisch-überzeichnet Floskeln aus der gängigen Lebens- und Liebesratgeberliteratur an den Kopf werfen. Dies hat nur selten satirische Qualitäten und kommt kaum über Binsenweisheiten hinaus. – Ab 14.
Österreich 2011 **P** Novotny & Novotny Filmprod. **KI** W-film **Pd** Franz Novotny, Alexander Glehr **R+B** Gabriel Barylli **K** Edwin Krieg **M** Erwin Kiennast **S** Rosana Santis-Saavedra **D** Gabriel Barylli (Andreas), Michael Dangl (Martin), Sylvia Leifheit (Clarabella/ Mitzi), Isabel Scholz (Maria), Myorah B. Middelton (Sängerin), Mathias Glehr (Verehrer) **L** 93 **FSK** – **fd** 40 966

Battle Force – Todeskommando Aufklärung
BATTLE RECON / BATTLE FORCE
Eine US-amerikanische Eliteeinheit landet während des Zweiten Weltkriegs auf Sizilien, um von den Deutschen gefangene Kameraden zu befreien. Im Rahmen des Genres konventionell, aber recht solide inszenierter Kriegsfilm um eine eher dysfunktionale Gruppe, die sich angesichts der gemeinsamen Aufgabe zusammenraufen muss. – Ab 16.
USA 2011 **P** Archstone Pic. / Automatic Entertainment / Rogue State **DVD** EuroVideo (16:9, 1.78:1, DD5.1 engl./dt.) **BD** EuroVideo (16:9, 1.78:1, dts-HDMA engl./dt.) **Pd** Braden Bowen, Scott Martin, Michael Thomas Slifkin **R+B** Scott Martin **K** Mark Atkins **M** Marianthe Bezzerides **S** Mark Atkins, Erica Steele **D** Scott Martin (Lt. Allen Wright), Clint Glenn (Sergeant Duglas E. Dickie), Tony Pauletto (Private Fitzpatrick), Brandon Kyle Davis (Private Barnett), Johnny Kios (PrivateJoe Ragusa), Riley Litman (Private Walter Reeves), Dennis LaValle (Capt. Lyle Lewis), Roberto Frezza (Antonio) **L** 102 **FSK** ab 16 **E** 19.1.2012 DVD & BD **fd** –

Battle: New York, Day 2
siehe: **Battle NY – Day 2**

Battle NY – Day 2
BATTLE: NEW YORK, DAY 2
Außerirdische überfallen New York – und Zombies sind auch noch im Spiel. Die wenigen Überlebenden haben es nicht leicht, kämpfen aber unverzagt. Niedrig budgetierter Endzeit-Katastrophenfilm mit schlechten Effekten und noch schlechteren Drehbucheinfällen.
Scope. USA 2011 **DVD** Great Movies (16:9, 2.35:1, DD5.1 engl./dt.) **BD** Great Movies (16:9, 2.35:1, dts-HD engl./dt.) **Pd** Laura Schlachtmeyer **R** Andrew Bellware **B** Ralph Boswell **S** Henry Steady **D** Tina Tanzer (Laura), David Ian Lee (Steady), Thomas Rowen (Eric), Nat Cassidy (Neil), Danielle Quisenberry (Jean), Kathleen Kwan (Dr. Maschwitz), Maduka Steady (Alpha), Christopher Frederick (Zombie) **L** 86 **FSK** ab 16 **E** 9.8.2012 DVD & BD **fd** –

Battle of Empires
siehe: **Fetih 1453**

Battle of Los Angeles
BATTLE OF LOS ANGELES / ATTACK: L.A.
Die Erde wurde von einer außerirdischen Invasion überrollt. Widerstand leistet nur noch eine kleine Gruppe Soldaten in einem Stützpunkt nahe Los Angeles. Zu ihnen stoßen ein Luftwaffen-Pilot, der aus dem Zweiten Weltkrieg zu stammen scheint, und eine undurchschaubare Kämpferin, von der sich herausstellt, dass sie zu einer Elite-Einheit gehört, die in den 1940er-Jahren gegründet wurde, um für ähnliche Fälle gewappnet zu sein. Letztklassiger Science-Fiction-Actionfilm, in Inszenierung, Schauspiel sowie dem Einsatz von CGI-Effekten gleichermaßen auf unterstem Niveau. – Ab 16.
USA 2011 **P** The Global / Asylum **DVD** dtp / Best Entertainment (16:9, 1.78:1, DD5.1 engl./dt.) **BD** dtp/Best Entertainment (16:9, 1.78:1, dts-HD engl./dt.) **Pd** David Michael Latt, Paul Bales **R+B** Mark Atkins **K** Mark Atkins **M** Kays Al-Atrakchi, Brian Ralston **S** Mark Atkins **D** Nia Peeples (Capt. Karla Smaith), Kel Mitchell (Lt. Tyler Laighlin), Dylan Vox (Capt. Pete Rodgers), Theresa June-Tao (Lt. Solano), Gerald Webb (Lt. Jeffery Newman), Edward ReRuiter (Capt. Arnstead), Darin Cooper (Capt. Hadron), Tim Abell (Col. Macon) **L** 90 **FSK** ab 16 **E** 13.5.2011 DVD & BD / 8.10.2012 Tele 5 **fd** –

Battleship
BATTLESHIP
Die Erde wird von außerirdischen Invasoren angegriffen. Die Besatzung eines Kriegsschiffs der US-Navy leistet Widerstand, wobei besonders ein rebellischer junger Marinesoldat zum hartnäckigen Gegner der Aliens wird. Tumber Versuch, das Spiel «Schiffe versenken» zu einer Kino-Spielfilmhandlung auszubauen. Während sich der Film im Design an die Transformers-Reihe anlehnt, gerät das Ganze inhaltlich zur martialischen, unreflektiert militaristischen und nationalistischen Materialschlacht voller logischer Brüche. – Ab 16.
DVD/BD: Die Standardausgabe (DVD) enthält keine erwähnenswerten Extras. Die Extras der Special Edition (2 DVDs) und der BD enthalten als Extras ein längeres, indes nicht sonderlich gehaltvolles, mehrteiliges «Making of» (47 Min.). Die BD enthält zusätzlich noch die Prävisualisierung eines alternativen Filmendes (8 Min.) sowie eine Audiodeskription für Sehbehinderte, allerdings nur in englischer Sprache. Die FSK-Freigabe «ab 16» der DVD bezieht sich auf das Bonusmaterial (Trailer etc.), der Film selbst hat eine Freigabe «ab 12».
Scope. USA 2011 **P** Battleship Delta Prod. / Film 44 / Hasbro / Ponysound / Stuber Prod. **KI** Universal **DVD** Universal (16:9, 2.35:1, DD5.1 engl./dt.) **BD** Universal (16:9, 2.35:1, dts-HDMA engl., dts dt.) **Pd** Sarah Aubrey, Peter Berg, Brian Goldner, Duncan Henderson, Bennett Schneir, Scott Stuber **R** Peter Berg **B** Erich Hoeber, Jon Hoeber **K** Tobias A. Schliessler **M** Steve Jablonsky **S** Colby Parker jr., Billy Rich **D** Taylor Kitsch (Alex Hopper), Alexander Skarsgård (Stone Hopper), Rihanna (Raikes), Brooklyn

Decker (Samantha), Tadanobu Asano (Nagata), Liam Neeson (Admiral Shane), Peter MacNicol (Verteidigungsminister), Jesse Plemons (Ordy), Josh Pence (Chief Moore) **L** 131 **FSK** ab 12; f **E** 12.4.2012/23.8.2012 DVD & BD **fd** 41 026

Battleships
siehe: **American Warship – Die Invasion beginnt**

Bauernfrühstück
Ein Traumtänzer strandet in einem schleswig-holsteinischen Dorf, in dem die Zeit stehengeblieben ist und die Bewohner sich noch im Zweiten Weltkrieg wähnen. Zwar wird er als Spion zum Tode verurteilt, verliebt sich aber doch in die Schwester des Ortsvorstehers, der er seinen großen Traum offenbart: Er will einen eigenen Nachtclub eröffnen. Eine zum größten Teil in einem Freilichtmuseum gedrehte No-Budget-Komödie voller kurioser Einfälle, die sich als Hommage an norddeutsche Eigenheiten versteht. – Ab 16.
Deutschland 2011 **P** Söth Videoprod. **DVD** Söth Video / Alive (16.9, 1.78:1, DD2.0 dt.) **Pd**+R+B Michael Söth **K** Ingo Dannecker **S** Florian Quandt, Michael Söth **D** Eva Habermann (Martha Pansegrau), John Barron (Klaus Engelhardt), Stefan Hossfeld (Hartmut Pansegrau), Luzie Buck (Luise Baumann), Tetje Mierendorf (Horst Baumann), Fabian Harloff (Timo Thomsen), Silvia Gonzales (Gerd Gärtner), Dirk Bach (englischer Obergeneral) **L** 97 **FSK** ab 12 **E** 27.10.2011 DVD / 20.12.2012 NDR **fd** –

Bauernfrühstück – Der Film
siehe: **Bauernfrühstück**

Baumeister des Straßburger Münsters
LES BATISSEURS DE LA CATHEDRALE
Bis ins 19. Jahrhundert galt das Straßburger Münster mit seinem Westturm von 142 Metern Höhe als das höchste Bauwerk Europas. Der Dokumentarfilm erzählt von den architektonischen Träumen der Erbauer des Gotteshauses und stellt sechs der führenden Baumeister vor. Mit Spielszenen unterlegt, bietet er Einblicke in die Arbeits- und Lebensweise der Handwerker und Architekten, beschreibt ihre Visionen und präsentiert die technischen Innovationen, die den gewaltigen Bau möglich machten. (DVD-Titel: DIE KATHEDRALE – DIE BAUMEISTER DES STRASSBURGER MÜNSTERS) – Ab 12.
Frankreich/Deutschland 2012 **P** INDI Film / Seppia Prod. / ZDF / arte **DVD** absolut (16:9, 1.78:1, DD2.0 dt.) **Pd** Cédric Bonin, Pascaline Geoffroy, Benjamin Cölle, Arek Gielnik **R+B** Marc Jampolsky **K** Raul Fernandez **S** Gilles Perru **L** 90 **FSK** ab 6 **E** 15.12.2012 arte / 28.2.2013 DVD **fd** –

Bavaria – Traumreise durch Bayern
Dokumentarfilm über Bayern: Mit einer an einem Hubschrauber befestigten Kamera werden, begleitet von einem Off-Kommentar, Landschaften, kulturelle Wahrzeichen, Städte sowie wirtschaftliche und historische Aspekte des Bundeslands eingefangen. Gelegentlich begibt sich der Film auf den Boden, um dann Menschen und Brauchtum zu porträtieren. Dabei wird nur auf die ohnehin bekanntesten Merkmale Bayerns eingegangen, sodass der Film mitunter wie eine Mischung aus unpersönlichem Touristenführer und Image-Film wirkt, weniger jedoch wie eine filmische Liebeserklärung. – Ab 10 möglich.
Scope. Deutschland 2012 **P** Clasart Film- und Fernsehprod. / Perathon Film- und Fernsehproduktion **KI** Concorde **DVD** Concorde (16:9, 2.35:1, DD5.1 dt.) **BD** Concorde (16:9, 2.35:1, dts-HDMA dt.) **Pd** Markus Zimmer, Joseph Vilsmaier **R** Joseph Vilsmaier **B** Joseph Vilsmaier (Konzept), Hannes Burger (Texte) **K** Joseph Vilsmaier, Jakob von Lenthe, Gogol Lobmayr, Frank Hackeschmidt (Steadycam), Irmin Kerck (Helikopter-Kamera) **M** Hans Jürgen Buchner **S** Manuel Reidinger, Uli Schön, Maximilian Zandanel **L** 92 **FSK** o.A.; f **FBW** w **E** 26.7.2012 / 4.12.2012 DVD & BD **fd** 41 200

Beasts of the Southern Wild ☆
BEASTS OF THE SOUTHERN WILD
In einer Siedlung an der Küste Louisianas lebt eine Dorfgemeinschaft in einer von wilder Natur und improvisierten Quartieren geprägten Welt, unter ihnen ein kleines Mädchen und sein kranker Vater. Als ein Sturm die Gegend verwüstet, will die Regierung die Bewohner in ein Auffanglager umsiedeln, diese aber wehren sich gegen die staatliche Intervention. Das zwischen Fantasy und Realität changierende Drama verfolgt aus der Perspektive seiner jungen Heldin deren schmerzhafte Vertreibung aus der Kindheit. Während der Film mit Blick auf eine konkrete Region und Community folkloristisch wirkt, überzeugt er, visuell ausdrucksstark, als Parabel über die Konfrontation eines Kindes mit Sterblichkeit und Tod, die mit einer charismatischen Hauptdarstellerin in Szene gesetzt ist. – Sehenswert ab 14.
USA 2012 **P** Cinereach / Court 13 Pic. / Journeyman Pic. **KI** MFA+ **Pd** Michael Gottwald, Dan Janvey, Josh Penn, Chris Carroll, Matthew Parker **R** Benh Zeitlin **B** Lucy Alibar, Benh Zeitlin **Vo** Lucy Alibar (Bühnenstück *Juicy and Delicious*) **K** Ben Richardson **M** Dan Romer, Benh Zeitlin **S** Crockett Dobb, Affonso Gonçalves **D** Quvenzhané Wallis (Hushpuppy), Dwight Henry (Wink), Levy Easterly (Jean Battiste), Lowell Landes (Walrus), Pamela Harper (Little Jo), Gina Montana (Miss Bathsheeba), Amber Henry (LZA), Jonshel Alexander (Joy Strong) **L** 97 (24 B./sec.) / 93 (25 B./sec.) **FSK** ab 12; f **E** 20.12.2012 **fd** 41 453

Beat the World
BEAT THE WORLD
Die Jugend der Welt trifft sich, um aus ihren Reihen die beste Tanztruppe zu küren. Auch einige Underdogs nehmen an dem Spektakel teil und wollen mit einer Mischung aus Parkour und HipHop die «Battles» gewinnen. Selbst die behauptet dramatische Liebesgeschichte inmitten der akrobatisch tanzenden, ausgesucht schönen Körper ist derart von Klischees überladen, dass nichts an diesem STREET DANCE-Abklatsch fesselt. – Ab 14.
Scope. Kanada/USA 2011 **P** Inner City Films **DVD** Universum (16:9, 2.35:1, DD5.1 engl./dt.) **BD** Universum (16:9, 2.35:1, dts-HD engl./dt.) **Pd** Amos Adetuyi, Ricardo Whately **R+B** Robert Adetuyi **K** Hubert Taczanowski **M** Andrew Lockington **S** Mike Lee, Ronald Sanders **D** Tyrone Brown (Yuson), Mishael Morgan (Maya), Nikki Grant (Cherry), Ray Johnson (Easy), Chase Armitage (Justin), Kristy Flores (Olivia), Shane Pollard (Carlos), Christian Loclair (Eric) **L** 88 **FSK** o.A. **E** 5.12.2012 DVD & BD **fd** –

Beats, Rhymes & Life: ★
The Travels Of A Tribe Called Quest
BEATS, RHYMES & LIFE: THE TRAVELS OF A TRIBE CALLED QUEST
Dokumentarfilm über die HipHop-Formation «A Tribe Called Quest», der die Geschichte der Band aufrollt und zugleich diesem Maßstäbe setzenden Quartett huldigt. In Gestalt zahlreicher Statements prominenter Weggefährten und Bewunderer lässt die Inszenierung die Glanzzeit der Truppe nostalgisch Revue passieren; gleichzeitig scheut sie sich nicht, die internen Konflikte, die schließlich zur Auflösung der Band führten, mit ins Porträt mit aufzunehmen. So entsteht ein spannungsvolles, bei aller Verehrung für die Musiker differenziertes Bild. – Ab 14.
USA 2011 **P** Rival Pic. / Om Films **KI** mindjazz **DVD** Mindjazz (16:9, 1.78:1, DD5.1 engl.) **Pd** Edward Parks, Frank Mele, Michael Rapaport, Eric Matthies, Robert Benavides, Debra Koffler, ATCQ, Justin Alvarado Brown, Erika Williams **R+B** Michael Rapaport **K** Robert Benavides **S** Lenny Mesina **L** 94 (25 B./sec.) **FSK** ab 12 (DVD) **E** 7.6.2012 / 26.10.2012 DVD
fd 41 124

Beauty ★
SKOONHEID / BEAUTY
Ein weißer Südafrikaner begegnet auf der Hochzeitsfeier einer seiner Töchter einem jungen Mann, der ihm fortan nicht mehr aus dem Kopf geht. Sein Versuch, sich ihm in Kapstadt anzunähern, nimmt eine fatale Wendung. Stilsicher-melancholisches Drama um einen Mann, der nach außen hin den Repräsentanten einer ebenso rassistischen wie von Machismo geprägten Gesellschaft gibt, was aber von seinem homosexuellen Begehren unterwandert wird. In Sepiatönen ruhig, langsam und lauernd erzählt, gelingt ein poetischer, an wenigen wichtigen Stellen aber auch harter, quälender Film. (O.m.d.U.) – Ab 16.
Scope. Südafrika/Frankreich 2011 **P** Moonlighting Films **KI** Pro-Fun **DVD** Pro-Fun (16:9, 2.35:1, DD5.1 engl.) **Pd** Didier Costet, Dylan Voogt **R** Oliver Hermanus **B** Oliver Hermanus, Didier Costet **K** Jamie Ramsay **M** Ben Ludik **S** George Hammer **D** Charlie Keegan (Christian), Deon Lotz (François), Albert Maritz (Willem), Roeline Daneel (Anika), Sue Diepeveen (Marika), Michelle Scott (Elena) **L** 100 **FSK** ab 16; f **E** 8.3.2012 / 20.4.2012 DVD
fd 40 926

Beerfriends – Zwei Prolos für ein Halleluja
FUBAR II
Nach einer ärztlichen Fehldiagnose ist es für einen Tagträumer Zeit, um ein neues Leben anzufangen. Zusammen mit einem Freund zieht er nach Kanada, um bei Ölbohrungen sein Glück zu machen. Dabei erweist er sich zwar als untalentiert, aber als ein wahrer Party-Junkie. «White Trash»-Komödie auf der Suche nach neuen Niveautiefen, die aber auch manche gelungene Pointe setzt. – Ab 16.
DVD/BD: Die Extras umfassen u. a. einen Audiokommentar des Regisseurs sowie ein Feature mit im Film nicht verwendeten Szenen (17 Min.).
Kanada 2010 **P** FU2 Prod. **DVD** Koch (16:9, 1.85:1, DD5.1 engl./dt., dts dt.) **BD** Koch (16:9, 1.85:1, dts-HD engl./dt., dts dt.) **Pd** George Baptist, David Lawrence, Michael Dowse, Paul Spence, Shirley Vercruysse, Jennifer Wilson **R** Michael Dowse **B** David Lawrence, Paul Spence, Michael Dowse **K** Bobby Shore **S** Reginald Harkema **D** David Lawrence (Terry Cahill), Paul Spence (Dean Murdoch), Mark Meer (Autoverkäufer), Jarril Jabril (Schwarzmarkthändler), Rose Martin (Rose Murdoch), Matthew Brennan (Deans Dealer), Andrew Sparacino (Tron), Lori D'Amour Heidt (Trons Ex-Frau) **L** 82 **FSK** ab 16 **E** 22.6.2012 DVD & BD
fd –

Begrabt mein Herz in Dresden
Dokumentarfilm über den Sioux-Indianer Edward Two Two, den zu Beginn des 20. Jahrhunderts die boomenden Völkerschauen nach Europa verschlugen. Er starb 1914 in Deutschland und wurde auf eigenen Wunsch nicht nach indianischer Sitte in Heimaterde begraben, sondern auf einem katholischen Friedhof in Dresden. Indem der Film dieser Biografie nachspürt, will er die Sehnsucht «nach dem Fremden» ergründen, die heute noch viele Europäer in Indianer-Reservate führt. Die Spurensuche führt durch Museen, Archive und nach South Dakota, kann aber keine Resultate, sondern Denkanstöße bieten. – Ab 14.
Teils schwarz-weiß. Deutschland 2012 **P** ma.ja.de./MDR/arte **KI** offen **Pd** Heino Deckert **R+B** Bettina Renner **K** Ralf Noack **S** Frank Brummundt **L** 89 **E** 14.10.2012 arte
fd –

Behemoth – Monster aus der Tiefe
BEHEMOTH
Unerklärliche Todesfälle häufen sich in einem von Erdbeben heimgesuchten amerikanischen Landstrich. Doch scheinen nicht Naturgewalten dafür verantwortlich zu sein, sondern ein von ihnen erwecktes groteskes Ungetüm. Fürs Kabelfernsehen produzierte Massenware, die sich formal und inhaltlich im unteren Drittel der nach oben offenen Richterskala bewegt. – Ab 16.
DVD/BD: Die FSK Freigabe «ab 16» der DVD bezieht sich auf das Bonusmaterial (Trailer etc.), der Film selbst hat eine Freigabe «ab 12».
Kanada / USA 2011 **P** Galiath Pic. **DVD** WVG (16:9, 1.78:1, DD5.1 engl./dt.) **BD** WVG (16:9, 1.78:1, dts-HD engl./dt.) **Pd** John Prince **R** David Hogan **B** Rachelle S. Howie **K** Anthony C. Metchie (= Anthony Metchie) **M** Michael Neilson **S** Christopher A. Smith **D** Ed Quinn (Thomas Walsh), Pascale Hutton (Emily Allington), Cindy Busby (Grace Walsh), Jessica Parker Kennedy (Zoe), Ty Olsson (Jack Murray), William B. Davis (William Walsh), Garry Chalk (Sheriff Matt Allington), James Kirk (Jerrod Dietrich) **L** 86 **FSK** ab 12 **E** 26.10.2012 DVD & BD
fd –

Behind Your Eyes
BEHIND YOUR EYES
Ein junges Liebespaar gerät in die Fänge eines Psychopathen, der es quält. Danach geraten die beiden in die Fänge eines älteren psychopathischen Ehepaars, das sie weiter quält. In allen Belangen lausiger Horrorfilm, der weder Spannung aufbaut noch sonderliche Schauwerte aufweist noch darstellerische Akzente setzt.
USA 2011 **P** Vesuvio Entertainment / Eyes 2010 **DVD** WVG (16:9, 1.78:1, DD5.1 engl./dt.) **BD** WVG (16:9, 1.78:1, dts-HD engl./dt.) **Pd** Chris Ottinger, Michael Ottinger, Mark Furman **R** Clint Lien **B** Daniel Fanaberia **K** Akis Konstantakopoulos **M** Corey Wallace **S** Adam Johns **D** Frida Farrell (Erika Johnson), Tom Sandoval (Steven Carlyle), Daniel Fanaberia (Mark Balentine), Arthur Roberts (Richard Carlyle), Remy O'Neill (Annette Car-

lyle), Lisa R. Segal (Ashley Malloy), Kristen Doute (Katie Richter), Brendan Fallon (namenloser Junge) **L** 82 **FSK** ab 18 **E** 15.11.2012 DVD & BD **fd –**

Die Beilight Saga: Breaking Wind – Bis(s) einer heult!
BREAKING WIND
Nach BEILIGHT – BISS ZUM ABENDBROT zweite Verulkung der Vampir/Werwolf-Saga um die dramatisch-romantische (Liebes-)Beziehung zwischen der jungen Bella, dem introvertierten Vampir Edward und dem gutmütigen Werwolf Jacob. Das auf den Pfaden einschlägiger Parodie-Reihen wandelnde TWILIGHT-Vehikel schafft es mühelos, mit weiteren ausgelutschten Witzen unter der Gürtellinie, lahmen Kalauern und unkomisch schlecht agierenden Darstellern die ohnehin bereits ihre eigene (unfreiwillige) Parodie beinhaltende originale Teenie-Erfolgsreihe in Bezug auf formales und inhaltliches Niveau weit zu unterbieten. – Ab 16.
USA 2011 **P** Primary Pic. **DVD** Splendid (16:9, 1.85:1, DD5.1 engl./dt.) **BD** Splendid (16:9, 1.85:1, dts-HD engl./dt.) **Pd** Bernie Gewissler, Amy Jarvela, Craig Moss **R+B** Craig Moss **K** Rudy Harbon **M** Todd Haberman **S** Austin Michael Scott **D** Heather Ann Davis (Bella), Eric Callero (Edward), Frank Pacheco (Jacob), Michael Adam Hamilton (Ronald), Alice Rietveld (Alice), John Stevenson (Carlisle), Rebecca Ann Johnson (Esme), Taylor M. Graham (Emmet) **L** 79 **FSK** ab 16 **E** 15.11.2012 DVD & BD **fd –**

Being ... Putin
BEING PUTIN
Porträt des russischen Präsidenten Wladimir Putin, das den Weg des Technokraten an die Spitze zur absoluten Macht skizziert. Im Laufe des Dokumentarfilms kommt der Porträtierte selbst zu Wort, und es wird deutlich, dass seine «gesteuerte Demokratie» vom Traum einer erneuten großrussischen Hegemonialmacht beseelt ist. – Ab 16.
Frankreich 2011 **KI** offen **R** Karl Zéro, Daisy d'Errata **L** 90 **E** 28.2.2012 arte **fd –**

Beirut Hotel
BEYROUTH HOTEL
Die verheiratete Sängerin, die in einem noblen Hotel in Beirut auftritt, und ein französischer Anwalt auf dem Weg nach Syrien verlieben sich ineinander. Der Mann der Sängerin will nicht in eine Trennung einwilligen, ihr Onkel fordert eine Erklärung, da er den Geliebten für einen Spion hält. Tatsächlich ist der Anwalt in einer Art Geheimmission unterwegs, die der Affäre weitere Brisanz verleiht. Drama, dessen Liebesgeschichte sich als Allegorie auf das Lebensgefühl der jungen Generation im heutigen Beirut versteht, das von Sehnsucht, Leidenschaft und Misstrauen geprägt ist; zugleich spiegelt der Film das Aufeinandertreffen von Orient und Okzident. – Ab 16.
Frankreich 2011 **P** Les Films Pelléas / Maïa Cinéma / arte / Orjouane Prod. / DFM / Filmi Väst **KI** offen **Pd** Philippe Martin, Gilles Sandoz, David Thion **R+B** Danielle Arbid **K** Pierric Gantelmi d'Ille **M** Zeid Hamdan **S** Julien Leloup **D** Charles Berling (Mathieu), Darine Hamzé (Zoha), Fabi Abi Samra (Abbas), Rodney El Haddad (Hicham), Paul Mattar (Zohas Onkel), Karl Sarafidis (Rabbih), Randa Kaadeh (Zohas Mutter), Carole Hammoun (Lina) **L** 94 **E** 20.1.2012 arte **fd –**

Bel Ami ★
BEL AMI / BEL AMI – STORIA DI UN SEDUTTORE
Ein mittelloser junger Mann macht in der Pariser Gesellschaft Karriere, indem er sich durch die Betten einflussreicher Frauen «nach oben schläft». Verfilmung von Guy de Maupassants Roman als opulent ausgestattete «Dramödie» eines schönen Mannes, der die ihm verfügbare «Währung» der körperlichen Attraktivität nutzt, ohne zu realisieren, welchen emotionalen Preis er dafür bezahlt. Das bitter-satirische einer Gesellschaft, die ihre zügellose Gier hinter einer Fassade der Wohlanständigkeit versteckt, unterhält als Schauspieler-Film mit einem Ensemble charismatischer «Leading Ladies» und einem Hauptdarsteller, dessen Star-Persona als Mädchenschwarm eine hintersinnige moderne Folie für den Décadence-Stoff abgibt. – Ab 16.
DVD/BD: Die Extras der BD beinhalten u. a. die Pressekonferenz anläßlich der Berlinale-Premiere 2012 (25 Min.).
Scope. Großbritannien / Frankreich / Italien 2012 **P** 19 Ent. / Protagonist Pic. / Rai Cinema / Redwave Films **KI** StudioCanal **DVD** StudioCanal (16:9, 2.35:1, DD5.1 engl./dt.) **BD** StudioCanal (16:9, 2.35:1, dts-HDMA engl./dt.) **Pd** Uberto Pasolini, Laurie Borg **R** Declan Donnellan, Nick Ormerod **B** Rachel Bennette **Vo** Guy de Maupassant (Roman *Bel Ami*) **K** Stefano Falivene **M** Lakshman Joseph De Saram, Rachel Portman **S** Gavin Buckley, Masahiro Hirakubo **D** Robert Pattinson (Georges «Bel Ami» Duroy), Uma Thurman (Madeleine Forestier), Christina Ricci (Clotilde de Marelle), Kristin Scott Thomas (Madame Rousset), Colm Meaney (Monsieur Rousset), Philip Glenister (Charles Forestier), Holliday Grainger (Suzanne Rousset), James Lance (François Laroche), Natalia Tena (Rachel) **L** 102 **FSK** ab 12; f **E** 3.5.2012/16.10.2012 DVD & BD **fd** 41 051

Bella Australia
Nach der Trennung von ihrem Mann scheint eine Frau mit fast erwachsener Tochter in Berlin-Kreuzberg Fuß gefasst zu haben. Der Freundeskreis ist gesellig und intakt, auch die Nähe zu ihrem Ex-Mann scheint zu funktionieren. Da eröffnet ihr die Tochter anlässlich der Abiturfeier, dass sie für ein Jahr nach Australien gehen möchte; zugleich drängt ihr Mann auf die Scheidung. Unterhaltsame Fortsetzung der (Fernseh-)Komödie BELLA VITA (2012), die die Handlung fintenreich fortspielt und die Protagonistin erneut mit argen Konflikten konfrontiert. – Ab 12.
Deutschland 2011 **P** Hager Moss Film **DVD** Edel (16:9, 1.78:1, DD2.0 dt.) **Pd** Kirsten Hager **R** Vivian Naefe **B** Melanie Brügel **K** Peter Döttling **M** Andrej Melita, Andreas Schäfer **S** Christian Nauheimer **D** Andrea Sawatzki (Bella), Lotte Flack (Lena), Thomas Sarbacher (Martin), Juliane Köhler (Ines Wolf), Matthias Brenner (Olaf Wolf), Lisa Martinek (Eve Ackermann), Tobias Oertel (Sebastian Berg), Pegah Ferydoni (Antonia) **L** 90 **FSK** ab 12 **E** 20.4.2012 ZDF_neo/1.6.2012 DVD **fd –**

Bella Block – Der Fahrgast und das Mädchen
Auf Bitten eines befreundeten Staatsanwalts hin stellt Ex-Kommissarin Bella Block verdeckte Ermittlungen in einer Schule an, in der drei Schüler in eine Schießerei verwickelt sind und eine Waffe benutzt haben, mit der

vor 30 Jahren ein Mord verübt wurde. Einer der Schüler bemächtigt sich der Waffe, weil er glaubt, die von ihm heimlich geliebte Lehrerin stehe im Zusammenhang mit dieser Tat. Routinierter, psychologisch ausgerichteter (Fernsehserien-)Kriminalfilm über lebensferne Wahnvorstellungen. – Ab 16. Deutschland 2011 **P** UFA Fernsehprod. (für ZDF) **KI** offen **Pd** Norbert Sauer, Cornelia Wecker **R** Torsten C. Fischer **B** Fabian Thaesler **K** Michael Wiesweg **M** Fabian Römer **D** Hannelore Hoger (Bella Block), Devid Striesow (Jan Martensen), Katharina Wackernagel (Mariam Brückner), Jacob Matschenz (Lenny Gravert), André Jung (Thomas Brückner), Hansjürgen Hürrig (Klaus Dieter Mehlhorn), Rick Okon (John Kleeberg), Liv Lisa Fries (Jana Winter) **L** 90 **E** 11.2.2012 ZDF
fd –

Bella Block – Unter den Linden
Während eines Wochenendaufenthalts in Berlin wird Polizistin Bella Block Zeugin eines Unfalls, bei dem ein Mann ums Leben kommt. Sie verfolgt einen alten Mann, der vom Unfallort flüchtet, wobei ihr die Handtasche gestohlen wird. Gänzlich mittellos steht sie plötzlich inmitten der Hauptstadt, muss in einer Notunterkunft übernachten und wird auf ihrer Suche in Ostberliner Randbezirke verschlagen, die den Alten und Armen vorbehalten sind. Spannend-engagierter (Fernsehserien-)Krimi zu den Themen Altersarmut und Einsamkeit. – Ab 14. Deutschland 2012 **P** UFA (für ZDF) **KI** offen **Pd** Norbert Sauer **R** Martin Enlen **B** Katrin Bühlig **K** Philipp Timme **M** Dieter Schleip **S** Monika Abspacher **D** Hannelore Hoger (Bella Block), Peter Simonischek (Carlo Lenz), Maren Kroymann (Margit Brettschneider), Otto Mellies (Arthur Vogt), Max Hopp (Thorsten Müller), Margit Bendokat (Irmchen Schwarz), Winnie Böwe (Solveig Gärtner), Corinna Breite (Heidrun Rössner) **L** 90 **E** 24.10.2012 ZDF **fd** –

Bellflower
BELLFLOWER
Zwei antriebsschwache junge Männer bereiten sich auf eine apokalyptische Endzeit vor und konstruieren ein Fluchtauto à la Mad Max. Ihre Freundschaft wird auf eine harte Probe gestellt, als sich einer von ihnen zum ersten Mal verliebt und der Kumpel ihm prompt die Frau ausspannt. Die nicht besonders tief schürfende Geschichte präsentiert sich optisch durchaus beachtlich, doch kann der ansprechende Erzählfluss nicht über die holprige Inszenierung hinwegtäuschen. – Ab 16.
DVD/BD: Die Extras umfassen ein Booklet zum Film.
Scope. USA 2011 **P** Coatwolf Prod. **DVD** I-On/Störkanal (16:9, 2.35:1, DD5.1 engl./dt.) **BD** I-On/Störkanal (16:9, 2.35:1, dts-HD engl./dt.) **Pd** Evan Glodell, Vincent Grashaw, Paul Edwardson, Joel Hodge, Jet Kauffman, Jonathan Keevil, Lenny Powell, Chelsea St. John **R+B** Evan Glodell **K** Joel Hodge **M** Jonathan Keevil **S** Evan Glodell, Vincent Grashaw, Joel Hodge, Jonathan Keevil **D** Evan Glodell (Woodrow), Jessie Wiseman (Milly), Tyler Dawson III (Aiden), Rebekah Brandes (Coutney), Vincent Grashaw (Mike), Zack Kraus (Elliot), Keghan Hurst (Sarah), Alexandra Boylan (Kellnerin) **L** 102 **FSK** ab 16 **E** 2.3.2012 DVD & BD **fd** –

Ben 10: Destroy All Aliens
BEN 10: DESTROY ALL ALIENS
Der zehnjährige Ben ist mit Opa Max und Cousine Gwendolin einmal mehr auf Alien-Jagd, als er versehentlich den Selbstzerstörungsmechanismus seiner unähnlichen Wunderwaffe Omnitrix aktiviert. Bald steht nicht weniger als das gesamte Sonnensystem auf dem Spiel. Anspruchsloses Zeichentrick-Science-Fiction-Abenteuer um einen kleinen, etwas großspurigen Jungen, der die Welt vor Außerirdischen retten will. Ableger einer Fernsehserie, um die längst ein ausgeprägtes Netzwerk von Vermarktungsstrategien rankt. – Ab 12.
USA/Singapur 2007 **P** Tiny Island Prod. **DVD** Warner (16:9, 1.78:1, DD5.1 engl./dt.) **Pd+R** Victor Cook **B** Marty Isenberg **M** Kristopher Carter, Michael McCuistion, Lolita Ritmanis **L** 69 **FSK** ab 12 **E** 25.8.2012 kabel eins / 5.10.2012 DVD **fd** –

Benny – Allein im Wald
BONOBOS
Tierschützer befreien einen kleinen Menschenaffen aus den Fängen von ignoranten Geschäftemachern. Die Vorbereitung des kleinen Rackers auf die freie Wildbahn ist für die Biologen keine leichte, aber eine durchaus amüsante Aufgabe. Natur-«Dokumentation» mit dem üblichen Vermenschlichungskitsch und einigen schönen Bildern von den Bonobo-Affen vom Kongo. – Ab 10.
DVD/BD: Erhältlich als DVD, 2D BD und 2D/3D BD.
3D. Frankreich 2011 **P** MCA/SND **DVD** Sunfilm (16:9, 1.85:1, DD5.1 frz./dt., dts dt.) **BD** Sunfilm (16:9, 1.85:1, dts-HDMA7.1 frz./dt.) **Pd** Jean-Pierre Bailly, Philippe Calderon **R** Alain Tixier **B** Philippe Calderon, Guilaume Enard, Alain Tixier, Guillaume Vincent **K** Patrice Aubertel, Damien Chatard, Christian Gaume **M** Jean-Baptiste Sabiani **S** Laurence Buchmann **L** 85 **FSK** ab 6 **FBW** w **E** 5.4.2012 DVD & BD **fd** –

Berg Fidel – Eine Schule für alle ☆
Drei Jahre lang begleitet der Dokumentarfilm vier Kinder mit unterschiedlichen Lernbehinderungen durch ihren Alltag an der inklusiven Gemeinschaftsgrundschule «Berg Fidel» in Münster. Die Langzeitbeobachtung bleibt konsequent bei ihren Protagonisten, lässt weder Eltern noch Lehrer oder externe Experten zu Wort kommen, sondern einzig die Schüler. Die unkommentierte Dokumentation überzeugt als engagiertes, stilles und bewegendes, nie schönfärbendes Plädoyer gegen das frühe Aussortieren im deutschen Schulsystem. – Sehenswert ab 14.
Deutschland 2011 **P** Deutsche Film- und Fernsehakademie Berlin (dffb)/ Hella Wenders **KI** W-film **Pd** Christoph Heller, Hella Wenders **R+B** Hella Wenders **K** Merle Jothe **M** Thom Hanreich **S** Verena Neumann **L** 94 (24 B./sec.) / 88 (25 B./sec.) **FSK** o.A.; f **FBW** w **E** 13.9.2012 **fd** 41 265

Der Bergdoktor – Virus
Kurz vor einer Eheschließung in einer abgelegenen Berghütte brechen drei Männer zu einer Wanderung auf, da dieses Ritual den Brautleuten Glück bringen soll. Sie geraten in einen Schneesturm und suchen in einer Höhle Zuflucht, wo einer von ihnen an einem gefährlichen Virus erkrankt. Serieller (Fernseh-)Heimat- und Bergfilm, dessen hochdramatische Handlung einmal mehr wahre Männer fordert. – Ab 14.

Deutschland 2012 **P** ndF **KI** offen **Pd** Matthias Walther **R** Dirk Pientka **B** Timo Berndt **K** Tobias Platow **S** Christian Bolik **D** Hans Sigl (Martin Gruber), Heiko Ruprecht (Hans Gruber), Ronja Forcher (Lilli Gruber), Julia Richter (Dr. Julia Denson), Francis Fulton-Smith (Marc Geiger), Mark Keller (Dr. Alexander Kahnweiler), Manou Lubowski (Thomas Schira), Robert Lohr (Michael Dörfler) **L** 90 **E** 20.12.2012 ORF 2   **fd** –

Berlin für Helden
Porträts einiger Berliner, die sich als Ausreißer, Abenteurer und Abstürzler in mal mehr, mal minder prekären Lebensverhältnissen auf verschiedene Art durchschlagen und mit diversen Liebesfreuden und -nöten beschäftigt sind. Ohne geradlinige Handlung folgt Klaus Lemke keiner geschliffenen Dramaturgie, kreiert gleichwohl schillernde Facetten des Neuen Berlin, das über die privaten Befindlichkeiten der Protagonisten reizvoll und wie nebenbei in seinen Film einfließt. – Ab 16.
Deutschland 2012 **P** Klaus Lemke Filmprod. **KI** deutschfilm **DVD** Universum (16:9, 1.78:1, DD2.0 dt.) **Pd+R+B** Klaus Lemke **K** Paulo da Silva **M** Malakoff Kowalski **S** Florian Kohlert **D** Saralisa Volm, Marco Barotti, Anna Anderegg, Henning Gronkowski, Andreas Bichler, Dagobert Jäger, Thomas Mahmoud, Karl Schneider **L** 95 **FSK** ab 16 **E** 5.4.2012 / 7.12.2012 DVD   **fd** 40982

Berlin Kaplani
BERLIN KAPLANI
Als ein Boxer aus dem Berliner Kiez mit der Mafia aneinandergerät, lässt er sich von seinem Schwager zu einer Reise an die türkische Ägäis überreden. Der Verwandte verfolgt damit eigene Pläne, denen der Deutschtürke erst einmal auf die Spur kommen muss. Leichtfüßige Culture-Clash-Komödie mit einen gutmütigen «Almanci» zwischen den Kulturen, die als anekdotisches Sozialmärchen mit ironischen Spitzen unterhält. Während vor allem der charismatische Hauptdarsteller überzeugt, sind die Nebenfiguren eher eindimensional gezeichnet. (O.m.d.U.) – Ab 14.
Türkei 2011 **P** BKM Film **KI** Kinostar **Pd** Necati Akpinar **R** Hakan Algül **B** Ata Demirer **K** Gökhan Atilmis **M** Fahir Atakoglu **S** Mustafa Gökçen **D** Ata Demirer (Ayhan Kaplani), Tarik Ünlüoglu (Cemal), Necati Bilgiç, Özlem Türkad, Nihal Yalçin, Cemil Özbayer **L** 102 **FSK** ab 12; f **E** 26.1.2012   **fd** 40905

Die Bernsteinstraße
Bernstein-Beigaben in Pharaonengräbern sowie Funde bei Ausgrabungen in Troja belegen, dass sich das «Gold des Meeres» in Vorderasien und dem Vorderen Orient äußerster Beliebtheit erfreute. Der als Road Movie konzipierte Dokumentarfilm ergründet die verschlungenen Handelswege der Bronzezeit und folgt der Spur des Bernsteins von den Fundstätten bis an die Ostsee. Dabei kommt dem fränkischen Ort Bernstorf als einem der Hauptumschlagplätze für das begehrte Material eine besondere Rolle zu. Die filmische Entdeckungsreise folgt nicht nur der Route des Bernsteins, sondern stellt auch eine ehemals unermesslich reiche Stadt vor. – Ab 12.
Deutschland 2012 **P** ZDF **KI** offen **R** Gisela Graichen, Peter Prestel **L** 86 **E** 2.6.2012 arte   **fd** –

Berserk: Das goldene Zeitalter – Das Ei des Königs
BERSERK: OGON JIDAI HEN I – HAOU NO TAMAGO
Adaption der 25-teiligen Fernsehserie (nach dem Manga von Kentaro Miura) als auf drei Teile angelegtes Kino-Epos. Der erste Teil (DAS EI DES KÖNIGS) erzählt die Geschichte eines Waisenjungen, der sich in einem fiktiven europäischen Mittelalter der Söldnerbande eines charismatischen androgynen Anführers anschließt. In der Gruppe entwickeln sich Freundschaften und Rivalitäten, doch im Kampf scheinen sie unbesiegbar, bis sich der Anführer in eine schöne Königstochter verliebt und damit die Gruppe zu sprengen droht. Ein furioses, visuell eindrückliches, aber auch hartes Fantasy-Abenteuer als Mixtur aus klassischer 2D-Animation und Computer generierten Hintergründen, das die schicksalhaft-tragischen Zuspitzungen um die rebellischen Helden nachvollziehbar macht. – Ab 16.
Japan 2012 **P** Lucent Pictures Entertainment **DVD** Universum **BD** Universum **Pd** Eiichi Kamagata, Mitsuru Oshima, Akira Shimada, Eiko Tanaka **R** Toshiyuki Kubooka **B** Ichiro Okouchi **Vo** Kentaro Miura (Manga) **M** Shiro Sagisu **S** Kengo Shigemura **L** 74 **FSK** ab 16 **E** 14.12.2012 DVD & BD 14.12.2012 DVD & BD   **fd** –

Bert Stern – The Man Who Shot Marilyn
BERT STERN: ORIGINAL MADMAN
Dokumentarisches Porträt des Star- und Werbefotografen Bert Stern (geb. 1929), dessen Smirnoff-Kampagne in den 1950er-Jahren Werbegeschichte schrieb und der die schönsten Frauen der Welt fotografierte. Stern machte die letzte Fotosession mit Marilyn Monroe sechs Wochen vor deren Tod, die als «The Last Sitting» berühmt wurde. Der interessante Film erzählt die Geschichte einer grandiosen Selbstinszenierung und berichtet von Aufstieg, jähem Absturz und Comeback. – Ab 12.
USA 2011 **P** Magic Film Prod. **KI** offen **Pd** Shannah Laumeister, Gregory McClatchy, Phyllis Stuart, Jeff Werner **R+B** Shannah Laumeister **K** Tony Hardmon, Shannah Laumeister **M** Jeff Eden Fair, Starr Parodi **S** Danny Bresnik, Piri Miller, Jeff Werner **L** 93 **E** 5.8.2012 arte   **fd** –

Das bessere Leben
ELLES
Eine Journalistin schreibt für eine Mode-Zeitschrift einen Artikel über Studentinnen, die ihren aufwändigen Lebensstil durch Prostitution finanzieren. Während sie den Text zu Ende bringt und ein Abendessen für Geschäftsfreunde ihres Mannes vorbereitet, hallen die Gespräche mit zwei jungen Prostituierten in ihr nach, die an verdrängte Sehnsüchte und Begierden rühren. Die Bruchstücke aus Erinnerung, Vergegenwärtigung und Reflexion zwingt das Drama in keine thematisch strukturierte Ordnung; vielmehr folgt es einer von drei außergewöhnlichen Schauspielerinnen getragenen assoziativen Logik, wobei die collagenhafte Fülle an Miniaturen und Diskursen um die Dialektik des Begehrens und Dilemmata der bürgerlichen Welt kreist. – Ab 16.
Scope. Frankreich / Polen / Deutschland 2011 **P** Shot – Szumowski / Slot Machine / Zentropa Int. Köln / Zentropa Int. Poland / Canal+ Polen / ZDF / Liberator Prod. **KI** Zorro **DVD** Zorro (16:9, 2.35:1, DD5.1 frz./dt.) **Pd** Marianne Slot, Agnieszka Kurzydo, Beata Ryczkowska, Reinhold Elschot, Daniel

Blum, Malgoska Szumowska (= Malgorzata Szumowska), Peter Aalbaek Jensen, Peter Garde **R** Malgoska Szumowska (= Malgorzata Szumowska) **B** Tine Byrckel, Malgoska Szumowska (= Malgorzata Szumowska) **K** Michael Englert **S** Françoise Tourmen, Jacek Drosio **D** Juliette Binoche (Anne), Anaïs Demoustier (Charlotte), Joanna Kulig (Alicja), Louis-Do de Lencquesaing (Patrick), Krystyna Janda (Alicjas Mutter), Andrzej Chyra (sadistischer Kunde), Ali Marhyar (Saïd), Jean-Marie Binoche (Annes Vater), François Civil (Florent), Pablo Beugnet (Stéphane) **L** 94 **FSK** ab 16; f **E** 29.3.2012/5.7.2012 Schweiz / 16.10.2012 DVD **fd** 40 993

Best Exotic Marigold Hotel ☆
THE BEST EXOTIC MARIGOLD HOTEL
Aus unterschiedlichen Gründen verschlägt es sieben britische Rentnerinnen und Rentner in ein indisches Hotel, das ihr Altersdomizil sein soll. Statt in der erwartet luxuriösen Anlage stranden sie in einem baufälligen Altbau. Allmählich gelangen sie zu der Erkenntnis, dass das Sich-Einstellen aufs Senioren-Dasein nicht nur eine äußere Reise, sondern auch innere Beweglichkeit erfordert. Stimmungsvoll nutzt der Film den exotischen Schauplatz als metaphorisches Bild für die Fremdheitserfahrung, im Alter mit dem Lebensstil der Restgesellschaft überfordert zu sein. Dank des furiosen Darsteller-Ensembles gelingt ein unterhaltsamer und berührender Reigen mit verschränkender Schicksale. – Ab 12.
Scope. Großbritannien 2011 **P** Blueprint Pic. **KI** Twentieth Century Fox **DVD** Fox (16:9, 2.35:1, DD5.1 engl./dt.) **Pd** Graham Broadbent, Peter Czernin, Caroline Hewitt, Sarah Harvey **R** John Madden **B** Ol Parker **Vo** Deborah Moggach (Roman *These Foolish Things*) **K** Ben Davis **M** Thomas Newman **S** Chris Gill **D** Judi Dench (Evelyn), Bill Nighy (Douglas), Penelope Wilton (Jean), Dev Patel (Sonny), Celia Imrie (Madge), Ronald Pickup (Norman), Tom Wilkinson (Graham), Maggie Smith (Muriel), Tena Desae (Sunaina), Liza Tarbuck (Oberschwester Karen) **L** 123 **FSK** o.A.; f **FBW** bw **E** 15.3.2012 / 13.7.2012 DVD & BD **fd** 40 948

Beyond – Die rätselhafte Entführung der Amy Noble
BEYOND
Als seine Nichte entführt wird, reaktiviert ein Polizeichef in Alaska einen alten Kollegen mit übernatürlichen Fähigkeiten. Die Kindesmutter wendet sich an einen jungen Radiomoderator mit ähnlichen Fähigkeiten. Auf der Suche nach dem Kind müssen sich die beiden grundverschiedenen Männer zusammenraufen. Stimmungsvoll gestalteter Thriller, der die im Grunde konventionelle Handlung in paranormale Sphären erhebt. – Ab 16.
DVD/BD: Die FSK-Freigabe «ab 16» der DVD/BD bezieht sich auf das Bonusmaterial (Trailer etc.), der Film selbst hat eine Freigabe «ab 12».
Scope. USA 2011 **P** Ghost Vision **DVD** Splendid (16:9, 2.35:1, DD5.1 engl./dt.) **BD** Splendid (16:9, 2.35:1, dts-HD engl./dt.) **Pd** Jamee Natella, Steven Paul **R** Josef Rusnak **B** Gregory Gieras **K** Eric Maddison **M** Mario Grigorov **D** Jon Voight, Teri Polo, Ben Crowley, Julian Morris, Dermot Mulroney, Brett Baker, Ben Crowley, Jason Collins **L** 90 **FSK** ab 12 **E** 23.3.2012 DVD & BD **fd** –

Beyond the Front Line – Kampf um Karelien
FRAMOM FRÄMSTA LINJEN
Die zahlenmäßig und waffentechnisch unterlegene finnische Armee leistet Mitte des Zweiten Weltkriegs heldenhaft Widerstand gegen die immer wieder Einsätze fahrende russische Armee im Grenzgebiet zwischen beiden Ländern. Bescheidenes Kriegsspektakel, das der finnische Regieveteran Åke Lindman drei Jahre später unter dem Titel SCHLACHT UM FINNLAND mit zum Teil identischer Besetzung noch einmal, dann aber aufwändiger inszeniert hat. – Ab 16.
Finnland 2004 **P** Ake Lindman Film-Prod. **DVD** Ascot/Elite (16:9, 1.85:1, DD5.1 fin./dt., dts dt.) **BD** Ascot/Elite (16:9, 1.85:1, dts-HDMA fin./dt.) **Pd** Alf Hemming, Petri Siitonen **R** Åke Lindman **B** Stefan Forss, Benedict Zilliacus **K** Pauli Sipiläinen **M** Lasse Mårtenson **S** Sakari Kirjavainen **D** Tobias Zilliacus (Harry Järv), Ilkka Heiskanen (Lt. Col. Alpo Marttinen), Christoffer Westerlund (Allan Finholm), Kim Gustafsson (Björk), Martin Bahne (Lindblad), Carl-Gustaf Wentzel (Forss), Jan-Christian Söderholm

(Klas Helén), Sampo Sarkola (Kaustinen) **L** 120 **FSK** ab 16 **E** 19.3.2012 DVD & BD **fd** –

Beziehungsweisen ☆
«Gespielte» Dokumentation über drei Paare in der Therapie. Der Regisseur improvisiert mit authentischen Therapeuten sowie mit Schauspielern, die Paare spielen, die Behandlung von Beziehungsproblemen, die über den Einzelfall hinaus grundsätzliche Schwierigkeiten des Zusammenseins als Paar präsentieren. Dabei geht es um das «Verhandeln von Liebe», um Umgangsweisen und Lebensformen entfremdeter Partner mittels der vom Therapeuten moderierten Kommunikation. Ein kluger Film, der trotz distanzierender Erzählstrategien fesselt. – Sehenswert ab 16.
Deutschland 2011 **P** Calle Overweg Filmprod. **KI** arsenal institut **Pd+R+B** Calle Overweg **K** Susanna Salonen **M** Stefan Lienenkämper **S** Calle Overweg **D** Leopold Altenberg (Hermann), Abak Safaei-Rad (Dorothea), Axel Hartwig (Heiko), Anja Haverland (Amelie), Gerhold Selle (Siegfried), Franziska Kleinert (Eva), Marion Braun (Therapeutin), Heidemarie Zunken-Kreplien (Therapeutin), Joachim Maier (Therapeut) **L** 86 **FSK** – **E** 19.8.2012 3sat / 11.10.2012 **fd** 41 321

Bigfoot – Die Legende lebt!
BIGFOOT
Während eines Rock-Festivals im Wald huscht eine seltsame Gestalt durch die Zeltstadt. Fußlahmer Versuch des einstigen Hauptdarstellers der Fernseherie BIGFOOT UND DIE HENDERSONS, erneut auf dem Regiestuhl mit einem Aufguss des nicht auszurottenden Mythos zu reüssieren. – Ab 16.
USA 2012 **P** The Asylum **DVD** dtp/ Great Movies (16:9, 1.78:1, DD5.1 engl./dt.) **BD** dtp/Great Movies (16:9, 1.78:1, dts-HDMA engl./dt.) **Pd** David Michael Latt, Paul Bales **R** Bruce Davison **B** Brian Brinkman, Micho Rutare **K** Alexander Yellen **M** Chris Ridenhour **S** Rob Pallatina **D** Danny Bonaduce (Harley Anderson), Barry Williams (Simon Quint), Bruce Davison (Sheriff Walt Henderson), Sherilyn Fenn (Sheriff Becky Alvarez), Howard Hesseman (Major Tommy Gillis), Andre Royo (Al Hunter), Alice Cooper (Alice Cooper), Cynthia Geary (Sueanne)

L 85 **FSK** ab 16 **E** 18.10.2012 DVD & BD **fd –**

Bin gleich zurück ★
SKRAPP UP
Eine isländische Lyrikerin bringt sich und ihre beiden Söhne mit Marihuana-Deals über die Runden und wittert ihre Chance, als ihr ein Groß-Dealer viel Geld für ihre Kundenkartei bietet. Nachdem eine erste Geld- und Datenübergabe scheitert, findet sie sich auf einer Party im Kreis von Freunden und skurrilen Kunden wieder. Dann eskalieren die Ereignisse, und die Frau steht vor dem Nichts. Geistreiche halbbiografische Komödie, erzählt mit surrealen Bildern und atemberaubenden Landschaftsaufnahmen, getragen von der vorzüglichen Hauptdarstellerin. Ständige Perspektivwechsel verleihen dem Film Tempo, während der sozialrealistische Ansatz zu genauen Charakterstudien führt. – Ab 16.
Frankreich/Island 2008 **P** Ex Nihilo / Zik Zak Kvikmyndir **KI** offen **Pd** Hlin Johannesdóttir, Skuli F. Malmquist, Thor Sigurjonsson (= Thorir Snær Sigurjónsson), Patrick Sobelman **R** Sólveig Anspach **B** Sólveig Anspach, Jean-Luc Gaget **K** Bergsteinn Björgúlfsson **M** Austin Wintory **S** Anne Riegel **D** Didda Jónsdóttir (= Didda Jonsdottir) (Anna Hallgrimsdottir), Ingvar Eggert Sigrudsson (Siggi), Julien Cottereau (Raphaël, französischer Student), Joy Doyle (Joy), Jörundur Ragnarsson (Tómas, Bruder von Anna), Hrafn Barrett (Krummi, Sohn von Anna), Alexander Briem (Gast des Hauses) **L** 88 **E** 16.5.2012 arte **fd –**

Bir Ses Böler Geceyi – Ein Schrei durchbricht die Nacht
BIR SES BÖLER GECEYI
Ein Mann verunglückt bei einem Unwetter auf dem Land und schleppt sich zu einem Dorf. Dort beobachtet er durch ein Fenster eine Trauerfeier für einen Selbstmörder, über der darüber gestritten wird, ob der Mann auf dem Friedhof beigesetzt werden darf. In Rückblenden fließen die Vergangenheit des Beobachters wie der des Toten in die Gegenwart ein. Beide waren Suchende, der eine politisch, der andere religiös, doch ihre Fragen mündeten in einer Desillusionierung oder scheiterten an gesellschaftlicher Repressionen. Die ins Surreale spielende Romanverfilmung arbeitet visuell mit holzschnittartigen Bildern, setzt inhaltlich aber auf eine differenzierte Darstellung. (O.m.d.U.) – Ab 14.
Türkei 2012 **P** Tiglon Film **KI** AF-Media **Pd+R+B** Ersan Arsever **Vo** Ahmet Ümit (Roman) **K** Aldo Mugnier **M** Cengiz Terbiyeli **D** Ali Sümeli, Cem Davran (Süha), Turgay Tanülkü, Ipek Tenolcay (Sevgi), Riza Akin (Ali Riza), Müfide Inselel (Fatma), Gün Koper (Ismayil), Merve Dizdar, Diren Polatogullari, Olgun Toker, Recep Yener (Hüseyin Dede) **L** 105 (24 B./sec.) / 101 (25 B./sec.) **FSK** ab 12; f **E** 17.5.2012 **fd** 41 106

Bis an DIE GRENZE – Der private Blick auf die Mauer
Kompilation aus Amateurfilmaufnahmen, die die Geschichte der Berliner Mauer nachzeichnet. Der Schwerpunkt des Materials liegt auf dem Bau der Mauer im Jahr 1961, wobei jene Aufnahmen herausragen, in denen die Filme persönliche Betroffenheit durchschimmern lassen. Die interessanten Einblicke in die privaten Zeugnisse deutscher Geschichte werden durch einen Off-Kommentar beeinträchtigt, der das Gezeigte eher banalisiert als erhellend ergänzt. – Ab 12. Teils schwarz-weiß.
Deutschland 2012 **P** EinfallsReich Filmprod. **KI** imFilm **Pd+R+B** Claus Oppermann, Gerald Grote **K** Claus Oppermann **M** Christopher Evans Ironside, Michael Stöckemann **S** Claus Oppermann **L** 99 (24 B./sec.) / 95 (25 B./sec.) **FSK** o.A.; f **E** 1.11.2012 **fd** 41 365

Bis das Blut kocht
PANMAN
Ein Serienmörder mit einer Bratpfanne, der womöglich gar nicht von dieser Welt ist, trifft auf eine ganze hilflose Opfer in einer Kochschule. Auf Blödelei getrimmter Splatter-Film, dessen von schlechten Schauspielern präsentierter Humor nicht besser wird, weil er mit schlechten Bluteffekten garniert ist.
DVD/BD: Die FSK-Freigabe «ab 18» der DVD/BD bezieht sich auf das Bonusmaterial (Trailer etc.), der Film selbst hat eine Freigabe «ab 16».
USA 2011 **P** Bucket of Blood Films **DVD** Soulfood Music / Great Movies (16:9, 1.78:1, DD5.1 engl./dt.) **BD** Soulfood Music / Great Movies (16:9, 1.78:1, dts-HD engl./dt.) **R** Tim Pilleri, Jim Zaguroli, Andrew Genser, Brett Register, Dan Riesser **B** Tim Pilleri **K** Jacob Ritley, Jim Zaguroli **S** Tim Pilleri **D** G. Larry Butler (Prof. Hunter), Tim Pilleri (Panman), Talia Tabin (Hope), Tina Molina (Justice), Kato Kaelin (neuer Panman), Les Jennings (Bo), Craig Frank (Elijah), Andrea Jensen (Zelda) **L** 79 **FSK** ab 16 **E** 12.9.2012 DVD & BD **fd –**

Bis zum Horizont, dann links!
Der verbitterte Bewohner eines Seniorenpflegeheims entführt während eines Rundflugs seine alten Mitbewohner, eine junge Pflegeschwester sowie die beiden Piloten, um dem lieb- und perspektivlosen Verwaltetwerden im Alter mit einem «Ausflug» ans Mittelmeer zu begegnen. Formal eher schlichte, gleichwohl liebenswürdige, hochkarätig besetzte «Senioren-Komödie». Mit Skurrilität, einigem makabren Dialogwitz sowie einer guten Portion Galgenhumor angesichts der lieblosen Daseinsverhältnisse und der Alltagswehwehchen der Protagonisten macht sich der Film auf eher besinnliche Weise für die Rechte alter Menschen stark. – Ab 14.
Deutschland 2012 **P** Mafilm / Neue Visionen Filmprod. / Cineplus **KI** Neue Visionen **DVD** Neue Visionen (16:9, 1.78:1, DD5.1 dt.) **Pd** Eva-Marie Martens **R+B** Bernd Böhlich **K** Florian Foest **M** Andreas Hoge **S** Esther Weinert **D** Otto Sander (Eckehard Tiedgen), Angelica Domröse (Margarete Simon), Ralf Wolter (Willy Stronz), Marion van de Kamp (Fanny Dè Artong), Us Conradi (Hanni Dè Artong), Monika Lennartz (Evelyn Miesbach), Herbert Feuerstein (Herbert Miesbach), Anna Maria Mühe (Schwester Amelie), Barbara Morawiecz (Margarete Tetzner), Tilo Prückner (Schlepper), Robert Stadlober (Mittwoch), Stephan Grossmann (Dr. Friedhelm Simon), Gabriela Maria Schmeide (Sybille Simon), Steffi Kühnert (Heimchefin), Herbert Köfer (Klaussner) **L** 92 **FSK** o.A.; f **FBW** bw **E** 12.7.2012/26.7.2012 Schweiz / 14.12.2012 DVD **fd** 41 156

Bite Marks
BITE MARKS
Der Auftrag eines gelangweilten LKW-Fahrers ist morbid, aber übersichtlich: Er soll eine Ladung Särge via Landstraße von der Stadt ins Dorf bringen. Mit Achsenschaden und zwei dubi-

osen Anhaltern landet er auf einem abgelegenen Schrottplatz, der von Vampiren bevölkert wird. Schwule Vampir-Komödie mit mäßigen Kalauern, weder gruselig noch sonderlich «sexy».
USA 2011 **P** Blakk Flamingo Pic. **DVD** Pro-Fun (16:9, 1.78:1, DD2.0 engl.) **Pd** Dennis Ashe **R+B** Mark Bessenger **K** Cilfton Radford **M** Rossano Galante **S** Mike Justice **D** Windham Beacham (Cary), Benjamin Lutz (Brewster), David Alanson (Vogel), Stephen Geoffreys (Walsh), Krystal Main (Vampir-Mädchen), Racheal Rivera (Kellnerin), John Werskey (Mechaniker), Miranda Downey (Amberr Lynn) **L** 81 **FSK** ab 16 **E** 25.5.2012 DVD
fd –

Bittere Kirschen ★

Eine Schauspielerin Mitte 40 kommt zur Beerdigung ihrer Mutter in ihren Heimatort und reist, um der Toten sowie ihren eigenen Wurzeln näher zu kommen, nach Auschwitz. Eine in nostalgischen Rückblenden voller Emotionalität erzählte Literaturverfilmung, die auf den ersten Blick aufdringlich erscheint, zumal das zentrale Thema des Erinnerns unter der bedeutungsschweren Ortswahl ins Wanken gerät. Dass der Film daran dennoch nicht zerbricht, liegt an seiner gelassen zwischen den Welten mäandernden Erzählweise, die eine facettenreiche Collage aus Vergangenem und Gegenwärtigem, Vorstellbarem und Erlebtem, Wunsch und Wahrheit erschafft. – Ab 16.
Deutschland 2011 **P** noir film **KI** Filmlichter **Pd** Nico Hain, Boris Michalski, Sören von der Heyde **R** Didi Danquart **B** Didi Danquart, Stephan Weiland **Vo** Judith Kuckart (Roman *Lenas Liebe*) **K** Johann Feindt **M** Matz Müller, Cornelius Schwehr **S** Silke Botsch **D** Anna Stieblich (Lena), Wolfram Koch (Richard Franzen), Martin Lüttge (Julius Dahlmann), Ronald Kukulies (Ludwig), Jörg Metzner (Vater Dahlmann), Jytte-Merle Böhrnsen (junge Lena), Jonathan Dümcke (junger Ludwig), Rolf Hoppe, Sylvester Groth **L** 111 **FSK** ab 12; f **E** 13.9.2012
fd 41 255

Black Gold
BLACK GOLD

Zwischen zwei verfeindeten Beduinenstämmen herrscht Anfang der 1930er-Jahre ein fragiler Frieden. Dieser wird bedroht, als westliche Mächte Interesse an den Ölvorräten auf der arabischen Halbinsel entwickeln und der Konflikt zwischen den Stämmen erneut aufflackert. Abenteuer-Epos um den Beginn des globalen Öl-Hungers und seiner destruktiven Folgen. Der unterhaltsame Film solidarisiert sich zwar mit der bedrohten Beduinenkultur, bedient aber zugleich ausführlich orientalistische Klischees und wirkt mehr wie ein Märchen aus 1001 Nacht denn als Versuch einer Annäherung an historische Fakten. – Ab 14.
DVD/BD: Die Extras umfassen u. a. ein ausführliches «Making of» (39 Min.).
Frankreich/Italien/Katar 2011 **P** Quinta Comm./Prima TV/Carthago Films/ France 2 Cinéma / The Doha Film Institute **KI** Universal **DVD** Universal (16:9, 2.35:1, DD5.1 engl./dt.) **BD** Universal (16:9, 2.35:1, dts-HDMA engl., dts dt.) **Pd** Tarak Ben Ammar **R** Jean-Jacques Annaud **B** Menno Meyjes **Vo** Hans Ruesch (Roman) **K** Jean-Marie Dreujou **M** James Horner **S** Hervé Schneid **D** Tahar Rahim (Prinz Auda), Antonio Banderas (Nesib, Emir von Hobeika), Mark Strong (Amar, Sultan von Salmaah), Freida Pinto (Prinzessin Leyla), Riz Ahmed (Ali), Akin Gazi (Prinz Saleeh) **L** 130 **FSK** ab 12; f **FBW** bw **E** 9.2.2012 / 14.6.2012 DVD & BD
fd 40 892

Black Sheep – 7 gegen die Hölle
BLACKSHEEP

Eine harte Horde von Übeltätern (Ukrainer) flieht aus einem (russischen) Straflager und wird vom korrupten und brutalen Kommandanten gejagt. Dann sind da auch noch die Nazis, immerhin trägt sich alles im Zweiten Weltkrieg zu. Ein in Action gekleidetes propagandistisches Pamphlet, in dem es ein «dreckiges halbes Dutzend» erst gegen die Russen, dann gegen die Deutschen aufnimmt.
Ukraine 2010 **DVD** Schröder-Media (16:9, 1.78:1, DD5.1 russ./dt.) **BD** Schröder-Media (16:9, 1.78:1, dts-HD russ./dt.) **R** Sergej Chekalow **D** Kiril Rubtsow, Wladimir Tolokonnikow, Klaus Kurtz **L** 119 **FSK** ab 16 **E** 24.5.2012 DVD & BD
fd –

Black Worm
BLACK WORM

Ein machtbesessener Nachtclubsitzer verschafft sich ungeschickt und «unrechtmäßig» Drogengeld und bedient sich dabei der erotischen Vorzüge einer seiner Mitarbeiterinnen. (Erotik-)Thriller mit minutenlang einmontierten Softsex-Eskapaden. Ein Hardcore-Pornofilm wurde mit einer Genrehandlung «aufgebessert», wobei eindeutig gegen softere Stellungen ausgewechselt wurden.
USA 2007 **P** Pulpo **DVD** WVG (16:9, 1.78:1, DD2.0 frz./dt.) **R** Andres Tabogo **D** Lorena Sanchez, Alektra Blue, Mikayla, Tony DeSergio, Van Damage, Justice Young **L** 73 **FSK** ab 18 **E** 16.8.2012 DVD
fd –

Black's Game – Kaltes Land
SVARTUR A LEIK

Ein junger Draufgänger will gemeinsam mit einem Freund den lokalen Drogenmarkt mit der Option auf den internationalen Handel aufmischen. Doch der hiesige Drogenbaron hat etwas dagegen. Mit Tempo und Ironie inszenierter Krimi mit «hippen» isländischen Originalen und dem Knowhow von PUSHER-Regisseur Nicolas Winding Refn als Produktion. – Ab 16.
Scope. Island 2012 **P** Filmus Prod. / Zik Zak Kvikmyndir **DVD** Koch (16:9, 2.35:1, DD5.1 isl./dt., dts isl./dt.) **BD** Koch (16:9, 2.35:1, dts-HD isl./dt.) **Pd** Amar Knutsson, Skuli Fr. Malmquist, Thor Sigurjonsson (= Thorir Snær Sigurjónsson) **R+B** Oskar Thór Axelsson **Vo** Stefán Máni (Roman) **K** Bergsteinn Björgúlfsson **M** Frank Hall **S** Kristján Lodmfjörd **D** Thor Kristjansson (Stebbi), Jóhannes Haukur Johannesson (Tóti), Damon Younger (Bruno), Maria Birta (Dagny), Vignir Rafn Valbórsson (Robbi Rotta), Egill Einarsson (Saevar K), Steinn Armann Magnússon (Einar Skakki), Sveinn Geirsson (Viktor) **L** 104 **FSK** ab 16 **E** 23.11.2012 DVD fd –

Blackthorn ★
BLACKTHORN

Ein alter Mann, der sich im Hochland von Bolivien als Viehzüchter niedergelassen hat, will zurück in die USA. Doch dann kreuzt sein Weg den eines Verfolgten, der angeblich einen lokalen Minenbesitzer bestohlen hat. Ein gefährliches Katz-und-Maus-Spiel beginnt. Melancholische Liebeserklärung an den Western, die den Mythos des Genres mit grandiosen Landschaften und einer lakonischen Insze-

nierung weiterspinnt und nebenbei ernsthaft und glaubwürdig über das Altern sinniert. – Ab 16.
DVD/BD: Die Extras enthalten u. a. ein Feature mit im Film nicht verwendeten Szenen (4 Min.) sowie die beiden Kurzfilme des Regisseurs: BREAKING AND ENTERING (17 Min.) und SAY ME (14 Min.).
Scope. Spanien/USA/Bolivien/Frankreich 2011 **P** Ariane Mararía Films / Arcadia / Qucikfire / Nix / Eter Pic. / Manto / TVE / Canal+ España / Ono / ICAA / Ibermedia / ICO / Andivisual Aval / Six Sales / Pegaso Prod. / Noodles Prod. **DVD** Ascot/Elite (16:9, 2.35:1, DD5.1 engl./dt., dts dt.) **BD** Ascot/Elite (16:9, 2.35:1, dts-HDMA engl./dt.) **Pd** Ibón Cormenzana, Andrés Santana **R** Mateo Gil **B** Miguel Barros **K** Juan Ruiz Anchía **M** Lucio Godoy **S** David Gallart **D** Sam Shepard (James), Eduardo Noriega (Eduardo Apodaca), Stephen Rea (Mackinley), Magaly Solier (Yana), Nikolaj Coster-Waldau (junger James), Pádraic Delaney (Sundance), Dominique McElligott (Etta), Luis Bredow (Arzt) **L** 98 **FSK** ab 12 **E** 4.4.2012 DVD & BD **fd** 41 130

Blaubeerblau ✻
Ein lebenslanger Außenseiter und Muttersohn, Angestellter in einem Architektenbüro, begegnet bei einem Auftrag in einem Sterbehospiz einem früheren Mitschüler, der unter Krebs im Endstadium leidet. Die aufkeimende Freundschaft mit dem Todkranken und die Begegnungen mit anderen Patienten ermöglichen dem Mann einen aktiveren Zugriff auf seine eigene Existenz. Bewegendes, von einem melancholischen Humor geprägtes (Fernseh-)Drama über die Konfrontation mit dem Tod und ein spätes Erwachsenwerden. In den Hauptrollen vorzüglich gespielt, versammelt der Film eine Reihe von poetischen Momenten, die rühren, ohne in Rührseligkeit zu zerfließen. Eine leichte Überzeichnung, die die Charaktere stellenweise an eine Karikatur heranrückt, verhindert, dass man mehr Gefühl investiert und Anbindung entwickelt. – Ab 16.
Deutschland 2012 **P** Polyphon/Moviepool (für BR/Degeto/MDR) **DVD** Telepool (KNM Home) **Pd** Hubertus Meyer-Burckhardt, Ernst Geyer **R** Rainer Kaufmann **B** Beate Langmaack **K** Klaus Eichhammer **M** Gerd Baumann **S** Nicola Undritz **D** Devid Striesow (Fritjof), Stipe Erceg (Hannes), Nina Kunzendorf (Sabine), Margit Bendokat (Inge), Hubert Mulzer (Hans-Günther), Lisa Maria Potthoff (= Lisa Potthoff) (Marie), Dagmar Manzel (Corinna Mühlbauer), Wowo Habdank (Arno), Sebastian Weber (Ben), Sebastian Hofmüller (Christoph), Stephan Bissmeier (Jörg Zehetmair), Frederic Linkemann (Pfleger Markus) **L** 88 **FSK** ab 6 **E** 21.11.2012 ARD / 6.12.2012 DVD **fd** –

Der Blender
Ein Trickbetrüger mit außerordentlichen Wandlungsfähigkeiten gerät ausgerechnet an jenes Fluchtfahrzeug, das im Zusammenhang mit einem Banküberfall zur Fahndung ausgeschrieben ist. Dies führt ihn in ein Polizeirevier, wo sich der Meister der Masken beweisen muss, zumal er sich in eine junge Polizistin verliebt. Trivialer (Fernseh-)Komödien-Klamauk, bei dem Tom Gerhardt in sieben Rollen schlüpft – Charleys Tante und andere Verwandte lassen grüßen. – Ab 14.
Deutschland 2012 **P** Crazy Film **DVD** Universum (16:9, 1.78:1, DD2.0 dt.) **Pd** Anja-Karina Richter **R** Tomas Erhart **B** Tom Gerhardt, Franz Krause **K** Tomas Erhart **M** Siggi Mueller **S** Melania Singer **D** Tom Gerhardt (Theo Freund), Ellenie Salvo González (Anne), Thomas Heinze (Wolfgang), Axel Stein (Justin), Nadine Wrietz (Conny), Norbert Heisterkamp (Gerald), Ronald Kukulies (Nobbi), Nils Brunkhorst (Flo) **L** 93 **FSK** ab 12 **E** 5.1.2012 RTL/6.1.2012 DVD **fd** –

Blindes Vertrauen
siehe: **Trust**

blindlings – blindspot ✻
Ein von Beziehungsfrust zerfressener Mittdreißiger fährt mit seiner Freundin in die Einsamkeit verschneiter Wälder, um im Haus seines Onkels eine Aussprache zu arrangieren. Als die Frau einen Unfall provoziert, stranden beide fernab der Zivilisation und bekommen es mit einem mysteriösen Einsiedler zu tun. Beziehungsfilm, Tragödie und Psychothriller verbinden sich zu einem Kammerspiel, das sich durch das intensive Spiel der Darsteller, suggestive Musik, lange Kameraeinstellungen und epischen Atem auszeichnet. Auf künstlerisch radikale Weise erzeugt der Film stillen Schrecken – Ab 16.
DVD/BD: Die FSK-Freigabe «ab 16» der DVD bezieht sich auf das Bonusmaterial (Trailer etc.), der Film selbst hat eine Freigabe «ab 12».
Scope. Deutschland 2009 **P** Piratenfilm / K5 Film / 40° Filmprod. **DVD** Koch (16:9, 2.35:1, DD5.1 dt., dts dt.) **BD** Koch (16:9, 2.35:1, dts-HD dt.) **Pd** Toby Bräuhauser, Oliver Simon, Wolfgang Weigl **R** Wolfgang Weigl **B** Wolfgang Böhm, Florian Puchert, Wolfgang Weigl **K+M** Axel König **S** Wolfgang Weigl **D** Mirkus Hahn (Max), Barbara Romaner (Eva), Klaus Stiglmeier (Boris) **L** 93 **FSK** ab 12 **E** 20.4.2012 DVD & BD **fd** –

Bloch: Der Fremde
Eine junge Geschäftsfrau bittet den Psychotherapeuten Bloch, ihren Vater zu therapieren. Dieser ist nach einem Schlaganfall zwar körperlich wiederhergestellt, doch hat sich seine Persönlichkeit radikal verändert. Der Therapeut greift erst ein, als die Frau ihren Vater als den Senior-Chef der Firma entmündigen lassen will. Die Therapiesitzungen bringen das seit langem angespannte Verhältnis zwischen Vater und Tochter ans Tageslicht. Solide inszeniertes, darstellerisch überzeugendes (Fernsehserien-)Drama um einen Therapeuten, dem nichts Menschliches fremd ist. – Ab 14.
Deutschland 2012 **P** Maran Film (für SWR/WDR) **Kl** offen **Pd** Uwe Franke **R** Elmar Fischer **B** Jörg Tensing **K** Stefan Sommer **M** Matthias Beine **S** Martina Butz-Kofer **D** Dieter Pfaff (Maximilian Bloch), Ulrike Krumbiegel (Clara), Inka Friedrich (Saskia), Jonathan Dümcke (Tommi), Vadim Glowna (Lorenz Haller), Lisa Maria Potthoff (= Lisa Potthoff) (Jenni Haller), Eleonore Weisgerber (Margarete Haller), Christian Schaefer (Fabian) **L** 90 **E** 20.6.2012 ARD **fd** –

Bloch: Heißkalte Seele
Ein junger Mann bittet Psychotherapeut Bloch um Hilfe, als seine Lebensgefährtin, die zwischen manischen und depressiven Lebensphasen schwankt, einen weiteren Selbstmordversuch unternimmt. Die Frau, gerade euphorisch gestimmt, verweigert sich jeder Hilfe und verleugnet ihre Krankheit. Erst eine neuerliche schwere Krise ermöglicht es dem Therapeuten, zu

der Kranken durchzudringen. (Fernseh-)Drama, ganz zugeschnitten auf den hochpräsenten Hauptdarsteller. Weiterer Teil der BLOCH-Serie, die sich ebenso anspruchsvoll wie unterhaltsam mit psychischen Krankheiten und ihrer Behandlung auseinandersetzt. – Ab 14.
Deutschland 2012 **P** Maran Film (für SWR/WDR) **KI** offen **Pd** Uwe Franke **R** Michael Verhoeven **B** Silke Zertz **K** Cornelia Wiederhold **M** SEA + AIR **D** Dieter Pfaff (Maximilian Bloch), Ulrike Krumbiegel (Klara), Jonathan Dümcke (Tommi), Katharina Schüttler (Rieke Hollstein), Christian Näthe (Benno Pflüger), Rainer Bock (Klaus Hollstein), Leonie Lavinia May (Emma), Rüdiger Wandel (Prof. Zeidler) **L** 90 **E** 7.11.2012 ARD **fd** –

Blonder als die Polizei erlaubt

Eine junge Frau, Wärterin in einem ägyptischen Museum, wird durch einen Undercover-Ermittler der Polizei in einen Kunst-Skandal verwickelt. Schon bald stolpert sie über eine erste Leiche und hemmt ungewollt die polizeiliche Arbeit, bald aber wird sie für die Ermittlungen unverzichtbar. Auf Turbulenz getrimmte (Fernseh-)Krimikomödie, die die unglaubwürdige Handlung mit den üblichen romantischen Aspekten garniert. – Ab 14.
Deutschland 2012 **P** ndF **KI** offen **Pd** Matthias Walther **R** Sophie Allet-Coche **B** Fabian Hebestreit **K** Stephan Wagner **S** Günther Schultens **D** Diana Amft (Dana), Maximilian Grill (Nils), Hannes Hellmann (Johannes Brecht), Mike Hoffmann (Boris), Winnie Böwe (Ellen), Ina Paule Klink (Yonna), Martin Glade (Mario), Michael Starkl (Eduard) **L** 90 **E** 25.9.2012 SAT.1 **fd** –

Blood Letter – Schrift des Blutes
THIEN MENH ANH HUNG / BLOOD LETTER

Ein einsam lebender Krieger macht sich zum Königspalast auf, um die Morde an seinen Angehörigen zu rächen. Beschädigte Familien- und Kämpferehre sowie das Wahren von Landestraditionen stehen im Mittelpunkt des durch prächtige Ausstattung und eindrücklich Landschaftsszenerien auffallenden vietnamesischen Historien-Epos. – Ab 16.
Scope. VR Vietnam 2012 **P** Saiga Films **DVD** Splendid (16:9, 2.35:1, DD5.1 vietnam./dt.) **BD** Splendid (16:9, 2.35:1, dts-HDMA vietnam./dt.) **Pd** Viet Anh Khoa Pham **R+B** Victor Vu **K** K'Linh Nguyen **M** Christopher Wong **S** Victor Vu **D** Huynh Dong (Nguyen Vu), Midu (Hoa Xuan), Khuong Ngoc (Tran Tong Quan), Minh Thuan (Su Phu), Kim Hien (Hoa Ha), Van Trang (Thai Hau) **L** 103 **FSK** ab 16 **E** 15.11.2012 DVD & BD **fd** –

Blood Runs Cold
BLOOD RUNS COLD

Was ein Erholungsurlaub vom stressigen Job werden soll, wird für eine junge Geschäftsfrau zum Überlebenskampf, als sie in einer verschneiten Waldhütte nicht nur Party-Gäste, sondern auch einen wahnsinnigen Axtmörder empfängt. Schematische Mordszenarien vor pittoresker schwedischer Kulisse. Zwar im Spiel weniger dilettantisch als US-amerikanischen Vorbilder, hinterlässt die Billigproduktion in Sachen Horror dennoch keine Wirkung.
Scope. Schweden 2011 **P** Stockholm Syndrome Film **DVD** Ascot/Elite (16:9, 2.35:1, DD5.1 engl./dt.) **BD** Ascot/Elite (16:9, 2.35:1, dts-HDMA engl./dt.) **Pd** David Liljeblad, Tommy Wiklund **R** Sonny Laguna **B** Sonny Laguna, David Liljeblad, Tommy Wiklund **M** Samir El Alaoui **D** Hanna Oldenburg (Winona), Andreas Rylander (Carl), Patrick Saxe (Richard), Ralf Beck (James), Elin Hugoson (Liz), David Liljeblad (Draven) **L** 74 **FSK** ab 16 **E** 4.4.2012 DVD & BD **fd** –

Bloodfighter of the Underworld
LORDS OF THE UNDERWORLD

Um Unstimmigkeiten zwischen Gangstern auszuräumen, treten zwei Mannschaften gegeneinander bis zum Tod beim Vollkontakt-Basketball an. Um die zumindest nicht unoriginellen Kämpfe mit etwas Handlung zu ummanteln, wird die Tochter eines Bosses entführt, während alte Geister den Kämpfern beistehen. Wirre Spezialeffekte machen aus der harten Prügelaction eine unfreiwillige Farce.
USA/Australien 2007 **P** Shibumi Prod. **DVD** MIG/EuroVideo (16:9, 1.78:1, DD5.1 engl./dt.) **BD** MIG/EuroVideo (16:9, 1.78:1, dts-HDMA engl./dt.) **Pd** Tania Amaral, Ken Schwenker (= Kenneth Schwenker) **R+B** Dale C. Reeves **K** Aaron Platt **M** Dino Herrmann, Heath Joyce **S** Joshua Duncan **D** Dale C. Reeves (Rocky Basta), James C. Burns (Mickey Montana), Bay Abbey (Slay), Tanya Mayeux (Hari Nontana), Jaimyse Haft (Jade (Flame)), Kiko Ellsworth (Nipper), Julian Wust (Chaz), Jayx Bontatibus (Johnny) **L** 111 **FSK** ab 18 **E** 5.7.2012 DVD & BD **fd** –

Bloodsport – Supreme Champion
SUPREME CHAMPION

Ist die schöne Freundin erst einmal gekidnappt, tut der kräftige Freund alles. Da trifft es sich, dass der Entführer ein Turnier auf Leben und Tod abhält und der Freund ein ehemaliger MMA-Crack ist. Für das Filmdebüt des tatsächlichen, inzwischen etwas träge gewordenen MMA-Star Stephen Bonnar hat man sich den denkbar unoriginellsten Stoff ausgesucht. Der ehemalige BLOODSPORT-Star Daniel Bernhardt setzt als Bösewicht die wenigen Akzente.
USA 2010 **P** Supreme Studios / Ted Fox Entertainment **DVD** WGF/Schröder-Media (16:9, 1.78:1, DD5.1 engl./dt.) **BD** WGF/Schröder-Media (16:9, 1.78:1, dts-HDMA engl./dt.) **Pd+R** Ted Fox, Richard Styles **B** Ted Fox, Richard Styles, George Saunders **K** Roberto Correa **M** Frederik Wiedmann **S** D. Todd Deeken, Michael Hilton **D** Stephan Bonnar (Troy Jennings), Daniel Bernhardt (Lucien Gallows), Leila Arcieri (Kaya), Marieh Delfino (Jenny), Ted Fox (Clu), George Saunders (Mick), Igor Jijikine (Caras) **L** 83 **FSK** ab 18 **E** 26.4.2012 DVD & BD **fd** –

Blutadler
BLUTADLER

Der Hamburger Hauptkommissar Jan Fabel bekommt es mit einer Mordserie zu tun, bei der die Tatorte an ein Strafritual der Wikinger erinnern. Während die Polizei nach Verbindungen zwischen den scheinbar willkürlich gewählten Opfern sucht, rücken Rivalitäten zwischen Mafia-Gruppen sowie ein verdeckter BND-Einsatz ins Blickfeld. Routinierter, aber weitgehend überraschungsarmer (Fernseh-)Thriller, der sich an den Klischees des Serienmörderthemas abarbeitet. Der zweite Film (nach WOLFSFÄHRTE) einer Reihe nach in Hamburg spielenden Romanen des schottischen Kriminalschriftstellers Craig Russell. – Ab 16
Deutschland/Österreich 2011 **P** Tivoli Film Prod. **DVD** MCP Sound & Me-

dia GmbH **Pd** Thomas Hroch **R** Nils Willbrandt **B** Daniel Martin Eckhart **Vo** Craig Russell (Roman *Blood Eagle / Blutadler*) **K** Eeva Fleig **M** Stefan Will, Timo Blunck, Jakob Klotz **S** Vessela Martschewski **D** Peter Lohmeyer (Jan Fabel), Lisa Maria Potthoff (= Lisa Potthoff) (Maria Klee), Hinnerk Schönemann (Henk Herrmann), Marie-Lou Sellem (Susanne Eckhardt), Ina Paule Klink (Anne Wolff), Philipp Hochmair (Harald Frantzen), Bernd Michael Lade (Hans Klugmann), Felix Vörtler (Lothar), Simon Hatzl (Horst Buchholz) **L** 88 & 89 (TV: 88) **FSK** ab 12 & ab 16 **E** 3.11.2012 ARD **fd** –

Bob der Baumeister – Der Dino Spaß Park
BOB THE BUILDER: BIG DINO DIG
Baumeister Bob und seine Kollegen und Maschinen sollen einen Freizeitpark bauen. Als sie bei Grabungsarbeiten auf ein Saurier-Skelett stoßen, wird allen klar, dass ein Dinosaurier-Themenpark entstehen soll. Die Arbeiten fördern immer mehr Knochen zu Tage, und es kommt zu manchen Schwierigkeiten, die gemeinsam gemeistert werden. Schlicht gestalteter Animationsfilm für Kinder im Vorschulalter, der die Bedeutung von Zusammenhalt und Freundschaft unterstreicht. Das Serienspecial einer britischen Animationsserie. – Ab 6. Großbritannien 2011 **P** Lionsgate/HIT Entertainment **DVD** Sony (16:9, 1.78:1, DD2.0 dt.) **R** Paul Sabella, Will Meugniot **B** Lisa Akhurst, Ross Hastings, Louise Kramskoy, Simon Nicholson, Marc Seal **L** 61 **FSK** o.A. **E** 10.8.2012 DVD/3.10.2012 Super RTL **fd** –

Bollywood – Die größte Liebesgeschichte aller Zeiten
BOLLYWOOD – THE GREATEST LOVE STORY EVER TOLD
Liebeserklärung an das Mainstream-Kino der indischen Metropole Mumbai, die vor allem mit Ausschnitten aus Filmen der letzten 60 Jahre arbeitet, wobei der Schwerpunkt auf Song-and-Dance-Szenen liegt. Durch Zwischentitel und kurze Interviews mit zahlreichen Filmschaffenden wird eine Geschichte Bollywoods seit der Unabhängigkeit von Großbritannien angedeutet, die sich allerdings in kryptischen Assoziationen erschöpft. Dabei hat die temporeiche, durchaus unterhaltsame Kompilation allerdings wenig Substanzielles zu bieten. (O.m.d.U.) – Ab 12. Teils schwarz-weiß. Indien 2011 **P** UTV Motion Pic. **KI** Rapid Eye Movies **Pd** Shekhar Kapur, Ronnie Screwvala, Thrishya Screwvala **R** Rakeysh Omprakash Mehra, Jeff Zimbalist **B** Sabrina Dhawan, Rakeysh Omprakash Mehra **K** Tapan Basu, Ashok Mehta **S** Jeff Zimbalist **L** 77 (24 B./sec.) 74 (25 B./sec.) **FSK** ab 12; f **E** 25.10.2012 / 12.12.2012 Schweiz **fd** 41349

Bombay Beach
BOMBAY BEACH
Dokumentarfilm über die Stadt Bombay Beach am Saltonsee in Kalifornien, die einst ein beliebtes Reiseziel war, mittlerweile aber einen massiven sozialen Abstieg erlebt hat. Im Mittelpunkt stehen ein verhaltensauffälliger Junge, ein alter Mann und ein junger Afroamerikaner. Der Film stilisiert den Ort mit fiktionalen Momenten, Traumsequenzen, choreografierten Tanzstücken sowie mit Szenen, die durch Musik der Band Beirut und von Bob Dylan zu musikcliparitigen Passagen überhöht werden, zu einer ästhetischen Vision, in der Schönheit gerade im Kaputten und Abseitigen entdeckt wird. Über das Leben in der Stadt erfährt man dabei letztlich wenig. – Ab 14. USA 2011 **P** Alma Has'rel / Boaz Yakin Prod. **KI** Rapid Eye Movies **Pd** Alma Har'el, Boaz Yakin **R** Alma Har'el **K** Alma Har'el **M** Zach Condon, Beirut, Bob Dylan **S** Alma Har'el, Joe Lindquist **L** 76 (24 B./sec.) / 73 (25 B./sec.) **FSK** ab 6; f **E** 27.6.2012 arte / 29.9.2012 **fd** 41279

Der Bomber
BALLADA O BOMBERE
Ein Bomberpilot verscherzt es sich im Zweiten Weltkrieg mit seinen Vorgesetzten und wird auf eine Mission geschickt, die zum saboteuren Himmelfahrtskommando ausartet. Zudem ist seine Frau mit an Bord, und so müssen sich die beiden Liebenden gemeinsam zu einer deutschen Raketenbasis durchschlagen. Historienepos, das für den Export in den Westen aus einer umfänglichen Fernsehserie extrahiert wurde, die als erbauliche Heldenepopöe für russische Seelen gedacht war. – Ab 16. Russland / Ukraine 2011 **P** Pronto Film / Film.ua **DVD** WGF/Schröder-Media (16:9, 1.78:1, DD2.0 russ./dt.) **BD** WGF/Schröder-Media (16:9, 1.78:1, dts-HD russ./dt.) **Pd** Waleri Fedorowich **R** Witali Worobjow (= Witali Worobjew) **B** Arkadi Tigai (= Arkadij Tegay) **K** Wjacheslaw Lazarew **M** Roman Korotin **D** Nikita Efremow (Capt. Andrej Griwtsow), Ekaterina Astakhowa (Katja), Alexander Dawidow (Lt. Gregori Linko), Egor Barinow (Maj. Derjabin), Alexander Fuchs (Kolta) **L** 181 **FSK** ab 16 **E** 7.6.2012 DVD & BD **fd** –

Bonesaw
GAG
Zwei Einbrecher stolpern in die Falle eines Psychopathen und landen in dessen Folterkeller. Abstoßender «Torture Porn» nach sattsam bekannten Mustern mit etlichen inszenatorischen Mängeln.
DVD/BD: Der Film ist für den deutschen Markt um gut zwei Minuten gekürzt. Nur die ungekürzte Version (erschienen in Österreich bei Illusions) enthält als Bonusmaterial einen Audiokommentar des Regisseurs, ein «Making of» sowie ein Feature mit im Film nicht verwendeten Szenen.
USA 2006 **DVD** Intergroove/cultmovie & Illusions (16:9, 1.66:1, DD2.0 engl., DD5.1 dt.) **Pd** Chad Ferrin **R** Scott W. Mckinlay **B** Kirk Sever **K** Giuseppe Asaro **M** Dennis Dreith **S** Michael Darrow **D** Brian Kolodziej (Brian), Gerald Emerick (Wade), Vince Marinelli (Tony), Scott W. Mckinlay (Detroit), Amy Wehrell (Stacy), Trent Haaga (Officer Wood), Malcolm Brownson (Officer Brooks), Crystal White (totes Mädchen) **L** 74 & 76 **FSK** ab 18 & ungeprüft **E** 21.2.2012 DVD/30.5.2012 DVD (Illusions) **fd** –

Boogie – Sexstisch, gewalttätig und sadistisch
BOOGIE, EL ACEITOSO
Ein Auftragskiller der Mafia tötet einen Konkurrenten, weil dieser an seiner Stelle einen Auftrag bekommt, und macht sich mit einer verführerischen Kronzeugin aus dem Staub. Bald sind ihm Unterwelt und Polizei auf den Fersen. Holzschnittartig inszenierter, politisch unkorrekter Zeichentrickfilm um einen hartgesottenen Ekel-Detektiv und Frauenverächter, dem nichts heilig ist. Als anspielungsreiche Genre-Parodie mitunter recht gewöhnungsbedürftig.

DVD/BD: Erhältlich als DVD, 2D/3D BD-Hybrid.
3D. Argentinien/Mexiko 2009 **P** Illusion Studios / Proceso **DVD** WGF/Schröder-Media (16:9, 1.78:1, DD5.1 span./dt.) **BD** WGF/Schröder-Media (16:9, 1.78:1, dts-HDMA dt.) **Pd** Hugo E. Lauria, José Luis Massa, Fernando Sokolowicz **R** Gustavo Cova **B** Marcelo Paez Cubells **M** Diego Monk **S** Andrés Fernández **L** 82 **FSK** ab 18 **E** 29.3.2012 DVD fd –

Boogie Woogie – Sex, Lügen, Geld und Kunst
BOOGIE WOOGIE
Katz- und Maus-Spiel um ein wertvolles Mondrian-Gemälde, das ein deutscher Industrieller verkaufen will, das aber mehrere «Interessenten» auf unterschiedlich legale Weise in ihren Besitz bringen wollen. Zwar sorgt die prominente Besetzung dafür, dass die dünn gesäten Pointen aufgehen, insgesamt aber ist das in einer penetrant korrupten Kunst-Branche spielende Drama zu wenig satirisch oder tiefgründig, um seinem vorgespielten Anspruch gerecht zu werden. – Ab 16.
Großbritannien 2009 **P** Autonomous / Colourframe / Constance Media / Firefly / S Films / The Works International **DVD** Lighthouse/Donau (16:9, 1.78:1, DD5.1 engl./dt.) **BD** Lighthouse/Donau (16:9, 1.78:1, dts-HD engl./dt.) **Pd** Katrine Boorman, Danny Moynihan, Kami Naghdi, Christopher Simon, Cat Villiers, Julia Stannard **R** Duncan Ward **B** Danny Moynihan **Vo** Danny Moynihan (Roman *Boogie Woogie*) **K** John Mathieson **M** Janusz Podrazik **S** Kant Pan **D** Gillian Anderson (Jean Maclestone), Heather Graham (Beth Freemantle), Amanda Seyfried (Paige Oppenheimer), Danny Huston (Art Spidle), Christopher Lee (Mr. Alfred Rhinegold), Charlotte Rampling (Emille), Stellan Skarsgård (Bob Maclestone) **L** 91 **FSK** ab 16 **E** 14.9.2012 DVD & BD fd –

Born Bad
BORN BAD
Der zunächst sympathisch erscheinende neue Freund, den die Tochter ihrer Patchwork-Familie vorstellt, erregt bei der Stiefmutter Bedenken. Er entpuppt sich als psychopathischer Anführer einer jugendlichen Einbrecherbande, die vor keiner Gewalttat zurückschreckt und die Familie bald mit Terror überzieht. Effektvoll inszenierter, thematisch aber eher überraschungsarmer Thriller, der sich bei näherem Hinsehen als Remake von Fear – Wenn Liebe Angst macht von James Foley (1996) zu erkennen gibt.
USA 2011 **P** The Global Asylum **DVD** dtp/Great Movies (16:9, 1.85:1, DD5.1 engl./dt.) **BD** dtp/Great Movies (16:9, 1.85:1, dts engl./dt.) **Pd** David Michael Latt, Paul Bales **R+B** Jared Cohn **K** Alexander Yellen **M** Chris Ridenhour **S** Kristen Quintrall **D** Michael Welch (Denny), Meredith Monroe (Katherine Duncan), David Chokachi (Walter Duncan), Bonnie Dennison (Brooke Duncan), Parker Coppins (Kyle Duncan), Amanda Ward (Kristin), Bill Oberst jr. (Gary) **L** 90 **FSK** ab 18 **E** 26.1.2012 DVD & BD fd –

Born to Ride
BORN TO RIDE
Ein kompromittierendes Video, mit dem Gauner einen korrupten Politiker erpressen wollen, landet in der Satteltasche eines Bikers. Der will mit einem Kumpel eigentlich ein Motorradfest besuchen, doch von Entspanntheit ist keine Rede mehr, als sich zwei Killer an die Spur der Freunde heften. Lahm-fahrig erzählte Actionkomödie mit einer Portion Biker-Romantik. – Ab 16.
USA 2011 **P** Sunset Pic. **DVD** Lighthouse / Mr. Banker (16:9, 1.78:1, DD5.1 engl./dt.) **BD** Lighthouse/ Mr. Banker (16:9, 1.78:1, dts-HDMA engl./dt.) **Pd** Michael C. Edwards, Martin Guigui, Dahlia Waingort, Mike Anthony Jones, Brett Kerr, Jenny Kerr, Eric Potter **R** James Fargo **B** Mike Anthony Jones, Robert Vozza **K** Leo J. Napolitano (= Leo Napolitano) **M** Ched Tolliver **S** Eric Potter **D** Casper van Dien (Mike Callahan), Patrick Muldoon (Alex), William Forsythe (Jack Steele), Theresa Russell (Frances Calahan), Jack Maxwell (Vic), Branscombe Richmond (Dean), Jamison Jones (Gary), Kurt Andon (Senator Clayton) **L** 90 **FSK** ab 16 **E** 10.2.2012 DVD & BD fd –

Der Börsenhai
RAPACE
Ein skrupelloser Trader spekuliert am Finanzplatz London mit Rohstoffen, um die Grundpreise für Energie künstlich ansteigen zu lassen. Die Börsenaufsicht stellt ihm einen jungen Makler an die Seite, doch der Spekulant nutzt die Unerfahrenheit und Schwächen seines neuen Partners aus. Er landet einen Coup, der mit dem Ruin seiner Anleger verbunden ist, woraufhin ihm die Lizenz wegen Manipulation entzogen wird, gründet einen Hedgefond, um den Leiter der Börsenaufsicht zu ruinieren, und bringt das globale Finanzsystem in Gefahr. Beeindruckender, ebenso charmant wie schockierend erzählter (Fernseh-)Film über die maßlose Gier von Teilen der Finanzbranche. – Ab 16.
Frankreich 2011 **P** Image et Compagnie / ARTE France / TV 5 Monde **KI** offen **Pd** Nicole Collet **R** Claire Devers **B** Olivier Lorelle **K** Stefano Paradiso **M** Grégoire Hetzel **S** Yann Coquart **D** Grégory Gadebois (George Fall), Julie-Marie Parmentier (Janis), Benjamin Jungers (Cherubin), Joe Sheridan (Lord Norman), Georgia Scalliet (Sharima), Asil Rais (Chandrashekhar), Cyril Couton (Henry), Guillaume Marquet (Richard) **L** 93 **E** 12.10.2012 arte fd –

Der böse Onkel
DER BÖSE ONKEL
Eine Mutter zieht gegen den Sportlehrer ihrer Tochter zu Felde, der seine Schülerinnen im Unterricht angeblich sexuell nötigt. Ihre unnachgiebige Haltung macht sie zur Außenseiterin in der Gemeinde, ist ihr Gegner doch hochangesehen als ehemaliger Schweizer Meister im Turmspringen. Ein schriller, collageartig inszenierter Film, der das Thema des sexuellen Missbrauchs nicht moralisierend behandelt, vielmehr das Zusammenleben einer bigotten Gemeinschaft anspricht. Dabei bietet er keine positiven Projektionsflächen, sondern hat den Charakter eines Lehrstücks, aufgrund dessen sich eigene Verhaltensmuster hinterfragen lassen. – Ab 16.
Schweiz/Deutschland 2011 **P** Nordwest Film / RaveFilm **KI** Praesens (Schweiz) **Pd** Jasmin Morgan **R+B** Urs Odermatt **K** Markus Rave **S** Ruth Schönegge, Felix Balke **D** Jörg-Heinrich Benthien (Armin), Miriam Japp (Trix Brunner), Paula Schramm (Saskia), Pascal Ulli (Koniecka), Isabell Hindersin (Kundin), Kamil Kre-

jci (Araber), Bettina Schwerdtfeger (Schülerin) **L** 98 **E** 5.7.2012 Schweiz
fd –

Bottled Life: Nestlés Geschäfte mit Wasser ★
BOTTLED LIFE: NESTLES GESCHÄFTE MIT WASSER
Der Dokumentarfilm begleitet den Schweizer Journalisten Res Gehringer bei dessen Recherchen über die Geschäfte des Nestlé-Konzerns mit Trinkwasser. Obwohl das Unternehmen kaum zu Stellungnahmen bereit ist, präsentiert er einen Blick hinter die Kulissen eines Milliardengeschäfts mit «Nestlé Pure Life», dem weltweit am meisten verkauften Flaschenwasser. Vor allem in der «Dritten Welt» floriert das Geschäft. Hier wird auch die Crux des Ganzen deutlich, da sich nur die halbwegs Wohlhabenden dieses Lebenselixier leisten können, während der Rest auf die öffentliche Wasserversorgung angewiesen ist. Ebenso bietet der Film spannende Einblicke in Marktstrategien und profitmaximierende Geschäftsinteressen. – Ab 16.
Schweiz/Deutschland 2011 **P** DokLab / Eikon Südwest / SF SRG-SSR / WDR / arte **KI** Frenetic (Schweiz) **Pd** Urs Schnell, Christian Drewing, Dodo Hunziker **R** Urs Schnell **B** Urs Schnell, Res Gehringer **K** Laurent Stoop **M** Ivo Ubezio **S** Sylvia Seuboth-Radtke **L** 90 **FSK** o.A. **E** 26.1.2012 Schweiz 11.9.2012 arte **fd –**

Bounty – Die Rache ist mein
BOUNTY
Ein Kopfgeldjäger soll eine Gefangene dem Gericht zuführen, verliebt sich aber während der gefahrvollen Reise in seine attraktive Begleiterin. Ideenarmer Low-Budget-Western, der seinen Stoff höchst mangelhaft entwickelt. – Ab 16.
DVD/BD: Die FSK-Freigabe «ab 16» der DVD/BD bezieht sich auf das Bonusmaterial (Trailer etc.), der Film selbst hat eine Freigabe «ab 12».
USA 2009 **P** Stage Ham Films **DVD** KNM/MIG (16:9, 1.78:1, DD5.1 engl./dt.) **Pd** Jared Isham, Ulrich Schwarz, Tony Wang **R+B** Jared Isham **K** Kenneth Yeung **M** Jason Livesay, Nolan Livesay **S** Ben Barber, Jared Isham **D** Jarret LeMaster (Nate), Michelle Acuna (Emily), Austin O'Brien (Jake), Bruce Isham (Benjamin), Rodrick Lee Goins (Frank), Steve Savage (Charlie),

Jon Wyatt Davis (Buck Stenton), Peter Sherayko (Richter Isaac) **L** 91 **FSK** ab 12 **E** 23.2.2012 DVD **fd –**

Bounty Hunters
BAIL ENFORCERS
Mit dem Jagen flüchtiger Krimineller verdient sich das Team um eine toughe junge Frau das Nötigste zum Leben. Interessant wird die Sache erst, als sie einen Tipp bekommen und so einen dicken Fisch an Land ziehen könnten. Belohnung: 100.000 Dollar. Nicht erst seit HAYWIRE prügeln sich Frauen erfolgreich durch Actionfilme. Hier bietet ein dumpfes Vehikel für Star-Wrestlerin Trish Stratus dem männlichen Zielpublikum Leder, nacktes Fleisch und harte Fäuste.
DVD/BD: Die FSK-Freigabe «ab 18» der DVD bezieht sich auf das Bonusmaterial (Trailer etc.), der Film selbst hat eine Freigabe «ab 16».
Kanada 2011 **P** Black Fawn Films **DVD** WGF/Schröder-Media (16:9, 1.78:1, DD5.1 engl./dt.) **BD** WGF/Schröder-Media (16:9, 1.78:1, dts-HDMA engl./dt.) **Pd** Chad Archibald, Harpreet Bassi, Cody Calahan, Michael Paszt, Trish Stratus **R** Patrick McBrearty **B** Reese Evenesheen **K** Justin G. Dyck **M** Norman Orenstein **D** Trish Stratus (Jules), Frank J. Zapancic (Ridley), Boomer Phillips (Chase Thompson), Joe Rafla (Hal Lambino), Christian Bako (Francis), Andrea James Lui (= Andrea Lui) (Ruby), Richard Ha (Deacon), Enrico DiFede (Mario Antonio) **L** 76 **FSK** ab 16 **E** 5.7.2012 DVD & BD **fd –**

Das Bourne Vermächtnis
THE BOURNE LEGACY
Nach dem «Bourne»-Skandal will die CIA das geheime Programm liquidieren und alle gezüchteten Super-Agenten töten. Einer von ihnen versichert sich aber der Hilfe einer beteiligten Wissenschaftlerin und flieht mit ihr nach Manila, wo ein Virus vermutet, mit dem er seine Kräfte für alle Zeiten in seiner DNA festschreiben würde. Rasanter Actionthriller um Verrat, Verschwörung und verlorene Identität als solide Genre-Unterhaltung, wobei das Verschwörungsszenario als moralisch entgleisende Kombination ökonomisch-institutioneller Strukturen und technischer Möglichkeiten beschrieben wird. – Ab 16.
DVD/BD: Die Extras umfassen u. a. ei-

nen eher technischen Audiokommentar des Regisseurs, des Co-Autors Dan Gilroy, des Cutters, des Kameramanns, des Aufnahmeleiters Dan Bradley und des Produktionsdesigners Kevin Thompson. Ebenso enthalten sind ein Feature mit sechs im Film nicht enthaltenen Sequenzen sowie eine Reihe von Kurzfeatures zu Teilaspekten des Films.
Scope. USA 2012 **P** Bourne Film Prod./Bourne Four Prod./Captivate Ent./Universal Pic. **KI** Universal **DVD** Universal (16:9, 2.35:1, DD5.1 engl./dt.) **BD** Universal (16:9, 2.35:1, dts engl./dt.) **Pd** Patrick Crowley, Frank Marshall, Ben Smith, Jeffrey M. Weiner **R** Tony Gilroy **B** Tony Gilroy, Dan Gilroy **Vo** Robert Ludlum (Motive der BOURNE-Serie) **K** Robert Elswit **M** James Newton Howard **S** John Gilroy **D** Jeremy Renner (Aaron Cross), Rachel Weisz (Dr. Marta Shearing), Edward Norton (Ret. Colonel Eric Byer), Stacy Keach (Ret. Admiral Mark Turso), Oscar Isaac (Outcome #3), Joan Allen (Pam Landy), Albert Finney (Dr. Albert Hirsch), David Strathairn (Noah Vosen), Scott Glenn (Ezra Kramer) **L** 135 (24 B./sec.) / 130 (25 B./sec.) **FSK** ab 12; f **FBW** w **E** 13.9.2012/10.1.2013 DVD & BD **fd** 41 275

Die Braut im Schnee
Der Mord an einer Frankfurter Zahnärztin, deren makaber drapierte Leiche vor ihrem Haus gefunden wird, lässt den leitenden Kommissar vergessen, dass er seine Geliebte vom Flughafen abholen wollte. Diese ist kurz danach spurlos verschwunden. Als er wenig später eine Freundin der Toten anruft, wird er am Telefon Ohrenzeuge eines weiteren Mordes, und fürchtet, erst am Anfang einer Mordserie zu stehen. Kein Krimi im klassischen Sinne, sondern ein (Fernseh-)Polizeifilm von melancholischer visueller Grundierung, der auf Atmosphäre und Stimmungen setzt und durch eine ausgefeilte Ästhetik für sich einnimmt. Die Stadt Frankfurt wird zur prägnanten Existenzfolie, winterlich und Retroglühen in einem. – Ab 16.
Deutschland 2010 **P** Akzente Film **KI** offen **Pd** Susanne Freyer **R** Lancelot von Naso **B** Christian Görlitz, Kai-Uwe Hasenheit, Lancelot von Naso **Vo** Jan Seghers **K** Felix Cramer **M** Oliver Thiede **S** Andreas Radtke **D** Mat-

thias Koeberlin (Robert Marthaler), Bernadette Heerwagen (Kerstin Henschel), Peter Lerchbaumer (Hans Herrmann), Jürgen Tonkel (Kai Döring), Claudio Caiolo (Carlo Sabato), Tim Seyfi (Manfred Petersen), Florian Panzner (Raimunbd Toller), Anke Sevenich (Elivira) **L** 90 **E** 27.2.2012 ZDF **fd** –

Breaking Dawn – Biss zum Ende der Nacht, Teil 2
THE TWILIGHT SAGA: BREAKING DAWN – PART 2
Zweiter Teil der Adaption des großen Finales von Stephenie Meyers Twilight-Romanserie: Nachdem die menschliche Heldin zuvor ein Kind zur Welt brachte und zur Vampirin wurde, müssen sie, ihr Vampir-Ehemann sowie Familie und Verbündete nun die kleine Tochter gegen die Nachstellungen eines machtgierigen Vampir-Clans schützen. Die solide Umsetzung der Vorlage bringt an vielen Stellen eigenständige Ideen und filmische Lösungen für die literarischen Vorgaben ein; gleichwohl werden die Action-Anteile eher schwach umgesetzt. Nachdem die zentrale Spannung Mensch-Vampir bereits im vorherigen Teil gelöst wurde, werden die Hauptfiguren zudem allzu blass aus dem Epos entlassen. – Ab 16.
Scope. USA 2012 **P** Lionsgate / Summit Ent. **Kl** Concorde **Pd** Wyck Godfrey, Stephenie Meyer, Karen Rosenfelt, Bill Bannerman **R** Bill Condon **B** Melissa Rosenberg **Vo** Stephenie Meyer (Roman *Breaking Dawn / Bis(s) zum Ende der Nacht*) **K** Guillermo Navarro **M** Carter Burwell **S** Virginia Katz **D** Kristen Stewart (Bella Cullen), Robert Pattinson (Edward Cullen), Taylor Lautner (Jacob Black), Ashley Greene (Alice Cullen), Billy Burke (Charlie Swan), Peter Facinelli (Dr. Carlisle Cullen), Elizabeth Reaser (Esme Cullen), Nikki Reed (Rosalie Hale), Kellan Lutz (Emmett Cullen), Jackson Rathbone (Jasper Hale), Maggie Grace (Irina), Dakota Fanning (Jane) **L** 116 **FSK** ab 12; f **E** 22.11.2012 **fd** 41 444

Breathing Earth – Susumu Shingus Traum ☆
BREATHING EARTH – SUSUMU SHINGUS DREAM
Dokumentarfilm über den japanischen Künstler Susumu Shingu, der an der Schnittstelle von Kunst und Wissenschaft arbeitet und gemeinsam mit seiner Frau das Projekt eines energieautarken, vor allem von Windkraft betriebenen Dorfs verfolgt. Für die künstlerischen Bestrebungen Shingus findet die Inszenierung eine kongeniale filmische Umsetzung, die sich sowohl bildgestalterisch als auch musikalisch dem Kosmos des Künstlers sensibel annähert und so über ein schlichtes Porträt hinaus einen sinnlichen Eindruck des Werks und der Künstlerpersönlichkeit vermittelt. (O.m.d.U.) – Sehenswert ab 12.
Deutschland / Großbritannien 2012 **P** Filmpunkt/Skyline/WDR **Kl** Piffl Medien **Pd** Leslie Hills, Stefan Tolz **R+B** Thomas Riedelsheimer **K** Thomas Riedelsheimer **M** Stephan Micus **S** Thomas Riedelsheimer **L** 97 (24 B./sec.) / 93 (25 B./sec.) **FSK** o.A.; f **FBW** bw **E** 27.12.2012 **fd** 41 454

Breathless
BREATHLESS
Für das gezielte Niederstrecken ihres sie betrügenden Mannes reicht ihre Intelligenz noch locker; doch hat die Gangster-Ehefrau schlicht vergessen, für ihre Rente zu sorgen. Auch weiß sie nicht, wo ihr «Ex» die «Einnahmen» vom letzten Coup versteckt hat. Bevor ihr der Dorfsheriff auf die Schliche kommt, verbündet sie sich mit der auch nicht viel klügeren Geliebten ihres Mannes. Ansehnlich besetzte Komödie im Milieu US-amerikanischer Ottonormal-Gangster, die so daherkommt, als hatten die Porträtierten selbst Regie geführt. – Ab 16.
Scope. USA 2012 **P** Zero Gravity Management / Hollywood Media Bridge / Oak Street Films / Anarchy Post **DVD** Ascot/Elite (16:9, 2.35:1, DD5.1 engl./dt., dts dt.) **BD** Ascot/Elite (16:9, 2.35:1, dts-HDMA engl./dt.) **Pd** Phillip B. Goldfine, Christine Holder, Mark Holder, Danny Roth **R** Jesse Baget **B** Jesse Baget, Stefania Moscato **K** Bill Otto **M** Jermaine Stegall **S** Peter Basinski **D** Gina Gershon (Lorna), Val Kilmer (Dale), Ray Liotta (Sheriff Cooley), Kelli Giddish (Tiny), Wayne Duvall (Maurice Doucette), Paul Cuneo (Deputy Deason), Richard Riehle (Deputy), Sid Vicious (Earl the Dog) **L** 91 **FSK** ab 16 **E** 3.9.2012 DVD & BD **fd** –

Britney: For the Record
BRITNEY: FOR THE RECORD
Zwei Monate lang begleitet der Musik-Dokumentarfilm die Pop-Sängerin Britney Spears auf ihrer Promotion-Tour für die CD «Circus» (2008). Er gewährt Einblicke ins berufliche und private Leben des Stars, der immer wieder auch durch Negativschlagzeilen, Karrieretiefs und Drogenexzesse auf sich aufmerksam machte und lernen musste, mit einer schlechten Presse umzugehen; dabei verdichtet er sich zur Kritik an der Unerbittlichkeit des Showgeschäfts und der Medien, die von ihm partizipieren. – Ab 14.
USA 2008 **P** Radical Media **DVD** Edel (16:9, 1.78:1, DD2.0 engl.) **Pd** Andrew Fried, Phil Griffin **R** Phil Griffin **K** Pedro Castro **S** Cy Christiansen, Jonah Moran, Ting Poo **L** 60 **FSK** o.A. **E** 8.10.2010 DVD/21.4.2012 arte **fd** –

Brother's Justice
BROTHER'S JUSTICE
Als es mit seiner Karriere hapert, bemüht sich ein Comedian um einen Image-Wechsel und sucht sein Heil beim Actionfilm; allerdings mit ähnlich mäßigem Erfolg, sodass drastischere Showbiz-Methoden vonnöten sind. Als Pseudodokumentation getarnter Chaosfilm. Die wenigen Gags resultieren aus den rar gesäten Cameo-Auftritten bekannterer Filmgrößen. – Ab 16.
DVD/BD: Die Extras umfassen u. a. einen Audiokommentar des Regisseurs.
USA 2010 **P** Palmer Prod. / Primate Pic. **DVD** MIG/EuroVideo (16:9, 1.78:1, DD2.0 engl., DD5.1 dt.) **BD** MIG/EuroVideo (16:9, 1.78:1, DD2.0 engl., DD5.1 dt.) **Pd** Nate Tuck **R** David Palmer, Dax Shepard **B** Dax Shepard **K** David Palmer **M** Julian Wass **S** Dan Ohara **D** Dax Shepard (Dax Shepard / Waylan / Patrick Jeung / Patrick Justice), Tom Arnold (Tom Arnold / Mark «Pappy» Jeung), Bradley Cooper (Bradley Cooper / Dwight Sage), Nate Tuck (Nate), Greg Siegel (Greg), James Feldman (James), Andrew Panay (Andres), Ashton Kutcher (Ashton Kutcher) **L** 81 **FSK** ab 16 **E** 19.4.2012 DVD & BD **fd** –

Brötzmann – Da gehört die Welt mal mir
Dokumentarischer Porträtfilm über den Musiker Caspar Brötzmann (geb. 1962 in Wuppertal), der anlässlich

Die Brücke – Transit in den Tod (1)

eines Konzerts seiner Noise-Rock-Gruppe in Originalbesetzung nach 14 Jahren Pause im Berliner Club «Berghain» entstand. Der Film will vor allem Brötzmanns Seelenlandschaften erkunden, doch die betont diskrete, zurückhaltende Recherche fällt unbefriedigend aus: Die vorgegebenen visuellen Räume füllt der Gitarrist mit philosophischen Schwärmereien, bedeutungsvoll rezitierten Texten sowie Erinnerungen an Familiäres, wobei der unverstellte Kunstwille des Filmemachers eine Nähe suggeriert, die an keiner Stelle eingelöst wird. – Ab 16.
Deutschland 2012 **P** Uli Schueppel Filmprod. **KI** Schueppel films **Pd+R+B** Uli M. Schueppel (= Uli M. Schüppel) **K** Cornelius Plache, Uli M. Schueppel (= Uli M. Schüppel) (Berghain-Konzert) **M** Caspar Brötzmann, Danny A. Lommen, Eduardo Delgado Lopez **S** Ernst Carias **L** 75 **FSK** – **E** 20.9.2012 **fd** 41 259

Die Brücke – Transit in den Tod (1)
BRON/BROEN

Auf der Öresund-Brücke zwischen Schweden und Dänemark wird die Leiche einer Frau gefunden – eigentlich von zwei Frauen, einer dänischen Prostituierten und einer schwedischen Politikerin, die in der Mitte durchtrennt und zusammengesetzt wurden. Ein besonnener dänischer Polizist und Familienvater und seine komplizierte schwedische Kollegin, eine Single-Frau, ermitteln gemeinsam. Der vermeintliche Täter, der die Öffentlichkeit sucht, um auf Missstände aufmerksam zu machen, beginnt ein Katz-und-Maus-Spiel mit den Polizisten, um von einem privaten Rachefeldzug abzulenken. (Fernseh-)Krimi, der seinen Reiz aus den unterschiedlichen Charakteren der Hauptpersonen bezieht. – Ab 16.
DVD/BD: In der Box DIE BRÜCKE – TRANSIT IN DEN TOD, STAFFEL 1 erschienen.
Dänemark / Schweden / Deutschland 2011 **P** Filmlance International / Nimbus Film / SVT / Film i Väst / ZDF / DR / Film i Skånne / NRK / ZDF Enterprises **DVD** Edel Media (16:9, 1.78:1, DD2.0 dän.& swe./dt.) **BD** Edel Media (16:9, 1.78:1, dts-HD2.0 dän. & swe./dt.) **Pd** Gunnar Carlsson, Bo Ehrhardt, Anders Landström **R** Charlotte Sieling **B** Hans Rosenfeldt **K** Jørgen Johansson **M** Johan Söderqvist, Patrik Andrén, Uno Helmersson **S** Sofia Lindgren **D** Sofia Helin (Saga Norén), Kim Bodnia (Martin Rohde), Dag Malmberg (Hans Pettersson), Ellen Hillingso (Charlotte Söringer), Christian Hillborg (Daniel Ferbé), Puk Scharbau (Mette Rohde), Emil Birk Hartmann (August Rohde), Rafael Pettersson (John), Anette Lindbäck (Gry), Said Legue (Navid) **L** 115 **FSK** ab 12 **E** 18.3.2012 ZDF/16.4.2012 DVD / 12.10.2012 BD **fd** –

Die Brücke – Transit in den Tod (2)
BRON/BROEN

Ein als «Brückenmörder» bekannt gewordener Serientäter vergiftet Obdachlose mit Wein, angeblich um auf soziale Missstände hinzuweisen. Dann entführt er einen weiteren Obdachlosen, filmt sein Leiden «live» und fordert die Zahlung eines Lösegelds von vier reichen Immobilienbesitzern. Fieberhaft versucht die Polizei, das Versteck des Opfers ausfindig zu machen. Zweiter Teil einer in Schweden und Dänemark spielenden (Fernseh-)Krimireihe über den als zynisches «Spiel» angelegten Kampf eines Kriminellen gegen ein Ermittlerteam aus höchst unterschiedlichen Charakteren. – Ab 16.
DVD/BD: In der Box DIE BRÜCKE – TRANSIT IN DEN TOD, STAFFEL 1 erschienen.
Dänemark / Schweden / Deutschland 2011 **P** Filmlance International / Nimbus Film / SVT / Film i Väst / ZDF / DR / Film i Skånne / NRK / ZDF Enterprises **DVD** Edel Media (16:9, 1.78:1, DD2.0 dän.& swe./dt.) **BD** Edel Media (16:9, 1.78:1, dts-HD2.0 dän. & swe./dt.) **Pd** Bo Ehrhardt, Anders Landström **R** Charlotte Sieling **B** Hans Rosenfeldt **K** Jørgen Johansson **M** Johan Söderqvist, Patrik Andrén, Uno Helmersson **D** Sofia Helin (Saga Norén), Kim Bodnia (Martin Rohde), Dag Malmberg (Hans Pettersson), Ellen Hillingso (Charlotte Soringer), Christian Hillborg (Daniel Ferbé), Puk Scharbau (Mette Rohde), Emil Birk Hartmann (August Rohde), Rafael Pettersson (John), Anette Lindbäck (Gry), Said Legue (Nacid), Kristina Brändén Whitaker (Anne), Magnus Krepper (Stefan Lindberg), Kristian Lima de Faria (Åke), Fanny Ketter (Anja Björk) **L** 100 **FSK** ab 12 **E** 25.3.2012 ZDF / 16.4.2012 DVD/12.10.2012 BD **fd** –

Die Brücke – Transit in den Tod (3)
BRON/BROEN

Der «Brückenmörder», der die Sundbrücke zwischen Dänemark und Schweden nutzt, um durch Morde und gleichzeitige Internet-Informationen auf vermeintliche gesellschaftliche Missstände in beiden Ländern aufmerksam zu machen, bringt seinen Psychologen um, um das Augenmerk auf Defizite in der psychiatrischen Versorgung zu lenken. Auch ein Polizist, der an der Misshandlung von Immigranten beteiligt war, muss dran glauben. Dritter Teil einer recht ungewöhnlichen skandinavischen (Fernseh-)Krimireihe, die zwar einzelne Fälle präsentiert, jedoch als durchgängige Serie verstanden werden muss. – Ab 16.
DVD/BD: In der Box DIE BRÜCKE – TRANSIT IN DEN TOD, STAFFEL 1 erschienen.
Dänemark / Schweden / Deutschland 2011 **P** Filmlance International / Nimbus Film / SVT / Film i Väst / ZDF / DR / Film i Skånne / NRK / ZDF Enterprises **DVD** Edel Media (16:9, 1.78:1, DD2.0 dän.& swe./dt.) **BD** Edel Media (16:9, 1.78:1, dts-HD2.0 dän. & swe./dt.) **Pd** Gunnar Carlsson **R** Lisa Siwe, Sofia Helin (Saga Norén) **B** Hans Rosenfeldt, Nikolaj Scherfig **K** Ari Willey **M** Johan Söderqvist, Patrik Andrén, Uno Helmersson **S** Margareta Lagerqvist **D** Kim Bodnia (Martin Pettersson), Ellen Hillingso (Charlotte Söringer), Christian Hillborg (Daniel Ferbé), Magnus Krepper (Stefan Lindberg), Puk Scharbau (Mette Rohde), Emil Birk Hartmann (= Emil Birk Hartmann) (August Rohde) **L** 115 **FSK** ab 16 **E** 1.4.2012 ZDF/16.4.2012 DVD / 12.10.2012 BD **fd** –

Die Brücke – Transit in den Tod (4)
BRON/BROEN

Neues vom «Brückenmörder»: Diesmal prangert er Kinderarbeit an, entführt eine Schulbus und fordert, dass fünf Unternehmen, die Kinderarbeit im Ausland betreiben, ihre Firmen in Brand stecken sollten – andernfalls würden die Kinder sterben. Der zusätzliche Tod eines Polizisten nimmt sich dagegen wie eine Banalität aus. Bizarre Folge der (Fernseh-)Thriller-Reihe, in deren Verlauf sich der Verdacht erhärtet, dass der Täter aus den Reihen der Polizei kommen könnte. – Ab 16.

DVD/BD: In der Box DIE BRÜCKE – TRANSIT IN DEN TOD, Staffel 1 erschienen.
Dänemark / Schweden / Deutschland 2011 **P** Filmlance International / Nimbus Film / SVT / Film i Väst / ZDF / DR / Film i Skånne / NRK / ZDF Enterprises **DVD** Edel Media (16:9, 1.78:1, DD2.0 dän. & swe./dt.) **BD** Edel Media (16:9, 1.78:1, dts-HD2.0 dän. & swe./dt.) **Pd** Bo Ehrhardt, Gunnar Carlsson, Anders Landström **R** Henrik Georgsson **B** Hans Rosenfeldt, Måns Mårlind **K** Olof Johnson **M** Johan Söderqvist, Patrik Andrén **S** Kristofer Nordin **D** Sofia Helin (Saga Norén), Kim Bodnia (Martin Rohde), Dag Malmberg (Hans Pettersson), Christian Hillborg (Daniel Ferbé), Magnus Krepper (Stefan Lindberg), Puk Scharbau (Mette Rohe), Emil Birk Hartmann (August Rohde), Anette Lindback (Gry) **L** 115 **FSK** ab 12 **E** 8.4.2012 ZDF / 16.4.2012 DVD / 12.10.2012 BD **fd** –

Die Brücke – Transit in den Tod (5)
BRON/BROEN
Die Schlinge um den «Brückenmörder» zieht sich zu. In einer Gemengelage aus psychotischen Schüben und privater Rache scheint er seine Verbrechen begangen zu haben. Nun ist einer der ermittelnden Polizisten persönlich betroffen, da seine Frau und der Sohn entführt wurden. Letzterer steht wohl auf der Todesliste, da der Täter vor einem Jahr den eigenen Sohn verlor. Der finale Countdown dieser ersten BRÜCKEN-Staffel, die überreich konstruiert erscheint, findet natürlich auf der Öresund-Brücke statt. – Ab 16.
DVD/BD: In der Box DIE BRÜCKE – TRANSIT IN DEN TOD, Staffel 1 erschienen.
Dänemark / Schweden / Deutschland 2011 **P** Filmlance International / Nimbus Film / SVT / Film i Väst / ZDF / DR / Film i Skånne / NRK / ZDF Enterprises **DVD** Edel Media (16:9, 1.78:1, DD2.0 dän.& swe./dt.) **BD** Edel Media (16:9, 1.78:1, dts-HD2.0 dän. & swe./dt.) **Pd** Gunnar Carlsson, Bo Ehrhardt, Anders Landström **R** Henrik Georgsson **B** Hans Rosenfeldt **K** Olof Johnson **M** Patrik Andrén, Uno Helmersson **S** Kristofer Nordin **D** Sofia Helin (Saga Norén), Kim Bodnia (Martin Rohde), Dag Malmberg (Hans Pettersson), Ellen Hillingso (Charlotte Söringer), Christian Hillborg (Daniel Ferbé), Puk Scharbau (Mette Rohde), Emil Birk Hartmann (August Rohde), Rafael Pettersson (John) **L** 115 **FSK** ab 12 **E** 15.4.2012 ZDF / 16.4.2012 DVD / 12.10.2012 BD **fd** –

Bu son olsun
BU SON OLSUN
Als während des Militärputsches 1980 eine Ausgangssperre verhängt wird, werden fünf obdachlose Stadtstreicher wider Willen zu Staatsfeinden. Im Gefängnis können sie sich die internen Machtkämpfe zwischen unterschiedlichen Konfliktparteien und den Bürokraten der Anstaltsleitung zu Nutze machen. Derbe Komödie, die ihr Potenzial zu einer politischen Satire nie nutzt und sich auf oberflächlichen Humor, schlichten Slapstick und Klamauk beschränkt. (O.m.d.U.) – Ab 16.
Türkei 2012 **P** Fono Film **KI** AF-Media **Pd** Orçun Benli, Sükrü Üçpinar **R** Orçun Benli **B** Orçun Benli, Sükrü Üçpinar **K** Vedat Özdemir **M** Cahit Berkay **S** Lewo **D** Engin Altan Düzyatan, Mustafa Uzunyilmaz (Yasar), Orhan Eskin (Apo), Ferit Kaya (Kovboy Ali), Volga Sorgu (Cevat), Ufuk Bayraktar (Ertugrul), Hazal Kaya (Lale) **L** 100 **FSK** ab 12 **fd** 41 092

Buck ☆
BUCK
Einfühlsames Porträt des US-amerikanischen Pferdetrainers Buck Brannaman, der die «Problempferde» unter seine Fittiche nimmt, wobei er davon überzeugt ist, dass nicht die Tiere, sondern ihre Besitzer oft gravierendere Probleme haben und bei deren Verhaltensfehler im Verhalten der Tiere niederschlagen. Der Dokumentarfilm nutzt reizvoll Fotografie und Ikonografie von Western, um einen in sich ruhenden Mann zu beschreiben, der den Tieren mit Respekt beggenet. Dabei spricht er durch seine humane Aussage nicht nur ausgesprochene «Pferdenarren» an. – Ab 12.
DVD/BD: Die Extras enthalten u. a. ein Feature mit im Film nicht verwendeten Szenen.
USA 2011 **P** Cedar Creek Prod. / Back Allie Prod./Motto Pic. **KI** nfp **DVD** EuroVideo (16:9, 1.78:1, DD5.1 engl./dt.) **Pd** Julie Goldman **R+B** Cindy Meehl **K** Luke Geissbuhler, Guy Mossman **M** David Robbins **S** Toby Shimin **L** 92 (24 B./sec.) / 89 (25 B./sec.) **FSK** ab 6; f **E** 31.5.2012 / 4.10.2012 DVD **fd** 41 096

Bucky Larson: Born to be a Star
BUCKY LARSON: BORN TO BE A STAR
Ein junger Mann aus Ohio entdeckt die Pornofilm-Karriere seiner Eltern und will selbst in das lukrative Geschäft einsteigen. Doch sein kleiner Penis steht dem im Wege. Erst als er übers Internet gerade wegen dieses vermeintlichen Mankos bekannt wird, avanciert er zum Star. Geschmackloser Komödien-Versuch, dessen Gags unter die Gürtellinie zielen und an dem einzig die Mitwirkung einst hochkarätiger Darsteller verblüfft.
USA 2010 **P** Happy Madison / Miles Dep Prod. **DVD** Sony (16:9, 1.85:1, DD5.1 engl./dt.) **Pd** Allen Covert, David Dorfman, Jack Giarraputo, Adam Sandler, Nick Swardson, Betsy Danbury **R** Tom Brady **B** Adam Sandler, Allen Covert, Nick Swardson **K** Michael Barrett **M** Waddy Wachtel **S** Jason Gourson **D** Nick Swardson (Bucky Larson), Christina Ricci (Kathy McGee), Don Johnson (Miles Deep), Stephen Dorff (Dick Shadow), Ido Mosseri (J. Day), Kevin Nealon (Gary), Edward Herrmann (Jeremiah Lason), Miriam Flynn (Debbie Larson) **L** 93 **FSK** ab 16 **E** 26.1.2012 DVD **fd** –

Buebe gö z'Tanz ☆
BUEBE GÖ Z'TANZ
Junge Mitglieder des Balletts des Stadttheaters Bern fassen den Entschluss, mit der Berner Mundart-Rockband «Kummerbuben» einen Ballettabend einzustudieren. Eine Gratwanderung, die alle Beteiligten mit künstlerischem Neuland konfrontiert, da man sich mit anderen Arbeitsweisen und Musikstilen auseinandersetzen muss. Ein Arbeitsprozess, der von einigen gruppendynamischen Konflikten begleitet wird, die sich für den wundervollen Film allerdings als Glücksfall erweisen, da in diesen Momenten die Leidenschaft und der künstlerische Funke überspringen. Ein kurzweiliger, emotional ergreifender und bildstarker Film, der auch private Wendepunkte im Leben seiner Protagonisten miteinbezieht. – Sehenswert ab 14.
Schweiz 2011 **P** Recycled TV / Voltafilm **KI** Frenetic (Schweiz) **Pd** Peter Guyer, Steve Walker, Markus Heiniger **R** Steve Walker **B** Steve Walker, Markus Heiniger **K** Markus Heiniger, Steve Walker, Simon Huber **M** Kum-

merbuben **S** Stephan Heiniger **L** 85 **E** 31.5.2012 Schweiz **fd** 41 101

Buffalo Bill im Wilden Osten
BUFFALO BILL ET LA CONQUETE DE L'EST
Dokumentarfilm über die «Wild West Show», mit der der Kriegsheld, Abenteurer und Büffeljäger William Frederick Cody alias Buffalo Bill Ende des 19. Jahrhunderts weltberühmt wurde, durch Europa tourte und das Bild der Wilden Westens nachhaltig prägte. Der Versuch einer Annäherung an eine Legende, deren Western-Show bis zu 70 Mio. Zuschauer erreichte und die ganz nebenbei das «Showbusiness» erfand, das in vergleichbarer Form bis heute existierte. – Ab 14. Frankreich / Deutschland 2012 **P** Ere Prod. / BRB (für ARTE/France 3/ MDR) **KI** offen **R** Vincent Froehly **L** 80 **E** 7.10.2012 arte **fd** –

Bulb Fiction
BULB FICTION
Dokumentarfilm, der kritisch mit der Entscheidung des EU-Parlaments abrechnet, die herkömmliche Glühbirne 2012 zugunsten der Energiespar-Glühbirne endgültig abzuschaffen. Anhand mannigfaltigen Materials stellt er diese politische Entscheidung als unsinnig dar, wobei er neben ökologischen auch gesundheitliche Faktoren heranzieht. Dabei gibt er viele wissenswerte Einblicke, bleibt aber trotz der Materialfülle einseitig und führt keine sonderlich differenzierte Auseinandersetzung. – Ab 14.
Österreich/Deutschland 2011 **P** Neue Sentimental Film/Daniel Zuta Filmprod. **KI** farbfilm **DVD** Lighthouse (16:9, 1.78:1, DD5.1 dt.) **Pd** Thomas Bogner, Daniel Zuta **R+B** Christoph Mayr **K** Moritz Gieselmann **M** Andreas Lucas **S** Paul Sedlacek (= Paul Michael Sedlacek) **L** 104 **FSK** ab 6; f **E** 31.5.2012 / 7.12.2012 DVD **fd** 41 087

Bumblefuck USA
BUMBLEFUCK USA
Aus Amsterdam in die US-amerikanische Provinz kommend, versucht eine junge Frau zu verstehen, warum sich ein schwuler Freund von ihr umgebracht hat. Was als Dokumentarfilm geplant ist, wird zur Auseinandersetzung mit der eigenen Sexualität, als sie sich erstmals in eine Frau verliebt. Ein stilles Drama über Verlust und sexuelle Selbstbestimmung; formal eindrucksvolles, berührendes Independent-Kino. (O.m.d.U.) – Ab 16.
USA 2011 **DVD** Salzgeber & Co. Medien **L** 90 **FSK** ab 16 **fd** –

Bunohan – Return to Murder
BUNOHAN
Ein junger Mann verlässt seine Familie, um ein erfolgreicher Killer zu werden. Jahre später kommt er in seine Heimatstadt zurück, um einen flüchtigen Thai-Boxer zu richten, ohne zu ahnen, dass es sich dabei um seinen jüngeren Bruder handelt. Um diese tragische Familiengeschichte rankt sich ein actiongeladener Martial-Arts-Film, der auf enorm viele, spezifisch malaiische Schauwerte setzt.
Malaysia 2011 **P** Convergence Entertainment / Apparat **DVD** Universal (16:9, 1.85:1, DD5.1 malay./dt.) **BD** Universal (16:9, 1.85:1, dts-HDMA malay./dt.) **Pd** Nandita Solomon, Tim Kwok **R+B** Dain Said **K** Jarin Pengpanitch **M** Yan Wei Tan **S** H.K. Panca (= Herman Kumala Panca) **D** Zahiril Adzim (Adil), Faizal Hussein (Ilham), Pekin Ibrahim, Tengku Azurta, Bront Palarae, Nam Ron, Sofi Jikan **L** 94 **FSK** ab 16 **E** 7.6.2012 DVD & BD **fd** –

Buschka entdeckt Deutschland
Der Filmemacher und sein Kameramann reisen durch Deutschland und provozieren Begegnungen mit wildfremden Leuten, die sie zu kurzen Geschichten verdichten. Der Dokumentarfilm entstand ohne Drehbuch oder Skript als Zusammenschnitt einer WebReportage-Reihe, die mit neu gedrehtem Material unterfüttert wurde, im Lauf von vier Jahren. Eine Deutschlandreise der besonderen Art, die Alltagskatastrophen spiegelt und dabei von der Neugier auf den Lebensraum Deutschland getragen wird. – Ab 16.
Deutschland 2012 **P** Jörg Buschka Prod. **DVD** Turbine Medien (FF, DD2.0 dt.) **Pd** Jörg Buschka, Phil Friedrichs, Jan Vogel **R** Jörg Buschka **K** Jan Vogel **S** Jörg Buschka **L** 93 **FSK** o.A. **E** 2.10.2012 hr/14.12.2012 DVD **fd** –

Businessplan zum Verlieben
BEAUTY AND THE BRIEFCASE
Eine ehrgeizige Modereporterin auf der Suche nach einem Mann und einer Lebensaufgabe soll für das Magazin Cosmopolitan eine Reportage über die Liebe am Arbeitsplatz schreiben. Undercover ergattert sie einen Job in der Finanzwelt und ist nun von forschen Entscheidungsträgern umgeben. Dass sie von Finanzen keine Ahnung hat, kann sie zunächst kaschieren, doch im Lauf ihrer Recherchen gerät ihr Privatleben gehörig durcheinander. Märchenhafte romantische Komödie, in der das Spiel mit der Lüge, zu dem die Protagonistin gezwungen ist, dem vermeintlichen Spaß keinen Abbruch zu tun scheint. – Ab 14.
USA 2010 **P** ABC Family/Von Zerneckt Sertner Films **KI** offen **Pd** Hilary Duff, Richard Fischoff, Rene Bastian, Laurence Ducceschi, Iddo Lampton Enochs jr., Alissa M. Kantrow **R** Gil Junger **B** Michael Horowitz **Vo** Daniella Bordsky (Roman) **K** Greg Gardiner **M** Danny Lux **S** Don Brochu **D** Hilary Duff (Lane Daniels), Jennifer Coolidge (Alicia), Jaime Pressly (Kate White), Matt Dallas (Seth), Michael McMillan (Tom Reinbart), Chris Carmack (Liam), Amanda Walsh (Joanne), James McDaniel (Mr. Belmont) **L** 82 **E** 3.10.2012 RTL **fd** –

CLOUD ATLAS (X Verleih)

Café de Flore
CAFE DE FLORE

Eine Frau in Montreal will sich nicht damit abfinden, dass sie von ihrem Mann wegen einer Jüngeren verlassen wurde. In einer 40 Jahre zuvor angesiedelten Parallelhandlung versorgt eine Mutter ihren mit Down-Syndrom geborenen Sohn. Als sich der Siebenjährige mit einem Mädchen anfreundet, das an der gleichen Krankheit leidet, bricht für sie eine Welt zusammen. Beide Episoden, die durch das titelgebende Jazz-Stück miteinander verbunden sind, handeln von bedingungsloser Liebe, die sich als Ausdruck von Selbstliebe und Verlustängsten zu erkennen gibt. Dabei führen Vor- und Rückblenden und verbindende Schnitte kaum zu einer ästhetisch überzeugenden Einheit. – Ab 16.
Kanada / Frankreich 2011 **P** Item 7 / Monkey Pack Films / Banque Postale Image 4 / Canal+ / Ciné+ / Coficup / Crazy Films / Soficinéma 7 **KI** filmcoopi (Schweiz) **Pd** Pierre Even, Marie-Claude Poulin, Nicolas Coppermann, Vanessa Fourgeaud, Jean-Yves Robin, Jean-Marc Vallée **R** Pierre Cottereau **D** Vanessa Paradis (Jacqueline), Kevin Parent (Antoine Godin), Hélène Florent (Carole), Evelyne Brochu (Rose), Marin Gerrier (Laurent), Alice Dubois (Véronique), Evelyne de la Chenelière (Amélie), Emmanuelle Riva **L** 120 **FSK – E** 12.4.2012 Schweiz   fd –

Café – Wo das Leben sich trifft
CAFE

Ein kleines Café an der Ecke und seine charmante Bedienung sind Katalysator für allerlei Gespräche über (im wahren Sinne) Gott und die Welt. Typischer US-amerikanischer Independentfilm in überschaubarer theaterhafter, aber auch steril wirkender Location, angefüllt mit palavernden Akteuren, die mal «Overacting» betreiben (allen voran der Star des Films, Jennifer Love Hewitt), mal unauffällig agieren. – Ab 16.
Scope. USA 2011 **P** Nationlight Prod. **DVD** Lighthouse / Mr. Banker (16:9, 2.35:1, DD5.1 engl./dt.) **Pd** Sean Covel, Marc Erlbaum, J. Andrew Greenblatt, Wendy Cox, Chris Wyatt (= Christopher Wyatt) **R+B** Marc Erlbaum **K** Joseph White **M** Christopher Brady **S** Demian Fenton **D** Jennifer Love Hewitt (Claire), Daniel Eric Gold (Todd), Michaela McManus (Filmfrau), Madeline Carroll (Elly), Alexa Vega (Sally), Jamie Kennedy (Dealer), Gavin Bellour (Dave), Khan Baykal (Colin) **L** 93 **FSK** ab 12 **E** 2.11.2012 DVD   fd –

Cairo Exit   ★
CAIRO EXIT

Eine junge koptische Christin aus ärmlichen Verhältnissen in Kairo wird von ihrem muslimischen Geliebten schwanger, was ein ernsthaftes Problem darstellt, da die unterschiedlichen religiösen Zugehörigkeiten offiziell keine Beziehung zulassen. Als sie auch noch ihre Arbeit verliert, verlangt ihr Geliebter, dass sie gemeinsam Ägypten verlassen und illegal nach Griechenland einreisen. Das um Realitätsnähe bemühte Sozialdrama, dessen Dreharbeiten noch zur Zeit des Mubarak-Regimes begonnen wurden, konzentriert sich auf den Status der Frau in der ägyptischen Gesellschaft; im Rückblick könnte der Film auch als Mahnmal für die Konsequenzen einer gescheiterten, halbherzigen Revolution gelesen werden. – Ab 16.
Ägypten 2011 **P** Film House Egypt **KI** offen **Pd** Sherif Mandour **R** Hesham Issawi **B** Hesham Issawi, Amal Afify **K** Patrik Thelander **M** Tamer Karawan **S** Nihad Sami **D** Mohamed Ramadan (Tarek), Maryhan (Amal), Ahmed Bidder (Nagib), Sana Mouziane (Rania), Safaa Galal (Hanan), Mohamed Goma (Mahmoud), Nadia Fahmy (Amals Mutter), Amal Attiah (Menna) **L** 94 **E** 23.8.2012 WDR   fd –

Call Me Kuchu   ★
CALL ME KUCHU

Dokumentarfilm über die massive Hetzkampagne gegen Homosexuelle in Uganda, wo homophobe Gruppierungen ein verschärftes Anti-Homosexuellen-Gesetz durchsetzen wollen. Widerstand kommt von den «Kuchus», der ugandischen LGBT-Community, deren Aktivisten großen Gefahren ausgesetzt sind. Der aufwühlende Film zeigt beide Seiten der

«sexuellen Politik» in Uganda, den Widerstand der «Kuchus» wie auch die Attacken homophober Mitglieder von Presse und religiösen Gruppen. (O.m.d.U.) – Ab 16.
USA/Uganda 2012 **P** Malika Zouhali-Worral / Katherine Fairfax Wright **KI** arsenal institut **Pd** Malika Zouhali-Worrall **R+B** Katherine Fairfax Wright, Malika Zouhali-Worrall **K** Katherine Fairfax Wright **M** Jonathan Mandabach **S** Katherine Fairfax Wright **L** 90 (24 B./sec.) / 87 (25 B./sec.) **FSK** ab 12; f **E** 20.9.2012   **fd** 41 276

Callgirl
SLOVENKA

Eine Studentin in Ljubljana wird Prostituierte, um sich einen großzügigeren Lebensstil leisten zu können. Ihr Doppelleben droht aufzufliegen, als sie durch den Herztod eines Freiers ins Visier der Polizei gerät und die Aufmerksamkeit zweier aggressiver Zuhälter auf sich zieht. Stimmiger Thriller, der ein suggestives Angstszenario aufbaut, ohne dafür auf drastische Eskalationen setzen zu müssen. Eine differenzierte Auseinandersetzung mit dem Thema der Prostitution, die um eines «besseren» Lebens willen betrieben wird, gelingt dabei freilich nicht. – Ab 16.
Slowenien / Deutschland / Kroatien/ Serbien 2009 **P** Vertigo / Emotionfilm / Neue Mediopolis Filmprod. / Film House Bas Celik / 4 Film / RTV Slovenija **KI** farbfilm **Pd** Danijel Hocevar, Alexander Ris, Jörg Rothe, Jelena Mitrovic, Anita Juka, Amra Baksic Camo **R** Damjan Kozole **B** Ognjen Svilicic, Matevz Luzar, Damjan Kozole **K** Goran Volarevic **M** Mario Schneider, Silence **S** Marko Glusac **D** Nina Ivanisin (Aleksandra), Peter Musevski (Edo), Primoz Pirnat (Zdravko), Marusa Kink (Vesna), Uros Fürst (Grega), Andrej Murenc (Schulfreund), Dejan Spasic (Mile), Aljosa Kovacic (Peter) **L** 91 (24 B./sec.) / 88 (25 B./sec.) **FSK** ab 16; f **E** 21.6.2012 **fd** 41 132

Camel Spiders – Angriff der Monsterspinnen
CAMEL SPIDERS

Übergroße Spinnen werden mit Militärrücktransporten aus dem Nahen Osten in die USA importiert, mutieren dort und werden zur Gefahr für die Landbevölkerung. Katastrophenthriller, den man als Allegorie auf das US-amerikanische Kriegs- und Terrortrauma deuten könnte, würde er formal und auch inhaltlich nicht derartig niveaulos sein. – Ab 16.
USA 2011 **P** Concorde New Horizons **DVD** Sunfilm (16:9, 1.85:1, DD5.1 engl./dt., dts dt.) **BD** Sunfilm (16:9, 1.85:1, dts-HDMA7.1 engl./ dt.) **Pd** William Dever, Steve Goldenberg **R** Jim Wynorski **B** J. Brad Wilke, Jim Wynorski **K** Andrea V. Rossotto **M** Chuck Cirino **S** Tony Randel **D** Brian Krause (Capt. Sturges), C. Thomas Howell (Sheriff Beaumont), Melissa Brasselle (Sgt. Shelly Underwood), Diana Terranova (Patty), GiGi Erneta (Reba), Jon Mack (Sharon), Michael Swan (McNeil), Hayley Sanchez (Hayley) **L** 81 **FSK** ab 16 **E** 6.6.2012 DVD & BD   **fd** –

Camp Armadillo ☆
ARMADILLO

Der Dokumentarfilm begleitet einen Trupp dänischer UN-Soldaten, die zu einem Einsatz ins afghanische Camp Armadillo einrücken. Als man nach Tagen des soldatischen Müßiggangs mit Feindfeuer konfrontiert wird und Verletzte und Tote zu beklagen hat, werden die Soldaten mit der hässlichen Seite ihres Einsatzes konfrontiert. Ein eindrucksvoller Film, der die Idee der Friedensmission grundsätzlich hinterfragt. Ganz darauf konzentriert, wie sich die Extremsituation auf die Protagonisten auswirkt, verleiht er dem in den Medien meist abstrakt verhandelten Thema eine physische Dimension. – Sehenswert ab 16.
Dänemark 2010 **P** Fridthjof Film **KI** Elite (Schweiz) **DVD** Ascot/Elite (16:9, 1.85:1, DD5.1 dän./dt., dts dt.) **BD** Ascot/Elite (16:9, 1.85:1, dts-HDMA dän./dt.) **Pd** Ronnie Fridthjof, Magnus Gertten, Sara Stockmann, Lennart Ström **R** Janus Metz Pedersen **B** Janus Metz Pedersen, Kasper Torsting **K** Lars Skree **M** Uno Helmersson **S** Per K. Kirkegaard **L** 101 **FSK** ab 12; f **E** 28.4.2011 Schweiz/10.5.2011 DVD & BD/5.12.2012 arte   **fd** 40 427

Camp 14 – Total Control Zone ☆
Der Koreaner Shin Dong-hyuk wurde 1983 als Sohn politischer Gefangener geboren und wuchs unter unmenschlichen Bedingungen in einem nordkoreanischen Todeslager auf. Im Alter von 22 Jahren gelingt ihm die Flucht nach Südkorea. Der ergreifende Dokumentarfilm erzählt im Wechsel aus beklemmenden Gesprächspassagen und schlichten Animationen eine von extremer Gewalt und Missbrauch geprägte Leidensgeschichte. Interviews mit einem ehemaligen Lagerchef sowie einem Geheimpolizisten ergänzen die erschütternde Anklage gegen eine menschenverachtende Diktatur. (O.m.d.U.) – Ab 16.
Deutschland 2012 **P** Engstfeld Filmprod. / BR / WDR **KI** Real Fiction **Pd** Axel Engstfeld **R+B** Marc Wiese **K** Jörg Adams **S** Jean-Marc Lesguillons **L** 105 (24 B./sec.) / 102 (25 B./sec.) **FSK** ab 12; f **E** 8.11.2012   **fd** 41 383

Çanakkale Çocuklari
ÇANAKKALE ÇOCUKLARI

Kriegsepos um die Schlacht von Gallipoli, die während des Ersten Weltkriegs zwischen den Truppen des Osmanischen Reichs und denen der Westalliierten, vor allem vertreten durch Soldaten aus Australien und Neuseeland, ausgetragen wurde und bei der Hunderttausende ums Leben kamen. Erzählt als Geschichte einer türkisch-australischen Familie, die der Krieg förmlich zerreißt, vermittelt der Film eine explizit pazifistische Botschaft, bedient sich dafür aber einer mit allzu viel Pathos und Patriotismus aufgeladenen Bildsprache. (O.m.d.U.) – Ab 16.
Türkei 2012 **P** Plato Film **KI** Kinostar **Pd+R+B** Sinan Çetin **K** Sercan Sert **M** Firat Yükselir **S** Baris Denge **D** Haluk Bilginer (Kasim), Oktay Kaynarca, Yavuz Bingöl, Rebekka Haas (Catherine), Wilma Elles (Maria), Demir Demirkan, Orfeo Çetin (Osman), Cemo Çetin (James) **L** 105 (24 B./sec.) / 101 (25 B./sec.) **FSK** ab 12; f **E** 4.10.2012   **fd** 41 347

Çanakkale 1915
ÇANAKKALE 1915

Türkische Soldaten ziehen während des Ersten Weltkriegs todesmutig in die Schlacht von Gallipoli, um die alliierten Truppen an der Besetzung der Halbinsel zu hindern. Bei den monatelangen Auseinandersetzungen kommen 250.000 Soldaten ums Leben. Pathetisches, kriegsverherrlichendes Schlachtengemälde voller patriotischer und religiös verbrämter Floskeln, das das Leiden der türkischen Kriegsopfer zum «Märtyrertod» verklärt. (O.m.d.U.)

Türkei 2012 **P** Fida Film / Örümcek Yapim **KI** Kinostar **Pd** Serkan Balbal, Murat Akdilek **R** Yesim Sezgin **B** Turgut Özakman **K** Aras Demiray, Muharrem Dokur **M** Can Atilla **S** Arzu Akbas Bakkalbasioglu **D** Baran Akbulut, Baris Çakmak (Binbasi Ali), Sevket Çoruh (Bigali Mehmet Çavus), Bülent Alkis (Binbasi Mahmut Sabri), Celil Nalçakan (Sefik Aker), Dogukan Polat, Emre Özcan (Astegmen Muharrem), Ersan Duru, Ilker Kizmaz, Mert Karabulut, Riza Akin (Esat Pasa), Ufuk Bayraktar (Seyit Onbasi), Serkan Ercan (Hilmi Sanlitop) **L** 132 (24 B./sec.) / 128 (25 B./sec.) **FSK** ab 16; f **E** 18.10.2012 **fd** 41358

Cannibal
CANNIBAL
Ein menschenscheuer Mann haust abgeschieden in den Wäldern. Er nimmt eine verletzte junge Frau in seiner Hütte auf, verliebt sich in sie und sucht sie, als sie spurlos verschwindet. Dabei entdeckt er, dass sie eine männermordende Kannibalin ist. Film auf der neuen frankophonen Slasher-Welle, der in seiner Gewaltdarstellung vergleichsweise zurückhaltend ist. Die dunklen Bilder lassen die etwas laienhafte Inszenierung noch kryptischer erscheinen und unterstreichen das leblos wirkende Erscheinungsbild.
DVD/BD: Erhältlich ist neben der deutschen Fassung eine grundsätzlich nur für Österreich und die Schweiz zum Vertrieb freigegebene, FSK ungeprüfte Fassung, die ungeschnitten ist.
Scope. Belgien 2010 **P** Plot Point Prod. **DVD** KNM/Apollon (16:9, 2.35:1, DD2.0 frz., DD5.1 dt.) **BD** KNM/Apollon (16:9, 2.35:1, dts-HD2.0 frz., dts-HD dt.) **Pd** Eloi Gérard, Vincent Bridoux **R+B** Benjamin Viré **K** Raphaël Kolacz **M** Philippe Malempré, David Minjauw, R.E.D.A. **S** Benjamin Viré **D** Nicolas Gob (Max), Helena Coppejans (Bianca), Jean Collard (Alex), Youri Garfinkiel (Tom), Nathan Germanus (Arnaud), Marilyne Capel (Sandrine), Miguel Molina (Hubert), Jonathan Demurger (Jannot) **L** 100 & 103 **FSK** ab 18 & ungeprüft **E** 22.3.2012 DVD **fd** –

Cannibal Diner
Junge Frauen wollen im Wald eine Geburtstagsparty feiern, bis eine Gruppe dubioser Dunkelmänner die Schönheiten zu jagen und zu verspeisen beginnt. Drastischer Slasher-Film nach gängigen Mustern, der die schlichte Handlung immerhin mit einer recht durchdachten Tonspur atmosphärisch umsetzt. Die steif aufspielenden Darstellerinnen und das gänzliche Ausdünnen des ohnehin schwächlichen Handlungsfadens lassen indes kaum Spannung aufkommen.
Scope. Deutschland 2012 **P** Mondaymovies **KI** Mondaymovies **Pd** Mario von Czapiewski, Frank W. Montag **R** Frank W. Montag **B** Mario von Czapiewski **K** Marcel Kuhlmann **M** Frank W. Montag **S** Frank W. Montag, Mario von Czapiewski **D** Alexandra Lesch (Kati), Kristina Rohder (Tanja), Lara Baum (Celine), Alexandra Jordan (Mele), Violetta Shurawlow (Dahlia), Indira Madison (Jill), Dominik Schneider (der Koch), Celina Klemenz (das Mädchen), Jessica Klauss (Herumtreiberin) **L** 75 (24 B./sec.) / 72 (25 B./sec.) **FSK** ab 16; f **E** 18.10.2012 **fd** 41342

Cannibal Rising
DONNER PASS
Laut einer Legende mussten US-amerikanische Siedler 1860 aus Not zu Kannibalen werden. Ausgerechnet in jener Gegend verbringen 150 Jahre später einige Jugendliche unbeschwerte Tage in einer verschneiten Blockhütte, bis der Geist von damals wieder tätig wird. Mäßiger Slasher-Film, der einmal mehr monströse Hinterwäldler auf hirnlose Party-Monster loslässt.
USA 2012 **P** Peppermint Enterprises **DVD** Peppermint Ent. / Intergroove (16:9, 1.78:1, DD5.1 engl./dt.) **BD** Peppermint Ent./Intergroove (16:9, 1.78:1, dts-HD engl./dt.) **Pd** Mouncey Ferguson, Jude S. Walko, Bob Bobala, Steve Cook, Jim Robertson **R** Elise Robertson **B** R. Scott Adams **K** Bobby Scott **M** Stefan Girardet **S** Steven Friedland **D** Desiree Hall (Kayley), Erik Stocklin (Thomas), Colley Bailey (Mike), Russ Russo (Jed), Adelaide Kane (Nicole), Joel Stoffer (Robert), Kevin Kearns (Carter), Krystal Davis (Valerie) **L** 82 **FSK** ab 18 **E** 15.11.2012 DVD & BD **fd** –

Caribbean Gold
siehe: **Inseln vor dem Wind**

Carjacked – Jeder hat seine Grenzen
CARJACKED
Eine vom Leben und von der Ehe gebeutelte Frau hat das Pech, zur falschen Zeit am falschen Ort zu sein, und muss nun einen flüchtigen Bankräuber auf den Straßen ins Nirgendwo chauffieren. Dabei erfährt sie erstmals, wie es ist, sich wirklich wehren zu müssen. Gänzlich unglaubwürdiger Thriller, in dem leidlich bekannte Darsteller erfolglos die Drehbuchschwächen kaschieren sollen. – Ab 16.
Scope. USA 2011 **P** Danierl Grodnik Prod. / Films in Motion / Goldrush Entertainment / Hollywood Media Bridge / LEAP Film Fund / Mass Hysteria Entertainment **DVD** Universum (16:9, 2.35:1, DD5.1 engl./dt.) **BD** Universum (16:9, 2.35:1, dts-HD engl./dt.) **Pd** Eric Gozlan, Daniel Grodnik, Jason Hewitt, Suzanne Tierney **R** John Bonito **B** Michael Compton, Sherry Compton **K** Theo van de Sande **M** Bennett Salvay **S** Matt Hathcox, Michael Kuge **D** Stephen Dorff (Roy), Maria Bello (Lorraine Burton), Joanna Cassidy (Betty), Catherine Dent (Therapeutin), Gary Grubbs (Deputy), David Jensen, Kristen Kerr, Angelle Brooks **L** 89 **FSK** ab 16 **E** 20.6.2012 DVD & BD **fd** –

Carlitos großer Traum ☆
CARLITOS Y EL CAMPO DE LOS SUENOS
Ein elfähriger spanischer Waisenjunge träumt von einer Karriere als Fußballer. Der Direktor seines Waisenhauses, der nur daran interessiert ist, möglichst viel Geld vom potenziellen Adoptivelterm seiner Schützlinge zu kassieren, legt diesem Traum Steine in den Weg, doch dank guter Freunde und seiner eigenen Beharrlichkeit hält der Junge an seinen Plänen fest. Sympathischer Kinderfilm, der das klassische Sportfilm-Sujet eines Außenseiters, der sich nach oben kämpft, spannend variiert und dabei bestens unterhält. – Sehenswert ab 10.
Spanien 2008 **P** Antena 3 / Versátil Cinema **KI** AG Kino (Tournee KidsFilm) **Pd** Emilio Aragón, Santiago de la Rica, Tadeo Villalba (= Tadeo Villalba hijo) **R** Jesús del Cerro **B** Manuel Feijóo, Beatriz G. Cruz **K** Adolfo Hernández **M** Emilio Aragón **S** Juan Carlos Sanavia **D** Emilio Aragón (Miliki), David Becerra (Trampas), Guillermo Campra (Carlitos), Vicente Diez (Gollum),

Gustavo Salmerón, Irene Visedo, Alejandra Lorenzo, Iñigo Navares **L** 105 (24 B./sec.) / 100 (25 B./sec.) **FSK** o.A.; f **E** 12.6.2010 Kinderkanal / 5.7.2012
fd 41 332

Carte Blance – Anklage: Vergewaltigung als Kriegswaffe
siehe: **Carte Blanche**

Carte Blanche ☆
CARTE BLANCHE
Dokumentarfilm über die Versuche des Internationalen Strafgerichtshofs in Den Haag, einen Prozess gegen den kongolesischen Politiker Jean-Pierre Bemba wegen Verbrechen gegen die Menschlichkeit zu eröffnen. Im Mittelpunkt der klug strukturierten Recherche stehen mehrere Mitarbeiter des Gerichts, die in der Zentralafrikanischen Republik Spuren der systematischen Vergewaltigungen durch Bembas Truppen im Oktober 2002 sichern sollen. Ein vielschichtiger, spannend erzählter und dokumentarisch reflektierter Film, der deutlich macht, warum der Einsatz für Gerechtigkeit ein unmittelbar einleuchtendes Gebot der Mitmenschlichkeit ist. (Teils O.m.d.U.) – Sehenswert ab 14.
Schweiz/Deutschland 2011 **P** PS Film / Specogna Filmprod. **KI** Peripher **Pd** Peter Spoerri, Heidi Specogna **R+B** Heidi Specogna **K** Johann Feindt, Thomas Keller **S** Anne Fabini **L** 91 **E** 10.5.2012
fd 41 059

Cäsar muss sterben ☆
CESARE DEVE MORIRE
Semidokumentarischer Film über eine Inszenierung von Shakespeares Tragödie *Julius Caesar* in einer römischen Haftanstalt. Dabei geht es nicht um die filmische Aufzeichnung von Proben und Aufführung, vielmehr um das spannungsreiche Wechselspiel von Gefängnis-Realität, Theaterdrama und dem Medium Film, wobei im Mittelpunkt die Frage nach der Freiheit, ihrem Wert und ihren Gefährdungen steht. Die Eindringlichkeit der Protagonisten, die ihre eigenen Geschichten in ihre Rollengestaltung miteinbringen, sowie eine kluge Inszenierung machen den Film sowohl zu einem ästhetischen Genuss als auch zum intellektuellen Abenteuer. (O.m.d.U.; Preis der Ökumenischen Jury Berlin 2012) – Sehenswert ab 14. Teils schwarz-weiß. Italien 2011 **P** Kaos Cinematografica / Stemal Ent. / LeTalee / La Ribalta-Centro Studi Enrico Maria Salnerno / Rai Cinema **KI** Camino **Pd** Grazia Volpi, Donatella Palermo, Agnese Fontana, Laura Andreini Salerno, Cecilia Valmarana **R+B** Paolo Taviani, Vittorio Taviani **K** Simone Zampagni **M** Giuliano Taviani, Carmelo Travia **S** Roberto Perpignani **D** Cosimo Rega (Cassius), Salvatore Striano (Brutus), Giovanni Arcuri (Cäsar), Antonio Frasca (Marcus Antonius), Juan Dario Bonetti (Decius), Vittorio Parrella (Casca), Rosario Majorana (Metellus), Vincenzo Gallo (Lucius), Francesco De Masi (Trebonius), Gennaro Solito (Cinna), Francesco Carusone (Wahrsager), Fabio Rizzuto (Strato), Maurilio Giaffreda (Octavius) **L** 77 (24 B./sec.) / 74 (25 B./sec.) **FSK** ab 6; f **E** 27.12.2012
fd 41 456

Casino Jack
CASINO JACK / BAGMAN
Jack Abramoff macht dicht beim US-Präsidenten Lobbyarbeit und avanciert dabei zum geschätzten Berater. Wen kümmern da schon einige aufrechte Ermittler, wenn man die Entscheidungsträger mit ein paar Dollar zu «zwangloser Unterhaltung» motivieren kann? Von einem vorzüglichen Hauptdarsteller getragene bittere Satire über den «Normalfall» in Regierungskreisen. Bitter, weil der Fall nicht frei erfunden ist und Jack Abramoff in den 1980er-Jahren tatsächlich im Weißen Haus verkehrte. – Ab 16.
DVD/BD: Die Extras enthalten u. a. ein Feature mit im Film nicht verwendeten Szenen.
Kanada 2010 **P** Hannibal Pic. / Trigger Street Prod. / Rollercoaster Entertainment / Vortex Words Pic. / An Olive Branch Prod. / MCG/Bagman **DVD** StudioCanal (16:9, 2.35:1, DD5.1 engl./dt.) **BD** StudioCanal (16:9, 2.35:1, dts-HDMA engl./dt.) **Pd** Gary Howsam, Bill Marks, George Zakk, Norman Snider **R** George Hickenlooper **B** Norman Snider **K** Adam Swica **M** Jonathan Goldsmith **S** William Steinkamp **D** Kevin Spacey (Jack Abramoff), Ruth Marshall (Susan Schmidt), Graham Greene (Bernie Sprague), Hannah Endicott-Douglas (Sarah Abramoff), Barry Pepper (Michael Scanlon), John Robinson (Agent Patterson), Jason Weinberg (Snake), Spencer Garrett (Tom DeLay) **L** 108 **FSK** ab 12 **E** 17.7.2012 DVD & BD **fd** –

Cassadaga – Hier lebt der Teufel
CASSADAGA
Ein sadistischer Killer namens Gepetto macht aus seinen weiblichen Opfern Marionetten. In den Südstaaten glaubt man an Geister und beherbergt Psychopathen. Aus der Prämisse und den beiden Vorurteilen schmiedet DREDD-Regisseur DiBlasi einen zwar gut aussehenden, inhaltlich aber ebenso abstrusen wie grobschlächtigen Schocker als missratene Mischung aus Geisterhorror und Folterfilm. Auch durch «Oscar»-Gewinnerin Louise Fletcher (EINER FLOG ÜBERS KUCKUCKSNEST) in einer Altersrolle gewinnt der drastische Film nicht an Niveau.
DVD/BD: Die dt. Fassung ist gegenüber der Originalfassung um etwa eineinhalb Minuten geschnitten. Die FSK-Freigabe «ab 18» der DVD/BD bezieht sich auf das Bonusmaterial (Trailer etc.), der Film selbst hat eine Freigabe «ab 16».
USA 2011 **P** Poiley Wood Entertainment / Cassadaga Film **DVD** Great Movies (16:9, 1.78:1, DD5.1 engl./dt.) **BD** Great Movies (16:9, 1.78:1, dts-HD engl./dt.) **Pd** Scott Poiley, Bruce Wood **R** Anthony DiBlasi **B** Scott Poley, Bruce Wood **K** Jose Zambrano Cassella **M** Dani Donadi **S** Kristian Otero **D** Kelen Coleman (Lily), Kevin Alejandro (Mike), Louise Fletcher (Claire), Rus Blackwell (Christian Burton), Lucas Beck (Thomas), Lucius Baston (Officer Bill Hall), Amy LoCicero (Jennifer), Sarah Sculco (Michelle) **L** 107 **FSK** ab 16 **E** 18.12.2012 DVD & BD
fd –

Catch.44 – Der ganz große Coup
CATCH.44
Drei Freundinnen in der US-amerikanischen Provinz arbeiten in einem Diner. Statt der für ihren Boss erbeuteten Drogen haben sie bald diverse Rivalen auf ihren Fersen, die nicht nur die Beute, sondern auch ihr Leben wollen. Behäbiger, auf «cool» getrimmter Thriller, dem selbst Namen wie Forest Whitaker und Bruce Willis nicht die gewünschte Tarantino-Attitüde bescheren. – Ab 16.
DVD/BD: Die Extras umfassen u. a. einen Audiokommentar des Regisseurs und des Drehbuchautors Richard Byard.
Scope. USA 2011 **P** Annapurna / Emmett-Furla Films / Sakonnet Capital

Partners **DVD** Universum (16:9, 2.35:1, DD5.1 engl./dt.) **BD** Universum (16:9, 2.35:1, dts-HD engl./dt.) **Pd** Michael Benaroya, Megan Ellison, Randall Emmett, Matthew Budman, Brandon Grimes, Andrew Harvey **R+B** Aaron Harvey **K** Jeff Cutter **S** Richard Byard **D** Forest Whitaker (Ronny), Bruce Willis (Mel), Malin Akerman (Tes), Nikki Reed (Kara), Deborah Ann Woll (Dawn), Brad Dourif (Sheriff Connors), Kevin Beard (Mels Fahrer), Shea Wigham (Billy) **L** 90 **FSK** ab 16 **E** 20.6.2012 DVD & BD **fd** –

Celebrity Sex Tape
CELEBRITY SEX TAPE
Ein heimlich gedrehtes und ins Internet gestelltes Sexvideo entpuppt sich für fünf Computer-Nerds zunächst als kostenintensive Straftat, dann aber als wahrer Geldsegen, weil diverse arbeitslose Starlets mit ähnlich produzierten pikanten Clips wieder groß heraus kommen wollen. Infantile Sexkomödie, die eher verklemmt und prüde als «sexy» daherkommt.
USA 2012 **P** The Global Asylum **DVD** Edel Media (16:9, 1.78:1, DD5.1 engl./dt.) **BD** Edel Media (16:9, 1.78:1, dts-HD engl./dt.) **Pd** David Michael Latt, Paul Bales **R** Scott Wheeler **K** Scott Wheeler **M** Chris Ridenhour **S** Christian McIntire **D** Jack Cullison (Ross Gans), Howard Cai (Kwan), Jonathan Brett (Ed), Colbert Alembert (Marcus), Andre Meadows (Doug), Julie Barzman (Kim), Jenny Lin (Gina) **L** 87 **FSK** ab 16 **E** 2.10.2012 DVD & BD **fd** –

Chain Letter – The Art of Killing
CHAIN LETTER
Einige Schüler werden von einer Ketten-Mail mit Todesdrohungen belästigt. Diejenigen, die sie vom Computer löschen, werden geschlachtet, die übrigen geraten in Panik. Da die Polizei nicht reagiert, müssen die immer weniger werdenden Überlebenden selbst zu Helden werden. Unappetitliche Morde im Stil des Folterhorrors sind das Einzige, was das zweifelhafte Werk zu bieten hat.
DVD/BD: Erhältlich als DVD, 2D BD und 2D/3D BD. Die FSK-Freigabe «ab 18» der DVD/BD bezieht sich auf das Bonusmaterial (Trailer etc.), der Film selbst hat eine Freigabe «ab 16».
3D. USA 2010 **P** Deon Tzaylor Enterprises / Tiger Tail Entertainment **DVD** I-On/Splendid (16:9, 1.78:1, DD5.1 engl./dt.) **BD** I-On/Splendid (16:9, 1.78:1, dts-HD engl./dt.) **Pd** Michael J. Pagan, Deon Taylor, Chad Cole, Ron Gell, Steak House **R** Deon Taylor **B** Diana Erwin, Michael J. Pagan, Deon Taylor **K** Philip Lee **M** Vincent Gillioz **S** James Coblentz **D** Nikki Reed (Jessie Campbell), Keith David (Jim Crenshaw), Brad Dourif (Mr. Smirker), Madison Bauer (Jane Campbell), Michael J. Pagan (Michael Grant), Matt Cohen (= Matthew Cohen) (Johnny Jones), Noah Segan (Dante), Cherilyn Wilson (Rachael Conners) **L** 78 **FSK** ab 16 **E** 18.5.2012 DVD & BD **fd** –

Challenging Churchill
siehe: **Churchills größtes Spiel – Challenging Churchill**

Chaos auf 4 Pfoten – Sommer mit Hund
FRANK
Für einen schönen Ausflug hat eine Mutter zwar einen idealen Erholungsort am Meer aufgetan, doch die Rechnung nicht mit ihren neurotischen, arbeitsbesessenen und pubertierenden Lieben gemacht. Da kommt eine herrenlose Bulldogge als Katalysator gerade recht, doch der Vater hat Bedenken, das Tier aufzunehmen. Miserable Pseudo-Komödie, in der schlechte Tiertrainer und das nichtige Drehbuch zu Verwicklungen der peinlichsten Sorte beitragen. – Ab 10.
USA 2007 **P** North by Northwest Entertainment / Bright Line Films **DVD** EuroVideo (16:9, 1.78:1, DD2.0 engl., DD5.1 dt.) **Pd** Curtis Bradford, Robin Bradford, Manu Gargi **R** Douglas Cheney **B** Robin Bradford **K** Paul Mayne **M** Massimiliano Frani **S** Jason A. Payne **D** Jon Gries (Colin York), Cynthia Watros (Jennifer York), Brittany Robertson (Anna York), Ashton Dierks (Patrick York), Greg Amici (Gianni Antonino), Garrett Morris (Billy Hamilton), Brian Burnett (Sean), Mindy Sterling (Monica Loveless) **L** 88 **FSK** o.A. **E** 23.8.2012 DVD **fd** –

Der Chaos-Dad
THAT'S MY BOY
Ein verantwortungsloser Kindskopf, der als Jugendlicher mit seiner Lehrerin ein Kind zeugte, das er allein aufzog, will die Hochzeit seines Sohns für eine Reality-Show nutzen, obwohl dieser vor Jahren jeden Kontakt zu ihm abbrach. Der Versuch der Wiedervereinigung von Vater und Sohn mündet in eine wüste Orgie der Destruktion. Eine derbe, extrem zotige Komödie, die mit exzessivem Gestus von Misogynie über Sex bis Drogen alles ausschlachtet, was moralisch-sittlich irgendwie anstößig ist, und zugleich immer wieder mit der Amoralität der Handlung kokettiert.
Scope. USA 2012 **P** Columbia Pic./Happy Madison Prod. **KI** Sony **DVD** Sony (16:9, 2.35:1, DD5.1 engl./dt.) **BD** Sony (16:9, 2.35:1, dts-HD engl./dt.) **Pd** Allen Covert, Jack Giarraputo, Heather Parry, Adam Sandler, Kevin Grady **R** Sean Anders **B** David Caspe **K** Brandon Trost **M** Rupert Gregson-Williams **S** Tom Costain **D** Adam Sandler (Donny), Andy Samberg (Todd), Leighton Meester (Jamie), James Caan (Father McNally), Vanilla Ice (Vanilla Ice), Will Forte (Phil), Ciara (Brie), Milo Ventimiglia (Chad), Blake Clark (Gerald), Meagan Fay (Helen) **L** 114 **FSK** ab 16; f **E** 27.9.2012 / 7.2.2013 DVD & BD **fd** 41 323

Das Chaos – Gar nicht allein zu Haus!
THE ALL TOGETHER
Ein gestresster Fernsehproduzent will sein Leben ordnen und mit einer neuen Wohnung seinen seltsamen, künstlerisch überambitionierten Mitbewohner loswerden. Doch immer dann, wenn exakte Planungen vonnöten sind, versinkt alles im Chaos. So treibt ihn sein Comedy-Show-Moderator in den Wahnsinn, und daheim nehmen Gangster alle als Geisel, die zur Wohnungsbesichtigung anstehen. Mitreißend komische, von präzisem Understatement getragene Groteske-Komödie mit köstlich aufspielenden Darstellern. – Ab 16.
DVD/BD: Die Extras umfassen u. a. einen Audiokommentar des Regisseurs. Die FSK-Freigabe «ab 16» der DVD bezieht sich auf das Bonusmaterial (Trailer etc.), der Film selbst hat eine Freigabe «ab 12».
Großbritannien 2007 **P** Head Gear Films / Priority Pic. / Establishment Films **DVD** WGF/Schröder-Media (16:9, 1.78:1, DD5.1 engl./dt.) **BD** WGF/Schröder-Media (16:9, 1.78:1, dts-HD engl./dt.) **Pd** Marion Pilowsky, Annabel Raftery **R+B** Gavin Claxton **K** Orlando Stuart **M** David

Blair-Oliphant, Richard Blair-Oliphant **S** Mary Finlay, Kevin Lane **D** Martin Freeman (Chris Ashworth), Danny Dyer (Dennis Earle), Corey Johnson (Mr. Gaspardi), Velibor Topic (Bob Music), Richard Harrington (Jerry Davies), Amanda Abbington (Sarah), Jamie Kenna (Keith), Charles Edwards (Marcus Craigie-Halkett) **L** 80 **FSK** ab 12 **E** 16.8.2012 DVD & BD **fd** –

Charlie Banks – Der Augenzeuge ★
THE EDUCATION OF CHARLIE BANKS
Ein Student hat die dunkle Vergangenheit fast schon verdrängt, als sich für einen Platz in seiner Wohngemeinschaft ausgerechnet jener Bekannte bewirbt, der vor Jahren auf einer Party zwei Jugendliche fast zu Tode prügelte. Nun wird der Ex-Schläger ein problematischer Teil seines Lebens, zumal der ungebetene Gast mit seiner Freundin kokettiert. Spannendes Jugend-Drama als Regiearbeit des Musikers Fred Durst (Frontmann und Sänger der Nu-Metal-Band «Limp Bizkit»), getragen von versierten Darstellern. Eine ernsthafte Auseinandersetzung mit den Problemen Heranwachsender. – Ab 16.
USA 2007 **P** Charlie Banks / The Collective / Myriad Pic. / Straight Up Films / Stroungheart Pic. / Tax Credit Finance **DVD** dtp/Great Movies (16:9, 1.78:1, DD5.1 engl./dt.) **BD** dtp/Great Movies (16:9, 1.78:1, dts-HD engl./dt.) **Pd** Marisa Polvino, Declan Baldwin **R** Fred Durst **B** Peter Elkoff **K** Alex Nepomniaschy **M** John Swihart **S** Eric L. Beason **D** Jason Ritter (Mick), Jesse Eisenberg (Charlie), Danny A. Abeckaser (Wachbeamter), Chris Marquette (Danny), Eva Amurri Martino (= Eva Amurri) (Mary), Sebastian Stan (Leo), Gloria Votsis (Nia), Dennis Boutsikaris (Mr. Banks) **L** 96 **FSK** ab 16 **E** 6.12.2012 DVD & BD **fd** –

Cheerful Weather for the Wedding
CHEERFUL WEATHER FOR THE WEDDING
Im England der 1930er-Jahre sorgt die bevorstehende Hochzeit der Tochter einer angesehenen Familie auf einem mondänen Landsitz für Aufregung, als diese plötzlich von Selbstzweifel geplagt wird. Dreister Abklatsch von DOWNTON ABBEY, für den sogar Darsteller aus der Fernsehserie rekrutiert wurden, um in gepflegter Kostüm-Drama-Atmosphäre in gesucht turbulenten, guten alten Upperclass-Zeiten zu schwelgen. – Ab 14.
Scope. Großbritannien 2012 **P** Cheerful Weather / Goldcrest / Yellow Knife **DVD** Universal (16:9, 2.35:1, DD5.1 engl./dt.) **BD** Universal (16:9, 2.35:1, dts-HDMA engl./dt.) **Pd** Teun Hilte **R** Donald Rice **B** Mary Henely-Magill **K** John Lee **M** Michael Price **S** Stephen Haren **D** Elizabeth McGovern (Mrs. Thatcham), Felicity Jones (Dolly Thatcham), Luke Treadaway (Joseph Patten), John Standing (Horace Spigott), Eva Traynor (Annie), Kenneth Collard (Whitstable), Paola Dionisotti (Mrs. Whitstable), Sophie Stanton (Millman) **L** 89 **FSK** o.A. **E** 15.11.2012 DVD & BD **fd** –

Chernobyl Diaries
CHERNOBYL DIARIES
Eine Gruppe junger US-amerikanischer Touristen macht auf ihrem Europa-Trip einen Abstecher nach Pripyat nahe dem havarierten Reaktor von Tschernobyl. In der verstrahlten Geisterstadt geraten sie in einen Hinterhalt und werden von mysteriösen Gestalten gejagt. Visuell ausgefeilter Horrorfilm voller stereotyper Figuren und Wendungen, der das Sujet des «Extremtourismus» wie auch die Folgen des atomaren Super-Gaus lediglich für eine konventionelle Genre-Handlung ohne besonderen symbolischen Mehrwert nutzet.
DVD/BD: Die Extras enthalten u.a. ein Feature mit einer im Film nicht verwendeten Szene (1 Min.). Die BD enthält zudem u. a. ein nicht verwendetes Filmende (2 Min.).
USA 2012 **P** Oren Peli / Brian Witten Pic. **KI** Warner Bros. **DVD** Warner (16:9, 1.85:1, DD5.1 engl./dt.) **BD** Warner (16:9, 1.85:1, dts-HDMA engl./dt., DD5.1 dt.) **Pd** Oren Peli, Brian Witten **R** Brad Parker **B** Oren Peli, Carey Van Dyke, Shane Van Dyke **K** Morten Søborg **M** Diego Stocco **S** Stan Salfas **D** Devin Kelley (Amanda), Jonathan Sadowski (Paul), Ingrid Bolsø Berdal (Zoe), Olivia Taylor Dudley (Natalie), Jesse McCartney (Chris), Nathan Phillips (Michael), Dimitri Diatchenko (Uri) **L** 90 **FSK** ab 16; f **E** 21.6.2012/26.10.2012 DVD & BD **fd** 41 705

Cherry Bomb
CHERRY BOMB
Die korrupte Polizei interessiert sich herzlich wenig für eine Striptease-Tänzerin, die quasi in Ausübung ihres Berufs von Drogendealern vergewaltigt wurde. So geht die Frau selbst zusammen mit Freunden gnadenlos zum Gegenangriff über. Plakativeinfallsloser «Rape & Revenge»-Krimi voller Gewalt, der sich nicht einmal für seine potenziellen «Schauwerte» in irgendeiner Weise interessiert.
DVD/BD: Die FSK-Freigabe «ab 18» der DVD/BD bezieht sich auf das Bonusmaterial (Trailer etc.), der Film selbst hat keine Freigabe «ab 16».
USA 2011 **P** Strike Anywhere Prod. **DVD** I-On/Splendid (16:9, 1.78:1, DD5.1 engl./dt.) **BD** I-On/Splendid (16:9, 1.78:1, dts-HD engl./dt.) **R** Kyle Day **B** Garrett Hargrove **K** M. Andrew Barrera **M** Jason Latimer **S** Kody Gibson, David James Ward **D** Julin (Cherry Bomb), Nick Manning (Ian Benedict), John Rodriguez (Brandon), Allen Hackley (Bull), Jeremy James Douglas Norton (Adam Berry), Aaron Alexander (Ed Randall), Amanda Arnold (Püatricia), Dave Buckman (Pete Finn) **L** 82 **FSK** ab 16 **E** 28.9.2012 DVD & BD **fd** –

Cherrybomb
siehe: **Cherry Bomb**

Chico & Rita ★
CHICO & RITA
Animationsfilm über die bittersüße Liebesgeschichte zweier kubanischer Musiker. Ein Pianist und eine Sängerin werden ein Liebespaar, doch unglückliche Zufälle, misslingende Kommunikation und unterschiedliche musikalische Ansichten sorgen dafür, dass die Liebenden getrennt werden. Ihre Karrieren in den USA stehen im Zwielicht ethnischer Diskriminierung. Ein flächig entworfener, in klaren Farben erstrahlender und die Körper und Gegenstände in schwarze Konturen fassender Trickfilm, der nicht zuletzt auch durch seine furiose Hommage an den Jazz zu fesseln versteht. – Ab 14.
Spanien / Großbritannien 2010 **P** CinemaNX / Estudio Marisca / Fernando Trueba Pro.Isle of Man / Magic Light **KI** Kool Filmdistribution/Praesens (Schweiz) **DVD** Kool (16:9, 1.85:1, DD5.1 engl. & span./dt.) **Pd** Santi Errando, Cristina Huete, Martin Pope, Michael Rose, Andrew Fingret **R** Tono Errando, Javier Mariscal, Fernando Trueba **B** Ignacio Martínez de Pisón,

Fernando Trueba **M** Bebo Valdés **S** Arnau Quiles **L** 94 **FSK** o.A.; f **E** 4.8.2011 Schweiz / 30.8.2012 / 30.11.2012 DVD **fd** 41 231

Chinese zum Mitnehmen ☆
UN CUENTO CHINO
Ein verschrobener Eisenwarenhändler in Buenos Aires fühlt sich genötigt, sich um einen jungen Chinesen zu kümmern, der nach einem traumatischen Ereignis hilflos durch die Stadt irrt. Während die beiden versuchen, sich zu verständigen und eine Lösung für das Problem des Chinesen zu finden, entkommen sie allmählich ihrer Einsamkeit. Eine leise melancholische Tragikomödie, die sich zunächst viel Zeit für die Charakterisierung ihres Antihelden nimmt, um ihren Humor dann aus den kulturellen Unterschieden zu beziehen. Dabei profitiert der zutiefst menschliche Film vor allem von der Präsenz seines sparsam agierenden Hauptdarstellers. – Sehenswert ab 14.
DVD/BD: Die Extras enthalten u. a. ein Feature mit im Film nicht verwendeten Szenen.
Scope. Argentinien / Spanien 2011 **P** Pampa Films / Tornasol Films / Castafiore Films / Aliwood Mediterráneo Prod. **KI** Ascot Elite **DVD** Ascot/Elite (16:9, 2.35:1, DD5.1 span./dt., dts dt.) **BD** Ascot/Elite (16:9, 2.35:1, dts-HDMA span./dt.) **Pd** Gerardo Herrero, Juan Pablo Buscarini, Pablo Bossi, Isabel García Peralta, Axel Kuschevatzky, Pablo Bossi **R+B** Sebastián Borensztein **K** Rolo Pulpeiro **M** Lucio Godoy **S** Pablo Barbieri Carrera, Fernando Pardo **D** Ricardo Darín (Roberto), Ignacio Huang (Jun), Muriel Santa Ana (Mari), Enric Rodríguez (Roberto Joven), Iván Romanelli (Leonel) **L** 93 **FSK** ab 12; f **E** 5.1.2012/9.4.2012 Schweiz / 23.4.2012 DVD & BD
fd 40 839

Die Chinesen kommen! Europas Rettung oder Untergang?
QUAND LE CHINE DELOCALISE EN EUROPE ...
Dokumentarfilm über die wachsende Zahl europäischer Unternehmen, die von chinesischen Investoren übernommen werden. An konkreten Beispielen wägt er die Sicherung von Arbeitsplätzen gegen die gesellschaftlichen Kosten, etwa Know-How-Transfer oder Arbeitsbedingungen, ab. – Ab 16.

Frankreich 2012 **P** Premieres Lignes/ ARTE France **KI** offen **R+B** Magali Serre **K** Pierre Chautard, Vincent Ferreira, Albin Brassart, Jérôme Pavlovsky **S** Olivier Ferraro, Gilles Bovon, Yann Saidani, Mathieu Goasguen **L** 68 **E** 18.9.2012 arte **fd** –

Chop – One Piece at a Time
CHOP
Auf dem flachen Land der US-Provinz mutiert ein vermeintlich netter Zeitgenosse zum Maniac. Ein junger Geschäftsmann muss hilflos erleben, wie der Fiesling seine wirtschaftliche Existenz zerstört und sich danach um den kläglichen physischen Rest «kümmert». Abstoßend-drastischer White-Trash-Horror, der sich als betont «abgefahrene» Komödie gebärdet. Auch für die geschnittene Fassung benötigt man noch starke (Magen-)Nerven.
DVD/BD: Die dt. Fassung ist gegenüber der Originalfassung um gut fünf Minuten geschnitten.
USA 2011 **P** Panfame Films **DVD** I-On/ Splendid (16:9, 1.78:1, DD5.1 engl./dt.) **BD** I-On/Splendid (16:9, 1.78:1, dts-HD engl./dt.) **Pd** Chad Ferrin, Jeff Hamilton **R** Trent Haaga **B** Adam Minarovich **K** Christian Janss **M** Matthew Olivo **S** Jahad Ferif **D** Will Keenan (Lance Reed), Timothy Muskatell (der Fremde), Max Haaga (junger Lance), Chad Ferrin (Bobby Reed), Dante Rota (junger Bobby), Tanisha (Emily Reed), Adam Minarovich (Detective Williams), Tamil T. Rhee (Detective Roebuck) **L** 74 **FSK** ab 18 **E** 12.4.2012 DVD & BD **fd** –

Choy Lee Fut
CAI LI FO
Von London nach China zurückgekehrt, will ein junger Mann an der Kampfsportschule seines Vaters Choy Lee Fut erlernen. Die Schule soll von einem amerikanischen Kampfsportveranstalter aufgekauft werden, doch wenn er gegen dessen beste Kämpfer gewinnt, darf er die Schule leiten. Unter seinem alten Onkel nimmt er das Training auf. Konventioneller komödiantischer Martial-Arts-Film mit renommierten Kampfsportlern, vorsehbarer Handlung und enervierender Musik. – Ab 16.
Scope. VR China 2011 **P** Film Asia Entertainment **DVD** Splendid (16:9, 2.35:1, DD5.1 kanton./dt.) **BD** Splendid (16:9, 2.35:1, dts-HD kanton./dt.)

R Wong Ming-sing **D** Yueh Wah (Chan Tin-Cheuk), Sammo Hung (Chan Wai-yip), Kane Kosugi (Mo tin Suiv-Cho), Ian Powers (X-Man), Dennis To **L** 88 **FSK** ab 16 **E** 12.1.2012 DVD & BD **fd** –

Christopher Roth
CHRISTOPHER ROTH
Ein Autor von Horrorromanen stößt während seines Urlaubs auf Morde, die nach dem Schema seiner Bücher verübt werden. Blutiger Low-Budget-Horrorthriller, der allzu leicht zu durchschauen ist und nicht das geringste Geheimnis birgt.
Scope. Belgien/Italien 2010 **P** Daidalos Pic. / I&L Films / Media Pro Pic. **DVD** Lighthouse / Mr. Banker (16:9, 2.35:1, DD5.1 engl./dt.) **Pd** Inigo Lezzi, M. Christine Vanden Eede **R+B** Maxime Alexandre **K** Maxime Alexandre **M** Claude Samard **D** Joaquim de Almeida (Christopher Roth), Anna Galiena (Catherine Roth), Jessica Bonanni (Giovanna Cardelli), Ben Gazzara (Paul Andersen), Francesco Guzzo (Erik Cardelli), Inigo Placido (Filippo) **L** 88 **FSK** ab 18 **E** 9.3.2012 DVD **fd** –

Christopher Roth – Der Killer in dir
siehe: **Christopher Roth**

Chronicle – Wozu bist du fähig?
CHRONICLE
Drei junge Männer stoßen in einer Höhle auf eine kristalline Struktur außerirdischer Herkunft. Als Folge des Kontakts entwickeln sie telekinetische Superkräfte, an denen sie so lange ihren kindlichen Spaß haben, bis einem von ihnen die neue Macht zu Kopf steigt. Inszeniert als «Found Footage» aus dem Video-Tagebuch des Hauptfigur sowie einiger anderer Quellen, bürstet der Film reizvoll Motive des Superhelden-Genres gegen den Strich, um erfrischend und einfallsreich eine Coming-of-Age-Tragödie zu erzählen. – Ab 14.
DVD/BD: Die DVD enthält keine bemerkenswerten Extras. Die Extras der BD enthalten u. a. ein Feature mit einer im Film nicht verwendeten Szene (1 Min.).
USA / Großbritannien 2011 **P** Davis Ent. / Adam Schroeder Prod. **KI** Twentieth Century Fox **DVD** Fox (16:9, 1.85:1, DD5.1 engl./dt.) **BD** Fox (16:9, 1.85:1, dts-HDMA engl., dts

dt.) **Pd** John Davis, Adam Schroeder **R** Josh Trank **B** Max Landis **K** Matthew Jensen **S** Elliot Greenberg **D** Dane DeHaan (Andrew Detmer), Alex Russell (Matt Garetty), Michael B. Jordan (Steve Montgomery), Michael Kelly (Richard Detmer), Ashley Hinshaw (Casey Letter), Bo Petersen (Karen Detmer), Anna Wood (Monica), Rudi Malcolm (Wayne), Luke Tyler (Sean), Crystal-Donna Roberts (Samantha) **L** 84 (auf DVD auch 90 = BD: 93) **FSK** ab 12; f **E** 19.4.2012 / 17.8.2012 DVD & BD **fd** 41 001

Chronik einer Krise
CHRONICA SHEL MASHBER
Der israelische Filmemacher Amos Kollek wendet sich nach einigen Rückschlägen bei Spielfilm-Inszenierungen der eigenen Person zu und lässt sein Schaffen zwischen den Jahren 2004 und 2011 Revue passieren. Er dokumentiert die Schwierigkeit, Gelder für neue Projekte zu beschaffen, und beschreibt das Scheitern eines Spielfilm-Pojekts, in dessen Mittelpunkt eine New Yorker Prostituierte stehen sollte. In der eindrucksvollen, mitunter aber etwas larmoyanten Selbstbespiegelung scheint auch das gespannte Verhältnis des Regisseurs zu seinem Vater Teddy Kollek, dem langjährigen Bürgermeister von Jerusalem, auf. – Ab 16.
Israel 2011 **P** Hamon Prod. / Pie Films **KI** offen **Pd** Talia Kleinhendler, Amos Kollek, Osnat Shalev, Michael Tapuah **R** Amos Kollek **M** Robert Aaron, Alison Gordy **S** Jeffrey Marc Harkavy, Miki Kohan **L** 90 **E** 12.11.2012 arte **fd** –

Churchills größtes Spiel – Challenging Churchill
Winston Churchill (1874–1965) war einer der wenigen Politiker, die sich gegen eine Stillhalte-Politik gegenüber Hitlers Expansionsplänen aussprachen. Nach dessen Überfall auf Frankreich führte er sein Land als Premierminister in den Krieg gegen Nazi-Deutschland. Bereits gegen Ende des Kriegs musste er durch Sachzwänge des Vier-Mächte-Abkommens Zugeständnisse machen, während der Potsdamer-Konferenz wurde er durch Clement Attlee abgelöst. Dokumentarisches Porträt eines großen Staatsmanns und begnadeten Redners, das die wichtigsten Stationen seiner politischen Karriere und seines Triumphs rekapituliert. – Ab 14.
Deutschland 2012 **P** Vidicom Media **KI** offen **Pd+R+B** Peter Bardehle **L** 94 **E** 3.7.2012 arte **fd** –

Cinema Jenin ★
CINEMA JENIN
Der Regisseur Marcus Vetter erzählt von dem während der Dreharbeiten zu seinem Dokumentarfilm DAS HERZ VON JENIN (2008) entstandenen Projekt, ein seit 20 Jahren leer stehendes Lichtspieltheater in der palästinensischen Stadt Jenin zu sanieren und als kulturelle Begegnungsstätte auszubauen. Seine Dokumentation überzeugt dabei durch die sympathische Hartnäckigkeit der Initiatoren, durch charismatische Protagonisten sowie ihre humanitäre Botschaft, während die eher an ein Fernsehfeature erinnernde Machart mitunter zu Redundanzen und (politischen) Unschärfen neigt. (Teils O.m.d.U.) – Ab 12.
Deutschland / Israel 2010 **P** Boomtown Media / Filmperspektive / Cinephil / SWR / BR / NDR / ARTE / Senator Film Prod. / Yes TV **KI** Senator **Pd** Uwe Dierks, Thomas Grube, Marcus Vetter, Philippa Kowarsky **R+B** Marcus Vetter **K** Aleksei Bakri, Mareike Müller, Marcus Vetter **M** Avi Balleli, Sven Kaiser **S** Saskia Metten **L** 100 (24 B./sec.)/96 (25 B./sec.) **FSK** ab 6; f **FBW** bw **E** 28.6.2012 **fd** 41 146

Cirque du Soleil – Lovesick
CIRQUE DU SOLEIL: LOVESICK
Zwei Jahre begleitete der Dokumentarfilm die Artisten der freizügigen Kabarett-Show «Zumanity – Another Side of Cirque du Soleil», stellt die Künstler vor und wirft einen Blick hinter die Kulissen der Show, die Grenzbereiche auslotet und deren Akteure ihre Identität stets aufs Neue definieren. – Ab 16.
USA 2006 **DVD** Sony (16:9, 1.78:1, DD5.1 engl./dt.) **Pd** Valérie Beaugrand-Champagne **R** Lewis Cohen **B** Valérie Beaugrand-Champagne **S** Richard Comeau **L** 99 **FSK** ab 12 **E** 8.8.2006 DVD / 28.12.2012 arte **fd** –

Civic Duty
CIVIC DUTY
Ein arbeitsloser Regierungsangestellter fühlt sich um seine Zukunftspläne betrogen. Als neben ihm ein arabischstämmiger Student einzieht, steigert er sich in einen immer stärker werdenden Terrorismusverdacht und stellt sich dabei selbst ins Abseits. Eine durchaus ernst zu nehmende Paraphrase der in den USA grassierenden Terror-Hysterie, die in ihrer Überdeutlichkeit aber mitunter übers Ziel hinausschießt.
USA / Kanada / Großbritannien 2006 **P** Civic Duty Prod. / Intandem Films / Landslide Pic. / Sepia Films **DVD** Splendid/Störkanal (16:9, 1.78:1, DD5.1 engl./dt.) **BD** Splendid/Störkanal (16:9, 1.78:1, dts-HD engl./dt.) **Pd** Andrew Joiner, Peter Krause, Andrew Lanter, Tina Pehme, Kim Roberts, Kelly Duncan **R** Jeff Renfroe **B** Andrew Joiner **K** Dylan MacLeod **M** Terry Huud, Eli Krantzberg **S** Erik Hammarberg, Jeff Renfroe **D** Peter Krause (Terry Allen), Kari Matchett (Marla Allen), Ian Tracey (Lieutenant Randall Lloyd), Richard Schiff (FBI-Agent Tom Hilary), Khaled Abol Naga (Gabe Hassan), Vanesa Tomasino (Bankangestellte), Laurie Murdoch (Officer), Michael Roberds (Postangestellter) **L** 95 **FSK** ab 16 **E** 13.1.2012 DVD & BD **fd** –

Clara geht für immer
CLARA S'EN VA MOURIR
Eine 43-jährige Theaterschauspielerin erkrankt an Lungenkrebs. Sie informiert sich in einer Schweizer Klinik über begleitende Sterbehilfe und weiht ihre Schwester in ihr Vorhaben ein. Diese bricht ihr Schweigeversprechen, sodass es zum Konflikt mit der Mutter und dem Bruder kommt. Ein «Wunderheiler» scheint ihr Leiden zu lindern, dann aber treten die ersten Schmerzen auf, und sie legt den Tag ihres Ablebens fest. (Fernseh-)Drama über Ängste, Überforderungen und Verunsicherungen, mit denen die Beteiligten konfrontiert werden. Der Film verwehrt sich vorschnellen Urteilen und zeichnet einfühlsam den Weg seiner Protagonistin, die sich ein menschenwürdiges Lebensende wünscht.
Frankreich 2011 **P** B.F.C. Prod. / TV5 Monde / ARTE France **KI** offen **Pd** Françoise Castro **R+B** Virginie Wagon **K** Philippe Lardon **S** Sylvie Lager **D** Jeanne Balibar (Clara), Alex Tacchino (Vadim), Caroline Torlois (Elena), Magne-Håvard Brekke (Yougoff), Edith Scob (Claras Mutter), Marc Bodnar (Yann), Nicolas Beaucaire, Félicité Chaton **L** 99 **E** 5.10.2012 arte **fd** –

Clarissas Geheimnis
CLARISSAS GEHEIMNIS
Nach dem Unfalltod ihrer Mutter erfährt eine 18-Jährige im südafrikanischen Busch, dass die Verstorbene keine Südafrikanerin war, sondern aus einer reichen österreichischen Industriellenfamilie stammt. Die temperamentvolle junge Frau reist in die Steiermark, wo sie auf die verbitterte Zwillingsschwester ihrer Mutter trifft und bei ihrer Verwandtschaft auf Ablehnung stößt. Dank ihrer Hartnäckigkeit kommt sie dunklen Machenschaften des Clans auf die Spur. Überladenes (Fernseh-)Drama um Lügen, Intrigen und Geheimnisse, das mitunter in Pathos und Kitsch versinkt. Allein die sympathische Hauptdarstellerin bringt Wind in die klischeereiche Angelegenheit. – Ab 14.
Deutschland/Österreich 2012 **P** Epo-Film / Zoela Film (für ARD/ORF) **DVD** Dynasty Film (16:9, 1.78:1, DD5.1 dt.) **BD** Dynasty Film (16:9, 1.78:1, DD5.1 dt.) **Pd** Moritz von der Groeben, Alexander von Hohenthal, Dieter Pochlatko **R** Xaver Schwarzenberger **B** Annette Simon, Melanie Brügel **K** Xaver Schwarzenberger **M** Dieter Schleip **S** Helga Borsche **D** Katja Riemann (Charlotte/Clarissa), Paula Kalenberg (Stella), Friedrich von Thun (Albert Löwenthal), Herbert Knaup (Konstantin Löwenthal), Fritz Karl (Carlo), Krista Stadler (Dodo Löwenthal), Thomas Sarbacher (Jakob), Nina Proll (Ivana Löwenthal) **L** 88 **FSK** ab 6 **E** 5.10.2012 ARD / 30.11.2012 DVD & BD **fd** –

Clash – Die Söldner
BAY RONG
Eine Profikillerin wurde als Kind von einem Gangster, der zu ihrem Ziehvater wurde, aus einem Bordell befreit. Noch einmal zieht sie ins Feld, um für ihn eine Festplatte mit brisanten Informationen zu sichern, und hofft, damit auch ihre entführte kleine Tochter befreien zu können. Langatmiger Actionfilm von bescheidenem Tempo, trotz einiger gelungener Szenen eher zerredet als dicht, mitunter auch recht rüde.
Scope. Vietnam 2009 **P** Chanh Phuong Phim **DVD** WGF/Schröder-Media (16:9, 2.35:1, DD5.1 engl./dt.) **BD** WGF/Schröder-Media (16:9, 1.78:1, dts-HD engl./dt.) **Pd** Nguyen Thanh Truc Tawny, Tgrang Le Jenni, Jimmy Pham **R** Thanh Son Le **B** Johnny Nguyen **K** Dominic Pereira **M** Christopher Wong **S** Tran Ham **D** Johnny Nguyen (Quan), Thanh Van Ngo (Trinh), Hieu Hien (Phong), Hoaang Phuc Nguyen (Long), Lam Minh Thang (Cang) **L** 93 **FSK** ab 18 **E** 23.2.2012 DVD & BD **fd** –

Claustrofobia
CLAUSTROFOBIA
Nach einem verhängnisvollen Techtelmechtel findet sich eine junge Frau gefesselt in der Hand eines Psychopathen wieder, der an ihr unter Betäubung geheimnisvolle Operationen vornimmt. Quälender Thriller als weiterer Beitrag der nicht abebben wollenden Folterfilmwelle, bei dem sich der Drehbuchautor immerhin nicht hauptsächlich um perverse Quäl-Methoden, sondern auch um eine gewisse Substanz der Handlung Gedanken macht.
Scope. Niederlande 2011 **P** Snoooep Entertainment **DVD** Explosive Media (16:9, 2.35:1, DD5.1 niederl./dt.) **BD** Explosive Media (16:9, 2.35:1, DD5.1 niederl./dt.) **Pd** Jordan Stone **R** Bobby Boermans **B** Robert Arthur Jansen **K** Ezra Reverda **M** Herman Witkam **S** Robin de Jong **D** Carolien Spoor (Eva Lennearts), Dragan Bakema (Alexis Purvis), Thijs Römer (Danny de Koning), Rogier Philipoom (Jaap), Juliette van Ardenne (Cynthia), Nienke Römer (Lisa), Jappe Claes (Dr. Menno Willems), Peter Faber (Dr. Mentink) **L** 91 **FSK** ab 18 **E** 19.10.2012 DVD & BD **fd** –

Cleanskin – Bis zum Anschlag
CLEANSKIN
Für einen Geheimagenten und Ex-Elitesoldaten gerät ein Undercover-Einsatz in «Diensten ihrer Majestät» zum Fiasko, als er einen extrem gefährlichen Sprengstoff an islamische Terroristen verliert. Er unternimmt alles, um einen Anschlag zu verhindern und die Räuber zu richten. Harter Thriller, der mit der omnipräsenten Terrorismusangst in Großbritannien argumentiert, wobei er zumindest versucht, nicht allzu krass in Schwarzweiß-Malerei zu verfallen.
Großbritannien 2012 **P** The UK Filmstudio **DVD** WVG (16:9, 1.78:1, DD5.1 engl./dt.) **BD** WVG (16:9, 1.78:1, dts-HD engl./dt.) **Pd** Hadi Hajaig, Harry F. Rushton, David Sumnall **R+B** Hadi Hajaig **K** Ian Howes **M** Simon Lambros **S** Hadi Hajaig **D** Sean Bean (Ewan), Abhin Galeya (Ash), Charlotte Rampling (Charlotte), Tom Burke (Mark), Tuppence Middleton (Kate), Peter Polycarpou (Nabil), Silas Carson (Amin), James Fox (Scott) **L** 107 (24 B./sec.) / 104 (25 B./sec.) **FSK** ab 16 **E** 13.9.2012 DVD & BD **fd** –

Clone Hunter
CLONE HUNTER
In einer Zukunft, in der sich die Reichen ungezügelt dekadent geben und Klone an der Tagesordnung sind, soll ein Kopfgeldjäger einen außer Kontrolle geratenen Mutanten beseitigen. Dies erweist sich als lebensgefährlicher Job. Science-Fiction-Thriller billiger Machart, der inhaltlich erst recht nichts bemerkenswert Neues bietet. – Ab 16.
Scope. USA 2009 **P** Pandora Machine **DVD** Edel Media (16:9, 2.35:1, DD5.1 engl./dt.) **BD** Edel Media (16:9, 2.35:1, dts-HD engl./dt.) **Pd** Laura Schlachtmeyer **R** Andrew Bellware **B** Eric Steele **K** Andrew Bellware **M** Sam Reising **S** Henry Steady **D** Ben Thomas (Cane), Angela Funk (Rachel), Montserrat Mendez (Peck), Rebecca Kush (Agentin Durham), David Ian Lee (Raglan), Greg Oliver Bodine (Thomas Achilles), Jeffrey Plunkett (Shu) **L** 82 **FSK** ab 16 **E** 2.11.2012 DVD & BD **fd** –

Cloud Atlas
CLOUD ATLAS
Sechs Erzählungen verschachteln sich zu einem fabulierfreudigen Kaleidoskop von der Mitte des 19. Jahrhunderts bis zur fernen Zukunft, in dem alles permanent miteinander verwoben und parallel gesetzt wird. Die opulente Reise durch Zeit und Raum, Epochen und Moden, Gedankenwelten und Weltansichten verdichtet sich zu einem bildgewaltigen metaphysischen Abenteuerfilm, der von den Höhen und Tiefen der menschlichen Zivilisation, von Gewalt, Macht und Machtmissbrauch erzählt und den freien Willen des Menschen, seine Bereitschaft zu Mut, Freundschaft und Vertrauen feiert. Das intelligent-unterhaltsame Spiel mit Verwandlungen und Masken verbindet geschickt filmische Genres und jongliert mit historischem Seefahrer-Drama, 1970er-Jahre-Thriller, kulturkritischer Farce, Kunstfilm und

dystopischer Science-Fiction-Oper. – Sehenswert ab 14.
USA / Deutschland / Hongkong / Singapur 2012 **P** Cloud Atlas Prod. / X-Filme Creative Pool / Anarchos Pic. / A Company Filmprod. / ARD Degeto / Ascension Pic. / Five Drops / Media Asia Group **KI** X Verleih **Pd** Stefan Arndt, Grant Hill, Tom Tykwer, Andy Wachowski, Lana Wachowski, Roberto Malerba, Alexander van Duelmen **R+B** Tom Tykwer, Andy Wachowski, Lana Wachowski **Vo** David Mitchell (Roman *Cloud Atlas / Der Wolkenatlas*) **K** Frank Griebe, John Toll **M** Reinhold Heil, Johnny Klimek, Tom Tykwer **S** Alexander Berner **D** Tom Hanks (Dr. Henry Goose / Isaac Sachs / «Duster» Hoggins u. a.), Halle Berry (Luisa Rey / Jacasta Ayrs / Stammesangehörige u. a.), Jim Broadbent (Vyvyan Ayrs / Timothy Cavendish / Capt. Molyneux u. a.), Hugo Weaving (Bill Smoke / Nurse Noakes / Old Georgie u. a.), Jim Sturgess (Adam Ewing / Hae-Joo Chang / Hotelgast u. a.), Doona Bae (= Du-na Bae) (Sinmi-451 / Tilda / Megans Mutter u. a.), Ben Whishaw (Robert Frobisher / Schiffsjunge / Georgette u. a.), James d'Arcy (junger und alter Rufus Sixsmith / Nurse James u. a.), Zhou Xun (Yoona-939 / Rose / Hotelmanagerin u. a.), Keith David (Joe Napier / Kupaka / Ankor Apis u. a.), David Gyasi (Autua / Lester Rey / Duophsyte), Susan Sarandon (Ursula / Yellowface / Madame Horrox), Hugh Grant (Giles Horrox / Lloyd Hooks / Denholme Cavendish u. a.) **L** 172 (24 B./sec.) / 166 (25 B./sec.) **FSK** ab 12; f **E** 15.11.2012 / 29.11.2012 Schweiz **fd** 41 366

CO 2 – Bis zum letzten Atemzug
siehe: **CO2**

CO2
CO2
Gerade als ein Geologen-Team einen Vulkan für erloschen erklärt und damit den Startschuss für ein Ferienzentrum im Tal freigibt, setzt ein leichtes Erdbeben das Kohlendioxyd-Vorkommen des Vulkans frei. Alles Leben im Tal droht zu ersticken. Ein unspektakulärer Katastrophenfilm mit viel unfreiwilliger Komik, miserablen Dialogen und mindestens ebenso schlechten Darstellern. – Ab 14.
DVD/BD: Die FSK-Freigabe «ab 16» der DVD/BD bezieht sich auf das Bonusmaterial (Trailer etc.), der Film selbst hat eine Freigabe «ab 12».
Scope. USA 2010 **P** Wild Beagle **DVD** dtp/Great Movies (16:9, 2.35:1, DD5.1 engl./dt.) **BD** dtp/Great Movies (16:9, 2.35:1, dts-HD engl./dt.) **Pd+R** John Depew **B** John Depew, Diana Porter, Adam Starr **K** Adam Starr **S** Chip Nestor **D** Jared Starr (Ethan), Grace Shin Im (Paige), Kate Bailey (Lauren), Aaron Firicano (Noah), Rob Slocum (Greg), Jon Nuquist (Professor Alan), T.J. Horgan (Tye), Vanessa Leigh (Nancy) **L** 101 **FSK** ab 12 **E** 14.2.2012 DVD & BD **fd –**

Cockneys vs. Zombies
COCKNEYS VS. ZOMBIES
Zwei junge Männer überfallen in London eine Bank, um mit der Beute ein Altersheim zu unterstützen, das Spekulanten zum Opfer zu fallen droht. Dann aber stören Bauarbeiter in einer Gruft die Totenruhe und beschwören eine Zombie-Plage herauf, der sich die Bankräuber, ihre Freunde und einige Rentner erwehren müssen. Blutige Zombie-Komödie mit drastischen Effekten, aber auch mit viel Wortwitz, trockenem Humor und nahezu irrwitzigem Slapstick.
Scope. Großbritannien 2012 **P** Tea Shop & Film Company **KI** StudioCanal **Pd** James Harris, Mark Lane **R** Matthias Hoene **B** James Moran, Lucas Roche **K** Daniel Bronks **M** Jody Jenkins **S** Neil Farrell, John Palmer **D** Harry Treadaway (Andy Macguire), Michelle Ryan (Katy), Alan Ford (Ray Macguire), Honor Blackman (Peggy), Richard Briers (Hamish), Georgia King (Emma), Lee Asquith-Coe (Zombie), Jaspal Badwell (bewaffneter Polizist) **L** 88 (24 B./sec.) / 85 (25 B./sec.) **FSK** ab 18; nf **E** 4.10.2012 **fd** 41 286

Code Blue
CODE BLUE
Eine vereinsamte Krankenschwester Mitte 40, die mitunter aktive Sterbehilfe leistet, interessiert sich für ihren Nachbarn, der ebenfalls unter Einsamkeit leidet und ein düsteres Geheimnis zu hüten scheint. Je mehr sie sich mit ihm auseinandersetzt, desto mehr geht ihr perfekt geordnetes Privatleben zu Grunde. Extrem düsteres Drama, das seine kalte Atmosphäre konsequent beibehält; streng inszeniert, in der Hauptrolle überzeugend gespielt.
DVD/BD: Die Edition enthält sowohl DVD als auch BD. Die Extras überzeugen u. a. durch ein mehrseitiges Booklet, den Kurzfilm BIJLMER ODYSSEE (38 Min.), ein ausführliches Interview mit der Regisseurin Urszula Antoniak (57 Min.) sowie ein alternatives Filmende (2 Min.).
Niederlande/Dänemark 2011 **P** Family Affair Films / IDTV Film / Zentropa **DVD** EuroVideo (16:9, 2.35:1, DD5.1 niederl./dt., dts niederl./dt.) **BD** EuroVideo (16:9, 2.35:1, dts-HDMA niederl./dt.) **Pd** Arnold Heslenfeld, Floor Onrust, Frans van Gestel, Joost de Wolf, Marie Cecilie Gade, Laurette Schillings **R+B** Urszula Antoniak **K** Jasper Wolf **M** Ethan Rose **S** Nathalie Alonso Casale **D** Bien de Moor (Marian), Lars Eidinger (Konrad), Annemarie Prins (Willie), Sophie van Winden (Anne), Christine Bijvanck (Nachtschwester), Hans Kesting (Arzt) **L** 78 **FSK** ab 18 **E** 15.3.2012 DVD & BD **fd –**

Code Name Geronimo ★
SEAL TEAM SIX: THE RAID ON OSAMA BIN LADEN / CODE NAME: GERONIMO
Nach langer Suche scheint der US-amerikanische Geheimdienst den Aufenthaltsort Osama bin Ladens in Pakistan lokalisiert zu haben. Während sich eine Einheit der United States Navy SEALs auf den Einsatz zur Eliminierung vorbereitet, ringen die Verantwortlichen um die letzte Gewissheit, damit sie den prekären Einsatz rechtfertigen können. Nach wahren Begebenheiten inszeniert, ebenso spannende wie bedrückende Chronologie einer Terroristenhatz. Thematisch identisch mit Kathryn Bigelows ZERO DARK THIRTY, konzentriert sich der aufwändige (Fernseh-)Film (unter weitgehender Ausklammerung der Folterproblematik) auf die Befindlichkeiten der Einsatztruppen, verleiht dem Tötungskommando charakterliche Tiefe, operiert aber auch mit unnötiger Melodramatik. – Ab 16.
USA 2012 **P** Voltage Pic. / The Weinstein Comp. **DVD** Falcom/Ascot/Elite (16:9, 1.85:1, DD5.1 engl./dt., dts dt.) **BD** Falcom/Ascot/Elite (16:9, 1.85:1, dts-HDMA engl./dt.) **Pd** Nicolas Chartier, Zev Foreman, Tony Mark **R** John Stockwell **B** Kendall Lampkin **K** Peter Holland **M** Paul Haslinger **S** Ben Callahan **D** Xzibit (= Alvin «Xzibit» Joiner) (Mule), Cam Gigandet (Stunner), William Fichtner (Mr. Guidry), Freddy Rodriguez (Trench),

Eddie Kaye Thomas (Christian), Robert Knepper (Kommandeur), Kenneth Miller (Sauce), Anson Mount (Cherry) **L** 101 **FSK** ab 16 **E** 28.12.2012 DVD & BD **fd** –

Codependent Lesbian Space Alien Seeks Same
CODEPENDENT LESBIAN SPACE ALIEN SEEKS SAME
Lesbische Frauen kommen aus der Tiefe des Raums, um sich von Erdenfrauen die Herzen brechen zu lassen. Ihr Gefühlsüberschuss würde ansonsten die fragile Atmosphäre ihres Heimatplaneten zerstören. Lesbische Alien auf Suche nach irdischen Liebeslektionen, verpackt in einer mit wenig Geld, aber mit Witz und Mut zu Pappkulissen gebastelten Trash-Komödie. (O.m.d.Ü.) – Ab 16.
Schwarz-weiß. USA 2011 **P** The Film Collaborative **DVD** Pro-Fun (16:9, 1.78:1, DD2.0 engl.) **Pd** Madeleine Olnek, Laura Terruso, Cynthia Fredette **R+B** Madeleine Olnek **K** Nat Bouman **S** Curtis Grout **D** Lisa Haas (Jane), Susan Ziegler (Zoinx), Jackie Monahan (Zylar), Cynthia Kaplan (Barr), Dennis Davis (erfahrener Agent), Alex Karpovsky (Anfänger-Agent), Rae C. Wright (Janes Therapeutin), Clay Drinko (Alien-Nachrichtensprecher) **L** 76 **FSK** o.A. **E** 25.5.2012 DVD **fd** –

Coffin – Lebendig begraben
THE COFFIN
Ein altes Thai-Orakel besagt, dass derjenige, der sich freiwillig in einen Sarg begibt, einen Wunsch frei hat. So will ein unglücklicher Architekt seine Frau aus dem Koma holen, eine Krebskranke ihre Leiden besiegen. Beides gelingt, doch hat das Orakel nicht vom Sensenmann berichtet, der seinen Blutzoll einfordert. Thailändische Variation der FINAL DESTINATION-Reihe, in der eher betulicher Grusel mit einigen stimmungsvollen Bildern vorherrscht. – Ab 16.
Südkorea / Singapur / Thailand / USA 2008 **P** Cineclick Asia / TIFA / Triumphant Pic. **DVD** Lighthouse/Mr. Banker (16:9, 1.78:1, DD2.0 engl., DD5.1 dt.) **BD** Lighthouse/Mr. Banker (16:9, 1.78:1, DD2.0 engl., dts dt.) **Pd** Harrison Kordestani **R+B** Ekachai Uekrongtham **K** Choochart Nantitanyatada **D** Ananda Everingham (Chris), Karen Mok (Su), Andrew Lin (Jack), Napakpapha Nakprasit-te (May), Michael Pupart (Professor Thanachai), Aki Shibuya (Mariko), Florence Faivre **L** 81 **FSK** Ab 16 **E** 10.8.2012 DVD & BD **fd** –

Cold Blood – Kein Ausweg. ★ Keine Gnade.
DEADFALL
Ein Geschwisterpaar, das nach einem Raubüberfall vor der Polizei flüchtet, trennt sich in der verschneiten Wildnis des winterlichen Michigan. Während der Bruder in blutige Konfrontationen verwickelt wird, findet die Schwester Anschluss an einen jungen Mann mit ebenfalls krimineller Vergangenheit, der auf dem Weg zu seinen Eltern ist. Bei diesen laufen die Handlungsstränge an einem fatalen Thanksgiving-Abend zusammen. Stimmungsvoller, melancholischer Thriller, der auf sorgfältig entwickelten Figuren setzt und die tragischen Verstrickungen in wohldosierten Gewaltspitzen kulminieren lässt.
USA / Frankreich 2012 **P** Magnolia Pic. / StudioCanal / 2929 Prod. / Mutual Film/Madhouse Ent. **KI** StudioCanal **Pd** Gary Levinsohn, Shelly Clippard, Ben Cosgrove, Todd Wagner, Mark Cuban **R** Stefan Ruzowitzky **B** Zach Dean **K** Shane Hurlbut **M** Marco Beltrami **S** Arthur Tarnowski, Dan Zimmerman **D** Eric Bana (Addison), Olivia Wilde (Liza), Charlie Hunnam (Jay Mills), Kris Kristofferson (Chet Mills), Sissy Spacek (June Mills), Kate Mara (Deputy Hanna Becker), Treat Williams (Sheriff Marshall Becker) **L** 94 (24 B./sec.) / 91 (25 B./sec.) **FSK** ab 16; f **E** 22.11.2012 **fd** 41 401

Colpi di fulmine
COLPI DI FULMINE
Italienische Weihnachtskomödie, die episodisch von verschiedenen Liebesverstrickungen erzählt. – Ab 14.
Italien 2012 **P** Filmauro **KI** MFD (Schweiz) **Pd** Luigi De Laurentiis jr., Aurelio De Laurentiis **R** Neri Parenti **B** Alessandro Bencivenni, Volfango De Biasi, Neri Parenti, Domenico Saverni **K** Giovanni Canevari **M** Attilio Di Giovanni, Claudio Gregori **S** Claudio di Mauro **D** Christian de Sica (Alberto Benni), Pasquale Petrolo (Nando), Claudio Gregori (Ermete Maria Grilli), Luisa Ranieri (Angela), Anna Foglietta (Adele Ventresca), Arisa (Tina), Simone Barbato (Oscar) **L** 104 **E** 20.12.2012 Schweiz **fd** –

Consuelo – Engel der Armen
POOR CONSUELO CONQUERS THE WORLD
Der Dokumentarfilm zeigt, in welchem Ausmaß immer mehr Organisationen auf die Stilmittel der Telenovelas zurückgreifen, um für Missstände im realen Leben zu sensibilisieren. Das Ergebnis ist ein Spagat, der zur Aufklärung über Probleme in unterprivilegierten Bevölkerungsschichten dient (Aids, Drogensucht, eheliche Gewalt), diese Themen zugleich jedoch im Sinne oberflächlicher Soap-Unterhaltung ausbeutet. – Ab 16.
USA/Frankreich 2011 **P** Belladonna/Escape Pic. **KI** offen **Pd** R. Paul Miller **R** Peter Friedman **L** 90 **E** 25.3.2012 arte **fd** –

Contamination
CONTAMINATION
Ein Mann wird Zeuge eines Attentats, gerät unversehens in die Mühlen der Justiz und wird in ein Komplott hineingezogen, mit dem er nichts zu tun hat. Recht kompetent inszenierter Low-Budget-Verschwörungsthriller mit einigen Horroreinlagen.
USA 2008 **P** RGI Prod. **DVD** Infopictures (16:9, 1.78:1, DD2.0 engl., DD5.1 dt.) **Pd** Natasha Shilapnikoff **R+B** Rodion Nachapetow **M** David G. Russell **D** Eric Roberts (Dimitri), Karen Black (Mavis), Xenia Burawski (Irina), Rodion Nachapetow (Wasili), Andrej Smoljakow (Dudin), Irina Stemer (Olga) **L** 88 **FSK** ab 16 **E** 24.2.2012 DVD **fd** –

Contemporary
CONTEMPORARY
Mischung aus Dokumentarfilm und Kunst-Video, mit der die in Boston geborene Künstlerin Elodie Pong die postmoderne Lebenswirklichkeit hinterfragt und nach gemeinsamen Zielen und Werten sucht. Sieben Protagonisten äußern sich in inszenierten Szenen und Rollen über banale und alltägliche Dinge, lassen aber auch philosophisch-politischen Gedanken ihren freien Lauf; auch die Darsteller der Spielszenen kommen mit ihren Meinungen zu Wort. Eine artifizielle Annäherung an existenzielle Fragen.
Schweiz 2010 **P** Box Prod. **KI** offen **Pd** Christian Davi, Christof Neracher **R+B** Elodie Pong **K** Simon Jaquemet, Gabriel Sandru **S** Rosa Albrecht **D** Andreas Matti (Larl Marx), Verena

Zimmermann (Frieda), Christophe Jaquet (Sid Vicious), Carine Charaire (Marilyn Monroe), Zainab Lascandri (Martin Luther King) **L** 70 **E** 9.5.2012 SF 1/DRS **fd** –

Contraband
CONTRABAND

Ein ehemaliger Schmuggler, der sich als Familienvater aus dem illegalen Geschäft zurückgezogen hat, nimmt an einem Coup teil, weil er seinem Schwager helfen will, der bei einem Gangsterboss in der Kreide steht. Dabei soll Falschgeld aus Panama in die USA geschmuggelt werden. Doch die Partner erweisen sich als wenig verlässlich. Konventioneller Thriller, der zwar einigermaßen rasant inszeniert ist, aber durch seinen schematischen Plot und unterentwickelte Figuren kaum zu fesseln vermag. – Ab 16.
DVD/BD: Die Extras umfassen u.a. einen Audiokommentar des Regisseurs und des Produzenten Evan Hayes. Die Extras der weit umfangreicher bestückten BD enthalten u.a. ein Bildim-Bild-Feature, in dem Interviews und Informationsfeature zum laufenden Film abgerufen werden können, ein Feature mit zwölf im Film nicht verwendeten Szenen (6 Min.) sowie die üblichen Werbe-Feature wie «Making of» etc. Die BD enthält außerdem eine Audiodeskription für Sehbehinderte, allerdings nur in englischer Sprache.
Scope. USA / Großbritannien / Frankreich 2012 **P** Working Title / Leverage / Closest to the Hole Prod. / Farraday Films / Studio Canal **KI** Universal **DVD** Universal (16:9, 2.35:1, DD5.1 engl./dt.) **BD** Warner (16:9, 2.35:1, dts-HDMA engl., dts dt.) **Pd** Tim Bevan, Eric Fellner, Baltasar Kormákur, Stephen Levinson, Mark Wahlberg **R** Baltasar Kormákur **B** Aaron Guzikowski **Vo** Arnaldur Indridason und Óskar Jónasson (Drehbuch zu REYKJAVIK – ROTTERDAM: TÖDLICHE LIEFERUNG von 2008) **K** Barry Ackroyd **M** Clinton Shorter **S** Elisabet Ronaldsdóttir **D** Mark Wahlberg (Chris Faraday), Kate Beckinsale (Kate Farraday), Ben Foster (Sebastian Abney), Giovanni Ribisi (Tim Briggs), Lukas Haas (Danny Raymer), Caleb Landry Jones (= Caleb Jones) (Andy), Diego Luna (Gonzalo), J.K. Simmons (Kapitän Camp) **L** 109 **FSK** ab 16; f **FBW** w **E** 15.3.2012 / 19.7.2012 DVD & BD **fd** 40 947

Cooking History – 6 Kriege, 11 Rezepte, 60.361.024 Tote
AKO SA VARIA DEJINY / COOKING HISTORY

Der hintergründige Dokumentarfilm zeichnet die Geschichte militärischer Feldküchen an europäischen Kriegsschauplätzen und Krisenherden vom Zweiten Weltkrieg bis in die 1990er-Jahre nach. Neun ehemalige Feldköche stellen die Lieblingsspeisen ihrer Nationen vor und lassen Erinnerungen und Anekdoten Revue passieren. Der kulinarische Aspekt wird dabei gezielt unterlaufen, etwa durch Schlachtungen, die sich als Kommentar zum blutigen Geschehen auf dem Schlachtfeld verstehen lassen. – Ab 16. Teils schwarz-weiß. Tschechien/Slowakai/Österreich/Finnland 2009 **P** Negativ / Slovak Television / Mischief Films / ORF / Filmfonds Wien / YLE **KI** offen **Pd** Peter Kerekes, Georg Misch, Pavel Strnad **R** Peter Kerekes **K** Martin Kollár **M** Marek Piacek **S** Marek Sulík **L** 90 **E** 23.9.2012 ORF 2 **fd** –

Cooper – Eine wunderbare Freundschaft
ANGEL DOG / COOPER

Nach dem Unfalltod seiner Frau nimmt ein traumatisierter Mann den einzigen Überlebenden des Car-Crashs, einen Hund, in Pflege. Nie hätte er geahnt, dass sich die neu geknüpfte Beziehung zu dem knuffeligen Tier gleich mehrfach als Glücksfall erweisen würde. Trivialer Familienfilm um den Hund als Stütze einer Familie, der wie der Werbefilm einer penetranten Vierbeiner-Lobby daherkommt. – Ab 10.
USA 2011 **P** Cooper Movie Productions. **DVD** Schröder-Media (16:9, 1.78:1, DD2.0 engl., DD5.1 dt.) **Pd** Kevin Nations, Robin Nations **R+B** Robin Nations **K** Kevin Nations **S** Kevin Nations **D** Join Michael Davis (Jake Bryant), Farah White (Caroline Mason), Richard Dillard (Seth), Mona Lee Fultz (Bobbie), Maurice Ripke (Trey), Ashley Hallford (Nita), Step Rowe (Elizabeth Bryant), Melinde DeKay (Cheryl Mason) **L** 89 **FSK** ab 6 **E** 6.6.2012 DVD **fd** –

Copacabana
COPACABANA ★

Das Verhältnis einer unkonventionellen, lebenslustigen Frau zu ihrer erwachsenen Tochter ist höchst angespannt, weil die junge Frau den unsteten Lebenswandel der Mutter ablehnt und sich nach Solidität sehnt. Als sie ihre Mutter sogar nicht bei ihrer Hochzeit dabei haben will, beschließt diese, sich zu ändern und respektabel zu werden: Sie tritt bei einer Immobilienfirma in Ostende einen Job an, deren gnadenlose Effizienzanforderung ihrer Lebensphilosophie diametral entgegengesetzt ist. Eine vorzüglich gespielte, ebenso unterhaltsame wie kluge Tragikomödie, die die differenzierte Ausleuchtung des Mutter-Tochter-Konflikts mit Seitenhieben auf die moderne Arbeitswelt verbindet. (O.m.d.U.) – Ab 14.
Frankreich 2010 **P** Avenue B / arte / Mars Film / C.R.R.A.V. / Caviar **KI** Kairos/Pathé (Schweiz) **Pd** Caroline Bonmarchand **R+B** Marc Fitoussi **K** Hélène Louvart **M** Tim Gane, Séan O'Hagan **S** Martine Giordano **D** Isabelle Huppert (Babou), Aure Atika (Lydie), Lolita Chammah (Esméralda), Jurgen Delnaet (Bart), Chantal Banlier (Irène), Magali Woch (Sophie), Nelly Antignac (Amandie), Guillaume Gouix (Kurt), Joachim Lombard (Justin), Noémie Lvovsky (Suzanne) **L** 110 (24 B./sec.) / 106 (25 B./sec.) **FSK** o.A.; f **E** 9.9.2010 Schweiz / 28.6.2012 **fd** 41 138

Coriolanus
CORIOLANUS

Coriolanus, einstiger Liebling Roms, macht sich durch sein selbstherrliches und martialisches Gebaren alle zum Feind, wird von der Mutter verstoßen und des Landes verwiesen. Voller Hass startet er einen Rachefeldzug gegen seine Heimatstadt. Eine mit der Sprachgewalt des Originaltexts aufwartende Shakespeare-Adaption, die durch den sinnfreien Versuch verärgert, die römische Historie um den beleidigten Patrizier und Feldherrn Coriolan mittels zeitgenössischen Kostümen und Schauplätzen in eine nicht näher spezifizierte Gegenwart zu transponieren. Dabei erliegt der Film dem Reiz des Martialischen, ohne der Vorlage mit dem aktualisierten Kontext eine relevante Tiefe zu geben. – Ab 16.
DVD/BD: Erhältlich als DVD, 2D BD und 2D/3D BD. Die Standardausgabe (DVD) enthält keine erwähnenswerten Extras. Die 2-Disk Edition (DVD sowie BD/DVD) enthält indes ein

ausführliches «Making of» (32 Min.) sowie eine Reihe von kurzen, aber in der Summe umfangreichen Interviews mit den Hauptbeteiligten des Films (73 Min.). 3D. Scope. Großbritannien 2010 **P** Hermetof Pic. / Magna Films / Icon Entertainment / Lip Sync Prod. / Kalkronkie / Lonely Dragon **DVD** NewKSM (16:9, 2.35:1, DD5.1 engl./dt.) **BD** NewKSM (16:9, 2.35:1, dts-HDMA engl./dt.) **Pd** Ralph Fiennes, John Logan, Gabrielle Tana, Julia Taylor-Stanley, Colin Vaines, Kevan Van Thompson **R** Ralph Fiennes **B** John Logan **Vo** William Shakespeare (Theaterstück) **K** Barry Ackroyd **M** Ilan Eshkeri **S** Nicolas Gaster **D** Ralph Fiennes (Caius Martius Coriolanus), Gerard Butler (Tullus Aufidius), Vanessa Redgrave (Volumnia), Brian Cox (Menenius), Dragan Micanovic (Titus Lartius), James Nesbitt (Tribun Sicinius), Lubna Azabal (Tamora), Ashraf Barhom (Cassius) **L** 257 **FSK** ab 16 **E** 8.6.2012 DVD & BD **fd** –

Corpo Celeste ☆
CORPO CELESTE

Ein 13-jähriges, in der Schweiz aufgewachsenes Mädchen zieht mit seiner Schwester und der Mutter in deren alte Heimat nach Süditalien. In Reggio Calabria reibt es sich bald an den konservativen Glaubensvorstellungen, die das Umfeld prägen, während es auch mit den körperlichen und emotionalen Veränderungen der Pubertät zurechtkommen muss. Einfühlsam erzählt ein Film von den Wirrnissen des Erwachsenwerdens und lotet überzeugend den Zwiespalt aus, in den die kleine Heldin gerät, als sie in ein ihr neues kulturelles Umfeld «verpflanzt» wird. – Sehenswert ab 12.
Schweiz / Italien 2011 **P** JBA / Amka Films / Tempesta **KI** filmcoopi (Schweiz) **Pd** Carlo Cresto-Dina **R+B** Alice Rohrwacher **K** Hélène Louvart **M** Piero Crucitti **S** Marco Spoletini **D** Yle Vianello (Marta), Salvatore Cantalupo (Don Mario), Pasqualina Scuncia (Santa), Anita Caprioli (Rita), Renato Carpentieri (Don Lorenzo), Paola Lavini (Fortunata) **L** 90 **FSK** – **E** 5.4.2012 Schweiz **fd** 40 999

Corruption.gov
CORRUPTION.GOV

Ein Austauschstudent aus Afrika will bei einer US-Senatoren-Wahl als Promotion-Helfer die Strukturen demokratischer Kultur erfahren, rutscht jedoch in einen Sumpf aus Korruption und Gewalt, der ausgerechnet in sein Heimatland führt. Mit Pseudokritik am US-amerikanischen Politiksystem versehener Verschwörungsthriller kostengünstiger Machart, in dem sich B-Stars wie Lee Majors und Michael Madsen leidlich würdevoll und betont «cool» aus der Affäre ziehen. – Ab 16.
USA 2010 **P** Fast Talk'n Prod. / Palm Tree Prod. / Ranch Studios **DVD** Great Movies (16:9, 1.78:1, DD5.1 engl./dt.) **BD** Great Movies (16:9, 1.78:1, dts-HD engl./dt.) **Pd** David Cuddy, Bonnie Orr, Kerry Wallum, James Chankin, Charles Wesley **R** Q. Manning, John Sjogren **B** Bonnie Orr **K** Andrew Cook, Phil Curry **M** Greg Miller **S** Paul Gandersman, Kevin Smith **D** Michael Madsen (Senator John Mordire), Lee Majors (Jim Lawrence), Francesco Quinn (Ron Gracia), Joe Estevez (Präsident James Marshall), Kerry Wallum (Sam Slade), Winfred Pollard (Stan Rohamba), Landon Kash (Alex Landon), Christina Fernandez (Christina Garcia) **L** 93 **FSK** ab 16 **E** 2.11.2012 DVD & BD **fd** –

Cosmopolis ☆
COSMOPOLIS

Ein reicher Broker lässt sich in seiner weißen Limousine durch Manhattan chauffieren. Kongeniale Adaption des Romans von Don DeLillo, dessen literarische Bildersprache in ein atmosphärisch aseptisches Kammerspiel transferiert wird. Dabei wird die raumschiffgleiche Limousine zur zentralen Metapher für den Niedergang der «i-Ökonomie». Eine kühl reflektierende, dabei sehr sinnliche Parabel über eine egoistische Midas-Figur, die sich in ihrer virtuellen Welt verloren hat. Auf einer Metaebene werden die vom Geist der Selbstvernichtung getragenen Rituale des «Kapitalismus als Religion» seziert. – Sehenswert ab 16.
Kanada / Frankreich 2012 **P** Prospero Pictures / Alfama Films Kinology / France 2 Cinéma / Talandracas / Téléfilm Canada **KI** Falcom Media **DVD** Falcom/Ascot Elite (16:9, 1.85:1, DD5.1 engl./dt., dts dt.) **BD** Falcom/Ascot Elite (16:9, 1.85:1, dts-HDMA engl./dt.) **Pd** Paulo Branco, Martin Katz **R+B** David Cronenberg **Vo** Don DeLillo (Roman *Cosmopolis*) **K** Peter Suschitzky **M** Howard Shore **S** Ronald Sanders **D** Robert Pattinson (Eric Packer), Juliette Binoche (Didi Fancher), Sarah Gadon (Elise Shifrin), Mathieu Amalric (André Petrescu), Jay Baruchel (Shiner), Kevin Durand (Torval), K'Naan (Brutha Fez), Emily Hampshire (Jane Melman), Samantha Morton (Vija Kinski), Paul Giamatti (Benno Levin) **L** 113 (24 B./sec.) / 109 (25 B./sec.) **FSK** ab 12; f **E** 5.7.2012 / 29.10.2012 DVD & BD **fd** 41 158

Courageous – Ein mutiger Weg
COURAGEOUS

Vier Polizisten in einer Kleinstadt im US-Bundesstaat Georgia haben es nicht nur mit Bandenkriminalität zu tun, sondern meistern dank ihres Glaubens auch ihre privaten und familiären Probleme. Solide inszeniertes Cop-Drama mit befremdlichem missionarischem Eifer: Produzent ist die «Sherwood Baptist Church», die eindeutige Zwecke verfolgt. – Ab 16.
DVD/BD: Die Extras umfassen u. a. einen Audiokommentar der Kendrick-Brüder sowie ein Feature mit im Film nicht verwendeten Szenen.
USA 2011 **P** Alabama Productions Group / Sherwood Pictures **DVD** Sony (16:9, 2.35:1, DD5.1 engl./dt.) **Pd** Stephen Kendrick **R** Alex Kendrick **B** Alex Kendrick, Stephen Kendrick **K** Bob Scott **S** Bill Ebel, Steve Hullfish, Alex Kendrick **D** Alex Kendrick (Adam Mitchell), Ken Bevel (Nathan Hayes), Ben Davies (David Thomson), Kevin Downes (Shane Fuller), Robert Amaya (Javier Martinez), T.C. Stallings (TJ), Rusty Martin (Dylan Mitchell) **L** 124 **FSK** ab 12 **E** 9.2.2012 DVD **fd** –

Cracks
CRACKS

Die Idylle eines Internats für höhere Töchter wird jäh gestört, als sich mit einer adeligen spanischen Schönheit eine neue Schülerin einstellt und das Gruppengefüge um eine charismatische Lehrerin durcheinander bringt. Ein Skandal ist vorprogrammiert. Vor atemberaubender Kulisse in den pittoresken 1920er-Jahren angesiedeltes Drama mit Anklängen an einen Erotikthriller. Ein gepflegtes, brillant fotografiertes und komponiertes Sittengemälde. – Ab 16.
Großbritannien / Irland / Spanien / Frankreich / Schweiz 2009 **P** Element Pic. / Future Films / HandMade / Industry Entertainment / John Wells

Prod. / Killer Films / Scott Free Prod. **DVD** dtp/Great Movies (16:9, 1.85:1, DD5.1 engl./dt.) **BD** dtp/Great Movies (16:9, 1.85:1, dts-HDMA engl./dt.) **Pd** Kwesi Dickson, Andrew Lowe, Julie Payne, Rosalie Swedlin, Christine Vachon, Michael Costigan, Catherine Morisse, Charles Pugliese, Malcolm Reeve **R** Jordan Scott **B** Ben Court, Caroline Ip, Jordan Scott **Vo** Sheila Kohler (Roman) **K** John Mathieson **M** Javier Navarrete **S** Valerio Bonelli **D** Eva Green (Miss G), Juno Temple (Di), María Valverde (Fiamma), Imogen Poots (Poppy), Ellie Nunn (Lily), Adele McCann (Laurel), Zoe Carroll (Rosie), Clemmie Dugdale (Fuzzy) **L** 100 **FSK** ab 12 **E** 12.4.2012 DVD & BD **fd** –

Crash Site – Eine Familie in Gefahr siehe: **Crash Site – Lost in Wilderness**

Crash Site – Lost in Wilderness CRASH SITE
Während ein gestresster Geschäftsmann nach einem Hacker-Angriff und einer geplanten feindlichen Übernahme seiner Firma versucht, in der freien Natur mit seiner Familie zur Ruhe zu kommen, arbeiten seine (geschäftlichen) Gegner schon am nächsten, diesmal tödlichen Schlag. Mauer Versuch, Wirtschaftskrimi, Familiendrama und Psychothriller mit pittoresken Waldszenerien in Einklang zu bringen. – Ab 16.
DVD/BD: Die FSK-Freigabe «ab 16» der DVD/BD bezieht sich auf das Bonusmaterial (Trailer etc.), der Film selbst hat eine Freigabe «ab 12».
USA / Kanada 2011 **P** Nasser Group North **DVD** Great Movies (16:9, 1.85:1, DD5.1 engl./dt.) **BD** Great Movies (16:9, 1.85:1, dts-HD engl./dt.) **Pd** Jack Nasser **R** Jason Bourque **B** Joseph Nasser **K** Pieter Stathis **M** Stu Goldberg **S** Asim Nuraney **D** Charisma Carpenter (Rita Sanders), Sebastian Spence (Daniel Sanders), Katie Findlay (Frances Sanders), Steven Grayhm (Matthew), Keith MacKechnie (Nick), Matty Finochio (Nathan), Kevan Othsji (Mr. Tanaka), Derek Anderson (SAR Officer), Frank C. Turner (Terrence) **L** 87 **FSK** ab 12 **E** 2.10.2012 DVD & BD **fd** –

Dame, König, As, Spion (StudioCanal)

Da Block Party 3 – Jetzt geht's richtig ab!
DA BLOCK PARTY 3
Zum dritten Mal plant ein Kiffer-Duo aus New Orleans die größte Party aller Zeiten und setzt sich gegen alle Widerstände durch. Brachial entwickelte Komödie in Form einer Nummern-Revue, die keinen Wert auf eine Handlung legt, sondern den zahlreichen Mitwirkenden Raum für ihre Auftritte bietet. – Ab 16. USA 2008 **P** Maverick Entertainment Inc. **DVD** KNM/Movie Power (FF, DD2.0 engl., DD5.1. dt.) **R** Dan Garcia, Dave Garcia **D** Tommy «Tiny» Lister jr., Clifton Powell, Essence Lee **L** 72 **FSK** ab 16 **E** 24.1.2012 DVD   **fd** –

Da, wo ich bin, ist Panama
Porträt des 1931 im damaligen Hindenburg an der deutsch-polnischen Grenze geborenen erfolgreichen Kinderbuchautors Janosch. Die (Fernseh-)Dokumentation begleitet ihn auf einer Erinnerungsreise zu seinem Geburtshaus und zu seinem Bruder, den er seit Jahrzehnten nicht mehr gesehen hat. Daraus entsteht das Bild einer unglücklichen Kindheit und präsentiert einen Menschen, der als schwierig und unnahbar gilt und sich einen Spaß daraus macht, sein Gegenüber mit widersprüchlichen Aussagen über sich an der Nase herumzuführen. – Ab 14. Deutschland 2002 **P** SWR **KI** offen **R+B** Joachim Lang **K** Steffen Bohnert **S** Tobias Dusche **L** 89 **E** 1.1.2012 3sat   **fd** –

D@bbe: Vom Teufel besessen
D@BBE: BIR CIN VAKASI / D@BBE 2
Die Mutter einer türkischen Familie scheint von einem Dämon besessen. Ein Hodja soll das Böse vertreiben, kann aber nicht verhindern, dass der Schrecken weiter um sich greift. Türkische PARANORMAL ACTIVITY-Variante, deren Film-«Material» aus den häuslichen Beobachtungskameras stammt. Ein schlichter, durchaus solide erzählter Horrorfilm mit einfach gezeichneten Figuren und redundanter Dramaturgie. – Ab 16.
Türkei 2012 **P** J Plan **KI** AF-Media **Pd+R+B** Hasan Karacadag **K** Murat Kiliç **M** Serhat Seyis **S** Aytekin Birkon **D** Nihan Aypolat, Koray Kadiraga, Pervin Bagdat, Elif Erdal, Mete Sahinoglu, Ismail Yildiz **L** 124 **FSK** ab 16; f **E** 6.9.2012   **fd** 41 288

Dag
DAG
Zwei junge türkische Soldaten kämpfen in der Bergwelt Ostanatoliens gegen kurdische Milizionäre ums Überleben. Dabei sind die aus sozial unterschiedlichen Schichten stammenden Männer durch die äußeren Umstände zur Solidarität gezwungen und entdecken Gemeinsamkeiten. Der Kriegsfilm kontrastiert die kriegerische Gegenwart mit Rückblenden, die die Hauptfiguren in ihrem zivilen Leben zeigen. Aus dem Aufeinanderprallen von friedlicher Existenz und Soldatentum zieht er den militaristischen Schluss, dass der «Dienst am Vaterland» einen Jungen zum Mann macht. (O.m.d.U.) – Ab 16 möglich.
Türkei 2012 **P** DagFilmi **KI** Kinostar **Pd+R+B** Alper Çaglar **K** Mehmet Basbaran **D** Çaglar Ertugrul (Oguz), Ufuk Bayraktar (Bekir), Firat Dogruloglu (Demir), Mesut Akusta (Karadag), Cengiz Coskun, Gözde Mutluer **L** 90 **FSK** ab 12; f **E** 29.11.2012   **fd** 41 457

DAM 999 – Wasser kennt keine Gnade
DAM 999
Nach Jahren wieder in seiner Heimatstadt, trifft ein erfolgreicher Geschäftsmann auf seine Jugendliebe, doch eine Beziehung wird ihnen verboten. Derweil muss ein korrupter Bürgermeister Schlampereien beim Bau eines Staudamms verantworten. Verschiedene Schicksale im Schatten eines Großprojekts, das auf fürchterliche Weise schief geht. Überladenes Bollywood-Drama, das mit dem Katastrophenfilm kokettiert, ohne von seinen schwachen Liebestragödien ablenken zu können. – Ab 16.
DVD/BD: Erhältlich als DVD, 2D BD und 2D/3D BD. Die FSK-Freigabe «ab 16» der DVD/BD bezieht sich auf das Bonusmaterial (Trailer etc.), der Film selbst hat eine Freigabe «ab 12».
3D. Scope. Indien / Vereinigte Arabische Emirate / Singapur 2011 **P** BizTV **DVD** dtp/Great Movies (16:9, 2.35:1, DD5.1 engl./dt.) **BD** dtp/Great Movies (16:9, 2.35:1, dts-HD engl./dt.)

Pd Prabhirai Natarai **B** Sohan Roy **K** Ajayan Vincent **M** Ouseppachan **S** Suresh Pai **D** Sohan Roy, Ashiish Vidyarthi (Major Durai), Linda Arsenio (Sandra), Rajit Kapoor (Shankaran), Joshua Fredric Smith (Capt. Frederick Brpwn), Vinay Rai, Vimala Raman, Megha Burman **L** 104 **FSK** ab 12 **E** 10.5.2012 DVD & BD **fd** –

Damals in der DDR – Meine Einheit
siehe: **Meine Einheit – Schicksale im vereinigten Deutschland**

Damaskus, voller Erinnerungen
DAMAS, AU PERIL DU SOUVENIR
Nach Jahrzehnten im französischen Exil kehrt die Filmautorin in ihre syrische Heimat zurück, um ein Haus zu erwerben und dort ihren Lebensabend zu verbringen. Ihre Eindrücke legt sie in Briefen an ihren Mann dar, der vor 30 Jahren im Libanon entführt und ermordet wurde. Der sehr persönliche dokumentarische Film lässt Erinnerungen an die Kindheit der Autorin aufscheinen, die durch den familiären Zwiespalt zwischen Okzident und Orient geprägt war. Zudem spiegelt er die Liebe zum verstorbenen Ehemann und lässt ebenso die Geschichte Syriens Revue passieren.
Frankreich 2012 **P** Films d'Ici / ARTE France **KI** offen **Pd** Serge Lalou **R** Marie Seurat **B** Marie Seurat, Jacques Fieschi **L** 62 **E** 14.5.2012 arte   **fd** –

Dame, König, As, Spion ☆
TINKER, TAILOR, SOLDIER, SPY
Ein pensionierter Agent des britischen Geheimdienstes wird wieder aktiviert, um einen «Maulwurf» in den eigenen Reihen dingfest zu machen. Suggestive Verfilmung eines Romans von John Le Carré, die konsequent die gängigen Helden- und Männlichkeitsbilder des Agentenfilm-Genres dekonstruiert. Vor dem tristen Szenario des Kalten Kriegs zeigt der listenreich und labyrinthisch, dabei betont langsam entwickelte Film eine unglamouröse Welt der Spionage, in der Misstrauen und Undurchsichtigkeit regieren und das Politische und Professionelle auch privateste Beziehungen unterwandern. Ideale und Loyalitäten bleiben dabei auf der Strecke. – Sehenswert ab 16.
DVD/BD: Die Extras umfassen u. a. einen Audiokommentar des Regisseurs und des Darstellers Gary Oldman sowie ein Feature mit fünf im Film nicht verwendeten Szenen (6 Min.). Die Erstauflage der BD enthält zudem ein 24-seitiges Booklet.
Scope. Großbritannien / Frankreich / Deutschland 2011 **P** StudioCanal / Karla Films / Paradis Film / Kinowelt Filmprod. / Working Title Films **KI** StudioCanal **DVD** StudioCanal (16:9, 2.35:1, DD5.1 engl./dt.) **BD** StudioCanal (16:9, 2.35:1, dts-HDMA engl./dt.) **Pd** Tim Bevan, Eric Fellner, Robyn Slovo, Alexandra Ferguson **R** Tomas Alfredson **B** Bridget O'Connor, Peter Straughan **Vo** John Le Carré (Roman *Tinker, Tailor, Soldier, Spy / Dame, König, As, Spion*) **K** Hoyte van Hoytema **M** Alberto Iglesias **S** Dino Jonsäter **D** Gary Oldman (George Smiley), Colin Firth (Bill Haydon), Tom Hardy (Ricki Tarr), John Hurt (Control), Toby Jones (Percy Alleline), Mark Strong (Jim Prideaux), Benedict Cumberbatch (Peter Guillam), Ciarán Hinds (Roy Bland), David Dencik (Toby Esterhase), Philip Martin Brown (Tufty Thesinger), Kathy Burke (Connie Sachs), Laura Carmichael (Sal) **L** 127 **FSK** ab 12; f **FBW** bw **E** 2.2.2012 / 17.7.2012 DVD & BD   **fd** 40 886

Damit ihr mich nicht vergesst ☆
HAVE A LITTLE FAITH
Ein erfolgreicher Schriftsteller wird auf einer Lesereise in seiner Heimatstadt von einem alten Rabbi gebeten, dessen Totenrede in der Synagoge zu halten. Verstört und neugierig zugleich, will er den Fremden besser kennenlernen, recherchiert und lernt «seine» Stadt, ihre Armenviertel und Kirchen kennen. Dies definiert seinen Blick auf seine Heimat wie auch auf sich selbst völlig neu. Berührendes (Fernseh-)Melodram als unsentimentale Bestandsaufnahme des jüdischen und christlichen Wertekanons, getragen von guten Darstellern und einem besonnenen Regie. – Sehenswert ab 12.
USA 2011 **P** Hallmark Hall of Fame **DVD** EuroVideo (16:9, 1.78:1, DD5.1 engl./dt.) **BD** EuroVideo (16:9, 1.78:1, dts-HDMA engl./dt.) **Pd** Andrew Gottlieb, Cameron Johann **R** Jon Avnet **B** Mitch Albom **K** Denis Lenoir **M** Ed Shearmur (= Edward Shearmur) **S** Patrick J. Don Vito **D** Laurence Fishburne (Henry Covington), Martin Landau (Rabbi Albert Lawrence), Bradley Whitford (Mitch), Anika Noni Rose (Annette), Mykelti Williamson (Donnie), Melinda McGraw (Janice), April Parker-Jones (Wilma), Langston Fishburne (Henry im Alter von 20 Jahren) **L** 92 **FSK** ab 6 **E** 3.5.2012 DVD & BD   **fd** –

Damit Ihr mich nicht vergesst – Die wahre Geschichte eines letzten Wunsches
siehe: **Damit ihr mich nicht vergesst**

Der Dämon – Im Bann des Goblin
GOBLIN
Nach der Ermordung ihres missgestalteten Babys durch die abergläubischen Bewohner einer Kleinstadt im Jahr 1831 beschwört die Mutter, eine Hexe, einen Fluch herauf, der sich in der Gegenwart erfüllt. Er trifft unschuldige Zuzügler, die ein eigenes Baby zu hüten haben. Bevor der Goblin, ein kleinwüchsiger Dämon, zuschlagen kann, müssen diverse Teenager ihr Leben lassen. Gruselkost auf Fernseh-Niveau, die dank kompetent agierender Darsteller durchaus unterhält. – Ab 16.
Großbritannien 2010 **P** SyFyReel One Pic / Gobi Prod. **DVD** Sunfilm (16:9, 1.85:1, DD5.1 engl./dt., dts dt.) **BD** Sunfilm (16:9, 1.85:1, dts-HDMA7.1 engl./dt.) **Pd** John Prince **R** Jeffery Scott Lando **B** Raul Inglis **K** Tom Harting (= Thomas M. Harting) **M** Christopher Nickel **S** Jamie Alain, Jeffery Scott Lando **D** Gil Bellows (Neil Perkins), Tracy Spiridakos (Nikki Perkins), Camille Sullivan (Kate Perkins), Donnelly Rhodes (Charlie), Reilly Dolman (Kyle), Andrew Wheeler (Sheriff Milgreen), Colin Cunningham (Owen), Erin Boyes (Cammy) **L** 88 **FSK** ab 16 **E** 5.1.2012 DVD & BD   **fd** –

Dann kam Lucy
Eine Pferdezüchterin im Rheinland muss sich vorübergehend der 16-jährigen Tochter einer Jugendfreundin annehmen, die bei einem Unfall ums Leben kam. Das Mädchen, das in London aufwuchs, findet keinen Gefallen an der neuen Umgebung und verwehrt ihrer Patentante jeden Zugang. Doch langsam kommen die beiden sich näher,. Dann taucht der Vater des Mädchens auf, ein Galerist aus Amsterdam, der seine Tochter noch nie gesehen hat. Nachdenklich stimmende (Fernseh-)Familienkomödie über drei

grundverschiedene Menschen, die sich einander nur langsam öffnen und annähern können. – Ab 14. Deutschland 2011 **P** ester-reglin-film **KI** offen **Pd** Roswitha Ester, Torsten Reglin **R** Christoph Schrewe **B** Michael Meisheit **K** Carl Finkbeiner (= Karl Finkbeiner) **M** Marcel Barsotti **S** Oliver Grothoff **D** Julia Jäger (Saskia Martens), Heio von Stetten (Alex Schröder), Olga von Luckwald (Lucy Schneider), Christof Wackernagel (Egon Schenk), Ben Unterkofler (Fynn Reibnitz), Therese Hämer (Frau Hartwig), Anja Herden (Mia), Claus Janzen (Herr Kloos) **L** 88 **E** 20.4.2012 ARD **fd** –

Dark Planet – Prisoners of Power
OBITAEMYJ OSTROV
Ein junger Raumfahrer strandet auf einem unbekannten Planeten, der von Diktatoren beherrscht wird, verliebt sich und schlüpft in die Rolle des Freiheitskämpfers. Beeindruckend inszenierter, opulent ausgestatteter Science-Fiction-Film nach einem Roman aus dem Jahr 1971; die Geschichte ist im Kalten Krieg verankert, lässt aber durchaus die Weitung auf die heutige Zeit zu. – Ab 16.
DVD/BD: Die Standardausgabe (DVD & BD) enthält keine erwähnenswerten Extras. Die «3 Disc Jumbo Steelbook» DVD mit dem auch auf den Standardausgaben veröffentlichten internationalen Cut des Films, der aus einem Zusammenschnitt der Teile THE INHABITED ISLAND und REBELLION besteht. Eine zweite BD enthält die beiden Einzelteile in ihrer integralen Fassung: THE INHABITED ISLAND (121 Min.) und REBELLION (107 Min.). Eine dritte Disc (DVD) enthält als Bonusmaterial die Dokumentation «DARK PLANET: Die bewohnte Insel – Ein Film über den Film» (48 Min.).
Scope. Russland 2008 **P** Art Pictures / Non-Stop Prod. / Telekanal STS **DVD** Capelight (16:9, 2.35:1, DD5.1 russ./dt.) **BD** Capelight (16:9, 2.35:1, dts-HDMA russ., dts-HDMA 7.1 dt.) **Pd** Fjodor Bondarchuk, Sergej Melkumow, Alexander Rodnjanski, Dimitri Rudowski **R** Fjodor Bondarchuk **B** Marina Djachenko, Sergej Djachenko **Vo** Arkadi Strugatski, Boris Stragatski **K** Maxim Osadchi **S** Igor Litoninski **D** Fjodor Bondarchuk (Vermittler), Juri Kutsenko (Vepr), Sergej Garmasch (Zef), Vasili Stepnow (Maxim),

Julia Snigir (Rada), Pjotr Fjodorow (Guy), Alexei Serebrjakow (Strannik) **L** 115 **FSK** ab 16 **E** 4.1.2012 DVD & BD **fd** –

Dark Shadows
DARK SHADOWS
Ein Vampir wird nach 200 Jahren aus seinem Sarg befreit und findet sich in den 1970er-Jahren wieder. Er will den heruntergekommenen Zustand seines Familienclans aufpolieren und zugleich eine junge Frau für sich gewinnen, in der er seine verlorene große Liebe wiedererkennt. Dabei steht ihm eine Hexe im Weg, die ihn einst aus verschmähter Liebe zum Vampir-Dasein verdammte. Unterhaltsame Hommage an eine Kultserie der späten 1960er-Jahre als Travestie des Vampir-Genres, bei der Schauer-Romantik und Disko-Ära aufeinanderprallen. Zwar ohne sonderlichen erzählerischen Hintersinn, entwickelt sich der prächtig ausgestattete Film zu einem Feuerwerk absurd-makabren Humors. – Ab 14.
DVD/BD: Die Standardausgabe (DVD) enthält keine erwähnenswerten Extras. Die Extras der BD enthalten u.a. ein Bild-im-Bild-Feature, ein Interviews und Informationsfeature zum laufenden Film abgerufen werden können. Die BD-Extras umfassen weiterhin ein Feature mit fünf im Film nicht verwendeten Szenen (6 Min.) sowie eine Audiodeskription für Sehbehinderte, allerdings nur in englischer Sprache.
USA 2012 **P** Infinitum Nihil / GK Films / The Zanuck Company **KI** Warner Bros. **DVD** Warner (16:9, 1.78:1, DD5.1 engl./dt.) **BD** Warner (16:9, 1.78:1, dts-HDMA engl, DD5.1 dt.) **Pd** Richard D. Zanuck, Graham King, Johnny Depp, Christi Dembrowski, David Kennedy, Katterli Frauenfelder **R** Tim Burton **B** Seth Grahame-Smith **Vo** Dan Curtis (TV-Serie) **K** Bruno Delbonnel **M** Danny Elfman **S** Chris Lebenzon **D** Johnny Depp (Barnabas Collins), Michelle Pfeiffer (Elizabeth Collins Stoddard), Helena Bonham Carter (Dr. Julia Hoffman), Eva Green (Angelique Bouchard), Jackie Earle Haley (Willie Loomis), Jonny Lee Miller (Roger Collins), Chloë Grace Moretz (Carolyn Stoddard), Bella Heathcote (Victoria Winters / Josette duPres), Christopher Lee (Bill Malloy), Alice Cooper (Alice Cooper)

L 113 (24 B./sec.) / 108 (25 B./sec.) **FSK** ab 12; f **E** 10.5.2012 / 21.9.2012 DVD & BD **fd** 41 081

Dark Stone – Reign of Assassins
JIANYU / REIGN OF ASSASSINS
Die magischen Zauberkräfte der zweigeteilten Mumie des buddhistischen Mönchs Bodhi Dharma veranlassen eine einst skrupellose Auftragsmörderin zum neuen Lebenswandel. Gesichtsoperiert taucht sie unter, um die Reliquie vor der Bruderschaft «Dark Stone» zu beschützen und beide Hälften angemessen beizusetzen. Doch ihre Feinde sind ihr bereits auf den Fersen. Martial-Arts-Epos mit Gespür für eindrückliche Schauwerte und elegante Schwertkämpfe. Vor allem die charismatische Michelle Yeoh hebt den historischen Fantasy-Film übers Mittelmaß hinaus. – Ab 16.
Scope. VR China 2010 **P** Stellar Entertainment/Lion Rock **DVD** Universal (16:9, 2.35:1, DD5.1 Mandarin/dt.) **BD** Universal (16:9, 2.35:1, dts-HDMA Mandarin/dt.) **Pd** Terence Chang, Shaoye Shi, John Woo **R+B** Su Chaobin **K** Arthur Wong, Wong Wing-Hang **M** Anthony Chue, Peter Kam **S** Cheung Ka-Fai **D** Michelle Yeoh (Zeng Jing), Jung Woo-sung (Jiang A-sheng), Shawn Yue (Lei Bin), Barbie Hsu (Ye Zhanqing), Wang Xueqi (Cao Feng), Kelly Lin (Xiu), Paw Hee Ching (Mrs. Cai), Jiang Yiyan (Tian Qingtong) **L** 107 **FSK** ab 16 **E** 20.9.2012 DVD & BD **fd** –

Dark Tide
DARK TIDE
Um sich seiner Geldsorgen zu entledigen, nimmt ein Abenteurer einen schmierigen Großindustriellen und dessen Sohn mit auf eine Hai-Safari, währen seine Ex-Geliebte aus rein wissenschaftlichen Gründen mit den «Großen Weißen» tauchen gehen will. Konventioneller Abenteuerfilm mit recht eindrücklichen Unterwasseraufnahmen, in dem sich die Darsteller eher krampfhaft durch die oberflächliche Handlung mühen. – Ab 16.
Scope. USA/Südafrika 2012 **P** Magnet Media / Mirabelle Pic. / Film Africa Worldwide / Lipsync Proc. / Socail Capital **DVD** Universum (16:9, 2.35:1, DD5.1 engl./dt.) **BD** Universum (16:9, 2.35:1, dts-HD engl./dt.) **Pd** Jeanette Buerling, Matthew E. Chausse, Meg Clark, Vlokkie Gordon, Douglas Say-

lor jr., David Wicht **R** John Stockwell **B** Ronnie Christensen, Amy Sorlie **K** Jean-François Hensgens **M** Mark Sayfritz **S** Ben Callahan, Andrew Mac-Ritchie **D** Halle Berry (Kate Mathieson), Olivier Martinez (Jeff), Ralph Brown (Brady), Luke Tyler (Luke), Mark Elderkin (Tommy), Thoko Ntshinga (Zukie), Sizwe Msutu (Walter) **L** 109 **FSK** ab 12 **E** 5.9.2012 DVD & BD
fd –

Dark World – Das Tal der Hexenkönigin
TEMNYY MIR
Eine Studentin und ihr Kommilitone entdecken im Wald eine verlassene Hütte. Als die junge Frau ein mysteriöses Schwert berührt, befällt sie ein Hexenfluch; Hubschrauber und Soldaten machen fortan Jagd auf sie. Fantasy-Abenteuer als wüster Genre-Mix, der russische Märchen ebenso wie die Twilight-Filme plündert. – Ab 16.
DVD/BD: Erhältlich als DVD, 2D BD und 2D/3D BD.
3D. Scope. Russland 2010 **P** Central Partnership / Shaman Pic. **DVD** Sunfilm (16:9, 2.35:1, DD5.1 russ./dt., dts dt.) **BD** Sunfilm (16:9, 2.35:1, dts-HDMA7.1 russ./dt.) **Pd** Sergej Danieljan, Ruben Dischdischjan, Juri Moroz, Aram Mowsesjan, Alexej Sidorow **R** Anton Megerdichew **B** Alexander Dorbinian, Alexej Sidorow **K** Anton Antonow **D** Swetlana Iwanowa (Marina), Iwan Zhidkow (Kostja), Elena Panowa (Chelwi), Sergej Ugrjumow (Alexander), Ilja Alexejew (Arthur), Olga Grischowa (Hexenkönigin) **L** 101 **FSK** ab 16 **E** 5.4.2012 DVD & BD
fd –

Das gibt Ärger
THIS MEANS WAR
Zwei CIA-Agenten werden nach einem verpatzten Coup zum Schreibtischdienst verdonnert, verlieben sich in dieselbe Frau und bringen sämtliche Spionage-Tricks in Anwendung, um den Konkurrenten in der Gunst der Angebeteten auszubooten. Uneinheitliche und konzeptlose Mischung aus Thriller, Actionfilm, Romanze und Komödie, die ein biederes, jederzeit vorhersehbares Spiel mit männlichem Balzverhalten betreibt. – Ab 14.
DVD/BD: Die DVD enthält die Kinofassung, während die BD zudem noch eine «Extended Version» präsentiert. Die Extras der DVD umfassen u. a. ein Feature mit zwei im Film nicht verwendeten Szenen (8 Min.) sowie drei alternativen Filmenden (23 Min.). Die BD bietet zusätzlich u. a. noch einen alternativen Filmanfang sowie einen Audiokommentar des Regisseurs.
Scope. USA 2012 **P** Overbrook Ent. / Robert Simonds Prod. **KI** Twentieth Century Fox **DVD** Fox (16:9, 2.35:1, DD5.1 engl./dt.) **BD** Fox (16:9, 2.35:1 dts-HDMA engl., dts dt.) **Pd** Simon Kinberg, James Lassiter, Robert Simonds, Will Smith **R** McG (= Joseph McGinty Nichol) **B** Timothy Dowling, Simon Kinberg **K** Russell Carpenter **M** Christophe Beck **S** Nicolas de Toth **D** Reese Witherspoon (Lauren), Chris Pine (FDR Foster), Tom Hardy (Tuck), Til Schweiger (Heinrich), Chelsea Handler (Trish), John Paul Ruttan (Joe), Abigail Leigh Spencer (= Abigail Spencer) (Katie), Angela Bassett (Collins), Rosemary Harris (Nana Foster) **L** 98 (auch DVD: 104 = BD: 108) **FSK** ab 12; f **E** 1.3.2012 / 6.7.2012 DVD & BD
fd 40 924

Das hat mit Gerechtigkeit wenig zu tun
Dokumentarfilm über den linken Hamburger Anwalt Andreas Beuth, der u. a. den Prozess eines Mandanten übernahm, der im Zuge des G8 Gipfels in Heiligendamm wegen Mitgliedschaft in einer terroristischen Vereinigung angeklagt wurde, und durch Prozesse für Bambule oder gegen Ex-Innensenator Ronald Schill weit über Hamburg hinaus bekannt wurde. Der Film selbst versteht sich als Hamburger Zeitreise sowie als «Dokulebensmusikportrait», über Jahre free style gefilmt». – Ab 16.
Deutschland 2011 **KI** Eigenverleih Brenneke-Grützner **DVD** Eigenverleih Brenneke-Grützner **R+B** Frank Brenneke, Andreas Grützner **FSK** – **E** 1.3.2012
fd –

Dating Lanzelot
DATING LANZELOT
Ein schüchterner Student wird von seinem WG-Mitbewohner in einen Dating-Portal angemeldet, was prompt zu einer Flut aufregender Begegnungen führt. Diese führen ihn von einem slapstickhaften Desaster ins nächste. Ein boulevardesker Reigen voller derber Wortwitze und kurioser Sex-Unfälle, dessen pubertäre Nummernrevue sich mal mehr, mal weniger inspiriert seinem vorhersehbaren Ende entgegenschleppt. – Ab 16.
Deutschland / Schweiz 2011 **P** Port-Au-Prince Film & Kultur Prod./ SwissEffects/SevenPictures **KI** Port-Au-Prince (Barnsteiner) **Pd** René Römert, Jan Krüger, Eduard A. Stöckli **R** Oliver Rihs **B** Jann Preuss **K** Olivier Kolb **M** Beat Solèr **S** Jessie Fischer, Andreas Radtke, Sarah Clara Weber **D** Peter Weiss (Lanzelot), Manuel Cortez (Milan), Narges Rashidi (Kellnerin), Jule Böwe (Suiße Maus), Elzemarieke de Vos (Knuddelhexe), Julia Dietze (Julie), Nike Martens (Hotbunny), Jytte-Merle Böhrnsen (Schneewittchen), Doris Schefer (Brigitta), Katrin Bühring (Traumfrau) **L** 90 **FSK** ab 12; f **E** 30.8.2012
fd 41 242

Davon willst du nichts wissen
Ein angesehener Arzt und Familienvater verschuldet den (Unfall-)Tod eines jugendlichen Straßendiebs. Da er sich unbeobachtet glaubt, versucht er, die Tat zu vertuschen. Wenig später erhält er Drohnachrichten, die auf einen heimlichen Mitwisser schließen lassen. Die sichere Einbettung ins familiäre Umfeld wird immer fadenscheiniger, und der Mann entfremdet sich von sich und seiner Familie. Unterkühlt inszeniertes (Fernseh-)Drama um den Prozess einer schleichenden Destabilisierung, das in der Analyse dieses Scheiterns seltsam ambivalent bleibt. – Ab 16.
Deutschland 2011 **P** Claussen+Wöbke+Putz Filmprod. / via Film / ZDF (Das kleine Fernsehspiel) **KI** offen **Pd** Ulrike Putz, Max Frauenknecht, Jörg Schneider **R+B** Tim Trachte **K** Fabian Rösler **M** Lorenz Dangel **S** Ulrich Ringer **D** Andreas Lust (Jan), Sophie von Kessel (Karen), Alina Levshin (Milla), Nikolas Beyer (Felix), Thomas Loibl (Ralph), Konstantin Frolov (Vladimir), Mark Filatov (Mirko) **L** 88 **E** 1.6.2012 arte
fd –

Dawn Rider
DAWN RIDER
Auf der Flucht vor dem Gesetz kehrt ein Revolverheld in seine Heimat zurück, wo er Opfer eines Überfalls wird, bei dem sein Vater ums Leben kommt. Verwundet findet er Unterschlupf bei einer alten Jugendliebe, doch machen ihn seine Gefühle für die Frau zum Nebenbuhler eines Freundes. Lieblos inszenierter Western, der der Dring-

lichkeit der konfliktreichen Situationen keinen filmischen Ausdruck zu verleihen versteht. – Ab 14.
Kanada 2012 **P** NGN Prod. / Nasser Group, North **DVD** Koch (16:9, 1.78:1, DD5.1 engl./dt., dts dt.) **BD** Koch (16:9, 1.78:1, dts-HD engl./dt.) **Pd** Jack Nasser **R** Terry Miles **B** Joseph Nasser, Evan Jacobs **K** Norm Li **M** Jim Guttridge, Sean Hosein **D** Christian Slater (John Mason), Lochlyn Munro (Rudd), Jill Hennessy (Alice), Donald Sutherland (Pop), Claude Duhamel (Curly), Adrian Hough (Sheriff Cobb), G. Michael Gray (Bragg), Kenneth W. Yanko (Dad Mason) **L** 96 **FSK** ab 12 **E** 20.7.2012 DVD & BD
fd 41 471

De Engel van Doel ☆
DE ENGEL VAN DOEL
Dokumentarfilm über das kleine flämische Dorf Doel im Norden Belgiens, das dem Ausbau des Antwerpener Hafens weichen muss. Die Bewohner ziehen weg, die Häuser stehen leer und werden abgerissen. Der Niedergang des Orts wird in kunstvollen visuellen Tableaus eingefangen, wobei der Film eine surreale, wehmütige Atmosphäre verbreitet, in die sich präzise beobachtete Gespräche der wenigen noch verbliebenen alten Einwohner einfügen. Akzentuiert durch lakonische Szenen und unterschwellige Komik, lebt die poetische, melancholisch-humorvolle Erzählung über Abschied und Vergänglichkeit von der Authentizität einer Dokumentation und der Kraft eines Dramas. (O.m.d.U.) – Sehenswert ab 14.
Schwarz-weiß. Niederlande / Belgien 2011 **P** SNG (Studio Nieuwe Gronden) / CinéTé Filmproducties **KI** arsenal institut **Pd** Digna Sinke, Willem Thijssen **R+B** Tom Fassaert **K** Daniël Bouquet, Diderik Evers, Reinout Steenhuizen **M** Tobias Borkert **S** Tom Fassaert, Axel Skovdal Roelofs, Thabi Mooi **L** 77 **FSK** – **E** 20.9.2012 **fd** 41 269

Dead Fucking Last
DEAD FUCKING LAST
Eine Gruppe von Mittvierzigern, die in den wilden 1980er-Jahren in Zürich einen Fahrradkurier-Dienst gründeten, gerät in Bedrängnis, als junge weibliche Konkurrenz auf dem Markt auftaucht, die sowohl sportlich als auch in Sachen wirtschaftliches Know-how die «Herrenliga» in den Schatten zu stellen droht. Den chaotischen Individualisten fällt es schwer, aufzuholen. Verschmitzte Komödie mit liebevollen Reminiszenzen an die Aufbruchsstimmung der 1980er-Jahre, die zwar zunehmend ihren anfänglichen Schwung verliert, aber doch solide unterhält. – Ab 14.
Schweiz 2012 **P** Tilt Prod. / SRF Schweizer Radio und Fersnehen / SRG SSR **KI** filmcoopi (Schweiz) **Pd** Kaspar Winkler, Sabine Girsberger **R** Walter Feistle **B** Uwe Lützen **K** Felix von Muralt **M** Ramón Orza **S** Thomas Knöpfel **D** Michael Neuenschwander (Tom), Mike Müller (Andi), Markus Merz (Ritzel), Oriana Schrage (Nina), Roeland Wiesnekker (Fat Frank), Regula Imboden (Monica), Kaspar Weiss (WG-Chef), Danijela Milijic (Bankerin), Evelyna Kottmann (Buchhändlerin Eva), Annette Lober (Ninas Assistentin) **L** 95 **FSK** – **E** 27.12.2012 Schweiz **fd** 41 469

Dead Set – Reality Bites
DEAD SET
Während eine Staffel der Container-Show Big Brother das britische Fernsehpublikum fesselt, lässt ein Virus das Land zu Zombies mutieren. Einzig das gut abgeschirmte Set erweist sich als Hort der Sicherheit und der Ahnungslosen. Wüste Reality-Horror-Satire in betont flippiger Wackelbilder- und grobkörniger Fernsehbild-Ästhetik, die sich als «Horror-Vergnügen» ebenso anspruchsvoll wie «trashig» gibt. Ursprünglich wurde der Film 2008 als Fünfteiler im englischen Pay-TV ausgestrahlt.
DVD/BD: Die Extras enthalten u. a. ein Feature mit sieben im Film nicht verwendeten Szenen (11 Min.).
Großbritannien 2008 **P** Zeppotron **DVD** Anolis (16:9, 1.78:1, DD5.1 engl./dt.) **BD** Anolis (16:9, 1.78:1, dts-HD engl./dt.) **R** Yann Demange **B** Charlie Brooker **K** Tat Radcliffe **M** Dan Jones **S** Chris Wyatt **D** Jaime Winstone (Kelly), Andy Nyman (Patrick), Riz Ahmed (Rig), Warren Brown (Marky), Liz May Brice (Alex), Beth Cordingly (Veronica), Adam Deacon (Space), Kevin Eldon (Joplin) **L** 143 **FSK** ab 18 **E** 27.9.2012 DVD & BD **fd** –

Dead Space: Aftermath
DEAD SPACE: AFTERMATH
Die Besatzung eines Raumschiffs soll die Ursachen dafür ergründen, dass ein bewohnter Planet verwüstet wurde. Die letzten vier Überlebenden liefern unterschiedliche Versionen der Ereignisse, stets aber spielt ein Alien-Artefakt eine wesentliche Rolle. Ausgesprochen düsterer, actionbetonter Zeichentrick-Splatterfilm als Franchise-Produkt eines Computer-Spiels. Das Science-Fiction-Genre wird gnadenlos geplündert und mit Filmzitaten angereichert.
DVD/BD: Erhältlich als DVD, 2D BD und 2D/3D BD.
3D. Scope. USA 2011 **P** Electronic Arts / Film Roman Prod. / Pixtation / Visceral Games **DVD** I-On/Splendid (16:9, 2.35:1, DD5.1 engl./dt.) **BD** I-On/Splendid (16:9, 2.35:1, dts-HDMA engl./dt.) **Pd** Joe Goyette **R** Mike Disa **B** Brandon Auman **M** Christopher Tin **S** Steven Fahey **L** 75 **FSK** ab 16 **E** 5.1.2012 DVD & BD **fd** –

Dead Survivors
Ein Virus macht aus Menschen todbringende Monster. Die wenigen Überlebenden kämpfen. Die Handlung des deutschen Trash-Horrorfilms der Kategorie «No Budget» ist übersichtlich, die Umsetzung knapp unter Fernsehniveau. In einigen Actionsequenzen merkt man der Mischung aus Martial-Arts- und Zombie-Film durchaus das Herzblut der Beteiligten an.
Deutschland 2010 **P** Generation X Group / Ghost Pictures **DVD** WVG Medien **Pd** Nico Sentner, Sibylle Ungerer, Sebastian Bartolitius **R+B** David Brückner **K** David Brückner **S** David Brückner **D** Michael Krug (Chris Burnside), Julia Köhler (Sarah), Tino Dörner (Dean), Ida Marie Unger (Isabelle), Stephan König (Col. Gabriel Templar), Witalij Kühne (Ben), Marie Weigt (Rebecca), Forgó Tamás (Leon), Romy Schreiber (Ada) **L** 80 **FSK** ab 18 **fd** –

Deaf Jam ★
DEAF JAM
Dokumentarfilm über eine nahezu unbekannte Facette der Slam Poetry: Er konfrontiert mit gehörlosen New Yorker Jugendlichen, die sich dieser eigentlich verbalen Kunstform verschrieben haben. Ihre sprachliche Handicap machen sie mittels Gebärden- und Körpersprache wett, setzen Akzente durch Rhythmuswechsel und

Sprachbilder, durch die sie auch mit sprechenden Performern in Interaktion treten können. Ein Film über die Kraft der Poesie, der berührende Geschichten erzählt und ebenso sensibel wie unterhaltsam von einer speziellen Form des Erwachsenwerdens berichtet. – Ab 12.
USA 2010 **P** Made-By-Hand / ITVS **KI** offen **Pd** Judy Lieff, Steve Zeitlin **R** Judy Lieff **K** Melissa R. Donovan, Claudia Raschke **M** Ian Miller, Tom Paul **S** Keiko Deguchi, Dena Mermelstein **L** 70 **FSK** o.Ä.; f **E** 26.8.2012 SF 1 / DRS
 fd –

Death for Sale ★
DEATH FOR SALE / MORT A VENDRE
Drei junge Kleingangster aus einer nordmarokkanischen Hafenstadt schlagen sich mit den Widrigkeiten des Alltags herum und träumen von besseren Zeiten. Einer hält sich mit Diebstählen über Wasser, der andere plant etwas Größeres, der Dritte verliebt sich in eine Prostituierte. Trotz ihrer unterschiedlichen Absichten und Perspektiven versuchen sie, loyal zu bleiben. Ein in trüben Grautönen gehaltener, hochreflexiver Film noir, angesiedelt in der Halbwelt Tétouans, poetisch-dicht und lakonisch zugleich, aber auch von der deutlichen Liebe zum US-amerikanischen Genrekino getragen. (O.m.d.U.)
Marokko / Frankreich / Belgien / Deutschland / Vereinigte Arabische Emirate 2011 **P** Entre Chien et Loup **KI** trigon-film (Schweiz) **Pd** Sébastien Delloye **R+B** Faouzi Bensaïdi **K** Marc-André Batigne **M** Richard Horowitz **S** Danielle Anezin **D** Mouhcine Malzi (All), Fehd Benchemsi (Malik), Fouad Labiad (Soufiane), Iman Mechrafi (Dounia), Nezha Razil (Aouatif), Faouzi Bensaïdi (Inspektor Dabbaz), Mohamed Choubi (Hamdane) **L** 117 **FSK** – **E** 8.11.2012 Schweiz
 fd –

Deckname Luna
Eine junge Schweißerin in Rostock träumt Anfang der 1960er-Jahre von einer Zukunft als Astronautin. Nach einem Protest gegen den Mauerbau gerät sie ins Visier der Stasi, die sie auf ihren in Augsburg lebenden Großvater, einen Spezialisten für Raketentechnik, ansetzen will. Der drohenden Verhaftung kommt sie mit der abenteuerlichen Flucht in den Westen zuvor, wo sie erneut von der Stasi aufgespürt und gezwungen wird, Informationen über die Arbeit des Großvaters zu liefern. Getrieben von inneren Konflikten, offenbart sie sich dem BND und wird auch von dieser Seite unter Druck gesetzt. Aufwändig in Szene gesetztes, überwiegend aber behäbig und unglaubwürdig inszeniertes (Fernseh-)Drama vor dem Hintergrund des Kalten Kriegs, das mehr schlecht als recht zentrale Momente der Zeitgeschichte wie die Kuba-Krise visuell ins Geschehen einbindet. Einige bewegende Szenen über den Psychoterror im Stasi-Gefängnis gehen dabei eher unter. – Ab 16.
Deutschland 2012 **P** ndF – neue deutsche Filmgesellschaft (für ZDF/ZDF Enterprises) **DVD** Studio Hamburg (16:9, 1.78:1, DD2.0 dt.) **R** Susanne Freyer **R** Ute Wieland **B** Christian Jeltsch, Monika Peetz **K** Peter Przybylski **M** Oli Biehler (= Oliver Biehler) **S** Peter Kirschbaum, Dunja Campregher **D** Anna Maria Mühe (Lotte Reinhardt), Götz George (Prof. Arthur Noswitz), Heino Ferch (Julius Moll), Andreas Schmidt (Schoen), Maxim Mehmet (Dr. Oskar Hermann), Peter Lerchbaumer (Dr. Offermanns), Christian Näthe (Holger Langen), Kirsten Block (Elisabeth Reinhardt), Uwe Preuss (Gustav Reinhardt), Ludwig Trepte (Kurt Reinhardt), André M. Hennicke (Bruhns), Stefanie Stappenbeck (Martha), Rike Dummin (Francesca), Nikola Kastner (Fräulein Wirsing), Marleen Lohse (Marianne), Ana Geislerova (Yella), Horst Kummeth (Horst Huber), Benedikt Hösl (Frieder Huber), Aleksandar Jovanovic (Renz) **L** 246 (123 & 123) **FSK** ab 12 **E** 5./8.11.2012 ZDF (Zwei Teile) / 9.11.2012 DVD
 fd –

Defcon 2012 – Die verlorene Zivilisation
200 Jahre nachdem die Erde von feindlichen Aliens okkupiert wurde, regt sich noch immer der verbissene Widerstand einer Gruppe wackerer Menschen. Ein vor dem Hintergrund des Weltuntergangsszenarios des Maya-Kalenders entstandener semiprofessioneller Fantasy- und Science-Fiction-Film, der die fadenscheinige Geschichte mehr schlecht als recht illustriert. – Ab 16.
DVD/BD: Die FSK-Freigabe «ab 16» der DVD/BD bezieht sich auf das Bonusmaterial (Trailer etc.), der Film selbst hat eine Freigabe «ab 12».
USA 2010 **P** Elevation 4/Red Fortress **DVD** KSM (16:9, 1.78:1, DD5.1 engl./dt.) **BD** KSM (16:9, 1.78:1, dts-HD engl./dt.) **R** R. Christian Anderson **B** Brian Shotwell **K** Charles Street **M** Aubrey G. Young **S** Blake Rennie, Brian Shotwell **D** Brian Shotwell (Kaynin), Shy Pilgreen (E-San), Xu Razer (Tak), Thema Johannsen (Axton), Justin Brusca (Archer), Albertossy Espinoza (Rune) **L** 92 **FSK** ab 12 **E** 9.3.2012 DVD & BD
 fd –

Dein Weg ☆★
THE WAY
Ein alter Mann tritt stellvertretend für seinen Sohn, der auf dem Pilgerweg nach Santiago de Compostela tödlich verunglückte, den Camino an. Bald gesellen sich Mitreisende zu ihm, die das Nervenkostüm des Trauernden strapazieren. Doch auf dem an Begegnungen reichen Weg wächst die Gruppe zur Gemeinschaft zusammen, wobei sich hinter den teils profanen Motiven für den Pilgergang tiefer reichende (Heils-)Sehnsüchte offenbaren. Eine höchst reizvolle Auseinandersetzung mit dem Jakobsweg, die die Vielgestaltigkeit und Ambivalenzen modernen Pilgerns reflektiert. Jenseits üblicher «Wellness»-Frömmigkeit nimmt der Film mit auf eine äußerlich ruhige, aber von inneren Spannungen geprägte Reise, die von dezidiert areligiösen Figuren unternommen wird, trotzdem aber spirituelle Dimensionen berührt. (Kinotipp der katholischen Filmkritik) – Sehenswert ab 12.
USA / Spanien 2010 **P** Elixir Films / Icon Ent. / Filmax Ent. **KI** Koch Media **DVD** Koch (16:9, 1.85:1, DD5.1 engl./dt.) **BD** Koch (16:9, 1.85:1, dts-HD engl./dt.) **Pd** Julio Fernández, David Alexanian, Emilio Estevez, Lisa Niedenthal **R+B** Emilio Estevez **Vo** Jack Hitt (Motive des Buchs *Off the Road: A Modern-Day Walk Down the Pilgrim's Route Into Spain*) **K** Juan Miguel Azpiroz **M** Tyler Bates **S** Raúl Dávalos **D** Martin Sheen (Tom Avery), Deborah Kara Unger (= Deborah Unger) (Sarah), James Nesbitt (Jack), Yorick van Wageningen (Joost), Théky Karyo (Capitaine Henri), Angela Molina (Angélica), Emilio Estevez (Daniel), Renée Estevez (Doreen), Carlos Leal (Jean) **L** 120 (24 B./sec.) / 116 (15 B./

sec.) **FSK** o.A.; f **FBW** bw **E** 21.6.2012 / 9.11.2012 DVD & BD **fd** 41 142

Denk wie ein Mann
THINK LIKE A MAN
Vier beruflich erfolgreiche Frauen um die 30 versuchen, mit der Lektüre eines Beziehungsratgebers Ordnung in ihr Liebesleben zu bringen. Doch die Männer kommen ihnen auf die Schliche und drehen den Spieß um. Oberflächliche romantische Komödie, die mit Stereotypen arbeitet, ohne ihnen Tiefe oder Profil zu verleihen. Dabei werden die klischeehaft umrissenen Geschlechterrollen nie kritisch hinterfragt, sondern bestätigt. Die einzelnen Episoden plätschern auf diese Weise ohne Wortwitz oder Widerhaken vor sich hin. – Ab 14.
Scope. USA 2012 **P** Rainforest Films / Screen Gems **KI** Sony **Pd** William Packer **R** Tim Story **B** Keith Merryman, David A. Newman **Vo** Steve Harvey (Buch *Act Like a Lady, Think Like a Man*) **K** Larry Blanford **M** Christopher Lennertz **S** Peter S. Elliot **D** Michael Ealy (Dominic), Jerry Ferrara (Jeremy), Meagan Good (Mya), Regina Hall (Candace), Kevin Hart (Cedric), Taraji P. Henson (Lauren), Terrence J (Michael), Jenifer Lewis (Loretta), Romany Malco (Zeke), Gary Owen (Bennett), Gabrielle Union (Kristen), Chris Brown (Alex) **FSK** ab 6; f **E** 6.9.2012 **fd** 41 238

Des Hauses Hüterin
HALF BROKEN THINGS
Eine alternde Haus-Sitterin soll einen Sommer lang auf ein hochherrschaftliches Haus aufpassen. Aus heiterem Himmel taucht ein Pärchen auf, ein Gelegenheitsdieb und eine schwangere junge Frau, mit denen sie das Leben einer kleinen Familie lebt, bis finanzielle Probleme auftreten und man sich gemeinsam auf kriminelle Abwege begibt. Als der Dieb von seiner Vergangenheit eingeholt wird und man einen lästigen Zeugen beseitigt, nimmt das Verhängnis seinen Lauf. Psychologisch ausgereifter, hintergründiger Psychothriller.
Großbritannien 2007 **P** Festival Films / ITV **KI** offen **Pd** Ray Marshall, Diana Napper **R** Tim Fywell **B** Alan Whiting **Vo** Morag Joss (gleichnamiger Roman) **K** David Odd **M** Colin Towns **S** Mary Finlay **D** Penelope Wilton (Jean), Daniel Mays (Michael), Sinead Matthews (Steph), Nicholas Le Prevost (Rev. Grodon Brookes), Lara Cazalet (Sally), Sian Thomas (Shelley), Bradley Gardner (Jason) **L** 92 **E** 31.1.2012 Bayern 3 **fd** –

Des vents contraires ☆
DES VENTS CONTRAIRES
Das spurlose Verschwinden seiner Frau, die nach einem Streit die Wohnung verließ, wirft einen treusorgenden Familienvater aus Paris aus der Bahn. Zwanghafte Überreaktionen und Lethargie sind die Folgen. Als er ein Jahr später an der Küste einen Neuanfang wagt, wird er von seiner Vergangenheit eingeholt. Vom Sujet her ein Kriminalfilm, verdichtet sich die Handlung zu einer beklemmenden Studie über die Macht der Ungewissheit, die das alltägliche Leben überschattet. In der Hauptrolle grandios gespielt, weiß auch der Film allen Genrekonventionen selbstbewusst zu widersetzen. – Sehenswert ab 16.
Frankreich/Belgien 2011 **P** Wy Prod. / Direct Cinéma / Artémis Prod. **KI** filmcoopi (Schweiz) **Pd** Wassim Béji **R** Jalil Lespert **B** Olivier Adam, Marion Laine, Jalil Lespert **Vo** Olivier Adam (Roman *Des vents contraires / Gegenwinde*) **K** Josée Deshaies **M** David Moreau, DJ Pone **S** Monica Coleman **D** Benoît Magimel (Paul), Audrey Tautou (Sarah), Isabelle Carré (Josée Combe), Antoine Duléry (Alex), Marie-Ange Casta (Justine), Azzedine Bouabba (Yamine), Ramzy Bedia (Möbelpacker), Bouli Lanners (Monsieur Bréhel), Daniel Duval (Xavier), Lubna Azabal (Yamines Mutter), Aurore Clément (Madame Pierson) **L** 91 **E** 14.6.2012 Schweiz **fd** 41 123

Detective K – Im Auftrag des Königs
JO-SEON MYEONG-TAM-JEONG
Korea im Jahr 1782: Ein Sonderermittler des Königs soll merkwürdige Korruptionsfälle klären und dem Regenten, quasi als Nebeneffekt, eine standesgemäße Frau besorgen. Unterstützt wird der Tausendsassa von einem bauernschlauen Gehilfen. Opulent ausgestatteter Historienfilm als etwas zu wüster Genre-Mix, der sein Potenzial zwar nicht ausschöpft, aber als fernsöstliche Sherlock-Holmes-Variante durchaus unterhält. – Ab 16.
DVD/BD: Die FSK-Freigabe «ab 16» der DVD/BD bezieht sich auf das Bonusmaterial (Trailer etc.), der Film selbst hat eine Freigabe «ab 12».
Südkorea 2011 **P** Generation Blue Films / Showbox-Mediaplex / WithUs Films **DVD** KSM (16:9, 1.85:1, DD5.1 korea./dt.) **BD** KSM (16:9, 1.85:1, dts-HDMA korea./dt.) **Pd** Kim Jo Gwangsoo **R** Kim Seok-yun **B** Lee Chun-Hyeong, Lee Nam-Gyoo **K** Kim Sun-min **D** Kim Myung-min (K), Oh Dai-su, Han Ji-min, Lee Jae-yong, Woo Hyeon, Ye Soo-jeong **L** 112 **FSK** ab 12 **E** 13.1.2012 DVD & BD **fd** –

Detektiv Conan – Das Requiem der Detektive
MEITANTEI CONAN: TANTEITACHI NO REQUIEM
Detektiv Conan und sein Gefährte Kogoro werden mit ihren kindlichen Freunden in einen neuen Freizeitpark eingeladen. Während sich die Kinder ins Vergnügen stürzen, erhalten die Detektive eine Video-Botschaft: Binnen zwölf Stunden müssen sie einen komplizierten Fall lösen, ansonsten explodieren Minibomben, die in den Armbändern der Kinder versteckt sind. Triviales Zeichentrickabenteuer nach einer Manga-Serie, dessen Handlung mit diversen Hinweisen auf Krimivorbilder und Romanfiguren verknüpft ist. – Ab 14.
Japan 2006 **P** Shogakukan **DVD** AV Visionen (16:9, 1.78:1, DD2.0 jap./dt.) **R** Yasuichiro Yamamoto **B** Gôshô Aoyama **L** 111 **FSK** ab 12 **E** 23.2.2009 DVD / 16.12.2012 RTL 2 **fd** –

Detektiv Conan – Die azurblaue Piratenflagge
MEITANTEI CONAN: KONPEKI NO HITSUGI
Conan und seine jugendlichen Detektiv-Freunde treffen auf einer Pazifikinsel auf finstere Schatzsucher, die nach der Hinterlassenschaft zweier berüchtigter Piratinnen suchen. Als einer der Schatzsucher bei einem eigentlichen Hai-Attacke ums Leben kommt, schrillen die Alarmglocken. Schwaches Zeichentrickabenteuer der in Japan populären Anime-Serie. – Ab 14.
Japan 2007 **P** NTV / Shogakukan Prod. / Toho / YTV **DVD** AV Visionen (16:9, 1.78:1, DD2.0 jap./dt.) **R** Yasuichiro Yamamoto **B** Hiroshi Kashiwabara **M** Katsuo Ohno **L** 106 **FSK** ab 12 **E** 25.5.2009 DVD/23.12.2012 RTL 2 **fd** –

Detektiv Conan – Die Partitur des Grauens
MEITANTAI CONAN: SENRITSU NO FURU SUKOA
Der kindliche Detektiv Conan und seine Freunde freunden sich mit einer berühmten Sopranistin an, die anbietet, mit dem Schulchor die Schulhymne einzustudieren. Da schlägt ein hinterhältiger Mörder zu und bringt alle in tödliche Gefahr. Weitgehend spannendes Anime(Fernsehserien)-Abenteuer um die Kinder-Detektive, die sich diesmal für klassische Musik begeistern; für kleinere Kinder mitunter zu erschreckend. – Ab 14.
Japan 2008 **P** NTV / Shogakukan Prod. / Toho / TMS / Tokyo Movie / YTV **DVD** AV Visionen (16:9, 1.78:1, DD2.0 jap./dt.) **R** Yasuichiro Yamamoto **B** Gôshô Aoyama **L** 115 **FSK** ab 12 **E** 25.5.2009 DVD / 30.12.2012 RTL 2
fd –

Detention – Nachsitzen kann tödlich sein
DETENTION
Ein wahnsinniger Mörder terrorisiert die Jugendlichen einer High School nach exakt jener Drehbuchvorlage einer Slasher-Filmreihe, die gerade in den örtlichen Kinos Erfolge feiert. Die Polizei ist ratlos, und so muss sich eine der Hauptverdächtigen selbst um die Lösung des Falls bemühen. Schließlich will auch sie das Spektakel nur überleben. Billiger Genrefilm bar jeder Logik als dreister Versuch, am Erfolg der SCREAM-Reihe teilzuhaben:
DVD/BD: Die Extras der BD enthalten u.a. ein Bild-im-Bild-Feature, in dem Interviews und Informationsfeature zum laufenden Film abgerufen werden können.
Scope. USA 2011 **P** Detention Films **DVD** Sony (16:9, 2.35:1, DD5.1 engl./dt.) **BD** Sony (16:9, 2.35:1, dts-HDMA engl./dt.) **Pd** Mary Ann Tanedo, Richard Weager, Nicole Ehrlich, Mark Palermo, Justin Charles Smith, Greg Tharp **R** Joseph Kahn **B** Joseph Kahn, Mark Palermo **K** Christopher Probst **M** Brain, Melissa Reese **S** David Blackburn **D** Josh Hutcherson (Clapton Davis), Dane Cook (Rektor Verghe), Spencer Locke (Ione), Shanley Caswell (Riley Jones), Alison Woods (Taylor Fisher), Jesse Heiman (Nerd), Joseph Keane (Metro), Parker Bagley (Billy Nolan) **L** 89 **FSK** ab 16 **E** 27.9.2012 DVD & BD
fd –

Detlef
Dokumentarfilm über einen 60-jährigen ehemaligen Aktivisten der Schwulenbewegung. Die persönliche Biografie dient dabei als eine Art Rahmenhandlung für einen Rückblick auf die Entwicklung der Schwulenbewegung in den 1970er-Jahren, wobei neben Interviews spannendes Archivmaterial zum Einsatz kommt. Ein stimmig entwickelter, nur gelegentlich unnötig expliziter Film, dem die Balance zwischen Porträt und Sozialgeschichte gut gelingt, auch wenn dabei das Lebensschicksal des Protagonisten eher exemplarisch verhandelt wird. – Ab 16.
Deutschland 2012 **P** Bonheur Filme **KI** Pro-Fun **DVD** Pro-Fun (16:9, 1.78:1, DD5.1 dt.) **Pd+R** Stefan Westerwelle **B** Jan Rothstein, Stefan Westerwelle **K** Jan Rothstein **S** Jan Rothstein **L** 91 (25 B./sec.) **FSK** ab 16 (DVD) **E** 1.11.2012/30.11.2012 DVD fd 41 345

Detlef – 60 Jahre schwul
siehe: **Detlef**

Deutsch aus Liebe
Langzeitdokumentation über drei Teilnehmerinnen eines Deutschkurses im türkischen Balikesir. Alle drei Frauen stehen vor der Heirat mit einem in Deutschland lebenden Landsmann; alle drei sind nie zuvor in Deutschland gewesen und wissen wenig vom Leben dort. Im Film erzählen sie, wie sie ihre zukünftigen Männer kennen gelernt und welche Erwartungen sie an das Leben in Deutschland haben. Die Kamera begleitet sie bei ihren ersten Schritten in der neuen Heimat. – Ab 14.
Deutschland 2008–10 **P** barbara trottnow medienproduktion **KI** offen **Pd+R+B** Barbara Trottnow **K** Rüdiger Kortz, Jörg Süß **S** Armin Riegel **L** 85 **E** 9.12.2012 hr fernsehen
fd –

Der deutsche Freund
EL AMIGO ALEMÁN
Im Argentinien der 1950er-Jahre freunden sich ein Junge und ein Mädchen an, deren Eltern aus Deutschland emigrierten – die Eltern des jüdischen Mädchens auf der Flucht vor der Verfolgung durch die Nazis, die Eltern des Jungen nach dem Fall des Regimes als NS-Verbrecher auf der Flucht vor der Justiz. Als der Junge von der Nazi-Vergangenheit der Eltern hört, bricht für ihn eine Welt zusammen. Im Zuge der Studentenbewegung radikalisiert er sich politisch, woran die Liebe zur jüdischen Kindheitsfreundin zu zerbrechen droht. Das thematisch spannende, emotional aber wenig ansprechende Drama greift viele Themen auf, die spürbar gehetzt abgearbeitet werden, ohne in die Tiefe zu gehen. – Ab 14.
Deutschland/Argentinien 2012 **P** Malena Filmprod. / Geissendörfer Film- und Fernsehprod. / Jempsa / WDR **KI** Neue Visionen **Pd** Jeanine Meerapfel, Hans W. Geissendörfer, Ricardo Freixa **R+B** Jeanine Meerapfel **K** Victor González **M** Floros Floridis **S** Andrea Wenzler **D** Max Riemelt (Friedrich), Benjamin Sadler (Michael), Celeste Cid (Sulamit Löwenstein), Hartmut Becker (Werner Kunheim), Jean Pierre Noher (Philipp Löwenstein), Daniel Fanego (Eduardo), Fernán Mirás (Professor Durán) **L** 104 (24 B./sec.) / 100 (25 B./sec.) **FSK** ab 12; f **FBW** bw **E** 1.11.2012
fd 41 334

Ein deutscher Boxer
Porträt des Box-Profis Charly Graf, der, 1951 in Mannheim-Waldhof als Sohn einer Arbeiterin und eines schwarzen US-Soldaten geboren, eine hoffnungsvolle Karriere startete, doch Anfang der 1970er-Jahre ins Rotlicht-Milieu Mannheims abdriftete. Straftaten und Gefängnisaufenthalte waren die Folge. Im Gefängnis freundete er sich mit dem RAF-Terroristen Peter-Jürgen Boock an, der Grafs Interesse an Literatur weckte und ihn zum Comeback-Versuch überredete. Noch während seiner Haftzeit bestritt und gewann er 1984 einen Meisterschaftskampf. Der unkommentierte (Fernseh-)Dokumentarfilm beschreibt eine bewegte Sportler-Karriere, wobei die bewegende Freundschaft Graf/Boock eindrücklich ins Zentrum rückt. – Ab 14. Teils schwarz-weiß. Deutschland 2012 **P** NDR/SWR **KI** offen **Pd** Silke Schütze **R+B** Eric Friedler **K** Frank Groth, Thomas Schaefer **S** Andrea Schröder-Jahn **L** 90 **E** 12.6.2012 ARD
fd –

Deutschland von oben
Dokumentarfilm über Deutschland, aufgenommen aus der Vogelperspektive, wobei sich atemberaubende Ansichten von Natur-, aber auch von Kultur- und Industrielandschaften eröffnen. Sein großes ästhetisches Potenzial torpediert der Film durch

seinen aufdringlich-dümmlichen Off-Kommentar voller Allgemeinplätze. – Ab 10. Scope. Deutschland 2012 **P** Colour-FIELD tell a vision / ZDF / Terra X **KI** Universum **Pd+R+B** Petra Höfer, Freddie Röckenhaus **K** Peter Thompson (Helikopter), Irmin Kerck (Helikopter), Christian Wiege (Helikopter), Klaus Stuhl (Helikopter), Goggi Strauß (Zeitraffer), Sebastian Meien (High-Speed), Markus von Kleist (Boden, Kran), Thomas Schäfer (Boden), Johannes Imdahl (Boden), Christopher Rowe (Boden), Torbjörn Karvang (Boden), Nikolai Sevke (Boden), Nils Hinsch (Kran), Jarno Cordia (Wingsuit), Hannes Kraft (Basejump), Jürgen Mühling (Basejump), Stefan Ganse (Jet), Paul Klima (Adler), Martin Mörtl (Unterwasser) **M** Boris Salchow **S** Johannes Fritsche **L** 114 (25 B./sec.) **FSK** o.A.; f **E** 7.6.2012
       fd 41 111

Devil Inside – Keine Seele ist sicher
THE DEVIL INSIDE
20 Jahre, nachdem eine Italienerin drei Morde gestand, reist ihre Tochter nach Rom, um die genaueren Umstände der Tat herauszufinden. Besonders bewegt sie dabei die Frage, ob die alte Frau geisteskrank ist oder ob andere, dunklere Mächte dahinter stehen. Sie sucht den Kontakt zu zwei jungen Exorzisten, deren Handeln sie mit der Kamera dokumentiert. Trivialer Horrorfilm auf den Spuren der PARANORMAL ACTIVITY-Reihe, der auf perfide Schockmomente setzt, ohne irgendeine Energie für eine stimmige Dramaturgie aufzuwenden.
USA 2011 **P** Insurge **KI** Paramount **DVD** Paramount (16:9, 1.78:1, DD5.1 engl./dt.) **BD** Paramount (16:9, 1.78:1, dts-HDMA engl., DD5.1 dt.) **Pd** Morris Paulson, Matthew Peterman **R** William Brent Bell **B** William Brent Bell, Matthew Peterman **K** Gonzalo Amat **M** Brett Detar, Ben Romans **S** William Brent Bell, Tim Mirkovich **D** Fernanda Andrade (Isabella Rossi), Simon Quarterman (Father Ben Rawlings), Evan Helmuth (Father David Keane), Ionut Grama (Michael Schaefer), Suzan Crowley (Maria Rossi), Bonnie Morgan (Rosa), Brian Johnson (Lieutenant Dreyfus) **L** 83 **FSK** ab 16; f **E** 1.3.2012 / 5.7.2012 DVD & BD
       fd 40 941

Diamanten-Party
siehe: **Diamantenparty**

Diamantenparty
Anlässlich der Rennwoche in Baden-Baden versammeln sich die Reichen und Schönen in der Stadt. Ein Gentleman-Gauner nutzt die Gunst der Stunde und sichert sich die Hilfe zweier ehemaliger Mithäftlinge, um während der Party eines vermögenden Konsuls einen genialen Raubzug zu starten. Leicht-charmante (Fernseh-) Kriminalkomödie mit spielfreudiger Besetzung. – Ab 12.
BR Deutschland 1973 **P** Südwestfunk **DVD** Pidax (FF, Mono dt.) **Pd** Hans Hirschmann **R** Joachim Hess **B** Detlef Müller **K** Helmut Stoll **M** Werner Drexler **S** Katrin Reuter (= Kathrin Reuter) **D** Barbara Rütting (Franziska Masur), John van Dreelen (Direktor Konni Masur), Fritz Muliar (Boris Popesko), Heidelinde Weis (Babette), Wolfgang Preiss (Konsul Eduard van Düren), Maria Sebaldt (Anita), Ralf Wolter (Georg), Joachim Hackethal (Erich), Sigrid von Richthofen (Gräfin Schlier), Michael Cramer (Ted) **L** 87 **FSK** ab 6 **E** 11.6.1973 ARD / 3.2.2012 DVD   **fd** –

Dichter und Kämpfer. Das Leben als Poetryslammer in Deutschland
Dokumentarfilm über die Kunstform des «Poetry Slam», bei der die Künstler Selbstgedichtetes in Wettbewerben mit anderen «Slammern» auf einer Bühne zum Besten geben. Der Film stellt mehrere sehr unterschiedliche Protagonisten der deutschen Szene vor. Ohne überzeugende dramaturgische Aufarbeitung liefert er episodische Einblicke in die Arbeit des «Slammer», wobei ihre Texte immer nur in Ausschnitten präsentiert werden. So unterbleibt sowohl eine echte Auseinandersetzung mit den Werken der Protagonisten als auch der Versuch einer Einordnung der Kunstform Poetry Slam zwischen literarischen Wurzeln und zeitgenössischer Kleinkunst. – Ab 16.
Deutschland 2012 **P** KUNSTSTOFF die Filmemacher **KI** MFA+ **Pd** Marion Hütter, Sebastian Metzger, Hannes Staudt, Marina Müller **R+B** Marion Hütter **K** Hannes Staudt **M** Emanuel Grammenos **S** Sebastian Metzger **L** 93 (24 B./sec.) / 89 (25 B./sec.) **FSK** o.A.; f **E** 6.9.2012   **fd** 41 233

Dicke Mädchen   ★
Ein Mittvierziger lebt zusammen mit seiner alten Mutter in einer Berliner Wohnung; wenn er arbeitet, betreut ein Pfleger die demente Dame. Für diesen hat der Sohn eine Schwäche, doch es bedarf erst einiger Turbulenzen, bevor sich die beiden näher kommen. Charmant-skurriler Low-Budget-Liebesfilm, der seine drei sympathisch-seltsamen Protagonisten als warmherziges, humorvolles «Home Movie» durch Höhen und Tiefen begleitet und ihre zwischenmenschliche Zuneigung und Fürsorge feiert. – Ab 16.
Deutschland 2011 **P** Sehr gute Filme **KI** missing films **DVD** missingFilms (FF, DD2.0 dt.) **Pd** Heiko Pinkowski, Dennis Pauls, Axel Ranisch, Anne Baeker **R+B** Axel Ranisch **K** Axel Ranisch **S** Guernica Zimgabel, Milenka Nawka **D** Ruth Bickelhaupt (Edeltraut Ritter), Heiko Pinkowski (Sven Ritter), Peter Trabner (Daniel Marquardt), Paul Pinkowski **L** 79 (24 B./sec.) / 76 (25 B./sec.) **FSK** ab 12; f **E** 15.11.2012 / 30.11.2012 DVD   **fd** 41 379

Dies ist kein Film
siehe: **This Is Not a Film**

Der Diktator
THE DICTATOR
Während eines Besuchs in New York verüben Widersacher aus dem eigenen Hofstaat ein Attentat auf den Diktator eines fiktiven nordafrikanischen Staats. Zwar überlebt dieser, strandet aber verloren in den Straßen der ihm fremden und unvertrauten Großstadt. Eine Bioladenbesitzerin und ein Nuklearwissenschaftler aus seiner Heimat helfen ihm. Eine nur bedingt komische Sketch-Parade mit reichlich derbem Biss. Statt eine Kunstfigur auf reale Menschen loszulassen, veranstaltet der Filmemacher eine rein fiktive Farce, der nur gelegentlich einige satirische Spitzen gelingen. – Ab 16.
DVD/BD: Die Extras der DVD enthalten u. a. ein Feature mit sechs im Film so nicht verwendeten Szenen (12 Min.).
Die Extras der BD umfassen ein gegenüber der DVD verlängertes Feature mit im Film nicht verwendeten Szenen (34 Min.).
Scope. USA 2012 **P** Four by Two Films / Kanzaman S.A. / KanZaman Services **KI** Paramount **DVD** Paramount (16:9, 2.35:1, DD5.1 engl./

dt.) **BD** Paramount (16:9, 2.35:1, dts-HDMA engl, DD5.1 dt.) **Pd** Sacha Baron Cohen, Alec Berg, David Mandel, Scott Rudin, Jeff Schaffer, Todd Schulman **R** Larry Charles **B** Sacha Baron Cohen, Alec Berg, David Mandel, Jeff Schaffer **K** Lawrence Sher **M** Erran Baron Cohen **S** Greg Hayden, Eric Kissack **D** John C. Reilly, Sacha Baron Cohen (General Aladeen/Efawadh), Anna Faris (Zoey), Sayed Badreya (Omar), Ben Kingsley (Tamir), Megan Fox (Megan Fox), Kevin Corrigan (Kevin Corrigan), Michele Berg (Aladeens Mutter) **L** 84 (24 B./sec.) / 81 (25 B./sec.) **FSK** ab 12; f **E** 17.5.2012 / 20.9.2012 DVD & BD **fd** 41 093

Das Ding am Deich – Vom Widerstand gegen ein Atomkraftwerk ★

Dokumentarfilm über das Leben in Brokdorf an der Unterelbe, wo 1986 trotz heftiger Proteste ein Atomkraftwerk ans Netz ging. Im Gespräch mit unterschiedlichen Personen wird das gegenwärtige Verhältnis zum Kraftwerk ebenso beleuchtet wie die Protestbewegung der 1980er-Jahre. Der Fokus liegt allerdings auf der Gegenwart, in der das Kraftwerk nach wie vor für Konflikte sorgt. Ohne Kommentar und Musik, dafür mit stimmungsvollen Stillleben einer trügerischen Idylle versetzt, gelingt ein eindrucksvolles Porträt des Dorfs. Ein bemerkenswerter Beitrag zur deutschen Nachkriegsgeschichte. – Ab 14. Deutschland 2012 **P** thede Filmproduktion **KI** die thede **Pd** Christian Bau, Alexandra Gramatke, Maria Hemmleb, Antje Hubert, Jens Huckeriede, Barbara Metzlaff **R+B** Antje Hubert **K** Barbara Metzlaff **M** Tivadar Nemesi **S** Magdolna Rokob **L** 99 (24 B./sec.) / 96 (25 B./sec.) **FSK** ab 6; f **E** 23.8.2012 **fd** 41 214

Dinner for One – Eine mörderische Party
THE PERFECT HOST

Nie und nimmer hätte ein Kleinkrimineller auf der Flucht damit gerechnet, dass sich ein alleinstehender Herr mit distinguierter Lebensauffassung als exzentrischer Psychopath mit gleichgesinnter Bekanntschaft entpuppt. So wandelt sich die angedachte «feindliche Übernahme» des lukrativen Anwesens für den Gangster ins folgenschwere Gegenteil. Eine durchaus

originelle Krimikomödie mit politisch inkorrekten Gags, die mit David Hyde Pierce (einst tragende Säule der TV-Comedy FRASIER) klug gegen alle Erwartungen besetzt wurde. – Ab 16. USA 2010 **P** Stacey Testro International / Mark Victor Prod. / Perfect Host **DVD** WVG (16:9, 1.78:1, DD5.1 engl./dt.) **BD** WVG (16:9, 1.78:1, dts-HD engl./dt.) **Pd** Stacey Testro, Mark Victor **B** Nick Tomnay, Krishna Jones **K** John Brawley **M** John Swihart **S** Nick Tomnay **D** Nick Tomnay, David Hyde Price (Warwick Wilson), Clayne Crawford (John Taylor), Tyrees Allen (Roman), Cooper Barnes (Rupert), Megahn Perry (Simone De Marchi), Annie Campbell (Chelsea), Helen Reddy (Cathy Knight), Indira G. Wilson (Monica) **L** 93 **FSK** ab 16 **E** 16.11.2012 DVD & BD **fd** –

Disney Meine Schwester Charlie unterwegs – Der Film
DISNEY GOOD LUCK CHARLIE, IT'S CHRISTMAS!

Eine sechsköpfige Familie will Weihnachten bei den Großeltern in Florida verbringen, doch durch unglückliche Umstände verpassen Mutter und Tochter das Flugzeug. Während der Rest der Familie wohlbehalten in Palm Springs ankommt, beginnt für die beiden eine Odyssee, die das gemeinsame Weihnachtsfest bedroht. Anspruchslos-turbulente Familienunterhaltung mit Wohlfühlbotschaft. – Ab 8. USA 2011 **P** Disney Channel / Salty Pic. **KI** offen **R** Arlene Sanford **B** Geoff Rodkey **Vo** Phil Baker (Charaktere), Drew Vaupen (Charaktere) **K** Kenneth Zunder **D** Bridgit Mendler (Teddy), Leigh Allyn Baker (Amy), Bradley Steven Perry (Gabe), Mia Talerico (Charlie), Eric Allan Kramer (Bob), Jason Dolley (PJ), Debra Monk (Petunia), Michael Kagan (Hank) **L** 95 **E** 21.12.2012 Super RTL **fd** –

Disneys Kim Possible: Das Hephaestus-Projekt
KIM POSSIBLE: SO THE DRAMA / DISNEY'S KIM POSSIBLE: SO THE DRAMA

Im Vorfeld eines Schulballs muss sich die jugendliche Superheldin Kim mit einem Schurken auseinandersetzen, der durch die Entführung eines Spielzeugfabrikanten die Weltherrschaft an sich reißen will. Nach etlichen Fehlschlägen sind die Bemühungen von

Erfolg gekrönt, und die junge Heldin weiß nun auch, wer ihr Ballprinz sein wird. Routiniertes Zeichentrickabenteuer als abendfüllender Film aus einer für Disney eher untypischen Jugend-Fernsehserie. – Ab 12. USA 2005 **P** Disney Channel **KI** offen **Pd+R** Steve Loter **B** Mark McCorkle, Robert Schooley **M** Adam Berry **S** Joseph Molinari **L** 70 **E** 2.6.2012 Super RTL **fd** –

Der Doc und die Hexe – Katastrophenalarm

Fortsetzung der glänzend besetzten Reihe über einen Chirurgen und eine Internistin im privaten wie beruflichen Dauerclinch. Lebensbedrohliche Symptome bei mehreren Patienten sorgen für Untergangsstimmung in der Klinik. Ehe das Virus erkannt und seine Herkunft bestimmt ist, erleidet die Ärztin einen Zusammenbruch. Ein nach den eher bissig-komödiantischen Vorgängern vergleichsweise dramatischer (Fernseh-)Film. – Ab 14. DVD/BD: Erschienen in der DVD-Box: DER DOC UND DIE HEXE – Folge 1–4. Deutschland 2011 **P** sperl + schott (für ZDF) **DVD** Studio Hamburg (16:9, 1.78:1, DD2.0 dt.) **Pd** Gabriela Sperl, Uwe Schott **R** Vivian Naefe **B** Gerlinde Wolf, Harry Göckeritz **K** Peter Döttling **M** Sebastian Pille **S** Georg Söring **D** Christiane Paul (Dr. Sophie Schöner), Dominic Raacke (Dr. Hans Wunderlich), Wotan Wilke Möhring (Dr. Georg Burger), Katharina Eyssen (Dr. Franzi Silva), Gaby Dohm (Margot Schöner), Elena Uhlig (Dr. Beate Schneller), Peter Lerchbaumer (Prof. Jan Fritz) **L** 90 **FSK** ab 12 **E** 20.9.2012 ZDF/21.9.2012 DVD **fd** –

Der Doc und die Hexe – Nebenwirkungen

Berufliche und private Verwicklungen einer Internistin mit Schwerpunkt Traditionelle Chinesische Medizin und einem rein schulmedizinsch orientierten Chirurgen. Während der Mann mit seiner Praxis großen Erfolg hat, tut sich die Internistin anfangs schwer. Als beide in die Klinik zurückbeordert werden, an der sie früher arbeiteten, und der Chirurg als neuer Chefarzt gehandelt wird, spitzen sich die Rivalitäten zu. Sympathische, ganz auf die Hauptdarsteller und ihre verbalen Scharmützel zugeschnittene (Fernsehserien-)Unterhaltung. – Ab 14.

DVD/BD: Erschienen in der DVD-Box: DER DOC UND DIE HEXE – Folge 1–4. Deutschland 2011 **P** sperl + schott film (für ZDF) **DVD** Studio Hamburg (16:9, 1.78:1, DD2.0 dt.) **Pd** Gabriela Sperl, Uwe Schott **R** Vivian Naefe **B** Gerlinde Wolf, Harry Göckeritz **K** Peter Döttling **M** Sebastian Pille **S** Georg Söring **D** Christiane Paul (Dr. Sophie Schöner), Dominic Raacke (Dr. Hans Wunderlich), Wotan Wilke Möhring (Dr. Georg Burger), Gaby Dohm (Margot Schöner), Elena Uhlig (Dr. Beate Schneller), Katharina Eyssen (Dr. Franzi Silva), Susu Padotzke (Dr. Veronika Ramisch), Peter Lerchbaumer (Prof. Jan Fritz), Gundi Ellert (Hanni Haberer), Rolf Sarkis (Robert Jansen) **L** 93 **FSK** ab 12 **E** 17.9.2012 ZDF / 21.9.2012 DVD **fd** –

Doc West 2 – Nobody schlägt zurück
TRIGGERMAN
Die spektakuläre Pokerpartie, an der Doc West teilnehmen will, droht, durch zahlreiche Ereignisse torpediert zu werden. Komödiantischer Prügelwestern im ZWEI FÄUSTE-Stil der 1970er-Jahre, der flotte Sprüche und etliche Reminiszenzen an alte Zeiten aufbietet. Das getragene Tempo ist wohl auch dem vorgeschrittenen Alter des immer noch jugendlich erscheinenden Hauptdarstellers geschuldet. (Vgl. DOC WEST – NOBODY IST ZURÜCK) – Ab 14.
DVD/BD: Erhältlich auch als Double-Feature zusammen mit Teil 1: DOC WEST – NOBODY IST ZURÜCK.
Italien 2010 **P** DAP Italy **DVD** Sunfilm (16:9, 1.85:1, DD5.1 engl./dt., dts dt.) **BD** Sunfilm (16:9, 1.85:1, dts-HD-MA7.1 engl./dt.) **Pd** Luca Ceccarelli, Anselmo Parrinello **R** Giulio Base, Terence Hill (= Mario Girotti) **B** Luca Biglione, Marcello Olivieri **D** Terence Hill (= Mario Girotti) (Doc West), Christina July Kim (Xiu Shintai), Christopher Hagen (Cowboy), Paul Sorvino (Sheriff Baseheart), Ornella Muti (Debra «Tricky» Downing), Micah Alberti (Burt Baker), Linus Huffman (Jack Baker) **L** 93 **FSK** ab 12 **E** 5.1.2012 DVD & BD **fd** –

Das Doktoren-Bataillon – Kolonialmedizin in Zentralafrika
MEDICINS DE BROUSSE
Dokumentarfilm über das Wirken französischer Ärzte, die zur Versorgung der Kolonialarmee nach Zentralafrika kamen, ihre Arbeit aber auch in den Dienst der einheimischen Bevölkerung stellten. Im Mittelpunkt steht Eugène Jamot, dem es in den 1930er-Jahren gelang, die Schlafkrankheit in Kamerun zu besiegen. Der Film zeigt aber auch die Armut und das Elend der Einheimischen, die erbarmungslose Ausbeutung durch die Kolonialbehörden und die Unterwerfung der Frauen. – Ab 16.
Teils schwarz-weiß. Frankreich 2011 **P** Factory Prod. / ARTE France **KI** offen **R** François Caillat **B** François Caillat, Silvia Radelli **K** Jacques Besse **S** Martine Bouquin **L** 84 **E** 3.1.2012 arte **fd** –

Der Domino-Effekt – Chronik der Euro-Krise
(Fernseh-)Dokumentation über die anhaltende Wirtschaftskrise, die zu einer Krise der Europäischen Gemeinschaft werden könnte, weil der Euro die Mitgliedsländer in Nehmer- und Geberländer spaltet. Die Filmemacher besuchten 2011 über mehrere Monate die Sondergipfel in Brüssel, Washington und Berlin und sprachen mit Entscheidungsträgern, die nun als Krisenmanager agieren mussten. Ein genereller Stimmungsbericht, der am Rande auch darauf zu sprechen kommt, welche Fehler bei der Einführung des Euro gemacht wurden. – Ab 16.
Deutschland 2011 **P** ECO Media-TV **KI** offen **Pd** Stephan Lamby **R+B** Stephan Lamby, Michael Wech **L** 90 **E** 17.1.2012 arte **fd** –

Don't Be Afraid of the Dark
DON'T BE AFRAID OF THE DARK
Ein achtjähriges, von seiner Mutter verstoßenes Mädchen entdeckt in einem düsteren alten Haus, das sein Vater, ein Architekt, renovieren soll, einen verborgenen Keller, in dem sich einst eine Tragödie ereignete und der von kleinen Kreaturen aus der Tiefe bewohnt sein soll. Düsterer Horrorfilm, in dem die märchenhaften Elemente der Fabel zunehmend von schaurigen, mitunter heftigen, aber durchaus wirkungsvollen Schockeffekten verdrängt werden. – Ab 16.
USA/Australien/Mexiko 2010 **P** Miramax / FilmDistrict / Necropia / Gran Via / Tequila Gang **DVD** StudioCanal/Planet Media (16:9, 1.78:1, DD5.1 engl.) **BD** StudioCanal/Planet Media (16:9, 1.78:1, dts-HDMA engl.) **Pd** Mark Johnson, Guillermo Del Toro **R** Troy Nixey **B** Guillermo Del Toro, Matthew Robbins **Vo** Nigel McKeand (Drehbuch zu GATE OF DARKNESS) **K** Oliver Stapleton **M** Marco Beltrami, Buck Sanders **S** Jill Bilcock **D** Guy Pearce (Alex), Katie Holmes (Kim), Jack Thompson (Harris), Garry McDonald (Blackwood), Bailee Madison (Sally), Julia Blake (Mrs. Underhill), Alan Dale (Charles Jacoby), Edwina Ritchard (Hausmeisterin) **L** 95 **FSK** ab 16 **E** 3.4.2012 DVD & BD **fd** 41 190

Don – The King is Back
DON 2
Ein charismatischer, mit allen Wassern gewaschener indischer Superverbrecher will seinen Machteinfluss von Asien aus nach Europa ausdehnen. Nach einigen Turbulenzen geht er daran, einen raffinierten Coup in Berlin zu planen. Erschwert wird das Vorhaben nicht nur durch eine Interpol-Agentin, die dem Gauner auf den Fersen ist, sondern auch dadurch, dass nicht alle Verbündeten vertrauenswürdig sind. Schwungvoller Actionfilm mit mitreißend choreografierten Kampfszenen und einer rasanten, fintenreichen Handlung, dessen Erzähltonfall an den exaltierten Stil der frühen James-Bond-Filme erinnert. – Ab 12.
DVD/BD: Die Standardausgabe (DVD) enthält keine erwähnenswerten Extras. Die Extras der Special Edition (2 DVDs) und der BD enthalten u. a. ein ausführliches «Making of» (40 Min.).
Scope. Indien/Deutschland 2011 **P** Excel Ent. / Film Base Berlin **KI** Rapid Eye Movies **DVD** REM (16:9, 2.35:1, DD5.1 Hindi/dt.) **BD** REM (16:9, 2.35:1, dts-HD Hindi/dt.) **Pd** Farhan Akhtar, Ritesh Sidwani, Shahrukh Khan, Mathias Schwerbrock **R** Farhan Akhtar **B** Farhan Akhtar, Ameet Mehta, Ambrish Shah **K** Jason West **M** Shankar, Ehsaan, Loy **S** Anand Subaya **D** Shahrukh Khan (Don), Priyanka Chopra (Roma), Lara Dutta (Ayesha), Kunal Kapoor (Sameer), Boman Irani (Vardhaan), Om Puri (Malik), Sahil Shroff (Arjun), Nawab Shah (Jabbar), Aly Khan (J.K. Diwan), Florian Lukas (Jens Berkel), Florian Fitz (Moderator der Charity-Gala), Wolfgang Stegemann (Karl), Rike Schmid (Yana) **L** 150 **FSK** ab 12; f **E** 16.2.2012/1.8.2012 DVD **fd** 40 915

Donauspital
DONAUSPITAL
Dokumentarfilm über das Wiener «Donauspital», eines der größten Krankenhäuser Europas, in dem 3.000 Menschen arbeiten. Er konzentriert sich auf das Spannungsverhältnis zwischen hochtechnisierter Medizin, Alltagsgeschichten und menschlichen Grenzsituationen, wobei er sich zum Spiegel des gesellschaftlichen Umgangs mit Krankheit, Leben und Tod verdichtet. – Ab 16.
Österreich 2012 **P** NGF – Nikolaus Geyrhalter Filmprod. / ORF / ARTE **KI** offen **Pd** Markus Glaser, Michael Kitzberger, Wolfgang Widerhofer, Nikolaus Geyrhalter **R+B** Nikolaus Geyrhalter **K** Nikolaus Geyrhalter **S** Andrea Wagner **L** 75 **FSK** ab 12 **E** 25.3.2012 ORF 2 **fd** –

Donauspital – SMZ Ost
siehe: **Donauspital**

Donkey
DONKEY
Nach seiner Haftentlassung bandelt ein Mann mit der Tochter eines vorgeblich mächtigen Gangsters an. Als die junge Frau entführt wird, muss er feststellen, dass der Vater weder reich noch sonderlich mächtig ist, und die Kastanien allein aus dem Feuer holen. Rüder Low-Budget-Thriller von der Stange, der sich an einschlägigen Vorbildern orientiert; nicht mehr als konfektionierte Unterhaltung.
Scope. Kanada 2010 **P** Fluke Films / Parktown / Flook Films & Parktown **DVD** dtp/Great Movies (16:9, 2.35:1, DD5.1 engl./dt.) **BD** dtp/Great Movies (16:9, 2.35:1, dts-HD engl./dt.) **Pd** Adrian Langley, Matthew Stefiuk, Richard Towns **R+B** Adrian Langley **K** Adrian Langley **M** Howard Sonnenburg **S** Adrian Langley **D** Matthew Stefiuk (Don), Cassandra Petrella (Bella Riccoli), Greg Hiscock (Detective Jack Russell), Sean Tucker (Agent Toback), Wayne Wilson (Agent Leadman), Allison Brennan (Stevie), Valerie Casault (Alexia), Adam Beach (Slade) **L** 85 **FSK** ab 18 **E** 14.2.2012 DVD & BD **fd** –

Donna Leon – Schöner Schein
Bei einem Abendessen lernt Commissario Brunetti eine Frau kennen, deren Charme er zu erliegen droht. Doch dann muss er gegen ihren Mann ermitteln, einen dubiosen Geschäftsmann, dessen Partner ermordet wurde. Er kommt der illegalen Entsorgung von Giftmüll auf die Spur, wird zum Spielball verbrecherischer Interessen und gerät in den Verdacht der Bestechlichkeit. Gediegen-behäbiger (Fernsehserien-)Krimi als 18. Film nach einer Vorlage der amerikanischen Bestseller-Autorin Donna Leon, angesiedelt vor prächtiger Kulisse. – Ab 14.
Deutschland 2011 **P** teamWorx (für ARD Degeto) **KI** offen **Pd** Benjamin Benedict, Nico Hofmann **R** Sigi Rothemund **B** Holger Joos **Vo** Donna Leon (Roman) **K** Dragan Rogulj **M** Stefan Schulzki, André Rieu **S** Regina Bärtschi **D** Uwe Kockisch (Guido Brunetti), Julia Jäger (Paola Brunetti), Michael Degen (Vice-Questore Patta), Karl Fischer (Sergente Vanello), Annett Renneberg (Signarina Elettra), Peter Fitz (Conte Faller), Esther Schweins (Franca Cataldo), Michael Mendl (Mauritio Cataldo) **L** 88 **E** 14.4.2012 ARD/ORF 2 **fd** –

Doomsday Book
INRYU MYEONGMANG BOGOSEO
Ein Junge von nebenan entdeckt seine Superkräfte, die urplötzlich über ihn kamen; ein Roboter entwickelt religiöse Gefühle; ein Schüler verändert auf ungeahnte Weise den Lauf der Welt. Das Episoden-Triptychon thematisiert und variiert auf recht originelle Weise das mögliche Ende der Welt. Mal comicartig, mal philosophisch, nicht immer auf gleich hohem Niveau, doch stets sorgfältig inszeniert und mit Gefühl für optisches Wohlgefallen.
Scope. Südkorea 2012 **P** Gio Entertainment **DVD** Splendid (16:9, 2.35:1, DD5.1 korea./dt.) **BD** Splendid (16:9, 2.35:1, dts-HDMA korea./dt.) **Pd** Kim Jung-hwa **R+B** Kim Jee-woon, Yim Pil-sung **K** Ha Sung-min, Kim Ji-Yong **M** Mowg **D** Ryu Seung-beom (Yoon Seok-woo) (1.), Ko Joon-hee (Kim Yoo-min) (1.), Kim Gyoo-ri (Nonne) (2.), Kim Kang-woo (Maschinenbauer Park Min-seo) (2.), Jin Ji-hee (Park Min-seo) (3.), Lee Seung-jun (Vater) (3.) **L** 114 **FSK** ab 12 **E** 28.9.2012 DVD & BD **fd** –

Doppelgängerin
Eine bodenständige Handwerkerin wird wegen ihrer frappierenden äußeren Ähnlichkeit mit einer Bauunternehmerin verwechselt, die gerade den Abriss eines gewachsenen Münchner Altstadtviertels betreibt. Die Handwerkerin nutzt die Gunst der Stunde, sagt das Projekt vor laufender Kamera ab und zieht sich den Zorn der «echten» Investorin zu. Deren Mann findet indes Gefallen an der resoluten «Kopie» seiner Frau und verliebt sich in sie. Harmlose (Fernseh-)Verwechslungskomödie nach gewohnten Mustern. – Ab 12.
Deutschland 2011 **P** sperl prod. (für ARD/Degeto) **KI** offen **Pd** Gabriela Sperl **R+B** Nikolai Müllerschön **K** Klaus Merkel **M** Dirk Reichardt, Benito Battiston **S** Connie Strecker (= Cornelie Strecker) **D** Jutta Speidel (Emma / Hedwig), Heiner Lauterbach (Wolter), Michael Fitz (Kurt), Michael von Au (Nessel), Katharina Müller-Elmau (Gudrun), Katja Amberger (Netti), Thomas Limpinsel (Dr. Kerner), Tom Radisch (Kurz), Axel Meinhardt (Bürgermeister), Sina Ebell (Silke), Hank Huhn (Chauffeur Fritz), Johannes Krusche (Detektiv Lohmann) **L** 89 **E** 16.3.2012 ARD **fd** –

Doppelleben
Das dokumentarische Porträt einer Frau, die als Doppelgängerin von Bundeskanzlerin Angela Merkel auftritt. Darin erzählt sie von ihrer Haltung zu ihrer «Rolle», die ihr Leben positiv verändert hat. Ergänzend kommen auch «Body Doubles» zu Wort. Der Film besitzt realsatirische Züge, macht aber aus seinem Sujet dennoch kein Kuriositätenkabinett und nimmt seine Protagonisten stets ernst. Damit gelingen interessante Beobachtungen – auch wenn die Ausweitung auf Nebenprotagonisten eher wie eine notdürftige Dehnung des Sujets wirkt denn als eine sinnvolle Erweiterung. – Ab 14.
Deutschland 2011 **P** Douglas Wolfsperger Filmprod. / NDR **KI** Camino **Pd+R+B** Douglas Wolfsperger **K** René Dame, Frank Marten Pfeiffer (= Frank Pfeiffer) **M** Mathias Dietrich, Wolfgang Lenk **S** Bernd Euscher **L** 80 **FSK – E** 30.8.2012 **fd** 41 217

Dora Heldt: Bei Hitze ist es wenigstens nicht kalt
Eine Frau erfährt von der geplanten Überraschungsparty zu ihrem 50. Geburtstag, ergreift die Flucht und reist mit ihren beiden besten Freundinnen

in ein Wellness-Hotel an der Ostsee. Sie will für alle einen «Lifecoach» in Anspruch nehmen, was bei den anderen auf wenig Gegenliebe stößt. Statt Wellness stehen Streit und Chaos auf dem Programm, wobei auch verborgene Konflikte und Lebenslügen auf den Tisch kommen. Anspruchslos unterhaltende (Fernsehserien-)Komödie nach einem Roman von Dora Heldt. – Ab 12.
Deutschland 2011 **P** M.I.M. Made in Munich movies **DVD** Universum (16:9, 1.78:1, DD2.0 dt.) **Pd** Mark von Seydlitz, Markus Brandmair **R** Mark von Seydlitz **B** Regine Bielefeldt **Vo** Dora Heldt (Roman) **K** Christoph Cico Nicolaisen **S** Betina Vogelsang **D** Christine Neubauer (Doris Goldstein-Wagner), Birge Schade (Anke Kerner), Gesine Cukrowski (Katja Severin), Markus Knüfken (Georg Schmidt), Eckhard Preuß (Torsten Wagner), Dominik von Seydlitz (Moritz Wagner), Monika John (Tante Ida), Julia Stinshoff (Christine Schmidt) **L** 89 **FSK** o.A. **E** 7.8.2012 ORF 2 / 23.11.2012 DVD
fd –

Dora Heldt: Kein Wort zu Papa

Zwei Schwestern, die ohnehin in den Urlaub wollen, erreicht der Hilferuf einer Freundin, die eine Vertretung für die Leitung ihrer Pension auf Norderney sucht. Zu allem Überfluss macht sich auch der Vater der beiden samt Ehemann auf den Weg, der nach einer (falschen) Diagnose glaubt, nur noch kurze Zeit zu leben zu haben. Turbulente (Fernsehserien-)Komödie voller Klischees. – Ab 12.
Deutschland 2011 **P** M.I.M. Made in Munich movies **DVD** ZDF Video (16:9, 1.78:1, DD2.0 dt.) **Pd** Mark von Seydlitz, Markus Brandmair **R** Mark von Seydlitz **B** Stefani Straka **Vo** Dora Heldt (Roman *Kein Wort zu Papa*) **K** Christoph Cico Nicolaisen **M** Konstantin Wecker **S** Jens Mueller **D** Susanne Gärtner (Christine), Anne-Sophie Briest (Ines), Lambert Hamel (Heinz), Angelika Thomas (Charlotte), Christoph Grunert (Tom), Philipp Sonntag (Kalli) **L** 89 **FSK** o.A. **E** 22.1.2012 ZDF / 27.1.2012 DVD
fd –

Double Take

DOUBLE TAKE
Eine Komposition aus inszeniertem und dokumentarischem Material, die Alfred Hitchcocks Vorliebe für Verwirrspiele, Identitäten und Doppelgänger aufgreift und dieses Material selbst zu einem faszinierenden Verwirrspiel vereint. Eine ebenso kluge wie unterhaltsame Achterbahnfahrt durch die (Film-)Geschichte, die selbst als überraschendes Verwirrspiel angelegt ist. – Ab 16.
Teils schwarz-weiß. Belgien/Deutschland/Niederlande 2009 **P** Zap-O-Matik / Nikovantastic Film / Volya Films **Kl** offen **Pd** Emmy Oost, Nicole Gerhards, Hanneke van der Tas, Denis Vaslin **R+B** Johan Grimonprez **K** Martin Testar **M** Christian Halten **S** Dieter Diependaele, Tyler Hubby **L** 79 **E** 15.10.2012 arte
fd –

Downton Abbey

DOWNTON ABBEY
England 1912: Das Leben einer Adelsfamilie wird erschüttert, als der Familienerbe mit der «Titanic» untergeht und die Erb- und Adelsfolge auf dem Spiel steht. Auch unter der Dienerschaft kommt es zu Verstimmungen, als ein neuer Kammerdiener mit geheimnisvoller Vergangenheit auftaucht und die Rangordnung aus den Fugen gerät. Hervorragend besetztes und ausgestattetes Gesellschaftsbild des britischen Standeslebens am Vorabend des Ersten Weltkriegs, bei dem das Leben der Herrschaft und der Dienerschaft miteinander kontrastiert und aus verschiedenen Perspektiven erzählt wird. – Ab 14.
DVD/BD: Die erste Staffel (2010) besteht regulär aus sieben Episoden (von der FSK «o.A.» freigegeben; Folge 3 & 6 «ab 6»») und ist in der Schweiz als Vierteiler à 90 Minuten im Fernsehen ausgestrahlt worden. Die zweite Staffel (2011) besteht aus acht Episoden. FSK = Episode 7: «o.A.»; Episode 2,3 & 6: «ab 6»»; Episode 1, 4, 5, & 8: «ab 12».
Großbritannien 2010/2011 **P** ITV / Carnival films / WGBH **DVD** Universal (16:9, 1.78:1, DD2.0 engl./dt.) **Pd** Liz Trubridge, Nigel Marchant **R** Brian Percival, Ben Bolt, Brian Kelly **B** Julian Fellowes **K** Gavin Struthers **S** John Wilson, Alex Mackie, Nick McPhee **D** Hugh Bonneville (Robert Crawley), Jim Carter (Mr. Carson), Maggie Smith (Violet Crawley), Michelle Dockery (Mary Crawley), Dan Stevens (Matthew Crawley), Brendan Coyle (John Bates), Elizabeth McGovern (Cora Crawley) **L** 360 (nur CH: 4 x 90) **FSK** siehe unter DVD Eintrag **E** 13.10.2011 DVD (1. Staffel) / 6., 13., 20., 27.7.2012 SF 1/DRS (vier Teile = 1. Staffel) / 6.9.2012 DVD (2. Staffel)
fd –

Dr. Dolittle 4

DR. DOLITTLE – TAIL TO THE CHIEF
Als der Hund des US-Präsidenten verrückt spielt, soll Dr. Dolittle helfen. Der aber ist außer Landes, sodass seine Tochter einspringt, die ebenfalls die Gabe besitzt, mit Tieren zu sprechen. Sie zieht mit ihrem eigenen Hund ins Weiße Haus, sorgt für einigen Wirbel, kann aber den Präsidenten-Hund beruhigen. Im Gegenzug verspricht sein Herrchen, den Regenwald zu retten. Trivialer Unterhaltungsfilm mit tier- und umweltfreundlicher Botschaft. Die junge Hauptdarstellerin war auch in den drei Vorgängerfilmen dabei und löst nun den Film-Vater Eddie Murphy ab. – Ab 12.
USA/Kanada 2008 **P** DD4C / Davis Entertainment **DVD** Fox (16:9, 1.78:1, DD5.1 engl./dt.) **Pd** John Davis, Connie Dolphin (= Connie Dolph) **R** Craig Shapiro **B** Matt Lieberman, Kathleen Laccinole **K** Ron Stannett **M** Don MacDonald **S** Michael Trent **D** Kyla Pratt (Maya Dollittle), Peter Coyote (Präsident Sterling), Malcolm Stewart (Chief Dorian), Niall Matter (Cole Fletcher), Elise Gatien (Courtney Sterling), Karen Holness (Lisa Dolitte, Mayas Mutter), Christine Chatelain (Selma) **L** 79 **FSK** o.A. **E** 27.3.2009 DVD / 5.2.2012 RTL 2
fd –

Dr. Dolittle 5

DR. DOLITTLE: MILLION DOLLAR MUTTS
Die Tochter von Dr. Dolittle, von dem sie die Gabe geerbt hat, mit Tieren reden zu können, reist mit ihrem Hund nach San Francisco, um Tierärztin zu werden. Dort bekommt sie eine eigene Talkshow und damit eine Rolle, in der sie zunehmend unglücklicher wird. Der treue Hund und seine tierischen Freunde sorgen für Abhilfe und heitern die junge Frau auf. Mäßige Familienunterhaltung als fünfter Teil der Reihe, die 1998 im Kino begann. Der damalige Hauptdarsteller Eddie Murphy hat das Feld längst geräumt und die Hauptrolle seiner Filmtochter überlassen. – Ab 12.
USA/Kanada 2009 **P** Twentieth Century Fox / Davis Entertainment / Dolittle 5 PrEnt. **DVD** Fox (16:9, 1.78:1, DD5.1 engl./dt.) **Pd** John Davis, Brian

Manis, Connie Dolphin (= Connie Dolph) **R** Alex Zamm **B** Daniel Altiere, Steven Altiere **K** Albert J. Dunk **M** Chris Hajian **S** Marshall Harvey **D** Kyla Pratt (Maya Dolittle), Tegan Moss (Tiffany Monaco), Brandon Jay McLaren (Brandon Turner), Jason Bryden (Rick Beverly), Karen Holness (Lisa Dolittle), Sebastian Spence (Chad Cassidy), Doron Bell (Ridieuluz), Val Cole (Reporter) **L** 83 **FSK** o.A. **E** 6.8.2010 DVD / 9.7.2012 Super RTL **fd** –

Dr. Dolittle: Million Dollar Mutts
siehe: **Dr. Dolittle 5**

Dragon Age – Dawn of the Seeker
DRAGON AGE: DAWN OF THE SEEKER
In einer Zeit, in der Ritter zwischen Zauberern und Drachen um ihr Überleben kämpfen, deckt eine furchtlose Kämpferin eine Verschwörung auf und zieht gegen die Anschuldigungen eines windigen Feindes zu Felde. Auf abendfüllende Länge getrimmte Anime-Variation der «Dragon Age»-Computerspiele, die weder ansprechend animiert noch abwechslungsreich erdacht wurde. Ein höchst mäßiges Fantasy-Abenteuer. – Ab 16. Scope. USA/Japan 2012 **P** Bioware / EA Games / FUNimation Entertainment / Oxybot / T.O. Entertainment / Toneplus Animation Studios **DVD** WVG (16:9, 2.35:1, DD5.1 jap./dt.) **BD** WVG (16:9, 2.35:1, dts-HD jap./dt.) **Pd** April Bennett, Justin Cook, Makoto Hirano, Carly Hunter, Tomohiko Iwase, Lindsey Newman, Fumihiko Sori, Adam Zehner, Richard Iwaniuk, Patrick O'Brien **R** Fumihiko Sori **B** Jeffrey Scott **M** Naoyuki Horiko, Reiji Kitazato, Shogo Ohnishi, Masafumi Okubo, Tetsuya Takahashi **S** Jeremy Jimenez, Daniel Mancilla **L** 88 **FSK** ab 16 **E** 13.12.2012 DVD & BD **fd** –

Dragon Chronicles – Die Jabberwocky-Saga
JABBERWOCK
England im Mittelalter: Als seine schöne Braut von einem Drachen entführt wird, macht sich ein Dorfschmied in Begleitung eines Ritters zur Befreiung bereit. Fantasy-Abenteuer mit durchaus freiwilliger Komik, das allenfalls Liebhaber solcher «Trash»-Kost unterhält. – Ab 16.
DVD/BD: Erhältlich als DVD, 2D BD und 2D/3D BD. Die FSK-Freigabe «ab 16» der DVD/BD bezieht sich auf das Bonusmaterial (Trailer etc.), der Film selbst hat eine Freigabe «ab 12».
3D. USA/Kanada 2011 **P** AWP/Bron Studios **DVD** NewKSM (16:9, 1.78:1, DD5.1 engl./dt.) **BD** NewKSM (16:9, 1.78:1, dts-HDMA engl./dt.) **Pd** Dana Dubovsky, Aaron L. Gilbert, Mark L. Lester **R** Steven R. Monroe **B** Raul Inglis, Rafael Jordan **K** Anton Bakarski (= Anton Rangelow Bakarski) **M** Corey A. Jackson **S** Daniel Duncan **D** Tahmoh Penikett (Francis), Michael Worth (Alec), Kacey Barnfield (Anabel), Raffaello Degruttola (Cid), Ian Virgo (Michael), Steven Waddington (John), Hristo Mitzkov (Stephen) **L** 84 **FSK** ab 12 **E** 9.3.2012 DVD & BD **fd** –

Dragon Crusaders
DRAGON CRUSADERS
Eine Gruppe Kreuzritter kommt den Bewohnern eines Dorfs zur Hilfe, das von Piraten überfallen wurde. Durch den Fluch einer Hexe kehren die Toten des Ortes als drachenähnliche Wasserspeier zurück. Solide inszenierter Fantasy-Film, der zwar fernab jeglicher Logik entwickelt wurde, aber durchaus unterhält. – Ab 16.
DVD/BD: Erhältlich als DVD, 2D BD und 2D/3D BD.
3D. USA 2011 **P** The Global Asylum **DVD** KSM (16:9, 1.78:1, DD5.1 engl./dt.) **BD** KSM (16:9, 1.78:1, dts-HD engl./dt.) **Pd** David Michael Latt, Paul Bales **R** Mark Atkins, Dylan Jones (John), Cecily Fay (Aerona), Feth Greenwood (Eldred) **B** Mark Atkins **K** Mark Atkins **M** Chris Ridenhour **S** Mark Atkins **D** Shinead Byrne (Neem), Tony Sams (Sigmund), Simon Lloyd-Roberts (Maldwyn), Charles Barrett (Harad), Christian Howard (Calvain) **L** 81 **FSK** ab 16 **E** 10.2.2012 DVD & BD **fd** –

Dragon Eyes
DRAGON EYES
Ein Underdog lernt im Gefängnis durch einen väterlichen Freund, das Gute im Menschen zu achten, aber auch zu kämpfen wie ein Ninja. Zurück in Freiheit, hilft ihm dies ungemein, bis ihn ein korrupter Polizei-Pate für seine zwielichtigen Zwecke kaufen will. Jean-Claude van Damme (als der Gute im Knast) und Paul Weller (als der Böse in Freiheit) füllen wenig überzeugend Altersrollen in einem fadenscheinigen, mit Klischees überfrachteten Actionfilm, der Kämpfer Cung Lee zum Prügel-Filmstar aufbauen will.
Scope. USA 2012 **P** After Dark Films / Signature Entertainment / Autonomous Films / Dark Castle Entertainment / Silver Pic. **DVD** Universal (16:9, 2.35:1, DD5.1 engl./dt.) **BD** Universal (16:9, 2.35:1, dts-HDMA engl./dt.) **Pd** Alan Amiel, Moshe Diamant, Steve Richards, Joel Silver, Courtney Solomon, Steven A. Frankel, Christopher Milburn, Bobby Ranghelov **B** Tim Tori **K** Stephen Schlueter **M** Michael Krassner **S** Andrew Bentler, Andrew Drazek, Jon Greenhalgh **D** John Hyams, Cung Le (Hong), Jean-Claude Van Damme (Tiano), Peter Weller (Mister V), Johnny Holmes (Big Jake), Sam Medina (Biggie), Gilbert Melendez (Trey), Adrian Hammond (Buyer), Crystal Mantecon (Rosanna) **L** 92 **FSK** ab 18 **E** 29.11.2012 DVD & BD **fd** –

Dream House
DREAM HOUSE
Ein Verleger gibt seinen Job auf, um mehr Zeit mit seiner Familie zu verbringen, wozu er in ein Haus in einer Kleinstadt gezogen ist. Doch das Idyll wird gestört, als eine dubiose Gestalt ums Haus streift. Nachforschungen ergeben, dass das neue Heim vor Jahren Schauplatz eines Verbrechens war. Der mit Mystery-Elementen versetzte Psychothriller bezieht seine Spannung aus den eindrücklich gespielten Figuren und lässt intensiv an ihrer sich steigernden Angst und Verunsicherung Anteil nehmen. – Ab 16.
Scope. USA 2011 **P** Cliffjack Motion Pic. / Morgan Creek Prod. **DVD** Universum (16:9, 2.35:1, DD5.1 engl./dt.) **BD** Universum (16:9, 2.35:1, dts-HD engl./dt.) **Pd** Daniel Bobker, Ehren Kruger, David C. Robinson, James G. Robinson **R** Jim Sheridan **B** David Loucka **K** Caleb Deschanel **M** John Debney **S** Glen Scantlebury, Barbara Tulliver **D** Daniel Craig (Will Atenton), Naomi Watts (Ann Petterson), Rachel Weisz (Libby), Elias Koteas (Boyce), Marton Csokas (Jack Patterson), Taylor Geare (Trish), Claire Geare (Dee Dee), Rachel G: Fox (Chloe Patterson) **L** 92 **FSK** ab 16 **E** 4.10.2012 DVD & BD **fd** 41 419

Dreamhouse
siehe: **Dream House**

Dredd – 3D
DREDD 3D

In einer dystopischen Zukunftsmetropole sorgen «Judges» als Personalunion von Jurisdiktion und Exekutive brachial für Ordnung. Einer von ihnen gerät mit einer jungen Kollegin in einen Hinterhalt und schießt sich in einem hermetisch abgeriegelten Wohnkomplex bis zur sinistren Auftraggeberin durch. Neuerliche Adaption einer umstrittenen Comic-Figur (JUDGE DREDD, verfilmt mit Sylvester Stallone), bei der die pausenlosen Gewaltorgien nicht ironisiert, sondern in Zeitlupe und 3D breit ausgewalzt werden. Logische Fehler und die Eintönigkeit der heftigen Gefechte münden in einen ermüdenden Leerlauf.
Scope. Großbritannien / USA / Indien 2012 **P** DNA Films / IM Global / Reliance Big Pic. **KI** Universum **Pd** Alex Garland, Andrew MacDonald, Allon Reich, Chris Kingsley, Jason Kingsley, Michael S. Murphey **R** Pete Travis **B** Alex Garland, John Wagner **K** Anthony Dod Mantle **M** Paul Leonard-Morgan **S** Mark Eckersley **D** Karl Urban (Judge Dredd), Olivia Thirlby (Cassandra Anderon), Lena Headey (Ma-Ma), Jason Cope (Zwirner), Warrick Grier (Caleb) **L** 96 **FSK** ab 18; f **E** 15.11.2012 **fd** 41 378

Drei Brüder à la carte ★
DREI BRÜDER À LA CARTE

Porträt eines traditionsreichen Schweizer Landgasthofs, dessen Betreiber großen Wert auf das Wohlbefinden seiner Gäste legt. Was nicht ganz einfach ist, denn er arbeitet mit seinen beiden Brüdern zusammen, die mit dem Down-Syndrom zur Welt gekommen sind. Der Film beschreibt ein familiäres Experiment, das viel Einfühlungsvermögen und große Opfer fordert, aber ein Musterbeispiel für die Integration Behinderter in normale Arbeitsprozesse ist. Negative Seiten eines solchen Arbeitsverhältnisses werden dabei nicht ausgespart, doch wirkt die Darstellung der spannungsvollen Beziehungen insgesamt etwas oberflächlich. – Ab 14.
Schweiz 2011 **P** Häselbarth Filmproduktion **KI** Häselbarth Eigenverleih (Schweiz) **Pd+R+B** Silvia Häselbarth **K** Peter Appius **M** Frigyes Pleszkan **S** Silvia Häselbarth, Nick Schneider **L** 73 **E** 26.4.2012 Schweiz **fd** –

Drei Leben: Axel Springer – Verleger – Feindbild – Privatmann

(Fernseh-)Dokumentarfilm über den Verleger Axel Springer (1912–1985), der in der Nachkriegszeit sowie den 1960er- und 1970er-Jahren zum einflussreichsten Medienmanager der Bundesrepublik Deutschland aufstieg. Der Film skizziert die berufliche Karriere, beschreibt Springers Rolle als «Feindbild» während der Studentenbewegung und stellt den Privatmann vor. Ebenso gewährt er Einblick in den Nachlass des Verlegers und zeichnet dabei ein eher intimes Bild Springers. – Ab 16.
Teils schwarz-weiß. Deutschland 2012 **P** broadview.tv Filmprod. (für arte/ZDF) **KI** offen **R** Manfred Oldenburg, Jobst Knigge, Sebastian Dehnhardt **L** 90 **E** 1.5.2012 arte **fd** –

3 / Tres ★
3

Ein Mädchen, seine Mutter und ein Mann in mittleren Jahren schlagen sich mit diversen Problemen ihres Alltags herum. Nichts scheint sie zu verbinden, doch waren sie früher einmal eine Familie. Der vereinsamte Mann macht sich daran, seinen Platz im Leben der Frau und des Mädchens zurückzuerobern. Eine stille, melancholische Familienkomödie aus Uruguay, die von ihrem stoisch-trockenen Humor und einer atmosphärischen Bildsprache lebt, die die Befindlichkeiten und Beziehungen der Figuren reflektiert. (O.m.d.U.) – Ab 14.
Uruguay/Argentinien/Deutschland/Chile 2012 **P** Control Z / Pandora Film / Rizoma Film / Kiné **KI** Real Fiction **Pd** Fernando Epstein, Agustina Chiarino, Christoph Friedel, Natacha Cervi, Hernán Musaluppi, Florencia Larrea **R** Pablo Stoll Ward (= Pablo Stoll) **B** Gonzalo Delgado Galiana, Pablo Stoll Ward (= Pablo Stoll) **K** Bárbara Álvarez **M** Reverb, Sebastián Del Muro Eiras **S** Fernando Epstein, Pablo Stoll Ward (= Pablo Stoll) **D** Humberto de Vargas (Rodolfo), Sara Bessio (Graciela), Anaclara Ferreyra Palfy (Ana), Néstor Guzzini (Dustin), Matías Ganz (Matías), Carolina Centurión (Mica) **L** 121 (24 B./sec.) / 117 (25 B./sec.) **FSK** o.A.; f **E** 29.11.2012 **fd** 41 413

3 und raus! ★
THREE AND OUT

Nach zwei tragischen U-Bahn-Unfällen mit Todesfolge könnte der leicht traumatisierte Zugführer mit einer fürstlichen Abfindung in Frührente gehen, so sich denn binnen eines Monats ein weiterer Selbstmörder vor seine Linie wirft. Eine verlockende Vorstellung, die aber, wenn man sie selbst forcieren möchte, gar nicht so leicht zu realisieren ist; zumal wenn man auf der Suche nach Lebensmüden einige neue Freunde gewinnt. Morbidschwarze, auf den Punkt präzise inszenierte dramatische Komödie in bester britischer Comedy-Tradition, die mit einem genüsslich spielenden Ensemble aufwartet. – Ab 16.
Großbritannien 2008 **P** RMPC **DVD** Schröder-Media (16:9, 1.78:1, DD5.1 engl./dt.) **BD** Schröder-Media (16:9, 1.78:1, DD5.1 engl./dt.) **Pd** Wayne Godfrey, Ian Harries **R** Jonathan Gershfield **B** Steve Lewis, Tony Owen **K** Richard Greatrex **M** Trevor Jones **S** Jon Gregory **D** Mackenzie Crook (Paul Callow), Colm Meaney (Tommy Cassidy), Sharon Duncan-Brewster (Yvonne), Imelda Staunton (Rosemary Cassidy), Antony Sher (Maurice), Gary Lewis (Callaghan), Annette Badland (Maureen), Frank Dunne (Danny Fitzpatrick) **L** 95 **FSK** ab 16 **E** 18.10.2012 DVD & BD **fd** –

3 Zimmer/Küche/Bad ☆

Mehrere junge Frauen und Männer, Freunde aus einer Berliner Studenten-Wohngemeinschaft, schlingern auf ihrer Suche nach passenden Lebens- und Liebesentwürfen durch unterschiedliche Turbulenzen. Eine optimistische, ausgesprochen unterhaltsame Cliquen-Komödie mit vorzüglichen Darstellerinnen und Darstellern, flüssigem Erzählrhythmus und klar konturierten Charakteren. Mit einer guten Portion Selbstironie, aber auch spürbarem Mitgefühl für die Schwächen der Figuren vermitteln sich atmosphärisch intensiv Lebensgefühl und Orientierungsbewegungen junger Menschen. – Sehenswert ab 14.
Scope. Deutschland 2012 **P** teamWorX/ARTE/BR/HR **KI** Zorro **Pd** Jochen Laube **R** Dietrich Brüggemann **B** Dietrich Brüggemann, Anna Brüggemann **K** Alexander Sass **S** Vincent Assmann **D** Jacob Matschenz (Philipp), Katharina Spiering (Wiebke), Anna

Brüggemann (Dina), Alexander Khuon (Michael), Robert Gwisdek (Thomas), Alice Dwyer (Jessica), Aylin Tezel (Maria), Amelie Kiefer (Swantje), Daniel Nocke (Nachbar), Corinna Harfouch (Mutter von Philipp, Wiebke, Swantje), Hans-Heinrich Hardt (Vater von Philipp, Wiebke, Swantje), Herbert Knaup (Dinas Vater), Leslie Malton (Dinas Mutter) **L** 115 (24 B./sec.) / 111 (25 B./sec.) **FSK** o.A.; f **E** 4.10.2012   **fd** 41 301

360
360
Ein britischer Geschäftsmann versetzt in Wien ein Callgirl und löst damit rund um den Globus eine Kette dramatischer Ereignisse aus. Der als kreisförmiger Reigen konzipierte Film verwebt in mehreren Großstädten auf unterschiedlichen Kontinenten die Liebesgeschichten und Begegnungen zahlreicher Figuren. Neben Schicksal oder Zufall thematisiert er die Folgen individueller Entscheidungen und deren Auswirkungen auf andere. Ein reichlich konstruierter, recht abstrakter Episodenfilm, der die Welt als feinmaschiges Gefüge voller Verknüpfungen und Abhängigkeiten beschreibt. – Ab 14.
Scope. Großbritannien / Österreich / Frankreich / Brasilien 2011 **P** Revolution Films / Dor Film / O2 Films / BBC Films / UK Film Council / ORF / Unison Films / Gravity Pic. / Hero Ent. **KI** Prokino **DVD** EuroVideo (16:9, 2.35:1, DD5.1 engl./dt.) **BD** EuroVideo (16:9, 2.35:1, dts-HD engl./dt.) **Pd** Andrew Eaton, David Linde, Emanuel Michael, Danny Krausz, Chris Hanley, Marc Missonnier, Olivier Delbosc, Andy Stebbing **R** Fernando Meirelles **B** Peter Morgan **K** Adriano Goldman **S** Daniel Rezende **D** Anthony Hopkins (älterer Mann), Jude Law (Michael Daly), Rachel Weisz (Rose), Moritz Bleibtreu (deutscher Geschäftsmann), Ben Foster (Tyler), Jamel Debbouze (Algerier in Paris), Marianne Jean-Baptiste (Fran), Dinara Drukarowa (Valentina), Gabriela Marcinkova (Anna), Johannes Krisch (Rocco), Juliano Cazarré (Rui) **L** 110 (24 B./sec.) / 106 (25 B/sec.) **FSK** ab 12; f **E** 16.8.2012 / 14.3.2013 DVD & BD   **fd** 41 206

Ein Drilling kommt selten allein
Die Chefredakteurin eines Frauenmagazins muss sich über Nacht um die einjährigen Drillinge ihrer Tochter kümmern, als diese ins Krankenhaus muss. Die Kinder sind das Ergebnis eines Seitensprungs und der Vater ist nicht aufzuspüren, wohl aber ihr Großvater, ein wertkonservativer Lateinlehrer im Ruhestand. Er und die Oma wider Willen übernehmen die Versorgung der Kinder. Komödiantischer (Fernseh-)Familienfilm um ein ungleiches Duo und seine Gefühlslagen. – Ab 12.
Deutschland 2011 **P** Bavaria **KI** offen **Pd** Bea Schmidt **R** Dietmar Klein **B** Martin Douven **K** Thomas Etzold **M** Martin Grassl **S** Heidi Handorf **D** Thekla Carola Wied (Linda Rosenau), Günther Maria Halmer (Dr. Jakob Buchmann), Julia Brendler (Leonie Rosenau), Jens Atzorn (Thomas Buchmann), Robert Giggenbach (Peter Moll), Matthias Bundschuh (Arne Hansen), Martin Feifel (Marius van Boonen), Lisa Wagner (Redakteurin Nettie) **L** 88 **E** 10.2.2012 ARD   **fd** –

Drive ☆
DRIVE
Ein junger Stuntman, der nachts bei Einbrüchen als versierter Fahrer eines Fluchtautos fungiert, verliebt sich in seine neue Nachbarin. Als deren Ehemann aus dem Gefängnis kommt, lässt er sich auf einen Handel ein, bei dem auch konkurrierende Gangsterbanden mitmischen. Traumwandlerisch souverän entwickelter Neo-Noir-Thriller als passionierte Hommage an die Krimiwelle der 1980er-Jahre, der kunstvoll mit den Elementen jongliert, wobei er dezidiert auf jegliche Ironisierung verzichtet. – Sehenswert.
Scope. USA 2011 **P** Bold Films / Odd Lot Ent. / Marc Platt Prod. / Seed Prod. **KI** Universum **DVD** Universum (16:9, 2.35:1, DD5.1 engl./dt.) **BD** Universum (16:9, 2.35:1, dts-HDMA engl./dt.) **Pd** Marc Platt, Adam Siegel, Gigi Pritzker, Michel Litvak, John Palermo, Frank Capra III **R** Nicolas Winding Refn **B** Hossein Amini **Vo** James Sallis (Roman *Driver*) **K** Newton Thomas Sigel **M** Cliff Martinez **S** Matthew Newman **D** Ryan Gosling (Driver), Carey Mulligan (Irene), Bryan Cranston (Shannon), Albert Brooks (Bernie Rose), Oscar Isaac (Standard Gabriel), Christina Hendricks (Blanche), Ron Perlman (Nino), Kaden Leos (Benicio), Jeff Wolfe (Tan Suit), James Biberi (Cook), Russ Tamblyn (Doc), Tina Huang, Cesar Garcia (Jose), Joe Pingue, Christian Cage **L** 101 **FSK** ab 18; f **E** 5.1.2012 Schweiz / 26.1.2012 / 30.5.2012 DVD   **fd** 40 864

Du bist mein Zuhause
siehe: **Evim Sensin – Du bist mein Zuhause**

Du hast es versprochen ☆
Eine junge Frau gönnt sich nach der vorläufigen Trennung von ihrem Mann zusammen mit ihrer kleinen Tochter und einer Freundin aus Kindertagen einen Urlaub auf jener Insel, auf der die Frauen auch schon als kleine Mädchen die Ferien verbrachten. Doch Schatten einer alten Schuld schieben sich unheilvoll in die Gegenwart und werden zur tödlichen Bedrohung. Die an sich schlichte Genre-Geschichte zwischen Mystery- und Horror-Thriller wird durch eine in jeder Hinsicht sorgfältige und stimmungsvolle Inszenierung sowie geschickte dramaturgische Wendungen bis zur letzten Minute spannend umgesetzt. – Ab 16.
Deutschland 2011 **P** Wüste Film Ost / Wüste Film / Magnolia Filmprod. / ZDF (Das kleine Fernsehspiel) **KI** Falcom Media **Pd** Yildiz Özcan, Stefan Schubert, Ralph Schwingel, Babette Schröder, Nina Bohlmann **R** Alex Schmidt **B** Alex Schmidt, Valentin Mereutza **K** Wedigo von Schultzendorff **M** Marian Lux **S** Andreas Radtke **D** Mina Tander (Hanna Merten), Laura de Boer (Clarissa von Griebnitz), Lina Köhlert (Lea Merten), Mia Kasalo (Maria), Katharina Thalbach (Gabriela), Max Riemelt (Marcus), Clemens Schick (Johannes Merten), Thomas Sarbacher (Tim), Greta Oceana Dethlefs (Hanna mit 9), Alina Sophie Antoniadis (Clarissa mit 9), Anna Thalbach (Gabriela in Flashbacks) **L** 102 **E** 20.12.2012   **fd** 41 448

Dunkle Lust – Eine tödliche Versuchung
OSCURA SEDUCCION
Eine fast 40-jährige, erfolgreiche Ärztin ist um die eine oder andere Affäre nicht verlegen. Als ein neuer junger Arzt auf ihrer Station anfängt, könnte sie ihn sich als das perfekte Geschenk zum runden Geburtstag vorstellen. Der Plan gelingt, doch der neue Liebhaber will mehr und ist bereit, es sich mit Gewalt zu holen. Klischeehafter Erotikthriller mit blassen Figuren.

Mexiko 2010 **P** Panamax Television/ Argos Television **DVD** Sunfilm (16:9, 1.78:1, DD5.1 span./dt., dts dt.) **BD** Sunfilm (16:9, 1.78:1, dts-HD-MA7.1 span./dt.) **Pd** Diego Bonaparte, Daniel Camhi **R** Walter Doehner **D** Elizabeth Cervantes (Laura), Julio Bekhor (Gustavo), Marco Antonio Treviño (Eduardo), Claudia Schmidt (Rosario) **L** 89 **FSK** ab 16 **E** 6.6.2012 DVD & BD **fd –**

Das Duo – Der tote Mann und das Meer

Als am Strand der Lübecker Bucht die Leiche eines Mannes gefunden wird, der sich in ein Ferienhaus zurückgezogen hatte, um seine Doktorarbeit zu schreiben, rücken zwei Kommissarinnen aus der Stadt an, um die örtliche Polizei zu unterstützen. Zunächst deutet alles auf einen Mord aus Eifersucht hin, doch dann weckt der Schmuggel mit Schein-Medikamenten das Interesse der Ermittlerinnen. Routinierte Folge der weitgehend schematisierten (Fernseh-)Krimireihe. – Ab 14. Deutschland 2011 **P** TV 60 Filmprod. **KI** offen **Pd** Marcus Roth, Sven Burgemeister **R** Peter Keglevic **B** Leo P. Ard (= Jürgen Pomorin), Birgit Grosz **K** Busso von Müller **D** Charlotte Schwab (Marion Ahrens), Lisa Martinek (Clara Hertz), Peter Prager (Viktor Ahrens), Bernhard Piesk (Frank Düblin), Stephan Kampwirth (Manfred Hansen), Roeland Wiesnekker (Arne Feddersen), Janna Striebeck (Inken Feddersen), Peter Franke (Jan Kamphus) **L** 90 **E** 14.3.2012 zdf_neo **fd –**

Das Duo – Tote lügen besser

Statt ihrer Putzfrau sieht sich eine Kommissarin aus Lübeck eines Morgens deren Vertretung gegenüber. Im Revier überprüft sie das Führungszeugnis der Fremden. Als sie auf eine kriminelle Vergangenheit stößt, fährt sie nach Hause, findet die Frau aber ermordet auf. Die Recherchen führen zu deren Ex-Mann; aber auch ein Freund der Toten gerät ins Visier. Routiniert inszenierter (Fernsehserien-)Krimi um das norddeutsche Polizistinnen-Gespann. – Ab 14. Deutschland 2012 **P** TV-60 Filmproduktion (für ZDF) **KI** offen **Pd** Sven Burgemeister, Marcus Roth **R** Johannes Grieser **B** Melanie Brügel **K** Wolf Siegelmann **M** Jens Langbein, Robert Schulte-Hemming (= Robert Schulte Hemming) **S** Claudia Fröhlich **D** Charlotte Schwab (Marin Ahrens), Lisa Martinek (Clara Hertz), Peter Prager (Viktor Ahrens), Bernhard Piesk (Frank Düblin), Claudia Michelsen (Heidrun Junkers), Ole Puppe (Colin Precht), Antonia Gerke (Franziska Bogner), Helmut Zierl (Bernhard Weininger), Martin Brambach (Klaus Junkers) **L** 90 **E** 12.9.2012 ZDF_neo **fd –**

Duo Infernale – Zwei Profis ohne Plan
LE MARQUIS

Ein kleiner Angestellter hat sich an der Kasse seiner Firma vergriffen und kommt ins Gefängnis, wo er sich zum Selbstschutz als berüchtigter Einbrecher ausgibt. Kurz vor seiner Entlassung wird er von Unbekannten befreit, die seine Mithilfe bei einem großen Coup benötigen. Der ahnungslose Mann versichert sich der Hilfe eines erfahrenen Gauners. Mit Witz, Charme und spielfreudigen Darstellern entwickelte Gaunerkomödie. – Ab 14.
Frankreich 2011 **P** Few / Pathé / TF 1 Films **DVD** atlas (16:9, 1.85:1, DD5.1 frz./dt.) **Pd** Dominique Farrugia, Romain Le Grand **R** Dominique Farrugia **B** Guillaume Lemans, Jean-Paul Bathany **K** Eric Guichard **M** Marco Prince **S** Sylvie Gadmer **D** Franck Dubosc (Thomas Gardesse), Richard Berry (Quentin Tasseau), Jean-Hugues Anglade (Jo), Luisa Ranin (Olga), Sara Martins (Kommandant Gilbert), Pascale Louange (Sylvie Gardesse), Joël Torre (Kommandant der Eingreiftruppe), Fred Scotland (Yvan) **L** 85 **FSK** ab 12 **E** 24.2.2012 DVD **fd –**

EXTREM LAUT & UNGLAUBLICH NAH (Warner Bros.)

Eddie – The Sleepwalking Cannibal
EDDIE – THE SLEEPWALKING CANNIBAL
Ein ausgebrannter junger Maler nimmt eine Stelle als Dozent an einer kanadischen Provinz-Kunstakademie an. In der winterlichen Einöde stößt er auf einen einfältigen Studenten mit kannibalistischen Neigungen und schöpft aus dessen blutigem Treiben neue schöpferische Kraft. Eine mit stoischer Gelassenheit entwickelte Komödie über den Künstler als Wahnsinnigen. Visuell zurückhaltend, entwickelt sich der Witz aus der sparsam kommentierten Absurdität der Situationen. Scope. Kanada / Dänemark 2011 **P** Fridthjof Film / Quiet Revolution Pic. **DVD** EuroVideo (16:9, 2.35:1, DD5.1 engl./dt.) **BD** EuroVideo (16:9, 2.35:1, dts-HDMA engl./dt.) **Pd** Michael Dobbin, Ronnie Fridthjof, Boris Rodriguez **R+B** Boris Rodriguez **K** Philippe Kress **M** David Burns **S** Sara Bøgh **D** Thure Lindhardt (Lars), Dylan Smith (Eddie), Georgina Reilly (Lesley), Alain Goulem (Harry), Stephen McHattie (Ronny), Peter Michael Dillon (Charles), Paul Braunstein (Verner), Alexis Maitland (Nancy) **L** 82 **FSK** ab 16 **E** 2.8.2012 DVD & BD
    fd 41 278

Ehre ☆
Drei Jugendliche, ein Deutscher und zwei in Deutschland lebende Türken, geben Auskunft über ihren Ehrbegriff, wobei rasch deutlich wird, dass die Familie, insbesondere Mütter und Schwestern, eine wesentliche Rolle spielen, denen die Selbstständigkeit weitgehend abgesprochen wird. Eine Steilvorlage für den klug konzipierten Dokumentarfilm der türkischstämmigen Regisseurin, die Ehrenmorde in den Mittelpunkt stellt und dabei auf ein drängendes Problem nicht nur in unserer Gesellschaft aufmerksam macht. – Ab 14.
Deutschland 2011 **P** Ma.Ja.De. Filmprod./BR **KI** farbfilm **Pd** Heino Deckert **R+B** Aysun Bademsoy **K** Nikola Wyrwich **S** Clemens Seiz **L** 87 **FSK** – **E** 16.2.2012   **fd** 40 936

Ehrenmedaille ☆
MEDALIA DE ONOARE
Ein Rentner aus Bukarest, der das Vertrauen seiner Familie verspielt hat, scheint sein Schicksal wenden zu können, als ihm Mitte der 1990er-Jahre eine Ehrenmedaille für angebliche Verdienste im Zweiten Weltkrieg verliehen werden soll. Mit liebevollem Blick auf die Figuren sowie lakonisch-kauzigem Humor beschreibt das Drama die Nachwirkungen einer kafkaesken Vergangenheit, die noch nicht in der westlich-kapitalistischen Gegenwart angekommen ist. Mit subtiler, mitunter dokumentarisch anmutender Beobachtungsgabe spiegelt der Film die Tragik der Historie im Schicksal eines Einzelnen. (O.m.d.U.) – Sehenswert ab 16.
Rumänien / Deutschland 2009 **P** HI Film / Pandora / Scharf Advertising **KI** debese **Pd** Ada Solomon, Karl Baumgartner, Liviu Marghidan **R** Calin Peter Netzer **B** Tudor Voican **K** Liviu Marghidan **M** Philip Glass **S** Catalin Cristutiu **D** Camelia Zorlescu (Nina), Florina Fernandes (Cornels Frau), Mimi Branescu (Cornel), Radu Beligan (Ion J. Ion), Victor Rebengiuc (Ion), Radu Gabriel, Ion Iliescu **L** 101 **FSK** – **E** 21.3.2012 arte / 3.5.2012   **fd** 41 042

Die Ehrenmedaille
siehe: **Ehrenmedaille**

Die Eigenheiten einer jungen Blondine ☆
SINGULARIDADES DE UMA RAPARIGO LOURA
Ein junger Buchhalter aus Lissabon verliebt sich in eine blonde Frau, die gegenüber wohnt. Sie lernen sich kennen und beschließen, so schnell wie möglich zu heiraten. Als sie Eheringe kaufen wollen, wird die Frau als Diebin entlarvt, die Pläne zerplatzen. Der Hauptdarsteller erzählt seine tragische Geschichte während einer Zugfahrt einer älteren Begleiterin. Eine ausgesprochen gemächlich entwickelte moralische Geschichte voller leiser Ironie, geprägt von der exzellenten Kameraführung und überzeugenden Darstellern. – Ab 16.
Portugal / Frankreich / Spanien 2009 **P** Filmes do Tejo / Les Films de l'Après-Midi / Eddie Saeta / Lusomondo / Mi-

nistério da Cultura / RTP / Tobis **KI** offen **Pd** François d'Artemare **R+B** Manoel de Oliveira **K** Sabine Lancelin **M** Claude Debussy **S** Manoel de Oliveira, Valérie Loiseleux **D** Leonor Silveira (Senhora), Ricardo Trêpa (Macário), Catarina Wallenstein (Luisa), Carlos Santos (Caixeiro), Diogo Dória (Francisco), Gloria de Matos (D. Sande), Júlia Buisel (D. Vilaça), Filipe Vargas (Amigo) **L** 61 **E** 14.11.2012 arte   fd –

18-Year-Old-Virgin
18-YEAR-OLD-VIRGIN
Eine 18-Jährige ist noch Jungfrau. Sie möchte mit dem ansehnlichsten Jungen in der Schule ins Bett, der aber kann mit Jungfrauen nichts anfangen. Also muss zunächst der Nächstbeste aus der Schule herhalten, was die «unschuldige» Schönheit vor ungeahnte Probleme stellt. Auch die weibliche Sicht der Dinge macht aus dem zotigen Proll-Film keine erfrischende Unterhaltung, geschweige denn eine glaubwürdige und differenzierte «Coming of Age»-Komödie.
USA 2009 **P** The Asylum **DVD** Great Movies (16:9, 1.78:1, DD5.1 engl./dt.) **BD** Great Movies (16:9, 1.78:1, dts-HD engl./dt.) **Pd** David Michael Latt **R** Tamara Olson **B** Naomi Selfman (= Naomi L. Selfman) **K** Ben DeSousa **S** Marq Morrison **D** Olivia Alaina May (Katie Powers), Lauren Walsh (Rose), Todd Leigh (Spencer), Dustin Harnish (Ryan Lambert), Karmen Morales (Chelsea), Daniel Sykes (Jeremy), J. Michael Trautman (Marshall), Robbie Henke (Cisco) **L** 82 **FSK** ab 16 **E** 28.12.2012 DVD & BD   fd –

Ein Jahr nach morgen ★
Eine 16-jährige Schülerin in einer mittleren Kleinstadt hat ihre Lehrerin sowie eine Mitschülerin erschossen. Ein Jahr nach der Tat beginnt der Prozess gegen die junge Frau. Ein komplexes (Fernseh-)Drama bilanziert das tragische Ereignis und beschreibt, wie es das Leben aller Beteiligten verändert hat. Ein intensiver Blick auf menschliche Beziehungen im Ausnahmezustand, der keine Schuldzuweisung formuliert, vielmehr von Fassungslosigkeit und der Angst vor Resignation erzählt, aber auch vom Versuch, die Kommunikation nicht abreißen zu lassen. In der Hauptrolle vorzüglich gespielt, gelingen dem Film einige mitreißende Momente. – Ab 16.
Deutschland 2012 **P** Korde & Kordes Film/WDR/ARTE **KI** offen **Pd** Alexandra Kordes, Meike Kordes **R+B** Aelrun Goette **K** Sonja Rom **M** Annette Focks **S** Monika Schindler **D** Margarita Broich (Katharina Reich), Rainer Bock (Jürgen Reich), Jannis Niewöhner (Julius Hofer), Isolda Dychauk (Nadine Nagel), Maurizio Magno (Andreas Nagel), Gloria Endres de Oliveira (Luca Reich), Felix Voertler (Robert Hofer), Annalena Schmidt (Sabine Köhler) **L** 88 **E** 22.8.2012 arte   fd –

Ein Jahr vogelfrei
THE BIG YEAR
Drei grundverschiedene Männer wollen einen neuen Rekord im Vögelbeobachten aufstellen und binnen eines Jahres mehr Vogelarten in den USA sichten als je ein anderer zuvor. Über Sieg und Niederlage entscheiden letztlich nicht Talent und Ausdauer, sondern die Bereitschaft, das private Glück dem Rekord zu opfern. Obwohl in den Hauptrollen mit einschlägigen Comedy-Stars besetzt, meidet der Film jegliches herablassenden Humor auf Kosten der Figuren und entwickelt in einer ansprechenden Mischung aus Leichtigkeit und Ernst eine ureigene Geschichte über den Preis des Erfolgs. – Ab 12.
Scope. USA 2011 **P** Red Hour Films/ Deuce Three / Sunswept Ent. **KI** Twentieth Century Fox **Pd** Stuart Cornfeld, Curtis Hanson, Karen Rosenfelt, Brad Van Arragon **R** David Frankel **B** Howard Franklin **Vo** Mark Obmascik (Motive des Buchs *The Big Year*) **K** Lawrence Sher **M** Theodore Shapiro **S** Mark Livolsi **D** Steve Martin (Stu Preissler), Jack Black (Brad Harris), Owen Wilson (Kenny Bostick), Brian Dennehy (Raymond), Anjelica Huston (Annie Auklet), Rashida Jones (Ellie), Rosamund Pike (Jessica), Dianne Wiest (Brenda), JoBeth Williams (Edith) **L** 101 (24 B./sec.) / 97 (25 B./sec.) **FSK** o.A.; f **E** 14.6.2012 fd 41115

Ein Tag Leben in NRW
Nordrhein-Westfalen am 30. April 2012: Der WDR hatte seine Zuschauer aufgefordert, diesen Tag (oder Teile davon) mit Handy, Smartphone oder Videokamera aus persönlicher Perspektive zu dokumentieren. Aus mehr als 3.500 Einsendungen wurden 180 Beträge ausgewählt und zu einem Tag «Leben in NRW» kompiliert. Ein dokumentarischer (Fernseh-)Film, der in grundverschiedenen Beiträgen die Vielschichtigkeit des Lebens dokumentieren und quer durch alle Schichten und jedes Alter ein Gesellschaftsporträt entwerfen will. Indem er nahezu alle Wechselfälle des Lebens spiegelt, wirkt er freilich wenig verdichtet und etwas bemüht. – Ab 12 möglich.
Deutschland 2012 **P** WDR **KI** offen **L** 90 **E** 5.10.2012 WDR   fd –

Ein Wort hätte genügt
STORY OF JEN
Nach dem Selbstmord ihres Vaters lebt eine 15-Jährige mit ihrer jungen Mutter und ihrem Großvater auf einer Farm am Rand eines kanadischen Nationalparks. Als der Halbbruder des Toten auftaucht und seine Hilfe anbietet, führt dies zu Gerede in der Nachbarschaft. Das Mädchen fühlt sich magisch von ihm angezogen und verbringt eine Nacht mit ihm, wodurch die Ereignisse eskalieren. Drama um eine jugendliche Außenseiterin, die Liebe, Anerkennung und ihren Platz im Leben sucht. Der mitunter allzu beharrlich mäandernde Film lässt die Handlung mit der beeindruckenden Landschaft korrespondieren, was jedoch nicht zur Verdichtung beiträgt. – Ab 16.
Kanada/Frankreich 2008 **P** Cinéma Defacto / Les Films à un Dollar / 1976 Prod. **KI** offen **Pd** Tom Dercourt, Nicolas Comeau **R+B** François Rotger **K** Georges Lechaptois **M** François Rotger **S** Yannick Kergoat **D** Marina Hands (Sarah), Laurence Leboeuf (Jen), Tony Ward (Ian), Daniel Pilon (Melvin), Annie Murphy (Ana), Francis Xavier McCarthy (George Weinmark), Daniel Richard Giverin (Glen Reed), Joanna Noyes (Claire Weinmark) **L** 108 **E** 24.10.2012 arte   fd –

Eine wen iig, dr Dällebach Kari ★
EINE WEN IIG, DR DÄLLEBACH KARI
Die Geschichte des Berner Originals Karl Tellenbach, einen durch eine Hasenscharte verunstalteten Friseur, der seine Kunden gleichwohl blendend unterhielt. Die Neuverfilmung eines Schweizer Filmklassikers (DÄLLEBACH KARI, 1970), die sich gleichzeitig Theaterstücken und Liedern über den Protagonisten annähert und um eine tragische Liebe kreist, die aus Standesdünkel vereitelt wurde. Ein Film voll stiller Melancholie, der keinen Pos-

senreißer in seinen Mittelpunkt stellt, sondern ein tragisch-romantisches Drama erzählt, dabei aber durchaus humorvoll zu Werke geht. – Ab 12.
DVD/BD: Der Film hat in der Schweiz eine Freigabe «ab 6».
Schweiz 2011 **P** Catpics **KI** Ascot Elite (Schweiz) **DVD** Ascot Elite (16:9, DD.5.1 Schweizerdt.) **BD** Ascot Elite (16:9, dts-HD Schweizerdt.) **Pd** Alfi Sinniger **R+B** Xavier Koller **Vo** Kurt Früh (Spielfilm DÄLLEBACH KARI [1970]) **K** Felix von Muralt **M** Balz Bachmann **S** Gion-Reto Killias **D** Hanspeter Müller-Drossaart (= Hanspeter Müller) (Dällebach Kari), Carla Juri (Annemarie Geiser), Nils Althaus (junger Kari), Bruno Cathomas **L** 111 **FSK – E** 1.3.2012 Schweiz   **fd** 40 940

Einer wie Bruno
Eine 13-jährige Schülerin ist für ihren geistig zurückgebliebenen Vater Spielkameradin und Ersatzmutter zugleich. Als sich der Teenager in einen neuen Mitschüler verliebt und sich für seinen Vater zu schämen beginnt, reagiert dieser mit Eifersucht auf die Gefühle der Tochter. Ein unterhaltsamer, ganz von nuancierten Spiel der jungen Hauptdarstellerin getragener Film. Dramaturgisch bleibt er mitunter zu unentschieden, sodass er sein brisantes Thema zugunsten einer Wohlfühlstimmung nur im Ansatz ausleuchtet. – Ab 14.
Deutschland 2011 **P** Oberon Film / Funkhaus / ZDF **KI** Movienet **DVD** Lighthouse (16:9, 1.78:1, DD5.1 dt.) **Pd** Uwe Schott, Alexander Funk, Christian Pape **R** Anja Jacobs **B** Marc O. Seng **K** Daniel Möller **M** Matthias Klein **S** Ronny Mattas **D** Christian Ulmen (Bruno Markowitsch), Lola Dockhorn (Radost Markowitsch), Lucas Reiber (Benny Schmidtbauer), Peter Kurth (Karli Fichtner), Teresa Harder (Frau Corazon), Hans Löw (Supermarktleiter Gerd), Fritz Roth (Hausmeister Hochstätter), Hans-Werner Meyer (Rolf Schmidtbauer), Ursina Lardi (Hanna Schmidtbauer), Janina Fautz (Sonja) **L** 108 **FSK** ab 6; f **FBW** w **E** 12.4.2012 / 19.10.2012 DVD   **fd** 41 014

Einmal ist keinmal
ONE FOR THE MONEY
Eine Kautionsdetektivin ist hinter einem Ex-Cop her, der wegen Mordes an einem Drogendealer verurteilt wurde. Dabei ist die schöne Ermittlerin nicht nur auf die Prämie aus, sondern sie hat mit dem Mann auch privat ein Hühnchen zu rupfen. Einfallslose romantische Komödie mit klischeehaften Geschlechterrollen und rassistischen Stereotypen, die weder in Sachen Komik noch bei der Liebe zündet. – Ab 16.
DVD/BD: Die Extras enthalten u. a. ein Feature mit im Film nicht verwendeten Szenen.
Scope. USA 2012 **P** Lakeshore Ent. / Sidney Kimmel Ent. **KI** Concorde **DVD** Concorde/Eurovideo (16:9, 2.35:1, DD5.1 engl./dt., dts dt.) **BD** Concorde/Eurovideo (16:9, 2.35:1, dts-HD engl./dt.) **Pd** Wendy Finerman, Tom Rosenberg (= Thomas Rosenberg), Gary Lucchesi, Sidney Kimmel, Zane Weiner **R** Julie Anne Robinson **B** Stacy Sherman, Karen Ray, Liz Brixius **Vo** Janet Evanovich (Roman *One for the Money / Einmal ist keinmal*) **K** James Whitaker **M** Deborah Lurie **S** Lisa Zeno Churgin **D** Katherine Heigl (Stephanie Plum), Jason O'Mara (Joe Morelli), Daniel Sunjata (Ranger), John Leguizamo (Jimmy Alpha), Sherri Shepherd (Lula), Debbie Reynolds (Großmutter Mazur), Debra Monk (Mrs. Plum), Louis Mustillo (Mr. Plum), Nate Mooney (Eddie Gazarra), Adam Paul (Bernie Kuntz), Fisher Stevens (Morty Beyers), Ada Reeder (Connie) **L** 92 **FSK** ab 12 **E** 19.4.2012 / 23.8.2012 DVD & BD   **fd** 41 016

Die Eisbären – Aug in Aug mit den Eisbären
POLAR BEARS: SPY ON THE ICE
Eisbären werden als fotogene, vermeintlich putzige Zotteltiere mit abenteuerlich anmuteten Kameras in freier Wildbahn aus nächster Nähe gefilmt. Ohne große Handlung und tiefgründige Kommentare geht es dem Dokumentarfilm einzig um den Kuscheltier-Reiz, den Eisbären offensichtlich erzeugen. – Ab 12.
DVD/BD: Die Edition (DVD sowie BD) enthält den Film zudem in einem so genannten Director's Cut (110 Min.) mit englischer Tonspur.
Großbritannien 2010 **P** John Downer Prod. **DVD** edel (16:9, 1.78:1, DD2.0 engl./dt.) **BD** edel (16:9, 1.78:1, dts-HD2.0 engl./dt.) **Pd** Philip Dalton, Cassian Harrison, Anna Thomas **R+B** John Downer **K** Philip Dalton, Michael W. Richards **M** Richard Fioca, Will Gregory, Max Surla **S** Andy McKim, Stuart Napier, Imogen Pollard **L** 100 & 110 **FSK** o.A. **E** 27.4.2012 DVD & BD   **fd** –

Eisen bewegen in Kiel
Dokumentation über den in den späten 1980er-Jahren in Kiel gegründeten «Arbeitskreis Alternative Produktion» in der metallverarbeitenden Industrie, der die Herstellung von ökologisch fortschrittlichen Lokomotiven anstelle von Rüstungsgütern verlangte, um Arbeitsplätze in der strukturschwachen Region zu erhalten. Am Beispiel eines ehemaligen Starkstromelektrikers, der heute die Geschäfte einer der beiden Fabriken führt, wird die außerordentliche Kraft einer industriepolitischen Vision beleuchtet. – Ab 12.
Deutschland 2011 **P** Wulfmedienprod. / NDR **KI** offen **Pd** Quinka Stoehr, Daniel Buresch **R** Fredo Wulf, Kay Ilfrich **B** Fredo Wulf **K** Stefan Grandinetti, Volker Tittel, Rainer Komers, Quinka Stoehr, Kay Ilfrich **S** Margot Neubert-Maric (= Margot Neubert) **L** 80 **E** 18.9.2012 NDR   **fd** –

Eisen bewegen – Lokomotiven aus Kiel
siehe: **Eisen bewegen in Kiel**

Die eiserne Lady
THE IRON LADY
Biografischer Spielfilm über Margret Thatcher, der sich auf die Privatperson konzentriert und dabei nur wenig Einsichten in ihre Politik bietet. Aus den langen Szenen, die sich ihrem Privatleben und ihren von Demenz heimgesuchten alten Tagen widmen, spricht mehr Verehrung als sachliche Analyse; zu wenig vermittelt sich jedoch über die britische Politik der 1980er-Jahre, um sich ein Bild des umstrittenen britischen Staatsoberhaupts machen zu können. Getragen wird der Film allein von Meryl Streep: Jede Geste, jede Modulation in der Stimme suggerieren eindrucksvoll die «Eiserne Lady». – Ab 14.
Scope.Großbritannien/Frankreich 2011 **P** Film4 / UK Film Council / DJ Films / Pathé **KI** Concorde **DVD** Concorde/Eurovideo (16:9, 2.35:1, DD5.1 engl./dt., dts dt.) **BD** Concorde/Eurovideo (16:9, 2.35:1, dts-HDMA engl./dt.) **Pd** Damian Jones, Anita Overland, Colleen Woodcock **R** Phyllida Lloyd **B** Abi Morgan **K** Elliot Davis **M** Tho-

mas Newman **S** Justine Wright **D** Meryl Streep (Margaret Thatcher), Jim Broadbent (Denis Thatcher), Alexandra Roach (junge Margaret Thatcher), Harry Lloyd (junger Denis Thatcher), Olivia Colman (Carol Thatcher), Iain Glen (Alfred Roberts), Nicholas Farrell (Airey Neave), John Sessions (Edward Heath), Anthony Head (Geoffrey How), Richard E. Grant (Michael Heseltine) **L** 105 **FSK** ab 6; f **FBW** bw **E** 1.3.2012/5.7.2012 DVD & BD **fd** 40 344

El Medico – Die Cubaton Geschichte
EL MEDICO: THE CUBATON STORY
Ein junger kubanischer Arzt träumt von einer Karriere als Rap-Musiker. Die Dokumentation begleitet ihn und einen windigen Produzenten bei dem Versuch, im kommunistisch geprägten Heimatland eine eher westliche Musik-Karriere zu starten. Dabei zeichnet der schwedische Regisseur nicht nur eine skurrile Geschichte nach, sondern gewährt ebenso einen interessanten Einblick in eine Gesellschaft voller Widersprüche. – Ab 14.
Kuba / Schweden 2011 **P** Röde Orm Filmprod. / Elfvik film / Film Tower Kuubis / Europa Post Prod. / ine Works / Film Division **DVD** Schröder-Media (16:9, 1.78:1, DD2.0 engl./dt.) **BD** Schröder-Media (16:9, 1.78:1, dts-HD2.0 engl./dt.) **Pd** Thomas Allercrantz, Daniel Fridell, Ingemar Johansson, Adel Kjellström, Petri Rossi, Margus Õunapuu **R** Daniel Fridell **K** Aramis Fonseca, Daniel Fridell, Michel Miglis, Endre Eken Torp **M** Timo Hietala, Johan Söderqvist **S** Fredrik Abrahamsen, Daniel Fridell, Bodil Kjærhauge, Annika Leinhagen, Hanna Lejonqvist, Andreas Nilsson, Roberth Nordh, Per Sandholt, Jesper Svedin, Peter Wendin, Håkan Wärn **L** 85 **FSK** ab 12 **E** 31.10.2012 DVD & BD **fd** –

Elena
ELENA
Eine pensionierte Krankenschwester, die aus materiellen Erwägungen mit einem ehemaligen Geschäftsmann zusammenlebt, greift ihrem in ärmlichen Verhältnissen lebenden Sohn finanziell unter die Arme. Als einer der Enkel zum Militär soll, will man dies verhindern und ihn auf die Universität schicken. Doch dazu fehlt das Geld, und der reiche Mann verweigert seine Unterstützung. Als er einen Herzanfall erleidet und seine Tochter als Alleinerbin einsetzen will, beschwört dies eine Tragödie herauf. Ein weitgehend schleppend inszenierter Film mit beklemmender Grundstimmung. – Ab 16.
Russland 2011 **P** Non-Stop Prod. **KI** Xenix (Schweiz) **Pd** Alexander Rodnyansky **R** Andrej Zwiagintsew **B** Andrej Zwiagintsew, Oleg Negin **K** Mikhail Krichman **M** Philip Glass **S** Anna Mass **D** Nadeschda Markina (Elena), Andrej Smirnow (Wladimir), Jelena Liadowa (Katerina), Alexej Rosin (Sergej), Ewgenia Konuschkina (Tajana), Igor Ogurtsow (Alexander) **L** 109 **E** 20.12.2012 Schweiz **fd** –

11-11-11 – Das Tor zur Hölle
11-11-11 / 11-11-11 – THE PROPHECY
Ein Schriftsteller hat nach dem Flammentod seiner Familie jeden Lebensmut verloren und wird von Albträumen heimgesucht. Er reist nach Spanien, um den sterbenskranken Vater und den Bruder zu besuchen, wo er bald von seinen Visionen eingeholt wird. Um kabbalistische Zahlenmystik konstruierter Thriller. Zwar solide inszeniert und fotografiert, kann der Film nicht verbergen, wie konstruiert und gedanklich dürftig die Handlung ist. – Ab 16.
DVD/BD: Die Extras umfassen u. a. einen Audiokommentar des Regisseurs und der Produzentin Laura Bousman sowie ein Feature mit im Film nicht verwendeten Szenen (4 Min.).
Scope. USA / Spanien 2011 **P** Canonigo / Capacirty Pic. / Epic Pictures Group **DVD** Ascot/Elite (16:9, 2.35:1, DD5.1 engl./dt., dts dt.) **BD** Ascot/Elite (16:9, 2.35:1, dts-HDMA engl./dt.) **Pd** Loris Curci, Richard Heller, Christian Molina, Ferran Monje, Wayne Allan Rice **R+B** Darren Lynn Bousman **K** Joseph White **M** Joseph Bishara **S** Martin Hunter **D** Timothy Gibbs (Joseph Crone), Michael Landes (Samuel Crone), Denis Rafter (Richard Crone), Wendy Glenn (Sady), Benjamin Cook (Cole), Lolo Herrero (Buchhändler), Salomé Jiménez (Sarah), Brendan Price (Grant) **L** 97 **FSK** ab 16 **E** 19.3.2012 DVD & BD **fd** –

Elite Squad – Im Sumpf der Korruption
TROPA DE ELITE – O INIMIGO AGORA E OUTRO
Der Colonel einer brasilianischen Polizei-Spezialeinheit ist bei Vorgesetzten in Ungnade gefallen, wird aber von der Bevölkerung wegen seiner durchschlagenden Erfolge verehrt. Strafversetzt, kommt er Kollegen auf die Spur, die den Drogenhandel in den Favelas kontrollieren und ihre Macht nutzen, um korrupten Politikern Wählerstimmen zuzuführen. Effektvoll aufbereitete Fortsetzung von TROPA DE ELITE (2007), die eine ebenso harte wie bedenkliche Gangart anschlägt und betont auf politische Unkorrektheit setzt.
Brasilien 2010 **P** Globo Filmes / Feijão Filmes / Riofilme / Zazen Prod. **DVD** Universum (16:9, 1.85:1, DD5.1 port./dt.) **BD** Universum (16:9, 1.85:1, dts-HDMA port./dt.) **Pd** Malu Miranda, José Pandlha, Marcos Prado, Bráulio Mantovani **R** José Pandilha **B** Bráulio Mantovani, José Pandilha **K** Lula Carvalho **M** Pedro Bromfman **S** Daniel Rezende **D** Wagner Moura (Lt. Colonel Nascimento), Irandhir Santos (Diogo Fraga), André Ramiro (Capt. André Matias), Milhem Cortaz (Lt. Colonel Fábio), Maria Ribeiro (Rosane), Seu Jorge (Beirada), Sandro Rocha (Major Rocha gen. Russo), Tainá Müller (Clara) **L** 110 **FSK** ab 16 **E** 15.2.2012 DVD & BD **fd** –

Emilie Richards: Spuren der Vergangenheit
Eine Pianistin erfährt nach dem Tod ihrer Mutter, dass sie als Baby adoptiert wurde, und sucht nach ihrer leiblichen Mutter. Je mehr sie dem Rätsel ihrer Herkunft auf die Spur kommt, desto schwieriger wird es, ihr neues (Liebes-)Glück auf einer Insel dauerhaft zu konservieren. Herkömmliches (Fernseh-)Melodram um eine schwer gebeutelte Frauenseele, das ganz auf die trivialen Zutaten zahlreicher ähnlich gelagerter Stoffe vertraut. – Ab 14.
DVD/BD: Auf DVD als Doublefeature mit DER ZAUBER VON NEUSEELAND erhältlich.
Deutschland 2011 **P** Polyphon (für ZDF) **DVD** ZDF Video/Universum (16:9, 1.78:1, DD2.0 dt.) **Pd** Beatrice Kramm **R** Christoph Schrewe **B** Sabine Leipert, Julia Neumann, Sabrina M. Roessel (= Sabrina Maria Roessel) **Vo** Emilie Richards (Roman *Good Time Man*) **K** Simon Raby **M** Tom McLeod **D** Gesine Cukrowski (Jessica), Oliver Bootz (Alex), Saskia Vester (Lydia), Olga von Luckwald (Trixie), Dylan Holmes (Oliver), Peter Davor

(Ben), Jesse-James Pickery-Matteucci (Mike), Ayse Tezel (Kristin) **L** 90 **FSK** o.A. **E** 6.5.2012 ZDF / 25.1.2013 DVD **fd** –

Emperor and the White Snake
siehe: **Die Legende der weißen Schlange**

Empire Me – Der Staat bin ich!
EMPIRE ME
Dokumentarische Spurensuche nach alternativen Gesellschaftsformen, die rund um den Globus neue Formen des Zusammenlebens erproben. Dabei porträtiert der Film sechs Gegenwelten, die bunter und skurriler nicht sein könnten. Die Methode der teilnehmenden Beobachtung führt nicht nur zum Verzicht auf wertende Einschätzungen, sondern vermag auch zwischen befreienden Experimenten und Sektierertum nicht zu unterscheiden, was unter der Hand einem revisionistischen Staatsideal huldigt. (O.m.d.U.) – Ab 14.
Österreich/Deutschland/Luxemburg 2011 **P** Navigator / Minotaurus Film / Gebrüder Beetz Filmprod. / ZDF / ARTE **Kl** Real Fiction **Pd** Johannes Rosenberger, Christian Beetz, Bady Mink **R+B** Paul Poet **K** Enzo Brandner (= Heinz Brandner), Gerald Kerkletz, Jerzy Palacz **M** Alexander Hacke **S** Karina Ressler **L** 99 **FSK** ab 12; f **E** 19.1.2012 **fd** 40870

Empört Euch!
INDIGNADOS
Dokumentarfilm von Tony Gatlif auf den Spuren des gleichnamigen Bestsellers von Stéphane Hessel, der gegen die Folgen des globalen Finanzkapitalismus protestiert und für eine pazifistische Welt eintritt. Ein betont «naiver» Film, der mit experimentellen Mitteln und visuellen Metaphern arbeitet und die rasante Entwicklung der Protestkultur in Griechenland, Frankreich und Spanien dokumentiert. (O.m.d.U.) – Ab 16.
Frankreich 2011 **P** Princes Films / Eurowide Film Pürod. / Hérodiade / Rhônes-Alpes Cinéma **DVD** absolut (16:9, 1.78:1, DD2.0 frz.) **Pd** Chris Bolzli, Georges Fernandez, Romain Malbosc **R** Tony Gatlif **B** Stéphane Hessel **K** Colin Houben, Sébastien Saadoun **S** Stéphanie Pédelacq **L** 72 **FSK** o.A. **E** 12.4.2012 arte / 25. Januar 2013 DVD **fd** –

End of Animal
JIN-SEUNG-EUI KKEUT
Ein Anhalter offenbart einer schwangeren Studentin, die im Taxi zu ihrer Mutter aufs Land unterwegs ist, intimste Details aus ihrem Leben und kündigt das Ende allen Seins an. Dann verschwindet er und mit ihm die Welt in gleißendem Licht. Die Studentin bleibt allein zurück und irrt fortan ohne eine Erklärung für die apokalyptische Szenerie durch eine farblose, menschenleere Ödnis. Endzeitliches Road Movie, dessen minimalistische Inszenierung das Gefühl von Isolation und Verlorenheit ins Albtraumhafte steigert. Die lückenhafte Erzählweise ermüdet auf Dauer und öffnet den Versatzstücken aus Mystery, Sozialkritik und Psychodrama viele Deutungsmöglichkeiten. – Ab 16.
Südkorea 2010 **P** Korean Academy of Film Arts / CJ Ent. **DVD** REM (16:9, 1.78:1, DD5.1 korea.) **Pd** E.K. Heo **R+B** Jo Sung-Hee **K** Moon-Su Baek **S** Jo Sung-Hee **D** Lee Min-Ji, Hae-il Park, Park Sae-Jong, Yoo Sung-Mok, Kim Yeong-Ho **L** 109 **FSK** ab 16 **E** 15.6.2012 DVD **fd** 41 226

End of Watch
END OF WATCH
Zwei Polizisten aus Los Angeles werden nach einem draufgängerischen Einsatz nach South Central strafversetzt. Hier, in einem der gefährlichsten Viertel der Stadt, kommen sie einem blutrünstigen Verbrechersyndikat auf die Spur. Der Film führt mit dem Anspruch, einen realistischen Eindruck der Polizeiarbeit zu vermitteln, seine Charaktere sorgfältig ein und beleuchtet ihr Berufs- wie Privatleben, mündet dann aber in eine sich zuspitzende Genregeschichte. Das ist zwar ebenso inkonsequent wie die Kameraarbeit, die weite Teile, aber eben nicht alle, als «found footage» erscheinen lässt; aufgrund seiner stimmigen, überzeugend gespielten Figuren funktioniert der Film dennoch als Buddy Movie und Krimi.
Teils schwarz-weiß. USA 2012 **P** Exclusive Media / EFF-Hedge Fund Films / Le Grisbi / Envision Ent. **Kl** Tobis **Pd** John Lesher, David Ayer, Nigel Sinclair, Matt Jackson, Alex Ott, Ian Watermeier, Jillian Longnecker **R+B** David Ayer **K** Roman Vasyanov (= Roman Wasjanow) **M** David Sardy **S** Dody Dorn **D** Jake Gyllenhaal (Officer Brian Taylor), Michael Peña (Officer Mike Zavala), Anna Kendrick (Janet), Natalie Martinez (Gabby), Frank Grillo (Sarge), America Ferrera (Officer Orozco), Cody Horn (Officer Davis), David Harbour (Van Hauser), Maurice Compte (Big Evil), Richard Cabral (Demon), Yahira Garcia (LaLa) **L** 109 **FSK** ab 16; f **E** 20.12.2012 **fd** 41 455

Das Ende der Welt
VED VERDENS ENDE
Ein Däne erschießt ein dänisches Filmteam, das im Dschungel von Indonesien eine wundertätige Blume entdeckt hat, die ewiges Leben verheißt. Ein Psychiater und seine Assistentin reisen nach Jakarta, um ihren Landsmann, die im Gefängnis sitzt, nach Hause zu geleiten – eine heikle Mission, da mit den indonesischen Behörden nicht gut Kirschen essen ist und sich Gangster für die Wunderblume interessieren. Um sich in Sicherheit zu bringen, fliehen sie durch den Dschungel. Abenteuerlicher Genre-Mix voller Fabulierfreude, Spielwitz und überbordender Ideen. Die turbulente Actionkomödie ist zugleich Parodie auf einschlägige Hollywood-Produktionen. – Ab 16.
Dänemark/Deutschland 2009 **P** M&M / K5 G Film / New Holland Pic. / ZDF / arte **Kl** onbe **Pd** Tivi Magnusson, Christian Potalivo, Johanne Stryhn Hørby **R** Tomas Villum Jensen **B** Anders Thomas Jensen **K** Jan Richter-Friis **M** Dale Cornelius **S** Anders Villadsen **D** Nikolaj Lie Kaas (Adrian Gabrielsen), Birgitte Hjort Sørensen (Beate), Nikolaj Coster-Waldau (Severin Geertsen), Nicolas Bro (Mokael Feldt), Steven Berkoff (Jack Pudovski), Peter Schrøder (Jacobsen), Ulf Pilgaard (Werner), Kee Chan (General Karel) **L** 95 **E** 1.2.2012 arte **fd** –

Das Ende einer Nacht
Eine Richterin hat über den Fall eines Unternehmers zu entscheiden, der seine Frau geschlagen und vergewaltigt haben soll. Dabei kommt es im Gerichtssaal zur Konfrontation mit der ebenso brillanten wie skrupellosen Anwältin des Angeklagten, die zunächst eine Haftverschonung für ihren Mandanten erwirkt. Im weiteren Verlauf spitzt sich das «Duell» zwischen den beiden Frauen zu. Spannendes, gut gespieltes (Fernseh-)Gerichtsdra-

ma, bei dem die Rekonstruktion des Tathergangs allein durch die Präsentation der jeweiligen Statements erfolgt. Schwach sind die mitunter plakativen Dialoge. – Ab 16.
Deutschland 2011 **P** Network Movie (für ZDF) **KI** offen **Pd** Wolfgang Cimera **R** Matti Geschonneck **B** Magnus Vattrodt **K** Judith Kaufmann **M** Florian Tessloff **D** Barbara Auer (Katarina Weiss), Ina Weisse (Eva Hartmann), Matthias Brandt (André Weiss), Christoph M. Ohrt (Georg Sänger), Katharina Lorenz (Sandra Lamberg), Alexander Hörbe (Oliver Baum), Johann Adam Oest (Anwalt Käsinger), Bernhard Schütz (Polizeikommissar Benning), Tobias Oertel (Robert Koch), Melika Foroutan **L** 90 **E** 26.3.2012 ZDF **fd** –

Endstation Fortschritt?
SURVIVING PROGRESS
Dokumentarfilm über den menschlichen Fortschrittsglauben und die damit verbundene Überzeugung vom grenzenlosen Wachstum. Er setzt sich ebenso mit der pessimistischen Haltung auseinander, dass kurzfristiger Fortschritt in eine langfristige Sackgasse führt, wie mit genau der gegenteiligen Ansicht, dass Fortschritt ein wichtiger Überlebensfaktor der Menschheit ist. Dabei erläutern Forscher, warum sie nicht nur auf menschlichen Erfindungsreichtum, sondern auch auf die Entwicklung eines neuen ethischen Bewusstseins hoffen. – Ab 16.
Kanada 2011 **P** Big Picture Media / Cinémaginaire / NFB **KI** offen **Pd** Gerry Flahive, Daniel Louis, Denise Robert **R+B** Harold Crooks, Mathieu Roy **K** Mario Janelle **S** Louis-Martin Paradis **L** 86 **E** 5.6.2012 arte **fd** –

Enemies of the People – ★
A Personal Journey Into the Heart of the Killing Fields
ENEMIES OF THE PEOPLE
Dokumentarfilm über das Regime der Roten Khmer, für die Recherchen des kambodschanischen Journalisten Thet Sambath begleitet. Dieser spürte über Jahre hinweg Angehörige von Opfern und Tätern auf und befragte sie zu ihren Erlebnissen. Dabei kommt auch Nuon Chea, der zweitwichtigste Mann der Pol-Pot-Diktatur, zu Wort. Durch die Aussagen entsteht ein erschütterndes Bild des Grauens, das von der Sanftmut des Journalisten konterkariert wird, dem es um eine Aufarbeitung, nicht um Vergeltung geht. – Ab 16.
Großbritannien / Kambodscha 2010 **P** Old Street Films **KI** offen **Pd+R** Rob Lemkin, Thet Sambath **B** Rob Lemkin **K** Thet Sambath, Rob Lemkin **M** Daniel Pemberton **S** Stefan Ronowicz **L** 94 **FSK** – **fd** 41 078

Engel der Gerechtigkeit – Brüder fürs Leben
Eine Ärztin gibt ihren Beruf auf und spezialisiert sich als Rechtsanwältin auf Arzthaftungsrecht. Sie muss sich gleich um zwei Fälle kümmern: um einen 15-Jährigen, der sich weigert, Knochenmark für seinen älteren Bruder zu spenden, und um den Arzt einer Kinderkrebsstation, der die kleinen Patienten als Clown aufheitert, dafür aber eine Abmahnung riskiert. (Fernseh-)Melodram als Fortsetzung eines Films um «Ärztepfusch», Patientenrecht und Patientenwürde. – Ab 14.
Deutschland 2011 **P** Polyphon **KI** offen **R** Sigi Rothemund **B** Jürgen Werner **K** Dragan Rogulj **M** Hans Günter Wagener **D** Katja Weitzenböck (Dr. Patricia Engel), Robert Atzorn (Prof. Brenner), Hanna Höppner (Sarah Engel), Marie Gruber (Schwester Karin), Birthe Wolter (Jennifer van Eyk), Johann Hillmann (Daniel Thomsen), Catherine Flemming (Barbara Thomsen), Götz Schubert (Martin Thomsen) **L** 90 **E** 5.4.2012 ZDF **fd** –

Ein Engel in der Stadt
WHEN ANGELS COME TO TOWN
Ein schusselig-sympathischer Weihnachtsengel steht aus Versehen einer anderen als der vorgesehenen Familie in Not bei, wobei sich am Ende herausstellt, dass er doch alles richtig gemacht hat. Warmherziger Weihnachtsfilm, in dem Peter Falk zum dritten Mal als Engel Max auftritt und alle Erwartungen erneut erfüllt. (Vgl. A Town Without Christmas und Wer ist John Christmas? – Ein himmlisches Abenteuer) – Ab 14.
USA 2004 **P** Daniel H. Blatt Prod. / Paramount **KI** offen **Pd** Ken Gross, Irene Litinsky, Danielle McVickers **R** Andy Wolk **B** Michael J. Murray **K** Pierre Jodoin **M** Patrick Williams **S** Drake Silliman **D** Peter Falk (Max), Alexander Conti (Jimmy Reid), Tammy Blanchard (Sally Reid), Wyatt Bowen (Charlie), Kathleen Fee (Marion), Sean Gallagher (Karl Hoffman), Aaron Grunfeld (Franz), Marina Lapina (Frieda Einstoss), Pierre Leblanc (Josef Hoffman) **L** 85 **E** 22.12.2012 sixx **fd** –

Der Engel mit den dunklen Flügeln
THE VINTER'S LUCK / A HEAVENLY VINTAGE
Im 19. Jahrhundert erhält ein französischer Winzer, der unabhängig von seinem Gutsherrn wirtschaften möchte, überirdische Hilfe von einem Engel und heiratet die Frau, die er liebt. Jahre später freundet er sich mit der Tochter seines ehemaligen Herrn an. Das komplizierte Beziehungsgeflecht zwischen dem Winzer, seiner Frau, seiner Geliebten und dem Engel ist ausgesprochen fragil. Der atmosphärisch stimmungsvolle Film verheddert sich im Brückenschlag zwischen Historienfilm und «übersinnlichen Elementen» und findet keinen überzeugenden dramaturgischen Zugriff auf seine komplexe «menage à quatre». – Ab 14. Scope. Frankreich / Neuseeland 2009 **P** New Zealand Film Commission / Ascensions Films / Kortex / Acajou **DVD** Capelight (16:9, 1.78:1, DD5.1 engl./dt.) **BD** Capelight (16:9, 1.78:1, dts engl., dts-HDMA dt.) **Pd** Ludi Boeken, Niki Caro, Pascal Judelewicz, Robin Laing, Laurie Parker, Claës Wachtmeister **R** Niki Caro **B** Niki Caro, Elizabeth Knox, Joan Scheckel **Vo** Elizabeth Knox (Roman The Vinter's Luck) **K** Denis Lenoir **M** Antonio Pinto **S** David Coulson **D** Jérémie Renier (Sobran Jodeau), Gaspard Ulliel (Engel/Teufel des Weinbauern), Vera Farmiga (Aurora de Valday), Keisha Castle-Hughes (Celeste), Vania Vilers (Jodeau sen.), Eric Godon (Pater Lesy), Patrice Valota (Comte du Viully), François Beukelaers (Chef der Winzer) **L** 121 **FSK** ab 12 **E** 7.3.2012 DVD & BD **fd** 41 128

Entre Les Bras – 3 Sterne. ★
2 Generationen. 1 Küche
ENTRE LES BRAS
Dokumentarfilm über das Drei-Sterne-Restaurant von Michel Bras, einem der einflussreichsten Köche der Welt, im französischen Aubrac. Bras will zukünftig beruflich kürzer treten und die Leitung des exquisiten Unternehmens an seinen Sohn abgeben; für diesen ist es jedoch nicht einfach,

aus dem Schatten des Vaters herauszutreten. Der Film begleitet diesen Prozess und porträtiert sensibel eine komplexe Vater-Sohn-Beziehung sowie den kreativen Ansatz ihrer Küche, die eng mit der Region verwurzelt ist. Daraus entwickelt sich eine sinnlich-impressionistische Familiengeschichte. (O.m.d.U.) – Ab 12.
Frankreich 2011 **P** Everybody on the Deck / Le-Lokal Prod. / Jour2Fête / Hérodiale **Kl** mindjazz **DVD** mindjazz (16:9, 1.78:1, DD5.1 frz.) **Pd** Didier Creste, Sarah Chazelle, Jaime Mateus-Tique, Etienne Ollagnier **R+B** Paul Lacoste **K** Yvan Quéhec **M** Karol Baffa **S** Anthony Brinig **L** 93 (24 B./sec.) / 90 (25 B./sec.) **FSK** o.A.; f **E** 9.8.2012 / 8.2.2013 DVD **fd** 41 193

Die Entscheidung - Blade Runner 2
EARTHKILLER
Auf der Erde regiert ein Zombie-Virus, und im All droht eine Bombe, alles Leben endgültig auszulöschen. Einzig ein weiblicher Android mit temporärem Gedächtnisverlust könnte den «letzten Mohikanern» auf einer Raumstation bei der Rettung helfen. Hanebüchener, in allen Belangen unterirdischer Science-Fiction-Film. Der deutsche Titel ist der dreiste Versuch, einer miserablen Produktion mit falschen Federn eine gewisse Aufmerksamkeit zu verschaffen.
Scope. USA 2011 **DVD** Edel Media (16:9, 2.35:1, DD5.1 engl./dt.) **BD** Edel Media (16:9, 2.35:1, dts-HD engl./dt.) **Pd** Laura Schlachtmeyer **R** Andrew Bellware **B** Montserrat Mendez **S** J. Blake Fichera, Rebecca Kush, Henry Steady **D** Robin Krutz (Helen), Nat Cassidy (Carlysle), Thomas Rowan (Tennyson), Alana Jackler (Hywell), Walter Barnes (Trig) **L** 80 **FSK** ab 16 **E** 27.9.2012 DVD & BD **fd** –

Erich Mendelsohn - Visionen für die Ewigkeit ☆
INCESSANT VISIONS / MENDELSOHN'S INCESSANT VISIONS
Dokumentarisches Porträt des Architekten Erich Mendelsohn (1887–1953), einem der berühmtesten Baumeister der Weimarer Republik, der vor den Nazis ins Exil floh und heute nahezu vergessen ist. Der kurzweilige, beschwingte Film verbindet eine große Fülle disparater Materialien zu einer rhapsodischen Hommage an den visionären Erbauer und seine Ehefrau Luise, deren wechselvolle Liebesgeschichte aus Briefen und Memoiren ersteht. Ein heiter-melancholischer Ausflug in eine blühende Epoche vor dem großen Exodus in der europäischen Kultur, wobei die lichten Bauwerke und Entwürfe Mendelsohns nur eine Rolle unter anderen spielen. (O.m.d.U.) – Sehenswert ab 14. Teils schwarz-weiß. Israel 2011 **P** Zygote Films **Kl** Edition Salzgeber **Pd** Yael Shavit, Duki Dror **R** Duki Dror **B** Galia Engelmayer, Duki Dror **K** Philippe Bellaiche **M** Frank Ilfman **S** Duki Dror **L** 70 (25 B./sec.) **FSK** o.A. (DVD) **E** 8.11.2012 **fd** 41 406

Erinnerung an meine traurigen Huren
MEMORIA DE MIS PUTAS TRISTES
Ein 90-jähriger Greis bestellt bei einer Zuhälterin ein minderjähriges Mädchen, um es zu entjungfern. Die Verfilmung des melancholischen Romans von Gabriel García Márquez beschwört mit irritierender Poesie sinnliche Schönheit, ohne dabei ein faden Beigeschmack einer degoutanten Wunschfantasie abzulenken.
Mexiko / Spanien / Dänemark / USA 2011 **P** Crone Film / Dagmar Film Prod. / Memorias del Sabio Prod. / ZIP Films **DVD** Capelight (16:9, 1.78:1, DD5.1 span./dt.) **BD** Capelight (16:9, 1.78:1, dts span., dts-HDMA dt.) **Pd** Vicente Aldape, Nina Crone, Enrique Fernández, Raquel Guajardo, Norbert Lleras, Jordi Rediu, Leonardo Villarreal **R** Henning Carlsen **B** Jean-Claude Carrière, Henning Carlsen **Vo** Gabriel García Márquez (Roman) **K** Alejandro Martínez **S** Anders Refn **D** Emilio Echevarría (El Sabio), Geraldine Chaplin (Rosa Cabarcas), Angela Molina (Casilda Armenia), Alejandra Barros (Florina de Dios), Dominika Paleta (Ximena Ortiz), Olivia Molina (junge Casilda) **L** 93 **FSK** ab 16 **E** 11.7.2012 DVD & BD **fd** 41 386

Es ist Mitternacht, Paris erwacht
IL EST MINUIT, PARIS S'EVEILLE
Dokumentarfilm über die Pariser Künstlerszene des «Rive Gauche», die in ihrer Blütezeit zwischen 1945 und 1968 Heimstatt für mehr als 200 (Klein-)Bühnen war. Erinnert wird an diese «magische» Zeit mit Jacques Brel, Charles Aznavour, Serge Gainsbourg und vielen anderen durch Zeitzeugen und Archivmaterial. Ein reizvolles Porträt der Pariser Nachkriegszeit, das unweigerlich auch mit nostalgischen Gefühlen verbunden ist. – Ab 14.
Teils schwarz-weiß. Frankreich 2011 **P** Zadig Prod. / INA / ARTE France **Kl** offen **R+B** Yves Jeuland **L** 92 **E** 25.12.2012 arte **fd** –

Escuela normal ☆
ESCUELA NORMAL
Der Dokumentarfilm beschreibt im Stil des Direct Cinema ohne auktorialen Kommentar den Alltag an einer weiterführenden Schule in der argentinischen Provinz. Dabei konzentriert er sich auf eine Gruppe Jugendlicher, die, organisiert in unterschiedlichen Parteien, für die Schulsprecherwahl kandidieren. Unaufdringlich, aber schlüssig in Szenenwahl und Montage legt er Verhaltensweisen offen, die auch in der «großen Politik» zu den Werkzeugen und Ritualen der Wortführer gehören. (O.m.d.U.) – Ab 12.
Argentinien 2012 **P** Tresilmundos Cine **Kl** Cine Global **Pd** Juan Villegas, Inés Gamarci, Celina Murga **R** Celina Murga **B** Celina Murga, Juan Villegas **K** Fernando Lockett **S** Juan Pablo Docampo **L** 88 **FSK** – **E** 6.12.2012 **fd** 41 429

Europa, Entstehung eines Kontinents
EUROPE, L'ODYSSEE D'UN CONTINENT
Der Dokumentarfilm begleitet den Schauspieler Antoine de Maximy an die schönsten und markantesten Naturschauplätze Europas, um sich vor Ort von Wissenschaftlern die Entstehung des Kontinents erklären zu lassen. Die betont sinnliche Entdeckungsreise erzählt vom Werden und Wandel der Landschaften und nähert sich in kleinen, rückwärts gerichteten Schritten den Ursprüngen des landschaftlich vielfältigen Europas an. – Ab 14.
Frankreich 2012 **P** La Compagnie des Taxi-brousse **Kl** offen **Pd** Maurice Ribière **R+B** Stéphane Bégoin **K** John Jackson, David Tiago Ribeiro, Madjid Chir **M** Sylvain Moreau **S** Gilles Perru **L** 85 **E** 3.6.2012 arte **fd** –

Europas letzter Sommer - Die Julikrise 1914 ☆
Am 28.6.1914 wird der österreichische Thronfolger Franz Ferdinand in Sarajewo ermordet. Nach kurzer Schockstarre in den europäischen

Machtzentralen regieren die Staatslenker und nutzen das Attentat, um die eigene Macht zu vergrößern und alte Rechnungen zu begleichen. Fünf Wochen nach dem Attentat stürzt der Kontinent in Folge von Kompromisslosigkeit, Größenwahn und Kadavergehorsam in den bis dato verheerendsten Krieg der Menschheitsgeschichte. Das ebenso aufwändig wie virtuos in Szene gesetzte Dokumentarspiel macht Motivationen und Entscheidungsprozesse transparent, führt in die Machtzentren des Kontinents und lässt an den Verhandlungen der Diplomaten teilhaben. Innerhalb seines selbst gesetzten Rahmens erzielt der Film hinsichtlich Dichte und Komplexität eine außerordentlich selten gesehene Qualität. – Ab 14.
Deutschland 2012 **P** Tellux (für BR alpha) **KI** offen **Pd** Martin Choroba **R** Bernd Fischerauer **B** Bernd Fischerauer, Klaus Gietinger **K** Markus Fraunholz **S** Uschi Erber **D** Frank Röth (Theobald Bethmann-Hollweg), Lars Rudolph (Kurt Riezler), Christoph Moosbrugger (Leopold Graf Berchtold), Hubertus Hartmann (Wilhelm II.), Volker Spahr (Helmuth Johannes Ludwig von Moltke), Klaus Guth (Erich von Falkenhayn), Jürgen Tarrach (Friedrich Ebert), Simon Hatzel (Alexander Graf von Hoyos) **L** 90 **E** 30.6.2012 BR alpha **fd** –

Eva
EVA
In naher Zukunft kehrt ein Kybernetik-Experte in seine nordspanische Heimat zurück, um für die emotionale Komponente eines erstmals menschlichen Roboterkindes zu sorgen. Als Vorlage dafür wählt er die Tochter seines Bruders und seiner einstigen Jugendliebe. Fatale Erinnerungen aus längst verdrängter Vergangenheit werden aufgewühlt und gefährden das Projekt. Mehr Melodram als Science-Fiction-Gesellschaftsdrama, lebt der Film von guten Spezialeffekten und und glaubwürdig agierenden Darstellern. – Ab 16.
Spanien 2011 **P** Escándalo Films / Ran Entertainment **DVD** Universum (16:9, 1.78:1, DD5.1 span./dt.) **BD** Universum (16:9, 1.78:1, dts-HDMA span./dt.) **Pd** Jérôme Rougier **R** Kike Maíllo **B** Sergi Belbel, Cristina Clemente, Martí Roca, Aintza Serra **K** Arnau Valls Colomer **M** Evgueni Galperine, Sacha Galperine **S** Elena Ruiz **D** Daniel Brühl (Alex Garel), Marta Etura (Lana Levi), Alberto Ammann (David Garel), Claudia Vega (Eva), Anne Canovas (Julia), Lluís Homar (Max), Sara Rosa Losilla (Prototyp 519), Manel Dueso (Professor) **L** 93 **FSK** ab 12 **E** 4.10.2012 DVD & BD **fd** –

Evidence
EVIDENCE
Zwei junge Männer unternehmen mit ihren Freundinnen einen Campingausflug in die freie Natur, wo bald nicht nur Beziehungsprobleme auftauchen: Seltsame Geräusche und die Sichtung eines seltsamen Tiers sorgen für wachsendes Unbehagen, das in abgründiges Grauen umschlägt. Getarnt als «Dokumentation» aus von den Protagonisten gefilmtem Material, schlägt der Horrorfilm unoriginell in die Kerbe einschlägiger Wackelkamera-Filme, bevor er im Finale deutlich an Spannung, nicht aber an Glaubwürdigkeit gewinnt.
USA 2011 **P** RynoRyder Prod. **KI** Kinostar **Pd** Ryan McCoy **R** Howie Askins **B** Ryan McCoy **K** Daniel Wall **S** Howie Askins **D** Ryan McCoy (Ryan), Brett Rosenberg (Brett), Abigail Richie (Abi), Ashley Bracken (Ashley), Zack Fahey, Blaine Gray, Keith Lewis, Risdon Roberts (Sara), Andrew Varenhorst **L** 82 (24 B./sec.) / 79 (25 B./sec.) **FSK** ab 16; f **E** 27.9.2012 **fd** 41 292

Evim Sensin – Du bist mein Zuhause
EVIM SENSIN
Eine junge Frau aus gutem Hause setzt gegen den Willen ihres Vaters durch, den Mann ihres Lebens, einen Monteur, zu heiraten. Das Glück des Paares wird erschüttert, als sich bei der jungen Frau eine heimtückische Form von Demenz bemerkbar macht. Ihr Ehemann kümmert sich aufopferungsvoll um sie. Hemmungslos romantisches Melodram, das die Demenzerkrankung in so stark versüßter Form verabreicht, dass sie mit der Realität kaum kompatibel erscheint. (O.m.d.U.) – Ab 14.
Türkei 2012 **P** Avsar Film **KI** AF-Media **Pd** Sükrü Avsar **R+B** Özcan Deniz **K** Olcay Oguz **M** Yildiray Gürgen, Özcan Deniz **D** Özcan Deniz (Iskender), Fahriye Evcen (Leyla), Sait Genay (Selim), Özay Fecht (Zeliha), Levent Öktem, Günes Hayat (Meliha), Teoman Kumbaracibasi, Kayhan Yildizoglu, Bans Yalçin (Erol), Volga Sorgu **L** 105 **FSK** – **E** 8.11.2012 **fd** 41 458

Exit Humanity
EXIT HUMANITY
In den Wirren des amerikanischen Bürgerkriegs steigen in Tennessee die Toten aus den Gräbern und gieren nach den Lebenden. Für einen jungen Nordstaatler, der an der Trostlosigkeit zu zerbrechen droht, stellt sich die Frage, wer grausamer ist: die Menschen oder die Monster. Düsterer, formal ambitionierter, verschachtelt erzählter Zombiefilm im historischen Gewand eines Kriegsdramas, der Spannung und Grauen überzeugend mit philosophischen Fragen von Entmenschlichung in Extremsituationen verbindet.
DVD/BD: Die FSK-Freigabe «ab 18» der DVD/BD bezieht sich auf das Bonusmaterial (Trailer etc.), der Film selbst hat eine Freigabe «ab 16».
Scope. Kanada 2011 **P** Foresight **DVD** Splendid (16:9, 2.35:1, DD5.1 engl./dt.) **BD** Splendid (16:9, 2.35:1, dts-HD engl./dt.) **Pd** Jesse T. Cook, John Geddes, Matt Wiele, Cody Calahan **R+B** John Geddes **K** Brendan Uegama **M** Jeff Graville, Nate Kreiswirth, Ben Nudds **S** John Geddes **D** Mark Gibson (Edward Young), Jordan Hayes (Emma), Dee Wallace (= Dee Wallace Stone) (Eve), Bill Moseley (General Williams), Stephen McHattie (Johnson), Adam Seybold (Isaac), Ari Millen (Wayne), Jason David Brown (Roy) **L** 110 **FSK** ab 16 **E** 18.5.2012 DVD & BD **fd** –

Exodus
EXODUS
In einer nicht näher benannten Zukunft verfügt ein rechtsradikaler Politiker namens Pharao Mann die Säuberung seines Herrschaftsgebiets und die Kasernierung niederer Ethnen. Moses, sein vermeintlicher Sohn, erfährt von seinen wahren Eltern, sucht sie im Getto, avanciert zum Rädelsführer der Aufständischen und will «sein Volk» vereinen. Beachtliche künstlerische Annäherung an den biblischen Text im Zweiten Buch Moses. Durch die kongeniale Modernisierung erhält der Stoff eine bedrückende aktuelle Qualität, in der die Zukunft der Menschheit von Klassendenken, Oppression und Selektion bestimmt wird. Gut gespielt

und eindrucksvoll fotografiert, verweist der realistische Science-Fiction-Film auf die Zeitlosigkeit christlichen Gedankenguts. – Ab 16.
Scope. Großbritannien 2007 **P** Artangel Media / Arts Council of England / Channel 4 **DVD** Ascot/Elite (16:9, 2.35:1, DD5.1 engl./dt., dts dt.) **BD** Ascot/Elite (16:9, 2.35:1, dts-HDMA engl./dt.) **Pd** Ruth Kenley-Letts **R+B** Penny Woolcock **K** Jakob Ihre **M** Malcolm Lindsay **S** Brand Thumim **D** Daniel Percival (Moses), Claire-Hope Ashity (Zipporah), Bernard Hill (Pharao), Anthony Johnson (Aaron), Barry Letts (Prof. Markus), Jason Pile-Grey (Jason), Delroy Moore (Jethro), Michelle Lam (Bo) **L** 106 **FSK** ab 16 **E** 4.6.2012 DVD & BD   fd –

Der Exorzismus der Emma Evans
LA POSESION DE EMMA EVANS
Eine 15-Jährige wird nach Alkohol- und Drogenexzessen von einer geheimnisvollen Macht ergriffen und zur Bedrohung für ihre Verwandten. Ein ebenfalls mit ihr verwandter Priester attestiert Besessenheit und leitet einen Exorzismus ein. Herkömmlicher Horrorfilm mit wenigen Überraschungen, der sich weitgehend an die Gesetze und Grenzen des Subgenres hält.

DVD/BD: Die Extras umfassen u.a. ein ausführliches «Making of» (57 Min.)
Scope. Spanien 2010 **P** Filmax **DVD** Universum (16:9, 2.35:1, DD5.1 span./dt.) **BD** Universum (16:9, 2.35:1, dts-HDMA span./dt.) **Pd** Julio Fernández **R** Manuel Carballo **B** David Muñoz **K** Javier Salomes **M** Zacarías M. de la Riva **S** Guillermo de la Cal **D** Stephen Billington (Christopher), Tommy Bastow (Alex), Doug Bradley (Padre Ennis), Sophie Vavaseur (Emma), Richard Felix (John), Jo-Anne Stockham (Lucy), Isamaya French (Rose), Emma Reynolds (Sarah) **L** 97 **FSK** ab 16 **E** 7.3.2012 DVD & BD   fd –

Extrem laut & unglaublich nah ☆
EXTREMELY LOUD AND INCREDIBLY CLOSE
Ein Jahr nach dem Tod seines Vaters beim Terroranschlag vom 11. September 2001 in New York begibt sich ein elfjähriger, unter Asperger leidender Junge mit überentwickeltem Organisationstalent auf die Suche nach Zeichen, die ihm sein Vater hinterlassen haben mag. Die Verfilmung des Romans von Jonathan Safran Foer erzählt gänzlich aus der Perspektive des Kindes und ist der bemerkenswerte Versuch der Aufarbeitung und Überwindung jenes Traumas, das die US-amerikanische Nation bis zum heutigen Tag bewegt. Feinfühlig inszeniert und hervorragend gespielt, begibt sich der Film manchmal nah an den Rand zur Sentimentalisierung, überzeugt aber stets durch die Ernsthaftigkeit seines Anliegens. – Sehenswert ab 14.
DVD/BD: Die BD enthält eine Audiodeskription für Sehbehinderte, allerdings nur in englischer Sprache.
Scope. USA 2011 **P** Scott Rudin Prod. / Warner Bros. **KI** Warner Bros. **DVD** Warner (16:9, 2.35:1, DD5.1 engl./dt.) **BD** Warner (16:9, 2.35:1, dts-HDMA engl., DD5.1 dt.) **Pd** Scott Rudin **R** Stephen Daldry **B** Eric Roth **Vo** Jonathan Safran Foer (Roman *Extremely Loud & Incredibly Close / Extrem laut und unglaublich nah*) **K** Chris Menges **M** Alexandre Desplat **S** Claire Simpson **D** Tom Hanks (Oskars Vater), Sandra Bullock (Oskars Mutter), Thomas Horn (Oskar Schell), James Gandolfini (Ron), Zoe Caldwell (Oskars Großmutter), Max von Sydow (der Mieter), Viola Davis (Abby Black), Jeffrey Wright (William Black), John Goodman (Stan, der Türsteher) **L** 129 **FSK** ab 12; f **FBW** bw **E** 16.2.2012 / 22.6.2012 DVD & BD   fd 40 916

DER FLUSS WAR EINST EIN MENSCH (Filmgalerie 451)

Faces in the Crowd
FACES IN THE CROWD
Auf der Flucht vor einem Gewalttäter verletzt sich eine junge Frau schwer am Kopf und erkennt fortan keine menschlichen Gesichter mehr. Das weiß der Killer nicht und will sie als Zeugin beseitigen. Ein junger Polizist interessiert sich für den Fall und die vom Schicksal geschlagene Frau. Leidlich spannender Thriller, der bemüht ist, die psychologisch-dramatische Komponente herauszuarbeiten, aber keine besondere dramaturgische Tiefe erreicht. – Ab 16.
USA/Kanada/Frankreich 2011 **P** Forecast Pic. / Frantic Films Live Action Prod. / Minds Eye Entertainment / Radar Films **DVD** Sony (16:9, 2.35:1, DD5.1 engl./dt.) **BD** Sony (16:9, 2.35:1, dts-HDMA engl./dt.) **Pd** Kevin DeWalt, Jean-Charles Levy, Clément Miserez **R** Julien Magnat **B** Julien Magnat, Kelly Smith **K** Rene Ohashi **M** John McCarthy **S** Antoine Vareille **D** Milla Jovovich (Anna Marchant), Julian McMahon (Sam Kerrest), David Atrakchi (Lanyon), Michael Shanks (Bryce), Sarah Wayne Callies (Francine), Marianne Faithfull (Dr. Langenkamp), Valentina Vargas (Nina), Nels Lennarson (Kerrest # 2) **L** 99 **FSK** ab 16 **E** 16.5.2012 DVD & BD   fd –

Der Fall Jakob von Metzler   ★
Im Herbst 2002 wird der elfjährige Bankierssohn Jakob von Metzler entführt. Der Täter wird am Tag nach der Lösegeldübergabe festgenommen, weigert sich aber, das Versteck des Kindes preiszugeben. Der Polizei-Vizepräsident weist einen Untergebenen an, dem Entführer körperliche Gewalt anzudrohen; dieser verrät das Versteck, doch der Junge wurde bereits vor der Verhaftung des Entführers ermordet. Der Täter wird zu lebenslanger Freiheitsstrafe verurteilt, gegen den Vizepräsidenten ein Strafverfahren eingeleitet. Ein um Authentizität, faktische Treue und emotionale Distanz bemühtes (Fernseh-)Drama. Seine Spannung bezieht es aus einer dicht erzählten Fülle akribisch rekonstruierter Details und einer präzisen Charakterisierung der handelnden Personen. – Ab 16.
Deutschland 2012 **P** teamWorx **DVD** Studio Hamburg (16:9, 1.78:1, DD2.0 dt.) **Pd** Nico Hofmann **R** Stephan Wagner **B** Jochen Bitzer **K** Thomas Benesch **M** Ali N. Askin **S** Gunnar Wanne-Eickel **D** Robert Atzorn (Wolfgang Daschner), Uwe Bohm (Ortwin Ennigkeit), Johannes Allmayer (Magnus Gäfgen), Wolfgang Pregler (Gutjahr), Rainer Piwek (Dieter Mohn), Dirk Borchardt (Hans Joachim Wölfel), Hanns Zischler (Friedrich von Metzler), Hubert Mulzer (Hans Hermann Reschke), Jenny Schily (Sylvia von Metzler) **L** 91 **FSK** ab 12 **E** 24.9.2012 ZDF / 16.11.2012 DVD   fd –

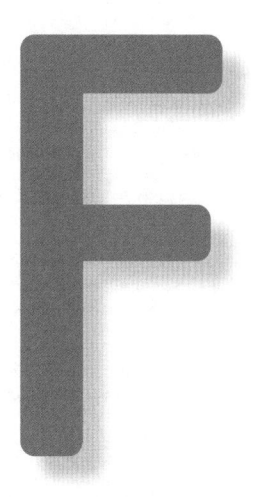

Fallen Empire – Die Rebellion der Aradier
HIROKIN
Der junge Spross einer aufsässigen Siedlerfamilie schwört Rache, als die Herrscherfamilie eines zukünftigen Wüstenstaats Hand an seine Verwandtschaft legt. Der Anführer der Rebellen erkennt das kämpferische Potenzial des Unterdrückten und plant ihn in seine Umsturzpläne ein. Solider Fantasy-Film mit dem archaischen Billigcharme von DUNE – DER WÜSTENPLANET, der von seinen beiden charismatischen Gegenspielern zehrt. – Ab 16.
USA 2011 **P** Hirokin Prod. **DVD** Splendid (16:9, 1.78:1, DD5.1 engl./dt.) **BD** Splendid (16:9, 1.78:1, dts-HD engl./dt.) **Pd** Alejo Mo-Sun, Braxton Pope, John Will Clay, Danielle James, Lauren Mo-Sun **R+B** Alejo Mo-Sun **K** Cameron Duncan **M** John Paesano **S** Jennifer Harrington, Travis North, Bryan Roberts **D** Wes Bentley (Hirokin), Angus MacFadyen (Moss), Julian Sands (Griffin), Jessica Szohr (Orange), Laura Ramsey (Maren), Max Martini (Renault), Rodney Charles (Honsu), Mercedes Manning (Terra) **L** 102 **FSK** ab 16 **E** 11.5.2012 DVD & BD   fd –

Familie und andere Katastrophen
WE ARE FAMILY / MOYA BEZUMNAYA SEMYA
Ein junger Werbefilmregisseur aus Moskau schämt sich für seine denk-

bar schrullige Familie. Als er sie seiner neureichen Liebsten und deren Sippschaft vorstellen soll, engagiert er eine fiktive Vorzeigefamilie aus einem seiner Spots. Die untereinander zerstrittenen Akteure stehen seinem eigenen Clan aber an Schrulligkeit in nichts nach, weshalb das Lügengespinst bald aufzufliegen droht. Konventionelle Komödie mit passablen Schauspielern, aber allzu vorhersehbaren Gags und Handlungswendungen, die auf ein denkbar biederes Ende zusteuert. – Ab 12.
Russland / USA 2012 **P** Real Dakota / Fox International Pic. **KI** Twentieth Century Fox **Pd** Renat Davletyarov, Aleksandr Kotelevsky **R** Renat Davletyarov **B** Yuri Korotkov, Victor Levin, Daniel Shere **M** Dmitriy Noskov **D** Iwan Stebunov (Kostja), Aglaya Shilovskaya (Vika), Leonid Jarmolnik (Bronislaw), Maria Shukshina (Liija), Andrej Urgant (Volyntsev), Larissa Udowitschenko (Topeshko), Andrei Panin (Viktor Sergejewitsch), Anna Ardova (Alla Leonidowna), Elgudia Burduli **L** 115 (25 B./sec.) **FSK** ab 6; f **E** 1.11.2012 **fd** 41 414

Familie Windscheidt – Der ganz normale Wahnsinn
Nach Burnout-Syndrom und Klinikaufenthalt kehrt ein Architekt zu seiner Familie zurück. Die Ehefrau sowie die Kinder aus der gemeinsamen sowie den jeweiligen früheren Ehen nehmen weitgehend Rücksicht, doch das «ganz normale» Leben fordert seinen Tribut: Während seine Frau ihren Job beim Arbeitsamt zu verlieren droht und sein Geschäftspartner sich mit einem großen Geldbetrag aus dem Staub macht, verlangen die pubertierenden Kinder und die älter werdenden Großeltern erhöhte Aufmerksamkeit. Mit heiteren Zwischentönen aufgelockertes (Fernseh-)Drama über familiären Alltag in der globalisierten Gegenwart. – Ab 14.
Deutschland 2011 **P** Studio Hamburg / Real Film (für ZDF) **KI** offen **Pd** Sabine Timmermann **R** Isabel Kleefeld **B** Martin Rauhaus **K** Martin Kukula **M** Ali N. Askin **S** Renata Salazar Ivancan **D** Anja Kling (Susanne Windscheidt), Hendrik Duryn (Jochen Windscheidt), Samuel Schneider (Florian Windscheidt), Lilli Fichtner (Marie Windscheidt), Aaron Kissiov (Benni Windscheidt), Hermann Beyer (Frank Jonas), Barbara Nüsse (Marianne Jonas), Dieter Mann (Albert Windscheidt), Rita Feldmeier (Helga Windscheidt), Hans-Jochen Wagner (Norbert Jonas), Lilia Lehner (Annika Jonas), Rosa Enskat (Britta Jonas) **L** 90 **E** 19.11.2012 ZDF **fd** –

Familientreffen mit Hindernissen ★
LE SKYLAB
Eine Frau erinnert sich an ein sommerliches Familientreffen im Jahr 1976 in der Bretagne, an dem sie selbst als elfjähriges Mädchen teilnahm. Die Turbulenzen des familiären Miteinanders passieren ebenso Revue wie die einer ersten Liebe und sorgen ebenso für Unruhe wie der Absturz der US-Raumstation «Skylab». Mit Verve erzählt, komponiert der Film ein feinfühliges Stimmungsbild der 1970er-Jahre und verdichtet die kleinen familiären Ereignisse zu unterhaltsamen Minidramen, wozu auch die komödiantisch treffsicheren Darsteller beitragen. Eine autobiografisch gefärbte Liebeserklärung an den Großfamilienverbund. – Ab 12.
Frankreich 2011 **P** The Film / Mars Films / France 2 Cinéma / Tempête Sous Un Crâne Prod. **KI** nfp **DVD** EuroVideo (16:9, 1.78:1, DD5.1 frz./dt.) **Pd** Michael Gentile **R+B** Julie Delpy **K** Lubomir Bakchev **S** Isabelle Devinck **D** Lou Avarez (Albertine), Julie Delpy (Anna), Eric Elmosnino (Jean), Aure Atika (Tante Linette), Noémie Lvovsky (Tante Monique), Bernadette Lafont (Mamie), Emmanuelle Riva (Mémé), Vincent Lacoste (Christian), Marc Ruchmann (Onkel Loulou), Sophie Quinton (Tante Clémentine), Valérie Bonneton (Tante Micheline), Denis Ménochet (Onkel Roger), Jean-Louis Coulloc'h (Onkel Fredo), Michèle Goddet (Tante Suzette), Luc Bernard (Onkel Joseph), Albert Delpy (Onkel Hubert), Candide Sanchez (Onkel Gustavo), Karin Viard (erwachsene Albertine) **L** 114 (24 B./sec.) / 110 (25 B./sec.) **FSK** ab 12; f **E** 9.8.2012 / 17.1.2013 DVD **fd** 41 202

Famine – 20 Students, 20 Hours, 20 Horrible Ways To Die
FAMINE
Beim alljährlichen 20-stündigen «Für den Frieden»-Fasten in einer Schulturnhalle geht ein wahnsinniger Mörder um und dezimiert die Eingeschlossenen auf unappetitliche Weise. Dummer Versuch, ein dilettantisches Slasher-Movie durch Grindhouse-Ästhetik und Kalauer goutierbar zu machen.
DVD/BD: Der Film wurde für den deutschen Markt um gut zwei Minuten gekürzt. Nur die ungekürzte Version erschien bei Illusions in Österreich.
Kanada 2011 **P** New Image / Plotdigger Films **DVD** Musketier/cultmovie (16:9, 1.78:1, DD5.1 engl./dt.) **Pd+R** Ryan Nicholson **B** Ryan Nicholson, Jeff O'Brien **K** Matt Leaf **S** Matt Leaf **D** Beth Cantor (Cathy Carpenter), Christopher Patrick Donoghue (Carpenter), Nathan Durec (Mr. Balszack), Dustin Elkins (Spinell), Karyn Halpin (Sarah Silvana), Glenn Hoffmann (Principal Nielson), Des Larson (Darren Dickerson), Christopher Lomas (Nick Nelson) **L** 70 & 74 **FSK** ab 18 & ungeprüft **E** 13.9.2012 DVD **fd** –

Die Farbe des Ozeans ★
EL COLOR DEL OCÉANO
Eine deutsche Touristin macht Urlaub auf den Kanaren, als am Strand afrikanische Flüchtlinge angespült werden. Viele sind tot; Überlebende werden von der Polizei in ein Lager gebracht. Die Urlauberin will einem der Afrikaner helfen, während ein spanischer Grenzpolizist für die Abschiebungen sorgt. Ein mitunter konstruiertes, gleichwohl spannendes Drama, das drei Schicksale verbindet, die unterschiedliche Perspektiven auf die Flüchtlingsthematik eröffnen. Der komplexe globale Kontext bleibt durch die Fokussierung auf Einzelschicksale ausgespart. – Ab 14.
Scope. Deutschland / Spanien 2011 **P** Südart Filmprod. / Starhaus Filmprod. / noirfilm / El Olivo Prod. / BR **KI** Movienet **DVD** EuroVideo (16:9, 1.78:1, DD5.1 span./dt.) **Pd** Rainer Kölmel, Boris Jendreyko, Thomas Klimmer, Jordi Rediu, Norbert Llaras, Wasiliki Bleser, Alfonso Garcia Lopez, Boris Michalski **R+B** Maggie Peren **K** Armin Franzen **M** Carolin Heiß, Marc-Sidney Müller **S** Simon Blasi **D** Sabine Timoteo (Nathalie), Álex González (José), Dami Adeeri (Mamadou), Hubert Koundé (Zola), Friedrich Mücke (Paul), Nathalie Poza (Carla), Alba Alonso (Marielle), Mikel Martín (Juan), Esosa Omo (Monama) **L** 92 **FSK** ab 12; f **FBW** bw **E** 17.5.2012 / 23.11.2012 DVD **fd** 41 074

Die Farben der Haut
SKIN DEEP
Wissenschaftlicher Dokumentarfilm über die Evolution der Hautfarben in verschiedenen Epochen und Erdteilen, in dem das Zusammenspiel von Pigmentierung, UV-Strahlung, Vitamin D und Folsäure erhellt wird. Ebenso wird gefragt, wie sich die Globalisierung auf die Physiologie der Menschen auswirken könnte und wie es zu den unterschiedlichen Anpassungen kommt. – Ab 16.
Frankreich / Italien / Australien / Deutschland / Schweden 2010 **P** Doclab / Electric Pic. / ARTE France / RAI / SBS / Screen Australia / Sreenwest **KI** offen **Pd** Andrew Ogilvie, Andrea Quesnelle, Marco Visalberghi **R** Franco di Chiera **B** Barbara Bernardini, Greg Colgan, Franco di Chiera **M** Stefano Lentini **S** David Fosdick, Lawrie Silvestrin **L** 51 **E** 2.8.2012 arte
fd –

Die Farben des Herbstes
LOCAL COLOR
Um seine Kunst zu vervollkommnen, sucht ein junger talentierter Maler Mitte der 1970er-Jahre die Nähe eines arrivierten russischen Kollegen und trifft auf einen desillusionierten, alkoholkranken alten Mann. Allmählich bauen die beiden ein Vertrauensverhältnis auf. Überfrachteter Kunst-/Künstlerfilm, in dem die Motivationen der beiden Protagonisten weitgehend nebulös bleiben. Überzeugend und fesselnd ist die darstellerische Leistung von Armin Mueller-Stahl. – Ab 16.
Scope. USA 2006 **P** Alla Prima Prod. / Brushwork **DVD** Sunfilm (16:9, 2.35:1, DD5.1 engl./dt., dts dt.) **BD** Sunfilm (16:9, 2.35:1, dts-HDMA7.1 engl./dt.) **Pd** Jimmy Evangelatos, George Gallo, Julie Lott, David Permut, Mark Sennet, Shannon Bae, Robert Latham Brown, Bruce Dunn, Alex Kirkwood, Steve Longi, Evan Wasserstrom **R+B** George Gallo **K** Michael Negrin **M** Chris Boardman **S** Malcolm Campbell **D** Armin Mueller-Stahl (Nicholi Seroff), Ray Liotta (John Talia sen.), Trevor Morgan (John Talia jr.), Charles Durning (Yammi), Samantha Mathis (Carla), Ron Perlman (Curtis Sunday), Diana Scarwid (Edith Talia), Julie Lott (Sandra Sunday) **L** 103 **FSK** o.A. **E** 5.1.2012 DVD & BD **fd** –

Fast verheiratet ★
THE FIVE-YEAR ENGAGEMENT
Ein junges Paar steht kurz vor der Hochzeit, als sich für die Frau neue berufliche Perspektiven im fernen Michigan auftun. Ihr Verlobter legt seine eigene Karriere auf Eis, um sie zu begleiten, doch ergeben sich aus der Veränderung Umstände, die die Liebe der beiden auf die Probe stellen. Eine unprätentiöse, charmante Romanze, die angenehm realitätsnah die Schwierigkeiten junger Paare im Spannungsfeld von Romantik, Traditionen und dem Druck moderner Arbeits- und Lebensverhältnisse auslotet. – Ab 14.
DVD/BD: Die Extras umfassen ein Feature mit fünf im Film nicht verwendeten Szenen (10 Min.). Die BD enthält zudem einen Audiokommentar mit dem Regisseur, den Darstellern Jason Segel, Emily Blunt, Chris Pratt, Alison Brie sowie dem Produzenten Rodney Rothman.
USA 2012 **P** Apatow Prod. **KI** Universal **DVD** Universal (16:9, 1.85:1, DD5.1 engl./dt.) **BD** Universal (16:9, 1.85:1, dts-HDMA engl., dts-HD dt.) **Pd** Judd Apatow, Nicholas Stoller, Rodney Rothman **R** Nicholas Stoller **B** Nicholas Stoller, Jason Segel **K** Javier Aguirresarobe **M** Michael Andrews **S** William Kerr, Peck Prior **D** Jason Segel (Tom), Emily Blunt (Violet), Rhys Ifans (Winton), Chris Pratt (Alex), Alison Brie (Suzie), Mindy Kaling (Vaneetha), Kevin Hart (Doug), Brian Posehn (Tarquin), Chris Parnell (Bill), Randall Park (Ming), David Paymer (Pete Solomon) **L** 124 (24 B./sec.) / 120 (25 B./sec.) **FSK** ab 12; f **E** 12.7.2012 / 15.11.2012 DVD & BD
fd 41 166

Faust ☆
FAUST
Alexander Sokurow verwendet Goethes gleichnamiges Theaterstück für eine bildmächtige, sinfonisch strukturierte Reise ins Labyrinth des Verderbens, in der es um die moralische Verkommenheit des Menschen, die Stafette des Bösen und die Einsamkeit der von allen guten Geistern verlassenen Herrscherfiguren geht. Dafür löst er sich konsequent von der Theatervorlage: Der Pathologe Faust ist bei ihm weniger Wahrheitssucher und Seelenerforscher als ein von seiner wahnwitzigen Idee besessener Flaneur. Der atemlose, nur von wenigen Ruhemomenten unterbrochene Film spielt in einer deutschen Kleinstadt des Biedermeier, die zum Ausgangspunkt ewiger Einsamkeit und Verdammnis gerinnt. – Sehenswert ab 16.
Russland 2011 **P** Proline Film **KI** MFA+ **DVD** MFA / Ascot Elite (FF, DD5.1 dt.) **BD** MFA / Ascot Elite (FF, dts-HD dt.) **Pd** Andrej Sigle **R** Alexander Sokurow **B** Alexander Sokurow, Marina Korenewa **K** Bruno Delbonnel **M** Andrej Sigle **S** Jörg Hauschild **D** Johannes Zeiler (Faust), Anton Adassinski (Geldverleiher), Isolda Dychauk (Margarete), Georg Friedrich (Wagner), Hanna Schygulla (Frau des Geldverleihers), Antje Lewald (Margaretes Mutter), Florian Brückner (Valentin), Sigurdur Skúlason (Fausts Vater), Maxim Mehmet (Valentins Freund), Andreas Schmidt (Valentins Freund) **L** 134 **FSK** ab 16; f **FBW** bw **E** 19.1.2012 / 4.4.2012 DVD & BD
fd 40 857

Faust II reloaded – Den lieb ich, der Unmögliches begehrt!
Dokumentarfilm über eine Inszenierung von Goethes *Faust – Der Tragödie zweiter Teil* durch die Schüler einer Bremer Gesamtschule aus einem Stadtviertel, das mit gravierenden sozialen Problemen zu kämpfen hat. Unterstützt werden sie dabei von professionellen Künstlern. Durch Interviews, Eindrücke von den Proben und der Aufführung entsteht das facettenreiche Bild eines verwegenen Theaterprojekts. Allerdings findet der Film keinen erklärerischen Fokus: Welche Entwicklungen das Projekt bei den Kindern, der Schule und in dem Stadtteil auslöst, oder wie genau das Konzept der Inszenierung aussieht, lässt sich nur erahnen. – Ab 12.
Deutschland 2010 **P** Pinguin Film / Kammerphilharmonie Bremen / Gesamtschule Bremen-Ost **KI** Pinguin (Barnsteiner) **Pd** Rolf Wappenschmitt **R+B** Eike Besuden **K** Lür Wangenheim, Mathias Brüninghaus **M** Karsten Gundermann **S** Fabian Teichmann **L** 90 **FSK** o.A.; f **E** 3.5.2012 **fd** 41 027

Die Fee
LA FÉE
Dem Nachtportier eines abgehalfterten Hotels in Le Havre erscheint eine sehr irdisch anmutende Fee und stellt ihm drei Wünsche frei. Bald ist der schlaksige Mann von der seltsamen

Frau verzaubert, doch auf dem Weg zum gemeinsamen Glück liegen Stolpersteine. Ans frühe Kino erinnernde, mit burleskem Humor arbeitende surreal-romantische Komödie. Das langsame Erzähltempo torpediert zwar das Timing mancher Gags, doch insgesamt entfaltet der Film einen eigenwillig-nostalgischen Charme. – Ab 10.
Frankreich/Belgien 2011 **P** MK2 Prod. / Courage Mon Amour / France 3 Cinéma **Kl** Pandastorm **Pd** Elise Bisson, Marina Festré, Charles Gillibert, Marin Karmitz, Nathanaël Karmitz, Valérie Rouy **R+B** Dominique Abel, Fiona Gordon, Bruno Romy **K** Claire Childeric **S** Sandrine Deegen **D** Dominique Abel (Dom), Fiona Gordon (Fiona), Philippe Martz (John), Bruno Romy, Vladimir Zongo, Destiné M'Bikula Mayemba, Willson Goma, Didier Armbruster, Anaïs Lemarchand, Lenny Martz **L** 94 **FSK** o.A.; f **E** 6.9.2012   **fd** 41 239

Felicia über alles ★
FELICIA, INAINTE DE TOATE
Eine 40-Jährige glaubt, ihr Leben im Griff zu haben, doch nach einem Besuch bei ihren Eltern in Bukarest verpasst sie ihr Flugzeug und gerät ins völlige Chaos. Ihr Ex-Mann erwartet von ihr, dass sie rechtzeitig den gemeinsamen Sohn aus dem Ferienlager abholt, der Vater und ihre Schwester stiften zusätzliche Verwirrung, das Verhältnis zur überfürsorglichen Mutter gestaltet sich zunehmend problematisch. Der dichte, mit schwarzem Humor gewürzte Erstlingsfilm im Spannungsfeld zwischen Drama und skurriler Komödie beschreibt pointiert die Problemlagen der Charaktere. Überzeugend ist vor allem die Interpretation der Hauptrolle. – Ab 14.
Frankreich/Rumänien/Kroatien/Belgien 2009 **P** HiFilm / Frakas Prod. / Unlimited / The Anonimal Foundation / CNC / Croation Audivisual Center / HBO Romania / Kinorama / L'Atelier du Festival-Cannes / ARTE **Kl** offen **Pd** Ada Solomon, Philippe Avril, Ankica Tilic-Juric, Jean Yves Roubin **R+B** Razvan Radulescu, Melissa de Raaf **K** Tudor Lucaciu **S** Dana Bunescu **D** Ozana Oancea (Felicia), Ileana Cernat (Frau Mateescu), Vasile Mentzel (Herr Mateescu), Victoria Cocias (Frau Constantin), Gelu Nitu (Herr Constantin), Serban Georgevici (Taxifahrer) **L** 116 **E** 25.8.2012 arte   **fd** –

Fenster zum Jenseits ★
FENSTER ZUM JENSEITS
Dokumentarfilm über drei Schweizer, die sich paranormalen Erscheinungen verschrieben haben. Der klug montierte Film begleitet einen Förster, der angeblich von Kindesbeinen an Tote sehen kann, einen Sozialpädagogen, der als Medium arbeitet, sowie einen skeptischen Wissenschaftler, der die Existenz der Geister beweisen will, bei ihrem Umgang mit dem Übersinnlichen. Die sorgfältige Inszenierung verwendet genretypisch Zeitraffer und eine suggestive Musik und enthält sich jeden Off-Kommentars, kommt dort aber an eine grundsätzliche Grenze, wo die Existenz unsichtbarer Wesen behauptet wird.
Schweiz 2012 **P** O'Neil Entertainment **Kl** Moviebiz (Schweiz) **Pd+R+B** O'Neil Bürgi **Vo** Hans Peter Roth und Niklaus Maurer (Buch Orte des Grauens in der Schweiz) **K** Emilio Cocciadiferro **M** Daniel Laufer **S** O'Neil Bürgi, Louis F. Golay **L** 95 **FSK** – **E** 12.12.2012 Schweiz   **fd** 41 440

Ferien im Niemandsland ★
Dokumentarfilm über einen Bosnier, der als junger Mann nach Deutschland kam und als Disko-Besitzer im Rotlicht-Milieu viel Geld verdiente, das er beim Glücksspiel wieder verlor. Ein Jahr nach der Geburt seines Sohns scheiterte die Ehe; den Kontakt zum Sohn brach er ab, als dieser zwölf war. Die Beziehung zum Sohn, der als Kameramann zum Filmteam gehört, bildet einen Schwerpunkt des Films; einen weiteren die Lage im vom Krieg geprägten Bosnien, wo der ehemalige Disko-Besitzer heute Pflaumen anbaut. Intensiv vermittelt sich die Ratlosigkeit des Kameramanns, der Antworten sucht, aber mit seinem Vater und dessen Lebensstil nicht wirklich etwas anfangen kann; ein nachdenklicher filmischer Ausflug in eine Terra incognita. – Ab 16.
Deutschland 2012 **P** filmtank / SWR / Filmakademie Baden-Württemberg **Kl** offen **Pd** Thomas Tielsch **R+B** Alexander Schimpke **K** Carlo Jelavic **M** Nils Kacirek **S** Alexander Schimpke, Sylke Rohrlach **L** 60 **E** 10.12.2012 SWR **fd** –

Fernes Land
Ein Versicherungsvertreter aus Leipzig träumt schon lange davon, den Beruf zu wechseln und in einem anderen Land neu anzufangen. Als ihm ein «illegaler» Pakistani vors Auto läuft, kommt es zu Ereignissen, die beide zusammenschweißen. Ihre Suche nach Geld für einen Pass mündet in eine Reise durch die Parallelwelt der Migranten. Unbeholfen inszeniert und allzu naiv in seiner Parallelisierung der unterschiedlichen Figuren, bietet der Film keine stichhaltigen Erkenntnisse über ein Leben ohne Papiere in Deutschland. – Ab 16.
Deutschland 2010 **P** Neufilm/ZDF (Das kleine Fernsehspiel) **Kl** missingfilms **DVD** missingFILMs (16:9, 1.78:1, DD5.1 dt.) **Pd** Holm Taddiken **R** Kanwal Sethi **B** Leis Bagdach, Kanwal Sethi **K** Hanno Moritz Kunow **S** Claudia Wolscht, Peter Zorn **D** Christoph Franken (Mark), Atta Yaqub (Haroon), Karina Plachetka, Kulbhushan Kharbanda, Olaf Hais, Rajen Gupta **L** 88 **FSK** ab 12; f **E** 2.2.2012 / 25.5.2012 DVD / 2.7.2012 ZDF   **fd** 40 882

Festung ★
Porträt einer Familie, deren Vater gewalttätig ist und in der die Beziehungen und Abhängigkeiten der Mitglieder untereinander durch Aggressivität vergiftet sind. Dabei gehen die drei Töchter auf unterschiedliche Weise mit der schwierigen Situation um. Der Film lebt wesentlich von der überzeugenden Darstellung der drei Schwestern; auch findet er für die Momente der Leichtigkeit, die eine kurze Befreiung von der Familie erlauben, durchaus prägnante Bilder. Ansonsten bebildert er jedoch zu thesenhaft das Thema häusliche Gewalt, zumal er auch für die Elternfiguren kaum lebensechte Charaktere entwickelt. – Ab 14.
Deutschland 2011 **P** Kordes & Kordes / ZDF (Das kleine Fernsehspiel) **Kl** farbfilm **Pd** Alexandra Kordes, Meike Kordes **R** Kirsi Marie Liimatainen **B** Nicole Armbruster **K** Christine A. Maier **M** Matthias Petsche **S** Sarah J. Levine **D** Ursina Lardi (Erika), Peter Lohmeyer (Robert), Elisa Essig (Johanna), Ansgar Göbel (Christian), Antonia T. Pankow (Moni), Karoline Herfurth (Claudia), Bernd Michael Lade (Herr Waidele) **L** 91 **FSK** ab 12; f **FBW** w **E** 29.11.2012   **fd** 41 400

Fetih 1453
FETIH 1453
Historien-Epos um die Eroberung der zum ehemaligen oströmischen Reich

gehörenden Metropole Konstantinopel durch die Truppen des osmanischen Herrschers Mehmet II. Der ganz aus der Perspektive der Eroberer als heroisches Schlachtengemälde inszenierte Monumentalfilm feiert pathetisch und voller Klischees den Krieg und vermittelt eine ebenso nationalistische wie patriarchale Vorstellung von Heldentum. (Auch O.m.d.U.; DVD-Titel: BATTLE OF EMPIRES) – Ab 16.
Türkei 2010 **P** Aksoy Film **KI** Kinostar **DVD** Ascot/Elite (16:9, 1.78:1, DD5.1 türk./dt.) **BD** Ascot/Elite (16:9, 1.78:1, dts-HDMA türk./dt.) **Pd** Faruk Aksoy, Servet Aksoy, Ayse Germen, Hamit Keles **R** Faruk Aksoy **B** Atilla Engin **K** Hasan Gergin **S** Erkan Özekan **D** Devrim Evin (Sultan Mehmet II.), Ibrahim Çelikkol (Ulubatli Hasan), Dilek Serbest (Era), Cengiz Coskun (Sovalye Giustiniani), Erden Alkan (Çandari Halil Pasa), Recep Aktug (Constantin XI.), Raif Hikmet Çam (Aksemseddin), Erdogan Aydemir (Urban Usta), Naci Adigüzel (Granduk Notaras), Sedat Mert (Zaganos Pasa), Mustafa Atilla Kunt (Sahabettin Pasa) **L** 167 **FSK** ab 16; f **E** 16.2.2012 / 2.10.2012 DVD & BD **fd** 40942

50/50 – Freunde fürs (Über)Leben ★
50/50
Bei einem sportlichen jungen Mann wird eine seltene Krebsform diagnostiziert. Bei seiner Auseinandersetzung mit der Krankheit sind Familie, Freundin und Bekannte wenig hilfreich. Mit einem glänzenden Schauspiel-Ensemble leuchtet der Film die sich verändernden Beziehungen des Erkrankten und die Reaktionen seiner Umwelt aus, wobei er souverän zwischen Witz und Nachdenklichkeit balanciert. Emotional wie atmosphärisch mitreißend, findet er auf das ernste Thema überzeugend einen komödiantischen Zugriff. – Ab 14.
DVD/BD: Die Extras umfassen u. a. einen Audiokommentar mit dem Produzenten Ben Karlin, dem Darsteller Seth Rogen, dem Drehbuchautor Will Reiser, dem Produzenten Evan Goldberg und dem Regisseur. Des Weiteren enthalten sind u. a. ein Feature mit sechs im Film nicht verwendeten Szenen (6 Min.).
USA 2011 **P** Point Grey Pic / IWC Prod. **KI** Universum **DVD** Universum (16:9, 1.85:1, DD5.1 engl./dt.) **BD** Universum (16:9, 1.85:1, dts-HDMA engl./dt.) **Pd** Evan Goldberg, Ben Karlin, Seth Rogen, Nicole Brown, Kelli Konop, Tendo Nagenda **R** Jonathan Levine **B** Will Reiser **K** Terry Stacey **M** Michael Giacchino **S** Zene Baker **D** Joseph Gordon-Levitt (Adam), Seth Rogen (Kyle), Anna Kendrick (Katherine), Bryce Dallas Howard (Rachael), Anjelica Huston (Diane), Serge Houde (Richard), Andrew Airlie (Dr. Ross), Matt Frewer (Mitch), Philip Baker Hall (Alan), Donna Yamamoto (Dr. Walderson), Sugar Lyn Beard (Susan), Yee Jee Tso (Dr. Lee), Sarah Smyth (Jenny) **L** 100 **FSK** ab 12; f **E** 3.5.2012 / 17.9.2012 DVD & BD **fd** 41043

Fight – City of Darkness
TARUNG: CITY OF DARKNESS
Ein junger Draufgänger will sich nach einem Aufenthalt im Gefängnis zum besseren Menschen wandeln, doch seine Kumpels geraten einfach zu häufig in Schwierigkeiten. Auch sind diverse Gangster zu aufdringlich, um ihn in Frieden leben zu lassen. Vor der modernen Kulisse der indonesischen Millionenmetropole Jakarta rasant in Szene gesetzter Prügelfilm mit einigen bemerkenswerten Kampfeinlagen, aber auch viel geschwätzigem, betont auf «cool» getrimmtem Leerlauf.
DVD/BD: Erhältlich als DVD, 2D BD und 2D/3D BD.
3D. Scope. Indonesien 2011 **P** Jelita Alip Film **DVD** Los Bandidos/Blockbuster Ent. (16:9, 2.35:1, DD5.1 dt.) **BD** Los Bandidos/Blockbuster Ent. (16:9, 2.35:1, dts-HD dt.) **Pd** Shak Lap Fai **R** Nayato Fio Nuala **B** Ian Janpanay, Ery Sofid **K** Freddy Lingga, Nayato Fio Nuala **M** Tya Subiakto Satrio **S** Tiara Puspa Rani **D** Guntur Triyoga (Galang), Volland Humonggio (Reno), Daud Radex (Daud), Khrisna Putra (Choky), Cinta Dewi (Astrid), Gouw Hartono (Tono) **L** 81 **FSK** ab 18 **E** 23.11.2012 DVD & BD **fd** –

Finn und der Weg zum Himmel
Ein geistig zurückgebliebener Mann Mitte 20 betrauert seinen verstorbenen Vater, ist dabei aber felsenfest davon überzeugt, dass er selbst ebenfalls bald sterben und ihm in den Himmel folgen wird. Tragikomischer (Fernseh-)Familienfilm, der in der Ästhetik tschechischer Märchenfilme auf humorvolle Weise über Todeswunsch und Lebenslust erzählt. – Ab 14.

Deutschland 2012 **P** Funkfilme **KI** offen **Pd** Alexander Funk **R+B** Steffen Weinert **K** Ulle Hadding **S** Ramin Sabeti **D** Jacob Matschenz (Finn), Birge Schade (Anna Mulzer), Elisa Schlott (Hannah), Antoine Monot (Ludwig), Heinrich Schafmeister (Bonifaz), Heio von Stetten (Georg Mulzer) **L** 90 **E** 21.11.2012 SWR **fd** –

Fireproof
FIREPROOF
So erfolgreich ein Feuerwehrmann in seinem Beruf ist, so unglücklich agiert er in seiner Ehe, sodass ihn seine Frau vor die Tür setzt. Bei seinem Vater sucht er Rat und erkennt, wie er mit Gott und viel Einfühlungsvermögen seine Ehe retten kann. Kitschiges, von der Kirche gesponsertes Drama mit Bibelsprüchen und viel Verständnis für die Familienprobleme der US-amerikanischen Wohlfühlwelt. – Ab 16.
DVD/BD: Die FSK-Freigabe «ab 12» der DVD/BD bezieht sich auf das Bonusmaterial (Trailer etc.), der Film selbst hat eine Freigabe «ab 6».
USA 2008 **P** Samuel Goldwin Films / Affirm Films / Camel Entertainment / Provident Films / Sherwood Pic. **DVD** dtp/Great Movies (16:9, 1.85:1, DD5.1 engl./dt.) **BD** dtp/Great Movies (16:9, 1.85:1, dts engl./dt.) **Pd** Alex Kendrick, Stephen Kendrick, David Nixon **R** Alex Kendrick **K** Bob Scott **M** Mark Willard **S** Bill Ebel **D** Kirk Cameron (Caleb Holt), Erin Bethea (Catherine Holt), Ken Bevel (Michael Simmons), Stephen Dervan (Wayne Floyd), Eric Young (Terrell Sanders), Jason McLeod (Eric Harmon), Harris Malcom (John Holt), Phyllis Malcom (Cheryl Holt) **L** 118 **FSK** ab 6 **E** 14.3.2012 DVD & BD **fd** –

Fischen Impossible – Eine tierische Rettungsaktion
SEEFOOD
Ein kleiner Bambus-Hai entdeckt, dass er an Land atmen kann, und macht sich auf, gestohlene Fischeier zu befreien. Dabei hilft ihm ein Weißspitzen-Hai, der für seinen Landgang einen roboterähnlichen «Fischanzug» mit aufgesetztem Aquarium benötigt. Computeranimierter Trickfilm aus Malaysia, der seine Themen um Freundschaft und Vertrauen, Selbstvertrauen und Mut, Hilfsbereitschaft und Erfindungsgeist durchaus kind-

gerecht vermittelt. Stilistisch lehnt sich der Film dabei zu sehr an Hollywood-Vorbilder an, ohne deren technische oder gestalterische Brillanz zu besitzen. – Ab 8.
Malaysia 2011 **P** Silver Ant **KI** Splendid **DVD** Splendid (16:9, 1.78:1, DD5.1 engl./dt.) **BD** Splendid (16:9, 1.78:1, dts-HDMA engl./dt.) **Pd** Mahmoud Orfali **R** Aun Hoe Goh **B** Jeffrey Chiang **M** Imaginex Studio **S** Louis Ted Chee Wei **L** 89 **FSK** ab 6; f **E** 26.4.2012 / 31.8.2012 DVD & BD **fd** 41 040

Der Fischer vom Bodensee
Belanglose (Fernseh-)Dokumentation über einen Fischer, der auf dem malerischen Bodensee Tag für Tag seine Netze auswirft und seine Fischfanggründe mittels Schrotflinte gegen eine wachsende Population von gefräßigen Kormoranen verteidigt. Der überwiegend lebensfrohe Zeitgenosse wird unter Einsatz von zahllosen Sonnenauf- und -untergängen sowie diversen Helikopter-Rundflügen vorgestellt, wobei die Region ausgesprochen gut aussieht. Ein betont pittoresker moderner Heimatfilm, der auch Fans des Silberwald-Försters gefallen dürfte. – Ab 12.
Deutschland 2012 **P** SWR **KI** offen **Pd** Jochen Dickbertel **R+B** Willy Meyer **K** Ulrich Nissler **M** Matthias Frey **S** Isabelle Allgeier **L** 60 **E** 23.7.2012 SWR **fd** –

Flamenco, Flamenco ★
FLAMENCO, FLAMENCO
Impressionistischer Dokumentarfilm über den Flamenco, in dem sich Regisseur Carlos Saura verschiedenen Generationen und unterschiedlichen Einflüssen widmet, die diese ursprünglich von spanischen Roma geschaffene Musik- und Tanzrichtung weiterentwickelt und neu belebt haben. Ohne erklärenden Kommentar erweist der Reigen aus Musikstücken und Tanz als Synästhesie aus Licht, Ton und Farben der langen Kulturgeschichte des Flamenco die Reverenz und entfaltet dabei einen großen Reiz. – Ab 14.
Spanien 2010 **P** General de Producciones y Diseno **KI** Kairos **Pd** Jesús Caballero **R+B** Carlos Saura **K** Vittorio Storaro **S** Vanessa Marimbert **L** 97 **FSK** – **E** 23.8.2012 **fd** 41 204

Flicka 2 – Freunde fürs Leben
FLICKA 2
Eine heranwachsende Halbwaise aus der Großstadt zieht zu ihrem Vater nach Wyoming. Das beschauliche Landleben sagt ihr gar nicht zu, doch dann freundet sie sich mit einem Mustang an. Als ein Farmer die Fähigkeiten des Tiers als Show-Pferd erkennt, muss sich die Freundschaft bewähren. Gutmütiger Familienfilm über Freundschaft und Liebe, eingebettet in eine fabelhafte Landschaft. Der Bezug zum Vorgängerfilm FLICKA – FREIHEIT, FREUNDSCHAFT, ABENTEUER (2006) ist eher lose und wird durch das Tagebuch der früheren Pferdefreundin hergestellt, das der jetzigen Protagonistin als Inspirationsquelle im Umgang mit Pferden dient. – Ab 10.
USA 2010 **P** Twentieth Century Fox **DVD** Fox (16:9, 1.78:1, DD5.1 engl./dt.) **Pd** Connie Dolphin (= Connie Dolph) **R** Michael Damian **B** Jennifer Robinson **K** Ron Stannett **M** Mark Thomas **S** Michael Trent **D** Patrick Warburton (Hank McLaughlin), Tammin Sursok (Carrie McLaughlin), Clint Black (Toby), Reilly Dolman (Jake Carter), Emily Tennant (Amy Walker), Lorne Cardinal (Sheriff), Dwayne Wiley (Tucker), Craig Stanghetta (Peter) **L** 92 **FSK** o.A. **E** 6.8.2010 DVD / 27.5.2012 SAT.1 **fd** –

Flicka 3 – Beste Freunde
FLICKA: COUNTRY PRIDE
Nach dem Tod des Vaters sieht sich die Familie auch vor einer finanziellen Tragödie, weil die Pferdezucht der Mutter nicht mehr gehalten werden kann. Einzig der Sieg im prestigeträchtigen Derby könnte den Schuldenberg abbauen und die Übernahme durch einen rivalisierenden Betrieb abwenden. Da beschließt die Tochter des Hauses, insgeheim das Wildpferd Flicka auf das Rennen vorzubereiten. Rührselige zweite Fortsetzung des Francise um das stürmische Pferd mit der guten Seele. Auch hier ist sich die Produktion für kein Klischee zu schade, um der Klientel pferdeverrückter Heranwachsender zu bedienen. – Ab 8.
USA 2012 **P** 20th Century Fox **DVD** 20th Century Fox **Pd** Connie Dolphin (= Connie Dolph) **R** Michael Damian **B** Jennifer Robinson **K** Ron Stannett **M** Mark Thomas **S** Seth Flaum **D** Clint Black (Toby), Lisa Hartman (Lindy), Kacey Rohl (Kelly),

Lily Pearl Black (Nina), Teryl Rothery (Paige), Siobhan Williams (Stephanie), Max Lloyd-Jones (Briggs), Emily Rickards (Mary Malone) **L** 89 **E** 15.6.2012 DVD **fd** –

Flight 23 – Air Crash
AIR COLLISION
Aufgrund verheerender Sonnenstürme spielt die Elektronik verrückt und lässt die US-amerikanische Präsidenten-Maschine auf Kollisionskurs mit einem Passagierjumbo über Chicago navigieren. Selbst eine manuelle Korrektur scheint nicht möglich. Billig wirkender computeranimierter Katastrophenfilm, der erfolglos versucht, die minderwertige Machart mit einer möglichst großen Actiondichte zu kompensieren. – Ab 16.
USA 2012 **P** The Global Asylum **DVD** Great Movies (16:9, 1.78:1, DD5.1 engl./dt.) **BD** Great Movies (16:9, 1.78:1, dts-HD engl./dt.) **Pd** David Michael Latt, Paul Bales **R+B** Liz Adams **K** Stuart Brereton **M** Chris Ridenhour **S** Rob Pallatina **D** Reginald Veljohnson (Bob Abbot), Jordan Ladd (Lindsay Bates), Gerald Webb (Offizier Ken Aoki), Michael Teh (Kapitän Roscoe Simms), Darin Cooper (Colonel Chuck Lawer), Darren Anthony Thomas (Major Eric Lewis), Andy Clemence (Präsident Phillips), Meredith Thomas (Präsidentengattin) **L** 85 **FSK** ab 16 **E** 2.10.2012 DVD & BD **fd** –

Flirtcamp
Nach ihrer Scheidung sowie etlichen Enttäuschungen hat eine Frau mit der Männerwelt abgeschlossen. Sie sucht Ablenkung und Erholung in einem Feriencamp in Marokko, wo sie ausgerechnet auf ihren Ex-Mann trifft. Auch andere Urlauber haben mit den Gegebenheiten und den Tücken des etwas anders geführten Urlaubsparadieses zu kämpfen. Anspruchslos unterhaltsame romantische (Fernseh-) Komödie ohne sonderliche Tiefen und Überraschungen. – Ab 14.
Deutschland 2011 **P** Ninety-Minute-Film/Kasbah-Film **KI** offen **Pd** Ivo-Alexander Beck, Alicia Remirez **R** Oliver Dommenget **B** Martin Rauhaus **K** Georgij Pestov **S** Ingo Recker **D** Stefanie Höner (Nina Runge), Kai Wiesinger (Dr. Hans-Joachim Kapenheuer), Laura Osswald (Katja), Xaver Hutter (Mike), Mira Bartuschek (Biggi), Oliver Fleischer (Charles), Ka-

tharina Hauck (Charlotte), Tobias Kasimirowicz (Holger) **L** 90 **E** 10.1.2012 SAT.1 **fd –**

Flirten auf Russisch
RUSSIAN GIRLS
Drei Frauen aus Moskau, die bereits einen oder mehrere Flirt-Kurse belegt haben, erzählen von ihren Erfahrungen und über die unterschiedlichen methodischen Ansätze der Schulen, die alle darauf gründen, dass die Frauen zuerst an sich selbst arbeiten müssen, wenn sie sich erfolgreich einen Mann «angeln» wollen. Der Dokumentarfilm gibt Einblick in ein umfangreiches Trainingsprogramm, das einen durchaus ernsten Hintergrund hat: In Russland gibt es einen erheblichen Frauenüberschuss, wodurch die Partnersuche mit etlichen Schwierigkeiten und erheblicher Konkurrenz verbunden ist. – Ab 14.
Deutschland 2011 **P** Allanimatia / Teo-Film / ARTE / MDR **KI** offen **R** Alina Teodorescu, Sorin Dragoi, Dmitri Popov **B** Dmitri Popov, Alina Teodorescu **K** Sorin Dragoi **M** Martin Kolb, Florian Riedel **S** Alina Teodorescu **L** 70 **E** 26.2.2012 arte **fd –**

Flucht aus dem Höllenkerker – Die legendäre Fahrt der Catalpa
THE CATALPA RESCUE
Im Jahr 1866 werden drei irische Patrioten, die den Befreiungskampf ihrer Heimat gegen das britische Empire mitorganisierten, zu lebenslanger Zwangsarbeit ins westaustralische Fremantle deportiert. Zwei Jahre später kann der Anführer der Gruppe einen Brief aus dem Lager schmuggeln, der Iren in den USA auf ihre Lage aufmerksam macht. Diese rufen eine Rettungsorganisation ins Leben und starten eine waghalsige Befreiungsaktion. Der Dokumentarfilm erinnert an das Unternehmen und setzt dem Kapitän des Fluchtschiffs «Catalpa», dem maßgeblich die Rettung der Gefangenen zu verdanken war, ein Denkmal. – Ab 16.
Teils schwarz-weiß. Australien 2007 **P** Crossing the Line Films / Essential Viewing **KI** offen **Pd** Ian Collie, John Murray (= John B. Murray) **R+B** Lisa Sabina Harney **K** Owen McPolin **M** Stephen McKeon **S** J. Patrick Duffner **L** 55 **E** 16.6.2012 arte **fd –**

Flüchtig – Das rätselhafte Leben des B. Traven
L' ENIGMATIQUE HISTOIRE DE B. TRAVEN
Dokumentarisches Porträt des Ende des 19. Jahrhunderts in Deutschland geborenen Schriftstellers B. Traven, der 1969 in Mexiko starb und weltberühmte Abenteuerromane hinterließ, von denen etliche verfilmt wurden (u. a. DER SCHATZ DER SIERRA MADRE, Regie: John Huston, 1948; DAS TOTENSCHIFF, Regie: Georg Tressler, 1959). Der Film will das Geheimnis Travens ergründen, der unter Pseudonym publizierte, und Licht ins Dunkel seines abenteuerlichen Lebens bringen; dabei zeichnet er das Bild eines rebellischen Mannes, der in seiner Jugend revolutionären Utopien anhing und mit der Münchner Räterepublik sympathisierte.
Teils schwarz-weiß. Frankreich 2011 **P** Zeugma Films **KI** offen **R+B** Xavier Villetard **K** Jean-Max Bernard **S** Alberto Yaccelini **L** 61 **E** 13.5.2012 arte **fd –**

Der Fluss war einst ein Mensch ☆
Ein deutscher Tourist bereist jenseits der ausgetretenen Pfade des Pauschaltourismus das Okavango-Delta in Botswana. Was als entspannter Urlaub beginnt, schlägt in der Begegnung mit einer unvertrauten Natur und Kultur in eine bedrohliche Grenzerfahrung um. Der mutige Film entwickelt eine radikale Fremdheitserfahrung als eindrucksvolles physisches Kino und magisch-realistische Beschwörung des (kolonialen) «Mythos Afrika». Viele verstörende Momente und «Leerstellen» machen ihn zu einer außergewöhnlichen Kinoerfahrung. (O.m.d.U.) – Sehenswert ab 16.
Deutschland 2011 **P** Rohfilm Prod. / SWR **KI** Filmgalerie 451 **Pd** Benny Drechsel (= Benjamin Drechsel), Karsten Stöter, Jan Zabeil **R** Jan Zabeil **B** Jan Zabeil, Alexander Fehling **K** Jakub Bejnarowicz **S** Florian Miosge **D** Alexander Fehling, Sariqo Sakega, Obusentswe Dreamar Manyima, Babotsa Sax'twee, Nx'apa Motswai **L** 83 **FSK** ab 6; **f E** 27.9.2012 **fd** 41 289

Flying Fortress
FORTRESS
Im Sommer 1943 fliegen die Alliierten von Nordafrika aus riskante Einsätze in Richtung feindliches Sizilien, wobei ein Pilot mit deutschem Namen an die vorderste Front muss. Einmal mehr dient eine durchschnittliche Geschichte dazu, erbärmlich schlechte, billig hergestellte Spezialeffekte zu transportieren.
Scope. USA 2011 **P** Bayou Pic. / Diamondback 99 **DVD** EuroVideo (16:9, 2.35:1, DD5.1 engl./dt.) **BD** EuroVideo (16:9, 2.35:1, dts-HDMA engl./dt.) **Pd** Jerry Buteyn, Jason McKInley, Julian Moss, Brian Thompson **R** Mike Phillips **B** Adam Klein **K** Jason Newfield **M** Christopher Ward **S** Paul Kavadias **D** Bug Hall (Michael), Donnie Jeffcoat (Wally), Sean McCowan (Archie), Chris Owen (Burt), Edward Finlay (Philly), Manu Intiraymi (Charlie), John Laughlin (Kommandeur), Howard Gibson (Caparelli) **L** 100 **FSK** ab 16 **E** 4.4.2012 DVD & BD **fd –**

Flying Fortress – B17 – Luftkrieg über Europa
siehe: **Flying Fortress**

Flying Home – Mein Onkel in Amerika
FLYING HOME
Der Dokumentarist Tobias Wyss wird mit dem Nachlass seines Onkels, einer ansehnlichen Summe Geld und Tausenden von Fotos, konfrontiert. Er versucht, das Leben des unbekannten Verwandten zu rekonstruieren, der in den 1930er-Jahren nach Amerika auswanderte. Eine Sisyphusarbeit, die ein bewegtes Leben und eine schillernde Persönlichkeit zu Tage fördern, ohne Antworten auf die Frage zu finden, was den Onkel umgetrieben hat. Man erfährt, dass er als begnadeter Ingenieur bei Ford beschäftigt war, dass er die Frauen und den Ortswechsel liebte. Ein sehr persönlicher Dokumentarfilm, der exemplarisch die Einlassung auf einen fremden Menschen erfordert. – Ab 16.
Schweiz 2011 **P** Mira Film / SRF **KI** Mira Film **Pd** Hercli Bundi **R+B** Tobias Wyss **K** Andreas Birkle, Tobias Wyss **M** Daniel Almada **S** Mirjam Krakenberger **L** 79 **FSK** – **E** 12.1.2012 / 17.10.2012 SF 1/DRS **fd –**

Flying Swords of Dragon Gate
LONG MEN FEI JIA / FLYING SWORDS OF DRAGON GATE
Korrupte kaiserliche Beamten beuten das einfache Volk aus, mordende Räuberbanden nehmen der unterjochten

Landbevölkerung die letzten Reste (auch an Würde) zum Leben. Der furchtlose Rebell Zhao fühlt sich berufen, die Gerechtigkeit mit Schwert und Handkante wieder herzustellen. Vage in der Ming-Dynastie verortetes 3D-Action-Spektakel mit einem dem Flair der Geschichte abträglichen Übermaß an CGI-Effekten. Die Qualität der als Vorlage benutzten Klassiker DIE HERBERGE ZUM DRACHENTOR (1966, Regie: King Hu) und dessen Remake THE NEW DRAGON GATE INN (das Tsui Hark 1992 produzierte) werden trotz des artistisch überragenden Hauptdarstellers nicht erreicht. – Ab 14.
DVD/BD: Erhältlich als DVD, 2D BD und 2D/3D BD. Die Extras der BD umfassen u. a. ein ausführliches, aber nicht sonderlich ergiebiges «Behind the Scenes»-Feature (45 Min.). Die FSK-Freigabe «ab 16» der DVD/BD bezieht sich auf das Bonusmaterial (Trailer etc.), der Film selbst hat eine Freigabe «ab 12».
3D. Scope. VR China 2011 **P** Beijing Liangzi Group / Beijing Poly. bona / Bona International / China Film Group / Film Workshop / Shanda Pic. / Shineshow **DVD** NewKSM (16:9, 2.35:1, DD5.1 Mandarin/dt.) **BD** NewKSM (16:9, 2.35:1, dts-HDMA Mandarin/dt.) **Pd** Jeffrey Chan, Shi Nansun, Tsui Hark, Han Xiaoli, Yang Wenhong **R+B** Tsui Hark **K** Choi Sung Fai **M** Gu Xin, Li Han Chiang, Wu Wai Lap **S** Yau Chi Wai **D** Jet Li (Zhao Gwai On), Fan Siu-wong (Ma Jing Lian), Zhou Xun (Ling Yan Qui), Chen Kun (Yu Hua Tian/Bok Chang Zhou/Blade in the Wind), Li Yuchun (Gu Shao Tang), Mavis Fan (Su Huai Yong), Liu Chia Hui (Wan Yue), Liu Chia Hui (Wan Yue Liao) **L** 116 **FSK** ab 12 **E** 5.10.2012 DVD & BD   fd –

Flypaper – Wer überfällt hier wen?
FLYPAPER
Ein unbescholtener Mann gerät in einen Banküberfall, der von zwei Banden zur selben Zeit durchgeführt wird. Während er gemeinsam mit anderen Bankkunden als Geisel genommen wird, lässt sich gut mit einer Angestellten anbandeln. Eine dritte Verbrecherbande hat derweil die beiden anderen für ihre Zwecke eingespannt. Gut gelaunte und weitgehend klug durchdachte Kriminalkomödie. – Ab 14.
Scope. USA/Deutschland 2011 **P** Foresight Unlimited / Safran Films / VIP Medienfonds 4 **DVD** Universum (16:9, 2.35:1, DD5.1 engl./dt.) **BD** Universum (16:9, 2.35:1, dts-HDMA engl./dt.) **Pd** Mark Damon, Patrick Dempsey, Moshe Diamant, Peter Safran **R** Rob Minkoff **B** Jon Lucas, Scott Moore **K** Steven Poster **M** John Swihart **S** Tom Finan **D** Patrick Dempsey (Tripp Kennedy), Ashley Judd (Kaitlin), Mekhi Phifer (Darrien), Tim Blake Nelson (Billy Ray McCloud), Matt Ryan (Gates), Jeffrey Tambor (Gordon Blythe), John Ventimiglia (Weinstein), Curtis Armstrong (Michael Wolf) **L** 84 **FSK** ab 12 **E** 7.3.2012 DVD & BD   **fd** –

Forbidden Voices
FORBIDDEN VOICES
Das Porträt dreier junger Frauen, die im Internet gegen das Informationsmonopol ihrer Regierungen auf Kuba, in China und im Iran kämpfen und Ungerechtigkeiten anprangern. Ein Dokumentarfilm über unerschrockene Frauen, die sich nicht einschüchtern lassen und für ihren Kampf um Meinungsfreiheit ihr Leben riskieren. Als Widerstandskämpferinnen nutzen sie die sozialen (Medien-)Netzwerke, um ihrer auf der Meinung ihres Volks via Facebook, YouTube und Twitter Gehör zu verschaffen. – Ab 14.
Schweiz 2012 **P** Das Kollektiv für audiovisuelle Werke / Schweizer Radio und Fernsehen / SRG SSR / ARTE **KI** filmcoopi (Schweiz) **Pd** Philip Delaquis, Min Li Marti, Stefan Zuber **R+B** Barbara Miller **K** Peter Indergand (= Pierino Indergand), Adrian Cranage **M** Marcel Vaid **S** Andreas Winterstein **L** 96 **E** 10.5.2012 Schweiz   **fd** –

Formentera
Der Formentera-Urlaub eines jungen Paares aus Berlin wird getrübt, als der Mann beginnt, mit der Gastgeberin zu flirten. Bei einer nächtlichen Strandparty gibt sie mit ihrer Nebenbuhlerin im Meer baden, am anderen Morgen kehrt sie allein zurück. Die leise erzählte (Fernsehfilm-)Geschichte eines sich entfremdenden Paares entwickelt zunehmend kriminalistische Züge, die zum Katalysator für das Beziehungsdrama werden. Ein weitgehend düsterer Film mit ausdrucksstarken Bildern, dem die Hauptdarsteller große Überzeugungskraft verleihen. – Ab 16.
Deutschland 2012 **P** unafilm/ZDF (Das kleine Fernsehspiel)/arte **KI** offen **Pd** Titus Kreyenberg **R** Ann-Kristin Reyels **B** Ann-Kristin Reyels, Antonia Rothe, Katrin Milhahn **K** Henner Besuch **M** Henry Reyels, Marco Baumgartner **S** Halina Daugird **D** Sabine Timoteo (Nina), Thure Lindhardt (Ben), Tatja Seibt (Christine), Ilse Ritter (Wencke), Christian Brückner (Pit), Geoffrey Leyton (Georg), Vicky Krieps (Mara), Franc Bruneau (Pablo) **L** 90 **E** 5.10.2012 arte   **fd** –

4:44 Last Day on Earth
siehe: **Vier Uhr vierundvierzig...**

Four Letter Word... Liebe kann so einfach sein
A FOUR LETTER WORD
Wenn es nach einem jungen schwulen New Yorker ginge, wäre das ganze Leben eine Party und das «Four Letter Word» Love wäre ein anderes Wort für «One Night Stand». Doch dann lernt der Draufgänger seinen Traummann kennen, und das ganz normale Alltagschaos beginnt. Überdreht flippige Schwulenkomödie, die von einer Pointe zur anderen tanzt; das Bemühen, alle nur erdenklichen Facetten homosexueller Klischees zu präsentieren, wirkt auf Dauer ein wenig aufgesetzt. (O.m.d.U.) – Ab 16.
USA 2007 **P** Embrem Entertainment **DVD** Pro Fun Medien **Pd** Casper Andreas, Markus Goetze, Fred M. Caruso **R** Casper Andreas **B** Casper Andreas, Jesse Archer **K** Jon Fordham **M** Scott Starrett **S** Christina Kelly **D** Paul Haje (Bouncer), Jesse Archer (Luke), Jeremy Gender (Mace), Virginia Bryan (Marilyn), Steven Goldsmith (Peter), J.R. Rolley (Derek), Cory Grant (Zeke) **L** 86 (24 B./sec.) / 83 (25 B./sec.) **FSK** ab 16   **fd** –

Foxtrott 4
Über mehrere Monate hinweg begleitet der Dokumentarfilm 180 junge Soldaten des 92. Panzergrenadier-Lehrbataillons vor und bei ihrem Einsatz in Afghanistan. Er fragt nicht nach Sinn und Unsinn dieses Krieges, sondern fokussiert auf den «Alltag» der Soldaten, ihre Erlebnisse, Erwartungen und Ängste, wodurch ein ungewöhnlich intimer Einblick entsteht. Filmisch und dramaturgisch durchaus überzeugend, wirkt dennoch kein stimmiges Gesamtbild der Bundeswehr in Afghanistan, mitunter wird dieses sogar eher verfälscht. – Ab 16.

Deutschland 2012 **P** 5|14 Film/NDR **KI** offen **Pd** Vanessa Nöcker **R+B** Jonathan Schnitt **K** Tim Scherret, Jonathan Schnitt **L** 75 **E** 11.9.2012 NDR **fd** –

Eine Frage des Geschmacks – Starkoch Paul Liebrandt
A MATTER OF TASTE: SERVING UP PAUL LIEBRANDT
Über zehn Jahre hinweg begleitet der (Fernseh-)Dokumentarfilm den jungen «Sterne»-Koch Paul Liebrandt und zeichnet seine wechselvolle Karriere nach, die ihn in höchste Höhen trug, aber auch mit einem jähen Absturz verbunden war. Deutlich wird, mit wie viel Fleiß, Arbeit und Leidenschaft der Weg eines Spitzenkochs verbunden ist; auch offenbart sich, dass niemand vor unvorhergesehenen Wechselfällen gefeit ist, etwa wenn sich der kulinarische Zeitgeschmack radikal ändert. – Ab 14.
USA 2011 **P** HBO **KI** offen **Pd** Sally Rowe, Alan Oxman, Rachel Mills, Amy Foote **R** Sally Rowe **K** Ronan Killeen **M** John M. Davis **S** Amy Foote **L** 68 **E** 23.12.2012 arte **fd** –

Fraktus
Das Porträt einer fiktiven deutschen Musik-Band, deren drei Mitglieder in den 1980er-Jahren angeblich als Urväter des Techno eine Weile «on top» waren, bevor sie sich im Streit trennten. Nun macht sich ein (ebenfalls fiktiver) Filmemacher auf die Suche nach den gealterten Stars und lanciert ein Comeback. Mit Kommentaren zahlreicher (realer) Größen aus der deutschen Musik-Branche garnierte Mockumentary, die satirisch die Klischees gängiger Band-Dokumentationen auf die Schippe nimmt. – Ab 16.
Deutschland 2012 **P** Corazón International / NDR-ARTE **KI** Pandora **Pd** Klaus Maeck **R** Lars Jessen **B** Studio Braun, Sebastian Schultz, Ingo Haber, Lars Jessen **K** Oliver Schwabe **M** Carsten Meyer, Studio Braun **S** Sebastian Schultz **D** Devid Striesow, Heinz Strunk, Rocko Schamoni, Jacques Palminger, Piet Fuchs, Anna Bederke, Hannes Hellmann, Felix Goeser **L** 95 (24 B./sec.) / 92 (25 B./sec.) **FSK** ab 12; f **E** 15.11.2012 **fd** 41 381

Frankenstein – Day of the Beast
FRANKENSTEIN: DAY OF THE BEAST
Alles muss ganz schnell gehen, denn die proklamierte Ehe zwischen Viktor Frankenstein und seiner Cousine hat zumindest einen «Anverwandten», der Einspruch erheben würde: das Monster. Es mordet sich langsam, aber sicher zum Ehepaar durch. Frankenstein-Variante, die das 19. Jahrhundert mit kostümträchtigem Tand und viktorianischem Grusel, aber auch mit expliziten Gräueltaten füllt.
DVD/BD: Die FSK-Freigabe «ab 18» der DVD/BD bezieht sich auf das Bonusmaterial (Trailer etc.), der Film selbst hat eine Freigabe «ab 16».
USA 2011 **P** Alpha Studios / Thespis **DVD** dtp/Great Movies (16:9, 1.85:1, DD5.1 engl./dt.) **BD** dtp/Great Movies (16:9, 1.85:1, dts-HD engl./dt.) **Pd** Mark Harris, Andrew C. Mathews, John Vitiritti **R+B** Ricardo Islas **K** Ricardo Islas **M** Alexander Scriabin **S** Ricardo Islas **D** Michelle Shields (Elizabeth), Tim Krueger (das Monster), Adam Stephenson (Victor Frankenstein), Bruce Spielbauer (der Blinde), Suzy Brack (Justine), James S. Evans (der Priester), Wesley Saint Louis (Bartul), Mat Labotka (Knives) **L** 91 **FSK** ab 16 **E** 12.7.2012 DVD & BD **fd** –

Frankfurt Coincidences ★
Episoden aus einem Frankfurter Altbau, in dem Menschen verschiedenster Herkunft leben und sich unterschiedlichste Schicksale kreuzen. Geschickt meidet der Debütfilm die erzählerischen Fallstricke des episodischen Erzählens. Zwar ist ein «Zuviel» an Kamera-Spielereien und erklärenden Dialogen abträglich, trotzdem gelingt es ihm immer wieder, die an sich schlichten Figuren mit Leben zu erfüllen. – Ab 16.
Deutschland 2011 **P** Assholius Prod. **KI** Eclipse **Pd** Enkelejd Lluca, Dennis Mill **R+B** Enkelejd Lluca **K** Dennis Mill **M** Johannes Helsberg, Werner Wienand **S** Enkelejd Lluca, Dennis Mill **D** Bolor Sharaa (Ana Chimei), David Wurawa (Aidu Ombele), Benedikt Blaskovic (Erik), Teodora Djuric (Najila), Ulrich Günther (Udo Schmitz), Ramin Yazdani (Abdullah Aydin), Reiner Wagner (Herr Koch), Martin Walde (Ex-Zuhälter) **L** 82 **FSK** ab 12; f **E** 17.5.2012 **fd** 41 062

Frankreich – Wild und schön
LA FRANCE SAUVAGE
Ein nahezu klassischer Dokumentarfilm, der die landschaftliche Vielfalt Frankreichs, seine Flora und Fauna im Wechsel der Jahreszeiten vorstellt, mit überwältigenden Bildern aufwartet und die Verletzlichkeit dieses Öko-Systems vor Augen führt. In der Originalfassung spricht Sophie Marceau den Kommentar, in der deutschen Fassung Senta Berger. – Ab 12.
Frankreich 2011 **P** GEDEON/ARTE France **KI** offen **R** Frédéric Febvre, Augustin Viatte **E** 29.1.2012 arte **fd** –

Frankreichs schönste Küsten
Die (Fernseh-)Dokumentation stellt mehr als 20 französische Küstenabschnitte vor, präsentiert einzigartige Landschaften und erzählt die Geschichten unterschiedlicher Regionen, seien es versteckte Paradiese, gigantische Häfen, karge Kalklandschaften oder kilometerweite Strände. Dabei legen die Filmemacher ihren Schwerpunkt auf unberührte, natürlich belassene Landschaften und unterstreichen diesen Eindruck durch Luftaufnahmen und 3D-Effekte, die den speziellen Reiz dieser Regionen zum Ausdruck bringen. – Ab 12.
Frankreich 2011 **P** ARTE France **KI** offen **R** Charles-Antoine de Rouvre, Jérôme Scemla **L** 90 **E** 19.2.2012 arte **fd** –

Die Frau in Schwarz ★
THE WOMAN IN BLACK
Ein junger Londoner Anwalt soll in einer ländlichen Küstengegend im England des 19. Jahrhunderts den Nachlass einer alten Frau verwalten. Die Bewohner des Orts begegnen ihm abweisend, und auch das Anwesen der Toten, ein einsames Haus im Watt, zeigt sich wenig gastfreundlich und wird bald von etwas Mysteriösem und Unheilvollem heimgesucht. Verfilmung einer Gothic Novel, die im besten Sinne altmodisch ihren Horror nicht blutigen Exzessen, sondern einer subtil aufgebauten Spannungsdramaturgie sowie einer stimmigen, atmosphärisch dichten Inszenierung und Raumpoesie verdankt. – Ab 16.
DVD/BD: Für die Deutsche Kinoauswertung wurde der Film vom Verleih um wenige Sekunden gekürzt, um eine «günstigere» FSK-Freigabe «ab 12» zu bekommen. Die Extras umfassen u.a. einen Audiokommentar des Regisseurs und der Drehbuchautorin. Scope. Großbritannien/Kanada/Schweden 2011 **P** Talisman Prod. / Film i Väst / Filmgate **KI** Concorde **DVD** Con-

corde/Eurovideo (16:9, 2.35:1, DD5.1 engl./dt., dts dt.) **BD** Concorde/Eurovideo (16:9, 2.35:1, dts-HDMA engl./dt.) **Pd** Richard Jackson (= Ernst von Theumer), Simon Oakes, Brian Oliver, Ben Holden, Paul Ritchie, Todd Thompson, Sean Wheelan **R** James Watkins **B** Jane Goldman **Vo** Susan Hill (Roman *The Woman in Black / Die Frau in Schwarz*) **K** Tim Maurice-Jones **M** Marco Beltrami **S** Jon Harris **D** Daniel Radcliffe (Arthur Kipps), Ciarán Hinds (Mr. Daily), Janet McTeer (Mrs. Daily), Shaun Dooley (Fisher), Liz White (Jennet Humfrye), Sophie Stuckey (Stella Kipps), Daniel Cerqueira (Keckwick) **L** 95 (BD: 96 = DVD: 92) **FSK** ab 12; f (DVD & BD: ab 16) **FBW** w **E** 29.3.2012 / 2.8.2012 DVD & BD **fd** 40 994

Eine Frau verschwindet
Während ihn beruflich die Ermordung eines 13-jährigen Jungen beschäftigt, stellt ein Amsterdamer Kommissar seine an Alzheimer erkrankte Frau vor nicht minder große Probleme. Als ihn eine Spur im Mordfall zu einem Anthropologen und Alzheimer-Forscher führt, entbrennt zwischen den beiden Männern ein Duell auf Leben und Tod. Visuell aufwändig gestalteter (Fernseh-)Krimi, der die Genre-Handlung nicht sonderlich überzeugend mit dem melancholischen, sehr persönlichen Drama verbindet. – Ab 16.
Deutschland 2012 **P** Network Movie (für ZDF) **Kl** offen **Pd** Wolfgang Cimera, Bettina Wente **R** Matti Geschonneck **B** Markus Busch **Vo** Claus Cornelius Fischer (Roman *Und vergib uns unsere Schuld*) **K** Theo Bierkens **M** Florian Tessloff **S** Eva Schnare **D** Peter Haber (Bruno van Leeuwen), Maja Maranow (Simone van Leeuwen), Tobias Moretti (Josef Pieters), Jasmin Gerat (Julika Tambur), Johanna Gastdorf (Ellen), Marcel Hensema (Anton Gallo), Patrick Abozen (Remko Vreeling), Johann Adam Oest (Marten Holthusen) **L** 90 **E** 15.10.2012 ZDF **fd** –

Fred – Der Film
FRED: THE MOVIE
Ein gänzlich unscheinbarer Außenseiter mit geradezu unerträglicher Stimme hält sich selbst für den ultimativen «Womanizer», eine Überzeugung, von der ihn selbst das chronische Mobbing in der High School nicht abbringt. Ebenso sinnloses wie nerventötendes Comedy-Vehikel des in US-amerikanischen Jugend-Sendungen zu zweifelhafter Berühmtheit aufgestiegenen Lucas Cruikshank, der an einem ähnlich verfehlten Selbstbild leidet wie der für ihn erfundene Charakter. – Ab 14.
DVD/BD: Die FSK-Freigabe «ab 12» der DVD/BD bezieht sich auf das Bonusmaterial (Trailer etc.), der Film selbst hat eine Freigabe «ab 6».
USA 2010 **P** Derf Films / Varsity Pic. **DVD** Lighthouse / Mr. Banker (16:9, 1.78:1, DD2.0 engl., DD5.1 dt.) **Pd** Gary Binkow, Sharla Sumpter, Evan Weiss, Meghann Collins **R** Clay Weiner **B** David A. Goodman **K** Scott Henriksen **M** Roddy Bottum **S** Ned Bastille **D** Lucas Cruikshank (Fred Figglehorn), Jennette McCurdy (Bertha), Jake Weary (Kevin), Siobhan Fallon (Freds Mutter), John Cena (Freds Vater), Oscar Nuñez (Lorenzo), Stephanie Courtney (Kevins Mutter), Pixie Lott (Judy) **L** 83 **FSK** ab 6 **E** 11.5.2012 DVD **fd** –

Freelancers
FREELANCERS
Auf den Spuren seines Vaters will ein junger Absolvent der Polizeiakademie die Straßen frei von Unrecht und Gewalt halten, doch der angesehene Ex-Kollege seines Vaters, sein neuer Chef, ist korrupt und mächtig. Zunächst spielt er das falsche Spiel mit, und als er sich seiner Ideale besinnt, ist es fast zu spät. Erfolgloser Versuch, um Pop-Star Curtis «50 Cent» Jackson einen spannenden Krimi zu basteln. Stars wie Robert De Niro und Forest Whitaker passen sich dem unterdurchschnittlichen Niveau an und geben aufgesetzt coole Merksätze zum Besten. – Ab 16.
DVD/BD: Die Extras umfassen u. a. einen Audiokommentar des Regisseurs und des Darstellers Curtis «50 Cent» Jackson sowie ein Feature mit zwei alternativen Filmanfängen (9 Min.).
Scope. USA 2012 **P** Cheetah Vision / Emmett-Furla Films / Envision Entertainment **DVD** Constantin (16:9, 2.35:1, DD5.1 dt., dts dt.) **BD** Constantin (16:9, 2.35:1, dts-HD engl./dt.) **Pd** 50 Cent (= Curtis «50 Cent» Jackson), Randall Emmett, George Furla, Sefton Fincham, Gus Furla, Brandon Grimes **R** Jessy Terrero **B** L. Philippe Casseus **K** Igor Martinovic **M** Reg B **S** Sean Albertson, Sara Mineo, Kirk M. Morri **D** 50 Cent (= Curtis «50 Cent» Jackson) (Malo), Robert De Niro (Joe Sarcone), Forest Whitaker (LaRue), Malcolm Goodwin (A.D.), Ryan O'Nan (Lucas), Anabelle Acosta (Cyn), Beau Garrett (Joey), Michael McGrady (Robert Jude) **L** 93 **FSK** ab 16 **E** 29.11.2012 DVD & BD **fd** –

Freeway Killer
FREEWAY KILLER
Porträt des Serienkillers und Psychopathen William Bonin, der in den 1970er-Jahren jugendliche Tramper quält und vergewaltigt. Als ihm das eine Gefängnisstrafe einbringt, beschließt er, seine Opfer zukünftig nicht mehr am Leben zu lassen. Mit zwei Helfershelfern wird er zum berüchtigtsten Serienkiller seiner Zeit. Weitgehend dichter True-Crime-Thriller, der im Kern aber nur eine weitere Psychopathen-Geschichte konventionell erzählt.
DVD/BD: Die dt. Fassung ist gegenüber der Originalfassung um gut fünf Minuten geschnitten.
USA 2009 **P** Fresh Planet / Compound **DVD** Great Movies (16:9, 1.78:1, DD5.1 engl./dt.) **BD** Great Movies (16:9, 1.78:1, dts-HD engl./dt.) **Pd** Nadine Corde, Tim Swain, Andrew Herman **R** John Murlowski **B** David Birke **K** John Murlowski **M** Erik Godal **S** Joy Zimmerman **D** Scott Anthony Leet (William Bonin), Cole Williams (Kyle), Michael Rooker (Det. St. John), Dusty Sorg (Vernon Butts), Debbon Ayer (Ruth Slobo), Thomas Curtis (Billy Pugh), Mercy Malick (Lisa), Tyler Neitzel (Alex) **L** 80 **FSK** ab 18 **E** 14.3.2012 DVD & BD **fd** –

Freiwild – Zum Abschuss freigegeben
BLOODED
Eine muntere Truppe geht am Wochenende auf Fuchsjagd, macht aber die Rechnung ohne Fuchsjagd-Gegner, die ihr einsames Anwesen belagern und den Spieß umdrehen. Terror-Film, in dem der britische Dauerzankapfel um Tradition und Tierwürde seinen Niederschlag findet. Das eher langatmige Mockumentary wurde kostengünstig und recht ansehnlich mit der Wackelkamera, zudem ohne jede Botschaft aufgezogen.
DVD/BD: Die Extras umfassen u. a. einen

Audiokommentar des Regisseurs sowie den Kurzfilm HOME VIDEO (4 Min.). Großbritannien 2011 **P** Magma Pic. / Ptarmigan ACP **DVD** Sunfilm (16:9, 1.78:1, DD5.1 engl./dt., dts dt.) **BD** Sunfilm (16:9, 1.78:1, dts-HDMA7.1 engl./dt.) **Pd** Nick Ashdon **R** Edward Boase **B** James Walker **K** Kate Reid **M** Ilan Eshkeri, Jeff Toyne **S** Edward Boase, Dan Susman **D** Nick Ashdon (Lucas Bell), Oliver Boot (Charliue Bell), Cicely Tennant (Liv Scott), Joseph Kloska (Ben Fitzpatrick), Tracy Ifeachor (Eve Jourdan), Neil McDermott (Lucas Bell), Mark Dexter (Charlie Bell), Isabella Calthorpe (Liv Scott), Adam Best (Ben Fitzpatrick) **L** 77 **FSK** ab 16 **E** 5.7.2012 DVD & BD **fd** –

Freizeit-Machos
FREETIME MACHOS
Der Dokumentarfilm begleitet eine der schlechtesten finnischen Rugby-Mannschaften im Kampf gegen den Abstieg und beschreibt eine Welt voller Männlichkeitsrituale, die sich in anderen gesellschaftlichen Zusammenhängen längst überlebt haben. Erzählt werden die persönlichen Geschichten der Team-Mitglieder, die in vielen Bereichen von Frauen überholt wurden und sich im Sport eine Nische gesucht haben. – Ab 16.
Finnland/Deutschland 2010 **P** Klaffi Prod. / Prounen Film **Kl** offen **Pd** Kimmo Paananen, Mika Ronkainen, Pia Andell, Erkki Astala, Miia Haavisto, Maren Niemeyer, Ulla Simonen, Michael Trabitzsch **R** Mika Ronkainen **B** Arto Nivala, Mika Ronkainen **K** Mika Ronkainen, Vesa Taipaleenmäki **M** Ahti Marja-Aho, Samuli Putro **S** Anders Villadsen **L** 52 **E** 6.12.2012 arte **fd** –

Friede Freude Eierkuchen ✱
Dokumentarische Langzeitbeobachtung, die rund um Planung und Bau eines neuen Fußballstadions in Aachen den vielfältigen Auseinandersetzungen bei Großprojekten nachgeht und beschreibt, wie sich Anwohner, Naturschützer und Kleingärtner zunächst empört zur Wehr setzen. Der sympathisch unterhaltsame, realsatirisch angehauchte Film spürt mit dokumentaristischer Finesse auch kleinen Gegebenheiten am Rande nach und konterkariert sanft den Streit ums große Ganze. – Ab 14.

Deutschland 2012 **P** Happy Endings Film **Kl** Real Fiction **Pd** Michael Chauvistré **R+B** Miriam Pucitta, Michael Chauvistré **K** Michael Chauvistré **M** Axel Jansen **S** Miriam Pucitta **L** 87 **FSK** o.A.; f **E** 19.4.2012 **fd** 41 053

Friedrich – Ein deutscher König
Kunersdorf an der Oder 1763: Der alte, einsame Preußenkönig Friedrich II. blickt übers Schlachtfeld, auf dem einst seiner Armee der Untergang drohte, und erinnert sich an seine Vergangenheit. Durch Kunst will er sich den Ansprüchen seines Vaters, des Soldatenkönigs Friedrich Wilhelm I., entziehen, sucht sein Heil in der Landesflucht, scheitert und müsste laut Gesetz zum Tode verurteilt werden. Dieses Schicksal widerfährt seinem Freund und Mitverschwörer, dessen Hinrichtung er mitansehen muss, wodurch er zum Meister der Verstellung wird. Ambitioniertes historisches (Fernseh-)Dokudrama über den zwiespältigen Monarchen, der viel kunstsinnig gab, aber auch zahlreiche Schlachten schlug, um seinen Einflussbereich zu vergrößern. – Ab 14.
Deutschland 2011 **P** Dokfilm/RBB/WDR/MDR/SWR **DVD** Edel Media (16:9, 1.78:1, DD5.1 dt.) **Pd** Jost-Arend Bösenberg **R** Jan Peter **B** Yury Winterberg, Jan Peter **K** Jürgen Rehberg **M** Nikolai Tomás, Jean-Marie Gilles **D** Katharina Thalbach (alter Friedrich), Anna Thalbach (junger Friedrich), Oliver Nägele (Friedrich Wilhelm I.), Christina Grosse (Sophie Dorothea), László I. Kish (Minister Grumbkow), Valerie Koch (Elisabeth Christine), Johannes Suhm (Henri de Catt) **L** 90 **FSK** ab 12 **E** 6.1.2012 DVD / 7.1.2012 arte / 16.1.2012 ARD **fd** –

Friends with Kids
FRIENDS WITH KIDS
Ein miteinander gut befreundetes Pärchen überdenkt in aller Freundschaft die Option, ohne weitere Verpflichtungen und Beziehungsquerelen miteinander Kinder zu bekommen. Ein Beziehungskistenfilm der betont unverkrampften Art, in dem sich sympathische Personen Anfang 30 in pointierten Dialogen die Bälle zuwerfen und nach neuen mehr oder minder weltfremden Lebenskonzepten suchen. – Ab 16.
USA 2012 **P** Locomotive / Points West Pic. / Red Granite Pic. **DVD** Studio-Canal (16:9, 1.85:1, DD5.1 engl./dt.) **BD** StudioCanal (16:9, 1.85:1, dts-HDMA engl./dt.) **Pd** Joshua Astrachan, Riza Aziz, Jon Hamm, Jake Kasdan, Joey McFarland, Jennifer Westfeldt, Kathryn Dean **R+B** Jennifer Westfeldt **K** William Rexer **M** The 88, Marcelo Zarvos **S** Tara Timpone **D** Adam Scott (Jason Fryman), Jennifer Westfeldt (Julie Keller), Maya Rudolph (Leslie), Chris O'Dowd (Alex), Kristen Wiig (Missy), Jon Hamm (Ben), Robert Halpern (Cole), Lee Bryant (Elaine Keller) **L** 103 **FSK** ab 12 **E** 16.10.2012 DVD & BD **fd** –

Frisch gepresst
Eine Frau Mitte 30 wird unerwartet schwanger, obwohl sie die Mutterschaft alles andere als anziehend findet. Als Erzeuger kommen sowohl ein neuer Flirt als auch ein alter Jugendschwarm in Frage. Romantische Komödie um den Konflikt unterschiedlicher Lebensmodelle, der allzu vorhersehbar Klischees des Genres bedient und diesen Mangel an Originalität nicht durch Wortwitz oder Situationskomik wettmachen kann, sondern sein Heil eher in pubertärem Humor sucht. – Ab 14.
Deutschland 2012 **P** Ziegler Cinema / Buena Vista International **Kl** Walt Disney **Pd** Regina Ziegler, Yoko Higuchi-Zitzmann, Thomas Menne **R** Christine Hartmann **B** Dirk Ahner **K** Alexander Fischerkoesen (= Alexander Fischerkösen) **M** Fabian Römer **S** Horst Reiter **D** Diana Amft (Andrea), Tom Wlaschiha (Chris), Alexander Beyer (Gregor), Jule Ronstedt (Sabine), Sylvester Groth (Helgo), Sunnyi Melles (Franziska), Oliver Pocher (Scheibenwischer-Punk) **L** 95 **FSK** ab 6; f **E** 23.8.2012 **fd** 41 213

From Mexico With Love
FROM MEXICO WITH LOVE
Mexikanischer Underdog schlägt sich als Landarbeiter durch, bis er auf seine große Liebe trifft und bei fiesen Landbaronen wirklich seine Fäuste benutzen muss, um seine Würde zu bekommen und seine Liebe zu behalten. Wenn in einem pathetischen ROCKY-Verschnitt die Schönheit Maria und der Held Hector heißen sowie der boxende Sohn des Großgrundbesitzers blond und blauäugig ist, ist klar, dass Originalität hier nicht im Vordergrund steht. Einzig Stephen

Lang (AVATAR) als fieser Vater beweist einmal mehr seinen beachtlichen Facettenreichtum, wenn es für ihn gilt, ein Arschloch zu spielen. – Ab 16. USA 2007 **P** From Mexico With Love / BDS Prod. / Cinamour Entertainment **DVD** dtp/Great Movies (16:9, 1.78:1, DD5.1 engl./dt.) **BD** dtp/Great Movies (16:9, 1.78:1, dts-HD engl./dt.) **Pd** Glen Hartford, Daniel Toll, Cord Douglas **R** Jimmy Nickerson **B** Glen Hartford, Nicholas Siapkaris **K** Ted Chu, Rick Lamb **M** John Frizzell **S** Paul Harb **D** Kuno Becker (Hector), Bruce McGill (Billy), Steven Bauer (Tito), Danay Garcia (Maria), Stephen Lang (Big Al Stevens), Michael Klesic, Angélica Aragón, Henry Kingi **L** 92 **FSK** ab 16 **E** 11.6.2012 DVD & BD **fd** –

Frühling für Anfänger

Nach der Trennung von ihrem Mann tritt eine Frau ihre Stelle als Dorfhelferin in einer kleinen bayerischen Gemeinde an. Sie soll sich um einen alten Bauern auf einem abgelegenen Hof kümmern, doch der Alte hat kaum Interesse an menschlicher Gesellschaft und akzeptiert die neue Hilfe nur langsam. Auch mit ihrer eigenen Familie hat sie Probleme, weil sich die Tochter mit ihrer neuen dörflichen Heimat schwer tut und auch der geschiedene Mann unerwartet auftaucht. Fortsetzung der anspruchslosen (Fernseh-)Familienkomödie FÜR IMMER FRÜHLING (2011) um eine zupackende Frau, die zahlreichen Rückschlägen erfolgreich trotzt. – Ab 14. Deutschland 2011 **P** teamWorx / Seven Dogs Filmprod. (für ZDF) **DVD** Edel (16:9, 1.78:1, DD5.1 dt.) **Pd** Nico Hofmann, Natalie Scharf **R** Achim Bornhak **B** Natalie Scharf **K** Jochen Stäblein **M** Christoph Zirngibl **S** Regina Bärtschi **D** Simone Thomalla (Katja Baumann), Martin Feifel (Peter Baumann), Carolyn Genzkow (Kiki Baumann), Marco Girnth (Mark Webber), Peter Mitterrutzner (Senner Sepp), Jan-Hendrik Kiefer (Matze Gmeiner), Petra Berndt (Lisa Gmeiner), Beate Maes (Steffi Gruber), Emilia Pieske (Emma Gruber), Sandra Steffl (Nachbarin) **L** 90 **FSK** ab 6 **E** 25.3.2012 ZDF / 20.4.2012 DVD **fd** –

Fucking Different XXX

Fortführung einer Kurzfilm-Kompilationsreihe, in der es um neue Perspektiven auf homosexuelle Liebe geht. Versammelt wurden acht internationale Geschichten, die sich nahezu ausschließlich auf pornografische «Aktmalereien» ohne interessante Standpunkte zu Sex und Geschlechterrollen beschränken. Lediglich der Kurzfilm von Bruce LaBruce überzeugt als filmkünstlerisches Experiment. Allenfalls gemessen am Maßstab des pornografischen Genres heben sich die Filme und ihre Darsteller positiv durch ihre Authentizität ab. Deutschland 2011 **P** Kristian Petersen Filmprod. / Jürgen Brüning Filmprod. / Manuela Kay **Kl** Moviemento **Pd** Kristian Petersen **R** Maria Beatty (1, LILITH [MOTHER OF EVIL]), Jürgen Brüning (2, MARTINA XXX), Émilie Jouvet (3, NEW KID ON THE BLOCK), Todd Verow (4, USE. DESTROY. REPEAT.), Manuela Kay (5, BLÜMCHENSEX), Bruce LaBruce (6, OFFING JACK), Kristian Petersen (7, DYKE FIGHT), Courtney Trouble (8, ANCHOR ANATOMIC) **B** Maria Beatty (1), Jürgen Brüning (2), Émilie Jouvet (3), Todd Verow (4), Manuela Kay (5), Bruce LaBruce (6), Kristian Petersen (7), Courtney Trouble (8) **K** Antonio Notarberardino (1), C. Lou Sossah (1), Kristian Petersen (2,3,5,6,7), Émilie Jouvet (3), Todd Verow (4), Alex Forge (6), Courtney Trouble (8) **M** Rikkha (1), John Zorn (1), Scream Club (2), Viktor von Daphodil (3), Rake (4), Claudia Fierke (5), La Jovenc (6), elektrosexual (7) **S** C. Lou Sossah (1), Maria Beatty (1), Michael Bidner (2), Émilie Jouvet (3), Todd Verow (4), Francy Fabritz (5), Jörn Hartmann (6), Kristian Petersen (7), Courtney Trouble (8) **D** Rose Wood (Lilith) (1), Rio Duran (Cain) (1), Logan Stevens (Abel) (1), Pau Pappel (2), N8aktiv (2), Sara Svärtan Persson (3), Nic Stocksson (3), Zaho Sebastian Mann (3), Judy Minx (X) (4), *James (Y) (4), André (5), Hannes (5), Finn (6), Kay Garnellen (6), Martina Minette Dreier (6), G.G. (7), Boots Ramon (7), Quinn Valentine (8), Robert Would (8) **L** 90 **FSK** – **E** 9.2.2012 **fd** 40 894

Die Fugger

(Fernseh-)Dokumentation über die Augsburger Kaufmannsfamilie Fugger, die im 14. Jahrhundert den familieneigenen Webereibetrieb zu einem Wirtschaftsimperium ausbaute und Königshäuser wie Päpste mit Krediten (für Kriege u.a.) unterstützte. Heute tritt die Bankiers-Dynastie auch als Sozial-Mäzen auf, die mit der «Fuggerei» die älteste, heute noch bewohnte Arbeitersiedlung der Welt ins Leben rief. Darüber hinaus weist der Film auf Parallelen zur heutigen Wirtschaftspolitik hin und zeigt, dass Globalisierung und Monopolisierung keine Erfindungen unserer Zeit sind, sondern bestenfalls Wortschöpfungen für längst vertraute kaufmännische Gepflogenheiten. – Ab 16. Deutschland 2011 **P** Florianfilm **DVD** puls entertainment/arte (16:9, 1.78:1, DD2.0 dt.) **Pd** André Schäfer **R+B** Werner Köhne **K** Bernd Meiners **S** Johannes Nakajima **L** 104 (53 & 51) **FSK** o.A. **E** 24.3.2012 arte / 10.12.2012 DVD **fd** –

Fun Size – Süßes oder Saures

FUN SIZE
Eine High-School-Schülerin will an Halloween eine Party besuchen, wird von ihrer Mutter aber zum Babysitten abkommandiert. Prompt entwischt ihr kleiner Bruder, weshalb sich die Schwester mit ihrer besten Freundin und zwei sympathischen Nerds auf die Suche macht. Im Lauf einer chaotischen Nacht muss sich die Familie neu finden und die Schülerin erkennen, wer am besten zu ihr passt. Mischung aus Teenie-Komödie und gefühlvoller Familiengeschichte, die derbe Gags mit kauzig-skurriler Situationskomik sowie liebenswert schrägen Charakteren austariert. – Ab 12. Scope. USA 2012 **P** Anonymous Content / Fake Empire / Nickelodeon Movies **Kl** Paramount **Pd** Bard Dorros, David Kanter, Stephanie Savage, Josh Schwartz **R** Josh Schwartz **B** Max Werner **K** Yaron Orbach **M** Deborah Lurie **S** Michael L. Sale **D** Victoria Justice (Wren), Jackson Nicoll (Albert), Chelsea Handler (Joy), Josh Pence (Keevin), Jane Levy (April), Thomas Mann (Roosevelt), Thomas McDonell (Aaron Riley), Carrie Clifford, Barry Livingston **L** 90 (24 B./sec.) / 87 (25 B./sec.) **FSK** ab 6; f **E** 25.10.2012 **fd** 41 384

Fünf Freunde

Drei Geschwister raufen sich während der Sommerferien mit ihrer elfjährigen Cousine zusammen und kämpfen mit ihr gegen mysteriöse Verbrecher, die eine Formel für umweltfreundliche Energie stehlen wollen. Kinder-Abenteuerfilm nach Motiven der po-

pulären Enid-Blyton-Buchreihe, der sich betont turbulent auf Rätsel, Verdächtigungen und Verfolgungsjagden konzentriert, dabei aber recht schlicht, formal holprig und uninspiriert auf harmlose, längst eingeführte Unterhaltungsmuster setzt, ohne sich tiefer auf Charaktere oder auf Stimmungen einzulassen. – Ab 10.
Deutschland 2011 **P** Sam Film **KI** Constantin **DVD** Constantin/Highlight (16:9, 1.85:1, DD5.1 dt., dts dt.) **BD** Constantin/Highlight (16:9, 1.85:1, dts-HD dt.) **Pd** Ewa Karlström, Andreas Ulmke-Smeaton **R** Mike Marzuk **B** Sebastian Wehlings, Peer Klehmet **Vo** Enid Blyton (Motive der Kinderbuch-Reihe) **K** Bernhard Jasper **M** Wolfram de Marco **S** Tobias Haas **D** Valeria Eisenbart (George), Nele Marie Nickel (Anne), Quirin Oettl (Julian), Justus Schlingensiepen (Dick), Michael Fitz (Prof. Quentin), Alwara Höfels (Luna), Anja Kling (Fanny), Elyas M'Barek (Vince), Armin Rohde (Polizist Peters), Johann von Bülow (Polizist Hansen), Anatole Taubman (Agent Peter Turner), Anna Böttcher (Frau Miller) **L** 93 **FSK** o.A.; f **E** 26.1.2012 / 2.8.2012 DVD & BD
fd 40 856

Für die Dauer einer Reise
Der Dokumentarfilm begleitet vier Senioren auf einer fünfmonatigen Weltreise auf einem Kreuzfahrtschiff, beobachtet ihre täglichen Beschäftigungen und spürt ihren Hoffnungen nach, auf der Fahrt den Partner für einen erfüllten Lebensabend zu finden. Er nähert sich den Personen sehr sensibel an, erweist ihnen unterschiedlichen Charakteren seine Achtung und versteht es, ihre gleichgelagerten Beweggründe darzustellen. Ein Film über Versuche und Strategien, auch im fortgeschrittenen Alter ein erfülltes Leben zu führen. – Ab 16.
Deutschland 2011 **P** Ihnen & Beilhack Filmprod. **KI** offen **Pd** Frauke Ihnen, Mario Beilhack **R+B** Frauke Ihnen **K** Thomas Beckmann **L** 78 **E** 1.2.2012 Bayern 3 **fd** –

Für Elise
Ein 15-jähriges Mädchen mit großer Leidenschaft fürs Klavierspiel und klassische Musik leidet darunter, dass seine labile Mutter zunehmend in die Alkoholsucht abgleitet. Ein neuer Partner der Mutter scheint alles zum Besseren zu wenden, doch die ambivalenten Gefühle der Tochter zu dem Mann und die zunehmenden Exzesse der Mutter sorgen für dramatische Zuspitzungen. Das gediegen-unauffällig inszenierte Porträt eines extremen Spannungen ausgesetzten Teenagers reflektiert zwar nur wenig von den seelischen Verwerfungen, fesselt aber dennoch dank seiner herausragenden Hauptdarstellerin. – Ab 16.
Deutschland 2011 **P** ostlicht filmprod./SWR/ARTE/MDR **KI** farbfilm **Pd** Marcel Lenz, Guido Schwab **R** Wolfgang Dinslage **B** Erzsébet Rácz **K** Kai Rastásy **S** Andreas Baltschun **D** Jasna Fritzi Bauer (Elise), Christina Grosse (Betty), Hendrik Duryn (Ludwig), Katharina Eckerfeld (Kathi), Annekathrin Bürger (Tante Gisela), Marie-Anne Fliegel (Tante Helga), Axel Schreiber (Benny), Maria Häuser (Evelyn), Tom-Aurelio Shiva Dubey (Edgar), Lotte Ohm (Lehrerin), Lucas Reiber (Kai), Maria Ehrich (Anke) **L** 102 (24 B./sec.) / 98 (25 B./sec.) **FSK** ab 16; f **E** 11.10.2012 **fd** 41 318

Für immer Liebe ★
THE VOW
Ein junger Musikproduzent und eine Bildhauerin verlieben sich Hals über Kopf. Doch nach einem schweren Autounfall kann sich die junge Frau nicht mehr an die letzten fünf Jahre erinnern und erkennt auch ihren neuen Lebensgefährten nicht wieder. Während dieser liebevoll und geduldig versucht, die Erinnerung an die glückliche Beziehung wiederherzustellen, wollen ihre Eltern, mit denen sie im Streit gebrochen hatte, die Vergangenheit ungeschehen machen. Anspruchsvolle und anrührende Mischung aus Romanze und Drama, die Themen wie Erinnerung, persönliche Geschichte und Identität verhandelt. In den Hauptrollen überzeugend und vielschichtig gespielt, stören allein einige eher stereotyp angelegte Nebenfiguren. – Ab 14.
Scope. USA 2011 **P** Screen Gems / Spyglass Ent. **KI** Sony **Pd** Gary Barber, Roger Birnbaum, Jonathan Glickman, Paul Taublieb, Cassidy Lange **R** Michael Sucsy **B** Abby Kohn, Marc Silverstein, Michael Sucsy, Jason Katims **K** Rogier Stoffers **M** Michael Brook, Rachel Portman **S** Melissa Kent, Nancy Richardson **D** Rachel McAdams (Paige), Channing Tatum (Leo), Sam Neill (Bill Thornton), Scott Speedman (Jeremy), Jessica Lange (Rita Thornton), Dillon Casey (Alex), Wendy Crewson, Lucas Bryant **L** 104 **FSK** o.A.; f **E** 9.2.2012 **fd** 40 890

Die fürchterliche Furcht vor dem Fürchterlichen
A FANTASTIC FEAR OF EVERYTHING
Ein kauziger, überaus ängstlicher Eigenbrötler hat sich ausgerechnet dem Studium Londoner Massenmörder verschrieben. Bei einem seiner seltenen Kontakte mit der Außenwelt werden seine schlimmsten Albträume wahr. Eine ganz auf das aberwitzige Alleinunterhalter-Potenzial des Hauptdarstellers Simon Peck zugeschnittene Chaos-Komödie. Peck beweist als Koryphäe des britischen Humors, dass er auch aus einer weniger herausragenden Geschichte das Optimum herausholt. – Ab 16.
DVD/BD: Die Extras umfassen u.a. einen Audiokommentar der Regisseure Crispian Mills und Chris Hopewell und des Schauspielers Simon Pegg sowie ein Feature mit acht im Film nicht verwendeten Szenen (16 Min.).
Großbritannien 2012 **P** Indomina Prod. / Keel Films / Pinewood Studios **DVD** Universal (16:9, 1.85:1, DD5.1 engl./dt.) **BD** Universal (16:9, 1.85:1, dts-HDMA engl., dts dt.) **Pd** Crispian Mills, Geraldine Patten **R** Crispian Mills, Chris Hopewell **B** Crispian Mills **K** Simon Chaudoir **M** Michael Price **S** Dan Roberts **D** Simon Pegg (Jack), Clare Higgins (Claire), Amara Karan (Sangeet), Jane Stanness (Sheena), Paul Freeman (Dr. Friedkin), Kerry Shale (Harvey Humphries), Elliot Greene (Hoodie), Alan Drake (Perkins) **L** 96 **FSK** ab 12 **E** 4.10.2012 DVD & BD **fd** –

Future X-Cops
MEI LOI GING CHAAT / FUTURE X-COPS
In naher Zukunft gieren Bösewichter nach der Energie-Gleichung eines Wissenschaftlers. Da dieser von einem Super-Cop beschützt wird, wollen sie in die Vergangenheit reisen, um ihn dort bereits im Kindesalter zu vernichten und damit für ihre Gegenwart zu «löschen». Doch der Polizist reist ihnen hinterher. Für ein junges Publikum kreierter, betont bunter Superheldenfilm der – zumindest für Erwachsene – eher wirren Sorte, in dem es auf spaßige Art heftig rumst.

Andy Lau als Star ist zumindest für Kinder der westlichen Hemisphäre verschenkt. – Ab 12.
Scope. Hongkong / VR China / Taiwan 2010 **P** China Film Group / Scholar Multimedia / Beijing Hualu Baina Film / IDG China Media / MVP / Fantawild Pic. / Orsun Movie &TV Cultural of Hubei **DVD** MIG/EuroVideo (16:9, 2.35:1, DD5.1 kanton./dt.) **BD** MIG/EuroVideo (16:9, 2.35:1, dts-HD kanton./dt.) **Pd** Zhao Hai Cheng, Jason Han **R+B** Jing Wong **K** Keung Kwok-Man **M** Wong Ying-Wah **S** Lee Kar-wing **D** Andy Lau (Kidd), Barbie Hsu (Miss Holly), Fan Bingbing (Millie), Louis Fan (Kalon), Mike He (Masterson), Tang Yi-fei (Fiona), Shi Yun-peng, Ma Jing-wu **L** 91 **FSK** ab 12 **E** 6.6.2012 DVD & BD **fd** –

DER GESCHMACK VON ROST UND KNOCHEN (Wild Bunch)

Game of Werewolves – Die Jagd beginnt
LOBOS DE ARGA

Ein Schriftsteller will nach erfolglosen Versuchen, einen Roman zu publizieren, in seinem galizischen Heimatdörfchen seine Wunden lecken. Dort gerät er mitten in eine gar nicht so unbegründete Werwolf-Hysterie, die nach einem Opfer verlangt, das ausgerechnet aus seiner Familie stammen muss. Ein leidlich komischer spanischer Versuch, auf den englischen Erfolgspfaden von Filmen wie SHAUN OF THE DEAD zu wandern. Zwar ist der Film zumindest für Splatter-Komödien-Freunde nicht unterhaltsam, gleichwohl versteht er es nie, die subversive Ader des typisch britischen Humors ins Spanische zu übertragen
DVD/BD: Der in 2D produzierte und auf 3D konvertierte Film ist als Blu-ray in 2D und 3D erhältlich.
3D. Scope. Spanien 2011 **P** Telespan 2000 **DVD** Senator/Universum (16:9, 2.35:1, DD5.1 span./dt.) **BD** Senator/Universum (16:9, 2.35:1, dts-HD span./dt.) **Pd** Tomás Cimadevilla, Emma Lustres **R+B** Juan Martínez Moreno **K** Carlos Ferro **M** Sergio Moure **S** Nacho Ruiz Capillas **D** Gorka Otxoa (Tomas Mariño), Carlos Areces (Calisto), Secun de la Rosa (Mario), Mabel Rivera (Rosa), Luis Zahera (Guardia Civil), Manuel Manquiña (Evaristo), Tomás Cimadevilla (Guardia Civil Befehlshaber) **L** 104 **FSK** ab 16 **E** 21.11.2012 DVD & BD   **fd** –

Gandu – Wichser
GANDU

Ein 20-Jähriger aus den Slums von Kalkutta schlägt sich als Dieb, Eckensteher und Rapper durchs Leben und ergeht sich in drogengeschwängerten Fantasien voller Sex und Trostlosigkeit. Mischung aus Musikvideo, Doku-Drama, Comedy und Tragödie als nichtnarrative, assoziative Kunstinstallation, die durch Zustandsbeschreibungen und Halluzinationen einer verlorenen Jugend mäandert und sich zum vehement wütenden, mitunter drastischen Pamphlet verdichtet.
DVD/BD: Die Extras enthalten u. a. ein «Making of»-Feature (33 Min.) sowie ein ausführliches Booklet zum Film. Es ist zudem eine Special Limited Edition (DVD sowie BD) erhältlich, die auf separater CD den Soundtrack des Films enthält.
Scope, teils schwarz-weiß. Indien 2010 **P** Overdose Productions **DVD** Bildstörung (16:9, 2.35:1, DD2.0 Bengali) **BD** Bildstörung (16:9, 2.35:1, PCM2.0 Bengali) **Pd** Pipankar Chaki **R** Kaushik «Q» Mukherjee **B** Kaushik «Q» Mukherjee, Surajit Sen **K** Kaushik «Q» Mukherjee **M** Five Little Indians **S** Manas Mittal **D** Anubrata Basu (Gandu), Joyray Bhattacharjee (Ricksha), Kamalika Banerjee (Gandus Mutter), Silajit (Dasbabu), Rii (Mädchen im Café, Kaali, die Prostituierte) **L** 82 **FSK** ab 18   **fd** 41 149

Gangs of Glasgow
NEDS

Glasgow in den 1970er-Jahren: Ein dicklicher Schüler, der von allen gehänselt und verspottet wird, erlangt Respekt, als seine Mitschüler erfahren, dass sein Bruder eine gefürchtete Unterweltgröße ist. Er steigt selbst zum Gang-Leader auf und führt ein äußerst brutales Regiment. Autobiografisch gefärbter Film, der durch seine Milieu-Zeichnung und sein überzeugendes Drehbuch besticht. Bei aller Realitätsnähe findet er immer wieder Zeit für humorvolle Einlagen, die allerdings «very British» sind. – Ab 16.
DVD/BD: Die Extras enthalten u. a. ein Feature mit im Film nicht verwendeten Szenen.
Scope. Großbritannien / Frankreich / Italien 2010 **P** Blue Light / Fidélité / StudioUrania **DVD** NewKSM (16:9, 2.35:1, DD5.1 engl./dt.) **BD** NewKSM (16:9, 2.35:1, dts-HDMA engl./dt.) **Pd** Olivier Delbosc, Alain De La Mata, Marc Missonnier, Conchita Airoldi, Peter Mullan, Lucinda Van Rie **R+B** Peter Mullan **K** Roman Osin **M** Craig Armstrong **S** Colin Monie **D** Conor McCarron (John McGill), Greg Forrest (John McGill, 10 Jahre alt), Peter Mullan (Mr. McGill), Joe Szula (Benny McGill), John Joe Hay (Fergie), Gary Lewis (Mr. Russell), Mhairi Anderson (Elizabeth), Richard Mack (Gerr) **L** 119 **FSK** ab 16 **E** 13.1.2012 DVD & BD   **fd** –

Gangster Kartell
GANGSTER EXCHANGE

Die japanische Yakuza hat mehr als 30 Kilogramm Heroin in Form einer Klosett-Schüssel in die USA geschmuggelt, um mit der bosnischen Mafia zu kooperieren. Ein Bote und sein Geschäftspartner geraten in einen Bandenkrieg und irren mit der Toilette unterm Arm durch New York. Rustikale Action-Komödie mit Tarantino-Anleihen, die nie die Kunstfertigkeit und Eigenständigkeit ihrer Vorbilder erreicht.
Kanada 2010 **P** Aquila Pic. / Gothic Raygun / Tattersall Sound **DVD** Lighthouse (16:9, 1.78:1, DD5.1 engl./dt.) **BD** Lighthouse / Mr. Banker (16:9, 1.78:1, dts-HD engl./dt.) **Pd** Dean Bajramovic, David Krae, George-Henri Picaud **R+B** Dean Bajramovic **K** Kevin C. W. Wong **M** Whitney Baker, Dan Elliott, Senad Senderovic **S** Robert James Spurway **D** Christopher Russell (Marco), Sarain Boylan (Kendra), Aaron Poole (Big Dave), Nobuya Shimamoto (Hiro), Jasmin Geljo (Gogo Wolf), Zeljko Kecojevic (Dragan Wolf), Walter Alza (Sasha), Steven P. Park (Ozaki) **L** 90 **FSK** ab 18 **E** 13.1.2012 DVD & BD   **fd** –

Gangsterläufer   ★
Vier Jahre lang begleitet der Filmemacher einen jugendlichen Straftäter mit libanesischen Wurzeln, der im Berliner Stadtteil Neukölln seine kriminelle «Karriere» verfolgt, bis er als minderjähriger Intensivtäter für drei Jahre hinter Gitter wandert. Ohne wohlfeile Erklärungen und Schuldzuweisungen entwickelt der Dokumentarfilm ein facettenreiches Porträt, das den Protagonisten als widersprüchsvolle Persönlichkeit konturiert, die unter ungünstigen sozialen Bedingungen und zwischen verschiedenen kulturellen Bezugspunkten keine stabile Orientierung findet. – Ab 14.
Deutschland 2010 **P** Hanfgarn & Ufer / RBB / ARTE / ZDF (Das kleine Fernsehspiel) **KI** Barnsteiner **Pd** Andrea Ufer **R+B** Christian Stahl **K** Ralf Ilgenfritz **M** Tilmann Dehnhard **S** Johannes Fritsche **L** 93 **FSK** ab 12; f **E** 9.2.2012   **fd** 40 888

Gantz – Die ultimative Antwort
GANTZ

Ein junger Mann jagt in einem Parallel-Universum im Auftrag einer unbekannten Macht Außerirdische, um 100 Punkte zu sammeln, mit denen sein toter Freund wiederbelebt werden könnte. Als er seine Geliebte töten soll, meldet sich sein Gewissen. Sequel eines Science-Fiction-Mystery-Films (GANTZ – SPIEL UM DEIN LEBEN, 2010) nach einem Manga. Sichtbar hochbudgetiert, gewinnt der Film zu langsam an Fahrt und setzt auf ein abstoßend hohes Maß an Gewalt, Action und Blutvergießen.
DVD/BD: Zudem als Sammler-Edition zusammen mit dem ersten Teil GANTZ – SPIEL UM DEIN LEBEN erhältlich, die in einer wertigen Aufmachung u. a. ein 48-seitiges Booklet enthält.
Japan 2011 **P** CBC / FBS / Gantz Film / HTV / Hokkaido Broadcasting / Horipro / J Storm / Miyagi Television / Nikkatsu / NTV / Shizuoka Daiichi / Shieisha / Toho / VAP / YTV **DVD** Sunfilm (16:9, 1.85:1, DD5.1 jap./dt., dts dt.) **BD** Sunfilm (16:9, 1.85:1, dts-HDMA7.1 jap./dt.) **Pd** Takahiro Sato **R** Shinsuke Sato **B** Yûsuke Watanabe **Vo** Hiroya Oku **K** Taro Kawazu **M** Kenji Kawai **S** Tsuyoshi Imai **D** Ken'ichi Matsuyama (Masaru Kato), Kazunari Ninomiya (Kei Kurono), Takayuki Yamada (Shigeta), Yuriko Yoshitaka (Tae Kojima), Kanata Hongō (Joichiro Nishi), Natsuna (Kei Kishimoto) **L** 136 **FSK** ab 169 **E** 16.2.2012 DVD & BD   **fd** –

Ganz der Papa
Ein Ex-Fußballprofi erfährt bei einer Routine-Untersuchung seiner Fußball begeisterten kleinen Tochter, dass diese nicht sein Kind, aber auch nicht das seiner verstorbenen Frau sein kann. Er vermutet eine Verwechslung im Krankenhaus am Tag der Geburt und stößt auf eine Frau, die am selben Tag und am selben Ort ein Mädchen bekam. Er sucht ihre Nähe, und schon bald finden die beiden Gefallen aneinander. Routinierte (Fernseh-)Komödie mit nachdenklichen Untertönen, die Fragen nach leiblicher und sozialer Elternschaft anspricht. – Ab 14.
Deutschland 2011 **P** teamWorx (für ARD-Degeto/BR) **KI** offen **Pd** Ariane Krampe **R** Matthias Steurer **B** Holger Joos **K** Michael Boxrucker **M** Stephan Massimo **S** Veronika Zaplata **D** Jörg Schüttauf (Alex Brehm), Julia Richter (Sophie Schönemann), Peter Franke (Willy Brehm), Annika Bolkart (Charlie Brehm), Francesca Bolkart (Charlie Brehm), Grace Reutlinger (Paula Schönemann), Martin Umbach (Sr. Stephan Fischer), Moses Wolff (Udo) **L** 88 **E** 13.4.2012 ARD   **fd** –

Gardi – Die Unendlichkeit des Spiels   ★
GARDI – DIE UNENDLICHKEIT DES SPIELS

Dokumentarisches Road Movie, das den weiblichen Clown Gardi Hutter auf dem Weg zum neuen Bühnenprogramm «Die Schneiderin» begleitet und während zwei Jahren Impressionen in aller Welt einfing, u. a. in Brasilien, St. Petersburg, Berlin, Stuttgart und im Tessin – aber auch in der Fantasie der Protagonistin, einer temperamentvollen, charmanten Frau, die herzhaft lachen kann und philosophischen Überlegungen nicht abgeneigt ist. Ein abwechslungsreicher und hintergründiger Film voller Überraschungen, Turbulenzen und Stolpersteine. – Ab 14.
Schweiz 2011 **P** Tukan Film **VA** Tukan Film (Eigenverleih Schweiz) **Pd+R+B** Kuno Bont **K** Hansjürg Vorburger, Daniel Schierscher, Jens Weber **M** Andi Loser **S** Jens Weber, Kuno Bont **L** 76 **E** 5.12.2012 SF 1/DRS **fd** –

Gasland
GASLAND

Der Dokumentarfilmer Josh Fox informiert über die Gefahren des «fracking», einer Technologie, die unter hohem Druck, mit viel Wasser und noch mehr Chemikalien Gas freisetzt, das in unterirdischen Gesteinsmassen gebunden ist. Er beschreibt die Gefahren für die Bevölkerung, die in erster Linie mit verseuchtem Grundwasser und damit auftretenden Risiken für die Gesundheit verbunden sind. Ein durchaus löbliches Ansinnen, doch in seinem Eifer übersieht Fox, dass vieles längst bekannt ist und er in seiner Selbstdarstellung als investigativer Dokumentarist sich nicht von gewissen Eitelkeiten freisprechen kann. – Ab 14.
USA 2010 **P** HBO Documentary / International WOW **DVD** Lighthouse (16:9, 1.78:1, DD5.1 engl./dt.) **BD** Lighthouse (16:9, 1.78:1, dts engl./dt.) **Pd** Trish Adlesic, Josh Fox, Moly Gandour, Don Guamieri, Laura Newman, David Roma **R+B** Josh Fox **K** Josh Fox **S** Matthew Sanchez **L** 109 **FSK** ab 6 **E** 2.12.2011 DVD & BD
fd 40 946

Gatos viejos – Old Cats *
GATOS VIEJOS / OLD CATS
Ein betagtes Ehepaar, das das Alt-Sein als Last empfindet, erhält Besuch von der Tochter und deren Geliebter, die es auf die Stadtwohnung und das Geld der alten Leuten abgesehen haben. Es entwickelt sich ein zermürbender Kleinkrieg, bei dem die alte Frau wegen zunehmender Demenz immer wieder ins Hintertreffen zu geraten droht. Ein um äußersten Realismus bemühter Film, der sich nur vordergründig um Geld- und Wohnungsfragen dreht und im Kern vom Verlust von Zärtlichkeit und Liebe sowie den damit verbundenen Verletzungen handelt. Ein beachtliches Kammerspiel, glänzend inszeniert und gespielt, das freilich einiges an Durchhaltevermögen fordert. – Ab 16. Chile/USA 2010 **P** Elephant Eye Films **KI** trigon-film (Schweiz) **Pd** Kim Jose, David Robinson, Sebastián Silva **R+B** Sebastián Silva, Pedro Peirano **K** Sebastián Silva **S** Gabriel Díaz **D** Bélgica Castro (Isidora), Claudia Celedón (Rosario), Catalina Saavedra (Hugo), Alejandro Sieveking (Enrique), Alejandro Goic (Manuel) **L** 90 **FSK** – **E** 5.1.2012 Schweiz **fd** 40852

Geboren in der Sowjetunion – Neun Leben 1983 bis heute
BORN IN THE USSR: 21 UP
Die russische Langzeitdokumentation beobachtet neun Protagonisten aus allen Teilen des Landes über einen Zeitraum von 28 Jahren, stellt sie, die alle noch in der Sowjetunion geboren wurden, im Alter von neun Jahren vor und dokumentiert in der Folgezeit ihr Leben an wichtigen Schnittstellen (gesellschaftliche Umwälzungen, Pubertät, Militärdienst, finanzielle Schwierigkeiten, der Eintritt in die Welt der Erwachsenen). Das Ergebnis vermittelt einen Eindruck in das Leben in der postsowjetischen Ära, das von Unsicherheiten und Enttäuschungen, aber auch von großen Hoffnungen geprägt ist. – Ab 16.
Großbritannien 2011 **P** Granada Media/Granada Television **KI** offen **Pd** Jemma Jupp **R+B** Sergei Miroshnichenko **S** Kim Horton **L** 104 **E** 26.2.2012 arte **fd** –

Gefährten *
WAR HORSE
Der Sohn eines englischen Farmers nimmt sich liebevoll und geduldig eines Wallachs an und schließt mit ihm Freundschaft, bis mit Ausbruch des Ersten Weltkriegs für das Pferd eine leidvolle Odyssee beginnt. Zwischenzeitlich tritt der Junge in die britische Armee ein und hofft, das Tier an der Front wiederzufinden. Gefühlvolles, mitunter sentimentales, in der Darstellung der Kriegsgräuel aber auch drastisch-schockierendes Epos, das die Geschichte einer unzertrennlichen Freundschaft erzählt und zugleich die Absurdität des Kriegs sowie die Sinnlosigkeit verlorener Leben anklagt. In den Kriegsszenen brillant und mitreißend, fesselt der Film zwischen üppigen Panoramen und intimen Detailzeichnungen als Wiederbelebung des weit ausgreifenden, emotionalen Stils klassischer Hollywood-Epen und wird zu einem Stück fast vergessener filmischer Erzählkunst. – Ab 16.
DVD/BD: Die Standardausgabe (DVD & BD) enthält keine erwähnenswerten Extras.
Die «Limited Special Edition» (DVD & BD) enthält indes eine Bonusdisk mit vier Features zum Film, von denen das «Making of» «Wie ein Epos entsteht» (64 Min.), «Schnitt und Filmmusik» (9 Min.) sowie «Das Sounddesign von Gefährten» (7 Min.) die ausführlichsten sind.
Scope, teils schwarz-weiß. USA 2011 **P** DreamWorks Pic. / Reliance Ent. / Amblin Ent. / The Kennedy-Marshall Company / Touchstone Pic. **KI** Walt Disney **DVD** Walt Disney (16:9, 2.35:1, DD5.1 engl./dt.) **BD** Walt Disney (16:9, 2.35:1, dts-HDMA engl., dts-HD7.1 dt.) **Pd** Kathleen Kennedy, Steven Spielberg, Tracey Seaward, Adam Sommer **R** Steven Spielberg **B** Lee Hall, Richard Curtis **Vo** Michael Morpurgo (Roman *War Horse / Gefährten*) **K** Janusz Kaminski **M** John Williams **S** Michael Kahn **D** Emily Watson (Rosie Narracott), David Thewlis (Lyons), Peter Mullan (Ted Narracott), Niels Arestrup (Großvater), Tom Hiddleston (Captain Nicholls), Jeremy Irvine (Albert Narracott), Benedict Cumberbatch (Major Stewart), Toby Kebbell (Colin), Celine Buckens (Emilie), Rainer Bock (Brandt), Geoff Bell (Sgt. Sam Perkins), Leonard Carow (Michael), Robert Emms (David Lyons), David Kross (Gunther), Matt Milne (Andrew Easton) **L** 147 **FSK** ab 12; f **FBW** bw **E** 16.2.2012 / 30.8.2012 DVD & BD **fd** 40914

Das Geheimnis der Feenflügel 3D
SECRET OF THE WINGS / TINKERBELL AND THE SECRET OF THE WINGS
Fünfter Film der Trickfilm-Reihe um die Sommerfee Tinkerbell, die verbotenerweise ihr sonniges Tal verlässt, um den Winterwald zu erkunden, und einer Winterfee begegnet, die sich als ihre Schwester entpuppt. Beim Versuch, ihr das warme Sommertal zu zeigen, schlägt das Klima um, und Frost überzieht die blühende Landschaft. Ein anspruchsloser, aber charmanter Film, der keine ökologische Botschaft transportiert, aber durch seine liebevolle, detailfreudige Gestaltung für sich einnimmt. – Ab 6.
3D. USA 2012 **P** Walt Disney Pic. / DisneyToon Studios **KI** Walt Disney **Pd** John Lasseter, Makul Wigert **R** Peggy Holmes, Bobs Gannaway **B** Peggy Holmes, Bobs Gannaway, Tom Rogers, Ryan Rowe **M** Joel McNeely **L** 75 (24 B./sec.) / 73 (25 B./sec.) **FSK** o.A.; f **FBW** w **E** 8.11.2012 **fd** 41376

Das Geheimnis der Villa Sabrini
Eine deutsche Kunsthistorikerin entdeckt in ihrer Wahlheimat Rom, dass die Teilstudie eines berühmten Renaissance-Gemäldes eine Fälschung ist. In Florenz trifft sie auf den Erben einer Juwelier-Dynastie, der wiederholte Anschläge auf sein Leben mit dem Bild in Verbindung bringt. Die beiden wollen die Wahrheit über das Gemälde ergründen, wobei sie sich den Intrigen des florentinischen Geldadels ausgesetzt sehen und ihre bisherigen Lebensentwürfe hinterfragen müssen. Mischung aus Liebes- und Kriminalfilm vor der Kulisse von Florenz und der Toscana. – Ab 14.
Deutschland 2011 **P** antares media **DVD** Edel Media (16:9, 1.78:1, DD2.0 dt.) **Pd** Thilo Kleine, Bettina Kleine **R** Marco Serafini **B** Susanne Hertel **Vo** Cristina Camera (Roman *Die Gärten der Villa Sabrini*) **K** Patrizio Patrizi **M** Alessandro Molinari **S** Ilana Goldschmidt **D** Simone Hanselmann (Susanna Noll), René Ifrah (Francesco Lanzi), Nadeshda Brennicke (Elisabeth Lanzi), Rufus Beck (Andreas von Weissenfels), Michael Mendl (Lorenzo Sabrini), Armin Rohde (Fabio Milus), Giorgia Surino (Cosima Bertone) **L** 88 **FSK** ab 12 **E** 4.3.2012 ZDF / 30.3.2012 DVD **fd** –

Das Geheimnis des Magiers ☆
HET GEHEIM
Ein Achtjähriger ist vom Auftritt eines Magiers derart hingerissen, dass er selbst Zauberer werden möchte und alles daran setzt, dessen «Verschwinde-Trick» zu erlernen. Gemeinsam mit seinem arbeitslosen, liebenswert-tollpatschigen Vater, der auf diese Weise ebenfalls eine neue Aufgabe entdeckt, gelingen ihm erste Achtungserfolge. Die Ereignisse überschlagen sich, als die beiden eine Klassenkameradin des Jungen so überzeugend verschwinden lassen, dass diese nicht mehr auftaucht. Charmanter Kinderfilm, der geschickt die Brücke zu den familiären Problemen seiner Protagonisten schlägt, dabei glaubwürdig Fantasie und Alltagsprobleme verbindet und in ein anrührendes Finale mündet. – Sehenswert ab 8.
Niederlande 2010 **P** IDTV Film / AVRO / Lürsen Film **DVD** WVG (16:9, 1.78:1, DD5.1 dt.) **Pd** Frans van Gestel, Frank Ketelaar, Joram Lürsen **R** Joram Lürsen **B** Frank Ketelaar **K** Mark van Aller **M** Fons Merkies **S** Peter Alderliesten **D** Thor Braun (Ben Stikker), Daan Schuurmans (Hans Smid), Theo Maassen (Koos Stikker), Chantal Janzen (Laura Stikker), Margot Ros (Au pair), Caroline de Bruijn (Mylene Stikker), Fred Goessens (Burlage), Java Siegertsz (Sylvie) **L** 90 **FSK** ab 6 **E** 14.12.2012 Kinderkanal / 22.2.2013 DVD **fd** –

Das Geheimnis in Siebenbürgen
Der Teilhaber einer Berliner Beratungsfirma reist in seine alte Heimat Siebenbürgen, die er nach der Ausreise 1987 weitgehend verdrängt hatte. Die Begegnung mit seiner Jugendliebe und Familienmitgliedern lassen Fragen nach Zugehörigkeit und Heimat aufleben, die durch das Auftauchen von Ehefrau und Tochter verschärft werden. (Fernseh-)Familiendrama, das didaktisch steif und allzu konsensorientiert angelegt ist, um den emotionalen Kern der Geschichte nachvollziehbar zu machen. Das wahrhaftigen Anteile, etwa das beharrliche Schweigen über die Vergangenheit, das sich bei nicht wenigen vertriebenen Siebenbürger Sachsen findet, gehen verloren, sodass ein wichtiges Kapitel deutsch-rumänischer Geschichte verschenkt wird. – Ab 16.
Deutschland 2010 **P** Aspekt Telefilm **KI** offen **Pd** Josephine Belke **R** Martin Enlen **B** Thomas Kirchner **K** Philipp Timme **M** Dieter Schleip **D** Oliver Stokowski (Lukas Schauttner), Katharina Böhm (Doris Schauttner), Dorka Gryllus (Mara Ilinescu), Jürgen Tarrach (Rüdiger Niemeier), Merab Ninidze (Nikolai Ininescu), Gudrun Ritter (Inge Schauttner), Ernst-Georg Schwill (Martin Schauttner), Anna Willecke (Nina Schauttner), Helen Woigk (Tamina Ininescu), Dorothea Walda (Irmgard Florescu), Alexander Hörbe (Dr. Knut Vögele) **L** 90 **E** 14.5.2012 ZDF **fd** –

Das Geheimnis von Kells ☆
THE SECRET OF KELLS
Ein junger Mönch entdeckt im 9. Jahrhundert die Schönheit der Buchmalerei und widersetzt sich fortan den Anweisungen seines Onkels, der als strenger Abt eines Klosters im Osten Irlands den drohenden Angriff der Wikinger mit einer hohen Mauer abwehren will. Der virtuos inszenierte Animationsfilm entfacht einen wahren Bilderrausch. Mittels irischer Folklore und Mythologie, historischer Fakten und Fiktionen imitiert er raffiniert und farbenprächtig die detailreichen Verzierungen des Buchs von Kells und verbindet dies glaubwürdig mit der Geschichte eines Jungen, der sich seinen Ängsten stellt. – Sehenswert ab 10.
DVD/BD: Die Extras umfassen u. a. einen Audiokommentar der Regisseure und des Art Director Ross Stewart, ein Feature mit im Film nicht verwendeten Szenen (9 Min.), zwei Featurettes mit Storyboards (7 Min. & 2 Min.) sowie die interessante Kurzdoku zum Film: «Die Entstehung von DAS GEHEIMNIS VON KELLS» (27 Min.). Neben der DVD und BD gibt es noch ein kombiniertes DVD/BD-Mediabook, das zusätzlich ein Booklet zum Film enthält.
Frankreich/Belgien/Irland 2009 **P** Les Armateurs / Vivi Film / Cartoon Saloon / France 2 Cinéma **DVD** Pandastorm/Ascot/Elite (16:9, 1.78:1, DD5.1 engl./dt., dts dt.) **BD** Pandastorm/Ascot/Elite (16:9, 1.78:1, dts-HDMA engl./dt.) **Pd** Didier Brunner, Tomm Moore, Viviane Vanfleteren, Paul J Young **R** Tomm Moore, Nora Twomey (Co-Regie) **B** Fabrice Ziolkowski **M** Bruno Coulais **S** Fabienne Alvarez-Giro **L** 76 (25 B./sec.) **FSK** 6 **E** 8.10.2012 DVD & BD **fd** 41 418

Die geheimnisvolle Fremde
LA FEMME DU VEME / THE WOMAN ON THE FIFTH
Ein US-amerikanischer Literaturprofessor kommt nach Paris, um sich mit Frau und Tochter auszusöhnen. Doch er muss vor der Polizei fliehen und strandet in einem schäbigen Vorort, wo er als Nachtwächter jobbt, um erneut Kontakt mit der Familie aufzunehmen. Da macht er die Bekanntschaft einer geheimnisvollen Frau, die ihn in ihren Bann zieht. Enigmatisch anmutender Film, der die Vergangenheit seiner Figuren in einer merkwürdigen Schwebe lässt und immer irrationalere Züge annimmt. – Ab 16.
Frankreich/Großbritannien/Polen 2011 **P** Haut et Court / Film4SPI International / The Bureau **KI** Praesens (Schweiz) **DVD** Universum (16:9, 1.85:1, DD5.1 frz. & engl./dt.) **BD** Universum (16:9, 1.85:1, dts-HDMA frz. & engl./dt.) **Pd** Caroline Benjo, Carole Scotta, Soledad Gatti-Pascual **R+B** Pawel Pawlikowski **Vo** Douglas Kennedy **K** Ryszard Lenczewski **M** Max de Wardener **S** David Charap, Elsa Fernández **D** Kristin Scott Thomas (Margit), Ethan Hawke (Tom Ricks), Joanna Kulig (Ania), Samir Guesmi (Sezer), Delphine Chuillot (Nathalie), Julie Papillon (Chloé), Geoffrey Carey (Laurent), Mamadou Minte (Omar) **L** 85 **FSK** ab 16 **E** 28.3.2012 DVD & BD / 12.7.2012 Schweiz **fd** –

Der Geiger Jascha Heifetz
siehe: **Das Gesicht der Perfektion – Der Geiger Jascha Heifetz**

Geisterfahrer
Zwei Rettungssanitäter lieben ihren Einsatz im nächtlichen Hamburg mit Leib und Seele. Eines Nachts sind sie nach den Schüssen auf einen Staatsanwalt als erste am Tatort. Auf der Fahrt ins Krankenhaus drückt ihnen der Angeschossene, der kurz darauf stirbt, einen Schlüssel in die Hand. Ohne zu wissen, wie ihnen geschieht, sich die Sanitäter plötzlich als Gejagte. Abwitziger, teilweise komödiantischer (Fernseh-)Multikulti-Krimi als wüste, im guten Sinn ungeschliffene Geschichte um Waffenhandel, Mafiamorde und Bestechung hoher Staatsbeamter. Etwas aufgesetzt bleibt die Einbindung in einen «Migrationshintergrund». – Ab 16.

Deutschland 2012 **P** Network Movie/ ZDF/ARTE **KI** offen **Pd** Wolfgang Cimera, Bettina Wente **R+B** Lars Becker **K** Hannes Hubach **M** Stefan Wulff, Hinrich Dageföhr **S** Sanjeev Hathiramani **D** Tobias Moretti (Freddy Kowalski), Fahri Yardim (Emile Ramzy), Uwe Ochsenknecht (Otto Schlesinger), Julia Dietze (Lola König), Fritz Karl (Generalstaatsanwalt Montgomery), Sophie von Kessel (Carla Montgomery), Martin Brambach (Personenschützer Brenner), Armin Rohde (Staatsanwalt Marx), Misel Maticevic (Yasser) **L** 89 **E** 9.11.2012 arte **fd** –

Geliebtes Kind ★

Ihre Behinderung, ein Spitzfuß, macht einer 16-jährigen Internats-Schülerin wenig aus, während ihre überbesorgte Mutter immer neue Operationen für sie arrangiert. Dadurch kommt es zu erheblichen Spannungen, die sich noch steigern, als sich das Mädchen gegenüber dem neuen Lebensgefährten der Mutter behaupten muss. Engagiertes, einfühlsam inszeniertes und gut gespieltes (Fernseh-)Drama um eine schwierige Mutter-Tochter-Beziehung, das um Fragen von Selbstbestimmung und die Akzeptanz von Behinderungen kreist. – Ab 14.
Deutschland 2011 **P** thevissen filmproduktion / RheinFilm / WDR **KI** offen **Pd** Juliane Thevissen **R** Franziska Meletzky **B** Dieter Bongartz **K** Kai Longoska **M** Bert Wrede **S** Katharina Schmidt **D** Mathilde Bundschuh (Liz), Anica Dobra (Susanne), Simon Böer (Andi), Steffi Kühnert (Karin), Tom Gramenz (Robert), Olga von Luckwald (Marie), Petra Welteroth (Frau Verheyen), Rebecca-Madita Hundt (Frau Windfang) **L** 90 **E** 25.4.2012 ARD **fd** –

Gelobtes Land
THE PROMISE

Eine junge Britin reist nach Israel, wo ihre Freundin ihren Militärdienst absolvieren will. Im Gepäck hat sie das Tagebuch des Großvaters, der nach dem Zweiten Weltkrieg in Palästina als Mandatssoldat stationiert war. Während sie sich mit den dramatischen Ereignissen der damaligen Zeit auseinandersetzt, wird sie mit einem Land konfrontiert, das auch heute noch keinen Frieden zu finden scheint. (Fernseh-)Drama, das sich bemüht, die Realität im Land exakt wiederzugeben. Der Impuls zu dem Film geht auf die Anregung eines britischen Veteranen zurück, der auf die Problematik der britischen Truppen während der damaligen Zeit aufmerksam machen wollte. – Ab 16.
Großbritannien/Frankreich 2011 **P** Daybreak / Stonehenge / Canal + / arte / Channel 4 **KI** offen **Pd** Hal Vogel **R+B** Peter Kosminsky **K** David Higgs **M** Debbie Wiseman **S** David Blackmore **D** Claire Foy (Erin Matthews), Christian Cooke (Sergeant Len Matthews), Itay Tiran (Paul Meyer), Katharina Schüttler (Clara Rosenbaum), Haaz Sleiman (Omnar Habash), Perdita Weeks (Eliza Meyer), Ali Suliman (Abu-Hassan Mohammed), Amir Najjar (Hassan) **L** 356 (81/87/83/105) **E** 20.+27.4.2012 arte **fd** –

General de Gaulle – Riese auf tönernen Füßen
DE GAULLE, LE GEANT AUX PIEDS D'ARGILE

Der Dokumentarfilm hinterfragt den Mythos des französischen Staatsmanns General Charles de Gaulle (1890–1970), dem bis heute der Nimbus der starken Führungspersönlichkeit anhaftet, der Schwächen fremd waren. Angesichts der Unruhen im Mai 1968 gestand de Gaulle in einem Interview fünf Ereignisse aus der Zeit seiner politischen Karriere, die ihn an seiner Mission zweifeln ließen. Diese fünf Krisen im Leben de Gaulles bilden die Grundlage des Films, wobei in der Schwebe bleibt, ob sie Ausdruck von Schwäche oder Teil einer politisch ausgeklügelten Strategie waren. – Ab 16.
Teils schwarz-weiß. Frankreich 2011 **P** Les Bons Clients / ARTE France **KI** offen **Pd** Loic Bouchet, Thibaut Camurat **R+B** Patrick Jeudy **S** Christine Marier **L** 84 **E** 12.6.2012 arte **fd** –

Generation Kunduz – Der Krieg ★
der Anderen

Der Journalist Martin Gerner, der in Afghanistan seit 2004 Journalisten ausbildet, porträtiert drei junge Afghanen, aus deren Perspektive Lebensumstände und gesellschaftliche Bruchstellen eines Landes geschildert werden, in dem reformfreudige Menschen die Repressionen patriarchalischer Kräfte fürchten müssen. Der aufschlussreiche Dokumentarfilm beschreibt die Schwierigkeiten des Landes aus einer Innenperspektive und zeichnet ein differenziertes, über die gängige Berichterstattung hinausweisendes Bild. (O.m.d.U.) – Ab 14.
Deutschland 2011 **P** Martin Gerner Film **KI** Martin Gerner **Pd+R+B** Martin Gerner **K** Resa Asarshabab, Ali Hussein Husseini, Karim Amin, Morteza Shahed, Aziz Deldar, Martin Gerner **M** Stefan Döring **S** Ole Heller **L** 81 **FSK** ab 12 (Video) **E** 15.3.2012 **fd** 40 950

Die Genialität des Augenblicks – Der Fotograf Günter Rössler

Dokumentarfilm über den Fotografen Günter Rössler (geb. 1926), der in den 1960er-Jahren in der DDR mit Aktfotografien provozierte. Der von Bewunderung für den Fotografen geprägte Ansatz des Films, Rösslers Arbeiten als zeitlose Kunstwerke zu würdigen, versäumt es, dessen Arbeitsweise und -bedingungen sowie die spannungsvolle Rezeption seiner Fotografien zu beleuchten. Sequenzen, die den Künstler mit Familie oder bei der Arbeit zeigen, sowie Interviews mit Mitstreitern und Montagesequenzen seiner Fotos vermitteln zwar einen Eindruck von Rösslers Schaffen, helfen aber wenig bei dessen Einordnung. – Ab 14.
Teils schwarz-weiß. Deutschland 2012 **P** Film2010 Filmprod. **KI** Edition Salzgeber **Pd+R+B** Fred R. Willitzkat **K** Fred R. Willitzkat **M** Friedrich Gatz **S** Doreen Ignaszewski **L** 97 **FSK** ab 12 (DVD) **FBW** w **E** 13.12.2012 **fd** 41 424

George A. Romero Presents Deadtime Stories
GEORGE A. ROMERO PRESENTS DEADTIME STORIES / DEADTIME STORIES

Dreiteilige, von George A. Romero durch wortkarge Überleitungen aufgelockerte Anthologie von Geisterkurzgeschichten, die sich dröge bis zur jeweils blutigen Pointe schleppen. 1. «Valley of the Shadow»: Eine Frau entdeckt im Dschungel statt ihres vermissten Ehemanns eine Bestie. 2. «Wet»: Ein einsam lebender Mann nennt durch eine am Strand gefundene Schatulle nicht nur eine Meerjungfrau, sondern auch einen Fluch sein eigen. 3. «Housecall»: Ein Arzt soll den Krebsverdacht des Sohns ei-

ner Bekannten ergründen, doch der vermeintlich Kranke könnte lediglich ein Blutsauger sein. – Ab 16.
USA 2009 **P** Sanibel II Films / 72nd St. Films / 555 Films **DVD** MIG/EuroVideo (16:9, 1.78:1, DD5.1 engl./dt.) **Pd** Michael Fischa, Marty Schiff, Matt Walsh **R** Michael Fischa, Jeff Monahan, Matt Walsh **B** Jeff Monahan **K** Luke Andrade **M** Kerri Fabian, Matthew Tait **S** Matt Walsh **D** Adrienne Wehr (Audrey), Mark Hofmann (Dr. Owen), Sam Redford (Alex), Patrick Jordan (Gary), Ian Harding (Ryan), Liz DuChez (Donna), Emily Monahan (Joelle Weaver), George A. Romero (Erzähler/Gastgeber) **L** 76 **FSK** ab 16 **E** 15.3.2012 DVD **fd** –

George A. Romero Presents Deadtime Stories Vol. 2
GEORGE A. ROMEROS DEADTIME STORIES 2
Drei Horrorfilm-Episoden unter der Schirmherrschaft von George A. Romero. 1) «The Gorge»: Drei Freunde werden in einem Höhlenlabyrinth verschüttet und müssen sich der Versorgungsfrage stellen. 2) «On Sabbath Hill»: Eine ungewollt schwangere Schülerin nimmt sich das Leben und sucht danach ihren bigotten Schulleiter heim. 3) «Dust»: Ein neues Krebsmedikament verwandelt eine Frau in eine Sex-Bestie. Unspektakuläre wie auch uninteressante Genre-Fingerübungen, die allenfalls durch ihre Drastik aus dem Rahmen fallen.
USA 2010 **P** Sanibel II Films / 72nd St. Films / 555 Films **DVD** MIG Film **L** 105 **FSK** ab 18 **fd** –

George A. Romero's Deadtime Stories 2
siehe: **George A. Romero Presents Deadtime Stories Vol. 2**

Germaine Damar – Der tanzende Stern ★
GERMAINE DAMAR – DER TANZENDE STERN
Die Tänzerin und Schauspielerin Germaine Damar (geb. 1929) spielte von 1952 bis 1963 in 28 Kinofilmen, war primär aber auf dem Tanzparkett in ihrem Element. In der Dokumentation gibt der einstige Revuefilm-Star sympathisch Auskunft über ihre Karrierestationen von den artistischen Anfängen in Luxemburg über akrobatische Auftritte in den ersten Nachkriegsjahren bis zur Filmkarriere in Westdeutschland. Durch Filmausschnitte und Gespräche (überwiegend mit ehemaligen Kollegen) vermittelt sich ein stimmiger Eindruck von den Zielen und Produktionsbedingungen des Revuefilms in den Wirtschaftswunderjahren. – Ab 12.
DVD/BD: Zusätzliches Interview-Material im Bonus-Teil der DVD (49 Min.) schürft teilweise sogar noch tiefer als die Dokumentation.
Teils schwarz-weiß. Luxemburg 2009–11 **P** Centre national de l'audiovisuel (CNA) **DVD** Centre national de l'audiovisuel (CNA) **Pd** Joy Hoffmann **R+B** Michael Wenk **K** Jeff Kieffer **M** André Dziezuk **S** Claude Grosch **L** 60 **FSK** – **E** 14.6.2011 **fd** –

German Unity@Balaton – Honigland
NÉMET EGYSÉG @ BALATONNÁL / MÈZFÖLD
In den 1960er-Jahren war der See Balaton in Ungarn der einzige Ort, an dem sich jedes Jahr zur Ferienzeit west- und ostdeutsche Urlauber zu einer entspannten «Wiedervereinigung» im Kleinen treffen konnten. Mittels Amateurfilmen, Fotos und Interviews zeichnet der dokumentarische Essay-Film einerseits die lebensfrohe Atmosphäre jener Sommer nach, rückt andererseits aber auch die – damals den wenigsten bewusste – Rundum-Überwachung durch Stasi und den ungarischen Geheimdienst ins Bewusstsein. Ein poetischer, formal reizvoller und thematisch spannender Beitrag, den der ungarische Medienkünstler und Filmemacher aus Found-Footage-Material kompilierte. – Ab 16.
Teils schwarz-weiß. Deutschland/Niederlande/Ungarn 2011 **P** Új Budapest Filmstúdió / Lumen Film / ZDF/ ARTE **KI** offen **Pd** László Kántor, Cesar Messemaker **R+B** Péter Forgács **M** Mihály Víg, Károly Cserepes **S** Péter Sass **L** 79 **E** 19.11.2012 arte **fd** –

Die Geschichte der Auma Obama
THE EDUCATION OF AUMA OBAMA
Thematisch reizvoller (Fernseh-) Dokumentarfilm über die bewegte Geschichte der kenianischen Halbschwester von US-Präsident Barack Obama: Während die erste Hälfte von allgemeinem Interesse ist, weil die Geschichte einer scheinbar recht privilegierten Familie unter kolonialen und postkolonialen Verhältnissen aufgefächert wird, beschränkt sich der Rest des Films auf die persönliche Entwicklung der intelligenten, politisch engagierten Frau, womit er an Allgemeingültigkeit einbüßt. Für die Nacherzählung der biografischen Stationen wählt er zudem eine sprunghafte und elliptische Form, die den Zugang erschwert. – Ab 16.
Deutschland 2011 **P** Braanwen Okpako Prod. / Das kleine Fernsehspiel (ZDF) / Filmkantine UG **KI** offen **Pd** Katrin Springer, Volker Ullrich **R** Braanwen Okpako **K** Kolja Brandt **M** Jean-Paul Bourelly **S** Braanwen Okpako **L** 75 **E** 6.2.2012 ZDF **fd** –

Geschichten aus den Bergen – Das Edelweißcollier
Eine Physiotherapeutin kehrt in ihr Heimatdorf zurück, um eine Praxis zu übernehmen. Sie ahnt nicht, dass eine alte Baronin dieses Geschäft eingefädelt hat, um mit Hilfe der jungen Frau ihrem Enkel, dessen Jugendliebe, der durch einen Bergunfall schwer verletzt wurde, neue Perspektiven zu eröffnen. Doch bevor eine allumfassende Genesung eintreten kann, verursacht der Vater des Patienten und Ex-Freundes durch seine Verlobung mit einer reichen Hotelbesitzerin zusätzliche Probleme. Probleme, die die Baronin in ernste Gefahr bringen. Ebenso moderner wie trivialer Heimatfilm mit kriminalistischen Anflügen, als Adaption eines Bastei-Groschenromans. – Ab 14.
Österreich 2010 **P** Couchkino **KI** offen **Pd** Ariane Metzner **R** Georg Schiemann **B** Claudia Matschulla **K** Uwe Schäfer **M** André Rieu, Dieter Falk **D** Luise Bähr (Lena Bachmayer), Xaver Hutter (Matthias von Rothenstein), Ellen Schwiers (Charlotte von Rothenstein), Michael Greiling (Michael von Rothenstein), Nicola Tiggeler (Ellen Lukas), Susanne Huber (Ingrid Bachmayer), Heinz Marecek (Karl Bachmayer) **L** 60 **E** 27.3.2011 ZDF **fd** –

Geschlossene Gesellschaft – Der Missbrauch an der Odenwaldschule ★
Ebenso beeindruckender wie wichtiger Dokumentarfilm über die 100-jährige Odenwaldschule, die ausgerechnet zu ihrem Jubiläum in die Diskussion geriet, weil hier Kinder und Jugendliche von Lehrern und

Erziehern missbraucht wurden. Der Film thematisiert nicht nur den Missbrauch und wie er betrieben wurde; er handelt auch davon, wie man an der Odenwaldschule damit umging, dass die Verbrechen verschwiegen und verdrängt wurden. Im spannungsreichen Wechselspiel aus betont subjektiver Perspektive und objektivierender Sicht auf den gesellschaftlichen Zusammenhang erfasst der Film die Verbrechen wie auch deren Verschweigen und Verdrängen ebenso sachgerecht wie mit der notwendigen Emotion. – Ab 16.
Deutschland 2011 **P** Zero One (für SWR/HR) **KI** Real Fiction **Pd** Thomas Kufus **R+B** Luzia Schmid, Regina Schilling **K** Johann Feindt, Hajo Schomerus, Jörg Adams **S** Barbara Gies **L** 90 **FSK** – **E** 9.8.2011 ARD **fd** –

Der Geschmack von Rost und Knochen ☆
DE ROUILLE ET D'OS
Ein junger Mann reist mit seinem fünfjährigen Sohn von Nordfrankreich an die Côte d'Azur, zieht dort zur Familie seiner Schwester und nimmt einen Job als Türsteher an. Er lernt eine junge Waltrainerin kennen, die bei einem durch einen Orka verursachten Unfall beide Unterschenkel verliert. Obwohl der Mann weder Mitleid noch Mitgefühl empfindet, hilft er der jungen Frau ins Leben zurück. Das kraftvolle, mitunter wuchtig entwickelte (Melo-)Drama führt seine Handlungsstränge zu einem emotional aufwühlenden Ende zusammen und besticht durch außergewöhnliche Schauspielerleistungen in den beiden Hauptrollen. – Sehenswert ab 16.
Scope. Frankreich/Belgien 2012 **P** Why Not Prod. / Page 114 / France 2 Cinéma / Les Films du Fleuve / RTBF / Lumière / Lunamine **KI** Wild Bunch/JMH (Schweiz) **Pd** Martine Bidegain, Pascal Caucheteux, Jacques Audiard, Alix Raynaud **R** Jacques Audiard **B** Jacques Audiard, Thomas Bidgeain **Vo** Craig Davidson (Kurzgeschichtensammlung *Rust And Bone*) **K** Stéphane Fontaine **M** Alexandre Desplat **S** Juliette Welfling **D** Marion Cotillard (Stéphanie), Matthias Schoenaerts (Ali), Armand Verdure (Sam), Céline Sallette (Louise), Corinne Masiero (Anna), Bouli Lanners (Martial), Jean-Michel Correia (Richard), Mourad Frarema (Foued), Yannick Choirat (Simon)

L 127 (24 B./sec.) / 122 (25 B./sec.) **FSK** ab 12; f **E** 18.10.2012 Schweiz / 10.1.2013 **fd** 41 473

Das Gesicht der Perfektion – Der Geiger Jascha Heifetz
JASCHA HEIFETZ – GOD'S FIDDLER
Der dokumentarische Film erinnert an den Geigenvirtuosen Jascha Heifetz (1901–1987), der maßgeblich das Geigenspiel des vergangenen Jahrhunderts beeinflusste. Ehemalige Schüler präsentieren den Künstler, der vom Willen nach absoluter Perfektion getrieben wurde; zugleich fragt der Film nach dem Preis, den ein Mensch zahlen muss, der mit einem derartigen Ausnahmetalent gesegnet ist. – Ab 12. Teils schwarz-weiß. Deutschland/USA 2010 **P** Peter Rosen Prod. (für WDR) **KI** offen **Pd+R** Peter Rosen **B** Sara Lukinson **K** Barry Markowitz, Peter Rosen **S** Peter Rosen, Joshua Waletzky, Molly Bernstein **L** 86 **E** 2.5.2012 arte **fd** –

Der Gestank des Erfolges
THE SMELL OF SUCCESS
An der Düngemittelfront werden in aller Härte Schlachten geschlagen, als sich an der Spitze der Traditionalisten ein Wechsel anbahnt und die Konkurrenz von der Organischen Chemie eine feindliche Übernahme wittert. Absurd-schräge Komödie als unterhaltsamer Spaß mit gezielt geschmacklosem Gülle-Humor und sichtlich vergnügten Darstellern. – Ab 16.
Scope. USA 2009 **P** Initiate Prod. / Stander Prod. **DVD** Lighthouse / Mr. Banker (16:9, 2.35:1, DD5.1 englisch/dt.) **BD** Lighthouse / Mr. Banker (16:9, 2.35:1, dts-HD engl./dt.) **Pd** Janet Dubois, Ken Johnson, Jonathan Sheldon, Brigitte Mueller, Donald Taylor **R** Michael Polish **B** Mark Polish, Michael Polish **K** M. David Mullen **S** Cary Gries **D** Billy Bob Thornton (Patrick Fitzpatrick), Téa Leoni (Rosemary Rose), Kyle MacLachlan (Jimmy St. James), Mark Polish (Thaddeus Young), Ed Helms (Chet Pigford), Frances Conroy (Agnes May), Pruitt Taylor Vince (Cleveland Clod), Richard Edson (Nelly the Nose) **L** 90 **FSK** ab 12 **E** 11.5.2012 DVD & BD **fd** –

Die geteilte Klasse ☆
PODZIELONA KLASA
Auf den Spuren seiner ehemaligen Schulklasse im schlesischen Bytom/

Beuthen stellt der Filmemacher die Lebenswege von einstigen «Aussiedlern», die in den 1970er-Jahren als Deutschstämmige ihre Heimat verließen und in den Westen emigrierten, jene der polnischen Kameraden gegenüber. In den in Parallelmontagen arrangierten Einzelinterviews geht es dabei stets um Fragen von Heimat, Zugehörigkeit und Identität. Der sehr persönliche, thematisch interessante Dokumentarfilm entfaltet sein Sujet eher unspektakulär, wobei er für die aufgefächerten Schicksale keine allzu aussagekräftigen Bilder findet. – Ab 12.
Deutschland/Polen 2011 **P** halbtotal Filmprod. / TheFilm.pl / RBB **KI** Andrzej Klamt **Pd** Andrzej Klamt, Maciej Zemojcin **R+B** Andrzej Klamt **K** Tomasz Michalowski **M** Stefan Stoppok **S** Justin Peach **L** 79 **FSK** – **E** 9.2.2012 **fd** 40 887

Das Gewissen der Superreichen
siehe: **Das Milliardenversprechen**

Ghost Rider: Spirit of Vengeance
GHOST RIDER: SPIRIT OF VENGEANCE
Ein ehemaliger Motorrad-Stuntman muss seit einem Pakt mit dem Teufel für diesen als unheimlicher Ghost Rider «böse» Seelen fangen. Frustriert hat er sich ins Exil nach Osteuropa zurückgezogen, findet aber auch dort keine Ruhe: Ein Mönch bittet ihn, einen Jungen zu schützen, auf den es Satan abgesehen hat. Comic-Verfilmung, die mit gut inszenierter Action halbwegs unterhält, dabei keine sonderliche Originalität entfaltet. Eine Prise Selbstironie hätte den am Rand des Trashs lavierenden Stoff durchaus schmackhafter gemacht. – Ab 14.
DVD/BD: Erhältlich als DVD, 2D BD und 2D/3D BD. Die Extras umfassen u. a. das sehr ausführliche «Making of» «Pfad der Vergeltung» (86 Min.). 3D. Scope, teils schwarz-weiß. USA/Vereinigte Arabische Emirate 2011 **P** Columbia Pic. / Hyde Park Ent. / Marvel Knights / Imagenation Abu Dhabi **KI** Universum **DVD** Universum (16:9, 2.35:1, DD5.1 engl./dt.) **BD** Universum (16:9, 2.35:1, dts-HDMA engl./dt.) **Pd** Ashok Amritraj, Avi Arad, Ari Arad, Michael de Luca, Steven Paul, Stefan Brunner, Manu Gargi **R** Mark Neveldine, Brian Taylor **B** Scott M. Gimple, Seth Hoffman, David S. Goyer **K** Brandon Trost **M** David Sardy **S** Brian Berdan **D** Nicolas Cage (Johnny

Blaze / Ghost Rider), Violante Placido (Nadya), Ciarán Hinds (Roarke), Idris Elba (Moreau), Johnny Whitworth (Ray Carrigan), Fergus Riordan (Danny), Spencer Wilding (Grannik), Sorin Tofan (Kurdish), Jacek Koman (Terrokov), Anthony Head (Benedict) **L** 96 **FSK** ab 12; f **E** 23.2.2012 / 11.7.2012 DVD & BD **fd** 40 920

Ghosted – Albtraum hinter Gittern
GHOSTED
Als «Frischfleisch» droht ein junger Häftling in die Gewalt eines auch hinter Gittern äußerst brutalen Bandenführers zu geraten. Die Situation eskaliert, als ein verantwortungsvoller Zellennachbar Partei für den vermeintlich Hilflosen ergreift. Schnörkelloser, harter Gefängnisthriller, der sich vom Gros des Genres durch eine sorgfältige Inszenierweise sowie eine weitgehend ausgearbeitete Geschichte abhebt.
Scope. Großbritannien 2011 **P** Motion Picture House / London Film and Media **DVD** Lighthouse (16:9, 2.35:1, DD5.1 engl./dt.) **BD** Lighthouse (16:9, 2.35:1, dts-HD engl./dt.) **Pd** Rupert Bryan, James Friend, Craig Viveiros, Mark Downes **R+B** Craig Viveiros **K** James Friend **M** Amory Leader, Simon Williams **S** Kelvin Hutchins, Sam White **D** John Lynch (Jack), David Schofield (Donner), Martin Compston (Paul), Craig Parkinson (Clay), Art Malik (Ahmed), Amanda Abbington (Tracy), Hugh Quarshie (Ade), Liran Nathan (Häftling) **L** 103 **FSK** ab 18 **E** 2.11.2012 DVD & BD **fd** –

Ghostquake
HAUNTED HIGH / GHOSTQUAKE
Eine High School wird durch ein Beben erschüttert, einige Schüler und Lehrer sind im Gebäude gefangen. Die Ursache dafür könnte ein durch Zufall initiiertes Ritual sein, das den Geist eines Schul-Gründungsmitglieds aus der Hölle zurückruft. Unterbudgetierter Katastrophen- und Horror-Film, bis zur Lächerlichkeit talentfrei.
3D. USA 2012 **P** Active Entertainment / Syfy **DVD** dtp / Great Movies (16:9, 1.78:1, DD5.1 engl./dt.) **BD** dtp/ Great Movies (16:9, 1.78:1, dts-HD engl./dt.) **Pd** Kenneth M. Badish, Griff Furst, Daniel Lewis **R** Jeffery Scott Lando **B** Paul A. Birkett **K** Andrew Strahorn **M** Andrew Morgan Smith **S** Misty Talley **D** M.C. Gainey (Danforth), Lauren Pennington (Whitney), Shawn C. Phillips (Blake), Jonathan Baron (Quentin), Mike Kimmel (Rektor Spiro), Stephanie Fischer (Kimberly), Griff Furst (Garland), Dana Michelle Gourrier (Trainerin Hoover) **L** 84 **FSK** ab 18 **E** 28.12.2012 DVD & BD **fd** –

Giacomos Sommer ★
L' ESTATE DI GIACOMO
Ein gehörloser 19-Jähriger und seine 16-jährige Freundin verbringen einen Sommertag in norditalienischer Naturidylle, verstehen sich auch ohne Worte und versuchen, an die naive Sinnlichkeit ihrer Kinderspiele anzuknüpfen. Doch sie müssen erfahren, dass die Zeit ihrer Vertrautheit und Unbefangenheit verloren ist. (Dokumentar-)Film über Verliebtheit und Erwachsenwerden, in dem die Protagonisten erkennen, dass Erinnerungen zwar die Gegenwart determinieren, die mit ihr verknüpften Erlebnisse aber einer vergangenen Zeit angehören; freilich ebnen sie auch den Boden für Neuentdeckungen. Der Film behandelt sein Sujet einfühlsam und mit märchenhaften Tönen. – Ab 16.
Italien/Frankreich/Belgien 2011 **P** Faber Film / Les Films d'Ici / Les Films Nus **KI** offen **Pd** Serge Lalou, Stéphane Lehembre, Yov Moor **R+B** Alessandro Comodin **K** Tristan Bordmann, Alessandro Comodin, Jean-Jacques Quinet **S** Alessandro Comodin, João Nicolau **L** 74 **E** 25.6.2012 arte **fd** –

Girlfriend Experience
THE GIRLFRIEND EXPERIENCE
In losen Szenen folgt der Film einer Edelprostituierten durch eine unterkühlte Großstadtwelt, in der alles dem Diktat der Ökonomie unterworfen ist. Davon profitiert die Eskort-Lady, die nicht nur Sex, sondern auch die Illusion einer echten Beziehung verkauft. Während die Wirtschaftskrise die Gemüter beunruhigt, bahnt sich auch bei ihr eine Krise an. Soderbergh nutzt das Sujet zur Durchleuchtung gesellschaftlicher Strukturen und Befindlichkeiten. Der von glaubwürdigen Darstellern getragene, im Erzählduktus nüchtern-diskrete Film hinterlässt den Eindruck großer Melancholie: Auch wenn die Figuren ständig miteinander im Gespräch sind, scheint ihnen kein vorbehaltloser menschlicher Kontakt möglich. – Ab 16.

DVD/BD: Die Extras umfassen u. a. einen sog. «alternativen Director's Cut» (74:40 Min.; ohne dt. Synchronisation), der sich weniger durch die Gesamtlänge als durch die Auswahl des einmontierten Materials unterscheidet. Des Weiteren findet sich auf DVD & BD u. a. ein Audiokommentar des Regisseurs und der Hauptdarstellerin Sasha Grey. Die FSK-Freigabe «ab 16» der DVD bezieht sich auf das Bonusmaterial (Trailer etc.), der Film selbst hat eine Freigabe «ab 12».
Scope. USA 2009 **P** Magnolia Pic. / Extension 765 **DVD** Koch (16:9, 2.35:1, DD5.1 engl./dt.) **BD** Koch (16:9, 2.35:1, dts-HD engl./dt.) **Pd** Todd Wagner **R** Steven Soderbergh **B** David Levien, Brian Koppelman **K** Steven Soderbergh **M** Ross Godfrey **S** Steven Soderbergh **D** Sasha Grey (Chelsea/Christine Brown), Philip Eytan (Phillip), Chris Santos (Chris), Peter Zizzo (Zizzo), David Levien (David), Alan Milstein (Pete), Dennis Shields (Dennis), Caitlin Lyon (Tara) **L** 74 **FSK** ab 12 **E** 19.10.2012 DVD & BD **fd** –

Girls Team – 9 Models und 1 Coach
MODEL BALL
Ein Softball-Coach wettet mit einem Kollegen, dass er einige weibliche Unterwäschemodels zum Spitzenteam formen kann. Auch wenn zumindest eine Frau nicht ganz dem Dumpfbackenideal US-amerikanischer Bauarbeiter entspricht, zielt der Film genau auf jene Zielgruppe, für die das Höchste der Gefühle ein heimlicher Blick in die Mädchen-Dusche ist. Doch selbst diese wird angesichts der zur Schau gestellten Prüderie enttäuscht. – Ab 16.
USA 2008 **P** Iron Sink Media **DVD** Sunfilm (16:9, 1.78:1, DD5.1 engl./dt., dts dt.) **BD** Sunfilm (16:9, 1.78:1, dts-HDMA7.1 engl./dt.) **Pd** Paul Camuso, Al Cash, Tim Pilleri **R** Scott Zakarin **B** Rob Cesternino, Scott Zakarin **K** Michael Kershner **S** Scott C. Robert **D** Tim Pilleri (Jake McBride), Tarah DeSpain (Holly McBride), Levin O'Connor (Gary), Katie Halchishick (Millie), Sabrina Renata Maahs (Olive), Alice Hunter (Kat), Sasha Formoso (Christine), Anna Bohn (Candance) **L** 76 **FSK** ab 12 **E** 5.4.2012 DVD & BD **fd** –

Glanz & Gloria

Die Karriere des Musikers Alexander Marcus hat ihre Glanzzeiten schon hinter sich; der Schlagerstar stürzt ab und landet in einer Heilanstalt. Als er daraus fliehen kann, wendet sich das Blatt. Ein per Crowdfunding finanzierter Kinofilm um die von Felix Rennefeld entwickelte Kultfigur, der nur eingefleischte Fans ansprechen dürfte. Selbst wenn man den handwerklichen Dilettantismus als typisches Trashfilm-Element goutieren kann, ist der Film zu wenig skurril und eigenwillig, um auch für «uneingeweihte» Zuschauer Charme zu entfalten. – Ab 14.
Deutschland 2012 **P** Jafe Ent. **KI** Jafe Entertainment **Pd** Michael Frenschkowski, Jarko Nikolitsch, Alexander Marcus **R** Jarko Nikolitsch **B** Jarko Nikolitsch, Alexander Marcus **K** Frank Grunert **M** Alexander Marcus **S** Daniel Kundrat **D** Alexander Marcus (Alexander Marcus), Ines Aniol (Sabine), Aykut Kayacik (Captain), Bela B. Felsenheimer (Gurtmacher), Julia Franzke (Schwester Anja), Michael Frenschkowski (General Franks), Frank Grunert (Napoleon), Anke Lanak (Ex-Managerin), Robert Viktor Minich (= Robert Victor Minich) (Mülli), Jean Denis Römer (Doktor Jochen) **L** 104 (24 B./sec.) / 100 (25 B./ sec.) **FSK** ab 12; f **E** 24.5.2012 **fd** 41 110

Glaube, Blut und Vaterland ★
THERE BE DRAGONS

Anlässlich der Heiligsprechung José Maria Escrivás will ein Journalist einen Artikel über den Gründer von «Opus Dei» schreiben. Der Vater des Journalisten, ein Richter, könnte Auskunft geben, denn er kannte Escrivá seit Kindertagen. Doch er redet nicht mehr mit seinem Sohn. Der Film verbindet Rückblenden aus der Kindheit Escrivás und der Zeit des spanischen Bürgerkriegs mit der Gegenwart des Jahres 2002. Von «Opus Dei»-Mitgliedern produziert, soll der Film negative Mediendarstellungen konterkarieren und gerät darüber wohltuender Weise nicht zum Propagandafilm. Gleichwohl leidet er darunter, dass Zeitumstände wie Figuren sehr holzschnitthaft inszeniert sind. – Ab 16.
DVD/BD: Die Extras enthalten u. a. ein Feature mit im Film nicht verwendeten Szenen (30 Min.).
Scope. USA/Argentinien/Spanien 2011 **P** Antena 3 Films / Mount Santa Fe **DVD** Ascot/Elite (16:9, 2.35:1, DD5.1 engl./dt.) / KFW (nichtgewerblich) **BD** Ascot/Elite (16:9, 2.35:1, dts-HD-MA engl./dt.) **Pd** Roland Joffé, Guy J. Louthan, Ignacio Núñez, Ignacio G. Sancha **R+B** Roland Joffé **K** Gabriel Beristain **M** Robert Folk **S** Richard Nord **D** Charlie Cox (Josemaría Escríva), Wes Bentley (Manolo), Dougray Scott (Robert), Unax Ugalde (Pedro), Olga Kurylenko (Ildiko), Pablo Lapadula (Isidoro), Golshifteh Farahani (Leila), Rusty Lemorande (Pater Lazaro), Derek Jacobi (Honorio Soto), Charles Dance (Monsignor Solano), Geraldine Chaplin (Abileyza) **L** 122 **FSK** ab 16 **E** 15.3.2012 DVD & BD **fd** 41 127

Glauser ★
GLAUSER

Porträt des Schweizer Schriftstellers Friedrich Glauser (1896–1938). Vom Vater ins Erziehungsheim gesteckt, fühlt sich der Junge früh als Außenseiter; es folgen exzessiver Drogenkonsum und unstete Jahre mit wechselnden Beschäftigungen. Prägend sind Aufenthalte in den Nervenkliniken Burghölzli und Münsingen, wo Glauser wegen vermeintlicher Schizophrenie interniert war und seine Liebe zur Gartenarbeit und zum Schreiben entdeckte; seine Kriminalromane sowie ein Legionärsroman brachten ihm literarische (Nach-)Ruhm ein. Der Dokumentarfilm stützt sich in erster Linie auf vertraute Fakten, Bilder und Dokumente, die durch zeitgenössische Interviews und inszenierte Szenen ergänzt werden. – Ab 14.
Teils schwarz-weiß. Schweiz 2011 **P** ventura film / SRF Schweizer Radio und Fernsehen / SRG SSR **KI** filmcoopi (Schweiz) **Pd** Andres Pfaeffli, Elda Guidinetti **R+B** Christoph Kühn **K** Carlo Varini **M** Bertrand Denzler **S** Joanna Brühl, Milenia Fiedler, Francesco Jost, Gion Reto Killias **D** Ayk Broszeit (Kind), Friederike Walken (Mutter), Dirk Hartman (Vater), Arthur Albrecht (alter Vater) **L** 72 **E** 5.1.2012 Schweiz **fd** –

Glenn Gould – Genie und Leidenschaft
GENIUS WITHIN: THE INNER LIFE OF GLENN GOULD

Dokumentarisches Porträt des kanadischen Piano-Virtuosen Glenn Gould (1932–1982), der mit seinen eigenwilligen Interpretationen der Werke von Bach, Mozart oder Brahms zeitlos die Musikwelt begeistert. Der Film versucht, sich der schillernden Persönlichkeit auf vielfältige Weise anzunähern, und zeichnet das Bild eines sensiblen Künstlers, der von Ängsten und Phobien heimgesucht wurde. Aussagen von Freunden, private Tonaufnahmen sowie bisher unveröffentlichtes Archiv- und Fotomaterial ergänzen sich mit Auszügen aus Tagebüchern. (In die Kinos kam 2012 eine ausführlichere, als «Director's Cut» bezeichnete Fassung.) – Ab 16.
Kanada/Deutschland 2009 **P** White Pine **KI** mindjazz **Pd+R** Michèle Hozer, Peter Raymont **K** Walter Corbett **S** Michèle Hozer **L** 107 (TV 84) **FSK** o.A.; f **E** 16.5.2010 arte / 7.6.2012 **fd** –

Global Viral. Die Virus-Metapher ★

Filmessay über Bild, Metapher und inflationären Gebrauch des Wortes «Virus», das mit einer enormen Materialfülle vom Seuchendiskurs bis zum Cyberterrorismus weite Bögen schlägt und den «viralen» Spuren in den unterschiedlichsten Weltanschauungen folgt. Die mäandernde Inszenierung folgt der fluiden Gestalt der komplexen «Virus»-Vorstellung, deren Kern nicht nur als das bedrohlich Fremde schlechthin, sondern zugleich auch als Synonym für höchste Flexibilität und kreatives Handeln erscheint. – Ab 16.
Deutschland 2010 **P** Dock 43 Prod. **KI** déjà-vu film **Pd+R+B** Madeleine Dewald, Oliver Lammert **K** Michael Hain, Jörn Staeger, Oliver Lammert **M** Lambart, Hedgeman **S** Madeleine Dewald **L** 81 (24 B./sec.) **FSK** ab 12; f **E** 19.7.2012 **fd** 41 186

Glück

Eine von Bürgerkrieg, Tod und Vergewaltigung schwer traumatisierte junge Frau flieht aus dem Osten nach Berlin-Wilmersdorf, wo sie auf dem Straßenstrich ihr Auskommen sucht. Sie verliebt sich in einen obdachlosen Punker und bezieht mit ihm gemeinsam eine Wohnung. Das auf einer Kurzgeschichte von Ferdinand von Schirach fußende Drama changiert zwischen sensibler, welthaltiger Studie und poetisch kondensiertem Märchen. Mitunter hart am Rand des Klischees, überzeugt der Film dennoch nur in einzelnen Momenten; zudem erschlägt die blutig-triviale Pointe der Vorlage

alle berührenden Miniaturen und Reflexionen über das Glück. – Ab 16.
Deutschland 2011 **P** Constantin Film/ Rainer Curdt Filmprod. **KI** Constantin **Pd** Oliver Berben, Rainer Curdt **R+B** Doris Dörrie **Vo** Ferdinand von Schirach (Erzählung *Glück*) **K** Hanno Lentz **M** Hauschka **S** Inez Regnier, Frank Müller **D** Alba Rohrwacher (Irina), Vinzenz Kiefer (Kalle), Matthias Brandt (Noah Leyden), Oliver Nägele (Herr W.), Maren Kroymann (Staatsanwältin), Christina Grosse (Laura Leyden) **L** 111 **FSK** ab 16; f **E** 23.2.2012 **fd** 40 912

Glücksritterinnen
Dokumentarische Porträts von fünf Russinnen, die nach dem Zusammenbruch der Sowjetunion in den Westen gingen, um einen Neuanfang zu wagen und ihr Glück zu machen. Bis auf eine, die in Italien eine neue Heimat und eine Großfamilie gefunden hat, zeichnet der Film ein eher resignatives Bild und zeigt Frauen, die mehr oder weniger in einer Sackgasse gelandet sind. Dabei löst er zwar Betroffenheit auf Grund der persönlichen Schicksale aus, hat aber kaum gesellschaftlich relevantes Potenzial. Auch das Verhältnis zwischen Müttern und Töchtern wird thematisiert, nicht aber bewältigt. – Ab 14.
Deutschland 2010 **P** Deutsche Film- und Fernsehakademie Berlin (dffb) **KI** imFilm **Pd** Max Milhahn **R** Katja Fedulova **B** Ulrike Zinke **K** Michael Kotschi, Jenny Lou Ziegel **S** Sylke Rohrlach **L** 81 **FSK** o.A.; f **E** 23.2.2012 **fd** 40 919

Gnade ★
Ein deutscher Ingenieur zieht mit Ehefrau und heranwachsendem Sohn ins norwegische Hammerfest, um dort in einer Erdgasverflüssigungsanlage zu arbeiten. Als seine Frau, die als Krankenschwester in einem Hospiz arbeitet, im Dunkel der Polarnacht eine Schülerin überfährt und Fahrerflucht begeht, rücken die einander entfremdeten Eheleute wieder zusammen. Ein irritierendes Drama, das den Themenkreis um Schuld und den Wunsch nach Vergebung in eine gewagte, mitunter plakative Erzählung einbettet und das moralische Dilemma eher unbefriedigend auflöst. Gleichwohl überzeugt der souverän und vielschichtig gespielte Film durch eindringliche, un-

wirklich erleuchtete Bilder der Schneelandschaft. (Teils O.m.d.U.) – Ab 16.
Scope. Deutschland/Norwegen 2012 **P** Schwarzweiss Filmprod. / Knudsen & Streuber / Neofilm / Ophir Film / ZDF / ARTE **KI** Alamode **Pd** Andreas Born, Matthias Glasner, Kristine Knudsen, Aage Aaberge **R** Matthias Glasner **B** Kim Fupz Aakeson **K** Jakub Bejnarowicz **M** Homesweethome **S** Heike Gnida **D** Jürgen Vogel (Niels), Birgit Minichmayr (Maria), Henry Stange (Markus), Ane Dahl Torp (Linda), Maria Bock (Wenche), Stig Henrik Hoff (Vater / Björn), Iren Reppen (Mutter / Sophie) **L** 131 **FSK** ab 12; f **FBW** bw **E** 18.10.2012 **fd** 41 308

Go For It!
GO FOR IT!
Eine Latina will ihrem Unterschicht-Milieu entfliehen und hofft, in einem einschlägigen HipHop-Club als Tanz-Crack entdeckt zu werden. Dank verständnisvoller Lehrer, guter Freunde und viel Talent könnte das Unterfangen klappen. Viel Schweiß wird von schönen Körpern zu immer gleichen Latino-Rhythmen vergossen, während sich die banale Aufsteigergeschichte nur wenig Gedanken um Glaubwürdigkeit macht. – Ab 16.
USA 2011 **P** Go For It! / Sparkhope Entertainment **DVD** Capelight (16:9, 1.78:1, DD5.1 engl./dt.) **BD** Capelight (16:9, 1.78:1, dts-HDMA engl./dt.) **Pd+R+B** Carmen Marron **K** Christian Sprenger **M** Kenny Wood **S** John Coniglio, Anthony David **D** Aimee Garcia (Carmen Salgado), Al Bandiero (Frank Martin), Jossara Jinaro (Loli), Gina Rodriguez (Gina), Louie Alegria (Pablo), Derrick Denicola (Jared) **L** 86 **FSK** ab 12 **E** 28.3.2012 DVD & BD **fd** –

Golden Winter – Wir suchen ein Zuhause
GOLDEN WINTER
Ein jugendlicher Kleinstadt-Rowdy entdeckt sein Herz, als er vor Weihnachten fünf ausgesetzte Golden-Retriever-Welpen findet und seine Familie davon überzeugen will, die Tiere zumindest für die Festtage aufzunehmen. Doch die Mitglieder seiner Gang haben ganz andere Pläne mit den Hunden. Hanebüchene Weihnachtsgeschichte, die krampfhaft versucht, um ihre knuffige Hauptattraktion eine Pseudohandlung zu konstruieren. – Ab 10.

DVD/BD: Die FSK-Freigabe «ab 6» der DVD/BD bezieht sich auf das Bonusmaterial (Trailer etc.), der Film selbst hat eine Freigabe «o.A.».
USA 2012 **P** The Global Asylum **DVD** dtp / Great Movies (16:9, 1.78:1, DD5.1 engl./dt.) **BD** dtp / Great Movies (16:9, 1.78:1, dts-HD engl./dt.) **Pd** David Michael Latt, Paul Bales **R** Sam Mendoti **B** Tom Seidman **K** Ben Demaree **M** Chris Ridenhour **S** Rob Pallatina **D** Andrew Beckham (Oliver Richmond), Shannon Elizabeth (Jessica Richmond), Jason Brooks (Jeff Richmond), Frank Benz (Ralphie), Charles Irving Beale (Ben), Madeleine Falkskog (Mrs. Geitzen), Sam Elliot Hafermalz (Scooter), Joe Hursley (Frankie) **L** 85 **FSK** o.A. **fd** –

Goldman Sachs – Eine Bank lenkt die Welt
GOLDMAN SACHS: LA BANQUE QUI DIRIGE LE MONDE
Die US-Investmentbank Goldman Sachs ist Inbegriff maßloser Finanzspekulationen; sie bereicherte sich am Bankrott amerikanischer Privathaushalte, soll gegen den Euro spekuliert und die griechischen Staatsbilanzen geschönt haben. Der Dokumentarfilm gibt Einblicke in das Innenleben der Bank, deren eigener Bankrott nur durch politische Beziehungen abgewendet werden konnte und deren Finanzgebaren das Gefüge westlicher Demokratien unterwandert. Insider, Politiker und Wirtschaftswissenschaftler erklären die Mechanismen des finanziell und politisch anscheinend allmächtigen Unternehmens. – Ab 16.
Frankreich 2012 **P** Capa TV/ARTE France **KI** offen **R+B** Jérôme Fritel, Marc Roche **L** 72 **E** 4.9.2012 arte **fd** –

Der Goldrausch
THE AMERICAN EXPERIENCE: THE GOLD RUSH
Im Jahr 1848 lösten Goldfunde in Kalifornien einen weltweiten Rausch aus, der Einwanderer aus aller Welt in Scharen anlockte und den verträumten Badeort San Francisco binnen weniger Jahre zur blühenden Metropole anwachsen ließ. Der Dokumentarfilm beschreibt die Veränderungen, den wachsenden Fremdenhass der weißen US-Amerikaner und den Leidensweg der Ureinwohner, deren Bevölkerung innerhalb von 20 Jahren um vier

Fünftel dezimiert wurde. Nachgestellte Szenen vertiefen den Eindruck dieser Schlüsselperiode der US-amerikanischen Geschichte. – Ab 12.
Teils schwarz-weiß. USA 2006 **P** KQED/WGBH Educational Foundation **Kl** offen **Pd** Laura Longsworth, Randall MacLowry **R** Randall MacLowry **B** Michelle Ferrari **K** Neil Reichline **M** John Kusiak **S** Jon Neuburger **L** 113 **E** 29.9.2012 arte   **fd** –

Goldrausch – Die Geschichte der Treuhand ★

Dokumentarische Rekonstruktion der (Skandal-)Geschichte der Treuhandanstalt (1990–1994), der die Transformation der staatlich gelenkten DDR-Wirtschaft in marktwirtschaftliche Verhältnisse oblag. Der klug strukturierte, überaus informative Film lässt keinen Zweifel am Beutezug des organisierten Kapitalismus, bemüht sich aber um eine differenzierte Betrachtung und hebt neben prominenten Betrugsfällen vor allem auf eklatante Demokratie-Defizite der Wiedervereinigung ab. – Ab 16.
Deutschland 2011 **P** zero one film / SWR / NDR / MDR **Kl** Real Fiction **Pd** Thomas Kufus **R+B** keine Angabe **K** Thomas Plenert **M** Ulrike Haage **S** Andrew Bird **L** 98 (24 B./sec.,) / 95 (25 B./sec.) **FSK** o.A., **f E** 30.8.2012
     fd 41 235

Gone
GONE
Eine junge Frau, die von einem psychopathischen Mörder in einem Loch im Wald gefangen gehalten wurde, kann ihrem Peiniger entfliehen, stößt mit ihrer Leidensgeschichte bei der Polizei aber auf Unglauben. Auch als ihre Schwester verschwindet und sie eine weitere Untat ihres Entführers vermutet, findet sie keine Hilfe und muss allein um das Leben ihrer Schwester kämpfen. Einfallsloser, zudem dramaturgisch ungeschickt aufbereiteter Thriller mit konturarmen Figuren. Solide ist allenfalls die Bildgestaltung.
Scope. USA 2012 **P** Lakeshore Ent. / Sidney Kimmel Ent. **Kl** Splendid **Pd** Dan Abrams, Sidney Kimmel, Gary Lucchesi, Tom Rosenberg (= Thomas Rosenberg), Chris Salvaterra **R** Heitor Dhalia **B** Allison Burnett **K** Michael Grady **M** David Buckley **S** John Axelrad **D** Amanda Seyfried (Jill Parrish),

Daniel Sunjata (Powers), Jennifer Carpenter (Sharon Ames), Wes Bentley (Det. Peter Hood), Sebastian Stan (Billy), Joel Moore (Nick Massey), Katherine Moennig (Erica Lonsdale), Michael Paré (Lt. Ray Bozeman), Emily Wickersham (Molly), Socratis Otto (Jim) **L** 95 **FSK** ab 16; f **E** 22.3.2012
     fd 40 996

Good Doctor – Tödliche Behandlung
THE GOOD DOCTOR
Ein junger Arzt sieht sich enttäuscht von der Realität in der Klinik, die ihm nicht die erhoffte Anerkennung beschert. Privat vereinsamt, entwickelt er eine obsessive Beziehung zu einer jungen Patientin, bis er es nicht ertragen kann, sie durch ihre Genesung zu verlieren. Ruhig entwickelter Thriller, der den Zuschauer zum «Komplizen» eines Berufsanfängers macht, der daran scheitert, in seinem neuen Leben heimisch zu werden, und aus der Isolation heraus zunehmend pathologische Züge gewinnt. In der Tradition von «Schuld und Sühne», durchleuchtet der Film die «Anatomie eines Verbrechens» und die Spirale aus Schuld und Angst, in die es den Täter verwickelt. – Ab 16.
USA 2011 **P** Code Red Prod. / Fastnet Films / Viddywell Prod. **DVD** Koch (16:9, 1.85:1, DD5.1 engl./dt., dts dt.) **BD** Koch (16:9, 1.85:1, dts-HDMA engl./dt.) **Pd** Orlando Bloom, Dan Etheridge, Jonathan King **R** Lance Daly **B** John Enbom **K** Yaron Orbach **M** Brian Byrne **S** Emer Reynolds **D** Orlando Bloom (Dr. Martin Ploeck), Riley Keough (Diane Nixon), Taraji P. Henson (Schwester Theresa), Rob Morrow (Dr. Waylans), Michael Peña (Jimmy), Troy Garity (Dan), Molly Price (Mrs. Nixon), Wade Williams (Mr. Nixon) **L** 94 **FSK** ab 16 **E** 22.6.2012 DVD & BD
     fd 41 490

Goodnight Nobody
GOODNIGHT NOBODY
Dokumentarfilm über das «Paralleluniversum» der Nacht: Zusammen mit Protagonisten aus verschiedenen Teilen der Welt, die aufgrund von Schlaflosigkeit die Nacht auf verschiedene Weise erleben, taucht der Film in dieses Paralleluniversum ein. Dabei geht es weniger um einen Blick auf die schmerzhaften Aspekte der Schlafstörung als vielmehr um eine Erkundung

einer Tageszeit, die die meisten Menschen normalerweise verschlafen. Die Montage und Bildgestaltung des Films geben den besonderen Lebensrhythmus und das jeweilige Erleben der Nacht stimmungsvoll wieder. – Ab 16.
Schweiz/Deutschland 2010 **P** Docmine / Mixtvision / SF / SRG SSR idée suisse **Kl** Mixtvision/Columbus (Schweiz) **Pd** Patrick Müller, Sebastian Zembol, Urs Augstburger **R+B** Jacqueline Zünd **K** Nikolai von Graevenitz **M** Marcel Vaid **S** Natali Barrey, Marcel Ramsay **L** 76 **FSK** – **E** 3.2.2011 Kino Schweiz / 24.8.2011 SF 1/DRS / 15.3.2012   **fd** 40 971

Goon – Kein Film für Pussies
GOON
Eben noch wurde ein frustrierter Türsteher als Fan eines Eishockey-Profis vermöbelt, da wird er von einem Talentscout entdeckt und startet eine erfolgreiche Karriere in der Abwehr des lokalen Eishockey-Teams. Witzig gemeinter, aber recht harter Sportfilm, in dem ewige AMERICAN PIE-Star Seann William Scott eine recht gute, in jedem Fall durchschlagende Figur macht. – Ab 16.
DVD/BD: Die Extras enthalten u. a. ein Feature mit im Film nicht verwendeten Szenen (9 Min.) sowie Interviews mit den Darstellern Sean William Scott & Jay Baruchel (30 Min.).
USA/Kanada 2011 **P** No Trace Camping / Caramel Film / Don Carmody Prod. / Inferno Pic. **DVD** WVG (16:9, 1.78:1, DD5.1 engl./dt.) **BD** WVG (16:9, 1.78:1, dts-HD engl./dt.) **Pd** Jay Baruchel, Don Carmody, Ian Dimerman, David Gross, André Rouleau **R** Michael Dowse **B** Jay Baruchel, Evan Goldberg **Vo** Adam Frattasio, Doug Smith **K** Bobby Shore **M** Ramachandra Borcar **S** Reginald Harkema **D** Seann William Scott (Doug Glatt), Jay Baruchel (Ryan), Alison Pill (Eva), Liev Schreiber (Ross Rhea), Eugene Levy (Dr. Glatt), Marc-André Grondin (Xavier Laflamme), Kim Coates (Ronnie Hortense), Nicholas Campbell (Rollie Hortense) **L** 88 **FSK** ab 16 **E** 14.6.2012 DVD & BD   **fd** –

Grabbers
GRABBERS
Als Urlaubsvertretung muss ein Polizist seinen Job auf einer kleinen irischen Fischerinsel verrichten, wo er zunächst wie ein «Außerirdischer»

behandelt wird. Erst als tatsächlich Mächte, die offensichtlich nicht von dieser Welt sind, für eine Reihe drastischer Morde einiger Einheimischer verantwortlich zeichnen, wird der «Fremdländer» in die Phalanx der Gemeindewehr integriert. Bärbeißige Horrorkomödie um Tentakelwesen aus dem All, die vor allem durch ihre irische Alkoholseligkeit und dem dazugehörigen schwarzen Humor für sich einnimmt. – Ab 16.
DVD/BD: Die Extras umfassen u. a. ein 12-seitiges Booklet.
Scope. Großbritannien/Irland 2012 **P** Forward Films / High Treason Prod. / Nvizible / Samson Films **DVD** Ascot/Elite (16:9, 2.35:1, DD5.1 engl./dt., dts dt.) **BD** Ascot/Elite (16:9, 2.35:1, dts-HDMA engl./dt.) **Pd** Tracy Brimm, Eduardo Levy, James Martin, Kate Myers, Martina Niland, Piers Tempest **R** Jon Wright **B** Kevin Lehane **K** Trevor Forrest **M** Christian Henson **S** Matt Platts-Mills **D** Richard Coyle (Ciarán O'Shea), Ruth Bradley (Lisa Nolan), Russell Tovey (Dr. Adam Smith), Bronagh Gallagher (Una Maher), Lalor Roddy (Paddy Barrett), David Pearse (Brian Maher), Pascal Scott (Dr. Jim Gleeson), Clelia Murphy (Irene Murphy) **L** 90 **FSK** ab 16 **E** 26.11.2012 DVD & BD **fd** –

Granatäpfel und Myrrhe
POMEGRANATES AND MYRRH / AL MOR WA AL RUMMAN / GRENADES ET MYRRHE
Eine junge Frau heiratet einen palästinensischen Olivenfarmer und hängt ihre Tanzleidenschaft an den Nagel, um sich den neuen Aufgaben zu widmen. Doch der Mann gerät in israelische Gefangenschaft, und sie muss sich allein um die Plantage kümmern. Damit erwirbt sie sich den Respekt ihrer Schwiegermutter, bis sie sich zu einem Choreografen hingezogen fühlt, der aus dem libanesischen Exil heimkehrt. Liebesfilm vor dem Hintergrund des Palästina-Konflikts, in dem die politischen Fronten deutlich werden. Im Mittelpunkt des Debütfilms einer palästinensischen Regisseurin steht indes eine Frau, die sich in einer Männerwelt zu behaupten lernt. – Ab 16.
Palästina / Deutschland / Frankreich 2008 **P** Ustura Film / RIF / Ciné-Sud / ZDF / arte **KI** offen **Pd** Hani E. Kort, Kamal El Kacimi, Thierry Lenouvel **R+B** Najwa Najjar **K** Valentina Caniglia **M** Mychael Danna, Amritha Fernandes-Bakshi **S** Bettina Böhler, Sotira Kyriacou **D** Yasmine Al Massri (Kamar), Hiam Abbass (Umm Habib), Ali Suliman (Kais), Ashraf Farah (Zaid), Ahmad Abu Saloum (Abu Antar) **L** 95 **E** 5.12.2012 arte **fd** –

Grave Encounters
GRAVE ENCOUNTERS
Ein abenteuerlustiges Fernsehteam will für seine Show «Grave Encounters» ein verlassenes Sanatorium auf mögliche Spuk-Phänomene absuchen, doch die Nacht werden nicht alle überleben. Weiterer Ableger der nicht enden wollenden Billig-Found-Footage-Derivate. Erneut wackeln unscharfe Bilder, werden Zweifler zu «Gläubigen», bevor sie sterben. Zumindest hat sich das Regieteam eine durchaus unheimliche Örtlichkeit ausgesucht und sorgt für die eine oder andere gelungene Schocksequenz.
Kanada 2010 **P** Twin Engine Films / Digital Interference Prod. **DVD** Falcom/Ascot/Elite (16:9, 1.78:1, DD5.1 engl./dt., dts dt.) **BD** Falcom/Ascot/Elite (16:9, 1.78:1, dts-HDMA engl./dt.) **Pd** Shawn Angelski **R+B** The Vicious Brothers **K** Tony Mirza **M** Quynne Craddock **S** The Vicious Brothers **D** Sean Rogerson (Lance Preston), Juan Riedinger (Matt White), Ashleigh Gryzko (Sasha Parker), Mackenzie Gray (Houston Gray), Merwin Mondesir (T.C. Gibson), Arthur Corber (Dr. Friedlin), Shawn Macdonald (Morgan Turner), Ben Wilkinson (Jerry Hartfield) **L** 90 **FSK** ab 16 **E** 3.9.2012 DVD & BD **fd** –

Das Great Barrier Reef
GREAT BARRIER REEF ★
Bildgewaltige (Fernseh-)Dokumentation über das Great-Barrier-Riff vor der Nordost-Küste Australiens, das als eines der sieben Weltwunder der Natur gilt, aber trotz seiner Ausdehnung von 2.300 Kilometern als fragiles Biotop von der Zerstörung bedroht ist. Der dreiteilige Film kommentiert die Schönheit wie auch die Bedrohungen ebenso kenntnisreich wie unterhaltsam. – Ab 10.
Großbritannien 2012 **P** BBC / Digital Dimensions / Discovery Channel **DVD** Polyband (16:9, 1.78:1, DD2.0 engl./dt.) **BD** Polyband (16:9, 1.78:1, dts-HD engl./dt.) **Pd+R+B** James Brickell **M** Richard Blair-Oliphant **L** 150 **FSK** o.A. **E** 19.6.2012 DVD & BD **fd** –

Greetings to the Devil
SALUDA AL DIABLO DE MI PARTE
Ein Straftäter aus den Reihen der ehemaligen kolumbianischen Guerilla-Armee wird von seiner Vergangenheit eingeholt, als ihn eines seiner Opfer entführen lässt und ihn zwingt, ehemalige Kampfgefährten zu ermorden. Als Druckmittel dient die ebenfalls entführte Tochter des damaligen Henkers. Ein Politthriller, der unter die Haut geht. Er wertet nicht moralisch und nimmt keine Sympathieverteilung vor, spiegelt eher sachlich die Zustände in einem vom Bürgerkrieg gezeichneten Land und prangert Missstände an.
Scope. Kolumbien/Mexiko/USA 2011 **P** Sanantero Films / XYZ Films / Zzinc Films **DVD** Senator/Universum (16:9, 2.35:1, DD5.1 span./dt.) **BD** Senator/Universum (16:9, 2.35:1, dts-HDMA span./dt.) **Pd** Carlos Estebhan Orozco, Juan Felipe Orozco, Alejandro Angel Ortega **R** Juan Felipe Orozco **B** Carlos Esteban Orozco **K** Luis Otero **M** Jermaine Stegall **S** Carlos Esteban Orozco, Juan Felipe Orozco **D** Edgar Ramirez (= Édgar Ramírez) (Angel Sotavento), Carolina Gómez (Helena), Ricardo Vélez (Leder), Salvador del Solar (Moris), Patrick Delmas (Serge), María Luna Beltrán (Angela) **L** 91 **FSK** ab 16 **E** 25.1.2012 DVD & BD **fd** –

Gregs Tagebuch – Ich war's nicht!
DIARY OF A WIMPY KID: DOG DAYS
Der schmächtige Schüler Greg würde die Sommerferien gerne ungestört mit Computerspielen verbringen. Den entgegengesetzten Vorstellungen seiner Eltern zieht er das «süße Leben» in einem noblen Country Club vor, doch sein Vater kommt ihm auf die Schliche und schleppt ihn in ein Zeltlager in freier Wildnis. Der dritte Kinofilm nach den Comic-Büchern *Gregs Tagebuch* handelt von den vielen Lügen, mit denen sich Greg durchlaviert, ohne der Schuld für das angerichtete Unheil zu übernehmen. Dabei geraten seine Blamagen viel zu brav, um als skurril-sympathische Komödie zu überzeugen. – Ab 10.
Scope. USA/Kanada 2012 **P** Color Force / Fox 2000 Pic. / TCF Vancouver Prod. / Twentieth Century Fox

KI Twentieth Century Fox **Pd** Nina Jacobson, Bradford Simpson **R** David Bowers **B** Maya Forbes, Gabe Sachs, Wallace Wolodarsky **Vo** Jeff Kinney (Comic-Roman *Diary of a Wimpy Kid #4: Dog Days* / *Gregs Tagebuch 4 – Ich war's nicht!*) **K** Anthony B. Richmond **M** Edward Shearmur **S** Troy Takaki **D** Zachary Gordon (Greg Heffley), Steve Zahn (Frank Heffley), Robert Capron (Rowley Jefferson), Devon Bostick (Rodrick Heffley), Rachael Harris (Susan Heffley), Peyton List (Holly Hills), Grayson Russell (Fregley), Karan Brar (Chirag), Laine MacNeil (Patty Farrell) **L** 94 **FSK** o.A.; f **FBW** w **E** 20.9.2012   **fd** 41 264

Ein griechischer Sommer
NICOSTRATOS LE PÉLICAN / NIKOSTRATOS – ENA XEHORISTO KALOKAIRI
Ein 14-jähriger griechischer Junge päppelt einen Pelikan groß, der ihm die fehlende Zuneigung seines verbitterten Vaters ersetzt und als Touristenattraktion zum kargen Lebensunterhalt beiträgt. Dann gibt ein Unfall der Geschichte eine unerwartete Wendung. Romanverfilmung, die durch charismatische Darsteller, schöne Landschaftstableaus und eine zurückhaltende Inszenierung Sympathien erweckt, dabei allerdings etwas zu unentschlossen zwischen Kinder- und Jugendfilm schwankt. – Ab 10 möglich.
Griechenland/Frankreich 2011 **P** Wesh Wesh Prod. / Studio 37 / Nexus Factory **KI** Neue Visionen **Pd** Philippe Gautier, Serge de Poucques, Adrian Politowski, Gilles Waterkeyn **R** Olivier Horlait **B** Olivia Bruynoghe **Vo** Eric Boisset (Roman «Nikostratos») **K** Michel Amathieu **M** Panayotis Kalantzopoulos **S** Serge Bourdeillettes **D** Emir Kusturica (Demosthenes), Thibault Le Guellec (Yannis), François-Xavier Demaison (Aristoteles), Jade-Rose Parker (Angeliki), Gennadios Patsis (Kosmas, der Pope), Valériane de Villeneuve (Madame Karoussos), Dinos Pontikoloulos (Mönch Karoussos), Christina Dendrinou (Gemüsehändlerin), Vasilis Batsakoutsas (Touristenführer) **L** 92 (24 B./sec.) / 89 (25 B./sec.) **FSK** ab 6; f **E** 11.10.2012 **fd** 41 307

Grimm's Snow White
GRIMM'S SNOW WHITE
Sehr freie Adaption des Märchens *Schneewittchen*: Um ihre Macht zu mehren, will die böse Königin den Prinzen des Nachbarlands heiraten und die beiden Länder vereinen. Der aber verliebt sich in Schneewittchen, die Stieftochter der Königin, die daraufhin aus dem Weg geräumt werden soll. Schneewittchen fällt in einen komatösen Schlaf, aus dem sie nur ein Kuss und die Macht der Liebe erwecken können. Der mit billigen CGI-Effekten angereicherte Film führt Drachen, garstige Hunde und kriegerische Elfen ins Feld, um ein Mindestmaß an Eigenständigkeit zu erreichen, bleibt aber weitgehend nur «Trash»-Unterhaltung. – Ab 16.
DVD/BD: Erhältlich als DVD, 2D BD und 2D/3D BD. Die FSK-Freigabe «ab 16» der DVD/BD bezieht sich auf das Bonusmaterial (Trailer etc.), der Film selbst hat eine Freigabe «ab 12».
3D. USA 2012 **P** The Global Asylum / The Institution **DVD** Great Movies (16:9, 1.78:1, DD5.1 engl./dt.) **BD** Great Movies (16:9, 1.78:1, dts-HDMA engl./dt.) **Pd** David Michael Latt, Paul Bales **R** Rachel Goldenberg **B** Naomi L. Selfman **Vo** Jakob Ludwig Karl und Wilhelm Karl Grimm (Märchen *Schneewittchen*) **K** Alexander Yellen **M** Chris Ridenhour **S** Brian Brinkman **D** Eliza Bennett (Schneewittchen), Jane March (Königin Gwendolyn), Jamie Thomas King (Prince Alexander), Otto Jankovich (Hugh), Ben Maddox (Jäger Beasley), Sebastian Wimmer (Runt), Alan Burgon (Orlando), Frauke Steiner (Mara) **L** 90 (24 B./sec.) / 87 (25 B./sec.) **FSK** ab 12 **E** 11.6.2012 DVD & BD / 28.11.2012 Tele 5   **fd** –

Der große Bär
DEN KAEMPESTORE BJORN
Ein elfjähriger Junge verbringt seine Ferien beim Großvater auf dem Land und tut sich schwer damit, dass seine kleine Schwester ihn begleitet. Nach einem Streit zwischen den Kindern verschwindet das Mädchen im Wald. Der Junge macht sich auf die Suche und muss sich mit merkwürdigen Waldbewohnern herumschlagen. Er findet seine Schwester, die in einem riesigen Bären einen Beschützer gefunden hat, trifft aber auch auf einen Jäger, der den Bären unbedingt erlegen will. Opulent gestalteter Animationsfilm voller Witz und Einfallsreichtum, der von der Verantwortung für die Natur handelt. – Ab 10.
Dänemark 2011 **P** Copenhagen Bombay / Film i Väst **KI** offen **Pd** Sarita Christensen, Petter Lindblad **R** Espen Toft Jacobsen **B** Jannik Tai Moshol, Espen Toft Jacobsen **M** Nicklas Schmidt **S** Elin Pröjts, Espen Toft Jacobsen, Marion Tuor **L** 70 **E** 16.11.2012 Super RTL   **fd** –

Große Erwartungen ★
GREAT EXPECTATIONS
Verfilmung des gleichnamigen Romans von Charles Dickens um die Abenteuer eines Jungen, der, herangewachsen, durch eine anonyme Geldzuwendung die Chance erhält, ein Leben als Gentleman zu führen. Seine unerwiderte Liebe zu einer jungen Frau, die Fallstricke der Londoner Gesellschaft und die Geheimnisse um seinen Gönner überschatten seine Suche nach Glück. Die komödiantisch-satirischen und romantischen Elemente des literarischen Stoffs werden vor allem als düster getönte Rätsel- und Abenteuergeschichte um die tragischen Verwicklungen der Figuren untereinander inszeniert; dies überzeugt dank einer prägnanten und stimmungsvollen Bildsprache sowie der überzeugenden Darsteller. – Ab 14.
Scope. Großbritannien / USA 2012 **P** Lipsync Orid. / Number 9 Films / Unison Films / BBC Films **KI** Senator **Pd** David Faigenblum, Elizabeth Karlsen, Emanuel Michael, Stephen Woolley, Laurie Borg **R** Mike Newell **B** David Nicholls **Vo** Charles Dickens (Roman *Great Expectations* / *Große Erwartungen*) **K** John Mathieson **M** Richard Hartley **S** Tariq Anwar **D** Jeremy Irvine (Pip), Ralph Fiennes (Abel Magwitch), Helena Bonham Carter (Miss Havisham), Holliday Grainger (Estella), Robbie Coltrane (Mr. Jaggers), Ewen Bremner (Wemmick), Sally Hawkins (Mrs. Joe), Jason Flemyng (Joe Gargery), David Williams (Mr. Pumblechook), Olly Alexander (Herbert Pocket), Tamzin Outhwaite (Molly), Jessie Cave (Biddy) **L** 128 **FSK** ab 12; f **E** 13.10.2012 / 26.12.2012 Schweiz   **fd** 41 423

Die große Finanzpumpe
Im Jahr 2007 ging mit der internationalen Immobilienkrise die Ära der «neoliberalen Revolution» zu Ende, in deren Verlauf den Finanzmärkten völlig freie Hand gelassen und die soziale Komponente im Kapitalismus zurück

gedrängt wurde. Die soziale Ungleichheit wuchs, die Finanzwirtschaft geriet aus den Fugen. Die Filmemacher sowie Wirtschaftsexperten schildern die Mechanismen, die die Finanzwelt in die Krise führten.
Frankreich / Finnland 2012 **KI** offen **R+B** Jean-Michel Meurice, Fabrizio Calvi **L** 72 **E** 2.10.2012 arte   e **fd** –

Der große Reibach
siehe: **Die große Finanzpumpe**

Die Grundschüler
Dokumentarfilm über die schulische Entwicklung von vier Kölner Grundschulkindern aus unterschiedlichen sozialen Milieus vom Tag der Einschulung bis zum Ende der vierten Klasse. Man lernt Björn, seine arbeitslosen Eltern und deren finanzielle Sorgen kennen; Jamilia und ihre alleinerziehende Mutter; den hochbegabten Lennard, der keine Freunde findet; die benachteiligte Veronica, in deren Elternhaus nur italienisch gesprochen wird. Der Schwerpunkt liegt bei den Kindern, die trotz aller Hindernisse Strategien entwickeln, ihren Weg ins Leben zu finden, doch vermittelt der Film auch die schwierige Arbeit der Pädagogen. – Ab 14.
Deutschland 2011 **P** WDR **KI** offen **R+B** Beatrix Wilmes **L** 92 **E** 4.3.2012 3sat   **fd** –

Das grüne Wunder –   ☆
Unser Wald
Brillant fotografierter dokumentarischer Naturfilm über den deutschen Wald, der in eine fleuchende Welt entführt, die ansonsten weitgehend im Verborgenen bliebe. Das eindrucksvolle Kaleidoskop genügt sich dabei nicht selbst, sondern verdeutlicht, wie sich Tiere und Pflanzen im Wald in ständigem Anpassungskampf befinden und als Vorgänge einen tieferen Sinn haben. Mit kinowirksamer Musik und einem charismatischen Off-Kommentator feiert der Film den Wald als immer wieder neu aufblühenden Lebensraum. – Sehenswert ab 6.
Deutschland 2012 **P** nautilus film **KI** Polyband **Pd** Jörn Röver, Jan Haft, Melanie Haft, Swetlana Winkel **R** Jan Haft **B** Jan Haft, Georg Lawitzky **K** Kay Ziesenhenne, Jan Haft **M** Siggi Mueller, Jörg Magnus Pfeil (= Jörg Pfeil) **S** Carla Braun-Elwert **L** 94 (24 B./sec.) / 90 (25 B./sec.) **FSK** o.A.;

f **FBW** w **E** 13.9.2012 / 11.10.2012 Schweiz   **fd** 41 274

GSI – Spezialeinheit Göteborg –
Ein perfekter Plan
JOHAN FALK
Ein Geldtransport wird mit Hilfe eines Störsenders überfallen. Die Spur führt die Ermittler des GSI-Teams zu einer Gruppe schwedischer Ex-Offiziere, die in Afghanistan stationiert waren. Sie schleusen einen Maulwurf in die Bande ein, der bald von einem groß angelegten Raubüberfall auf einen Geldtransport der Reichsbank berichtet, zu dem ein Probelauf durchgeführt werden soll. Doch aus dem vermeintlichen Planspiel wird blutiger Ernst. Routinierter (Fernsehserien-) Krimi um ein schwedisches Polizei-Spezialkommando, das am Rand der Legalität operiert. – Ab 16.
Schweden/Deutschland 2012 **P** Strix Drama / Bremedia / Film I Väst / TV4 / ZDF **DVD** Edel Media / ZDF Video (16:9, 1.78:1, DD5.1 swe./dt.) **R** Anders Nilsson **B** Tage Åström **K** Andreas Wessberg **M** Bengt Nilsson **S** Darek Hodor **D** Jakob Eklung (Johan Falk), Mikael Tornving (Patrik Agrell), Melize Karlge (Sophie Nordh), Alexander Karim (Niklas Saxlid), Mårten Svedberg (Vidar Petterson), Jens Hultén (Seth Rydell), Simon J. Berger (Göran Svensson), Lars Andersson (Tomas Elooma) **L** 95 **FSK** ab 16 **E** 28.9.2012 zdf_neo / 2.11.2012 DVD   **fd** –

GSI – Spezialeinheit Göteborg –
Frage des Gewissens
JOHAN FALK
Nach einer Serie von Überfällen auf Geldtransporteure kommen die GSI-Fahnder einer Bande von Jugendlichen auf die Spur, die von einem finnischen Drahtzieher unter Druck gesetzt wird. Alles läuft unausweichlich auf ein tödliches Showdown unter Verbrechern hinaus. (Fernsehserien-) Krimi um ein unorthodoxes schwedisches Ermittlerteam, das internen Spannungen ausgesetzt ist, weil das jüngste Team-Mitglied weigert, einen jugendlichen Spitzel einzusetzen, während die «alten Hasen» keine moralischen Bedenken haben. – Ab 16.
Schweden/Deutschland 2012 **P** Strix Drama / Bremedia / Film i Väst / TV4 / ZDF **DVD** Edel Media / ZDF Video (16:9, 1.78:1, DD5.1 swe./dt.)

R Richard Holm **B** Viking Johansson **K** Andreas Wessberg **M** Bengt Nilsson **S** Fredrik Morheden **D** Jakob Eklung (Johan Falk), Mikael Tornving (Patrik Agrell), Joel Kinnaman (Frank Wagner), Melize Karlge (Sophie Nordh), Alexander Karim (Niklas Saxlid), Mårten Svedberg (Vidar Petttersson), Jens Hultén (Seth Rydell), Oskar Nyman (Simon Johansson) **L** 95 **FSK** ab 16 **E** 12.10.2012 ZDF_neo / 21.10.2012 ZDF / 2.11.2012 DVD   **fd** –

GSI – Spezialeinheit Göteborg –
Gegen die Zeit
JOHAN FALK: BARNINFILTRATÖREN
Die Entführung seiner Stieftochter konfrontiert Kommissar Falk mit illegalen estnischen Bauarbeitern, die vom Ex-Mann seiner Frau, einem zwielichtigen Bauunternehmer, ihren Lohn einfordern. Auf der Suche nach der Entführten stoßen die Ermittler der GSI auf eine estnische Drogengang. Während die Kollegen sich um die Drogenmafia kümmern, sucht Falk im Alleingang nach seiner Stieftochter. Routinierter (Fernsehserien-) Krimi mit vielen Nebenschauplätzen, der seinem Protagonisten einen ausgesprochen privaten Fall aufbürdet. – Ab 16.
Schweden/Deutschland 2012 **P** Strix Drama / Bremedia/Film i Väst / TV4 / ZDF **DVD** Edel Media / ZDF Video (16:9, 1.78:1, DD5.1 swe./dt.) **R** Richard Holm **B** Viking Johansson **K** Andreas Wessberg **M** Bengt Nilsson **S** Fredrik Morheden **D** Jakob Eklung (Johan Falk), Mikael Tornving (Patrick Agrell), Melize Karlge (Sophie Nordh), Alexander Karim (Niklas Saxlid), Mårten Svedberg (Vidas Pettersson), Jens Hultén (Seth Rydell), Jonna Järnefelt (Kaie Saar), Johan Hedenberg (Nina) **L** 100 **FSK** ab 16 **E** 5.10.2012 ZDF_neo / 2.11.2012 DVD   **fd** –

GSI – Spezialeinheit Göteborg –
Rache der Löwen
JOHAN FALK
Bei einer Schießerei zwischen Afrikanern und Albanern in Göteborg wird die fünfjährige Tochter eines bekannten Rechtsradikalen getötet. Dieser schwört Rache und versucht, für seine Vergeltung Waffen zu kaufen. Die Polizei bekommt Wind davon und zwingt einen jungen Nazi zu Spitzeldiensten. Als auch der erschossen wird, eskaliert

die Lage. Routinierter (Fernsehserien-)Krimi über die schwedische Spezialeinheit, die mit dem Einsatz von Undercover-Ermittlern und V-Leuten in juristischen Grauzonen operiert. – Ab 16.
Schweden/Deutschland 2012 **P** Strix Drama / Bremedia Prod. / Film i Väst / TV4 / ZDF **DVD** Edel Media / ZDF Video (16:9, 1.78:1, DD5.1 swe./dt.) **R** Anders Nilsson **B** Anders Nilsson, Joakim Hansson **K** Andreas Wessberg **M** Bengt Nilsson **S** Darek Hodor **D** Jakob Eklund (Johan Falk), Mikael Tornving (Patrik Agrell), Joel Kinnaman (Frank Wagner), Melize Karlge (Sophie Nordh), Alexander Karim (Niklas Saxlid), Mårten Svedberg (Vidar Petterson), Zeljko Santrak (Matte), Jens Hultén (Seth Rydell), Anastasios Soulis (Felix Rydell), Marie Richardson (Helén), Eric Ericson (Dan Hammar), Gustav Ekman Mellbin (Valter), Anders Nordahl (Jarmo), Victor Trägårdh (Harald), Michael Jansson (Gillis), Alexandra Zetterberg (Lena Törnell) **L** 91 **FSK** ab 16 **E** 21.9.2012 zdf_neo / 2.11.2012 DVD **fd** –

GSI – Spezialeinheit Göteborg – Unter Beschuss
JOHANN FALK: CODENAMN LISA
Durch eine Verkettung widriger Umstände wird ein GSI-Informant enttarnt, der fortan auf der Abschussliste der Russen-Mafia sowie lokaler Göteborger Gangster steht. Da auch andere Zuträger um ihre Sicherheit fürchten, gerät das GSI-Gefüge in Gefahr. Routinierter (Fernsehserien-)Krimi um die Göteborger Polizei-Sondereinheit, deren Leiter nunmehr seinen Rücktritt eingereicht hat. – Ab 16.
Schweden/Deutschland 2012 **P** Strix Drama / Film i Väst / Nordisk Film / TV 4 / NFTF / Svenska Filminstitutet / ZDF / Bremedia Prod. **DVD** Edel Media / ZDF Video (16:9, 1.78:1, DD5.1 swe./dt.) **Pd** Joakim Hansson **R** Charlotte Brandström **B** Viking Johansson, Anders Nilsson **K** Pascal Gennesseaux **M** Bengt Nilsson **S** Martin Hunter **D** Jakob Eklund (Johan Falk), Joel Kinnaman (Frank Wagner), Mikael Tornving (Patrik Agrell), Melize Karlge (Sophie Nordh), Alexander Karim (Niklas Saxlid), Mårten Svedberg (Vidar Pettersson), Jens Hultén (Seth Rydell), Ruth Vega Fernandez (Marie) **L** 95 **FSK** ab 16 **E** 19.10.2012 ZDF_neo / 2.11.2012 DVD **fd** –

GSI – Spezialeinheit Göteborg – Weißes Gold
JOHAN FALK: GSI – SPELETS REGLER
Die Beamten einer schwedischen Spezialeinheit sind einer pakistanischen Drogenbande auf der Spur, die von Deutschland aus den europäischen Markt beliefert. Um die Dealer auf frischer Tat zu ertappen, wird ein ehemaliger Informant für ein Scheingeschäft reaktiviert. Routinierter (Fernseh-)Krimi als Auftakt einer Serie. – Ab 16.
Schweden/Deutschland 2012 **P** Strix Drama / Bremedia Prod. / Film i Väst / TV4 / ZDF **DVD** Edel Media / ZDF Video (16:9, 1.78:1, DD5.1 swe./dt.) **R** Charlotte Brandström **B** Tage Åström, Viking Johansson **K** Pascal Gennesseaux **M** Bengt Nilsson **S** Sylvia Ingemarsdotter (= Sylvia Ingemarsson) **D** Jakob Eklund (Johan Falk), Mikael Tornving (Patrik Agrell), Joel Kinnaman (Frank Wagner), Melize Karlge (Sophie Nordh), Alexander Karim (Niklas Saxlid), Mårten Svedberg (Vidar Pettersson), Zeljko Santrac (Matte), Marie Richardson (Helén), Karl Linnertorp (Kevin Lindell), Shebly Niavarani (Avram Khan), Adil Khan (Pramti Khan), Alexander Lang (Vijay Khan), Mahmut Suvakci (Ali Mahmoud Hansson), Ruth Vega Fernandez (Marie) **L** 95 **FSK** ab 16 **E** 14.9.2012 ZDF_neo / 2.11.2012 DVD **fd** –

Guets Neus – schöö, wüescht ond schööwüescht
GUETS NEUS – SCHÖÖ, WÜESCHT OND SCHÖÖWÜESCHT
In der alten (13. Januar) und der neuen (31. Dezember) Silvesternacht ziehen im Schweizer Kanton Appenzell mit Masken, Hauben und Schellen verkleidete «Silvesterkläuse» los, um mit viel Lärm und Tanz die Wintergeister zu vertreiben und den Bewohnern ein gutes Neues Jahr zu wünschen. Der unterhaltsame Dokumentarfilm beschreibt praktizierte Brauchtumspflege und macht zugleich nachvollziehbar, dass in früheren Zeiten durch die nächtlichen Unbotmäßigkeiten gegen die Obrigkeit protestiert wurde. – Ab 12.
Schweiz 2011 **P** Roses for you Prod. / SF/DRS **Kl** offen **Pd+R+B** Thomas Lüchinger **K** Fabian Kimoto **S** Philipp Schläpfer **L** 80 **E** 11.1.2012 SF 1/DRS **fd** –

Guilty of Romance ✱
KOI NO TSUMI
Eine schüchterne Hausfrau, die von ihrem Mann unterdrückt wird, hofft, als Fotomodell ihren Depressionen zu entkommen, gerät aber an einen Prostituierten-Ring im Rotlichtviertel von Tokio. Dort lernt sie eine Literaturdozentin kennen, die nachts als Callgirl arbeitet, und begegnet einer Kommissarin, die einen Mordfall aufklären will, ihrerseits aber in einem komplizierten Doppelleben gefangen ist. Der dritte Teil einer Trilogie der Leidenschaften von Sion Sono ist ein furioser Mix aus wüster Trash-Exploitation, Melodram und theoretischem Essay, der auf den Spuren von Georges Bataille die Überschreitung gesellschaftlicher Grenzen als subversiv-befreienden Akt feiert. Eine schrille weibliche «education sentimentale» als abgründiger Exkurs in obsessive Bereiche menschlichen Empfindens. (O.m.d.U.)
DVD/BD: Enthalten ist hier die in Deutschland vertriebene japanische, sprich nationale Fassung des Films. Für den internationalen Markt ist eigentlich eine gut 30 Minuten kürzere Fassung angefertigt worden, die u.a. in England erschienen ist. Die Extras umfassen u.a. ein ausführliches «Making of» (53 Min.) sowie ein 16-seitiges Booklet.
Scope. Japan 2011 **P** Nikkatsu / Django Film **Kl** Rapid Eye Movies **DVD** REM (16:9, 1.78:1, DD5.1 jap./dt.) **BD** REM (16:9, 1.78:1, dts-HDMA jap./dt.) **Pd** Yoshinori Chiba, Nobuhiro Iizuka **R+B** Sion Sono **K** Sohei Tanikawa **M** Yasuhiro Morinaga **S** Junichi Ito **D** Megumi Kagurazaka (Izumi), Miki Mizuno (Kazuko), Makoto Togashi (Mitsuko), Kanji Tsuda (Izumis Ehemann), Ryo Iwamatsu (Supermarktleiter), Ryûju Kobayashi (Izumis Zuhälter), Hisako Ôkata (Mitsukos Mutter) **L** 150 (24 B./sec.) / 145 (25 B./sec.) **FSK** ab 18; f **E** 19.7.2012 / 7.12.2012 DVD & BD **fd** 41 183

Gustav Klimt – Der Geheimnisvolle
GUSTAV KLIMT – DER GEHEIMNISVOLLE
(Fernseh-)Dokumentation über den österreichischen Maler Gustav Klimt (1862–1918), dessen Werke um die Wende vom 20. Jahrhundert die (Kunst-)Öffentlichkeit polarisierten. Der Film nähert sich über das Schaffen des verschlossenen Künstlers des-

sen Privatleben und Wesen an, wobei er in zahlreichen Nahaufnahmen Details aus Klimts Bildern benutzt, um ein Stück weit das Innenleben des Künstlers zu entschlüsseln. – Ab 14.
Österreich 2012 **P** Vermeer-Film (für ARTE/ORF) **Kl** offen **R+B** Herbert Eisenschenk **K** Helmut Wimmer **S** Elke Groen **L** 58 **E** 18.7.2012 arte   **fd** –

Gutter King – König der Kämpfer
GUTTER KING
Ein überambitionierter Vater schickt seinen jungen Pflegesohn aus erzieherischen Gründen zum Street-Fighting. Dieser wird in dieser Kampfart richtig gut, ganz zum Ärger des leiblichen Sohns in der Familie. Ein Kampf um die Prügelkrone entbrennt. Ein mit brutalen Kämpfen garnierter «Jugendfilm», dessen zweifelhafte Botschaft hinter coolen Sprüchen und harten Fights verschwindet.
USA 2010 **P** UFO Technologies **DVD** MIG/EuroVideo (16:9, 1.78:1, DD5.1 engl./dt.) **BD** MIG/EuroVideo (16:9, 1.78:1, DD5.1 engl./dt.) **Pd** Melissa Conrad, Kendra Jones, Nicole Abisinio **R+B** Keith Alan Morris **K** Matthew Hutchens **S** Gregory Kerrick **D** Zeb Crown (Will), Casey Clark (Bob), Erica Ramirez (BeBe), Blake Logan (Paul), Guiseppe Bagheri (Joe Pengalo), David Mackey (David), Franceine Hanson (BeBes Mutter), Owen Miller (George) **L** 97 **FSK** ab 18 **E** 4.10.2012 DVD & BD   **fd** –

HUGO CABRET (Paramount)

.hack//Quantum
.HACK//QUANTUM
Eigentlich ist alles nur ein großartiges Computerspiel, in dem sich täglich drei Studentinnen mittels ihrer Avatare verlieren. Dann aber stirbt einer dieser Avatare, und das dazugehörige Mädchen fällt tatsächlich ins Koma. Ihre Freundinnen suchen nach einer Erklärung und stoßen auf Ungeheuerliches. Nach Manga, Computerspiel und Fernsehserie folgt nun der abendfüllende Anime; aufwändig gestaltet, folgt er einer klugen Spannungsdramaturgie und unterhält auf recht hohem Niveau. – Ab 16.
Japan 2010 **P** .hack Conglomerate / Bandai / Biglobe / Cyber Connet 2 / FUNimation / Flying Dog / Hakuhodo / Kinema Citrus / Lantis / Show Gate / Yomiko **DVD** I-On/Splendid (16:9, 1.78:1, DD5.1 jap./dt.) **BD** I-On/Splendid (16:9, 1.78:1, dts-HD jap./dt.) **Pd** Justin Cook, Carly Hunter, Shigeki Komatsu, Shigehiro Kurita, Yuichiro Matsuka, Hisato Usui, Jun Yukawa **R** Masaki Tachibana **B** Tatsuya Hamazaki **K** Toshiya Kimura **M** Kô Otani **S** Hirofumi Okuda **L** 76 **FSK** ab 12 **E** 29.6.2012 DVD & BD **fd –**

Hadewijch
HADEWIJCH
Eine junge Novizin wird wegen ihres Fanatismus aus ihrem Kloster verwiesen und muss sich im hektischen Pariser Alltag zurechtfinden. Dort lernt sie einen Islamisten kennen, in dem sie einen Seelenverwandten entdeckt. Gemeinsam verüben die beiden Fanatiker einen Selbstmordanschlag. Ein radikales, minimalistisch und distanziert erzähltes Drama über die Instrumentalisierung leidenschaftlichen religiösen Glaubens für religiöspolitische Zwecke, das sich an die im 13. Jahrhundert in einem belgischen Kloseter lebende Poetin Hadewijch anlehnt.
Frankreich / Deutschland 2009 **P** 3B Prod. / Herbstfilm / ARTE France Cinéma **Kl** offen **Pd** Rachid Bouchareb, Dirk Wiluztky **R+B** Bruno Dumont **K** Yves Cape **S** Guy Lecorne **D** Julie Sokolowski (Céline bzw. Hadewijch), Yassine Salime (Yassine Chikh), Karl Sarafidis (Nassir Chikh), David Dewaele (David), Brigitte Mayeux-Clerget (Oberin), Michelle Ardenne (Priorin), Sabrina Lechêne (Novizin), Marie Castelain (Célines Mutter), Luc-François Bouyssonie (Célines Vater) **L** 101 **E** 19.11.2012 arte **fd –**

Der Hafenpastor
Ein herzkranker Pastor in St. Pauli, der sich gegen ärztlichen Rat mit größtem Elan in seine Arbeit stürzt, erfährt vom Schicksal einer eben volljährig gewordenen Afrikanerin, die nach vielen Jahren in Deutschland und bestandenem Abitur abgeschoben werden soll. Gegen verschiedene Widerstände auch innerhalb seiner Gemeinde gewährt der Pastor ihr Kirchenasyl. Routiniert inszenierter, zwischen Pseudo-Engagement und Sentimentalität pendelnder (Fernseh-)Film, der ganz auf den bodenständigen Charme des Hauptdarstellers zugeschnitten ist und die Aufklärung über fragwürdige Abschiebepraktiken in Hamburg nur als Fassade nutzt. – Ab 12.
Deutschland 2012 **P** Aspekt-Telefilm **DVD** Pidax (16:9, 1.78:1, DD2.0 dt.) **R** Stephan Meyer **B** Stefan Wild **K** Christoph Chassee **M** Jörg Lemberg **S** Florentine Bruck **D** Jan Fedder (Stean Bool), Martina Offeh (Adoma Fauré), Marie-Lou Sellem (Rita Book), Margarita Broich (Sabine Sattler), Uwe Bohm (Bodo Schüler), Sabine Orléans (Evelyn Krietsch), Annette Uhlen (Elke Cornelius), Tim Grobe (Eddi), Marie Seiser (Sarah Book), Tristan Seith (Fetti), Leon Wulsch (Dennis), Lydia Tuffour (Frau Fauré), Felix Kramer (Anwalt Bossig), Jürgen Uter (Dr. Gosch) **L** 89 **FSK** ab 12 **E** 12.9.2012 ARD / 15.2.2013 DVD **fd –**

Eine halbe Ewigkeit
Nach mehr als 50 Jahren kehrt ein Mann, der sein Leben als Roadie diverser US-amerikanischer Bands verbracht hat, in seine norddeutsche Heimat zurück, um seine einstige große Liebe wiederzusehen, die er einst Hals über Kopf verließ. Die Frau, die inzwischen als evangelische Ordensschwester in einem Kloster lebt, sträubt sich gegen das Wiedersehen, doch als sie ihren Widerstand aufgibt, keimen alte Gefühle auf, die sie in tiefe Konflikte

stürzen. Gut gespieltes (Fernseh-) Drama, das sich um Zwischentöne und die Vermeidung sentimentaler Klischees bemüht. – Ab 14.
Deutschland 2011 **P** Krebs & Krappen Film (für ARD/Degeto) **KI** offen **Pd** Claudia Krebs, Volker Krappen **R** Matthias Tiefenbacher **B** Volker Krappen **K** Klaus Merkel **M** Biber Gullatz **S** Dagmar Pohle **D** Cornelia Froboess (Elisabeth Lange), Matthias Habich (Harry Berg), Peter Franke (Paul Keller), Lambert Hamel (Fred Schmidt), Anna Maria Sturm (Schwester Hilde), Ulrike Grote (Schwester Lydia), Elisabeth Schwarz (Oberin), Peter Meinhardt (Apotheker Bruno), Martin Becker (Arzt), Oliver Törner (Oberer), Liv Lisa Fries (junge Elisabeth), Ferenc Graefe (junger Harry) **L** 89 **E** 30.3.2012 ARD **fd** –

Halbe Hundert
Drei Frauen um die 50 stehen an Wendepunkten in ihrem Leben: Eine erfolgreiche Handchirurgin wird von ihrem Mann verlassen, eine Hausfrau muss sich mit der Diagnose «Brustkrebs» auseinandersetzen, und eine auf Jugendlichkeit und Schönheit fixierte Frau will sich endlich auf eine passende Beziehung einlassen. Solide gespielte, ansonsten eher harmlose (Fernseh-)Komödie, die den Schicksalsschlägen der Protagonistinnen mit sanftem Humor begegnet, am Ende aber ohne Not in ein aufgesetzt-reaktionäres Happy End mündet. – Ab 14.
Deutschland 2012 **P** Relevant Film (für WDR) **KI** offen **Pd** Heike Wiehle-Timm **R** Matthias Tiefenbach **B** Silke Zertz **K** Klaus Merkel **M** Biber Gullatz, Andreas Schäfer **S** Dora Vajda **D** Martina Gedeck (Anne Kater), Johanna Gastdorf (Charlotte Merian), Leslie Malton (Fiona Gutzeit), Torben Liebrecht (Martin Hofer «Josh»), Katrin Bauerfeind (Olga Malik), Victoria Trauttmansdorff (Sabine Brotschneider), Michelle Barthel (Sophie Kater), Michael Wittenborn (Klaus Kater), Giselle Vesco (Adelheid Merian), Marius Weingarten (Sascha Merian) **L** 90 **E** 28.3.2012 ARD **fd** –

Die Hand Fatimas
KHAMSA
Ein elfjähriger Roma-Junge reißt aus seiner Pflegefamilie aus und kehrt in die Zigeuner-Siedlung in Marseille zurück, in der er geboren wurde. Da seine Eltern nichts mit ihm zu tun haben wollen, sucht er Anschluss an seine ehemalige Clique, hält sich mit Diebstählen und Betrügereien über Wasser und gleitet unaufhaltsam in ein kriminelles Milieu ab. Die von Realismus und Tristesse geprägte Studie eines jungen Menschen, der seinen Platz in der Gesellschaft sucht, doch immer wieder erbarmungslos ausgegrenzt wird. Ein düsterer Film, der keinen Hoffnungsschimmer zulässt. – Ab 16.
Frankreich 2008 **P** Mirak Films/ARTE France **KI** offen **Pd** Karim Dridi, Karina Grandjean **R+B** Karim Dridi **K** Antoine Monod, Cyril Dobinet **S** Lise Beaulieu, Marie Liotard **D** Marc Cortes (Marco alias Khamsa), Raymond Adam (Coyote), Simon Abkarian (José, der Vater), Magalie Contreras (Rita), Félix Fourmann (Tony), Mehdi Laribi (Rachitique) **L** 99 **E** 14.3.2012 arte **fd** –

Hanezu no tsuki ★
HANZU NO TSUKI
Eine verheiratete Frau ist von einem anderen Mann schwanger und ringt damit, wie sie sich verhalten soll. Der erfrischend unkonventionelle, beiläufig und indirekt erzählte Film wirkt wie ein semi-dokumentarischer Bilderfluss, in den die Protagonisten und andere «Figuren» eingebettet werden. Erneut knüpft die Regisseurin im Rückgriff auf alte Mythen und shintoistische Geisterideen an eine Naturästhetik an, in der die Seelen der Toten, ihre Themen, Träume, Ängste und Hoffnungen nicht verschwunden sind, sondern neben und mit den Lebenden fortbestehen. Die minimale Handlung wird durch ein Poem aus dem *Mayaoshu*-Opus vom Kampf zweier rivalisierender Berge um die Gunst eines dritten akzentuiert, das die wechselseitige Durchdringungen von Zeiten, Menschen und Dingen bereits vorausnimmt. Ein magischer, nicht leicht zu entschlüsselnder Film. (O.m.d.U.) – Ab 16.
Japan 2011 **P** Kashihara-Takaichi Regional Administrative Association / Kumie **KI** trigon-film (Schweiz) **Pd+R+B** Naomi Kawase **Vo** Masako Bando (Roman) **K** Naomi Kawase **M** Hashiken **S** Naomi Kawase **D** Tôta Komizu (Takumi), Hako Ohshima (Kayoko), Tetsuya Akikawa (Tetsuya), Kirin Kiki, Taiga Komizu, Akaji Maro **L** 91 **E** 26.7.2012 Schweiz **fd** –

Hangover in L.A.
GIRL WALKS INTO A BAR
Episodisch angelegtes Drama um einen mörderischen Deal, bei dem eine Auftragsmörderin, die in Wahrheit als Undercover-Polizistin arbeitet, die Frau eines Verlierertypen umbringen soll. Dies produziert einiges an Verwirrung. In den Nebenrollen prominent besetzt, ordnet der Low-Budget-Arthausfilm nur mühsam seine Handlungsfäden. Der deutsche Titel ist ebenso irreführend wie der postulierte Anspruch des in seinem Heimatland über YouTube vermarkteten Films. – Ab 16.
USA 2011 **P** Lexus / Shangri-La Entertainment / Gato Negro Films **DVD** Great Movies/Delta Music Ent. (16:9, 1.78:1, DD5.1 engl./dt.) **BD** Great Movies/ Delta Music Ent. (16:9, 1.78:1, dts-HD engl./dt.) **Pd** Steve Bing, Sebastian Gutierrez, Richard Rosenblatt, Zach Schwartz **R+B** Sebastian Gutierrez **K** Cale Finot **M** Grant Lee Phillips **S** Lisa Bromwell **D** Carla Gugino (Francine Driver), Zachary Quinto (Nick), Danny DeVito (Aldo), Aaron Tveit (Henry), Gil Bellows (Emmit), Robert Forster (Dodge), Michelle Ryan (Loretta), Josh Hartnett (Sam Salazar) **L** 75 **FSK** ab 12 **E** 12.9.2012 DVD & BD **fd** –

Hangover in Los Angeles
siehe: **Hangover in L.A.**

Hannah Mangold & Lucy Palm
Eine ehemalige Kommissariats-Leiterin, die nach einem traumatischen Erlebnis eine Zeit in der Psychiatrie verbrachte, kehrt als Ermittlerin zurück an ihren Arbeitsplatz und erhält eine junge Kollegin als Partnerin zugewiesen, die entschlossen ist, ihren Platz in der Männerdomäne zu behaupten. Nach anfänglichem Misstrauen entwickeln sich die beiden bei der Jagd nach zwei perfiden Mördern zum funktionierenden Team mit unterschiedlichen Stärken. Handelsüblicher (Fernseh-)Kriminalfilm, der immerhin durch seine gut gespielten Hauptfiguren an Reiz gewinnt. – Ab 14.
Deutschland 2011 **P** Ninety Minute Film **KI** offen **Pd** Alicia Remirez **R** Florian Schwarz **B** Michael Proehl, Matthias Tuchmann **K** Philipp Sichler **M** Fabian Römer **S** Achim Seidel **D** Anja Kling (Hannah Mangold), Britta Hammelstein (Lucy Palm),

Dirk Borchardt (Ulaf Habermann), Fahri Ogün Yardim (Aktan Gül), Patrick von Blume (Max Albers), Marek Harloff (Erwin Kopp), Bernhard Schütz (Dr. Gerber), Jella Haase (Laura Mangold), Meike Droste (Svenja) **L** 92 **E** 24.1.2012 SAT.1 **fd** –

Hannas Entscheidung

Eine Frau, die sich während des Zweiten Weltkriegs sowie in der Nachkriegszeit um die Familie, aber auch um die familieneigene Schreinerei kümmerte, ist überglücklich, als ihr Mann 1952 aus russischer Kriegsgefangenschaft zurückkehrt. Doch die Jahre haben ihn geprägt, er findet sich in der neuen Zeit kaum zurecht. Es kommt zu immer größeren Spannungen, als der Mann seiner Frau das traditionelle Rollenverhalten von Frau und Mutter aufdrängen will. (Fernseh-)Melodram vor dem Hintergrund einer Zeit, in der sich nicht nur Werte und Wertigkeiten verschoben, sondern sich auch Ideale und Lebensvorstellungen änderten. – Ab 14.
Deutschland 2011 **P** Ziegler Film **DVD** Polyband/WVG (16:9, 1.78:1, DD5.1 dt.) **Pd** Regina Ziegler, Veit Heiduschka **R** Friedemann Fromm **B** Benedikt Röskau **K** Hanno Lentz **M** Edward Harris **S** Annemarie Bremer **D** Christine Neubauer (Hanna Forster), Edgar Selge (Karl Forster), August Schmölzer (Hans Zollner), Elisabeth Orth (Marianne Forster), Branko Samarovski (Xaver), Petra Morzé (Pauline), Sebastian Bezzel (Adi Zollner), Pamina Grünsteidl (Vera Forster) **L** 89 **FSK** ab 12 **E** 9.3.2012 ARD / 10.3.2012 DVD **fd** –

Hanni & Nanni 2

Sehr frei nach Enid Blytons klassischer Mädchenbuch-Serie über die Internatsabenteuer zweier Zwillinge gestrickte Fortsetzungsfilm. Erneut müssen sich die Hanni und Nanni mit «Neuzugängen» im Internat arrangieren und unterschiedlichste Probleme und Konflikte lösen, vor allem die Ehekrise ihrer Eltern. Fernab der Realität von Heranwachsenden zeichnet der Film eine Wohlfühlwelt, in der sich alle Schwierigkeiten in Harmonie auflösen und sich Casting-Show-Phrasen mit harmlosen Klamauk-Nummern abwechseln. Während die Nebenfiguren auf ihre Marotten und Ticks reduziert werden, bleiben die Hauptfiguren kontur- und farblos. – Ab 8 möglich.
Scope. Deutschland 2012 **P** UFA Cinema / Feine Filme / ZDF **KI** Universal **DVD** Constantin/Highlight (16:9, 2.35:1, DD5.1 dt.) **BD** Constantin/Highlight (16:9, 2.35:1, dts-HD dt.) **Pd** Nico Hofmann, Jürgen Schuster, Gesa Tönnesen, Hermann Florin **R** Julia von Heinz **B** Jane Ainscough, Christoph Silber **Vo** Enid Blyton (Charaktere ihrer Kinderbuchreihe) **K** Felix Poplawsky **S** Andreas Radtke, Florian Miosge **D** Jana Münster (Hanni), Sophia Münster (Nanni), Heino Ferch (Georg Sullivan), Suzanne von Borsody (Frau Mägerlein), Anja Kling (Jule Sullivan), Katharina Thalbach (Mademoiselle Bertoux), Carolin Kebekus (Frau Goethe), Barbara Schöneberger (Daphne Diehl), Hannelore Elsner (Frau Theobald), Martin Ontrop (dünner Mann), Aleen Jana Kötter (Erika), Joyce Abou-Zeid (Cosi), Nele Guderian (Daniela), Luisa Spaniel (Lilly), Sven Gielnik (Philippe), Monika Manz (Frau Hubertus), Nasrollah Sagheb (Fürst von Bolero) **L** 90 **FSK** o.A.; f **FBW** w **E** 17.5.2012 / 1.11.2012 DVD & BD **fd** 41 061

Hänsel und Gretel

Die armen, an Hunger leidenden Geschwister Hänsel und Gretel werden von ihrem Vater und ihrer Stiefmutter im Wald ausgesetzt, entdecken dort ein Lebkuchenhaus und gehen dessen Bewohnerin, einer bösen Hexe, in die Falle, die den Jungen mästet, um ihn zu verspeisen. Die zunächst ängstliche, bald über sich hinaus wachsende Gretel weiß dies zu verhindern. Derweil sucht der verzweifelte Vater die Kinder und trifft auf eine freundliche Waldfee, die als gute Schwester der Hexe eine Alternative zur Stiefmutter ist. Stimmungsvoll inszenierte, reizvoll neu akzentuierte (Fernseh-)Verfilmung des Märchens, die die vertraute Fabel um Armut, Liebe und Familiensinn variiert, ohne sie im Kern zu beschädigen. – Ab 8.
Deutschland 2012 **P** Askania Media **DVD** Telepool im Vertrieb der KNM Home Entertainment **Pd** Martin Hofmann **R** Uwe Janson **B** David Ungureit **Vo** Wilhelm Karl Grimm (Märchen), Jakob Ludwig Karl Grimm (Märchen) **K** Christopher Rowe **M** Michael Klaukien, Andreas Lonardoni **S** Melania Singer **D** Anja Kling (Hexe), Elisabeth Brück (Stiefmutter), Johann von Bülow (Vater), Mila Böhning (Gretel), Friedrich Heine (Hänsel), Devid Striesow (Händler Dagobert) **L** 60 **FSK** o.A. **E** 15.11.2012 DVD / 26.12.2012 ARD **fd** –

Happy People: Ein Jahr in der Taiga ★

Vier Jahreszeiten in der sibirischen Taiga, vom Aufbrechen der Eisschollen auf dem Fluss Jenissei im Frühjahr bis zur Rückkehr des harten, langen Winters. Werner Herzog verdichtet eine vierstündige Fernsehdokumentation des russischen Regisseurs Dmitri Vasjukov zum filmischen Essay über das Verhältnis von Mensch und Umwelt. Die Porträts der Jäger und Fallensteller, die als große Einzelgänger allen Gefahren trotzen, geraten mitunter allzu schwärmerisch, dennoch bleibt stets die Hochachtung vor der Symbiose aus Individuum und Natur spürbar. – Ab 14.
Deutschland 2012 **P** Studio Babelsberg **KI** StudioCanal **Pd** Christoph Fisser, Vladimir Perepelkin, Nick N. Raslan, Charlie Woebcken (= Carl L. Woebcken), Thomas Nickel **R** Dmitry Vasyukov, Werner Herzog (Co-Regie) **B** Rudolph Herzog, Werner Herzog, Dmitry Vasyukov **K** Alexey Matveev, Gleb Stepanov, Arthur Sibirski, Michael Tarkovsky **M** Klaus Badelt **S** Joe Bini **L** 90 (25 B./sec.) **FSK** o.A. (DVD) **E** 15.11.2012 **fd** 41 441

Hara-Kiri – Tod eines Samurai ☆
ICHIMEI / HARA-KIRI: DEATH OF A SAMURAI

Takeshi Miike, der sich selbst gern als lärmendes japanisches Pendant zu Quentin Tarantino geriert, inszeniert kammerspielartig die Tragödie eines Samurai, der das erzwungene Seppuku (den rituellen Selbstmord eines Samurai) eines Verwandten rächt. Dicht an der 1962 entstandenen gleichnamigen filmischen Vorlage von Masaki Kobayashi, besticht sie durch reduzierte Bildsprache, kunstvolle Dialoge und eine stille Kritik an absurd überhöhten Ritualen einer «gestrigen» Gesellschaft. Miike verbeugt sich vor dem Original und überführt es behutsam, fast unmerklich modernen Sehgewohnheiten angepasst ins 21. Jahrhundert. Gepaart mit der minimalistischen, nicht minder emotional aufwühlenden Musik, bietet die atem-

beraubende Kamera ein bezaubernd schönes, morbides Tableau als Abgesang auf eine nur scheinbar makellose Kultur. Miike hat den Film in 3D konzipiert, doch auch in 2D verliert er kaum von seiner suggestiven Kraft. – Sehenswert ab 16.
DVD/BD: Erhältlich als DVD, BD, 3D BD sowie einer BD Special Edition (2 BDs) die als «Bonus» die Originalversion HARAKIRI von Masaki Kobayashi (1962) auf separater Disk enthält.
3D. Scope. Japan/Großbritannien 2011 **P** RPC / Sedic / Amuse Soft Entertainment / The Asahi Shimbun Newspaper / Dentsu / Kodansha / OLM / Shochiku / Yahoo Japan / Yamanashi Broadcasting System **DVD** Ascot/Elite (16:9, 2.35:1, DD5.1 jap./dt., dts dt.) **BD** Ascot/Elite (16:9, 2.35:1, dts-HDMA jap./dt.) **Pd** Toshiaki Nakazawa, Jeremy Thomas **R** Takashi Miike **B** Kikumi Yamagishi **Vo** Yasuhiko Yamagishi (Roman *Ibun ronin-ki*) **K** Nobuyasu Kita **M** Ryûichi Sakamoto **S** Kenji Yamashita **D** Ebizô Ichikawa (Hanshirô Tsugumo), Eita Nagayama (Motome), Kôji Yakusho (Kageyu), Hikari Mitsushima (Miho), Naoto Takenaka, Munetaka Aoki, Kazuki Namioka, Hirofumi Arai **L** 124 **FSK** ab 16 **E** 21.5.2012 DVD & BD **fd** –

Hard Ride to Hell
HARD RIDE TO HELL
Fünf Jugendliche beobachten während eines Erholungstrips in die texanische Einöde eine Schwarze Messe von Untoten, werden erwischt und Opfer einer Hetzjagd nach der anderen. Gedankenarmer Horrorfilm, der nicht allzu harte Effekte mit leichtem Spaßfaktor in den Vordergrund der Inszenierung stellt, ohne sich tiefere Gedanken über Charaktere und Monster zu machen.
USA 2010 **P** Reunion Pic. / Hell Prod. **DVD** I-On/Splendid (16:9, 1.78:1, DD5.1 engl./dt.) **BD** I-On/Splendid (16:9, 1.78:1, dts-HD engl./dt.) **Pd** Ian Hay **R** Penelope Buitenhuis **B** Matthew Chernov, David Rosiak, Penelope Buitenhuis **K** David Pelletier **M** Michael Neilson **S** Nicole Ratcliffe **D** Miguel Ferrer (Jefé), Laura Mennell (Tessa), Brendan Penny (Danny), Katharine Isabelle (Kerry), Brandon Jay McLaren (Dirk), Sebastian Gacki (Jason), Brent Stait (Bob) **L** 90 **FSK** ab 18 **E** 17.8.2012 DVD & BD **fd** –

Hard Stop
HARD STOP
Ein verstörter Zürcher Jungbanker trifft auf eine verführerische und geheimnisvolle Frau, die sich mit ihm zu sexuellen Begegnungen verabredet, die streng nach ihren Regeln ablaufen müssen und auf zwölf Treffen limitiert sind. Besonders verstörend ist dabei, dass sie alle Begegnungen mit ihrer Handy-Kamera dokumentiert. Gut fotografierter, solide gespielter Erstlingsfilm über den Warencharakter von Sexualität in einer medienfixierten Konsumgesellschaft, der sein Thema jedoch nie vertieft und bis ins Happy End der romantischen Liebe flüchtet. Eine eher vordergründige Provokation mit hölzernen Dialogen.
Schweiz 2011 **P** Hard Stop Film Sascha Weibel **KI** Moviebiz (Schweiz) **Pd+R+B** Sascha Weibel **K** Sascha Weibel **M** Fatima Dunn **S** Christine Rüfemacht, Liza Gerber, Sascha Weibel **D** Nina Langensand (Rhea), Matthias Britschgi (Dante), Florine Deplazes (Irina), Christoph Matti (Oliver), Eveline Suter (Dantes Ex-Freundin), Alexander Albrecht (Liebhaber) **L** 100 **E** 21.6.2012 Schweiz **fd** 41 148

Harodim – Nichts als die Wahrheit?
HARODIM – LOOK CLOSER
Ein Ex-US-Elitesoldat nimmt den angeblichen Drahtzieher der Terroranschläge von «9/11» gefangen und verhört ihn. Dabei tritt eine Version der Geschichte zu Tage, die mit der offiziellen Berichterstattung wenig zu tun hat. Als Kammerspiel inszenierter Politthriller, der die klaustrophobische Verhörsituation durch die Einblendung von Nachrichtenbildern erweitert. Die neuen «Erkenntnisse» verharren im vorhersehbaren Rahmen gängiger Verschwörungstheorien. – Ab 16.
Österreich 2012 **P** Finger Films / Terra Mater Factual Studios / Tomcat Prod. **KI** Polyband **Pd** Thomas Feldkircher, Walter Koehler, Paul Finelli, Joe Germinaro **R+B** Paul Finelli **K** Tomas Erhart **M** Depth Code **S** Thomas Ilg **D** Travis Fimmel (Lazarus Fell), Peter Fonda (Solomon Fell), Michael Desante (Terrorist) **L** 95 (24 B./sec.) / 92 (25 B./sec.) **FSK** ab 16; f **E** 8.11.2012 **fd** 41 377

Harold & Kumar – Alle Jahre wieder
A VERY HAROLD AND KUMAR 3D CHRISTMAS
Die Anarcho-Freunde Harold und Kumar sind in der Zeit vor Weihnachten mit Geldverdienen, Geschenke kaufen, Baby betreuen und Weihnachtsbaumkauf beschäftigt, wobei immer wieder mal ihr heißgeliebtes «weißes Pulver» auftaucht und das aufreibende Leben der beiden erträglicher macht. Triviale Kiffer-Komödie, die vergeblich mit der Fülle von Anarcho-Witzen punkten will. Die 3D-Technik soll dabei möglichst abwirzige Effekte erzielen. – Ab 16.
DVD/BD: Erhältlich als DVD, 2D BD und 2D/3D BD. Auf BD ist die Kinofassung (86 Min.) und der Extended Cut (96 Min., nur in englischer Sprache) enthalten. Die BD enthält eine Audiodeskription für Sehbehinderte, allerdings ebenfalls nur in englischer Sprache.
3D. Scope. USA 2011 **P** New Line Cinema / Kingsgate Films **DVD** Warner (16:9, 2.35:1, DD5.1 engl./dt.) **BD** Warner (16:9, 2.35:1, dts-HDMA engl., DD5.1 dt.) **Pd** Greg Shapiro, Jon Hurwitz, Kelli Konop, Jonathan McCoy, Hayden Schlossberg **R** Todd Strauss-Schulson **B** Michael Barrett **M** William Ross **S** Eric Kissack **D** John Cho (Harold), Kal Penn (Kumar), Patton Oswalt (Mall Santa), Isabella Gielniak (Caren), Bobby Lee (Kenneth Park), Thomas Lennon (Todd), Amir Blumenfeld (Adrian), Paula Garcés (Maria) **L** 90 **FSK** ab 16 **E** 23.11.2012 DVD & BD **fd** –

Haru's Journey
siehe: **Harus Reise**

Harus Reise ★
HARU TONO TABI
Eine 19-Jährige kümmert sich um ihren hinfälligen Großvater, einen alten Fischer. Als sie in ihrem Heimatdorf ihre Arbeit verliert, will sie nach Tokio ziehen, doch der störrische Alte will sie nicht begleiten. Sie suchen Verwandte auf, die sich aber weigern, ihn aufzunehmen. Während alte Familienstreitigkeiten aufbrechen, sucht die Enkelin nach ihrem Vater, der die Familie kurz nach ihrer Geburt verlassen hat. Bedächtig inszenierter, überwiegend auf Hokkaido gedrehter Film in der Tradition von Yasujiro Ozu. In

der Hauptrolle mit einem Urgestein des japanischen Kinos besetzt (u.a. DIE SIEBEN SAMURAI, KAGEMUSHA), wird jedes falsche Mitleid mit dem alten Mann vermieden. – Ab 16.
Japan 2010 **P** Toei Video / Monkey Town Prod. / Asmik Ace Entertainment / Hokkaido Shinbun Press / Laterna / Mainichi Newspapers **DVD** REM (16:9, 1.78:1, DD2.0 jap.) **Pd** Maneyuki Kii, Naoko Kobayashi **R+B** Masahiro Kobayashi **K** Kenji Takama **M** Junpei Sakuma **S** Naoki Kaneko **D** Tatsuya Nakadai (Tadao), Eri Tokunaga (Haru), Hideji Otaki (Shigeo), Kin Sugai (Keiko), Teruyuki Kagawa (Shinichi), Chikage Awashima (Shigeko), Akira Emoto (Michio) **L** 133 **FSK** ab 6 **E** 7.3.2012 arte /21.12.2012 DVD **fd** –

Hasta La Vista ★
HASTA LA VISTA!
Drei behinderte belgische junge Männer wollen ihre sexuelle Unschuld verlieren und begeben sich gegen den Willen ihrer Eltern auf die Reise nach Spanien zu einem Bordell, das auf die Bedürfnisse von Behinderten spezialisiert ist. Die Fahrt mit einer bärbeißigen Fahrerin gerät wegen Reibereien in der Gruppe turbulent. Unterhaltsame Komödie um Solidarität, Vertrauen und Verzeihen, aber auch Gebrechen und den Tod, erzählt mit Leichtigkeit, Sensibilität und einem ruppigen Humor, der nie schlüpfrig wird. (Lobende Erwähnung der ökumenischen Jury, Montreal 2011). – Ab 16.
Belgien 2011 **P** Fobic Films / ÉÉN / K2 **KI** Ascot Elite **Pd** Mariano Vanhoof, Dominique Janne, Jean Philip de Tender, Elly Vervloet, Marc Anthonissen **R** Geoffrey Enthoven **B** Pierre De Clerq **K** Gerd Schelfhout **M** Meuris & Papermouth **S** Philippe Ravoet **D** Robrecht Vanden Thoren (Philip), Gilles de Schryver (Lars), Tom Audenaert (Jozef), Isabelle de Hertogh (Claude), Karlijn Sileghem (Lars' Mutter), Johan Heldenbergh (Lars' Vater), Kimke Desart (Yoni), Katelijne Verbeke (Philips Mutter), Karel Vingerhoets (Philips Vater) **L** 120 (24 B./sec.) / 116 (25 B./sec.) **FSK** ab 12; f **E** 12.7.2012 **fd** 41 165

Der Hauptmann von Nakara
LE CAPITAINE DE NAKARA
In einer fiktiven afrikanischen Militärdiktatur der 1970er-Jahre spielende Variante von Carl Zuckmayers *Hauptmann von Köpenick*. Um seiner Traumfrau zu imponieren, gibt sich ein begnadigter Häftling als wohlhabender Marktstand-Besitzer aus. Doch beim Versuch, diese Notlüge in Realität zu verwandeln, macht ihm die allgegenwärtige Korruption immer wieder einen Strich durch die Rechnung. Unmittelbar vor seiner Hochzeit beschließt er einen letzten großen Coup, um wenigstens die Feier bezahlen zu können. Turbulente, warmherzig erzählte Satire über die Sehnsucht nach bürgerlichem Glück und Tugendhaftigkeit angesichts widriger Umstände.
Scope. Kenia/Frankreich 2011 **P** Papermoon Films / Blue Sky Films / Pata Prod. / Scopas Medien / arte **KI** offen **Pd** Oliver Thau, Mario Zvan **R** Bob Nyanja **B** Cajetan Boy, Martin Thau **Vo** Carl Zuckmayer (Motive aus *Der Hauptmann von Köpenick*) **K** Helmut Fischer **M** Jan Tilman Schade, Rainer Yusuf Vierkötter **S** Henry Silver **D** Bernard Safari (Muntu), Shirleen Wanjari (Muna), Charles Bukuko (General Lumumba), Charles Kiarie (Sunday), Lucy Wangui Gichomo, Joseph Olita (Bischof), Lenny Juma (Präsident) **L** 85 **E** 21.9.2012 arte **fd** –

Das Haus Anubis – Pfad der 7 Sünden
Kinoableger einer für Kinder konzipierten Fernsehserie, in der die Freunde aus dem Internat «Haus Anubis» an einen mittelalterlichen Ritter geraten. Die Jugendlichen müssen einen magischen «Pfad der 7 Sünden» bewältigen, um ein entführtes Mädchen zu retten. Der klischeehaft entwickelte, statisch inszenierte Fantasy-Verschnitt bedient sich einschlägiger Genrevorbilder, ohne etwas Eigenständiges auf die Beine zu stellen. – Ab 10.
Belgien/Deutschland 2011 **P** Studio 100 / Central Film / Nickelodeon **KI** Studio 100 Media **Pd** Thorsten Wegener **R** Jorkos Damen **K** Philippe Vanpuyvelde **S** Mathieu Depuydt **D** Kristina Schmidt (Nina), Daniel Wilken (Daniel), Marc Dumitru (Magnus), Karim Günes (Kaya), Florian Prokop (Felix), Franziska Alber (Delia), Alicia Endemann (Lucy), Féréba Koné (Mara), Alexa Benkert (Charlotte), Bert Tischendorf (Ritter Roman), Collien Ulmen-Fernandes (= Collien Fernandes) (Rosalinde), Smudo (Magister Marduk) **L** 82 **FSK** o.A.; f **E** 9.4.2012 Schweiz / 19.4.2012 **fd** 41 011

Das Haus auf Korsika ★
AU CUL DU LOUP
Eine junge Belgierin erbt von ihrer Großmutter ein altes Haus in der rauen Bergwelt Korsikas. Zum Entsetzen ihrer Familie beschließt sie nicht nur, das Anwesen zu behalten, sondern auch, sich ganz auf das Leben in der Abgeschiedenheit und die Beschwerden eines Daseins jenseits des modernen Komforts einzulassen. Die Aussteiger-Geschichte bekommt durch die Konsequenz, mit der sich die Filmsprache auf die Naturerfahrung der Protagonistin einlässt, einen großen Reiz, ohne den Schauplatz zur Idylle zu verklären. – Ab 14.
Belgien/Frankreich 2011 **P** Need Prod. / Perspective Films / Ufilm **KI** Schwarz-Weiß Filmverleih **Pd** Denis Delcampe, Isabelle Mathy, Adrian Politowski, Gilles Waterkeyn **R+B** Pierre Duculot **K** Hichame Alaouié **S** Virginie Messiaen, Susana Rossberg **D** Christelle Cornil (Christina), François Vincentelli (Pascal), Jean-Jacques Rausin (Marco), Pierre Nisse (Tony), Roberto D'Orazio (Alberto), Marijke Pinoy (Annette), Cédric Eeckhout (Cédric), William Dunker (Gino), Marcelle Stefanelli (Flora), Didier Ferrari (Félix), Marie Kremer (Ariane) **L** 82 **FSK** ab 6; f **E** 12.7.2012/8.11.2012 Schweiz **fd** 41 163

Das Haus der Geheimnisse
DERRIERE LES MURS
Eine Schriftstellerin mit Schreibblockade sucht die Abgeschiedenheit eines alten Landhauses, um wieder klare Gedanken zu finden. Doch in den Gemäuern wohnt etwas Unheimliches, was für ihre literarische Arbeit fruchtbar ist, aber die Nachbarschaft alarmiert, als plötzlich Kinder aus dem Dorf verschwinden. Von Hexenjagd und Geistergrusel beseelte Unheimlichkeit in historischem Gewand, der allenfalls die Klaviatur bewährter Klischees einübt. – Ab 16.
DVD/BD: Erhältlich als DVD und 2D/3D BD. Die Extras umfassen u.a. ein ausführliches «Making of» (37 Min.).
3D. Frankreich 2011 **P** Sombrero Films / Appaloosa Films **DVD** Universum (16:9, 1.85:1, DD5.1 frz./dt.) **BD** Uni-

versum (16:9, 1.85:1, dts-HDMA frz./dt.) **Pd** Alain Benguigui, Thomas Verhaeghe **R** Pascal Sid, Julien Lacombe **B** Julien Lacombe, Pascal Sid **K** Nicolas Massart **M** David Reyes **S** Richard Marizy **D** Laetitia Casta (Suzanne), Thierry Neuvic (Philippe), Jacques Bonnaffé (Paul), Roger Dumas (Francis), Anne Benoît (Catherine Luciac), Anne Loiret (Yvonne), Emma Ninucci (Valentine), Charline Paul (Mireille) **L** 86 **FSK** ab 12 **E** 9.5.2012 DVD & BD
fd –

Das Haus der Krokodile
Ein zwölfjähriger Junge ist mit seinen Eltern und seinen beiden älteren Schwestern in ein altehrwürdiges Haus gezogen, das seinem Onkel gehört. Während die Eltern auf einer Fachmesse sind, folgt er rätselhaften Spuren und Hinweisen, die ein vor 40 Jahren gestorbenes Mädchen, die Tochter des Onkels, in seinem Tagebuch anlegte. Während er den Schatten der Vergangenheit ihr Geheimnis entreißt, treibt ein quicklebendiger Gauner in den Räumen sein Unwesen. Atmosphärische Romanverfilmung, die zwar das Spannungs- und Gruselpotenzial der Mystery-Geschichte überwiegend veräußerlicht, dennoch aber reizvoll und nachvollziehbar das Thema der Schatzsuche mit der Suche des Jungen nach Selbstvertrauen und Selbstbewusstein verbindet. – Ab 10. Scope. Deutschland 2011 **P** Rat Pack Filmprod. **KI** Constantin **Pd** Christian Becker **R** Philipp Stennert, Cyrill Boss **B** Philipp Stennert, Cyrill Boss, Eckhard Vollmar **Vo** Helmut Ballot (Roman *Das Haus der Krokodile*) **K** Philip Peschlow **M** Christoph Zirngibl, Helmut Zerlett **S** Connie Strecker (= Cornelie Strecker) **D** Joanna Ferkic (Cora), Kristo Ferkic (Viktor), Vijessna Ferkic (Louise), Christoph Maria Herbst (Friedrich Debisch), Katja Weitzenböck (Viktors Mutter), Thomas Ohrner (= Tommi Ohrner) (Viktors Vater), Waldemar Kobus (Herr Strichninsky), Uwe Friedrichsen (Herr Opitz), Dieter Schaad (Onkel Gustav), Gudrun Ritter (Frau Debisch), Susanne Berckhemer (Frau Debisch 1971), Peter Lerchbaumer (älterer Polizist) **L** 91 **FSK** ab 6; f **FBW** bw **E** 22.3.2012
fd 40 957

Haus der Sünde *
L' APOLLONIDE (SOUVENIRS DE LA MAISON CLOSE)
Im Jahr 1899 wird eine junge Frau aus der Provinz in ein Pariser Edelbordell aufgenommen und in dessen Verhaltensregeln eingewiesen. Die historische Rekonstruktion beschreibt im Gewand eines Kostümfilms den Alltag in der scheinbar hermetischen Innenwelt, wobei jeder Anschein weiblicher Autonomie durch die Abhängigkeitsverhältnisse konterkariert wird. Ein opulentes Sittengemälde als Abgesang auf die Belle Epoque, der mit dem Métro-Bau die Modernisierung der Metropole und mit dem Kino einen neuen Weg der Wunsch-Ökonomie andeutet. Frankreich 2011 **P** Les Films du Lendemain / My New Picture / arte France Cinéma **KI** nfp **DVD** EuroVideo (16:9, 1.85:1, DD5.1 frz./dt.) **Pd** Bertrand Bonello, Kristina Larsen **R+B** Bertrand Bonello **K** Josée Deshaies **M** Bertrand Bonello **S** Fabrice Rouaud **D** Hafsia Herzi (Samira), Céline Sallette (Clotilde), Jasmine Trinca (Julie), Adèle Haenel (Léa), Alice Barnole (Madeleine), Iliana Zabeth (Pauline), Noémie Lvovsky (Marie-France), Xavier Beauvois, Louis-Do de Lencquesaing **L** 125 (24 B./sec.) / 121 (25 B./sec.) **FSK** ab 16; f **E** 19.4.2012 / 29.11.2012 DVD
fd 41 006

Havoc
siehe: **Kick**

Haywire
HAYWIRE
Eine junge Frau erledigt als Agentin einer Firma für die Regierung gefährliche Aufträge. Sie erkennt, dass jemand in ihren eigenen Reihen sie betrügt, wird von der Polizei sowie ihren eigenen Leuten gejagt, muss um ihr Leben kämpfen und ihren Ruf wiederherstellen. Der inhaltlich eher betont schlicht, dabei aber geradlinig und formal überzeugend inszenierte Actionthriller konzentriert sich ganz auf die «handgemachten» Kampfkünste seiner Hauptdarstellerin. Diese werden mitreißend choreografiert und mehr durch den Körpereinsatz vor der Kamera als von Montage und Kameratricks getragenen Gefechten zur Geltung gebracht. – Ab 16. Scope. USA/Irland 2011 **P** Relativity Media / Irish Film Board **KI** Concorde **DVD** Concorde/Eurovideo (16:9, 2.35:1, DD5.1 engl./dt., dts dt.) **BD** Concorde/Eurovideo (16:9, 2.35:1, dts-HDMA engl./dt.) **Pd** Gregory Jacobs, Ryan Kavanaugh, Michael Polaire **R** Steven Soderbergh **B** Lem Dobbs **K** Peter Andrews (= Steven Soderbergh) **M** David Holmes **S** Mary Ann Bernard (= Steven Soderbergh) **D** Gina Carano (Mallory Kane), Ewan McGregor (Kenneth), Michael Fassbender (Paul), Michael Douglas (Coblenz), Channing Tatum (Aaron), Antonio Banderas (Rodrigo), Bill Paxton (John Kane), Michael Angarano (Scott), Mathieu Kassovitz (Studer) **L** 93 **FSK** ab 16; f **E** 8.3.2012 / 12.7.2013 DVD & BD
fd 40 932

Haywire – Trau keinem
siehe: **Haywire**

Headhunters
HODEJEGERNE
Ein «Headhunter» finanziert seinen aufwändigen Lebensstil damit, dass er wertvolle Gemälde aus den Häusern jener stiehlt, die er tagsüber zu Bewerbungsgesprächen besucht. Bis er an einen Klienten gerät, der ihm stets einen Schritt voraus zu sein scheint. Packender, düster inszenierter Thriller nach einem Krimi von Jo Nesbø, der sich zunächst viel Zeit für seine Figuren und ihre Konflikte nimmt, dann aber unerwartet die Richtung ändert, hart und drastisch wird und Spannung mit grotesker Übertreibung auflöst. – Ab 16. Norwegen/Dänemark/Deutschland 2011 **P** Friland / Yellow Bird Films / Nordisk Film / Degeto Film **KI** nfp/Elite (Schweiz) **DVD** NFP/Warner (16:9, 2.35:1, DD5.1 norw./dt.) **BD** Warner (16:9, 1.78:1, dts norw., dts-HDMA dt.) **Pd** Asle Vatn, Marianne Gray, Lone Korslund, Hans-Wolfgang Jurgan (= Wolfgang Jurgan) **R** Morten Tyldum **B** Ulf Ryberg, Lars Gudmestad **Vo** Jo Nesbø (Roman *Headhunter*) **K** John Andreas Andersen **M** Trond Bjerknæs, Jeppe Kaas **S** Vidar Flataukan **D** Aksel Hennie (Roger Brown), Nikolaj Coster-Waldau (Clas Greve), Synnøve Macody Lund (Diana Brown), Julie Ølgaard (Lotte), Eivind Sander (Ove Kjikerud), Daniel Bratterud (Vakt), Torgrim Mellum Stene (Kunstner) **L** 101 **FSK** ab 16; f **E** 16.2.2012 Schweiz / 15.3.2012 / 21.9.2012 DVD & BD
fd 40 954

Headlock
Eine hochschwangere, ohnehin panische Frau erlebt eine «Offenbarung», als ihre Wehen einsetzen: Sie muss sich keine Sorgen machen, weil ihr Kind vorherbestimmt sei. Zwölf Jahre später sieht sie sich vor einem Neustart mit der Hoffnung auf eine stabile Beziehung. Ihr Sohn jedoch steht kurz vor der Versetzung auf eine Sonderschule, was die Mutter durch intensives gemeinsames Lernen verhindern will. Ein in enger Zusammenarbeit mit den Hauptdarstellern entstandener Debütfilm, der Szenen aus dem gemeinsamen Leben der alleinerziehenden Mutter und ihres Sohns episodisch verdichtet. – Ab 16.
Deutschland 2011 **P** Schiwago Film / ariane-film / Deutsche Film- und Fernsehakademie Berlin (dffb) / ZDF (Das kleine Fernsehspiel) **KI** offen **Pd** Christian Schulzki, Martin Lehwald **R+B** Johan Carlsen **K** Armin Dierolf **M** Niels-Kristian Bærentzen **S** Johan Carlsen **D** Christopher Kwanka (Jonathan), Conny Kwanka (Susanne), Sam Louwyck (Frank) **L** 63 **E** 19.11.2012 ZDF fd –

Heathens and Thieves
HEATHENS AND THIEVES
Der Wilde Westen ist im späten 19. Jahrhundert fast schon gezähmt, doch unter den Siedlern ist noch mancher Gesetzesbrecher unterwegs. Als der Eisenbahngesellschaft Gold entwendet wird, gerät ein rechtschaffener, Pferde züchtender Ex-Schienenleger in Verdacht. Der muss aufpassen, wen er sich als Mitarbeiter ins Haus holt. Kurzweiliger Western, der das übliche Schema «Guter Cowboy gegen bösen Cowboy» recht amüsant in preisgünstige, aber schön anzusehende Kulissen setzt. – Ab 16.
USA 2012 **P** Orofino **DVD** Schröder-Media (16:9, 1.78:1, DD5.1 engl./dt.) **BD** Schröder-Media (16:9, 1.78:1, dts-HD engl./dt.) **Pd** Matthew Marconi, Peter H. Scott, Edgar Martinez Schulz, Danielle Sherrod, Laura Trisnadi, Alexandra Wong **R** Megan Peterson, John Douglas Sinclair **B** John Douglas Sinclair **K** Pyongson Yim **M** Sean R. Ferguson **S** Dan Leonard **D** Andrew Simpson (Saul), Gwendoline Yeo (Kun Hua), Richard Doyle (Bill), Don Swayze (Sherman), Boyuen (Zhen), Michael Robert Brandon (Moses), Tom Proctor (Sheriff Ashplant), Jesse James Youngblood (Bronco) **L** 110 **FSK** ab 16 **E** 13.11.2012 DVD & BD fd –

Heavy Metal in Baghdad
HEAVY METAL IN BAGHDAD
Dokumentarfilm über die irakische Heavy-Metal-Band «Acrassicauda». Mit einer bemerkenswerten Portion Humor schildert er den Alltag der Musiker zwischen Saddam Husseins Sturz und ihrer Flucht nach Damaskus. Die Atmosphäre in Bagdad wird dabei nicht nur von blutigen Aufständen und Attentaten geprägt, sondern zunehmend auch vom religiösen Fanatismus, der jeden Anflug von Freiheit erstickt. – Ab 14.
USA 2007 **P** Vice Films / VBS.TV **DVD** Groove Attack (16:9, 1.78:1, DD2.0 engl.) **Pd** Suroosh Alvi, Monica Hampton, Eddy Moretti **R+B** Suroosh Alvi, Eddy Moretti **K** Eddy Moretti **M** Acrassicauda **S** Bernardo Loyola **L** 85 **FSK** ab 12 **E** 6.2.2009 DVD / 18.9.2012 3sat fd –

Die Heimkehr ☆
DIE HEIMKEHR
Nach 30 Jahren in der Fremde kehrt ein wohlhabender Geschäftsmann in seine Heimatstadt zurück. Zunächst schlagen ihm die Sympathien entgegen, doch als er sich für eine geächtete Witwe einsetzt, gerät er ins gesellschaftliche Abseits. Enttäuscht kehrt er der Stadt, in der sich nichts geändert hat, den Rücken. Feinfühlige, von einem vorzüglichen Darsteller-Ensemble getragene (Fernseh-)Verfilmung der Erzählung von Hermann Hesse, dessen literarische Welt sich unverkennbar auftut: ein Außenseiter im Kampf gegen Moral, Geschäftssinn, Religion, Schulmeisterei und pädagogische Dressur. Ein Film, der mit wache Art und Weise Menschenkunde betreibt. – Sehenswert ab 14.
Deutschland/Österreich 2011 **P** Bavaria (für SWR/Degeto/ORF) **Pd** Anna Oeller **R+B** Jo Baier (= Jochen Baier) **Vo** Hermann Hesse (Erzählung) **K** Wedigo von Schultzendorff **M** Jörg Lemberg **S** Claus Wehlisch **D** August Zirner (August Staudenmeyer), Heike Makatsch (Katarina Endriss), Herbert Knaup (Bürgermeister), Margarita Broich (Leonore), Oliver Stokowski (Hermann Mohrle), Robert Spitz (Lukas Pfrommer), Annette Paulmann (Berta), Vera Lippisch (Frau Dreiss) **L** 89 **FSK** ab 6 **E** 2.5.2012 ARD / ORF 2 fd –

Heino Jaeger – look before you kuck ★
Dokumentarfilm über den Künstler, Kabarettisten und Radiomacher Heino Jaeger (geb. 1938), der, gezeichnet von den Kriegstraumata seiner Kindheit, trotz künstlerischer Erfolge mit seinem Nicht-Ruhen-Lassen der NS-Vergangenheit immer wieder aneckte, zunehmend verwahrloste und 1997 fast vergessen in einer psychiatrischen Anstalt starb. Der Film entwirft mit Fotos, Tonaufnahmen und Interviews mit Wegbegleitern und Bewunderern ein ebenso faszinierendes wie verstörendes, latent geisterhaftes Porträt Jaegers sowie der Hamburger Kulturszene Mitte der 1970er-Jahre. – Ab 16. Teils schwarz-weiß. Deutschland 2012 **P** Realistfilm/ZDF **KI** Edition Salzgeber **Pd+R+B** Gerd Kroske **K** Susanne Schüle **M** Klaus Janel **S** Karin Schöning **L** 124 (24 B./sec..)/120 (25 B./sec.) **FSK** ab 12; f **FBW** bw **E** 1.11.2012 fd 41341

Heiraten ist auch keine Lösung
Aus Sorge um ihre «verschollene» Tochter reist eine Münchnerin nach Italien, wo sie die Vermisste wohlauf, aber mit überraschenden Hochzeitsplänen antrifft. Selbst von den Männern enttäuscht, versucht die Mutter, ihre Tochter umzustimmen, und findet eine Verbündete in der Mutter des mutmaßlichen Zukünftigen. Je mehr sich die beiden zusammenraufen, desto stärker stellen sie ihre eigenen Lebensläufe in Frage. Sympathische (Fernseh-)Komödie, ausgezeichnet besetzt, routiniert inszeniert. – Ab 14.
Deutschland 2012 **P** TV 60 Filmprod. (für ARD/Degeto) **KI** offen **Pd** Gloria Burkert, Andreas Bareiss, Sven Burgemeister **R+B** Sibylle Tafel **K** Wolfgang Aichholzer **M** Winfried Grabe **S** Andreas Althoff **D** Saskia Vester (Lisbeth), Katja Flint (Carla), Sonja Gerhardt (Fanny), Kostja Ullmann (Luca), Francesco Pannofino (Marco), Stéphane Maeder (Paul), Dirk Ossig (Münchner Polizist), Julia Eder (Lisbeths Kollegin) **L** 88 **E** 21.9.2012 ARD fd –

Heiratsschwindler küsst man nicht
Eine verheiratete Geschäftsfrau wird nach einem Seitensprung von ihrem Liebhaber mit einem kompromittierenden Video erpresst. Gemeinsam mit einer Leidensgefährtin, die

demselben Schwindler auf den Leim gegangen ist, sowie eines jungen Lockvogels wollen sie den Spieß umdrehen. Zu ihrem Leidwesen funkt es zwischen dem Hochstapler und der alleinerziehenden jungen Frau. Leichtgewichtige (Fernseh-)Gaunerkomödie, die das Motiv des betrogenen Betrügers recht amüsant variiert. – Ab 14.
Deutschland 2011 **P** Askania Media **KI** offen **Pd** Martin Hofmann **R** Dennis Satin **B** Adrienne Bortoli, Ulrike Zinke **K** Sven Kirsten **M** Egon Riedel **S** Betina Vogelsang **D** Katrin Saß (Thea), Petra Kleinert (Babette), Jasmin Schwiers (Sindy), Jan Sosniok (Benedikt), Stephan Schwartz (Jochen), Tom Quaas (Günther Karow), Luna Jakob (Kiki), Jonne Domroese (Jojo) **L** 88 **E** 1.6.2012 ARD **fd** –

Der Heiratsschwindler und seine Frau

Ein Heiratsschwindler gerät in finanzielle Schwierigkeiten und provoziert erhebliche familiäre Turbulenzen, als er eine Geldspritze seines Sohns annimmt, der sich ohne Wissen der Mutter als Dieb bewährt. In seiner Not will er ins ganz große Geschäft einsteigen und mietet sich in einem Schweizer Nobelhotel ein, muss aber schnell erkennen, dass er ohne seine eigene Ehefrau rein gar nichts zu Wege bringt. Temporeiche (Fernseh-)Gaunerkomödie mit gut aufgelegten Darstellern. – Ab 14.
Deutschland 2011 **P** Network Movie (für ZDF) **KI** offen **Pd** Wolfgang Cimera, Bettina Wente **R** Manfred Stelzer **B** Manfred Stelzer, Thomas Oliver Walendy **K** Michael Wiesweg **M** Biber Gullatz, Moritz Freise **S** Bernd Schriever **D** Armin Rohde (Herbert Krugschenk), Gisela Schneeberger (Maria Krugschenk), Detlev Buck (Sigi Krugschenk), Anna Thalbach (Cornelia Krugschenk), Nadeshda Brennicke (Trixi), Nicolette Krebitz (Nina Gomperz), Sunnyi Melles (Gabriele Muntz), Sky Dumont (Kai von Schaurot) **L** 90 **E** 7.5.2012 ZDF **fd** –

Heiter bis wolkig ✱

Mit der Behauptung, unheilbar krank zu sein, verführt ein Koch eine junge Frau, verliebt sich dabei aber wider Erwarten in sie. Ihre Schwester ist allerdings tatsächlich schwer krank und hat nur noch wenige Monate zu leben. Sie durchschaut den Filou und spannt ihn für ihre Zwecke ein. Was als leichtgewichtige Beziehungskomödie mit genretypischen Verwicklungen beginnt, wandelt sich zu einem glaubwürdigen Drama über Krankheit und Tod. Trotz einiger Überzeichnungen gelingt eine bemerkenswerte Gratwanderung zwischen Komik und Tragik, ganz ohne Pathos oder Klischees. Beeindruckend auch die schauspielerischen Leistungen der Hauptdarsteller. – Ab 14.
Scope. Deutschland 2012 **P** Film1 / Constantin Film / SevenPictures **KI** Constantin **Pd** Marcus Welke, Henning Ferber, Oliver Berben, Stefan Gärtner, Joachim Kosack **R** Marco Petry **B** Axel Staeck **K** Jan Fehse **M** Lorenz Dangel, Tobias Kuhn **S** Marco Pav D'Auria **D** Max Riemelt (Tim), Anna Fischer (Marie), Jessica Schwarz (Edda), Elyas M'Barek (Can), Dieter Tappert (Paul), Stephan Luca (Thomas), Johann von Bülow (Dr. Seibold) **L** 100 **FSK** ab 6; f **FBW** bw **E** 6.9.2012 **fd** 41 243

Helden des Polarkreises ✱
NAPAPIIRIN SANKARIT

Ein ebenso arg- wie orientierungsloser junger Finne ohne Arbeit gibt am Tag vor der Abschaffung des analogen Fernsehens das Geld seiner Geliebten lieber für Bier als für einen neuen Digitalreceiver aus. Um seine Beziehung zu retten, macht er sich mit zwei Freunden auf den von Widrigkeiten und Verlockungen gepflasterten Weg in die Stadt. Ein Road Movie als lakonisch-komisch erzählte, gelegentlich auch tragische Momente antippende Odyssee durch Schnee und Dunkelheit, geprägt von geschicktem Timing, Slapstick und Dialogwitz. Nebenbei handelt der Film auch von der Mentalität und dem Leben der Menschen jenseits des Polarkreises. – Ab 14.
Scope. Finnland / Island / Schweden 2010 **P** Helsinki Filmi / Anagram Prod. / Ripple World Pic. **KI** Pandastorm **Pd** Aleksi Bardy, Jonas Elmqvist, Jacqueline Kerrin, Martin Persson, Helena Sandermark, Dominic Wright **R** Dome Karukoski **B** Pekko Pesonen **K** Pini Hellstedt **M** Lance Hogan **S** Harri Ylönen **D** Jussi Vatanen (Janne), Jasper Pääkönen (Kapu), Konsta Mäkelä (Hatunen), Sinikka Mokkila (Jannes Mutter), Erkki Hetta (Jannes Vater), Kari Ketonen (Pikku-Mikko), Miia Nuutila (Marjukka), Pamela Tola (Inari Juntura) **L** 95 **FSK** ab 12; f **E** 12.1.2012 **fd** 40 846

Hellraiser: Revelations – Die Offenbarung
HELLRAISER: REVELATIONS

Im neunten Teil des HELLRAISER-Franchise spielen zwei Jugendliche im Mexiko-Urlaub mit dem Würfel des Grauens und verschwinden. Eine Kiste mit ihren persönlichen Gegenständen wird der Familie geschickt, die ebenfalls mit dem Würfel spielt. Prompt steht wie aus dem Nichts der Sohn des Hauses blutverschmiert vor ihnen, und bald sind die Cenobiden-Kreaturen aus der Hölle allen auf den Fersen. Genrefilm ohne irgendetwas Bemerkenswertes, uninteressant in Szene gesetzt.
DVD/BD: Erhältlich als DVD, 2D BD und 2D/3D BD.
3D. USA 2011 **P** Puzzlebox Films **DVD** Sunfilm (16:9, 1.85:1, DD5.1 engl./dt., dts dt.) **BD** Sunfilm (16:9, 1.85:1, dts-HDMA7.1 engl./dt.) **Pd** Aaron Ockman, Joel Soisson **R** Víctor García **B** Gary J. Tunnicliffe **K** David A. Armstrong **M** Frederik Wiedmann **S** Philip Mangano, Matthew Rundell **D** Nick Eversman (Steven Craven), Jay Gillespie (Nico Bradley/Skinless Nico/Pseudo Pinhead), Tracey Fairaway (Emma Craven), Steven Brand (Dr. Ross Craven), Sanny van Heteren (Kate Bradley), Sebastien Roberts (Peter Bradley), Stephan Smith Collins (Pinhead), Devon Sorvan (Sarah Craven) **L** 72 **FSK** ab 18 **E** 6.9.2012 DVD & BD **fd** –

Henry der Schreckliche (3D)
HORRID HENRY: THE MOVIE

Henry ist ein typisch ungezogener Halbwüchsiger, der meist absichtlich Lehrer, Schüler und Familie zur Weißglut treibt. Als er ausnahmsweise einmal unschuldig ist, will ihm keiner glauben, und er muss sich allein als Retter der Schule beweisen. Lärmender (Fernseh-)Kinderfilm in solider Machart, der durch die vorzüglich aufspielenden erwachsenen Nebendarsteller Anjelica Huston und Richard E. Grant sowie ein vergleichsweise ambitioniertes Drehbuch auffällt. – Ab 10 möglich.
DVD/BD: Erhältlich als 3D-DVD und 2D/3D BD. Die DVD enthält die 2D Version und eine anaglyphische 3D-Version für eine beigelegte «Rot/Grün-Brille».

3D. Großbritannien 2011 **P** Vertigo Films / Novle Entertainment / Aegis Film Fund / Prescience **DVD** Universum (16:9, 1.78:1, DD5.1 engl./dt.) **BD** Universum (16:9, 1.78:1, dts-HDMA engl./dt.) **Pd** Rupert Preston, Lucinda Whiteley, Caroline Levy **R** Nick Moore **B** Lucinda Whiteley **Vo** Francesca Simon (Kinderbuchreihe) **K** Sam McCurdy **M** Lester Barnes, Michael Price **S** Simon Cozens **D** Theo Stevenson (Horrid Henry), Anjelica Huston (Miss Battleaxe), Richard E. Grant (Vic Van Wrickle), Parminder Nagra (Miss Lovely), Noel Fielding (Ed Banger), Rebecca Front (Miss Oddbod), Prunella Scales (Großtante Greta), Mathew Horne (Henrys Vater) **L** 94 **FSK** o.A. **E** 7.11.2012 DVD & BD fd –

Herbstkind ★

Eine Hebamme freut sich auf die Geburt ihres ersten Kindes, doch bei der Hausgeburt treten Komplikationen auf und sie muss in die Klinik. Bald spürt sie, dass sie keine liebende Bindung zu ihrem Kind aufbauen kann. Das tägliche Leben in dem kleinen bayerischen Ort wird zur Qual. (Fernseh-)Drama um die Krise einer postpartalen Depression, in dem die Hauptdarstellerin differenziert und ausdrucksstark den Wandel einer selbstbewussten Frau zur schutzbedürftigen, passiv reagierenden Person vermittelt. Gesucht schöne, ästhetisch beeindruckende Bilder vermitteln ebenfalls viel Emotionalität, können aber nicht verbergen, dass die erzählte Geschichte in den Grenzen eines medizinischen Lehrfilms verharrt. – Ab 16.
Deutschland 2012 **P** Bavaria (für BR) **KI** offen **Pd** Bea Schmidt **R** Petra K. Wagner (= Petra Katharina Wagner) **B** Ariela Bogenberger, Petra K. Wagner (= Petra Katharina Wagner) **K** Peter Polsak **M** Helmut Zerlett **S** Vera van Appeldorn **D** Katharina Wackernagel (Emilia Schneider), Felix Klare (Christoph Schnedier), Saskia Vester (Monika Wilson), Heinz Hoenig (Gustav Pellmann), Lena Stolze (Hannah Brenner), Monika Baumgartner (Gretel Hofleitner), Alice Dwyer (Sandrina Keil), Ella-Maria Gollmer (Tini Hofleitner) **L** 90 **E** 24.10.2012 ARD fd –

Herkules rettet das Weihnachtsfest
SANTA'S DOG

Ein widerborstiger zwölfjähriger Waisenjunge wird von einem sprechenden Hund namens Herkules zum Weihnachtsmann beordert. Als Bewährungsprobe soll er in Chicago einem verbitterten Mann zum Christfest neue Lebensgeister schenken. Süßlich-schaler Feiertagsfilm um einen knuddeligen Vierbeiner und alle erdenklichen US-amerikanischen Weihnachtsklischees. – Ab 12.
DVD/BD: Erhältlich als DVD, BD und 3D BD.
3D. USA 2011 **P** Shortywood Prod. **DVD** Ascot/Elite (16:9, 1.78:1, DD5.1 dt.) **BD** Ascot/Elite (16:9, 1.78:1, DD5.1 dt.) **Pd** Leonard Pirkle, Shorty Rossi, Derek Zemrak **R** Edward Hightower **B** John Pizzo **K** Brandon Fraley **S** Chad Caines **D** George Maguire (Santa Claus), Mackenzie Phillips (Helen Dunn), Marc McClure (Mr. Rosco), Anthony Robinson (Max Moogle), Kathy Garver (Schwester Augustus), Brad Williams (Elf Joseph), Arturo Gil (böser Elf Rocky), Dana Woods (Elf Mickey) **L** 85 **FSK** o.A. **E** 19.11.2012 DVD & BD fd –

Herr Wichmann aus der dritten ☆ Reihe

Der nach HERR WICHMANN VON DER CDU (2002) zweite Dokumentarfilm von Andreas Dresen über den CDU-Politiker Henryk Wichmann. Er begleitet ihn bei seiner Arbeit im Brandenburger Landtag, ist aber auch in der Uckermark mit vor Ort, wenn der Abgeordnete sich mit regionalen Konflikten und bisweilen sehr partikularen Problemen herumschlägt. Dramaturgisch humorvoll aufgearbeitet, untersucht der Film das Funktionieren deutscher Politik an der Basis und insbesondere das Verhältnis der Bürger zur politischen Klasse. Dabei wird nicht nur der Abgeordnete porträtiert, sondern indirekt auch den Bürgern ein kritischer Spiegel vorgehalten. – Sehenswert ab 12.
Deutschland 2012 **P** Iskremas Filmprod. / RBB / Rommel Film **KI** Piffl Medien **Pd** Andreas Dresen, Andreas Leusink, Peter Rommel **R+B** Andreas Dresen **K** Andreas Höfer, Michael Hammon, Andreas Dresen **S** Jörg Hauschild **L** 90 **FSK** o.A.; f **FBW** w **E** 6.9.2012 fd 41 230

Die Herren der Spiele

Dokumentarfilm über drei Menschen, die sich in der Welt des «Live Action Role Play» (LARP) eingerichtet haben und sich an Wochenenden ihren Rollenspielen widmen, mit denen sie in andere Charaktere und in Fantasie-Welten schlüpfen. Dabei wird der psychologische Druck thematisiert, der durch andere Spielteilnehmer, die Rollen, aber auch die Spieler ausgeübt wird. Der Film folgt einer Beinahe-Profi-Spielerin, einem Amateur und dem Betreiber eines LARP-Spielplatzes und stellt ein Freizeitvergnügen vor, das sich längst zum Wirtschaftsfaktor entwickelt hat. – Ab 16.
Deutschland 2012 **P** HFF München / BR **KI** offen **Pd** Hannah Lea Maag **R+B** Uta Bodenstein **K** Sebastian Bäumler, Gero Kutzner **M** Markus Lehmann-Horn **S** Michael de Meyer, Uta Bodenstein **L** 90 **E** 13.6.2012 Bayern 3 fd –

Die Herrschaft der Männer
LA DOMINATION MASCULINE

Dokumentarfilm über das Massaker, das ein Mann am 6.12.1989 an 14 Studentinnen einer Polytechnischen Hochschule in Montréal verübte. Er stellt die vielfältigen Formen von Frauenfeindlichkeit in der westlichen Welt dar und hinterfragt deren Ursachen; deutlich wird dabei, dass eine frühe Konditionierung von Geschlechterrollen eine wesentliche Rolle spielt und sich eine Rückkehr zu den vorgeblich alten Werten des Patriarchats abzeichnet. Durchaus provokant, nimmt der Film eine feministische Haltung ein und stellt männliches Rollenverhalten zur Disposition. – Ab 16.
Frankreich/Belgien 2009 **P** Elzévir Films / Black Moon / UGC / RTBF / arte Geie / Wallonie Image **KI** offen **Pd** Denis Carot, Patric Jean, Marie Masmonteil, Carine Bratzlavsky, Wilbur Leguebe, Brigitte Maccioni, Christine Pireaux, Annick Zwick **R+B** Patric Jean **K** Patric Jean **S** Fabrice Rouaud **L** 92 **E** 7.3.2012 arte fd –

Herzversagen

Einer jungen Ärztin in einem norddeutschen Dorf unterläuft angeblich eine Fehldiagnose, als ein Mann, sie als gesund befand, einen Tag später an Herzversagen stirbt. Als die EKG-Aufzeichnungen aus ihrer Praxis verschwinden, forscht sie nach, entnimmt der Leiche Blut- und Gewebeproben und entdeckt, dass der Mann vergiftet wurde. Im ländlichen Milieu

angesiedelter (Fernseh-)Krimi, der in die seelischen Abgründe einer Familie blickt, in der Gewalt zur Tagesordnung gehört und ansonsten das große Schweigen herrscht. Dafür bedient er sich einer Mischung aus Krimi, Drama und Kammerspiel, die eine düstere Atmosphäre geradezu herbeizwingen will, während die Charaktere eher blutleer bleiben. – Ab 16.
Deutschland 2012 **P** Filmpool **KI** offen **Pd** Annette Köster **R** Dagmar Hirtz **B** Sven Poser, Stefan Rogall **K** Axel Block **M** Martin Probst **S** Nicola Undritz **D** Maria Simon (Ellen Roth), Jörg Hartmann (Holger), Katrin Pollitt (Anna Hensen), Kristin Suckow (Lisa), Caroline Ebner (Marie Bertel), Norman Hacker (Peter Bertel), Jan Schütte (Erik Reuter), Tom Blücher (Paul Wank) **L** 90 **E** 22.10.2012 ZDF fd –

Hesher – Der Rebell
HESHER
Seit seine Mutter bei einem Autounfall ums Leben gekommen ist, ist das Leben eines Jungen aus der Bahn geraten. Der Vater, der seinen Schmerz mit Tabletten betäubt, kann ihm keinen Halt geben. Dann drängt sich ein mysteriöser junger Mann in sein Leben. Ob er den rüpelhaft-asozialen Fremden als Bedrohung ansehen soll oder als Freund, bleibt unächst unklar; allmählich locken ihn die anarchischen, provokativen Umtriebe des Fremden aus der Reserve. Suggestives Drama um einen Außenseiter, der als krasses Störelement in den Kosmos einer beschädigten Familie eindringt, sowie einen kindlichen Trauerprozess. – Ab 16.
DVD/BD: Die Extras umfassen u. a. ein Feature mit im Film nicht verwendeten Szenen (7 Min.).
USA 2010 **P** The Last Picture Comp. / Corner Store Entertainment / Handsomecharlie Films / CatchPlay / Filmula **DVD** Koch (16:9, 1.78:1, DD5.1 engl./dt., dts dt.) **BD** Koch (16:9, 1.78:1, dts-HDMA engl./dt.) **Pd** Lucy Cooper, Johnny Lin, Natalie Portman, Scot Prisand, Win Sheridan, Spencer Susser, Matt Weaver (= Matthew Weaver), Ari Ackerman, Aaron Downing, Jay Franks, Barry Habib, Toni Habib, Gina Kirkpatrick, Robert Ortiz, Tom Pellegrini, Happy Walters **R** Spencer Susser **B** Spencer Susser, David Michôd **K** Morgan Susser **M** Frank Tetaz **S** Michael McCusker, Spencer Susser **D** Joseph Gordon-Levitt (Hesher),

Natalie Portman (Nicole), Rainn Wilson (Paul), Devin Brochu (TJ), Piper Laurie (Großmutter), Brendan Hill (Dustin), John Carroll Lynch (Larry), Monica Staggs (Mutter) **L** 101 **FSK** ab 16 **E** 24.8.2012 DVD & BD fd –

Heute weiß es jeder ...!
Interview-Film mit einer Vorreiterin des Sadomasochismus in Deutschland. Die zum Zeitpunkt des Gesprächs 72-Jährige erzählt von den sexuell besonderen Anfängen in ihrer Ehe bis zum regen Partnertausch. In eher einfallslos inszeniertem Zwiegespräch gehalten, ist das auch inhaltlich nicht sehr ergiebige Gespräch nur von begrenztem Erkenntniswert.
Deutschland 2011 **P** Gerhard Stahl Filmprod. **DVD** WVG (16:9, 1.78:1, DD5.1 dt.) **Pd** Gerhard Stahl **R+B** Ralph Kiening **K** Gerhard Stahl **M** Ralph Kiening **L** 68 **FSK** ab 16 **E** 14.6.2012 DVD fd –

Hideaways – Die Macht der Liebe ★
HIDEAWAYS
Die unkontrollierbaren Superkräfte, über die ein kleiner Junge seit seiner Geburt verfügt, könnten alles Leben in seiner Nähe töten. Als herangewachsener Einzelgänger versteckt er sich in abgelegener Wildnis, wo er durch einen tragischen Zufall auf ein todkrankes Mädchen als Seelenverwandte trifft. Das Jugenddrama behandelt sein fantastisches Thema wohltuend ernst und entwirft ein spannendes Szenario um Pubertät, Kommunikations- und Beziehungsprobleme, das sich betont unpädagogisch und eher beiläufig vermittelt. – Ab 14.
Scope. Frankreich/Irland 2011 **P** Fidélité Prod. / Film i Väst / Filmgate Films / Octagon Films **DVD** EuroVideo (16:9, 2.35:1, DD5.1 engl./dt.) **BD** EuroVideo (16:9, 2.35:1, dts-HDMA engl./dt.) **Pd** Marc Missonnier, Jean-Luc Ormières, Sean Wheelan **B** Agnès Merlet **B** Nick Murphy **K** Tim Fleming **M** Éric Neveux **S** Sylvie Landra **D** Rachel Hurd-Wood (Mae-West O'Mara), Thomas Brodie-Sangster (= Thomas Sangster) (Liam), Harry Treadaway (James Furlong), Susan Lynch (Mrs. O'Mara), Stuart Graham (Sergeant), Kate O'Toole (Mrs. Moore), James Wilson (James Furlong (5 – 10 Jahre)), Diarmuid O'Dwyer (Liam mit 11) **L** 89 **FSK** ab 12 **E** 18.10.2012 DVD & BD fd –

Hinter der Tür ★
AZ AJTÓ / THE DOOR
Eine Schriftstellerin zieht im Ungarn der 1960er-Jahre mit ihrem kranken Mann aufs Land und stellt eine ältere Haushälterin ein. Zwischen Herrin und Bediensteter entspinnt sich ein spannungsvoller, von Zuneigung, aber auch von Misstrauen geprägter psychologischer Zweikampf, wobei die Autorin die sorgfältig gehüteten Geheimnisse in der bewegten Lebensgeschichte der alten Frau lüften will. Eine sich in ruhigem Erzählfluss entfaltende Romanverfilmung als atmosphärisch dichte Reise in menschliche Abgründe. Dank der beiden vorzüglichen Darstellerinnen und sorgfältig aufgebauter Szenen, die ihnen den nötigen Spielraum geben, regt der Film zum Mitfühlen und Nachdenken an. – Ab 14.
Ungarn/Deutschland 2012 **P** Filmart Stúdió / Intuit Pic. / Bankside Films / ARD Degeto **KI** Piffl Medien **Pd** Jenö Habermann, Sándor Söth **R** István Szabó **B** István Szabó, Andrea Vészits **Vo** Magda Szabó (Roman *Az ajtó / Hinter der Tür*) **K** Elemér Ragályi **S** Réka Lemhényi **D** Helen Mirren (Emerenc), Martina Gedeck (Magda), Károly Eperjes (Tibor), Gábor Koncz (Leutnant), Enikö Börcsök (Sutu), Mari Nagy (Adél), Ági Szirtes (Polett), Péter Andorai (Herr Brodarics), Erika Marozsán, Lajos Kovács, Jirí Menzel, András Márton **L** 97 **FSK** ab 12; f **E** 5.4.2012 fd 40 981

Der Hobbit: Eine unerwartete Reise ☆
THE HOBBIT: AN UNEXPECTED JOURNEY
Erster Teil der dreiteiligen Verfilmung von Tolkiens *Der kleine Hobbit*: Bilbo Beutlin begibt sich mit 13 Zwergen und dem Zauberer Gandalf auf eine abenteuerliche Reise, um dem Drachen Smaug die Herrschaft über einen Berg sowie den geraubten Zwergenschatz streitig zu machen. Der Hobbit gelangt dabei auch in Besitz jenes magischen Rings, der folgenreiche Entwicklungen nach sich zieht. Ein bildgewaltiges, erzählerisch bravouröses Fantasy-Abenteuer, das feinfühlig und mit dramaturgisch geschickten Eingriffen den humorvoll-märchenhaften Ton der Vorlage mit dem epischen Atem der HERR DER RINGE-Trilogie verbindet. Dabei fügt sich die neuar-

tige Filmtechnik, die Schärfe und Präsenz der Bilder eindrucksvoll steigert, sinnvoll in den narrativen Atem ein. – Sehenswert ab 14.
3D. Scope. USA / Neuseeland 2012 **P** New Line Cinema **Kl** Warner Bros. **Pd** Peter Jackson, Carolynne Cunningham, Fran Walsh (= Frances Walsh), Zane Weiner, Philippa Boyens, Eileen Morgan **R** Peter Jackson **B** Fran Walsh (= Frances Walsh), Philippa Boyens, Peter Jackson, Guillermo Del Toro **Vo** J.R.R. Tolkien (Roman *The Hobbit / Der kleine Hobbit*) **K** Andrew Lesnie **M** Howard Shore **S** Jabez Olssen **D** Ian McKellen (Gandalf der Graue), Martin Freeman (Bilbo Beutlin), Richard Armitage (Thorin Eichenschild), Cate Blanchett (Galadriel), Ian Holm (älterer Bilbo), Christopher Lee (Saruman), Hugo Weaving (Elrond), Elijah Wood (Frodo), Andy Serkis (Gollum), Jed Brophy (Nori), Adam Brown (Ori), John Callen (Oin), Mark Hadlow (Dori/Bert), Peter Hambleton (Gloin/William), Stephen Hunter (Bombur), William Kircher (Bifur/Tom), Sylvester McCoy (Radagast), Bret McKenzie (Lindir), Graham McTavish (Dwalin), James Nesbitt (Bofur), Dean O'Gorman (Fili), Aidan Turner (Kili) **L** 169 (24 B./sec.) / 163 (25 B./sec.) **FSK** ab 12; f **E** 13.12.2012 **fd** 41 463

Hobo with a Shotgun
HOBO WITH A SHOTGUN
In einem abgewrackten Viertel erkennt ein kauziger Penner, dass mit der ansässigen Polizeigewalt, aber auch einer religiös verblendeten Gang nicht zu spaßen ist. Doch weiß auch er, mit seiner Waffe auszuteilen. Psychopathischer Eigenbrötler trifft auf Psychopathen-Clan: Daraus ergibt sich ein Höchstmaß an Gewalttätigkeit, wobei der Film mit Hauptdarsteller Rutger Hauer ein halbwegs charismatisches, gleichwohl arg bemüht schwarzhumoriges Gesicht bekommt.
DVD/BD: Die Extras umfassen u. a. ein ausführliches «Making of» (44 Min.) sowie ein Feature mit vier im Film nicht verwendeten Szenen (6 Min.). Eine «2 Disk Limited Collector's Edition» enthält die DVD, die BD und ein 16-seitiges Booklet zum Film.
Scope. Kanada 2011 **P** Rhombus Media / Whizbang Films / Yer Dead Prod. **DVD** Universum (16:9, 2.35:1, DD5.1 engl./dt.) **BD** Universum (16:9, 2.35:1, dts-HDMA engl./dt.) **Pd** Rob Cotterill, Niv Fichman, Paul Gross, Frank Siracusa **R** Jason Eisener **B** John Davies **K** Karim Hussain **M** Adam Burke, Darius Holbert, Russ Howard III **D** Rutger Hauer (Hobo), Pasha Ebrahimi (Filmemacher), Robb Wells (Logan), Brian Downey (Drake), Gregory Smith (Slick), Nick Bateman (Ivan/Rip), Drew O'Hara (Otis), Molly Dunsworth (Abby) **L** 76 **FSK** SPIO/JK II **E** 4.10.2012 DVD & BD **fd** –

Hochzeit mit Folgen ...
EK MAIN AUR EKK TU
Nach einer ausgeflippt-durchzechten Nacht muss ein Paar, das sich eben erst kennengelernt hat, feststlleen, dass es im Rausch geheiratet hat. Für die exaltierte Schönheit und den geerdeten Architekten ist dies das Schlimmste, haben beide doch kaum Gemeinsamkeiten, aber ein gestrenges Elternhaus. Erst am Ende ziehen sich die Gegensätze an. Romantische Komödie mit allerlei verzwickt-komischen Situationen, erzählt im berühmt-berüchtigten Quietschbunt musikdurchtränkter Bollywood-Produktionen. – Ab 14.
Scope. Indien 2012 **P** Dharma Prod. **DVD** REM (16:9, 2.35:1, DD5.1 Hindi/dt.) **Pd** Hiroo Johar, Karan Johar **R** Shakun Batra **B** Shakun Batra, Ayesha DeVitre **K** David MacDonald **M** Amit Trivedi **S** Asif Ali Shaikh **D** Kareena Kapoor (Riana), Imran Khan (Rahul Kapoor), Boman Irani (Mr. Kapoor), Ram Kapoor (Mr. Bulani), Ratna Pathak (Mrs. Kapoor), Manasi Scott (Rianas Schwester), Rajesh Khattar (Mr. Shah), Soniya Mehra (Anusha) **L** 111 **FSK** o.A. **E** 20.7.2012 DVD **fd** –

Die Hochzeit unserer dicksten Freundin
BACHELORETTE
Eine pummelige New Yorkerin will heiraten und bittet drei ehemalige High-School-Freundinnen darum, ihre Brautjungfern zu sein. Beim Junggesellinnen-Abschied geht es so hoch her, dass das Hochzeitskleid einen Riss bekommt und man entweder Ersatz oder einen Schneider finden muss. Eine missratene Chaos-Komödie ohne Gespür für dramaturgisches Timing oder witzige Situationen. Der bieder-verklemmte Humor und ausgesprochen unsympathisch gezeichnete Frauenfiguren laden weder zur Anteilnahme noch zur Identifikation ein. – Ab 16.
Scope. USA 2012 **P** Gary Sanchez Prod. / BCDF Pic. **Kl** StudioCanal **Pd** Brice Dal Farra, Claude Del Farra, Jessica Elbaum, Will Ferrell, Adam McKay, Lauren Munsch, Carly Hugo, Matthew Parker **R+B** Leslye Headland **K** Doug Emmett **M** Michael Wandmacher **S** Jeffrey Wolf **D** Kirsten Dunst (Regan), Isla Fisher (Katie), Lizzy Caplan (Gena), James Marsden (Trevor), Kyle Bornheimer (Joe), Rebel Wilson (Becky), Adam Scott (Clyde), Haynes MacArthur (Dale), Andrew Rannells (Manny), Ella Rae Peck (Stefanie) **L** 87 84 **FSK** ab 16; nf **E** 25.10.2012 **fd** 41 336

Hochzeiten
Angesichts der bevorstehenden Hochzeit seiner Tochter muss sich ein einstiges Ehepaar, das bereits seit 20 Jahren geschieden ist, neu zusammenraufen. Bald fliegen die Fetzen, gleichzeitig aber flammt die alte Liebe wieder auf. Auch die Tochter gerät in Konflikte, weil sie sich ihrer Gefühle nicht mehr sicher ist. Humorvolle (Fernseh-)Familienkomödie mit überzeugenden Darstellern. – Ab 12.
Deutschland 2011 **P** Sperl Prod. **Kl** offen **Pd** Gabriela Sperl **R** Nikolai Müllerschön **B** Gabriela Sperl, Nikolai Müllerschön **K** Klaus Merkel **M** Dirk Reichardt, Benito Battiston **S** Anja Feikes **D** Senta Berger (Claire), Friedrich von Thun (Bernhard), Lisa Martinek (Sophie), Tim Bergmann (Ingo), Fritz Karl (Hans), Bibiana Zeller (Erna), Nicole Marischka (Nicole), Karl-Heinz Kirchmann (Chauffeur) **L** 89 **E** 27.9.2012 ARD **fd** –

Das Hochzeitsvideo
Die Hochzeit eines Paares mit unterschiedlichem familiären Hintergrund, inszeniert als (Handy- bzw. Videokamera-)Fake-Doku von diversen Gästen, vor allem vom besten Freund des Bräutigams sowie der Schwester der Braut. Rund um die Feier entfalten sich allerlei Turbulenzen. Mit einer an US-Hochzeitskomödien orientierten Mischung aus Slapstick, Situationskomik und Wortwitz will der Film aus der Fallhöhe zwischen Erwartungen und Wirklichkeit Funken schlagen. Dies gelingt ihm nur ansatzweise, weil die multiperspektivische Machart den Figuren zu wenig Profil verleiht und Identifikationen unterbindet. – Ab 14.

Deutschland 2012 **P** Little Shark Ent./ Constantin Film/Panda Plus **KI** Constantin **Pd** Tom Spiess, Oliver Berben, Christoph Müller, Manfred Wenzel **R** Sönke Wortmann **B** Gernot Griksch **K** Maher Maleh, Christian Datum **S** Martin Wolf **D** Lisa Bitter (Pia), Marian Kindermann (Sebastian), Martin Aselmann (Daniel), Lucie Heinze (Despair), Stefan Ruppe (Fabian), Christiane Lemm (Margarete von Stieglitz), Michael Abendroth (Waldemar von Stieglitz), Susanne Tremper (Lisa Schulz), Matthias Brenner (Bruno Schulz), Jan-David Buerger (Bernd), Mascha von Kreisler (Phyllis), Christoph Hofrichter (Karsten), Simon Eckert (Carlos) **L** 86 **FSK** ab 12; f **E** 10.5.2012   **fd** 41 068

Hoffnungslos glücklich ☆
MATCHING JACK
Eine Ehefrau entdeckt, dass ihr Mann eine langjährige Beziehung unterhält, aus der ein Kind erwachsen sein könnte. Sie schöpft neue Hoffnung, weil das Knochenmark dieses Stiefkinds das Leben des gemeinsamen neunjährigen Sohns retten könnte. Sensibel inszeniertes Melodram, das nie in Weinerlichkeit abgleitet, sondern dank seiner Kunstfertigkeit stets die Balance wahrt. – Ab 16.
Scope. Australien 2010 **P** Cascade / Film Victoria / Screen Australia **DVD** Atlas/Koch (16:9, 2.35:1, DD5.1 engl./dt.) **BD** Atlas/Koch (16:9, 2.35:1, dts-HDMA engl./dt.) **Pd** Richard Keddie, David Parker, Nadia Tass **R** Nadia Tass **B** Lynne Renew, David Parker **K** David Parker **M** Paul Grabowsky **S** Mark Warner **D** Jacinda Barrett (Marissa), James Nesbitt (Connor), Tom Russell (Jack), Richard Roxburgh (David), Kodi Smit-McPhee (Finn), Yvonne Strahovski (Veronica), Colin Friels (Professor Nelson), Julia Blake (Cleo) **L** 99 **FSK** ab 12 **E** 27.1.2012 DVD & BD   **fd** –

Das höhere Prinzip ☆
VYSSI PRINCIP
Im Juni 1942 werden nach einem Attentat auf den verhassten SS-General Reinhard Heydrich in einer tschechischen Kleinstadt drei Abiturienten wegen einer schnell zu Papier gebrachten Karikatur zum Tode verurteilt und erschossen. Ihr vergeistigter und weichherziger, ganz seinem Fachgebiet verpflichteter Philologieprofessor legitimiert daraufhin vor versammelter Klasse den Tyrannenmord. Eine eindringlich und atmosphärisch dicht inszenierte, vorzüglich gespielte Tragödie als Mahnmal der menschlichen Würde in einer Ära der Finsternis, die zugleich als Gleichnis auf die Zeit nach dem Zweiten Weltkrieg interpretiert werden kann. – Sehenswert ab 16.
Schwarz-weiß. CSSR 1960 **P** Filmové Studio Barrandov / Ceskoslovensky Statni Film **KI** Progress **DVD** Ostalgia (FF, Mono tschech./dt.) **R** Jirí Krejcík **B** Jan Drda, Jirí Krejcík **Vo** Jan Drda (gleichnamige Erzählung) **K** Jaroslav Tuzar **M** Zdenek Liska **D** Frantisek Smolík (Professor Malek), Jana Brejchová (Jana), Ivan Mistrík (Vlastik), Jan Smid (Frantik), Alexander Postler (Karel), Petr Kostka (Honza) **L** 105 **FSK** ab 12 (DVD) **E** 28.4.1961 Kino DDR / 18.5.1962 DFF 1 / 13.5.1968 ZDF / 10.8.2012 DVD   **fd** 41 470

Hold Your Breath
HOLD YOUR BREATH
Jugendliche machen einen Wochenendausflug aufs Land, fahren an einem Friedhof vorbei und halten dabei nicht den Atem an. So dringt das eine oder andere Böse in sie ein und lässt sie bald schon ausrasten. Öder Horrorreißer vom Fließband.
DVD/BD: Die dt. Fassung ist gegenüber der Originalfassung um gut fünf Minuten geschnitten.
USA 2012 **P** The Global Asylum **DVD** Great Movies (16:9, 1.78:1, DD5.1 engl./dt.) **BD** Great Movies (16:9, 1.78:1, dts-HD engl./dt.) **Pd** David Michael Latt, Paul Bales **R** Jared Cohn **B** Geoff Meed **K** Stuart Brereton **M** Chris Ridenhour **S** Bobby K. Richardson **D** Katrina Bowden (Jerry), Randy Wayne (Johnny), Erin Marie Hogan (Natasha), Steve Hanks (McBride), Josh Allen (junger McBride), Brad Slaughter (Tony), Seth Cassell (Kyle), Darin Cooper (Wilkes) **L** 78 **FSK** ab 18 **E** 6.12.2012 DVD & BD **fd** –

Holidays by the Sea ☆
NI À VENDRE NI À LOUER
Urlauber unterschiedlichster Wesensart reisen mit ihren Eigenheiten und Schrullen im Gepäck ans Meer. Fast alle befinden sich in Liebesbeziehungen, für die die Ferien zum romantischen Höhepunkt oder zur Zerreißprobe werden. Eine Komödie, die mit Übertreibung, Slapstick und schwarzem Humor aus alltäglichen Typen tragikomische Gestalten und liebevoll menschlichen Schwächen in der Tradition von Jacques Tatis DIE FERIEN DES MONSIEUR HULOT nachspürt. Dabei setzt sie weniger auf Dialoge als auf ein ausdrucksstarkes Sounddesign, auf das Schauspiel sowie eine pointierte Inszenierung der Figuren im Bildraum. – Ab 12.
Scope. Frankreich 2011 **P** Loin Derrière L'Oural **KI** Movienet **Pd** Xavier Delmas **R+B** Pascal Rabaté **K** Benoît Chamaillard **M** Alain Pewzner **S** Jean-François Elie **D** Jacques Gamblin (Monsieur Drachensteiger), Maria de Medeiros (Madame Halskette), François Damiens (Monsieur Erdbeere), François Morel (Zeltmann), Dominique Pinon (Wohnwagenmann), Arsène Mosca (Supermarktverkäufer), Marie Kremer (Waise), Chantal Neuwirth (Witwe), Catherine Hosmalin (Frau Häuschen), Charles Schneider (Herr Häuschen), Gustave Kervern (= Gustave de Kervern), Vincent Martin (oranger Golfer), Chris Bearne (grüner Golfer) **L** 76 **FSK** ab 12; f **E** 5.7.2012   **fd** 41 164

Höllenschlacht am Bosporus
siehe: **Türkisch Gambit: 1877 – Die Schlacht am Bosporus**

Höllentrips ☆
Dokumentarfilm über zwei Heroinsüchtige und ihren sehr verschiedenen Umgang mit der Abhängigkeit. Während der eine, Jounalist und fast zwei Jahrzehnte lang abhängig, seine Sucht endlich überwunden hat, ist der anderen, einer alleinerziehenden Buchhändlerin, der Absprung trotz Methadonprogramm nicht gelungen. Beiden gemeinsam ist das jahrelange kräftezehrende Doppelleben zwischen Beruf und bürgerlicher Fassade sowie den Abgründen der Sucht. Auch Verwandte und Kollegen berichten von ihren Erfahrungen, Schmerzen und Ängsten. – Ab 16.
Deutschland 2010 **P** filmtank **KI** offen **Pd** Saskia Kress **R+B** Wilma Pradetto **K** Michael Hammon, Eike Zuleeg, Michael Dreyer **M+S** Thomas Wellmann **L** 79 **E** 24.3.2011 WDR   **fd** –

Höllentrips – Leben mit der Sucht
siehe: **Höllentrips**

Holy Motors
HOLY MOTORS ☆
Elf Episoden aus dem Leben von Monsieur Oscar, der von Sonnenaufgang bis Sonnenuntergang in einer weißen Stretch-Limousine durch Paris chauffiert wird und dabei jeweils in eine andere Existenz schlüpft: Er ist Banker, Bettlerin, Akrobat, Monsieur Merde, Vater, Akkordeonspieler, Killer, Opfer, Sterbender und der Mann, der von der Arbeit nach Hause kommt, wobei er sich im Auto jeweils für den nächsten Auftritt herrichtet. Der hochenergetische Film bietet ein vom Hauptdarsteller Denis Lavant mit beängstigender Präsenz gemeistertes Stakkato voller Einfälle und cinephiler Anspielungen. Er strotzt vor visueller Kraft und Energie und lässt sich als hypnotisch-grotesker Versuch über das Menschsein an der Grenze zu Verfall und Tod interpretieren. – Sehenswert ab 16.
Frankreich/Deutschland 2012 **P** Pierre Grise Prod. / Théo Films / Pandora Filmprod. / Pola Pandora Filmprod. / Arte France Cinéma / WDR-ARTE / Canal+ **KI** Arsenal **Pd** Martine Marignac, Albert Prévost, Maurice Tinchant, Karl Baumgartner **R+B** Léos Carax **K** Yves Cape, Caroline Champetier **S** Nelly Quettier **D** Denis Lavant (Monsieur Oscar), Edith Scob (Céline), Eva Mendes (Kay M), Kylie Minogue (Eva Grace), Elise Lhomeau (Léa), Michel Piccoli, Jeanne Disson, Léos Carax, Nastya Golubeva Carax, Reda Oumouzoune, Zlata, Geoffrey Carrey, Anabelle Dexter Jones **L** 115 **FSK** ab 16; f **E** 30.8.2012 **fd** 41 247

Home Invasion – Der Feind in meinem Haus
DANS TON SOMMEIL
Gerade erst durch die Trauer um ihren toten Sohn erschüttert, erfährt eine alleinlebende Mutter einen zweiten Schicksalsschlag; denn der Junge, den sie vor einer scheinbar bedrohlichen Situation rettet und in ihr Haus aufnimmt, ist nicht so nett, wie er zunächst scheint. «Lass keine fremden Menschen rein», ist die Botschaft dieses vorhersehbaren Thrillers, der, zwar überzeugend gespielt, keine sonderlich spannenden Akzente setzt. Scope. Frankreich 2010 **P** Delante Films / BR Films **DVD** Koch (16:9, 1.78:1, DD5.1 frz./dt.) **BD** Koch (16:9, 1.78:1, dts-HDMA frz./dt.) **Pd** Caroline Adrian, Antoine Rein, Rodolphe Guglielmi, Fryderyk Ovcaric (= Frederic Ovcaric), Teddy Percherancier **R+B** Caroline du Potet, Eric du Potet **K** Pierre Cottereau **M** Éric Neveux **S** Yann Malcor **D** Anne Parillaud (Sarah), Arthur Dupont (Arthur), Jean-Hugues Anglade (Sarahs Mann), Thierry Frémont (Fremder) **L** 83 **FSK** ab 18 **E** 22.6.2012 DVD & BD **fd** –

Home Sweet Home
HOME SWEET HOME
Im Mai 1977 begann die Sanierung der Londoner Heygate-Siedlung; das Viertel des sozialen Wohnungsbaus galt in den 1950er-Jahren als Utopie des Wohlfahrtsstaates. Doch das Sanierungsprojekt geriet vor dem Hintergrund von Finanz- und Wirtschaftskrise ins Stocken, Spekulanten bemächtigten sich der Immobilie und der Grundstücke. Mit pointiertem Humor beschreibt der Dokumentarfilm diese Entwicklung und hinterfragt die weltweite Tendenz einer urbanen Verdrängung benachteiligter Bevölkerungsschichten. – Ab 16.
Frankreich 2012 **P** Les Films d'Ici/ Tigerlily/ARTE France **KI** offen **Pd** Serge Lalou, Sandra Whipham **R+B** Enrica Colusso **K** Enrica Colusso, Max Rijavec **S** Ruben Korenfeld **L** 91 **E** 18.10.2012 arte **fd** –

Honigland
siehe: **German Unity@Balaton – Honigland**

Hostel 3
HOSTEL 3 / HOSTEL: PART III
Drei junge Männer geraten während eines Junggesellenabschieds in die Fänge eines Escort-Girls, das sie nach und nach einem Folterkeller zuführt, von dem aus ihre Qualen einer zahlenden Kundschaft zugesendet werden. Dritter Teil der HOSTEL-Serie, der niedrigste Bedürfnisse befriedigt und auf die Sensationslust der Zuschauer spekuliert.
DVD/BD: Die Extras umfassen u. a. einen Audiokommentar des Regisseurs und des Darstellers Kip Pardue.
USA 2011 **P** Raw Nerve / Stage 6 Films / RCR Media Group **DVD** Sony (16:9, 1.78:1, DD5.1 engl./dt.) **BD** Sony (16:9, 1.78:1, dts-HDMA engl./dt.) **Pd** Chris Briggs, Mike Fleiss, Scott Spiegel **R** Scott Spiegel **B** Michael Weiss **K** Andrew Strahorn **M** Frederik Wiedmann **S** George Folsey jr. **D** Kip Pardue (Carter McMullen), Brian Hallisay (Scott), Thomas Kretschmann (Flemming), John Hensley (Justin), Sarah Habel (Kendra), Chris Coy (Travis), Skyler Stone (Mike Mollay), Zulay Henao (Nikki) **L** 79 & 84 **FSK** ab 18 & SPIO/JK I **E** 22.3.2012 DVD & BD **fd** –

Hotel Biss – Vision einer Bürgerbewegung
Die Münchner Obdachlosenorganisation BISS (Bürger in sozialen Schwierigkeiten) entwickelte 2007 die Idee, ein ehemaliges Frauen- und Jugendgefängnis in ein Hotel umzuwandeln und damit 40 Jugendlichen eine Ausbildung zu verschaffen. Der Plan wurde positiv aufgenommen, doch 2010 entschied sich die CSU/FDP-Mehrheit gegen einen Direktverkauf der Immobilie an BISS: Das Objekt stand zur Ausschreibung an und lockte ein ausländisches Investorenkonsortium. Die dokumentarische Langzeitstudie begleitet die engagierte Selbsthilfemaßnahme und beschreibt die Entwicklung des Projekts. – Ab 14.
Deutschland 2012 **P** MGS-Filmprod./ Moviepool **KI** offen **Pd+R+B** Wolfgang Ettlich **K** Hans Albrecht Lusznat **M** Dieter Schleip **S** Monika Abspacher **L** 75 **E** 12.6.2012 Bayern 3 **fd** –

Hotel Transilvanien
siehe: **Hotel Transsilvanien**

Hotel Transsilvanien
HOTEL TRANSYLVANIA
Animationsfilm um die mehr lustige als gruselige Monster-Gesellschaft im von Dracula geleiteten «Hotel Transsilvanien». Während die Tochter des Vampirs ihren Geburtstag feiert, schneit als unerwünschter Gast ein Mensch ins Haus. Doch Dracula will der sich anbahnenden Liebe seiner Tochter zu dem sterblichen jungen Mann einen Riegel vorschieben. Die turbulente Geschichte um die menschelnden Nöte klassischer Horrorfiguren punktet mit liebenswert gezeichneten Charakteren, verspielt ihre amüsante Grundidee aber durch ein allzu atemloses Gag-Feuerwerk, bei dem viele schöne Ideen wirkungslos verpuffen. – Ab 10.
3D. Teils schwarz-weiß. USA 2012 **P** Sony Pic./Animation **KI** Sony **Pd** Michelle Murdocca **R** Genndy Tartakovs-

ky **B** Peter Baynham, Robert Smigel **M** Mark Mothersbaugh (s) **S** Catherine Apple **L** 92 (24 B./sec.) / 89 (25 B./sec.) **FSK** ab 6; f **E** 25.10.2012 **fd** 41 328

House of Shame – Chantal All Night Long

Dokumentarfilm über Chantal Lehner, die transsexuelle Gastgeberin der «House of Shame»-Partys, die sich zu einer festen Institution in der queeren Szene Berlins entwickelt haben. In einem Mix aus Interviews und Mitschnitten der jeden Donnerstag stattfindenden Veranstaltungen entsteht ein unaufgeregtes Porträt der Protagonistin sowie der Szene. Der Film verzichtet auf allzu intime Details und liefert interessante Einblicke in die Vita Chantals sowie in die queere Subkultur jenseits einer voyeuristischen Schlüsselloch-Perspektive. – Ab 16. Teils schwarz-weiß. Deutschland 2011 **P** Johanna Jackie Baier Filmprod. / Gamma Bak Filmprod. / NB Film / Bitone Prod. **KI** Johanna Jackie Baier Filmproduktion **Pd** Johanna Jackie Baier, Gamma Bak **R+B** Johanna Jackie Baier **K** Thorsten Schneider, Markus Otto, Gina Guzy, Christian Goertz, Johannes Schall, Johanna Jackie Baier **M** Giuseppe de Bellis **S** Till Wimmer, Katja Gierschner, Thorsten Schneider **L** 93 **FSK** – **E** 7.6.2012 **fd** 41 121

House of the Rising Sun
HOUSE OF THE RISING SUN

Ein Ex-Polizist, der wegen Korruption im Gefängnis saß, erhält nach seiner Entlassung einen Job als Türsteher eines Clubs. Als dieser von vier bewaffneten Männern überfallen und der Sohn des Besitzers erschossen wird, soll er die Täter aufspüren. Diese aber werden nach und nach ebenfalls ermordet, und er kommt einer tödlichen Intrige auf die Spur. Herkömmlicher Thriller mit einem ehemaligen Wrestling-Star in der Hauptrolle, der ebenso wenig überzeugt wie die arg behäbige Inszenierung. – Ab 16.
DVD/BD: Erhältlich als DVD, 2D BD und 2D/3D BD.
3D. USA 2011 **P** Berkshire Axis Media **DVD** Sunfilm (16:9, 1.78:1, DD5.1 engl./dt., dts dt.) **BD** Sunfilm (16:9, 1.78:1, dts-HDMA engl., dts-HDMA7.1 dt.) **Pd** John G. Carbone, Mark Sanders, Kelly Slattery, Jude S. Walko **R** Brian A. Miller **B** Chuck Hustmyre, Brian A. Miller **K** William Eubank

M Norman Orenstein **D** Dave Bautista (Ray), Amy Smart (Jenny Porter), Danny Trejo (Carlos), Dominic Purcell (Tony), Craig Fairbrass (Charlie Blackstone), Brian Vander Ark (Jimmy LaGrange), Roy Oraschin (Dylan Sylvester), Tim Fields (Detective Carl Landry) **L** 84 **FSK** ab 16 **E** 5.1.2012 DVD / 5.10.2012 RTL NITRO **fd** –

How to Seduce Difficult Women
HOW TO SEDUCE DIFFICULT WOMEN

Ein überkandidelter Blender versucht, mit Workshops über «Anmach-Methoden» für diesbezüglich untalentierte Männer zu reüssieren. Seine Tipps sollen selbst nur schwer zu erobernde Großstädterinnen gefügig machen. In Off-Theater-Ästhetik gefangene Independent-Komödie mit ausufernden Dialogen, die nicht mehr als die simple Weisheit transportiert, dass nicht alle Frauen (aber auch nicht alle Männer) auszurechnen sind. – Ab 16. USA 2009 **P** Quadrant Entertainment **DVD** Great Movies (16:9, 1.85:1, DD5.1 engl./dt.) **BD** Great Movies (16:9, 1.85:1, dts-HD engl./dt.) **Pd** Richard Temtchine, Stan Chamin, Gaetan Rousseau **R+B** Richard Temtchine **K** Benjamin Chartier **M** Pedro H. da Silva **S** Michael D. Thomson **D** Louis-Do de Lencquesaing (Philippe), Stephanie Szostak (Gigi), Jackie Hoffman (Verleger), Rachel Roberts (Sabrina), Brian Avers (Mitchell), Diana Gettinger (Julia), Alexa Havins (Maureen), Paul Lazar (Sam) **L** 93 **FSK** ab 16 **E** 14.3.2012 DVD & BD **fd** –

Howling – Der Killer in dir
HOWLING / HOOLING

Bizarre Morde veranlassen die neue Kollegin eines abgebrühten, zu Maschismen neigenden Detektivs der südkoreanischen Polizei zu klugen Bezügen, nach denen ein Wolfstier für die Todesfälle verantwortlich sein könnte. Stilsicherer, originell gebauter Krimi. Der durch Filme wie THE HOST und DURST bekannte Song Kang-ho ist einmal mehr ein nicht gänzlich sympathischer Held, der dank seiner Rookie-Kollegin zu grantiger Hochform aufläuft. – Ab 16. Scope. Südkorea 2012 **P** CJ Entertainment / United Pictures / Opus Pictures **DVD** Splendid (16:9, 2.35:1, DD5.1 korea./dt.) **BD** Splendid (16:9, 2.35:1, dts-HDMA korea./dt.) **R** Yu Ha **Vo** Asa Nonami **D** Song Kang-

ho (Detective Sang-Kill), Lee Nayeongk (Detective Eun-Young), Sin Jeong-geun (Chef der Detectives), Lee Sung-min (Detective Young-Cheol), Lim Hyeong-seong **L** 114 **FSK** ab 16 **E** 27.7.2012 DVD & BD **fd** –

Hugo Cabret ☆
THE INVENTION OF HUGO CABRET

Der Waisenjunge Hugo Cabret lebt im Paris der 1930er-Jahre allein in einem Bahnhofsgebäude, wo er sich mit der gleichaltrigen Pflegetochter eines grimmigen Ladenbesitzers anfreundet und mit ihr dem Geheimnis des alten Mannes auf die Spur kommt: Der Ladenbesitzer ist der Kinopionier Georges Méliès, der sich aber aus Verbitterung vom Film losgesagt hat. Eine visuell atemberaubende Hommage an die Magie des Kinos, die mittels Setdesign und Kameraarbeit eine beziehungsreiche wie bezaubernde Bildwelt eröffnet. Aus dem Facettenreichtum und der Materialfülle der Buchvorlage entsteht eine mitunter etwas «gedrängte» Filmdramaturgie, was die pure visuelle Schönheit aber jederzeit ausgleicht. – Sehenswert ab 10.
DVD/BD: Erhältlich als DVD, 2D BD und 2D/3D BD. Die Extras umfassen u.a. das sehr ausführliche «Making-of» «Pfad der Vergeltung» (86 Min.).
3D. USA 2011 **P** Paramount Pic. / GK Films / Infinitum Nihil **KI** Paramount **DVD** Paramount (16:9, 1.78:1, DD5.1 engl./dt.) **BD** Paramount (16:9, 1.78:1, dts-HDMA7.1 engl., DD5.1 dt.) **Pd** Johnny Depp, Tim Headington, Graham King, Martin Scorsese **R** Martin Scorsese **B** Josh Logan **Vo** Brian Selznick (Kinderbuch *The Invention of Hugo Cabret / Die Entdeckung des Hugo Cabret*) **K** Robert Richardson **M** Howard Shore **S** Thelma Schoonmaker **D** Asa Butterfield (Hugo Cabret), Sacha Baron Cohen (Bahnhofsaufseher), Ben Kingsley (Georges Méliès), Jude Law (Hugos Vater), Chloë Moretz (= Chloe Moretz) (Isabelle), Christopher Lee (Monsieur Labisse), Emily Mortimer (Lisette), Ray Winstone (Onkel Claude), Helen McCrory (Mama Jeanne), Michael Stuhlbarg (Rene Tabard), Frances de la Tour (Madame Emilie) **L** 126 **FSK** ab 6; f **FBW** bw **E** 9.2.2012 / 16.8.2012 DVD **fd** 40 902

Huhn mit Pflaumen ★
POULET AUX PRUNES
Nachdem seine Ehefrau sein geliebtes Instrument zerbrochen hat, beschließt ein iranischer Geigen-Virtuose zu sterben. Hinter dem Verlust an Lebenswillen steht freilich mehr, ist doch eine zerbrochene Liebe der Grund für seine Verzweiflung. Herb-süß entwickelt der Film in surrealistisch überhöhten Wendungen eine Geschichte von Verlust und verschmähter Liebe. Dabei verwebt er auf mehreren Zeitebenen die Schicksale der Figuren zu einem märchenhaft anmutenden Erzählteppich, der reizvoll Melancholie mit Ironie und Humor verbindet. – Ab 14.
Frankreich/Deutschland/Belgien 2011 **P** Celluloid Dreams / The Manipulators / uFilm / Studio 37 / Le Pacte / Arte France Cinéma / ZDF-ARTE / Lorette Prod. / Film(s) **KI** Prokino **Pd** Hengameh Panahi, Rémi Burah, Christoph Fisser, Henning Molfenter, Adrian Politowski, Gilles Waterkeyn, Charlie Woebcken (= Carl L. Woebcken) **R+B** Marjane Satrapi, Vincent Paronnaud **Vo** Marjane Satrapi (Graphic Novel *Poulet aux prunes* / *Huhn mit Pflaumen*) **K** Christophe Beaucarne **M** Olivier Bernet **S** Stéphane Roche **D** Mathieu Amalric (Nasser-Ali), Edouard Baer (Azraël), Maria de Medeiros (Faringuisse), Golshifteh Farahani (Irâne), Chiara Mastroianni (Lili als Erwachsene), Mathis Bour (Cyrus), Enna Balland (Lili), Didier Flamand (Musiklehrer), Serge Avedikian (Irânes Vater), Rona Hartner (Soudabeh), Jamel Debbouze (Houshang / der Bettler), Isabella Rossellini (Parvine) **L** 91 **FSK** ab 12; f **E** 5.1.2012
fd 40 847

Human Centipede – Der menschliche Tausendfüßler
THE HUMAN CENTIPEDE (FIRST SEQUENCE)
In dörflicher Abgeschiedenheit gibt sich ein Arzt hemmungslos seiner Experimentierfreudigkeit hin. Was er mit drei Hunden beginnt, soll an vier Menschen ausprobiert werden. So werden Mund und Anus aneinander operiert, um einen überdimensionierten Vielfüßler zu schaffen. Vieles von diesem Horrorszenario findet nur im Kopf des Betrachters ab, andernfalls wären die kranken Szenarien legal wohl gar nicht darstellbar. Eine sinnfreie und unmotivierte «Unterhaltung» weit unterhalb jeder Ekelgrenze.
DVD/BD: Gegenüber der Originalfassung ist die deutsche Fassung um gut 5 Minuten geschnitten. Eine in Österreich und der Schweiz vertriebene Version (DVD & BD in einer Verpackung, Vertrieb: NSM) ist ungeschnitten. Die Extras umfassen u.a. ein Feature mit einer im Film nicht verwendeten Szene (1:30 Min.), zwei Interviews mit dem Regisseur (24 Min. & 5 Min.) sowie eine Frage/Antwort-Runde mit dem Regisseur und dem Hauptdarsteller Dieter Laser (22 Min.). Die ungeschnittene Version (NSM) enthält zudem einen Audiokommentar des Regisseurs.
Niederlande 2008 **P** Six Entertainment **DVD** Koch & NSM (16:9, 1.78:1, DD5.1 engl./dt., dts dt.) **BD** Koch & NSM (16:9, 1.78:1, dts-HDMA engl./dt.) **Pd** Ilona Six, Tom Six **R+B** Tom Six **K** Goof de Koning **M** Patrick Savage, Holeg Spies **D** Dieter Laser (Dr. Heiter), Ashley C. Williams (Lindsay), Ashlynn Yennie (Jennie), Akihiro Kitamura (Katsuro), Andreas Leupold (Det. Kranz), Peter Blankenstein (Det. Voller), Bernd Kostrau (schmutziger Mann im Auto), Rene de Wit (LKW-Fahrer) **L** 83 & 88 **FSK** ab 18 & ungeprüft **E** 25.5.2012 DVD & BD / 28.9.2012 DVD & BD (NSM) **fd** –

Humans vs. Zombies
HUMANS VS ZOMBIES
Eine Gruppe Studenten muss «völlig unerwartet» einem Endzeitszenario und den darin unvermeidlich umherstaksenden Untoten entgegentreten. Filmische Umsetzung des gleichnamigen Live-Action-Spiels schlichter Machart, die sich in keinem Moment anschickt, irgendetwas besser, origineller oder filmisch überzeugender zu machen als die Vorlage.
USA 2012 **P** Studio 3 Entertainment **DVD** Savoy/Intergroove (16:9, 1.78:1, DD2.0 engl., DD5.1 dt.) **BD** Savoy/Intergroove (16:9, 1.78:1, dts-HD2.0 engl., dts-HD dt.) **R** Brian T. Jaynes **B** Brian T. Jaynes, Devan Sagliani **K** François Frizat **M** Maigin Blank **S** Brian T. Jaynes, Justin Purser **D** Madison Burge (Tommi), Fredric Doss (Frank), Melissa Carnell (Amanda), Chip Joslin (Brad), Jonah Priour (Danny), Jesse Ferraro (James), Rheagan Wallace (Cindy), Christine Bently (Megan) **L** 89 **FSK** ab 18 **E** 15.11.2012 DVD & BD **fd** –

Hundsbuam – Die letzte Chance ★
Der (Fernseh-)Dokumentarfilm beobachtet eine Ganztages-Intensivklasse mit verhaltensauffälligen, erziehungsschwierigen Schülern zwischen 13 und 16 Jahren, die einen Schulabschluss und dadurch eine Lehrstelle erhalten sollen. Er nähert sich seinen Protagonisten respektvoll, zeigt das schulische wie private Umfeld und beschreibt die Schwierigkeiten, die Schülern und Erziehern abverlangt werden; dabei verweigert er über das abgebildete Geschehen hinausgehende, verständnisfördernde Informationen und gibt mitunter mehr Rätsel auf als er aufklärt. (Von dem Film existiert eine abweichende dreiteilige Fassung zu je 30 Minuten.) – Ab 14.
Deutschland 2012 **P** Eikon Süd (für BR-alpha) **KI** offen **Pd** Dagmar Kusche **R+B** Alexander Riedel **K** Philip Vogt **M** Daniel Kluge, Edouard Stork **S** Gaby Kull-Neujahr (= Gaby Kull) **L** 90 **E** 19.10.2012 BR-alpha **fd** –

Hunkeler und die Augen des Ödipus
HUNKELER UND DIE AUGEN DES ÖDIPUS
Der Basler Ex-Kommissar Hunkeler entdeckt nach seiner Pensionierung seine Leidenschaft fürs Theater neu. Nach einem Streit während einer Theaterpremieren-Feier wird der Regisseur des Stücks tot an Bord seiner Yacht aufgefunden. Hunkelers Nachfolger lässt eine einst gefeierte Schauspielerin als mutmaßliche Mörderin verhaften. Ambitionierter (Fernseh-)Kriminalfilm als sechste Adaption eines «Hunkeler»-Romans mit dem vorzüglichen Mathias Gnädinger in der Hauptrolle. – Ab 16.
Schweiz 2011 **P** snakefilm/SF **KI** offen **Pd** Markus Fischer, Bettina Alber **R** Christian von Castelberg **B** Dominik Bernet **Vo** Hansjörg Schneider (Kriminalroman) **K** Reinhard Schatzmann **M** Christine Aufderhaar **D** Mathias Gnädinger (Kommissar Peter Hunkeler), Charlotte Heinimann (Hedwig), Marie Leuenberger (Beate Keller), Barbara Melzl (Judith Keller), Axel Milberg (Bernhard Vetter), Johann Adam Oest (Walkter Rutzuska), Gilles Tschudi (Madörin), Marc Schmassmann (Korporal Lüdi), Wolfram Berger (Peter Jenzer) **L** 91 **E** 18.3.2012 SF 1/DRS **fd** –

Die Hüter des Lichts ☆
RISE OF THE GUARDIANS

Der Schwarze Mann will mit Hilfe von Albträumen, die er den Menschen schickt, die Macht ergreifen und die «Hüter des Lichts», ein Quartett aus Weihnachtsmann, Osterhase, Zahnfee und Sandmann, besiegen. Der rebellische Winter-Junge Jack Frost soll helfen, muss aber zunächst einmal lernen, an sich selbst zu glauben. Der charmant-rasante Animationsfilm lässt die folkloristischen Kinder-Ikonen neu Gestalt annehmen und macht sie zu eigenwilligen Verteidigern der Fantasie sowie des kindlichen Glaubens an das Wunderbare. Visuell und akustisch gleichermaßen spektakulär, verbindet der Film beste Unterhaltung mit einer hintergründig humanistischen Botschaft. – Sehenswert ab 10.

USA 2012 **P** DreamWorks Animation **Kl** Paramount **Pd** Nancy Bernstein, Christina Steinberg **R** Peter Ramsey **B** David Lindsay-Abaire **Vo** William Joyce (Buch *The Guardians of Childhood*) **M** Alexandre Desplat **L** 97 (24 B./sec.) / 94 (25 B./sec.) **FSK** ab 6; f **E** 29.11.2012 **fd** 41 405

IM GARTEN DER KLÄNGE (W-film)

I, Anna
I, ANNA
Während der Ermittlung in einem Mordfall lernt ein Kommissar eine Frau aus einer scheinbar intakten Familie kennen. Doch je enger die Beziehung zwischen den beiden wird, um so mysteriöser stellt sich die Vergangenheit der Frau dar. Eine von überzeugenden Hauptdarstellern getragene spannende Kriminalgeschichte, die Elemente aus dem Film noir, der Romanze und dem Familiendrama verbindet. – Ab 16.
Großbritannien/Deutschland/Frankreich 2012 **P** Embargo Films / Riva Filmproduktion / Arsam International **KI** filmcoopi (Schweiz) **Pd** Michael Eckelt, Jo Burn, Christopher Simon, Ilann Girard, Felix Vossen **R+B** Barnaby Southcombe **Vo** Elsa Lewin (Roman) **K** Ben Smithard **M** K.I.D. **S** Peter Boyle **D** Charlotte Rampling (Anna Welles), Gabriel Byrne (D.C.I. Bernie Reid), Hayley Atwell (Emmy), Eddie Marsan (D.I. Kevin Franks), Jodhi May (Janet Stone), Ralph Brown (George Stone), Max Deacon (Stevie), Honor Blackman (Joan) **L** 93 **FSK** – **E** 22.11.2012 Schweiz **fd** –

I Love Democracy: Griechenland
I LOVE DEMOCRACY – LA GRECE
Die (Fernseh-)Dokumentation beschreibt die Situation in Griechenland, der Wiege der abendländischen Demokratie, kurz vor den anberaumten Neuwahlen im Frühjahr 2012. Sie zeigt ein Land, das durch Sorglosigkeit, Überschuldung und mangelnde industrielle Ressourcen in den Staatsbankrott getrieben wurde. Drastische Sparmaßnahmen waren die Folge, die zu Pleiten, Aufständen und Chaos führten. Nach einer Bestandsaufnahme der Katastrophe kommen Wirtschaftswissenschaftler und Politiker zu Wort, die sich zur Zukunft des Landes äußern. – Ab 16.
Frankreich 2012 **P** Doc En Stock / ARTE FRANCE **KI** offen **Pd** Daniel Leconte **R** Emmanuel Leconte, Daniel Leconte **L** 90 **E** 17.4.2012 arte **fd** –

I Love Democracy: Russland
I LOVE DEMOCRACY: RUSSIE
Der Dokumentarfilm setzt sich mit der Protest-/Demokratiebewegung in Russland auseinander, die in erster Linie von der neuen Mittelschicht getragen wird und in diesem Umfang vor Jahren noch undenkbar gewesen wäre. In Form eines Reisetagebuchs, das der Route der Transsibirischen Eisenbahn von Wladiwostok bis nach Moskau folgt, erzählt der Film vom erstarkten Selbstbewusstsein der russischen Bevölkerung und fragt, ob die Bewegung eine tragfähige Basis für eine zukünftige neue Gesellschaftsordnung sein könnte. – Ab 16.
Frankreich 2011 **P** Doc En Stock / ARTE France **KI** offen **Pd** Daniel Leconte **R+B** Herade Feist, Mathieu Pansard **L** 80 **E** 28.2.2012 arte **fd** –

I Love Democracy: Tunesien
I LOVE DEMOCRACY: TUNISIE
Mit der «Jasminrevolution» in Tunesien nahm Anfang 2011 der Demokratisierungsprozess im arabischen Raum Nordafrikas und im Nahen Osten seinen Anfang, doch noch ist unklar, welche Richtung die Entwicklung einschlagen wird. Der Dokumentarfilm verdeutlicht, dass fast alle Bevölkerungsschichten Hoffnungen in eine demokratische Zukunft setzen, dass diesen aber auch reaktionäre Kräfte entgegenwirken. – Ab 16.
Frankreich 2011 **P** Doc En Stock / ARTE France **KI** offen **Pd** Daniel Leconte **R+B** Fabrice Gardel, Franck Guérin **L** 90 **E** 10.1.2012 arte **fd** –

I Love Democracy: Türkei
I LOVE DEMOCRACY: TURQUIE
(Fernseh-)Dokumentation als Bestandsaufnahme der politischen Situation in der Türkei kurz vor der Ausarbeitung einer neuen Verfassung. Das Land präsentiert sich als buntes Nebeneinander, in dem die alten Gegensätze von kemalistischem Laizismus und einer islamisch geprägten Regierungspartei an Schärfe verloren haben, in der Wirtschaftswachstum und Repressionen gegen kritische Journalisten Hand in Hand gehen. Angesichts der Aufbruchsstimmung in vielen arabischen Ländern wird der Frage nachgegangen, inwieweit die Türkei als «Modellstaat» für andere Länder der Region gelten kann. – Ab 16.

Frankreich 2012 **P** Doc En Stock / ARTE France **KI** offen **Pd** Daniel Leconte **R** Baudouin Koenig, Daniel Leconte **L** 90 **fd** –

I Love Democracy: USA
I LOVE DEMOCRACY: LES ÉTATS-UNIS
Anlässlich der US-Präsidentschaftswahl 2012 unternimmt die (Fernseh-)Dokumentation in Form eines Road-Movie eine Bestandaufnahme der Stimmung im Land, das zwischen Barack Obamas «starkem Staat» und den Versprechungen seines Herausforderers Mitt Romney zu tiefen Einschnitten in den öffentlichen Ausgaben zu entscheiden hat. Stationen sind Hawaii, wo Lehrer und Klassenkameraden Obamas zu Wort kommen, sowie Utah, Wiege der mormonischen Glaubensgemeinschaft, der Romney angehört. – Ab 16.
Frankreich 2012 **P** Doc En Stock / ARTE France **KI** offen **Pd** Daniel Leconte **R** Emmanuel Leconte, Franck Guérin **L** 90 **E** 6.11.2012 arte **fd** –

I'm Going to Tell You a Secret – Madonna
I'M GOING TO TELL YOU A SECRET
Dokumentarfilm über die Hintergründe der «Re-Invention World Tour» der Pop-Diva Madonna 2004. Er beschreibt die Tour-Konzeption sowie die Proben und gibt der Sängerin Gelegenheit, über Gott und die Welt, das Leben und den Tod zu reden. Ein interessantes und durchaus beredtes Dokument, nicht zuletzt weil die religiösen Botschaften der Sängerin mitunter recht aufdringlich wirken. – Ab 16.
DVD/BD: Die Edition enthält zudem als separate Disk die Songs der Audio-CD «Live Songs der Re-Invention Tour 2004».
USA 2005 **P** Maverick Films **DVD** Warner Music Group (16:9, 1.78:1, DD5.1 engl.) **Pd** Susan Applegate, Angela Becker, Keeley Gould, Shelli Jury **R** Jonas Åkerlund **K** Eric Broms **M** Madonna **S** Jonas Åkerlund **L** 120 **FSK** ab 16 **E** 16.6.2006 DVD / 23.7.2012 ORF 2 **fd** –

I Melt With You
I MELT WITH YOU
Vier Jungendfreunde treffen sich auch noch als Mittvierziger traditionell bei Bier und Wein und versuchen mehr oder minder erfolglos, die am Horizont drohende Midlife-Krise unter Kontrolle zu bringen. Mit prominenten «Alt»-Stars besetztes, mitunter drastisches Beziehungsdrama der «anderen Art», das weniger durch seine Weisheiten als durch das gut aufgelegte Darsteller-Ensemble und eine originelle Bildsprache punktet. – Ab 16 möglich.
DVD/BD: Die FSK-Freigabe «ab 18» der DVD bezieht sich auf das Bonusmaterial (Trailer etc.), der Film selbst hat eine Freigabe «ab 16».
Scope. USA 2011 **P** The Complex Studio / Media House Capital / Raw Entertainment **DVD** WGF/Schröder-Media (16:9, 2.35:1, DD5.1 engl./dt.) **BD** WGF/Schröder-Media (16:9, 2.35:1, dts-HDMA engl./dt.) **Pd** Rob Cowan, Mark Pellington, Norman Reiss, Liah Kim **R** Mark Pellington **B** Glenn Porter **K** Eric Schmidt **M** tomandandy **S** Don Broida **D** Thomas Jane (Richard), Jeremy Piven (Ron), Rob Lowe (Jonathan), Christian McKay (Tim), Carla Gugino (Officer Boyde), Tom Bower (Captain Bob), Arielle Kebbel (Randi), Zander Eckhouse (Jonah) **L** 122 **FSK** ab 16 **E** 4.10.2012 DVD & BD **fd** –

I Want To Run – Das härteste Rennen der Welt
Dokumentarfilm über eine Gruppe von Extremläufern, die innerhalb von 64 Tagen eine 4.500 Kilometer lange Strecke zwischen dem süditalienischen Bari und dem Nordkap zurücklegen. Während man gegenüber dem Enthusiasmus der Läufer durchaus Respekt empfindet, gelingt es dem Film selbst nicht, dem Lauf und seinen Teilnehmern eine (auch visuelle) Faszination abzugewinnen. Auch die Motivationen der Sportler werden nur ungenügend beleuchtet, sodass Zuschauer, die keine Affinität zu dem Sujet haben, außen vor bleiben. (Teils Om.d.U.) – Ab 14.
DVD/BD: Die Extras umfassen u. a. einen Audiokommentar des Regisseurs und des Kameramanns sowie ein Videotagebuch eines der Protagonisten (28 Min.).
Deutschland 2011 **P** Filmband **KI** Zorro **DVD** Zorro (16:9, 1.78:1, DD2.0 dt.) **Pd** Achim Michael Hasenberg, Christoph Rose **R+B** Achim Michael Hasenberg **K** Christoph Rose **M** Nikodemus Gollnau **S** Achim Michael Hasenberg, Andrea Neese **L** 93 (24 B./sec.) / 89 (25 B./sec.) **FSK** o.A.; f **E** 24.5.2012 / 2.11.2012 DVD **fd** 41 100

I Wish ☆
KISEKI
Zwei kleine Brüder, die durch die Scheidung ihrer Eltern getrennt wurden und nun Hunderte Kilometer voneinander entfernt aufwachsen, leiden enorm unter dieser Situation. Sie wittern eine Chance auf Wiedervereinigung, da im japanischen Volksglauben Wünsche in Erfüllung gehen sollen, wenn sich die Wege zweier Hochgeschwindigkeitszüge kreuzen. Ein poetischer, wunderbar inszenierter (Kinder-)Abenteuerfilm, der durch die Unmittelbarkeit der beiden kleinen Hauptdarsteller überzeugt und mit einer Fülle von Lebensweisheiten aufwartet. – Sehenswert ab 12.
Japan 2011 **P** Bandai / RCC / East Japan / Eisei Gekijo / FBS / GAGA / J-Wave / JR / MBS / Minaminihon / The Nishinippon Shimbun / RKB / RKK / Shirogumi / TV Man Union / Yahoo Japan / d-rights **KI** Frenetic (Schweiz) **Pd** Kentaro Koike, Hijiri Taguchi **R+B** Hirokazu Kore-eda **K** Yutaka Yamasaki **S** Hirokazu Kore-eda **D** Koki Maeda (Koichi), Ohshirô Maeda (Ryunosuke), Ryôga Hayashi (Tasuku), Kanna Hashimoto (Kanna), Rento Isobe (Rento), Cara Uchida, Hoshinosuke Yoshinaga **L** 128 **FSK** **E** 23.8.2012 Schweiz **fd** 41 219

Ice Age 4 – Voll verschoben
ICE AGE: CONTINENTAL DRIFT / CONTINENTAL DRIFT
Vierter Teil der ICE AGE-Filmserie um eine Gruppe urzeitlicher Tiere, die sich gegen die Unbilden der Natur behaupten und dabei «zwischentierische» Konflikte in den Griff bekommen müssen. Dieses Mal stellt das Auseinanderdriften der Kontinentalplatten die Welt von Mammut, Faultier und Säbelzahntier auf den Kopf, wobei es die Freunde auch noch mit einer Piratenbande zu tun bekommen. Rasantes Animationsfilm-Abenteuer, das einmal mehr recht oberflächlich mit menschelnden Problemen emotional grundiert werden soll. Gleichwohl unterhält der Film mit den spektakulären Bildern einer sich in urzeitlichem Aufruhr befindenden Natur sowie manchen gut platzierten Gags. – Ab 8.
DVD/BD: Erhältlich als DVD, 2D BD und 2D/3D BD. Die Extras enthal-

ten u. a. ein Feature mit zwei im Film nicht verwendeten Szenen (2 Min.) sowie den Kurzfilm THE SCRATIST (2 Min). 3D. Scope. USA 2012 **P** Blue Sky Studios **KI** Twentieth Century Fox **DVD** Fox (16:9, 2.35:1, DD5.1 engl./dt.) **BD** Fox (16:9, 2.35:1, dts-HDMA7.1 engl., dts dt.) **Pd** John C. Donkin, Lori Forte **R** Steve Martino, Michael Thurmeier **B** Michael Berg, Jason Fuchs **K** Renato Falcão **M** John Powell **S** James Palumbo, David Ian Salter **L** 88 (24 B./sec.) / 84 (25 B./sec.) **FSK** o.A.; f **FBW** bw **E** 2.7.2012 / 26.11.2012 DVD & BD **fd** 41 172

Ice – Der Tag, an dem die Welt erfriert
ICE
Durch die Bohrungen eines Energiekonzerns im grönländischen Eis drohen eine Eisschmelze und, damit verbunden, eine neue Eiszeit. Ein Forscher warnt vor der Entwicklung, will sich vor Ort selbst ein Bild machen, kommt aber zu spät: Ein gewaltiger Eisberg hat sich gelöst und treibt auf Nordamerika und Europa zu. Katastrophenfilm vor dem Hintergrund des gängigen Horrorszenarios einer globalen Klimagefahr, die nur ein genialer Forscher meistern kann. – Ab 14. Großbritannien / Neuseeland 2010 **P** Power/Screentime **DVD** Concorde/Eurovideo (16:9, 1.78:1, DD5.1 engl./dt.) **Pd** Riccardo Pellizzeri **R** Nick Copus **B** James Follett **K** Richard Bluck **M** David Long **S** Margot Francis **D** Edward Roxburgh (Thom Archer), Frances O'Connor (Sarah), Claire Forlani (Jacqueline), Sam Neill (Anthony Kavanagh), Nathaniel Lees (Olaf), Ben Cross (Stephan), Simon Callow (Premierminister) **L** 126 (DVD: 174) **FSK** ab 12 **E** 5.2.2012 RTL / 6.2.2012 DVD **fd** –

Ich denk' an euch
JE PENSE A VOUS / MADE IN PARIS
Ein Verleger, der mit der früheren Partnerin eines der von ihm publizistisch betreuten Schriftsteller zusammenlebt, wird zur Zielscheibe von dessen eifersüchtigen Intrigen. Dass ihn zudem seine frühere Geliebte als Stalkerin belästigt, strapaziert seine gegenwärtige Beziehung zusätzlich. Als Mischung aus bitterböser Boulevardkomödie, Melodram und Suspense-Thriller inszenierter Reigen über Männer und Frauen in der Midlife-Krise. – Ab 16.
Frankreich 2006 **P** Rézo Films **KI** offen **Pd** Philippe Liégeois, Jean-Michel Rey **R** Pascal Bonitzer **B** Pascal Bonitzer, Marina de Van **K** Marie Spencer **M** Alexei Aigui **S** Monica Coleman **D** Edouard Baer (Hermann), Géraldine Pailhas (Diane), Marina de Van (Anne), Charles Berling (Worms), Hippolyte Girardot (Antoine), Philippe Caroit (Anwalt), Dominique Constanza (Geneviève), Dinara Droukarova (Macha) **L** 77 **E** 23.5.2012 Bayern 3 **fd** –

Ich, Don Giovanni
IO, DON GIOVANNI
Wegen ketzerischer Ansichten, aber auch wegen seines Lebenswandels wird der Schriftsteller Lorenzo da Ponte aus dem venezianischen Hoheitsgebiet verbannt. Nach Jahren der Odyssee lernt er 1781 in Wien durch Intervention Salieris Mozart kennen. Der Kapellmeister lässt das angeschlagene Wunderkind durch die Bekanntschaft mit einem unbekannten Librettisten in Misskredit bringen; doch Mozart und der Exilant freunden sich an, und aus der Verbindung der eigenen Biografie mit der des Freundes Giacomo Casanova legt da Ponte den Grundstein zur Oper *Don Giovanni*. Der ganz der Musik verpflichtete Film orientiert sich visuell an alten Gemälden, um die Verbindung von Kunst und Realität augenfällig zu machen. In der Darstellung der weltberühmten Oper beschränkt er sich auf Szenen von Proben und schafft so einen künstlerischen Freiraum für die Interaktion zwischen den Protagonisten. – Ab 14.
Spanien/Italien 2009 **P** Intervenciones Novo Film 2006 / Radio Plus / Edelweiss Prod. **KI** offen **Pd** Andrés Vicente Gómez, Andrea Occhipinti, Igor Uboldi **R** Carlos Saura **B** Carlos Saura, Raffaello Uboldi, Alessandro Vallini **K** Vittorio Storaro **M** Nicola Tescari **S** Julia Juaniz **D** Tobias Moretti (Giacomo Casanova), Lino Guanciale (Wolfgang Amadeus Mozart), Lorenzo Balducci (Lorenzo da Ponte), Emilia Verginelli (Annetta), Ketevan Kemoklidze (Adriana Ferrarese), Ennio Fantastichini (Antonio Salieri), Cristina Giannelli (Catarina Cavalieri) **L** 89 **E** 3.6.2012 ARD **fd** –

Ich liebe Dich ★
Berührender Dokumentarfilm über die Bewohnerinnen eines kurdischen Dorfs, die sich darum bemühen, deutsch und damit eine ihnen völlig fremde Sprache zu erlernen. Anlass dafür ist, dass das deutsche Zuwanderungsgesetz seit 2007 vorschreibt, dass Ausländer nur dann eine Aufenthaltsgenehmigung erhalten, wenn sie ausreichende Deutschkenntnisse nachweisen. Die Frauen verknüpfen den Lernerfolg mit der Hoffnung auf ihr jeweils persönliches Glück sowie auf ein normales Leben in Deutschland, scheitern dabei aber allzu häufig an unüberwindbaren Hürden. – Ab 16.
Deutschland/Türkei 2012 **P** unafilm / Istanbul Mass Media (für ZDF Das kleine Fernsehspiel) **KI** offen **Pd** Titus Kreyenberg, Gökce Isil **R+B** Emine Emel Balci **K** Murat Tuncel **S** Emine Emel Balci, Ayhan Hacifazlioglu **L** 74 **E** 10.12.2012 ZDF **fd** –

Ich will mein Land zurück
siehe: **Die Tea Party**

ID:A – Identität anonym
ID:A
Ohne jedes Erinnerungsvermögen findet sich eine junge Frau weitab der dänischen Heimat in einer nahezu hoffnungslosen Lage wieder und muss sich in einem mühevollen Prozess an ihre eigene bewegte Vergangenheit erinnern. Forciert wird die Lösung des Identitätspuzzles durch eine geheimnisvolle Organisation, die ihr aus zunächst unerfindlichen Gründen nach dem Leben trachtet. Nicht sonderlich originell nach bewährten Motiven der BOURNE-Reihe zusammengestrickter Thriller in solider Machart. – Ab 16. Scope. Dänemark / Niederlande 2011 **P** Det Danske Filminstitut / Film Fyn / Film i Väs t /Holland Harbour Prod. / Rotterdam Media Fund / TV 2 / Zentropa **DVD** Ascot/Elite (16:9, 2.35:1, DD5.1 dän./dt., dts dt.) **BD** Ascot/Elite (16:9, 2.35:1, dts-HDMA dän./dt.) **Pd** Louise Vesth **R** Christian E. Christiansen **B** Tine Krull Petersen **K** Ian Hansen **M** Kristian Eidnes Andersen **S** Bodil Kjærhauge, Anders Refn **D** Tuva Novotny (Aliena/Ida), Flemming Enevold (Just), Carsten Bjørnlund (Martin), Arnaud Binard (Pierre), John Buijsman (Rob), Rogier Philipoom (Guus), Jens Jørn Spottag (HP), Marie Louise Wille (Marietta)

L 104 **FSK** ab 16 **E** 5.11.2012 DVD & BD **fd –**

Idiotentest

Drei Frauen mittleren Alters lernen sich bei der Führerschein-Nachprüfung, dem «Idiotentest», kennen. Zwischen ihnen entwickelt sich eine tiefe Freundschaft, die ihnen hilft, ihre Probleme zu erkennen und zu meistern. Und Probleme gibt es zuhauf: Die Firmenpleite eines Ehemannes, eine nicht verwundene Scheidung, ein ungeliebter Job als Altenpflegerin und mangelndes Selbstbewusstsein. Frisch erzählte, aber nur oberflächlich unterhaltende (Fernseh-)Komödie. – Ab 14.
Deutschland 2011 **P** Eyeworks **KI** offen **R** Thomas Nennstiel **B** Stefan Rogall **K** Reiner Lauter **M** Oliver Kranz **S** Ulrike Leipold **D** Mariele Millowitsch (Katja Becker), Susanna Simon (Annette Lorenz), Henriette Richter-Röhl (Isabel Schinkowsky), Nicki von Tempelhoff (Erik), Kai Lentrodt (Marius), Michael Greiling (Werner), Nele Kiper (Vanessa), Steve Windolf (= Steve Wrzesniowski) (Lars) **L** 90 **E** 19.4.2012 ZDF **fd –**

Ihr Name war Maria
MARIA DI NAZARET

Das Leben der Gottes-Mutter Maria. Die Handlung setzt im Jahr 15 v. Chr. ein und zeigt Jugendjahre und Erziehung der gottesfürchtigen Frau, die auserkoren ist, den Menschen den Erlöser zu schenken. Er beschreibt die Vertreibung von Maria, Joseph und dem neu geborenen Jesus nach Ägypten, schließlich den erwachsenen Jesus, der das Reich Gottes verkündet, und Maria, die ihm schweren Herzens ziehen lässt und ihm als Jüngerin folgt. Der aufwändige Historienfilm erzählt die Heilsgeschichte aus ungewohnter Perspektive. In einer (fiktiven) Nebenhandlung ersinnt er die Freundschaft zwischen Maria und Maria Magdalena, die zunächst einen anderen Lebensweg einschlägt, dann aber ebenfalls zu Jesus findet. – Ab 12.
Italien / Deutschland / Spanien 2012 **P** Lux Vide / Tellux / Rai / Telercine / Beta Film **KI** offen **Pd** Luca Bernabei, Martin Choroba, Matilde Bernabei, Eric Welters **R** Giacomo Campioti **B** Francesco Arlanch **K** Enrico Lucidi **M** Guy Farley **D** Alissa Jung (Maria), Paz Vega (Maria Magdalena), Andreas Pitschmann (Jesus), Luca Marinelli (Joseph), Andrea Giordano (Herodes), Nikolai Kinski (Judas), Robert Stadlober (Hyraknus), Johannes Brandrup (Antipa) **L** 180 (90 & 90) **E** 27./28.5.2012 BR alpha (Zwei Teile) **fd –**

Illegal ★
ILLÉGAL

Der Alltag einer mit ihrem achtjährigen Sohn illegal in Belgien lebenden Russin wird von der ständigen Angst vor dem Entdecktwerden überschattet. Als sie in eine Polizeikontrolle gerät und in Abschiebehaft genommen wird, findet ihr Sohn Unterschlupf bei einer Freundin. In der Haft wird sie Opfer von Schikanen und Misshandlungen durch das Personal und erlebt den Selbstmord einer Leidensgenossin. Als sie in ihrer Verzweiflung den Behörden eine falsche Identität angibt, führt das zu ihrer versehentlichen Abschiebung nach Polen. Packend gespieltes Drama über die prekäre Lage so genannter Wohlstandsflüchtlinge in den reichen Ländern der «Festung Europa». (O.m.d.U.) – Ab 16.
Belgien/Luxemburg/Frankreich 2010 **P** Versus Prod. / Iris Prod. / Dharamsala / Prime Time / RTBF **KI** offen **Pd** Jacques-Henri Bronckart, Oliver Bronckart, Antonino Lombardo, Isabelle Madelaine, Nicolas Steil, Arlette Zylberberg **R+B** Olivier Masset-Depasse **K** Tommaso Fiorilli **M** André Dziezuk, Marc Mergen **S** Damien Keyeux **D** Anne Coesens (Tania), Alexandre Gontcharov (Ivan), Olga Zhdanova (Zina), Esse Lawson (Aissa), Christelle Cornil (Lieve), Akemie Letelier (Eva), Tomasz Bialkowski (Monsieur Nowak) **L** 90 **E** 28.6.2012 WDR **fd –**

Der Illusionist ☆
L' ILLUSIONISTE / THE ILLUSIONIST

Nach einem bislang unverfilmten Drehbuch von Jacques Tati wird die Geschichte einer platonischen Liebe zwischen einem erfolglosen Illusionisten und Varieté-Magier, der durch deprimierende Etablissements von Paris bis Edinburgh tingelt, und seinem größten Fan erzählt – einem Mädchen auf einer kleinen schottischen Insel, das ihn fortan in dem Glauben begleitet, er könne wirklich zaubern. Der Film beginnt höchst dicht mit einer präzise entworfenen, schäbigen Varieté-Welt der 1950er-Jahre und lakonischen Gags im Geiste Tatis. Zwar kann er das hohe Niveau nicht halten, ist aber dennoch ein bemerkenswertes Erlebnis. – Sehenswert ab 14.
Frankreich/Großbritannien 2009 **P** Django Films Illusionist / Ciné B / France 3 Cinéma **KI** Pathé (Schweiz) DVD Arthaus **Pd** Sally Chomet, Bob Last **R+B** Sylvain Chomet **Vo** Jacques Tati (Originaldrehbuch) **M** Sylvain Chomet **L** 90 **FSK** ab 6 (DVD) **E** 14.10.2010 Schweiz / 18.10.2012 DVD **fd –**

Im Alleingang – Die Stunde der Krähen

Eine kühl-ehrgeizige Juristin verfolgt zielstrebig ihre berufliche Karriere. Ein Autounfall fesselt sie an den Rollstuhl, was dazu führt, dass ihr Chef und Ex-Geliebter sie nicht mehr ernst nimmt. Die Zeit, sich für diese Schmach zu rächen, scheint gekommen, als sie im Gerichtssaal erstmals gegen ihn antritt. Ausgezeichnet besetztes (Fernseh-)Drama. – Ab 14.
Deutschland 2011 **P** Magic Flight Film **KI** offen **Pd** Franziska Buch **R** Thomas Nennstiel **B** Hardi Sturm **K** Reiner Lauter **S** Oliver Lanvermann **D** Stefanie Stappenbeck (Maria Schwadorf), Ronald Zehrfeld (Matthias), Hannes Jaenicke (Dr. Georg Actis), Christian Maria Goebel (= Christian Goebel) (Dr. Frank), Godehard Giese (Bruno Schramm), Lesle Malton (Nina Schröder), Roy Peter Link (Arndt), Rolf Kanies (Richter Witte), Anett Heilfort (Erika Schramm) **L** 92 **E** 21.2.2012 SAT.1 **fd –**

Im Angesicht der Dunkelheit

Ein New Yorker Zen-Meister lädt Menschen unterschiedlicher Weltanschauung (Christen, Juden, Muslime, Buddhisten) und sozialer Herkunft nach Auschwitz ein. Gemeinsam treten sie in einen Dialog ein, der sich abseits der touristischen Besichtigungen der Gedenkstätte entwickelt. Der Dokumentarfilm sucht die Nähe von fünf Personen und beschreibt ihre inneren Entwicklungen. Auch zeigt er die Begegnung der Nachkommen von Opfern mit den Nachkommen von Tätern. – Ab 16.
Deutschland 2008 **P** Loyola Prod. / Renovabis **KI** offen **Pd** Ron Schmidt, Christof Wolf **R** Christof Wolf **B** Ron Schmidt, Christof Wolf, Jason Schmidt **K** Zoltan Honti **S** Jason Schmidt **L** 60 **E** 1.11.2011 BRalpha **fd –**

Im Bann der Leidenschaft
CRIMENES DE LUJURIA
Ein Frauenheld lässt sich auf eine Affäre mit der begehrenswerten Ehefrau eines Hoteliers ein und ermordet diesen auf ihr Geheiß, damit ihrer Liebe nichts mehr im Wege steht. Doch die Witwe wird abtrünnig und gibt der Polizei vage Tipps. Am Krimiklassiker WENN DER POSTMANN ZWEIMAL KLINGELT orientierter mexikanischer Thriller, der weniger auf Stimmigkeit Wert legt als darauf, dass das erotische Knistern der ausgewalzten Bettgeschichten präsent bleibt. – Ab 16.
Mexiko 2011 **P** Panamax Televisión / Argos Televisión **DVD** Sunfilm (16:9, 1.85:1, DD5.1 span./dt., dts dt.) **BD** Sunfilm (16:9, 1.85:1, dts-HD-MA7.1 span./dt.) **Pd** Daniel Camhi, Diego Bonaparte **R** Walter Doehner **B** Erick Hernandez **K** Esteban de Llaca **D** Plutarco Hazo, Maria de lan Fuente, Javier Díaz Dueñas, Emilio Guerrero, Alejandro Belmonte, Alejandra Ambrosi, Auroral Gil, Arturo Echeverria **L** 86 **FSK** ab 12 **E** 10.5.2012 DVD & BD
fd –

Im Brautkleid meiner Schwester
Nach dem Tod ihrer Ziehmutter erfährt eine junge Frau von ihren leiblichen Eltern. Auf der Suche nach ihnen trifft sie auf ihre Zwillingsschwester, von deren Existenz sie nichts wusste. Beide Frauen verstehen sich auf Anhieb, und da die Schwester kurz vor ihrer Hochzeit nach Paris muss, bittet sie ihr Ebenbild, für kurze Zeit ihren Platz einzunehmen. Sie staunt sich schlecht, als sie bei ihrer Rückkehr die Schwester mit dem Verlobten vor dem Traualtar antrifft. Auf äußerliche Turbulenz aufgebaute (Fernseh-)Verwechslungskomödie für ein besonders leichtgläubiges Publikum. – Ab 12.
Deutschland 2011 **P** Magic Flight Film **KI** offen **Pd** Christian Rohde **R** Florian Froschmayer **B** Aglef Püschel **K** Roman Nowocien **S** Florian Drechsler **D** Alissa Jung (Sina/Sophie), David Rott (David), Laura Osswald (Mara), Gitta Schweighöfer (Irene), Pasquale Aleardi (Xavier), Matthias Matz (Uwe), Uwe Wilhelm (Pit) **L** 90 **E** 14.2.2012 SAT.1
fd –

Im Dickicht der Spendenindustrie
Jährlich spenden Deutsche und Franzosen 6,5 Milliarden Euro für wohltätige Zwecke. Diese Gelder gelangen in den seltensten Fällen direkt an den Empfänger, sondern fließen in das System einer Spendenindustrie, die sich ihrerseits von den Spendengeldern finanziert. Der Dokumentarfilm verfolgt den Fluss des Geldes, hinterfragt die Strukturen der Branche und beschreibt, wie viel Geld tatsächlich bei den Bedürftigen ankommt. – Ab 16.
Deutschland 2012 **P** MDR / Süddeutsche TV GmbH **KI** offen **R** Joachim Walther **L** 90 **E** 11.12.2012 arte fd –

Im Fadenkreuz 3 – Bis zum letzten Mann
siehe: **Im Fadenkreuz 3 – Einsatz in Kolumbien**

Im Fadenkreuz 3 – Einsatz in Kolumbien
BEHIND ENEMY LINES: COLOMBIA
Geheime Verhandlungen zwischen der kolumbianischen Regierung und Guerillas enden in einem Massaker. Als Urheber des Hinterhalts werden US-Navy-Seals beschuldigt, die ebenfalls vor Ort waren. Zwei Überlebende der Einheit setzen alles daran, die Hintermänner aufzuspüren. Billig produzierter und schlecht gespielter Actionfilm.
DVD/BD: Als DVD nur in der FSK-Version «ab 18» erhältlich.
USA 2009 **P** 20th Century Fox Home Ent. / WWE Studios **DVD** Fox (16:9, 1.78:1, DD5.1 engl./dt.) **Pd** Jeff Freilich, Michael Lake **R** Tim Matheson **B** Tobias Iaconis **Vo** James Dodson (Charaktere) **K** Claudio Chea **M** Joseph Conlan **S** Matthew Booth **D** Joe Manganiello (Sean Macklin), Channon Roe (Kevin Derricks), Ken Anderson (Carter Holt), Yancey Arias (Alvaro Cardona), Jennice Fuentes (Nicole Jenkins), Keith David (Scott Boytano) **L** 89 & 90 **FSK** ab 16 & ab 18 **E** 1.10.2009 DVD / 14.9.2012 RTL2
fd –

Im finsteren Walde
LE PETIT POUCET
Als eine Hungersnot über das Land einbricht, sieht sich eine Bauernfamilie gezwungen, ihre fünf Söhne im Wald auszusetzen. Der Kleinste von ihnen weiß sich und den Brüdern zu helfen: Er streut Kieselsteine aus, und sie finden den Weg zurück. Als die Eltern die Kinder noch einmal in den tiefen Wald bringen, hat der Kleine nur Brotkrümel, um den Weg zu markieren. Die werden von Vögeln gefressen, die Kinder verlaufen sich und landen in der Behausung eines Menschenfressers. Verfilmung des Märchens *Der kleine Däumling* von Charles Perrault (durchaus verwandt mit *Hänsel und Gretel*), die eine sehr düstere Stimmung erzeugt und wie eine Allegorie auf die anhaltende aktuelle Wirtschaftskrise funktioniert. – Ab 14.
Frankreich 2011 **P** Flach Film / ARTE France **KI** offen **Pd** Sylvette Frydman, Jean-François Lepetit **R** Marina de Van **B** Bertrand Santini, Marina de Van **K** Vincent Mathias **M** Alexei Aigui **S** Mike Fromentin **D** Ilian Calaber (Poucet), Denis Lavant (Menschenfresser), Adrien de Van (Vater), Rachel Arditi (Mutter), Valérie Dashwood (Frau des Menschenfressers) **L** 81 **E** 27.1.2012 arte fd –

Im fliegenden Sarg ★
Zwischen dem 13. und 17.10.1977 befand sich das Lufthansa-Flugzeug «Landshut» mit 82 Passagieren und der Crew an Bord in der Hand palästinensischer Geiselnehmer. Der (Fernseh-)Dokumentarfilm rekapituliert die Ereignisse aus der Binnensicht der damaligen Geiseln, wobei er sich vor allem auf Interviews von Ebbo Demant aus dem Jahr 1980 bezieht. Dieses Material ruhte 30 Jahre lang ungenutzt im Archiv, nun wird es mit Nachrichten-Material und Korrespondentenberichten verbunden und verdichtet sich über die historische Rekonstruktion hinaus zur intensiven Reflexion über die schmale Grenze zwischen Leben und Tod.
DVD/BD: Die Edition enthält zudem die Kurzdokumentation «Der Tag der Entscheidung» (28 Min.).
Teils schwarz-weiß. Deutschland 2011 **P** SWR (für 3sat) **DVD** Arthaus Music (16:9, 1.78:1, DD2.0 dt.) **Pd** Ebbo Demant **R+B** Ebbo Demant, Ingo Helm **K** Assem A. Talmassani (1977), Jürgen Bolz (1980) **S** Karen Bohnenkamp **L** 98 **FSK** ab 12 **E** 17.10.2012 3sat / 23.11.2012 DVD fd –

Im Garten der Klänge ★
NEL GIARDINO DIE SUONI
Dokumentarfilm über die Arbeit des Schweizer Musikers, Klangforschers und Musiktherapeuten Wolfgang Fasser, der seit Ende der 1990er-Jahre in einem Atelier für musikalische Improvisation mit Kindern arbeitet, die an

unterschiedlichen schweren Behinderungen von Autismus bis zu zerebralen Lähmungen leiden. Dabei geht es dem blinden Therapeuten darum, mittels der Klänge einen Kontakt zwischen den Kindern und der Außenwelt herzustellen. Aufmerksam nimmt die Kamera ohne falsche Rührseligkeit an den Therapiestunden teil und zeichnet das Porträt eines bemerkenswerten Heilers, wobei sich spannende Einblicke in die Wirkungsmöglichkeiten von Klängen eröffnen. – Ab 14.
Schweiz 2010 **P** soap factory / SF DRS / SRG SSR idée suisse/TSI **KI** W-film/ Cineworx (Schweiz) **Pd** Frank Matter **R+B** Nicola Bellucci **K** Pierre Mennel, Pio Corradi, Nicola Bellucci **M** Daniel Almada, Wolfgang Fasser **S** Nicola Bellucci, Frank Matter **L** 89 **FSK** o.A.; f **E** 28.10.2010 Schweiz / 31.5.2012
fd 41 085

Im Namen der Liebe
IN THE NAME OF LOVE
In den USA wächst die Zahl der «boot camps»: entlegene, nicht selten umzäunte Einrichtungen, in denen Jugendliche, die ihren Eltern zu entgleiten drohen, mit militärischem Drill durch Ex-Soldaten wieder auf den Pfad der Tugend geführt werden sollen. Nicht selten werden die Jugendlichen auf Geheiß der Eltern hin entführt und in diese Einrichtungen verbracht. Der Dokumentarfilm erzählt eine Vater-Sohn-Geschichte, wobei der Vater sich aus vermeintlicher Liebe zu seinem Kind zu einem solchen Schritt entschloss. Er dokumentiert eine «Entführungs- und Erziehungs-Industrie» als boomende Wachstumsbranche, da die Entführungen und die Camps von den Eltern teuer bezahlt werden müssen. – Ab 16.
Dänemark 2012 **P** Kamoli Films **KI** offen **R** Jon Bang Carlsen **L** 77 **E** 15.4.2012 arte **fd** –

Im Nebel ☆
V TUMANE / IN THE FOG
Weißrussland im Zweiten Weltkrieg. Ein vermeintlicher Kollaborateur soll von russischen Partisanen gerichtet werden. Erzählt in verschachtelten Rückblenden, setzt der Film das Puzzle der letzten Lebensmonate seines Protagonisten zusammen und verdichtet dessen Leidensweg zum Essay über Schuld und Gewissen, Lebensnot und Todeswillen. Lange Plansequenzen, reduzierte Dialoge, der weitgehende Verzicht auf Musik, die Verwendung von Naturbildern als Spiegel der Seelen und die religiöse Motivik verweisen nachdrücklich auf das philosophische Kino von Andrej Tarkowski oder Béla Tarr. (Ökumenischer Filmpreis Cottbus 2012) – Sehenswert ab 14.
Deutschland / Russland / Lettland / Weißrussland / Niederlande 2012 **P** Ma.ja.de Fiction / Lemming Film / Belarus Film / GP Cinema Company / Rija Films **KI** Neue Visionen **Pd** Heino Deckert, Joost de Vries, Vilnis Kalnaellis, Valentina Mihalyova, Leontine Petit, Galina Sementsova, Oleg Silvanovich **R+B** Sergej Loznitsa **K** Oleg Mutu **S** Danielius Kokanauskis **D** Vladimir Svirski (Sushenya), Vlad Abashin (Burov), Sergei Kolesov (Voitik), Nikita Peremotovs (Grisha), Julia Peresild (Anelya), Kirill Petrov (Koroban), Dmitrijs Kolosovs (Mishuk), Stepans Bogdanovs (Topchievsky) **L** 128 (24 B./sec.) / 124 (25 B./sec.) **FSK** ab 12; f **E** 15.11.2012 **fd** 41 368

Im Reich der Raubkatzen
AFRICAN CATS – KINGDOM OF COURAGE
Tierfilm über Löwenmütter sowie eine Gepardin, die sich aufopferungsvoll um die Aufzucht ihrer Jungen kümmern, während der Väter abwesend sind oder Revierstreitigkeiten austragen. Der rein fiktionale Film überträgt mit Hilfe der geschickten Montage und eines dramatischen Kommentars menschliche Gefühle auf die tierischen Protagonisten. Dabei bietet er im Grunde kaum mehr als schöne Bilder aus der afrikanischen Steppe. – Ab 10.
USA 2011 **P** Walt Disney Studios **KI** Walt Disney **Pd** Keith Scholey, Alix Tidmarsh **R** Alastair Fothergill, Keith Scholey **B** Keith Scholey, John Truby **K** Sophie Darlington, Simon Werry **M** Nicholas Hooper **S** Martin Elsbury **L** 93 **FSK** ab 6; f **E** 19.4.2012 **fd** 41 009

Im Weihnachtsschnee
A CHRISTMAS SNOW
Nach traumatischen Erlebnissen in ihrer Kindheit reagiert eine Restaurant-Betreiberin allergisch auf Weihnachten. Bis sie Heiligabend wegen eines Schneesturms gemeinsam mit der kleinen Tochter ihres Freundes sowie mit einem Obdachlosen in einem Haus verbringen muss. Arg konstruierte, auf süßliche Festtagsgefühle gebürstete «Dramödie». – Ab 10.
USA 2010 **P** Trost Moving Pic. **DVD** KSM (16:9, 1.78:1, DD5.1 engl./dt.) **BD** KSM (16:9, 1.78:1, dts-HDMA engl./dt.) **Pd** Chad Gundersen **R** Tracy Trost **B** Candace Lee, Tracy Trost **K** Randy Stuehm **M** Jason Moore **S** Randy Stuehm **D** Catherine Mary Stewart (Kathleen), Muse Watson (Sam), Anthony Tyler Quinn (Andrew), Cameron Ten Napel (Lucy), Anne Winters (junge Kathleen), Craig Walter (Martin), Tina Eberle (Mutter) **L** 111 **FSK** ab 6 **E** 5.10.2012 DVD & BD
fd –

Image Problem
IMAGE PROBLEM
Zwei Filmemacher wollen das Bild der Schweiz aufpolieren. Dazu reisen sie kreuz und quer durchs Land und befragen Passanten, was es über die Schweiz zu berichten gäbe. Dies nimmt zunächst die Züge eines munter-verschmitzten, investigativen Films an, doch dann werden die Eingriffe der Filmemacher zunehmend gröber: Sie instrumentalisieren und missbrauchen die Protagonisten, um ein bestimmtes (Anti-)Schweiz-Bild zu skizzieren. Der anfänglich erfrischende Witz der Doku-Satire weicht einer arroganten Überheblichkeit, sodass am Ende der Ärger über den Film dessen Provokation überlagert. – Ab 14.
Schweiz 2012 **P** ton und bild / SRF / Guzo **KI** Frenetic (Schweiz) **L** 92 **FSK** **E** 20.9.2012 Schweiz **fd** 41 273

Immer noch Liebe! ☆
LOVELY, STILL
Ein alter Mann, der sich vor einem Weihnachtsfest ohne Gesellschaft fürchtet, lernt eine ältere Dame kennen, die ihn spontan um ein Date bittet. Die beiden nähern sich behutsam wie zwei gealterte Teenager an und erleben eine späte Liebe. Kleine Irritationsmomente zeigen indes, dass nicht alles so ist, wie es scheint. Bewegende (Fernseh-)Romanze, getragen von zwei vorzüglichen Hauptdarstellern. Die Geschichte erinnert an die Kleinstadt-Filme von Frank Capra, wobei sich die Sentimentalitäten stets in Grenzen halten. – Ab 14.
USA 2008 **P** North Sea Films / Parts and Labor / Sterling Prod. / White Buffalo **DVD** Atlas (16:9, 1.78:1, DD5.1

engl./dt.) **Pd** Dana Altman, Lars Knudsen, James Lawler, Jack Turner, Jay Van Hoy **R+B** Nicholas Fackler **K** Sean Kirby **M** Mike Mogis, Nate Walcott **S** Douglas Crise **D** Martin Landau (Robert Malone), Ellen Burstyn (Mary), Elizabeth Banks (Alex), Adam Scott (Mike), Sean Tillman (Peter), Kali Cook (Mädchen), Chris Wiig (d), M. Michele Phillips **L** 89 **FSK** ab 6 **E** 9.11.2012 DVD / 17.12.2012 WDR
fd –

iMurders – Chatroom des Todes
IMURDERS
Die Mitglieder eines angesagten Internet-Forums werden der Reihe nach von einem «mysteriösen» Killer gemeuchelt. Gewollt «hip» mit den «Schattenseiten» sozialer Foren jonglierender Psychohorror, der die Kritik an ihnen nur vorschiebt, um für reichlich Mord und Totschlag zu sorgen. Dabei schafft er es nicht einmal, flach laufende Spannungskurven zu erklimmen. Einmal mehr mit der vielbeschäftigten Horror-Ikone Tony «Candyman» Todd als grummelnder Mahner (diesmal in Polizeiuniform). USA 2008 **P** Scroll Down Films / Justice for All Prod. / Good To Be Seen Films **DVD** Lighthouse / Mr. Banker (16:9, 1.78:1, DD2.0 engl., DD5.1 dt.) **BD** Lighthouse/Mr. Banker (16:9, 1.78:1, dts-HD engl./dt.) **Pd** Ken Del Vecchio, Christie Botelho, Christie Napurano **R** Robbie Bryan **B** Robbie Bryan, Ken Del Vecchio **K** Hiroo Takaoka **M** Harry Manfredini **S** Yasu Inoue **D** Gabrielle Anwar (Lindsay Jewffries), William Forsythe (Prof. Uberoth), Tony Todd (Agent Washington), Frank Grillo (Joe Romano), Terri Conn (Sandra Wilson), Wilson Jermaine Heredia (Mark Sanders), Charles Durning (Dr. Seamus St. Martin), Billy Dee Williams (Robert Delgado) **L** 99 **FSK** ab 16 **E** 2.11.2012 DVD & BD
fd –

In Darkness ✶
W CIEMNOSCI
Die authentische Geschichte einer Gruppe polnischer Juden, die 1943 auf der Flucht aus dem Ghetto in den Kanälen der Stadt Lvov überlebte. Im Zentrum steht ein nicht-jüdischer Kanalarbeiter, der wesentlich dazu beiträgt, dass die Verfolgten überleben. Agnieszka Holland inszeniert den gnadenlosen Taumel im Untergrund als bedrückendes Albtraumspiel, führt mit naturalistischen Intermezzi aber auch in kolportagehafte Gefilde. Insgesamt wirkt ihr Film eher wie eine emotionale Achterbahnfahrt denn eine intellektuelle Durchdringung der polnischen Historie. Immer dann, wenn er seine albtraumartige Ebene hinter sich lässt, wird er zur schwachen Kopie einer unfassbaren Wirklichkeit. – Ab 16.
Polen / Deutschland / Kanada 2011 **P** Schmidtz Katze Filmkollektiv / The Film Works / Studio Filmowe Zebra / Studio Babelsberg **KI** nfp **Pd** Steffen Reuter, Patrick Knippel, Marc-Daniel Dichant, Leander Carell, Juliusz Machulski, Eric Jordan, Paul Stephens **R** Agnieszka Holland **B** David F. Shamoon **Vo** Robert Marshall (Buch *In The Sewers of Lvov*) **K** Jolanta Dylewska **M** Antoni Komasa-Lazarkiewicz **S** Michal Czarnecki **D** Robert Wieckiewicz (Leopold Socha), Benno Fürmann (Mundek Margulies), Agnieszka Grochowska (Klara Keller), Maria Schrader (Paulina Chiger), Herbert Knaup (Ignacy Chiger), Marcin Bosak (Yanek Weiss), Julia Kijowska (Chaja), Jerzy Walczak (Jacob Berestycki), Oliwier Stanczak (Pawel Chiger), Milla Bankowicz (Krystyna Chiger), Krzysztof Skonieczny (Szczepek), Kinga Preis (Wanda Socha) **L** 144 **FSK** ab 12; f **FBW** w **E** 9.2.2012
fd 40 900

In den besten Familien
Durch die Hochzeit eines Patriarchen kommt es zu einem Treffen, das der Konsolidierung des Familienunternehmens dienen soll. Doch der Bräutigam sagt kurzfristig die Hochzeit ab. Einer der angereisten Gäste stirbt an einem Herzinfarkt, und der Sohn des Toten nähert sich zum Missfallen des Patriarchen der Tochter des Hauses. Die unklaren Familienverhältnisse soll ein DNA-Test klären. Routinierte (Fernseh-)Familienkomödie als Fortsetzung von DAS BESTE KOMMT ERST (2007). Betont lustvoll will der Film mit Klischees des Genres operieren, doch wirkt die künstliche Leichtigkeit angesichts des realistischen Ambientes eher unglaubwürdig. Versuche in Situationskomik wirken aufgesetzt, ironische Brechungen zünden nur selten. – Ab 14.
Deutschland 2012 **P** Roxy-Film (für ZDF) **KI** offen **Pd** Annie Brunner, Andreas Richter, Günther van Endert, Ursula Wörner **R** Rainer Kaufmann **B** Kathrin Richter, Jürgen Schlagenhof **K** Klaus Eichhammer **M** Martin Probst **S** Nicola Undritz **D** Friedrich von Thun (Karl Maillinger), Sophie von Kessel (Anna Maillinger), Misel Maticevic (Ben), Marc Hosemann (Vince Maillinger), Fabian Hinrichs (Tom Maillinger), Anneke Schwabe (Miriam Maillinger), Franziska Schlattner (Dina), Petra Schmidt-Schaller (Susan) **L** 90 **E** 3.12.2012 ZDF
fd –

In ihrem Haus ✶
DANS LA MAISON
Ein frustrierter Gymnasiallehrer wird auf einen Schüler aufmerksam, der in einem Aufsatz anschaulich schildert, wie er sich bei einem Mitschüler einschmeichelt, um dessen Familie und insbesondere die Mutter zu beobachten. Der Pädagoge lässt sich von der literarischen Qualität der voyeuristischen Erzählung betören und assistiert beim fortgesetzten Ausspionieren des fremden Kosmos, wobei die Grenzen zwischen Fiktion und Realität immer stärker verschwimmen. Die zwischen Thriller und Satire balancierende «unzuverlässige» Erzählung steigert raffiniert die Drehungen und Wendungen und verdichtet sich zur ebenso subtilen wie klugen Reflexion über das (fiktische) Erzählen. – Sehenswert ab 16.
Frankreich 2012 **P** Mandarin Cinéma / FOZ / Mars Films / France 2 Cinéma **KI** Concorde/filmcoopi (Schweiz) **Pd** Eric Altmeyer, Nicolas Altmeyer, Claudie Ossard **R+B** François Ozon **Vo** Juan Mayorga (Bühnenstück *El chico de la última fila*) **K** Jérôme Alméras **M** Philippe Rombi **S** Laure Gardette **D** Fabrice Luchini (Germain), Ernst Umhauer (Claude), Kristin Scott Thomas (Jeanne), Emmanuelle Seigner (Esther), Denis Ménochet (Rapha senior), Bastien Ughetto (Rapha junior), Jean-François Balmer (Schuldirektor), Yolande Moreau (die Zwillinge), Catherine Davenier (Anouk) **L** 106 (24 B./sec.) / 101 (25 B./sec.) **FSK** ab 12; f **FBW** bw **E** 8.11.2012 Schweiz / 29.11.2012
fd 41 398

In mir keine Welt
Der Dokumentarfilm begleitet zwei Neurologie-Patienten, einen depressiven Mann, der jeden Lebensmut

verloren hat, und einen an Parkinson erkrankten ehemaligen Dachdecker, anderthalb Jahre lang durch Krankheit und Operationen. Beide gehören zu den wenigen Menschen in Europa, denen als letzte Therapiemöglichkeit ein Hirnschrittmacher implantiert wurde. Zugleich beschreibt er auch die Ärzte, die die schwierige Operation planen, vorbereiten und durchführen. – Ab 16.
Deutschland 2011 **P** WDR **KI** offen **R** Julia Horn **L** 93 **E** 5.2.2012 3sat **fd** –

In the Land of Blood and Honey
IN THE LAND OF BLOOD AND HONEY
Eine bosnische Muslima und ein bosnischer Serbe verlieben sich, doch der 1992 aufflackernde Bürgerkrieg, in dessen Verlauf die junge Frau in die Gefangenschaft ihres in der serbischen Armee dienenden Geliebten gerät, vergiftet ihre Beziehung. Das Drama um die Gräuel des Bosnienkriegs will vor allem das den Frauen angetane Leid anprangern, gerät aber aufgrund allzu simpler Schwarz-Weiß-Zeichnungen und einer klischeehaften Darstellung der Konfliktparteien zum propagandistisch-naiven Melodram. – Ab 16. Scope. USA 2011 **P** GK Films **KI** Wild Bunch **DVD** Universum (16:9, 2.35:1, DD5.1 dt.) **BD** Universum (16:9, 2.35:1, dts-HDMA dt.) **Pd** Angelina Jolie, Graham King, Tim Headington, Tim Moore **R+B** Angelina Jolie **K** Dean Semler **M** Gabriel Yared **S** Patricia Rommel **D** Zana Marjanovic (Ajla Ekmecic), Goran Kostic (Danijel Vukojevic), Rade Serbedzija (Nebosja Vukojevic), Vanessa Glodjo (Lejla Ekmecic), Nikola Duricko (Darko), Branko Duric (Aleksandar), Feda Stukan (Petar), Alma Terzic (Hana), Jelena Jovanova (Esma), Ermin Bravo (Mehmet) **L** 131 **FSK** ab 16; f **E** 23.2.2012 / 19.9.2012 DVD & BD **fd** 40939

Incite Mill – Jeder ist sich selbst der Nächste
INSHITE MIRU: 7-KAKAN NO DESU GĒMU
Zehn Menschen lassen sich aus finanziellen Gründen auf ein Experiment ein: Sieben Tage sollen sie in einem hermetisch abgeschlossenen Gebäude verbringen, damit ihr Sozialverhalten erforscht werden kann. Allerdings sind in den Räumen Waffen untergebracht, die rasch zum Einsatz kommen. Spekulativer Thriller im Fahrwasser der Saw-Serie, der kaum noch die Handschrift des japanischen Regisseurs von The Ring erkennen lässt und ohne sonderliche Spannung das Prinzip der «Zehn kleinen Negerlein» variiert.
DVD/BD: Die Extras umfassen u. a. ein ausführliches «Making of» (60 Min.).
Japan 2010 **P** Horipro / NTV / Twins Japan / Warner / YTV **DVD** Sunfilm (16:9, 1.85:1, DD5.1 jap./dt., dts dt.) **BD** Sunfilm (16:9, 1.85:1, dts-HD-MA7.1 jap./dt.) **R** Hideo Nakata **B** Satoshi Suzuki **Vo** Honobu Yonezawa **K** Junichirô Hayashi **M** Kenji Kawai **S** Nobuyuki Takahashi **D** Tatsuya Fujiwara (Yuki Satoshihisa), Haruka Ayase (Shoko Suwamei), Satomi Ishihara (Biyoru Sekimizu), Tsuyoshi Abe (Takehiro Osako), Aya Hirayama (Wakana Tschibana), Masanori Ishii (Munehiro Nishino), Takurô Ohno (Setsuzin Maki), Shinji Takeda (Sousuke Iwai) **L** 103 **FSK** ab 16 **E** 8.3.2012 DVD & BD **fd** –

Independencia
INDEPENDENCIA
Um den Wirren des amerikanisch-philippinischen Kriegs zu Beginn des 20. Jahrhunderts zu entkommen, flieht eine Frau mit ihrem Sohn in die Berge. In den Wäldern begegnet der junge Mann einer verwundeten Frau, die er aufnimmt und die ihm ein Kind gebärt. Die kleine Familie lebt zufrieden in der Abgeschiedenheit, bis der Krieg und amerikanische Soldaten näher rücken. Poetisch feinsinnig erzählte Episode der philippinischen Geschichte, die vollständig in Studiokulissen aufgenommen wurde, was einen überhöhten theatralischen Effekt bewirkt, der sowohl den Stil des Hollywood-Kinos vergangener Jahrzehnte imitiert als auch an die mündlichen Erzähltraditionen der Philippinen anknüpft. – Ab 16.
Philippinen / Frankreich 2009 **P** Atopic / Razor Film / Volya Film / arte-Christophe Goufeon Cinematografica **KI** offen **Pd** Arleen Cuevas, Gerhard Meixner, Roman Paul, Denis Vaslin **R** Raya Martin **B** Ramon Sarmiento, Raya Martin **K** Jeanne Lapoirie **M** Lutgardo Labad **S** Jay Halili **D** Tetchie Agbayani (die Mutter), Sid Lucero (der Sohn), Alessandra De Rossi (die Frau), Mika Aguilos (der kleine Junge) **L** 74 **E** 11.8.2012 arte **fd** –

Indien – Land mit Zukunft
L' INDE, UNE PUISSANCE EMERGEE
Engagierter Dokumentarfilm, der mit dem Vorurteil aufräumen will, dass Indien eine rückständige Nation sei. Anhand von drei Generationen einer Familie in Neu-Delhi bilanziert er die politische, soziale und wirtschaftliche Entwicklung und zeigt eine Nation, die sich im Zeitalter der Globalisierung eingerichtet hat. Neben den Aussagen der Familienmitglieder bietet eine Fülle von Archivmaterial Einblicke in die gesellschaftliche und kollektive Entwicklung der aufstrebenden Weltmacht, die längst aus der Lethargie erwacht ist. – Ab 16.
Frankreich 2012 **P** Alégria / ARTE France **KI** offen **R** Laurent Jaoui **B** Serge Gordey, Max-Jean Zins **M** François Staal **L** 90 **E** 18.12.2012 arte **fd** –

Inga Lindström: Der Tag am See
Eine Anwältin in der schwedischen Provinz tut sich schwer mit der Entscheidung, zu ihrem Verlobten nach Stockholm zu ziehen, umso mehr, als sich in unmittelbarer Nähe ein attraktiver Landschaftsarchitekt niederlässt, von dem sie sich angezogen fühlt. Der Diebstahl eines Gemäldes, der die Anwältin auch beruflich beschäftigt, und eine daraus resultierende Familienfehde stehen dem neuen Glück im Wege. Anspruchslose, routiniert inszenierte (Fernseh-)Romanze auf den gängigen Pfaden. – Ab 12.
DVD/BD: Als Teil der «Inga Lindström Collection 14» erschienen.
Deutschland 2011 **P** Bavaria Fernsehprod. (für ZDF) **DVD** ZDF Video/ Universum (16:9, 1.78:1, DD5.1 dt.) **Pd** Ronald Mühlfellner **R** Ulli Baumann **B** Christiane Sadlo **K** Fritz Seemann **M** Karim Sebastian Elias **S** Manuela Kempf **D** Katharina Heyer (Clara Stellingbosch), Mike Hoffmann (Stellan Mansfeld), Gerlinde Locker (Maria Mansfeld), Dietrich Mattausch (Gustaf Hagen), Sarah Beck (Natalie Stellingbosch), Michael Härle (Jens Hagen), Timmi Trinks (Mikael) **L** 90 **FSK** o.A. **E** 28.3.2012 ORF 2 / 3.2.2013 DVD **fd** –

Inga Lindström: Die Sache mit der Liebe
Eine Radio-Moderatorin und Sachbuch-Autorin mit Spezialgebiet «Liebe» steht vor der Hochzeit mit einem wohlhabenden Mann. Als sie ihre

zukünftigen Schwiegereltern besucht und sich eine ihr bislang gänzlich unbekannte Halbschwester in ihr Leben drängt, kommt es schnell zu Konflikten, die darin gipfeln, dass sich der Bräutigam von ihr zurückzieht. Sentimentale (Fernseh-)Liebes- und Familiengeschichte vor schwedischer Kulisse. – Ab 14.
Deutschland 2012 **P** Bavaria (für ZDF) **KI** offen **Pd** Ronald Mühlfellner **R** John Delbridge **B** Christiane Sadlo **Vo** Inga Lindström **K** Nicolas Joray **M** Christoph Zirngibl **S** Manuela Kempf **D** Jana Klinge (Anna Ekberg), Bernhard Piesk (Henrik Blomsten), Angela Roy (Marita Edvardson), Max Herbrechter (Johan Edvardson), Peter Kremer (Ole Rasmusson), Anna Julia Kapfelsperger (Pia Rasmusson), Jan Hartmann (Markus Edvardsson), Aline Hochscheid (Milena) **L** 90 **E** 30.12.2012 ZDF **fd** –

Inga Lindström: Ein Lied für Solveig

Ein Komponist verliert jede Kreativität, als seine kleine Tochter, für der er an einer Kinderoper arbeitete, bei einem Unfall ums Leben kommt. Seine Ehe zerbricht, und er fährt aufs Land, um Abstand zu gewinnen, wo er eine junge Erzieherin kennen lernt, die ein Kinderhaus leitet und sich bald zu dem schweigsamen Mann hingezogen fühlt. Melodramatische (Fernseh-)Liebesgeschichte vor schwedischer Landschaftsidylle, die lediglich altertraute Versatzstücke des Genres variiert. – Ab 14.
Deutschland 2012 **P** Bavaria (für ZDF) **KI** offen **Pd** Ronald Mühlfellner **R** Martin Gies **B** Christiane Sadlo **K** Gero Lasnig **M** Gert Wilden **S** Bettina Staudinger **D** Heikko Deutschmann (Anders Allström), Eva-Maria Grein von Friedl (= Eva-Maria Grein) (Livia Nordgren), Peter Sattmann (Gösta), Norman Kalle (Magnus Solvander), Sabrina White (Ingrid Allström), Anne Werner (Tabea Tegin), Moritz Lindbergh (Per Gröning), Nico Liersch (Kind Lasse) **L** 90 **E** 21.10.2012 ZDF **fd** –

Inga Lindström: Sommer der Erinnerung

INGA LINDSTRÖM: SOMMER DER ERINNERUNG
Eine Reisejournalistin will sesshaft werden und aus ihrem Beruf aussteigen. Sie zieht in ein schwedisches Küstennest, fängt als Lokalreporterin neu an und verliebt sich in einen verwitweten Professor für Seefahrt-Geschichte. Bald kommen ihr Bedenken, ob sie sich in seine (Rest-)Familie drängen darf, zumal noch das Angebot ihres Verlobten steht, mit ihm weiter um die Welt zu gondeln. Seichter (Fernseh-)Liebesfilm, der ganz den stereotypen Gesetzen des Genres verpflichtet ist. – Ab 14.
DVD/BD: Als Teil der «Inga Lindström Collection 14» erschienen.
Deutschland/Österreich 2011 **P** Bavaria (für ZDF/ORF) **DVD** ZDF Video/Universum (16:9, 1.78:1, DD5.1 dt.) **Pd** Ronald Mühlfellner **R** Udo Witte **B** Michael Illner, Scarlett Kleint **K** Jochen Rademacher **M** Christoph Zirngibl, Andreas Weidinger **D** Denise Zich (Anja Paerson), Ralf Bauer (Niklas Andersson), Ursela Monn (Maria Löjdquist), Jürgen Heinrich (Alexander Löjdquist), Volker Lechtenbrink (Arnulf Svensson), Julia Hartmann (Jessica Eklund), Gerhard Olschewski (Magnus Lenefors), Wolfgang Häntsch (Gunnar Svahnström) **L** 90 **FSK** o.A. **E** 8.1.2012 ZDF / 3.2.2013 DVD **fd** –

Inga Lindström: Vier Frauen und die Liebe

Mit ihrer Schwester und einer Freundin reist eine Architektin aus Stockholm aufs Land, um ihre Ersatzmutter zu besuchen. Doch der Aufenthalt wird dadurch überschattet, dass sie ständig mit ihrem Büro Kontakt hält. Erst der Begegnung mit einem Mann, der wegen einer Autopanne festsitzt, bricht ihre berufliche Fixierung auf. Gefühlsbetoner (Fernseh-)Liebesfilm – «Herzkino» nach bewährtem Schema. – Ab 14.
DVD/BD: Als Teil der «Inga Lindström Collection 14» erschienen.
Deutschland 2012 **P** Bavaria Fernsehprod. (für ZDF) **DVD** ZDF Video/Universum (16:9, 1.78:1, DD5.1 dt.) **Pd** Ronald Mühlfellner **R** Martin Gies **B** Christiane Sadlo, Johanna Halt **K** Gero Lasnig **M** Gert Wilden **S** Bettina Staudinger **D** Sophie Schütt (Tuva Lundin), Hardy Krüger jr. (Erik Vanning), Miranda Leonhardt (Sofia Lundin), Claudelle Deckert (Malin Söderberg), Krista Posch (Ingeborg Lundin), Jürg Löw (Henning Nilsson), Alina Freund (Lilli), Stefan Murr (Tomas Fransson) **L** 90 **FSK** o.A. **E** 16.9.2012 ZDF / 3.2.2013 DVD **fd** –

Ins Blaue

Eine junge Filmemacherin reist mit ihrem Team sowie ihrem Vater, der ein alter Hasen in der Filmbranche ist und als Produzent ihres Debütfilms fungiert, nach Italien. Allerlei amouröse und sonstige Beziehungsverwicklungen entfalten sich sowohl im «Film im Film» als auch in der Rahmenhandlung, wobei schon bald Konflikte aufbrechen. Ein sommerlicher Reigen um Liebe, Lust und Filmemachen, dessen betonte Leichtigkeit und «Sexiness» freilich mit einer gewissen Oberflächlichkeit einhergeht. Diese lässt den Film mitunter recht blutarm wirken. – Ab 16.
Deutschland 2011 **P** Moana-Film **KI** Prometheus **Pd+R+B** Rudolf Thome **K** Bernadette Paassen **M** Georg Kranz, Robert Neumann **S** Beatrice Babin **D** Vadim Glowna (Abraham Rabenthal), Alice Dwyer (Nike Rabenthal), Esther Zimmerling (Eva), Janina Rudenska (Josephine), Elisabeth-Marie Leistikow (Laura), Henning Vogt (Paul), Stefan Rudolf (Wilhelm), Christian Althoff (Lukas), Rahel Maria Savoldelli (Maria), Conrad Nicklisch (Fritz), Guido Oberkirch (Franz), Robert Mleczko (Robert) **L** 105 (24 B./sec.) / 101 (25 B./sec.) **FSK** ab 12; f **FBW** w **E** 30.8.2012 **fd** 41 250

Die Insel am Ende der Zeit

L' ILE / L' ILE: LES NAUFRAGES DE LA TERRE PERDUE
Ein Flugzeugabsturz über dem Atlantik ist für drei Freunde noch nicht das Ende. Oder doch? Denn die Insel, auf die sie sich in den Kriegswirren 1942 retten können, scheint zwar paradiesisch, aber doch nicht so einsam und verlassen wie gedacht. Als verwegene Mischung aus Fantasy-Drama und Retro-Science-Fiction gelingt es der Robinsonade, den Reiz des Ungewöhnlichen über lange Zeit zu konservieren und zu einem weitgehend spannenden Abenteuer zu verdichten. – Ab 16.
Frankreich 2011 **P** Ileprod **DVD** MIG/EuroVideo (16:9, 1.78:1, DD5.1 frz./dt.) **BD** MIG/EuroVideo (16:9, 1.78:1, dts-HD frz./dt.) **Pd+R+B** Olivier Boillot **K** Xavier Dolléans, Sylvain Rodriguez **M** Julien Limonne **S** Olivier Boillot **D** Michel Béatrix (Albert),

Kaddour Dorgham (Franck), Jérémy Duplot jr. (Pierre), Cyrielle Debreuil (Francine/Ariane) **L** 91 **FSK** ab 16 **E** 19.7.2012 DVD & BD **fd** –

Die Insel der Pferde – Du bist mein Leben!
THE DARK HORSE
Die Demenzerkrankung ihres Vaters zwingt eine Ballettlehrerin, von Seattle ins Dorf ihrer Kindheit zurückzukehren, um die Pferdefarm ihrer Eltern vor dem Versteigern zu retten, Familienzwistigkeiten auszuräumen und ein neues Leben zu beginnen. Dazu muss sie den bockigsten Hengst auf der Farm dressieren und mit ihm ein hochdotiertes Championat gewinnen. Rührseliges Drama, das sich zu viele Probleme aufhalst, um sie binnen kürzester Zeit auf unglaubwürdige Weise zu lösen. – Ab 14.
USA 2008 **DVD** KSM (16:9, 1.78:1, DD5.1 engl./dt.) **BD** KSM (16:9, 1.78:1, dts-HD engl./dt.) **Pd** Larry Estes, Ben Dobyns **R+B** Cornelia Moore **K** Neil Holcomb **S** Ben Dobyns **D** Carol Roscoe (Dana), Kathryn Mesney-Hetler (Gwen), Sean G. Griffin (Fiach), Haynes Brooke (Finn), Pam Nolte (Elizabeth), Scott C. Brown (Sheriff), Kate Bayley (Kate), Mark Dias (Martin) **L** 107 **FSK** ab 6 **E** 5.4.2012 DVD & BD **fd** –

Inseln vor dem Wind
INSELN VOR DEM WIND
Eine Hamburger Wissenschaftlerin sucht in der Karibik das Wrack einer spanischen Galeone. Statt mit einem ihr in Aussicht gestellten modernen Bergungsschiff muss sie mit einem alten Kutter und dessen charismatischem Eigner vorlieb nehmen, nach etlichen Misserfolgen aber doch Erfolg, den ihr dann etliche Personen streitig machen. An Originalschauplätzen gedrehter (Fernseh-)Abenteuerfilm mit Humor und Romantik, der den vermeintlich «unverwüstlichen» Konventionen einer Schatzsucher-Geschichte folgt. – Ab 14.
Deutschland/Österreich 2012 **P** Schiwago Film / Graf Film (für ARD Degeto) **DVD** Polar Film/Schröder-Media (16:9, 1.78:1, DD2.0 dt.) **Pd** Klaus Graf, Hans-Wolfgang Jurgan (= Wolfgang Jurgan) **R** Dietmar Klein **B** Sue Schwerin von Krosigk, Wilfried Schwerin von Krosigk **K** Gero Lasnig **M** Klaus Pruenster **S** Susanne Peu-scher **D** Muriel Baumeister (Dr. Claudia Herzog), Thure Riefenstein (Richard Bertold «Rick»), Rebecca Lina (Lola), Uwe Rohde (Jan), Aloysius Itoka (Bébé), Karl Fischer (Dimitri), Thando Walbaum (Alfonso), Max Tidof (Ernesto), Laurence Rupp (Stefan Wiese), Max Volkert Martens (Prof. Walter Teschler) **L** 92 (24 B./sec.) / 89 (25 B./sec.) **FSK** ab 6 **E** 27.12.2012 ARD / 27.12.2012 DVD **fd** –

Inside the Darkness – Ruhe in Frieden
BENEATH THE DARKNESS
Leicht angetrunkene Teenies steigen in ein Bestattungsinstitut ein und werden Zeugen der eigentümlichen Arbeit des Besitzers. Dieser mordet nach Herzenslust, wobei er als ehrenwerter Bürger, dekorierter Sportler und Freund des Sheriffs über jeden schäbigen Verdacht erhaben ist und scheint. Schwarzer Thriller, in dem Dennis Quaid genüsslich den fiesen Schlächter gibt. – Ab 16.
Scope. USA 2011 **P** Raincreek Prod. / Sunset Pic. / BTDARK **DVD** EuroVideo (16:9, 2.35:1, DD5.1 engl./dt.) **BD** EuroVideo (16:9, 2.35:1, dts-HDMA engl./dt.) **Pd** Ronnie D. Clemmer, Brett Cullen **R** Martin Guigui **B** Bruce Wilkinson **K** Massimo Zeri **M** Geoff Zanelli **S** Eric Potter **D** Dennis Quaid (Ely), Tony Oller (Travis), Aimee Teegarden (Abby), Stephen Lunsford (Brian), Devon Werkheiser (Danny), Brett Cullen (Sgt. Nickerson), Dahlia Waingort (Ms. Moore), Wilbur Penn (Officer Wainright) **L** 96 **FSK** ab 16 **E** 19.4.2012 DVD & BD **fd** –

Inspector Barnaby – Blick in den Schrecken
MIDSOMER MURDERS: SECOND SIGHT
Der Tod eines jungen Mannes, der das Opfer quälerischer Experimente wurde, weil sein Bruder das Geheimnis des Zweiten Gesichts ergründen wollte, das mehrere Bewohner von Midsomer Mere zu haben scheinen, führt Barnaby und Sergeant Scott in die provinzielle Abgeschiedenheit. Hilfe kommt vom neuen Pfarrer des Orts, der dem ganzen Spuk ein Ende bereiten und seine Kirche wieder füllen möchte. (Fernsehserien-)Krimi, der den schwächeren Folgen der MIDSOMER-Reihe, spürbar lustlos und allzu vorhersehbar entwickelt. – Ab 14.
DVD/BD: Enthalten in der Inspector Barnaby Box Vol. 16.
Großbritannien 2005 **P** Bentley **DVD** Edel Media (16:9, 1.78:1, DD2.0 engl./dt.) **Pd** Brian True-May **R** Richard Holthouse **B** Tony Etchells **Vo** Caroline Graham (Motive) **K** Colin Munn **M** Jim Parker **S** John Blackwell **D** John Nettles (Inspector Barnaby), John Hopkins (Sergeant Dan Scott), Jane Wymark (Joyce Barnaby), Barry Jackson (Dr. George Bullard), Laura Howard (Cully Barnaby), Will Keen (Pete Kubatski), Sean Chapman (Jimmy Kirby), Joe Anderson (Max Ransom) **L** 95 **FSK** ab 12 **E** 27.5.2012 ZDF / 4.1.2013 DVD **fd** –

Inspector Barnaby – Blumen des Bösen
MIDSOMER MURDERS: ORCHIS FATALIS
Die jährliche Orchideen-Schau im Kleinstädtchen Midsomer dreht sich in diesem Jahr um die Frage, wer sich das weltweit letzte Exemplar einer seltenen Orchideenart sichern kann. Überschattet wird das Ereignis vom Mord an einer Blumen schmuggelnden Lateinlehrerin, die heimliche Heiratspläne hegte. Als zwei weitere Pflanzenfreunde zu Tode kommen, sucht Inspector Barnaby nach einem Motiv. Solider (Fernseh-)Krimi aus der Serie um den in der Provinz ermittelnden Inspector, der sich diesmal mit den exzentrischen Hobbys der Gutbetuchten herumschlagen muss. – Ab 14.
DVD/BD: Enthalten in der Inspector Barnaby Box Vol. 15.
Großbritannien 2005 **P** Bentley **DVD** Edel Media (16:9, 1.78:1, DD2.0 engl./dt.) **Pd** Brian True-May **R** Peter Smith **B** Terry Hodgkinson **Vo** Caroline Graham (Motive) **K** Colin Munn **M** Jim Parker **S** John Blackwell **D** John Nettles (Inspector Barnaby), John Hopkins (Sergeant Dan Scott), Jane Wymark (Joyce Barnaby), Barry Jackson (Dr. George Bullard), Laura Howard (Cully Barnaby), Harriet Walter (Margaret Winstanley), Amanda Harris (Deborah Plummer), Richard Attlee (Henry Plummer) **L** 95 **FSK** ab 12 **E** 20.5.2012 ZDF / 18.5.2012 DVD **fd** –

Inspector Barnaby – Der Tod malt mit
MIDSOMER MURDERS: PAINTED IN BLOOD
Inspector Barnabys Frau entdeckt bei einem Malkurs eine weibliche Leiche.

Der Inspector muss sich um jugendliche Handtaschendiebe kümmern, während der Geheimdienst die Mordermittlungen übernimmt. Doch der Midsomer-Distrikt ist klein, und es ergeben sich Zusammenhänge zwischen den Diebstählen und einem ungeklärten Bankraub. (Fernsehserien-)Krimi mit gewohnt pittoresker Landschaft und britischem Humor, ansonsten aber einer etwas untypischen «Barnaby-Geschichte». – Ab 14.
DVD/BD: Enthalten in der Inspector Barnaby Box Vol. 14.
Großbritannien 2003 **P** Bentley **DVD** Edel Media (16:9, 1.78:1, DD2.0 engl./dt.) **Pd** Brian True-May **R** Sarah Hellings **B** Andrew Payne **Vo** Caroline Graham (Romanmotive) **K** Doug Hallows **M** Jim Parker **S** Derek Bain **D** John Nettles (Inspector Barnaby), Daniel Casey (Sergeant Gavin Troy), Jane Wymark (Joyce Barnaby), Barry Jackson (Dr. George Bullard), Matthew Marsh (Tony Carter), Clive Merrison (Colin Hawksley), Barbara Durkin (Linda Tyrell), Leslie Phillips (Godfrey Teal), John Sessions (Barrett Filby) **L** 100 **FSK** ab 12 **E** 8.1.2012 ZDF / 20.1.2012 DVD   fd –

Inspector Barnaby – Grab des Grauens
MIDSOMER MURDERS: THE FISHER KING
Ein Archäologe wird auf einem keltischen Grabhügel, auf dem er einem heidnischen Ritual frönte, mit einem Pfeil erschossen; sein Sohn, der vor Jahren von den Erdmassen der Grabstätte begraben wurde, verblutet an einer Wunde, die ihm ein Unbekannter an Anspielung auf den Parzival-Mythos beibrachte. Die Polizisten Barnaby und Scott müssen sich mit Familienfehden beschäftigen. Konfus erzählter (Fernsehserien-)Krimi mit einer recht wüsten Handlung als Abschluss der Staffel. – Ab 14.
DVD/BD: Enthalten in der Inspector Barnaby Box Vol. 15.
Großbritannien 2004 **P** Bentley **DVD** Edel Media (16:9, 1.78:1, DD2.0 engl./dt.) **Pd** Brian True-May **R** Richard Holthouse **B** Isabelle Grey **Vo** Caroline Graham (Romanmotive) **K** Colin Munn **M** Jim Parker **S** Derek Bain **D** John Nettles (Inspector Barnaby), John Hopkins (Sergeant Dan Scott), Jane Wymark (Joyce Barnaby), Rebecca Saire (Miriam Heasrtley-Reade), Susannah Doyle (Vanessa Stone), Malcolm Tierney (Per Hansen), Nicholas Rowe (David Heartley-Reade), Nick Barber (Harry Green) **L** 95 **FSK** ab 12 **E** 29.1.2012 ZDF / 18.5.2012   fd –

Inspector Barnaby – Haus voller Hass
MIDSOMER MURDERS: GHOSTS OF CHRISTMAS PAST
Der Tod einer alten Lady beschäftigt Inspector Barnaby und Sergeant Scott während des von ihnen nur wenig geliebten familiären Weihnachtsfests und konfrontiert sie mit diversen Familiengeheimnissen. Stimmungsvoll inszenierter, gut gespielter (Fernsehserien-)Krimi, der etwas zu vorhersehbar in vertrauten Agatha-Christie-Bahnen verläuft. – Ab 14.
DVD/BD: Enthalten in der Inspector Barnaby Box Vol. 16.
Großbritannien 2004 **P** Bentley Prod. **DVD** Edel Media (16:9, 1.78:1, DD2.0 engl./dt.) **Pd** Brian True-May **R** Renny Rye **B** David Hoskins **Vo** Caroline Graham (Motive) **K** Colin Munn **M** Jim Parker **S** Derek Bain **D** John Nettles (Inspector Barnaby), John Hopkins (Sergeant Dan Scott), Jane Wymark (Joyce Barnaby), Barry Jackson (Dr. George Bullard), Laura Howard (Cully Barnaby), Hadyn Gwynne (Jennifer Carter), Margery Mason (Lydia Villiers), Bruce Alexander (Dominic Jones), Mel Martin (Kate Frears) **L** 95 **FSK** ab 12 **E** 25.12.2012 ZDF / 4.1.2013 DVD   fd –

Inspector Barnaby – Immer wenn der Scherenschleifer...
MIDSOMER MURDERS: BAD TIDINGS
Nach einer Tanzveranstaltung wird eine Teilnehmerin, die kurz zuvor einen lautstarken Streit mit ihrem Mann hatte, tot aufgefunden. Kurz darauf kommt ein Arzt unter ähnlichen Umständen ums Leben. In der Nähe der Tatorte wollen Zeugen den quietschenden Karren des Scherenschleifers gehört haben. Mit Hilfe seiner Tochter kommt Inspector Barnaby unklaren Familienverhältnissen im Städtchen Midsomer auf die Spur. Routinierter (Fernsehserien-)Krimi. – Ab 14.
DVD/BD: Enthalten in der Inspector Barnaby Box Vol. 15.
Großbritannien 2004 **P** A&E/Bentley **DVD** Edel Media (16:9, 1.78:1, DD2.0 engl./dt.) **Pd** Brian True-May **R** Peter Smith **B** Peter J. Hammond (= Peter Hammond) **Vo** Caroline Graham (Motive) **K** Colin Munn **M** Jim Parker **S** Derek Bain **D** John Nettles (DCI Tom Barnaby), John Hopkins (Sgt. Dan Scott), Jane Wymark (Joyce Barnaby), Laura Howard (Cully Barnaby), Barry Jackson (Dr. Bullard), John Standing (Charles Rust), John Normington (Donald Tew), Helen Lindsay (Mary Pearce), Michael Simkins (Gary Thompson), Hilton McRae (Mathew Spearman), Esther Hall (Cassie Woods), Helen Grace (Lynn Spearman), Ruth Jones (Rachael Rose) **L** 99 **FSK** ab 12 **E** 22.1.2012 ZDF / 18.5.2012 DVD   fd –

Inspector Barnaby – Pikante Geheimnisse
MIDSOMER MURDERS: COUNTRY MATTERS
Die Bewohner eines englischen Dorfs sind gespalten und diskutieren mitunter handfest, ob sie für oder gegen einen neuen Supermarkt sowie eine neue Wohnsiedlung stimmen sollen. Während die Wellen hochschlagen, wird die Leiche eines Mannes gefunden, der für den Supermarkt-Konzern tätig war und im Dorf diverse Frauenkontakte pflegte. Routinierter (Fernsehserien-)Krimi mit überzeugenden Darstellern und einer reizvoll vertrackten Verrätselung des Kriminalfalls. – Ab 14.
Großbritannien 2006 **P** Bentley **Kl** offen **Pd** Brian True-May **R** Richard Holthouse **B** Andrew Payne **Vo** Caroline Graham (Romanmotive) **K** Colin Munn **M** Jim Parker **S** John Blackwell **D** John Nettles (Inspector Barnaby), Jason Hughes (Sergeant Ben Jones), Jane Wymark (Joyce Barnaby), Barry Jackson (Dr. George Bullard), Clare Holman (Rose Southerly), Sophie Stuckey (Dora Southerly), Juliet Aubrey (Ginny Lamington), Tim Hardy (Frank Hopkirk) **L** 95 **E** 13.1.2013 ZDF   fd –

Inspector Barnaby – Tief unter der Erde
MIDSOMER MURDERS: HIDDEN DEPTHS
Der vermeintliche Selbstmord eines Anwalts, der der Untreue bezichtigt wird, und der Mord an einem Weinliebhaber rufen Barnaby und Sergeant Scott auf den Plan. Die Spur führt sie in einen Weinkeller, wo sie in der Falle sitzen und die Atemluft knapp wird.

Ideen- und abwechslungsreich inszenierter (Fernsehserien-)Krimi. – Ab 14.
DVD/BD: Enthalten in der Inspector Barnaby Box Vol. 16.
Großbritannien 2005 **P** Bentley Prod. **DVD** Edel Media (16:9, 1.78:1, DD2.0 engl./dt.) **Pd** Brian True-May **R** Sarah Hellings **B** David Hoskins **Vo** Caroline Graham (Motive) **K** Colin Munn **M** Jim Parker **S** Derek Bain **D** John Nettles (Inspector Barnaby), John Hopkins (Sergeant Dan Scott), Jane Wymark (Joyce Barnaby), Barry Jackson (Dr. Geroge Bullard), Nancy Carroll (Antonia Wilmot), Oliver Ford Davis (Otto Benham), Sara Kestelman (Bernie), Vicki Hopps (Sarah) **L FSK** ab 12 **E** 23.12.2012 ZDF / 4.1.2013 DVD **fd –**

Inspector Barnaby – Tod im Liebesnest
MIDSOMER MURDERS: THE NOBLE ART
Der allseits beliebte Kellner eines Dorf-Pubs wird erschossen. Als Tatmotiv kämen sowohl eine unerfüllte Liebe als auch die undurchsichtigen Machenschaften eines Immobilienentwicklers in Betracht, dessen Aufkäufe im Dorf erheblich für Unruhe sorgen. Als auch der Besitzer des Pubs ermordet wird, verkomplizieren sich die Ermittlungen von Inspector Barnaby weiter. Routinierter (Fernsehserien-)Krimi aus der langlebigen «Barnaby»-Reihe. – Ab 14.
DVD/BD: Enthalten in der Inspector Barnaby Box Vol. 16.
Großbritannien 2010 **P** Bentley Prod. **DVD** Edel Media (16:9, 1.78:1, DD2.0 engl./dt.) **Pd** Brian True-May **R** Richard Holthouse **B** Andrew Payne **Vo** Caroline Graham (Romanmotive) **K** Colin Munn **M** Jim Parker **S** John Blackwell **D** John Nettles (Inspector Barnaby), John Hopkins (Sergeant Dan Scott), Jane Wymark (Joyce Barnaby), Barry Jackson (Dr. George Bullard), Laura Howard (Cully Barnaby), William Gaunt (Michael Bannerman), Frances Tomelty (Audrey Monday) **FSK** ab 12 **E** 9.12.2012 ZDF / 4.1.2013 DVD **fd –**

Inspector Barnaby – Unglücksvögel
MIDSOMER MURDERS: BIRDS OF PREY
Im Umfeld eines senilen, einstmals genialen Erfinders, der vom Geschäftsführer der Firma, für die er tätig ist, wie ein Gefangener gehalten wird, häufen sich die Toten. Als der Erfinder selbst eines natürlichen Todes stirbt und seine Leiche in einer Kühltruhe versteckt wird, um die laufenden Geschäfte nicht zu gefährden, scheint das Kalkül der Betrüger zunächst aufzugehen. Erneut ist die Kombinationsgabe von Inspektor Barnaby gefragt. Schwarz-humorig gefärbter (Fernsehserien-)Krimi. – Ab 14.
DVD/BD: Enthalten in der Inspector Barnaby Box Vol. 15.
Großbritannien 2003 **P** Bentley **DVD** Edel Media (16:9, 1.78:1, DD2.0 engl./dt.) **Pd** Brian True-May **R** Jeremy Silberston **B** Michael Russell **K** Doug Hallows **M** Jim Parker **S** Derek Bain **D** John Nettles (Inspector Barnaby), Daniel Casey (Sergeant Gavin Troy), Jane Wymark (Joyce Bartnaby), Laura Howard (Cully Barnaby), Barry Jackson (Dr. George Bullard), David Calder (George Hamilton), Kate Buffery (Mallory Edmonton), Rosalind Knight (Eleanor Macpherson), Alexandra Gilbreath (Naomi Sinclair) **L** 100 **FSK** ab 12 **E** 15.1.2012 ZDF / 18.5.2012 DVD **fd –**

Intruders
INTRUDERS
Ein achtjähriger spanischer Junge erfindet eine Geistergeschichte über einen gesichtslosen Mann, die sich verselbstständigt und offenbar in die Realität übergreift. Jahre später entdeckt ein Mädchen in England einen vergilbten Zettel mit der Erzählung und gerät ebenfalls in den Bann des «Schattenmanns». Visuell und akustisch ambitionierter Horrorfilm, die parallel erzählten Handlungsstränge zunehmend Richtung Psychothriller trimmt und damit ad absurdum führt. – Ab 16.
DVD/BD: Die Extras enthalten u. a. ein Feature mit acht im Film nicht verwendeten Szenen (10 Min.).
Scope. Spanien/Großbritannien/USA 2011 **P** Apaches Ent. / Antena 3 Films / UPI **Kl** Universal **DVD** Universal (16:9, 2.35:1, DD5.1 engl./dt.) **BD** Universal (16:9, 2.35:1, dts-HDMA engl., dts-HD dt.) **Pd** Enrique López Lavigne, Belén Atienza, Mercedes Gamero **R** Juan Carlos Fresnadillo **B** Nicolás Casariego, Jaime Marques **K** Enrique Chediak **M** Roque Baños **S** Nacho Ruiz Capillas **D** Clive Owen (John), Carice van Houten (Susanna), Daniel Brühl (Antonio), Pilar López de Ayala (Luisa), Ella Purnell (Mia), Izán Corchero (Juan), Kerry Fox (Rachel), Héctor Alterio (alter Priester), Adrian Rawlins (Polizeiinspektor), Michael Nardone (Frank) **L** 100 **FSK** ab 16; f **E** 19.1.2012 / 24.5.2012 DVD & BD **fd** 40 862

Ip Woman
JIAN HU NU XIA QIU JIN / THE WOMAN KNIGHT OF MIRROR LAKE
Die Unterdrückung der Chinesen im Allgemeinen und der Frauen im Jahr 190 im Speziellen erlebend, beschließt eine gebildete junge Frau sich zu wehren. Sie organisiert eine Rebellenschule, flieht nach Japan, um bald darauf innerhalb einer gut ausgebildeten Widerstandgruppe den Kampf gegen die gesellschaftlichen Ungerechtigkeiten aufzunehmen. Engagierter Historienfilm im optisch eindrücklichen Gewand eines Martial-Arts-Abenteuers. Hochwertige Choreografien und die heroische, dabei nie überhöhte Geschichte um gesellschaftliche und soziale Emanzipation hebt den Film über das Gros der asiatischen Genreproduktionen. – Ab 16.
DVD/BD: Erhältlich als DVD und 2D/3D BD.
3D. Scope. Hongkong / VR China 2011 **P** National Arts Films **DVD** Los Bandidos/Ascot Elite (16:9, 2.35:1, DD5.1 kanton./dt.) **BD** Los Bandidos/Ascot Elite (16:9, 2.35:1, DD5.1 kanton./dt.) **Pd** Sin Kwok Lam **R** Herman Yau **B** Erica Lee **K** Chan Kwong-hung **M** Mak Chun Hung **S** Chung Wai Chiu **D** Rose Chan, Kevin Cheng, Pat Ha, Huang Yi, Lam Suet, To Yu-hang, Anthony Wong Chau-Sang **L** 115 **FSK** ab 16 **E** 16.7.2012 DVD & BD **fd –**

Irene Huss, Kripo Göteborg – Der im Dunkeln wacht
IRENE HUSS – DEN SOM VAKAR I MÖRKRET
Bei der Fahndung nach einem Frauen-Serienmörder stößt Kommissarin Huss auf einen jungen Mann, der unter Waschzwang leidet und sich für unwiderstehlich hält. Er versucht, mit der Fahnderin zu flirten, und treibt ein Katz-und-Maus-Spiel mit ihr. Noch persönlicher wird der Fall, als bei der Kommissarin eingebrochen und ein Anschlag auf ihre Tochter verübt wird. Routinierter (Fernseh-) Kriminalfilm um einen zermürbenden Psychokrieg. Auftakt zur zweiten

Staffel einer schwedischen Krimireihe. – Ab 16.
Schweden / Deutschland 2011 **P** Illusion / Yellow Bird / Kanal 5 **Kl** offen **Pd** Daniel Ahlqvist, Johan Fälemark, Hillevi Råberg, Jessica Ask, Lotta Dolk, Hans-Wolfgang Jurgan (= Wolfgang Jurgan), Jon Petersson **R** Richard Holm **B** Stefan Ahnhem **K** Andreas Wessberg **M** Thomas Hagby, Fredrik Lidin **S** Fredrik Morheden **D** Angela Kovács (Irene Huss), Lars Brandeby (Sven Andersson), Reuben Sallmander (Krister Huss), Dag Malmberg (Jonny Blom), Eric Ericson (Fredrik Stridh), Moa Gammel (Elin Nordenskiöld), Anki Lidén (Yvonne Stridner), Mikaela Knapp (Jenny Huss) **L** 89 **E** 8.4.2012 ARD fd –

Irene Huss, Kripo Göteborg – Die Tote im Keller
IRENE HUSS – EN MAN MED LITET ANSIKTE
Die Leiche eines Mädchens, das offenbar wochenlang gefangen gehalten und missbraucht wurde, bringt ein Kriminalisten-Team auf die Spur eines russischen Menschenhändlers, der mit einem Zuhälter ein Bordell betreibt, in dem junge Frauen aus Estland zur Prostitution gezwungen werden. Nach einer aufreibenden Verfolgungsjagd kann der Russe dingfest gemacht werden, wobei den Fahndern auch ein Kollege ins Netz geht, der ein Doppelleben führt. Routinierter (Fernsehserien-)Kriminalfilm. – Ab 16.
Schweden / Deutschland 2011 **P** Illusion / Yellow Bird / Kanal 5 **Kl** offen **Pd** Daniel Ahlqvist, Johan Fälemark, Hillevi Råberg, Lotta Dolk, Jon Petersson **R** Emiliano Goessens **B** Charlotte Lesche **Vo** Helene Tursten (Roman) **K** Andreas Wessberg **M** Thomas Hagby, Fredrik Lidin, Johan Strömberg **D** Angela Kovács (Irene Huss), Lars Brandeby (Sven Andersson), Reuben Sallmander (Krister Huss), Dag Malmberg (Jonny Blom), Eric Ericson (Fredrik Stridh), Moa Gammel (Elin Nordenskjöld), Anki Lidén (Yvonne Stridner), Mikaela Knapp (Jenny Huss) **L** 88 **E** 1.5.2012 ARD fd –

Irene Huss, Kripo Göteborg – Hetzjagd auf einen Zeugen
IRENE HUSS – JAGAT VITTNE
Als die Leiche einer illegalen Einwanderin gefunden und wenig später der Besitzer eines Schrottplatzes ermordet wird, tappen die Ermittler um Irene Huss zunächst im Dunkeln. Als Augenzeuge wird ein kurdischer Arbeiter gesucht, der aus Angst untergetaucht ist; doch auch der Mörder macht Jagd auf ihn. Im Milieu illegaler Ausländer spielender (Fernsehserien-)Krimi, dessen Titelheldin Beruf und Familienleben unter einen Hut bringen muss. – Ab 16.
Schweden / Deutschland 2011 **P** Illusion Film & Television / Yellow Bird / Kanal 5 **Kl** offen **Pd** Daniel Ahlqvist, Johan Fälemark, Hillevi Råberg, Lotta Dolk, Jon Petersson **R** Alexander Moberg **B** Charlotte Lesche **K** Erik Persson **M** Thomas Hagby, Fredrik Lidin **S** Gunnar Jönsson **D** Angela Kovács (Irene Huss), Lars Brandeby (Sven Andersson), Reuben Sallmander (Krister Huss), Dag Malmberg (Jonny Blom), Eric Ericson (Fredrik Stridh), Moa Gammel (Elin Nordenskjöld), Anki Lidén (Yvonne Stzridner), Mikaela Knapp (Jenny Huss), Felicia Löwerdahl (Katarina Huss), Özz Nujen (Goran) **L** 87 **E** 27.12.2012 ARD fd –

Irene Huss, Kripo Göteborg – Im Schutz der Schatten
IRENE HUSS – I SKYDD AV SKUGGORNA
Der Mord an einem Geschäftsmann konfrontiert Kommissarin Huss mit einem Biker-Klub, der in Drogenhandel, Glücksspiel und Erpressung verwickelt ist und zur Durchsetzung seiner «Geschäftsinteressen» keine Mittel scheut. Als ihr Mann durch seinen verschuldeten Geschäftspartner in den Fall gezogen wird, ist bald auch das Leben der gemeinsamen Tochter in Gefahr. Spannender (Fernsehserien-)Krimi um die couragierte Ermittlerin aus Göteborg. – Ab 16.
Schweden / Deutschland 2011 **P** Illusion Film & Television / Yellow Bird / Kanal 5 **Kl** offen **Pd** Daniel Ahlqvist, Johan Fälemark, Hillevi Råberg, Lotta Dolk, Jon Petersson **R** Alexander Moberg **B** Jonas Cornell, Lars Bill Lundholm **K** Erik Persson **M** Thomas Hagby, Fredrik Lindin **S** Rasmus Ohlander **D** Angela Kovács (Irene Huss), Lars Brandeby (Sven Andersson), Reuben Sallmander (Krister Huss), Dag Malmberg (Jonny Blom), Eric Ericson (Fredrik Stridh), Moa Gammel (Elin Nordenskjöld), Anki Lidén (Yvonne Stridner), Mikaela Knapp (Jenny Huss), Felicia Löwerdahl (Katarina Huss), Nanna Blondell (Maria) **L** 87 **E** 26.12.2012 ARD fd –

Irene Huss, Kripo Göteborg – Teufelskreis
IRENE HUSS – TYSTNADENS CIRKEL
Nach dem Fund der Leiche eines brutal misshandelten jungen Mannes kommt die zuständige Kriminalkommissarin einer Bande auf die Spur, die Jugendlichen in einer Disco eine Party-Droge verabreicht und sie später für brutale Sex-Spiele missbraucht. (Fernsehserien-)Krimi, der seine Spannung daraus bezieht, dass auch die Tochter der Ermittlerin den skrupellosen Verbrechern in die Falle geht. – Ab 16.
Schweden / Deutschland 2011 **P** Illusion / Kanal 5 / Yellow Bird **Kl** offen **Pd** Daniel Ahlqvist, Johan Fälemark, Hillevi Råberg, Jessica Ask, Hans-Wolfgang Jurgang, Jon Petersson, Fredrik Zander **R** Emiliano Goessens **B** Stefan Ahnhem **Vo** Helene Tursten (Charaktere) **K** Andreas Wessberg **M** Thomas Hagby, Fredrik Lidin **D** Angela Kovács (Irene Huss), Lars Brandeby (Sven Andersson), Reuben Sallmander (Krister Huss), Dag Malmberg (Jonny Blom), Eric Ericson (Fredrik Stridh), Moa Gammel (Elin Nordenskjöld), Anki Lidén (Yvonne Stridner), Mikaela Knapp (Jenny Huss) **L** 87 **E** 25.5.2012 ARD fd –

Irene Huss, Kripo Göteborg – Tödliches Netz
IRENE HUSS – DET LÖMSKA NÄTET
Ein Unbekannter kontaktiert im Chatroom weibliche Teenager, lockt sie an und ermordet sie. Die Spur der Ermittler führt zu einem Pendlerzug zwischen Malmö und Göteborg, den der Täter offensichtlich regelmäßig benutzt. Als die Beamten ihm eine Falle stellen, begehen sie einen folgenschweren Denkfehler. Routinierter (Fernsehserien-)Krimi, der auf die Gefahren von sozialen Netzwerken aufmerksam macht. – Ab 16.
Schweden / Deutschland 2011 **P** Illusion / Yellow Bird / Kanal 5 **Kl** offen **Pd** Daniel Ahlqvist, Johan Fälemark, Hillevi Råberg, Lotta Dolk, Jon Petersson **R** Richard Holm **B** Lars Bill Lundholm, Jonas Cornell **K** Andreas Wessberg **M** Thomas Hagby, Fredrik Lidin **D** Angela Kovács (Irene Huss), Lars Brandeby (Sven Andersson), Reuben Sallmander (Krister Huss), Dag Malmberg (Jonny Blom), Eric Ericson (Fredrik Stridh), Moa Gammel (Elin Nordenskjöld), Anki Lidén

(Yvonne Striderner), Mikaela Knapp (Jenny Huss) **L** 88 **E** 9.4.2012 ARD **fd** –

Iron Sky
IRON SKY
Ein schwarzer US-Astronaut stößt auf dem Mond auf eine Kolonie von Nazis, die auf dem Erdtrabanten den Untergang des Dritten Reichs überdauert haben. Mit einem gigantischen Raumschiff soll die Rückeroberung des blauen Planeten in Angriff genommen werden. Nazi-Klamotte, deren satirisches Potenzial und politische Unkorrektheiten sich in schwachsinnigen Zoten erschöpfen. (Titel auch: IRON SKY – WIR KOMMEN IN FRIEDEN!)
DVD/BD: Die Extras umfassen u.a. einen Audiokommentar des Regisseurs. Scope. Finnland/Deutschland/Australien 2012 **P** Blind Spot Pic. / 27 Films Prod. / New Holland Pic. / YLE **KI** Polyband **DVD** Splendid (16:9, 2.35:1, DD5.1 engl. & dt./dt.) **BD** Splendid (16:9, 2.35:1, dts-HDMA engl. & dt./ dt.) **Pd** Oliver Damian, Tero Kaukomaa, Samuli Torssonen **R** Timo Vuorensola **B** Michael Kalesniko **K** Mika Orasmaa **M** Laibach **S** Suresh Ayyar **D** Götz Otto (Klaus Adler), Julia Dietze (Renate Richter), Christopher Kirby (James Washington), Udo Kier (Wolfgang Kortzfleisch), Peta Sergeant (Vivian Wagner), Stephanie Paul (US-Präsidentin), Tilo Prückner (Doktor Richter), Kym Jackson (Julia McLennan) **L** 93 **FSK** ab 12; f **E** 5.4.2012 Kino / 12.10.2012 DVD **fd** 40 978

Iron Sky – Wir kommen in Frieden!
siehe: **Iron Sky**

Irvine Welsh's Ecstasy
IRVINE WELSH'S ECSTASY
Ein betont lässiger Tagträumer will seine Party-Nächte als Drogenkurier finanzieren, kommt aber wegen übler Schulden auf die Idee, selbst Ecstasy-Partys zu organisieren. Der nach einer Kurzgeschichte des Pop-Poeten Welsh konstruierte Spielfilm flirtet mit der Nähe zu TRAINSPOTTING, ohne formal und inhaltlich mithalten zu können. Die allzu wirre Dramaturgie konzentriert sich auf einen sich selbst überschätzenden Hauptdarsteller und kokettiert gedankenlos mit einer «schönen», musikgesättigten Drogenwelt.
Kanada/Großbritannien 2011 **P** Ecstasy Film / A Dollena Campbell Social Media &Outreach Prod. **DVD** Senator/ Universum (16:9, 1.78:1, DD5.1 engl./ dt.) **BD** Senator/Universum (16:9, 1.78:1, dts-HDMA engl./dt.) **Pd** Rob Heydon, Allan Levine **R** Rob Heydon **B** Rob Heydon, Ben Tucker **Vo** Irvine Welsh (Kurzgeschichte) **K** Brad Hruboska **M** Craig McConnell **S** Jeremiah Munce (= Jeremiah L. Munce) **D** Adam Sinclair (Lloyd Buist), Kristin Kreuk (Heather Thompson), Billy Boyd (Woodsy), Carlo Rota (Solo), Keram Malicki-Sánchez (Ally), Natalie Brown (Marie), Olivia Andrup (Hazel), Stephen McHattie (im Buist) **L** 100 **FSK** ab 16 **E** 5.12.2012 DVD & BD **fd** –

Ishiwara Kanji – Der General, der Japan in den Zweiten Weltkrieg führte ★
GÉNÉRAL INSHIWARA – L'HOMME QUI DÉCLENCHA LA GUERRE
Mit dem japanischen Überfall auf den Flottenstützpunkt Pearl Harbor weitete sich der Zweite Weltkrieg auf den asiatischen Raum aus. Bereits zehn Jahre zuvor hatte Japan unter General Ishiwara Kanji die zu China gehörende Mandschurei überfallen. Der Dokumentarfilm porträtiert den General, der die Konfrontation mit den USA und ihren Verbündeten früh voraussah und nach Kräften anheizte, um sich paradoxerweise nach Ausbruch des Kriegs mit aller Kraft für dessen Beendigung einzusetzen. Das Bild einer widersprüchlichen Persönlichkeit wird durch einen Teil der umfangreichen Filmaufnahmen ergänzt, in denen der General den militärischen Alltag sowie sein gesellschaftliches und familiäres Leben festhielt. – Ab 16.
Teils schwarz-weiß. Frankreich 2012 **P** Subreal Prod. / Arturo Mio / ARTE France **KI** offen **Pd** Guillaume Podrovnik, Stéphanie Roussel **R** Paul Jenkins **B** Bruno Birolli, Olivier Heinemann, Guillaume Podrovnik, Stéphanie Roussel **K** Krunoslav Vbrat **M** Yan Volsy **S** Olivier Heinemann **L** 82 **E** 20.11.2012 arte **fd** –

Isle of Man TT – Hart am Limit
TT3D: CLOSER TO THE EDGE
Trotz seiner nur knapp 60 Kilometer langen Distanz gilt die «Isle of Man – Tourist Trophy» als das härteste Motorrad-Rennen der Welt. Ein Grund dafür ist, dass das Rennen auf normalen Straßen ausgetragen wird, die Teilnehmer nicht immer Profis sind und es kaum Bremspunkte auf der Strecke gibt. Seit dem Beginn dieser gefährlichen Rallye im Jahr 1907 starben 223 Fahrer auf der Kanalinsel. Das Filmteam hat sich des Spektakels angenommen und wirft einen bemerkenswerten, dabei sehr unterhaltsamen Blick auf eine eingeschworene Community, die bereit ist, ihr (soziales) Leben völlig ihrer Leidenschaft unterzuordnen. – Ab 14.
DVD/BD: Der Film ist auf DVD, BD und 2D/3D-BD erhältlich.
3D. Großbritannien 2011 **P** Isle of Man Film / CinemaNX **KI** Ascot Elite (Schweiz) **DVD** Ascot/Elite (16:9, 1.78:1, DD5.1 engl./dt., dts engl.) **BD** Ascot/Elite (16:9, 1.78:1, dts-HD engl./ dt.) **Pd** Steve Christian, Marc Samuelson, Andrew Fingret, Richard Hewitt, Adam May **R** Richard de Aragues **K** Thomas Kürzl **M** Andy Gray **S** Beverley Mills **L** 99 **FSK** ab 12 **E** 4.4.2012 DVD / 7.6.2012 Schweiz **fd** –

Italy, Love It or Leave It ★
ITALY, LOVE IT OR LEAVE IT
Unterhaltsamer Dokumentarfilm über Italien, aufbereitet als Road Movie, in dem sich die beiden Filmemacher selbst als streitsüchtiges Paar inszenieren, das das Land bereist und temperamentvoll über Vorzüge und Probleme der italienischen Lebensart sowie politischer und wirtschaftlicher Bedingungen diskutiert. Ein amüsant-kurzweiliges und dabei zugleich sehr differenziertes Porträt des Landes und seiner Bewohner. – Ab 14.
Italien / Deutschland 2011 **P** HIQ Prod. / NDR-ARTE / WDR / RAI 3 **KI** déjà-vu film **Pd+R+B** Gustav Hofer, Luca Ragazzi **K** Michele Paradisi **M** Santi Pulvirenti **S** Desideria Rayner **L** 75 **FSK** ab 12 **E** 27.11.2011 arte / 4.10.2012 **fd** 41 295

DER JUNGE MIT DEM FAHRRAD (Alamode)

J. Edgar
J. EDGAR

Die Lebensgeschichte von J. Edgar Hoover (1895–1972), der 37 Jahre lang Chef des FBI war und für seine rigorose Jagd auf Kommunisten und Gangster berühmt und berüchtigt wurde. Ohne die historischen Fakten zu vernachlässigen, fahndet Clint Eastwood in dieser Filmbiografie nach dem Menschen hinter der äußeren Fassade. Weder Verachtung noch Bewunderung kennzeichnen sein filmisches Porträt, das sich vielmehr durch die Faszination für eine schillernde Persönlichkeit auszeichnet, ohne ein moralisches Urteil abzugeben. – Hervorragend inszeniert und gespielt. – Sehenswert ab 16.
Scope. USA 2011 **P** Imagine Ent. / Malpaso / Wintergreen Prod. **KI** Warner Bros. **DVD** Warner (16:9, 2.35:1, DD5.1 engl./dt.) **BD** Warner (16:9, 2.35:1, dts-HDMA engl, DD5.1 dt.) **Pd** Brian Grazer, Robert Lorenz, Clint Eastwood, Ron Howard **R** Clint Eastwood **B** Dustin Lance Black **K** Tom Stern **M** Clint Eastwood **S** Joel Cox, Gary Roach **D** Leonardo DiCaprio (J. Edgar Hoover), Naomi Watts (Helen Gandy), Armie Hammer (Clyde Tolson), Josh Lucas (Charles Lindbergh), Judi Dench (Annie Hoover), Damon Herriman (Bruno Hauptmann), Jeffrey Donovan (Robert F. Kennedy), Ed Westwick (Agent Smith), Ken Howard (U.S. Attorney General Stone), Stephen Root (Arthur Koehler), Lea Thompson (Lela Rogers) **L** 137 **FSK** ab 12; f **FBW** bw **E** 19.1.2012 Schweiz / 19.2.2012 / 25.5.2012 DVD & BD **fd** 40 878

Jack Reacher
JACK REACHER

Ein Kriegsveteran, der bei einem Amoklauf scheinbar mehrere Passanten erschossen hat, bittet um Konsultation eines ehemaligen Militärpolizisten. Dieser stößt auf Ungereimtheiten und kommt einem undurchsichtigen Komplott auf die Spur. An Actionthriller der 1970er-Jahre angelehntes «Hard Boiled»-Drama um einen Rächer, der in «Dirty Harry»-Manier am Rechtsstaat vorbei für Ordnung sorgt. Ein mit genreüblichen Action-Schauwerten prunkender, geradlinig erzählter Film, der sich vor allem durch seine Besetzung von Gros ähnlicher Filme abhebt. – Ab 16.
Scope. USA 2012 **P** Paramount Pic. / Mutual Film Company / Skydance Prod. **KI** Paramount **Pd** Tom Cruise, David Ellison, Dana Goldberg, Don Granger, Gary Levinsohn, Kevin J. Messick, Paula Wagner **R+B** Christopher McQuarrie **Vo** Lee Child (Roman *One Shot / Sniper*) **K** Caleb Deschanel **M** Joe Kraemer **S** Stephen M. Rickert jr., Kevin Stitt **D** Tom Cruise (Jack Reacher), Rosamund Pike (Helen Rodin), Richard Jenkins (Bezirksstaatsanwalt Rodin), David Oyelowo (Det. Emerson), Werner Herzog (The Zec), Jai Courtney (Charlie), Joseph Sikora (Barr), Michael Raymond-James (Linsky), Alexia Fast (Sandy), Robert Duvall (Cash) **L** 131 (24 B./sec.) / 126 (25 B./sec.) **FSK** ab 16; f **E** 26.12.2012 Schweiz / 3.1.2013 **fd** 41 477

Jack Says
JACK SAYS

Ein Kleinkrimineller hat sein Gedächtnis verloren. Der einzige Funken Erinnerung ist eine Adresse in Paris, und so flieht er von London in die französische Metropole und hofft auf Aufklärung und die Rückkehr seines Gedächtnisses. Immerhin ist er neben einer Leiche aufgewacht und für die Polizei der Hauptverdächtige. Harter, mit etwas Sightseeing garnierter Thriller, der routiniert, aber kaum fesselnd auf eine verquere Lösung zusteuert.
Großbritannien 2008 **P** Kaölimasu Prod. / Lucky Strike **DVD** MIG **Pd** Mark Davey, Eva Hamilton, Toby Meredith, Simon Phillips, Aaron Sayers, Garry Stewart, Rick Themistocli, Miran Mashadi **R** Bob Phillips **B** Paul Tanter **K** Bob Komar **M** David Beard **S** Paula Baker **D** Simon Phillips (Jack), Rita Ramnani (Erin), Aurélie Amblard (Girl X), Daniel Roberts (Bote), Rula Lenska (Garvey), Mike Reid (der Boss), Eric Cantona (Mann an der Bar), Ashlie Walker (Natalie) **L** 87 **FSK** ab 18 **E** 28.3.2012 DVD **fd** –

Jack the Reaper
JACK THE REAPER

Beim Besuch eines Eisenbahnmuseums erfahren einige junge Leute

etwas über die US-amerikanische Industriegeschichte, aber auch über Jack the Reaper, der seinen Opfern an Schienensträngen auflauert. Nach einer Autopanne wollen sie die Nacht auf einem nahe gelegenen Rummelplatz verbringen, dort aber wartet der Reaper (Schnitter) schon. Belangloser Slasher-Film, der sich allenfalls Gedanken um die Auswahl seiner Mordwerkzeuge gemacht hat.
DVD/BD: Die FSK-Freigabe «ab 18» der DVD/BD bezieht sich auf das Bonusmaterial (Trailer etc.), der Film selbst hat eine Freigabe «ab 16».
USA 2011 **P** Kilo Entertainment / Mad Crapper Films **DVD** Great Movies (16:9, 1.78:1, DD5.1 engl./dt.) **BD** Great Movies (16:9, 1.78:1, dts-HDMA engl./dt.) **Pd** Sally Kirkland, Sheri Reeves, Douglas Tait **R+B** Kimberly Seilhamer **K** Reinhart Peschke **M** Deeji Mincey, Boris Zelkin **S** Waldemar Centeno **D** Douglas Tait (Railroad Jack), Sally Kirkland (Harold's Nana), Tony Todd (Mr. Steele), Joel Bryant (William), Stacey Carino (Emma), Jemal Draco (Tyler), Alexandra Holder (Jesse), Andrew Olsen (Casper) **L** 83 **FSK** ab 16 **E** 19.1.2012 DVD & BD **fd** –

Jack und Jill
JACK AND JILL
Ein Werbefachmann versucht, den Filmstar Al Pacino für einen Reklame-Spot anzuheuern. Dieser aber hat nur Augen für dessen wenig charmante Zwillingsschwester. Exaltierte Komödie mit einem lustvoll sich selbst karikierenden Al Pacino, die dank seines enthemmten Spiels einen hinreißend anarchischen Irrwitz entfaltet. Allerdings strapaziert der Film in den Sequenzen ohne Al Pacino durch seine Plattheit die Geduld und laviert sich als eher holprige Melange über die Runden. – Ab 12 möglich.
DVD/BD: Die Extras enthalten u. a. ein Feature mit 13 im Film nicht verwendeten Szenen (19 Min.). BD und DVD enthalten eine Audiodeskription für Sehbehinderte, allerdings nur in englischer Sprache.
USA 2011 **P** Broken Road Prod. / Happy Madison Prod. **Kl** Sony **DVD** Sony (16:9, 1.85:1, DD5.1 engl./dt.) **BD** Sony (16:9, 1.85:1, dts-HDMA engl./ dt.) **Pd** Todd Garner, Jack Giarrapulo, Adam Sandler **R** Dennis Dugan **B** Steve Koren (= Steven Wayne Koren), Adam Sandler **K** Dean Cundey **M** Ru-

pert Gregson-Williams **S** Tom Costain **D** Adam Sandler (Jack Sadelstein / Jill Sadelstein), Katie Holmes (Erin Sadelstein), Al Pacino (Al Pacino), Eugenio Derbez (Felipe), Elodie Tougne (Sofia Sadelstein), Rohan Chand (Gary Sadelstein), David Spade (Monica), Nick Swardson (Todd) **L** 91 **FSK** o.A.; f **E** 26.1.2012 / 31.5.2012 DVD & BD **fd** 40896

Jagd auf Bin Laden
Kritischer (Fernseh-)Dokumentarfilm, der die Jagd der US-Regierung auf Terroristenführer Bin Laden analysiert. Das Archivmaterial aus Quellen der CIA und des Pentagon wird ebenso transparent gemacht wie Fehlentscheidungen und folgenschwere Pannen aufgedeckt werden, die die Ergreifung Bin Ladens immer wieder verhinderten. Beteiligte, Strategen und unmittelbare Entscheidungsträger der Aktionen erläutern ihr Handeln, wobei sich der Schwerpunkt des Films auf die Rolle Pakistans und die letzten Tage des Terroristen konzentriert, der am 2.5.2011 erschossen wurde. – Ab 16.
Deutschland/USA 2012 **P** Brook Lapping Prod. / ZDF / arte **Kl** offen **Pd** Leslie Woodhead **R+B** Leslie Woodhead, Talya Tibbon **L** 90 **E** 1.5.2012 arte **fd** –

Die Jagd nach dem Bernsteinzimmer
Ein Mann erwacht mit Schusswunden, aber ohne Gedächtnis im Krankenhaus. Seine Frau und ein Freund finden heraus, dass er kurz davor stand, das legendäre Bernsteinzimmer zu entdecken, das 1945 aus dem Königsberger Schloss verschwand. Sie machen sich daran, seine letzten Schritte zu rekonstruieren. Triviale, mit großem äußerem Aufwand inszenierte (Fernseh-) Abenteuer- und Action-Komödie; gelegentlich eingestreute Ironie-Sprengsel lassen sich den Film bei allem überdrehten Pathos noch als passable Unterhaltung konsumieren. – Ab 12.
Deutschland 2012 **P** Dreamtool/Telepool (für RTL) **DVD** KSM (16:9, 1.78:1, DD5.1 dt.) **BD** KSM (16:9, 1.78:1, dts-HDMA dt.) **Pd** Stefan Raiser, Felix Zackor **R** Florian Baxmeyer **B** Derek Meister, Simon X. Rost **K** Peter-Joachim Krause **M** Dynamedion **S** Moune Barius **D** Kai Wiesinger (Eik Meiers), Bettina Zimmermann (Katharina Meiers), Fabian Busch

(Justus), Sonja Gerhardt (Krimi), Annika Blendl (Mila Marglund), Clemens Schick (Jan van Hassel), Ralph Herforth (Gremme), Thomas Darchinger (Monhaupt), Andreas Grusinski (Quandt), Andreas Wellano (Albert Einstein), Bibiana Zeller (ältere Dame) **L** 104 **FSK** ab 12 **E** 16.9.2012 RTL / 17.12.2012 DVD & BD **fd** –

Die Jagd nach dem weißen Gold
Der deutsche Botschafter in Sambia soll zwischen Staaten vermitteln, die um die Schürfrechte einer Kupfermine konkurrieren, und den Zuschlag für sein Heimatland erreichen. Dabei gerät er in die Fänge einer verführerischen Afrikanerin, was seine Beziehung zu einer deutschen Ärztin gefährdet. Derweil ist seine erwachsene Tochter Elfenbein-Schmugglern auf der Spur und gerät in Lebensgefahr. Plump und uninspiriert inszenierte (Fernseh-)Schmonzette vor der Kulisse des südlichen Afrikas als Fortsetzung einer lose konzipierten Abenteuerreihe (vgl. AUFTRAG IN AFRIKA, 2010), in der die Schwarzen einmal mehr als Staffage, folkloristisches Beiwerk oder als reine Abziehfiguren eingesetzt werden. – Ab 14.
Deutschland 2012 **P** U5 Filmprod. **Kl** offen **Pd** Norbert Walter, Karl-Eberhard Schäfer, Giselher Venzke, Bertha Spieker **R** Sigi Rothemund **B** Daniel Maximilian, Thomas Pauli **K** Drägan Rogulj **M** Oliver Kranz **S** Darius Simaifar **D** Walter Sittler (Sebastian Gerber), Katharina Abt (Karen), Susanne Bormann (Lilly), Ulrike Krumbiegel (Frau Schumann), Gontse Nishegang (Ashanti), Langley Kirkwood (Arno Rohwick) **L** 90 **E** 4.6.2012 ZDF **fd** –

Die Jäger – The New Open Season
THE HUNTERS
Ein junger Polizist macht sich als Neuling in einer Kleinstadt mit seinen verwegenen Theorien über eine Mordserie eher unbeliebt. Als er wegen eines anderen Falls in einem verlassenen Fort im Wald ermittelt, wartet schon die «illustre» Jagdgesellschaft auf ihn. Mäßig spannender Psychothriller, der mit einigen unerwarteten Wendungen nur halbwegs punktet.
Frankreich/Belgien/Luxemburg 2011 **P** HUMAL Prod. / Tarantula **DVD** WGF/Schröder-Media (16:9, 1.85:1, DD5.1 engl./dt.) **BD** WGF/Schröder-Media (16:9, 1.85:1, dts-HD engl./dt.)

Pd Thomas Malmonte, Donato Rotunno, Joseph Rouschop **R** Chris Briant **B** Michael Lehman **K** John B. Aronson (= John Aronson) **M** Mark Snow **S** Sabine Emiliani **D** Steven Waddington (Ronny), Tony Becker (Oliver Sheribow), Dianna Agron (Alice), Terence Knox (Bernard), Jay Brown (Stephen), Chris Briant (Le Saint), Xavier Delambre (William Icham), Philip Correia (David) **L** 107 **FSK** ab 18 **E** 13.9.2012 DVD & BD **fd** –

Jahr des Drachen
Der Mitarbeiter eines deutschen Textilunternehmens soll in Saigon ein Joint Venture aushandeln, wobei er sich in eine junge Vietnamesin verliebt, die ihn die Sorgen um seine krebskranke Frau vergessen lässt. Ohne sein Wissen folgt sie ihm nach Deutschland, wo er zu einem Doppelleben gezwungen ist. Höchst dramatisch verlaufender (Fernseh-)Film um die Midlife-Krise eines Mannes zwischen zwei Frauen, Pflichten und Verpflichtungen. Zwar überzeugt der Hauptdarsteller, der große Emotionen ausdrückt, doch innerhalb der konstruierten Handlung deutlich zu passiv ist. Auch bleibt das Zusammentreffen asiatischer und deutscher Kultur eher der Exotik verhaftet. – Ab 14.
Deutschland 2012 **P** Colonia Media (für WDR) **DVD** Edel (16:9, 1.78:1, DD5.1 dt.) **Pd** Sonja Goslicki, Anke Scheib, Götz Schmedes, Frank Tönsmann **R** Torsten C. Fischer **B** Karl-Heinz Käfer **K** Holly Fink **M** Martin Tingvall **S** Benjamin Hembus **D** Klaus J. Behrendt (Thomas Eichner), Karoline Eichhorn (Maren Eichner), Nina Liu (Huong), Lang Dang Ngoc (Nguyen Van Thang), Jeanette Hain (Cornelia Behlke), Uwe Bohm (Lars Behlke), Florian Bartholomäi (Daniel Eichner), Yung Ngo (Phan Hung/Minh) **L** 90 **FSK** ab 12 **E** 10.10.2012 ARD / 9.11.2012 DVD **fd** –

Das Jahr des Frühlings
Der Dokumentarfilm analysiert die Ursachen, die 2011 zu revolutionären Umbrüchen in einigen Ländern der arabischen Welt (Tunesien, Libyen, Ägypten, Jemen) führten, zeigt aber auch die Situation in Syrien, wo Diktator al-Assad mit allen Mitteln an der Macht zu bleiben versucht und einen Bürgerkrieg in Kauf nimmt. Angesichts der nicht immer demokratischen Entwicklungen, stellt er die Frage, ob die großen Umwälzungen in diesen Ländern nicht in einer großen Enttäuschung enden könnten. – Ab 16.
Deutschland 2011 **P** SWR/arte **Kl** offen **R** Susanne Sterzenbach, Alexander Stenzel, Stephan Buchen, Lourdes Picareta **L** 90 **E** 7.2.2012 arte **fd** –

Ein Jahr nach morgen
siehe: **Ein...**

Ein Jahr vogelfrei
siehe: **Ein...**

Jahreszeiten der Liebe – Mausam
siehe: **Mausam – Jahreszeiten der Liebe**

Jane Eyre
JANE EYRE
(Fernseh-)Adaption des Romanklassikers von Charlotte Brontë: Die Waise Jane Eyre absolviert nach einer harten Kindheit eine Ausbildung als Gouvernante und findet Anstellung auf einem Gut, wo sie sich um die Erziehung der Tochter ihres Arbeitsgebers kümmert. Sie verliebt sich in den geheimnisumwitterten Mann, der ihre Gefühle zu erwidern, jedoch ein doppeltes Spiel zu treiben scheint. Erst nach mannigfaltigen Schicksalsschlägen findet die dramatische Geschichte zum glücklichen Ende. Das mit den Ingredienzen der viktorianischen Romanliteratur angereicherte Porträt einer ebenso willensstarken wie sensiblen Frau. – Ab 12.
Großbritannien 2006 **P** BBC/WGBH **DVD** KSM (16:9, 1.78:1, DD2.0 engl./dt.) **Pd** Diederick Santer **R** Susanna White **B** Sandy Welch **Vo** Charlotte Brontë (Roman) **K** Mike Eley **M** Robert Lane **S** Jason Krasucki **D** Ruth Wilson (Jane Eyre), Georgie Henley (junge Jane Eyre), Toby Stephens (Edward Fairfax Rochester), Tara Fitzgerald (Mrs. Reed), Christina Cole (Blanche Ingram), Lorraine Ashbourne (Mrs. Fairfax), Pam Ferris (Grace Poole), Richard McCabe (Mr. Brocklehurst) **L** 203 (51/50/51/51) (DVD: 230) **FSK** ab 6 **E** 4.4.2011 DVD / 6./7.9.2012 arte (2 x 2 Teile) **fd** –

Janosch – Komm, wir finden einen Schatz!
Frei nach Janoschs Kinderbuchklassiker schickt der Zeichentrickfilm den Kleinen Bären und den Kleinen Tiger auf eine abenteuerliche Schatzsuche. Begleitet werden sie von einem vorwitzigen Hasen, der Freunde sucht, während ihnen zwei Konkurrenten bei der Jagd nach dem Piratengold zuvorkommen wollen. Gute Unterhaltung für kleinste Kinobesucher. Zwar werden die Lebensklugheit und der Hintersinn der Vorlage nivelliert, deren zentrale Botschaft aber bewahrt und in eine Filmhandlung übersetzt, die mit kurzweiligen Episoden und sympathischen Figuren den Bedürfnissen von Kindern im Vorschulalter entspricht. – Ab 6.
3D. Deutschland 2010 **P** Papa Löwe Filmprod. / Virgin Lands Animated Pic. **Kl** MFA+ **Pd+R** Irina Probost **B** Nana Meyer **Vo** Janosch (= Horst Eckert) (Kinderbuch) **M** Marius Ruhland **S** Peter Heynen **L** 73 **FSK** o.A.; f **E** 24.5.2012 / 4.10.2012 Schweiz
fd 41 088

Jardin de Amapolas – Mohnblumenwiese ★
JARDIN DE AMAPOLAS
Ein neunjähriger Bauernjunge gerät in den Bergen Kolumbiens zwischen die Fronten von Drogenmafia und Militär, als er seinem Vater auf eine Mohnplantage folgt. Obwohl die Verstrickungen der Erwachsenen in den blutigen Drogenkrieg deutlich skizziert werden, schildert der elliptisch strukturierte Debütfilm das Geschehen primär aus kindlicher Sicht. Die Freundschaft zu einem gleichaltrigen Mädchen hilft dem jungen Protagonisten über manche Katastrophe hinweg. Der Film setzt auf eine beständige Spannungssteigerung, streut trotz aller Tragik aber auch humorvolle Passagen ein, die vor allem den beiden Kinderdarstellern zu verdanken sind. (O.m.d.U.) – Ab 12.
Kolumbien 2012 **P** Chirimoya Films **Kl** Cine Global **Pd** Juan Carlos Melo Guevara, Maja Zimmermann, Ramiro Fierro **R+B** Juan Carlos Melo Guevara **K** Iván Quiñones **S** Gabriel Baudet **D** Luis Lozano (Ramiro), Paula Paez (Luisa), Juan Carlos Rosero (Wilson), Luis Burgos (Simon), Carlos Hualpa (Emilio) **L** 101 **FSK** – **E** 6.12.2012
fd 41 430

Jasmin
JASMIN
Kammerspiel um eine junge Frau, die bei einem Selbstmordversuch ihre kleine Tochter getötet, selbst aber

überlebt hat. Der Film schildert vier Sitzungen der Frau bei einer Psychiaterin, die ein Gutachten über ihre psychische Verfassung erstellen soll. Im Lauf der Gespräche werden Kindheit und Jugend rekapituliert und Fragen nach Sexualität, elterlichen Beziehungen und der sozialen Situation verhandelt. Der Film verzichtet auf einfache Erklärungsmuster, sondern entfaltet eine komplexe Dynamik von Lebensumständen. Während die Darstellerinnen überzeugen, leidet das Drama an inszenatorischen Schwächen, vor allem am unentschiedenen Schwanken zwischen Theatralität und Realismus. – Ab 16.
Deutschland 2011 **P** milk film **KI** Camino **Pd** Felix Parson, Christian Lyra **R** Jan Fehse **B** Christian Lyra **K** Jan Fehse **S** Ulrike Tortora **D** Anne Schäfer (Jasmin), Wiebke Puls (Dr. Feldt), Saladin Dellers (Sascha), Naftali Wyler (Patrick), Basil Medici (Moni), Heidi Züger (Saschas Mutter), Dieter Stoll (Bauer Rüegg), Carmen Klug (Bäuerin Rüegg), Naemi Eggimann (Sarah), Marcus Signer **L** 88 **FSK** ab 16; f **E** 14.6.2012   **fd** 41 112

Jaurès ★
JAURES
Von der Wohnung seines Geliebten aus beobachtet der Filmemacher mehrere Monate lang das Alltagstreiben um die Pariser Métro-Station Jaurès. Sein besonderes Interesse gilt Afghanistan-Flüchtigen, die unter einer Brücke Quartier bezogen haben. Der Film endet im Sommer mit der Räumung des Camps. Das eindrucksvolle Doku-Essay richtet den Blick sowohl nach außen als auch nach innen und gewährt Einblicke in großes Welttheater. Ein berührender Versuch über Freundschaft, Liebe und Erinnerung. – Ab 16.
Frankreich 2012 **P** La Huit Prod. / Cinaps TV **KI** offen **Pd** Stéphane Jourdain, Romain Pomedio **R+B** Vincent Dieutre **K** Vincent Dieutre, Jeanne Lepoiria **S** Mathias Boufferz **L** 83 **E** 24.9.2012 arte   **fd** –

Jean-Jacques Rousseau – Nichts zu verbergen
JEAN-JACQUES ROUSSEAU – TOUT DIRE
Anhand von Aufzeichnungen, autobiografischen Schriften und theoretischen Texten, die der Schweizer Schauspieler Roger Jendly vorträgt, nähert sich der dokumentarische Film dem Philosophen Jean-Jacques Rousseau (1712–1778), dessen radikale Denkanstöße auch heute noch Gültigkeit haben und der den Freiheitsbegriff des modernen Menschen nachhaltig prägte. Daraus resultiert das ebenso facetten- wie abwechslungsreiche Bild eines Einzelgängers und Querdenkers. – Ab 16.
Schweiz / Frankreich 2012 **P** PS Productions / RTS / ARTE France **KI** offen **Pd** Xavier Grin **R+B** Katharina von Flotow **L** 87 **E** 23.6.2012 arte   **fd** –

Jean-Louis Trintignant – Warum ich lebe
JEAN-LOUIS TRINTIGNANT, POURQUOI QUE JE VIS
Als eine Art «filmisches Testament» angelegtes Porträt des Schauspielers Jean-Louis Trintignant (geb. 1930), der im Verlauf seiner Karriere in 130 Filmen und rund 50 Theaterstücken mitwirkte und zu den nachhaltig prägenden Gesichtern des französischen Kinos zählt. Der langjährige Freundschaft zwischen Trintignant und Regisseur Serge Korber sind bemerkenswert persönliche Statements des Darstellers zu verdanken. – Ab 12.
Frankreich 2012 **KI** offen **R** Serge Korber **L** 76 **E** 21.5.2012 arte   **fd** –

Jean Tinguely
TINGUELY
Dokumentarfilm über den Schweizer Künstler Jean Tinguely (1925–1991), der auf der Basis von Archivmaterial und Interviews dessen Leben und Werk beleuchtet. Damit bietet er eine gut recherchierte, ausführliche Materialsammlung; eine eigenständige filmische Aufbereitung sowie eine tiefer gehende Auseinandersetzung mit der Persönlichkeit des Künstlers und seinem Schaffen leistet der Film allerdings nicht. – Ab 14.
Teils schwarz-weiß. Schweiz 2010 **P** Hugofilm / SRG SSR **KI** Film Kino Text/Frenetic (Schweiz) **Pd** Thomas Thümena, Christian Davi, Christof Neracher **R+B** Thomas Thümena **K** Felix von Muralt **M** Roland Widmer, Stefan Rusconi, Stefan Willenegger **S** Myriam Flury **L** 87 **FSK** – **E** 26.5.2011 Schweiz / 17.5.2012 / 19.9.2012 SF 1   **fd** 41 057

Jeff, der noch zu Hause lebt
JEFF, WHO LIVES AT HOME
Ein knapp 30-jähriger Mann wohnt noch zu Hause, wo er sich weder mit seiner Mutter noch seinem Bruder versteht. Einen versehentlichen Anruf deutet er als ein Zeichen, dem er zu folgen beginnt. Eine von einer angenehm verträumten Stimmung getragene Tragikomödie mit vielen dramaturgischen Freiräumen, die atmosphärisch die von Unfällen, Streitereien und Versöhnungen begleitete «Entwicklungsreise» des orientierungslosen Losers begleitet. Die «schweifende» Dramaturgie krankt deutlich unter dem Versuch, massenkompatibel zu erzählen. – Ab 14.
USA 2011 **P** Indian Paintbrush / Jeff Brothers Prod. / Mr. Mudd / Right of Way Films **KI** Paramount **Pd** Lianne Halfon, Jason Reitman, Russell Smith **R+B** Jay Duplass, Mark Duplass **K** Jas Shelton **M** Michael Andrews **S** Jay Deuby **D** Jason Segel (Jeff), Ed Helms (Pat), Susan Sarandon (Sharon), Judy Greer (Linda), Rae Dawn Chong (Carol), Steve Zissis (Steve), Evan Ross (Kevin), Benjamin Brant Bickham **L** 83 (24 B./sec.) / 80 (25 B./sec.) **FSK** ab 6; f **E** 9.8.2012   **fd** 41 198

Jersey Devil
THE BARRENS / JERSEY DEVIL – THE BARRENS
Auf dem Weg zu einem erholsamen Camping-Kurztrip in die Sumpfwälder von New Jersey muss eine Familie erleben, dass die sagenumwobene Geschichte von einer grotesken, Menschen mordenden Gestalt namens Jersey Devil nicht ins Reich der «Urban Legends» gehört. Weitgehend solider Versuch von Saw II-Regisseur Darren Lynn Bousman, die vielen planlosen Wackelkamera-Ambitionen um den Waldhexen-Horror The Blair Witch Projekt mit einer soliden Handlung zu ersetzen, in der eine krisengeschüttelte Familie in der «wilden» Natur den wahren Horror erlebt.
DVD/BD: Die FSK-Freigabe «ab 18» der DVD/BD bezieht sich auf das Bonusmaterial (Trailer etc.), der Film selbst hat eine Freigabe «ab 16».
USA/Kanada 2012 **P** The Genre Co. / Empire Film & Entertainment **DVD** Splendid (16:9, 1.78:1, DD5.1 engl./dt.) **BD** Splendid (16:9, 1.78:1, dts-HD engl./dt.) **Pd** Darren Lynn Bousman, John M. Eckert, Richard

Saperstein, Brian Witten, Armen Aghaeian, Shara Kay, Stephen Moyer **R+B** Darren Lynn Bousman **K** Joseph White **M** Bobby Johnston **S** Erin Deck **D** Shawn Ashmore (Dale), Mia Kirshner (Cynthia Vineyard), Stephen Moyer (Richard Vineyard), Peter DaCunha (Danny Vineyard), Erik Knudsen (Ryan), Allie MacDonald (Sadie Vineyard), Athena Karkanis (Erica), Max Topplin (Zach) **L** 97 **FSK** ab 16 **E** 30.11.2012 DVD & BD   **fd** –

Jerusalem – The East Side Story ★
Dokumentarfilm über die Genese des Nahost-Konflikts: Mit Hilfe von Archivmaterial und Zeitzeugen-Berichten wird eine Linie vom Jahr 1917 bis in die Gegenwart gezogen. Im Mittelpunkt stehen die Auseinandersetzungen um das geteilte Jerusalem. Dabei nimmt der Film eine dezidiert palästinensische Perspektive ein, lässt aber auch jüdische Kritiker der israelischen Politik zu Wort kommen. Ein interessanter, sachlich gehaltener historischer Abriss mit vielen Leerstellen, die nach einer Ergänzung aus israelischer Perspektive verlangen. (O.m.d.U.) – Ab 16. Israel 2008 **P** Palestinian Agriculture Relief Committees **KI** EZEF **R** Mohammed Alatar **B** Mohammed Alatar, Jasmine Higazi, Susan Lourenco, Yan Zayed **K** Adel Abdul Qader, Hammoudeh Jreidi, Khaldoun Maghrabi, Nader Beilars, Oren Yakobovich **M** Mahmoud Yaseen, Said Mural **L** 57 **E** 15.11.2012   **fd** 41393

Jesus liebt mich
Eine Mitddreißigerin, die gerade noch ihre Hochzeit platzen ließ, verliebt sich in einen sanftmütigen Jüngling, in dem sie den wiederkehrenden Jesus erkennt, der das bevorstehende Ende der Welt ankündigt. Während im Schlagschatten der Apokalypse romantisch-zarte Bande sprießen, rüstet sich auch der Teufel für die endzeitliche Schlacht. Eine kalauernde Boulevardklamotte, die auf den Spuren des barocken Jesuitendramas nicht mit Kulissenzauber spart und sich ausgiebig aus dem Fundus der Kunst- und Filmgeschichte bedient, ohne mehr als burleske Kurzweil zu produzieren. – Ab 12 möglich. Deutschland 2012 **P** Ufa Cinema / ZDF **KI** Warner Bros. **Pd** Nico Hofmann, Steffi Ackermann, Thomas Peter Friedl, Patrick Zorer **R+B** Florian David Fitz **Vo** David Safier (Roman *Jesus liebt mich*) **K** Stefan Unterberger **M** Marcel Barsotti **S** Mona Bräuer **D** Jessica Schwarz (Marie), Florian David Fitz (Jeshua), Henry Hübchen (Gabriel), Hannelore Elsner (Silvia), Peter Prager (Werner), Nicholas Ofczarek (Satan), Michael Gwisdek (Gott), Palina Rojinski (Svetlana), Christine Schorn, Marc Ben Puch (= Marc-Benjamin Puch) **L** 100 **FSK** ab 12; f **E** 20.12.2012   **fd** 41450

Jet Li: Tai Chi Master
siehe: **Twin Warriors**

Jitters – Schmetterlinge im Bauch ★
ÓRÓI
Ein Teenager aus Rejkjavik verliebt sich während eines Sommerkurses in einen Mitschüler. Wieder zuhause, liegt die Romanze brach: Der Junge scheint wenig Lust auf ein Coming-out zu haben, und ohnehin haben er und seine Clique andere Probleme, vor allem wegen des Unverständnisses der Erwachsenen. Wie eine romantische Komödie beginnend, entwickeln sich die Probleme der Teenager zunehmend tragisch. Sensibel ins Lebensgefühl seiner Figuren eintauchend, problematisiert der Film dabei weniger die Homosexualität als vielmehr die Ignoranz von Eltern und Großeltern. (O.m.d.U.) – Ab 14. Scope. Island 2010 **P** The Islandic Filmcompany **DVD** Salzgeber (1.78:1, DD2.0 island.) **Pd** Július Kemp, Ingvar Thórðarson **R** Baldvin Z (= Baldvin Zophoníasson) **B** Ingibjörg Reynisdóttir, Baldvin Z (= Baldvin Zophoníasson) **K** Jóhann Máni Jóhansson **M** Olafur Arnalds **S** Sigurbjorg Jonsdottir **D** Atli Oskar Fjalarsson (Gabríel), Hreindís Ylva Garðarsdóttir (Stella), Gísli Örn Garðarsson (Haraldur), Birna Rún Eiríksdóttir (Gréta), Haraldur Ari Stefánsson (Marcus), Elías Helgi Kofoed-Hansen (Teddi), María Bjarnadóttir (Júdit), Kristín Pétursdóttir (Tara), Vilhelm Thór Neto (Mitrovik), Liija Guðrún Thorvaldsdóttir **L** 93 **FSK** ab 12 **E** 24.4.2012 DVD   **fd** 41129

Joana und die Mächte der Finsternis
Dokumentarisches Porträt einer couragierten Frau in Afrika: Die junge Nigerianerin wird von ihrem Vater beschuldigt, Schuld an seinen schlecht laufenden Geschäften zu sein, und muss sich einem gefährlichen Hexenritual unterziehen. Wenig später verlangt ihr zukünftiger Mann, der in Wien sein Geld verdient, ebenfalls eine reinigende Zeremonie, bei der sie unter Drogen gesetzt wird. Als sie herausfindet, dass er in Wien afrikanische Mädchen auf den Strich schickt, zeigt sie ihn an. Ihre Erlebnisse schreibt sie in einem Buch nieder und beginnt, sich für die Rechte afrikanischer Frauen zu engagieren. Der Dokumentarfilm zeichnet ein Bild des okkulten Afrika, in dem sich Hexenwahn, Voodoo-Religion und christliche Elemente vermischen. – Ab 16. Deutschland 2010 **P** Tellux Film (für BR) **KI** offen **Pd** Martin Choroba, Golli Marboe **R+B** Andrea Morgenthaler **K** Jan Kerhart **M** Hans Kraus-Hübner **S** Petra Scherer **L** 90 **E** 2.12.2012 hr **fd** –

Joe + Belle
JOE + BELLE
Durch den Tod eines Mannes werden zwei Frauen auf Gedeih und Verderb zu Verbündeten. Sie lassen den Leichnam verschwinden und flüchten von Tel Aviv nach Sderot. Respekt- und kompromissloser (lesbischer) Liebesfilm, der unter seiner ruppigen Schale eine fragile Beziehung zwischen zwei Frauen erzählt, denen nichts Besseres passieren kann, als gemeinsam zu leben – oder zu sterben. Israel 2011 **DVD** Pro-Fun (16:9, 1.78:1, DD2.0 hebrä.) **Pd** Amir Fishman **R** Veronica Kedar **B** Stav J. Davis **K** Ron Haimov **M** Daphna Keenan **S** Daniel S. Keysari **D** Sivan Levy (Belle), Veronica Kedar (Joe), Romi Aboulafia (Abigail), Irit Gidron (Shoshi), Yotam Ishav (Matan) **L** 80 **FSK** ab 16 **E** 22.6.2012 DVD   **fd** –

Johanna und der Buschpilot – Der Weg nach Afrika
Eine junge Ärztin, die ihrem Vater nie verziehen hat, dass er Deutschland verließ und in Afrika ein improvisiertes Krankenhaus errichtete, reist zu ihm, als sie von seiner lebensgefährlichen Krankheit erfährt. Ehe sie eintrifft, stirbt er. Die Ärztin will den väterlichen Besitz verkaufen, doch dann muss sie mit einem ruppigen Piloten, einem engen Freund des Vaters, in der Wüste notlanden. Abenteuerlich-trivialer (Fernseh-)Abenteuer- und Liebesfilm als Geschichte

einer Selbstfindung vor exotischer Kulisse. (Fortsetzung: JOHANNA UND DER BUSCHPILOT – DIE LEGENDE DER KRANICHE) – Ab 12.
Deutschland 2012 **P** Monaco Film **KI** offen **Pd** Joke Kromschröder **R** Ulli Baumann **B** Timo Berndt **K** Fritz Seemann **M** Karim Sebastian Elias **S** Manuela Kempf **D** Julia Brendler (Johanna Zarrmann), Kai Schumann (Thomas Marrach), Kevin Otto (Günther), Ndoni Khanyile (Rosi), Bernhard Piesk (Michael), Simone Hanselmann (Martina), Chris April (Gabriel), Nikol Voigtländer (Wilhelm Zarrmann) **L** 90 **E** 2.9.2012 ZDF **fd** –

Johanna und der Buschpilot – Die Legende der Kraniche

Fortsetzung von JOHANNA UND DER BUSCHPILOT – DER WEG NACH AFRIKA: Die deutsche Ärztin ringt sich dazu durch, die Arbeit ihres Vaters in Afrika fortzusetzen. Ihre noch frische Beziehung zu einem ruppigen Piloten gerät dadurch in Schieflage, und eine Weltenbummlerin sorgt für zusätzlichen Zündstoff. Konfektionierte (Fernseh-)Unterhaltung vor exotischer Kulisse. – Ab 12.
Deutschland 2012 **P** Monaco Film **KI** offen **Pd** Joke Kromschröder **R** Ulli Baumann **B** Timo Berndt **K** Fritz Seemann **M** Karim Sebastian Elias **S** Manuela Kempf **D** Julia Brendler (Johanna Zarrmann), Kai Schumann (Thomas Marrach), Kevin Otto (Günther), Ndoni Khanyile (Rosi), Bernhard Piesk (Michael), Simone Hanselmann (Martina), Chris April (Gabriel) **L** 90 **E** 9.9.2012 ZDF **fd** –

John Carter – Zwischen zwei Welten
JOHN CARTER

Verfilmung der ersten Romans aus dem *John Carter vom Mars*-Zyklus von Edgar Rice Burroughs, in dem der nach dem Tod seiner Frau von Schuldgefühlen geplagte John Carter, Offizier der Konföderierten, einen Goldschatz sucht und durch ein magisches Medaillon unversehens auf den Mars gerät. Dort schlägt er sich in einem kriegerischen Konflikt zweier Völker auf die Seite einer friedliebenden Prinzessin, in die er sich verliebt. Die visuell reizvolle, abenteuerliche Fantasy-Geschichte verbindet elegant Realfilm und Computeranimation, um eine vor Fantasie nur so strotzende fiktive Welt sowie eine mitunter zwar holprig erzählte, aber doch stets unterhaltsame, humorvoll aufgelockerte Heldengeschichte auszugestalten. – Ab 14.
DVD/BD: Erhältlich als DVD, 2D BD, 2D/3D BD sowie einer Edition mit DVD & BD.
Die Extras umfassen einen Audiokommentar des Regisseurs und der Produzenten Jim Morris und Lindsey Collins.
Die BD enthält zudem ein Feature mit elf im Film nicht verwendeten Szenen (19 Min.) sowie ein ausführliches «Making of» (35 Min.).
3D. Scope. USA 2011 **P** Walt Disney Pic. **KI** Walt Disney **DVD** Walt Disney (16:9, 2.35:1, DD5.1 engl./dt.) **BD** Walt Disney (16:9, 2.35:1, dts-HD7.1 engl./dt.) **Pd** Lindsey Collins, Jim Morris, Colin Wilson **R** Andrew Stanton **B** Andrew Stanton, Mark Andrews, Michael Chabon **Vo** Edgar Rice Burroughs (Roman *A Princess of Mars / Die Prinzessin vom Mars*) **K** Dan Mindel **M** Michael Giacchino **S** Eric Zumbrunnen **D** Taylor Kitsch (John Carter), Lynn Collins (Dejah Thoris), Samantha Morton (Sola), Willem Dafoe (Tars Tarkas), Dominic West (Sab Than), Mark Strong (Matai Shang), Thomas Haden Church (Tal Hajus), Ciarán Hinds (Tardos Mors), James Purefoy (Kantos Khan), Daryl Sabara (Edgar Rice Burroughs), Polly Walker (Sarkoja), Bryan Cranston (Powell) **L** 132 **FSK** ab 12; f **E** 8.3.2012 / 19.7.2012 DVD & BD **fd** 40 955

John Irving und wie er die Welt sieht ✶

Der Dokumentarfilm macht mit dem literarischen Werk und der Person des Schriftstellers John Irving vertraut. Irving (geb. 1942) gibt zudem Auskunft über seine Leidenschaft für das Ringen, woraus sich mannigfaltige Bezüge zu seiner Lebenswirklichkeit und seinem literarischen Schaffen ergeben. In ruhigen Bildern macht der klug konzipierte Film mit den Originalschauplätzen vieler Irving-Romane vertraut, zu denen entsprechende Zitate eingesprochen werden. Daraus resultiert eine ebenso harmonische wie sinnstiftende Symbiose aus Film und Literatur. (O.m.d.U.) – Ab 12.
Deutschland 2011 **P** Florianfilm **KI** W-film **Pd** Marianne Schäfer **R** André Schäfer **B** Hartmut Kasper, Claudia E. Kraszkiewicz **K** Andy Lehmann **M** Ritchie Staringer **S** Fritz Busse **L** 96 **FSK** o.A.; f **E** 1.3.2012 **fd** 40 938

John Woo's Dark Stone
siehe: **Dark Stone – Reign of Assassins**

Jonas
siehe: **Jonas – Stell dir vor, es ist Schule und du musst wieder hin!**

Jonas – Stell dir vor, es ist Schule und du musst wieder hin!

Ein Inszenierung und Fiktion «mixender» Film über ein «Schulexperiment» des Moderators und Schauspielers Christian Ulmen, der als fiktive Figur Jonas noch einmal die Schulbank in einer realen Gesamtschule mit authentischen Schülern und Lehrern drückt und dabei das Projekt einer Band-Gründung verfolgt. Ohne gesellschafts- oder schulpolitische Stoßrichtung wirft der sehr unterhaltsame Film einen betont freundlichen Blick auf die Institution Schule; dabei geht es ihm weniger um eine strukturelle Kritik als um das tragikomisch-spielerische Heraufbeschwören eines Kapitels der eigenen Lebensgeschichte mit ihren kleineren und größeren «Traumata». – Ab 12.
Deutschland 2011 **P** Boje Buck Prod. / ARD Degeto / DCM **KI** Delphi **Pd** Claus Boje, Sonja Schmitt, Hans-Wolfgang Jurgan (= Wolfgang Jurgan), Dario Suter, Christoph Daniel, Marc Schmidheiny **R** Robert Wilde **B** Johannes Boss, Robert Wilde **K** Frank Lamm **M** Jan Löchel, Burkhard Maria Fincke **S** David Gruschka **D** Christian Ulmen (Jonas Slooth) **L** 110 **FSK** ab 6; f **FBW** bw **E** 5.1.2012 **fd** 40 837

Juan of the Dead
JUAN DE LOS MUERTOS

Ein kubanischer Herumtreiber, der mit seinen Freunden in den Tag hinein lebt, wittert eine Einnahmequelle, als ein aus den USA eingeschlepptes Virus seine Landsleute in Zombies verwandelt. Doch das Geschäft, Familien von ihren untoten Angehörigen zu befreien, wird immer gefährlicher, je mehr Infizierte ihr Unwesen treiben. Einfallslos inszenierter Zombie-Klamauk mit billigen Pointen und laienhaften Darstellern, der auch durch vage politische Anspielungen keinen Reiz gewinnt.

Spanien/Kuba 2011 **P** La Zanfoña Prod. / Producciones de la 5ta Avenida **KI** Pandastorm **Pd** Gervasio Iglesias, Inti Herrera **R+B** Alejandro Brugués **K** Carles Gusi **S** Mercedes Cantero **D** Alexis Díaz de Villegas (Juan), Jorge Molina (Lazaro), Andrea Duro (Camila), Andros Perugorría (Vladi California), Jazz Vilá (La China), Eliecer Ramírez (El Primo), Blanca Rosa Blanco (Sara), Elsa Camp (Yiya), Antonio Dechent (Father Jones), Luis Alberto García (Padre), Susana Pous (Lucía) **L** 96 **FSK** ab 16; f **E** 12.4.2012 **fd** 41 000

Die Jugendjahre
siehe: **Kinder von St. Georg – Die Jugendjahre**

Jules Vernes – Insel am Ende der Zeit
siehe: **Die Insel am Ende der Zeit**

Julia X
JULIA X
Ein Serienkiller verabredet sich mit einem potenziellen zehnten Opfer, einer Frau, die sich ebenfalls als psychopathische Mörderin auf der Suche nach einem neuen Opfer entpuppt und zudem noch ihre Zwillingsschwester und deren ahnungslosen Freund im Schlepptau hat. Abstoßender Gewaltfilm als ein Gemetzel sondergleichen, das comichaft überzogene visuelle Effekte vorschiebt, um nicht unverblümt und lustvoll gewaltverherrlichend dazustehen.
DVD/BD: Erhältlich als DVD, 2D BD und 2D/3D BD – letztere nur in der ungeschnittenen SPIO/JK I-Version.
USA 2011 **P** Julia X **DVD** StudioCanal/Planet Media (16:9, 1.78:1, DD5.1 engl.) **BD** StudioCanal/Planet Media (16:9, 1.78:1, dts-HDMA engl.) **Pd** Greg Hall, P.J. Pettiette, Claudie Viguerie, Erich Biedermann, Jean-Maxime Perramon **R** P.J. Pettiette **B** Matt Cunningham **K** Jason Goodman **S** Rob Neal **D** Valerie Azlynn (Julia), Kevin Sorbo (der Fremde), Alicia Leigh Willis (Jessica), Ving Rhames (der Mann), Joel Moore (Sam), Saxon Sharbino (junge Julia), Greg Brazzel (der Vater), Meg Rains (junge Jessica) **L** 90 & 92 **FSK** ab 18 & SPIO/JK I **E** 2.10.2012 DVD & BD **fd –**

Juliette Gréco – Die Unvergleichliche
JULIETTE GRÉCO, L'INSOUMISE
Die französische Chanson-Sängerin Juliette Gréco, einst Muse des Existenzialismus, gibt freimütig Auskunft über ihre Karriere, ihr Leben und ihre Liebesbeziehungen. Der Dokumentarfilm ist das kurzweilige Porträt einer klugen und humorvollen Frau, die durchaus zu Selbstkritik fähig ist; er wird mit viel Musik und zahlreichen Archivaufnahmen angereichert und gibt Einblick in die Kulturgeschichte vergangener Tage. – Ab 12.
Teils schwarz-weiß. Frankreich 2011 **P** Cinétévé / INA /ARTE France **KI** offen **R+B** Yves Riou, Philippe Pouchain **L** 70 **E** 5.2.2012 arte **fd –**

Der Junge, der König war
THE BOY WHO WAS A KING
Dokumentarfilm über Simeon II., den letzten König von Bulgarien, der 1946 als kindlicher Regent ins Exil fliehen musste, nach 50 Jahren in seine Heimat zurückkehrte, eine Partei gründete und 2001 zum Ministerpräsident des Landes gewählt wurde. Doch die Wähler sahen in ihm in erster Linie eine Projektionsfläche ihrer Träume und Hoffnungen, weniger den Staatenlenker. Ein faszinierender Einblick in die Geschichte Bulgariens, der im Privaten das Politische darstellt. Alte und neue Interviews, Wochenschaumaterial und Archivaufnahmen verdichten sich zur multiperspektivischen Gesamtschau. – Ab 14.
Teils schwarz-weiß. Bulgarien / Deutschland / Großbritannien / Schweiz / Finnland 2011 **P** AGITPROP / zero one / BR / Channel 4 / TSR / YLE **KI** offen **R+B** Andrey Paounov **K** Boris Missirkov, Georgi Bogdanov **S** Svetla Neykova, René Frölke, Georgi Bogdanov, Andrey Paounov **L** 90 **E** 7.7.2012 Bayern 3 **fd –**

Der Junge mit dem Fahrrad ☆
LE GAMIN AU VÉLO
Ein Zwölfjähriger will sich nicht damit abfinden, dass ihn sein Vater ins Kinderheim abgeschoben hat. Voller Wut und Verzweiflung fährt er ihm auf seinem Fahrrad hinterher und bettelt darum, dass ihn der Vater wenigstens ab und an anrufe. In seiner Bedürftigkeit lässt er sich wahllos von Fremden helfen. Dabei gerät er an eine Friseurin, die sich seiner annimmt und ihm auch dann beisteht, als er auf die Versprechungen eines Straßendealer hereinfällt. Ein leises, genau beobachtetes und bis in die Einzelheiten hinein kunstvoll verdichtetes Sozialdrama, das gleichwohl bodenständig von der Erfahrung einer unbedingten Liebe handelt und mit der Aussicht auf Glück belohnt. – Sehenswert ab 12.
Belgien/Frankreich/Italien 2011 **P** Les Films du Fleuve / Archipel 35 / Lucky Red **KI** Alamode/Xenix (Schweiz) **DVD** Alamode (16:9, 1.85:1, DD5.1 frz./dt.) **BD** Alamode (16:9, 1.85:1, dts-HD frz./dt.) **Pd** Jean-Pierre Dardenne, Luc Dardenne, Denis Freyd, Andrea Occhipinti **R+B** Jean-Pierre Dardenne, Luc Dardenne **K** Alain Marcoen **S** Marie-Hélène Dozo **D** Thomas Doret (Cyril), Cécile de France (Samantha), Jérémie Rénier (Guy Catoul), Fabrizio Rongione (Buchhändler), Egon Di Mateo (Wes) **L** 87 **FSK** ab 12; f **E** 12.1.2012 Schweiz / 9.2.2012 / 31.8.2012 DVD & BD **fd** 40 893

Der jüngste Tag – Das Ende der Menschheit
COLLISION EARTH
Durch die Kollision mit einem Meteor wirft die Sonne das Planetengefüge durcheinander. Das könnte auch das Ende der Erde bedeuten. Aber vielleicht hat er eine nie ernst genommene militärwissenschaftliche Lösung. (Fernseh-)katastrophenfilm der lächerlichen Sorte, dessen Unsinnigkeiten nur noch durch seine billigen Spezialeffekte getoppt werden. – Ab 14.
Scope. Kanada 2011 **P** Colliding Pic. **DVD** Sunfilm (16:9, 2.35:1, DD5.1 engl./dt., dts dt.) **BD** Sunfilm (16:9, 2.35:1, dts-HDMA7.1 engl./dt.) **Pd** John Price **R** Paul Ziller **B** Ryan Landels **K** Tom Harting (= Thomas M. Harting) **M** Michael Neilson **S** Christopher A. Smith **D** Kirk Acevedo (James), Diane Farr (Victoria), Chad Krowchuk (Christopher), Jessica Parker Kennedy (Brooke), Adam Greydon Reid (Matthew), Andrew Airlie (Edward), David Lewis (Marschall), Catherine Lough Haggquist (Jennifer) **L** 90 **FSK** ab 12 **E** 9.8.2012 DVD & BD **fd –**

Jurassic Predator
ALLIGATOR X / XTINCTION: PREDATOR X
In den Sümpfen von Louisiana lauert ein prähistorisches Monster auf einige Verwegene sowie auf einige allzu Un-

vorsichtige. Auch wenn der deutsche Titel gleich zwei Bezüge zu bekannten Science-Fiction-Filmreihen herstellen will, findet sich in diesem Billighorrorfilm kaum mehr als Gallonen von Kunstblut.
DVD/BD: Erhältlich als DVD, 2D BD und 2D/3D BD. Die FSK-Freigabe «ab 18» der DVD/BD bezieht sich auf das Bonusmaterial (Trailer etc.), der Film selbst hat eine Freigabe «ab 16».
3D. USA 2010 **P** K2 Pic. / Inner Media / Leverage Entertainment **DVD** Great Movies (16:9, 1.85:1, DD5.1 engl./dt.) **BD** Great Movies (16:9, 1.85:1, dts-HDMA engl./dt.) **Pd** Matt Keith, George M. Kostuch, Cameron Larson, Lochlyn Munro, Mark Sheppard **R** Amir Valinia **B** Cameron Larson **K** John Lands **M** Kenneth Hampton **S** Christian McIntire **D** Mark Sheppard (Dr. Charles LeBlanc), Elena Lyons (Laura Le Crois), Paul Wall (Froggy), Lochlyn Munro (Sheriff Tim Richards), James DuMont (Deputy Tom), Debbie Gaudet (Lefty), Shane Partlow (Bud), Phillip Beard (Pappy) **L** 92 **FSK** ab 16 **E** 9.8.2012 DVD & BD
                                                         fd –

Just Like a Woman
JUST LIKE A WOMAN

Eine junge Frau aus Chicago will ihr bisheriges Leben hinter sich lassen und in Las Vegas an einem Wettbewerb für orientalischen Tanz teilnehmen. Auf ihrer Fahrt quer durch die USA begleitet sie eine marokkanische Immigrantin, die von zu Hause ausgerissen ist. Sie wird von der Polizei gesucht, weil sie angeblich am Tod ihrer verhassten Schwiegermutter schuld ist. Road Movie über die Erfüllung von Träumen sowie eine schwierige Freundschaft, in der sich zwei Kulturkreise annähern. Der Film ist Auftakt einer geplanten Trilogie, die sich mit dem Leben muslimischer Frauen in den USA auseinandersetzt. – Ab 16.
Frankreich 2012 **P** 3B Prod. / Taghit / Doha Film / Cohen Media Group / Minerva Pic. / arte / The Bureau / Artifical Eye / Tassili Films / the 7th Floor **KI** offen **Pd** Jean Bréhat **R** Rachid Bouchareb **B** Marion Doussot, Joëlle Touma, Rachid Bouchareb **K** Christophe Beaucarne **M** Éric Neveux **S** Yannick Kergoat **D** Sienna Miller (Marilyn), Golshifteh Farahani (Mona), Roschdy Zem (Mourad), Chafia Boudraa (Mourads Mutter), Jesse Harper (Harvey), Tim Guinee (George), Usman Ally (Ousman), Doug James (Georges Vater) **L** 106 **E** 14.12.2012 arte
                                                         fd –

DER KLEINE RABE SOCKE (Universum)

Kabarett, Kabarett
Dokumentarische Zeitreise durch die Geschichte des politischen Kabaretts in Deutschland, wobei der Schwerpunkt auf dem Geschehen in der Nachkriegszeit in Ost und West liegt, aber auch an die Kabaretts in den Konzentrationslagern der Nazis erinnert wird. Der Film stellt wichtige Vertreter dieser (Klein-)Kunstform vor, hinterfragt ihre Motivationen und gewährt Einblicke in ihre Arbeitsweise. Sichtbar wird, dass ein gewisser Zorn auf die bestehenden politischen Verhältnisse dem Gelingen eines Kabarett-Programms durchaus förderlich ist. – Ab 14.
Deutschland 2010 **P** Josef Rödl Filmprod. (für BR) **KI** offen **Pd** Wolfgang Latteyer **R+B** Josef Rödl **K** Martin Betz, Theo Dietzel, Simon Kuhlmann, Josef Mayerhofer **M** Golly Hertlein **S** Uwe Wrobel **L** 89 **E** 3.10.2010 BR   **fd** –

Kaddisch für einen Freund ★
Ein 14-Jähriger ist mit seiner palästinensischen Familie in Deutschland nur geduldet. Als er mit Freunden in Berlin die Wohnung eines aus Russland emigrierten Juden verwüstet, wird er erwischt und muss, um der Abschiebung zu entgehen, bei der Renovierung helfen. Das kammerspielartige Drama lässt in der Generationen übergreifenden Annäherung die ganze Gefühlsskala historischer Verwicklungen an, wobei am Ende die Freundschaft über politisch-religiöse Dogmen siegt. Der beachtliche Debütfilm vertraut auf die Konventionen einer naturalistischen Inszenierung, geizt aber auch nicht mit komischen Momenten. Manche Nebenfigur gerät mitunter etwas stereotyp, während die vorzüglichen Hauptdarsteller für berührende Momente sorgen. – Ab 14.
Scope. Deutschland 2011 **P** Sima Film/WDR/BR/ARTE **KI** farbfilm **Pd** Martin Bach **R+B** Leo Khasin **K** Mathias Schöningh **M** Fabian Römer, Dieter Schleip **S** Horst Reiter **D** Ryszard Ronczewski (Alexander), Neil Belakhdar (Ali), Neil Malik Abdullah (Walid), Sanam Afrashteh (Mouna), Kida Khodr Ramadan (= Kida Ramadan) (Mahmoud), Younes Hussein Ramadan (Younes), Heinz W. Krückeberg (Isja), Anna Böttcher (Schwester Sabine), Cemal Subasi (Bilal), Faruk Fakhro (Momo), Khader Issa (Hassan), Anis Ramid (Omar), Nassiem Nassar (Rashid) **L** 93 **FSK** ab 12; f **FBW** w **E** 15.3.2012   **fd** 40962

Kahlschlag – Der Kampf um ★
Brasiliens letzte Wälder
Dokumentarfilm über die gesellschaftlichen Auswirkungen der Rodung des brasilianischen Regenwalds. Der Position der Indios, deren Lebensraum durch den Verkauf des Walds an Farmer und ausländische Konzerne vernichtet wird, stellt er die Haltung der Landbesitzer gegenüber, ohne dies in einen größeren politischen oder globalen Rahmen einzuordnen. Obwohl es ihm damit an analytischer Kompetenz mangelt, liefert die Binnenperspektive, bereichert durch viele Alltagsszenen, einen lebendigen Eindruck der Situation vor Ort. (O.m.d.U.) – Ab 14.
Deutschland 2011 **P** Coreoperation Filmprod. **KI** Coreoperation **Pd+R+B** Marco Keller **K** Marco Keller **S** Barbara Toennieshen, Marco Keller **L** 98 **FSK** – **E** 15.3.2012   **fd** 40953

Kairo 678
CAIRO 678
Anhand dreier Frauen aus unterschiedlichen sozialen Schichten geht der Film dem Problem der sexuellen Belästigung von Frauen in Ägypten nach. Dabei reduziert er seine Protagonistinnen weitgehend auf ihre Fallgeschichten und bleibt damit zwangsläufig etwas thesenhaft; als engagierte Ausleuchtung eines gesellschaftlichen Missstands, der sowohl durch traditionelle Normvorstellungen als auch durch mangelhafte juristische Handlungsmöglichkeiten bedingt wird, ist er trotzdem aufrüttelnd. – Ab 14.
Ägypten 2010 **P** New Century Prod. **KI** Arsenal **R+B** Mohamed Diab **K** Ahmed Gabr **M** Hany Adel **S** Amr Salah **D** Nelly Karim (Seba), Bushra (Fayza), Nahed El Sebai (Nelly), Omar El Saedd (Omar), Basem El Samra (Adel), Ahmed El Feshawy (Sheriff), Maged El Kedwany (Essam) **L** 100 **FSK** ab 12; f **E** 8.3.2012   **fd** 40929

Kaiten – Human Torpedo War
DEGUCHI NO NAI UMI
Der Zweite Weltkrieg ist für die Japaner bereits verloren, dennoch werden weiterhin Freiwillige rekrutiert, die sich für Land und Kaiser in den Tod schicken lassen. Auch die Besatzung eines U-Boots macht sich mit dem Gedanken vertraut, in einem Kamikaze-Einsatz zu Helden zu werden. Zwischen Heroismus und Nachdenklichkeit mäandernder Kriegsfilm, der letztlich seiner Bewunderung für die Selbstopfer erliegt. – Ab 16.
Japan 2006 **P** Ad Gear K.K. / Asahi Broadcasting / Eisei Gekijo/Imagica / NBN / Pony Canyon / Shochiku / Sky Perfect Well Think / Sumitomo / TV Asahi / TV Yamaguchi / Tokyo ASA **DVD** WVG/Cultmovie (16:9, 1.85:1, DD5.1 jap./dt.) **BD** WVG/Cultmovie (16:9, 1.85:1, dts-HDMA jap./dt.) **Pd** Chiaki Noji, Tetsuo Sasho **R** Kiyoshi Sasabe **B** Yôji Yamada, Motofumi Tomikawa **Vo** Hideo Yokoyama **K** Katsumi Yanagijima **M** Mino Kabasawa **S** Isao Kawase **D** Ebizô Ichikawa (Koji Namiki), Yusuke Iseya (Katsuxya Kita), Juri Ueno (Minako Narumi), Shun Shioya (Nobuo Ito), Teruyuki Kagawa (Kasima), Yûko Kotegawa (Mitsue Namiki), Tomokazu Miura (Toshiaki Namiki) **L** 121 **FSK** ab 16 **E** 12.4.2012 DVD & BD fd –

Der Kameramörder
DER KAMERAMÖRDER
Das entspannte Wochenende, das zwei befreundete Paare am Neusiedler See verbringen wollen, schlägt ins Gegenteil um, als in der Nachbarschaft drei Kinder verschwinden. Ein Konsument von Snuff-Videos bringt das ohnehin labil gewordene Verhältnis noch mehr aus dem Gleichgewicht. (Fernseh-)Kriminalfilm mit guten Darstellern, der inszenatorisch weniger überzeugt und keine rechte Atmosphäre aufbaut. Auch als Kammerspiel um ein aus dem Lot geratenes Beziehungsgeflecht hinterlässt er einen unausgewogenen Eindruck. – Ab 16.
Österreich/Schweiz/Ungarn 2009 **P** Cobra Film / Lotus Film / Hruza Filmbüro / Mythberg Film **KI** offen **Pd** Andreas Hruza, Erich Lackner, József Berger, Susann Rüdlinger **R** Robert-Adrian Pejo **B** Robert-Adrian Pejo, Agnes Pluch, Günter Pscheider **Vo** Thomas Glavinic (Roman *Der Kameramörder*) **K** Gergely Pohárnok **S** Loredana Cristelli **D** Merab Ninidze (Thomas), Dorka Gryllus (Sonja), Andreas Lust (Heinrich), Ursina Lardi (Eva), Oszkár Nyári (Imre), Attila Egyed, Rita Fejes, Gréta Hajdu **L** 103 **E** 12.3.2012 ORF 2 fd –

Kaminey – Ungleiche Brüder
KAMINEY
Die Zwillinge Guddu und Charlie lassen sich nur an der Stimme unterscheiden: Der eine stottert, der andere lispelt. Innerlich aber könnten sie nicht unterschiedlicher sein. Guddu ist eine Seele von Mensch und glücklich liiert, während sich Charlie in der Halbwelt herumtreibt und illegal auf Pferde wettet. Als Guddus Freundin schwanger wird, beginnen die Probleme, weil die Familie kein uneheliches Kind akzeptiert. Typische Bollywood-Romanze, in der zu etlichen Pop-Songs die tragischen Liebesverwirrungen bis zum Happy End getanzt werden. – Ab 16.
Scope. Indien 2009 **P** UTV Motion Pic. / Vishal Bhardwaj Pic. **DVD** REM (16:9, 2.35:1, DD5.1 Hindi/dt.) **Pd** Ronnie Screwvala, Siddharth Roy Kapur, Deven Khote, Zarina Mehta, Mubina Rattonsey **R** Vishal Bhardwaj **B** Supratik Sen, Vishal Bhardwaj, Abhishek Chaubey, Sabrina Dhawan **K** Tassaduq Hussain **M** Vishal Bhardwaj **S** Meghna Manchanda Sen, Sreekar Prasad **D** Shahid Kapoor (Guddu/Charlie), Priyanka Chopra (Sweety), Amole Gupte (Bhope), Shivkumar Subramaniam (Lobo), Deb Mukherjee (Mujeeb), Chandan Roy Sanyal (Mikhail), Eric Santos (Ragos), Tenzing Nima (Tashi) **L** 129 **FSK** ab 16 **E** 23.3.2012 DVD

Kampf der Königinnen
Dokumentarfilm über Kuhkämpfe im südlichen Wallis der Schweiz. Ebenso massige wie friedfertige «Milchlieferantinnen» treten gegeneinander an, um sich aus einem festgelegten Areal zu drängen. Ein Volksfest, das auf eidgenössischen Traditionen fußt und die gesamte Region mobilisiert. Der Film fasst die Wettkampftag in eindrucksvollen Bildern zusammen, wobei der Fokus auf den Besitzern der Tiere liegt, deren Stolz und Ehrgeiz dokumentiert wird. Stellvertretend für die Zuschauer wird die (Kunst-)Figur eines jungen Radioreporters eingeführt, der eine Reportage über das archaische Schauspiel macht. – Ab 14.
Deutschland 2011 **P** Filmakademie Baden-Württemberg **KI** cineworx (Schweiz) **Pd** Malte Can, Nicolas Steiner **R+B** Nicolas Steiner **K** Markus Nestroy **M** John Gürtler, Jan Miserre **S** Kaya Inan **L** 70 **FSK** – **E** 3.5.2012 Schweiz / 28.5.2012 arte fd –

Der Kampf ums Weiße Haus
siehe: **Obama gegen Romney**

Der Kandidat
KANDIDATEN
Nach dem mysteriösen Unfalltod seines Vaters entfremdet sich ein junger Rechtsanwalt immer mehr von seiner Umwelt. Eines Morgens wacht er in einem Hotelzimmer neben einer toten Frau auf, die er am Abend zuvor kennenlernte. Als er erpresst wird, die Frau getötet zu haben, will er auf eigene Faust seine Unschuld beweisen und stößt auf ein mörderisches Komplott. Höchst spannender Verschwörungsthriller, der sich zunehmend haarsträubender entwickelt, aber vor allem dank seines überzeugenden Hauptdarstellers nachhaltig fesselt.
Dänemark 2008 **P** Miso Film **KI** offen **Pd** Jonas Allen, Peter Bose, Tanya Badendyck **R** Kasper Barfoed **B** Stefan Jaworski **K** Manuel Alberto Claro **M** Jeppe Kaas **S** Peter Brandt, Adam Nielsen **D** Nikolaj Lie Kaas (Jonas Bechmann), Tuva Novotny (Camila), Kim Bodnia (Claes Kiehlert), Laura Christensen (Louise), Ulf Pilgaard (Martin Schiller), Henning Jensen (Peter Bechmann), David Dencik (Michael), Jesper Langberg (Jørgen Hammel) **L** 93 **E** 8.10.2012 ZDF fd –

Karen llora en un bus ☆
KAREN LLORA EN UN BUS
Eine junge Frau hat nach zehn trostlosen Ehejahren ihren Mann verlassen und wagt ohne Job, Freunde oder Geld in der Altstadt von Bogota einen Neuanfang. Eine Nachbarin hilft ihr bei den ersten Schritten in die Unabhängigkeit. Sie lernt einen Autor kennen, ohne dass ihre Suche nach sich selbst schon ans Ziel gekommen wäre. Ein ruhiger, konzentrierter Film, der sich auf die kleinen Schritte der überragenden Hauptdarstellerin konzentriert und mit viel Sympathie eine kleine Geschichte über große Fragen erzählt. (O.m.d.U.) – Sehenswert ab 14.
Kolumbien 2011 **P** Caja Negra Prod. / Schweizen Media Group **KI** arsenal

institut **Pd** Alejandro Prieto **R+B** Gabriel Rojas Vera **K** Manuel Castañeda **M** Rafael Escandón **S** Carlos Fernando Cordero **D** Ángela Carrizosa Aparicio (Karen), María Angélica Sánchez (Patricia), Juan Manuel Díaz (Eduardo), Diego Galindo (César), Diego Pelaez **L** 98 **FSK** – **E** 26.7.2012 **fd** 41 179

Karla & Jonas
KARLA OG JONAS
Ein 13-jähriges Mädchen ist in einen Jungen aus dem Waisenhaus verliebt. Als dieser seine Mutter kennenlernen will, fährt es mit ihm heimlich nach Kopenhagen, wo die beiden bei ihrer Suche auf dubiose Erwachsene sowie eine Gruppe Obdachloser stoßen. Realitätsnaher, dabei amüsanter Jugendfilm mit überzeugenden Darstellern, der sich bildsprachlich aufmerksam auf Augenhöhe mit seinem Zielpublikum bewegt. Am Rand spricht er glaubwürdig und mit dem gebotenen Ernst soziale Missstände, zerrissene Familien und ein schwieriges Verhältnis zwischen den Generationen an. (Fortsetzung von KARLA & KATHRINE, 2009, und nach KARLAS KABALE, 2007, der dritte KARLA-Film der Regisseurin.) – Ab 10.
Dänemark 2010 **P** Nordisk Film **KI** offen **Pd** Thomas Heinesen **R** Charlotte Sachs Bostrup **B** Iben Gylling **K** Henrik Kristensen **M** Jeppe Kaas **S** Anders Villadsen **D** Elena Arndt-Jensen (Karla), Joshua Berman (Jonas), Nanna Koppel (Katrine), Nikolaj Støvring Hansen (Mads Morten), Ellen Hillingsø (Rikke), Lasse Guldberg Kamper (Lillebror), Nicolaj Kopernikus (Leif), Nastja Arcel (Jette) **L** 85 **E** 27.4.2012 Kinderkanal **fd** –

Das karmesinrote Blütenblatt ✱
THE CRIMSON PETAL AND THE WHITE
Ein naiver Industriellensohn «entdeckt» in einem heruntergekommenen Bordell eine Prostituierte und bietet ihr an, dass sie zukünftig in Reichtum und Luxus schwelgt, wenn sie nur für ihn ihre Dienste tut. Neugierig willigt sie ein, wird aber im neuen Glaskäfig nicht froh, weil ihr die erhoffte soziale Anerkennung verweigert wird. Hochklassige, vorzüglich gespielte (Fernseh-)Verfilmung des im viktorianischen England spielenden Romans von Michel Faber. Als Gegenentwurf zu den Upperclass-Welten einer Jane Austen thematisiert sie die krasse Armut und zeigt die desaströsen Auswirkungen auf die Bevölkerung Londons. – Ab 16.
Großbritannien 2011 **P** Origin Pic. / Cité-Amérique / BBC **DVD** Polyband/ WVG (16:9, 1.78:1, DD5.1 engl./dt.) **Pd** Greg Dummett, Steve Lightfoot, David M. Thompson, Joanie Blaikie **R** Marc Munden **B** Lucinda Coxon, Michel Faber **Vo** Michel Faber (Roman) **K** Lol Crawley **M** Cristobal Tapia de Veer **S** Luke Dunkley **D** Romola Garai (Sugar), Chris O'Dowd (William Rackham), Amanda Hale (Mrs. Agnes Rackham), Shirley Henderson (Mrs. Emmeline Fox), Katie Lyons (Clara), Eleanor Yates (Letty), Richard E. Grant (Dr. Curlew), Elizabeth Berrington (Lady Constance Brigdelow) **L** 236 **FSK** ab 16 **E** 30.3.2012 DVD **fd** –

Die Kathedrale – Die Baumeister des Straßburger Münsters
siehe: **Baumeister des Straßburger Münsters**

Katie Fforde: Diagnose Liebe
Eine junge Pflegekraft kommt in das Haus einer eigenwilligen älteren Frau, die mit ihrem verwitweten Schwiegersohn und der kleinen Enkelin zusammenlebt. Nach Anfangsproblemen wird sie zur Vertrauten der Dame und erregt das Interesse des Witwers, was dem Hausarzt und der Arzthelferin nicht lieb ist. Sie forschen in der Vergangenheit der Pflegerin und stoßen auf ein vermeintlich düsteres Geheimnis. An Originalschauplätzen im Hudson Valley gedrehtes sentimentalmysteriöses (Fernseh-)Liebesdrama, das oberflächlich unterhält. – Ab 14.
DVD/BD: Enthalten in der Katie Fforde: Collection 2.
Deutschland 2011 **P** Network Movie **DVD** Universum (16:9, 1.78:1, DD2.0 dt.) **Pd** Jutta Lieck-Klenke **R** Helmut Metzger **B** Timo Berndt **K** Meinolf Schmitz **M** Jens Fischer **S** Ann-Sophie Schweizer **D** Fiona Coors (Madison Carter), Thomas Unger (John Walker), Maresa Hörbiger (Olivia Grant), Günther Maria Halmer (Dr. Harold Meyen), Sophie Wepper (Emma Simon), René Ifrah (Philipp Anderson), Melanie Blocksdorf (Jessy), Lilly Liefers (Chloé Walker) **L** 90 **FSK** o.A. **E** 12.2.2012 ZDF / 23.3.2012 DVD **fd**–

Katie Fforde: Ein Teil von dir
Eine Frau, die kurz vor der lebensrettenden Transplantation einer Niere steht, reagiert entsprechend geschockt, als der anonyme Spender im letzten Moment einen Rückzieher macht. Sie bringt dessen Identität in Erfahrung und beschließt, ihn kennen zu lernen, um seine Motive zu ergründen. Dabei verliebt sie sich in den Mann, der ihre Gefühle erwidert, bis er die Hintergründe ihres Auftauchens durchschaut. Emotionales (Fernseh-)Melodram, das das Thema Organspende nur oberflächlich verhandelt. – Ab 14.
DVD/BD: Enthalten in der Katie Fforde: Collection 3.
Deutschland 2012 **P** Network Movie (für ZDF) **DVD** Universum (16:9, 1.78:1, DD2.0 dt.) **Pd** Jutta Lieck-Klenke **R** Helmut Metzger **B** Timo Berndt **K** Meinolf Schmitz **M** Ingo Ludwig Frenzel (= Ingo Frenzel) **S** Angelika Sengbusch **D** Aglaia Szyszkowitz (Vivien Barner), Tim Bergmann (Thomas Shield), Cristina Do Rego (Stefanie), Dietrich Hollinderbäumer (Walter), Alexander Milo (Carl Jasson), Thomas Limpinsel (Michael Bollack) **L** 90 **FSK** ab 6 **E** 18.11.2012 ZDF / 18.1.2013 DVD **fd** –

Katie Fforde: Leuchtturm mit Aussicht
Die neue Denkmalschutzbeauftragte von Hudson Valley muss um einen alten Leuchtturm kämpfen, der einem Vergnügungspark weichen soll. Kurzerhand bringt sie den alten Leuchtturmwärter wieder in seiner einstigen Dienstwohnung unter und verhindert so den vorzeitigen Abriss, sticht damit aber in ein Wespennest, weil sie in einen tragischen Vater-Sohn-Konflikt eingreift. (Fernseh-)Liebes- und Familiengeschichte nach üblichem Strickmuster, die mit einem versöhnlichen Ende alle Bedürfnisse nach Harmonie befriedigt. – Ab 14.
DVD/BD: Enthalten in der Katie Fforde: Collection 3.
Deutschland 2011 **P** Network Movie (für ZDF) **DVD** Universum (16:9, 1.78:1, DD2.0 dt.) **Pd** Jutta Lieck-Klenke **R** John Delbridge **B** Timo Berndt **K** Felix Cramer **M** Jürgen Ecke **S** Angelika Sengbusch **D** Luise Bähr (Anna Wilcox), Patrik Fichte (Rob Hunter), Michaela May (Mona Sadler), Rolf Becker (Joshua Hasley), Helmut Zierl (Max Gorodon), Judith Döker (Judith), Oliver Franck (Thomas Parker) **L** 90 **FSK** ab 6 **E** 26.2.2012 ZDF / 18.1.2013 DVD **fd** –

Katie Fforde: Sommer der Wahrheit

Ein Ehepaar mit 13-jährigem Sohn zieht von New York in die Kleinstadt Woodstock, wo der Mann eine Praxis übernimmt. Die Hoffnung, dass die Familie wieder mehr Zeit füreinander hat, wird durch die Wiederbegegnung der Frau mit ihrem einstigen Liebhaber getrübt: dem leiblichen Vater des Jungen. Geplagt von ihrem schlechten Gewissen, will sie ihr Geheimnis hüten und ihre Familie schützen, schwört aber bald Konflikte herauf. (Fernseh-)Melodram mit den innerhalb der Reihe von Katie-Fforde-Adaptionen üblichen Beziehungsproblemen, das in diesem Fall aber psychologisch durchaus glaubwürdig entwickelt und von glaubwürdig agierenden Darstellern getragen wird. – Ab 14.
Deutschland 2012 **P** Network Movie (für ZDF) **KI** offen **Pd** Jutta Lieck-Klenke **R** Helmut Metzger **B** Martina Mouchot **Vo** Katie Fforde (Roman) **K** Meinolf Schmitz **M** Jens Langbein, Robert Schulte-Hemming (= Robert Schulte Hemming) **S** Angelika Sengbusch **D** Carolina Vera (Susan Bishop), Thomas Heinze (Richard Bishop), Siegfried Terpoorten (Lucas Summer), Eleonore Weisgerber (Fiona Summer), Walter Kreye (Max Conrad), Fanny Stavjanik (Phillis Upright), Maurice Walter (Jimi Bishop) **E** 9.12.2012 ZDF **fd** –

Katie Fforde: Sprung ins Glück

Als auf dem elterlichen Gestüt ein Virus ausbricht, überwindet eine Tierärztin ihre Abneigung gegenüber ihrer Stiefschwester, die einst ihre Jugendliebe heiratete. Nach dem Tod des Vaters erweist sich das Gut als hoch verschuldet; nur der Sieg in einem Turnier kann eine Zwangsversteigerung aufhalten. Triviales (Fernseh-)Melodram, das ein hohes Maß an Dramatik bemüht, um dann doch nur die üblichen Zutaten zu verrühren. – Ab 14.
DVD/BD: Enthalten in der Katie Fforde: Collection 3.
Deutschland 2011 **P** Network Movie **DVD** Universum (16:9, 1.78:1, DD2.0 dt.) **Pd** Jutta Lieck-Klenke **R** Helmut Metzger **B** Claudia Kratochvil, Kerstin Oesterlin **K** Meinolf Schmitz **M** Robert Schulte Hemming, Jens Langbein **D** Uschi Glas (Esther Foster), Sabrina White (Kay Foster), Heiko Ruprecht (Jake Garber), Oliver Bootz (Eric West), Rolf Becker (George Foster), Mariah Katharina Friedrich (Alison West), Markus Böker (Rupert Stone) **L** 90 **FSK** ab 6 **E** 18.3.2012 ZDF / 18.1.2013 DVD **fd** –

Katy Perry: Part of Me 3D
KATY PERRY: PART OF ME

Als Dokumentation getarnte Anhäufung von Konzertauftritten des Pop-Stars Katy Perry, in der «private» Dramen aus dem Leben der Diva vom Weggefährten «kommentiert» und gewichtet» werden. Letztendlich taugt der Film allenfalls als Sammlung ihrer Songs und als Merchandise-Vehikel für die Karriere einer Musikerin. Als Dokument aus der Marketing-Abteilung ist das auf 3D gepimpte Werk ohne Belang. – Ab 12.
DVD/BD: Erhältlich als DVD und als BD & DVD-Edition mit 3D Option.
3D. USA 2012 **P** Insurge Pic. / Pulse Films / AEG Live / Imagine Ent. / MTV Films / Magical Elves Prod. / Splinter Films **KI** Paramount **DVD** Paramount (16:9, 1.78:1, DD6.1 engl.) **BD** Paramount (16:9, 1.78:1, dts-HD-MA engl.) **Pd** Archie Gips, Brian Grazer, Ron Howard, Ted Kenney, Emer Patten, Thomas Benski, Dan Bowen, Nanette Burstein, Katy Perry, Martin Kirkup, Bradford Cobb, Anna Culp, Steven Jensen, Lukasz «Dr. Luke» Gottwald, Max Martin **R+B** Dan Cutforth, Jane Lipsitz **K** Shanra Kehl **M** Deborah Lurie **S** Scott Evans, Brian David Lazarte, Scott Richter **L** 97 (24 B./sec.) / 94 (25 B./sec.) **FSK** o.A.; f **E** 23.8.2012 / 13.12.2012 DVD & BD **fd** –

Katy Perry – The Movie: Part of Me
siehe: **Katy Perry: Part of Me 3D**

Kauf mich! – Geschichten aus dem Rotlichtmilieu

Dokumentarfilm über drei Prostituierte im Amsterdamer Rotlicht-Milieu, ihren Arbeitsalltag, ihre Bedürfnisse und ihre Hoffnungen. Durch persönliche Gespräche, bei denen die Frauen Einblicke in ihre Gedankenwelt gewähren, wird die menschliche Seite sichtbar. Ein Film über die Jagd nach dem schnellen Geld, der Hoffnung nach Freiheit und dem Glauben, in einigen Jahren ein anderes Leben zu führen. – Ab 16.
Deutschland 2011 **P** Filmakademie Baden-Württemberg/av independents Film und TV/SWR **KI** offen **Pd** Norbert W. Daldrop, Hans-Hinrich Koch **R+B** Catalina Flórez **K** Tanja Häring **M** Frank Mueller, Andreas Fuchs **S** Kilian Schmid **L** 59 **E** 14.11.2011 SWR **fd** –

Kawa
NIGHTS IN THE GARDENS OF SPAIN

Ein neuseeländischer Familienvater mit Maori-Wurzeln lebt anerkannt und scheinbar zufrieden in gehobenen Verhältnissen, bis er sich offen zu seiner Homosexualität bekennt und in Konflikt mit seiner Familie gerät. Ohne die Schwierigkeiten und Leiden zu verharmlosen, die sich für die Menschen aus der verdrängten, sozial nicht anerkannten Identität des Protagonisten ergeben, vermittelt der Film durch seine Inszenierung, die auf landschaftliche Schönheiten und warme Farben setzt, einen optimistischen Grundton. (O.m.d.U.) – Ab 16.
Neuseeland 2010 **P** Conbrio / Cinco Cine **KI** GMfilms **DVD** GMfilms (16:9, 1.78:1, DD2.0 engl.) **Pd** Nicole Hoey, Christina Milligan **R** Katie Wolfe **B** Kate McDermott **Vo** Witi Ihimaera (Roman Whale Rider) **K** Fred Renata **M** Joel Haines **S** Lisa Hough **D** Calvin Tuteao (Kawariki), Nathalie Boltt (Annabelle), George Henare (Hamiora), Vicky Haughton (Grace), Dean O'Gorman (Chris), Pana Hema-Taylor (Sebastian), Miriama-Jane Devantier (Miranda) **L** 82 (84 B./sec.) / 80 (25 B./sec.) **FSK** ab 12; f **E** 15.6.2012 DVD / 5.7.2012 **fd** 41 157

Kebab mit Alles
KEBAB MIT ALLES

Der Besitzer eines Wiener Kaffeehauses namens «Prinz Eugen» nimmt mit Befremden die vermeintliche «Übertürkung» seiner Heimatstadt zur Kenntnis. Anlässlich der geplanten Erweiterung seines Café muss er feststellen, dass die neu gepachtete Immobilie auch an einen türkischen Geschäftsmann vermietet wurde, der den Bau eines Restaurants plant. Fortan liefern sich die Kontrahenten einen erbitterten Kleinkrieg. Recht garstige (Fernseh-)Multikulti-Komödie, die Klischees und Vorurteile aufs Korn nimmt; um den Protagonisten den Spiegel vorzuhalten, verzichtet sie weitgehend auf politische Korrektheit. – Ab 16.

Österreich 2011 **P** Allegro Film (für ORF/ARTE) **KI** offen **Pd** Helmut Grasser **R** Wolfgang Murnberger **B** Tac Romey, Don Schubert, Wolfgang Murnberger, Rupert Henning **K** Markus Selikovsky **M** Matthias Weber **S** Bettina Mazakarini **D** Andreas Vitasek (Johann Stanzerl), Franziska Stavjanik (Sofia Stanzerl), Sascha Ö. Soydan (Sabrie Öztürk), Tim Seyfi (Mustafa Öztürk), Thomas Mraz (Christoph Selcher), Tayfun Bademsoy (Hikmet Cetim), Michael Fuith (Fredi Oseschnig), Isabella Campestrini (Seyneb Öztürk) **L** 86 **E** 20.7.2012 arte   **fd** –

Keep the Lights on   ★
KEEP THE LIGHTS ON
Ein homosexueller New Yorker Filmemacher verliebt sich in einen Anwalt. Nach einer ersten glücklichen gemeinsamen Zeit tun sich nicht zuletzt aufgrund der Drogenabhängigkeit des Anwalts schmerzhafte Risse in der Beziehung auf. In enger Verschränkung von Arbeit und Leben, gelebter Realität und filmischer Wirklichkeit entwirft der Film ein offenes, unprätentiöses Bild der New Yorker Schwulen-Szene. Dabei überzeugt er durch seine intensive präzise Bildsprache, sein Gespür für erzählerischen Rhythmus sowie seine intime, nie aber voyeuristische Haltung gegenüber den Figuren. (O.m.d.U.) – Ab 16.
USA 2012 **P** Parts and Labor / Tiny Dancer Films / Alarum Pic. / Film 50 **KI** Edition Salzgeber **Pd** Marie-Therese Guirgis, Lucas Joaquin, Ira Sachs **R** Ira Sachs **B** Ira Sachs, Mauricio Zacharias **K** Thimios Baktatakis **M** Arthur Russell **S** Affonso Gonçalves **D** Thure Lindhardt (Erik), Zachary Booth (Paul), Paprika Steen (Karen), Sebastian La Cause (Russ), Julianna Nicholson (Claire), Sarah Hess (Katie), Roberta Kirshbaum (Katies Mutter), Jamie Petrone (Katies Cousin), Maria Dizzia (Vivan), Stella Schnabel (Esther), Suleymane Sy Savane (Alassane) **L** 101 (24 B./sec.) / 9 (25 B./sec.) **FSK** ab 16; f **E** 25.10.2012   **fd** 41 333

Kein Weg zurück
DEADFALL TRIAL
Drei Männer absolvieren ein Überlebenstraining in der Wildnis und müssen sich dabei mit sich selbst, vor allem aber einer äußerst feindseligen Natur auseinandersetzen. Durchaus interessanter Survival-Thriller, der von Ferne an John Boormans stilprägenden Film BEIM STERBEN IST JEDER DER ERSTE (1972) erinnert. – Ab 16.
USA 2009 **P** Gas Mask Film/Mirth Prod./True Story Films **DVD** Sunfilm (16:9, 2.35:1, DD5.1 engl./dt., dts dt.) **BD** Sunfilm (16:9, 2.35:1, dts-HD-MA7.1 engl./dt.) **Pd** Robert Beadle, Cary Truelick **R** Roze **B** Candace Roze, Roze, Josh Staman **K** Tari Segal **M** Jason Camiolo **S** Robert Beadle **D** Cavin Gray (Paul), Shane Dean (Julien), Rosalie Michaels (Johns Frau), Slade Hall (John), Katrina Matusek (Mother Earth), Richard Anderson, Neal Trout **L** 94 **FSK** ab 16 **E** 8.3.2012 DVD & BD   **fd** –

Ken Folletts – Die Tore der Welt
siehe: **Die Tore der Welt**

Kennen Sie ihren Liebhaber?
Die erfolgreiche Chefin einer Kreuzfahrtreederei führt ein glückliches Familienleben. Auf einem Kongress lernt sie einen Mann kennen, der ihr den Hof macht, lässt sich den Kopf verdrehen und zum Seitensprung hinreißen. Sie wird Opfer einer perfiden Erpressung hinter der ihr Liebhaber steckt, gibt die Geschäftsführung an ihren Bruder ab und gesteht ihrem Mann den Seitensprung. Doch der Erpresser lässt nicht locker. (Fernseh-)Drama um eine grob angelegte Intrige und die Verführbarkeit einer Frau, deren Leben zunehmend aus dem Gleis gerät. – Ab 16.
Deutschland 2011 **P** Ziegler Film **KI** offen **Pd** Regina Ziegler **R** Michael Kreindl **B** Frank Zeller **K** Stefan Spreer **M** Titus Vollmer **S** Haike Brauer **D** Christine Neubauer (Victoria Stellmann), Hans-Werner Meyer (Jacques Oberländer), Ulrich Noethen (Kai Stellmann), Florian Fitz (Ansgar), Martin Armknecht (Paul), Peter von Strombeck (Schröder), Udo Schenk (Kommissar Kentemich), Franziska Neiding (Zoe Stellmann) **L** 89 **E** 12.1.2012 ARD   **fd** –

Kesselschlacht in der Normandie
RED ROSE OF NORMANDY
Ein verwundeter deutscher Hauptmann wird im Zweiten Weltkrieg in die Normandie verlegt, trifft dort auf seine große Liebe, muss aber gegen Neider von der Gestapo und die näherrückenden Alliierten kämpfen. Erotisch aufgeladenes Kriegsspiel in historischen Uniformen, das außer Knutschereien und Schießereien nichts bietet.
USA 2011 **P** Almighty Dog Prod. **DVD** Schröder-Media (16:9, 1.78:1, DD5.1 engl./dt.) **BD** Schröder-Media (16:9, 1.78:1, dts-HD engl./dt.) **Pd** David Effler, Mickel Kobeck, Vito Lapiccola, Constanza Michael, Milo Popp, Caspar von Winterfeldt, William Golliher, Read Ridley **R** Tino Struckmann **B** Vito Lapiccola, Tino Struckmann **K** Danny Frankel, Milo Popp **M** Jonatan Røed **S** Adam Childress, Remond Francois, Brian Harstine, Milo Popp, Sabrina Tucker **D** Tino Struckmann (Klaus), Damian Chapa (Brahms), Jack Dimich (General Franks), Claudia Crawford (Klaudia), Greer Bishop (Suzette), Christian Brown (Heinz), Rodney Burlin (Doktor Lizst), Baker Chris (Otto) **L** 98 **FSK** ab 16 **E** 7.6.2012 DVD & BD   **fd** –

Kick   ★
HAVOC
Die Kinder reicher Eltern aus einem noblen Wohnviertel in Los Angeles wollen das gewalttätige Leben der Jugendlichen in den Slums imitieren, geraten dabei aber in große Gefahr, als sie sich mit echten Dealern einlassen. HipHop-lastiges Jugenddrama, dessen Protagonisten sich gegen ihr überbehütetes Milieu auflehnen. Das Spielfilmdebüt von Barbara Kopple zielt nicht auf die voyeuristische Skandalisierung einer «haltlosen» Jugend, sondern umkreist das Spiel mit, aber auch das Leiden an sozialen Rollenbildern, mit denen sich Jugendliche beim Versuch, das für sie «richtige» Leben zu finden, auseinandersetzen müssen. (Früherer DVD-Titel: HAVOC.) – Ab 16.
USA/Deutschland 2005 **P** Media 8 / Stuhall / VIP 2 **DVD** 3L (16:9, 1.78:1, DD5.1 engl./dt.) **Pd** Stewart Hall, John Morrissey, Jack F. Murphy, Stefan Jonas **R** Barbara Kopple **B** Stephen Gaghan **K** Kramer Morgenthau **M** Cliff Martinez **S** Nancy Baker **D** Anne Hathaway (Allison Lang), Bijou Phillips (Emily), Shiri Appleby (Amanda), Michael Biehn (Stuart Lang), Joseph Gordon-Levitt (Sam), Matt O'Leary (Eric), Freddy Rodriguez (Hector), Laura San Giacomo (Joanna Lang), Mike Vogel (Toby), Raymond Cruz (Chino), Alexis Dziena (Sasha), Channing Tatum (Nick) **L** 82 **FSK** ab

16 **E** 29.6.2006 DVD/19.7.2012 DVD
Neustart **fd** 41 225

Kick – We are totally f*cking bored
siehe: **Kick**

Kill List
KILL LIST
Ein arbeitsloser, verheirateter Ex-Soldat verdingt sich in seinem alten Job als Auftragskiller, um die Haushaltskasse aufzubessern. Drei Namen stehen auf der Liste, doch als er sich in die Biografie seines letzten Opfers vertieft, wird der Routinejob zum Rachefeldzug. Ein ungewöhnlicher, rauer Thriller mit Horrorelementen, der seiner mit schwarzem Humor erzählten Geschichte um Männerfreundschaft, Selbstfindung, Gewalt und häusliche Probleme durchaus Tiefe verleiht.
DVD/BD: Die Extras umfassen u. a. einen Audiokommentar des Regisseurs und der Autorin Amy Jump sowie einen Audiokommentar der Darsteller Neil Maskell, MyAnna Buring und Michael Smiley.
Scope. Großbritannien 2011 **P** Rook Films/Warp X **DVD** Senator/Universum (16:9, 2.35:1, DD5.1 engl./dt.) **BD** Senator/Universum (16:9, 2.35:1, dts-HDMA engl./dt.) **Pd** Claire Jones, Andrew Starke, Barry Ryan **R** Ben Wheatley **B** Amy Jump, Ben Wheatley **K** Laurie Rose **M** Jim Williams **S** Robin Hill **D** Neil Maskell (Jay), MyAnna Buring (Shel), Harry Simpson (Sam), Michael Smiley (Gal), Emma Fryer (Fiona), Struan Rodger (Kunde), Esme Folley (Rezeptionist), Ben Crompton (Justin) **L** 92 **FSK** ab 18 **E** 7.3.2012 DVD & BD **fd** –

Kill me please
KILL ME PLEASE *
In einer Sterbeklinik hilft das Personal unter Anleitung seines Chefarztes den sehnsüchtigen Patienten bei ihrem letzten Weg. Das Bemühen, den Lebensmüden einen würdevollen Abgang zu ermöglichen, wird durch ungeplante Todesfälle konterkariert. In Schwarz-Weiß-Bildern, die dem Film einen surrealen, distanziert-verfremdeten Zugriff auf seinen makabren Stoff verleihen, entwirft der Film, in der noch im Angesicht des Todes menschliche Eitelkeiten und Egoismen das Zusammenleben prägen. Den Versuch der Figuren, die Wildheit des Todes medizinisch und durch (Selbst-)Inszenierungen des Sterbens einzudämmen, lässt der Film grandios scheitern, wobei er mit unvorhersehbaren Wendungen immer wieder überrascht.
Schwarz-weiß.Frankreich/Belgien2010 **P** OXB / LA Parti Prod. / Les Amateurs / RTBF / Minds Meet / Mollywood **KI** Neue Visionen/Praesens (Schweiz) **Pd** Olias Barco, Didier Brunner, Philippe Kauffmann, Guillaume Malandrin, Stéphane Malandrin, Vincent Tavier **R** Olias Barco **B** Olias Barco, Virgile Bramly, Stéphane Malandrin **K** Frédéric Noirhomme **S** Ewin Ryckaert **D** Aurélien Recoing (Dr. Krueger), Benoît Poelvoorde (M. Demanet), Muriel Bersy (Muriel), Nicolas Buysse (Luc), Ingrid Heiderscheidt (Sylvie), Jérôme Colin (Bob), Ewin Ryckaert (Chauffeur), Stéphane Malandrin (Steve), Virgile Bramly (Virgile) **L** 96 **FSK** ab 16; f **E** 7.7.2011 Schweiz / 17.5.2012 **fd** 41 063

Der Killer
SKELETON LAKE
Sechs Bankräuber suchen mit ihrer Beute Zuflucht in einer vermeintlich unbewohnten Hütte im Wald, haben aber die Rechnung ohne ihren unvermuteten Wirt gemacht, einen Irak-Veteranen, der sein Refugium mit allen Mitteln verteidigt. Ein recht ambitionierter Low-Budget-Actionfilm, der sichtlich die RAMBO-Vorlagen vergangener Jahre studiert hat.
DVD/BD: Die deutsche Fassung ist gegenüber der Originalfassung um etwa eine Minute gekürzt. Die in Österreich und der Schweiz vertriebene Edition von NSM enthält die ungeschnittene, mit der Originalfassung vergleichbare Fassung.
Kanada 2011 **P** Dimeworth Films / Mojo Promotions **DVD** Sunfilm & NSM (16:9, 2.35:1, DD5.1 engl./dt., dts dt.) **BD** Sunfilm & NSM (16:9, 2.35:1, dts-HDMA7.1 engl./dt.) **Pd** Judd Tilyard, Ayyaz Waraich, Sean McAulay **R** Neil Mackay **B** Neil Mackay, Sean McAulay **K** Kevin Rasmussen **M** Wojciech Golczewski **S** Neil Mackay **D** Bryan Larkin (Mitch), Hugh Lambe (der Jäger), Bob Cymbalski (Texas), Robert Nolan (Logan), Mark Munro (Kowalski), Damon E. White (Crowley), Frank Ieraci (Dominic), Lee Sandford (Heather) **L** 85 & 86 **FSK** ab 18 & ungeprüft **E** 8.3.2012 DVD & BD **fd** –

Killer Expendables
KILLER BY NATURE
Grausame Ritualmorde erschüttern eine Kleinstadt in den USA. Doch der einzige, dem man solche Taten zutraut, sitzt bereits in der Todeszelle. Könnte ein unscheinbarer Teenager die Morde begangen haben? Ein Psychologe, Kapazität auf dem Gebiet des Schlafwandelns, kommt dem Rätsel auf die Spur. Der junge Hauptdarsteller macht eine erstaunlich gute Figur und hebt den routinierten Thriller deutlich übers Durchschnittsmaß.
USA 2010 **P** Daydreamin' Pic. **DVD** Delta Music / Great Movies (16:9, 1.78:1, DD5.1 engl./dt.) **BD** Delta Music/Great Movies (16:9, 1.78:1, dts-HD engl./dt.) **Pd** Valerie McCaffrey, Rebekah Sindoris, Douglas S. Younglove **R+B** Douglas S. Younglove **K** Ben Kufrin **M** Veigar Margeirsson **S** Andy Horvitch **D** Zachary Ray Sherman (Owen), Ron Perlman (Dr. Julian), Armand Assante (Eugene Branch), Lin Shaye (Leona), Haley Hudson (Maggie), Richard Riehle (Wärter Upton), Richard Portnow (Walter), Svetlana Efremova (Dr. Ramos) **L** 90 **FSK** ab 18 **E** 9.8.2012 DVD & BD **fd** –

Killer God
KILLER GOD
Der Mord an einem kanadischen Völkerkundler in einer eingeschneiten Schneehütte ruft nicht nur die Verwandtschaft und die Polizei auf den Plan, sondern auch einige Gangster, die in dem Haus wertvolle Artefakte vermuten. Keiner ahnt, dass dort balinesische Geister ihr Unwesen treiben, die der Professor beschworen hat. Angesichts des bescheidenen Budgets recht originell konstruierter, zudem atmosphärisch weitgehend dicht umgesetzter Dämonenhorrorfilm.
DVD/BD: Die FSK-Freigabe «ab 18» der DVD/BD bezieht sich auf das Bonusmaterial (Trailer etc.), der Film selbst hat eine Freigabe «ab 16».
Kanada 2010 **DVD** dtp / Great Movies (16:9, 1.78:1, DD5.1 engl./dt.) **BD** dtp/Great Movies (16:9, 1.78:1, dts-HD engl./dt.) **Pd** Chris Agoston **R** Stasch Radwanski jr. **B** Stash J. Radwanski (= Stanislaw Radwanski) **K** Stasch Radwanski jr. **M** Andrew Hagen **S** Joel Roff **D** David Wontner (Louis Hagen), Mark Llewellyn (Ibrahim Sattar), Peter Higginson (Dean Vanbeek), Samantha Brown (Jeanie), Frank J.

Zupancic (Gord Cooper), Virginia Leigh (Charlize Elkin), Brandon Coffey (Butch), Samantha Farrow (Kylee Brunsen) **L** 83 **FSK** ab 16 **E** 12.4.2012 DVD & BD **fd –**

Killer Joe
KILLER JOE
Eine sozial deprivierte Familie will die getrennt von ihr lebende Mutter ermorden lassen und deren Lebensversicherung kassieren. Der angeheuerte Killer erledigt seinen Job, nimmt aber die Tochter als sexuell williges Lebendpfand, da die Versicherung das Geld nicht auszahlt. Nur der Sohn will den unmenschlichen Deal nicht durchgehen lassen. Versuch eines «White Trash»-Independent-Films, fast kammerspielartig, mit einem Hauch von Tarantino-Coolness inszeniert. Zwar eindrücklich gespielt, fehlt dem Krimi der dramaturgische Atem, sodass er flach und substanzlos mäandert, sich in Ungereimtheiten verhaspelt und in einen blutigen Showdown mündet. USA 2011 **P** Voltage Pic. / Picture Perfect / Worldwide Entertainment / ANA Media **DVD** WVG (16:9, 1.85:1, DD5.1 engl./dt.) **BD** WVG (16:9, 1.85:1, dts-HDMA engl./dt.) **Pd** Nicolas Chartier, Scott Einbinder, Patrick Newall **R** William Friedkin **B** Tracy Letts **Vo** Tracy Letts (Bühnenstück) **K** Caleb Deschanel **M** Tyler Bates **S** Darrin Navarro **D** Matthew McConaughey (Joe Cooper), Emile Hirsch (Chris Smith), Juno Temple (Dottie Smith), Gina Gershon (Sharla Smith), Thomas Haden Church (Ansel Smith), Scott Martin (Pizzeria-Geschäftsführer), Gralen Bryant Banks (Pizzeria-Besitzer), Carol Sutton (Verkäuferin) **L** 103 **FSK** SPIO/JK I **E** 18.10.2012 DVD & BD **fd –**

Killing Them Softly
KILLING THEM SOFTLY
Nachdem zwei Kleinkriminelle ein Wettbüro der Mafia ausgeraubt haben, wird ein Killer engagiert, der die Ordnung wiederherstellen soll. Der kühl kalkulierende Profi engagiert seinerseits einen Kollegen, weil er einen der Gauner kennt und emotionalen Verwicklungen aus dem Weg gehen will. Ein dialoglastiges, in den Mordszenen hyperbrutales Drama, das vordergründig wie eine Gangstergroteske die Sorgen und Nöte der Killer ausstellt, im Kern aber ein wirtschaftswie gesellschaftskritischer Gangster-film mit politischen Ambitionen ist, der das US-amerikanische System einer fundamentalen Kritik unterzieht. – Ab 16.
Scope. USA 2012 **P** Plan B Ent. / Annapurna Pic. / Chockstone Pic. / Inferno Ent. **KI** Wild Bunch Germany / Ascot Elite (Schweiz) **Pd** Brad Pitt, Dede Gardner, Anthony Katagas, Steve Schwartz, Paula Mae Schwartz, Matthew Budman, Will French, Stephen Roberts, Douglas Saylor jr., Roger Schwartz **R+B** Andrew Dominik **Vo** George V. Higgins (Roman *Cogan's Trade*) **K** Greig Fraser **S** Brian A. Kates **D** Brad Pitt (Jackie Cogan), Scoot McNairy (Frankie), Ben Mendelsohn (Russell), James Gandolfini (Mickey), Vincent Curatola (Johnny Amato), Richard Jenkins (Fahrer), Ray Liotta (Markie Trattman), Trevor Long (Steve Caprio), Max Casella (Barry Caprio), Sam Shepard (Dillon) **L** 97 (24 B./sec.) / 94 (25 B./sec.) **FSK** ab 16; f **E** 15.11.2012 Schweiz / 29.11.2012 **fd** 41389

Das Kind
Ein sterbenskranker Zehnjähriger glaubt, in einem früheren Leben ein Serienkiller gewesen zu sein, und vertraut sich einem Strafverteidiger an. Dessen skeptische Nachforschungen fördern eine wachsende Zahl an Leichen zu Tage; zudem wird seine Ex-Frau entführt und tritt ein Pädophilen-Ring auf den Plan. Sorgsam ausgeleuchteter Psychothriller mit wirrem Plot, dessen Spannungskurve nicht über die eklatanten Schwächen steriler Dialoge, der biederen Montage und der akustisch dilettantischen Synchronisation hinweg hilft. – Ab 16.
Deutschland 2012 **P** Braindogs Ent. / YMC Films / Rat Pack Filmprod. **KI** drei freunde **Pd** Sebastian Fitzek, Zsolt Bács, Christian Becker, Yvonne Maria Schäfer **R** Zsolt Bács **B** Zsolt Bács, Brian Cordray, Sebastian Fitzek **Vo** Sebastian Fitzek (Roman *Das Kind*) **K** Kim Howland **M** Wolfgang Hammerschmid **S** Bernd Schriever **D** Eric Roberts (Robert Stern), Ben Becker (Andy Borchert), Sunny Mabrey (Carina Freitag), Christian Traeumer (Simon Sachs), Peter Greene (Martin Engler), Clemens Schick (Brandmann), Oliver Kalkofe (Picasso), Gustav Reutter (Felix), Yvonne Maria Schäfer (Lady ChouChou), Thomas Koschwitz (Doktor OK) **L** 118 (24 B./sec.) / 114 (25 B./sec.) **FSK** ab 16; f **E** 18.10.2012 **fd** 41317

Kinder als Arbeitssklaven
LES ENFANTS FORCATS
Der Film dokumentiert keine historischen Fakten, sondern ist eine aktuelle Bestandsaufnahme, die das Los mexikanischer Kinder beschreibt, die auf den Feldern in den südlichen USA Schwerstarbeit verrichten müssen. Dabei zeigt er den Teufelskreis von Kinderarbeit auf, der einer schulischen Ausbildung und damit dem möglichen sozialen Aufstieg im Wege steht. Im Mittelpunkt steht der Inder Kailash Satyarthi, dessen Organisation weltweit gegen die Versklavung von Kindern ankämpft. – Ab 16.
Frankreich 2011 **P** Institut National de l'Audiovisuel/ARTE France **KI** offen **R+B** Hubert Dubois **K+M** Hubert Dubois **S** Françoise Besnier **L** 75 **E** 29.5.2012 arte **fd –**

Kinder des Zorns: Genesis – Der Anfang
CHILDREN OF THE CORN: GENESIS
Wer in der Abgelegenheit der US-amerikanischen Einöde auf eine Farm trifft, ist vielleicht nicht mehr allein, wohl aber verloren. Das muss auch ein Pärchen erkennen, das in die Fänge einer mysteriösen Kindersekte gelangt, die einem unheiligen Korn-Götzen frönt. Reanimation eines zu recht totgelaufenen Erfolgs-Franchise. Als lahmer Trittbrettfahrer erreicht der Film nie die ohnehin nur in den ersten Teilen zu findende Horrorqualität der Vorgänger. – Ab 16.
Scope. USA 2011 **P** Dimension Films / Gatlin Films **DVD** Sunfilm (16:9, 2.35:1, DD5.1 engl./dt., dts dt.) **BD** Sunfilm (16:9, 2.35:1, dts-HDMA7.1 engl./dt.) **Pd** Aaron Ockman, Joel Soisson **R+B** Joel Soisson **K** Alexandre Lehmann **M** Jacob Yoffee **S** Philip Mangano **D** Tim Rock (Tim), Barbara Nedeljaková (Helen), Billy Drago (Preacher), Kelen Coleman (Allie), Duane Whitaker (Pritchett), Dusty Burwell (das Kind), Derek Jon Talsma (Junge mit Sense), Kai Caster (Junge mit Anzug) **L** 77 **FSK** ab 16 **E** 9.8.2012 DVD & BD **fd –**

Die Kinder vom Napf ☆
DIE KINDER VOM NAPF
Über ein Jahr lang begleitet die Filmemacherin Alice Schmid Schweizer Bergbauernkinder aus dem Napfge-

biet westlich von Luzern im Alltag, dokumentiert ihren beschwerlichen Schulweg, das Leben auf den abgeschiedenen Höfen, unbeschwerte Kinderspiele, aber auch die Aufgaben, die die Kinder übernehmen müssen. Daraus entstand ein bildgewaltiger Dokumentarfilm über das Leben in einer archaisch anmutenden Isolation, die von Mythen und Legenden beseelt ist, der sich zum Jahreszyklus einer zerklüfteten Berglandschaft verdichtet. – Sehenswert ab 10.
Schweiz 2011 **P** Ciné A.S. **KI** MFA+/Xenix (Schweiz) **Pd+R+B** Alice Schmid **K** Alice Schmid **M** Daniel Almada **S** Caterina Mona **L** 90 (24 B./sec.) / 87 (25 B./sec.) **FSK** o.A.; f **E** 1.12.2011 Schweiz / 25.10.2012 / 1.1.2013 SF1 **fd** 41335

Kinder von St. Georg – ★
Die Jugendjahre
Zwölf Jahre lang dokumentierten die Filmemacher fünf Kinder aus dem Hamburger Stadtteil St. Georg. Nachdem DIE KINDER VON ST. GEORG – ERSTE SCHULJAHRE (2004) die Zeit von 1999 bis 2004 umfasste, werden nun die einstigen Erstklässer als pubertierende Jugendliche in der Zeit von 2007 bis 2011 porträtiert, die mit ihrer Identität hadern, Rückschläge verarbeiten müssen und an der Schwelle zum Erwachsenleben neue Kräfte in sich entdecken. Ein spannendes Langzeitprojekt über junge Menschen aus einem «Problemstadtteil» und ihre ebenso persönlichen wie universell typischen Lebenssituationen. – Ab 14.
Deutschland 2012 **P** Kern TV (für NDR/ARTE) **KI** offen **Pd** Hermann Lorenz **R+B** Hermann Lorenz, Leslie Franke **K** Leslie Franke, Hermann Lorenz **L** 93 **E** 24.5.2012 arte **fd** –

Das Kindermädchen
Ein Anwalt steht durch seine bevorstehende Heirat vor dem Sprung in die beste Berliner Gesellschaft. Durch den Besuch einer alten Frau aus Kiew muss er sich mit der Vergangenheit seines zukünftigen Schwiegervaters auseinanderzusetzen und stößt auf ein dunkles Familiengeheimnis, das um ein russisches Kindermädchen aus Kriegszeiten rankt. Dadurch gerät er beruflich und gesellschaftlich ins Abseits. Dramatischer (Fernseh-)Thriller um die Macht von Schatten aus der Vergangenheit. – Ab 16.
Deutschland 2011 **P** Network Movie (für ZDF) **KI** offen **Pd** Jutta Lieck-Klenke, Dietrich Kluge **R** Carlo Rola **B** Elisabeth Herrmann **K** Frank Küpper **M** Wolfram de Marco **S** Friederike von Normann (= Friederike von Norman) **D** Jan Josef Liefers (Joachim Vernau), Stefanie Stappenbeck (Marie-Luise Hoffmann), Natalia Wörner (Sigrun Zernikow), Matthias Habich (Utz von Zernikow), Inge Keller (Irene Freifrau von Zernikow), Chulpan Khamatova (Milla Tscherednitschenkowa), Johannes Allmayer (Aaron von Lehnsfeld), Michael Schönborn (Walter) **L** 90 **E** 9.1.2012 ZDF **fd** –

Der Kindermörder
THE GRAY MAN
Ein seit Kindertagen traumatisierter Einzelgänger, der seine emotionale Deprivation in sadomasochistischen Selbstbestrafungen auslebt, ermordet Kinder und Jugendliche. Zwei Polizisten sind auf seiner Spur, doch die Zeit drängt, ist doch ein zehnjähriges Mädchen in seiner Gewalt. Der in den 1920er-Jahren spielende Psychothriller nach dem wahren Fall des Serienkillers Albert Fish bemüht sich, die Gefühlswelt des Mörders psychologisch zu durchdringen. Kein schockierendes Blutbad, sondern eher ein gut gespieltes, weitgehend spannendes Kammerspiel. – Ab 16.
USA 2007 **P** RavenWolf Films **DVD** Schröder-Media (16:9, 1.85:1, DD5.1 engl./dt.) **BD** Schröder-Media (16:9, 1.85:1, dts-HD engl./dt.) **Pd** Aaron Osborne, Erin Cochran **R** Scott L. Flynn **B** Lee Fontanella, Colleen Cochran **K** David Rudd (= David Leonard Rudd) **M** Justin Caine Burnett **S** George Folsey jr., John Sitter, Brad E. Wilhite **D** Patrick Bauchau (Albert Fish), Jack Conley (Det. Will King), John Aylward (Capt. Ayers), Jillian Armenante (Delia Budd), Silas Weir Mitchell (Albert Fish jr.), Vyto Ruginis (Det. Maher), Mollie Milligan (Gertrude), Lexi Ainsworth (Grace Budd) **L** 93 **FSK** ab 16 **E** 26.4.2012 DVD & BD **fd** –

King of Devil's Island
KONGEN AV BASTØY
Im Jahr 1915 werden auf einer norwegischen Insel Jungen, die aus zerrütteten Familien stammen oder straffällig wurden, mit brachialen Methoden zu angepassten Erwachsenen erzogen. Ein neu auf die Insel kommender Junge leistet Widerstand gegen die Verhältnisse und bringt auch andere dazu, sich aufzulehnen. Spannendes, auf Tatsachen beruhendes Gefängnisdrama um die Disziplinierungswut im Europa des frühen 20. Jahrhunderts. Die mit Stars besetzten Antagonisten drängen die jugendlichen Hauptfiguren mitunter zu sehr an den Rand. – Ab 16.
DVD/BD: Die Extras umfasssen u.a. das Feature «Bastoy – geordnete Erziehung» (48 Min.).
Scope. Norwegen/Frankreich/Schweden/Polen 2010 **P** 4 1/2 Film / Macht Prod. / St Paul Film / Opus Film **KI** Alamode/Xenix (Schweiz) **DVD** Alamode (16:9, 2.35:1, DD5.1 norw./dt.) **BD** Alamode (16:9, 2.35:1, dts-HDMA norw./dt.) **Pd** Karin Julsrud, Antoine de Clermont-Tonnerre, Mathilde Dedye, Fredrik Heinig, Ewa Puszczynska, Johannes Åhlund **R** Marius Holst **B** Dennis Magnusson, Eric Schmid **K** John Andreas Andersen **M** Johan Söderqvist **S** Michal Leszczylowski **D** Stellan Skarsgård (Bestyreren / Direktor), Benjamin Helstad (Erling / C-19), Kristoffer Joner (Thor Bråthen / Hausvater), Trond Nilssen (Olav / C-1), Magnus Langlete (Ivar / C-5), Morten Løvstad (Øystein), Daniel Berg (Johan), Odin Gineson Brøderup (Axel), Magnar Botten (Lillegutt), Agnar Jeger Holst (Arne), Tommy Jakob Håland (Terje), Frank-Thomas Andersen (Eirik), Martin Slaatto (Harald), Ellen Dorrit Petersen (Astrid) **L** 116 **FSK** ab 12; f **E** 27.10.2011 Schweiz / 29.3.2012 / 4.11.2012 NDR / 27.7.2012 DVD & BD **fd** 40974

King of the Devil's Island –
Kongen av Bastøy
siehe: King of Devil's Island

Die Kirche bleibt im Dorf
Die Bewohner zweier benachbarter schwäbischer Dörfer liegen im Dauerclinch. Da die Kirche auf dem Gebiet des einen Dorfs, der Friedhof auf dem des anderen liegt, kommt es über die Nutzung der geweihten Stätten immer wieder zum Streit. Schwankartige Komödie, im schwäbischen Dialekt gedreht, deren Handlung mehr Posse als realitätsnahes Regionalkino ist. Spielfreudige Darsteller sorgen trotzdem für Elan. – Ab 14.

Deutschland 2011 **P** Fortune Cookie / Network Movie / WDR / ARD-Degeto / ARTE **KI** Camino **Pd** Ilona Schultz, Jutta Lieck-Klenke **R+B** Ulrike Grote **K** Robert Berghoff **M** Jörn Kux **S** Tina Freitag **D** Natalia Wörner (Maria Häberle), Karoline Eichhorn (Christine Häberle), Julia Nachtmann (Klara Häberle), Christian Pätzold (Gottfried Häberle), Elisabeth Schwarz (Elisabeth Rossbauer), Stephan Schad (Karl Rossbauer), Hans Löw (Peter Rossbauer), Gary Smith (Howard Jones), Peter Jordan (Dieter Osterloh), Dietz-Werner Steck (Harald Löffler), Rolf Schübel (Rolf Merz), Ulrich Gebauer (Pfarrer Schäuble), Hans-Jörg Frey (Mr. Jones) **L** 95 **FSK** ab 6; f **FBW** w **E** 23.8.2012   fd 41 212

Kiss Me, I'm Jewish
Am Beispiel jüdischer Singles in Europa beschreibt der Dokumentarfilm die derzeitige Aufbruchsstimmung unter jungen Juden, die sich viermal in Jahr zu Single-Wochenenden treffen und selbstbewusst auf ihr kulturelles Erbe blicken, das von der Elterngeneration weitgehend verdrängt wurde. Dabei nimmt die Suche nach der jüdischen Identität durchaus moderne Formen an, da die Tradition mit neuen Inhalten angereichert wird. Ein Film über Lebenslust, der einen überraschend unorthodoxen-orthodoxen Lebensstil spiegelt. – Ab 16.
Schwarz-weiß. Deutschland 2010 **P** DOKfilm **KI** offen **R+B** Gabriel Heim **K** Francisco Dominguez **M** Tamás Kahane **L** 90 **E** 14.2.2012 arte   fd –

Klappe Cowboy!
Ein selbstverliebter Möchtegern-Filmemacher plant einen Western in Berlin-Kreuzberg. Die Zeit bis zum Drehbeginn vertreibt er sich mit seinen Kumpels und Gelegenheitsjobs. Der gewollt dilettantische No-Budget-Film stellt mit archaischer Verve und viel Leidenschaft das Filmemachen inklusive dessen Scheitern nach. Eine etwas zähe Fingerübung in der Manier von Klaus Lemke, deren Mut zum Understatement dennoch angenehm berührt. – Ab 14.
Deutschland 2012 **P** Prophetfilms **KI** Prophetfilms (Eigenverleih) **Pd** Timo Jacobs **R** Timo Jacobs, Ulf Behrens **B** Federico Avino **K** Ulf Behrens **S** Manuel Stettner, Jörg Schreyer, Martin Oberhaus **D** Timo Jacobs (Cowboy), Yps Van Tule (Yps), Peter Koskowski (Kinski), David Bredin (Molle), Adrian Dittus (Säsch), Tom Sommerlatte (Nachtigal), Tibor Taylor (Fischpeter), Terri Laird (Texas Terri), Clifford Smith (Rainer), Kristian Wanzl (Michi), Till Butterbach (Ball aus) **L** 84 **FSK** – **E** 12.7.2012   fd 41 185

Kleine Fische
KLEINE FISCHE
Als der Besitzer eines Fischladens unerwartet stirbt, entbrennt ein Streit um sein Erbe. Der jüngste Sohn führt den unrentablen Laden weiter, der zweite Sohn und die Mutter wollen ihn verkaufen und das Geld in ihr Hamburger Multimedia-Geschäft stecken. Als sich der junge Fischverkäufer in eine hübsche Studentin verliebt, werden die Karten gänzlich neu gemischt. Mit trockenem Humor inszenierter Erstlingsfilm mit viel Liebe zum Detail, erzählt in nahezu ausgebleichten Blautönen. Das präzise Drehbuch und glaubwürdige Darsteller tragen ebenfalls zum Gelingen bei. – Ab 14.
Österreich 2009 **P** Novotny & Novotny Filmprod. / ÖFI / ORF **KI** offen **Pd** Franz Novotny **R** Marco Antoniazzi **B** Marco Antoniazzi, Gregor Stadlober **K** Niko Mayr **S** Niki Mossböck **D** Michael Steinocher (Martin), Volker Schmidt (Kurt), Brigitte Kren (Frau Tesarek), Sabrina Reiter (Karin), Peter Strauß (Vater), Agnes Riegl (Maria), Karl Fischer (Franz), Elfriede Irrall (Frau Septisch) **L** 85 **E** 20.5.2009 Kino Österreich / 26.8.2012 ORF 2   fd –

Die kleine Lady
DIE KLEINE LADY
Ein attraktiv-selbstbewusstes Straßenmädchen aus New York entpuppt sich im späten 19. Jahrhundert als einzige Erbin eines österreichischen Adelsgeschlechts. Mit ihrer unkonventionell-unbekümmerten Art mischt sie das Schloss ihrer standesstolzen Großmutter auf, in dem sie zur Aristokratin «ausgebildet» werden soll. Routinierte (Fernseh-)Komödie nach einschlägigen Vorbildern: Zwischen Stoffen wie DER KLEINE LORD und PLÖTZLICH PRINZESSIN sucht sich der Film seinen Weg als amüsant-putzige, mitunter sentimentale Unterhaltung ohne sonderlichen Tiefgang. – Ab 12.
Deutschland/Österreich 2012 **P** Lotus Film/Yellow Bird Pictures (für ZDF/ORF) **DVD** Studio Hamburg (16:9, 1.78:1, DD2.0 dt.) **Pd** Boris Ausserer, Thomas Pridnig, Oliver Schündler, Peter Wirthensohn **R** Gernot Roll **B** Chris Boyle, Lavina Dawson, Tanya Fenmore **Vo** Frances Hodgson Burnett **K** Gernot Roll **M** Lothar Scherpe **S** Moune Barius **D** Christiane Hörbiger (Gräfin von Liebenfels), Philippa Schöne (Emily Ernst), Veronica Ferres (Dolores Hobbs), Stefania Rocca (Malvina Farelli), Xaver Hutter (Herr von Havenegg), Christiane Filangieri (Lucille Ernest), Wolfgang Hinze (Professor), Nino Böhlau (Alfred) **L** 100 **FSK** o.A. **E** 13.12.2012 zdf_neo & ORF 2 / 17.12.2012 DVD   fd –

Kleine Lügen auf Bewährung
CRAZY ON THE OUTSIDE
Ein Mann saß drei Jahre lang wegen Videopiraterie im Gefängnis, nun will er sein Leben grundlegend ändern. Doch seine überfürsorgliche Familie steht dem Plan erheblich im Weg. Während seine Großmutter glaubt, er sei drei Jahre in Frankreich gewesen, will seine Ex-Verlobte an alte Zeiten anknüpfen und ein früherer Kumpel ihn in dunkle Machenschaften verwickeln. Uncharmante Komödie ohne Gespür für filmisches Timing; eine Ansammlung skurriler Personen, bei der die Witze wirkungslos verpuffen. – Ab 14.
USA 2009 **P** Boxing Cat Entertainment **KI** offen **Pd** Richard Baker, Brett Gregory, Brian Reilly, Anastasia Stanecki **R** Tim Allen **B** Judd Pillot, John Peaslee **K** Robbie Greenberg **M** David Newman **S** Scott Conrad **D** Tim Allen (Tommy), Sigourney Weaver (Viki), Ray Liotta (Gray), J.K. Simmons (Ed), Julie Bowen (Christy), Kelsey Grammer (Frank), Jeanne Tripplehorn (Angela Papadopolous), Helen Slayton-Hughes (Großmutter) **L** 92 **E** 4.12.2012 Super RTL   fd –

Kleine Morde
Der 13-jährige Sohn eines Richters wird angeklagt, ein Kind brutal ermordet zu haben. Eine Staranwältin übernimmt die Verteidigung des hochintelligenten Jugendlichen, dem es anscheinend nicht schwer fällt, seine Umwelt zu manipulieren. Ein in naher Zukunft spielendes, äußerst konfuses Drama als Variante des perfekten Verbrechens, dessen Erzählfluss durch Rückblenden und Gewalt-

fantasien zusätzlich gehemmt wird. Stilistisch ambitioniert fotografiert und mit dräuender Filmmusik für die Kinoleinwand gedacht, findet die inkonsequente Inszenierung keine Linie und verliert sich in hölzernem Laienspiel. – Ab 16.
Deutschland 2011 **P** SteelWorX Film **KI** StudioCanal **Pd** Neslihan Duy, Adnan G. Köse, Alexander von Glenck, Eyyüphan Duy **R+B** Adnan G. Köse **K** James Jacobs (= Hans W. Jakob) **M** Philipp F. Kölmel **S** Manuel Reidinger **D** Paul Falk (Martin), Ann-Kathrin Kramer (Julia Corner), Uwe Ochsenknecht, Jimi Blue Ochsenknecht, Günther Kaufmann, Jasmin Schwiers, Udo Schenk, Olaf A. Krätke (Valentin), Peter Herff, Andreas Jochaim Hertel **L** 94 (24 B./sec.) **FSK** ab 16; f **E** 20.9.2012   **fd** 41 260

Der kleine Prinz
LE PETIT PRINCE
Zwei Episoden einer aufwändig produzierten 3D-Animationsreihe, die den kleinen Prinzen und seinen Freund, den Fuchs, zu 24 Planeten führt. In «Der Planet des Feuervogels» landen sie auf einem trostlosen Himmelskörper, dessen verschlossene Bewohner von einem riesigen Feuervogel angegriffen werden. «Der Planet der Winde» bringt die beiden Freunde mit Wesen in Kontakt, die mit dem Wind atmen und mit ihrem heißen Atem den eiskalten Himmelskörper erwärmen. Die Trickfilmreihe fühlt sich der literarischen Vorlage von Antoine de Saint-Exupéry verpflichtet; die Produktion wurde von dessen Familie unterstützt. – Ab 12.
3D. Frankreich/Deutschland 2011 **P** Method Animation / Saint-Exupéry-d'Agay Estate / LPPTV / ARD / WDR / France Télévisions **KI** offen **Pd** Aton Soumache **R** Pierre-Alain Chartier **Vo** Antoine de Saint-Exupéry (Erzählung *Le petit prince / Der kleine Prinz*) **M** Frédéric Talgorn **L** 90 **E** 16.3.2012 Kinderkanal   **fd** –

Der kleine Rabe Socke   ★
Animationsfilm um die gleichnamige Kinderbuchfigur. Nachdem der selbstbewusste, aber sehr ich-bezogene Rabe Socke einen Staudamm beschädigt hat, will er seinen Fehler vertuschen und macht sich auf, um die Biber zu Hilfe zu holen. Zwei seiner Freunde begleiten ihn auf einer abenteuerlichen Reise, bei der er lernt, zu seinen Fehlern zu stehen. Sockes andere Freunde versuchen derweil, mit lustigen Tricks das Leck im Damm geheim zu halten. Die den Kinderbuch-Zeichnungen nachempfundene, humorvolle Animation trifft die sympathisch-freche Kauzigkeit der Vorlage und findet zu einer kurzweilig-spannenden Kinodramaturgie. – Ab 6.
Deutschland 2012 **P** Akkord Film / Studio88 **KI** Universum **Pd** Dirk Beinhold, Roland Junker, Dirk Dotzert **R** Ute von Münchow-Pohl, Sandor Jesse **B** Katja Grübel **Vo** Nele Moost (Kinderbücher), Annet Rudolph (Kinderbücher) **M** Alex Komlew **L** 75 **FSK** o.A.; f **E** 6.9.2012 / 20.9.2012 Schweiz   **fd** 41 228

Der kleine Zauberer – Hüter des magischen Kristalls
THE MAGISTICAL
Nach dem Tod einer mildtätigen Zauberin, die das letzte Drachenbaby vor dem Bösen schützen wollte, versinkt ein Märchenreich ins Chaos und kann nur mit Hilfe einer Königstochter, deren Vater mit dem Nachbarkönig im Dauerstreit liegt, und ihren Verbündeten gerettet werden. Wild bewegtes Animationsabenteuer um Freundschaft und Toleranz, das durch viele Nebenhandlungen allzu sehr ausfasert. – Ab 12.
USA 2008 **P** Out of Our Minds Animation Studios **DVD** EuroVideo (16:9, 2.35:1, DD5.1 engl./dt.) **Pd** Kim Wartz **R** John Cernak, Danny Oakley **B** John Cernak **M** John Autin **S** John Cernak **L** 85 **FSK** o.A. **E** 12.1.2012 DVD   **fd** –

Kleiner starker Panda
LITTLE BIG PANDA
Angesichts bevorstehender Bedrohungen ihres Lebensraums finden die Pandas einen mutigen jungen Anführer, der ihnen nach allerlei Abenteuern hilft, ein neues Zuhause zu finden. Kindgerechter Animationsfilm mit einer märchenhaften, von liebenswerten Tierfiguren getragenen Geschichte, die betont bunt und putzig unterhält. Während es ihm formal eher um grafische Klarheit als um künstlerische Kreativität geht, überzeugt vor allem die aufwändige musikalische Untermalung. – Ab 6.
3D. Deutschland/Frankreich/Spanien 2011 **P** Benchmark Ent. / Angels Avenue / uFilm / Juventy Film / ORB Filmprod. / Yisang Media Investment **KI** nfp **DVD** NFP/Warner (16:9, 1.78:1, DD5.1 dt.) **Pd** Michael Schoemann, Xiao Xiong Chen, Hilari Pujol, Daniel Zimmermann **R** Michael Schoemann, Greg Manwaring **B** Jörg Tensing **M** Detlef A. Schitto, Bernd Wefelmeyer **S** Erik Stappenbeck **L** 89 **FSK** o.A.; f **E** 23.2.2012 / 5.10.2012 DVD **fd** 40 935

Klempner für tausend Seelen
Dokumentarfilm über den Arbeitsalltag eines Klempners in der Moskauer Schlafstadt Jasenevo, wo er für 4.600 Wohnungen und ihre maroden sanitären Einrichtungen und Wasserleitungen zuständig ist. Dabei stellt der Film auch das vielschichtige soziale Gefüge und dessen Wertesystem vor, das als Spiegel der russischen Gesellschaft erscheint. Deutlich wird, dass der «einfache» Arbeiter aufgrund seiner vielfältigen, scheinbar nie endenden Aufgaben Dreh- und Angelpunkt und damit die «gute Seele» des Gemeinwesens ist. – Ab 16.
Deutschland 2011 **P** Hanfgarn & Ufer / Telepool / BR **KI** offen **Pd** Gunter Hanfgarn **R+B** Anastasia Vinokurova **K** Natalia Pavlovskaja **S** Gines Olivares **L** 60 **E** 4.7.2012 Bayern 3 **fd** –

Der Klügere zieht aus
Nach 17 gemeinsamen Jahren trennt sich ein Ehepaar. Geplant ist eine «freundschaftliche Trennung» mit dem Vorsatz, auch weiterhin gemeinsam für die Kinder zu sorgen. Der Mann zieht ins Gartenhaus, um räumlichen Abstand zu gewinnen, und hofft, dass sich nach kurzer Zeit alles wieder einrenkt. (Fernseh-)Komödie um einen Mann in der Lebenskrise, der nie gelernt hat, erwachsen zu werden, und nun von der Realität nachhaltig eingeholt wird. – Ab 14.
Deutschland 2012 **P** Polyphon **KI** offen **Pd** Alexander Bickel, Hubertus Meyer-Burckhardt, Uwe Urbas, Nele Willaert **R** Christoph Schnee **B** David Ungureit, Marc Terjung **K** Diethard Prengel **M** Sebastian Pille **S** Guido Krajewski **D** Matthias Koeberlin (Peter Fischer), Julia Richter (Nina Fischer), Alina Ben Larbi (Laura Fischer), Marius Haas (Joshua Fischer), Simon Böer (Thorben), Tim Seyfi (Bora), Christina Grosse (Kerstin), Julia Koschitz (Julia) **L** 90 **E** 25.10.2012 ZDF   **fd** –

Knerten traut sich ☆
KNERTEN GIFTER SEG

Ein sechsjähriger Junge in der norwegischen Provinz der 1960er-Jahre meistert gemeinsam mit seinem ebenso skurrilen wie liebenswürdigen Freund Knerten, einem dank der Fantasie des Jungen «lebendiges» Stück Holz, alle Herausforderungen des Alltags und kann mit kriminalistischem Gespür den mysteriösen Fahrradunfall der Mutter aufklären. Die liebenswerte Fortsetzung des norwegischen Kinderfilms MEIN FREUND KNERTEN (2009) entfaltet ihre Komik aus dem aufmerksam beschriebenen Unterschied zwischen Kinder- und Erwachsenenperspektive, wobei sie jederzeit sensibel auf die kindlichen Probleme und Ängste eingeht. – Sehenswert ab 6.
Scope. Norwegen 2010 **P** paradox Spillefilm **KI** Polyband **DVD** Polyband (16:9, 2.35:1, DD5.1 norw./dt.) **Pd** Finn Gjerdrum, Stein B. Kvae **R** Martin Lund **B** Birgitte Bratseth **Vo** Anne-Cath Vestly (Kinderbuch) **K** Morten Halfstad **M** Magnus Beite **S** Steinbar Stalsberg **D** Adrian Grønnevik Smith (Lillebror), Pernille Sørensen (Mutter), Jan Gunnar Røise (Vater), Petrus A. Christensen (Philip), Amalie Blankholm Heggemsnes (Vesla), Per Schaaning (Eilertsen), Per Jansen (Snekkeren), Anna Bache-Wiig (Karstens Mutter), Kristian Smedhaugen (Karsten) **L** 81 **FSK** o.A.; f **FBW** bw **E** 12.4.2012 / 30.11.2012 DVD **fd** 41 002

Knights of Blood
JMENEM KRALE

Im finsteren Mittelalter führt König Ottokar ein schweres Regiment, weil sich ständig untergebene Fürsten miteinander verfeinden. Eine Ehe zwischen zwei Nachkommen rivalisierender Häuser soll Frieden schaffen, doch geheimnisvolle Morde entzweien die Hochzeitsgesellschaft. Ein abgesandter Richter des Königs soll den Fall klären. Solider Historienkrimi, der vage an DER NAME DER ROSE (freilich ohne Religion) erinnert. Die Detektivgeschichte wird gelegentlich mit überflüssigen, optisch immerhin ansprechenden Kriegssequenzen aufgepeppt. – Ab 14.
DVD/BD: Erhältlich als DVD, 2D BD und 2D/3D BD.
3D. Scope. Tschechien 2009 **P** TV Nova / Three Brothers Prod. **DVD** KSM (16:9, 2.35:1, DD5.1 tschech./dt.) **BD** KSM (16:9, 2.35:1, dts-HDMA tschech./dt.) **Pd** Igor Kristof, Daniel Severa **R** Petr Nikolaev **B** Boris Kristof, Vlastimil Vondruska **K** David Ployhar **M** Jiří Chlumecký **S** Alois Fisárek **D** Karel Roden (Oldrich), Klára Issová (Ludmila), Jan Kanyza (Hynek Berka), Lukás Vaculik (Marek), Markéta Hrubesová (Klara), Karel Dobrý (Adalbert), Jan Dolanský (Ota), David Matásek **L** 74 **FSK** ab 12 **E** 6.7.2012 DVD & BD **fd –**

Knistern der Zeit – Christoph Schlingensief und sein Operndorf in Burkina Faso ☆
KNISTERN DER ZEIT – CHRISTOPH SCHLINGENSIEF UND SEIN OPERNDORF IN BURKINA FASO

Dokumentarfilm über das Operndorf des Film- und Theaterregisseurs Christoph Schlingensief (1960–2010) in der Nähe von Ouagadougou, der Hauptstadt von Burkina Faso. Er begleitet das Projekt zur «Aufhebung der Trennung von Kunst und Nichtkunst» von der Planungsphase bis ins Herbst 2011. Der Tod des Initiators hinterlässt eine merkliche Leerstelle, doch bleibt Schlingensief in seinem Projekt sowie die Äußerungen seiner Mitstreiter präsent. Die postkolonialen Widersprüche des Operndorfs werden zwar nicht direkt verhandelt, klingen unterschwellig aber immer wieder an. Eine Hommage, die in eine «Delegierung» von Schlingensiefs künstlerischem Erbe an die Bewohner des Dorfs mündet. – Ab 14.
Deutschland/Österreich 2012 **P** Perfect Shot Films / zdf.kultur / ORF / Goethe-Institut Südafrika **KI** Filmgalerie 451 **Pd** Michael Bogar, Sibylle Dahrendorf **R+B** Sibylle Dahrendorf **K** Philipp Tornau, Ingo Brunner, Christoph Krauß **M** Josep Sanou, Arno Waschk **S** Oliver Karsitz, Frank Brummundt **L** 111 (24 B./sec.) / 107 (25 B./sec.) **FSK** o.A.; f **E** 7.6.2012 **fd** 41 107

Knockout – Born to Fight
KNOCKOUT

Ein Außenseiter wird an seiner neuen Schule gemobbt. Der Hausmeister nimmt sich des Jungen an, lehrt ihn die richtigen Boxtechniken und weckt in ihm das Selbstbewusstsein, gegen den kräftigsten Rüpel der Schule im Boxring anzutreten. Hanebüchener KARATE KID-Aufguss als Vehikel für Wrestling-Star Steve Austin, der allein schon aufgrund der Brutalitäten für die avisierte jugendliche Zielgruppe nicht taugt. – Ab 16.
USA/Kanada 2011 **P** Phase 4 Films / Nasser Group North / NGN Prod. **DVD** Koch (16:9, 1.78:1, DD5.1 engl./dt., dts dt.) **BD** Koch (16:9, 1.78:1, dts-HDMA engl./dt.) **Pd** Jack Nasser **R** Anne Wheeler **B** Evan Jacobs, Jack Nasser, Joseph Nasser **K** Peter F. Woeste (= Peter Woeste) **M** Daniel Seguin **S** James Ilecic **D** Steve Austin (Dan Barnes), Daniel Magder (Mstthew Miller), Janet Kidder (Christine Miller), Emma Grabinsky (Ruby), Jaren Brandt Bartlett (Hector Torres), Samuel Patrick Chu (Nick Wirthlin), Sean Devine (Jacob Miller), Roman Podhora (Trainer Harward) **L** 90 **FSK** ab 16 **E** 21.9.2012 DVD & BD **fd –**

Knuckle
KNUCKLE

Langzeitdokumentation über eine blutige Fehde zwischen zwei irischen Familien, in denen sich Erwachsene und Kinder im Hinterhof-Faustzweikampf gegenüberstehen. Mit Fäusten werden die Kinder in einem asozialen Geist erzogen, wobei der Grund für den Zwist nie ganz nachzuvollziehen ist. Der Regisseur hört sich das fadenscheinige Geschwätz der tumben Clanchefs über Ehre, Würde und das Recht der Stärkeren an, ohne selbst formal noch inhaltlich Konturen zu schaffen.
Großbritannien/Irland 2011 **P** Irish Film Boeard / BBC Storyville / Rise Films **DVD** Universum (16:9, 1.78:1, DD5.1 engl.) **Pd** Teddy Leifer, Ian Palmer **R** Ian Palmer **K** Ian Palmer **M** Jessica Dannheisser, Ilan Eshkeri **S** Olver Huddleston **L** 92 **FSK** ab 16 **E** 18.4.2012 DVD **fd –**

Kochen ist Chefsache
COMME UN CHEF / EL CHEF, LA RECETA DE LA FELICIDAD

Ein eigenwilliger Koch fliegt aus dem Restaurant, in dem er arbeitet, und landet auf dem Bau. Nebenbei lässt er es sich nicht nehmen, die Kantine eines Altenheims aufzubessern, wobei er mit seinen Gerichten die Aufmerksamkeit eines alternden Star-Kochs erregt. Luftig-leichte Sommerkomödie um die «Trendsportart» Kochen, die zwar mitunter schon allzu schwungvoll und auch klamaukig da-

her kommt, insgesamt aber solide und charmant unterhält. – Ab 14.
Scope. Frankreich/Spanien 2012 **P** Gaumont / TF1 Films / A Contracorriente Films / uFilm **KI** Senator **Pd** Sidonie Dumas, Jeremy Burdek, Nadia Khamlichi, Adrian Politowski, Gilles Waterkeyn **R+B** Daniel Cohen **K** Robert Fraisse **M** Nicola Piovani **S** Géraldine Rétif **D** Jean Reno (Alexandre), Michaël Youn (Jacky), Raphaëlle Agogué (Béatrice), Julien Boisselier (Sanislas Master), Salomé Stévenin (Amandine), Serge Larivière (Titi), Issa Doumbia (Moussa), Bun-hay Mean (Chang), Pierre Vernier (Paul Matter) **L** 88 **FSK** o.A.; f **E** 7.6.2012 **fd** 41 122

Die Köchin und der Präsident
LES SAVEURS DU PALAIS
Der französische Staatspräsident hat von der Haute Cuisine die Nase voll und sehnt sich nach Hausmannskost. Eine neue Köchin verwöhnt ihn daraufhin auf gehobenem Niveau, rasselt aber mit den anderen Köchen und der Finanzprüfung ebenso aneinander wie mit den Ärzten des Präsidenten, die die kalorienreiche Kost nicht gutheißen. Die Politik bleibt in dieser Komödie Hintergrund; dafür feiert der sympathische Film durchaus hingebungsvoll den Genuss des Essens und die sich dabei entwickelnde zwischenmenschliche Wärme. – Ab 14.
Scope. Frankreich 2012 **P** Armada Films / Vendôme Prod. / France 2 Cinéma / Wild Bunch **KI** Wild Bunch **Pd** Etienne Comar, Philippe Rousselot **R** Christian Vincent **B** Etienne Comar, Christian Vincent **K** Laurent Dailland **M** Gabriel Yared **S** Monica Coleman **D** Catherine Frot (Hortense Laborie), Jean d'Ormesson (der Präsident), Hippolyte Girardot (David Azoulay), Arthur Dupont (Nicolas Bauvois), Jean-Marc Roulot (Jean-Marc Luchet), Arly Jover (Mary), Brice Fournier (Pasqual Lepiq) **L** 95 (24 B./sec.) / 92 (25 B./sec.) **FSK** o.A.; f **E** 20.12.2012 **fd** 41 452

Kolumbiens Trauma – Verschwunden im Justizpalast
LA TOMA
Am 6. November 1985 überfiel ein Guerilla-Kommando den Justizpalast in Bogota, nahm zahlreiche Geiseln und verlangte, dass dem damaligen Präsidenten Kolumbiens der Prozess gemacht werde. Dieser ließ das Gebäude stürmen, fast hundert Menschen kamen zu Tode, zwölf Personen sind bis heute spurlos verschwunden. 25 Jahre später wird dem Hauptverantwortlichen des Einsatzes der Prozess gemacht. Der Dokumentarfilm rekapituliert die traumatischen Ereignisse und informiert in ebenso komplexer wie spannender Weise über eines der dunkelsten Kapitel der kolumbianischen Gegenwartsgeschichte. – Ab 16.
Kolumbien/Deutschland 2011 **P** Dessu Prod. / E-nnovva / Pivot Pictures / Producciones La Esperanza / Pumpernickel Films / arte / RCN Cine **KI** offen **Pd** Maritza Blanco, Christoph Jörg **R+B** Miguel Salazar, Angus Gibson **K** Mauricio Vidal **M** Camilo Sanabria **S** Megan Gill **L** 79 **E** 10.4.2012 arte **fd** –

Komm, schöner Tod
Berlin in naher Zukunft: Um das Problem der immer älter werdenden Gesellschaft zu lösen, gründet ein plastischer Chirurg ein Institut für Sterbehilfe. Ein Ex-Journalist soll die PR-Arbeit übernehmen. Die erste Klientin ist eine alte Dame, die vor laufender Kamera publikumswirksam aus dem Leben scheiden soll, die dann aber verschwindet und bei der Tochter des Institutsgründers unterkommt, einer Ärztin, die vor den Toren der Stadt ein Ghetto für Alte leitet. (Fernseh-)Drama um Themen wie Überalterung der Gesellschaft, Demenz, Sterbewunsch und Sterbehilfe, das eine soziale Grauzone umschreibt, wobei letztlich die Liebe und das Plädoyer für ein Altern in Würde obsiegen. – Ab 16.
Deutschland 2011 **P** Ziegler Film **DVD** Edel Media (16:9, 1.78:1, DD2.0 dt.) **Pd** Regina Ziegler **R+B** Friedemann Fromm **Vo** Björn Kern (Roman Die Erlöser AG) **K** Sonja Rom **M** Stefan Mertin **S** Inge Bohmann **D** Herbert Knaup (Jens Kurzhals), Anna Loos (Simona von Werding), Dietrich Hollinderbäumer (Sebastian von Werding), Leslie Malton (Cordula von Werding), Simon Eckert (Rainer), Peter Franke (Karl Kurzhals), Katharina Matz (Hannah) **L** 88 **FSK** ab 12 **E** 5.4.2012 ZDF / 11.5.2012 DVD **fd** –

Komm, wir finden einen Schatz!
siehe: **Janosch – Komm, wir finden einen Schatz!**

Der Kommissar und das Meer – Allein im finstern Wald
Im Vorfeld einer meeresbiologischen Expedition in den Indischen Ozean kommt es zu einem harten Wettbewerb unter den Studenten, die einen der begehrten Exkursionsplätze ergattern wollen. Alle Grenzen werden überschritten, als die ersten Toten zu beklagen sind und die Leiterin der Expedition, eine Professorin der Universität Gotland, schwer verletzt wird. Konventioneller (Fernsehserien-)Krimi um einen deutschen Kommissar, der auf der schwedischen Insel Gotland ermittelt, wobei sich wie üblich Privates mit den Ermittlungen mischt. – Ab 14.
Deutschland 2011 **P** Network Movie (für ZDF) **KI** offen **Pd** Jutta Lieck-Klenke **R+B** Thomas Roth **Vo** Mari Jungstedt (Romanmotive) **K** Arthur W. Ahrweiler **M** Fabian Römer **S** Birgit Gasser **D** Walter Sittler (Robert Anders), Sólveig Arnarsdóttir (Karin Jakobson), Andy Gätjen (Thomas Wittberg), Inger Nilsson (Ewa), Frida Hallgren (Emma Winarve), Sven Gielnik (Niklas Anders), Charlotte Lüder (Ida Anders), Oliver Hecker (Kaspar Winarve) **L** 90 **E** 10.3.2012 ZDF **fd** –

Der Kommissar und das Meer – Niemand hat Schuld
Eine Frau, deren Eltern bei einem Schiffsunglück vor der Insel Farö ums Leben gekommen sind, glaubt nicht an die offizielle Version der Unglücksumstände, wonach die Toten die Tragödie selbst herbeigeführt haben sollen. Als die an dem Unfall beteiligte Fischerfamilie vor Gericht nur mit einer Teilschuld belegt wird, schwört sie Rache und sieht ihre Chance, als sich ihr einer der Söhne der Fischer annähert. Verhaltener (Fernsehserien-)Krimi, der das Lokalkolorit zu nutzen versucht, die Handlung aber eher routiniert bis uninspiriert abspult. – Ab 14.
Deutschland 2012 **P** Network Movie (für ZDF) **KI** offen **Pd** Jutta Lieck-Klenke **R** Thomas Roth **B** Henriette Piper **Vo** Mari Jungstedt (Romanmotive) **K** Arthur W. Ahrweiler **M** Fabian Römer **S** Birgit Gasser **D** Walter Sittler (Robert Anders), Sólveig Arnarsdóttir (Karin Jakobson), Andy Gätjen (Thomas Wittberg), Inger Nilsson (Ewa), Frida Hallgren (Emma Winarve), Sven Gielnik (Niklas Anders), Charlotte

Lüder (Ida Anders) **L** 90 **E** 1.12.2012 ZDF **fd** –

Kommissar Wallander – Ein Mord im Herbst
WALLANDER – AN EVENT IN AUTUMN
Während der schwedische Polizeikommissar Wallander den vermeintlichen Selbstmord einer jungen Frau auf einem Fährschiff untersucht, stößt er im Garten seines neu erworbenen Hauses auf die Überreste einer Frauenleiche. Er ermittelt emotional tief berührt weitgehend auf eigene Faust, was eine Kollegin teuer zu stehen kommt, die Opfer eines Gewalttäters wird. Allmählich ergeben sich ungeahnte Zusammenhänge. Spannende, betont düster fotografierte (Fernseh-)Verfilmung einer Geschichte von Henning Mankell, die reizvoll die private Befindlichkeit des erschöpften und zweifelnden Polizisten in seinem Ringen um persönliches Glück und Gerechtigkeit einbezieht. – Ab 16.
Großbritannien/Schweden/Deutschland 2012 **P** Zodiak / ARD Degeto / BBC / Film i Skåne / Left Bank Pic. / TV 4 / Yellow Bird **KI** offen **Pd** Simon Moseley, Ralf Ivarsson **R** Toby Haynes **B** Peter Harness **Vo** Henning Mankell (Erzählung) **K** Lukas Strebel **M** Martin Phipps **S** Kristina Hetherington **D** Kenneth Branagh (Kurt Wallander), Sarah Smart (Anne-Britt Hoglund), Richard McCabe (Nyberg), Barnaby Kay (Lennart Mattson), Mark Hadfield (Stefan Lindeman), Rebekah Staton (Kristina Albinsson), Saskia Reeves (Vanja Andersson), Albert Maris (Peter Andersson), Donald Sumpter (Fredrik Thorson), Matthew Hickey (Jorgen Thorson) **L** 89 **E** 28.12.2012 ARD/einsfestival **fd** –

Kommissar Wallander – Hunde von Riga
WALLANDER – THE DOGS OF RIGA
Bei den Ermittlungen in einem länderübergreifenden Fall um Rauschgiftschmuggel und Doppelmord lernt der schwedische Kommissar Wallander einen lettischen Kollegen kennen. Als dieser ermordet wird, reist er nach Riga, um dem Toten die letzte Ehre zu erweisen und den Kollegen behilflich zu sein. Misstrauisch beginnt er mit eigenen Nachforschungen, gerät zwischen korrupte Polizisten und Drogenmafia und bringt sich und die Witwe des ermordeten Kollegen, in die er sich verliebt, in Lebensgefahr. Spannender, atmosphärisch höchst dichter (Fernsehserien-)Krimi nach einem Roman von Henning Mankell, der zusätzlichen Reiz durch die Einbeziehung der lettischen Hauptstadt Riga erhält. – Ab 16.
Großbritannien/Deutschland/Schweden 2012 **P** Zodiak / Yellow Bird / TKBC / BBC / Degeto / WGBH / Film i Skåne **KI** offen **Pd** Sanne Wohlenberg **R** Esther May Campbell **B** Peter Harness **Vo** Henning Mankell (Roman) **K** Lukas Strebel **M** Dominic Muldowney **S** Alex Mackie, St. John O'Rorke **D** Kenneth Branagh (Kurt Wallander), Ingeborga Dapkunaite (Baiba Liepa), Dragos Bucur (Sergei Upitis), Zoltan Butuc (Murnieks), Søren Malling (Major Karlis Liepa), Richard McCabe (Nyberg), Barnaby Kay (Lennart Mattson), Mark Hadfield (Stefan Klindeman), Rebekah Staton (Kristina Albinsson), Sarah Smart (Anne-Britt Hoglund) **L** 90 **E** 30.12.2012 ARD **fd** –

Kommissar Winter: Rotes Meer
VÄNASTE LAND / KOMMISSARIE WINTER: VÄNASTE LAND
Im Göteborger Immigranten-Milieu werden ein nigerianischer Kioskbesitzer, sein kurdischer Mitarbeiter und ein Iraner ermordet. Einziger Zeuge ist ein Kind, das sich den Fahndern immer wieder entzieht. Bald gibt es weitere Tote, doch die Fahnder stoßen auf eine Mauer des Schweigens, weil die Menschen um ihr Leben fürchten. Spannender (Fernsehserien-)Krimi nach einem Roman von Åke Edwardson, der ein Bild der schwedischen Gesellschaft im rasanten Werteverfall zeichnet. Die Figur des Kommissars Winter ist in diesem Zusammenhang als positiver Gegenpol konzipiert. – Ab 16.
Schweden 2010 **P** SVT Drama **KI** offen **R** Trygve Allister Diesen **B** Lars Bill Lundholm **Vo** Åke Edwardson (Roman) **K** Anders Bohman **M** Nicholas Sillitoe **S** Zaklina Stojcevska **D** Magnus Krepper (Erik Winter), Peter Andersson (Bertil Ringmar), Amanda Ooms (Angela Winter), Sharon Dyall (Aneta Djanali), Jens Hultén (Fredrik Halders), Ramtin Parvaneh (Hama Ali Mohammed), Göran Berlander (Jerker Reinholtz), Stig Engström (Öberg) **L** 100 **E** 22.10.2012 ZDF **fd** –

Kommissarin Lucas – Bombenstimmung
Der verschwundene Chefarzt eines angesehenen Hospitals, ein dubioser Anschlag auf dessen Vater und die Vorwürfe mangelnder Krankenhaus-Hygiene konfrontieren die Regensburger Kommissarin mit zwei geschädigten Patienten, die Rachegedanken hegen könnten. Auch als der Mediziner wieder auftaucht, ist der Fall noch nicht beendet: Bei einer privaten Feier der Ermittlerin geht eine Bombendrohung gegen die Familie ein. Routinierter (Fernsehserien-)Krimi mit oberpfälzischem Hintergrund, der ein brisantes Thema aufgreift und Vertuschungsmechanismen an den Pranger stellen will. – Ab 16.
Deutschland 2012 **P** Olga Film (für ZDF) **KI** offen **Pd** Harald Kügler, Molly von Fürstenberg **R** Tim Trageser **B** Florian Iwersen, Tim Trageser **K** Eckhard Jansen **M** Andreas Weidinger **S** Gisela Castronari **D** Ulrike Kriener (Kommissarin Ellen Lucas), Michael Roll (Boris Noethen), Alexander Lutz (Martin Schiff), Tilo Prückner (Max), Anke Engelke (Rike), Oliver Stokowski (Dr. Michael Reidinger), Arndt Klawitter (= Arnd Klawitter) (Heinrich Stadler), Alexander Hörbe (Rudolf Meyer), Bernhard Schütz (Dr. Berthold Lindner) **L** 90 **E** 10.11.2012 ZDF **fd** –

Kommissarin Lucas – Die sieben Gesichter der Furcht
Durch eine unter Amnesie leidende Frau, die im Schlaf Mordfantasien äußert, stößt eine Regensburger Kommissarin auf dubiose Geschehnisse in einer dörflichen Gemeinschaft, wo sich eine Buchautorin als charismatische Leiterin eines mysteriösen Naturzentrums etabliert hat, dessen Mitglieder okkulten Handlungen frönen. Routinierter (Fernsehserien-)Krimi aus der bayerischen Provinz, in dem sich die Protagonistin mit vermeintlich übernatürlichen Kräften beschäftigen muss, die ihr scheinbar die Kräfte rauben. – Ab 16.
Deutschland 2012 **P** Olga Film (für ZDF) **KI** offen **Pd** Harald Kügler, Molly von Fürstenberg **R+B** Tim Trageser **K** Eckhard Jansen **M** Andreas Weidinger **S** Gisela Castronari **D** Ulrike Kriener (Ellen Lucas), Michael Roll (Boris Noethen), Alexander Lutz (Martin Schiff), Tilo Prückner (Max), Anke

Engelke (Rike), Emily Cox (Jeanette Wilson), Maren Kroymann (Anna Stern), Jasmin Tabatabai (Dr. Gohar Ardeshir) **L** 90 **E** 2.6.2012 ZDF **fd** –

Kommt die Apokalypse?
L' APOCAPLYSE
Der (Fernseh-)Dokumentarfilm zeigt Menschen, die sich auf unterschiedliche Weise auf das Ende der Welt vorbereiten und Untergangsszenarien mit den verschiedensten Strategien begegnen. Dabei will er keine Angst einflößenden Theorien verbreiten, stellt vielmehr exzentrische Gegenentwürfe vor, bei denen die Apokalypse verheißungsvoller Moment für die Förderung möglicher Utopien ist. – Ab 16. Frankreich 2012 **P** ARTE France **KI** offen **R** France Swimberge, Jean-Marc Barbieux, David Combe **L** 90 **E** 21.12.2012 arte **fd** –

Das Komplott – Abducted
ABDUCTED: FUGITIVE FOR LOVE
Den Plänen eines Gefängnisdirektors mit politischen Ambitionen steht seine Frau im Weg. Ein Häftling, der wegen Mordes einsitzt, soll sie entführen und töten, doch der gedungene Mörder hat ganz andere Absichten. Mäßig unterhaltsamer (Fernseh-)Thriller zwischen moderater Spannung und aufgesetzter Romanze. – Ab 16. Kanada 2007 **P** JB Media **KI** offen **Pd** Jean Bureau, Josée Mauffette **R** Richard Roy **B** Laurie Horowitz **K** Daniel Villeneuve **M** Claude Milot **S** Michel Grou **D** Sarah Wynter (Melanie Stone), Andrew W. Walker (Jack Carlson), Eric Breker (Tom Stone), Carl Marotte (John Delaney), Ellen Dubin (Stephanie Baker), Carrie Colak (Paula Simms), Eleanor Noble (Amy), Donny Falsetti (George Motts) **L** 84 **E** 19.10.2012 ProSieben **fd** –

König des Comics – Ralf König ★
Dokumentarfilm über den Comic-Zeichner Ralf König (geb. 1960), der mit schwulen Bildergeschichten zum bekannten Comic-Künstler avancierte. In drei Erzählsträngen werden verschiedene Facetten beleuchtet; einer davon gilt einer Comic-Lesung und macht den spezifischen Witz von Königs Schaffen deutlich, ein weiterer schildert ein (inszeniertes) Treffen des Künstlers mit einem Fan, im dritten gibt König Auskunft über seinen Werdegang. Das aufschlussreiche Porträt lebt vor allem vom Humor seines Protagonisten, aber auch von der Offenheit, mit der er Einblick in sein Leben und Arbeiten gewährt. – Ab 14. Deutschland 2012 **P** Rosa von Praunheim Filmprod. / ZDF / ARTE **KI** Basis **Pd+R+B** Rosa von Praunheim **K** Wilfried Kaute, Dennis Pauls, Michael Nopens, Stephan Kümin, Oliver Sechting **M** Andreas Wolter **S** Michael Shephard, Rosa von Praunheim **L** 80 **FSK – E** 1.3.2012 **fd** 40 937

Die Königin der Erdmännchen
MEERKAT MANOR: THE STORY BEGINS
Ein Erdmännchen namens «Blümchen» steigt in der Kalahari-Wüste trotz mannigfaltiger Gefahren zum mutigen Leittier seiner Rotte auf. Vermenschlichter, verkrampft zum großen Abenteuer verdichteter Naturfilm, der seinen immer wieder putzigen Untersuchungsgegenstand in einigen hübschen und dramatischen Situationen ablichtet. – Ab 8.
DVD/BD: Erhältlich als DVD, 2D BD und 2D/3D BD. Die Extras umfassen u. a. das Feature «Science of» (21 Min.), das sich mit der Spezies der Erdmännchen beschäftigt.
3D. USA/Großbritannien 2008 **P** Oxford Scientific Films / The Weinstein Comp. **DVD** Sunfilm (16:9, 1.78:1, DD5.1 engl./dt., dts dt.) **BD** Sunfilm (16:9, 1.78:1, dts-HDMA7.1 engl./dt.) **Pd** Caroline Hawkins **R** Chris Barker, Mike Slee **B** Judy Morris, Michael Olmert **K** Stewart McKay, Robin Smith, John Waters, Paul Williams **M** Laurent Ferlet **S** Oral Norrie Ottey **L** 83 (25 B./sec.) **FSK** ab 6 **E** 5.7.2012 DVD & BD **fd** –

Die Königin und der Leibarzt ★
EN KONGELIG AFFÆRE
Eine britische Prinzessin heiratet 1766 den dänischen König Christian VII., der auf Grund seiner psychisch labilen Verfassung willfährige Marionette in der Hand seines Kabinetts ist, das die feudalen Verhältnisse wahren will. Daran stößt sich die liberal denkende Königin und findet unerwartete Hilfe im königlichen Leibarzt, einem aufklärerischen Geist, der seinen Einfluss nutzt, um das Land zu reformieren. Der Historienfilm spürt zwar in einigen spannungsvollen Sequenzen der «Dialektik der Aufklärung» nach, findet insgesamt aber keinen thematischen Fokus und keine Anbindung des Stoffs an die Gegenwart. – Ab 14.
DVD/BD: Zudem als DVD-Special Edition mit dem Film EINE KÖNIGLICHE AFFÄRE erhältlich.
Scope. Dänemark / Deutschland / Schweden / Tschechien 2012 **P** Zentropa International Sweden / Zentropa Ent. Berlin / Trollhätten Film / Sirena Film / DR TV / SVT **KI** MFA+ **DVD** MFA (16:9, 2.35:1, DD5.1 engl./dt.) **BD** MFA (16:9, 2.35:1, dts-HDMA engl./dt.) **Pd** Sisse Graum Jørgensen, Meta Louise Foldager, Louise Vesth **R** Nikolaj Arcel **B** Nikolaj Arcel, Rasmus Heisterberg **Vo** Bodil Steensen-Leth (Roman *Prinsesse af blodet*) **K** Rasmus Videbæk **M** Gabriel Yared, Cyrille Aufort **S** Mikkel E.G. Nielsen, Kasper Leick **D** Mads Mikkelsen (Johann Friedrich Struensee), Mikkel Boe Følsgaard (Christian VII.), Alicia Vikander (Caroline Mathilde), David Dencik (Ove Høegh-Guldberg), Trine Dyrholm (Julianne Marie), William Jøhnk Nielsen (Frederik VI.), Cyron Bjørn Melville (Eneveoldt Brandt), Laura Bro (Louise von Plessen), Thomas W. Gabrielsson (Schack Carl Rantzau) **L** 137 **FSK** ab 12; f **E** 19.4.2012 / 6.11.2012 DVD & BD **fd** 41 021

Eine königliche Affäre
Dokumentarisches Feature über Friedrich Struensee, den Leibarzt des dänischen Königs Christian VII., der 1772 wegen einer Affäre mit der Königin hingerichtet wurde. Die historisch fundierte Fernsehproduktion punktet mit Originalschauplätzen und einer liebevollen Ausstattung, ergänzt Interviews und historische Dokumente mit einem erläuternden Off-Kommentar. Die Reenactment-Szenen, die einen großen Teil der Dokumentation ausmachen, sind jedoch so schwach, dass sie die Glaubwürdigkeit untergraben anstatt Geschichte anschaulich zu machen. – Ab 14.
DVD/BD: Zudem als DVD-Special Edition mit dem Film DIE KÖNIGIN UND DER LEIBARZT erhältlich.
Deutschland/Dänemark 2010 **P** dmfilm und tv prod. / Danmarks Radio TV **DVD** MFA (16:9, 1.78:1, DD5.1 dt.) **Pd** Christian Berg **R+B** Wilfried Hauke **K** Ralph Gemmecke **M** George Kochbek **S** Florentine Bruck **D** Nicki von Tempelhoff (Johann Friedrich Struensee), Emily Cox (Königin Ca-

roline Mathilde), Markus Boysen (Guldberg), Nina Schwabe (Elisabeth von Eyben), Max Mauff, Marek Harloff, Kai Maertens **L** 94 **FSK** ab 12 **E** 23.7.2011 arte / 13.3.2012 DVD **fd** 41 024

Königreich der Gladiatoren
KINGDOM OF GLADIATORS
In einem mittelalterlichen Königreich verspricht der König einem Dämon, der ihm zu Diensten ist, die Hand seiner erstgeborenen Tochter. Jahre danach soll ein Turnier klären, wer ihr Freier werden wird, wobei der Dämon mit von der Partie ist. Trivialer Abenteuer- und Actionfilm, allenfalls für Trash-Fans annehmbar.
DVD/BD: Die Extras enthalten u. a. ein Feature mit im Film nicht verwendeten Szenen (5 Min.).
USA/Italien 2011 **P** WonderPhil Prod. / Claang Entertainment **DVD** EuroVideo (16:9, 1.78:1, DD2.0 engl., DD5.1 dt.) **BD** EuroVideo (16:9, 1.78:1, DD2.0 engl., DD5.1 dt.) **Pd** Riccardo De Palo, Davide Tromba, Stefano Milla **R** Stefano Milla **B** Stefano Milla, Marco Viola **K** Vittorio Anelli **S** Stefano Milla **D** Leroy Kincaid (Kayne), Annie Social (Teela), Matt Polinsky (Gunnar), Bryan Murphy (König Wolfkahn), Suzi Lorraine (Hel), Maurizio Corigliano, Sharon Fryer **L** 81 **FSK** ab 16 **E** 5.1.2012 DVD & BD **fd** –

Konrad Adenauer – Stunden der Entscheidung
Ausgehend vom Bau der Berliner Mauer am 13. August 1961, lässt das (Fernseh-)Doku-Drama das Leben Konrad Adenauers Revue passieren, der sich zu diesem Zeitpunkt anschickte, zum vierten Mal für das Amt des Bundeskanzlers zu kandidieren. Der Film erinnert an Adenauers Zeit als Kölner Oberbürgermeister, an den Tiefpunkt zur Zeit des Nationalsozialismus, den Wiederaufstieg als Vorsitzender der Nachkriegs-CDU und seine Wahl zum Bundeskanzler. Auch das Privatleben des Rheinländers bleibt nicht ausgespart; Spielszenen und Archivmaterial ergänzen sich zum Einblick in Adenauers Leben. – Ab 14.
Deutschland 2012 **P** Gruppe 5 (für SWR) **DVD** Pidax (16:9, 1.78:1, DD2.0 dt.) **Pd** Uwe Kersken **R** Stefan Schneider **B** Werner Biermann **K** Martin Christ **M** Markus Lehmann-Horn **S** Josef van Ooyen **D** Joachim Bissmeier (Konrad Adenauer), Georg B. Lenzen (Hans Maria Globke), Bernhard Ulrich (Franz Josef Strauß), Ludwig Hansmann (Ludwig Erhardt), Rolf Mautz (Gerstenmaier) **L** 89 **FSK** o.A. **E** 31.7.2012 arte / 1.3.2013 DVD **fd** –

Krähen und Kalifenjahre
20 Jahre nach der gemeinsam verbrachten Jugendzeit sucht ein in Ingolstadt aufgewachsener Deutschtürke nach zwei Freunden von einst, die wegen krimineller Delikte aus Deutschland ausgewiesen wurden. Dabei wird er auf seine eigene Situation zurückgeworfen, sodass sich die Frage aufdrängt: Fühlen sich die zwangsweise in der Türkei lebenden «Deutschen» dort tatsächlich fremder als die in Bayern lebenden «Türken»? Vielschichter Dokumentarfilm über die «verlorene Generation» der Einwandererkinder. – Ab 16.
Deutschland 2011 **P** jamurfilm **KI** offen **Pd** Murat Aydin, Svenja Klüh **R+B** Svenja Klüh **K** Kaspar Kaven **S** Svenja Klüh, Ursula Schleid **L** 73 **E** 27.6.2012 Bayern 3 **fd** –

Kreutzer kommt ... ins Krankenhaus
Ein ebenso durchtriebener wie zynischer Polizeikommissar muss den Mord an einer Ärztin aufklären und lässt sich trotz seiner Abneigung in das betreffende Krankenhaus einweisen. Seine unkonventionellen Nachforschungen in Operationssälen und Krankenzimmern bringen Erpressung, Betrug und sexuelle Übergriffe an den Tag. Auf Skurrilität und die Präsenz seines Hauptdarstellers setzender (Fernseh-)Krimi mit drastisch-komischen Akzenten; der zweite Fall für den brillanten Ermittler Kreutzer, dem dieses Mal zur Aufklärung des Verbrechens vier Stunden, 37 Minuten und 23 Sekunden Zeit bleiben. – Ab 14.
Deutschland 2012 **P** TV 60 Filmproduktion **DVD** Sony (16:9, 1.78:1, DD2.0 dt.) **Pd** Sven Burgemeister, Andreas Schneppe **R** Richard Huber **B** Christian Jeltsch **K** Frank Blau **M** Dürbeck & Dohmen **S** Knut Hake **D** Christoph Maria Herbst (Kreutzer), Rosalie Thomass (Belinda), Christina Hecke (Dr. Morée), Torben Liebrecht (Professor Weltz), Fahri Ogün Yardim (Dr. Roehm), Julia Dietze (Pharmazievertreterin Lyss), Anja Antonowicz (Schwester Ute), Frederick Lau (Resmann) **L** 94 **FSK** ab 12 **E** 19.10.2012 DVD / 20.10.2012 ProSieben **fd** –

Kreuzfahrt ins Glück – Hochzeitsreise nach Australien
Ein inoffiziell getrennt lebendes Paar ist als Hochzeitsplaner an Bord eines «Traumschiffs» tätig und bekommt alle Hände voll zu tun, als eine geplante Hochzeit auf dem Weg nach Australien zu scheitern droht, weil die Scheidungsurkunde des bereits zuvor verheirateten Bräutigams noch nicht gültig ist. Auch durch weitere Ereignisse stehen die Zeichen auf Sturm. Beliebig-belanglose (Fernsehserien-)Unterhaltung nach dem üblichen Zettelkasten-Schema. – Ab 14.
DVD/BD: KREUZFAHRT INS GLÜCK – BOX 5.
Deutschland 2011 **P** Polyphon (für ZDF/ORF) **DVD** Universum (16:9, 1.78:1, DD2.0 dt.) **R** Dieter Kehler **B** Jürgen Werner **K** Holger Greiß **M** Hans Günter Wagener **D** Jessica Boehrs (Andrea Herbst), Marcus Grüsser (Stefan Herbst), Siegfried Rauch (Kapitän Paulsen), Heide Keller (Beatrice), Nick Wilder (Dr. Wolf Sander), Susanne Uhlen (Julia König), Miroslav Nemec (Valentin Müller), Nina Gnädig (Tanja Eilwanger) **L** 90 **FSK** ab 6 **E** 1.1.2012 ZDF & ORF / 2.3.2012 DVD **fd** –

Kreuzfahrt ins Glück – Hochzeitsreise nach Jersey
Erneut sticht ein «Traumschiff» in See und macht weniger mit dem Zauber der englischen Kanalinsel Jersey als mit den austauschbaren Problemen einiger Passagiere vertraut. Die Hochzeitsplaner des Schiffs denken an Scheidung, ein geheilter Krebspatient gönnt sich und seiner Frau eine Traumreise, zwei Schwiegergeschwister entdecken ihre Liebe füreinander. (Fernsehserien-)Film voller Laubenschmerz und -romantik in gewohnter Schönbebilderung. – Ab 12.
Deutschland/Österreich 2012 **P** Polyphon (für ZDF/ORF) **KI** offen **Pd** Wolfgang Rademann **R** Hans-Jürgen Tögel **B** Martin Wilke, Jochen S. Franken **K** Holger Greiß **M** Hans Günter Wagener **D** Jessica Boehrs (Andrea Herbst), Marcus Grüsser (Stefan Herbst), Siegfried Rauch (Kapitän Paulsen), Heide Keller (Beatrice), Nick Wilder (Dr. Sander), Gaby Dohm (Hanna), Lara Joy Körner (Niki), Gunter Berger

(Hartwig), Robert Seeliger (Sascha) **L** 90 **E** 26.12.2012 ZDF/ORF 2 **fd** –

Der Kreuzmörder
EL QUINTO MANDAMIENTO

Ein eingeritztes Kreuz in der Haut seiner Opfer ist der einzige Anhaltspunkt für einen ruppigen, aber ehrlichen Cop, um einem Serienkiller in Mexico City auf die Schliche zu kommen. Wie soll er auch ahnen, dass der Täter ein traumatisierter Klosterschüler ist, der von seinen Lehrern missbraucht wurde. Spannungsarmer mexikanischer Thriller innerhalb der Konventionen.
Mexiko 2010 **P** Cyclus **DVD** Ascot/Elite (16:9, 1.78:1, DD5.1 span./dt., dts dt.) **BD** Ascot/Elite (16:9, 1.78:1, dts-HDMA span./dt.) **Pd** Jorge Aguirre **R+B** Rafael Lara **D** Luis Felipe Tovar, Ilean Almaguer, Guillermo Iván, Tomas Goros, Angélica Aragón, Alberto Guerra, Carlos Padilla, Alejandro Tommasi **L** 90 **FSK** ab 18 **E** 4.6.2012 DVD & BD **fd** –

Krieg der Knöpfe ★
LA NOUVELLE GUERRE DES BOUTONS

Die Jungen eines französischen Dorfs liegen mit Gleichaltrigen aus dem Nachbarort im Clinch. Der mit Verve ausgetragene «Krieg der Knöpfe» tritt in den Hintergrund, als die Kinder einer jüdischen Mitschülerin gegen Nazi-Kollaborateure beistehen. Der Film verlegt den Kinderbuchklassiker von Louis Pergaud in die Zeit des Zweiten Weltkriegs. Dabei wird der gesellschaftskritische Unterton der Vorlage, in der es humoristisch um alltägliche Gewaltzusammenhänge in der französischen Provinz geht, zugunsten einer nostalgischen Beschwörung des ländlichen Frankreichs und einer affirmativen Feier des Zusammenhalts neutralisiert. Dank guter Darsteller und einer mitreißenden Inszenierung, die sich rückhaltlos mit der Perspektive der kleinen Protagonisten solidarisiert, gleichwohl ein gelungener Kinderfilm. – Ab 10.
Scope. Frankreich 2011 **P** La Petite Reine / TF1 Films / Studio 37 / Mars Films / Logline Studios **Kl** Delphi **DVD** dcm/EuroVideo (16:9, 2.35:1, DD5.1 frz./dt.) **BD** dcm/EuroVideo (16:9, 2.35:1, DD5.1 frz./dt.) **Pd** Thomas Langmann, Emmanuel Montamat **R** Christophe Barratier **B** Stéphane Keller, Thomas Langmann, Christophe Barratier, Philippe Lopes-Curval **Vo** Louis Pergaud (Roman *La Guerre des Boutons* / *Der Krieg der Knöpfe*) **K** Jean Poisson **M** Philippe Rombi **S** Yves Deschamps, Anne-Sophie Bion **D** Laetitia Casta (Simone), Guillaume Canet (Paul, der Lehrer), Kad Merad (Vater von Lebrac), Gérard Jugnot (Vater von Aztec), François Morel (Vater von Bacaillé), Marie Bunel (Mutter von Lebrac), Jean Texier (Lebrac), Clément Godefroy (kleiner Gibus), Théophile Baquet (großer Gibus), Louis Dussol (Bacaillé), Harald Werner (La Crique), Nathan Parent (Camus), Ilona Bachelier (Violette), Thomas Goldberg (Aztec) **L** 100 **FSK** ab 6; f **FBW** bw **E** 12.4.2012 / 8.11.2012 DVD & BD **fd** 41 007

Der Krieg der Knöpfe ★
LA GUERRE DES BOUTONS

Weitere Verfilmung des Kinderbuch-Klassikers von Louis Pergaud um die Fehde zwischen den Jungs zweier verfeindeter Dörfer in der französischen Provinz. Ein feinfühlig zwischen Humor und Drama vermittelnder Film, der auf die Sehnsucht der Hauptfigur Lebrac fokussiert, der Bevormundung durch die Erwachsenen zu entkommen. – Ab 6.
DVD/BD: Die FSK-Freigabe «ab 12» der DVD/BD bezieht sich auf das Bonusmaterial (Trailer etc.), der Film selbst hat eine Freigabe «ab 6».
Frankreich 2011 **P** One World Films / Les Films du Gorak / TR1 Droits Audiovisuels / TF1 Films Prod. **DVD** Koch (16:9, 1.85:1, DD5.1 frz./dt., dts dt.) **BD** Koch (16:9, 1.85:1, dts-HDMA frz./dt.) **Pd** Marc du Pontavice, Matthew Gledhill, Jeremy Burdek, Nadia Khamlichi, Adrian Politowski, Gilles Waterkeyn **R+B** Yann Samuell **Vo** Louis Pergaud (Roman *La Guerre des Boutons* / *Der Krieg der Knöpfe*) **K** Julien Hirsch **M** Klaus Badelt **S** Sylvie Landra **D** Vincent Bres (Lebrac), Salomé Lemire (Lanterne), Théo Bertrand (L'Aztec), Tristan Vichard (Tigibus), Tom Terrail (Grandgibus), Louis Lefèbvre (Camus), Victor Le Blond (Bacaillé), Mathilde Seigner (Lebracs Mutter), Eric Elmosnino (Lehrer Monsieur Merlin), Alain Chabat (Maître Labru) **L** 108 (24 B./sec.) / 105 (25 B./sec.) **FSK** ab 6 **FBW** bw **E** 27.4.2012 DVD & BD **fd** 41 126

Krieg der Königreiche – Battlefield Heroes
PYEONG-YANG-SEONG

Korea im 7. Jahrhundert: Drei Königreiche liegen im erbitterten Streit miteinander, was sich die chinesischen Invasoren zunutze machen, um mit einem von ihnen eine «unheilige Allianz» zu bilden. Während eines Feldzugs dämmert dem Heeresführer des koreanischen Allianzpartners, dass der Verbündete unlautere Motive haben könnte. Fortschreibung des Historienepos ONCE UPON A TIME IN A BATTLEFIELD (2003), das trotz beeindruckender Kampfszenen und prächtiger Ausstattung nie die Dichte, Gelöstheit und den Humor seines Vorgängers erreicht. – Ab 14.
DVD/BD: Die FSK-Freigabe «ab 16» der DVD/BD bezieht sich auf das Bonusmaterial (Trailer etc.), der Film selbst hat eine Freigabe «ab 12».
Scope. Südkorea 2011 **P** Achin Pic. / Lotte Entertainment / Tiger Pic. **DVD** KSM (16:9, 2.35:1, DD5.1 korea./dt.) **BD** KSM (16:9, 2.35:1, dts-HDMA korea./dt.) **Pd** Jo Cheol-hyeon, Oh Seung-hyeon **R** Lee Jun-ik **B** Jo Cheol-hyeon, Oh Seung-hyeon **M** Kim Joon-seok **S** Kim Jae-beom, Kim Sang-beom **D** Jeong Jin-yeong (Shilla, Kim Yoo-Sin), Lee Mun-shik (Shilla, Thingamajig), Ryoo Seung-yong (Yeon Gaesomuns zweiter Sohn, Nam-Geon), Yun Je-mun (Yeon Gaesomuns erster Sohn, Nam-Saeng), Seon Wooseon (Goguryeo, Gap-Soon), Kim Min-sang (Thingy), Song Chang-gon (Soldat der Keumsan), Soo Kwang (Moon-di) **L** 113 **FSK** ab 12 **E** 9.3.2012 DVD & BD **fd** –

Krieg ist kein Spiel!
A LA GUERRE COMME A LA GUERRE

Zahlreiche Staaten unterzeichneten 1977 ein Abkommen, das Bombenangriffe auf die Zivilbevölkerung verbietet. Bezeichnenderweise gehören Staaten, die selbst Krisengebiete darstellen oder sich als internationale Eingreiftruppe verstehen, nicht zu den Unterzeichnern. Der Dokumentarfilm beschreibt die Schwierigkeiten im Kampf befindlicher Einheiten, die Regeln der Genfer Konventionen von 1864 und vielen nachfolgenden Verträgen einzuhalten. Er zeigt Soldaten in dem Gewissenskonflikt, durch die Einhaltung der Regeln Kriege «zivilisierter» zu führen und gleichzeitig ihren Kampfauftrag zu erfüllen. – Ab 16.

Teils schwarz-weiß. Frankreich/Belgien 2010 **P** Simple Prod. **KI** offen **Pd** Kathleen de Bethune **R+B** Lode Desmet **K** Hans de Bauw, Philippe Lavaletten **M** Serge Laforest, Martin Roullard **S** Anne-Laure Guegan, Linda Ibbari **L** 86 **E** 8.5.2012 arte   **fd** –

Kriegerin ★

Eine junge Frau aus Mecklenburg schlägt und tritt sich als Neo-Nazi durch ihr tristes Dasein, bis ein Mädchen aus «besseren» Kreisen in ihre Kameradschaft drängt und ein jugendlicher Flüchtling aus Afghanistan ihre Wege kreuzt. Der spannend und intensiv erzählte, gut recherchierte Debütfilm zeichnet abseits von Klischees ein authentisches Bild des braunen Milieus in Ostdeutschland und lässt sich mutig auf die Binnensicht seiner Figuren ein. Im letzten Drittel psychologisiert er allzu sehr seine Protagonistin, die sich zur mutig-sensiblen Humanistin wandelt. Dies strapaziert nicht nur die Glaubwürdigkeit der Erzählung, sondern untergräbt auch die realistische Darstellung der rechten Szene. – Ab 16. Scope. Deutschland 2011 **P** Mafilm Prod. / ZDF (Das kleine Fernsehspiel) / HFF «Konrad Wolf» **KI** Ascot Elite **Pd** Eva-Marie Martens, Alexander Martens **R+B** David Wnendt **K** Jonas Schmager **M** Johannes Repka **S** Andreas Wodraschke **D** Alina Levshin (Marisa), Jella Haase (Svenja), Sayed Ahmad Wasil Mrowat (Rasul), Gerdy Zint (Sandro), Lukas Steltner (Markus), Uwe Preuss (Oliver), Winnie Böwe (Andrea), Rosa Enskat (Bea), Haymon Maria Buttinge (Clemens), Klaus Manchen (Großvater Franz), Andreas Leupold (Detlef), Najebullah Ahmadi (Jamil) **L** 106 **FSK** ab 12; f **FBW** bw **E** 19.1.2012   **fd** 40 860

Kriegssöldner – The Killer War
PYATAYA KAZN

Ein skrupelloser Mogul lässt Wissenschaftler in Thailand mithilfe eines aus Salamandern extrahierten Virenstamms ein Mittel gegen die Sterblichkeit entwickeln. Dieses aber hat desaströse Nebenwirkungen, wird von Kriminellen gestohlen und könnte im Fall einer Epidemie die Menschheit bedrohen. Eine Spezialeinheit soll das Malheur beseitigen. Schlichter Action-Thriller, in dem die Kampfeinheit nicht aus Hollywood, sondern aus Russland stammt. Betagte Prominenz wie Rutger Hauer und Michael Madsen macht das Ganze nicht besser. **DVD/BD:** Die Extras enthalten u. a. ein Feature mit im Film nicht verwendeten Szenen (6 Min.). Russland 2010 **P** Arsenal TV **DVD** NewKSM (16:9, 2.35:1, DD5.1 russ./dt.) **BD** NewKSM (16:9, 2.35:1, dts-HDMA russ./dt.) **Pd** Katerina Wetrowa **R** Alexander Jakimchuk, Elena Kowalowa **K** Edgar Zamgarjan **M** Juri Poteenko **D** Waleri Solowjew (Vadim), Pawel Delag (Iwan), Fedor Emelianenko (Fedor), Anna Geller (Marija), Rutger Hauer (Khant), Michael Madsen (Rik), Alexej Gorbunow (General), Julia Gorschenina (Julia) **L** 100 **FSK** ab 18 **E** 6.7.2012 DVD & BD   **fd** –

Kriegswende

Bis November 1942 galt die deutsche Wehrmacht als unbesiegbar. Dann gelangen den alliierten Streitkräften an allen Fronten erste Erfolge; die Einkesselung der 6. Armee in Stalingrad führte das Wende herbei. Der Dokumentarfilm verbindet Aussagen von Zeitzeugen mit eindringlichen Tagebucheinträgen sowie unbekannten Amateuraufnahmen, die überraschende Einblicke in den Kriegsalltag bieten. – Ab 16. Teils schwarz-weiß. Deutschland 2012 **P** TAG/TRAUM Filmprod. **KI** offen **Pd** Gerd Haag **R+B** Mathias Haentjes, Nina Koshofer **K** Harald Cremer, Torbjörn Karvang **M** Michael Klaukien **L** 89 **E** 11.12.2012 arte   **fd** –

Krümels Traum – Ich will Polizeihund werden
KINAKO: MINARAI KEISATSUKEN NO MONOGATARI

Ein weltfremdes Mädchen will seinen unbedarften übergewichtigen Labrador-Retriever zum Polizeihund ausbilden. Ebenso befremdlich wie die Geschichte ist deren filmische Gestaltung zwischen Home-Video und Klamauk-Special. Die japanische Vorstellung von witziger Familienunterhaltung treibt hier besonders skurrile Blüten. – Ab 14. Japan 2010 **P** Dentsu / Eisei Gekijo / Kyodo Television / Nippan / Optrom / Shochiku / Shogakukan / TV Asahi / TV Tokyo / Yahoo Japan **DVD** WVG/Musketier (16:9, 1.85:1, DD5.1 jap./dt.) **R** Yoshinori Kobayashi **B** Hideya Hamada, Kito Tawara **M** Takayuki Hattori **D** Kaho, Yasufumi Terawaki, Naho Toda, Yûsuke Yamamoto, Ken'ichi Endô **L** 113 **FSK** ab 6 **E** 11.10.2012 DVD   **fd** –

Kuma ★
KUMA

In Anatolien wird eine junge Frau mit einem älteren Mann aus Wien, dessen Frau an Krebs erkrankt ist, zwangsverheiratet, um als Zweitfrau nach deren Tod für die Familie zu sorgen. Unter Schwierigkeiten nähern sich die neuen Familienmitglieder an. Erst der Fleiß und die Aufopferung der Neuen ebnet die Annäherung. Ein ebenso wuchtiges wie bewegendes Familiendrama. Durch die Neigung zur übergroßen Tragödie und unausgereifte Nebenhandlungen wird der Film der Intimität des Stoffs aber nicht ganz gerecht. – Ab 16. Österreich 2012 **P** Wega Film / ORF **KI** Xenix (Schweiz) **Pd** Veit Heiduschka, Michael Katz **R** Umut Dag **B** Petra Ladinigg, Umut Dag **K** Carsten Thiele **S** Claudia Linzer **D** Nihal Koldas (Fatma), Begüm Akkaya (Ayse), Vedat Erincin (Mustafa), Murathan Muslu (Hasan), Alev Irmak (Kezvan), Aliya Esra Salebci (Gülsen), Dilara Karabayir (Nurcan), Merve Çevik (Elmaz) **L** 93 **FSK – E** 27.9.2012 Schweiz   **fd** 41 297

Die Kunst sich die Schuhe zu binden
HUR MÅNGA LINGON FINNS DET I VÄRLDEN

Ein glückloser Schauspieler ohne Job wird vom Arbeitsamt an eine Gruppe geistig Behinderter vermittelt. Zunächst widerwillig, dann aber mit wachsender Begeisterung hilft er seinen Schützlingen, ihre wahre Stärke zu entdecken: das Singen und Spielen auf der Bühne. Als er die Truppe für eine Talentshow im schwedischen Fernsehen anmeldet, zieht er einen Sturm der Entrüstung auf sich. Eine sympathisch-arglose Komödie, die den Behinderten einen adäquaten Raum einräumt, während sie dramaturgisch eher in recht überschaubaren Bahnen verbleibt. – Ab 12. **DVD/BD:** Die DVD enthält als Bonus eine Audiodeskription für Blinde. Scope. Schweden 2011 **P** Sonet Film / Nordisk Film Post Prod. / Europa Sound Prod. / Filmgården **KI** MFA+ **DVD** Ascot/MFA+ (16:9, 2.35:1, DD5.1 dt.) **Pd** Peter Possne, Peter Kropenin **R** Lena Koppel **B** Lena Koppel, Trin Piil, Pär Johansson **Vo** Pär Johansson (Bühnenstück), Glada Hudik-Theater (Bühnenstück) **K** Rozbeh Ganjali

M Josef Tuulse **S** Patrick Austen, Mattias Morheden **D** Sverrir Gudnason (Alex), Vanna Rosenberg (Hanna), Mats Melin (Kjell-Åke), Theresia Widarsson (Filippa), Bosse Östlin (Ebbe), Ellinore Holmer (Katarina), Maja Carlsson (Kristina), Marie Robertson (Anna-Lena), Claes Malmberg (Peter), Eva Funck (Leifs Mutter), Sísí Uggla (Josefin) **L** 101 (24 B./sec.) / 97 (25 B./sec.) **FSK** o.A.; f **E** 20.9.2012   **fd** 41 254

Die Kunst zu gewinnen – Moneyball ★
MONEYBALL
Mit einer Baseball-Mannschaft geht es bergab, weil der finanzschwache Verein seine Spitzenspieler nicht halten kann. Zusammen mit seinem neuen Partner sucht ihr auch privat gebeutelter Manager sein Heil in der gegenteiligen Strategie: Er verpflichtet Spieler, die von anderen Vereinen ausgemustert wurden, und beweist, dass man auch in «Losern» jede Menge Potenzial stecken kann. Sportfilm nach bewährtem Muster, der sich dank seiner emotionalen und bildgewaltigen Inszenierung sowie der herausragenden Besetzung zum mitreissenden Plädoyer für Spielfreude, Solidarität und Unkorrumpierbarkeit durch die Dominanz kapitalistischer Marktmechanismen im Sport mausert. – Ab 12.
USA 2011 **P** Columbia Pic. / Scott Rudin / Michael De Luca / Film Rites / Specialty Films **KI** Sony **Pd** Michael de Luca, Rachael Horovitz, Brad Pitt, Alissa Phillips **R** Bennett Miller **B** Steven Zaillian, Aaron Sorkin **Vo** Michael Lewis (Buch *Moneyball: The Art of Winning an Unfair Game*) **K** Wally Pfister **M** Mychael Danna **S** Christopher Tellefsen **D** Brad Pitt (Billie Beane), Jonah Hill (Peter), Ken Medlock (Grady), Philip Seymour Hoffman (Art Howe), Chris Pratt (Scott), Kerris Dorsey (Casey), Robin Wright (Sharon) **L** 133 **FSK** o.A.; f **E** 2.2.2012   **fd** 40 895

Die Kunst zu lieben
L'ART D'AIMER
Pariser Paare und solche, die es gerne wären, üben sich mit unterschiedlichen Resultaten in der «Kunst zu lieben». Ob es darum geht, eine schöne Nachbarin zu erobern, oder den Alltag einer festen Beziehung durch einen Seitensprung aufzulockern: Stets sind Verwicklungen vorprogrammiert. Kurzweilige Romanze um die Fallstricke im libertinären Grossstadt-Beziehungsdschungel, bei der die pointierten Dialoge und die dynamische Inszenierung nicht übersehen lassen, dass hier eher unoriginelle Paris-Klischees sowie unglaubwürdige Kunstfiguren zum Träumen verleiten sollen. – Ab 14.
Frankreich 2011 **P** Moby Dick Films / Partizan Films **KI** Camino **Pd** Georges Bermann, Frédéric Niedermayer **R+B** Emmanuel Mouret **K** Laurent Desmet **S** Martial Salomon **D** François Cluzet (Achille), Frédérique Bel (Achilles Nachbarin), Julie Depardieu (Isabelle), Emmanuel Mouret (Louis), Pascale Arbillot (Zoe), Ariane Ascaride (Emmanuelle), Judith Godrèche (Amélie), Louis-Do de Lencquesaing (Ludovic), Gaspard Ulliel (William), Laurent Stocker (Boris), Élodie Navarre (Vanessa) **L** 88 **FSK** o.A.; f **E** 17.5.2012 / 21.6.2012 Schweiz   **fd** 41 060

Kurtulus son durak ★
KURTULUS SON DURAK
Eine junge Psychologin schliesst sich im Istanbuler Stadtteil Kurtulus mit ihren Nachbarinnen zusammen, die von ihren Ehemännern brutal misshandelt werden. Das Bündnis gegen Gewalt, das für die Rechte der Frauen und für mehr Respekt zwischen den Geschlechtern eintritt, muss bald die eine oder andere männliche Leiche entsorgen. Schwarz-humorige, mit Ironie gewürzte Burleske, die ein gesellschaftlich brisantes Thema unterhaltsam und temporeich in Form eines aufklärerischen Unterhaltungsfilms vermittelt. Die Themen werden pointiert gesetzt, ohne in plakative Botschaften abzugleiten. – Ab 14.
Türkei 2011 **P** BKM Film **KI** Kinostar **Pd** Aysen Sever **R** Yusuf Pirhasan **B** Baris Pirhasan **M** Firat Yükselir **D** Demet Akbag (Vardanus), Belçim Bilgin (Eylem), Asuman Dabak (Füsun), Nihal Yalçin (Goncagül), Ayten Soykök (Gülnur), Damla Sönmez (Tulay), Mete Horozoglu, Tuncer Salman, Hüseyin Soysalan, Yavuz Bingöl, Ahmet Mümtaz Taylan, Günes Sayin, Tolga Karaçelik **L** 103 **FSK** ab 12; f **E** 12.1.2012   **fd** 40 891

Kuss des Schmetterlings
UN BAISER PAPILLON
Tryptichon um drei miteinander bekannte Frauen, die mit ihrem Leben nicht klar kommen. Die eine sehnt sich beziehungsfrustriert in die Kleinstadt ihrer Kindheit, die andere will das Unmögliche möglich machen und ein Kind bekommen, die dritte Frau sucht den scheinbar aussichtslosen Kampf gegen eine unheilbare Krankheit. Die geschickt miteinander verwobenen Episoden ergänzen sich zum melodramatischen Blick auf drei Frauenschicksale in der Grossstadt. Mitunter rührseliges, aber durchaus ehrlich gemeintes Betroffenheitskino. – Ab 16.
Scope. Frankreich 2011 **P** Europa Corp. / Grive Prod. / France 2 Cinéma / Thelma Films **DVD** Universum (16:9, 2.35:1, DD5.1 frz./dt.) **Pd** Christine Gozlan **R+B** Karine Silla **K** Thomas Hardmeier **M** Angelo Badalamenti **S** Anny Danché **D** Valeria Golino (Billie), Elsa Zylberstein (Marie), Vincent Perez (Louis), Jalil Lespert (Paul), Nicolas Giraud (Samuel), Cécile de France (Alice), Roxane Depardieu (Manon), Iman Perez (Fleur) **L** 101 **FSK** ab 6 **E** 30.5.2012 DVD   **fd** –

Küss mich – Kyss Mig
KYSS MIG
Eine junge Frau plant die Hochzeit mit ihrem Freund, als sie ihre Stiefschwester, die Tochter der neuen Frau ihres Vaters, kennenlernt und sich in diese verliebt. Nach einem magischen Wochenende in den Schären kehren beide zunächst in ihr altes Leben zurück, doch die gegenseitige Sehnsucht lässt sie nicht los. Konventionelle Romanze, die immer wieder schöne, intensive Momente findet, insgesamt aber zu klischeehaft bleibt. – Ab 14.
Schweden 2011 **P** LeBox Prod. / Film Fyn / Film i Skåne / Filmgear / Lady Bird / Nordisk Film Post Prod. / Redrental / Supersonic / SVT / Yastad-Österlen Film Fond **KI** Edition Salzgeber / Rialto Film (Schweiz) **DVD** Salzgeber (O.m.d.U.) **Pd** Josefine Tengblad, Lars Hermann, Ralf Ivarsson, Kenth Jagerborn, Björn Johansson **R+B** Alexandra Therese Keining **K** Ragna Jorming **M** Marc Collin **S** Lars Gustafson, Malin Lindström **D** Ruth Vega Fernandez (Mia), Liv Mjönes (Frida), Lena Endre (Elisabeth), Krister Henriksson (Lasse), Joakim Nätterqvist (Tim), Tom Ljungman (Oskar), Josefine Tengblad (Elin), Björn Kjellman **L** 107 (24 B./sec.) / 103 (25 B./sec.) **FSK** ab 12; f **E** 4.10.2012 Schweiz   **fd** 41 536

Kyss Mig
siehe: **Küss mich – Kyss Mig**

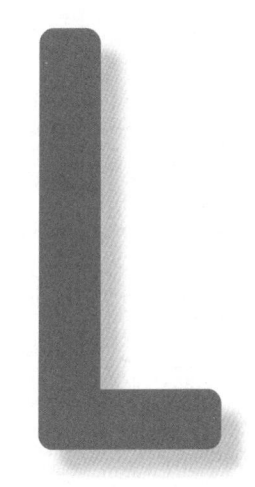

LIEBE (X Verleih)

L'Illusioniste
siehe: **Der Illusionist**

L'ombrello di Beatocello ✶
L'OMBRELLO DI BEATOCELLO
Porträt des Schweizer Arztes und Cellisten Beat Richter, der seit 40 Jahren Kindern in Kambodscha hilft, indem er sich um Kranke kümmert, Krankenhäuser errichtet und die Ausbildung künftiger Ärzte forciert. Der Dokumentarfilm rekapituliert den Werdegang des Enthusiasten, hinterfragt dessen Beweggründe und stellt die augenblickliche Situation vor Ort dar. Ein trotz aller Schwere von Lebensfreude und Leidenschaft getragener Film. – Ab 14.
Schweiz 2012 **P** Gachot Films / Schweizer Radio und Fernsehen **KI** Gachot (Eigenverleih Schweiz) **Pd+R+B** Georges Gachot **K** Pio Corradi, Matthias Kälin, Séverine Barde, Peter Guyer, Georges Gachot **S** Anja Bombelli **L** 83 **E** 10.5.2012 Schweiz   fd –

LA-LA Land
GOING DOWN IN LA-LA LAND
Von New York nach Hollywood gezogen, träumt ein männliches Model von einer Showbiz-Karriere. Doch die Angebote für den gutaussehenden Homosexuellen gehen in eine «Unterhaltungsrichtung», die er sich nicht vorgestellt hat. Bald muss er sich entscheiden, zumal auch die Zukunft seiner Liebesbeziehung davon abhängt. Nach einem halbbiografischen Roman von Andy Zeffer (THE FLUFFER) entstandenes Beziehungsdrama, dem die Balance zwischen schwulem «Eyecandy» und ernsthaftem Kommentar aufs Filmgeschäft weitgehend gelingt.
DVD/BD: Die Extras umfassen u. a. einen dt. untertitelbaren Audiokommentar des Regisseurs.
USA 2011 **P** Embrem Entertainment/ a-La Land Films **DVD** Pro-Fun (16:9, 1.85:1, DD5.1 engl.) **Pd+R+B** Casper Andreas **Vo** Andy Zeffer (Roman *The Fluffer*) **K** Timothy Naylor **M** Michael W. Barry **S** Alexander Hammer **D** Matthew Ludwinski (Adam), Allison Lane (Candy), Michael Medico (John), Casper Andreas (Nick), John Schile (Ron), Jesse Archer (Matthew), Bruce Vilanch (Missy), Judy Tenuta (Zinnea) **L** 103 **FSK** ab 16 **E** 1.6.2012 DVD   fd –

La Soga – Wir wurden alle unschuldig geboren
LA SOGA
Die Henker des örtlichen Drogenbarons kannten keine Gnade, als sie vor Jahren seinen Vater ermordeten. Mit gleicher Münze will es der inzwischen erwachsene, zum Killer avancierte Mann aus armen dominikanischen Verhältnissen den Schlächtern heimzahlen, landet dabei aber im Gefängnis und wird von einem korrupten Militär als Scherge missbraucht. Zu spät reift in ihm die Erkenntnis, dass er ein Leben lang für die falsche Sache kämpft. Stimmige Mischung aus Drama und Drogenkrimi vor weitgehend authentischer Kulisse in der Dominikanischen Republik. Das realistische Bild einer von Drogenkartells dominierten Gesellschaft wird mit melodramatischen Elementen verwässert. Scope. Dominikanische Republik 2009 **P** Antena Latina **DVD** Sunfilm (16:9, 2.35:1, DD5.1 span./dt., dts dt.) **BD** Sunfilm (16:9, 2.35:1, dts-HDMA7.1 span./dt.) **Pd** Jeff Crook, Josh Crook, Manny Perez **R** Josh Crook **B** Manny Perez **K** Zeus Morand **M** Evan Wilson **S** Josh Crook **D** Manny Perez (Luisito), Denise Quiñones (Jenny), Juan Fernandez (General Colon), Paul Calderon (Rafa), Hemky Madera (Tovo), Alfonso Rodríguez (Franco), Joseph Lyle Taylor (Simon Burr), Margo Martindale (Flannigan) **L** 98 **FSK** ab 16 **E** 9.8.2012 DVD & BD   fd –

La source des femmes
LA SOURCE DES FEMMES
In einem arabischen Provinznest proben die Frauen, die mühsam das Wasser von einem Brunnen außerhalb des Dorfs herbeischleppen müssen, den Aufstand und drohen ihren herumlungernden Männern mit einem Sex-Streik, wenn diese nicht eine Wasserleitung verlegen. Der in einem marokkanischen Dialekt gedrehte Film nutzt ebenso unterhaltsam wie nachdenklich den *Lysistrata*-Stoff für eine emanzipatorische Komödie, die Machismo und Auswüchse des Isla-

La suerte en tus manos

mismus anprangert und Auswege sind einer archaischen Gesellschaft aufzeigt. – Ab 16.
Belgien/Italien/Frankreich 2011 **P** Elzévir Films / Oï Oï Oï Prod. / Europa Corp. / France 3 Cinéma / La Compagnie Cinématographique Enropéenne / Panache Prod. / RTBF / BIM Ditribuzione / Indigo Film / Agora Films **KI** Frenetic (Schweiz) **Pd** Luc Besson, Denis Carot, Gaëtan David, Pierre-Ange Le Pogam, André Logie, Marie Masmonteil, Radu Mihaileanu **R** Radu Mihaileanu **B** Alain-Michel Blanc, Radu Mihaileanu **K** Glynn Speeckaert **M** Armand Amar **D** Leïla Bekhti (Leila), Hafsia Herzi (Loubna/Esmaralda), Biyouna, Sabrina Ouazani (Rachida), Saleh Bakri (Sami), Hiam Abbass (Fatima), Mohamed Majd (Hussein), Amal Atrach (Hasna) **L** 135 **E** 16.2.2012 Schweiz **fd** –

La suerte en tus manos –
Das Glück in deinen Händen
LA SUERTE EN TUS MANOS
Ein argentinischer Geschäftsmann verschwendet seine ganze Leidenschaft ans Poker-Spiel, während ihm in Sachen Frauen unverbindliche Abenteuer reichen. Um nicht ungewollt Vater zu werden, lässt er sich sterilisieren – und begegnet prompt am Tag danach einer alten Liebe, die erneut sein Herz erobert, was zu allerlei Verwicklungen führt. Weniger grell als vergleichbare Hollywood-Filme, gerät die romantische Komödie doch eher flach, wodurch die Geschichte allzu austauschbar bleibt. (O.m.d.U.) – Ab 14.
Argentinien/Spanien 2012 **P** Gullane Films / BD Cine / INCAA / Tornasol Films / Telefe **KI** Cine Global **Pd** Daniel Burman, Diego Dubcovsky, Axel Kuschevatzky **R** Daniel Burman **B** Daniel Burman, Sergio Dubcovsky **K** Daniel Sebastián Ortega **M** Nico Cota **S** Luis Barros **D** Jorge Drexler (Uriel), Valeria Bertucelli (Gloria), Norma Aleandro (Susan), Luis Brandoni (Dr. Weiss), Eugenia Guerty (Mariana), Silvina Bosco (Freundin), Salo Pasik (Rafael), Lucciano Pizzicchini (Otto) **L** 110 **FSK** – **E** 6.12.2012 **fd** 41 431

Lachsfischen im Jemen
SALMON FISHING IN THE YEMEN
Ein jemenitischer Scheich will Lachse züchten. Seine britische Agentin kontaktiert einen Experten des staatlichen Fischerei-Instituts. Auch die Pressechefin des britischen Premierministers mischt mit, weil sie mit einer Story über die völkerverständigende Kraft von Fischen neue Wählerstimmen erschließen will. Unterhaltsame romantische Komödie, die aus dem absurden Stoff einen schwungvollen Film mit trockenen Pointen macht, der gegen Ende allerdings in ein überzogenes Melodram mündet. – Ab 14.
Scope. Großbritannien 2011 **P** Davis Films / Kudos Film and TV / Lionsgate / UK Film Council / BBC Films **KI** Concorde **Pd** Paul Webster **R** Lasse Hallström **B** Simon Beaufoy **Vo** Paul Torday (Roman *Salmon Fishing in the Yemen / Lachsfischen im Jemen*) **K** Terry Stacey **M** Dario Marianelli **S** Lisa Gunning **D** Ewan McGregor (Dr. Alfred Jones), Emily Blunt (Harriet), Amr Waked (Scheich), Kristin Scott Thomas (Patricia Maxwell), Tom Mison (Robert Mayers), Rachel Stirling (Mary Jones), Catherine Steadman (Ashley), Tom Beard (Peter Maxwell), Jill Baker (Betty) **L** 108 **FSK** ab 6; f **FBW** bw **E** 17.5.2012 **fd** 41 075

Lady Vegas
LAY THE FAVORITE
Eine junge Frau aus Florida kommt nach Las Vegas, wo sie einen erfolgreichen Wett-Promoter kennen lernt, der sie unter seine Fittiche nimmt. Dank ihres phänomenalen Zahlengedächtnisses steigt sie so schnell auf, wird aber von der eifersüchtigen Ehefrau des Mannes ausgebootet und verbündet sich in New York mit dessen schärfstem Konkurrenten. Eine prominent besetzte, dabei gänzlich unkonturierte Verfilmung der Memoiren der Hauptfigur. Das Wettgeschäft wird viel zu oberflächlich erläutert, um dessen dramaturgisches Potenzial auszuschöpfen. – Ab 14.
USA / Großbritannien 2012 **P** Emett-Furla Films / Random House Films / Likely Story / Ruby Films **KI** Wild Bunch **DVD** Universum (16:9, 2.35:1, DD5.1 engl./dt.) **BD** Universum (16:9, 2.35:1, dts-HD engl./dt.) **Pd** Anthony Bregman, D.V. DeVincentis, Randall Emmett, George Furla, Paul Trijbits **R** Stephen Frears **B** D.V. DeVincentis **Vo** Beth Raymer (Memoiren) **K** Michael McDonough **M** James Seymour Brett **S** Mick Audsley **D** Bruce Willis (Dink Heimowitz), Catherine Zeta-Jones (Tulip Heimowitz), Rebecca Hall (Beth Raymer), Vince Vaughn (Rosie), Joshua Jackson (Jeremy), John Carroll Lynch (Dave Greenberg), Laura Prepon (Holly), Joel Murray (Darren), Frank Grillo (Frankie) **L** 94 **FSK** ab 12; f **E** 19.7.2012/5.12.2012 DVD & BD **fd** 41 181

Lal Gece ☆
LAL GECE
Um eine Blutfehde zu beenden, wird zwischen einem 60-jährigen, eben erst aus dem Gefängnis entlassenen Mann und einem 14-jährigen Mädchen eine Hochzeit arrangiert. Beide empfinden den Druck der Dorfgemeinschaft als unerträgliche Belastung, finden aber in der Hochzeitsnacht doch einen Zugang zueinander, der mit den Erwartungen der Familien nichts zu tun hat. Suggestiv interpretiert das engagierte, psychologisch nuanciert gespielte Drama das bunt-pittoreske Hochzeitsritual zum Fanal der Angst um, die aus dem Zwang überkommener Konventionen herrührt. (O.m.d.U.) – Sehenswert ab 16.
Türkei 2012 **P** Kaz Film **KI** Al-Media **Pd** Anil Çelik **R+B** Reis Çelik **K** Gökhan Tiryaki **S** Reis Çelik **D** Ilyas Salman, Dilan Aksüt, Mayseker Yücel (Mutter), Sabri Tutal (Onkel), Sercan Demirkaya, Ahmet Aydin **L** 92 **FSK** – **E** 29.3.2012 **fd** 40 985

Die lange Welle hinterm Kiel
DIE LANGE WELLE HINTERM KIEL
Während einer Kreuzfahrt im Indischen Ozean begegnen sich zwei Menschen, deren Leben seit 1945 schicksalhaft miteinander verbunden sind: Eine todgeweihte alte Frau erkennt in einem Mitreisenden einen Tschechen, der gegen Kriegsende viele deutsche Männer im Sudetenland liquidieren ließ, darunter auch ihren Mann. Sie will sich rächen, muss aber erkennen, dass ihr Mann ein Nazi-Verbrecher war. Nur in Ansätzen überzeugende (Fernseh-)Verfilmung eines Romans von Pavel Kohout, der die beiden Kontrahenten im Wendejahr 1990 nach der Auflösung der Machtblöcke aufeinander treffen lässt. Das komplexe historische Thema gerinnt in dieser Form von Vergangenheitsbewältigung eher schlicht und allzu papieren. – Ab 16.
Deutschland/Österreich 2011 **P** Mona Film (für ARD/ORF) **KI** offen **Pd** Thomas Hroch, Gerald Podgornig **R** Nikolaus Leytner **B** Klaus Richter, Pavel Kohout **Vo** Pavel Kohout (Roman)

K Hermann Dunzendorfer **M** Matthias Weber **S** Karin Hartusch **D** Mario Adorf (Prof. Martin Burian), Veronica Ferres (Sylvia Burian), Christiane Hörbiger (Margarete Kämmerer), Christoph Letkowski (Sigi Klein), Michele Oliveri (Carlo Zeppelini), Carl Achleitner (Franz Navratil), Markus von Lingen (Kapitän Wiederbornen), Dorian Steidl (Conferencier) **L** 89 **E** 4.1.2012 ARD **fd** –

Last Bullet – Showdown der Auftragskiller
ONE IN THE CHAMBER
Der allerletzte Auftrag führt einen mit sich selbst hadernden Profikiller ins pittoreske Prag zu einer wahren Bewährungsprobe. Nicht nur muss er einstige Arbeitgeber eliminieren, sondern es auch mit einem Kollegen aufnehmen, den die Gegenseite auf ihn gehetzt hat. Eine zarte Liebesgeschichte darf nicht fehlen in einem handfesten Actioner für harte Männer, in dem einzig Haudegen Dolph Lundgren gegen die allgemeine Einfallslosigkeit anspielt.
USA 2012 **P** MPCA / Mediapro Studios **DVD** WVG/Splendid (16:9, 1.78:1, DD5.1 engl./dt.) **BD** WVG/Splendid (16:9, 1.78:1, dts-HDMA engl./dt.) **Pd** Justin Bursch, Brad Krevoy, Patrick Newall **R** William Kaufman **B** Derek Kolstad, Benjamin Shahrabani **K** Mark Rutledge **M** John Roome **S** Russell White, Jason Yanuzzi **D** Cuba Gooding jr. (Ray Carver), Dolph Lundgren (Alexej Andreew), Claudia Bassols (Janice Knowles), Billy Murray (Leo Crosby), Leo Gregory (Bobby Suverov), Louis Mandylor (Demian Ivanov), Andrew Bicknell (Mikhail Suverov), Lia Sinchevici (Mila) **L** 91 **FSK** ab 18 **E** 23.8.2012 DVD & BD **fd** –

Late Bloomers ☆
LATE BLOOMERS
Ein älteres Ehepaar aus London reagiert sehr unterschiedlich auf die sich mehrenden Anzeichen des Alters. Die Frau stellt sich zögernd den Tatsachen, der Mann stürzt sich in die Arbeit und in eine Affäre. Das in der Londoner Oberschicht angesiedelte Beziehungsdrama handelt mit vielen kleinen Beobachtungen von der Erfahrung des Älterwerdens, wobei die wohlsituierten Protagonisten vor allem mit Einsamkeit zu kämpfen haben. Ein dramaturgisch zwar nicht ganz runder Film, der aber eindrucksvoll von zwei hochkarätigen Darstellern getragen wird. – Ab 14.
Frankreich/Belgien/Großbritannien 2011 **P** Les Films du Worso / The Bureau / Gaumont Prod. / BE-FILMS **KI** Movienet **DVD** Lighthouse (16:9, 1.78:1, DD5.1 engl./dt.) **Pd** Sylvie Pialat, Bertrand Faivre, Tristan Goligher, Christophe Louis **R** Julie Gavras **B** Julie Gavras, Olivier Dazat **K** Nathalie Durand **M** Sodi Marciszewer **S** Pierre Haberer **D** William Hurt (Adam), Isabella Rossellini (Mary), Doreen Mantle (Nora), Kate Ashfield (Giulia), Aidan McArdle (James), Arta Dobroshi (Maya), Luke Treadaway (Benjamin), Leslie Phillips (Leo), Hugo Speer (Peter), Joanna Lumley (Charlotte), Simon Callow (Richard) **L** 90 **FSK** o.A.; f **E** 6.9.2012 / 7.12.2012 DVD **fd** 41 234

Lawinen der Erinnerung ☆
Doku-Essay von Dominik Graf über den Regisseur Oliver Storz (1929–2011). Der Film zeichnet den Werdegang eines von der frühen Nachkriegszeit geprägten Mannes nach, der als Dramaturg und Autor zu den prägenden Kräften des deutschen Fernsehens wurde. Storz' Lebensthema war die Erinnerung an jene Jahre, in denen Deutschland unter Hitler im Chaos versank. In zwei längeren Gesprächen kurz vor seinem Tod reflektiert Storz über die eigene Lebensgeschichte, aber auch über Möglichkeiten und Grenzen der Aufarbeitung historischer Tatsachen durch das Medium Fernsehen. – Ab 16.
Teils schwarz-weiß. Deutschland 2012 **P** Megaherz TV **KI** offen **Pd** Franz X. Gernstl, Fidelis Mager **R+B** Dominik Graf **K** Markus Farkas **M** Sven Rossenbach, Florian van Volxem **S** Rolf Wilhelm **L** 89 **E** 19.9.2012 arte **fd** –

Leave it on the Floor
LEAVE IT ON THE FLOOR
Filmmusical um die Ballroom- und Voguing-Szene: Ein junger Mann, der wegen seiner Homosexualität von seiner Mutter vor die Tür gesetzt wird, findet Anschluss in einem «House» der Ballroom-Community. Eifersüchteleien in der neuen Ersatzfamilie sorgen für Unruhe. Als Szene-Porträt beschränkt sich der Film vor allem auf Äußerlichkeiten; das kritische Potenzial der Ballroom-Kultur wird kaum berücksichtigt. Dank passabler Musik und dynamischer Tanzsequenzen bietet er dennoch weitgehend solide Unterhaltung. (O.m.d.Ü.) – Ab 16.
Scope. Kanada/USA 2011 **P** Sheldon Larry Prod. / Leave it on the Floor **KI** Salzgeber **Pd** Glenn Gaylord, Gabriel Blanco, Sheldon Larry, Adam Larry, Jeffrey Larry **R** Sheldon Larry **B** Glenn Gaylord **K** Tom Camarda **M** Kimberly Burse **S** Charles Bornstein **D** Ephraim Sykes (Brad Lyle), Barbie-Q (Queen Latina), Andre Myers (Carter Eminence), Phillip Evelyn II (Princess Eminence), James Alsop (Eppie Durall), Cameron Koa (Duke Eminence), Metra Dee (Deondra Lyle), Demarkes Dogan (Caldwell Jones) **L** 102 (25 B./sec.) **FSK** ab 16; f **E** 18.10.2012 **fd** 41 311

Leb wohl, meine Königin! ☆
LES ADIEUX À LA REINE / ADIÓS A LA REINA
Versailles, kurz nach dem Sturm auf die Bastille 1789: Eine junge Frau, Vorleserin der Königin Marie Antoinette, beobachtet die zwischen Ignoranz, Angst und Unverständnis wechselnden Reaktionen der Hofgesellschaft auf die anbrechende Revolution. Da sie der Königin in inniger Liebe zugetan ist, lässt sie sich auf eine gefährliche Maskerade ein, um deren beste Freundin vor dem Volkszorn zu retten. Präzise schildert der Film aus der Perspektive einer Figur, die sich zwischen der Sphäre der Dienstboten und der Pracht der königlichen Gemächer bewegt, den Zerfall eines Herrschaftssystems, wobei er die Verdrängung und Realitätsferne der Mächtigen deutlich macht. – Sehenswert ab 14.
Scope. Frankreich/Spanien 2012 **P** GMT Prod. / Les Films du Lendemain / France 3 Cinéma / Morena Films / Euro Media France / Invest Image **KI** Capelight **DVD** Capelight (16:9, 2.35:1, DD5.1 frz./dt.) **BD** Capelight (16:9, 2.35:1, dts-HDMA frz./dt.) **Pd** Jean-Pierre Guérin, Kristina Larsen, Pedro Uriol **R** Benoît Jacquot **B** Benoît Jacquot, Gilles Taurand **Vo** Chantal Thomas (Roman *Les Adieux à la Reine / Leb wohl, Königin!*) **K** Romain Winding **M** Bruno Coulais **S** Luc Barnier **D** Diane Kruger (Marie Antoinette), Léa Seydoux (Sidonie Laborde), Virginie Ledoyen (Gabrielle de Polignac), Xavier Beauvois (Louis XVI.), Noémie Lvovsky (Mme Campan), Michel Robin (Jacob Nico-

las Moreau), Julie-Marie Parmentier (Honorine), Lolita Chammah (Louison), Vladimir Consigny (Paolo), Dominique Reymond (Mme de Rochereuil), Anne Benoît (Rose Bertin) **L** 105 (24 B./sec.) / 101 (25 B./sec.) **FSK** ab 6; f **E** 31.5.2012 / 28.6.2012 Schweiz / 5.10.2012 DVD & BD **fd** 41 082

Lebe dein Leben
Ein von seiner Arbeit besessener Jungunternehmer muss sich nach dem Tod seiner Mutter mit seinem bis dahin unbekannten leiblichen Vater arrangieren, dem die Mutter die Hälfte der Familienwerft vermacht hat. Die anfängliche Ablehnung wandelt sich in Respekt, als der vermeintlich unzuverlässige «Lebenskünstler» auch in geschäftlichen Angelegenheiten erfolgreich eigene Akzente setzt. Konventionelles (Fernseh-)Familienmelodram über eine späte Vater-Sohn-Annäherung, die sich ganz auf dem vermeintlichen «Besetzungscoup» von Vater und Sohn Carpendale ausruht. – Ab 12.
Deutschland 2011 **P** Tivoli Filmprod. **KI** offen **Pd** Thomas Hroch, Gerald Podgornig **R** Peter Sämann **B** Stefan Kuhlmann **K** Michael Praun **M** Mick Baumeister **S** Daniela Padalewski **D** Wayne Carpendale (Finn Sieveking), Howard Carpendale (Jonathan Clark), Heidelinde Weis (Maria Sieveking), Sonja Kirchberger (Alexandra Vanderbilt), Jan Sosniok (Frank Schröder), Luise Bähr (Caro Petersen), Wladimir Tarasjanz (Yuri Radovic), Wolfgang Beigel (Dr. Rosenthal), André Beyer (Herr Janssen), Jessica McIntyre (Veronika), Klaus-Hagen Latwesen (Notar Winter) **L** 88 **E** 24.2.2012 ARD **fd** –

Ein Leben für die Freiheit
siehe: **Anna Politkowskaja – Ein Leben für die Freiheit**

Ein Leben für die Pferde
CAVALIERS SEULS
Dokumentarfilm über die Beziehung eines 80-jährigen, an den Rollstuhl gefesselten ehemaligen Springreiters zu einem 18-jährigen Schüler, der seinem Vorbild nacheifert und ein hartes Training in Kauf nimmt. Zwischen den beiden grundverschiedenen Pferdenarren steht ausgleichend die sanftmütige Pflegerin des Alten. Ein einfühlsamer Film über Freundschaft,

verständnisvolles Miteinander und eine Leidenschaft, die viele Mühen ertragen lässt. – Ab 14.
Frankreich 2009 **P** Bathazar Prod. / Flach Film **KI** offen **Pd** Jérôme Dopffer, Jean-François Lepetit **R** Delphine Gleize, Jean Rochefort **K** Crystel Fournier, Richard Mercier **M** Bruno Fontaine **S** François Quiqueré **L** 87 **E** 1.8.2012 arte **fd** –

Das Leben gehört uns
LA GUERRE EST DÉCLARÉE
Eine junge Frau und ein junger Mann finden in einer Pariser Diskothek zusammen und verlieben sich ineinander. Ihre glückliche Romanze schlägt in eine schwere Krise um, als beim Kind des Paares Krebs diagnostiziert wird. Der Film berührt trotz des Themas nur in Ansätzen, weil er als pop-affines Drama allzu forciert große Gefühle und das intensive Erleben von Glück ebenso wie von Schmerz beschwört. An der Realität der thematisierten Erfahrungen von Krankheit und Angst wird er aber komplett vorbeierzählt. – Ab 16.
Scope. Großbritannien 2011 **P** Rectangle Prod. **KI** Prokino **Pd** Edouard Weil **R** Valérie Donzelli **B** Valérie Donzelli, Jérémie Elkaïm **K** Sébastien Buchmann **M** Pascal Mayer **S** Pauline Gaillard **D** Valérie Donzelli (Juliette), Jérémie Elkaïm (Roméo Benaïm), César Desseix (Adam mit 18 Monaten), Gabriel Elkaïm (Gabriel mit 8 Jahren), Brigitte Sy (Claudia), Elina Löwensohn (Alex), Michèle Moretti (Geneviève), Philippe Laudenbach (Philippe), Bastien Bouillon (Nikos), Anne Le Ny (Dr. Fitoussi), Frédéric Pierrot (Prof. Sainte-Rose), Béatrice De Staël (Dr. Prat), Elisabeth Dion (Dr. Kalifa) **L** 100 **FSK** ab 6; f **E** 26.4.2012 **fd** 41 048

Leben in Bildern
siehe: **Life in Stills**

Das Leben ist ein Bauernhof
DAS LEBEN IST EIN BAUERNHOF
Zwei grundverschiedene Brüder, der eine ist ein erfolgsverwöhnter, genussfreudiger Unternehmer, der andere ein Mönch, beggenen sich zur Beerdigung ihrer Schwester nach vielen Jahren wieder. Dabei werden sie mit ihrer 17-jährigen Nichte konfrontiert, die sich allen rationalen Überlegungen zum Trotz weigert, den hochverschuldeten Bauernhof der Mutter zu ver-

kaufen. Um die Zwangsversteigerung abzuwenden, raufen sich die Brüder zusammen. Sympathisch-harmlose (Fernseh-)Familienunterhaltung. – Ab 12.
Deutschland/Österreich 2012 **P** d.i.e. (für Degeto/ORF) **KI** offen **Pd** Uli Aselmann (= Dieter Ulrich Aselmann) **R+B** Thomas Kronthaler **K** Christof Oefelein **M** Martin Unterberger **S** Anke Berthold **D** Dominic Raacke (Bernhard Stolz), Heio von Stetten (Hannes Stolz), Katharina Leonore Goebel (Katharina Stolz), Carin C. Tietze (Johanna), Florentine Lahme (Carola), Stefan Murr (Banker Hübner), Heinz Josef Braun (Alois Hirsegger), Klaus Steinbacher (Franz Hirsegger) **L** 87 **E** 25.5.2012 ARD **fd** –

Das Leben, ungeordnet
LA VIE EN VRAC
Dokumentarfilm über die Arbeit in der psychiatrischen Ambulanz von Saint-Germain-en-Laye in der Nähe von Paris, deren Betreuer-Teams sich den psychischen Störungen der Patienten widmen, um ihnen durch ihre therapeutische Arbeit zu helfen, im Leben wieder Fuß zu fassen. Konzipiert als Hommage an das Engagement und die Professionalität der Ärzte, Pfleger und Therapeuten. – Ab 16.
Frankreich 2011 **P** CD Prod. / Gaumont / ARTE France **KI** offen **R+B** Elisabeth Kapnist **K** Isabelle Bourzat **M** François Tusques **S** Dominique Faysse **L** 83 **E** 3.5.2012 arte **fd** –

Die Legende der weißen Schlange
THE SORCERER AND THE WHITE SNAKE / BAI SHE CHUAN SHUO
China im Mittelalter: Ein weiblicher Schlangendämon verliebt sich in einen Kräuterheiler, nimmt menschliche Gestalt an und vereint sich mit ihm. Ein buddhistischer Mönch und Exorzist durchschaut die unnatürliche Beziehung und will Gegenmaßnahmen einleiten, doch sein Gehilfe verliebt sich in die Schwester der Schlangen-Ehefrau. Aufwändige Verfilmung einer chinesischen Legende, die ihr Potenzial weitgehend verschenkt, ihr Heil in Computeranimationen sucht und die erotische Komponente des Stoffs der prüden Moral des Herkunftslands opfert. – Ab 16.
DVD/BD: In Deutschland ist die «internationale Fassung» (VÖ: März 2012) unter dem Titel Die Legende

DER WEISSEN SCHLANGE sowie die gut acht Minuten längere «asiatische Schnittfassung» (VÖ: November 2012) unter dem Titel EMPEROR AND THE WHITE SNAKE erhältlich. In ersterer ist die Geschichte um einige Subplots «erleichtert», die die Produzenten für den internationalen Markt als «unwichtig» erachteten. Der in 2D produzierte und für den Heimkinomarkt auf 3D konvertierte Film ist in beiden Fassungen als Blu-ray in 2D und 3D erhältlich. Die FSK-Freigabe «ab 16» beider DVD/BD-Fassungen bezieht sich auf das Bonusmaterial (Trailer etc.), beide Filme haben eine Freigabe «ab 12».
3D. Scope. VR China / Hongkong 2011 **P** Juli Entertainment **DVD** NewKSM (16:9, 2.35:1, DD5.1 Mandarin/dt.) **BD** NewKSM (16:9, 2.35:1, dts-HDMA Mandarin/dt.) **Pd** Chui Chu **R** Ching Siu-Tung **B** Keung Kwok-Man **M** Mark Lui **S** Angie Lam **D** Jet Li (Abott Fahai), Vivian Hsu (Weißer Kobold), Charlene Choi (Grüne Schlange), Huang Shengyi (Weiße Schlange), Raymond Lam (Xu Xian), Wen Zhang (Neng Ren), Miriam Yeung Chin Wah (Hasenteufel) **L** 90 & 98 (= BD: 94 & 102) **FSK** ab 12 (beide Fassungen) **E** 9.3.2012 DVD & BD (Internationale Fassung) / 19.11.2012 DVD & BD (Asiatische Schnittfassung) **fd** –

Der Lehrling
L' APRENTI
Autobiografisch geprägter Dokumentarfilm über den Alltag in einem kleinen Milchbetrieb im französischen Departement Doubs. Im Mittelpunkt steht der 15-jährige Schüler einer Landwirtschaftsschule, der sich als Auszubildender in die täglichen Handgriffe ebenso hineinfinden muss wie ins familiäre Leben in dem kleinen Betrieb. – Ab 14.
Frankreich 2008 **P** Lanzennec & Associés / arte France Cinéma **KI** offen **Pd** Grégoire Debailly **R** Samuel Collardey **B** Samuel Collardey, Catherine Paillé **K** Samuel Collardey, Charles Wilhelem **M** Vincent Girault **S** Julien Lacheray **L** 82 **E** 28.3.2012 arte **fd** –

Lena Fauch und die Tochter des Amokläufers
Nach dem Tod ihres Mannes gibt eine evangelische Pfarrerin ihre Gemeinde auf. Als ihr Mentor, ein Polizeiseelsorger, erkrankt, willigt sie ein, ihn zu vertreten. Ihr erster Einsatz konfrontiert sie mit einem Amoklauf, bei dem die Tochter des Täters schwer verletzt wird. Die Seelsorgerin will der Verletzten helfen, zumal sie das Gefühl hat, dass die Polizei die wahren Hintergründe des Amoklaufs vertuscht. Überfrachteter (Fernseh-)Krimi, in dem alles hoch emotional und dramatisch abläuft. Weil statt einer Kommissarin eine Seelsorgerin «ermittelt», geht es nicht nur um falsches und richtiges Handeln im Sinn des Gesetzes, sondern um das Seelenheil schlechthin, um Fragen von Schuld und Sühne im Sinne christlicher Wertvorstellungen, die eher plakativ als differenziert angegangen werden. – Ab 14.
Deutschland 2012 **P** Hager Moss Film (für ZDF) **KI** offen **Pd** Kirsten Hager, Pit Rampelt **R** Kai Wessel **B** Olaf Kraemer **K** Christian Rein **M** Ralf Wienrich, Eckart Gadow **S** Tina Freitag **D** Veronica Ferres (Lena Fauch), Markus Boysen (Benedikt Kuda), Jörg Gudzuhn (Bader), Werner Wölbern (Rüdiger Trauenwolf), Ludwig Blochberger (Max Trautenwolf), Rosalie Thomass (Tatjana Egers), Amelie Kiefer (Sabine Trautenwolf), Idil Üner (Marlies) **L** 90 **E** 8.10.2012 ZDF **fd** –

Lennon, NYC
AMERICAN MASTERS: LENNON, NYC
Dokumentarfilm über die zehn Jahre, die John Lennon mit seiner zweiten Frau Yoko Ono bis zu seiner Ermordung 1980 in New York verbrachte. Die betont private Annäherung erzählt von Projekten, Begegnungen und Happenings, aber auch von den Steinen, die die US-amerikanischen Behörden dem unliebsamen Gast immer wieder in den Weg legten. Aus Archivmaterial, Konzertmitschnitten, Studioaufnahmen und Fotos entsteht eine filmische Collage, die an die Kreativität Lennons erinnert und dabei von seinen Enttäuschungen und Ängsten erzählt. – Ab 14.
Teils schwarz-weiß. USA 2010 **P** Two Lefts Don't Make a Right / Dakota Group / American Masters / Thirteen for WNET.org **KI** offen **Pd** Jessica Cohen **R+B** Michael Epstein **S** Ed Barteski, Deborah Peretz **L** 115 **E** 26.8.2012 arte **fd** –

Leon und die magischen Worte ☆
KERITY, LA MAISON DES CONTES
Ein siebenjähriger, des Lesens noch unkundiger Junge, dessen Eltern das Haus der verstorbenen Tante erben, entdeckt, dass die Figuren der Kinder- und Jugendbücher in der Bibliothek ein Eigenleben führen. Da die Eltern die Bibliothek verkaufen wollen, sind die Buchgestalten und ihre Geschichten gefährdet. Von einer Hexe auf Daumengröße geschrumpft, besteht er viele Abenteuer, um am Ende den erlösenden Zauberspruch zu finden. Fantasievoller Zeichentrickfilm, der mit kindgerecht animierten Figuren eine spannend-amüsante Geschichte über Mut, Freundschaft und Familiensinn erzählt und dabei die Lust auf Literatur weckt. – Sehenswert ab 8.
Frankreich/Italien 2009 **P** Canal / Gaumont-Alphanim / La Fabrique / Lanterna Magica / TF 1 / TPS Star **KI** AG Kino-Gilde (Tournee KidsFilm) **DVD** Sunfilm (16:9, 1.85:1, DD5.1 frz./dt., dts dt.) **BD** Sunfilm (16:9, 1.85:1, dts-HDMA7.1 frz./dt.) **Pd** Roberto Baratta, Clément Calvet, Christian Davin, Maria Fares, Xavier Julliot **R** Dominique Monfery **B** Anik Leray, Alexandre Reverend **M** Christophe Héral **S** Cédric Chauveau **L** 74 **FSK** o.A. **FBW** bw **E** 10.2.2011 DVD / 5.7.2012 / 19.10.2012 KiKa **fd** 41 339

Les infideles
LES INFIDELES
Aus neun Episoden bestehender, von sieben Regisseuren inszenierter Film um das Thema männliche Untreue und die weitgehende Duldsamkeit der (Ehe-)Frauen. Die Episoden gehen fließend ineinander über und thematisieren trotz großer stilistischer Unterschiede eine gewisse Kontinuität im Verhalten der Figuren. Dabei überwiegen komisch-unterhaltende Momente, die sich zumeist ironisch mit Verhaltensmustern auseinandersetzen. Zur großen Geschlossenheit des Films tragen vor allem auch die beiden Hauptdarsteller bei. – Ab 16.
Frankreich 2012 **P** JD Prod. / Black Dynamite Films / Mars Films / M6 Films / Cool Industrie **KI** Frenetic (Schweiz) **Pd** Jean Dujardin, Marc Dujardin, Éric Hannezo, Guillaume Lacroix **R** Emmanuelle Bercot, Fred Cavayé, Alexandre Courtès, Jean Dujardin, Michel Hazanavicius, Eric Lartigau, Gilles Lellouche **B** Nicolas

Bedos, Philippe Caverivière, Jean Dujardin, Stéphane Joly, Gilles Lellouche **K** Guillaume Schiffman **M** Pino D'Angiò, Evgueni Galperine **S** Anny Danche, Julien Leloup **D** Jean Dujardin (Fred/Olivier/François/Laurent/James), Gilles Lellouche (Greg/Nicolas/Bernard/Antoine/Eric), Lionel Abelanski (Seminardirektor), Fabrice Agoguet (Unbekannte #9), Pierre Benoist (Diener), Violette Blanckaert (Fanny), Vincent Bonnasseau (Unbekannter #7), Aina Clotet (Julia), Laurent Cotillard (Unbekannter #3) **L** 109 **E** 5.7.2012 Schweiz **fd** –

Let My People Go!
LET MY PEOPLE GO!
Zunächst glücklich mit seinem Lebenspartner vereint, versinkt ein junger jüdischer Homosexueller aufgrund einer Reihe von Missgeschicken und Pannen in einem Chaos zwischenmenschlicher Dramen. Schrillmuntere Tragikomödie mit Parallelen zum filmischen Frühwerk von Pedro Almodóvar, in der die Schraube des Kitschig-Bizarren überdreht wird. Dabei nimmt der Film zwar durchaus amüsant, aber nicht allzu bissig jüdisches und schwules Leben selbstironisch auf die Schippe. – Ab 16.
Scope. Frankreich 2011 **P** Les Films Pelléas / France 2 Cinéma / Jouror Prod. **Kl** Pro-Fun **Pd** Philippe Martin, Géraldine Michelot **R** Mikael Buch **B** Mikael Buch, Christophe Honoré **K** Céline Bozon **M** Éric Neveux **S** Simon Jacquet **D** Nicolas Maury (Ruben), Carmen Maura (Rachel), Jean-François Stévenin (Nathan), Amira Casar (Irène), Clément Sibony (Samuel), Jarkko Niemi (Teemu), Jean-Luc Bideau (Maurice Goldberg), Aurore Clément (Françoise), Kari Väänänen (Herr Tiilkainen), Outi Mäenpää (Helka), Charlie Dupont (Hervé), Didier Flamand (André) **L** 87 (24 B./sec.) / 84 (25 B./sec.) **FSK** ab 12; f **E** 4.10.2012 **fd** 41 281

Let the Bullets Fly – Tödliche Kugel
RANG ZIDAN FEI / LET THE BULLETS FLY
Ein Eisenbahnräuber bereitet sich im China der 1920er-Jahre auf einen neuen Coup vor, für den er den Posten als Gouverneur einer Provinzhauptstadt übernehmen will. Weil ein nicht minder skrupelloser Gangsterboss den Posten besetzt hat, eröffnen sich zahlreiche Gelegenheiten, Mitglieder der gegnerischen Clans auf möglichst skurrile Art und Weise zu töten. Überdrehte Actionkomödie, deren Pointen nicht immer westlichem Geschmack treffen dürften. Unabhängig davon ist das Vergnügen, das Chow Yun-Fat bei der Darstellung des zynischen Bösewichts hatte, jederzeit spürbar.
DVD/BD: Die Extras umfassen u.a. ein ausführliches «Making of» (39 Min.) sowie ein ausführliches dt. untertitelbares Interview mit den Drehbuchautoren (23 Min.).
Scope. VR China / Hongkong 2010 **P** Beijing Bu Yi Le Hu Film / China Film Group / Emperor Motion Pic. **DVD** NewKSM (16:9, 2.35:1, DD5.1 Mandarin/dt.) **BD** NewKSM (16:9, 2.35:1, dts-HDMA Mandarin/dt.) **Pd** Jiang Wen, Albert Lee, Barbie Tung, Homber Yin, Zhao Hai Cheng **R** Jiang Wen **B** Guo Junli, Jiang Wen, Li Bukong, Shu Ping, Wei Xiao, Zhu Sujin **K** Zhao Fei **M** Joe Hisaishi (= Jô Hisaishi) **S** Cao Wei Jie, Jiang Wen **D** Chow Yun-Fat (Master Huang), Feng Xiaogang (Anwalt Tang), Jiang Wen (Pocky Zhang), Chen Kun (Hu Wan), Ge You (Ma Bangde), Hu Jun (Fake Pocky), Jiang Wu (Master Wu) **L** 128 **FSK** ab 16 **E** 9.11.2012 DVD & BD **fd** –

Der letzte Atemzug
LAST BREATH
Ein Ehepaar kämpft nach Jahren des Stillstands wirtschaftlich wie auch zwischenmenschlich ums Überleben. Durch das Angebot einer Immobilieninvestition in ein altes Lagerhaus gelockt, erkennen die beiden zu spät, dass sie einem Sadisten aufgesessen sind. Anklänge an die «Folterspiele» aus der SAW-Reihe werden auf das Maß einiger «Prüfungen» der ICH BIN EIN STAR – HOLT MICH HIER RAUS!-TV-Show abgemildert und mit einem auf moralische Botschaft getrimmten Finale versehen.
DVD/BD: Die Extras umfassen u.a. einen Audiokommentar des Regisseurs. Die FSK Freigabe «ab 18» der DVD bezieht sich auf das Bonusmaterial (Trailer etc.), der Film selbst hat eine Freigabe «ab 16».
USA 2010 **P** Ministry Machine Prod. **DVD** WGF/Schröder-Media (16:9, 1.78:1, DD2.0 engl., DD5.1 dt.) **BD** WGF/Schröder-Media (16:9, 1.78:1, DD5.1 engl./dt.) **Pd** Aaron Laue **R+B** Ty Jones **K** Jeremy Osbern **M** Vincent Gillioz **S** Stephen Deaver **D** Ty Jones (Michael Johnson), Mandy Bannon (Tina Johnson), Jeff East (Dennis), Meagan Flynn (Sarah), Aaron Laue (dunkle Gestalt), Ryan Lefebvre (Bill Johnson), Trevor Martin (Peter), Shelly Jennings (Tinas Mutter) **L** 90 **FSK** ab 16 **E** 5.7.2012 DVD & BD **fd** –

Der letzte Lovecraft
THE LAST LOVECRAFT: RELIC OF CTHULHU
Ein frustrierter Büroangestellter erfährt, dass er der letzte Nachkomme des Fantasy-Schriftstellers H.P. Lovecraft ist und als dieser die Hälfte einer Statue des Gottes Cthulhu in sein Obhut nehmen muss, da ein Schurke, der im Besitz der anderen Hälfte ist, den Untergang der Welt herbeiführen will. Höchst amüsante Trash-Horrorkomödie, die mit den Versatzstücken des Genres, aber auch Elementen aus Lovecraft-Erzählungen spielt und raffiniert zwei Helden auf eine überirdische Reise schickt, die in der Konfrontation mit dem Bösen über sich hinauswachsen. – Ab 16.
Scope. USA 2009 **P** Outlaw Films **DVD** WGF/Schröder-Media (16:9, 2.35:1, DD5.1 engl./dt.) **BD** WGF/Schröder-Media (16:9, 2.35:1, dts-HDMA engl./dt.) **Pd** Oliver Garrett, Devin McGinn, Ashleigh Nichols **R** Henry Saine **B** Tom Konkle, Devin McGinn **K** Cameron Cannon **M** Michael Tavera **S** Devin McGinn, Henry Saine **D** Kyle Davis (Jeff), Devin McGinn (Charlie), Sujata Day (Stacy Rahman), Edward Flores (Sheldon), Harry Karp (Jimbo), Jessica Kinney (Susie), Edmund Lupinski (Prof. Lake), Marty Fortney (Mike) **L** 78 **FSK** ab 16 **E** 23.2.2012 DVD & BD **fd** –

Der letzte Ritt des Ransom Pride
THE LAST RITES OF RANSOM PRIDE
Eine draufgängerische Amazone will den Tod ihres Ehemanns rächen und den Toten gemeinsam mit dessen Bruder von Mexiko zur Bestattung nach Texas schaffen. Doch niemand, nicht einmal der Vater des Ermordeten, will, dass ihr Unterfangen gelingt, sodass bald Leichen ihren Weg pflastern. Auf betont originell getrimmter, schießwütig-brutaler Western im «Tarantino-Style».
DVD/BD: Die Extras umfassen u.a. einen Audiokommentar des Regisseurs. Kanada 2010 **P** Horsethief Pic. /

Nomadic Pic. / Ransom Pride Alberta Prod. **DVD** WGF/Schröder-Media (16:9, 1.78:1, DD5.1 engl./dt.) **BD** WGF/Schröder-Media (16:9, 1.78:1, dts-HDMA engl./dt.) **Pd** Michael Frisley, Duncan Montgomery, Chad Oakes **R** Tiller Russell **B** Tiller Russell, Ray Wylie Hubbard **K** Roger Vernon **M** Jeff Danna **S** Joel Poltch, Douglas Rath, Michael Wolf **D** Dwight Yoakam (Reverend Early Pride), Lizzy Caplan (Juliette Flowers), Jon Foster (Champ Pride), Cote de Pablo (Bruja), Jason Priestley (John), W. Earl Brown (Matthew), Peter Dinklage (Dwarf), Scott Speedman (Ransom Pride) **L** 82 **FSK** ab 16 **E** 24.5.2012 DVD & BD **fd** –

Der letzte schöne Tag
Als sich eine Frau telefonisch von unterwegs aus meldet, reagieren die heranwachsende Tochter, der kleine Sohn und ihr Mann ganz normal auf den Anruf. Dieser aber ist ihr letztes Lebenszeichen, danach begeht die depressive Ärztin Selbstmord. Das (Fernseh-)Drama schildert eindringlich, wie sehr das Familiengefüge in Schieflage gerät und Trauer, Selbstvorwürfe und Wut den Hinterbliebenen zu schaffen machen. Um die Krise zu überwinden, müssen sie neue Wege beschreiten, Missverständnisse aus dem Weg räumen und neue Verhaltensweisen im Umgang miteinander einüben. – Ab 16.
Deutschland 2011 **P** Hager Moss Film (für WDR) **KI** offen **Pd** Kirsten Hager **R** Johannes Fabrick **B** Dorothee Schön **K** Helmut Pirnat **M** Oli Biehler (= Oliver Biehler) **S** Monika Abspacher **D** Wotan Wilke Möhring (Lars Langhoff), Matilda Merkel (Maike), Nick Julius Schuck (Piet), Julia Koschitz (Sybille Langhoff), Lavinia Wilson (Ruth), Natascha Paulick (Petra), Katalyn Bohn, Martin Horn, Jörg Reimers **L** 90 **E** 18.1.2012 ARD **fd** –

Level Up
LEVEL UP
Drei auf Computerspiele versessene High-School-Kids öffnen versehentlich den Monstern ihres Lieblingsspiels ein Tor ins reale Leben. Zusammen mit einer Klassenkameradin nehmen sie den Kampf gegen die Bösewichter auf. Pilotfilm zu einer trivialen (Fernseh-)Fantasy-Serie. – Ab 14 möglich.
USA 2011 **P** Alive & Kicking Prod.

KI offen **Pd** Gideon Amir **R** Peter Lauer **B** Derek Guiley, David Schneiderman **M** Michael Gatt, Michael Kotch, Paul Robb **D** Gaelan Connell (Wyatt), Connor Del Rio (Dante), Jessie Usher (Lyle), Aimee Carrero (Angie), George Faughnan (Maldark), Jason McKinnon (Mr. Spenader), Ron Clinton Smith (Coach Hawkins), Matt Felten (Brad), Eric André (Max Ross) **L** 64 **E** 1.9.2012 kabel eins **fd** –

Lewis – Auf falscher Fährte
LEWIS: THE DEAD OF WINTER
Die Ermordung eines Kunsthistorikers, dessen Leiche in einem Doppeldeckerbus gefunden wird, beschäftigt Inspektor Lewis, während Assistent Hathaway zu einem Landgut eilt, auf dem sich bei einem Historienspiel ein Zwischenfall ereignet hat. Dadurch wird der Assistent mit seiner Vergangenheit und Jugendliebe konfrontiert. Bald kristallisiert sich heraus, dass ein Zusammenhang zwischen beiden Vorfällen besteht. Gemächlich entwickelter (Fernsehserien-)Krimi. Interessant ist der Perspektivwechsel, durch den Assistent Hathaway eindeutig im Mittelpunkt steht. – Ab 16.
DVD/BD: Enthalten in: «Lewis: Der Oxford Krimi» Staffel 4.
Großbritannien 2010 **P** ITV Studios **DVD** Edel Media (16:9, 1.78:1, DD2.0 engl./dt.) **Pd** Chris Burt **R** Bill Anderson **B** Russell Lewis **K** Chris O'Dell **M** Barrington Pheloung **S** Michael Harrowes **D** Kevin Whately (DI Robert Lewis), Laurence Fox (DS James Hathaway), Rebecca Front (CH Supt. Innocent), Clare Holman (Dr. Laura Hobson), Richard Johnson (Augustus Mortmaigne), Camilla Arfwedson (Scarlett Mortmaigne), Juliet Aubrey (Selina Mortmaigne), Pip Carter (Paul Hopkiss) **L** 90 **FSK** ab 12 **E** 22.4.2012 ZDF / 11.5.2012 DVD **fd** –

Lewis – Die Alles-oder-Nichts-Frage
LEWIS: YOUR SUDDEN DEATH QUESTION
Ein arroganter «Womanizer», Teilnehmer eines privat veranstalteten Quiz-Wochenendes, wird ermordet. Während die polizeilichen Ermittlungen andauern, will der Veranstalter die Atmosphäre auflockern und fährt mit dem Quiz fort, doch bald kommt es zu einem zweiten Mord. Gut gespielter (Fernsehserien-)Krimi aus den gehobenen Kreisen der Universitätsstadt Oxford, der den Fall selbst ein wenig wie ein Quiz aufbaut. – Ab 16.
DVD/BD: Enthalten in: «Lewis: Der Oxford Krimi» Staffel 4
Großbritannien 2010 **P** ITV Studios **DVD** Edel Media (16:9, 1.78:1, DD2.0 engl./dt.) **Pd** Chris Burt **R** Dan Reed **B** Alan Plater **K** David Marsh **M** Barrington Pheloung **S** Jamie McCoan **D** Kevin Whately (DI Robert Lewis), Laurence Fox (DS James Hathaway), Rebecca Front (CH Supt. Innocent), Clare Holman (Dr. Laura Hobson), Alan Davies (Marcus Richards), Ruth Gemmell (Robyn Strong), Alastair Mackenzie (Sebastian Anderson) **L** 90 **FSK** ab 12 **E** 6.5.2012 ZDF / 11.5.2012 DVD **fd** –

Lewis – Die Geister, die ich rief
LEWIS: FALLING DARKNESS
Kurz hintereinander werden zwei Frauen ermordet, die beide in Verbindung zu einer mit Inspector Lewis befreundeten Gerichtsmedizinerin standen. Wohl und übel sieht sich der Kriminalist gezwungen, die Ärztin von den weiteren Ermittlungen auszuschließen und nach einem Anknüpfungspunkt in ihrer Vergangenheit zu suchen. Routinierter (Fernsehserien-)Krimi im Rahmen der vertrauten Muster. – Ab 16.
DVD/BD: Enthalten in: «Lewis: Der Oxford Krimi» Staffel 4
Großbritannien 2010 **P** ITV Studios **DVD** Edel Media (16:9, 1.78:1, DD2.0 engl./dt.) **Pd** Chris Burt **R** Nicholas Renton **B** Russell Lewis **Vo** Colin Dexter (Charaktere) **K** Paul Bond **M** Barrington Pheloung **S** Kevin Lester **D** Kevin Whately (DI Robert Lewis), Laurence Fox (DS James Hathaway), Rebecca Front (Chief Supt. Jean Innocent), Clare Holman (Dr. Laura Hobson), Rupert Graves (Alec Pickman), Niamh Cusack (Dr. Ellen Jacoby), Lynsey Baxter (Ursula Van Tessel), Alex Price (Victor Clerval), Patrick Knowles (Vince Corwin), Lucy Griffiths (Madeleine Escher), Adam Levy (Dr. Nicolae Belisarius), Joanna Roth (Christine Hawkins), Jenn Murray (Charlotte Corwin), John Sessions (Prof. Rufus Strickfaden), Brodie Ross (Roddy Allen), Ron Donachie (Prof. Angus Rawbone) **L** 80 **FSK** ab 12 **E** 13.5.2012 ZDF / 11.5.2012 DVD **fd** –

Lewis – Unter dem Stern des Todes
LEWIS: DARK MATTER
Ein Professor und Hobby-Astronom wird tot in einer Sternwarte in Oxford aufgefunden. Eine Gerichtsmedizinerin hat ihre Zweifel an dem angeblichen Unfall, woraufhin Inspektor Lewis und sein Assistent im familiären und universitären Umfeld des Toten ermitteln. (Fernsehserien-)Krimi, in dem die Protagonisten einmal mehr mit der gesellschaftlichen und intellektuellen Crème der britischen Universitätsstadt Oxford konfrontiert werden. – Ab 16.
DVD/BD: Enthalten in: «Lewis: Der Oxford Krimi» Staffel 4.
Großbritannien 2010 **P** ITV/WGBH **DVD** Edel Media (16:9, 1.78:1, DD2.0 engl./dt.) **Pd** Chris Burt **R** Bille Eltringham, Robert Hardy (Sir Arnold Raeburn) **B** Stephen Churchett **K** Paul Bond **M** Barrington Pheloung **S** Pamela Power **D** Kevin Whately (DI Robert Lewis), Laurence Fox (DS James Hathaway), Rebecca Front (CH Supt. Innocent), Clare Holman (Dr. Laura Hobson), Warren Clarke (Roger Temple), Sophie Ward (Isobel Crompton), Andrew Hawyley (Jez Haydock) **L** 90 **FSK** ab 12 **E** 29.4.2012 ZDF / 11.5.2012 DVD **fd** –

Die Libelle und das Nashorn
Ein Fluglotsenstreik zwingt einen alternden Schauspieler und eine junge Nachwuchsautorin dazu, eine Nacht in einem luxuriösen Dortmunder Hotel zu verbringen. Die sprunghafte Frau beharkt den zurückhaltenden Darsteller dabei so lange, bis er sich auf kontroverse Gespräche und ein bizarres Rollenspiel einlässt. Ein in schöne Bilder getauchtes, aber allzu dialoglastiges Kammerspiel über Einsamkeit und zwei verlorene Seelen, das zwar mit einigen reizvollen Einfällen sowie surrealen Einschübe eine dem Alltag entrückte Geschichte nährt; die Annäherung der Protagonisten bleibt dennoch dramaturgisch lediglich behauptet. – Ab 16.
Deutschland 2012 **P** Coin Film / Tohowabohu / WDR **KI** nfp **Pd** Herbert Schwering **R+B** Lola Randl **K** Philipp Pfeiffer **M** Maciej Sledziecki **S** Sabine Smit, Andreas Wodraschke **D** Fritzi Haberlandt (Ada Hänselmann), Mario Adorf (Nino Winter), Irm Hermann (Verlegerin), Maria Faust (Reporterin), Rainer Egger (Auftragsmörder), Samuel Finzi (Mann), Lina Beckmann (Frau), Bastian Trost (Rezeptionist), Sebastian Weber (Fahrer) **L** 83 (24 B./sec.) / 80 (25 B./sec.) **FSK** o.A.; f **E** 6.12.2012 **fd** 41 427

Liebe ☆★
AMOUR
Ein altes Ehepaar aus Paris ist sich auch nach vielen Jahrzehnten noch in Liebe zugetan. Als die Frau einen Schlaganfall erleidet, beginnt sich ihr gemeinsames Leben entscheidend zu ändern. Das meisterlich inszenierte Kammerspiel fasst nüchtern die Unausweichlichkeit des Todes ins Auge, ohne die Grenze zur Sentimentalität zu überschreiten. Eine von großartigen Darstellern getragene, radikale Apologie der Empathie, überraschend altersmilde, kämpferisch und zurückhaltend zugleich. Der tief berührende Film über die Liebe und die Vergänglichkeit der menschlichen Natur ist eine für viele Auslegungen offene Meditation über das Ende, bar aller Illusionen, gleichwohl getragen von einer Würde, die auch das provokante Finale trägt. (Kinotipp der katholischen Filmkritik) – Sehenswert ab 16.
Frankreich/Deutschland/Österreich 2012 **P** Les Films du Losange / X-Filme Creative Pool / Wega Film / France 3 Cinéma / ARD Degeto / WDR/BR **KI** X Verleih **Pd** Margaret Ménégoz, Stefan Arndt, Veit Heiduschka, Michael Katz **R+B** Michael Haneke **K** Darius Khondji **S** Monika Willi, Nadine Muse **D** Jean-Louis Trintignant (Georges), Emmanuelle Riva (Anne), Isabelle Huppert (Eva), Alexandre Tharaud (Alexandre), William Shimell (Geoff), Ramón Agirre (Hausmeister), Rita Blanco (Hausmeisterin), Carole Franck (Krankenschwester), Dinara Droukarova (Krankenschwester), Laurent Capelluto (Polizist), Jean-Michel Monroc (Polizist), Suzanne Schmidt (Nachbarin) **L** 127 **FSK** ab 12; f **E** 20.9.2012 **fd** 41 266

Liebe am Fjord – Abschied von Hannah
Nach dem Tod seiner Frau will sich ein Schriftsteller in seine Trauer zurückziehen und niemanden an sich heran lassen. Um nach der Beisetzung die Abreise seiner drei erwachsenen Kinder zu beschleunigen, provoziert er einen Eklat, doch die Kinder organisieren ihrerseits eine liebevolle Trauerfeier, an der das ganze Dorf teilnimmt. (Fernseh-)Drama um verschüttete Gefühle und den schwierigen Umgang mit der Trauer. – Ab 14.
Deutschland 2012 **P** Studio Hamburg **KI** offen **Pd** Sabine Timmermann **R** Jörg Grünler **B** Martin Rauhaus **K** Daniel Koppelkamm **M** Marcel Barsotti **D** Matthias Habich (Henrik Agdestein), Rainer Sellien (Leif Agdestein), Catherine Bode (Sonja Wirkola), Fanny Staffa (Kaura Agdestein), Kai Scheve (Herr Strahngwe), Andreas Holt (Morten Wirkola), Andree-Östen Solvik (Bille Holm), Petra Kelling (Frau Bornedahl) **L** 90 **E** 19.10.2012 ARD **fd** –

Liebe, Babys und ein Neuanfang
In der Ehe zwischen dem Chefarzt einer Klinik am Tegernsee und einer Hebamme kriselt es, als Alltagsprobleme und ein arbeitsintensiver Umzug das Liebesglück überlagern. Dann fallen noch zwei wichtige Mitarbeiter aus, und die Frau verliebt sich in den Lehrer einer geplanten Gehörlosenschule. Seichte (Fernseh-)Liebesgeschichte als achte Folge der KLINIK AM SEE-Reihe, in der sich die Protagonisten erneut mit klinischen, aber auch allzu menschlichen Problemen herumschlagen müssen. – Ab 14.
Deutschland 2011 **P** Network Movie (für ZDF) **KI** offen **Pd** Silke Schulze-Erdel, Wolfgang Cimera **R** Ulrike Hamacher **B** Bettina Börgerding, Iris Uhlenbruch **K** Simon Schmejkal **M** Andreas Weidinger **S** Jörg Kadler **D** Marion Kracht (Antonia Hellmann), Michael Roll (Dr. Thomas Hellmann), Julia Bremermann (Helena), Christiane Blumhoff (Vroni Meister), Werner Haindl (Karl Meister), Luka Kumi (Nahas), Markus Böker (Dr. Markus Leitner), Joachim Raaf (Jörn Richter) **L** 90 **E** 22.4.2012 ZDF **fd** –

Liebe, Babys und gestohlenes Glück
Die heile Welt der «Klinik am See» gerät ins Wanken, als ein Baby aus dem Säuglingszimmer entführt wird. Polizei, Eltern und nicht zuletzt die Hebammen der Klinik unternehmen alles, um das Kind zu finden. Nebenher gilt es, den «normalen» Betrieb am Laufen zu halten und private Beziehungsprobleme zu lösen. Harmlose (Fernsehserien-)Unterhaltung als neunte Epi-

sode einer diesmal mit Krimimotiven aufgepeppten Filmreihe. – Ab 14.
Deutschland 2011 **P** Network Movie (für ZDF) **KI** offen **Pd** Wolfgang Cimera **R** Ulrike Hamacher **B** Iris Kobler **K** Nicolas Joray **M** Andreas Weidinger **S** Jörg Kadler **D** Marion Kracht (Antonia Hellmann), Michael Roll (Dr. Thomas Hellmann), Julia Bremermann (Helena Meisner), Christiane Blumhoff (Vroni Meister), Werner Haindl (Karl Meister), Luka Kumi (Nahas Hellmann), Markus Böker (Dr. Markus Leitner), Lara Joy Körner (Miriam Brückner), Michael Rotschopf (Klaus Bacher), Anja Knauer (Nina Memminger), Bernhard Piesk (Alexander Memminger), Mathilde Bundschuh (Sarah) **L** 90 **E** 13.5.2012 ZDF **fd** –

Liebe gewinnt
A WARRIOR'S HEART
Einem jugendlicher Draufgänger entgleitet sein bislang in unruhigen Bahnen verlaufendes Leben, als sein Vater im Irak-Krieg fällt, und er seine gerade gefundene Freundin, seine Angehörigen sowie seine Leidenschaft für den Lacrosse-Sport destruktiver Gewalt zu opfern droht. Die einzige Lösung scheint ein hartes Militär-Lacrosse-Camp, das von einem indianischen Waffenbruder seines Vaters geleitet wird. Hier lernt der Heißsporn, was es heißt, mit Hingabe für wahre Werte zu kämpfen. Kitschiger Jugendfilm zwischen Drama und Romanze, der seine schlichten Wert- und Moralvorstellungen immerhin recht effektiv vermittelt. – Ab 14.
USA 2011 **P** California Pic. / Family Prod. **DVD** Sunfilm **Pd** Steven Istock, Ed Richardson, Marc Spizzirri **R** Michael F. Sears **B** Martin Dugard **K** Thomas L. Callaway **M** Alec Puro **S** Ellen Goldwasser **D** Kellan Lutz (Conor Sullivan), Ashley Greene (Brooklyn), Gabrielle Anwar (Claire Sullivan), Adam Beach (Sgt. Major Duke Wayne), Chord Overstreet (Dupree), William Mapother (David Milligan), Bryan Lillis (Riggins), Aaron Hill (Joe Bryant) **L** 92 **E** 4.10.2012 DVD **fd** –

Liebe in der Luft
WHAT HAPPENS NEXT
Ein Geschäftsmann hat seine Firma verkauft, doch seine einnehmende Schwester hat ihn immer noch nicht unter die Haube gebracht. Während der wohlhabende Müßiggänger beim Ausführen seines Hundes über das Leben nachdenkt, lernt er auf der Parkbank einen jungen Mann aus der Werbebranche kennen, der den gleichen Hunde-Geschmack hat wie er. Schwule Lifestile-Komödie mit sympathischen Charakteren, die durch ein Drehbuch à la Off-Broadway-Theater staksen. (O.m.d.U.) – Ab 16.
USA 2011 **P** Jaded Creative Prod. **DVD** Bildkraft Jutta Platte **L** 104 **FSK** ab 12 **fd** –

Liebe und andere Unfälle
LIEBE UND ANDERE UNFÄLLE
Ein flott-dynamischer Banker rechnet einer alleinerziehenden Jungbäuerin und ihrer Mutter vor, wie unrentabel ihr Milchbetrieb ist und dass sie mit einer Zwangsversteigerung rechnen müssten. Den Hof hat er schon längst einem reichen Kunden versprochen. Als er nach einem Unfall aus der Ohnmacht erwacht, leider er unter einer umfassenden Amnesie. Vergnügliche (Fernseh-)Komödie, die ihre absurde Grundidee zu nutzen weiß und von der Spielfreude der Darsteller lebt. – Ab 14.
Schweiz 2011 **P** Langfilm/SRF **KI** offen **Pd** Bernard Lang **R** Tom Gerber **B** Kirsten Peters **K** Hans Meier **M** Singha Dee, Maze Koon **S** Michael Schaerer (= Mike Schaerer), Rebecca Siegfried **D** Lea Hadorn (Marie Meier), Beat Marti (Philipp Sturzenegger), Heidi Maria Glössner (Ursula, Maries Mutter), Aaron Hitz (André), Nino de Perrot (Jonas), Andreas Matti (Polizist), Carol Schuler (Rosa Rehbein), Susanne Kunz (Anna, Tierärztin) **L** 89 **E** 29.4.2012 SF 1/DRS **fd** –

Liebe und Eis 4 – Feuer und Eis
THE CUTTING EDGE: FIRE AND ICE
Nachdem ihr Partner sich verletzt und sie zudem in der Liebe enttäuscht hat, kehrt eine Eiskunstläuferin dem aktiven Sport den Rücken und betätigt sich als Trainerin. Sie erregt das Interesse eines jungen Eisschnellläufers, der aus seinem Team verbannt wurde und nun mit ihr eine Karriere als Eistanz-Paar anstrebt. Ableger der LIEBE UND EIS-Serie (seit 1991), der die längst vertraute Sportler-Geschichte mit wechselnden Darstellern variiert, um gefühlvoll-anspruchslos zu unterhalten. – Ab 14.
USA 2012 **P** MGM **KI** offen **R** Stephen Herek **B** Holly Brix **K** Pierre Jodoin **M** Bennett Salvay **S** Seth Flaum, Anthony Markward **D** Francia Raisa (Alexandra «Alex» Delgado), Brendan Fehr (James McKinsey), Russell Yuen (Mr. Wan), Zhenhu Han (Zhen Zheng), Stephen Amell (Phillip Seaver), Marcela Pizarro (Alexandras Mutter), Dan Jeannotte (Angus Dwell) **L** 82 **E** 25.12.2012 RTL **fd** –

Die Liebenden – von der Last, glücklich zu sein ★
LES BIEN-AIMÉS
Ein Zwei-Generationen-Frauenporträt, das, beginnend in den 1960er-Jahren, das (Liebes-)Leben einer Mutter sowie ihrer Tochter beschreibt. Während die Ältere ihrem ersten Mann, dem sie einst nach Prag folgte, später wieder begegnet und das einstige Glück in amourösen Stelldicheins aufleben lässt, ist die Tochter in eine unmögliche Liebe verstrickt. Elegant verbindet der Film Leichtes und Schweres, Buntes und Düsteres und verdichtet sich vor allem dank der beiden vorzüglichen Darstellerinnen, aber auch der mal poppigen, mal melancholischen Lieder zur traurig-schönen Reflexion über Freuden, Leiden und Wirrungen der Liebe. – Ab 14.
Scope. Frankreich / Großbritannien / Tschechien 2011 **P** Why Not Prod./ France 2 Cinéma/Sixteen Films/Negativ **KI** Senator **Pd** Pascal Caucheteux **R+B** Christophe Honoré **K** Rémy Chevrin **M** Alex Beaupain **S** Chantal Hymans **D** Catherine Deneuve (Madeleine), Ludivine Sagnier (junge Madeleine), Milos Forman (Jaromil), Chiara Mastroianni (Véra), Louis Garrel (Clément), Paul Schneider (Henderson), Rasha Bukvic (= Radivoje Bukvic) (junger Jaromil), Goldy Notay (Nandita), Kenneth Collard (Adam), Michel Delpech (François Gouriot) **L** 139 **FSK** ab 12; f **E** 3.5.2012 **fd** 41041

Liebesgrüße aus den Kolonien
BONS BAISERS DE LA COLONIE
Im Jahr 1926 bringt eine ruandische Frau eine Tochter zur Welt, das Kind eines belgischen Kolonialbeamten. Dieser nimmt es im Alter von vier Jahren mit nach Belgien, wo es eine rein europäische Erziehung erfährt, damit es vor «dem Leben der Neger bewahrt» wird. Die Filmemacherin, Enkelin des ehemaligen Beamten, erfährt erst mit 27 Jahren von der Existenz ihrer Tante.

Sie sucht nach den Spuren der bis dahin unbekannten Verwandten, bricht das Schweigen über deren Herkunft und verwebt die sehr persönliche Familiengeschichte mit der Realität und den Gepflogenheiten der ehemaligen europäischen Kolonialpolitik. – Ab 16. Teils schwarz-weiß. Belgien/Frankreich 2010 **P** CVB/Cargo Films/Limited Adventures **KI** offen **Pd** Cyril Bibas, Carine Leblanc, Jean-Jacques Beineix **R** Nathalie Borgers **K** Nicolas Rincon Gille, Sébastien Tran **M** Tuur Florizoone **S** Catherine Gouze **L** 75 **E** 7.6.2012 arte **fd** –

Liebesleid und Leidenschaft ☆
I CAPTURE THE CASTLE

Das chaotische Leben einer britischen Familie, die ein desolates Schloss bewohnt, und ihres Oberhaupts, einem Schriftsteller, der unter einer Schreibblockade leidet, läuft aus dem Ruder, als zwei amerikanische Brüder in die Nachbarschaft ziehen und die fast erwachsene Tochter die erste Liebe und das erste Liebesleid kennen lernt. Einfühlsame (Fernseh-)Verfilmung eines Romans der englischen Schriftstellerin Dodie Smith (1896–1990), geprägt von Witz, stimmigen Dialogen und atmosphärischer Dichte. Aus dem überzeugenden Darsteller-Ensemble sticht Romola Garai als verliebte Tochter des Hauses hervor. – Ab 14.
Großbritannien 2003 **P** BBC / Isle of Man Film Commision / Take 3 / Trademark Films **KI** offen **Pd** Anant Singh, David M. Thompson, Mark Cooper **R** Tim Fywell **B** Heidi Thomas **Vo** Dodie Smith (Roman *I Captured The Castle*) **K** Richard Greatrex **M** Dario Marianelli **S** Roy Sharman **D** Romola Garai (Cassandra Mortmain), Marc Blucas (Neil Cotton), Rose Byrne (Rose Mortmain), Tara Fitzgerald (Topaz Mortmain), Bill Nighy (James Mortmain), Henry Thomas (Simon Cotton), Sinéad Cusack (Mrs. Cotton), Henry Cavill (Stephen Colley) **L** 75 **E** 25.8.2012 Sixx **fd** –

Ein Lied für eine Königin
BALLAD FOR A QUEEN

Der britische Filmemacher Don Kent wirft anlässlich der 60-jährigen Regierungszeit von Queen Elizabeth II. einen kritischen Blick auf seine Heimat und die dortige Monarchie. Vor allem fragt er, wie sich das krisengeschüttelte britische Königreich immer noch eine so kostspielige repräsentative Institution leisten kann. Eine betont respektlose Annäherung, die viele Persönlichkeiten des öffentlichen Lebens zu Wort kommen lässt und an Hand von Found-Footage-Material die Briten und ihr Verhältnis zur Krone unter die Lupe nimmt, wobei ausgeprägter Humor durchaus zum Konzept gehört. – Ab 16.
Frankreich 2011 **P** Penelope Films/ ARTE France **KI** offen **R+B** Don Kent **L** 90 (auch 52) **E** 31.1.2012 arte **fd** –

Liefi – Ein Huhn in der Wildnis
MADANGEUL NAON AMTAK

Vom Wunsch nach Freiheit und einem eigenen Kind beseelt, gelingt einem Huhn die Flucht aus einer Legebatterie in den nahegelegenen Wald. Dort brütet es ein fremdes Ei aus, fest davon überzeugt, auch eine Ente großziehen zu können. Doch sowohl unter den Bewohnern der Wildnis als auch im Familienverbund sorgt das Unterfangen für Probleme. Naiver Kindertrickfilm, der auch formal dem kleinen Produktionsbudget Tribut zollt. – Ab 8.
Südkorea 2011 **P** MK Pic. **DVD** Ascot/ Elite (16:9, 1.85:1, DD5.1 korean./dt., dts dt.) **BD** Ascot/Elite (16:9, 1.85:1, dts-HDMA koran./dt.) **Pd** Kim Sunku, Lee Eun, Oh Seong-yun, Shim Jaemyung **R** Oh Seong-yun **B** Kim Eunjeong **Vo** Hwang Seonmi **L** 87 **FSK** ab 6 **E** 4.4.2011 DVD & BD **fd** –

Life in Stills ☆
HA' TZALMANIA

Dokumentarfilm über die Jüdin Miriam Weissenstein, die Ehefrau des Fotografen Rudi Weissenstein, der 1935 nach Israel emigrierte und dort zum Dokumentaristen politischer Ereignisse wie des jüdischen Alltags avancierte. Nach seinem Tod verwaltete seine Witwe den Nachlass mit strenger Hand. Der Film gibt Einblicke in Weissensteins Schaffen und porträtiert auch die spannungsreiche Beziehung der alten Dame zu ihrem Enkel. Ein feinfühliger, auch vom Humor seiner Protagonistin lebender Film, der sehr persönliche Einblicke in eine Familienstruktur und über ein halbes Jahrhundert israelische Zeitgeschichte zusammenführt. – Sehenswert ab 14.
Israel/Deutschland 2011 **P** Heymann Brothers Films **KI** Moviemento **Pd** Barak Heymann, Tamar Tal **R+B** Tamar Tal **K** Daniel Kedem, Tamar Tal **M** Alberto Shwartz **S** Tal Shefi **L** 58 **FSK** o.A.; f **E** 16.8.2012 / 14.1.2013 arte **fd** 41 222

Life of Pi: Schiffbruch mit Tiger ☆
LIFE OF PI

Ein indischer Zoodirektor wandert nach politischen Unruhen per Schiff mit seiner Familie und einigen Tieren Richtung Kanada aus, doch unterwegs sinkt das Schiff. Nur der 17-jährige Sohn überlebt und findet sich in einem Rettungsboot mit einem Tiger wieder: eine nervenzerrende Schicksalsgemeinschaft, die eine lange Irrfahrt auf dem Meer vor sich hat. Als erzählerisch wie visuell beeindruckendes Kinoerlebnis verbindet der Film die fulminante Abenteuergeschichte mit der Frage nach der Existenz Gottes. Ein in atemberaubenden Bildern verdichtetes, mitreißendes Drama, in dem die Stereoskopie mitunter in optisches Zierwerk ausartet, überwiegend aber doch bemerkenswert klug genutzt wird. – Sehenswert ab 14.
3D. USA 2012 **P** Fox 2000 Pic. / Haishang Films / Rhythm and Hues **KI** Twentieth Century Fox **Pd** Ang Lee, Gil Netter, David Womark, David Lee **R** Ang Lee **B** David Magee **Vo** Yann Martel (Roman *Life of Pi / Schiffbruch mit Tiger*) **K** Claudio Miranda **M** Mychael Danna **S** Tim Squyres **D** Suraj Sharma (Pi Patel mit 17), Irrfan Khan (Pi als Erwachsener), Tabu (Gita Patel), Rafe Spall (Schriftsteller), Gérard Depardieu (Koch), Ayush Tandon (Pi mit 11/12), Gautam Belur (Pi mit 5) **L** 127 (24 B./sec.) / 122 (25 B./sec.) **FSK** ab 12; f **E** 20.12.2012 **fd** 41 451

Like Crazy
LIKE CRAZY

Eine englische College-Studentin und ein US-amerikanischer Designer müssen ihre intensive Liebes- auf eine eher platonische Fernbeziehung umstellen, als die Europäerin versäumt, ihr US-Visum zu verlängern. Ein eher dramatischer als romantischer Liebesfilm, der seine belanglose Geschichte zumindest mit überzeugend agierenden Jungschauspielern garniert. – Ab 12.
USA 2011 **P** Paramount Vantage / Indian Paintbrush / Super Crispy Entertainment / Andrea Sperling Prod. / Ascension Prod. **DVD** Paramount (FF, DD5.1 engl./dt.) **Pd** Jonathan Schwartz, Andrea Sperling, Brian Buckland, Marius Markevicius

R Drake Doremus **B** Drake Doremus, Ben York Jones **K** John Guleserian **M** Dustin O'Halloran **S** Jonathan Alberts **D** Anton Yelchin (Jacob), Felicity Jones (Anna), Jennifer Lawrence (Sam), Charlie Bewley (Simon), Alex Kingston (Jackie), Oliver Muirhead (Bernard), Finola Hughes (Liz), Chris Messina (Mike Appletree) **L** 90 **FSK** o.A. **E** 18.10.2012 DVD   fd –

Lilly Schönauer – Liebe auf den zweiten Blick
LILLY SCHÖNAUER – LIEBE AUF DEN ZWEITEN BLICK
Eine kurz vor der Heirat stehende junge Frau macht sich daran, den Bauernhof ihres Vaters in einen Biohof umzuwandeln. Um das dafür nötige Kapital zu erhalten, willigt sie in einen ungewöhnlichen Plan ihrer Bank ein: Ein vielversprechender Jungbanker, ausgerechnet die Jugendliebe der Neu-Bäuerin, soll für einige Wochen auf dem Hof leben und dort mitarbeiten. Gefühlschaos scheint programmiert. Konventionelle (Fernseh-)Romanze mit hanebüchener Ausgangskonstellation. – Ab 14.
Deutschland/Österreich 2011 **P** Bavaria Fernsehprod. / Graf Film (für ORF/ARD Degeto) **KI** offen **Pd** Ronald Mühlfellner, Klaus Graf **R** Peter Sämann **B** Andrea Brown **K** Gero Lasnig **M** Otto M. Schwarz **S** Heidi Handorf **D** Henriette Richter-Röhl (Sophie Brunner), Andreas Kiendl (Julian Brunner), Erwin Steinhauer (Johann Brunner), Michael Mendl (Franz Waldner), Hilde Dalik (Mia Nádas), Christoph von Friedl (Martin), Michael Steinocher (Simon), Franziska Singer (Lissi) **L** 88 **E** 23.5.2012 ORF 2   fd –

Lionel
LIONEL
Ein elfjähriger Junge mit afrikanischen Wurzeln erhält von seinem verstorbenen Großvater, einem Häuptling, ein magisches Amulett. Zurück in seiner Tessiner Heimat, wird er von der Vision eines Löwen heimgesucht und begegnet bei einem Zoobesuch tatsächlich einem solchen Tier, das ihn anspricht und ihn darum bittet, befreit zu werden, damit es heimkehren kann. Gemeinsam mit einem Freund schmiedet der Junge einen Plan zur Befreiung des Königs der Tiere. Fantastischer Abenteuer-Kinderfilm, der spannend unterhält. – Ab 10.
Schweiz/Elfenbeinküste 2010 **P** Amka Films **KI** offen **Pd** Tiziana Soudani **R** Mohammed Soudani **B** Sara Beltrame, Francesco Niccolini, Mohammed Soudani **K** Pietro Zuercher **M** Diego Ricco **D** Max Tardioli (Lionel), Lorenzo Tanzi (Federico), Aurora Andreaus (Elisa), Amedeo Magnaghi (Antonio), Fabrizio Rongione (Daniele), Fatou Kine Boye (Luv), Mona Petri-Fueter (Laura), Gnoan Roger M'Bala (Großvater) **L** 84 **E** 31.12.2012 SF 2/DRS   fd –

Der Liquidator – Töten war sein Job
LIKVIDATOR
Der Bruder eines bei Geheimdienst-Recherchen getöteten Journalisten nimmt auf eigene Faust die Aufklärung in die Hand. Sein Pluspunkt: Er war einst ein stahlharter Bodyguard. Harter Thriller aus Kasachstan, der sich erfolglos darum bemüht, mit dem walisischen Fußballer und Actiondarsteller Vinnie Jones als Bösewicht zu punkten.
Scope. Kasachstan 2011 **P** Kazakhfilm Studios / Sataifilm **DVD** Lighthouse / Mr. Banker (16:9, 2.35:1, DD5.1 russ./dt.) **Pd** Zharas Kulpijenow **R** Akan Satajew **B** Timur Zhaksjljkow **K** Khasan Kydyralijew **M** Renat Gaisin **S** Sergej Berdjugin **D** Aitzhanow Berik (Arsen), Vinnie Jones (Killer), Aziz Beyshenaliew (Berik), Karlygash Mukhamezhanowa (Zhanna), Michael Tokarew (Geheimagent) **L** 94 **FSK** ab 18 **E** 5.10.2012 DVD   fd –

Little Hercules
LITTLE HERCULES
Hercules steigt vom Olymp in die Niederungen des heutigen Los Angeles, um sich bei den Menschen umzuschauen. In Gestalt eines Kindes mit Sinn für Gerechtigkeit hilft er einem schwachen Schuljungen und wohnt eine Weile bei ihm, was bald zu Komplikationen führt. Hirnloser, unfreiwillig lächerlicher Kinderfilm als Vehikel für den alternden Wrestling-Star Hulk Hogan und seine Entdeckung, das «Muskelkind» Richard Sandrak. – Ab 12.
DVD/BD: Erhältlich als DVD, 2D BD und 2D/3D BD. Die Extras umfassen einen Audiokommentar mit dem Regisseur und dem Co-Produzenten Reece Pearson sowie ein Feature mit im Film so nicht verwendeten Szenen (4 Min.).
USA 2009 **P** Innovate Entertainment / Little Hercules **DVD** MIG/EuroVideo (16:9, 1.78:1, DD5.1 engl./dt.) **BD** MIG/EuroVideo (16:9, 1.78:1, dts-HD engl./dt.) **Pd** Jim Stimpson, Dave Warden **R** Mohamed Khashoggi **B** Robert Boris **K** Mateo Londono **M** Mark Denis **D** Richard Sandrak (Little Hercules), Robin Givens (Dana), Marc John Jefferies (Curtis), Elliott Gould (Socrates), Diane Venora (Hera), Judd Nelson (Kevin), John Heard (Trainer Nimms), Hulk Hogan (= Terry Gene Bollea) (Zeus) **L** 92 **FSK** ab 6 **E** 6.6.2012 DVD & BD   fd –

Little Murder
LITTLE MURDER
Ein tüchtig dem Alkohol zusprechender Polizist stößt während einer Gangster-Observation in einem alten Haus auf Geister, die den Cop dazu bringen wollen, einen alten Mordfall neu aufzurollen und den wahren Mörder zu finden. Josh Lucas überzeugt als Trunkenbold auf Bewährung in einem mitunter allzu komödiantisch akzentuierten Mystery-Thriller, der im morbiden New Orleans eine stimmige Kulisse findet. – Ab 14.
USA 2011 **P** Little Murder Prod. / Mind in Motion Entertainment / S 3 Entertainment Group **DVD** Universum (16:9, 2.35:1, DD5.1 engl./dt.) **BD** Universum (16:9, 2.35:1, dts-HD engl./dt.) **Pd** Eric Fierstein, Silvio Muraglia, Justin Di Pego **K** Steve Mason **M** David Robbins **S** Devin Maurer, Jason Yanuzzi **D** Josh Lucas (Ben Chaney), Terrence Howard (Drag Hammerman), Lake Bell (Corey Little), Deborah Ann Woll (Molly), Bokeem Woodbine (Lipp), Noah Bean (Paul Marais), Cary Elwes (Barry Fitzgerald), Joey Tomaska (Sandoval) **L** 94 **FSK** ab 12 **E** 28.3.2012 DVD & BD   fd –

Little Murder – Spur aus dem Jenseits
siehe: **Little Murder**

Little Thirteen
Eine frühreife 13-Jährige aus Berlin-Marzahn, die in wahllosen Sex-Kontakten Anerkennung und Nähe sucht, verliebt sich in einen älteren Jungen, der seine Schäferstündchen heimlich filmt und als Home-Porno verkauft. Ein verbal stark sexualisierter, szenisch aber durchaus umsich-

tiger Debütfilm, der um ungestillte Liebes- und Lebenssehnsüchte kreist. Die Inszenierung changiert zwischen Jugenddrama und atmosphärisch akzentuiertem Generationenfresko, wobei keine Erklärung für das widersprüchliche Verhalten der Jugendlichen präsentiert wird. – Ab 16.
Scope. Deutschland 2011 **P** X Filme Creative Pool / HFF «Konrad Wolf» / ZDF (Das kleine Fernsehspiel) **KI** X Verleih **Pd** Andrea Schütte, Stefan Arndt **R** Christian Klandt **B** Catrin Lüth **K** Andreas Hartmann **M** Fabrizio Tentoni **S** Ben Laser **D** Muriel Wimmer (Sarah), Antonia Putiloff (Charly), Joseph Bundschuh (Lukas), Isabell Gerschke (Doreen), Philipp Kubitza (Diggnsäck), Gerdy Zint (Maik), Gisa Flake (Yvonne), Chiron Elias Krase (Robert) **L** 91 (24 B./sec.) / 88 (25 B./sec.) **FSK** ab 12; f **E** 5.7.2012 **fd** 41 155

Livid – Das Blut der Ballerinas
LIVIDE
Eine junge Frau soll als künftige Krankenpflegerin eine alte Ballettlehrerin betreuen, die seit Jahren im Koma liegt, willigt aber angesichts des prächtigen Anwesens in die Idee ein, die dortigen Reichtümer zu stehlen. Zusammen mit zwei Freunden bricht sie in das abgelegene Haus ein, öffnet eine falsche Tür und befreit das Grauen. Was als Sozialdrama beginnt, entwickelt sich zu einem visuell eindrucksvollen, künstlerisch ambitionierten Horrorthriller, der mit Urängsten spielt und in märchenhaftem Dekor das Grauen zelebriert.
Scope. Frankreich 2011 **P** La Fabrique 2/SND **DVD** Sunfilm (16:9, 2.35:1, DD5.1 frz./dt., dts dt.) **BD** Sunfilm (16:9, 2.35:1, dts-HDMA7.1 frz./dt.) **Pd** Vérane Frédiani, Franck Ribière **R+B** Alexandre Bustillo, Julien Maury **K** Laurent Barès **M** Raphael Gesqua **S** Baxter **D** Chloé Coulloud (Lucie), Félix Moati (Wiliam), Jérémy Kapone (Ben), Catherine Jacob (Wilson), Marie-Claude Pietragalla (Jessel), Chloé Marcq (Anna), Béatrice Dalle (Lucies Mutter), Loïc Berthezene (Lucies Vater) **L** 92 **DVD & BD** **FSK** ab 16 **E** 5.4.2012 **fd** –

Livland
Livland ist eine Landschaft im Baltikum, die sich über die Grenzen heutiger Nationalstaaten erstreckt und Regionen in Estland und Lettland umfasst. Volker Koepp stellt diese Welt, ihre Mythen sowie Menschen vor, die sich ihre Wurzeln und Traditionen bewahren, deren Jugend aber nicht den Anschluss an die globalisierte Welt verlieren will. Der Dokumentarfilm verdichtet sich zur bildgewaltigen Reise entlang des Baltischen Meers, die sinnlich den Zauber und die Ursprünglichkeit der Landschaft vermittelt, dabei aber stets das Hauptaugenmerk auf die von Heimat- und Naturliebe beseelten Menschen legt. Eindrucksvoll setzt Koepp (nach POMMERLAND, MEMELLAND, SCHAASTENLAND) seine Entdeckungs- und Besinnungsreise durch die baltischen Staaten fort. – Sehenswert ab 14.
Deutschland 2012 **P** Vineta Film / SWR **KI** offen **Pd+R+B** Volker Koepp **K** Thomas Plenert **M** Raitis Jelevici, Liga Jelevici **S** Katharina Von Schroeder **L** 89 **E** 5.6.2012 ARD **fd** –

Lockout
LOCKOUT
Ein in Ungnade gefallener Regierungsagent soll eine gefährliche Mission übernehmen: Die Tochter des US-Präsidenten muss aus einem Hochsicherheitsgefängnis, das als Raumstation im Weltall kreist, gerettet werden, da dort eine blutige Revolte ausgebrochen ist. Inhaltlich und in der Zeichnung seiner Hauptfigur ans Actionkino der 1980er-Jahre angelehnt, ist der Gefängnisfilm mit seinen dürftigen Sets, einer enervierenden Handkamera und plumpen Effekten dilettantisch inszeniert und eher unfreiwillig komisch als spannend.
DVD/BD: Die Extras umfassen u. a. ein Feature mit zwei im Film nicht verwendeten Szenen, inklusive eines alternativen Filmendes (2:30 Min.).
Scope. Frankreich 2012 **P** Europa Corp. / FilmDistrict **KI** Universum **DVD** Universum (16:9, 2.35:1, DD5.1 engl./dt.) **BD** Universum (16:9, 2.35:1, dts-HDMA engl./dt.) **Pd** Marc Libert, Leila Smith **R** James Mather, Stephen St. Leger **B** Stephen St. Leger, James Mather, Luc Besson **K** James Mather **M** Alexandre Azaria **S** Camille Delamarre, Eamonn Power **D** Guy Pearce (Snow), Maggie Grace (Emilie Warnock), Vincent Regan (Alex), Joseph Gilgun (Hydell), Lennie James (Shaw), Peter Stormare (Scott Langral), Jacky Ido (Hock), Tim Plester (Mace), Mark Tankersley (Barnes), Anne-Solenne Hatte (Kathryn) **L** 99 **FSK** ab 16; f **E** 10.5.2012/5.10.2012 **DVD & BD** **fd** 41 066

LOL
LOL
US-Remake der gleichnamigen französischen Komödie (2008), inszeniert von derselben Regisseurin: Eine 16-jährige Schülerin erfährt nach den Sommerferien, dass ihr Freund mit einer anderen geschlafen hat. Gleichzeitig fühlt sie sich zu einem anderen Mitschüler hingezogen. Ihre überfürsorgliche geschiedene Mutter lässt sich derweil von einem Polizisten den Hof machen. Die enttäuschende Komödie hat sich die heitere Leichtigkeit des Originals nicht bewahren können; zugleich wirkt sie mit dem Themenkreis um moderne Kommunikationsmittel bereits überholt. – Ab 14.
DVD/BD: Die Extras umfassen u. a. ein sechsseitiges Booklet.
Scope. USA 2012 **P** Double Feature Films / Lol Prod. / Mandate Pic. / PIC Agency **KI** Constantin **DVD** Constantin/Highlight (16:9, 2.35:1, DD5.1 engl./dt.) **BD** Constantin/Highlight (16:9, 2.35:1, dts-HD engl./dt.) **Pd** Michael Shamberg, Stacey Sher, Tish Cyrus, Nicole Brown, Kelli Konop, Taylor Latham, Jim Powers **R** Lisa Azuelos **B** Lisa Azuelos, Kamir Aïnouz **Vo** Lisa Azuelos (Drehbuch zu LOL (LAUGHING OUT LOUD) von 2008) **K** Kieran McGuigan **M** Rob Simonsen **S** Myron I. Kerstein **D** Miley Cyrus (Lola Lol), Demi Moore (Anne), Douglas Booth (Kyle), Ashley Hinshaw (Emily), Ashley Greene (Ashley), George Finn (Chad), Adam Sevani (Wen), Lina Esco (Janice), Tanz Watson (Lloyd), Thomas Jane (Allen), Jay Hernandez (James), Marlo Thomas (Gran), Austin Nichols (Mr. Ross), Nora Dunn (Emilys Mom), Gina Gershon **L** 97 **FSK** ab 12; f **E** 31.5.2012 / 8.11.2012 **DVD & BD** **fd** 41 089

Lola gegen den Rest der Welt
LOLA VERSUS
Eine 30-jährige New Yorkerin wird kurz vor der Hochzeit von ihrem Partner sitzengelassen. Das abrupte Ende ihrer geradlinigen Lebensplanung stürzt sie in eine Krise, die sich auch mit Affären und Fressattacken nicht bekämpfen lässt. Tragikomödie um die Befindlichkeiten eines weiblichen Großstadt-Singles, deren Pointen und

Figurenzeichnungen fade bleiben; auch die grundbiedere Botschaft wirkt allzu abgedroschen. – Ab 16.
USA 2012 **P** Groundswell Prod. **KI** Twentieth Century Fox **Pd** Michael London, Jocelyn Hayes, Janice Williams, Matthew Myers **R** Daryl Wein **B** Daryl Wein, Zoe Lister Jones **K** Jakob Ihre **M** Fall On Your Sword **S** Suzy Elmiger, Susan Littenberg **D** Greta Gerwig (Lola), Joel Kinnaman (Luke), Zoe Lister Jones (Alice), Hamish Linklater (Henry), Bill Pullman (Lenny), Ebon Moss-Bachrach (Nick), Jay Pharoah (Randy), Debra Winger (Robin) **L** 87 (24 B./sec.) / 84 (25 B./sec.) **FSK** ab 12; f **E** 13.12.2012   **fd** 41 443

Long Lost Son
LONG LOST SON
Ein in Scheidung lebender Mann und sein kleiner Sohn bleiben nach einer Segeltour im Sturm verschwunden. 14 Jahre später entdeckt die Frau, die erneut geheiratet hat, auf einem Urlaubsvideo zwei Personen, die sie an ihren Ex-Mann und den Sohn erinnern. Sie fliegt in die Karibik, um Gewissheit zu bekommen, und findet den verlorenen Sohn. Gefühlvolles, recht spannendes Drama, in der Hauptrolle überzeugend gespielt. Im Subtext handelt der (Fernseh-)Film davon, wie belastend und verstörend Scheidungen und Trennungen für Kinder sein können. – Ab 14.
USA/Deutschland 2006 **P** ACH / Regent Entertainment **KI** offen **Pd** Sylvia Hess, Jeffrey Schenck **R** Brian Trenchard-Smith **B** Richard Blade **K** Robert Morris **M** David Reynolds **S** John Blizek **D** Gabrielle Anwar (Kristen Sheppard / Halloran / Collins), Craig Sheffer (Quinn Halloran / John Wiliams), Chace Crawford (Matthew Williams / Mark Halloran), Philip Granger (Ronnie), Richard Blade (Patrick), Ian Robison (Steve), Holly Fulger (Marge) **L** 82 **E** 6.4.2012 ProSieben   **fd** –

Longhorns
LONGHORNS
Im Texas der 1980er-Jahre gilt, dass es Homosexuelle allenfalls in Kalifornien gibt. Von daher sind die «Jungenspiele» bei Pornoabenden höchstens im Spaß unter Freunden, doch als ein schwuler Kommilitone die Community aufmischt, irritiert das die heterosexuellen Jungs und erzwingt ein Überdenken der eigenen sexuellen Orientierung. Konventionelle (homo-)sexuelle Verwechslungskomödie, immerhin mit weitgehend geschmackssicheren Pointen. (O.m.d.U.) – Ab 16.
USA 2011 **P** Morning View Films **DVD** Salzgeber & Co. Medien **L** 71 **FSK** ab 12   **fd** –

Looper
LOOPER
Im Jahr 2044 soll ein Auftragskiller, ein «Looper», sein eigenes zukünftiges Ich eliminieren, das mittels Zeitreise in seine Gegenwart geschickt wird. Ein Moment des Zögerns erlaubt dem alten Alter Ego die Flucht. Nun muss sein jüngeres Selbst entscheiden, ob es ihm helfen will, einen Gangsterboss der Zukunft, der jetzt noch ein Kind ist, zu töten, oder ob es seinen ursprünglichen Selbstmord-Auftrag durchführen soll. Atmosphärisch dichter Science-Fiction-Film, der das Zeitreise-Motiv und das Szenario einer nicht allzu fernen Zukunft für eine spannende Spekulation darüber nutzt, welcher Wert dem menschlichen Leben zugestanden wird. – Ab 16.
Scope. USA / VR China 2012 **P** Film-District / DMG Ent. / Endgame Ent. / Ram Bergman Prod. **KI** Concorde **Pd** Ram Bergman, James D. Stern, Christopher C. Chen, Eleanor Nett, Lucas Smith **R+B** Rian Johnson **K** Steve Yedlin **M** Nathan Johnson **S** Bob Ducsay **D** Joseph Gordon-Levitt (Joe), Bruce Willis (älterer Joe), Emily Blunt (Sara), Jeff Daniels (Abe), Piper Perabo (Suzie), Paul Dano (Seth), Garret Dillahunt (Jesse), Han Soto (Barbesitzer), Tracie Thomas (Beatrix) **L** 118 **FSK** ab 16; f **E** 4.10.2012   **fd** 41 303

Der Lorax
DR. SEUSS' THE LORAX
In einer aseptisch reinen, perfekt auf die Bedürfnisse ihrer Bewohner abgestimmten Stadt wird die «Natur» aufblasbar; lebende Bäume sind längst aus der Realität wie auch aus der Erinnerung verschwunden. Einem Hinweis seiner Großmutter folgend, macht sich ein Junge auf die Suche nach dem Hüter einstiger magischer Wunderbäume. Farbenfroher, mit amüsanten Details gespickter Computer-Animationsfilm nach einem Kinderbuch von Dr. Seuss, der Naturschutz sowie Respekt vor dem Leben einfordert. Die düstere Vorlage und deren weit pessimistischere Botschaft werden dabei spürbar in zuckersüße Familienunterhaltung verpackt. – Ab 10.
DVD/BD: Erhältlich als DVD, BD und 2D/3D-BD. Die Extras enthalten u. a. ein Feature mit einer im Film nicht verwendeten Szene (1:30 Min.). Die wesentlich umfangreicher ausgestattete BD enthält zudem einen Audiokommentar mit den beiden Regisseuren.
3D. USA 2012 **P** Universal Pic. / Illumination Ent. **KI** Universal **DVD** Universal (16:9, 1.85:1, DD5.1 engl./dt.) **BD** Universal (16:9, 1.85:1, dts-HDMA engl., dts-HD dt.) **Pd** Christopher Meledandri, Janet Healy **R** Chris Renaud **B** Ken Daurio, Cinco Paul **Vo** Dr. Seuss (= Theodor S. Geisel) (Kinderbuch *The Lorax / Der Lorax*) **M** John Powell **S** Claire Dodgson, Steven Liu, Ken Schretzmann **L** 89 **FSK** o.A.; f **FBW** bw **E** 19.7.2012 / 22.11.2012 DVD & BD   **fd** 41 184

Lord of the Elves – Das Zeitalter der Halblinge
LORD OF THE ELVES
Friedliche Hobbits werden von mächtigen Kannibalen unterdrückt. Ein energischer Kämpfer aus ihren Reihen sucht ein Bündnis mit den Menschen, um seine Rasse vom Joch der Sklaverei zu befreien. Die namentliche Nähe zu bekannten Vorbildern ist anmaßend: Schlecht angezogene «Schauspieler» spielen im Gestrüpp Fangen und müssen glücklicherweise nicht mitansehen, wie lausig die Spezialeffekte sind, vor denen sie furchtvoll grimassierend davonlaufen. – Ab 16.
DVD/BD: Erhältlich als DVD, 2D BD und 2D/3D BD.
3D. USA 2012 **P** The Global Asylum **DVD** dtp / Great Movies (16:9, 1.78:1, DD5.1 engl./dt.) **BD** dtp/Great Movies (16:9, 1.78:1, dts-HD engl./dt.) **Pd** David Michael Latt, Paul Bales, David Rimawi **R** Joseph J. Lawson **B** Eric Forsberg **K** Richard J. Vialet **M** Chris Ridenhour **S** Rob Pallatina **D** Christopher Judge (Amthar), Bai Ling (Laylan), Sun Korng, Jerry Earr, Jon Kondelik, Joseph J. Lawson, Kyle Morris **L** 86 **FSK** ab 16 **E** 18.12.2012 DVD & BD   **fd** –

Lords of the Underworld
siehe: **Bloodfighter of the Underworld**

Lore
LORE ☆

Von seinen Eltern entsprechend der NS-Ideologie erzogen, muss ein 15-jähriges Mädchen am Kriegsende ohne Vater und Mutter mit seinen jüngeren Geschwistern auf dem Weg zur Großmutter eine Odyssee durchs zerstörte Deutschland überstehen. Hilfe findet es ausgerechnet bei einem jüdischen Jungen. Für das Mädchen gilt es nicht nur zu überleben, sondern auch sein gesamtes bisheriges Weltbild zu überdenken. Das eindringliche Porträt einer Heranwachsenden, deren Konfrontation mit der Wirklichkeit ihre Loslösung von einer menschenverachtenden Ideologie bewirkt. Road Movie und Coming-of-Age-Geschichte verbinden sich durch eine suggestive Bildsprache und die mitunter fast lyrische Erzählweise zum intensiven Drama. – Sehenswert ab 16.

Deutschland/Australien/Großbritannien 2012 **P** Rohfilm / Porchlight Films / Edge City Film **KI** Piffl Medien **Pd** Karsten Stöter, Benny Drechsel (= Benjamin Drechsel), Liz Watts, Paul Welsh **R** Cate Shortland **B** Robin Mukherjee **K** Adam Arkapaw **M** Max Richter **S** Veronika Jenet **D** Saskia Rosendahl (Lore), Nele Trebs (Liesel), André Frid (Günter), Mika Seidel (Jürgen), Kai Malina (Thomas), Nick Holaschke (Peter), Ursina Lardi (Mutti), Hans-Jochen Wagner (Vati), Sven Pippig (Bauer), Philip Wiegratz (Helmut), Katrin Pollitt (Bäuerin), Hendrik Arnst (Mann vom Ochsenwagen), Claudia Geisler (Frau vom Ochsenwagen), Eva-Maria Hagen (Omi) **L** 109 **FSK** ab 16; f **FBW** bw **E** 1.11.2012 / 15.11.2012 Schweiz **fd** 41 348

Lösegeld
Die Leiterin einer Begleitagentur wird mit dem Messer angegriffen und entkommt, indem sie den Angreifer mit dem Auto anfährt. Später findet sie in ihrem Wagen ein Päckchen mit Diamanten – das «Lösegeld» aus einem Entführungsfall. Sie bringt den Überfall zur Anzeige, beschließt aber, die Edelsteine zu behalten. Dies lockt nicht nur erneut den Täter an, sondern auch einen misstrauischen Kommissar, der der Geschichte nicht traut. Routinierter (Fernseh-)Kriminalfilm um einen Protagonisten zwischen Pflicht, Loyalität und Gefühlen. – Ab 26.

Deutschland 2011 **P** Carte Blanche Film (für WDR) **KI** offen **Pd** Frank Tönsmann **R+B** Stephan Wagner **K** Thomas Benesch **M** Irmin Schmidt **S** Friederike von Normann (= Friederike von Norman) **D** Ulrike C. Tscharre (Marie Hausen), Misel Maticevic (Lysewski), Simon Licht (Weber), Sven Lehmann (Polizeipräsident), Sierk Radzei (Lohmann), Andreas Leupold (Entführer) **L** 90 **E** 11.4.2012 ARD **fd** –

Lost Paradise – Playmates in Hell
AIT TERJUN PENGANTIN

Um allmächtig zu werden, benötigt ein wahnsinniger Schamane menschliche Körperteile, am besten die von hübschen Mädchen. Da trifft es sich, dass auf der indonesischen Hochzeitsinsel eine Gruppe mit westlichen Schönheiten landet. Ein gänzlich unsinniger Film. Bizarr, dass die Geistergeschichte ausgerechnet im eher prüden Indonesien mit leicht geschürzten Mädchen garniert wird. Freilich liegt der Schwerpunkt eher auf handfestem Gore als auf Sex.

Indonesien 2009 **P** Maxima Pic. **DVD** WGF / Schröder Media (16:9, 1.78:1, DD5.1 indones./dt.) **Pd** Alim Sudio **R** Rizal Mantovani **D** Tamara Blezinski, Tyas Mirasih, Marcel Chandrawinata, Andrew Roxburgh, Kieran Sidhu, Navy Rizky Tavania **L** 80 **FSK** ab 18 **E** 14.6.2012 DVD **fd** –

Lotta & die großen Erwartungen
Nach ihrem Praktikum in einem Altenheim entschließt sich eine junge Frau für eine Ausbildung als Altenpflegerin und möchte den Beruf an der alten Wirkungsstätte ausüben. Während sie noch Pläne schmiedet, kursieren Gerüchte, dass das Heim geschlossen werden soll. Auch eine ungewollte Schwangerschaft durch eine flüchtige Party-Bekanntschaft passt nicht in ihr Zukunftskonzept. (Fernseh-)Film als Fortsetzung von LOTTA & DIE ALTEN EISEN, in dem die junge Frau weiter ihren Platz im Leben sucht und lernt, sich der Verantwortung für sich und andere zu stellen. – Ab 14.

Deutschland 2011 **P** Novafilm (für ZDF) **KI** offen **Pd** Corinna Marx **R** Edzard Onneken **B** Sebastian Orlac **K** Marco Uggiano **M** Ali N. Askin **S** Dietrich Toellner **D** Josefine Preuß (Lotta Brinkhammer), Frank Röth (Meinolf Brinkhammer), Bernhard Piesk (Sebastian Brinkhammer), Vera Baranyai (Marlis Brinkhammer), Simon Eckert (Lukas), Jule Ronstedt (Ruth Herford), Marina Weis (Schwester Nadjeschda), Cecilia Pillado (Schwester Gianna) **L** 90 **E** 4.5.2012 ZDF **fd** –

Lotte und das Geheimnis der Mondsteine ☆
LOTTE JA KUUKIVI SALADUS

Das Hundemädchen Lotte verlässt mit seinem Onkel das heimatliche Dorf der Erfinder, um auf einer abenteuerlichen Reise das Rätsel dreier magischer Steine zu lüften. Ein Animationsfilm für Kinder, der bereits jüngste Kinogänger auf Augenhöhe abholt, um ihnen in fantasiereichen Episoden mit wohldosierten Anteilen an Spannung und Spaß die liebenswürdig-versponnene Fabel um skurrile Mondmenschen und ihre gefährdete Rückkehr nahe zu bringen. Der Weg der betont naiv gezeichneten Figuren führt durch eine farbenprächtige, anspruchsvoll 3D-animierte Landschaft, die sich fernab des Kino-Mainstreams als entdeckenswerter Raum für Fantasie, Träume sowie ein respektvolles Miteinander erschließt. – Sehenswert ab 6.

3D. Estland/Lettland 2011 **P** Eesti Joonisfilm / Rija Films **KI** Pandastorm **Pd** Riina Sildos, Kalev Tamm, Vilnis Kalnaellis **R** Heiki Ernits, Janno Põldma **B** Janno Põldma, Heiki Ernits, Andrus Kivirähk **M** Sven Grünberg **S** Janno Põldma **L** 78 (24 B./sec.) / 75 (25 B./sec.) **FSK** o.A.; f **E** 20.9.2012 **fd** 41 277

Louisa ☆
Eine 23-jährige Frau, die einen Totalausfall des Gehörs hat, nimmt dieses Schicksal mit Energie an und verweigert eine mögliche Operation: Nachdem sie zuvor ihr Leben lang versucht hat, so zu sein wie alle anderen, legt sie nun das ständige Gefühl des Versagens ab, beginnt, die Gebärdensprache zu lernen, und bezieht eine erste eigene Wohnung. Ein eindrucksvoller Dokumentarfilm von höchst eigener visueller Kraft, der, konzipiert als vielstimmige Meditation über Eigensinn und Sinnlichkeit, einfühlsam das Wechselspiel mit Ton und Stille vermittelt. – Sehenswert ab 14.

Deutschland 2011 **P** Kunsthochschule für Medien Köln **DVD** Real Fiction (FF, DD2.0 dt.) **Pd+R+B** Katharina Pethke

K Katharina Pethke **M** Gerriet K. Sharma **S** Daniela Kinateder **L** 65 (24 B./sec.) / 62 (25 B./sec.) **FSK** o.A. **FBW** bw **E** 21.12.2012 DVD **fd** –

Love Birds – Ente gut alles gut
LOVE BIRDS

Ein Bauunternehmer nimmt sich zunächst widerwillig einer verletzten Ente an. Bald aber entdeckt er nicht nur sein Herz für das Tier, sondern auch für eine attraktive Ornithologin. Liebenswerte romantische Komödie mit bodenständigen Figuren, die sich zwar nach schlichten Genrestandards entwickelt, dabei aber durchaus zu anrührenden Momente findet. – Ab 12.
DVD/BD: Die FSK-Freigabe «ab 6» der DVD bezieht sich auf das Bonusmaterial (Trailer etc.), der Film selbst hat eine Freigabe «o.A.».
Scope. Neuseeland 2011 **P** General Film Corp. **DVD** atlas (16:9, 2.35:1, DD5.1 engl./dt., dts dt.) **BD** atlas (16:9, 2.35:1, dts-HDMA engl./dt.) **Pd** Alan Harris, Matthew Metcalfe, Karl Zohrab **R** Paul Murphy **B** Nick Ward **K** Alun Bollinger **M** David Donaldson, Plan 9 **S** Chris Plummer **D** Rhys Darby (Doug), Sally Hawkins (Holly), Bryan Brown (Dr. Buster), Faye Smythe (Susan), Alvin Maharaj (Gurneesh), Wesley Dowdell (Brent), David Fane (Kanga), Craig Hall (Craig Watson) **L** 98 **FSK** o.A. **E** 20.7.2012 DVD & BD
fd 41 355

Love Is All You Need
DEN SKALDEDE FRISØR

Eine Friseurin, die an Brustkrebs erkrankt ist und eine harte Chemotherapie hinter sich hat, ertappt ihren Mann beim Seitensprung und verlässt ihn. Bei der Hochzeit ihrer Tochter an der sonnigen Amalfi-Küste begegnet sie nicht nur dem Untreuen und seiner dümmlichen Geliebten, sondern auch dem zukünftigen Schwiegervater ihrer Tochter, einem Geschäftsmann, der für die vom Schicksal gebeutelte Friseurin langsam auftaut. Romantische Komödie mit pittoreskem Schauplatz und einer überzeugenden Hauptdarstellerin, die zugunsten recht holzschnittartiger, bis zur Karikatur verzerrter Ensemble-Charaktere allerdings öfter aus dem Fokus gerät. – Ab 12.
Scope. Dänemark/Schweden/Italien/Frankreich/Deutschland 2012 **P** Zentropa Prod. / Zentropa Int. Sweden / Zentropa Int. Köln / Film i Väst / Lumière & Company / Teodora Film / Slot Machine / Liberator Prod. / Network Movie / ARTE / ZDF **KI** Prokino **Pd** Sisse Graum Jørgensen, Vibeke Windeløv, Rémi Burah, Lionello Cerri, Maria Köpf, Peter Nadermann, Charlotte Pedersen, Martin Persson, Cesare Petrillo, Vieri Razzini, Marianne Slot, Sigrid Strohmann, Meinolf Zurhorst **R** Susanne Bier **B** Anders Thomas Jensen **K** Morten Søborg **M** Johan Söderqvist **S** Pernille Bech Christensen (= Pernille Christensen), Morten Egholm **D** Pierce Brosnan (Philip), Trine Dyrholm (Ida), Molly Blixt Egelind (Astrid), Sebastian Jessen (Patrick), Paprika Steen (Benedikte), Kim Bodnia (Leif), Christiane Schaumburg-Müller (Tilde), Micky Skeel Hansen (Kenneth) **L** 116 (24 B./sec.) / 112 (25 B./sec.) **FSK** o.A.; f **E** 22.11.2012 / 27.12.2012 Schweiz
fd 41 411

Love N' Dancing
LOVE N' DANCING

Eine frustrierte Englischlehrerin trifft während einer Schulveranstaltung auf einen gehörlosen Swing-Tanz-Champion und würde lieber mit ihm eine Tanzkarriere starten als im eingefahrenen Trott verharren. Dummerweise ist sie verheiratet und er liiert. Sich betont romantisch gebender Liebesfilm, der zwar manches möglichst viele Stolpersteine für die Beziehung konstruiert, um sie dann ganz einfach weg zu tanzen. – Ab 14.
DVD/BD: Die Extras umfassen u.a. einen Audiokommentar der beiden Hauptdarsteller Tom Malloy und Amy Smart.
USA 2008 **P** RoRo Prod. / Trick Candle Prod. / Dolger Films / Cold Fusion Media Group / Optimistic Prod. **DVD** Capelight (16:9, 1.78:1, DD5.1 engl./dt.) **BD** Capelight (16:9, 1.78:1, dts engl., dts-HDMA dt.) **Pd** Sylvia Caminer, Tom Malloy, Robert Royston, Brandon Baker **R** Robert Iscove (^) **B** Tom Malloy **K** Frank Byers **M** Matt Seigel **S** Casey O. Rohrs **D** Amy Smart (Jessica Donovan), Tom Malloy (Jake Mitchell); Billy Zane (Kent Krandel), Nicola Royston (Corinne Kennedy), Caroline Rhea (Bonnie), Leila Arcieri (Danielle), Rachel Dratch (Kalle), Betty White (Irene), Frank Bond (Bob Licando) **L** 91 **FSK** ab 6 **E** 24.10.2012 DVD & BD
fd –

Lovestorming
NO CONTROLES

Ein junges Paar will sich trennen, bleibt aber angesichts einer ungewollten Schwangerschaft der Frau doch zusammen und entdeckt erneut die Liebe füreinander. Beschwingte Liebeskomödie über die Wechselfälle des Lebens, die jede Vorausplanung einzudämmen vermögen. – Ab 14.
Spanien 2010 **P** Antena 3 / Etb / Sayaka Prod. / Telespan 2000 **DVD** Schröder-Media (16:9, 1.78:1, DD5.1 span./dt.) **BD** Schröder-Media (16:9, 1.78:1, dts-HDMA dt.) **Pd** Tomás Cimadevilla, Mercedes Gamerro, Nahikari Ipiña **R** Borga Cobeaga **B** Borga Cobeaga, Diego San José **K** Aitor Mantola **M** Aránzazu Calleja **S** Raúl de Torres **D** Unax Ugalde (Sergio), Alexandra Jiménez (Bea), Julián López (Juancarlitros), Miguel Angel Muñoz (Ernesto), Secun de la Rosa (Juanan), Mariam Hernández (Laura), Mariví Bilbao (Abuela), Ramón Barea (Padre) **L** 99 **FSK** ab 6 **E** 23.2.2012 DVD & BD **fd** –

Die Löwin

Eine junge, in Südafrika aufgewachsene Frau kehrt nach Jahren in ihre Heimat zurück, um ihren sterbenskranken Großvater zu besuchen. Dieser überträgt ihr die Leitung einer neu gegründeten «Löwenfarm», was die Frau schockartig mit einem traumatischen Erlebnis konfrontiert: Als Kind hatte sie die Gabe, mit Löwen kommunizieren zu können, dann aber wurde ihr Vater von ihrem Lieblingslöwen angegriffen und starb. Ebenso zähes wie konfuses (Fernseh-)Abenteuer-Melodram, das auf die handelsübliche Exotik eines überkommenen Klischee-Afrikas setzt. – Ab 14.
Deutschland 2011 **P** MOOVIE – the art of entertainment **KI** offen **Pd** Oliver Berben **R+B** Stefanie Sycholt **K** Giulio Biccari **M** Annette Focks **D** Silke Bodenbender (Lena), Kai Schumann (Daniel), Bernhard Schir (Felix), Ulrike Kriener (Sarah), Gottfried John (Jo) **L** 90 **E** 2.1.2012 ZDF **fd** –

Ludwig II.
LUDWIG II.

Üppig ausgestatteter Historienfilm um Ludwig II. von Bayern (1845–1886). Der Blick auf den «Märchenkönig» und seinen Konflikt zwischen seinen künstlerisch-idealistischen Ambiti-

onen und den politischen Realitäten des ausgehenden 19. Jahrhunderts gerät viel zu bieder und zudem mutlos, um einen zeitgemäßen Zugriff auf die historische Figur zu erlauben. Trotz einer ausdrucksstarken Bildsprache und einiger überzeugender Nebenrollen bleibt die Inszenierung insgesamt schablonenhaft und lässt weitgehend teilnahmslos. – Ab 14.
Deutschland/Österreich 2012 **P** Bavaria Pic. / Dor Film / Warner Bros. Germany / Rolize / B.A. Prod. / ARRI Film & TV Services / P'Artisan Filmprod. / BR / ARD Degeto / WDR / SWR / ORF **KI** Warner Bros. **Pd** Ronald Mühlfellner, Danny Krausz, Franz Kraus, Roland Zelles, Antonio Exacoustos, Kurt Stocker, Philipp Kreuzer **R** Peter Sehr, Marie Noëlle **B** Marie Noëlle, Peter Sehr **K** Christian Berger **M** Bruno Coulais **S** Hans Funck **D** Sabin Tambrea (Ludwig II.), Sebastian Schipper (Ludwig II. im Alter), Hannah Herzsprung (Kaiserin Elisabeth von Österreich), Edgar Selge (Richard Wagner), Friedrich Mücke (Richard Hornig), Justus von Dohnányi (= Justus von Dohnanyi) (Johann Freiherr von Lutz), Samuel Finzi (Lakai Lorenz Mayr), Tom Schilling (Prinz Otto), Paula Beer (Sophie Herzogin in Bayern), Uwe Ochsenknecht (Prinz Luitpold), Peter Simonischek (Ludwig Freiherr von der Pfordten), Gedeon Burkhard (Graf Maximilian von Holnstein), Katharina Thalbach (Königin Marie), August Schmölzer (Dr. Bernhard von Gudden), Michael Fitz (Herzog Maximilian in Bayern), Franz Dinda (Heinrich Vogel) **L** 143 (24 B./sec.) / 137 (25 B./sec.) **FSK** ab 6; f **E** 26.12.2012   fd 41 462

Luks Glück   ★

Eine deutsch-türkische Familie gewinnt im Lotto, wodurch es zu Reibereien kommt. Während die aus der Türkei stammenden Eltern in der alten Heimat ein Hotel kaufen wollen, sucht der überassimilierte ältere Bruder mit seiner deutschen Frau in Deutschland eine größere Wohnung. Der jüngere will eine junge Frau für sich gewinnen und gerät dabei in allerlei Turbulenzen. Amüsante schwarze Komödie auf den Spuren des Märchens vom *Hans im Glück*, die zwar bisweilen episodisch etwas zerfasert, gleichwohl als tragikomischer Kommentar zu kultureller Identität, divergierenden Lebensträumen und Illusionen unterhält. (Teils O.m.d.U.) – Ab 12.
Deutschland 2010 **P** intervista Digital Media / PunktPunktPunkt Filmprod. / ZDF (Das kleine Fernsehspiel) **KI** Real Fiction **Pd** Christian Kux, Ayse Polat **R+B** Ayse Polat **K** Patrick Orth **M** machnixingang, Alain Monnet, Piet Abele **S** Marty Schenk **D** René Vaziri (Luk), Aylin Tezel (Gül), Kida Khodr Ramadan (= Kida Ramadan) (Cem), Sumru Yavrucuk (Luks Mutter), Sinan Bengier (Luks Vater), Maximilian Vollmar (Anton), Serkan Kaya (Murat), Oliver Törner (Herr Linde / Arzt), Keziban Inal (Nebahat), Atilla Öner (Musti), Linda Steinhoff (Nathalia), Sema Poyraz (Wahrsagerin), Helene Grass (Internetdate), Hanna Lütje (Julia), Özgür Karadeniz (Ali Nachtwächter), Oktay Cagla (Ali Öztürk) **L** 89 (24 B./sec.) / 86 (25 B./sec.) **FSK** ab 6; f **E** 28.6.2012   fd 41 141

MONSIEUR LAZHAR (Arsenal)

Machine Gun Preacher
MACHINE GUN PREACHER
In den 1990er-Jahren erlebt Sam Childers, Hells-Angels-Mitglied, Drogendealer und -konsument, ein Erweckungserlebnis. Er schwört seinem bisherigen Leben ab und geht in den Sudan, um sich um Kindersoldaten und Kriegswaisen zu kümmern. Dabei liegt ihm nicht nur das Seelenheil der Kinder am Herzen; er versteht es auch, ihr körperliches Wohlergehen notfalls mit Gewalt zu schützen. Ein auf Fakten basierendes Biopic des aus der Schweiz stammenden US-Regisseurs Marc Forster. – Ab 16.
DVD/BD: Die Extras umfassen u. a. ein Interview mit Regisseur Marc Forster (18 Min.) sowie das Feature «Making the Music» (13 Min.).
Scope. USA 2011 **P** Moonlightning Films / Apparatus / Relativity Media / GG Filmz / Safady Entertainment / MGP Prod. **KI** Ascot Elite (Schweiz) **DVD** Universum (16:9, 2.35:1, DD5.1 engl./dt.) **BD** Universum (16:9, 2.35:1, dts-HDMA engl./dt.) **Pd** Robbie Brenner, Craig Chapman, Marc Forster, Deborah Giarratana, Gary Safady, Douglas Saylor jr. **R** Marc Forster **B** Jason Keller **K** Roberto Schaefer **M** Asche & Spencer, Thad Spencer **S** Matt Chesse **D** Gerard Butler (Sam Childers), Michelle Monaghan (Lynn Childers), Kathy Baker (Daisy), Michael Shannon (Donnie), Madeline Carroll (Paige), Souleymane Sy Savane (Deng), Grant R. Krause (Billy), Reavis Graham (Pastor Krause) **L** 128 (24 B./sec.) / 124 (25 B./sec.) **FSK** ab 16 **E** 14.6.2012 Schweiz / 1.8.2012 DVD & BD **fd** –

Madagascar 3: Flucht durch Europa ☆
MADAGASCAR 3: EUROPE'S MOST WANTED
Vier Jahre nach den Ereignissen im Film MADAGASCAR 2 verschlägt es die New Yorker Zootiere von Afrika aus nach Monte Carlo. Auf der Flucht vor der Polizei kommen sie bei einem Wanderzirkus unter, mit dem sie via Rom über die Alpen bis nach London touren, um am Ende nach New York zurückzukehren. Rasantes, mitunter sogar frenetisches Animationsspektakel, das durch visuell atemberaubende Verfolgungsjagden und fantastische Zirkus-Stunts begeistert, die effektvoll 3D nutzen, auch wenn die einzelnen Figuren dadurch etwas an Kontur verlieren und auch der frühere Wortwitz zurückgenommen wird. – Sehenswert ab 10.
3D. USA 2012 **P** DreamWorks Animation / Pacific Data Images **KI** Paramount **Pd** Mireille Soria, Mark Swift **R** Eric Darnell, Tom McGrath, Conrad Vernon **B** Eric Darnell, Noah Baumbach **M** Hans Zimmer **S** Nick Fletcher **L** 93 **FSK** o.A.; f **FBW** bw **E** 2.10.2012
fd 41 282

Das Mädchen mit dem Zauberhaar
MAIMAI SHINKO TO SENNEN NA MAHO
Japan 1955: Ein neunjähriges Mädchen wächst in einer weitgehend zerstörten und trostlosen Umgebung auf. Mit Hilfe seines Haarschopfs, dem es magische Kräfte zuspricht, flüchtet es sich in eine lebenswertere Vergangenheit und erlebt Abenteuer, die nicht immer mit Freude verbunden sind, sondern auch mit Schrecken und Schmerz und auf die nahe Zukunft als Erwachsene vorbereiten. Ein eindrucksvoller Anime-Trickfilm mit zeichnerisch schlichter Linienführung; er spricht durchaus kindliches Unterhaltungsbedürfnis an, verliert aber den «Ernst des Lebens» dabei nie aus den Augen. – Ab 10 möglich.
Japan 2009 **P** Madhouse / Avex Entertainment / Shochiku Comp. / TV Yamaguchi **DVD** Universum (16:9, 1.78:1, DD5.1 jap./dt.) **R** Sunao Katabuchi **B** Sunao Katzabuchi **M** Shûsei Murai, Minako Obatas **L** 94 **FSK** ab 6 **E** 20.8.2010 DVD / 10.6.2012 Super RTL **fd** –

Die Mädchen von Tanner Hall
TANNER HALL
Die Freundschaft dreier junger Frauen auf einer Schule für höhere Töchter ist extrem gefährdet, als eine von ihnen Besuch von einer Jugendfreundin erhält, die die Freundinnen in ihrem Sinne zu manipulieren beginnt. Spannungsarmes, mit etwas Erotik angereichertes Internatsdrama mit Hang zur schwarzen Gesellschaftskomödie. – Ab 16.
Scope. USA 2009 **P** Tax Credit Finance / Two Prong Lesson **DVD** Universum (16:9, 2.35:1, DD5.1 engl./dt.) **Pd** Francesca Gregorini, Julie Snyder,

Tatiana von Furstenberg, Lucy Cooper **R+B** Francesca Gregorini, Tatiana von Furstenberg **K** Brian Rigney Hubbard **M** Roger Neill **S** Michelle Botticelli, Sharon Rutter, Lauren Zuckerman **D** Rooney Mara (Fernanda), Georgia King (Victoria), Brie Larson (Kate), Amy Ferguson (Lucasta), Tom Everett Scott (Gio), Amy Sedaris (Mrs. Middlewood), Chris Kattan (Mr. Middlewood), Shawn Pyfrom (Hank) **L** 92 **FSK** ab 12 **E** 28.3.2012 DVD   **fd** –

Die Mädchenbanden von L.A.
FAR FROM HEAVEN / L.A.: GANGS DE FEMMES
Bandenkriminalität gehört zum Alltag US-amerikanischer Großstädte. Am Beispiel der Elendsviertel von Los Angeles zeigt der Dokumentarfilm, dass sich immer mehr Mädchen und junge Frauen zu Banden zusammenschließen, ganze Stadtviertel kontrollieren und mit krimineller Gewalt überziehen. Er spürt dem Ehrenkodex dieser Gangs nach und beschreibt einen Teufelskreis von alltäglicher Gewalt, stellt aber auch die Frage, was mit Gang-Mitgliedern passiert, die zur Besinnung kommen und sich für ein bürgerliches Leben entscheiden. Gezeichnet wird ein Bild der USA, in dem Klassenunterschiede unüberwindlich erscheinen. – Ab 16.
Frankreich 2011 **P** MAI JUIN Prod. / ARTE France **KI** offen **Pd** Gilles de Maistre, Miguel Courtois **R+B** Stéphanie Lamorre **K** Stéphanie Lamorre **S** Vincent Pateau **L** 90 **E** 17.4.2012 arte **fd** –

Magic Beyond Words – Die zauberhafte Geschichte der J.K. Rowling
MAGIC BEYOND WORDS: THE JK ROWLING STORY
Biopic über das Leben der britischen Schriftstellerin Joanne K. Rowling (*Harry Potter*), die von der alleinerziehenden Mutter und Sozialhilfeempfängerin zur Bestseller-Autorin und reichsten Frau Großbritanniens aufstieg. Der Film schildert des bewegte Leben der Autorin von ihrer Kindheit an, stellt den frühen Tod ihrer Mutter als schweren Schicksalsschlag dar und spart auch die Ehe mit einem brutalen Schläger nicht aus. Was er (naturgemäß) nicht leistet, ist darzustellen, wie die Autorin ihre «Harry Potter»-Figuren gefunden hat und wie ihre überbordende Fantasie funktioniert. – Ab 12.

USA 2011 **P** Commotion Pic. / Lifetime **DVD** Edel Germany **Pd** Ronald Gilbert **R** Paul A. Kaufman **B** Jeffrey Berman, Tony Caballero **Vo** J.K. Rowling (= Joanne K. Rowling) (Biografie) **K** Mathias Herndl **M** Jeff Toyne **S** Lisa Binkley **D** Poppy Montgomery (Joanne K. Rowling), Emily Holmes (Diane Rowling), Antonio Cupo (Jorge Arantes), Janet Kidder (Anne Rowling), Madsion Desjarlais (Joanne K. Rowling als 17-Jährige), Aislyn Watson (Joanne K. Rowling als 8-Jährige), Marie West (Aine), Lisa Norton (Jill), Andy Maton (Christopher Little) **L** 83 **FSK** ab 6 **E** 1.5.2012 RTL   **fd** –

Magic Mike
MAGIC MIKE
Ein junger Mann, der sein Geld als Stripper verdient, verliebt sich in die Schwester eines Kollegen. Er verspricht dieser, auf ihren Bruder aufzupassen, kann aber nicht verhindern, dass der auf die schiefe Bahn gerät. Durchaus unterhaltsamer Film über Sex als Geschäft, der den Umgang mit Rollenbildern sowie die Abwärtsspirale aus schweren Drogen und leichtem Sex thematisiert; die Konturierung der Figuren bleibt freilich zu sehr an der Oberfläche, um wirklich Provozierendes an den Tag zu legen. – Ab 14.
Scope. USA 2012 **P** Iron Horse Ent. / Extension 765 **P** Nick Wechsler Prod. **KI** Concorde **DVD** Concorde/Eurovideo (16:9, 2.35:1, DD5.1 engl./dt.) **BD** Concorde/EuroVideo (16:9, 2.35:1, dts-HDMA engl./dt.) **Pd** Reid Carolin, Gregory Jacobs, Channing Tatum, Nick Wechsler **R** Steven Soderbergh **B** Reid Carolin **K** Peter Andrews (= Steven Soderbergh) **M** Jack Ryner, Martin Blasick **S** Mary Ann Bernard (= Steven Soderbergh) **D** Channing Tatum (Mike), Alex Pettyfer (Adam), Matthew McConaughey (Dallas), Cody Horn (Brooke), Olivia Munn (Joanna), Matt Bomer (Ken), Riley Keough (Nora), Joe Manganiello (Big Dick Richie), Kevin Nash (Tarzan), Adam Rodriguez (Tito), Gabriel Iglesias (Tobias) **L** 111 **FSK** ab 12; f **E** 16.8.2012 / 4.12.2012 DVD & BD   **fd** 41 205

Magic Silver 2 – Die Suche nach dem magischen Horn (3D)
BLÅFJELL 2 – JAKTEN PÅ DET MAGISKE HORN
Fortsetzung des norwegischen Kinderfilms MAGIC SILVER – DAS GEHEIMNIS DES MAGISCHEN SILBERS (2009) um die kindlichen Herrscher zweier Wichtel-Geschlechter im Kampf gegen widrige Umwelteinflüsse. Die mutige Prinzessin der Blauwichtel geht mit dem Prinzen der Rotwichtel auf die Suche nach einem magischen Horn, um der Kälteperiode, unter der die Wichtel leiden, ein Ende zu bereiten. Der kurzweilige Unterhaltungsfilm tut sich zunächst schwer, seine Figuren stimmig weiterzuentwickeln, steigert sich in der zweiten Hälfte aber dann doch zum ebenso rasanten wie charmant gestalteten märchenhaften Kinderabenteuerfilm mit ökologischer Botschaft. – Ab 6.
3D. Norwegen 2011 **P** Storm Rosenberg **KI** Kinostar **DVD** EuroVideo (16:9, 1.78:1, DD5.1 norw./dt.) **BD** EuroVideo (16:9, 1.78:1, dts-HD norw./dt.) **Pd** Lasse Greve Alsos, Jørgen Storm Rosenberg, Rebekka Garrido, Michael Reuter **R** Arne Lindtner Næss **B** Thomas Moldestad **Vo** Gudny Hagen (Charaktere) **K** Kjell Vassdal **M** Magnus Beite **S** Wibecke Rønseth **D** Ane Viola Semb, Johan Tinus Lindgren, Toralv Maurstad, Per Christian Ellefsen **L** 88 **FSK** o.A.; f **E** 22.3.2012/8.11.2012 DVD & BD   **fd** 40 963

Magic to Win
HOI SAM MO FA / MAGIC TO WIN / HAPPY MAGIC
Ein Lehrer ist in seiner Freizeit ein gestandener Wassermagier. Als eine seiner Schülerinnen zur falschen Zeit am falschen Ort ist, schlittert sie geradewegs in einen Kampf der Magier der Elemente und bekommt ungewollt einige Superkräfte ab. Quietschbunter, mit Effekten überladener Fantasy-Film solider Machart; konzipiert für ein jugendliches Publikum, das mit mitunter allzu ruppigen Actionsequenzen konfrontiert wird. – Ab 16.
DVD/BD: Erhältlich als DVD, BD und 3D BD.
3D. VR China / Hongkong 2011 **P** Huayi Brothers / Pegasus Motion Pic. **DVD** Ascot/Elite (16:9, 1.78:1, DD5.1 kanton./dt., dts dt.) **BD** Ascot/Elite (16:9, 1.78:1, dts-HDMA kanton./dt.) **Pd** Wong Bak-ming **R** Wilson Yip **B** Edmond Wong **K** Cheung Man Po **M** Andy Cheung, Chiu Tsang-hei **S** Cheung Ka-Fai **D** Raymond Wong (Professor Hong), Karena Ng (Cheng Meisi), Louis Koo (Gu Xinyue), Chun Wu (Ling Fung), Jacky Wu (Bi Yewu),

Yan Ni (Volleyballtrainer) **L** 100 **FSK** ab 16 **E** 3.9.2012 DVD & BD **fd** –

Magnifica presenza
MAGNIFICA PRESENZA
Ein junger Homosexueller, der trotz seiner Schüchternheit vom Wunsch beseelt ist, Schauspieler zu werden, verlässt seine sizilianische Heimat und zieht nach Rom, wo er mit unterschiedlichsten Geistern konfrontiert wird. Es fällt ihm schwer, Fakten und Fiktion auseinanderzuhalten, zumal das Haus, in dem er wohnt, von freundlichen Geistern bevölkert wird, die ihn an ihrem früheren Leben teilhaben lassen und mit eigenen Dämonen zu kämpfen haben. Der solide fotografierte Film erzählt unterhaltsam von (Lebens-)Träumen und übersinnlichen Freundschaften, wobei er seine Geschichte geschickt in der Schwebe hält. – Ab 14.
Italien 2012 **P** Fandango / Faros Film / Rai Cinema **KI** Pathé (Schweiz) **Pd** Domenico Procacci **R** Ferzan Ozpetek (= Ferzan Özpetek) **B** Ferzan Ozpetek (= Ferzan Özpetek), Federica Pontremoli **K** Maurizio Calvesi **M** Pasquale Catalano **S** Walter Fasano **D** Elio Germano (Pietro), Paola Minaccioni (Maria), Beppe Fiorello (Filippo Vemi), Margherita Buy (Lea Mami), Bianca Nappi (Mina), Massimiliano Gallo (Dr. Cuccurullo), Alessandro Roja (Paolo), Gianluca Gori (Ennio) **L** 105 **FSK** – **E** 18.10.2012 Schweiz **fd** –

Mai Mai Miracle – Das Mädchen mit dem Zauberhaar
siehe: **Das Mädchen mit dem Zauberhaar**

Man for a Day ✻
Dokumentarfilm über die Gender-Aktivistin Diane Torr und einen von ihr geleiteten Workshop in Berlin, in dem rund 20 Frauen die Geheimnisse männlicher Identität dadurch zu ergründen versuchen, dass sie in Männerkleider schlüpfen und typisch männliche Verhaltensweisen imitieren. Ein kurzweiliger, sehr spannender Beitrag über Mythen und Klischees des Geschlechterdiskurses, der eine Vielzahl erhellender Perspektiven eröffnet. Dank der einfallsreichen Inszenierung entsteht eine Assemblage des Weiblich-Männlichen, die in den Kommentaren und der Biografie von Torr ihre zentrierende Mitte findet. – Ab 14.
Deutschland 2012 **P** Katarina Peters Filmprod./ZDF (Das kleine Fernsehspiel)/mediaco-op **KI** Edition Salzgeber **Pd** Katarina Peters, Louise Scott **R+B** Katarina Peters **K** Susanna Salonen, Yoliswa Gärtig, Katarina Peters **M** Jan Tilman Schade, Gudrun Gut, Ben Freyer **S** Friederike Anders, Jana Teuchert **L** 97 (25 B./sec.) **FSK** ab 6 (DVD) **E** 19.7.2012 **fd** 41 187

Man lebt nur einmal – Zindagi Na Milegi Dobara
ZINDAGI NA MILEGI DOBARA
Drei indische Freunde wollen ihren Junggesellenabschied in Spanien feiern und dabei Land und Leute kennen lernen. Der Kontakt mit Spanierinnen ist vorprogrammiert, sehr zum Missfallen der künftigen Braut, die dem Trio nachreist. Bollywood-Film, der alle gängigen Zutaten des Genres aufbietet. Das Erstlingswerk einer jungen Regisseurin präsentiert ein Postkarten-Spanien (gesponsert von der spanischen Tourismusbehörde) und bietet seinem einheimischen Publikum Einblicke in ein aus ferner Sicht exotisches Land. – Ab 12.
Scope. Indien 2011 **P** Eros International / Excel / Kanzaman / UTV **DVD** REM (16:9, 2.35:1, DD5.1 Hindi/dt.) **Pd** Farhan Akhtar, Ritesh Sidhwani **R** Zoya Akhtar **B** Zoya Akhtar, Reema Kagti, Farhan Akhtar **K** Carlos Catalán **M** Shankar Mahadevan, Loy Mendonsa, Ehsaan Noorani **S** Anand Subaya **D** Hrithik Roshan (Arjun), Farhan Akhtar (Imran), Katrina Kaif (Laila), Abhay Deol (Kabir), Kalki Koechlin (Natasha), Ariadna Cabrol (Nuria), Naseeruddin Shah (Slaman Habib) **L** 154 **FSK** o.A. **E** 24.2.2012 DVD **fd** –

Manche mögen's glücklich
Um ihren neuen Leiter, einen renommierten Herzspezialisten, zufrieden zu stellen, nimmt eine Klinik die Hilfe einer Agentur in Anspruch, die dem Arzt das Einleben in der Stadt erleichtern soll. Doch der eher taktlose Mediziner erweist sich für die Betreuerin als schwieriger Klient. Als er auch einen potenziellen Mäzen vor den Kopf stößt, muss er die Hilfe dieser ungeliebten Betreuerin in Anspruch nehmen: Sie soll ihm wochenlang seine Ehefrau mimen, um den Geldgeber zu besänftigen. Allzu vorhersehbare (Fernseh-)Komödie, die das Klischee von der Anziehung starker Gegensätze bemüht. – Ab 14.
Deutschland 2011 **P** Bavaria Film (für ARD-Degeto/SWR) **KI** offen **Pd** Bea Schmidt, Katja Kirchen, Melanie Wolber **R** Florian Gärtner **B** Kerstin Oesterlin, Jessica Schellack **K** Achim Poulheim **M** Jörg Lemberg **S** Bernhard Wießner **D** Julia Brendler (Lina Baumann), Stephan Luca (Markus Gärtner), Heinz Hoenig (Rüdiger Hofmeister), Robert Giggenbach (Prof. Weissing), Martin Gruber (Daniel Kessler), Jannis Michel (Tim Gärtner), Gabriele Dossi (Ada Baumann), Sybille Denker (Frau Weissing), Sybille Kleinschmitt (Polizistin), Nicolas Solar Lozier (Helge) **L** 89 **E** 27.1.2012 ARD **fd** –

Mandy will ans Meer ✻
Die tatkräftige Frau, Sterneköchin eines Berliner Luxushotels, gibt bei einer Tafel für bedürftige Kinder einen Kochkurs. Dabei freundet sie sich mit einer elfjährigen Schülerin an, die von ihrem Alltag in leuchtenden Farben erzählt, damit aber nur von ihren desolaten Lebensumständen ablenkt: Der Vater trinkt, die Mutter ist depressiv, die Wohnung verwahrlost. Die Köchin schaltet das Jugendamt ein, doch die Folgen sind für die Familie verheerend. Engagiertes (Fernseh-)Drama, das am Beispiel einer ungewöhnlichen Freundschaft einen ungeschönten Blick auf die soziale Wirklichkeit wirft, dann aber doch in ein allzu märchenhaftes Finale mündet. – Ab 14.
Deutschland 2011 **P** Granada / Kromschröder & Pfannenschmidt **DVD** Edel Media (16:9, 1.78:1, DD2.0 dt.) **Pd** Carina Hackemann, Jan Kromschröder **R** Tim Trageser **B** Christian Pfannenschmidt **K** Eckhard Jansen **M** Andreas Weidinger **S** Gisela Castronari-Jaensch (= Gisela Castronari) **D** Anna Loos (Ida Schmidt), Hanna Müller (Mandy Wittmann), Erhan Emre (Tercan), Ursula Werner (Olga Schmidt), Christina Grosse (Susanne Wittmann), Alexander Hörbe (Andreas Wittmann), Andrea Bürgin (Petra Köpping), Peter Lerchbaumer (Rüdiger Bender) **L** 89 **FSK** ab 12 **E** 26.11.2012 ZDF **fd** –

Der Mann, der alles kann
Ein LKA-Beamter mit Tatort-Phobie und Träumen von einer Profiler-Karriere begegnet einer schüchternen

Mann kann, Frau erst recht

Friseurin, die ihrerseits von einer Existenz als Schriftstellerin träumt. Die beiden verlieben sich auf der Stelle ineinander, und als die Tochter der Friseurin in einen Kriminalfall verwickelt wird, bietet sich dem Polizisten die Chance, endlich über sich hinauszuwachsen. Harmlos-sympathische (Fernseh-)Krimikomödie, die vor allem vom Charme der beiden Hauptfiguren lebt. – Ab 14.
Deutschland 2011 **P** Polyphon Film- und Fernsehges. (für ARD Degeto / NDR) **KI** offen **Pd** Hubertus Meyer-Burckhardt, Stefan Kruppa, Diana Schulte-Kellinghaus **R** Annette Ernst **B** Norbert Eberlein **K** Jochen Stäblein **M** Thomas Mehlhorn **S** Martina Matuschewski **D** Peter Heinrich Brix (Robert Hellkamp), Anica Dobra (Rita Meier), Julia Schäfle (Jule Meier), Philipp Danne (Tim Gronwold), Ralph Herforth (Horst Hoff), Lars Rudolph (Ludger Behnken), Anna Böttcher (Frau Matuschatt), Aleksandar Jovanovic (Sven), Gerd Baltus (Friedrich Lahnstein), Philipp Baltus (Philipp Lahnstein), Amy Shub (Johanna Lahnstein), Maya Haddad (Rebecca), Oscar Ortega Sánchez (Friseur Olli), Michael Schönborn (Verleger Brömmer) **L** 88 **E** 26.1.2012 ARD   **fd** –

Mann kann, Frau erst recht
Eine junge Frau mit journalistischen Ambitionen schreibt, um sich an ihrem Ex-Freund zu rächen, unter dessen Namen für ein Männermagazin einen Bekennerartikel, in dem sie/er sich über sein kleines Geschlechtsteil beklagt. Der Artikel erweist sich als beruflicher Türöffner, doch nun muss sie in die Männerrolle schlüpfen, um den Vorstellungen ihres Chefredakteurs gerecht zu werden. Routinierte romantische (Fernseh-)Komödie um einen komplizierten Rollentausch, wobei die Figuren nur so weit überzogen sind, wie es für den Charme der Komödie nötig ist. Komik entsteht mehr aus dem Drama, das in jeder Komödie steckt, hier aus der Differenz zwischen der männlichen Selbstwahrnehmung und der weiblichen Draufsicht. – Ab 16.
Deutschland 2012 **P** Hofmann & Voges Entertainment **KI** offen **Pd** Katja Herzog, Mischa Hofmann, Philip Voges **R** Florian Gärtner **B** Florian Gärtner, Götz Marx **K** Achim Poulheim **M** Andy Groll **S** Bernhard Wiesner **D** Theresa Scholze (Tine), Tom Wlaschiha (Moritz Blank), Sebastian Ströbel (Frank Schmidt), Nina Kronjäger (Dagmar Rothenburg), Annika Ernst (Wiebke), Manon Kahle (Jasmin), Marian Meder (Lars), Stephan Grossmann (Olaf) **L** 92 **E** 28.8.2012 SAT.1   **fd** –

Mann tut was Mann kann
Ein als Personalchef eines Verlags erfolgreicher junger Mann, der sich bislang mit unverbindlichen Affären begnügte, verliebt sich in eine schöne Tierärztin, die bald jemand anderen heiraten soll. Nebenbei muss er sich um die Liebesnöte seiner drei höchst unterschiedlichen Freunde kümmern, die sich in seiner Loft-Wohnung einquartieren. Vorhersehbare, mitunter alberne Beziehungskomödie, die ohne Wortwitz oder Situationskomik bekannte Geschlechterklischees transportiert und darüber hinaus nichts Gewichtiges über Männlichkeitsmythen oder die Beziehung zwischen Mann und Frau zu sagen hat. – Ab 14.
Deutschland 2012 **P** NFP / Warner Bros. Germany **KI** Warner Bros. **Pd** Alexander Thies, Stefan Thies **R** Marc Rothemund **B** Marc Rothemund, Hans Rath **Vo** Hans Rath (Roman Mann tut, was Mann kann) **K** Martin Langer **S** Dirk Grau **D** Wotan Wilke Möhring (Paul Schuberth), Jasmin Gerat (Iris Jasper), Jan Josef Liefers (Guido Schamski), Fahri Yardim (Bronko Steiner), Oliver Korittke (Günther), Karoline Schuch (Iggy), Friederike Kempter (Kathrin), Emilia Schüle (Sophie), Hedi Kriegeskotte (Frau Hoffmann), Peter Sattmann (Dr. Görges), Noémi Besedes (Katja Riebinger) **L** 107 (24 B./sec.) / 104 (25 B./sec.) **FSK** ab 6; f **E** 11.10.2012   **fd** 41 315

Männer zum Knutschen
Die Beziehung eines schwulen Pärchens droht daran zu zerbrechen, dass eine ehemalige Freundin die beiden mit hinterhältigen Tricks auseinanderzubringen versucht. Holprige Berlin-Komödie, die in einzelnen Szenen und komischen Dialogpassagen gut unterhält, aber zu keiner dramaturgischen Einheit findet, sodass die Einzelsequenzen behelfsmäßig über einen Off-Erzähler miteinander verknüpft werden. Ein formal unausgereifter, dabei trotz allem aber doch durchaus liebenswerter Debütfilm. – Ab 16.
Deutschland 2011 **P** Ente Kross Film / Vivàsvan Pic. **KI** Pro-Fun **DVD** Pro-Fun (16:9, 1.78:1, DD5.1 engl.) **Pd** Udo Lutz, Frank Christian Marx, André Schneider **R** Robert Hasfogel **B** André Schneider, Frank Christian Marx, Jürgen Hirsch **K** Till Caspar Juon **M** Daniel Behrens **S** Florian Sachisthal, Rocco Di Mento **D** Frank Christian Marx (Ernst Knuddelmann), Udo Lutz (Tobias Rueckert), Alexandra Starnitzky (Uta Refsen), Sascia Haj (Stefanie), Marcel Schlutt (Leopold), Marcus Lachmann (Rutila Rueckert Mandelstam), Dominik Djialeu (Kurt), André Schneider (Alexander), Ades Zabel (Edith), Stefan Kuschner (Hermann), Marc Bluhm (Paul), Carolin Boltz (Ernsts Kollegin), Nina Queer (Nina Queer), Barbie Breakout (Barbie Breakout) **L** 84 (DVD) **FSK** ab 12 (DVD) **E** 6.9.2012 / 28.9.2012 DVD   **fd** 41 244

Der Männerclub – Denn Freundschaft ist mehr als bloß Freundschaft
Eben noch auf großem Fuß lebend, ist ein junger Mann im nächsten Moment Pleite und erinnert sich in dieser Notlage an seine Eltern. Die aber sind im ländlichen Saarland nicht so einfach zu finden, wie er es sich denkt. Dafür trifft er auf der Reise in die Heimat jede Menge alte und neue Freunde. Kurz geratene Independent-Komödie mit Mundart-Charme, in der ein wenig Krimi auf eine tüchtige Portion Alkohol trifft. – Ab 14.
DVD/BD: Die Extras umfassen u. a. einen dt. untertitelbaren Audiokommentar des Regisseurs.
Deutschland 2012 **DVD** Brainpool (16:9, 1.78:1, DD2.0 dt.) **Pd** André Köhl **R** Achim Wendel **B** André Köhl **K** Bernd Rischner, Achim Wendel, Michael Adams, Stefan Kudzinski, Marco Schulze **M** Uli Beck, Johnnyboy, Peter Ulrich Schütz, Block Hoggins, André Köhl **S** André Köhl **D** André Köhl (Tim Tozzi), Michael Simon (Vitali), Christian Merkel (Maus), Sascha Waack (Karl), Ina Wagner, Joaquina Siquice, Olaf Krätke **L** 62 **FSK** ab 12 **E** 24.5.2012 / 25.5.2012 DVD   **fd** –

Manolete – Blut und Leidenschaft
MANOLETE / MANOLETE: BLOOD & PASSION / A MATADOR'S MISTRESS
So souverän er sich als Torero in der Arena bewegt, so unbedarft verhält sich Nationalheld Manolete in den frü-

hen 1940er-Jahren bei seinen (Liebes-) Beziehungen. Als er auf die sozialistische Schauspielerin Lupe trifft, ändert sich dies schlagartig, sehr zum Ärger der angesehenen Familie, die einen Schatten auf ihrem makellosen Stand wähnt. Opulent ausgestattetes Drama, das sich mehr um Melodramatik und stets gut ausgeleuchtete Star-Schauspieler kümmert als die politischen Implikationen der spanischen Historie zu durchleuchten. – Ab 16.
Spanien/Großbritannien/USA/Frankreich/Deutschland 2007 **P** Iberoamericana Films / Future Films / Manolete Prod. / Quinta Communications / Pierce-Williams Entertainment **DVD** Spirit Media/Koch (16:9, 2.35:1, DD5.1 engl./dt., dts dt.) **BD** Spirit Media/Koch (16:9, 2.35:1, dts-HDMA engl./dt.) **Pd** Andrés Vicente Gómez, Tarak Ben Ammar, Guy Collins, Albert Martinez Martin, Ximo Pérez **R+B** Menno Meyjes **K** Robert D. Yeoman (= Robert Yeoman) **M** Dan Jones, Gabriel Yared **S** Sylvie Landra **D** Adrien Brody (Manuel Rodríguez Sánchez «Manolete»), Penélope Cruz (Lupe Sino), Nacho Aldequer (Luis Miguel Dominguin), Fernando Bermejo (Dujue), Dritan Biba (Kritker), Enrique Arce, Pedro Casablanc, Berta de la Dehesa **L** 89 **FSK** ab 12 **E** 19.10.2012 DVD & BD **fd** –

Die Mapaoni-Expedition
siehe: **Zu den letzten Grenzen der Erde: Mapaoni-Expedition**

Maria Wern, Kripo Gotland – Die Insel der Puppen
MARIA WERN – INTE ENS DET FÖRFLUTNA
Auf die schwedische Kommissarin wird ein Mordanschlag verübt. Sie taucht unter und nimmt an einem Klassentreffen auf einer einsamen Insel teil, bei dem sich einstige Mitschülerinnen nach 20 Jahren wiedersehen. Die Wiedersehensfreude schlägt in Entsetzen um, als eine der Frauen ermordet wird, alle Mobiltelefone verschwinden, die Leitung zum Festland sowie das Boot für die Rückfahrt zerstört werden. (Fernseh-) Psychothriller mit klaustrophobischer Grundierung. – Ab 16.
Schweden 2011 **P** Eyeworks **KI** offen **Pd** Birgitta Wännström **R** Erik Leijonborg **B** Fredrik T. Olsson, Erik Ahrnbom **K** Calle Persson **M** Magnus Strömberg **D** Eva Röse (Maria Wern), Allan Svensson (Thomas Hartman), Peter Perski (Arvidsson), Ulf Friberg (Ek), Oscar Pettersson (Emil Wern), Matilda Wännström (Linda Wern), Frida Hallgren (Helén), Rebecka Hemse (Cissi), Fanny Risberg (Therese) **L** 86 **FSK** ab 16 **E** 5.1.2012 ARD **fd** –

Maria Wern, Kripo Gotland – Kinderspiel
MARIA WERN – POJKE FÖRSVUNNEN
Das Verschwinden zweier zehnjähriger Jungen löst einen Großeinsatz der Polizei aus. Auch beschäftigt die ermittelnde Kommissarin eine russische Prostituierte, die von ihrem brutalen Zuhälter bedroht wird. Dieser erpresst einen Lokalpolitiker, damit er Gewehre und Waffen für ihn versteckt. Weitgehend spannender (Fernseh-)Kriminalfilm, der «männliche» Verbrechen wie Waffenhandel und Prostitution aus weiblicher Perspektive darstellt und die Protagonistin zugleich als fürsorgliche Mutter zeichnet. – Ab 16.
Schweden 2011 **P** Eyeworks **KI** offen **Pd** Birgitta Wännström **R** Charlotte Berlin, Leif Lindblom **B** Fredrik T. Olsson, Therese Bringholm **K** Calle Persson, Leif Benjour **M** Magnus Strömberg **S** Hélène Berlin **D** Eva Röse (Maria Wern), Allan Svensson (Thomas Hartman), Peter Perski (Arvidsson), Ulf Friberg (Ek), Oscar Pettersson (Emil Wern), Matilda Wännström (Linda Wern), Lotta Thorell (Marianne Hartman), Noa Samernius (Andreas), Tintin Anderzon (Charlotta) **L** 87 **FSK** ab 12 **E** 2.1.2012 ARD **fd** –

Maria Wern, Kripo Gotland – Schwarze Schmetterlinge
MARIA WERN – SVART FJÄRIL
Auf Gotland mehren sich Morde, die mit Brandanschlägen im Zusammenhang stehen. Unter den Toten ist ein für seine umstrittenen Methoden berüchtigter Kinderpsychologe und Gerichtsgutachter, bei dem die Fäden zusammenzulaufen scheinen. (Fernsehserien-)Krimi, der den komplexen Fall mit vielen privaten Problemen der Ermittler verbindet. – Ab 16.
Schweden 2011 **P** Eyeworks **KI** offen **Pd** Birgitta Wännström **R** Charlotte Berlin, Leif Lindblom, **B** Fredrik T. Olsson, Alexander Söderberg **K** Calle Persson, Leif Benjour **M** Magnus Strömberg **S** Sebastian Amundsen **D** Eva Röse (Maria Wern), Allan Svensson (Thomas Hartman), Peter Perski (Arvidsson), Ulf Friberg (Ek), Tanja Lorentzon (Erika), Oscar Pettersson (Emil Wern), Matilda Wännström (Linda Wern), Linda Zilliacus (Felicia), Malena Engström (Pernilla) **L** 88 **E** 1.1.2012 ARD **fd** –

Marie Brand und die falsche Frau
Während einer Entführung gerät die ermittelnde Kommissarin selbst in die Gewalt der Verbrecher. So muss sich ihr Kollege zunächst allein um den Fall kümmern, der ihn mit einer Bankiersfamilie konfrontiert, deren Sohn mit Geldproblemen zu kämpfen hat. Routinierter (Fernsehserien-) Krimi mit hintergründigem Witz und Charme, wobei sich das Zusammenspiel der beiden Hauptfiguren einmal mehr durch viele Pointen auszeichnet. – Ab 14.
Deutschland 2012 **P** Eyeworks Fiction Cologne (für ZDF) **KI** offen **Pd** Micha Terjung **R** Josh Broecker **B** Leo P. Ard (= Jürgen Pomorin), Birgit Grosz **K** Dieter Deventer **M** Florian Tessloff **S** Knut Hake **D** Mariele Millowitsch (Marie Brand), Hinnerk Schönemann (Jürgen Simmel), Thomas Heinze (Dr. Gustav Engler), Karoline Eichhorn (Sabrina Münzer), Markus Boysen (Viktor Münzer), Martin Brambach (Bastian Lenz), Dirk Borchardt (Rainer Sperl), Florian Bartholomäi (Dominik Seiler) **L** 90 **E** 1.5.2012 ZDF **fd** –

Marieke und die Männer
MARIEKE, MARIEKE
Eine junge Frau versucht, mit obsessiven sexuellen Affären mit wesentlich älteren Männern die Leerstelle zu füllen, die ihr in ihrer Kindheit verstorbener Vater hinterlassen hat. Die Rückkehr eines alten Freunds des Vaters führt zur Auseinandersetzung mit Verlorenem und Verdrängtem. Das Drama buchstabiert allzu schematisch psychoanalytische Motive durch und kann als individuelles Schicksal nicht gefangen nehmen. Während die Sexualität der Protagonistin inhaltlich zum Symptom einer zwanghaften Störung reduziert wird, bleibt deren Darstellung dem Sujet gänzlich unangemessen. – Ab 16.
Belgien / Deutschland 2010 **P** Sophimages / Pallas Film **KI** Neue Visionen **Pd** Jan Roekens, Sophie Schoukens, Thanassis Karathanos, Karl Baumgartner **R+B** Sophie Schoukens

K Alain Marcoen **M** Jef Mercelis **S** Peter Woditsch **D** Hande Kodja (Marieke), Jan Decleir (Jacoby), Barbara Sarafian (Jeanne), Caroline Berlinger (Anna), Philippe Van Kessel (Harry), Bernard Graczyk (Jean), Karim Barras (Ronny), Michel Israel (Alex), Pauline Haugness (Marieke als Kind), Jean-Michel Vovk (Joseph), Valérie Lemaître (Kundin), Nicole Valberg (Concierge), Pierre Lognay (Eric), Thomas Coumans (Charles) **L** 82 (24 B./sec.) / 79 (25 B./sec.) **FSK** ab 12; f **E** 28.6.2012 **fd** 41 144

Marilyn Monroe – Ich möchte geliebt werden
Der Dokumentarfilm zeichnet Leben und Karriere der Schauspielerin Marilyn Monroe nach, lässt Zeitzeugen, Kollegen, Kritiker und Fotografen zu Wort kommen. Dabei nutzt er wenig bekanntes Archivmaterial und Ausschnitte aus ihren Filmen, um dem Mythos «Monroe» auf die Spur zu kommen. Das umfangreiche, mitunter allzu vollgestopfte Porträt eines Stars, dessen Ruhm auch heute noch nicht verblasst ist, führt im leichten Plauderton über Höhen und Tiefen eines bewegten Lebens, wobei erhellende oder gar bewegende Momente eher selten sind. – Ab 14.
Teils schwarz-weiß. Deutschland 2010 **P** Palm Prod. / Raphaela-Film **DVD** JAM-Entertainment (16:9, 1.78:1, DD2.0 engl./dt.) **Pd+R+B** Eckhart Schmidt **K** Steve Elkins, Hans Albrecht Lusznat, Mark Molesworth, Thomas Rist, Jens Thiele **M** Toti Basso **S** Eckhart Schmidt **L** 89 (DVD: 148) **FSK** o.A. **E** 29.3.2010 DVD / 5.8.2012 Bayern 3 **fd** –

Marina Abramovic: The Artist is Present ☆
MARINA ABRAMOVIC: THE ARTIST IS PRESENT
Dokumentarfilm über die Performance-Künstlerin Marina Abramovic, der im Zuge der Ausstellung «Marina Abramovic: The Artist Is Present», mit der das New Yorker MoMA die Künstlerin 2010 ehrte, Leben und Werk der «Grande Dame» der Performance beleuchtet. Dabei werden auch Interviews mit diversen Weggefährten und Sachverständigen sowie Archivmaterial früherer Performances präsentiert. Dabei huldigt der Film ganz dem Charisma seiner Protagonistin,

ist zugleich aber auch mehr als «nur» ein Künstlerporträt, setzt er sich doch grundlegend mit der Performance-Kunst auseinander. – Ab 16.
Teils schwarz-weiß. USA / Niederlande 2012 **P** Show of Force / Dakota Group / AVRO TV **KI** nfp/Look Now! (Schweiz) **Pd** Jeff Dupre, Maro Chermayeff, Owsley Brown, Francesca von Habsburg **R+B** Matthew Akers **K** Matthew Akers **M** Nathan Halpern **S** E. Donna Shepherd **L** 106 / 102 **FSK** ab 12; f **E** 25.10.2012 Schweiz / 29.11.2012 **fd** 41 399

Mark Lombardi – Kunst und Konspiration ☆
Dokumentarfilm über den US-amerikanischen Konzeptkünstler Mark Lombardi (1951–2000), der seit den frühen 1990er-Jahren großformatige Diagramme zeichnete, die er als «narrative Strukturen» bezeichnete: aus der Distanz ästhetische Gebilde, aus der Nähe ebenso erhellende wie beunruhigende Notizen über weltweite Verstrickungen von Wirtschaft und Politik. Im Zusammenwirken aus Nachrichtenbildern, Gesprächsaussagen und urbanen Impressionen nähert sich der Film Fragen nach dem Zusammenwirken von Dichtung und Wahrheit, Kunst und Realität, wobei er Spekulationen über Verschwörungstheorien und politische Skandale weitgehend meidet. (O.m.d.U.) – Ab 16.
Deutschland 2012 **P** unafilm / Escape Pic. / ZDF / ARTE **KI** Real Fiction **Pd** Titus Kreyenberg **R+B** Mareike Wegener **K** Sophie Maintigneux **M** Kevin Haskins **S** Eli Cortiñas, Mareike Wegener **L** 79 **FSK** ab 12; f **E** 31.5.2012 **fd** 41 080

Marley ☆
MARLEY
Dokumentation über den Reggae-Musiker Bob Marley (1945–1981). Aus teils bisher unveröffentlichtem Archivmaterial, darunter seltene Aufnahmen von Marley-Songs und Live-Auftritten, sowie Interviews entsteht ein facettenreiches Bild, das die Lebensgeschichte Marleys, seine Rolle als Identifikationsfigur politischer Befreiungsbewegungen und seine Musik beleuchtet. Auch musikgeschichtliche Kontexte und Hintergründe zu Marleys Heimat Jamaika werden nicht ausgespart. Ein differenziertes Porträt,

das Marleys Bedeutung als ikonische Figur nicht demontiert, aber durchaus Brüche zwischen Person und Image zu Tage treten lässt. (O.m.d.U.) – Ab 12.
USA / Großbritannien 2012 **P** Cowboy Films / Shangri-La Ent. / Tuff Gong Pic. **KI** StudioCanal **DVD** StudioCanal (16:9, 1.85:1, DD5.1 engl.) **BD** StudioCanal (16:9, 1.85:1, dts-HDMA engl.) **Pd** Steve Bing, Charles Steel, Zach Schwartz, Neville «Bunny Wailer» Livingston C.D., Suzette Newman **R+B** Kevin Macdonald **K** Alwin Küchler (= Alwin Kuchler), Mike Eley **S** Dan Glendenning **L** 145 **FSK** ab 6; f **E** 17.5.2012 / 18.9.2012 DVD & BD **fd** 41 064

Martha Marcy May Marlene ☆
MARTHA MARCY MAY MARLENE
Einer jungen Frau gelingt es, sich von einer Sekte zu lösen, hinter deren verlockendem Aussteiger-Dasein sich ein perfides Zwangssystem verbirgt. Gleichwohl fällt es ihr schwer, sich von ihren Erlebnissen ganz frei zu machen, und auch bei ihrer Schwester und deren Mann, wo sie Unterschlupf findet, fühlt sie sich unwohl. Der verstörende, atmosphärisch dicht inszenierte Debütfilm formt aus der Verschränkung der Zeitebenen das eindrucksvolle Drama einer tiefen Identitätskrise. Dabei fesselt er ebenso durch seine durchdachte Bildsprache wie durch seine vorzügliche Hauptdarstellerin. – Sehenswert ab 16.
Scope. USA 2011 **P** BorderLine Film **KI** Twentieth Century Fox **Pd** Josh Mond, Antonio Campos, Chris Maybach, Patrick Cunningham, Andrew D. Corkin **R+B** Sean Durkin **K** Jody Lee Lipes **M** Saunder Jurriaans, Danny Bensi **S** Zac Stuart-Pontier **D** Elizabeth Olsen (Martha), Christopher Abbott (Max), Brady Corbet (Watts), Hugh Dancy (Ted), Maria Dizzia (Katie), Julia Garner (Sarah), John Hawkes (Patrick), Louisa Krause (Zoe), Sarah Paulson (Lucy) **L** 102 **FSK** ab 16; f **E** 12.4.2012 **fd** 41 019

Marvel's The Avengers
THE AVENGERS
Rasant unterhaltende Comic-Verfilmung aus dem Hause Marvel: Loki, der missgünstige Bruder des Donnergotts Thor, hat den Kosmischen Würfel gestohlen und will damit die Welt unterjochen. Der Chef der Friedensorganisation S.H.I.E.L.D. trommelt

daraufhin vier Superhelden und zwei hochspezialisierte Helfer zusammen, um die Katastrophe zu verhindern. Der Actionfilm lässt als eine Art Fortsetzung von THOR (2011) die bereits aus anderen Kinofilmen (IRON MAN, HULK und CAPTAIN AMERICA) vertrauten Superhelden in einem neuen Kontext witzig und spannungsvoll zunächst gegen-, dann miteinander agieren und balanciert die Fantastik der Erzählung durch viel amüsante Selbstironie aus. In den turbulenten Actionszenen technisch perfekt, visuell einfallsreich inszeniert. – Ab 14.
DVD/BD: Erhältlich als DVD, 2D BD und 2D/3D BD. Die Standardausgabe (DVD) enthält keine erwähnenswerten Extras.
Die Extras der BD enthalten u. a. ein Feature mit acht im Film nicht verwendeten Szenen, inklusive eines alternativen Filmendes (15 Min.) sowie den Kurzfilm OBJEKT 47 (11 Min.) aus der «Marvel One Shot»-Reihe.
Die «3-Disc Steelbook Edition» (2 BDs und 1 Bonus-DVD) enthält zudem die Dokumentation «Building a Cinematic Universe» (108 Min.) über die Marvel Studios und die einzelnen Superheldenfilme, die schließlich zum Projekt THE AVENGERS führten.
Nur die «3-Disc Steelbook Edition» ist mit dem **Silberling 2012** ausgezeichnet.
USA 2012 **P** Marvel Studios / Marvel Enterprises **KI** Walt Disney **DVD** Paramount/Walt Disney (16:9, 1.78:1, DD5.1 engl./dt.) **BD** Paramount/Walt Disney (16:9, 1.78:1, dts-HDMA7.1 engl./dt.) **Pd** Kevin Feige **R+B** Joss Whedon **Vo** Stan Lee (Comic), Jack Kirby (Comic) **K** Seamus McGarvey **M** Alan Silvestri **S** Jeffrey Ford, Lisa Lassek **D** Chris Hemsworth (Thor), Scarlett Johansson (Natasha Romanoff / Black Widow), Robert Downey jr. (Tony Stark / Iron Man), Jeremy Renner (Clint Barton / Hawkeye), Chris Evans (Steve Rogers / Captain America), Cobie Smulders (Maria Hill), Samuel L. Jackson (Nick Fury), Gwyneth Paltrow (Pepper Potts), Mark Ruffalo (Bruce Banner / Hulk), Stellan Skarsgård (Prof. Erik Selvig), Tom Hiddleston (Loki), Harry Dean Stanton (Wachmann), Jerzy Skolimowski (Georgi Luchkov) **L** 143 (24 B./sec.) / 138 (25 B./sec.) **FSK** ab 12; f **E** 26.4.2012 / 13.9.2012 DVD & BD
fd 41 052

Mary & Johnny ★
MARY & JOHNNY
Zwei jugendliche Liebende kommen sich am Tag des Fußball-WM-Finales 2010 in Johannesburg, während einer sommerlichen Feiernacht in Zürich abhanden und schlittern in ihr Unglück. Vorzüglich gespielter Erstlingsfilm als frisch entstaubte Adaption des Theaterstücks *Kasimir und Karoline* (1929) von Ödön von Horváth. Trotz seines improvisiert wirkenden Charakters weist er einen ausgeprägten Stilwillen in Bildgestaltung und Dialogen auf. – Ab 16.
Schweiz 2011 **P** Kamm(m)acher **KI** Stamm (Schweiz) **Pd** Judith Lichtneckert, Samuel Schwarz **R** Samuel Schwarz, Julian M. Grünthal **B** Samuel Schwarz **Vo** Ödön von Horváth (Bühnenstück *Kasimir und Karoline*) **K** Quinn Reimann **M** Michael Sauter **S** Rolf Lang **D** Nadine Vinzens (Mary), Philippe Graber (Johnny), Nils Althaus (Hostetter), Andrea Zogg (Rauch), Jaap Achterberg (Vandenbrenk), Marcus Signer (Mischa), Gina Gurtner (Fränzi) **L** 77 **E** 5.7.2012 Schweiz **fd** 41 174

Masks
Als eine mäßig begabte Schauspielerin den Tipp bekommt, in einer östlich gelegenen Privatschule ihr Glück zu versuchen, ahnt sie nicht, dass man hier sein Leben einsetzen muss, um erfolgreich zu sein. Ein ambitionierter Versuch, mit bescheidenen Mitteln eine Hommage an das italienische Giallo-Genre und dessen Galionsfigur, den Regisseur Dario Argento, zu realisieren. Die mäßig aufspielenden Darsteller und die mitunter arg übertriebene formale Zitierwut schmälern das im Prinzip uninteressante Experiment in Sachen exzentrischer Horror.
DVD/BD: Die Extras umfassen u. a. einen Audiokommentar des Regisseurs, des Kameramanns und des Produzenten Heiner Thimm sowie ein Feature mit vier im Film nicht verwendeten Szenen (4 Min.). Zudem enthalten DVD und BD ein 4-seitiges Booklet zum Film.
Deutschland 2011 **P** Anolis Entertainment **DVD** Sony (16:9, 2.35:1, DD5.1 dt.) **BD** Sony (16:9, 2.35:1, dts-HDMA dt.) **Pd** Tim Luna, Sammy Balkas, Volker Lange, Petra Marschall, Bernd Reichert **R+B** Andreas Marschall **K** Sven Jakob **M** Sebastian Levermann, Nils Weise **S** Andreas Marschall **D** Susen Ermich (Stella), Julita Witt (Cecilie), Norbert Losch (Matteusz Gdula), Franziska Breite (Britt), Dörte Manzke (Stellas Mutter), Stefanie Grabner (Lenka), Sonali Wiedenhöfer (Valeri), Teresa Nawrot (Yolanda) **L** 104 **FSK** ab 18 **E** 25.10.2012 DVD & BD **fd** –

Das Massaker von Lidice ★
LIDICE
Kriegsdrama um die Zerstörung des kleinen Dorfs Lidice in der durch die Nazis besetzten Tschechoslowakei im Zweiten Weltkrieg, im Mittelpunkt zwei Familien, deren Mitglieder in den Wirren durch schicksalhafte Ereignisse getrennt werden und dadurch zumindest zum Teil das Massaker überleben. Ein emotional aufwühlendes Melodram, exquisit ausgestattet und besetzt; nachdrücklich offenbart der Film den Wahnsinn des Krieges. – Ab 16.
Tschechien / Slowakei 2011 **P** Movie / Bioscop / Ceská Televize / Solvenská Televizia **DVD** Schröder-Media (16:9, 1.78:1, DD2.0 tschech., DD5.1 dt.) **BD** Schröder-Media (16:9, 1.78:1, dts-HD2.0 tschech., dts-HD dt.) **Pd** Adam Dvorák, Robert Schaffer, Tomás Vican **R** Petr Nikolaev **B** Zdenek Mahler **Vo** Zdenek Mahler (Roman) **K** Antonio Riestra **S** Adam Dvorák **D** Karel Roden (Frantisek Sima), Zuzana Fialová (Marie Vanková), Zuzana Bydzovská (Anezka Simová), Roman Luknár (Vlcek), Ondrej Novák (Karel Sima), Veronika Kubarová (Anick), Norbert Lichý (Major), Jan Budar (Petiska) **L** 129 **FSK** ab 16 **E** 13.12.2012 DVD & BD **fd** –

Matthijs' Regeln
DE REGELS VAN MATTHIJS
Der Filmemacher beobachtet seinen autistischen Freund und begleitet ihn mit der Kamera durch den Alltag. Dabei wird deutlich, dass der hochbegabte und sensible Mann durchaus in der Lage ist, seinen Alltag in seiner eigenen Wohnung zu organisieren und zu ordnen, dass aber immer wieder Konflikte auftreten, wenn er mit der Außenwelt und unvorhergesehenen Situationen konfrontiert wird. Ein radikaler Dokumentarfilm, der aufrüttelt und mit einer weitgehend fremden Welt konfrontiert.
Niederlande 2012 **P** Balsatfilm/In-

dustrious Empire **KI** offen **Pd** Simone van den Broek, Ingeborg Jansen **R+B** Marc Schmidt **K** Marc Schmidt **M** Jasper Boeke **S** Katarina Türlan **L** 72 **E** 17.12.2012 arte   **fd** –

Mausam – Jahreszeiten der Liebe
MAUSAM
Ein Liebespaar wird getrennt, weil die Familie des Flüchtlingsmädchens umgesiedelt wird und er gebrochenen Herzens, aber erfolgreich bei der Indian Air Force reüssiert. Wie durch ein Wunder finden sie sich in Schottland wieder, aber nicht für lange. Gefühliges Bollywood-Drama als geballter, auf gut zweieinhalb Stunden gestreckter Angriff auf die Tränendrüsen. – Ab 14. Scope. Indien / Großbritannien 2011 **P** Cinergy Pic./Religare/Vistaar Religare Film Fund **DVD** REM (16:9, 2.35:1, DD5.1 Hindi/dt.) **Pd** Madhu Mantena Varma, Sheetal Vinod Talwar, Vivek Agrawal, Pankaj Kapur **R** Pankaj Kapur **K** Binod Pradhan **M** Pritam Chakraborty **S** A. Sreekar Prasad **D** Shahid Kapoor (Harinder «Harry» Singh), Sonam Kapoor (Aayat), Anupam Kher (Maharaj Krish), Aditi Sharma (Lajjo), Manoj Pahwa (Tangewala), Vaibhav Talwar (Javed Rasool), Supriya Pathak (Fatimah Bua) **L** 161 **FSK** ab 12 **E** 18.4.2012 DVD   **fd** –

Maximum Conviction
MAXIMUM CONVICTION
Als das Team um zwei Ex-Elitesoldaten in einem stillgelegten Gefängnis Zwischenstation machen muss, um noch verbliebene Extremhäftlinge «abzuwickeln», wird es von einer Horde schießwütiger Killer bedrängt, die es auf zwei geheimnisumwobene Frauen abgesehen haben, die sich ebenfalls in der Obhut der Sicherheitsprofis befinden. Die hanebüchene Handlung des trivialen Actionfilms wird auch durch die inzwischen reichlich abgetakelte Action-Ikone Steven Segal und die überdurchschnittlich harte Gewalt nicht erträglicher.
DVD/BD: Die FSK-Freigabe «ab 18» der DVD/BD bezieht sich auf das Bonusmaterial (Trailer etc.), der Film selbst hat eine Freigabe «ab 16».
USA 2012 **P** Steamroller Prod. / Voltage Pic. **DVD** Splendid (16:9, 1.78:1, DD5.1 engl./dt.) **BD** Splendid (16:9, 1.78:1, dts-HDMA engl./dt.) **Pd** Steve Austin, Phillip B. Goldfine, Steven Seagal **R** Keoni Waxman **B** Richard Beattie **K** Nathan Wilson **M** Michael Richard Plowman **S** Trevor Mirosh **D** Steven Seagal (Steele), Steve Austin (Manning), Michael Paré (Chris Blake), Aliyah O'Brien (Charlotte), Steph Song (Samantha), Bren Foster (Bradley), Kirby Morrow (Wärter), Zak Santiago (MP Fields) **L** 91 / 94 **FSK** ab 18 & SPIO/JK I **E** 18.10.2012 DVD & BD   **fd** –

Medianeras   ☆
MEDIANERAS
In Buenos Aires laufen zwei im selben Häuserblock lebende Singles so lange aneinander vorbei, bis sie neue Fenster in ihre Wohnungen einbauen lassen und sie sich über den neuen Sichtkontakt näher kommen. Zauberhafte Romanze um junge Großstädter, die emotional und poetisch über das Leben und die Liebe philosophiert und dabei urbane wie virtuelle Räume einer hellsichtigen Kritik unterzieht. Der klug strukturierte, sorgfältig inszenierte Film entwirft dabei ein ebenso liebevolles wie differenziertes Bild der argentinischen Hauptstadt. (O.m.d.U.) – Sehenswert ab 14.
Argentinien / Spanien / Deutschland 2011 **P** Eddie Saeta / Pandora Filmprod. / Rizoma Films / Televisió de Catalunya (TV3) / Zarlek Prod. **KI** Real Fiction/trigon-film **Pd** Natacha Cervi, Hernán Musaluppi, Christoph Friedel, Luis Miñarro, Luis Sartor (= Luis A. Sartor) **R+B** Gustavo Taretto **K** Leandro Martínez **M** Gabriel Chwojnik **S** Pablo Mari, Rosario Suárez **D** Javier Drolas (Martín), Pilar López de Ayala (Mariana), Inés Efron (Ana), Adrián Navarro (Lucas), Rafael Ferro (Rafa), Carla Peterson (Marcela), Jorge Lanata (Arzt) **L** 96 **FSK** ab 6; f **E** 1.12.2011 Schweiz / 3.5.2012   **fd** 41 045

Das Meer am Morgen   ☆
LA MER A L'AUBE
Die nordfranzösische Stadt Nantes im Jahr 1941: Nachdem ein deutscher Besatzungsoffizier erschossen wurde, ordnet Hitler die Exekution von 150 französischen Geiseln an, unter ihnen ein 17-jähriger Jugendlicher, der bis zuletzt hofft, diesem Schicksal entrinnen zu können. Multiperspektivisch erzählter Film nach Protokollen des Schriftstellers Ernst Jünger und einer frühen Erzählung von Heinrich Böll, dessen Person auch im Film als junger Wehrmachtssoldat eine wesentliche Rolle einnimmt. (Teils O.m.d.U.) – Ab 16.
Frankreich / Deutschland 2011 **P** Les Canards Sauvages / Provobis / SWR / 7ème Apache Films / ARTE France / BR / NDR / SWR **KI** offen **Pd** Bruno Petit, Olivier Poubelle **R+B** Volker Schlöndorff **K** Lubomir Bakschew **M** Bruno Coulais **S** Susanne Hartmann **D** Léo-Paul Salmain (Guy Môquet), Arielle Dombasle (Charmille), Dominique Engelhardt (Colonel Fabien), Marc Barbé (Jean-Pierre Timbaud), Martin Loizillon (Claude Lalet), Sébastien Accart (Bernard Lecornu), Ulrich Matthes (Ernst Jünger), Jean-Marc Roulot (Lucien Touya), André Jung (General von Stülpnagel) **L** 90 **E** 23.3.2012 arte   **fd** –

Meeting Evil
MEETING EVIL
Ein familiär und finanziell angeschlagener Makler willigt ein, eine flüchtige neue Bekanntschaft auf eine Spritztour zu begleiten. Dieser aber ist ein Serienkiller, der, um von seinen Taten abzulenken, einen Verdächtigen braucht. Arg konstruierter Psychothriller, der mit seiner nach Typ gecasteten Opfer/Täter-Konstellation (Wilson/Jackson) zwei prominente Gesichter aufbietet, diese aber in dem nervigen Road Movie chronisch unterfordert. – Ab 16.
USA 2011 **P** L.E.S.S. / MPCA / Stage 6 Films **DVD** Sony (16:9, 1.78:1, DD5.1 engl./dt.) **BD** Sony (16:9, 1.78:1, dts-HDMA engl./dt.) **Pd** Justin Bursch, Mike Callaghan, Brad Krevoy **R+B** Chris Fisher **Vo** Thomas Berger (Roman) **K** Marvin V. Rush **M** Ryan Beveridge **S** Miklos Wright **D** Luke Wilson (John), Samuel L. Jackson (Richie), Leslie Bibb (Joanie), Peyton List (Tammy), Tracie Thoms (Latisha Rogers), Ryan Lee (Scooter), Muse Watson (Frank), Jason Alan Smith (Trevor) **L** 85 **FSK** ab 16 **E** 26.7.2012 DVD & BD   **fd** –

Megastorm
MEGASTORM / THE STORM
Ein Wissenschaftler hat sich der Manipulation des Wetters verschrieben, um Hungersnöte und Naturkatastrophen abzuwenden. Er muss erkennen, dass er eine Marionette der Militärs ist, die seine Forschungen für kriegerische Zwecke nutzen wollen. Zwar will er aussteigen, doch längst sind Auftrags-

killer auf ihn und eine befreundete Journalistin angesetzt, während sich eine weltweite Klimakatastrophe anbahnt. Handelsüblicher (Fernseh-) Katastrophen-Thriller mit bescheidenen Spezialeffekten und ebensolchen Darstellern. – Ab 16.
USA 2009 **P** Larry Levinson Prod. / RHI **DVD** Concorde/Eurovideo (16:9, 1.78:1, DD5.1 engl./dt.) **Pd** Lincoln Lageson **R** Bradford May **B** David Abramowitz, Matthew Chernov, Dennis A. Pratt, David Rosiak **K** Maximo Munzi **M** Jonathan Snipes **D** James van der Beek (Dr. Jonathan Krik), Treat Williams (Robert Terrell), Teri Polo (Danni Nelson), David James Elliott (General Wilson Braxton), Marisol Nichols (Det. Devon Williams), John Larroquette (Bud McGrath), Luke Perry (Stillman), Rich Sommer (Dr. Hoffman) **L** 178 **FSK** ab 12 **E** 4.2.2010 DVD / 26.5.2012 RTL **fd** –

Mein erster Berg, ein Rigi Film
MEIN ERSTER BERG, EIN RIGI FILM
Der Schweizer Regisseur Erich Langjahr entführt in die Region des Rigi-Bergmassivs, eine wild-romantische Gegend, die noch pure Natur bietet. Ein sehr persönlicher Dokumentarfilm als Liebeserklärung an eine Region, der ohne Kommentar auskommt und die Bilder wirken lässt. – Ab 12.
Schweiz 2012 **P** Langjahr Film **KI** Eigenverleih Langjahr (Schweiz) **Pd+R+B** Erich Langjahr **K** Erich Langjahr **M** Hans Kennel **S** Erich Langjahr **FSK** – **E** 22.11.2012 Schweiz **fd** –

Mein Freund Shadow – Abenteuer auf der Pferdeinsel
PENNY'S SHADOW
Eine 17-jährige Pferdeenthusiastin verliebt sich nicht nur in einen scheinbar unzähmbaren Problemhengst, sondern auch in dessen attraktiven Pfleger. Auf einer Pferde-Ranch angesiedeltes emotionsgeladenes Gefühlsdrama, das weitgehend auf ein weibliches Publikum im Teenager-Alter abzielt. – Ab 12.
DVD/BD: Die Extras enthalten u. a. ein Feature mit im Film nicht verwendeten Szenen.
Scope. Niederlande 2011 **P** Two Young Rights **DVD** NewKSM (16:9, 2.35:1, DD5.1 niederl./dt.) **BD** NewKSM (16:9, 2.35:1, dts-HDMA niederl./dt.) **Pd** Klaas de Jong, Steven de Jong **R** Steven de Jong **B** Lars Boom, Hilda van der Meulen **S** Talia Stone **D** Levi van Kempen (Kai), Liza Sips (Lisa), Valeria Pos (Tess), Tanja Jess (Daphne), Rick Engelkes (Erik), Bas de Nijs (Dino), Roos Smit (Jessica), Vivian van Huiden (Chantal) **L** 96 **FSK** ab 6 **FBW** w **E** 9.11.2012 DVD & BD **fd** –

Mein Herz in Malaysia
Eine deutsche Kunsthändlerin, die sich auf asiatische Antiquitäten spezialisiert hat, muss Unregelmäßigkeiten in ihrer Filiale in Malaysia klären, wo einige Monate zuvor ihr Mann nach einem Bootsunfall spurlos im Meer verschwand. Vor Ort kommt sie hinter dubiose Geschäfte, die ihr Mann tätigte, und damit dessen geschickt eingefädeltem Doppelleben auf die Spur. Sie erkennt, dass ihr Leben auf einer gigantischen Lüge aufgebaut ist. (Fernseh-)Krimi vor exotischer Kulisse. – Ab 14.
Deutschland 2012 **P** FFP New Media / Vision New Media (für ARD Degeto) **KI** offen **Pd** Olivia Goh, Vanessa Lackschewitz, Michael Smeaton **R** Helmut Metzger **B** Thomas Hernadi **K** Helge Peyker **M** Volker Barber **S** Ulrike Leipold **D** Ursula Karven (Juliane), Oliver Stritzel (Jürgen), Max Felder (Oliver), Carmen Soo (Dalina), Kamila Jusupova (Tanita), Patrick Teoh (Bentar), Rahim Maarof (Quiang), Sarif Kassin (Abidin) **L** 88 **E** 29.9.2012 ARD **fd** –

Mein liebster Alptraum
MON PIRE CAUCHEMAR
Eine selbstbewusste Pariser Galeristin lernt einen unverschämten Arbeitslosen kennen und erliegt seinem vulgären Charme. Eine turbulent-freche Komödie, die ihren Witz aus dem gesellschaftlichen Gefälle bezieht. Auf Dauer überwiegen dabei die Schwächen des Drehbuchs, das seine Figuren nicht ausreichend erklärt und ihre Veränderung nicht glaubhaft macht. In den Hauptrollen überzeugend gespielt, werden die Nebenfiguren mit griffigen Stereotypen der Lächerlichkeit preisgegeben. – Ab 14.
Frankreich/Belgien 2010 **P** Ciné-@ / Maison de Cinéma / F.B. Prod. / Pathé / M6 Films / Entre Chien et Loup / Artémis Productions / RTBF **KI** Concorde **Pd** Francis Boespflug, Philippe Carcassonne, Bruno Pésery, Jérôme Seydoux, Diana Elbaum, Sébastien Delloye, Patrick Quinet **R** Anne Fontaine **B** Nicolas Mercier, Anne Fontaine **K** Jean-Marc Fabre **M** Bruno Coulais **S** Luc Barnier, Nelly Ollivault **D** Isabelle Huppert (Agathe), Benoît Poelvoorde (Patrick), André Dussollier (François), Virginie Efira (Julie), Corentin Devroey (Tony), Donatien Suner (Adrien), Aurélien Recoing (Thierry), Éric Berger (Sébastien), Philippe Magnan (Direktor), Bruno Podalydès (Marc-Henri), Samir Guesmi (Sozialamtsprüfer), Françoise Miquelis (Psychologin), Jean-Luc Couchard (Milou), Émilie Gavois Kahn (Sylvie) **L** 100 **FSK** ab 12; f **FBW** bw **E** 19.1.2012 **fd** 40 872

Mein süßer Kanarienvogel ★
MY SWEET CANARY
Drei junge Musiker aus Zypern, Israel und der Türkei begeben sich auf die Spuren der legendären «Rembetiko»-Sängerin Roza Eskenazi, eine in Istanbul geborene sephardische Jüdin, die diese Musikrichtung seit den 1930er-Jahren prägte und über 500 Lieder hinterließ. Eine bei allem Informationswert stets auch vergnügliche filmische Reise durch die Türkei und Griechenland, die der beispiellosen Interpretin des «griechischen Blues'», einer Musik an der Schnittstelle zwischen Ost und West, ihren Tribut zollt. – Ab 12.
Israel/Griechenland/Frankreich/Deutschland 2011 **P** IBA / E.R.T. / ARTE France **KI** offen **Pd+R+B** Roy Sher **K** Daniel Bar **S** John Avishay **L** 67 **E** 28.10.2012 arte **fd** –

Mein Vater, mein Herr ★
HOFSHAT KAITS
Ein Rabbiner lebt mit seiner Familie in einem orthodoxen Viertel in Jerusalem und geht ganz in seinem Glauben auf. Sein geliebter kleiner Sohn versucht, die Welt auf seine eigene Art zu ergründen, wodurch es zwischen ihnen zu Konflikten kommt. Während eines Urlaubs am Toten Meer ereignet sich ein tragischer Unfall, der den Rabbi in den Grundfesten seines Glaubens erschüttert. Eindringlich inszenierter, auf autobiografischen Erlebnissen basierender Film, der seiner Geschichte eine glaubhafte Intimität verleiht, wobei er ohne viele Worte auskommt. – Ab 16.
Israel 2007 **P** Cinema Project / Golden Cinema / New Israeliu Foundation for Cinema and Television **KI** offen **Pd** Eyal Shiray **R+B** David Volach

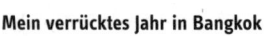

K Boaz Yehonatan Yaacov (= Boaz Yonathan Yaacov) **M** Michael Hope, Martin Tillman **S** Haim Tabakman **D** Assi Dayan (Rabbi Abraham Eidelmann), Ilan Griff (Menahem Eidelmann), Sharon Hacohen Bar (Esther Eidelmann), Roni Aharon, Sarit Draron, Pini Gorlik **L** 73 **E** 4.1.2012 arte   **fd** –

Mein verrücktes Jahr in Bangkok
Ein Unternehmensberater zieht wegen eines Job-Angebots mit der ganzen Familie für ein Jahr nach Bangkok. Das Abenteuer hält zunächst überwiegend unangenehme Überraschungen bereit: Die Arbeitsbelastung ist hoch, und der Mann findet kaum Zeit für seine Frau. Zudem interessiert sich seine neue Dolmetscherin auffallend für ihren Chef, während seine Frau von seinem Vorgesetzten umgarnt wird. Eine mehrtägige Geschäftsreise durchs Land führt zur Zerreißprobe. (Fernseh-)Culture-Clash-Komödie, eher routiniert als inspiriert entwickelt. – Ab 14.
Deutschland 2011 **P** Ziegler Film (für ARD Degeto) **KI** offen **Pd** Regina Ziegler **R** Sigi Rothemund **B** Mathias Klaschka **K** Dragan Rogulj **M** Michael Hofmann de Boer **S** Haike Brauer **D** Christine Neubauer (Sabine Kremer), Bernhard Schir (Christof Kremer), Minh-Khai Phan-Thi (Lilly Husenbeth), Rhatha Phongam (Eleanor), Hanna Heile (Emma Kremer), Martin Armknecht (Herbert Dollmann), Amarin Simaroj (Andy Cao), Suporn Sangkapibal (Mrs. Santikup), Marian Yu (Tongsuk), Ken Streutker (Jochen) **L** 88 **E** 14.12.2012 ARD/ORF 2   **fd** –

Meine Einheit – Schicksale im vereinigten Deutschland
22 Jahre nach der Wiedervereinigung erinnern sich Menschen aus Ostdeutschland an die Umstrukturierung und Neuorientierung ihres Lebens und die tiefgreifenden Veränderungen in ihrer persönlichen Biografie. Die dokumentarische (Fernseh-)Collage aus Erinnerungen konfrontiert die Befragten mit den Orten, an denen sie einst lebten; dabei versteht sie sich nicht als bloßer Rückblick auf Zusammenbruch und Aufbau, zieht vielmehr eine Bilanz der Einheit, indem sie Bilder ostdeutscher Lebenswirklichkeiten einfängt. – Ab 12.
Deutschland 2010 **P** LOOKS Film & TV (für MDR/RBB) **KI** offen **Pd** Gunnar Dedio **R+B** Yury Winterberg, Jan Peter **K** Jürgen Rehberg **S** Susanne Schiebler **L** 90 (auch 45) **E** 2.10.2011 MDR   **fd** –

Meine Familie, die Nazis und ich ★
HITLER'S CHILDREN
Packender Dokumentarfilm über Kinder, Enkel und andere nahe Verwandte ehemaliger Nazi-Größen, die auf sehr unterschiedliche Weise mit der Last ihrer verbrecherischen Vorfahren umgehen. Das Spektrum der persönlichen Reaktionen liegt zwischen offensiver Aufarbeitung und Öffentlichmachung der eigenen Familiengeschichte und dem Versuch des radikalen Neuanfangs unter Änderung des Familiennamens und bewusster Sterilisation. Zu den Stärken der Dokumentation gehört auch, dass sie die Personen in all ihrer Ambivalenz aufzeigt. – Ab 16.
Israel/USA/Deutschland 2012 **P** Maya Prod. / Saxonia Ent. **KI** offen **Pd+R+B** Chanoch Ze'evi **K** Yoram Millo **M** Ophir Leibovitch **S** Arik Leibovitch **L** 80 **E** 2.9.2012 mdr   **fd** –

Meine Freiheit, deine Freiheit ★
Dokumentarfilm über zwei Frauen, die wegen verschiedener Delikte in der Justizvollzugsanstalt in Berlin Lichtenberg einsitzen, sowie über den Anstaltsdirektor. Er begleitet sie sowohl innerhalb als auch außerhalb des Gefängnisses, folgt aber keiner chronologischen Ordnung, sondern setzt das Porträt wie ein Mosaik aus verschiedenen Facetten zusammen und spiegelt so die von Brüchen gezeichneten Biografien, vor allem der beiden Frauen. Unter Verzicht auf wertende Urteile sowie schönfärberische Verharmlosung kommt der Film allen Protagonisten sehr nah. (Teils O.m.d.U.) – Ab 16.
Deutschland 2011 **P** TAG/TRAUM Filmprod. / ZDF (Das kleine Fernsehspiel) **KI** Edition Salzgeber **Pd** Gerd Haag **R+B** Diana Näcke **K** Diana Näcke, Susanne Schüle, Roger von Heereman **M** Masha Qrella, Big Baba & Akoa Gun, Justine Electra, Bruder & Kronstätter, Fuasi Abdul-Khaliq, Jonah Gold & His Silver Apples **S** Inge Schneider **L** 84 **FSK – E** 31.5.2012   **fd** 41 097

Meine Reise zum Dach der Welt
ALEXANDRA DAVID-NEEL – J'IRAI PAYS DES NEIGES
Im Jahr 1924 ist die Französin Alexandra David-Néel am Ziel ihrer Träume angelangt: Als erste Europäerin erreicht sie Lhasa, die Hauptstadt des von China besetzten Tibet, und steht am Fuß des Himalaya auf dem Dach der Welt. Der Film beschreibt den verbissen verfolgten Weg der Orientalistin und Schriftstellerin, die in Indien durch einen Swami religiöse Inspiration fand, in den Stand eines spirituellen Führers (Lama) erhoben wurde und den Dalai Lama persönlich kennenlernte. Die Beschreibung eines ebenso abenteuerlichen wie emanzipierten Lebens, die neben der Biografie ihrer Protagonistin ein wenig die Lehren und das Wesen des Buddhismus nahe bringt. – Ab 16.
Frankreich 2012 **P** Magic Hour / Pierre Javaux Prod. **KI** offen **Pd** Pierre Javaux **R** Joël Farges **B** Joël Farges, Michel Fessler **K** Jean-Claude Larrieu **M** Béatrice Thiriet **S** Sabine Emiliani **D** Dominique Blanc (Alexandra David-Néel), Nicolas Brioudes (Yongden als Erwachsener), Lobang Dhondup (Yongden als Kind), Hervé Dubourjal (Mac Donald), Mu Raa (Swami), Sunayna Panda (Ouma), Francis Malan (Priester), Tenzin Thonpa (Dalai Lama) **L** 103 **E** 1.6.2012 arte   **fd** –

Meine Schwester Charlie unterwegs – Der Film
siehe: Disney Meine Schwester Charlie unterwegs – Der Film

Meine Tochter, ihr Freund und ich
Traurig und enttäuscht zieht eine von ihrem Mann betrogene Frau Ende 40 zu ihrer erwachsenen, von der neuen Mitbewohnerin nur wenig begeisterten Tochter. Sie verliebt sich in deren weit älteren Liebhaber, einen Schriftsteller, dessen Sohn wiederum längst in die Tochter verliebt ist. Turbulentseichte (Fernseh-)Liebeskomödie um gescheiterte Ehen, außereheliche Kinder, Sex, Drogen und einen vermeintlichen Selbstmord, hinter deren überreich aufgehäuften Problemchen sich die Erkenntnis offenbart, dass auf jeden Topf ein Deckelchen passt. – Ab 14.
Deutschland 2012 **P** MR TV-Film (für ZDF/ORF) **KI** offen **Pd** Oliver Auspitz, Andreas Kamm, Kurt J. Mrkwicka **R** Walter Weber **B** Uli Brée, Gabriel

Castaneda **K** Volker Tittel **M** Dominik Giesriegl **S** Alarich Lenz **D** Axel Milberg (Hans), Andrea Sawatzki (Iris), Anna Rot (Sandra), Manuel Rubey (Tobias), Dietrich Siegl (Günther), Ulrike Beimpold (Margit), Eva-Maria Frank (Julia), Wolf Galler (Dr. Walter) **L** 90 **E** 13.12.2012 ZDF **fd** –

Der Meineidbauer
DER MEINEIDBAUER
Nach dem Tod seines Stiefbruders vernichtet ein Bauer dessen Testament, das den Hof seiner Verlobten und deren Tochter zugedacht hatte. Während er in den folgenden Jahren zu Reichtum kommt, wird die Frau mitsamt der Tochter aus dem Dorf verjagt. Erst nach 15 Jahren kehrt die Tochter ins Dorf zurück und nimmt einen Job an. Sie verliebt sich in den Sohn des damals verstorbenen Bauern und kommt der Wahrheit über die damaligen Geschehnisse näher. Neuerliche (Fernseh-)Verfilmung eines Bühnenstücks von Ludwig Anzengruber, die behutsam eigene Akzente im vertrauten Heimatfilm-Genre zu setzen versucht. – Ab 12.
Österreich 2011 **P** Lisa Film Prod. **KI** offen **Pd** David Spiehs **R** Joseph Vilsmaier **B** Erich Tomek **Vo** Ludwig Anzengruber (Bühnenstück *Der Meineidbauer*) **K** Joseph Vilsmaier **S** Max Zandanel (= Maximilian Zandanel) **D** Günther-Maria Halmer (Franz Bruckner), Suzanne von Borsody (Anna Sobek), Heikko Deutschmann (Josef Puganig), Max Tidof (Ignaz), Josefina Vilsmaier (Marie Sobek), Aaron Karl (Toni Bruckner), Monika Gruber (Wirtin Ursula) **L** 90 **E** 22.2.2012 ORF 2 **fd** –

Mekong Hotel ★
MEKONG HOTEL
Dokumentarfilm mit fiktionalen wie experimentellen Teilen über das thailändische «Mekong Hotel», konzipiert als kontemplative Erinnerungsreise in die asiatische Zivilisation. Auf mehreren Ebenen werden kleine Geschichten, dokumentarisches Material und Szenen aus früheren Projekten des Regisseurs miteinander verwoben und bieten einen Einblick in die ebenso harmonische wie chaotische Beständigkeit einer Kultur. – Ab 16.
Thailand/Großbritannien 2012 **P** Illuminations Films **KI** offen **Pd** Keith Griffiths, Simon Field **R+S** Apichatpong Weerasethakul **K** Apichatpong Weerasethakul **M** Chai Bhatana **S** Apichatpong Weerasethakul **D** Jenjira Pongpas, Maiyatan Techaparn, Sakda Kaewbuadee, Apichatpong Weerasethakul, Chai Bhatana **L** 56 **E** 10.12.2012 arte **fd** –

Memorial Day
MEMORIAL DAY
Die Geschichten des Großvaters, in denen ein Kind von den Erlebnissen im Zweiten Weltkrieg in Europa erzählt bekam, kommen dem Erwachsenen im Irak-Krieg ständig in Erinnerung. Man muss für die gute Sache kämpfen, lautet die Botschaft des mit Patriotismus und Kriegsromantik gewürzten Actiondramas, das den «ehrenvollen» Tod im Einsatz überhöht und als harten, wenn auch nicht zu vermeidenden Kollateralschaden begreift. – Ab 16.
DVD/BD: Die Extras umfassen u. a. einen Audiokommentar des Regisseurs, des Drehbuchautors sowie des Darstellers John Cromwell.
USA 2011 **P** PFI **DVD** MIG/EuroVideo (16:9, 1.78:1, DD5.1 engl./dt.) **BD** MIG/EuroVideo (16:9, 1.78:1, dts-HDMA engl./dt.) **Pd** Craig Christainsen **R** Sam Fischer **B** Marc Conklin **K** Bo Hakala **M** Paul Hartwig **S** Bill Rammer **D** Jonathan Bennett (SSGT Kyle Vogel), John Cromwell (Lieutenant Bud Vogel), James Cromwell (Bud Vogerl), Jackson Bond (junger Kyle Vogel), Mary Kay Fortier-Spalding (Betty Vogel), Emily Fradenburgh (Lt. Kelly Tripp), Charles Hubbell (Cpt. Tom Marshall), Corby Kelly (Derek Lodenmeier) **L** 108 **FSK** ab 16 **E** 2.8.2012 DVD & BD **fd** –

Memorial Day – Zwei Generationen. Zwei Kriege. Eine Geschichte
siehe: **Memorial Day**

Men in Black 3
MEN IN BLACK III
Dritter Teil der MEN IN BLACK-Reihe, in der die Agenten der gleichnamigen Spezialbehörde dafür sorgen, dass das Zusammenleben der Menschen mit unerkannt unter ihnen lebenden außerirdischen Einwanderern friedlich bleibt. Diesmal muss Agent J seinen Partner Agent K durch eine Zeitreise in die 1960er-Jahre retten, um dessen Eliminierung durch einen Alien rückgängig zu machen und nebenbei auch die Welt vor einer außerirdischen Invasion zu bewahren. Eine ausgesprochen originelle Weiterführung des Franchise, die nicht nur mit dem charismatischen Buddy-Duo, sondern auch mit liebevoll gestalteten Nebenfiguren, einer witzigen Hommage an die «Sixties» und atemberaubenden 3D-Effekten perfekt unterhält. – Ab 14.
DVD/BD: Erhältlich als DVD, 2D BD und 2D/3D BD. Die Standardausgabe (DVD & BD) enthält keine erwähnenswerten Extras. Die BD enthält neben den üblichen, zumeist werbelastigen und oberflächlichen «Making of»-Features u. a. die Feature «Szenenanalyse» (17 Min.) und «Entstehungsszenen» (18 Min.), die sich detaillierter mit dem Entstehungsprozess einzelner Szenen beschäftigen.
3D. USA 2012 **P** Parkes-MacDonald Prod. / Amblin Ent. / Hemisphere Media Capital / Media Magik Ent. **KI** Sony **DVD** Sony (16:9, 1.85:1, DD5.1 engl./dt.) **BD** Sony (16:9, 1.85:1, dts-HDMA engl./dt.) **Pd** Laurie MacDonald, Walter F. Parkes **R** Barry Sonnenfeld **B** Etan Cohen, David Koepp, Jeff Nathanson, Michael Soccio **K** Bill Pope (= William Pope) **M** Danny Elfman **S** Wayne Wahrman, Don Zimmerman **D** Will Smith (Agent J), Tommy Lee Jones (Agent K), Josh Brolin (junger Agent K), Emma Thompson (O), Nicole Scherzinger (Lilly), Alice Eve (junge Agentin O), Jemaine Clement (Boris), Bill Hader (Andy Warhol), Michael Stuhlbarg (Griffin), Lady Gaga **L** 106 (24 B./sec.) / 102 (25 B./sec.) **FSK** ab 12; f **E** 24.5.2012 / 2.10.2012 DVD & BD **fd** 41 105

Mensch Mama!
Um ihrem von der Midlife-Krise geplagten Mann keinen weiteren Vorwand zum Nichtstun zu liefern, fädelt eine Kindergärtnerin, die soeben eine Million im Lotto gewonnen hat, einen raffinierten Plan ein: Sie hält den Gewinn geheim, lässt ihm aber über einen Jugendfreund eine Stelle als Gourmet-Koch und Restaurantleiter anbieten. Tatsächlich blüht der Mann in seiner neuen Umgebung auf. Seine Kreativität treibt allerdings derartige Blüten, dass schon bald der Verlust des gewonnenen Geldes droht. Sanfthintergründige (Fernseh-)Komödie über Segen und Fluch des unerwarteten Reichtums, gut gespielt, originell entwickelt. – Ab 12.

Deutschland 2012 **P** Müller & Seelig Filmprod. **KI** offen **Pd** Jutta Müller, Matthias Seelig **R** Dirk Regel **B** Peter Strotmann **K** Peter Ziesche **M** Gert Wilden **S** Patricia Testor **D** Birge Schade (Anja Bremer, Götz Schubert (Ulli Bremer), Grit Boettcher (Thea), Max Urlacher (Max Schweitzer), Marita Breuer (Marie), Aaron Wirtz (Niko Bremer), Nadine Kösters (Franzi Bremer), Andreas Windhuis (Mike), Charlotte Bohning (Mona Lange), Andreas Schröders (Kretzschmar), Steffen Will (Birne), Justin Marsiglia (Paul), Isis Krüger (Karolina) **L** 87 **E** 14.9.2012 ARD   **fd** –

Mensch 2.0 – Die Evolution in unserer Hand ☆
MENSCH 2.0 – DIE EVOLUTION IN UNSERER HAND
Dokumentarisch-essayistische Exkursionen durch die Welt der Robotik, in der Bio-, Nano- und Computertechnologien an der Verbesserung menschlichen Lebens zusammenarbeiten. Was wie Science Fiction klingt, wirft viele ethisch-existenzielle Fragen auf. Eine anregende Materialsammlung, die ursprünglich als 720-minütige DVD-Box erschien und für die Kinoauswertung auf knapp zwei Stunden komprimiert wurde. Stilistisch zerfällt der Film in eine konventionelle Wissenschaftsdokumentation und eine assoziativ-schweifende Reflexion über die Schnittmengen menschlicher und künstlicher Intelligenz. – Ab 14.
Deutschland/Schweiz 2012 **P** DCTP / NZZ Film **KI** EYZ Media **Pd** Basil Gelpke, Tobias Wolff **R+B** Alexander Kluge, Basil Gelpke **K** Michael Christ, Khairun Lamb, Walter Lenertz, Werner Lüring, Frank Messmer, Daniel Pfisterer, Thomas Willke **M** Brian Burman **S** Brian Burman, Kajetan Forstner, Andreas Kern, Jakob Nägeli **L** 112 (24 B./sec.) / 108 (25 B./sec.) **FSK** o.A.; f **FBW** bw **E** 27.9.2012   **fd** 41 272

Menschen, die ich hätte sein können und vielleicht auch bin
PEOPLE I COULD HAVE BEEN AND MAYBE AM
Mit Hilfe einer Handy-Kamera nähert sich der Filmemacher zwei völlig unbekannten Menschen auf den Straßen von London an, einem Junkie und einer heiratswilligen Brasilianerin, die nach dem perfekten Ehemann sucht. Dabei steht die Frage im Vordergrund, wie es wäre, am Leben dieser Menschen wirklich teilzunehmen und ihre Sorgen, Nöte und Hoffnungen zu teilen. Ein ungewöhnlicher Dokumentarfilm, bei dem die Grenzen zwischen den Protagonisten und der Stadt London verwischen: Die Menschen werden zur Projektionsfläche ihrer lärmenden und hektischen Umgebung. – Ab 16.
Niederlande 2010 **P** PvHFilm/pippaciné **KI** offen **Pd** Pieter van Huystee **R+B** Boris Gerrets **K** Boris Gerrets **M** Sister Netifa, Anne Wellmer **S** Boris Gerrets **L** 53 **E** 26.11.2012 arte   **fd** –

Menschenfresser – Das Monster will Nahrung
MANEATER
Seltsame Morde terrorisieren eine Kleinstadt in den US-amerikanischen Wäldern. Doch selbst angesichts der grauenvoll verstümmelten Leichen will ein Ex-Profiler und jetziger Kleinstadtsheriff nicht an übernatürliche Kräfte glauben. Immerhin sagt die Legende, dass hier ein Wendingo nach Menschenfleisch giert. Ebenso schlampiger wie spannungsarmer Horrorfilm, der mit der indianischen Mythologie, die er ausbeutet, nichts anfangen kann.
Scope. USA 2009 **P** Canal Street Films **DVD** WGF/Schröder-Media (16:9, 2.35:1, DD2.0 engl., DD5.1 dt.) **Pd** Michael Emanuel, Kelly Hirano, Eric Lewald, John K. Anderson, Dean E. Fronk, Donald Paul Pemrick **R** Michael Emanuel **B** John K. Anderson, Michael Emanuel **K** James Lawrence Spencer **M** Claude Foisy **S** Bob Badway, Masayoshi Matsuda **D** Dean Cain (Harry Bailey), Lacy Phillips (Pearl), Stephen Lunsford (Todd), Christopher Darga (Zeus), Nikki Moore (= Nicole Moore) (Kay), Maximilian Roeg (Wahoo), Ellie Gerber (Buckly), Saginaw Grant (Stanley Hipp) **L** 87 **FSK** ab 16 **E** 22.11.2012 DVD   **fd** –

Mercy
MERCY
Ein Erfolgsschriftsteller und oberflächlicher Womanizer lernt auf einer Party eine seiner schärfsten Kritikerinnen kennen. Nach anfänglichen Animositäten verlieben sich die beiden ineinander, doch ein Unglück zerstört alle Zukunftspläne. Tragische Liebesgeschichte, in der viel über Beziehungen geredet wird, die dennoch kaum zu Herzen geht. Beachtlich ist die Leistung des Hauptdarstellers, der mit seinem leiblichen Vater eine überzeugende Vater-Sohn-Beziehung spielt. – Ab 16.
Scope. USA 2009 **P** IFC Films / Gold Pony Films **DVD** dtp/Great Movies (16:9, 2.35:1, DD5.1 engl./dt.) **BD** dtp/Great Movies (16:9, 2.35:1, dts-HD engl./dt.) **Pd** Scott Caan, Vince Palomino, Phil Parmet, Andrea Bottigliero, Sean Gowrie **R** Patrick Hoelck **B** Scott Caan **K** Phil Parmet **M** Mader **S** Andrea Bottigliero **D** Scott Caan (Johnny Ryan), Wendy Glenn (Mery Bennett), Troy Garity, James Caan (Gerry Ryan), Whitney Able (Heather), John Boyd (Erik), Thom Cammer (Nigel), Dorian Brown (Dorian) **L** 84 **FSK** ab 12 **E** 19.1.2012 DVD &fd **fd** –

Merida – Legende der Highlands ☆
BRAVE
Das Mädchen Merida, rothaarige Tochter des schottischen Königs, wird von seiner standesstolzen Mutter zur Heirat gedrängt, flüchtet in den Wald und lässt die vermeintlich ungeliebte Königin von einer Hexe in einen Bären verzaubern. Schnell bereut das Kind den Fluch und will ihn rückgängig machen, hat dazu aber nur sehr begrenzt Zeit. Turbulent-charmantes Animationsmärchen, das Geschlechterklischees hinterfragt und vom Erwachsenwerden und der Selbstbehauptung eines jungen Mädchens erzählt. Technisch perfekt inszeniert, mit viel Liebe zum Detail, eher zurückhaltenden 3D-Effekten und visuell atemberaubend gestalteten Landschaften. – Sehenswert ab 8.
USA 2012 **P** Walt Disney Pic./Pixar Animation Studios **KI** Walt Disney **Pd** Katherine Sarafian **R** Mark Andrews, Brenda Chapman **B** Mark Andrews, Steve Purcell, Brenda Chapman, Irene Mecchi **M** Patrick Doyle **S** Nicholas C. Smith **L** 93 **FSK** ab 6; f **FBW** bw **E** 2.8.2012   **fd** 41 197

Mes – Lauf!
MES
Ein kurdischer Junge begegnet in Nusaybin, einer Stadt an der Grenze zu Syrien, einem verwirrten alten Mann. Die Freundschaft der beiden Außenseiter findet ein Ende, als 1980 bei einem Militärputsch die kurdische Bevölkerung von türkischen Solda-

ten drangsaliert wird. Der Junge tritt in die Fußstapfen seines Bruders, der im bewaffneten Widerstand gegen die Unterdrückung kämpft. Die Aufarbeitung der Leiden der kurdischen Bevölkerung gerät zur undifferenzierten Verklärung von Märtyrertum und bewaffnetem Kampf; dabei funktionalisiert der Film die Opfer des Staatsterrors für seine eigenen nationalistischen Zwecke. (O.m.d.U.)
Türkei/Deutschland 2011 **P** Sel Film / Sifilm / SoundVision **KI** Real Fiction **Pd** Shiar Abdi, Selamo (= Abudel Selam Kilgi), Lothar Segeler **R** Shiar Abdi **B** Shiar Abdi, Selamo (= Abudel Selam Kilgi) **K** Ercan Özkan **M** Frank Schreiber, Hemin Derya **S** Ulf Bremen, Johannes Schäfer **D** Abudel Selam Kilgi (Xelilo), Abdullah Ado (Cengo), Tolay Moseki (Xezal), Murat Elmas (Firat), Nurjiyan Kilgi (Yeldiz), Files Mehmoud (Aso), Bünyamin Keyik (Miho), Ahmet Ulugoglu (Ali), Naif Elmas (Ahmet) **L** 91 (24 B./sec.) / 87 (25 B./sec.) **FSK** ab 12; f **E** 24.5.2012
fd 41 084

Messages Deleted
MESSAGES DELETED
Ein erfolgloser Drehbuchautor kommt in Teufels Küche, als eines seiner mäßigen Drehbücher als reale Vorlage für einen Serienkiller fungiert. Für die engagierte Ermittlerin wird er dadurch zum Hauptverdächtigen. Das Drehbuch des überdreht gespielten, mit diversen Unappetitlichkeiten garnierten Krimis könnte allein schon aufgrund seiner Logikbrüche von eben jenem Autor stammen, der im Film seine Haut retten muss.
Kanada 2009 **P** Waterfront Pic. / Main Street Prod. **DVD** dtp/Great Movies (16:9, 1.85:1, DD5.1 engl./dt.) **BD** dtp/Great Movies (16:9, 1.85:1, dts-HD engl./dt.) **Pd** Rob Cowan, David Doerksen, Jim O'Grady **R** Rob Cowan **B** Larry Cohen **K** Stephen Jackson **M** Jim Guttridge **S** Garry M.B. Smith **D** Matthew Lillard (Joel Brandt), Deborah Kara Unger (= Deborah Unger) (Det. Lavery), Gina Holden (Millie), Serge Houde (Det. Breedlove), Chiara Zanni (Claire), Michael Eklund (Adam Brickles), Xantha Radley (Schwester Bev), Ken Kramer (Ben Brandt) **L** 88 **FSK** ab 16 **E** 12.9.2012 DVD
fd –

Messies, ein schönes Chaos ★
MESSIES, EIN SCHÖNES CHAOS
Das Sammeln liegt in der Natur des Menschen, wird aber problematisch, wenn es chaotische Ausmaße annimmt. Der amüsante Dokumentarfilm stellt vier Schweizer vor, die ihrer Sammelleidenschaft erlegen sind und dadurch in allerlei Kalamitäten kommen, löst angesichts der manischen Obsessionen seiner Protagonisten allerdings auch Beklemmungen aus. Dabei werden die Charaktere nie denunziert, vielmehr werden ihre liebenswerten Seiten gezeigt; mitfühlend wird deutlich, dass sie ohne (psychologische) Hilfe nicht aus ihrer Haut heraus können. – Ab 14.
Schweiz 2011 **P** Fair & Ugly Filmprod. **KI** Fair & Ugly (Schweiz) **R** Ulrich Grossenbacher **B** Ulrich Grossenbacher, Thomas Moll, Annalise Lüthi **K** Ulrich Grossenbacher **M** Resli Burri **S** Maya Schmid **L** 117 **FSK** o.A.; f **E** 1.3.2012 Schweiz
fd –

Messner
Dokumentarfilm über den Südtiroler Extrem-Bergsteiger Reinhold Messner, der als erster Mensch alle Achttausender-Berge bestieg. Ohne vor den Leistungen des Protagonisten in Ehrfurcht zu erstarren, entwirft er in einer Mischung aus Archivmaterial, Interview-Szenen und nachgestellten Aufnahmen das eindrückliche Psychogramm eines Mannes, der stets seine persönlichen Grenzen auslotete und dabei auch herbe Verluste und Rückschläge in Kauf nehmen musste. (Teils O.m.d.U.) – Ab 14.
Deutschland 2012 **P** ExplorerMedia / BR / ARTE / Dr. Wilfried Ackermann Filmprod. **KI** Movienet **Pd** Andreas Nickel, Wilfried Ackermann, Gene Yoon **R+B** Andreas Nickel **K** Denis Ducroz **M** Wolfgang Gleixner, Peter Horn, Andrej Melita **S** Lodur Tettenborn, Hans-Christian Horn **D** Florian Riegler (Reinhold Messner), Martin Riegler (Günther Messner), Hubert Niederwolfsgruber (Vater Messner), Brunhilde Schatzer (Mutter Messner), Philipp Mantinger (Reinhold als Kind), Aaron Messner (Günther als Kind), Gabriel Messner (Reinhold als Jugendlicher), Aaron Messner (Günther als Jugendlicher) **L** 108 (24 B./sec.) / 104 (25 B./sec.) **FSK** ab 6; f **FBW** bw **E** 27.9.2012
fd 41 300

Metropia ★
METROPIA
In naher Zukunft muss Europa ohne Erdöl auskommen. Alle energietechnischen Aspekte des Lebens werden vom Megakonzern Trexx kontrolliert, wobei der U-Bahn eine entscheidende Bedeutung zukommt. Hier lernt ein unscheinbarer Angestellter eine junge Frau kennen, deren Konterfei die Shampoo-Flaschen des Konzerns ziert, und stößt auf ein groteskes Geheimnis, das auf bedrückende Art die Stimmen in seinem Kopf erklärt. Düstere CGI-Animation mit monochromen, eindrücklich gestalteten Bildern. Eine bemerkenswerte Variante der orwellschen Vision von der totalen Überwachung. – Ab 16.
DVD/BD: Die Extras enthalten u.a. ein Feature mit einer im Film nicht verwendeten Szene (2 Min.) sowie den Kurzfilm Tony und Silvio (5 Min.).
Schweden / Dänemark / Norwegen / Finnland 2009 **P** Almo Media / Canal Television AB / Film i Väst / Sandrew Metronome Distribution Sverige / Tordenfilm / Trust Film Sales 2 ApS / Zentropa **DVD** Capelight (16:9, 1.85:1, DD5.1 engl./dt.) **BD** Capelight (16:9, 1.85:1, dts-HDMA engl., dts-HDMA 7.1 dt.) **Pd** Kristina Åberg, Gunnar Carlsson, Tomas Eskilsson, Brigitta Holmar, Mikael Olsen, Eric Vogel, Elin Erichsen **R** Tarik Saleh **B** Fredrik Edin, Stig Larsson, Tarik Saleh **K** Sesse Lind **M** Krister Linder **S** Johan Söderberg **L** 82 **FSK** ab 12 **E** 18.4.2012 DVD & BD
fd –

Mevsim Çicek Acti – Blüte der Jahreszeit
MEVSIM ÇICEK ACTI
Die Leidensgeschichte einer jungen Türkin, die an einen in Deutschland lebenden Landsmann verheiratet wird. Gemeinsam mit ihrer kleinen Tochter erlebt sie ein wahres Martyrium. Selbst als sie sich vor der Gewalttätigkeit des groben Mannes, der für einen zwielichtigen Geschäftsmann arbeitet, in ein Frauenhaus flüchtet, lässt ihr seine Rachsucht keine Ruhe. Dem holzschnittartigen, moralisierenden Melodram gelingen einige anrührende Momente, gleichwohl banalisiert es das wichtige Thema durch zu schlicht gezeichnete Figuren sowie eine Inszenierung, die pausenlos auf Dramatik setzt. (O.m.d.U.) – Ab 14.
Türkei 2012 **P** Yalinayak Film **KI** AF-

Media **Pd** Evren Demir **R+B** Ali Levent Üngör **K** Sinan Güngör **M** Firat Yükselir **D** Yavuz Bingöl, Turgay Tanülkü, Mehmet Özgür, Feriha Ecem Çalik, Deniz Oral, Sule Cengiz, Mehtap Bayri, Cihan Kente, Hanni Ekincioglu, Murat Ovant, Onur San, Mehmet Ali Kula, Kerem Alisik **L** 116 **FSK** ab 12; f **E** 19.4.2012 **fd** 41 028

Mich gibt's nur zweimal

Einer ehrgeizigen, aber überforderten Produktdesignerin, zugleich Hausfrau und Mutter, wächst der Alltag über den Kopf, als ihr Mann seine Arbeit verliert und sie noch mehr Jobs übernehmen muss. Im Internet stößt sie auf ein Computerprogramm, mit dem sie sich klonen und eine Doppelgängerin herstellen kann, die ihr zur Hand geht, bald aber Gefühle für ihren Mann entwickelt. Handelsübliche (Fernseh-) Verwechslungskomödie, die ihre stereotype Geschichte mit modernsten Techniken aufbereitet. – Ab 12.
Deutschland 2012 **P** CineCentrum (für SAT.1) **KI** offen **Pd** Doris Büning, Anne Karlstedt, Dagmar Rosenbauer **R** Oliver Dommenget **B** Dagmar Rehbinder, Sven Böttcher **K** Georgij Pestov **M** Siggi Müller **S** Ingo Recker, Melanie Blocksdorf (Andrea Lindhof) **D** Valerie Niehaus (Katrin Schreier/Kate), Oliver Mommsen (Jan Schreier), Marie Bäumer (Maja Schreier), Amon Robert Wendel (Max Schreier), Ludger Pistor (Charley Belfort), Milena Dreißig (Bea), Daniel Popat (Pitty) **L** 90 **E** 30.10.2012 SAT.1 **fd –**

Michael ☆
MICHAEL
Ein unscheinbarer Versicherungsangestellter hält in seinem Keller, von der Außenwelt unbemerkt, einen zehnjährigen Jungen als Sexsklaven gefangen. Durchgängig aus der Täterperspektive gefilmt, beschreibt das milieurealistisch inszenierte Drama in provozierender Beiläufigkeit die Banalität des Bösen, deren abgründiger Horror sich aus der protokollarischen Beobachtung alltäglicher Verrichtung speist. Ein in seiner kalten Distanziertheit hoffnungslos misanthropischer Blick in psychische Deformationen, der ohne das Angebot von Mitgefühl oder Erlösung auskommt und gerade deshalb ins Mark trifft. – Sehenswert ab 16.
DVD/BD: Die Edition besticht durch ein 26-seitiges Booklet zum Film sowie der Dokumentation «Eine Art von Normalität» – Markus Schleinzer über den Film (45 Min.).
Österreich 2011 **P** Nikolaus Geyrhalter Filmprod. **KI** fugu films **DVD** EuroVideo (16:9, 1.66:1, DD5.1 dt.) **Pd** Nikolaus Geyrhalter, Markus Glaser, Michael Kitzberger, Wolfgang Widerhofer **R+B** Markus Schleinzer **K** Gerald Kerkletz **S** Wolfgang Widerhofer **D** Michael Fuith (Michael), David Rauchenberger (Wolfgang), Christine Kain (Mutter), Ursula Strauss (Schwester), Viktor Tremmel (Schwager), Xaver Winkler (Neffe), Thomas Pfalzmann (Neffe) **L** 96 **FSK** ab 16; f **E** 26.1.2012 / 14.6.2012 DVD **fd** 40 874

Michael Jackson – The Immortal World Tour
MICHAEL JACKSON: THE IMMORTAL WORLD TOUR
Der Dokumentarfilm begleitet die Show «Michael Jackson – The Immortal World Tour» vom Cirque du Soleil, eine Hommage an den 2009 verstorbenen «King of Pop», in der viele Künstler auftreten, die mit Jacksons Leben und Werk eng verbunden sind. Zusätzlich werden zahlreiche Fotos und Videos aus dem Privatarchiv der Jacksons gezeigt und kommentiert. – Ab 12.
Kanada 2012 **P** Cirque du Soleil / Productions Conte II **KI** offen **Pd** Martin Bolduc **R** Adrian Wills **S** Heidi Haines, Claude Palardy **L** 87 **E** 28.12.2012 arte **fd –**

Mike Hammer – Mädchen, Morde und Moneten
MIKE HAMMER: MURDER TAKES ALL
Privatdetektiv Mike Hammer lehnt es ab, einen befreundeten Entertainer nach Las Vegas zu begleiten. Wenig später verschlägt es ihn dennoch in die Spielerstatt, und als der Freund einem Anschlag zum Opfer fällt, gerät er in Tatverdacht. (Fernsehserien-)Krimi nach Motiven von HARD BOILED-Autor Mickey Spillane, in der der hart gesottene Privatdetektiv erneut seine Fähigkeiten ausspielen kann. Die Serie überzeugt durch ihren perfekt besetzten Hauptdarsteller, wobei die Handlung dieses Films zum Ende hin deutlich ausfasert. – Ab 16.
USA 1989 **P** Jay Bernstein Prod. / Columbia Pic. / CPT **KI** offen **Pd** Jeffrey Morton **R** John Nicolella **B** Mark Edward Edens **Vo** Mickey Spillane (Kriminalroman-Motive) **K** Frank Beascoechea **M** Ron Ramin **S** Michael Renaud **D** Stacy Keach (Mike Hammer), Jim Carrey (Brad Peters), Don Stroud (Capt. Pat Chambers), Helen Durant (Lynda Carter), Lindsay Bloom (Velda), Stacy Galina (Amy Durant), Lyle Alzado (Reggie Diaz), Royce D. Applegate (Bundy) **L** 86 **E** 2.8.2012 ORF 2 **fd –**

Milchgeld. Ein Kluftingerkrimi
Der Mord am unbeliebten Betriebsleiter einer Molkerei beschert Provinz-Kommissar Kluftinger Arbeit in seiner unmittelbaren Allgäuer Umgebung, aber auch viel Ärger mit der vertrauten Nachbarschaft, etliche Milchbauern, die alle verdächtig erscheinen. Auch sein Vater, ein pensionierter Dorfpolizist, der auf eigene Faust ermittelt, sorgt für Aufregung. Zweiter humoriger (Fernseh-)Heimatkrimi (nach ERNTEDANK. EIN ALLGÄUKRIMI) um den kauzigen Kommissar, der seine Fälle mit bajuwarischer Gelassenheit und Menschenkenntnis löst. Anspruchslos-sympathische Unterhaltung, die einige klamaukige und dick aufgetragene Momente nicht nötig gehabt hätte. – Ab 16.
Deutschland 2011 **P** H & V Entertainment **KI** offen **Pd** Alban Rehnitz **R** Rainer Kaufmann **B** Stefan Holtz, Florian Iwersen **Vo** Volker Klüpfel (Roman), Michael Kobr (Roman) **K** Klaus Eichhammer **M** Dieter Schleip **D** Herbert Knaup (Kluftinger), Johannes Allmayer (Richard Maier), Jockel Tschiersch (Roland Hefele), Hubert Mulzer (Lodenbacher), Katharina Spiering (Sandy Henske), Sarah-Lavinia Schmidbauer (Sabine Gruber), Margret Gilgenreiner (Erika Kluftinger), Klaus Zmorek (Karl Schönmanger) **L** 100 **E** 26.4.2012 ARD **fd –**

Das Milliardenversprechen
Im Sommer 2010 gründeten der Investment-Unternehmer Warren Buffett und Microsoft-Gründer Bill Gates die Initiative «The Giving Pledge» («Das Versprechen, etwas zu geben») und stellten einen Teil ihrer gewaltigen Vermögen für wohltätige Zwecke zur Verfügung. Etliche Superreiche folgten ihrem Beispiel. Der Dokumentarfilm fragt nach den Beweggründen für diese Stiftungen, wobei ihm die Gratwanderung zwischen der

ambitionierten Darstellung des Spendenprojekts und einer Promi-Show nicht immer glückt. Er streift viel Interessantes und Diskussionswertes, dramaturgisch passt alles jedoch nicht recht zusammen. (Titel der späteren Ausstrahlung: DAS GEWISSEN DER SUPERREICHEN) – Ab 16.
Deutschland 2011 **P** DOKFilm (für SWR/arte/RBB) **KI** offen **Pd** Lilly Wozniak, Jost-Arend Bösenberg **R+B** Gisela Baur, Ralph Gladitz **K** Itzik Yehezkeli, Andrew Luis, Roland Milman **M** Stefan Zaradic **S** Rodney Sewell **L** 77 **E** 10.4.2012 arte **fd** –

Million Dollar Crocodile – Die Jagd beginnt
BAI WAN JU
Statt wie geplant im Kochtopf zu landen, flüchtet ein gigantisches Krokodil in die Reisfelder der chinesischen Provinz und sorgt für Angst und Schrecken, aber auch für ein wenig Spaß bei einem kleinen Jungen. Trivialer Tierhorrorfilm, der selbst mit weniger Blut und mehr komödiantischen Einlagen kaum als jene unbeschwerte Familienunterhaltung durchgehen würde, die er zu sein beabsichtigt. – Ab 16.
DVD/BD: Erhältlich als DVD, 2D BD und 2D/3D BD. Die FSK-Freigabe «ab 16» der DVD/BD bezieht sich auf das Bonusmaterial (Trailer etc.), der Film selbst hat eine Freigabe «ab 12».
Scope. VR China 2012 **P** Beijing Geliang Media/Johnny Film/Shenzhen Huaqiang Holdings **DVD** Los Bandidos/Ascot Elite (16:9, 2.35:1, DD5.1 Mandarin/dt.) **BD** Los Bandidos/Ascot Elite (16:9, 2.35:1, DD5.1 Mandarin/dt.) **Pd** Li Rui **R+B** Lin Lisheng **D** Guo Tao (Wang Beiji), Barbie Hsu (Wen Yan), Lam Suet (Zhao Da Zui), Ding Jiali (Xiao Xing), Shi Zhaoqi (Bald Liu) **L** 90 **FSK** ab 12 **E** 3.12.2012 DVD & BD **fd** –

Das Millionen Rennen
Die Ehe eines Callcenter-Mitarbeiters droht an seiner teuren und zeitraubenden Leidenschaft für die Taubenzucht zu zerbrechen. Rettung verspricht ein verhasster ehemaliger Mitschüler, der ihn überredet, gemeinsam an einem hoch dotierten Brieftaubenrennen in Südafrika teilzunehmen. Konflikte und Rückschläge sind programmiert. Launig-oberflächliche (Fernseh-)Komödie, der der Wechsel aus dem trüben Kohlenpott ins Ferienparadies

Sun City nicht gut tut. Überzeugend indes die Leistung der beiden Hauptdarsteller, die sich als Loser-Traumpaar in lakonisch knappen Dialogen die Bälle zuspielen. – Ab 14.
Deutschland 2012 **P** Trebitsch Entertainment (für ARD) **KI** offen **Pd** Katharina M. Trebitsch **R** Christoph Schnee **B** Benjamin Hessler **K** Diethard Prengel **M** Dieter Schleip **S** Guido Krajewski **D** Axel Prahl (Mathias Wengeler), Peter Lohmeyer (Ronny Thielen), Beata Lehmann (Rita Wengeler), Luise Risch (Dani), Petra Welteroth (Hanne), Justine Hauer (Anja), Christoph Schechinger (Christian), Friederike Becht (Sandy) **L** 90 **E** 12.12.2012 ARD **fd** –

Miss Bala ★
MISS BALA
Der Traum einer jungen Mexikanerin vom Titel einer Schönheitskönigin geht anders als gedacht in Erfüllung: Sie fällt in die Hände eines Drogenkartells und wird in eine körperliche wie psychische Achterbahn verwickelt, die sie tief in die Abgründe der mexikanischen Gesellschaft führt. Der souverän inszenierte Thriller entwickelt über hochintensive, minutenlange Kamerafahrten eine ständige Atemlosigkeit, hält aber zwischen stilistischer Eleganz, Pathos und distanzierter Ironie stets die Balance. Überdies flicht er viel vom Alltagsgefühl der Menschen in das harte, pessimistisch grundierte Drama ein. – Ab 16.
Scope. Mexiko 2011 **P** Canana Films / Fox International Pic. / Conaculta / Fidecine / Imcine **KI** Twentieth Century Fox **Pd** Pablo Cruz **R** Gerardo Naranjo **B** Mauricio Katz, Gerardo Naranjo **K** Mátyás Erdély **M** Emilio Kauderer **S** Gerardo Naranjo **D** Stephanie Sigman (Laura Guerrero), Juan Carlos Galván (Arturo Guerrero), Noé Hernández (Lino Valdez), Irene Azuela (Jessica Berlanga), Javier Zaragoza (Ramón Guerrero), Lakshmi Picazo (Azucena «Suzu» Ramos), Jose Yenque (Kike Cámara), James Russo (Jimmy), Leonor Vitorica (Luisa Janes), Gabriel Heads (Agent Bell) **L** 114 (24 B./sec.) / 110 (25 B./sec.) **FSK** ab 16; f **FBW** bw **E** 18.10.2012 **fd** 41 312

Miss Kicki ★
MISS KICKI
Ein 17-Jähriger, der bei seiner Großmutter aufwuchs, begegnet seiner

Mutter, die aus den USA nach Schweden zurückkehrt, und reist gemeinsam mit ihr weiter nach Taiwan. Dort jagt die Mutter einem reichen Geschäftsmann hinterher, während der Junge sein homosexuelles Coming-out erlebt. Das unaufgeregte Mutter-Sohn-Drama verwebt drei mehr oder minder eigenständige Stränge zu einem narrativen Puzzle. Dabei erzählt der feinfühlige, zurückhaltende Film über Blicke, Gesten und dezente Bildsymbole eine vielfach gebrochene Geschichte über Freundschaft, Liebe und familiäre Bande. – Ab 16.
Schweden 2009 **P** Migma Film / SVT / Film i Väst / Ocean Deep Films **KI** Barnsteiner **Pd** Lizette Jonjic **R** Håkon Liu **B** Alex Haridi **K** Ari Willey **M** Fredrik Viklund **S** Fredrik Morheden **D** Pernilla August (Kicki), Ludwig Palmell (Viktor), He River Huang (Didi), Britta Andersson (Großmutter), Eric Tsang (= Tseng Chih-Wei) (Mr. Chang), Chan-nan Tsai (Polizist), Ken Lin (Rezeptionist) **L** 85 **FSK** ab 12; f **E** 26.7.2012 **fd** 41 180

Mission Massaker
MISSION MASSAKER
Auf einem paradiesischen Atoll fallen mehrere Teilnehmerinnen der Miss-Schweiz-Wahl einem maskierten Killer zum Opfer. Schon bald geht nicht nur das blanke Entsetzen um, sondern es breitet sich eine Sphäre des Misstrauens aus, da jeder der Mörder sein könnte. Versuch einer Horrorkomödie mit zahlreichen Anleihen bei Genreklassikern. Trotz des abgedroschenen Themas weckt der Name des versierten Regisseurs Michael Steiner (SENNENTUNTSCHI, GROUNDING, MEIN NAME IST EUGEN) Interesse. – Ab 16.
Schweiz 2012 **KI** filmcoopi (Schweiz) **L** 95 **FSK** – **E** 23.8.2012 Schweiz **fd** –

Mit geradem Rücken
Die mit ihrem Beruf hochzufriedene Hausdame eines eleganten Hamburger Grand Hotels beobachtet zufällig, wie ein Zimmermädchen vom Hoteldirektor sexuell belästigt wird. Mit ihrer bereitwilligen Aussagen zugunsten des Opfers macht sie sich zur Zielscheibe bösartiger Intrigen, die sie als «Nestbeschmutzerin» dastehen lassen. Konventionelles (Fernseh-)Drama. – Ab 16.
Deutschland 2012 **P** Relevant Film (für SAT.1) **KI** offen **Pd** Heike Wieh-

le-Timm **R** Florian Froschmayer **B** Sophia Krapoth **K** Patrick-David Kaethner **M** Oliver Kranz **S** Claudia Klook **D** Ann-Kathrin Kramer (Hella Wiegand), Kai Wiesinger (Jakob Braunstein), Pegah Ferydoni (Shirin Hafez), Hans Löw (Axel Rückert), Stefanie Höner (Simone Wiegand), Floriane Daniel (Vera Langner), Julian Weigend (Arno Petersen), Franziska Troegner (Brigitte), Dagmar Sachse (Kim) **L** 86 **E** 20.12.2012 SAT.1 **fd** –

Mittlere Reife ☆

Fünf Jugendliche zwischen 16 und 18 Jahren haben Probleme mit den Lehrern sowie den an sie gestellten Anforderungen. Als Strafmaßnahme für wiederholt auffälliges Verhalten setzt der Direktor einen Ethikunterricht an, mit dem eine wenig begeisterte Referendarin betraut wird. Ihr Konzept stößt auf Widerstand und die Verweigerung der Schüler. Ambitioniertes (Fernseh-)Drama mit dynamisch gestalteten, ebenso glaubhaft wie mitreißend gespielten Figuren. Patentrezepte bietet der Film nicht, setzt aber deutlich auf mehr Schülerselbstbeteiligung, flache Hierarchien, neue Lehrinhalte und Unterrichtsmethoden. Dabei bleibt er im Grundtenor zwar versöhnlich, doch wirkt die spürbar hinter den Bildern aufscheinende Wut angesichts bestehender Bildungshürden dadurch nicht geringer. – Sehenswert ab 16.
Deutschland 2012 **P** Hessischer Rundfunk (HR) **KI** offen **Pd** Inge Fleckenstein **R** Martin Enlen **B** Ariela Bogenberger **K** Philipp Timme **M** Dieter Schleip **S** Stefan Kraushaar **D** Bernadette Heerwagen (Mechthild Bremer), Herbert Knaup (Oliver Seifert), Sonja Gerhartz (Kathie Drechsel), Isabel Bongard (Isabel Berghardt), Vincent Redetzki (Andreas Kaustinger), Jannik Schümann (Tim Seifert), Anton Rubtsov (Alexander Romianzef), Johanna Gastdorf (Karin Scholz), Stephan Kampwirth (Sebastian Montag), Ernst Stötzner (Daniel Kaustinger) **L** 90 **E** 19.9.2012 ARD **fd** –

Mixed Kebab ☆
MIXED KEBAB

Die Lebenswege und Zukunftsplanungen dreier Menschen kreuzen und durchkreuzen sich: Ein belgisch-türkischer homosexueller Moslem sucht nach seiner Identität, sein jüngerer Bruder, ein Kleinkrimineller, versucht sich als fundamentalistischer Moslem im Kaftan, seine Verlobte, die in Anatolien auf dem Land lebt, erhofft sich von der arrangierten Hochzeit ein freieres, westlicheres Leben in Antwerpen. Was als heiter-beschwingte Multikulti-Komödie beginnt, entwickelt sich zunehmend ernster und bedrohlicher zum facettenreichen kulturkritischen Sozialdrama ohne jeden erhobenen Zeigefinger. – Ab 16.
Scope. Belgien/Türkei 2012 **P** Fact & Fiction **KI** Pro-Fun **Pd+R+B** Guy Lee Thys **K** Björn Charpentier **M** Michelino Biseglia, Buscemi **S** Marc Wouters **D** Cem Akkanat (Ibrahim / Bram), Simon Van Buyten (Kevin), Gamze Tazim (Elif), Karlijn Sileghem (Marina), Lukas De Wolf (Furkan), Ergun Simsek (Mehmet), Hakan Gurkan (Yusuf), Rudolph Segers (Rudolf) **L** 98 **FSK** – **E** 20.9.2012 **fd** 41 268

Mob Rules – Der Gangsterkrieg
TIC / MOB RULES

Die unbegrenzten Möglichkeiten der USA sollen zwei englischen Gangstern neue Herausforderungen bieten. Sie wollen einen ebenfalls immigrierten Nachtclubbesitzer beerben, der die Kontrolle über seine Gang zu verlieren droht, sich aber dennoch nach Kräften wehrt. Sich intellektuell und cool gebende Gangsterballade ohne eigene Handschrift, die ihre Vorbilder von Guy Ritchie bis Quentin Tarantino nur schlecht kopiert.
USA 2010 **P** Ocean Entertainment / Green Monkey Prod. / Gorilla Wagon Prod. **DVD** WGF/Schröder-Media (16:9, 1.78:1, DD5.1 engl./dt.) **BD** WGF/Schröder-Media (16:9, 1.78:1, dts-HD engl./dt.) **Pd** Andy Hall, Brian Novak, Keith Parmer **R+B** Keith Parmer **K** Jon Myers **M** Tree Adams **S** Martin Bernfeld **D** Lennie James (C-Note), Treva Etienne (Anton), Gary McDonald (Tyrone), Tina Casciani (Chili), Courtney Hope (Alex), Daniele Favilli (Sal), Tish Graves (Sydney), Erik Saari (Drogenhändler) **L** 97 **FSK** ab 16 **E** 24.5.2012 DVD & BD **fd** –

Moderne Kreuzfahrer – Von Mördern, Machos und Matrosen

Trotz weltweiter Rezession zählt der Kreuzfahrt-Sektor als boomende Branche. Der Dokumentarfilm stellt vier Schiffe, ihre unterschiedlichen Routen, Passagiere und Besatzungen vor und gewährt Einblicke in das Leben an Bord; auch beschäftigt er sich mit den diversen Beweggründen der Reisenden und macht aufmerksam auf die Probleme, die mit dem wachsenden Passagieraufkommen verbunden sind. – Ab 14.
Deutschland 2012 **P** Florianfilm (für Radio Bremen/ARTE) **KI** offen **Pd** Oliver Bätz **R+B** André Schäfer **K** Matthias Brüninghaus, Lür Wangenheim **M** Ritchie Staringer **S** Heidi Leihbecher **L** 89 **E** 31.7.2012 arte **fd** –

Modest Reception ☆
PAZIRAIE SADEH

Ein Mann und eine Frau fahren durch eine karge iranische Bergregion. Der Kofferraum ihres Autos ist voller Plastiksäcke mit Geld, das sie an die einfachen Leute verteilen wollen. Woher das Geld stammt, wird nicht erklärt, ebenso wenig wie die altruistische Motivation der beiden. Es geht um die Reaktion der Menschen, die ihren «Wohltätern» mit Misstrauen begegnen und häufig eine Abneigung gegen den unerwarteten Reichtum an die Tag legen. Intensiv inszenierte und gespielte Tragikomödie als absurdes Road Movie über den Stellenwert des Geldes und den Verlust von Moral, das sich zu einer Reise ins Ungewisse verdichtet. (O.m.d.U.) – Ab 14.
Iran 2012 **P** Hubert Bals Fund **KI** trigon-film (Schweiz) **Pd+R** Mani Haghighi **B** Mani Haghighi, Amir Reza Koohestani **K** Houman Behmanesh **S** Haydeh Safi-Yari **D** Taraneh Alidoosti (Leyla), Mani Haghighi (Kaveh), Saeed Changizian (Soldat), Esmaeel Khalaj (alter Mann), Saber Abbar (junger Mann), Naqi Seif-Jamali (Mann mit Esel), Nader Fallah (Arbeiter) **FSK** – **E** 11.10.2012 Schweiz **fd** –

Mommy is Coming

Eine junge Frau genießt mit ihrer Geliebten ein unkonventionelles und zwangloses Sexleben in Berlin. Auch ihre Mutter verschlägt es in die deutsche Hauptstadt. Aus Spielhandlung und Interviews mit den Darstellern sowie Vertretern der «queeren» Berliner Szene montierter Film, dessen magere erzählerische Ansätze in Pornografischen stecken bleiben. (O.m.d.U.)
Deutschland 2012 **P** Jürgen Brüning Filmprod. **KI** GMfilms **Pd** Jürgen Brüning, Cheryl Dunye, Claus Matthes

R Cheryl Dunye B Sarah Schulman, Cheryl Dunye K Susanne Kurz M Key Party S Oscar David, A. B., Jörn Hartmann D Papí Coxxx (Claudia / Claude Baldwin), Lil Harlow (Dylan Eberhardt), Maggie Tapert (Helen Eberhardt), Wieland Speck (Hans Eberhardt), Cheryl Dunye (Cabby), Stefan Kuschner (Jay), Jiz Lee (Teo), Judy Minx (Judy) L 65 FSK – E 8.3.2012
fd 40 943

Der Mönch ✯
LE MOINE / EL MONJE
Gegen Ende des 18. Jahrhunderts avanciert ein spanischer Kapuzinermönch, der einst als Findelkind aufgenommen wurde, zum charismatischen Heilsbringer, bis mysteriöse Begebenheiten dunkle Kräfte in seiner Seele wecken. Eine visuelle wie klanglich brillante, zudem vorzüglich gespielte Adaption eines frühen Meisterwerks der «Gothic Novel». Die teuflische Seite des Stoffs wird dabei zugunsten der durchaus noch vorhandenen romantischen und tragischen Facetten untergewichtet. – Ab 16
DVD/BD: Die Extras umfassen u. a. ein ausführliches «Making of» (33 Min.).
Scope. Spanien/Frankreich 2011 P Diaphana Films/Morena Films/En Monje La Pelicula/Estrategia Audiovisual/France 3 Cinéma Kl Praesens (Schweiz) DVD Ascot/Elite (16:9, 2.35:1, DD5.1 frz./dt.) BD Ascot/Elite (16:9, 2.35:1, dts-HDMA frz./dt.) Pd Michel Saint-Jean, Ricardo Fernández-Deu R Dominik Moll B Dominik Moll, Anne-Louise Trividic Vo Matthew Lewis (Roman The Monk) K Patrick Blossier M Alberto Iglesias S François Gédigier, Sylvie Lager D Vincent Cassel (Capucin Ambrosio), Déborah François (Valerio), Joséphine Japy (Antonia), Sergi López (Wüstling), Catherine Mouchet (Elvire), Jorgi Dauder (Pater Miguel), Geraldine Chaplin (Äbtissin) L 101 FSK ab 16 E 23.2.2012 Schweiz / 26.6.2012 DVD & BD
fd 41 176

Die Mondnacht von Toulon
LES CINQ PARTIES DU MONDE
In der Nacht des 21. Juli 1969, als sich Neil Armstrong anschickt, als erster Mensch den Mond zu betreten, streift ein Marine-Soldat mit einem Matrosen durchs Rotlichtviertel von Toulon, um diesen ins «wahre» Leben einzuführen. Dabei treffen sie auf Prostituierte, die ein Geheimnis in sich tragen, was die Begegnungen trübt. Der Film nach einem Roman des Regisseurs ist um Authentizität bemüht und verknüpft die mythololisch überhöhte Initiationsgeschichte mit einer Rachegeschichte.
Frankreich 2011 P Archipel 33 Kl offen Pd Denis Freyd R+B Gérard Mordillat Vo Gérard Mordillat (Roman) K François Catonné M Thomas Enhco S Marie Quinton D Franck Falise (Minz-Brause), Franck de la Personne (der HG), Marc Barbé (Lip), Florence Thomassin (Linda), Marie Denarnaud (Maggie), Marie Kremer (Josy), Kea Kaing (Kuku), Hélène Patarot (Madame Lin Ho) L 96 E 28.4.2012 arte
fd –

Mondomanila
MONDOMANILA, OR: HOW I FIXED MY HAIR AFTER A RATHER LONG JOURNEY
Wildes Kaleidoskop in der Tradition der «Mondo Cane»-Filme, das eine Binnenperspektive auf das Leben in den Slums von Manila eröffnet. Im Zentrum der vielen Akteure steht ein junger Mann, der mit seiner Bande in den Slums lebt. Der Film mischt verschiedene Stile, Genres, politische und religiöse Anspielungen und atmosphärische Tönungen zu einem filmischen Höllenritt, der keine bequeme Distanz zur dargestellten Lebenswelt erlaubt und dem Zuschauer unmittelbar physische Reaktionen wie etwa Ekel abverlangt.
Philippinen/Deutschland 2010 P Filmless Films / Kamias Road / Rapid Eye Movies Kl Rapid Eye Movies Pd Stephan Holl, Antoinette Köster, Achinette Villamor R Khavn B Khavn, Norman Wilwayco K Albert Banzon S Lawrence Ang L 75 (24 B./sec.) / 72 (25 B./sec.) FSK ab 18; f E 29.11.2012
fd 41 392

Die Mongolettes – Wir wollen rocken!
Ein gescheiterter Musiker nimmt die Stelle des Musiklehrers an einer Sonderschule an. Er bringt frischen Schwung in den öden Unterricht, gründet mit den Jugendlichen eine Band und tritt mit ihnen für einen großen Auftritt. Interessante (Fernseh-)Familienkomödie, in der behinderte und nicht behinderte Menschen gemeinsam agieren: Die behinderten Jugendlichen leiden unter Trisomie 21, einer speziellen Ausformung des Down-Syndroms, und engagieren sich als Artisten im Berliner Zirkus Sonnenschein. Trotz des Themas steht nicht die Behinderung im Vordergrund, sondern das gleichberechtigte Miteinander. – Ab 12.
Deutschland 2011 P Askania Kl offen Pd Mirko Schulze R Florian Gärtner B Jürgen Matthäi K Achim Poulheim S Oliver Lanvermann D Max von Thun (Tom), Katharina Wackernagel (Maria), Benjamin Seidel (Hank), Natascha Lawiszus (Luna), Christopher Puttins (Kahn), Anna Lange (Fredi), Paul Schulze (Johannes), Gitta Schweighöfer (Schwester Agnes) L 90 E 10.4.2012 SAT.1
fd –

Monsieur Lazhar ✯★
MONSIEUR LAZHAR
Ein aus Algerien stammender Mittfünfziger springt in einer Grundschule als Ersatzlehrer ein, nachdem eine Lehrerin Selbstmord begangen hat, und merkt, dass seine Auffassungen von Lehrstoff und -methoden nicht mit dem in der Schule Üblichen zusammenpassen. Zudem steht das Trauma im Raum, das der Selbstmord der Lehrerin für die Kinder bedeutet, speziell für einen Jungen und ein Mädchen. Beiläufig und nüchtern beobachtet der Film den schwierigen Annäherungsprozess des Lehrers an seine Klasse und an sein Kollegium, aber auch die Verarbeitung drastischer Verlusterfahrungen. Spannung bezieht er aus der sensiblen, dramaturgisch geschickten Ausleuchtung der Figuren, in deren Geschichten man nach und nach einen Einblick erhält. – Sehenswert ab 12.
Scope. Kanada 2011 P micro_scope Kl Arsenal Pd Luc Déry, Kim McCraw R+B Philippe Falardeau K Ronald Plante M Martin Léon S Stéphane Lafleur D Fellag (= Mohamed Fellag) (Bachir Lazhar), Sophie Nélisse (Alice), Émilien Néron (Simon), Danielle Proulx (Madame Vaillancourt), Brigitte Poupart (Claire), Louis Champagne (Concierge), Jules Philip (Gaston), Francine Ruel (Madame Dumas), Sophie Sanscartier (Audrée), Seddik Benslimane (Abdelmalek), Marie-Eve Beauregard (Marie-Frédérique), Louis-David Leblanc (Boris), Vincent Millard (Victor), André Robitaille (Kommissar) L 94 FSK ab 12; f E 12.4.2012
fd 41 020

Monster Brawl
MONSTER BRAWL
In den von Vollmond beschienenen Sümpfen Louisianas soll ein Wrestling-Wettkampf zwischen Monstern und Mutanten stattfinden. Es treffen sich diverse Untote, der Werwolf, Frankenstein und das Ding aus dem Sumpf und kämpfen um den Titel. Der Verlierer stirbt, dann aber wirklich. Plumper Versuch, Wrestling mit Kostümen als Film zu verkaufen.
DVD/BD: Die FSK-Freigabe «ab 18» der DVD/BD bezieht sich auf das Bonusmaterial (Trailer etc.), der Film selbst hat eine Freigabe «ab 16».
Kanada 2011 **P** Foresight Features **DVD** Splendid (16:9, 1.78:1, DD5.1 engl./dt.) **BD** Splendid (16:9, 1.78:1, dts-HDMA engl./dt.) **Pd** Jesse T. Cook, John Geddes, Matt Wiele, Cody Calahan **R+B** Jesse T. Cook **K** Brendan Uegama **M** Todor Kobakov **D** David Foley (= Daniel Foley) (Buzz Chambers), Robert Maillet (Frankenstein), Art Hindle (Sid Tucker), Kevin Nash (Colonel Crookshank), Jason David Brown (Cyclops), Rj Skinner (Werwolf/Mumie), Rico Montana (Zombie), Holly Letkeman (Hexe) **L** 90 **FSK** ab 16   **fd** –

Monster High – Mega Monsterparty
MONSTER HIGH: GHOUL'S RULE!
Flippige Halloween-Monster wollen sich im Reich der Menschen jenen Status zurückerobern, den man ihnen als coole Angstmacher einst abgesprochen hat. Animationskinderfilm, der seine billig und schnell produzierten Bilder aus dem Computer mit einem lärmenden Popsoundtrack und möglichst grellen Farben zu verkaufen sucht. Auch für die junge Zielgruppe von minderem Unterhaltungswert. – Ab 10 möglich.
USA 2012 **P** Matttel Entertainment **DVD** Universal (16:9, 1.78:1, DD5.1 engl./dt.) **BD** Universal (16:9, 1.78:1, dts-HDMA engl./dt.) **Pd** Tina Chow, Maria Rodriguez, Ira Singerman **R** Mike Fetterly, Steve Sacks **B** Mike Montesano, Ted Zizik **L** 68 **FSK** ab 6 **E** 18.10.2012 DVD & BD   **fd** –

Ein Monster in Paris
UN MONSTRE A PARIS
Ein nicht ganz planmäßig verlaufendes Experiment bringt einen chaotischen Erfinder und seinen als Filmvorführer arbeitenden Freund in die Bredouille. Denn fortan fürchtet sich ganz Paris vor einem Monster, das nachts durch die Gassen schleichen soll, in Wahrheit aber ein auf Menschengröße angewachsener Floh mit Faible für Gesang und Tanz ist. Sympathischer, in der Belle Epoque spielender Animationsfilm, der seine temporeich inszenierte Geschichte mit Witz, viel Gefühl, wenig Grusel und ansehnlichen 3D-Effekten präsentiert. – Ab 10.
DVD/BD: Erhältlich als DVD und 2D/3D BD.
Frankreich 2011 **P** Bibo Films / Europa Corp. / Walking the Dog / uFilm / France 3 Cinéma **DVD** Universum (16:9, 1.85:1, DD5.1 engl./dt.) **BD** Universum (16:9, 1.85:1, dts-HDMA engl./dt.) **Pd** Luc Besson **R** Eric Bergeron **B** Eric Bergeron, Stéphane Kazandjian **M** Mathieu Chedid **S** Pascal Chevé, Nicolas Stretta **L** 86 **FSK** o.A. **E** 18.4.2012 DVD & BD   **fd** –

Monster Worms – Angriff der Monsterwürmer
MONGOLIAN DEATH WORMS
Eine US-amerikanische Ölfirma führt in der Mongolei Bohrungen durch und weckt riesige Todeswürmer, die Schrecken verbreiten und den Tod bringen. Ein Abenteuer auf der Suche nach dem Grab des Dschingis Khan, das von den Würmern bewacht wird, kann die Bedrohung stoppen. Lächerlicher Tier-Horrorfilm bar jeder erzählerischen Logik, der mehr Komik als Schrecken erzeugt und dessen Geschichte sich jeder Logik verwehrt.
USA 2010 **P** Black Chrome Prod. / Sweet Tater **DVD** Sunfilm (16:9, 1.78:1, DD5.1 engl./dt., dts dt.) **BD** Sunfilm (16:9, 1.78:1, dts-HDMA7.1 engl./dt.) **Pd** Andrew Stevens, Bill Berry, Neil Elman, Daniel Gilboy **R** Steven R. Monroe **B** Neil Elman, Kevin Leeson, Steven R. Monroe **K** Neil Lisk **M** Emir Isilay, Pinar Toprak **S** Kristina Hamilton-Grobler (= Kristina Hamilton) **D** Sean Patrick Flanery (Danile), Victoria Pratt (Alicia), Drew Waters (Patrick), George Cheung (Timur), Matthew Tompkins (Mr. Bixler), Nate Rubin (Phillip), Jon Mack (Steffi), Ryan Manalansan (Tali) **L** 86 **FSK** ab 12 **E** 16.2.2012 DVD & BD   **fd** –

Moonrise Kingdom ☆
MOONRISE KINGDOM
Auf einer kleinen Insel vor der Küste Neuenglands flüchtet 1965 ein zwölfjähriger Pfadfinder aus seinem Camp; zugleich reißt seine gleichaltrige Freundin von zu Hause aus. Während die beiden in einer Bucht gemeinsam Stunden der Freiheit erleben, machen sich die Erwachsenen auf die Suche nach ihnen. Eine detailfreudig ausgestattete, mit genau abgestimmten Farbkompositionen punktende Mischung aus Drama, Komödie, Kinderfilm und Liebesgeschichte. Sie versammelt ein skurriles Personal, um von der Unbeschwertheit der Kindheit, aber auch von dysfunktionalen Familien zu erzählen, wobei Anspielungen auf die amerikanische Kulturgeschichte, lakonische Dialoge und witzige Beobachtungen den Film zum reinen Vergnügen machen. – Sehenswert ab 12.
DVD/BD: Die Extras umfassen etliche Featurettes, die unterschiedliche Themen allenfalls anreißen, wobei die umfangreichste noch das Interview mit Darsteller Bill Murray (12 Min.) ist.
USA 2012 **P** American Empirical / Moonrise / Scott Rudin Prod. **KI** Tobis **DVD** Tobis/Universal (16:9, 1.85:1, DD5.1 engl./dt.) **BD** Tobis/Universal (16:9, 1.85:1, dts-HDMA engl./dt.) **Pd** Wes Anderson, Scott Rudin, Steven M. Rales, Jeremy Dawson, Molly Cooper, Lila Yacoub, Eli Bush **R** Wes Anderson **B** Wes Anderson, Roman Coppola **K** Robert D. Yeoman (= Robert Yeoman) **M** Alexandre Desplat **S** Andrew Weisblum **D** Bruce Willis (Captain Sharp), Edward Norton (Scout Master Ward), Bill Murray (Mr. Bishop), Frances McDormand (Mrs. Bishop), Tilda Swinton (Jugendamt), Jared Gilman (Sam), Kara Hayward (Suzy), Jason Schwartzman (Cousin Ben), Bob Balaban (Erzähler), Larry Pine (Mr. Billingsley), Eric Anderson (McIntire), Harvey Keitel (Commander Pierce) **L** 98 (24 B./sec.) / 94 (25 B./sec.) **FSK** ab 12; f **E** 24.5.2012 / 27.9.2012 DVD & BD   **fd** 41 116

Mord in bester Gesellschaft – Der Tod der Sünde
In einem Dorf bei München stirbt eine junge Blumenhändlerin durch einen Sturz von einer Leiter. Alles deutet auf einen Unfall hin, doch Psychologe Winter aus München beginnt, verdeckt zu ermitteln. Gemeinsam mit seiner Tochter, einer Journalistin, stößt er auf etliche Ungereimtheiten in der ländlichen Idylle, auf Eifersucht, Untreue und Geheimnisse, wobei er

einem Doppelmörder auf die Spur kommt. Komödiantisch akzentuierter (Fernsehserien-)Krimi mit einigen überraschenden Wendungen. – Ab 14.
Deutschland 2011 **P** Tivoli (für ARD-Degeto) **KI** offen **R** Hajo Gies **B** Rolf-René Schneider **K** Johannes Geyer **M** Mick Baumeister **D** Fritz Wepper (Dr. Wendelin Winter), Sophie Wepper (Alexandra Winter), Saskia Vester (Moni), Michael Brandner (Gustl Wildgruber), Michael Roll (Pfarrer Sibelius), Karlheinz Hackl (Dr. Freider Neubauer), Roswitha Schreiner (Rosi) **L** 88 **E** 25.2.2012 ARD fd –

Mord in Ludwigslust ★

Im Schlosspark des mecklenburgischen Ludwigslust wird die Leiche einer Frau gefunden. Eine Analystin des LKA Kiel ermittelt mit einem Kollegen aus Schwerin, mit dem sie einst eine Affäre hatte und dessen Geliebte die Ermordete war. Die beiden erkennen, dass das Mordmotiv in der deutschdeutschen Vergangenheit zu suchen ist. Unaufgeregt inszenierter, präzise fotografierter (Fernseh-)Kriminalfilm, der mittels einer vielschichtigen, mitunter allzu komplizierten Geschichte um Verrat, Verzweiflung und verschmähte Liebe die Zeit der Wiedervereinigung in Erinnerung ruft und nach der Rolle der Treuhand bei der Abwicklung «volkseigener» DDR-Betriebe fragt. – Ab 16.
Deutschland 2011 **P** teamWorx **KI** offen **Pd** Benjamin Benedict **R** Kai Wessel **B** Thomas Kirchner **K** Judith Kaufmann **M** Ralf Wienrich **S** Tina Freitag **D** Anja Kling (Sophia Eichstätt), Mark Waschke (Mark Condor), Lea Mornar (Lulu Schuster), Ina Weisse (Rebecca Schuster), Clemens Schick (Ben Martion), Peter Prager (Hilmar Hopf), Florian Bartholomäi (Sebastian Benjamini), Michael A. Grimm (Udo Schuster) **L** 90 **E** 6.2.2012 ZDF fd –

Die Morde von Snowtown ★
SNOWTOWN

In Snowtown ist Australien trist, staubig und ohne Perspektive. Ein kaum 16-Jähriger, der mit drei Brüdern und seiner Mutter aufwächst, hat diese Tristesse verinnerlicht. Als ein neuer potenzieller Haushaltsvorstand zur Familie zieht, bekommt er erstmals ein väterliches Vorbild, doch der Mann entpuppt sich als Psychopath. Verhalten gespielt, in dokumentarischem Stil ohne Effekthascherei inszeniert und versehen mit einer suggestiven Musik des Unbehagens, entwickelt das Psychogramm einer kranken Gesellschaft eine ungeheure Kraft und eine nachhaltige, schwer erträgliche Wirkung. Im Kern ist der Film die Tragödie eines Menschen, der Halt sucht, aber erkennen muss, dass ihn niemand braucht.
Australien 2011 **P** Screen Australia / The South Australian Film Corporation / Warp X Australia **DVD** Universum (16:9, 1.85:1, DD5.1 engl./dt.) **BD** Universum (16:9, 1.85:1, dts-HD engl./dt.) **Pd** Anna McLeish, Sarah Shaw, Shaun Grant **R** Justin Kurzel **Vo** Debi Marshall (Buch *Killing for Pleasure*), Andrew McGarry (Buch *The Snowtown Murders*) **K** Adam Arkapaw **M** Jed Kurzel **S** Veronika Jenet **D** Lucas Pittaway (Jamie Vlassakis), Daniel Henshall (John Bunting), Louise Harris (Elizabeth Harvey), Bob Adriaens (Gavin), Matthew Howard (Alex), Frank Cwiertniak (Jeffrey), Anthony Groves (Troy), Richard Green (Barry) **L** 120 **FSK** ab 18 **E** 19.9.2012 DVD fd –

Mordkommission Istanbul – Blutsbande

Ein einflussreicher Bauunternehmer, der sich durch den Abriss diverser Häuser für ein Einkaufscenter Feinde gemacht hat, wird ermordet. Bei den Ermittlungen stellt sich heraus, dass auf dessen Großbaustelle sensationelle archäologische Funde gemacht wurden. Als kurz darauf ein Anschlag auf den Ausgrabungsleiter verübt wird, glaubt die Polizei an einen Zusammenhang. Sechste Folge einer routiniert-anspruchslosen (Fernseh-)Krimireihe um einen in Istanbul ermittelnden Kommissar. – Ab 14.
Deutschland 2012 **P** Ziegler Film **KI** offen **Pd** Regina Ziegler **R** Michael Kreindl **B** Mathias Klaschka **Vo** Hülya Özkan (Charaktere) **K** Stefan Spreer **M** Titus Vollmer **S** Haike Brauer **D** Erol Sander (Mehmet Özakin), Idil Üner (Sevim Özakin), Oscar Ortega Sánchez (Mustafa Tombul), Navid Akhavan (Tolga Turan), Erhan Emre (Endel Akgül), Özlem Sagdic (Nilay), Martin Kiefer (Rico), Erden Alkan (Sercan Yilmaz), Deniz Kara (Dr. Hilmi Soner), Turgay Dogan (Dr. Bulut), Silay Ünal (Aylin), Orbay Sayu (Münir), Onur Dikmen (Baha Güngür) **L** 88 **E** 24.3.2012 ARD fd –

Mordkommission Istanbul – Transit

Der Mord an einem als Taxifahrer jobbenden Schriftsteller führt den ermittelnden Kommissar ins Milieu gnadenlos ausbeuterischer Schlepperbanden. Außerdem kommt ihm ein iranischer Geheimdienstler in die Quere, der sich für die Frau interessiert, die im Taxi des Opfers mitfuhr. Konventioneller (Fernsehserien-) Krimi, der zwar auch das Elend der Flüchtlinge in den Blick nimmt, überwiegend aber auf die pittoresken Seiten Istanbuls blickt. – Ab 14.
Deutschland 2012 **P** Ziegler Film **KI** offen **Pd** Regina Ziegler **R** Michael Kreindl **B** Clemens Murath **Vo** Hülya Özkan (Charaktere) **K** Stefan Spreer **M** Titus Vollmer **S** Philipp Schmitt **D** Erol Sander (Mehmet Özakin), Idil Üner (Sevim Özakin), Oscar Ortega Sánchez (Mustafa Tombul), Carolina Vera (Nesrin), Tim Seyfi (Erdogan Önal), Tayfun Bademsoy (Adnan Mersinli), Metin Büktel (Haydar Ucar), Liane Forestieri (Aischa Önal), Erden Alkan (Sercan Yilmaz), Demet Gül (Buket), Fatih Dönmez (Tarik Önal), Turgay Dogan (Dr. Bulut) **L** 90 **E** 20.9.2012 ARD fd –

Mordlust – Some Guy Who Kills People
SOME GUY WHO KILLS PEOPLE

Nach langer Zeit in psychiatrischer Behandlung wird ein Mann Anfang 30 eher als Dorftrottel behandelt, als dass man ihm in kleinstädtischer Provinzialität noch eine Chance geben würde. So ist es an Zeit, dass sich der eigentlich gar nicht Wahnsinnige mit einem Quantum an Wahnsinn rächt. Krude Komödie mit schwarzem und blutigem Horror-Humor, auch in den Nebenrollen mit Sinn für Absurditäten gespielt.
DVD/BD: Die FSK-Freigabe «ab 18» der DVD/BD bezieht sich auf das Bonusmaterial (Trailer etc.), der Film selbst hat eine Freigabe «ab 16».
USA 2011 **P** Level 10 Films / Ballre od Ireland Films / Litn-Up Films **DVD** Great Movies (16:9, 1.78:1, DD5.1 engl./dt.) **BD** Great Movies (16:9, 1.78:1, dts-HD engl./dt.) **Pd** Micah Goldman, Michael Wormser, Ryan Levin, Kristin Holt, Jack Perez **R** Jack Perez **B** Ryan Levin **K** Shawn Maurer **M** David Kitchens, Ben Zarai **S** Chris Conlee **D** Kevin Corrigan (Ken Boyd),

Barry Bostwick (Sheriff Walt Fuller), Karen Black (Ruth Boyd), Leo Fitzpatrick (Irv), Ariel Gade (Amy Wheeler), Eric Price (Deputy Ernie Dobkins), Lucy Davis (Stephanie), Lou Beatty jr. (Al Fooger) **L** 94 **FSK** ab 16 **E** 22.11.2012 DVD & BD **fd** –

More Than Honey ★
MORE THAN HONEY
Bienenvölker spielen weltweit als Honiglieferanten, aber auch als Bestäuber von Pflanzen eine unverzichtbare Rolle. Seit Jahren sorgt deshalb das rätselhafte Bienensterben für beträchtliche Unruhe. Der Dokumentarfilm spürt diesem Phänomen von Kalifornien bis China nach und besucht Imker, die sehr unterschiedliche Haltungen zu ihrem Beruf und den Bienen einnehmen. Mit einem sehr persönlichen Off-Kommentar sowie einer beeindruckenden Bildsprache huldigt er den Bienen und ihrer Rolle für Natur und Mensch, wobei auch kritische Fragen nach dem Umgang des Menschen mit ihnen gestellt werden. – Ab 14.
Schweiz/Deutschland/Österreich 2012 **P** zero one film / allegro film / Thelma Film / Ormenis Film / SRF / SRG SSR / BR **KI** Senator/Frenetic (Schweiz) **Pd** Markus Imhoof, Thomas Kufus, Pierre-Alain Meier, Helmut Grasser **R+B** Markus Imhoof **K** Jörg Jeshel, Attila Boa (Makroaufnahmen) **M** Peter Scherer **S** Anne Fabini **L** 94 (24 B./sec.) / 91 (25 B./sec.) **FSK** o.A.; f **FBW** bw **E** 25.10.2012 Schweiz / 8.11.2012 **fd** 41 362

Moscova's Code Temel
MOSKOVA'NIN SIFRESI TEMEL
Fortsetzung einer türkischen Erfolgskomödie (SÜMELA'S CODE: TEMEL) um den Tollpatsch Temel, dem sowohl die russische Mafia als auch eine eifersüchtige Verehrerin ans Leder wollen. Als ihn in Moskau eine alte Bekannte vor dem Tod bewahrt, muss er auch noch seine Treue gegenüber seiner Ehefrau unter Beweis stellen. Anfangs eher eine Zoten- und Klischeeparade, gewinnt der Film zusehends an Charme, wobei es dem naiven Protagonisten vornehmlich ums kleine große Glück geht und er es als Held wider Willen vor allem um seine Würde kämpft. (O.m.d.U.) – Ab 14.
Türkei 2011 **P** Üçgen Yapimevi **KI** Pera Film **Pd+R** Adem Kiliç **B** Yilmaz Okumus **K** Ercan Özkan **M** Kemal Sahir Gürel **S** Aytekin Birkon, Gürcan Cansever **D** Alper Kul (Temel), Aslihan Güner (Zuhal Yücesoy), Ruhi Sari (Turgay Büyükdere), Salih Kalyon (Imam Necati Sözer), Ismail Hakki (Abramoviç), Israfil Köse (Cemil), Çetin Altay (Sinan), Aysegül Günay (Sehrize Sözer), Necip Memili (Ali Kemal Sözer) **L** 103 (24 B./sec.) / 99 (25 B./sec.) **FSK** ab 12; f **E** 22.11.2012 **fd** 41 435

Die Mühen der Ebene ★
Im Jahr 2009 wurde der 27-jährige Daniel Zimmermann zum Bürgermeister von Monheim gewählt, einer niederrheinischen Stadt mit 45.000 Einwohnern und 120 Mio. Euro Schulden. Von seiner Vereidigung an begleitet ihn der Dokumentarfilm über ein Jahr lang und hält das tägliche Ringen um Kompromisse und Verbündete mit der Kamera fest. Dabei gewährt er subtile Einblicke in die Mechanismen kommunaler Verwaltung und Politik, die durch die realsatirischen Aspekte des Daseins eines Bürgermeisters unterhaltsam aufgelockert werden. – Ab 14.
Deutschland 2012 **P** Kunsthochschule für Medien Köln (KHM)/ Vizion **KI** Real Fiction **Pd** Christian Vizi **R+B** Gesa Hollerbach, Petra Eicker **K** Gesa Hollerbach, Petra Eicker **M** Valerij Lisac **S** Anika Simon, Gesa Hollerbach, Petra Eicker **L** 63 **FSK** – **E** 24.11.2012 **fd** 41 436

Müll im Garten Eden
Im türkischen Dorf Camburnu an der Schwarzmeerküste wurde 1995 gegen den erbitterten Widerstand der Bevölkerung eine Müllkippe gebaut, die seither die Gegend vergiftet. Die von Sympathie für die Anwohner getragene Dokumentation von Fatih Akin rollt die Historie des Umweltskandals auf, was wie eine Realsatire aus Absurdistan wirkt. Gedreht mit dem Herzblut der persönlichen Betroffenheit, krankt der Film übenerdings daran, dass er dramaturgisch weitgehend Stückwerk bleibt. – Ab 12.
Deutschland 2012 **P** corazón international / NDR / Dorje Film **KI** Pandora **Pd** Fatih Akin, Klaus Maeck, Alberto Fanni, Flaminio Zadra, Paolo Colombo **R+B** Fatih Akin **K** Bünyamin Seyrekbasan, Hervé Dieu **M** Alexander Hacke **S** Andrew Bird **L** 97 (24 B./sec.) / 93 (25 B./sec.) **FSK** o.A.; f **E** 6.12.2012 **fd** 41 421

München 1970
Der sehr persönliche (Fernseh-)Dokumentarfilm erinnert an die zwölf Tage vom 10. bis 21. Februar 1970, als eine Serie antisemitischer Terroranschläge München erschütterte. Er deutet sie als den nicht wahrgenommenen Prolog der Anschläge auf die Olympischen Spiele 1972, beschreibt Hintergründe und Zusammenhänge, befragt Opfer und Täter und analysiert die Verschleierungstaktiken damaliger Behörden. Ebenso thematisiert er die Frage, ob der Anschlag von 1972 hätte verhindert werden können, und stellt zudem Zusammenhänge mit den Attentaten vom 11. September 2001 her.
Deutschland 2012 **P** HR **KI** offen **R+B** Georg M. Hafner **L** 90 **E** 17.7.2012 ARD **fd** –

München 72 – Das Attentat ★
Am 5.9.1972 dringen palästinensische Terroristen in München ins Olympische Dorf ein, nehmen israelische Sportler als Geiseln und verlangen die Freilassung von 200 Kampfgenossen. Eine Polizistin aus dem Ruhrgebiet und ein Hubschrauberpilot stellen sich als Vermittler zur Verfügung, doch die Geiselnahme endet in einer Katastrophe. Die beiden Unterhändler werden in jene neue Spezialeinheit berufen, aus der die GSG 9 hervorgeht. Vorzüglich gespieltes (Fernseh-)Drama um die tragischen Ereignisse in München, wo die Olympiade ein weltoffenes Deutschland präsentieren sollte, dann aber die Geburtsstunde des internationalen Terrorismus entstand. Während sich der Film heillos in der menschelnden Ebene verliert, mit der das politische Geschehen ummantelt wird, fesselt er in seinem Kern, der fatalen Verkettung aus politischer Engstirnigkeit, Naivität und vor allem der völligen Unerfahrenheit in der Konfrontation mit einem Gegner, der nichts zu verlieren hat.
Deutschland 2011 **P** teamWorx **DVD** Universum (16:9, 1.78:1, DD5.1 dt.). **Pd** Nico Hofmann, Ariane Krampe **R** Dror Zahavi **B** Martin Rauhaus **K** Gero Steffen **M** Uli Reuter (= Ulrich Reuter) **D** Bernadette Heerwagen (Anna Gerbers), Felix Klare (Michael Bruckner), Heino Ferch (Polizeipräsident Dieter Waldner), Benjamin Sadler (Adjudant Ulrich K. Wegener), Stephan Grossmann (Innenminister

Genscher), Christoph Zrenner (Walther Tröger), Rainer Bock (bayr. Innenminister Merk), Arnd Klawiter (Hans Struck), Shredi Jarbarin (Terroristenanführer Affif) **L** 92 **FSK** ab 12 **E** 19.3.2012 ZDF / 23.3.2012 DVD **fd** –

Die Muppets
THE MUPPETS
Der größte Fan der MUPPETS-Puppen ist selbst eine Puppe, die mit ihren menschlichen Freunden alles daran setzt, das Muppets-Studio in Los Angeles den Fängen eines Ölmagnaten zu entreißen. Das dafür benötigte Kapital soll durch eine neue Show mit Kermit & Co. aufgebracht werden, doch dafür muss man erst einmal die alte Mannschaft um Fozzie-Bär, Gonzo und Miss Piggy motivieren. Ein nostalgisches, dabei lustbetont sentimentales Unterhaltungspotpourri aus dem Kosmos der berühmten Handpuppen aus der MUPPETS-Fernsehshow. Mit einer Überfülle an Gags und Songs beschwört der Film pointenreich auch das Tragikomische in der Welt der Menschen und der Muppets. – Ab 10.
DVD/BD: Die Standardausgabe (DVD) enthält keine erwähnenswerten Extras. Die Extras der BD umfassen indes u. a. einen Audiokommentar mit Jason Segel, James Bobin und Nicholas Stoller sowie ein Feature mit acht im Film nicht verwendeten Szenen (10 Min.). USA 2011 **P** Muppets Studio / Walt Disney Pic. / Mandeville Films **KI** Walt Disney **DVD** Walt Disney (16:9, 1.78:1, DD5.1 engl./dt.) **BD** Walt Disney (16:9, 1.78:1, dts-HD7.1 engl./dt.) **Pd** David Hoberman, Todd Lieberman **R** James Bobin **B** Jason Segel, Nicholas Stoller **Vo** Jim Henson (Charaktere) **K** Don Burgess **M** Christophe Beck **S** James Thomas **D** Jason Segel (Gary), Amy Adams (Mary), Chris Cooper (Tex Richman), Rashida Jones (Veronica Martin), Zach Galifianakis (Hobo Joe), Alan Arkin **L** 109 **FSK** o.A.; f **E** 19.1.2012 / 24.5.2012 DVD & BD **fd** 40877

Das Musée d'Orsay in Paris
MUSÉE D'ORSAY. LE PASSAGER DU TEMPS
Der Pariser Musée d'Orsay ist in einem prächtigen Bahnhofsgebäude der Wende zum 20. Jahrhundert untergebracht und beherbergt eine viel gerühmte Sammlung. Der (Fernseh-)Dokumentarfilm beschreibt Entstehung und Entwicklung des Museums, führt durch Ausstellungsräume und Archive und stellt einige Mitarbeiter vor. Darüber hinaus bemüht er sich, die Veränderungen des Museums als organischen Prozess und Ausdruck einer modernen Museums-Pädagogik darzustellen. – Ab 14.
Frankreich 2011 **P** ARTE France **KI** offen **R+B** Bruno Ulmer **L** 84 **E** 8.1.2012 arte **fd** –

Musensöhne
Dokumentarfilm über ein 1939 von den Nazis gegründetes Musikinternat, auf dem die begabtesten Jungen des Deutschen Reichs zu Elite-Musikern erzogen werden sollten. Der Schulleiter, selbst humanistischem Gedankengut und kirchenmusikalischen Traditionen verpflichtet, praktizierte indes eine Gratwanderung zwischen künstlerischer Freiheit und politischer Doktrin. Mit einer Fülle an Archivmaterial zeichnet der Film vielschichtig das Bild eines Kapitels der Kunstgeschichte im Dritten Reich. – Ab 16. Teils schwarz-weiß. Deutschland 2011 **P** Filmallee **KI** offen **Pd** David Lindner Leporda **R+B** Philipp Clarin **K** Oliver Tataru **M** Wolfram de Marco **S** Tom Kohler (= Thomas Kohler) **L** 90 **E** 24.5.2012 WDR **fd** –

Ein Musketier für alle Fälle
LES AVENTURES DE PHILIBERT, CAPTAINE PUCEAU
Ein junger Mann erfährt, dass er «nur» der Adoptivsohn seines vermeintlichen Vaters ist. Im Frankreich des Jahres 1550 zieht er aus, um den Mörder seines leiblichen Vaters, eines Herzogs, zur Rechenschaft zu ziehen. Überaus gewollte Parodie auf Mantel-und-Degen-Filme, die sich jeder Leichtigkeit beraubt, sodass die Gags und Witzeleien nie recht zünden. Einzig der Hauptdarsteller weiß zu überzeugen. – Ab 14.
Scope. Frankreich 2011 **P** Mandarin Cinéma / Gaumont / M 6 Films **DVD** Sunfilm (16:9, 2.35:1, DD5.1 frz./dt., dts dt.) **BD** Sunfilm (16:9, 2.35:1, dts-HDMA7.1 frz./dt.) **Pd** Nicolas Altmeyer, Marc Jenny **R** Sylvain Fusée **B** Karine Angeli, Jean-François Halin **K** Régis Blondeau **M** Jean-Louis Bianchina **S** Reynald Bertrand **D** Jérémie Renier (Philibert), Alexandre Astier (Clotinrde Godovaire Targin Glulle de Putrolles), Manu Payet (Martin), Elodie Navarre (Inès), Eric Savin (Comédon), Aurélie Montea (Pénélope), Ludovic Berthillot (Gliture), Vincent Haquin **L** 98 **FSK** ab 12 **E** 8.3.2012 DVD & BD **fd** –

Muster
Experimenteller Film auf Basis einer Installation des Regisseurs auf der «dOCUMENTA (13)». Verbindendes Element der auf drei Zeitebenen angesiedelten Handlung ist das ehemalige Kloster Breitenau in Hessen, das während der NS-Zeit ein Konzentrationslager war; Ende der 1960er-Jahre diente es als Heim für schwer erziehbare Mädchen, in dem Ulrike Meinhof für ihren Film BANBULE (1970) recherchierte; als dritte Zeitebene kommt eine Klassenfahrt von Gymnasiasten in der 1990er-Jahren hinzu. Durch Nachinszenierungen und Verfremdungen will der Regisseur wiederkehrende Muster herausstellen. – Ab 16. Deutschland 2012 **P** Clemens von Wedemeyer Prod. **KI** offen **Pd+R+B** Clemens von Wedemeyer **K** Frank Meyer **L** 76 **E** 15.9.2012 3sat **fd** –

Mutter Krausens Fahrt ins Glück ☆
Herausragender Stummfilm nach Erzählungen und Skizzen des Berliner Zeichners Heinrich Zille. Im Zentrum steht eine Witwe, die dem sozialen Elend lange trotzt, aber keinen Ausweg mehr weiß, als ihr Sohn auf die schiefe Bahn gerät. Die eindringliche Milieuschilderung aus dem Berliner Stadtteil Wedding weitet sich zur Beschreibung der Arbeiterbewegung Ende der 1920er-Jahre, wobei der Einfluss der Umwelt auf das Verhalten der Menschen in eindringlichen Bildern verdeutlicht wird. Das Filmmuseum München hat den Klassiker auf Basis des proletarischen Films auf Basis des Originaldrehbuchs in HD restauriert und fehlende Sequenzen durch ergänzte Zwischentitel kenntlich gemacht; dabei setzt die neu komponierte, stilistisch an Jazz und Rock orientierte Musik differenziert und unaufdringlich Akzente. – Sehenswert ab 16.
Schwarz-weiß. Deutschland 1929 **P** Prometheus **KI** offen **Pd** Willi Münzenberg **R** Piel Jutzi (= Phil Jutzi) **B** Willy Döll, Johannes Fethke (= Jan Fethke), Otto Nagel **Vo** Heinrich Zille (Erzählungen und Skizzen) **K** Piel Jutzi (= Phil Jutzi) **M** Götz Wendlandt, Wolfgang Sternberg (Fernsehfassung

1972), Michael Gross (Fernsehfassung 2012) **D** Alexandra Schmitt (Mutter Krause), Holmes Zimmermann (Paul Krause), Ilse Trautschold (Erna Krause), Gerhard Bienert (Schlafbursche), Friedrich Gnaß (Arbeiter Max), Vera Sacharowa (Friede), Fee Wachsmuth (Kind) **L** 133 (fr. 104) **FSK – E** 30.12.1929 / 4.2.1958 DFF 1 / 19.12.1972 ZDF / 20.11.2012 arte (rest. Fassung) **fd** 41 385

Mutter muss weg

Ein schüchterner Träumer leidet unter seiner dominanten Mutter, die Sex-Utensilien herstellt. Als er von ihrer tödlichen Krankheit erfährt, hofft er, endlich seinen Traum verwirklichen und Puppenhäuser herstellen zu können. Doch die Mutter ist nur Opfer einer Fehldiagnose, sodass er einen Auftragskiller engagiert. Der aber erweist sich als Versager. (Fernseh-) Komödie mit Screwball-Anleihen, im Mittelpunkt ein Muttersöhnchen, das um seinen eigenen Platz im Leben ringt. – Ab 14.
Deutschland 2012 **P** Ziegler Film (für ZDF) **DVD** Studio Hamburg (16:9, 1.78:1, DD2.0 dt.) **Pd** Klaus Bassiner, Elke Müller, Tanja Ziegler **R** Edward Berger **B** Marc Terjung **K** Jana Marsik **M** Julian Maas, Christoph M. Kaiser (= Christoph Kaiser) **S** Sven Budelmann **D** Bastian Pastewka (Tristan Fromm), Judy Winter (Hannelore Fromm), Karoline Eichhorn (Frau Dr. Korff), Albert Kitzl (Josip), Jörg Hartmann (Rezeptionist), Rosalie Thomass (Anita), Tony Mpoudja (Carlos), Beata Lehmann (Jutta) **L** 88 **FSK** ab 12 **E** 18.10.2012 ZDF / 12.10.2012 DVD **fd –**

Mütter und Töchter – Geliebte Feindinnen?

Essayistisches Doku-Feature über die Beziehung von Müttern und Töchtern. Zu Wort kommen prominente Mütter-Töchter-Paare, die sich offen über Geburt und Pubertät, Erwachsenwerden, Sexualität und Alter äußern. Kommentiert werden die Themen durch Zitate aus den Werken der französischen Philosophin Elisabeth Badinter. – Ab 16.

Deutschland 2011 **P** Medea Film / arte / NDR **Kl** offen **R+B** Marita Neher, Irene Höfer **L** 70 **E** 16.9.2012 arte **fd –**

My Generation
MY GENERATION

Regisseurin Veronika Minder (geb. 1948) bittet sechs Altersgenossen zum Gespräch, die in den 1968er-Jahren sozialisiert wurden und über ihr «wildbewegtes» Leben Auskunft geben sollen. Dabei stellen sich keine ehemaligen Rebellen vor, die in der 68er-Bewegung Erlösung und Befreiung suchten, sondern Menschen, die sich weitgehend geradlinig und zielstrebig durchs Leben geschlagen haben. Die sechs Biografien von unterschiedlichstem Spannungsgehalt unterlaufen dabei den Filmtitel, der eine gewisse Gemeinsamkeit suggeriert. – Ab 14.
Schweiz 2011 **P** Cobra Film **Kl** filmcoopi (Schweiz) **Pd** Valerie Fischer **R+B** Veronika Minder **K** Helena Vagnières **M** Jackie Brutsche, Wädi Gysi **S** Tania Stöcklin **L** 92 **FSK – E** 29.3.2012 Schweiz **fd –**

My Reincarnation ★
MY REINCARNATION

In 20 Jahren entstandene Langzeitdokumentation einer Vater-Sohn-Beziehung: Chögyal Namkhai Norbu verließ wegen der chinesischen Repressionen seine Heimat Tibet, ließ sich in Italien nieder und arbeitete dort als spiritueller Lehrer des tibetanischen Buddhismus. Sein Sohn kam in Italien zur Welt und orientiert sich an europäischen Lebensentwürfen, verliert aber nicht den Bezug zum Buddhismus und tritt in die Fußstapfen des Vaters. Der sehr menschliche Film begleitet ohne Pathos das Altwerden des Vaters und den Umgang mit Krankheit und körperlicher Schwäche ebenso wie die Entwicklung des Sohns vom rebellischen Jugendlichen zum Familienvater, wobei er die tiefe religiöse Verwurzelung der beiden umkreist. – Ab 14.
USA/Niederlande/Deutschland/Italien 2011 **P** Zohe Film Prod. / Buddhist Broadcasting Foundation / Lichtblick Film / Ventura Film / Vivo Film **Kl** W-film **Pd** Jennifer Fox, Babeth M. Van-

loo, Carl-Ludwig Rettinger, Andres Pfaeffli, Elda Guidinetti, Marta Donzelli, Gregorio Paonessa **R+B** Jennifer Fox **K** Jennifer Fox **M** Jan Tilman Schade **S** Sabine Krayenbühl **L** 100 **FSK – E** 2.2.2012 / 23.1.2013 arte **fd** 40 885

My Week With Marilyn ★
MY WEEK WITH MARILYN

Bei den Dreharbeiten zu dem Kinofilm DER PRINZ UND DIE TÄNZERIN (1957) sucht die Hauptdarstellerin Marilyn Monroe die Nähe des dritten Regieassistenten. Für den unerfahrenen jungen Mann werden die Wochen mit dem Star zum Höhepunkt seines Lebens. Der Film entwickelt eine Anekdote aus einer weit größeren Geschichte als zarte, optisch helle Liebesgeschichte, die freilich die Schattenseiten von Monroes Leben nicht ausspart. Eindrucksvoll sind dabei vor allem die Darsteller, vor allem Michelle Williams, die Marilyn Monroe als Person konkret macht, ohne ihre öffentliche Persona zu demontieren. – Ab 14.
DVD/BD: Die Extras umfassen u. a. einen dt. untertitelbaren Audiokommentar des Regisseurs.
Scope. Großbritannien/USA 2011 **P** Trademark Films **Kl** Ascot Elite **DVD** Ascot Elite (16:9, 2.35:1, DD5.1 engl./dt.) **BD** Ascot Elite (16:9, 2.35:1, dts-HDMA engl./dt.) **Pd** David Parfitt, Harvey Weinstein, Mark Cooper **R** Simon Curtis **B** Adrian Hodges **Vo** Colin Clark (Bücher *My Week with Marilyn / Meine Woche mit Marilyn* und *The Prince, the Showgirl and Me*) **K** Ben Smithard **M** Conrad Pope **S** Adam Recht **D** Michelle Williams (Marilyn Monroe), Eddie Redmayne (Colin Clark), Kenneth Branagh (Sir Laurence Olivier), Julia Ormond (Vivien Leigh), Dougray Scott (Arthur Miller), Judi Dench (Sibyl Thorndike), Dominic Cooper (Milton Greene), Emma Watson (Lucy), Zoë Wanamaker (Paula Strasberg), Toby Jones (Arthur Jacobs), Derek Jacobi (Sir Owen Moreshead), Philip Jackson (Roger Smith), Geraldine Somerville (Jane Clark) **L** 104 **FSK** ab 6; f **E** 19.4.2012 / 22.10.2012 DVD & BD **fd** 41 003

NOORDZEE, TEXAS (Edition Salzgeber)

Nacht der Besessenheit – Die Lila-Zeremonie der Derdeba
LA NUIT DE LA POSSESSION – LIL DE DERDEBA
Dokumentarfilm über eine «Lila de Derdeba» («Nacht der Besessenheit»): Dabei handelt es sich um ein Heilungsritual der Gnawa, einer ethnischen Minderheit in Marokko, Nachfahren westafrikanischer Sklaven, das böse Geister vertreiben soll. Die Zeremonie aus Musik und ritualisierten Tänzen ist in afrikanischen Mythen verankert und stellt eine symbolische Wiederholung der Weltschöpfung dar. Ein eindrucksvolles Dokument, dessen ethnografische Bedeutung kaum zu überschätzen ist. – Ab 16.
Frankreich 2011 **P** Oléo Films / ARTE France **KI** offen **R+B** Frank Cassenti **K** Jérémie Clément **M** Mahoud Guinea **S** Sylvain Piot **L** 83 **E** 28.10.2012 arte
fd –

Die Nacht der Jäger
JÄGARNA 2
Ein Stockholmer Profiler, der vor Jahren ein Verbrechen aufklärte, in das sein Bruder verwickelt war, wird in sein nordschwedisches Heimatdorf geschickt, um den Mord an einer Frau zu klären. Die Dorfgemeinschaft sieht einen Finnen, einen hartnäckigen Verehrer der Toten, als Täter, doch der Kommissar aus der Stadt gibt sich damit nicht zufrieden und muss bald erkennen, dass die eigene Familie in das Verbrechen verstrickt ist. (Fernseh-)Krimi mit dichter Spannung, der reizvoll Familiendrama und Genregeschichte verbindet und dabei in menschliche Abgründe blicken lässt. – Ab 16.
Scope. Schweden 2011 **P** Harmonica / Sonet Film / Filmpool Nord **DVD** atlas (16:9, 2.35:1, DD5.1 swe./dt.) **BD** atlas (16:9, 2.35:1, dts-HD swe./dt.) **Pd** Björn Carlström, Per Janérus, Peter Possne **R** Kjell Sundvall **B** Björn Carlström, Stefan Thunberg **K** Jallo Faber **M** Johan Söderqvist **S** Mattias Morheden **D** Rolf Lassgård (Erik Bäckström), Peter Stormare (Torsten), Kim Tjernström (Peter), Eero Milonoff (Jari Lipponen), Johan Paulsen (Mats), Juho Milonoff (Esa Lipponen), Elina Knihtila (Irina Lipponen), Yngve Dahlberg (Eriks Chef) **L** 125 **FSK** ab 16 **E** 23.3.2012 DVD & BD / 1.10.2012 ZDF **fd –**

Die Nacht der Zombies
AS THE NIGHT FALLS
Ihr mittlerweile toter Vater hat seinen zwei Töchtern zeitlebens die Untaten verschwiegen, die einst auf der Farm stattfanden. Als die beiden Mädchen eine Party mit Freunden und ihrem Bruder, dem Dorfsheriff, feiern wollen, holt sie die Vergangenheit in Form von Geistererscheinungen und gierigen Untoten ein. Es wird einmal mehr gefeiert – bis zum Abschlachten in einem öden Zombiefilm zum Abwinken.
Scope. USA 2010 **P** Pop Gun Pic. / FEAR FILM / Us and the Other Us Prod. **DVD** MIG/EuroVideo (16:9, 2.35:1, DD2.0 engl., DD5.1 dt.) **BD** MIG/EuroVideo (16:9, 2.35:1, DD2.0 engl., dts-HD dt.) **Pd** Dwight Cenac, Joe Davison, Robert J. Massetti **R+B** Joe Davison **K** Brian Bourke **M** Clint Bailly **S** Joshua Long, Stu McLaughlin, Michael Seitzler **D** Debbie Rochon (die Mutter/Nelly Trine), Deneen Melody (Elizabeth), Raine Brown (Stephanie), Lily Cardone (Holly), Julie Anne (Olivia), Grace Chapman (Amelia), Jeremy King (Tim), Joe Davison (Charlie) **L** 87 **FSK** ab 16 **E** 16.8.2012 DVD & BD **fd –**

Die Nacht ist nicht allein zum Schlafen da
Dokumentarfilm über eine traditionsreiche Fraunhofer Schoppenstube, die ein bunt gemischtes Publikum aus Intellektuellen und Arbeitern, Schickeria und Sonderlingen, Alten und Jungen anzieht. Die Kamera mischt sich unter die Gäste des Stüberl und lässt an einer durch die Montage geschickt konstruierten Kneipennacht teilhaben. Dabei würdigt der Film nicht nur das besondere Flair dieses Stücks Münchner Lokalkultur, sondern berührt auch das Problem der Gentrifizierung, in deren Zuge solche «gewachsenen» öffentlichen Orte mehr und mehr in Bedrängnis geraten. – Ab 16.
Deutschland 2011 **P** Peter Goedel Filmprod. **KI** Filmwelt **Pd+R+B** Peter Goedel **K** Klaus Lautenbacher **S** Agape von Dorstewitz **L** 82 **FSK** o.A.; f **E** 29.3.2012 **fd** 41013

Nachtexpress
NACHTEXPRESS
Ein Tag und eine Nacht in Zürich, ein episodischer Streifzug durch (soziale) Randbezirke: Ein «Aufreißer» leidet an seiner Beziehungslosigkeit; zwei Kartenspieler schwingen in ihrer Stammkneipe deutschfeindliche Parolen; ein unter notorischer Geldknappheit leidender Mann schmiedet einen verwegenen Plan. Der Erstlingsfilm stellt sechs Schauplätze und die Menschen vor, die sie frequentieren, zeigt sie beim Trinken, Lieben, Streiten und Reden, was auf Dauer ermüdend wirkt, weil er keine Spannungsbögen zu bieten hat. – Ab 14.
Schweiz 2012 **P** Visualpark **KI** Movie-Biz (Schweiz) **Pd+R+B** Alex E. Kleinberger **D** Alexander Albrecht (Rocky), Peter Hottinger (Daniel Widmer), Philippe Reinhardt (Hoger), Jörg Reichlin, Beat Schlatter, Patrick Frey, Vera Bommer **L** 88 **FSK** – **E** 17.5.2012 Schweiz   fd –

Nachtlärm
NACHTLÄRM
Während einer nächtlichen Tour, die sein «Schreibaby» in den Schlaf lullen soll, wird einem jungen Paar das Auto nebst Kind gestohlen. Die Eltern entwenden ihrerseits einen anderen Wagen und nehmen die Verfolgung auf, wobei sich ihnen bald dessen Besitzer an die Fersen heftet, dem es weniger um das Fahrzeug als um dessen heikle Fracht geht. Eine perfekt komponierte, von guten Darstellern getragene Komödie, die mit Road-Movie- und Thriller-Elementen für Spannung sorgt und durch den Wechsel von Dramatik und Situationskomik fesselt. – Ab 14.
Schweiz/Deutschland 2012 **P** T&C Film / X Filme Creative Pool / ARD-Degeto / SRF / SRG SSR / Teleclub / X Verleih / Columbus Film **KI** X Verleih **Pd** Marcel Hoehn, Stefan Arndt **R** Christoph Schaub **B** Martin Suter **K** Nikolai von Graevenitz **M** Peter Scherer **S** Marina Wernli **D** Alexandra Maria Lara (Livia), Sebastian Blomberg (Marco), Georg Friedrich (Jorge), Carol Schuler, Andreas Matti, Tiziano Jähde (Tim), Ingo Ospelt **L** 94 **FSK** ab 12; f **E** 23.8.2012   fd 41218

Nachtschicht – Geld regiert die Welt
Nach einer durchzechten Nacht gerät ein Mitarbeiter des Hamburger Kriminaldauerdiensts in Verdacht, einen seiner Zechkumpanen, einen unbeliebten Rechtsanwalt, erschossen zu haben. Mit einem neuen Kollegen, einem Einser-Absolventen der Polizeihochschule, nimmt er die Ermittlungen auf. Zur selben Zeit steht ein Bankchef vor der Pleite und missbraucht seine Kenntnisse über seine Kunden. Solide inszenierter (Fernsehserien-)Krimi, der einen neuen Kollegen der Hamburger Beamten einführt. – Ab 16.
Deutschland 2012 **P** Network Movie **KI** offen **Pd** Wolfgang Cimera, Bettina Wente **R** Lars Becker **B** Lars Becker, Ben Becker (Roland Petry) **K** Hannes Hubach **M** Stefan Wulff, Hinrich Dageför **S** Sanjeev Hithiramani **D** Armin Rohde (Erichsen), Barbara Auer (Lisa Brenner), Minh-Khai Phan-Thi (Mimi Hu), Christoph Letkowski (Yannick Kruse), Özgür Karadeniz (Ömer Kaplan), Sophie Rois (Doreen Petry), Fahri Yardim (Yüksel Özbek) **L** 90 **E** 21.1.2013 ZDF   fd –

Nachtschicht – Reise in den Tod
Einem Menschenhändler, der über Südtirol Afrikaner nach Deutschland schleust, kommt ein Teil seiner Fracht durch Flucht abhanden. Derweil ermittelt das Hamburger Polizei-Team in einem Fall häuslicher Gewalt: Eine Hausangestellte aus Benin wurde von ihrem Chef missbraucht, wagt jedoch nicht, Anzeige zu erstatten. Währenddessen entwickelt der gealterte Schleuser Zuneigung zu einer seiner Opfer. Dicht inszenierter und gut gespielter (Fernsehserien-)Kriminalfilm vor dem Hintergrund aktueller europaweiter Probleme. – Ab 16.
Deutschland 2011 **P** Network Movie **KI** offen **Pd** Bettina Wente **R+B** Lars Becker **K** Andreas Zickgraf **M** Stefan Wulff, Hinrich Dageför **S** Sanjeev Hithiramani **D** Armin Rohde (Erichsen), Barbara Auer (Lisa Brenner), Minh-Khai Phan-Thi (Mimi Hu), Peter Kremer (Theo Lomax), Götz George (Bruno Markowitz), Hadnet Tesfai (Lola Obasi), Dominique Siassia (Marie France Amadou), Liz Baffoe (Gloria Adewunmi) **L** 90 **E** 13.1.2012 zdf_neo / 16.1.2012 ZDF   fd –

Nachtschichten
NACHTSCHICHTEN
Dokumentarfilm über Menschen in Berlin, deren Lebensrhythmus vom Dunkel der Nacht geprägt ist. In Interviews und Beobachtungen nähert er sich den unterschiedlichen nächtlichen Routinen von Nachtwächtern, Obdachlosen, Nachtwanderern und «Geheimniskrämern», die erst in der Nacht ihre Träume, Ängste und Sehnsüchte offenbaren. «Die Momente, in denen Trostlosigkeit, Angst und Verzweiflung oder der Kampf gegen sie spürbar werden, zeigen auf, wie fragil die nächtlichen Freiräume beschaffen sind.» (Ivette Löcker)
Österreich 2010 **P** Mischief Films **KI** Filmladen (Österreich) **Pd** Ralph Wieser, Georg Misch **R+B** Ivette Löcker **K** Frank Amann **S** Michael Palm **L** 97 **FSK** – **E** 15.3.2012   fd –

Naked Fear 3 – Angst bis in den Tod
FROM THE SHADOWS
Eine junge Frau kann ihren Lottogewinn nicht genießen, weil ein perverser Arzt ihr den Schein abjagen will. Freiwillig aber will sie ihn nicht hergeben, sodass er zu Folterinstrumenten greift. Stupides Torture-Porn-Derivat, das nichts mit den beiden Vorgänger-Filmen zu tun hat, aber ebenfalls nichts von Wert zu bieten hat.
DVD/BD: Die deutsche Fassung ist gegenüber der Originalfassung um etwa drei Minuten gekürzt.
USA 2009 **P** Red Moonlight **DVD** Sunfilm (16:9, 2.35:1, DD5.1 span./dt. dts dt.) **BD** Sunfilm (16:9, 2.35:1, dts-HDMA7.1 span./dt.) **Pd** Britt George, Nena Robert **R+B** Scott C. Robert **M** Carlos Vivas **S** Scott C. Robert **D** Kal Bennett (Terri Sherdon), Britt George (Dr. Jeff Blakes), Brennan Taylor (Shane Conwell), Sheila Cavalette (Mutter), Steve Filice (Graham), Noel Olken (Barkeeper), Erika Lenhart (Marlene), Mallory Bankers (Abby) **L** 85 **FSK** ab 18 **E** 10.5.2012 DVD & BD   fd –

Natalie – Der Klang nach der Stille
Vier Jahre lang begleitete die Filmemacherin eine 31-jährige Frau, die von Geburt an fast taub ist und sich entschlossen hat, eine Hörprothese implantieren zu lassen. Der Dokumentarfilm spiegelt die Hoffnungen und Ängste der Protagonistin und beschreibt ihren Weg in die Welt der Hörenden. Dabei wird deutlich, wie schwierig es ist, Geräusche richtig zu interpretieren und zuzuordnen. – Ab 14.
Deutschland 2011 **P** jungwiehagen film / HR **KI** offen **R+B** Simone Jung

K Beatrice Weineck, Kai Wiehagen **S** Sebastian Zwang **L** 89 (auch 52) **E** 6.9.2012 arte **fd –**

Natalie oder Der Klang nach der Stille
siehe: **Natalie – Der Klang nach der Stille**

Nathalie küsst
LA DÉLICATESSE
Eine schöne junge Frau verliert durch durch einen Autounfall ihren geliebten Mann. Die Trauer lässt sie lange nicht los, bis ein spontaner Kuss, den sie einem Kollegen gibt, eine neue Liebe verheißt, auch wenn der wenig attraktive Schwede und die elegante Französin kaum unterschiedlicher sein könnten. Der Film löst das Drama in einer temporeichen, von nunciert aufspielenden Darstellern getragenen Komödie auf, die zwar in der Verteilung der Geschlechterrollen ausgesprochen bieder bleibt, aber durch die sorgfältige Inszenierung dennoch überzeugt. – Ab 14.
Frankreich 2011 **P** 2.4.7.Films / Studiocanal / France 2 Cinéma **KI** Concorde **Pd** Xavier Rigault, Marc-Antoine Robert **R** David Foenkinos, Stéphane Foenkinos **B** David Foenkinos **Vo** David Foenkinos (Roman *La délicatesse / Nathalie küsst*) **K** Rémy Chevrin **M** Emilie Simon **S** Virginie Bruant **D** Audrey Tautou (Nathalie), François Damiens (Markus), Bruno Todeschini (Charles), Mélanie Bernier (Chloé), Joséphine de Meaux (Sophie), Pio Marmaï (François), Monique Chaumette (Madeleine), Marc Citti (Pierre), Alexandre Pavloff (Benoît), Vittoria Scognamiglio (Mutter von François), Olivier Cruveiller (Vater von François), Audrey Fleurot (Ingrid), Ariane Ascaride (Nathalies Mutter), Christophe Malavoy (Nathalies Vater) **L** 110 (24 B./sec.) / 105 (25 B./sec.) **FSK** o.A.; f **FBW** bw **E** 12.4.2012 / 19.7.2012 Schweiz **fd** 41 017

Nazi Invasion – Team Europa
JACKBOOTS ON WHITEHALL
Während des Zweiten Weltkriegs wollen die Nazis einen Tunnel unter dem Ärmelkanal bis nach London graben, um einen Überraschungssieg zu landen. Das gelingt ihnen auch fast, wären da nicht ein ausgemusterter Bauer und seine Mannen. Britische Stop-Motion-Animation, die sich eher in Klischees und Klamauk als im viel gepriesenen englischen Humor gefällt.
DVD/BD: Erhältlich als DVD, 2D BD und 2D/3D BD.
3D. Großbritannien 2010 **P** E-MOTION / McHenry Brothers / Swipe Films / uFilm / Arcacia / Cinema Four / MatadorPegaso Pic. / Zeus Films **DVD** Los Bandidos/Ascot Elite (16:9, 1.78:1, DD5.1 engl./dt.) **BD** Los Bandidos/Ascot Elite (16:9, 1.78:1, dts-HDMA engl./dt.) **Pd** Karl Richards, Patrick Scoffin, Peter Bevan **R+B** Edward McHenry, Rory McHenry **M** Guy Michelmore **S** Chris Blunden **L** 92 **FSK** ab 18 **E** 7.5.2012 DVD & BD **fd –**

Nazi Sky – Die Rückkehr des Bösen!
NAZIS AT THE CENTER OF THE EARTH
Als hätte man es nicht schon geahnt, bereitet ein mitnichten toter Josef Mengele tief in der Antarktis die Auferstehung des Reiches vor. Gestört von einem US-amerikanischen Forscherteam, rücken die Eis-Nazis dennoch nicht von ihrem Unterfangen ab. Es sei denn, die Forscher werden zu Helden. Dummdreister Versuch aus dem IRON SKY-Nazi-Zombie-Hype Kapital zu schlagen. Nicht komisch gemeint, aber lächerlich geworden.
3D. USA 2012 **P** The Golbal Asylum **DVD** Savoy/Intergroove (16:9, 1.78:1, DD5.1 engl./dt.) **Pd** David Michael Latt, Paul Bales **R** Joseph J. Lawson **B** Paul Bales **K** Alexander Yellen **M** Chris Ridenhour **S** Rob Pallatina **D** Jake Busey (Dr. Adain Reistad), Dominique Swain (Dr. Paige Morgan), Adam Burch (Dr. Mark Maynard), Josh Allen (Dr. Lucas Moss), Christopher Karl Johnson (Dr. Josef Mengele), James Maxwell (Adolf Hitler), Lilan Bowden (May Yun), Marlene Okner (Silje Lagesen) **L** 90 **FSK** ab 18 **E** 12.7.2012 DVD & BD **fd –**

Nebelgrind
NEBELGRIND
Einer Frau platzt der Kragen, für zwei Wochen verlässt sie ihren Mann. Dieser muss sich nun allein um den Bauernhof, die Kinder und vor allem den an Alzheimer erkrankten Vater kümmern. Die Situation wird zur Herausforderung seines Lebens, zumal er die Krankheit des Vaters bislang immer heruntergespielt hatte. Ein bewegender Dokumentarfilm über das Vergessen und ein schleichendes Abschiednehmen. – Ab 16.
Schweiz 2011 **P** Zodiac/SF **KI** offen **Pd** Reto Schaerli, Lukas Hobi **R** Barbara Kulcsar **B** Josy Meier, Eveline Stähelin **K** Pierre Mennel **M** Balz Bachmann **S** Gion-Reto Killias **L** 89 **E** 15.4.2012 SF 1/DRS **fd –**

Nein, Aus, Pfui! Ein Baby an der Leine
Um ihren Partner für ihren Kinderwunsch zu begeistern, akzeptiert eine Frau den «Kompromiss», es zunächst einmal mit einem Hund zu probieren. Das Tier stürzt das junge Paar allerdings ins Chaos und stellt ihre Beziehung auf eine Zerreißprobe. Anspruchslose (Fernseh-)Komödie. – Ab 12.
Deutschland 2012 **P** U5 Filmprod. **KI** offen **Pd** Norbert Walter, Karl-Eberhard Schäfer, Katrin Haase **R** Kai Meyer-Ricks **B** Daniel Maximilian, Thomas Pauli **K** Wolfgang Aichholzer **S** Bernd Schriever **D** Petra Schmidt-Schaller (Hanna), Sebastian Ströbel (Jan), Floriane Daniel (Marion), Daniela Ziegler (Emilia), Heio von Stetten (Norbert), Kristin Graf (Angela) **L** 90 **E** 18.9.2012 SAT.1 **fd –**

Nemesis ★
Ein Paar will sein italienisches Domizil, in dem die Schwester der Frau ermordet wurde, aufgeben und richtet eine letzte Party für Freunde aus, während der die Frau verkündet, dass sie und ihr Mann sich trennen wollen. Kammerspielartiges Drama um die Zerrüttung einer Ehe. Zwar wird die an sich einfache Handlung durch ihre bemühte Verschachtelung sowie die kunstgewerbliche Kameraarbeit prätentiös aufgeblasen, doch sorgen zwei herausragende Hauptdarsteller dafür, dass die Reise in (zwischen-)menschliche Abgründe eine große Spannung entwickelt. – Ab 16.
Deutschland 2012 **P** Limago Filmprod. **KI** Limago Filmprod. **Pd+R+B** Nicole Mosleh **K** Henning Brümmer **M** Ralf Merten **S** Ivana Davidová **D** Ulrich Mühe (Robert), Susanne Lothar (Claire), Janina Sachau (Nina), Gesine Cukrowski (Miriam), Waldemar Kobus (Karl), Joanne Gläsel (Sylvia), Goetz Schulte (Helge), Peter Hausmann (Clemens), Isis Krüger (Elisabeth), Ricardo Frenzel (Giuseppe), Hildegard Schrödter (Rita) **L** 83 **FSK – E** 15.11.2012 **fd** 41 372

Neon Flesh
CARNE DE NEON
Ein Kleinkrimineller träumt von einer Karriere im gehobenen Gangster- und Nachtclub-Geschäft, wie er es seiner einsitzenden Mutter versprochen hat. Trotz der schlagkräftigen Unterstützung eines befreundeten Zuhälters kein leichtes Unterfangen, sind die Claims doch längst von Halbweltgrößen besetzt. Gangsterkrimi, der ein unreflektiertes Hohelied auf das (spanische) Verbrechertum anstimmt und sich durch viel nacktes (weibliches) Fleisch hervortut.
DVD/BD: Die dt. Fassung ist gegenüber der Originalfassung um gut vier Minuten geschnitten. Über Dragon ist eine FSK ungeprüfte 2-Disk DVD/BD-Edition erschienen, die mit der Originalfassung vergleichbar ist.
Scope. Spanien / Frankreich / Schweden / Argentinien 2010 **P** Carne de Néon / Film i Väst / Hepp Film / Jaleo Films / Mandarin Films / Morena Films / Oberrón Cinematográfica / Pensa & Rocca Prod. **DVD** Splendid & Dragon (16:9, 2.35:1, DD5.1 span./dt.) **BD** Splendid & Dragon (16:9, 2.35:1, dts-HDMA span./dt.) **Pd** Juan Gordon, Alvaro Alonso, Eric Altmayer (= Eric Altmeyer), Nicolas Altmayer (= Nicolas Altmeyer), Antonio Chavarrías, Helena Danielsson, Tomas Eskilsson, Daniel Penso, Miguel Angel Rocca **R+B** Paco Cabezas **K** Daniel Aranyó **M** Oscar Araujo, Julio de la Rosa **S** Antonio Frutos **D** Mario Casas (Ricky), Vicente Romero (Angelito), Macarena Gómez (La Canija), Luciano Cáceres (El Niño), Dámaso Conde (La Infantida), Darío Grandinetti (Chino), Blanca Suarez (Verónica), Antonio de la Torre (Santos) **L** 98 & 101 **FSK** ab 18 & ungeprüft **E** 13.4.2012 DVD   fd –

Die neuen Herren ★
LES NOUVEAUX MESSIEURS
Ein junger Gewerkschaftsfunktionär, Elektriker an der Pariser Oper, wird nach einem erfolgreich geführten Streik ins Parlament gewählt und steigt zum Minister auf. Die Machtposition steigt ihm zu Kopf, und er droht, sein bisheriges Leben aus den Augen zu verlieren. Auch seine Liebe zu einer Tänzerin wird einer schwereren Prüfung unterzogen. Ironisch gefärbte Politsatire, die die Verbürgerlichung und die damit einhergehende Korrumpierbarkeit der Arbeiterklasse geißelt, zugleich aber auch das bestehende politische System seiner Entstehungszeit anprangert. Der Stummfilm sorgte für lange Auseinandersetzungen mit der französischen Regierung. Bei aller gesellschaftspolitischen Ernsthaftigkeit überzeugt er durch inszenatorische Leichtigkeit und gedankliche Tiefe zugleich. – Ab 16.
Schwarz-weiß. Frankreich 1929 **P** Les Films Albatros / Sequana Films **Kl** offen **R** Jacques Feyder **B** Charles Spaak, Jacques Feyder **Vo** Robert de Flers (Bühnenstück), Francis de Croisset (Bühnenstück) **K** Georges Périnal, Maurice Desfassiaux **D** Gaby Morlay (Susanne Verrier), Henry Roussel (= Henri Roussel) (Comte de Montoire-Grandpré), Albert Préjean (Jacques Gaillac), Guy Ferrant (Journalist), Henri Valbel (Polizist Morin), Charles Barrois, Léon Arvel **L** 123 **E** 29.5.2012 arte   fd –

1911 Revolution
XINHAI GEMING
China 1911: Patriotische Nationalisten begehren gegen den kindlichen Kaiser und seine machtbesessene Mutter auf. Während der politische Kopf des Widerstands nach einem gescheiterten Putschversuch in Europa Geld sammelt, hält ein Revolutionsgeneral vor Ort die Stellung. Staatstragendes Revolutionsdrama ganz im Sinne der politischen Führung als Auftragsarbeit zum 100. Jahrestag der Revolution. Trotz Star-Aufgebots und bildgewaltiger Schlachten führt der Film bald zu Ermüdungserscheinungen. – Ab 16.
DVD/BD: Die FSK-Freigabe «ab 16» der DVD/BD bezieht sich auf das Bonusmaterial (Trailer etc.), der Film selbst hat eine Freigabe «ab 12».
Scope. VR China / Hongkong 2011 **P** Beijing Alnair / Changchun Film Studio / China City / Hebei/Huaxia / Jackie & JJ / Jackie Chan / Jiangsu / Langfang Guohua / Media Asia / Nanjing / Shanghai Film / Tianjin North **DVD** Splendid (16:9, 2.35:1, DD5.1 Mandarin/dt.) **BD** Splendid (16:9, 2.35:1, dts-HD Mandarin/dt.) **Pd** Jackie Chan **R** Jackie Chan, Zhang Li **K** Huang Wai **D** Jackie Chan (Huang Xing), Bingbing Li (Xu Zonghan), Winston Chjao (Sun Yat-Semn), Joan Chan (Longyu), Jaycee Chan (Zhang Zhenwu) **L** 117 (= BD: 122) **FSK** ab 12 **E** 17.2.2012 DVD & BD   fd –

1920 – Die letzte Schlacht
1920 BITWA WARSZAWSKA
Im Jahr 1920 brennt auch noch lange nach offiziellem Kriegsende die Erde: Die Russen wollen in Polen endgültig den Sozialismus implementieren und planen den Einmarsch nach Warschau. Eine kleine, aber schlagkräftige Armee stellt sich der Übermacht entgegen. Unter beachtlichem Materialaufwand realisiertes Kriegsepos, das mit den üblichen melodramatischen Versatzstücken die (Vaterlands-)Liebe im Zeichen der Okkupation beschwört. Der erste 3D-Film aus polnischer Produktion. – Ab 16.
DVD/BD: Auf Blu-ray auch als Hybrid-Version in 2D und 3D (auf einer Disk) erhältlich. Die Extras umfassen u.a. ein ausführliches «Making of» (44 Min.) sowie den Kurzfilm ENEMY (15 Min.).
3D. Polen 2011 **P** Zodiak Jerzy Hoffman Film Prod. **DVD** Koch (16:9, 1.85:1, DD5.1 pol./dt., dts pol./dt.) **BD** Koch (16:9, 1.85:1, dts-HD pl./dt.) **Pd** Jerzy R. Michaluk **R** Jerzy Hoffman **B** Jerzy Hoffman, Jaroslaw Sokól **K** Slawomir Idziak **M** Krzesimir Debski **S** Marcin Bastkowski, Marek Dabrowski **D** Borys Szyc (Jan Krynicki), Natasza Urbanska (Ola Raniewska), Daniel Olbrychski (Józef Pilsudski), Adam Ferency (Bukowski), Jerzy Bonczak (Kapitän Kostrzewa), Boguslaw Linda (Boguslaw Wieniawa-Dlugoszowski), Ewa Wisniewska (Schauspielerin Ada) **L** 115 **FSK** ab 16 **E** 23.11.2012 DVD & BD   fd –

90 Minuten – Das Berlin Projekt
Ein junger Schauspieler hastet bei der Verfolgung eines Mannes, den er für den Tod seiner Geliebten verantwortlich macht, durch die deutsche Hauptstadt. Das filmische «Berlin-Projekt» interessiert sich vorrangig für die Stadt und die Architektur ausgewählter Orte, wobei er ein weitgehend eindrucksvolles Bild der Kunst- und Party-Metropole entwirft. Dabei bleibt die Geschichte selbst allzu fadenscheinig, auch wirken die herbeizitierten Berlin-Mythen und Orte ohne Leben. – Ab 16.
Deutschland 2011 **P** L.A.R.A. Enterprises.com / BASISBerlin / Laval Film **Kl** alpha medienkontor **Pd** Blerim Destani, Christoph Heckenbücker, Alain Midzic **R+B** Ivo Trajkov **K** Suki Medencevic **M** Birger Clausen **S** Ivo Tra-

jkov, Michael Reich **D** Blerim Destani (Sebastian), Richard Sammel (Alexander), Udo Kier (Guru), Nicolette Krebitz (Hannah), Werner Dähn (Ralf), Harald Schrott (Theaterdirektor), Sophia Thomalla (Frau des Theaterdirektors), Julia Dietze (Freundin des Produzenten), Tino Mewes (Betrunkener), Pit Bukowski (Betrunkener) **L** 92 **FSK** – **E** 12.7.2012 **fd** 41 167

Neverland
NEVERLAND
Peter Pan und seine Jugendbande schlagen sich im London des 19. Jahrhunderts mit Diebstählen durch. Auf Anraten ihres Mentors entwenden sie eine magische Kugel und landen unversehens im «Neverland», wo es das Geheimnis der ewigen Jugend zu ergründen gilt, es von Fabelwesen nur so wimmelt und die Gegend von einer fürchterlichen Piratin und ihrer Bande terrorisiert wird. Eine sehr eigenwillige «Peter Pan»-(Fernseh-) Adaption, durchaus charmant und vergnüglich. – Ab 12.
Großbritannien 2011 **P** Parallel Film / MNG Films **DVD** Concorde (16:9, 1.78:1, DD5.1 engl./dt., dts dt.) **Pd** Alan Moloney, Redmond Morris **R+B** Nick Willing **K** Seamus Deasy **M** Ronan Hardiman **S** Allan Lee **D** Rhys Ifans (James Hook), Anna Friel (Capt. Elizabeth Bonny), Charles Dance (Dr. Fludd), Q'Orianka Kilcher (Aaya), Charlie Rowe (Peter Pan), Bob Hoskins (Smee), Raoul Trujillo (heiliger Mann), Cas Anvar (Gentleman Starkey), George Aguilar (Kaw Chief) **L** 180 **FSK** ab 12 **E** 4.8.2012 RTL / 9.8.2012 DVD **fd** –

Neverland – Reise in das Land der Abenteuer
siehe: **Neverland**

Neverlost
NEVERLOST
Als seine Traumfrau bei einem Hausbrand ums Leben kommt, träumt sich ein Mann, der in einer glücklosen Ehe steckt, mit Hilfe von Pillen in eine bessere Vergangenheit zurück. Ambitionierter Mystery-Thriller, der viele Versprechungen macht, diese aber weder erzählerisch noch inszenatorisch einlösen kann. – Ab 16.
DVD/BD: Die Extras umfassen ein Booklet zum Film.
Scope. Kanada 2010 **P** Black Fawn Films **DVD** I-On/Störkanal (16:9, 2.35:1, DD5.1 engl./dt.) **BD** I-On/ Störkanal (16:9, 2.35:1, dts-HD engl./ dt.) **Pd** Chad Archibald, Cody Calahan, Patrick McBrearty **R+B** Chad Archibald **K** Martin Buzora **S** Martin Buzora **D** Ryan Barrett (Josh Higgins), Emily Alatalo (Kate), Jennifer Polansky (Megan Mills), Danny Bruzzi (Serino), Paul Kendall (Prediger), Gary Biggar (Rechtsanwalt), John Cross (Restaurantbesitzer) **L** 93 **FSK** ab 16 **E** 17.2.2012 DVD & BD **fd** –

New Kids Nitro
NEW KIDS NITRO
Zweiter Kino-Auskinker einer niederländischen Klamotte um fünf extrem vulgäre Proleten aus der Provinz, die ihrem Dasein mit Alkohol, Sex und Schlägereien einen dumpfen Sinn verleihen wollen. Eine derbe, kalkuliert trashige Nummernrevue comichaft überzeichneter Exzesse, die im letzten Drittel in ein Splatter-Finale mündet, bei dem sich die Protagonisten durch Scharen von Zombies metzeln. (Erster Film: NEW KIDS TURBO)
DVD/BD: Die Extras umfassen u. a. ein ausführliches «Making of» (35 Min.).
Scope. Niederlande 2011 **P** Comedy Central / Eyeworks Film & TV Drama / Inspire Pic. / Bridge Ent. Group **KI** Constantin **DVD** Constantin/Highlight (16:9, 2.35:1, DD5.1 dt.) **BD** Constantin/Highlight (16:9, 2.35:1, dts-HD dt.) **Pd** Hans de Weers, Reinout Oerlemans, Steffen Haars, Flip van der Kuil, Gijs Kerbosch **R+B** Steffen Haars, Flip van der Kuil **K** Joris Kerbosch **M** Tom Holkenborg **S** Brian Ent, Flip van der Kuil **D** Huub Smit (Richard Batsbak), Wesley van Gaalen (Rikkert Biemans), Steffen Haars (Robbie Schuurmans), Flip van der Kuil (Barrie Butsers), Tim Haars (Gerrie van Boven), Guido Pollemans (D'n Dave), Peter Faber (Verteidigungsminister), Juliette van Ardenne (Deborah), Lars Boekhorst (Typ mit Down-Syndrom), Nils Verkooijen (Junge) **L** 77 **FSK** ab 16; nf **E** 5.1.2012 / 12.7.2012 DVD & BD **fd** 40 863

Newo Ziro – Neue Zeit ★
Dokumentarfilm über einen Musiker-Clan, Nachkommen und Verwandte des legendären Sinti-Musikers Django Reinhardt (1919–1953), der ihr musikalisches Erbe auf unterschiedliche Weise pflegen. Dabei setzt er sich nur bedingt mit musikalischen Wurzeln auseinander und lässt im Gespräch mit Vertretern aus drei Generationen Fragen kultureller Identität, Spannungen und das Leiden an Vorurteilen gegen Sinti und Roma anklingen. Ein Film voller interessanter Eindrücke, die jedoch angesichts der Themenvielfalt zu wenig vertieft werden. – Ab 14.
Deutschland 2011 **P** Neue Cameo Film / World TV / UDFilm **KI** W-film **Pd** Ole Landsjöaasen, Monika Nolte, Robert Krieg, Uwe Dresch **R+B** Robert Krieg, Monika Nolte **K** Volker Noack, Frank Kranstedt **M** Lulo Reinhardt **S** Anika Simon **L** 84 **FSK** – **E** 17.3.2012 **fd** 40 998

Nicht mit mir, Liebling
Als ein Mann zum vierten Mal für das Amt des Bürgermeisters kandidiert, platzt seiner Ehefrau der Kragen. Zudem ertappt sie ihn in flagranti mit einer französischen PR-Beraterin, woraufhin sie sich von der oppositionellen Öko-Partei als Gegenkandidatin aufstellen lässt. Bald liefert sich das zerstrittene Ehepaar zur Freude der Medien einen verbissenen Wahlkampf. Weitgehend amüsante (Fernseh-)Komödie als Mischung aus Provinzposse und romantischer Liebesgeschichte. – Ab 14.
Deutschland 2011 **P** teamWorx **KI** offen **Pd** Nico Hofmann **R** Thomas Nennstiel **B** Christoph Silber, Stefan Schaefer **K** Reiner Lauter **M** Maurus Ronner **S** Regina Bärtschi **D** Ursula Karven (Nina von der Heyden), Hans-Werner Meyer (Robert von der Heyden), Henning Baum (Philipp), Ronja Mittelstädt (Alice von der Heyden), Jana Klinge (Jacqueline), Gertraud Jesserer (Gräfin), Kathrin Ackermann (Anja), Michael Brandner (Bauunternehmer Frings) **L** 88 **E** 23.3.2012 ARD **fd** –

Nichts für die Ewigkeit
Schonungslos intimer Dokumentarfilm über den inzwischen verstorbenen jüngeren Bruder der Regisseurin, über dessen Heroin-Abhängigkeit sowie das von Liebe, aber auch von den Exzessen, Entzugsqualen und Rückfällen des Bruders geprägte Verhältnis der beiden. Die Filmemacherin nutzt Material, mit dem sie über fast zwei Jahrzehnte hinweg gemeinsame Situationen festgehalten hat.
Deutschland 2011 **P** wandaogo prod.

KI offen **Pd+R+B** Britta Wandaogo **K** Britta Wandaogo **S** Britta Wandaogo **L** 81 **E** 7.11.2012 3sat **fd** –

Nictophobia – Folter in der Dunkelheit
THE BRAZEN BULL
Zwei angehende Immobilienmakler interessieren sich für ein zentral in der Stadt und doch abseits gelegenes Warenhaus. Bei einer Besichtigung fallen sie dem dort ansässigen Serienkiller in die Hände, der Frischfleisch für seine perversen Spiele braucht. Stereotypes Quälhorror-Kino, das seine Fantasie ausschließlich für neue Foltermethoden anstrengt.
DVD/BD: Die dt. Fassung ist gegenüber der Originalfassung um gut eineinhalb Minuten geschnitten. Eine nur in Österreich und der Schweiz vertriebene Edition (NSM) ist ungekürzt. Die FSK-Freigabe «ab 18» der DVD/BD bezieht sich auf das Bonusmaterial (Trailer etc.), der Film selbst hat eine Freigabe «ab 16».
Scope. USA 2010 **P** 30 Something Prod. / Libra-Con Prod. / Luckster Prod. **DVD** Infopictures (16:9, 2.35:1, DD2.0 engl., DD5.1 dt.) **BD** Infopictures (16:9, 2.35:1, dts-HD2.0 engl., dts-HD dt.) **Pd** Charles Arthur Berg, David Frank Fletcher jr., Michael Madsen, Fileena Bahris, Landers Pierce **R** Douglas Elford-Argent **B** Thomas Bilyeu, Chris van de Polder **K** Jayson Crothers **M** Tim Williams **S** Gwendolyn Garver **D** Michael Madsen (der Mann), Rachel Hunter (Natasha), Jennifer Tisdale (Lauren), David Frank Fletcher jr. (Tyler), Gwendolyn Garver (Ashley), Nils Allen Stewart (Detective Miller), Anastacia (Lilly), Shannon Kingston (Lisa Klein) **L** 79 & 81 **FSK** ab 16 & ungeprüft **E** 18.5.2012 DVD & BD **fd** –

Nie wieder Fleisch?
Dokumentarfilm über die verheerenden Folgen einer weltweit zunehmenden Fleischproduktion. Für Europa und Nordamerika produziertes Fleisch aus Schwellen- oder Dritte-Welt-Ländern führt dort zur erheblichen Unterversorgung der Bevölkerung, da Viehfutter-Monokulturen die traditionelle Agrarwirtschaft abgelöst haben. Der Einsatz von Arzneimitteln in der Tierhaltung wird ebenso kritisch hinterfragt wie der Export noch subventionierter europäischer Produkte in Entwicklungsländer. Ein Film gegen bedingungslose Fleischproduktion, in deren Verwertungskreislauf die Tiere nur als Produkte angesehen werden. – Ab 16.
Deutschland 2011 **P** Heidefilm **KI** offen **Pd** Stefan Pannen **R+B** Jutta Pinzler **K** Michael Dreyer, Oliver Gurr, Felix Korfmann, Frederik Klose-Gerlich, Tilo Gummel **M** Rolf Seidelmann **S** Katja Tornow, Silke Olthoff **L** 60 **E** 27.3.2012 arte **fd** –

Night Drive – Hyänen des Todes
NIGHT DRIVE
Der Abenteuerurlaub einer Südafrika-Reisegruppe verwandelt sich in einen Albtraum, als sie zwischen die Fronten von Wilderern und Wildhütern gerät. Zudem müssen sich die im Busch Gefangenen gegen einen übersinnlichen Stammeszauber wehren. Dem Exotismus frönender Dschungelhorror, immerhin mal nicht vom Billighorror-Fließband Hollywoods.
Südafrika 2010 **P** The Film Factory **DVD** WGF/Schröder-Media (16:9, 1.78:1, DD2.0 engl., DD5.1 dt.) **BD** WGF/Schröder-Media (16:9, 1.78:1, dts-HD2.0 engl., dts-HD dt.) **Pd** James Carroll, Susana Kennedy, C.A. van Aswegen, Lucia Meyer **R+B** Justin Head **K** Trevor Calverley **M** Benjamin Willem **S** C.A. van Aswegen **D** Christopher Beasley (Sean Darwin), Corine Du Toit (Karen), Greg Melvill-Smith (Jack Darwin), Susana Kennedy (Helen Baker), Brandon Auret (Ian), Clare Marshall (Mary), Antonio David Lyons (Denzel), Jennifer Steyn (Cynthia Darwin) **L** 98 **FSK** ab 18 **E** 5.4.2012 DVD & BD **fd** –

Night Hunt – Die Zeit des Jägers
FÖRSVUNNEN
Allein auf weiter Flur mit dem Auto unterwegs, wird eine Frau von einem mysteriösen Fahrer bedrängt und gekidnappt, um für fiese Quälspiele herzuhalten. Mit Mühe gelingt ihr die Flucht, doch das ist erst der Beginn einer nächtlichen Jagd. Weniger auf Tätersuche im skandinavischen Ambiente als auf austauschbares Adrenalin-Kino à la Hollywood abzielender Thriller, der in gängigen Bahnen weitgehend spannend unterhält. – Ab 16.
DVD/BD: Der Film enthält keine zuschaltbaren deutschen Untertitel.
Schweden 2011 **P** Anagram Prod. / Trossfilm **DVD** Senator/Universum (16:9, 2.35:1, DD5.1 swe./dt.) **BD** Senator/Universum (16:9, 2.35:1, dts-HDMA swe./dt.) **Pd** Martin Persson, Henrik JP Åkesson **R** Mattias Olsson, Henrik JP Åkesson **B** Mattias Olsson **K** Erik Molberg Hansen **M** Nils-Petter Ankarblom **S** Johan Serrander **D** Sofia Ledarb (Malin), Kjell Bergqvist (der Mann), Björn Kjellman (Stefan), Dietrich Hollinderbäumer (Peter), Johan Klintberg (Erik), Nina Norén (Malins Mutter), Michael Petersson (Malins Vater) **L** 94 **FSK** ab 16 **E** 9.5.2012 DVD & BD **fd** –

Nightmare – Der Tod wartet auf dich
NIGHTMARE AT THE END OF THE HALL
Eine junge Frau, die es kurzzeitig zur Bestseller-Autorin gebracht hatte, nimmt einen Job als Lehrerin an ihrer alten Schule an. Als sie einer Schülerin begegnet, die frappierend ihrer Freundin ähnelt, die an der Schule Selbstmord beging, wird sie von ihrer Vergangenheit eingeholt. Mäßig spannender, inszenatorisch durchschnittlicher (Fernseh-)Mystery-Thriller mit passablen Darstellerleistungen. – Ab 16.
Kanada 2008 **P** Ambitious Entertainment / Insight Film / End Prod. **KI** offen **Pd** Kim Arnott, Jamie Goehring, Lindsay MacAdam **R** George Mendeluk **B** Nora Zuckerman **K** Anthony Metchie **M** Clinton Shorter **S** Christopher A. Smith **D** Sara Rue (Courtney), Duncan Regehr (Ian), Kavan Smith (Brett), Jacqueline MacInnes Wood (Laurel/Jane), Amber Borycki (junge Courtney), Sebastian Gacki (junger Brett) **L** 85 **E** 4.1.2012 Tele 5 **fd** –

Niko 2 – Kleines Rentier, großer Held
NIKO 2 – LENTÄJÄVELJEKSET / NIKO 2: FAMILY AFFAIRS
Niko, ein junges Rentier, muss sich in einer neuen Patchwork-Familie mit Stiefvater und Stiefbruder einleben. Als der neue Bruder entführt wird, erwacht sein Verantwortungsbewusstsein, und er macht sich auf, den Jüngeren zu retten. Sympathische Fortsetzung des vorweihnachtlichen Zeichentrickfilms NIKO – EIN RENTIER HEBT AB, das einem ähnlichen dramaturgischen Muster folgt, aber die äußere Reise mit einer stimmigen inneren Entwicklung der Titelfigur verbindet. – Ab 10.
3D.Finnland/Deutschland/Dänemark/

Irland 2012 **P** Magma Films/Cinemaker Oy / A. Film / Anima Film / Ulysses / Animaker **KI** Universum **Pd** Antti Haikala, Petteri Pasanen, Hannu Tuomainen, Emely Christians, Ralph Christians, Anders Mastrup **R** Kari Juusonen, Jørgen Lerdam (Co-Regie) **B** Marteinn Thorisson, Hannu Tuomainen **M** Stephen McKeon **S** Antti Haikala **L** 77 (24 B./sec.) / 74 (25 B./sec.) **FSK** o.A.; f **E** 1.11.2012 **fd** 41 346

Niko von Glasows Alles wird gut
siehe: **Alles wird gut**

96 Hours – Taken 2
TAKEN 2
Fortsetzung des Actionfilms 96 HOURS (2008), in der sich die familiären Beziehungen zwischen einem pensionierten CIA-Agenten, seiner Ex-Frau und der erwachsenen Tochter gefestigt haben. Dann aber werden die Eltern während eines Familientrips nach Istanbul von einem rachsüchtigen albanischen Clan-Chef entführt. Es liegt nun an der Tochter, sie zu retten. Dem humorfreien Sequel fehlen die Rasanz und Dringlichkeit des Vorgängers, sodass logische Brüche sowie die unreflektierte Gewaltverherrlichung umso deutlicher hervorstechen. – Ab 16.
Scope. Frankreich 2012 **P** Europa-Corp. / Grive Prod. **KI** Universum **Pd** Luc Besson **R** Olivier Megaton **B** Luc Besson, Robert Mark Kamen **K** Romain Lacourbas **M** Nathaniel Méchaly **S** Camille Delamarre, Vincent Tabaillon **D** Liam Neeson (Bryan Mills), Maggie Grace (Kim), Famke Janssen (Lenore), Rade Serbedzija (Murad), Luke Grimes, Leland Orser (Sam), Juenell (Bertha), Laura Bryce **L** 92 (24 B./sec.) / 89 (25 B./sec.) **FSK** ab 16; f **E** 11.10.2012 **fd** 41 314

Ninja – Im Zeichen des Drachen
ROYAL KILL / NINJA'S CREED
Eine asiatische Auftragskillerin und ein Leibwächter liefern sich einen erbitterten Kampf um das Leben eines US-amerikanischen Teenagers, die als letzte legitime Thronfolgerin eines fernöstlichen Königsreichs auserkoren ist. Belanglose Fantasy-Unterhaltung der billigsten Machart, in der trotz des deutschen Titels kein Ninja auftaucht. – Ab 16.
USA 2009 **P** 21st Century Film **DVD** KSM (16:9, 1.78:1, DD5.1 engl./dt.) **BD** KSM (16:9, 1.78:1, dts-HDMA engl./dt.) **R+B** Babar Ahmed **K** Jonathan Belinski **M** Kenneth Lampl **S** J.D. Beales **D** Pat Morita (Ausstelllungsleiter), Eric Roberts (Dad), Lalaine (Jan), Alexander Wrath (Adam Arthavan), Gail Kim (Auftragsmörder), Jeannie Crist, Nicole Brown, Darren Kendrick **L** 87 **FSK** ab 16 **E** 10.2.2012 DVD &fdD

Ninjago – Das Jahr der Schlangen
NINJAGO: MASTERS OF SPINJITZU
Eine Gruppe von Ninjas will in den Besitz unbezwingbarer Wunderwaffen kommen und muss sich dabei mit einem Bösewicht herumschlagen, der den alles verzehrenden Schlangenmeister zum Leben erweckt. Aus einer für Kinder gedachten (Fernseh-)Animationsserie zusammengeschnittenes Fantasy-Abenteuer. – Ab 12 möglich.
USA 2011 **P** Wil Film / LEGO **KI** offen **Pd** Irene Sparre Hjorthøj **R** Martin Skov **B** Dan Hageman, Kevin Hageman **M** Michael Kramer, Jay Vincent **L** 95 **E** 21.5.2012 TELE 5 **fd** –

Nix zu verhaften
PROTEGER ET SERVIR
Ein sich auf ungute Weise ergänzendes Polizisten-Duo schafft es immer wieder wie durch ein Wunder, Fälle aufzuklären. Warum sie also nicht einmal mit einer aktuellen Terrorwelle in Frankreich betrauen? Polizistenkomödie, deren Macher sich mit viel Sinn für absurden Humor an den Filmen mit Louis de Funès, aber auch an den SCH'TIS orientieren. Dank der charismatischen Qualitäten des Hauptdarstellers Kad Merad (WILLKOMMEN BEI DEN SCH'TIS) ist das durchaus ein Genuss. – Ab 14.
DVD/BD: Erhältlich als DVD, 2D BD und 2D/3D BD.
3D. Frankreich 2010 **P** Same Player / Pathé / Scope Pic. / M6 Films / Weber Investissements / SCOPE Invest **DVD** Sunfilm (16:9, 1.85:1, DD5.1 frz./dt., dts dt.) **BD** Sunfilm (16:9, 1.85:1, dts-HDMA7.1 frz./dt.) **Pd** François Cornuau, Geneviève Lemal, Alexandre Lippens, Vincent Roget **R** Eric Lavaine **B** Eric Lavaine, Héctor Cabello Reyes **K** Stéphane Cami **S** Vincent Zuffranieri **D** Kad Merad (Michel Boudriau), Clovis Cornillac (Kim Houang), Carole Bouquet (Aude Lettelier), François Damiens (Roméro), Elsa Kikoïne (Angela), Jean-Luc Couchard (Letteliers Fahrer), Henri Guybet (Abbé Mignard), Stéphan Wojtowicz (Kommissar) **L** 91 **FSK** ab 12 **E** 9.8.2012 DVD & BD **fd** –

No Man's Zone ★
NO MAN'S ZONE / NO MAN'S ZONE – MUJIN CHITAI TOSHI FUJIWARA / MUJIN CHITAI TOSHI FUJIWARA
Nach der Tsunami-Katastrophe vom 3. März 2011, die große Teile der japanischen Küstenregion verwüstete und die Kernschmelze von Fukushima herbeiführte, filmt der Regisseur in die «verbotene Zone», um das Ausmaß der Katastrophe zu dokumentieren. Dort herrscht rege Aktivität: Aufräumarbeiten sind im vollen Gange, Menschen versuchen, ihre verbliebenen Dinge zu sichern, ältere Bewohner denken sogar an Rückkehr und Wiederaufbau. Ein bedrängender Dokumentarfilm über eine auf Jahrzehnte hin unbewohnbare Region, der den ungebremsten Fortschrittsglauben radikal in Frage stellt. (O.m.d.U.) – Ab 14.
Japan/Frankreich 2011 **P** Aliocha Films / Denis Friedman Productions **KI** trigon-film (Schweiz) **Pd** Valerie-Anne Christen, Denis Friedman **R** Toshi Fujiwara **B** Toshi Fujiwara, Jean Gruault, Marie-José Sanselme **K** Takanobu Kato **M** Barre Phillips **S** Isabelle Ingold **L** 103 **FSK** – **E** 6.9.2012 Schweiz **fd** –

No Saints for Sinners
NO SAINTS FOR SINNERS
Weil ein IRA-Aktivist ein zu weiches Herz für seine «Gegner» hat, verlässt er seine Heimat und taucht in einer unsicheren Gegend in Los Angeles unter. Während er eine zarte Liebesgeschichte beginnt, gerät er wegen eines Nachbarn auf zwielichtige Wege, bis ihm schließlich auch die Freunde von einst dicht auf den Fersen sind. Harter Krimi, der trotz der politischen Rahmenhandlung ohne größere Ambitionen daherkommt und allein auf die Bärbeißigkeit des chronisch Verfolgten setzt.
USA 2011 **P** Avenue Red Cinema / Fox Lad Motion Pic. / Red Vixen Films / SoMad Pic. **DVD** Lighthouse/Mr. Banker (16:9, 1.78:1, DD5.1 engl./dt.) **BD** Lighthouse/Mr. Banker (16:9, 1.78:1, dts-HD engl./dt.) **Pd** Scott Byrns, Paul Geffre **R** Nathan Frankowski **B** Chris Benzoni, Rick Crawford, Nathan Frankowski **K** Ben Huddleston **M** Andy Hunter **S** Nathan Frankowski, Simon Tondeur **D** Rick Crawford (Mickey O'Hara), James Cosmo (Mur-

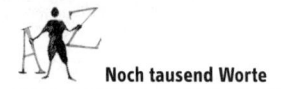

phy), Keith David (Victor), Marty Maguire (Mercer), Kate Tomlinson (Nina), Collin Sutton (Jimmy), Ron Gilbert (Sonny), Austin Grehan (Paddy) **L** 81 **FSK** ab 18 **E** 14.9.2012 DVD & BD **fd** –

Noch tausend Worte
A THOUSAND WORDS
Ein Literaturagent, der seinen Mitmenschen als Dauerquassler auf die Nerven geht, wird auf rätselhafte Weise mit einem «Lebensbaum» magisch verbunden, der bei jedem weiteren Wort von ihm ein Blatt verliert. Dümmliche Komödie, deren Handlung den Komiker Eddie Murphy in eine pantomimische Rolle nötigt, der er nicht gewachsen ist. Ärgerlich sind dabei vor allem die krude Esoterik und die Brüche in der Erzähllogik. – Ab 14.
DVD/BD: Die Extras enthalten u. a. ein Feature mit im Film nicht verwendeten Szenen.
USA 2011 **P** DreamWorks SKG / Saturn Films / Varsity Pic. **KI** Paramount **DVD** Paramount (FF, DD5.1 engl./dt.) **Pd** Nicolas Cage, Alain Chabat, Stephanie Danan, Norman Golightly, Brian Robbins, Sharla Sumpter, Lars P. Winther **R** Brian Robbins **B** Steve Koren (= Steven Wayne Koren) **K** Clark Mathis **M** John Debney **S** Ned Bastille **D** Eddie Murphy (Jack McCall), Kerry Washington (Caroline McCall), Emanuel Ragsdale (Tyler McCall), Allison Janney (Samantha Davis), Clark Duke (Aaron Wiseburger), Cliff Curtis (Dr. Sinja), John Witherspoon (Blinder) **L** 92 **FSK** o.A.; f **E** 28.6.2012 / 2.11.2012 DVD **fd** 41 134

Die Nonne und der Kommissar – Verflucht
Auf einem Weingut wird ein Winzerhelfer ermordet. Eine Nonne und der ermittelnde Kommissar Baumert stoßen auf merkwürdige Ereignisse, die sich auf dem Gut häufen. Während die Nonne zugunsten der Familie ermittelt, glaubt der Polizist an einen Weinskandal im großen Stil. Derweil laufen dem Winzer die Kunden davon, seine Finanzlage wird katastrophal. Dritter Teil einer anspruchslosen komödiantischen (Fernseh-)Krimireihe, in der kriminalistischen Spürsinn, gute Menschenkenntnis und Gottvertrauen der Gerechtigkeit zum Sieg verhelfen. – Ab 14.
Deutschland 2011 **P** Maran Film **KI** offen **Pd** Sabine Tettenborn, Uwe Franke **R** Berno Kürten **B** Martina Brand **K** Jürgen Carle **M** Maurus Ronner **S** Sabine Garscha **D** Ann-Kathrin Kramer (Nonne Camilla), Günther Maria Halmer (Kommissar Josef Baumert), Brigitte Janner (Schwester Oberin Ludwiga), Anne von Linstow (Schwester Anabel), Nadja Zwanziger (Schwester Hanna), Steffen Will (Danny Köhler), Klaus Spürkel (Otto Monhaupt), Horst Krebs (Egon Höfele) **L** 90 **E** 7.3.2012 ARD **fd** –

Noordzee, Texas ★
NOORDZEE, TEXAS
In einem belgischen Städtchen an der Nordsee beginnt ein Teenager eine Affäre mit dem rebellischen Nachbarsjungen, bis der Geliebte eines Tages verschwindet und ihn allein zurücklässt. Als ein neuer Mann in sein Leben tritt, brauen sich Konflikte zusammen. Dem in einer nicht näher definierten Vergangenheit spielenden Film geht es nicht um eine sozialkritische Auseinandersetzung mit homosexuellen Nöten, vielmehr erzählt er in einer innovativ-persönlichen Form eine zeitlose Geschichte um Glück und Wirrungen. Dies gelingt dem Debütfilm trotz einiger Schwächen ebenso gelassen-poetisch wie zärtlich-melancholisch. – Ab 16.
Belgien 2011 **P** Indeed Films **KI** Edition Salzgeber **Pd** Yves Verbraeken **R** Bavo Defurne **B** Bavo Defurne, Yves Verbraeken **Vo** André Sollie (Roman *Nooit gaat dit over*) **K** Anton Mertens **M** Adriano Cominotto **S** Els Voorspoels **D** Jelle Florizoone (Pim), Mathias Vergels (Gino), Eve Van Der Gucht (Yvette), Nina Marie Kortekaas (Sabrina), Katelijne Damen (Marcella), Thomas Coumans (Zoltan), Ben Van Den Heuvel (Pim als Kind), Nathan Naenen (Gino als Kind), Noor Ben Taouet (Sabrina als Kind), Patricia Goumaere (Simone), Ella-June Henrard (Françoise) **L** 98 **FSK** ab 12; f **E** 10.5.2012 **fd** 41 056

Now and Later
NOW & LATER
Ein junger US-Banker hat eine Menge Geld in den Sand gesetzt und muss untertauchen. Auf seiner Flucht in den Süden trifft er auf eine illegale Einwanderin aus Mittelamerika, die ihn unter ihre Fittiche nimmt. Die sich auf den ersten Blick kritisch gebende Einlassung auf verschiedene Weltanschauungen und Lebensumstände erweist sich als recht heftiger Erotikfilm, der seine anfänglichen Ambitionen schnell aus den Augen verliert.
DVD/BD: Die FSK-Freigabe «ab 18» der DVD/BD bezieht sich auf das Bonusmaterial (Trailer etc.), der Film selbst hat eine Freigabe «ab 16».
USA 2009 **P** Cinema Libre Studio / Imago-Creata **DVD** Infopictures (16:9, 1.78:1, DD2.0 engl., DD5.1 dt.) **BD** Infopictures (16:9, 1.78:1, dts-HD2.0 engl., dts-HD dt.) **Pd** Philippe Diaz, Beth Portello **R+B** Philippe Diaz **K** Denise Brassard **S** Alberto Gómez **D** Shari Solanis (Angela), Keller Wortham (Bill), Adrian Quinonez (Diego), Luis Fernandez-Gil (Luis), Marcellina Walker (Sally) **L** 99 **FSK** ab 16 **E** 20.1.2012 DVD & BD **fd** –

Nylons und Zigaretten
CIGARETTES ET BAS NYLON
Gegen Ende des Zweiten Weltkriegs werden junge Französinnen in speziellen Camps der US-Armee darauf vorbereitet, ein Leben an der Seite ihrer frisch gebackenen amerikanischen Ehemänner in den USA zu führen. Drei Freundinnen sehen dem Abenteuer entgegen, doch dann muss eine von ihnen zurückbleiben, weil ihr Mann stirbt. Die beiden anderen berichten ihr vom Leben in der Neuen Welt, das alles andere als rosig ist, bis ihnen die Daheimgebliebene auf eigene Faust nachreist. Der vorzüglich gespielte Film fängt die Aufbruchsstimmung im befreiten Frankreich der unmittelbaren Nachkriegszeit ein, die auch von der Unsicherheit vor dem Leben in den USA geprägt ist. – Ab 14.
Frankreich 2010 **P** Maha / Imagine / ARTE France / France Télévisions / TV5 Monde **KI** offen **Pd** Denis Poncet, Jean-Xavier de Lestrade, Frédérique Calaque **R** Fabrice Cazeneuve **B** Jean-Claude Grumberg, Fabrice Cazeneuve **K** Pierrer Milon **M** Michel Portal **S** Jean-Pierre Bloc **D** Adélaïde Leroux (Jeannette), Salomé Stévenin (Marie-Thérèse), Mélodie Richard (Mireille), Yeelem Jappain (Suzanne), Nina Meurisse (Yvonne), Anna Mihalcea (Ginou), Mathilde Cazeneuve (Françoise), Adéline D'Hermy (Madeleine), Thomas Houvet (Yvonnes Mann) **L** 97 **E** 9.3.2012 arte **fd** –

Oh Boy (X Verleih)

Obama gegen Romney
THE CHOICE 2012
Dokumentarfilm über das Kopf-an-Kopf-Rennen des amtierenden US-Präsidenten Barack Obama und seines konservativen Herausforderers Mitt Romney, einen mormonischen Multimillionär, die am 6.11.2012 um das Amt antreten. Über das Porträt der beiden Kandidaten hinaus erhellt er auch die Hintergründe des millionenschweren Wahlkampfs. Bereits 2008 dokumentierte der Filmemacher den Wahlkampf zwischen John McCain und seinen damaligen Kontrahenten Obama (THE CHOICE). – Ab 14.
USA 2012 **P** Frontline/WGBH **Kl** offen **Pd+R** Michael Kirk **L** 104 **E** 30.10.2012 arte **fd** –

Obamama
OBAMAMA
Zwei junge Erwachsene in Paris bestreiten ihren Lebensunterhalt damit, dass sie Hunde entführen und Lösegeld fordern. Nach einem Fernsehbericht kommen sie auf die Idee, die in Kenia lebende Großmutter von US-Präsident Obama zu entführen. Doch schon der Weg an den afrikanischen Zielort gestaltet sich als schwierig, ist er doch mit räuberischen Griechen, betrunkenen Deutschen und einer neuen Liebe gepflastert, die zögerlich gesteht, eine Geschlechtsoperation hinter sich zu haben. Schräg-makabre Komödie, die mitunter lustvoll die Grenzen des guten Geschmacks überschreitet. Dabei verbuchen die Protagonisten des europäischen «White Trash» jenseits aller Blödelgrenzen durchaus Sympathiepunkte. – Ab 16.
Frankreich 2011 **P** La Parisienne d'Image / arte / TV5 Monde **Kl** offen **R** Olivier Abbou **B** Olivier Abbou, Delphine Bertholon, Nicolas Jones-Gorlin **K** Karim Hussain **M** Clément Tery **S** Benjamin Favreul **D** Vincent Desagnat (Jordan), Loup-Denis Elion (Mickael), Jenny Mutela (Bonnie), Michael Kirch (Muller), Nicholas Dallas (Schmidt) **L** 93 **E** 30.3.2012 arte **fd** –

Obendrüber, da schneit es
Geschichten um ein Münchner Mietshaus rund um den 23. und 24. Dezember, als das Weihnachtsfest vor der Tür steht. Eine junge Frau, die gerade von ihrem Mann verlassen wurde, versucht, ihrer kleinen Tochter die Wahrheit zu sagen; ein frisch gebackener Pfarrer ringt mit seiner ersten Predigt; eine vergessene Gans stört den Ehefrieden einen älteren Paars; ein junges Pärchen träumt von einem alternativen Fest. Emotionaler (Fernseh-)Weihnachtfilm und Enttäuschungen, Hoffnungen und Erwartungen, die mitunter ungeahnte Folgen haben. – Ab 14.
Deutschland 2012 **P** Hager Moss Film (für ZDF) **Kl** offen **Pd** Kirsten Hager, Karina Ulitzsch **R** Vivian Naefe **B** Astrid Ruppert **K** Peter Döttling **M** Sebastian Pille **S** Monika Abspacher **D** Diana Amft (Miriam Kirsch), Lara Sophie Rottmann (Julchen Kirsch), Wotan Wilke Möhring (Gregor Thaler), Gisela Schneeberger (Waltraud Henning), August Zirner (Achim Henning), Bibiane Zeller (= Bibiana Zeller) (Rosa Wagner), Fred Stillkrauth (Hausmeister Eberling), Thomas Loibl (Michael) **L** 90 **E** 17.12.2012 ZDF **fd** –

Obsession – Tödliche Spiele
LITTLE DEATHS
Dreiteiliger Episodenfilm als Mischung aus Sex und Horror. 1) «Heart and Home»: Ein Paar gabelt aus recht eigennützigen Gründen eine Obdachlose auf. 2) «Mutant Tools»: Tabletten lassen eine ehemals Drogensüchtige zum Sex-Monster mutieren. 3) «Bitch Chronicals»: Ein Paar treibt seine sadomasochistischen Spiele bis zum bitteren Ende. Die aufwändig produzierten Kurzfilme sind inszenatorisch beachtliche Visitenkarten dreier junger britischer Filmemacher und erinnern von ferne an David Cronenberg.
Großbritannien 2011 **P** Almost Midnight Prod. **DVD** Sunfilm (16:9, 1.85:1, DD5.1 engl./dt., dts dt.) **BD** Sunfilm (16:9, 1.85:1, dts-HDMA7.1 engl./dt.) **Pd** Samantha Wright **R+B** Sean Hogan, Andrew Parkinson, Simon Rumley **K** Milton Kam **M** Richard Chester **S** Robert Hall, Jennifer Sheridan **D** Holly Lucas (Sorrow), Siubhan Harrison (Victoria Gull), Luke de Lacey (Richard Gull), Mike Anfield (Michael), Brendan Gregory (Dr. Reece), Kate Braithwaite (Claire), Tom Sawyer

(Pete), James Oliver Wheatley (Sorrows Kompagnon), Steel Wallis (Drew), Daniel Brocklebank (Frank) **L** 91 **FSK** ab 18 **E** 16.2.2012 DVD & BD **fd** –

Off Beat
OFF BEAT
Ein Rapper, dessen beste Zeit vorbei ist und der nur noch mit Drogen über die Runden kommt, wird von seinem weit älteren Manager und Geliebten gefeuert, nachdem er einen Auftritt vermasselt hat. An seiner Stelle nimmt der Mann den jüngeren Bruder unter seine Fittiche, was zu erheblichen Spannungen führt. Ein um Authentizität bemühtes Spielfilmdebüt des Dokumentaristen Jan Gassmann (CHRIGU), das ein ungeschöntes Bild der (Musik-)Szene zeichnet. Die Inszenierung versteht es jedoch nicht, eine Beziehung zwischen seinen Charakteren aufzubauen, die auf Distanz und vom mitunter rauen Geschehen weitgehend unberührt bleiben. – Ab 16.
Schweiz 2011 **P** diagonal **KI** Look Now! (Schweiz) **Pd** Thomas Jörg **R** Jan Gassmann **B** Max Fey, Jan Gassmann **K** Ramon Giger **S** Max Fey, Jan Gassmann **D** Hans-Jakob Mühlethaler (Lukas, «Karma Kameleon»), Domenico Pecoraio (Mischa), Manuel Neuburger (Sämi, «Samsonite»), Vesna-Maria Garstick (Maria), Marlise Fischer (Mutter), Alexander Wildi (DJ Tuco), Cynthia Coray (Frau im Studio), Julian Martin (Filippo), Antonio Giello (Mischas Vater), Johannes Just (Elektro DJ) **L** 95 **FSK** – **E** 3.11.2011 Schweiz / 2.2.2012 **fd** –

Off Shore
Auf der Suche nach dem Vater, den er nie kennenlernte, fliegt ein schüchterner junger Deutscher nach Fuerteventura. Angetan von der exotischen Landschaft und dem lässigen Lebensstil der Einheimischen, versucht er sich im Surfen und verliert sich Hals über Kopf in einen geheimnisvollen Einzelgänger. Schwules Liebes- und Familiendrama vor pittoresker Urlaubskulisse, das sich zu viele Probleme auflädt, um sie angemessen glaubwürdig lösen zu können. – Ab 16.
Deutschland 2011 **P** Paradigma Ent. **KI** Pro-Fun **DVD** Pro-Fun (16:9, 1.78:1, DD5.1 dt.) **Pd+R** Sven Matten **B** Viola Siegemund, Sven Matten **K** Christian Knöpfle **M** Lars Deutsch **S** Anna Vogel **D** André Würde (Andi), Benjamin Martins (Pedro), Alexandra Sydow (Tina), Marko Pustisek (Chris) **L** 92 **FSK** ab 12 (DVD) **E** 5.7.2012 / 28.9.2012 DVD **fd** –

Das Office of Special Affairs – O.S.A. – Der Scientology-Geheimdienst
Die Scientology-Sekte wird in vielen Ländern Europas als extremistische Organisation eingestuft; hierzulande steht sie unter der Beobachtung des Verfassungsschutzes. Der spannende Dokumentarfilm wendet sich einer weniger bekannten Facette der Organisation zu und befasst sich mit dem der Sekte eigenen Geheimdienst O.S.A. (Office of Special Affairs). Offiziell als Presse- und Rechtsabteilung deklariert, kommt dem O.S.A. die Aufgabe zu, Informationen über Abweichler in den eigenen Reihen und Kritiker zu beschaffen. – Ab 16.
Deutschland 2012 **P** SWR **KI** offen **R** Markus Thöß **B** Markus Thöß, Frank Nordhausen **L** 89 **E** 15.5.2012 arte **fd** –

Offroad
Eine junge Frau aus einem Provinzstädtchen in Nordrhein-Westfalen blickt einer abgesicherten, aber öden und überraschungsarmen Zukunft mit biederem Ehemann und bravem Job in der väterlichen Firma entgegen. Sie weicht ebenso naiv wie entschlossen vom vorgezeichneten Weg ab und erwirbt ein exzentrisches Auto, das sich schon bald als Drogenversteck erweist. In Berlin will sie die kostbare Rauschgift-Ware zu Geld machen und gerät gemeinsam mit einem jungen Deutschtürken einer Gruppe Krimineller in den Weg. Halbwegs routinierte Krimi- und Road-Movie-Komödie mit guten Darstellern, die sich zu sehr auf den vermeintlichen Witz klischeehaft bis übertrieben gezeichneter Gegensätze verlässt. – Ab 16.
Deutschland 2011 **P** Claussen+Wöbke+Putz Filmprod. / ZDF **KI** Paramount **Pd** Jakob Claussen, Uli Putz (= Ulrike Putz) **R** Elmar Fischer **B** Susanne Hertel, Elmar Fischer **K** Philipp Kirsamer, Fabian Rösler **M** Ali N. Askin **S** Eva Lopez Echegoyen, Karen Karmaschek **D** Nora Tschirner (Meike), Elyas M'Barek (Salim), Max von Pufendorf (Philipp), Tonio Arango (Tischi), Dominic Raacke (Vater Pelzer), Leslie Malton (Mutter Pelzer), Axel Milberg, Thomas Fränzel (Julian), Nele Kiper (Sarah), Stefan Rudolf (Ulf) **L** 98 **FSK** ab 12; f **FBW** bw **E** 12.1.2012 **fd** 40 844

Oh Boy ★
Ein junger Mann, der längst sein Jura-Studium aufgegeben hat und nun ohne die finanzielle Unterstützung seines Vaters auskommen muss, lässt sich einen Tag und eine Nacht durch Berlin treiben und begegnet dabei an den unterschiedlichsten Orten den unterschiedlichsten Menschen. Episodenhaft strukturierte melancholische Komödie, die mal mit perfekt getimten Sketchen, mal mit pointenreichem Dialogwitz unterhält. In der Hauptrolle souverän gespielt, gewinnt der schwarz-weiß fotografierte, mit effektvoller «cooler» Jazz-Musik unterlegte Film eine traumhafte und streng stilisierte Qualität. – Ab 14.
Schwarz-weiß. Deutschland 2012 **P** Schiwago Film / Chromosom Filmprod. / HR / ARTE **KI** X Verleih **Pd** Marcos Kantis, Alexander Wadouh **R+B** Jan Ole Gerster **K** Philipp Kirsamer **S** Anja Siemens **D** Tom Schilling (Niko Fischer), Marc Hosemann (Matze), Friederike Kempter (Julika Hoffmann), Justus von Dohnányi (= Justus von Dohnanyi) (Karl Speckenbach), Michael Gwisdek (Friedrich), Katharina Schüttler (Elli), Arnd Klawitter (Phillip Rauch), Martin Brambach (Jörg), Andreas Schröders (Psychologe), Ulrich Noethen (Walter Fischer), Frederick Lau (Ronny) **L** 85 (24 B./sec.) / 82 (25 B./sec.) **FSK** ab 12; f **E** 25.10.2012 **fd** 41 343

Die Ökonomie des Glücks
THE ECONOMICS OF HAPPINESS
Agitatorischer Dokumentarfilm, in dem die Regisseurin im Stil einer Vortragsrednerin acht Thesen über die globale Wirtschaft vorstellt. Dabei lässt sie zahlreiche Orte auf, lässt Mitstreiter zu Wort kommen und integriert erläuternde Grafiken. Der subjektive Blick lässt weder Raum für künstlerische Umwege noch für inhaltliche Zweifel, sondern konzentriert sich auf seine klar umrissene Botschaft und bietet damit zumindest eine gute Diskussionsgrundlage. – Ab 14.
USA / Frankreich / GB / Australien / Indien / Japan / VR China / Thailand / Nicaragua 2011 **P** International Society for Ecology and Culture **KI** Brav-

eHearts **Pd** Helena Norberg-Hodge **R+B** Helena Norberg-Hodge, John Page, Steven Gorelick **K** Rosio Achahui, Clive Ardagh, Army Armstrong, Malcolm Baldwin, Alex Balerdi, Matt Bibeau, Terry Bleakly, Simon Burrill, Yure Cconsilla, Nestor Chambi, Paras Chaturvedi, Leo Daedalus, Rupan Das, Sangeeta Datta, Constantin Dumba, Cassie Farrell, Anna Fricke, Robin Grant, Kai Gusovius, Sally Hewitt, Meredith Holch, Jim Huddle, Kevin Hurley, Jim Hurst, Dean Jeffreys, Adam Kerby, Ben Knight, Anita Kushwara, Rafi Landau, Asa Mark, Rick McMahan, Alfredo Mendoza, Valeriano Mendoza, Emily Roland, Robb Shaw-Velzen, Ashu Solancki, Bongkut Srimangkara, Phornchai Suvannasorn, Maja Tillman, Daniel Christian Wahl, David Warth **S** Army Armstrong, Anna Fricke, Meredith Holch **L** 67 **FSK – E** 1.11.2012 **fd** 41 327

Oktober ☆
OKTJABR
Der berühmte Stummfilm über die revolutionären Ereignisse des Jahres 1917 in Russland, inszeniert vom damals 29-jährigen Eisenstein nach seinem POTEMKIN-Projekt und noch während der Dreharbeiten zu DIE GENERALLINIE. Die Handlung umspannt die acht Monate vom Scheitern der «Provisorischen Regierung» bis zum Sturm auf das Winterpalais. Ursprünglich zum zehnten Jahrestag der Revolution geplant, verzögerte sich die Fertigstellung, u. a. weil Eisenstein auf höhere Weisung den inzwischen geächteten Trotzki nachträglich aus dem Film entfernen musste. Das zwischen scharfer Polemik und wuchtigem Pathos schwankende Werk fasziniert durch seine intellektuelle Konzeption, durch die authentische Wirkung der aufwändig nachgestellten historischen Szenen und durch die suggestive Ausdruckskraft seiner Bildmontagen. (Für die Retrospektive der «Berlinale» 2012 entstand eine rekonstruierte und unzensierte Neufassung, die wieder die 1927 entfernten Trotzki-Szenen enthält; auch wurde die Filmmusik von Edmund Meisel rekonstruiert, die dieser 1928 für die deutsche Fassung schrieb; sie wurde am 10.2.2012 im Rahmen der «Berlinale»-Aufführung vom Rundfunk-Sinfonieorchester unter der Leitung von Frank Strobel erstaufgeführt.) – Sehenswert ab 12.

Schwarz-weiß. UdSSR 1927 **P** Sowkino **DVD** Icestorm (FF, Mono) **R+B** Sergej M. Eisenstein **K** Edouard Tissé, Wladimir Popow, Wladimir Nilsen **M** Edmund Meisel (Urfassung 1928, restaurierte Fassung), Bernd Kampka (nachträglich, frühere Fassung) **D** Wassili Nikandrow (Lenin), Wladimir Popow (Kerenskij), Boris Liwanow (Terescenko), Ljascenko (Konovalov), Cibisov (Skobelev), Kiskin (Nicolev) **L** 115 (gek. 102, rekonstr. Fassung TV 110; DVD: 99) **FSK** ab 12 **E** 24.11.1967 ZDF / 13.3.1970 Kino DDR / 7.11.1976 DFF 2 / 6.4.2004 DVD / 15.2.2012 arte (rekonstr. Fassung) **fd –**

Die Olsenbande in feiner Gesellschaft
OLSEN-BANDEN PA DE BONEDE GULVE
Die gerade erst wieder vereinte Olsenbande soll aus einem Hochsicherheitsmuseum die legendäre Schreibfeder von Hans Christian Andersen stehlen, doch das Unterfangen misslingt. Der Nationalschatz geht verloren, was Dänemark in eine Krise zu stürzen droht. Ein hübscher, optisch wie technisch durchaus überzeugender 3D-Transfer der dänischen Realfilm-Helden ins Reich des Animationsfilms. Viel Slapstick und nur wenig Humor unter der Gürtellinie machen aus dem Abenteuer ein familientaugliches Vergnügen. – Ab 10.
DVD/BD: Erhältlich als DVD, 2D BD und 2D/3D BD.
3D. Dänemark 2010 **P** Nordisk Film / A.Film **DVD** Universum (16:9, 1.85:1, DD5.1 dän./dt.) **BD** Universum (16:9, 1.85:1, dts-HDMA dän./dt.) **Pd** Søren Fleng, Tomas Radoor **R** Jørgen Lerdam **B** Nikolaj Peyk **M** Bent Fabricius Bjerre, Henrilk Lindstrand **S** Per Risager **L** 78 **FSK** ab 12 **E** 5.9.2012 DVD & BD **fd –**

Oma & Bella ☆
Die Regisseurin porträtiert ihre Großmutter sowie deren beste Freundin. Die Jüdinnen stammen aus Osteuropa, verloren während des Holocausts ihre Familien und bauten sich nach dem Krieg in Berlin neue Existenzen auf. Als «Homevideo» begleitet der Dokumentarfilm sie durch ihren Alltag, der nicht zuletzt der Lust am Kochen traditioneller jiddischer Gerichte gewidmet ist. Diese Küche sowie Erzählungen der Frauen holen die Vergangenheit in die Gegenwart. Ein technisch nicht perfekter, aber von starken Protagonistinnen getragener Film, der anhand des Porträts der Frauen die Dialektik von Erinnerung und Weiterleben nach der Shoah beleuchtet. – Ab 12.
Deutschland/USA 2012 **P** Fruit Bat / Show of Force **KI** Edition Salzgeber **Pd** Alexa Karolinski, Maro Chermayeff, Jeff Dupre **R+B** Alexa Karolinski **K** Günther Berghaus, Bella Lieberberg, Alexander Malecki, Alexa Karolinski **M** Annette Focks **S** Alexa Karolinski **L** 76 **FSK – E** 26.7.2012 **fd** 41 216

Oma wider Willen
OMA WIDER WILLEN
Eine herrische, vereinsamte Unternehmerin, die den Kontakt zu ihrer einzigen Tochter verlor, als diese ihrem Geliebten nach Brasilien folgte, wird von einem kleinen Mädchen überrascht, das behauptet, es sei seine Enkelin und die Mutter bei einem Brand ums Leben gekommen. Sie nimmt sich des Kindes an und kann dessen einnehmendes Wesen nicht lange widerstehen. Konventionell-gefühlvoller (Fernseh-)Familienfilm um eine vom Leben enttäuschte Frau, die neuen Lebenssinn und -mut entdeckt. – Ab 12.
Deutschland/Österreich 2011 **P** Lisa Film (für ARD/ORF) **DVD** MCP (16:9, 1.78:1, DD2.0 dt.) **R** Sigi Rothemund **B** Erich Tomek **K** Peter Zeitlinger **M** Michael Hofmann de Boer **D** Christiane Hörbiger (Henriette Dietrichstein), Peter Weck (Dr. Richard Burger), Luna Baptiste Schaller (Evita), Elisabeth Lanz (Beate Strasser), Mathias Herrmann (Alfred Strasser), Marianne Mendt (Rosa Ratziungert), Andrea Eckert (Else Deichnam) **L** 87 **FSK** o.A. **E** 2.3.2012 ARD / 28.9.2012 DVD **fd –**

Omamamia
Eine deutsche Seniorin in Kanada will sich nicht ins Altenheim abschieben lassen und macht sich auf den Weg nach Rom, um eine Audienz beim Papst zu ergattern und eine alte Sünde zu beichten. Unterschlupf findet sie bei ihrer Enkelin, die freilich nicht wie angenommen als gesittetes Au-pair-Mädchen in der «ewigen Stadt» lebt, sondern das «Dolce Vita» mit einem italienischen Rock-Musiker genießt. Während Oma für Ordnung sorgt und um das Treffen mit dem Papst

ringt, lernt sie einen charmanten Italiener kennen. Burleske Generationen-Komödie, die durch die Fokussierung auf drei Frauenfiguren (Oma, Tochter, Enkelin) etwas zerfasert. Die überzeugende Hauptdarstellerin bewahrt den Film vor dem Abgleiten in allzu derbe Peinlichkeit. – Ab 12.
Scope. Deutschland 2012 **P** sperl+ productions / Arden Film / Seven Pic. / Erfttal Film- und Fernsehprod. **KI** Majestic **Pd** Gabriela Sperl, Andro Steinborn **R** Tomy Wigand **B** Gabriela Sperl, Jane Ainscough **K** Holly Fink **M** Martin Todsharow **S** Simon Blasi, Ueli Christen **D** Marianne Sägebrecht (Oma Marguerita), Annette Frier (Marie), Miriam Stein (Martina), Giancarlo Giannini (Lorenzo), Raz Degan (Silvio), Jaymes Butler (Priester) **L** 104 (24 B./sec.) / 99 (25 B./sec.) **FSK** o.A.; f **E** 1.11.2012   **fd** 41 331

On Jack's Road
In seinem 1951 geschriebenen Buch *On the Road* schilderte Jack Kerouac seine Reise quer durch die USA von New York nach San Francisco, die für ihn zur Suche nach Freiheit, Drogen und Sex sowie sich selbst wurde. Das Buch prägte den Begriff «Beat Generation» und wurde zum Ausdruck eines völlig neuen Lebensgefühls. 60 Jahre später begeben sich vier europäische Künstler auf die Spuren des Schriftstellers, reisen von Ost nach West, treffen Menschen und machen neue Erfahrungen. Ein dokumentarisches Road Movie als Collage aus Reise-Essay, Poetry Slam, Cinéma vérité und Jam Sessions. – Ab 16.
Deutschland 2012 **P** Kobalt Prod. (für ARTE) **KI** offen **R** Hannes Rossacher **B** Hannes Rossacher, Simon Witter **L** 120 (59 & 61) **E** 29.9.2012 arte   **fd** –

On the Beat
SUR LE RYTHME
Die Tochter möchte tanzen, die Mutter eine standesgemäße Ausbildung für ihr Kind, der Vater geht fremd. Konflikte sind also vorprogrammiert, wenn die Jugend ihren Kopf durchsetzen will, und das Happy End ist absehbar. Tanzfilm der gepflegten Art, der alle erdenklichen Vorbilder schamlos kopiert. Es wird getanzt, geweint, geliebt und gelitten, und am Ende sind alle stolz aufeinander. – Ab 12.
Scope. Kanada 2011 **P** Gaèa Films **DVD** Capelight (16:9, 2.35:1, DD5.1

frz./dt.)t **BD** Capelight (16:9, 2.35:1, dts frz., dts-HDMA dt.) **Pd** Caroline Héroux, Christian Larouche **R** Charles-Olivier Michaud **B** Caroline Héroux **K** Jkean-François Lord **M** Mario Sévigny **D** Mylène St-Sauveur (Delphine Lamarre), Nico Archambault (Marc Painchaud), Marina Orsini (Marie Lamarre), France Castel (Dorothée «Mamie» Lamarre), Paul Doucet (Denis Lamarre), Alexia Gourd (Julianne Latulipe), Lina Roessler (Sarah Greene), Davy Boisvert (Spike) **L** 89 **FSK** ab 6 **E** 20.6.2012 DVD   **fd** –

On the Road – Unterwegs
ON THE ROAD
Verfilmung von Jack Kerouacs Kultroman *On the Road* um einen angehenden Schriftsteller, der Ende der 1940er-Jahre zusammen mit einem charismatischen Bohemien kreuz und quer durch Amerika reist. Aus der innovativen «Beat»-Bibel macht Regisseur Walter Salles ein eher konventionelles Road Movie, das ein akribisch recherchiertes «Archiv» der rebellischen Gegenkultur zusammenträgt, sich aber weder mit den künstlerischen Ambitionen der Vorlage noch mit dem zeitgeschichtlichen Klima auseinandersetzt und sich erst recht nicht auf die radikal subjektive Herangehensweise des Romans einlässt. – Ab 14.
Scope. Frankreich/Brasilien/Großbritannien/USA 2012 **P** MK2 / American Zoetrope / Jerry Leider Co. / France 2 Cinéma / France Télévisions / Video-Filmes / Canal+ / Film4 **KI** Concorde **Pd** Charles Gillibert, Nathanaël Karmitz, Rebecca Yeldham, Roman Coppola **R** Walter Salles **B** Jose Rivera **Vo** Jack Kerouac (Roman *On the Road* / Unterwegs) **K** Eric Gautier **M** Gustavo Santaolalla **S** François Gédigier **D** Garrett Hedlund (Dean Moriarty), Sam Riley (Sal Paradise), Kristen Stewart (Marylou), Amy Adams (Jane), Tom Sturridge (Carlo Marx), Danny Morgan (Ed Dunkle), Alice Braga (Terry), Elisabeth Moss (Galatea Dunkle), Kirsten Dunst (Camille), Viggo Mortensen (Old Bull Lee), Marie-Ginette Guay (Ma Paradise) **L** 140 (24 B./sec.) / 135 (25 B./sec.) **FSK** ab 12; f **FBW** bw **E** 4.10.2012 / 1.11.2012 Schweiz   **fd** 41 298

On the Run
LA PROIE
Die kurz vor seiner Entlassung erlassene Haftverlängerung ist für den Fami-

lienvater eine Katastrophe, weiß doch ein ebenfalls einsitzender Kinderschänder um dessen Frau und Tochter und hat einen perfiden Plan. Der Ehemann flieht aus dem Gefängnis, doch von seiner Familie fehlt bereits jede Spur. Spannender, gut gespielter und technisch perfekter Thriller mit einer ebenso durchdachten wie originellen Handlung. – Ab 16.
Scope. Frankreich 2011 **P** Brio Films / Studio Canal / TF 1 Films **DVD** Atlas (16:9, 2.35:1, DD5.1 frz./dt.) **BD** Atlas (16:9, 2.35:1, dts-HDMA frz./dt.) **Pd** Luc Bossi **R** Eric Valette **B** Laurent Turner, Luc Bossi **K** Vincent Mathias **M** Noko **S** Christophe Pinel **D** Albert Dupontel (Franck Adrien), Alice Taglioni (Claire Linné), Sergi López (Manuel Carregaaurel), Stéphane Debac (Jean-Louis Maurel), Natacha Régnier (Christine Maurel), Serge Hazanavicius (Lafay), Zinedine Soualem (Luccini), Caterina Murino (Anna Adrien) **L** 101 **FSK** ab 16 **E** 4.11.2012 DVD & BD   **fd** –

Once Upon a Time in Anatolia
BIR ZAMANLAR ANADOLU'DA
Eine Gruppe von Männern, Polizisten, Soldaten, zwei Mordverdächtige und ein Gerichtsarzt, fährt durch die ostanatolische Steppe und sucht eine Leiche. In ihren Gesprächen geht es um Bräuche und Sitten, das Verhältnis von Stadt und Land, Bildung und Moderne, aber auch um Fragen nach Schuld und Sühne, wobei der Tod allgegenwärtig ist. Ein warmherziges Road Movie durch die türkische Provinz, das, entlarvend und menschlich zugleich, von seiner Situationskomik lebt. Handwerklich und stilistisch nahezu perfekt, entwirft das existenzielle Meisterwerk ein facettenreiches Bild der türkischen Gesellschaft und ihrer Probleme. – Sehenswert ab 14.
Türkei / Bosnien und Herzegowina 2011 **P** Zeyno Film / Production 2006 D.O.O. / Fida Film / Imaj / TRT / NBC Film **KI** Kinostar/trigon-film (Schweiz) **Pd** Zeynep Özbatur, Murat Akdilek, Eda Arikan, Nuri Bilge Ceylan, Müge Kolat, Mirsad Purivatra, Ibrahim Sahin **R** Nuri Bilge Ceylan **B** Ebru Ceylan, Nuri Bilge Ceylan, Ercan Kesal **K** Gökhan Tiryaki **S** Nuri Bilge Ceylan, Bora Göksingöl **D** Mummammet Uzuner (Doktor Kemal), Yilmaz Erdogan (Kommissar Naci), Taner Birsel (Ankläger Nusret), Ah-

met Mümtaz Taylan (Fahrer Ali), Firat Tanis (Verdächtiger Kenan), Ercan Kesal (Mukhtar) **L** 163 **FSK** ab 12; f **E** 24.11.2011 Schweiz / 19.1.2012 **fd** 40 865

Once Upon a Time in Anatolia – Bir Zamanlar Anadolu'da
siehe: **Once Upon a Time in Anatolia**

100 Ghost Street – The Return of Richard Speck
100 GHOST STREET: THE RETURN OF RICHARD SPECK
40 Jahre nach dem Blutbad des Wahnsinnigen Richard Speck will ein Fernsehteam das leer stehende Schwesternheim aufsuchen, in dem dieser 1966 wütete. In der Hoffnung, paranormale Phänomene aufzuspüren, verbringen sie dort die Nacht und werden fündig. Weiterer Found-Footage-Film, der mit den Aufnahmen der verschwundenen Crew konfrontiert, wobei sich das Genre durch die inflationäre Ausbeutung seiner Mittel nahezu gänzlich abgenutzt hat.
USA 2012 **P** The Asylum Home Entertainment **DVD** Edel (16:9, 1.78:1, DD5.1 engl./dt.) **BD** Edel (16:9, 1.78:1, dts-HD engl./dt.) **Pd** Nancy Leopardi **R** Martin Andersen **B** Nancy Leopardi **K** Luca Del Puppo **S** Anders Hoffmann **D** Jennifer Robyn Jacobs (Jen), Jim Shipley (Jim), Tony Besson (Dave), Jackie Moore (Jackie), Hayley Derryberry (Sarah), Adam LaFramboise (Adam), Mike Holley (Mike), Chance Harlem jr. (Earl) **L** 81 **FSK** ab 18 **E** 6.12.2012 DVD & BD **fd** –

online – Meine Tochter in Gefahr
Als sich ihre pubertierende Tochter immer weiter aus der realen Welt zurückzieht und nur noch Kontakt zu ihrer Internet-Freundin aufrechterhält, untersagt ihr die besorgte Mutter jeden Internet-Kontakt. Dadurch gerät die Frau selbst, die in Trennung von ihm Ehemann lebt, ins Visier der virtuellen Freundin: Diese nutzt ihre (Fach-)Kenntnisse, um das Leben der Mutter zu torpedieren, sie bloßzustellen, ihre Konten zu plündern und ihr die Tochter zu nehmen. Weitgehend spannender (Fernseh-)Thriller zum Thema Internet-Missbrauch, der mitunter aber auch zu dick aufträgt und durchaus vorhandene Ängste eher schürt als sie abzubauen. – Ab 16.
Deutschland 2012 **P** Zeitsprung **KI** offen **Pd** Michael Souvignier **R** Oliver Dommenget **B** Timo Berndt **D** Annette Frier (Katja Waiser), Johannes Brandrup (Marc Redel), Christoph Grunert (Michael Waiser), Sabrina White (Maike), Anna Schäfer (Barbara), Astrid Posner (Kirsten), Robert Dölle (Torben Marquas), Sonja Baum (Petra Olden) **L** 91 **E** 23.10.2012 SAT.1 **fd** –

Open House
OPEN HOUSE
Ein Psychokiller-Pärchen sucht sich Opfer aus, die für ihr Haus gerade einen Nachmieter suchen, kann sich aber auch an weiteren Hausinteressenten gütlich tun. Als sich der Mann in eine Hausbesitzerin verliebt, nimmt das «Projekt» eine dramatische Wendung. Gelackter Thriller, in dem sich die Klischees förmlich die Klinke in die Hand geben.
DVD/BD: Die Extras enthalten u. a. ein Feature mit im Film nicht verwendeten Szenen (9 Min.). Die FSK-Freigabe «ab 18» der DVD/BD bezieht sich auf das Bonusmaterial (Trailer etc.), der Film selbst hat eine Freigabe «ab 16».
Scope. USA 2010 **P** StoneBrock Entertainment **DVD** dtp / Great Movies (16:9, 1.78:1, DD5.1 engl./dt.) **BD** dtp/Great Movies (16:9, 1.78:1, dts-HDMA engl./dt.) **Pd** Mitchell Goldman, Danny Roth, Jack Schuster, Nicole Ettinger, Steven Shapiro, Randy Wayne **R+B** Andrew Paquin **K** Joseph White **M** Nathan Barr **S** Tim Mirkovich **D** Brian Geraghty (David), Rachel Blanchard (Alice), Tricia Helfer (Lila), Anna Paquin (Jennie), Stephen Moyer (Josh), Gabriel Olds (Carl), Jessica Collins (Lauren), Larry Sullivan (Oscar) **L** 82 **FSK** ab 16 **E** 11.6.2012 DVD & BD **fd** –

Operation Casablanca
OPÉRATION CASABLANCA
Ein arbeitsloser Tellerwäscher arabischer Abstammung soll einen japanischen UN-Diplomaten entführt haben und gerät ins Visier der internationalen Terrorfahndung. Versehentlich hält man ihn für einen Top-Terroristen. Der wahre Terrorist wird zwar gefasst, nimmt sich aber das Leben, was zwei Entführer nicht ahnen, sodass sie ihn freipressen wollen. Da schickt die Polizei den Tellerwäscher an die vorderste Front. Schwungvolle Agenten- und Verwechslungskomödie mit einigen treffsicheren Pointen, aber ohne satirische Tiefe. – Ab 12.
Schweiz / Kanada / Frankreich 2010 **P** Bord Cadre films Sàrl / Lyla Films / Ex Nihilo / Peacock Film / RTS Radio Télévision Suisse / Telefilm Canada **KI** Columbus (Schweiz) **Pd** Dan Wechsler, François Tremblay **R+B** Laurent Nègre **K** Yves Bélanger **M** Ramachandra Bocar **S** Julien Sulser, Jean-Paul Cardinaux, Xavier Ruiz **D** Tarek Bakhari (Saadi), Elodie Yung (Isako), Julieta Serrano (Madame Rueda), Zinedine Soualem (Hassan), Yoshi Oida (Takahata), Jean-Luc Bideau (Michel), Antoine Basler (Rueda) **E** 12.4.2012 Schweiz **fd** –

Opération Libertad ★
OPÉRATION LIBERTAD
Eine junge Frau erhält zu ihrem 20. Geburtstag von ihrem Vater ein selbstproduziertes Video geschenkt, das von einem revolutionären Happening Ende der 1970er-Jahre handelt. Eine linke Protestaktion gegen eine Bank war damals aus dem Ruder gelaufen und in Gewalt umgeschlagen. Eine fiebrig erzähltes, kunstvoll inszeniertes Drama, das beständig die Perspektiven wechselt und geschickt Geist und Stimmung jener Epoche beschwört; unterm Strich argumentiert der Filmdabei weniger politisch als dass er davon handelt, wie die Träume einer Jugend binnen weniger Tage aufgerieben werden. – Ab 16.
Frankreich / Schweiz / Portugal 2012 **P** Akka Films / Dschoint Ventschr **KI** filmcoopi (Schweiz) **Pd** Samir, Nicolas Wadimoff, Serge Lalou, Michel Merkt, Alberto Chollet, Charlotte Uzu **R** Nicolas Wadimoff **B** Jacob Berger, Nicolas Wadimoff **K** Franck Rabel **M** Christof Steinmann **S** Karine Sudan, Pauline Dairou **D** Laurent Capelluto (Guy), Stipe Erceg, Natacha Koutchoumov (Virginie), Karine Guignard, Nuno Lopes (Baltos), Antonio Buíl, Jonathan Genet (Hugues), Erika Lillo (Carmen) **FSK** – **E** 25.10.2012 Schweiz **fd** 41 350

Ordinary People ★
ORDINARY PEOPLE
Sieben junge serbische Soldaten werden zu einem verlassenen Bauernhof abkommandiert, ohne den Sinn ihres Tagesbefehls zu erkennen. Dann erreicht ein Bus mit fremden Männern das Gehöft, und es ergeht der Befehl,

die «Feinde» zu liquidieren. Trotz Entsetzen und Abscheu widersetzt sich niemand dem Befehl. Der spröde, in getragenem Tempo inszenierte Film konfrontiert mit einer ungeheuerlichen Extremsituation und zwingt dazu, das eigene Verhalten zu reflektieren. Dabei macht er augenfällig, wie schnell Empathie und eigenständiges Handeln abhanden kommen können. Frankreich/Schweiz/Serbien/Niederlande 2009 **P** TS Prod. / La Télévision Suisse Romande / Trilema / Prince Film / arte **KI** offen **Pd** Anthony Doncque, Miléna Poylo, Gilles Sacuto, Pierre-Alain Meier, Nadezda Perisic, Vladimir Perisic, Szabolcs Tolnai **R** Vladimir Perisic **B** Vladimir Perisic, Alice Winocour **K** Simon Beaufils **S** Martial Salomon **D** Relja Popovic (Dzoni), Boris Isakovic (Kouki), Miroslav Stevanovic (Ivan), Miroslav Isakovic (Micha) **L** 76 **E** 4.8.2012 arte **fd** –

Os Residentes ★
OS RESIDENTES
Experimenteller Film über brasilianische Hausbesetzer unterschiedlichen Alters auf der Suche nach neuen Lebensmodellen. Im Grenzgebiet von Film, philosophischem Diskurs, bildender und darstellender Kunst, Performance und Happening entsteht eine kontroverse Betrachtung zur Avantgarde mit den Mitteln des avantgardistischen Films. Diskussionssplitter über das Verhältnis der Geschlechter, über hierarchische Strukturen, Macht, Gruppendynamik und Partnerschaft verdichten sich zur Reflexion über politische und künstlerische Utopien des 20. Jahrhunderts. (O.m.d.U.) – Ab 16. Brasilien 2010 **P** Katasía Films **KI** arsenal institut **Pd** João Dumans **R** Tiago Mata Machado **B** Tiago Mata Machado, Cinthia Marcelle, Emílio Maciel **K** Aloysio Raulino, Andréa C. Scansani **M** André Wakko, Juan Rojo, David Lansky, Vanessa Michellis **S** Joacélio Baptista, Tiago Mata Machado **D** Melissa Dullius, Gustavo Jahn, Jeane Doucas, Simone Sales de Alcântara, Dellami Lima, Roberto de Oliveira, Geraldo Peninha, Cassiel Rodrigues, Paulo César Bicalho **L** 120 **FSK** – **E** 12.7.2012 **fd** 41 171

Oslo, August 31 ★
OSLO, 31. AUGUST
Ein Mann Mitte 30, der eine Entgiftung in einer Drogenklinik hinter sich hat, darf im Rahmen eines Rehabilitationsprogramms für einen Tag nach Oslo, um ein Bewerbungsgespräch zu führen. Unentschlossen driftet er durch die Stadt und trifft ehemalige Freunde und Bekannte. Der überzeugend gespielte und inszenierte Film erzählt düster und melancholisch die Geschichte eines langen Tages, der sich im Dunkeln verliert. (Louis Malle entwickelte mit DAS IRRLICHT, 1963, aus derselben Romanvorlage des dem Faschismus nahestehenden Autors Drieu La Rochelle das Porträt eines intellektuellen Rebellen gegen bürgerliche Mittelmäßigkeit.) – Ab 16.
Norwegen 2011 **P** Don't Look Now / Motlys **KI** Look Now! (Schweiz) **Pd** Hans-Jørgen Osnes, Yngve Saether **R** Joachim Trier **B** Joachim Trier, Eskil Vogt **Vo** Pierre Drieu La Rochelle (Roman *Das Irrlicht*) **K** Jakob Ihre **M** Torgny Amdam, Ola Fløttum **S** Olivier Bugge Coutté **D** Anders Danielsen Lie (Andfers), Hans Olav Brenner (Thomas), Ingrid Olava (Rebecca), Anders Borchgrevink (Øystein), Petter Width Kristiansen (Petter) **L** 96 **E** 19.4.2012 Schweiz **fd** –

Osombie
OSOMBIE
Um eine Verschwörungstheorie zu recherchieren, reist ein junger US-Amerikaner nach Afghanistan und findet sich plötzlich inmitten von nach Menschenfleisch gierenden Turban-Trägern wieder. Auch die zur Hilfe eilende NATO-Einheit erlebt ihr blaues Wunder, denn Osama Bin Laden «lebt» und steckt hinter der Sache. Für eine Komödie zu hart, beeindruckt der respektlose Horror allenfalls durch die Chuzpe der Drehbuchautoren.
USA 2012 **P** Arrowstorm Entertainment **DVD** Splendid (16:9, 1.78:1, DD5.1 engl./dt.) **BD** Splendid (16:9, 1.78:1, dts-HDMA engl./dt.) **Pd** Paul Green, John Lyde, Adam F. Goldberg, Jed Ivie, Wei Chien-wey **R** John Lyde **B** Kurt Hale **K** Airk Thaughbaer **M** Jimmy Schafer **S** Kurt Hale, Airk Thaughbaer **D** Corey Sevier (Chip), Eve Mauro (Dusty), Jasen Wade (Derek), Danielle Chuchran (Tomboy), William Rubio (Chapo), Walter A. Carmona (Osombie), Mike Black (Aasif), Holly Lynch (Anna) **L** 87 & 90 **FSK** ab 18 & SPIO/JK I **E** 17.8.2012 DVD & BD **fd** –

Our Day Will Come ★
NOTRE JOUR VIENDRA
Von seinem Beruf frustriert, bricht es aus einem zynischen, egozentrischen Psychotherapeuten in einem Anflug von Wahn heraus: Er beschließt, mit einem Patienten, einem infantilen, aufgrund seiner roten Haarfarbe gehänselten Hünen, zu fliehen und die Gesellschaft auf die Probe zu stellen. Die Reise mutiert zur gewalttätigen Odyssee mit dem vermeintlichen Ziel aller Rothaarigen: Irland. Bizarr zwischen Komödie und Albtraum changierend, gibt die Tragödie einen beißenden Kommentar auf eine Gesellschaft, ihre Vorurteile und Engstirnigkeiten. Hauptdarsteller Vincent Cassel gibt genüsslich den unberechenbaren Berserker in einem ebenso mutigen wie wütenden Film. – Ab 16. Frankreich 2010 **P** 120 Films / Les Chauves-Souris / TF 1 Droits Audiovisuels **DVD** Universum (16:9, 1.78:1, DD5.1 frz./dt.) **BD** Universum (16:9, 1.78:1, dts-HDMA frz./dt.) **Pd** Vincent Cassel, Eric Névé **R** Romain Gavras **B** Romain Gavras, Karim Boukercha **K** André Chemetoff **M** Sébastien Akchoté **S** Benjamin Weill **D** Olivier Barthelemy (Rémy), Vincent Cassel (Patrick), Justine Leroy (Natacha), Vanessa Decat (Vaness), Boris Gamthety (Serge), Rodolphe Blanchet (Joel), Chloé Catoen (kleines Mädchen), Sylvain Le Mynez **L** 84 **FSK** ab 16 **E** 19.9.2012 DVD & BD **fd** –

Our Idiot Brother ★
OUR IDIOT BROTHER
Nach einem Knastaufenthalt sucht ein Spät-Hippie und Bio-Bauer, der der Welt mit kindlicher Gutgläubigkeit und Gutmütigkeit begegnet, Unterschlupf bei seiner Familie und beginnt eine Odyssee durch die Gästequartiere seiner drei Schwestern. Dabei wirbelt er deren Familien-, Berufs- und Liebesleben durcheinander und bringt ihre Lebenslügen zum Einsturz. Warmherzige Tragikomödie um einen «reinen Narren», die verschiedene Lebensentwürfe auf ihre Schwachpunkte abklopft und dabei weniger auf laute Gags als auf einfühlsame Charakterzeichnungen setzt. – Ab 12.
USA 2011 **P** Big Beach Films / Likely Story / Yuk Film **KI** Senator **Pd** Anthony Bregman, Marc Turtletaub, Peter Saraf **R** Jesse Peretz **B** Evgenia Peretz, David Schisgall **K** Yaron Orbach **M** Eric

D. Johnson, Nathan Larson **S** Jacob Craycroft, Andrew Mondshein **D** Paul Rudd (Ned), Elizabeth Banks (Miranda), Zooey Deschanel (Natalie), Emily Mortimer (Liz), Steve Coogan (Dylan), Hugh Dancy (Christian), Kathryn Hahn (Janet), Rashida Jones (Cindy), Shirley Knight (Ilene), Adam Scott (Jeremy) **L** 90 **FSK** o.A.; f **E** 17.5.2012 / 9.8.2012 Schweiz **fd** 41069

Out of the Darkness – Der Weg ☆ ins Licht

Dokumentarfilm über den nepalesischen Arzt Sanduk Ruit, der den Menschen seiner Heimat, die vom Grauen Star betroffen sind, kostengünstige Operationen anbietet und immer wieder mit einem Team loszieht, um auch Menschen in abgelegenen Regionen ihr Augenlicht wiederzugeben. Der kommentarlose Film begleitet den Arzt auf einer Reise, während der er sein humanes Unternehmen erläutert, und beobachtet die Behandlung von Betroffenen. Dabei fesselt er sowohl durch das berührende Thema als auch durch seine ausdrucksstarke Bildsprache. (O.m.d.U.) – Sehenswert ab 12. Deutschland 2011 **P** Kubny & Schnell Film- und Fernsehprod. / Stefano Levi Photography & Film **KI** Barnsteiner **Pd** Werner Kubny, Per Schnell, Stefano Levi **R** Stefano Levi **B** Stefano Levi, Lisa Wagner **K** Luca Coltri, Stefano Levi **M** Prem Rana Autari, Markus Aust **S** Rainer Nigrelli **L** 81 **FSK** o.A.; f **FBW** bw **E** 29.3.2012 **fd** 40997

Outlaw of War
JANOSIK. PRAWDZIWA HISTORIA
Ein Söldner kämpft im 18. Jahrhundert erst gegen, dann für die Ungarn, bevor er sich besinnt und als Anführer einer Räuberbande für sein Wohl und das seines Volkes kämpft. Üppig ausgestatteter Abenteuerfilm mit «Robin Hood»-Attitüde, der seine einfache Geschichte zum großen Epos aufbläst, dabei aber durchaus solide unterhält. – Ab 16.
Polen/Tschechien/Slowakei 2009 **P** Apple Film Prod. **DVD** Infopictures (16:9, 1.78:1, DD2.0 pol., DD5.1 dt.) **BD** Infopictures (16:9, 1.78:1, dts-HD2.0 pol., dts-HD dt.) **Pd** Rudolf Biermann, Dariusz Jablonski **R** Kasia Adamik, Agnieszka Holland **B** Eva Borusovicová **K** Martin Strba **M** Antoni Lazarkiewicz **S** Mike Czarnecki (= Michal Czarnecki), Marek Kralovsky, Katarzyna Herman (Zuzanna) **D** Václav Jirácek (Janosik), Ivan Martinka (Tomasz Uhorcyzk), Michal Zebrowski (Turjag Huncaga), Sarah Zoe Canner (Barbara), Maja Ostaszewska (Margeta), Tatiana Pauhofová (Anusia), Danuta Szaflarska (Janosiks Großmutter) **L** 143 **FSK** ab 16 **E** 22.6.2012 DVD & BD
fd –

Outlaw of War – Räuber – Held – Legende
siehe: **Outlaw of War**

Outpost – Black Sun
OUTPOST: BLACK SUN
Ein Journalistin, die sich auf den (verbalen) Kampf gegen Nazis spezialisiert hat, kommt in Osteuropa auf die Spur einer mysteriösen Vereinigung, die der Wiederherstellung des Reichs mit übernatürlichen Mitteln frönt, und hebt gemeinsam mit einer NATO-Einsatztruppe die Brut aus. Abgeschmackter Action-Horror aus England, in dem Zombies wild mit Nazi-Plattitüden gekreuzt werden. Scope. Großbritannien 2011 **P** Black Camel Pic. / Matador Pic. **DVD** Splendid (16:9, 2.35:1, DD5.1 engl./dt.) **BD** Splendid (16:9, 2.35:1, dts-HDMA engl./dt.) **Pd** Arabella Page Croft, Kieran Parker **R** Steve Barker **B** Steve Barker, Rae Brunton **K** Darran Tiernan **M** Theo Green **S** Bill Gill, Chris Gill **D** Catherine Steadman (Helena), Richard Coyle (Wallace), Aki Craig (Hall), Nick Nevern (Carlisle), Daniel Caltagirone (Macavoy), Gary McDonald (Abbot), Domenic Pontone (Josef), Philip Barratt (junger Klausner) **L** 98 **FSK** ab 18 **E** 27.4.2012 DVD & BD
fd –

Ouvertüre 1912 – Die Deutsche Oper Berlin
Dokumentarfilm über die bewegte Geschichte der Deutschen Oper Berlin, die 1912 von Charlottenburger Bürgern als Gegenentwurf zur Königlichen Hofoper gegründet wurde, sich ein Jahrzehnt als Aktiengesellschaft behauptete, während der Inflation in die Krise geriet und während des Dritten Reichs von den Nazis zu Propagandazwecken instrumentalisiert wurde. Nach der Zerstörung im Zweiten Weltkrieg konnte die Oper 1961 wieder ein eigenes Haus beziehen. Archivmaterial vermittelt einen Eindruck von der bewegten Zeit und verdichtet sich im Zusammenspiel mit persönlichen Aussagen von Künstlern zur spannenden, mitunter auch humorvollen Zeitreise. – Ab 12.
Deutschland 2012 **P** Monarda Arts/ RBB/Arthaus Musik **KI** offen **R** Enrique Sánchez Lansch **L** 90 **fd –**

DIE PIRATEN – EIN HAUFEN MERKWÜRDIGER TYPEN (Sony)

Padre Nuestro – Vater unser ★
PADRE NUESTRO

Ein junger Mexikaner will seinen ihm unbekannten, in New York lebenden Vater besuchen, der ein vermeintlich wohlhabender Restaurantbesitzer ist. Über Nacht raubt ihm ein Reisegefährte die Papiere, nimmt seine Identität an und sucht an seiner Stelle den Vater auf. Er trifft auf einen desillusionierten Tellerwäscher, der von seinem «Sohn» nichts wissen will. Doch beide finden einen Weg zur Annäherung, und auch der wahre Sohn kann sich mit Hilfe einer Prostituierten durchschlagen. Ein Film über vertauschte Identitäten, Lebenslügen und enttäuschte Hoffnungen, der Immigrantenschicksale spiegelt und trotz seiner bitteren Grundstimmung immer wieder Gelegenheit für warmherzige Momente findet. – Ab 14. USA/Argentinien 2006 **P** Cinbergy Pic./Panamax Films / Two Lane Pic. **KI** offen **Pd** Per Melita, Ben Odell **R+B** Christopher Zalla **K** Igor Martinovic **M** Brian Cullman **S** Aaron Yanes **D** Jesús Ochoa (Diego), Armando Hernández (Juan), Jorge Adrián Espindola (Pedro), Paola Mendoza (Magda), Leonardo Anzures (Simon), Eugenio Derbez (Anibal), Don Puglisi (Jimmy), Scott Glascock (John) **L** 107 **E** 26.8.2012 SF 1/DRS   **fd** –

Painted Skin – Die verfluchten Krieger
HUA PI

Hinter einer Schönen, die einem verdienten Räuber-Chef den Kopf verdreht, steckt niemand Geringeres als ein mieser Dämon mit Allmachtfantasien. Erst seine gehörnte Frau und ein guter Freund der Familie durchschauen den Plan und halten dagegen – mit lebensgefährlichen Folgen. Visuell überbordendes Effektgewitter im Gewand eines Historienmärchens mit Anleihen bei Tausendundeinernacht. Nicht so überzeugend wie die Vorbilder der CHINESE GHOST STORY-Reihe. – Ab 16.
DVD/BD: Erhältlich als DVD, 2D BD und 2D/3D BD. Die Extras umfassen u. a. das Feature «Painted Skin Magical Ceremony» (40 Min.).
Singapur / VR China / Hongkong 2008 **P** Ningxia Film / Shanghai Film Group / Mediacorp Raintree / Golden Sun / Dinglongda International / Eastern Mordor Film / Wuhan Huaqi Movies / Beijing New Film **DVD** NewKSM (16:9, 2.35:1, DD5.1 Mandarin/dt.) **BD** NewKSM (16:9, 2.35:1, dts-HDMA Mandarin/dt.) **Pd** Gordon Chan, Andy Wing-Keung, Katsarinh Lan, Ren Zhong-lun, Yang Hong Tao, Daniel Yun **R** Gordon Chan **B** Lau Ho Leung, Abe Kwing, Gordon Chan **Vo** Pu Songling (Roman) **K** Arthur Wong **M** Ikuro Fujiwara **S** Chan Ki-hop **D** Donnie Yen (Pangong), Zhou Xun (Xiao Wei), Chen Kun (Wang Sheng), Zhao Wei (Chen Peirong), Betty Sun (Xia Bin), Qi Yuwu (Xiao Yi) **L** 118 **FSK** ab 16 **E** 7.9.2012 DVD & BD   **fd** –

Pakt der Rache
SEEKING JUSTICE

Nach einem Attentat auf eine junge Ehefrau kann der Täter auf ein mildes Urteil hoffen. Der aufgebrachte Ehemann willigt in das Angebot einer mysteriösen Organisation ein, den Gewalttäter zu exekutieren. Schon bald danach melden sich die «Wohltäter» bei ihm und verlangen ihrerseits einen Mord von ihm. Weitgehend spannender, wenn auch nicht immer schlüssig erzählter Thriller über den schmalen Grat zwischen Verzweiflung, Rache, Selbstjustiz und Kurzschlusshandlung. Überzeugend Guy Pearce in der Rolle des eiskalten Drahtziehers. Scope. USA 2011 **P** Endgame Entertainment / Material Pic. / Ram Bergman Prod. / Maguire Entertainment **DVD** Universum (16:9, 2.35:1, DD5.1 engl./dt.) **BD** Universum (16:9, 2.35:1, dts-HDMA engl./dt.) **Pd** Ram Bergman, Tobey Maguire, James D. Stern, Lucas Smith **R** Roger Donaldson **B** Robert Tannen **K** David Tattersall **M** J. Peter Robinson **S** Jay Cassidy **D** Nicolas Cage (Will Gerard), Guy Pearce (Simon), January Jones (Laura Gerard), Jennifer Carpenter (Trudy), Harold Perrineau (Jimmy), Xander Berkeley (Lieutnant Durgan), IronE. Singleton (Scar), Marcus Lyle Brown (Det. Green) **L** 99 & 104 **FSK** ab 12 & ab 16 **E** 9.5.2012 DVD & BD   **fd** –

Paladin – Der Drachenjäger
DAWN OF THE DRAGONSLAYER
Ein Bauernsohn hat bei einem Drachenangriff Eltern und Hof verloren und findet Unterschlupf bei einem Baron, der ihn zwar demütigt, ihn aber auch zum Ritter ausbildet. Als er sich in dessen Tochter verliebt, stehen die Zeichen bald auf Sturm, doch ein neuerlicher Drachenangriff sorgt für noch größere Probleme. Thematisch konventioneller Low-Budget-Fantasy-Film, der aber durch seine präzise Charakterzeichnung sowie einige erstaunliche Spezialeffekte auffällt. – Ab 14.
DVD/BD: Die FSK-Freigabe «ab 16» der DVD/BD bezieht sich auf das Bonusmaterial (Trailer etc.), der Film selbst hat eine Freigabe «ab 12».
USA 2011 **P** Arrowstorm Entertainment **DVD** Splendid (16:9, 1.78:1, DD5.1 engl./dt.) **BD** Splendid (16:9, 1.78:1, dts-HDMA engl./dt.) **Pd** Kynan Griffin, Jennifer Kirkham, Justin Partridge **R** Anne K. Black **B** Anne K. Black, Kynan Griffin, Justin Partridge **K** Ty Arnold **M** Panu Aaltio **S** Kohl Glass **L** 97 **FSK** ab 12 **E** 13.1.2012 DVD & BD **fd** –

Palestro, Algerien – Folgen eines Hinterhalts
PALESTRO, ALGÉRIE: HISTOIRES D'UNE EMBUSCADE
Im Mai 1956 gerieten während des Algerienkriegs 20 französische Soldaten in einen Hinterhalt der Nationalen Befreiungsfront (FLN). Dass die Leichen dieser Soldaten verstümmelt aufgefunden wurden, galt der französischen Öffentlichkeit als Beweis für die prinzipielle Grausamkeit der Algerier. In der Folge entstand eine Spirale der Gewalt, die der Dokumentarfilm minutiös nachzuzeichnen sucht. – Ab 16. Teils schwarz-weiß. Frankreich 2012 **P** Les Poissons Volants **KI** offen **Pd** Sophie Goupil **R** Rémi Lainé, Raphaëlle Branche **B** Rémi Lainé, Raphaëlle Branche **K** Rémi Lainé **S** Josiane Zardoya **L** 85 **E** 20.3.2012 arte **fd** –

Panama-Kanal
PANAMA CANAL
Dokumentarfilm über den Bau des Panama-Kanals, der 1880 von den Franzosen unter Federführung von Ferdinand de Lesseps begonnen wurde, um die gefährliche Umschiffung von Cap Horn zu vermeiden und zugleich um Transportkosten zu sparen. Die Franzosen gaben das Projekt auf, US-Präsident Roosevelt ließ die Arbeiten fortsetzen, die 1914 zu Ende gebracht wurden. Der Film erinnert auch an den Arzt William Gorgas, der das Gelbfieber in dieser Region bekämpfte, sowie an zahllose (meist karibische) Arbeiter, die unter unmenschlichen Bedingungen Schwerstarbeit leisteten. – Ab 14.
Teils schwarz-weiß. USA 2011 **P** Insignia Films **KI** offen **Pd** Amanda Pollak **R** Stephen Ives **B** Michelle Ferrari **L** 82 **E** 4.2.2012 arte **fd** –

Panic Button
PANIC BUTTON
Die Gewinner eine Shopping-Reise in die USA hätten besser das Kleingedruckte gelesen, denn im Flugzeug beginnt ein perfides Spiel mit ihnen, bei dem das Überleben nicht gesichert ist. Social-Network-Falle trifft auf Saw-Terror und verwandelt sich unter englischer Regie zu einem leicht satirisch angehauchten «Quäl-Film» im Kammerspiel-Ambiente, wobei das Ganze mehr auf Intelligenz als auf Perfidie setzt.
DVD/BD: Die Extras enthalten u. a. ein Feature mit drei im Film nicht verwendeten Szenen (5 Min.). Die FSK-Freigabe «ab 18» der DVD/BD bezieht sich auf das Bonusmaterial (Trailer etc.), der Film selbst hat eine Freigabe «ab 16».
Großbritannien 2011 **P** Movie Mogul Films **DVD** Savoy/Intergroove (16:9, 2.35:1, DD5.1 engl./dt.) **BD** Savoy/Intergroove (16:9, 2.35:1, dts-HD engl./dt.) **Pd** John Shackleton, David Shillitoe **R** Chris Crow **B** Chris Crow, Frazer Lee, John Shackleton, David Shillitoe **K** Simon Poulter **M** Mark Rutherford **S** John Gillanders **D** Scarlett Alice Johnson (Jo), Michael Jibson (Dave), Jack Gordon (Max), Elen Rhys (Gwen), Joshua Richards (Rupert Turner/Alligator), Vern Raye (Calahan), Meggie McCarthy (Sophie), Sarah Parks (Annie Turner) **L** 92 **FSK** ab 16 **E** 12.7.2012 DVD & BD **fd** –

Parabeton – Pier Luigi Nervi und römischer Beton ✱
Faszinierender Dokumentarfilm, der die Betonbauten des italienischen Architekten Pier Luigi Nervi (1891–1979), die von den 1930er-Jahren bis in die 1970er-Jahre entstanden, antiken Bauwerken gegenüberstellt, die mit einem Vorläufer des modernen Betons als Baustoff errichtet wurden. Aus der Gegenüberstellung ergibt sich ebenso ein produktives Spannungsverhältnis wie aus den großzügigen Proportionen und Linien der Häuser und einer Bildsprache, die den Blick nicht zum Schweifen einlädt, sondern die Bauwerke in unbeweglichen, streng kadrierten Einstellungen einfängt und zu einer «imaginären Architektur in der Zeit» zusammenfügt. (Der Film gehört zu Emigholz' Zyklus «Photographie und Jenseits», der sich mit Produkten menschlicher Gestaltung befasst; zugleich ist er der erste Teil des Unterprogramms «Aufbruch der Moderne», zu dem auch PERRET IN FRANKREICH UND ALGERIEN gehört.) – Ab 16.
Deutschland 2012 **P** Filmgalerie 451 / WDR / 3sat **KI** Filmgalerie 451 **Pd** Frieder Schlaich, Irene von Alberti **R+B** Heinz Emigholz **K** Heinz Emigholz **S** Heinz Emigholz, Till Beckmann **L** 100 **FSK** – **E** 31.5.2012 **fd** 41 094

Parada ✱
PARADA
Ein homosexueller Ladeninhaber will in Belgrad eine «Gay Pride»-Veranstaltung durchführen. Da er aber bei jeder Ankündigung des friedlichen Umzugs beleidigt oder sogar tätlich angegriffen wird, heuert er Kriegsveteranen aus Serbien, Kroatien, Bosnien und dem Kosovo für den Schutz der Parade an. Die von extremer Gewalt gekennzeichnete Reaktion führt zu einer ebenso unerwarteten wie auch berührenden Allianz zwischen früher verfeindeten ethnischen Gruppen und Schwulen-Aktivisten. Mit ansteckendem Humor und pointierter Situationskomik beschreibt die kraftvolle Komödie die Herausforderungen im Kampf um das Menschenrecht auf Toleranz. (Lobende Erwähnung der Ökumenischen Jury, Berlin 2012; Titel Schweiz: PARADE.) – Ab 16.
Serbien/Kroatien/Mazedonien/Slowenien 2012 **P** Delirium / Film & Music Ent. / Forum Ljubljana / Mainframe Prod. / Sektor Film Skopje **KI** Neue Visionen/Praesens (Schweiz) **Pd** Vladimir Anastasov, Igor Nola, Biljana Prvanovic, Eva Rohrman, Mike Downey **R+B** Srdjan Dragojevic **K** Dusan Joksimovic **M** Igor Perovic **S** Petar Markovic **D** Nikola Kojo (Limun), Milos Samolov (Radmilo), Hristina

Popovi (Pearl), Goran Jevtic (Mirko), Goran Navojec (Roko), Dejan Acimovic (Halil), Toni Mihajlovski (Azem) **L** 115 (24 B./sec.) / 111 (25 B./sec.) **FSK** ab 12; f **E** 9.8.2012 Schweiz / 13.9.2012 **fd** 41 257

Parade
siehe: **Parada**

Paranormal Activity 4
PARANORMAL ACTIVITY 4
Ein kleiner Junge trägt das Böse in Form paranormaler Erscheinungen in den Haushalt seiner Gastfamilie. Behäbiger «Found Footage» Film, der als vierter Teil der PARANORMAL ACTIVITY-Reihe vom Einbruch des Übernatürlichen in eine nichtsahnende Vorstadtfamilie erzählt. Dem seriellen Horrorfilm gelingt es kaum, eine intensive Atmosphäre zu erzeugen, ehe er sich im Finale zu einem mehr abstrusen denn gruseligen Overkill an Geistererscheinungen aufschwingt.
USA 2012 **P** Room 101 **KI** Paramount **Pd** Jason Blum, Oren Peli **R** Henry Joost, Ariel Schulman **B** Zack Estrin **Vo** Oren Peli (Drehbuch zu PARANORMAL ACTIVITY von 2007) **K** Doug Emmett **S** Gregory Plotkin **D** Katie Featherston (Katie), Brady Allen (Robbie), Matt Shively (Alex), Kathryn Newton (Alex) **L** 88 (24 B./sec.) / 85 (25 B./sec.) **FSK** ab 16; f **E** 18.10.2012 **fd** 41 380

Paranormal Cellar
HUSET VID VÄGENS ÄNDE
Vier Kunststudenten wollen in einer unterkellerten Hütte im schwedischen Nirgendwo ihren leeren Kreativ-Akku auffüllen. Doch seltsame Dinge, die vom unter der Erde gelegenen Teil des Hauses ausgehen, lassen sie bald um ihr Leben fürchten. Kostengünstig produzierter Horror- und Geisterfilm, der zu seiner Entstehungszeit vielleicht noch originell war, nun aber eher müde wirkt. – Ab 16.
Schweden 2003 **P** Ankatt Prod. **DVD** Savoy/Intergroove (16:9, 1.78:1, DD5.1 swe./dt.) **Pd** Martin Kjellberg **R+B** Martin Kjellberg, Nils Wåhlin **M** David Clausson **S** Martin Kjellberg, Nils Wåhlin **D** Mattias Ohlsson (Stefan), Sandra Tordardottir (Jessica), Henrik Danielsson (Marcus), David Clausson (Jonas), David Weiss (Polizeioffizier), Pale Olofsson (Kommissar), Jeanette Adner (Stefans Mutter),

Lars Kjellberg (Ladenbesitzer) **L** 73 **FSK** ab 16 **E** 12.4.2012 DVD **fd** –

Paranormal Investigations 4 – Sanatorium
PARANORMAL INCIDENT
Eine Gruppe abenteuerlustiger Jugendlicher will ein verlassenes Sanatorium auf mögliche Spukphänomene untersuchen. Auch der vierte Teil der sich an den Erfolg von PARANORMAL ACTIVITY anhängenden Found-Footage-Reihe ist gänzlich überflüssig, wurde ohne jedes Gefühl für Spannung weniger inszeniert als mit nichtssagenden Wackelbildern mühsam auf Spielfilmlänge gebracht. – Ab 16.
USA 2011 **P** Marquis Prod. / Splashdown Prod. **DVD** EuroVideo **Pd** James Bolton, Anthony Clementi, Rob Filson, Chris W. Freeman **R** Matthew Bolton **B** Matthew Bolton, Chris W. Freeman **K** Lincoln Lewis **M** Alexander Bornstein **S** Ashley Seivwright **D** Oliver Rayon (John), Chelsea Vincent (Samantha), Amanda Barton (Rebecca), Brett Edwards (Brennan), Derrick Scott (Daniel), Sabrina Villalobos (Tess) **L** 82 **FSK** ab 16 **E** 11.10.2012 DVD **fd** –

ParaNorman
PARANORMAN
Eine Kleinstadt wird Jahr für Jahr vom Fluch einer Hexe heimgesucht, die vor 300 Jahren hingerichtet wurde. Der einzige, der die Stadt vor einer durch den Fluch verschuldeten Zombie-Attacke retten kann, ist ein Junge, der bisher eher zu den Außenseitern zählte. Mit einem Fähnlein schräger Verbündeter nimmt er den Kampf auf. Ein erzählerisch zwar nicht sonderlich originelles, handwerklich aber doch recht liebevoll gestaltetes Animationsfilm-Grusical. – Ab 16.
DVD/BD: Die Extras umfassen u. a. einen Audiokommentar der Regisseure sowie die üblichen «Making of»-Features zu technischen Teilaspekten des Films.
Scope. USA 2012 **P** Laika Ent. **KI** Universal **DVD** Universal (16:9, 2.35:1, DD5.1 engl./dt.) **BD** Universal (16:9, 2.35:1, dts-HDMA engl., dts dt.) **Pd** Arianne Sutner, Travis Knight **R** Sam Fell, Chris Butler **B** Chris Butler **K** Tristan Oliver **M** Jon Brion **S** Christopher Murrie **L** 93 (24 B./sec.) / 90 (25 B./sec.) **FSK** ab 12; f **FBW** bw **E** 23.8.2012 / 6.9.2012 Schweiz / 10.1.2013 DVD & BD **fd** 41 209

Paris Express
COURSIER
Ein stets unpünktlicher Pariser Kurier-Fahrer will endlich einmal alles richtig machen, transportiert aber ein Päckchen aus Unterweltkreisen und hat bald diverse Verfolger auf seinen Fersen. Effektvoll-rasante Actionkomödie um eine unbedarften Toren. Produzent Luc Besson schickt nach den TAXI- und TRANSPORTER-Serien eigentlich aber nur ein altes Pferd unter neuem Namen ins Rennen und bedient nicht sonderlich inspiriert sein eigenes Erfolgsrezept. – Ab 16.
Scope. Frankreich 2010 **P** Europa Corp. / M6 Films / Black Mask / Roissy Films **DVD** Universum (16:9, 2.35:1, DD5.1 frz./dt.) **BD** Universum (16:9, 2.35:1, dts-HDMA frz./dt.) **Pd** Hugo Bergson-Vuillaume, Pierre-Ange Le Pogam **R** Hervé Renoh **B** Hervé Renoh, Romain Lévy **K** Vincent Muller **M** Modern Freaks **D** Michaël Youn (Samuel Skjurilingswicz gen. Sam), Jimmy Jean-Louis (Steve Loki), Frédéric Chau (Rico), Géraldine Nakache (Nadia), Didier Flamand (Maurice), Catalina Denis (Louise), Natalia Dontcheva (Iris), Lord Kossity (Anton) **L** 99 **FSK** ab 12 **E** 25.1.2012 DVD & BD **fd** –

Paris Manhattan
PARIS MANHATTAN
Eine attraktive Pariser Apothekerin ist glühender Woody-Allen-Fan. Trotz eifriger Verkupplungsversuche ihrer Familie verläuft ihr Liebesleben ähnlich chaotisch wie das der Figuren aus den Filmen Allens, bis ein charmanter Hersteller von Alarmanlagen die Träumerin auf den Boden der Realität sowie in seine Arme lockt. Liebenswerte Komödie um Romantiker und Chaoten, die zwar nicht ganz die inszenatorische Leichtigkeit der Woody-Allen-Klassiker entfaltet, gleichwohl bestens unterhält. – Ab 12.
Frankreich 2012 **P** Vendôme Prod. / France 2 Cinéma / SND **KI** Senator **Pd** Philippe Rousselet **R+B** Sophie Lellouche **K** Laurent Machuel **M** Jean-Michel Bernard **S** Monica Coleman **D** Alice Taglioni (Alice), Patrick Bruel (Victor), Marine Delterme (Hélène), Louis-Do de Lencquesaing (Pierre), Michel Aumont (Vater), Marie-Christine Adam (Mutter), Yannick Soulier (Vincent), Margaux Châtelier (Laura), Woody Allen (Woody Allen) **L** 78 (24 B./sec.) / 75 (25 B./sec.) **FSK** o.A.; f **E** 4.10.2012 **fd** 41 290

Parked – Gestrandet
PARKED
Ein obdachloser Mann lebt in seinem Auto auf einem Parkplatz und versucht, seiner sozialen Misere zum Trotz auf sich zu achten und seine Würde zu wahren. Während er seine Zuneigung zu einer verwitweten Musiklehrerin wegen seiner Armut verschweigt, befreundet er sich mit einem verwahrlosten Junkie – was beide Männer bereichert, wegen der Sucht des Jüngeren aber zur harten Probe für den Älteren wird. Ein feinfühliger Debütfilm über Menschen am Rand der Gesellschaft, der ohne Verkitschungen einen hoffnungsvollen Ton anschlägt. – Ab 14.
Scope. Irland/Finnland 2011 **P** Ripple World Pic. / Helsinki Filmi **KI** Dualfilm **Pd** Dominic Wright, Jacqueline Kerrin, Aleksi Bardy **R** Darragh Byrne **B** Ciaran Creagh **K** John Conroy **M** Niall Byrne **S** Guy Montgomery, Gareth Young **D** Colm Meaney (Fred Daly), Colin Morgan (Cathal O'Regan), Milka Ahlroth (Juliana), Stuart Graham (George O'Regan), Michael McElhatton (Frank), David Wilmot (Peter), Tatiana Ouliankina (Aerobic-Trainerin), Diarmuid Noyes (Cathals Bruder) **L** 94 (24 B./sec.) / 91 (25 B./sec.) **FSK** ab 12; f **E** 29.11.2012 **fd** 41388

Passion Play
PASSION PLAY
Ein Jazz-Musiker hat mit der Frau eines Mafia-Bosses geschlafen und flüchtet in die Wüste. Bei einem Wanderzirkus begegnet er einer jungen Frau mit Engelsflügeln. Sie soll seine Garantie für eine friedvolle Zukunft werden, doch er nutzt sie aus. Abgehobener Kriminal- und Fantasyfilm als «Passionsgeschichte» mit guten Darstellern und überbordenden Einfällen, aber allzu holprigem Erzählfluss und einfältigen Dialogen. – Ab 16.
Scope. USA 2010 **P** Rebecca Wang Entertainment / Annapurna Prod. **DVD** StudioCanal (16:9, 2.35:1, DD5.1 engl./dt.) **BD** StudioCanal (16:9, 2.35:1, dts-HDMA engl./dt.) **Pd** Daniel Dubiecki, Andrea Chung, Meryl Emmerton, Dan Keston, Bergen Swanson **R+B** Mitch Glazer **K** Christopher Doyle **M** Dickon Hinchliffe **S** Billy Weber **D** Mickey Rourke (Nate Poole), Megan Fox (Lily Luster), Bill Murray (happy Shannon), Rhys Ifans (Sam Adamo), Kelly Lynch (Harriet), Chris Brow-

ning (Cecil), Rory Cochrane (Rickey), Arron Shiver (Russell) **L** 90 **FSK** ab 12 **E** 17.1.2012 DVD & BD **fd** –

Peace, Love & Misunderstanding
PEACE, LOVE & MISUNDERSTANDING
Als ihr Mann die Scheidung will, zieht sich eine Anwältin mit ihren beiden Teenager-Kindern zu ihrer ergrauten Hippie-Mutter zurück, die bei Woodstock lebt und mit anderen alten und jungen Blumenkindern den Geist der 1968er am Leben erhält. Die Anwältin ist davon genervt, taut jedoch dank eines Mannes auf, zu dem sich eine neue Liebe entwickelt, was ihr hilft, eine neue Beziehung zu ihrer Mutter aufzubauen. Sympathische Dramödie über die Reibereien dreier Generationen und der zwei Geschlechter, die sich über Unterschiede und Missverständnisse hinwegkommen. Zwar ohne viel Biss, aber durch eine starke Hauptdarstellerin geerdet, plädiert der Film für Offenheit und Toleranz. – Ab 14.
Scope. USA 2011 **P** BCDF Pic. **DVD** Atlas (16:9, 2.35:1, DD5.1 engl./dt.) **BD** Atlas (16:9, 2.35:1, dts-HDMA engl./dt.) **Pd** Jonathan Burkhart, Brice Dal Farra, Claude Dal Farra, Lauren Munsch, Richard Cowan, Wendy Cox **R** Bruce Beresford **B** Christina Mengert, Joseph Muszynski **K** Andre Fleuren **M** Spencer David Hutchings **S** John David Allen **D** Catherine Keener (Diane), Jane Fonda (Grace), Rosanna Arquette (Darcy), Jeffrey Dean Morgan (Jude), Kyle MacLachlan (Mark), Katharine McPhee (Sara), Chace Crawford (Cole), Elizabeth Olsen (Zoe) **L** 92 **FSK** ab 6 **E** 21.9.2012 DVD & BD **fd** 41489

Penance – Der Folterkeller
siehe: **Penance – Sie zahlen für ihre Sünden**

Penance – Sie zahlen für ihre Sünden
PENANCE
Eine junge Frau hält sich durch kleine Tochter durch Table-Dance finanziell über Wasser hält. Sie landet im Folterkeller eines durchgedrehten Frauenarztes, der ihre Torturen dokumentiert. Abstoßender, mit dokumentarischen Effekten und angeblichem Found-Footage-Material jonglierender Horrorthriller, dessen inszenatorische Vorzüge nie über seine überaus

spekulativen Absichten hinwegtäuschen.
DVD/BD: Die deutsche Fassung ist gegenüber der Originalfassung um etwa zwei Minuten gekürzt. Die in Österreich und der Schweiz vertriebene Edition (DVD & BD von Illusions) ist mit der Originalfassung vergleichbar.
USA 2009 **P** Clever Worm Entertainment **DVD** WGF/Schröder-Media & Illusions (16:9, 1.78:1, DD5.1 engl./dt.) **BD** WGF/Schröder-Media & Illusions (16:9, 1.78:1, dts-HDMA engl./dt.) **Pd** William Clevinger, Micah Goldman, Jake Kennedy, Michael Wormser, Ricki Maslar **R+B** Jake Kennedy **K** Lawles Bourque **M** Ryan Dodson **S** Ali Assili, David Haynes **L** 75 & 77 **FSK** ab 18 & ungeprüft **E** 23.2.2012 DVD & BD **fd** –

Pension Freiheit
In einer Pension im bayerischen Oberland explodiert in den 1980er-Jahren eine Briefbombe. Zwei ungleiche Ermittler nehmen die Arbeit auf und bekommen es bald mit Stasi-Agenten zu tun, weil in dem Ort Fluchthelfer am Werk sind, die DDR-Bürgern die Ausreise nach Bayern ermöglichen. Kriminalkomödie, die vor allem auf das Spiel mit regionalen Stereotypen und deftigem Witz setzt, wobei der Film mit seinem spielfreudigen Ensemble und einer detailverliebten Ausstattung bodenständigen Charme entfaltet. – Ab 14.
Deutschland 2012 **P** MEKK-Movie/LechnerMedia **KI** Movienet **Pd** Markus Kleinhans, Andreas Jordan, Gabriele Lechner **R** Markus Kleinhans, Marcus H. Rosenmüller (= Marcus Hausham Rosenmüller) (Gastregie), Burkhard Feige (Gastregie), Benedict Fuhrmann (Gastregie) **B** Maximilian Czysz, Markus Kleinhans **K** Benedict Fuhrmann **M** Stefan Lenz **S** Burkhard Feige **D** Adnan Erten (Walter Degenhardt), Luky Zapatta (Rio Hartmann), Stefan Schneider (Polizist Stevie), Florian Schröder (Franziskaner), Herbert Uebelacker (Polizeichef), Katharina Abt (Patrizia Lehmann), Florian Günther (Karl Leitenmeier), Inge Dünzl (Annette Degenhardt), Daniela Steinberger (Babsi), Jürgen Tonkel (Feuerwehr-Kommandant), Rosetta Pedone (Frau des Feuerwehr-Kommandanten) **L** 94 (24 B./sec.) / 91 (25 B./sec.) **FSK** ab 6; f **E** 26.4.2012 **fd** 41050

Der perfekte Ex
WHAT'S YOUR NUMBER?
Als eine Frau feststellt, dass die Zahl ihrer bisherigen Liebhaber den von einer Zeitschrift angegebenen US-Durchschnitt übersteigt, schwört sie der Suche nach einem weiteren Partner ab und sieht sich bei ihren Verflossenen nach dem Mann fürs Leben um. Dabei ist ihr ein netter Nachbar behilflich. Vorhersehbare, spießige Beziehungskomödie ohne Situationskomik und Dialogwitz. Auf der Wortebene spielt der Film mit Anrüchigkeiten, auf der Bildebene bleibt er umso biederer. – Ab 14.
USA 2011 **P** Contrafilm / New Regency Pic. **KI** Twentieth Century Fox **Pd** Beau Flynn, Tripp Vinson **R** Mark Mylod **B** Gabrielle Allan, Jennifer Crittenden **Vo** Karyn Bosnak (Roman *20 Times a Lady / Zwanzig Männer sind genug*) **K** J. Michael Muro (= James Muro) **M** Aaron Zigman **S** Julie Monroe **D** Anna Faris (Ally Darling), Chris Evans (Colin Shea), Ari Graynor (Daisy Darling), Dave Annable (Jake Adams), Joel McHale (Roger the Boss), Ed Begley jr. (Mr. Darling), Blythe Danner (Ava Darling), Oliver Jackson-Cohen (Eddie Vogel), Heather Burns (Eileen), Eliza Coupe (Sheila), Chris Pratt (Donald), Thomas Lennon (Dr. Barrett Ingold), Aziz Ansari (Jay) **L** 102 (DVD 113 = BD 117) **FSK** ab 12; f **E** 29.3.2012 **fd** 40 983

Periferic ☆
PERIFERIC
Eine junge Frau, die eine mehrjährige Haftstrafe abbüßt, nutzt einen Freigang zur Flucht. Bevor sie das Land verlässt, will sie alte Rechnungen begleichen und die Weichen für die Zukunft stellen. Ein dem Realismus verpflichtetes Stationen-Drama, das durch ein postkommunistisches Rumänien führt, dessen Räume und Landschaften abweisend und trist erscheinen und in dem Gewaltstrukturen dominieren, denen sich die «Heldin» mit trotziger Renitenz entgegenstellt. Dank der präzisen Inszenierung und einer ausdrucksstarken Hauptfigur überzeugt der Film als sensible Charakterstudie wie auch als nüchternes Gesellschaftsbild. (O.m.d.U.) – Sehenswert ab 14.
Rumänien/Österreich 2010 **P** Saga Film / Aichholzer Filmprod. **KI** Peripher **Pd** Alexandru Teodorescu, Josef Aichholzer **R** Bogdan George Apetri **B** Bogdan George Apetri, Tudor Voican **K** Marius Panduru **S** Eugen Kelemen **D** Ana Ularu (Matilda), Andi Vasluianu (Andrei), Ioana Flora (Lavinia), Mimi Branescu (Paul), Timotei Duma (Toma) **L** 87 **FSK** – **E** 12.7.2012 / 26.7.2012 Schweiz **fd** 41 154

Perret in Frankreich und Algerien ☆
Weiterer eindrucksvoller Dokumentarfilm von Heinz Emigholz aus seinem Zyklus «Photographie und jenseits», der sich mit Produkten menschlicher Gestaltung befasst. Als zweiter Teil des Unterprogramms «Aufbruch der Moderne» (nach PARABETON – PIER LUIGI NERVI UND RÖMISCHER BETON, 2012) zeigt er die Architektur der Brüder Auguste und Gustave Perret, zu deren Markenzeichen der innovative Umgang mit Beton wurde. Dabei werden die Bauwerke durch die statische Kamera quasi fragmentiert, sodass es der Fantasie des Zuschauers überlassen ist, über das einzelne Filmbild hinaus zu denken. – Sehenswert ab 16.
Deutschland 2012 **P** Filmgalerie 451 / WDR **KI** Filmgalerie 451 **Pd** Frieder Schlaich, Irene von Alberti **R+B** Heinz Emigholz **K** Heinz Emigholz **S** Heinz Emigholz, Till Beckmann **L** 110 **FSK** – **E** 22.11.2012 **fd** 41 409

Pete Smalls is Dead
PETE SMALLS IS DEAD
Ein Möchtegern-Drehbuchautor hofft, durch einen Trip nach Hollywood an Geld für seine Schulden zu kommen, hat ihm doch ein Kumpel 10.000 Dollar geboten, wenn er ihn zum Begräbnis eines Regisseurs begleitet. Doch ist dies alles zu schön, um wahr zu sein. Als Satire getarnter, mäßig lustiger Independent-Film, der allzu geschwätzig die schöne eitle Hollywood-Welt bloßstellen will. – Ab 16.
DVD/BD: Erhältlich als DVD, 2D BD und 2D/3D BD.
3D. USA 2010 **P** Ms. Tangerine Prod. / Pantry Films **DVD** Los Bandidos / Blockbuster Ent. (16:9, 1.78:1, DD5.1 engl./dt.) **BD** Los Bandidos/Blockbuster Ent. (16:9, 1.78:1, dts-HDMA engl./dt.) **Pd** Floyd Byars, Brandon Cole, Paul Hudson, Dan Keston, Jen Li, Alexandre Rockwell, Sean-Michael Smith, Hilary Stabb **R** Alexandre Rockwell **B** Brandon Cole, Alexandre Rockwell **K** Kai Orion **M** Mader **S** Jarrah Gurrie, Josiah Signor **D** Peter Dinklage (K.C.), Mark Boone jr. (Jack), Todd Barry (Bob Winters), Tim Roth (Pete Smalls), Lena Headey (Shannah), Steve Buscemi (Bernie Lake), Michael Lerner (Leonard Proval), Peter O'Leary (Bill) **L** 95 **FSK** ab 12 **E** 6.7.2012 DVD & BD **fd** –

Die Pfandleiher
In drei Leihhäusern in München, Mannheim und dem mittelfränkischen Dietenhofen boomt das Geschäft vor allem in Zeiten wirtschaftlicher Flaute. Der formal ambitionierte Dokumentarfilm entdeckt Mikrokosmen, in denen sich solche gesellschaftlichen Trends widerspiegeln, jeder Geschäftsvorgang aber auch von einer mehr oder minder existenziellen privaten Situation des Kunden zeugt. Er fragt nach den Eckdaten eines Berufszweigs, dessen Angehörige als Gutachter, Psychologen und Geschäftsleute gefragt sind. – Ab 16.
Deutschland 2010 **P** TAG/TRAUM Filmprod. / HR / ARTE **KI** offen **Pd** Gerd Haag **R+B** Stanislaw Mucha **K** Ines Thomsen **S** Rune Schweitzer **L** 80 **E** 22.11.2012 arte **fd** –

Pfarrer Braun: Ausgegeigt!
Ein Bischof verleiht eine kostbare Stradivari aus Kirchenbesitz an eine aufstrebende Geigenvirtuosin. Als das Instrument gestohlen wird, soll Pfarrer Braun ermitteln. In der Geigenbauerstadt Mittenwald stößt er auf Unstimmigkeiten und wird bald mit mehreren Morden konfrontiert. Behäbiger, anspruchslos unterhaltender (Fernsehserien-)Krimi als 21. Fall des «kriminalisierenden» Pfarrers, der den Täter erneut mit Seelenruhe und Mutterwitz aufspürt. – Ab 12.
Deutschland 2012 **P** Polyphon (für ARD Degeto) **DVD** More Music&Media (16:9, 1.78:1, DD2.0 dt.) **Pd** Susanne Ottersbach-Flimm **R** Jürgen Bretzinger **B** Cornelia Willinger (= Cornelia Willinger-Zaglmann) **K** Theo Müller **M** Klaus Doldinger, Martin Böttcher **D** Ottfried Fischer (Pfarrer Braun), Gundi Ellert (Haushälterin Imge Haller), Antonio Wannek (Armin Knopp), Peter Heinrich Brix (Kommissar Geiger), Gilbert von Sohlern (Priest Mühlich), Hans-Michael Rehberg (Bischof Hemmelrath), Felix Hellmann (Franz Trenkwalder),

Sólveig Arnarsdóttir (Bridget Murrag) **L** 88 **FSK** ab 6 **E** 10.5.2012 ARD & ORF 2 / 7.9.2012 DVD **fd** –

Der Pflichtverteidiger
COMMIS D'OFFICE

Ein gutmütiger Anwalt, der meistens kleine Gauner verteidigt, wird von einen erfolgreichen Kollegen angeworben. Für eine stattliche Summe Geld soll er als Doppelgänger für einen Verbrecher ins Gefängnis gehen. Erstlingsfilm, der mit Sarkasmus und schwarzem Humor die Profitgier ihres Berufsstands beschreibt. – Ab 16.
Frankreich 2009 **P** Dolce Vita Films / arte / Bac Films / Rhône-Alpes Cinéma **KI** offen **Pd** Marc Irmer, Nathalie Irmer **R+B** Hannelore Cayre **K** Benoît Chamaillard **M** Charlie Nguyen Kim **S** Lisa Pfeiffer **D** Roschdy Zem (Antoine Lahoud), Jean-Philippe Écoffey (Henry Marsac), Sophie Guillemin (Garance Leclarc), Mathias Mlekuz (Bertrand), Jean-Pierre Martins (Barsamian), Robert Chartier (Sellem), Pierre Londiche (Maitre Le Peltier Pouchard), Toni Hristoff (Dostom) **L** 87 **E** 12.12.2012 arte **fd** –

Phase 7
FASE 7

Ein junges Ehepaar sitzt in seiner Wohnung in einem hermetisch abgeriegelten Hochhaus, in dem Behörden ein Virus entdeckt haben. Den Alleingelassenen schwant Böses, denn nicht alle Nachbarn nehmen die Quarantäne mit Humor. Passabler Thriller mit komödiantischen Spitzen, der gängige Prämissen aus diversen Outbreak-Horrorfilmen bemüht und dabei nicht ungeschickt die thematisierte Klaustrophobie visualisiert. – Ab 16.
DVD/BD: Die Extras umfassen u.a. ein Feature mit im Film nicht enthaltenen Szenen (8 Min.).
Scope. Argentinien 2011 **P** Aeroplano Cine **DVD** Koch (16:9, 2.35:1, DD5.1 span./dt., dts dt.) **BD** Koch (16:9, 2.35:1, dts-HDMA span./dt.) **Pd** Sebastian Aloi **R+B** Nicolás Goldbart **K** Lucio Bonelli **M** Guillermo Guareschi **S** Pablo Barbieri Carrera, Nicolás Goldbart **D** Daniel Hendler (Coco), Jazmín Stuart (Pipi), Yayo Guridi (Horacio), Federico Luppi (Zanutto), Carlos Bermejo (Guglierini), Abian Vainstein (Lange), Gonzalo Urtizberéa **L** 93 **FSK** ab 16 **E** 25.5.2012 DVD & BD **fd** –

Das Philadelphia Experiment – Reactivated
THE PHILADELPHIA EXPERIMENT – REACTIVATED

Schon einmal, und zwar im Zweiten Weltkrieg, misslang das Experiment, Kriegsschiffe unsichtbar zu machen. Mit der Wiederaufnahme des Projekts 70 Jahre später erscheint nicht nur der verloren geglaubte Zerstörer, der seinerzeit Objekt des «Philadelphia Experiments» war, auf der Bildfläche, er verändert auch die Menschen in seiner Nähe auf ungute Weise. Behäbiges Science-Fiction-Katastrophenspektakel, das sich lose an die Filme von 1984 und 1993 hängt, um eine Qualität zu suggerieren, die es nicht hat. – Ab 14.
Kanada 2012 **P** Rainbow Pic. **DVD** Sunfilm (16:9; 1.78:1, DD5.1 engl./dt., dts dt.) **BD** Sunfilm (16:9, 1.78:1, dts-HDMA7.1 engl./dt.) **Pd** John Prince **R** Paul Ziller **B** Andy Briggs **K** Michael C. Blundell **M** Michael Neilson **S** Christopher A. Smith **D** Nicholas Lea (Bill Gardener), Ryan Robbins (Richard Falkner), Gina Holden (Katheryn Moore), Malcolm McDowell (Morton Salinger), Michael Paré (Hagan), John Reardon (Carl Reed), Emilie Ullerup (Molly Gardener), Marsha Regis (Ramey) **L** 85 **FSK** ab 12 **E** 6.12.2012 DVD & BD **fd** –

Phoebe im Wunderland
PHOEBE IN WONDERLAND

Ein aufgewecktes, unangepasstes neunjähriges Mädchen ist in seinem Element, als ihm seine Lehrerin die Hauptrolle in *Alice im Wunderland* verspricht. Es denkt sich in die Rolle hinein und lotet auch die düsteren Seiten des Buchs aus, womit es auf viel Unverständnis stösst. Bemerkenswerter Jugendfilm mit überzeugenden Darstellern, der Lewis Carrolls Klassiker reizvoll spiegelt; einige Holprigkeiten des Drehbuchs werden durch stimmige Dialoge mehr als wettgemacht. – Ab 12.
DVD/BD: Die FSK-Freigabe «ab 12» der DVD/BD bezieht sich auf das Bonusmaterial (Trailer etc.), der Film selbst hat eine Freigabe «ab 6».
USA 2008 **P** Silverwood Films **DVD** Great Movies (16:9, 1.78:1, DD5.1 engl./dt.) **BD** Great Movies (16:9, 1.78:1, dts-HD engl./dt.) **Pd** Ben Barnz, Lynette Howell, George Paaswell **R+B** Daniel Barnz **K** Bobby Bukowski **M** Christophe Beck **S** Robert Hoff-

man **D** Elle Fanning (Phoebe Lichten), Felicity Huffman (Hillarty Lichten), Bill Pullman (Peter Lichten), Patricia Clarkson (Miss Dodger), Campbell Scott (Rektor Davis), Ian Colletti (Jamie), Bailee Madison (Olivia Lichten), Peter Gerety (Dr. Miles/Humpty Dumpty) **L** 96 **FSK** ab 6 **E** 19.1.2012 DVD & BD **fd** –

Pieta ☆
PIETA

Ein junger Mann arbeitet als Geldeintreiber und verstümmelt oder verkrüppelt die Schuldner seines Auftraggebers, wenn sie nicht rechtzeitig zahlen. Seinen brutalen Abwehr-Mechanismen zum Trotz drängt sich eine ältere Frau in sein Leben, die sich als seine Mutter ausgibt. Allmählich stellt sich eine Nähe zwischen den beiden her; dann aber verschwindet die Frau, offensichtlich entführt von einem ehemaligen Opfer des Sohns. Zwischen realistischer, systemkritischer Milieuschilderung und spannender Gangstergeschichte entwirft der Film mit schonungslosem Blick auf die Leiden, die Menschen einander zufügen, ein zutiefst pessimistisches Bild kapitalistischer Ausbeutungsstrukturen, die selbst die existenziell menschlichen Beziehungen korrumpieren und vergiften. – Sehenswert ab 16.
Südkorea 2012 **P** Good Film / Finecut **KI** MFA+ **Pd** Kim Soon-mo **R+B** Kim Ki-duk **K** Jo Yeong-jik **M** Park In-young **S** Kim Ki-duk **D** Lee Jeong-jin (Lee Kang-do), Cho Min-soo (Jang Mi-sun), Woo Gi-hong, Kang Eun-jin, Jo Jae-ryong, Lee Myung-ja, Heo Joon-seok **L** 107 104 **FSK** ab 16; f **E** 8.11.2012 **fd** 41 363

Pink Floyd – Behind the Wall
PINK FLOYD: BEHIND THE WALL

(Fernseh-)Dokumentation über die englische «Super-Group» Pink Floyd, diesichvoneinerInsider-bisUndergroundband zum weltweiten Publikumsmagneten entwickelte. Der Schwerpunkt des Films liegt auf der Zeit des «Swinging London», die durch Musik-Experimente und Drogen-Exzesse geprägt war; zudem beschreibt er die Höhen und Tiefen der Gruppe, die grossen Erfolge in den 1970er-Jahren sowie die Arbeit an Filmen wie PINK FLOYD IN POMPEJI und THE WALL. – Ab 12.
Grossbritannien 2011 **DVD** I-On New Media/WVG Medien (Widescreen

1.78:1 – anamorph; Dolby Digital 5.1 dt./engl.) **Pd+R+B** Sonia Anderson **M** Steve McNerney **S** Sam Tollitt **L** 79 **FSK** ab 6 **E** 29.6.2012 DVD & BD / 26.8.2012 arte **fd** –

Piranha 2
PIRANHA 3DD
Einige prähistorische Piranhas haben das Massaker am Lake Victoria im Film PIRANHA 3D in den Abwasserkanälen überlebt. Nun treiben sie in das Becken des frisch eröffneten Fun Park «Big Wet», um möglichst viele schönheitsoperierte «Hardbodies» entzwei zu beißen. Ironiefreier, penetrant auf «cool» getrimmter Tierhorror, inszeniert als sexistischer 3D-Spaßfilm.
DVD/BD: Erhältlich als DVD und 2D/3D BD. Die Extras umfassen u.a. einen Audiokommentar des Regisseurs sowie ein Feature mit drei im Film nicht verwendeten Szenen (2:30 Min.).
3D. USA 2011 **P** Dimension Films / IPW / Mark Canton Prod. **DVD** Sunfilm (16:9, 1.85:1, DD5.1 engl./dt., dts dt.) **BD** Sunfilm (16:9, 1.85:1, dts-HD-MA7.1 engl./dt.) **Pd** Mark Canton, Joel Soisson, Marc Toberoff, Peter Goldfinger, Josh Stolberg **R** John Gulager **B** Patrick Melton, Marcus Dunstan, Joel Soisson **K** Alexandre Lehmann **M** Elia Cmiral **S** Martin Bernfeld, Devin C. Lussier, Kirk Morri (= Kirk M. Morri) **D** Chris Zylka (Kyle), Danielle Panabaker (Maddy), Matt Bush (Barry), Katrina Bowden (Shelby), Christopher Lloyd (Mr. Goodman), Jean-Luc Bilodeau (Josh), David Koechner (Chet), Adrian Martinez (Big Dave) **L** 79 **FSK** ab 18 **E** 13.9.2012 DVD & BD **fd** –

Die Piraten – Ein Haufen merkwürdiger Typen ☆
THE PIRATES! BAND OF MISFITS (3D)
Ein Piratenkapitän will mit seiner eher skurrilen als schrecklichen Crew am Wettbewerb «Pirat des Jahres» teilnehmen, obwohl seine bisherige Kaper-Bilanz höchst kläglich ist. Die Piraten begegnen dem Wissenschaftler Charles Darwin, der ihnen offenbart, dass sie mit dem geliebten Dodo des Kapitäns eine prähistorische Rarität an Bord haben, mit der sich in London ein hoher Gewinn erzielen ließe; dieser erweist sich freilich als rein wissenschaftlich-idealer Natur und liefert sie den Attacken der englischen Königin und ihren makabren «Gelüsten» aus. Turbulenter Animationsspaß mit herrlich schrägen Charakteren und skurrilen Einfällen. Der Film aus der kreativen Knetfigur-Animationsschmiede Aardman nutzt souverän die Verbindung der «hauseigenen» Tradition mit digitaler Animationstechnik für eine stimmungsvolle, detailreiche Reise durch Räume, Kulissen und Personen des 19. Jahrhunderts. – Sehenswert ab 10.
3D. Großbritannien/USA 2011 **P** Aardman Animations / Sony Pic. Animation **KI** Sony **Pd** Julie Lockhart, Peter Lord, David Sproxton **R** Peter Lord, Jeff Newitt (Co-Regie) **B** Gideon Defoe **Vo** Gideon Defoe (Buch *Piraten – Ein Haufen merkwürdiger Typen / The Pirates! Band of Misfits*) **K** Frank Passingham **M** Theodore Shapiro **L** 88 **FSK** o.A.; f **E** 29.3.2012 **fd** 40 995

Pitch Perfect
PITCH PERFECT
Eine junge Frau lässt sich ihrem Vater zuliebe darauf ein, ein Jahr am College zu verbringen, wo sie rasch Anschluss an eine Frauen-A-Capella-Gruppe voller schräger, sympathischer Mitsängerinnen findet. Die Mädchen raufen sich zusammen, um bei der anstehenden Meisterschaft die männliche Konkurrenz aus dem Feld zu räumen. High-School-Musical-Film, der die konventionelle Handlung mit einer Dosis derben Humors anreichert, die aber immer zündet, ihm aber doch einen sperrigen Charme verleiht. – Ab 14.
USA 2012 **P** Brownstone Prod. / Gold Circle Films **KI** Universal **Pd** Paul Brooks, Max Handelman, Elizabeth Banks, Jeff Levine **R** Jason Moore **B** Kay Cannon **Vo** Mickey Rapkin (Buch *Pitch Perfect*) **K** Julio Macat **M** Christophe Beck, Mark Kilian **S** Lisa Zeno Churgin **D** Anna Kendrick (Beca), Skylar Astin (Jesse), Ben Platt (Benji), Brittany Snow (Chloe), Anna Camp (Aubrey), Rebel Wilson (Fat Amy), Alexis Knapp (Stacie), Ester Dean (Cynthia Rose), Hana Mae Lee (Lilly), Kelley Alice Jakle (Jessica) **L** 112 (24 B./sec)/108 (25 B./sec.) **FSK** o.A.; f **E** 20.12.2012 **fd** 41 465

Planet der Monster
FEROCIOUS PLANET
Kurz bevor man ihm die Mittel streicht, entdeckt ein Forscherteam die Möglichkeit, in andere Dimensionen zu reisen, wobei es weniger neue Energiequellen entdeckt als urzeitliche Aliens. Für den schnellen (Fernseh-)Konsum hergestellter Science-Fiction-Horrorfilm der billigeren Machart, der eklatante handwerkliche und kreative Lücken aufweist.
USA 2011 **P** Parallel Film Prod. / RHI Entertainment / Syfy **DVD** Splendid (16:9, 1.78:1, DD5.1 engl./dt.) **BD** Splendid (16:9, 1.78:1, dts-HD engl./dt.) **Pd** Adrian Sturges **R** Billy O'Brien **B** Douglas G. Davis **K** Peter Robertson **M** Ray Harman **S** Grainne Gavigan **D** Joe Flanigan (Colonel Sam Synn), John Rhys-Davies (Senator Jackson Crenshaw), Catherine Walker (Dr. Karen Fast), Dagmar Döring (Dr. Jillian O'Hara), Robert Soohan (Brian Murphy), Yare Michael Jegbefume (Lieutenant Rivers), Chris Newman (Pvt. Jordan Reid), Shashi Rami (Al Icia) **L** 88 **FSK** ab 16 **E** 14.12.2012 DVD & BD **fd** –

Playback
PLAYBACK
Die Geister eines Massenmords holen 15 Jahre nach begangener Tat die Teilnehmer eines Schulprojekts ein, das sich mit den mysteriösen Vorkommnissen von einst beschäftigt. Ist der Täter ein Trittbrettfahrer oder haben die neuen Morde unmittelbar etwas mit dem damaligen Massaker zu tun? Biederer Horrorthriller, der mit den Versatzstücken des Genres hantiert, ohne dass der geringste Nervenkitzel entstünde.
USA 2012 **P** Fontenay Films / Bennett-Robbins Prod. **DVD** Senator/Universum (16:9, 1.78:1, DD5.1 engl./dt.) **BD** Senator/Universum (16:9, 1.78:1, dts-HDMA engl./dt.) **Pd** John Michael Bennett, Randall Emmett, George Furla, Lawrence Robbins, Ryan Dadd, Stephen Murray **R+B** Michael A. Nickles **K** Mark Petersen **M** Woody Pak **S** Ellen Goldwasser **D** Johnny Pacar (Julien Miller), Toby Hemingway (Quinn), Ambyr Childers (Riley), Jennifer Missoni (DeeDee Baker), Jonathan Keltz (Nate), Alessandra Torresani (Brianna Baker), Christian Slater (Frank Lyons), Mark Metcalf (Chris Safford) **L** 94 **FSK** ab 18 **E** 11.7.2012 DVD & BD **fd** –

Plötzlich 70!
Eine quirlige Designerin vernachlässigt ihren Geliebten und verliert ihn nach einem Streit. Sie klagt ihren

Kummer ihrer thailändischen Masseurin, die die junge Frau in eine 70-Jährige verwandelt, die sich Zeit für sich und ihr Leben nehmen kann. Seichte (Fernseh-)Variante gängiger «Vice Versa»-Komödien. – Ab 12.
Deutschland 2011 **P** Wiedemann & Berg Television **KI** offen **Pd** Quirin Berg, Patrick Noel Simon, Max Wiedemann **R** Matthias Steurer **B** Daniel Scotti-Rosin **K** Michael Boxrucker **M** Thomas Klemm **D** Yvonne Catterfeld (Melanie Müller), Steffen Groth (Mark), Ursula Monn (Ingrid Müller), Julia Malik (Sarah), Siegfried Terpoorten (Holger), Soogi Kanbg (Frau Chao), Holger Kunkel (Jochen Kleinschmidt) **L** 88 **E** 7.2.2012 SAT.1 **fd –**

Point Blank – Aus kurzer Distanz
A BOUT PORTANT

Ein Krankenpfleger weiß nicht, wie ihm geschieht: Erst wird er gezwungen, auf seiner Station einem Gangster zur Flucht zu verhelfen, dann sieht er sich im Kreuzfeuer zweier Polizeieinheiten, von denen eine am liebsten alle Zeugen eliminieren würde, weil sie selbst in den Fall verwickelt ist. Spannender, wenn auch leicht chaotischer Gangsterkrimi, in dem sich ein Normalbürger zum Helden aufschwingt.
DVD/BD: Die Extras umfassen u. a. ein ausführliches «Making of» (50 Min.).
Scope. Frankreich 2010 **P** LGM Films / Gaumont / TF 1 Films / K.R. Prod. **DVD** Koch (16:9, 2.35:1, DD5.1 frz./dt., dts dt.) **BD** Koch (16:9, 2.35:1, dts-HDMA frz./dt.) **Pd** Cyril Colbeau-Justin, Jean-Baptiste Dupont, Jeremy Burdek, Serge de Poucques, Sylvain Goldberg, Nadia Khamlichi, Adrian Politowski, Gilles Waterkeyn **R** Fred Cavayé **B** Fred Cavayé, Guillaume Lemans **K** Alain Duplantier **M** Klaus Badelt **S** Benjamin Weill **D** Gilles Lellouche (Samuel Pierret), Roschdy Zem (Hugo Sartet), Gérard Lanvin (Kommandant Patrick Werner), Elena Anaya (Nadia Pierret), Mireille Perrier (Kommandantin Fabre), Claire Pérot (Kapitän Susini), Moussa Maaskri (Kapitän Vogel), Pierre Benoist (Kapitän Mercier) **L** 81 **FSK** ab 16 **E** 20.4.2012 DVD & BD **fd –**

Poison Ivy: The Secret Society
POISON IVY: THE SECRET SOCIETY

Ein naives «Mädchen vom Lande» schreibt sich an einem renommierten College in Neu-England ein und wird dort von den Mitgliedern einer Schwesternschaft umgarnt, die offenbar düstere Geheimnisse hüten. Lahmer, mit Softsex-Einlagen garnierter Thriller.
USA 2008 **P** New Line / Insight Film / Hush Prod. **KI** offen **Pd** Lindsay McAdam, Kim Amott **R** Jason Hreno **B** Liz Maverick, Peter Sullivan, Michael Worth **K** Kamal Derkaoui **M** Kyle Kenneth Batter, Gregory Tripi **S** Asim Nuraney **D** Miriam McDonald (Daisy), Shawna Waldron (Azalea), Ryan Kennedy (Blake), Crystal Lowe (Isabel), Andrea Whitburn (Magenta), Greg Evigan (Andrew), Catherine Hicks (Elisabeth), Brendan Penny (Will), Agam Darshi (Nadia) **L** 82 **E** 19.5.2012 ProSieben **fd –**

Pokémon – Zoroark: Meister der Illusionen
POKEMON – THREE SIDES OF EVERY STORY!

Die Freunde Ash, Rocko und Lucia treffen auf ein kleines Pokémon, das von einem fiesen Widersacher entführt wurde, aber fliehen konnte. Die Drei bieten ihre Hilfe an, weil das Zeitreise-Pokémon immer noch in großer Gefahr ist – ausgerechnet in einer Phase, in der ihre Stadt von feindseligen Pokémons angegriffen wird. Der 13. Ableger der japanischen Trivial-Animationsserie, der in seiner stereotypen Erzählweise allenfalls hartnäckig Interessierte anspricht. – Ab 8.
Japan 2010 **DVD** Universal (16:9, 1.78:1, DD2.0 engl./dt.) **Pd** Susumu Fukunaga, Yukio Kawasaki **R** Kuniniko Yuyama **B** Hideki Sonada **K** Takaya Mizutani **M** Shinji Miyazaki **S** Toshio Henmi **L** 96 **FSK** ab 6 **E** 26.5.2011 DVD / 30.12.2012 RTL 2 **fd –**

Police, adjective
POLITIST, ADJECTIV ☆

Ein rumänischer Polizist soll Beweise gegen einen Jugendlichen sammeln, der angeblich auf dem Schulhof Haschisch raucht, worauf eine mehrjährige Haftstrafe steht. Der Polizist gerät in ein ethisches Dilemma, da der Schüler kein Dealer ist. Der ruhige, meisterhaft entwickelte Film beobachtet präzise Verfolger und Verfolgten und gewinnt aus der Verbindung von klugem Timing und langen Einstellungen ein hohes Spannungspotenzial. Ein Drama über das Verhältnis von Legalität und Legitimität, Gesetz und Gewissen, Recht und Gerechtigkeit, das überdies den mentalen Folgen der Diktatur unter Ceausescu nachspürt. (O.m.d.U.) – Sehenswert ab 16.
Rumänien 2009 **P** 42 km / Periscop / Racova & Raza Studio / HBO Romania / Romanian C.N.C. **KI** Peripher/ Look Now! (Schweiz) **Pd+R+B** Corneliu Porumboiu **K** Marius Panduru **M** Dan Dimitriu **S** Roxana Szel **D** Dragos Bucur (Cristi), Vlad Ivanov (Anghelache), Irina Saulescu (Anca), Ion Stoica (Nelu), Marian Ghenea (Anklagevertreter), Cosmin Selesi (Costi), George Remes (Vali) **L** 115 **FSK** o.A.; f **E** 26.8.2010 Schweiz / 12.1.2012
fd 40 850

Policeman ☆
HA SHOTER

Ein israelischer Polizist, dessen Frau ein Kind erwartet, arbeitet in einer Anti-Terror-Einheit und betrachtet sich selbst als betont maskuliner «Kämpfer» für Israel. Eine Frau aus dem Bürgertum plant zusammen mit Gleichgesinnten eine Aktion, um gegen die krasse soziale Ungerechtigkeit zu protestieren. Anhand dieser beiden Handlungsstränge, die schließlich miteinander kollidieren, entwirft der Film ein spannungsvolles, kluges Porträt der israelischen Gesellschaft, das bewusst den Mythos des eisernen Zusammenhalts unterwandert und anhand einer Beschäftigung mit Männlichkeitsgehabe und Frauenbildern, sozialen Verwerfungen und Ressentiments innere Brüche aufzeigt. (O.m.d.U.) – Sehenswert ab 16.
Israel 2011 **P** Laïla Films / HIT / Rabinovich Film Fund Cinema Project **KI** GMfilms **Pd** Itai Tamir **R+B** Nadav Lapid **K** Shai Goldman **S** Era Lapid **D** Yiftach Klein (Yaron), Yaara Pelzig (Shira), Michael Moshonov (Oded), Menashe Noï (Michael), Michael Aloni (Nathanael), Gal Hoyberger (Ariel), Meital Barda (Nili), Shaul Mizrahi (Hila), Rona-Lee Shimon (Hilas Vater), Ben Adam (Yotam) **L** 112 (24 B./ sec.) / 108 (25 B./sec.) **FSK** ab 16; f **E** 25.10.2012 **fd** 41 351

Pommes essen ☆
Eine alleinerziehende Mutter dreier Mädchen betreibt im Ruhrgebiet recht erfolglos die Imbiss-Bude ihres verstorbenen Vaters, der ihr das Geheimrezept für eine besondere Currywurst-Sauce vererbte. Als sie erschöpft zur

Kur muss, nehmen die drei Schwestern selbstbewusst und engagiert ihren Alltag in die eigenen Hände, was angesichts ihrer unterschiedlichen Träume und Ziele mit manchen Konflikten verbunden ist. Unterhaltsamer, ruhig und entspannt erzählter Familienfilm um drei sympathische Mädchen, dessen wendungsreiche Geschichte spielerisch Themen wie Aufrichtigkeit, Freundschaft und Solidarität anspricht. – Ab 8.
Deutschland 2011 **P** Dagstar*Film / KIOSK Film **KI** farbfilm **Pd** Dagmar Niehage **R** Tina von Traben **B** Tina von Traben, Rüdiger Bertram **K** Ralf M. Mendle **M** Markus Aust, Roman **S** Nicole Kortlüke **D** Luise Risch (Patty Frey), Marlene Risch (Selma Frey), Tabea Willemsen (Lilo Frey), Thekla Carola Wied (Besjana Simicics), Anneke Kim Sarnau (Frieda Frey), Smudo (Walther Frey), Jan Erik Madsen (Norton Jersey), Michael Keseroglu (Önder), Paul Faßnacht (Heinz Prätorius), Gernot Schmidt (Ludwig) **L** 85 (24 B./sec.) / 82 (25 B./sec.) **FSK** o.A.; f **FBW** bw **E** 12.7.2012   **fd** 41 159

Possession – Das Dunkle in dir
THE POSSESSION
Ein Mädchen stößt auf dem Flohmarkt auf eine rätselhafte Kiste, die sein Vater kauft und ins Zimmer der Tochter stellt. Bald bemerkt er, dass mit dem Kind etwas nicht stimmt: Ein Dämon hat von ihm Besitz ergriffen. Der auf den Spuren von DER EXORZIST wandelnde Horrorfilm beeindruckt durch eine eindrucksvolle atmosphärische Kameraarbeit; Handlung und Spannungsdramaturgie reichen indes nie ans Vorbild heran. Der Versuch, den übersinnlichen Ereignissen den Anschein des Realen zu geben, gerät viel zu oberflächlich. – Ab 16.
Scope. USA/Kanada 2012 **P** Ghost House Pic. / North Box Prod. **KI** StudioCanal **Pd** Sam Raimi, Robert Tapert, J.R. Young **R** Ole Bornedal **B** Juliet Snowden, Stiles White **K** Dan Laustsen **M** Anton Sanko **S** Eric L. Beason, Anders Villadsen **D** Jeffrey Dean Morgan (Clyde Brenck), Kyra Sedgwick (Stephanie Brenck), Madison Davenport (Hannah), Natasha Calis (Em), Grant Snow (Brett), Matisyahu (Tzadok), Jay Brazeau (Prof. McMannis) **L** 92 **FSK** ab 16; f **E** 8.11.2012   **fd** 41 370

Der Preis ★
Ein Architekt aus Frankfurt fährt in eine ostdeutsche Kleinstadt nach Thüringen, wo er Plattenbauten modernisieren soll. Es ist zugleich eine Reise in seine Vergangenheit, da er dort aufgewachsen ist. In der Begegnung mit Menschen aus seiner Jugendzeit, insbesondere einer ehemaligen Freundin, wird er mit einer verdrängten Schuld konfrontiert. Das in Rückblenden erzählte Drama zeichnet die DDR als grotesk dahinsiechenden Repressionsapparat, in dem standardisierte Lebensmuster jede freie Entwicklung blockierten. Ein stiller, sehr zurückhaltend inszenierter Film, getragen von guten Darstellern. – Ab 16.
Deutschland 2011 **P** Schiwago Film / SWR **KI** Filmgalerie 451 **Pd** Marcos Kantis, Martin Lehwald, Michael Pokorny **R** Elke Hauck **B** Peggy Lehmann, Elke Hauck **K** Michael Kotschi **S** Stefan Stabenow, Oliver Weiß **D** Florian Panzner (Alexander Beck), Anne Kanis (Nicole), Sven Gielnik (junger Alexander Beck), Vanessa Krüger (junge Nicole), Vincent Krüger (junger Michael), Guntbert Warns (Manfred Lange), Wiebke Bachmann (Jeanette), Anna Willecke (junge Jeanette), Christian Näthe (Udo), Marcel Lucht (junger Udo) **L** 86 **FSK** ab 6; f **FBW** bw **E** 22.3.2012   **fd** 40 958

Premium Rush
PREMIUM RUSH
Ein New Yorker Fahrradkurier gerät in die Fänge einer chinesischen Untergrundorganisation und muss sich vor den Nachstellungen eines korrupten Polizisten retten. Rasant inszenierter und montierter Actionfilm, der seine recht einfach konstruierte Handlung als Gerüst für fulminante physische Action nutzt, die weniger von digitalen Effekten als von bravourösen Stunts lebt. Das genretypische Element der Verfolgungsjagd fokussiert auf den akrobatischen Umgang mit Fahrrädern im Zusammenspiel mit der Stadtlandschaft und dem Verkehrschaos in New York. Geerdet durch gute Darsteller und einen geschickten Umgang mit der erzählten Zeit, bietet der Film temporeiche Unterhaltung. – Ab 14.
Scope. USA 2012 **P** Pariah **KI** Sony **Pd** Gavin Polone **R** David Koepp **B** David Koepp, John Kamps **K** Mitchell Amundsen **M** David Sardy **S** Derek Ambrosi, Jill Savitt **D** Joseph Gordon-Levitt (Wilee), Michael Shannon (Bobby Monday), Dania Ramirez (Vanessa), Jamie Chung (Nima), Sean Kennedy (Marco), Kymberly Perfetto (Polo), Anthony Chisholm (Tito) **L** 91 **FSK** ab 12; f **E** 18.10.2012   **fd** 41 304

Priest of Evil
HARJUNPÄÄ JA PAHAN PAPPI
Seit dem tragischen Tod seiner Tochter ergeht sich ein finnischer Polizist zunehmend in Selbstvorwürfen, was auch die Beziehung zu seiner Frau nicht einfacher macht. Er stürzt sich in die Arbeit an einer bizarren Mordserie, in der vor allem Vorbestrafte zu den Opfern zählen; ohne zu wissen, dass der Täter es bereits auf seine Familie abgesehen hat. Solide, mit Schauwerten produzierter Thriller, der sich ein wenig in seinen vielen ambitioniert gestrickten Handlungsfäden verheddert.
DVD/BD: Die Extras enthalten u. a. ein Feature mit im Film nicht verwendeten Szenen.
Finnland 2010 **P** MRP/YLE **DVD** Ascot/Elite (16:9, 1.85:1, DD5.1 fin./dt., dts dt.) **BD** Ascot/Elite (16:9, 1.85:1, dts-HDMA fin./dt.) **Pd** Ilkka Matila **R** Olli Saarela **B** Leo Viiret **Vo** Matti Yränä Joensuu (Roman *Harjunpää ja pahan pappi*) **K** Rauno Ronkainen **M** Tomi Malm, Jyrki Rahkonen **S** Benjamin Mercer **D** Peter Franzén (Tim Harjunpää), Irina Björklund (Elisa Harjunpää), Sampo Sarkola (Johannes Heino), Tommi Korpela (Kengu), Jenni Banerjee (Onerva Nykänen), Jorma Tommila (Matias Krankke), Ville Virtanen (Inspektor Mäki), Inka Kallén (Jaana Yasin) **L** 101 **FSK** ab 18 **E** 19.11.2012 DVD & BD   **fd** –

Prinz Rama – Im Reich der Mythen und Legenden
RAMAYANA: THE EPIC
Prinz Rama will mit seinen Brüdern Dämonen zur Strecke bringen. Er begegnet Sita, der Tochter des Königs Janaka, deren Hand er erringt, indem er den Bogen des Shiva spannt, wird aber auf Grund einer Intrige in die Verbannung geschickt. Effektvoller Animationsfilm nach dem indischen Nationalepos *Ramayana* (vermutlich vor mehr als 2000 Jahren entstanden). Vor den höchst farbenprächtigen Hintergrund-Illustrationen wirken die Figuren eher farblos und hölzern. – Ab 14.

Scope. Indien 2010 **P** Maya Entertainment **DVD** NewKSM (16:9, 2.35:1, DD5.1 Hindi/dt.) **BD** NewKSM (16:9, 2.35:1, dts-HDMA Hindi/dt.) **Pd** Niraj Bhukanwala, Deepa Sahi, Mukul Goyal, Anish Mehta **R** Chetan Desai **B** Chetan Desai, Riturraj Tripathii **M** Shaarang Dev **S** Sayed Sher Abbas **L** 98 **FSK** ab 12 **E** 13.1.2012 DVD & BD fd –

Die Prinzessin und das Pony
THE PRINCESS AND THE PONY / 1ST FURRY VALENTINE
Aus Sicherheitsgründen muss eine zehnjährige Prinzessin eines noblen Königreichs bei der US-amerikanischen Verwandtschaft unterkommen. Die ist eher handfest, betreibt eine Farm und macht sie mit dem normalen Leben bekannt. Bald schließt die Adelige mit einem Pony Freundschaft, doch ein finsterer Jahrmarktsbesitzer will beide entführen. Naiv-zuckersüße Kinderverdummung, die Vorurteile verfestigt und ein Hohelied auf die Wertigkeit der amerikanischen Provinz anstimmt. – Ab 12.
USA 2011 **P** The Global Asylum **DVD** KSM (16:9, 1.78:1, DD5.1 engl./dt.) **BD** KSM (16:9, 1.78:1, dts-HDMA engl./dt.) **Pd** David Michael Latt, Paul Bales **R** Rachel Goldenberg **B** Rachel Goldenberg, Bill Parker **K** Adam Silver **M** Chris Reinhour **S** Rachel Goldenberg, Bill Parker **D** Fiona Perry (Prinzessin Evelyn Cottington), Bill Oberst jr. (Theodore Snyder), Bobbi Jo Lathan (Tante Fay), Ron Hajak (Lawrence), Aubrey Wakeling (Fernando), Alison Lees-Taylor (Velora), Jonathan Nation (Sheriff Bartelbum), Olivia Stuck (Becky) **L** 87 **FSK** ab 12 **E** 5.4.2012 DVD & BD fd –

Eine Prinzessin zu Weihnachten
A PRINCESS FOR CHRISTMAS / CHRISTMAS AT CASTLEBURY HALL
Zwei verwaiste Kinder, die bei ihrer Tante leben, werden unverhofft von ihrem Großvater zu Weihnachten auf sein Schloss in England eingeladen. Vor Ort müssen sie feststellen, dass sich der alte Mann nichts aus dem Fest macht, weil der Verlust des verstorbenen Sohns zu tief sitzt. Letztlich gelingt es doch, ihn von der immensen Bedeutung des Weihnachtsfests zu überzeugen. In der Hauptrolle prominent besetzter, mit viel Gefühl erzählter Weihnachtsfilm. – Ab 12.

USA 2011 **P** Mediapro Studios / MPCA / Riviera Films **DVD** Koch (16:9, 1.78:1, DD5.1 engl./dt.) **BD** Koch (16:9, 1.78:1, dts-HD engl./dt.) **Pd** Janeen Damian, Michael Damian **R** Michael Damian **B** Janeen Damian, Michael Damian **K** Viorel Sergovici **M** Mark Thomas **S** Seth Flaum **D** Katie McGrath (Jules Daly), Roger Moore (Edward Duke of Castlebury), Sam Heughan (Ashton Prince von Castlebury), Travis Turner (Milo Huntington), Charlotte Salt (Lady Arabella Marchand du Belmont), Leilah de Meza (Maddie Huntington), Miles Richardson (Paisley Winterbottom), Madalina Anea (Abigail), Oxana Moravec (Mrs. Birch) **L** 87 **FSK** o.A. **E** 9.11.2012 DVD & BD / 24.12.2012 VOX fd –

Prison Escape – Der Tunnel der Knochen
EL TUNEL DE LOS HUESOS
Gangster flüchten aus einem alten argentinischen Hochsicherheitsgefängnis, doch der Tunnel, den sie dafür graben, fördert Schreckliches aus der Vergangenheit zutage. Während die Polizei alles vertuschen will, wendet sich die Gangster an die Öffentlichkeit. Solider Ausbruchskrimi, der Elemente des Spannungskinos einsetzt, um die unrühmliche Vergangenheit der argentinischen Militärdiktatur zu thematisieren. – Ab 16.
Argentinien 2011 **P** Lucero Prod. / Peliculas V **DVD** Infopictures (16:9, 2.35:1, DD2.0 span., DD5.1 dt.) **BD** Infopictures (16:9, 2.35:1, dts-HD2.0 span., dts-HD dt.) **R** Nacho Garassino **B** Nacho Garassino, Daniel Martucci, Ricardo Ragendorfer **K** Claudio Beiza **M** Alejandro Iglesias Rossi **S** Diego Bottinelli, Nacho Garassino, Alejandro Soler **D** Raúl Taibo (Vulcano), Daniel Valenzuela (Toro), Luciano Cazaux (Correntino), Jorge Sesán (Periodista), Paco Redondo (Marciano), Germán de Silva (Triple), Martín Scarfi (Novio), Daniel Polo (No Sé) **L** 100 **FSK** ab 12 **E** 18.5.2012 DVD & BD fd –

Prisoners of War
MAI WEI
Im von Japan besetzten Korea werden zwei verfeindete Sportler zu Freunden, doch schicksalhafte Wendungen und der Krieg verhindern ihren möglichen Erfolg im Marathon bei der Olympia-de. Die Folge sind Internierungslager und eine Odyssee durch das zerstörte Europa. Mit immensem Aufwand gestaltetes südkoreanisches Prestige-Produkt, das auf gewaltige Schlachtenszenarien und eine melodramatisch getönte Handlung aufbaut, in der die Menschlichkeit sinnlos an der Kriegsfront geopfert wird. – Ab 16.
Scope. Südkorea 2011 **P** Directors / SK Planet / CJ Entertainment **DVD** Splendid (16:9, 2.35:1, DD5.1 korea. & jap./dt.) **BD** Splendid (16:9, 2.35:1, dts-HD korea. & jap./dt.) **Pd** Jang Je-kyu, Kim Yong-hwa **R** Kang Je-kyu **B** Kang Je-kyu, Kim Byung-in **K** Lee Mo-gae **M** Lee Dong-jun **S** Park Gok-Ji **D** Jang Dong-gun (Kim Jun-shik), Jô Odagiri (Tatsuo), Bingbing Fan (Shirai), Kim In-kwon (Lkee Dong-dae), Han Seung-hyeon, Yang Jin-seok, Do Ji-han, Lee Hee-won **L** 143 **FSK** ab 16 **E** 11.5.2012 DVD & BD fd –

Project X
PROJECT X
Drei ausgesprochen unscheinbare High-School-Schüler wollen ihre Jungfräulichkeit verlieren und ihren «Coolness-Faktor» erhöhen. Sie planen die Party des Jahres, doch das Fest eskaliert auf jede nur denkbare Weise. Pubertäre Komödie im Stil einer live gefilmten Amateur-Dokumentation, was den zotigen Teenie-Klamauk auch nicht auf ein höheres Niveau hievt. – Ab 16.
USA 2012 **P** Green Hat Films / Silver Pic. **KI** Warner Bros. **DVD** Warner (16:9, 1.78:1, DD5.1 engl./dt.) **BD** Warner (16:9, 1.78:1, dts-HDMA engl., DD5.1 dt.) **Pd** Todd Phillips **R** Nima Nourizadeh **B** Matt Drake, Michael Bacall **K** Ken Seng **S** Jeff Groth **D** Thomas Mann (Thomas), Oliver Cooper (Costa), Jonathan Daniel Brown (JB), Dax Flame (Dax), Kirby Bliss Blanton (Kirby), Brady Hender (Everett), Nick Nervies (Tyler), Alexis Knapp (Alexis), Miles Teller (Miles), Peter MacKenzie (Dad), Caitlin Dulany (Mom), Rob Evors (Rob), Rick Shapiro (T-Rick) **L** 88 (DVD 93 = BD 97) **FSK** ab 16; f **E** 3.5.2012 / 7.9.2012 DVD & BD fd 41 033

Project X – Die Party, von der du nicht mal zu träumen wagst
siehe: **Project X**

Prometheus – Dunkle Zeichen
PROMETHEUS
Ein Forscherpaar schließt sich gegen Ende unseres Jahrhunderts einer Weltraum-Expedition an und versucht, dem Rätsel der Schöpfung näher zu kommen. Dazu breitet der Science-Fiction-Film einen auf zahllose Vorbilder verweisenden fantastischen Entwurf allen Werdens und Vergehens aus. Regisseur Ridley Scott knüpft an Motive aus seinem Film ALIEN (1979) an und versetzt mit verblüffenden Ideen und visionären Set-Designs in Staunen, während die Handlung zunehmend den Klischees des genreüblichen Horrorfilms verfällt. Die meisten Figuren bleiben blutleer, und der Dialog steht mit seiner auf bloße Worthülsen reduzierten Pseudo-Metaphysik der angestrebten Tiefgründigkeit und dem Genuss der großartigen optischen Schauwerte im Weg. – Ab 16.
DVD/BD: Die Extras der DVD enthalten u. a. ein Feature mit fünf so im Film nicht verwendeten Szenen (10 Min.).
Die Extras der BD (2D) umfassen u. a. einen dt. untertitelbaren Audiokommentar des Regisseurs sowie einen Audiokommentar mit den Drehbuchautoren John Spaihts und Damon Lindelof sowie ein gegenüber der DVD erweitertes Feature mit 14 so im Film nicht verwendeten Szenen (37 Min.).
Mustergültig ist indes das Bonusmaterial der «4-Disc Collector's Edition» (3D), die eine Disk mit der brillanten Dokumentation «Die Entstehung von PROMETHEUS – DUNKLE ZEICHEN» (221 Min.) enthält, die keine Fragen zur Genese des Films offen lässt. Des Weiteren ist hier ein sog. «Produktions-Archiv» mit mehreren tausend Bildern, Prävisualisierungen (26 Min.) und Screentests (21 Min.) enthalten.
Die 3-Disk Steel Box (3D) ist mit der «4-Disc Collector's Edition» vom Bonusmaterial her gesehen vergleichbar. Ihr fehlt lediglich eine zusätzliche DVD mit dem Hauptfilm.
Beide 3D-Editionen sind mit dem **Silberling 2012** ausgezeichnet.
3D. Scope. USA 2012 **P** Brandywine Prod. / Dune Ent. / Scott Free Prod. **KI** Twentieth Century Fox **DVD** Fox (16:9, 2.35:1, DD5.1 engl./dt.) **BD** Fox (16:9, 2.35:1, dts-HDMA7.1 engl., dts dt.) **Pd** David Giler, Walter Hill, Ridley Scott, Tony Scott, Nikolas Korda **R** Ridley Scott **B** Jon Spaihts, Damon Lindelof **K** Dariusz Wolski **M** Marc Streitenfeld **S** Pietro Scalia **D** Noomi Rapace (Elizabeth Shaw), Michael Fassbender (David), Charlize Theron (Meredith Vickers), Idris Elba (Janek), Guy Pearce (Peter Weyland), Logan Marshall-Green (Charlie Holloway), Sean Harris (Fifield), Rafe Spall (Millburn), Emun Elliott (Chance), Benedict Wong (Ravel), Kate Dickie (Ford) **L** 124 (24 B./sec.) / 120 (25 B./sec.) **FSK** ab 16; f **FBW** w **E** 9.8.2012 / 7.12.2012 DVD & BD   **fd** 41 192

Prometheus Trap
PROMETHEUS TRAP
Die Erde befindet sich im intergalaktischen Krieg. Als der Funkkontakt zum Frachter «Prometheus» abbricht, soll die Besatzung eines Raumschiffs die mysteriösen Umstände klären; sie stößt auf Feinde, die dort eine Waffe verstecken, die das Ende der Welt bedeuten könnte. Preisgünstig produziertes KRIEG DER STERNE-Spiel auf Schultheater-Niveau, das die Dunkelheit im Weltall nutzt, um seine billigen Effekte zu kaschieren. – Ab 14.
DVD/BD: Die FSK-Freigabe «ab 18» der DVD/BD bezieht sich auf das Bonusmaterial (Trailer etc.), der Film selbst hat eine Freigabe «ab 12».
USA 2012 **P** Pandora Machine **DVD** dtp/Great Movies (16:9, 1.78:1, DD5.1 engl./dt.) **BD** dtp/Great Movies (16:9, 1.78:1, dts-HD engl./dt.) **Pd** Laura Schlachtmeyer, Rebecca Kush **R** Andrew Bellware **B** Stephen J. Niles **S** Rebecca Kush **D** Michael Shattner (Finn), Rebecca Kush (Haskin), Andrew J. Langton (Rhodes), James Edward Becton (Cornell), Kate Britton (Trent), Sarah-Doe Osborne (Artemis) **L** 96 **FSK** ab 12 **E** 6.12.2012 DVD & BD   **fd** –

Propaganda, Hass, Mord – Die Geschichte des rechten Terrors in Europa
(Fernseh-)Dokumentation über die Strategien rechtsterroristischer Organisationen, die europaweit antreten, um Rechtsstaat und Demokratie auszuhebeln. Deutlich wird, dass der Kampf gegen rechtsstaatliche Strukturen bis weit in die 1960er-Jahren zurückreicht und in Europa bereits seit geraumer Zeit rechtsterroristische Netzwerke existieren.
Deutschland 2012 **P** MDR **KI** offen **R+B** Rainer Fromm, Rolf-Axel Kriszun **L** 60 (Kurzfassung 45) **E** 26.3.2012 ARD (Kurzfassung) / 13.11.2012 arte   **fd** –

Pumping Ercan   ★
Der 40-jährige deutsch-türkische Bodybuilder und einstige Vizeweltmeister Ercan Demir bereitet sich auf die Senioren-Weltmeisterschaft vor. Der Dokumentarfilm beobachtet die Vorbereitungen und die Aufbaukämpfe im Lauf eines Jahres und zeigt die Plackerei des stoischen Mannes, der mit aller Härte und Entschlossenheit trainiert. Er gewährt erhellende Einblicke in eine sportliche Subkultur und zeichnet dabei auch ein interessantes Bild einer deutsch-türkischen Lebensrealität. – Ab 14.
Deutschland/Türkei 2011 **P** Michael Reithmeier Prod. / BR **DVD** Turbine Medien (16:9, 1.78:1, DD2.0 dt.) **Pd+R+B** Michael Reithmeier, Peter Künzel, Frank Müller **K** Michael Reithmeier **M** Manuel Winbeck **S** Frank J. Müller **L** 88 **FSK** o.A. **E** 8.5.2012 Bayern 3 / 30.11.2012 DVD   **fd** –

Die Puppe   ☆
Ein junger Mann wird von seinem reichen Onkel zur Heirat gedrängt. Da er mit Frauen nur wenig anzufangen weiß, flüchtet er in ein Kloster, dessen Mönche in Saus und Braus leben und die ihren Lebensstandard dadurch aufrecht erhalten wollen, dass sie ihren Gast zum Schein mit einer Puppe verheiraten, um die Mitgift einzustreichen. Als die bei einem Puppenmacher in Auftrag gegebene Kunstfrau bei der Auslieferung zerstört wird, springt dessen Tochter ein, in die sich der junge Mann verliebt. Hoch amüsante Stummfilm-Komödie in viragierter und restaurierter Fassung, unterlegt mit neuer Musik. Deutlich ist bereits die erzählerische Leichtigkeit von Ernst Lubitsch zu erkennen, der ein ausgeklügeltes Spiel mit Schein und Sein treibt. – Sehenswert ab 12.
DVD/BD: In Deutschland bislang zwar nicht auf DVD erhältlich, wohl aber als GB-Import. Diese DVD-Box: «Lubitsch in Berlin» enthält die Lubitsch-Stummfilme: ICH MÖCHTE KEIN MANN SEIN, DIE PUPPE, DIE AUSTERNPRINZESSIN, SUMURUN, ANNA BOLEYN und DIE BERGKATZE sowie die sehenswerte Dokumentation «Ernst

Lubitsch in Berlin – Von der Schönhauser Allee nach Hollywood» (110 Min.) von Robert Fischer aus dem Jahr 2006. Schwarz-weiß. Deutschland 1919 **P** Projektions-AG/Union **DVD** Eureka (FF, Mono) **Pd** Max Davidson **R** Ernst Lubitsch **B** Hanns Kräly, Ernst Lubitsch **K** Theodor Sparkuhl **M** Martin Smolka **S** Theodor Sparkuhl **D** Viktor Janson (Hilarius), Ossi Oswalda (Ossi), Hermann Thimig (Lancelot), Jakob Tiedtke (Abt), Gerhard Ritterband (Lehrling), Max Kronert (Baron de Chanterelle) **L** 66 **FSK** ungeprüft **E** 25.1.2010 DVD (GB) / 31.1.2012 arte **fd** –

Puppe, Icke & der Dicke
Ein kleinwüchsiger Berliner Kurierfahrer mit großspurigem Mundwerk bekommt die Kündigung und beschließt, seine letzte Fuhre auf eigene Rechnung in Paris zu verscherbeln. In einem übergewichtigen Riesen und einer blinden Französin auf der Suche nach einem verschwundenen Berliner Liebhaber findet er für die Rückreise zwei Gefährten, mit denen er viel Kurioses erlebt. Das skurrile Road Movie um Außenseiter und Lebenskünstler bewegt sich dramaturgisch und inszenatorisch auf ausgetretenen Pfaden. Es landet zwar einige Lacher, begräbt sie aber unter einer atemlos abgespulten Reihe mäßiger Gags. – Ab 12. Deutschland 2011 **P** strangenough pic. / One Two Films / ZDF (Das kleine Fernsehspiel) **KI** drei-freunde **Pd** Marcus Forchner, Felix Stienz, Jamila Wenske, Sol Bondy **R+B** Felix Stienz **K** Markus Förderer, Lynne Linder **M** Fabian Nervous Zenker, Mareike Hube **S** Felix Sienz **D** Tobi B. (Bomber), Stephanie Capetanides (Europe), Matthias Scheuring (Bruno), Matthias Hinz (Matthias), Vivien Bullert (Vivien), Nadia Kibout (Eva), Heiko Pinkowski, Karoline Schuch, Alice Dwyer, Jasin Challah **L** 90 (24 B./sec.) / 87 (25 B./sec.) **FSK** ab 6; f **E** 22.11.2012 **fd** 41 408

Pusher
PUSHER
Ein unbedarfter Drogendealer strebt eine allzu steile Karriere an, verzockt sich, hintergeht seine Lieben und macht sich seine gewaltbereiten Geldgeber zu Todfeinden. Remake des gleichnamigen Erstlingsfilms von Nicolas Winding Refn aus dem Jahr 1986. Dabei gehen dem eher hochglänzenden, mit Äußerlichkeiten protzenden Action-Drama Charme und Realismus verloren.
DVD/BD: Erhältlich als DVD, 2D BD und 2D/3D BD.
3D. Scope. Großbritannien 2012 **P** Vertigo Films / Embargo Films **DVD** Sunfilm (16:9, 2.35:1, DD5.1 engl./dt., dts dt.) **BD** Sunfilm (16:9, 2.35:1, dts-HDMA7.1 engl./dt.) **Pd** Rupert Preston, Christopher Simon, Felix Vossen, Huberta Von Liel **R** Luis Prieto **B** Matthew Read **K** Simon Dennis **M** Paul Hartnoll, Phil Hartnoll, Orbital **S** Kim Gaster **L** 88 **FSK** ab 18 **E** 8.11.2012 DVD& BD **fd** –

Putins Kuss ★
PUTINS KYS
Dokumentarfilm über eine junge Frau, die bekannt wird, als sie im Alter von 15 Jahren bei einer Propaganda-Veranstaltung den russischen Präsidenten auf die Wange küsst. Sie macht als Mitglied der nationalistischen Jugendorganisation «Nashi» Karriere, lernt dann aber als 19-Jährige einen regierungskritischen Blogger und dessen Freunde kennen, die «Nashi» für gewalttätige Übergriffe auf kritische Geister verantwortlich macht. Den Abnabelungsprozess der jungen Frau nimmt der Film zum Anlass, Macht und Methoden von «Nashi» sowie deren Bedeutung in einem zunehmend antidemokratischen Russland zu analysieren. – Ab 16.
Dänemark/Deutschland 2012 **P** Monday Prod. / Made in Copenhagen / Kloos & Co. Medien **KI** offen **Pd** Helle Faber **R+B** Lise Birk Pedersen **K** Lars Skree **M** Tobias Hylander **S** Janus Billeskov Jansen, Steen Johannessen **L** 59 **E** 20.9.2012 arte **fd** –

DIE QUAL DER WAHL (Warner Bros.)

Die Qual der Wahl
THE CAMPAIGN
Für die Wahlen zum US-Kongress schicken zwei Millionäre in North Carolina einen naiven Gegenkandidaten gegen den Amtsinhaber ins Rennen. Es entbrennt eine Schlammschlacht, bei der sich die Kandidaten mit allen erdenklichen Mitteln beharken. Eine bitterböse, mitunter durchaus grenzwertige Satire, die politisches Machtstreben hemmungslos überzeichnet, um die egoistischen Motive der Akteure bloßzulegen. Höchst unterhaltsam ist der Film nicht zuletzt wegen seiner beabsichtigten Anspielungen auf reale US-Politiker. – Ab 16.
USA 2012 **P** Everyman Pic. / Gary Sanchez Prod. **Kl** Warner Bros. **Pd** Jay Roach, Will Ferrell, Adam McKay, Zach Galifianakis **R** Jay Roach **B** Shawn Harwell, Chris Henchy **K** Jim Denault **M** Theodore Shapiro **S** Craig Alpert, Jon Poll **D** Will Ferrell (Cam Brady), Zach Galifianakis (Marty Huggins), Jason Sudeikis (Mitch), Dylan McDermott (Tim Wattley), Katherine LaNasa (Rose Brady), Sarah Baker (Mitzi Huggins), John Lithgow (Glenn Motch), Dan Aykroyd (Wade Motch), Brian Cox (Raymond Huggins) **L** 85 **FSK** ab 12; f **E** 4.10.2012

fd 41 322

REVISION (Real Fiction)

R.I.F. – Ich werde dich finden
R.I.F (RECHERCHES DANS L'INTERNET DES FAMILLES)
Als die Frau eines Polizisten in beruflichen und ehelichen Problemen während der Fahrt in den Urlaub spurlos verschwindet, gerät er in Tatverdacht. In die Enge getrieben, tritt er die Flucht nach vorn an. Ein raffiniert inszenierter Suspense-Thriller, der geschickt Spannungsbögen installiert. Scope. Frankreich 2011 **P** Babe Film / StudiCanal / France 2 Cinéma / Éphème Prod. **DVD** atlas (16:9, 2.35:1, DD5.1 frz./dt.) **BD** atlas (16:9, 2.35:1, dts-HD frz./dt.) **Pd** Fabio Conversi, Patrick Gimenez **R** Franck Mancuso **B** Herve Albertazzi, Franck Mancuso **K** Thomas Hardmeier **M** Louis Bertignac **S** Jennifer Augé **D** Yvan Attal (Stéphane Monnereau), Pascal Elbé (Capitaine Bertrand Barthélémy), Talid Ariss (Théo Monnereau), Valentina Cervi (Valérie Monnereau), Armelle Deutsch (Chef Marion Marquand), Eric Ruf (Jean-Dominique Perrin), Pascal Elso (Christian Baumann), Carlo Brandt (Richard Jorelle) **L** 86 **FSK** ab 16 **E** 23.3.2012 DVD & BD **fd** –

RA.One – Superheld mit Herz
RA.ONE
Ein biederer Familienvater verdient sein Geld mit der Entwicklung von Computerspielen, womit er bei seinem kleinen Sohn nicht gerade als der coolste Vater gilt. Das ändert sich, als er für das Games-Projekt «Ra.One» einen furchteinflößenden Bösewicht entwickelt, der nur von einem Superhelden mit seinem Aussehen in die Schranken verwiesen werden kann. Doch der Schurke teleportiert sich aus dem Programm in die wirkliche Welt, und der normale Dad mutiert zum Super-Dad. Mit Gesangs- und Tanzeinlagen gewürztes Star-Vehikel, das mit immensem Budget halb computeranimierte, halb reale, dabei stets quietschbunte Bollywood-Unterhaltung mit hohem Kitschfaktor kreiert. – Ab 12.
DVD/BD: Die Standard Edition (DVD) enthält keine bemerkenswerten Extras. Die Special Edition (2 DVDs sowie BD/DVD) enthält eine Bonus-Disk u. a. mit einem ausführlichen «Making of» (32 Min.).
Scope. USA/Indien 2011 **P** Red Chillies Entertainment / Eros International / Winford Prod. **DVD** REM (16:9, 2.35:1, DD5.1 Hindi/dt.) **BD** REM (16:9, 2.35:1, dts-HDMA Hindi/dt.) **Pd** Gauri Khan, Shahrukh Khan, Andrew Heffeman, Sunil Lulla **R** Anubhav Sinha **B** David Benello, Kanika Dhillon, Shahrukh Khan, Mushtaq Sheikh **K** Nicola Pecorini, V. Manikanandan **M** Vishal Dadlani, Shekhar Ravjiani **S** Sanjay Sharma, Martin Walsh **D** Shahrukh Khan (Shekhar Subramaniam / G One), Kareena Kapoor (Sonia), Arjun Rampal (Ra.One), Shahana Goswami (Jenny Nayar), Priyanka Chopra, Satish Shah, Armaan Verma, Dalip Tahil **L** 150 **FSK** ab 12 **E** 1.6.2012 DVD & BD **fd** –

Race: Rebellen – Piloten – Krieger
RACE
In ferner Zukunft sind die Galaxien befriedet, weil man Konflikte in einer Art interstellarem Autorennen austrägt: Der Gewinner bekommt Recht. Doch das reicht dem miesen Herrscher des Planeten Tagmatia nicht, und so nutzt er das nächste Rennen zum verdeckten Angriffsversuch auf die Erde. Billig produzierter, lausig animierter Trickfilm für Kinder, die sich gern durch anspruchslose, knallbunte Actiongeschichten anregen lassen. – Ab 14.
USA 2007 **P** Hyper Image **DVD** EuroVideo (16:9, 1.78:1, DD5.1 engl./dt.) **BD** EuroVideo (16:9, 1.78:1, dts-HD engl./dt.) **Pd** Robert Brousseau, Rhonda Smiley, Andy Boron **R** Robert Brousseau, Scott Heming **B** Rhonda Smiley **M** Eric Allaman **S** James Hereth **L** 91 **FSK** ab 12 **E** 26.3.2012 DVD & BD **fd** –

Die Rache der Königskobra
KHEW AR-KHARD
Mitten in unberührter Natur soll ein Apartment-Komplex gebaut werden. Doch aus der Tiefe eines Schlangensumpfs melden sich Myriaden von Giftieren und planen den durchdachten Angriff auf die Zivilisation. Naiver Tierhorror aus Thailand, der ähnlich mit Klischees beladen daherkommt wie seine B-Film-Vorbilder aus Hollywood. Einzig die computeranimierten Reptilien sind noch lausiger. – Ab 16.

Thailand 2010 **P** Pranakorn Films **DVD** Schröder-Media (16:9, 1.78:1, DD5.1 thai./dt.) **Pd** Poj Arnon, Thawatchi Phanpakdee **R** Thanadol Nualsuth **B** Thanadol Nualsuth, Thammanoon Sukulboontanom **K** Arnon Chunprasert **M** Giant Wave **S** Sunij Asavinikul, Muenfan Uppatham **D** Kwankao Savetawimon (Panin), Peerawit Bunnag (Vick), Aungkana Timdee (Ponnapa), Vasana Chalakorn (Tante Pai), Vilipda Chandara (No) **L** 101 **FSK** ab 16 **E** 31.10.2012 DVD **fd** –

Die Rache der Wanderhure

Nach ihrer Rehabilitierung lebt eine einstige Wanderhure mit Ehemann und Tochter friedlich auf einem Lehen. Dann aber muss der Mann in den Krieg und kommt ums Leben. Nach dem Gesetz müssen Witwen in kürzester Zeit neu heiraten, doch sie spürt, dass der geliebte Mann noch lebt, und bittet den König um einen Aufschub. Dieser gewährt ihr zehn Tage, und sie zieht ins Kriegsgebiet, ohne zu ahnen, dass der Großinquisitor sie in seine Gewalt bringen will. Pittoresker (Fernseh-)Historienfilm in Fortsetzung von DIE WANDERHURE (2010) als trivial-unterhaltsamer Mittelalter-Ausflug, der Fakten und Fiktion zur historischen Soap Opera mischt. (Dritter Teil: VERMÄCHTNIS DER WANDERHURE) – Ab 14.
Deutschland/Österreich/Tschechien 2011 **P** TV60 / SAT.1 / ORF / Aichholzer Filmprod. / Wilma Film / Barrandov Studios **DVD** Universum (16:9, 1.78:1, DD5.1 dt.) **BD** Universum (16:9, 1.78:1, dts-HD dt.) **Pd** Andreas Bareiss, Sven Burgemeister, Josef Aichholzer, Filip Hering **R** Hansjörg Thurn **B** Dirk Salomon, Thomas Wesskamp **Vo** Iny Lorentz (Motive des Romans *Die Kastellanin*) **K** Markus Hausen **M** Stephan Massimo **S** Alarich Lenz **D** Alexandra Neldel (Marie Adler), Bert Tischendorf (Michel Adler), Julian Weigend (Ruppertus Splendidus), Johannes Krisch (Falco von Hettenheim), Kristyna Synkova (Trudi), Daniel Roesner (Thomas), Nadja Becker (Hiltrud), Götz Otto (Sigismund), Esther Schweins (Isabelle de Melancourt) **L** 120 **FSK** ab 12 **E** 28.2.2012 SAT.1 / 29.2.2012 DVD & BD **fd** –

RADIOACTIVISTS – Protest in Japan since Fukushima
RADIOACTIVISTS – PROTEST IN JAPAN SINCE FUKUSHIMA

Seit der Naturkatastrophe am 11.3.2011 erlebte Japan gesellschaftspolitische Erschütterungen von historischer Bedeutung. Besonders in Tokio entfachte ein Protest, der sich vor allem gegen die Regierung, Atomaufsichtsbehörde und den Energiekonzern TEPCO richtete. Der Dokumentarfilm begleitet die Protestbewegung, zeigt die Hintergründe auf und lässt kritische Stimmen zu Wort kommen; vor allem die Gruppe kreativer Aktivisten des «Shiroto no ran» («Aufstand der Amateure») wird dokumentiert, die im alternativen Viertel Koenji für mehr Freiheit im öffentlichen Raum und eine einfallsreiche Do-It-Yourself-Kultur eintritt.
Deutschland / Japan 2011 **P** Ginger & Blonde Prod. **KI** Ginger & Blonde **Pd+R+B** Julia Leser, Clarissa Seidel **K** Arseny Rossikhin **M** Junsuke Kondo, We Want Wine, ECD **S** Clarissa Seidel **L** 72 **FSK** – **fd** –

Rain Fall
RAIN FALL

Ein hoher japanischer Regierungsangestellter, der geheime Dokumente mit sich führte, wird in der U-Bahn von Tokio ermordet. Der CIA gibt die Jagd auf einen früheren Mitarbeiter frei, der sich den Ruf eines berüchtigten Auftragskillers erworben hat. Hektischer Thriller in BOURNE IDENTITY-Manier, der die narrativen Löcher durch überhöhtes Tempo und unzählige Kampfeinlagen wettmachen will. – Ab 16.
Scope. Japan/USA 2009 **P** Rain Fall/Rain Prod. **DVD** Ascot/Elite (16:9, 2.35:1, DD5.1 engl./dt., dts dt.) **BD** Ascot/Elite (16:9, 2.35:1, dts-HDMA engl./dt.) **Pd** Megumi Fukasawa, Satoru Iseki, Tsutomu Sakurai, Joshua Zeman, Charles Hannah **R+B** Max Mannix **Vo** Barry Eisler **K** Jack Wareham **M** Kenji Kawai **S** Matt Bennett **D** Kippei Shiina (John Rain), Gary Oldman (William Holtzer), Kyoko Hasegawa (Midori Kawamura), Misha Shimizu (Yuko), Dirk Hunter (Thomas Perryman), Akira Emoto (Tatsu Ishikura), Greg Ellis (Greg Simpson) **L** 100 **FSK** ab 12 **E** 23.1.2012 DVD & BD **fd** –

Raising Resistance ★
RAISING RESISTANCE

Dokumentarfilm über eine Widerstandsbewegung von Kleinbauern in Paraguay, die sich gegen den Einsatz von Pestiziden beim benachbarten Soja-Anbau wehren, der ihre Felder unfruchtbar macht, da das Gift alle Pflanzen außer dem Soja abtötet. Dramaturgisch folgt er der Eskalation des sich zuspitzenden und schließlich bewaffnet geführten Konflikts zwischen Kleinbauern und Soja-Produzenten und macht regionale wie auch globale Hintergründe deutlich, die für die Krise verantwortlich sind. Dabei überzeugt nicht nur die vielstimmige Ausleuchtung des Themas, sondern auch die originelle filmsprachliche Aufarbeitung. – Ab 12.
Deutschland/Schweiz 2011 **P** Dreamer Joint Venture / Pandora / Maximage / SRG SSR idée suisse **KI** Pandora **Pd** Oliver Stoltz, Karl Baumgartner, Brigitte Hofer **R** Bettina Borgfeld, David Bernet **B** Bettina Borgfeld, David Bernet, Christin Stoltz **K** Marcus Winterbauer, Börres Weiffenbach **M** Ali N. Askin **S** Inge Schneider **L** 85 **FSK** o.A.; f **E** 3.5.2012 **fd** 41 037

Ralf. Sex in der Wüste

Dokumentarfilm über das intensive Leben eines nicht mehr ganz jungen Mannes aus der Berliner Szene, der sich selbst als «voll geistesgestört, aber ansonsten ganz klar im Kopf» beschreibt und ein von Sex und Drogen geprägtes Leben zwischen Görlitzer Park und einem Kreuzberger Hostel führt. Die Dokumentaristen des Red Dragon Film Collective folgen ihm durch seinen Alltag und kreieren eine Art direktes Kino, das seinen Protagonisten auf sehr unmittelbare Art abbildet. – Ab 16.
Deutschland 2011 **P** Red Dragon Film Collective **KI** Eigenverleih (Sex in the Desert) **R** Ikiru Genzai **B** Ikiru Genzai, Angel Cano, Jide Tom Akinieminu **K** Ikiru Genzai, Angel Cano, Jide Tom Akinieminu **M** Sugalo **L** 108 **E** 28.6.2012 **fd** –

Ralph reicht's ☆
WRECK-IT RALPH

Ein Computerspiel-Bösewicht will nicht immer nur stumpfsinnige Zerstörungsorgien veranstalten, sondern wie ein Held alles wieder in Ordnung bringen oder seinerseits die Welt ret-

ten. Als er seine Träume wahr macht, gerät das Gleichgewicht einer ganzen Spielhalle ins Wanken. Ein pointierter, souverän inszenierter 3D-Trickfilm für die ganze Familie, der die handwerklich liebevoll gestaltete Handlung visuell wie dramaturgisch dazu nutzt, den Fluch einer immer rasanteren Technik aufzuspießen. – Sehenswert ab 10.
USA 2012 **P** Walt Disney Animation Studios **KI** DCM **Pd** Clark Spencer **R** Rich Moore **B** Phil Johnston, Jennifer Lee **M** Henry Jackman **S** William J. Caparella **L** 101 (24 B./sec.) / 97 (25 B./sec.) **FSK** o.A.; f **E** 6.12.2012 **fd** 41 442

Rampart – Cop außer Kontrolle ★
RAMPART
Ein Ordnungshüter, der sich über die Gesetze stellt und sich jeden Übergriff zugesteht, schlägt in blinder Wut einen Kontrahenten krankenhausreif, dummerweise vor dem Objektiv einer Überwachungskamera. Als die Bilder gezeigt werden und die Öffentlichkeit gegen Polizei-Übergriffe aufbegehrt, beginnt der Abstieg des «unbescholtenen» Polizisten. Ein dichtes, düsteres Krimi-Drama, das eine Welt ohne Hoffnung auf Erlösung zeichnet, in der der Protagonist entsprechend orientierungslos agiert. Der Film konzentriert sich ganz auf den hervorragenden Hauptdarsteller, kann damit aber nicht seine Sprunghaftigkeit sowie die unzureichende psychologische Fundierung verbergen. – Ab 16.
USA 2011 **P** Lightstream Pic. / Waypoint Entertainment / Amalgam Features **DVD** Ascot/Elite (16:9, 2.35:1, DD5.1 engl./dt., dts dt.) **BD** Ascot/Elite (16:9, 2.35:1, dts-HDMA engl./dt.) **Pd** Ben Foster, Lawrence Inglee, Ken Kao, Clark Peterson, Luca Borghese, Ross Ioppolo **R** Oren Moverman **B** James Ellroy, Oren Moverman **K** Bobby Bukowski **M** Dickon Hinchliffe **S** Jay Rabinowitz **D** Woody Harrelson (David Douglas Brown), Jon Berntal (Dan Morone), Stella Schnabel (Jane), Jon Foster (Michael Whitaker), Ben Foster (General Terry), Ruben Garfias (Pharmacie-Security), Cynthia Nixon (Barbara), Anne Heche (Catherine) **L** 103 **FSK** ab 16 **E** 2.7.2012 DVD & BD **fd** –

Rape & Revenge
RED RIDGE
Ein Durchreisender deckt in Texas eine üble Mordserie unter Zwangsprostituierten auf, als eine Verwandte in die Fänge der verantwortlichen Bande gerät. Von «wahren Begebenheiten» orakelnder, unspektakulärer und zumindest nicht übermäßig brutaler «Rape & Revenge»-Thriller, der als Höhepunkt an Originalität sein Genre frank und frei im (deutschen) Titel trägt. – Ab 18
USA 2006 **P** Realm Studios / Ransack Film **DVD** WVG (16:9, 1.78:1, DD5.1 engl./dt.) **Pd** Louis Herthum, Jean-Luc Martin, Jeff Niems, Damian Skinner **R** Damian Skinner **B** Matthew Gunther, Gary Moer, Jay Shirtz **K** Bill Elliott **M** Brian Vander Ark **S** Damian Skinner **D** Louis Herthum (Ness), Steven Chester Prince (Brandon), Robert Prentiss (Lalo), Shauna McLean (Dawn), Amanda Welles (Alicia), Ken Farmer (Sheriff Munty), Cliff Stephens (Mr. Avery), Anthony Burton (Pete) **L** 88 **FSK** WVG (16:9, 1.78:1, DD5.1 engl./dt.) **E** 15.11.2012 DVD **fd** –

Rat mal, wer zur Hochzeit kommt
Eine junge Frau nimmt den Heiratsantrag ihres kroatischen Freundes an. Dessen traditionsbewusste katholische Mutter besteht auf einer Hochzeit in Kroatien und möchte die Eltern der Braut kennenlernen. Diese aber haben sich nach turbulenter Hippie-Ehe längst getrennt und sind sich spinnefeind. Nach Hindernissen laufen die Hochzeitsvorbereitungen an, doch dann taucht der Verdacht auf, dass der Bräutigam noch eine andere Frau und ein Kind hat. Amüsante (Fernseh-) Liebes- und Hochzeitskomödie. Im Mittelpunkt stehen die chaotischen Brauteltern, die trotz allem wieder zueinander finden. – Ab 12.
Deutschland 2011 **P** Tuna Film / Rat Pack (für ARD Degeto) **KI** offen **Pd** Christian Becker, Diane Wurzschmitt **R** Michael Rowitz **B** Mathias Lösel, Michael Rowitz, Andy Cremer **K** Gerhard Schirlo **M** Andrej Melita, Egon Riedel **S** Claudia Wolscht **D** Suzanne von Borsody (Theresa Bergmann), Henry Hübchen (Gerd Bergmann), Jasmin Schwiers (Lisa Bergmann), Ludwig Trepte (Hrvoje Tomasovic), Andrea Eckert (Darinka Tomasovic), Karl Fischer (Mirko), Karim Cherif (Mato Tomasovic), Gloria Nefzger (Claudia) **L** 88 **E** 30.4.2012 ARD **fd** –

Die Räuberin ★
Eine Schauspielerin Anfang 40 zieht in ein abgelegenes Dorf in Friesland, um ihre innere Balance zu finden. Dort lässt sie sich auf das Werben eines jugendlichen Außenseiters ein, der unter ihrer Zuwendung aufblüht. Die Mesalliance stößt im Dorf auf Widerstand und scheint auch in der Frau widerstrebende Gefühle auszulösen. Das dicht inszenierte Drama konfrontiert mit unstillbaren Sehnsüchten und einer sich selbst entfremdeten Protagonistin. Dabei hätte der beachtliche Debütfilm seine psychologische Landkarte freilich nicht bis in die letzten dramaturgischen Winkel entfalten brauchen. – Ab 16.
Deutschland 2010 **P** element e filmprod. **KI** déjà-vu film **Pd** Bernd T. Hoefflin **R+B** Markus Busch **K** Filip Piskorzynski **M** Max Berghaus **S** Steven Wilhelm **B** Birge Schade (Tania), Daniel Michel (Thore), Kai Ivo Baulitz (Vater), Anna Stieblich (Mutter), Jens Schäfer (Manne), Imke Büchel (Verkäuferin), Eric Golub (Paketbote), Till Huster (Schlosser), Andreas Kallauch (Briefträger), Burghard Schmeer (Nachbar) **L** 94 (24 B./sec.) **FSK** ab 12; f **E** 21.6.2012 **fd** 41 147

Ravioli – Träume in Dosen
SÄILÖTTYJÄ UNELMIA
Spannender Dokumentarfilm über die globalisierte Nahrungsmittel-Produktion, der den Weg verfolgt, den eine Büchse Ravioli bis zum finnischen Endverbraucher zurücklegt. Das Dosenmetall stammt aus Brasilien, die Tomaten kommen aus Portugal, der Weizen kommt aus der Ukraine, das Fleisch aus Deutschland, die Tiere werden aus Kostengründen in Polen geschlachtet, die Endverarbeitung findet in Frankreich statt, bevor der LKW-Transport nach Finnland erfolgt. An den verschiedenen Stationen kommen Arbeiter zu Wort, die von ihren Träumen und Hoffnungen erzählen und wohl nie eine so weite Reise unternehmen werden, wie das Produkt, an dem sie arbeiten. – Ab 12.
Finnland/Norwegen/Frankreich/Portugal/Frankreich 2011 **P** Al Jazeera English / RTP / YLE / ARTE France / Oktober / NRK **KI** offen **Pd** Joonas Berghäll, Petri Rossi, Rodrigo Areias, Anne Köhncke, Signe Byrge Sørensen **R** Katja Gauriloff **B** Katja Gauriloff, Joonas Berghäll, Jarkko T. Laine **K** Heikki Färm, Tuomo

Hutri **M** Karsten Fundal **S** Timo Peltola **L** 78 **E** 22.10.2012 arte fd –

Ready for Hangover
READY OR NOT

Vier Freunde aus Los Angeles leisten sich anlässlich eines Junggesellenabschieds eines Fallschirmsprung und landen durch einen Pilotenfehler in Mexiko, wo sie sich ohne Geld und Papiere mit unfreundlichen Einheimischen auseinandersetzen müssen. Auf dem Ticket der HANGOVER-Serie vermarktete Komödie, in der die Grundkonstellation nur geringfügig variiert wird. Vergeblich versucht der Film, aus dem Sozialgefälle zwischen den USA und Mexiko Funken zu schlagen. – Ab 16.
USA 2009 **P** Chabo Films / FILMops **DVD** WGF/Schröder-Media (16:9, 1.78:1, DD5.1 engl./dt.) **BD** WGF/Schröder-Media (16:9, 1.78:1, dts-HD engl./dt.) **Pd** Minor Childers, Sean Doyle, Christian Oliver, Norman Reiss **R** Sean Doyle **B** Sean Doyle, Travis Kurtz **K** Anton Klima **M** Erik Godal **S** Lucas Spaulding **D** Christian Oliver (Chris), Seamus Dever (Marc), Evan Helmuth (Lawrence), Jonathan Murphy (Dean), Alex Rocco (Don Julio), Fernando Romero (Puri), Amanda Lynne (Rosita), Jordi Vilasuso (Matador) **L** 88 **FSK** ab 16 **E** 26.1.2012 DVD & BD fd –

Reality XL

Im Kernforschungszentrum CERN verschwinden während eines Versuchs 23 Wissenschaftler. Nur einer von ihnen verlässt anschließend das Gebäude und soll in einem Verhör Aufschluss über den Verbleib seiner Kollegen geben. Deutscher Science-Fiction-Thriller, der seine durchaus spannenden Themen über die Konsequenzen der Quantenphysik durch unfreiwillig komische Dialoge über Alltagsbeobachtungen konterkariert. Auch inszenatorisch torpediert die Low-Budget-Produktion die strenge Anordnung eines Kammerspiels, indem sie durch banale Wendungen die Handlung nachträglich in einem anderen Licht erscheinen lässt. – Ab 14.
DVD/BD: Die Extras umfassen u. a. einen Audiokommentar des Regisseurs und des Darstellers Heiner Lauterbach sowie ein ausführliches «Making of» (30 Min.).
Deutschland 2011 **P** Indie-Stars Film-prod. **KI** Indie-Stars (Eigenverleih) **DVD** Polar Film/Schröder-Media (16:9, 2.35:1, DD5.1 dt.) **BD** Polar Film/Schröder-Media (16:9, 2.35:1, dts-HDMA dt.) **Pd** Hans Franek, Thomas Bohn **R+B** Thomas Bohn **K** Martin Schlecht **M** Hans Franek **D** Heiner Lauterbach (Prof. Carus), Max Tidof (Robin Spector), Godehard Giese (Antoine), Annika Blendl (Sphia Dekkers) **L** 81 **FSK** ab 12; f **E** 12.1.2012 / 26.4.2012 DVD & BD fd 40 889

Rebellen am Ball
LES REBELLES DU FOOT

Dokumentarfilm, in dem der ehemalige französische Fußball-Star Eric Cantona fünf Fußball-Profis vorstellt, die ihren Ruhm nutzen, um sich in den Dienst einer guten und gerechten Sache zu stellen, und die für Menschenrechte und gegen Ungerechtigkeit in ihren jeweiligen Heimatländern auf- und antreten. Der bekannteste der fünf porträtierten Fußballspieler ist der Brasilianer Sócrates, der in den 1980er-Jahren seine Spiele zum Protest gegen die herrschende Militärdiktatur nutzte. – Ab 12.
Frankreich 2012 **P** 13 Productions / Canto Bros. / ARTE France **KI** offen **R+B** Gilles Perez, Gilles Rof **S** Laurence Generet, Emmanuel Besnard **L** 90 (auch 5 x 26) **E** 15.7.2012 arte fd –

Die Rebellen von Oberhausen

Im Jahr 1963 verkündeten 26 deutsche Filmemacher das Oberhausener Manifest. Der sehr persönlich gestaltete, subjektiv mit Auslassungen und Kommentaren arbeitende Dokumentarfilm erinnert an die Geschehnisse von damals und untersucht, wie sich der deutsche Film in den vergangenen 50 Jahren entwickelte. Dabei lässt der Regisseur seine Mitunterzeichner zu Wort kommen und ergänzt ihre Statements um Interviews mit Alexander Kluge, Edgar Reitz, Rob Houwer und Haro Senft sowie um Ausschnitte aus ihren Arbeiten. – Ab 16.
Teils schwarz-weiß. Deutschland 2012 **P** Pohland (für WDR/ARTE) **KI** offen **Pd+R+B** Hansjürgen Pohland **K** Gerrit Haaland **S** Aki Molinari **L** 55 fd –

Rebellion
L' ORDRE ET LA MORALE

In den 1980er-Jahren rebellieren einige Dutzend Kanaken in Neukaledonien gegen die Kolonialherren. Der Aufstand wird von den Franzosen mit unverhältnismäßiger Militärgewalt niedergeknüppelt. Politisch engagiertes, mit viel Herzblut inszeniertes und gespieltes Drama, das die weitgehend verschwiegenen imperialistischen Untaten der einstigen Kolonialgroßmacht Frankreich in einer sich an wahren Begebenheiten orientierenden Geschichte aufzeigt. – Ab 16.
Scope. Frankreich 2011 **P** MNP Enterprise / Nord-Ouest Prod. **DVD** Capelight (16:9, 2.35:1, DD5.1 frz./dt.) **BD** Capelight (16:9, 2.35:1, dts-HDMA frz./dt.) **Pd** Mathieu Kassovitz, Christophe Rossignon, Philippe Boeffard, Guillaume Colboc **R** Mathieu Kassovitz **B** Pierre Geller **K** Marc Koninckx **M** Klaus Badelt **S** Thomas Beard, Lionel Devuyst, Mathieu Kassovitz **D** Mathieu Kassovitz (Capitaine Philippe Legorjus), Iabe Lapacas (Alphonse Dianou), Malik Zidi (JP Perrot), Alexandre Steiger (Jean Bianconi), Daniel Martin (Bernard Pons), Philippe Torreton (Christian Prouteau), Sylvie Testud (Chantal Legorjus), Patrick Fierry (Colonel) **L** 129 **FSK** ab 16 **E** 19.12.2012 DVD & BD fd –

[Rec]3 Genesis
[REC]3 GENÉSIS

Es soll eine lustige Hochzeit auf einem noblen Anwesen werden, doch als ein Gast von einem Hund gebissen wird, breitet sich der Virus des Wahnsinns unter den Gästen aus. Auch im dritten Teil der [Rec]-Reihe nehmen die Handkameras der Beteiligten das Geschehen auf, was in «Found Footage»-Manier (von Geisterhand geschnitten) präsentiert wird. Inhaltliche Abnutzungserscheinungen sowie Einbußen des morbiden Charmes sind unverkennbar, sodass der bislang professionellste, zudem auf «Comedy» getrimmte Teil der Trilogie auch der schwächste ist.
Scope. Spanien 2012 **P** Canal + España / Filmax / Ono / Rec Génesis / TV3 / TVE **DVD** Universum (16:9, 2.35:1, DD5.1 span./dt.) **BD** Universum (16:9, 2.35:1, dts-HDMA span./dt.) **Pd** Julio Fernández **R** Paco Plaza **B** Luiso Berdejo (= Luis A. Berdejo), Paco Plaza **K** Pablo Rosso **M** Mikel Salas **S** David Gallart **D** Leticia Dolera (Clara), Javier Botet (Niña Medieros), Diego Martín (Koldo), Alex Monner (Adrián), Ismael Martínez (Rafa), Claire Baschet (Natalie), Ana Isabel

Velásquez (Wendy), Carla Nieta (Rebeca Viñas) **L** 77 **FSK** ab 18 **E** 19.9.2012 DVD & BD   **fd** –

Recoil
RECOIL
Nach einem brutalen Anschlag auf seine Familie, den er als Einziger überlebt, nimmt ein Polizist das Gesetz in seine eigene Hand und «rächt» sich durchs Land, bis er in einem Städtchen voller korrupter Polizisten auf jene Biker-Gang und ihren Brutalo-Anführer trifft, die für die Tragödie seines Lebens verantwortlich zeichnen. Rüder, Testosteron getränkter Selbstjustiz-Film, in dem Wrestler-Ikone Steve Austin auf den Pfaden von Jean Claude van Damme wandelt, ohne in dem «Schema F»-Actioner ähnlich zu überzeugen wie sein Vorbild.
Kanada 2011 **P** Caliber Media / NGN Prod. / Nasser Group North **DVD** StudioCanal (16:9, 1.85:1, DD5.1 engl./dt.) **BD** StudioCanal (16:9, 1.85:1, dts-HDMA engl./dt.) **Pd** Jack Nasser **R** Terry Miles **B** John Sullivan **K** Bruce Chun **M** Eiko Ishiwata **S** Trevor Mirosh, Gordon Rempel **D** Steve Austin (Ryan Varrett), Serinda Swan (Darcy), Danny Trejo (Drayke Salgado), Keith Jardine (Crab), Lochlyn Munro (Agent Frank Sutton), Noel Gugliemi (Rex Salgado), Adam Greydon Reid (Deputy Hedge), Tom McBeath (Sheriff Cole) **L** 91 **FSK** ab 18 **E** 20.11.2012 DVD & BD   **fd** –

Recreator – Du wirst repliziert
RECREATOR
Was als harmloser Ausflug beginnt, gerät außer Kontrolle, als die Mitglieder eine Camping-Gruppe ihren eineiigen Zwillingen gegenüberstehen. Durch Unwissenheit sind sie einem Militärexperiment ausgesetzt worden, dass eine «Cloning» bewirkte. Doch so ähnlich sie sich äußerlich sind: Die Doppelgänger sind ihnen überlegen und wollen sie töten. Science-Fiction-Horror mit interessanten Ansätzen, der aber lieber auf die Oberflächenreize des Fastfood-Kinos setzt als sich ernsthaft mit der Doppelgänger-Problematik auseinanderzusetzen.
DVD/BD: Erhältlich als DVD, 2D BD und 2D/3D BD. Die FSK-Freigabe «ab 18» der DVD/BD bezieht sich auf das Bonusmaterial (Trailer etc.), der Film selbst hat eine Freigabe «ab 16».
USA 2011 **P** Recreator Labs **DVD** dtp/ Great Movies (16:9, 1.85:1, DD5.1 engl./dt.) **BD** dtp/Great Movies (16:9, 1.85:1, dts-HDMA engl./dt.) **Pd** Lynn Appelle, Gregory Orr **R+B** Gregory Orr **K** David Tumblety **M** Jeff Carruthers, Rick Conrad **S** Scott Martin **D** Stella Maeve (Tracy Bernstein), Alexander Nifong (Craig Carlson), Jamal Mallory-McCree (Derek Johnson), John de Lancie (Dr. Frank Miller), Laura Moss (Elizabeth Miller), Curzon Dobell (Mr. Carlson), Kasey Riley (Kasey Riley), Kean Riley (Kean Riley) **L** 87 **FSK** ab 18 **E** 9.8.2012 DVD & BD   **fd** –

Red Dawn
RED DAWN
Remake von John Milius' Action-Reißer DIE ROTE FLUT (1983), in dem das streng antikommunistische Freund-Feind-Schema der politischen Ära unter US-Präsident Ronald Reagan unbedarft fortgeschrieben wird, obwohl sich die (welt-)politischen Verhältnisse seitdem grundlegend gewandelt haben. Nun formiert sich nach einer nordvietnamesischen Invasion unter den Jugendlichen einer Kleinstadt Widerstand, um den Feind ins Meer zurückzuschlagen. Haudrauf-Film, das unterkomplexe Szenario der Vorlage noch unterbietet und überdies chauvinistisch-rassistisches und antidemokratisches Gedankengut transportiert.
Scope. USA 2012 **P** Contrafilm/ MGM/Vincent Newman Ent. **KI** Concorde **Pd** Beau Flynn, Tripp Vinson, Vincent Newman, John Swallow **R** Dan Bradley **B** Carl Ellsworth, Jeremy Passmore **Vo** Kevin Reynolds und John Milius (Drehbuch zu DIE ROTE FLUT von 1983) **K** Mitchell Amundsen **M** Ramin Djawadi **S** Richard Pearson **D** Chris Hemsworth (Jed Eckert), Josh Peck (Matt Eckert), Adrianne Palicki (Toni), Josh Hutcherson (Robert), Connor Cruise (Daryl), Isabel Lucas (Erica), Edwin Hodge (Danny), Alyssa Diaz (Julie), Julian Alcaraz (Greg), Will Yun Lee (Captain Cho), Jeffrey Dean Morgan (Col. Tanner) **L** 93 **FSK** ab 16; f **E** 27.12.2012   **fd** 41 466

Red Lights
RED LIGHTS
Ein junger Parapsychologe spürt dem Fall eines erfolgreichen Mediums nach. Ein alternder Magie-Star, der gerade sein Comeback feiert, war einst der einzige seines Fachs, bei dem die Vorgesetzte des jungen Wissenschaftlers daran scheiterte, ihm Scharlatanerie nachzuweisen. Nun stößt er auf der Suche nach der Wahrheit in immer unheimlichere Untiefen vor. Trotz seiner Star-Besetzung weiß der sich realistisch gebende Mystery-Thriller nur wenig Spannung aus seinen übersinnlichen Elementen zu gewinnen und verliert sich in einigen Schockeffekten. – Ab 16.
Scope. Spanien/USA 2012 **P** Nostromo Pic. **KI** Wild Bunch Germany **DVD** Universal (16:9, 2.35:1, DD5.1 engl./dt.) **BD** Universal (16:9, 2.35:1, dts-HDMA engl., dts-HD dt.) **Pd** Adrián Guerra, Rodrigo Cortés, Christina Piovesan **R+B** Rodrigo Cortés **K** Xavi Giménez **M** Victor Reyes **S** Rodrigo Cortés **D** Cillian Murphy (Tom Buckley), Sigourney Weaver (Margaret Matheson), Robert De Niro (Simon Silver), Toby Jones (Paul Shackleton), Joely Richardson (Monica Handsen), Elizabeth Olsen (Sally Owen), Leonardo Sbaraglia (Palladino), Craig Roberts (Ben), Eugenio Mira (junger Simon Silver) **L** 118 (24 B./sec.) / 114 (25 B./sec.) **FSK** ab 16; f **E** 9.8.2012 / 13.12.2012 DVD & BD   **fd** 41 194

Red Nights
LES NUITS ROUGES DU BOURREAU DE JADE
Das sagenumwobene Gift eines alten chinesischen Jadesiegels will eine französische Gaunerin zu Geld machen und gerät in Hongkong in den Bann mysteriöser Kunstsammlerin. Die belgisch/chinesische Co-Produktion kreiert für ihr Horrorsujet atemberaubende und verführerische Bildkompositionen, in der sie eine alles andere als alltägliche Geschichte effektvoll verpackt. Erotik und Gewalt ergeben in comichaften Tableaus einen außergewöhnlichen Ausflug in die Welt des Bizarren.
DVD/BD: Die Extras umfassen u. a. einen alternativen Filmanfang (13 Min.) sowie den Kurzfilm BETRAYAL (15 Min.) von Julien Carbon.
Scope. Hongkong / VR China / Frankreich / Belgien 2009 **P** The French Connection / Red East Pic. / Artémis Prod. **DVD** Koch (16:9, 2.35:1, DD5.1 kanton./dt., dts. dt.) **BD** Koch (16:9, 2.35:1, dts-HDMA kanton./dt.) **Pd** Alexis Dantec, Rita Wu, Philippe Carcassonne, Patrick Quinet **R+B** Ju-

lien Carbon, Laurent Courtiaud **K** Ng Man-ching **M** Alex Cortés, Willie Cortés **S** Sébastien Prangère **D** Frédérique Bel (Catherine Trinquier), Carrie Ng (Carrie Chan), Carole Brana (Sandrine Lado), Stephen Wong Cheung-hing (Patrick), Kotone Amamiya (Tulip), Maria Chen (Flora), Jack Kao (Mister Ko) **L** 97 **FSK** ab 18 **E** 20.7.2012 DVD & BD **fd** –

Red Tails
RED TAILS
Im Zweiten Weltkrieg bewähren sich die «Tuskegee Airmen», eine Staffel vornehmlich afroamerikanischer Piloten, bei Luftkämpfen über Italien und als Geleitschutz für US-Bomber. Der Film, der auf reale Ereignisse rekurriert, erweist sich als eine Art Kriegerdenkmal, wobei die wenig tiefgründige, immerhin aber solide Figurenzeichnung einer Gruppe unterschiedlicher Charaktere und die gemäßigte Gewaltdarstellung an Kriegsfilme des klassischen Hollywood erinnern. Technisch sind die digitalen, von Rot und gedämpften Erdtönen dominierten Bilder und die Flugkampf-Sequenzen auf der Höhe der Zeit. – Ab 16. Scope. USA 2012 **P** Twentieth Century Fox / Lucasfilm / Partnership Pic. **KI** Capelight **Pd** Rick McCallum, Charles Floyd Johnson **R** Anthony Hemingway **B** John Ridley, Aaron McGruder **Vo** John B. Holway (Buch *Red Tails, Black Wings: The Men of America's Black Air Force*) **K** John Aronson **M** Terence Blanchard **S** Ben Burtt, Michael O'Halloran **D** Terrence Howard (Col. A.J. Bullard), Cuba Gooding jr. (Major Emanuelle Stance), Nate Parker (Marty «Easy» Julian), David Oyelowo (Joe «Lightning» Little), Tristan Wilds (Ray «Junior» Gannon), Ne-Yo (Andrew «Smokey» Salem), Elijah Kelley (Samuel «Joker» George), Marcus T. Paulk (David «Deke» Watkins), Leslie Odom jr. (Declan «Winky» Hall), Michael B. Jordan (Maurice Wilson) **L** 129 (24 B./sec.) / 125 (25 B./sec.) **FSK** ab 16; f **E** 22.11.2012 **fd** 41 391

Red Tears
RED TEARS – KORUI / MONSTER KILLER / SWORD OF BLOOD
Ein schlagkräftiger, versiert mit einem Samurai-Schwert hantierender Detektiv macht sich auf die blutige Suche nach einem weiblichen Serienkiller, dessen Ursprung nicht von dieser Welt zu sein scheint. Brutal-überdrehte, immerhin gut choreografierte Mischung aus Krimi, Horror und Martial-Arts-Splatter, die sich selbst erstaunlich ernst nimmt.
DVD/BD: Die deutsche Fassung ist im Gegensatz zur in Österreich und der Schweiz vertriebenen Fassung (8-Films) gegenüber der Originalfassung um etwa zweieinhalb Minuten gekürzt. Die Extras umfassen u. a. ein ausführliches «Making of» (31 Min.).
Japan 2011 **P** Kurata Promotion **DVD** WVG & 8-Films (16:9, 1.78:1, DD5.1 jap./dt.) **BD** WVG & 8-Films (16:9, 1.78:1, dts-HD jap./dt.) **Pd** Yasuaki Kurata **R** Takanori Tsujimoto **B** Takanori Tsujimoto, Eiichi Yonekawa **K** Takanori Tsujimoto, Hiroaki Yuasa **M** Hikaru Yoshida **D** Natsuki Katô (Sayoko Mitarai), Yúma Ishigaki (Tetsuo Nojima), Yasuaki Kurata (Genjiro Mishima), Karin Yamaguchi (Masayo Mitarai), Ayaka Morita (Mika Hazuki) **L** 82 & 85 **FSK** ab 18 & ungeprüft **E** 18.10.2012 DVD & BD **fd** –

Red: Werewolf Hunter
RED: WEREWOLF HUNTER
Die junge Nachfahrin einer Dynastie von Werwolf-Jägern will ein normales Leben führen. Als sie ihren Eltern ihren Verlobten vorstellen will, wird dieser fatalerweise Opfer einer Werwolf-Attacke und steht fortan auf der Abschussliste der Familie. Verhalten inszenierter, märchenhafter Horrorfilm, der einigermaßen solide die zeittypischen Genre-Trends aufbereitet. – Ab 16.
USA/Kanada 2010 **P** Chesler-Perlmutter Prod. **KI** offen **Pd** Lewis Chesler, Robert Vaughn, Marek Posival **R** Sheldon Wilson **B** Brook Durham **K** Russell Goozee **M** Stacey Hersh **S** Mark Arcieri **D** Felicia Day (Virginia «Red» Sullivan), Kavan Smith (Nathan Kessler), Stephen McHattie (Gabriel), Greg Bryk (Marcus Sullivan), Rosemary Dunsmore (Großmutter Sullivan), David Reale (Jake Sullivan), Carlyn Burchell (Lyra), Kevin Power (Werewolf) **L** 83 **E** 22.12.2012 ProSieben **fd** –

Redemption
REDEMPTION
Nach Ende des Bürgerkriegs ist für viele Familien die Leidenszeit noch nicht vorbei. Zwei Brüder, denen der Krieg Geld und Würde genommen hat, wollen aus dem Süden ins «gelobte Land» Kalifornien auswandern, doch die Reise dorthin kommt einem Spießrutenlauf gleich. Ein eher unspektakuläres, düsteres Drama, das von den Schattenseiten der US-amerikanischen Befreiung erzählt und dabei auf jedes betont gloriose Western-«Feeling» verzichtet.
USA 2011 **P** Knightsbridge Theatre Films **DVD** dtp/Great Movies (16:9, 1.78:1, DD5.1 engl./dt.) **BD** dtp/Great Movies (16:9, 1.78:1, dts-HD engl./dt.) **R+B** Joseph P. Stachura **K** Kent Cashatt, Joseph P. Stachura **M** Michael S. Patterson **S** Patrick Bellanger **D** Derek Burke (Adius), July Smith (Sarah), Adam Chambers (Abel), Shaina Vorspan (Lily), Marco Neves (Jesus), Aníbal Silveyra (Aníbal), Allana Barton (Nelly), Charlie Guillen (Carlo) **L** 98 **FSK** ab 16 **E** 9.8.2012 DVD & BD **fd** –

Reiff für die Insel – Neubeginn
Nachdem sie sich von ihrem Freund getrennt hat, fährt eine Frau mit ausgeprägtem Helfersyndrom zusammen mit ihrer 16-jährigen Tochter zu ihrer Mutter, die auf einer Nordseeinsel eine Pension betreibt. Der Versuch, Abstand zu gewinnen, wird erschwert, als sie einen Mann aufgabelt, der verfolgt wird und in der Klemme zu stecken scheint. Sie nimmt ihn mit auf die Insel und gewährt ihm Unterschlupf. Mit Hilfe des Inselpolizisten, der schon lange in sie verliebt ist, gilt es, Licht in die mysteriöse Angelegenheit zu bringen. Unterhaltsame (Fernseh-)Krimikomödie mit norddeutschem Lokalkolorit, die den kuriosen Kriminalfall zur handfesten Romanze weitet. – Ab 14.
Deutschland 2011 **P** Studio Berlin (für ARD) **KI** offen **Pd** Heike Streich, Sabine Timmermann **R** Anno Saul **B** Martin Pristl, Marcus Hertneck **K** Wedigo von Schultzendorff **M** Fabian Römer **S** Tobias Haas **D** Tanja Wedhorn (Katharina Reiff), Tim Bergmann (Sebastian), Jan-Gregor Kremp (Thies Quedens), Eva Kryll (Marianne Reiff), Lotte Flack (Nele Reiff), Dietrich Hollinderbäumer (Helge Quedens), Birge Schade (Bert Petersen), Ingo Hülsmann (Clemens) **L** 89 **E** 27.4.2012 ARD **fd** –

Die Reise des Weihnachtsbaum
THE NATIONAL TREE
Ein 16-Jähriger gewinnt einen Wettbewerb und darf nun dem US-Präsi

denten den von ihm selbst gehegten und gepflegten Weihnachtsbaum als «National Tree» überreichen. Doch sein Vater hat Bedenken. Solide besetzter, allzu gefühlsduseliger (Fernseh-)Familienfilm, der die guten und wahren Traditionen vor Augen führen soll. – Ab 12.
USA 2009 **P** Hallmark Channel / QVF / Cypress Point Prod. **DVD** KSM (16:9, 1.78:1, DD5.1 engl./dt.) **BD** KSM (16:9, 1.78:1, dts-HDMA engl./dt.) **Pd** David Till **R** Graeme Campbell **B** J.B. White **Vo** David Kranes (Roman) **K** François Dagenais **S** Ralph Brunjes **D** Andrew McCarthy (Corey Burdock), Evan Williams (Rock Burdock), Kari Matchett (Faith), Paula Brancati (Katie), Jayne Eastwood (Lana), Ted Atherton (Aaron), Craig Eldridge (Jim), Trent McMullen (Hank) **L** 85 **FSK** o.A. **E** 5.10.2012 DVD & BD   **fd** –

Die Reise zur geheimnisvollen Insel
JOURNEY 2: THE MYSTERIOUS ISLAND
Ein 17-Jähriger will gemeinsam mit seinem Stiefvater seinen verschollenen Großvater finden. Zusammen mit einem Piloten und dessen hübscher Tochter verschlägt es sie auf eine geheimnisvolle Insel, wo sie auf den alten Abenteurer, aber auch auf seltsame Tiere und Monster aus dem verschollenen Atlantis stoßen. Ein kurzweiliger und rasanter, aus Jules-Verne-Versatzstücken zusammengebastelter Abenteuerfilm, der mit seiner kopflosen Handlung und den eindimensionalen Figuren aber eher anspruchslos ausfällt. – Ab 12.
USA 2011 **P** New Line Cinema / Contrafilm / Walden Media **KI** Warner Bros. **R** Beau Flynn, Tripp Vinson, Charlotte Huggins **R** Brad Peyton **B** Brian Gunn, Mark Gunn **K** David Tattersall **M** Andrew Lockington **S** David Rennie **D** Dwayne Johnson (Hank), Michael Caine (Alexander), Josh Hutcherson (Sean), Vanessa Hudgens (Kailani), Luis Guzmán (Gabato), Kristin Davis (Liz), Anna Colwell (Jessica), Stephen Caudill (Cop), Branscombe Richmond (Reiseleiter) **L** 94 **FSK** ab 6; f **E** 1.3.2012   **fd** 40945

Die Reisen des Windes
LOS VIAJES DEL VIENTO
Nach dem Tod seiner Frau will ein alter Akkordeon-Spieler nie wieder musizieren und verlässt sein Dorf im Norden Kolumbiens, um sein Instrument, das der Legende nach mit einem Fluch des Teufels belegt ist, seinem früheren Meister zurückzugeben. Unterwegs schließt sich ihm ein junger Mann an, der selbst ein berühmter Musiker werden will. Das Schicksal hat mit dem Alten und dem Jungen aber etwas ganz anderes vor. Poetisches, unter bildgewaltiges Road Movie voller Musik, das seine Protagonisten mit unterschiedlichen Kulturen, Landschaften sowie der Vielfalt des Lebens konfrontiert. – Ab 16.
Kolumbien/Deutschland 2009 **P** Ciudad Lunar / Razor Film / Cine Ojo / Volya Films / ZDF (Das kleine Fernsehspiel) / ARTE **KI** offen **Pd** Cristina Gallego, Diana Bustamante **R+B** Ciro Guerra **K** Paulo Andrés Perez **M** Iván Ocampo **S** Iván Wild **D** Marciano Martínez (Ignacio), Yull Núñez (Fermin), Agustin Nieves (Nine), José Torres (Meyo Castro), Carmen Molina (Tendera), Erminia Martinez (Guajira), Justo Valdez (Batata), Juan Batista Martinez (Marimbero Mayor) **L** 110 **E** 4.5.2012 arte   **fd** –

Der Rekordbeobachter
Ein ebenso penibler wie unbestechlicher Prüfer in Diensten des «Buchs der Rekorde» bricht eher widerwillig auf eine abgelegene finnische Insel auf, wo ein schwerkranker Zwölfjähriger lebt, der einen flachen Stein angeblich 52-mal auf dem Wasser aufspringen lassen kann. Nach diversen Zwischenfällen und einem Fehlversuch des Jungen wird die Rückreise des Prüfers durch die Inselbewohner so lange verzögert, bis der Mann Gefallen an der Umgebung, dem Jungen und dessen resoluter Tante findet. Sympathische (Fernseh-)Komödie, die einmal mehr Finnland als Heimat eines skurrilwarmen Humors feiert. – Ab 14.
Deutschland 2012 **P** Zeitsprung Pic. (für ARD/Degeto) **P** Michael Souvignier **R** Karola Hattop **B** Jan Cronauer **K** Hermann Dunzendorfer **M** Moritz Denis, Eike Hosenfeld, Tim Stanzel **S** Jens Müller **D** Axel Milberg (Marvin Feldmann), Ann-Kathrin Kramer (Fanny Hilleröd), Ludwig Skuras (Elias Hilleröd), Greta Galisch de Palma (Frieda Hilleröd), Kari Hevossaari (Erik Hilleröd), Marcus Hägg (Gunnar), Sabine Vitua (Loni Seiler), Jorma Markkula (Alter Hampus), Folker Banik (Varietébetreiber),

Francesco Martini (Messerwerfer) **L** 90 **E** 18.5.2012 ARD   **fd** –

Rembrandt und sein Sammler
REMBRANDT UND SEIN SAMMLER
Der Kunsthändler und -sammler Eberhard W. Kornfeld besitzt die wichtigste Rembrandt-Grafiksammlung in privater Hand. 100 Radierungen des flämischen Meisters, der selbst ein passionierter Sammler war, schenkte er 2008 seiner Geburtsstadt Basel. Der lohnenswerte dokumentarische Film zeigt Kornfeld im geistigen Dialog mit dem Künstler und seinen Kunstwerken, in dessen Verlauf man mit dem Reiz und dem Handwerk dieser speziellen Sparte der bildenden Kunst vertraut wird. Heinz Bütler hat einen Großteil seines Werks Porträts bildender Künstler gewidmet und überzeugt durch stets neue Ansätze. – Ab 16.
Schweiz 2011 **DVD** NZZ Film / Evolution (16:9, 1.78:1, DD2.0 dt.) **R** Heinz Bütler **L** 74 (auch 52) **FSK** o.A. (Kurzfassung) **E** 30.11.2011 DVD (Kurzf.) / 25.2.2012 SF1 & DRS   **fd** –

Repeaters – Tödliche Zeitschleife
REPEATERS
Drei Teilnehmer an einem offenen Entzugsprogramm landen in einer Zeitschleife: Sie wachen am Morgen auf, und der vergangene Tag beginnt von vorn. Zwar wollen sie diesen Fluch als Chance ansehen und nutzen, doch nicht alles, was sie tun, bleibt ohne Folgen. Humorfreies Drama, das sich immer offensiver von den Drehbuch eingearbeiteten virulenten Krimi-Elementen hingibt. Insgesamt ein durchaus interessanter, freilich nicht sonderlich aufregender Mix aus Science Fiction und Tragödie. – Ab 16.
Kanada 2010 **P** Rampart Films **DVD** EuroVideo (16:9, 1.78:1, DD5.1 engl./dt.) **BD** EuroVideo (16:9, 1.78:1, dts-HDMA engl./dt.) **Pd** Carl Bessai, Richard de Klerk, Irene Nelson **K** Carl Bessai **B** Arne Olsen **K** Carl Bessai **M** Jeff Danna **S** Mark Shearer **D** Dustin Milligan (Kyle Halsted), Amanda Crew (Sonia Logan), Richard de Klerk (Michael Weeks), Alexia Fast (Charlotte Halsted), Gabrielle Rose (Peg Halsted), Hrothgar Mathews (Ed Logan), Benjamin Ratner (Bob Simpson) **L** 89 **FSK** ab 16 **E** 5.7.2012 DVD & BD   **fd** –

Requiem For a Killer
REQUIEM POUR UNE TUEUSE
Eine Auftragsmörderin übernimmt einen letzten Job, um danach mehr Zeit für ihre achtjährige Tochter zu haben. Doch die Liquidierung eines schottischen Sängers, der sich weigert, sein Land zu verkaufen, das eine Ölfirma für die Verlegung einer Pipeline benötigt, ist schwieriger als erwartet. Action-Thriller auf klassischen Pfaden, der mit immer neuen Wendungen aufwartet; zunächst recht unterhaltsam, stellen sich bald Ermüdungserscheinungen ein. – Ab 16.
DVD/BD: Die Extras umfassen u. a. ein ausführliches «Making of» (34 Min.). Frankreich 2011 **P** Alter Fiilms / Studio Canal / France 2 Cinéma / Rhône-Alpes Cinéma **DVD** StudioCanal / Planet Media (16:9, 2.35:1, DD5.1 frz./dt.) **BD** StudioCanal/Planet Media (16:9, 2.35:1, dts-HDMA frz./dt.) **Pd** Alain Terzian **R+B** Jérôme Le Gris **K** Antoine Monad **M** Jiri Heger, Régis Vogélène, Anne-Sophie Versnaeyen **S** Claire Fieschi, Sophie Reine **D** Mélanie Laurent (Lucèce), Clovis Cornillac (Rico), Tchéky Karyo (l'Arménin), Xavier Gallais (Xavier de Ferrières), Christopher Stills (Alexander Child), Corrado Invernizzi (Vittorio Biamonte), Michel Fau (Dirigent), Frédérique Tirmont (Colonel) **L** 91 **FSK** ab 16 **E** 7.2.2012 DVD & BD **fd** –

Resident Evil: Damnation
BIOHAZARD DAMNATION
Auf das Gerücht hin, in Osteuropa würden Biowaffen produziert und diese seien außer Kontrolle geraten, ermittelt eine US-Agentin und sieht sich bald einer Übermacht von Mutanten gegenüber. Ermüdend unoriginelle Variante der Horror-Reihe, die grobschlächtig einen Ableger des Computerspiels zitiert und dabei weit hinter der grafischen Brillanz des Survival-Horror-Standards animiert wurde.
DVD/BD: Die Extras umfassen u. a. das «Making of»-Feature: «Die DNA der Verdammnis» (30 Min.).
Japan 2012 **P** Capcam Comp. / Digital Frontier / Sony **DVD** Sony (16:9, 1.78:1, DD5.1 engl./dt.) **BD** Sony (16:9, 1.78:1, dts-HDMA engl./dt.) **Pd** Hiroyuki Kobayashi, Hidenori Ueki **R** Makoto Kamiya **B** Shotaro Suga **L** 96 **FSK** ab 16 **E** 27.9.2012 DVD & BD **fd** –

Resident Evil: Retribution
RESIDENT EVIL: RETRIBUTION
Weiterführung der Resident Evil-Filmreihe um eine Frau, die in einer postapokalyptischen Welt gegen Zombies kämpft, welche durch ein von einem Konzern gezüchtetes Virus entstanden sind. Sie findet sich in einer geheimen Anlage des Konzerns wieder, in der sie mehr über ihre eigene Vergangenheit herausfindet und der Kampf um die Zukunft der Menschheit neue Wendungen nimmt. Die immergleichen, mit Zeitlupe arbeitenden Kampfsequenzen können die dünne Handlung nicht kaschieren, deren Figuren keinerlei Profil gewinnen. – Ab 16.
3D.Großbritannien/Deutschland/USA 2011 **P** Constantin Film International / Davis Films / Impact Films **KI** Constantin **Pd** Paul W.S. Anderson (= Paul Anderson), Jeremy Bolt, Don Carmody, Alexander Dostal **R+B** Paul W.S. Anderson (= Paul Anderson) **K** Glen MacPherson **M** tomandandy **S** Niven Howie **D** Milla Jovovich (Alice), Michelle Rodriguez (Rain Ocampo), Kevin Durand (Barry Burton), Sienna Guillory (Jill Valentine), Oded Fehr (Carlos Olivera), Bingbing Li (Ada Wong), Shawn Roberts (Albert Wesker), Johann Urb (Leon Kennedy), Boris Kodjoe (Luther West), Colin Salmon (James «One» Shade) **L** 96 (24 B./sec.) / 92 (25 B./sec.) **FSK** ab 16; f **E** 20.9.2012 **fd** 41 287

Restitution – Rache kennt kein Erbarmen
RESTITUTION
Die Mordfälle, die ein cooler Detektiv klären soll, sind nicht nur deshalb so verzwickt, weil der potenzielle Täter, ein Versicherungsmakler, ebenfalls zu den Opfern gehört. Ein weiblicher Barkeeper könnte Licht ins Dunkel bringen, doch wer neugierig ist oder zu viel weiß, lebt gefährlich. Spannender, von Hauptdarstellern geschriebener und mit bescheidenem Budget produzierter Verschwörungsthriller, der dank origineller Wendungen für seine Geschichte einnimmt. – Ab 16.
USA 2011 **P** Bierlein Entertainment / Washington Street Prod. **DVD** Koch (16:9, 1.78:1, DD5.1 engl./dt., dts engl./dt.) **BD** Koch (16:9, 1.78:1, dts-HDMA engl./dt.) **Pd** Mark Bierlein, Lance Kawas, Mark G. Mathis, John Fleming, Russell Tyrrell **R** Lance Kawas **B** Mark Bierlein **K** Edward A. Gutentag **M** Misha Segal **S** George Artope **D** Mena Suvari (Heather), C. Thomas Howell (John Youngstown), William Sadler (George Youngstown), Mark Bierlein (Alex Forrester/Bryan Spikes), Tom Arnold (Tom Lipnity), Michael F. Gillespie (Lance William), Joseph Kathrein (Miles), Davie Davies (Jason) **L** 95 **FSK** ab 16 **E** 24.8.2012 DVD & BD **fd** –

Retreat
RETREAT
Ein junges Paar will auf einer entlegenen Insel vor der Küste Schottlands seine Beziehungsprobleme lösen. Es wird von einem offenbar verwundeten Soldaten heimgesucht, der von katastrophalen Zuständen auf dem Festland berichtet und sich immer mehr im Leben des Paars einrichtet. Intensiver, überzeugend gespielter Psychothriller mit klaustrophobischer Atmosphäre, der trotz des kammerspielartigen Charakters hohe Spannung aufbaut. – Ab 16.
Scope. Großbritannien 2011 **P** Magnet Films / Ripple World Pic. **DVD** Sony (16:9, 2.35:1, DD5.1 engl./dt.) **BD** Sony (16:9, 2.35:1, dts-HDMA engl./dt.) **Pd** Gary Sinyor **R** Carl Tibbetts **B** Janice Hallett, Carl Tibbetts **K** Chris Seager **M** Ilan Eshkeri **S** Jamie Trevill **D** Jamie Bell (Jack), Thandie Newton (Kate), Cillian Murphy (Martin), Jimmy Yuill (Doug), Martilyn Mantle (Mrs. Doug) **L** 86 **FSK** ab 16 **E** 8.3.2012 DVD & BD **fd** –

Return to Murder (Bunohan)
siehe: **Bunohan – Return to Murder**

Revenge – Sympathy for the Devil
FUK SAU CHE CHI SEI
Das Verhör eines wegen massiver Gewalttaten an Polizisten und deren (zumeist schwangeren) Frauen Inhaftierten ergibt, dass er aus Rache für seine von Cops missbrauchten Freundin zum Serienkiller wurde. Formal und inhaltlich komplex gebauter Thriller in kalten Farben und mit gedämpften Emotionen. Auch in der stark geschnittenen deutschen Fassung hat sich noch einiges an Spannung und (formaler) Faszination erhalten.
Scope. Hongkong / VR China 2010 **P** 852 Films/ETA **DVD** I-On/Splendid (16:9, 2.35:1, DD5.1 kanton./dt.) **BD** I-On/Splendid (16:9, 2.35:1,

dts-HD kanton./dt.) **Pd** Conroy Chan Chi-Chung **R** Wong Ching-po **B** Leung Lai-yin, Wong Ching-po **K** Jimmy Wong **M** Dan Findlay **S** Cheung Ka-Fai, Wong Ching-po **D** Juno Mak (Kit), Sola Aoi (Wing), Chin Siu-hou, Tony Ho, Tony Liu **L** 77 **FSK** ab 16 **E** 11.5.2012 DVD & BD **fd** –

Revision ☆★
Im Sommer 1992 wurden an der deutsch-polnischen Grenze zwei rumänische Staatsbürger erschossen. Die Täter hatten sie angeblich mit Wildschweinen verwechselt. Zwei Jahrzehnte später rollt der Dokumentarfilm mit hoher investigativer Energie den juristisch abgeschlossenen Fall wieder auf und unterzieht ihn einer filmischen Revision. In geduldigen Zeugenaussagen und Interviews entschlüsselt sich die menschlich-familiäre Tragödie als extrem vielschichtiges Konglomerat, zu dem auch Fremdenfeindlichkeit, Ausländerhass und westliche Arroganz erheblich beigetragen haben. Der hoch reflektierte Umgang mit Bildern, Tönen und Zeugnissen sensibilisiert für eine strukturelle Lesart historisch-politisch-gesellschaftlicher Fakten, vermittelt durch seine beklemmende Dichte aber auch Anteilnahme und Mitgefühl. (Kinotipp der katholischen Filmkritik) – Sehenswert ab 16.
Deutschland 2012 **P** pong / Blinker Filmprod. / Wolklighs Media / ZDF-ARTE **Kl** Real Fiction **Pd** Merle Kröger, Marcie K. Jost, Meike Martens, Peter Zorn **R** Philip Scheffner **B** Merle Kröger, Philip Scheffner **K** Bernd Meiners **S** Philip Scheffner **L** 110 (24 B./sec.) **FSK** ab 12; f **FBW** w **E** 13.9.2012
fd 41 271

Rio für Anfänger
RIO SEX COMEDY / RIO, SEXE ET UN PEU DE TRAGI-COMEDIE
Eine englische Schönheitschirurgin, die kostenlos für die Armen arbeiten möchte, eine französische Anthropologin auf der Suche nach revolutionären Ambitionen und ein völlig überforderter US-Botschafter landen in einer berüchtigten Favela Rio de Janeiros. Aus der Konfrontation mit dem fremden Land und der Armut wird schnell eine Auseinandersetzung mit den eigenen Bedürfnissen und Lebensentwürfen. Bisweilen gewollt improvisiert wirkende Komödie, in deren mäandernden Handlungssträngen sich die Atmosphäre des «Gestrandetseins» allzu konsequent auf den Zuschauer überträgt. – Ab 16.
Frankreich/Brasilien 2010 **P** Cinema Dependant / ARTE France / Primo Filmes / Tambellini Filmes **DVD** Sunfilm (16:9, 1.85:1, DD5.1 engl./dt., dts dt.) **BD** Sunfilm (16:9, 1.85:1, dts-HDMA7.1 engl./dt.) **Pd** Matias Mariani, Jonathan Nossiter, Santiago Amigorena, Philippe Carcassonne, Flavio R. Tambellini **R+B** Jonathan Nossiter **K** Lubomir Bakchev **S** Sophie Brunet, Jonathan Nossiter **D** Charlotte Rampling (Charlotte), Bill Pullman (Williams), Irène Jacob (Irene), Jérôme Kircher (Robert), Jean-Marc Roulot (Antoine), Daniela Dams (Iracema), David Jarre (Alex), Mary Sheila (Maria Angelica) **L** 108 **FSK** ab 12 **E** 5.4.2012 DVD & BD / 1.3.2013 arte **fd** –

Rio Sex Comedy
siehe: **Rio für Anfänger**

Rise of the Black Bat
RISE OF THE BLACK BAT
Ein Staatsanwalt wird von Schergen übel verwundet und nimmt fortan als schwarz gekleideter Rächer mit rechtsfernen Mitteln die Jagd auf Gesetzlose auf. Zunächst unfreiwillig komischer, dann nur noch unendlich ermüdender Batman-Abklatsch. – Ab 14.
Kanada 2012 **P** Dudez Prod. **DVD** Sunfilm (16:9, 1.85:1, DD5.1 engl./dt., dts dt.) **BD** Sunfilm (16:9, 1.85:1, dts-HDMA7.1 engl./dt.) **Pd** Brett Kelly **R** Scott Patrick **B** Trevor Payer **S** Brett Kelly **D** Jody Haucke (Tony Quinn/Black Bat), Dixie Collins (Carol Baldwin), Richard Groen (Silk Kirby), Leo Frost (Oliver Snate), Dan Demarbre (Ken), John E. McLenachan (Steve), Celine Filion (Roberta), Paul Finnigan (Informant) **L** 83 **FSK** ab 12 **E** 8.11.2012 DVD & BD **fd** –

Riskante Patienten ★
Ein einfühlsam-sensibler, nur wenig zupackender Heilpraktiker wird vom kriminellen Ex-Geliebten seiner Lebensgefährtin bedroht, der den gemeinsamen Sohn zurückhaben will. Ein Schlägertrupp soll die Familie beschützen, doch die Situation eskaliert, und der Heilpraktiker und seine Partnerin suchen Unterschlupf. Diesen gewährt ihnen unwissentlich eine krebskranke Patientin. Grandios gespielter (Fernseh-)Film als Mischung aus rabenschwarzer Gangsterkomödie und Familiendrama. Während die Handlung immer mehr aus dem Ruder läuft, steigert sich die originell variierte Geschichte eines Mannes, der sich gegen einen übermächtigen Gegner zur Wehr setzt, lustvoll zur Eskalation. – Ab 16.
Deutschland 2012 **P** Claussen+Wöbke+Putz Filmprod. (für ARD Degeto/WDR) **Kl** offen **Pd** Barbara Buhl, Susanne Ottersbach, Ulrike Putz, Bettina Reitz, Caren Toenissen **R** Stefan Krohmer **B** Daniel Nocke **M** Sven Rossenbach, Florian van Volxem **S** Stefan Krumbiegel **D** Devid Striesow (Jan), Joanna Kitzl (Milene), Mateo Wansing Lorrio (Lenny), Corinna Kirchhoff (Dorothee), Martin Feifel (Rudger), Aljoscha Stadelmann (Steve), Emilio De Marchi (Axel), David Bredin (Winfried) **L** 90 **E** 22.8.2012 ARD **fd** –

Ein riskanter Plan
MAN ON A LEDGE
Ein New Yorker Polizist sitzt wegen eines angeblichen Diamantenraubs hinter Gittern und nutzt die erste Gelegenheit zur Flucht, um mit einem raffinierten Plan seine Unschuld zu beweisen. Während er damit droht, sich von einem Hochhaus in die Tiefe zu stürzen, sollen seine Verwandten im Gebäude gegenüber das Juwel tatsächlich stehlen. Routiniert erzählter, aber recht vorhersehbar aufbereiteter Thriller, der durchaus unterhält, auch wenn Handlung und Dramaturgie keinerlei Wert auf eine realistische Beglaubigung legen. – Ab 14.
Scope. USA 2011 **P** Summit Ent./Di Bonaventura Pic. **Kl** Concorde **Pd** Lorenzo di Bonaventura, Mark Vahradian **R** Asger Leth **B** Pablo F. Fenjves **K** Paul Cameron **M** Henry Jackman **S** Kevin Stitt **D** Sam Worthington (Nick Cassidy), Elizabeth Banks (Lydia Anderson), Jamie Bell (Joey Cassidy), Ed Harris, Kyra Sedgwick, Anthony Mackie, Genesis Rodriguez, Edward Burns, William Sadler **L** 102 **FSK** ab 12; f **E** 26.1.2012 **fd** 40 871

Ritter des heiligen Grals
EL CAPITAN TRUENO Y SANTO GRIAL
Der Heilige Gral gelangt in Nordafrika in die Hände eines spanischen Abenteurers, der ihn in seine Heimat bringen soll, weil dadurch die Menschheit vor dem Untergang bewahrt werden

kann. Unterwegs gilt es, eine Wikinger-Prinzessin in die Obhut zu nehmen. Farbenprächtiger historischer Abenteuerfilm mit komödiantischen Elementen; solide ausgestattet und inszeniert, krankt er an der mangelnden Ausstrahlung der Darsteller. – Ab 14. Scope. Spanien 2011 **P** Maltes Prod. / SOROlla Films **DVD** Sunfilm (16:9, 2.35:1, DD5.1 span./dt., dts dt.) **BD** Sunfilm (16:9, 2.35:1, dts-HD-MA7.1 span./dt.) **R** Antonio Hernández **B** Victor Mora, Pau Vergara **K** Javier Salmones **M** Luis Ivars **S** Iván Aledo **D** Sergio Peris-Mencheta (Kapitän Trueno), Natasha Yarovenko (Sigrid), Gary Piquer (Sir Black), Asier Etxeandia (Hassan), Jennifer Rope (Ariadna), Roberto Alvarez, Ramón Langa, Adrián Lamana **L** 108 **FSK** ab 12 **E** 16.2.2012 DVD & BD **fd** –

Roadcrew ★
Dokumentarfilm über drei Berliner «Roadies», die sich bei Konzerten und Festivals um Bühnenaufbau und Konzerttechnik kümmern und dafür mit unterschiedlichen Bands ständig auf Achse sind. Er begleitet die Protagonisten in ihrem Arbeitsalltag, wobei es in den Gesprächen auch um eine Auseinandersetzung mit dem Älterwerden sowie um das Problem geht, den mobilen Job mit festen familiären Bindungen zu vereinbaren. Der ebenso unterhaltsame wie humorvolle, vor allem aber melancholisch-nachdenkliche Film beleuchtet differenziert den Berufszweig des Showbiz jenseits des Rampenlichts und kreist auch um allgemein Menschliches. – Ab 12. Deutschland 2011 **P** Koppfilm / Hochschule für Film und Fernsehen «Konrad Wolf» / **DVD** Neue Visionen (16:9, 1.78:1, DD2.0 dt.) **Pd** Sven Boeck **R+B** Olaf Held **K** Johannes Louis, Johannes Praus **M** Benjamin Dickmann **S** Antje Lass **L** 80 (25 B./sec.) **FSK** o.A. **E** 30.8.2012 DVD **fd** 41 447

Roadkill
ROADKILL
Während eines Urlaubs in Irland überfahren sechs junge Leute mit ihrem Reisebus eine Frau, die mit dem Teufel im Bunde war. Nun hat es eine Ausgeburt der Hölle auf die Reisegruppe abgesehen. In betont schöner Landschaft spielende (Computer-) Monstergeschichte ohne Atmosphäre, Charme oder Spannung.

DVD/BD: Erhältlich als DVD, 2D BD und 2D/3D BD.
3D. USA 2011 **P** RHI Entertainment / Parallel Films / Syfy **DVD** I-On/Splendid (16:9, 1.78:1, DD5.1 engl./dt.) **BD** I-On/Splendid (16:9, 1.78:1, dts-HD engl./dt.) **Pd** Adrian Sturges **R** Johannes Roberts **B** Rick Suvalle **K** Peter Robertson **M** Ray Harman **S** Tony Kearns **D** Oliver James (Ryan), Eliza Bennett (Hailey), Stephen Rae (Seamus), Kacey Barnfield (Kate), Ned Dennehy (Luca), Diarmuid Noyses (Chuck), Eve Macklin (Drina), Roisin Murphy (Anita) **L** 88 **FSK** ab 16 **E** 17.8.2012 DVD & BD **fd** –

Robert Bosch – Vermächtnis eines Großindustriellen
Porträt des deutschen Industriellen Robert Bosch (1861–1942), dessen Erfindungen der Motorisierung der Welt revolutionierten. Der Dokumentarfilm zeichnet das Bild eines Frei- und Querdenkers sowie überzeugten Ökologen, der sozialistischen und pazifistischen Idealen folgte. In späteren Jahren sah er sich gezwungen, mit den Nazis zu paktieren, unterstützte dennoch den Widerstand gegen Hitler und rettete Juden, die in seinen Firmen als Zwangsarbeiter eingesetzt wurden. Die vielfältige Spurensuche bedient sich historischer Aufnahmen, nachgedrehten Materials sowie Aussagen von Familienmitgliedern und bietet unterschiedliche Zugänge zum Firmen-Patriarchen. – Ab 14. Teils schwarz-weiß. Deutschland 2011 **P** Eikon Südwest / Bildersturm (für SWR) **KI** offen **Pd** Christian Drewing, Sabine de Mardt **R+B** Birgit Schulz, Angela Linders **K** Jörg Adams, Michael Kern **M** Marcus Schmickler **S** Katharina Schmidt **L** 80 **E** 16.8.2011 ARD **fd** –

Robert Mugabe – Macht um jeden Preis ★
ROBERT MUGABE... WHAT HAPPENED?
Robert Mugabe, Staatspräsident von Simbabwe, galt einst als Hoffnungsträger von ganz Afrika. Doch innerhalb der 32 Jahre, die er die Macht in ehemaligen Südrhodesien innehatte, wandelte er sich zum despotischen Diktator, am Niedergang seines Landes hohen Anteil hat. Der akribische Dokumentarfilm geht mit einer riesigen Materialfülle an Archivbildern und vielen Interviews der exemplarischen Frage nach, wie sich ein

Freiheitsheld in einen Gewaltherrscher verwandelt, der über Leichen geht. – Ab 14.
Südafrika/Großbritannien/Frankreich 2011 **P** Spier Films **KI** EZEF **Pd** Michael Auret, Rehad Desai, Claire Lajoumard, Martin Pieper **R** Simon Bright **B** Ingrid Sinclair, Llewellyn the Last **K** Nicolaas Hofmeyr, Esko Metsola **S** Jenny Hicks, Joel Jacovella, Ronelle Loots, Jacques Marais **L** 84 **FSK** – **E** 15.11.2012 **fd** 41 371

Robin Hood – Ghosts of Sherwood
ROBIN HOOD – GHOSTS OF SHERWOOD
Robin Hood und seine Mannen werden vom Sheriff von Nottingham getötet. Eine Hexe erweckt sie zu «zombifiziertem» Geisterdasein, sodass sie blutige Rache an den Reichen und Mächtigen nehmen können. Deutsche Low-Budget-Produktion, deren wenig originelle Handlung sich schnell in den üblichen Metzeleien verliert. Bemerkenswert ist immerhin der technisch und inszenatorisch gelungene Einsatz von 3D.
3D. Deutschland/USA 2012 **P** Digi-Dreams Studios **KI** DigiDreams **Pd** Nadine Krekel, Ralf Buxa, Oliver Krekel **R** Oliver Krekel **B** Seán Lee **K** Kamil Hertwig, Matthias Michel **M** Michael Donner, Mr. Magoo (= Oliver Krekel) **S** Oliver Krekel **D** Martin Thon (Robin Hood), Ramona Kuen (Marian), Kane Hodder (Little John), Kai Borchardt (Bruder Tuck), Dennis Zachmann (Will Scarlett), Tom Savini (Sheriff von Nottingham), Claude Oliver Rudolph (Guy von Guisbourne), Anika Neubauer (Hexe), Andrea Glowig (junge Hexe), Prashant Jaiswal (indischer Händler), Amfrita Cheema (Tochter des Händlers) **L** 120 (24 B./sec.) / 116 (25 B./sec.) **FSK** ab 18 (DVD) **E** 6.9.2012 **fd** 41 280

Robot & Frank ★
ROBOT & FRANK
Ein gealterter Juwelendieb, der weder ein guter Ehemann noch ein passabler Vater war, erhält von seinem Sohn einen humanoiden Roboter geschenkt, der sich um den Haushalt kümmern soll. Nach anfänglicher Ablehnung kommt der alte Mann auf die Idee, mit der Maschine als Komplize einen Einbruch zu planen. Amüsante Mischung aus Science-Fiction-Film, Heist- und Buddy Movie, die das glaubwürdige Szenario einer nicht allzu fernen

Zukunft entwirft. Mit leisem Humor sowie einem souveränen Hauptdarsteller erzählt der Film von einer ungewöhnlichen Freundschaft und nimmt dabei menschliche Schwächen und Stärken in den Blick. – Ab 14.
USA 2012 **P** TBB / Park Pic. / Stage 6 Films / White Hat / Dog Run Pic. **KI** Senator **Pd** Galt Niederhoffer, Sam Bisbee, Lance Acord, Jackie Kelman Bisbee, Erika Hampson, Cody Ryder **R** Jake Schreier **B** Christopher D. Ford **K** Matthew J. Lloyd **M** Francis and the Lights **S** Jacob Craycroft **D** Frank Langella (Frank), James Marsden (Hunter), Liv Tyler (Madison), Susan Sarandon (Jennifer), Jeremy Strong (Jake), Dario Barosso (Flattop), Bonnie Bentley (Ava), Jeremy Sisto (Sheriff Rowlings) **L** 89 (24 B./sec.) / 86 (25 B./sec.) **FSK** o.A.; f **E** 25.10.2012 **fd** 41 337

Robotropolis
ROBOTROPOLIS
In nicht allzu ferner Zukunft übernehmen Roboter weitgehend die Unannehmlichkeiten des Lebens. Als ein Fernsehteam daraus eine Story bastelt, kommt es zum GAU: Eine Maschine tötet einen Menschen. Damit nicht genug, wird das Team Zeuge eines blutigen Aufstands der Metalldiener. Im Pseudodokumentarstil gedrehter Science-Fiction-Thriller, der sich nur auf seine billigen Spezialeffekte verlässt und interessantere Aspekte der Handlung im Keim erstickt. – Ab 16.
Singapur/USA 2011 **P** Compound B / Boku Films **DVD** Koch (16:9, 1.78:1, DD5.1 engl./dt., dts engl./dt.) **BD** Koch (16:9, 1.78:1, dts-HD engl./dt., dts engl./dt.) **Pd** Ehud Bleiberg, Christopher Hatton, Leon Tong, Nicholas Donnermeyer, Roman Kopelevich **R+B** Christopher Hatton **K** Byron Werner **M** Ramón Balcázar **S** Eva Contis, Scott Markus **D** Zoe Naylor (Christiane Nouveau), Graham Sibley (Danny Ross), Edward Foy (Jason Brooks), Lani Tupu (Gordon Standish), Jourdan Lee (Harlan), Karina Sindicich (Lisa), Peer Metze (Luther Kobler), Tonya Cornelisse (Sky Bennett) **L** 81 **FSK** ab 16 **E** 24.8.2012 DVD & BD **fd** –

Rock of Ages
ROCK OF AGES
Eine junge Sängerin aus der Provinz hofft Ende der 1980er-Jahre in Los Angeles auf ihren Durchbruch, als sie sich in einen Jungen verliebt, der in einem berühmt-berüchtigten Rock-Club arbeitet. Da der Fortbestand des Clubs durch Steuerschulden sowie eine prüde Sittenwächterin gefährdet ist, soll ihm der Auftritt eines gealterten Stars auf die Beine helfen, was sich unerwartet auch auf das junge Liebespaar auswirkt. Unterhaltsame, mit lakonischem Humor schwungvoll inszenierte Adaption eines Musicals, die mit einer Riege bestens aufgelegter Stars in den Nebenrollen aufwartet und pointierte Seitenhiebe auf die Musikindustrie jener Jahre austeilt. – Ab 12.
DVD/BD: Die DVD enthält nur die Kinofassung, während die BD zudem auch eine Langfassung (Extended Version) enthält.
Die Standardausgabe (DVD) enthält keine erwähnenswerten Extras. Die Extras der BD umfassen u. a. ein ausführliches «Making of» (30 Min.) sowie die siebenteilige Dokumentation «Ein Jahrzehnt wird geprägt» (33 Min.) über den Film und die Musik der 1980er Jahre. Die BD enthält eine Audiodeskription für Sehbehinderte, allerdings nur in englischer Sprache.
USA 2012 **P** Offspring Ent. / Corner Store Ent. / Maguire Ent. / New Line Cinema **KI** Warner Bros. **DVD** Warner (16:9, 2.35:1, DD5.1 engl./dt.) **BD** Warner (16:9, 2.35:1, dts-HDMA engl, DD5.1 dt.) **Pd** Matthew Weaver, Scott Prisand, Carl Levin, Tobey Maguire, Garrett Grant, Jennifer Gibgot, Jeff Davis, Daniel Shafer **R** Adam Shankman **B** Justin Theroux, Chris D'Arienzo, Allan Loeb **Vo** Chris D'Arienzo (Musical *Rock of Ages*) **K** Bojan Bazelli **M** Adam Anders, Peer Astrom **S** Emma E. Hickox **D** Julianne Hough (Sherrie Christian), Diego Boneta (Drew Boley), Russell Brand (Lonnie), Paul Giamatti (Paul Gill), Catherine Zeta-Jones (Patricia Whitmore), Malin Akerman (Constance Sack), Mary J. Blige (Justice Charlier), Alec Baldwin (Dennis Dupree), Tom Cruise (Stacee Jaxx) **L** 123 [BD: auch 136 (Extended Version)] **FSK** ab 6; f **E** 17.6.2012 / 19.10.2012 DVD & BD **fd** 41 133

Rogue River
ROGUE RIVER
Eine junge Frau will in abgelegener herbstlicher Provinz die Asche ihres toten Vaters in einen Fluss streuen, doch ein Einheimischer erklärt ihr, dass dies illegitim sei. Er und seine Frau laden sie in ihr Haus ein, und bald muss die Trauernde erkennen, dass sie Psychopathen in die Hände gefallen ist, die sie als Folteropfer auserkoren haben. Abstoßender Torture-Porn-Ableger, der auf höchst unerfreuliche Weise die Erfordernisse dieses Subgenres erfüllt.
DVD/BD: Die dt. Fassung ist gegenüber der Originalfassung um knapp fünf Minuten geschnitten.
USA 2010 **P** Vision Entertainment Group / Kejo Prod. / Rogue River **DVD** dtp/Great Movies (16:9, 1.85:1, DD5.1 engl./dt.) **BD** dtp/Great Movies (16:9, 1.85:1, dts-HD engl./dt.) **Pd** Zachery Ty Bryan, Jo Haskin, Kevin Haskin, Adam Targum, Stephen Fromkin, Scott Macleod, Jina Panebiancho **R** Jourdan McClure **B** Ryan Finnerty, Kevin Haskin **K** Brian Hamm **M** Jermaine Stegall **S** Paul Covington **D** Bill Moseley (Jom), Michelle Page (Mara), Lucinda Jenney (Lea), Art Alexakis (Peter), Chris Coy (Andrew), Michael Chudlitz (Sheriff Boyd), Michael Rooker **L** 76 **FSK** ab 18 **E** 14.2.2012 DVD & BD **fd** –

Roman Polanski – A Film Memoir ★
ROMAN POLANSKI – A FILM MEMOIR
Dokumentarfilm über Roman Polanski, in dessen Zentrum ein Interview mit dem polnischen Regisseur steht, das der Produzent Andrew Braunsberg 2009 mit seinem Freund Polanski führte. Untermalt von persönlichen Fotos und historischem Archivmaterial sowie Ausschnitten aus Polanskis Filmen, berichtet Polanski über seine wechselvolle Lebensgeschichte. Dabei erweist er sich als ähnlich fesselnder Erzähler wie es ihm mit seinen Filmen gelingt; da vom Interviewer, der in der Haltung liebevoller Bewunderung verharrt, keine auch nur ansatzweise spannungsvollen oder kritischen Rückfragen kommen, hält sich der Informationswert dennoch in Grenzen. (O.m.d.U.) – Ab 12.
Großbritannien / Italien / Deutschland 2011 **P** Anagram Films / Casanova Multimedia / Studio Babelsberg **KI** Eclipse **Pd** Luca Barbareschi, Christoph Fisser, Henning Molfenter, Charlie Woebcken (= Carl L. Woebcken) **R+B** Laurent Bouzereau **K** Pawel Edelman **M** Alexandre Desplat **S** Jeff Pickett **L** 94 (24 B./sec.) / 90 (25 B./sec.) **FSK** ab 12; f **E** 23.8.2012 **fd** 41 223

Rommel
ROMMEL ★

Die französische Atlantikküste im März 1944: Feldmarschall Erwin Rommel, Oberbefehlshaber der Heeresgruppe B, erwartet den Angriff der alliierten Truppen. Er ist Hitler treu ergeben und überzeugt, dass eine Bekämpfung der Landungstruppen nur zu Beginn der Invasion sinnvoll ist. Als man ihm die Information zuspielt, dass in Berlin ein Attentat auf Hitler geplant ist, bleibt er loyal. Der Anschlag schlägt fehl, doch bei der Vernehmung der Attentäter fällt auch Rommels Name. Differenziert gestaltetes, in der Titelrolle vorzüglich gespieltes historisches (Fernseh-)Drama, das nicht den «Held von Afrika» darstellt, sondern das Lebens eines enttäuschten Mannes nachzeichnet, der zunehmend seine Ziele schwinden sieht. Der anfänglich aufgezeigte Glanz der Macht weicht einer beklemmenden Intensität angesichts der entscheidenden Frage, ob Rommel sich dem Widerstand anschließen und das geplante Attentat moralisch mittragen wird. – Ab 16.
Deutschland / Österreich / Frankreich 2012 **P** teamWorx / Cactur Films / SWR / BR / ORF / ARD-Degeto **Kl** offen **Pd** Manfred Hattendorf, Nico Hofmann, Ariane Krampe, Michael Schmidl, Jürgen Schuster, Sascha Schwingel, Christine Strobl **R+B** Niki Stein (= Nikolaus Stein von Kamienski) **K** Arthur W. Ahrweiler **S** Corina Dietz **D** Ulrich Tukur (Erwin Rommel), Benjamin Sadler (General Speidel), Aglaia Szyszkowitz (Lucie Rommel), Thomas Thieme (Feldmarschall von Kluge), Hanns Zischler (Feldmarschall von Rundstedt), Tim Bergmann (Oberstleutnant Hofacker), Robert Schupp (Aldinger), Max von Pufendorf (Generalmajor Tempelhoff) **L** 120 **E** 1.11.2012 ARD **fd** –

Ron Hynes: The Man of a Thousand Songs
siehe: **The Man of a Thousand Songs**

Rosa Roth – Trauma
Bei der Verfolgung eines kriminellen Pharmahändlers, der Fahrerflucht begeht, erleidet Kommissarin Roth als Folge eines schweren Autounfalls ein mittelschweres Schädel-Hirn-Trauma. Erst nach Tagen erlangt sie wieder ihr Bewusstsein und erfährt, dass ihr Kollege alkoholisiert gefahren sein soll. Sie kommt einem Komplott auf die Spur, das immer weitere Kreise zieht. Spannender (Fernsehserien-)Krimi als dichtes Geflecht aus persönlichen Verstrickungen und falschen Fährten. – Ab 16.
Deutschland 2011 **P** Moovie (für ZDF) **Kl** offen **Pd** Oliver Berben **R** Carlo Rola **B** Thorsten Wettke **K** Frank Küpper **D** Iris Berben (Rosa Roth), Thomas Thieme (Markus Körber), Carmen-Maja Antoni (Karin von Lomanski), Gunter Schoß (Günther Zorn), Thomas Sarbacher (Jan Gruschqitz), Jördis Triebel (Maike Benstorff), Lavinia Wilson (Ines Taubner), Wilfried Hochholdinger (Häussler) **L** 90 **E** 31.3.2012 ZDF **fd** –

ROSAKINDER
Fünf grundverschiedene deutsche Regisseure stellen in betont persönlichen Filmen ihr Verhältnis zu ihrem filmischen «Übervater» Rosa von Praunheim dar. Ihre Beiträge verdichten sich zur Auseinandersetzung mit Freundschaft und dem Filmemachen sowie dem Verhältnis zwischen Lehrer und Schüler. Ebenso setzen sie sich mit den Themen Gewalt, Sex und Zärtlichkeit auseinander. Die Filme entstanden anlässlich des 70. Geburtstags von Rosa von Praunheim und fragen immer wieder indirekt, wie man jemanden darstellen kann, der die Selbstdarstellung perfektioniert hat. – Ab 16.
Deutschland 2012 **P** Kordes & Kordes Film / WDR / ARTE **Kl** offen **Pd** Alexandra Kordes, Meike Kordes **R+B** Julia von Heinz, Chris Kraus, Axel Ranisch, Robert Thalheim, Tom Tykwer **K** Dennis Pauls, Frank Griebe **S** Milenka Nawka **L** 90 **E** 25.11.2012 arte **fd** –

Rosamunde Pilcher: Das Geheimnis der weißen Taube
Eine junge Frau lebt mit ihrem Mann und dem Schwiegervater ein Auktionshaus. Darüber, dass sie allzu sehr an den Schätzen hängt, die dort versteigert werden, kommt es immer wieder zum Streit, sodass sie ihren Mann verlassen will. Da erhält sie eine Einladung zur Testamentseröffnung eines Lords und erfährt, dass sie die Enkelin des Verstorbenen ist, die gemeinsam mit dessen zweiter Ehefrau das Anwesen erbt. Handelsübliche (Fernseh-) Schmonzette von der Stange, die um Themen wie Liebe, alte Verpflichtungen und ein Geheimnis in der Vergangenheit kreist. – Ab 12.
Deutschland 2011 **P** FFP New Media (für ZDF) **Kl** offen **R** Dieter Kehler **B** Gabriele Kister, Mónica Simon **K** Hartmut E. Lange (= Hartmut Lange) **M** Richard Blackford **S** Heidrun Britta Thomas **D** Ivonne Schönherr (Stella Franklin), Hubertus Grimm (David Brighton), Angela Roy (June Moore), Lutz Mackensy (James), Isabel Varell (Virginia), Reiner Schöne (Carl Handsome), Diego Wallraff (Peter Franklin) **L** 89 **E** 4.4.2012 ORF 2 / 8.4.2012 ZDF **fd** –

Rosamunde Pilcher: Die andere Frau
THE OTHER WIFE

Das Doppelleben eines Mannes führt dessen Familie an Abgründe: Er hat das Familienvermögen in einer kanadischen Goldmine verzockt und zudem eine zweite Familie gegründet. Zum emotionalen Schock gesellen sich weitere Katastrophen, die zu völlig zerrütteten Verhältnissen führen. Gefühlsüberladenes (Fernseh-)Melodram, das in die wohlig-vertraute «Pilcher-Welt» entführt und sich durch erhebliche Realitätsfremdheit auszeichnet. – Ab 14.
Deutschland / Großbritannien 2012 **P** Tele-München Fernseh / Gate Television **DVD** Concorde/EuroVideo (1.78:1, DD5.1 dt., dts dt.) **Pd** Ron Purdie, Rikolt von Gagern **R** Giles Foster **B** Matthew Thomas **Vo** Rosamunde Pilcher (gleichnamige Erzählung) **K** James Aspinall **M** Richard Blackford **S** Liz Webber **D** Natalia Wörner (Rebecca Kendall), Rupert Everett (Martin Kendall), Hans-Werner Meyer (Harry Goodwin), John Hannah (Richard Kendall), Hilary Connell (Natalie Kendall), Malia Kreiling (Eloise Kendall), Nadia Hilker (Gemma Kendall), Miguel Herz-Kestranek (Stephen Henderson) **L** 180 **FSK** o.A. **E** 23./25.12.2012 ZDF/ORF 2 / 27.12.2012 DVD **fd** –

Rosamunde Pilcher: Die falsche Nonne
Eine Polizistin gibt sich als Novizin aus, um unerkannt in einem Waisenhaus ermitteln zu können, auf deren Oberin schon mehrere Mordanschläge verübt wurden. Sie begegnet dort einem alten Bekannten, der den Schwestern als Architekt zur Seite steht und

ein Geheimnis zu verbergen scheint. Konventionelles, kriminalistisch angehauchtes (Fernseh-)Melodram über eine Undercover-Ermittlung in ungewohntem Ambiente. – Ab 14.
Deutschland 2012 **P** FFP New Media **KI** offen **Pd** Heidi Ulmke **R** Hans-Jürgen Tögel **B** Martin Wilke, Silke Morgenroth **K** Gernot Köhler **M** Richard Blackford **D** Nadine Warmuth (Sabrina Jones), Jan Hartmann (Tom Richards), Manon Straché (Schwester Mary), Carin C. Tietze (Schwester Editha), Lisa Kreuzer (Schwester Beatrice), Moritz Lindbergh (Eliot Trent), Ben Rademacher (Mike Donovan) **L** 88 **E** 23.8.2012 ZDF / 19.9.2012 ORF 2 **fd –**

Rosamunde Pilcher: In der Mitte des Lebens

Eine vom Leben enttäuschte Frau Mitte 50 kann im letzten Moment von einem Fremden vom Selbstmord abgehalten werden. Sie beschließt einen Neuanfang, verlässt ihren untreuen Ehemann und verwirklicht ihren Herzenswunsch: Sie zieht ans Meer. Konfektioniertes (Fernseh-)Pilcher-Melodram um Selbstverwirklichung in fortgeschrittenem Alter, das mit dem Sujet der Pseudo-Emanzipation liebäugelt. – Ab 14.
Deutschland 2012 **P** FFP New Media (für ORF/ZDF) **KI** offen **Pd** Heidi Ulmke, Michael Smeaton **R** Stefan Bartmann **B** Martin Wilke, Silke Morgenroth **K** Marc Prill **S** Usch Born **D** Marijam Agischewa (Ella Dempsey), Dietrich Adam (Richard Wadsleigh), Siemen Rühaak (Gordon Dempsey), Daniel Roesner (Michael Dempsey), Zoe Weiland (Carol Mulligan) **L** 90 **E** 10.10.2012 ORF 2 / 14.10.2012 ZDF **fd –**

Rosamunde Pilcher: In der Mitte eines Lebens
siehe: **Rosamunde Pilcher: In der Mitte des Lebens**

Rosamunde Pilcher: Ungezügelt ins Glück
ROSAMUNDE PILCHER: UNGEZÜGELT INS GLÜCK
Ein Adliger, der einen Kredit für sein verschuldetes Anwesen braucht, und die Leiterin der Privatkundenabteilung einer Bank, eine junge Mexikanerin, der die Abschiebung droht, kommen überein, zum beiderseitigen Nutzen eine Scheinehe einzugehen. Bald kommen sich die «Eheleute» emotional näher. Triviale (Fernseh-) Romanze nach Rosamunde Pilcher. Da sie vor dem Hintergrund eines Pferdegnadenhofes spielt, ist der Titel durchaus gerechtfertigt. – Ab 12.
Deutschland/Österreich 2011 **P** FFP New Media (für ZDF/ORF) **KI** offen **Pd** Michael Smeaton **R** Thomas Hezel **B** Martin Wilke, Silke Morgenroth **Vo** Rosamunde Pilcher (Kurzgeschichte *The House Next Door*) **K** Marc Prill **M** Richard Blackford **S** Veronika Zaplata **D** Lara Joy Körner (Gillian Morris), Ole Eisfeld (Dylan Brooks), Diana Körner (Lady Ava Brooks), Clelia Sarto (Betsy St. James), Christian Kahrmann (Fin Hogan), Dorian Brunz (Matt St. James) **L** 90 **E** 15.1.2012 ZDF **fd –**

Rosas Welt: 70 Filme

Anlässlich seines 70. Geburtstags realisierte Regisseur Rosa von Praunheim 70 Kurzfilme über Menschen, die ihm nahestehen oder seinen Lebensweg auf die eine oder andere Weise gekreuzt und beeinflusst haben. Das abwechslungsreiche, thematisch ausufernde Programm erzählt berührend von Sehnsüchten und Träumen und lässt sich einfühlsam, mal humorvoll, mal «trashig» auf die Porträtierten ein. – Ab 16.
Deutschland 2012 **P** Rosa von Praunheim Filmprod. / RBB / arte / Filmstiftung NRW / Medienboard Berlin-Brandenburg **KI** Basis **R** Rosa von Praunheim **K** Dennis Pauls, Nicolai Zörn **M** Andreas M. Wolter **S** Rosa von Praunheim, Frank Brummundt **L** 703 (gek. 98) **E** 24.11.2012 RBB / 25.11.2012 arte (Kurzversion) **fd –**

Rosewood Lane
ROSEWOOD LANE
Eine populäre Radiomoderatorin zieht sich ins kleinstädtische Elternhaus zurück und gerät in den Bann eines Zeitungsjungen mit versteckt-charismatischem Äußeren. Dieser hegt jedoch ungute Absichten und scheint über übernatürliche Fähigkeiten zu verfügen. Effektvoll inszenierter Horrorschocker, der dumpfe Genreklischees weitgehend vermeidet und durch versierte Schauspieler aufhorchen lässt. – Ab 16.
DVD/BD: Die Extras umfassen u. a. ein ausführliches «Making of» (29 Min.).

Scope. USA 2011 **P** Hollywood Media Bridge **DVD** StudioCanal (16:9, 2.35:1, DD5.1 engl./dt.) **BD** StudioCanal (16:9, 2.35:1, dts-HDMA engl./dt.) **Pd** Nadine DeBarros, Don E. Fauntleroy, Phillip B. Goldfine **R+B** Victor Salva **K** Don E. Fauntleroy **M** Bennett Salvay **S** Ed Marx **D** Rose McGowan (Sonny Blake), Lauren Vélez (Paula Crenshaw), Ray Wise (Det. Briggs), Lin Shaye (Mrs. Hawthorne), Ashton Moio (Kid Hawthorne), Bill Fagerbakke (Hank Hawthrone), Lesley-Anne Down (Dr. Cloey Talbot), Rance Howard (Fred Crumb) **L** 92 **FSK** ab 16 **E** 18.9.2012 DVD & BD **fd –**

Rosia Montana – Ein Dorf am Abgrund ★

In einem Dorf in den Karpaten werden die Bewohner von einem kanadischen Bergbau-Unternehmen gedrängt, ihren Besitz zu verkaufen und umzusiedeln: An der Stelle des Dorfs soll ein Auffangbecken für Chemikalien angelegt werden, die beim Abbau von Silber und Gold anfallen. Der Dokumentarfilm sympathisiert deutlich mit den traditionsbewussten Dorfbewohnern; gleichwohl vermeidet er jede Idealisierung der dörflichen Lebenswelt und fesselt mit markanten Protagonisten und einer ausdrucksstarken Bildsprache. (O.m.d.U.) – Ab 14.
Deutschland 2012 **P** Bildfolge Filmprod. **KI** Bildfolge **Pd+R+B** Fabian Daub **K** Ulf Behrens **M** Zarada **S** Astrid Rieger, Fabian Daub **L** 103 (24 B./sec.) / 99 (25 B./sec.) **FSK** o.A.; f **E** 25.10.2012 **fd** 41375

Das Rote-Khmer-Tribunal – Eine Frage der Gerechtigkeit
KHMER ROUGE, A SIMPLE MATTER OF JUSTICE
Zwischen 1975 und 1979 fielen dem Regime der Roten Khmer in Kambodscha mehr als zwei Millionen Menschen zum Opfer. Der Dokumentarfilm rekapituliert diese Tragödie und verfolgt den Prozess gegen ehemalige Anführer, die heute über 80 Jahre alt sind. Dabei gibt er ebenfalls Einblick in die Funktionsweise der internationalen Justiz. – Ab 16.
Frankreich/Belgien 2011 **P** The Factory Prod. / Fontana / ARTE France / RTBF / SBS / NHK / YLE **KI** offen **R+B** Rémi Lainé, Jean Reynaud **S** Josiane Zardoya **L** 80 **E** 1.4.2012 arte **fd –**

Rotkäppchen

Als das Mädchen Rotkäppchen, Tochter einer mittellosen, verwitweten Dorfschneiderin, die Nachricht erhält, dass seine Großmutter, die ein selbstbestimmtes Leben im Wald führt und deshalb von vielen für verrückt gehalten wird, erkrankt sei, macht es sich auf den Weg, um ihr einen Besuch abzustatten. Zum ersten Mal ist es allein im finsteren Wald unterwegs, nur ein Freund weiß, dass dort ein gefräßiger Wolf lauert. Stimmungsvolle (Fernseh-)Neuverfilmung des klassischen Märchens, das mit etwas «Frauenpower» aufgepeppt und psychologisch unterfüttert wurde, ansonsten aber trotz des reizvoll gespielten Wolfmanns zu sehr der vertrauten Fabel folgt und weniger auf Esprit als auf konventionelle Effekte vertraut. – Ab 8.
Deutschland 2012 **P** Kinderfilm **DVD** Telepool (Vertrieb KNM Home Entertainment) **Pd** Ingelore König **R** Sibylle Tafel **B** Anja Kömmerling, Thomas Brinx **Vo** Jakob Ludwig Karl Grimm (Märchen), Wilhelm Karl Grimm (Märchen) **K** Armin Alker **M** Winfried Grabe **S** Anja Feikes **D** Amona Assmann (Rotkäppchen), Edgar Selge (Wolf), Zora Thiessen (Annemarie), Chiron Krase (= Chiron Elias Krase) (Anton), Marie Gruber (Großmutter), Felix Klare (Josef), Nina Vorbrodt (Frau Bürgermeister) **L** 60 **FSK** o.A. **E** 15.11.2012 DVD / 25.12.2012 ARD **fd** –

Ruby Sparks – Meine fabelhafte Freundin
RUBY SPARKS

Ein schüchterner Schriftsteller denkt sich die Traumfrau Ruby Sparks aus, die eines Morgens in seiner Küche steht – aus Fleisch und Blut. Ruby bleibt aber durch die Einfälle ihres Erfinders lenk- und formbar, ein Mangel an Selbstständigkeit und Freiheit, der Schöpfer wie Geschöpf gleichermaßen zu schaffen macht. Tragikomische Variante des Pygmalion-Mythos, die mit guten Schauspielern und unterhaltsamer Situationskomik auftrumpft, den Entwicklungsprozess der männlichen Hauptfigur aber nicht sonderlich subtil umsetzt. – Ab 14.
USA 2012 **P** Fox Searchlight Pic. / Bona Fide Prod. **KI** Twentieth Century Fox **Pd** Albert Berger, Ron Yerxa **R** Jonathan Dayton, Valerie Faris **B** Zoe Kazan **K** Matthew Libatique **M** Nick Urata **S** Pamela Martin **D** Paul Dano (Calvin Weir-Fields), Zoe Kazan (Ruby Sparks), Antonio Banderas (Mort), Annette Bening (Gertrude), Steve Coogan (Langdon Tharp), Elliott Gould (Dr. Rosenthal), Chris Messina (Harry), Alia Shawkat (Mabel), Aasif Mandvi (Cyrus Modi), Toni Trucks (Susie), Deborah Ann Woll (Lila) **L** 105 (24 B./sec.) / 101 (25 B./sec.) **FSK** ab 6; f **FBW** bw **E** 29.11.2012 **fd** 41 397

Der Ruf der Wale
BIG MIRACLE

Als drei Grauwale 1988 vor der Küste Alaskas ums Überleben ringen, wird dies zum US-weiten Medienereignis. Ein Moderator des Lokalfernsehens und eine engagierte Tierschützerin setzen sich für die Rettung der Tiere ein und bewirken, dass US-Militärs und Sowjets zusammenarbeiten. Die auf einer wahren Begebenheit fußende Geschichte einer völkerverbindenden «Goodwill»-Aktion gegen Ende des Kalten Kriegs wird zur anrührenden Familiengeschichte mit guten Darstellern und einigen ironischen Seitenhieben. – Ab 12.
DVD/BD: Die Standardausgabe (DVD) enthält keine erwähnenswerten Extras. Die Extras der umfangreicheren BD enthalten u. a. ein Feature mit im Film nicht verwendeten Szenen. Scope. USA/Großbritannien 2011 **P** Universal Pic. / Working Title / Anonymous Content **KI** Universal **DVD** Universal (16:9, 2.35:1, DD5.1 engl./dt.) **BD** Universal (16:9, 2.35:1, dts-HDMA engl., dts-HD dt.) **Pd** Tim Bevan, Eric Fellner, Steve Golin, Michael Sugar **R** Ken Kwapis **B** Jack Amiel, Michael Begler **K** John Bailey **M** Cliff Eidelman **S** Cara Silverman **D** Drew Barrymore (Rachel Kramer), John Krasinski (Adam Carlson), Kristen Bell (Jill Jerard), Dermot Mulroney (Colonel Scott Boyer), Tim Blake Nelson (Pat Lafayette), Vinessa Shaw (Kelly Meyers), Ted Danson (J.W. McGraw) **L** 107 **FSK** o.A.; f **FBW** w **E** 16.2.2012 / 21.6.2012 DVD & BD **fd** 40 910

Ruf der Wildnis
CALL OF THE WILD

Ein zehnjähriges Mädchen verbringt seine Ferien beim Großvater in der winterlichen Abgeschiedenheit Montanas, wo es Freundschaft mit einem verletzten Wolfshund schließt. Während der Opa das Kind mit dem Roman von Jack London vertraut macht, ermutigt es ein Freund, an einem Schlittenhunderennen teilzunehmen. Zugleich gilt es, sich den Intrigen eines unsympathischen Nachbarn und dessen Sohns zu erwehren. Familienfreundlicher, von sympathischen Darstellern getragener Unterhaltungsfilm vor großartiger Naturkulisse, der sich an Jack Londons Abenteuerklassiker anlehnt. – Ab 12.
USA 2009 **P** Check Entertainment / Call of the Wild Prod. / Braeburn Entertainment / 21st Century 3D **DVD** Universal (16:9, 1.78:1, DD5.1 engl./dt.) **Pd** Nancy Draper, Richard Gabai, Stacy Fish, Larissa Michel **R** Richard Gabai **B** Leland Douglas **Vo** Jack London (Roman) **K** Scott Peck **M** Deeji Mincey, Boris Zelkin **S** Axel Hubert, Lawrence A. Maddox (= Lawrence Maddox) **D** Christopher Lloyd (Bill Hale), Ariel Gade (Ryan), Kameron Knox (Jack), Timothy Bottoms (Heep), Devon Graye (Ozz), Aimee Teegarden (Tracy), Veronica Cartwright (Sheriff Taylor), Wes Studi (Hatcher) **L** 83 **FSK** ab 6 **E** 7.4.2011 DVD / 7.10.2012 ZDF **fd** –

Ruhe Sanft
REST IN PEACE

Dokumentarfilm, der sich mit der radikalen Endgültigkeit des Todes auseinandersetzt und den Umgang mit Toten und Leichen in den unterschiedlichsten Kulturkreisen beschreibt. Zur Sprache kommen Begräbnisrituale und Totenfeste, aber auch ein wenig pietätvoller Umgang mit den sterblichen Überresten wird thematisiert: der menschliche Körper als Ersatzteillager oder Überlegungen zur Kompostierung von Leichen. Der Film greift ein großes Tabuthema auf und will zum Nachdenken über die Endlichkeit anregen. – Ab 16.
Österreich/Frankreich 2008 **P** DorFilm / ARTE France **KI** offen **Pd** Danny Krausz, Kurt Stocker **R+B** Andrea Morgenthaler **K** Enzo Brandner (= Heinz Brandner) **M** Stefan Bernheimer **S** Klaus Hundsbichler **L** 88 **E** 10.11.2012 arte **fd** –

Ruhelos ★
PERSÉCUTION

Ein mürrisch-cholerischer Mann Mitte 30 kontrolliert die Beziehung zu sei-

ner Lebensgefährtin durch ständiges Schwanken zwischen unbeherrschter Abweisung und krankhafter Inbesitznahme. Als sich ein Stalker in sein Leben drängt, verstört ihn die ungewohnte Opferrolle und zwingt ihn zu einer Reflexion seines eigenen Verhaltens. Äußerst intensiv gespieltes Psychodrama und Porträt einer labilen, sich hinter Worten verschanzenden Persönlichkeit. – Ab 16.
Frankreich/Deutschland 2009 **P** Move Movie / Black Forest Films / Azor Films / Ce Qui Me Meut Motion Pic. / Mars Films / arte France Cinéma **KI** offen **Pd** Bruno Levy, Rémi Burah, Christoph Hahnheiser **R** Patrice Chéreau **B** Patrice Chéreau, Anne-Louise Trividic **K** Yves Cape **M** Éric Neveux **S** François Gédigier **D** Romain Duris (Daniel), Charlotte Gainsbourg (Sonia), Jean-Hugues Anglade (Verfolger), Gilles Cohen (Michel), Alex Descas (Thomas), Michel Duchaussoy (alter Mann), Tsilla Chelton (alte Frau), Mika Tard (Kellnerin), Hiam Abbass (Marie) **L** 99 **E** 20.11.2012 arte **fd –**

Ein ruhiges Leben ★
UNA VITA TRANQUILLA / UNE VIE TRANQUILLE
Ein aus Italien stammender Restaurant-Besitzer Mitte 50 genießt mit deutscher Ehefrau und kleinem Sohn in der Nähe von Wiesbaden sein Familienleben. Mit dem Besuch zweier junger Italiener dringen gefährliche Schatten seiner Vergangenheit in die friedliche Existenz ein. Mehr von der zwischenmenschlichen Spannung der sorgfältig konturierten Figuren als von äußerer Action zehrend, entfaltet sich der Film als stiller Thriller um ein «Kainsmal», der Gewalt, das sich nicht abschütteln lässt. Suggestiv in der Bildsprache, getragen von vorzüglichen Darstellern, spielt er geschickt mit Ungewissheiten. – Ab 16.
Deutschland/Italien/Frankreich 2010 **P** Fabrizio Mosca Prod. / Acaba Prod. / EOS Ent. / Babe Films **KI** farbfilm **Pd** Fabrizio Mosca, Christer von Lindequist **R** Claudio Cupellini **B** Filippo Gravino, Guido Iuculano, Claudio Cupellini **K** Gergely Pohárnok **S** Giuseppe Trepiccione **D** Toni Servillo (Rosario Russo), Marco D'Amore (Diego), Francesco Di Leva (Edoardo), Juliane Köhler (Renate), Leonardo Sprengler (Mathias), Alice Dwyer (Doris), Maurizio Donadoni (Claudio), Giovanni Ludeno (Enzino) **L** 105 **FSK** ab 12; f **E** 24.5.2012 **fd** 41 086

Ruhm ★
RUHM
In sechs vielfältig ineinander verschachtelten und miteinander verwobenen Episoden werden mehrere Personen durch kleine Zufälle aus ihrem Lebensalltag gerissen und mit unerwarteten Sinnkrisen, mit Identitätsverlust und sogar der drohenden Gefahr des Auflösens konfrontiert. Die phasenweise vorzüglich gespielte Verfilmung von Daniel Kehlmanns Episodenroman findet für das reizvolle Spiel der Vorlage mit den logischen Grenze der Erzählebenen eher nur konventionelle Entsprechungen, sodass das angestrebte Vexierspiel um Träume und Wünsche, Manipulation und Wirklichkeit solide unterhält, aber nicht allzu tief dringt. – Ab 14.
Deutschland/Österreich/Schweiz 2011 **P** Little Shark Ent. / Terz Filmprod. / Dor Film / Hugofilm / WDR / ARD Degeto / ARTE / ORF / SRF / SRG SSR **KI** nfp **DVD** NFP/Warner (16:9, 1.85:1, DD5.1 dt.) **Pd** Tom Spiess, Christoph Friedel, Sönke Wortmann, Claudia Steffen, Danny Krausz, Isabelle Welter, Christof Neracher **R+B** Isabel Kleefeld **Vo** Daniel Kehlmann (Roman *Ruhm*) **K** Rainer Klausmann **M** Annette Focks **S** Andrea Mertens **D** Senta Berger (Rosalie), Heino Ferch (Ralf Tanner), Julia Koschitz (Elisabeth), Stefan Kurt (Leo Richter), Thorsten Merten (Klaus Rubinstein), Axel Ranisch (Mollwitt), Gabriela Maria Schmeide (Maria Rubinstein), Justus von Dohnányi (= Justus von Dohnanyi) (Joachim Ebling), Matthias Brandt (Ludwig) **L** 103 **FSK** ab 12; f **FBW** bw **E** 22.3.2012 / 1.11.2012 Schweiz / 26.10.2012 DVD **fd** 40 964

Rum Diary
RUM DIARY
Ein US-amerikanischer Journalist tritt im Puerto Rico der 1960er-Jahre eine Stelle bei einer Tageszeitung an, wobei seine literarischen Ambitionen den Verlockungen des Alkohols und des schnellen Geldes zum Opfer fallen. Die Verfilmung eines autobiografischen Romans von Hunter S. Thompson erweist sich als brave Nacherzählung, die sich in hübschen Bildern erschöpft und vor allem nostalgisch der Ära huldigt, in der die Buchvorlage spielt. Die literarische Entwicklung des Autors wird mehr behauptet als glaubhaft vermittelt. – Ab 16.
DVD/BD: Die Extras umfassen u. a. zehn kurze und eher unerhebliche Interviews (41 Min.).
USA 2011 **P** GK Films / Infinitum Nihil / FilmEngine / Dark & Stormy Ent. **KI** Wild Bunch Germany **DVD** Universum (16:9, 1.85:1, DD5.1 engl./dt.) **BD** Universum (16:9, 1.85:1, dts-HD-MA engl./dt.) **Pd** Johnny Depp, Christi Dembrowski, Anthony Rhulen, Robert Kravis, Tim Headington, Graham King, Peter Kohn **R+B** Bruce Robinson **Vo** Hunter S. Thompson (Roman) **K** Dariusz Wolski **S** Carol Littleton **D** Johnny Depp (Paul Kemp), Aaron Eckhart (Sanderson), Michael Rispoli (Sala), Amber Heard (Chenault), Richard Jenkins (Lotterman), Giovanni Ribisi (Moburg), Amaury Nolasco (Segurra), Marshall Bell (Donovan), Bill Smitrovich (Mr. Zimburger), Julian Holloway (Wolseley), Bruno Irizarry (Lazar), Enzo Clienti (Digby), Aaron Lustig (Monk), Tisuby González (Rosy), Natalia Rivera (Chenaults Freundin), Karen Austin (Mrs. Zimburger) **L** 119 (24 B./sec.) / 115 (25 B./sec.) **FSK** ab 12; f **E** 2.8.2012 / 13.9.2012 Schweiz / 19.12.2012 DVD & BD **fd** 41 201

Russendisko
Drei junge Russen landen 1990 in Berlin, um sich dort niederzulassen, und schlagen sich auf ihrer Suche nach Glück mit Liebesverwicklungen und anderen Turbulenzen herum. Sehr frei an Wladimir Kaminers Kurzgeschichten-Band *Russendisko* orientiert, bietet der Film nur noch Bruchstücke von Kaminers ironischen Schlaglichtern aus dem Berlin kurz nach der Wende und erzählt ohne rechten Schwung und Esprit eine eher schlichte Buddy-Geschichte um osteuropäische Freunde und ihre Abenteuer im «Westen». – Ab 14.
Deutschland 2012 **P** Black Forest Films / Seven Pic. **KI** Paramount **DVD** Paramount (16:9, 1.85:1, DD5.1 dt.) **BD** Paramount (16:9, 1.85:1, DD5.1 dt.) **Pd** Christoph Hahnheiser, Arthur Cohn, Josune Hahnheiser **R+B** Oliver Ziegenbalg **Vo** Wladimir Kaminer (Kurzgeschichtenband *Russendisko*) **K** Tetsuo Nagata **M** Lars Löhn **S** Peter R. Adam **D** Matthias Schweighöfer

(Wladimir), Friedrich Mücke (Mischa), Christian Friedel (Andrej), Peri Baumeister (Olga), Susanne Bormann (Hanna), Pheline Roggan (Helena), Rainer Bock (Herr Kaminer), Imogen Kogge (Frau Kaminer), Kathrin Angerer (Ilona), Matthias Brenner (Anatol), Jule Böwe (Jule), Felix Goeser (Felix), Waldemar Kobus (Rabbi) **L** 100 **FSK** ab 6; f **FBW** bw **E** 29.3.2012 / 18.10.2012 DVD & BD **fd** 40 977

Russisch Roulette
RUSSISCH ROULETTE
Der achtjährige Sohn einer deutschen Journalistin wird in St. Petersburg entführt. Sie versucht, seine Spur aufzunehmen, wobei sie schnell erkennt, dass sie kaum jemandem trauen kann. Einzig ein dubioser polnischer Schrottwarenhändler erscheint ihr als Verbündeter. Die Spur führt zu einem russischen Oligarchen und in ein Netzwerk ehemaliger KGB-Agenten. Aufwändiger (Fernseh-)Politthriller, der als spannender Genrefilm die (Macht-)Verhältnisse im aktuellen Russland aufgreift, die noch immer von alten Strukturen geprägt sind. – Ab 16.
Österreich/Deutschland 2011 **P** Graf Filmprod. (für ARD/ORF) **DVD** POLAR (16:9, 1.78:1, DD2.0 dt.) **Pd** Klaus Graf **R** Joseph Vilsmaier **B** Rolf-René Schneider **K** Joseph Vilsmaier **M** Gert Wilden jr. **S** Norbert Herzner **D** Katharina Böhm (Katherina Wagner), Heinz Hoenig (Adam Markowski), Wolf Roth (Wolfgang Fischer), Hansjürgen Hürrig (Alfred Scherenberg), Merab Ninidze (Alexej Romanowitsch), Horst-Günter Marx (Grogori Rubinstein), Roman Knizka (Juri Sorokin), Laura Osswald (Natascha Koslowa) **L** 174 (85 & 89) **FSK** ab 12 **E** 2. / 3.1.2012 ARD (Zwei Teile) / 3.1.2012 DVD **fd** –

SKYFALL (Sony)

Die Saat des Bösen
SEEDS OF DESTRUCTION / THE TERROR BENEATH / GARDEN OF EVIL
Außerirdische Pflanzen breiten sich auf der Erde aus, mutieren zu gigantischen Wesen und drohen, den inzwischen gar nicht mehr so blauen Planeten mitsamt der menschlichen Zivilisation zu vernichten. Da ist der gute Rat einer hübschen Botanikerin Gold wert. Katastrophal schlechter Katastrophenfilm mit lausigen Effekten und bemühten Schauspielern. – Ab 14.
Kanada/USA 2011 **P** Eden Pic. **DVD** Sunfilm (16:9, 1.85:1, DD5.1 engl./dt., dts dt.) **BD** Sunfilm (16:9, 1.85:1, dts-HDMA7.1 engl./dt.) **Pd** Raymond Massey **R** Paul Ziller **B** Mike Muldoon, Paul Ziller **K** Anthony C. Metchie (= Anthony Metchie) **M** Michael Neilson **S** Robert E. Newton, Garry M.B. Smith **D** Adrian Pasdar (Jack), James Morrison (Frame), Jesse Moss (Joe), Luisa D'Oliveira (Kate), Stefanie von Pfetten (Jocelyn), David Lewis (Rektor), David Richmond Peck (Wilson), Daniel Bacon (Noel) **L** 87 **FSK** ab 12 **E** 10.5.2012 DVD & BD **fd** –

Sacred – Die Prophezeiung
THE SACRED
Ein in den Sümpfen gelegener indianischer Opferplatz für Straftäter zieht das (wissenschaftliche) Interesse einiger Studenten auf sich. Als die Gruppe dort campt und forscht, visualisieren sich die dunklen Geheimnisse der Jugendlichen mit tödlichen Folgen. Spannungsarmer Geisterhorror mit indigenem Mystizismus und vielen schlecht spielenden Schönlingen, die ihre Rollen unsympathisch ausleben. – Ab 16.
Scope. USA 2009 **P** Sacred Prod. **DVD** MIG/EuroVideo (16:9, 2.35:1, DD5.1 engl./dt.) **Pd** Sharon Reed **R** Jose Zambrano Cassella **B** Sharon Reed, Jose Zambrano Cassella **K** Jose Zambrano Cassella **M** Stefan Galaboff **S** Jose Zambrano Cassella **D** Jessica Blackmore (Miranda), David Mackey (Pete), Lauren Brown (Jackie), Ryan Marsico (Zack), Jordan Wall (Jared), John Kyle (Bill), John Archer Lundgren (Sergio), Leander Suleiman (Schamane), Thomas Gould (Dokter) **L** 92 **FSK** ab 16 **E** 24.5.2012 DVD **fd** –

Safe House
SAFE HOUSE
Ein ehemaliger CIA-Agent, der mittlerweile als «Maulwurf» berühmt-berüchtigt ist, wird in Kapstadt vom CIA gefasst und in ein «Safe House», einen Verhör-Stützpunkt, gebracht. Als Bewaffnete eindringen, flieht er gemeinsam mit dem Wachmann des Hauses. Es beginnt eine nicht enden wollende Verfolgungsjagd. Agentenfilm mit einigen interessanten Ansätzen, der sein Verschwörungskonzept aber mit zu viel Actiongewitter überfrachtet und an den wenig originell gezeichneten Figuren krankt. – Ab 16.
DVD/BD: Die Standardausgabe (DVD) enthält keine erwähnenswerten Extras. Die Extras der BD sind zwar umfangreicher, beschränken sich indes zumeist nur auf wenig aussagekräftige Feature. Erwähnenswert sind allenfalls die Featurettes: «Kampf Mann gegen Mann» (8 Min.), «Hinter der Action» (8 Min.) und «Ein sicherer Zufluchtsort: Kapstadt» (9 Min.).
Scope. USA/Südafrika 2012 **P** Intrepid Pic. / Moonlighting FIlms / Relativity Media / Stuber Prod. **KI** Universal **DVD** Universal (16:9, 2.35:1, DD5.1 engl./dt.) **BD** Universal (16:9, 2.35:1, dts-HDMA engl., dts dt.) **Pd** Scott Stuber **R** Daniel Espinosa **B** David Guggenheim **K** Oliver Wood **M** Ramin Djawadi **S** Richard Pearson **D** Denzel Washington (Tobin Frost), Ryan Reynolds (Matt Weston), Vera Farmiga (Catherine Linklater), Brendan Gleeson (David Barlow), Sam Shepard (Harlan Whitford), Ruben Blades (Carlos Villar), Nora Arnezeder (Ana Moreau), Robert Patrick (Daniel Kiefer), Liam Cunningham (Alec Wade), Joel Kinnaman (Keller), Fares Fares (Vargas) **L** 115 **FSK** ab 16; f **E** 23.2.2012 / 5.7.2012 DVD & BD
fd 40 908

Safe – Todsicher
SAFE
Ein unfreiwillig auf die schiefe Bahn geratener ehemaliger Polizist wird zum Beschützer eines kleinen chinesischen Mädchens, das aufgrund seines Genies von der Mafia als lebender

Datenspeicher missbraucht wird. Das ungleiche Team stellt sich nicht nur den chinesischen Triaden und der russischen Mafia entgegen, sondern erwehrt sich zudem eines korrupten Polizeiapparats. Ein extrem schießwütiger, in den Actionsequenzen durchaus furioser Thriller, weitgehend getragen von seinem Hauptdarsteller. Der Film krankt vor allem an seinem überladenen, wenig logischen Drehbuch, sodass er statt auf innere Stringenz lieber auf Blutbäder setzt.
DVD/BD: Die Extras umfassen u.a. einen Audiokommentar des Regisseurs. Scope. USA 2012 **P** Automatik Ent. / Current Inc. / IM Global / Lawrence Bender Prod. / Trigger Street Prod. **KI** Concorde **DVD** Concorde/Eurovideo (16:9, 2.35:1, DD5.1 engl./dt., dts dt.) **BD** Concorde/Eurovideo (16:9, 2.35:1, dts-HDMA engl./dt.) **Pd** Lawrence Bender, Dana Brunetti, Joseph Zolfo **R+B** Boaz Yakin **K** Stefan Czapsky **M** Mark Mothersbaugh **S** Frédéric Thoraval **D** Jason Statham (Luke Wright), Catherine Chan (Mei), Robert John Burke (Captain Wolf), Reggie Lee (Yao Chang), Anson Mount (Alex Rosen), James Hong (Han Jiao), Chris Sarandon (Bürgermeister Tramello) **L** 95 (24 B./sec.) / 92 (25 B./sec.) **FSK** ab 18; f **E** 31.5.2012 / 17.12.2012 DVD & BD **fd** 41 099

Sag, dass du mich liebst ★
PARLEZ-MOI DE VOUS
Eine beruflich erfolgreiche, privat aber einsame Pariser Radio-Moderatorin sucht nach ihrer Mutter, die sie als Kind ins Waisenhaus abgeschoben hat. Als sie fündig wird, erfolgt ein zaghafter Annäherungsprozess, bei dem jedoch das Verhalten der Tochter ihren Sehnsüchten und Gefühlen im Wege steht. Ein beeindruckender Film, der trotz des bewegenden Themas nie ins Sentimentale abgleitet, sondern anspruchsvoll-hintergründige Unterhaltung auf inszenatorisch hohem Niveau bietet. – Ab 14.
Scope. Frankreich 2012 **P** Estrella Prod./ Bonne Pioche Cinéma **KI** Alpenrepublik / Frenetic (Schweiz) **Pd** Stéphanie Carreras **R+B** Pierre Pinaud **K** Guillaume Deffontaines **M** Maïdi Roth **S** Valérie Deseine **D** Karin Viard (Claire Martin / Mélina), Nicolas Duvauchelle (Lucas), Nadia Barentin (Joelle Goulain), Patrick Fierry (André), Catherine Hosmalin (Ingrid Goulain),

Jean-Noël Brouté (Bertrand), Dani (Barka), François Bureloup (Bernard Goulain), Élise Otzenberger (Julie Goulain), Adèle Bonduelle (Amélie Goulain), Ariane Pirie (Ania) **L** 90 (24 B./sec.) / 87 (25 B./sec.) **FSK** ab 6; f **E** 16.8.2012 Schweiz / 1.11.2012
fd 41 338

Sag Salim – Unverletzt
SAG SALIM
Ein gutmütiger Dorftrottel soll eine Leiche in den Heimatort des Toten transportieren. Einen Unfall und dubiose Begegnungen später findet sich der naive Fahrer in einem gewalttätigen Schlamassel wider, wobei ein angeheuerter Ehrenmörder, dessen entlaufene Tochter, ein Drogenschmuggler und die türkische Mafia eine Rolle spielen. Was wie harmloses filmisches Bauerntheater anmutet, entwickelt sich zum sarkastischen Road-Movie, das nicht mit Kalauern spart, aber auch treffsichere Gesellschaftssatire transportiert. (O.m.d.U.) – Ab 16.
Türkei 2012 **P** Gülen Adam Film **KI** AF-Media **Pd+R** Ersoy Güler **B** Ersoy Güler, Alper Erze **K** Ömer Yilmaz **M** Emre Dündar, Murat Uncuoglu **S** Ender Özyer **D** Burçin Bildik (Salim), Alper Saldiran (Recai), Fulya Zenginer (Nihal), Hüseyin Avni Danyal (Muhtar), Kenan Ece (Ayhan), Murat Akkoyunlu (Gucur Osman), Kamil Güler (Mehmet), Kevork Türker (Ramiz), Orçun Kaptan (Orhan), Tevfik Inceoglu (Tahsin), Yakup Yavru (Halit) **L** 99 **fd** 41 131

Sagrada – das Wunder der ☆ Schöpfung
SAGRADA – EL MISTERI DE LA CREACIÓ
Dokumentarfilm über die unvollendete Kathedrale «Templo Expiatorio de la Sagrada Familia» in Barcelona, an der seit 1882 gearbeitet wird. Er zeichnet die wechselvolle Baugeschichte von den Anfängen über die maßgebenden Arbeiten Antoni Gaudís bis in die Gegenwart nach, wobei Menschen aus unterschiedlichen Kulturkreisen zusammenwirken. Die bewegte Kamera verleiht dem Film eine schwebende Leichtigkeit, die Musik von Bach erdet ihn in sakraler Tradition, eine Tänzerin bringt eine mystische Dimension ins Spiel. Ein eindrucksvolle Hommage an das kreative, verbindende Gemeinschaftswerk des Kirchenbaus. (Titel Schweiz: SA-

GRADA – EL MISTERI DE LA CREACIÓ) – Sehenswert ab 14.
Schweiz 2010 **P** Fontana Film / SRF **KI** Xenix (Schweiz) / Arsenal **Pd+R+B** Stefan Haupt **K** Patrick Lindenmaier **M** Tomas Korber, Johann Sebastian Bach **S** Christof Schertenleib **L** 93 **FSK** – **E** 22.11.2012 Schweiz / 20.12.2012 **fd** 41 407

Sagrada – El misteri de la creació
siehe: **Sagrada – das Wunder der Schöpfung**

Der Samariter – Tödliches Finale
THE SAMARITAN
Nach 20-jähriger Haft kommt ein gewalttätiger Raubmörder, vermeintlich geläutert, frei und will ein neues Leben beginnen. Doch ein junger Nachtclub-Besitzer mit kriminellen Ambitionen tut alles, um den Ex-Häftling wieder auf die schiefe Bahn zu bringen. Solide inszenierter Low-Budget-Thriller ohne Anspruch auf nachhaltigen Eindruck; in den Nebenrollen stimmig, wenn auch mit Tom Wilkinson und Deborah Kara Unger klischeehaft besetzt. – Ab 16.
Scope. Kanada 2012 **P** H20 Motion Pic. / 2262730 Ontario / Middle Child Films / Quickfire Films **DVD** Ascot/Elite (16:9, 2.35:1, DD5.1 engl./dt., dts dt.) **BD** Ascot/Elite (16:9, 2.35:1, dts-HDMA engl./dt.) **Pd** Suzanne Cheriton, Andras Hamori, Tony Wosk **R** David Weaver **B** Elan Mastai, David Weaver **K** François Dagenais **M** Todor Kobakov, David Whalen **S** Geoff Ashenhurst **D** Samuel L. Jackson (Foley), Ruth Negga (Iris), Luke Kirby (Ethan), Alan C. Peterson (Miro), Gil Bellows (Barkeeper Bill), Aaron Poole (Jake), Tom McCamus (Deacon), Martha Burns (Gretchen) **L** 90 **FSK** ab 16 **E** 8.10.2012 DVD & BD **fd** –

Samenspender unbekannt
DONOR UNKNOWN
Eine junge Frau, die mit zwei Müttern aufwuchs, recherchiert nach ihrem leiblichen Vater, einem Samenspender, und findet heraus, dass sie noch zwölf Geschwister hat, die ebenfalls von «Spender 150» abstammen. Hinter dieser Bezeichnung offenbart sich eine mittlerweile weitgehend verkrachte Existenz aus dem kalifornischen Venice Beach. Der spannende Dokumentarfilm stellt eine neue Art von Familie vor, deren Mitglieder in

der Regel nichts von der Existenz der Geschwister wissen. Dabei wirft er eine Reihe ethischer, moralischer und philosophischer Fragen auf. – Ab 16.
Großbritannien 2010 **P** Metfilm/redbird **KI** offen **Pd** Hilary Durman, Al Morrow, Stewart Le Marechal **R** Jerry Rothwell **K** Jerry Rothwell **M** Max de Wardener **S** Alan Mackay **L** 77 **E** 9.12.2012 arte **fd** –

Sammys Abenteuer 2
SAMMY'S AVONTUREN 2
Fortsetzung des Animationsfilms (SAMMYS ABENTEUER 3D) um die Abenteuer einer Meeresschildkröte und ihrer Freunde. Diesmal geraten der mittlerweile alt gewordene Sammy und sein bester Freund in die Fänge von Wilderern, die sie in ein Aquarium verfrachten. Während die beiden Ausbruchspläne schmieden, sind die Enkel unterwegs, um ihnen zu helfen. Das visuell bezaubernde Abenteuer verbindet seine spannende Fabel mit einem Plädoyer gegen unartgemäße Tierhaltung. Dabei appelliert der Film etwas holzschnittartig ans ökologische Gewissen. – Ab 6.
3D. Scope. Belgien 2012 **P** nWave Pic. / Illuminata Pic. / Motion Investment Group / BNP Paribas Fortis Film Fund / uFilm **KI** StudioCanal **Pd** Gina Gallo, Mimi Maynard, Domonic Paris, Ben Stassen, Caroline Van Iseghem **R** Ben Stassen **B** Domonic Paris **M** Ramin Djawadi **L** 92 (24 B./sec.) / 89 (25 B./sec.) FSK o.A.; f **E** 20.12.2012
fd 41 460

Sams im Glück
Das Sams, ein alterloses, liebenswertschelmisches Wesen mit Rüsselnase und Wunschpunkten, lebt zufrieden bei seinen Zieheltern Herr und Frau Taschenbier, als eine unbekannte Sams-Regel in Kraft tritt: Menschen, bei denen ein Sams länger als zehn Jahre wohnt, werden selbst «samsig», sodass der brave Herr Taschenbier in ein freches, über alle Stränge schlagendes Sams verwandelt. Turbulente Komödie um die beliebte Kinderbuch-Figur als ausgelassener Klamauk, der in seiner Überdrehtheit zunächst eher erschöpft als unterhält, bevor die expressive Clownerie dann aber doch noch in besinnlich-charmantere Bahnen gelenkt wird. – Ab 6 möglich.
Scope. Deutschland 2011 **P** collina filmprod. / Universum Film / B.A. Filmprod. / ZDF **KI** Universum **DVD** Universum (16:9, 2.35:1, DD5.1 dt.) **BD** Universum (16:9, 2.35:1, dts-HDMA dt.) **Pd** Ulrich Limmer **R** Peter Gersina **B** Ulrich Limmer, Paul Maar **K** Gerhard Schirlo **M** Nicola Piovani **S** Kai Schröter **D** Christine Urspruch (das Sams), Ulrich Noethen (Herr Taschenbier), Aglaia Szyszkowitz (Frau Taschenbier), Armin Rohde (Herr Mon), Eva Mattes (Frau Mon), August Zirner (Herr Oberstein), Heio von Stetten (Arzt), Tobias van Dieken (Pizzabote), Jürgen Rißmann (Busfahrer), Gustav Peter Wöhler (Polizist), Anna Böttcher (Polizistin) **L** 103 FSK o.A.; f **E** 29.3.2012 / 4.10.2012 DVD & BD
fd 40 976

Samsara
SAMSARA
In atemberaubenden Bildern fixierte Eindrücke von Orten und Menschen rund um den Globus, von Naturschauspielen bis zur modernen Massentierhaltung. Der technisch brillante Bilderrausch ohne Kommentar oder einordnende Erläuterung formuliert als assoziative Montage eine Zivilisationskritik, die einen archaisch-guten Urzustand der degenerierten Moderne gegenüberstellt. Vom Regisseur als «geführte Meditation» intendiert und mit sphärisch angehauchter Filmmusik unterlegt, feiert sich der Film selbst als quasi sakrales Erlebnis. Der Erkenntniswert tendiert angesichts der naiven Weltsicht gegen null. – Ab 14.
Scope. USA 2011 **P** Magidson Films **KI** Busch Media **Pd** Mark Magidson **R** Ron Fricke **B** Ron Fricke, Mark Magidson **K** Ron Fricke **M** Marcello De Francisci, Lisa Gerrard, Michael Stearns **S** Ron Fricke, Mark Magidson **L** 139 (25 B./sec.) **FSK** ab 12; f **E** 23.8.2012 / 13.9.2012 Schweiz
fd 41 207

Sand Sharks
SAND SHARKS
Riesige Haie, die im Sand eines Strands hausen, dezimieren Jugendliche, die ihrer Party-Laune freien Lauf lassen, und rufen Wissenschaftler auf den Plan, die sich des Phänomens annehmen. Hirnrissiger Tierhorrorfilm, der in allen Belangen missraten ist und noch nicht einmal freiwillige Komik aufkommen lässt. – Ab 16.
USA 2011 **P** Little Dragon Prod. / Remember Dreaming Prod. / Rogue State **DVD** WVG/Splendid (16:9, 1.78:1, DD5.1 engl./dt.) **BD** WVG/Splendid (16:9, 1.78:1, dts-HDMA engl./dt.) **Pd** Dana Dubovsky, Anthony Fankhauser, Cameron Larson, Mark L. Lester, Stan Spry, Scott Wheeler, Eric Scott Woods, Courtney Brin, Gina Holden, Corin Nemec **R** Mark Atkins **B** Cameron Larson **K** Mark Atkins **M** Mario Salvucci **S** Sean Cain **D** Corin Nemec (Jimmy Green), Brooke Hogan (Sandy Powers), Vanessa Lee Evigan (Brendac Stone), Eric Scott Woods (Sheriff John Stone), Hilary Cruz (Erin), Andrea Pineda (Grace), Jack Kennedy (Sparky), Jeff Jonas (Earl) **L** 88 **FSK** ab 16 **E** 15.3.2012 DVD & BD **fd** –

Sans état d'âme – Begierde
SANS ETAT D'AME / DESTINY RIDE
Ein Prostituiertenring fliegt auf, und eine Bordellbetreiberin wandert ins Gefängnis. Eines ihrer «Mädchen» könnte als Entlastungszeugin fungieren, stirbt aber unter mysteriösen Umständen. Der ermittelnde Polizeikommissar bekommt es mit einer Edelprostituierten, aber auch mit seinem eigenen Bruder zu tun, einem zwielichtigen Anwalt, zu dem er jeden Kontakt verloren hatte. Dramatischer Kriminalfilm um unliebsame Wahrheiten, die für alle Beteiligten ernsthafte Konsequenzen haben.
Frankreich 2008 **P** Les Films de l'Astre / TF 1 Films / Canal+ / Film Export Group / G.E.M. **KI** offen **Pd** Elisabeh Bocquet, Sergio Gobbi, Carine Zaluski **R** Vincenzo Marano **B** Candice Hugo, Clara Dupont-Monod, Marc Quentin **Vo** Clara Dupont-Monod (Roman) **K** Stefano Paradiso **M** Simon Cloquet **S** Stéphanie Gaurier **D** Laurent Lucas (Martin Delvaux), Hélène de Fougerolles (Jeanne), Thierry Frémont (Grégoire), Candice Hugo (Sarah Rousseau), Christine Citti (Fauconnier), Anna Galiena (Tante Louise), Cyrielle Claire (Camille), Bernard Verley (Richard) **L** 91 **E** 24.10.2012 SF 2/DRS **fd** –

Santa Baby 2
SANTA BABY 2
Der Weihnachtsmann gerät in eine Lebenskrise und steigt aus dem «Geschäft» aus. Die Elfen sind ratlos, dann aber springt die Tochter des Weihnachtsmanns ein: Die New Yorker Karrierefrau will mit ihrem Freund das Fest retten. Am Nordpol will der-

weil eine ehrgeizige Postangestellte die Macht an sich reißen. Übermütige Fortsetzung des etwas anderen Weihnachtsmärchens SANTA BABY (2006), routiniert inszeniert, getragen von der überzeugenden Hauptdarstellerin. – Ab 10 möglich.
USA/Kanada 2009 **P** Alberta Film / Well Done Prod. **KI** offen **Pd** Tom Cox, Craig McNeil, Murray Ord, Jordy Randall **R** Ron Underwood **B** Garrett Frawley, Brian Turner **K** Attila Szalay **M** Misha Segal **S** Don Brochu **D** Jenny McCarthy (Mary Class), Mig Macario (Sandy), Dean McDermott (Luke Jessup), Kris Holden-Ried (Colin Nottingham), Brendan Hunter (Ansager), Paul Sorvino (Santa Claus), Beate Khouth (Skiop, der Elf), Lynne Griffin (Mrs. Claus) **L** 80 **E** 23.12.2012 RTL
fd –

Santa Claus und der Zauberkristall – Jonas rettet Weihnachten
MAAGINEN KRISTALLI
Ein Waisenjunge reißt aus, weil er vom Heimleiter drangsaliert wird. Er lernt des bösen Bruder des Weihnachtsmanns kennen und soll für ihn den magischen Kristall des Weihnachtsmanns stehlen. Als der Junge das Komplott durchschaut, unternimmt er alles, um das Weihnachtsfest doch noch zu retten, und bekommt Hilfe von Elfen und tierischen Freunden. Liebevoll animiertes Weihnachtsmärchen, das mit Witz und Charme unterhält. – Ab 8.
DVD/BD: Auf Blu-ray als Hybrid-Version in 2D und 3D (auf einer Disk) erhältlich.
3D. Finnland 2011 **P** Epidem / Aranoe /Skyline / Casa Kafka Pic. / Grid Animation / uFilm **DVD** Koch (16:9, 1.85:1, DD5.1 dt.) **BD** Koch (16:9, 1.85:1, dts-HD dt.) **Pd** Mark Mertens, Mikael Wahlforss, Jeremy Burdek, Jan Goossen, Raphaële Ingberg, Nadia Khamlichi, Isabelle Molhant, Adrian Politowski, Léon Perahia, Jan Theys, Gilles Waterkeyn, Eric Wirix **R** Antti Haikala **B** Thomas Wipf, Bob Swain, Dan Wicksman, Nuria Wicksman, Alessandro Liggieri, Kurt Weldon, Antti Haikala, Ari Martikainen **M** Menno Van Riet **S** Antti Haikala **L** 77 **FSK** ab 6 **E** 5.10.2012 DVD & BD / 7.12.2012 Super RTL
fd –

Santa Pfote 2 – Die Weihnachtswelpen
SANTA PAWS 2: THE SANTA PUPS
Die Bewohner einer Kleinstadt befinden sich mitten im weihnachtlichen Feiertagsstress, als das Erscheinen von Weihnachtselfen und vor allem die knuddeligen (sprechenden) Hunde ihres «Chefs» für allerlei Aufregung sorgen. Zuckersüßes Familienabenteuer, in dem penetrant auf den «Geist der Weihnacht» gepocht wird. – Ab 10.
USA 2012 **P** Walt Disney Studios Motion Pictures **DVD** Walt Disney (16:9, 1.78:1, DD5.1 engl./dt.) **Pd** Anna McRoberts, Robert Vince **R** Robert Vince **B** Philip Fracassi, Anna McRoberts, Robert Vince **K** Mark Irwin **M** Brahm Wenger **S** Kelly Herron **D** Cheryl Ladd (Mrs. Claus), Danny Woodburn (Elf Eli), Paul Rae (Jeb), Obba Babatune (Bürgermeister Denny), Pat Finn (Santa), Claire Bernier (Grace), Bill Chott (Mr. Holman), Brian T. Finney (= Brian Finney) (Sheriff Andy) **L** 83 **FSK** o.A. **E** 5.12.2012 DVD
fd –

Savages
SAVAGES
Zwei befreundete junge Männer versorgen ihre Kunden im Süden Kaliforniens mit Marihuana und teilen sich die Liebe einer schönen Frau. Als die Gangster-Chefin des mexikanischen Baja-Kartells ihren Einflussbereich nach Norden ausdehnt, wollen die erfolgreichen «Freizeit-Dealer» nicht kampflos ihren Platz räumen, was beiderseitig in einen immer heftigeren Schlagabtausch mit trickreichen Finten und drastischen Gefechten mündet. Ein in visueller Coolness schwelgender, sich dabei in verbalen und erzählerischen Floskeln erschöpfender Drogen-Thriller, der mehr von der Selbstverliebtheit seines Regisseurs als von dessen früherer Meisterschaft kündet. – Ab 16.
Teils schwarz-weiß. USA 2012 **P** Ixtlan / Relativity Media / Onda Ent. **KI** Universal **Pd** Moritz Borman, Eric Kopeloff **R** Oliver Stone **B** Shane Salerno, Don Winslow, Oliver Stone **Vo** Don Winslow (Roman *Savages – Zeit des Zorns*) **K** Dan Mindel **M** Adam Peters **S** Joe Hutshing, Stuart Levy, Alex Marquez **D** Aaron Johnson (Ben), Blake Lively (O), Taylor Kitsch (Lado), Benicio Del Toro (William), Salma Hayek (Elena), John Travolta (Dennis), Demián Bichir (Alex), Shea Whigham (Chad), Sandra Echeverría (Magda), Jake McLaughlin (Doc), Emile Hirsch (Spin) **L** 131 (24 B./sec.) / 126 (25 B./sec.) **FSK** ab 16; f **FBW** bw **E** 11.10.2012
fd 41305

Saw Terror
CHISELED
Besucher einer Kunst-Performance geraten in die Hände eines wahnsinnigen Künstlers, der sich in einem Lagerhaus-Loft eine kleine Folterkammer eingerichtet hat und dort für sein Leben gern Kunstinteressierte quält. Die Fantasie kennt keine Grenzen, wenn es gilt, Folterhorror-Filme mit «originellen» Tätern zu versehen. Dummerweise sind die Opfer immer gleich dumm gestrickt, und die Gewalt ist immer gleich perfide.
DVD/BD: Die deutsche Edition wurde gegenüber dem Original um gut 12 Minuten mit Gewaltspitzen gekürzt. Die FSK-Freigabe «ab 18» der DVD bezieht sich auf das Bonusmaterial (Trailer etc.), der Film selbst hat eine Freigabe «ab 16».
USA 2008 **P** 1252 Films **DVD** Savoy Film / Intergroove (16:9, 1.78:1, DD2.0 engl., DD5.1 dt.) **Pd** Peter J. Abrahams, Jay Benton **R** Nicholas Favorite **B** Jay Benton, Nicholas Favorite **K** Pete Young **M** Karl Preusser **S** John Dietrick **D** Bill Watterson (der Künstler), Jessica Graves (Liz Plaisant), Jason Kypros (Brian Horner), Lacey Bullard (Lucy Plaisant), Paul Cram (Charlie), Gary Cairns (Gary Stausen), Jolin Miranda (Erica French), Shannon Marie Cochner (Kristen) **L** 73 **FSK** ab 16 **E** 14.6.2012 DVD
fd –

Schatten der Schönheit
À L'OMBRE DE LA BEAUTÉ / THE WORLD BEFORE HER
Bei vielen jungen Inderinnen erfreuen sich Schönheitswettbewerbe großer Beliebtheit, bei feministischen Aktivistinnen stoßen sie indes auf erbitterte Ablehnung. Der Dokumentarfilm beobachtet die Vorbereitungen dreier «Miss India»-Konkurrentinnen und besucht parallel dazu das Sommercamp der hinduistischen Frauenorganisation «Durga Vahini», bei dem junge Frauen für den Kampf um den reinen Hinduismus geschult und trainiert werden. Daraus entsteht das provokante Bild eines Landes, dessen

Kultur einem radikalen Wandel unterworfen ist. – Ab 16.
Kanada 2011 **P** Stampede Ent. / Storyline Ent. **KI** offen **Pd** Nisha Pahuja (= Nisha Pajuha), Cornelia Principe, Ed Barreveld **R+B** Nisha Pajuha **K** Mrinal Desai, Derek Rogers **L** 90 **E** 11.3.2012 arte **fd –**

Schatzritter
D' SCHATZRITTER AN D'GEHEIMNIS VUM MELUSINA
Seit der Ermordung seiner Mutter wird ein Junge von seinem Vater überbehütet. Der Teenager gerät mit seinen Freunden trotzdem in ein gefährliches Abenteuer: In einer Burgruine soll der Schatz einer Nixe versteckt sein, hinter dem ein Räuber her ist, der schon die Mutter des Jungen auf dem Gewissen hat. Der spannende Kinder-Thriller rankt sich um die luxemburgische Legende von Melusina und Siegfried, wobei manch modernisiertes Mittelalter-Outfit unfreiwillig komisch wirkt; dank der glaubwürdig entwickelten Figuren sowie der raffiniert gestalteten Schatzjagd unterhält der Film seine Zielgruppe dennoch gut als zwar «handfeste», aber stets angemessen dosierte Genrekost. – Ab 10.
Scope. Luxemburg/Deutschland 2012 **P** Lucil Film / NEOS Film / Bavaria Film Partners / Screenvest / Perathon Medien **KI** farbfilm **Pd** Bernard Michaux, Christoph Menardi, Philipp Schall, Markus Vogelbacher, Sven Clement, Frank Gebhardt, Michael Gebhardt, Klaus Höfert, Joseph Vilsmaier **R** Laura Schroeder **B** Stefan Schaller, Martin Dolejs, Oliver Kahl, Eileen Byrne **K** Peter von Haller **M** Natalia Dittrich **S** Uta Schmidt **D** Anton Glas (Jeff), Thierry Koob (Leo), Lana Welter (Julia), Tun Schon (Killer), Clemens Schick (Duc De Barry), Alexandra Neldel (Melanie), Luc Feit (Jeffs Vater), Marco Lorenzini (Heisbourg), Jean-Paul Raths (Jean), Jean-François Wolff (Thüring) **L** 104 (24 B./sec)/101 (25 B./sec). **FSK** ab 6; f **E** 30.8.2012
fd 41241

Schief gewickelt
Die Hochzeit eines Musikverlag-Managers mit einer attraktiven Sängerin soll nicht nur das private Glück, sondern auch das finanzielle Überleben der Firma sichern. Da bringt sich mit recht drastischen Mitteln eine Frau in Erinnerung, die auf Grund einer einzigen Liebesnacht ein Kind von ihm bekommen hat. Der Manager beginnt, seine Pläne zu überdenken, doch seine Idee, fortan «ehrliche» Musik zu produzieren, findet in seiner Firma nur wenig Anklang. Routinierte (Fernseh-)Komödie um Lebensplanung und -entwürfe, die nicht immer mit der Realität und den eigentlichen Bedürfnissen und Wünschen in Einklang zu bringen sind. – Ab 14.
Deutschland 2012 **P** Network Movie **KI** offen **Pd** Bettina Wente, Wolfgang Cimera **R** Lars Becker **B** Lars Becker, Daniel Schwarz, Thomas Schwebel **Vo** Regula Venske (Roman) **K** Hannes Hubach **M** Stefan Wulff, Hinrich Dageför **S** Sanjeev Hithiramani **D** Ken Duken (Eddy Brennfleck), Cosma Shiva Hagen (Mona Müller), Julie Engelbrecht (Eloise Engel), Uwe Ochsenknecht (Möbius), Alexander Scheer (Vincent), Zora Holt (Trudy), Bjarne Mädel (Klopka), Gisela Schneeberger (Inga Brennfleck) **L** 90 **E** 27.9.2012 ZDF **fd –**

Schildkrötenwut ★
Die Filmemacherin setzt sich mit ihrem Vater, einem Palästinenser, auseinander. Dieser verließ seine Familie in Berlin und kehrte in seine Heimat zurück, bis er dort ausgewiesen wurde, wieder nach Berlin zurückkehrte, aber zu Frau und Tochter auf Distanz blieb. Der sehr persönliche, spannungsvolle Dokumentarfilm beschreibt die konfliktreichen Versuche der Tochter, ihren Vater über seine Erfahrungen und Entscheidungen zum Reden zu bringen. Zugleich begleitet er ihn auf einer neuerlichen Reise in den Nahen Osten und eröffnet eine ungewohnte Perspektive auf den Nahost-Konflikt, wobei er mit seinen offenen Fragen konstruktiv und produktiv irritiert. (O.m.d.U.) – Ab 14.
Deutschland 2012 **P** Kaissar Film / BR / ARTE /Hochschule für Film und Fernsehen München (HFF) **KI** mec film **Pd** Khaled Kaissar **R** Pary El-Qalqili **B** Pary El-Qalqili, Silvia Wolkan **K** Aline László **S** Ulrike Tortora **L** 70 **FSK – E** 10.5.2012 **fd** 41070

SCHILF. Alles, was denkbar ist, existiert
Ein Experimentalphysiker wird mit einem umstrittenen Konzept von Parallelwelten konfrontiert, das nichts mit wissenschaftlicher Theorie, dafür aber viel mit seinem eigenen Leben zu tun hat. Oder sind schlimme Vorfälle wie Kindesentführung und ein Mordanschlag nur auf seinen geistigen Zustand zurückzuführen? Mystery-Thriller, dessen Spiel mit unzuverlässigem Erzählen und verschiedenen Wirklichkeitsebenen allzu leicht durchschaubar ist. – Ab 16.
Scope. Deutschland 2011 **P** X Filme Creative Pool / BR / WDR / ARTE **KI** X Verleih **DVD** Warner (16:9, 2.35:1, DD5.1 dt.) **Pd** Manuela Stehr **R** Claudia Lehmann **B** Claudia Lehmann, Leonie Terfort **Vo** Juli Zeh (Roman *Schilf*) **K** Manuel Mack **M** Thomas Kürstner, Sebastian Vogel **S** Nikolai Hartmann **D** Mark Waschke (Sebastian Wittich), Stipe Erceg (Oskar Hoyer), Bernadette Heerwagen (Maike Wittich), Nicolas Treichel (Nick Wittich), Sandra Borgmann (Rita Skura), Bernhard Conrad (Schnurpfeil), Paul T. Grashoff (Dr. Ralph Dabbeling) **L** 90 **FSK** ab 12; f **E** 8.3.2012 / 14.9.2012 DVD **fd** 40944

Schlacht um Finnland
TALI-THANTALA 1944
Der Zweite Weltkrieg nimmt im Sommer 1944 an der finnisch-russischen Front ebenso entscheidende wie dramatische Züge an, als die Rote Armee eine große Offensive Richtung Norden fährt. So unterlegen die Finnen zahlenmäßig auch sein mögen, so beherzt kämpfen sie um ihre Unabhängigkeit. Um Realismus bemühtes, gleichwohl recht pathetisches Schlachtengemälde, in dem die Kampfhandlung über allem steht. – Ab 16.
Scope. Finnland 2007 **P** Ake Lindman Film **DVD** Pandastorm/Ascot/Elite (16:9, 2.35:1, DD5.1 fin./dt., dts dt.) **BD** Pandastorm/Ascot/Elite (16:9, 2.35:1, dts-HDMA fin./dt.) **Pd** Alf Hemming, Åke Lindman **R** Åke Lindman, Sakari Kirjavainen, Marc Gassot (Sergeant Reino Lehväslaiho) **B** Stefan Forss, Benedict Zilliacus **K** Pauli Sipiläinen **M** Timo Hietala **S** Juha Antti-Poika, Sakari Kirjavainen **D** Kari Hevossaari (Leutnant Puhakka), Aku Hirviniemi, Tarmo Ruubel (Major Hynninen), Kari Ketonen (Major Leppänen), Ilkka Villi (Olli Taponen), Pete Lattu (Funker Kärkkainen), Aleksi Sariola (Leutnant Teppo) **L** 110 **FSK** ab 12 **E** 2.7.2012 DVD & BD **fd –**

Die schlafende Stadt
JE SUIS UNE VILLE ENDORMIE
Ein Mann und eine Frau lernen sich auf der Party eines gemeinsamen Bekannten kennen, verlassen die Feier und streifen durchs nächtliche Paris. Sie überwinden einen Zaun und verbringen ihre erste gemeinsame Nacht im dahinter liegenden Park. Dieser wird in der Folgezeit zu einem nahezu magischen Anziehungspunkt, der besonders den jungen Mann in seinen Bann schlägt. Bald aber kommt die Frau hinter das schockierende Geheimnis des Treffpunkts, was eine gemeinsame Zukunft nachhaltig in Frage stellt. Kurzspielfilm mit einer somnambulen Grundstimmung, die die Gefühlslage der Protagonisten spiegelt. – Ab 16.
Frankreich 2011 **P** Envie de Tempête Prod. **Kl** offen **Pd** Frédéric Dubreuil **R** Sébastien Bertbeder **B** Sébastien Betbeder **K** Denis Gaubert **M** Sylvain Chauvreau **S** Julie Dupré **D** Pio Marmaï (Théodore), Agathe Bonitzer (Anna), Fabrice Adde (Mann in der Höhle), Sarah Le Picard (Suzann), Noë Sampy (Mädchen) **L** 60 **E** 15.6.2012 arte   **fd** –

Schlaflos in Schwabing
Eine ebenso erfolgreiche wie einsame Unternehmensberaterin soll die feindliche Übernahme eines kleinen Spieleherstellers durch einen chinesischen Konzern einfädeln. Sie fingiert eine «zufällige» Begegnung mit dem Spieleerfinder, der sich als alter Bekannter entpuppt. Je stärker ihre Gefühle für den Mann werden, desto schwerer tut sie sich damit, ihn zu hintergehen. Konventionelle romantische (Fernseh-)Komödie über eine Karrierefrau im unerwarteten moralischen Dilemma. – Ab 14.
Deutschland 2012 **P** all in prod. **Kl** offen **Pd** Annette Reeker **R** Christine Kabisch **B** Edda Leesch **K** Michael Boxrucker **M** Robert Schulte Hemming, Jens Langbein **S** Simone Klier **D** Mariele Millowitsch (Fanny Burkhard), Jan-Gregor Kremp (Christian Seidel), Johanna Gastdorf (Nicole), Ulrich Gebauer (Roland Beck), François Goeske (Florian), Anna Hausburg (Marie), Claudia Mehnert (Rebecca Beck), Nathalie Schott (Lilly), Eckhard Preuß (Markus) **L** 90 **E** 1.9.2012 ARD   **fd** –

Schleuderprogramm
Wegen der plötzlichen Erkrankung ihres Vaters bricht eine gefeierte Sopranistin eine Opernvorstellung ab und zieht sich damit den Zorn ihres Managements zu. Als sich auch ihr Partner absetzt und ihr einen Schuldenberg zurücklässt, sucht sie einen Job, der ihr Zeit für die Pflege des Vaters lässt. Sie greift zu, als ihr die Stellung als Leiterin eines Gefangenenchors in der JVA angeboten wird. Harmlose (Fernseh-)Komödie mit einem populären Unterhaltungsroman, der die soziale Realität zugunsten recht sentimentaler Effekte verbiegt. – Ab 14.
Deutschland 2012 **P** teamWorx **DVD** Studio Hamburg (16:9, 1.78:1, DD2.0 dt.) **Pd** Ariane Krampe **R** Katinka Feistl **B** Martin Rauhaus **Vo** Hera Lind (Roman *Schleuderprogramm*) **K** Volker Tittel **M** Micki Meuser **S** Dagmar Pohle **D** Annette Frier (Ella Herbst), Pasquale Aleardi (Angelo Manuardi), Peter Franke (Karl Herbst), Peter Prager (JVA-Direktor Bielenstein), Patrick von Blume (Manne Blessing), Stefan Richter (Branco), Michael Keseroglu (Cem Altinok), Christof Wackernagel (Hildebrandt von Rohnburg), Caro Dibbern (= Caroline Dibbern) (Katinka Weidner), Andreas Windhuis (Manager Karlheinz Wolf), Hans-Martin Stier (Intendant Grüber) **L** 89 **FSK** ab 6 **E** 13.9.2012 ZDF / 14.9.2012 DVD   **fd** –

Ein schlichtes Herz ★
UN COEUR SIMPLE
Die Normandie Mitte des 19. Jahrhunderts: Aus enttäuschter Liebe nimmt eine Frau eine Stellung als Dienstmädchen bei einer Witwe aus gutbürgerlichen Kreisen an und kümmert sich um die beiden kleinen Töchter ihrer strengen Dienstherrin. Als die Kinder auf ein Internat geschickt werden und die Herrschaft der Magd die aufkeimende Liebe zu einem Knecht untersagt, macht die Gefühlskälte der sanftmütigen Frau das Leben zur Qual. Einfühlsamer Erstlingsfilm nach einer Erzählung von Gustave Flaubert um eine zartfühlende Frau, die vor Sehnsucht nach Wärme und Geborgenheit verzehrt. Überzeugend vor allem das sensible Spiel der Hauptdarstellerin. – Ab 16.
Frankreich 2008 **P** Rezo Films / ARTE France Cinéma **Kl** offen **Pd** Béatrice Caufman, Jean-Michel Rey, Philippe Liégeois **R+B** Marion Laine **Vo** Gustave Flaubert (Erzählung) **K** Guillaume Schiffman **M** Cyril Morin **S** Juliette Welfling **D** Sandrine Bonnaire (Félicité), Marina Foïs (Mathilde Aubain), Pascal Elbé (Théodore), Patrick Pineau (Liébard), Thibault Vinçon (Frédéric), Noémie Lvovsky (Nastasie), Louise Orry-Diquéro (Clémence, 9–11 Jahre) **L** 97 **E** 11.1.2012 arte   **fd** –

Schlittenhunde für die Front
NOM DE CODE: POILUS D'ALASKA
Im August 1915 werden zwei französische Offiziere in geheimer Mission nach Alaska und Kanada geschickt. Sie sollen 450 Schlittenhunde nach Frankreich bringen, um den Deutschen im kommenden Kriegswinter an der gebirgigen Front überlegen zu sein. Der mit Spielszenen aufbereitete dokumentarische Film schildert das waghalsige Unternehmen, wartet mit atemberaubenden Landschaftsaufnahmen auf und erzählt das Abenteuer dreier Menschen (der Hundeführer begleitete die Franzosen) nach einer wahren Begebenheit. – Ab 14.
Frankreich 2011 **P** Bonne Pioche Television / Ideacom **Kl** offen **Pd** Josette D. Normandeau, Sophie Parrault, Josée Roberge **R** Marc Jampolsky **B** Daniel Duhand, Marc Jampolsky, Michael Pitiot **K** Robert Bock **M** Laurent Guardo **S** Michèle Hollander **D** André Beaupré (Capt. Moufflet), Marc Fréchette (Lt. René Haas), Réal Huot (Scotty Allan) **L** 81 **E** 18.2.2012 arte   **fd** –

Schmidt & Schwarz
Als ein Päderast ermordet wird, ist eine neue Kommissarin der Berliner Mordkommission als einzige nicht bereit, die Mutter des toten Mädchens für die Täterin zu halten. Unterstützung erhält sie von ihrem aus dem Polizeidienst ausgeschiedenen Vorgänger, einem ebenso selbstgefälligen wie unkonventionellen Individualisten. Humoristisch angehauchter (Fernseh-) Krimi mit guter Besetzung. – Ab 16.
Deutschland 2011 **P** Wiedemann & Berg / ZDF **Kl** offen **Pd** Quirin Berg, Daniel Blum, Jan Schuster, Max Wiedemann **R** Jan Ruzicka **B** Gabriela Gwisdek **K** Jens Harant **M** Ulrich Reuter **S** Marcel Peragine **D** Michael Gwisdek (Paul Schmidt), Corinna Harfouch (Carolin Schwarz), Moritz Grove (Moritz Schwarz), Michael Schweighöfer (Polizeirat Wettstein),

Stephan Grossmann (Kommissar Lehmann), Thomas Arnold (Kommissar Schneider), Wolfram Koch (Florian), Steffi Kühnert (Bruni Homann) **L** 90 **E** 21.5.2012 ZDF **fd** –

Der Schnee am Kilimandscharo ☆
LES NEIGES DU KILIMANDJARO
Als er arbeitslos wird, arrangiert sich ein alter Gewerkschaftler in Marseille neu und genießt gemeinsam mit seiner Frau, mit der er seit 30 Jahren verheiratet ist, das bescheidene Glück. Dann aber werden die beiden in ihrem Häuschen überfallen; mit der Ruhe und Zufriedenheit scheint es vorbei zu sein, bis der Zufall Licht in die Angelegenheit bringt. Der zunächst realistisch wirkende Film nimmt unverhofft eine märchenhafte Wendung und wandelt sich zum heiteren Klassenkampf-Märchen. Stilvoll fotografiert, nimmt er mitunter pittoreske, auch menschelnde Züge an, erzählt aber stets liebevoll seine zu Herzen gehende Geschichte. – Sehenswert ab 12. Frankreich 2011 **P** Agat Films / Ex Nihilo / France 3 Cinéma / La Friche Belle de Mai **KI** Arsenal/Agora (Schweiz) **DVD** Arsenal (16:9, 1.78:1, DD5.1 frz./dt.) **Pd** Malek Hamzaoui **R** Robert Guédiguian **B** Robert Guédiguian, Jean-Louis Milesi **Vo** Victor Hugo (Motive des Gedichts *Les pauvres gens*) **K** Pierre Milon **S** Bernard Sasia **D** Jean-Pierre Darroussin (Michel), Ariane Ascaride (Marie-Claire), Gérard Meylan (Raoul), Marilyne Canto (Denise), Grégoire Leprince-Ringuet (Christophe), Anaïs Demoustier (Flo), Adrien Jolivet (Gilles), Robinson Stévenin (Kommissar), Karole Rocher (Christophes Mutter) **L** 107 **FSK** ab 12; f **E** 22.12.2011 Schweiz / 15.3.2012 / 28.9.2012 DVD **fd** 40 949

Schneeweißchen und Rosenrot
Eine junge Frau mit Namen Schneeweißchen hilft gemeinsam mit ihrer Schwester Rosenrot der verwitweten Mutter auf dem Markt, wo sie sich in einen Prinzen verliebt. Derweil beginnt ein arglistiger Zwerg, der über Zauberkräfte verfügt und den Schatz des Königs in seinen Besitz bringt, mit seinem Ränkespiel und verwandelt den Prinzen in einen Bären. Doch der Zwerg hat nicht mit der Gegenwehr der temperamentvollen und beherzten Schwestern gerechnet. Sympathischer, wenn auch mitunter etwas bemüht erzählter (Fernseh-)Märchenfilm als sanft modernisierte Parabel um Gier, Verführbarkeit, die Kraft der Liebe und der reinen Herzen, die nicht nach Äußerlichkeiten urteilen. – Ab 8.
Deutschland 2012 **P** Saxonia Media (für MDR) **DVD** Telepool im Vertrieb der KNM Home Entertainment **Pd** Jan Kruse **R** Sebastian Grobler **B** Mario Giordano **Vo** Jakob Ludwig Karl Grimm und Wilhelm Karl Grimm (Märchen) **K** Jakub Bejnarowicz **M** Ingo Ludwig Frenzel (= Ingo Frenzel) **S** Dirk Grau **D** Sonja Gerhardt (Schneewittchen), Liv Lisa Fries (Rosenrot), Jule Ronstedt (Mutter), Detlev Buck (Zwerg), Daniel Axt (Prinz Jakob), Thorsten Merten (Hofrat), Thomas Rühmann (König), Tilman Günther (Vater), Maximilian Grünewald (Prinz Kaspar), Björn von der Wellen (Bauer) **L** 60 **FSK** o.A. **E** 15.11.2012 DVD / 25.12.2012 ARD **fd** –

Die Schöne und das Biest
DIE SCHÖNE UND DAS BIEST
Um sein Leben zu retten, muss ein Wirt seine schöne Tochter einer Bestie ausliefern, die in Wahrheit ein verwunschener Prinz ist und nur durch die reine Liebe einer Frau gerettet werden kann. Zunächst entzieht sich die junge Frau den Begehrlichkeiten ihres neuen «Herrn», doch als er ihr Herz nicht innerhalb einer gewissen Frist gewinnt, ändern sich ihre Gefühle allmählich. (Fernseh-)Neuverfilmung des französischen Kunstmärchens, die mit einigen Veränderungen und Freiheiten operiert, sich aber doch weitgehend an der klassischen Vorlage orientiert. – Ab 12.
Deutschland/Österreich 2012 **P** Provobis / Moviepool / Metafilm / ZDF **KI** offen **Pd** Bernadette Schugg, Thomas Teubner, Michael Cencig **R** Marc-Andreas Bochert **B** Marcus Hertneck **Vo** Jeanne-Marie Leprince de Beaumont (Märchen) **D** Cornelia Göschel (die Schöne / Elsa), Maximilian Simoniscek (das Biest / Prinz Arbo), Jürgen Tarrach (Vater der Schönen / Hugo), Christoph Letkowski (Ritter Bertolt), Karsten Kramer (Wenzel), Carolin Walter (Irmel) **L** 85 **E** 20.12.2012 zdf_neo / 24.12.2012 ZDF **fd** –

Schönheit ☆
Dokumentarfilm über Menschen, die mit Hilfe der plastischen Chirurgie ihr Aussehen optimieren. Ohne jeden Kommentar lässt der Film die Protagonisten über ihre «Nachbesserungen» am eigenen Körper berichten, beleuchtet ihren Lebensstil und ihre Lebensentwürfe. Dabei gelingt ein bei aller Zurückhaltung kritischer, bisweilen auch polemischer Blick auf zeitgenössische Perfektionsbestrebungen sowie den immer radikaleren Hang zur Selbstinszenierung. – Ab 16.
Deutschland 2011 **P** unafilm / ZDF (Das kleine Fernsehspiel) **KI** farbfilm **Pd** Titus Kreyenberg **R+B** Carolin Schmitz **K** Hajo Schomerus **S** Stefan Oliveira-Pita **L** 81 (24 B./sec.) / 78 (25 B./sec.) **FSK** o.A.; f **E** 4.10.2012 **fd** 41 299

Die Schuld der Erben
Eine junge Frau besitzt seit dem frühen Tod ihrer Mutter ein beachtliches Aktienpaket der familieneigenen Werft. Sie gerät in eine schwierige Lage, als der Prototyp eines neuen Frachters vor der norwegischen Küste verunglückt und eine Umweltkatastrophe auslöst, woraufhin sich die Familie entscheiden muss, ob sie die Firma verkauft. Sie findet heraus, dass das Unglück ein Sabotageakt war und jemand ihre Familie zu Grunde richten will. Spannende, mitunter etwas zu verzwickte Mischung aus (Fernseh-)Familientragödie und Thriller, die nicht immer die Balance zwischen psychologischer Vertiefung und äußerlichen Effekten findet. – Ab 16.
Deutschland 2011 **P** Studio Hamburg (für ZDF) **KI** offen **Pd** Michael Lehmann, Sabine Timmermann **R** Uwe Janson **B** Florian Iwersen, Stefan Holtz, Marcus Hertneck **K** Markus Stotz **M** Marcel Barsotti **S** Marcel Peragine **D** Lisa Martinek (Clara Billius-Asmussen), Johann von Bülow (Henning Asmussen), Otto Sander (Leonhard Asmussen), Gaby Dohm (Thea Asmussen), Jürgen Prochnow (Kurt Hanson), Matthias Koeberlin (Bruno Fuhrmann), Katharina Wackernagel (Ina Nores), Lenn Vincent Rieck (Eric Billius-Asmussen) **E** 5.1.2012 ZDF **fd** –

Schulter an Schulter
Dokumentarfilm über den Alltag eines deutschen sowie eines afghanischen Soldaten, die in Feldlagern bei

Kunduz stationiert sind. Während der deutsche Hauptmann zu seinem Einsatz und Auftrag steht, beschleichen den afghanischen Leutnant leise Zweifel an der Richtigkeit seiner Entscheidung. Der Film zeigt das Alltagsleben in den Lagern und sucht auf eine persönliche Weise die Nähe zu seinen Protagonisten. Auch deren Frauen, die dem Einsatz ihrer Männer mit gemischten Gefühlen gegenüberstehen, kommen zu Wort. – Ab 16.
Deutschland 2011 **P** Mayalok (für ZDF Das kleine Fernsehspiel) **KI** offen **Pd+R+B** Shaheen Dill-Riaz **K** Shaheen Dill-Riaz, Stefan Grandinetti **M** Eckhart Gadow (= Eckart Gadow) **S** Hanka Knipper **L** 60 **E** 26.11.2012 ZDF **fd** –

Schutzengel
Ein ehemaliger KSK-Soldat mit Afghanistan-Erfahrungen beschützt in Berlin ein 15-jähriges Waisenmädchen vor den Attacken mittelstarker Truppenverbände, die es im Auftrag eines skrupellosen Waffenhändlers beseitigen sollen, da sie Zeugin eines Mordes wurde. Action-Thriller bar jeder Logik und Glaubwürdigkeit, der auf ein Klang- und Bildgewitter aus zahllosen, auf Dauer ermüdenden Schießorgien setzt. Die Handlung hangelt sich durch kleine Episoden und hölzerne Dialoge ohne erkennbares Interesse an Personen und Konflikten. Der angedeutete politische Hintergrund dient lediglich dazu, die Hauptfigur als betont «toughen», ungebrochen funktionierenden Soldaten zu feiern. – Ab 16.
Deutschland 2012 **P** Barefoot Films / Warner Bros. **KI** Warner Bros. **Pd** Til Schweiger, Paul Maurice, Tom Zickler **R** Til Schweiger **B** Stephen Butchard, Paul Maurice, Til Schweiger **K** Adrian Cranage, Erik Lee Steingroever **M** Martin Todsharow **S** Constantin von Seld **D** Til Schweiger (Max Fischer), Luna Schweiger (Nina), Moritz Bleibtreu (Rudi), Karoline Schuch (Sarah), Heiner Lauterbach (Thomas Backer), Herbert Knaup (Henri Brietner), Kostja Ullmann (Kurt), Hannah Herzsprung (Helena), Rainer Bock (Karl Falkner), Axel Stein (Leo), Trystan Pütter (= Trystan Wyn Pütter), Tim Wilde, Jacob Matschenz, Fahri Yardim, Oliver Korittke, Ralph Herforth, Jytte-Merle Böhrnsen, René Hiepen, Nina Eichinger **L** 133 **FSK** ab 16; f **E** 27.9.2012 **fd** 41 320

Schwarzer Ozean ★
NOIR OCÉAN
Drei französische Matrosen dienen auf einem Schiff im Südpazifik, nahe den Atollen, auf denen Atombombentests durchgeführt werden. Von deren Gefahren ahnt die Crew freilich nichts, während sie ihrem routiniertgleichförmigen Alltag nachgeht. Der Film entfaltet ein suggestives Szenario, hinter dessen trügerischer Friedlichkeit sich latente Verderbnis andeutet, der die Menschen nicht entkommen können. Ohne Pathos, in ruhigen Einstellungen und kühl-elegischen Bildkompositionen formuliert der Film jenseits lauter Katastrophenspektakel ein Klagelied auf die Zerstörung von Natur und Menschenleben durch militärische Unternehmungen. (O.m.d.U.) – Ab 16.
Belgien/Deutschland/Frankreich 2010 **P** Man's Film Prod. / A.S.A.P. Films / Neue Pegasos Film / ARTE France Cinéma / ZDF-ARTE / RTBF / Rhône-Alpes Cinéma **KI** Edition Salzgeber **DVD** Salzgeber (1.78:1, DD2.0 frz.) **Pd** Marion Hänsel, Cédomir Kolar, Marc Baschet, Ernst Szebedits, Elena Trifonova **R+B** Marion Hänsel **Vo** Hubert Mingarelli (zwei Kurzgeschichten) **K** Jan Vancaillie **M** René-Marc Bini **S** Michèle Hubinon **D** Nicolas Robin (Massina), Adrien Jolivet (Moriaty), Romain David (Da Maggio), Alexandre de Seze (Glass), Jean-Marc Michelangelli (Leutnant), Steve Tran (Schaff), Nicolas Gob (Mayer), Antoine Laurent (Lining), Thibault Vinçon (Dedeken) **L** 91 (24 B./sec.) / 88 (25 B./sec.) **FSK** ab 6 (DVD) **E** 7.6.2012 / 28.6.2012 DVD **fd** 41 114

Der Schwarzwaldhof – Der verlorene Sohn
Nach dem Streit einer Hotelerbin mit ihrem für die Konkurrenz tätigen Sohn vertieft sich der Graben zwischen beiden, und auch Vermittlungsversuche der Tochter erweisen sich als nutzlos. Als der junge Mann seinen Job wegen unlauterer Methoden verliert, die Hotelchefin erkrankt und auch noch der Mörder der Frau ihres Lebensgefährten gefasst scheint, häufen sich die Probleme. Triviales (Fernseh-)Format; die fünfte Folge einer melodramatischen Heimatfilm-Reihe, die nahtlos an die vorhergehende Episode anschließt. – Ab 14.
Deutschland 2010 **P** Eyeworks (für Degeto/ARD) **KI** offen **Pd** Micha Terjung, Sabine de Mardt, Jan Kromschröder **R** Berno Kürten **B** Martin Douven **K** Konstantin Kröning **M** Andreas Schäfer, Biber Gullatz **D** Saskia Vester (Veronika Hofer), Gila von Weitershausen (Lore Schmidt), Michael Fitz (Max Henninger), Michael Hanemann (Albert Hofer), Tim Morten Uhlenbrock (Stefan Hofer), Miriam Morgenstern (Merle Hofer), Arndt Schwering-Sohnrey (Martin Buchner), Walter Schultheiß (Herrmann Huck) **L** 89 **E** 6.7.2012 ARD **fd** –

Der Schwarzwaldhof – Lauter Liebe
Die Geschäfte laufen gut, und zumindest finanziell könnte das Hotel «Schwarzwaldhof» in ein ruhigeres Fahrwasser gelangen. Da aber werden alle Mitglieder der Hotelier-Familie von Liebeshändel heimgesucht, die von Ehekrise über Eifersucht bis zur großen Gefühlsaufwallung reichen. Seichte (Fernseh-)Unterhaltung als sechster Teil einer anspruchslosen Heimatfilm-Reihe, deren Konflikte diesmal um das Thema Liebe kreisen. – Ab 14.
Deutschland 2012 **P** Eyeworks / Kromschröder & Pfannenschmidt (für ARD Degeto) **KI** offen **Pd** Micha Terjung, Sabine de Mardt, Jan Kromschröder **R** Berno Kürten **B** Christian Pfannenschmidt **K** Konstantin Kröning **M** Andreas Schäfer, Biber Gullatz **S** Katharina Schmidt **D** Saskia Vester (Veronika Hofer), Gila von Weitershausen (Lore Schmidt), Michael Fitz (Max Henninger), Michael Hanemann (Albert Hofer), Tim Morten Uhlenbrock (Stefan Hofer), Miriam Morgenstern (Merle Hofer), Arndt Schwering-Sohnrey (Martin Buchner), Heio von Stetten (Richard Cornelius) **L** 88 **E** 13.7.2012 ARD **fd** –

Das Schwein von Gaza ☆
WHEN PIGS HAVE WINGS / LE COCHON DE GAZA
Ein armer Fischer aus dem Gaza-Streifen fischt zu seiner Überraschung ein Schwein aus dem Meer. Allerdings weiß er nicht recht, was er mit dem Tier anfangen soll: Sowohl im muslimischen als auch im jüdischen Glauben gelten Schweine als unreine Tiere. Der Regisseur bedient sich freimütig aus der Bibel sowie der Filmgeschichte und dekliniert alle möglichen

Spielarten des israelisch-palästinensischen Konflikts durch, ohne vor politisch unkorrekten Witzen über die Absurditäten dieses Konflikts zurückzuscheuen. So gelingt ihm eine schwarzhumorige, hintersinnige Tragikomödie. – Sehenswert ab 12.
Frankreich/Deutschland/Belgien 2011 **P** Marilyn Prod. / Studio Canal / Barry Films / Saga Film / Rhamsa Prod. **KI** Alamode **DVD** Alamode (16:9, 1.78:1, DD5.1 hebrä. & arab./dt.) **BD** Alamode (16:9, 1.78:1, dts-HD hebrä. & arab./dt.) **Pd** Jean-Philippe Blime, Franck Chorot, Benito Mueller, Wolfgang Müller, Jean-Jacques Neira, Hubert Toint, Jeremy Burdek, Maya Zouai-Hariri, Joffrey Hutin, Nadia Khamlichi, Adrian Politowski, Gilles Waterkeyn **R+B** Sylvain Estibal **K** Romain Winding **M** Aqualactica, Boogie Balagan **S** Damein Keyeux **D** Sasson Gabay (Jafaar), Baya Belal (Fatima), Myriam Tekaïa (Yelena), Gassan Abbas (Friseur), Khalifa Natour (Hussein), Lotfi Abdelli (junger Polizist), Ulrich Tukur (UN-Beamter), Khaled Riani (Händler), Uri Gabai (Netsah) **L** 99 (24 B./sec.) / 95 (25 B./sec.) **FSK** ab 12; f **E** 2.8.2012 / 15.2.2013 DVD & BD **fd** 41 195

Schwerelos
SCHWERELOS
Sieben Personen unterschiedlicher sozialer Prägung geben Auskunft über Erfahrungen, die sie jenseits rationaler Alltagswahrungen gemacht haben wollen. Eine filmische Reise in Welten, die sich die Schulweisheit nicht träumen ließe, von deren Existenz die Protagonisten des Dokumentarfilms jedoch überzeugt sind. Begegnungen mit Engeln, Geisterheilungen, Seelenwanderung oder Nahtod-Erfahrungen prägen die bewegt vorgetragenen Berichte, wobei dem Zuschauer keine Überzeugungen aufgewzungen werden, sondern er sich eine eigene Meinung bilden soll. – Ab 14.
Schweiz 2012 **P** Moving Image **KI** MovieBiz (Schweiz) **Pd+R** Roger Mäder **B** Susanne Berger **K** Roger Mäder **M** Michael Vescovi **S** Fabrizio Fracassi **L** 76 **FSK** – **E** 25.10.2012 Schweiz **fd** –

Das Schwergewicht
HERE COMES THE BOOM
Ein demotivierter Lehrer an einer High School in Boston schreckt aus seiner Lethargie hoch, als das Musik-Department der Schule aus Kostengründen abgewickelt werden soll. Um Gelder aufzutreiben, lässt er sich in Mix-Martial-Arts-Kämpfen einmöbeln, weil auch der Verlierer eine Prämie kassiert. Die routiniert inszenierte Komödie lebt vor allem von der Präsenz ihres Hauptdarsteller Kevin James, variiert aber ebenso geschickt den Gedanken, dass es auf das Engagement jedes Einzelnen ankommt. Im schalen Finale dominieren dann jedoch die herkömmlichen Standards des US-Sportfilm-Genres. – Ab 14.
USA 2012 **P** Columbia Pic. / Broken Road Prod. / Happy Madison Prod. / Hey Eddie / Sony Pic. Ent. **KI** Sony **Pd** Todd Garner, Kevin James, Aimee Keen, Rock Reuben **R** Frank Coraci **B** Kevin James, Allan Loeb, Rock Reuben **K** Phil Meheux **M** Rupert Gregson-Williams **S** Scott Hill **D** Kevin James (Scott Voss), Salma Hayek (Bella Flores), Henry Winkler (Marty Streb), Greg Germann (Betcher), Joe Rogan (Joe Rogan), Gary Valentine (Eric Voss), Charice (Malia), Bas Rutten (Niko), Reggie Lee (Mr. De La Cruz) **L** 105 (24 B./sec.) / 101 (25 B./sec.) **FSK** ab 12; f **E** 8.11.2012 **fd** 41 369

Schwerter des Königs – Zwei Welten
IN THE NAME OF THE KING 2: TWO WORLDS
Ein Ex-Elitesoldat und Kampfsportler wird von einer Zauberin in ein Fantasy-Mittelalter katapultiert, das er von der «Schwarzen Mutter» und einem Drachen befreien soll. Heldenhaft zieht er in den Kampf, merkt aber bald, dass einiges nicht mit rechten Dingen zugeht. Schnell gefertigtes No-Budget-Fantasy-Abenteuer, das sein Potenzial nie nutzt. – Ab 16.
DVD/BD: Erhältlich als DVD, 2D BD und 2D/3D BD. Die Extras umfassen u. a. einen deutschen und englischen Audiokommentar des Regisseurs.
3D. Deutschland/Kanada 2011 **P** Boll Kino / Brightlight / Event Film / Studio West **DVD** Splendid (16:9, 1.78:1, DD5.1 engl./dt.) **BD** Splendid (16:9, 1.78:1, dts-HD engl./dt.) **Pd** Daniel Clarke **R** Uwe Boll **B** Michael Nachoff **K** Mathias Neumann **M** Jessica de Rooij **S** Peter Forslund **D** Dolph Lundgren (Granger), Natassia Malthe (Manhattan), Lochlyn Munro (der König/Raven), Christina Jastrzembska (Heilige Mutter), Aleks Paunovic (Allard), Natalie Burn (= Natalia Guslistaya) (Elianna), Elisabeth Rosen (Seer), Michael Adamthwaite (Thnae) **L** 93 **FSK** ab 16 **E** 27.1.2012 DVD & BD **fd** –

Sci-Fi High – The Movie Musical
siehe: **SciFi High – The Movie Musical**

SciFi High – The Movie Musical
SCIFI HIGH – THE MOVIE MUSICAL
Eine US-amerikanische High School muss sich während der Feierlichkeiten zu ihrem 50-jährigen Bestehen eines Alien-Angriffs erwehren, wobei sich Schüler und Lehrkörper durchaus tapfer schlagen. Angestrengt-bemühter Musical-Komödienversuch, der keine Erwartungen erfüllt und allzu belanglos unterhält. – Ab 16.
USA 2010 **P** Fleanation Prod. **DVD** KNM/Apollon (16:9, 1.78:1, DD2.0 engl., DD5.1 dt.) **BD** KNM/Apollon (16:9, 1.78:1, dts-HD2.0 engl., dts-HD dt.) **Pd+R** Dan Bellusci, Steve Dispensa **B** Dan Bellusci, Steve Despensa, Alec Miniero **M** Dan Bellusci, Steve Dispensa **S** Steve Dispensa **D** Dan Bellusci (Billy Dever), Alicen Holden (Cara Ann), Steve Dispensa (Eddie Cassavette), Britt Hodges (Tammy Tathum), Ted Nappi (Professor Vadin), Kristin Ryan (Peggy Meyers), Joe Botka (Brandon Bishop), Robert Fattorini (Sigmund Liftov) **L** 95 **FSK** ab 12 **E** 23.2.2012 DVD & BD **fd** –

Scooby-Doo! Das Geheimnis der Zauber-Akademie
SCOOBY-DOO! ABRACADABRA-DOO
Die Detektive der «Mystery Inc.» und die sprechende Dogge Scooby-Doo sollen der jüngeren Schwester eines ihrer Mitglieder beistehen. Das Mädchen besucht eine Zauberer-Akademie und wird vom mächtigen Vogel Greif bedroht, der bald Angst und Schrecken verbreitet. Recht sorgfältig gestaltetes (Fernseh-)Zeichentrickabenteuer aus der SCOOBY DOO-Reihe, das gängige Genre-Motive aufgreift und zitiert. – Ab 10 möglich.
USA 2009 **P** Six Point Harness / Warner **KI** offen **Pd** Alan Burnett, Linda Steiner **R** Spike Brandt **B** Alan Burnett, Paul Dini, Misty Lee **Vo** Joseph Barbera (Charaktere), William Hanna (Charaktere) **M** Robert J. Kral **S** Jhoanne Reyes **L** 69 **E** 18.8.2012 Super RTL **fd** –

Scooby-Doo! Das Grusel-Sommercamp
SCOOBY-DOO! CAMP SCARE
Vier Freunde, Mitglieder der Geisterjäger-Vereinigung «Mystery Inc.» besuchen mit ihrer Dogge ein Kinder-Feriencamp. Doch die Kinder sind verschwunden, und das Camp soll geschlossen werden, weil ein Geist sein Unwesen treibt und die Gäste verscheucht. Stereotyp erzähltes (Fernseh-)Zeichentrick-Abenteuer um den sprechenden Hund Scooby-Doo, das anspruchsarm unterhält. – Ab 10.
USA 2010 **P** Warner / Six Point Harness **KI** offen **Pd** Spike Brandt, Tom Cervone, Tony Cervone **R** Ethan Spaulding **B** Jed Elinoff, Scott Thomas **M** Robert J. Kral **S** Joseph Molinari **L** 72 **E** 17.8.2012 Super RTL **fd** –

Scorpion King 3: Kampf um den Thron
SCORPION KING 3: BATTLE FOR REDEMPTION
Der einstige Herrscher eines Wüstenreichs hat Thron und Frau verloren. Er stellt sich als Söldner zur Verfügung und zieht mit einem germanischen Gefährten in die Schlacht gegen eine Armee, die seinen jetzigen Lohnherrn bedroht. Weiterer Aufguss der Fantasy-Reihe, der mangelnde Logik und Plot-Brüche durch vermeintlich witzige Einfälle und Schauwerte zu kaschieren versucht. – Ab 16.
DVD/BD: Die Extras umfassen u. a. einen Audiokommentar des Regisseurs sowie ein Feature mit fünf so im Film nicht verwendeten Szenen (12 Min.).
USA 2011 **P** Universal 1440 / Alphaville / The Sommers Company / Misher Films **DVD** Universal (16:9, 1.78:1, DD5.1 engl./dt.) **BD** Universal (16:9, 1.78:1, dts-HDMA engl./dt.) **Pd** Leslie Belzberg, Patti Jackson **R** Roel Reiné **B** Brendan Cowles, Shane Kuhn **K** Roel Reiné **M** Trevor Morris **S** Matt Friedman (= Matthew Friedman), Radu Ion **D** Victor Webster (Mathayus), Ron Perlman (Horus), Billy Zane (Talus), Bostin Christopher (Olaf), Krystal Vee (Silda), Johann Helf (Hathor), Geoffrey Giuliano (Siris), Jason Pace (Rohtah) **L** 101 **FSK** ab 12 **E** 16.2.2012 DVD & BD **fd** –

Scorpius Gigantus
SCORPIUS GIGANTUS
Durch Genmanipulation sind vier Soldaten zu einer Mischung aus Mensch, Skorpion und Riesenkakerlake mutiert. Sie entweichen aus einem Militärtransport und suchen Unterschlupf in einem verlassenen Warenhaus, während ihnen eine Spezialeinheit der Armee auf den Chitin-Panzer rückt. Hanebüchener Science-Fiction-Horrorfilm, dessen Darsteller jenseits des Amateurhaften agieren; die unbeholfen ausgestellte Pseudo-Tiefgründigkeit verschlimmert noch den Gesamteindruck.
USA 2005 **P** L&P Prod. / New Concorde **DVD** New Concorde (FF, DD2.0 dt.) **Pd** Raly Radoulouff, Terence H. Winkless **R** Tommy Withrow **B** Raly Radoulouff, Terence H. Winkless **K** George Markov **M** Kaloyan Dimitroff, Peter Tzankoff **S** Dusan Jubavec, Alexander Lightfoot, Bruno Scarpel **D** Jeff Fahey (Major Nick Reynolds), Jo Bourne-Taylor (Dr. Jane Preston), Hristo Mitzkov (Yager), Evgenia Vasileva (Dokic), Jonas Talkington (Birke), Stefan Ivanov (Klotchkov), Dejan Angelov (Timov), Ray Hartbarger (General Miller) **L** 96 **FSK** ab 16 **E** 2006 DVD / 5.5.2012 Tele 5 **fd** –

Screwed – Krieg im Knast
SCREWED
Ein traumatisierter Irak-Heimkehrer fasst trotz besorgter Familie nur zögerlich wieder Fuß im englischen Alltag. Auch sein neuer Job als Wärter in einem Gefängnis für Schwerverbrecher hilft ihm da nur wenig, zumal sich die Kollegen kaum besser sind als die Insassen. Von übertriebener Tristesse und drastischen Brutalitäten geprägter Gefängniskrimi, frei nach den Memoiren eines Knastwärters; in der Charakterzeichnung eher grobschlächtig.
DVD/BD: Erhältlich als DVD, 2D BD und 2D/3D BD. Die Extras umfassen u. a. eine Reihe von insgesamt 8 Kurzinterviews mit den Beteiligten des Films (48 Min.), von denen das mit Regisseur Reg Traviss (10 Min.) das ausführlichste ist.
3D. Scope. Großbritannien 2011 **P** Screwed Film **DVD** Sunfilm (16:9, 2.35:1, DD5.1 engl./dt., dts dt.) **BD** Sunfilm (16:9, 2.35:1, dts-HDMA7.1 engl./dt.) **Pd** James Harris, Ronnie Thompson, Freddie Hutton-Mills, Bart Ruspoli **R** Reg Traviss **B** Colin Butts, Ronnie Thompson **Vo** Ronnie Thompson **K** Bryan Loftus **M** George Kallis **S** John Palmer **L** 105 **FSK** ab 18 **E** 10.5.2012 DVD & BD **fd** –

Searching for Sugar Man ☆
SEARCHING FOR SUGAR MAN
Dokumentarfilm über den Sänger/Songwriter Sixto Díaz Rodríguez, der in den 1970er-Jahren zwei Schallplatten produzierte und dessen nachdenklich-lyrische Folkmusik in den späten 1990er-Jahren in Australien und vor allem Südafrika einen späten Erfolg erlebte. In Form eines filmischen Enthüllungskrimis startet der Film eine Spurensuche nach dem Musiker über mehrere Kontinente hinweg und kreiert ein kluges, aus Interviews, Song-Fragmenten, Fotos und Filmausschnitten zusammengefügtes Porträt, das auch jenseits von Fan-Kreisen mitreißt. (O.m.d.U.) – Sehenswert ab 12. Teils schwarz-weiß. Schweden/Großbritannien 2012 **P** Red Box Films / Passion Pic. **KI** Rapid Eye Movies **Pd** Simon Chinn, George Chignell, Nicole Stott **R+B** Malik Bendjelloul **K** Camilla Skagerström **M** Rodriguez **S** Malik Bendjelloul **L** 86 (24 B./sec.) / 83 (25 B./sec.) **FSK** o.A.; f **E** 27.12.2012 **fd** 41 468

Seattle Superstorm
siehe: **Der Supersturm – Die Wetter-Apokalypse**

6 x Venedig ★
SEI VENEZIA
Porträt der Lagunenstadt Venedig, filmisch aufgezeichnet aus der Perspektive von sechs Bewohnern: eines Archäologen, eines Künstlers, eines Hotelzimmermädchens, eines ehemaligen Diebs, eines Jungen auf der künstlich aufgeschichteten Insel Sacca Fisola sowie eines Archivars. Die facettenreiche Visite einer kuriosen und doch erstaunlich normalen Lebenswelt überzeugt dank stimmungsintensiver Musik, aber auch durch die Offenheit, mit der der Film Einblicke in Alltagswelten gewährt. (O.m.d.U.) – Ab 12.
Italien 2010 **P** Argonauti **KI** Rendezvous **DVD** Rendezvous/Indigo (16:9, 1.78:1, DD2.0 ital.) **Pd** Marina Zangirolami **R** Carlo Mazzacurati **B** Carlo Mazzacurati, Marco Pettenello, Claudio Piersanti **K** Luca Bigazzi **M** Eleni Karaindrou **S** Paolo Cottignola **L** 92 **FSK** o.A.; f **E** 29.3.2012 / 28.9.2012 DVD **fd** 40 980

Die sechs Schwäne
Eine junge Frau erfährt, dass ihre sechs Brüder in Schwäne verwandelt

wurden und nur sie sie von diesem Fluch erlösen kann. Zurückgezogen im Wald lebend, erlegt sie sich ein strenges Schweigegelübde auf und näht sechs Hemden aus Brennnesseln, die die Brüder erlösen sollen. Ein Prinz begehrt sie als Frau, doch zuvor sind etliche Hürden zu überwinden, um die Brüder zu retten. Stimmungsvolle (Fernseh-)Verfilmung des attraktiven Märchens der Gebrüder Grimm, das von zweierlei Liebe sowie der Notwendigkeit von Aufopferungsbereitschaft erzählt. – Ab 8.
Deutschland 2012 **P** Kinderfilm (für ZDF) **KI** offen **Pd** Götz Brandt, Ingelore König, Irene Wellershoff **R** Karola Hattop **B** Inés Keerl **Vo** Wilhelm Karl Grimm (Märchen), Jakob Ludwig Karl Grimm (Märchen) **K** Konstantin Kröning **M** Moritz Denis, Eike Hosenfeld, Tim Stanzel **S** Melanie Werwie **D** Sinja Dieks (Constanze), Julia Jäger (Königin Sieglinde), André Kaczmarczyk (Prinz Markus), Anton Algrang (Heinrich), Henning Peker (Otto), Arved Friese (Benjamin), Bjarne Meisel (Wilhelm), Paul Alhäuser (Michael) **L** 90 **E** 26.12.2012 ZDF **fd** –

96 Minuten
96 MINUTES
Eine Nacht droht, in einer Katastrophe zu enden, als sich vier Freunde in einem entführten Wagen irgendwo in Atlanta wiederfinden. Was aber geschah innerhalb der vorangegangenen 96 Minuten? In Rückblenden erzählt der durchaus spannende Thriller quasi in Echtzeit eine Geschichte, die freilich ohne den dramaturgisch geschickt gebauten Kniff eher unspektakulär daherkommen würde. – Ab 16.
USA 2011 **P** First Point Ent./Perfect Weekend/Katonah Pictures **DVD** Sunfilm Entertainment **Pd** Lee Clay, Paul Gilreath, Charlie Mason, Justin Moore-Lewy **R+B** Aimee Lagos **K** Michael Fimognari **M** Kurt Farquhar **S** Aram Nigoghossian **D** Brittany Snow (Carley), Christian Serratos (Lena), David Oyelowo (Duane), Elena Varela (Ärztin), Evan Ross (Dre), Sylvia Jefferies (Kevins Mutter) **L** 95 (24 B./sec.) / 91 (25 B./sec.) **FSK** ab 16 **fd** –

Sechzehneichen
Um das Leiden ihrer kleinen Tochter zu lindern, die unter Hustenanfällen leidet, zieht ein Ehepaar aufs Land und scheint in der «Gated Community» Sechzehneichen, ein Luxusdomizil, die idealen Lebensbedingungen gefunden zu haben. Während sich der Mann rasch in die Gemeinschaft einlebt und Gefallen an den Männertreffen findet, bleibt die Frau reserviert und findet ihre Vorbehalte bald bestätigt. Ein eigenwilliger Fernsehfilm, der mit einer Vielzahl unterschiedlicher Stilmittel Männerbündelei anprangert und die klaustrophobische Atmosphäre einer Welt zeichnet, die auf weibliche Unterwürfigkeit und Unterdrückungsmechanismen aufgebaut ist. Das Drehbuch zeigt frappante Ähnlichkeiten zum sozialkritischen Horrorfilm DIE FRAUEN VON STEPFORD aus dem Jahre 1975. – Ab 16.
Deutschland 2012 **P** Hessischer Rundfunk **KI** offen **Pd** Jörg Himstedt **R** Hendrik Handloegten **B** Achim von Borries, Hendrik Handloegten **K** Philipp Haberlandt **M** Bertram Denzel **S** Stefan Blau **D** Heike Makatsch (Laura Eichhorn), Mark Waschke (Nils Eichhorn), Tarja Loos (Fanny Eichhorn), Tove Loos (Fanny Eichhorn), Sandra Borgmann (Ella), Marc Hosemann (Ludwig), Alexander Beyer (Konstantin), Anatole Taubman (Ansgar), Lavinia Wilson (Marlene), Jan Henrik Stahlberg (Staatsanwalt), Stefanie Stappenbeck (Valerie) **L** 90 **E** 28.11.2012 ARD **fd** –

Sector 7
7 GWANGGU
Die Stimmung an Bord einer Bohrinsel ist schlecht, weil die Crew kein Öl, sondern nur seltsames Kleingetier zutage fördert. Als sich seltsame Vorkommnisse häufen, eskaliert die Lage, zumal sich herausstellt, dass aus dem Fang inzwischen Großgetier mit Appetit auf Menschenfleisch geworden ist. Klaustrophobischer Monsterhorror mit angedeuteter ökologischer Botschaft, der sich allzu sehr in seinen betont tiefenscharfen Bildern gefällt.
DVD/BD: Erhältlich als DVD, 2D BD und 2D/3D BD.
Südkorea 2011 **P** CJ Entertainment / JK Film **DVD** MFA (16:9, 1.85:1, DD5.1 dt.) **BD** MFA (16:9, 1.85:1, dts-HDMA dt.) **R** Kim Ji-hoon **B** Yun Je-gyun **D** Ha Ji-won (Cha/Hae-jun), Ahn Sung-kee (Jeong Man), Oh JIho (Kim/Dong-soo), Cha Ae-ryeon (Wissenschaftler Kim), Lee Han-wi (Mediziner), Park Cheol-min (Besatzungsmitglied), Song Sae-byeok (Besatzungsmitglied), Park Jeong-hak **L** 93 **FSK** ab 16 **E** 16.7.2012 DVD & BD **fd** –

Ein See
UN LAC
In den schneebedeckten Wäldern des Nordens lebt ein Holzfäller mit seinen Eltern und Geschwistern, wobei ihn mit seiner Schwester eine leidenschaftliche, aber unerfüllbare Liebe verbindet. Nur ihr erzählt er von seinen epileptischen Anfällen, die unter Umständen den Tod bedeuten. Als sich ein junger Holzaufkäufer zwischen das Geschwisterpaar drängt, flieht der Holzfäller in die kalte Nacht und löst eine Suchaktion aus. Ein kompromisslos mit einer Fülle extremer Nahaufnahmen und unscharfer Bilder erzähltes Drama, das keine Raumorientierung ermöglicht und zur Konzentration auf die Protagonisten zwingt. Auch das Sounddesign und die rohe Aussprache der meist russischen Darsteller spiegeln das Seelenleben der Charaktere. – Ab 16.
Frankreich 2008 **P** Mandrake / Rhône-Alpes Cinéma / arte **KI** offen **Pd** Catherine Jacques **R+B** Philippe Grandrieux **K** Philippe Grandrieux **S** Françoise Tourmen **D** Dmitij Kubasow (Alexi, der Bruder), Natalia Rehorová (Hege, die Schwester), Alexey Solonchev (Jürgen, der Fremde), Simona Hülsemann (Liv, die Mutter), Vitaly Kishchenko (Christiann, der Vater), Arthur Semay (Johannes, der kleine Bruder) **L** 85 **E** 3.5.2012 arte **fd** –

See You in September
SEE YOU IN SEPTEMBER
Als sich ihre Therapeutin in den Urlaub verabschiedet, gründet eine New Yorkerin eine Selbsthilfegruppe, die über Beziehungsprobleme hinweghelfen soll. Das Ergebnis ist durchschlagend, zumal die selbsternannte Therapeutin den Mann ihres Lebens findet. Leichtgewichtige Beziehungskomödie vor einschlägig vertrautem «Stadtneurotiker»-Hintergrund; kurzweilige Unterhaltung, die dem Thema kaum neue Aspekte abgewinnt. – Ab 14.
USA 2010 **P** Steadfast Prod. **DVD** Infopictures (16:9, 2.35:1, DD2.0 engl., DD5.1 dt.) **BD** Infopictures (16:9, 2.35:1, dts-HD2.0 engl., dts-HD dt.) **Pd** Joe Cilibrasi, Jennifer Maloney, Tamara Tunie, Jean-Pierre Henraux

R Tamara Tunie **B** Joe Cilibrasi, Jennifer Maloney, Victoria Rinaldi, Whitney Sugarman **K** Harlan Bosmajian **M** Jeff Cardoni **S** Kenny Marsten **D** Estella Warren (Lindsay), Liza Lapira (Monica), Justin Kirk (AJ), Maulik Pancholy (Roger), Michael Rispoli (Terrence), Sandra Bernhard (Charlotte), David Eigenberg (Max), Christopher Sieber (Steven) **L** 102 **FSK** ab 12 **E** 24.2.2012 DVD & BD **fd** –

Sehnsucht nach Schönheit
LONGING FOR BEAUTY

Dokumentarfilm über drei Menschen, die ihr Gesicht durch plastische Chirurgie verändern ließen, entweder um ein Schönheitsideal zu erreichen oder um das Antlitz nach einem Unfall wieder ansehnlich zu machen. Er fragt nach dem Selbstverständnis der plastischen Chirurgie jenseits von Schönheitsoperationen und versucht, die existenziellen Erfahrungen seiner Protagonisten nachzuvollziehen. Deutlich wird, welch großer Einschnitt die Veränderung des Gesichts im Leben eines Menschen ist. – Ab 16.
Deutschland 2011 **P** Benedikt Pic. / NHB Studios / BR / YLE / OHC **KI** offen **Pd+R** Julian Benedikt **B** Julian Benedikt, Christian Metz, Johannes Groschupf **K** Frank Griebe **S** Andreas Hulme **L** 75 **E** 10.1.2012 ARD **fd** –

Der Seidenfächer
SNOW FLOWER AND THE SECRET FAN / XUEHUA YU MISHAN

Verfilmung eines Romans, dessen Geschichte eines «Laotongs», des freundschaftlichen Bundes zweier Frauen innerhalb der patriarchalen Gesellschaft Chinas im 19. Jahrhundert, mit einer in der Gegenwart spielenden Frauenfreundschaft verbunden wird und sich in ihr spiegelt. Während die Handlungsstränge jeder für sich genommen eindringlich und sensibel die Beziehungen der Hauptfiguren aufzeichnen, überzeugt die Verbindung der Erzählebenen weit weniger: Die inneren Zusammenhänge werden nicht transparent, der Wechsel zwischen den Zeitenebenen stört sogar eher den getragenen melancholischen Erzählfluss. (Teils O.m.d.U.) – Ab 17.
Scope. VR China / USA 2011 **P** IDG China Media **KI** Senator **Pd** Wendi Murdoch, Florence Sloan, Jessinta Liu, Andrew Loo **R** Wayne Wang **B** Angela Workman, Ron Bass (= Ronald Bass), Michael K. Ray (= Michael Ray) **Vo** Lisa See (gleichnamiger Roman) **K** Richard Wong **M** Rachel Portman **S** Deirdre Slevin **D** Gianna Jun (Snow Flower / Sophia), Bingbing Li (Lily / Nina), Russell Wong (Bankdirektor), Archie Kao (Sebastian), Coco Chiang (Anna), Vivian Wu (Tante) **L** 104 (24 B./sec.) / 100 (25 B./sec.) **FSK** ab 6; f **E** 28.6.2012 **fd** 41 136

Sen Kimsin – Wer bist du?
SEN KIMSIN

Ein trotteliger Detektiv soll eine entführte Millionärstochter aufspüren, wobei sich deren Stiefmutter als fiese Intrigantin entpuppt. Komödie mit einem in der Türkei populären Fernseh-Comedian in der Hauptrolle. Mehr schlecht als recht walzt der Film das Wechselspiel von Handlung, Zote und musikalisch untermaltem Zwischenspiel auf Spielfilmlänge aus und kommt dabei nie über müde Blödeleien hinaus. (O.m.d.U.) – Ab 12.
Türkei 2012 **P** Besiktas Kultur Merkezi Film **KI** Kinostar **Pd** Necati Akpinar **R** Ozan Açiktan **B** Ozan Açiktan, Tolga Çevik, Levent Pala **K** Ahmet Sesigurgil **M** Jingle House **S** Erkan Erdem, M. Yasin Yalva **D** Tolga Çevik (Tekin), Köksal Engür (Ismail), Pelin Körmükçü (Suzan), Toprak Sergen (Adnan), Zeynep Özder, Çetin Altay, Orçun Cavher, Hikmet Güney **FSK** ab 6; f **E** 8.3.2012 **fd** 40 987

Sergej in der Urne ☆
Die wegen Zwistigkeiten unter den Söhnen noch unbeerdigte Urne seines Vorfahren, des Molekularbiologen Sergej Stepanowitsch Tschachotin, nimmt dessen Urenkel zum Anlass, eine Verständigung unter den Streitenden einzuleiten, sowie für einen Film, der die bewegte Lebensgeschichte Tschachotins beleuchtet: In Russland geboren und durch historische Ereignisse immer wieder zur Emigration gezwungen, gelangen ihm bemerkenswerte wissenschaftliche Erfolge, während sein Familienleben unstet und kompliziert blieb. Aus Erzählungen, Fotos, bewegten Archivbildern und Schriftzeugnissen entwirft der Film einen lebendigen Streifzug durch ein Jahrhundert europäischer Geschichte und unterhält dank der facettenreichen Formensprache sowie absurdkomischer Elemente ebenso kurzweilig wie klug. – Sehenswert ab 14.
Deutschland 2009 **P** Ma.Ja.De.Filmprod./Liquid Blues Prod. **KI** Film Kino Text **Pd** Boris Hars-Tschachotin, Heino Deckert **R+B** Boris Hars-Tschachotin **K** Sirko Knüpfer, Peter Badel, Grischa Schaufuss **M** Jan Tilman Schade **S** Sirko Knüpfer, Regina Bärtschi **L** 110 **FSK** ab 6; f **E** 23.2.2012 / 29.7.2012 3sat **fd** 40 911

Set Up
SET UP

Nach dem Überfall auf einen Diamantentransport erschießt einer der Täter seine zwei Kumpane. Einer der beiden überlebt und startet einen Rachefeldzug, bei dem er einem gefürchteten Gangsterboss in die Quere kommt. Konfektionierter Actionfilm. Der Auftritt von Bruce Willis trägt kaum zur Entwicklung der Geschichte bei und muss unter der Rubrik «Publikumswirksamkeit» verbucht werden. – Ab 16.
USA 2011 **P** Cheetah Vision / Emmett-Fiurla Films / Hedge Fund Film Partners **DVD** Ascot/Elite (16:9, 1.85:1, DD5.1 engl./dt., dts dt.) **BD** Ascot/Elite (16:9, 1.85:1, dts-HDMA engl./dt.) **Pd** 50 Cent (= Curtis «50 Cent» Jackson), Randall Emmett, George Furla, Sefton Fincham, Gus Furla, Brandon Grimes, Vance Owen **R** Mike Gunther **B** Mike Behrman, Mike Gunther **K** Steve Gainer **M** The Newton Brothers **D** 50 Cent (= Curtis «50 Cent» Jackson) (Sonny), Ryan Phillippe (Vincent Long), Bruce Willis (Biggs), Jenna Dewan (Mia), James Remar (William Long), Randy Couture (Petey), Will Yun Lee (Joey), Ambyr Childers (Haley) **L** 81 **FSK** ab 16 **E** 13.1.2012 DVD & BD **fd** –

Set Up – Freunde für's Leben, Feinde für die Ewigkeit
siehe: **Set Up**

7 Below – Haus der dunklen Seelen
SEVEN BELOW / SEVEN BELOW ZERO

Ein Hurrikan von bedrohlichem Ausmaß scheint noch das geringere Problem für eine Reisegruppe zu sein. Zunächst begegnet ihnen eine seltsame Geistergestalt am Wegesrand, dann lädt sie ein vermeintlich fürsorglicher Mann in ein unheimliches Haus ein. Geisterhorror der gehobenen Mittelklasse, der mit einigen bekannten Gesichtern wuchert. – Ab 16.
USA 2011 **P** Vitamin A Films/Barking

Fish Entertainment / Silver Moonlight **DVD** Lighthouse / Mr. Banker (16:9, 1.78:1, DD2.0 engl., DD5.1 dt.) **BD** Lighthouse/Mr. Banker (16:9, 1.78:1, dts-HD2.0 engl., dts dt.) **Pd** Eric Fischer, Brianna Lee Johnson, Aymie Majerski, Warren Ostergard, Terry Rindal, Juli Niles, Allen Voigt, Jon D. Wagner **R** Kevin Carraway **B** Kevin Carraway, Lawrence Sara **K** Harris Charalambous **M** Jake Staley **S** Terry Lukemire **D** Val Kilmer (Bill McCormick), Ving Rhames (Jack), Luke Goss (Issac), Tia Sage (Mistress), Brianna Lee Johnson (Elizabeth McKnight), Matt Barr (Adam), Jennifer Trier (Tante May), Rebecca Da Costa (Courtney) **L** 92 **FSK** ab 16 **E** 4.4.2012 DVD & BD **fd** –

7 Psychos
SEVEN PSYCHOPATHS
Ein Autor ringt mit seinem Drehbuch um sieben psychopathische Mörder. Der Film visualisiert diese Episoden, wobei ihr Realitätsstatus vage bleibt: Spielen sie sich nur im Kopf des Autors ab, oder passieren sie wirklich? Der ironisch-selbstreflexive Thriller spielt mit Verweisen auf diverse Vorbilder sowie einem Reigen populärer Darsteller, was kurzzeitig unterhält, bald aber demselben Überdruss an immergleichen Genrestandards zum Opfer fällt, den der Film satirisch aufs Korn nehmen will.
Scope. Großbritannien 2012 **P** Blueprint Pic. / BFI / Film4 **KI** DCM **Pd** Graham Broadbent, Martin McDonagh, Peter Czernin, Betsy Danbury, Sarah Harvey **R+B** Martin McDonagh **K** Ben Davis **M** Carter Burwell **S** Lisa Gunning **D** Colin Farrell (Marty), Sam Rockwell (Billy), Woody Harrelson (Charlie), Tom Waits (Zachariah), Christopher Walken (Hans), Abbie Cornish (Kaya), Olga Kurylenko (Angela), Michael Pitt (Larry), Harry Dean Stanton (Mann mit Hut), Kevin Corrigan (Dennis), Gabourey Sidibe (Sharice) **L** 109 **FSK** ab 16; f **E** 29.11.2012 **fd** 41 434

Sex & Drugs & Rock & Roll
SEX & DRUGS & ROCK & ROLL
Bio-Pic über den englischen Punkmusiker Ian Dury (1942–2000), der mit der Band «The Blockheads» zu Ruhm kam. Der Film behandelt die Vita des durch Kinderlähmung gehbehinderten Künstlers nicht chronologisch, sondern als assoziatives Mosaik aus verschiedenen Auftritten, Erinnerungen an die Kindheit und dem Privatleben Durys. Seine exzentrische Machart verdoppelt dabei gleichsam die exzentrische Attitüde der Künstler-Persona Ian Dury, ohne sich kritisch mit dieser auseinanderzusetzen. – Ab 14.
Großbritannien 2010 **P** Squareone Ent. / Aegis Film Fund / DJ Films / Lipsync Prod. / Prescience / UK Film Council **DVD** Universum (16:9, 1.85:1, DD5.1 engl./dt.) **BD** Universum (16:9, 1.85:1, dts-HDMA engl./dt.) **Pd** Damian Jones, Michelle Eastwood, Justin Edgar, Jane Hooks, Alex Usborne **R** Mat Whitecross **B** Paul Viragh **K** Christopher Ross, Brian Tufano **M** Chaz Jankel **S** Peter Christelis **D** Andy Serkis (Ian Dury), Naomie Harris (Denise), Olivia Williams (Betty), Ray Winstone (Vater), Bill Milner (Baxter Dury), Tom Hughes (Chaz Jankel), Clifford Samuel (Charlie Charles), Joseph Kennedy (Davey Payne), Arthur Darvill (Mick Gallagher) **L** 110 **FSK** ab 12 **E** 28.3.2012 DVD & BD **fd** 41 175

Sex Killer – Lust. Mord. Wahnsinn
A KISS AND A PROMISE
Ein Serienkiller geht in einer Kleinstadt um. Eine Hotel-Chefin könnte den beiden ermittelnden Polizisten wertvolle Hinweise geben, doch diese muss erst einmal die «Leichen» im eigenen Familienkreis begraben. Der reißerische deutsche Titel täuscht über die Ausrichtung des eher als Beziehungsdrama zu bezeichnenden Thrillers, der die stereotype Tätersuche durch homosexuelle Intermezzi und Sadomaso streckt.
Kanada 2010 **P** Lab4 Prod. **DVD** Infopictures (16:9, 1.78:1, DD2.0 engl., DD5.1 dt.) **BD** Infopictures (16:9, 1.78:1, dts-HD2.0 engl., dts-HD dt.) **Pd** Lenny Bitondo, Phillip Guzman, Mick Rossi, Philip Roy **R** Phillip Guzman **B** Mick Rossi, Phillip Guzman **K** Philip Roy **M** David M. Frost **S** Philip Roy **D** Mick Rossi (David Beck), Natasha Gregson Wagner (Samantha Beck), Sean Power (Charlie Matthews), Patrick Bergin (Det. Anthony Dolan), Robert Miano (Det. Joseph Bello), Sile Bermingham (Rose Miller), Danielle Watling (Mary Miller), Brian Foyster (Ian Brin) **L** 90 **FSK** ab 18 **E** 27.4.2012 DVD & BD **fd** –

Sex on the Beach
THE INBETWEENERS MOVIE
Vier englische Teenager feiern das Ende ihrer Schulzeit mit einem Urlaub auf Kreta, wo sie auf ein gleichaltriges Quartett junger Britinnen treffen. Flirts und Liebeswirren sind vorprogrammiert, zumal noch die Ex-Geliebte eines der Jungs auf der Insel Urlaub macht. Spielfilm-Auskopplung der britischen Sitcom THE INBETWEENERS, die mit der Versetzung der jugendlichen Protagonisten aus dem britischen Schulalltag in das Ferienparadies viel an Charme und Identifikationspotenzial einbüßt und nicht über das kindische Gag-Niveau einschlägiger Teenie-Klamotten hinauskommt. – Ab 16.
Großbritannien 2011 **P** Bwark Prod. / Young Films **KI** Universum **Pd** Christopher Young **R** Ben Palmer **B** Damon Beesley, Iain Morris **K** Ben Wheeler **M** Mike Skinner **S** Charlie Fawcett, William Webb **D** Simon Bird (Will McKenzie), Joe Thomas (Simon Cooper), James Buckley (Jay Cartwright), Blake Harrison (Neil Sutherland), Lydia Rose Bewley (Jane), Laura Haddock (Alison), Jessica Knappett (Lisa), Tamla Kari (Lucy), Emily Head (Carli D'Amato), Theo James (James), Greg Davies (Mr. Gilbert), Anthony Head (Mr. McKenzie), Theo Barklem-Biggs (Richard) **L** 97 **FSK** ab 16; f **E** 2.2.2012 **fd** 40 901

Sexy Biester in der Highschool
FAB FIVE: THE TEXAS CHEERLEADER SCANDAL
Fünf Cheerleader-Mädchen terrorisieren ihre Mitschüler an ihrer High School und vergraulen eine Trainerin nach der anderen. Die Schulleiterin, Mutter einer der jungen Frauen, hält ihre schützende Hand über die Clique. Als eine neue Cheerleader-Trainerin ihren Dienst antritt, beginnt ein Kampf auf Biegen und Brechen. High-School-Drama vor durchaus ernstem Hintergrund, das Themen wie Gerechtigkeit, Toleranz, Solidarität und Disziplin anspricht. – Ab 14 möglich.
USA 2008 **P** Fox Television / Orly Adelson Prod. / TVM Prod. **KI** offen **Pd** Bob Wilson **R** Tom McLoughlin **B** Teena Booth **K** Lloyd Ahern **M** Anton Sanko **S** Charles Bornstein **D** Jenna Dawan-Tatum (Emma Carr), Ashley Benson (Brooke Tippit), Aimee Spring Fortier (Lisa Toledo), Jes-

sica Heap (Jeri Blackburn), Stephanie Honore (Ashley), Jason Davis (Tim), Ashlynn Ross (Tabitha Doering), Dameon Clarke (Trainer Adam Reeve) **L** 85 **E** 28.8.2012 RTL Nitro **fd –**

Shackletons Retter
SHACKLETON'S CAPTAIN
Im Oktober 1914 sticht das Expeditionsschiff «Endurance» mit einem Schwesterschiff in See, um das südliche Polarmeer zu befahren und die Antarktis zu erkunden. 60 Meilen vor dem Festland bleibt es im Packeis stecken und wird von Eismassen zerquetscht. Der Mannschaft gelingt es, nach Elephant Island zu gelangen, doch auf dieser unwirtlichen Insel ist kaum Rettung zu erwarten. Kapitän Frank Worsley bricht mit Ernest Shackleton und vier Matrosen auf, um Hilfe zu holen, erreicht dank seiner nautischen Fähigkeiten eine Insel und organisiert Hilfe. Der mit bewegenden Spielszenen angereicherte Film erinnert an die Rettungsaktion und den genialen Kapitän. – Ab 14. Teils schwarz-weiß. Neuseeland / Deutschland 2011 **P** Making Movies / Gebrüder Beetz Filmprod. **KI** offen **Pd** Christian Beetz, Andy Salek **R** Leanne Pooley **B** Leanne Pooley, Tim Woodhouse **K** Simon Baumfield, Wayne Vinton **M** John Gibson **S** Tim Woodhouse **D** Craig Parker (Frank Worsley), Charles Pierard (Ernest Shackleton), Tony Graimes (Timothy McCarthy), Cory Rumble (Leonard Hussey), John Seymour (Ernest Holness) **L** 84 **E** 21.4.2012 arte **fd –**

Shadow Island Mysteries – Geheimnisvolle Weihnachten
SHADOW ISLAND MYSTERIES: THE LAST CHRISTMAS / THE LAST CHRISTMAS
Ein Patriarch lädt seine Familie in ein Winter-Resort ein, wo fünf Jahre zuvor seine Tochter ertrunken ist. Auf dem Programm steht ein «Weihnachtsrätsel» des Großvaters, das in der Zeit vor der Tragödie zur Familientradition gehörte. Nun erklärt der Großvater, dass er unheilbar an Krebs erkrankt sei und derjenige, der das Rätsel löst, sein Alleinerbe werde. Als er stirbt, müssen sich die gierigen Erben noch mit einem ganz anderen Geheimnis auseinandersetzen. Vorhersehbarer dramatischer (Fernseh-)Weihnachtsfilm um eine auseinan-

fallende Familie, die sich neu finden muss, der vor allem an allzu holzschnittartig entwickelten Charakteren krankt. – Ab 16.
Kanada 2010 **P** Breakthrough Films and Television / Buffalo Gal Pic. **KI** offen **R** Gary Yates **B** Paula J. Smith, Alex Galatis **K** Michael Marshall **M** Alex Khaskin **S** Cathy Gulkin **D** Jennifer Finnigan (Claire La Foret), Natalie Brown (Monica), Cedric Smith (Raymond La Foret), Nola Augustson (Margaret La Foret), Stefano DiMatteo (Sergio Boniti), Morgan Kelly (Ian La Foret), Mike O'Brien (Onkel Stuart), Jennifer Pudavick (Natasha) **L** 88 **E** 30.12.2012 RTL **fd –**

Shadowheart – Der Kopfgeldjäger
SHADOWHEART
Ein im amerikanischen Bürgerkrieg gestählter Kopfgeldjäger kehrt in seine Heimat zurück, um sich an einem Großgrundbesitzer zu rächen, der seinen Vater, einen Pfarrer, ermordete. Die Liebe zu einer Frau und friedfertige Navajo-Indianer lassen ihn schließlich von der Tat Abstand nehmen. Ein Western, der die Erwartungshaltungen ans Genre unterläuft und zur Erweckungsparabel mit christlichem Hintergrund wird. – Ab 16.
DVD/BD: Die Extras umfassen u. a. einen Audiokommentar des Regisseurs.
USA 2008 **P** Desert Moon / Indiesyndicate Prod. / JBA **DVD** WGF/Schröder-Media (16:9, 2.35:1, DD5.1 engl./dt.) **BD** WGF/Schröder-Media (16:9, 2.35:1, dts-HDMA engl./dt.) **Pd** Justin Ament **R** Dean Alioto **B** Dean Alioto, Peter Vanderwall, Brad Goodman **K** Andrew Huebscher **M** Gregor Narholz **S** Dean Alioto, Tim Silano **D** Angus MacFadyen (Will Tunney), Justin Ament (James Conners), Michael Spears (Washakie), Marnie Alton (Mary Copper), Tonantzin Carmelo (Makoda), William Sadler (Thomas Conners), Dean Alioto (Spider), Ines Dali (Velma) **L** 114 **FSK** ab 12 **E** 26.1.2012 DVD & BD **fd –**

Shame ☆
SHAME
Ein sexsüchtiger New Yorker Yuppie bekommt Besuch von seiner labilen jüngeren Schwester, die sich bei ihm einquartiert. Der Kontakt mit ihr ruft verdrängte Erinnerungen aus der gemeinsamen Kindheit wach, gefährdet aber die ganz auf die Sucht ausgerich-

tete Existenz des Mannes, die menschliche Bindungen ausschließt, und wird für ihn zur Zerreißprobe. Ein beklemmendes, vielschichtiges Drama, das dank des hervorragenden Hauptdarstellers und der vorzüglichen Inszenierung voller poetischer wie auch verstörender Bilder in den von unterdrücktem Schmerz geprägten Kosmos der Hauptfigur hineinführt. Dabei geht es auch um die Kritik eines westlichen Lebensstils, mehr aber um das Ergründen existenzieller Zustände.
Scope. Großbritannien 2011 **P** SeeSaw Films / Film4 **KI** Prokino **DVD** Prokino (16:9, 2.35:1, DD5.1 engl./dt.) **BD** Prokino (16:9, 2.35:1, dts-HDMA engl./dt.) **Pd** Iain Canning, Emile Sherman, Bergen Swanson **R** Steve McQueen **B** Steve McQueen, Abi Morgan **K** Sean Bobbitt **M** Harry Escott **S** Joe Walker **D** Michael Fassbender (Brandon), Carey Mulligan (Sissy), James Badge Dale (David), Nicole Beharie (Marianne), Hannah Ware (Samantha), Amy Hargreaves, Elizabeth Masucci, Lucy Walters **L** 100 **FSK** ab 16; f **FBW** bw **E** 1.3.2012 / 13.9.2012 DVD & BD **fd** 40 933

Sharayet – Eine Liebe in Teheran ☆
SHARAYET
Drama um die Liebe zweier junger Frauen in Teheran: Nach außen hin nur beste Freundinnen, nutzen die Schülerinnen die Freiräume, die sich ihnen im Rahmen der Jugend-Subkultur sowie im heimischen Schutz einer liberalen Familie bieten. Als der Bruder eines der Mädchen, ein religiöser Fanatiker, in die Familie zurückkehrt, droht der Kollaps. Der Erstlingsfilm einer iranisch-amerikanischen Filmemacherin porträtiert als realistische Allegorie eindringlich die Schizophrenie einer Gesellschaft, in der sich die Sehnsucht nach Freiheit und Vergnügen zwar Nischen sucht, dies aber nur unter dem Siegel der Verschwiegenheit und überschattet von der Drohung staatlicher Restriktionen geschieht. (O.m.d.U.) – Sehenswert ab 16.
USA/Frankreich/Iran 2010 **P** Marakesh Films / A Space Between / Bago Pic. / Menagerie Prod. / Neon Prod. **KI** Edition Salzgeber **Pd** Karin Chien, Melissa M. Lee, Antonin Deder, Maryam Keshavarz **R+B** Maryam Keshavarz **K** Brian Rigney Hubbard **M** Gingger Shankar **S** Andrea Chignoli **D** Nikohl Boosheri (Atafeh Hakimi), Sarah Ka-

zemy (Shireen Arshadi), Reza Sixo Safai (Mehran Hakimi), Soheil Parsa (Firouz Hakimi), Sina Amedson (Hossein), Keon Mohakeri (Joey), Amir Soleimani (Payam), Amir Barghashi (Mohammed Mehdi), Siro Fazlian (Shireens Großmutter) **L** 105 **FSK** ab 12; f **fd** 41 098

She Wants Me
SHE WANTS ME
Zwei Freunde im Überlebenskampf in Los Angeles versichern sich, dass sie sich gegenseitig unterstützen wollen, wenn es mit der Karriere als Hollywood-Star nicht klappen sollte. Als das Drehbuch des einen einschlägt und sich ein Superstar für die weibliche Hauptrolle interessiert, bekommt er ein Problem, hat er die Rolle doch längst seiner Freundin zugesagt. Romantisch-dramatische Komödie, die vom ewigen Traum des «Tellerwäschers» im Filmgeschäft erzählt. – Ab 16.
DVD/BD: Die Extras enthalten u. a. ein Feature mit im Film nicht verwendeten Szenen (5 Min.).
USA 2012 **P** Different Duck Films **DVD** Capelight (16:9, 1.78:1, DD5.1 engl./dt.) **BD** Capelight (16:9, 1.78:1, dts engl., dts-HDMA dt.) **Pd** Christine Holder, Mark Holder, Rob Margolies, Brian Singbiel **R+B** Rob Margolies **K** Marc Shap **M** Matthew Puckett **S** Brian Singbiel **D** Josh Gad (Sam Baum), Kristen Ruhlin (Sammy Kingston), Hilary Duff (Kim Powers), Charlie Sheen (Charlie), Aaron Yoo (Max), Debra Jo Rupp (Ruth Baum), Wayne Knight (Walter Baum), Johnny Messner (John) **L** 84 **FSK** ab 12 **E** 1.8.2012 DVD & BD **fd** –

Sheherazade
SHEHERAZADE
Auf einer halbdunklen Bühne in einem kleinen Theater in Tunis erzählt Regisseur Nacer Khemir Geschichten aus «1001 Nacht». Sporadisch werden die Erzählungen durch kleine Szenen visualisiert; in der Regel dominiert das Wort. Ein bescheidener, schlichter Film, der die Kunst des Geschichtenerzählens in den Mittelpunkt stellt und ganz aufs Zuhören setzt. – Ab 14.
Tunesien 2011 **P** Nacer Khemir Prod. **KI** trigon-film (Schweiz) **Pd+R+B** Nacer Khemir **D** Nacer Khemir (Erzähler) **FSK** – **E** 27.9.2012 Schweiz **fd** –

Sherlock – Der Reichenbachfall
SHERLOCK – THE REICHENBACH FALL
Durch eine Reihe spektakulärer Coups lenkt Erzschurke Moriarty die Medienöffentlichkeit auf sich, um sich von Meisterdetektiv Sherlock Holmes dingfest machen zu lassen und trotz erdrückender Beweislast durch einen Freispruch seine Überlegenheit zu demonstrieren. Doch Moriarty will den Widersacher endgültig vernichten und stellt ihm eine perfide Falle, die beiden zum Verhängnis wird. Reizvoller (Fernsehserien-)Krimi, in dessen Verlauf sich der Detektiv im Glanz eines Medienstars sonnt und kaum vor dem tiefen Fall gefeit ist. Ein ebenso intelligenter wie hintergründiger Krimi-Spaß. – Ab 14.
DVD/BD: Erhältlich als DVD & BD Box «Sherlock – Season 2».
Großbritannien 2011 **P** Hartswood Films / BBC / Masterpiece **DVD** Polyband (16:9, 1.78:1, DD5.1 engl./dt.) **Pd** Elaine Cameron **R** Toby Haynes **B** Steve Thompson **Vo** Arthur Conan Doyle (Kriminalerzählung) **K** Fabian Wagner **M** David Arnold, Michael Price **S** Tim Porter **D** Benedict Cumberbatch (Sherlock Holmes), Martin Freeman (Dr. John Watson), Una Stubbs (Mrs. Hudson), Rupert Graves (Detective Inspector Lestrade), Mark Gatiss (Mycroft Holmes), Andrew Scott (= Andrea Scotti) (Jim Moriarty), Louise Brealey (Molly Hooper), Katherine Parkinson (Kitty Riley) **L** 88 **FSK** ab 12 **E** 28.5.2012 ARD / 29.5.2012 DVD & BD **fd** –

Sherlock – Die Hunde von Baskerville
SHERLOCK – THE HOUNDS OF BASKERVILLE
Ein junger Mann, dessen Vater vor 20 Jahren in den Sümpfen von Dartmoor von einer hundeähnlichen Bestie zerfleischt wurde, bittet Sherlock Holmes um Hilfe, um das traumatische Ereignis überwinden zu können. Der unter Langeweile und Nikotinentzug leidende Detektiv reist mit Dr. Watson in die englische Hochebene und kommt einem Militärgeheimnis auf die Spur. Modernisierte Adaption des vielfach verfilmten Conan-Doyle-Detektivkrimis (1901), angereichert mit Horrorfilm-Elementen. Sie bezieht ihren Reiz daraus, dass der Detektiv angesichts der grauenhaften Ereignisse an seinem Verstand zu zweifeln beginnt und an seine Grenzen geführt wird. – Ab 16.
DVD/BD: Erhältlich als DVD & BD Box «Sherlock – Season 2». Zu dieser Folge gibt es in der Bonus-Sektion einen Audiokommentar.
Großbritannien 2011 **P** Hartswood Films / BBC / Masterpiece **DVD** Polyband (16:9, 1.78:1, DD5.1 engl./ dt.) **Pd** Sue Vertue **R** Paul McGuigan **B** Mark Gatiss **Vo** Arthur Conan Doyle (Roman) **K** Fabian Wagner **M** David Arnold, Michael Price **S** Charlie Phillips **D** Benedict Cumberbatch (Sherlock Holmes), Martin Freeman (Dr. John Watson), Una Stubbs (Mrs. Hudson), Rupert Graves (Detective Inspector Lestrade), Mark Gatiss (Mycroft Holmes), Andrew Scott (= Andrea Scotti) (Jim Moriarty), Russell Tovey (Henry Knight), Amelia Bullmore (Dr. Stapleton) **L** 88 **FSK** ab 12 **E** 27.5.2012 ARD / 25.5.2012 DVD & BD **fd** –

Sherlock – Ein Skandal in Belgravia
SHERLOCK – A SCANDAL IN BELGRAVIA
Detektiv Sherlock Holmes und Dr. Watson sollen im Auftrag des britischen Geheimdiensts bei einer Domina kompromittierende Fotos von Mitgliedern der Königsfamilie sicherstellen. Dies erweist sich als unerwartet kompliziert, weil sich amerikanische Geheimdienstler mit rabiaten Methoden einmischen und sich der ansonsten unnahbare Meisterdetektiv in die Domina verliebt. Dies erweist sich als recht abträglich für seine sprichwörtliche Kombinationsgabe. Unterhaltsamer (Fernseh-)Krimi als Auftakt zur zweiten Staffel einer recht eigenwilligen Adaption der Conan-Doyle-Charaktere vor dem Hintergrund Londons im frühen 21. Jahrhundert. – Ab 14.
DVD/BD: Erhältlich als DVD & BD Box «Sherlock – Season 2». Zu dieser Folge gibt es in der Bonus-Sektion einen Audiokommentar.
Großbritannien 2011 **P** Hartswood Film / Masterpiece (für BBC Wales) **DVD** Polyband (16:9, 1.78:1, DD5.1 engl./dt.) **Pd** Sue Vertue **R** Paul McGuigan **B** Steven Moffat **Vo** Arthur Conan Doyle (Charaktere) **K** Fabian Wagner **M** David Arnold, Michael Price **S** Charlie Phillips **D** Benedict Cumberbatch (Sherlock Holmes), Martin Freeman (Dr. John Watson), Una Stubbs (Mrs. Hudson), Rupert Graves (Det. Insp. Lestrade), Mark Gatiss

(Mycroft Holmes), Andrew Scott (= Andrea Scotti) (Jim Moriarty), Louise Brealey (Molly Hooper), Lara Pulver (Irene Adler), Danny Webb (Det. Insp. Carter), Andrew Havill (Stallmeister), Todd Boyce (Neilson), Oona Chaplin (Jeanette), Richard Cunningham (schüchterner Mann), Rosemary Smith (verheiratete Frau), Simon Thorp (Geschäftsmann), Anthony Cozens (Comic-Dolmetscher) **L** 90 **FSK** ab 12 **E** 17.5.2012 ARD / 29.5.2012 DVD & BD **fd** –

Short Order – Das Leben ist ein Buffet
SHORT ORDER
In einem Pariser Restaurant-Viertel gerät eine angehende junge Köchin, die aktuell noch in einem Schnellimbiss arbeitet, in einen Reigen komischer Figuren und seltsam-makabrer Begebenheiten. Die ins Surreale und Groteske verzerrte «kulinarische Komödie» wartet mit reizvollen, mitunter bizarren Einfällen auf, weiß diese aber nicht zu einer stimmigen Einheit zu verdichten. – Ab 16.
Scope.Irland/Großbritannien/Deutschland 2005 **P** Igloo Films / Ipso Facto Films / Peter Stockhaus Filmprod. **KI** déjà-vu film **Pd** Brian Willis, Peter Stockhaus, Christine Alderson, Stephen Smith **R+B** Anthony Byrne **K** Brendan Maguire **M** Niall Byrne **S** J. Patrick Duffner **D** Emma de Caunes (Fiona), Cosma Shiva Hagen (Catherine), Tatiana Ouliankina (Stefani), Rade Serbedzija (Paulo), Jack Dee (Harry), Paul Kaye, Paschal Friel (Pedro), Vanessa Redgrave (Marianne), John Hurt (Felix), Jon Polito **L** 100 **FSK** – **E** 25.10.2012 **fd** 41 353

Shut up and play the hits ★
SHUT UP AND PLAY THE HITS
Dokumentarischer Konzertfilm über das mythisch verklärte «Last Concert» von James Murphy und seiner Band LCD Soundsystem im Madison Square Garden 2011, der elf von insgesamt 29 aufgeführten Songs enthält und lose um das bekannteste Stück «Losing My Edge» gruppiert ist. Der Film begleitet Murphy in den Stunden vor und nach der finalen Show und collagiert diese Bilder mit einem Interview des Konzeptkünstlers, dessen melancholische Indie-Dance-Punk-Musik den Nerv seiner Generation traf. Ein mitreißender Film für Fans von LCD Soundsystem. (O.m.d.U.) – Ab 14.
Großbritannien 2012 **P** Pulse Films / Killer Films **KI** Neue Visionen **Pd** Thomas Benski, Ned Doyle, James Murphy, Lucas Ochoa **R** Will Lovelace, Dylan Southern **K** Reed Morano, Spike Jonze **M** LCD Soundsystem **S** Mark Burnett **L** 109 (24 B./sec.) / 104 (25 B./sec.) **FSK** o.A.; f **E** 6.12.2012 **fd** 41 445

Sick Boy
SICK BOY
Für eine Nacht als Babysitterin soll eine junge Frau 400 Dollar erhalten. Ihre einzige Aufgabe: Nichts tun und das abgeschlossene Zimmer mit dem kranken Kind einfach ignorieren. Doch die Neugier ist unzähmbar – die Monstrosität des Eingeschlossenen aber auch. Mit bescheidenen Mitteln erstellter, um Atmosphäre bemühter Horrorfilm als leidlich interessante Genrevariation.
DVD/BD: Die FSK-Freigabe «ab 18» der DVD/BD bezieht sich auf das Bonusmaterial (Trailer etc.), der Film selbst hat eine Freigabe «ab 16».
Scope. USA 2011 **P** Goat Man's Hill **DVD** I-On/Splendid (16:9, 2.35:1, DD5.1 engl./dt.) **BD** I-On/Splendid (16:9, 2.35:1, dts-HDMA engl./dt.) **Pd** Tim T. Cunningham, Blayne Gorum, Heather Tucker, Sean C. Cunningham **R+B** Tim T. Cunningham **K** Sean C. Cunningham **M** Matt Linder **D** Skye McCole Bartusiak (Lucy), Debbie Rochon (Dr. Helen Gordan), Marc Donato (Chris), Cas Rooney (Jeremy Gordan), Greg Dorchak (Walter Gordan), Pierre Kennel (Officer Andy Pohlman), Teresa Valenza (Alice) **L** 80 **FSK** ab 16 **E** 27.7.2012 DVD & BD **fd** –

Siddhartha ★
SIDDHARTHA
Ein junger indischer Adeliger verläßt auf der Suche nach dem Sinn des Lebens sein Elternhaus. Sein Weg führt ihn über eine Asketenschule und die Begegnung mit Buddha in die Arme einer Kurtisane. Doch weder Wohlstand noch sinnliche Leidenschaft stillen seine Sehnsucht, in die sich tiefer Schmerz mischt, als sich sein Sohn von ihm abwendet. Erst als Fährmann findet er Ruhe und inneren Frieden. Werkgetreue Adaption von Hermann Hesses Roman *Siddhartha*, der die spirituelle Ich-Suche in kunstvoll komponierte Bilder übersetzt und seelische Zustände primär atmosphärisch widerspiegelt. Obwohl erst 1972 fertiggestellt, reflektiert der Film Stimmungen und Gedanken der amerikanischen Protestbewegung.
DVD/BD: Die Extras umfassen u. a. ein ausführliches Interview mit dem Regisseur (30 Min.) sowie eine Reihe von Storyboards.
Scope. USA 1972 **P** Lotus-Rooks **KI** Movienet **VA** BMG **DVD** Universum & Winkler (16:9, 2.35:1, Mono engl./dt.) **Pd+R+B** Conrad Rooks **Vo** Hermann Hesse (gleichnamiger Roman) **K** Sven Nykvist **M** Hemant Kumar **S** Willy Kemplen **D** Shashi Kapoor (Siddhartha), Simi Garewal (Kamala), Romesh Sharma (Govinda), Pincho Kapoor (Kamaswami), Zul Vellani (Vasudeva), Amrik Singh (Siddharthas Vater), Shanti Hiran and (Siddharthas Mutter), Kunal Kapoor (Siddharthas Sohn) **L** 88 **FSK** ab 6; f **E** 16.10.1997/3.12.2001 Video / 30.6.2002 BR / 7.4.2003 DVD / 9.8.2012 Neustart / 16.11.2012 DVD (Neuauflage, Winkler) **fd** 32 820

Sidewalls – Medianeras
siehe: **Medianeras**

Seven Psychos
siehe: **7 Psychos**

17 Mädchen ★
17 FILLES
Als eine 16-Jährige in einer französischen Kleinstadt unfreiwillig schwanger wird, beschließen die Mädchen ihrer Clique, dass auch sie Kinder bekommen wollen, was bei den Erwachsenen erwartbar auf Unverständnis stößt. Nach dem realen Fall eines «Schwangerschaftspakts» in den USA entwickeln die Regisseurinnen die Geschichte eines radikalen Versuchs, dem eintönigen Leben in der Provinz einen alternativen Lebensentwurf entgegenzusetzen. Angesichts der Vielzahl der Figuren bleiben deren Motivationen und Hintergründe zwar im Unklaren, dennoch spiegelt diese erzählerische Leerstelle durchaus die Gemütsverfassung der Teenager. – Ab 14.
Frankreich 2011 **P** Archipel 35 / arte France Cinéma **KI** Arsenal **DVD** Arsenal (16:9, 1.78:1, DD5.1 frz./dt.) **Pd** Denis Freyd **R** Delphine Coulin, Muriel Coulin **B** Muriel Coulin, Delphine Coulin **K** Jean-Louis Vialard **S** Guy Lecorne **D** Louise Grinberg (Ca-

mille), Juliette Darche (Julia), Roxane Duran (Florence), Esther Garrel (Flavie), Yara Pilartz (Clémentine), Solène Rigot (Mathilde), Noémie Lvovsky (Schulkrankenschwester), Florence Thomassin (Camilles Mutter), Carlo Brandt (Schuldirektor), Frédéric Noaille (Florian), Arthur Verret (Tom) **L** 90 **FSK** ab 12; f **E** 14.6.2012 / 16.11.2012 DVD **fd** 41 104

Der Sieg des Odysseus
ODYSSEUS & THE ISLE OF MISTS
Odysseus und seine Mannschaft werden nach einem Angriff geflügelter Ungeheuer an den Strand einer unbekannten Insel gespült. Dort finden sie Schutz bei einer geheimnisvollen Schönen, die von Odysseus verlangt, sie mit in seine Heimat zu nehmen. Eine Traumvision eröffnet ihm, dass es sich um die Unterweltgöttin Persephone handelt, die die Versklavung der Menschheit im Sinn hat. Griechische Mythologie als lahmes Low-Budget-Fantasy-Spektakel. – Ab 14.
Großbritannien/Rumänien/Kanada 2008 **P** Insight Film Studios / Plinyminor **DVD** Sunfilm (16:9, 1.85:1, DD5.1 engl./dt., dts dt.) **Pd** Jamie Goehring, Kim Arnott, Lindsay MacAdam **R** Terry Ingram **B** Brook Durham **K** C. Kim Miles **M** Michael Richard Plowman **S** Gordon Williams **D** Arnold Vosloo (Odysseus), Steve Bacic (Eurylochus), JR Bourne (Perimedes), Stefanie von Pfetten (Persephone), Randal Edwards (junger Homer), Leah Gibson (Penelope), Sonya Salomaa (Athena), Perry Long (alter Homer), Michael Antonakos (Christos) **L** 88 **FSK** ab 12 **E** 10.3.2011 DVD / 27.1.2012 RTL2 **fd** –

Silent Hill: Revelation (3D)
SILENT HILL: REVELATION 3D
Eine junge Frau und ihr Vater sind seit Jahren auf der Flucht. Der Grund dafür scheint in den Albträumen der Frau auf, in denen ihre verdrängten Erlebnisse in einer Bergarbeiterstadt eine zentrale Rolle spielen. Als der Vater verschwindet, macht sich die Protagonistin auf, sich den Geistern der Vergangenheit zu stellen. Fortführung der Horror-Game-Adaption SILENT HILL, die weder ästhetisch noch erzählerisch an den Vorgänger anschließen kann, vielmehr einfallslos mit den Versatzstücken des Genres hantiert und überdies die vielschichtige Handlungsvorlage kaum in den Griff bekommt. – Ab 14.
3D. Scope. Frankreich / USA / Kanada 2012 **P** Konami / Silent Hill 2 DCP / Davis-Films / Anibrain Digital Technologies **KI** Concorde **Pd** Don Carmody, Samuel Hadida **R+B** Michael J. Bassett **K** Maxime Alexandre **M** Jeff Danna, Akira Yamaoka **S** Michele Conroy **D** Adelaide Clemens (Heather / Alessa), Kit Harington (Vincent), Carrie-Anne Moss (Claudia Wolf), Sean Bean (Harry), Radha Mitchell (Rose Da Silva), Malcolm McDowell (Leonard), Martin Donovan (Douglas), Deborah Kara Unger (= Deborah Unger) (Dahlia), Roberto Campanella (Red Pyramid), Erin Pitt (Sharon / junge Alessa) **L** 95 (24 B./sec.) / 91 (25 B./sec.) **FSK** ab 16; f **E** 29.11.2012 **fd** 41 433

Silent Souls – Ovsyanki
siehe: **Stille Seelen**

Simon ☆
SIMON OCH EKARNA
Der Sohn eines Handwerkers in Südschweden lernt am Vorabend des Zweiten Weltkriegs durch den vor den Nazis geflüchteten jüdischen Vater eines Schulfreundes Bildung und Kunst kennen. Als er Jahre später erfährt, dass er adoptiert wurde und der Sprössling eines deutschen Violinisten ist, sucht er in Berlin nach seinem leiblichen Vater. Kongeniale Romanverfilmung, in der es neben der zeitlichen Verankerung im Zweiten Weltkrieg um Identität, Herkunft und Vaterfiguren geht. Hervorragend gespielt, vorzüglich in der Kameraarbeit. – Sehenswert ab 14.
Deutschland/Schweden 2011 **P** Schmidtz Katze Filmkollektiv / Göta Film / Asta Film / Filmkameratene / Film i Väst **KI** farbfilm **Pd** Christer Nilsson, Per Holst, John M. Jacobsen, Sveinung Golimo, Steffen Reuter, Patrick Knippel, Marc-Daniel Dichant, Leander Carell **R** Lisa Ohlin **B** Marnie Blok **Vo** Marianne Fredriksson (Roman *Simon*) **K** Dan Laustsen **M** Annette Focks **S** Kasper Leick, Michal Leszczylowski **D** Bill Skarsgård (Simon Larsson), Jonatan S. Wächter (junger Simon), Helen Sjöholm (Karin Larsson), Stefan Gödicke (Erik Larsson), Jan Josef Liefers (Ruben Lentov), Karl Linnertorp (Isak Lentov), Karl Martin Eriksson (junger Isak), Lena Nyhlén (Iga Lentov), Katharina Schüttler (Iza), Erica Löfgren (Klara), Josefin Neldén (Mona), Cecilia Nilsson (Inga), Hermann Beyer (Ernst Habermann) **L** 121 **FSK** ab 6; f **E** 28.6.2012 **fd** 41 139

Sing um dein Leben
PETIT INDI / C'EST ICI QUE JE VIS
Ein 17-Jähriger, der bei seiner Schwester in einem heruntergekommenen Vorort von Barcelona wohnt, geht ganz in seiner Singvogel-Zucht auf. Als er mit einem Fink einen «Gesangswettbewerb» gewinnt, wird ihm für den Vogel eine hohe Geldsumme geboten; damit könnte er die Kaution für die Mutter bezahlen, die im Gefängnis sitzt. Freilich denkt er nicht mehr an den verletzten Fuchs, den er aus Gutmütigkeit aufgenommen hat. Eine in schleppendem Tempo dialogarm inszenierte Milieu- und Sozialstudie, die urbane wie soziale Zerstörung anspricht. Der träge Fluss der Handlung erschwert die Einfühlung und lässt keine Empathie entstehen. – Ab 16.
Spanien/Frankreich 2008 **P** Noodles Prod. / Parallamps / Canal + España / CinéCinéma / El Vaqueret / Marc Recha P.C. / TV3 / TVE / arte **KI** offen **Pd** Marc Recha, Nico Villarejo Farkas **R** Marc Recha **B** Marc Recha, Nadine Lamari **K** Hélène Louvart **M** Paul Recha **S** Nelly Quettier **D** Marc Soto (Arnau), Eulalia Ramón (Sole), Sergi López (Onkel Ramon), Eduardo Noriega (Sergi), Pere Subirana (Aranya), Lluís Marco, Agustí Villaronga, Iu Gadea **L** 88 **E** 31.10.2012 arte **fd** –

Sing Your Song ☆
SING YOUR SONG
Dokumentarfilm über das bewegte Leben des US-amerikanischen Künstlers Harry Belafonte (geb. 1927), dem als einem der ersten farbigen Entertainer überhaupt eine internationale Karriere gelang. Das Hauptaugenmerk liegt auf dem politischen Aktivisten, der sich für die Bürgerrechte der Afroamerikaner einsetzte, sich gegen die Apartheid in Südafrika engagierte und für die Rechte der Indianer stritt. Eine informative Kompilation aus Archivmaterialien und Interviews, die zunächst recht unterhaltsam Belafontes Aufstieg beschreibt, in der Auslotung seiner politischen Aktivitäten aber keine kritische Distanz erkennen lässt. (O.m.d.U.) – Ab 14.

Teils schwarz-weiß. USA 2010 **P** Belafonte Enterprises / S2BN Ent. Prod. **KI** Arsenal **Pd** Gina Belafonte, Jim Brown, Michael Cohl, William Eigen, Julius R. Nasso, Sage Scully **R+B** Susanne Rostock **M** Hahn Rowe **S** Jason L. Pollard, Susanne Rostock **L** 105 (24 B./sec.) / 101 (25 B./sec.) **FSK** ab 12; f **E** 19.4.2012 **fd** 41 023

Sinister
SINISTER
Ein Schriftsteller zieht mit seiner Familie in ein Haus, in dem vor einiger Zeit eine Familie ermordet wurde. Er recherchiert den Fall anhand mysteriöser Super-8-Aufnahmen und steigert sich so sehr in ihn hinein, dass er nicht bemerkt, wie seine eigene Familie in höchste Gefahr gerät. Denn der Killer, der sie ins Visier nimmt, ist ein Dämon. Ein überladener Horrorfilm, der seine Handlung mit Genre-Stereotypen vollstopft und überdies den wenigen originellen Ansätzen durch eine nervtötende Filmmusik den Garaus macht. – Ab 16.
Scope. USA 2012 **P** Alliance Films / IM Global / Automatik Ent. / Blumhouse Prod. / Possessed Pic. **KI** Wild Bunch Germany **Pd** Jason Blum, Brian Kavanaugh-Jones **R** Scott Derrickson **B** Scott Derrickson, C. Robert Cargill **K** David Brisbin **M** Christopher Young **S** Frédéric Thoraval **D** Ethan Hawke (Ellison Oswalt), Juliet Rylance (Tracy), Fred Dalton Thompson (Sheriff), James Ransone (Deputy), Michael Hall D'Addario (Trevor), Clare Foley (Ashley), Vincent D'Onofrio (Prof. Jonas), Rob Riley (M.T.), Tavis Smiley (Nachrichtensprecher) **L** 114 (24 B./sec.) / 110 (25 B./sec.) **FSK** ab 16; f **E** 22.11.2012 **fd** 41 416

Der Sinn des Lebens für 9,99 $
$ 9,99 / LE SENS DE LA VIE POUR 9,99 $
Ein 28-jähriger Arbeitsloser ersteht für 9,99 Dollar eine Broschüre, die in allen Sinnfragen des Lebens helfen soll. Zunächst wendet er die Brauchbarkeit des Lebensberaters bei seinem einigen Nachbarn in seinem Wohnblock: bei einem einsamen Rentner, der glaubt, einem Engel begegnet zu sein; seinem Bruder, der nur noch Augen für die neue Freundin hat; bei einem Paar, das seine Beziehung hinterfragt. Eine witzig-hintersinnige Ansammlung von Kurzgeschichten,

inszeniert als Animationsfilm in Stop-Motion-Technik. Die raue, mitunter holzschnittartige Machart entzieht sich vielen Sehgewohnheiten, findet aber zu einer schlüssigen Einheit, die in ihren Bann zieht. – Ab 16.
Israel/Australien 2009 **P** Lama Films / AFFC **KI** offen **Pd** Amir Harel, Emile Sherman **R** Tatia Rosenthal **B** Tatia Rosenthal, Etgar Keret **K** Richard Bradshaw, James Lewis, Susan Stitt **M** Christopher Bowen **S** Mikael Long **D** Geoffrey Rush (Engel), Anthony La Paglia (Jim Peck), Samuel Johnson (Dave Peck), Joel Edgerton (Ron), Claudia Karvan (Michelle), Ben Mendelsohn (Lenny), Leeanna Walsman (Tanita), Barry Otto (Albert) **L** 74 **E** 6.6.2012 arte **fd** –

Sister – L'enfant d'en haut
siehe: **Winterdieb**

Sisters' Hood – Die Mädchen-Gang ★
SKET
Als ihre ältere Schwester in einem Gang-Streit übel zugerichtet wird, sucht sich eine frisch mit der Familie nach East-London gezogene junge Rebellin eine Mädchengang, um sich für das vergossene Familienblut bitterlich zu rächen. Als hartes Sozialdrama erzählt der Debütfilm eindrücklich von der Wirklichkeit Londoner Jugend-»Kultur« in seiner schlimmsten Ausprägung.
DVD/BD: Erhältlich als DVD, 2D BD und 2D/3D BD.
3D. Scope. Großbritannien 2011 **P** Gunslinger / Gateway Films **DVD** Sunfilm (16:9, 2.35:1, DD5.1 engl./dt., dts dt.) **BD** Sunfilm (16:9, 2.35:1, dts-HDMA7.1 engl./dt.) **Pd** Terry Stone, Nick Taussig, Daniel Toland, Laurence Brown, Patrick Fischer, Ian Hogan **R+B** Nirpal Bhogal **K** Felix Wiedemann **M** Chad Hobson **S** Richard Elson **D** Lily Loveless (Hannah), Aimee Kelly (Kayla), Kate Foster-Barnes (Tanya), Ashley Walters (Trey), Emma Hartley-Miller (Danielle), Riann Steele (Shaks), Adelayo Adedayo (Kerry), Varada Sethu (Kiran) **L** 80 **FSK** ab 16 **E** 5.7.2012 DVD & BD **fd** –

Sita Sings the Blues ★
SITA SINGS THE BLUES
Eine junge Frau (Alter ego der Regisseurin) wird von ihrem Mann verlassen, der einen Job in Indien angenommen hat. Sie bekämpft ihren Liebeskummer mit Liedern der Jazz-Sängerin Anette Hanshaw aus den 1920er-Jahren und liest im indischen Nationalepos *Ramayana*. So lernt sie die Göttin Sita kennen, die ebenfalls von ihrem Mann verstoßen wurde. Der vielschichtig gestaltete Zeichentrickfilm verwebt geschickt die Geschichten miteinander, wobei drei Schattenrissfiguren die Bilder und das Geschehen ironisch kommentieren. Ein ebenso bunter wie abwechslungsreicher Film voller Überraschungen. – Ab 12.
USA 2008 **P** Nina Paley Prod. **DVD** Tonkatsu Pictures (16:9, 1.78:1, DD5.1 engl.) **Pd+R+B** Nina Paley **Vo** Valmiki (*Ramayana*, indisches Nationalepos) **M** Todd Michaelsen **S** Nina Paley **L** 82 **FSK** ab 12 **E** 16.3.2012 DVD / 3.5.2012 3sat **fd** –

Six Bullets
6 BULLETS
Ein Fremdenlegionär im «Ruhestand» wird von einem besorgten Familienvater reaktiviert, um seine von osteuropäischen Menschenhändlern entführte Tochter zu befreien. Bald kämpft der harte Knochen nicht nur gegen eine Horde skrupelloser Schinder, sondern auch gegen die Geister seiner Vergangenheit. Wenig überzeugender Versuch der Prügel-Ikone Jean-Claude van Damme, auf den Pfaden früherer Actionjahre zu wandeln. Zwar schlägt er sich recht wacker durch die immer gleichen Kämpfe, doch die Zeichen der Zeit nagen auch an seinem Gesicht, das sich in anderen Filmen inzwischen weit prägnanter in charismatischen Bösewicht-Rollen präsentiert.
USA 2012 **P** MPCA / Rodin Entertainment **DVD** Splendid (16:9, 1.78:1, DD5.1 engl./dt.) **BD** Splendid (16:9, 1.78:1, dts-HD engl./dt.) **Pd** Justin Bursch, Brad Krevoy, Patrick Newall, Mark Bakunas, Bianca Van Varenberg (= Bianca Bree) **R** Ernie Barbarash **B** Chad Law, Evan Law **K** Phil Parmet **M** Neal Acree **S** Peter Devaney Flanagan **D** Jean-Claude Van Damme (Simon Gaul), Joe Flanigan (Andrew Fayden), Bianca Van Varenberg (= Bianca Bree) (Amalia), Anna-Louise Plowman (Monica Fayden), Uriel Emil Pollack (Vlad), Louis Dempsey (Stelu), Mark Louis (Bogdanov), Kristopher Van Varenberg (Selwyn Gaul) **L** 106 & 111 **FSK** ab 16 & ab 18 **E** 27.9.2012 DVD & BD **fd** –

Sixty Six
SIXTY SIX
Während ganz England im Sommer 1966 auf die Spiele der Fußball-Weltmeisterschaft schaut, bereitet sich ein Zwölfjähriger auf seine Bar-Mitzwah vor. Trotz aller Geldsorgen der Familie soll das Fest unbedingt größer ausfallen als das des älteren Bruders. Dann aber ziehen die englischen Fußballer ins Finale ein, und die für denselben Tag geplante Feier droht zur Pleite zu werden. Sympathische Familienkomödie mit liebevoll-nostalgischer Ausstattung. – Ab 12.
Großbritannien/Frankreich 2006 **P** Universal Pic. / Working Title Films / It Is Now Film / WT2 Prod. **KI** offen **Pd** Tim Bevan, Eric Fellner, Elizabeth Karlsen **R** Paul Weiland **B** Peter Straughan, Bridget O'Connor **K** Daniel Landin **M** Joby Talbot **S** Paul Tothill **D** Eddie Marsan (Manny), Helena Bonham Carter (Esther), Gregg Sulkin (Bernie), Stephen Rea (Dr. Barrie), Peter Serafinowicz (Jimmy), Catherine Tate (Tante Lila) **L** 84 **E** 25.6.2012 ORF 2 **fd** –

Sixty Six – Eine fast wahre Geschichte
siehe: **Sixty Six**

Skateland – Zeiten ändern sich
SKATELAND
Für einen «Womanizer», Champion der örtlichen Rollerdisco, kommen die 1980er-Jahre eher holprig in Gang. Gebeutelt von familiären Problemen, macht auch noch der Skating-Palast dicht, sodass es Zeit wird, die eigenen Beziehungskisten auf die Reihe zu bekommen. Teenie-Film der Standardklasse, der mit der «guten alten» Discozeit und ihren immer mal wieder als «cool» erscheinenden Geschmacksirrungen kokettiert. – Ab 14.
Scope. USA 2010 **P** Freeman Film / Reversal Films / Skateland Prod. **DVD** KSM (16:9, 2.35:1, DD5.1 engl./dt.) **BD** KSM (16:9, 2.35:1, dts-HDMA engl./dt.) **Pd** Anthony Burns, Brandon Freeman, Heath Freeman, Jusinb A. Gilley, Nicholas K. Jayanty, Victor Moyers **R** Anthony Burns **B** Anthony Burns, Brandon Freeman, Heath Freeman **K** Peter Simonite **M** Michael Penn **S** Robert Hoffman **D** Shiloh Fernandez (Ritchie Wheeler), Haley Ramm (Mary Wheeler), Taylor Handley (Kenny Crawford), Heath Freeman (Brent Burkham), Ashley Greene (Michelle Burkham), Brett Cullen (David Wheeler), Melinda McGraw (Debbie Wheeler), James LeGros (Clive Burkham) **L** 94 **FSK** ab 12 **E** 4.5.2012 DVD & BD **fd** –

Skew
SKEW
Auf der Fahrt zur Hochzeit eines Freundes nimmt ein Teilnehmer alles und jeden mit seiner Handkamera auf. In unmittelbarer Umgebung der Kamera sterben die Menschen eines unnatürlichen Todes; alle zuvor Abgelichteten sind mit verzerrten Gesichtern zu sehen. Birgt die Kamera eine Todesbotschaft? Herkömmlicher Found-Footage-Horror; die bei Filmen wie RING und FINAL DESTINATION abgeschauten Versatzstücke erzeugen kaum nachhaltigen Grusel. – Ab 16.
USA 2011 **P** Sleep Apnea Prod. **DVD** dtp/Great Movies (FF, DD5.1 engl./dt.) **BD** dtp/Great Movies (FF, dts-HD engl./dt.) **Pd+R+B** Sevé Schelenz **M** Peter Allen **S** Sevé Schelenz **D** Rob Scattergood (Simon Lacey), Richard Olak (Richard Harrison), Amber Lewis (Eva Hansen), Taneal Cutting (Laura Taylor), David MacAulay (Hotelangestellter), Chadderton M. Thornton (Verkäufer), James Mark (Polizist), Leanne Marsel (Polizist) **L** 79 **FSK** ab 16 **E** 10.5.2012 DVD & BD **fd** –

Skinheads 88
RUSSIYA 88
Eine Skinhead-Bande verbreitet in Moskau Angst und Schrecken. Der Anführer filmt die Ein- und Übergriffe, um sie ins Internet einzustellen. Als er entdeckt, dass seine Schwester zu einem Mann aus dem Kaukasus Kontakt aufgenommen hat, muss er seine Position neu überdenken. Mit semidokumentarischen Mitteln inszeniertes Drama, das russische Befindlichkeiten zu spiegeln versucht und Nationalismus und Rassismus anprangert.
DVD/BD: Der Film enthält im Original Sequenzen, die in Deutschland den Tatbestand der Volksverhetzung erfüllen würden, so man sie unkommentiert zeigen würde: Daher wurden etwa 8 Minuten aus dem Film genommen, um ihn in Deutschland vertrieben zu können. Der Film erhielt so von der FSK die Prädikatisierung «ab 18».
Russland 2009 **P** 2Plan2 **DVD** KSM (16:9, 1.78:1, DD5.1 russ./dt.) **BD** KSM (16:9, 1.78:1, dts-HDMA russ./dt.) **R** Pawel Bardin **D** Piotr Fjodorow, Kazbek Kibizow, Alexander Makarow, Vera Strokowa **L** 92 **FSK** ab 18 **E** 9.3.2012 DVD & BD **fd** –

Skinning – Wir sind das Gesetz
SISANJE
Ein Schüler, ein intelligenter Einzelgänger ohne soziale Bindungen, gerät an die falschen Freunde, lässt sich vom nationalsozialistischen Gedankengut einer separatistischen Clique beeinflussen und avanciert zum treuen Gefolgsmann auf dem Fußballplatz und beim Fremden-Bashing. Ambitioniertes, aber klischeebeladenes Sozialdrama aus Serbien mit gesellschaftskritischen und politisch korrekten Ansätzen. – Ab 16.
DVD/BD: Erhältlich als DVD, 2D BD und 2D/3D BD.
3D. Serbien 2010 **P** Hypnopolis **DVD** KSM (16:9, 1.78:1, DD5.1 engl./dt.) **BD** KSM (16:9, 1.78:1, dts-HDMA engl./dt.) **Pd** Branislav Jevic **R** Stevan Filipovic **B** Dimitrije Vojnov **K** Mihailo Savic **M** Ryan Leach **S** Stevan Filipovic, Natasa Vranjes **D** Nikola Rakocevic (Novica), Natasa Tapuskovic (Kommissarin Lidija), Nikola Kojo (Inspektor Milutin), Bojana Novakovic (Mina), Predrag Ejdus (Hadji-Tankosic), Dragan Micanovic (Professor), Srdjan Milelic (Pufta) **L** 94 **FSK** ab 16 **E** 4.5.2012 DVD & BD **fd** –

Skyfall ☆
SKYFALL
Ein selbstgefällig-rachsüchtiger Cyber-Terrorist droht, die Daten sämtlicher Undercover-Agenten preiszugeben. Sein eigentliches Angriffsziel ist indes die MI6-Chefin. Der schwer lädierte englische Agent James Bond nimmt den Kampf sowohl gegen den äußeren Feind als auch gegen den internen Gegenwind auf. Der 23. Film der «007»-Serie verknüpft die spielerische Hommage an Tradition und Schauwerte mit einer spannungsreichen Geschichte um den Widerstreit von Pragmatismus und Emotion, Altem und Neuem. Intelligent und unterhaltsam pendelt er zwischen spektakulärer Action und pointiertem Schlagabtausch, wobei das klassische Personal der «James Bond»-Filme eine reizvolle Neuinterpretation erfährt. – Sehenswert ab 14.

Scope. Großbritannien/USA 2012 **P** MGM / Danjaq / Eon Prod. / Columbia Pic. **KI** Sony **Pd** Barbara Broccoli, Michael G. Wilson **R** Sam Mendes **B** John Logan, Neal Purvis, Robert Wade **Vo** Ian Fleming (Charaktere) **K** Roger Deakins **M** Thomas Newman **S** Stuart Baird **D** Daniel Craig (James Bond), Judi Dench (M), Javier Bardem (Raoul Silva), Ralph Fiennes (Gareth Mallory), Naomie Harris (Eve), Bérénice Marlohe (Séverine), Albert Finney (Kincade), Ben Whishaw (Q), Rory Kinnear (Bill Tanner), Helen McCrory (Clair Dowar), Ola Rapace (Patrice) **L** 143 (24 B./sec.) /138 (25 B./sec.) **FSK** ab 12; f **E** 1.11.2012 **fd** 41 361

Slammin' Salmon – Butter bei die Fische!
THE SLAMMIN' SALMON
Ein bei der Mafia verschuldeter Restaurantbesitzer soll über Nacht einen größeren Geldbetrag aufbringen. Er stachelt seine Servicekräfte zu einem Wettbewerb an, der ihm das Geld und ihnen eine Prämie einbringen soll. Es entsteht ein Wettstreit mit Hauen und Stechen. Kurzweilige, aber allzu vorhersehbare Slapstick-Komödie. – Ab 16.
DVD/BD: Die Extras umfassen u. a. einen Audiokommentar der Darsteller (Broken Lizards, Hellish Kitchens).
USA 2008 **P** Broken Lizard / Cataland Films **DVD** Koch (16:9, 1.78:1, DD5.1 engl./dt., dts dt.) **BD** Koch (16:9, 1.78:1, dts-HDMA engl./dt.) **Pd** Peter Lengyel, Richard Perello, Mark Benton Johnson **R** Kevin Heffernan **B** Jay Chandrasekhar, Kevin Heffernan, Steve Lemme, Paul Soter, Erik Stolhanske **K** Robert Barocci **M** Nathan Barr, Joel J. Richard **S** Brad Katz **D** Michael Clarke Duncan (Cleon Salmon), Jay Chandrasekhar (Nuts), Kevin Heffernan (Rich Parente), Jeff Chase (Anthony), Carla Gallo (Stacy), Paul Soter (Dave/Donnie), Michael Yurchak (Jamie), Nat Faxon (Carl, der Manager) **L** 94 **FSK** ab 12 **E** 24.2.2012 DVD & BD **fd** –

Sleep Tight
MIENTRAS DUERMES
Der soziopathische Hausmeister eines Wohnhauses hat eine Obsession für eine attraktive junge Mieterin entwickelt. Heimlich dringt er in ihre Wohnung ein, manipuliert ihr Leben und beginnt, ihr Schaden zuzufügen. Suggestiver Thriller, der die Furcht beschwört, sich in den eigenen vier Wänden nicht mehr sicher fühlen zu können, und geschickt die Empathie der Zuschauer manipuliert. – Ab 16.
Scope. Spanien 2011 **P** Castellano Pic./Filmax Ent. **KI** Senator **Pd** Julio Fernández, Carlos Fernández, Alberto Marini **R** Jaume Balagueró **B** Alberto Marini **K** Pablo Rosso **M** Lucas Vidal **S** Guillermo de la Cal **D** Luis Tosar (César), Marta Etura (Clara), Alberto San Juan (Marcos), Petra Martínez, Carlos Lasarte, Pep Tosar, Iris Almeida, Tony Corvillo **L** 101 (24 B./sec.) / 97 (25 B./Sec.) **FSK** ab 16; f **E** 5.7.2012 / 26.7.2012 Schweiz **fd** 41 152

Sleeping Beauty
SLEEPING BEAUTY
Eine phlegmatische Studentin geht einem lukrativen Nebenjob nach, indem sie sich unter Drogen setzen lässt und im Halbschlaf die Fantasien alter Herren erfüllt. Als sie sich eines Tages doch dafür interessiert, was in der Nacht mit ihr passiert, und sie eine Mini-Videokamera installiert, kollabiert das ausbeuterische System. Aufrüttelnde Studie über seelische Sorglosigkeit, die auch einer gesellschaftlichen Entfremdung geschuldet ist. Das überzeugende Regiedebüt folgt in Ausstattung und Gestaltung seinem märchenhaften Titel, erzählt hinter den glatten Kulissen aber die Geschichte eines Albtraums.
Australien 2011 **P** Screen Australia / Magic Films **DVD** Capelight (16:9, 1.85:1, DD5.1 engl./dt.) **BD** Capelight (16:9, 1.85:1, dts-HDMA engl./dt.) **Pd** Jessica Brentnall **R+B** Julia Leigh **K** Geoffrey Simpson **M** Ben Frost **S** Nick Meyers **D** Emily Browning (Lucy), Michael Dorman (Cook), Mirrah Foulkes (Sophie), Rachael Blake (Clara), Ewen Leslie (Birman), Peter Carroll (Mann # 1), Chris Haywood (Mann # 2), Hugh Keays-Byrne (Mann # 3) **L** 99 **FSK** ab 16 **E** 15.2.2012 DV **D fd** –

Sleepless Night – Nacht der Vergeltung
NUIT BLANCHE
Ein französischer Gangster lässt den Sohn eines Drogenfahnders entführen, der ihm auf den Fersen ist und eine Drogenlieferung konfisziert hat. Die Drogen sollen gegen das Kind ausgetauscht werden, doch etliche Zufälle verhindern die reibungslose Abwicklung. Höchst spannender Kriminalfilm, der auf hohem Niveau unterhält. Durch seine vielen Plot-Points manövriert er sich mitunter ins Abseits, weil diese leicht als Zurschaustellung virtuoser Kunstfertigkeit zu durchschauen sind.
DVD/BD: Erhältlich als DVD, 2D BD und 2D/3D BD.
3D. Frankreich/Belgien/Luxemburg 2011 **P** uFilm / Chic Films / Paul Thiltges Distributions / Saga Film **DVD** Sunfilm (16:9, 1.85:1, DD5.1 frz./dt., dts dt.) **BD** Sunfilm (16:9, 1.85:1, dts-HD-MA7.1 frz./dt.) **Pd** Marco Cherqui, David Grumbach, Jean-Jacques Neira, Adrian Politowski, Gilles Waterkeyn **R** Frédéric Jardin **B** Nicolas Saada **K** Tom Stern **M** Nicolas Errèra **S** Marco Cavé, Christophe Pinel **D** Tomer Sisley (Vincent), Joey Starr (Feydek), Julien Boisselier (Lacombe), Serge Riaboukine (Marciano), Laurent Stocker (Manuel), Samy Seghir (Thomas), Dominique Bettenfeld (Alex), Adel Bencherif (Abdel) **L** 98 **FSK** ab 16 **E** 8.3.2012 DVD & BD **fd** –

Slutty Summer – Die ganz anders romantische Komödie
SLUTTY SUMMER
Zum Glück hat ein schüchterner Schwuler eine beste Freundin, denn als er seinen Geliebten mit einem anderen Mann auf dem Teppich erwischt, braucht er unbedingt einen Tapetenwechsel. Die Freundin verschafft ihm einen Job in einem Trend-Café, wo neue Verehrer nicht lange auf sich warten lassen. Aber die Sache mit dem Ex ist noch nicht ausgestanden. Anspruchsloser schwuler Liebesfilm mit starkem Hang zur Boulevardkomödie. (O.m.d.U.) – Ab 16.
USA 2004 **P** Embrem Entertainment / Betur Films / Hot Summer Prod. **DVD** Pro Fun Media **Pd** Casper Andreas, Craig Cobb, Anton Shilov **R+B** Casper Andreas **K** Jon Fordham **M** Scott Starrett **S** Casper Andreas **D** Casper Andreas (Markus), Christos Klapsis (Julian), Virginia Bryan (Marilyn), Jeffrey Christopher Todd (Peter), Lance Werth (Kevin), Jesse Archer (Luke), Jamie Hatchett (Tyler) **L** 84 (24 B./sec.) / 81 (25 B./sec.) **FSK** ab 16 **fd** –

Small Town Murder Songs ★
SMALL TOWN MURDER SONGS
In einer Kleinstadt wird eine Leiche entdeckt. Ein Kommissar aus der Großstadt soll die Ermittlungen über-

nehmen, doch auch ein Polizist aus dem Ort ist an dem Fall dran, berührt dieser doch auch sein Privatleben. Dabei arbeitet sich der Cop nicht nur an dem Fall ab, sondern auch an seinem Jähzorn. Raffinierter Thriller, der den Fokus auf die «inneren Dämonen» der Hauptfigur richtet. Mit seiner konzentrierten Inszenierung sowie einer entschleunigten, elliptischen Erzählweise erzeugt der Film große Spannung, nicht zuletzt auch, weil er geschickt mit den Erwartungen des Publikums spielt. (O.m.d.U.) – Ab 16.
Scope. Kanada 2010 **P** 3 Legged Dog Films / Resolute FIlms and Ent. **KI** CineGlobal **DVD** Lighthouse (16:9, 2.35:1, DD2.0 engl.) **Pd** Ed Gass-Donnelly, Lee Kim **R+B** Ed Gass-Donnelly **K** Brendan Steacy **M** Bruce Peninsula **S** Ed Gass-Donnelly **D** Jill Hennessy (Rita), Amy Rutherford (Ava), Peter Stormare (Walter), Vladimir Bondarenko (Deacon), Stephen Eric McIntyre (Steve), Martha Plimpton (Sam), Aaron Poole (Jim), Ari Cohen (Washington), Trent McMullen (Officer Kevin), Erin Brandenburg (Officer Michelle) **L** 78 (24 B./sec.) / 75 (25 B./sec.), **FSK** ab 12; f **E** 28.6.2012 / 16.11.2012 DVD   fd 41 143

Smuggler
SUMAGURA: OMAE NO MIRAI O HAKOBE
Als Aushilfs-Concierge eines Casinos verdingt sich ein arbeitsloser, spielsüchtiger Schauspieler, bis ihm sein Arbeitgeber aufgrund der angehäuften Schulden einen Yakuza-Job als Leichenbeseitiger aufzwingt. So gerät er zwischen die Fronten eines Bandenkriegs. Überdreht-flippige Action-Farce ohne sonderliche Höhe- und Tiefpunkte.
Japan 2011 **P** Django Film / Grasshoppa/Warner **DVD** I-On (16:9, 1.85:1, DD5.1 jap./dt.) **BD** I-On (16:9, 1.85:1, dts-HD jap./dt.) **R** Katsuhito Ishii **B** Katsuhito Ishii, Masatoshi Yamaguchi, Kensuke Yamamoto **Vo** Shôhei Manabe (Manga) **K** Hiroshi Machida **M** Toshiro Nakagawa, Tatsuo Yamaguchi **S** Katsuhito Ishii, Sayaka Noji **D** Satoshi Tsumabuki (Kinuta Ryôsuke), Masatoshi Nagase (Joe), Yasuko Matsuyuki (Yuki Yamaoka), Hikari Mitsushimaitsushima (Tanu Chiharuma), Masanobu Andô (Spine), Yôhachi Shimada (Tanuma) **L** 102 **FSK** ab 18 **E** 16.11.2012 DVD & BD   fd –

Snow White
SNOW WHITE: A DEADLY SUMMER
Die Stiefmutter eines energischen weiblichen Teenagers will sich der den Haussegen störenden Göre entledigen und meldet sie in einem Internat voller perverser Lehrer an. Derweil treibt in den Wäldern ein unheimlicher Killer sein Unwesen. Sehr frei konzipiert nach dem grimmschen Märchen-Klassiker, bietet der Film eine mehr nüchterne als märchenhafte Umgebung für einige (dezent brutale) Grausamkeiten.
USA 2011 **P** Hybrid / Rapid Heart Pic. **DVD** Koch (16:9, 1.78:1, DD5.1 engl./ dt., dts dt.) **BD** Koch (16:9, 1.78:1, dts-HDMA engl./dt.) **Pd** David DeCoteau, John Schouweiler, Jeffrey Schenck, Peter Sullivan **R** David DeCoteau **B** Barbara Kymlicka **K** David DeCoteau **M** Harry Manfredini **S** Danny Draven **D** Shanley Caswell (Snow), Maureen McCormick (Eve), Eric Roberts (Grant), Tim Abell (Hunter), R.J. Cantu (Bob), Chase Bennett (Cole), Patrick Lewey (Jason), Aaron Jaeger (Sean) **L** 80 **FSK** ab 16 **E** 20.4.2012 DVD & BD   fd –

Snow White and the Huntsman
SNOW WHITE AND THE HUNTSMAN
Düstere Fantasy-Version des Grimmschen Märchens vom Schneewittchen: Die böse Königin will ihr das Herz herausreißen, um ewig jung und schön zu bleiben. Die junge Frau flieht aus dem Schloss, verfolgt von einem versierten Bogenschützen, der zu ihrem Verbündeten wird und mit den von ihr und andere Ausgestoßenen gegen die Tyrannin zu Felde ziehen. Perfekt inszenierter Actionfilm, der beängstigende Bilderwelten entwirft, die in ein wuchtiges, blutrünstiges Finale münden. Durch Besetzung und Konturierung der Hauptfigur werden mehrere Mythen weiblicher Dominanz aufgegriffen; die Inszenierung verweist nachdrücklich auf die Zeitlosigkeit der Vorlage. – Ab 14.
Scope. USA 2012 **P** Universal Pic. / FilmEngine / Roth Films **KI** Universal **Pd** Joe Roth, Sam Mercer **R** Rupert Sanders **B** Evan Daugherty, John Lee Hancock, Hossein Amini **Vo** Jakob Ludwig Karl Grimm (Märchen), Wilhelm Karl Grimm (Märchen) **K** Greig Fraser **M** James Newton Howard **S** Conrad Buff IV (= Conrad Buff), Neil Smith **D** Kristen Stewart (Schneewittchen), Charlize Theron (Königin Ravenna), Chris Hemsworth (der Jäger), Sam Claflin (Prinz William), Toby Jones (Coll), Ian McShane (Beith), Ray Winstone (Gort), Nick Frost (Nion), Lily Cole (Rose), Vincent Regan (Duke Hammond), Bob Hoskins (Muir), Eddie Marsan (Duir), Rachel Stirling (Anna), Brian Gleeson (Gus) **L** 127 (24 B./sec.) / 122 (25 B./ sec.) **FSK** ab 12; f **FBW** w **E** 31.5.2012   fd 41 113

Snowblind
Nach einer nuklearen Katastrophe weitgehend menschenleer, bietet die ewige Eiswüste die unwirkliche Szenerie für ein Western-Spektakel, in dem gesetzloses Gesindel von einem einsamen Rächer in die Schranken gewiesen wird. Abenteuerlicher Sci-Fi-Western-Bastard, der zunächst als No-Budget-Internet-Pojekt frei downloadbar reüssierte, bevor er nun kommerziell auf digitalen Medien vermarktet wird – sein Geld aber nur bedingt wert ist. Allenfalls als (unfreiwillig) skurriles Kunstprodukt (mit einem Cameo von Wim Wenders) von beschränktem Wert. – Ab 16.
Deutschland 2010 **P** MangoFilm **DVD** Schröder-Media (16:9, 1.85:1, DD5.1 engl./dt.) **BD** Schröder-Media (16:9, 1.85:1, dts-HD engl./ dt.) **Pd** Kalle Max Hofmann, Bastian Schreitling **R** Kilian Manning **B** Kalle Max Hofmann **K** Bastian Schreitling **S** Kalle Max Hofmann, Bastian Schreitling **D** Robert Lyons (Clayton Young), Mala Ghedia (Naina Saberneck), Erik Hansen (Matthew Saberneck), Jana Pallaske (Barbara Midnite), Dharmander Singh (Gouverneur Lafort), Albee Lesotho (Marshall Philip Clarke), Wim Wenders (Gray Fox), Angus McGruther (Virgil Dakota) **L** 92 **FSK** ab 16 **E** 4.10.2012 DVD & BD   fd –

Snowchild
SNOWCHILD
Eine 16-jährige Japanerin, die über den Verlust der ersten großen Liebe auch ihre Stimme eingebüßt hat, will ihrem Leben in einem Selbstmord-Hotel ein Ende setzen, wird im letzten Augenblick aber von einem gleichaltrigen Jungen gerettet. Doch statt sich auf sein Werben einzulassen, scheint sich das Schicksal der Schülerin zu wiederholen, als sie sich in einen weit

älteren Hotelgast verliebt. Interessanter Debütfilm, der mit seinen kauzigen Figuren, einem gelassenen Rhythmus und der Mischung aus Ernst und Sentiment wie eine asiatische Produktion anmutet, wobei die Handlung doch etwas dünn geraten ist. Deutschland / Japan / Singapur 2011 **P** Snowchild Filmprod. **KI** Snowchild Filmprod. **Pd** Uta Arning, Ko Mori, Lee Rudnicki **R+B** Uta Arning **K** Matthew Mendelson **M** Jan Giese **S** Yusen Siow **D** Airi Kido (Yukiko), Naoki Kawano (Kazuhiro), Michael Pink (Akira), Tomori Abe (Mai), Koshirou Asami (Kobayashi), Haruka (Izumi), Nanami Kameda (Nanami), Kenta (Mitsuho) **L** 85 **fd** 41 261

Snowmageddon – Hölle aus Eis und Feuer
SNOWMAGEDDON / SNOWMAGEDDON CHRISTMAS

Eine Familie erkennt die Kraft einer verwunschenen Schneekugel, in der sich exakt die eigene Heimatstadt abbildet. Wenn man sie schüttelt, droht sich die Veränderung des Abbilds auf die Wirklichkeit zu übertragen, sodass sich die Umwelt in eine Hölle aus Eis, Erdbeben und Feuer verwandeln könnte. Die Familie versucht unter Opfer, den Fluch zu bannen. Das durchaus interessante Szenario wird in dem (Fernseh-)Unterhaltungsfilm zu einem anspruchslosen Mischmasch aus Weihnachts- und Katastrophenfilm verwurstet. – Ab 14.
Kanada 2011 **P** Snow Globe Prod. **DVD** Sunfilm (16:9, 1.78:1, DD5.1 engl./dt., dts dt.) **BD** Sunfilm (16:9, 1.78:1, dts-HDMA7.1 engl./dt.) **Pd** John Prince **R** Sheldon Wilson **B** Rudy Thauberger **K** Neil Cervin **M** Michael Neilson **S** Christopher A. Smith **D** Magda Apanowicz (Jennifer Miller), Laura Harris (Beth Miller), Michael Hogan (Fred), David Cubitt (John Miller), Jeffrey Ballard (Derrick Reed), Lorne Cardinal (Larry), Leanne Lapp (Mary), Amitai Marmorstein (Greg) **L** 85 **FSK** ab 12 **E** 6.12.2012 DVD & BD **fd** –

So wie du bist
SO WIE DU BIST

Eine pensionierte Richterin, die wegen ihrer Strenge beinahe selbst gelitten ist, verursacht im alkoholisierten Zustand einen Autounfall. Ihr Anwalt rät ihr, sich um die Tochter des Verletzten zu kümmern, eine junge Frau mit Down-Syndrom. Deren Herzlichkeit spricht eine Seite der Richterin an, die lange Zeit verschüttet war. Im Gegenzug hilft sie der jungen Frau, Widerstände gegen ihre geplante Hochzeit zu überwinden. (Fernseh-)Melodram als Plädoyer für solidarisches Miteinander und gegen Ausgrenzung, das Verständnis wecken will. – Ab 14.
Österreich/Deutschland 2012 **P** Dor Film (für ORF/MDR) **KI** offen **Pd** Alfred Deutsch **R** Wolfgang Murnberger **B** Uli Brée **K** Enzo Brandner (= Heinz Brandner) **D** Gisela Schneebereger (Helene), Juliana Götze (Michalina), Sebastian Urbanski (Sebastian), Cornelius Obonya (Charly), Lukas Resetarits (Bruno Sedlacek, Michaelinas Vater), Petra Morzé (Sophia Mück), Karlheinz Hackl (Edgar Mück), Christopher Schärf (Rupert) **L** 87 **E** 11.4.2012 ORF 2 **fd** –

Sodium Babies – Die Geschichte eines Vampir Ghouls
SODIUM BABIES

Ein gegenüber Tageslicht unempfindlicher Vampir, Handlanger eines mächtigen Vampir-Clans, den er mit lebender Nahrung versorgt, rebelliert, als er sich in ein potenzielles Opfer verliebt. Eine weniger durch ihre genreübliche Handlung als durch die künstlerisch bemerkenswert ausgearbeitete Erzählform interessante Comic-Realverfilmung. Mit monochromen, übersteuerten Farben, stroboskopischen Überblendungen und Kadragen, die an Comic-Cells erinnern, huldigt der Regisseur ganz der spezifischen Gestaltungsform der Vorlage.
Frankreich 2009 **P** Les Films de la Lymphe **DVD** Lighthouse/Donau Films (16:9, 1.78:1, DD5.1 engl./dt.) **BD** Lighthouse/Donau Films (16:9, 1.78:1, dts-HD engl./dt.) **Pd** Edouard Audouin, Benoit Decaillon, Julien Decaillon, Mael Mainguy **R+B** Julien Decaillon, Julien Decaillon **K** Julien Decaillon **S** Benoit Decaillon, Julien Decaillon **D** Benoit Decaillon (Dead Dog), Virginia Michaud (Pussy Cat), Edouard Audouin (Max), Camille Berthomier (Marie-Jeanne), Julien Guibert (der Prinz), Samuel Gally (Gael), Joseph Couturier (Jano) **L** 90 **FSK** ab 18 **E** 5.10.2012 DVD & BD **fd** –

Sofia – Im Visier der Macht
SOFIA / ASSASSIN'S BULLET

Im Osten braut sich eine große terroristische Verschwörung zusammen. Als eine eigens dafür mittels Gehirnwäsche «ausgebildete» Antiterror-Kämpferin außer Kontrolle gerät, soll ein Spezialagent die Sache richten. Einfältige Thriller-Variante zwischen NIKITA und HAYWIRE, in der populäre Darsteller gute Miene zu einem schlechten Drehbuch machen. Zumindest liegen die Schauwerte über dem Durchschnitt.
DVD/BD: Erhältlich als DVD, 2D BD und 2D/3D BD. Die FSK-Freigabe «ab 18» der DVD bezieht sich auf das Bonusmaterial (Trailer etc.), der Film selbst hat eine Freigabe «ab 16».
USA 2012 **P** Mutressa Movies / Sofia Prod. **DVD** Sunfilm (16:9, 1.85:1, DD5.1 engl./dt., dts dt.) **BD** Sunfilm (16:9, 1.85:1, dts-HDMA7.1 engl./dt.) **Pd** David E. Ornston **R** Isaac Florentine **B** Nancy L. Babine, Hans Feuersinger **K** Ross W. Clarkson **M** Simon Stevens **S** Irit Raz **D** Elika Portnoy (Vicky Denev), Christian Slater (Robert), Donald Sutherland (Botschafter Ashdown), Timothy Spall (Dr. Kahn), Tanya Mickov (Vickys Mutter), Mariana Stanisheva (Zoey), Marian Valev (Spasov), Ivan Kotsev (Vickys Vater) **L** 88 **FSK** ab 16 **E** 4.10.2012 DVD & BD **fd** –

Sohnemänner ★
Ein junger Mann entführt seine pflegebedürftige Oma aus einem Hamburger Altersheim in seine Hütte im Schwarzwald, wo er sich gemeinsam mit seinem Freund um sie kümmern will. Sein Vater ist damit nicht einverstanden und rückt samt neuem Familienanhang in dem nicht ganz idyllischen ländlichen Rückzugsort an. Anrührender tragikomischer Heimatfilm um einen Vater-Sohn-Konflikt, um Entfremdung und verpasste Gelegenheiten, der von Menschenkenntnis zeugt. Vorzüglich gespielt und fotografiert, fließen ebenso beiläufig wie wahrhaftig viele Facetten und Probleme des Zusammenlebens ein. – Ab 14.
Deutschland 2011 **P** Home Run Pic. / ZDF (Das kleine Fernsehspiel) **KI** Aries **Pd** Peter Rommel **R+B** Ingo Haeb **K** Oliver Schwabe **M** Jakob Ilja **S** Monika Schindler **D** Peter Franke (Edgar), Marc Zwinz (Uwe), Renate Delfs (Oma Hilde), Bernhard Schütz

Solang ich lebe – Jab Tak Hai Jaan

JAB TAK HAI JAAN

(Johann), Vera Teltz (Melanie), Leon Köhler (Luis), Klaus Herm (Wilm) **L** 106 **FSK** ab 6; f **E** 19.4.2012 **fd** 41010

Ein Inder, der sich in London mit Aushilfsjobs über Wasser hält, findet seine große Liebe, wird aber durch tragische Verwicklungen wieder von ihr getrennt. Zurück in Indien, fordert er als zynisch gewordener Bomben-Entschärfer der Armee den Tod heraus, bis eine Begegnung mit einer jungen Frau dazu führt, dass die Liebe eine neue Chance bekommt. Schillernde Bollywood-Romanze, die souverän zwischen Melodram und romantischer Komödie changiert und dabei Action- sowie Song-and-Dance-Szenen einbezieht. Eine schillernde Geschichte um unterschiedliche Kulturen und Wertesysteme, deren Spannungen sich durch die Liebe überwinden lassen. – Ab 12.
Indien 2012 **P** Yash Raj Films **KI** Rapid Eye Movies **Pd** Aditya Chopra **R** Yash Chopra **B** Devika Bhagat, Aditya Chopra **K** Anil Mehta **M** A.R. Rahman **S** Namrata Rao **D** Shah Rukh Khan (= Shahrukh Khan) (Samar Anand), Katrina Kaif (Meera), Anushka Sharma (Akira), Kris Sommerville (Polizist) **L** 176 (24 B./sec.) / 167 (25 B./sec.) **FSK** ab 6; f **E** 15.11.2012 **fd** 41437

Soldaten der Apokalypse – A Little Pond

JAGEUN YEONMOT / A LITTLE POND

In den 1950er-Jahren verletzen Nordkoreaner und Chinesen den Grenzraum zu Südkorea und provozieren die überrumpelten US-Amerikaner und Südkoreaner zu kurzschlussartiger Gegenwehr. «Wahre Begebenheiten» dienen dem unverblümt militanten Actionfilm als Vorwand, um ein fadenscheiniges Kriegsspektakel mit moralischem Zeigefinger zu versehen.
Südkorea 2009 **DVD** NewKSM (16:9, 1.85:1, DD5.1 korea./dt.) **BD** NewKSM (16:9, 1.85:1, dts-HDMA korea./dt.) **R+B** Lee Sang-woo **K** Choi Jin-woong **M** Bang Jun-seok **S** Jang Sung Ho **D** Moon Seung-geun, Kim Roe-ha, Jeon Hye-Jin, Shin Myeongcheol, Michael Frederick Arnold, Bae Hye-min, Goo Hye-min **L** 83 **FSK** ab 16 **E** 9.11.2012 DVD & BD **fd** –

Soldiers of Fortune

SOLDIERS OF FORTUNE

Immer mal wieder gibt es eine europäische Insel, auf der Despoten die Bevölkerung quälen. Damit haben Elitesoldaten samt ihrem Trupp angeschlossenem Reisebüro immer wieder Ziele, wo sie mit zahlungskräftigen Kriegsbegeisterten Helden spielen können. So prominent besetzt der Actionfilm auch ist, so zurückgeblieben ist sein auf Spaß und Tod getrimmtes Drehbuch. Dabei reicht es weder zur Satire noch zur möglicherweise angestrebten Konkurrenz für THE EXPENDABLES.
Scope. USA 2012 **P** Globus-film / Jeff Most Prod. / Most-Rice Films **DVD** Pandastorm/Ascot/Elite (16:9, 2.35:1, DD5.1 engl./dt., dts dt.) **BD** Pandastorm/Ascot/Elite (16:9, 2.35:1, dts-HDMA engl./dt.) **Pd** Robert Crombie, Jay Ellison, Jeff Most, Natalya Smimova **R** Maxim Korostyshevsky **B** Alexandre Coscas, Robert Crombie, Joe Kelbley **K** Masha Solovyova **M** Joseph LoDuca **S** Igor Litoninski, Jen Ruvalcaba, Jason Yanuzzi **D** Christian Slater (Craig Mackenzie), Sean Bean (Dimidov), Ving Rhames (Grimaud), Charlie Bewley (Vanderber), James Cromwell (Haussman), Ryan Donowho (Ernesto), Colm Meaney (Mason), Sarah Ann Schultz (Magda) **L** 90 **FSK** ab 18 **E** 16.7.2012 DVD & BD **fd** –

Sommer auf dem Land

SWIETA KROWA

Ein Mann versinkt angesichts der Trauer um seine verstorbene Frau in Depressionen, bis ihn eine seltsame Nachricht erreicht: Ein polnischer Jungbauer hat phänomenalen Erfolg mit der besonderen Milch einer Kuh, die sich als die tierische Reinkarnation der toten Opern-Diva entpuppt. Rund um das Tier entfalten sich familiäre und dörfliche Turbulenzen. Komödie mit Postkarten-Bildern eines ländlichen Polens, die ihr komisches Potenzial durch Klischees, dümmliche Plotwendungen und unglaubwürdige Figuren verschenkt. – Ab 16.
Deutschland / Polen / Finnland 2011 **P** Black Forest Films / Café Prod. / Detailfilm / Snapper Films **KI** farbfilm **Pd** Christoph Hahnheiser, Malgorzata Retej, Fabian Gasmia, Hennng Kamm, Juha Wuolijoki **R** Radek Wegrzyn **B** Roberto Gagnor, Radek Wegrzyn, Cezary Iber **K** Till Vielrose **M** Daniel Sus **S** Agnieszka Glinska **D** Zbigniew Zamachowski (Bogdan), Agata Buzek (Anna), Antoni Pawlicki (Pawel), Lucyna Malec (Izabela), Elzbieta Karkoszka (Katharina), Andrzej Mastalerz (Ksiadz), Wiktor Zborowski (Tierarzt) **L** 93 **FSK** ab 12; f **E** 16.2.2012 **fd** 40917

Ein Sommer im Elsass

Für die Erweiterung ihres Berliner Schuhgeschäfts braucht eine Geschäftsfrau Kapital und beschließt, ihre Hälfte an der familieneigenen Schuhmacherei im Elsass zu veräußern. Doch der Onkel, der diese betreibt, hat andere Pläne, will aussteigen und sich seinem Weinberg widmen. Während man gemeinsam die letzten Aufträge abarbeitet, entdeckt die Nichte ihre lang verschüttete Leidenschaft fürs Schuhmacher-Handwerk. Ein etwas umständlich entwickelter (Fernseh-)Film, der sich um Ruhe, Gelassenheit und Genussfähigkeit vor illustrer Elsass-Kulisse dreht. – Ab 14.
Deutschland 2011 **P** Rowboat **KI** offen **Pd** Sam Davis **R** Michael Keusch, Tanja Wedhorn (Jeanine Weiss) **B** Michael Keusch **K** János Vecsernyés **M** Stephen Keusch **S** Julia Prokasky **D** Jean-Yves Berteloot (Marc van der Lohe), Rüdiger Vogler (Jean Weiss), Renate Krößner (Mathilde Atget), Gerhard Garbers (Frederic Atget), Caro Dibbern (= Caroline Dibbern) (Caroline Flueret), Stefan Murr (Dupres jun.), Ulrich Anschütz (Henri Vigo) **L** 90 **E** 15.4.2012 ZDF **fd** –

Ein Sommer in den Bergen

Eine gestresste Ärztin aus Hamburg reist mit ihrem 13-jährigen Sohn in die Berge, um ihre Halbschwester kennen zu lernen, von der sie erst durch einen Brief des verstorbenen Vaters erfahren hat. Diese aber weist sie zurück. Nach einem Schwächeanfall beginnt sie ein inniges Verhältnis mit dem Dorfarzt, doch eine unerwartete Einladung der Halbschwester führt zu neuen Erkenntnissen. Seichte (Fernseh-)Unterhaltung als moderat dramatische Mischung aus Romanze und Heimatfilm; «Herzkino» der vertrauten Art. – Ab 14.
Deutschland 2011 **P** teamWorx (für ZDF) **DVD** Edel Media (16:9, 1.78:1, DD2.0 dt.) **Pd** Ariane Krampe, Rita Nasser **R** Jorgo Papavassiliou **B** Stefanie Sycholt, Freya Stewart **K** Yvonne

Tratz **M** Micki Meuser **S** Raimund Vienken **D** Muriel Baumeister (Pia Vandenbrok), Heikko Deutschmann (Peter Huber), Wolfgang Hübsch (Karl Huber), Jannis Michel (Leo Vandenbrok), Stefanie Stappenbeck (Marie Huber), Gertrud Roll (Annie) **L** 89 **FSK** o.A. **E** 27.5.2012 ZDF / 15.6.2012 DVD **fd –**

Ein Sommer in Haifa ★
THE MATCHMAKER / ONCE I WAS / PAAM HAYITI
Ein 16-Jähriger stürzt 1968 in Haifa in massives Gefühlswirrwarr. Eine Coming-of-Age-Geschichte als spannungsvolles Bild des jungen Staates Israel, in dem die Erinnerung an die Shoah wie ein Schatten über den Gemütern liegt. Um die Figur des jungen Mannes entfaltet sich ein facettenreiches Spektrum aus Liebe, Schmerz, Verdrängung und Vorurteilen, wobei die Erzählhaltung trotz der Schwere der Themen von einer gewissen Leichtigkeit geprägt ist und der Hoffnung Ausdruck verleiht, dass die Monstrosität der Vergangenheit nicht das letzte Wort behält. (O.m.d.U.) – Ab 14.
Scope. Israel 2010 **P** Metro Comm. / Artomas Comm. / United Channel Movies **KI** Bildkraft **DVD** Bildkraft (16:9, 1.78:1, DD2.0 hebrä.) **Pd** Natan Caspi, Moshe Edery, Tami Leon, Avraham Pirchi **R+B** Avi Nesher **Vo** Amir Gutfreund (Roman) **K** Michel Abramowicz **M** Philippe Sarde **S** Isaac Sehayek **D** Tuval Shafir (Arik Burstein als Jugendlicher), Adir Miller, Tom Gal (Benny Abadi), Dror Keren (Meir, der Bibliothekar), Neta Porat (Tamara), Maya Dagan (Clara Epstein), Bat-El Papora (Sylvia), Tair Leah Arad (Michal Abadi), Ben Kipris (Yoram), Dov Navon (Yozi Burstein) **L** 117 **FSK** ab 6; f **E** 2.2.2012 / 1.11.2012 DVD **fd** 40 899

Ein Sommer in Kroatien
Um ihren Liebeskummer zu überwinden, reist eine österreichische Restaurant-Fachfrau zu ihrer bislang unbekannten Großmutter nach Kroatien, von deren Existenz sie durch hinterlassene Briefe ihrer Mutter erfahren hat. Die Großmutter, eine Lokalbesitzerin, empfängt sie mit offenen Armen, die Tante bleibt allerdings auf Distanz, weil sie um ihr Erbe fürchtet. Im Gegenzug sorgt ein charmanter Fischer für das emotionale Gleichgewicht der Besucherin. Herkömmliches (Fernseh-)Liebesmelodram mit den üblichen Konflikten und Verwicklungen, erzählt vor sonnendurchfluteter Kulisse. – Ab 12.
Österreich/Deutschland/Kroatien 2011 **P** Graf Film (für ORF/ZDF) **KI** offen **Pd** Klaus Graf **R** Holger Barthel **B** Alrun Fichtenbauer **K** Peter Kappel **M** Yullwin Mak **S** Bettina Mazakarini **D** Miranda Leonhardt (Ena), Dennis Cubic (Matej), Krista Stadler (Karmela), Peter Matic (Onkel Luka), Fanny Stavjanik (Tereza), Julia Rosa Stöckl (Agata), Martina Zinner (Lotte), Stefan Matousch (Stipe) **L** 88 **FSK** o.A. **E** 25.4.2012 ORF 2 / 29.4.2012 ZDF **fd –**

Ein Sommer in Schottland
EIN SOMMER IN SCHOTTLAND
Eine frisch geschiedene Frau begleitet ihre Mutter auf einer Reise durch Schottland. Am Ort, wo sie vor 30 Jahren als Austauschschülerin lebte, begegnet sie ihrer ersten großen Liebe wieder, aber auch ein Landschaftsfotograf erregt ihre Aufmerksamkeit. Konventionelle (Fernseh-)Romanze um eine Frau, die vor einem Neuanfang steht und sich zwischen zwei Männern entscheiden muss. – Ab 14.
Deutschland/Österreich 2012 **P** Moviepool (für ZDF/ORF) **DVD** Edel Media (16:9, 1.78:1, DD2.0 dt.) **Pd** Bernadette Schugg **R** Michael Keusch **B** Beate Fraunholz **K** János Vecsernyés **S** Julia Prokasky **D** Marion Kracht (Monika Bach), Sascha Hehn (Richard Travis), Christiane Blumhoff (Gertrud Bach), Henriette Richter-Röhl (Sally Miller), David C. Bunners (Angus Sinclair), James Bryce (Pete), Ulla Geiger (Marlies Schöne), Betsy Cairn (Grace Travis) **L** 89 **FSK** o.A. **E** 26.9.2012 ORF 2 / 12.10.2012 DVD **fd –**

Ein Sommer mit Coo
KAPPA NO KU TO NATSU YASUMI
Ein kleiner Junge findet am Fluss einen seltsam geformten Stein, der ein Kappa beherbergt, ein Sagenwesen der japanischen Mythologie. Die beiden freunden sich an und genießen den Sommer, doch Abgase und Umweltschmutz bedrohen das Leben des kleinen Drachenwesens ebenso wie das aggressive Interesse der Medien. Unterhaltsames Anime mit einem gewöhnungsbedürftigen Zeichenstil und einer eher hässlichen Hauptfigur, die indes schnell Sympathiepunkte gewinnt. Die vielen ernsten Themen werden mitunter etwas schulmeisterlich vorgetragen; einige gewalttätige Szenen sind durchaus nachvollziehbar in die Handlung integriert, lassen den Film für kleinere Kinder aber weniger geeignet erscheinen. – Ab 10.
Japan 2007 **P** Dentsu / Mitsui Bussan / Shin Ei Amination / Shochiku / Sky Perfect Well Think / SonySummer Days ith Coo / TV Asahi **KI** offen **Pd** Yoshihiro Iwasaki, Yutaka Sugiyama **R+B** Keiichi Hara **M** Kei Wakakusa **L** 134 **E** 12.8.2012 Super RTL **fd –**

Die Sonne, die uns täuscht – Der Exodus
UTOMLYONNYE SOLNTSEM 2
Zweiter Teil von Nikita Michalkows Geschichts- und Kriegsepos-Trilogie, die zu den erfolgreichsten wie auch umstrittensten Meilensteinen der neueren russischen Filmgeschichte zählt. Kommandeur Sergej Petrowitsch Kotow (von Michalkow selbst gespielt), der am Ende des ersten Teils Opfer einer politischen Intrige und in eines der Zwangslager eingeliefert wurde, in die Stalin im Rahmen der «Großen Säuberung» 1937 seine Gegner inhaftierte, schlägt sich durch die Wirren des Zweiten Weltkriegs. Der Film kontrastiert die Willkür sowjetischer Prägung mit dem zähen Edelmut seines Helden und gerinnt zum überlangen Protokoll einer Sinnsuche, dessen wuchtiger Symbolismus im Gedächtnis haften bleibt. – Ab 16.
Scope. Russland/Deutschland/Frankreich 2010 **P** TriTe Studio / Russisches Kuilturministerium / Golden Eagle **DVD** Sunfilm (16:9, 2.35:1, DD5.1 russ./dt.) **BD** Sunfilm (16:9, 2.35:1, dts-HDMA russ./dt.) **Pd** Leonid Wereschagin **R** Nikita Michalkow **B** Nikita Michalkow, Wladimir Moisejenko, Alexander Nowotozki-Wlasow (= Alexander Nowotozki), Gleb Panfilow **K** Wladislaw Opeljants **M** Eduard Artemiew **S** Svetolik Zajc (= Svetolik Zajc) **D** Nikita Michalkow (Kotow), Oleg Menschikow (Mitja), Nadeschda Michalkowa (Nadja), Sergej Makowetski (Lunin), Dmitri Djuschew (Wanya), Artur Smoljaninow (Yurka), Maxim Sukchanow (Stalin) **L** 157 (24 B./sec.) / 152 (25 B./sec.) **FSK** ab 16 **E** 9.8.2012 DVD & BD **fd –**

Die Sonne, die uns täuscht – Die Zitadelle
UTOMLYONNYE SOLNTSEM 2
Dritter Teil von Michalkows Geschichts- und Kriegsepos-Trilogie, die zu den erfolgreichsten wie auch umstrittensten Meilensteinen der neueren russischen Filmgeschichte zählt. Kommandeur Kotow gerät mit Ende des zweiten Weltkriegs in die Hackordnung der stalinistischen Gesellschaft und scheitert in seiner Suche nach einer würdevollen Existenz. Der Film entwickelt einen wuchtigen Symbolismus, dessen geradlinige Unbedingtheit Soldatentum, Gott und Vaterland zu einem militärisch-metaphysischen Komplex verschmilzt; dabei setzt er erneut die Willkür sowjetischer Prägung gegen den zähen Edelmut seines Helden und bleibt als überlanges Protokoll einer Sinnsuche durchaus im Gedächtnis haften. – Ab 16.
Scope. Russland/Frankreich 2011 **P** TriTe Studio / Canal + / Camera One **DVD** Sunfilm (16:9, 2.35:1, DD5.1 russ./dt.) **BD** Sunfilm (16:9, 2.35:1, dts-HDMA russ./dt.) **Pd** Nikita Michalkow, Leonid Wereschagin **R** Nikita Michalkow **B** Nikita Michalkow, Wladimir Moisejenko, Alexander Nowotzki, Gleb Panfilow **K** Wladislaw Opeljants **M** Eduard Artemjew **S** Svetolik Zajc **D** Nikita Michalkow (Kotow), Nadeschda Michalkowa (Nadja Kotowa), Anna Michalkowa (Nyura Rozhenitsa), Oleg Menschikow (Mitja), Sergej Makowetski (Lunin), Inna Tschurikowa (Starukha), Roman Madjanow (Meleschko), Sergei Stepantschenko (Voditel Polutroki) **L** 163 (24 B./sec.) / 157 (25 B./sec.) **FSK** ab 16 **E** 8.11.2012 DVD & BD **fd** –

Sons of Norway ★
SØNNER AV NORGE / REVOLT / SONS OF NORWAY
Im Norwegen der späten 1970er-Jahre verliert ein etwa zwölfjähriger stiller Junge seine Mutter durch einen Autounfall. In tiefer Trauer finden sowohl er als auch sein Hippie-Vater in der von England nach Skandinavien herüber schwappenden Punk-Bewegung ein Ventil. Die sensible Vater-Sohn-Geschichte begleitet mit viel Sinn für Details den Trauerprozess und beleuchtet dabei das Verhältnis des ehemaligen Hippies zu seinem Sohn, der ebenfalls nach Ausdrucksformen von Rebellion sucht. – Ab 14.

DVD/BD: Die Extras enthalten u. a. ein Feature mit im Film nicht verwendeten Szenen.
Scope. Norwegen / Schweden / Dänemark / Frankreich 2011 **P** Friland / Götafilm / Nimbus Film / Les Films d'Antoine **KI** Alamode **DVD** Alamode (16:9, 2.35:1, DD5.1 norw./dt.) **BD** Alamode (16:9, 2.35:1, dts-HDMA norw./dt.) **Pd** Christian Fredrik Martin, Antoine Simkine, Bo Ehrhardt, Maja Dyekjær Giese, Christer Nilson **R** Jens Lien **B** Nikolaj Frobenius **Vo** Nikolaj Frobenius (Roman *Teori og praksi*) **K** Morten Søborg **M** Ginge Anvik **S** Vidar Flataukan **D** Åsmund Høeg (Nikolaj), Sven Nordin (Magnus), Sonja Richter (Lone), Tony Veitsle Skarpsno (Tor), Camilla Friisk (Nina), Trond Nilssen (Anton), Johnny Rotten (= John Lydon) (Johnny Rotten) **L** 88 **FSK** ab 12; f **E** 5.7.2012 / 9.11.2012 DVD & BD **fd** 41 173

Sophie & Shiba ★
SOPHIE / SOPHIE AND SHEBA
Die Entscheidung wiegt schwer für die 17-jährige Sophie, denn der Verkauf ihres Lieblingselefanten Shiba aus dem Zoo ihrer Eltern an einen Zirkus steht fest. Doch sie könnte helfen, aus dem talentierten Dickhäuter die Attraktion des kleinen Unternehmens zu machen. Das Mädchen willigt ein und findet im Sohn des Zirkusdirektors einen Freund. Insgeheim aber plant sie, Shiba in die Freiheit nach Afrika zu entlassen. Zauberhafter Jugendfilm mit überzeugenden Darstellern. Mit Hilfe der abenteuerlichen Geschichte erzählt er auch von der Bürde, Verantwortung für sich sowie für die (mitunter ganz spezielle) Umwelt zu übernehmen. – Ab 8.
Kanada 2010 **P** Knightscove Entertainment / Gerogeville Films **DVD** EuroVideo (16:9, 1.85:1, DD5.1 engl./dt.) **BD** EuroVideo (16:9, 1.85:1, dts-HDMA engl./dt.) **Pd** Leif Bristow, Mary Pantelidis **R** Leif Bristow **B** Leif Bristow, Djordje Milicevic **K** David Perrault **S** Stephen Lawrence **D** Brittany Bristow (Sophie), Erica Durance (Natalia), Thure Riefenstein (Magnus), Augustus Prew (Blake), Aidan Devine (Nate Collins), Natalie Radford (Abby Collins), John Rhys-Davies (Alistair Winston), Deborah Kara Unger (= Deborah Unger) (Tina Bradshaw) **L** 104 **FSK** o.A. **E** 17.12.2012 DVD & BD **fd** –

Soul Surfer ★
SOUL SURFER
Eine 13-jährige Surferin aus Hawaii wird auf dem Wasser von einem Tigerhai schwer verletzt. Wie durch ein Wunder überlebt sie und steht bereits drei Wochen später wieder auf ihrem Brett, um ihre Surfer-Karriere voranzutreiben. Ein auf authentischen Erlebnissen beruhendes, glaubwürdiges und gut gespieltes Sportdrama um die Surferin Bethany Hamilton (geb. 1990). Unprätentiös erzählt der Film davon, wie man nach einem schweren Schicksalsschlag nicht verzweifelt, sondern den Weg zurück ins Leben findet. – Ab 10.
Scope. USA 2011 **P** Brookwell McNamara Ent. / Mandalay Vision / Enticing Ent. / Island Film Group / Life's Beach Ent. **KI** Walt Disney **Pd** David Zelon, Dutch Hofstetter, Sean McNamara, Doug Schwartz, David Brookwell, Noah Hamilton, Becky Hamilton, Shelley Trotter, Christina Lambert, Ronald Bass, Jennifer Smolka, Joey Paul Jensen, Susie Singer Carter, Corey Schwartz **R** Sean McNamara **B** Sean McNamara, Deborah Schwartz, Douglas Schwartz, Michael Berk **Vo** Bethany Hamilton / Sheryl Berk / Rich Bundschuh (Buch *Soul Surfer*) **K** John R. Leonetti **M** Marco Beltrami **S** Jeff Canavan **D** Anna-Sophia Robb (Bethany Hamilton), Dennis Quaid (Tom Hamilton), Helen Hunt (Cheri Hamilton), Carrie Underwood (Sarah Hill), Kevin Sorbo (Holt Blanchard), Lorraine Nicholson (Alana Blanchard), Jeremy Sumpter (Byron), Ross Thomas (Noah Hamilton), Sonya Balmores Chung (Malina Burch), Chris Brochu (Timmy) **L** 106 **FSK** ab 6; f **E** 12.1.2012 **fd** 40 883

Sound it Out
SOUND IT OUT
Dokumentation über einen Schallplattenladen im Norden Englands, der sich bisher gegen die Konkurrenz von Ladenketten und Internet-Downloads behaupten konnte, nicht zuletzt weil er mehr ist als nur als einfacher Verkaufsort, sondern ein Ort des Austauschs unter Musikliebhabern sowie ein subkulturelles Biotop. Indem der Film auch auf den Kontext einer von wirtschaftlichem Niedergang geprägten Region blickt, entsteht das liebenswerte Porträt eines vom Aussterben bedrohten Stücks Musik(fan)kultur,

dem allerdings eine klarere Haltung zum Gegenstand fehlt. (O.m.d.U.) – Ab 12.
Großbritannien 2011 **P** Glimmer Films **KI** Neue Visionen **Pd+R+B** Jeanie Finlay **K** Jeanie Finlay **S** Barbara Zosel **L** 78 **FSK** o.A.; f **E** 10.5.2012   **fd** 41 067

Sound of Heimat ★
Dokumentarfilm über deutsche Volksmusik, in dem ein neuseeländischer Musiker auf Entdeckungsreise durch verschiedene Regionen Deutschlands geht, dabei mit «Volksmusikern» unterschiedlichster Couleur ins Gespräch kommt und mit ihnen musiziert. Mit schönen, nie kitschigen Bildern deutscher Landschaften untermalt, bleibt der Film zwar ein etwas beliebiges Sammelsurium, weckt aber die Neugierde auf den Umgang mit dem deutschen Liedgut und macht Lust auf Gesang. – Ab 12.
Deutschland 2011 **P** Tradewind Pic. / Fruitmarket Kultur und Medien/ WDR **KI** 3Rosen **Pd** Helmut Weber, Thomas Springer, Arne Birkenstock **R+B** Arne Birkenstock, Jan Tengeler **K** Marcus Winterbauer **S** Volker Gehrke, Katharina Schmidt **L** 93 (24 B./sec.) **FSK** o.A.; f **E** 27.9.2012   **fd** 41 296

Space Dive – The Red Bull Stratos Story
SPACE DIVE
Chronologie eines Rekordversuchs, bei dem der Extremsportler Felix Baumgartner am 14. Oktober 2012 aus einer Höhe von 39.045 Metern den Sprung in Richtung Erde wagt und im freien Fall Schallgeschwindigkeit erreicht. Ein medial Aufsehen erregendes Ereignis, das als Werbekampagne eines Getränke-Herstellers konzipiert wird. Der dokumentarische Film begleitet das Projekt unkritisch und ist lediglich auf den Event-Charakter bedacht. Trotz großen technischen Aufwands eher unspektakulär, mitunter wirr in Szene gesetzt. – Ab 12.
DVD/BD: Nur als 2 Disk-Edition (DVD & BD) erschienen.
Großbritannien 2012 **P** BBC **DVD** Lighthouse (16:9, 1.78:1, DD5.1 dt.) **BD** Lighthouse (16:9, 1.78:1, dts-HD dt.) **R** Colin Barr **K** Matt Gray **M** Daniel Pemberton **S** Ben Lester **L** 89 **FSK** ab 12 **E** 19.12.2012 DVD   **fd –**

Sparkle ★
SPARKLE
Neuverfilmung eines Musicals aus den 1970er-Jahren über die Karrieren dreier Soul singender Schwestern, deren Höhen und Tiefen nunmehr in den 1960er-Jahren angesiedelt sind. Die fahrige Erzählstruktur des Originals ist auch im Remake spürbar, doch die ebenso ausdrucksstarken wie anrührenden Figuren machen den Film zu einem sympathischen, erzählerisch unterhaltsamen Panorama der damaligen Musikbranche. – Ab 12.
Scope. USA 2012 **P** Akil Production Company / Sony Pictures / Stage 6 Films / TDJ Enterprises / New Dimension **KI** Sony **Pd** Debra Martin Chase, T. D. Jakes, Curtis Wallace, Salim Akil, Mara Brock Akil **R** Salim Akil **B** Mara Brock Akil **K** Anastas N. Michos (= Anastas Michos) **M** Salaam Remi **S** Terilyn A. Shropshire **D** Jordin Sparks (Sparkle), Whitney Houston (Emma), Derek Luke (Stix), Mike Epps (Satin), Carmen Ejogo (Sister), Tika Sumpter (Dolores), Omari Hardwick (Levi), Cee-Lo Green (Black), Curtis Armstrong (Larry) **L** 116 (24 B./sec.) / 112 (25 B./sec.) **FSK** ab 12; f **E** 11.10.2012   **fd** 41 313

Special Forces
FORCES SPECIALES
Eine bekannte Journalistin gerät in die Gewalt der Taliban und soll exekutiert werden. Die französische Regierung entsendet eine Spezialeinheit der Armee in den Nahen Osten, um die junge Frau zu befreien. Ein Himmelfahrtskommando beginnt. Spannendes, aber naives Kriegsfilmderivat, in dem fesche Männer eine Schönheit aus den Fängen von Monstern befreien. Allenfalls in Anflügen bekommt die Bevölkerung Afghanistans ein Gesicht. – Ab 16.
DVD/BD: Die Extras umfassen u. a. ein sehr ausführliches «Making of» (96 Min.).
Scope. Frankreich 2011 **P** Easy Comp. / Studio Canal / Canal + / TPS Star **DVD** Universum (16:9, 2.35:1, DD5.1 frz./dt.) **BD** Universum (16:9, 2.35:1, dts-HDMA frz./dt.) **Pd** Thjierry Marro, Benoît Ponsaillé **R** Stéphane Rybojad **B** Michael Cooper, Stéphane Rybojad **K** David Jankowski **M** Xavier Berthelot **S** Erwan Pecher **D** Diane Kruger (Elsa), Djimon Hounsou (Kovax), Benoît Magimel (Tic-Tac), Denis Menochet (Lucas), Raphaël Personnaz (Elias), Alain Figlarz (Victor), Alain Alivon (Marius), Mehdi Nebbou (Amen) **L** 108 **FSK** ab 16 **E** 18.4.2012 DVD & BD   **fd –**

Speckles – Die Abenteuer eines Dinosauriers
siehe: **Speckles – Die Abenteuer eines kleinen Dinosauriers**

Speckles – Die Abenteuer eines kleinen Dinosauriers
SPECKLES – THE TARBOSAURUS
Ein junger Tarbosaurier in der asiatischen Steppe kämpft gegen viele Gefahren, findet eine Gefährtin, gründet eine Familie und muss sich gegen einen Tyrannosaurus behaupten. Computeranimiertes Tierabenteuer ohne dramaturgischen Glanz, das zwischen Lehrfilm übers Saurier-Zeitalter und emotionalisiertem Tierabenteuer schwankt. – Ab 10.
DVD/BD: Erhältlich als DVD, 2D BD und 2D/3D BD.
3D. Scope. Südkorea 2011 **P** Dream Search C&C / EBS / Olive Studio **KI** MFA+ **DVD** MFA (16:9, 2.35:1, DD5.1 dt.) **BD** MFA (16:9, 2.35:1, dts-HD dt.) **Pd** Kim Won-bum, Song Lack-hyun, Kim Hyun-Cheol, Choi Oh-shin **R** Han Sang-ho **B** Lee Young-kyu, Han Sang-ho **K** Kim Byung-il **M** Lee Mi-sung **S** Shin Min-kyeong **L** 81 (24 B./sec.) / 78 (25 B./sec.) **FSK** ab 6; f **E** 16.8.2012 / 9.11.2012 DVD & BD   **fd** 41 387

Speed – Auf der Suche nach der verlorenen Zeit
Dokumentarfilm über das allgemeine Gefühl beständiger Hektik und Zeitnot. Von dem Eindruck ausgehend, ständig zu wenig Zeit zu haben, sucht der Filmemacher verschiedene Experten auf, die sich mit dem Thema Zeit und Zeitmanagement beschäftigen. Dabei nimmt er die Haltung eines betont naiv Suchenden ein, aus dessen Perspektive er unterschiedliche Stimmen versammelt, letztlich aber keine Haltung zu seinem an sich interessanten Thema findet. (Teils O.m.d.U.) – Ab 14.
Deutschland 2011 **P** Dreamer Joint Venture / BR / WDR / ARTE **KI** Camino **Pd** Oliver Stoltz **R+B** Florian Opitz **K** Andy Lehmann **M** Von Spar **S** Annette Muff **L** 101 (24 B./sec.) **FSK** ab 6; f **FBW** bw **E** 27.9.2012   **fd** 41 285

Spiderhole – Jemand muss zahlen
SPIDERHOLE
Vier Londoner Studenten bemächtigen sich einer nur scheinbar leer stehenden Wohnung. Nach einer durchzechten Nacht sind alle Ausgänge hermetisch abgeschlossen, und ein unbekannter Mitbewohner fordert seinen Blutzoll. Uninspirierte und ideenarme Variante des «Geisterhaus»-Horrorfilms.
Scope. Irland 2010 **P** Spiderhole Prod. **DVD** I-On/Splendid (16:9, 2.35:1, DD5.1 engl./dt.) **BD** I-On/Splendid (16:9, 2.35:1, dts-HD engl./dt.) **Pd** Patrick O'Neill **R+B** Daniel Simpson **K** Vinit Borrison **M** Jason Cooper, Oliver Kraus **S** Johnny Megalos, Jeremy Munce **D** Amy Noble (Zoe), Emma Griffiths Mallin (Molly), Reuben-Henry Biggs (Luke), George Maguire (Toby), John Regan (Kidnapper), Malcolm George (Reporter), Kevin Hannafin (Kunstschul-Lehrer), Moya Farrelly (Doktor) **L** 78 **FSK** ab 18 **E** 3.2.2012 DVD & BD **fd** –

Spieglein an der Wand
MIROIR MON AMOUR
Das 20 Jahre alte Schneewittchen, das wegen seiner Schönheit als Kind ermordet werden sollte, fiebert seiner Hochzeit mit dem Prinzen entgegen, der es einst rettete. Doch das Treffen der königlichen Elternpaare wird vom Konflikt zwischen Mutter und Tochter überschattet, in dem die Königin dominiert und die Eifersucht der Braut schürt. Skurrile Neuinterpretation des klassischen Märchens, die den Mutter-Tochter-Konflikt in den Mittelpunkt stellt und die Geschichte auf einen sexualisierten Punkt hin konzentriert. – Ab 16.
Frankreich 2012 **P** Flach Film / ARTE France **KI** offen **Pd** Sylvette Frydman, Jean-François Lepetit **R** Siegrid Alnoy **B** Siegrid Alnoy, Lise Macheboeuf **K** Sabine Lancelin **M** Gabriel Scotti, Vincent Haenni **S** Benoît Quinon **D** Fanny Ardant (Königin), Carlo Brandt (König), Judith Chemia (Schneewittchen), Laurent Stocker (Prinz), Aurore Clément (Königin Aurore), Jean-Pierre Kalfon (König Jacob), Rodolphe Congé (Jäger), Mélusine Mayance (Schneewittchen als Kind) **L** 84 **E** 26.10.2012 arte **fd** –

Spieglein Spieglein – Die wirklich wahre Geschichte von Schneewittchen
MIRROR MIRROR
Frei nach den Gebrüdern Grimm erzähltes märchenhaftes Abenteuer, in dem Schneewittchen dem Mordanschlag ihrer tyrannischen Stiefmutter entrinnt, mit Hilfe der «sieben Zwerge» von einer zarten Prinzessin zur mutigen, selbstbestimmten Kämpferin für das Wohl des Volkes wird und den schönen Prinzen für sich gewinnt. Der heiter-komödiantische, mit Screwball-Momenten angereicherte Film wartet mit einem rauschhaft schönen Kostüm- und Setdesign auf und verdichtet sich zu einer lustvollen Hommage an das Genre des Märchenfilms. – Ab 6.
DVD/BD: Die Extras enthalten u.a. ein Feature mit fünf im Film nicht verwendeten Szenen (6 Min.).
USA 2011 **P** Relativity Media / Tar Ent. / Citizen Snow Film Prod. **KI** StudioCanal **DVD** StudioCanal (16:9, 1.85:1, DD5.1 engl.) **BD** StudioCanal (16:9, 1.85:1, dts-HDMA engl.) **Pd** Bernie Goldmann, Ryan Kavanaugh, Brett Ratner, Ajit Singh, Nico Soultanakis **R** Tarsem Singh **B** Melisa Wallack, Jason Keller **Vo** Jacob Grimm (= Jakob Ludwig Karl Grimm) und Wilhelm Grimm (= Wilhelm Karl Grimm) (Märchen *Schneewittchen*) **K** Brendan Galvin **M** Alan Menken **S** Robert Duffy, Nick Moore **D** Julia Roberts (Böse Königin), Lily Collins (Schneewittchen), Armie Hammer (Prinz Andrew Alcott), Sean Bean (König), Nathan Lane (Brighton), Mare Winningham (Margaret), Michael Lerner (Baron), Robert Emms (Renbock), Martin Klebba (Fleischer), Danny Woodburn (Grimm) **L** 106 **FSK** o.A.; f **FBW** bw **E** 5.4.2012 / 4.9.2012 DVD & BD **fd** 40972

Sport de filles
SPORT DE FILLES
Eine junge Pferdenärrin und -betreuerin wird wegen Unbotmäßigkeit entlassen, findet bei einem benachbarten Gestüt eine neue Anstellung und trifft auf einen brummigen «Pferdeflüsterer». Als auch dort ihr Lieblingspferd ausgemustert werden soll, beginnt sie, das Tier für einen Dressur-Wettkampf in Frankfurt zu trainieren. In seiner Figurenzeichnung ebenso blasser wie klischeehafter Unterhaltungsfilm, der allenfalls Zuschauer mit ausgesprochener Pferde-Affinität anspricht. – Ab 14.
Frankreich/Deutschland 2011 **P** Lazennec / Maia Cinema / Vandertastic Films / ARTE France Cinéma / Le Pacte / Canal + / CinéCinéma / CNC **KI** Pathé (Schweiz) **Pd** Grégoire Debailly, Gilles Sandoz, Hanneke van der Tas **R** Patricia Mazuy **B** Patricia Mazuy, Simon Reggiani **K** Caroline Champetier **S** Mathilde Muyard **D** Bruno Ganz (Franz Mann), Marina Hands (Gracieuse), Josiane Balasko (Joséphine de Silène), Isabel Karajan (Alice), Amanda Harlech (Susan), Olivier Perrier (Gracieuses Vater) **L** 101 **E** 26.6.2012 Schweiz **fd** –

Sport, Mafia und Korruption
SPORT, MAFIA ET CORRUPTION
Jährlich werden mit Online-Sportwetten mehr als 500 Milliarden Dollar umgesetzt. Viele der einschlägigen Websites werden jedoch von Mafia-Organisationen betrieben, die die Plattform als gigantische Geldwaschanlagen nutzen. Zudem wurden allein in Europa 400 Fußballspiele manipuliert, in Deutschland wird gegen 65 Personen strafrechtlich ermittelt. Der erhellende Dokumentarfilm analysiert den Sachverhalt und beschreibt, wie internationale Verbände und Institutionen auf die Entwicklung reagieren. – Ab 16.
Frankreich 2011 **P** Crescendo Films / Simple Prod. / arte / RTBF **KI** offen **Pd** Christine Le Goff, Kathleen de Béthune **R+B** Hervé-Martin Delpierre **K** Hervé-Martin Delpierre, Mathieu Czernichow, Yoan Cart **M** Michel Berckmans **S** Hervé-Martin Delpierre, Emmanuelle Joly **L** 75 **E** 8.5.2012 arte **fd** –

Spreewaldkrimi – Eine tödliche Legende
Nahe eines Schlosses im Spreewald werden zwei Tote gefunden; bei beiden wird als Todesursache ein Schlangengift ermittelt. Verhöre und Ermittlungen konfrontieren den ermittelnden Kommissar mit Familiengeschichten, bei denen die Verstaatlichung von Grund und Boden zu DDR-Zeiten, alte Eigentumsrechte und aktuelle Intrigen eine Rolle spielen. In der ostdeutschen Provinz angesiedelter (Fernsehserien-)Krimi, der sorbische Sagen, vergangenes Unrecht

und aktuelle gesellschaftliche Befindlichkeiten verbindet. – Ab 16.
Deutschland 2012 **P** Monaco Film **KI** offen **Pd** Wolfgang Esser **R** Torsten C. Fischer **B** Thomas Kirchner **K** Theo Bierkens **M** Fabian Römer **S** Benjamin Hembus **D** Christian Redl (Thorsten Krüger), Muriel Baumeister (Greta Althof), Rüdiger Vogler (Thorben Althof), Maria Mägdefrau (Grethe Brezan), Ludwig Blochberger (René Müller), Hans-Jochen Wagner (Ludger Krautberg), Rolf Hoppe (Hermann Stein), Ulrike Krumbiegel (Marianne Stein) **L** 90 **E** 30.9.2012 zdf_neo **fd** –

Sprinter – Haltlos in die Nacht

Weil er versehentlich in einen falschen Zug steigt, begegnet ein Familienvater einer geheimnisvollen Fremden, an deren Fersen er sich heftet und mit der er schließlich in Frankfurt eine Nacht voller Überraschungen durchlebt, die nicht immer sehr schön sind. Romantischer (Fernseh-)Thriller auf den Spuren von John Landis' KOPFÜBER IN DIE NACHT (1984). – Ab 14.
Deutschland 2012 **P** HR **KI** offen **R+B** Petra K. Wagner (= Petra Katharina Wagner) **K** Dominik Schunk **M** Sebastian Kirchner **D** Claudia Michelsen (Lisa), Jens Albinus (Henk), Johannes Allmayer (Dennis), Bernhard Leute (Mann im Zug), Martin Lindow (Kommissar), Aleksandar Jovanovic (Kunstsammler), Errol Trotman-Harewood (Giorgio), Nils Kahnwald (Dealer), Benjamin Morik (Zugbegleiter), Stefan Preiss (Chef der SAG), Agnes Lindström Bolmgren (Sara), Dijana Grilc (Frau des Kunsthändlers) **L** 90 **E** 16.5.2012 ARD **fd** –

Spuren des Bösen

SPUREN DES BÖSEN
Ein Psychologe und Verhörspezialist der Wiener Polizei soll helfen, den Mord an der Angestellten eines Baukonzerns aufzuklären. Er kommt einem Schmiergeldskandal auf die Spur, bei dem die Tote als Zeugin gegen den Vorstand ihrer Firma vorgesehen war. Doch die Hintermänner der Affäre haben mächtige Verbündete und schrecken vor nichts zurück. Beeindruckend inszeniertes und gespieltes, höchst versiert fotografiertes (Fernsehserien-)Kriminalfilm, der weniger als psychologisch ausgefeiltes Drama, sondern mehr als kantige, betont unrund wirkende Genre-Verdichtung überzeugt. – Ab 16.
DVD/BD: Als Doublefeature zusammen mit SPUREN DES BÖSEN: RACHEENGEL erschienen.
Österreich/Deutschland 2010 **P** Josef Aichholzer Filmprod. / ZDF / ORF **DVD** Universum (16:9, 1.78:1, DD5.1 dt.) **Pd** Josef Aichholzer **R** Andreas Prochaska **B** Martin Ambrosch **K** David Slama **M** Matthias Weber **S** Daniel Prochaska **D** Heino Ferch (Richard Brock), Nina Proll (Vera Angerer), Stefan Kurt (Michael Sand), Erwin Steinhauer (Dr. Merz), Gerti Drassl (Maria Kemminger), Sabrina Reiter (Petra Brock), Gerda Drabek (Anna), Gerhard Liebmann (Klaus Tauber) **L** 89 **FSK** ab 12 **E** 5.1.2011 ORF 2/10.1.2012 ZDF / 18.1.2013 DVD **fd** –

Spuren des Bösen – Racheengel

SPUREN DES BÖSEN - RACHEENGEL
Ein Psychologe der Wiener Polizei wird Opfer einer Geiselnahme. Er versucht, den jugendlichen Täter zur Aufgabe zu überreden; der sieht die Ausweglosigkeit der Situation ein und nimmt sich das Leben. Fortan beschäftigen den Psychologen die Hintergründe des Dramas; er recherchiert und stößt auf die tief religiöse Familie des Toten sowie einen lange zurückliegenden Missbrauchsskandal. Differenzierter, gut gespielter (Fernsehserien-)Kriminalfilm um einen Wiener Psychologen, der ein heißes Eisen aufgreift und für Diskussionsstoff sorgt. – Ab 16.
DVD/BD: Als Doublefeature zusammen mit SPUREN DES BÖSEN: SANDAG erschienen.
Deutschland/Österreich 2012 **P** Josef Aichholzer Filmprod / ZDF / ORF **DVD** Universum (16:9, 1.78:1, DD5.1 dt.) **Pd** Josef Aichholzer **R** Andreas Prochaska **B** Martin Ambrosch **K** David Slama **M** Matthias Weber **S** Daniel Prochaska **D** Heino Ferch (Richard Brock), Sabrina Reiter (Petra Brock), Hannelore Elsner (Eva Ulmer), Friedrich von Thun (Karl Ulmer), Ursula Strauss (Maria Ulmer), Jürgen Maurer (Gerhard Medek), Florian Teichtmeister (Sebastian Ulmer), Karl Fischer (Ludwig Pfeiler) **L** 89 **FSK** ab 12 **E** 27.10.2012 ORF 2 / 30.11.2012 arte / 18.1.2013 DVD **fd** –

Spuren des Bösen: Sandag

siehe: **Spuren des Bösen**

Spy Kids 4 – Alle Zeit der Welt 4D

SPY KIDS: ALL THE TIME IN THE WORLD 4D
Ein Geschwisterpaar, ein Junge und ein Mädchen, muss sich mit seiner neuen Stiefmutter arrangieren, wobei aller Familienzwist vergessen wird, als sich diese als einstige Agentin des OSS entpuppt und man gemeinsam zwei Superschurken, die der Menschheit die Zeit stehlen wollen, das Handwerk legen muss. Rasante Fortführung der SPY KIDS-Kinderfilmreihe, die Standards des Agentenfilms durch den Kakao zieht. Mit fantasievollen Settings, die sich in 3D eindrücklich entfalten, und einem Achterbahn-artigen Action-Parcours lässt der Film recht unterhaltsam, versäumt es freilich, seine Figuren so zu konturieren, dass sie zu Sympathieträgern werden. – Ab 10.
DVD/BD: Erhältlich als DVD, 2D BD und 2D/3D BD. Die Extras enthalten u. a. ein Feature mit sechs im Film nicht verwendeten Szenen (9 Min.).
3D. USA 2011 **P** Troublemaker Studios / Spy Kids 4 SPV **KI** Senator **DVD** Senator/Universum (16:9, 1.85:1, DD5.1 engl./dt.) **BD** Senator/Universum (16:9, 1.85:1, dts-HDMA engl./ dt.) **Pd** Robert Rodriguez, Elizabeth Avellan, George Huang, Rebecca Rodriguez **R+B** Robert Rodriguez **K** Robert Rodriguez, Jimmy Lindsey **M** Robert Rodriguez, Carl Thiel **S** Dan Zimmerman **D** Jessica Alba (Marissa Cortez Wilson), Joel McHale (Wilbur Wilson), Rowan Blanchard (Rebecca Wilson), Mason Cook (Cecil Wilson), Jeremy Piven (Tick Tock, Timekeeper, Danger D'Amo), Alexa Vega (Carmen Cortez), Daryl Sabara (Juni Cortez), Danny Trejo (Onkel Machete) **L** 89 **FSK** ab 6; f **E** 3.5.2012 / 4.10.2012 DVD & BD **fd** 41 044

Spy Kids 4D

siehe: **Spy Kids 4 – Alle Zeit der Welt 4D**

Der Staatsanwalt – Die Toten im Weinberg

Nach einem Abendessen mit seinem Chefredakteur wird ein gefürchteter Restaurantkritiker Opfer eines Attentats. In Verdacht gerät ein Sterne-Koch, den mit dem korrupten Kritiker wegen eines Verrisses eine herzliche Abneigung verband. Routinierter (Fernsehserien-)Krimi ohne sonderliche Konturen. – Ab 16.

Deutschland 2011 **P** Odeon TV (für ZDF/ORF) **KI** offen **Pd** Andrea Jedele **R** Peter Fratzscher **B** Leo P. Ard (= Jürgen Pomorin), Birgit Grosz **K** Dietmar Koelzer **M** J.J. Gerndt **S** Thomas Knöpfel **D** Rainer Hunold (Bernd Reuther), Simon Eckert (Christian Schubert), Fiona Coors (Kerstin Klar), Astrid Posner (Dr. Judith Engel), Maja Maranow (Martina Sommer), Hansa Czypionka (Alfons Siebach), Kai Scheve (Johann Leingruber), Uwe Bohm (Kai Osterfeld), Christoph Grunert (Maximilian Bötsch) **L** 60 **E** 27.1.2012 ZDF/ORF 2 fd –

Der Staatsanwalt – Gefangen und erpresst

Ein sudanesischer Informant des BKA, der Informationen über einen deutschen Waffenschieber liefern wollte, wird erschossen. Bei Staatsanwalt Reuther meldet sich ein Untersuchungshäftling, der Informationen dazu liefern will, falls man ihm bei seiner Anklage wegen Betrug entgegenkommt. Doch auch er wird ermordet. (Fernsehserien-)Krimi nach eingeführtem Schema, der den Fall in der Verdichtung etwas zu sehr überstrapaziert. – Ab 16.
Deutschland 2011 **P** Odeon TV (für ZDF/ORF) **KI** offen **Pd** Solveig Cornelisen **R** Martin Kinkel **B** Birgit Grosz, Leo P. Ard (= Jürgen Pomorin) **K** Dietmar Koelzer **M** Patrick Schmitz **D** Rainer Hunold (Bernd Reuther), Fiona Coors (Kerstin Klar), Simon Eckert (Chris Schubert), Henry Meier (Benny Klar), Astrid Posner (Dr. Engel), Therese Hämer (Silvia Heinlein), Alexander Held (= Gerald Alexander Held) (Kai Middeldorf), Katharina Müller-Elmau (Silvia Kuberzig) **L** 340 **E** 10.2.2012 ZDF fd –

Der Staatsanwalt – Mord am Rhein

In den Ruinen einer Klosteranlage wird die Leiche des Gemeindekämmerers gefunden. Bei den Ermittlungen stellt sich heraus, dass dieser von einer Stalkerin verfolgt wurde. Ehe die Frau befragt werden kann, ist auch sie tot. Der zuständige Staatsanwalt stößt im Gemeinderat auf unsaubere Machenschaften bei Immobiliengeschäften. Routinierter (Fernsehserien-)Krimi um einen schwergewichtigen Staatsanwalt. – Ab 14.
Deutschland 2012 **P** Odeon TV (für ZDF) **KI** offen **Pd** Andrea Jedele **R** Urs Egger **B** Mike Bäuml **K** Martin Fuhrer **M** Ina Seifert, Nellis Du Biel **S** Anke Berthold **D** Rainer Hunold (Bernd Reuther), Marcus Mittermeier (Thomas Reuther), Fiona Coors (Kerstin Klar), Astrid Posner (Dr. Judith Engel), Therese Hämer (Oberstaatsanwältin Silvia Heinlein), Petra Zieser (Thea Sauer), August Zirner (Dr. Alfred Lämmle), Christina Grosse (Britta Grebert), Dietrich Mattausch (Richter Beil), Michael Sideris (Alain Busch), Alexandra von Schwerin (Evi Stern), Tom Gramenz (Hendrik Sauer), Stephan Szász (Dr. Schneller), Carola Schnell (Sandra) **L** 60 **E** 13.1.2012 ZDF fd –

Der Staatsanwalt – Schlangengrube

Ein renommierter Anwalt wird in seiner Kanzlei erschossen. Bald rückt ein Kollege des Toten ins Visier des ermittelnden Staatsanwalts, weil er sich der Zeugenbestechung schuldig gemacht hat. Der Fall scheint geklärt, doch der Chef-Ermittler glaubt an keine einfache Lösung. Routinierter (Fernsehserien-)Krimi. – Ab 14.
Deutschland 2011 **P** Odeon TV (für ZDF/ORF) **KI** offen **R** Martin Kinkel **B** Lorenz Lau-Uhle **K** Dietmar Koelzer **M** Thomas Osterhoff **D** Rainer Hunold (Bernd Reuther), Fiona Coors (Kerstin Klar), Simon Eckert (Christian Schubert), Astrid Posner (Dr. Judith Engel), Martin Armknecht (Daniel Böhm), Barbara Meier (Tanja Müller), Hanfried Schüttler (Karl Eckstein), Bernhard Piesk (Moritz Renner) **L** 60 **E** 3.2.2012 ZDF fd –

Der Staatsanwalt – Tödlicher Pakt

DER STAATSANWALT – TÖDLICHER PAKT
Die Hauptbelastungszeugin in einem Prozess gegen einen Nachtclub-Besitzer, gegen den wegen Menschenhandels ermittelt wird, wird von einem Auto überfahren. Der ermittelnde Staatsanwalt vermutet, dass der Beschuldigte hinter dem tödlichen Anschlag steckt, muss seinen Verdacht aber revidieren, als ein weiterer Mord geschieht. Routinierter (Fernsehserien-)en-)Krimi. – Ab 14.
Deutschland/Österreich 2011 **P** Odeon TV (für ZDF/ORF) **KI** offen **Pd** Andrea Jedele **R** Martin Kinkel **B** Birgit Grosz, Jürgen Pomorin **K** Dietmar Koelzer **M** Thomas Osterhoff **S** Simone Klier **D** Rainer Hunold (Bernd Reuther), Marcus Mittermeier (Thomas Reuther), Fiona Coors (Kerstin Klar), Oliver Mommsen (Martin Hanke), Antje Schmidt (Dr. Judith Brandt), Gesine Cukrowski (Kathrin Boost), Enno Hesse (Dennis Moll) **L** 65 **E** 27.7.2012 ORF 2 fd –

Stadtneurosen
UPPERDOG
Die Lebenswege von vier Menschen kreuzen und durchdringen sich in der norwegischen Hauptstadt Oslo, wobei eine außergewöhnliche Familienzusammenführung, unverhoffte Liebeshändel und ein traumatisierter Afghanistan-Heimkehrer eine wesentliche Rolle spielen. Der mit leichter Ironie inszenierte Bilderbogen zeigt Großstädter, die trotz ihrer unbewältigten Vergangenheit und persönlichen Katastrophen ihr Leben zu meistern versuchen. – Ab 16.
Norwegen/Schweden 2009 **P** Friland AS / Riva / Svensk Filmindustri **KI** offen **Pd** Christian Fredrik Martin, Asle Vatn, Dirk Decker **R+B** Sara Johnsen **K** John Andreas Andersen **M** Marcus Paus **S** Zaklina Stojcevska **D** Hermann Sabado (Axel), Agnieszka Grochowska (Maria), Bang Chau (Yanne), Magnus Bjørnstad (Karsten), Yngvild Støen Grotmol (Reporterin Susanne Holmboe), Ole Paus (Frederik), Mads Sjøgård Pettersen (Per) **L** 95 **E** 1.8.2012 arte fd –

Stahlkappen
STEEL TOES
Ein junger Neonazi in Montreal hat einen Inder erschlagen und bekommt einen jüdischen Pflichtverteidiger zugeteilt. Das Ressentiment zwischen den beiden scheint unüberbrückbar, doch im Lauf des Prozesses setzt sich die humanitäre Einstellung des Anwalts, der sich an das Vermächtnis seines Vaters, eines Thora-Lehrers, erinnert, durch. Ein Gerichtsdrama mit guten Absichten, aber inszenatorischen Längen. Die Annäherung der beiden Kontrahenten wirkt papiernen, die späte Einsicht des jungen Mannes kaum überzeugend. – Ab 16.
DVD/BD: Die Extras umfassen u.a. zum Teil ausführliche Interviews, etwa mit den Darstellern David Strathairn (19 Min.) und Andrew Walker (18 Min.).
Kanada 2006 **P** Monterey Media
DVD Lighthouse / Mr. Banker (16:9,

1.78:1, DD5.1 engl./dt.) **Pd** Francine Allaire, David Gow **R** Mark Adam, David Gow **B+Vo** David Gow **K** Mark Adam **M** Benoît Groulx **S** Mark Adam, Susan Shanks **D** Andrew Walker (Michael Downey), David Strathairn (Danny Dunkelman), Marina Orsini (Anna Dunkelman), Ivana Shein (Jill), Michael Rudder (Sam), Linda Smith (Barbara), Ivan Smith (Vikram), Aaron Grunfeld (junger Danny Dunkelman) **L** 87 **FSK** ab 16 **E** 13.1.2012 DVD
 fd –

Starbuck
STARBUCK
In seinen jungen Jahren betätigte sich ein Mann eifrig als Samenspender. Mittlerweile ist er ein wenig erfolgreicher 42-Jähriger, dessen schwangere Geliebte ihn wegen mangelnder Vater-Qualitäten zu verlassen droht. Als eine respektable Anzahl der aus seinem Samen gezeugten Kinder gerichtlich die Offenlegung seiner Identität erwirken will, beschließt er, sich der Verantwortung zu stellen. Warmherzige Komödie um Vaterschaft und Verantwortungsgefühl, die mit unkonventionellen Figuren und einer amüsanten, Haken schlagenden Geschichte unterhält. – Ab 14.
Kanada 2011 **P** Caramel Film **KI** Ascot Elite **Pd** Jasmyrh Lemoine, André Rouleau **R** Ken Scott **B** Ken Scott, Martin Petit **K** Pierre Gill **M** David Lafleche **S** Yvann Thibaudeau **D** Patrick Huard (David Wozniak), Julie LeBreton (Valérie), Antoine Bertrand (Davids Anwalt), Dominic Philie, Marc Bélanger, Igor Ovadis (Davids Vater), David Michaël (Antoine), Patrick Martin (Étienne) **L** 109 (24 B./sec.) / 105 (25 B./sec.) **FSK** ab 12; f **E** 16.8.2012
 fd 41 210

Ein starkes Team – Die Gottesanbeterin
Eine Lehrerin an einer Berliner Gesamtschule, die in Internet-Foren den Namen «die Gottesanbeterin» trägt, stirbt unter mysteriösen Umständen. Das Polizei-Team um eine couragierte Kommissarin verdächtigt vier Schülerinnen, die mit dem Tod der Asthmatikerin im Zusammenhang stehen. Ein Video, das in der Schule die Runde machte, kann zur Lösung des Rätsels beitragen, doch jemand hat versucht, das Beweismittel zu löschen. Routinierter (Fernsehserien-)Krimi um einen verzwickten Fall mit vielen Weitungen. – Ab 14.
Deutschland 2011 **P** UFA Film & TV Prod. (für ZDF) **KI** offen **Pd** Norbert Sauer **R** Markus Imboden **B** Maris Pfeiffer, Regina Spreer **K** Rainer Klausmann **M** Annette Focks **D** Maja Maranow (Verena Berthold), Florian Martens (Otto Garber), Arnfried Lerche (Reddemann), Kai Lentrodt (Ben Kolberg), Jaecki Schwarz (Sputnik), Robert Seethaler (Dr. Kneissler), Michelle Barthel (Laura Mikoladse), Ursina Lardi (Annette Mikoladse) **L** 90 **E** 18.1.2012 zdf_neo / 21.1.2012 ZDF
 fd –

Ein starkes Team – Eine Tote zu viel
Eine tote Kolumbianerin, die illegal bei einer Reinigungsfirma arbeitete, bringt die Ermittler auf die Spur etlicher Illegaler und in Kontakt mit einem Vertreter der Ausländerbehörde. Die Tote sollte ihm Informationen über die Schwarzarbeiter liefern, er wollte sich im Gegenzug um ihr Bleiberecht kümmern. Die Fahnder geraten in ein Netz aus Intrigen und (Liebes-)Beziehungen, Ausbeutung und Abhängigkeiten. Spannender (Fernsehserien-)Krimi mit gesellschaftlich relevantem Hintergrund. – Ab 14.
Deutschland 2011 **P** UFA Film & TV Prod. (für ZDF) **KI** offen **Pd** Norbert Sauer **R** Maris Pfeiffer **B** Birgit Grosz, Leo P. Ard (= Jürgen Pomorin) **K** Kay Gauditz **D** Maja Maranow (Verena Berthold), Florian Martens (Otto Garber), Arnfried Lerche (Reddemann), Kai Lentrodt (Ben Kolberg), Jaecki Schwarz (Sputnik), Robert Seethaler (Dr. Kneissler), Katerina Medvedeva (= Ekaterina Medvedeva) (Tatjana Pavlova), Bernd Stegemann (Thomas Helmes) **L** 90 **E** 2.5.2012 zdf_neo fd –

Ein starkes Team – Schöner wohnen
Eine sozial engagierte Tierärztin, die sich für die von einer Investmentgesellschaft bedrohten Bewohner ihres Viertels einsetzte, wird ermordet. Die Berliner Ermittler sind lange Zeit ratlos, bis sich herausstellt, dass die menschenfreundliche Gesinnung der Toten auch ihre Grenzen hatte. Routinierter (Fernsehserien-)Krimi über soziale Unterschiede und die Diskrepanz von Schein und Sein. – Ab 14.
Deutschland 2012 **P** UFA Film & TV Prod. (für ZDF) **KI** offen **Pd** Norbert Sauer **R** Filippos Tsitos **B** Leo P. Ard (= Jürgen Pomorin), Birgit Grosz **K** Polydefkis Kyrilidis **M** Thomas Osterhoff **D** Maja Maranow (Verena Berthold), Florian Martens (Otto Garber), Arnfried Lerche (Reddemann), Kai Lentrodt (Ben Kolberg), Jaecki Schwarz (Sputnik), Robert Seethaler (Dr. Kneissler), Harald Schrott (Patrick Scholler), Max Hopp (Christian Reich) **L** 90 **E** 10.10.2012 ZDF fd –

Starship Troopers: Invasion
STARSHIP TROOPERS: INVASION
Wieder einmal versucht eine außerirdische Insekten-Zivilisation einen feindlichen Vorstoß, um die Menschheit auszulöschen. Doch wackere Militärs werfen sich mit ihrem Flottenschwader todesmutig in die Schlacht. Computeranimationen von beachtlicher Qualität erwecken eine weitere, nicht sonderlich tiefgründige Episode der STARSHIP TROOPERS-Reihe halbwegs effektvoll zum Leben.
DVD/BD: Die Extras umfassen u. a. ein sehr ausführliches «Making of» (11 Teile, 80 Min.) sowie ein Feature mit im Film nicht verwendeten Szenen (2 Min.).
Japan/USA 2012 **P** Sola Digital Arts / Stage 6 Films **DVD** Sony (16:9, 1.78:1, DD5.1 engl./dt.) **BD** Sony (16:9, 1.78:1, dts-HDMA engl./dt.) **Pd** Joseph Chou **R** Shinji Aramaki **B** Flint Dille **Vo** Robert A. Heinlein **M** Tetsuya Takahashi **L** 85 **FSK** ab 16 **E** 25.10.2012 DVD & BD
 fd –

Staub und Sterne
LES ENFANTS DE LA BALLE
Dokumentarfilm über den Jahresverlauf beim kleinen Schweizer Familienzirkus «Helvetia», der seit 30 Jahren von der Familie Maillard geleitet wird. Er macht mit dem Winterquartier, das der Buchführung und dem Einstudieren des Programms für die nächste Saison gilt, vertraut, zeigt die Anreise der Artisten und die Tournee durch die Westschweiz. Ebenso beschreibt er das harte Leben, dem gleichwohl die Leidenschaft aller Beteiligten gehört, sowie die Anstrengungen der Zirkusleute, ihrem Publikum einen angenehmen Abend zu bereiten. – Ab 14.
Schweiz 2011 **P** Barbara Erni Prod. **KI** offen **Pd+R+B** Barbara Erni **K** Barbara Erni **M** Laurent Waeber **S** Janine Waeber **L** 80 (TV 67) **E** 4.2.2012 3sat
 fd –

Steffi Graf – Ein Porträt ★
Porträt der deutschen Tennislegende Steffi Graf, die 1988 als die bisher einzige «Grand Slam»- und «Golden Slam»-Gewinnerin in die Sportgeschichte einging. Der facettenreiche Dokumentarfilm zeichnet den Lebensweg der Ausnahmesportlerin nach, skizziert ihren Weg zum Superstar und nähert sich sowohl dem Menschen als auch der Unternehmerin, Ehefrau und Mutter an. Archivaufnahmen sowie reizvolle Gespräche mit unterschiedlichsten Wegbegleitern und Fans runden das Bild ab. – Ab 12.
Deutschland 2012 **P** Friedrich Bohnenkamp Prod. (für SWR) **KI** offen **Pd+R+B** Friedrich Bohnenkamp **K** Werner Schmidtke, Stefan Zaiser **S** Karen Bohnenkamp, Claudia Lauter **L** 100 **E** 30.5.2012 SWR **fd** –

Step up 4 3D
siehe: **Step up: Miami Heat**

Step Up 4 – Miami Heat 3D
siehe: **Step up: Miami Heat**

Step up: Miami Heat
STEP UP REVOLUTION
Ein junger Hotelkellner führt in seiner Freizeit in Miami eine Flash-Mob-Tanzgang an, die mit überraschenden Aufführungen für Aufmerksamkeit sorgt. Als ein skrupelloser Makler ganze Häuserzeilen abreißen lassen will, um dort Hotels und teure Wohnungen hochzuziehen, nutzen die Tänzer ihre Performance-Kunst zum handfesten Protest. Die unglaubwürdige, trotz der angetippten Probleme anspruchslose Handlung wird durch die Genialität der Tanzszenen und deren mitreißende Darbietung weitgehend ausgeglichen. – Ab 12.
DVD/BD: Erhältlich als DVD, 2D BD und 2D/3D BD.
3D. Scope. USA 2012 **P** Offspring Ent. / Summit Ent. **KI** Constantin **DVD** Constantin/Highlight (16:9, 2.35:1, DD5.1 engl./dt.) **BD** Constantin/Highlight (16:9, 2.35:1, dts-HD engl./dt.) **Pd** Erik Feig, Jennifer Gibgot, Adam Shankman, Patrick Wachsberger **R** Scott Speer **B** Amanda Brody **Vo** Duane Adler (Charaktere) **K** Karsten Gopinath **M** Aaron Zigman **S** Matt Friedman (= Matthew Friedman), Avi Youabian **D** Ryan Guzman (Sean), Kathryn McCormick (Emily), Misha Gabriel (Eddy), Cleopatra Coleman (Penelope), Michael «Xeno» Langebeck (Mercury), Stephen «Witch» Boss (Jason), Claudio Pinto (Francisco), Nicole Dabeau (Nachrichtensprecherin), Chris Charles (Lamborghini-Fahrer), Tommy Dewey (Trip), Peter Gallagher (Mr. Anderson) **L** 99 **FSK** ab 6; f **E** 30.8.2012 / 7.2.2013 DVD & BD **fd** 41240

Steve Jobs: The Lost Interview
STEVE JOBS: THE LOST INTERVIEW
Ein Interview mit dem Apple-Gründer Steven Jobs, gefilmt 1995 in einem Studio vor statischer Kamera, wobei der Interviewer selbst im Off verbleibt. Jobs berichtet weitgehend chronologisch aus seinem Leben und seiner Karriere. Als seltenes Dokument über den 2011 verstorbenen Erfinder, Unternehmer und «Guru» der «Mac»-Gemeinde ist der Film durchaus interessant, allerdings ohne jeden cineastischen Mehrwert. (O.m.d.U.) – Ab 12.
USA 2011 **P** Furnace TV **KI** nfp **DVD** NFP nur auf DVD-R **Pd** John Gau, Stephen Segaller, Paul Sen **R** Paul Sen **B** Robert X. Cringely **K** John Booth, Clayton Moore **L** 69 (24 B./sec.) / 67 (25 B./sec.) **FSK** o.A.; f **E** 6.9.2012 / 28.9.2012 DVD **fd** 41246

Stille Seelen ☆
SILENT SOULS – OVSYANKI / OVSYANKI
Nach dem Tod seiner Frau bittet ein Papierfabrik-Besitzer deren Liebhaber, mit ihm gemeinsam ihre Leiche zu überführen, um sie nach Sitte des finno-ugrischen Volks der Merja zu bestatten. Auf der langen Fahrt durch Herbstlandschaften erinnern sich die Männer an die Tote und erzählen sich nach Stammessitte intimste Dingen aus ihren Liebesleben. Das prächtig fotografierte enigmatische Road Movie feiert die Kunst des spintisierenden Erzählens und verdichtet sich zur Ode an die Liebe und die Freundschaft. (O.m.d.U.) – Sehenswert ab 16.
Russland 2011 **P** Memento Films **KI** Film Kino Text / trigon-film (Schweiz) **Pd** Igor Mishin, Mary Nazari **R** Alexej Fedorchenko **B** Denis Osokin **Vo** Aist Sergeyev (Roman) **K** Mikhail Krichman **S** Sergej Iwanow **D** Juri Tsurilo (Miron), Igor Sergeyev (Aist), Julia Aug (Tanja), Leisan Sitdikova (Rimm), Olga Dobrina (Julia) **L** 77 (24 B./sec.) / 74 (25 B./sec.) **FSK** ab 12; f **E** 13.10.2011 Schweiz / 15.11.2012 **fd** 40703

Stockholm Ost ★
STOCKHOLM ÖSTRA
Die traumatisierte Mutter eines bei einem Autounfall getöteten Kindes verliebt sich ausgerechnet in den Mann, der bei der Tragödie unerkannt Fahrerflucht begangen hat. Eine Beziehung, die von Beginn an unter einem denkbar schlechten Stern steht. Vorzüglich gespieltes, routiniert inszeniertes Drama, das sein nicht gerade selten problematisiertes Thema durchaus glaubwürdig bearbeitet. – Ab 16.
Schweden 2011 **P** Film i Väst / Filmlance International **DVD** Edel (16:9, 1.78:1, DD5.1 swe./dt.) **BD** Edel (16:9, 1.78:1, dts-HD swe./dt.) **Pd** Maria Nordenberg, Jessica Ask, Gunnar Carlsson, Mikael Frisell, Lone Korslund, Pernilla Oljelund, Bo Persson, Helena Sandermark **R** Simon Kaijser **B** Pernilla Oljelund **K** Per Källberg **S** Simon Kaijser, Agneta Scherman **D** Mikael Persbrandt (Johan), Iben Hjejle (Anna), Henrik Norlén (Anders), Liv Mjönes (Kattis), Lars-Erik Berenett (Kattis Vater), Anki Lidén (Kattis Mutter), Annika Hallin (Minnas Mutter), Jimmy Lindström (Minnas Vater) **L** 91 **FSK** ab 12 **E** 15.11.2012 DVD & BD **fd** –

Stolen
STOLEN
Ein Meisterdieb muss seine Tochter aus den Händen eines ehemaligen Partners retten, der das Geld aus dem letzten gemeinsamen Coup erpressen will. Dieses existiert aber längst nicht mehr, und so muss der Vater eine andere Lösung suchen, um die Tochter zu retten. Ein sklavisch an den Standards des Heist- und Actionthrillers entlang erzählter Genrefilm, der inszenatorisch wie auch in der Figurenzeichnung nur durchschnittliche Unterhaltung bietet. – Ab 16.
Scope. USA 2012 **P** Millennium / Nu Image / Nu Boyana Film / Simon West Prod. / Wonderland Sound and Vision **DVD** Splendid (16:9, 2.35:1, DD5.1 engl./dt.) **BD** Splendid (16:9, 2.35:1, dts-HDMA engl./dt.) **Pd** René Besson, Matthew Joynes, Jesse Kennedy **R** Simon West **B** David Guggenheim **K** Jim Whitaker **M** Mark Isham **S** Glen Scantlebury **D** Nicolas Cage (Will Montgomery), Malin Akerman (Riley Jeffers), Josh Lucas (Vincent), Danny Huston (Tim Harlend), Sami Gayle (Alison Loeb), Edrick Browne

(Jacobs), Mark Valley (Fletcher), Barry Shabaka Henley (Reginald) **L** 92 **FSK** ab 16 **E** 26.10.2012 DVD & BD
fd 41 472

Stolz und Vorurteil
PRIDE AND PREJUDICE
Überbordende (Fernseh-)Adaption von Jane Austens gleichnamigem Romanklassiker, in dem die Protagonisten langsam ihre Dünkel überwinden müssen, um zueinander zu finden. Die Inszenierung bringt die literarische Sprache der Autorin, vor allem ihre scharfsinnige Beschreibung der gesellschaftlichen Verhältnisse und der menschlichen Natur, dank überzeugender Darsteller zur Geltung und gewinnt zudem dem oft statischen Geschehen visuelle Reize ab. – Ab 14.
DVD/BD: Die FSK-Freigabe «ab 12» der DVD bezieht sich auf das Bonusmaterial (Trailer etc.), der Film selbst hat eine Freigabe «o.A.».
Großbritannien 1995 **P** BBC/Chestermead **DVD** KSM (16:9, 1.78:1, DD2.0 dt.) **Pd** Sue Birtwistle, Michael Wearing **R** Simon Langton **B** Andrew Davies **Vo** Jane Austen (Roman) **K** John Kenway **M** Carl Davis **S** Peter Coulson **D** Jennifer Ehle (Elizabeth Bennet), Colin Firth (Mr. Darcy), Susannah Harker (Jane Bennet), Julia Sawalha (Lydia Bennet), Alison Steadman (Mrs. Bennet), Benjamin Whitrow (Mr. Bennet), Crispin Bonham-Carter (Mr. Bingley), Polly Maberly (Kitty Bennet), Lucy Briers (Mary Bennet), Anna Chancellor (Miss Bingley), Lucy Robinson (Mrs. Hurst), Adrian Lukis (Mr. Wickham), David Bamber (Mr. Collins) **L** 300 (6 x 50) **FSK** o.A. **E** 10.5.2010 DVD / 7./14./21.6.2012 arte (3 x 2 Teile) fd –

Die Stooges – Drei Vollpfosten drehen ab
THE THREE STOOGES
Hommage an das Komiker-Trio «Three Stooges», die in den 1930er-Jahren mit deftiger Körperkomik in Kurzfilmen Star-Ruhm erlangte: Die drei erwachsenen Waisenkinder brechen auf, um das hoch verschuldete Kinderheim, in dem sie groß wurden, vor dem Ruin zu retten. Zwischen anarchischem Humor, derben Grobheiten und mit reichlich Körperflüssigkeit geschmierten Gags blitzt immer wieder eine höchst menschliche Haltung gegenüber den Figuren auf, die sich als gebeutelte, zähe Underdogs gegen die Unbill einer geldgierigen Konsumwelt wehren. – Ab 14.
USA 2012 **P** Wessler Ent. / C3 Ent. / Conundrum Ent. **KI** Twentieth Century Fox **Pd** Bobby Farrelly, Peter Farrelly, Bradley Thomas, Charles B. Wessler, J.B. Rogers (= James B. Rogers) **R** Bobby Farrelly, Peter Farrelly **B** Mike Cerrone, Bobby Farrelly, Peter Farrelly **K** Matthew F. Leonetti **M** John Debney **S** Sam Seig **D** Chris Diamantopoulos (Moe), Sean Hayes (Larry), Will Sasso (Curly), Larry David (Schwester Mary-Mengele), Jane Lynch (Schwester Oberin), Sofia Vergara (Lydia), Jennifer Hudson (Schwester Rosemary), Craig Bierko (Mac) **L** 93 (24 B./sec.) / 90 (25 B./sec.) **FSK** ab 12; f **E** 11.10.2012 fd 41 352

Storage 24
STORAGE 24
Durch den Absturz einer Militärmaschine entweicht ein blutdürstendes Wesen den Kammern eines Geheimprojekts und findet Zuflucht in einem Lagerhaus. Ganz zum Schaden der sich gerade dort befindlichen Kundschaft. Trivialfilm um ein schlecht animiertes außerirdisches Wesen. Das einfallslose Drehbuch ersticht jedes Bemühen des sich redlich mühenden Darsteller-Ensembles im Ansatz.
DVD/BD: Die Extras umfassen u. a. einen Audiokommentar des Regisseurs und des Darstellers Noel Clarke sowie ein Feature mit im Film nicht verwendeten Szenen (8 Min.).
Großbritannien 2012 **P** Unstoppable Entertainment / Medient Entertainment **DVD** Universal (16:9, 1.85:1, DD5.1 engl./dt.) **BD** Universal (16:9, 1.85:1, dts-HDMA engl./dt.) **Pd** Noel Clarke, Manu Kumaran, Steve Cook, Roslyn Hill, Marcus Campbell Sinclair **R** Johannes Roberts **B** Noel Clarke, Davie Fairbanks, Marc Small **K** Tim Sidell **M** Christian Henson **S** Martin Brinkler **D** Noel Clarke (Charlie), Colin O'Donoghue (Mark), Antonia Campbell-Hughes (Shelley), Geoff Bell (Bob), Ned Dennehy (David), Laura Haddock (Nikki), Jamie Thomas King (Chris), Alex Price (Jake) **L** 84 **FSK** ab 16 **E** 25.10.2012 DVD & BD fd –

Storm Bound – Abenteuer auf hoher See
DE SCHEEPJONGENS VAN BONTEKOE
Niederlande im 17. Jahrhundert: Drei Freunde heuern als Schiffsjungen auf einem Frachter der Ostindien-Kompanie an und begeben sich auf eine abenteuerliche, von stürmischer See, Wind und Wetter geprägten Fahrt nach Java, in deren Verlauf sie sich gegen die übrige Mannschaft behaupten müssen. Verfilmung des 1924 entstandenen niederländischen Jugendbuch-Klassikers von Johan Fabricius (1899–1981), die ihr eher kleines Budget durch große Spielfreude und viel Liebe zum Detail wettmacht. – Ab 14.
Niederlande 2007 **P** Two Young Rights **KI** offen **Pd** Klaas de Jong, Steven de Jong, Jos van der Linden **R** Steven de Jong **B** Mischa Alexander, Steven de Jong **Vo** Johan Fabricius (Roman) **K** Maarten van Keller **S** Sandor Soeteman **D** Pim Wessels (Hajo), Martijn Hendrickx (Rolf), Billy Zomerdijk (Padde), Reena Giasi (Dolimah), Peter Tuinman (Willem Ysbrantsz Bontekoe), Thomas Acda (Harmen), Bart Slegers (Schele), Cees Geel (Koopman) **L** 128 **E** 31.8.2012 Tele 5 fd –

Stralsund – Blutige Fährte
Am Rand einer Drogenrazzia in einer Neubausiedlung kommt es zur Schießerei zwischen den Polizisten und dem Bewohner einer Nachbarwohnung. Dort finden die Beamten eine Leiche und einen Zettel mit Namen, bei dem es sich wahrscheinlich um eine Todesliste handelt. Die Verbindung zwischen den Namen scheint in einer Online-Partnervermittlung zu bestehen, deren Geschäftsführer der Tote in der Wohnung war. Dritter Teil einer (Fernseh-)Krimireihe, inszeniert als weitgehend spannender Wettlauf mit der Zeit; die allzu behauptete Motivation des Täters sowie sich gegen Ende häufende Unstimmigkeiten lassen das Interesse an dem Geschehen etwas erlahmen. – Ab 16.
Deutschland 2011 **P** Network Movie (für ZDF) **KI** offen **Pd** Wolfgang Cimera **R** Martin Eigler **B** Sven Poser, Martin Eigler **K** Christoph Chassée **M** Oliver Kranz **S** Jörg Kadler **D** Katharina Wackernagel (Nina Petersen), Alexander Held (= Gerald Alexander Held) (Karl Hidde), Wotan Wilke Möhring (Benjamin Lietz), Michael Rotschopf (Gregor Meyer), Manuel Rubey (Boris Gerk), Sandra Borgmann (Maria Dahlke), Andreas Schröders (Kruger), Dietmar Mues (= Joachim Dietmar Mues) (Niklas Petersen) **L** 90 **E** 27.1.2012 zdf_neo / 30.1.2012 ZDF fd –

Strapped
STRAPPED
Ein alles andere als aufregender «Job» führt einen Stricher in einen scheinbar unüberschaubaren Apartment-Komplex, in dem er sich nach getaner Arbeit verliert und in neuen Gängen und hinter neuen Türen immer mehr ungewöhnliche Menschen kennen und zumindest einen von ihnen lieben lernt. Als surreales «Liebespiel» angelegtes Erotikdrama im Zwielicht zwischen Realität und Traum. Passabel gespielt, kommt der Film mitunter nicht mit seiner abendfüllenden Länge zurecht, ist dennoch aber eine interessante Fantasy-Variation des «Stricher Films».
USA 2010 **P** AltarBoy Prod. **DVD** ProFun (16:9, 1.78:1, DD5.1 engl.) **Pd** William D. Parker, Joseph Graham **R+B** Joseph Graham **K** Matthew Boyd **M** Inu, Windows to Sky **S** Sharon Franklin **D** Ben Bonenfant, Nick Frangione, Paul Guerrier, Carlo D'Amore, Raphael Barker, Artem Mishin, Michael Klinger **L** 88 **FSK** ab 16 **E** 16.6.2011 DVD **fd** –

Street Gangs – Show No Mercy
URBAN FIGHTER
In einer von Hass erfüllten Welt bringen brutale Schergen den Bruder eines Kämpfers um, der sich bislang keiner Gang anschließen wollte. Nun will er sich bitterlich am Anführer der Mörderbande rächen. Die einfältige Geschichte wird durch die beachtlichen akrobatischen Leistungen der Kämpfer zwar ansehnlicher, aber nicht besser. Bemerkenswert als gering budgetierter Versuch, deutsches Actionkino fern von öffentlichen Filmfördertöpfen möglich zu machen.
DVD/BD: Die Extras umfassen u. a. ein Feature über die Martial Arts-Choreografie (24 Min.).
Deutschland 2012 **P** Generation X Group **DVD** WVG (16:9, 2.35:1, DD5.1 dt./engl.) **BD** WVG (16:9, 2.35:1, dts-HDMA dt./engl.) **Pd+R+B** Mike Möller **K** Tim Nowitzki **M** Ingo Hauss **S** Shawn Bu, Tran Vi-Dan **D** Mike Möller (Mickey), Volkram Zschiesche (Slater), Oliver Juhrs (Rene), Mathis Landwehr (Mathis), Alister Mazotti (CEO), Nico Sentner (Henriksen), Michael Braun (Chris), Bernhard Häfner (Ben) **L** 102 **FSK** ab 18 **E** 12.7.2012 DVD & BD **fd** –

StreetDance 2
STREETDANCE 2
Ein junger Mann will den Londoner Streetdance-Champion und dessen Crew herausfordern und trommelt dafür in ganz Europa eine Truppe talentierter Ausnahmetänzer zusammen. Bis zum Wettkampf bleiben nur wenige Tage, um aus den Einzelkämpfern eine harmonische Gruppe zu formen. Mit Schauwerten aufgemotzter, erzählerisch aber wenig origineller 3D-Tanzfilm, der die Tanzszenen zu sehr zerstückelt, um die raumgreifende Symbiose von Tanz und 3D wirken zu lassen. – Ab 14.
DVD/BD: Erhältlich als DVD, 2D BD und 2D/3D BD.
3D. Großbritannien/Deutschland/Italien 2012 **P** Vertigo Films / BBC Films / BFI / Film1 / Eagle Prod. **Kl** Universum **DVD** Universum (16:9, 1.85:1, DD5.1 engl./dt.) **BD** Universum (16:9, 1.85:1, dts-HDMA engl./dt.) **Pd** James Richardson, Allan Niblo, Henning Ferber, Marcus Welke, Mark Lombardo **R** Max Giwa, Dania Pasquini **B** Jane English **K** Sam McCurdy **S** Tim Murrell **D** Falk Hentschel (Ash), Sofia Boutella (Eva), George Sampson (Eddie), Akai Osei-Mansfield (Junior), Tom Conti (Manu), Stephanie Nguyen (Steph), Delphine Nguyen (Yoyo), Niek Traa (Legend), Elisabetta Di Carlo (Bam Bam), Samuel Revell (Tino) **L** 89 (24 B./sec.) / 86 (25 B./sec) **FSK** o.A.; f **E** 7.6.2012 / 23.11.2012 DVD & BD **fd** 41 102

Strigoi – Der Untote
STRIGOI
Ein Medizinstudent kehrt nach seiner Fortbildung in Italien in seine Heimat Transsylvanien zurück, wo sich gerade eine landesgemäße Legende bewahrheitet: Es hat etwas mit Untoten, mit Vampiren und mit Alkohol zu tun. Britische Horrorkomödie, die sich ins Heimatland der Blutsauger aufmacht, um vor «authentischer» Kulisse moderne angehauchte, moderat witzige Gruselspäße zu geben. – Ab 16.
Großbritannien 2009 **P** St. Moritz Prod. **DVD** WGF/Schröder-Media (16:9, 1.85:1, DD2.0 engl., DD5.1 dt.) **BD** WGF/Schröder-Media (16:9, 1.85:1, dts-HD2.0 engl., dts-HD dt.) **Pd** Rey Muraru **R+B** Faye Jackson **K** Kathie Minthe **S** Faye Jackson **D** Constantin Barbulescu (Constantin Tirescu), Catalin Paraschiv (Vlad Cozma), Camelia Maxim (Mara Tomsa), Rudy Rosenfeld (Nicolae Cozma, Vlads Großvater), Roxana Guttman (Ileana Tirescu), Adrian Donea (Maras Mann), Dan Popa (Tudor, der Priester), Vlad Jipa (Octav) **L** 101 **FSK** ab 16 **E** 24.5.2012 DVD & BD **fd** –

Strike Back – Brutales Spiel
siehe: **Strike Back – Geschäft mit dem Tod**

Strike Back – Die Killermiliz
siehe: **Strike Back – Geschäft mit dem Tod**

Strike Back – Geschäft mit dem Tod
STRIKE BACK – PROJECT DAWN III+IV
In Kapstadt untersuchen Anti-Terror-Spezialisten den brutalen Überfall auf einen Geldtransporter, in den ebenbar auch ein ehemaliger IRA-Terrorist verwickelt war. Um den Verbrechern eine Festplatte mit geheimen Informationen abzujagen, lässt sich ein Elite-Soldat in die Organisation einschleusen. (Fernseh-)Actionfilm aus der zweiten Staffel einer vergleichsweise aufwändig produzierten Serie.
USA/Großbritannien/Südafrika 2011 **P** Cinemax / BSkyB / Left Bank Pic **Kl** offen **Pd** Michael Casey, Trevor Hopkins **R** Bill Eagles **B** Frank Spotnitz **Vo** Chris Ryan (Buch) **K** Mike Spragg **M** Ilan Eshkeri, Scott Shields **S** Yan Miles, Adam Trotman **D** Sullivan Stapleton (Sgt. Damian Scott), Philip Winchester (Sgt. Michael Stonebridge), Richard Armitage (Sgt. John Porter), Amanda Mealing (Col. Eleanor Grant), Jimi Mistry (Maj. Jamal Ashkani/Latif), Eva Birthistle (Capt. Kate Marshall) **L** 84 **E** 2.9.2012 RTL 2 **fd** –

Strike Back – Sturmangriff
siehe: **Strike Back – Geschäft mit dem Tod**

Strike Back – Tödliches Kommando
STRIKE BACK: PROJECT DAWN
Ein unerhenrhaft entlassener Delta-Force-Soldat und ein Agent des britischen Geheimdienstes MI 6 raufen sich zusammen, um in Neu Delhi einem international agierenden Terroristen das Handwerk zu legen und einen britischen Elite-Soldaten aus dessen Gewalt zu befreien. Auf Tempo

getrimmter (Fernseh-)Actionfilm mit stereotyp entwickelten Charakteren; Teil einer Reihe, die vornehmlich auf veräußerlichte Spannungsmomente setzt.
USA / Großbritannien / Südafrika 2011 **P** Cinemax / BSkyB / Left Bank Pic. **KI** offen **Pd** Michael Casey, Trevor Hopkins, Lance Samuels, Bill Shephard **R** Daniel Percival **B** Frank Spotnitz **K** Steve Lawes **M** Ilan Eshkeri, Scott Shields **S** Adam Trotman **D** Sullivan Stapleton (Sgt. Damien Scott), Philip Winchester (Sgt. Michael Stonebridge), Richard Armitage (Sgt. John Porter), Amanda Mealing (Col. Eleanor Grant), Jimi Mistry (Maj. Jamal Ashkani), Eva Birthistle (Capt. Kate Marshall), Rhashan Stone (Maj. Oliver Sinclair), Michelle Lukes (Sgt. Julia Richmond) **L** 86 **E** 26.8.2012 RTL 2   **fd** –

Strom aus der Wüste

Desertec Industrie ist ein Zusammenschluss großer Konzerne, die mit Sonnenenergie aus der Sahara die Stromversorgung Europas sichern wollen. Der Dokumentarfilm stellt die Zukunftsvision vor, die bis zum Jahr 2050 größtenteils realisiert werden soll; dabei wägt er Chancen und Risiken des Projekts ab, das enorme Kosten verschlingen wird und zu Spannungen führen könnte, da die Sonnenkraftwerke in politisch instabilen Ländern stünden und sich die europäischen Staaten in eine kaum abwägbare Abhängigkeit begeben würden. – Ab 16.
Deutschland 2012 **P** Pier 53 (für ARTE/NDR) **KI** offen **Pd+R+B** Hauke Wendler, Carsten Rau **L** 60 **E** 23.10.2012 arte
                                                   fd –

Stürmische Zeiten – Gib niemals auf
HURRICANE SEASON
Eine eben erst zu Hochform auflaufende Baseball-Mannschaft wird durch das Desaster, das der Hurricane «Katrina» auslöst, buchstäblich in alle Winde zerstreut. Dank ihres ebenso ehrgeizigen wie selbstlosen Cheftrainers, der an den Kampfgeist seiner Truppe appelliert, wird das Team zum Sinnbild einer von Schicksalsschlägen gebeutelten, aber kämpferischen Region. Pathos und Südstaaten-Heldenmut treffen auf ein nur mäßig interessantes Sportdrama, das allenfalls durch Hauptdarsteller Forest Whitaker ansatzweise unterhält. – Ab 12.
Scope. USA 2009 **P** Dimension Films / IAM Entertainment / The Story Company **DVD** Sunfilm (16:9, 2.35:1, DD5.1 engl./dt., dts dt.) **BD** Sunfilm (16:9, 2.35:1, dts-HDMA7.1 engl./dt.) **Pd** Stephanie Allain, Michael Beugg, Raymond Brothers, Scott Glassgold, Lee Cleary **R** Tim Story **B** Robert Eisele **K** Larry Blanford **M** Mark Mancina **S** Stuart Levy **D** Forest Whitaker (Al Collins), Lil' Wayne (Lamont), Bow Wow (= Lil' Bow Wow) (Gary), Taraji P. Henson (Sayna Collins), Khleo Thomas (Raymond), Isaiah Washington (Trainer Simmons), Courtney B. Vance (Mr. Randolph), Michael Gaston (Trainer Frank Landon) **L** 98 **FSK** ab 12 **E** 8.11.2012 DVD & BD **fd** –

Sümela's Code: Temel
SÜMELA'NIN SIFRESI: TEMEL
Klamotte um einen jungen Tölpel an der Schwarzmeer-Küste, der sich in ein Mädchen aus reichem Haus verliebt, aber chancenlos ist, weil er keine entsprechende Mitgift vorweisen kann. Bis er von einem Schatz in den Ruinen des Sümela-Klosters hört, das allerdings der Mafia als Umschlagsplatz dient. Schlichter Film voller banaler Klischees und dümmlicher Witze, der eine bauernschlaue Kunstfigur als neuen Star in der türkischen Gegenwartskomödie etabliert. – Ab 14.
Türkei 2011 **P** Üçgen Yapimevi **KI** Pera Film **Pd+R** Adem Kiliç **B** Yilmaz Okumus **K** Ercan Özkan **M** Tamer Çiray **D** Alper Kul (Temel), Aslihan Güner (Zuhal), Ruhi Sari (Turgay), Salih Kalyon (Imam Necati), Tarik Ünlüoglu (Hidir), Necip Memili (Ali Kemal), Aysegül Günay (Sakine), Gülenay Kalkan (Asiye), Israfil Köse (Cemil), Çetin Altay (Sinan), Haldun Açiksözlü (Hüseyin), Duygu Sen (Filiz), Erdem Bas (Davut) **L** 100 **E** 5.1.2012 **fd** 40 884

Die Summe meiner einzelnen Teile ∗
Ein junger Mathematiker wird nach einem Aufenthalt in einer psychiatrischen Klinik arbeits- und obdachlos. Er verliert sich in Alkohol und Wahn, flieht dann aber mit einem zehnjährigen Waisenkind in die Wälder rund um Berlin, wo er nie wieder zu sich findet. Ein ambitioniertes Psychodrama, das mit einem furiosen filmsprachlichen Stakkato vom um sich greifenden Orientierungsverlust erzählt. Die märchenhafte Gegenwelt des Walds zeichnet er als eine Art «locus amoenus», mündet dann aber in eine illusionäre Fluchtbewegung, deren dramaturgische Mängel den narrativen Gesamtzusammenhang in Frage stellen. – Ab 16.
Deutschland 2011 **P** kahuuna films **KI** Wild Bunch Germany **Pd** Hans Weingartner, Jonas Dornbach **R** Hans Weingartner **B** Hans Weingartner, Cüneyt Kaya **K** Henner Besuch **S** Andreas Wodraschke, Dirk Oetelshoven **D** Peter Schneider (Martin Blunt), Henrike von Kuick (Lena), Timur Massold (Viktor), Andreas Leupold (Vater), Julia Jentsch (Petra), Eleonore Weisgerber (Frau Dr. König), Robert Schupp (Personalchef), Hans Brückner (Förster), Marco Noack (Polizist) **L** 120 **FSK** ab 12; f **FBW** bw **E** 2.2.2012
                                fd 40 898

Super Tanker 2012
SUPER TANKER
Eine geheime Superwaffe aus der Zeit des Kalten Krieges, die reine Antimaterie eines Meteors, die die ganze Erde vernichten könnte, soll endgültig unschädlich gemacht werden. Sie wird in einen mit Beton versiegelten Tanker verfrachtet, der an der tiefsten Stelle des Ozeans versenkt werden soll. Doch das Schiff gerät in schwere See und kentert. Haarsträubender Science-Fiction-Actionfilm, der jedes erzählerische und inszenatorische Niveau spielend unterläuft. – Ab 16.
DVD/BD: Die FSK-Freigabe «ab 16» der DVD/BD bezieht sich auf das Bonusmaterial (Trailer etc.), der Film selbst hat eine Freigabe «ab 12».
USA 2011 **P** UFO International **DVD** KNM/MIG (16:9, 1.78:1, DD5.1 engl./dt.) **BD** KNM/MIG (16:9, 1.78:1, dts-HD engl./dt.) **Pd** Jeffery Beach, John Cappilla, Phillip J. Roth **R** Jeffery Scott Lando **B** Nathan Atkins, Jeffery Scott Lando **K** Alexander Krumov **S** John Quinn **D** Velizar Binev (Capt. Spyrou), Callum Blue (Adam Murphy), Sarah Brown (Presseoffizier), Ben Cross (Jordan), Owen Davis (Reporter 2), Lincoln Frager (Reporter 1), Tobias Hewitt (Chopper Pilot), Emilia Klayn (Co-Pilot Frachtmaschine) **L** 83 **FSK** ab 12 **E** 24.1.2012 DVD & BD   **fd** –

Super Tanker 2012 – Niemand kann das Inferno stoppen!
siehe: **Super Tanker 2012**

Super Twister
MEGA CYCLONE / SPACE TWISTER
Ein monströser Sturm entwickelt sich auf dem flachen Land der US-amerikanischen Provinz und droht, die ganze Welt zu zerstören; wäre da nicht eine Gruppe von Schülern und ihr Physik-Projekt. Das wenig nervenaufreibende (Fernseh-)Spektakel wird auch dadurch nicht bemerkenswerter, dass der Ursprung des Sturms im Weltraum liegt. – Ab 14.
Kanada 2011 **P** Red Twister Prod. **DVD** Sunfilm (16:9, 1.78:1, DD5.1 engl./dt., dts dt.) **BD** Sunfilm (16:9, 1.78:1, dts-HDMA7.1 engl./dt.) **Pd** Raymond Massey **R** Sheldon Wilson **B** David Ray **K** Neil Cervin **M** Michael Neilson **S** Christopher A. Smith **D** David Sutcliffe (Jason Newmar), Leah Cairns (Andrea Newman), Mitch Pileggi (Gunter MacGregor), Brett Dier (Will Newmar), Luisa D'Oliveira (Megan MacGregor), Cindy Busby (Susan), Jon Mack (Kathy), Erica Cerra (Carolyn) **L** 89 **FSK** ab 12 **E** 6.12.2012 DVD & BD **fd** –

Superclassico ... Meine Frau will heiraten
SUPERCLÁSICO
Ein vor der Pleite stehender Weinhändler in Kopenhagen folgt seiner Ehefrau nach Buenos Aires, als sie ihm die Scheidungspapiere schickt. Mit seinem Sohn quartiert er sich in der Villa seiner Frau ein, die als Fußballtrainerin arbeitet und inzwischen mit einem Spieler liiert ist. Amouröse Turbulenzen sind vorprogrammiert. Schale Komödie mit einem impertinenten, redundanten Off-Kommentar und unsympathischen Figuren, die keine Anteilnahme wecken. – Ab 14. Scope. Dänemark 2011 **P** Nimbus Film Prod. / OC Film / Nordisk Film Shortcut / Mainstream APS **KI** X Verleih **Pd** Lars Bredo Rahbek, Signe Leick Jensen, Leandro Antuña, Sergio Pra **R** Ole Christian Madsen **B** Anders Frithiof August, Ole Christian Madsen **K** Jørgen Johansson **M** Jonas Struck **S** Søren B. Ebbe **D** Anders W. Berthelsen (Christian), Paprika Steen (Anna), Jamie Morton (Oscar), Sebastian Estevanez (Juan Diaz), Adriana Mascialino (Fernanda), Dafne Schilling (Veronica), Miguel Dedovich (Mendoza) **L** 98 **FSK** ab 12; f **E** 3.5.2012 / 2.8.2012 Schweiz / 5.11.2012 NDR **fd** 41 036

Superheroes – Voll echte Superhelden
SUPERHEROS
Die Superhelden-Welle im Hollywood-Kino trägt in der Wirklichkeit ungeahnte Früchte: Immer mehr Durchschnittshelden nehmen sich ihre Leinwandvorbilder zu Herzen, schneidern sich Kostüme und stehen nächtens für ihr Verständnis von Recht und Ordnung ein. Die Dokumentation begleitet einige dieser «Helden» in ihrem täglichen Leben und ihrem Doppelleben. Skurril und aufschlussreich zugleich eröffnet sich dabei ein Panoptikum vom alltäglichen Wahnsinn auf den Straßen US-amerikanischer Großstädte. – Ab 16.
USA 2011 **DVD** EuroVideo (16:9, 1.78:1, DD2.0 engl., DD5.1 dt.) **BD** EuroVideo (16:9, 1.78:1, dts2.0 engl., dts-HD dt.) **R** Mike Barnett **L** 81 **FSK** ab 12 **E** 6.9.2012 DVD & BD **fd** –

Supernatural – Ich liebe dich, bitte stirb für mich
SEA OF SOULS: THE PRAYER TREE
Eine kleine Abteilung an der Glasgower Universität befasst sich mit der Erforschung paranormaler Erscheinungen. In der bunt zusammengesetzten Gruppe findet sich eine mit übernatürlichen Begabungen ausgestattete Mitarbeiterin ebenso wie ein rationalistisch eingestellter Kollege, der den Forschungen grundsätzlich mit Misstrauen und Skepsis gegenübersteht. Konfektionierter (Fernsehserien-)Mystery-Film mit einigen Thriller-Anleihen. – Ab 16.
Großbritannien 2007 **P** Carnival Films **KI** offen **Pd** Tim Bradley **R** Andy Hay **B** David Kane **K** Donal Gilligan **S** Adam Trotman **D** Bill Paterson (Dr. Douglas Monaghan), Neve McIntosh (Karen O'Rourke), Ben Miles (Ian O'Rourke), Douglas Henshall (Robert Dunbar), Christina Cole (Rebecca Mair), Christine Bottomley (Mary Dunbar), Jill Baker (Annie Rubinstein), Tanya Moodie (Alisha) **L** 94 **E** 26.6.2012 RTL Nitro **fd** –

Supernatural – Life Line
LIFE LINE
Nach vielen Jahren im Ausland kehrt ein Mann nach Hause zurück und begegnet dort seiner einstigen großen Liebe. Es entwickelt sich eine leidenschaftliche Affäre, die durch den Unfalltod der Frau ein jähes Ende findet. Bei einer mysteriösen Telefon-Hotline für Hinterbliebene findet der Mann Trost und lernt eine geheimnisvolle Frau kennen, die der Verstorbenen in vielerlei Hinsicht zu ähneln scheint. Konfektionierter (Fernsehserien-)Mystery-Thriller mit löchrigem Plot. – Ab 16.
Großbritannien 2007 **P** Carnival Films **KI** offen **R** Jamie Payne **B** Stephen Gallagher **K** Mike Southon **M** Dominik Scherrer **S** Nick Arthurs **D** Ray Stevenson (Peter Brisco), Joanne Whalley (Katy Adair), Jemima Rooper (Catt), Yasmin Bannerman (Ruth), Maye Choo (Vanessa Wu), Barnaby Kay (Tony), Adrian Rawlins, Richard Betts (Arzt) **L** 102 **E** 29.6.2012 RTL Nitro **fd** –

Supernatural – Verhängnisvolle Berührung
EMPATHY
Nach seiner Haftentlassung stellt ein Mann fest, dass er durch Berührung Verbindung zum Gefühlsleben anderer Menschen aufbauen und ihre Wahrnehmungen empfinden kann. So will er Kontakt mit seiner Tochter aufnehmen, die mit ihrer Mutter bei ihrem Stiefvater lebt, doch die Vision eines Mordes an einem Schulmädchen verdrängt seine Absicht. Nun will er die Polizei davon überzeugen, dass er bei der Mörder-Suche nützlich sein kann. Solider (Fernsehserien-)Mystery-Thriller mit vertrauten Genre-Elementen. – Ab 16.
Großbritannien 2007 **P** Carnival Films / Television Limited / BBC **KI** offen **Pd** Tim Bradley **R** David Richards **B** Steve Lightfoot **K** Andrew Spiller **M** Ben Bartlett **S** Catherine Creed **D** Stephen Moyer (Jimmy Collins), Heather Peace (DSI Jo Cavanagh), Mark Womack (DI Will Benson), Amanda Douge (Sarah), Amber Beattie (Amy), Peter Polycarpou (DCI George Petrides), Justin Salinger (Jack), Nick Sidi (Robert Evans) **L** 90 **E** 3.7.2012 RTL Nitro **fd** –

Supershark
SUPER SHARK
Toughe Surfer und vollbusige Strandnixen staunen nicht schlecht, als kurz vor Beginn der Ferien ein riesiger Hai Hubschrauber vom Himmel und Menschen von den Stränden holt. Ein von Militärs entwickelter laufender Panzer soll das robbende Urviech

ausschalten. Trashfilm, der von Ferne an japanische Monsterfilme erinnert; allerdings sind die Computertricks zu schlecht und die Ereignisse zu ermüdend, um mit Godzilla konkurrieren zu können. – Ab 16.
USA 2011 **P** Synthetic Filmworks **DVD** Sunfilm (16:9, 1.78:1, DD5.1 engl./dt., dts dt.) **BD** Sunfilm (16:9, 1.78:1, dts-HDMA7.1 engl./dt.) **Pd** Fred Olen Ray, Kimberly A. Ray, Lisa Domzalski, Richard Gabai, Heidi Sobel **R** Fred Olen Ray **B** Clyde McCoy, Antonio Olivas, Fred Olen Ray **K** Ben Demaree **M** Jeffrey Walton **S** Randy Carter **D** John Schneider (Wade), Sarah Lieving (Kat Carmichael), Tim Abell (Skipper Chuck), Jerry Lacy (Stewart), Ted Monte (Dr. Miller), John L. Curtis (Brody), Rebecca Grant (Tracey), Trish Cook (Capt. Marshall) **L** 82 **FSK** ab 12 **E** 10.5.2012 DVD & BD
fd –

Superstorm – Hurrikan außer Kontrolle
SUPERSTORM
Ein Team von Wissenschaftlern widmet sich in einem Forschungsprojekt dem Versuch, das Wetter zu manipulieren. Nach einem ersten gelungenen Praxistest müssen die Spezialisten feststellen, dass sich Fremde Zugang zu ihrem Computersystem verschafft haben. Nun wird die Stadt New York von einem Sturm unvorstellbaren Ausmaßes bedroht. Katastrophenfilm in pseudodokumentarischer Machart, ursprünglich als Fernseh-Dreiteiler konzipiert. – Ab 16.
Großbritannien/Deutschland 2007 **P** BBC Worldwide / Discovery Channel / ProSieben Media **DVD** Polyband/ WVG (16:9, 1.78:1, DD2.0 engl., DD5.1 dt.) **Pd** Ailsa Orr **R** Julian Simpson **B** Julian Simpson, Edward Canfor-Dumas **K** Nic Morris **M** Mark Sayer-Wade **S** Jamie Pearson **D** Tom Sizemore (Zebediah), Nicola Stephenson (Sara Hughes), Chris Potter (Dan Abrams), JR Bourne (Lance Resnick), Cas Anvar (Munish Loomba), Jana Carpenter (Holly Zabrieski), Maury Chaykin (Senator Wallace), Maxim Roy (Josie Walker), Russell Yuen (Pilot Pete), Nicolas Wright (Ralf DeWitt), Andreas Apergis (Pilot Steve), Tyrone Benskin (Murray Michaels) **L** 180 **FSK** ab 12 **E** 2007 ProSieben/17.5.2012 ProSieben
fd –

Der Supersturm – Die Wetter-Apokalypse
SEATTLE SUPERSTORM
Als über Seattle ein unbekanntes Flugobjekt abgeschossen wird, entwickelt sich ein mysteriöser Rauch, der eine katastrophale Gewitterfront verursacht und Tornados entstehen lässt. Ebenfalls erschüttern Erdbeben die Region. Ein Chemiker und seine Verlobte entdecken, dass sich ein Überbleibsel aus dem Kalten Krieg nach Jahren in den Tiefen des Alls zur Vernichtungsmission anschickt. Herkömmlicher Action-Katastrophenfilm mit pädagogischer Nebenhandlung, in der sich die beiden nichtsnutzigen erwachsenen Kinder der Protagonisten als vollwertige Mitglieder der Weltgemeinschaft bewähren. – Ab 14.
DVD/BD: Die FSK-Freigabe «ab 16» der DVD bezieht sich auf das Bonusmaterial (Trailer etc.), der Film selbst hat eine Freigabe «ab 12».
Auf BD als 2D/3D-Edition erhältlich.
3D. USA 2011 **P** Superstorm Prod. **DVD** dtp (16:9, 1.78:1, DD5.1 engl./dt.) **BD** dtp (16:9, 1.78:1, dts-HD engl./dt.) **Pd** Oliver de Caigny, Sean Bowers **R** Jason Bourque **B** David Ray, Jeff Renfroe **K** Mahlon Todd Williams **M** Michael Neilson **S** Charles Robichaud **D** Esai Morales (Tom Foster), Ona Grauer (Emma Peterson), Michelle Harrison (Carolyn Gates), MacKenzie Porter (Chloe Peterson), Jared Abrahamson (Wyatt), Matty Finochio (Ben Jefroe), Martin Cummins (Jacob Stinson), Dominika Juillet (Sasha) **L** 85 **FSK** ab 12 **E** 27.5.2012 RTL 2 / 2.8.2012 DVD & BD
fd –

Susannas 7 Männer
7 KHOON MAAF
Eine Inderin, die bereits sechs Mal verheiratet war, will erneut heiraten, obwohl alle ihre bisherigen Männer kurz nach der Hochzeit starben. Eine schwarzhumorige, mit Bollywood-Stereotypen spielende Tragikomödie über die wechselnden Identitäten einer «lustigen Witwe», die sich auf der Suche nach der wahren Liebe nur auf einer Achterbahn der Gefühle begibt. Ein außergewöhnlicher, an Ideen und Bildern überreicher Film, der vor der Folie der sieben Todsünden überdies viel religiösen und nationalen Klischees spielt. – Ab 16.
Scope. Indien 2011 **P** UTV Spotboy / V.B. Pic. **DVD** REM (16:9, 2.35:1, DD5.1 Hindi/dt.) **Pd** Vishal Bhardwaj, Ronnie Screwvala, Rekha Bhardwaj, Siddharth Roy Kapur, Deven Khote, Zarina Mehta **R** Vishal Bhardwaj **B** Matthew Robbins, Vishal Bhardwaj **K** Ranjan Palit **M** Vishal Bhardwaj **S** A. Sreekar Prasad **D** Priyanka Chopra (Susanna/Anna-Marie Johannes), Neil Nitin Mukesh (Major Edwin Rathore), John Abraham (Jimmy Stetson), Irrfan Khan (Wasiullah), Annu Kapoor (Inspector Keemat Lal), Vivaan Shah (Arun Kumar), Aleksandr Dyachenko (Nicolai), Naseeruddin Shah (Tarafidar), Usha Uthup (Magie) **L** 142 **FSK** ab 12 **E** 4.11.2011 DVD
fd 41 025

Sushi in Suhl
Anfang der 1970er-Jahre verwandelt ein ehrgeiziger Wirt in Thüringen sein Weinlokal in ein japanisches Restaurant. Die zunächst argwöhnischen Behörden lenken ein, da sich der Laden als Devisenquelle entpuppt. Der Erfolg steigt dem Koch, der weit über die Grenzen der DDR hinaus bekannt wird, zu Kopf, was ihn seiner Familie und seinen Freunden fremd werden lässt. Harmlose Heimat-Tragikomödie, die sich zur sorglosen Farce ebenso wie als unfreiwilliges Schauermärchen mit sentimentalem Wohlfühlfaktor anspruchslos unterhält. – Ab 14.
Deutschland 2012 **P** StarCrest Media / MDR **KI** Movienet **Pd** Carl Schmitt, Margot Bolender **R** Carsten Fiebeler **B** Jens-Frederik Otto **K** Gero Steffen **S** Monika Schindler **D** Uwe Steimle (Rolf Anschütz), Julia Richter (Ingrid Anschütz), Ina Paule Klink (Gisela), Deborah Kaufmann (Elke Malaschke), Thorsten Merten (Hans Leutner), Michael Kind (Lothar Jäger), Ernst-Georg Schwill (Otto Günther), Gen Seto (Dr. Hayashi), Christian Tramitz (Ernst Kaltenhauser), Angelika Böttiger (Helga), Leander Wilhelm (Robert Anschütz), Hilmar Eichhorn (Erwin Anschütz) **L** 107 (24 B./sec.) / 103 (25 B./sec.) **FSK** o.A.; f **FBW** bw **E** 18.10.2012
fd 41 319

Sushi – The Global Catch ★
SUSHI: THE GLOBAL CATCH
Dokumentarfilm über das traditionelle japanische Sushi, das mittlerweile international zum Modegericht avanciert ist. Er beleuchtet den Siegeszug des Sushi aus kulinarischer, aber auch aus ökologischer Sicht und

zieht ein durchaus kritisches Fazit: Der Blauflossen-Thunfisch, eine der wichtigsten «Zutaten» des Sushi, ist inzwischen vom Aussterben bedroht. Ohne Schwarz-weiß-Malerei gelingt es der Inszenierung, globale Zusammenhänge überzeugend transparent zu machen. – Ab 12.
USA 2011 **P** Sakana FIlm Prod. **KI** Neue Visionen **Pd+R+B** Mark S. Hall **K** Jason Faust, Matthew Franklin, Kazu Furuya, Kazutomo Iwata, Jason Wehling, Ita Zbroniec **M** Brian Satterwhite **S** Sandra Adair, Catie Cacci **L** 78 (24 B./sec.) / 75 (25 B./sec.) **FSK** o.A.; f **E** 7.6.2012 **fd** 41 109

Süßes Gift – Hilfe als Geschäft ★
50 Jahre Entwicklungshilfe und 600 Milliarden US-Dollar haben den afrikanischen Kontinent nicht vorwärts gebracht, sondern seine allumfassende Stagnation festgeschrieben. Anhand von drei Fallstudien aus Mali, Kenia und Tansania bilanziert der Dokumentarfilm hellsichtig die Gründe für die kontraproduktive Wirkung der Unterstützung aus dem Westen. Zu Wort kommen vor allem afrikanische Intellektuelle und Praktiker. Während viele Hilfsgelder in die Geberländer zurückfließen, verfallen die Nehmerländer in Lethargie. Peter Heller zeichnet intensiv ein desillusioniertes Afrika-Bild, verzichtet aber wohltuend auf holzschnittartige Patentlösungen. – Ab 14.
Deutschland 2012 **P** Lichtfilm/WDR/ARTE **KI** W-film **Pd** Wolfgang Bergmann **R+B** Peter Heller **K** Sulemann Kissoky, Dieter Stürmer **M** Arpad Bondy **S** Gesa Marten **L** 92 (24 B./sec.) / 89 (25 B./sec.) **FSK** o.A.; f **E** 8.11.2012 **fd** 41 356

Sweet Karma – A Dominatrix Story
JUSTIFY / A DOMINATRIX STORY
Junge Frauen werden mit Aussicht auf einen ehrlichen Job von Russland nach Kanada geschleust, dort aber zur Prostitution gezwungen. Eine stumme Frau sucht nach ihrer auf diesem Weg verschwundenen Schwester, leidet bei ihren Peinigern und rächt sich. Wirrer, mit Handkamera gedrehter Rache-Thriller, der mit den Reizen, deren Ausstellung er zu verdammen vorgibt, kokettiert und sie mit einem tüchtigen Schuss selbstzweckhafter Gewalt garniert.

DVD/BD: Erhältlich als DVD, 2D BD und 2D/3D BD.
3D. USA 2010 **P** Papa G. Studios **DVD** WVG (16:9, 1.78:1, DD5.1 engl./dt.) **BD** WVG (16:9, 1.78:1, dts-HD engl./dt.) **Pd+R+B** Insung Hwang **K** Bill Otto **M** Olajide Paris **D** Rebecca Larsen (Abby Lombard), Jaret Sacrey (Tommy Cohen), Elizabeth Anweis (Faith Somersby), Heather Lemire (Victoria), Garrett Nichols (Wayne Harcourt), Judy Walter (Dr. Chang), Brent Wendell Williams (Robert Lombard), Pierre Adeli (J-Dove) **L** 73 **FSK** ab 18 **E** 18.5.2012 DVD & BD **fd** –

Swerve – Falscher Ort, falsche Zeit
SWERVE
Ein ehrlicher junger Ex-Soldat übergibt einen Koffer voller Geld, den er bei einem Autounfall im australischen Outback gesichert hat, dem örtlichen Polizisten. Das Geld aber ist «schmutzig», der Polizist alles andere als ehrlich und zudem ausgerechnet mit jener Frau liiert, die den Unfall im zweiten Auto überlebt hat. Mit solidem Spannungsbogen versehener Thriller ohne sonderliche Höhepunkte. – Ab 16.
Scope. Australien 2011 **P** Duo Art Prod. **DVD** Ascot/Elite (16:9, 2.35:1, DD5.1 engl./dt., dts engl.) **BD** Ascot/Elite (16:9, 2.35:1, dts-HDMA engl./dt.) **Pd** Craig Lahiff, Helen Leake **R+B** Craig Lahiff **K** David Foreman **M** Paul Grabowsky **S** Sean Lahiff **D** Jason Clarke (Frank), Emma Booth (Jina), David Lyons (Colin), Travis McMahon (Charlie), Vince Colosimo (Sam), Roy Billing (der gute Samariter), Andy Anderson (Ambulanz-Helfer), Chan Griffin (Tran) **L** 83 **E** 3.12.2012 DVD & BD **fd** –

Die Swingmädchen
LE RAGAZZE DELLO SWING
Italien, Mitte der 1930er-Jahre: Als «Trio Lescano» feiern drei Schwestern niederländischer Abstammung Musik-Erfolge. Als ihre Karriere durch ihre jüdische Abstammung in Folge der Rassengesetze gefährdet ist, genießen sie die Protektion der Regierung und können sich sogar für andere Verfolgte einsetzen. Dann aber kommt das Gerücht auf, ihre Lieder würden verschlüsselte Botschaften an die US-Streitkräfte enthalten. Historisches Drama, das die Karriere des Gesangstrios bis zu seinem Ende

1952 in Südamerika verfolgt; die authentischen Ereignisse werden im Stil gehobener (Fernseh-)Unterhaltung dramatisiert. – Ab 14.
Italien 2010 **P** RAI / Casanova Multimedia **KI** offen **Pd** Luca Barbareschi **R** Maurizio Zaccaro **B** Maurizio Zaccaro, Laura Ippoliti **K** Fabio Olmi **M** Teho Teardo **S** Babak Karimi **D** Andrea Osvárt (Alexandra), Elise Schaap (Kitty), Lotte Verbeek (Judith), Sylvia Kristel (Eva De Leeuw), Giovanni Ferreri (Fiore), Giuseppe Battiston (Canapone), Sergio Assisi (Parisi), Maurizio Marchetti (Ferrante) **L** 212 (107 & 105) **E** 19.10.2012 arte **fd** –

Switch – Ein mörderischer Tausch
SWITCH
Eine kanadische Modedesignerin will einen mittels Wohnungstauschbörse initiierten Kurzurlaub in Paris verbringen, doch als sie neben einer Leiche aufwacht, glaubt man ihr kein Wort: Durch eine perfide Intrige wurde die junge Frau ihrer eigentlichen Identität beraubt und sie wird zur Hauptverdächtigen. Verzwickter Psychothriller, der dank glaubwürdig agierender Darsteller sowie einer recht intensiven Paranoia-Stimmung weitgehend fesselt. – Ab 16.
Scope. Frankreich 2011 **P** Carcharodon / L&G / Pathé / France 2 Cinéma / Jourour Prod./Tercera Prod. **DVD** Universum (16:9, 2.35:1, DD5.1 frz./dt.) **BD** Universum (16:9, 2.35:1, dts-HDMA frz./dt.) **Pd** Jean-Christophe Grangé, Eric Névé, Frédéric Schoendoerffer **R** Frédéric Schoendoerffer **B** Jean-Christophe Grangé, Frédéric Schoendoerffer **K** Vincent Gallot **M** Bruno Coulais **S** Elsa Fernández, Dominique Mazzoleni **D** Karine Vanasse (Sophie Malaterre), Eric Cantona (Damien Forgeat), Mehdi Nebbou (Stéphane Defers), Aurélien Recoing (Delors), Karina Testa (Bénédicte Serteaux), Bruno Todeschini (Verdier), Maxim Roy (Claire Maras), Niseema Theillaud (Alice Serteaux) **L** 104 **FSK** ab 16 **E** 5.12.2012 DVD & BD **fd** –

Das System – Alles verstehen ★ heißt alles verzeihen
Ein junger Kleinkrimineller gerät an einen Geschäftsmann, der ihn ins «große Geschäft» einführt – in ein dubioses Netzwerk aus Wirtschaft, Politik und ehemaligen DDR-Geheimdienstlern, das seine Ränkespiele zum

eigenen Vorteil betreibt. Dabei wird er auch mit Geheimnissen seiner eigenen Familiengeschichte konfrontiert. Der Debütfilm entwirft ein beeindruckendes, zunächst geschickt aufgebautes Spannungsszenario, engt den politischen Stoff um unlautere Seilschaften aber auf eine private Recherche ein. Die Analyse des «Systems» politischwirtschaftlicher Verstrickungen bleibt dadurch zu sehr im Vagen. – Ab 16. Deutschland 2010 **P** Frisbeefilms/Bauderfilm **KI** Filmlichter **Pd** Manuel Bickenbach, Alexander Bickenbach, Marc Bauder **R** Marc Bauder **B** Dörte Franke, Khyana el Bitar **K** Daniela Knapp **D** Jacob Matschenz (Mike Hiller), Bernhard Schütz (Konrad Böhm), Jenny Schily (Elke Hiller), Franziska Wulf (Janine), Heinz Hoenig (Herbert Tieschky), Florian Renner (Dustin), Jürgen Holtz (Zschernigk), Michael Abendroth (Frings), Rosa Enskat (Rita), Mario Pokatzky (Bodo) **L** 92 **FSK** ab 12; f **E** 12.1.2012

fd 40 840

TRANSPAPA (BesserAlsEcht)

Tabu – Eine Geschichte von Liebe und Schuld ☆
TABU
Eine reizvoll vertrackte Revision von Film- und portugiesischer Kolonialgeschichte: Nach einer Einleitung in zwei Kapitel unterteilt, erzählt der Film zunächst eine im gegenwärtigen Portugal angesiedelte Geschichte um eine gläubige Seniorin, die sich um ihre exzentrische Nachbarin kümmert, bevor er im zweiten Teil in die Vergangenheit dieser Nachbarin (oder die Imagination davon) eintaucht, die in jungen Jahren eine melodramatische Liebesgeschichte in einer imaginären afrikanischen Kolonie erlebt. Die beiden sich spiegelnden Teile kreisen spielerisch-melancholisch um die Vergegenwärtigung von Verlorenem, um unerfüllte Glückssehnsüchte und kolonialistische Projektionen, wobei geschickt mit wiederkehrenden Bildmotiven sowie Anleihen bei der Filmgeschichte gearbeitet wird. Ein fesselnder Film an der Grenze von klassischer Narration und Experimentalfilm. – Sehenswert ab 16.
Schwarz-weiß. Portugal/Deutschland/Brasilien/Frankreich 2012 **P** O Som e a Fúria / Komplizen Film / Gullane Entretenimento / Shellac Sud **KI** Real Fiction **Pd** Luís Urbano, Sandro Aguilar, Janine Jackowski, Jonas Dornbach, Maren Ade, Fabiano Gullane, Caio Gullane, Thomas Ordonneau **R** Miguel Gomes **B** Miguel Gomes, Mariana Ricardo **K** Rui Poças **S** Telmo Churro, Miguel Gomes **D** Teresa Madruga (Pilar), Laura Soveral (alte Aurora), Ana Moreira (junge Aurora), Henrique Espirito Santo (alter Ventura), Carloto Cotta (junger Ventura), Isabel Cardoso (Santa), Ivo Müller (Auroras Mann), Manuel Mesquita (Mário) **L** 118 (24 B./sec.) / 113 (25 B./sec.) **FSK** o.A.; f **E** 22.11.2012 Schweiz / 20.12.2012   **fd** 41 449

Tabu – Es ist die Seele... ein Fremdes auf Erden ☆
TABU – ES IST DIE SEELE... EIN FREMDES AUF ERDEN
Filmbiografie des Dichters Georg Trakl (1887–1914), aufgefächert anhand der historisch nicht gesicherten Liebesbeziehung zu seiner jüngeren Schwester Gretl, als das intensive Porträt eines von Weltschmerz und Schuldgefühlen getriebenen jungen Manns, dessen Suche nach intensiver Erfahrung und Entgrenzung innerhalb der maroden k.u.k.-Gesellschaft kurz vor dem Ersten Weltkrieg auf die Katastrophe zusteuert. Zwar verengt das Drehbuch die Person des Dichters zu sehr auf die «Amour fou» und wirft mitunter recht plakativ mit Bohème-Klischees um sich; gleichwohl zieht der Film dank seiner vorzüglichen Fotografie, vor allem aber der eindringlichen Darstellern in seinen Bann. – Ab 16.
Österreich/Luxemburg/Deutschland 2011 **P** Eclypse Film / Iris-Film / Film-Line / ARD-Degeto / BR / MediaFonds 2 **KI** Camino **Pd** Arno Ortmair, Nicolas Steil, Dieter Pochlatko **R** Christoph Stark **B** Ursula Mauder **K** Bogumil Godfrejów **M** Thomas Osterhoff, Jeannot Sanavia **S** Thierry Faber **D** Lars Eidinger (Georg Trakl), Peri Baumeister (Grete Trakl), Rainer Bock (Albert Brückner), Rafael Stachowiak (Ludwig Schubeck), Petra Morzé (Mutter Trakl), Jules Werner (Oskar Kokoschka), Victoire Metzler (Alma Mahler), Vera Bolek (Georgs Wirtin), Katharina Straßer (Fanny), Christiane Rausch (Frau Gassner), Susi Stach (Agnes) **L** 94 **FSK** ab 16; f **FBW** bw **E** 31.5.2012   **fd** 41 083

Tactical Force
TACTICAL FORCE
Ein SWAT-Team der Polizei von Los Angeles muss in einem Trainingslager «nachsitzen» und Übungseinheiten mit unscharfer Munition absolvieren. Auf dem Gelände treffen die italienische und die russische Mafia aufeinander, die in den Besitz eines Koffers kommen wollen. Die unbewaffneten Cops stören, erweisen sich aber als harte Gegner. Überflüssiger Actionfilm mit komödiantischen Ambitionen; ein weiteres Vehikel für Ex-Wrestling-Star Steve Austin.
Kanada 2011 **P** Nasser Group North / Hangar 14 Films **DVD** WVG (16:9, 1.78:1, DD5.1 engl./dt.) **BD** WVG (16:9, 1.78:1, dts-HDMA engl./dt.) **Pd** Jack Nasser **R+B** Adamo P. Cultraro **K** Bruce Chun **M** Michael Richard Plowman **S** Rick Martin, Gordon

Rempel **D** Steve Austin (Tate), Michael Jai White (Hunt), Michael Shanks (Demetrius), Adrian Holmes (Lampone), Candace Elaine (Ilja), Lexa Doig (Jannard), Michael Eklund (Kenny), Darren Shahlavi (Storato) **L** 85 **FSK** ab 18 **E** 12.1.2012 DVD & BD **fd** –

Der Tag, der alles veränderte
APRÈS LUI
Eine Mutter schenkt nach dem Unfalltod ihres Sohns ihre ganze Zuneigung dessen bestem Freund, obwohl der für den Autounfall verantwortlich war. Ihre Familie will dem Einhalt gebieten, doch die Frau geht unbeirrt ihren Weg. Der junge Mann akzeptiert zunächst ihre Zuneigung, begreift dann aber, dass die Fürsorge eine Gefahr für ihn darstellt. Düstere, einfühlsam erzählte Geschichte einer krankhaften Obsession, die von der überragenden Hauptdarstellerin ohne Kompromisse interpretiert wird. – Ab 16.
Frankreich 2007 **P** Gloria Films **KI** offen **Pd** Laurent Lavolé, Isabelle Pragier **R** Gaël Morel **B** Christophe Honoré, Gaël Morel **K** Jean-Max Bernard **M** Louis Sclavis **S** Catherine Schwartz **D** Catherine Deneuve (Camille), Élodie Bouchez (Laure), Elli Medeiros (Pauline), Thomas Dumerchez (Franck), Guy Marchand (François), Luis Rego (Francks Vater), Amina Medjoubi (Francks Mutter), Adrien Jolivet (Mathieu) **L** 88 **E** 22.8.2012 arte **fd** –

Ein Tag Leben in NRW
siehe: **Ein...**

Tag und Nacht ★
TAG UND NACHT
Zwei österreichische Studentinnen, die aus der Provinz nach Wien gekommen sind, verdingen sich in einer Mischung aus Neugier und finanziellen Nöten bei einem Escort-Service als Callgirls. Ihre Hoffnung, jederzeit wieder aus dem Geschäft mit dem käuflichen Sex aussteigen zu können, entpuppt sich als Illusion. Ein unaufgeregt nüchternes Drama über das Machtgefälle von Sex und Geld, das die nackten Körper ebenso ungeniert betrachtet wie die Ausbeutungsmechanismen. – Ab 16.
Österreich 2010 **P** Mobilefilm **KI** W-film **DVD** W-Film **Pd** Nina Kusturica, Eva Testor **R** Sabine Derflinger **B** Eva Testor, Sabine Derflinger **K** Eva Testor **M** Gilbert Handler, Petra Zöpnek

S Karina Ressler **D** Anna Rot (Lea), Magdalena Kronschläger (Hanna), Philipp Hochmair (Mario), Martina Spitzer (Sissi), Adrian Topol (Harald), Manuel Rubey (Claus), Martin Brambach (Kai), Kyrre Kvam (Jones), Ana Stefanovic (Nadja) **L** 101 **FSK** ab 16 **E** 19.1.2012 **fd** 40 869

Tage die bleiben ★
Nach dem Tod der Mutter verliert eine ohnehin schon kriselnde Familie den Boden, weil der Schicksalsschlag das Auseinanderdriften der Hinterbliebenen weiter beschleunigt. Der Verlust zwingt aber auch, sich die Mitschuld an der Misere einzugestehen. Eine filmsprachlich zwar eher konventionelle Begräbnisgroteske, die gleichwohl geschickt zwischen Drama und Komödie balanciert und den souverän agierenden Darstellern viel Raum gewährt. Der bemerkenswerte Debütfilm bewahrt mit komischen Szenen vor allzu viel Existenzialismus. – Ab 14.
Deutschland 2011 **P** Toccata Film / Esperanto Ent. / BR / WDR **KI** alpha medienkontor **Pd** Fritz Böhm, Sven Nuri **R** Pia Strietmann **B** Pia Strietmann, Tanja Schmidbauer **K** Stephan Vorbrugg **M** Martin Stock **S** Sandy Saffels, Denis Bachter **D** Götz Schubert (Christian Dewenter), Max Riemelt (Lars Dewenter), Mathilde Bundschuh (Elaine Dewenter), Lena Stolze (Andrea Dewenter), Michael Kranz (Benjamin), Lucie Hollmann (Merle), Karl Alexander Seidel (Francis), Andreas Schmidt (Iggy), Franziska Weisz (Babsi), Max Herbrechter (Schwimmlehrer), Heinrich Schafmeister (Bürgermeister), Rolf Kanies (Jürgen), Tessa Mittelstaedt (Laura), Daniel Friedrich (Pfarrer) **L** 106 **FSK** ab 12; f **FBW** w **E** 26.1.2012 **fd** 40 868

Tagebuch einer Nymphomanin
DIARIO DE UNA NINFOMANA
Von ihrer Großmutter dazu ermuntert, greift eine junge Frau zum Stift und verewigt ihre Vergangenheit in einem Tagebuch. Dabei kommt einiges an Amourösem zusammen, hat die Schönheit ihre Leidenschaft doch bei einem Escort-Service vergolden können. Erotikfilm der ernsthafteren Art, der neben geschmackvoll inszenierten Schlafzimmerszenen auch eine Geschichte erzählt und sich dabei auf ein gewisses darstellerisches Talent verlassen kann.

Scope. Spanien 2008 **P** Canonigo Films / Filmax **DVD** 3L (16:9, 2.35:1, DD5.1 span./dt.) **Pd** Mariví de Villanueva, Julio Fernández, Fernando Monje **R** Christian Molina **B** Cuca Canals **Vo** Valérie Tasso **K** Javier Salmones **M** Roque Baños, Mariano Marín **S** Luis de la Madrid **D** Belén Fabra (Valérie), Leonardo Sbaraglia (Jaime), Llum Barrera (Sonia), Geraldine Chaplin (Marie Tasso), Angela Molina (Cristina), Pedro Gutiérrez (Hassan), José Chaves (Pedro), Jorge Yaman (Iñigo) **L** 97 **FSK** ab 16 **E** 16.8.2012 DVD **fd** –

Tagträumer
Kompilation von vier Kurzfilmen über die Gefühlswelten ihrer Protagonisten. Die Irrungen und Wirrungen eines Jungen, der sich in die Freundin seines großen Bruders verliebt (BEACH BOY) und die einer Fünftklässlerin, die für einen Zwölftklässler schwärmt (BALLETT IST AUSGEFALLEN), eines Teenagers, der Vater wird (KINDERSPIEL) und zweier Jugendlicher in einem Heim für Flüchtlingskinder (DER GROSSE HAMOUDI). Vor allem die beiden ersteren Filme verzichten dabei weitgehend auf eine Handlung und widmen sich als «Tagträumereien» den inneren Befindlichkeiten ihrer Figuren. – Titel der einzelnen Filme: 1. KINDERSPIEL (2011, 17 Min.); 2. BEACH BOY (2011, 32 Min.); 3. DER GROSSE HAMOUDI (2012, 13 Min.); 4. ALLETT IST AUSGEFALLEN (2002, 14 Min.) – Ab 12.
Deutschland 2012 **P** Black Rabbit Pic. / Nominal Film / BR / MHMK / Milieufilm / Filmgestalten / Filmarche / der garten Filmprod. / Jost Hering Filmprod. **KI** missing FILMs **Pd** Lars Kornhoff (1), Yella Yarí Fenner (1), Stefan Eisenbruch (1), Raphael Wallner (1), Max Plettau (1), Marten Schnier (1), Manuel Kinzer (2), Ira Wandschneider (2), Anna Teigler (3), Jost Hering (3,4) **R+B** Lars Kornhoff (1), Hannes Hirsch (2), Rolf Teigler (3), Anne Wild (4) **K** Christian Stangassinger (1), Philip Leutert (2), Frank Amann (3), Ute Haupt (4) **M** Christian Heyne (1), Thomas Gerwin (3), Maurus Ronner (4) **S** Laura Heine (1), Diemo Kemmesies (2), Angel Cano (3), Dagmar Lichius (4) **D** Neil Belakhdar (Leon) (1), Ludwig Hinz (Max) (1), Leopold Hinz (Max) (1), Chiara von Galli (Vanessa) (1), Philipp Moog (Michael) (1), Susanne Michel (Maria) (1),

Lucas Reiber (Vanessas Freund) (1), Tom Gramenz (Dimi) (2), Lore Richter (Isabelle) (2), Timo Jacobs (Steffen) (2), Andrea Gabrin (Dübel) (2), Linda Pöppel (Conny) (2), Ira Wandschneider (Eisverkäuferin) (2), Eric Madi (3), Britta Hammelstein (3), Eric Wambui (3), Maria Petz (4), Matthias Schweighöfer (4), Henriette Confurius (4) **L** 79 (24 B./sec.) / 76 (25 B./sec.) **FSK** ab 6; f fd 41 245

Tahrir 2011
TAHRIR 2011
Dokumentarfilm über die revolutionären Ereignisse auf dem Tahrir-Platz in Kairo, die die Gesellschaft und das politische System Ägyptens Anfang 2011 radikal veränderten und zum Rücktritt von Diktator Mubarak führten. Der erste Teil informiert mit Handy- und HD-Aufnahmen über die Entwicklung der Revolution, der zweite beschäftigt sich mit den Sicherheitskräften, der dritte konzentriert sich auf den Diktator und seinen Weg zur Selbstherrlichkeit. Der filmische «Schnellschuss» versammelt viele Informationen, leistet aber keine Analyse. Das Material zeigt, dass es dem Aufstand an Organisationsstrukturen fehlt, wodurch die über Handy und Facebook kommunizierte Revolution fast in den Ruch eines Flash Mob gerät. – Ab 14.
Ägypten/Deutschland 2011 **P** Amana Creative / Film Clinic / Ingredients Prod. **KI** offen **Pd** Mohamed Hefzy, Frédéric Sichler, Abdelasiem El Difraoui, Jamal Dabbous **R** Tamer Ezzat, Ayten Amin, Amr Salama **L** 90 **E** 19.1.2012 WDR **fd** 40 851

Take Shelter – Ein Sturm zieht auf ☆
TAKE SHELTER
Ein Bauarbeiter aus Ohio wird von Albträumen geplagt, die ihm die nahe Apokalypse anzuzeigen scheinen. Um seine Familie vor der Katastrophe zu bewahren, baut er den Schutzbunker auf seinem Grundstück aus. Für seine Umwelt ein völlig verrücktes Unterfangen: Sind seine Untergangsfantasien tatsächlich prophetisch? Oder verliert er den Verstand? Ein suggestiver Katastrophenfilm, der seinen Schrecken nicht als Effektspektakel, vielmehr als atmosphärisch dichtes psychologisches Drama entfaltet. – Sehenswert ab 14.

DVD/BD: Die Extras umfassen u.a. einen Audiokommentar des Regisseurs, ein Feature mit zwei im Film nicht verwendeten Szenen (6 Min.) sowie ein «Q&A» mit dem Regisseur (19 Min.).
Scope. USA 2011 **P** Grove Hill / Hydraulx / Strange Matter Films **KI** Ascot Elite **DVD** Ascot Elite (16:9, 2.35:1, DD5.1 engl./dt.) **BD** Ascot Elite (16:9, 2.35:1, dts-HDMA engl./dt.) **Pd** Tyler Davidson, Sophia Lin, Robert Ruggeri, Adam Wilkins **R+B** Jeff Nichols **K** Adam Stone **M** David Wingo **S** Parke Gregg **D** Michael Shannon (Curtis), Jessica Chastain (Samantha), Tova Stewart (Hannah), Shea Whigham (Dewart), Katy Mixon (Nat), Natasha Randall (Cammie), Ron Kennard (Russell), Scott Knisley (Lewis), Robert Longstreet (Jim) **L** 125 **FSK** ab 12; f **E** 22.3.2012 / 6.8.2012 DVD & BD **fd** 40 967

Tall Girls
Dokumentation über hochgewachsene Frauen und ihren Kampf mit ihrer Körpergröße. Junge Mädchen, die größer als 1,80 Meter zu werden drohen, lassen sich operieren oder greifen zu wachstumshemmenden Hormonen, um ihre Vorstellung von Normalität zu bewahren. Westliche Gesellschaften bieten großen Frauen nur mäßige Aussichten: Volley- oder Basketball oder eine Karriere als Fotomodell. Die für den internationalen Markt konzipierte Reportage ist informativ und solide gestaltet, schwenkt aber allzu rasch auf das Thema «Partnerschaft und Beziehung» ein und lässt gesellschaftlich relevantere (Gender-)Themen weitgehend außen vor. Auch visuell bietet das Fernsehformat nur wenig Mehrwert. – Ab 12.
Deutschland 2011 **P** Avanti Media **KI** Salzgeber **Pd+R+B** Edda Baumannvon Broen **K** Boris Fromageot, Heiko Rahnenführer, Christoph Lerch **S** Philip Kießling **L** 79 **FSK** – **E** 22.3.2012 **fd** 40 956

Der Tanz der Geier
LA GRANDE POMPE A PHYNANCES
Der Dokumentarfilm gewährt einen Einblick in die Welt der (Finanz-)Spekulanten, deren Geschäfte immer undurchschaubarer werden, deren einziges Ziel Profitmaximierung ist und die die Spielregeln und Gesetze den Regierungen der Welt diktieren. Er beschreibt ein System, dessen Ende trotz globaler Finanzkrisen nicht in Sicht ist. – Ab 16.
Frankreich/Finnland 2012 **P** ARTE France **KI** offen **R+B** Jean-Michel Meurice, Fabrizio Calvi **L** 63 **E** 2.10.2012 arte **fd** –

Tanz der Schakale 2
ÇAKALLARLA DANS 2: HASTASIYIZ DEDE
Vier Freunde können ihre Gefängnisstrafe verkürzen, doch das ehrliche Überleben fällt schwer, weil in ihrem Wohnviertel ein Strukturwandel eingesetzt hat und ein Supermarkt die kleinen Läden bedroht. Ihrer existenziellen Gefährdung rücken die Vier mit einer nächtlichen Aktion zu Leibe. Mit wenig subtilen Mitteln des Blödelkinos erzählt die Komödie mitunter recht scharfzüngig von den Schattenseiten der modernen Konsum- und Mediengesellschaft. – Ab 14 (O.m.d.U.).
Türkei 2012 **P** Sugarworkz Film **KI** AF-Media **Pd+R** Murat Seker **B** Ali Tanriverdi **K** Murat Tuncel **M** Murat Seker **S** Levent Çelebi **D** Servet Çoruh, Doga Rutkay, Ceyhun Yilmaz, Murat Akkoyunlu, Ilker Ayrik, Kenan Ece, Timur Acar, Didem Balçin **L** 101 (24 B./sec.) / 97 (25 B./sec.) **FSK** ab 6; f **fd** 41 483

Die 1000 Euro-Generation ☆
GENERAZIONE MILLE EURO
Ein 30-jähriger Mathematiker aus Mailand kann sich nach dem Studium nur mühsam über Wasser halten, jobbt in einem Büro, teilt sich mit einem Freund ein Apartment und wird von seiner Freundin verlassen. Er lernt zwei völlig konträre Frauen kennen, die ihn beflügeln, allerdings auf eine Entscheidung drängen. Eine sympathische Liebeskomödie voller klugironischer Dialoge und erfrischender Darsteller, die den genretypischen Figuren viel Leben und Persönlichkeit einhauchen. Vom (gesellschafts-)kritischen Ton der literarischen Vorlage ist dabei freilich nicht viel mehr als das Mailander Prekariat übrig geblieben. (O.m.d.U.) – Ab 14
Italien 2009 **P** RAI Cinema / Andrea Leone Films **KI** Kairos **Pd** Giuseppe Pedersoli, Andrea Leone, Raffaella Leone **R** Massimo Venier **B** Massimo Venier, Federica Pontremoli **Vo** Alessandro Rimassa und Antonio Incorvaia (Roman *Generazione mille euro*) **K** Italo Petriccione **M** Giuliano Tavia-

ni, Carmelo Travia **S** Carlotta Cristiani **D** Alessandro Tiberi (Matteo), Valentina Lodovini (Beatrice), Carolina Crescentini (Angelica), Francesco Mandelli (Francesco), Francesco Brandi (Faustino), Paolo Villaggio (Professor), Francesca Inaudi (Valentina), Roberto Citran (Taxifahrer) **L** 101 **FSK** o.A.; f **E** 19.7.2012 **fd** 41 178

Die Tea Party
Dokumentation über die konservative amerikanische «Tea Party»-Bewegung, die sich vehement gegen die Sozialreformen des amtierenden US-Präsidenten Barack Obama zur Wehr setzt. Der Film fängt die Stimmungslage im amerikanischen «Heartland» ein und setzt sich mit jenen Verlustängsten auseinander, die zu simplen politischen Parolen führen. Eindrucksvoll zeigt er, wie gespalten die heutigen USA sind. – Ab 14.
Deutschland 2012 **P** EIKON Südwest / SWR / arte **KI** offen **R+B** Astrid Schult **K** Sebastian Bäumler **S** Robert Wellié **L** 60 **E** 30.10.2012 arte **fd** –

Ted
TED
Als Kind hat sich ein junger Mann nichts sehnlicher gewünscht, als dass sein Teddy leben und sein allerbester Freund fürs ganze Leben würde. Dieser Wunsch wurde erfüllt, mit dem Ergebnis, dass er heute sehr zum Kummer seiner Geliebten, mit der er seit vier Jahren liiert ist, immer noch mit dem ungewöhnlichen Kuschelttier abhängt. Eine überdrehte Komödie um das Loslassen der Kindheit, was sich in dem sympathisch frechen, höchst impertinenten Teddy verkörpert. Zwar vermag der Film die Grundidee nicht zu einer stringent erzählten Handlung auszubauen, gleichwohl unterhält er weitgehend dank zahlreicher popkultureller Bezüge sowie seiner frechen, mitunter auch derben Dialoge. – Ab 16.
DVD/BD: Die Standardausgabe (DVD) enthält keine erwähnenswerten Extras. Die Extras der BD umfassen u.a. einen Audiokommentar des Regisseurs, des Co-Drehbuchautors Alec Sulkin und des Hauptdarstellers Mark Wahlberg sowie ein Feature mit 15 im Film nicht verwendeten Szenen (15 Min.), plus eine Reihe alternativer Szenen (10 Min.). Neben den regulären DVD & BD-Veröffentlichungen hat der dt. Verleih dem Film noch eine bayerische und eine berlinerische Synchronisation gegeben; beide Dialekt-Versionen sind als separate DVDs erhältlich.
Scope. USA 2012 **P** Universal Pic. / Media Rights Capital / Fuzzy Door / Bluegrass Films / Smart Ent. **KI** Universal **DVD** Universal (16:9, 2.35:1, DD5.1 engl./dt.) **BD** Universal (16:9, 2.35:1, dts-HDMA engl., dts-HD dt.) **Pd** Jason Clark, John Jacobs, Scott Stuber, Seth MacFarlane, Wellesley Wild, Mark Kamine **R** Seth MacFarlane **B** Seth MacFarlane, Alec Sulkin, Wellesley Wild **K** Michael Barrett **M** Walter Murphy **S** Jeff Freeman **D** Mark Wahlberg (John Bennett), Mila Kunis (Lori Collins), Joel McHale (Rex), Giovanni Ribisi (Donny), Patrick Warburton (Guy), Matt Walsh (Thomas), Jessica Barth (Tami-Lynn), Aedin Mincks (Robert), Bill Smitrovich (Frank), Norah Jones (Norah Jones), Sam Jones (Sam Jones), Tom Skerritt (Tom Skerritt) **L** 106 **FSK** ab 16; f **E** 2.8.2012 / 6.12.2012 DVD & BD **fd** 41 203

Teddy Bear ☆
TEDDY BEAR
Ein hünenhafter Däne, der noch nie eine Freundin hatte und mit seiner dominanten Mutter zusammenlebt, will es seinem Onkel nachtun, der eine Thailänderin heiratete. Ohne Wissen der Mutter reist er nach Pattaya, gerät in peinlich-ausweglose Situationen, verliebt sich und sucht einen Weg, die geliebte Frau mit nach Dänemark zu nehmen. Debütfilm auf der Basis eines Kurzfilms (DENNIS, 2007), der durch seine minimalistische Machart aus dem Rahmen fällt und vor allem durch das sensible Spiel des Hauptdarstellers überzeugt. – Ab 14.
Dänemark 2012 **P** SF Film / Beofilm / Minerva Film **KI** Pathé (Schweiz) **Pd** Morten Kjems Juhl, Roar Skau Olsen **R** Mads Matthiesen **B** Mads Matthiesen, Martin Zandvliet **K** Laust Trier-Mørk **M** Sune Martin **S** Adam Nielsen **D** Kim Kold (Dennis), David Winters (Scott), Elsebeth Steentoft (Ingrid), Lamaiporn Hougaard (Toi), Mia Maria Back (Ladengehilfin), Barbara Zatler (Sasha), John Winters (Jeff) **L** 92 **FSK** – **E** 11.10.2012 Schweiz **fd** –

Tee oder Elektrizität
LE THE OU L'ELECTRICITE
Die 300 Bewohner eines Dorfs im marokkanischen Atlas-Gebirge sind von allen Segnungen der Zivilisation abgeschnitten. Als eines Tages Vertreter eines Stromanbieters sie von den Vorteilen eines Stromanschlusses überzeugen wollen, halten sie eine funktionierende Straßenverbindung für wichtiger. Der in dreijähriger Arbeit entstandene Dokumentarfilm offenbart schrittweise, dass die vermeintlich großherzige Offerte längst beschlossene Sache ist: Angebot und Nachfrage diktieren auch hier die Spielregeln, der Einzug der Modernität ist längst von den Behörden abgesegnet. – Ab 16.
Belgien/Frankreich 2012 **P** Iota Prod. / Perspective Films / HKS Prod. / K Films **KI** offen **Pd** Isabelle Truc, Caroline Pirotte **R+B** Jérôme Le Maire **K** Jérôme Colin, Antoine Parouty, Jérôme Le Maire **M** Christian Martin **S** Matyas Veress, Dominique Bartoli **L** 93 **E** 19.12.2012 arte **fd** –

Tepenin ardi – Beyond the Hill ☆
TEPENIN ARDI
Irgendwo in der einsamen Bergwelt Anatoliens lebt ein alternder Patriarch mit seinen Söhnen und Enkeln in kargen Verhältnissen, die von Abhängigkeiten und schwelenden Aggressionen geprägt sind. Die ständige Alarmbereitschaft wegen der gefürchteten Angriffe von Nomaden prägt das Lebensgefühl. Eine bildgewaltige türkische Western-Parabel, in der Realismus der Erzählung immer wieder von surrealen Einschlägen unterwandert wird. Hinter dem Familienporträt schimmert ein bissiger Kommentar zu türkischen Gesellschaftsstrukturen auf. (O.m.d.U.) – Sehenswert ab 16.
Scope.Türkei/Griechenland 2012 **P** Bulut Film / Two Thirtyfive **KI** arsenal institut **Pd** Enis Köstepen, Seyfi Teoman, Nikos Moutselos **R+B** Emin Alper **K** George Chiper-Lillemark **M** Volkan Akmehmet, Inanç Sanver **S** Özcan Vardar **D** Tamer Levent (Faik), Reha Özcan (Nusret), Mehmet Özgür (Mehmet), Berk Hakman (Zafer), Furkan Berk Kiran (Caner), Banu Fotocan (Meryem), Sercan Gümüs (Süleyman), Sevval Kus (Aliye) **L** 94 **FSK** – **E** 15.11.2012 **fd** 41 364

Terraferma ☆
TERRAFERMA
Einheimischen der italienischen Insel Lampedusa ist es gesetzlich verboten, Menschen zu helfen, die von Afrika

nach Europa überzusetzen versuchen und an ihrer Küste stranden. Dies kollidiert mit dem traditionellen Ethos der Fischer, allen Menschen in Seenot beizustehen. Als eine Familie, die aus einem traditionsverhafteten Großvater, der Mutter, die die Insel verlassen und ein neues Leben beginnen will, und ihrem Sohn besteht, eine schwangere «Illegale» bei sich aufnimmt, kommt es zu Konflikten. Drama einer süditalienischen Familie, die um Werte und Zusammenhalt ringt. Während die Fremde als Objekt des Mitleids eine klischeehafte Figur bleibt, überzeugt der Film dank seiner suggestiven, poetischen Bildsprache. – Ab 14. Scope. Italien/Frankreich 2011 **P** Cattleya / Babe Film / France 2 Cinéma **Kl** Frenetic (Schweiz) **Pd** Marco Chimenz, Fabio Conversi, Giovanni Stabilini, Riccardo Tozzi **R** Emanuele Crialese **B** Vittorio Moroni, Emanuele Crialese **K** Fabio Cianchetti **M** Franco Piersanti **S** Simona Paggi **D** Donatella Finocchiaro (Giulietta), Beppe Fiorello (Nino), Mimmo Cuticchio (Ernesto), Martina Codecasa (Maura), Filippo Pucillo (Filippo), Tiziana Lodato (Maria), Claudio Santamaria (Santamaria), Filippo Scarafia (Marco), Timnit T. (Sara), Pierpaolo Spollon (Stefano), Rubel Tsegay Abraha (Omar), Francesco Casisa **L** 88 **FSK** – **E** 21.6.2012 Schweiz   **fd** –

Tessa Hennig: Elli gibt den Löffel ab
Eine verwitwete Frau steht vor dem finanziellen Ruin, als sie auf Capri jene Pension erbt, in der sie als Kind ihre Ferien verbrachte. Auf dem Weg nach Italien findet sie die Mitfahrgelegenheit im Wohnmobil eines Mannes, der seinem bisherigen Leben den Rücken gekehrt hat. Vor Ort stösst sie auf ihre Schwester, die es ebenfalls auf die Pension abgesehen hat. Turbulente (Fernseh-)Komödie innerhalb konventioneller Bahnen, die an Familien- und Gemeinschaftssinn appelliert. – Ab 12.
Deutschland 2012 **P** Bavaria **DVD** More/Universal (16:9, 1.78:1, DD2.0 dt.) **Pd** Frank Buchs **R** Edzard Onneken **B** Thomas Hernadi **K** Jochen Stäblein **M** Marcel Barsotti **S** Dietrich Toellner **D** Michaela May (Elli), Charlotte Schwab (Doro), Peter Prager (Heinz), Martin Umbach (Roberto), Ivanka Brekalo (Anja), Franziska Traub (Frida), Siegfried W. Kernen (Johann),

Ulrike Bliefert (Lisa) **L** 89 **FSK** ab 6 **E** 28.10.2012 ZDF / 16.11.2012 DVD   **fd** –

Der Teufel von Mailand
DER TEUFEL VON MAILAND
Als ihre Ehe scheitert, nimmt eine Frau eine Stelle als Physiotherapeutin in einem Wellness-Hotel im Unterengadin an. Der Neuanfang gestaltet sich schwieriger als gedacht, zumal sich mysteriöse Dinge ereignen, die mit einer alten Sage vom Teufel von Mailand im Zusammenhang zu stehen scheinen. Schnell entwickelt sich das Leben der Frau zur reinen Hölle. Dramatischer (Fernseh-)Film nach einem Roman von Martin Suter, der einen ambivalenten Schwebezustand kreiert, bei dem die Protagonistin kaum zu unterscheiden weiß, ob sie das Opfer einer Intrige oder ihrer überreizten Wahrnehmung ist.
Schweiz/Deutschland 2012 **P** C-Films/Network Movie **Kl** offen **Pd** Anne Walser, Peter Nadermann **R** Markus Welter **B** Thomas Berger **Vo** Martin Suter (Roman) **K** Pascal Rémond **M** Michael Sauter **S** Cécile Welter-Wehrli **D** Regula Grauwiller (Sonia), Maximilian Simonischek (Bob), Ina Weisse (Barbara Peters), Aaron Hitz (Manuel), Anthony Leiser (Herr Casutt), Philippe Graber (Igor), Kaspar Weiss (Reto Bazzell), David Rott (Frédéric), Elisabeth Trissenaar (Maman) **L** 89 **E** 30.9.2012 SF 1/DRS   **fd** –

Texas Killing Fields
TEXAS KILLING FIELDS
Zwei Polizisten, der eine aus dem südlich-ländlichen Teil von Texas, der andere ein christlicher Familienvater, der aus New York in den Süden versetzt wurde, ermitteln in einem Mordfall und geraten in eine gewaltvolle, von Missbrauch und Prostitution gezeichnete Welt. Atmosphärisch dichter Thriller, der ein intensives Kleinstadt-Szenario entwirft und in eine schwüle Hölle führt, in der sich die Menschen eher wie Tiere verhalten. Während der Kriminalfall recht holprig entwickelt wird, fesselt die visuelle Verdichtung. – Ab 16.
Scope. USA 2011 **P** Gideon Prod. / Blue Light / Block-Hanson / Watley Ent. / Forward Pass / QED International **DVD** Ascot/Elite (16:9, 2.35:1, DD5.1 engl./dt., dts dt.) **BD** Ascot/Elite (16:9, 2.35:1, dts-HDMA engl./dt.) **Pd** Mi-

chael Jaffe, Michael Mann, Andrew Mann, Travis Mann **R** Ami Canaan Mann **B** Donald F. Ferrarone **K** Stuart Dryburgh **M** Dickon Hinchliffe **S** Cindy Mollo **D** Sam Worthington (Mike Souder), Jeffrey Dean Morgan (Brian Heigh), Chloë Grace Moretz (Little Ann Sliger), Corie Berkemeyer (Shauna Kittredge), Jessica Chastain (Pam Stall), Annabeth Gish (Gwen Height), Sheryl Lee (Lucie Sliger), Trenton Ryan Perez (White Kid), Maureen A. Brennan (Mrs. Kittredge) **L** 105 **FSK** ab 16 **E** 21.5.2012 DVD & BD   **fd** 41150

Thai Box Fighter
AUKMEN
Ein jugendlicher Rebell aus Qatar verlässt seine Familie, um in Thailand Kampfsport zu erlernen. Als er kurz nach seiner Ankunft im fremden Land ausgeraubt wird, nimmt sich ein weiser Meister mit hübscher Tochter des mittellosen Arabers an und trainiert ihn zur Meisterschaft. Rocky-Variante im Martial-Arts-Genre, der es sichtlich an Geld und Kompetenz fehlt, um einschlägig unterhalten zu können. – Ab 16.
Thailand 2008 **DVD** Savoy (16:9, 1.78:1, DD5.0 engl./dt.) **BD** Savoy (16:9, 1.78:1, dts-HD engl./dt.) **Pd** Julaluck Ismalone **B** David Ismalone **M** Christophe Gerber **S** Chaiyapruck Pratyawiwatanadacha **D** Ahmad Rashid Al-Sulaiti (Ahmad), Ying-Julaluck Ismalone (Katoon), Kaoklai Kannorasing (Kaoklai), Nikki Pimp (Promoter) **L** 86 **FSK** ab 16 **E** 12.4.2012 DVD & BD   **fd** –

Thai Fighter – Die Jagd nach dem Microchip
CHIP HAI
Ein Treffen zwischen einem Gangsterboss und einem korrupten Polizisten endet mit dem gewaltsamen Tod des Gangsters. Unversehens steht das Personal des Restaurants in der Schusslinie, und dem Kellner hat ihm allgemeinen Tumult einen Stick eingesteckt, der den Polizisten schwer belastet. Schrille Mischung aus Comedy und Prügelfilm. Temporeich inszeniert, wirkt die krude Mixtur aus Witzeleien und Gewalt auch für asiatische Verhältnisse arg unausgegoren, sodass die banale Geschichte recht unangenehm aufstößt.
Thailand 2011 **P** Pechpanna Prod. / Empat Semudra Plantation / Consolidated Media **DVD** Sunfilm (16:9, 1.85:1,

DD5.1 thai./dt., dts dt.) **BD** Sunfilm (16:9, 1.85:1, dts-HDMA7.1 thai./dt.) **Pd** Hisham Bin A. Karim, Mokhairol Shamsul Bin Mokhtar, Chokchai Pechpanna **R+B** Krissanapong Rachata **K** Surachet Thongmee **M** Suthon Poonyayant **S** Richara Phanomrat **D** Akarin Akaranitimaytharatt (John), Pornwipa Watcharakaroon (Muay), Padung Songsang (Jazz), Anuwat Tharapan (Jack), Simon Kook (Captain Nat), Anna Chuancheun, Andrew Scott Dixon, Yaow Lookyee **L** 77 **FSK** ab 18 **E** 6.9.2012 DVD & BD **fd** –

Thale – Ein dunkles Geheimnis
THALE
Eigentlich für die Säuberung der Verbrecherszene zuständig, müssen zwei «Cleaner» am eigenen Leib erfahren, dass die Legende von männermordenden Waldnymphen mehr Wahrheit birgt, als ihnen lieb ist. Diesmal ist die aus Versatzstücken des Backwood-Horrors zusammengesetzte, gleichwohl recht originelle Gruselgeschichte in den norwegischen Wäldern angesiedelt und lebt neben der Skandinavien-Mythologie von einer um Verschwörungstheorien erweiterten Handlungsellipse. Solider Mystery-Triller, der mehr auf Atmosphäre als auf Blut setzt. – Ab 16. Norwegen 2012 **P** Yesbox Prod. **DVD** Splendid (16:9, 1.78:1, DD5.1 norw./dt.) **BD** Splendid (16:9, 1.78:1, dts-HD norw./dt.) **Pd** Bendik Heggen Stonstad **R+B** Aleksander Nordaas **K** Aleksander Nordaas **M** Raymond Enoksen, Geirmund Simonsen **S** Aleksander Nordaas **D** Silje Reinåmo (Thale), Erlend Nervold (Elvis), Jon Sigve Skard (Leo), Morten Andresen (Hvittkledd) **L** 78 **FSK** ab 16 **E** 15.11.2012 DVD & BD **fd** –

The Amazing Spider-Man
THE AMAZING SPIDER-MAN
Der College-Schüler Peter Parker entwickelt durch den Biss einer mutierten Spinne Superkräfte und bietet fortan als «Spider-Man» Bösewichtern die Stirn. Auf den Spuren seiner verschwundenen Eltern gerät er an einen ehemaligen Partner seines Vaters, einen Wissenschaftler, der nach einem missglückten Selbstversuch ein Doppelleben als schurkischer «Lizard» führt. Der «Reboot» der früheren SPIDER-MAN-Filme fügt der Titelfigur keine originellen Ideen oder Ausdeutungen hinzu, unterhält aber dank der schauspielerisch charmanten Ausgestaltung des Helden und der Nebenfiguren sowie der furiosen Schauwerte in den Actionszenen. – Ab 12. 3D. Scope. USA 2012 **P** Columbia Pic. / Marvel Enterprises / Marvel Studios / Laura Ziskin Prod. **KI** Sony **Pd** Avi Arad, Matthew Tolmach, Laura Ziskin **R** Marc Webb **B** James Vanderbilt, Alvin Sargent, Steve Kloves **Vo** Stan Lee (Comics), Steve Ditko (Comics) **K** John Schwartzman **M** James Horner **S** Alan Edward Bell, Michael McCusker, Pietro Scalia **D** Andrew Garfield (Peter Parker / Spider-Man), Emma Stone (Gwen Stacy), Rhys Ifans (Dr. Curt Connors / The Lizard), Martin Sheen (Ben Parker), Sally Field (May Parker), Embeth Davidtz (Mary Parker), C. Thomas Howell (Ray), Stan Lee (Stan, der Bibliothekar), Denis Leary (George Stacy), Irrfan Khan (Dr. Ratha), Campbell Scott (Richard Parker) **L** 136 (24 B./sec.) / 132 (25 B./sec.) **FSK** ab 12; f **E** 28.6.2012 **fd** 41 162

The Amityville Haunting
siehe: **Amityville Haunting**

The Ape – Auf diesem Planeten laust dich der Affe ...
THE APE
Ein Schriftsteller, der keine Zeile zu Wege bringt, verlässt Frau und Kind, um in einem Apartment endlich zu schreiben. Bald steht ihm ein ausgewachsener Gorilla hilfreich zur Seite, der seine Kleidung trägt und ihn mit seiner vermeintlichen Homosexualität konfrontiert. Schräge Independent-Komödie, die ihre Geschichte arg überstrapaziert und bei der kaum der Funke überspringt. – Ab 16. USA 2005 **P** RabbitBandini Prod. **DVD** Koch (16:9, 1.78:1, DD5.1 engl./dt.) **BD** Koch (16:9, 1.78:1, dts-HD engl./dt.) **Pd** Vince Jolivette, David Klein **R** James Franco **B** James Franco, Merriwether Williams **K** David Klein **S** Scott Mosier **D** James Franco (Harry Walker), Brian Lally (The Ape), Allison Bibicoff (Cathy), Stacey Miller (Beth), Vince Jolivette (Steve), Nori Jill Phillips (Judy), Danny Molina (Raoul), David Markey **L** 89 **FSK** ab 16 **E** 23.3.2012 DVD & BD **fd** –

The Artist ☆
THE ARTIST
Für einen Stummfilm-Star bedeutet die Umstellung der Hollywood-Industrie auf die «Talkies» Ende der 1920er-Jahre das Ende seiner Karriere und ein persönliches Desaster. Ein Starlet, das ihn liebt und das mit der Veränderung des Mediums groß herauskommt, versucht, ihn zu retten. Als Hommage auf die Erzählkunst des frühen Kinos verzichtet der Film auf Farbe, Geräusche und Sprache und zündet ein Feuerwerk an Inszenierungseinfällen, um die ureigensten Ausdrucksmittel des filmischen Mediums hochleben zu lassen. Trotz der dramatischen Handlung eine genussvolle, elegante Beschwörung der Zeitlosigkeit und Magie des Kinos. – Sehenswert ab 14.
DVD/BD: Die Extras umfassen u. a. ein ausführliches «Making of» (33 Min.), ein Feature über die Musik («THE ARTIST Soundtrack: Behind the Music»; 16 Min.) sowie Interviews mit dem Regisseur und den beiden Hauptdarstellern (47 Min.). Eine «Limited 2-Disc Award Edition» (DVD & CD) enthält neben der Film-DVD noch den Soundtrack auf separater CD. Schwarz-weiß. Frankreich 2011 **P** Thomas Langmann / La Petite Reine / Studio 37 / La Classe Américaine / JD Prod. / France 3 Cinéma / Jourour Prod. / uFilms **KI** Delphi **DVD** Euro-Video (FF, DD5.1) **BD** EuroVideo (FF, dts-HDMA) **Pd** Thomas Langmann, Emmanuel Montamat, Nadia Khamlichi, Adrian Politowski, Gilles Waterkeyn **R+B** Michel Hazanavicius **K** Guillaume Schiffman **M** Ludovic Bource **S** Anne-Sophie Bion, Michel Hazanavicius **D** Jean Dujardin (George Valentin), Bérénice Bejo (Peppy Miller), John Goodman (Al Zimmer), James Cromwell (Clifton), Penelope Ann Miller (Doris), Missi Pyle (Constance), Malcolm McDowell **L** 100 **FSK** ab 6; f **E** 26.1.2012 / 4.10.2012 DVD **fd** 40 875

The Avengers
siehe: **Marvel's The Avengers**

The Baytown Outlaws
THE BAYTOWN OUTLAWS
Ein Redneck-Trio mit viel Bewegungsdrang hilft seinen Auftraggebern unkonventionell aus der Patsche: Wie ein Inkassounternehmen begleichen die drei Brüder Rechnungen und holen einen (behinderten) Jungen zur Patentante zurück, doch deren Mann hat etwas dagegen. Er erweist sich als Gangsterboss und wird zum bedroh-

lichen Gegner. Süffisant gespielte proletarische Anarcho-Komödie, die mit (nicht immer) ernstgemeinten Geschlechter- und Gesellschaftsklischees wuchert und sie politisch extrem inkorrekt zum Besten gibt.
DVD/BD: Die Extras umfassen u. a. ein ausführliches «Making of» (30 Min.) Scope. USA 2012 **P** Lleju Prod. / State Street Pic. **DVD** Universal (16:9, 2.35:1, DD5.1 engl./dt.) **BD** Universal (16:9, 2.35:1, dts-HDMA engl., dts dt.) **Pd** Bill Perkins (= William O. Perkins), Robert Teitel **R** Barry Battles **B** Barry Battles, Griffin Hood **K** Dave McFarland **M** Kostas Christides (= Konstantinos Christides), Christopher Young **S** Sean Valla **D** Billy Bob Thornton (Carlos), Eva Longoria (Celeste), Zoe Bell (Rose), Thomas Brodie-Sangster (= Thomas Sangster) (Rob), Paul Wesley (Reese), Daniel Cudmore (Lincoln Oodie), Clayne Crawford (Brick Oodie), Travis Fimmel (McQueen Oodie) **L** 95 **FSK** ab 18 **E** 6.12.2012 DVD & BD **fd** –

The Big Bang
THE BIG BANG
Ein hünenhafter russischer Boxer und Mörder engagiert einen Privatdetektiv, der seine Brieffreundin suchen soll. Dieser kommt nach etlichen Leichen dem Komplott eines größenwahnsinnigen Wissenschaftlers auf die Spur, der die Weltherrschaft an sich reißen will. In Rückblenden erzählter Noir-Thriller in ungewöhnlicher Besetzung. Routinierte Genre-Kost der härteren Gangart.
DVD/BD: Erhältlich als DVD, 2D BD und 2D/3D BD. Die Extras umfassen einen Audiokommentar mit dem Regisseur und dem Co-Produzenten Reece Pearson sowie ein Feature mit im Film so nicht verwendeten Szenen (4 Min.). 3D. USA 2011 **P** Bing Bang Prod. / Flame Ventures / Hannibal Pic. / North by Northwest Entertainment **DVD** NewKSM (16:9, 2.35:1, DD5.1 engl./dt.) **BD** NewKSM (16:9, 2.35:1, dts-HDMA engl./dt.) **Pd** Erik Jendresen, Tony Krantz, Richard Rionda Del Castro, Reece Pearson **R** Tony Krantz **B** Erik Jendresen **K** Shelly Johnson **M** Johnny Marr **S** Fred Raskin **D** Antonio Banderas (Ned Cruz), Thomas Kretschmann (Frizer), Sienna Guillory (Julie Kestral), Sam Elliott (Simon Kestal), William Fichtner (Poley), Robert Ernie Lee (Russell), Delroy Lindo (Skeres), Snoop Dogg (Puss) **L** 98 **FSK** ab 16 **E** 5.4.2012 DVD & BD – **fd** –

The Blind Man
A L'AVEUGLE
Ein an Depressionen leidender Mitarbeiter der Mordkommission verdächtigt ein wohlsituiertes, blindes Superhirn, zwei perfide ausgeführte Morde begangen zu haben. Auch von seiner skeptischen Vorgesetzten lässt sich der Cop nicht von seiner abenteuerlichen Theorie angesichts des überheblichen, souverän auftretenden Verdächtigen abbringen. Solider Kriminalfilm mit in Hochglanz-Ästhetik verpackten Bildern und geschliffenen Wortgefechten. – Ab 16.
Scope. Frankreich 2012 **P** Europa Corp. / France 2 Cinéma **DVD** Universum (16:9, 2.35:1, DD5.1 frz./dt.) **BD** Universum (16:9, 2.35:1, dts-HDMA frz./dt.) **Pd** Luc Besson **R** Xavier Palud **B** Eric Besnard **K** Michel Amathieu **S** Julien Rey **D** Jacques Gamblin (Kommandant Lassalle), Lambert Wilson (Narvik), Raphaëlle Agogué (Héloïse), Arnaud Cosson (Vermulen), Antoine Levannier (Simon), Frédéric Kontogom (Briand), David Capelle (Marchand), Marie Vincent (Rochambeau) **L** 93 **FSK** ab 16 **E** 5.12.2012 DVD & BD **fd** –

The Boys From Guerrero City ✱
ASALTO AL CINE
Vier Jugendliche wollen ihrem lahmen Alltag zwischen Drogen und Nichtstun mit einem Überfall auf ein Kino entkommen. Doch alles, was schiefgehen kann, geht schief, und die Freunde stehen vor einem auch emotionalen Scherbenhaufen. Raue Sozialstudie aus dem Moloch der Vorstädte von Mexico City als formal wie inhaltlich beeindruckendes Regiedebüt mit wohldosierter Action. – Ab 16.
Mexiko 2011 **P** Ciudad Cinema / Mil Nubes-Cine **DVD** Ascot/Elite (16:9, 1.78:1, DD5.1 span./dt.) **BD** Ascot/Elite (16:9, 1.78:1, dts-HD span./dt.) **Pd** Iria Gómez Concheiro, Roberto Fiesco **R** Iria Gómez Concheiro **B** Iria Gómez Concheiro, Juan Pablo Gómez **K** Alberto Anaya **S** Luciana Jauffred Gorostiza, Francisco X. Rivera **D** Gabino Rodríguez (Negus), Juan Pablo de Santiago (Chale), Angel Sosa (Sapo), Paulina Avalos (Chata), Dolores Heredia (Señora), Susana Salazar (Chatas Mutter), María Gelia (Negus' Mutter), Gabriela Reynoso (Chales Mutter) **L** 112 **FSK** ab 12 **E** 23.4.2012 DVD & BD **fd** –

The Cabin in the Woods
THE CABIN IN THE WOODS
Fünf College-Freunde wollen ein gemeinsames Wochenende in einer abgelegenen kalifornischen Waldhütte verbringen, erwecken dabei jedoch todbringende Zombies, die ihnen nach dem Leben trachten. Ein Science-Fiction-Horror-Monster-Endzeitfilm, der das Genre selbst thematisiert, indem eine komplizierte erzählerische Ebene eingezogen wird, derzufolge eine obskure Organisation den Trip ins Grauen eingefädelt hat und mit Hightech-Apparaturen steuert. Ein gescheiterter Versuch, das Horrorgenre durch selbstreflexive Wendungen zu revitalisieren, da der Film dem aufs Korn genommenen hanebüchenen Unsinn auf seine Weise ebenfalls huldigt.
DVD/BD: Die Extras umfassen u. a. einen Audiokommentar des Regisseurs sowie des Drehbuchautors, ebenso die üblichen «Making of»-Features zum Film und zu Teilaspekten wie Make-up und Special Effects. Die BD gibt zudem die Option, den Film zusammen mit Kurzinfos in einem «Bonus View Mode» zu schauen.
Scope. USA 2011 **P** MGM / United Artists / Mutant Enemy **KI** Universum **DVD** Universum (16:9, 2.35:1, DD5.1 engl./dt.) **BD** Universum (16:9, 2.35:1, dts-HD engl./dt.) **Pd** Joss Whedon **R** Drew Goddard **B** Joss Whedon, Drew Goddard **K** Peter Deming **M** David Julyan **S** Lisa Lassek **D** Kristen Connolly (Dana), Chris Hemsworth (Curt), Anna Hutchison (Jules), Fran Kranz (Marty), Jesse Williams (Holden), Richard Jenkins (Sitterson), Bradley Whitford (Hadley), Brian White (= Brian J. White) (Truman), Amy Acker (Lin), Tim De Zarn (Mordecai) **L** 95 **FSK** ab 16; f **E** 6.9.2012 **fd** 41250

The Caller – Anrufe aus der Vergangenheit
THE CALLER
Eine Frau hat sich von ihrem brutalen Ehemann getrennt. In ihrer neuen Wohnung wird sie weiterhin von ihm belästigt, bekommt aber auch Anrufe von einer Frau, die behaup-

tet, aus dem Jahr 1979 anzurufen und ähnliche Probleme wie sie gehabt zu haben. Als sie sich den Telefonaten zu entziehen versucht, setzt neuer Terror ein. Überzeugend entwickelter, gut gespielter Psychothriller, der nach geruhsamem Anfang die Schraube anzieht und recht spannend unterhält. – Ab 16.
Großbritannien/Puerto Rico 2011 **P** Alcove Etnertainment / Pimienta / The Salt Company **DVD** Falcom/Ascot Elite (16:9, 1.78:1, DD5.1 engl./dt.) **BD** Falcom/Ascot Elite (16:9, 1.78:1, dts-HDMA engl./dt.) **Pd** Amina Dasmal, Robin Fox, Luillo Ruiz, Piers Tempest **R** Matthew Parkhill **B** Sergio Casci **K** Alexander Melman **M** Aidan Lavelle, Uncle **S** Gabriel Coss **D** Rachelle Lefevre (Mary Kee), Stephen Moyer (John Guidi), Luis Guzmán (George), Ed Quinn (Steven), Lorna Raver (Rose), Brian Tester (Staatsanwalt Kirkby), Marisé Alvarez (Krankenschwester), Cordelia González (Richterin) **L** 88 **FSK** ab 16 **E** 24.2.2012 DVD & BD **fd** –

The Cold Light of Day
THE COLD LIGHT OF DAY
Eine US-amerikanische Familie unternimmt einen Segeltörn vor der Küste Spaniens. Als einer der beiden erwachsenen Söhne nach einem Landgang auf die Yacht zurückkehrt, sind alle verschwunden – entführt von Geheimagenten, die die Herausgabe einer mysteriösen Aktentasche erpressen wollen. Konventionell inszenierter Agententhriller voller logischer Brüche und erzählerischer Flüchtigkeiten, schematischer Actionszenen und lustlos agierender Schauspieler. – Ab 16.
Scope. USA 2012 **P** Intrepid Pic. / Film Rites / Fria Luz Del Dia / Galavis Film / Picture Machine / Summit Ent. **Kl** Concorde **DVD** Concorde/Eurovideo (16:9, 2.35:1, DD5.1 engl./dt., dts dt.) **BD** Concorde/Eurovideo (16:9, 2.35:1, dts-HDMA engl./dt.) **Pd** Marc D. Evans, Trevor Macy, Garrett Basch **R** Mabrouk El Mechri **B** Scott Wiper, John Petro **K** Remi Adefarasin **M** Lucas Vidal **S** Valerio Bonelli **D** Henry Cavill (Will Shaw), Bruce Willis (Martin), Sigourney Weaver (CIA-Agentin), Joseph Mawle (Gorman), Caroline Goodall (Laurie Shaw), Jim Piddock (Meckler), Rafi Gavron (Josh), Óscar Jaenada, Shira Scott Astrof (Sally), Emma Hamilton (Dara), Roschdy Zem, Verónica Echegui (Lucia), Colm Meaney (Bandler), Joseph Mawle (Gorman) **L** 93 **FSK** ab 16; f **E** 3.5.2012 / 20.9.2012 DVD & BD **fd** 41 032

The Collapsed
THE COLLAPSED
Während eine Massenhysterie das Land in Chaos und Anarchie versinken lässt, flüchtet eine Familie aufs Land, ohne damit dem Unheil entfliehen zu können. Ohne Budget realisierter Paranoia-Thriller, der kostengünstig eine diffuse Angst erzeugen will, dabei das Ganze gewalttätig mit der Handkamera auf Spielfilmlänge dehnt. Motto: «Auf was schießt Du? Ich weiß es nicht!»
Scope. Kanada 2011 **P** Unstable Ground Prod. **DVD** Edel Media (16:9, 2.35:1, DD5.1 engl./dt.) **BD** Edel Media (16:9, 2.35:1, dts-HD engl./dt.) **Pd** Kevin Hutchinson, Justin McConnell **R+B** Justin McConnell **K** Pasha Patriki **M** Rob Kleiner **S** Justin McConnell **D** John Fantasia (Scott Weaver), Steve Vieira (Aaron Weaver), Anna Ross (Rebecca Weaver), Lise Moule (Emily Weaver), Vincent Thomas (= Vincenzo Gicca Palli) (John Portmeyer), Stéfano Gallo (Phil Corddry), Rick Cordeiro (Ben Craven), Kassandra Santos (Karyn Marshall) **L** 79 **FSK** ab 18 **E** 2.10.2012 DVD & BD **fd** –

The Courier
THE COURIER
Ein Kurier, der für die Unterwelt von New Orleans tätig ist, soll einem Mann einen Koffer überbringen. Der Empfänger wurde bislang noch nie gesehen und möchte auch nicht gesehen werden. Kurzweiliger, originell besetzter Thriller der B-Kategorie, der trotz der nicht sonderlich originellen Geschichte für einige Überraschungen gut ist.
Scope. USA 2011 **P** Films in Motion **DVD** Constantin/Highlight (16:9, 2.35:1, DD5.1 engl./dt.) **BD** Constantin/Highlight (16:9, 2.35:1, dts-HD engl./dt.) **Pd** Conroy Chan Chi-Chung, Mike Gabrawy, Gary Hamilton, Vincent Newman, Dale Poniewaz, Jethro Rothe-Kushel, Tucker Tooley **R** Hany Abu-Assad **B** Brannon Coombs, Pete Dris **K** Antonio Calvache **M** Nima Fakhrara **S** William Steinkamp **D** Jeffrey Dean Morgan (der Kurier), Mickey Rourke (Maxwell), Til Schweiger (FBI-Agent), Lili Taylor (Mrs. Capo), Miguel Ferrer (Mr. Capo), Mark Margolis (Stitch), Josie Ho (Anna), Ajla Hodzic (Julia) **L** 91 **FSK** ab 18 **E** 22.3.2012 DVD & BD **fd** –

The Damned United – Der ewige Gegner
THE DAMNED UNITED
Bio-Pic über den früheren englischen Fußballprofi Brian Clough, der als junger Trainer Ende der 1960er-Jahre den bis dahin bedeutungslosen Club Derby County in die First Division und zum Titel führt. Im Rausch des Erfolgs überwirft er sich mit der Clubführung und wechselt zum Erzrivalen Leeds United. Sein dortiges Engagement erweist sich als Fehlgriff, weil ein Teil der Spieler ihm frühere Beschimpfungen und Provokationen nicht verziehen hat. Nach der historisch kurzen Amtszeit von 44 Tagen wird Clough entlassen. Mit einer vorzüglichen Darstellerriege inszenierte Verfilmung eines biografischen Romans, die mit viel Zeitkolorit die Atmosphäre der frühen 1970er-Jahre rekonstruiert. – Ab 16.
DVD/BD: Die FSK-Freigabe «ab 6» der DVD bezieht sich auf das Bonusmaterial (Trailer etc.), der Film selbst hat eine Freigabe «o.A.».
Großbritannien 2009 **P** Left Bank **DVD** Sony (16:9, 1.78:1, DD5.1 engl./dt.) **BD** Sony (16:9, 1.78:1, TruHD engl./dt.) **Pd** Andy Harries, Grainne Marmion, Lee Morris **R** Tom Hooper **B** Peter Morgan **Vo** David Peace (Roman *The Damned United / Damned United*) **K** Ben Smithard **M** Rob Lane (= Robert Lane) **S** Melanie Oliver **D** Michael Sheen (Brian Clough), Timothy Spall (Peter Taylor), Colm Meaney (Don Revie), Jim Broadbent (Sam Longson), Henry Goodman (Manny Cussins), David Roper (Sam Bolton), Jimmy Reddington (Keith Archer), Oliver Stokes (Nigel Clough) **L** 88 **FSK** o.A. **E** 25.2.2010 DVD & BD / 22.2.2012 SF 2 **fd** –

The Dark Knight Rises ★
THE DARK KNIGHT RISES
Acht Jahre nach den Ereignissen in THE DARK KNIGHT ist die Metropole Gotham um einiges sicherer und scheint Batman nicht mehr zu brauchen. Bis der Söldner Bane auftaucht und eine gewaltsame «Revolution des Volks» anzettelt. Der körperlich und

seelisch lädierte Batman scheint den perfiden Plan, die Stadt zu vernichten, nicht verhindern zu können. Bildgewaltiger Abschluss von Christopher Nolans BATMAN-Trilogie. Die spannungsvolle, auf aktuelle politische Verwerfungen rekurrierende Neuauflage des DC-Universums leidet an einigen wenig kohärenten Handlungsvolten; als Abschluss der «Heldenreise» seiner Titelfigur bietet der Film dennoch eine mitreißende Mischung aus emotionalem Pathos und fulminanter Action. – Ab 16.
DVD/BD: Die Standardausgabe (DVD) enthält keine erwähnenswerten Extras. Die umfangreiche BD enthält u. a. das Feature «Das Batmobil» (58 Min.) über die Genese des speziellen Automobils. Des Weiteren bietet die BD die Möglichkeit, 17 verschiedene Kurzfeatures einzeln anzuwählen, die sich zwischen drei und elf Minuten mit einem Teilaspekt des Produktionsprozesses beschäftigen (ingesamt 111 Min.). Die BD enthält auch eine Audiodeskription für Sehbehinderte, allerdings nur in englischer Sprache.
Die BD präsentiert den Film in seinen unterschiedlichen Formaten, die aus der Aufnahme sowohl auf 35mm als auch im 70mm-IMAX-Format resultieren. Das heißt, dass das 2.35:1-Bild nun nach oben und unten aufgezogen ist, was einem Bildformat von 1,78:1 entspricht, was ein deutliches «Mehr» an Bildinformationen bedeutet.
Die BD-Edition ist mit dem **Silberling 2012** ausgezeichnet.
Scope. USA/Großbritannien 2012 **P** DC Entertainment / Legendary Pictures / Syncopy / Warner Bros. Pictures **KI** Warner Bros. **DVD** Warner (16:9, 2.35:1, DD5.1 engl./dt.) **BD** Warner (16:9, 2.35:1/1.78:1, dts-HDMA engl, DD5.1 dt.) **Pd** Emma Thomas, Christopher Nolan, Charles Roven, Jordan Goldberg **R** Christopher Nolan **B** Jonathan Nolan, Christopher Nolan **Vo** Bob Kane (Charaktere) **K** Wally Pfister **M** Hans Zimmer **S** Lee Smith **D** Christian Bale (Bruce Wayne/Batman), Michael Caine (Alfred), Gary Oldman (Jim Gordon), Anne Hathaway (Selina Kyle/Catwoman), Tom Hardy (Bane), Marion Cotillard (Miranda Tate), Joseph Gordon-Levitt (John Blake), Morgan Freeman (Lucius Fox), Liam Neeson (Ra's Al Ghul), Juno Temple (Holly Robinson), Matthew Modine (Deputy Commissioner Foley) **L** 164 (24 B./sec.) / 158 (25 B./sec.) **FSK** ab 12; f **E** 26.7.2012 / 30.11.2012 DVD & BD **fd** 41 191

The Day – Fight. Or Die
THE DAY
Wenige Überlebende müssen sich in einem postapokalyptischen Fragment einer Gesellschaft nicht nur mit einer lebensfeindlichen Welt arrangieren, sondern sich auch mit barbarisch lebenden, zu Kannibalismus neigenden Überbleibseln der menschlichen Rasse auseinandersetzen. Auch formal um (Endzeit-)Stimmung bemühter Redneck-Horror, der die monochromen Bilder aus THE ROAD imitiert und zur simpel gestrickten Geschichte einer intakten Gruppe in einer feindlichen Umgebung verbrämt. Ein solider Low-Budget-Film, der versucht, seine Zielgruppe nicht zu unterfordern.
USA 2011 **P** Guy A. Danella Prod. **DVD** Splendid (16:9, 1.85:1, DD5.1 engl./dt.) **BD** Splendid (16:9, 1.85:1, dts-HD engl./dt.) **Pd** Guy Danella **R** Douglas Aarniokoski **B** Luke Passmore **K** Boris Mojsovski **M** Rock Mafia **S** Andrew Coutts **D** Shawn Ashmore (Adam), Ashley Bell (Mary), Michael Eklund (der Vater), Cory Hardrict (Henson), Dominic Monaghan (Rick), Shannyn Sossamon (Shannon), Brianna Barnes (Nikki), Kassidy Verreault (Ava) **L** 87 **FSK** ab 18 **E** 30.11.2012 DVD & BD **fd** –

The Deep Blue Sea ★
THE DEEP BLUE SEA
Im London der Nachkriegszeit verlässt eine Frau ihren Ehemann, einen Richter, um mit einem Ex-Piloten der Air Force zusammenzuleben. Das Glück, das ihr der Ausbruch aus der wohlsituierten, aber gefühlskalten Ehe und die neue Liebe verheißen, ist nur von kurzer Dauer. Elegische Passionsgeschichte einer Frau, die in den 1950er-Jahren eine erfüllte Liebesbeziehung jenseits moralischer Konventionen leben will, aber an vielfältigen Umständen scheitert. In dunklen Lichtstimmungen und matten Sepia-Tönen inszeniert, entfaltet sich der Film abseits einer konkreten Gesellschaftskritik als zeitloses Melodram über das Scheitern einer Liebe. – Ab 14.
USA/Großbritannien 2011 **P** Camberwell / Fly Films / Film4 / UK Film Council / Lipsync Prod. / Protagonist Pic. / Fulcrum Media Services / Artificial Eye **KI** Kinostar/Rialto (Schweiz) **Pd** Sean O'Connor, Kate Ogborn **R+B** Terence Davies **Vo** Terence Rattigan (Bühnenstück) **K** Florian Hoffmeister **S** David Charap **D** Rachel Weisz (Hester Collyer), Tom Hiddleston (Freddie Page), Simon Russell Beale (Sir William Collyer), Ann Mitchell (Mrs. Elton), Jolyon Coy (Philip Welch), Karl Johnson (Mr. Miller), Harry Hadden-Paton (Jackie Jackson), Sarah Kants (Liz Jackson), Oliver Ford Davies (Hesters Vater), Barbara Jefford (Collyers Mutter) **L** 98 **FSK** o.A.; f **E** 12.4.2012 Schweiz / 27.9.2012 **fd** 41 291

The Descendants – Familie und ★
andere Angelegenheiten
THE DESCENDANTS
Ein wohlhabender Anwalt auf Hawaii, dessen Ahnen auf die ersten Siedler der Inselgruppe zurückgehen, muss neu in seine Rolle als Vater zweier vernachlässigter Töchter hineinwachsen, als seine Frau nach einem Bootsunfall im Sterben liegt und ihm seine älteste Tochter offenbart, dass ihn die Mutter mit einem anderen Mann betrogen hat. Ein bewegender, ebenso trauriger wie heiterer Film über die Neuentdeckung von Familienwerten, der eindrucksvoll die komplexe Seelenlage des Vaters beschreibt. Souverän konterkariert er Tragisches mit Komischem und findet dabei stets die richtigen Ton, um die Geschichte vor naheliegenden sentimentalen Fallen zu bewahren. – Ab 14.
DVD/BD: Die Standardausgabe (DVD) enthält keine erwähnenswerten Extras. Die Extras der umfangreicheren BD enthalten u. a. ein Feature mit zwei im Film nicht verwendeten Szenen (6 Min.) sowie einige Kurzfeatures, die sich in erster Linie mit Regisseur und Hauptdarsteller beschäftigen. Die BD enthält eine Audiodeskription für Sehbehinderte, allerdings nur in englischer Sprache.
Scope. USA 2011 **P** Ad Hominem Enterprises **KI** Twentieth Century Fox **DVD** Fox (16:9, 2.35:1, DD5.1 engl./dt.) **BD** Fox (16:9, 2.35:1, dts-HDMA engl., dts dt.) **Pd** Jim Burke, Alexander Payne, Jim Taylor, George Parra **R** Alexander Payne **B** Alexander Payne, Nat Faxon, Jim Rash **Vo** Kaui Hart Hemmings (Roman *The Descendants / Mit deinen Augen*) **K** Phedon Papamichael **S** Kevin Tent **D** George Clooney (Matt

King), Shailene Woodley (Alexandra King), Amara Miller (Scottie King), Nick Krause (Sid), Patricia Hastie (Elizabeth King), Grace A. Cruz (Scotties Lehrerin), Beau Bridges (Vetter Hugh), Matt Corboy (Vetter Ralph), Michael Ontkean (Vetter Milo) **L** 115 **FSK** ab 12; f **FBW** bw **E** 26.1.2012 / 25.5.2012 DVD & BD **fd** 40 859

The Devil Inside
siehe: **Devil Inside – Keine Seele ist sicher**

The Devil's Double
THE DEVIL'S DOUBLE
Ein Offizier der irakischen Armee Husseins ähnelt Udai Hussein, dem Sohn des Diktators, und soll dem Grausamsten im Clan als «Platzhalter» dienen, wenn dieser Orgien oder ähnliche Dekadenzen abhält. Als sich der falsche Udai in eine Freundin des echten Udai verliebt, heißt es flüchten – ein aussichtsloses Unterfangen. Übles Horrorkabinett um «wahre Begebenheiten», in dem der Bösewicht derart überdreht agiert, dass Ernstes und Tragisches unfreiwillig komisch erscheinen. Somit konterkariert der Film seine Botschaft, die Fratze des Diktators wird stumpf, die Tragödie lächerlich. Für die wirklichen Opfer des Kriegs ein weiterer Dolchstoß, für die Überlebenden ein Affront.
DVD/BD: Die Extras umfassen u. a. einen Audiokommentar des Regisseurs. Belgien/Niederlande 2011 **P** Staccato Films / Corrino Media / Corsan **DVD** Falcom/Ascot Elite (16:9, 1.85:1, DD5.1 engl./dt., dts dt.) **BD** Falcom/Ascot Elite (16:9, 1.85:1 dts-HD engl./dt.) **Pd** Paul Breuls, Michael John Fedun, Emjay Rechsteiner, Catherine Vandeleene **R** Lee Tamahori **B** Michael Thomas **Vo** Latif Yahia **K** Sam McCurdy **M** Christian Henson **S** Luis Carballar **D** Dominic Cooper (Latif / Yahia / Udai Hussein), Ludivine Sagnier (Sarrab), Raad Rawi (Munem), Philip Quast (Saddam Hussein/Faoaz), Mimoun Oaissa (Ali), Khalid Laith (Yassem al-Hatun), Dar Salim (Azzam), Nasser Memarzia (Latifs Vater) **L** 104 **FSK** ab 16 **E** 17.9.2012 DVD & BD **fd** –

The Devil's Rock
THE DEVIL'S ROCK
Zwei neuseeländische Elitesoldaten sollen kurz vor der Invasion in Frankreich auf einer von den Deutschen besetzten Kanalinsel ein Geschütz ausschalten. Sie stoßen auf Spuren eines Massakers, einen verrückt wirkenden Überlebenden und eine angekettete Frau, die wie die Ehefrau eines der Soldaten aussieht. Handelsüblicher Horrorthriller mit trivialen Mystery-Anleihen, in dem sich die Protagonisten vor dem Hintergrund des Nazi-Terrors gegenseitig den Garaus bereiten.
DVD/BD: Erhältlich auch als FSK-ungeprüfte «Limited Edition» ('84 Entertainment), die BD & DVD enthält. Die hier enthaltene Fassung (DVD: 83 Min. = BD: 86 Min.) ist im Gegensatz zu den Einzel-Editionen ungeschnitten. Die FSK-Freigabe «ab 18» der DVD/BD bezieht sich auf das Bonusmaterial (Trailer etc.), der Film selbst hat eine Freigabe «ab 16».
Scope. Neuseeland/Großbritannien 2011 **P** Chameleon Pic. / Devil's Rock / New Zealand Film Commission / Severe Features **DVD** dtp/Great Movies (16:9, 2.35:1, DD5.1 engl./dt.) **BD** dtp/Great Movies (16:9, 2.35:1, dts-HD engl./dt.) **Pd** Leanne Saunders **R** Paul Campion **B** Paul Finch, Paul Campion, Brett Ihaka **K** Rob Marsh **M** Andrea Possee **S** Jeff Hurrell **D** Craig Hall (Capt. Ben Grogan), Matthew Sunderland (Col. Klaus Meyer), Gina Varela (Helena), Karlos Drinkwater (Sergeant Joe Tane), Luke Hawker (Private Müller), Jessica Grace Smith (Nicole), Nick Dunbar (Matrose) **L** 80 **FSK** ab 16 **E** 14.3.2012 DVD & BD **fd** –

The Divide – Die Hölle sind die anderen
THE DIVIDE
Ein Atombomben-Abwurf über New York lässt eine Gruppe von Überlebenden im Ungewissen darüber, ob die zivilisierte Welt fortbesteht. Auch im Mikrokosmos des Bunkers tun sich die Insassen bald schwer mit menschlichen Umgangsformen. Hollywood-Debüt des französischen Horrorspezialisten Xavier Gens (FRONTIER(s)), der mit prominenter Besetzung und drastischen, nihilistischen Gesellschaftsszenarien schockt.
Scope. USA/Kanada/Deutschland 2011 **P** Instinctive Film / Preferred Content / BR Group / Julijette / Ink Connection **DVD** Universum (16:9, 2.35:1, DD5.1 engl./dt.) **BD** Universum (16:9, 2.35:1, dts-HDMA engl./dt.) **Pd** Ross M. Dinerstein, Juliette Hagopian, Nathaniel Rollo, Darryn Welch, Eron Sheean **R** Xavier Gens **B** Karl Mueller, Eron Sheean **K** Laurent Barès **M** Jean-Pierre Taieb **S** Carlo Rizzo **D** Michael Biehn (Mickey), Milo Ventimiglia (Josh), Lauren German (Eva), Rosanna Arquette (Marilyn), Courtney B. Vance (Delvin), Ashton Holmes (Adrien), Iván González (Sam), Michael Eklund (Bobby) **L** 108 **FSK** ab 18 **E** 18.4.2012 DVD & BD **fd** –

The Double
THE DOUBLE
Nach der Ermordung eines Senators wird ein pensionierter CIA-Agent reaktiviert, weil er den vermeintlichen Täter, einen russischen Spion, schon einmal zur Strecke brachte. Ihm wird ein unerfahrener Agent zur Seite gestellt. Konventionell-belangloser Buddy-Thriller, der sich vergeblich um die Atmosphäre des Kalten Kriegs bemüht. – Ab 16.
DVD/BD: Die Extras umfassen u. a. einen Audiokommentar des Regisseurs und des Co-Drehbuchautors.
Scope. USA 2011 **P** Hyde Park Entertainment / Agent Two / Brandt-Haas Prod. / Imagenation Abu Dhabi FZ / Industry Entertainment **DVD** Concorde/Eurovideo (16:9, 2.35:1, DD5.1 engl./dt., dts dt.) **BD** Concorde/Eurovideo (16:9, 2.35:1, dts-HDMA engl./dt.) **Pd** Patrick Aiello, Ashok Amritraj, Andrew Deane, Derek Haas, Stephen Brunner, Manu Gargi **R** Michael Brandt **B** Michael Brandt, Derek Haas **K** Jeffrey L. Kimball **M** John Debney **S** Steve Mirkovich **D** Richard Gere (Paul Shepherdson), Topher Grace (Ben Geary), Martin Sheen (Tom Highland), Tamer Hassan (Bozlovski), Stephen Moyer (Brutus), Chris Marquette (Oliver), Odette Annable (= Odette Yustman) (Natalie Geary), Stana Katic (Amber) **L** 94 **FSK** ab 16 **E** 5.1.2012 DVD & BD **fd** –

The Echo
THE ECHO
Die Bewährung verlangt von einem wegen Totschlags verurteilten jungen Mann, dass er nicht weiter auffällig wird. Doch das ihm zugewiesene Apartment seiner kürzlich verstorbenen Mutter treibt den Introvertierten durch seltsame Geräusche und einen menschengleichen Schatten in den Wahnsinn. Auch die Nachbarn sind ihm nicht alle freundlich gesinnt. Vom

Regisseur des philippinischen Horrorfilms SIGAW selbst angefertigtes US-Remake, das sein Gespür für Angst einflößende Bilder überzeugend in ein westliches Setting überträgt. Das gepflegt gruselige Farb- und Ton-Design sowie das verhaltene Spiel der Darsteller prägen den wirkungsvollen Genrefilm.
DVD/BD: Die FSK-Freigabe «ab 18» der DVD bezieht sich auf das Bonusmaterial (Trailer etc.), der Film selbst hat eine Freigabe «ab 16».
Scope. USA 2008 **P** Vertigo Entertainment / RightOff Entertainment / Echo Prod. / QED International **DVD** Pandastorm/StudioCanal (16:9, 2.35:1, DD5.1 engl./dt., dts dt.) **BD** Pandastorm/StudioCanal (16:9, 2.35:1, dts-HDMA engl./dt.) **Pd** Doug Davison, Roy Lee, Tyler Mitchell, Shintaro Shimosawa, Will Wright, Irene Yeung **R** Yam Laranas **B** Eric Bernt, Shintaro Shimosawa **Vo** Yam Laranas und Roy Iglesias (Film SIGAW) **K** Matthew Irving **M** tomandandy **S** John Coniglio **D** Jesse Bradford (Bobby), Amelia Warner (Alyssa), Carlos Leon (Hector Rodriguez), Iza Calzado (Gina), Kevin Durand (Walter), Louise Linton (Katie), Jamie Bloch (Carly), Pruitt Taylor Vince (Joseph) **L** 96 **FSK** ab 16 **E** 4.12.2012 DVD & BD   **fd** –

The Eight Diagram Pole Fighters
WU LANG BA GUA GUN / THE EIGHT DIAGRAM POLE FIGHTERS
Die kampfgewandten Mitglieder einer regierungstreuen Familie werden ermordet, bis nur noch drei Brüder und eine Schwester übrig bleiben. Einer der Brüder zieht sich ins Kloster zurück, wird zum besten Kämpfer des Landes und stellt sich, als seine Schwester entführt wird, dem Entscheidungskampf. Zeitloser Martial-Arts-Film mit rasanten Kämpfen, der die große Zeit des Shaw-Brothers-Studios spiegelt. Der im Mittelpunkt stehende Star Alexander Fu Sheng kam während der Dreharbeiten ums Lebens, wodurch die Hauptrolle umbesetzt und das Drehbuch geändert werden musste. – Ab 16.
Hongkong 1984 **P** Shaw Brothers **KI** offen **Pd** Mona Fong **R** Liu Chia-Liang **B** Liu Chia-Liang, Ni Kuang **K** Tsao An-sung **M** Stephern Shing, Su Chen-hou **S** Chiang Hsing-Lung, Li Yen Hai **D** Gordon Liu (Yang Nr. 5), Hsiao Ho (Yang Nr. 4), Lily Li (Mrs. Yang), Alexander Fu Sheng (Yang Nr. 6), Johnny Wang Lung-wei (Yeh Li-Lin), Phillip Ko (Tempelmönch) **L** 97 **E** 22.10.2012 Tele 5   **fd** –

The End of Time ☆
THE END OF TIME
Bildprächtiger Essay-Film über die Zeit als Bedingung menschlich-irdischen Seins. Er führt an Orte, an denen der Zeit eine besondere Bedeutung zukommt, und zu Menschen, die sich intensiv mit der Zeit als Vorstellung auseinandersetzen. Betörend schön fotografiert, trägt er seine Thesen mit traumtänzerischer Sicherheit und philosophischer Gewichtung vor, ist in persönlichen Momenten jedoch auch erfrischend lebensnah und bodenständig. – Sehenswert ab 16.
Schweiz / Kanada / Frankreich 2012 **P** maximage / Grimthorpe Film / NFB / SRF / RG / ARTE **KI** Look Now! (Schweiz) **Pd** Gerry Flahive, Brigitte Hofer, Cornelia Seitler, Ingrid Veninger **R+B** Peter Mettler **K** Peter Mettler, Camille Budin, Nick de Pencier **M** Gabriel Scotti, Vincent Hänni, Richie Hawtin, Robert Henke, Autechre, Thomas Koner, Constanza Francavilla, Christos Hatzis, Bruno Degazio **S** Roland Schlimme, Peter Mettler **L** 109 **FSK** – **E** 11.10.2012 Schweiz   **fd** 41 325

The Exchange ☆
HAHITHALFUT
Ein junger, glücklich liierter Israeli entdeckt unvermittelt, dass man das Leben auch aus einer gänzlich anderen Perspektive betrachten kann. Vorsichtig beginnt er, das enge Gehäuse seines Alltags aufzubrechen und der routinierten Langeweile zu entfliehen. Ein spannender, beinahe existenzialistischer Film, der zwischen stiller Freude und wachsender Beklommenheit angesichts des Eigenlebens der Dinge oszilliert und in eine beunruhigende Meditation über die Rituale des Daseins mündet. – Sehenswert ab 16.
Israel / Deutschland 2011 **P** July August Prod. / Pandora Films **KI** Pandora **Pd** Eran Kolirin, Eylon Ratzkovsky, Yossi Uzrad, Guy Yekuel, Karl Baumgartner **R+B** Eran Kolirin **K** Shai Goldman **S** Arik Lahav-Liebovitch (= Arik Leibovitch) **D** Rotem Keinan (Oded), Sharon Tal (Tami), Dov Navon (Yoav), Chirili Deshe (Yael) **L** 98 (24 B./sec.) / 95 (25 B./sec.) **FSK** ab 12; f **E** 6.9.2012   **fd** 41 293

The Expendables 2
THE EXPENDABLES 2
Eine Söldnertruppe wird (nach THE EXPENDABLES, 2010) zum zweiten Mal auf eine Mission geschickt: In Albanien soll eine Ladung Plutonium geborgen werden. Für die interessiert sich auch eine Schurkenbande, die den Schützling des «Expendables»-Anführers auf dem Gewissen hat. Die marginale Handlung des martialischen Action-Parcours dient primär dazu, der illustren Darstellerriege Raum für darstellerische Kabinettstückchen zu schaffen. Das weitgehend sinnfreie, mitunter recht rüde Spektakel lebt dabei von der selbstironischen Selbstdarstellung der gealterten Action-Helden, die mit stoischer Lässigkeit, mal müde, mal «altersweise», mal selbstverliebt mit ihren Rollen sowie den Mustern des Genres kokettieren.
DVD/BD: Die Extras der Standard-DVD (Leih- und Kauffassung) umfassen u. a. einen Audiokommentar des Regisseurs. Die «Limited Special Uncut Edition» (2 DVDs sowie BD) enthält zudem ein Feature mit fünf im Film nicht verwendeten Szenen (4 Min.) sowie eine Reihe von Kurzfeatures zum Film; bemerkenswert hier: «Big Guns bigger Heroes : Die 80er – Auferstehung des Action-Films», (24 Min.), «Gods of War : Die mächtigsten Antihelden der Welt» (20 Min.) und «Guns for Hire: Die echten Expendables» (24 Min.). Die Standard BD enthält u. a. den Audiokommentar, die nicht verwendeten Szenen sowie das Feature «Big Guns bigger Heroes : Die 80er – Auferstehung des Action-Films» (24 Min.). Des Weiteren sind noch diverse Sammler-Editionen mit Sticker, Banner etc. erhältlich, die aber kein weiteres filmisches Bonusmaterial enthalten. Die «Limited Special Uncut Edition» (2 DVDs sowie BD) ist mit dem Silberling 2013 ausgezeichnet.
Scope. USA 2012 **P** Millennium Films / Nu Image Films **KI** Splendid **DVD** Splendid (16:9, 2.35:1, DD5.1 engl./dt.) **BD** Splendid (16:9, 2.35:1, dts-HDMA7.1 engl., dts dt.) **Pd** Basil Iwanyk, Avi Lerner, Danny Lerner, Kevin King Templeton, John Thompson, Les Weldon, Matthew O'Toole **R** Simon West **B** Richard Wenk, Sylvester Stallone **Vo** David Callaham (Charak-

tere) **K** Shelly Johnson **M** Brian Tyler **S** Todd E. Miller **D** Sylvester Stallone (Barney Ross), Jason Statham (Lee Christmas), Liam Hemsworth (Bill «The Kid» Timmons), Bruce Willis (Chuch), Arnold Schwarzenegger (Trench), Jean-Claude Van Damme (Jean Vilain), Jet Li (Yin Yang), Chuck Norris (Booker), Dolph Lundgren (Gunnar Jensen), Charisma Carpenter (Lacy), Terry Crews (Hale Caesar), Randy Couture (Toll Road), Yu Nan (Maggie) **L** 103 **FSK** ab 18; f **E** 30.8.2012 / 25.1.2013 DVD & BD
fd 41 236

The First Rasta ✱
THE FIRST RASTA / LE PREMIER RASTA
Dokumentarfilm über den Jamaikaner Leonard Percival Howell (1898–1981), dessen spirituelle und politische Ansichten den Grundstein der Rastafari-Bewegung legten. Er rekonstruiert Howells Leben mit Hilfe des nur spärlich vorhandenen Archivmaterials sowie von Interviews und einer Voice-Over-Erzählung, zeigt seine Verbindung zu politischen und kulturellen Strömungen seiner Zeit auf und verbindet dies mit einem Blick auf das heutige Jamaika. Ein differenziertes Porträt, das Klischees der Rastafari-Bewegung unterläuft. – Ab 16.
Frankreich/Mauritius 2010 **P** Kidam **KI** Neue Visionen **Pd** Alexandre Perrier, Percy Yip Tong **R** Hélène Lee, Christophe Farnarier (Co-Regie) **B** Hélène Lee **K** Christophe Farnarier **M** Fred Gremeaux, Jean-Christophe Caron **S** Nini Ranaivoarivony **L** 89 (24 B./sec.) / 86 (25 B./sec.) **FSK** o.A.; f **E** 26.4.2012 **fd** 41 046

The First Ride of Wyatt Earp
WYATT EARP'S REVENGE
Ein berüchtigter Gangster erschießt versehentlich eine berühmte Sängerin und setzt sich mit seinem Bruder in den Süden ab. Musenfreund Wyatt Earp, Marshall von Dodge City, macht sich an die Verfolgung, hat aber in diesem Teil des Landes keine gesetzliche Handhabe. Als Lebenserinnerung des gealterten Helden abwechslungsreich erzählter Western, der geschickt die Gesetze des Genres bedient. – Ab 16.
USA 2011 **P** Feifer Worldwide **DVD** Sony (16:9, 1.78:1, DD5.1 engl./dt.) **BD** Sony (16:9, 1.78:1, dts-HDMA engl./dt.) **Pd** Barry Barnholtz, Michael Feifer, Jeffrey Schenck, Peter Sullivan **R** Michael Feifer **B** Darren B. Shepherd **K** Roberto Schein **M** Andres Boulton **S** Sean Olson **D** Shawn Roberts (junger Wyatt Earp), Val Kilmer (alter Wyatt Earp), Trace Adkins (Mifflin Kenedy), Daniel Booko (Steve Kenedy), Matt Dallas (Bat Masterson), Steven Grayhm (Sam Kenedy), Scott Whyte (Charlie Bassett), Levi Fiehler (Bill Tilghman) **L** 93 **FSK** ab 12 **E** 26.4.2012 DVD & BD **fd** –

The Four
SI DA MING BU
In der Hauptstadt der Song-Dynastie ruft eine Geldfälscher-Bande die Staatsmacht auf den Plan. Vier geheimnisvolle Superhelden – der Springer, der Kraftkämpfer, der Stratege und die Telepathin – und ihre übermenschlichen Martial-Arts-Fähigkeiten sind gefordert, wobei ihnen eine Horde Zombies das (Über-)Leben zusätzlich schwer macht. Opulent ausgestatteter Mittelalter-Fantasy-Film, der mit eindrucksvoll choreografierten Kampfeinlagen, überbordendem Einfallsreichtum sowie mit viel Spielwitz unterhält.
Scope. VR China / Hongkong 2012 **P** Enlight Pic. **DVD** Splendid (16:9, 2.35:1, DD5.1 Mandarin/dt.) **BD** Splendid (16:9, 2.35:1, dts-HDMA Mandarin/dt.) **Pd** Gordon Chan, Abe Kwong **R** Gordon Chan, Janet Chun **K** Lai Yui-Fai **M** Henry Lai **S** Chan Ki-hop **D** Yifei Liu (Shong Yayu), Collin Chou (= Sing Ngai) (Tie Yourda), Ronald Cheng (Cui Lueshang), Deng Chao (Leng Lingqi), Anthony Wong (Zhuge Zhenwo), Jiang Yiyan (Ji Yaohua), Wu Xiu-Bo (An Shigeng), Anna Fang (Butterfly) **L** 119 **FSK** ab 16 **E** 13.12.2012 DVD **fd** –

The Front Line – Der Krieg ist nie zu Ende
GO-JI-JEON
Als ein Offizier der südkoreanischen Armee in der Endphase des Bürgerkriegs 1953 von einem Soldat aus den eigenen Reihen erschossen wird, will ein Geheimdienstoffizier die Hintergründe der Tat klären. Wohl durchdachtes, ambitioniert inszeniertes Drama, das den Charakteren eine individuelle Geschichte verleiht und durch kluge Subtexte die wenig bekannten geschichtlichen Hintergründe erhellt. – Ab 16.

DVD/BD: Erhältlich als DVD, 2D BD und 2D/3D BD.
3D. Südkorea 2011 **DVD** NewKSM (16:9, 1.85:1, DD5.1 korea./dt.) **BD** NewKSM (16:9, 1.85:1, dts-HDMA korea./dt.) **R** Jang Hun **B** Park Sang-yeon **K** Kim Woo-hyung **M** Dal Pa-lan, Jang Young-Kyu **S** Kim Jae-bum, Kim Sang-beom **D** Shin Ha-kyun (Kang Eun-pyo), Go Su (Kim Soo-hyeok), Ryu Seung-su (Oh Gi-yeung), Ko Chang-Seok (Yang Hyo-sam), Lee Jwhoon (Shin I-young), Jin-woong **L** 128 **FSK** ab 16 **E** 10.2.2012 DVD & BD **fd** –

The Ghostmaker
THE GHOSTMAKER / BOX OF SHADOWS
Ein Student und seine Freunde geraten an einen mit einem mysteriösen Mechanismus ausgestatteten Sarg, der Menschen über die Grenzen des Lebens hinausblicken lässt. Die Nahtoderfahrung bringt bald die gefährlichsten Impulse und Wünsche zum Vorschein und führt an eine absolute Grenze. Solider Geisterfilm, der weniger auf blutige Effekte als auf gediegenen Grusel zwischen Steampunk und Edgar Allan Poe setzt, sein bescheidenes Budget aber dennoch nicht inszenatorisch überzeugend auszugleichen versteht. – Ab 16.
Scope. USA 2011 **P** Fotocomics Prod. **KI** Los Bandidos **Pd** Scott Rudolph, Vincent Rocca, Fabio Segatori **R** Mauro Borrelli **B** Mauro Borelli, Scott Svatos **K** Eric G. Petersen (= Eric Gustavo Petersen) **M** José J. Herring, Christopher Young (Hauptthema) **S** Charles Bornstein, Daniel Capuzzi **D** Aaron Dean Eisenberg (Kyle), Liz Fenning (Julie), J. Walter Holland (Sutton), Jared Grey (Platt), Domiziano Arcangeli (Marcus), Jeffrey Damnit (Jerrod), Hans Uder (Armaddan), Wes Aderhold (junger Mann), Ruby Staley (junge Frau) **L** 94 (24 B./sec.) / 91 (25 B./sec.) **FSK** ab 16 (DVD) **E** 29.11.2012 **fd** 41 396

The Good Guy – Wenn der Richtige der Falsche ist
THE GOOD GUY
Ein junger, dynamischer New Yorker setzt für seine berufliche Karriere seine zwischenmenschliche Beziehung aufs Spiel. Nun heißt es kämpfen, ganz besonders, weil sich die Freundin ausgerechnet in seinen Arbeitskollegen verguckt. Anspruchslose Liebeskomödie. Bekannte Gesichter aus dem

Fernsehserien-Mittelfeld erheitern auf bewährt unglaubwürdige Weise ein romantisch veranlagtes Zielpublikum. – Ab 16.
USA 2009 **P** Belladonna / Whitest Pouring Films **DVD** Universum (16:9, 1.85:1, DD5.1 engl./dt.) **BD** Universum (16:9, 1.85:1, dts-HDMA engl./dt.) **Pd** Rene Bastian, Julio DePietro, Linda Moran **R+B** Julio DePietro **K** Seamus Tierney **M** tomandandy **S** Ray Hubley **D** Alexis Bledel (Beth Vest), Scott Porter (Tommy Fielding), Anna Chlumsky (Lisa), Colin Eggesfield (Baker), Bryan Greenberg (David Seaver), Andrew McCarthy (Cash), Kate Nauta (Cynthia), Trini Alvarado (Sylvia) **L** 87 **FSK** ab 12 **E** 28.3.2012 DVD & BD **fd** –

The Grey – Unter Wölfen ☆
THE GREY
Ein Einzelgänger, der nach dem Tod seiner Frau des Lebens überdrüssig ist, verdingt sich als Scharfschütze bei einer Ölgesellschaft im hohen Norden Alaskas. Nach einem Flugzeugabsturz wird er zum Anführer einer Gruppe von Männern, die sich in winterlichen Schneestürmen gegen eine Meute hungriger Wölfe verteidigen muss. Die kluge Inszenierung sowie die überzeugenden Darsteller machen die Abenteuer-Geschichte zunehmend durchlässig und verdichten sie zu einer Meditation über Verlust und Tod; somit weicht der Film auf ernstzunehmende Weise von den üblichen Klischees des Actiongenres ab. – Sehenswert ab 16.
DVD/BD: Die Extras umfassen u.a. einen Audiokommentar mit Joe Carnahan, Cutter Roger Barton und Jason Hellmann sowie ein Feature mit im Film nicht verwendeten Szenen (22 Min.).
Scope. USA 2012 **P** Liddell Ent. / Scott Free Prod. **KI** Universum **DVD** Universum (16:9, 2.35:1, DD5.1 engl./dt.) **BD** Universum (16:9, 2.35:1, dts-HDMA engl./dt.) **Pd** Jules Daly, Joe Carnahan, Ridley Scott, Mickey Liddell, Tony Scott, Douglas Saylor jr. **R** Joe Carnahan **B** Joe Carnahan, Ian Mackenzie Jeffers **Vo** Ian Mackenzie Jeffers (Kurzgeschichte *Ghost Walker*) **K** Masanobu Takayanagi **M** Marc Streitenfeld **S** Roger Barton, Jason Hellmann **D** Liam Neeson (Ottway), Frank Grillo (Diaz), Dermot Mulroney (Talget), Dallas Roberts (Henrick), Joe Anderson (Flannery), Nonso Anozie (Burke), James Badge Dale (Lewenden), Ben Hernandez Bray (Hernandez), Anne Openshaw (Ottways Frau) **L** 117 **FSK** ab 16; f **E** 12.4.2012 / 22.8.2012 DVD & BD **fd** 41 004

The Guardians
GUARDIANS
Eine Provinzgemeinde wird von Monstern aller Art terrorisiert, was die «Guardians» auf den Plan ruft, eine Gruppe von Geisterjägern, die seit Urzeiten dieser Profession nachgeht. Sie bekommen es mit einem Gegner zu tun, der früher in ihren Reihen kämpfte und nun die Seiten gewechselt hat. Trivialer Horrorfilm der üblichen Art, in dem Übernatürliches mit geballter Feuerkraft und überlegener Technik bekämpft wird.
USA 2009 **P** Lightning Rod Studios / Shoreline **DVD** ApollonFilms/KNM (16:9, 1.78:1, DD2.0 engl., DD5.1 dt.) **Pd** Dan Kattman, Jake Wittke **R+B** Drew Maxwell **K** Lance Catania **M+S** Drew Maxwell **D** Chris Bell (Alan), Ben Budd (Kevin), Tylan Canady (Mike), Eric Cherney (Steve), Nick Driessen (der Junge), Tracy Hannemann (Karen), Sally Huynh (Mika), Matt Kemple (Josh) **L** 87 **FSK** ab 16 **E** 26.1.2012 DVD **fd** –

The Hike – Ausflug ins Grauen
THE HIKE
Das teure Cabrio ist gepackt und und soll eine Gruppe junger hübscher Frauen in ein abgelegenes Waldstück für ein Beisammensein in freier Natur bringen. Ungeplant ist ein Treffen mit drei Männern, noch ungeplanter, dass sich diese als Sadisten mit eindeutigen Absichten erweisen. Spätestens jetzt muss eine der Frauen, eine traumatisierte Afghanistan-Soldatin, ihre Agonie überwinden. Billige britische Variante des «Rape & Revenge»-Terrorfilms, der es an Brutalitäten nicht mangelt.
Großbritannien 2011 **P** Bad Panda Films / Motion Picture House / The Hike Film **DVD** WGF/Schröder-Media (16:9, 2.35:1, DD2.0 engl., dts-HD dt.) **BD** WGF/Schröder-Media (16:9, 2.35:1, dts-HD2.0 engl., dts-HD dt.) **Pd** Rupert Bryan, Ben Loyd-Holmes **R** Rupert Bryan **B** Rupert Bryan, Ben Loyd-Holmes **K** James Friend **S** Kelvin Hutchins **D** Zara Phythian (Kate), Barbara Nedeljáková (Torri), Jemma Bolt (Charlie), Lisa-Marie Long (Ellie), Shauna MacDonald (Helen), Ben Loyd-Holmes (Ethan), Tamer Hassan (Dean), Daniel Caren (Johnny) **L** 83 **FSK** ab 18 **E** 6.6.2012 DVD & BD **fd** –

The Hunt – Menschenjagd
THE HUNT
Ein Journalist wittert die Story des Jahres, als er auf einen dekadenten Club stößt, der Jagdveranstaltungen mit entführten Passanten durchführt. Als er sich in den Geheimbund einschmuggelt, ahnt er nicht, auf welches Himmelfahrtskommando er sich einlässt. Die Vorbilder des Sadisten-Krimis gehen bis GRAF ZAROFF – GENIE DES BÖSEN zurück; doch die moderne, sich im Übermaß an Gewalttätigkeiten goutierende Variante des Themas Menschenjagd ist mit zu großen Logikbrüchen versehen, um mit den Vorbildern auch nur annähernd konkurrieren zu können.
Scope. Frankreich 2012 **DVD** WGF/Schröder-Media (16:9, 2.35:1, DD5.1 frz./dt.) **BD** WGF/Schröder-Media (16:9, 2.35:1, dts-HDMA frz./dt.) **R** Thomas Sczepanski **D** Clara Vallet, Jellali Mouina, Sarah Lucide **L** 77 (24 B./sec.) / 74 (25 B./sec.) **FSK** ab 18 **E** 22.11.2012 DVD & BD **fd** –

The Hunter ☆
THE HUNTER
Ein Konzern schickt einen wortkargen, eigenbrötlerischen Mann nach Tasmanien, der Jagd auf ein eigentlich ausgestorbenes Tier machen soll: den Tasmanischen Tiger. Der Jäger gerät dabei nicht nur mit konkurrierenden Interessengruppen in Konflikt, sondern auch mit sich und seinem Auftrag, da er sich auch einer Witwe und ihrer beiden kleinen Kindern annimmt. Melancholischer Abenteuerfilm, der durch seine geduldige Inszenierung die Entwicklung des Protagonisten mit hoher Glaubwürdigkeit skizziert und bildgewaltig das gebrochene Verhältnis von Mensch und Natur ins Visier nimmt. – Sehenswert ab 14.
DVD/BD: Die Extras umfassen u.a. ein ausführliches vierteiliges «Making of» (31 Min.).
Scope. Australien 2011 **P** Porchlight Films / Screen Australia **DVD** Ascot/Elite (16:9, 2.35:1, DD5.1 engl./dt., dts dt.) **BD** Ascot/Elite (16:9, 2.35:1, dts-HDMA engl./dt.) **Pd** Vincent Sheehan **R** Daniel Nettheim **B** Alice Addison

Vo Julia Leigh **K** Robert Humphreys **M** Andrew Lancaster, Michael Lira, Matteo Zingales **S** Roland Galllois **D** Willem Dafoe (Marttin David), Frances O'Connor (Lucy Armstrong), Sam Neill (Jack Mindy), Sullivan Stapleton (Doug), Callan Mulvey (Jagd-Rivale), Jacek Koman (Middleman), Dan Wyllie (Spieler), Morgana Davies (Sass Armstrong) **L** 105 **FSK** ab 12 **E** 4.6.2012 DVD & BD **fd** 41 227

The Incident
THE INCIDENT
Der für die Finanzierung ihrer Rock-Star-Träume notwendige Nebenjob in der Kantine einer Nervenheilanstalt wird für ein Trio zum Albtraum, als nach einem nächtlichen Stromausfall die Insassen außer Kontrolle geraten. Fesselnder, dicht inszenierter Terror-Thriller, der stilsicher und mit meist schräger Kameraführung den klaustrophobischen Schrecken einfängt.
DVD/BD: Die Extras umfassen u. a. ein ausführliches Interview (32 Min.) und ein «Q & A» (9 Min.) mit dem Regisseur.
Scope. USA/Frankreich/Belgien 2011 **P** Artémis Prod. / Marquis Prod. / Vertigo Entertainment / WY Prod. **DVD** Koch (16:9, 2.35:1, DD5.1 engl./dt., dts dt.) **BD** Koch (16:9, 2.35:1, dts-HDMA engl./dt.) **Pd** Wassim Béji, Emile Châtel, Doug Davison, Roy Lee **R** Alexandre Courtès **B** S. Craig Zahler **K** Laurent Tangy **M** Christophe Chassol **S** Baxter **D** Rupert Evans (George), Kenny Doughty (Max), Joseph Kennedy (Ricky), Dave Legeno (J.B.), Anna Skellern (Lynn), Richard Brake (Harry), Darren Kent (Pete), Marcus Garvey (William) **L** 81 **FSK** ab 18 **E** 20.7.2012 DVD & BD **fd** –

The Innkeepers – Hotel des Schreckens
THE INNKEEPERS
Das letzte Wochenende vor Schließung eines alten Hotels bemüßigt die zwei verbliebenen Mitarbeiter einem Gerücht nachzugehen, nach dem in dem Haus eine Frau erscheint, die sich einst hier aus Liebeskummer das Leben nahm. Ausgestattet mit Kamera und Mikrofon starten sie ihre Streifzüge – mit fatalen Folgen. Stimmungsvoll inszenierter Horrorfilm, der die Spannungsschraube behutsam anzieht und sich viel Zeit nimmt, die «Opfer» des Spuks zu charakterisieren. Daraus resultiert nachvollziehbarer stiller Schrecken, der durch einen brillanten Ton- und Musikeinsatz ins Mark trifft. – Ab 16.
DVD/BD: Der in 2D produzierte und auf 3D konvertierte Film ist als Bluray in 2D und 3D erhältlich. Die FSK-Freigabe «ab 18» der DVD/BD bezieht sich auf das Bonusmaterial (Trailer etc.), der Film selbst hat die Freigabe «ab 16».
3D. Scope. USA 2011 **P** Dark Sky Films / Glass Eye Pix **DVD** Sunfilm (16:9, 2.35:1, DD5.1 engl./dt.) **BD** Sunfilm (16:9, 2.35:1, dts-HDMA7.1 engl./dt.) **Pd** Derek Curl, Larry Fessenden, Peter Phok, Ti West **R+B** Ti West **K** Eliot Rockett **M** Jeff Grace **S** Ti West **D** Sara Paxton (Claire), Pat Healy (Luke), Kelly McGillis (Leanne Rease-Jones), Alison Bartlett (Gayle, wütende Mutter), Jake Ryan (Junge), Lena Dunham (Barista), George Riddle (alter Mann), Brenda Cooney (Madeline O'Malley) **L** 106 **FSK** ab 16 **E** 6.12.2012 DVD & BD **fd** –

The Job
THE JOB
Ein Mann sucht eine ordentliche Arbeit, als ihm ein seriös wirkender Makler den Job seines Lebens anbietet: 100.000 Dollar für einen Mord, den das Opfer zudem selbst will. Doch eine kriminelle Laufbahn hat viele Stolpersteine, selbst wenn man sie nur kurz einschlägt. Nett gemeintes, dramaturgisch aber langatmiges Antihelden-Kino zwischen Krimi und Komödie. – Ab 16.
DVD/BD: Neben der Standard 2D auf BD auch als für den Heimkinomarkt erstellte 3D-Variante erhältlich.
3D. USA 2009 **P** Kiki Goshay Prod. **DVD** Blockbuster/Lighthouse (16:9, 1.78:1, DD5.1 engl./dt.) **BD** Blockbuster/Lighthouse (16:9, 1.78:1, DD5.1 engl./dt.) **Pd** Shem Bitterman, Kiki Goshay **R+B** Shem Bitterman **K** John Foster **M** Enis Rotthoff **S** Stephen Mark **D** Patrick John Flueger (= Patrick Flueger) (Bubba), Ron Perlman (Jim), Taryn Manning (Joy), Joe Pantoliano (Perriman), Mark Harelik (Martin), Gregory Itzin (Mr. D), Katie Lowes (Connie), Jack Kehler (Zeke) **L** 98 **FSK** ab 16 **E** 15.6.2012 DVD & BD **fd** –

The Lady
THE LADY / DANS LA LUMIÈRE
Biografischer Film über die birmanische Politikerin Aung San Suu Kyi, die sich für eine Demokratisierung ihres Landes einsetzte und dafür von der Militär-Junta unter Hausarrest gestellt und von ihrer Familie getrennt wurde. Er verschränkt die Jahre nach 1988, als Suu Kyi ins von Demonstrationen erschütterte Rangun reiste, mit den späten 1990er-Jahre, die von ihrer Trennung von Ehemann und Söhnen gezeichnet sind. Das eher blutleere Porträt ist bemüht, die bewundernswerte Friedensnobelpreisträgerin als moralisch makellose Heldin zu zeichnen, behauptet jedoch die Erschütterungen der Figuren mehr als dass er sie nachfühlbar macht. – Ab 14.
Scope.Frankreich/Großbritannien2011 **P** Europa Corp. / Left Bank Pic. / France 2 Cinéma **Kl** Universum **DVD** Universum (16:9, 2.35:1, DD5.1 engl./dt.) **BD** Universum (16:9, 2.35:1, dts-HDMA engl./dt.) **Pd** Virginie Besson-Silla (= Virginie Silla), Andy Harries, Luc Besson, Jean Todt **R** Luc Besson **B** Rebecca Frayn **K** Thierry Arbogast **M** Eric Serra **S** Julien Rey **D** Michelle Yeoh (Aung San Suu Kyi), David Thewlis (Michael Aris), Jonathan Raggett (Kim), Jonathan Woodhouse (Alex), Susan Wooldridge (Lucinda), Benedict Wong (Karma), Htun Lin (General Ne Win), Agga Poechit (Than Shwe) **L** 133 **FSK** ab 12; f **E** 5.4.2012/1.8.2012 DVD & BD **fd** 40 989

The Lady – Ein geteiltes Herz
siehe: **The Lady**

The Last Friday – Al juma al akheira ★
AL JUMA AL AKHEIRA / LE DERNIER VENDREDI
Ein jordanischer Taxifahrer, der die Wechselfälle des Lebens mit stoischer Gelassenheit nimmt, fiebert einer Operation in wenigen Tagen entgegen, ohne zu wissen, wie er das Geld dafür aufbringen soll. Der sehr persönliche, vorzüglich fotografierte Film gewährt Einblicke in den arabischen Alltag und zeigt einen Underdog, dem wenig Handlungsspielraum bleibt. Lakonisch inszeniert, getragen von schwarzem Humor sowie intensiven Bezügen zu den sozialen Gegensätzen des Landes. – Ab 14.

Jordanien/Vereingte Arabische Emirate 2011 **P** The Royal Filmcommission Jordan **KI** trigon-film (Schweiz) **R** Yahya Alabdallah **B** Yahya Alabdallah, Miguel Machalski **K** Rachel Aoun **M** Le Trio Joubran **S** Annemarie Jacir, Mohammad Suleiman **L** 88 **FSK** – **E** 22.11.2012 Schweiz fd –

The Liverpool Goalie oder: ☆
Wie man die Schulzeit überlebt!
KEEPER'N TIL LIVERPOOL
Ein 13-jähriger Junge, der nach dem Tod seines Vaters von seiner Mutter zu übergroßer Vorsicht erzogen wird, versucht, an ein legendäres Fußball-Sammelbild zu kommen, um sein nicht sonderlich hohes Ansehen in seiner Klasse, vor allem aber bei einer hübschen Mitschülerin zu steigern. Einfallsreiche, erfrischend originell erzählte Komödie um einen «nerdigen» Außenseiter, der in den Wirren der Pubertät um Anerkennung kämpft. Hinter den herrlichen Off-Kommentaren und witzig surrealen Einsprengseln offenbart sich eine einfühlsame und respektvolle Auseinandersetzung mit kindlicher Unsicherheit, mit Wünschen und Neurosen. – Sehenswert ab 10.
Norwegen 2010 **P** 4 1/2 Film **KI** Drei Freunde **DVD** EuroVideo (16:9, 1.78:1, DD5.1 norw./dt.) **Pd** Håkan Øverås, Karin Julsrud **R** Arild Andresen **B** Lars Gudmestad **Vo** Lars Mæhle (Roman *Der tunesische Torwart*) **K** Gaute Gunnari **M** Aslak Hartberg **S** Jon Endre Mørk **D** Ask van der Hagen (Jo Idstad), Susanne Boucher (Mari Lien), Mathis Asker (Einar), Andrine Sæther (Else), Jostein Sranes Brox (Tom-Erik), Tore Sagen (Lehrer), Kyrre Hellum (Steinar) **L** 87 **FSK** ab 6; f **E** 15.3.2012 / 11.10.2012 DVD fd 40960

The Lucky One – Für immer der Deine
THE LUCKY ONE
Ein junger US-Soldat sucht nach seinem Irak-Einsatz eine Frau, deren Foto ihm, wie er glaubt, im Krieg das Leben gerettet hat. Als er sie irgendwo in den Südstaaten findet, verdingt er sich auf ihrer Hundefarm, ohne seine Gefühle zu offenbaren. Einen Sommer lang kommen sich die beiden näher, doch ihr Glück wird von ihrem Ex-Mann bedroht. Kitschige Schmonzette, getragen von naiver Romantik; ärgerliche Dramatisierungen verschieben den Kitsch in zynische Schwarz-Weiß-Malerei und patriotisches Pathos. – Ab 16.
Scope. USA 2012 **P** DiNovi Pic. / Langley Park Prod. **KI** Warner Bros. **DVD** Warner (16:9, 2.35:1, DD5.1 engl./dt.) **BD** Warner (16:9, 2.35:1, dts-HDMA engl, DD5.1 dt.) **Pd** Denise Di Novi, Kevin McCormick, Kerry Heysen **R** Scott Hicks **B** Will Fetters **Vo** Nicholas Sparks (Roman *The Lucky One*) **K** Alar Kivilo **M** Mark Isham, Hal Lindes **S** Scott Gray **D** Zac Efron (LoganThibault), Taylor Schilling (Beth Green), Blythe Danner (Ellie Green), Riley Thomas Stewart (Ben), Jay R. Ferguson (Deputy Keith Clayton), Adam Lefevre (Richter Benjamin Clayton), Sharon Morris (Miller), Robert Hayes (Victor Miles), Jillian Batherson (Amanda), Keith Clayton **L** 101 **FSK** ab 12; f **E** 26.4.2012 / 31.8.2012 DVD & BD fd 41065

The Magic of Belle Isle – Ein verzauberter Sommer
THE MAGIC OF BELLE ISLE
Nach einer erfolgreichen Karriere als Western-Autor ist ein in die Jahre gekommener Schriftsteller dem Alkohol und den Verbreiten von zynischen Lebensweisheiten zugetan. Das ändert sich, als der Griesgram durch nette Menschen und Verwandte von nebenan neuen Lebensmut schöpft. Meeresluft und die Beschaulichkeit eines Sommers auf dem Land wirken Wunder, wenn alles in schöne Farben getaucht und von liebenswerten Menschen bevölkert wird. Ein Wohlfühl-Drama mit ernsten Zwischentönen, das zu versiert konstruiert daherkommt, um mitreißen zu können. – Ab 12.
USA 2012 **P** Castle Rock Entertainment / Fireband / Magnolia Pic. / Revelations Entertainment / Voltage Pic. **DVD** Lighthouse (16:9, 1.78:1, DD5.1 engl./dt.) **BD** Lighthouse (16:9, 1.78:1, dts-HD engl./dt.) **Pd** Nicolas Chartier, Alan Greisman, Lori McCreary, Salli Newman, Rob Reiner, David Valdes **R** Rob Reiner **B** Guy Thomas, Rob Reiner **K** Reed Morano **M** Marc Shaiman **S** Dorian Harris **D** Morgan Freeman (Monte Wildhorn), Virginia Madsen (Charlotte O'Neil), Madeline Carroll (Willow O'Neil), Kenan Thompson (Henry), Emma Fuhrmann (Finnegan O'Neil), Nicolette Pierini (Flora O'Neil), Ash Christian (Carl Loop), C.J. Wilson **L** 109 **FSK** o.A. **E** 23.11.2012 DVD & BD fd –

The Man of a Thousand Songs ☆
RON HYNES: THE MAN OF A THOUSAND SONGS
Dokumentarfilm über den kanadischen Sänger und Songwriter Ron Hynes (geb. 1950), in dessen autobiografischen Liedern sich die Erfahrungen eines Musikers verdichten, der in seinem Leben viele Fehler gemacht und schwere Krisen durchlitten hat. Die außergewöhnliche Musikdokumentation spürt dem Wechselverhältnis von Biografie und Musik nach, wobei sie von nostalgischen Ausflügen ins Ton- und Filmarchiv wohltuenden Abstand hält. Der Privatmensch Hynes bleibt gleichwohl hinter seiner Künstlerpersona verborgen. (O.m.d.U.) – Ab 14.
Kanada 2010 **P** Picture Plant / Get Set Films **KI** Eclipse **Pd** Terry Greenlaw, Jordan Canning **R+B** William D. MacGillivray **K** Kent Nason **M** Ron Hynes **S** Andrew MacCormack **L** 94 **FSK** o.A.; f **E** 22.3.2012 .fd 40968

The Man with the Iron Fists
THE MAN WITH THE IRON FISTS
China im 19. Jahrhundert: Ein afroamerikanischer Schmied gerät in Streitigkeiten, die verschiedene Martial-Arts-Clans um einen Goldschatz austragen. Zum zentralen Schauplatz wird ein Edelbordell, dessen Besitzerin ebenso in die Ereignisse verstrickt ist wie ein englischer Lebemann. Hommage ans Hongkong-Genrekino mit ins Groteske spielenden, exaltiert-brutalen Kampfszenen und stilistischen Rückgriffen auf die 1970er-Jahre, die allzu hektisch und wirr geraten ist. Der Aufwand an Ausstattung und Kampfchoreografien wirkt so bisweilen verschwendet und ist womöglich einer von den Plänen des Regisseurs abweichenden Schnittfassung geschuldet. – Ab 16.
Scope. USA/Hongkong 2012 **P** Arcade Pic. / Iron Fists **KI** Universal **Pd** Marc Abraham, Eric Newman, Eli Roth **R** RZA **B** Eli Roth, RZA **K** Chan Chi Ying **M** Howard Drossin **S** Joe D'Augustine **D** RZA (Blacksmith), Rick Yune (Zen Yi, X-Blade), Russell Crowe (Jack Knife), Lucy Liu (Madame Blossom), David Bautista (Brass Body), Jamie Chung (Lady Silk), Cung Le (Bronze Lion), Byron Mann (Sil-

ver Lion), Daniel Wu (Poison Dagger), Telly Liu (Iron Lion), Pam Grier (= Pamela Grier) (Jane) **L** 95 (24 B./sec.) / 92 (25 B./sec.) **FSK** ab 16; f **E** 29.11.2012 **fd** 41 402

The Mercenary
THE MERCENARY
Ein Mann hat einen Koffer voller Geld in seinen Besitz gebracht. In Bangkok verliebt er sich in eine Zwangsprostituierte, will sie in ihr Dorf zurückbringen und mit dem Geld wohltätige Zwecke erfüllen. Dadurch macht er sich einen Gangsterboss und seine Erfüllungsgehilfen zu Todfeinden. Konturarmer Actionfilm, der die beiden parallel verlaufenden Handlungsstränge nicht unter einen Hut bringt. – Ab 16.
USA 2010 **P** Lunaflux Prod. **DVD** Lighthouse / Mr. Banker (16:9, 1.78:1, DD5.1 engl./dt.) **BD** Lighthouse/ Mr. Banker (16:9, 1.78:1, dts-HDMA engl./dt.) **Pd** Jeremiah Hundley, Daniel Zirilli, Sasisupa Sungvaribud, Jude S. Walko, Edward Conna, Arrattana Nualkhair **R** Jeremiah Hundley, Daniel Zirilli **B** Jeremiah Hundley, D. Glase Lomond **K** Anka Malatynska **M** Sean Schafer Hennessy **S** Jeremiah Hundley **D** Danny Trejo (Aroon), Gary Daniels (Sebastian Riker), Johnny Lee (Lonny Smith), Tommy «Tiny» Lister (= Tommy «Tiny» Lister jr.) (Tinby Delaney), Bai Ling (Kyo), Damon Whitaker (Dock Bagley), Winston Sefu (Dr. Pong) **L** 89 **FSK** ab 16 **E** 10.2.2012 DVD & BD **fd** –

The Monk
siehe: **Der Mönch**

The Music Never Stopped
THE MUSIC NEVER STOPPED
Ein junger Mann hat aufgrund eines Hirntumors sein Kurzzeitgedächtnis verloren und lässt sich nur noch mit der Musik der späten 1960er-Jahre aus seinem katatonischen Zustand herauslocken – mit Songs, mit denen seine letzten verbliebenen Erinnerungen assoziiert sind. Um Zugang zu ihrem Sohn finden, müssen sich seine Eltern auf die Musik einlassen, die sie einst von ihm entzweite. Dramatisierung eines Essays von Oliver Sacks, die ihre Figuren auf bloße Repräsentanten ihrer Ära reduziert und sich zudem in sentimentalen Effekten verliert. – Ab 12.
DVD/BD: Die Extras der BD umfassen u. a. einen Audiokommentar des Regisseurs sowie ein Feature mit im Film nicht verwendeten Szenen.
Scope. USA 2011 **P** Essential Pic./Mr. Tamborine Man **KI** Senator **DVD** Universum (16:9, 2.35:1, DD5.1 engl./dt.) **BD** Universum (16:9, 2.35:1, dts-HDMA engl./dt.) **Pd** Greg Johnson, Jim Kohlberg, Peter Newman, Julie W. Noll, George Paaswell **R** Jim Kohlberg **B** Gwyn Lurie, Gary Marks **Vo** Oliver Sacks (Essay *The Last Hippie*) **K** Stephen Kazmierski **M** Paul Cantelon **S** Keith Reamer **D** J.K. Simmons (Henry Sawyer), Lou Taylor Pucci (Gabriel Sawyer), Cara Seymour (Helen Sawyer), Julia Ormond (Dr. Dianne Daly), Mia Maestro (Celia), Tammy Blanchard (Tamara), Scott Adsit (Dr. Biscow), James Urbaniak (Mike Tappin), Max Antisell (junger Gabriel), Ryan Karels (Bernie) **L** 105 **FSK** o.A.; f **E** 29.3.2012 / 1.8.2012 DVD & BD **fd** 40 975

The Nines ★
THE NINES
Ein Schauspieler ist nach einem Alkoholdelikt mit einer elektronischen Fußfessel an sein Heim gekettet (THE PRISONER); ein Drehbuchautor verliert jeden Bezug zur Realität (REALITY TELEVISION); ein Videospieldesigner will sich während eines Familienausflugs Klarheit über seine Zukunft verschaffen (KNOWING). Verschachtelter, dabei ausgesprochen effektvoll inszenierter, vorzüglich gespielter Episodenfilm. Besonders aus dem Zusammenwirken der Episoden ergibt sich eine faszinierende Reflexion über Identitätsverlust und Identitätsfindung. – Ab 16.
DVD/BD: Die Extras umfassen u. a. einen Audiokommentar des Regisseurs und des Darstellers Ryan Reynolds sowie einen Audiokommentar mit dem Regisseur, dem Cutter Douglas Crise und der Darstellerin Melissa McCarthy. Des Weiteren enthalten ist der mit dem Audiokommentar des Regisseurs versehene Kurzfilm GOD (12 Min.) sowie ein Feature mit im Film nicht verwendeten Szenen (10 Min.).
USA 2007 **P** Destination Films / Jinks-Cohen Comp. **DVD** Koch (16:9, 1.85:1, DD5.1 engl./dt., dts dt.) **BD** Koch (16:9, 1.85:1, dts-HDMA engl./dt.) **Pd** Bruce Cohen, Dan Etheridge, Dan Jinks, Todd King **R+B** John August **K** Nancy Schreiber **M** Alex Wurman **S** Douglas Crise **D** Ryan Reynolds (Gary/Gavin/ Gabriel), Hope Davis (Sarah/Susan/ Sierra), Melissa McCarthy (Margaret/ Melissa/Mary), Elle Fanning (Noelle), David Denman, Octavia Spencer, Ben Falcone, Dahlia Salem **L** 95 **FSK** ab 12 **E** 24.2.2012 DVD & BD **fd** –

The One Warrior
THE ONE WARRIOR
Bevor er den großen Lord des Reichs herausfordern darf, muss ein wackerer Krieger einige Prüfungen im Land der Drachen und Zauberer überstehen, um zu beweisen, dass er tatsächlich jener magische Krieger ist, der das Land vom Joch des Bösen befreit. Ein im Computerspielmodus abgedrehter Fantasy-Actionfilm der billigsten Machart. Auch als Vehikel für Martial-Arts-Star Jason David Frank eine Zumutung. – Ab 16.
USA 2011 **DVD** Sunfilm (16:9, 1.85:1, DD5.1 engl./dt., dts dt.) **BD** Sunfilm (16:9, 1.85:1, dts-HDMA7.1 engl./ dt.) **Pd** John Graham, David A. Prior, Keith Tippit **R** Tom Stout **B** David A. Prior **K** Keith Tippit **M** Larry Groupé **D** Dominic Keating (Merlin), James Russo (Claudius), Jason David Frank (One Warrior), Brent Henry (Brutus), Tara Kleinpeter (Sklavin) **L** 86 **FSK** ab 16 **E** 4.10.2012 DVD & BD **fd** –

The Other Europeans in: ★
Der zerbrochene Klang
Dokumentarfilm über ein Projekt, das Roma-Musiker und jüdische Klezmer-Musiker auf der gemeinsamen Suche nach dem «zerbrochenen» Klang einer vormals gemeinsamen Musikkultur zusammenführt. Zwar stellt er den Leiter des Projekts etwas zu sehr ins Zentrum und verzichtet dabei auf eine eigenständigere Perspektive; gleichwohl lehrt es anregend das Zuhören und konfrontiert mit spannenden Fragen der Musiker, die der eigenen musikkulturellen Identität gelten, aber auch der Existenz als Künstler zwischen Leidenschaft und materiellen Notwendigkeiten. (O.m.d.U.) – Ab 14.
Deutschland 2011 **P** 1meter60 Film **KI** 1meter60 Film **Pd** Yvonne Andrä **R** Yvonne Andrä, Wolfgang Andrä **B** Yvonne Andrä **K** Wolfgang Andrä **S** Wolfgang Andrä **L** 129 **FSK** o.A.; f **E** 19.4.2012 **fd** 41 012

The Pact
THE PACT
Das Haus ihrer Kindheit ist einer jungen Frau nicht nur wegen des Todes ihrer Mutter in schlechter Erinnerung; nun sind auch noch ihre Cousine und ihre Schwester in den Zimmern des schäbigen Hauses spurlos verschwunden. Zusammen mit einem Medium und einem Polizisten geht sie dem Mysterium auf die Spur und entdeckt einen Geist sowie sein Geheimnis. Geisterhorror mit Anleihen bei japanischen Vorbildern, aber ohne deren Schreckens- und Verstörungsdichte. – Ab 16.
DVD/BD: Die Extras umfassen u.a. einen Audiokommentar des Regisseurs.
USA 2012 **P** Preferred Content **DVD** Ascot/Elite (16:9, 1.85:1, DD5.1 engl./dt., dts dt.) **BD** Ascot/Elite (16:9, 1.85:1, dts-HDMA engl./dt.) **Pd** Ross M. Dinerstein, Jaime Burke **R+B** Nicholas McCarthy **K** Bridger Nielson **M** Ronen Landa **S** Adriaan van Zyl **D** Caity Lotz (Annie), Casper van Dien (Bill Creek), Agnes Bruckner (Nicole), Mark Steger (Charles), Haley Hudson (Stevie), Kathleen Rose Perkins (Liz), Sam Ball (Gilles), Dakota Bright (Eva) **L** 89 **FSK** ab 16 **E** 22.10.2012 DVD & BD **fd** –

The Prodigies
THE PRODIGIES
Ein milliardenschwerer Konzernchef adoptiert einen Jungen aus ärmlichen Verhältnissen, der übersinnliche Fähigkeiten sein Eigen nennt. Als der Wohltäter stirbt und dessen Tochter als neue Chefin die Fähigkeiten der «Mutanten» vergolden will, kommt es zum Eklat. Zusammen mit einer Gruppe «Gleichgesinnter» beginnt der Junge, die «normalen» Menschen zu hassen. Aufwändig gestalteter, dabei allzu steril geratener CGI-Trickfilm nach einem französischen Comic. – Ab 16.
DVD/BD: Erhältlich auf BD als 2D/3D-Hybrid. als Die Extras umfassen u.a. ein ausführliches «Making of» (34 Min.).
3D. Frankreich/Indien/Belgien/Kanada/Luxemburg/Großbritannien 2011 **P** Fidélité Films / Onyx Films / Studio 37 **DVD** Capelight (16:9, 1.78:1, DD5.1 engl./dt.) **BD** Capelight (16:9, 1.78:1, dts-HDMA engl., dts-HDMA7.1 dt.) **Pd** Jim Burton, Olivier Delbosc, Aton Soumache, Alexis Vonarb, Frédérique Dumas-Zajdela, Geneviève Lemal, Alexandre Lippens, Marc Missonnier **R** Antoine Charreyron **B** Alexandre de la Patellière, Matthieu Delaporte **Vo** Bernard Lenteric (Roman) **M** Klaus Badelt **S** Sébastien Prangère, Vincent Tabaillon, Benjamin Weill **L** 91 **FSK** ab 16 **E** 19.9.2012 DVD & BD **fd** –

The Raid
SERBUAN MAUT / THE RAID: REDEMPTION
Eine Elite-Einheit der Polizei in Jakarta dringt in ein Hochhaus ein, in dem sich der Kopf des organisierten Verbrechens mit seinen Schergen aufhält. Das Gebäude ist jedoch wie eine Festung ausgerüstet und droht für die Männer zur Todesfalle zu werden. Geradliniger Actionfilm, der seine schlichte Handlung rasant und ohne Schnörkel entfaltet und ein spannendes Bedrohungsszenario aufbaut. Auch wenn die perfekt choreografierte Bildsprache um einiges vielschichtiger ist als bei vergleichbaren Genrefilmen, verstören die extremen Gewaltszenen.
Indonesien/USA 2011 **P** Pt. Merantau Films / XYZ Films **KI** Koch Media **DVD** Koch (16:9, 1.78:1, DD5.1 indon./dt., dts dt.) **Pd** Gareth Huw Evans (= Gareth Evans), Ario Sagantoro **R+B** Gareth Huw Evans (= Gareth Evans) **K** Matt Flannery **M** Aria Prayogi, Joseph Trapanese, Fajar Yuskemal **S** Gareth Evans **D** Iko Uwais (Rama), Joe Taslim (Jak), Doni Alamsyah (Andi), Yayan Ruhian (Mad Dog), Pierre Gruno (Wahyu), Ray Sahetapy (Tama), Tegar Satrya (Bowo), Lang Darmawan (Gofar) **L** 101 (24 B./sec.) / 97 (25 B./sec.) **FSK** ab 18; f **E** 12.7.2012 **fd** 41 161

The Raven – Prophet des Teufels
THE RAVEN
Mitte des 19. Jahrhunderts erschüttern bizarre Morde die feine Gesellschaft von Baltimore. Indizien deuten darauf hin, dass der Mörder sich die Geschichten des hier lebenden, unglücklich verliebten Schriftstellers Edgar Allan Poe zum Vorbild nimmt. Die Polizei zählt den Autor zu den Verdächtigen, doch der schwebt selbst in Gefahr. Brillant ausgestatteter, mit stimmiger Filmmusik versehener historischer Krimi, dessen betuliche, mitunter wirre Inszenierung freilich auf Kosten der Spannung geht. Gleichwohl ein angenehm konservatives Schauerstück, in dem die mitunter drastischen Effekte ans moderne Mainstream-Kino erinnern. – Ab 16.
DVD/BD: Die Extras enthalten u.a. ein Feature mit sechs im Film nicht verwendeten Szenen (10 Min.). Des Weiteren enthalten sind u.a. die Featurettes «The Raven Guts: Bringing Death to Life» (14 Min.) und «The Madness, Misery & Mistery of Edgar Allan Poe» (10 Min.).
Scope. USA/Ungarn/Spanien 2012 **P** Intrepid Pic. / FilmNation Entertainment / Galavis Film / Pioneer Pic. / Relativity Media **DVD** Universum (16:9, 2.35:1, DD5.1 engl./dt.) **BD** Universum (16:9, 2.35:1, dts-HDMA engl./dt.) **Pd** Marc D. Evans, Trevor Macy, Aaron Ryder, Richard Sharkey **R** James McTeigue **B** Ben Livingston, Hannah Shakespeare **K** Danny Ruhlmann **M** Lucas Vidal **S** Niven Howie **D** John Cusack (Edgar Allan Poe), Luke Evans (Detective Fields), Alice Eve (Emily Hamilton), Brendan Gleeson (Captain Hamilton), Kevin McNally (Maddox), Oliver Jackson-Cohen (John Cantrell), Jimmy Yuill (Captain Eldridge), Sam Hazeldine (Ivan) **L** 106 **FSK** ab **E** 7.11.2012 DVD & BD **fd** –

The Real American – Joe McCarthy★
Ein Versuch des Historikers und Filmwissenschaftlers Lutz Hachmeister, US-amerikanische Geschichte filmisch neu zu schreiben: In einer Mischung aus Dokumentation, Zeitzeugen-Aussagen und nachgestellten Spielszenen beschreibt er Aufstieg und Fall des umstrittenen US-Senators Joseph McCarthy (1908–1957). Daraus entwickelt sich eine thematisch interessante, in der fließenden Integration von nachgedrehten Spielszenen ins Wochenschau-Material durchaus beeindruckende Aufbereitung, die eher eine akribische Dokumentation für politische Seminare als ein auch visuell adäquat verdichteter Kinofilm ist. (Teils O.m.d.U.) – Ab 14.
Teils schwarz-weiß. Deutschland 2011 **P** HMR Prod. **KI** Real Fiction **Pd+R** Lutz Hachmeister **B** Lutz Hachmeister, Simone Höller **K** Hajo Schomerus **M** Jewgeni Birkhoff **S** Mechthild Barth **D** John Sessions (Joseph McCarthy), Justine Waddell (Jean Kerr), Trystan Gravelle (Roy Cohn), James Garnon (Richard Nixon), Philip Bulcock (Alvin Spirak), Tim Ahern

(Allen Welsh Dulles), Ryan McCluskey (William Bundy), Shawn Lawton (John G. Adams), Esther Zimmering (Mary Driscoll), Cosima Shaw (Louise), Jesse Inman (Francis Carr) **L** 98 **FSK** ab 6; f **E** 12.1.2012 **fd** 40841

The River Murders – Blutige Rache
THE RIVER MURDERS
Die Morde an verheirateten Frauen offenbaren einen Zusammenhang: Alle Opfer waren zuvor mit dem die Ermittlungen leitenden Polizisten liiert. Fürs FBI eine vertrackte Sache, avanciert doch der Cop damit zum Hauptverdächtigen. Dieser muss gefährliche Wege gehen, um seine Unschuld zu beweisen. Prominent besetzt, nimmt der Thriller viel zu spät Fahrt auf, um sich von vergleichbaren Einheitskrimis abzuheben.
USA 2011 **P** March On Prod. / Mudflap Films / North by Northwest **DVD** Universum (16:9, 1.78:1, DD5.1 engl./dt.) **BD** Universum (16:9, 1.78:1, dts-HDMA engl./dt.) **Pd** Steve Anderson, Rich Cowan, Jason Mckee, Sarah Ann Schultz, Daniel Toll, Taye Voye **R** Rich Cowan **B** Steve Anderson **K** Dan Heigh **M** Pinar Toprak **S** Jason A. Payne **D** Ray Liotta (Jack Verdon), Ving Rhames (Cap. Langley), Christian Slater (Agent Vukovitch), Gisele Fraga (Ana Verdon), Sarah Ann Schultz (Jenny Thames), Michael Rodrick (John Lee), Melora Walters (Agent Glover), Chris Leblanc (Det. Soter) **L** 88 **FSK** ab 16 **E** 19.9.2012 DVD & BD **fd –**

The Road Uphill
THE ROAD UPHILL
Dokumentarfilm über die in Luxemburg geborenen Brüder Andy und Fränk Schleck, die als zwei der besten Profi-Radfahrer der Welt gelten. Er fokussiert sich auf die Beteiligung ihres Teams an der prestigeträchtigen «Tour de France» 2011 und beschreibt den Alltag eines Profi-Radfahrer-Teams, das an physische, mentale und emotionale Grenzbereiche stößt. – Ab 16.
Luxemburg 2012 **P** Paul Thiltges Distributions **Kl** mindjazz **DVD** Mindjazz (16:9, 1.85:1, DD5.1 dt.) **Pd** David Grumbach, Paul Thiltges **R+B** Jean-Louis Schuller **K** Jean-Louis Schuller, Olivier Koos **M** André Dzieźuk **S** Felix Sorger **FSK** o.A. **E** 1.7.2012 DVD **fd –**

The Running Dead
DEAD SEASON
Die Welt ist von Zombies verseucht. Einzig auf einer einsamen Insel hofft eine Gruppe von Überlebenden, sich ein eigenes kleines Paradies aufbauen zu können. Als hätten die Macher die Fernsehserie LOST gesehen und dabei Goldings Roman *Herr der Fliegen* gelesen, bevor sie sich überlegten, einen Horrorfilm mit Zombies zu drehen. Das Ergebnis ist ein überflüssiger Endzeitfilm mit Zombies auf einer Insel.
DVD/BD: Erhältlich als DVD, 2D BD und 2D/3D BD. Die dt. Fassung ist gegenüber der Originalfassung um etwa eine Minute eingeschnitten.
USA 2012 **DVD** KSM (16:9, 1.78:1, DD5.1 engl./dt.) **BD** KSM (16:9, 1.78:1, dts-HDMA engl./dt.) **Pd** Adam Deyoe, Loren Semmens, Carly Bodmer, Marc L. Fusco **R** Adam Deyoe **B** Adam Deyoe, Joshua Klausner, Loren Semmens **K** Jeffrey Peters **M** Louis Chalif **S** Adam Deyoe, Loren Semmens **D** James C. Burns (Kurt Conrad), Scott Peat (Elvisd), Marissa Merrill (Tweeter), Corsica Wilson (Rachel Conrad), Marc L. Fusco (Tommy), Todd Pritchett (Todd), Grant Beijon (Alex Waterman), Kevin O. Matta (Jason) **L** 87 **FSK** ab 18 **E** 10.8.2012 DVD & BD **fd –**

The Samaritan
siehe: **Der Samariter – Tödliches Finale**

The September Issue – Hinter den Kulissen von «Vogue» ★
THE SEPTEMBER ISSUE
Der Regisseur durfte für seinen Dokumentarfilm erstmals überhaupt in der Redaktion der Modezeitschrift *Vogue* filmen. Er beobachtet die Konzeption und Herstellung der September-Ausgabe 2007, die mit fünf Pfund Gewicht die bis dahin schwerste Einzelausgabe eines Zeitschriftenmagazins war, und begleitet die Journalistin und Chefredakteurin Anna Wintour auf Modeschauen. Er vermittelt einen faszinierenden Einblick ins Handwerk der Magazin-Herstellung und bietet zugleich einen Blick hinter die Kulissen der Modewelt. – Ab 14.
USA 2009 **P** A&E IndieFilms / Actual Reality Pic. **DVD** Universum (16:9, 1.78:1, DD5.1 engl./dt.) **Pd** R.J. Cutler, Eliza Hindmarch, Sadia Shepard, Mary Lisio **R** R.J. Cutler **K** Robert Richman **M** Craig Richey **S** Azin Samari, Jessica Schilling **L** 88 **FSK** o.A. **E** 26.8.2011 DVD / 2.3.2012 arte **fd –**

The Sex of Angels
EL SEXO DE LOS ÁNGELES
Ein junger Mann führt eine glückliche Beziehung mit seiner Geliebten, bis er einen anderen Mann kennen lernt und sich auf eine Affäre mit ihm einlässt. Nachdem die junge Frau beide in flagranti ertappt hat, schlittern sie in eine Dreiecksbeziehung. Deren Schilderung beschränkt sich weitgehend auf Sexszenen und plattitüdenhafte Dialoge, weshalb das Verhältnis an der Oberfläche dahinplätschert und sich in Belanglosigkeiten verliert. (O.m.d.U.)
Scope. Spanien/Brasilien 2012 **P** Continental Prod. / Dream Team Concept / CCFBR Produções / TVG **Kl** Pro-Fun **DVD** Pro-Fun (16:9, 2.35:1, DD5.1 span.) **Pd** Pancho Casal, Jordi Mendieta, Bob Costa, Leonel Vieira **R** Xavier Villaverde **B** Ana Maroto **K** Sergi Gallardo **M** Eduardo Molinero **S** Guillermo Represa **D** Astrid Bergès-Frisbey (Carla), Llorenç González (Bruno), Álvaro Cervantes (Rai), Sonia Mendez (Marta), Julieta Marocco (Maria), Lluïsa Castell (Nuria), Marc Garcia Coté (Adrián) **L** 105 (24 B./sec.) / 101 (25 B./Sec.) **FSK** ab 16; f **E** 8.11.2012 / 14.12.2012 DVD **fd** 41395

The Shrine
THE SHRINE
Eine kanadische Journalistin will in Polen das Verschwinden etlicher Touristen klären. Sie und ihr Freund, ein Fotograf, stoßen auf eine Mauer des Schweigens sowie einen Ausbund an fremdenfeindlichkeit; in einem dauervernebelten Wald werden sie mit vorchristlichen Ritualen konfrontiert. Der durchaus beachtliche, zunächst verhalten erzählte Horrorfilm nimmt gegen Ende deutlich Fahrt auf und entrichtet seinen genreüblichen Blutzoll.
DVD/BD: Erhältlich als DVD, 2D BD und 2D/3D BD.
3D. Kanada 2010 **P** Wesley Clover Media / Brookstreet **DVD** Splendid (16:9, 1.78:1, DD5.1 engl./dt.) **BD** Splendid (16:9, 1.78:1, dts-HD engl./dt.) **Pd** J. Michael Dawson **R** Jon Knautz **B** Jon Knautz, Brendan Moore **K** James Griffith **M** Ryan Shore **S** Matthew Brulotte **L** 81 **FSK** ab 18 **E** 27.1.2012 DVD & BD **fd –**

The 6th Extinction
THE 6TH EXTINCTION
Am Ende der Menschheit stehen vier Menschen dem Vampir-Fürst und seiner Streitmacht gegenüber. Entgegen aller Logik wissen sie sich ihrer Haut zu wehren. Billig-Horrorfilm mit massiven Actioneinlagen, der sich ganz in den Grenzen des Genres bewegt.
DVD/BD: Die FSK-Freigabe «ab 18» der DVD bezieht sich auf das Bonusmaterial (Trailer etc.), der Film selbst hat eine Freigabe «ab 16».
USA 2009 **P** Evil Genius Entertainment **DVD** WVG (16:9, 1.78:1, DD5.1 engl./dt.) **R** John Vincent **D** Eric Maurer, Mahssa Rashidy, Michael Bugard **L** 89 **FSK** ab 16 **E** 26.1.2012 DVD   **fd** –

The Sound of Heimat – Deutschland singt!
siehe: **Sound of Heimat**

The Storm – Die große Klimakatastrophe
siehe: **Megastorm**

The Substance – Albert Hofmanns LSD ★
THE SUBSTANCE – ALBERT HOFMANNS LSD
Spannender Dokumentarfilm über die Geschichte des LSD und seinen Schweizer Entdecker Albert Hofmann. Eine ebenso unterhaltsame wie informative Zusammenstellung aus Archivfilmmaterial und Interviews mit Zeitzeugen, die faktenreich dem Umgang mit dem bewusstseinsverändernden Stoff seit seiner Entdeckung in den 1940er-Jahren nachspürt und dabei reizvoll veranschaulicht, wie man den psychedelischen Rausch im Film darzustellen versuchte. – Ab 14.
Schweiz 2011 **P** ventura film / RSI / Teleclub AG / Lichtblick / Spotlight **KI** Frenetic (Schweiz)/mindjazz **Pd** Andres Pfaeffli, Elda Guidinetti **R+B** Martin Witz **K** Pio Corradi, Patrick Lindenmaier **M** Marcel Vaid **S** Stefan Kälin **L** 96 (24 B./sec.) / 93 (25 B./sec.) **FSK** ab 12; f **E** 17.11.2011 Schweiz / 17.5.2012   **fd** 40752

The Swell Season – Die Liebesgeschichte nach Once
THE SWELL SEASON
Dokumentation, die in der die (Liebes-)Geschichte eines Straßenmusikers und einer Immigrantin in Dublin aus der musikalischen Filmromanze ONCE (2006) fortgeführt wird: Tatsächlich hatten sich die Darsteller während der Dreharbeiten ineinander verliebt und brachen zu einer mehrjährigen Konzerttournee auf. Konzipiert als emotionaler Insider-Bericht, ist der Film für Kenner des Spielfilms von Jim Carney eine durchaus berührende Wiederbegegnung mit den Darstellern von einst, die mit ihrer Performance über Nacht berühmt wurden. – Ab 14.
DVD/BD: Die sog. «Collector's Edition» (2 DVDs) enthält zudem den Film ONCE.
USA/Irland/Tschechien 2011 **P** Elkcreek Cinema **DVD** StudioCanal (16:9, 1.78:1, DD5.1 engl.) **BD** StudioCanal (16:9, 1.78:1, dts-HD engl.) **Pd** Carlo Maribella-Davis **R** Nick August-Perna, Chris Dapkins, Carlo Mirabella-Davis **M** Glen Hansard, Markéta Irglová **S** Chris Dapkins **L** 88 **FSK** o.A. **E** 18.9.2012 DVD & BD   **fd** –

The Sword and the Sorcerer 2
TALES OF AN ANCIENT EMPIRE / ABELAR: TALES OF AN ANCIENT EMPIRE
20 Jahre lag eine Vampir-Tochter als Staub in einem Steinsarg, nun wird sie zu neuem Leben erweckt und rächt sich am einst von ihrem Vater okkupierten, nun freien Königreich Abelar. Mit ihrem damaligen Besieger hat sie einen Sohn gezeugt, der sich nun im Kampf gegen die eigene Mutter für Frieden und Freiheit einsetzt. Triviale Mischung aus Schwertkampf und Vampir-Fantasy mit schlechten Kampfchoreografien, alternden Action-Stars und weiblichen Models, die außer ihrer Schönheit nichts zu bieten haben. – Ab 16.
DVD/BD: Erhältlich als DVD, 2D BD und 2D/3D BD.
3D. USA 2010 **P** New Tales **DVD** NewKSM (16:9, 2.35:1, DD5.1 engl./dt.) **BD** NewKSM (16:9, 2.35:1, dts-HDMA engl./dt.) **Pd** Nicholas Celozzi, Cynthia Curnan, Sazzy Lee Calhoun, Christopher Curnan **R** Albert Pyun **B** Cynthia Curnan **K** Philip Alan Waters **M** Anthony Riparetti (= Tony Riparetti) **S** David Lamb **D** Melissa Ordway (Prinzessin Tanis), Matthew Willig (Gigant Iberian), Whitney Able (Xia), Kevin Sorbo (Aedan), Ralf Moeller (= Ralph Moeller) (General Hafez), Jennifer Siebel Newsom (Königin Ma'at), Lee Horsley (Talon) **L** 87 **FSK** ab 16 **E** 8.6.2012 DVD & BD   **fd** –

The Sword Identity
WO KOU DE ZONG JI / THE SWORD IDENTITY
In der Ming-Dynastie wird eine kleine Hafenstadt von vier Kampfschulen beherrscht, die eine weitere Schule nur unter der Bedingung duldet, dass ein neuer Lehrer je einen Vertreter der Schulen im Kampf besiegt. Da der Bewerber ein magisches Schwert zu haben scheint, wird er als Pirat gebrandmarkt und für vogelfrei erklärt. Komplex gebauter, klug choreografierter Abenteuer- und Historienfilm mit erfreulich wenig Pathos, der durch seine üppige Ausstattung sowie einen dezent komödiantischen Zungenschlag unterhält. – Ab 14.
VR China 2011 **P** Gootime Cultural Communication **DVD** Universal (16:9, 1.85:1, DD5.1 Mandarin/dt.) **BD** Universal (16:9, 1.85:1, dts-HD Mandarin/dt.) **Pd** Li Rui **R+B** Xu Haofeng **M** Zhang Yang **S** Xu Haofeng **D** Song Yang (General Qis letzter Leibwächter), Yu Cheng-hui (Meister Qui), Zhao Yuanyuan (Madam Qui), Bo Bing (Mesiter Wang), Yun Man (Meister Que), Xu Fujing (Sai Lan) **L** 110 (24 B./sec.) / 106 (25 B./sec.) **FSK** ab 12 **E** 27.9.2012 DVD & BD   **fd** –

The Take – Zwei Jahrzehnte in der Mafia
THE TAKE
Die Karriere eines Kleinkriminellen seit den 1980er-Jahren, der über einen Zeitraum von zwei Jahrzehnten dank seiner soziopathischen Ader zum gefürchteten Mob-Boss avanciert. Modernes (Fernseh-)Gangster-Familien-Epos mit einem charismatischen Hauptdarsteller. Die englische Tradition des knorrigen Sozialdramas hebt den Film mit eindrucksvollen Bildern über die gängigen TV-Standard. – Ab 16.
Großbritannien 2009 **P** Company Pic. / Element Pic. / Irish Film Board / Warner Sisters **DVD** Koch (16:9, 1.78:1, DD5.1 engl./dt., dts dt.) **BD** Koch (16:9, 1.78:1, dts-HDMA engl./dt.) **Pd** Mary Alleguen, Willow Grylls **R** David Drury **B** Neil Biswas, Martina Cole **K** Owen McPolin **M** Ruth Barrett **S** Chris Ridsdale **D** Tom Hardy (Freddie), Shaun Evans (Jimmy), Charlotte Riley (Maggie), Kierston Wareing (Jackie), Margot Leicester (Lena), Brian Cox (Ozzy), Jane Wood (Maddie), Steve Nicolson (Lewis) **L** 173 **FSK** ab 16 **E** 20.4.2012 DVD & BD   **fd** –

The Theatre Bizarre
THE THEATRE BIZARRE
Sieben Regisseure und illustre Darsteller üben sich in grotesken Petitessen aus der Welt des Bizarren, des Horrors und des Splatters. Ehebruch oder das große Fressen werden dabei wörtlich genommen, eine Krötenmutter fordert ihre Opfer, ein Psychiater zelebriert unkonventionelle Behandlungsmethoden, ein kleines Mädchen lernt den Tod kennen. Die Episodenfilme werden durch eine burleske Rahmenhandlung verbunden und sind von recht unterschiedlicher Qualität; was sie eint, sind unbedingter Stilwille und eine künstlerische Huldigung des Perversen.
DVD/BD: Die Extras umfassen u.a. einen Audiokommentar der Regisseure sowie Interviews mit David Gregory, Buddy Giovinazzo und Jeremy Kasten (38 Min.).
Scope. USA/Frankreich/Kanada 2011 **P** Severin Films / Nightscape Entertainment / Quota Prod. **DVD** Lighthouse/Mr. Banker (16:9, 2.35:1, DD5.1 engl./dt.) **BD** Lighthouse/Mr. Banker (16:9, 2.35:1, dts-HDMA engl./dt.) **Pd** John Cregan, Carl Daft, David Gregory, Nicco Ardin (Rahmenhandlung), Jacqui Knapp (Rahmenhandlung), Fabrice Lambot (1.), Caroline Piras (1.), Jean-Pierre Putters (1.), Gesine Giovinazzo-Todt (2.), Kirsten Schrauer (2.), Michael Ruggiero (3.), Robert Lucas (3.), Victoria Sanchez Mandryk (4.), Victoria Sanchez Mandryk (5.), Alexandra Spector (6.) **R** Jeremy Kasten (Rahmenhandlung), Richard Stanley (1. The Mother of Toads), Buddy Giovinazzo (2. I Love You), Tom Savini (3. Wet Dreams), Douglas Buck (4. The Accident), Karim Hussain (5. Vision Stains), David Gregory (6. Sweets) **B** Zach Chassler (Rahmenhandlung), Richard Stanley (1.), Scarlett Amaris (1.), Emiliano Ranzani (1.), Buddy Giovinazzo (2.), John Esposito (3.), Douglas Buck (4.), Karim Hussain (5.), David Gregory (6.), Michael Kotschi (2.), Eduardo Fierro (3.), John Honoré (3.) **K** Karim Hussain (1.,4.,5.) **M** Simon Boswell (1.,5.), Susan DiBona (2.), Pierre Marchand (4.), Mark Raskin (6.) **S** Maxx Gillman (Rahmenhandlung), Pauline Pallier (1.), Robert Bohrer (2.), Douglas Buck (3.,5.,6.) **D** Udo Kier (Peg Poett) (Rahmenhandlung), Virginia Newcomb (Enola Penny) (Rahmenhandlung), Nicole Fabbri (Braut) (Rahmenhandlung), Catriona MacColl (Mutter Antoinette) (1.), Shane Woodward (Martin) (1.), Victoria Maurette (Karina) (1.), Lisa Crawford (nackte Hexe) (1.), André Hennicke (Axel) (2.), Suzan Anbeh (Mo) (2.), Cynthia Barcomi (Mos Schwester) (2.), Tom Savini (Dr. Maurey) (3.), James Gill (Donnie) (3.), Debbie Rochon (Carla) (3.), Lena Kleine (die Mutter) (4.), Mélodie Simard (die Tochter) (4.), Jean-Paul Rivière (Motorradfahrer) (4.), Kaniehtiio Horn (der Schriftsteller) (5.), Cynthia Wu-Maheux (Junkie-Mädchen) (5.), Imogen Haworth (schwangere Frau) (5.), Lindsay Goranson (Estelle) (6.), Guilford Adams (Greg) (6.), Lynn Lowry (Mikela Da Vinci) (6.) **L** 114 **FSK** ab 18 **E** 14.9.2012 DVD & BD **fd** –

The Thompsons
THE THOMPSONS
Unter dem Namen Thompson immigriert der Vampir-Clan der Hamiltons gezwungenermaßen aus den USA nach England, um dort ebenfalls auf nicht sonderlich freundlich gesinnte Artgenossen zu treffen. Fortsetzung des Vampir-Dramas THE HAMILTONS (2006) als zwar recht blutiger, aber durchaus anspruchsvoller Genrefilm mit einigen realistischen Szenerien.
DVD/BD: Erhältlich als DVD, 2D BD und 2D/3D BD.
3D. Scope. USA/Großbritannien 2012 **P** Film Harvest / San Francisco Independent Cinema / Snowfort Pic. / Straightwire Pictures **DVD** Sunfilm (16:9, 2.35:1, DD5.1 engl./dt., dts dt.) **BD** Sunfilm (16:9, 2.35:1, dts-HDMA7.1 engl./dt.) **Pd** Eben Kostbar, Joseph McKelheer, Travis Stevens, Rob Weston, Nic Hill, Oren Kaplan, Louis Paltnoi **R** Mitchell Altieri, Phil Flores **B** Mitchell Altieri, Cory Knauf **K** Matthew Cooke, David Rom **M** Kevin Kerrigan **S** Nic Hill **D** MacKenzie Firgens (Darlene Hamilton), Elizabeth Henstridge (Riley Stuart), Cory Knauf (Francis Hamilton), Samuel Child (David Hamilton), Sean Browne (Cole Stuart), Tom Holloway (Ian Stuart), Joseph McKelheer (Wendell Hamilton), Selina Giles (Mutter Stuart) **L** 79 **FSK** ab 18 **E** 8.11.2012 DVD **fd** –

The Tortured – Das Gesetz der Vergeltung
THE TORTURED
Das in ihren Augen viel zu gering ausgefallene Strafmaß für die Ermordung ihres Kindes veranlasst die sympathischen Eltern der Ermordeten, den Täter selbst zu entführen und genüsslich bis zum Tod zu foltern. Fragwürdiger Selbstjustizfilm, der seiner schnörkellosen Geschichte durch einige Drehbuchwendungen eine Tiefe vorgaukelt, die er nicht hat und die das Machwerk nicht weniger bedenklich macht.
DVD/BD: Die dt. Fassung ist gegenüber der Originalfassung um gut drei Minuten geschnitten.
USA/Kanada 2010 **P** Twisted Pic. / LightTower Entertainment / MP Prod. / Twisted Light Prod. **DVD** NewKSM (16:9, 1.78:1, DD5.1 engl./dt.) **BD** NewKSM (16:9, 1.78:1, dts-HDMA engl./dt.) **Pd** Mark Burg, Oren Koules, Carl Mazzocone, Marek Posival, Troy Begnaud, Chad Cole, Stephen Gates, Derik Murray, Jessie Rusu, Don Zorbas **R** Robert Lieberman **B** Marek Posival **K** Peter F. Woeste (= Peter Woeste) **M** Jeff Rona **S** Jim Page **D** Erika Christensen (Elise Landry), Jesse Metcalfe (Craig Landry), Bill Moseley (John Kozlowski), Bill Lippincott (Galligan), Fulvio Cecere (Det. Berger), Thomas Greenwood (Ben Landry), Viv Leacock (Officer Patterson), Peter Abrams (Richter Stanley) **L** 76 **FSK** ab 18 **E** 9.11.2012 DVD & BD **fd** –

The 25th Reich
THE 25TH REICH
Fünf GIs werden 1943 von Australien aus 50 Jahre in die Vergangenheit teleportiert, um von dort aus Aliens zu bekämpfen, die sonst später den Nazis den Sieg sichern würden. Schamloses Trittbrettfilmchen, das den Hype um die Nazi-Extravaganza IRON SKY zu nutzen versucht. Die Geschichte um eine heimliche Weltraumvorherrschaft der Deutschen wird lediglich mit platten Pointen, miesen Low-Budget-Spezialeffekten und weitgehend talentfrei aufspielenden Darstellern unter Durchschnittsniveau erzählt.
DVD/BD: Erhältlich als DVD, 2D BD und 2D/3D BD.
3D. Scope. Australien 2012 **P** Revolution Pic. / KikGroup / Acme Film Comp. **DVD** dtp/Great Movies (16:9, 2.35:1, DD5.1 engl./dt.) **BD** dtp/Great Movies

(16:9, 2.35:1, dts-HD engl./dt.) **Pd** Stephen Amis, Tait Brady, Lynne Wilson **R** Stephen Amis **B** Stephen Amis, Serge De Nardo, David Richardson **Vo** J.J. Solomon (Roman) **K** David Richardson **M** Ricky Edwards **S** Bill Murphy **D** Jim Knobeloch (Captain Donald O'Brian), Serge De Nardo (Sergeant Carl Weaver), Angelo Salamanca (Soldat Roberto Barelli), Jak Wyld (Corporal Haywood Updike), Dan Balcaban (Soldat Eli Ishbak) **L** 84 **FSK** ab 18 **E** 18.10.2012 DVD & BD **fd** –

The Undead – Strigoi
siehe: **Strigoi – Der Untote**

The United States of Hoodoo ★
THE UNITED STATES OF HOODOO
Der Schriftsteller Darius James durchstreift auf der Suche nach den spirituellen Ursprüngen der afroamerikanischen Kultur die USA und landet in New Orleans, wo er den alten Göttern Afrikas in zahllosen Metamorphosen wiederbegegnet. Ein dokumentarisches Road Movie, das aufmerksam und zugleich entspannt nach den Wurzeln urbaner Kreativität forscht und in den Künstler- und Intellektuellen-Milieus originellen Charakteren begegnet. Die Dialoghaftigkeit der vielen Interviews hätte freilich etwas intensiver durch den interessanten Soundtrack variiert werden können. – Ab 14.
Deutschland/USA 2012 **P** Stoked Film / ZDF-arte / Signature Pic. **KI** Real Fiction **Pd** Robert Malzahn, Oliver Hardt **R** Oliver Hardt **B** Oliver Hardt, Darius James **K** Harald Schmuck **M** Arto Lindsay **S** Martin Hoffmann **L** 100 **FSK** o.A.; f **E** 26.7.2012   **fd** 41 177

The Viral Factor
JIK ZIN
Eine Operation misslingt, ein Wissenschaftler wird entführt, und die Formel für ein Supervirus fällt in die Hände eines Wahnsinnigen. Viel Zeit bleibt einem Spezialagenten nicht, Familienangelegenheiten zu erledigen und Asien vor einer Epidemie zu bewahren, steckt doch in seinem Kopf eine Kugel. Mit großem Materialaufwand und viel Star-Power realisierter Actionthriller, der eindrücklich auf klassische Spezialeffekte setzt. Dabei hätte auch der Handlung etwas mehr Sorgfalt bei der Ausarbeitung nicht geschadet.

Scope. VR China / Hongkong 2012 **P** Emperor Motion Pic. **DVD** Splendid (16:9, 2.35:1, DD5.1 Mandarin/dt.) **BD** Splendid (16:9, 2.35:1, dts-HD Mandarin/dt.) **Pd** Candy Leung, Albert Lee, So Solon, Wang Zhonglei **R** Dante Lam **B** Dante Lam, Ng Wai Lun **K** Kenny Tse **M** Peter Kam **S** Chung Wai Chiu **D** Jay Chou (Jon), Nicholas Tse (Man Yeung), Peng Ling (Rachel), Bai Bing (Ice), Andy On (Sean), Liu Kai Chi (Man Tin), Carl Ng (Ross), Sammy Hung (Mark) **L** 123 **FSK** ab 18 **E** 17.8.2012 DVD & BD **fd** –

The Watch – Nachbarn der 3. Art
THE WATCH
Unter Führung eines borniertеn, geistig recht beschränkten Filialstellenleiters in der US-amerikanischen Provinz schlägt eine vierköpfige Bürgerwehr eine Alien-Invasion zurück. Launige Komödie, die einen entwaffnend gelassenen Rhythmus anschlägt und den komödiantisch versierten Darstellern reichlich Gelegenheit gibt, sich souverän die humoristischen Bälle zuzuspielen. Zwar wird eine außerirdische Superwaffe zum Anlass für eine kleine Zerstörungsorgie, doch in der Regel werden aber selbstentlarvende Gespräche geführt, die auch das gespaltene Verhältnis der «ordentlichen» Bürger zur Sexualität offenbaren. – Ab 14.
DVD/BD: Die Extras enthalten u.a. ein Feature mit zwölf so im Film nicht verwendeten Szenen (24 Min.).
Scope. USA 2012 **P** 21 Laps Ent. / Twentieth Century Fox **KI** Twentieth Century Fox **DVD** Fox (16:9, 2.35:1, DD5.1 engl./dt.) **BD** Fox (16:9, 2.35:1, dts-HDMA engl., dts dt.) **Pd** Shawn Levy, Tom McNulty **R** Akiva Schaffer **B** Jared Stern, Seth Rogen, Evan Goldberg **K** Barry Peterson **M** Christophe Beck **S** Dean Zimmerman **D** Ben Stiller (Evan Troutwig), Vince Vaughn (Bob), Jonah Hill (Franklin), Richard Ayoade (Jamarcus), Rosemarie DeWitt (Abby Troutwig), Billy Crudup, Nicholas Braun, R. Lee Ermey **L** 102 (24 B./sec.) / 98 (25 B./sec.) **FSK** ab 12; f **E** 6.9.2012 / 4.1.2013 DVD & BD   **fd** 41 270

The Wiz – Das zauberhafte Land
THE WIZ
Ein Schneesturm verschlägt die junge Afro-Amerikanerin Dorothy von Harlem ins farbenprächtige Land Oz,

wo sie mit Hilfe einer einfältigen Vogelscheuche, eines Blechmanns ohne Herz und eines ängstlichen Löwen zum Zauberer des Landes vordringt. Dieser entpuppt sich als Scharlatan, kann den Gefährten aber die Augen für ihre wahren Fähigkeiten öffnen. Neuverfilmung des legendären Musicals (1939), besetzt ausschließlich mit afroamerikanischen Sängern, Schauspielern und Tänzern, getragen von der neu arrangierten Musik von Quincy Jones in Motown-Sound der 1970er-Jahre. Eine durchaus reizvolle Adaption, auch wenn die Darsteller (u.a. immerhin Diana Ross und Michael Jackson) eher blass bleiben. – Ab 10.
USA 1978 **P** NBC/Universal/Motown Prod. **DVD** Universal (16:9, 1.78:1, DD2.0 engl./dt.) **Pd** Rob Cohen **R** Sidney Lumet **B** Joel Schumacher **Vo** L. Frank Baum (Roman), William F. Brown (Musical) **K** Oswald Morris **M** Quincy Jones, Charlie Smalls **S** Dede Allen **D** Diana Ross (Dorothy), Michael Jackson (die Vogelscheuche), Nipsey Russell (der Blechmann), Ted Ross (der Löwenmann), Mabel King (Evillene), Theresa Merritt (Tante Emma), Lena Horne (Glinda, die Gute), Richard Pryor (Zauberer von Oz/Herman Smith), Stanley Greene (Onkel Henry) **L** 129 **FSK** ab 6 **E** 1.7.2004 DVD / 24.6.2012 arte **fd** –

The Words
THE WORDS
Ein Möchtegern-Schriftsteller, der seit Jahren um Anerkennung kämpft, findet ein Roman-Manuskript und veröffentlicht es unter seinem Namen. Das Buch wird ein Bestseller und sein vermeintlicher Urheber ein Star. Über Nacht gehen alle seine Träume in Erfüllung, doch ebenso schnell wird deutlich, welche Folgen mit der plötzlichen Berühmtheit verbunden sind. Drama um ein imaginäres Gespinst aus Ruhm, Geld und Achtung. – Ab 14.
USA 2012 **P** Also Known As Pic. / Benaroya Pic. / Animus Films / Serena Films / Waterfall Media **KI** Rialto Film (Schweiz) **Pd** Michael Benaroya, Tatiana Kelly, Jim Young, Rose Ganguzza, James Lejsek, Ben Sachs **R+B** Brian Klugman, Lee Sternthal **K** Antonio Calvache **M** Marcelo Zarvos **S** Leslie Jones **D** Bradley Cooper (Rory Jansen), Jeremy Irons (alter Mann), Dennis Quaid (Clay Hammond), Olivia

Wilde (Danielle), Zoe Saldana (= Zoë Saldana) (Dora Jansen), Ben Barnes, J.K. Simmons (Mr. Jansen), Zeljko Ivanek (Joseph Cutler), John Hannah **L** 96 **FSK** – **E** 4.10.2012 Schweiz **fd** –

The Yellow Sea
HWANGHAE
Um sich von seinen Schulden zu befreien, heuert ein Taxifahrer in Südkorea bei einem Gangsterboss als Auftragsmörder an. Bei der Ausführung der Tat geht einiges schief, sodass er von zwei rivalisierenden Unterweltgrößen gejagt wird und um sein Leben laufen muss. Spannender, dabei aber höchst drastischer Actionfilm, der sich zunächst viel Zeit nimmt, um sorgfältig seine Hauptfigur und ihre Lebensbedingungen einzuführen, dann aber in ein sich stetig steigerndes Crescendo au Verfolgungsjagden und brutalen Kampfsequenzen mündet.
Südkorea 2010 **P** Popcorn Films **KI** Twentieth Century Fox **DVD** Fox (16:9, 2.35:1, DD5.1 korea./dt.) **Pd** Han Sung-Goo **R+B** Na Hong-jin **K** Lee Sung-je **M** Jang Young-Gyu, Lee Byung-hoon **S** Kim Sun-min **D** Ha Jung-woo (Gu-nam), Kim Yun-seok (Myun-ga), Cho Seong-ha (Tae-won), Lee Chul-min, Kim Jae-hwa **L** 137 **FSK** ab 18; f **E** 24.5.2012 / 24.9.2012 DVD **fd** 41 091

The Zero Hour
LÖA HORA CERO
Da die Ärzte in Venezuela streiken, läuft die angeschossene schwangere Frau eines Gangsters Gefahr zu verbluten. Kurzerhand dringen die Mitglieder seiner Gang wie Freibeuter in eine Privatklinik ein und zwingen die Mediziner, die Frau, aber auch die vielen Armen der Umgebung zu behandeln. Das stellt die anrückende Polizei vor ein Legitimationsproblem. Harter, mit Sozialkritik gewürzter Krimi, der des Öfteren an seiner hektischen Inszenierung krankt, sich aber doch zu einer interessanten «Robin Hood»-Parabel aufschwingt.
Venezuela 2010 **P** Factor RH / Subcultura **DVD** Senator/Universum (16:9, 1.78:1, DD5.1 span./dt.) **BD** Senator/ Universum (16:9, 1.78:1, dts-HDMA span./dt.) **Pd** Rodolfo Cova, Carolina Paiz **R** Diego Velasco **B** Diego Velasco, Carolina Paiz **K** Luis Otero **M** Freddy Sheinfeld, Gabriel Velasco **S** Otto Scheuren **D** Zapata 666 (Parca),

Amanda Key (Ladydi), Erich Wildpret (Dr. Ricardo Cova), Laureano Olivares (Buitre), Marisa Román (Veronica Rojas), Albi De Abreu (Jesus), Alejandro Furth (Kommissar Peña), Steve Wilcox (Inspektor Gringo) **L** 102 **FSK** ab 16 **E** 30.5.2012 DVD & BD **fd** –

These Foolish Things
THESE FOOLISH THINGS
Am Vorabend des Zweiten Weltkriegs begegnen sich in London eine ambitionierte junge Schauspielerin und ein zu Unrecht erfolgloser Dramaturg und beschreiten zum denkbar ungünstigsten Zeitpunkt den steinigen Weg einer Theater-Karriere. Bewegtes und bewegendes Kostümdrama, in dem ein illustres Ensemble dramatisch-romantische Abenteuer erlebt und dieses weitgehend glaubwürdig vermittelt. Trotz des ernsten Hintergrunds ein unterhaltsames Wohlfühldrama. – Ab 12.
Großbritannien 2006 **P** Micro Fusion 2004-4 / These Foolish Things **DVD** Universum (16:9, 1.78:1, DD5.1 engl./dt.) **BD** Universum (16:9, 1.78:1, dts-HDMA engl./dt.) **Pd** Paul Sarony, Julia Taylor-Stanley **R+B** Julia Taylor-Stanley **Vo** Noel Langley (Roman) **K** Gavin Finney **M** Ian Lynn **S** Terry Jones, David Martin **D** Charlotte Lucas (Lily Evans), Craig Rooke (Bühnenmanager), Julia McKenzie (Miss Abernethy), Terence Stamp (Baker), Anjelica Huston (Lottie Osgood), Lauren Bacall (Dame Lydia), Ann-Louise Plowman (Aggie), Andrew Westcott (Produzent) **L** 103 **FSK** ab 12 **E** 21.11.2012 DVD & BD **fd** –

This Ain't California ☆
Semidokumentarischer Film über einen jungen Mann, der in der DDR der 1980er-Jahre zur Subkultur der Skater zählte. Anlässlich seines frühen Todes als Soldat in Afghanistan erinnern sich zwei Freunde an die gemeinsame Zeit. Aus historischem Filmmaterial, privaten Super 8-Aufnahmen, reinszenierten Szenen und Animationen sowie einem furiosen Soundtrack setzt der Film nicht nur dem Protagonisten und einer Subkultur in der DDR ein Denkmal, sondern fängt am Beispiel einer besonderen deutsch-deutschen Geschichte das Lebensgefühl einer Generation ein. Dabei wird manches «Doku»-Material aus DDR-Tagen täuschend echt nachgespielt, ohne

dass dies kenntlich gemacht würde. – Ab 16.
Deutschland 2012 **P** Wildfremd Prod. / RBB ARTE / RBB / MDR **KI** farbfilm **DVD** DEAG Music (16:9; 1.78:1, DD5.1 dt.) **Pd** Ronald Vietz, Michael Schöbel **R** Marten Persiel **B** Marten Persiel, Ira Wedel **K** Felix Leiberg **M** Lars Damm, Marten Persiel **S** Maxine Gödicke, Toni Froschhammer, Bobby Good **L** 99 (24 B./sec.) **FSK** ab 12; f **FBW** bw **E** 16.8.2012 / 8.3.2013 DVD **fd** 41 221

This Is Not a Film ☆
IN FILM NIST
Während er auf die Vollstreckung seines Urteils – sechs Jahre Haft und 20 Jahre Berufsverbot – beziehungsweise das Berufungsverfahren wartet, dreht der unter Hausarrest stehende iranische Filmemacher Jafar Panahi in seiner Wohnung mit Hilfe eines Freundes einen Film, der seinen Tagesablauf dokumentiert, der aber auch seine politisch motivierten Filme grundsätzlich rekapituliert. Überdies veranschaulicht er ein neues Projekt, das womöglich nie gedreht werden wird. Ein wichtiges (Zeit-)Dokument, ein persönlicher Hilferuf sowie ein Beispiel für engagiert-couragiertes Filmemachen. – Sehenswert ab 16.
Iran 2010 **P** Jafar Panahi Film Prod. **KI** Praesens (Schweiz) **Pd** Jafar Panahi **R** Jafar Panahi, Mojtaba Mirtahmasb **B** Jafar Panahi **S** Jafar Panahi **L** 75 **FSK** – **E** 3.5.2012 Schweiz / 23.5.2012 arte **fd** 41 039

This is Not an American Movie
OVA NE E AMERIKANSKI FILM
Kleinkriminelle wollen sensible Daten aus der US-amerikanischen Botschaft in Makedonien stehlen und tarnen den Coup als Dreharbeiten zu einem Film. Doch die Gangster haben nicht bedacht, dass es im wahren Leben nur selten ein Happy End gibt. Aus Makedonien stammende Krimikomödie, der allzu schnell die Pointen ausgehen, sodass sie zum rüden Kasperletheater gerinnt. – Ab 16.
Makedonien 2011 **P** Manufaktura Prod. **DVD** Schröder-Media (16:9, 1.78:1, DD5.1 mazedon./dt.) **BD** Schröder-Media (16:9, 1.78:1, dts-HD mazedon./dt.) **Pd** Dejan Iliev **R** Saso Pavlovski **B** Pavel Jech, Saso Milenkovski **K** Dejan Dimenski **D** Senko Velinov (der Boss), Ky Evans (Billy Willis),

Tanya Mickov (Maya), Slavisha Kajevski (Little One), Tony Naumovski (der Boxer), Djordji Jolevski (Big Shadow), Zlatko Mitreski **L** 83 **FSK** ab 12 **E** 5.4.2012 DVD & BD **fd** –

Die Thomaner
Dokumentarfilm über die Leipziger Thomaner sowie das Internat, in dem die neun- bis 18-jährigen Sänger des traditionsreichen Knabenchors erzogen werden. Ein Jahr lang haben die Filmemacher den Alltag der Thomaner, die 2012 ihr 800-jähriges Bestehen feiern, begleitet und Gespräche mit den Schülern geführt. Dabei fängt der Film Freuden und Leiden der Zöglinge, den Umgang mit dem Leistungs- und Konkurrenzdruck der traditionsreichen Institution ebenso ein wie die Hingabe an die Musik; insgesamt setzen sich die Facetten jedoch zu keinem umfassenderen Bild zusammen und entwickeln keine eigene Perspektive auf die geschlossene Welt der Thomaner. – Ab 12.
Deutschland/Japan 2011 **P** Accentus Music / MDR / arte / NHK **KI** nfp **Pd** Paul Smaczny, Holger Kouschil, Winifred König, Claudia Schreiner **R** Paul Smaczny, Günter Atteln **B** Günter Atteln **K** Michael Boomers, Christian Schulz, Andreas Köppen **M** Karl Atteln **S** Steffen Herrmann **L** 114 **FSK** o.A.; f **E** 16.2.2012 / 25.12.2012 arte **fd** 40918

Die Thomaner – Herz und Mund und Tat und Leben
siehe: **Die Thomaner**

Thomas Kinkade: Die Weihnachtshütte
siehe: **Die Weihnachtshütte**

Thorberg *
THORBERG
Thorberg ist ein Hochsicherheitsgefängnis der Schweiz, in dem «schwere Jungs» aus insgesamt 40 Nationen einsitzen. Der Dokumentarfilm nähert sich sieben von ihnen, dokumentiert ihr Leben im Knast und fragt nach Schuld, Sühne und Vergebung. Die Inszenierung setzt dort, wo kalte Distanz an der Tagesordnung ist, auf Nähe und verleiht den Protagonisten, trotz der Schwere ihrer Verbrechen, ein menschliches Antlitz. Nicht zuletzt auch ein Film über Verbrechen in Zeiten der Globalisierung. – Ab 26.
Schweiz 2011 **P** Balzli & Fahrer / Schweizer Radio und Fernsehen **KI** Look Now! (Schweiz) **Pd+R+B** Dieter Fahrer **K** Dieter Fahrer **S** Maya Schmid **FSK** – **E** 6.9.2012 Schweiz **fd** –

3 Seasons In Hell
3 SEZONY V PEKLE
Im Prag der Nachkriegszeit setzt ein junger, idealistischer Dichter Hoffnungen in den Kommunismus, wird aber von der Realität grausam eingeholt. Seine Liebe zu einer Frau und die Poesie werden zum Gegengewicht zu Staatsterror und Antisemitismus. Historienfilm als Hommage an den tschechischen Dichter Egon Bondy, in dem sich der Schmelz nostalgischer Verklärung über die Darstellung historischer Gräuel breitet. – Ab 14.
Scope. Tschechien/Deutschland/Slowakei 2009 **P** Dawson Prod. / Babelsberg Film / Trigon Prod. / Ceská Televize **KI** Eclipse **Pd** Monika Kristlová, Jasmin Torbati, Pavel Rejholec, Charlie Woebcken (= Carl L. Woebcken) **R** Tomás Masín **B** Lubomír Drozd, Tomás Masín **K** Karl Oskarsson **M** Filip Jelinek **S** Petr Turyna **D** Krystof Hádek (Ivan Heinz), Karolina Gruszka (Jana), Jan Kraus (Viktor Lukas), Martin Huba (Ivans Vater), Lubos Kostelný (Karel), Tatiana Pauhofová (Hana), Matej Ruppert (Skokan), Tomasz Tyndyk (Hanes), Miroslav Krobot (Doktor) **L** 115 (24 B./sec.) / 111 (25 B./sec.) **FSK** ab 12; f **E** 15.11.2012 **fd** 41412

Ticket Out – Flucht ins Ungewisse
TICKET OUT
Eine junge Mutter will ihre Kinder vor dem gewalttätigen Ex-Ehemann schützen und flieht mit ihnen nach Kanada. Eine Hilfsorganisation mit einem dubiosen Fluchthelfer unterstützt sie, doch der Kindesvater lässt nicht locker; bald sind auch die Bundesbehörden hinter ihr her, weil sie als Kindesentführerin eingestuft wird. Leidlich spannender (Fernseh-)Thriller, der das Thema Sorgerecht solide, inszenatorisch aber konventionell abhandelt. – Ab 16.
Scope. USA 2010 **P** Disparate Films / Minds Eye Entertainment **DVD** Euro-Video (16:9, 2.35:1, DD5.1 dt., dts dt.) **BD** EuroVideo (16:9, 2.35:1, dts dt.) **Pd** Rhonda Baker, Gregory McClatchy, Figo Fuad, James Lockard **R** Doug Lodato **K** Peter Fernberger **S** Richard Halsey, Carsten Kurpanek **D** Ray Liotta (Jim), Alexandra Breckenridge (Jocelyn), Colin Ford (DJ), Ciara Bond (Mary Sue), Billy Burke (Dennis), Scott Michael Campbell (Miller), Christopher C. Duncan (Kemp), Judith Benezra (Agentin Sarah Dalrymple) **L** 90 **FSK** ab 16 **E** 28.2.2012 DVD & BD **fd** –

Tierisch Cool – Ein Hund in New York
COOL DOG
Als sein Vater eine neue Arbeitsstelle in New York antritt, muss sich ein kleiner Junge von seinem geliebten Schäferhund trennen, weil die neue Vermieterin keine Haustiere erlaubt. Doch der Hund reißt aus dem Tierheim aus und macht sich auf die Suche nach seinem Herrchen. Wieder vereint, kommen die beiden den kriminellen Machenschaften der Vermieterin auf die Spur, die mit exotischen Haustieren handelt. Anspruchsloser Familienfilm, der um einen «Wunderhund» eine unglaubwürdige Geschichte aufbaut. Wenig überzeugend gespielt, ist der Film kaum unterhaltsam. – Ab 10.
USA 2009 **P** M2 Films / Millennium Films / Nu Image **KI** offen **Pd** Matthew F. Leonetti jr., Danny Lerner, Les Weldon **R** Danny Lerner **B** Danny Lerner, Les Weldon **K** Matthew F. Leonetti jr. **M** Stephen Edwards **S** Michele Gisser **D** Michael Paré (Dean Warner), Jackson Pace (Jimmy Warner), Jennifer Kober (Muriel Ledger), David Jensen (Rueben Ledger), Dane Rhodes (Seagal), Christa Campbell (Laura Warner), David Dahl (Captain Nelson), Ryan Akin (Billy) **L** 82 **E** 11.8.2012 ARD **fd** –

Tierisch verknallt
Ein Mann hat nach dem Tod seiner Frau jeden Lebensmut verloren. Sein kleiner Sohn sucht eine neue Frau und Mutter, findet diese, doch der Vater will nicht anbeißen. In seiner Not bittet der Junge seine tote Mutter um Hilfe, die ein Wunder bewirkt: Am nächsten Morgen können die beiden Haustiere, das Minischwein Paula und der Hund Johnny, sprechen und beginnen mit ihrer Mission, dem Vater die Auserkorene schmackhaft zu machen. Anspruchlos-sentimentale Fantasy-Komödie mit aufwändigen Spezialeffekten. – Ab 14.
Deutschland 2011 **P** Phoenix Film /

UFA Cinema (für SAT.1) **KI** offen **Pd** Markus Brunnemann, Markus Grobecker **R** Christian Theede **B** Sarah Augstein, Klaus Rohne **K** Felix Cramer **S** Achim Seidel **D** Oliver Mommsen (Peter Sommer), Jasmin Gerat (Lisa Baumann), Max Boekhoff (Jan Sommer), Mathias Schlung (Oliver Fasolt), Anja Nejarri (Julia Stern), Roman Knizka (Alexander Eichler), Laura Lo Zito (Karin), Hansjürgen Hürrig (Thomas Baumann) **L** 89 **E** 13.3.2012 SAT.1 **fd** –

Eine tierische Bescherung (2009)
A GOLDEN CHRISTMAS
Eine junge Frau möchte als Weihnachtsüberraschung ihr Elternhaus übernehmen und dort eine Familie gründen. Doch das Haus wurde bereits verkauft und muss den neuen Besitzer erst abgeluchst werden. Traditionen und Erinnerungen zu ehren, ist die Botschaft der feiertagsseligen Familienkomödie, in der auch die erste große Liebe aus Kindertagen und ein Wurf Golden Retriever zum Wohlfühlprogramm gehören. – Ab 10.
USA 2009 **P** Maple Island Films **DVD** KSM (16:9, 1.78:1, DD5.1 engl./dt.) **Pd** John Murlowski, Tom Shell, Cameron Larson **R** John Murlowski **B** Jay Cipriani **K** John Murlowski **M** Lawrence Shragge **S** Drake Silliman **D** Andrea Roth (Jessica), Nicholas Brendon (Michael), Elisa Donovan (Anna), Bruce Davison (Rod Wright), Alley Mills (Katherine Wright), Jason London (Mitch), Daniel Zykov (Henry), Melody Hollis (Madeline) **L** 86 **FSK** o.A. **E** 15.10.2012 DVD **fd** –

Eine tierische Bescherung (2011)
MY DOG'S CHRISTMAS MIRACLE
Eine verwöhnte Malteser-Hündin setzt alles daran, um ihr Frauchen und deren neuen Freund nebst Sohn auseinanderzubringen. Sie stiftet etliche Verwirrung und bringt sich schließlich selbst in Gefahr. Konventionelle Tierkomödie von der Stange. Die sprechende Hündin mag auf den ersten Blick recht putzig wirken, dies aber nutzt sich recht bald ab, zumal die blassen menschlichen Darsteller mehr und mehr in den Mittelpunkt der Handlung rücken. – Ab 10.
USA 2011 **P** Feifer Worldwide **DVD** Sunfilm (16:9, 1.78:1, DD5.1 engl./dt., dts dt.) **Pd** David DeCrane, Michael Feifer **R+B** Michael Feifer **K** Bob Torrance (= Robert Torrance) **M** Brandon Jarrett **S** Josh Muscatine **D** Cynthia Gibb (Prof. Madeline Walters), Greg Evigan (Kevin Fallon), Kendall Ryan Sanders (Jordan Fallon), Ashley Leggat (Chloe Walters), Lesley-Anne Down (Tante Dora), Robert Carradine (Prof. Jerry Meinhardt), Ciara Bravo (Heather), Charlie Stewart (Sam) **L** 91 (24 B./sec.) / 87 (25 B./sec.) **FSK** o.A. **E** 3.11.2011 DVD / 15.12.2012 Tele 5 **fd** –

Tim and Eric's Billion Dollar Movie
TIM & ERIC'S BILLION DOLLAR MOVIE
Zwei talentlose Filmemacher müssen immense Verluste ihrer Firma verantworten, tauchen unter und versuchen, mit lächerlichen Nebenjobs ihre Schulden zu minimieren. Dabei ist ihnen das Killerkommando auf den Fersen. Trivialer Blödelfilm um zwei lokal bekannte Fernseh-Comedians, der durch Kurzauftritte einiger Filmstars nur bedingt aufgewertet wird. – Ab 16.
DVD/BD: Die Extras umfassen u.a. einen Audiokommentar mit der Darstellern Tim Heidecker und Eric Wareheim sowie ein Feature mit im Film so nicht verwendeten Szenen (30 Min.).
USA 2012 **P** 2929 Prod. / AbsoLutely / Bobby Weisman Caterers / Funny or Die / Gary Sanchez Prod. **DVD** Koch (16:9, 1.78:1, DD5.1 engl./dt., dts dt.) **BD** Koch (16:9, 1.78:1, dts-HD engl./dt.) **Pd** Ben Cosgrove, Will Ferrell, Tim Heidecker, Chris Henchy, Dave Kneebone, Adam McKay, Kevin J. Messick, Jon Mugar, Todd Wagner, Eric Wareheim, Darren M. Demetre **R** Tim Heidecker, Eric Wareheim **B** Tim Heidecker, Eric Wareheim, Jonathan Krisel, Doug Lussenhop, Jon Mugar **K** Rachel Morrison **M** Davin Wood **S** Daniel Haworth, Doug Lussenhop **D** Tim Heidecker (Tim Heidecker), Eric Wareheim (Eric Wareheim), William Atherton (Earle Swinter), Jeff Goldblum (Chef Goldblum), Ronnie Rodriguez (Diamond Jim/Johnny Depp), Robert Loggia (Tommy Schlaang), Jon Baggio (Jason), John Downey III (Cornell) **L** 90 **FSK** ab 16 **E** 23.11.2012 DVD & BD **fd** –

Titanic (1997)
TITANIC
Die Neuverfilmung des mythisch besetzten Stoffes vom Untergang des Passagierschiffes «Titanic» schildert anhand einer Klassenschranken übergreifenden Liebesgeschichte zwischen einem Maler und einer jungen Frau aus der Upper-Class die viertägige Jungfernfahrt des englischen Luxusliners. Trotz einer fast manischen Fixierung auf eine möglichst originalgetreue Rekonstruktion des Schiffes und seiner Interieurs sowie des gigantischen Aufwandes entstand dabei mehr als ein Kostüm- und Katastrophenfilm: Der angenehm ruhige Rhythmus, teilweise herausragende Schauspieler sowie die kunstvolle Kameraarbeit lassen das Epos zu einer berührenden Love-Story werden. (Für die Fernsehfassung kappte RTL das Scope-Bild und zerstörte dabei instinktlos den visuell so hervorragenden Eindruck des Films.) – Ab 14.
DVD/BD: Die Standard-Edition (von 1999) enthält keine nennenswerten Extras. Die mustergültige Collectors Edition (4 DVDs) enthält eine Fülle von Bonusmaterial, das dem Film auch filmhistorisch gerecht wird. Zu erwähnen sind drei Audiokommentare des Regisseurs, der Produktionsleiterin Rae Sanchini und des Executive Producer John Landau sowie der Historiker Dan Lynch und Ken Marschall; ein alternativer Filmschluss (9 Min.) sowie 29 im Film nicht verwendete Szenen (45 Min.) sind vom Regisseur optional kommentierbar. Zudem finden sich Kurzfeatures zur Genese des Films sowie zwei mehr auf Unterhaltung ausgerichtete TV-Dokus der Privatsender HBO und FOX-TV. Auf den ersten beiden DVDs der Edition findet sich der Film mit aufwändig remastertem Scopebild sowie Dolby Digital und dts 6.1-Ton in zwei Teile aufgeteilt. Zeitgleich veröffentlichte der Anbieter eine Special Edition (2 DVDs), auf der lediglich die Audiokommentare und das alternative Ende enthalten ist. Die Collectors Edition ist mit dem Silberling 2005 ausgezeichnet. Die Blu-ray enthält weitestgehend die Extras der Collectors Edition.
Scope. USA 1997 **P** Lightstorm Entertainment **KI** 20th Century Fox **VA** Fox Home **DVD** Fox (2.30:1, DS engl./DD.5.1 dt.); Special- & Collectors Edition: Fox (16:9, 2.35:1, DD6.1 engl./dt., dts6.1 dt.) **BD** Fox (16:9, 2.35:1, dts-HDMA engl., dts dt.) **R+B** James Cameron, Jon Landau **R+B** James Cameron **K** Russell Carpenter **M** James Horner **S** Conrad Buff, James Came-

ron, Richard A. Harris **D** Kate Winslet (Rose DeWitt Bukater), Leonardo DiCaprio (Jack Dawson), Billy Zane (Cal Hockley), Kathy Bates (Molly Brown), Bill Paxton (Brock Lovett), Bernard Hill (Captain Smith), Jonathan Hyde (Bruce Ismay), Victor Garber (Thomas Andrews), Frances Fisher (Ruth Dewitt Bukater), David Warner (Spicer Lovejoy), Danny Nucci (Fabrizio) **L** 192 **FSK** ab 12; f **FBW** w **E** 8.1.1998 / 22.10.1998 Video / 25.12.2000 RTL / 2.9.1999 DVD / 1.12.2005 DVD (Special & Collectors Edition) / 24.9.2012 BD **fd** 32 921

Titanic 3D
TITANIC 3D
Mit gigantischem Aufwand gestalteter epischer Kostüm- und Katastrophenfilm vor dem Hintergrund des «Titanic»-Untergangs, der sich dank hervorragender Darsteller und einer kunstvollen Kameraarbeit zur berührenden Liebesgeschichte zwischen einem Maler und einer jungen Frau aus der Upper-Class verdichtet. 60 Wochen Postproduktion waren nötig, um den Film nachträglich in 4K zu digitalisieren und sorgfältig in 3D zu konvertieren, um das Melodram noch authentischer, realistischer oder «greifbarer» wirken zu lassen. James Cameron und seine (Computer-)Crew haben sich zwar selbst übertroffen und lassen den Film durchaus stereoskopischer aussehen, doch offenbart das «nachgemachte» 3D in der Kinoaufführung auch deutliche Schwächen, etwa bei dreidimensionalen Handkamera-Aufnahmen der Bergungsmannschaft; auch wirken die Personen mitunter wie leicht gekrümmte Papierfiguren. Durch seine «Umformung» im Computer rückt der Realfilm deutlich dem Animationsfilm ein Stück näher. – Ab 14.
DVD/BD: Für die 3D-Version des Films ist das auf Super 35 gedrehte Bildmaterial als Open Matte-Version aufgespielt worden. Das heißt, dass das 2.35:1-Bild nun nach oben und unten aufgezogen ist, was einem Bildformat von 2.35:1.32 entspricht, was ein deutliches «Mehr» an Bildinformationen bedeutet. Die mustergültige 3D-BD-Edition enthält die Bonusmaterialien der Collector's Edition (DVD) respektive der 2D BD-Edition [mehr hierzu siehe unter dem Eintrag des 2D-Films] sowie zudem die Dokumentationen: «Rückblick auf die Filmproduktion» (4 Teile 64 Min.) und «TITANIC: Die letzten Geheimnisse mit James Cameron» (96 Min.). Die Edition ist mit dem **Silberling 2012** ausgezeichnet.
3D. Scope. USA 1997/2011 **P** Twentieth Century Fox Film Corporation **KI** Twentieth Century Fox **BD** 2D: Fox (16:9, 2.35:1, dts-HDMA engl., dts dt.); 3D: Fox (16:9, 2.35:1.32, dts-HDMA engl., dts dt.) **Pd** James Cameron, Jon Landau **R+B** James Cameron **K** Russell Carpenter **M** James Horner **S** Conrad Buff, James Cameron, Richard A. Harris **D** Kate Winslet (Rose DeWitt Bukater), Leonardo DiCaprio (Jack Dawson), Billy Zane (Cal Hockley), Kathy Bates (Molly Brown), Bill Paxton (Brock Lovett), Bernard Hill (Captain Smith), Jonathan Hyde (Bruce Ismay), Victor Garber (Thomas Andrews) **L** 194 **FSK** ab 12; f **E** 5.4.2012 **fd** –

Titanic (2011)
TITANIC
In Southampton legt am 10.4.1912 die «Titanic», das luxuriöseste Passierschiff seiner Zeit, zur Jungfernfahrt nach New York ab. Niemand ahnt, dass der Luxus-Liner hoffnungslos überbelegt ist und die Rettungsboote im Notfall die Menschenmassen nicht aufnehmen können. In der Nacht auf den 15. April kollidiert das Schiff mit einem Eisberg und sinkt innerhalb von zwei Stunden und 40 Minuten: 1.517 Menschen verlieren ihr Leben. Aufwändiges (Fernseh-)Drama, das die gesellschaftlichen Konflikte, Klassenunterschiede und Standesdünkel thematisiert, bevor diese in der Nacht des Untergangs allesamt über Bord gespült werden. – Ab 14.
USA/Kanada/Ungarn/Großbritannien 2011 **P** Deep Indigo / ITV / Look Out Point / Mid Atlantic Films / Sienna Films **DVD** Universal (16:9, 1.78:1, DD5.1 engl./dt.) **Pd** Nigel Stafford-Clark, Chris Thompson, Andrea Glinski **R** Jon Jones **B** Julian Fellowes **K** Adam Suschitzky **M** Jonathan Goldsmith **S** Susan Shipton **D** Linus Roache (Hugh, Earl of Manton), Geraldine Somerville (Louisa, Countess of Manton), Perdita Weeks (Georgiana Grex), Lee Ross (Barnes), Lyndsey Marshal (Watson), Toby Jones (John Batley), Maria Doyle Kennedy (Muriel Batley), Celia Imrie (Grace Rushton), Peter Wight (Joseph Rushton) **L** 180 (89 & 91) **FSK** ab 12 **E** 6./9.4.2012 ZDF (Zwei Teile) / 18.5.2012 DVD **fd** –

Titeuf. Le Film
TITEUF – LE FILM
Ein zehnjähriger Junge kommt in das Alter, in dem man sich für Mädchen zu interessieren beginnt, auch wenn sie von einem anderen Planeten zu kommen scheinen und sich dabei so manche Probleme ergeben; zumal die Mutter die Familie verlassen hat und das Zusammenleben mit dem Vater nicht gerade einfach ist. Ein Zeichentrickfilm voller überbordender Farben, der ungemein lustig, voller Energie und mitunter auch derb-deftig das Leben eines kleinen Jungen beschreibt, der seinen Alltag in den Griff zu bekommen versucht. – Ab 10.
Schweiz/Frankreich 2011 **P** Moonscoop / France 3 Cinéma / Canal + / PointProd / RTS Radio Télévision Suisse **KI** JMH (Schweiz) **Pd** Christophe di Sabatino, Benoit Di Sabatino, Jean-Marc Fröhle, Jean-Marc Henchoz **R+B** ZEP (= Philippe Chappuis) **M** Jean-Jacques Goldman **S** Vincent Pluss **L** 87 **E** 5.4.2012 Schweiz **fd** –

TJ – Next Generation
THE BODYGUARD 2
Ein ganz geheimer Geheimagent tarnt sich ohne Wissen seiner Familie als Popstar, um als Spitzel in einen Waffenschmuggler-Ring unterzutauchen, der nebenbei noch eine Plattenfirma betreibt. Agenten-Persiflage aus Thailand, die mit landesgemäß übertriebenen Späßen und atemberaubenden Stunts aufwartet. Keine der beiden Ingredienzen ergibt indes in der Summe ein über das Genremittelmaß hinausreichendes Vergnügen. – Ab 16.
DVD/BD: Erhältlich als DVD, 2D BD und 2D/3D BD.
3D. Thailand 2007 **P** Baa-Ram-Ewe / Sahamongkol Film **DVD** Los Bandidos/Ascot Elite (16:9, 1.78:1, DD5.1 engl./dt.) **BD** Los Bandidos/Ascot Elite (16:9, 1.78:1, dts-HD engl./dt.) **Pd+R+B** Petchtai Wongkamlao **D** Petchtai Wongkamlao (Khum Lhau), Jacqueline Apitananon (Paula), Sushin Kuan-Saghaun (Hia Sushin), Surachai Sombutcharoen (Hia Surachai), Janet Khiew (Khiew), Tony Jaa **L** 95 **FSK** ab 16 **E** 4.6.2012 DVD & BD **fd** –

To Rome with Love
TO ROME WITH LOVE
Huldigung an die Ewige Stadt in Form eines episodisch angelegten Films, der an malerischen Schauplätzen einen Reigen kurioser Ereignisse und Begegnungen miteinander verknüpft: vom alternden Architekten, der sich in die Liebeshändel eines Jungarchitekten verstrickt, über ein altes Ehepaar, das den Schwiegersohn in spe kennen lernen will, bis zu einem Mann, der wie aus dem Nichts plötzlich weltberühmt ist. Ein Reigen voller Irrungen und Wirrungen sowie mit originellen, witzigen Szenen, wobei sich die Figuren und Episoden angesichts ihrer Vielzahl freilich nicht richtig entfalten können. So bleibt der Film trotz schöner Details ein etwas lauer Spaziergang durch die italienische Metropole. – Ab 14.
Italien/Spanien/USA 2012 **P** Medusa Film / Gravier Prod. / Perdido Prod. **Kl** Tobis **DVD** Tobis (16:9, 1.78:1, DD5.1 engl./dt.) **BD** Tobis (16:9, 1.78:1, DD5.1 engl./dt.) **Pd** Faruk Alatan, Giampaolo Letta, Stephen Tenenbaum, David Nichols, Helen Robin **R+B** Woody Allen **K** Darius Khondji **S** Alisa Lepselter **D** Woody Allen (Jerry), Penélope Cruz (Anna), Alec Baldwin (John), Roberto Benigni (Leopoldo), Judy Davis (Phyllis), Jesse Eisenberg (Jack), Ellen Page (Monika), Greta Gerwig (Sally), Flavio Parenti (Michelangelo), Alison Pill (Hayley), Ornella Muti (Pia Fusari), Giovanni Esposito (Hotelangestellter) **L** 112 **FSK** o.A.; f **E** 2.8.2012 Schweiz / 30.8.2012 **fd** 41 237

Die Tochter des Spartacus
BOUDICA / WARRIOR QUEEN
Nach dem Tod ihres Vaters sieht sich die Königstochter eines englischen Barbarenstamms der Übermacht der römischen Truppen von Kaiser Nero gegenüber. Durch geschicktes Verhandeln schart die charismatische Amazone andere Stämme des Nordens um sich und liefert den Eindringlingen einen harten Kampf. Im ersten Jahrhundert angesiedeltes Historienspektakel, das dem (britischen) Freiheitsgeist in bewährter TV-History-Chanel-Manier ein Denkmal setzen will. – Ab 16.
Großbritannien/Rumänien 2003 **P** Box TV/Media Pro Pictures **DVD** Savoy/Intergroove (16:9, 1.78:1, DD5.1 engl./dt.) **Pd** Matthew Bird, Christopher Landry **R** Bill Anderson **B** Andrew Davies **K** Tudor Lucaciu **M** Nina Humphreys **S** Paul Tothill **D** Alex Kingston (Boudica), Steven Waddington (König Prasutagus), Emily Blunt (Isolda), Leanne Rowe (Siora), Ben Faulks (Connach), Hugo Speer (Dervaloc), Gary Lewis (Magior, der Schamane), Alex Hassell (römischer Offizier) **L** 99 **FSK** ab 16 **E** 14.6.2012 DVD **fd** –

Die Tochter meines besten Freundes
THE ORANGES
Bei zwei befreundeten Familien in einer US-Vorstadt machen sich zur Vorweihnachtszeit Brüche und Entfremdungen in den zwischen- und innerfamiliären Beziehungen bemerkbar. Für Turbulenzen sorgt die aufkeimende Liebelei zwischen einem der Familienväter und der Nachbartochter. Eine wohltuend unaufgeregt und gemächlich erzählte (Familien-)Tragikomödie, die sich jedoch durch Überspitzungen immer wieder aus dem Takt bringt. Obwohl vorzüglich gespielt, überzeugt der Film weder als Wohlfühlunterhaltung noch als kritische Replik auf harmoniesüchtige Familienfilme. – Ab 14.
USA 2011 **P** Likely Story / Olympus Pic. **Kl** Capelight **Pd** Anthony Bregman, Leslie Urdang, Dean Vanech **R** Julian Farino **B** Ian Helfer, Jay Reiss **K** Steven Fierberg **M** Klaus Badelt, Andrew Raiher **S** Carole Kravetz, Jeffrey M. Werner **D** Leighton Meester (Nina Ostroff), Hugh Laurie (David Walling), Catherine Keener (Paige Walling), Alia Shawkat (Vanessa Walling), Adam Brody (Toby Walling), Allison Janney (Carol Ostroff), Oliver Platt (Terry Ostroff) **L** 94 **FSK** ab 12; f **E** 29.11.2012 **fd** 41 426

Tochter von Avalon
AVALON HIGH
Eine Schülerin zieht mit ihren Eltern in die sagenumwobene Stadt Avalon und bekommt bald intensiv die Magie des Ortes zu spüren. Auch ihre neuen Mitschüler haben seltsame Vorahnungen, und alles deutet darauf hin, dass die Rückkehr des legendären König Artus unmittelbar bevor steht und die Jugendliche dabei eine entscheidende Rolle spielt. Solide inszenierter (Fernseh-)Fantasyfilm, der mit guten Darstellern unterhält und auf jugendgerechte Weise Geschlechterrollen hinterfragt. – Ab 14.
USA 2010 **P** Jaffe-Braunstein Films **Kl** offen **Pd** Janine Dickens **R** Stuart Gillard **B** Julie Sherman Wolfe, Amy Talkington **Vo** Meg Cabot (Roman) **M** Robert Duncan **D** Britt Robertson (= Brittany Robertson) (Allie Pennington), Gregg Sulkin (Will Wagner), Joey Pollan (Miles), Devon Graye (Marco), Molly C. Quinn (Jen), Steve Valentine (Mr. Moore), Christopher Tavarez (Lance Benwick), Don Lake (Mr. Pennington) **L** 85 **E** 6.4.2012 Pro-Sieben **fd** –

Tod einer Brieftaube
Durch eine Brieftaube, an deren Fuß eine Nachricht befestigt ist, kommen zwei norddeutsche Dorfpolizisten und ein Privatdetektiv einem Entführungsfall auf die Spur. Am Ort des Geschehens erklärt sich einer der Polizisten bereit, das Lösegeld zu übergeben. Doch die Aktion läuft aus dem Ruder, und auch er landet in der Gewalt der Kidnapper, die nun die Lösegeldforderung in die Höhe schrauben. Jetzt schlägt die Stunde des Privatdetektivs. Unterhaltsame (Fernseh-)Kriminalfilm-Groteske mit trocken servierter Komik, die trotz geringer erzählerischer Dichte famos unterhält. Der zweite Fall für Detektiv Zehender (nach MÖRDERISCHES WESPENNEST, 2010). – Ab 16.
Deutschland 2011 **P** Bremedia (für ZDF) **Kl** offen **Pd** Claudia Schröder **R** Markus Imboden **B** Holger Karsten Schmidt **K** Peter von Haller **M** Detlef Petersen (= Detlef Friedrich Petersen) **S** Ursula Höf **D** Hinnerk Schönemann (Finn Zehender), Thomas Thieme (Gerhard Mühlfellner), Daniela Schulz (Anna Wippermann), Katja Danowski (Agnes Sonntag), Stephanie Eidt (Karin Herzog), Karoline Eichhorn (Christiane Garde), Robert Gallinowski (Christoph Meier), Jan-Gregor Kremp (Karl-Heinz Turn) **L** 90 **E** 16.4.2012 ZDF **fd** –

Das Todesduell der Shaolin
XIAN SI JUE / DUEL OF THE DEATH
Ein chinesischer Shaolin sucht den Kampf gegen einen als unbesiegbar geltenden Samurai. Während sich beide auf den Kampf vorbereiten, werden im Hintergrund Intrigen geknüpft, um das Ergebnis zu beeinflussen. Überdurchschnittlich inszenierter Eas-

tern mit einfallsreich choreografierten Kämpfen, der vergleichsweise sorgsam die Geisteshaltungen und Motivationen der Kontrahenten herausarbeitet. – Hongkong 1983 **P** Golden Harvest **DVD** Eyecatcher (16:9, 2.35:1, DD2.0 kanton./dt.) **Pd** Raymond Chow **R** Ching Siu-Tung **B** Ching Siu-Tung, David Lai, Manfred Wong **K** Li Yu-Tang, Liu Hung Kuan **S** Peter Cheung **D** Norman Chu (Hashimoto), Damian Lau (Ching Wan), Flora Cheung (Sheng Nan), Eddy Ko (Kenji), Paul Chang (Master Han), Yeung Chak-Iam (alter Shaolin-Mönch) **L** 80 (DVD 83) **FSK** ungeprüft **E** 21.5.2012 Tele 5
                                          fd –

Der tödliche Beschützer
NO BROTHER OF MINE
Eine Frau besucht ihre im Sterben liegende Großmutter und trifft nach Jahren wieder auf ihren psychopathischen Bruder, der ihr gegenüber einen krankhaften Beschützerinstinkt entwickelt hat, der schon einigen Menschen das Leben kostete. Nun fürchtet sie um das Leben ihres Ehemanns, von dem sie sich entfremdet hat. Routine-(Fernseh-)Thriller mit passablen schauspielerischen Leistungen. – Ab 16.
USA 2007 **P** Anne Carlucci Prod. / Incendo Media **KI** offen **Pd** Jean Bureau, Serge Denis, Josée Mauffette **R** Philippe Gagnon **B** Valerie West **K** Daniel Villeneuve **M** Carl Bastien, Martin Roy **S** Isabelle Malenfant **D** Kellie Martin (Nina St. Clair), Adam MacDonald (Drew Brampton), Dylan Neal (Stuart St. Clair), Camille Pennel (April St. Clair), Jesse Thibodeau (Brandon), Zara Taylor (Isabelle), Marianne Farley (Karen Reynolds), France Viens (Dr. Miriam Jordan) **L** 84 **E** 1.12.2012 SAT.1   fd –

Tom und Hacke   ☆★
TOM UND HACKE
Ein etwa 13-jähriger Junge voller Abenteuerlust und Entdeckerfreude wird in den Wirren und Unsicherheiten der unmittelbaren Nachkriegszeit des Jahres 1948 gemeinsam mit seinem Freund in einen Mordfall verwickelt und muss sich mutig, verantwortungsvoll und gerecht verhalten. Stimmungsvoller, mitunter sehr spannender Jugendfilm, der die klassische Romanvorlage von Mark Twain vom Mississippi in eine bayerische Kleinstadt verlegt und die Handlung ebenso reizvoll wie erkenntnisreich mit einem Kapitel deutscher Geschichte verbindet. Konsequent wird dabei die mundartliche Klangfärbung als konstituierendes «Lokalkolorit» eingesetzt. – Sehenswert ab 10.
Scope. Deutschland/Österreich 2012 **P** Kevin Lee Filmgesellschaft / Rommel Film / STAR*Film **KI** Zorro **Pd** Norbert Lechner, Peter Rommel, Markus Schwabenitzky **R** Norbert Lechner **B** Rudolf Herfurtner **Vo** Mark Twain (Roman *The Adventures of Tom Sawyer* / *Tom Sawyers Abenteuer*) **K** Namche Okon **M** Martin Unterberger **S** Manuela Kempf **D** Benedikt Weber (Thomas Sojer), Xaver-Maria Brenner (Bartel Hacker/Hacke), Fritz Karl (Josef Achatz/Ami Joe), Franziska Weisz (Apollonia Burger/Tante Burger), Franz Buchrieser (Anton Schön/Lehrer), Julia Forstner (Brigitte Ernst/Biggi) **L** 98 (24 B./sec.) / 94 (25 B./sec.) **FSK** ab 6; f **FBW** bw **E** 2.8.2012   fd 41 196

Tom & Jerry – Mit Vollgas um die Welt
TOM AND JERRY: THE FAST AND THE FURRY
Katze Tom und Maus Jerry, von Toms innervtem Frauchen aus der Wohnung verwiesen, wollen ihrer «Obdachlosigkeit» entkommen, indem sie am spektakulären Autorennen eines Fernsehsenders teilnehmen, dessen Hauptgewinn eine Luxusvilla ist. Weitgehend lustlos erdachtes und animiertes Comic-Abenteuer. – Ab 12.
USA 2005 **P** Turner Ent. **KI** offen **Pd** Stephen Fossati **R+B** Bill Kopp **Vo** Joseph Barbera (Charaktere), William Hanna (Charaktere) **M** Nathan Wang **S** Julie Lau (= Julie Anne Lau) **L** 70 **E** 1.9.2012 Super RTL   fd –

Tom & Jerry – Piraten auf Schatzsuche
TOM & JERRY IN SHIVER ME WHISKERS
Katze Tom und Maus Jerry heuern auf dem Schiff des Roten Piraten an. Als sie in den Besitz einer Schatzkarte gelangen, flammt die Dauerfehde der beiden Streithähne wieder auf, doch bald sind auch der Kapitän und seine untereinander verfeindeten Brüder hinter dem Schatz her. Zeichentrickfilm als durchaus abwechslungsreiche Wiederbelebung der klassischen Slapstick-Cartoons, der dem Schema der Serie treu bleibt und turbulent-ruppig unterhält, auch wenn nicht jeder Gag sitzt. – Ab 10.
USA 2006 **P** Turner Entertainment / Warner / Toon City **KI** offen **Pd** Scott Jeralds, Tom Minton **R** Scott Jeralds **B** Christopher Painter **Vo** William Hanna (Charaktere), Joseph Barbera (Charaktere) **M** Mark Watters **S** Rob Desales **L** 65 **E** 31.8.2012 Super RTL   fd –

Tomboy   ☆
TOMBOY
Ein zehnjähriges Mädchen nutzt den Umzug der Familie zu Beginn der Sommerferien, um sich als Junge auszugeben. Es gelingt ihm erstaunlich lange, die neue Rollenidentität auszuleben, doch sind Probleme vorprogrammiert. Ein zart und einfühlsam entwickelter Kinder- und Familienfilm über die scheue Suche nach der sexuellen Identität, der auf die Neugier seiner hervorragend gespielten jungen Protagonistin eingeht, ihrer weiteren Entwicklung aber alle Möglichkeiten offen lässt. – Sehenswert ab 14.
Frankreich 2011 **P** Hold Up Films / ARTE France Cinéma / Lilies Films **KI** Agora (Schweiz)/Alamode **DVD** Alamode (16:9, 1.78:1, DD5.1 frz./dt.) **BD** Alamode (16:9, 1.78:1, dts-HD frz./dt.) **Pd** Bénédicte Couvreur **R+B** Céline Sciamma **K** Crystel Fournier **M** Para One **S** Julien Lacheray **D** Zoé Héran (Laure/Michaël), Malonn Lévana (Jeanne), Jeanne Disson (Lisa), Sophie Cattani (Mutter), Mathieu Demy (Vater), Yohan Vero (Vince), Noah Vero (Noah), Cheyenne Lainé (Cheyenne) **L** 84 **FSK** ab 6; f **E** 1.9.2011 Schweiz / 3.5.2012 / 14.9.2012 DVD & BD   fd 40 633

Ein Ton Blau
Dokumentarfilm über die Berliner Kunstszene, bei der der Regisseur drei Jahre lang Kuratoren, Sammler, Händler und Kreative aufsuchte und zur Lage ihres Metiers befragte. Dabei geht es weniger um die jeweiligen Kunstwerke als um die prekären Lebens- und Produktionsverhältnisse der Künstler. Die Demokratisierung der Kunst, so eine Quintessenz, hat zwar die Anzahl der Kunstschaffenden vermehrt, aber keine Steigerung an Talenten nach sich gezogen. – Ab 14.
Deutschland 2012 **P** Terz Film **KI** Filmgalerie 451 **Pd** Claudia Steffen, Christoph Friedel **R+B** M.X. Oberg **K** M.X.

Toni Costa – Kommissar auf Ibiza: Küchenkunst

Der Sous-Chef eines angesagten Gourmet-Restaurants auf Ibiza wird Opfer eines Giftmordes. Der ermittelnde Kommissar stößt auf mehrere Verdächtige, da die Frau des Toten offenbar vielen Männern den Kopf verdreht hat. Verschiedene Hinweise deuten darauf hin, dass der Anschlag eigentlich dem Restaurantbesitzer gegolten haben könnte, was die Ermittlungen nicht einfacher macht. (Fernseh-)Krimi nach einem Roman des Schauspielers Burkhard Driest. – Ab 16.
Deutschland 2012 **P** Ziegler Film **KI** offen **Pd** Regina Ziegler **R** Peter Sämann **B** Mathias Klaschka **Vo** Burkhard Driest (Roman *Küchenkunst*) **K** Michael Praun **M** Mick Baumeister **S** Birgit Gasser **D** Hardy Krüger jr. (Toni Costa), Edita Malovcic (Elena Navarra), Katja Woywood (Karen Delgado), Gregor Bloéb (José Arrabal), Collien Ulmen-Fernandes (= Collien Fernandes) (Carmen Arrabal), Kai Albrecht (Pedro Gonzales), Dirk Martens (Oswaldo de la Reina), Hansjürgen Hürrig (Andrés Lopez Santander), Bruno F. Apitz (Dr. Torres), Antonio Putignano (Bischof), Sebastian Goder (Diego Martinez), Jasmin Tawil (Alicia) **L** 87 **E** 29.3.2012 ARD **fd** –

Tony 10 ☆
TONY 10

Ein neunjähriger Junge steht vor den Scherben seines harmonischen Familienlebens, als sein Vater Karriere macht, zum Geschäftsführer einer Kranfirma zum niederländischen Bauminister aufsteigt und ihn sowie seine Mutter verlässt. Bis zum zehnten Geburtstag will er seine Eltern wieder zusammenbringen, muss aber erkennen, dass es Alternativen gibt, wenn Vertrauen, Zuneigung und Liebe die Bande stärken. Liebenswerter Kinderfilm, der unaufgeregt und einfühlsam viele amüsante Einfälle mit der realitätsnahen Alltagsgeschichte verknüpft. – Sehenswert ab 8.
Niederlande/Deutschland/Belgien 2012 **P** Lemming Film / NTR / Ma.Ja. De Filmprop. / uFilm **KI** farbfilm **Pd** Marleen Slot, Leontine Petit, Joost de Vries, Heino Deckert, Marina Blok, Adrian Politowski, Gilles Waterkeyn **R** Mischa Kamp **B** Mieke de Jong **K** Bert Pot **M** Steve Willaert **S** Marc Bechtold, Sander Vos **D** Faas Wijn (Tony), Rifka Lodeizen (Sissy), Jeroen Spitzenberger (Gilles), Annet Malherbe (Königin), Carlo Boszhard (Lehrer), Anna Drijver (Wanda), Loek Peters (Toep), Femke Stasse (Luus), Giorgio Sanches (Karim), Fairuuz Sjak-Shie (Tineke), Saphira Roemer (Lia) **L** 85 (24 B./sec.) / 82 (25 B./sec.) **FSK** o.A.; f **E** 29.11.2012 **fd** 41 404

Die Tore der Welt
WORLD WITHOUT END

Die machthungrige Isabelle hat 1327 den Thron an sich gerissen, England sieht schweren Zeiten entgegen. Ein verwundeter Ritter sucht Unterschlupf in der Priorei von Kingsbridge, um dort als Mönch seinen Frieden zu finden, doch auch hier sind andere Zeiten angebrochen. Als die Brücke des Orts zusammenbricht, kümmert sich eine junge Frau zusammen mit der Ordensmutter um die Verletzten, gemeinsam bauen sie ein Hospital auf. Nur sehr lose an den Roman Folletts anknüpfend entwirft der aufwändig ausgestattete TV-Mehrteiler ein Horrorkabinett voller Klischees vom Mittelalter und kaschiert sie publikumswirksam mit einer epischen Liebesromanze. Fortsetzung von DIE SÄULEN DER ERDE. – Ab 16.
DVD/BD: Die Extras der Standard Editionen (DVD & BD) enthalten keine erwähnenswerten Extras. Die wertiger aufgemachte Special Edition (DVD) enthält ein bildlastiges Booklet (12 Seiten) sowie eine umfangreiche Bonus-Disk mit den üblichen Interviews und «Making of»-Features.
Deutschland/Kanada/Großbritannien 2012 **P** Scott Free Prod. / Take 5 / Tandem Communications **DVD** Universum (16:9, 1.78:1, DD5.1 engl./dt.) **BD** Universum (16:9, 1.78:1, dts-HD engl./dt.) **Pd** Howard Ellis, Ridley Scott, Tony Scott, Arnie Gelbart **R** Michael Caton-Jones **B** John Pielmeier **Vo** Ken Follett (Roman) **K** Denis Crossan **M** Mychael Danna **S** István Király, Susan Maggi **D** Charlotte Riley (Caris), Ben Chaplin (Sir Thomas Langley), Cynthia Nixon (Petranilla), Nora von Waldstätten (Gwenda), Oliver Jackson-Cohen (Ralph), Rupert Evans (Tom Weston-Jones (Martin), Miranda Richardson (Mutter Cecilia) **L** 371 (92 & 96 & 92 & 91) **FSK** ab 16 **E** 3./4.12.2012 SAT.1 / 12.12.2012 DVD & BD **fd** –

Tornado und der Pferdeflüsterer
TORNADO AND THE KALAHARI HORSE WHISPERER

Ein scheinbar unzähmbarer Schimmel und ein sich hinter selbstzerstörerischen Sporteskapaden versteckender Junge lernen in einer Therapie, sich gegenseitig zu stützen und ein «normales Leben» zu leben. Kitschiges Drama, angeblich inszeniert nach wahren Begebenheiten, das lediglich schöne und rebellische Pferde sowie schöne und rebellische Männer vorteilhaft ins Prärielicht setzt. – Ab 14.
Südafrika 2009 **DVD** NewKSM (16:9, 1.78:1, DD5.1 engl./dt.) **BD** NewKSM (16:9, 1.78:1, dts-HDMA engl./dt.) **Pd** Peter Lamberti, Sherry Lamberti **R** Regardt van den Bergh **B** Darron Meyer, Paul Boekkool, Regardt van den Bergh **K** Lee Doig **M** Braam du Toit **S** Ronelle Loots **D** Quentin Krog (Pierre van Rooyen), Danny Keogh (Barrie Burger), Lean van den Bergh (Meretha), Joanie Combrink (Anette Burger), Angelique Pretorius (Jessica), Carl Stemmel (Matt), Tommy Kyd (Simon), Jennifer Steyn (Sarah Carter) **L** 110 **FSK** ab 6 **E** 5.4.2012 DVD & BD **fd** –

Tornado Warning
LIEN TORNADO

Ein von Aliens gesteuerter elektromagnetischer Tornado bedroht die westliche (US-amerikanische) Zivilisation. Doch die Bevölkerung von Illinois hält wacker dagegen. Unterbeschäftigte Größen des Unterhaltungsfilms der «Kategorie B» werten den nicht sonderlich effektiven Katastrophen- und Science-Fiction-Verschnitt in Maßen in Richtung Durchschnitt auf. – Ab 14.
DVD/BD: Die FSK-Freigabe «ab 16» der DVD/BD bezieht sich auf das Bonusmaterial (Trailer etc.), der Film selbst hat eine Freigabe «ab 12».
USA 2012 **P** Active Entertainment / Bullet Films **DVD** Edel Media (16:9, 1.85:1, DD5.1 engl./dt.) **BD** Edel Media (16:9, 1.85:1, dts-HD engl./dt.) **Pd** Kenneth M. Badish, Griff Furst, Daniel Lewis **R** Jeff Burr **B** Paul A. Birkett **K** Andrew Strahorn **M** Andrew Morgan Smith **S** Matt Taylor **D** Stacey Asaro (Kelly Walker), Jeff Fahey (Judd Walker), David Jensen (Armstrong),

Terry Kiser (Mike Hardy), Daniel Ponsky (Billy Jones), Willard E. Pugh (Norm Mackey), Kari Wuhrer (Gail Curtis) **L** 84 **FSK** ab 12 **E** 18.10.2012 DVD & BD **fd –**

Total Recall
TOTAL RECALL
Remake von Paul Verhoevens TOTAL RECALL (1990) über einen Arbeiter, dessen Identität sich als Bewusstseinsmanipulation zu entpuppen scheint. Offensichtlich ist der Mann ein Doppelagent, der gegen ein tyrannisches Regime antritt. Oder findet alles nur im Kopf des Protagonisten statt? Der Science-Fiction-Film nach einer Erzählung von Philip K. Dick ersetzt Verhoevens «trashige» Ästhetik und den bösen Humor durch einen düster-futuristischen Look im Stil von Genreklassikern wie BLADE RUNNER. Angesichts des (in der Kinofassung) pausenlosen Action-Marathons, der an die Level-Dramaturgie von Computerspielen erinnert, kann sich die Psychothriller-Komponente des Stoffs zu wenig entfalten.
Der auf Blu-ray erschienene «Extended Director's Cut» bietet primär verlängerte Dialogpassagen, was dem Film mehr Substanz verleiht. Dabei wird die Ambivalenz der Realitätswahrnehmungen deutlicher thematisiert, auch erfährt man mehr über die Absichten der Widerstandskämpfer; die Rolle der Rebellin Lori bekommt zudem mehr emotionale Kontur, da sie nun als Tochter des Rebellenführers zu erkennen ist. – Ab 14.
DVD/BD: Die Standardausgabe (DVD) enthält keine erwähnenswerten Extras. Die wesentlich umfangreichere BD (2 Disk) enthält neben der Kino- und Extended Cut-Fassung eine Reihe von Extras: Für die Langfassung ist ein Audiokommentar des Regisseurs abrufbar. Zur Kinofassung ist indes ein Bild-im-Bild-Feature zuschaltbar, in dem Interviews und Informationsfeature zum laufenden Film abgerufen werden können. Eine ebenfalls erhältliche DVD Special Edition (2DVDs) enthält auf der Bonus-Disk mit einem gerade 20-minütigen Feature über die Spezial Effekte. Diese Bonusdisk ist auch der sog. «3-Disc Extended Director's Cut» Edition beigelegt.
Scope. USA/Kanada 2012 **P** Total Recall / Original Film / Rekall Prod. **KI** Sony **DVD** Sony (16:9, 2.35:1, DD5.1 engl./dt.) **BD** Sony (16:9, 2.35:1, dts-HDMA engl./dt.) **Pd** Toby Jaffe, Neal H. Moritz **R** Len Wiseman **B** Kurt Wimmer, Mark Bomback **Vo** Philip K. Dick (Kurzgeschichte *We Can Remember It For You Wholesale*) **K** Paul Cameron **M** Harry Gregson-Williams **S** Christian Wagner (= Christian Adam Wagner) **D** Colin Farrell (Douglas Quaid / Hauser), Kate Beckinsale (Lori), Bryan Cranston (Vilos Cohaagen), Jessica Biel (Melina), Bill Nighy (Matthias Lair), John Cho (McClane), Bokeem Woodbine (Harry), Will Yun Lee (Marek), Currie Graham (Berger) **L** 118 (Langfassung 130 [BD]) **FSK** ab 12; f **E** 23.8.2012 / 19.12.2012 DVD & BD (Extended Director's Cut) **fd** 41 251

Die Tote im Moorwald ★
Eine Münchner Künstlerin zieht nach dem Tod ihrer Mutter in deren verlassene Molkerei auf dem Land. Sie will der Frage auf den Grund gehen, wer denn nun ihr Vater ist, doch im Dorf, das durch das Verschwinden eines Mädchens paralysiert ist, schlägt ihr eine Welle der Abneigung entgegen. Die Ereignisse werden von dem ungeklärten Mord an einer jungen Frau überschattet, der Jahre zurückliegt. Um atmosphärische Dichte bemühter (Fernseh-)Kriminalfilm, in dem das dörfliche Leben und die Natur als Resonanzboden für eine bedeutungsschwere Stimmung dienen. Gut gespielt, lotet vor allem Franz Xaver Kroetz grandios die Spannweite zwischen Gut und Böse, zwischen Bodenständigkeit und Realitätsverlust aus. – Ab 16.
Deutschland 2011 **P** Roxy Film (für ZDF) **KI** offen **Pd** Annie Brunner, Anja Helmling-Grob, Andreas Richter, Nathalie Scriba, Felix von Poser, Ursula Wörner **R** Hans Horn **B** Annika Tepelmann **K** Torsten Breuer **M** Siggi Müller, Andrej Melita **S** Nicola Undritz **L** 120 **E** 12.11.2012 ZDF **fd –**

Töte mich ★
TUE-MOI
Eine junge Frau hat seit dem Unfalltod des Bruders ihren Lebenswillen verloren, will Selbstmord begehen, kann sich aber nicht zum letzten Schritt durchringen. Als ein aus der Haft entwichener Sträfling sie überfällt, bietet sie ihm Hilfe für die Flucht an, wenn er sie dafür tötet. Beide machen sich auf den Weg nach Marseille, von wo aus den Sträfling nach Afrika übersetzen will. Ein in seinen Wendungen etwas zu vorhersehbares, gleichwohl sehr klug inszeniertes Road Movie mit ausdrucksstarker Bildsprache und guten Darstellern, dessen Protagonisten die Angst vor Nähe und vor dem Leben verbindet. – Ab 16.
Scope.Deutschland/Frankreich/Schweiz 2011 **P** NiKo Film / Wüste Film West / Ciné Sud / Vandertastic Film / Hugofilm Prod. **KI** farbfilm **Pd** Nicole Gerhards, Hejo Emons (= Hermann-Josef Emons), Stefan Schubert, Thierry Lenouvel, Hanneke van der Tas, Christof Neracher **R** Emily Atef **B** Emily Atef, Esther Bernstorff **K** Stéphane Kuthy **M** Cyril Atef **S** Beatrice Babin **D** Maria Dragus (Adele), Roeland Wiesnekker (Timo), Wolfram Koch (Julius), Christine Citti (Claudine), Anne Bennent (Adeles Mutter), Robert Hunger-Bühler (Adeles Vater), Jean-Jérôme Esposito (Personenschutz), Matthias Breitenbach (Bauer im Lieferwagen), Mateo Wansing Lorrio (Junge im Waldhaus), Norbert Rossa (Wanderer) **L** 91 **FSK** ab 12; f **E** 5.7.2012 **fd** 41 160

Die Tote ohne Alibi
Ein Callgirl wird ermordet auf der Toilette eines Münchner Nachtclubs gefunden. Die beiden ermittelnden Kommissare stoßen auf die Spur eines Pharma-Unternehmens, dessen Vorstandsmitglieder zum Kundenstamm der Toten gehörten. Das Sexualdelikt wächst sich zu einem Fall von Wirtschaftskriminalität aus. (Fernseh-)Krimi um einen betont smarten, dabei nicht makellosen Kommissar mit Ecken und Kanten. Gut gespielt, hätten die thematischen Verwicklungen um Kartellabsprachen und Millionengelder, Korruption, Erpressung und das Beiseiteschaffen unliebsamer Mitwisser ruhig etwas weniger bombastisch ausfallen dürfen. – Ab 16.
Deutschland 2011 **P** Network Movie (für ZDF) **KI** offen **Pd** Wolfgang Cimera, Bettina Wente **R** Michael Schneider **B** Christoph Darnstädt **K** Andreas Zickgraf **M** Dirk Leupolz **S** Jörg Kroschel **D** Maximilian Simonischek (Lukas Laim), Katharina Böhm (Kriminaldirektorin Marion Andergast), Gerhard Wittmann (Simhandl), Kostja Ullmann (Tim Berners), Harald Schrott (Rüdiger Nefzer), Gisela Schneeberger (Laims Mutter), Micha-

el Roll (Dr. Eildinger), Felix Vörtler (Timmersen) **L** 105 **E** 30.4.2012 ZDF **fd** –

Totem ★
Eine junge Frau taucht als neue Haushaltshilfe bei einer deutschen Familie in einen surreal anmutenden Vorstadtkosmos ein, der ihr mal zuvorkommend, mal mit latenter oder sogar offener Herablassung und Aggression begegnet. Traumwandlerisch bewegt sich der Film zwischen Sozialdrama und Horrorfilm und beschreibt dabei subtil die Banalität einer kleinbürgerlichen, engstirnigen Lebenswelt. Dabei hält er sich mit Erklärungen und Bewertungen zurück und konfrontiert den Zuschauer mit seinen eigenen Abwehrreaktionen und Milieu-Antipathien. – Ab 16.
Deutschland 2011 **P** Arepo Media / Münchner Filmwerkstatt / kLAPPbOXFILME / Lieblingsfilm **KI** Filmgalerie 451 **Pd** Martin Blankemeyer, Jessica Krummacher, Philipp Budweg, Timo Miller **R+B** Jessica Krummacher **K** Björn Siepmann **M** Marina Frenk **S** Jessica Krummacher **D** Marina Frenk (Fiona Berlitz), Natja Brunckhorst (Claudia Bauer), Benno Ifland (Wolfgang Bauer), Alissa Wilms (Nicole Bauer), Cedric Koch (Jürgen Bauer), Fritz Fenne (Ulli), Dominik Buch (Schwimmlehrer), Irmgard Pethke **L** 86 **FSK** ab 12; f **E** 26.4.2012 **fd** 41 030

Ein Toter führt Regie
Nach einer Bombenexplosion in einem Archiv in Lüneburg ergeben die Ermittlungen rasch, dass nur das Faktotum des Betriebs, ein kleinwüchsiger Angestellter, der Täter sein kann. Alles deutet auf einen von langer Hand geplanten Selbstmord hin. Ein Abschiedsbrief erklärt, dass der Anschlag Rache für jahrelanges Mobbing war, und auf einem Video kündigt der Tote neue Attentate an. Spannender (Fernseh-)Kriminalfilm nach einem Roman von -ky (Horst Bosetzky). – Ab 16.
Deutschland 2005 **P** Mediaprak / Beagle Films **KI** offen **Pd** Sven Woldt **R+B** Peter Kahane **Vo** Horst Bosetzky ([= ky] Kriminalroman) **K** Peter Badel **M** Tamás Kahane **D** Dietmar Bär (Fred Brockmüller), Nina Kronjäger (Annelie Brockmüller), Paul Faßnacht (Kommissar Mannhardt), Josef Heynert (Olscha), Gilbert von Sohlern (Eugen Zumpe), Sandra Steffl (Beate Lux), Simon Licht (Thorne Kuhring), Peter Luppa (Ossianowski) **L** 90 **E** 6.4.2012 ARD **fd** –

Touching Home – So spielt das Leben
TOUCHING HOME
Von Talent und sozialem Stand benachteiligte Zwillingsbrüder kommen nach gescheiterter Baseball-Karriere vom College zurück in die Heimat, um mit ihrem chronisch alkoholisierten Vater im Tagebau zu arbeiten. Milieuzeichnung der US-amerikanischen Unterschicht, erstellt nach den biografischen Aufzeichnungen der die Hauptrollen verkörpernden Baseball-Brüder. Ein eher behäbiger Sportfilm, der als gefühlige Karrierebeschreibung wohl eher in seinem Heimatland USA als anderswo funktioniert. – Ab 16.
Scope. USA 2008 **P** Winston Movie **DVD** NewKSM (16:9, 2.35:1, DD5.1 engl./dt.) **BD** NewKSM (16:9, 2.35:1, dts-HDMA engl./dt.) **Pd** Logan Miller, Noah Miller, Jeromy Zajoric **R+B** Logan Miller, Noah Miller **K** Ricardo Jacques Gale **M** Martin Davich **S** Robert Dalva **D** Logan Miller (Lane), Noah Miller (Clint), Ed Harris (Charlie Winston), Brad Dourif (Clyde Winston), Robert Forster (Jim «Perk» Perkins), John Laughlin (Walter Houston), Lee Meriwether (Helen), Ishiah Benben (Rachael), Brandon Hanson (Brownie) **L** 108 **FSK** ab 6 **E** 6.7.2012 DVD & BD **fd** –

Trans Bavaria
Ein niederbayerischer Abiturient träumt von der Revolution, kommt damit aber nicht voran, weshalb er mit zwei Freunden nach Moskau pilgert, wo Fidel Castro eine Rede halten will. Auf der Fahrt durch Polen und die Ukraine verliert die revolutionäre Wallfahrt merklich an Elan, bis sie in einem alten Kloster gänzlich zum Erliegen kommt. Ein sympathisch-unkonventioneller Debütfilm, ebenso unausgegoren wie ungeschliffen, dabei aber voller Einfälle. Seine gänzlich apolitische Grundierung steht seltsam quer zum verbalen Revolutionspathos. – Ab 14.
Scope. Deutschland 2011 **P** Caporetto Film **KI** Zorro **DVD** Zorro (16:9, 2.35:1, DD5.1 dt.) **Pd+R+B** Konstantin Ferstl **K** Stephan Bookas **M** Christoph Zirngibl **S** Laura Heine **D** Marcel Despas (Quirinalis), Lukas Schätzl (Joker), Johannes Damjantschitsch (Wursti), Eisi Gulp (Trotta), Hansi Kraus (Joseph Hasselwander), Johanna Bittenbinder (Marianne Berghammer), Ottfried Fischer (Christian Berghammer), Doris Buchrucker (Hedwig Hasselwander), Waldemar Hooge (Adam), Philip Koestring (Ché), Christian Schneller (Stiegler) **L** 127 **FSK** o.A.; f **E** 1.3.2012 / 16.11.2012 DVD **fd** 40 931

Transit
TRANSIT
Eben erst aus dem Gefängnis entlassen, will der rehabilitierte Straftäter seine vierköpfige Familie zurückgewinnen und lädt sie zu einem Kurzurlaub ein. Bankräuber suchen sich ausgerechnet sein Urlaubsauto aus, um darin ihre Beute zu verstecken. Der Versöhnungstrip wird zum Albtraum, weil sowohl die Polizei als auch die Gangster hinter den zunächst Nichtsahnenden her sind. Harter, passabel konstruierter Paranoia-Thriller, der seinen Protagonisten eine Menge zumutet.
DVD/BD: Die FSK-Freigabe «ab 18» der DVD bezieht sich auf das Bonusmaterial (Trailer etc.), der Film selbst hat eine Freigabe «ab 16».
Scope. USA 2011 **P** After Dark Films / Dark Castle Entertainment / Signature Entertainment / Gaeta-Rosenzweig Films **DVD** StudioCanal/Planet Media (16:9, 2.35:1, DD5.1 engl./dt.) **BD** StudioCanal/Planet Media (16:9, 2.35:1, dts-HDMA engl./dt.) **Pd** Moshe Diamant, Courtney Solomon, Stephanie Caleb, Steven A. Frankel, Christopher Milburn, Lucy Mukerjee, Bobby Ranghelov **R** Antonio Negret (= José Antonio Negret) **B** Michael Gilvary **K** Yaron Levy **M** Christopher Westlake **S** Joe Binford jr., William Yeh **D** James Caviezel (Nate), Diora Baird (Arielle), James Frain (Marek), Sterling Knight (Shane), Harold Perrineau (Losada), Elisabeth Röhm (Robyn), Jake Cherry (Kenny), Ryan Donowho (Evers) **L** 85 **FSK** ab 16 **E** 8.5.2012 DVD & BD **fd** –

Transpapa ☆
Nach Jahren der Abwesenheit tritt ein transsexueller Vater, der sich immer noch in seine weibliche Identität hineinlebt, wieder ins Leben seiner Tochter. Diese gerät darüber in Nöte, weil der Selbstentwurf des Vaters we-

der mit ihren männlichen noch den weiblichen Rollenvorstellungen kompatibel ist. Das von zwei überzeugenden Hauptdarstellern getragene Drama unterläuft geschickt transsexuelle (Film-)Klischees sowie jede Form von Thesenhaftigkeit. Ein ebenso kluger wie unaufdringlicher, subtil auf Zwischentöne setzender Film über eine außergewöhnliche Eltern-Kind-Beziehung. – Sehenswert ab 16.
Deutschland 2012 **P** teamWorx / Filmakademie Baden-Württemberg / SWR / BR **KI** BesserAlsEcht **Pd** Amelie Küster, Jochen Laube, Valeska Bochow **R+B** Sarah Judith Mettke **K** Philipp Haberlandt **M** Chris Bremus **S** Kaya Inan **D** Luisa Sappelt (Maren), Devid Striesow (Sophia), Sandra Borgmann (Ulrike), Fritzi Haberlandt (Silke), Jan-David Buerger (Benny), Damian Hardung (Christopher), Ron Holzschuh (Christian), Florence Kasumba (Tessi), Arno Kempf (Volker), Simon Mehlich (Holger) **L** 90 **FSK** – **E** 22.11.2012 / 5.12.2012 SWR **fd** 41 415

Trau niemals deiner Frau
TRAU NIEMALS DEINER FRAU
Das idyllische Vorstadtleben eines Juweliers und einer Boutique-Besitzerin gerät aus den Fugen, als ein früherer Bekannter der Frau auftaucht, der sie mit der gemeinsamen kriminellen Vergangenheit erpressen will. Der argwöhnisch gewordene Juwelier kommt über einen Privatdetektiv dem Vorleben seiner Frau auf die Spur und überrascht die beiden mit einem gewagten Vorschlag. Solide gespielte und inszenierte (Fernseh-)Krimikomödie über verbrecherische Abgründe, Lügen, Betrug und Intrigen hinter bürgerlich-biederer Fassade. Was die Substanz für eine wirklich «böse» Satire gehabt hätte, kommt weitgehend nivelliert, gleichwohl noch recht vergnüglich daher. – Ab 14.
Österreich 2012 **P** Mona Film / ORF **KI** offen **Pd** Thomas Hroch, Gerald Podgornig **R** Lars Becker **B** Detlef Michel **K** Hannes Hubach, Markus Selikovsky **M** Hinrich Dageför **S** Sanjeev Hathiramani **D** Harald Krassnitzer (Niklas), Lisa Maria Potthoff (= Lisa Potthoff) (Caroline), Fritz Karl (Timo), Elena Uhlig (Anke Panndorf), Simon Schwarz (Moritz Ettmayr), Alexander Held (= Gerald Alexander Held) (Arnold Ettmayr), Gregor Seberg (Haslinger Chef), Thomas Mraz (Gerichts- vollzieher) **L** 89 **E** 21.11.2012 ORF 2 / 18.12.2012 ZDF **fd** –

Traumfabrik Kabul ★
Ein von Respekt und Neugier getragener Dokumentarfilm über die afghanische Filmemacherin Saba Sahar, die für die Frauenrechte in ihrer Heimat kämpft. Dabei lebt er vor allem von seiner charismatischen Protagonistin, die sich weder von den Anfeindungen durch Fundamentalisten noch durch die Frustrationen angesichts einer wenig hilfreichen (Besatzungs-)Bürokratie unterkriegen lässt. Zwar ermöglicht die materialreiche Engführung auf die Protagonistin keinen umfassenden Blick auf die afghanische Gesellschaft, doch bürstet der Film das gängige Medienbild des Landes gründlich gegen den Strich. (O.m.d.U.) – Ab 14.
Deutschland/Afghanistan 2011 **P** Boekamp & Kriegsheim / ZDF (Das kleine Fernsehspiel) **KI** arsenal institut **Pd** Nils Bökamp, Felix Kriegsheim **R** Sebastian Heidinger **B** Sebastian Heidinger, Nils Bökamp **K** Alexander Gheorghiu **S** Alexander Fuchs **L** 83 **FSK** ab 12; f **FBW** w **E** 19.4.2012 / 3.12.2012 ZDF **fd** 41 018

Das Traumhotel – Brasilien
Der Geschäftsführer einer Hotelkette steigt inkognito in einem Luxushotel im brasilianischen Bahia ab, als sich dort Diebstähle und Unregelmäßigkeiten häufen. Bald kommt es zu Spannungen mit seiner Tochter, die das Hotel leitet, aber auch ein frisch verliebtes deutsches Seniorenpaar sorgt für Turbulenzen. Anspruchslostriviale (Fernseh-)Unterhaltung, die hinlänglich bekannte Plot-Bausteine der Reihe variiert. – Ab 14.
Deutschland/Österreich 2011 **P** Lisa / Degeto (für ARD/ORF) **DVD** mcp (16:9, 1.78:1, DD2.0 dt.) **Pd** David Spiehs **R** Otto W. Retzer **B** Hilly Martinek, Krystian Martinek **K** Claus Peter Hildenbrand **M** Michael Hofmann de Boer **D** Christian Kohlund (Markus Winter), Anna Hausburg (Leonie Winter), Peter Weck (Leopold Wagner), Alexander Wussow (Götz Wagner), Heidelinde Weis (Henriette von Lichtenhagen), Katharina Stemberger (Silke Wagner), Muriel Baumeister (Sarah Ingenhoven), Nico Liersch (Anton Ingenhoven) **L** 89 **FSK** o.A. **E** 13.1.2012 ARD & ORF 2 / 2.3.2012 DVD **fd** –

Das Traumhotel – Vietnam
Ein Hotel-Manager reist nach Vietnam, wo seine Hotelgruppe ein ökologisches Luxusresort errichten will. Eine attraktive Touristin verdreht ihm den Kopf, doch er ahnt nicht, dass sie von der Konkurrenz auf ihn angesetzt wurde, um seine Pläne auszuspionieren. Auch ein Hotelgast stapelt hoch, derweil sich ein junger Chefkoch gegen seinen Vater durchsetzen muss, der will, dass der Sohn die familieneigene Fast-Food-Kette übernimmt. Triviale (Fernsehserien-)Unterhaltung, gedreht an drei Stätten des UNESCO-Weltkulturerbes in Vietnam. – Ab 14.
Deutschland 2011 **P** Lisa Film (für ARD/ORF) **DVD** mcp (16:9, 1.78:1, DD2.0 dt.) **R** Otto W. Retzer **B** Hilly Martinek, Krystian Martinek **K** Claus Peter Hildenbrand **M** Michael Hofmann de Boer **S** Uschi Erber **D** Christian Kohlund (Markus Winter), Sonja Kirchberger (Susanne), Max Tidof (Fabian), Nadeshda Brennicke (Nora Mäder), Gunter Berger (Erik Krüger), Roy Peter Link (Malte Krüger), Linda Chang (Lamai), Marisa Leonie Bach (Julia Zeller) **L** 88 **FSK** o.A. **E** 6.1.2012 ARD / 2.3.2012 DVD **fd** –

Das traurige Leben der Gloria S. ★
Eine nur wenig erfolgreiche Schauspielerin einer Off-Theatertruppe lässt sich von einer weit erfolgreicheren Filmregisseurin casten. Diese sucht Protagonisten für eine Dokumentation über die Lebensumstände alleinerziehender Mütter. Das Inszenieren der «harten Realität» erweist sich als eher kontroverses Projekt. Klug und ironisch-komisch dekonstruiert der Film die Authentizitätsbehauptungen einschlägiger Fernseh- und Kinoformate und spielt raffiniert mit der spannungsreichen Wechselbeziehung von Filmenden und Gefilmten. – Ab 14.
Deutschland 2011 **P** Schall-Groß / Achtfeld **KI** Edition Salzgeber **DVD** Salzgeber (16:9, 1.78:1, DD2.0 dt.) **Pd+R** Ute Schall, Christine Groß **B** Ute Schall, Christine Groß, Anna Kremser **K** Hannes Francke **M** Roman Ott Quartett **S** Silke Gräf, Ute Schall **D** Christine Groß (Gloria Schneider), Nina Kronjäger (Charlotte Weiß), Margarita Broich (Margarete), Susan Todd (Susan), Sean Patten (C.P.), Mira Partecke (Toni), Tina Pfurr (Steffi), Jean Chaize (Pierre), Bastian

Trost (Stefan), Marie Löcker (Klara), Angelika Sautter (Sybille), Roman Ott (Carlo), Brigitte Cuvelier (Brigitte), Kerstin Honeit (Renée), Inga Busch (Ellen Kaufmann) **L** 75 **FSK** ab 12 (DVD) **E** 12.1.2012 / 14.1.2012 DVD
fd 40 848

Die Trauzeugen
A FEW BEST MEN
Beim Australien-Urlaub verliebt sich ein Brite in eine Einheimische aus besten Kreisen, und bald schon läuten die Hochzeitsglocken. Als Trauzeugen lässt der Bräutigam seine besten Freunde einfliegen, ein spleeniges «Trio infernale», das die schicke «Upperclass»-Hochzeit ins Chaos stürzt. Nach dem Muster populärer Hochzeitskomödien entwickelter Film, der durch tiefschwarzen Humor für sich einnimmt und ebenso komisch wie herzlich eine unverbrüchliche Männerfreundschaft feiert. – Ab 16.
Scope. Australien 2011 **P** Parabolic Pic. / Stable Way Ent. **Kl** Concorde **Pd** Share Stallings, Laurence Malkin, Antonia Barnard, Gary Hamilton **R** Stephen Elliott **B** Dean Craig (= Piero Regnoli) **K** Stephen F. Windon **M** Guy Gross **S** Sue Blainey **D** Xavier Samuel (David), Kris Marshall (Tom), Kevin Bishop (Graham), Tim Draxl (Luke), Laura Brent (Mia), Olivia Newton-John (Barbara), Rebel Wilson (Daphne), Jonathan Biggins (Jim), Steve Le Marquand (Ray) **L** 97 (24 B./sec.) / 93 (25 B./sec.) **FSK** ab 12; f **E** 14.6.2012
fd 41 118

Treasure Buddies – Die Schatzschnüffler in Ägypten
TREASURE BUDDIES
Fünf Hundewelpen suchen nach dem größten Schatz der Tierwelt, legen einer ägyptischen Tempelkatze, die mit Hilfe eines magischen Amuletts die Weltherrschaft an sich reißen will, das Handwerk und schließen zahlreiche Freundschaften. Anspruchsloser Familienfilm aus der Disney-Werkstatt, die ihre sprechenden Hündchen um die halbe Welt schickt, um sie Abenteuer à la INDIANA JONES bestehen zu lassen. – Ab 10.
USA 2012 **P** Disney / Key Pix / Treasure Buddies Prod. **DVD** Walt Disney (16:9, 1.78:1, DD5.1 engl./dt.) **Pd** Anna McRoberts, Robert Vince **R** Robert Vince **B** Anna McRoberts, Robert

Vince **K** Kamal Derkaoui **M** Brahm Wenger **S** Kelly Herron, Jason Pielak **D** Adam Alexi-Malle (Amir), Mason Cook (Pete), Mo Gallini (Tarik), Ellie Harvie (Jean), Edward Herrmann (Philip Wellington), Ranya Jaber (Farah), Christopher Maleki (Seti), Anna Primiani (Cleopatra) **L** 89 **FSK** ab 6 **E** 8.3.2012 DVD **fd** –

Treeless Mountain ☆
TREELESS MOUNTAIN
Zwei Mädchen aus Seoul werden von ihrer Mutter verlassen und zur alkoholkranken Schwägerin abgeschoben. In dieser desolaten Situation bemühen sie sich, ihrem Alltag eine Form zu geben. Ihre Lage bessert sich aber erst, als sie zu den Großeltern aufs Land kommen. Das sich ganz auf die Perspektive der Kinder einlassende, mit vielen Groß- und Nahaufnahmen arbeitende Drama zeigt eindringlich den Versuch seiner kleinen Protagonisten, der sozialen Verwahrlosung zum Trotz so etwas wie Halt und Wärme zu finden. Dabei gelingt der Regie nie mit dem Niedlichkeitsfaktor der Kinder, sondern nimmt sie als Charaktere ernst. (Preis der Ökumenischen Jury, Berlin 2009) – Sehenswert ab 14.
Südkorea/USA 2008 **P** Parts and Labor / Soandbrad / Stange Loop Ent. **Kl** Peripher **Pd** Bradley Rust Gray, Ben Howe, So Yong Kim, Lars Knudsen, Jay Van Hoy **R+B** So Yong Kim **K** Anne Misawa **M** Asobi Seksu **S** Bradley Rust Gray, So Yong Kim **D** Kim Hee-yeon (Jin), Kim Song-Hee (Bin), Lee Soo-Ah, Kim Mi-Hyang, Park Boon-Tak **L** 89 **FSK** – **E** 1.3.2012 **fd** 40 928

Trespass
TRESPASS
Vier Einbrecher dringen in das Haus einer gut situierten, nicht ganz rechtschaffenen Familie ein und bedrohen die Eltern und die Teenager-Tochter. Nach anfänglichem Zögern setzen sich die Gefährdeten mit allen Mitteln zur Wehr. Der hochkarätig besetzte «Home Invasion»-Thriller reicht bei weitem nicht an die Radikalität von Michael Hanekes FUNNY GAMES heran und bekommt den Stoff nie überzeugend in den Griff.
USA 2011 **P** Millennium Films / Nu Image / Winkler Films **DVD** Ascot/Elite (16:9, 2.35:1, DD5.1 engl./dt., dts dt.) **BD** Ascot/Elite (16:9, 2.35:1, dts-HDMA engl./dt.) **Pd** René Besson,

Boaz Davidson, Danny Dimbort, Avi Lerner, Trevor Short, David Winkler, Irwin Winkler, Matthew F. Leonetti jr. **R** Joel Schumacher **B** Karl Gajdusek **K** Andrzej Bartkowiak **M** David Buckley **S** Bill Pankow **D** Nicolas Cage (Kyle Miller), Nicole Kidman (Sarah Miller), Ben Mendelsohn (Elias), Liana Liberato (Avery Miller), Cam Gigandet (Jonah), Jordana Spiro (Petal), Dash Mihok (Ty), Emily Meade (Kendra) **L** 91 **FSK** ab 16 **E** 6.2.2012 DVD & BD **fd** –

Die Tribute von Panem – The Hunger Games
THE HUNGER GAMES
In der Zukunft hat ein diktatorisches Regime die einstigen USA in zwölf Distrikte aufgeteilt, die einmal im Jahr zwei Jugendliche in die Hauptstadt entsenden müssen, wo sie in einem martialischen Wettstreit auf Leben und Tod anzutreten haben. Eine 16-Jährige setzt sich in den medial ebenso spektakulär wie spekulativ aufbereiteten «Hungerspielen» mit Mut und Integrität gegen das mitleidlose Regime durch. Spannender Abenteuerfilm als erster Teil einer Trilogie, der die komplexe Substanz des düsteren Fantasy-Stoffs aber eher zögerlich aufgreift. Den Ängsten und Schmerzen der jugendlichen Protagonisten, vor allem ihrer Sehnsucht nach Zuneigung, Liebe und Geborgenheit kommt er nur bedingt nahe; auch der kritische Umgang mit (Ab-)Bildern und der Manipulation von Bilderwelten wird kaum vertieft. – Ab 14.
Scope. USA 2012 **P** Lionsgate / Color Force / Larger Than Life Prod. / Ludas Prod. **Kl** StudioCanal **Pd** Nina Jacobson, Jon Kilik, Aldric La'auli Porter, Bryan Unkeless **R** Gary Ross **B** Gary Ross, Suzanne Collins, Billy Ray **Vo** Suzanne Collins (Roman *Die Tribute von Panem – Tödliche Spiele / The Hunger Games*) **K** Tom Stern **M** T-Bone Burnett, James Newton Howard **S** Stephen Mirrione, Juliette Welfing **D** Jennifer Lawrence (Katniss Everdeen), Josh Hutcherson (Peeta Mellark), Liam Hemsworth (Gale Hawthorne), Woody Harrelson (Haymitch Abernathy), Elizabeth Banks (Effie Trinket), Lenny Kravitz (Cinna), Stanley Tucci (Caesar Flickerman), Donald Sutherland (Präsident Snow), Wes Bentley (Seneca Crane), Toby Jones (Claudius Templesmith), Paula Malcolm-

son (Mrs. Everdeen), Willow Shields (Primrose Everdeen), Amandla Stenberg (Rue), Alexander Ludwig (Cato), Isabelle Fuhrman (Clove) **L** 142 **FSK** ab 12; f **E** 22.3.2012 **fd** 40 979

Trinity Goodheart
TRINITY GOODHEART
Ein junge Frau begibt sich auf die Suche nach dem Teil der Familie, den ihr Vater bislang vor ihr verborgen hielt, und macht eine überraschende Entdeckung: Eigentlich der Black Community zugehörig, hat der Teenager weiße Großeltern. Gut gemeinter Jugendfilm, der seine Botschaft vom Wert der Familie und der Gleichheit der Menschen aber in allzu überschwänglicher Melodramatik auswalzt. – Ab 10.
DVD/BD: Die FSK-Freigabe «ab 12» der DVD/BD bezieht sich auf das Bonusmaterial (Trailer etc.), der Film selbst hat eine Freigabe «o.A.».
USA 2011 **P** ReelWorks Studios **DVD** Edel Media (16:9, 1.78:1, DD5.1 engl./dt.) **BD** Edel Media (16:9, 1.78:1, dts-HD engl./dt.) **Pd** Rick Eldridge **R** Joanne Hock **B** Rhonda Baraka **K** Mark Mervis **M** Rob Pottorf **S** Tim Vogel **D** Eric Benet (Jeremy), Erica Gluck (Trinity), James Hong (Mr. Kwon), Mark La Mura (Randolph), Jennifer Van Horn (Melinda), Karen Abercrombie (Maxine), Kettin Watson (Kim), Thomas Clark (Chauffeur) **L** 87 **FSK** o.A. **E** 2.11.2012 DVD & BD **fd** –

Trust ★
TRUST
Eine 14-Jährige verliebt sich in ihren Chat-Partner, der sich beim ersten Treffen als älterer Mann entpuppt und sie zum Sex nötigt. Durch eine Freundin erfahren Eltern und Polizei von dem Missbrauch. Während das Mädchen zunächst vor allem unter der «Kriminalisierung» des Beischlafs leidet und den Missbrauch erst begreift, als sich der Unbekannte als notorischer Pädophiler entpuppt, ist der Vater von der Situation überfordert und flüchtet in Rachefantasien. Sensibel inszeniert und hervorragend besetzt, leuchtet das sublime Psychodrama den Verlust von Vertrauten und (Selbst-)Sicherheit differenziert aus. – Ab 16.
Scope. USA 2010 **P** Millennium Films / No Image / Dark Harbor **DVD** Koch (16:9, 2.35:1, DD5.1 engl./dt., dts dt.) **BD** Koch (16:9, 2.35:1, dts-HD engl./dt.) **Pd** Ed Cathell III, Dana Golomb, Robert Greenhut, Tom Hodges, Heidi Jo Markel, David Schwimmer **R** David Schwimmer **B** Andy Bellin, Robert Festinger **K** Andrzej Sekula **M** Nathan Larson **S** Douglas Crise **D** Clive Owen (Will), Catherine Keener (Lynn), Jason Clarke (Doug Tate), Liana Liberato (Annie), Viola Davis (Gaiul Friedman), Chris Henry Coffey (Charlie/Graham Weston), Spencer Curnutt (Peter), Aislinn DeButch (Kate), Noah Emmerich (Al Hart) **L** 101 **FSK** ab 12 **E** 18.11.2011 DVD & BD / 11.10.2012 ZDF **fd** 41 077

Tsunami – Das Leben danach
Eine Frau, die ihre Familie während des Weihnachtsurlaubs in Thailand 2004 durch den Tsunami verlor, fristet ihr Leben in Deutschland voller Selbstmordgedanken. Ihr Psychiater macht sie mit einem Mann bekannt, dem das gleiche Schicksal widerfahren ist. Die beiden einsamen Menschen tauschen sich aus, und aus ihrer Schicksalsgemeinschaft entsteht eine neue Liebe. Uninspiriertes (Fernseh-)Drama nach einer wahren Geschichte, das dem thematisierten seelischen Schmerz nie nahe kommt und eher ein psychologisches Vakuum erzeugt. – Ab 14.
Deutschland 2011 **P** Cactus / Seven Dogs / teamWorx(für ZDF) **DVD** Edel Media (16:9, 1.78:1, DD2.0 dt.) **Pd** Nico Hofmann, Natalie Scharf **R** Christine Hartmann, Veronica Ferres (Billi Cramer) **B** Natalie Scharf **K** Alexander Fischerkoesen (= Alexander Fischerkösen) **M** Siggi Müller **S** Horst Reiter **D** Hans-Werner Meyer (Michael Schäffer), Roeland Wiesnekker (Burkhard Cramer), Noah Hartung (Henry Cramer), Lenny Den Dooven (Mika Cramer), Nicole Marischka (Tammy), Joram Voelklein (Max Sonntag), Michael Sideris (Papadopoulos) **L** 90 **FSK** ab 12 **E** 5.2.2012 ZDF / 17.2.2012 **fd** –

TT3D: Closer to the Edge
siehe: **Isle of Man TT – Hart am Limit**

Das Turiner Pferd ☆★
A TORINÓI LÓ
Ein alter Kutscher und seine Tochter gehen mechanisch und nahezu wortlos ihrem ereignisarmen Tagewerk nach, während um ihr Haus ein lärmender Wind tobt. Nach sechs langen Tagen versiegt das Leben spendende Brunnenwasser, erlöschen das Feuer im Herd und das Licht der Lampe: Die Welt kommt an ihr Ende. Eine intensive, bildgewaltige Umkehrung der Schöpfungsgeschichte voller Rätsel und Unerklärtem. Meisterhaft komponiert der Film suggestive Bilder von betörender Schönheit sowie geradezu schmerzender Archaik und regt dazu an, hinter dem dunklen Nichts und dem unbehausten Dasein eines zur Einsamkeit im Nichts verurteilten Menschen nach Sinn und Perspektiven zu fragen. Ein ebenso anstrengender wie faszinierender filmischer Kraftakt, der in seiner atemberaubend rauen Poesie voller Sinnbilder und Metaphern herausfordert. (O.m.d.U.; Kinotipp der katholischen Filmkritik) – Sehenswert ab 16.
Schwarz-weiß. Ungarn / Frankreich / Deutschland/Schweiz 2011 **P** TT Filmmûhely / Vega Film / Zero Fiction Film / Movie Partners in Motion **KI** Basis **Pd** Gábor Téni, Martin Hagemann, Juliette Lepoutre, Marie-Pierre Macia, Ruth Waldburger **R** Béla Tarr **B** László Krasznahorkai, Béla Tarr **K** Fred Kelemen **M** Mihály Vig **S** Ágnes Hranitzky **D** János Derzsi (Ohlsdorfer), Erika Bók (Ohlsdorfers Tochter), Mihály Kormos (Bernhard) **L** 150 **FSK** – **E** 15.3.2012 **fd** 40 969

Türkisch für Anfänger
Kinofilm nach der gleichnamigen Fernsehserie um eine deutsch-türkische Multikulti-Familie: Bei einer Urlaubsreise nach Thailand geraten die beiden Familienclans aneinander, als ihre erwachsenen Kinder nach einem Flugzeugabsturz auf einer einsamen Insel stranden. Ohne Einbettung der Figuren in den Berliner Alltag verliert das Sujet viel von seinem politisch unkorrekten Witz, unterhält aber immer noch als überspannte Parodie auf einschlägige Film- und Fernsehformate, aber auch als romantische Komödie. – Ab 12.
Deutschland 2012 **P** Rat Pack Filmprod. / Constantin Film / ARD Degeto / BR / WDR / NDR / Panda Plus / Bluverde **KI** Constantin **Pd** Lena Schömann, Christian Becker, Bettina Reitz, Bora Dagtekin, Manfred Wenzel, Angelo Colagrossi **R+B** Bora Dagtekin **Vo** Bora Dagtekin (TV-Serie TÜRKISCH FÜR ANFÄNGER) **K** Tors-

ten Breuer, Benjamin Dernbecher **M** Beckmann, Heiko Maile **S** Charles Ladmiral **D** Josefine Preuß (Lena), Elyas M'Barek (Cem), Anna Stieblich (Doris), Adnan Maral (Metin), Pegah Ferydoni (Yagmur), Arnel Taci (Costa), Katja Riemann (Uschi), Katharina Kaali (Diana), Frederick Lau (Frieder), Nick Romeo Reimann (= Nick Reimann) (Niels), Sonja Gerhardt (Cleopatra), Eugen Bauder (Ivan), Piere Koumou-Okandze (Bongo), Günther Kaufmann (Tongo) **L** 100 **FSK** ab 12; f **E** 15.3.2012   **fd** 40 991

Türkisch Gambit: 1877 – Die Schlacht am Bosporus
TURETSKI GAMBIT
In den Wirren des russisch-türkischen Kriegs 1877/78 wird ein russischer Offizier vom Zar beauftragt, die Machenschaften eines türkischen Spions aufzudecken. Alles läuft auf die große Schlacht von Plevne hinaus. Mit immensem Material- und Statistenaufwand inszeniertes Kriegsspektakel im Historiengewand. In seinem Ursprungsland als 200-minütiges Epos im Fernsehen gezeigt, wurde die internationale Fassung arg zusammengestrichen und weist weniger nachvollziehbare Handlung als viel Schlachtengetümmel auf. – Ab 16.
DVD/BD: Die Extras umfassen u. a. ein Feature mit Storyboards (8 Min.).
Russland/Bulgarien 2005 **P** Channel One Russia / Studio Trite **DVD** WGF/ Schröder Media (16:9, 1.85:1, DD5.1 russ./dt.) **Pd** Konstantin Ernst, Anatoli Maximow, Leonid Wereschagin **R** Dzhanik Fajziew **B+Vo** Boris Akunin **K** Andrej Shegalow **M** Andrej Feofanow, Wsewolod Saksonow **D** Igor Beroew (Fandorin), Olga Krasko (Warwara Suworowa), Marat Bascharow (Gridnew), Wladimir Ilin (Gen. Mizinow), Dmitri Pewtsow (Zurow), Wiktor Wershbizki (Lukan) **L** 124 **FSK** ab 16 **E** 22.3.2012 DVD   **fd** –

Der Turm
Dresden zwischen 1982 und 1989: Eine Familie aus bildungsbürgerlichem Milieu erlebt den sich schleichend vollziehenden gesellschaftlichen und politischen Wandel in der DDR. Ihr Oberhaupt ist ein erfolgreicher Chirurg mit großen Ambitionen, aber einem heiklen Doppelleben, sein Bruder ist ein Verlagslektor mit latent regimekritischer, aber allzu ängstlicher Grundhaltung, während der Sohn des Chirurgen verzweifelt nach einem eigenen Weg angesichts der Dominanz des Vaters und der staatlichen Erfordernisse sucht. Die aufwändig inszenierte (Fernseh-) Verfilmung des Romans von Uwe Tellkamp beschreibt die Umbrüche gegen Ende des DDR-Regimes und ihre Auswirkungen auf das Privatleben. Überzeugend gespielt, gelingen einige intensive Momente, insgesamt aber werden die in der literarischen Vorlage ebenso detailreich wie kunstvoll ausdifferenzierten Schicksale auf einen konventionellen «Event-Film» reduziert, der sich immer weiter vom Roman entfernt und gegen Ende in plakative Chiffren vom Tag des Mauerfalls einmündet. – Ab 12.
Deutschland 2012 **P** teamWorx/ MDR/NDR/SWR/BR/WDR/RBB (für ARD Degeto) **DVD** Universum (16:9 – 1.77:1) **Pd** Matthias Adler, Benjamin Benedict, Nico Hofmann **R** Christian Schwochow **B** Thomas Kirchner **Vo** Uwe Tellkamp (Roman) **K** Frank Lamm **M** Can Erdogan-Sus (= Can Erdogan), Daniel Sus **S** Jens Klüber **D** Jan Josef Liefers (Richard Hoffmann), Sebastian Urzendowsky (Christian Hoffmann), Claudia Michelsen (Anne Hoffmann), Götz Schubert (Meno Rohde), Nadja Uhl (Josta Fischer), Josephin Busch (Reina Kossmann), Valery Tscheplanowa (Judith Schevola), Stephanie Stumph (Ina Rohde) **L** 180 (90 & 90) (24 B./sec.) / 174 (25 B./sec.) **FSK** ab 12 **E** 3./4.10.2012 ARD (zwei Teile) / 5.10.2012 DVD   **fd** –

Turn me on, Goddammit
FÅ MEG PÅ, FOR FAEN   *
Szenen aus dem Leben einer 15-jährigen Schülerin in der norwegischen Provinz, die sich vernachlässigt fühlt, ihre Zeit totschlägt und mit (sexuellen) Tagträumen verbringt, eigentlich aber von einem Mitschüler träumt. Auf einer Party kommt es zu einer scheuen sexuellen Begegnung, die fatale Folgen hat, als die Geschichte zum Tagesgespräch wird. Was eine Provokation hätte sein können, entwickelt sich nicht Richtung Frivolität, sondern zum ernst zu nehmenden Jugend- und Gesellschaftsdrama, das die Nöte seiner Protagonistin ernst nimmt. – Ab 16.
Norwegen 2011 **P** Motlys **KI** Cineworx (Schweiz) **Pd** Brede Hovland **R+B** Jannicke Systad Jacobsen **Vo** Olaug Nilssen (Roman) **K** Marianne Bakke **M** Ginge Anvik **S** Zaklina Stojcevska **D** Helene Bergsholm (Alma), Malin Bjørhovde (Sara), Henriette Steenstrup (Almas Mutter), Beate Støfring (Ingrid), Matias Myren (Artur), Lars Nordtveit Listau (Kjartan), Jon Bleiklie Devik (Sebjørn), Julia Bache-Wiig (Maria), Julia Elise Schacht (= Julia Schacht) (Elisabeth) **L** 76 **FSK** – **E** 19.7.2012 Schweiz   **fd** 41 188

Die Tuschs – Mit Karacho nach Monaco!
LES TUCHE
Das Leben der Familie Tusch ändert sich grundlegend, als ein Lottogewinn ihrer Arbeitslosen-Idylle und ihren liebgewonnenen schäbigen Lebensverhältnissen ein Ende setzt. Aus der französischen Provinz reist man nach Monaco, um das Geld unter die Leute zu bringen und den naserümpfenden Monegassen den Mittelfinger zu zeigen. Nach Vorbild der niederländischen Kino-Proletenfamilie Flodder machen die französischen Tuschs auf «asozial und Spaß dabei». Dezidiert niveaulos, verfestigt der Film Vorurteile über Reiche und Arme und findet sich dabei unsagbar komisch. – Ab 16. Scope. Frankreich 2011 **P** Pathé / Eskwad / Serenity Films / TF 1 Films **DVD** Sunfilm (16:9, 2.35:1, DD5.1 frz./dt., dts./dt.) **BD** Sunfilm (16:9, 2.35:1, dts-HDMA7.1 frz./dt.) **Pd** Richard Grandpierre, Romain Le Grand **R** Olivier Baroux **B** Philippe Mechelen **K** Arnaud Stefani **M** Martin Rappeneau **D** Jean-Paul Rouve (Jeff Tuche), Isabelle Nanty (Cathy Tuche), Claire Nadeau (Mamie Suze), Théo Fernandez (Donald Tuche, gen. Coin-Coin), Sarah Stern (Stéphanie Tuche), Pierre Lottin (Wilfried Tuche), Fadila Belkebla (Mouna), David Kammenos (Omar) **L** 90 **FSK** o.A. **E** 6.6.2012 DVD & BD   **fd** –

Tutto tutto niente niente
TUTTO TUTTO NIENTE NIENTE
Das Sequel der Satire QUALUNQUEMENTE, in dem der von Antonio Albanese gespielte Provinz-Politiker erneut die Polit-Bühne Italiens, diesmal im Parlament, aufmischt. – Ab 14.
Italien 2012 **P** Fandango **KI** MFD (Schweiz) **Pd** Domenico Procacci **R** Giulio Manfredonia **B** Antonio Albanese, Piero Guerrera **K** Roberto

Forza **M** Paolo Buonvino **S** Cecilia Zanuso **D** Antonio Albanese (Cetto La Qualunque/Rodolfo/Frengo), Lorenza Indovina (Carmen La Qualunque), Fabrizio Bentivoglio (Sottosegretario), Luigi Maria Burruano (Imprenditore), Massimo Cagnina (Geometra), Alfonso Postiglione (Ragioniere), Lunetta Savino (Madre di Frengo) **FSK** – **E** 20.12.2012 Schweiz **fd** –

24 Hours – One Team. One Target

Die Vorbereitung auf ein 24-Stunden-Rennen auf dem Nürburgring erweist sich als kostenintensives, (menschliche) Energie fressendes Mammutunternehmen. Die rasante, geschickt montierte Dokumentation zeigt die Planungs-, Trainings- und Rennphase des BMW-Teams und lässt Fachleute, Fans und Fahrer zu Wort kommen. Regie, Kamera und Sounddesign machen eines der gefährlichsten Rennen der Welt fast schon physisch erfahrbar. – Ab 14.
Deutschland 2011 **DVD** Stereoscreen **R+B** Tim Hahne, Nick Hahne **L** 104 **FSK** o.A. **fd** –

21 Jump Street
21 JUMP STREET
Zwei höchst unterschiedliche Polizisten werden nach einem verpatzten Einsatz «undercover» in eine Schule eingeschleust, um einen Drogendealer dingfest zu machen. Die Cops nutzen dies auch als Chance, Fehler ihrer Jugend auszubügeln. Eine unausgeglichene, lose auf der gleichnamigen Fernsehserie beruhende Mischung aus Teenager-Komödie, Drogenkrimi und Buddy-Movie, die reizvoll beginnt, aber bald den gängigen Versatzstücken des Actionkinos erliegt und diese mit vulgär-homophoben Scherzen «würzt». – Ab 16.
DVD/BD: Die Extras umfassen u. a. einen Audiokommentar mit den Regisseuren, einen Audiokommentar mit den Darstellern Jonah Hill und Channing Tatum sowie ein Feature mit vier im Film nicht verwendeten Szenen (8 Min.). Die umfangreichere BD enthält zudem u. a. ein erweitertes Feature mit 20 im Film nicht verwendeten Szenen (29 Min.).
Scope. USA 2012 **P** Original Film / Cannell Studios **Kl** Sony **DVD** Sony (16:9, 2.35:1, DD5.1 engl./dt.) **BD** Sony (16:9, 2.35:1, dts-HDMA engl./dt.) **Pd** Stephen J. Cannell, Neal H. Moritz **R** Phil Lord, Chris Miller **B** Michael Bacall **Vo** Patrick Hasburgh (Autor TV-Serie), Stephen J. Cannell (Autor TV-Serie) **K** Barry Peterson **M** Mark Mothersbaugh **S** Joel Negron **D** Jonah Hill (Schmidt), Channing Tatum (Jenko), Brie Larson (Molly Tracey), Dave Franco (Eric Molson), Rob Riggle (Mr. Walters), DeRay Davis (Domingo), Ice Cube (Captain Dickson), Dax Flame (Zack), Chris Parnell (Mr. Gordon) **L** 109 **FSK** ab 12; f **E** 10.5.2012 / 12.9.2012 DVD & BD **fd** 41 054

Twin Warriors
TAI JI: ZHSNG SAN FENG / TAI-CHI MASTER
Zwei Freunde, die in einem Shaolin-Kloster aufwuchsen, gehen getrennte Wege. Der eine schließt sich Rebellen im Kampf für eine gerechte Sache an, der andere tritt der Armee bei und bekämpft die Freiheitskämpfer, wobei er auch vor Verrat nicht zurückschreckt. Furioser Martial-Arts-Film mit gut choreografierten Kampfszenen, der seinerzeit Genre-Standards setzte. – Ab 16.
Hongkong 1993 **P** Eastern Prod. / Golden Harvest **Kl** offen **Pd** Jet Li, Chui Bo-chu **R** Yuen Woo-ping **B** Yip Kwong Kim **K** Tom Lau **M** Stephen Edwards, Wu Wai Lap **S** Angie Lam **D** Jet Li (Junbao/Tai-Chi Master), Michelle Yeoh (Siu Linm), Chin Slu-hou (Chin Bo), Yuen Cheung-yan (Rev. Ling), Lau Shun (Master Jueyuan), Fannie Yuen (Miss Li) **L** 90 **E** 1.12.2012 RTL Nitro **fd** –

Twixt – Virginias Geheimnis
TWIXT
Ein erfolgloser Autor von Horrorromanen lernt in einem schäbigen Kleinstadt den örtlichen Sheriff kennen, der sich als seiner größter Fan zu erkennen gibt. Er ahnt nicht, dass er hier unter rätselhaften Umständen den Stoff zu einem neuen Buch entwickeln wird. Traum und Wirklichkeit wild durcheinander wirbelnder Gruselfilm, der kopflos zwischen Arthaus und Groschenheft-Romantik mäandert. Der zwar schön anzusehende, aber wirre ästhetische Stilmix ist lediglich ein halbgares Experiment in Grusel, das zudem am maßlosen Overacting der Darsteller krankt. – Ab 16.
DVD/BD: Neben der Normalfassung auf BD gibt es zusätzlich noch eine sogenannte 3D-Fassung des Films. Coppola hat zwei kurze Sequenzen des Films in diesem Format gedreht. Der Zuschauer wird kurz vor Beginn auf den Formatwechsel aufmerksam gemacht und kann dann jeweils mit 3D-Brille das intendierte Ergebnis goutieren.
3D. USA 2011 **P** American Zoetrope **DVD** Pandastorm/StudioCanal (16:9, 1.85:1, DD5.1 engl./dt., dts dt.) **BD** Pandastorm/StudioCanal (16:9, 1.85:1, dts-HDMA engl./dt.) **Pd+R+B** Francis Ford Coppola **K** Mihai Malaimare jr. **M** Dan Deacon, Osvaldo Golijov **S** Kevin Bailey, Glen Scantlebury, Robert Schafer **D** Val Kilmer (Hall Baltimore), Bruce Dern (Sheriff Bobby LaGrange), Ben Chaplin (Poe), Elle Fanning (V), Joanne Whalley (Denise), David Paymer (Sam), Anthony Fusco (Pastor Allan Floyd), Alden Ehrenreich (Flamingo) **L** 88 **FSK** ab 16 **E** 13.11.2012 DVD & BD **fd** –

Two Eyes Staring – Der Tod ist kein Kinderspiel
ZWART WATER
Eine Modedesignerin erbt das Haus ihrer verstorbenen Mutter, zu der sie jeden Kontakt abgebrochen hatte, und zieht mit ihrer kleinen Tochter ein. Bald wird das Kind von Visionen heimgesucht, in denen ihm eine unbekannte Zwillingsschwester der Mutter erscheint und ein schreckliches Geheimnis offenbart. Solide inszenierter Geisterhaus-Film, der lediglich die Konventionen des Subgenres erfüllt.
Scope. Niederlande / Belgien 2010 **P** Accento Films **DVD** MIG/EuroVideo (16:9, 2.35:1, DD5.1 niederl./dt.) **BD** MIG/EuroVideo (16:9, 2.35:1, dts-HDMA niederl./dt.) **Pd** Claudia Brandt, Elbert van Strien **R** Elbert van Strien **B** Elbert van Strien, Paulo van Vliet **K** Guido van Gennep **M** Han Otten, Maurits Overdulve **S** Herman P. Koerts, Elmer Leupen, Elbert van Strien **D** Barry Atsma (Paul), Hadewych Minis (Christine/Karen), Isabelle Stokkel (Lisa), Charlotte Amoly (Karen), Bart Slegers (Geert), Philippe Colpaert (Peter), Tibo Vandenborre (Mertens), Warre Borgmans (Psychiater) **L** 107 **FSK** ab 16 **E** 19.1.2012 DVD & BD **fd** –

2-Headed Shark Attack
2-HEADED SHARK ATTACK
Eine Gruppe feierfreudiger Studenten wird bei einem Yacht-Ausflug von

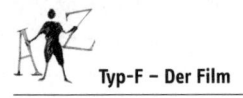

einem zweiköpfigen Hai attackiert. Was zunächst als Einbildung infolge des Alkoholeinflusses abgetan wird, entpuppt sich bald als blutige Wirklichkeit. Lächerlicher Tierhorrorfilm mit überforderten Darstellern, der die monströse Bestie wirksam in Szene zu setzen versucht, jedoch auch dabei scheitert. – Ab 16.
USA 2010 **P** The Asylum **DVD** dtp/ Great Movies (16:9, 1.78:1, DD5.1 engl./dt.) **BD** dtp/Great Movies (16:9, 1.78:1, dts-HD engl./dt.) **Pd** David Michael Latt, Paul Bales **R** Christopher Ray **B** H. Perry Horton **K** Stuart Brereton **M** Chris Ridenhour **S** Rob Pallatina **D** Carmen Electra (Anne Babish), Charlie O'Connell (Prof. Babish), Brooke Hogan (Klate), Gerald Webb (Han), David Gallegos (Paul), Geoff Ward (Cole), Mercedes Young (Liza), Shannan Stewart (Lyndsey) **L** 84 **FSK** ab 16 **E** 12.4.2012 DVD & BD / 19.1.2013 Tele 5   **fd** –

Typ-F – Der Film
F TIPI FILM

Episodenfilm über Insassen eines so genannten «Typ F»-Gefängnisses in der Türkei, in dem politische Gefangene lebenslang inhaftiert sind. Der von türkischen Arthouse-Regisseuren und einer politisch aktiven Folk-Rock-Band getragene Film setzt sich kritisch mit den Haftbedingungen auseinander. Stilistisch trotz der vielen Beiträge eher kohärent, verleugnet der Film keineswegs seine Nähe zur «Agit-Prop»-Kunst, fesselt aber durch die engagierten Porträts seiner Protagonisten. (O.m.d.U.) – Ab 14.
Türkei 2012 **P** Idil Yapim / Ottoman Yapim **Kl** AF-Media **R** Ezel Akay, Mehmet Ilker Altinay, Aydin Bulut, Hüseyin Karabey, Sirri Süreyya Önder, Baris Pirhasan, Reis Çelik, Vedat Özdemir, Grup Yorum **M** Grup Yorum **S** Gürcan Cansever **D** Arda Tekin, Behiç Asçi, Elif Pirhasan, Ezel Akay, Göksin Sanlav, Sacit Akel, Tansu Biçer, Esra Açik, Bülent Emrah Parlak, Erkan Can, Firat Tanis, Hayriye Ersoy, Selma Altin, Tansel Öngel, Münir Inselel, Civan Canova, Ercan Bahadir, Gizem Soysaldi, Hüsnü Yildiz, Serkan Keskin, Yildiz Turan **L** 115 (24 B./sec.) / 110 (25 B./sec.) **FSK** ab 12; f **E** 27.12.2012   **fd** 41 511

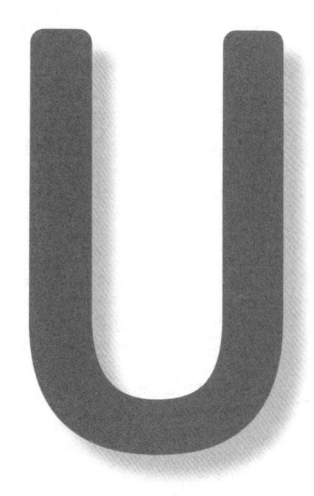

UN AMOUR DE JEUNESSE (Periphr)

U2 – From the Sky Down
FROM THE SKY DOWN
Dokumentation über die Entstehungsgeschichte des U2-Albums «Achtung Baby!», das 1991 in Berlin aufgenommen wurde und den Stil der Rock-Band nachhaltig beeinflusste. Der interessante Dokumentarfilm verbindet neue Aufnahmen mit altem Archivmaterial und gibt Einblick in eine Zeit, in der die Band nach zwei erfolgreichen Welttourneen ausgebrannt schien. – Ab 12.
USA/Großbritannien 2011 **P** Documentary Partners **DVD** Universal Music (16:9, 1.78:1, DD5.1 engl., dts engl./PCM engl.) **BD** Universal Music (16:9, 1.78:1, DD5.1 engl., dts-HD engl./PCM engl.) **Pd** Belisa Balaban, Brian Celler, David Guggenheim, Ted Skillman, David Diliberto **R** Davis Guggenheim **K** Erich Roland **M** Michael Brook, U 2 **S** Geraud Brisson, Jay Cassidy **L** 86 **FSK** o.A. **E** 9.12.2011 DVD & BD / 22.7.2012 arte   fd –

Der Übergang – Rites of Passage
RITES OF PASSAGE
Eine Studentengruppe feiert zusammen mit ihrem jungen Professor ein Wochenende, bis zwei Psychopathen auf den Anwesen am Meer auftauchen und die Gruppe langsam dezimieren. Was wie ein 08/15-Teenager-Slasherfilm beginnt, setzt dann doch andere Akzente, indem er die Täter mehr Profil gewinnen lässt und deren Perspektive ebenso ausleuchtet wie die der Opfer. Dennoch gelingt es dem Film nicht, jenseits der Genremuster ein überzeugendes eigenes Profil zu gewinnen, da die Charaktere flach und die satirischen Elemente zahm bleiben. – Ab 16.
Scope. USA 2011 **P** Voltage Pic. / Demarest Media/Atmosphere Ent. MM/Party Killer Films **DVD** Universum (16:9, 2.35:1, DD5.1 engl./dt.) **BD** Universum (16:9, 2.35:1, dts-HDMA engl./dt.) **Pd** Mark Canton, David Hopwood, William D. Johnson, Jonathan Sachar, Andre Canaparo **R+B** W. Peter Iliff **K** Alex Nepomniaschy **M** Elia Cmiral **S** Glenn Garland **D** Wes Bentley (Benny), Kate Maberly (Dani), Ryan Donowho (Nathan), Travis Van Winkle (Hart), Briana Evigan (Penelope), Stephen Dorff (Prof. Nash), Christian Slater (Delgado), Carly Schroeder (Carly) **L** 97 **FSK** ab 16 **E** 24.10.2012 DVD & BD   fd 41537

Überleben an der Wickelfront
Ein kinderloses Ehepaar freut sich, als die Frau endlich schwanger wird. Die Anwältin bringt Zwillinge zur Welt, der Mann geht in die Elternzeit und malt sich eine paradiesische Zeit aus; doch die Realität stellt sich ganz anderes dar, und bald liegen seine Nerven blank. Der Ehekrach ist unausweichlich. Turbulente (Fernseh-)Komödie, die eine zumindest Eltern vertraute Situation durch den Tausch der weitgehend üblichen Rollenverteilung überhöht. – Ab 12.
Deutschland 2011 **P** Ziegler Film (für ZDF) **KI** offen **Pd** Regina Ziegler, Nanni Erben **R** Titus Selge **B** Stefan Kuhlmann **Vo** Dieter Bednarz (gleichnamiger Roman) **K** Frank Blau **M** Jacki Engelken, Ulrik Spies **S** Knut Hake **D** Uwe Ochsenknecht (Dieter Lindemann), Valerie Niehaus (Esther Lindemann), Alwara Höfels (Corinna), Renate Krößner (Hannelore), Oliver Stokowski (Fränki), Anna Grisebach (Anke) **L** 90 **E** 3.5.2012 ZDF   fd –

Udo Lindenberg auf Tour: Deutschland im März 2012 – Ein Roadmovie
Dokumentarfilm über die Deutschland-Tour 2012 des «Panikrockers» Udo Lindenberg. Er hält sich an die Chronologie der Auftritte und Ereignisse, präsentiert bekannte und neue Lindenberg-Songs sowie Auftritte von Gast-Musikern. Konzipiert als musikalisches Road Movie, vermittelt sich auch Eindrücke vom Geschehen hinter der Bühne und bei den Proben; auch kommen Weggefährten zu Wort. – Ab 12.
DVD/BD: Die DVD enthält einen gegenüber der TV-Fassung um gut 30 Minuten längeren sogenannten «Director's Cut.»
Deutschland 2012 **P** Kobalt Prod. / arte / Warner (für NDR) **DVD** Warner Music (16:9, 1.78:1, DD5.1 dt., dts dt.) **BD** Warner Music (16:9, 1.78:1, dts-HD dt.) **Pd** Stefan Mathieu **R** Hannes Rossacher **K** Alexander Seidenstücker,

Benedict Sicheneder **S** Marek Weinhold **L** 93 **FSK** o.A. **E** 26.10.2012 DVD & BD / 1.12.2012 ARD **fd** –

Udo Proksch – Out of Control
UDO PROKSCH – OUT OF CONTROL
Dokumentarfilm über eine der schillerndsten Gestalten der österreichischen Nachkriegszeit, den Betrüger, Geschäftemacher und sechsfachen Mörder Udo Proksch, der 1990 verurteilt wurde und 2001 in einem Grazer Gefängnis starb. Das ursprünglich als Spielfilm mit Jack Nicholson in der Hauptrolle geplante Projekt komponierte der Regisseur aus umfangreichem Material zu einer Dokumentation, die sich zum Sittenbild eines Landes verdichtet, in dem Recht und Gesetz eine Zeit lang ihre Gültigkeit verloren. – Ab 16.
Österreich 2010 **P** Filmhaus Films **KI** offen **Pd** Klaus Hipfl, Wolfgang Ramml, Peter Coeln **R+B** Robert Dornhelm **K** Andreas Hutter, Karl Kofler **M** Harald Kloser **S** Klaus Hundsbichler **L** 88 **E** 18.3.2012 ORF 2 **fd** –

Ufo in her Eyes
Eine Bäuerin im armen ländlichen Süden Chinas glaubt, ein UFO gesehen zu haben, und löst damit eine rasante Modernisierung aus, bei der ein neureicher Millionär das Dorf in eine Touristenattraktion verwandeln will. Unentschlossene Satire auf kritiklosen Fortschrittsglauben und die Auswüchse der Globalisierung, deren grell überzeichnete Inszenierung zwischen Dokumentation und Groteske schwankt. – Ab 16.
Scope, teils schwarz-weiß. Deutschland 2011 **P** Corazón International / NDR / ARTE **KI** Pandora **DVD** Pandora (16:9, 2.35:1, DD5.1 Mandarin & engl./dt.) **Pd** Klaus Maeck **R** Xiaolu Guo **B** Xiaolu Guo, Pamela Casey **Vo** Xiaolu Guo (Roman *Ein Ufo, dachte sie*) **K** Michael Tywoniuk **M** Mocky **S** Nikolai Hartmann **D** Shi Ke (Kwok Yun), Udo Kier (Steve Frost), Mandy Zhang (Chief Chang), Y. Peng Liu (Fahrradhändler), Massela Wei (Sekretär Zaho), Dou Li (Vater Kwok), Z. Lan (Dorflehrer) **L** 110 **FSK** ab 12; f **E** 26.4.2012 / 22.2.2012 DVD **fd** 41 031

Ufos, Sex und Monster – Das wilde Kino des Roger Corman
CORMAN'S WORLD: EXPLOITS OF A HOLLYWOOD REBEL
Porträt des Regisseurs und Produzenten Roger Corman, der in den 1950er-Jahren, als die etablierten Studios in eine finanzielle Krise gerieten, neue Wege beschritt und als «Vater des Independent-Kinos» angesehen wird. In der Rückschau bleibt leicht der Eindruck des Reißerischen hängen, übersehen wird dabei, dass Corman als Katalysator der amerikanischen Jugendbewegung gilt und seine Filmwerkstatt zahlreiche Talente (u.a. Martin Scorsese, Dennis Hopper, Jack Nicholson) auf den Weg brachte. Der informative Dokumentarfilm unterhält mit zahlreichen Ausschnitten aus Corman-Filmen sowie Interviews mit Filmemachern, deren Karriere ohne Corman anders verlaufen wäre. – Ab 16.
USA 2011 **P** A&E IndieFilms / Far Hills / Stick N Stone **KI** offen **Pd** Mickey Barold, Stone Douglass, Izabela Frank, Jeff Frey, Alex Stapleton **R** Alex Stapleton **K** Gregory Locklear, Alex Stapleton **K** Patrick Simpson **M** AIR **S** Anders Bramsen, Oliver Hecks, Victor Livingston, Philip Owens **L** 105 **FSK** ab 16 **E** 10.3.2012 arte **fd** –

Uhlenflug
Porträt eines 75-jährigen Bauern im hessischen Vogelsbergkreis, der den Hof vor über 40 Jahren von seinem Vater übernahm und ihn seitdem bewirtschaftet. Der Dokumentarfilm zeichnet das Bild eines einfachen, selbstgenügsamen und naturverbundenen Menschen, der sich den Lebensstil seiner Eltern bewahrt hat und sich in einem genügsamen Leben einrichtet hat. Die Regisseurin kennt ihren Protagonisten von Kindesbeinen an. – Ab 14.
Deutschland 2010 **P** Lea Hartlaub **KI** offen **Pd+R+B** Lea Hartlaub **K** Lea Hartlaub **S** Lea Hartlaub **L** 65 **E** 6.3.2012 3sat **fd** –

Ukraine: Demokratie mit Hindernissen
UKRAINE. INDEPENDANCE DE 18H A 20H
Der Dokumentarfilm bilanziert die Geschichte der Ukraine und ihres Volks, das sich, beseelt von unbändigem Willen nach Unabhängigkeit, im Lauf der Historie immer wieder der Fremdbestimmung fügen musste.

Ein Hauptaugenmerk des Films liegt auf den jüngsten Entwicklungen, in denen sich das Land unter Führung des prorussischen Präsidenten Wiktor Janukowitsch zu einem der repressivsten Länder Europas entwickelt hat. Aktueller Höhepunkt ist das weltweite Aufbegehren gegen die Inhaftierung der ehemaligen Energieministerin Julia Timoschenko. – Ab 16.
Frankreich/Deutschland 2012 **P** Les Films Grain de Sable / MDR **KI** offen **R** Jill Emery, Jean-Michel Carré **L** 104 **E** 29.5.2012 arte **fd** –

Ulrike Ottinger – Die Nomadin vom See
Ende der 1970er-Jahre wurde Ulrike Ottinger (geb. 1942) mit radikal-feministischen Filmen bekannt; später wandte sich die Filmemacherin und Künstlerin ethnografischen Filmstoffen zu und schuf farbenfrohe Werke, die Fabulierlust, Freude an der Begegnung sowie das Interesse an fremden Kulturen in Einklang bringen. Der dokumentarische Porträtfilm stellt ihre künstlerische Bandbreite vor, ist dabei aber vor allem an der Person und dem Menschen Ulrike Ottinger interessiert. Während die Künstlerin selbst zu Wort kommt, vermitteln Filmausschnitte aus allen Werkphasen einen sinnlichen Eindruck und stellen Querverbindungen zwischen den einzelnen Arbeitsfeldern her. – Ab 14.
Deutschland 2012 **P** Filmsyndikat Filmprod. UG / Nachtaktiv Film **KI** offen **Pd** Hartwig König, Brigitte Kramer **R+B** Brigitte Kramer **K** Jörg Jeshel **S** Stephan Talneau **L** 65 **E** 2.6.2012 3sat **fd** –

Um Bank und Kragen
BANKABLE
Eine energiegeladene Friseurin gründet ein erfolgreiches Internet-Unternehmen. Derweil fällt ein Finanzinvestor, der sich auf Personalabbau spezialisiert hat, aus allen Wolken, als er selbst entlassen wird. Ein Bankberater, der ihm einen Job bei der Ex-Friseurin besorgt, steht als Bindeglied zwischen beiden Parteien. Während sich der gestrauchelte Geschäftsmann nach seiner alten sozialen Stellung sehnt, wird der Familie der Unternehmerin der Erfolg unheimlich, als man sich voneinander entfremdet. Scharfsinnige Komödie über die moderne Arbeits- und Finanzwelt, die kennt-

nisreich ein weitgehend seelenloses Berufsleben zeichnet. – Ab 16.
Frankreich 2011 **P** Totally / Storner Prod. / Fiction for Business / ARTE France / France Télévisions / TV5 Monde **KI** offen **Pd** David C. Barrot, Pierre Garnier **R** Mona Achache **B** Eric Guého, William Willebrod Wégimont **K** Pierric Gantelmi d'Ille **M** Camille Adrien **D** Pascale Arbillot (Barbara Deville), Lolita Chammah (Leslie Ricci), Bruno Todeschini (Philippe Deville), Olivier Barthelemy (Nicolas Ricci), Marianne Denicourt (Sophie Brun), Farida Khelfa (Eléonore), Eric Guého (Merlin), Sarah Le Picard (Audrey) **L** 86 **E** 4.5.2012 arte **fd** –

Un Amor ★
UN AMOR
Eine Frau um die 30 erinnert sich an einen Sommer in den 1970er-Jahren, den sie als Halbwüchsige mit ihren Eltern im südafrikanischen Victoria verlebte. Dort freundete sich das Mädchen mit zwei Brüdern an. Als Erwachsene nimmt sie wieder Kontakt zu den beiden auf, mit denen sie einst ihr sexuelles Erwachen erlebte. Schwebender, stimmungsvoll-nostalgisch erzählter Liebesfilm um eine die Jahre überdauernde Jugendliebe. (O.m.d.U.) – Ab 14.
Argentinien 2011 **P** Aleph Media / Hibou Prod. / Lagarto Cine / Nunchako Prod. / Picnic Prod. / Travesia Prod. / Utópica Cine **KI** trigon-film (Schweiz) **Pd** Verónica Cura, Alex Zito **R** Paula Hernández **B** Leonel D'Agostino, Paula Hernández **Vo** Sergio Bizzio (Kurzgeschichte) **K** Guillermo Nieto **M** Axel Krygier **S** Rosario Suárez **D** Diego Peretti (Bruno), Elena Roger (Lisa), Luis Ziembrowski (Lalo) **L** 99 **FSK** – **E** 30.8.2012 Schweiz **fd** 41 253

Un amour de jeunesse ★
UN AMOUR DE JEUNESSE
Über einen Zeitraum von acht Jahren verfolgt der Film die Liebesbeziehung einer jungen Frau zu einem kaum älteren Mann. Selbst als sie mit einem Architekturlehrer zusammenlebt, kann sie nicht von der brüchigen, unbeständigen Liaison lassen. In ihrem dritten Spielfilm verarbeitet die Regisseurin Mia Hansen-Løve eigene Erfahrungen. Ein konzentriert inszeniertes Liebesdrama, das zwischen Hommage an die Jugendliebe und einer Geschichte des Erwachsenwerdens changiert, da-

bei allerdings an etwas zu viel Pathos, Bemühtheit sowie den wenig temperamentvollen Darstellern leidet. (O.m.d.U.) – Ab 14.
3D. Frankreich/Deutschland 2011 **P** Les Films Pelléas / Razor Film / arte France Cinéma / Rhône-Alpes Cinéma / Jouror Prod. **KI** Frenetic (Schweiz)/ Peripher **Pd** Philippe Martin, David Thion, Gerhard Meixner, Roman Paul **R+B** Mia Hansen-Løve **K** Stéphane Fontaine **S** Marion Monnier **D** Lola Créton (Camille), Sebastian Urzendowsky (Sullivan), Magne Håvard Brekke (= Magne-Håvard Brekke) (Lorenz), Valérie Bonneton (Camilles Mutter), Serge Renko (Camilles Vater), Özay Fecht (Sullivans Mutter), Max Ricat (Sullivans Bruder), Louis Dunbar (Freund) **L** 110 (24 B./sec.) / 106 (25 B./sec.) **FSK** o.A.; f **E** 9.8.2012 Schweiz / 27.9.2012 **fd** 41 284

Die unabsichtliche Entführung der Frau Elfriede Ott
DIE UNABSICHTLICHE ENTFÜHRUNG DER FRAU ELFRIEDE OTT
Zwei trottelige Tunichtgute betrügen den Staat, indem sie die verstorbene Großmutter des einen als Pflegefall deklarieren und deren Pension kassieren. Um nicht aufzufliegen, müssen sie sich eine Leih-Oma besorgen und kommen dabei in tausend Nöte. Flott und pointenreich inszenierte Gaunerkomödie als Posse mit Gesang, die von fern an Nestroy und Qualtinger erinnert, doch ihren bisweilen derben Fäkalwitz aus der Nähe zu heutigen Comedians bezieht. Souverän spielt der Film mit dialektal gefärbtem Alltagsjargon und steigert die Realität ins boshaft Sarkastische. – Ab 16.
Österreich 2010 **P** Dor Film **KI** Rekord-Film **Pd** Andreas Krausz, Kurt Stocker **R** Andreas Prochaska **B** Uwe Lubrich, Alfred Schwarzenberger, Michael Ostrowski, Andreas Prochaska **K** Heinz Wehsling **M** Heinz Ditsch **S** Karin Hartusch, Daniel Prochaska **D** Michael Ostrowski (Toni Cantussi), Andreas Kiendl (Horst Wippel), Elfriede Ott (Elfriede Ott), Gerhard Liebmann (Gerry Dirschl), Angelika Niedetzky (Veronika Polster), Thomas Mraz (Reinhard Meinhard-Ott), Monika Reyes (Karin Leitner), Simon Hatzl (Karl Kramer), Rochus Millauer (Trafikant), Irene S. (Nachbarin), Nick Monu (Afrikaner) **L** 112 **FSK** – **E** 12.1.2012 **fd** 40 922

Das unbekannte Gstaad
L' AUTRE VERSANT DE GSTAAD
Der mondäne Urlaubsort Gstaad im Schweizer Saanenland ist seit mehr als 100 Jahren Tummelplatz der Reichen und Mächtigen. Ursache dafür ist ein schleichender Verdrängungswettbewerb: Die Einheimischen konnten sich Wohnungen im luxuriösen Ort nicht mehr leisten, einfache Läden sind Luxus-Boutiquen gewichen. Der Dokumentarfilm stellt den Ort und seine Bewohner vor. – Ab 16.
Schweiz/Frankreich 2011 **P** JMH/ Les Films du Cabestan / RTS / arte **KI** offen **Pd** Matthieu Henchoz **R+B** Elisabeth Aubert Schlumberger **K** Séverine Barde, Peter Guyer, Steff Bossert **M** Charles Schlumberger, François Hasdenteufel **S** Katya Chelli **L** 86 **E** 26.12.2012 arte **fd** –

Unbekannter Anrufer
LE FIL D'ARIANE
Die Angestellte eines Reisebüros für Singles verliebt sich in die Stimme eines unbekannten Anrufers und versucht, seine Identität in Erfahrung zu bringen. Nach einigen Misserfolgen besteht sie auf einem persönlichen Treffen und das, obwohl ein Frauen-Serienmörder die Gegend unsicher macht. Amüsant-skurrile Komödie über Verliebtheit, Erwartungen und naive Hoffnungen, erzählt im beschwingten Ton, getragen von der überzeugenden Hauptdarstellerin. Durch gelegentliche Perspektivwechsel wird der Zuschauer immer wieder vor neue Rätsel gestellt. – Ab 16.
Frankreich 2011 **P** Scarlett / ARTE France / TV5 Monde **KI** offen **Pd** Florence Dormoy **R** Marion Laine **B** Marion Laine, Claro **K** Jean-Marc Fabre **M** Philippe Cohen Solal **S** Peggy Koretzky **L** 86 **E** 13.1.2012 arte **fd** –

Und dennoch lieben wir ★
Eine Chirurgin wird unmittelbar vor ihrem 40. Geburtstag von inneren Zweifeln geplagt. Während einer Dienstreise ihres Manns freundet sie sich mit der spontanen, ungebunden lebenden Mutter eines Mitschülers ihres Sohns an und lässt sich von deren Lebensmut anstecken, bis sie erfährt, dass ihr Mann vor Jahren eine Affäre mit ihr hatte. Als die neue Freundin unheilbar erkrankt, geraten alle in eine existenzielle Krise. (Fernseh-)Drama über Grundfragen von

Vertrauen und Verrat, Leben, Liebe und Tod, das stets dicht an der Handlung bleibt. Die Bilder ordnen sich strikt der Geschichte unter, die perfekt und frei von jeder unnötigen Melodramatik erzählt wird und trotz des ernsten Schlusses eine gewisse Leichtigkeit annimmt. – Ab 16.
Deutschland 2012 **P** TV60 Filmprod. (für ARD-Degeto) **KI** offen **Pd** Sven Burgemeister, Andreas Schneppe **R** Matthias Tiefenbacher **B** Martin Kluger, Maureen Herzfeld **K** Holly Fink **M** Biber Gullatz, Andreas Schäfer, Susanne Piesker **S** Horst Reiter **D** Claudia Michelsen (Anne May), Mark Waschke (Peter Kramer), Melika Foroutan (Carolin Winter), Justus Schlingensiepen (Tommie), Quirin Oettl (David), Lisa Vicari (Tessa), Andrea L'Arronge (Prof. Ellen Töpfer), Annette Paulmann (Monika), Stefan Wilkening (Dr. Rolf Grawert), Friederike Tiefenbacher (Lehrerin), Oliver Mallison (Max), Daniel Montoya (Carlos) **L** 90 **E** 23.11.2012 ARD **fd** –

Und nebenbei das große Glück
UN BONHEUR N'ARRIVE JAMAIS SEUL
Ein bohèmehafter Jazz-Pianist mit einem ausschweifenden Nachtleben verliebt sich in die bourgeoise Mutter dreier Kinder, die mit ihrem zweiten Noch-Ehemann ein fragiles Arrangement hat. Cartooneske Regieeinfälle und eine halbwegs realistische Schilderung des Patchwork-Universums lockern das Korsett der romantischen Komödie zwar erfrischend auf, allzu häufig aber erschöpft sich der Film in bloßem Slapstick. Dem Hauptdarsteller gelingt es, manche Untiefe durch Humor zu umschiffen, gleichwohl beäugt der Film die Handlung mehr von außen als dass er sich auf die Konflikte des Paars einließe. – Ab 14.
Frankreich 2012 **P** Captan Movies / Eskwad **KI** Senator **Pd** Richard Grandpierre **R** James Huth **B** Sonja Shillito, James Huth **K** Stéphane Le Parc **M** Bruno Coulais **S** Joëlle Hache **D** Sophie Marceau (Charlotte Posche), Gad Elmaleh (Sacha Keller), François Berléand (Alain Posche), Maurice Barthélémy (Laurent «Lolo» Helewa), Michaël Abiteboul (Lionel Ronssin), Macha Méril (Fanfan Keller), Litzi Vezsi (Oma Matzü), Julie-Anne Roth (Chris), François Vincentelli (César) **L** 110 **FSK** o.A.; f **E** 20.9.2012 fd 41 356

Und weg bist du
Ganz gegen seine Gewohnheit zeigt sich der Tod einen Moment lang irritiert, als eine lebensfrohe 31-Jährige sich weigert, mit ihm zu kommen. Die Frau nutzt die Situation zur Flucht, muss sich aber fortan auf Schritt und Tritt des hartnäckigen Verfolgers erwehren. (Fernseh-)Tragikomödie, die dem Thema Sterben unterhaltsame Aspekte abzugewinnen versucht. – Ab 14.
Deutschland 2012 **P** ConradFilm / Polyphon (für SAT.1) **KI** offen **Pd** Marc Conrad **R** Jochen Alexander Freydank **B** Monika Peetz **K** Egon Werdin **M** Ingo Frenzel **S** Philipp Schmitt **D** Annette Frier (Jela), Christoph Maria Herbst (Tod), Emma Schweiger (Lucy Becker), Uwe Ochsenknecht (Lars Müller), Johann von Bülow (Tom Becker), Friederike Kempter (Theresa Friedrich), Fahri Ogün Yardim (Rudi Gassner), Ruth-Maria Kubitschek (Frau Griek), Claudia Hübschmann (Frau Bluhm) **L** 92 **FSK** ab 6 (DVD) **E** 4.9.2012 SAT.1 **fd** –

Und wenn wir alle zusammenziehen?
ET SI ON VIVAIT TOUS ENSEMBLE?
Eine Gruppe befreundeter französischer Rentner gründet eine Alterswohngemeinschaft, um den Lebensabend selbstbestimmt gestalten zu können. Ein deutscher Ethnologie-Student, der über die Situation von Rentnern in Europa arbeitet, betreibt unter ihnen Feldforschung, während in sommerlich-mildem Ambiente diverse Spannungen die Rentnergruppe in Atem halten. Seinen komödiantischen Blick auf die Verwicklungen schmeckt der Film mit dramatisch-pathetischen Szenen und Abstechern ins Makabre ab, ohne dem Thema «Alter» viel mehr als eine mäßig originelle Nummernrevue abzugewinnen. – Ab 14.
Frankreich/Deutschland 2011 **P** Les Films de la Butte / Rommel Film / Manny Films / Studio 37 **KI** Pandora **Pd** Christophe Bruncher, Philippe Gompel, Aurélia Grossmann, Frédérique Dumas-Zajdela, Peter Rommel **R+B** Stéphane Robelin **K** Dominique Colin **M** Jean-Philippe Verdin **S** Patrick Wilfert **D** Guy Bedos (Jean), Daniel Brühl (Dirk), Geraldine Chaplin (Annie), Jane Fonda (Jeanne), Claude Rich (Claude), Pierre Richard (Albert), Bernard Malaka (Bernard), Camino Texiera (Maria), Gwendoline Hamon (Sabine), Shemss Audat, Stephanie Pasterkamp, Gustave Kervern (= Gustave de Kervern) **L** 96 **FSK** ab 6; f **E** 5.4.2012 fd 40 990

Und wieder eine tierische Bescherung
3 HOLIDAZ TALES / A GOLDEN CHRISTMAS 2: THE SECOND TALE
Ein von seinem Rentner-Dasein in Florida unausgefülltes Ehepaar sowie eine junge Frau, die überraschenderweise genau dort ihrem Ex-Geliebten wiederbegegnet, stehen im Mittelpunkt zweier Liebesgeschichten, die zum Weihnachtsfest eine romantische Wendung nehmen. Hinzu kommen einige große und kleine Golden-Retriever-Hunde, und fertig ist ein kitschiger Wohlfühlfilm. – Ab 12.
USA 2011 **P** Doggie Holiday Prod. **DVD** KSM (16:9, 1.78:1, DD5.1 engl./dt.) **BD** KSM (16:9, 1.78:1, dts-HDMA engl./dt.) **Pd** Cassidy Lunnen **R** Joe Menendez **B** Jay Cipriani **M** Dave Volpe **S** Terry Blythe **D** Kelly Stables (Kelly), Julie Gonzalo (Lisa), Bruce Davison (Rod Wright), Alley Mills (Katherine Wright), Gattlin Griffith (Freddie), K.C. Clyde (David Bennett), Alex Peters (Myra), Donovan Scott **L** 86 **FSK** o.A. **E** 5.10.2012 DVD & BD **fd** –

Under African Skies
UNDER AFRICAN SKIES
Dokumentarfilm über die Entstehungsgeschichte des legendären Pop-Albums «Graceland» von Paul Simon, das Musikgeschichte schrieb. Thematisiert werden nicht nur künstlerische Aspekte dieses kulturübergreifenden Projekts, sondern auch die heftigen politischen Kontroversen, die mit dem in Südafrika aufgenommenen Album auslöste: Dem amerikanischen Künstler Simon wurde vorgeworfen, er missachte den UN-Boykott des Apartheid-Regimes und hintertreibe die Bestrebungen der Bewegung «Artists Against Apartheid». Der interessante Film begleitet Simon an damalige Wirkungsstätten, dokumentiert Begegnungen mit Weggefährten und konfrontiert mit Gegnern des Projekts. – Ab 12.
USA/Südafrika 2011 **P** Radical Media **KI** offen **Pd** Joe Berlinger, Jon Kamen, Justin Wilkes, Sara Enright **R** Joe Berlinger **K** Robert Richman **S** Joshua L. Pearson **L** 89 **E** 26.8.2012 SF 1/DRS **fd** –

UNDER GROUND - Tödliche Bestien
siehe: **Underground - Tödliche Bestien**

Underground - Tödliche Bestien
UNDERGROUND
Eine Rave-Party auf einem ehemaligen Militärgelände gerät aus dem Ruder, als gewalttätige Rabauken die feiernden jungen Leute angreifen. Diese flüchten in einen Stollen, wo menschenähnliche Kreaturen hausen, die vor Jahren von den Militärs als Kampfmaschinen gezüchtet wurden. Abstoßender Horror- und Kannibalenfilm voller Ekeleffekte.
USA 2011 **P** Tax Credit Finance **DVD** WGF/Schröder-Media (16:9, 2.35:1, DD2.0 engl., DD5.1 dt.) **BD** WGF/Schröder-Media (16:9, 2.35:1, dts-HD2.0 engl., dts-HD dt.) **Pd** Harel Goldstein, Anthony Gudas, Ken Gord, Charles Morris jr. **R** Rafael Eisenman **B** Charles Morris jr. **K** Zoran Popvic **M** Robert Folk **D** Ross Thomas (Matt Wilcox), Sofia Pernas (Mira Antonova), Adrian R'Mante (Storm Johnson), Eric Abercrombie (Jeff D'Agostino), Christine Evangelista (Jenna Hughes), Megan Hensley (Dora), Adam Meirick (Billy Stang), Jack Donner (Gunther) **L** 86 **FSK** ab 18 **E** 26.1.2012 DVD & BD   fd –

Underworld Awakening (3D)
UNDERWORLD AWAKENING
Vierter Teil der UNDERWORLD-Horrorfilmreihe, in der Vampire wie Werwölfe von den Menschen fast ausgerottet wurden. Doch dann nimmt die Protagonistin Selene den Kampf gegen die übermächtigen Gegner auf. Actionreicher Horrorfilm, der seine Vorgänger in puncto Furiosität und Ruppigkeit noch übertrifft, aber über keine spannenden Figuren mehr verfügt, die über das reine Spektakel hinaus von Interesse wären. Während die sparsamen 3-D-Effekte den Film wirkungsvoll unterstützen, wirkt der Hang zum Monumentalen eher lachhaft. – Ab 16.
DVD/BD: Die Extras aller Medien [DVD, BD (2D), BD (3D)] umfassen u. a. einen Audiokommentar der Regisseure und der Produzenten Richard Wright, Gary Lucchesi und James McQuaide. Die Extras der BD (2D) enthalten u. a. ein Bild-im-Bild-Feature, in dem Interviews und Informationsfeature zum laufenden Film abgerufen werden können.
Die Extras der BD (2D respektive 3D) beinhalten ein fünfteiliges «Making Of» (63 Min.).
Die Extras der BD (3D) enthalten schließlich zudem eine Reihe von Prävisualisierungssequenzen (21 Min.).
Beide BD Editionen sind mit dem **Silberling 2012** ausgezeichnet.
3D. Scope. USA 2011 **P** Screen Gems / Lakeshore Ent. / UW4 Prod. **KI** Sony **DVD** Sony (16:9, 2.35:1, DD5.1 engl./dt.) **BD** Sony (16:9, 2.35:1, dts-HDMA engl./dt.) **Pd** Gary Lucchesi, Tom Rosenberg (= Thomas Rosenberg), Len Wiseman, Richard S. Wright **R** Måns Mårlind, Björn Stein **B** Len Wiseman, John Hlavin, J. Michael Straczynski, Allison Burnett **Vo** Kevin Grevioux (Charaktere), Len Wiseman (Charaktere), Danny McBride (= Danny R. McBride) (Charaktere) **K** Scott Kevan **M** Paul Haslinger **S** Jeff McEvoy **D** Kate Beckinsale (Selene), Stephen Rea (Dr. Jacob Lane), Michael Ealy (Detective Sebastian), Theo James (David), India Eisley (Eve), Sandrine Holt (Lida), Charles Dance (Thomas) **L** 89 **FSK** ab 16; f **E** 2.2.2012 / 12.7.2012 DVD & BD   fd 40 907

Universal Soldier - Day of Reckoning
siehe: **Universal Soldier - Tag der Abrechnung**

Universal Soldier - Tag der Abrechnung
UNIVERSAL SOLDIER: DAY OF RECKONING
Die Familie eines Soldaten wurde von einem abtrünnigen Militär-Kommandanten und seiner Organisation von Super-Soldaten umgebracht. Auf eigene Faust beginnt der traumatisierte, von dunklen Visionen geplagte junge Vater einen Rachefeldzug, der ihn in die abgelegene Trutzburg des Psychopathen führt. Unkonventionelle Reanimation der Actionfilmreihe der 1990er-Jahre, in der Scott Adkins in die Fußstapfen von Jean-Claude van Damme tritt; dieser übernimmt den Part des charismatischen Bösewichts. Mit psychedelischen Anleihen bei APOCALYPSE Now versehen und auf der Bildebene virtuos komponiert bietet der Film ausgesprochen brutales Zitatenkino.
DVD/BD: Erhältlich als DVD, 2D BD und 2D/3D BD – letztere nur in der ungeschnittenen SPIO/JK II-Version.
3D. Scope. USA 2012 **P** Foresight Unlimited / Signature Pictures / Baumgarten Management and Productions (BMP) **DVD** StudioCanal/Planet Media (16:9, 2.35:1, DD5.1 engl./dt.) **BD** StudioCanal/Planet Media (16:9, 2.35:1, dts-HDMA engl./dt.) **Pd** Craig Baumgarten, Moshe Diamant, Allen Shapiro **R** John Hyams **B** John Hyams, Doug Magnuson, Jon Greenhalgh **K** Yaron Levy **M** Michael Krassner **S** Andrew Drazek, John Hyams **D** Jean-Claude Van Damme (Luc Deveraux), Dolph Lundgren (Andrew Scott), Scott Adkins (John), Andrei Arlovski (Magnus), Mariah Bonner (Sarah), Tony Jarreau (Bouncer), Craig Walker (Earl), Andrew Sikking (Larry) **L** 105 & 109 **FSK** ab 18 & SPIO/JK II **E** 18.12.2012 DVD & BD   fd –

Universal Soldiers
UNIVERSAL SOLDIERS
Zu Supermännern mutierte, mit Maschinenteile gepimpte Soldaten proben auf einer Insel den Aufstand und müssen von einem Trupp schlagkräftiger Marines bekämpft werden. In allen Belangen lächerliches Rip-Off der erfolgreichen Reihe mit dem fast gleichlautenden Titel.
DVD/BD: Die dt. Fassung ist gegenüber der Originalfassung um wenige Sekunden geschnitten. Die FSK-Freigabe «ab 18» der DVD/BD bezieht sich auf das Bonusmaterial (Trailer etc.), der Film selbst hat eine Freigabe «ab 16».
USA 2007 **P** The Global Asylum **DVD** dtp/Great Movies (16:9, 1.78:1, DD5.1 engl./dt.) **BD** dtp/Great Movies (16:9, 1.78:1, dts-HD engl./dt.) **Pd** David Michael Latt **R** Griff Furst **B** Geoff Meed **K** Alexander Yellen **M** David Raiklen **S** Griff Furst, David Michael Latt **D** Kristen Quintrall (Pfc. Kate Riley), Dario Deak (Joe Ellison), Jason S. Gray (Lt. Clarke), Rick Malambri (Lt. Ash), Angela Vitale (Kenne), Kevin Kazakoff (Dr. Frank DeMicco), Noel Thurman (Dr. Woods), Randy Mulkey (Major Clifton) **L** 81 **FSK** ab 16 **E** 14.3.2012 DVD & BD   fd –

Universal Soldiers - Cyborg Island
siehe: **Universal Soldiers**

Unrated 2: Scary as Hell
Drei paranormale Investigatoren finden sich in einem abgelegenen Haus

ein und stoßen auf Dinge, die nicht von dieser Welt sind. Einfallsarme No-Budget-Produktion auf Minimalstandard. Unbedarfte Charaktere lassen sich vor der Wackelkamera erschrecken und töten – fertig ist der billige «Found Footage»-Horror mit Splatter-Attitüde.
Deutschland 2011 **P** Laser Paradise / Rosecalypse **DVD** Laser Paradise **R+B** Timo Rose, Andreas Schnaas **D** Sarah Hannemann, Oliver Maurer, Katharina Boltz, Andre Koock, Freddy Ceniti, Timm Bock, Marc Trinkhaus **L** 69 **FSK** ab 18 **E** 12.4.2012 DVD **fd** –

Uns trennt das Leben ★
Ein achtjähriger Junge, der unter Panikattacken leidet, tötet bei einem seiner Anfälle seine sechsjährige Spielkameradin. Ein Unfall, der drei beteiligte (Klein-)Familien an die Grenzen ihrer Belastbarkeit führt: Die Mutter des Jungen kann das Geschehen nicht fassen, die Eltern des getöteten Mädchens können den Verlust kaum ertragen, die Kinderpsychologin, die das Aggressionspotenzial des Jungen untersuchen soll, steht vor einem Rätsel. Spannendes, gewiss auch unbequemes (Fernseh-)Drama, das sich zu keiner Schuldzuweisung hinreißen lässt, sondern weitgehend differenziert Verlust, Trauer und Angst aufzeigt. – Ab 16.
Deutschland 2010 **P** Sperl Prod. **DVD** KNM (16:9, 1.78:1, DD2.0 dt.) **Pd** Gabriela Sperl, Sophie von Uslar **R+B** Alexander Dierbach **K** Ian Blumers **M** Sebastian Pille **S** Caroline Biesenbach **D** Julia Koschitz (Nora), Jannik Brengel (David), Anneke Kim Sarnau (Constanze), Tim Bergmann (Christian), Jasmin Schwiers (Sabine), Sebastian Ströbel (Tim) **L** 89 **FSK** ab 12 **E** 17.2.2012 arte / 15.5.2012 DVD **fd** –

Unser gelber Musikladen
Der Regisseur lässt die Vergangenheit eines Musikgeschäfts in Münster Revue passieren, das seit 1974 im Besitz seiner Familie ist, nun abgerissen werden und einem modernen Geschäftsviertel weichen soll. Das sehr persönliche dokumentarische Porträt einer liebevoll gehegten Welt, die dem Untergang geweiht ist, setzt den Eltern, dem Laden und dessen eingeschworenen Kunden ein kleines Denkmal. – Ab 12.
Deutschland 2010 **P** Moving Records **KI** offen **R+B** Stephan Brüggenthies **K** Angelika Huber **M** Markus Berges, Stephan Brüggenthies, Ekkehard Maas, Ralf Wienrich **S** Stephan Brüggenthies **L** 80 **E** 18.7.2012 EinsFestival **fd** –

Unser Leben
ONE LIFE
Kinodokumentation als Ableger einer BBC-Fernsehserie über die Wunder des Lebens in Flora und Fauna, wobei insbesondere Partnerwahl, Aufzucht der Jungen und Futterbeschaffung im Vordergrund stehen. Jagd und Tod werden dabei zugunsten einer kindgerechten Aufarbeitung weitgehend ausgespart. Ein dank brillanter Aufnahmen betont schöner Blick auf die Natur, der zwischen dramatischen und ruhigen Momenten klug alterniert und durch einen ansprechenden Off-Kommentar begleitet wird. – Ab 10.
Großbritannien 2011 **P** BBC Earth **KI** Paramount **Pd** Martin Pope, Michael Rose, Stephen McDonogh **R+B** Michael Gunton, Martha Holmes **K** James Aldred, Doug Allan, Tony Allen, Doug Anderson, Barrie Britton, Keith Brust, Rod Clarke, Martin Colbeck, Bob Cranston, Jason Ellson, Tom Fitz, Kevin Flay, Ted Giffords, Nick Guy, Charlie Hamilton-James, Jason Isley, Simon King, Richard Kirby, Alastair MacEwen, David McKay, Jamie McPherson, Justin Maguire, Dave Manton, Hugh Maynard, Hugh Miller, Roger Munns, Peter Nearhos, Didier Noirot, Andrew Penniket, Rick Rosenthal, Tim Shepherd, Gavin Thurston, Stephen de Vere, Simon Werry, Kazutaka Yokoyama **M** George Fenton **S** David Freeman **L** 85 **FSK** o.A.; f **FBW** bw **E** 15.3.2012 **fd** 40 952

Unser Paradies
NOTRE PARADIS
Ein Pariser Stricher Mitte 30 ermordet regelmäßig seine Freier. Er verliebt sich in einen jüngeren Kollegen, mit dem er Paris verlässt und bei dessen Freunden unterkommt. Trotz ausdrucksstarker Darsteller kann der Film seine «amour fou» nie nachfühlbar gestalten, weil er trotz exzessiver körperlicher Intimität keine Nähe zu den Protagonisten herstellt. So hangelt er sich von Mord- zu Mordszene und von Sex- zu Sexszene, ohne die zwischenzeitlich aufscheinenden Thriller-Elemente sinnstiftend auszubauen.
Frankreich 2011 **P** Alfama Films / Rhône-Alpes Cinéma **KI** Salzgeber **Pd** Paulo Branco **R+B** Gaël Morel **K** Nicolas Dixmier **M** Camille Rocailleux, Louis Sclavis **S** Catherine Schwartz **D** Stéphane Rideau (Vassili), Dimitri Durdaine (Angelo), Béatrice Dalle (Anna), Didier Flamand (Victor), Jean-Christophe Bouvet (Freier), Raymonde Bronstein (Annas Mutter), Malik Issolah (Kamel), Mathis Morisset (der kleine Vassili) **L** 100 **FSK** – **E** 12.4.2012 **fd** 40 988

Unsere algerische Geschichte
ALGERIE, NOTRE HISTOIRE
(Fernseh-)Dokumentation über die Endphase des Algerienkriegs (1954–1962), in der sich der französische Präsident Charles de Gaulle entschloss, die ehemalige Kolonie Algerien in die Unabhängigkeit zu entlassen und damit einen Putsch von vier Generälen auslöste, der das Mutterland selbst an den Rand eines Bürgerkrieges brachte und zu zahlreichen Attentaten der Untergrundorganisation OAS führte. Die Bestandsaufnahme eines Filmemachers und eines Historikers, die von den Ereignissen persönlich betroffen waren. – Ab 16.
Teils schwarz-weiß. Frankreich 2011 **P** ARTE France **KI** offen **R+B** Jean-Michel Meurice, Benjamin Stora **L** 89 **E** 13.3.2012 arte **fd** –

Die Unsichtbare ★
Eine unsichere Schauspielschülerin bekommt von ihrem Regisseur die Hauptrolle in einem Stück übertragen, wobei der Vamp, den sie spielen soll, ihrer wahren Person denkbar unähnlich ist. Der Regisseur fordert ihr eine rückhaltlose Verschmelzung mit ihrer Bühnen-Persona ab, was für die junge Frau zur psychischen Tour de Force wird, die auch ihr Privatleben verändert. Drama im Theatermilieu, das von einem eindrucksvollen Ensemble, vor allem der hervorragenden Hauptdarstellerin sowie einer stimmigen atmosphärischen Bildsprache lebt. Die Handlung ist dagegen weniger originell, und das Bestreben, die Hauptfigur psychologisch auszuerklären, lässt viel an Spannung verpuffen. – Ab 16.
Scope. Deutschland 2011 **P** teamWorX TV & Film / SWR / ARTE / RBB / Berliner Union-Film / Media Factory Berlin / Sommerhaus prod. **KI** Falcom Media **DVD** Ascot Eli-

te (16:9, 2.35:1, DD5.1 dt.) **Pd** Jochen Laube **R** Christian Schwochow **B** Heide Schwochow, Christian Schwochow **K** Frank Lamm **M** Can Erdogan **S** Jens Klüber **D** Stine Fischer Christensen (Josephine Lorentz), Ulrich Noethen (Kaspar Friedmann), Dagmar Manzel (Susanne Lorentz), Christina Drechsler (Jule Lorentz), Ronald Zehrfeld (Joachim), Anna Maria Mühe (Irina), Ulrich Matthes (Ben Kästner), Matthias Weidenhöfer (Christoph Werner), Gudrun Landgrebe (Vera), Corinna Harfouch (Nina) **L** 113 **FSK** ab 12; f **FBW** bw **E** 9.2.2012 / 21.8.2012 DVD **fd** 40881

Das unsichtbare Mädchen ★

Der Fall eines vor elf Jahren an der deutsch-tschechischen Grenze verschwundenen Mädchens lässt einen Kriminalbeamten auch nach seiner Pensionierung nicht los. Obwohl sein Nachfolger einen geistig behinderten jungen Mann als Verdächtigen dingfest macht, forscht er weiter nach dem Verbleib des Kindes und dringt mit einem jungen Hauptkommissar tief in die Vergangenheit ein. Dramaturgisch komplexes (Fernseh-)Kriminaldrama, das ganz in der niederbayerischen Landschaft verwurzelt ist. Mehrfach wechselt der Film die Erzählperspektive und verzichtet phasenweise auf seinen betont realistischen Duktus, sodass manche Szenen schockartig wie ein Albtraum oder eine Fieberdelirium wirken. – Ab 16.
DVD/BD: Erschienen in der «Neuer Deutscher Krimi Box 1» mit den Filmen Das unsichtbare Mädchen, Takiye - Spur des Terrors, Such mich nicht, Morgen musst du sterben und Tod in Istanbul.
Deutschland 2011 **P** Cinecentrum (für ZDF) **M** Studio Hamburg (16:9, 1.78:1, DD2.0 dt.) **Pd** Dagmar Rosenbauer, Gloria Burkert, Andreas Bareiss **R** Dominik Graf **B** Friedrich Ani, Ina Jung **K** Michael Wiesweg, Henrik A. Kley **M** Sven Rossenbach, Florian van Volxem **S** Claudia Wolscht **D** Elmar Wepper (Joseph Altendorf), Ulrich Noethen (Wilhelm Michel), Ronald Zehrfeld (Niklas Tanner), Silke Bodenbender (Inge-Maria Kolb), Anja Schiffel (Evelyn Fink), Tim Bergmann (Dr. Kurt Nieberger), Lisa Kreuzer (Lilo Emig) **L** 104 **E** 30.3.2012 arte / 29.10.2012 DVD **fd** –

Unter anderen Umständen – Spiel mit dem Feuer

Eine Kommissarin in Schleswig wird mit dem Mord an einem gut beleumundeten Beamten des Jugendamtes konfrontiert, der tot in seinem Räucherschrank gefunden wird. Recherchen fördern das sadomasochistische Doppelleben des Mannes zutage, der seine Frau mit seinem Treiben systematisch quälte. Zugleich kommt die Kommissarin einer Freundin zur Hilfe, deren Ex-Mann sich als Stalker entpuppt. Routinierter (Fernsehserien-)Krimi als siebenter Fall für die Kriminalistin und alleinerziehende Mutter Jana Winter. – Ab 16.
Deutschland 2011 **P** Network Movie (für ZDF) **KI** offen **Pd** Jutta Lieck-Klenke, Dietrich Kluge **R** Judith Kennel **B** Sören Hüper, Christian Prettin **K** Nathalie Wiedemann **M** Sven Rossenbach, Florian van Volxem **S** Barbara Hennings **D** Natalia Wörner (Jana Winter), Ralph Herforth (Matthias Hamm), Martin Brambach (Arne Brauner), Max von Pufendorf (Ole Jenssen), Jacob Lee Seeliger (Leo Winter), Friederike Linke (Frida), Ursula Karven (Frauke Jaspersen), Lennardt Krüger (Henner Ullmann) **L** 90 **E** 7.3.2012 ZDF **fd** –

Unter Frauen

Ein Frauenheld wacht in einer Welt ohne Männer auf, in der er ebenfalls als Frau wahrgenommen wird. Seine verzweifelten Versuche, das feministische Paralleluniversum hinter sich zu lassen, fruchten nichts. Erst als er sich in eine junge Frau verliebt, die sich rührend um ihre demente Großmutter kümmert, dämmert ihm, dass der Weg zurück ins Mannsein nur offen steht, wenn er ein besserer Mensch wird. Eindimensionale Body-Switch-Komödie mit simplem Humor, dramaturgisch unausgegoren und voller Klischees, was durch farblose Darsteller nicht besser gemacht wird. – Ab 14.
Deutschland 2012 **P** Ninety-Minute Film/filmpool/ZDF **KI** nfp **Pd** Ivo-Alexander Beck **R** Hansjörg Thurn **B** Sarah Schnier **K** Markus Hausen **M** Martin Todsharow **S** Ollie Lanvermann (= Oliver Lanvermann) **D** Sebastian Ströbel (Alexander Hagen), Alexandra Neldel (Paula Pelzer), Fahri Ögün Yardim (Silvio/Silvia), Grit Böttcher (Anneliese «Anni» Pelzer), Elena Uhlig (Ramona Tiller), Collien Fernandes (Inga Plate), Katharina Abt (Bettina Beltz), Emilia Schüle (Sandra Förster), Nina Petri (Cornelia Berger), Martin Brambach (Cornelius Berger), Anita Olatunji (Marie Beck), Sunga Weineck (Mario Beck) **L** 102 (24 B./sec.) / 98 (25 B./sec.) **FSK** ab 12; f **E** 20.9.2012 **fd** 41316

Unter Männern – Schwul in der DDR ★

Sechs Männer berichten über ihr homosexuelles Leben in der DDR. Der Dokumentarfilm erhebt nicht den Anspruch, ein allgemeingültiges Bild zu zeichnen; ebenso verzichtet er auf gesellschaftspolitische Hintergrundinformationen. Vielmehr stellt er die sehr unterschiedlichen Erfahrungen seiner Protagonisten nebeneinander, die auf die Frage nach Akzeptanz oder Diskriminierung von Homosexuellen in der DDR subjektive Antworten bieten. Damit eröffnet er einen facettenreichen, von Brüchen geprägten Erfahrungshorizont.
Deutschland 2012 **P** Hoferichter & Jacobs / MDR / Salzgeber & Co. **KI** Edition Salzgeber **DVD** Salzgeber (16:9, 1.78:1, DD2.0 dt.) **Pd** Olaf Jacobs, Björn Koll **R** Markus Stein, Ringo Rösener **B** Ringo Rösener **K** Bernadette Paassen **M** Moritz Denis **S** Martin Menzel, Markus Stein **L** 94 **FSK** ab 12; **FBW** bw **E** 26.4.2012 / 25.10.2012 DVD **fd** 41035

Unter Nachbarn

Ein Lokalreporter kommt in Kontakt zu seinem Nachbarn, einem scheuen Mann, der durch die Bekanntschaft auflebt. Als er eine Frau überfährt und auf Anraten des Nachbarn Fahrerflucht begeht, gerät er in eine zunehmend fatalere Abhängigkeit. Wendungsreicher (Fernseh-)Krimi, der sich nach ruhigem Beginn zum recht unterhaltsamen Psychothriller mausert. Dabei nehmen die Charaktere keine monströsen Konturen an, sondern bewegen sich im Rahmen eines stets nachvollziehbaren Verhaltens. – Ab 16.
Deutschland 2011 **P** Kurhaus Prod. **DVD** Universum (16:9, 1.78:1, DD5.1 dt.) **Pd** Christoph Holthof, Daniel Reich **R+B** Stephan Rick **K** Felix Cramer **M** Stefan Schulzki **S** Florian Drechsler **D** Maxim Mehmet (David Ahrens), Charly Hübner (Robert Graetz), Petra Schmidt-Schaller (Vanessa Rafael), Helmut Rühl (Hauptkom-

missar Wagner), Rainer Sellien (Hannes Fieser), Katharina Heyer (Janine), Peter Kaghanovitch (Ressortleiter), Anuschka Herbst (Kommissarin Gruner) **L** 92 **FSK** ab 12 **E** 30.5.2012 ARD / 1.6.2012 DVD **fd** –

Unter Umständen verliebt
UNTER UMSTÄNDEN VERLIEBT
Ein erfolgreiches Model ist glücklich verheiratet und vom Leben verwöhnt, doch der Kinderwunsch will nicht in Erfüllung gehen. Ein anonymer Samenspender mit herausragenden Genen soll dem Kind den Weg ins Leben ebnen, doch dann erfährt die Frau, dass ihr Mann sie betrügt. Gleichzeitig erweist sich der Erzeuger ihres Kindes als absoluter Loser. Anspruchslose (Fernseh-)Liebeskomödie nach üblichem Schema, die einmal mehr besagt, dass es nicht auf den äusseren Schein ankommt, wenn das Herz am rechten Fleck sitzt. – Ab 14.
Deutschland/Österreich 2011 **P** Toccata Film **Kl** offen **Pd** Quirin Berg, Kerstin Nommsen, Max Wiedemann **R** Sven Bohse **B** Aglef Püschel, Wiebke Jaspersen, Michael Kenda **K** Henner Besuch **S** Olivia Retzer **D** Mirjam Weichselbraun (Steffi), Oliver Wnuk (Tommi), Michael Pascher (Karl), Daniel Roesner (Bernie), Steffen Groth (Richard), Mercedes Echerer (Isolde), Georg Seberg (Edgar), Stefan Jürgens (Hannes) **L** 90 **E** 6.3.2012 SAT.1 **fd** –

Unter Wasser atmen – Das zweite Leben des Dr. Nils Jent
UNTER WASSER ATMEN – DAS ZWEITE LEBEN DES DR. NILS JENT
Als 18-Jähriger hat Nils Jent einen Motorradunfall; Herzstillstand und Wachkoma sind die Folgen. Die Familie, Ärzte und Pfleger stufen den jungen Mann als lebenslangen Pflegefall ein. Doch Nils' Lebenswille obsiegt. Nach Jahren der Rekonvaleszenz holt er sein Abitur nach, studiert Wirtschaftswissenschaften und lehrt heute in St. Gallen. In schlichten Bildern erzählt der Dokumentarfilm die Geschichte eines Menschen, der sich in sein Leben zurückgekämpft hat. Ein Ausnahmefall, ein positives Zeichen in Sachen Lebensmut, aber auch eine Hommage an all jene, die nicht bereit sind, sich mit einem scheinbar unabänderlichen Schicksal zu arrangieren. – Ab 14.
Schweiz 2011 **Kl** Ascot Elite (Schweiz)

R Andri Hinnen, Stefan Muggli **L** 90 **FSK** – **E** 7.6.2012 Schweiz **fd** –

Unterwegs
siehe: **On the Road – Unterwegs**

Untote wie wir – Man ist so tot wie man sich fühlt
THE REVENANT
Ein im Irak gefallener Soldat steht von den Toten auf und geht mit einem Ex-Kumpel auf Sauftour. Als eine aggressive Clique ihnen den Spass verderben will, wissen sich die beiden ihrer Haut zu wehren. Die ausserordentlichen Fähigkeiten des Untoten sind dabei hilfreich und lassen sie über eine Zukunft als «Befrieder» bürgerlicher Gegenden nachdenken. Horrorkomödie, die mehrere Facetten des Genres aufgreift, mischt und variiert. Für einen B-Film recht sorgfältig produziert, aber allzu blutrünstig.
Scope. USA 2009 **P** Putrefactory **DVD** Universal (16:9, 2.35:1, DD5.1 engl./dt.) **BD** Universal (16:9, 2.35:1, dts-HDMA engl./dt.) **Pd** Liam Finn, D. Kerry Prior, Jacques Thelemaque **R+B** D. Kerry Prior **K** Peter Hawkins **S** D. Kerry Prior **D** Chris Wylde (Joey), David Anders (Bart), Louise Griffiths (Janet), Jacy King (Mathilda), Clint Jung (Marty), Emiliano Torres (Miguel), Mark Elias (Silverlake Jake) **L** 113 **FSK** ab 16 **E** 12.1.2012 DVD & BD **fd** –

Urlaub von Hartz IV – Wir reisen in die DDR
Zwei Jugendliche wollen ihre Ferien nicht mit ihren Hartz IV empfangenden Eltern verbringen. Sie schliessen sich einer bizarren Künstlergruppe an, die in einem verträumten Ort im Erzgebirge eine Rock-Oper aufführen will und damit DDR-Charme heraufbeschwört. Der Bürgermeister widersetzt sich den Plänen, wird aber ausgetrickst. «Ostalgisch» angehauchte Komödie um die Musiktruppe «De Krippelkiefern», die sich zudem als eine Art filmischer Geschichtsunterricht versteht, der die ostdeutsche Gebirgsregion und ihr Selbstverständnis hinterfragt. – Ab 14.
Teils schwarz-weiss. Deutschland 2011 **P** FUSUN Film & Sound Prod. **Kl** neubertfilm-verleih **DVD** neubertfilm-verleih (16:9, 2.35:1, DD5.1 dt.) **Pd+R+B** Udo Neubert **K** Hans-Helmut Häßler **M** Pierre Fegyverneki, De Krippelkiefern **D** Alexander Richert

(Tim), Stefan Mösch (Sterni), Manuela Bednartz (Mutti), Dieter Kreher (Vati Didi), Lisa Költsch (Susi), Uwe Peisker (Blachschmidtwern), Tom Weber (Bürgermeister) **L** 91 **FSK** ab 6; **f E** 12.4.2012 / 17.7.2012 MDR / 2012 DVD **fd** –

Ursula – Leben in Anderswo ★
URSULA – LEBEN IN ANDERSWO
Ursula Bodmer, die kurz nach ihrer Geburt 1951 von ihrer Mutter verlassen wurde, schien als Taubblinde zum trostlosen Dasein im Heim verdammt. Mit fünf Jahren nahm sich die Heilpädagogin Anita Utzinger ihrer an und kümmerte sich liebevoll um ihre Erziehung. Ein beeindruckendes Dokumentarfilm-Porträt der inzwischen 60-jährigen Frau, die sich ihrer Umwelt nur rudimentär vermitteln kann. Rolf Lyssy kehrt 30 Jahre nach seinem Film URSULA ODER DAS UNWERTE LEBEN (1966) zu seiner damaligen Protagonistin zurück und führt vor Augen, wie wichtig Liebe und Hingabe für die Erziehung eines Menschen sind. Zugleich macht er deutlich, dass auch die Pädagogin, trotz vieler Mühen, durch ihr «Pflegekind» reich beschenkt worden ist. – Ab 14.
Schweiz 2011 **P** Doc Productions **Kl** filmcoopi (Schweiz) **Pd** Rose-Marie Schneider **R+B** Rolf Lyssy **K** Walo Deuber **M** Geschwister Küng, Appenzeller Streichmusik **S** Rainer M. Trinkler (= Rainer Maria Trinkler), Rolf Lyssy **E** 12.1.2012 Schweiz **fd** –

US Seal Team
SEAL TEAM VI / SEAL TEAM VI: JOURNEY INTO DARKNESS
Vor Beginn des Zweiten Golfkriegs begibt sich eine Seal-Einheit in Richtung Bagdad, um die Lage zu sondieren, und gerät in ein gefährliches Unterfangen. Sinnlos-konfuses Kampfspektakel aus einer Zeit, in der man bereits durchaus kritischer mit dem Thema hätte umgehen können. Nicht mehr als patriotisches Durchhaltekino.
USA 2008 **P** Four Minute Mile Prod. / Gamble Entertainment **DVD** WGF/ Schröder-Media (16:9, 1.78:1, DD5.1 engl./dt.) **BD** WGF/Schröder-Media (16:9, 1.78:1, dts-HD engl./dt.) **Pd** Mark C. Andrews, Ken Gamble, Lu Liu **R+B** Mark C. Andrews **K** Chen Chia-yu **M** Matt Gates **S** Jeffrey Sargent **D** Jeremy Davis (Officer Michael Davis), Ken Gamble (Mackefy), Zach

McGowan (Officer Roberts), Kristoffer Garrison (Williams), Neto DePaula Pimenta (Sanchez), Amol Shah (Jamal), Jessica Meza (Cassandra Mackefy), Chris Warner (Major Beder) **L** 92 **FSK** ab 16 **E** 6.6.2012 DVD & BD **fd** –

Utopians
UTOPIANS
Ein Yoga-Lehrer verschanzt sich mit seiner afroamerikanischen Tochter, die eben erst aus dem Militärdienst entlassen wurde, sowie mit deren Freundin, die an einer psychischen Störung leidet, im Haus eines bürgerlichen Paares. Der von Unausformuliertem und nur Angedeutetem geprägte Film beschreibt in einem eigentümlichen Schwebezustand die emotionalen Zustände und Verfasstheiten der Figuren, die kurz vor dem Zusammenbruch zu stehen scheinen. Nicht zuletzt dank der Musik entsteht aus der losen, bedeutungs- und richtungsoffenen Struktur eine durchgängige, durchaus spannende Atmosphäre. (O.m.d.U.) – Ab 16.
USA 2011 **P** Made-up Language **Kl** arsenal institut **Pd** Zbigniew Bzymek, Lauren Hind, Courtney Webster, Kevin Palmer, Talia Barrett **R+B** Zbigniew Bzymek **K** Robert Mleczko **M** Harvey Valdes **S** Kevin Palmer **D** Jim Fletcher (Roger), Courtney Webster (Zoe), Lauren Hind (Maya), Arthur French (Morris), Jessica Jelliffe (Deborah), Sacha Yanow (Agnes) **L** 84 **FSK** – **E** 5.1.2012 **fd** 40 854

Utta Danella – Prager Geheimnis
Mitten in die Feierlichkeiten zur «goldenen Hochzeit» eines bayerischen Juweliers platzt eine junge Frau aus Prag, die sich als seine uneheliche Tochter zu erkennen gibt, das Ergebnis eines lange zurückliegenden Seitensprungs. Das Eheglück bekommt erhebliche Kratzer, und der Mann reist nach Prag, um sich mit der Tochter auszusprechen. Oberflächlich-seichtes (Fernseh-)Familiendrama um den Verlust von Vertrauen und Geborgenheit sowie das Ringen um verlorene Harmonie. Allenfalls das altersweise Spiel des 82-jährigen Hauptdarstellers setzt Akzente. – Ab 14.
Deutschland 2012 **P** Bavaria (für ARD Degeto) **Kl** offen **Pd** Bea Schmidt **R** Marco Serafini **B** Nicole Walter-Lingen **Vo** Utta Danella (Motive der Erzählung *Das Familienfest*) **K** Egon Werdin **M** Alessandro Molinari **S** Ilana Goldschmidt **D** Peter Weck (Claudius), Gerlinde Locker (Christine), Anna Bertheau (Sophie), Ellenie Salvo González (Anica), Brigitte Karner (Editha), Matthias Schloo (Jan), Sepp Schauer (Thilo), Katharina Schubert (Maren) **L** 90 **E** 26.10.2012 ARD **fd** –

Uzun Hikaye
UZUN HIKAYE
Ein einfacher Mann flieht mit seiner Geliebten vor deren tyrannischem Vater. Das Paar und sein bald darauf geborener Sohn stoßen sich immer wieder an den ungerechten Zuständen in der türkischen Gesellschaft. Als die Frau stirbt, müssen Vater und Sohn allein auskommen. Eine Familiensaga, die ihr gesellschaftskritisches Potenzial durch eine allzu rührselige und klischeebeladene Herangehensweise an den Stoff verspielt. (O.m.d.U.) – Ab 14.
Türkei 2012 **P** Sinegraf **Kl** Kinostar **Pd** Suat Kapki **R** Osman Sinav **B** Yigit Güralp **Vo** Mustafa Kutlu (Roman *Lange Geschichte*) **K** Vedat Özdemir **M** Ulas Özdemir **S** Murat Önal **D** Kenan Imirzalioglu (Ali), Tugçe Kazaz (Minure), Altan Erkekli (Emin Efendi), Güven Kiraç (Tren Sefi), Zafer Algöz (Seref), Cihat Tamer (Schulleiter), Mahir Günsiray (Savci), Mustafa Alabora (Bürgermeister), Cengiz Bozkurt (Hausmeister), Elif Atakan (Feride), Erkan Avci **L** 126 (24 B./sec.) / 122 (25 B./sec.) **FSK** ab 6; f **E** 11.10.2012
 fd 41 344

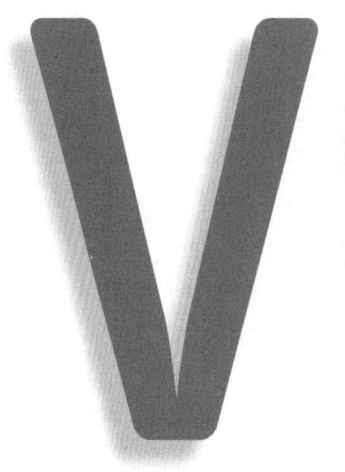

VERBLENDUNG (Sony)

Valentina's Tango
VALENTINA'S TANGO
Die Beziehung könnte glücklicher nicht sein: Eine Frau liebt ihren Mann über alles und hat eine große Leidenschaft, den Tango, den sie mit ihm im eigenen Nachtclub zelebriert. Doch sie ist psychisch krank, lebt ihre Obsession auch abseits der Ehe und flüchtet immer mehr in eine Scheinwelt. Bemühtes Psychodrama mit Krimi-Elementen, in dem die Beteiligten wacker gegen das nicht vorhandene Produktionsbudget antanzen. – Ab 16.
USA 2007 **P** Wolfcup Films **DVD** EuroVideo (16:9, 1.78:1, DD2.0 engl., DD5.1 dt.) **Pd** Art Chudabala, Jack Rubio, Tim Towery **R+B** Rogelio Lobato **K** Irv Goodnoff **M** Albert Guinovart **S** Art Chudabala **L** 99 **FSK** ab 16 **E** 23.8.2012 DVD **fd** –

Vamperifica – Blood Sucks
VAMPERIFICA
Ein junger Schauspieler mit Hang zum Musical ist zwar willig, aber talent- und deshalb zu Recht auch erfolglos. Das ändert sich, als ihn zwei Vampire ins Reich der Untoten holen; gleichwohl will er kein uralter Vampirführer sein, sondern Karriere bei den Menschen machen. Ein mit erstaunlichem Witz gesegneter Vampir-Horrorfilm, der mitunter respektlos die Konventionen der eigenen Gattung unterläuft und nach weniger abgeschmackten Wegen im ausgebluteten Genre sucht.
USA 2011 **P** Blood River Prod. **DVD** Los Bandidos / Ascot Elite (16:9, 1.78:1, DD5.1 engl./dt.) **Pd** Richard Neustadter **R** Bruce Ornstein **B** Bruce Ornstein, Martin Yurkovic **K** Dan Stoloff **S** Jim Mol **D** Martin Yurkovic (Carmen), Dreama Walker (Tracey), Creighton James (Campbell), Bonnie Swencionis (Emily), Jeff Ward (Peter Wright), Josh Alexander (Josh), Darwin Shaw (Raven), Maria-Christina Oliveras (Maria Sanchez) **L** 100 **FSK** ab 18 **E** 2.7.2012 DVD **fd** –

Die Vampirjäger
JIANG SHI XIN ZHAN SHI / VAMPIRE WARRIORS
Eine Vampirjägerin hat sich mit einer Vampirfamilie angefreundet. Als ein mächtiger und blutgieriger Blutsauger den Frieden zwischen den Menschen und seiner eigenen Spezies gefährdet, muss sie sich einmischen. Uninspirierter Fantasy-Film, bei dem sowohl das Drehbuch als auch die Inszenierung versagen.
VR China / Hongkong 2010 **P** Point of View Movie Prod. **DVD** Sunfilm (16:9, 1.85:1, DD5.1 kanton./dt., dts dt.) **BD** Sunfilm (16:9, 1.85:1, dts-HDMA7.1 kanton./dt.) **Pd+R+B** Dennis Law **K** Herman Yau **M** Tommy Wai **S** Yau Chi Wai **D** Luxia Jiang (Ar), Yuen Wah (Mung), Chrissie Chow (Max), Chin Siu-hou (Lung), Pinky Cheung (So), Rock Ji (Lik), Rachel Lam (Bik), Dada Lo (Ka) **L** 96 **FSK** ab 16 **E** 8.3.2012 DVD & BD **fd** –

Die Vampirschwestern
Zwei Mädchen, Zwillingsschwestern mit einem Mensch als Mutter und einem Vampir als Vater, ziehen in ein kleinbürgerliches deutsches Dorf um, wo sie sich mit den Vorurteilen und Ängsten ihrer Mitmenschen abplagen, an ihrer eigenen Identität zweifeln und durch einen Zauberspruch beinahe ihre Besonderheiten einbüßen. Vergnüglicher Fantasy-Kinderfilm, der die turbulente Handlung mit skurrilen Gags und Zaubertricks garniert und sie geschickt mit der Erkenntnis verbindet, dass Toleranz und wahre Freundschaft die Grundlagen für ein faires Miteinander, aber auch für eine starke, selbstbewusste Persönlichkeit sind. – Ab 8.
Deutschland 2012 **P** Claussen+Wöbke+Putz / Deutsche Columbia Pic. **Kl** Sony **Pd** Uli Putz (= Ulrike Putz), Jakob Claussen **R** Wolfgang Groos **B** Ursula Gruber **Vo** Franziska Gehm (Kinderbuchreihe) **K** Bernhard Jasper **M** Helmut Zerlett **S** Stefan Essl **D** Marta Martin (Silvania Tepes), Laura Roge (Dakaria Tepes), Christiane Paul (Elvira Tepes), Stipe Erceg (Mihai Tepes), Michael Kessler (Dirk Van Kombast), Richy Müller (Ali Bin Schick), Jamie Bick (Helene Steinbrück), Jonas Holdenrieder (Ludo Schwarzer), Jeremias Meyer (Jacob Barton), Maj Jablonski (Missy Master), Robin Kirsch (Killa K), Xaver Wegler (BH), Viola von der Burg (Frau Renneberg), Christian A. Koch (Hausmeister Reiser), Regine

Vergeen (Oma Rose), Hans Peter Deppe (Opa Gustav) **L** 97 (24 B./sec.) / 94 (25 B./sec.) **FSK** o.A.; f **E** 27.12.2012 **fd** 41 464

Varg Veum – Geschäft mit dem Tod
VARG VEUM – I MORKET ER ALLE ULVER GRA

Ein Detektiv in der norwegischen Stadt Bergen beginnt zu ermitteln, als ein Freund, ein traumatisierter Ex-Soldat, der in Afghanistan stationiert war, bei einem Anschlag ums Leben kommt. In Budapest findet er Hinweise auf die skrupellosen Verbrechen eines Konzerns, was ihn und seine schwangere Freundin in tödliche Gefahr bringt. Brisanter (Fernseh-)Kriminalfilm um Schuld, Sühne und Rache. (Die erste Staffel der Reihe lief unter den Obertitel DER WOLF.) – Ab 16.

Norwegen 2011 **P** Cinemiso **KI** offen **Pd** Jonas Allen, Tanya Badendyck, Peter Bose, Silje Hopland Eik **R** Alexander Eik **B** Trygve Allister Diesen, Alexander Eik **Vo** Gunnar Staalesen (Roman) **K** Daniel Garas **M** Magnus Karlsen, Jean-Paul Wall **S** Leif Axel Kjeldsen **D** Trond Espen Seim (Varg Veum), Jonathan Espolin (Harald Ulvven), Bjørn Floberg (Hamre), George Mendel (Konrad Fritz), Lene Nystrøm (Karin), Ane Dahl Torp, Jon Øigarden **L** 84 **E** 15.10.2012 ZDF **fd** –

Vater Mutter Mörder

Die gutsituierte Familie eines Fotojournalisten wird mit der Möglichkeit konfrontiert, dass der Sohn drei Mitbewohner im Heimatdorf erschossen haben könnte. Während die Mutter emotional zum Sohn steht, wird der Vater von Zweifeln geplagt; er sucht nach Gründen und Rechtfertigungen und wird von bohrenden Fragen nach seinem möglichen Versagen gequält. Intensiv gespieltes (Fernseh-)Drama, das sein hartes, düsteres Thema nie effektheischend ausbeutet, in seiner durchaus ehrlichen, eher pragmatischen Analyse aber dennoch keine tiefere Binnendramatik der Figuren ausgestaltet. – Ab 16.

Deutschland 2011 **P** Studio Hamburg (für ZDF) **KI** offen **Pd** Lisa Blumenberg **R+B** Nikolaus Stein von Kamienski **K** Arthur W. Ahrweiler **M** Ulrik Spies **S** Barbara Hennings **D** Heino Ferch (Tom Wesnik), Silke Bodenbender (Esther Wesnik), Katharina Wackernagel (Lydia Calotti), Antje Schmidt (Staatsanwältin Stiller), Thomas Schendel (Hauptkommissar Franz), Merlin Rose (Lukas «Jim» Wesnik), Dzamilja Anastasia Sjöström (Marlene Wesnik), Liv Lisa Fries (Katja Ramelow) **L** 90 **E** 10.2.2012 ZDF_neo / 13.2.2012 ZDF **fd** –

Väter und andere Katastrophen ★
UN JOUR MON PÈRE VIENDRA

Ein Großindustrieller entdeckt nach dem Tod seiner Frau, dass er aus einer Affäre eine Tochter hat. Auf der Suche nach ihr trifft er auf ihren arbeitslosen Ziehvater, mit dem die Tochter gebrochen hat. Gemeinsam begeben sich die ungleichen Männer zur Hochzeit der Tochter mit einem reichen Ex-Tennisprofi; der Großindustrielle mimt den Brautvater, ohne dass Tochter und Ziehvater seine wahre Identität kennen. Die elegant inszenierte, von einem spielfreudigen Ensemble getragene Boulevardkomödie hält geschickt die Balance zwischen Humor und Gefühl, wobei sie unaufdringlich ernste Töne ins temporeiche Spiel einstreut. – Ab 12.

Scope. Frankreich 2011 **P** Kare Prod. / Gaumont / TF 1 Films / Malec Prod. **KI** Camino **DVD** EuroVideo (16:9, 2.35:1, DD2.0 frz., DD5.1 dt.) **Pd** Fabrice Goldstein, Antoine Rein **R** Martin Valente **B** Martin Valente, Gianguido Spinelli **K** Pierre-Yves Bastard **S** Valérie Deseine **D** Gérard Jugnot (Gustave), François Berléand (Bernard Beu), Olivia Ruiz (Chloé), Jamie Bamber Griffith (= Jamie Bamber) (Stephen), Laurence Arné (Suzanne), Anne-Cécile Crapie (Benedicte), Laurent Mouton (Jean-Felix Bollaert), Hubert Saint-Macary (Küchenchef) **L** 102 **FSK** o.A.; f **E** 3.5.2012 / 6.12.2012 DVD & BD **fd** 41 029

Vatertag
VATERTAG

Ein dreifacher Vater widmet sich mit Hingabe und Leidenschaft seinen familiären Pflichten, was kompliziert ist, weil seine Kinder drei verschiedene Mütter haben, die jeweils nichts von der Existenz der anderen Frauen und deren Kindern wissen. Als der Schwindel auffliegt, ist die Empörung groß; die Frauen verbieten dem Mann jeden weiteren Umgang mit den Kindern. Anspruchslose (Fernseh-)Komödie über eine außergewöhnliche Familienkonstellation, deren Protagonist lernen muss, sich der Realität und den aus ihr erwachsenden Konflikten zu stellen. – Ab 14.

Österreich 2011 **P** Dor Filmprod. (für ARTE/ORF) **KI** offen **R** Michael Riebl **B** Susanne Zanke, Mike Majzen **K** Richard Wagner **M** Stefan Bernheimer **S** Bernhard Schmid **D** Alexander Pschill (Otto), Simon Schwarz (Josef), Jakob Werther (David), Cordula Newrkla (Julia), Makhare Alexander Ninidze (Pius), Marianne Mendt (Maria), Anna Rot (Schneewittchen), Angelika Niedetzky (Hilde), Maddalena Hirschal (Irene) **L** 88 **E** 27.7.2012 arte **fd** –

Vatertage

Dokumentarfilm über drei Männer, die sich dazu entschieden haben, länger als ein Jahr Elternzeit zu nehmen. Er beschreibt die Höhen und Tiefen des Familienalltags, hinterfragt die Befindlichkeiten seiner Protagonisten, denen ihre Entscheidung nicht leichtgefallen ist, und zeigt die Reaktionen der Umwelt. Ein eigenwilliger, durchaus auch komischer Film, der veranschaulicht, dass die betroffenen Kinder die wenigsten Schwierigkeiten mit dem Rollenwechsel haben. Mitunter findet er dabei nicht immer die rechte Balance zwischen Nähe und Distanz. – Ab 16.

Deutschland 2011 **P** Eikon Südwest / Filmakademie Baden-Württemberg / SWR **KI** offen **Pd** Christian Drewing **R+B** Anni Seitz **K** Jan Raiber **M** Karol Obara **L** 75 **E** 12.11.2012 SWR **fd** –

Vatertage – Opa über Nacht ★

Ein Vollblut-Münchner Mitte 30, Chef eines defizitären Riksha-Unternehmens, Hobby-Blasmusiker und Frauenheld, wird von einer 17-Jährigen aus Bitterfeld mit der Tatsache konfrontiert, dass er ihr Vater und der Großvater ihres Kindes ist. Die junge Frau fordert von ihm einen Betrag von 15.000 Euro Unterhalt, der er ihrer Mutter schuldig geblieben sein soll. Rasant-vergnügliche, von gut aufgelegten Haupt- und Nebendarstellern getragene Komödie um Missverständnisse und Annäherungen, die souverän mit den Klischees des Genres jongliert, wobei das Erwartbare immer wieder geschickt unterlaufen wird. – Ab 14.

Scope. Deutschland 2012 **P** Claussen+Wöbke+Putz / ZDF **KI** StudioCanal

DVD StudioCanal (16:9, 1.78:1, DD5.1 dt.) **BD** StudioCanal (16:9, 1.78:1, dts-HD dt.) **Pd** Jakob Claussen, Uli Putz (= Ulrike Putz) **R** Ingo Rasper **B** Ralf Hertwig, Thomas Bahmann **K** Ueli Steiger **M** Martin Probst, Peter Horn **S** Ueli Christen **D** Sebastian Bezzel (Basti), Sarah Horváth (= Sarah Horvath) (Dina), Monika Gruber (Thea), Heiner Lauterbach (Lambert), Adam Bousdoukos (Nektarios), Christiane Paul (Vanessa), Sebastian Edtbauer (Böh), Max Hegewald (Fels), Nina Gummich (Natalie), Sylvia Hoeks (Debbie), Matthias Matschke (Ulf) **L** 93 (24 B./sec.) / 89 (25 B./sec.) **FSK** o.A.; f **E** 13.9.2012 / 4.4.2013 DVD & BD **fd** 41 262

Vauban – Baumeister und Feldherr
VAUBAN / VAUBAN, LA SUEUR EPARGNE LA SANG

Biografie des Sébastien le Prestre, des späteren Marquis de Vauban, der dem Sonnenkönig Ludwig XIV. nahezu 50 Jahre treue Dienste als Feldherr und Baumeister leistete, Städte eroberte und Festungen gestaltete, sich gegen Ende seines Lebens angesichts des Elends des einfachen Volks zunehmend gegen das absolutistische Regime wandte und durch den Plan einer Steuerreform beim König in Ungnade fiel. Ein origineller Dokumentarfilm über das Leben des 1707 gestorbenen Architekten, der sich seinem Protagonisten in einer Verbindung aus Kunstwerken des 17. Jahrhunderts und digitalen Bildern anzunähern versucht. – Ab 14.
Frankreich/Luxemburg 2011 **P** Tarantula / Mélusine Prod. / Le Miroir / ARTE France **KI** offen **Pd** Stéphan Roelants, Stéphane Roelants **R** Pascal Cuissot **B** Pascal Cuissot, Marc-Olivier Louveau **K** Jean-Claude Aumont **M** Renaud Barbier **S** Alexandre Landreau **D** Aurélie Youlia (Jeanne de Vauban), Frédérick Boquet (Fontenelle), Daniel-Jean Cassagne (Mazarin), Philippe Chaine (Offizier), Jean-Paul Dubois (Abbé Ragot) **L** 85 **E** 10.3.2012 arte **fd** –

Ein veggietales Abenteuer – Drei heldenhafte Piraten
THE PIRATES WHO DON'T DO ANYTHING – A VEGGIE TALES MOVIE

Eine Gurke, ein Kürbis und eine Weintraube träumen davon, Piraten-Abenteuer zu erleben. Durch einen Zufall werden sie ins 17. Jahrhundert katapultiert, in dem sie einen Prinzen befreien können, der von einem Piraten entführt wurde. Ungewöhnlich-abwegiges (Kinder-)Zeichentrick-Abenteuer, in dem Gemüse in der Art von FLUCH DER KARIBIK agiert. Einige hübsche Gags und gelungene One-Liner ergeben dabei noch kein tragfähiges Konzept für einen abendfüllenden Film. – Ab 10.
USA 2008 **P** Arc / Big Idea / Starz Animation / Veggie Pirates **KI** offen **Pd** Mike Nawrocki, David Pitts, Phil Vischer **R** Mike Naworcki **B** Phil Vischer **M** Kurt Heinecke **S** John Wahba **L** 79 **E** 1.1.2012 RTL **fd** –

Das Venedig Prinzip ★
DAS VENEDIG PRINZIP

Tag für Tag strömen 60.000 Besucher durch Venedig, mehr Menschen als die kollabierende Stadt überhaupt noch Einwohner hat. Wer kann, zieht weg, die anderen verschanzen sich hinter Spott und Zynismus. Hinter der touristischen Fassade bröckelt das öffentliche Leben – in 20 Jahren wird Venedig ein reiner Vergnügungspark sein. Eine stilistisch versierte Bestandsaufnahme über die Konsequenzen des Molochs Massentourismus, in der die Venezianer und ihr Alltag im Mittelpunkt stehen; das Versagen der Politik und die Machenschaften der Immobilien- und Finanzbranche bleiben hingegen weitgehend außen vor. – Ab 14.
Deutschland/Österreich/Italien 2012 **P** Filmtank Hamburg / Golden Girls Filmprod. / Miramonte Film **KI** Real Fiction **Pd** Thomas Tielsch **R+B** Andreas Pichler **K** Attila Boa **M** Jan Tilman Schade **S** Florian Miosge **L** 82 **FSK** o.A.; f **E** 29.11.2012 **fd** 41 432

Verblendung ☆
THE GIRL WITH THE DRAGON TATTOO

Ein Journalist und eine Hackerin spüren den düsteren Geheimnissen einer großbürgerlichen schwedischen Familie nach und geraten in einen Sumpf aus Mord und Gewalt, der bis in die Nazi-Zeit zurückreicht. Weniger eine genaue Verfilmung des Kriminalromans von Stieg Larsson als ein filmisch weiter verdichtetes Remake der schwedischen Kinoadaption von Niels Arden Oplev (2009), die dank der konsequenteren und stimmungsvolleren visuellen Umsetzung sowie der klugen Gewichtung der Erzählstränge noch über diese hinausgeht. Eine ebenso spannende wie vielschichtige Reise in die Untiefen der bürgerlichen Gesellschaft. – Sehenswert ab 16.
DVD/BD: Die Extras (DVD, BD & 2 Disk BD-Edition) umfassen u. a. einen dt. untertitelbaren Audiokommentar des Regisseurs.
Die Extras der 2 Disk-Edition (BD) enthalten zudem eine Vielzahl von Featurettes, die sich mit allen denkbaren Aspekten des Films und seiner Produktionsgeschichte auseinandersetzen und sich insgesamt auf eine Laufzeit von mehr als vier Stunden erstrecken. Die 2 Disk-BD-Edition ist mit dem **Silberling 2012** ausgezeichnet.
Scope. USA/Schweden/Großbritannien/Deutschland 2011 **P** Columbia Pic. / MGM / Scott Rudin Prod. / Yellow Bird Films / Film Rites / Ground Control **KI** Sony **DVD** Sony (16:9, 2.35:1, DD5.1 engl./dt.) **BD** Sony (16:9, 2.35:1, dts-HDMA engl./dt.) **Pd** Ceán Chaffin, Scott Rudin, Søren Stærmose, Ole Søndberg, Berna Levin **R** David Fincher **B** Steven Zaillian **Vo** Stieg Larsson (Roman *Män som hatar kvinnor / Verblendung*) **K** Jeff Cronenweth **M** Trent Reznor, Atticus Ross **S** Kirk Baxter, Angus Wall **D** Daniel Craig (Mikael Blomkvist), Rooney Mara (Lisbeth Salander), Robin Wright (Erika Berger), Stellan Skarsgård (Martin Vanger), Christopher Plummer (Henrik Vanger), Joely Richardson (Anita Vanger), Embeth Davidtz (Annika Blomkvist), Goran Visnjic (Dragan Armansky), Joel Kinnaman (Christer Malm), Elodie Yung (Miriam Wu), Julian Sands (junger Henrik Vanger), Geraldine James (Cecilia Vanger), Steven Berkoff (Dirch Frode) **L** 158 **FSK** ab 16; f **E** 12.1.2012 / 24.5.2012 DVD & BD **fd** 40 849

Die verborgene Festung – ★
Hidden Fortress
KAKUSI TORIDE NO SAN AKUNIN

Japan im feudalen Mittelalter: Der Clan einer Prinzessin wird überfallen und aufgerieben; die Herrscherin flüchtet durch Feindesland, begleitet von einem ergebenen Leibwächter und zwei weitgehend ahnungslosen Herumtreibern. Doch der Goldschatz im Gepäck der Fliehenden weckt bald Begehrlichkeiten. Aufwändig und effektvoll inszenierter Abenteuerfilm als Remake des gleichnamigen Filmklas-

sikers von Akira Kurosawa (1958). Die Vorlage wird teilweise originalgetreu kopiert, und doch erreicht der Film eine bemerkenswerte Eigenständigkeit. – Ab 16.
Japan 2008 **P** CTV / Dentsu / J Storm / NTV / Shagokukan / Toho /YTV / Yomiuri Newspaper **DVD** WVG/Musketier (16:9, 1.85:1, DD5.1 jap./dt.) **BD** WVG/Musketier (16:9, 1.85:1, dts-HD jap./dt.) **Pd** Morio Amagi, Minami Ichikawa **R** Shinji Higuchi **B** Kazuki Nakashima **Vo** Ryuzo Kikushima, Hideo Oguni, Akira Kurosawa **K** Shôji Ebara **M** Naoki Sato **S** Soichi Ueno **D** Jun Matsumoto (Takezo), Daisuke Miyagawa (Shinpachi), Kippei Shiina (Gyobu), Masami Nagasawa (Yukihime), Hiroshi Abe (Rokurota) **L** 118 **FSK** ab 12 **E** 26.1.2012 DVD & BD **fd** –

Das verborgene Gesicht
LA CARA OCULTA
Ein verzweifelter junger Mann, Dirigent des philharmonischen Orchesters von Bogota, lebt in einem großen Haus, wo ihm eine Zufallsbekanntschaft, eine Kellnerin, hilft, wieder zu sich zu finden. Doch ihre Beziehung wird von den dunklen Geheimnissen des Hauses überlagert, das einst als schalldichter Bunker gebaut wurde. Drama um Voyeurismus und Klaustrophobie, konstruiert als spannendes Spiel zwischen Innen- und Außenwelt, bei dem sich die Handlung aus geschickt verschachtelten Erzählsträngen zusammenfindet. Was eine Metapher über die Vergangenheitsbewältigung, gespeist aus Trauer, Todesangst, Panik und abgrundtiefer Erschöpfung sein könnte, verliert sich aber zunehmend in Gruselelementen mit viel Theaterdonner. – Ab 16.
Scope. Kolumbien/Spanien 2011 **P** Avalon / Cactus Flower / Dynamo / Fox International Prod. **KI** Twentieth Century Fox **Pd** Andres Calderon, Cristian Conti **R** Andrés Baiz **B** Andrés Baiz, Hatem Kraiche **K** Josep M. Civit (= José María Civit) **M** Federico Jusid **S** Roberto Otero **D** Martina García (Fabiana), Quim Gutiérrez (Adrián), Clara Lago (Belén), Alexandra Stewart (Emma) **L** 96 **FSK** ab 12; f **E** 13.9.2012 **fd** 41 267

Der Verdingbub ☆
DER VERDINGBUB
Ein zwölfjähriger Waisenjunge wird von den Behörden in eine Bauernfamilie gesteckt, die ihn und ein anderes «Verdingkind» lieblos als billige Arbeitskraft missbraucht. Besonders hart wird es, als der arrogante Sohn der Familie nach seiner Militärzeit auf den Hof zurückkehrt. Schnörkelloses, packendes Drama über ein düsteres Kapitel der Schweizer Geschichte, das dramaturgisch alles richtig macht und auch schauspielerisch durchgehend überzeugt. Ein starker, eindrücklicher und auch (politisch) wichtiger Schweizer Film. – Sehenswert ab 14.
Schweiz/Deutschland 2011 **P** C-Films / Bremedia **KI** Ascot Elite (auch Schweiz) **Pd** Peter Reichenbach, Claudia Schröder **R** Markus Imboden **B** Plinio Bachmann, Jasmine Hoch **K** Peter von Haller **M** Benedikt Jeger **S** Ursula Höf **D** Katja Riemann (Bösigerin), Stefan Kurt (Bösiger), Maximilian Simonischek (Jakob), Lisa Brand (Berteli), Andreas Matti (Hasslingder), Heidy Forster (Großmutter), Ursina Lardi (Mutter Dürrer), Ernst C. Sigrist (Polizist), Christoph Gaugler (Störmetzger) **L** 106 **FSK** ab 12; f **E** 3.11.2011 Schweiz / 25.10.2012 **fd** 40 725

Das verflixte 3. Jahr
L' AMOUR DURE TROIS ANS
Regiedebüt des französischen Schriftstellers Frédéric Beigbeder auf der Grundlage seines Romans: Ein scharfzüngiger Literaturkritiker und Lifestyle-Kolumnist steht vor den Trümmern seiner Ehe. Deprimiert und voller Selbstmitleid schreibt er ein zynisches Buch, in dem er der Liebe eine Halbwertzeit von nur drei Jahren zumisst. Ausgerechnet jetzt tritt eine schöne, aber verheiratete Frau in sein Leben. Eine zwischen Oberflächlichkeit und Originalität changierende Komödie über die Unmöglichkeit der Liebe. Dabei zeigt sich der Regisseur deutlich von der neurotischen Nachdenklichkeit und den ironischen Selbstzweifeln eines Woody Allen beeinflusst. – Ab 14.
Scope, teils schwarz-weiß. Frankreich/Belgien 2012 **P** The Film / AKN Prod. / Europacorp. / France 2 Cinéma / Scope Pic. **KI** Prokino **DVD** Prokino (16:9, 2.35:1, DD5.1 frz./dt.) **Pd** Michael Gentile, Alain Kruger, Geneviève Lemal **R** Frédéric Beigbeder **B** Frédéric Beigbeder, Christophe Turpin, Gilles Verdiani **Vo** Frédéric Beigbeder (Roman *Die Liebe währt drei Jahre / L'amour dure trois ans*) **K** Yves Cape **M** Martin Rappeneau **S** Stan Collet **D** Gaspard Proust (Marc Marronnier), Louise Bourgoin (Alice), JoeyStarr (= Joey Starr) (Jean-Georges), Jonathan Lambert (Pierre), Frédérique Bel (Kathy), Nicolas Bedos (Antoine), Elisa Sednaoui (Anne), Bernard Menez (Marcs Vater), Anny Duperey (Marcs Mutter), Thomas Jouannet (Steve), Christophe Bourseiller (Pfarrer), Valérie Lemercier (Francesca Vernesi), Michel Legrand **L** 98 (24 B./sec.) / 94 (25 B./sec.) **FSK** ab 12; f **E** 19.7.2012 / 29.11.2012 DVD & BD **fd** 41 189

Verfolgt – Der kleine Zeuge
Ein kleiner Junge muss mitansehen, wie seine Verwandten, Besitzer eines China-Restaurants, ermordet werden. Da die Mörder ihn entdecken, nimmt er Reißaus und versteckt sich bei der ersten Frau, die er auf der Straße trifft, einer jungen Blinden, die verbissen ihrem Kampfsport-Training nachgeht. (Fernseh-)Thriller, der einen Teil seines Reizes dadurch gewinnt, dass die beiden Hauptfiguren einander nicht verstehen können und die Helferin die Gesten ihres Schutzbefohlenen nicht sehen kann. – Ab 16.
Deutschland/Österreich 2011 **P** FILM27 / Constantin **KI** offen **Pd** Wolfgang Rest, Robin von der Leyen **R** Andreas Senn **B** Christoph Darnstädt **K** Peter Zeitlinger **M** Lothar Scherpe **S** Achim Seidel **D** Marie Zielcke (Ester), Kevin Fang (Tao), Andreas Kiendl (Gerry), Mathieu Carrière (Paul), Elena Carrière (Lilly), Steffen Groth (Olli), Fritz Karl (Decker), Christoph von Friedl (Kriesch) **L** 89 **E** 3.4.2012 SAT.1 (ausgefallen) 24.4.2012 SAT.1 **fd** –

Die Verführerin Adele Spitzeder
DIE VERFÜHRERIN ADELE SPITZEDER
Das bewegte Leben der Schauspielerin und Sängerin Adele Spitzeder, die 1865 nach München kommt und ihr Leben durch Kredite finanziert. Als ihr die Schulden über den Kopf wachsen, gründet sie eine Privatbank für «kleine Leute», denen sie hohe Renditen verspricht. Die Zinszahlungen deckt sie durch die Einlagen neuer Kunden, womit sie zur erfolgreichen Geschäftsfrau avanciert, die Neider auf den Plan ruft. Als ihr Bankgeschäft zusammenbricht, wird sie wegen Betrugs verurteilt. Darstellerisch attraktiver biografischer (Fernseh-)Film um eine charmante Geschäftsfrau und Le-

bedame, bei dem Parallelen zum Geschäftsgebaren heutiger Banken nicht zufällig sind. – Ab 16.
Deutschland/Österreich 2011 **P** Summerset (für BR/ORF) **DVD** Telepool/KNM (16:9, 1.78:1, DD2.0 dt.) **Pd** Susanne Porsche **R** Xaver Schwarzenberger **B** Ariela Bogenberger **K** Xaver Schwarzenberger **M** Thomas Bogenberger **S** Helga Borsche **D** Birgit Minichmayr (Adele Spitzeder), Sunnyi Melles (Betty Vio), Alicia von Rittberg (Therese Ederer), Maximilian Krückl (Georg Zeitler), Florian Stetter (Balthasar Engel), Marianne Sägebrecht (Edeltraud Staller), Karlheinz Hackl (Eduard Pohlheim), Paula Kalenberg (Silvia Berency) **L** 89 **FSK** ab 6 **E** 11.1.2012 ARD & ORF 2 / 17.1.2012 DVD fd –

Verführt
THE PERFECT TEACHER
Eine attraktive 17-jährige Blondine interessiert sich für ihren Sportlehrer, wird seine Assistentin, fädelt ein Techtelmechtel ein und spielt die Missbrauchte, als er sie nicht erhört. Die immer gleiche «Netter Lehrer trifft auf Psychopatin in Schuluniform»-Masche in einem Thriller, dessen Drehbuch vor Unwahrscheinlichkeiten nur so strotzt. – Ab 16.
Kanada 2010 **P** Capital Prod. / Thrill Films **DVD** Sunfilm (16:9, 1.78:1, DD5.1 engl./dt., dts dt.) **BD** Sunfilm (16:9, 1.78:1, dts-HDMA7.1 engl./dt.) **Pd** Curtis Crawford, Rob Menzies, Stefan Wodoslawsky **R** Jim Donovan **B** Christine Conradt, Gregory Henn **K** Jean-Pierre Gauthier **S** Robert E. Newton **D** Megan Park (Devon), David Charvet (Jim Wilkes), Boti Bliss (Rachel), Keeva Lynk (Anniques Wilkes), Amanda Tilson (Kinsey Ray), Kimberly-Sue Murray (Monica), Christina Broccolini (Apple), James McGowan (Reid) **L** 90 **FSK** ab 12 **E** 6.6.2012 DVD & BD fd –

Ein verhängnisvoller Sommer
THE MYSTERIES OF PITTSBURGH
Der Sohn eines Gangsters sucht im Jahr 1980 nach Abschluss seiner Schule in Pittsburgh die Nähe eines kleinen Gauners und sorgt für Turbulenzen, als er sich in dessen Freundin verliebt. Nostalgisch gefärbte Coming-of-Age-Geschichte über die Suche eines jungen Mannes nach seinem Platz im Leben; das im Halbweltmilieu angesiedelte Familiendrama kann die Beziehungen des jungen Mannes nur ansatzweise vertiefen. – Ab 16.
USA 2008 **P** Groundswell / Sheherazade / Visitor Pic. **DVD** Atlas/Koch (16:9, 2.35:1, DD5.1 engl./dt.) **BD** Atlas/Koch (16:9, 2.35:1, dts-HDMA engl./dt.) **Pd** Thor Benander, Gary Hamilton, Michael London, Jason Christopher Mercer, Rawson Marshall Thurber, Steffen Aumueller, Khristina Kravas, Glenn M. Stewart **R+B** Rawson Marshall Thurber **Vo** Michael Chabon **K** Michael Barrett **M** Theodore Shapiro **S** Barbara Tulliver **D** Jon Foster (Art Bechstein), Sienna Miller (Jane Bellwether), Peter Sarsgaard (Cleveland Aming), Nick Nolte (Joe Bechstein), Mena Suvari (Phlox Lombardi), Omid Abtahi (Mohammed), Keith Michael Gregory (Keith), Ali Reed **L** 90 **FSK** ab 16 **E** 20.1.2012 DVD & BD fd –

Verloren auf Borneo
Anlässlich ihres Hochzeitstags reist eine Frau ihrem Ehemann nach Borneo hinterher und muss erkennen, dass er an illegalen Rodungen des Regenwaldes beteiligt ist, was den Lebensraum der Orang Utans bedroht. In einem deutschen Aussteiger findet sie nicht nur einen Gefährten in Sachen Umweltschutz. Romantische (Fernseh-)Abenteuerkomödie, die an Originalschauplätzen die Wandlung einer verwöhnten Gräfin zur Umweltaktivistin beschreibt. Mit Themen wie Regenwald, Menschenaffen und Palmöl-Plantagen greift der Film immerhin einige brisante Fragen auf. – Ab 12.
Deutschland 2012 **P** Trebitsch Entertainment **Kl** offen **Pd** Katharina Trebitsch **R** Ulli Baumann **B** Serkal Kus **K** Fritz Seemann **M** Michael Klaukien, Andreas Lonardoni **S** Manuela Kempf **D** Hannes Jaenicke (Alexander Kuhl), Mirjam Weichelbraun (Julia zu Hohenberg), Michael Fitz (Dr. Sepp Ochsenmeier), Patrick Heyn (Felix Schmidt zu Hohenberg), Craig Fong (Sapto Setiawan), Maggie Parlaska (Botschafterin) **L** 88 **E** 15.11.2012 ARD fd –

Vermächtnis der Wanderhure
Die ehemalige Wanderhure Marie, nun Ehefrau des ersten Ritters des Königs und mit ihrem zweiten Kind hochschwanger, fühlt sich verlassen, als ihr Mann gegen die Tataren in den Krieg zieht. Überdies muss sie sich einer infamen Intrige der Mätresse des Königs erwehren. Abschließender Teil der im frühen 15. Jahrhundert angesiedelten, dramatischen Historienfilm-Trilogie, der erneut mit opulenter Ausstattung auftrumpft, dabei den Hintergrund des Konstanzer Konzils (1414–1418) aber lediglich als Staffage eines prall veräußerlichten «Frauen-Abenteuers» voller Leidenschaften und Gefahren nutzt. (Vgl. Die Wanderhure und Die Rache der Wanderhure) – Ab 14.
Deutschland/Tschechien 2012 **P** Andreas Bareiss Prod. / TV-60 Film (für SAT.1/ORF) **DVD** Universum (16:9, 1.78:1, DD5.1 dt.) **BD** Universum (16:9, 1.78:1, DD5.1 dt.) **Pd** Andreas Bareiss, Sven Burgemeister **R** Thomas Nennstiel **B** Carolin Hecht **Vo** Iny Lorentz (Roman) **K** Reiner Lauter **M** Stephan Massimo **S** Andreas Althoff **D** Alexandra Neldel (Marie, Hofdame von Hohenstein), Bert Tischendorf (Michel von Hohenstein), Götz Otto (König Sigismund), Julie Engelbrecht (Hulda von Hettenheim), Michael Steinocher (Andrej Grogorjewitsch), Florence Kasumba (Alika), Nadja Becker (Hiltrud), Michael Fuith (Bernhard von der Au) **L** 122 **FSK** ab 12 **E** 13.11.2012 SAT.1 / 14.11.2012 DVD/BD fd –

Die Vermessung der Welt
DIE VERMESSUNG DER WELT
Während der Naturforscher und Geograf Alexander von Humboldt am Ende des 18. Jahrhunderts den südamerikanischen Dschungel bereist, erforscht der Mathematiker und Astronom Carl Friedrich Gauß in Göttingen Physik und Mathematik. Die abenteuerliche, mal melancholische, mal derb-komische Doppelbiografie beschreibt Stationen aus dem Leben zweier zeitgebundener «Einzelforscher», deren Vermessungserkundungen durchaus etwas Vermessenes haben, weil sie die Welt, nicht aber den Menschen erforschen. Solide gespielt und üppig ausgestattet, findet die Verfilmung des Romans von Daniel Kehlmann zu keiner eigenständigen Bildsprache und verharrt im Äußerlich-Illustrativen. – Ab 14.
3D. Scope. Deutschland/Österreich 2012 **P** Boje Buck Prod. / Lotus Film / WDR / ARD Degeto / BR / NDR / SWR ORF / A Company **Kl** Warner Bros. **Pd** Claus Boje, Detlev Buck,

Erich Lackner, Thommy Pridnig (= Thomas Pridnig), Peter Wirthensohn **R** Detlev Buck **B** Daniel Kehlmann, Detlev Buck, Daniel Nocke **Vo** Daniel Kehlmann (Roman *Die Vermessung der Welt*) **K** Slawomir Idziak, Jana Marsik (2. Kamera) **M** Enis Rotthoff **S** Dirk Grau **D** Albrecht Abraham Schuch (Alexander von Humboldt), Florian David Fitz (Carl Friedrich Gauß), Jérémy Kapone (Bonpland), Sunnyi Melles (Baronin von Humboldt), Karl Markovics (Lehrer Büttner), Katharina Thalbach (Gauß' Mutter), Vicky Krieps (Johanna), Max Giermann (Mann vom Militär), David Kross (Eugen) **L** 123 (24 B./sec.) / 119 (25 B./sec.) **FSK** ab 12; f **FBW** bw **E** 25.10.2012 / 13.12.2012 Schweiz
　　　　　　　　　　　　　　fd 41 357

Die Vermissten ✱
Ein Mann macht sich auf die Suche nach seiner verschwundenen Tochter. Bei seiner Recherche stößt er auf immer mehr Fälle vermisster Kinder und findet schließlich heraus, dass sich die Jugendlichen aus freiem Willen von den Erwachsenen separiert haben und sich gegen deren Welt zur Wehr setzen wollen. Im Gewand einer nüchtern-realistischen Gegenwartsästhetik entwickelt sich der Science-Fiction-Film zu eindringlichen Dystopie um einen implodierenden Generationenkonflikt, wobei er einschlägige Genre-Erwartungen souverän unterläuft. – Ab 16.
Deutschland 2011 **P** Junifilm/ZDF (Das kleine Fernsehspiel) **KI** Filmgalerie 451 **Pd** Anke Hartwig **R** Jan Speckenbach **B** Jan Speckenbach, Melanie Rohde **K** Jenny Lou Ziegel **M** Matthias Petsche **S** Wiebke Grundler **D** André M. Hennicke (Lothar), Luzie Ahrens (Lou), Sylvana Krappatsch (Vera), Jenny Schily (Sylvia), Sandra Borgmann (Hella), Christoph Bantzer (Lothars Vater), Irene Rindje (Lehrerin), Nicole Mercedes Müller (Julia), Ecki Hoffmann (Polizist Wache), Susanne Maierhöfer (Lous Mutter), Rainer Reiners (Lous Vater), Paula Kroh (Martha) **L** 86 **FSK** ab 12; f **E** 10.5.2012
　　　　　　　　　　　　　　fd 41 071

Die Vermittler ✩
Dokumentarfilm über vier Personen, die in Job-Centern arbeiten und dort in verschiedenen Funktionen als Bindeglied zwischen den Entscheidungen der «großen Politik» und den oft in persönlichen Notlagen steckenden Jobsuchenden und Hartz-IV-Empfängern fungieren. Höchst differenziert wird dabei die persönliche Lage von Menschen im Umgang mit Sachbearbeitern dokumentiert; gerade weil der Blick hinter die Fassade der Arbeitsvermittlung präzise und vorurteilsfrei ist, hebt der Film auch nicht hervor, wo ein Fehler im System liegen könnte, beschreibt vielmehr eine institutionalisierte Mangelverwaltung. Im Zentrum der Beobachtungen bleiben stets Menschen, die im gegenwärtigen Arbeitsmarkt kaum Chancen haben. – Sehenswert ab 16.
Deutschland 2011 **P** Cube Films / ZDF (Das kleine Fernsehspiel) **KI** offen **Pd** Tobias Heck, Caroline Blagg **R+B** Astrid Schult **K** Sebastian Bäumler **M** Can Erdogan **S** Robert Welliè **L** 70 **E** 14.5.2012 ZDF　　**fd** –

Die verrückten Wikinger
SWEATY BEARDS
Ein einfältiger, aber netter, leicht übergewichtiger Wikinger verliebt sich in das schönste Mädchen im Dorf, muss aber erst den wichtigsten Wettbewerb der Gegend gewinnen, um auch offiziell Chancen zu haben. Alberne Komödie mit den üblichen Ingredienzien; gleichwohl legt die schwedische Variante eine gesunden Chaos-Humor an den Tag und verbindet die lausige Handlung mit einigen hübschen Pointen und vielen Blödeleien zu einem munteren Abenteuer ohne viel Anspruch. – Ab 14.
Schweden 2010 **P** Bergatroll Film / Silberbullet Film / Sweaty Beards Film **DVD** MIG/EuroVideo (16:9, 1.78:1, DD5.1 engl./dt.) **Pd** Joakim Jardeby, Christian Sundkvist, Magnus Lindholm **R+B** Joakim Jardeby **K** Michael Petersen **M** Carita Boronska **S** Margareta Lagerqvist, Rasmus Ohlander **L** 85 **FSK** ab 12 **E** 17.12.2012 DVD　　**fd** –

Versicherungsvertreter – Die erstaunliche Karriere des Mehmet Göker ✱
Dokumentarfilm über Aufstieg und Fall eines Kassler Unternehmers, der als Versicherungsmakler zunächst das große Geld macht, schließlich aber mit seiner Firma Insolvenz anmelden muss. Statt wie üblich chronologisch zu erzählen, entwirft der Film das Porträt des Aufsteigers als Collage; neben selbst gedrehtem Material werden auch Aufnahmen des Unternehmens und der Mitarbeiter, die diese zur Verfügung stellten, verwendet. Mit viel Gespür für Realsatire gelingt ein ebenso unterhaltsamer wie erhellender Blick hinter die Kulissen der Ökonomie. (Das Fernsehen zeigte eine 45-minütige Kurzfassung, die dank der vorzüglichen Verdichtung durch den Regisseur und seine Cutterin Friederike Anders ebenfalls überzeugt.) – Ab 14.
Deutschland 2011 **P** Sternfilm/WDR **KI** Real Fiction **Pd+R+B** Klaus Stern **K** Harald Schmuck **M** Michael Kadelbach, Raffaela Jungbauer **S** Friederike Anders **L** 79 (TV 45) **FSK** o.A.; f **E** 8.3.2012 / 4.6.2012 ARD　　**fd** 40 927

Das Versteck
LA PLANQUE
Gaunerkomödie um eine Bande ungeschickter Bankräuber, die auf der Flucht zunächst in ein Polizeirevier und von dort aus tiefer in die Bredouille geraten. Das Drehbuch wartet zwar mit durchaus unterhaltsamen Wendungen auf, doch die Figuren bleiben recht profillos; die Inszenierung verlässt sich viel zu auf das Spiel mit Genreversatzstücken und Zitaten, um eigenständige Originalität zu entfalten. – Ab 14.
Frankreich 2011 **P** Europa Corp. / Les Films Alakis / Direct Cinéma **DVD** Universum (16:9, 1.78:1, DD5.1 frz./dt.) **BD** Universum (16:9, 1.78:1, dts-HDMA frz./dt.) **Pd** Kalid Bazi, Luc Besson **R** Akim Isker **B** Jalil Naciri **K** Mostefa Bahtit **S** Julie Dupré **D** Jalil Naciri (Kiko), Gilles Bellomi (Gilles Bellomi), Guillaume Verdier (Pera), Ahcen Titi (Titi), Samira Lachhab (Kommandant Timonet), Dany Verissimo-Petit (Nadège), Kamel Laadaili (Omar), Marco Locci (Nicolas), Marco Lefebvre) **L** 92 (24 B./sec.) / 89 (25 B./sec.) **FSK** ab 12 **E** 22.8.2012 DVD & BD
　　　　　　　　　　　　　　fd 41 354

Verwundet in Afghanistan – Leben nach dem Krieg ✱
WOUNDED
Dokumentarfilm über zwei britische Soldaten, die sich durch Landminen in Afghanistan schwere Verletzungen zugezogen haben. Er zeigt ihre Erstversorgung im Lazarett, die weitere Behandlung in heimatlichen Krankenhäusern sowie die Zeit der Rehabilitation, während sich die Männer auf

ihr Leben mit starken Behinderungen vorbereiten. Der ergreifende Film beschreibt wesentliche Zäsuren im Leben seiner Protagonisten, würdigt aber auch ihren eisernen Lebenswillen. – Ab 16.
Deutschland/Großbritannien 2009 **P** BBC **KI** offen **Pd+R+B** Sara Hardy **L** 90 **E** 5.10.2011 SWR **fd** –

Verwundete Seelen ★
Engagierter und erschütternder Dokumentarfilm über zwei deutsche Soldaten, die nach ihrem Einsatz in Afghanistan unter einer posttraumatischen Belastungsstörung leiden und nicht mehr zurück ins Alltagsleben finden. Geschildert werden auch die Perspektive einer Ehefrau, die verzweifelt versucht, die Beziehung zu ihrem von seinen Gefühlen abgeschnittenen Mann zu retten, und einer Mutter, die eine Selbsthilfegruppe für Angehörige gegründet hat. – Ab 16.
Deutschland 2011 **P** sarabandefilm (für WDR/3sat) **KI** offen **Pd+R+B** Konstanze Burkard **L** 81 **E** 24.1.2012 3sat **fd** –

V/H/S – Eine mörderische Sammlung
V/H/S
Einige junge Leute sollen eine Videokassette stehlen und müssen diese zunächst in einer Sammlung finden. Aus ihren Sichtungen ergibt sich die Rahmenhandlung für fünf kurze Horrorfilme, die um ein monströses Date, eine Albtraumnacht im Hotel, eine Waldwanderung auf den Spuren eines Maniacs, Geister-Erscheinungen in einer Wohnung sowie eine eskalierende Halloween-Nacht kreisen. Formal verbunden wird die Anthologie durch eine im Found-Footage-Stil gehaltene Handwackelkamera. Dramaturgisch unterdurchschnittlich, kamera- und schnitttechnisch schlicht nicht anzusehen.
DVD/BD: Die Extras umfassen u.a. ein alternatives Filmende (1:30 Min.).
USA 2012 **P** Bloody Disgusting / The Collective **DVD** Splendid (16:9, 1.78:1, DD5.1 engl./dt.) **BD** Splendid (16:9, 1.78:1, dts-HDMA engl./dt.) **Pd** Roxanne Benjamin (Kompilation), Gary Binkow (Kompilation), Brad Miska (Kompilation), Aaron Ray (Kompilation), Simon Barrett, David Bruckner, Linda Burns, Alex Kuciw, Glenn McQuaid, Lee Nussbaum, Peter Phok,

Kim Sherman, Joe Swanberg, Ti West, Justin Martinez (1.) **R** Matt Bettinelli-Olpin (1. 11/31/98), Tyler Gillett (1.), Justin Martinez (1.), Chad Villella (1.), David Bruckner (2. «Amateur Night»), Glenn McQuaid (3. «Tuesday the 17the»), Joe Swanberg (4. «The Sick Thing that Happened to Emily When She Was Younger»), Ti West (5. «Second Honeymoon»), Adam Wingard (6. «Tape 56»), Ti West (5.) **B** Brad Miska (Konzept), Matt Bettinelli-Olpin (1.), Tyler Gillett (1.), Chad Villella (1.), David Bruckner (2.), Nicholas Tecosky (2.), Glenn McQuaid (3.), Simon Barrett (6.) **K** Eric Branco, Andrew Droz Palermo, Victoria K. Warren, Michael J. Wilson **S** Joe Gressis **D** Matt Bettinelli-Olpin (Matt) (1.), Nicole Boccumini (Niky) (1.), Melinda Fleming (Melinda) (1.), Hannah Fierman (Lily) (2.), Mike Donlan (Shane) (2.), Joe Sykes (Patrick) (2.), Norma C. Quinones (Wendy) (3.), Jason Yachanin (Spider) (3.), Jeannine Elizabeth Yoder (Samantha) (3.), Helen Rogers (Emily) (4.), Corrie Lynne Fitzpatrick (Alien-Mädchen) (4.), Joe Swanberg (Sam) (5.), Sophia Takal (Stephanie) (5.), Graham Reznick (DJ) (5.), Calvin Reeder (Gary) (6.), Lane Hughes (Zak) (6.), Adam Wingard (Brad) (6.) **L** 116 **FSK** ab 18 **E** 18.10.2012 DVD & BD **fd** –

Vielleicht in einem anderen Leben
VIELLEICHT IN EINEM ANDEREN LEBEN / TALÁN EGY MÁSIK ÉLETBEN
In den letzten Tagen des Zweiten Weltkriegs strandet eine Gruppe ungarischer Juden auf ihrem Todesmarsch Richtung Mauthausen in einem österreichischen Dorf. Da sich der Weitermarsch verzögert, entwickelt einer von ihnen, ein Budapester Sänger, die absurde Idee, die Operette *Wiener Blut* einzustudieren, worüber ein sich entfremdetes Bauern-Ehepaar wieder zueinander findet. Ein existenzialistisches Kammerspiel, das inszenatorisch nicht von der theaterhaften Verdichtung und symbolischen Zuspitzung der Bühnenvorlage lösen kann. In seiner historischen Situierung erinnert der Film ans kritische Geschichtsfernsehen der 1970er-Jahre. – Ab 14.
Österreich/Deutschland/Ungarn 2012 **P** Epo-Film / Film-Line / Mythberg Films **KI** Eclipse **Pd** Dieter Pochlatko, Nikolaus Wisiak, József Berger, Arno

Ortmair **R** Elisabeth Scharang **B** Silke Hassler, Peter Turrini **Vo** Silke Hassler und Peter Turrini (Bühnenstück *Jedem das Seine*) **K** Jean-Claude Larrieu **M** Thomas Jarmer **S** Alarich Lenz **D** Ursula Strauss (Traudl Fasching), Johannes Krisch (Stefan Fasching), Péter Végh (Lou Gandolf), Orsolya Tóth (Zsuzsa Breuer), Franziska Singer (Poldi Schrabacher), August Schmölzer (Werner Springenschmied), Rafael Goldwaser (Elias Rotenberg), Thomas Fränzel (Raphael Glasberg), Rainer Egger (Anton Hochgatterer), László Nádasi (Viktor Heller), Ildikó Dobos (Hannah König), Kálmán Koblicska (Jakob König) **L** 95 (24 B./sec.) **FSK** ab 12; f **E** 21.6.2012 **fd** 41 145

Vielleicht lieber morgen
THE PERKS OF BEING A WALLFLOWER
Ein schüchterner Teenager fühlt sich nach einer schweren Verlusterfahrung in seinem ersten High-School-Jahr verloren und unsichtbar, bis er Anschluss an eine Clique aus Außenseitern findet, sich mit einem schwulen Rebellen anfreundet und sich in dessen quirlige Stiefschwester verliebt. Die Romanverfilmung entfaltet das charmante Porträt von Jugendlichen, die jenseits des Mainstream schwimmen, bewegt sich aber zu sehr in den gängigen Gewässern des Coming-of-Age-Dramas, um mit der behaupteten Aufmüpfigkeit der Figuren mitzuhalten. – Ab 14.
USA 2012 **P** Mr. Mudd / Summit Ent. **KI** Capelight **Pd** Lianne Halfon, John Malkovich, Russell Smith, Gillian Brown **R+B** Stephen Chbosky **Vo** Stephen Chbosky (Roman *The Perks of Being a Wallflower / Vielleicht lieber morgen*) **K** Andrew Dunn **M** Michael Brook **S** Mary Jo Markey **D** Logan Lerman (Charlie), Emma Watson (Sam), Ezra Miller (Patrick), Mae Whitman (Mary Elizabeth), Kate Walsh (Mutter), Dylan McDermott (Vater), Joan Cusack, Paul Rudd (Bill), Melanie Lynskey (Tante Helen), Nina Dobrev (Candace) **L** 103 (24 B./sec.) / 99 (25 B./sec.) **FSK** ab 12; f **E** 25.10.2012 **fd** 41 340

4:44 Last Day on Earth
4:44 LAST DAY ON EARTH
Wegen eines dubiosen ökologischen Gaus lässt sich der nahe Weltuntergang präzise vorhersagen. Ein New Yorker Paar erlebt die letzten Stunden

bis zur Katastrophe als einen bis auf einige kurze Verzweiflungsausbrüche irreal friedlichen Abschied: Die Liebenden haben Sex, die Frau malt, beide meditieren, skypen mit Familienmitgliedern und Bekannten, dann gibt es einen Streit. Jenseits spektakulärer Apokalypse-Szenarien zelebriert der Film die provozierend fatalistische Einigelung in der Intimität und in banalen Beziehungsquerelen als filmischen Spiegel der Resignation, mit der tatsächlich allzu oft auf ökologische Krisenszenarien reagiert wird. – Ab 16. USA/Schweiz/Frankreich 2011 **P** Fabula / Funny Balloons / Wild Bunch **DVD** Capelight (16:9, 1.78:1, DD5.1 engl./dt.) **BD** Capelight (16:9, 1.78:1, dts engl., dts-HDMA dt.) **Pd** Brahim Chioua, Peter Danner, Juan de Dios Larraín, Pablo Larraín, Vincent Maraval **R+B** Abel Ferrara **K** Ken Kelsch **M** Francis Kuipers **S** Anthony Redman **D** Willem Dafoe (Cisco), Shanyn Leigh (Skye), Natasha Lyonne (Tina), Paul Hipp (Noah), Anita Pallenberg (Diana, Skyes Mutter), Dierdra McDowell (Ciscos Ex-Freundin), Paz de la Huerta (Frau auf der Straße), Triana Jackson (JJ, Ciscos Tochter) **L** 78 **FSK** ab 12 **E** 24.10.2012 DVD & BD **fd** –

Die vierte Macht
Ein deutscher Journalist soll in Moskau die Klatschspalte einer Zeitung aufpolieren. Dabei wird er Zeuge, wie ein Kollege getötet wird, und gerät in ein undurchsichtiges Spiel aus Macht und Korruption. Zunächst unter Terrorismus-Verdacht inhaftiert, dann von einem Freund seines verstorbenen Vaters befreit, macht er sich auf die Suche nach Antworten. Routiniert inszenierter Action-Politthriller, der durchaus interessante und auch brisante Themen anschneidet, daraus aber nichts Substanzielles entwickelt, was über gängige Genreklischees hinausgehen würde. (Teils O.m.d.U.) – Ab 14.
Deutschland 2011 **P** UFA Cinema / SevenPictures **KI** Universal **Pd** Nina Maag, Thomas Peter Friedl, Nico Hofmann **B** Dennis Gansel **K** Daniel Gottschalk **M** Heiko Maile **S** Jochen Retter **D** Moritz Bleibtreu (Paul Jensen), Kasia Smutniak (Katja), Max Riemelt (Dima), Rade Serbedzija (Onjegin), Stipe Erceg (Vladimir), Mark Ivanir (Aslan) **L** 115 **FSK** ab 12; f **FBW** bw **E** 8.3.2012 **fd** 40930

14 Schwerter
YANG MEN NU JIANG ZHI JUN LING / THE 14 AMAZONS / THE LADY GENERALS OF YANG FAMILY / YANG FAMILY GENERALS / YANG WOMEN GENERALS
Nach einer desaströsen Niederlage steht das Adelshaus der Yang vor der Okkupation, da es ihm an Kriegern mangelt. Einzig den Frauen des Clans bleibt es nun, in den Kampf zu ziehen – und sie machen ihre Sache ausgesprochen gut. Mit viel Sinn für akrobatische und humoristische Einlagen gestalteter Historienfilm mit Fantasy-Ausprägung, der in fantasiefreudiger Optik den Geist der scheinbar Unterlegenen beschwört. – Ab 16.
Scope. VR China 2011 **P** Topfun Entertainment Group / Phoenix Film Cultural Co. **DVD** Splendid (16:9, 2.35:1, DD5.1 Mandarin/dt.) **BD** Splendid (16:9, 2.35:1, dts-HDMA Mandarin/dt.) **Pd** Jackie Chan **R** Frankie Chan **D** Cecilia Cheung (Mu Guijing), Cheng Pei-Pei (She Saihua), Richie Ren (Yang Zongbao), Liu Xiaoging (Prinzessin Chai), Yu Xiao Ming (Yang Wenguang), Yu Na (Yangs Schwester), Kathy Chow (Yangs Schwester), Yukan Oshima (Zou Lanying) **L** 104 **FSK** ab 12 **E** 29.6.2012 DVD & BD **fd** –

Villa Captive
VILLA CAPTIVE
Eine französische Ex-Pornodarstellerin in Florida und ihr jugendlicher Verehrer, Sohn des Besitzers ihrer Mietvilla, geraten in die Gewalt einer Gangsterbande, die sie terrorisiert und zur Gegenwehr zwingt. Recht harter, mitunter allzu fahriger Terrorthriller, in dem der französische Erotik-Star Liza Del Sierra in eine andere Rolle schlüpft und durchaus schauspielerisches Talent beweist.
DVD/BD: Die FSK-Freigabe «ab 18» der DVD/BD bezieht sich auf das Bonusmaterial (Trailer etc.), der Film selbst hat eine Freigabe «ab 16».
Frankreich 2011 **P** Saphir Prod. **DVD** I-On/Splendid (16:9, 1.78:1, DD5.1 engl./dt.) **BD** I-On/Splendid (16:9, 1.78:1, dts-HD engl./dt.) **Pd** Devin Daley **R+B** Emmanuel Silvestre **M** John Silvestre **D** Liza Del Sierra (Lucy Lust), Dario Lado, Shalim Ortiz, David Perez-Ribada, Derek Evans, John Corby, Ashley Price **L** 79 **FSK** ab 16 **E** 9.3.2012 DVD & BD **fd** –

Vinylmania – Das Leben in 33 Umdrehungen pro Minute
VINYLMANIA: WHEN LIFE RUNS AT 33 REVOLUTIONS PER MINUTE
Trotz des Siegeszugs von CD und aktueller digitaler Tonträger hat die Schallplatte nach wie vor treue Anhänger und findet sogar immer mehr neue Freunde. Der Dokumentarfilm sucht weltweit nach Gründen dafür und befragt Sammler, Musiker und Künstler, die sich den (meistens) schwarzen Scheiben verschrieben haben; dabei bietet er einen ironischen Einblick in eine Welt, die nur auf den ersten Blick hoffnungslos nostalgisch erscheint. – Ab 12.
Italien 2010 **P** Stefilm **DVD** Neue Vision (16:9, 1.78:1, DD5.1 ital. & engl.) **Pd** Edoardo Fracchia **R+B** Paolo Campana **K** Paolo Campana **S** Andrea Pierri **L** 75 **FSK** o.A. **E** 3.11.2011 arte / 30.8.2012 / 7.9.2012 DVD **fd** –

Violeta Parra ★
VIOLETA SE FUE A LOS CIELOS
Porträt der chilenischen Malerin, Bildhauerin und Sängerin Violeta Parra (1917–1967), die in den 1950er-Jahren mit Mitteln der Volksmusik gegen gesellschaftliche Vorurteile, Diskriminierung und soziale Ungerechtigkeit kämpfte. In einer assoziativen «Spirale» werden verschiedene Facetten und Lebensbereiche einer ebenso exzentrischen wie vitalen Frau verknüpft, wobei der Dokumentarfilm vor allem auch ihrer Musik ein Denkmal setzt. – Ab 14.
Chile / Argentinien / Brasilien 2011 **P** Andrés Wood Prod. / ANCINE / Maíz Prod. **KI** Arsenal **Pd+R** Andrés Wood **B** Eliseo Altunaga **K** Miguel Ioann Littin Menz **M** Violeta Parra **S** Andrea Chignoli **D** Francisca Gavilán (Violeta Parra), Thomas Durand (Gilbert Favre), Christian Quevedo (Nicanor Parra), Gabriela Aguilera (Hilda Parra), Roberto Farías (Luis Arce), Marcial Tagle (Alcalde Frenando Castillo), Juan Quezada (Don Guillermo), Sergio Piña (Mario) **L** 110 **FSK** ab 12; f **E** 29.11.2012 **fd** 41417

Violinissimo
Dokumentarfilm über drei Teilnehmer des Joseph-Joachim-Wettbewerbs für junge, hochtalentierte Violinistinnen und Violinisten in Hannover. Er porträtiert sie zwischen Musikliebe und Leistungsdruck und zeigt, wie sie

mit Rückschlägen und Durststrecken konfrontiert werden, während sie ihren Traum von der Karriere verfolgen. Visuell fesselt die Dokumentation dabei kaum, inhaltlich vermisst man zudem eine prononciertere Haltung gegenüber dem lediglich angerissenen Konflikt zwischen kreativ-künstlerischer Hingabe und einem auf Konkurrenz, Leistung und Disziplin eingestellten Wettbewerbsbetrieb. – Ab 12.
Deutschland 2011 **P** DETAiLFILM Gasmia & Kamm / NDR **KI** Edition Salzgeber **Pd** Henning Kamm, Fabian Gasma **R+B** Radek Wegrzyn, Stephan Anspichler **K** Matthias Bolliger, Till Vielrose **M** Daniel Sus, Max Bruch (Adagio Violinkonzerto No. 1), Johann Sebastian Bach (Sonate für Violine solo Nr. 1 g-moll), Eugène Ysaÿe (Sonate für Violine solo op. 27 Nr. 6), Joseph Joachim (Romanze op. 2, Nr. 1), Paul Hindemith (Sonate für Violine solo op. 31, Nr. 1), Giuseppe Tartini (Sonate für Violine und Klavier, g-moll), Igor Strawinsky (Divertimento), Wolfgang Amadeus Mozart (Konzert für Violine und Orchester Nr. 4), Ludwig van Beethoven (Konzert für Violine und Orchester D-Dur op. 61) **S** Szilvia Ruszev **L** 82 **FSK** – **E** 5.4.2012 / 20.10.2012 3sat **fd** 40 984

Virgin Tales
VIRGIN TALES
Einblicke in das Leben amerikanischer Evangelikaler, strenggläubiger Christen, die ihr Leben nach dem Wortlaut der Bibel ausgerichtet haben. Anhand der neunköpfigen Wilson-Familie, deren Vater den Purity-Ball ins Leben gerufen hat, auf dem die Töchter auf ein Leben in Keuschheit bis zur Ehe eingeschworen werden, stellt der Dokumentarfilm die mitunter bizarrweltfremde Lebenseinstellung vor, ohne sie zu hinterfragen und zu kommentieren. Anfangs geht von dieser Welt eine eigentümliche Faszination aus, die im Verlauf jedoch schwindet, da die Inszenierung keine Position bezieht. – Ab 14.
Schweiz/Frankreich/Deutschland 2012 **P** Ican Films **KI** Praesens (Schweiz) **R** Mirjam von Arx **B** Michèle Wannaz, Mirjam von Arx **FSK** – **E** 7.6.2012 Schweiz **fd** –

Viva Riva!
VIVA RIVA!
Ein Dieb hat in Angola eine Wagenladung Benzin entwendet und muss sich in Kinshasa gleich mehrerer Gegenspieler erwehren, die ihm nach dem Leben trachten. Krass überspitzter Gangsterfilm aus dem Kongo, der mit vulgären Dialogen und exzessiver Gewalt westliche Versatzstücke des Genres aufgreift, um von einer durchgängigen Rechtlosigkeit innerhalb der kongolesischen Gesellschaft zu erzählen. Er zeichnet das Bild einer lebenshungrigen, hedonistischen Großstadt, in der Armut und Korruption dominieren, ohne dass dies jedoch eingehender beleuchtet würde.
DR Kongo/Frankreich/Belgien 2010 **P** uFilm / Formosa Prod. / MG Prod. / Suka! Prod. **KI** Summiteer **DVD** Summiteer (16:9, 1.85:1, DD5.1 frz./dt.) **BD** Summiteer (16:9, 1.85:1, dts-HD frz./dt.) **Pd** Djo Munga, Adrian Politowski, Gilles Waterkeyn **R+B** Djo Munga **K** Antoine Roch **M** Cyril Atef, Louis Vyncke **S** Yves Langlois, Pascal Latil **D** Patsha Bay Mukuna (Riva), Manie Malone (Nora), Hoji Fortuna (César), Marlene Longange (Kommandantin), Diplome Amekindra (Azor), Alex Herabo (J.M.), Angelique Mbumb (Malou), Nzita Tumba (Mother Edo), Romain Ndomba (G.O.), Tomas Bie (Jorge), Davly Ilunga (Joaquin) **L** 97 **FSK** ab 18; nf **E** 15.3.2012 / 10.8.2012 DVD **fd** 40 959

Viva Riva – Zu viel ist nie genug
siehe: **Viva Riva!**

¡Vivan Las Antipodas! ☆
¡VIVAN LAS ANTIPODAS!
Dokumentarfilm, der vier geografische «Antipoden»-Paare gegenüberstellt und Orte miteinander in Beziehung setzt, die auf der Erdkugel genau gegenüberliegen. Dabei zielt der bildgewaltige, meditativ-ruhige Film weniger auf einen informationsorientierten Vergleich der Lebensbedingungen rund um den Globus; vielmehr feiert er auf beeindruckende Weise die Schönheit und Erhabenheit der Welt, der Naturlandschaften, der Flora und Fauna. Während der Blick auf das Leben der Menschen eher vage bleibt, hinterlassen die sehr schönen, ohne Kommentierung auskommenden kleinen Porträts einen lebhaften Eindruck. – Sehenswert ab 10.

Deutschland/Niederlande/Argentinien/Chile 2011 **P** ma.ja.de. filmprod. / Lemming Film / Gema Films / Prod. Aplapac / NHK / ZDF-ARTE / WDR / VPRO **KI** farbfilm **DVD** EuroVideo (16:9, 1.78:1, DD5.1 div.) **Pd** Heino Deckert, Joost de Vries, Juan Manuel Egaña, Gema Juarez Allen, Leontine Petit **R+B** Victor Kossakovsky (= Viktor Kossakowski) **K** Victor Kossakovsky (= Viktor Kossakowski) **M** Alexandewr Popov **S** Victor Kossakovsky (= Viktor Kossakowski) **L** 108 **FSK** o.A.; f **E** 23.2.2012 / 13.9.2012 DVD **fd** 40 906

Voices of Transition
CULTURES EN TRANSITION
Dokumentation über Aktivisten aus verschiedenen Ländern, die ein radikales Umdenken in der Nahrungsmittelproduktion fordern und versuchen, der industriellen Landwirtschaft andere Formen des Anbaus entgegenhalten. Der über Fundraising finanzierte Film zeigt thematisch durchaus interessante Ansätze, bleibt stilistisch aber zu schlicht, um auch formal zu überzeugen. – Ab 16.
Frankreich/Deutschland 2012 **P** Milpa Films **KI** Milpa Films **Pd+R+B** Nils Aguilar **K** Jerôme Polidor **M** Elischa Kaminer **S** Nicolas Servide, Nils Aguilar **L** 65 (gek. 52) **FSK** – **E** 25.10.2012 **fd** 41 326

Volkskrankheit Arbeitslosigkeit
Am Beispiel des französischen Arbeitsmarkts beschreibt der (Fernseh-) Dokumentarfilm die dramatische Situation der Arbeitnehmer, von denen der größte Teil mittlerweile in befristeten Arbeitsverhältnissen beschäftigt ist (Zeitverträge, Teilzeitarbeit, Kurzarbeit etc.) und die zum Teil nur mit aufgestockten Sozialleistungen des Staates über die Runden kommen. Er fragt nach Unternehmensphilosophien und -verantwortung und thematisiert die Rolle des Staats bei diesem sozialen Ausverkauf. – Ab 16.
Frankreich 2011 **KI** offen **R** Anne Kunvari **L** 75 **E** 21.2.2012 arte **fd** –

Vom Traum zum Terror – München 1972
Der Terrorangriff auf die israelische Mannschaft bei den Olympischen Spielen in München 1972 wurde zu einem Wendepunkt in der deutschen Geschichte. Das (Fernseh-)Doku-Drama rückt die Diskussion der Sportler

und Funktionäre über die Frage, ob die Spiele angesichts des Terrors weitergehen dürfen, ins Zentrum. Dabei verbinden sich kleinteilig miteinander verquickte dokumentarische Bilder und aktuelle Zeitzeugeninterviews mit Spielszenen, in denen Schauspieler den Protagonisten Gestalt verleihen. Das multiperspektivische Verfahren soll die komplexen historischen Vorgänge nachvollziehbar machen, krankt aber daran, dass sich der Film auf die Aussagen unmittelbar beteiligter Akteure beschränkt und eine aus der Distanz vorgenommene analytische Sichtweise vermeidet. – Ab 16.
Deutschland 2012 **P** NDR / WDR / Spiegel TV / Servus TV / Israeli Television / Channel 1 **KI** offen **R+B** Florian Huber, Marc Brasse **L** 90 **E** 22.7.2012 ARD **fd** –

Von Hitlers Schergen gehetzt ☆
THE ARYAN COUPLE
Auch in Ungarn beginnen die Nazis, ihre Juden-Säuberungsaktionen in den Weltkriegsjahren zu professionalisieren. Ein reicher Kaufmann versucht durch einen Trick, sich und seiner Familie die Passage nach Palästina zu erkaufen. Zurück bleibt das vermeintlich arische, in Wirklichkeit aber jüdische Dienstbooten-Ehepaar, das sich allein in die Freiheit durchschlagen muss. Eindrückliches, gut gespieltes Holocaust-Drama, das anspruchsvoll unterhält. – Ab 16.
DVD/BD: Die Extras umfassen u.a. einen dt. untertitelbaren Audiokommentar des Regisseurs. Die FSK-Freigabe «ab 16» der DVD/BD bezieht sich auf das Bonusmaterial (Trailer etc.), der Film selbst hat eine Freigabe «ab 12».
Großbritannien/USA 2004 **P** Atlantic Film / Mairis Films **DVD** Lighthouse/ Mr. Banker (16:9, 1.78:1, DD5.1 engl./ dt.) **BD** Lighthouse/Mr. Banker (16:9, 1.78:1, dts-HDMA engl./dt.) **Pd** John Daly, Peter Beale **R** John Daly **B** John Daly, Kendrew Lascelles **K** Sergej Kozlow **M** Igor Khoroshew **S** Matthew Booth **D** Martin Landau (Joseph Krauzenberg), Judy Parfitt (Rachel Krauzenberg), Kenny Doughty (Hans Vassman), Danny Webb (Himmler), Caroline Carver (Ingrid Vassman), Christopher Fulford (Edelhein), Steven Mackintosh (Eichmann), Jake Wood (Dressler) **L** 114 **FSK** ab 12 **E** 4.4.2012 DVD & BD **fd** –

Ein vorbildliches Ehepaar
Zwei frisch geschiedene Männer lernen sich zufällig kennen und beschließen, einander zu helfen, um ihre Frauen zurückzugewinnen. Dafür müssen sie die jeweils andere Frau kennen lernen und verlieben sich in sie. Die neue Männerfreundschaft gerät dadurch gehörig ins Wanken. Turbulente (Fernseh-)Ehe- und Scheidungskomödie nach dem französischen Film UN COUPLE MODÈLE (2001), die auf den Spiel- und Wortwitz ihrer Protagonisten baut. – Ab 14.
Deutschland 2012 **P** Producers at Work (für ZDF) **KI** offen **Pd** Daniel Blum, Siegfried Kamml (= Sigi Kamml), Christian Popp **R** Ben Verbong **B** Wiebke Jaspersen, Aglef Püschel **K** Axel Block **M** Jessica de Rooij **S** Knut Hake **D** Uwe Ochsenknecht (Thomas Berger), Heino Ferch (Roman Ellermann), Sophie von Kessel (Isabelle Ellermann), Annika Kuhl (Vicky Berger), Beate Abraham (Marie Ellermann), Lorenzo Nedis Walcher (Alexander Ellermann), Anja Klawun (Kathrin), Tatjana Guenther (Lea) **L** 90 **E** 29.11.2012 ZDF **fd** –

Der Vorname ☆
LE PRÉNOM
Bei einem Essen geraten sich ein Ehepaar, das ein Kind erwartet, die Schwester des Mannes samt deren Ehemann sowie ein Freund in die Haare. Auslöser des Konflikts ist der Vorname des Nachwuchses: Dessen Vater kündigt an, sein Kind «Adolf» nennen zu wollen, was mit Empörung quittiert wird und zu unliebsamen Offenbarungen von Ressentiments und verdrängten Wahrheiten führt. Pointiert und rasant entfaltet der Film ein Dialog-Gewitter, das die zivilisierte Fassade einer bürgerlichen Familie ebenso schwer wie (für den Zuschauer) amüsant erschüttert. – Sehenswert ab 16.
Scope. Frankreich/Belgien 2012 **P** Chapter 2 / Pathé / TF 1 Films / M6 Films / Fargo Films / Nexus Factory **KI** Warner Bros. **DVD** Warner (16:9, 2.35:1, DD5.1 frz./dt.) **BD** Warner (16:9, 2.35:1, dts-HDMA frz., DD5.1 dt.) **Pd** Dimitri Rassam, Jérôme Seydoux, Alexandre de la Patellière, Serge de Poucques, Matthieu Delaporte, Florian Genetet-Morel, Adrian Politowski, Gilles Waterkeyn **R+B** Matthieu Delaporte, Alexandre de la Patellière **Vo** Matthieu Delaporte und Alexandre de la Patellière (Bühnenstück Le Prénom) **K** David Ungaro **M** Jérôme Rebotier **S** Célia Lafitedupont **D** Patrick Bruel (Vincent), Valérie Benguigui (Élisabeth), Charles Berling (Pierre), Guillaume De Tonquedec (Claude), Judith El Zein (Anna), Françoise Fabian (Françoise) **L** 110 (24 B./sec.) / 106 (25 B./sec.) **FSK** ab 12; f **FBW** bw **E** 2.8.2012 / 16.8.2012 Schweiz / 7.12.2012 DVD & BD **fd** 41 199

DIE WAND (StudioCanal)

W.E.
W.E.
Die skandalträchtige Liebe des britischen Königs Edward VIII., der 1936 auf seinen Thron verzichtete, um die Amerikanerin Wallis Simpson heiraten zu können, wird mit der Geschichte einer unglücklich verheirateten New Yorkerin der 1990er-Jahre verbunden, die in den Bann dieser großen Romanze gerät. Die Parallelisierung will hinter dem Glamour des einstigen Skandals die menschlichen Seiten freilegen, die den Schicksalen «normaler» Menschen an Schattenseiten in nichts nachstehen. Der beherzt inszenierte Film berauscht sich an Kostümen und der Ausstattung, wobei er der königlichen Liebesgeschichte nahezu moderne Aspekte abgewinnt; die aktuelle Kontrastfolie hingegen wirkt oberflächlich und klischeehaft. – Ab 14.
Scope, teils schwarz-weiß. Großbritannien 2011 **P** Semtex Films **KI** Senator **DVD** Senator/Universum (16:9, 1.78:1, DD5.1 engl./dt.) **BD** Senator/Universum (16:9, 1.78:1, dts-HDMA engl./dt.) **Pd** Kris Thykier, Madonna, Colin Vaines, Sara Zambreno **R** Madonna **B** Madonna, Alek Keshishian **K** Hagen Bogdanski **M** Abel Korzeniowski **S** Danny Tull **D** Abbie Cornish (Wally Winthrop), Andrea Riseborough (Wallis Simpson), James d'Arcy (Edward), Oscar Isaac (Evgeni), Richard Coyle (William Winthrop), James Fox (King George V.), Laurence Fox (Bertie), Natalie Dormer (Elizabeth), Judy Parfitt (Queen Mary) **L** 119 **FSK** ab 12; f **E** 21.6.2012 / 7.11.2012 DVD & BD
fd 41 137

Wagner & Me
WAGNER & ME
Der Dokumentarfilm begleitet den britischen Komiker, Drehbuchautor, Regisseur, Schauspieler und Schriftsteller Stephen Fry bei seiner Erkundung des «Kosmos Bayreuth». Dabei blickt er hinter die Kulissen des Festspielhauses, beleuchtet Wagners Biografie und Werk sowie seine kontroverse Beziehung zu seinen Zeitgenossen und seine Rezeption unter den Nazis – dies alles sehr persönlich aufgearbeitet durch Fry, dessen eigene Beziehung zu Wagner als Sohn einer österreichischen jüdischen Mutter sehr ambivalent ist. Daraus ergibt sich eine ebenso unterhaltsame wie kluge Auseinandersetzung. (O.m.d.U.) – Ab 16.
Großbritannien 2010 **P** Wavelength Films **KI** Film Kino Text **Pd+R+B** Patrick McGrady **K** Jeremy Irving, Sergei Dubrovsky **S** Amanda Young **L** 92 (24 B./sec.) / 89 (25 B./sec.) **FSK** o.A.; f **FBW** bw **E** 21.6.2012
fd 41 140

Die wahre Miss Marple – Der kuriose Fall Margaret Rutherford
DIE WAHRE MISS MARPLE – DER KURIOSE FALL MARGARET RUTHERFORD
Dokumentarisches Porträt der britischen Schauspielerin Margaret Rutherford (1892–1972), die in vier Spielfilmen als Agatha Christies Amateur-Detektivin Miss Marple Weltruhm erlangte. Ihr privates Leben wurde von außergewöhnlichen Ereignissen geprägt: Ihr Vater erschlug die Mutter mit einem Nachttopf, die Mutter beging Selbstmord, der transsexuelle Adoptivsohn unterzog sich als einer der ersten Männer einer Geschlechtsumwandlung und heiratete seinen schwarzen Butler. Ein Filmstoff für gleich mehrere Leben, der der Miss-Marple-Karriere in keiner Weise nachsteht. – Ab 14.
Teils schwarz-weiß. Deutschland/Österreich 2012 **P** Florianfilm/ARTE/ORF **KI** offen **Pd** Anna Steuber **R+B** Rieke Brendel, Andrew Davies **K** Andy Lehmann **M** Ritchie Staringer **S** Martin Schomers **L** 89 **E** 17.6.2012 arte
fd –

Die Wahrheit der Lüge
Ein Autor und seine Verlegerin engagieren zwei Frauen für ein grenzgängerisches Experiment: Auf der Suche nach einer numinosen «Wahrheit» sperren sie sie in einen Keller und treiben sie durch psychische und physische Folterungen an den Rand des Zusammenbruchs – bis die Verlegerin die Versuchsanordnung verändert. Das im Horror-Kino bereits weidlich ausgeschöpfte Folter-Szenario wird auf dem Niveau eines Schülertheaters variiert, wobei aufgrund der dilettantischen Inszenierung sowohl der Schrecken als auch der «Erkenntniswert» gegen Null tendieren.

DVD/BD: Die Extras umfassen u.a. ein Feature mit im Film nicht verwendeten Szenen (7 Min.) sowie die Aufzeichnung eines Podiumsgesprächs auf den Hofer Filmtagen (21 Min.). Deutschland 2011 **P** wtp international **KI** wtp international **DVD** wtp (16:9, 1.78:1, DD2.0 dt.) **BD** wtp (16:9, 1.78:1, DD2.0 dt.) **Pd** Patricia Koch, Marina Anna Eich, Roland Reber, Antje Nikola Mönning **R+B** Roland Reber **K** Mira Gittner **M** Wolfgang Edelmayer, Eric Zwang-Eriksson **S** Mira Gittner **D** Christoph Baumann (der Autor), Marina Anna Eich (die Mutige), Julia Jaschke (die Zögerliche), Antje Nikola Mönning (die Verlegerin) **L** 98 **FSK** ab 16; f **E** 29.3.2012 / 27.7.2012 DVD & BD **fd** 40 986

Die Wahrheit über Männer ★
SANDHEDEN OM MÆND
Ein Drehbuchautor droht, angesichts der Routine seines Privat- und Berufslebens in Lethargie zu verfallen, und geht deshalb unkalkulierbare emotionale Risiken ein. Vorzüglich gespielte «unromantische Komödie», die verschiedene Realitätsebenen mischt; der Film bricht zwar nicht mit den klassischen Erzählmustern, bürstet sie aber erfrischend gegen den Strich und betreibt eine selbstironische Auseinandersetzung mit filmischem Geschichtenerzählen. Eine reizvolle Variation des klassischen Entwicklungsroman-Themas der Selbstfindung des Protagonisten. – Ab 16.
Teils schwarz-weiß. Dänemark 2010 **P** Zentropa Ent. / Film i Väst **KI** Neue Visionen **Pd** Meta Louise Foldager, Louise Vesth **R** Nikolaj Arcel **B** Nikolaj Arcel, Rasmus Heisterberg **K** Rasmus Videbæk **M** Asger Baden, Steen Holbek **S** Mikkel E.G. Nielsen **D** Thure Lindhardt (Mads), Tuva Novotny (Marie), Rosalinde Mynster (Julie), Signe Egholm Olsen (Louise), Henning Valin (Peter), Karen-Lise Mynster (Birthe), Hans Henrik Voetmann (Ulrik Hartmann), Mads Reuther (Mads mit 17), Emma Leth (Lærke mit 17), Rikke Louise Andersson (Lærke mit 33) **L** 95 (24 B./sec.) / 92 (25 B./sec.) **FSK** ab 12; f **E** 18.10.2012 **fd** 41 310

Walk a Mile in My Pradas
WALK A MILE IN MY PRADAS
Ein junger homophober Mann drangsaliert einen schwulen Arbeitskollegen, der einiges an Mobbing über sich ergehen lassen muss. Das ändert sich grundlegend, als die beiden auf einer Weihnachtsfeier durch Zauberhand ihre sexuelle Orientierung tauschen. Wenig originelle «Off Broadway»-artige Geschichte, die durch das gut aufgelegte Darsteller-Ensemble, aber auch die stilsichere Inszenierung doch zu einer bemerkenswert «unboulevardesken» (Schwulen-)Komödie wird. (O.m.d.U.) – Ab 16.
USA 2011 **P** Walk A Mile Prod. / FROST Pictures / Dream It Prod. **DVD** Pro Fun Media **Pd** Tom Archdeacon, Rick Karatas, Joey Sylvester, Vincent De Paul, Salvatore Zannino **R** Joey Sylvester **B** Tom Archdeacon, Rick Karatas **K** Aaron Moorhead **M** Andrew Markus **S** Jeffrey Reid **D** Nathaniel Marston (Tony), Tom Archdeacon (Steve), Mike Starr (John), Dee Wallace (= Dee Wallace Stone) (Mary), Kirsten Lea (Sarah), Tom Arnold (Joe Bergers) **L** 87 (24 B./sec.) / 84 (25 B./sec.) **FSK** ab 6 **fd** –

Die Wand ☆★
DIE WAND
Eine Frau aus bürgerlichen Verhältnissen, unverhofft gefangen in apokalyptischer Idylle: Eine unsichtbare, undurchdringliche Wand umgibt den Wald um eine Jagdhütte in den Bergen und trennt sie vom Rest der Welt, in der niemand mehr zu leben scheint. Sie ist sich selbst überlassen, nur zwei Katzen, eine trächtige Kuh und ein treuer Hund sind ihre Begleiter. Die eindrucksvolle Verfilmung des Romans von Marlen Haushofer ist wie die Vorlage vielfältig lesbar als Dokument einer weiblichen Emanzipation, als düstere Robinsonade, als bittere Kritik an der Zivilisation sowie als metaphorische Darstellung einer Depression. Stets umkreist die bildgewaltige, beklemmend-intensive Fabel Urängste wie auch stille Hoffnungen. Getragen von der herausragenden Martina Gedeck als Darstellerin und Rezitatorin, schreibt sich der Film tief ins Gedächtnis ein. (Preis der Ökumenischen Jury, Berlin 2012) – Sehenswert ab 16.
Scope. Österreich/Deutschland 2012 **P** Coop 99 Filmprod. / Starhaus Filmprod. / BR / ARTE **KI** StudioCanal **Pd** Bruno Wagner, Rainer Kölmel, Antonin Svoboda, Martin Gschlacht, Wasiliki Bleser **R+B** Julian Roman Pölsler **Vo** Marlen Haushofer (Roman *Die Wand*) **K** J.R.P. Altmann, Christian Berger, Markus Fraunholz, Martin Gschlacht, Bernhard Keller, Helmut Pirnat, Hans Selikovsky, Thomas Tröger **M** Johann Sebastian Bach (Partiten) **S** Bettina Mazakarini, Natalie Schwager, Thomas Kohler **D** Martina Gedeck (die Frau), Karlheinz Hackl (Hugo), Ulrike Beimpold (Luise), Julia Gschnitzer (versteinerte Frau), Hans-Michael Rehberg (versteinerter Mann), Wolfgang Maria Bauer (Mann) **L** 108 (24 B./sec.) / 104 (25 B./sec.) **FSK** ab 12; f **E** 11.10.2012 **fd** 41 306

Wanderlust – Der Trip ihres Lebens
WANDERLUST
Ein New Yorker Pärchen muss wegen beruflicher Missgeschicke sein kleines, aber teures Apartment aufgeben und findet Unterschlupf bei einer Hippie-Kommune, deren Lebensstil für Turbulenzen und Irritationen sorgt. Komödie, die das satirische Potenzial des Aufeinanderprallens unterschiedlicher Lebensstile nie auslotet und sich trotz sympathischer Hauptdarsteller in platten Gags verliert. – Ab 14.
USA 2011 **P** Apatow Prod. / Relativity Media **KI** Universal / Universal Schweiz **Pd** Judd Apatow, Ken Marino, Paul Rudd, David Wain **R** David Wain **B** David B. Wain (= David Wain), Ken Marino **K** Michael Bonvillain **M** Craig Wedren **S** David Moritz, Robert Nassau **D** Jennifer Aniston (Linda), Justin Theroux (Seth), Paul Rudd (George), Malin Akerman (Eva), Ray Liotta, Lauren Ambrose (Almond), Kathryn Hahn (Karen), Alan Alda (Carvin), Joe Lo Truglio (Wayne Davidson), Kerri Kenney (Kathy) **L** 98 (24 B./sec.) / 95 (25 B./sec.) **FSK** ab 12; nf **E** 17.11.2011 Schweiz / 21.6.2012 **fd** 41 170

War Flowers
WAR FLOWERS
In den USA herrscht Bürgerkrieg. Eine junge Familie wird auseinandergerissen, als sich der Mann vom Süden aus an die Front aufmacht. Der Krieg reißt immer mehr emotionale und physische Wunden, doch als ein verwundeter Nordstaatler um Hilfe bittet, springt die inzwischen schon lange allein lebende junge Mutter über ihren Schatten. Pathetisches Kriegsstück, in dem nicht nur die Hauptdarstellerin erfolglos gegen das konstruierte Groschenroman-Drehbuch anspielt. – Ab 16.

DVD/BD: Erhältlich als DVD, BD und 3D BD.
3D. USA 2011 **P** Unity Studios **DVD** Ascot/Elite (16:9, 1.78:1, DD5.1 engl./dt., dts dt.) **BD** Ascot/Elite (16:9, 1.78:1, dts-HDMA engl./dt.) **Pd** Jimmy Lifton (= James Ian Lifton), Serge Rodnunsky, Alexander Tabrizi, Paulette Victor-Lifton **R+B** Serge Rodnunsky **K** Andrew McLean, Serge Rodnunsky **M** Evan Evans **S** Serge Rodnunsky **D** Christina Ricci (Sarabeth Ellis), Tom Berenger (Gen. McIntire), Jason Gedrick (Louis McIntire), Bren Foster (John Ellis), Scott Michael Campbell (Tim), Gabrielle Popa (Melody Ellis), Matt Lockwood (Edwin), Julian Gant (Lester) **L** 96 **FSK** ab 12 **E** 21.5.2012 DVD & BD **fd** –

War of the Arrows
CHOI-JONG-BYEONG-GI HWAL
Mandschu-Krieger zerstören das Dorf eines meisterhaften jungen Bogenschützen und verschleppen seine Schwester. Er nimmt die Verfolgung auf und trifft auf einen Kontrahenten, der ebenfalls trefflich mit Pfeil und Bogen umzugehen weiß. Im Korea des 17. Jahrhunderts angesiedelter bildgewaltiger Abenteuerfilm, der eine handelsübliche Geschichte um Rache und Ehre erzählt und dabei stimmungsvoll unterhält. – Ab 16.
Scope. Südkorea 2011 **P** Well Go Prod. / Lotte Ent. **DVD** Splendid (16:9, 2.35:1, DD5.1 korea./dt.) **BD** Splendid (16:9, 2.35:1, dts-HDMA korea./dt.) **Pd** Jang Won-seok, Kim Sung-hwan **R+B** Kim Han-min **K+M** Kim Tae-seong **S** Steve Choi, Kim Chang-ju **D** Park Hae-il (Nam-Yi), Ryoo Seung-yong (Jyn Shin-ta), Moon Chae-won (Ja-in), Kim Mu-yeol (Seo-Goon), Lee Hanwi (Gap-yong), Lee Kyeong-yeong (Kim Moo-sun), Park Gi-woong (Doreukon), Otanie Rye Hei (Nogamig) **L** 118 **FSK** ab 16 **E** 23.3.2012 DVD & BD **fd** –

Warrior
WARRIOR
Nach 14-jähriger Abwesenheit sucht ein Ex-Marine, der im Irak gekämpft hat, seinen Vater auf, um sich von ihm für ein Wrestling-Turnier trainieren zu lassen. Im Ring trifft er auf seinen Bruder, der in Geldnot geraten ist. Gehobener Kampfsportfilm, getragen von überzeugenden Darstellern und beachtlichen Kampfszenen; im Subtext beschreibt er die Verelendung der amerikanischen Arbeiterklasse. – Ab 16.
DVD/BD: Die Extras umfassen u. a. einen Audiokommentar von Regisseur Gavin O'Connor, Darsteller Nick Nolte und weiteren Crew-Mitgliedern. Die Extras der BD enthalten u. a. ein Bild-im-Bild-Feature, in dem Interviews und Informationsfeature zum laufenden Film abgerufen werden können. Zudem enthalten sind ein ausführliches «Making of» (32 Min.), ein Feature mit einer im Film nicht verwendeten Szene (3 Min.) sowie die Feature: «Philosophy in Combat: Mixed Material Arts» (21 Min.), «Brother vs. Brother: Anatomy of the Fight» (12 Min.), und «A Tribute to Charles Mask Lewis Jr.», dem Portrait des Tapout-Mitbegründers, der bei den Vorbereitungen des Films als Berater assistiert hat (14 Min.). Die Edition (DVD & BD) ist mit dem **Silberling 2012** ausgezeichnet.
Scope. USA 2011 **P** Lionsgate / Mimran Schur Pic. / Solaris Entertainment **DVD** Universum (16:9, 2.35:1, DD5.1 engl./dt.) **BD** Universum (16:9, 2.35:1, dts-HDMA engl./dt.) **Pd** Gavin O'Connor, Greg O'Connor, Jamie Marshall, Anthony Tambakis **R** Gavin O'Connor **B** Gavin O'Connor, Anthony Tambakis, Cliff Dorfman **K** Masanobu Takayanagi **M** Mark Isham **S** Sean Albertson, Matt Chesse, John Gilroy, Aaron Marshall **D** Joel Edgerton (Brendan Colon), Tom Hardy (Tommy Colon), Nick Nolte (Paddy Conlon), Jennifer Morrison (Tess Conlon), Frank Grillo (Frank Campana), Kevin Dunn (Zito), Maximiliano Hernández, Bryan Callen **L** 134 **FSK** ab 16 **E** 25.1.2012 DVD & BD **fd** –

Warum ich lebe
siehe: **Jean-Louis Trintignant – Warum ich lebe**

Was bleibt ☆
Ein junger Berliner Schriftsteller reist mit seinem kleinen Sohn zu einem Familientreffen mit seinen Eltern und seinem Bruder. Während des Sommerwochenendes gerät das Familiengefüge aus der Balance, als die seit Jahren seelisch labile Mutter ankündigt, keine Psychopharmaka mehr zu nehmen. Subtiles Kammerspiel, das ein schmerzhaftes Panorama des deutschen Bildungsbürgertums entwirft, hinter dessen Fassade Generationsbrüche und seelische Nöte schlummern. Ein schnörkelloses, eindringliches Drama als leises, vorzüglich gespieltes Gruppenbild mit implodierender Kettenreaktion, die das Unglück der Figuren trotz betont flacher Bilder ganz nah heranrücken lässt. – Sehenswert ab 16.
Deutschland 2012 **P** 23/5 Filmprod. / SWR/WDR/ARTE **KI** Pandora **Pd** Britta Knöller, Hans-Christian Schmid **R** Hans-Christian Schmid **B** Bernd Lange **K** Bogumil Godfrejów **M** The Notwist **S** Hansjörg Weissbrich **D** Lars Eidinger (Marko Heidtmann), Corinna Harfouch (Gitte Heidtmann), Sabastian Zimmler (Jakob Heidtmann), Ernst Stötzner (Günther Heidtmann), Picco von Groote (Ella Staudt), Egon Merten (Zowie Heidtmann), Birge Schade (Susanne Graefe), Eva Meckbach (Tine Gronau) **L** 88 **FSK** ab 12; f **FBW** bw **E** 6.9.2012 / 27.9.2012 Schweiz **fd** 41 229

Was machen Frauen morgens um halb vier?
Eine Traditionsbäckerei in einem bayerischen Dorf gerät in Schwierigkeiten, als in ihrer Nähe ein Discount-Bäcker eröffnet, der billig in Tschechien produzieren lässt. Die beiden Töchter des alten Bäckers holen zum Globalisierungs-Gegenschlag aus, indem sie Kontakte nach Dubai nutzen und alles tun, um den Emiren deutsche Weihnachtsschmankerl schmackhaft zu machen. Konventionell gestaltete, durchaus sympathische Komödie, die ihre Culture-Clash-Thematik kaum satirisch nutzt, aber dank der vorzüglichen Hauptdarstellerin einigen Charme entfaltet. – Ab 12.
Deutschland 2012 **P** Tellux Film (für BR/ARD-Degeto) **KI** Movienet **Pd** Martin Choroba **R** Matthias Kiefersauer **B** Martina Brand **K** Thomas Etzold **M** Rainer Bartesch **S** Silvia Nawrot **D** Brigitte Hobmeier (Franzi Schwanthaler), Peter Lerchbauer (Josef Schwanthaler), Muriel Baumeister (Carmen Schwanthaler), Emma Preisendanz (Marie), Thomas Unger (Toni), Julia Eder (Sonja Bierbichler), Johanna Bittenbinder (Margot Kirchner), Gerd Lohmeyer (Emil Gabler), Sebastian Edtbauer (Seppi Meyer), Peter Mitterrutzner (Martin Baum), Oliver Scheffel (Stationsarzt), David Zimmerschied (Maxl Schönborn), Felix Hellmann (Fred Fischer)

L 92 (24 B./sec.) / 89 (25 B./sec.) FSK o.A.; f E 8.11.2012 fd 41 367

Was passiert, wenn's passiert ist
WHAT TO EXPECT WHEN YOU'RE EXPECTING
Verfilmung eines populären Elternratgebers, die das Thema Schwangerschaft für sentimentale wie lustig gemeinte Momente ausbeutet, aber keinen ernsthaften Versuch unternimmt, eine Geschichte zu erzählen. Stattdessen gibt es eine lose Anekdotensammlung rund um fünf Paare in mehr oder weniger froher Hoffnung, die unverbindlich bleibt und selbst minimale Unterhaltungsansprüche kaum befriedigt. – Ab 12 möglich.
Scope. USA 2012 P Lionsgate / Phoenix Pic. / What to Expect Prod. Kl Universal Pd Mike Medavoy, Arnold Messer, David Thwaites, Douglas McKay R Kirk Jones B Shauna Cross, Heather Hach Vo Heidi Murkoff (Buch *Schwangerschaft und Geburt*) K Xavier Pérez Grobet M Mark Mothersbaugh S Michael Berenbaum D Cameron Diaz (Jules), Jennifer Lopez (Holly), Elizabeth Banks (Wendy), Chace Crawford (Marco), Brooklyn Decker (Skyler), Ben Falcone (Gary), Anna Kendrick (Rosie), Matthew Morrison (Evan), Dennis Quaid (Ramsey), Chris Rock (Vic), Rodrigo Santoro (Alex) L 110 (24 B./sec.) / 106 (25 B./sec.) FSK o.A.; f E 16.8.2012
    fd 41 215

Was weg is, is weg
Drei Brüder treffen sich 1986 in ihrem Elternhaus in Niederbayern, weil einer von ihnen bei Greenpeace anheuern will. Die Abschiedsfeier gerät in Vergessenheit, als sich der Wirt des Dorfs einen Arm absägt, um die Versicherungssumme zu kassieren. Turbulent-makabre, mitunter auch lustvoll alberne Komödie, die Mythen des Heimatfilms gegen den Strich bürstet und mit liebevoll gezeichneten Figuren und lakonischen Dialogen unterhält. Unterschwellig geht es um Heimat und Familie, Zugehörigkeit und Weggehen, wobei die detailfreudig rekonstruierten 1980er-Jahre den Hedonismus, aber auch das ökologische Bewusstsein jener Jahre aufleben lassen. – Ab 14.
Scope. Deutschland 2012 P deutschfilm / Senator Film Prod. / BR / ARD Degeto Kl Senator Pd Anatol Nitsch-ke, Helge Sasse R+B Christian Lerch Vo Jess Jochimsen (Roman *Bellboy*) K Stefan Biebl M Jakob Ilja S Anja Pohl D Florian Brückner (Lukas), Matthias Keller (Paul), Maximilian Brückner (Hansi), Johanna Bittenbinder (Erika Baumgarten), Heinz Josef Braun (Johann Baumgarten), Jürgen Tonkel (Franz Much), Nina Proll (Gini), Marie Leuenberger (Luisa), Siegfried Terpoorten (Pater Ben), Johann Schuler (Onkel Sepp) L 88 FSK ab 12; f FBW w E 22.3.2012   fd 40 965

Ways to Live Forever – Die Seele stirbt nie ☆
WAYS TO LIVE FOREVER
Sein Tod ist nur noch eine Frage der Zeit: Zeit für einen elfjährigen Leukämiekranken, das «Leben soweit» und vor allem das Sterben für eine potenzielle Nachwelt zu dokumentieren. Durch das anstrengende Unterfangen, die vielen Erlebnisse in Form eines Tagebuchs festzuhalten, sowie die vielen noch geplanten Aktivitäten vergisst der Junge fast seine Krankheit. Die bewegende, erfrischend unsentimentale Bestsellerverfilmung besticht durch die verhalten agierenden, stets glaubwürdigen Darsteller und fesselt zudem durch originelle Animationseinschübe. – Sehenswert ab 14.
Scope. Spanien/Großbritannien 2010 P El Capitan Pic. / Formato Prod. / Life & Soul Prod. DVD dtp/Great Movies (16:9, 2.35:1, DD5.1 engl./dt.) BD dtp/Great Movies (16:9, 2.35:1, dts-HD engl./dt.) Pd Martyn Auty, Javier Gazulla, Nicholas Ostler, Kevin Turley R+B Gustavo Ron Vo Sally Nicholls (Roman) K Miguel P. Gilaberte M César Benito S Juan Sánchez D Ben Chaplin (Vater), Emilia Fox (Mutter), Alex Etel (Felix), Robbie Kay (Sam), Phyllida Law (Großmutter), Natalia Tena (Annie), Ella Purnell (Kayleigh), Eloise Barnes (Ella) L 95 FSK ab 12 E 18.10.2012 DVD & BD   fd –

We Need to Talk About Kevin ☆
WE NEED TO TALK ABOUT KEVIN
Ein Junge hat in seiner Schule einen Massaker verübt. Mit suggestiv-experimenteller Bildsprache fokussiert der Film auf die Perspektive seiner traumatisierten Mutter und lässt in Rückblenden deren von der Geburt an gestörte Beziehung zu ihrem Sohn aufscheinen. Ohne die Ursachen des jugendlichen Amoklaufs erklären zu wollen, formuliert er in seiner subjektiven Herangehensweise eindringlich das Entsetzen und die Fassungslosigkeit angesichts einer Gewalttat, die sich einem rationalen Zugriff zu verweigern scheint. Dank einer ausdrucksstarken Hauptdarstellerin und der virtuosen filmischen Umsetzung ein fesselnd-verstörender Film. – Sehenswert ab 16.
Scope.Großbritannien/USA2011PBBC Films / UK Film Council / Independent / Atlantic Swiss Prod. Kl fugu films Pd Jennifer Fox, Luc Roeg, Robert Salerno R Lynne Ramsay B Lynne Ramsay, Rory Kinnear Vo Lionel Shriver (Roman *We Need to Talk About Kevin / Wir müssen über Kevin reden*) K Seamus McGarvey M Jonny Greenwood S Joe Bini D Tilda Swinton (Eva), John C. Reilly (Franklin), Ezra Miller (Kevin als Teenager), Siobhan Fallon (Wanda), Jasper Newell (Kevin mit 6 bis 8 Jahren), Rock Duer (Kevin als Kleinkind), Alex Manette (Colin), Kenneth Franklin (Soweto) L 112 FSK ab 16; f E 16.8.2012   fd 41 208

We Were Here
WE WERE HERE
«Es war in dieser Zeit nichts Ungewöhnliches daran, geliebte Menschen zu verlieren», lautet die Präambel des Dokumentarfilms. Zwischen 1976 und 1997 starben allein in San Francisco 15.584 Männer und Frauen an AIDS – einer Krankheit, die man bewusst oder wider besseres Wissen als «Krebs für Schwule» bezeichnete. Anhand von vier Überlebenden zeichnet die Dokumentation die Jahre in «the gayest city in the world» nach, die durch AIDS ihre Unschuld ließ, deren Betroffene aber nicht ihren Lebensmut verloren haben. – Ab 16.
USA 2011 P Weissman Projects DVD Pro-Fun (16:9, 1.78:1, DD2.0 engl.) Pd David Weissman R David Weissman, Bill Weber K Marsha Kahm M Holcombe Waller S Bill Weber L 90 FSK ab 12 E 22.6.2012 DVD   fd –

Weather Wars
STORM WAR / WEATHER WARS
Ein Wissenschaftler, dessen Forschungsmittel von einem Politiker gekürzt wurden, rächt sich mit gezielt ausgesendeten, aber unkalkulierbaren Wetterkapriolen über Washington, die desaströse Folgen haben. Auch mit einem haarscharf an der Lächerlich-

keit agierenden Stacy Keach als «Mad Scientist» ist der triviale, billig produzierte Katastrophenfilm nicht zu retten. – Ab 12.
DVD/BD: Erhältlich als DVD, 2D BD und 2D/3D BD. Die Extras umfassen u.a. ein alternatives Filmende. Die FSK-Freigabe «ab 16» der DVD/BD bezieht sich auf das Bonusmaterial (Trailer etc.), der Film selbst hat eine Freigabe «ab 12».
USA 2011 **P** Active Entertainment **DVD** dtp/Great Movies (16:9, 1.85:1, DD5.1 engl./dt.) **BD** dtp/Great Movies (16:9, 1.85:1, dts-HD engl./dt.) **Pd** Kenneth M. Badish, Griff Furst, Daniel Lewis **R** Todor Chapkanov **B** Paul A. Birkett **K** Thomas L. Callaway **M** Andrew Morgan Smith **S** Misty Talley **D** Jason London (David Grange), Wes Brown (Jacob Grange), Erin Cahill (Samantha Winter), Stacy Keach (Marcus), Lance E. Nichols (Senator Aldrich), Gary Grubbs (Colonel Nelson), Stanton Barrett (Secret Service Agent), Indigo (Chloe), Jesse De Luna (Reynolds), Billy Slaughter (Richie) **L** 87 **FSK** ab 12 **E** 12.9.2012 DVD & BD fd –

Die Weber
Der Aufstand der für einen Hungerlohn arbeitenden schlesischen Weber gegen ihre Fabrikherren und die Ordnungsmacht. Eine werkgetreue, der realistischen Stummfilm-Epoche zugehörige Hauptmann-Verfilmung in prominenter Theaterbesetzung, in der in Szenen-Arrangement, Kameraführung und Schnitt-Technik Parallelen zu russischen Revolutionsfilmen unverkennbar sind. (Der Film wurde 2012 erstmals mit einer von Johannes Kalitzke komponierten neuen Orchestermusik aufgeführt, die im Auftrag des Theaters Augsburg entstand und die genretypischen Musikelemente mit elektronischen Klängen gesampelter Töne und Geräusche verbindet.) – Ab 16.
DVD/BD: Die DVD enthält den Film in der restaurierten Fassung von 2012. Die Extras umfassen u.a. ein 20-seitiges Booklet zum Film.
Schwarz-weiß. Deutschland 1927 **P** Friedrich-Zelnik-Film **DVD** Universum/Transit (FF, Mono dt.) **Pd+R** Friedrich Zelnik **B** Fanny Carlsen, Willy Haas **Vo** Gerhart Hauptmann (Bühnenstück) **K** Frederik Fuglsang, Friedrich Weinmann **M** Rolf Unkel, Johannes Kalitzke (Neubearbeitung 2012) **D** Paul Wegener (Fabrikant Dreißiger), Theodor Loos (Weber Bäcker), Arthur Kraußneck (der alte Hilse), Dagny Servaes (Luise Hilse), Wilhelm Dieterle (= William Dieterle) (Moritz Jäger), Hans Heinrich von Twardowski (Gottlieb Hilse), Valeska Stock (Frau Dreißiger), Willy Kruszinski (Polizeimeister), Hermann Picha (Baumert), Hertha von Walther (Tochter Emma Baumert), Camilla von Hollay (Tochter Bertha Baumert) **L** 93 (DVD: 96) **FSK** o.A. **E** 14.5.1927 / 22.5.1973 ZDF / 28.8.2012 arte (rest. Fsg.) / 21.12.2012 DVD (rest. Fsg.) fd 41 224

Wege aus der Hölle
A LIFE INTERRUPTED
Eine Hausfrau und Mutter wird von einem Unbekannten vergewaltigt. Fortan bestimmen Angstattacken ihren Alltag, und als selbst nach Jahren der Täter noch nicht gefasst ist, schließt sie sich einer Selbsthilfegruppe an, um ihre Ängste überwinden zu lernen. Ruhig gestaltetes, überzeugend gespieltes Drama nach einer wahren Begebenheit, das mit dem Trauma von Vergewaltigungsopfern konfrontiert. – Ab 16.
Kanada 2007 **P** Incendo Smith Prod. **KI** offen **Pd** Justin Bodle, Jean Bureau, Serge Denis, Stephen Greenberg, Josée Mauffette **R** Stefan Pleszczynski, Lea Thompson (Debbie Smith) **B** John Wierick **K** John Ashmore **M** James Gelfand **S** Christian Roy **D** Anthony Lemke (Rob Smith), Cindy Busby (Crystal Smith), Cary Lawrence (Emily), Trevor Hayes (Mike Yost), Andrew Johnston (Dr. Paul Ferrara), Russell Yuen (Geoge Li), Mélanie St-Pierre (Molly), Michael Dozier (Richter), Tommy Lioutas (Bobby Smith) **L** 75 **E** 22.12.2012 SAT.1 fd –

Weiblich, tödlich sucht ...
THE PERFECT ROOMMATE
Eine junge Frau sucht für ihr Apartment eine Mitbewohnerin und wird bei einem chronischen Pechvogel fündig. Doch als sie sich allzu unvorsichtig für dessen Vergangenheit interessiert, wird es ungemütlich in der WG. Uninspirierter (Fernseh-)Thriller, der recht frech Barbet Schröders WEIBLICH, LEDIG, JUNG, SUCHT abkupfert. – Ab 14.
Kanada 2011 **P** Capital Prod. / Thrill Films **DVD** Sunfilm (16:9, 1.78:1, DD5.1 engl./dt., dts dt.) **BD** Sunfilm (16:9, 1.78:1, dts-HDMA7.1 engl./dt.) **Pd** Donald Osborne, Stefan Wodoslawsky **R** Curtis Crawford **B** Christine Conrad **K** Bill St. John **S** Marie Lou Gingras **D** Boti Bliss (Carrie Remington), Ashley Leggat (Ashley Dunnfield), William R. Moses (Richard Dunnfield), Jon McLaren (Matt Wilson), Peter Gray (Kyle Perris), Cinthia Burke (Anna Prieto), Peter Michael Dillon (Marty Remington), Sean Tucker (Det. York) **L** 90 **FSK** ab 12 **E** 5.7.2012 DVD & BD fd –

weiblich, tödlich sucht... – wer ist Carrie?
siehe: **Weiblich, tödlich sucht ...**

Weihnachten ... ohne mich, mein Schatz!
Als sich ein Architekt einmal mehr von seiner unschönen Seite zeigt, zieht seine Frau nach 30 Ehejahren die Konsequenzen und verlässt ihn. Kurzentschlossen hilft sie einer neuen Zufallsbekannten, einer jungen Frau, und anderen Bewohnern des Hamburger Hafenviertels, als diesen eine Räumungsklage droht. Indirekt wird ihr Mann zum Kontrahenten, da er die ehrgeizigen Baupläne einer Maklerin umsetzen will. Behäbige, moderat melancholische (Fernseh-)Komödie um zwei grundverschiedene Frauentypen sowie ein Paar, dessen unterschiedliche Lebenseinstellungen nach Jahr und Tag aufeinanderprallen. – Ab 14.
Deutschland 2011 **P** Relevant Film (für NDR/ARD) **KI** offen **Pd** Daniela Mussgiller, Heike Wiehle-Timm, Diane Wurzschmitt **R** Dennis Satin **B** T.O. Walendy (= Thomas Oliver Walendy), Nikola Bock, Gabriele Kreis **K** Sven Kirsten **M** Helmut Zerlett, Christoph Zirngibl **S** Bettina Vogelsang **D** Jutta Speidel (Johanna Welser), Henry Hübchen (Ruprecht Welser), Gesine Cukrowski (Ellie Pietschek), Angela Roy (Ramona Heyer), Stephan Kampwirth (Leo Welser), Edgar Bessen (Opa Friedrich), Renate Delfs (Frau Basinski), Katja Danowski (Marion) **L** 87 **E** 7.12.2012 ARD fd –

Der Weihnachtsabend
CHRISTMAS WITH A CAPITAL C
In der verträumten US-amerikanischen Heimatstadt eines einstigen High-School-Kollegen angekommen,

will ein griesgrämiger Anwalt den dort lebenden Menschen ihre offen zur Schau getragene christliche Ausrichtung des Weihnachtsfests verbieten. Durch künstlich aufgebauschte Probleme gewürzte Frohbotschaft an die Menschlichkeit, in der sich pünktlich zum Fest aller Zwist in Wohlgefallen auflöst. – Ab 12.
DVD/BD: Die FSK-Freigabe «ab 6» der DVD/BD bezieht sich auf das Bonusmaterial (Trailer etc.), der Film selbst hat eine Freigabe «o.A.».
USA 2011 **P** Ranch Studios **DVD** KSM (16:9, 1.78:1, DD5.1 engl./dt.) **BD** KSM (16:9, 1.78:1, dts-HDMA engl./dt.) **Pd** James Chankin, Michael Scott **R** Helmut Schleppi **B** Andrea Gyertson Nasfell **K** Brian Shanley **M** Edwin Wendler **S** Justin Kenyon, Helmut Schleppi **D** Ted McGinley (Dan Reed), Daniel Baldwin (Mitch Bright), Nancy Stafford (Kristen Reed), Brad Stine (Greg Reed), Frank Delaney (Joe Diggs), Ron Holmstrom (Rev. Tiller), Diane Benson (Richterin), Karen Lauer (Willa Rainwater) **L** 80 **FSK** o.A. **E** 5.10.2012 DVD & BD **fd**

Die Weihnachtshütte
CHRISTMAS LODGE
Eine alleinstehende Architektin erhält den Auftrag, ein altes Haus, in dem sie selbst als Kind immer Weihnachten feierte, vor dem Verfall zu retten. Dabei lernt sie einen smarten jungen alleinstehenden Mann kennen. Die sich daraus entspinnende romantische Liebesgeschichte mit Hindernissen wird mit allerlei gefühlsseligem Weihnachtstand behängt. – Ab 12.
Kanada 2011 **P** Nasser Group North **DVD** KSM (16:9, 1.78:1, DD5.1 engl./dt.) **BD** KSM (16:9, 1.78:1, dts-HD engl./dt.) **Pd** Jack Nasser **R** Terry Ingram **B** Lawrence S. Richardson jr., Renee de Roche **K** James Ilecic **M** Stu Goldberg **D** Erin Karpluk (Mary), Michael Shanks (Jack), Rukiya Bernard (Yolanda), Rebecca Toolan (Betty), Michael Kopsa (Mike), Victoria Banks (Kathy), John Innes (Großvater), Michael Patric (Matthew) **L** 86 **FSK** o.A. **E** 5.10.2012 DVD & BD **fd**

Der Weihnachtsmuffel
Ein Streifenpolizist, der dem Weihnachtstrubel entfliehen wollte und sich auf sein Schiff zurückgezogen hat, wird vom Weihnachtsmann heimgesucht, der ihm allerlei Gefälligkeiten abverlangt. Allmählich dämmert ihm, dass dies in Verbindung mit seiner Vergangenheit steht und die Ereignisse dazu dienen, um ihn an den Heiligabend des Jahres 1974 zu erinnern. Betulich-gemütvoller (Fernseh-)Film um die Läuterung eines scheinbar unverbesserlichen Weihnachtsmuffels; ein Special der Serie GROSSSTADTREVIER (seit 1984) um ein Hamburger Polizeirevier. – Ab 12.
DVD/BD: Enthalten in der Box «Großstadtrevier – Weihnachten im Großstadtrevier».
Deutschland 2011 **P** Studio Hamburg **DVD** Studio Hamburg (16:9, 1.78:1, DD2.0) **R** Lars Jessen **B** Norbert Eberlein **K** Kay Gauditz **D** Jan Fedder (Dirk Matthies), Dorothea Schenck (Anna Bergmann), Saskia Fischer (Frau Küppers), Marc Zwins (Hannes Krabbe), Maria Ketikidou (Hariklia Möller), Sophie Moser (Nicole Beck), Harry Schmidt (Big Harry), Steffen Groth (Hauke Jessen), Mads Hjulmand (Mads Thomsen), Horst Krause (Karim Histedt) **L** 88 **FSK** ab 12 **E** 30.9.2012 DVD / 23.12.2012 ARD **fd**

Weihnachtszauber
A CHRISTMAS KISS
Ein flüchtiger Kuss verändert das Leben einer vermeintlich unscheinbaren Angestellten, die sich in der Vorweihnachtszeit ausgerechnet in den Freund ihrer Chefin verliebt. Ein mit «Aschenputtel» kokettierendes Liebesmärchen, das trotz aller Hindernisse stets an das Happy End eines füreinander bestimmten Pärchens glaubt. – Ab 12.
USA 2011 **P** Moody Independent / Atmospheric Pic. **DVD** KSM (16:9, 1.78:1, DD5.1 engl./dt.) **BD** KSM (16:9, 1.78:1, dts-HD engl./dt.) **Pd** Mark Donadio, Miriam Marcus, Andrea Ajemian **R** John Stimpson **B** Joany Kane **K** Brian Crane **M** Marco d'Ambrosio, Ben Decter **S** John Stimpson **D** Elisabeth Röhm (Priscilla Hall), Laura Breckenridge (Wendy Walton), Brendan Fehr (Adam Hughes), Jerrika Hinton (Tressa), Laura Spencer (Caroline), Mark Joy (Charlie), Mark DeAngelis **L** 89 **FSK** o.A. **E** 15.10.2012 DVD & BD **fd**

Weil ich schöner bin ☆
Ein 13-jähriges kolumbianisches Mädchens lebt mit seiner Mutter ohne Aufenthaltsgenehmigung in Berlin und ist permanent von Abschiebung bedroht. Der politisch engagierte Kinder- und Jugendfilm erzählt konsequent aus der Perspektive des vitalen Teenagers und beschreibt dessen Alltag wunderbar beiläufig: die beginnende Abnabelung von der Mutter; Bummeltouren mit der Freundin; das lange Zeit vergebliche Bemühen, an einem Gymnasium eingeschrieben zu werden; die ernüchternde Begegnung mit dem Vater. Ohne ein Didaktische oder Sentimentale abzudriften, macht er die Nöte und Konflikte des Mädchens für ein junges Publikum sinnlich erfahrbar. – Sehenswert ab 10.
Deutschland 2012 **P** Filmgalerie 451 **KI** Filmgalerie 451 **Pd** Frieder Schlaich, Irene von Alberti **R** Frieder Schlaich **B** Claudia Schaefer **K** Benedict Neuenfels **M** Don Philippe **S** Robert Kummer, Kolja Kunt, Karina Ressler **D** Mariangel Böhnke, Angeles Aparicio, Mira Aring, Lavinia Wilson (Jutta), Andreas Sanchez del Solar, Anton Buchenhorst, Altaïr Jugo-Anka, Mario Golden, Ina Gercke, Valerie Koch, Stefan Kolosko (Polizist), Inka Löwendorf **L** 84 (24 B./sec.) / 81 (25 B./sec.) **FSK** ab 6; f **E** 27.12.2012 **fd** 41 459

Weiterleben ☆
WEITERLEBEN
Vier ehemalige politische Gefangene aus Chile, der Türkei, Tibet und dem Kongo haben in der Schweiz Asyl gefunden und erzählen von ihrer Vergangenheit sowie von ihren Leiden. Bewegendes, klug durchdachtes dokumentarisches Porträt von Menschen, die ihren Überzeugungen treu geblieben sind. Bisweilen bricht der Film sein Konzept, sich ganz auf die Erinnerungen der Protagonisten zu verlassen, zugunsten emotionalisierender Exkurse auf, was auf Kosten der Stringenz geht. – Ab 14.
Schweiz 2011 **P** Haldimann Filmprod. **KI** Xenix (Schweiz) **Pd+R+B** Hans Haldimann **K** Hans Haldimann **M** Daniel Almada, Martin Iannacone **S** Mirjam Krakenberger **L** 92 **FSK** – **E** 9.2.2012 Schweiz **fd** 40 903

Welt ohne Männer
WELT OHNE MÄNNER
Der Dokumentarfilm überprüft die weit verbreitete Forschermeinung, dass der Mann «ein Irrtum der Natur» sei und das Leben auch ohne die Spe-

zies «Mann» weitergehen würde. Er findet Beispiele in der Natur, die dies zu bestätigen scheinen, zieht Statistiken zu Rate, die belegen, dass immer weniger Jungen geboren werden, und spekuliert über ein Weiterleben der Menschheit ohne Männer. – Ab 16.
Österreich 2012 **P** Magic Movie Satzinger & Steger Film- und Videoprod. **KI** offen **R+B** Michael Satzinger **L** 90 **E** 7.10.2012 ORF 2 **fd** –

Welt ohne Menschen
UN MONDE SANS HUMAINS ?
Durch immer neue Technologien und leistungsfähigere Maschinen, die das Leben und die Arbeit erleichtern, ist die Menschheit in die Ära des «Transhumanismus» eingetreten, in der der Mensch immer weiter an den Rand gedrängt wird. Kritiker befürchten die Entwicklung zu einer posthumanistischen Gesellschaft, der die künstliche Intelligenz dem Menschen überlegen sein wird. Der dokumentarische Film skizziert diese Entwicklung und stellt Fragen an den Schnittstellen von Technowissenschaft, Philosophie und Politik. – Ab 16.
Frankreich 2012 **P** Cinétévé/ARTE France / Channel 8 – Noga Communications / L'Express / RTBF / CNC **KI** offen **R+B** Philippe Borrel **M** Piers Faccini **S** Marion Chataing **L** 96 **E** 23.10.2012 arte **fd** –

Die Welt zu Gast bei Fremden ★
MEANWHILE IN MAMELODI
Dokumentarfilm über den Alltag einer Familie in einem südafrikanischen Township während der Fußball-Weltmeisterschaft 2010. Im Mittelpunkt stehen der Vater, der von bescheidenem Wohlstand träumt und die Familie mit einem kleinen Kiosk über die Runden bringt, und die 17-jährige ehrgeizige Tochter, die als Ärztin oder Paläontologin Karriere machen will, sich aber auch vorstellen kann, als Profi-Fußballerin in Europa zu arbeiten. Der warmherzige Film erzählt von Freundschaft und erster Liebe und schneidet trotz der unterschiedlichen Kulturthemen an, die auch europäischen Zuschauern durchaus vertraut sind. – Ab 14.
Deutschland/Südafrika 2011 **P** Jolle-Film / SWR / Filmakademie Baden-Württemberg **KI** offen **Pd** Boris Frank **R+B** Benjamin Kahlmeyer **K** Stefan Neuberger **M** John Gürtler,

Jan Miserre **S** Benjamin Entrup **L** 75 **E** 26.11.2012 SWR **fd** –

Wenn die Vulkane erwachen
LE PEUPLE DE VOLCANS
Am Beispiel der Ile de la Réunion im Indischen Ozean wird der Einfluss von Vulkanismus und eruptiver Aktivität auf Pflanzen, Tiere und Menschen nachgezeichnet. Während beispielsweise die Dinosaurier den Giftwolken und Lavaströmen zum Opfer fielen, profitierten zahlreiche Meerestiere von der Nähe der Vulkane. Dank aufwändiger Computer-Animationen und HD-Aufnahmetechnik entstand eine ebenso informative wie visuell beeindruckende (Fernseh-)Dokumentation. – Ab 12.
Scope. Frankreich 2012 **KI** offen **R** François de Riberolles **B** François de Riberolles, Bertrand Loyer **L** 84 (DVD 360) **E** 18.11.2012 arte **fd** –

Wenn du gehst
NIE OPUSZCZAJ MNIE
Durch die unheilbare Krebserkrankung ihrer Mutter wird eine ehrgeizige Journalistin aus der Bahn geworfen. Im Krankenhaus begegnet sie einem Priester, mit dem ein Moment intensiver Nähe entsteht. Dieser wird zerstört, als der Priester eine Bluttransfusion, die für die Mutter der Journalistin gedacht war, einem anderen Patienten zukommen lässt. Nach dem Tod der Mutter verlieren sich beide aus den Augen, bis sich der in eine tiefe Glaubenskrise geratene Priester auf die Suche macht. Drama über Isolation und inneren Rückzug von der Welt, aber auch über die befreiende Kraft von Liebe und Vertrauen. – Ab 16.
Schwarz-weiß. Polen/Deutschland 2010 **P** Centrala / Filmkombinat / ZDF (Das kleine Fernsehspiel) / ARTE / TVP / Odra Film **KI** offen **Pd** Agnieszka Janowska, Jacek Naglowski, Jens Kroener **R+B** Ewa Stankiewicz **K** Piotr Niemyjski **M** Tomasz Gwincinski **S** Robert Ciodyk **D** Agnieszka Grochowska (Joanna Rolska), Wojciech Zielinski (Lukasz Zarkowski), Grazyna Barszczewska (Mutter), Daniel Olbrychski (Jowisz), Monika Radziwon (Biene), Albert Osik (Doktor Siwiec), Tomira Kowalik (alte Prostituierte), Dariusz Siatkowski (Kunde) **L** 115 **E** 25.5.2012 arte / 15.10.2012 ZDF **fd** –

Wenn Spione singen
LE PLAISIR DE CHANTER
Die Gesangslehrerin, Witwe eines ermordeten Bankiers, der illegal mit Nuklear-Material handelte, gerät in den Besitz eines USB-Sticks, auf dem sensible Daten gespeichert sind. Zwei Geheimdienst-Mitarbeiter stoßen unter ihren Schülern auf diverse Spione und Kriminelle, die in den Besitz des Sticks kommen wollen. Humorvolle Mischung aus Spionagefilm und Romantik-Komödie. Im fintenreichen Handlungsverlauf wird die Agentengeschichte immer mehr in den Hintergrund gedrängt, bis sie sich mit einem überraschenden Showdown zurückmeldet. – Ab 14 möglich.
Frankreich 2007 **P** Mille et Une Prod. / Fugitive Prod. **KI** offen **Pd** Anne-Cécile Berthomeau, Edouard Mauriat **R** Ilan Duran Cohen **B** Ilan Duran Cohen, Philippe Lasry **K** Christophe Graillot **M** Philippe Basque **S** Fabrice Rouaud **D** Marina Foïs (Muriel), Lorànt Deutsch (Philippe), Jeanne Balibar (Constance), Julien Baumgartner (Julien), Nathalie Richard (Noémie), Caroline Ducey (Anna), Guillaume Quatravaux (Joseph), Evelyne Kirschenbaum (Eve) **L** 94 **E** 7.5.2012 arte **fd** –

Wer's glaubt, wird selig
Ein Dorf in Bayern hat durch den Klimawandel seine Attraktivität als Wintersportort eingebüßt. Da fällt ein junger Mann auf eine rettende Idee: Man könnte doch seine zickige Schwiegermutter, die soeben bei einem Unfall verstorben ist, heilig sprechen lassen, um dem Ort neue Aufmerksamkeit und damit Besucher zu sichern. Der Vatikan wird auf den Antrag der Gemeinde aufmerksam und schickt einen Inspizienten. Die zwischen Heimatfilm und Bauernschwank pendelnde Komödie mixt einen Cocktail aus Bigotterie, hinter der sich handfeste wirtschaftliche Interessen tarnen. Zwar driftet der Film nicht in Klamauk ab, kann jedoch den Figuren über klischeehafte Typisierungen hinaus kein Profil verleihen. – Ab 14.
Scope. Deutschland 2012 **P** Wiedemann & Berg / ARD-Degeto / BR **KI** Constantin **Pd** Quirin Berg, Max Wiedemann **R** Marcus H. Rosenmüller (= Marcus Hausham Rosenmüller) **B** Jeremy Leven **K** Stefan Biebl **M** Gerd Baumann **S** Georg Söring **D** Christian Ulmen (Georg), Marie Leuenberger

(Emilie), Nikolaus Paryla (Papst Innozenz XIV.), Lisa Maria Potthoff (= Lisa Potthoff) (Evi), Fahri Yardim (Pater Paolo Barsotti / Vincenzo Barsotti), Hannelore Elsner (Daisy), Simon Schwarz (Polizist Hartl), Maximilian Schafroth (Lehrer Pellhammer), Jürgen Tonkel (Hubert Möslang), Johannes Herrschmann (Karl-Heinz Gumberger), Gerhard Wittmann (Pfarrer Felix), Billie Zöckler (Haushälterin Hildegard), Hubert Mulzer (Kardinal Santi), Franz Beuer (Sigi Fischer), Max von Thun (Pornodarsteller) **L** 101 (24 B./sec.) / 97 (25 B./sec.) **FSK** ab 6; f **E** 16.8.2012 **fd** 41 220

Wer's glaubt, wird selig – Salvation Boulevard
SALVATION BOULEVARD
Die Ehe zwischen einem einstigen Hippie und einer überzeugten Christin scheint ein Happy End im Schoß der Kirche zu erfahren. Da ertappt der zum Glauben Gefundene den Pastor dabei, wie dieser ungewollt einen Zweifler erschießt. Der Pastor behält die Nerven und macht den Hippie für die Tat verantwortlich. Pointenarme, mitunter arg verkopfte Independent-Komödie, die dank des trefflich aufspielenden Star-Ensembles aber immer noch recht vergnüglich unterhält. – Ab 14.
USA 2011 **P** Mandalay Vision / 10th Hole Prod. **DVD** WVG (16:9, 1.78:1, DD5.1 engl./dt.) **Pd** Peter Fruchtman, Celine Rattray, Cathy Schulman, James Belfer, Gordon Bijelonic, Tom Conigliaro, Cynthia Coury, Donald Fox, Neil Katz, Eric Nyari, Ben Ringle, Andy Sawyer, Datari Turner **R** George Ratliff **B** Douglas Stone, George Ratliff **Vo** Larry Beinhart **K** Tim Orr **M** George S. Clinton **S** Michael LaHaie **D** Greg Kinnear (Carl Vanderveer), Jennifer Connelly (Gwen Vanderveer), Pierce Brosnan (Dan Day), Marisa Tomei (Honey Foster), Ciarán Hinds (Jim Hunt), Ed Harris (Dr. Paul Blaylock), Isabelle Fuhrman (Angie Vanderveer), Jim Gaffigan (Jerry Hobson) **L** 92 **FSK** ab 12 **E** 10.5.2012 DVD **fd** –

Wer ist die Braut?
THE DECOY BRIDE
Ein Hollywood-Star sucht für seine bevorstehende Hochzeit einen abgelegenen Ort in Schottland aus. Um die sensationsgierige Presse zu täuschen, wird eine «Platzhalterbraut» engagiert, eine sympathische Schottin, in die sich der Schauspieler prompt verliebt. Romantische Komödie mit den üblichen Irrungen und Wirrungen sowie vielen schönen Landschaftspanoramen, die recht solide unterhält. – Ab 12.
Großbritannien 2011 **P** Isle of Man Film / CinemaNX / Ecosse Films / Scottish Screen **DVD** Sunfilm (16:9, 1.78:1, DD5.1 engl./dt., dts dt.) **BD** Sunfilm (16:9, 1.78:1, dts-HD-MA7.1 engl./dt.) **Pd** Robert Bernstein, Douglas Rae, Paul Ritchie, Matt Delargy **R** Sheree Folkson **B** Neil Jaworski, Sally Phillips **M** Julian Nott **S** Daniel Farrell **D** Kelly MacDonald (Katie NicAoidh), Alice Eve (Lara Tyler), David Tennant (James Arber), Michael Urie (Steve Korbitz), Sally Phillips (Emma), Maureen Beattie (Iseabail NicAoidh), Federico Castelluccio (Marco Ballani), Dylan Moran (Charley) **L** 85 **FSK** o.A. **E** 10.5.2012 DVD & BD **fd** –

Wer weiß, wohin?
ET MAINTENANT, ON VA OÙ?
In einem Dorf im Libanon brechen Konflikte zwischen Muslimen und Christen auf. Während die Männer immer gewaltbereiter werden, schließen sich die Frauen zu einem religionsübergreifenden Bündnis zusammen und kämpfen listig um die gefährdete Dorfidylle. Allzu naiv und belanglos greift die Komödie einen aktuellen, brisanten Konfliktherd auf. Klischees südländischer Lebenslust ebnen die Differenziertheit in der Darstellung gesellschaftlicher Zusammenhänge ein. – Ab 14.
Scope. Frankreich/Libanon 2011 **P** Les Films des Tournelles / Pathé / Les Films du Beyrouth / United Artists Group / Cahocorp / France 2 Cinéma / Prima TV **KI** Tobis **Pd** Anne-Dominique Toussaint, Nadine Labaki, Hesham Abdelkhalek, Romain Le Grand, Tarak Ben Ammar **R** Nadine Labaki **B** Nadine Labaki, Rodney Al Haddad, Jihad Hojeily, Sam Mounier **K** Christophe Offenstein **M** Khaled Mouzannar **S** Véronique Lange **D** Claude Baz Moussawbaa (Takla), Layla Hakim (Afaf), Nadine Labaki (Amale), Yvonne Maalouf (Yvonne), Antoinette Noufaily (Saydeh), Julien Farhat (Rabih), Ali Haidar (Roukoz), Petra Saghbini (Rita), Mostafa Al Sakka (Hammoudi), Sasseen Kawzally (Issam), Caroline Labaki (Aida), Kevin Abboud (Nassim) **L** 102 **FSK** ab 12; f **E** 22.3.2012 **fd** 40 970

Werwolf – Das Grauen lebt unter uns
WEREWOLF: THE BEAST AMONG US
Im 19. Jahrhundert leben die Bewohner eines ausgedehnten Waldgebiets in Angst und Schrecken: Einem Monster gleich tötet eine mysteriöse Gestalt reihenweise unschuldige Menschen. Als ein Werwolfjäger mit seinen Schergen dem Treiben Einhalt gebieten will, fehlt ihm nur noch ein Protagonist reinen Herzens. In der schier endlosen Kette von Werwolf-Filmen müht sich diese Variation zumindest um ein stimmungsvolles Gruselmärchen-Ambiente und bietet mit Stephen Rea einen Horror erprobten Darsteller, den man gern auf der Reise ins Land der Mythen und Monster begleitet. – Ab 16.
DVD/BD: Die Extras enthalten u. a. ein Feature mit im Film nicht verwendeten Szenen (4 Min.).
USA 2012 **P** Universal 1440 Entertainment **DVD** Universal (16:9, 1.78:1, DD5.1 engl./dt.) **BD** Universal (16:9, 1.78:1, dts-HDMA engl./dt.) **Pd** Mike Elliott, Albert T. Dickerson III **R** Louis Morneau **B** Michael Tabb, Catherine Cyran, Louis Morneau **K** Philip Robertson **M** Michael Wandmacher **S** Mike Jackson (= Mats Olsson) **D** Guy Wilson (Daniel), Stephen Rea (Doc), Nia Peeples (Vadoma), Steven Bauer (Hyde), Ed Quinn (Charles), Rachel DiPillo (Eva), Ana Ularu (Kazia), Adam Croasdell (Stefan), Emil Hostina (Jaeger) **L** 91 **FSK** ab 16 **E** 25.10.2012 DVD & BD **fd** –

West is West ★
WEST IS WEST
Ein Pakistani, der einst seine Familie zurückließ und in Großbritannien mit einer Engländerin eine neue Familie gründete, reist mit Kind und Kegel in die alte Heimat zurück, um seinem jüngsten Sprössling die eigenen Wurzeln nahezubringen. Die Konfrontation mit der Vergangenheit wird nicht zuletzt für den Patriarchen zur Herausforderung. Liebenswerte Komödie um Menschen, die zwischen zwei Kulturen und unterschiedlichen Lebens- und Erziehungsidealen nach dem richtigen Weg suchen. Ohne die Leichtigkeit eines Wohlfühl-Films

aufzugeben, klingen auch bitter-nachdenkliche Töne an. – Ab 14.
Großbritannien 2010 **P** Assassin Films / BBC **KI** Kool Filmdistribution **Pd** Leslee Udwin **R** Andy De Emmony **B** Ayub Khan-Din **K** Peter Robertson **M** Robert Lane, Shankar Mahadevan, Loy Mendonsa, Ehsaan Noorani **S** Jon Gregory, Stephen O'Connell **D** Om Puri (George/Jahangir Khan), Aqib Khan (Sajid Khan), Linda Bassett (Ella Khan), Robert Pugh (Mr. Jordan), Thomas Russell (Hughsy), Jimi Mistry (Tariq Khan), Vanessa Hehir (Esther), John Branwell (Ladendetektiv) **L** 103 **FSK** ab 6; f **E** 14.6.2012   **fd** 41 117

When the Lights Went Out
WHEN THE LIGHTS WENT OUT
Das ländliche Yorkshire wird in den 1970er-Jahren immer wieder von mehrtägigen Stromausfällen geplagt, als eine Familie beschließt, dort in einem alten Haus ein neues Leben zu beginnen. Vor allem die nahezu erwachsene Tochter erkennt früh, dass in dem kleinen Anwesen etwas agiert, was nicht von dieser Welt ist. Während das Drehbuch weitgehend auf bekannten Poltergeist/Exorzismus-Pfaden wandelt, verbreitet der Horrorfilm durch ein schön ausgestattetes 1970er-Jahre-Ambiente sowie die Suggestion, alles sei nach wahren Begebenheiten erzählt, durchaus angenehmen Grusel... – Ab 16.
Scope. Großbritannien 2012 **P** Kintop Pic. **DVD** Ascot/Elite (16:9, 2.35:1, DD5.1 engl./dt., dts dt.) **BD** Ascot/Elite (16:9, 2.35:1, dts-HDMA engl./dt.) **Pd** Bil Bungay, Deepak Nayar **R+B** Pat Holden **K** Jonathan Harvey **M** Marc Canham **S** Robert Hall, Gary Scullion **D** Kate Ashfield (Jenny), Steven Waddington (Len), Craig Parkinson (Brian), Jacob Clarke (Jenkins), Hannah Clifford (Lucy), Martin Compston (Mr. Price), Peter Egan (Peter), Morgan Connell (Carol) **L** 86 **FSK** ab 16 **E** 5.11.2012 DVD & BD   **fd** –

Where the Condors Fly ★
WHERE THE CONDORS FLY
Für seinen Film ¡Vivan las Antipodas! (2011) spürte der Dokumentarist Viktor Kossakovsky acht auf der Erdkugel gegenüberliegenden Orten und ihren Bewohnern nach. Dabei wurde er von Carlos Klein beobachtet, der in Patagonien, Shanghai und am Baikalsee die Entstehung des Mammutprojekts zum Gegenstand einer humorvoll-kritischen Reflexion über die Kinematografie macht. Kleins Bewunderung für Kossakovsky und seine Kunst weicht dabei Schritt für Schritt einer realistischeren Sicht. Ein «Film im Film zum Film» als ambitionierter Versuch über «Wahrheit» im (Dokumentar-)Filmschaffen. (O.m.d.U.) – Ab 14.
Schweiz/Deutschland 2012 **P** Mira Film / TM Film / SRG SSR / BR **KI** TM Film **Pd** Vadim Jendreyko, Carlos Klein, Hartmut Homolka **R+B** Carlos Klein **K** Carlos Klein **M** Daniel Almada, Martin Klingeberg, Carlos Klein **S** Carlos Klein, Beatrice Babin, Vadim Jendreyko **L** 93 (24 B./sec.) / 90 (25 B./sec.) **FSK** o.A.; f **E** 6.12.2012   **fd** 41 439

Where the Trail Ends
WHERE THE TRAIL ENDS
Aneinanderreihung von spektakulären Stunts und Mountain-Bike-Rennen vor exotischen Kulissen. Die mit immensem kameratechnischem Aufwand eingefangenen Hochglanzbilder von lebensmüden Action-Süchtigen bei der «Arbeit» werden mit schmissigem Sounddesign auf «atemberaubend» getrimmt. Nicht mehr als der kalkulierte Lifestyle-Werbefeldzug eines Getränke-Herstellers. – Ab 12.
USA 2011 **P** Freeride Entertainment / Red Bull Media House **DVD** Lighthouse (16:9, 1.78:1, DD5.1 engl.) **BD** Lighthouse (16:9, 1.78:1, TruHD7.1 engl.) **Pd** Kendrick Foot, Jack Ho, John Wellburn **R** Jeremy Grant **K** Brad McGregor **M** Edward Rogers **S** Andrew Boucher, Jeremy Grant **L** 81 **FSK** ab 6 **E** 7.12.2012 DVD & BD   **fd** –

White Collar Hooligan
THE RISE AND FALL OF A WHITE COLLAR HOOLIGAN
In der eigenen Fan-Kurve trifft man nicht nur Freunde. Das erkennt ein Londoner Fußball-Rowdy, als er einen gutsituierten Hobby-Hooligan trifft und sich in dessen Betrügereien hineinziehen lässt. Gangstergeschichte, die das Fußball-Milieu nur streift und ein gradliniges Drama erzählt. Zumindest die unbekannten Darsteller bemühen sich, das Beste aus der unspektakulär umgesetzten Story herauszuholen. – Ab 16.
Scope. Großbritannien 2012 **P** Press on Features/Templeheart Films / Chata Pic. / Silver Town Films **DVD** Ascot/Elite (16:9, 2.35:1, DD5.1 engl./dt.) **BD** Ascot/Elite (16:9, 2.35:1, dts-HDMA engl./dt.) **Pd** Blade Angel, Patricia Rybarczyk, Jonathan Sothcott, Paul Tanter, Alain Wildberger, Toby Meredith **R+B** Paul Tanter **K** Haider Zafar **S** Richard Colton, Andi Sloss **D** Nick Nevern (Mike Jacobs), Simon Phillips (Eddie Hill), Rita Ramnani (Katie), Peter Barrett (Topbeef), Rebecca Ferdinando (Nicey Pricey), Ricci Harnett (D.S. McCartney), Roland Manookian (Rusty), Billy Murray (Mr. Robinson) **L** 81 **FSK** ab 16 **E** 6.8.2012 DVD & BD   **fd** –

White Vengeance – Kampf um die Qin-Dynastie
HONG MEN YAN
Im China vor der Zeitenwende kämpfen zwei verfeindete Provinzfürsten um die Vorherrschaft im Land. Hinzu gesellen sich diverse Rebellen und Kampfkünstler, während am Hof des Kaisers tüchtig intrigiert und in prächtigen Kostümen mit allerlei Stichwerkzeugen furios bis zum Tod gefightet wird. Schön anzusehendes, aber durch die inflationär aneinandergereihten Genre-Versatzstücke auch ermüdendes Historienepos. – Ab 16.
VR China 2011 **P** Starlight International **DVD** Splendid (16:9, 2.35:1, DD5.1 Mandarin/dt.) **BD** Splendid (16:9, 2.35:1, dts-HD Mandarin/dt.) **Pd** Susanna Tsang **R+B** Daniel Lee **K** Tony Cheung **M** Henry Lai **S** Tang Man To **D** Leon Lai (Liu Bang), Feng Shao-feng (Xiang Yu), Zhang Hanyu (Zhang Liang), Anthony Wong Chau-Sang (Fan Zeng), Liu Yifei (Yu Ji), Jordan Chan (Fan Kuai), Andy On (Han Xin), Xiu Qing (Xiao He) **L** 133 **FSK** ab 16 **E** 10.5.2012 DVD & BD   **fd** –

Who Killed Marilyn? ☆
POUPOUPIDOU / POUPOUPIDOU – NOBODY ELSE BUT YOU
Ein Autor von Kriminalromanen, der unter einer Schreib-Blockade leidet, «stolpert» im französischen Jura über eine tote, betörend schöne Frau, für die sich niemand interessiert, weil ihre Leiche im Niemandsland zwischen Frankreich und der Schweiz liegt. Er ermittelt auf eigene Faust und stößt auf ein Leben voller unerfüllter Wünsche, in dem Männer eine entscheidende Rolle spielten. Seine Recherchen beflügeln ihn zu einem Roman, in dem er und die Tote, mit der er in sei-

ner Fantasie eine Affäre beginnt, eine wichtige Rolle spielen. Eine reizvolle, eigenwillig-faszinierende Mischung aus subtilem Thriller und humorvoller Gesellschaftsstudie. (Filmtitel Schweiz: POUPOUPIDOU) – Sehenswert ab 16. Scope. Frankreich 2011 **P** Dharamsala / France 2 Cinéma **KI** Koch Media/ filmcoopi (Schweiz) **VA** Koch (16:9, 2.35:1, dts-HDMA frz./dt.) **DVD** Koch (16:9, 2.35:1, DD5.1 frz./dt., dts dt.) **Pd** Isabelle Madelaine **R** Gérald Hustache-Mathieu **B** Gérald Hustache-Mathieu, Juliette Sales **K** Pierre Cottereau **M** Stephane Lopez **S** Valérie Deseine **D** Jean-Paul Rouve (David Rousseau), Sophie Quinton (Martine Langevin genannt Candice Lecoeur), Guillaume Gouix (Brigadier Bruno Leloup), Olivier Rabourdin (Kommandant Colbert), Clara Ponsot (Rezeptionistin), Arsinée Khanjian (Dr. Juliette Geminy), Eric Ruf (Simon Denner), Lyès Salem (Gus), Joséphine de Meaux (Cathy) **L** 102 **FSK** ab 12; f **E** 15.3.2012 Schweiz / 2.8.2012 / 7.12.2012 DVD & BD **fd** 40 961

Wie beim ersten Mal
HOPE SPRINGS

Ein mittelständisches Ehepaar, dessen Intimleben im 30-jährigen Zusammensein durch Alltäglichkeit und Gleichgültigkeit zum Erliegen gekommen ist, sucht Hilfe bei einem populären Sex-Therapeuten. Unbeholfener Versuch, US-amerikanischem Puritanismus einen offenen Umgang mit den Ursachen erkaltender Sexualität nahezulegen. Überwiegend auf komische Wirkung abgestellt, lebt die Komödie mehr von ihren soliden Darstellern als von der Stringenz der Geschichte. – Ab 14.
USA 2012 **P** Film 360 / Escape Artists **KI** Wild Bunch/Elite (Schweiz) **Pd** Todd Black, Guymon Casady, Kelli Konop **R** David Frankel **B** Vanessa Taylor **K** Florian Ballhaus **M** Theodore Shapiro **S** Steven Weisberg **D** Meryl Streep (Kay Soames), Tommy Lee Jones (Arnold Soames), Steve Carell (Dr. Bernard Feld), Jean Smart (Eileen), Ben Rappaport (Brad), Marin Ireland (Molly), Patch Darragh (Mark), Brett Rice (Vince), Becky Ann Baker (Cora), Elisabeth Shue (Karen), Mimi Rogers (Carol) **L** 100 (24 B./Sec.) / 97 (25 B./sec.) **FSK** ab 6; f **E** 6.9.2012 Schweiz / 27.9.2012 **fd** 41 283

Wie das Leben spielt ★
DANS LA VIE

Eine hilfsbedürftige alte Jüdin vergrault ständig ihre Pflegerinnen. Sie geht auf den Vorschlag einer muslimischen Krankenschwester ein, ihre Mutter, eine gläubige Muslimin und Hausfrau, könne ihr zur Hand gehen, und nach anfänglicher Skepsis nähern sich die beiden Frauen an. Ihre wachsende Freundschaft wird auf eine Probe gestellt, als die Anfeindungen gegen die Muslimin und ihren Mann auf Seiten der muslimischen Gemeinde wachsen und sie die Jüdin für einen Monat in ihrer Wohnung aufnimmt. Beeindruckender (Fernseh-)Film über einen zögerlichen Annäherungsprozess, der durchaus allegorischen Charakter hat, da er auch als Beispiel für die friedliche Koexistenz zwischen Palästinensern und Juden interpretiert werden kann. – Ab 14.
Frankreich 2006 **P** ARTE France Cinéma **KI** offen **Pd** Yasmina Nini-Faucon, Philippe Faucon **R** Philippe Faucon **B** Philippe Faucon, Amel Amani, Sarah Saada, William Karel **K** Laurent Fénart **S** Sophie Mandonnet **D** Sabrina Ben Abdallah (Sélima), Ariane Jacquot (Esther), Zohra Mouffok (Halima), Hocine Nini (Ali), Philippe Faucon (Elie), Oumria Mouffok (Sélimas Schwester), Roselyne Luccisano (Yvette) **L** 70 **E** 22.2.2012 arte **fd** –

Wie zwischen Himmel und Erde
WIE ZWISCHEN HIMMEL UND ERDE / ESCAPE FROM TIBET

Eine deutsche Rucksack-Touristin hat ein Nahtoderlebnis und findet sich in einem kleinen Flüchtlingstreck wieder, der Kinder aus Tibet nach Indien schleusen soll, um sie vor dem Zugriff der chinesischen Behörden zu bewahren. Unter ihnen befindet sich auch der auserwählte Nachfolger des Dalai Lama. Die Mischung aus Abenteuerfilm, Spiritualität und Lektionen über den Tibet-Konflikt erweist sich als naive Kolportage, die dem Thema weder ästhetisch noch formal gerecht wird. (Teils O.m.d.U.) – Ab 16.
Scope. Deutschland/Schweiz 2012 **P** Kick Film / Snake Film / BR / ARTE / SWR / SRF **KI** Prokino **Pd** Jörg Bundschuh, Markus Fischer **R** Maria Blumencron **B** Maria Blumencron, Karl-Dietmar Möller-Nass **K** Jörg Schmidt-Reitwein **M** Peter Scherer **S** Clara Fabry, Simon Blasi **D** Hannah Herzsprung (Johanna), David Lee McInnis (Tashi), Sangay Jäger (Tempa), Tamding Nagpa (Golden Boy), Yangzom Brauen (Dolma), Pema Shitsetang (Meto), Carlos Leal (Jean-François), Mona Petri (= Mona Fueter) (Florence) **L** 105 **FSK** ab 12; f **E** 31.5.2012 / 19.7.2012 Schweiz **fd** 41 095

Wieder ein Mord im Weißen Haus
ENEMIES AMONG US

Der nächste aussichtsreiche Kandidat fürs US-Präsidentenamt wird von zwei Polizisten in flagranti mit einer toten Prostituierten erwischt. Die Sache ist schwer zu erklären, darum bringt er die Cops mit Geld zum Schweigen. Diese ermitteln auch aus eigenem Interesse weiter, weil die Auftraggeber der Toten eigentlich den Kandidaten beseitigt sehen wollten. Wirrer Thriller, der längst Vertrautes wenig spannend erzählt. – Ab 16.
DVD/BD: Erhältlich als DVD, 2D BD und 2D/3D BD.
3D. USA 2010 **P** Most Wanted Films **DVD** Los Bandidos/Ascot Elite (16:9, 1.78:1, DD5.1 engl./dt.) **BD** Los Bandidos/Ascot Elite (16:9, 1.78:1, dts engl./dt.) **Pd** Dan Garcia, Matt Keith **R+B** Dan Garcia **K** Mike Rutledge **S** Laura Choppin **D** Billy Zane (Graham), Robin Givens (Gloria), Eric Roberts (Cobbs), James DuMont (Gouverneur Chip Majors), Tammi Arender (Gretna Connely), Griffin Hood (Devin Taylor), Shauna Rappold (Teresa), Abby Rao (Teresas Kind) **L** 76 **FSK** ab 16 **E** 15.6.2012 DVD & BD **fd** –

Wiederkehr, My Reincarnation
siehe: **My Reincarnation**

Die Wiesenberger – No Business Like Show Business
DIE WIESENBERGER – NO BUSINESS LIKE SHOW BUSINESS

Dokumentarfilm über den Schweizer Jodelklub «Die Wiesenberger», dessen 14 Mitglieder, allesamt Hobby-Musiker, auf dem Höhepunkt ihres Erfolgs Freizeit und Beruf in Einklang bringen müssen. Der Film lebt ganz vom Charme der großartig singenden, juchzenden und jodelnden Protagonisten, die er als ein Abbild Schweizer Traditionsbewusstseins beschreibt, ohne aber etwas über deren Motivation und Inspirationsquellen zu vermitteln. – Ab 14.

Schweiz 2011 **P** Zeitraum Film / SF / SRG / SSR / 3sat **KI** Xenix (Schweiz) **Pd** Bernard Weber, Martin Schilt, Robert Müller **R+B** Bernard Weber, Martin Schilt **K** Bernard Weber, Martin Schilt, Stéphane Kuthy, Peter Indergand (= Pierino Indergand) **S** Stefan Kählin, Michael Schaerer (= Mike Schaerer), Dave Leins **L** 89 **FSK** – **E** 23.2.2012 Schweiz **fd** 40 921

WikiLeaks – Geheimnisse und Lügen
WIKILEAKS – SECRETS AND LIES
Durch die Veröffentlichung geheimer, vertraulicher und brisanter Dokumente wurden Julian Assange und seine Enthüllungsplattform WikiLeaks weltweit bekannt. Der Dokumentarfilm befasst sich mit dem vermeintlichen Zuträger dieser Dokumente, lässt Akteure auf beiden Seiten der Enthüllungen, Befürworter wie Beschuldigte zu Wort kommen und fragt nach journalistischer Verantwortung. Assange gab das erste ausführliche Interview, seit gegen ihn in Schweden wegen zweifacher Vergewaltigung ermittelt wird. – Ab 16.
Großbritannien/Deutschland 2011 **P** The Oxford Film Company **KI** offen **Pd** Mark Bentley **R+B** Patrick Forbes **K** Tim Cragg, Simon French, Lawrence Gardner, Jon Sayers **M** Justin Nicholls **S** Kate Spankie **L** 80 **E** 14.2.2012 arte
fd –

Wilaya ★
WILAYA
Eine in Spanien aufgewachsene Frau kehrt nach dem Tod der Mutter in das Flüchtlingscamp der Sahrauis in der Westsahara zurück, um sich um ihre Schwester zu kümmern. Sie wird mit einer Welt konfrontiert, die sich in einem merkwürdigen Schwebezustand befindet, und hat Schwierigkeiten, eine Orientierung zu finden. Spröde und unheroisch skizziert der bewegende Film einen komplexen Mikrokosmos, in dem sich eindringlich die traurigen Lebensbedingungen eines ganzen Volks spiegeln, wobei in Gestalt der beiden Frauen ein Hoffnungszeichen aufscheint. (O.m.d.U.) – Ab 14.
Spanien 2012 **P** Wanda Vision **KI** trigon-film (Schweiz) **Pd** José María Morales **R+B** Pedro Pérez Rosado **K** Oscar Duran **M** Aziza Brahim **S** Iván Aledo **D** Nadhira Mohamed, Memona Mohamed, Aziza Brahim, Ainina Sidameg, Ahmed Molud **L** 97 **FSK** – **E** 22.11.2012 Schweiz **fd** –

Wild Seven
WAIRUDO 7 / WILD 7
Wenn das Böse die Übermacht im Staat zu erringen droht, dann muss man es mit Bösem bekämpfen. So argumentiert die japanische Regierung und engagiert sieben zwielichtige Gestalten, die nur wenn es wirklich ernst wird, ihre Loyalität zur Obrigkeit beweisen. Bald geraten sie ins Kreuzfeuer von korrupten Beamten und Terroristen. Obertourige Hochglanzvariante von Akira Kurosawas Klassiker DIE SIEBEN SAMURAI, die diesmal mit Motorrädern und coolen Sprüchen im Actiongewitter für jene einstehen, die es wert sind. – Ab 16.
Japan 2011 **P** Abe Shuji / Robot Communications / Warner **DVD** Splendid (16:9, 1.78:1, DD5.1 jap./dt.) **BD** Splendid (16:9, 1.78:1, dts-HD jap./dt.) **Pd** Kinya Yagi **R** Eiichiro Hasumi **B** Masaki Fukasawa **Vo** Mikiya Mochizuki (Manga) **K** Tomoo Ezaki **M** Kenji Kawai **S** Hideyuki Oe **D** Eita (Dairoku), Kippei Shiina (Sekai), Ryuhei Maruyama (Pairo), Tsuyoshi Abe (Sox), Takashi Ukaji (Oyabun), Yusuke Hirayama (Hebobi), Kyoto Fukada (Yuki), Minoru Matsumoto **L** 109 **FSK** ab 16 **E** 14.12.2012 DVD & BD
fd –

William S. Burroughs: A Man Within
WILLIAM S. BURROUGHS: A MAN WITHIN
Dokumentarfilm über den Schriftsteller William S. Burroughs. Im Fokus steht dabei weniger das literarische Schaffen des Beat-Poeten, der zur Underground-Ikone wurde, als vielmehr dessen Rolle als schillernde Symbolfigur für die Bedeutung von Homosexualität und Drogen in der Populärkultur. Aus den Erinnerungen von Bewunderern und Weggefährten entsteht ein auf den subkulturellen Kreis beschränktes Bild Burroughs', das den weit darüber hinaus reichenden Einfluss des Schriftstellers völlig außer Acht lässt. (O.m.d.U.) – Ab 16.
Teils schwarz-weiß. USA 2011 **P** BulletProof Film **KI** Neue Visionen **Pd** Carmine Cervi, Ilko Davidov, Yony Leyser **R** Yony Leyser **B** Yony Leyser **S** Ilko Davidov **L** 91 **FSK** ab 12; f **E** 12.1.2012/3.9.2012 arte **fd** 40 834

Willkommen im Krieg
Ein verkaterter Mann rumpelt mit einem Bundeswehrpanzer durch eine Wüstenlandschaft und gerät unversehens unter Feindbeschuss. Plötzlich hellwach, erinnert er sich, dass er den Einsatz für seinen Kumpel übernommen hat, der Vater wird und deshalb von dem Auslandseinsatz kurzfristig abgesehen hat. (Fernseh-)Antikriegskomödie über Auslandseinsätze der Bundeswehr, die den Spagat zwischen Komik und Tragik wagt. – Ab 16.
Deutschland 2011 **P** Kasbah-Film / Ninety-Minute Film **KI** offen **Pd** Ivo-Alexander Beck, Alicia Remirez **R** Oliver Schmitz **B** Christian Pötschke **K** Peter-Joachim Krause **M** Fabian Römer **S** Achim Seidel **D** Constantin von Jascheroff (Martin), Jessica Richter (Nina), Wilson Gonzalez Ochsenknecht (Tier), Arnel Taci (Nobbi), Daniel Zillmann (Horstie), Michael Lott (Oberleutnant Körner), Hannes Jaenicke (Major Müller), Marc Ben Puch (= Marc-Benjamin Puch) (Vandrey) **L** 101 **E** 9.4.2012 ProSieben
fd –

Willkommen in Kölleda
Ein Witwer lebt mit zwei Kindern, seiner Mutter und dem Schwiegervater auf einem Bauernhof, wo er Pfefferminz anbaut, die er an die örtliche Getreidemühle verkauft. Als diese geschlossen werden soll, bekommt er es mit einer resoluten, kühlen Geschäftsfrau zu tun, die die Schließung abwickeln soll. Konventionelle (Fernseh-) Liebesgeschichte aus der deutschen Provinz. – Ab 12.
Deutschland 2011 **P** ndF (für ARD Degeto/MDR) **KI** offen **Pd** Jana Brandt, Sven Döbler, Jörn Klamroth, Matthias Walther, Sabina Naumann **R** Andi Niessner **B** Brigitte Müller **K** Karl Finkbeiner **M** Philipp Fabian Kölmel (= Philipp F. Kölmel) **D** Janina Hartwig (Carla Schneider), Francis Fulton-Smith (Simon Vorberg), Christine Schorn (Mathilde), Klaus Manchen (Heinrich), Lucy Ella von Scheele (Ronja Vorberg), Lukas Schust (Max Vorberg), Philipp Moog (Dr. Tom Bahrmann), Bruno F. Apitz (Herbert Biele) **L** 89 **E** 1.5.2012 ARD **fd** –

Wilsberg – Aus Mangel an Beweisen
Nach der Entführung eines Jungen in einem Dorf im Münsterland wird

Detektiv Wilsberg von den Eltern um Hilfe gebeten. Doch Polizei und Dorfbewohner verdächtigen längst einen wegen Kindesmissbrauchs einschlägig bekannten Mann, gegen den keine Beweise vorliegen. Wilsberg ermittelt weiter und gerät darüber in handfeste Streitigkeiten mit den Einheimischen. Launiger (Fernsehserien-)Krimi, der Lynchmentalität in einer vermeintlichen Provinzidylle eher behutsam aufs Korn nimmt. – Ab 14.
DVD/BD: Erschienen in der Box «Wilsberg 16 – Folgen 31+32».
Deutschland 2011 **P** Eyeworks Fiction Cologne **DVD** ZDF Video / Polar Film (16:9, 1.78:1, DD2.0 dt.) **Pd** Micha Terjung **R** Hans-Günther Bücking **B** Jürgen Kehrer **K** Hans-Günther Bücking **M** Dirk Leupolz **S** Zaz Montana **D** Leonard Lansink (Georg Wilsberg), Oliver Korittke (Ekki Talkötter), Ina Paule Klink (Alex), Rita Russek (Anna Springer), Roland Jankowsky (Overbeck), Claudia Michelsen (Melanie Rensing), Stephan Kampwirth (Thomas Rensing), Michael Lott (Wolfgang Schwendter), Nadja Becker (Silke Sestendrup), Kai Scheve (Dr. Fahle), Bettina Kupfer (Annika Bruns), Matthias Weidenhöfer (Kevin Erdel), Daniel Roesner (Nils Erdel) **L** 87 **FSK** ab 12 **E** 25.1.2012 zdf_neo/28.1.2012 ZDF / 7.6.2012 DVD **fd** –

Wilsberg – Die Bielefeld-Verschwörung
Der Münsteraner Detektiv Wilsberg lehnt das Hilfsgesuch eines spleenigen Sonderlings ab, der sich verfolgt fühlt, seit er die Nichtexistenz der Stadt Bielefeld beweisen zu können glaubt. Als der Mann kurz darauf zu Tode kommt, gelingt es Wilsberg, die Leiche gegen allen äußeren Anschein obduzieren zu lassen, wobei sich herausstellt, dass der Tote ermordet wurde. Die einzige Spur führt nach Bielefeld. Behäbig-amüsanter Krimi als Teil einer (Fernseh-)Serie, die eine hartnäckige Städte-Rivalität mit tödlicher Konsequenz zu Ende denkt. – Ab 14.
DVD/BD: Erschienen in der Box «Wilsberg 17 – Folgen 33+34».
Deutschland 2011 **P** Eyeworks Fiction Cologne **DVD** ZDF Video / Polar Film (16:9, 1.78:1, DD2.0 dt.) **R** Hans-Günther Bücking **B** Timo Berndt **Vo** Jürgen Kehrer (Charaktere) **K** Hans-Günther Bücking **M** Dirk Leupolz **D** Leonard Lansink (Georg Wilsberg), Oliver Ko-rittke (Ekki Talkötter), Ina Paule Klink (Alex), Rita Russek (Anna Springer), Roland Jankowsky (Overbeck), Heinrich Schafmeister (Manni Höch), Marion Mitterhammer (Miriam Zubert), Alwara Höfels (Karola), Fjodor Olev (Dominik), Robert Gallinowski (Frank Albers), Daniel Roesner (Nils Erdel), Hanno Friedrich (Philipp Assmann), Frank Voß (Dr. Ludwig Köhn) **L** 89 **FSK** ab 12 **E** 18.2.2012 ZDF / 22.12.2012 DVD **fd** –

Wilsberg – Halbstark
Der Münsteraner Detektiv sucht nach dem verschwundenen 17-jährigen Sohn einer Jugendfreundin und findet rasch heraus, dass es der junge Mann faustdick hinter den Ohren hat und seine Lehrer systematisch terrorisiert. In einem verfallenen Bauernhaus wird seine Leiche gefunden, und viele Menschen könnten in den Mord verwickelt sein. Launiger (Fernsehserien-)Krimi mit sympathischen Figuren. – Ab 14.
DVD/BD: Erschienen in der Box «Wilsberg 17 – Folgen 33+34».
Deutschland 2011 **P** Eyeworks Fiction Cologne **DVD** ZDF Video / Polar Film (16:9, 1.78:1, DD2.0 dt.) **R** Hans-Günther Bücking **B** Martin Eigler **K** Hans-Günther Bücking **M** Matthias Weber **D** Leonard Lansink (Georg Wilsberg), Oliver Korittke (Ekki Talkötter), Rita Russek (Kommissarin Springer), Ina Paule Klink (Alex), Roland Jankowsky (Overbeck), Anja Kruse (Lea Sonnenborn), Horst-Günter Marx (Peter Steiner), Bernhard Schir (Schulzendorf) **L** 89 **FSK** ab 12 **E** 7.4.2012 ZDF / 22.11.2012 DVD **fd** –

Winds of Sand – Women of Rock: ★
Die Frauenkarawane der Toubou
WINDS OF SAND – WOMEN OF ROCK
Der Dokumentarfilm begleitet sieben Frauen des Nomadenstamms der Toubou mit ihren Kindern und Kamelen, die sich jährlich auf die strapaziöse, 1.500 Kilometer lange Reise vom Südosten der Sahara in den Norden begeben, um dort Datteln zu ernten, die im Süden verkauft werden können. Diese feste Einnahmequelle ist Grundlage für das Nomadenleben des Stamms. Ein unverstellter und unvoreingenommener Blick auf archaische Lebensstrukturen, die vom Islam geprägt sind, wobei der Film aber keinen Anlass für ideologische Betrachtungen gibt. – Ab 14.

Österreich/Belgien/Frankreich 2009 **P** Lotus Film / Liaison Cinématographique/Entre Chien et Loup **KI** offen **Pd** Sébastien Delloye, Diana Elbaum, Erich Lackner **R+B** Nathalie Borgers **K** Jean-Paul Meurisse **M** Thierry Zaboitzeff **S** Dieter Pichler **L** 95 **E** 10.6.2012 ORF 2 **fd** –

Winter 42/43
siehe: **Kriegswende**

Winterdieb ☆
L' ENFANT D' EN HAUT
Ein zwölfjähriger Junge sichert für sich und eine junge Frau, die sich als seine Schwester ausgibt, aber seine Mutter ist, den Unterhalt, indem er in einem Schweizer Skigebiet in den Bergen teure Ski-Accessoires der Touristen stiehlt und diese im Tal weiterverkauft. Mit dem Geld will er sich die Liebe seiner Mutter erkaufen, die sich ihm aber immer wieder verweigert. In einer metaphorisch die Innenwelt und die Konflikte der Figuren spiegelnden Landschaft entfaltet das karge, vorzüglich gespielte Drama dank der durchdachten Bildsprache und Musikgestaltung eine bewegende Mutter-Sohn-Geschichte. Zwar bleibt die soziale Symbolik etwas plakativ, dennoch entfaltet der Film eine große Intensität. (Titel Schweiz: SISTER – L'ENFANT D'EN HAUT) – Sehenswert ab 12.
Schweiz/Frankreich 2012 **P** Archipel 35/Vega Film **KI** Arsenal/Filmcoopi (Schweiz) **Pd** Ruth Waldburger, Denis Freyd **R** Ursula Meier **B** Antoine Jaccoud, Ursula Meier **K** Agnès Godard **M** John Parish **S** Nelly Quettier **D** Léa Seydoux (Louise), Kacey Mottet Klein (Simon), Martin Compston (Mike), Gillian Anderson (Kristin Jansen), Jean-François Stévenin (Chefkoch), Yann Trégouët (Bruno), Gabin Lefèbvre (Marcus), Dilon Ademi (Dilon), Magne-Håvard Brekke (gewalttätiger Skifahrer) **L** 97 **FSK** ab 6; f **E** 26.4.2012 Schweiz / 8.11.2012 **fd** 41360

Winternomaden ★
WINTERNOMADEN
Zwei Wanderhirten, ein älterer Mann und eine junge Frau, treiben eine Schafherde über Monate hinweg durch die verschneite Westschweiz, um die Tiere ihrer Bestimmung zuzuführen – dem Schlachthof. Ein stilvoller Dokumentarfilm mit beeindruckenden Winterimpressionen, dessen

Protagonisten jedoch fremd bleiben. Auch die Gründe für ihren Beruf und ihre Motivation werden nur wenig ausgeleuchtet. – Ab 14.
Schweiz 2012 **P** Louise Prod. / Radio Télévision Suisse / TSR / SRG SSR idée suisse / ARTE **KI** Neue Visionen/ JMH (Schweiz) **Pd** Heinz Dill, Elisabeth Garbar **R** Manuel von Stürler **B** Claude Muret, Manuel von Stürler **K** Camille Cottagnoud **M** Olivia Pedroli **S** Karine Sudan **L** 90 **FSK** o.A.; f **E** 6.11.2012 Schweiz / 20.12.2012 **fd** 41 480

Wir haben gar kein Auto
Eine romantische Fahrrad-Tour von München nach Meran, bei der eine temperamentvolle deutsche Unternehmerin und ein charmanter Italiener endlich Zeit füreinander finden wollen, entwickelt sich sportlich wie zwischenmenschlich zur ungeahnten Herausforderung. Routinierte (Fernseh-)Komödie als harmlos-amüsante Unterhaltung nach einem Roman der beiden Hauptdarsteller. – Ab 12.
DVD/BD: Die FSK-Freigabe «ab 6» der DVD bezieht sich auf das Bonusmaterial (Trailer etc.), der Film selbst hat eine Freigabe «o.A.».
Deutschland 2012 **P** Eyeworks Germany (für ZDF) **DVD** Edel Media (16:9, 1.78:1, DD2.0 dt.) **Pd** Sabine de Mardt **R** Dennis Satin **B** Stefan Rogall **Vo** Jutta Speidel und Bruno Maccallini (Roman *Wir haben gar kein Auto*) **K** Sven Kirsten **M** Karim Sebastian Elias **S** Betina Vogelsang **D** Jutta Speidel (Jutta), Bruno Maccallini (Bruno), Moritz Lindbergh (Christian), Proschat Madani (Uschi), Michael Greiling (Axel), Dagmar Sachse (Frau Hoppenrieder) **L** 89 **FSK** o.A. **E** 4.11.2012 ZDF / 7.12.2012 DVD **fd** –

Wir haben gar kein Auto – Mit dem Fahrrad nach Italien
siehe: **Wir haben gar kein Auto**

Wir haben gar kein Auto – Mit dem Fahrrad über die Alpen
siehe: **Wir haben gar kein Auto**

Wir kaufen einen Zoo
WE BOUGHT A ZOO
Ein Witwer mit zwei Kindern kündigt seinen Job als Zeitungsreporter und kauft einen heruntergekommenen Zoo, den er gemeinsam mit den verbliebenen Tierpflegern und seinen Kindern neu eröffnet. Die von einer feinen Auswahl an Rock- und Pop-Songs begleitete Chronik eines Neuanfangs wird dem Thema Tod und Vergänglichkeit zwar kaum gerecht, unterhält aber durchaus charmant als gut konturiertes Wohlfühlkino. – Ab 10.
USA 2011 **P** Twentieth Century Fox / LBI Ent. / Vinyl Films **KI** Twentieth Century Fox **Pd** Julie Yorn, Paul Deason, Marc Gordon, Aldric La'auli Porter **R** Cameron Crowe **B** Aline Brosh McKenna, Cameron Crowe **Vo** Benjamin Mee (Buch *Wir kaufen einen Zoo / We Bought a Zoo*) **K** Rodrigo Prieto **M** Jónsi **S** Mark Livolsi **D** Matt Damon (Benjamin Mee), Scarlett Johansson (Kelly Foster), Thomas Haden Church (Duncan Mee), Patrick Fugit (Robin Jones), Colin Ford (Dylan Mee), Elle Fanning (Lily Miska), Maggie Elizabeth Jones (Rosie Mee), John Michael Higgins (Walter Ferris), Angus MacFadyen (Peter Macready) **L** 124 **FSK** o.A.; f **FBW** w **E** 3.5.2012 **fd** 41 049

Wir könnten auch anders
Der essayistische Dokumentarfilm führt hinter die Grenzen des Wachstums, zeigt Menschen und Gruppierungen, die bereit sind, neue Wege zu beschreiten und alternative Organisationsformen zu erproben. Er bildet eine Gesellschaft im Umbruch ab und ermöglicht Begegnungen mit Menschen, die ihre Zukunft aktiv gestalten wollen. – Ab 16.
Deutschland 2012 **P** Kunle-Launiger/ ZDF (Das kleine Fernsehspiel) **KI** offen **Pd+R** Daniel Kunle, Holger Launiger **B** Daniel Kunle, Holger Lauinger **K** Daniel Kunle **M** The Intertiol Nothing **L** 90 **E** 17.12.2012 ZDF **fd** –

Wir sind alle Prinzessinnen
NOUS, PRINCESSES DE CLÈVES
Die Lektüre des klassischen französischen Romans *Die Prinzessin von Clèves* (1678) von Marie-Madeleine de La Fayette dient Schülern eines Problembezirks in Marseille auch zur Reflexion ihrer eigenen Gefühle und Gedanken an der Schwelle zum Erwachsenwerden. Humorvoller und in der Erfassung des sozialen Milieus präziser Dokumentarfilm über ein gelungenes Beispiel für den schulischen Umgang mit vermeintlich antiquiertem Kulturgut. – Ab 16.
Frankreich 2011 **P** Nord-Ouest Documentaries / France Ô **KI** offen **Pd** Sylvie Randonneix, Pierre Watrin **R+B** Régis Sauder **K** Régis Sauder **S** Florent Mangeot **L** 70 **E** 8.11.2012 arte **fd** –

Wir wollten aufs Meer ★
Zwei junge Männer in Rostock träumen 1982 von einer Zukunft auf See. Gemeinsam mit einem Dritten, der offen von Republikflucht spricht, geraten sie in das monströse Netz der Staatssicherheit. Der eine steigt zum Spitzel im Offiziersrang auf, der andere leistet Widerstand, bis es hinter Gefängnismauern zu Schikanen und Psychoterror kommt. Düsteres DDR-Drama über Menschen voller Sehnsucht nach einer besseren Welt, die in die Zwangsjacke eines Systems geraten, das ihnen keine Entscheidungsgewalt über ihr Leben zubilligt. Die herausragenden Darsteller überspielen souverän die mitunter überladene, allzu deutlich illustrierte Handlung, wobei die verhandelten Gewissensfragen die Dimension einer griechischen Tragödie bekommen. – Ab 14.
Scope. Deutschland 2012 **P** Ufa Cinema / Frisbeefilms / BR / ARD Degeto / SWR / BR-ARTE / ARTE / SR **KI** Wild Bunch **Pd** Nico Hofmann, Ariane Krampe, Jürgen Schuster, Manuel Bickenbach, Alexander Bickenbach, Bettina Reitz, Hans-Wolfgang Jurgan (= Wolfgang Jurgan) **R** Toke Constantin Hebbeln **B** Ronny Schalk, Toke Constantin Hebbeln **K** Felix Novo de Oliveira **M** Nic Raine **S** Simon Blasi **D** Alexander Fehling (Cornelis Schmidt), August Diehl (Andreas Hornung), Phuong Thao Vu (Phuong Mai), Ronald Zehrfeld (Matthias Schönherr), Annika Blendl (Sabine Schönherr), Sylvester Groth (Roman), Rolf Hoppe (Oberst Seler), Hans-Uwe Bauer (Ralfi), Thomas Lawinsky (Eberhard Fromm), Michael Schenk (Dobroschke), Thorsten Michaelis (Schließer), Anian Zollner (Wolfram) **L** 117 (24 B./sec.) / 113 (25 B./sec.) **FSK** ab 12; f **E** 13.9.2012 **fd** 41 258

Wo stehst du? ☆
Dokumentarfilm über drei junge Kölner Erwachsene und ihren Freundeskreis, deren Heimat Deutschland ist und die zugleich durch die muslimische Herkunftskultur ihrer Eltern geprägt sind. Er zeigt sie während der Ausbildung (Schauspiel), bei der Arbeits- und Sinnsuche und wie sie mit einer Schuldenlast und einer Liebe

über kulturelle Grenzen hinweg umzugehen lernen. Allen drei gemeinsam ist die Suche nach verbindlichen Werten, der Versuch, das Leben auf eigene Füße zu stellen. Eine spannende, präzise Milieustudie, die sich auch durch Humor und die Vertrautheit mit ihren Protagonisten auszeichnet. Der Film ist der dritte und abschließende Teil einer zehnjährigen Langzeitdokumentation (Frühere Teile: WAS LEBST DU? und WAS DU WILLST). – Sehenswert ab 14.
DVD/BD: Extras: Der Film WAS DU WILLST, der 2. Teil der Trilogie; Booklet, u. a. mit Kommentar der Regisseurin Bettina Braun zur Zusammenarbeit mit den Protagonisten.
Deutschland 2012 **P** Bettina Braun Prod. / ZDF (Das kleine Fernsehspiel) **DVD** Real Fiction (16:9, 1.78:1, DD2.0 dt.) **Pd+R+B** Bettina Braun **K** Bettina Braun **S** Gesa Marten, Bettina Braun **L** 91 **FSK** o.A. **E** 30.4.2012 ZDF / 12.10.2012 DVD **fd** –

Woher wir kommen
LE RESTE DU MONDE
Eine schwangere Frau, deren Geliebter Selbstmord begangen hat, muss sich mit desolaten Familienverhältnissen auseinandersetzen: Die verstorbene Mutter schien es mit der ehelichen Treue nicht so genau genommen zu haben, der leibliche Vater der ältesten Schwester soll ein Anwalt sein. Die drei Schwestern stellen ihn zur Rede, worauf die Schwangere der Verdacht beschleicht, dass auch sie seine Tochter sein könnte. Einfühlsam und unaufdringlich erzählte Geschichte einer Identitätssuche, die geschickt Nähe zu ihren Protagonisten aufbaut. – Ab 14.
Frankreich 2011 **P** D.O.Films / ARTE France **KI** offen **Pd+R+B** Damien Odoul **K** Sylvain Rodriguez **S** Jean-Christophe Hym **D** Marie-Eve Nadeau (Eve), Judith Morisseau (Judith), Aurélie Mestres (Aurélie), Jean-Louis Coulloc'h (Gilles), Emmanuelle Béart (Katia), Charles Berling (der Erzeuger), Mathieu Amalric (Paul) **L** 82 **E** 14.12.2012 arte **fd** –

Wohin der Weg mich führt
Eine Anwältin soll einem Winzer den Hof kündigen, da nach dem Tod seines Ziehvaters der leibliche Sohn Anspruch auf das Erbe erhebt. Dieser will die Weinberge einebnen und ein Wellness-Hotel errichten, doch der Winzer, selbst Vater dreier Pflegesöhne, verfügt über eine juristische Ausbildung und gibt nicht so schnell auf. Anspruchslos-heiterer (Fernseh-)Familienfilm, der in der Aussöhnung der ungleichen Halbbrüder gipfelt. – Ab 12.
Deutschland 2012 **P** die film gmbh (für ARD-Degeto) **KI** offen **Pd** Uli Aselmann (= Dieter Ulrich Aselmann) **R** Matthias Steurer **B** Edda Leesch **K** Helmut Pirnat **M** Stephan Massimo **S** Veronika Zaplata **D** Johanna Christine Gehlen (Sarah Stein), Michael Fitz (Peter Jahn), Edda Leesch (Gabi Neumann), Jochen Nickel («Torte» Neumann), Uli Krohm (Klaus Grabow), Thibault Sérié (Theo), Thilo Berndt (Paul), Timm-Marvin Schattling (Leon) **L** 89 **E** 16.11.2012 ARD **fd** –

Die Wohnung
HA-DIRA
Der Filmemacher dokumentiert die Auflösung der Wohnung seiner verstorbenen Großmutter, einer deutschen Jüdin, die 1935 mit ihrem Mann nach Israel emigrierte. Unter den Dokumenten findet sich ein Foto, das auf die Spur einer befremdlichen Freundschaft führt. Offensichtlich waren die Großmutter und ihr Mann mit einem deutschen Ehepaar befreundet; der Mann war SS-Mitglied und Leiter des NS-Judenreferats. Als Protagonist seiner eigenen Recherche spürt der Filmemacher der irritierenden Freundschaft nach, wobei er geschickt mit Spannungsbögen arbeitet und eine ungewöhnliche Facette des Umgangs mit dem Holocaust beleuchtet. Ein bewegendes Dokument des Schweigens von Tätern und Opfern. (Teils O.m.d.U.) – Ab 14.
Deutschland/Israel 2011 **P** zero one film / Arnon Goldfinger / ZDF / SWR / NOga Communications – Channel 8 / ARTE **KI** Salzgeber & Co. **Pd** Arnon Goldfinger, Thomas Kufus **R+B** Arnon Goldfinger **K** Philippe Bellaiche, Talia Galon **M** Yoni Rechter **S** Tali Halter Shenkar **L** 97 **FSK** o.A.; f **FBW** bw **E** 14.6.2012 **fd** 41 120

Wolff – Kampf im Revier
Eine sechs Jahre zurückliegende Schussverletzung hat einen Polizeikommissar fast das Leben gekostet und ihn beruflich aus der Bahn geworfen. Nun arbeitet er als Dozent an der Polizei-Akademie, wobei sich hartnäckig das Gerücht hält, er sei drogensüchtig. Als ein Dealer ermordet wird, gerät auch er in den Kreis der Verdächtigen, und ehemalige Kollegen ermitteln gegen ihn. Routinierter (Fernseh-)Krimi als Wiederbelebung einer Serie, die 2006 eingestellt wurde. Der Pilotfilm zu einer möglichen neuen Staffel gibt dem Protagonisten Gelegenheit zur Rehabilitation. – Ab 14.
Deutschland 2011 **P** Producers at Work **KI** offen **Pd** Siegfried Kamml (= Sigi Kamml), Christian Popp **R** Christian Alvart **B** Anna Dokoupilova **K** Ngo The Chau **M** Michl Britsch **S** Sebastian Bonde **D** Stephan Luca (Marck), Jürgen Heinrich (Wolff), Nadeshda Brennicke (Vicky), Georg Veitl (Dr. Baltus), Isabel Bongard (Nele), Jonathan Stolze (Charly), Clemens Schick (Romeo) **L** 91 **E** 17.1.2012 SAT.1 **fd** –

Wolfsbrüder
ENTRELOBOS
Spanien 1953: Ein Junge wird von seinem Vater an einen Großgrundbesitzer verkauft, der ihn zu einem Ziegenhirten in die Sierra Morena schickt. Als der alte Mann stirbt, ist der Junge auf sich allein gestellt. Zwölf Jahre lang lebt er unter Wölfen, bis ihn Polizisten gefangennehmen. Nach einem wahren Fall zeichnet der Film unterschwellig das Porträt einer inhumanen Gesellschaft, wirft aber auch Fragen nach alternativen Lebensentwürfen auf. Die Natur wird mit ausgesucht schönen Bildern als positives Gegenbild gezeichnet, ohne dass ihre Härten oder ihre Wildheit verschwiegen würden. – Ab 14.
Spanien/Deutschland 2010 **P** Wanda Visión / Arakao Films / Sophisticated Films **KI** Polyband **DVD** Polyband (16:9, 1.78:1, dts-HD dt.) **BD** Polyband (16:9, 1.78:1, dts-HD dt.) **Pd** José María Morales, Sophokles Tasioulis **R+B** Gerardo Olivares **K** Oscar Durán **M** Klaus Badelt **S** Iván Aledo **D** Juan José Ballesta (Marcos mit 20), Manuel Camacho (Marcos mit 7), Sancho Gracia (Atanasio), Carlos Bardem (Ceferino), Alex Brendemühl (Balilla), Eduardo Gómez (Caragorda), Luisa Martín (Isabel), Dafne Fernández (Pizquilla), Antonio Dechent (Sargento), Vicente Romero (Hocicotocino) **L** 111 **FSK** ab 6; f **FBW** bw **E** 7.6.2012 / 12.7.2012 Schweiz / 25.1.2013 DVD & BD **fd** 41 108

Woman Knight
siehe: **Ip Woman**

Woodstock in Timbuktu
Im Januar 2011 fand nahe Timbuktu in Mali das elfte internationale «Festival au Désert» statt, auf dem sich Musiker des Wüstennomadenvolks der Kel Tamaschek präsentieren. Der Dokumentarfilm porträtiert einige der Bands und sensibilisiert für die Situation der Nomaden, die seit dem Ende der französischen Kolonialherrschaft auf mehrere Sahara-Länder verteilt leben und gerade in Mali immer wieder von Kriegen und Aufständen betroffen sind. – Ab 14.
Deutschland 2011 **P** CindigoFilm / WDR **KI** offen **Pd** Nicole Joens, Philip Joens **R+B** Désirée von Trotha **K** Britta Mangold **L** 93 **FSK** o.A. **FBW** bw **E** 13.9.2012 WDR   **fd** –

Woody Allen: A Documentary ☆
WOODY ALLEN: A DOCUMENTARY
Dokumentarisches Porträt des New Yorker Filmemachers Woody Allen (geb. 1935 in Brooklyn), das vor allem dessen künstlerisches Schaffen beleuchtet, während Details aus seinem Privatleben eher diskret behandelt werden. Neben Interview-Passagen, in denen Allen selbst, aber auch Schauspieler, Filmleute, Ex-Partnerinnen und Kritiker zu Wort kommen, sind diverse Ausschnitte aus Woody-Allen-Filmen zu sehen. Daraus ergibt sich ein Film, der vor allem den Arbeitsprozess des Autors und Regisseurs interessant beleuchtet. Mehr liebevolle «Heldenverehrung» als eine kritische Werkanalyse, macht er vor allem Lust darauf, sich neu mit Woody Allens Filmen zu befassen. – Ab 12.
DVD/BD: Auf DVD ist die 2-teilige TV-Fassung der Dokumentation (184 Min.) erschienen. Die Extras umfassen u.a. umfangreiche Szenen, die in der Kino- und in der TV-Dokumentation keine Verwendung gefunden haben. Teils schwarz-weiß. USA 2012 **P** Whyaduck Prod. / Rat Ent. / Mike's Movies / Insurgent Media **KI** nfp **DVD** EuroVideo (16:9, 1.78:1, DD5.1 engl.) **Pd+R+B** Robert B. Weide **K** Buddy Squires, Bill Sheehy, Anthony Savini, Neve Cunningham, Nancy Schreiber **M** Paul Cantelon **S** Robert B. Weide, Karoliina Tuovinen **L** 117 (DVD: 184) **FSK** o.A.; f **E** 5.7.2012 / 25.10.2012 DVD   **fd** 41 168

Work Hard – Play Hard ☆
Hellsichtiger Dokumentarfilm über die schleichenden Veränderungen in der modernen Arbeitswelt, die im Gefolge der Digitalisierung und unter dem Vorzeichen flacher Hierarchien zum Verlust der Privatsphäre und einer Nivellierung der Grenze zwischen Arbeit und Freizeit tendieren. Mit analytischer Schärfe, aber ohne wertenden Kommentar beschreibt der visuell bestechende Film, wie sich moderne Büroarchitektur, Managementmoden und Personalführung in der Leitidee einer permanenten Selbstoptimierung vereinen. Eine bedrängende Innenperspektive auf die New Economy und ihre immer raffinierteren Methoden, die «Humane Resources» auszubeuten. (Preis der Ökumenischen Jury Leipzig 2011) – Sehenswert ab 16.
Scope. Deutschland 2011 **P** HUPE Film- und Fernsehprod. / ZDF / ARTE **KI** Film Kino Text **Pd** Erik Winker **R+B** Carmen Losmann **K** Dirk Lütter, Gerardo José Milszetin **S** Henk Drees **L** 94 **FSK** o.A.; f **FBW** bw **E** 12.4.2012 / 6.3.2013 arte   **fd** 41 005

Ein Wort hätte genügt
siehe: **Ein...**

Das Wrack des Sonnenkönigs – Tauchfahrt in Toulon
RENAISSANCE DU VAISSEAU AMIRAL DU ROI SOLEIL
Dokumentarfilm über spektakuläre Tauchgänge zum Wrack des Dreimasters «La Lune», der sich 1664 auf dem Rückweg von einer Expedition in Nordafrika befand und vor der Küste von Toulon Schiffbruch erlitt. Das Wrack wurde 1993 wiederentdeckt und bietet heute ungewöhnliche Einblicke in die Regentschaft des «Sonnenkönigs» Ludwig XIV. Eine spannende archäologische Forschungsarbeit mit Einblicken in die Entwicklung maritimer Techniken. –
Frankreich 2012 **P** arte **KI** offen **R** Vincent Perazio, Nicolas Ferraro, Guillaume Peres **L** 90 **E** 9.12.2012 arte   **fd** –

Wrangler – Das Leben einer Legende
WRANGLER – ANATOMY OF AN ICON
In den 1970er-Jahren avancierte er unter dem Pseudonym Jack Wrangler zu einem der erfolgreichsten Gay-Pornodarsteller der USA und wurde, wider Willen, zur Ikone der schwulen Bürgerrechtsbewegung. Danach lebte er in einer Hetero-Ehe, doch der Mythos bestimmte weiter sein Leben. Die aufschlussreiche, mit vielen Archivaufnahmen gewürzte, virtuos geschnittene Dokumentation entstand ein Jahr vor Wranglers Tod (2009) und hat dank seines Off-Kommentars und vieler On-Screen-Statements autobiografische Züge.
USA 2008 **P** Automat Pictures / Making It Big **DVD** Pro-fun **Pd+R+B** Jeffrey Schwarz **K** Gary Corrigan, Robert Jakubik, David Hallinger, Kevin Graves, Tanja Koop, Doron Schlair, Clay Westervelt **M** Michael Cudahy **L** 86 **FSK** ab 16 **E** 20.4.2012 DVD   **fd** –

Wrong
WRONG
Die Suche nach seinem geliebten Hund konfrontiert einen Mann mit verschrobenen Personen und bizarren Situationen einer aus den Fugen geratenen Welt. Ein Film voller überbordender Ideen, der detailverliebt und mit witzigen Dialogen seine surreale Traumbilder spinnt, darüber jedoch eine zusammenhängende Geschichte vernachlässigt. – Ab 14.
USA 2012 **P** Realitism Films / arte France Cinéma / Kinology / Love Streams / Agnès b. Productions / Iconoclast **KI** Praesens (Schweiz) **Pd** Charles-Marie Anthonioz, Gregory Bernard, Diane Jassem **R+B** Quentin Dupieux **S** Quentin Dupieux **D** William Fichtner (Mr. Chang), Alexis Dziena, Arden Myrin (Gabrielle), Bo Barrett (Clerk), Jack Plotnick (Dolph), Steve Little (Ronnie), Jared Ward (Hugo) **L** 94 **FSK** – **E** 13.9.2012 Schweiz   **fd** –

Wrong Turn 4 – Bloody Beginnings
WRONG TURN 4 / WRONG TURN 4: BLOODY BEGINNINGS
Drei geisteskranke Brüder übernehmen die Macht in einer psychiatrischen Anstalt und ermorden das Personal. Als einige junge Wintersportler in dem Gebäude Zuflucht suchen, kommt es zu weiteren Metzeleien. Miserabler Horrorthriller als Franchise-Produkt, das kaum noch etwas mit der Serie zu tun hat und nur Folterterror und Kannibalismus zelebriert.
DVD/BD: Neben der Fassung FSK «ab 18» (84 Min.) existiert auch eine um vier Minuten geschnittene Version FSK «ab 16» (80 Min.). Die Originalfassung

hat eine Länge von 90 Minuten, sodass für die 18er-Freigabe der Film um gut 6 Minuten gekürzt wurde. Die Extras von DVD & BD (FSK «ab 18») enthalten u. a. ein Feature mit im Film nicht verwendeten Szenen (18 Min.). USA/Deutschland 2011 **P** 20th Century Fox / Summit / Constantin **DVD** Highlight **BD** Constantin/Highlight (16:9, 1.78:1, dts-HD engl./dt.) **Pd** Kim Todd **R+B** Declan O'Brien **K** Michael Marshall **M** Claude Foisy **S** Stein Myhrstad **D** Terra Vnesa (Jenna), Dean Armstrong (Daniel), Tenika Davis (Sara), Kaitlyn Wong (Bridget), Sean Skene (Three Finger), Dan Skene (One Eye), Scott Johnson (Saw Tooth), Kristen Harris (Dr. Anne Marie McQuaid) **L** 80 & 84 **FSK** ab 16 & ab 18 **E** 5.1.2012 DVD & BD **fd** –

WuJi – Die Meister des Schwertes
ZHAO SHI GU ER
Seit Generationen herrscht in China ein mächtiger Clan, was immer mehr Neider auf den Plan ruft, die Intrigen spinnen und auch vor Mord nicht zurückschrecken. Alle Mitglieder des Clans werden in einem Massaker ausgerottet; nur der jüngste Sprössling überlebt, wird vom höfischen Leibarzt zu einem brillanten Kämpfer erzogen und rächt sich an den Verantwortlichen. Chen Kaige tritt im Bereich des epischen Kostüm- und Schwertkampf-Films auf der Stelle, inszeniert aber immer noch schöne Bilder und prächtige Tableaus. – Ab 16. Scope. VR China 2010 **P** 21 Century Shengkai Film / Shanghai Film Group / Stellar Megamedia / TIK Films **DVD** Koch (16:9, 2.35:1, DD5.1 Mandarin/dt., dts dt.) **BD** Koch (16:9, 2.35:1, dts-HDMA Mandarin/dt.) **Pd** Chen Hong, Hong Qin **R** Chen Kaige **B** Zhao Ningyu **K** Yang Shu **S** Derek Hui **D** Ge You (Cheng Ying), Wang Xue Qi (Ztu'an Gu), Bingbing Fan (Zhuang Ji), Huang Xiaoming (Hanb Jue), Hai-Qing, William Wang, Zhang Fengyi, Zhao Wenzhuo **L** 123 **FSK** ab 12 **E** 25.5.2012 DVD & BD **fd** –

Wunder der Natur
LA CLE DES CHAMPS
Ein kleiner Junge, ein kleines Mädchen und die Sommerferien bei den Großeltern auf dem Land. Die Pseudodokumentation nutzt die kitschige Rahmenhandlung einer Werbefilmidylle, um den planlos zusammengestückelten, betont schönen Naturbildern einen «Sinn» zu geben. Ein süßlicher Soundtrack und ein von unbeschwerten Kindertagen säuselnder Off-Kommentar machen das Ganze noch schwerer verdaulich. – Ab 12. Frankreich 2011 **P** Thelma Films / Les Films de la Véranda / Wild Bunch **DVD** Universum (16:9, 1.78:1, DD5.1 frz./dt.) **BD** Universum (16:9, 1.78:1, dts-HDMA frz./dt.) **Pd** Christine Gozlan, Claude Nuridsany, Marie Pérennou **R+B** Claude Nuridsany, Marie Pérennou **K** Laurent Charbonnier, Laurent Desmet, Claude Nuridsany, Marie Pérennou **M** Bruno Coulais **S** Joëlle van Effenterre **D** Simon Delagnes (der kleine Junge), Lindsey Hénocque (Iris), Jean-Claude Ayrinhac (das Original) **L** 79 **FSK** o.A. **E** 22.8.2012 DVD & BD **fd** –

Das Wunder von Kärnten ☆
DAS WUNDER VON KÄRNTEN
Im Sommer 1998 fällt ein dreijähriges Mädchen in einen Teich. Erst 30 Minuten später wird es gefunden und aus dem Wasser gezogen. Entgegen aller Hoffnungen bringt man das klinisch tote Kind ins Landeskrankenhaus Klagenfurt, wo ein junger Arzt die Nacht über um sein Leben ringt und das «Wunder» Wirklichkeit werden lässt. Bewegendes (Fernseh-)Drama, das unaufdringlich mit medizinischen Fragestellungen und ethischen Bedenken konfrontiert und dabei Haltungen und Verantwortlichkeiten skizziert, ohne zum trockenen Thesenfilm zu geraten. Der Film klärt nichts grundsätzlich, erzählt aber nachdrücklich davon, wie kostbar das Leben ist und wie leicht es zerstört werden kann. – Sehenswert ab 14. Österreich/Deutschland 2011 **P** Klaus Graf Filmprod. / Rowboat (für ORF/ZDF) **KI** offen **Pd** Sam Davis, Daniel Blum, Klaus Lintschinger, Sabine Weber, Klaus Graf **R** Andreas Prochaska **B** Christoph Silber, Thorsten Wettcke **K** Thomas Kienast **M** Matthias Weber **S** Daniel Prochaska **D** Ken Duken (Dr. Markus Höchstmann), Julia Koschitz (Dr. Lydia Martischek), Jürgen Maurer (Dr. Thomas Wenninger), Gerti Drassl (Karin Breitner), Gerhard Liebmann (Georg Breitner), Erwin Steinhauer (Prof. Lohmeyer), Bernhard Schir (Abgeordneter Plögauer) **L** 90 **FSK** ab 12 **E** 18.1.2012 ORF 2 / 5.3.2012 ZDF **fd** –

Das Wunder von Merching
Als Touristen ein bayerisches Dorf in den Voralpen meiden, droht der wirtschaftliche Niedergang. Das Dorf soll durch den reichen Nachbarort eingemeindet werden, es drohen soziale Veränderungen. Da verbreitet sich die Nachricht, dass die Marienstatue in der Dorfkapelle Tränen vergießt. Bald strömen Pilger ins Dorf, und nur die umtriebige Bäuerin eines abgelegenen Hofs fühlt sich nicht wohl dabei. Vergnügliche (Fernseh-)Heimatkomödie um Leichtgläubigkeit und Wunschdenken, das dem gesunden Menschenverstand Streiche spielt. – Ab 12 möglich.
Deutschland 2011 **P** Hager Moss Film (für ARD Degeto/BR) **KI** offen **Pd** Kirsten Hager, Anja Föringer **R** Thomas Kronthaler **B** Dominique Lorenz **K** Christof Oefelein **M** Martin Unterberger **S** Moune Barius **D** Jule Ronstedt (Kathi Fenzl), Fred Stillkrauth (Quirin Fenzl), Klaus Steinbacher (Leonard Fenzl), Michael A. Grimm (Willi Schubert), Stephan Zinner (Fritz Krintaler), Torben Liebrecht (Hannes Wenisch), Robert Giggenbach (Pfarrer Sonnholzer), Eva Wittenzellner (Gisela Vogt) **L** 88 **E** 4.5.2012 ARD **fd** –

Die Wundermaschine von Antikythera
THE FIRST COMPUTER IN THE WORLD: EXCITING HISTORY OF THE ANCIENT ANTIKYTHERA MECHANISM / THE WORLD'S FIRST COMPUTER
Herbst 1900: Schwammtaucher stoßen vor der Küste der griechischen Insel Antikythera auf ein Wrack, das im ersten Jahrhundert vor Christus gesunken ist. Unter den Fundstücken ist ein Bronze-Objekt, auf dessen Rückseite sich Kalender befinden, während auf der Vorderseite ein Bild des Universums zu sehen ist. Über ein Jahrhundert sind sich die Wissenschaftler im Unklaren, worum es sich hier handelt; dann setzt sich die Erkenntnis durch, dass man es wohl mit dem ersten analogen Rechner der Welt zu tun hat. Der (Fernseh-)Dokumentarfilm bietet eine spannende Geschichts- und Wissenschaftsreise mit Einblicken in die Arbeitsweise der modernen Forschung. – Ab 14.
Griechenland/Großbritannien 2011 **P** Images First / Anemon Prod. / EPr APERT / ARTE / Nikon / National hel-

lenic Research Foundation **KI** offen **Pd** Tony Freeth **R+B** Mike Beckham **K** Steve Gray **M** Stephen Daltry, Stefanos Konstantinidis **S** Simon Ruben **L** 75 **E** 1.4.2012 arte **fd** –

Wunschkind

An ihrem 17. Geburtstag muss eine junge Frau erfahren, dass sie als Baby adoptiert wurde. Enttäuscht wendet sie sich von ihrer alleinerziehenden Mutter, einer Kinderärztin, ab und macht sich auf die Suche nach ihrer leiblichen Mutter. Sie findet sie, jung und unkonventionell, als Friseuse im Hamburger Kiez und ist magisch von ihr angezogen, muss aber feststellen, dass diese noch immer nicht reif für ihre Mutterrolle ist. (Fernseh-)Drama um einen sensiblen Teenager zwischen zwei ungleichen Müttern, dessen Gefühlswelt nachhaltig ins Wanken gerät. – Ab 14.

Deutschland 2012 **P** CineCentrum (für NDR) **KI** offen **Pd** Sonja Zimmerschitt **R** Stephan Meyer **B** Jacqueline Tillmann **K** Guntram Franke **M** Martin Doepke **S** Jens Müller **D** Kirsten Block (Claudia Kayser), Julia Brendler (Chantal Singer), Carolyn Genzkow (Carolin/Jasmin Kayser), Martin Feifel (Thomas Fahrnholz), Erika Skrotzki (Uschi), Christina Grosse (Schwester Louisa), Bülent Sharif (Kemal), Laszlo Horwitz (Spike) **L** 90 **E** 12.10.2012 ARD **fd** –

Wuthering Heights ★
WUTHERING HEIGHTS

Eine eigenwillige, sehr sinnliche Annäherung an Emily Brontës Roman *Sturmhöhe*, die sich primär auf die sperrige Figur des ehemaligen Straßenjungen Heathcliff konzentriert. Die Adaption fesselt vor allem durch ihre bewegliche Bild- und Tonsprache. – Ab 16.

Großbritannien 2011 **P** Ecosse Films / Film4 / The UK Film Council / Goldcrest Film Prod. / Screen Yorkshire / Hanway Films **KI** Frenetic (Schweiz) **Pd** Robert Bernstein, Kevin Loader, Douglas Rae, Matt Delargy **R** Andrea Arnold **B** Olivia Hetreed **Vo** Emily Brontë (Roman *Wuthering Heights / Sturmhöhe*) **K** Robbie Ryan **S** Nicolas Chaudeurge **D** Kaya Scodelario (ältere Cathy), James Howson (älterer Heathcliff), Solomon Glave (junger Heathcliff), Shannon Beer (junge Cathy), Steve Evets (Joseph), Oliver Milburn (Mr. Linton), Paul Hilton (Mr. Earnshaw), Simone Jackson (Nelly), Lee Shaw (Hindley), Amy Wren (Frances), Nichola Burley (Isabella Linton) **FSK** – **E** 19.7.2012 Schweiz **fd** –

Xin – Die Kriegerin (KSM)

X-Femmes Vol. 1
X-FEMMES VOL. 1
Ausschließlich weibliche Regisseure inszenieren ihre Vorstellungen von Erotikfilmen, bei der auch Frauen ihren Spaß haben können. Die Ergebnisse wurden nur in gekürzter Softporno-Variante für den Heimkinomarkt aufbereitet.
Frankreich 2008 **P** Thierry Nettas-Bégalin **DVD** WVG (16:9, 1.78:1, DD5.1 frz./dt.) **Pd** Thierry Nettas-Bégalin **R+B** Mélanie Laurent, Arielle Dombasle, Caroline Loeb, Tonie Marshall **K** Romain Lacourbas **M** Héléna Noguerra **D** Deborah Revy, Helene Fillieres, Samuel Benchtrit, Marc Rioufol **L** 80 **FSK** ab 18 **E** 16.8.2012 DVD fd –

X-Femmes Vol. 2
Zweiter Teil der lose zusammenhängenden Kurzepisoden, in denen ausschließlich weibliche Regisseure explizit den erotischen Vorstellungen des weiblichen Geschlechts Genüge tun wollen. Auch diese Fassung ist nur in der erotischen Softporno-Variante frei im Handel erhältlich.
Frankreich 2008 **DVD** WVG Medien (DD 2.0 & 5.1, frz./dt., 16:9 – 1.77:1) **R** Arielle Dombasle, Jérémie Elkaïm, Paz de la Huerta **D** Mélanie Laurent, Caroline Loeb, Tonie Marshall **L** 60 **FSK** ab 18 **E** 28.9.2012 DVD
  fd –

Xin – Die Kriegerin
ZHUI YING / TRACING SHADOW
Eine immensen Reichtum versprechende Schatzkarte steht im Mittelpunkt einer über Jahre währenden abenteuerlichen Hetzjagd durchs mittelalterlich ausgestattete China. Mal haben die Bösen den Vorteil, meist aber die besser kämpfenden Guten. Nichts Neues, immerhin weitgehend Amüsantes aus chinesischer Martial-Arts- und Historien-Massenproduktion. – Ab 14.
Scope. VR China 2009 **P** Huayi Brothers **DVD** KSM (16:9, 2.35:1, DD5.1 Mandarin/dt.) **BD** KSM (16:9, 2.35:1, dts-HDMA Mandarin/dt.) **R** Marco Mak, Francis Ng **D** Francis Ng, Pace Wu, Jaycee Chan, Dang Hao, He Gang **L** 92 **FSK** ab 12 **E** 4.5.2012 DVD & BD
  fd –

Yoko (Sony)

Yellow Brick Road
YELLOWBRICKROAD
Eine Gruppe junger Forscher will einer sich in den 1940er-Jahre zugetragenen Tragödie auf den Grund gehen und begibt sich 70 Jahre später auf genau jenen Bergweg, auf dem einst sämtliche Einwohner eines kleinen Dorfs spurlos verschwanden. Eher auf Unbehagen als auf Bluteffekte setzend, erzählt der Horrorfilm auf angenehm klassische Art seine unheimliche Geschichte.
DVD/BD: Die FSK-Freigabe «ab 18» der DVD/BD bezieht sich auf das Bonusmaterial (Trailer etc.), der Film selbst hat eine Freigabe «ab 16».
USA 2010 **P** Points North Films **DVD** dtp/Great Movies (16:9, 1.78:1, DD5.1 engl./dt.) **BD** dtp/Great Movies (16:9, 1.78:1, dts-HD engl./dt.) **Pd** Eric Hungerford, Anessa Ramsey, Jesse Holland **R** Jesse Holland, Andy Mitton **B** Andy Mitton **K** Michael Hardwick **D** Cassidy Freeman (Erin Luger), Anessa Ramsey (Melissa Barnes), Laura Heisler (Liv McCann), Clark Freeman (Daryl Luger), Tara Giordano (Jill), Michael Laurino (Teddy Barnes), Alex Draper (Walter Myrick), Sam Elmore (Cy Banbridge) **L** 96 **FSK** ab 16 **E** 18.10.2012 DVD & BD **fd** –

Yellow Sea
siehe: **The Yellow Sea**

Yoko ★
YOKO
Ein Yeti landet im Baumhaus einer Schülerin, die nach dem Tod ihres Vaters sehr durcheinander ist und nun alle Hände voll zu tun hat, um den Yeti zu verstecken, ihn vor einem Großwildjäger und dessen Auftraggeber zu schützen und ihn am Ende wieder in seine Heimat zu bringen. Ein weitgehend spannender und auch amüsanter Mainstream-Kinderfilm, der Themen wie Freundschaft, Verlust und Abschiednehmen durchaus ansprechend einbezieht. Während die Titelfigur mit ihrem Aussehen und ihren Eigenheiten für Komik und Slapstick sorgt, werden die erwachsenen Charaktere nur stereotyp umrissen. – Ab 8.
Deutschland/Österreich/Schweden 2011 **P** Blue Eyes Fiction / Deutsche Columbia / Dor Film / Fido Film **KI** Sony **DVD** Fox (16:9, 1.78:1, DD5.1 dt.) **BD** Fox (16:9, 1.78:1, dts-HD dt.) **Pd** Corinna Mehner, Martin Husmann, Danny Krausz, Claes Dietmann **R** Franziska Buch **B** Gerrit Hermans, Claudia Boysen, Knister **Vo** Knister (Kinderbuchreihe) **K** Jan Fehse **S** Paul Sedlacek (= Paul Michael Sedlacek) **D** Jessica Schwarz (Katja), Tobias Moretti (Thor van Sneider), Justus von Dohnányi (= Justus von Dohnanyi) (Zoodirektor Kellermann), Jamie Bick (Pia), Lilly Reulein (Marcella), Friedrich Heine (Lukas), Philipp Rafferty (Pias Vater), Hoang Dang-Yu (Lhapka), Giora Seeliger (alter Wärter), Theresa Underberg (Berichterstatterin), Helmfried von Lüttichau (Gärtner/Wachmann) **L** 103 **FSK** o.A.; f **FBW** bw **E** 16.2.2012 / 13.9.2012 DVD & BD **fd** 40 909

Yossi ★
HA-SIPPUR SHEL YOSSI
Zehn Jahre nach dem Film Yossi & Jagger (2002) wird erzählt, was aus Yossi geworden ist, nachdem dessen Geliebter gestorben war. Mittlerweile Mitte 30, hat er seine Trauer noch nicht überwunden und lebt emotional mit angezogener Handbremse; in seinem Umfeld hält er seine Homosexualität geheim. Die Begegnung mit der Mutter des Geliebten sowie eine sich neu anbahnende Liebe sorgen für neue Bewegung. Der Film lebt von seinem charismatischen Hauptdarsteller und dessen Entwicklung, seinem Älterwerden, seinen inneren Hemmnissen und ihrer zögerlichen Überwindung. Während die Liebesgeschichte oberflächlich bleibt, entsteht so doch ein fesselndes Männerporträt. (O.m.d.U.) – Ab 16.
Israel 2012 **P** United King Films/Lama Films **KI** Xenix (Schweiz)/Pro-Fun **Pd** Moshe Edery, Leon Edery, Eytan Fox, Amir Harel, Ayelet Kait **R** Eytan Fox **B** Itay Segal **K** Guy Raz **M** Keren Ann **S** Yosef Grunfeld **D** Ohad Knoller (Yossi), Oz Zehavi (Tom), Lior Ashkenazi (Moti), Orly Silbersatz Banay (Varda), Ola Schur-Selektar (Nina),

Meir Golan (Nimrod), Shlomi Ben Attar (Fefer) **L** 84 (25 B./sec.) / 81 (24 B./sec.) **FSK** ab 12; f **E** 6.12.2012 Schweiz / 24.1.2013 **fd** 41 508

Young Adult ★
YOUNG ADULT

Eine Frau Mitte 30 in Minneapolis hat nie den Sprung ins Erwachsensein geschafft und lässt in Groschenromanen, die sie als Ghostwriter verfasst, ihre Vergangenheit als High-School-Queen aufleben. Als ein Ex-Geliebter von ihr ein Kind erwartet, reist sie in ihre Heimat in der Provinz, um den jungen Vater für sich zurückzuerobern. Die in der Hauptrolle vorzüglich und differenziert gespielte Tragikomödie zeichnet einfühlsam und vielschichtig das Porträt einer um sich selbst kreisenden Frau, deren Selbstbild längst nicht mehr mit der Wirklichkeit im Einklang steht. – Ab 14.

USA 2011 **P** Paramount Pic. / Denver and Delilah Prod. / Indian Paintbrush / Mandate Pic. / Mr. Mudd / Right of Way Films **KI** Paramount **Pd** Diablo Cody, Lianne Halfon, Mason Novick, Jason Reitman, Russell Smith, Charlize Theron, Brian Bell, Beth Kono, Kelli Konop, Mary Lee **R** Jason Reitman **B** Diablo Cody **K** Eric Steelberg **M** Rolfe Kent **S** Dana E. Glauberman **D** Charlize Theron (Mavis Gary), Patton Oswalt (Matt Freehauf), Patrick Wilson (Buddy Slade), Elizabeth Reaser (Beth Slade), Jill Eikenberry (Hedda Gary), Richard Bekins (David Gary), Mary Beth Hurt (Jan), Collette Wolfe (Sandra Freehauf) **L** 94 **FSK** ab 12; f **E** 23.3.2012 **fd** 40 913

Your Sister's Sister
YOUR SISTER'S SISTER

Ein Mann hat nach dem Tod seines Bruders den Boden unter den Füßen verloren. Auf Anraten einer Freundin zieht er sich in die Hütte ihres Vaters zurück, um sein Leben in den Griff zu bekommen, trifft dort allerdings unverhofft auf die Schwester der Freundin, die über das Ende einer langjährigen Beziehung hinwegkommen will. Die beiden trinken und plaudern die ganze Nacht. Als anderntags die Schwester auftaucht, sind emotionale Missverständnisse vorprogrammiert. Eine verhalten inszenierte Tragikomödie mit überzeugenden Hauptdarstellern. – Ab 14.

USA 2011 **P** Ada Films **KI** Rialto (Schweiz) **Pd** Steven Schardt, Mel Eslyn, Megan Griffiths **R+B** Lynn Shelton **K** Benjamin Kasulke **M** Vince Smith **S** Nat Sanders **D** Emily Blunt (Iris), Rosemarie DeWitt (Hannah), Mark Duplass (Jack), Mike Birbiglia (Al), Jeanette Maus (Toms Freundin), Mel Eslyn **L** 90 **FSK** – **E** 13.9.2012 Schweiz **fd** –

ZIEMLICH BESTE FREUNDE (Senator)

Zambezia
ZAMBEZIA
Ein junger Falke aus einer afrikanischen Steppe beschließt gegen den Willen seines Vaters, die legendäre Vogelstadt Zambezia zu suchen und dort einem Fliegerkorps beizutreten. Dieses soll die Stadt vor Unheil schützen, was auch Not tut, denn Echsen und Marabus planen einen Angriff. 3D-Animationsfilm aus Südafrika, der mit rasanten Kamerafahrten den Reiz der Dreidimensionalität attraktiv zur Geltung bringt. Erzählerisch orientiert er sich allerdings sehr am gängigen US-Mainstream, was die Originalität der Geschichte erheblich minimiert. – Ab 10.
Südafrika 2012 **P** Cinema Management Group / DTI / IDC / Wonderful Works / 120dB / Triggerfish **KI** Splendid **Pd** James Middleton, Stuart Forrest, Mike Buckland, Anthony Silverston **R** Wayne Thornley **B** Andrew Cook, Raffaelle Delle Donne, Anthony Silverston, Wayne Thornley **M** Bruce Retief **S** Michel Smit, Paul Spiers **L** 83 (24 B./sec.) / 80 (25 B./sec.) **FSK** o.A.; f **E** 30.8.2012 **fd** 41 249

Zappelphilipp ☆
Ein neuer Schüler bringt durch seine Hyperaktivität eine engagierte junge Lehrerin an die Grenzen ihrer Leistungs- und Leidensfähigkeit. Als ein reibungsloser Ablauf des Unterrichts kaum noch möglich ist, wächst der Druck seitens der Kollegen, und bald steht die Forderung im Raum, den Schüler mit Psychopharmaka «ruhig zu stellen». Die Lehrerin steht vor einer schweren Gewissensentscheidung. Höchst spannendes (Fernseh-) Drama, das vor allem dank der herausragenden Qualität der Schauspieler in Bann schlägt. Alle Personen erscheinen dabei als komplexe Figuren, die mit einer Fülle von Details charakterisiert werden. – Sehenswert ab 16.
Deutschland 2012 **P** Neue Schönhauser Filmprod. **KI** offen **Pd** Boris Schönfelder **R** Connie Walther **B** Silke Zertz **K** Birgit Gudjonsdottir **M** Benjamin Fröhlich, Florian Peter **S** Sabine Brose **D** Bibiana Beglau (Hannah Winter), Anton Wemper (Fabian Haas), Andrea Wenzl (Mariam Haas), Mehdi Nebbou (Sebastian Sander), Steven Scharf (Andreas Haas), Elisabeth von Koch (Susanne Oertel), Maximilian Dirr (Wolfram Wiedemann), Ulrike Arnold (Ulrike Petzold) **L** 90 **E** 5.12.2012 ARD **fd** –

Zarafa
siehe: **Die Abenteuer der kleinen Giraffe Zarafa**

Ein zauberhaftes Weihnachtsgeschenk
GIFT OF THE MAGI
Ein armes Liebespaar zerstreitet sich kurz vor Weihnachten, weil die Geheimniskrämerei um das Geschenkebesorgen allerlei Missverständnisse provoziert. Frei nach dem herzerwärmenden Klassiker *Das Geschenk der Weisen* von O. Henry in die Gegenwart transferierte Liebesgeschichte, unspektakulär inszeniert und dezent kitschig auf weihnachtliche Wohlfühlstimmung abzielend. – Ab 12.
USA 2010 **P** Parallel Film/RHI Entertainment (für MNG) **DVD** KSM (16:9, 1.78:1, DD5.1 engl./dt.) **BD** KSM (16:9, 1.78:1, dts-HD engl./dt.) **Pd** Clíona Ni Bhuachalla **R** Lisa Mulcahy **B** Jennifer Notas **Vo** O. Henry (Erzählung *Das Geschenk der Weisen*) **K** Ciarán Tanham **M** Stephen McKeon **S** Guy Montgomery **D** Marla Sokoloff (Della Young), Mark Webber (Jim Young), Shannon Lambert-Ryan (Betty Wilkes), Barry McGovern (Gary Janardi), Lesa Thurman (Hillary Brodski), Scott Paschall (Mike Hasse), Eamonn Hunt (Wilson), Michelle Beamish (Jessie) **L** 85 **FSK** o.A. **E** 15.10.2012 DVD & **fd** –

Zeit der Entscheidung
ABRUPT DECISION
Ein gefeuerter Selfmademan beschenkt seine ins Krankenhaus eingelieferte Mutter mit einem Hund, was fatale Folgen hat. Auch die Entscheidung, gleich viele Heimhunde aufzunehmen, erweist sich als nicht gesund für die gerade krieselnde Beziehung zu seinem Lebensgefährten. Romantische schwule Beziehungskomödie mit dramatischem Kern. Inszenatorisch nicht überzeugend, immerhin «herzig» genug gespielt, um als sympathi-

sche Low-Budget-Komödie durchzugehen. (O.m.d.U.) – Ab 16.
USA 2011 **P** Silly Bunny Pictures **DVD** Pro Fun Media **Pd+R+B** Paul Bright **K** Dustin Cross **S** Paul Bright **D** Steve Callahan (Denis), David LaDuca (Milosz), Cynthia Schiebel (Mary), Jacquelyn Lies (Jackie Juggs), Paul Bright (Marty), Peggy Mae Binn (Nachbar Johnson), Matthew Burnett (Trick) **L** 88 **FSK** ab 6 **fd** –

Zeit der Namenlosen

Seit dem Zusammenbruch der Sowjetunion hat der Menschenhandel in Europa erschreckende Ausmaße angenommen. Immer mehr Frauen aus den Balkan-Staaten werden nur kriminellen Banden unter falschen Versprechungen nach Westeuropa gelockt und dort zur Zwangsprostitution gezwungen. Der Dokumentarfilm nimmt sich des brisanten Themas an, vermag aber formal kaum zu überzeugen. Zahlreiche Informationen werden lediglich aus dem Off referiert; Mittel, mit denen die Inszenierung visuelle Leerstellen zu füllen versucht, erweisen sich als wenig tauglich. Insgesamt mutet die Ästhetik ambitioniert an, hinterlässt aber doch einen eher schalen Eindruck.
Teils schwarz-weiß. Deutschland 2012 **P** Matre Film **DVD** Matre Film (16:9 PAL/Originalformat: HD) **R+B** Marion Leonie Pfeifer **K** Robert Porsch **M** Inge Bell **L** 90 **E** 2012 DVD   **fd** –

Zeit der Rache – Im Namen des Vaters
SKILLS

Ein dem Parkour-Sport zugetaner Teenager wird Zeuge, wie sein Vater ermordet wird, und sucht auf eigene Faust die Mörder, um sie zu richten. Dies führt ihn in eine Clique, die illegale Sportevents organisiert. Halb Jugenddrama, halb rasanter Sportfilm, gewürzt mit Thriller-Elementen: ein spannender, furios inszenierter Film ohne eindeutige Genrezugehörigkeit. – Ab 16.
Schweden 2010 **P** Timelock Film **DVD** Sunfilm (16:9, 1.85:1, DD5.1 swe./dt., dts dt.) **BD** Sunfilm (16:9, 1.85:1, dts-HDMA7.1 swe./dt.) **Pd** Tomas Amlöv **R** Johannes Runeborg **B** Tomas Amlöv, Johannes Runeborg **K** Ola Magnestam **M** Patrick Ebson, Mattias Näslund **S** Tomas Amlöv, Johannes Runeborg **D** Marcus Gustafsson (Kelvin), My Magnusson (Linda), Tim Man (Monk), Josefin Ahl, Tomas Amlöv, Peter Andersson, Christian Brandin, Richard Castefjord **L** 89 **FSK** ab 12 **E** 8.11.2012 DVD & BD **fd** –

Die Zeit, die uns noch bleibt ★
AND WHEN DID YOU LAST SEE YOUR FATHER?

Ein Schriftsteller zieht wieder in seinem Elternhaus ein, um den Sterbeprozess seines krebskranken Vaters zu begleiten. Damit kommen auch Erinnerungen an seine Kindheit hoch und lösen eine Auseinandersetzung mit seinem sehr komplizierten, zwiespältigen Verhältnis zum Vater aus. Ein auf zwei Zeitebenen spielendes, von überzeugenden Darstellern getragenes Drama um eine Vater-Sohn-Beziehung und die Konfrontation mit Krankheit und Tod, dessen Inszenierung sich allerdings allzu sehr bemüht, die Bitterkeit des Stoffs durch Musik und Bildgestaltung süßlich abzumildern. – Ab 14.
DVD/BD: Die Extras enthalten u. a. ein Feature mit im Film nicht verwendeten Szenen (15 Min.).
Großbritannien/Irland 2007 **P** Film4 / UK Film Council / EM Media / Intandem **DVD** Atlas/Koch (16:9, 2.35:1, DD5.1 engl./dt.) **BD** Atlas/Koch (16:9, 2.35:1, dts-HDMA engl./dt.) **Pd** Elizabeth Karlsen, Stephen Woolley, Laurie Borg **R** Anand Tucker **B** David Nicholls **K** Howard Atherton **M** Barrington Pheloung **S** Trevor Waite **D** Jim Broadbent (Arthur Morrison), Colin Firth (Blake Morrison als Erwachsener), Matthew Beard (Blake als Teenager), Bradley Johnson (Blake als Kind), Juliet Stevenson (Kim Morrison), Gina McKee (Kathy Morrison), Elaine Cassidy (Sandra), Claire Skinner (Gillian Morrison), Carey Mulligan (Rachel) **L** 88 (DVD=BD) **FSK** ab 6; f **E** 3.2.2012 DVD & BD   **fd** 41 076

Zeit zu leben
PEOPLE LIKE US

Ein junger Mann erfährt nach dem Tod seines Vaters von der Existenz einer ihm bislang unbekannten Halbschwester, der er das väterliche Erbe aushändigen soll. Er nistet sich bei ihr ein, ohne seine Identität zu enthüllen, wobei beide sich kennen und schätzen lernen. Gefühlvoller, solide gespielter Familienfilm, der sich freilich eher bieder und allzu vorhersehbar entwickelt. – Ab 10.
Scope. USA 2012 **P** DreamWorks SKG / Touchstone Pic. / Kurtzman Orci Paper Prod. / Reliance Ent. **KI** Walt Disney **Pd** Bobby Cohen, Roberto Orci, Clayton Townsend, Jody Lambert **R** Alex Kurtzman **B** Alex Kurtzman, Roberto Orci, Jody Lambert **K** Salvatore Totino **M** A.R. Rahman **S** Robert Leighton **D** Chris Pine (Sam), Elizabeth Banks (Frankie), Michael Hall D'Addario (Josh), Michelle Pfeiffer (Lillian), Olivia Wilde (Hannah), Mark Duplass (Ted), Sara Mornell (Dr. Amanda), Philip Baker Hall (Ike Rafferty) **L** 114 **FSK** ab 6; f **E** 18.10.2012   **fd** 41 374

Zero Hour
siehe: **The Zero Hour**

Zettl

Ein ehrgeiziger Chauffeur avanciert im Prominenten-Milieu der «Berliner Republik» zum Chefredakteur eines neuen Boulevard-Magazins, stößt auf politische Skandale und Intrigen wie die Geschlechtsumwandlung der Berliner Oberbürgermeisterin und den verheimlichten Tod des Bundeskanzlers, kann aber daraus kein Kapital schlagen, wird vielmehr vereinnahmt und zurechtgestutzt. Atemlos-hektische Satire zwischen Kabarett und deftigem Bauerntheater, die weniger subtil als eher derb das «Narrentreiben» im Land aufspießt, aber abgesehen von einigen darstellerischen und verbalen Glanzlichtern filmisch nie überzeugt und als eher zahn- und harmlose Nummernrevue daherkommt. – Ab 14.
DVD/BD: Die Extras umfassen u. a. ein ausführliches «Making of» (34 Min.) sowie ein Feature mit im Film nicht verwendeten Szenen (6 Min.).
Scope. Deutschland 2011 **P** Diana Film / herbX Film / Warner Bros. Germany **KI** Warner Bros. **DVD** Warner (16:9, 2.35:1, DD5.1 dt.) **BD** Warner (16:9, 2.35:1, dts-HDMA dt.) **Pd** Helmut Dietl, David Groenewold, Gerhard Hegele **R** Helmut Dietl **B** Helmut Dietl, Benjamin von Stuckrad-Barre **K** Frank Griebe **M** Gerd Baumann **S** Alexander Dittner **D** Michael «Bully» Herbig (= Michael Herbig) (Zettl), Ulrich Tukur (Urs Doucier), Harald Schmidt (Conny Scheffler), Senta Berger (Mona Mödlinger), Dieter Hildebrandt (Herbie Fried), Karoline Herfurth (Verena), Dagmar Manzel (Veronique von Gutzow), Sunnyi Mel-

les (Jacky Timmendorf), Gert Voss (Alexander Sikridis), Christoph Süß (Karl Georg «Wiggerl» Ludwig), Götz George (Olbrich «Olli» Ebert), Hanns Zischler (Gaishofer) **L** 109 **FSK** o.A.; f **E** 2.2.2012 / 24.8.2012 DVD & BD **fd** 40 897

Ziemlich beste Freunde ★
INTOUCHABLES
Ein wohlhabender, an den Rollstuhl gefesselter Franzose adeliger Herkunft engagiert einen jungen Migranten als Pfleger, der so gar nicht in den kultivierten Haushalt passen will. Doch sein Dienstherr will nicht länger wie ein rohes Ei behandelt werden. Charmantes Buddy-Movie mit pfiffigen Dialogen und guten Hauptdarstellern, das zwischen Komik und Sentiment balanciert und dafür plädiert, sozialen und kulturellen Differenzen nicht mit Hass, sondern mit Solidarität zu begegnen. Konzipiert als schwungvoller Wohlfühlfilm, mangelt es ihm allerdings an Glaubwürdigkeit, zumal die Konflikte und Probleme recht naiv verharmlost werden. – Ab 12 möglich.
DVD/BD: BD und DVD enthalten eine Audiodeskription für Sehbehinderte. Die Extras umfassen u. a. einen ut. untertitelbaren Audiokommentar der Regisseure und der beiden Hauptdarsteller, der wahlweise auch als «Bild-im-Bild»-Feature zum Film zugeschaltet werden kann.
Die BD Special Edition (2 Discs) umfasst u. a. ein ausführliches herkömmliches «Making of» (30 Min.), die Dokumentation zum Film «ZIEMLICH BESTE FREUNDE: Begegnungen» (47 Min.), ein kommentiertes Feature mit im Film nicht verwendeten Szenen (8 Min.) sowie ein 24-seitiges Booklet.
Die «Limited Fan Edition» ist eine «Gimmick»-Ausgabe, die, neben den genannten Extras, zudem u. a. das Audiobook auf CD, den Soundtrack auf CD sowie eine weitere Bonus-DVD mit der Dokumentation «A la vie, A la Mort» enthält.
Die BD Special Edition (2 Discs) sowie die «Limited Fan Edition» sind mit dem **Silberling 2012** ausgezeichnet.
Frankreich 2011 **P** Quad Prod. / Chaocorp / Gaumont / TF1 Films **KI** Senator **DVD** Senator/Universum (16:9, 1.85:1, DD5.1 frz./dt.) **BD** Senator/Universum (16:9, 1.85:1, dts-HDMA frz./dt.) **Pd** Nicolas Duval-Adassovsky, Yann Zenou, Laurent Zeitoun **R+B** Eric To-

ledano, Olivier Nakache **K** Mathieu Vadepied **M** Ludovico Einaudi **S** Dorian Rigal-Ansous **D** François Cluzet (Philippe), Omar Sy (Driss), Anne Le Ny (Yvonne), Audrey Fleurot (Magalie), Clotilde Mollet (Marcelle), Alba Gaïa Bellugi (Elisa), Cyril Mendy (Adama), Christian Ameri (Albert), Marie-Laure Descoureaux (Chantal), Grégoire Oestermann (Antoine) **L** 110 **FSK** ab 6; f **E** 5.1.2012 / 19.1.2012 Schweiz / 22.8.2013 DVD & BD / 7.9.2012 BD (Fan Edition) **fd** 40 842

Zombie Ass
ZONBI ASU / ZOMBIE ASS: TOILET OF THE DEAD
Ein traumatisiertes Schulmädchen gerät in einen Camping-Trip asozialer Stadtkinder und wird Zeuge, wie ein in der Toilette eingefangener Virus aus Teilen der Gruppe seelenlose Zombies macht. Japanische Vorstellung von drastischem Fäkalhumor, der im Wettbewerb um die geschmacklosesten Untoten und ihre dümmlichsten Opfer ganz weit vorn liegen dürfte.
DVD/BD: Die dt. Fassung ist gegenüber der Originalfassung um gut fünf Minuten geschnitten.
Japan 2011 **P** Arcimboldo Y.K. / Gambit **DVD** Splendid (16:9, 1.78:1, DD5.1 jap./dt.) **BD** Splendid (16:9, 1.78:1, dts-HD jap./dt.) **Pd** Yasuhiko Higashi, Ken Ikehara, Masahiro Miyata, Naoya Narita **R** Noboru Iguchi **B** Noboru Iguchi, Ao Murata, Jun Tsugita **K** Yasutaka Nagano **M** Yasuhiko Fukuda **S** Takeshi Wada **D** Asami, Yuki, Danny, Kentaro Kishi, Asana Mamoru, Arisa Nakamura, Kentarô Shimazu, Mayu Sugano **L** 77 **FSK** ab 18 **E** 13.12.2012 DVD & BD **fd** –

Zombie Girl
TOMIE ANRIMITEDDO
Eine Schülerin, die für tot gehalten wird, steht an ihrem 18. Geburtstag wieder vor ihrem Familienhaus, was den Angehörigen spätestens dann den Schrecken in die Glieder fahren lässt, als die offensichtlich Untote beginnt, ein «Blutfest» nach dem anderen zu feiern. Der neunte Teil der nur fragmentarisch in Deutschland veröffentlichten japanischen TOMIE-Reihe verleiht dem Geisterhorror nur wenig neue Impulse, kommt aber durchaus routiniert, freilich nur mit viel Blut über die Runden.
DVD/BD: Die deutsche Fassung ist im Gegensatz zur in Österreich und

der Schweiz vertriebenen Fassung (8-Films) gegenüber der Originalfassung um gut zweieinhalb Minuten gekürzt.
Japan 2011 **P** Toei Video / Travid Entertainment **DVD** WVG & 8-Films (16:9, 1.78:1, DD5.1 jap./dt.) **BD** WVG & 8-Films (16:9, 1.78:1, dts-HD jap./dt.) **Pd** Gen Satô **R** Noboru Iguchi **B** Jun Tsugita, Noboru Iguchi **Vo** Junji Ito (Manga) **K** Yasutaka Nagano **M** Takashi Nakagawa **S** Takeshi Wada **D** Miu Nakamura (Tomie), Moe Arai (Tsukiko), Maiko Kawakami, Aika Ohta, Kensuke Ohwada, Kôichi Ohon, Masaki Nishimura **L** 79 & 82 **FSK** ab 16 & ungeprüft **E** 10.5.2012 DVD & BD **fd** –

Zombie – The Terror Experiment
ZOMBIE – THE TERROR EXPERIMENT
Zombies belagern ein Bürohochhaus, während die darin Beschäftigten sowie ihre Gäste mit allen Mitteln ums Überleben kämpfen. In letzter Konsequenz wollen Einsatztruppen das Gebäude sprengen. Regie und Produktion machen es sich denkbar einfach, um mit viel Blut und Gedärmen das immer gleiche, ermüdende Katz-und-Maus-Spiel zu veranstalten.
DVD/BD: Die Extras umfassen u. a. einen Audiokommentar des Regisseurs.
USA 2010 **P** Freefall Films / MKM / Remember Dreaming Prod. **DVD** Savoy/Intergrooove (16:9, 1.78:1, DD5.1 engl./dt.) **BD** Savoy/Intergroove (16:9, 1.78:1, dts-HD engl./dt.) **Pd** Henry Boger, Justin Jones, Stan Spry, D. Todd Deeken, Rhett Giles **R** George Mendeluk **B** D. Todd Deeken **K** Brad Reeb **M** Chris Thomas **S** Tony Kent **D** Judd Nelson (Agent Wilson), C. Thomas Howell (Chief Grasso), Robert Carradine (Dr. Wexler), Jason London (Cale), Lochlyn Munro (Loham), Alicia Leigh Willis (Mandy), Serah D'Laine (Carol Milner), Edrick Browne (Marine Tony) **L** 79 **FSK** ab 18 **E** 9.11.2012 DVD & BD **fd** –

Zorn der Titanen
WRATH OF THE TITANS
Fortsetzung des Films KAMPF DER TITANEN (2010), in der erneut Figuren und Motive der griechischen Mythologie entliehen werden, um mutige Helden auf einen rasanten Parcours der Götter, Monster und Chimären zu schicken. Der antikisierende Fantasy-Film besticht zwar durch das liebevolle Set- und Creature-Design, doch die

hektische Montage und Dramaturgie lassen den Figuren keinen Raum, um sich jenseits ihrer Funktion als Handlungsträger zu profilieren. – Ab 16.
DVD/BD: Erhältlich als DVD, 2D BD und 2D/3D BD. Die Extras enthalten u. a. ein Feature mit drei im Film nicht verwendeten Szenen (10 Min.). Die Extras der BD enthalten zudem u. a. ein Bild-im-Bild-Feature, in dem Interviews und Informationsfeature zum laufenden Film abgerufen werden können. Die BD enthält eine Audiodeskription für Sehbehinderte, allerdings nur in englischer Sprache.
Scope. USA 2012 **P** Legendary Pic. / Thunder Road Pic. / Warner Bros. **KI** Warner Bros. **DVD** Warner (16:9, 1.78:1, DD5.1 engl./dt.) **BD** Warner (16:9, 1.78:1, dts-HDMA engl., DD5.1 dt.) **Pd** Basil Iwanyk, Polly Cohen Johnsen **R** Jonathan Liebesman **B** Dan Mazeau, David Leslie Johnson **Vo** Beverley Cross (Drehbuch zu KAMPF DER TITANEN von 1980) **K** Ben Davis **M** Javier Navarrete **S** Martin Walsh **D** Sam Worthington (Perseus), Rosamund Pike (Andromeda), Bill Nighy (Hephaestus), Édgar Ramírez (Ares), Toby Kebbell (Agenor), Danny Huston (Poseidon), Ralph Fiennes (Hades), Liam Neeson (Zeus), Lily James (Korrina), Matt Milne (Agathon) **L** 99 **FSK** ab 12; f **E** 29.3.2012 / 3.8.2012 DVD & BD **fd** 41 008

Zu den letzten Grenzen der Erde: Mapaoni-Expedition
EXPEDITION MAPAONI – L'INACCESSIBLE FRONTIÈRE
Mitten im Amazonas-Regenwald liegt ein Gebiet, das fast immer unter einer dichten Wolkendecke verborgen bleibt. In früheren Jahrhunderten bot es Anlass, dort das sagenhafte El Dorado zu vermuten. Ende der 1930er-Jahre organisierte Deutschland eine Expedition, die wichtige Erkenntnisse lieferte, doch dann geriet das Gebiet aus dem Blickfeld der Öffentlichkeit. Erst im August 2011 begann der französische Geowissenschaftler François-Michel Le Tourneau, diese Region neu zu kartografieren. Der (Fernseh-)Dokumentarfilm beschreibt die Erkundung und ein außergewöhnliches wissenschaftliches Abenteuer voller Grenzerfahrungen. – Ab 14.
Frankreich 2011 **P** Capa Television **KI** offen **R** Roland Theron **L** 90 **E** 22.9.2012 arte **fd** –

Zu gut für diese Welt ★
LA JOIE DE VIVRE
Ende des 19. Jahrhunderts kommt ein Waisenkind zu Tante und Onkel in die Normandie. Das Mädchen wird nicht nur aus Menschenfreundlichkeit aufgenommen, sondern weil es ein großes Erbe besitzt, das treuhänderisch verwaltet wird. Die bewegende Geschichte einer selbstlosen Frau, die sich trotz Enttäuschungen und Niederträchtigkeiten die Freude am Leben nicht nehmen lässt. Die Adaption eines Romans von Emile Zola lebt von hervorragenden Hauptdarstellern und besticht durch die vorzügliche Kameraarbeit, die an Gemälde von Eugène Boudin (1824–1898) erinnert; sie überzeugt zugleich als präzise Studie des bigotten Bürgertums. – Ab 16.
Frankreich 2011 **P** Escazal Films / France Télévisions / TV 5 Monde / arte **KI** offen **Pd** Denis Carot, Sophie Révil **R** Jean-Pierre Améris **B** Jean-Pierre Améris, Murielle Magellan **Vo** Émile Zola (Roman) **K** Gérard Simon **M** Stéphane Moucha **S** Jacqueline Mariani **D** Anaïs Demoustier (Pauline), Swann Arlaud (Lazare), Marianne Basler (Madame Chanteau), Jean-François Balmer (Monsieur Chanteau), Matilda Marty Giraut (Pauline als Kind), Lucile Krier (Louise), Martine Vandeville (Véronique), Alain Libolt (Docteur Cazenove) **L** 84 **E** 14.9.2012 arte **fd** –

Zu Hause im Dorf
KOTI KYLÄSSÄ, KYLÄ KOTONA
Ein (Selbst-)Porträt der finnischen Dokumentarfilmemacherin Kiti Luostarinen, die sich nach Jahren des unsteten (Arbeits-)Lebens ohne feste räumliche Bindung in die tiefste finnische Provinz zurückgezogen und in einem Dorf mit 300 Einwohnern inmitten von Wäldern und Seen ihre Heimat und ihren Frieden gefunden hat. Der poetische, sehr persönliche Film zeigt eine Landschaft von außergewöhnlicher Schönheit sowie eine Frau, die ihren Einklang mit sich und der Natur gefunden hat. – Ab 14.
Finnland/Deutschland 2012 **P** Kiti Luostarinen Prod. Ky / ZDF / arte **KI** offen **Pd+BR** Kiti Luostarinen **K** Alexander Burow **M** Toni Edelmann **S** Tuula Mehtonen **L** 83 **E** 11.6.2012 arte **fd** –

Zu schön um wahr zu sein
Als auch ihre jüngste Tochter mit 18 Jahren das Haus verlässt, muss eine Frau Ende 50 ihr Leben neu überdenken. Um zu verhindern, dass ihre Tochter das geplante Medizinstudium zugunsten einer Karriere als Model aufgibt, interveniert sie bei der Agentur und springt als Gegenleistung für ein Senior-Model ein. Dies macht ihr wider Erwarten Spaß und bringt Bestätigung, doch nun plagt sie ein schlechtes Gewissen gegenüber ihrer Tochter. Solide (Fernseh-)Komödie um eine Frau mittleren Alters, deren Leben aus den gleichförmigen Bahnen gerät. – Ab 12.
Deutschland 2012 **P** Zoela Film (für ZDF) **KI** offen **Pd** Moritz von der Groeben, Alexander von Hohenthal, Gabriele Graf **R** Matthias Steurer **B** Kirsten Kiesow, Guy Meredith, Katja Kittendorf **K** Michael Boxrucker **M** Thomas Klemm **S** Veronika Zaplata **D** Sabine Postel (Barbara Köster), Lilli Fichtner (Leonie Köster), Peter Sattmann (Walter Köster), Andreas Pietschmann (Jonas Bauer), Filip Peeters (Robert Bellmann), Heinrich Schafmeister (Wuttke), Rosa Enskat (Anke Neumann), Megan Gay (Diana Hardenberg), Johanna Christine Gehlen (Sarah Stein), Michael Fitz (Peter Jahn), Edda Leesch (Gabi Neumann), Jochen Nickel («Torte» Neumann), Uli Krohm (Klaus Grabow), Thibault Sérié (Theo), Thilo Berndt (Paul), Timm-Marvin Schattling (Leon) **L** 90 **E** 7.10.2012 ZDF **fd** –

Die Zukunft pflanzen
LES MOISSONS DU FUTUR
Die französische Filmemacherin beschreibt Wege aus der internationalen Ernährungskrise, die umweltgerecht den Hunger in der Welt überwinden könnten. Ihr von Optimismus getragene Film räumt den Bauern eine entscheidende Rolle ein und plädiert für neue Organisationsstrukturen. Der Abschluss einer ökologischen Ernährungstrilogie (MONSANTO, MIT GIFT UND GENEN, UNSER TÄGLICH GIFT), richtet den Blick in eine lebenswerte Zukunft. – Ab 14.
Frankreich/Belgien 2012 **P** M2R Films / CFRT / SOS FAIM / ARTE France **KI** offen **Pd** Pierrette Ominetti, David Charrasse, Philippe Jeannin, Agnès Ravoyard, Jean-Jacques Grodent, Virginie Pissoort **R+B** Marie-Monique

Robin **K** Olivier Chambon, Guillaume Martin, Roland Théron **S** Françoise Boulègue **L** 96 **E** 16.10.2012 arte **fd** –

Zum Kuckuck mit der Liebe

Für die einzige Kuckucksuhren-Fabrik Norddeutschlands schlägt die große Stunde, als sich eine Kommission aus dem Süden ankündet, die über das begehrte Qualitätssiegel entscheiden soll. Die Witwe des längst verstorbenen Firmengründers will das Umfeld der Prüfung angenehm gestalten und beauftragt ihre Schwiegertochter mit einer Begrüßungsrede. Diese sucht Hilfe bei einem Sprachtrainer, mit dem sie eine Affäre beginnt und damit ihrer eifersüchtigen Schwägerin die Chance bietet, sie zu diskreditieren. Turbulente (Fernseh-)Familienkomödie um Eifersüchteleien und Missgunst, getragen von Sympathie für ihre Protagonisten und deren menschliche Schwächen. – Ab 14.
Deutschland 2011 **P** Bremedia/NDR **KI** offen **Pd** Claudia Schröder **R** Hajo Gies **B** Thomas Oliver Walendy **K** Thomas Etzold **M** Detlef Friedrich Petersen, Stefan Hansen **D** Bernadette Heerwagen (Katrin Dobisch), Jan-Gregor Kremp (Hubertus Hobbs), Rüdiger Vogler (Dr. Ingo Leuwerik), Rita Russek (Leonore Dobisch), Johann von Bülow (Anton Dobisch), Elena Uhlig (Greta Dobisch), Stephan Grossmann (Lothar Dobisch), Moritz Grabbe (Gottlieb Dobisch), Dorothee Sturz (Leonore Dobisch (jung)) **L** 88 **E** 3.2.2012 ARD **fd** –

20 Geigen auf St. Pauli

Dokumentarfilm über die Kinder einer Grundschule im Hamburger Arbeiter-Stadtteil St. Pauli, die im zweiten Schuljahr vom hochmotivierten und engagierten Musiker Gino Romero Ramirez aus Kolumbien Geigenunterricht erhalten. Die Schule finanziert dieses Projekt mit Spendengeldern. Der Film begleitet Schüler und Lehrer drei Jahre lang, zeigt den Unterricht ebenso wie die Beschäftigung mit Musik, die Fortschritte und die Bemühungen der Kinder. – Ab 12.
Deutschland 2011 **P** Thede Filmproduktion **KI** die thede **R+B** Alexandra Gramatke, Barbara Metzlaff **K** Barbara Metzlaff **S** Maria Hemmleb **L** 79 (24 B./sec.) / 76 (25 B./sec.) **FSK** o.A.; f **E** 19.1.2012 **fd** –

Zwei blaue Augen

Der Besitzer einer Autowerkstatt soll einen Kratzer am neuen Wartburg-Auto der Ehefrau eines Zahnarzts vertuschen und den Schaden diskret beheben. Bei der Überführung des Wagens verursacht er einen weit folgenschwereren Unfall. Als strengem Vorsitzenden des Verkehrsaktivs ist ihm der Vorfall überaus peinlich, sodass er seinen Sohn nötigt, die Schuld auf sich zu nehmen. Die Besitzerin wird misstrauisch und will Vater und Sohn in die Enge treiben. (Fernseh-)Komödie aus der Endzeit der DDR, die eine überraschend spießige Seite des deutschen Ostens offenbart und im Umgang mit den «Luxusartikel» Auto recht erhellend ist. – Ab 14.
DDR 1986 **P** DFF **KI** offen **R** Peter Hill **B** Joachim Goll **K** Wolf Wulf **D** Alfred Struwe (Paul Klabbusch), Ingeborg Krabbe (Lene Klabbusch), Jürgen Trott (Horst Klabbusch), Cathrin Hoffmann-Fehrle (Dagmar), Gerd E. Schäfer (Herr Schräglein), Claudia Wenzel (Frau Schräglein), Karl Sturm (Fritzke) **L** 68 **E** 22.9.2012 mdr **fd** –

2 für alle Fälle – Manche mögen Mord

Ein ehemaliger Husumer Polizeikommissar tourt mit seiner Musik-Band durch die deutsche Provinz. Bei einer Station im Harz kümmern sich er und sein windiger Halbbruder, Gitarrist der Band, um den Tod eines Heiratsschwindlers, den die Verbindung zu einer lebenslustigen Millionärin das Leben gekostet haben könnte. Ausgerechnet der Halbbruder bandelt nun mit der Dame an, die Morddrohungen erhält und wenig später ebenfalls tot ist. Musikalisch akzentuierte (Fernseh-)Kriminalkomödie, die auf das bekannte Personenarsenal eines Vorgängerfilms setzt. – Ab 12.
Deutschland 2011 **P** Studio Hamburg **KI** offen **R** Christoph Schnee **B** Wolfgang Limmer **K** Diethard Prengel **M** Günther Illi **S** Guido Krajewski **D** Jan Fedder (Piet Becker), Axel Milberg (Hannes Bongartz), Nina Petri (Paula Johnson), Frank Jacobsen (Rüdiger Lüders), Janette Rauch (Anette Bistrop), Jan Henrik Stahlberg (Dr. Elmar Bittins), August Schmölzer (Frider von Posselt), Steffi Kühnert (Imogen von Wrede), Martin Glade (Eduard Furcht) **L** 86 **E** 19.1.2012 ARD **fd** –

2 Tage New York

2 DAYS IN NEW YORK
Fünf Jahre, nachdem eine Französin mit ihrem US-amerikanischen Freund ihre Familie in Paris heimsuchte, fällt die französische Mischpoke in ihre New Yorker Wohnung ein, in der sie mit ihrem Sohn, ihrem neuen Geliebten und dessen Tochter wohnt. Weit entfernt vom Esprit des Vorläufers (2 TAGE PARIS, 2006), biedert sich der Film dem Komödiengeschmack des US-amerikanischen Mainstream-Publikums an, ohne die Voraussetzungen einer leichtfüßigen Beziehungskomödie auszuloten. Satirische Spitzen auf die New Yorker Kunstszene und den Culture-Clash wirken stumpf, nur einige inszenatorisch originelle Details bleiben im Gedächtnis. – Ab 14.
Scope. Frankreich/Belgien/Deutschland 2011 **P** Polaris Films / Tempête Sous un Crâne / Senator Film Prod. / Saga Film / Alvy Prod. / In Prod. / TDY Filmprod. / BNP Paribas Film Fund **KI** Senator/Xenix (Schweiz) **DVD** Universum (16:9, 1.85:1, DD5.1 engl. & frz./dt.) **BD** Universum (16:9, 1.85:1, dts-HDMA engl. & frz./dt.) **Pd** Scott Franklin, Ulf Israel, Christophe Mazodier, Jean-Jacques Neira, Hubert Toint, Julie Delpy **R** Julie Delpy **B** Julie Delpy, Alexia Landeau **K** Lubomir Bakchev **S** Isabelle Devinck, Julie Brenta **D** Julie Delpy (Marion), Chris Rock (Mingus), Albert Delpy (Jeannot), Alexia Landeau (Rose), Alex Nahon (Manu), Emily Wagner (Susan), Dylan Baker (Ron), Vincent Gallo (Vincent Gallo), Daniel Brühl **L** 96 (24 B./sec.) / 92 (25 B./sec.) **FSK** ab 12; f **FBW** w **E** 17.5.2012 Schweiz / 5.7.2012 / 18.1.2013 DVD & BD **fd** 41 153

Zwei übern Berg

Der charmante Chef eines Bettengeschäfts verliebt sich in die neue Designerin. Damit er in Sachen Liebe freie Bahn hat, bittet er seine ihm treu ergebene Sekretärin, sich um seine Ehefrau zu kümmern; er ahnt jedoch nicht, dass auch die Sekretärin längst seinem Charme erlegen ist. Verwicklungsreiche (Fernseh-)Komödie, die dafür plädiert, das Vertraut-Bewährte unter veränderter Perspektive neu kennen zu lernen. – Ab 16.
Deutschland 2011 **P** Constantin/BR **KI** offen **Pd** Stephanie Heckner, Katja Kirchen, Kerstin Schmidbauer **R** Torsten C. Fischer **B** Sathyan Ramesh

K Theo Bierkens **M** Stephan Massimo **S** Benjamin Hembus **D** Gisela Schneeberger (Hannah Zorn), Günther Maria Halmer (Alfons Keilinger), Rita Russek (Margot Keilinger), Ulrich Noethen (Paul Hufnagel), Elena Uhlig (Jette Klee), Erwin Steinhauer (Carl Valentin), Lena Baader (Maren Zorn), Ricardo Angelini (Hussein) **L** 88 **E** 28.9.2012 ARD fd –

2:22
2:22
Vier Profi-Gangster wollen einen Hotelsafe ausrauben, doch im Lauf des Abends gerät der Coup immer mehr außer Kontrolle, weil die Wünsche der Hotelgäste nicht planbar sind. Zu allem Unglück hat auch noch ein Gangster sein Geld im Safe deponiert. Der klassische Heist-Krimi mutiert zum komödiantisch gefärbten Brutalo-Thriller mit einigen überraschenden Wendungen. – Ab 16.
DVD/BD: Erhältlich als DVD und 2D/3D BD.
3D. Kanada 2008 **P** Lab4 Prod. **DVD** Los Bandidos / Ascot Elite (16:9, 1.78:1, DD5.1 engl./dt.) **BD** Los Bandidos/Ascot Elite (16:9, 1.78:1, dts-HDMA engl./dt.) **Pd** Lenny Bitondo, Phillip Guzman, Mick Rossi, Philip Roy **R** Phillip Guzman **B** Mick Rossi, Phillip Guzman **K** Philip Roy **M** Danny Saber **S** Philip Roy **D** Mick Rossi (Gulliver Mercer), Robert Miano (Willy), Aaron Gallagher (Finn), Jorge A. Jimenez (Gael), Peter Dobson (Curtis), Val Kilmer (Maz), Bruce Kirby (Norman Penn), Sile Bermingham (Jody) **L** 100 **FSK** ab 16 **E** 4.4.2012 DVD & BD fd –

2033 – Das Ende ist nah!
2033
Ein mexikanischer Clan hat seit mehreren Generationen die Macht inne, indem er die Bevölkerung mittels Drogen ruhigstellt und gefügig macht. Ausgerechnet der jüngste Spross rebelliert gegen seine Familie, entdeckt seinen Glauben an Gott und riskiert dafür sein Leben. Thriller aus Mexiko, der der großen Affinität seines Publikums zur katholischen Kirche Rechnung trägt. – Ab 16.

Mexiko 2009 **P** La Casa de Cine / Filmica Viilaparaiso **DVD** Lighthouse/Mr. Banker (16:9, 1.85:1, DD5.1 span./dt.) **BD** Lighthouse/Mr. Banker (16:9, 1.85:1, dts-HD span./dt.) **Pd** Yvette Gurza **R** Francisco Laresgoiti **B** Jordi Mariscal **K** Luis David Sansans **M** Daniel Hidalgo **S** Carlos Puente, Pedro G. García **D** Miguel Couturier (Stam), Sandra Echeverría (Lucía), Alonso Echanove (Pec), Luis Ernesto Franco (Milo), Genaro Hernandez, Claudio Lafarga, Raúl Méndez, Marco Antonio Treviño **L** 93 **FSK** ab 16 **E** 15.6.2012 DVD & BD fd –

2012 Zombie Apocalypse
ZOMBIE APOCALYPSE
Ein Zombie-Virus verwandelt die USA in eine unwirtliche Zone und zwingt eine kleine Gruppe Nichtinfizierter, Zuflucht in einem scheinbar sicheren Hafen zu suchen. Der Weg dorthin ist mühsam, wird von Problemen innerhalb der Gruppe erschwert und führt zur Konfrontation mit kannibalistischen Zombies. Mediokrer Horrorfilm, der seiner tausendfach erzählten Geschichte keine neuen Aspekte abgewinnt.
DVD/BD: Erhältlich als DVD, 2D BD und 2D/3D BD. Die dt. Fassung ist gegenüber der Originalfassung um gut zwei Minuten geschnitten. Die FSK-Freigabe «ab 18» der DVD/BD bezieht sich auf das Bonusmaterial (Trailer etc.), der Film selbst hat eine Freigabe «ab 16».
3D. Großbritannien/USA 2011 **P** The Asylum **DVD** dtp/Great Movies (16:9, 1.85:1, DD5.1 engl./dt.) **BD** dtp/Great Movies (16:9, 1.85:1, dts-HD engl./dt.) **Pd** David Michael Latt, Paul Bales **R** Nick Lyon **B** Craig Engler, Brooks Peck **K** Pedja Radenkovic **M** Chris Ridenhour **S** James Kondelik **D** Ving Rhames (Henry), Taryn Manning (Ramona), Johnny Pacar (Julien), Gary Weeks (Mack), Lesley-Ann Brandt (Cassie), Eddie Steeples (Billy), Robert Blanche (Brockton), Gerald Webb (Kevin Anderson) **L** 85 **FSK** ab 16 **E** 14.2.2012 DVD & BD fd –

Die zweite Hinrichtung – Amerika und die Todesstrafe ★
THE SECOND EXECUTION OF ROMELL BROOM
Dokumentarfilm über den Fall des wegen Entführung, Vergewaltigung und Mord an einer jungen Frau im Jahr 1985 zum Tode verurteilten Romell Brooms. Nach einem gescheiterten Hinrichtungsversuch 2009 kämpfen Anwälte gegen den drohenden erneuten Versuch. Gleichzeitig mehren sich Hinweise, dass der Prozess seinerzeit von Seiten der Staatsanwalt manipuliert wurde, die entlastendes Beweismittel unterschlug und Aussagen manipulierte. Der Film dokumentiert den Kampf zwischen Behörden und Anwälten um das Leben eines Mannes, wobei auch Beteiligte zu Wort kommen, die bereits an der Verurteilung Brooms' im Jahr 1985 mitwirkten. – Ab 16.
Deutschland/USA 2011 **P** Sentana Filmprod. **Kl** offen **Pd** Simone Reuter, Beate Schlanstein, Michael Verhoeven, Hubert von Spreti **R** Michael Verhoeven **B** Michael Verhoeven, Luise Lindermair **K** Joseph McCarthy, Thomas Merker **S** Gabriele Kröber, Stefan Frank **L** 90 **E** 28.6.2012 SWR fd --

Zwischenfall am Loch Ness ★
INCIDENT AT LOCH NESS
Werner Herzog und Zak Penn wollen einen Film über das Ungeheuer von Loch Ness drehen. Doch schon zu Beginn der Dreharbeiten kommt es zum Streit; das Unternehmen findet ein jähes Ende. Eine Begleitcrew dokumentiert das Scheitern des Projekts. Der dokumentarische Film speist sich aus Interviews, dem Filmmaterial des Begleitteams und Fragmenten des geplanten Herzog-Films, woraus eine unterhaltsame Chronik des Scheiterns erwächst, die in Form eines Pseudo-Dokumentarfilms von der Selbstironie aller Beteiligten zeugt und dabei durchaus parodistische Züge annimmt. – Ab 16.
USA/Großbritannien 2004 **P** Eden Rock Media **Kl** offen **Pd** Werner Herzog, Zak Penn, Jana Augsberger, Gary Marcus **R** Zak Penn **B** Werner Herzog, Zak Penn **K** John Bailey **M** Henning Lohner, Lorne Balfe **S** Abby Schwarzwalder, Howard E. Smith **L** 90 **E** 5.9.2012 arte fd –

Die besten Kinofilme des Jahres 2012

Die Redaktion des Filmmagazins FILMDIENST hat die für sie tätigen Filmkritikerinnen und -kritiker gebeten, aus den im Jahr 2012 in den deutschen Kinos gestarteten Spiel- und Dokumentarfilmen ihre zehn persönlichen Favoriten zu nennen. Aus diesen persönlichen «Top Ten»-Listen erstellte die Redaktion eine Art «Jahresbestenliste 2012», bei der lediglich die Nennung der Titel gezählt wurde. Nach dieser Arithmetik ergaben sich für das Jahr 2012 die nachfolgenden 18 herausragenden Filme, die, alphabetisch geordnet, mit jener Rezension dokumentiert werden, die zum jeweiligen Kinostart im FILMDIENST erschien.

Attenberg
Regie: Athina Rachel Tsangari

«Und dann fragst du mich, was schaust du am liebsten an? Und ich sage: Naturfilme. Weil man da sehen kann, wie schön die Welt und was die Tiere tun, wohin die Vögel ziehn, wenn es kalt wird in Berlin.» Als Funny van Dannen vor vielen Jahren (auch) mit diesem Lied reüssierte, ahnte man noch nichts von der Finanzkrise Griechenlands und auch nichts von der «Neuen Welle» des jungen griechischen Films, die aktuell gerne beschworen wird, weil davon hierzulande so wenig zu sehen war. Das soll sich jetzt ändern: mit ATTENBERG von Athina Rachel Tsangari und ALPEN von Giorgos Lanthimos kommen binnen kurzer Zeit gleich zwei Filme in einige deutsche Kinos, die von der Kraft und der Fantasie eines unabhängigen «Krisenkinos» erzählen. Dass ATTENBERG bislang auf internationalen Festivals für Furore sorgte und die wirklich beeindruckende Ariane Labed auf dem Festival von Venedig 2010 (!) mit dem Darstellerpreis ausgezeichnet wurde, hat allerdings auch damit zu tun, dass der Film neuen Wein aus alten Schläuchen kredenzt. Überhaupt muss man ja erst einmal wieder Bilder von und für Griechenland entwerfen (jenseits der schwerfälligen Symbolismen eines Angelopoulos und auch jenseits der putzigen Provinz-Komödien à la KLEINE VERBRECHEN, fd 39 336), Bilder, die die Gegenwart «bezeichnen» können. Da kommt die hintersinnige, mehrfach kodierte Coming-of-Age-Geschichte, die ATTENBERG erzählt, gerade recht.

Hinter dem – für einen Film aus Griechenland ungewöhnlichen – Filmtitel verbirgt sich eine Verballhornung des Namens von Sir Richard Attenborough, dessen

ATTENBERG (Rapd Eye Movies)

Tierdokumentationen die junge Marina gleichermaßen faszinieren, wie sie bei der Entwicklung ihrer eigenen sexuellen Identität behindern. Marina nimmt ihren eigenen Körper und ihr Begehren gewissermaßen durch die präformierte Brille der Anthropologie und der Zoologie wahr: Sie artikuliert sich durch Tier-Imitationen, gern auch in Gemeinschaft. Durch die auf der Straße choreografierten Tier-Imitationen als «Funny Walks» à la Monty Python akkumuliert der Film Momente von Performance-Kunst, was ihm eine gehörige Portion verfremdender Theaterhaftigkeit einschreibt. Dazu passen die ritualisierten Wortgefechte, die sich Marina mit ihrem Vater und ihrer Freundin Bella leistet. Wenn Marina und Bella mit ihren Motorrollern und Dufflecoats durch die Stadt cruisen, wirken sie wie Versprengte, wie aus der Zeit gefallene Mods, die sich in der Diaspora zurechtfinden müssen. Was ihnen bleibt, sind anachronistische Erkennungszeichen wie Tischfussball oder Musik aus den Pop-Sixties (Francoise Hardy) und den New Wave-Seventies (Suicide). Genau wie diese Bricolage etwas eklektizistisch wirkt, so arbeitet auch der Film ATTENBERG und changiert damit zwischen kindlicher Regression und Industrie-Tristesse á la Antonioni. Während Marina immer souveräner in ihr Leben hineinfindet, stirbt ihr Vater an Krebs – und der Abschied vom Vater fällt zusammen mit dem Abschied vom 20. Jahrhundert (wie es Angelopoulos in Szene gesetzt hat). Einmal treffen sich Vater und Tochter über den Dächern der im Verfall begriffenen Industriestadt, die wohl einmal ein utopisches Experiment gewesen ist. Der Vater spricht resigniert-lakonisch von bourgeoiser Arroganz, «speziell für ein Land, das die industrielle Ära ausgelassen hat: von Schäfern zu Bulldozern und Bergwerken zu kleinbürgerlichen Eruptionen. Wir errichteten eine Industriekolonie auf Ställen und dachten, wir machen Revolution.»

Marina aber, die «modernistische Optimistin», findet die Eintönigkeit entspannend. Einmal spielt sie in diesem Film mit ihrer Freundin Bella Tennis, und die Art und Weise, wie diese Szene fotografiert (Kamera: Thimos Bakatakis) und montiert ist, erinnert an das imaginäre Tennis in BLOW UP. So treibt ATTENBERG lustvoll Angelopoulos mit Antonioni aus und schafft aus diesem Befreiungsakt heraus etwas, das so erfrischend ist, wie es der elektronisch skelettierte Rock'n'Roll von Suicide um 1980 war. Um es in diesem Sinne stilsicher mit Jefferson Airplane zu formulieren: «One generation got old / One generation got soul». Und während eine Generation die Träume des 20. Jahrhunderts zu Grabe trägt und stirbt, bastelt sich die nächste Generation eine Identität, aber keine Utopie aus Pop-Versatzstücken, inmitten der Industriebrachen, die die Väter hinterlassen haben. Einmal heißt es in ATTENBERG, dass Griechenland nicht zum Balkan gehört habe. Aber wozu es gehört hat und aktuell gehört, das scheint in der Schwebe und – positiv formuliert – völlig offen. Einen ästhetischen Eindruck davon vermittelt ATTENBERG.

Ulrich Kriest

Der Aufsteiger
Regie: Pierre Schoeller

Die Leinwand vibriert förmlich, wenn der (noch nicht identifizierte) französische Verkehrsminister Saint-Jean die Angstlust seiner nächtlichen Fantasien durchlebt. Schwarz vermummte Kapuzenmänner wandeln in ballettartigem Stakkato durch einen feudalen Herrschaftsraum, arrangieren das Mobiliar der Macht und führen eine aufreizend nackte Frau in den Salon, die sich widerstandslos einem monströs-trägen Krokodil zum Fraß vorwirft. Just in diesem Moment reißt das Handy den Träumenden aus seiner Erregung. In den Ardennen ist ein Bus mit Schulkinder

DER AUFSTEIGER (Kool Filmdistribution)

verunglückt: Zehn Tote, mehrere Vermisste. Saint-Jean müsse dorthin, der Hubschrauber sei startklar. Erst jetzt entspannt die Kamera und beobachtet still, wie Saint-Jean sich aufrappelt und mit Eiswürfeln die Müdigkeit bekämpft. Ein Tempowechsel, der in Pierre Schoellers hochenergetischer Polit(iker)-Studie mehrfach variiert wird. Denn L'EXERCICE DE L'ÉTAT, so der prägnante Originaltitel, blickt in gewisser Weise aus dem Auge des Hurrikans auf das entfesselte Geschäft der Politik, wobei sich die Inszenierung mit furioser Entschiedenheit daran macht, den aktuellen Strukturwandel der Öffentlichkeit zu analysieren.

Denn der Besuch des Unglücksortes dient weder der Information des Ministers noch dem Beistand der Angehörigen, sondern allein dem Image, auch wenn ihn die Konfrontation mit den Toten durchaus nicht kalt lässt. Saint-Jean ist kein Zyniker, doch er versteht sich fast instinktiv darauf, sein rhetorisches Geschick medial perfekt in Szene zu setzen. In dieser Kunst versuchen sich allerdings auch andere, etwa sein Gegenspieler, der Finanzminister Peralta, der Saint-Jeans Abwesenheit ausnutzt, um seine Agenda, die Privatisierung der staatlichen Bahnhöfe, zum Tagesthema zu machen. Das ist die offene Kriegserklärung, denn Saint-Jeans noch junger politischer Höhenflug gründet darin, dass er die Konflikte mit den Gewerkschaften bislang in Zaum halten konnte. Die hektische Betriebsamkeit, die Peraltas Attacke bei Saint-Jean auslöst, nutzt der Film in einer beklemmend kammerspielartigen Sequenz, um das ganze Dilemma der digital vernetzten Politik auszubreiten. Während das Dienstauto nach Paris zurückjagt, glühen die Drähte; der Minister hantiert mit drei Telefonen gleichzeitig, wobei jeder seiner Schritte fast zeitgleich andere Mitspieler auf den Plan ruft, die ihrerseits mögliche Reaktionen ihres Gegenübers zu antizipieren versuchen.

Mit hohem Tempo und einem wohltuend direkten Zugriff skizziert Schoeller das Leben des Ministers zwischen den Zwängen einer omnipräsenten (Medien-)Öffentlichkeit und den Ränkespielen hinter den Kulissen der Macht, wo Eitelkeiten, Super-Egos, Loyalität und Kalkül unentrinnbar miteinander verbunden sind. Saint-Jean ist gegen die Privatisierung, seine Partei gespalten, der Ministerpräsident unentschlossen; doch ein unachtsamer Moment genügt, und schon scheint sich die (politische) Welt gegen ihn verschworen zu haben. Kompromiss oder Demission, lautet die Alternative – zumindest bis zum nächsten Telefonat. Es fällt nicht ganz leicht, bei diesem Flipperspiel aus Namen, Institutionen, Finten und Ränküen den Überblick zu behalten, was in seiner forcierten Mechanik allerdings durchaus intendiert erscheint; umso deutlicher sind deshalb mehrere Subplots herausgearbeitet, die etwa um den Langzeitarbeitslosen Kuypers kreisen, den Saint-Jean (Achtung: Imagegewinn!) als Ersatzfahrer beschäftigt, oder den sphinxhaften Ministerialdirigenten Gilles, der wie eine Spinne im Zentrum des Ministeriums residiert und insgeheim die Fäden zieht. Während die Figur des schweigsamen Kuypers den Plot an die alltägliche Welt «normaler» Menschen bindet, verdichtet sich in Gilles die aristokratische Differenz der französischen Eliten. Einen wesentlichen Anteil am Gelingen dieser furiosen, scharfzüngigen «Tour de Politique» trägt der belgische Hauptdarsteller Olivier Gourmet bei, der in einer grandiosen Performance den Spagat zwischen den unterschiedlichsten Sphären meistert und dabei zu einer so nuancierten Hochform aufläuft, dass man den eher verhaltenen Stammschauspieler der Dardenne-Brüder kaum wiedererkennt.

Wegweisend und nachgerade spektakulär an dieser bildmächtigen, bisweilen hart an die Ästhetik von Horrorfilmen grenzenden Studie über Macht und Menschlichkeit ist der erfolgreiche Versuch, sich nicht auf die herkömmlichen Chiffren politischer Dramen zu beschränken, sondern in Tuchfühlung mit den realen politischen Verhältnissen ein dichtes Netz aus Detailbeobachtungen, Alltagsdingen und Traumsequenzen zu weben. Der Film ist ein harsches, packendes Drama, das mit analytischem Verstand und inszenatorischer Verve ein zeitgemäßes Bild des Politischen entwirft, ohne die Bodenhaftung zu verlieren. Wie schade, dass man Vergleichbares vom deutschen Filmschaffen so gar nicht erwarten kann.
Josef Lederle

Beasts of the Southern Wild
Regie: Benh Zeitlin

«The Bathtub» nennen die Einheimischen ihre Heimat – ein Name, in dem das Insulare bereits mitschwingt. Die von der Außenwelt abgeschnittene Siedlung liegt tief in den Sumpfgebieten Louisianas, an der Küste des Golfs von Mexiko. Hier, hinter

BEASTS OF THE SOUTHERN WILD (MFA+)

den Dämmen und Ölraffinerien, lebt eine ethnisch gemischte Community in improvisierten Behausungen inmitten einer von den Abfällen der Zivilisation angefressenen Natur. Mensch und Tier, Natur und Müll bilden in «The Bathtub» eine seltsame Synthese – ebenso wie der Film selbst unaufhörlich Synthesen produziert: zwischen Realismus und Fantasy, Regionalismus und globaler Erzählung, zwischen zeitlosem Märchen und Gegenwartsbeschreibung, Hurricane-Katrina-Parabel und Klimakatastrophen-Szenario. So roh und von existenziellen Bedürfnissen getrieben die Realität von BEASTS OF THE SOUTHERN WILD auch ist: Sie ist ebenso von Mythen, Legenden und Metaphern bestimmt, von Überhöhungen und Umschreibungen. So verdankt die sechsjährige Hushpuppy, ein afroamerikanisches Mädchen und die wuschelköpfige Heldin des Films, ihren Namen den frittierten Maismehlbällchen, die zum festen Bestandteil der Südstaatenküche gehören. Was sprachlich verkleidet und ins Bildliche verschoben wird, ist gleichzeitig pure Buchstäblichkeit. Hushpuppys Wahrnehmung der Außenwelt, die sie erst gegen Ende des Films kennen lernt, ist ganz unmittelbar und unverstellt: das sterile Auffanglager, in das die Bewohner des «Bathtub» nach einem zerstörerischen Sturm zwangsweise einquartiert werden, beschreibt sie etwa als ein Aquarium ohne Wasser; das Bild der Herzmaschine, deren Kabel mit dem Körper ihres schwer kranken Vaters verbunden sind, löst in ihr Befremden aus, erweckt es doch den Eindruck, als seien die Menschen an die Wand angeschlossen.

BEASTS OF THE SOUTHERN WILD wird vorgeblich aus Hushpupps Perspektive geschildert, die mit ihrem ruppigen Vater Wink in ärmlichen Verhältnissen in einer auf Stelzen gebauten Baracke lebt. Der Vater versucht, die Tochter auf die kommenden Veränderungen vorzubereiten, den großen Sturm, die Verteidigung des «Bathtub» gegen die staatlichen Autoritäten, ein Leben als Waise. Hushpuppy ist im Grunde ein idealtypisches Tomboy, allerdings ohne die gender-politischen Konnotationen, die diesen Begriff begleiten. Dass der Vater in jeden Anflug einer Verweichlichung auszutreiben versucht, ist nichts anderes als Überlebenstraining: «Nicht weinen», heißt eine seiner Losungen. Auch fördert er Armdrücken und sonstige Muskelspiele. Mit einer Mischung aus Naivität, Altklugheit und Weisheit erzählt Hushpuppy aus dem Off über ihr Leben und die Welt, spinnt Fabeln über den Verbleib der abwesenden Mutter, die sie in einem entfernten Leuchtfeuer vermutet, oder fantasiert nach ihrer Schulstunde über die bevorstehende Klimakatastrophe von ausgestorbenen Auerochsen, die, aus dem arktischen Eis auferstanden, Richtung «Bathtub» ziehen. Doch während die Erzählerstimme eine Innenansicht vorgibt, ist die visuelle Perspektive des Films gänzlich eine außenstehende.

Mit geradezu authentizistischem Eifer blickt Benh Zeitlin auf eine Gesellschaft der Unangepassten und Ausgestossenen, die bis zuletzt auf die Effekte des Exotischen reduziert bleibt; eine Existenz jenseits des Naturnahen, Animalischen und Ungebändigten gesteht ihnen der Film nicht zu. Begierig saugt die Kamera, deren permanente, fast schwindelige Bewegungen Vitalität und Dabeisein suggeriert, alles auf: den Rausch der Feste, die Entfesselung bei Musik, Alkohol und Feuerwerk, die gezeichneten Gesichter und ramponierten Körper in ihrer zerschlissenen Kleidung, die Bruchbuden und immer wieder Tiere, vor allem in ihrer Nähe zu Menschen. Die ersten Bilder zeigen Hühner, Vogelküken, Hunde, ein Hängebauchschwein im Dreck; Hushpuppy hört ihren Herzschlag, beugt sich über ihre warmen Körper; man hört es pochen. Dabei werden die toten Tiere in nicht minder lebhafte Bilder gefasst: Hühner, die der Vater tief gefroren aus einer Kühltruhe holt und zum Mittagessen auf einen kleinen Grill wirft, Fische, die er mit geschicktem Faustschlag erledigt, wie auch ganze Schiffsladungen voller Shrimps, in die die Kamera bildfüllend eintaucht, als wolle sie sich gefrässig darüber hermachen. «Du bist ein Tier», schreit der Vater Hushpuppy anerkennend zu, als sie einen Krebs mit blossen Händen zerrissen hat. Dieser wuchtige, alle Sinne ansprechende Bildertaumel hat seine schillernden Qualitäten und wird durch den eindringlichen, streicherlastigen Soundtrack noch forciert, der dem Film etwas Vorwärtstreibendes verleiht und die mitunter zerfaserte Erzählung zu einer kohärenten Textur zusammenschmilzt. Schwer entziehen kann man sich auch dem entwaffnenden Charme Hushpuppys, gespielt von Quvenzhané Wallis, einem Mädchen aus der Region. Gleichwohl hinterlässt das visuelle Vergnügen einen schalen Beigeschmack; denn was der Film als wirklichkeitsnahes Porträt der Louisiana-Community vorstellt, ist in Wahrheit vor allem prächtige Folklore.

Esther Buss

Cosmopolis
Regie: David Cronenberg

Die ganze Welt kondensiert in einem einzigen Tag, in einem einzigen Charakter und jenem Strom aus Gedanken und Gefühlen, der durch dessen Bewusstsein rinnt. David Cronenberg präsentiert in seinem neuesten Werk eine Geschichte, die sich wie ein Trip anfühlt. Die Vorlage stammt von Don DeLillo, einem der wichtigsten amerikanischen Gegenwartsautoren: *Cosmopolis* (2003) handelt von einem Tag im Leben eines Börsenmilliardärs. Ein Börsencrash kommt vor, die universale Gier, mehrere Attentate, ein ungenannter US-Präsident, der allgemeine Sicherheitswahn der Gesellschaft, eine Protestbewegung, die der von «Occupy» verblüffend ähnelt, der Cyberspace und vor allem viel, viel Geld. Aus heutiger Sicht ist *Cosmopolis* ein prophetischer Roman, eine apokalyptische Reise ins finstere Herz der Gegenwart, aber vor der grossen Krise. Trotzdem verlangt das Buch nicht automatisch nach einer Verfilmung; denn in Sprache und Bildern ist dies zwar ein Breitwandpanorama des Finanzkapitalismus, doch die Handlung gleicht eher einem Kammerspiel. Wie soll man verfilmen, was sich zu grossen Teilen im Kopf eines einzigen Menschen abspielt, der sich mit einer Carrara-Marmor-getäfelten Stretch-Limo auf einer Odyssee durch Manhattan befindet, seinen Friseur aus Kindheitstagen trifft und dazwischen von seiner Geliebten besucht wird, einem Arzt und diversen Mitarbeitern, mit denen dieser merkwürdige Passagier Strategien diskutiert und ansonsten auf mehreren Bildschirmen im Auto das Welt- und Börsengeschehen verfolgt?

Diese Hauptfigur heisst Eric Packer – ein Kannibale im Anzug. Ein reicher Mann; einer der reichsten der Welt, der Menschen gnadenlos über die Klinge springen lässt, der mit seinem und dem Leben der anderen spielt wie die Katze mit der Maus. In Manhattan residiert Packer in einem luxuriösen Apartment, das unter anderem ein Haifischbecken birgt und einen Spielsalon – symbolische Orte, repräsentativ für einen Finanzhai, der im Casino-Kapitalismus mit Milliarden jongliert. Räume sind in diesem Film zentral. Doch wer erwartet hätte, dass Cronenberg die Assoziationsströme der Vorlage in ein Bett aus reisserisch-grellen Bildern giessen würde, sieht sich getäuscht: Dies ist ein sinnlicher, dabei zugleich überaus reduzierter Film. Die im Roman ausführlich beschriebenen Wohnverhältnisse werden nur erwähnt, obwohl sie einen grossartigen visuellen Hintergrund für das von Cronenberg intendierte Dekadenz-Porträt geliefert hätten.

COSMOPOLIS (Falcom Media)

Cronenberg betont vielmehr den Kammerspielcharakter und konzentriert sich ganz auf den einen, zentralen Symbolraum der Story, jene weiße Limousine, in der Packer sich aufhält: Geborgen wie in einem metallischen Mutterbauch hat er hier alles, sogar eine Toilette. Das Auto trennt Packer von der Welt, schützt ihn vor den unmittelbaren sinnlichen Gewissheiten des Außen, hält ihn zu allem auf Distanz. Auch der Ton des Films ist dumpf, abgeschottet, trocken; die gesamte Atmosphäre wirkt seltsam aseptisch, was bei Cronenberg kein Zufall ist, sondern Beschreibung einer Lebensweise, die raumschiffgleich durch ihren eigenen Orbit kreist. Das riesige Auto wird zum treffenden Symbol des Kapitalismus in seiner egozentrischen Phase, der «i-Ökonomie» des individuellen Fressens und Gefressenwerdens. Vor allem ist es das Entscheidungszentrum des Niedergangs.

Unter den Cronenberg-Figuren ähnelt Packer daher am stärksten dem Protagonisten aus SPIDER (fd 36 512), jenem merkwürdigen Albtraum-Reisenden, der sich im Netz eigener Obsessionen verheddert hat und zugleich seine Welt so gestaltet, wie sie ihm gefällt. Cronenbergs Packer ist solipsistisch und ich-fixiert. COSMOPOLIS ist Cronenbergs DER FREMDE, sein AMERICAN PSYCHO, seine Version von SHAME (fd 40 933) – eine existenzialistische Parabel um einen sozial Gestörten, der sich in Fantasiewelten zurückzieht. Ein smarter Einfall war es, den Part des Eric Packer mit Robert Pattison zu besetzen, der in der Rolle eines Vampirs weltberühmt wurde. So wie Pattison in COSMOPOLIS aussieht, dürften ihn seine TWILIGHT-Fans kaum wiedererkennen: glatt, nichtssagend, so unschuldig wie ein Zombie. Daneben bleibt vor allem Samantha Morton im Gedächtnis, die sich als Marktstrategin mit Packer einen langen Schlagabtausch der Argumente liefert, die dem Film eine intellektuelle Basis geben. Sie und Sarah Gadon, die Idealbesetzung von Erics Frau Elise, bilden den Rahmen eines bittern Abgesangs auf den modernen Kapitalismus und die (A-)Moral eines dekadenten Westens.

Wie DeLillo ist Cronenberg als Künstler ein Postmodernist – überaus reflektiert und ungemein sinnlich zur gleichen Zeit, mit Stilen und Haltungen spielend, ein neobarocker Experimentalist. Durch COSMOPOLIS zieht sich jenseits seiner Oberfläche ein Diskurs über Öffnungen, Löcher, Passagen zwischen Innen und Außen, sowie über (A-)Symmetrien und deren Interaktion. Dass die Märkte asymmetrisch sein können, ohne dass dies eine Fehlentwicklung wäre, die eine unsichtbare Hand schnell wieder korrigieren müsste, wird zu einer zentralen, auch ästhetischen Einsicht. Von einer «Ästhetik der Interaktion» ist einmal die Rede. Es geht bei all dem letztlich um die Frage, ob eine Affinität oder Interaktion besteht zwischen dem «Leben» des Marktes und den Bewegungen der übrigen Welt, und ob diese sich darstellen lässt. Sind die Börsenkurse seismografisch genaue Darstellungen oder ein Wahngebilde, das quasireligiös verabsolutiert wird? Die Antwort, die Cronenberg gibt, ist eindeutig: COSMOPOLIS zeigt «Kapitalismus als Religion», oder besser noch: als Sekte, deren Kulte und dunklen Rituale vom Geist der Selbstvernichtung getragen sind. Am Ende seiner Reise durch die Stadt und in die Nacht ist Packers Auto besudelt und beschmiert und voller Dellen. Wie ein zerstörter Tempel.

Rüdiger Suchsland

DAME, KÖNIG, AS, SPION (StudioCanal)

Dame, König, As, Spion
Regie: Tomas Alfredson

An Heiligabend verteilt Stalin Geschenke an den britischen Geheimdienst. Die Stimmung ist angeheitert, und als der Mann mit Maske und Kostüm die Bühne der feucht-fröhlichen Weihnachtsfeier betritt, gibt es kein Halten mehr. Alle stimmen die sowjetische Hymne an; allein George Smiley steht am Fenster und sieht mit Schrecken, dass seine Frau einen anderen küsst. Im Leben des MI6-Agenten gibt es gleich zwei große Unbekannte: den KGB-Chef «Karla» und den Nebenbuhler aus den eigenen Reihen. Als Smiley beauftragt wird, einen mutmaßlichen Maulwurf an der Spitze des britischen Geheimdienstes zu enttarnen, zeigt sich, dass in seinem Metier alles beruflich ist und nichts nur privat.

John Le Carrés Roman *Dame, König, As, Spion* erschien 1974 und handelt von der Hochzeit des Ost-West-Konflikts. Mittlerweile ist der Kalte Krieg nur noch eine lauwarme Erinnerung, und seine Leinwand-Protagonisten wurden von den neuen Helden rettungslos abgehängt: Was sind schon James Bonds kleine Extras gegen die Ein-Mann-Armee Jason Bourne? In seiner brillanten Verfilmung des Romans tritt Tomas Alfredson, der mit SO FINSTER DIE NACHT (fd 39 056) bereits dem Vampir-Genre erfolgreich allen Glanz austrieb, deswegen die Flucht nach hinten an: Er widersteht der naheliegenden Versuchung, die Geschichte zu modernisieren, und schwelgt stattdessen in scheinbar rettungslos veralteter Technik und der erstaunlichen Effizienz einer grauen Bürokratie. Wie das Buch ähnelt der zu Beginn der 1970er-Jahre spielende Film am ehesten dem taktischen Positionsspiel beim Schach. Es ist ein einziges Abwägen, Belauern und Fallen-Stellen; der Geduldigere hat das bessere Ende für sich.

Das Spiel beginnt standesgemäß hinter dem Eisernen Vorhang: Ein Agent des britischen Geheimdiensts reist nach Budapest, um einen hochrangigen Überläufer zu treffen, wird aber stattdessen vom KGB erwartet. Auf diese Weise erhärtet sich der Verdacht, dass es im engsten Kreis des MI6 einen Verräter gibt. Der von allen «Control» gerufene Chef nimmt seinen Hut, sein treuer Vasall Smiley folgt ihm ungefragt in den Ruhestand. Aus diesem wird er allerdings bald wieder zurückberufen, um Ermittlungen gegen das eigene Haus zu führen. Ein Außendienstler der Marke Bond berichtet, dass sich der halbe Ostblock vor Lachen über den MI6 den Bauch hält, und blickt sich bei jedem Halbsatz ängstlich über die Schulter. Aller Glamour ist von diesem Mann fürs Grobe abgefallen; der Kalte Krieg ist nur ein schmutziges Geschäft, auch wenn der interne Spitzname für den Geheimdienst, «Circus», den Spionen etwas anderes vorgaukeln soll.

In den letzten Jahren ist es im britischen Film- und Fernsehgeschäft üblich geworden, die eigene Nachkriegsdemokratie als Geisel einheimischer Geheimdienste und Geheimorganisationen zu beschreiben. In dieser Hinsicht nimmt sich DAME, KÖNIG, AS, SPION neben Filmen wie BANK JOB (fd 38 776) oder der Fernsehserie «The Hour» erstaunlich zurückhaltend aus, und das, obwohl seine Geschichte auf dem Fall des KGB-Spions Kim Philby und dessen Gesinnungsgenossen aus dem erlauchten Kreis der Cambridge Five beruht. Alfredson setzt hier auf subtile Nadelstiche und zeigt lieber, wie das Spionagegeschäft das Privatleben der Spione prägt und nicht selten zerstört. Niemand darf sich eine Blöße geben, weshalb jeder jeden zu überwachen scheint;

kein Wunder, dass Smileys London in etwa so viel zirzensische Lebensfreude ausstrahlt wie das leergefegte Budapest. Wie es sich für einen Film gehört, der an der Oberfläche betont unspektakulär erscheint, stecken die Details voller amüsanter Teufeleien. Das beginnt schon mit zwei Besetzungscoups: Der Leinwand-Zertrümmerer Gary Oldman spielt die graue Eminenz Smiley und Benedict Cumberbatch, der Sherlock Holmes aus der BBC-Miniserie, seinen treuen Doktor Watson. Ansonsten stehen die Zeichen des Wandels an der Satire-Wand: Während im Hintergrund eingestreute Hippies ein neues Zeitalter verkünden, ist der MI6 immer noch im Wahn vergangener Größe gefangen. Allein Smiley scheint zu akzeptieren, dass nicht nur er, sondern das britische Empire als Ganzes eine Schachfigur im Spiel der großen Mächte ist. Am Ende kehrt seine Ehefrau zu ihm zurück; was möglicherweise das einzige ungiftete Geschenk aus Stalins großem Sack ist. *Michael Kohler*

Drive
Regie: Nicolas Winding Refn

Wahrscheinlich sollte man um das Jahr 1960 geboren sein, um das zutiefst sentimentale und doppelbödige popkulturelle Angebot, das Nicolas Winding Refns DRIVE dem Zuschauer macht, angemessen würdigen zu können. Dann nämlich wird man diese spezifische Mischung von männlicher Askese, Einsamkeit und Professionalität, die den namenlosen Protagonisten charakterisiert, sofort identifizieren können. So, wie sich Jesse Lujack in Jim McBrides ATEMLOS (fd 24 209) auf Jerry Lee Lewis, den Silver Surfer und Jean-Paul Belmondo bezieht, so bezieht sich Refn mit DRIVE auf Referenzen, die einer bestimmten Alterskohorte des Publikums allzu vertraut sind – ohne deshalb seinem Film die Autonomie zu nehmen. Refn spielt eher mit spezifischen Stimmungen und Atmosphären, als dass er plump das direkte Filmzitat wählen würde. DRIVE ist eine so ausgeklügelte wie passionierte Hommage an den Professional und Einzelgänger, wie man ihn exemplarisch aus Filmen von Jean-Pierre Melville (DER EISKALTE ENGEL, fd 33 816), Sam Peckinpah (GETAWAY, fd 18 305), Martin Scorsese (TAXI DRIVER, fd 19 983) oder William Friedkin (LEBEN UND STERBEN IN L.A., fd 25 540) kennt. Doch bereits in deren Neo Noir-Filmen war die Figur des Outlaw und Samurai ein Pop-Mythos aus zweiter Hand, ein Pop-Mythos ohne Anbindung an die Realität, ein reines Kino-Zeichen.

Refns namenloser Driver ist ein solcher Professional. Tagsüber schraubt er in einer Autowerkstatt oder arbeitet als Stuntman, nachts verdingt er sich als cool-souveräner Fluchtfahrer für Kriminelle, denen er für fünf Minuten sein Know-how zur Verfügung stellt. In diesen fünf Minuten sind sie vor dem Zugriff

DRIVE (Universum)

der Polizei geschützt. «Privat» ist der Driver ungebunden, sehr zurückhaltend, wortkarg und scheint eher sanft zu sein; ein cooler Typ ohne Geschichte, aber mit einer so einprägsamen Jacke, wie sie einst Sailor in WILD AT HEART (fd 28 529) trug. Einige Szenen genügen Refn, um diese Figur zu etablieren. Ryan Gosling agiert mit einer unglaublichen Zurückgenommenheit, die jeden Blick, jede Körperhaltung bedeutsam werden lässt. Doch dann – bislang lief alles glatt – tritt die Frau, die man beschützen muss, in sein Leben, und der Professional verwandelt sich nach und nach und wider besseres Wissen in einen Menschen. Die Begegnung mit der Frau ist reiner Zufall. Sie ist reizend, heißt Irene, ist alleinerziehende Mutter eines fünfjährigen Sohns. Irenes Mann, Standard Gabriel, sitzt (noch) im Knast. So begegnen sich zwei verlorene Seelen, die sich sanft zueinander hingezogen fühlen. Beide könnten einander erlösen. Doch es kommt, wie es kommen muss – und auch wieder nicht. Denn von Standard Gabriel geht zwar keine Gefahr aus, doch mit seinem Erscheinen gerät der Film trotzdem in eine Schussfahrt der Gewalt. Beim Versuch, Gabriel und damit auch Irene zu helfen, gerät der Driver in eine schwer zu durchschauende Intrige zwischen der East-Coast-Mafia und den West-Coast-Gangstern. Es stehen Millionen auf dem Spiel – und die Gegner sind nicht zu unterschätzen. Auch dem Driver verlangen sie in der Fluchtbewegung sein ganzes Können ab.

Gerade weil man diese Geschichte bereits in nuce kennt, kann man genießen, wie Refn ihre Genre-Einzelteile anordnet und dabei entschieden ästhetische Akzente setzt: Während die dynamischen Nachtszenen von der Lichtsetzung und der Montage an Filme wie DRIVER (fd 21 066) von Walter Hill oder COLLATERAL (fd 36 686) von Michael Mann erinnern, scheinen die trägen Tagszenen mit ihrer grünen und ockerfarbenen Schäbigkeit direkt aus den frühen 1970er-Jahren zu stammen. Der trashige Electro-Pop, dessen formelhafte Texte («a real human being and a hero») teilweise sogar noch eine (ironisch?) kommentierende Funktion haben, passt wiederum zu den 1980er-Anleihen, während der Electro-Score von Cliff Martinez aus der Gegenwart stammt. Bis in die Besetzung der Nebenrollen (Ron Perlman, Albert Brooks) spielt Refn ein überhöhtes Spiel mit der Meta-Pop-Referenz, allerdings ohne die Ironie-Signale Quentin Tarantinos.

Als sich der Driver schließlich unprofessionell, aber emotional nachvollziehbar aus der Deckung wagt, lässt er sich auf ein Spiel ein, dass bestenfalls Irene eine Zukunft garantiert. In der Schlüsselszene des Films, die in einem Fahrstuhl spielt, kommen die widerstrebenden Emotionen des Films ein einziges Mal zusammen: Auf den ersten Kuss folgt eine derartige Eruption der Gewalt, dass diese Irene fassungslos zurücklässt. Auch die an Kleist erinnernde Ballung von Widersprüchen gehorcht einer konsequenten Künstlichkeit, die den Film zu einer grandiosen Abfolge mythisch verdichteter Genre-Szenen macht. DRIVE ist ein Klassiker, der ein Klassiker sein will. Kino, das sich selbst als Kino und als nichts als Kino entwirft. *Ulrich Kriest*

Faust
Regie: Alexander Sokurow

Doktor Johann Faust, die berühmteste aller deutschen Dramenfiguren, ist als Universalgelehrter, Wahrheitssucher und Weltentdecker in die Geschichte der Kunst und Philosophie eingegangen. Sein höheres Streben, das stets nur dazu diente, zum Kern allen Wissens, zu den Urgründen allen Seins vorzudringen, galt über die Zeiten hinweg als Beispiel für die Größe des menschlichen Geistes, die Unendlichkeit seiner Schöpferkraft, die mitunter eines Pakts mit dem Teufel bedarf, um zu eigener Hochform zu gelangen. Dass sich der russische Regisseur Alexander Sokurow nicht mit dieser traditionellen Lesart des Stücks und der ihr zugrunde liegenden Legende begnügen würde, lag auf der Hand: Sokurow ist ein Zerstörer jeder Konvention, der aus den Trümmern des Überlieferten sein ganz eigenes, artifizielles Weltenwerk neu zusammensetzt. Seinen FAUST versteht er als Abschlussfilm einer Tetralogie, in der es ihm keineswegs um das sattsam bekannte Heroische, sondern – im Gegenteil! – um die moralische Verkommenheit des Menschen geht, die Stafette des Bösen, die Einsamkeit der von den guten Geistern verlassenen Herrscherfiguren. Fausts filmische Vorgänger hießen Hitler (MOLOCH, fd 34 089), Lenin (TAURUS) und Hirohito, der japanische Kaiser (DIE SONNE). Jetzt hat sich der Kreis geschlossen.

Sokurow siedelt seinen Film im ersten Drittel des 19. Jahrhunderts an, also exakt in der Entstehungszeit von Goethes Drama. In den

FAUST (MFA+)

Anfangsszenen schwebt die Kamera durch die Wolken und eröffnet den Blick auf die engen, schmutzigen Gassen einer wie aus dem Fels gehauenen grauen Stadt. Es ist die Zeit des Biedermeier. In den optischen Motiven, die Sokurow erfindet, treffen sich Carl Spitzweg und E.T.A. Hoffmann, aber auch der ganze Mief und Muff der deutschen Misere. Sokurow löst sich konsequent von Goethes Theatervorlage: Der Pathologe Faust ist bei ihm weniger der wissbegierige Ergründer menschlicher Seelenregungen, sondern ein von seiner zunehmend wahnwitzigen Mission besessener Flaneur: Am Ende der Odyssee, wenn er Mephisto, den Wucherer mit dem kleinen Stummelschwänzchen, mit Felssteinen zu Tode gebracht hat, steuert er die Höllenschlünde und schneebedeckten Bergketten eines fernen Universums an und schwadroniert vom Glück, das er der Menschheit zu bringen gedenke. Zuvor hatte ihn der Wucherer in dumpfe Gemächer, stickige Kneipen und weiß ausgeleuchtete Kirchen bis hinein in geheime Katakomben der Romantik begleitet: Der Film, meist in graugrünen Tönen gehalten und teils zu monströsen, fratzenhaften Zerrbildern wie aus einem Spiegelkabinett geronnen, ist eine atemlose, nur von wenigen Ruhemomenten unterbrochene Hatz über eine schaurig bewegte Spielwiese der Larven und Lemuren.

Auf seiner bildermächtigen, sinfonisch strukturierten, fast durchweg auch musikalisch grundierten Reise ins Labyrinth des Verderbens lässt sich Sokurow keine Zeit für längere Monologe oder Dialoge. Er zerstückelt Goethes Vorlage, birgt aus den Ruinen des Textes nur einzelne Sätze, die er den oft anderen Figuren in den Mund legt als dem Dichter. «Hier bin ich Mensch, hier darf ich's sein», sagt der Wucherer und stürzt sich ins pralle Leben eines Waschhauses, in dem auch Gretchen gerade zu Gange ist. Mit dem leicht verfremdeten Satz «Verweile doch, das ist nicht schön» bettelt er Faust an, noch seinen ganzen Körper unter Steinen zu begraben. Zu diesem Zeitpunkt ist es schon zu spät: Faust, der Wahnsinnige, stößt inmitten einer Geysir-Landschaft blasphemische Sätze aus wie: «Gott weiß ich nicht – aber ich!» Und geht trotz der Prophezeiung des Wucherers, ihn erwarte ewige Einsamkeit und keine Rettung, seinen Weg in die Verdammnis fort.

Wie Béla Tarr mit DAS TURINER PFERD würde sich vermutlich auch Sokurow weigern, das von ihm entworfene Welt- und Menschenbild als pessimistisch zu bezeichnen. Vielleicht ließe sich der Film eher mit dem Begriff einer um schonungslose Erkenntlichkeit bemühten, verstörend surrealistischen Gegenwartsparabel fassen. Fausts Wahnsinn am Ende seiner Reise ist nur eine Variante anderen Wahnsinns, der im Film Gestalt erhält: Wenn das pausbäckige Gretchen von einem seltsamen inneren Beben ergriffen wird, ihren Mund spitzt und die Wangen flattern lässt, wirkt auch sie für einen Moment wie vom Bösen umschlungen. Ganz und gar von ihm ergriffen ist aber der wirr gewordene Famulus Wagner, der in einer der schockierendsten Szenen des Films seinen Homunculus präsentiert, eine schleimige Masse im Reagenzzylinder, die ein künstlicher Mensch sein soll, und, vom schützenden Glas befreit, nur noch verzweifelt nach Luft ringt: ein erbarmungswürdiges Etwas, dem alsbaldigen Tode geweiht. Hier ist das Natürliche vollkommen pervertiert, die Schöpfung auf eine Farce reduziert: Sokurows FAUST ist, neben allem anderen, auch eine bittere Horror- und Science-Fiction-Parabel auf die Verwerfungen unserer Zeit.

Ralf Schenk

Holy Motors
Regie: Léos Carax

Was für eine schöne Idee! Ein ausgesprochen wohlhabend aussehender Mann verlässt morgens das Haus um, im Laufe eines langen Tages diverse Aufträge zu erledigen und Begegnungen zu vollziehen. Er hört auf den Namen Oscar und wird von Madame Céline in einer weißen Stretch-Limousine durch ein scheinbar verzaubertes Paris gefahren, in dem alles, wirklich alles möglich scheint. Vom Mord bis zum Musical, vom Kobold bis zu Kylie (Minogue). Der radikale Autorenfilmer Léos Carax hatte sich nach exaltierten Meisterwerken wie DIE NACHT IST JUNG (fd 26 871) und DIE LIEBENDEN VON PONT-NEUF (fd 29 648) und dem allseits überraschenden Flop von POLA X (fd 33 987) weitgehend aus der Öffentlichkeit zurückgezogen. Nur ab und zu hörte man mal von ihm, zuletzt durch die «Monsieur Merde»-Episode des Omnibus-Films TOKYO! (2008). Sieht man von POLA X einmal ab, der schnell wieder aus den Kinos verschwand, dann war Léos Carax 20 Jahre nahezu unsichtbar, wurde im besten Fall vielleicht für seine Großtaten im 20. Jahrhundert erinnert. Jetzt aber meldet er sich mit HOLY MOTORS in Bestform und gewohnt exzentrisch zurück, mit einem Film, der nach eigenen Angaben direkt aus der Krise, die ein Jahrzehnt währte, erwachsen ist: «Der Film ist aus meiner Unfähigkeit geboren, verschiedene Projekte, die alle in unterschiedlichen Ländern und verschiedenen Sprachen spielen sollten, zu realisieren. Alle hatten dieselben zwei Hindernisse: Geld und Besetzung.»

HOLY MOTORS ist der denkbar schönste Weg aus der Frustration. All die Geschichten, die Carax (vielleicht) erzählen wollte, fließen jetzt zusammen in einen Film, der, von Borges und Bataille, von E.T.A. Hoffmann und Kafka inspiriert, gleichzeitig eine Hommage an das Erzählen, ans Kino und die Kunst der Schauspieler und Maskenbildner darstellt. HOLY MOTORS ist buchstäblich ein Erzählfluss, weil der Zuschauer Zeuge wird, wie Denis Lavant in immer neue Rollen schlüpft: aus dem Banker wird ein Bettlerin, aus der Bettlerin wird ein Tänzer, ein Monster, ein Vater, ein Akkordeonspieler, ein Killer, ein Opfer, ein Sterbender, ein Mann, der von der Arbeit nach Hause kommt. Jede der ästhetisch völlig unterschiedlichen Episoden, unterlegt mit Musik von den Sparks bis Schostakowitsch, ist zugleich ein Verweis auf den Reichtum der Filmgeschichte. So beginnt HOLY MOTORS wie eine Reminiszenz an ERASERHEAD (fd 22 752): ein Mann erwacht, entdeckt eine Tür in der Wand, die er mit einem Schlüssel, der ihm statt einer Hand eignet, zu öffnen versteht. Durch die Wand betritt er ein Kinosaal. Gespielt wird der Träumer, wie er ihn selbst nennt, von Carax selbst. Nach diesem Vorspiel beginnt die Monsieur Oscar-

Handlung. In der Folge wechselt der Film zwischen fiktionalen und semi-dokumentarischen Elementen, wird ein Fantasy-Film, ein Musical, ein Film noir, eine retrofuturistische Science-Fiction. HOLY MOTORS ist ein rätselhaftes Fest der Ideen, eine Feier der Professionalität, mit der Fantasien und Fantasiewelten in Szene gesetzt werden können. In diesem Wechselbad der Identitäten, die bisweilen sogar innerhalb einer Episode noch potenziert werden, wenn sich der Mörder in sein Opfer verwandelt und dann von diesem ermordet wird, stellt die visuelle Hommage an die Stadt Paris die einzige Konstante dar. Und natürlich das fulminante Spiel von Denis Lavant, der hier in nicht weniger als elf Rollen schlüpft. Ganz am Schluss des Films laufen die (Erzähl-)Fäden zwar nicht zusammen, aber zumindest zwei scheinen sich zu kreuzen, zu touchieren. Immerhin erfährt man, was es mit dem mysteriösen Filmtitel auf sich hat. HOLY MOTORS ist (auch) ein ganz konkreter Ort, ein Treffpunkt nach getaner Arbeit. Will man sich einen Reim auf das Gesehene machen? Muss man sich einen Reim darauf machen? Oder soll man das Abenteuer unkommentiert genießen? Kann man das überhaupt? Carax selbst hat in Interviews seinen Protagonisten mit einem Profikiller verglichen, der von Auftrag zu Auftrag eilt. Dem Film scheint aber auch ein Impuls des Widerstandes, des Protests gegen die fortschreitende Virtualisierung der Welt eingeschrieben. Sind «echte» Erfahrungen noch möglich? Man sieht die Sterbeszene in HOLY MOTORS und denkt plötzlich an ALPEN (fd 41119) von Giorgos Lanthimos. Ist Monsieur Oscar, der ja auch schon den Banker zu Beginn des Films gespielt hat, vielleicht ein moderner Dienstleister, ein Mensch, der existenzielle Leerstellen füllt? Oder ein unsichtbarer Begleiter? Plötzlich scheint Wim Wenders' DER HIMMEL ÜBER BERLIN (fd 26452) zum Greifen nah; Madame Céline, gespielt von der Georges Franju-Muse Édith Sob, setzt zum Feierabend die alte Maske aus AUGEN OHNE GESICHT (fd 9003) wieder auf – und die Stretch-Limousinen beginnen ein wenig miteinander zu plaudern, bis der Schlaf (auch) sie überkommt. Zuvor hatte Madame Céline Monsieur Oscar zu Hause abgesetzt, und vielleicht doch eher in Oshimas MAX MON AMOUR? Herrlich! Es könnte immer so weitergehen! Mag der Film sich vielleicht auch etwas zu sehr darin gefallen, dem Zuschauer Rätsel aufzugeben, kann in diesem Jahr doch keine anderer Film HOLY MOTORS an Esprit und purer Lust am Fabulieren das Wasser reichen. Und Rätsel sind ja auch immer Angebote. Diesbezüglich ist Léos Carax sehr großzügig. *Ulrich Kriest*

Der Junge mit dem Fahrrad
Regie: Jean-Pierre und Luc Dardenne

Der Titel des neuen Sozialdramas aus dem Hause Dardenne ist natürlich nicht zufällig gewählt. Assoziationen an den neorealistischen Klassiker FAHRRADDIEBE (fd 1272) oder Truffauts SIE KÜSSTEN UND SIE SCHLUGEN IHN (fd 8514) bleiben nicht aus bei einem zwölfjährigen Heimkind als Held, der unentwegt auf dem Fahrrad eine Vorstadt verunsichert und verzweifelt um sein Überleben kämpft. Sein Vater, mit Jérémie Renier nach DAS KIND (fd 37333) zum zweiten Mal von den Brüdern Jean-Pierre und Luc Dardenne als verantwortungsloser Soziopath besetzt, schiebt ihn in eine Jugendanstalt ab und verlässt ohne Nachfolgeadresse die Wohnung. Der Sohn rebelliert mit Wut und Unglauben, nicht zuletzt, weil der Vater vor seinem Verschwinden das geliebte Fahrrad des Jungen verkauft haben soll. Bedrängt von Pädagogen, versucht er sich so lange am Ausbruch, bis ihm die ungewohnt ruhige Kamera bei seiner sommerlichen Irrfahrt in einem unübersehbar roten T-Shirt folgt, auf der Suche nach seinem Erzeuger und zur Not auch mit Hilfe von Fremden, die er in seiner Liebesbedürftigkeit wahllos anzunehmen bereit ist.

Erzählt in vertrauten elliptischen Kreisbewegungen und unter Verzicht auf psychologische Erklärungen, wagen die sonst auch dramaturgisch radikal asketisch agierenden Milieumeister diesmal die Feier des erlösenden Zufalls. In höchsten Krisenmomenten scheuen sie sogar den Einsatz von Musik nicht. Immer wieder klingt das Adagio von Beethovens fünftem Klavierkonzert an – wenn auch nur in homöopathischen Dosierungen. Der Junge stolpert auf der Flucht über eine mitfühlende, schöne und zugleich abgeklärte Friseurin. Gespielt wird sie von Cecile de France, in Frankreich ein Star und damit eine weitere Veränderung im bisher gewollt spröden, von Laien oder unbekannten Schauspielern bevölkerten Kosmos der Dardennes. Trotz des notorisch versteinerten Gesichtsausdrucks der wunderbaren Entdeckung Thomas Doret nimmt sich die Ersatzmutter des Ausreißers an und lässt ihn auch nach dem erfolglosen Treffen mit dem Vater an den Wochenenden bei sich wohnen.

HOLY MOTORS (Arsenal)

DER JUNGE MIT DEM FAHRRAD (Alamode)

Damit ist seine akute Notsituation allerdings noch nicht bewältigt. Ohne einen Sinn für charakterliche Nuancen sucht ihr Schützling zugleich die Nähe zu einem Zuneigung vorheuchelnden Dealer, der ihn skrupellos in seine Geschäfte verwickelt. Hin und her gerissen zwischen seinen beiden «Schutzengeln», wählt er den falschen Propheten. Als er in dessen Auftrag bei einem Überfall gewalttätig wird und Verletzte zurücklässt, ist es erneut seine Wohltäterin, die ihn auf die Wache begleitet und ihm bedingungslos ihren Schutz anbietet.

Dass sie es zu dem Preis tut, im Gegenzug den eigenen Freund zu verlieren, ist nur konsequent, glaubt man doch längst, in ihr eine überirdische Fee zu erkennen, die sich in ein seltsam temperiertes Melodram verirrt.

Auch wenn der inzwischen neunte Film der Belgier Richtung konventionelleres Erzählkino tendiert und die dokumentarische Machart nicht mehr offensiv heraustellt, enthält dieses Märchen um die potenzielle Option des Glücks genug unerbittliche Zwischentöne, um das erleichterte Durchatmen von einer Sekunde auf die andere in einen Asthmaanfall zu verwandeln. Kein Meisterwerk, aber wegen der sanften Metamorphose der eigenen rigorosen Vorgaben ein warm brennendes Antidotum gegen die Zumutungen des Lebens. *Alexandra Wach*

Liebe
Regie: Michael Haneke

Der ebenso schlichte wie pathetische Titel LIEBE verursacht erwartungsvolle Schauer, führt aber zunächst in die falsche Richtung. In Michael Hanekes Film geht es um nichts weniger als den körperlichen Verfall, um die Formen der Liebe in einem Alter, in dem sich das Begehren bei den meisten längst verabschiedet hat. Die erste Szene nimmt das Ende jeder Existenz vorweg: Eine Tür muss aufgebrochen werden, im Treppenhaus hängt Verwesungsgeruch. Die Polizei findet eine alte Frau vor, umrankt von Blumen auf einem Bett. Das Fenster steht weit offen. Hat ihr Mann das Tor zu einem selbstbestimmten Ende gewählt? Wie es dazu kam, erzählt der Rest in bei Haneke gewohnt kühl kadrierten Bildern. Die still beobachtende Kamera gleitet durch die große Pariser Wohnung mit holzvertäfelten Wänden und weiten Flügeltüren wie ein unsichtbarer Eindringling, der sich an der eingefangenen Intimität die Finger zu verbrennen droht. Die gnadenlos erloschene Lebenszeit tut weh, erweist sich aber nur als Vorspiel für ein viel elenderes Sterbedrama.

Wenige Schnitte weiter ist die von Emmanuelle Riva verkörperte Tote wieder lebendig. Sie sitzt an der Seite von Jean-Louis Trintignant und lauscht einem Konzert. Hin und wieder wirft sie ihm vertraute Blicke zu. Ein Ausflug in die Öffentlichkeit, der sich nicht mehr wiederholt. Zurück in der Wohnung begnügt sich die Inszenierung von da an mit dem eng gesetzten Radius eines Kammerspiels. Das passt zum begrenzten Handlungsspielraum des Paars, das sich freiwillig zu isolieren beginnt. Frühere Interessen üben keine Anziehungskraft mehr aus. Das Bewusstsein für die Konturen der eigenen Person wird schwächer. Sanft eingestreute Ellipsen verweisen auf eine Krankheit, die den Alltag der beiden Musikprofessoren im Ruhestand urplötzlich verändert. Die 80-jährige Frau erleidet einen Schlaganfall. Die halbseitige Lähmung bringt das fragile Gewicht ihrer Symbiose durcheinander. Der Kontrollverlust macht auch vor der bürgerlichen Fassade keinen Halt, der peinlich funktionsuntüchtige Körper übernimmt von nun an das Kommando. Zuerst ist das Gehen nicht mehr möglich. Dann weicht der Rollstuhl dem Bett. Dazwischen fehlt der Mut zum Selbstmord. Der Mann entlässt die unsensible Pflegerin und springt für sie ein: Windeln wechseln, füttern, Bettlaken waschen, vorsingen. In dieser minutiösen Beobachtung des Krankheitsverlaufs ähnelt LIEBE dem Sterbedrama HALT AUF FREIER STRECKE (fd 40750), nur dass bei Andreas Dresen die Ungerechtigkeit eines tödlichen Tumors verfrüht zuschlägt, während Haneke sein Augenmerk nüchtern auf die Unausweichlichkeit des Todes im Alter richtet, eine Lebensphase, die in den vom Jugendwahn heimgesuchten westlichen Gesellschaften zunehmend mit einem Tabu belegt wird. Ein Altersheim kommt für die beiden nicht in Frage. Der Respekt, den der bedingungslos Liebende seiner Frau auf ihrem letzten Weg entgegenbringt, zeugt von einer tiefen, über Jahrzehnte gelebten Verbundenheit. Eine unerwartete Ode auf die romantische Liebe von einem Regisseur, der bisher wenig Glaube an das Gute im menschlichen Charakter zeigte und lieber seine tiefenpsychologischen Abgründe in ihren unzähligen Facetten sezierte. Isabelle Huppert muss sich mit einem Kurzauftritt begnügen. Als im Ausland lebende Tochter versucht sie die Abwärtsspirale an-

LIEBE (X Verleih)

zuhalten und scheitert kläglich. Zu groß ist die Distanz, die sich in das Verhältnis der Generationen eingeschlichen hat. Ihre kurzen Besuche reichen nicht aus, um in das Innere ihrer in einer eigenen Welt lebenden Eltern vordringen zu können. Der Vater weist sie an, sich um ihr eigenes Leben zu kümmern, der Zustand der Mutter gehe nur ihn etwas an. Die Maxime, bis dass der Tod uns scheidet, ist für ihn keine leere Floskel. Seine Vorstellung von der Liebe ist nach heutigen Maßstäben entweder ungewohnt konservativ oder fast schon wieder modern. Das eigentliche Schauspiel sind aber die vielen Momente des Abschieds, der kaum merklichen Interaktion, die sich in den ausdrucksstarken Gesichtern der großartigen Darsteller spiegeln, der Kampf um die Würde einer ihrer früheren Identität beraubten Kranken, für die das Umfeld das Gespür verloren zu haben scheint. Emotion folgt auf Emotion, Panik auf Wehmut, Zärtlichkeit auf Verzweiflung, Geduld auf Wut und Widerstand, ein ruhiger Fluss letzter Gewissheiten, der die Grenze zur Sentimentalität nie überschreitet und dem Tod seinen Schrecken nimmt. Ein großer Schauspielerfilm, eine radikale Apologie der Empathie, ein überraschend altersmilde, kämpferisch und zugleich zurückhaltend gestimmter Haneke.

Alexandra Wach

Michael Haneke (© Denis Manin)

Life of Pi – Schiffbruch mit Tiger
Regie: Ang Lee

Unter einem Bettlaken hockt ein kleiner Junge wie in einem leuchtenden Zelt. Es ist Nacht. Während seine Familie schläft, richtet er seine Taschenlampe auf einen Comic. In der Geschichte aus dem indischen Mahabharata-Epos entdeckt die Ziehmutter des kindlichen Krishna, dass im Mund des kleinen Gottes das ganze Universum steckt. Man sieht die flache Comiczeichnung von Planeten und Galaxien, die sich vor unseren Augen in eine kitschige 3D-Animation verwandelt. Wozu bloß? Seht her, sagt das Bild, so tief taucht der kleine, nach einem Pariser Freibad getaufte Piscine Molitor, der Pi genannt wird, wie die unendliche Zahl, in seine Fantasiewelten ein! Das Bild sagt aber vor allem: Dieser Film war teuer, ihr habt Euch Stereobrillen aufgesetzt, und jetzt zeigen wir Euch, warum sich der ganze Aufwand gelohnt hat.

Die kurze 3D-Welle in den 1950er-Jahren brachte vor allem B-Movies in die Kinos, die den Stereoskopie-Effekt unbedingt nötig hatten. Heute jenseits des Animationsfilms vor allem Prestige-Produktionen in 3D gedreht; Ang Lees LIFE OF PI – SCHIFFBRUCH MIT TIGER bestätigt dies nachhaltig. Die Situation erinnert an die Einführung von Technicolor ab 1935. Schwarz-weiß blieb noch mehr als zwei Jahrzehnte lang der Normalfall; Farbfilme waren Luxus und auch aus technischen und ästhetischen Gründen «nicht von dieser Welt». Heute gehört Farbe zum Kinoalltag. Ob sich diese Entwicklung beim Stereofilm wiederholt? Wohl kaum, wenn die Kameraleute den maximalen 3D-Effekt auch bei mittleren und längeren Brennweiten herausholen wollen. Nur bei Weitwinkelaufnahmen entspricht der Stereoeffekt einigermaßen dem menschlichen Blick; das erlebt man auch bei LIFE OF PI. Tele-Einstellungen erinnern dagegen an hintereinander gestaffelte Theaterprospekte, ein Effekt, den Claudio Miranda in der Vorspannsequenz geschickt nutzt, wenn wie in einem Diorama die Künstlichkeit eines Zoos im indischen Pondicherry enthüllt wird. Es sind Trugbilder eines paradiesischen Bunds zwischen Mensch und Tier. Das muss auch Pi erfahren, der jüngere Sohn des Zoodirektors. Sein Vater erteilt dem naiven Jungen eine Lektion am Tigerkäfig. Fortan ist der heranwachsende Protagonist innerlich gespalten: Kann die reißende Bestie eine Seele besitzen? Als politische Unruhen das Land erfassen, beschließt die Familie auszuwandern. Nicht alle Tiere lassen sich verkaufen, daher wird ein Teil des Zoos auf das Frachtschiff nach Kanada verladen. Bei einem Sturm im Pazifik geht das Schiff aber unter. «Es gab einen Ton von sich wie ein riesiges metallisches Rülpsen. Sachen blubberten an der Oberfläche, dann verschwanden sie. Alles brüllte: der Wind, die See, mein Herz», schreibt Yann Martel in seinem Roman *Schiffbruch mit Tiger*. Die Filmadaption belegt einmal mehr die Vielseitigkeit des taiwanesischen Regisseurs Ang Lee, dessen Drang, sich (auch was das Genre betrifft) nicht zu wiederholen, an klassische «auteurs» wie Howard Hawks oder John Huston erinnert. Hier wie dort führt das indes nicht zu motivischer Beliebigkeit. Das Gefühl des Eingesperrtseins in Konventionen oder politische Systeme, der Rückzug in (Natur-)Räume, die nur Zuflucht, aber keine Erlösung bringen, prägt Lees Martial-Arts-Filme ebenso wie seine Dramen, etwa DER EISSTURM (fd 32 888) oder BROKEBACK MOUNTAIN (fd 37 478).

Der Wunsch nach Befreiung ist auch Thema des neuen Films, wobei die Zweifel des Jungen an seinem hinduistischen Hintergrund, an religiösen Traditionen überhaupt, von Regie und Drehbuch gegenüber dem Roman stärker herausgearbeitet werden. Am Ende einer 227 Tage währenden Irrfahrt auf offener See steht eine Art vorläufiger Gottesbeweis: Zwei Überlebensberichte sind möglich, ein realistischer und ein fantastischer; in beiden Fällen geht das Schiff unter, beide Male kommt Pis Familie ums Leben, während der 17-Jährige über Wasser bleibt. «Welches ist die bessere Geschichte, die mit den Tieren oder die ohne Tiere?», fragt der Gerettete zwei Ermittler des japanischen Verkehrsministeriums. «Die mit den Tieren.» «Danke», entgegnet Pi, «und genauso ist es mit Gott.»

Die «Geschichte mit den Tieren» steht im Zentrum des Buchs und seiner filmischen Verfilmung. Auf dem Rettungsboot findet sich Pi mit einer Ratte, einem Orang-Utan-Weibchen, einer Hyäne und einem Zebra wieder. Da kommt der Tiger angeschwommen, was dazu führt, dass die Junge bald nur noch seinem «Angsttier» gegenüber sitzt. Die Computersimulation ist zwischenzeitlich so fortgeschritten, dass die dramatischen Ereignisse in der Nussschale überaus echt wirken. In der Verräumlichung von «combine shots» des vorzüglichen Pi-Darstellers Suraj Sharma mit nahtlos dazu gerechneten Fressfeinden liegt ein großer Illusionsvorteil der 3D-Technik. Atemberaubend sind bereits die Szenen vom Schiffsuntergang, vor allem ist es eine Plansequenz im Hexenkessel der schäumenden See voller Raubfische, mittendrin der Jugendliche unter Wasser, der den Frachter steil in die Tiefe sinken sieht. James Cameron dürfte rasen vor Neid. Für Augenlust sorgen auch die 1001 Wunder der Meere, darunter ein leuchtender Quallenschwarm, fliegende Fische, ein Wal und eine seltsame Insel, die sich nachts in ein Menschen- und Tierfleisch fressendes Ungeheuer verwandelt. Auch im mal nervenzerfetzenden, mal bedrohlichen entschleunigten Duell zwischen Mensch und Tiger macht die Stereoskopie geschmackliche Ausrutscher wett. Dramaturgisch sinnvoll erscheint das Verfahren dort, wo der Abstand zwischen Raubkatze und gewitztem Jungen greifbar wird –

LIFE OF PI – SCHIFFBRUCH MIT TIGER (Twentieth Century Fox)

oder die lebensgefährliche Nähe. Es gibt kaum Momente, in denen Pi sich seinem hungrigen Leidensgenossen nähern kann. Mit Hilfe eines Rettungsrings, mit Seilen, Holzstöcken und einer Abdeckplane meistert Ang Lee die Aufgabe, den Status quo der Hauptfiguren über weite Erzählstrecken aufrechtzuerhalten.

Ebenso großartig ist Lees Kunst, die Kernfrage nach der Seele im Tier und damit nach der Existenz Gottes bis zum Nachspann in der Schwebe zu halten. Freilich wird die Geschichte des Rettungsboots durch ein Riesenarsenal optischer Gimmicks identifikationshemmend zur visuellen Luxusyacht aufgerüstet, während die Musik von Mychael Danna eher im Mainstream dümpelt. Es sieht so aus, als ob das Zusammenspiel von Ton und Bild neu verhandelt werden muss; das Warten auf den rundum überzeugenden 3D-Film ist noch nicht zu Ende.

Jens Hinrichsen

Moonrise Kingdom
Regie: Wes Anderson

Eine kleine Insel vor der Küste Neuenglands, wir schreiben das Jahr 1965. Als Scout Master Ward an diesem Morgen im Pfadfinder-Sommerlager der Khaki Scouts zum Frühstück bläst, ist einer seiner Schützlinge spurlos verschwunden: Sam Shakusky. Fahnenflucht und ein Fall für den Dorfpolizisten Sharp! Gleichzeitig verschwindet auf der anderen Seite der Insel Suzy, Tochter des neurotischen Ehepaars Bishop. Dummerweise hat Sharp mit Mrs. Bishop eine Affäre, und Mr. Bishop scheint etwas zu ahnen. In der Zwischenzeit hat der Zuschauer Sam kennen gelernt. Mit Biberfellmütze, Nerd-Brille und geschultertem Luftgewehr sieht er ein wenig aus wie eine Miniaturausgabe von Lederstrumpf. Suzy könnte hingegen mit kurzem, pinkfarbenem Kleid, zurückgesteckten Haaren, betontem Lidstrich und tragbarem Plattenspieler in der Hand ein Girl aus Londons Carnaby Street sein. Beide sind zwölf Jahre alt, und es war Liebe auf den ersten Blick, wie nun eine Rückblende von einer Kirchenaufführung enthüllt. Ein Jahr ist das her, und seitdem haben sie sich regelmäßig lakonische Briefe geschrieben und ihre Flucht gemeinsam geplant. Die Pfadfinder rücken zu einer großangelegten Suchaktion aus, doch als Sam und Suzy sie mit Gewehr und Schere in die Flucht schlagen, kündigt sich eine zickige Dame an, die sich selbst nur «das Jugendamt» nennt. Sam und Suzy ahnen ein wenig, dass ihnen nicht mehr viel Zeit in Freiheit bleibt, und so schlagen sie in einer Bucht ihr Zelt auf, baden, malen, tanzen, dann ein erster, noch zaghafter Kuss. MOONRISE KINGDOM steht später in großen Lettern, mit Steinen markiert, auf dem Strand.

Wes Anderson hat auf der kleinen Insel wieder ein ganz eigenes, skurriles und exzentrisches Universum geschaffen, so wie es nur Wes Anderson vermag. Wieder hat er jedem Ausstattungsdetail besondere Aufmerksamkeit geschenkt, jeder Farbton ist mit Bedacht gewählt. Immer wieder gleitet die Kamera von Robert Yeoman, der zum sechs-

MOONRISE KINGDOM (Tobis)

ten Mal mit Anderson zusammenarbeitete, fast schon majestätisch an goldgelb getränkten Wiesen entlang, Accessoires, vom gelben Koffer über den blauen Plattenspieler bis zur roten Mütze, heben sich mit ihren kräftigen Farben stets von der unmittelbaren Umgebung ab und geben ihren Besitzern so etwas wie Sicherheit. Wenn später ein Unwetter mit Platzregen und Wirbelwind aufzieht, hüllt sich die Insel in ein dunkles Grau-Blau, aus dem es kein Entrinnen gibt. Selbstredend ist es ein reinigendes Gewitter, das meint Anderson durchaus metaphorisch, aber nicht pathetisch. Dafür liegen ihm seine Außenseiter, die ihre erste Liebe erleben, viel zu sehr am Herzen.

Wie bereits schon Andersons THE ROYAL TENENBAUMS (fd 35 300) und DARJEELING LIMITED (fd 38 525) handelt auch dieser Film von dysfunktionalen Familien. So haben sich die Bishops längst voneinander entfremdet, während Suzy keinen Draht zu ihren drei jüngeren Brüdern hat; Sams Pflegeeltern wollen den Jungen gar nicht zurückhaben. Dabei sind die Kinder erstaunlich erwachsen, sie stehen zu ihren Gefühlen und wehren sich wie Rebellen gegen Widerstände von außen, während sich die Erwachsenen immer kindischer benehmen. Ihr Macken und Obsessionen sind nichts weiter als Masken, hinter denen sie ihre Lebensangst verbergen. Wieder gelingt es Anderson, seinem bizarren Universum durch eine namhafte Schauspielerriege Leben zu verleihen: Edward Norton als verhuschter, steifer und überkorrekter Oberscout, Bruce Willis als viel zu netter Cop mit Resthaartolle und Brille, Tilda Swinton als strenges Jugendamt im hochgeschlossenen Politessenblau und mit Gouvernantenhaube, Harvey Keitel als herrischer Pfadfinder-Commander, Frances McDormand als neurotische Ehefrau und Geliebte, Bill Murray als gehörnter Ehemann, Bob Balaban als Erzähler, der den Zuschauer mit der Insel-Topografie vertraut macht, nicht zu vergessen die Debütanten Jared Gilman und Kara Hayward, die viel Ernst für Andersons unverwechselbare Handschrift aufbringen.

Spaß machen stets auch kleine Angebote am Wegesrand, die man nicht unbedingt wahrnehmen muss, die den Film aber erst richtig abrunden, etwa das viel zu hoch aufgebaute Baumhaus der Pfadfinder. Oder Suzy, die ein Buch mit dem Titel THE VERY TROUBLED CHILD mit sich führt, das noch einmal auf ihr Anderssein verweist. Einmal hören Suzys drei Brüder auf besagtem Plattenspieler Benjamin Brittens THE YOUNG PERSON'S GUIDE TO THE ORCHESTRA (wie überhaupt Alexandre Desplat in seinem exzellenten Score unterschiedliche Stile sowie U- und E-Musik miteinander vereint), während sie in einem Fantasy-Roman schmökert. Dann läuft am Strand Françoise Hardys LE TEMPS DE L'AMOUR, Suzy und Sam tanzen ungelenk miteinander und wissen nicht so recht, was nun zu tun ist. Schöner kann eine Liebesgeschichte nicht beginnen. *Michael Ranze*

Oh Boy
Regie: Jan Ole Gerster

Es ist einer dieser Tage, und am besten wäre Niko Fischer wohl gleich im Bett geblieben. Als erstes gibt ihm seine Freundin den Laufpass, dann schlägt der Versuch, Geld aus dem Bankautomaten zu ziehen, fehl: Das Konto ist gesperrt. Bislang hatte ihm sein Vater stets 1.000 Euro im Monat überwiesen. Doch Niko, Ende 20, hat sein Jura-Studium bereits vor zwei Jahren an den Nagel gehängt. Was er seitdem gemacht habe, fragt ihn sein Vater (von Ulrich Noethen in einer Mischung aus Arroganz, Gemeinheit und Enttäuschung gespielt) bei einem späteren Treffen. «Ich habe nachgedacht», so Nikos Antwort. Niko ist ein Slacker, unentschlossen, entscheidungsschwach, nicht phlegmatisch, aber doch einen Tick zu teilnahmslos. Alles lässt er sich gefallen; sich zu wehren, aufzubegehren, das liegt ihm nicht. So streift er ziellos durch Berlin, auf der Suche nach einer normalen Tasse Kaffee. Was nicht so einfach ist angesichts der riesigen Auswahl und der exorbitanten Preise in einem dieser modernen Coffeeshops.

Fortan begegnet der junge Mann an verschiedenen Orten verschiedenen Menschen. Da ist der neugierige Nachbar, der ihm selbstgemachte Fleischklößchen aufdrängt, der hinterhältige Psychologe, der ihn beim Idioten-Test mit unangemessenen Fragen («Haben Sie Minderwertigkeitskomplexe, weil Sie so klein sind?») traktiert und prompt durchfallen lässt; das sind die beiden pedantischen Fahrkarten-Kontrolleure, die für Nikos Erklärungsversuche weder Geduld noch Verständnis aufbringen.

Debütant Jan Ole Gerster wirft seinen Protagonisten einen Tag und eine Nacht lang in eine Abfolge episodenhafter Prüfungen, in denen er sich nur unzureichend bewährt; sein Film schaut mal hier-, mal dorthin, planlos, sprunghaft und mäandernd. Das gibt OH BOY eine ungewohnte Struktur, in der alles möglich scheint, in der alles erlaubt ist. Nicht nur, dass namhafte Schauspieler wie Justus von Dohnányi, Ulrich

Noethen und Michael Gwisdek nach prägnanten Kurzauftritten aus dem Film verschwinden, als seien sie zurückgelassen und vergessen worden; auch die einzelnen Episoden unterscheiden sich in Ton und Humor, sind albern oder ironisch, leichtfüßig oder beklemmend, parodistisch oder surreal, mal visueller, perfekt getimter Sketch, mal pointenreicher Dialogwitz. Einmal landet Niko mit einem befreundeten Schauspieler auf einem Film-Set, wo ein aufgeblasener Möchtegern-Tarantino ein pompöses Nazi-Drama inszeniert. Ein anderes Mal begegnen sie einer alten Schulfreundin, die sich, früher gehänselt und ausgeschlossen, mit demonstrativ, aber auch hysterisch vorgetragenem Selbstbewusstsein nichts mehr gefallen lässt. Von der Parodie zur Tragödie ist es da nicht weit – souverän handhabt Gerster den Wechsel der Stimmungen und hat doch ein Werk aus einem Guss inszeniert. Mit dem steten Wechsel der Orte entsteht nicht nur ein schöner, von Bild-Klischees entschlackter Berlin-Film, sondern auch das Porträt einer vielfältigen Metropole, in der unterschiedliche Lebensentwürfe möglich sind. Gerster hat in Schwarz-Weiß gedreht und den Film mit einem Jazz-Score unterlegt. Das gibt ihm eine traumhafte, mythisch überhöhte und streng stilisierte Qualität, in der nichts (erst recht keine Farbe) vom Geschehen ablenkt. Möglich, dass Gerster Spuren zur Filmgeschichte auslegen wollte, zu den schwarz-weißen Filmen von Woody Allen oder Jim Jarmusch. Assoziationen, die nicht unbedingt stimmen müssen. Gerster hat eine sehr eigenständige, ungewöhnliche Komödie inszeniert, die keiner Vorbilder bedarf. *Michael Ranze*

Shame
Regie: Steve McQueen

Dass auf dem Filmplakat die Erotik des Motivs – ein halb von Stoff verhüllter männlicher Unterleib – von der Eiseskälte der Farben konterkariert wird, umreißt recht genau, was man von SHAME zu erwarten hat: Wie viele Filme, denen wegen offenherziger Sexszenen der Ruch des Skandalösen anhaftet – von Bergmans DAS SCHWEIGEN (fd 12 486) über Verhoevens BASIC INSTINCT (fd 29 576) bis zu Catherine Breillats ROMANCE (fd 34 299) –, ist auch SHAME eigentlich nicht freizügig, geht es doch nicht um die lustvolle Darstellung, sondern um die Problematisierung von Sexualität. Für Brandon, die Hauptfigur, ist Sex kein Spaß, sondern eine Sucht, inklusive aller aufzehrenden, selbstzerstörerischen Tendenzen, die jeder Sucht innewohnen. Entsprechend ist SHAME kein erotischer, sondern (etwa wie das Alkoholiker-Drama LEAVING LAS VEGAS, fd 31 893) ein schmerzhafter Film. Man begleitet eine Figur auf einer Abwärtsspirale, die gnadenlos auf einen existenziellen Tiefpunkt zusteuert. Gegen Ende zerreißt es Brandon geradezu, zwar nicht wortwörtlich, aber durch eine atemberaubende Montagesequenz.

Regisseur Steve McQueen hat den Film als Gegenstück zu seinem fulminanten Debüt HUNGER (fd 39 428) bezeichnet. In HUNGER ging es um einen Mann, der als IRA-Kämpfer im Gefängnis sitzt und der Haft zum Trotz seine Freiheit verteidigt, indem er sich durch einen Hungerstreik gegen das System, das ihn gefangen hält, auflehnt und sich ihm durch den selbst herbeigeführten Tod entzieht. In SHAME geht es um eine Figur, die als gut verdienender Yuppie in New York alle Freiheiten hat, sich aber mit ihrer Sex-Obsession selbst ein Gefängnis baut, das ihre Zeit auffrisst und soziale Beziehungen unmöglich macht. Wie HUNGER fesselt und verstört auch SHAME, dies nicht zuletzt durch die Paradoxien, in denen McQueen und sein großartiger Hauptdarsteller Michael Fassbender die Personen ihr Heil suchen lassen: Verteidigt die Hauptfigur in HUNGER ihre Menschenwürde gegen die erniedrigenden Haftbedingungen im Gefängnis durch einen Akt der Selbstdestruktion, der in seinen körperlichen Folgen noch qualvoller ist als das, was ihr zuvor durch die Gefängniswärter angetan wurde, so stürzt sich Brandon mittels One-Nights-Stands, Sex mit Prostituierten und Pornos in exzessive körperliche Intimitäten, um sich andere, tiefer unter die Haut gehende Intimitäten vom Leib zu halten.

Erzählt wird dies nicht zuletzt über die Interaktion Brandons mit zwei Protagonistinnen, die im Lauf des Films in sein Leben treten. Da ist zum einen eine Arbeitskollegin, mit der er flirtet und sich zum Essen verabredet: ein zaghafter Versuch, eine Beziehung zu einer Frau herzustellen, die über schnellen Sex hinausgeht. Und da ist zum anderen Brandons jüngere Schwester, die sich als Sängerin gerade so über Wasser hält. Sie quartiert sich, seelisch angeschlagen nach einer gescheiterten Liebe, bei ihrem großen Bruder ein und fordert hartnäckig seine Zu-

OH BOY (X Verleih)

SHAME (Prokino)

wendung, was diesen hoffnungslos überfordert und zur Zerreißprobe wird – denn mit der Schwester, so wird angedeutet, aber klugerweise nicht erschöpfend erklärt, dringen in Brandons Festung aus Unverbindlichkeit Erinnerungen an die gemeinsame Kindheit ein, die er nicht ertragen kann. Mit den beiden Frauen kommt es zu Szenen, die für Brandon wesentlich entblößender sind als jene, die ihn beim Sex zeigen. Höhepunkt ist eine grandiose Sequenz, in der er mit einem Arbeitskollegen seine Schwester zu einem Auftritt in eine Bar begleitet. Während sie eine traurig-zarte Blues-Version von «New York, New York» zum Besten gibt, kommen ihrem Bruder die Tränen – eine emotionale Nacktheit, die für Brandon unendlich peinlich und peinvoll ist.

Genauso wenig wie sich HUNGER darin erschöpft, ein Drama über unmenschliche Haftbedingungen für IRA-Mitglieder und -Sympathisanten in britischen und nordirischen Gefängnissen zu sein, lässt sich SHAME reduzieren auf eine Anklage eines westlichen Lebensstils, der einerseits Sex weitgehend von Tabus befreit und frei verfügbar gemacht hat, andererseits aber der Anonymität und Isolierung des Einzelnen Vorschub leistet. Das ist sicher nicht falsch, greift aber zu kurz. Die Filme des Künstlers McQueen sind keine Fallbeispiele für gesellschaftskritische Thesen; sie sind keine Analysen und wollen den Zuschauer nicht zu Urteilen über die Figuren anhalten. Sie versetzen einen vielmehr ohne Sicherheitsabstand direkt in deren Kosmos hinein, sind ästhetisch verdichtete Erfahrungen, denen man sich aussetzen, die man erleben und fühlen muss. McQueen erzählt nicht nur eine Geschichte, er findet bewegte Bilder, die existenzielle Zustände wie Schmerz, Einsamkeit, Sehnsucht, Verzweiflung bezwingende filmische Gestalt annehmen lassen.

Felicitas Kleiner

The Artist
Regie: Michel Hazanavicius

Das Klacken des Wasserglases, das auf einer Tischplatte abgesetzt wird, wirkt wie ein Schock. In einer Albtraumsequenz dringt in die stille Welt des Stummfilm-Stars George Valentin auf einmal grausam der Alltagslärm: Für George sind all die Atmo-Geräusche, die man normalerweise kaum wahrnimmt, eine unerträgliche Kakophonie, eine Vergewaltigung. Welch ein Segen, als er aufwacht und alles wieder so ist, wie es sein soll: stumm. In seinem *Buch der Illusionen* ließ Paul Auster seinen Protagonisten ein Hohelied auf die «untergegangene Kunstform» des Stummfilms anstimmen. Für ihn waren die frühen Filme «so frisch und belebend wie damals, als diese Werke zum ersten Mal gezeigt worden waren», und zwar weil sie «die Sprache beherrschten, die sie da sprachen. Sie hatten eine Syntax des Auges, eine Grammatik der reinen Bewegung erfunden, und wenn man einmal von den Kostümen, den Autos und den kuriosen Möbeln im Hintergrund absah, konnte nichts davon wirklich alt werden. Hier wurden Gedanken in Handlung übersetzt, hier drückte sich der menschliche Wille durch den menschlichen Körper aus, und dies war etwas, was zu jeder Zeit Gültigkeit besaß.» THE ARTIST, der auf Geräusche, Sprache und Farbe verzichtet und filmisch einen ähnlichen Hymnus auf die Poetik des frühen Kinos anstimmt, setzt auf diese Gültigkeit und liefert gleichzeitig den Beweis dafür: Der Film ist mit seiner Fülle an Inszenierungseinfällen schlicht bezaubernd.

Die Handlung spielt an jener Schnittstelle der Filmgeschichte, die schon den Stoff für SINGIN' IN THE RAIN (fd 1944) lieferte: Es geht um die Ablösung der Stummfilme durch die «Talkies». Wie im Musical-Klassiker dreht sich auch hier die Handlung um Hollywood-Schauspieler, die angesichts der Veränderungen des Mediums teils auf der Strecke bleiben, teils mit dem Siegeszug der sprechenden (und singenden) Filme ihren großen Durchbruch erleben. SINGIN' IN THE RAIN feierte diesen Siegeszug in seiner Handlung und schlug sich auch stilistisch auf die Seite des Neuen: Der Ton und die Sprache, längst etabliert als filmische Erzählmittel, waren ganz selbstverständlicher Teil der Geschichte. THE ARTIST dagegen verschwört sich mit den Untergegangenen, indem er den Zuschauer in die Fiktion einer stummen Welt entführt, in der außer der Musik aus dem Off alles schweigt. Stumm, aber umso beredter! Denn die Einstellungen, die Montage, die Musik, die Requisiten, die Räume, die Gesichter, die Körper der Schauspieler strotzen nur so vor Ausdruckslust. Etwa, wenn es um die Liebe geht: Ein Mädchen, ein unbekanntes kleines Starlet, schwärmt für den schneidigen Stummfilm-Star George Valentin, dessen Lächeln mindestens so umwerfend ist wie das von Douglas Fairbanks. Die erste Kontaktaufnahme erfolgt mittels eines Dialogs der Beine: Durch eine Leinwand voneinander getrennt, unter der nur die Waden hervorschauen, müssen Tanzschritte zur

Verständigung ausreichen. Später, während sie in seiner Garderobe auf ihn wartet, geht sie auf Tuchfühlung mit seinem Frack: Der ist auf einem Kleiderständer so aufgehängt, dass sich das It-Girl wunderbar in seine Ärmel kuscheln kann, als wären es die Arme des Besitzers. Schon weiß man exakt, was die Heldin für George empfindet. Später treffen er und seine Verehrerin sich auf einer Treppe in einem Studiogebäude, und da sieht man ganz plastisch und erzählökonomisch kompakt, wie es mit seiner Karriere bergab geht, weil er den Tonfilm aus Prinzip ablehnt, während sie als angehender Star der Talkies die Karriereleiter hinaufklettert. Als George im Folgenden eine Talfahrt erlebt, die nicht nur sein Berufs-, sondern auch sein Privatleben an den Rand des Abgrunds drängt, duldet er irgendwann nur noch seinen Hund (ein Nachfahre von Asta aus den DÜNNER MANN-Filmen) als Gefährten im Elend. Wie gut, dass eine alte Frau, im Gegensatz zu dem jungen Polizisten, dessen sprachlose Gebärden noch richtig interpretieren kann. So gelingt es dem Tier, rechtzeitig Hilfe zu holen, um sein Herrchen zu retten – das hat nämlich gerade die Filmrollen, die Überbleibsel seiner einstigen Ambitionen, in Brand gesetzt und droht, mit ihnen zu verbrennen.

Wie in seinen Agentenfilmparodien OSS 117, in denen Jean Durjardin ebenfalls die Hauptrolle spielte, ist das Hauptthema von Regisseur Michel Hazanavicius auch hier vor allem das Kino selbst. Auch wenn es nominell so tief ins Elend hinein geht wie in A STAR IS BORN (fd 23 684), ist THE ARTIST inszenatorisch kein Melodram – zu dominant bleibt der überbordende Spaß am Spiel mit den filmischen Erzählmitteln. Das Stummfilm-Kino wird nicht schlicht nachgeahmt, vielmehr entfaltet THE ARTIST seinen Charme als Meta-Film, der vor allem davon handelt, was die ureigene Magie des Mediums ausmacht. Dabei gelingen Szenen, die sich durchaus mit jener Sequenz messen können, in der Gene Kelly einst singend und tanzend durch den Regen platschte: Momente, in denen im Kino zu sein reines Glück bedeutet.

Felicitas Kleiner

Was bleibt
Regie: Hans-Christian Schmid

Immer wieder sieht man in diesem Kammerspiel Schweigende. Menschen, die eine Auszeit nehmen von dem Geplapper der anderen Familienmitglieder, die jeden Konflikt aus Mangel an existenziellen Widerständen vermeiden. Angereist zu einem jener seltenen Stelldicheins irgendwo im grünen Reihenhausgürtel eines rheinländischen Vororts, schalten sie sofort den energiesparenden Schongang ein. Drei Generationen spielen sich eine gutbürgerliche Sonntagsidylle mit Kaffee, Kuchen und angestrengt guter Laune vor. Natürlich ist nichts, wie es scheint. Der von Lars Eidinger gespielte Sohn schlurft als Berliner Kreativer durch sein langsames Leben, mit obligatorischem Nachwuchs und gescheiterter Ehe. Sein Bruder, ein weiteres Exemplar jener neuen, von Soziologen mit Staunen erforschten Spezies des unentschiedenen männlichen Thirtysomething, hat die Abnabelung erst gar nicht in Angriff genommen. Er wohnt im Haus nebenan und führt eine Fernbeziehung. Seine verwaiste Zahnarztpraxis müsste er eigentlich für insolvent erklären, wenn da nicht die Scham vor den Eltern wäre. Die haben sich längst auseinandergelebt, halten die arrivierte Fassade aber aufrecht, die Mutter dank Antidepressiva, der Vater, ein Jahrzehnt nach Frankfurt pendelnder Verleger, durch ein Doppelleben, das seinen Reiz aus Ausflügen mit dem Segelboot und einer langjährigen Geliebten bezieht. Gerade hat er seine erfolgreiche Firma verkauft und setzt selbstverliebt zur dritten Jugend als Sachbuchautor an. Pech für die mit Geldzuwendungen auf Distanz gehaltenen Söhne, die mit jeder phlegmatischen Geste vergeblich um Halt, Schutz und Orientierung betteln. Trost bei der Mutter zu suchen, ist tabu. Die hat schließlich genug mit ihren eigenen Hausfrauendämonen zu kämpfen.

Das kollektive Lügenkonstrukt könnte noch einige Zeit den ausbleibenden Wutgewittern standhalten, hätte Gitte – die Mutter, doch die Wörter Mama und Papa haben liberalen 68er-Eltern erfolgreich aus dem Wortschatz getilgt – nicht seit zwei Monaten ihre Medikamente abgesetzt. Akupunktur soll es jetzt richten. Corinna Harfouch verleiht dieser Entscheidung mit ihrem nuancierten Spiel eine dramaturgisch erlösende Vehemenz, die allerdings seitens der Familie auf pure Fassungslosigkeit trifft. Freude sieht anders aus. Der machtbewusste Vater ärgert sich darüber, dass er «sein ganzes Leben in diese Ehe investiert» hat und sorgt sich um seine Reisepläne, die er mit einer zu Hause seelisch abdriftenden Frau nicht mehr gelassen absolvieren kann. Den sensiblen Söhnen ist die Last einer urplötzlich als Subjekt auftrumpfenden Mutter schlicht «zu viel». Ihr Misstrauen ist berechtigt; diesmal

THE ARTIST (Delphi)

WAS BLEIBT (Prokino)

steckt sie ihre Wünsche nicht zurück, um ihren Nächsten den Rücken frei zu halten. Stattdessen steigt Gitte aus ihrer berechenbaren Rolle aus und verschwindet im Wald. Die Mittelstandslethargie vermag sie mit diesem hilflosen Widerstandsakt nur für einen kurzen Moment zu stören. Man sucht nach ihr, erst angsterfüllt, dann zunehmend kraftlos. Das nächste Treffen nach einem halben Jahr findet ohne sie statt, als wäre nie etwas vorgefallen. Man ist schließlich tolerant und respektiert ihren Entschluss. Nur das Schweigen schallt jetzt noch bleierner durch das Wohlstandsidyll.

Hans-Christian Schmid fängt den Strukturwandel der bundesrepublikanischen Lebensentwürfe scharfsichtig ein. Schade ist nur, dass der bittere Befund bereits seit über einem Jahrzehnt von der Berliner Schule, allen voran Angela Schanelec, in allen Facetten dysfunktionaler Familienkonstellationen durchgespielt worden ist. Nicht zu vergessen das Regie-Drehbuch-Gespann Stefan Krohmer und Daniel Nocke, das sich mit seinen gesellschaftlichen Bestandsaufnahmen, von FAMILIENKREISE über SOMMER '04 (fd 37 835) bis zu MITTE 30, ebenso lang an einem schmerzhaft klugen Panorama seiner Generation abarbeitet. Wenn auch das Erlebnis neuer Einsichten fehlt, gehört WAS BLEIBT mit den intimen Beobachtungen einer rein psychischen, nie sozialen Notsituation dennoch zum schnörkellos Eindringlichsten, das gegenwärtig an Zeitdiagnose im deutschen Kino zu finden ist. Ein leises Gruppenbild mit implodierender Kettenreaktion, die das Unglück der Figuren trotz flacher Bilder ganz nah heranrücken lässt.

Alexandra Wach

Work Hard – Play Hard
Regie: Carmen Losmann

Im Jahr 2009 eröffnete Unilever in der Hamburger Hafencity eine neue Firmenzentrale. Einen ökologisch innovativen, architektonisch markanten Glaspalast direkt am Strandkai, repräsentativ, elegant, teuer. Das designte Gebäude sollte, so die Vorgabe, nicht nur für Modernität und Dynamik stehen. Dem weltweit agierenden Mischkonzern war neben der symbolischen Funktion auch an einer «vitalisierenden» Atmosphäre für die Mitarbeiter gelegen. Und das nicht aus philanthropischem Überschwang, sondern aus knallharten betriebswirtschaftlichen Erwägungen: «Spaß am Arbeiten» wirke sich positiv auf die Leistungsbereitschaft aus. Eine Allerweltsweisheit, hier aber mit Kalkül instrumentalisiert. Denn dass es unterm Strich auch ohne steile Hierarchien und bürokratischen Kontrollzwang letztlich auf Wachstum und Gewinn ankommt, lässt der Konzernchef nicht einmal bei der Neujahrsansprache unerwähnt.

Welche bedrängenden Dimensionen sich hinter solchen hocheffizienten Arbeitsstrukturen verbergen, führt die Dokumentaristin Carmen Losmann mit bestechender Klarheit vor Augen. Was in den verführerischen PR-Slogans oder den architektonischen Computergrafiken wie eine lichte Utopie erscheint, tendiert in Wirklichkeit zur schleichenden Umgestaltung der ganzen Existenz; Max Webers Thesen zur Protestantischen Ethik wirken demgegenüber fast wie ein Sandkastenspiel. Begünstigt durch die digitale Revolution, die nicht nur der analogen Hardware, sondern allen raumgreifenden Formen der Informationsverarbeitung wie Archiven, Registraturen oder Bibliotheken den Kampf angesagt hat, greift eine in den Konsequenzen unheimliche Entmaterialisierung um sich, die das traditionelle Büro auf Laptop, Smartphone und Business-Klamotten reduziert. In klaren, distanzierten Bildern streift der Film durch die schönen neuen Arbeitswelten der Unilever-Zentrale, in denen Hunderte gut bezahlter Mitarbeiter in gesichtslosen Großraumhöllen vor sich hinwerkeln, ohne dass auf ihrem Schreibtisch mehr als drei individuelle Accessoires zu entdecken wären. «Meeting Points» und Erholungszonen sind dagegen wie offene Clubräume gestaltet, farbig und einladend, wobei das Interieur neben der Rekreation vor allem auf Kommunikation abzielt, denn viele innovative Geschäftsideen, der Rohstoff neuer Produkte und Dienstleistungen, verdanke sich, so die Propheten der «non-territorialen» Office-Philosophie, informellen Gesprächen, etwa am Kaffeeautomaten.

Mit analytischer Schärfe registriert der Film den damit einhergehenden Verlust von Privatheit wie auch die um sich greifende Aufhebung der Grenzen zwischen Arbeit und Freizeit. Die Inszenierung, die ohne jeden Kommentar und nahezu ohne Filmmusik auskommt, stützt sich auf eine schlüssige Dramaturgie, die glasklare Totalen von der (Innen-)Architektur mit aufschlussreichen Interviews (zumeist aus dem Umfeld der Berater) verbindet. Die Stärke und Präzision dieses dokumentarischen Konzepts liegt in einer umfänglichen, sich über Jahre erstreckenden Recherche und dem mutigen Konzept, auf alle reportagehaften Momente inklusive kulturkritischer Annotationen zu verzichten. Man wird den wohltuend strengen Film zwar nicht als Werbefilm für eine «Schöner Arbeiten»-Kampagne missverstehen, aber die alarmierenden Tendenzen, die sich aus der immer raffinierteren Ausbeutung der «Humane Resources» ableiten lassen, drängen sich nicht gerade auf. Die in immer neuen Wellen weiter durchrationalisierte, in feinen Weiß-Grau-Schattierungen abgestufte Arbeitswelt global agierender Unternehmen ist schließlich nicht nur eine Normalität, sondern die Basis beständig wachsenden Wirtschaftens – und damit so ziemlich aller sozialen Sicherungssysteme.

Doch jede Form der Ökonomie hat ihren Preis: Waren es früher schrundige Hände oder ein kaputter Rücken, droht heute ein «Matrix»-artiges Nirwana aus Leistung und Konsum: Hard Work – Hard Play (wobei das Vergnügen, das fürs Business entschädigen soll, nicht weiter thematisiert wird). Obwohl sich der Film im zweiten Teil auf Methoden des Personalmanagements konzentriert, mit denen die Mitarbeiter für die Zukunft fit gemacht werden, gibt Losmann auch hier ihre deskriptive Haltung nicht auf. Man wohnt «Perspektivgesprächen» der Firma Schott Solar und einem Motivationsseminar von DHL bei, in denen die Kamera auf Augenhöhe, aber in sachlicher Distanz dem Geschehen folgt. Inhaltlich geht es um Strategien der Selbstoptimierung, wie sie in vielen großen Unternehmen gang und gäbe sind. Auch wenn die Business-Sprache bisweilen bizarre Blüten treibt und es von «Change» und «Challenge» nur so gewittert, enthüllt sich quasi die Innenperspektive der «New Economy»: die soft verpackte, aber umso subtilere Anforderung, sich in einen modularen Arbeitsklon zu verwandeln, der nicht nur seine ganze Kraft, sondern auch seine Herz und seine Seele der Company opfert. Aldous Huxley lässt grüßen. *Josef Lederle*

We Need to Talk About Kevin
Regie: Lynne Ramsay

Ebenso ursprünglich wie todesnah sind die ersten Bilder des Films: ein flächendeckendes Gemisch aus entfesselten Körpern und zerquetschten Tomaten. Mittendrin in der Menge eine Frau, die sich wie im Rausch der Tomaten-Körper-Orgie (oder -schlacht) hingibt – ein Szenario, das bedrohlich wirkt und gleichzeitig vom Glück der Selbstauflösung erzählt. In der Realität kann Eva Khatchadourian, die Frau im Tomatenbad, tatsächlich nur davon träumen. Was ihr widerfahren ist, lässt sich nicht auslöschen. Auch wenn sie sich noch so sehr die Hände wund schrubbt, um die rote Farbe, mit der die Nachbarn ihre Hauswand beschmieren, wieder loszuwerden: das Rot haftet an ihr, so wie Kevin für immer an ihr haftet. Nicht das Rot von Tomaten und nicht das von Farbe, sondern das Rot von Blut.

Hohlwangig und mit leerem Blick geistert Eva durch Reste eines kaputten Lebens. Sie betäubt sich mit Tabletten und Alkohol und wird auf offener Straße von einer Frau geohrfeigt, was sie widerspruchslos über sich ergehen lässt. Flashbacks dringen immer mehr in die äußere Realität ein, zunächst noch bruchstückhaft, unsortiert, verschwommen und höchst subjektiv, bis sie allmählich in eine kohärentere Form der Rückblende übergehen. Kevin, Evas Sohn, hat in seiner Schule ein Massaker verübt.

Lynn Ramsay schildert ein Trauma, das noch nicht wirklich im Posttraumatischen angekommen ist. Sie tut das mit Bildern, die nicht unbedingt subtil, aber absolut virtuos, stilsicher und vor allem eindringlich von Selbstverlust, seelischer Last und dem verzweifelten Zusammensuchen von Erinnerungsfragmenten erzählen – Verwendung finden u.a. Unschärfen, Zeitlupen, delirierende Sound- und Musikeffekte, abrupte Brüche und eine um Orientierung ringende Handkamera. Wenn WE NEED TO TALK ABOUT KEVIN eines nicht tut, dann das: über Kevin zu sprechen. Der Film steckt vielmehr immer noch mittendrin in Evas Schock, versucht mit Bildern, das Erlebte in einem ersten Schritt zu durchdringen; es analytisch zu verarbeiten, in Sprache zu fassen, wird in die Zukunft verschoben: Wir müssen über Kevin sprechen.

In seinem Kern erzählt der Film eine von Beginn an missglückte Mutter-und-Sohn-Beziehung. Schon

WORK HARD – PLAY HARD (Film Kino Text)

WE NEED TO TALK ABOUT KEVIN (fugu films)

als Eva von ihrem gutmütigen Mann Franklin schwanger ist, spürt man ein vages Unbehagen, das sich verfestigt, als Kevin auf die Welt kommt und sie mit seinen Schreiattacken derart an den Rand der Verzweiflung bringt, dass sogar das Wummern eines Presslufthammers Erholung verspricht. Das Drama ihrer Befremdung und Überforderung könnte dabei kaum sichtbarer werden als in Tilda Swintons verkrampftem Lächeln, mit dem sie das kreischende Baby zu beruhigen sucht, ein Lächeln, das so falsch ist, dass es ihr Gesicht zur grotesken Fratze entstellt. Eva gelingt es nicht, so etwas wie eine normale Verbindung zu Kevin aufzubauen, der sich vom unkontrollierbaren Schreibündel zum renitenten und manipulativen Kind entwickelt, das sich mit gezielten Sabotageakten gegen seine Mutter auflehnt, die er zudem auf unheimliche Weise durchschaut. Der Film zeigt dabei nicht die Normalität des Alltags, sondern allein die Spitzen von Kevins gewaltsamen Überschreitungen: wie er absichtsvoll in die Windeln macht, nachdem sie diese gerade erst gewechselt hat, wie er die Mutter kalkuliert gegen den Vater ausspielt und sie mit seiner vermeintlichen Komplizenschaft in die Falle lockt. Und er zeigt seine gegen Farbstifte, Essen und das Meerschweinchen seiner Schwester gerichteten Zerstörungshandlungen, die im Teenageralter in das Massaker münden.

Dessen Ursachen und Umstände zu ergründen, verweigert Ramsay jedoch entschieden; angedeutet werden lediglich Evas Widerwillen, ihre Freiheit als Reisejournalistin und überzeugte New Yorkerin zu verlieren und mit der Familie in die spießige Vorstadt zu ziehen. Stattdessen verortet der Film Kevins Monstrosität in einen Bereich, in dem die Auswirkungen der familiären Sozialisation (eine andere existiert in dem Film nicht) zwar nicht ausgeschlossen, aber ganz von Kevins essenzieller Bösartigkeit überlagert werden. Mit der Fokussierung auf Kevins böse Blicke, sein geradezu teuflisches Lächeln und der Inszenierung des Unheimlichen ließe sich WE NEED TO TALK ABOUT KEVIN nur allzu leicht als eine Annäherung an das Genre des Horrorfilms verstehen, schließlich setzt der Film seine Effekte sehr gezielt und fast schon kalkuliert ein. Doch Ramsay ist weder an Momenten des Übersinnlichen noch an der schauervollen Inszenierung des Dämonischen interessiert. Das Böse passt in seiner Überdeterminiertheit, Insistenz und Redundanz vielmehr ganz in Ramsays Konzept gesteigerter Intensitäten, das dem Nachwirken des Traumas geschuldet ist: das Böse, das Rot, Evas Wahrnehmung, die nie auf das Ganze gerichtet ist, sondern sich im Detail verbeißt – Kevins pickeliges Gesicht, Kevin, wie er seine Fingernägel abbeißt, Kevin, wie er in eine Lychee beißt und ihm dabei der Saft aus dem Mund rinnt. WE NEED TO TALK ABOUT KEVIN will und kann das Massaker nicht erklären, der Film ringt selbst unaufhörlich nach Luft, ein Taumeln am Abgrund.

Esther Buss

«Sehenswert» 2012

Bei den Besprechungen im Filmmagazin FILMDIENST, deren 65. Jahrgang im Jahr 2012 im Verlag Deutsche Zeitung GmbH in Bonn erschien, werden Filme, die «den Durchschnitt ihrer Gattung anerkennenswert übertreffen», als «sehenswert» gekennzeichnet. Dieser Hinweis kann wegen der Verschiedenheit von Alter, Erwartung und Wissen bei den Zuschauern nicht als allgemeine Empfehlung verstanden werden, sondern lediglich als Signal für diejenigen, denen die betreffende Filmgattung nach eigener Erfahrung zusagt. Als «sehenswert» in diesem Sinne wurden in diesem Jahrbuch die nachfolgenden Filme bezeichnet:

A
Abrir puertas y ventanas
Abschied von den Fröschen
Alles wird gut
Alpen
Am Himmel der Tag
Amador und Marcelas Rosen
Anna Karenina
Anne liebt Philipp
Arirang – Bekenntnisse eines Filmemachers
Attenberg
Aufsteiger, Der
Ausbildung, Die
Ausente
Avé

B
Babamin Sesi – Die Stimme meines Vaters
Barbara
Beasts of the Southern Wild
Berg Fidel – Eine Schule für alle
Beziehungsweisen
Breathing Earth – Susumu Shingus Traum
Buebe gö z'Tanz

C
Camp Armadillo
Carlitos großer Traum
Carte Blanche
Cäsar muss sterben
Chinese zum Mitnehmen
Cloud Atlas
Corpo Celeste
Cosmopolis

D
Dame, König, As, Spion
Damit ihr mich nicht vergesst
De Engel van Doel
Dein Weg
Des vents contraires
3 Zimmer/Küche/Bad
Drive

E
Ehrenmedaille
Erich Mendelsohn – Visionen für die Ewigkeit
Extrem laut & unglaublich nah

F
Faust
Fluss war einst ein Mensch, Der

G
Geheimnis des Magiers, Das
Geheimnis von Kells, Das
Geschmack von Rost und Knochen, Der
grüne Wunder – Unser Wald, Das

H
Hara-Kiri – Tod eines Samurai
Heimkehr, Die
Herr Wichmann aus der dritten Reihe
Hobbit: Eine unerwartete Reise, Der
höhere Prinzip, Das
Holy Motors
Hugo Cabret
Hüter des Lichts, Die

I
I Wish
Illusionist, Der
Im Nebel
In ihrem Haus

J
J. Edgar
Junge mit dem Fahrrad, Der

K
Karen llora en un bus
Kinder vom Napf, Die
Knerten traut sich

L
Lal Gece
Leb wohl, meine Königin!
Leon und die magischen Worte
Liebe
Life in Stills
Life of Pi: Schiffbruch mit Tiger
Livland
Lore
Lotte und das Geheimnis der Mondsteine
Louisa

M
Madagascar 3: Flucht durch Europa
Martha Marcy May Marlene
Medianeras
Merida – Legende der Highlands
Michael
Mittlere Reife
Monsieur Lazhar
Moonrise Kingdom
Mutter Krausens Fahrt ins Glück

O
Oktober
Once Upon a Time in Anatolia
Out of the Darkness – Der Weg ins Licht

P
Periferic
Perret in Frankreich und Algerien
Pieta
Piraten – Ein Haufen merkwürdiger Typen, Die
Police, adjective
Policeman
Puppe, Die

R
Ralph reicht's
Revision

S
Sagrada – das Wunder der Schöpfung
Schnee am Kilimandscharo, Der
Schwein von Gaza, Das
Searching for Sugar Man
Sergej in der Urne
Sharayet – Eine Liebe in Teheran
Simon
Skyfall
Stille Seelen

T
Tabu – Eine Geschichte von Liebe und Schuld
Take Shelter – Ein Sturm zieht auf
Tepenin ardi – Beyond the Hill
The Artist
The End of Time
The Exchange
The Grey – Unter Wölfen
The Hunter
The Liverpool Goalie oder: Wie man die Schulzeit überlebt!
This Is Not a Film
Tom und Hacke
Tomboy
Tony 10
Transpapa
Treeless Mountain
Turiner Pferd, Das

V
Verblendung
Verdingbub, Der
Vermittler, Die
¡Vivan Las Antipodas!
Vorname, Der

W
Wand, Die
Was bleibt
Ways to Live Forever – Die Seele stirbt nie
We Need to Talk About Kevin
Weil ich schöner bin
Who Killed Marilyn?
Winterdieb
Wo stehst du?
Work Hard – Play Hard
Wunder von Kärnten, Das

Z
Zappelphilipp

Kinotipp der katholischen Filmkritik

In der Ausgabe vom 8.3.1988 veröffentlichte das Filmmagazin FILMDIENST erstmals den «Kinotipp der katholischen Filmkritik», mit dem die katholische Filmarbeit ihre alte Tradition der Filmempfehlung wieder aufnahm. Ein Ziel dieser publizistischen Arbeit ist es, auch Personen, die nicht zum cineastisch «geschulten» Kinopublikum zählen, auf empfehlenswerte neue Kinofilme aufmerksam zu machen. Der «Kinotipp» erscheint in unregelmäßigen Abständen, ist also nicht an eine monatliche Benennung gebunden. Über die Empfehlung «Kinotipp» entscheidet ein Ausschuss, der sich aus Mitgliedern der Katholischen Filmkommission für Deutschland sowie Mitarbeitern des FILMDIENST zusammensetzt. Im Jahr 2012 wurden die folgenden neun Filme als «Kinotipp» ausgewählt.

Barbara

Erneut steht bei Christian Petzold eine widerständige Frau im Mittelpunkt, wobei sich einmal mehr der Regisseur und seine Hauptdarstellerin Nina Hoss als fulminantes Duo erweisen. BARBARA spielt in den frühen 1980er-Jahren in der DDR und erzählt von einer Kinderärztin, die an ein Provinzkrankenhaus zwangsversetzt wird. Ankommen will sie an diesem Ort freilich nicht: Die Flucht zu ihrem Geliebten in den Westen ist bereits geplant. Auf Dauer gelingt es ihr jedoch nicht, die selbstgewählte «Separierung» aufrecht zu erhalten: Ihre Arbeit, die eine Berufung und nicht nur ein Job ist, bindet sie an ihr neues Umfeld – und langsam, aber sicher auch an den Chefarzt der Klinik. Beides, die Arbeit und der neue Mann, lassen Zweifel an ihren Plänen wach werden, bis ihre Verunsicherung einer neuen Orientierung weicht.

Petzold geht es weder um ein weiteres Drama zum Thema «So schlimm war die DDR» noch um das Gegenteil, eine Apologie, vielmehr um ein feinnerviges Abtasten und Abwägen von persönlichen Freiheitsmöglichkeiten, um ein Ankommen nach langer physischer und auch psychischer Erschöpfung. Den Entwicklungsprozess der Titelfigur behandelt Petzold mit atemberaubender Präzision als etwas, das allenfalls rudimentär im Dialog über Barbaras Lippen kommt und sich vor allem in Gesten und Blicken ausdrückt – facettenreicher und zarter als hier kann man kaum vom Beginn einer Liebe erzählen. Dies strahlt von der Protagonistin auf die subtil changierende Farbdramaturgie und Raumpoetik ab, die sich weniger um einen akkuraten (DDR-) Retro-Look als um eine emotionale Logik bis zur geschickten Verschränkung von Themen und Motiven bemüht.

Kinotipp 218 / März 2012

Dein Weg

Was treibt jährlich zahllose Menschen aus aller Herren Länder dazu, die Tradition des «Camino» fortzuführen und nach Santiago di Compostella zu pilgern? Was suchen moderne Menschen auf diesem Weg, die gar keine Beziehung zur Verehrung des Apostels Jakobus haben oder zur Religion im Allgemeinen? Was macht dieser Weg mit ihnen? Emilio Estevez' sehr persönlicher Film gibt auf diese Fragen keine abschließende Antwort, aber viele Denkanstöße. Zu Beginn bricht ein amerikanischer Arzt auf, um stellvertretend für seinen Sohn, der auf dem Camino tödlich verunglückte, nach Santiago zu wandern; im Gepäck hat er die Asche des Toten. Um ihn scharen sich andere Pilger: ein dicker Niederländer, der durch das Wandern abnehmen soll, eine Kanadierin, die sich das Rauchen abgewöhnen möchte, ein redseliger irischer Schriftsteller, der hofft, mit einem Buch über den Pilgerweg seine Schreibblockade zu überwinden. Harmonisch geht es in dieser gemischten Gruppe nicht zu, fromm schon gar nicht – und trotzdem wird der Camino auch für sie allmählich von einer äußeren zu einer spirituellen Reise.

In dem Film schlägt sich durchaus auch touristische Schaulust nieder; die Inszenierung versagt sich nicht die Postkartenbilder oder einen exotischen Blick auf Spanien und die Spanier. Trotzdem ist DEIN WEG mehr als ein «Wohlfühlfilm» mit religiösem Anstrich. Die Figuren sind kratzbürstig und widerständig, und auch ihre Motive sind nicht ganz so eindimensional, wie sie zunächst erscheinen. Estevez legt hinter den «weltlichen» Motiven eine Heilssehnsucht frei, in der die modernen Pilger doch den Gläubigen von früher ähneln, und er zeigt, wie das Miteinander-Unterwegs-Sein die Pilger allmählich verändert. Die nicht ganz «gerundete» Erzählweise des Films, die zahlreiche Themen streift und vieles offen lässt, funktioniert dabei als Spiegel der Heterogenität, die das moderne Pilgern auf dem Jakobsweg prägt.

Kinotipp 221 / Juni 2012

Der Junge mit dem Fahrrad

Ein frühreifer, emotional bedürftiger Junge will sich nicht damit abfinden, dass ihn sein Vater in ein Kinderheim abgeschoben und dann das Weite gesucht hat. Wie von Sinnen läuft er ihm nach, spürt ihn auf und bettelt darum, dass er ihn wenigstens ab und zu anrufe. Seine Wut und Verzweiflung strampelt er sich auf dem Fahrrad aus dem Leib, wobei er sich in seiner Liebesbedürftigkeit wahllos von Fremden helfen lässt. So gerät er an eine mitfühlende Friseurin, die sich seiner annimmt und ihm auch dann noch in wortloser Solidarität zur Seite steht, als er auf die billigen Versprechungen des nächstbesten Straßendealers hereinfällt. Ohne dass die Frau es selbst so genau weiß, übernimmt sie Verantwortung und wächst in die Rolle der (Pflege-)Mutter.

Trotz der scheinbaren Einfachheit der filmischen Erzählung überwältigt das unspektakulär, aber kunstvoll verdichtete Sozialdrama durch sein unbeirrtes Plädoyer für die Menschlichkeit. In dem bis in kleinste Einzelheiten auf das Wesentliche fokussierten Film drückt sich die überwältigende Erfahrung einer bedingungslosen Liebe aus, die nicht nach Gründen oder einem Ausgleich fragt. Hinzu kommen eine Bodenständigkeit und Erdung, die dem Umstand Rechnung trägt, dass man für den Schaden und das Leid, das man anderen zufügt, einstehen muss. Ein leiser, genauer Film, der auf jede Form der Psychologisierung verzichtet, dafür aber mit der Aussicht auf Glück belohnt.

Kinotipp 217 / Februar 2012

Liebe

Michael Haneke erzählt von einem Mann, Georges (gespielt vom 81-jährigen Jean-Louis Trintignant), und seiner Frau Anne (gespielt von Emmanuelle Riva, 85 Jahre alt), die sich auch nach vielen Jahrzehnten noch in Liebe zugetan sind. Ihr Leben ändert sich aber von Grund auf, als Anne einen Schlaganfall erleidet und halbseitig gelähmt im Rollstuhl sitzt. Solange seine Kräfte reichen, kümmert sich Georges hingebungsvoll um seine Frau; nur die Ratschläge der in London lebenden Tochter verbittert er sich.

LIEBE ist ein Kammerspiel, getragen von zwei überragenden Darstellern, jedoch nicht minder souverän geprägt von einer Inszenierung, deren Strategien in vielen Jahren gereift sind. Haneke ist der Zen-Meister unter den Filmemachern, der immer noch etwas weg lässt, um die Konzentration innerhalb der Einstellung zu steigern. Was nicht das mit großer Detailfreude arrangierte Interieur der Wohnung meint oder den psychologischen Realismus, sondern Rhythmus, Intention und Schauspielerführung. Jede Szene steht für sich und könnte als Kurzfilm bestehen; ihr Zusammenhang ist chronologisch-elliptisch, zwingend und ungezwungen zugleich. Daraus resultiert ein zutiefst berührender Film über die Liebe und die Vergänglichkeit der menschlichen Natur, eine für viele Auslegungen offene Meditation über das Ende, bar aller Illusionen, aber getragen von einer Würde, die auch das provokante Finale trägt. Am Schluss sitzt die Tochter von Anne und Georges allein in der erkalteten Wohnung, ratlos, verloren. Ein Meisterwerk, über das noch lange zu reden sein wird.

Kinotipp 224 / September 2012

Monsieur Lazhar

Am Beginn steht ein Schock: Ein Grundschüler erblickt durch die Glastür seines Klassenzimmers den Körper seiner Lehrerin, der leblos von der Decke baumelt. Die Frau hat Selbstmord begangen. Warum? Und warum ausgerechnet in der Schule? Diese Fragen stehen unausgesprochen im Raum, und sie lassen sich auch mit einem neuen Anstrich des Klassenzimmers und der Anstellung einer Psychologin nicht aus den Köpfen der Kinder tilgen. Für die tote Lehrerin springt der aus Algerien stammende Monsieur Lazhar ein, dessen Vorstellungen von Pädagogik und vom Lehrstoff sich als recht altmodisch erweisen. Lazhar, seine Schüler und deren Eltern sowie die neuen Kollegen reiben sich aneinander – und doch gelingt es dem Fremden, einen Draht zu den Kindern zu finden, die immer noch der Selbstmord der Lehrerin beschäftigt. Denn Lazhar ist bereit, ihre Ratlosigkeit, ihre Schuldgefühle und auch ihre Wut ohne falsche Beschwichtigungsversuche zuzulassen, vielleicht auch, weil er selbst diese Gefühle kennt. Denn auch Lazhar trägt tiefe Wunden aus seiner Vergangenheit mit sich herum.

MONSIEUR LAZHAR bietet einen lebhaften Einblick in den Mikrokosmos Schule, der sensibel und facettenreich ausgelotet wird. Gleichzeitig weist der Film darüber hinaus und erzählt viel vom Makrokosmos der Gesellschaft, an dem die Schule partizipiert. Themen wie der Umgang mit Trauer und Traumata klingen ebenso an wie Fragen des Menschenbilds, das sich im Erziehungssystem manifestiert. Es geht um die Vermittlung von innerem Halt und von Werten angesichts einer Gesellschaft, in der traditionelle Zugehörigkeiten wie Nationalität oder Familie an Bindekraft verloren haben. Aus der spannungsvollen Figurenzeichnung, die die Charaktere behutsam nahe bringt, resultiert ein ebenso humaner wie berührender Film.

Kinotipp 220 / April 2012

Revision

«Nadrensee, Mecklenburg-Vorpommern. 29. Juni 1992. Zwei Erntearbeiter entdecken von ihrem Mähdrescher aus etwas im Getreide liegen. Beim näheren Hinsehen erkennen sie die Körper zweier Menschen.» Die Off-Stimme von Regisseur Philipp Scheffner bringt bereits zu Beginn die Fakten eines «Kriminalfalls» auf den Punkt, bei dem zwei rumänische Immigranten der Sinti und Roma im deutsch-polnischen Grenzgebiet erschossen wurden – angeblich ein Jagdunfall, für den am Ende aber niemand zur Verantwortung gezogen wurde. In Zeugenaussagen und Interviews mit den Familien der beiden Opfer, Grigore Velcu und Eudache Calderar, rollt der Dokumentarfilm den 20 Jahre zurückliegenden Tötungsfall auf und verdichtet ihn zur menschlichen Tragödie. Den Opfern wird eine konkrete Geschichte verliehen, zugleich wird ihr Tod auf ein gesellschaftliches Klima grassierender Fremdenfeindlichkeit bezogen.

Stets konzentriert sich der Dokumentarfilm auf die Menschen, die ebenso beharrlich wie respektvoll befragt werden. Vor allem die Stimmen der Familienangehörigen, die zuvor niemand hörte, werden zu Akteuren der Geschichte. Wie allen anderen Zeugen und Sachkundigen, die befragt werden, gibt Scheffner ihnen die Möglichkeit, ihre Aussagen anzuhören und sie zu überdenken – anders als bei der gängigen Dokumentarfilmpraxis, die einmal getätigte Aussagen zur Tatsache erhebt. So unterwirft Scheffner nicht nur den Fall selbst seiner filmischen Revision, sondern auch das Medium Dokumentarfilm. Der hoch reflektierte Umgang mit Bildern, Tönen und Zeugnissen gewinnt somit noch an beklemmender Dichte und vermittelt vor allem etwas von dem, was allzu schnell auf der Strecke bleibt: Anteilnahme und Mitgefühl.

Kinotipp 223 / September 2012

Tom und Hacke

Mai 1948 in einer bayerischen Kleinstadt: «Der Zweite Weltkrieg war vor drei Jahren vorbei», erklärt der Junge Tom Sojer zu Beginn aus dem Off, «aber man spürt den Krieg noch immer: Es gibt keine Schulhefte, kaum etwas zum Anziehen und fast nichts zum Essen. Einkaufen kann man nur mit Lebensmittelkarten. Für ein Pfund Brot und ein wenig Butter musst du lange anstehen, und selbst da brauchst du Glück, dass du was kriegst.» In dieser Zeit der tiefen Verunsicherung, des Hungers und der Armut erlebt Tom spannende Abenteuer mit seinem besten Freund Hacke, als sie des Nachts auf dem Friedhof Zeuge eines Mordes werden. Der Täter, ein Schmuggler und Schwarzhändler, schiebt die Tat einem Unschuldigen zu, und Tom und Hacke geraten in eine lebensgefährliche Situation: Sollen sie die Wahrheit sagen oder sie zum eigenen Schutz verschweigen?

Wen die Handlung an Mark Twains klassisches Jugendbuch *Die Abenteuer des Tom Sawyer* (1876) erinnert, hat Recht: Regisseur Norbert Lechner hat die ereignisreiche Fabel vom Mississippi ins Bayern der unmittelbaren Nachkriegszeit verlegt, siedelt die vertrauten Figuren in einer Zeit der Unordnung und Unsicherheit an, in der die jungen Helden zu verantwortungsvollem und gerechtem Verhalten finden. Vor allem junge Kinogänger werden die Geschichte in neuem Licht erleben und erfahren viel über ein Kapitel der deutschen Geschichte, in dem eine alte Nähmaschine kostbarer war als ein Goldschatz, weil sie Arbeit und Überleben sicherte. Stimmungsvoll fotografiert und ausgestattet, lebt der mitunter hoch spannende Film von seiner dichten Atmosphäre, zu der auch der konsequent eingesetzte bayerische Dialekt beiträgt. *Kinotipp 222 / Juli 2012*

Das Turiner Pferd

Aus einer Anekdote um Friedrich Nietzsche, den die Misshandlung eines Droschkengauls in Turin erschütterte und der bald darauf in geistige Umnachtung fiel, spinnt der ungarische Regisseur Béla Tarr die Geschichte des geschlagenen Tiers und seiner Besitzer als formstrengen Abgesang auf die Menschheit und das irdische Leben fort: Ein alter Kutscher lebt mit seiner erwachsenen Tochter und seinem Pferd auf einem einsamen, ständig vom Wind umtosten Gehöft. Sechs Tage lang begleitet der Film sie in einer Art umgekehrtem Schöpfungsprozess: Sechs Tage, in denen die Welt langsam verdämmert, das lebensspendende Wasser versiegt und schließlich das Licht verlöscht; sechs Tage, in denen das Tier jeden weiteren Dienst und die Nahrungsaufnahme verweigert, während die Menschen stoisch ihren Alltagsverrichtungen nachgehen, essen, schlafen, schweigen – und bis auf einen vergeblichen Ausbruchsversuch nahezu passiv und in sich selbst versunken dem Niedergang nichts entgegensetzen.

In klaren, durchkomponierten Schwarz-Weiß-Bildern, mit einem verstörenden Tondesign und einer sakral anmutenden Musik setzt der Regisseur den Zuschauer einer Apokalypse der Stagnation und Resignation aus, die ihren Schrecken jenseits jeden Katastrophenspektakels entfaltet. Gleichzeitig wird ein Bild des Menschen entworfen, das Nietzsches Fantasie des energetischen «Übermenschen» die dunkle Kehrseite absoluter Hoffnungs- und Utopielosigkeit entgegenhält, die aus dem Verlust jeder Form von Transzendenz herrührt. Gerade in der unerbittlichen Konsequenz, mit der Film seinem Betrachter diese Endzeiterfahrung aufzwingt, liegt seine Provokation, zwingt der gleichnishafte Monolith einen doch, die Auseinandersetzung mit den «letzten Dingen» ohne ein tragendes Sinnsystem auszuhalten. *Kinotipp 219 / März 2012*

Die Wand

Die Geschichte einer Frau, die auf mysteriöse Weise in einer einsamen Jagdhütte in den Bergen von einer unsichtbaren Wand eingeschlossen wird und all ihre Kräfte aufbieten muss, um in der Abgeschiedenheit zu überleben. Die auf sie einstürmenden Eindrücke treiben sie zu intensiver Selbstbeschäftigung; gleichzeitig befreit sie sich von ihrer nüchternen Weltsicht und erkennt, wie unverzichtbar die Liebe für die Menschlichkeit ist.

Der Film nach dem Roman von Marlen Haushofer ist eine vielschichtig deutbare Robinsonade: Ein Mensch wird auf sich selbst zurückgeworfen und muss sich im Kampf ums Überleben mit den Grundfragen menschlicher Existenz auseinandersetzen. Getragen von starken, atmosphärischen Bildern, entwickelt sich der Film betont langsam im Rhythmus der Jahreszeiten, womit er den Zuschauer umso intensiver ins Geschehen hineinzieht. Stets bleibt dabei eine Grundspannung: Einerseits hat das Leben in der Natur und mit der Natur seine idyllischen Seiten, andererseits gibt es stets eine existenzielle Bedrohung. Unterlegt werden die Bilder durch die nachdenkliche Stimme der Erzählerin, die ihre Erlebnisse verarbeitet, indem sie sie zu Papier bringt. Das Ende ist offen. Der Film berührt zutiefst, was vor allem der großartigen schauspielerischen Leistung von Martina Gedeck zu verdanken ist, die den Film alleine trägt. Auch wenn der Film durch seinen Rhythmus und die gezielt eingesetzte Musik einen ausgeprägt meditativen Charakter hat, verweist er auf grundlegende Prinzipien der menschlichen Existenz.

Kinotipp 225 / Oktober 2012

Die Silberlinge 2012
Herausragende DVD- und Blu-ray Editionen des Jahres

Rock of Ages
Ted
The Dark Knight Rises
The Music Never Stopped
Verblendung (2011)
Ziemlich beste Freunde

Die folgenden 10 Spielfilme aus dem Produktionszeitraum 2012 erschienen im Jahr ihrer Auswertung auch als herausragend aufbereitete DVD/BD (Blu-ray)-Editionen, die vom Filmmagazin FILMDIENST mit der Auszeichnung **Silberling** etikettiert wurden. Das sind gut ein Drittel weniger als im Vorjahreszeitraum. Die entsprechenden Kurztexte sowie eine Bewertung der Ausgaben finden sich im lexikalischen Teil dieses Filmjahrbuchs.

AUSGEZEICHNET MIT DEM
FILM DIENST SILBERLING
12 DER ZEITSCHRIFT FILM-DIENST

Wie schon in den Jahren zuvor ist auch in diesem Jahr eine signifikante Zunahme der Blu-ray-Veröffentlichungen neben den «regulären» DVD-Ausgaben zu verzeichnen. Dabei fällt erneut auf, dass die Qualität der Bonusmaterialien auf breiter Front weiter abnimmt. Im Gegensatz zum letzten Jahr fällt zudem erstmals auf, dass auch die Zahl herausragender Editionen signifikant schrumpft. Bemerkenswert ist jedoch weiterhin die Differenz in den Bonusmaterialien bei Veröffentlichungen zum selben Film. Folgend werden 19 Blu-rays genannt, deren Extras gegenüber der DVD-Ausgabe deutlich aufgestockt sind. (Näheres ist unter den jeweiligen Titeln im lexikalischen Teil verzeichnet.)

21 Jump Street
Abraham Lincoln Vampirjäger
American Pie: Das Klassentreffen
Battleship
Bel Ami (2012)
Chernobyl Diaries
Contraband
Der Ruf der Wale
Die Muppets
Flying Swords of Dragon Gate
Marvel's The Avengers
Men in Black 3
Prometheus – Dunkle Zeichen

Abraham Lincoln Vampirjäger
All Beauty Must Die
Marvel's The Avengers
Prometheus – Dunkle Zeichen
The Dark Knight Rises
The Expendables 2
Titanic 3D
Verblendung (2011)
Warrior
Ziemlich beste Freunde

Weitere drei DVD/BD-Box Sets und 30 herausragende DVD- bzw. BD-Editionen wurden ebenfalls mit dem **Silberling** des FILMDIENST ausgezeichnet. Auch das sind gut ein Drittel weniger als letztes Jahr. Sie erschienen im Verlauf des Jahres 2012 zu Kinofilmen, die zu ihrem jeweiligen Kinostart in früheren Jahrbüchern dokumentiert wurden. Wir wiederholen nachfolgend die entsprechenden Einträge aus dem Lexikon des internationalen Films bzw. der nachfolgenden Filmjahrbücher und ergänzen sie um Beschreibungen und Bewertungen der jeweiligen aktuellen DVD- bzw. BD-Ausgaben.

Dvd- und Blu-ray-Box-Sets

Elio Petri-Edition
Die Extras umfassen u. a. die sehenswerten Dokumentationen «Elio Petri: Über den Filmemacher» (84 Min.) und «16 Jahre mit Elio Petri» (58:04 Min.) sowie ein 20-seitiges Booklet zu den Filmen. Die 4-DVD-Edition ist mit dem **Silberling 2012** ausgezeichnet. Sie enthält die Filme:

Die Arbeiterklasse kommt ins Paradies
LA CLASSE OPERAIA VA IN PARADISO
Nach einem Unfall macht ein Fließbandarbeiter, der bislang als Musterbeispiel für Fleiß galt und mit seiner Schnelligkeit, zum Unwillen der Kollegen, die Leistungsnormen in die Höhe trieb, einen Bewußtwerdungsprozess durch. Er beginnt, in der Gewerkschaft mitzuarbeiten, und schließt sich einer linken Studentengruppierung an. Nach einer Demonstration vor dem Werkstor wird er entlassen, am Ende fühlt er sich auch in der politischen Arbeit isoliert. Ein Film, der zur Auseinandersetzung anregt, weil er beide Seiten kritisch hinterfragt, und mit seinem Pathos und dem nervösen Rhythmus der Inszenierung eine ungewöhnliche Wirkung erzielt. (Alternativtitel: Der WEG DER ARBEITERKLASSE INS PARADIES)
DVD/BD: Ungekürzte Fassung (110 Min.). Erschienen nur als Teil der Elio Petri-Edition.
Italien 1971 **P** Euro International **KI** offen **DVD** Koch (16:9, 1.85:1, Mono ital./dt.) **Pd** Ugo Tucci **R** Elio Petri **B** Elio Petri, Ugo Pirro **K** Luigi Kuveiller **M** Ennio Morricone **S** Ruggero Mastroianni **D** Gian Maria Volonté (Lulu Massa), Mariangela Melato, Gino Pernice, Salvo Randone, Luigi Diberti **L** 105 (DVD: 110) **FSK** ab 16 **E** 14.4.1993 ORB / 23.11.2012 DVD
fd –

Das verfluchte Haus
UN TRANQUILLO POSTO DI CAMPAGNA
Ein erfolgreicher Maler zieht sich in ein Haus auf dem Lande zurück,

in dem vor dem Zweiten Weltkrieg ein Mord begangen wurde. Der Film beschreibt die Krise eines Mannes, der zunehmend Schwierigkeiten hat, zwischen Wahn und Wirklichkeit zu unterscheiden. In kunstvollen Farben inszeniert und zwischen Pop-Milieu und schwarzem Humor angesiedelt, vermag der Thriller nicht ganz zu überzeugen, da seine Bildsprache nur schwer zu entschlüsseln ist.
DVD/BD: Erschienen nur als Teil der Elio Petri-Edition.
Italien/Frankreich 1969 **P** PEA / Les Productions Artistes Associes **KI** offen **DVD** Koch (16:9, 1.85:1, Mono ital./dt.) **Pd** Alberto Grimaldi **R** Elio Petri **B** Elio Petri, Luciano Vincenzoni **K** Luigi Kuveiller **M** Ennio Morricone **S** Ruggero Mastroianni **D** Franco Nero (Leonardo), Vanessa Redgrave (Flavia), Georges Géret, Gabriella Grimaldi, Madeleine Damien, Rita Calderoni **L** 114 **FSK** ab 16 **E** 14.1.1996 RTL 2 / 23.11.2012 DVD **fd** –

Zwei Särge auf Bestellung
A CIASCUNO IL SUO
Auf der Suche nach den Anstiftern eines Mafia-Doppelmordes auf Sizilien enthüllt sich einem Außenseiter ein Intrigenspiel, dem er selbst zum Opfer fällt. Eine gesellschaftskritische Tragödie nach dem Roman *Jedem das Seine* von Leonardo Sciascia. Elio Petri konnte den authentischen Stoff im Gewand einer Kriminalerzählung durch eine geschickte Dramaturgie zu allgemeingültigen Hinweisen auf Charakter und Methoden von krimi-

nellen Privatinteressen und kaschierender Gewalt destillieren. – Ab 16.
DVD/BD: Erschienen als Teil der Elio Petri-Edition.
Italien 1966 **P** C.E.M.O **KI** United Artists **DVD** Koch (16:9, 1.85:1, Mono ital./dt.) **R** Elio Petri **B** Elio Petri, Ugo Pirro **Vo** Leonardo Sciascia (Roman) **K** Luigi Kuveiller **M** Luis Enriquez Bacalov **S** Ruggero Mastroianni **D** Gian Maria Volonté (Paolo Laurana), Irene Papas (Luisa Roscio), Gabriele Ferzetti (Rosello, Rechtsanwalt), Salvo Randone (Professor Roscio), Luigi Pistilli (Arturo Manno, Apotheker), Laura Nucci, Mario Scaccia, Leopoldo Trieste **L** 93 **FSK** ab 12; f (fr. 16; f) **FBW** bw **E** 22.9.1967/12.4.1968 Kino DDR / 23.11.2012 DVD **fd** 14 942

Indiana Jones – The Complete Adventure
Bis auf den vierten Teil der Reihe (INDIANA JONES UND DAS KÖNIGREICH DES KRISTALLSCHÄDELS) sind die Filme auf Blu-ray nur zusammen in dieser Box erhältlich. Sie vereint die (unter den Einzelfilmen unten summierten) Extras der DVD-Editionen. Lediglich aus der BD vom vierten Teil wurden die Extras weitgehend nicht übernommen. Dafür enthält die Bonus-Disk der Box eine Reihe von neu produzierten Features, die sich auch auf den Produktionsprozess von INDIANA JONES UND DAS KÖNIGREICH DES KRISTALLSCHÄDELS beziehen. U. a. sei hier die Dokumentation: «Am Set bei JÄGER DES VERLORENEN SCHATZES» (58 Min.) genannt. Die Box ist mit dem *Silberling 2012* ausgezeichnet. Sie enthält die Filme:

Jäger des verlorenen Schatzes
RAIDERS OF THE LOST ARK
Ein amerikanischer Archäologe forscht und prügelt sich 1936 bis zur altjüdischen Bundeslade durch, die wegen ihrer magischen Kraft um die Nazis in ihren Besitz bringen wollen. Ein aufwändiger Abenteuerfilm, der mit kalkuliertem Raffinement Actionspannung und Effekte en masse miteinander verquickt. (Fortsetzungen: INDIANA JONES UND DER TEMPEL DES TODES, INDIANA JONES UND DER LETZTE KREUZZUG, INDIANA JONES UND DAS KÖNIGREICH DES KRISTALLSCHÄDELS) – Ab 16.
DVD/BD: Der Film ist zunächst nur als Movie Box zusammen mit den bei-

den anderen Filmen der Trilogie erschienen. Diese Box beinhaltet zudem eine Bonus DVD mit einer Reihe von eindrücklichen Extras: Die Langdokumentationen zu den einzelnen Filmen JÄGER DES VERLORENEN SCHATZES (51 Min.), INDIANA JONES UND DER TEMPEL DES TODES (44 Min.) und INDIANA JONES UND DER LETZTE KREUZZUG (35 Min.) sowie die Kurzdokumentationen «Die Stunts von Indiana Jones» (11 Min.), «Der Sound von Indiana Jones» (13 Min.), «Die Musik von Indiana Jones» (12 Min.) und «Das Licht und die Magie von Indiana Jones» (12 Min.). Die Einzelausgabe enthält den Film zwar in verbessertem Bild, ist in der Bonussektion jedoch lediglich mit ergänzenden Minidokus versehen, die nicht mit der Güte der ursprünglichen Extras der Movie-Box (2003, 2. Auflage 2007) vergleichbar sind. Inzwischen sind auch Boxen der «Remasterten Versionen» als Trilogie und «Complete Collection» mit allen vier Filmen erhältlich.
Die BD enthält zwei deutsche Synchronisationen: Die alte deutsche Originalfassung ist nur im DD2.0-Tonformat enthalten, während die Neusynchronisation in DD5.1 vorliegt.
Scope. USA 1980 **P** Lucasfilm **KI** CIC **DVD** Fox (16:9, 2.35:1, DD5.1 engl., DD2.0 dt.) **BD** Paramount (16:9, 2.35:1, dts-HDMA engl., DD5.1 dt.) **Pd** Frank Marshall **R** Steven Spielberg **B** Lawrence Kasdan **Vo** Philip Kaufman (Story), George Lucas (Story) **K** Douglas Slocombe, Paul Beeson **M** John Williams **S** Michael Kahn **D** Harrison Ford (Indiana Jones), Karen Allen (Marion Ravenswood), Wolf Kahler (Dietrich), Paul Freeman (Belloq), Ronald Lacey (Toht), John Rhys-Davies (Sallah), Anthony Higgins (Gobler) **L** 115 (gek. 105) **FSK** ab 12; f (fr. 16; f) **FBW** w **E** 29.10.1981 / 4.11.2003 DVD (Box) / 8.5.2008 DVD (Einzel Edition) / 27.9.2012 BD (Complete Adventures Box) **fd** 23 185

Indiana Jones und der Tempel des Todes
INDIANA JONES AND THE TEMPLE OF DOOM
Indiana Jones befreit ein indisches Bergdorf von der Herrschaft eines zwölfjährigen Maharadschas, der unter dem magischen Einfluss seines machthungrigen, menschenopfernden Hohepriesters steht. Technisch perfekt

Pd Robert Watts **R** Steven Spielberg **B** Willard Huyck, Gloria Katz **K** Douglas Slocombe **M** John Williams **S** Michael Kahn **D** Harrison Ford (Indiana Jones), Kate Capshaw (Willie Scott), Ke Huy Quan (Short Round), Roshan Seth (Chattar Lal), Amrish Puri (Mola Ram), Dan Aykroyd (Weber) **L** 118 **FSK** ab 16; f **FBW** w **E** 3.8.1984 / 4.11.2003 DVD (Box) / 8.5.2008 DVD (Einzel Edition) / 27.9.2012 BD (Complete Adventures Box) **fd** 24 708

Indiana Jones und der letzte Kreuzzug
INDIANA JONES AND THE LAST CRUSADE
Der passionierte Abenteurer und Archäologieprofessor Indiana Jones im Wettlauf mit den Nazis auf der Suche nach dem «Heiligen Gral». In Spielbergs dritter Variation des Themas «die Schatzsuche als megalomanes Kinoereignis» erhält der Held einen reizvollen Rivalen: sein eigener (Über-)Vater begleitet ihn mit viel selbstironischem Understatement. Die perfekte Action-Story gewinnt aus der liebevoll-humorigen Beziehung der beiden sympathisch-menschliche Züge und bietet, obwohl sie nur zu Beginn witzig und selbstironisch ist, kurzweilige Unterhaltung. (Weitere Teile: JÄGER DES VERLORENEN SCHATZES, INDIANA JONES UND DEM TEMPEL DES TODES, INDIANA JONES UND DAS KÖNIGREICH DES KRISTALLSCHÄDELS) – Ab 14.
DVD/BD: Der Film ist zunächst nur als Movie Box zusammen mit den beiden anderen Filmen der Trilogie erschienen. Diese Box beinhaltet zudem eine Bonus DVD mit einer Reihe von eindrücklichen Extras: Die Langdokumentationen zu den einzelnen Filmen JÄGER DES VERLORENEN SCHATZES (51 Min.), INDIANA JONES UND DER TEMPEL DES TODES (44 Min.) und INDIANA JONES UND DER LETZTE KREUZZUG (35 Min.) sowie die Kurzdokumentationen «Die Stunts von Indiana Jones» (11 Min.), «Der Sound von Indiana Jones» (13 Min.), «Die Musik von Indiana Jones» (12 Min.) und «Das Licht und die Magie von Indiana Jones» (12 Min.). Die Einzelausgabe enthält den Film zwar in verbessertem Bild, ist in der Bonussektion jedoch lediglich mit ergänzenden Minidokus versehen, die nicht mit der Güte der ursprünglichen Extras der Movie-Box (2003, 2. Auflage 2007) vergleichbar sind. Inzwischen sind auch Boxen der «Remasterten Versionen» als Trilogie und «Complete Collection» mit allen vier Filmen erhältlich.
Scope. USA 1988 **P** Lucasfilm (für Paramount) **KI** UIP **VA** CIC **DVD** Fox (16:9, 2.35:1, DD5.1 engl., DD2.0 dt.) **BD** Paramount (16:9, 2.35:1, dts-HDMA engl., DD5.1 dt.) **Pd** Robert Watts **R** Steven Spielberg **B** Jeffrey Boam, George Lucas, Menno Meyjes **K** Douglas Slocombe **M** John Williams **S** Michael Kahn **D** Harrison Ford (Indiana Jones), Sean Connery (Prof. Henry Jones), Denholm Elliott (Markus Brody), Alison Doody (Elsa Schneider), John Rhys-Davies (Sallah), Julian Glover (Walter Donovan), River Phoenix (Indy als Junge) **L** 126 **FSK** ab 12; f **FBW** w **E** 14.9.1989 / April 1990 Video / 1.4.1991 premiere / 20.9.1991 ProSieben / 4.11.2003 DVD (Box) / 8.5.2008 DVD (Einzel Edition) / 27.9.2012 BD (Complete Adventures Box) **fd** 27 831

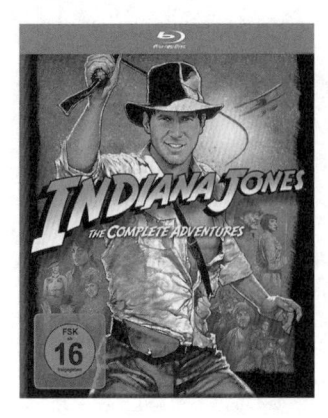

Indiana Jones und das Königreich des Kristallschädels
INDIANA JONES AND THE KINGDOM OF THE CRYSTAL SKULL
Der gealterte Archäologe und Abenteurer Indiana Jones liefert sich Mitte der 1950er-Jahre turbulente Verfolgungsjagden mit einem sowjetischen Kommando unter der Führung einer eiskalten Frau auf der Jagd nach einem Kristallschädel, der dem Kommunismus zur Weltmacht verhelfen könnte. Handwerklich perfekte dritte Fortsetzung der INDIANA JONES-Reihe, die mit originellen Actionszenen, Filmzitaten sowie etlichen Querverweisen auf die Vergangenheit des Helden vorzüglich unterhält. Erzählt wird keine sonderlich neue Geschichte, vielmehr wird ein Kinomythos liebevoll fortgeschrieben und zum Abschluss gebracht. (Weitere Teile: JÄGER DES VERLORENEN SCHATZES, INDIANA JONES UND DEM TEMPEL DES TODES, INDIANA JONES UND DER LETZTE KREUZZUG) – Ab 12.
DVD/BD: Die Standardausgabe hat keine erwähnenswerten Extras. Die Special Edition (2 DVDs) und die BD überzeugen durch das Produktionstagebuch «Die Erschaffung des Königreichs des Kristallschädels» (6 Teile, 80 Min.) und das Feature zu den Special Effects des Films «Die Effekte von ‹Indy›» (23 Min.). Die Special Edition

und die Blu-ray sind mit dem Silberling 2008 ausgezeichnet.
Scope. USA 2008 **P** Paramount Pic./ Amblin Ent./Lucasfilm/Santo Domingo Film & Music Video **KI** Universal **DVD** Paramount (16:9, 2.35:1, DD5.1 engl./dt.) **BD** Paramount (16:9, 2.35:1, DTrueHD engl., DD5.1 dt.) **Pd** Frank Marshall, Denis L. Stewart **R** Steven Spielberg **B** David Koepp **Vo** George Lucas (Charaktere), Philip Kaufman (Charaktere) **K** Janusz Kaminski **M** John Williams **S** Michael Kahn **D** Harrison Ford (Indiana Jones), Karen Allen (Marion Ravenwood), Cate Blanchett (Agent Irina Spalko), Shia LaBeouf (Mutt Williams), John Hurt (Abner Ravenwood), Ray Winstone (Mac), Jim Broadbent (Professor in Yale), John Rhys-Davies (Sallah) **L** 122 **FSK** ab 12; f **FBW** bw **E** 22.5.2008 / 24.10.2008 DVD & BD / 28.10.2010 SAT.1 / 27.9.2012 BD (Complete Adventures Box) **fd** 38755

Tim Burton Collection
Die schön und hochwertig aufgemachte Blu-ray-Box mit acht Filmen (davon einem, nämlich Pee-Wees irre Abenteuer als BD-Premiere) vereint die bereits zuvor auf den Special Editions der Ausgaben vorhandenen Extras (siehe unter den einzelnen Filmen) und ergänzt diese durch ein informatives Hard-Cover-Booklet (80 Seiten) auf ansprechende und informative Weise. Die Box ist mit dem **Silberling 2012** ausgezeichnet. Sie enthält die Filme:

Batman
BATMAN
Ein junger Mann aus reichem Hause hüllt sich in ein Fledermaus-ähnliches Gewand, besiegt den Verbrecherkönig Joker und durchkreuzt dessen zynische menschenvernichtende Pläne. «Batman», die populäre Comic-Figur der 40er Jahre, als reiner Held in einem düsteren, von Verbrechen und Korruption beherrschten Universum. Das Faszinosum des Bösen erweist sich – nicht zuletzt durch Jack Nicholsons schillernde Diabolik des Jokers – als stärker denn die Macht des Guten. – Ab 16.
DVD/BD: Die Standard Edition enthält keine bemerkenswerten Extras. Die Extras der Special Edition (BD & DVD) umfassen u. a. einen Audiokommentar des Regisseurs und die Dokumentationen: «Die Legende des schwarzen Ritters – Die Geschichte von Batman» (40 Min.), «Shadows of the Bat: Die Kino-Saga des schwarzen Ritters» Teil 1 bis 3 (71 Min.). Die Special Edition (2 DVDs) ist mit dem Silberling 2005 ausgezeichnet.
USA 1988 **P** Guber-Peters Company (für Warner Brothers) **KI** Warner Bros. **VA** Warner Home **DVD** Standard: Warner (16:9, 1.85:1, DD5.1 engl., DS dt.), Special Edition: Warner (16:9, 1.85:1, DD5.1 engl., DS dt., dts engl.) **BD** Warner (16:9, 1.78:1, DTrueHD engl., DD5.1 dt.) **Pd** Jon Peters, Peter Gruber, Chris Kenney **R** Tim Burton **B** Sam Hamm, Warren Skaaren **Vo** Bob Kane (Comic-Figur) **K** Roger Pratt **M** Danny Elfman, Prince **S** Ray Lovejoy **D** Michael Keaton (Batman / Bruce Wayne), Jack Nicholson (Joker / Jack Napier), Kim Basinger (Vicky Vale), Pat Hingle (Commissioner Gordon), Jack Palance (Grissom), Robert Wuhl (Alexander Knox), Billy Dee Williams (Harvey Dent), Michael Gough (Alfred), Jerry Hall (Alicia), Lee Wallace (Bürgermeister) **L** 126 **FSK** ab 12; f **E** 26.10.1989 / 16.3.1990 Video / 25.9.1998 DVD / 14.10.2005 DVD (Special Edition) / 23.1.2009 BD Einzelausgabe) / 4.5.2012 BD (Tim Burton Collection) **fd** 27905

Batmans Rückkehr
BATMAN RETURNS
Batman, der Retter von Gotham City, im Kampf gegen die Allianz eines korrupten Großindustriellen mit dem Pinguin, der monströsen Herrscher einer selbst geschaffenen arktischen Unterwelt. Der Film verlagert das Schwergewicht auf die Aufdeckung der nachfreudianischen Realität der Cartoon-Figuren und ihres Verhaltens. Die opernhafte Inszenierung bedient sich eines cartoonhaft pointierten Designs, das seine gigantischen Entwürfe dem Expressionismus, Kubismus und der Nazi-Kunst entlehnt. Die Perspektive des Regisseurs überlagert die genreübliche Action und versucht die Comic-Charaktere psychologisch zu vertiefen. – Ab 16.
DVD/BD: Die Standard Edition enthält keine bemerkenswerten Extras. Die Extras der Special Edtion (DVD & BD) umfassen u. a. einen Audiokommentar des Regisseurs sowie die Dokumentation «Shadows of the Bat: Die Kino-Saga des schwarzen Ritters» Teil 4 (30 Min.). Die Special Edition (2 DVDs) ist mit dem Silberling 2005 ausgezeichnet.
USA 1991 **P** Warner Bros. **KI** Warner Bros. **VA** Warner Home **DVD** Warner (16:9, 1.85:1, DD5.1 engl./dt.), Special Edition: Warner (16:9, 1.85:1, DD5.1 engl./dt., dts engl.) **BD** Warner (16:9, 1.78:1, DTrueHD engl., DD5.1 dt.) **Pd** Denise Di Novi, Tim Burton **R** Tim Burton **B** Daniel Waters **Vo** Bob Kane (Charaktere) **K** Stefan Czapsky **M** Danny Elfman, Siouxsie and the Banshees **S** Chris Lebenzon **D** Michael Keaton (Batman / Bruce Wayne), Danny DeVito (Pinguin), Michelle Pfeiffer (Cat Woman / Selina), Christopher Walken (Max Shreck), Michael Gough (Alfred), Michael Murphy (Bürgermeister), Christi Conaway, Pat Hingle, Steve Witting **L** 126 **FSK** ab 12; f **E** 16.7.1992 / 15.1.1993 Video / 31.3.1999 DVD / 14.10.2005 DVD (Special Edition) / 23.1.2009 BD (Einzelausgabe) / 4.5.2012 BD (Tim Burton Collection) **fd** 29703

Beetlejuice
BEETLEJUICE
Nach einem tödlichen Autounfall gelangt ein junges Ehepaar in eine Zwischenwelt der Geister und versucht mit Spuk und der Hilfe eines koboldartigen «Bio-Exorzisten», die ungeliebten Nachmieter aus seinem ehemaligen Heim zu vertreiben. Handwerklich solide inszeniertes Horror-Grusical, das trotz einiger gelungenen Ansätze Charme und parodistischen Schwung weitgehend ver-

missen läßt. (Videotitel: LOTTERGEIST BEETLEJUICE) – Ab 16.
DVD/BD: Die Extras umfassen u. a. eine separate Soundtrackspur.
USA 1988 **P** Geffen Film Company **Kl** Warner Bros. **VA** Warner Home **DVD** Warner (16:9, 1.85:1, DD5.1 engl., DS dt.) **BD** Warner (16:9, 1.78:1, DTrueHD engl., DD2.0 dt.) **Pd** Michael Bender, Larry Wilson, Richard Hashimoto **R** Tim Burton **B** Michael McDowell, Warren Skaaren **K** Thomas E. Ackerman **M** Danny Elfman **S** Jane Kurson **D** Alec Baldwin (Adam), Geena Davis (Barbara), Michael Keaton (Betelgeuse [«Beetlejuice»]), Catherine O'Hara (Delia), Jeffrey Jones (Charles), Glenn Shadix (Otho), Winona Ryder (Lydia), Sylvia Sidney (Juno), Dick Cavett (Bernard) **L** 92 **FSK** ab 12; f **E** 10.11.1988 / 1989 Video / 22.12.1998 DVD **fd** 27 141

Charlie und die Schokoladenfabrik (2005)
CHARLIE AND THE CHOCOLATE FACTORY
Als einer von fünf glücklichen Gewinnern darf ein kleiner, in ärmlichen Verhältnissen aufwachsender Junge den clownesken Schokoladenfabrikanten Willy Wonka treffen und mit ihm und den anderen vier Kindern durch sein abenteuerliches Werk wandern. Am Ende der Führung, während der die Charaktere der Kinder genau unter die Lupe genommen werden, winkt einem von ihnen eine große Belohnung. Zuckersüßes Filmmärchen nach einer Vorlage von Roald Dahl. Dank der selbstparodistische Züge tragenden, von überbordender Fantasie und einem charismatischen Hauptdarsteller beseelten Adaption gelingt eine emotionale, aber auch intellektuelle Achterbahnfahrt, die für Kinder und Erwachsene gleich faszinierend ist. – Sehenswert ab 8.
DVD/BD: Der Film ist als DVD und BD in diversen Umverpackungen erhältlich. Die Standardausgabe (DVD) enthält keine erwähnenswerten Extras. Die Extras der BD und der Special Edition (2 DVDs) umfassen u. a. einen Audiokommentar des Regisseurs, eine separate Tonspur mit der Filmmusik von Danny Elfman sowie die sehenswerte Kurzdokumentation «Der fantastische Roald Dahl» (18 Min.). Die Extras der BD enthalten des Weiteren ein Bild-im-Bild-Feature, in dem Interviews und Informationsfeature zum laufenden Film abgerufen werden können.
USA/Großbritannien 2005 **P** Warner Bros. / Village Roadshow / The Zanuck Company / Plan B Ent. **Kl** Warner Bros. **DVD** Warner (16:9, 1.85:1, DD6.1 engl./dt.) **BD** Warner (16:9, 1.78:1, DTrueHD engl., DD5.1 dt.) **Pd** Brad Grey, Richard D. Zanuck, Katterli Frauenfelder **R** Tim Burton **B** John August **Vo** Roald Dahl (Roman *Charlie und die Schokoladenfabrik*) **K** Philippe Rousselot **M** Danny Elfman **S** Chris Lebenzon **D** Johnny Depp (Willy Wonka), Freddie Highmore (Charlie Bucket), David Kelly (Grandpa Joe), Helena Bonham Carter (Mrs. Bucket), Noah Taylor (Mr. Bucket), Missi Pyle (Mrs. Beauregarde), James Fox (Mr. Salt), Christopher Lee (Dr. Wonka) **L** 106 **FSK** o.A.; f **FBW** bw **E** 11.8.2005 / 21.12.2005 DVD / 2.1.2006 DVD / 4.5.2012 BD (Tim Burton Collection) **fd** 37 179

Pee-Wee's irre Abenteuer
PEE WEE'S BIG ADVENTURE
Der Diebstahl seines heißgeliebten Fahrrads führt den weltfremden Pee-Wee auf eine chaotische Suche, die schließlich in Hollywood glücklich endet. Unsäglich alberner Klamauk mit dem amerikanischen Komikerstar, nur in wenigen Einfällen witzig, weitgehend nervtötend. – Ab 12 möglich.
DVD/BD: Die Extras enthalten u. a. ein Feature mit im Film nicht verwendeten Szenen sowie eine Tonspur mit der Filmmusik und einem Audiokommentar von Danny Elfman.
USA 1985 **P** Aspen Film **VA** Warner Home **BD** Warner (16:9, 1.78:1, dts-HDMA engl., Mono dt.) **Pd** Robert Shapiro, Richard Gilbert Abramson **R** Tim Burton **B** Phil Hartman, Paul Rubens, Michael Varhol **K** Victor J. Kemper **M** Danny Elfman **S** Billy Weber **D** Pee Wee Herman (= Paul Reubens) (Pee-Wee Herman), Elizabeth Daily (Dottie), Mark Holton (Francis), Diane Salinger (Simone), Judd Omen (Mickey) **L** 88 **FSK** ab 12 **E** August 1986 Video / 7.5.1995 SAT 1 / 4.5.2012 BD (Tim Burton Collection) / 19.10.2012 BD (Einzelausgabe)
fd 25 879

Sweeney Todd – Der teuflische Barbier aus der Fleet Street
SWEENEY TODD: THE DEMON BARBER OF FLEET STREET
Ein um seine Freiheit und seine Familie betrogener Barbier kommt nach Jahren in seine Heimatstadt London zurück, um sich an seinem Peiniger, einem drakonischen Oberrichter, zu rächen. Seine Verbitterung richtet sich indes bald gegen die gesamte Stadt. Unterstützt wird er von einer Pastetenbäckerin, die die Überreste der zahlreichen Opfer seiner marodierenden Mordgelüste auf unappetitliche Art «entsorgt». Ganz in der Tradition des «Grand Guignol»-Theaters fürs Kino adaptierte Erfolgsmusical von Stephen Sondheim, das sein äußerst blutiges Sujet genüsslich ausspielt und, wenn auch im Einsatz genuin filmischer Erzählmittel zurückhaltend, dank eines versierten Ensembles an prominenten «Laien-Sängern» morbide und mitreißend zugleich unterhält. – Sehenswert ab 16.
DVD/BD: Die Standard Edition enthält als Bonus lediglich die Dokumentation «Burton+Depp+Carter = Todd». Die Special Edition (2 DVDs) besticht durch die wertige Aufmachung, das umfangreiche Booklet (36 Seiten) sowie die drei Dokumentationen «Burton+Depp+Carter = Todd» (26 Min.), «Musikalische Körperverletzung: Sondheims Sweeney Todd» (12 Min.) und «Grand Guignol: Eine Theater-Tradition» (19 Min.). Die BD ist von der Aufmachung sehr schlicht (ohne Booklet) gehalten, enthält dafür u. a. noch ein weiteres «Making Of» («HBO First Look», 24 Min.). Die Special Edition und die BD sind mit dem Silberling 2008 ausgezeichnet.
USA/Großbritannien 2007 **P** Warner Bros. / DreamWorks SKG / Film IT / Parkes-MacDonald Prod. / The Zanuck Co. **Kl** Warner Bros. **DVD** Warner (16:9, 1.78:1, DD5.1 engl./dt.) **BD** Warner (16:9, 1.78:1, DTrueHD engl., DD5.1 dt.) **Pd** John Logan, Laurie MacDonald, Walter Parkes (= Walter F. Parkes), Richard D. Zanuck, Katterli Frauenfelder **R** Tim Burton **B** John Logan **Vo** Stephen Sondheim (Musical), Hugh Wheeler (Musical), Christopher Bond (Musical) **K** Dariusz Wolski **M** Stephen Sondheim **S** Chris Lebenzon **D** Johnny Depp (Sweeney Todd), Helena Bonham Carter (Mrs. Lovett), Alan Rickman

(Richter Turpin), Timothy Spall (Beadle), Sacha Baron Cohen (Pirelli), Jamie Campbell Bower (Anthony Hope), Laura Michelle Kelly (Lucy/Bettlerin), Jayne Wisener (Johanna), Ed Sanders (Toby Ragg) **L** 116 **FSK** ab 16; f **FBW** bw **E** 21.2.2008 / 18.7.2008 DVD & BD / 14.3.2010 ProSieben / 4.5.2012 BD (Tim Burton Collection) **fd** 38 582

Tim Burton's Corpse Bride – Hochzeit mit einer Leiche
CORPSE BRIDE / TIM BURTON'S CORPSE BRIDE

An Vorabend seiner Hochzeit ehelicht ein Bräutigam versehentlich eine weibliche Leiche und wird von ihr ins Totenreich geschleppt. Fantasievolle Verfilmung eines russischen Volksmärchens als Puppenanimation, die ihren makabren Stoff mit überbordenden Einfällen anreichert und dabei inszenatorisch wie erzählerisch zu Höchstform aufläuft. Ein überwältigender Trickfilm, der sowohl filmisch als auch musikalisch begeistert und einige schaurig-gruslige Köstlichkeiten zu bieten hat. – Sehenswert ab 10.
DVD/BD: Die Extras enthalten u. a. eine Tonspur mit der Filmmusik von Danny Elfman.
USA/Großbritannien 2005 **P** Warner Bros. / Tim Burton Animation Co. / Laika Ent. / Will Vinton Studios **KI** Warner Bros. **DVD** Warner (1:1.85/16:9/Dolby Digital EX 5.1) **BD** Warner (16:9, 1.78:1, DD6.1 engl./dt.) **Pd** Allison Abbate, Tim Burton **R** Tim Burton, Mike Johnson **B** John August, Pamela Pettler, Caroline Thompson **K** Pete Kozachik **M** Danny Elfman **S** Jonathan Lucas **L** 77 **FSK** ab 6; f **FBW** bw **E** 3.11.2005 / 10.3.2006 DVD / 27.9.2008 TELE 5 / 25.5.2007 BD (Einzelausgabe) / 4.5.2012 BD (Tim Burton Collection) **fd** 37 296

Einzel-Editionen

Assault – Anschlag bei Nacht
ASSAULT ON PRECINCT 13

Ein vor der Auflösung stehendes, schon fast verlassenes Polizeirevier in Los Angeles wird von Polizisten und Gefangenen gegen eine kriminelle Jugendgang verteidigt. Das Massaker hinterläßt nur wenige Überlebende. Ein mit filmgeschichtlichen Zitaten durchsetzter, vor allem an Howard Hawks' Rio Bravo (1959) orientierter moderner Großstadt-Western. Perfekt und spannend, fesselt der Film durch die ästhetische Gestaltung, die freilich stellenweise in zynische Glätte umschlägt. (Fernsehtitel: Anschlag bei Nacht; Titel auch: Das Ende)
DVD/BD: Die Erstausgabe (DVD) enthält keine erwähnenswerten Extras. Die Neuauflage der Einzel-DVD enthält lediglich den Audiokommentar als signifikantes Extra.
Die umfangreichen Extras der Special Edition (2 DVDs) bestechen u. a. durch einen filmhistorisch interessanten Audiokommentar des Regisseurs sowie eine aufschlussreiche 60-minütige Dokumentation über Carpenters Werk («Master of Cinema – Angst ist nur der Anfang»). Die Edition ist mit dem Silberling 2005 ausgezeichnet.
Die Single-Disk der BD enthält neben dem Audiokommentar zudem eine isolierte Tonspur mit der Filmmusik.
Die Limited Collector's Edition (1 BD & 2 DVDs) enthält den Film jeweils auf DVD und BD und als Extras u. a. den Audiokommentar sowie die Dokumentation «Do You Remember Laurie Zimmer?» (54 Min.) über die Hauptdarstellerin, nicht aber die auf der Doppel-DVD enthaltene Dokumentation über Carpenter.
Die höherwertigen DVDs sowie die BDs enthalten jeweils die deutsche Erstsynchronisation als Mono-Spur und eine Neusynchronisation in DD5.1 respektive dts-HDMA. Die 3-Disc Limited Collector's Edition ist mit dem **Silberling 2012** ausgezeichnet.
Scope. USA 1976 **P** Turtle **KI** Filmwelt **VA** Arcade **DVD** Erstauflage: e-m-s (2.35:1, PCM Mono engl./dt.); Folgeauflagen: e-m-s (16:9, 2.35:1, Mono engl., DD5.1 engl dt., dts dt.) **BD** Capelight (16:9, 2.35:1, dts-HDMA engl./dt.) **Pd** J.S. Kaplan **R+B** John Carpenter **K** Douglas Knapp **M** John Carpenter **S** John T. Chance **D** Austin Stoker (Bishop), Darwin Joston (Wilson), Laurie Zimmer (Leigh), Martin West (Lawson), Tony Burton (Wells), Charles Cyphers (Starker), Nancy Loomis (Julie) **L** 91 **FSK** ab 18; nf (DVD: ab 16) **E** 9.3.1979 / 1982 Video / 24.11.2005 DVD / 30.10.2000 DVD (e-m-s) / 22.11.2005 DVD (Collector's Edition) / 23.6.2006 DVD (e-m-s Neuauflage) / 25.5.2012 BD (Collector's Edition) / 16.11.2012 BD (Single Edition) **fd** 21 142

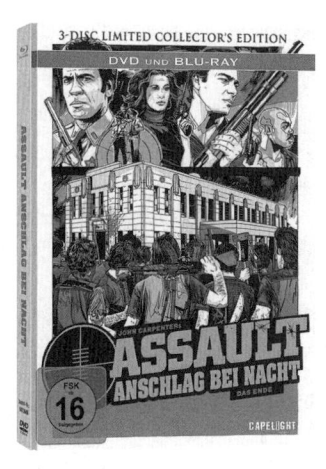

Attack the Block
ATTACK THE BLOCK

Genre-Persiflage über eine Gruppe jugendlicher Taugenichtse, die im Süden Londons die Invasion pechschwarzer Stachelmonster miterleben, aber nicht bereit sind, ihren Wohnblock kampflos den Aliens zu überlassen. Angesichts des ungewöhnlichen Gebahrens der Youngster fühlen sich allerdings auch die arrivierten Unterweltgrößen des Viertels in ihrer Führungsposition bedroht. Ein frisch inszenierter Genrefilm, der zwar et-

was actionlastig ausfällt und in seinen komödiantischen Einlagen bisweilen auch verkrampft wirkt, als kurzweilige Variation auf die Invasionsfilme aber dennoch gut unterhält. – Ab 16.
DVD/BD: Die Extras von DVD & BD umfassen u. a. ein sehr ausführliches und unterhaltsames «Making of» («Behind the Block», 59 Min.), ein Feature über die Monster Spezial Effekte («Creature Feature», 20 Min.) sowie drei Audiokommentare: 1. mit dem Regisseur und dem Produzenten Edgar Wright. 2. mit dem Regisseur, John Boyega, Alex Esmail, Franz Drameh, Simon Howard und Leon Jones. 3. mit dem Regisseur und den Darstellern Jodie Whittaker, Luke Treadaway und Nick Frost. DVD und BD sind mit dem **Silberling 2012** ausgezeichnet.
Scope. Großbritannien 2011 **P** Studio Canal / Film4 / UK Film Council / Big Talk Prod. **KI** Wild Bunch **DVD** Capelight (16:9, 2.35:1, DD5.1 engl./dt.) **BD** Capelight (16:9, 2.35:1, dts-HDMA engl., dts-HDMA 7.1 dt.) **Pd** Nira Park, James Wilson **R+B** Joe Cornish **K** Thomas Townend **M** Steven Price **S** Jonathan Amos **D** Nick Frost (Ron), Jodie Whittaker (Sam), Luke Treadaway (Brewis), John Boyega (Moses), Adam Leese (Polizist), Joey Ansah (Polizist) **L** 88 **FSK** ab 16; f **E** 22.9.2011 / 25.1.2012 DVD & BD
         fd 40 653

Balada triste de trompeta
siehe: **Mad Circus – Eine Ballade von Liebe und Tod**

Beim Sterben ist jeder der Erste
DELIVERANCE
Vier Männer aus einer amerikanischen Großstadt wollen noch einmal einen wilden Fluß mit Kanus befahren, bevor dieser in einen Stausee verwandelt wird. Die Reise endet in einer Katastrophe. Packender Abenteuerfilm mit kulturkritischem Tiefgang. Der Brite John Boorman entwirft eine düstere Parabel über den Hochmut der städtischen Zivilisation, der durch die Rache der vergewaltigten Natur bestraft wird. (Fernsehtitel: FLUSSFAHRT)
DVD/BD: Die Standardausgabe (DVD) enthält keine erwähnenswerten Extras. Die Special Edition (DVD) enthält u. a. einen Audiokommentar des Regisseurs, die vierteilige Dokumentation «Beim Sterben ist jeder der Erste» (55 Min.) sowie die Featurette «Die gefährliche Welt von BEIM STERBEN IST JEDER DER ERSTE» (10 Min.) über die Drehorte.
Die BD enthält zudem noch die Dokumentation «Die Darsteller erinnern sich» (30 Min.). Die BD-Edition ist mit dem **Silberling 2012** ausgezeichnet.
Scope. USA 1971 **P** Warner Bros. **KI** Warner-Columbia **DVD** Warner (16:9, 2.35:1, DD5.1 engl., Mono dt.) **BD** Warner (16:9, 2.35:1, dts-HDMA engl., Mono dt.) **Pd+R** John Boorman **B** James Dickey **Vo** James Dickey (gleichnamiger Roman) **K** Vilmos Zsigmond, Bill Butler **M** Eric Weissberg, Steve Mandel **S** Tom Priestley (= Tom Priestley jr.) **D** Jon Voight (Ed), Burt Reynolds (Lewis), Ned Beatty (Bobby), Ronny Cox (Drew), James Dickey (Sheriff Bullard) **L** 109 **FSK** ab 16; f **E** 10.10.1972 / 26.1.2000 DVD / 21.9.2007 DVD (Special Edition) / 22.6.2012 BD   **fd** 18 033

Blutgericht in Texas
siehe: **The Texas Chainsaw Massacre**

Du sollst mein Glücksstern sein
siehe: **Singin' in the Rain**

E.T. – Der Außerirdische
E.T. – THE EXTRATERRESTRIAL
Ein intelligentes koboldartiges Wesen von einem fernen Planeten strandet auf der Erde, freundet sich mit einer Kinderbande an, stürzt einen amerikanischen Mittelklasse-Vorort in heillose Verwirrung und entschwebt am Ende wieder ins All. Mit großer handwerklicher und dramaturgischer Raffinesse inszenierte Fantasy-Geschichte vom guten «Alien». Massenunterhaltung, die seinerzeit den Zeitgeist traf: Der Retter aus dem Weltraum erlöst die Menschheit hier zwar nicht von ihren Problemen, vermag aber zumindest in den Kindern und einigen Erwachsenen Menschlichkeit und Mitgefühl zu erwecken. – Sehenswert ab 6.
DVD/BD: Der Film ist als DVD und BD in diversen Umverpackungen erhältlich. Zeitgleich wurden eine Standard Edition und eine Special Edition (2 DVDs) herausgebracht. Beide Versionen enthalten eine kurze Einleitung des Regisseurs bezüglich der Überarbeitung des Films. Die Special Edition beinhaltet zudem u. a. ein ausführliches «Making of» (50 Min.) sowie ein Feature zur Filmmusik. Eine Collector's Edition (3 DVDs) enthält schließlich neben einer weiteren Dokumentation («A Look Back», 40 Min.) auch die ursprüngliche 1982 ins Kino gekommene Originalfassung.
Die BD enthält nun lediglich diese Fassung von 1982, die Spielberg inzwischen wieder als die definitive ansieht. Die Extras umfassen hier zudem zwei im Film 1982 nicht verwendete Szenen (14 Min.), die Spielberg später noch in seine 2002-Version eingefügt hatte. Des Weiteren enthalten sind ein Interview («Steven Spielberg & E.T.»; 13 Min.) sowie ein weiteres «Making of» («Die E.T. Journale»; 54 Min.). Die Collector's Edition ist mit dem Silberling 2003 ausgezeichnet. Die BD Edition ist mit dem **Silberling 2012** ausgezeichnet.
USA 1981 **P** Universal **KI** UIP **DVD** Uni-

versal (16:9, 1.85:1, DD6.1 engl./dt., dts6.1 dt.) **BD** Universal (16:9, 1.85:1 dts-HDMA7.1 engl./dt.) **Pd** Steven Spielberg, Kathleen Kennedy **R** Steven Spielberg **B** Melissa Mathison **K** Allen Daviau, Dennis Muren (special visual effects) **M** John Williams **S** Carol Littleton **D** Henry Thomas (Elliott), Robert MacNaughton (Michael), Drew Barrymore (Gertie), Dee Wallace (= Dee Wallace Stone) (Mary), Peter Coyote (Keys), K.C. Martel (Greg), Sean Frye (Steve), Tom Howell (= C. Thomas Howell) (Tyler), Matthew DeMeritt (ein E.T.-Darsteller), Pat Bilou (ein E.T.-Darsteller), Tamara De Treaux (eine E.T.-Darstellerin) **L** 114 **FSK** ab 6; f **FBW** bw **E** 9.12.1982 / 29.4.1988 Kino DDR / 7.11.2002 DVD (Standard & Special Edition) / 9.1.2003 DVD (Collector's Edition) / 21.12.2006 DVD (SZ-Cinemathek) / 25.10.2012 BD **fd** 23 743

Endstation Sehnsucht (1951)
A STREETCAR NAMED DESIRE

Eine neurotische und kapriziöse Frau, die versucht, mit Hilfe des Alkohols ihre schmutzige Vergangenheit zu vergessen, sucht Zuflucht bei ihrer Schwester. Als der brutale Schwager ihre hoffnungsvolle Freundschaft mit einem schüchternen Mann zerstört und sie vergewaltigt, verwirrt sich ihr Geist endgültig: sie muss in die Psychiatrie eingeliefert werden. Kazan, der schon die Broadway-Uraufführung des Stücks von Tennessee Williams inszenierte, führt auch in dieser (theaternahen) Filmfassung Regie. Ein düsteres psychologisches Drama, sehr effektvoll gespielt.

DVD/BD: DVD und BD zeigen eine ungeschnittene Version mit nicht synchronisierten Passagen.

Die Special Edition (2 DVDs) sowie die BD enthalten u.a. einen dt. untertitelbaren Audiokommentar des Darstellers Karl Malden und der Filmhistoriker Rudy Behlmer und Jeff Young, die bemerkenswerte Dokumentation «Elia Kazan: Die Reise eines Regisseurs» (76 Min.) sowie die Dokumentationen zum Film respektive zum Stück «A Streetcar on Broadway» (22 Min.), «A Streetcar in Hollywood» (28 Min.), «Zensur vs. Sehnsucht» (16 Min.). Des Weiteren enthalten ist noch die Featurette «North und die Musik des Südens» über die Filmmusik (9 Min.). Die Special Edition ist mit dem Silberling 2006 ausgezeichnet. Die BD ist mit dem **Silberling 2012** ausgezeichnet.

Schwarz-weiß. USA 1951 **P** Warner **KI** Warner **DVD** Warner (FF, Mono engl./dt.) **BD** Warner (FF, dts-HDMA Mono engl., Mono dt.) **Pd** Charles K. Feldman **R** Elia Kazan **B** Tennessee Williams, Oscar Saul (Adaption) **Vo** Tennessee Williams (Bühnenstück) **K** Harry Stradling **M** Alex North **S** David Weisbart **D** Vivien Leigh (Blanche DuBois), Marlon Brando (Stanley Kowalski), Kim Hunter (Stella Kowalski), Karl Malden (Mitch), Rudy Bond (Steve Hubbell), Nick Dennis (Pablo Gonzales), Peg Hillias (Eunice Hubbell) **L** 127 **FSK** ab 18; f/Video ab 12 **FBW** bw **E** 1.12.1951 / 12.5.2006 DVD / 20.4.2012 BD **fd** 1 545

From Dusk Till Dawn
FROM DUSK TILL DAWN

Zwei brutale Gangster, Brüder, ziehen sich auf ihrer Flucht mit Geiseln in einen mexikanischen Nachtklub zurück, der als Treffpunkt mit ihren Partnern vereinbart wurde. Unversehens sind sie mit einer Riege von Untoten und Vampiren konfrontiert, die ihre Bluttaten forcieren. Ein äußerst blutiger Spuk, der den Kultstatus seiner Macher festigen soll, sie jedoch als zynische Handwerker entlarvt, die die Geschichte den mannigfaltigen Effekten opfern. (Fortsetzungen: FROM DUSK TILL DAWN 2: TEXAS BLOOD MONEY, 1999; FROM DUSK TILL DAWN 3: THE HANGMAN'S DAUGHTER, 2000)

DVD/BD: Der Film existiert auf DVD in einer unübersichtlichen Flut diverser Umverpackungen.

Auf DVD existiert eine geschnittene Fassung FSK «ab 16» (BMG, 87 Min.), eine geschnittene Fassung FSK «ab 18» (BMG/Universum/UFA, 102 Min.) und eine «uncut» Fassung FSK «ab 18» (Universum/UFA & StudioCanal, 104 Min.). Auf BD existiert eine geschnittene Fassung FSK «ab 18» (106 Min., StudioCanal) und eine «uncut» Fassung FSK «ab 18» (108 Min., StudioCanal). Von der FSK «ab 18»-Fassung existiert eine umfangreiche, originell konzipierte Special Edition (2 DVDs, BMG/Universum/UFA). Sie beinhaltet u.a. eine Funktion, mit der man bei bestimmten Sequenzen Kurzfeatures zur Produktionsgeschichte oder zu den Spezialeffekten abrufen kann. Des Weiteren enthält sie ein ausführliches «Making of» (95 Min.).

Der FSK «ab 18»-Fassung (DVD, StudioCanal) fehlt dieses «Making of». Dafür enthält sie einen Audiokommentar mit Robert Rodriguez und Quentin Tarantino.

Die FSK «ab 18 uncut»-BD (StudioCanal) enthält den dt. untertitelbaren Audiokommentar mit Robert Rodriguez und Quentin Tarantino, das besagte «Making of» (FULL TILT BOOGIE, 95 Min.), ein Interview mit George Clooney (22 Min.), ein Interview mit Robert Kurtzman (28 Min.), ein Feature mit zusätzlichen und alternativen Szenen (6 Min.) sowie die vierteilige Dokumentation «Die Kunst, diesen Film zu machen» (46 Min.).

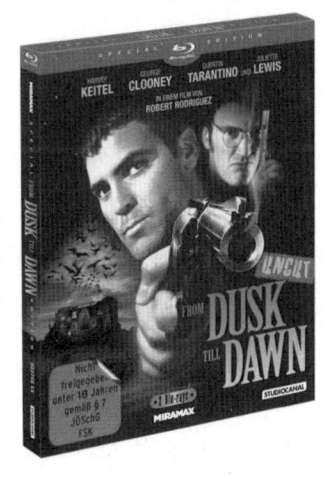

Nur diese FSK «ab 18 uncut»-BD (StudioCanal) ist mit dem **Silberling 2012** ausgezeichnet.
USA 1995 **P** A Band Apart / Miramax / Los Hooligans Prod. **KI** Scotia (Buena Vista) **VA** BMG (Ufa) **DVD** FSK 16.: BMG (FF, DS dt.), FSK 18: BMG (16:9, 1.85:1, DD5.1 engl./dt.); StudioCanal (16:9, 1.85:1, DD5.1 engl./dt.) **BD** StudioCanal (16:9, 1.85:1, dts-HDMA engl./dt.) **Pd** Gianni Nunnari, Meir Teper, Elizabeth Avellan, Paul Hellerman, Robert Kurtzman, John Esposito **R** Robert Rodriguez **B** Quentin Tarantino **K** Guillermo Navarro **M** Graeme Revell **S** Robert Rodriguez **D** Harvey Keitel (Jacob Fuller), Quentin Tarantino (Richard Gecko), Juliette Lewis (Kate Fuller), George Clooney (Seth Gecko), Cheech Marin (= Richard «Cheech» Marin) (Grenzposten / Chet Pussy / Carlos), Fred Williamson (Frost) **L** 108 **FSK** ab 18; nf (DVD 16 & 18 & 18 [«uncut»]) **E** 4.7.1996 / 20.1.1997 Video / 8.2.1998 premiere / 6.9.1999 DVD (FSK 16), Juli 2000 (FSK 18) / 8.11.2011 DVD («ab 18» uncut; StudioCanal) / 8.12.2011 DVD («ab 18»; StudioCanal) / 19.4.2012 BD («ab 18» uncut; StudioCanal) / 6.12.2012 BD («ab 18»; Robert Rodriguez Col.) **fd** 31 986

Der Gehetzte der Sierra Madre
LA RESA DEI CONTI / EL HALCON Y LA PRESA
Ein Kopfgeldjäger wird auf die Spur eines flüchtigen Mexikaners gesetzt, der angeblich ein Mädchen ermordet haben soll. Er durchschaut die wahren Zusammenhänge und stellt den wirklichen Täter. Abgesehen von einigen vordergründigen Brutalitäten ein spannender, sorgfältig inszenierter Italowestern. (Der MDR strahlte zunächst die gekürzte Kinofassung von 84 Minuten Länge aus und dann die ungekürzte mit einer Laufzeit von 105 Minuten, die eine Hochzeitssequenz und die abschließende Verfolgungsjagd in voller Länge beinhaltet.) – Ab 16 möglich.
DVD/BD: Neben der 2005 mit dem Silbering ausgezeichneten, inzwischen vergriffenen «Sergio Sollima Box», in der der Film zusammen mit zwei weiteren Filmen des Regisseurs veröffentlicht wurde, existiert das Werk noch als Einzel-DVD (2008). Die Extras umfassen hier u. a. die interessante Dokumentation «Sergio Sollima Face to Face» (32:01 Min.).
Die kombinierte DVD/BD Edition (2012) enthält den Film in einer neu erstellten Abtastung. Als Bonusmaterial findet sich hier die sehenswerte Dokumentation «Spaghetti Western Memories» mit Sergio Sollima und Tomas Milian (50 Min.), ein 24-seitiges informatives Booklet zum Film sowie eine separate CD mit dem Soundtrack des Films (24 Tracks; 53 Min.).
Die DVD/BD Edition ist dem **Silberling 2012** ausgezeichnet.
Scope. Italien/Spanien 1966 **P** P.E.A. / Tulio de Micheli **KI** Constantin **DVD** Koch & Explosive Media (16:9, 2.35:1, Mono ital./dt.) **BD** Explosive Media (16:9, 2.35:1, Mono ital./dt.) **Pd** Alberto Grimaldi **R** Sergio Sollima **B** Sergio Donati, Sergio Sollima **K** Carlo Carlini **M** Ennio Morricone **S** Adriana Novelli **D** Lee Van Cleef (Jonathan Corbett), Tomas Milian (Manuel Sanchez, gen. Cuchillo), Maria Granada (Rosita), Walter Barnes (Brockston), Gérard Herter (Baron von Schulenberg), Angel Del Pozo (Shep), Fernando Sancho (Captain Segura), Spartaco Conversi (Mitchell), Nieves Navarro (Witwe), Romano Puppo (Rocky), Luisa Rivelli (Lizzie), Antonio Casas (Dance), Calisto Calisti (Miller), Roberto Camardiel (Jellicol), Nello Pazzafini (= Giovanni Pazzafini) (Hondo), Lanfranco Ceccarelli (Jack) **L** 110 (gek. 84) **FSK** ab 16; nf **E** 27.6.1967 / 1.2.1990 RTL plus / 31.3.2005 DVD (Sergio Sollima Italo-Western Box) / 4.2.2008 DVD (Einzeldisk) / 12.10.2012 BD & DVD (2 Disk-Special Edition) **fd** 14 820

Good Will Hunting
GOOD WILL HUNTING
Ein mathematisch überragend begabter, zugleich aber beziehungsgestörter Vollwaise wird zu einer Therapie bei einem Psychologen verurteilt, der sich nach dem Verlust seiner Frau ebenso vom Leben abgekoppelt hat wie sein junger Patient. Ein überwiegend vom Dialog lebender filmischer Entwicklungsroman, der sich in Großaufnahmen ganz auf die Gesichter der hervorragenden Schauspieler konzentriert. Die darstellerischen Leistungen sowie einige äußerst intensive Momente können aber weder die visuellen Defizite des Films noch seine Handlungsklischees vergessen machen. – Ab 16.
DVD/BD: Die Erstausgaben (DVDs von BMG und Buena Vista) enthalten keine erwähnenswerten Extras.
Die DVD-Neuauflage von StudioCanal sowie die BD enthalten indes u. a. einen Audiokommentar des Regisseurs und der beiden Hauptdarsteller und Drehbuchautoren, die Dokumentation «Good Will Hunting – 15 Jahre später» (62 Min.) sowie ein kommentiertes Feature mit elf im Film nicht verwendeten Szenen (21 Min.). Die BD ist mit dem **Silberling 2012** ausgezeichnet.
USA 1997 **P** Miramax / Lawrence Bender Prod. **KI** Scotia (Buena Vista) **VA** Ufa/BMG **DVD** BMG & Buena Vista & StudioCanal (16:9, 1.85:1, DD5.1 engl./dt.) **BD** StudioCanal (16:9, 1.85:1, dts-HDMA engl./dt.) **Pd** Lawrence Bender **R** Gus Van Sant **B** Matt Damon, Ben Affleck **K** Jean Yves Esc-

offier (= Jean-Yves Escoffier) **M** Jeffrey Kimball, Danny Elfman **S** Pietro Scalia **D** Matt Damon (Will Hunting), Robin Williams (Sean McGuire), Ben Affleck (Chuckie), Minnie Driver (Skylar), Stellan Skarsgård (Prof. Gerry Lambeau) **L** 126 **FSK** ab 12; f **E** 19.2.1998 / 14.9.1998 Video / 13.6.2000 DVD / 19.4.2012 DVD (Neuauflage: StudioCanal) & BD **fd** 33 003

Die große Illusion
LA GRANDE ILLUSION

Luftwaffenoffizier von Rauffenstein ist nach einer sehr schweren Verwundung im Ersten Weltkrieg Kommandant eines Gefangenenlagers, das in einem alten Schloß untergebracht ist und als sehr sicher gilt. Als drei Franzosen nach einem gescheiterten Fluchtversuch dorthin verlegt werden, stellt sich heraus, daß die beiden Adligen de Boeldieu und von Rauffenstein eine sehr eigenwillige, von Arroganz und Haß geprägte Gemeinsamkeit verbindet. Bei einem Fluchtversuch, den er inszeniert hat, um seine beiden Kameraden entkommen zu lassen, wird der Franzose von dem deutschen Kommandanten erschossen. Eine deutsche Kriegerwitwe gewährt den beiden Entflohenen Unterschlupf und verliebt sich in einen von ihnen, ehe sie über die Schweizer Grenze entkommen. Über die Darstellung des Lebens in der Gefangenschaft gelingt Jean Renoir in seinem Meisterwerk eine Interpretation von Klassenverhältnissen, die den Menschen psychologisch auch für den Krieg konditionieren. Der Film, ein Klassiker des französischen Vorkriegskinos, provozierte schon während der komplizierten Produktionsphase eine Serie von politischen Böswilligkeiten und Missverständnissen; man warf Renoir vor, sein Film sei antideutsch und prosemitisch. Bezeichnend die weitere Aufführungsgeschichte: In Italien und Deutschland wurde Die grosse Illusion 1937 wegen pazifistischer deutschfeindlicher Tendenz verboten, nach Kriegsausbruch in Frankreich und den alliierten Ländern wegen pazifistischer deutschfreundlicher Tendenz! – Sehenswert ab 16.

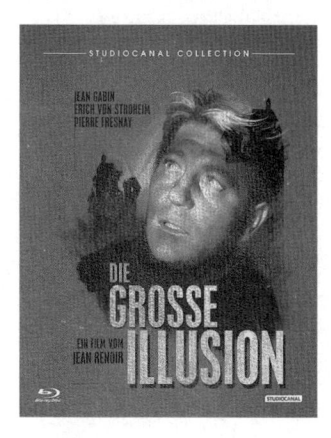

DVD/BD: Die SZ-Ausgabe (DVD) enthält keine erwähnenswerten Extras. DVD (Arthaus/Kinowelt) und BD enthalten den Kurzfilm Das kleine Mädchen mit den Schwefelhölzern (F 1928, Regie: Jean Renoir und Jean Tédesco; 32 Min.).

Die BD enthält die restaurierte Fassung des Films (114 Min.). Die Extras umfassen hier zudem ein Kurzdokus zur Restaurierung (12 Min. und 4 Min.) sowie zur filmhistorischen Einordnung des Films: «Françoise Giroud erinnert sich» (11 Min.), «Ginette Vincendeau präsentiert Die grosse Illusion» (12 Min.) und «‹Erfolg und Kontroversen› von Olivier Curchod» (22 Min.). Die BD enthält zudem ein 18-seitiges Booklet zum Film. Die BD (StudioCanal Collection) ist mit dem **Silberling 2012** ausgezeichnet.

Schwarz-weiß. Frankreich 1937 **P** RAC **KI** Prisma **DVD** SZ & Kinowelt (FF, Mono frz./dt.) **BD** StudioCanal (FF, dts-HDMA Mono frz./dt.) **R** Jean Renoir **B** Charles Spaak, Jean Renoir **K** Christian Matras **M** Joseph Kosma **S** Marguerite Renoir **D** Erich von Stroheim (von Rauffenstein), Jean Gabin (Maréchal), Pierre Fresnay (de Boeldieu), Dita Parlo (Elsa), Marcel Dalio (Rosenthal), Julien Carette (der Schauspieler), Gaston Modot (der Ingenieur), Jean Dasté (der Lehrer) **L** 107 **FSK** ab 12; f **E** 10.9.1948 Kino / 29.12.1970 DFF 1 / 16.12.2006 DVD (SZ-Cinemathek) / 14.7.2011 DVD (Kinowelt) / 16.2.2012 BD **fd** 396

Harry Potter und die Heiligtümer des Todes – Teil 1
HARRY POTTER AND THE DEATHLY HALLOWS – PART I

Erster Teil der Verfilmung des siebten «Harry Potter»-Romans: Harry und seine Freunde brechen auf zur Suche nach magischen Gegenständen, die vernichtet werden müssen, um den dunklen Lord zu besiegen, der in der Welt der Zauberer immer mehr an Macht gewinnt. Eine düstere, gleichwohl packende Romanverfilmung, die erzählerische Freiräume geschickt nutzt, um die Figuren und ihre spannungsvollen Beziehungen auszuloten. Zwischen furioser Action und menschlichem Drama gelingt dem Film eine dramaturgisch stimmige Balance. Dabei manifestiert sich das Böse, dem die jugendlichen Helden Widerstand leisten, als faschistoides System, dem sie trotz allen äußeren Terrors und eigener innerer Unsicherheiten ihre Humanität entgegensetzen. – Sehenswert ab 12.

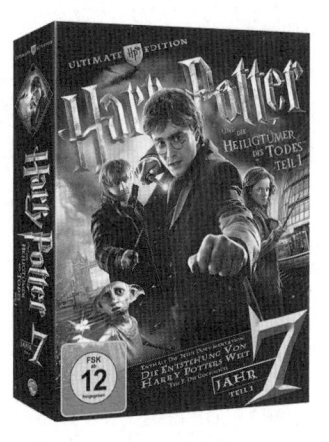

DVD/BD: Die Standardausgabe (DVD oder 1 Disk BD) enthält keine erwähnenswerten Extras.

Die DVD (2 Disk Special Edition) enthält neben einigen Kurzfeatures zum Film u. a. ein Feature mit acht im Film nicht verwendeten Szenen (10 Min.).

Die BD (2 Disk Edition) enthält die Kurzfeatures als «Bild-im-Bild»-Option abrufbar vom laufenden Film sowie ein mehrteiliges «Making Of» (36 Min.).

Zudem ist der Film (im Gegensatz zur Kinoauswertung) als 3D-Variante in einer Box zusammen mit dem zweiten Teil enthalten. Diese 3D-Box ist mit dem **Silberling 2011** ausgezeichnet (siehe auch Einträge unter dem zweiten Teil des Films).

Die hochwertig aufgemachte bibliophile sog. «Ultimate Edition» (DVD oder BD – Achtung: nicht in 3D) ent-

hält, neben den oben genannten Extras, ein 44-seitiges Hardcover-Booklet mit Portraits aller Hauptfiguren, den sieben Teil der als achtteilig angelegten «Die Entstehung von Harry Potters Welt» Making-of-Reihe zum Thema «Die Geschichte» (47 Min.). Des Weiteren enthalten ist das Hinter den Kulissen-Feature «Hinter der Magie» (44 Min.) sowie «Harry Potter unterwegs» (20 Min.), in dem es um die Drehorte des Films geht. Diese Ultimate Edition ist mit dem **Silberling 2012** ausgezeichnet.
3D. Scope. Großbritannien/USA 2010 **P** Heyday Films / Warner Bros. **KI** Warner Bros. **DVD** Warner (16:9, 2.35:1, DD5.1 engl./dt.) **BD** Warner (16:9, 2.35:1, dts-HDMA engl, DD5.1 dt.) **Pd** David Barron, David Heyman **R** David Yates **B** Steve Kloves **Vo** Joanne K. Rowling (Roman *Harry Potter and the Deathly Hallows / Harry Potter und die Heiligtümer des Todes*) **K** Eduardo Serra **M** Alexandre Desplat **S** Mark Day **D** Daniel Radcliffe (Harry Potter), Rupert Grint (Ron Weasley), Emma Watson (Hermine Granger), Helena Bonham Carter (Bellatrix Lestrange), Robbie Coltrane (Rubeus Hagrid), Tom Felton (Draco Malfoy), Ralph Fiennes (Lord Voldemort), Brendan Gleeson (Alastor «Mad-Eye» Moody), Richard Griffiths (Vernon Dursley), John Hurt (Mr. Ollivander), Jason Isaacs (Lucius Malfoy), Helen McCrory (Narcissa Malfoy), Bill Nighy (Rufus Scrimgeour), Miranda Richardson (Rita Skeeter), Alan Rickman (Severus Snape), Maggie Smith (Minerva McGonagall), Timothy Spall (Peter Pettigrew), Imelda Staunton (Dolores Umbridge), David Thewlis (Remus Lupin), Julie Walters (Molly Weasley), Bonnie Wright (Ginny Weasley), Jim Broadbent (Horace Slughorn), Ciarán Hinds (Aberforth Dumbledore), Michael Gambon (Albus Dumbledore) **L** 146 **FSK** ab 12; f **FBW** bw **E** 18.11.2010 / 15.4.2011 DVD & BD / 18.10.2012 DVD & BD (Ultimate Edition) **fd** 40 193

Harry Potter und die Heiligtümer des Todes – Teil 2
HARRY POTTER AND THE DEATHLY HALLOWS – PART II
Zweiter Teil der Verfilmung des siebten und letzten «Harry Potter»-Romans, in dem sich die gefährliche Suche nach weiteren magischen Gegenständen zur Vernichtung von Lord Voldemort mit dem Geheimnis der drei Heiligtümer des Todes kreuzt. In der großen finalen Schlacht um Leben und Tod lösen sich schrittweise alle Rätsel, wobei der gereifte Harry am Ende nur triumphiert, weil er seinen eigenen Tod akzeptiert. Der visuell spektakuläre Schlusspunkt der Fantasy-Reihe ordnet «nur» noch die zentralen Ereignisse der Romanvorlage, findet dabei aber zu vielen faszinierenden Eindrücken und vor allem einem souveränen erzählerischen Rhythmus, der auch Wert auf Ruhepunkte und emotionale Zwischentöne legt. – Sehenswert ab 12.
DVD/BD: Die Standardausgabe (DVD) enthält keine erwähnenswerten Extras. Die DVD (2 Disk Special Edition) enthält u. a. ein Feature mit acht im Film nicht verwendeten Szenen (6 Min.). Zudem enthalten sind neben diversen Kurzfeatures (auf BD als «Bild-im-Bild»-Option zum laufenden Film abrufbar) die interessante Doku «Als Harry Hogwarts verließ» (46 Min.) über die Darsteller und ihre Beziehung zur «Harry-Potter»-Reihe sowie die Dokumentation «Die Frauen bei Harry Potter» (23 Min.).
Die BD (2D) enthält zudem noch eine sehr aufschlussreiche «Unterhaltung» zwischen J.K. Rowling und Daniel Radcliffe (53 Min.).
Der Film ist als 3D-Variante (mit allen oben genannten Extras) in einer Box zusammen mit dem ersten Teil erhältlich. Die 3D-BD-Box sowie die 2D-BD Edition sind mit dem Silberling 2011 ausgezeichnet.
Die hochwertig aufgemachte bibliophile sog. «Ultimate Edition» (DVD & BD – Achtung: nicht in 3D) enthält, neben den oben genannten Extras, u. a. ein 48-seitiges Hardcover-Booklet mit raren Fotos aus allen Filmen und den achten und letzten Teil der «Die Entstehung von Harry Potters Welt» Making-of-Reihe zum Thema «Erwachsen werden» (48 Min.), in dem die Darsteller ihre Erfahrung mit dem langjährigen Produktionsprozess der Filme schildern. Zudem neu sind u. a. etliche Kurzfeatures zu allen erdenklichen Teilaspekten des Films und der Reihe. Diese Ultimate Edition ist mit dem **Silberling 2012** ausgezeichnet.
3D. Scope. Großbritannien/USA 2011 **P** Heyday Films / Warner Bros. **KI** Warner Bros. **DVD** Warner (16:9, 2.35:1, DD5.1 engl./dt.) **BD** Warner (16:9, 2.35:1, dts-HDMA engl., DD5.1 dt.) **Pd** David Heyman, David Barron, J.K. Rowling (= Joanne K. Rowling), Tim Lewis, John Trehy **R** David Yates **B** Steve Kloves **Vo** J.K. Rowling (= Joanne K. Rowling) (Roman *Harry Potter and the Deathly Hallows / Harry Potter und die Heiligtümer des Todes*) **K** Eduardo Serra **M** Alexandre Desplat **S** Mark Day **D** Daniel Radcliffe (Harry Potter), Rupert Grint (Ron Weasley), Emma Watson (Hermine Granger), Helena Bonham Carter (Bellatrix Lestrange), Jim Broadbent (Horace Slughorn), Robbie Coltrane (Rubeus Hagrid), Warwick Davis (Filius Flitwick / Griphook), Tom Felton (Draco Malfoy), Ralph Fiennes (Lord Voldemort / Tom Riddle), Michael Gambon (Albus Dumbledore), Ciarán Hinds (Aberforth Dumbledore), John Hurt (Mr. Ollivander), Jason Isaacs (Lucius Malfoy), Matthew Lewis (Neville Longbottom), Gary Oldman (Sirius Black), Alan Rickman (Severus Snape), Maggie Smith (Minerva McGonagall), David Thewlis (Remus Lupin), Emma Thompson (Sybill Trelawney), Julie Walters (Molly Weasley), Bonnie Wright (Ginny Weasley) **L** 130 **FSK** ab 12; f **FBW** bw **E** 14.7.2011 / 18.11.2011 DVD & BD / 18.10.2012 DVD & BD (Ultimate Edition) **fd** 40 565

Henry: Portrait of a Serial Killer
HENRY. PORTRAIT OF A SERIAL KILLER
Anscheinend ohne ein anderes Motiv als aus einem dumpfen Tötungstrieb heraus bringt ein Mann fast Tag für Tag kaltblütig Menschen um, vor-

wiegend Frauen. Ein erschreckender, grauenhafter Film. Brutalität und Gewalt werden zwar nicht als spektakulärer Nervenkitzel eingesetzt, sondern als ein in Großstädten übliches, ebenso unverständliches wie beklemmendes Geschehen beschrieben, doch werden Ursachen und Zusammenhänge allenfalls angedeutet. Trotzdem kann der Film zur Auseinandersetzung mit der Gewalt in der Gesellschaft und ihrer Darstellung in den Medien beitragen. (O.m.d.U.)

DVD/BD: Die Extras der Standardausgabe (DVD, Laser Paradise) umfassen u. a. einen Audiokommentar des Regisseurs sowie ein Interview mit dem Regisseur (30 Min.). Die Extras der schön aufgemachten Special Edition (DVD & BD, Bildstörung) enthalten u. a. zudem ein ausführliches analytisches Booklet zum Film (24 Seiten), ein ausführliches «Making of» (53 Min.), ein Feature mit im Film so nicht verwendeten Szenen (20 Min.), das Feature «The Serial Killers – Henry Lee Lucas» (26 Min.), ein Interview-Gespräch mit John McNaughton (22 Min.), ein Feature über die britische Zensurgeschichte (15 Min.) sowie ein Feature mit Storyboards (5 Min.). Es ist zudem eine Special Limited Edition (DVD & BD, Bildstörung) erhältlich, die auf separater CD den Soundtrack des Films enthält. Die Special Editions (Bildstörung) sind mit dem **Silberling 2012** ausgezeichnet.
USA 1986 **P** Maljack Prod. / MPI Home Video **KI** endfilm **VA** VMP **DVD** Laser Paradise (FF, Mono engl./dt.); Bildstörung (FF, Mono engl./dt.) **BD** Bildstörung (FF, PCM Mono engl./dt.) **Pd** Waleed B. Ali, Malik B. Ali **R** John McNaughton **B** Richard Fire, John McNaughton **K** Charlie Lieberman **M** Robert McNaughton, Ken Hale, Steven A. Jones **S** Elena Maganini **D** Michael Rooker (Henry), Tracy Arnold (Becky), Tom Towles (Otis), Ray Atherton (Hehler), David Katz (Henrys Chef), Eric Young (Bewährungshelfer), Rick Paul (hilfreicher Autofahrer) **L** 80 (DVD 81 & 69) **FSK** ab 18 & ab 16 **E** 4.3.1993 / 22.11.1993 Video / 1.6.2001 DVD / 26.10.2012 DVD & BD (Bildstörung) **fd** 30 092

Lawrence von Arabien
LAWRENCE OF ARABIA

In epischer Breite wird die Geschichte des englischen Offiziers T.E. Lawrence erzählt, der während des Ersten Weltkrieges den arabischen Aufstand gegen die türkischen Besatzer anzettelte und anführte. Der von großartigen Darstellern getragene Film, dessen visuelle Bildkraft der Wüstenszenen überwältigt, legt weniger Wert auf breit ausgespielte Kampfhandlungen, sondern macht die entbehrungsreichen Wüstenritte, die Einsamkeit und die ungeheure Kraftanstrengung augenfällig. Der Film kam 1990 erneut in die Kinos, diesmal in der von Richard A. Harris rekonstruierten und von David Lean autorisierten Fassung. Erst in dieser 30 Minuten längeren Version wird die charismatische, aber gebrochene Führerpersönlichkeit T.E. Lawrence' erfahrbar, der mal in die Rolle des Erlösers, mal in die des blindwütigen Rächers schlüpft, unter seiner homosexuellen Neigung leidet, masochistische Anwandlungen hat und aus seiner Eitelkeit keinen Hehl macht. Der faszinierende Film ist kein Geschichtsbild, vielmehr eine höchst subjektive Zusammenfassung der historischen Ereignisse. – Sehenswert ab 16.

DVD/BD: Die umfangreiche, interessante Special Edition (2000, 2 DVDs) enthält u. a. die 60-minütige Dokumentation «T.E. Lawrence – Seine Reisen und sein Leben», einige historische Kurzdokumentationen zum Film sowie ein Interview mit Steven Spielberg zur Restaurierung des Films (8 Min.).
Die Neuauflage der Doppel-DVD (2008, «Award Winner Collection») enthält zudem ein 11-seitiges Booklet sowie ein DVD-Rom-Teil mit Text- und Video-Informationen zum Film. Die Extras der in Bild und (englischem) Ton qualitativ herausragenden BD enthalten – neben den oben genannten Extras – ein sehr gelungenes Bild-im-Bild-Feature, in dem die Interviews und Informationsfeatures zum laufenden Film abgerufen werden können sowie das Feature «Peter O'Toole erinnert sich an LAWRENCE VON ARABIEN» (21 Min.).
Zudem ist noch die sog. Blu-ray «Fiftieth Anniversary Limited Edition» erschienen. Sie vereint die oben genannten Extras sowie die auf zwei BD-Disks verteilte, auf 4K gescannte und 2K konvertierte, brillant restaurierte Fassung des Films in einem Hochglanz-Schuber. Hier findet sich eine weitere exklusive Bonus-Disk mit einer auch für die Charakterisierung der Filmfigur T. E. Lawrence interessanten «verloren geglaubten» Szene (7 Min.), die wegen einer zunächst fehlenden Tonspur nicht in die rekonstruierte Fassung mit aufgenommen werden konnte. Ihr ist eine Einführung der Cutterin Anne V. Coates vorangestellt. Zudem enthalten ist hier, neben diversen Kurzdokus und Interviews, eine Featurette über die anlässlich der Blu-ray-Veröffentlichung vorgenommenen Restaurierungsarbeiten des Filmmaterials (13 Min.) sowie die 83-minütige Dokumentation über die Drehorte des Films. Der Edition ist weiterhin u. a. eine Soundtrack-CD mit zwei zuvor nicht veröffentlichten Tracks sowie ein 92-seitiger fadengebundener Bildband mit wertvollen Informationen zum Film beigelegt.
Die Standard Blu-ray sowie die filmhistorisch wertvolle, prächtige Blu-ray

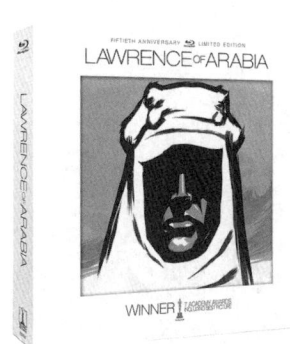

Fiftieth Anniversary Limited Edition sind mit dem **Silberling 2012** ausgezeichnet.
Scope. USA 1962 **P** Columbia (Rekonstruktion: Horizon Pictures) **KI** Columbia TriStar (70mm) **VA** RCA/Columbia **DVD** Columbia TriStar Home (16:9, 2.20:1, DD5.1 engl./dt.) **BD** Sony (16:9, 2.20:1, dts-HDMA engl., DD5.1 dt.) **Pd** Sam Spiegel **R** David Lean **B** Robert Bolt, Michael Wilson **Vo** Thomas Edward Lawrence (Bericht) **K** Freddie Young **M** Maurice Jarre **S** Anne V. Coates **D** Peter O'Toole (T.E. Lawrence), Alec Guinness (Prinz Feisal), Anthony Quinn (Auda Abu Tayi), Jack Hawkins (General Allenby), José Ferrer (türkischer Bey), Anthony Quayle (Col. Harry Brighton), Claude Rains (Mr. Dryden), Arthur Kennedy (Jackson Bentley), Omar Sharif (Sherif Ali Ibn El Kharisch) **L** 217 (214/187) (DVD 227) **FSK** ab 12; f **E** 15.3.1963 / Neufassung: 2.10.1990 / 22.10.1991 Video / 5.4.2001 DVD / 7.2.2008 DVD (Award Winner Collection) / 15.11.2012 BD **fd** 11 864

Die Lincoln Verschwörung
THE CONSPIRATOR

Nach der Ermordung von Präsident Lincoln 1865 in Washington wird den Attentätern schnell der Prozess gemacht, um die Ruhe nach dem Bürgerkrieg nicht zu gefährden. Ein junger Anwalt übernimmt die Verteidigung einer als Mitverschwörerin angeklagten Frau und entwickelt sich zum Verfechter rechtsstaatlicher Prinzipien.

Als Parallele zu den Militärgerichtsverfahren in Guantánamo angelegt, vereint der Film eine um Faktentreue bemühte Geschichtsdarstellung mit einem aktuellen politischen Appell. Dabei geht es vor allem um eine argumentative Verteidigung der Verfassungsrechte; dank der stimmigen Kameraarbeit und hervorragenden Darsteller entwickelt sich dabei auch eine große emotionale Dichte. – Ab 14.
DVD/BD: Die Extras umfassen u. a. einen Audiokommentar des Regisseurs sowie die Dokumentationen: «Die Verschwörung – The Plot To Kill» (66 Min.) und «Geschichtlicher Hintergrund» (41 Min.). Die Edition (DVD & BD) ist mit dem **Silberling 2012** ausgezeichnet.
Scope. USA 2010 **P** The American Film Company / Wildwood Enterprises **KI** Tobis **DVD** Tobis/Universal (16:9, 1.85:1, DD5.1 engl./dt.) **BD** Tobis/Universal (16:9, 1.85:1, dts-HDMA engl./dt.) **Pd** Bill Holderman, Robert Redford, Greg Shapiro, Robert Stone, Webster Stone, James D. Solomon **R** Robert Redford **B** James D. Solomon **K** Newton Thomas Sigel **M** Mark Isham **S** Craig McKay **D** James McAvoy (Frederick Aiken), Robin Wright (Mary Surratt), Kevin Kline (Edwin Stanton), Tom Wilkinson (Reverdy Johnson), Evan Rachel Wood (Anna Surratt), Justin Long (Nicholas Baker), Danny Huston (Joseph Holt), James Badge Dale (William Hamilton), Colm Meaney (David Hunter), Alexis Bledel (Sarah Weston), Johnny Simmons (John Surratt), Toby Kebbell (John Wilkes Booth), John Cullum (Judge Wylie), Jonathan Groff (Louis Weichmann), Stephen Root (John Lloyd) **L** 122 **FSK** ab 12; f **E** 29.9.2011 / 1.3.2012 DVD & BD **fd** 40 668

Mad Circus – Eine Ballade von Liebe und Tod
BALADA TRISTE DE TROMPETA

Spanien während der Franco-Ära: Als sein Vater, ein Zirkusclown, in die Wirren des Bürgerkriegs gerät und im Gefängnis endet, ergreift auch der Sohn diesen Beruf. Anfang der 1970er-Jahre gerät er in eine unglückliche Liebesaffäre mit einer Trapezkünstlerin. Ein Film voller Metaphern, Symbole und Momente von verstörender Poesie, der als bildgewaltige Groteske beeindruckt. Die blutige, gewalttätige Farce unternimmt dabei nur in Ansätzen eine surreal-horrible Abrechnung mit dem Faschismus, die sie in einer reißerischen Dreiecksgeschichte auflöst. (O.m.d.U.)
DVD/BD: Die Standardausgabe (DVD & BD) enthält keine erwähnenswerten Extras.
Die 2 Disk Special Editions (DVD & BD) enthalten indes die Dokumentation «Álex de la Iglesia in Berlin» (37 Min.), ein Kurzfeature über die Spezialeffekte (10 Min.) sowie ein Produktionstagebuch (57 Min.). Die Special Edition (DVD & BD) ist mit dem **Silberling 2012** ausgezeichnet.
Spanien/Frankreich 2010 **P** Tornasol / La Fabrique 2 / uFilm / Canal + España/Castafiore/TVE**KI**Xenix(Schweiz)/ Koch Media **DVD** Koch (16:9, 2.35:1, DD5.1 span./dt., dts dt.) **BD** Koch (16:9, 2.35:1, dts-HDMA span./dt.) **Pd** Vérane Frédiani, Gerardo Herrero, Franck Ribière **R+B** Alex de la Iglesia **K** Kiko de la Rica **M** Roque Baños **S** Alejandro Lázaro **D** Carlos Areces (Javier), Antonio de la Torre (Sergio), Carolina Bang (Natalia), Manuel Tejada (Manegenchef), Enrique Villén (Andrés), Gracia Olayo (Sonsoles), Sancho Gracia (Coronel Salcedo) **L** 105 **FSK** ab 18; f **E** 11.8.2011 Schweiz / 8.12.2011 / 27.4.2012 DVD & BD **fd** 40 592

Picknick am Valentinstag
PICNIC AT HANGING ROCK

Beim Ausflug eines Mädchenpensionats am Valentinstag des Jahres 1900 verschwinden drei Mädchen und eine Lehrerin spurlos in einem Felsmassiv. Auch die nach einer Woche gefundene Schülerin kann das Rätsel nicht lösen. Der ausgezeichnet fotografierte Film verbindet seine romantische, mystisch angehauchte Horrorgeschichte mit der Darstellung eines ritualisierten Internatslebens, dessen Unterdrückungsmechanismen insbesondere im sexuellen Bereich durchbrechen. Trotz einiger Längen und melodramatischer Schnörkel fesselt der Film vor allem im ersten Teil durch eine starke Spannung. – Ab 16.

DVD/BD: Die Erstausgabe (DVD, Kinowelt) mit dem gegenüber der Kinofassung umgeschnittenen und um mehrere Minuten gekürzten «Director's Cut» enthält als Extras ein Feature mit im Film nicht verwendeten Szenen (9 Min.). Die Extras der Neuauflage (Koch; auch hier mit dem «Director's Cut») enthalten keine bemerkenswerten Extras.
Die ebenfalls bei Koch erschienene Special Edition (3 DVDs & 1 BD) enthält sowohl den «Director's Cut» (DVD: 103 Min. = BD: 107 Min.) als auch auf DVD die ursprüngliche Kinofassung (111 Min.). Die Extras dieser sehr schön aufgemachten, mit einem 22-seitigen Booklet zum Film versehenen Edition umfassen u. a. die nicht verwendeten Szenen (9 Min.), die sehenswerte Dokumentation zum Film «A Dream within a Dream» (113 Min.), die Featurette «A Recollection: Hanging Rock 1900» (26 Min.), ein Interview mit der Buchautorin Joan Linsay (15 Min.) sowie den mit Audiokommentar versehenen Kurzfilm THE DAY OF SAINT VALENTINE (9 Min.), in dem Weir die Vorlage das erste Mal filmisch verarbeitet. Die Special Edition ist mit dem **Silberling 2012** ausgezeichnet.
Australien 1975 **P** Picnic PTY **DVD** Kinowelt (16:9, 1.78:1, DD5.1 Mono dt.); Koch (16:9, 1.78:1, DD5.1 engl., DD2.0 dt.) **BD** Koch (16:9, 1.78:1, dts-HDMA engl., dts-HDMA2.0 dt.) **Pd** James McElroy, Hal McElroy **R** Peter Weir **B** Cliff Green **Vo** Joan Lindsay (Roman) **K** John Seale, Russell Boyd **M** Gheorghe Zamfir, Ludwig van Beethoven, Bruce Smeaton **S** Max Lemon **D** Rachel Roberts (Mrs. Appleyard), Dominic Guard (Michael Fitzhubert), Helen Morse (Dianne de Portiers), Vivean Gray (Miss McCraw), Anne Lambert (Miranda) **L** 115 **FSK** ab 12 **E** 24.7.1977 ARD / 22.6.2004 DVD (Director's Cut) **fd** 20 381

Der Prozess
LE PROCES / IL PROCESSO
Der kleine Angestellte Josef K. wird eines Tages unter die Aufsicht einer obskuren Justizbehörde gestellt. Sein Prozess schleppt sich dahin, ohne daß der Angeklagte über Sitz, Funktion und Absicht des Gerichts Genaueres erfährt. Versuche, über Frauenbekanntschaften und Mittelspersonen zum Ziel zu kommen, scheitern. Am Ende wird K. von den übermächtigen Instanzen hingerichtet. Kafkas Prozess in einer Filmfassung von Orson Welles, der die Vorlage zu einem düster-expressionistischen Kinoalptraum verdichtet. Die Inszenierung fesselt durch ihre optische Brillanz und durch virtuos verfremdete Schauplätze, wird in ihrem barocken Reichtum an Effekten aber kaum der strengen, beherrschten Erzählweise des Romans gerecht. Der «Autor» Welles ist immer präsent und liefert eine sehr persönliche Kafka-Interpretation.

DVD/BD: Die Extras von DVD & BD umfassen u. a. die Dokumentationen «Welles, Kafka und DER PROZESS» (31 Min.) und «Orson Welles: Lichtarchitekt» (24 Min.).
Die BD enthält zudem das Interview-Feature «Tempo Profil: Orson Welles» (31 Min.), ein Interview mit Theaterregisseur Steven Berkoff über die Interpretation von Kafkas Der Prozess im Allgemeinen und den Ansatz von Welles im Speziellen (18 Min.), eine im Film nicht verwendete Szene (7 Min.) sowie ein ausführliches Booklet zum Film. Die BD Edition ist mit dem **Silberling 2012** ausgezeichnet.
Schwarz-weiß. BR Deutschland / Frankreich / Italien 1962 **P** Hisa/Paris Europa/FI.C.IT. **KI** Schorcht/Impuls **DVD** Universal & StudioCanal (16:9, 1.66:1, Mono engl./dt.) **BD** StudioCanal (16:9, 1.66:1, dts-HDMA Mono engl./dt.) **Pd** Alexander Salkind, Michel Salkind **R** Orson Welles **B** Orson Welles, Antoine Tudal **Vo** Franz Kafka (Roman) **K** Edmond Richard **M** Jean Ledrut, Tommaso Albinoni **S** Yvonne Martin **D** Anthony Perkins (Josef K.), Jeanne Moreau (Fräulein Bürstner), Orson Welles (Rechtsanwalt Hastler), Romy Schneider (Leni), Elsa Martinelli (Hilda), Max Haufler, Jess Hahn **L** 118 **FSK** ab 16; f **FBW** bw **E** 2.4.1963 / 20.4.1966 HR III / 5.6.2008 DVD / 21.6.2012 DVD (Neuauflage; StudioCanal) / 20.9.2012 BD **fd** 11 904

Pulp Fiction
PULP FICTION
Episoden aus der Unterwelt von Los Angeles: Ein Leibwächter, der die junge Frau eines Gangsterbosses aufpassen soll, gerät in Teufels Küche. Ein alternder Boxer, auf der Flucht vor Gangstern, riskiert sein Leben wegen einer vom Vater ererbten Uhr. Zwei Killer stehen vor dem Problem, eine Leiche und eine bluttriefende Limousine beseitigen zu müssen. Mit lakonischem Humor zeigt die brillante schwarze Komödie eine Gesellschaft, die von Brutalität, Dummheit, moralischer Indifferenz und grotesken

Zufällen beherrscht wird. Bekannte Muster der Trivialkultur und des amerikanischen B-Pictures werden auf intelligente Weise variiert und konterkariert. Dabei schreckt der Film auch nicht vor exzessiven, wenn auch satirisch überspitzten Gewaltszenen zurück, die teilweise nur schwer verdaulich sind. – ab 16.

DVD/BD: Der Film existiert auf DVD und BD in diversen Umverpackungen. Die Erstauflage (2000) beinhaltet u. a. ein interessant gestaltetes Feature, in dem logische Fehler des Films («Goofs») in Wort und Bild aufgezeigt werden (13 Min.).
Die Collector's Edition (2006, 2 DVDs) umfasst zudem die Dokumentation «Pulp Fiction: The Facts» (31 Min.), ein Feature mit sechs im Film nicht verwendeten Szenen (24 Min.), das längere TV-Interview: «Quentin Tarantino in der Charlie-Rose-Show» (56 Min.), das TV-Feature «Siskel & Ebert ‹At the Movies› – Die Tarantino-Generation» (16 Min.) sowie ein Bericht von den ‹Independent Spirit Awards› (12 Min.).
Die BD (2012) enthält zudem noch die Features: «Nicht die übliche langweilige Lernen-wir-uns-kennen-Gesülze» (43 Min.) und «Hier sind ein paar Fakten über die Fiktion» (20 Min.).
Die Collector's Edition ist mit dem Silberling 2006 ausgezeichnet. Die BD ist mit dem **Silberling 2012** ausgezeichnet.
Scope. USA 1993 **P** Brown 25 / Jersey **KI** Scotia **VA** Ufa/BMG **DVD** BMG & Miramax / Buena Vista (16:9, 2.35:1, DD5.1 engl./dt.) **BD** StudioCanal (16:9, 2.35:1, dts-HDMA engl./dt.)

Pd Lawrence Bender **R** Quentin Tarantino **B** Quentin Tarantino, Roger Avary **K** Andrzej Sekula **M** div. Rock- und Popsongs **S** Sally Menke **D** John Travolta (Vincent), Bruce Willis (Butch), Uma Thurman (Mia), Samuel L. Jackson (Jules), Harvey Keitel (The Wolf), Ving Rhames (Marsellus Wallace), Tim Roth (Pumpkin), Amanda Plummer (Honey Bunny), Rosanna Arquette (Jody), Christopher Walken (Koons), Eric Stoltz (Lance) **L** 154 **FSK** ab 16; f **E** 3.11.1994 / 22.5.1995 Video / 27.7.1996 premiere / 17.7.2000 DVD / 16.6.2006 DVD (Collector's Edition) / 2.2.2012 BD **fd** 31 041

Singin' in the Rain
SINGIN' IN THE RAIN
Als Hollywood sich 1928 auf den Tonfilm umstellen muss, machen ein ehemaliger Heldendarsteller und ein Pianist Karriere, während eine eitle Stummfilmdiva – auch in Herzensdingen – dem frischen Charme einer Nachwuchstänzerin unterliegt. Mit liebevoller Ironie, musikalischer und tänzerischer Verve, spielerischem Temperament und technischer Perfektion machten Kelly und Donen aus einem Stück Filmgeschichte einen absoluten Höhepunkt des Filmmusicals, in dem alle Elemente miteinander harmonieren. Störend allein die veraltete deutsche Synchronisation (auch der Songs) der alten Kinofassung. (Das Fernsehen sendete eine Fassung mit deutsch untertitelten Originalsongs; Videotitel: Singin' in the Rain) – Sehenswert ab 12.
DVD/BD: Die Standard Edition enthält keine bemerkenswerten Extras. Aus Anlass des 50-jährigen Jubiläums des Klassikers hat Warner dem Musical eine meisterhafte Doppel-DVD (2002) gewidmet. Bei Bedarf kann man bereits während des Films Informationen jener Musical-Filmgeschichte abrufen, die zum Entstehen von Singin' in the Rain beitrugen. Die 90-minütige Dokumentation «Musical, Great Musicals» (co-produziert von BBC und arte) gibt einen erschöpfend informativer Überblick über das Hollywood-Musical-Genre. Ein 35-minütiges «Making of» sowie 60 Minuten Musical-Referenzen und etliche Audiobeispiele aus den MGM-Archiven runden die Special Edition ab.
Die Special Edition (2 DVDs) ist mit dem **Silberling 2002** ausgezeichnet.
Im Vergleich zur DVD Special Edition von 2002 enthält die Standard BD sowie die BD Collector's Edition (2012) neben den bereits bekannten Extras auch Neues: So die Dokumentation «Singin' in the Rain: Inspiration für eine neue Generation» (51 Min.), in der vor allem aktuell erfolgreiche Choreografen (Paula Abdul, John DeLuca u. a.) den Einfluss des Klassikers auf aktuelle Musicalfilme und Musikvideo-Clips attestieren. Des Weiteren enthalten ist ein Audiokommentar der Darsteller Debbie Reynolds und Donald O'Connor sowie Cyd Charisse, Kathleen Freeman, Co-Regisseur Stanley Donen, der Drehbuchautoren Betty Comden und Adolph Green und Regisseur Baz Luhrmann (Moulin Rouge) und Filmhistoriker Rudy Behlmer. Was die Collector's Edition zu einem editorischen Schatz macht, ist das beigefügte Hardcover-Booklet. Auf 50 Seiten finden sich aussagekräftige Fotos neben fundierten Biografien der Stars, einem Text über die «Freed Unit» (das MGM-Musical Department) vor allem ein kommentierter Überblick über die im Film verwendeten Evergreens.
Die filmhistorisch interessante «60th Anniversary Ultimate Collector's Edition» ist mit dem **Silberling 2012** ausgezeichnet.
USA 1952 **P** MGM **KI** Die Lupe **VA** Warner Home **DVD** Standard: Warner (FF, Mono engl./dt.); Special Ed.: Warner (FF, DD5.1 engl., Mono dt.) **BD** Warner (FF, dts-HDMA engl., dts-HDMA Mono dt.) **Pd** Arthur Freed **R** Gene Kelly, Stanley Donen **B** Betty

Comden, Adolph Green **K** Harold Rosson **M** Nacio Herb Brown **S** Adrienne Fazan **D** Gene Kelly (Don Lockwood), Donald O'Connor (Cosmo Brown), Debbie Reynolds (Kathy Selden), Jean Hagen (Lina Lamont), Millard Mitchell (R. F. Simpson) **L** 100 **FSK** ab 6; nf **E** 30.3.1953 / 11.3.1971 ZDF / 2.3.1985 DFF 1 / 26.1.2000 DVD / 21.11.2002 DVD (Special Edition) / 24.8.2012 BD **fd** 1 944

Sommer in Orange

Eine Berliner Wohngemeinschaft aus Sannyasin-Anhängern verschlägt es ins ländliche Bayern, wo sie aus dem ererbten Hof eines ihrer Mitglieder ein Therapiezentrum machen will. Die «Ureinwohner» zeigen sich von den erleuchtungssehnsüchtigen neuen Nachbarn nachhaltig irritiert. «Culture Clash»-Komödie, erzählt aus der Perspektive einer aufgeweckten Jugendlichen, die sich in ein neues Umfeld integrieren und zugleich um die Liebe und Aufmerksamkeit ihrer Mutter ringen muss. Das Kaleidoskop an Episoden und Konflikten stellt die Indienbegeisterten Sinnsucher ebenso wie die bayerischen Provinzler mit mildem Spott dar, entfaltet sich aber eher kurzatmig. Einige originelle Einfälle sowie die gute Musik werten den an sich konventionellen Film auf. – Ab 14.
DVD/BD: Die Extras der DVD umfassen u. a. einen Audiokommentar des Regisseurs und der Drehbuchautorin. Die BD enthält zudem ein Feature mit sechs im Film nicht verwendeten Szenen (7 Min.), die Dokumentation «Der Sound der Heimat» (44 Min.) sowie den Kurzfilm KÜMMEL UND KORN (14 Min.). BD und DVD enthalten eine Audiodeskription für Sehbehinderte. Nur die BD ist mit dem **Silberling 2012** ausgezeichnet.
Scope. Deutschland 2011 **P** Odeon Pic. / Roxyfilm **KI** Majestic **DVD** Fox/Majestic (16:9, 2.35:1, DD5.1 dt.) **BD** Fox/Majestic (16:9, 2.35:1, dts-HDMA dt.) **Pd** Georg Gruber, Andreas Richter, Annie Brunner, Ursula Woerner **R** Marcus H. Rosenmüller (= Marcus Hausham Rosenmüller) **B** Ursula Gruber **K** Stefan Biebl **M** Gerd Baumann **S** Georg Söring **D** Petra Schmidt-Schaller (Amrita), Amber Bongard (Lili), Béla Baumann (Fabian), Georg Friedrich (Siddhartha), Oliver Korittke (Gopal), Chiem van Houweninge (Prakash), Daniel Zillmann (Jogi), Wiebke Puls (Chandra), Thomas Loibl (Prem Bramana), Heinz Josef Braun (Herr Bürgermeister), Bettina Mittendorfer (Frau Bürgermeister), Florian Karlheim (Postbote Rudi), Gundi Ellert (Lehrerin) **L** 110 **FSK** ab 12; f **E** 18.8.2011 / 20.1.2012 DVD & BD **fd** 40 607

Sonnenallee

Komödie zum zehnjährigen Jubiläum des Mauerfalls, angesiedelt in einem unmittelbar am Todesstreifen gelegenen Ostberliner Wohngebiet. Die authentische Ausgangssituation wurde zum gemeingültigen DDR-Mikrokosmos erweitert, in dem sich möglichst viele typische Verhaltensweisen und Situationen ansiedeln lassen. Doch der Film wird seinem Gegenstand weder ästhetisch noch inhaltlich gerecht: Abgegriffene Gags, die oft auf Schadenfreude basieren, sowie vorrangig auf oberflächliche Wiedererkennungseffekte hin angelegte Anekdoten machen ihn zum unzusammenhängenden Nummernprogramm. Hinzu kommt eine fahrlässige politische Unbekümmertheit. – Ab 16.
DVD/BD: Die Erstauflage der Kinofassung (Paramount/Highlight; 2000) enthält u. a. ein ausführliches «Making of» (37 Min.) sowie ein achtseitiges Booklet. Die Neuauflage (2012) enthält nicht die Kinofassung, sondern eine um gut zehn Minuten verlängerte Fassung des Films mit insgesamt 14 zusätzlichen Szenen. Die Extras dieser Fassung enthalten zudem u. a. das Feature «12 Jahre Sonnenallee» (32 Min.), ein Interview mit dem Regisseur (17 Min.) sowie den Kurzfilm DAS 7. JAHR – WOHNHAFT SONNENALLEE (9 Min.). Die DVD Edition (Langspielfassung) von 2012 ist mit dem **Silberling 2012** ausgezeichnet.
Deutschland 1999 **P** Boje Buck Prod. / Ö-Film / SAT.1 **KI** Delphi **VA** Highlight (PHE) **DVD** Highlight (16:9, 1.78:1, DS dt.) **Pd** Claus Boje, Detlev Buck **R** Leander Haußmann **B** Leander Haußmann, Detlev Buck **Vo** Thomas Brussig (Roman) **K** Peter-Joachim Krause **M** Stephen Keusch, Paul Lemp, Einstürzende Neubauten **S** Sandy Saffeels **D** Alexander Scheer (Micha), Alexander Beyer (Mario), Katharina Thalbach (Mutter), Henry Hübchen (Vater), Detlev Buck (ABV), Ignaz Kirchner (Heinz), Margit Carstensen (Direktorin), Christine Harbort (Gemüsefrau Raschke) **L** 94 **FSK** ab 6; f **FBW** bw **E** 7.10.1999 / 21.9.2000 Video / 2.10.2000 DVD / 12.1.2012 DVD (Langfassung) **fd** 33 876

Super – Shut Up, Crime!
SUPER
Ein Loser muss mitansehen, wie sich seine drogenabhängige Frau mit einem Dealer aus dem Staub macht. Er sagt dem Verbrechen den Kampf an, schlüpft in ein selbstgebasteltes Superman-Kostüm und stellt sich der Aufgabe, ohne ihr gewachsen zu sein. Bald steht ihm eine Comic-Verkäuferin bei, die erkannt hat, wer hinter der Maske steckt. Schräge Independent-Komödie, die an den Film KICK-ASS erinnert, bei allem Humor aber sehr

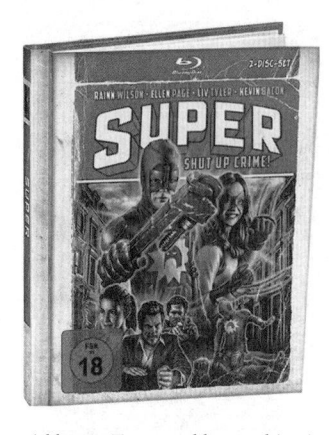

viel bösere Töne anschlägt und in einigen Effekten recht drastisch ausfällt.
DVD/BD: Die Extras umfassen u.a. einen Audiokommentar des Regisseurs und der Darstellerin Rainn Wilson. Die Mediabook Edition (2 DVDs oder 2 BDs) enhält zudem u.a. ein Feature mit im Film nicht verwendeten Szenen (6 Min.), ein 16-seitiges Booklet, die Interview-Feature «James Gunn in Berlin» (29 Min.) und «James Gunn über Comics» (13 Min.) sowie die Pressekonferenz bei der Comic-Con (61 Min.). Die hochwertig aufgemachten Mediabook-Editionen sind mit dem **Silberling 2012** ausgezeichnet. USA 2010 **P** This is That Prod. / Ambush / Crimson Bolt **DVD** Koch (16:9, 1.85:1, DD5.1 engl./dt., dts dt.) **BD** Koch (16:9, 1.85:1, dts-HDMA engl./dt.) **Pd** Miranda Bailey, Ted Hope, Amanda Marshall **R+B** James Gunn **K** Steve Gainer **M** Tyler Bates **S** Cara Silverman **D** Rainn Wilson (Frank D'Arbo / The Crimson Bolt), Ellen Page (Libbie/Boltie), Liv Tyler (Sarah), Kevin Bacon (Jacques), Gregg Henry (Det. John Felkner), Michael Rooker (Abe), Andre Royo (Hamilton), Sean Gunn (Toby) **L** 92 **FSK** ab 18 **E** 2.12.2011 DVD & BD **fd** –

Super 8
SUPER 8
Während eine Gruppe von Kindern mit viel Improvisationsgeschick auf «Super 8»-Filmmaterial einen Zombiefilm realisiert, werden sie zufällig Zeugen eines Zugunglücks. Nach der Katastrophe, die das Militär auf den Plan ruft, häufen sich in dem Städtchen in Ohio seltsame Begebenheiten. Liebevolle, auch autobiografische Hommage an das Genrekino der späten 1970er- und 1980er-Jahre, die durch eine sorgfältige Gestaltung besticht und die Lanze für ein Kino bricht, das eine Balance zwischen schauträchtigem Spektakel und emotional berührender Erzählung findet. – Ab 14.
DVD/BD: Erhältlich als DVD, BD und BD & DVD in einer Verpackung. Die Extras umfassen u.a. einen dt. untertitelbaren Audiokommentar des Regisseurs, des Kameramanns und des Produzenten Bryan Burk. Die BD enthält zudem ein detailliertes achtteiliges «Making Of» (97 Min.), die interaktive Featurette «Entschlüsselung des Zugunglücks» über die zentrale Actionsequenz des Films sowie ein Feature mit 14 im Film nicht verwendeten Szenen (13 Min.). Des Weiteren enthält die BD eine Audiodeskription für Sehbehinderte, allerdings nur in englischer Sprache. Die BD ist mit dem **Silberling 2012** ausgezeichnet.
Scope. USA 2011 **P** Paramount Pic. / Amblin Ent. / Bad Robot **KI** Paramount **DVD** Paramount (16:9, 2.35:1, DD5.1 engl./dt.) **BD** Paramount (16:9, 2.35:1, DTrueHD7.1 engl., DD5.1 dt.) **Pd** J.J. Abrams (= Jeffrey Abrams), Bryan Burk, Steven Spielberg **R+B** J.J. Abrams (= Jeffrey Abrams) **K** Larry Fong **M** Michael Giacchino **S** Maryann Brandon, Mary Jo Markey **D** Kyle Chandler (Jackson Lamb), Elle Fanning (Alice Dainard), Joel Courtney (Joe Lamb), Gabriel Basso (Martin), Noah Emmerich (Nelec), Ron Eldard (Louis Dainard), Riley Griffiths (Charles), Ryan Lee (Cary), Zach Mills (Preston), Jessica Tuck (Mrs. Kaznyk), Joel McKinnon Miller (Mr. Kaznyk) **L** 112 **FSK** ab 12; f **E** 4.8.2011 / 5.1.2012 DVD & BD **fd** 40 585

Susi und Strolch
LADY AND THE TRAMP
Die zeitlose Liebesgeschichte der Cocker-Dame Susi und des sympathischen Straßenköters Strolch. Ein gefühl- und humorvolles Zeichentrick-Abenteuer, das mit seinen detailreichen Hintergründen und der stimmungsvollen Atmosphäre der eleganteste Film unter Disneys späteren Produktionen ist. Die selbstironische Grundhaltung trägt dabei auch allzu süßliche Szenen. Die bedeutende Jazz-Sängerin Peggy Lee schrieb die Songs und singt im Original vier Rollen selbst. Höhepunkte sind die «klassische» Liebesszene am Hinterhof einer Trattoria und das mitleiderregende Hunde-Asyl. Disney erprobte erstmals die Möglichkeiten des breiten CinemaScope-Formats; heutige Kopien geben allerdings nur die Hälfte des ursprünglichen Bildes wieder. – Sehenswert ab 6.
DVD/BD: Im Gegensatz zur Standard Edition (2000) enthält die Special Edition (DVD, 2006) zwar die restaurierte Fassung in Scope, aber auch eine neue deutsche Synchronisation, die sich nicht mit der von 1956 messen kann. Die Standard Edition enthält keine bemerkenswerten Extras.
Die umfangreiche Special Edition (2 DVDs) enthält u.a. die zwei zusätzliche Szenen «Den Spieß umdrehen» und «Die Ankunft des Babys» (13 Min.), die Storyboard-Featurette «Auf der Suche nach Susi: Das Storyboard» (13 Min.), die Storyboard-Version des Films von 1943 (12 Min.) sowie ein ausführliches «Making Of» (53 Min.). Die BD & DVD (Diamond Edition, 2012) enthält zudem einen szenenspezifischen historischen Audiokommentar von Walt Disney und drei zusätzliche Szenen als Storyboard-Animationen (19 Min.).
Die Special Edition ist mit dem **Silberling 2006** ausgezeichnet. Die Diamond Edition (DVD & BD) ist mit dem **Silberling 2012** ausgezeichnet.
Scope. USA 1955 **P** Walt Disney Prod. **KI** Herzog **VA** Disney (Buena Vista) **DVD** Buena Vista (FF, DD5.0 engl./dt.), Special Edition: Buena Vista (16:9, 2.55:1, DD5.1 engl./dt.) **BD** Walt Dis-

ney (16:9, 2.55:1, dts-HDHR7.1 engl., dts-HDMA7.1 dt.) **Pd** Walt Disney **R** Hamilton Luske, Wilfred Jackson, Clyde Geronimi **B** Erdman Penner, Joe Rinaldi, Ralph Wright, Don DaGradi **Vo** Ward Greene (Story) **M** Oliver Wallace **S** David Halliday **L** 75 **FSK** o.A. (fr. 6; nf) **FBW** w **E** 14.12.1956 / 13.11.1997 Video / 23.3.2000 DVD / 9.3.2006 DVD (Special Edition) / 9.2.2012 BD **fd** 4 940

Tausendschönchen – kein Märchen
SEDMIKRASKY

Zwei gelangweilte junge Frauen verfallen in ihrer Beziehungslosigkeit der Lust, ältere wohlhabende Leute auszunutzen, Schabernack zu treiben und in der Begierde übermäßigen Essens sich selbst und die Gesellschaft spielerisch-frech zugrunde zu richten. Ein allegorisches Lehrstück im Stil einer grotesk-bizarren Komödie, die in surrealistisch inspirierter, virtuoser Manier mit der Zerstörung als zugleich befreiender und gefährlicher Kraft konfrontiert. Eine ebenso unterhaltsame wie hintergründige Fantasie von zeitloser Faszination. – Sehenswert ab 16.

DVD/BD: Die Extras der schön aufgemachten Edition (DVD & BD) enthalten u. a. ein ausführliches analytisches Booklet zum Film (24 Seiten) sowie eine sehenswerte Dokumentation zur Entstehung des Films (25 Min.). Es ist zudem eine Special Limited Edition (DVD & BD) erhältlich, die auf separater CD den Soundtrack des Films enthält. Die Edition ist mit dem **Silberling 2012** ausgezeichnet.

CSSR 1966 **P** Filmstudio Barrandov **KI** Sputnik (Erstverleih: Neue Filmkunst) **DVD** Bildstörung (FF, Mono tschech./dt.) **BD** Bildstörung (FF, Mono tschech./dt.) **Pd** Rudolf Hájek **R** Vera Chytilová **B** Vera Chytilová, Ester Krumbachová, Pavel Jurácek (Thema), Jaroslav Kucera (Künstl. Mitarbeit) **K** Jaroslav Kucera **M** Jirí Slitr, Jirí Sust **S** Miroslav Hájek **D** Ivana Karbanová (Marie I), Jitka Cerhová (Marie II), Julius Albert, Jan Klusák, Marie Cesková, Jirina Mysková, Marcela Brezinová **L** 74 (BD & Kino: 78) **FSK** ab 16; nf **E** 18.11.1968 ARD / Juli 1969 Kino / 28.9.1990 DFF 2 / 27.7.2012 DVD & BD **fd** 15 793

The Texas Chainsaw Massacre
THE TEXAS CHAIN SAW MASSACRE

Vier junge Leute werden von wahnsinnigen Schlachtern auf einer einsamen Ranch bestialisch umgebracht. Hemmungslos sadistischer Horrorfilm mit nervtötendem Soundtrack, technisch wie inhaltlich gleichermaßen niveaulos.

DVD/BD: Der Film existiert auf DVD in einer unübersichtlichen Flut diverser Umverpackungen in Versionen, die zumeist geschnitten und qualitativ minderwertig sind.

Nachdem der Verleih Turbine Medien eine Rücknahme des Beschlagnahmebeschlusses und der Indizierung initiieren konnte, veröffentlichte das Label eine mustergültige, filmhistorisch wertvolle sog. «Ultimate Collector's Edition» (3 DVDs & 1 BD) mit dem inzwischen zum Terror-Klassiker avancierten Film. Sie enthält das ungeschnittene Werk (84 Min. BD = 80 Min. DVD) und zudem eine Reihe eindrucksvoller Extras: So etwa einen Audiokommentar mit Regisseur Tobe Hooper, Kameramann Daniel Pearl und Darsteller Gunnar Hansen, einen Audiokommentar mit den Darstellern Marilyn Burns, Paul A. Partain, Allen Danziger und Art Director Robert A. Burns, die Dokumentationen zum Film «The Shocking Truth» (73 Min.), «Flesh Wounds – Fleischwunden» (72 Min.) und «A Family Portrait» (61 Min.) eine Diskussionsrunde über Filmzensur in Deutschland mit Jörg Buttgereit, Dr. Roland Seim, Dr. Stefan Höltgen und Christian Bartsch (130 Min.) sowie ein Feature mit im Film nicht verwendeten Szenen (25 Min.). Des Weiteren enthält die hochwertig im Schuber präsentierte Edition ein 64-seitiges Buch zum Film mit einer Chronologie der Zensurgeschichte, samt den kopierten Gutachten und Gerichtsbeschlüssen.

Turbine hat aus dieser Edition sowohl eine BD- als auch eine DVD-Edition (jeweils mit Hauptfilm und Bonus-Disk) extrahiert, die ein Gutteil der Extras, aber nicht das Booklet und die hochwertige Aufmachung enthalten. Sämtliche Editionen von Turbine Medien sind mit dem **Silberling 2012** ausgezeichnet.

USA 1974 **P** Vortex-Henkel-Hooper/

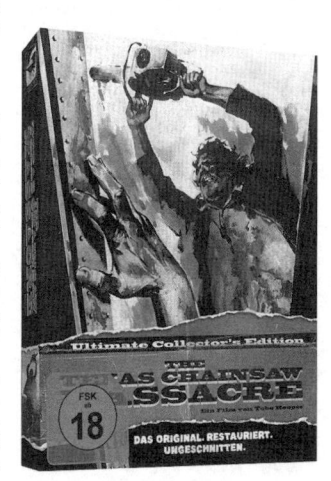

Bryanston **KI** Jugendfilm **VA** VPS **DVD** VCL / Laser Paradise (FF, DD2.0 dt.)/Turbine Medien (16:9, 1.78:1, DD.5.1 engl./dt.) **BD** Turbine Medien (16:9, 1.78:1, dts-HDMA engl./dt.) **Pd+R** Tobe Hooper **B** Kim Henkel, Tobe Hooper **K** Daniel Pearl **M** Arkey Blue, Roger Bartlett & Friends, Timberline Rose **S** Sallye Richardson, Larry Carroll **D** Marilyn Burns (Sally), Paul A. Partain (Franklin), Edwin Neal (Anhalter), Jim Siedow (alter Mann), Allen Danziger (Jerry) **L** 81 **FSK** ab 18; nf **E** 25.8.1978 Kino / 29.12.1998 Video / August 1999 DVD / 16.3.2012 DVD & BD (Ultimate Collector's Edition, Turbine Medien) / 26.10.2012 DVD & BD (jeweils 2 Disks, Turbine Medien) **fd** 20 920

Das verflixte 7. Jahr
THE SEVEN YEAR ITCH

Die Versuchungen und frivolen Fantasien eines Verlagskaufmannes in Manhattan, dessen Frau und Kind in Urlaub gefahren sind. Die attraktive junge Nachbarin will sich nur gänzlich sorglos in der Wohnung des älteren Strohwitwers von der Hitze erholen, animiert ihn jedoch zu erotischen Wunschvorstellungen, die zu filmischer Wirklichkeit werden. Auf humorvolle und witzig-persiflierende Art dargestellt, gelegentlich etwas allzu geschwätzig; mit einer Glanzrolle für Marilyn Monroe. – Ab 14.
DVD/BD: Die SZ-Ausgabe (DVD) enthält keine erwähnenswerten Extras.
Die Standard Edition (DVD) enthält u. a. einen dt. untertitelbaren Audiokommentar des Wilder Biografen Kevin Lally, den Hintergrundbericht «Das verflixte 7. Jahr» (23 Min.) sowie ein Feature mit zwei im Film nicht verwendeten Szenen (3 Min.).
Die wertig aufgemachte Cinema Premium Edition (2 DVDs) enthält zudem die brillante Dokumentation MARILYN MONROE: DIE LETZTEN TAGE (113 Min.), «Die Legende von Marilyn Monroe» (48 Min.) aus der US-Doku-Serie ABC STAGE 67 sowie ein 14-seitiges Booklet zum Film.
Die Cinema Premium Edition ist mit dem **Silberling 2006** ausgezeichnet.
Die BD enthält zwar nicht die 113-minütige sowie die 48-minütige Dokumentation, dafür aber die anderen erwähnten Extras und zudem: die Filmmusik von Komponist Alfred Newman als isolierte Filmmusik-Tonspur, das «Bild im Bild»-Feature «Der Hays-Code», in dem während des Films abgerufen werden kann, welche Stellen von der damaligen Zensur-Behörde problematisiert wurden. Zudem ist eine interaktive Filmografie von Marilyn Monroe mit Text- und Interviewausschnitten sowie das Feature «Monroe & Wilder: Ein geniales Paar» (26 Min.) enthalten. Schließlich rundet das TV-Special «Tom Rothman spricht über die Veröffentlichung des Films» (17 Min.) die BD ab.
Die BD ist mit dem **Silberling 2012** ausgezeichnet.
Scope. USA 1955 **P** Feldman Group (für 20th Century Fox) **KI** Centfox **DVD** Fox & SZ (16:9, 2.55:1, DD3.0 engl., DD2.0 dt.) **BD** Fox (16:9, 2.55:1, dts-HDMA engl., dts dt.) **Pd** Charles K. Feldman, Billy Wilder **R** Billy Wilder **B** Billy Wilder, George Axelrod **Vo** George Axelrod (gleichnamiges Bühnenstück) **K** Milton Krasner **M** Alfred Newman **S** Hugh S. Fowler **D** Marilyn Monroe (das Mädchen), Tom Ewell (Richard Sherman), Evelyn Keyes (Helen Sherman), Sonny Tufts (Tom McKenzie), Robert Strauss (Kruhulik) **L** 105 **FSK** ab 12; f **E** 9.9.1955 / 14.2.1972 ZDF / 2.1.1983 DFF 1 / 8.8.2002 DVD (Standard) / 3.7.2006 DVD (Cinema Premium) / 26.1.2008 DVD (SZ-Cinemathek) / 20.7.2012 BD **fd** 4 149

Das verflixte siebte Jahr
siehe: **Das verflixte 7. Jahr**

Von Angesicht zu Angesicht (1967)
FACCIA A FACCIA

Ein lungenkranker junger Geschichtsprofessor, der zunächst jegliche Gewalt verabscheut, findet unter dem Einfluß eines wilden Banditenführers Geschmack an der ihn zunehmend faszinierenden Macht und wandelt sich zum machttrunkenen Banditen. Der zu seinem Freund gewordene Bandenführer wendet sich indes allmählich vom gewalttätigen Leben ab. Ein thematisch ungewöhnlicher, psychologisch vergleichsweise glaubwürdiger Italowestern über die Faszination der Gewalt. Sympathisch: Tomas Milian in der Rolle des Banditen, der sein Schießeisen an den Nagel hängen wird. (TV-Titel: HALLELUJA, DER TEUFEL LÄSST EUCH GRÜSSEN)
DVD/BD: Neben der 2005 mit dem Silbering ausgezeichneten, inzwischen vergriffenen «Sergio Sollima Box», in der der Film zusammen mit zwei weiteren Filmen des Regisseurs veröffentlicht wurde, existiert das Werk noch auf einer Doppel-DVD (2012). Als Bonusmaterial findet sich hier u. a. die sehenswerte Dokumentation «Spaghetti Western Memories» (50 Min.), die ebenfalls in der Box befindliche Super 8-Filmversion (33 Min.), ein 24-seitiges informatives Booklet zum Film sowie eine separate CD mit dem Soundtrack des Films (31 Tracks).
Die Doppel DVD (Explosive Media) ist dem **Silberling 2012** ausgezeichnet.
Scope. Italien/Spanien 1967 **P** PEA/ Gonzales **KI** Alpha **DVD** Koch & Ex-

plosive Media (16:9, 2.35:1, Mono ital./dt.) **Pd** Alberto Grimaldi, Arturo Gonzalez **R** Sergio Sollima **B** Sergio Donati, Sergio Sollima **K** Rafael Pacheco **M** Ennio Morricone **S** Eugenio Alabiso **D** Gian Maria Volonté (Brad Fletcher), Tomas Milian (Beau Bennet), William Berger (Siringo), Lydia Alfonsi (Belle), Jolanda Modio (Maria), Carole André (Annie) **L** 112 **FSK** ab 18; f **FBW** w **E** 19.7.1968 / 15.5.1986 RTL plus / 31.3.2005 DVD (Sergio Sollima Italo-Western Box) / 12.10.2012 DVD (Explosive Media) **fd** 15 649

Der Weg der Arbeiterklasse ins Paradies
siehe: Die Arbeiterklasse kommt ins Paradies

Withnail & I
WITHNAIL AND I
Zwei junge arbeitslose Schauspieler entfliehen ihrem chaotischen, wildbewegten Dasein im London des Jahres 1969 und verbringen auf dem Land einen Urlaub, der sich zum Desaster entwickelt. Eine urkomische «schwarze» Komödie über zwei Außenseiterexistenzen in einer Zeit gesellschaftlicher Auflehnung. Hinter seinen exzentrischen Charakteren und deren schlagfertigem Witz vermag der eigenwillige Regieerstling auch menschlich anrührende Momente zur Geltung zu bringen. (O.m.d.U.)
DVD/BD: Die Extras von BD & DVD umfassen u. a. einen Audiokommentar des Regisseurs und die Dokumentation «The Handmade Story» (25 Min.). BD & DVD Special Edition der Neuauflage (Spirit Media) enthalten die Dokumentationen zum Film «Postcards from Penrith» (21 Min.) und «Withnail & Us» (von 1999, 24 Min.) sowie ein Interview mit dem Regisseur (14 Min.). Special Edition und BD Edition sind mit dem **Silberling 2012** ausgezeichnet.
Großbritannien 1987 **P** Handmade

DVD Sunfilm (16:9, 1.78:1, DD5.1 engl., DD2.0 dt.); Spirit Media/Koch (16:9, 1.85:1, DD5.1 engl., DD2.0 dt.) **BD** Spirit Media/Koch (16:9, 1.85:1, dts-HDMA engl., dts-HDMA2.0 dt.) **R+B** Bruce Robinson **K** Peter Hannan, Bob Smith **M** David Dundas **S** Alan Strachan **D** Richard E. Grant (Withnail), Paul McGann (Marwood), Richard Griffiths (Monty), Ralph Brown (Danny), Michael Elphick (Jake) **L** 105 **E** 29.2.1996 FS & DRS / 19.1.2007 DVD (Sunfilm) / 7.9.2012 DVD (Neuauflage) & BD **fd** –

Das zehnte Opfer
LA DECIMA VITTIMA / LA DIXIEME VICTIME
In einem totalitären Zukunftsstaat werden Hass und Gewalt in makabren Schaukämpfen zwischen Männern und Frauen kanalisiert, wobei dem Sieger eine hohe Geldprämie winkt. Abstruse Science-Fiction-Komödie, die zwischen Satire und Actionkino schwankt. Gesellschaftskritische Ansätze treten in den Hintergrund zugunsten spektakulärer Spannungseffekte.
DVD/BD: Die Extras der schön aufgemachten Edition (DVD & BD) enthalten u. a. ein ausführliches Booklet zum Film (12 Seiten) sowie die bemerkenswerte Dokumentation «Marcello: ‹A Sweet Life›» (98 Min.) über den Hauptdarsteller des Films. Es ist zudem eine Special Limited Edition (DVD & BD) erhältlich, die auf separater CD den Soundtrack des Films enthält. Die Editionen sind mit dem **Silberling 2012** ausgezeichnet.
Italien/Frankreich 1965 **P** Champion/Concordia **KI** Inter **DVD** Bildstörung (16:9, 1.85:1, Mono ital./dt.) **BD** Bildstörung (16:9, 1.85:1, PCM Mono ital./dt.) **Pd** Carlo Ponti **R** Elio Petri **B** Tonino Guerra, Giorgio Salvioni, Ennio Flaiano, Elio Petri **Vo** Robert Sheckley (Roman) **K** Gianni di Venanzo **M** Piero Piccioni **S** Ruggero Mastroianni **D** Marcello Mastroianni (Marcello Polletti), Ursula Andress (Caroline Meredith), Elsa Martinelli (Olga), Salvo Randone (Professore), Massimo Serato (Anwalt), Evi Rigano (Opfer), Milo Quesada (Rudi), Luce Bonifassy (Lidia), Anita Sanders, Mickey Knox (Chet), Richard Armstrong (Cole), George Wang (Attentäter) **L** 92 **FSK** ab 18; f (DVD ab 16) **E** 5.8.1966 / 30.3.2012 DVD & BD **fd** 14 208

Preis der deutschen Filmkritik 2012
Der Verband der deutschen Filmkritik (VdFk)

Der Verband der deutschen Filmkritik (VdFk) ist ein Interessenverband von überwiegend Filmjournalisten, aber auch Filmwissenschaftlern und Filmhistorikern, die in Presse, Funk und/oder Fernsehen tätig sind. Unter dem Namen «Arbeitsgemeinschaft der Filmjournalisten e.V.» am 15. Februar 1954 in Düsseldorf gegründet, vertritt der Verband die Interessen deutscher Filmkritiker und Filmjournalisten. Der heutige Verbandssitz ist Berlin. Darüber hinaus informiert der VdFk seine Mitglieder in Rundmails über filmpolitische Diskussionen, Festivaltermine, Neuveröffentlichungen und filmpublizistisch relevante Entwicklungen und richtet in losen Abständen Symposien und Seminare aus. Der Verband der deutschen Filmkritik ist mit rund 300 Mitgliedern die größte nationale Sektion innerhalb der internationalen Filmkritiker-Vereinigung FIPRESCI (Fédération internationale de la Presse Cinématographique / International Federation of Film Critics). In Zusammenarbeit mit der FIPRESCI entsendet der VdFk Journalisten in Jurys internationaler Filmfestivals. Die Mitglieder des VdFk entscheiden jährlich über den «Preis der deutschen Filmkritik», den der Verband in den Sparten Regie, Debütfilm, Darsteller, Darstellerin, Dokumentarfilm, Buch, Bildgestaltung, Kamera und Musik sowie Kurz- und Experimentalfilm vergibt.
Infos: www.vdfk.de

Der Preis der deutschen Filmkritik 2012 wurde vom Verband der deutschen Filmkritik am 11.2.2013 in Berlin verliehen.

Bester Spielfilm
BARABRA
Regie: Christian Petzold

Bestes Spielfilmdebüt
OH BOY
Regie: Jan Ole Gerster

Bester Dokumentarfilm
DAS DING AM DEICH
Regie: Antje Hubert

Bester Kinderfilm
TOM UND HACKE
Regie: Norbert Lechner

Bester Kurzfilm
DIE SCHAUKEL DES SARGMACHERS
Regie: Elmar Imano

Beste Darstellerin
Alina Levshin
KRIEGERIN

Bester Darsteller
Lars Eidinger
WAS BLEIBT

Bestes Drehbuch
Bernd Lange
WAS BLEIBT

Beste Kamera
Jakub Bejnarowicz
DER FLUSS WAR EENST EIN MENSCH

Bester Schnitt
Bettina Böhler
BARBARA

Beste Musik
The Major Minors und Cherilyn MacNeil
OH BOY

Ehrenpreis
Christel und Hans Strobel
Verdienste um den deutschen Kinderfilm

Innovationspreis
Fred Kelemen
Bildgestaltung DAS TURINER PFERD
Regie: Béla Tarr

Festivalpreise 2012
der internationalen katholischen Organisation SIGNIS

SIGNIS. L'ASSOCIATION CATHOLIQUE MONDIALE POUR LA COMMUNICATION
Bis 2001 wurden die Auszeichnungen auf renommierten Filmfestivals von der Internationalen Organisation für Film und AV-Medien OCIC (Office catholique internationale du cinéma de l'audiovisuel) verliehen. Im November 2011 ging aus dem Zusammenschluss der kirchlichen Weltorganisationen für Rundfunk (UNDA) und Film (OCIC) der neue Weltverband SIGNIS (L'ASSOCIATION CATHOLIQUE MONDIALE POUR LA COMMUNICATION) hervor, der seitdem die Festivalpreise verantwortet. Auf den meisten Festivals werden die kirchlichen Auszeichnungen in Zusammenarbeit mit dem International Interchurch Center (INTERFILM) als Ökumenischer Preis verliehen.

Berlin
(9. – 19. Februar)

Preise der Ökumenischen Jury

Sektion Wettbewerb
CÄSAR MUSS STERBEN
(CESARE DEVE MORIRE)
Regie: Paolo Taviani, Vittorio Taviani
Italien
Begründung: «In der Welt eines Gefängnisses erweist sich die befreiende Kraft der Kunst: In den großen Dialogen von Shakespeares Julius Caesar erkennen sich die Straftäter wieder und wachsen über sich hinaus.»

Lobende Erwähnung:
REBELLE
Regie: Kim Nguyen
Kanada
Begründung: «Zwölfjährig wird Komona gezwungen, zwei Menschen zu töten und Kindersoldatin in einem afrikanischen Bürgerkrieg zu werden. In den Schrecken des Krieges findet sie einen Freund, mit dem sie eine erste Liebe erlebt. Schließlich kann sie dem Trauma der Gewalt entkommen und für ihr eigenes Kind ein Zeichen der Hoffnung setzen.»

Sektion Panorama
DIE WAND
Regie: Julian Roman Pölsler
Österreich/Deutschland
Begründung: «Der Film erzählt die Geschichte einer Frau, die auf mysteriöse Weise in einer Alpenhütte eingeschlossen ist und all ihre Kräfte aufbieten muss, um in dieser Abgeschiedenheit zu überleben. Dabei korrespondieren die atmosphärisch dichten Bilder mit dem intensiven Spiel von Martina Gedeck. Die in der Einsamkeit auf sie einstürmenden, beängstigenden Eindrücke treiben sie zu chaotischer Selbstbeschäftigung, andererseits befreit sie sich von ihrer nüchternen Weltsicht und erkennt, wie unverzichtbar die Liebe für die Menschlichkeit ist.»

Lobende Erwähnung:
PARADA
Regie: Srdjan Dragojevic
Serbien/Kroatien/Mazedonien/Slowenien
Begründung: «Mit großartigem Humor schildert dieser kraftvolle Film die Herausforderung, in Belgrad eine Schwulen-Parade auf die Beine zu stellen. Die von extremer Gewalt gekennzeichnete Reaktion führt zu einer unerwarteten und berührenden Allianz zwischen früher verfeindeten ethnischen Gruppen und Schwulen-Aktivisten.»

Sektion Forum
LA DEMORA
Regie: Rodrigo Plá
Uruguay/Mexiko/Frankreich
Begründung: «Neben ihren drei Kindern muss sich Maria Tag für Tag um ihren alten Vater kümmern, der zunehmend an Demenz leidet. Am Ende ihrer Kräfte lässt sie ihn eines Tages in einem fremden Stadtteil sitzen. Sehr genau und liebevoll und nicht zuletzt auch spannend geht der Film diesem Alltagsdrama nach und zeigt dabei tiefes Verständnis für seine Figuren.»

Mitglieder der Jury: Anngelika Obert (Deutschland), Cynthia Chambers (USA), Alyda Faber (Kanada), Rolf-Ruediger Hamacher (Deutschland), Mikael Larsson (Schweden), Edgar Rubio (Mexiko)

Oberhausen
(26. April – 1. Mai)

Preise der Ökumenischen Jury

ODETE
Regie: Clarissa Campolina, Ivo Lopes Araújo, Luiz Pretti
Brasilien
Begründung: «Leben ohne Beziehungen reduziert sich auf reine Existenz. Clarissa Campolina, Ivo Lopes Araújo und Luiz Pretti deuten in ihrem Film eine komplexe Mutter-Tochter-Geschichte an. Die Regisseure lassen mit sorgfältig komponierten Bildern die inneren Begrenzungen von Odete und ihrer Mutter sichtbar werden.»

Prädikat der Ökumenischen Jury für einen Film im Internationalen Kinder- und Jugendfilmwettbewerb
DWIE
(ZWEI)
Regie: Lucia von Horn Pagano
Polen/Schweden
Begründung: «Kasia sucht ihren Platz im Leben. Als sie die Familie ihres Vaters kennen lernt, beobachtet sie ein harmonisches Miteinander. Durch ihre Auseinandersetzung mit den Gegebenheiten lernt sie, ihre Lebenssituation zu akzeptieren und es eröffnen sich ihr neue Perspektiven. In stimmigen Bildern gibt der Film einen Einblick in die vielschichtige Gefühlswelt Kasias und greift so ein Thema auf, mit dem viele Jugendliche konfrontiert sind.»

Mitglieder der Ökumenischen Jury: Irina Grassmann (Deutschland), Theresia Merz (Österreich), Dominique Schneider (Schweiz), Eberhard Streier (Deutschland)

Filmpreise 2012

Cannes
(16. – 27. Mai)

Preise der Ökumenischen Jury

JAGTEN
(DIE JAGD)
Regie: Thomas Vinterberg
Dänemark
Begründung: «In JAGTEN wird Lukas, ein aufrechter, rechtschaffender Mann zum Spielball eines kleines Städtchens, das durch Lügen, Manipulation und Betrug zerrissen wird. Obwohl er verleumdet, geschlagen und aus allen sozialen Netzen ausgeschlossen wird, hört er nicht auf, um seine Reputationen, die verlorenen Freundschaften und um Vergebung zu kämpfen. Die Inszenierung von Thomas Vinterberg überzeugt durch ihre Klarheit und Kraft. Der Film eröffnet eine überraschende Perspektive auf die moderne Gesellschaft, insbesondere auf das Verhältnis von Eltern und Kindern; nicht immer sind die Dinge so, wie sie auf den ersten Blick erscheinen.»

Lobende Erwähnung
BEASTS OF THE SOUTHERN WILD
Regie: Benh Zeitlin
USA
Begründung: «BEASTS OF THE SOUTHERN WILD, das brillante Regiedebüt von Benh Zeitlin, beleuchtet die fundamentalen Grundzüge von Freiheit, menschlichem Leben und elterlicher Liebe mit tiefer Empathie und echter Originalität. Der Film überwältigt durch authentische Darsteller und eine herausragende Kamera. Eine wahre Ode auf den Sinn des Lebens, die Liebe und die Hoffnung!»

Mitglieder der Jury: Charles Martig (Schweiz), Marianne Smiley (Kanada), Magali Van Reeth (Frankreich), Jean-Luc Gadreau (Frankreich), Kodjo Ayetan (Togo), Bojidar Manov (Bulgarien)

Karlovy Vary
(29. Juni – 7. Juli)

Preis der Ökumenischen Jury
CAMION
Regie: Rafaël Ouellet
Kanada
Begründung: «Ein tragischer Unfall bringt die Mitglieder einer Familie nach langer Zeit wieder zusammen. In gemeinsamen Alltagstätigkeiten versöhnen sie sich untereinander und mit ihrer Vergangenheit. Durch einen verhaltenen, langsamen Erzählstil werden die Konfliktlinien zwischen den Figuren nachgezeichnet. Die herrliche Landschaft widerspiegelt die fast unbemerkbaren Wechsel in der Familie, die ihr schließlich neue Zukunftsvisionen eröffnen, sodass das Leben zu einer positiven Herausforderung wird.»

Lobende Erwähnung
ESTRADA DE PALHA
(HAY ROAD)
Regie: Rodrigo Areias
Portugal/Finnland
Begründung: «Durch eine gewagte Verbindung vom Western und Thoreaus Manifest über den zivilen Ungehorsam verfolgt ein einsamer Hirte seine starke Idee der Gerechtigkeit in einer zeitlosen Landschaft. Auf dem Hintergrund einer eindrücklichen Musik und einer eigenwilligen Fotografie wird das Leben als unvorhersehbare, endlose Suche dargestellt.»

Mitglieder der Ökumenischen Jury: Daria Pezzoli-Olgiati (Schweiz), Barbara Lorey de Lacharrière (Frankreich), Heinz Kersten (Deutschland), Michael Otrísal (Tschechien), Rafal Wieczynski (Polen), Lukás Jirsa (Tschechien)

Locarno (Schweiz)
(1. – 11. August)

Die Jury der kirchlichen Filmorganisationen SIGNIS und INTERFILM vergaben in Locarno folgende Preise:

UNE ESTONIENNE À PARIS
(A LADY IN PARIS)
Regie: Ilmar Raag
Estland
Begründung: «Der formvollendete und exzellent gespielte Film behandelt auf berührende Weise existenzielle Themen wie Verlust, Altwerden, Liebe, Trauern, Nächstenliebe und die Begegnung mit den anderen.»

Lobende Erwähnung
DER GLANZ DES TAGES
Regie: Tizza Covi, Rainer Frimmel
Österreich
Begründung: «Der Film zeigt, wie man das Leben von anderen verändern kann, indem man für den Nächsten und den Fremden bedingungslos da ist, auch wenn es riskant wird.»

Mitglieder der Ökumenischen Jury: Julia Helmke (Deutschland), Guido Convents (Belgien), Akos Lázár Kovács (Ungarn), Gabriella Lettini (USA), Denyse Muller (Frankreich), Benjamin Ruch (Schweiz)

Venedig (Italien)
(29. August – 8. September)

SIGNIS-Preis
TO THE WONDER
Regie: Terrence Malick
USA
Begründung: «TO THE WONDER ist ein einzigartiger Film, der die Geheimnisse von Schönheit, Wahrheit und Liebe feiert. Es ist die Geschichte zweier Individuen, die ihr Leben mit intensiver Leidenschaft leben. Manchmal führt diese Leidenschaft zu Trostlosigkeit und zeigt ihnen ihre eigenen Schwächen und Begrenzungen auf. Ihre Erfahrungen gewähren Einblicke in die universelle Bedeutung der Freuden und Mühen des Lebens. Die fulminante Komposition dieses Films, seine wohlstrukturierte Inszenierung und sein Einsatz von Licht bringen Elemente des Göttlichen und des Menschlichen zusammen und schaffen eine sakramentale Erfahrung, die Gottes Geschenk bedingungsloser Liebe offenbart.»

Lobende Erwähnung
FILL THE VOID
Regie: Rama Burshtein
Israel

Der in Venedig zum zweiten Mal verliehene **INTERFILM-Preis** zur Förderung des Interreligiösen Dialogs ging an
WADJDA
Regie: Haifaa Al Mansour
Saudi Arabien/Deutschland
Begründung: «Die zehnjährige Wadjda, die mit ihrer Mutter in Riad lebt, möchte Fahrrad fahren – obwohl es Mädchen verboten ist. Während alle Welt ihren Wunsch als einen Skandal betrachtet, kämpft Wadjda für ihren Traum, auch wenn sie dafür einen Koran-Rezitationswettbewerb gewinnen muss. Stur, einfallsreich und wundervoll in ihrer Integrität ist Wadjda

die kommende Heldin einer neuen ‹Frauenbefreiungsbewegung› in ihrem Land.»

Mitglieder der SIGNIS-Jury: Gustavo Andújar (Kuba), Massimo Giraldi (Italien), Arianna Prevedello (Italien), Edward Siebert (USA), Mario Tapia (Ecuador)

Montréal (Kanada)
(23. August – 3. September)

Preis der Ökumenischen Jury
ENDE DER SCHONZEIT
Regie: Franziska Schlotterer
Deutschland/Israel
Begründung: Ein junger Jude, der sich in den 1940er-Jahren auf einem Hof im Schwarzwald versteckt, soll anstelle des kinderlosen Bauern mit dessen Frau ein Kind zeugen. Eine neue Annäherung an Fragen im Zusammenhang mit dem Leben in Nazi-Deutschland. Insbesondere entfaltet der Film die Komplexität aller Figuren und setze damit neue Anfänge an die Stelle menschlichen Versagens.

Lobende Erwähnung
ANATA'E
(DEAREST)
Regie: Yasuo Furuhata
Japan
Begründung: Ein alter Mann bringt die Asche seiner verstorbenen Frau in eine weit entfernte Stadt. Der Film erhellt die transzendenten und menschlichen Dimensionen des Lebens.

Mitglieder der Ökumenischen Jury: Karel Deburchtgrave (Belgien), Martin Ernesto Bernal Alonso (Argentinien), Gilles Leblanc (Kanada), Margrit Frölich (Deutschland), Marjorie Suchock (USA), Paul de Silva (Kanada)

San Sebastian (Spanien)
(21. – 29. September)

SIGNIS-Preis
DIAS DE PESCA
(TAGE DES FISCHENS)
Regie: Carlos Sorín
Argentinien
Begründung: «Der Film erzählt die Geschichte des Ex-Alkoholikers Carlo, der nach Patagonien reist, um seine Tochter zu suchen; er hofft darauf, ihr verlorenes Verhältnis wieder aufleben lassen zu können, dies nicht zuletzt um sich selbst neu zu finden. Augenblicke wahrhaftiger menschlicher Kommunikation sowie der Aussöhnung offenbaren sich dank der ebenso subtil wie (film-)sprachlich eloquent erzählten Geschichte, in der sich aus den wieder hergestellten Bindungen einer zerbrochenen Beziehung die Chancen für ein besseres Leben ergeben.»

Mitglieder der SIGNIS-Jury: Carlos Ferraro (Argentinien), Catherine Wong (Hongkong), Samuel Petit (Frankreich), Edorta Kortadi (Spanien), Marta Garcia Outon (Spanien)

Leipzig
(29. Oktober – 4. November)

Preis der Ökumenischen Jury
LIKE STONE LIONS AT THE GATEWAY INTO NIGHT
Regie: Olivier Zuchuat
Schweiz/Griechenland/Frankreich
Von 1947 bis 1951 wurden kommunistische Intellektuelle auf der griechischen Insel Makronissos interniert, um sie umzuerziehen. In der Begründung heißt es u.a.: «Der Film ist ein erschütterndes Dokument von Mut und geistigem Widerstand gegen eine Diktatur der Uniformierung von Gedanken; ein Dokument von sanfter Poesie gegen gebrüllte Parolen.»

Cottbus
(6.-11. November)

IM NEBEL
Regie: Sergei Loznitsa Russland/Deutschland/Niederlande/Lettland/Weißrussland
Begründung: «Sushenya, ein junger weißrussischer Familienvater, wird zum Verräter erklärt. Seine als Partisanen gegen die deutsche Wehrmacht kämpfenden Kameraden wollen ihn deshalb hinrichten. Mit einer sensiblen Inszenierung und mit überzeugenden Leistungen der Schauspieler gelingt es dem Regisseur, universelle Fragen der Menschen im Krieg virtuos zu thematisieren.»

Mannheim-Heidelberg
(8. – 18. November)

LE SAC DE FARINE
Regie: Kadija Leclere
Belgien/Marokko
Begründung: «Eine junge Frau findet ihren Weg zwischen den Zumutungen und Chancen des Lebens, zwischen traditionellen Rollenzuweisungen und dem Wunsch nach Selbstbestimmung. Auf der Basis autobiografischer Erfahrungen erzählt die Regisseurin mit Humor und Leidenschaft eine belgisch-marokkanische Geschichte, die auf vielfältige Weise zeigt, wie Menschen ihr Schicksal selbst in die Hand nehmen können.»

Lobende Erwähnung
W SYPIALNI
Regie: Tomasz Wasilewski
Polen
Begründung: «Wie fühlt es sich an, wenn man nichts mehr fühlt? Mit virtuosem Einsatz filmischer Mittel zeigt der Regisseur eine Frau auf der Suche. Mit der Lobenden Erwähnung möchte die Jury den hohen künstlerischen Wert und die moderne Autorenhandschrift dieses Films sowie die herausragende Leistung der Hauptdarstellerin würdigen.»

Deutscher Filmpreis 2012

Verliehen am 27. April 2012 in Berlin.

Bester Spielfilm in Gold
HALT AUF FREIER STRECKE
Regie: Andreas Dresen

Bester Spielfilm in Silber
BARBARA
Regie: Christian Petzold

Bester Spielfilm in Bronze
KRIEGERIN
Regie:
David Wnendt

Bester Dokumentarfilm
GERHARD RICHTER PAINTING
Regie: Corinna Belz

Bester Kinderfilm
WINTERTOCHTER
Regie: Johannes Schmid

Beste Regie
Andreas Dresen
HALT AUF FREIER STRECKE

Beste darstellerische Leistung – weibliche Hauptrolle
Alina Levshin
KRIEGERIN

Beste darstellerische Leistung – männliche Hauptrolle
Milan Peschel
HALT AUF FREIER STRECKE

Beste darstellerische Leistung – weibliche Nebenrolle
Dagmar Manzel
DIE UNSICHTBARE

Beste darstellerische Leistung – männliche Nebenrolle
Otto Mellies
HALT AUF FREIER STRECKE

Beste Kamera/Bildgestaltung
Anna J. Foerster
ANONYMUS

Bestes Drehbuch
David Wnendt
KRIEGERIN

Bester Schnitt
Peter R. Adam
ANONYMUS

Bestes Szenenbild
Sebastian Krawinkel
ANONYMUS

Bestes Kostümbild
Lisy Christl
ANONYMUS

Bestes Maskenbild
Björn Rehbein, Heike Merker
ANONYMUS

Beste Filmmusik
Lorenz Dangel
HELL

Beste Tongestaltung
Hubert Bartholomae, Manfred Banach
ANONYMUS

Ehrenpreis
Michael Ballhaus

Bernd Eichinger Preis
Michael Bully Herbig

Bayerischer Filmpreis 2012

Zum 34. Mal verliehen am 18. Januar 2013 in München

Regiepreis
Michael Haneke
LIEBE

Produzentenpreis
Stefan Arndt
CLOUD ATLAS

Dokumentarfilmpreis
Markus Imhoof
MORE THAN HONEY

Bester Kinderfilm
Cyrill Boss und Philip Stennert
DAS HAUS DER KROKODILE

Beste Darstellerin
Barbara Sukowa
HANNAH ARENDT

Bester Darsteller
Tom Schilling
OH BOY

Drehbuchpreis
Jan Ole Gerster
OH BOY

Beste Bildgestaltung
Jakub Bejnarowicz
GNADE

Beste Nachwuchsdarstellerin
Lisa Brand
DER VERDINGBUB

Bester Nachwuchsdarsteller
Sabin Tambrea
LUDWIG II.

Nachwuchsregiepreis
Michaela Kezele
DIE BRÜCKE AM IBAR

Filmmusik
Max Richter
LORE

Preis der Verwertungsgesellschaft für Nutzungsrechte an Filmwerken (VGF)
Christian Füllmich, Torben Maas und Maximilian Plettau
NEMEZ

Publikumspreis
Bora Dagtekin
TÜRKISCH FÜR ANFÄNGER

Ehrenpreis des Bayerischen Ministerpräsidenten
Margarethe von Trotta

Hessischer Filmpreis 2012

Verliehen am 11. Oktober 2012

Bester Spielfilm
LORE
Regie: Cate Shortland

Bester Dokumentarfilm
VERGISS MEIN NICHT
Regie: David Sieveking

Bester Kurzfilm
HENKER
Regie: Baoying Bilgeri

Drehbuchpreis
Astrid Rieger
EINWÄRTS

Hochschulpreis
NADJA UND LARA
Regie: Sinje Köhler

Ehrenpreis des Hessischen Ministerpräsidenten
Hannelore Elsner

Beste internationale Literaturverfilmung
Stephen Daldry
EXTREM LAUT UND UNGLAUBLICH NAH

Europäischer Filmpreis 2012

Zum 25. Mal verliehen am 1. Dezember 2012 auf Malta.

Europäischer Film des Jahres
LIEBE
Regie: Michael Haneke
Frankreich/Deutschland/Österreich

Bester Dokumentarfilm
WINTERNOMADEN
Regie: Manuel von Stürler
Schweiz

Bester Kinderfilm
KAUWBOY
Regie: Boudewijn Koole
Niederlande

Bester Kurzfilm
SUPERMAN, SPIDERMAN OR BATMAN
Regie: Tudor Giurgiu
Rumänien

Bester Animationsfilm
ALOIS NEBEL
Regie: Tomáš Lu?ák
Tschechien/Deutschland/Slowakei

Beste Regie
Michael Haneke
LIEBE
Frankreich/Deutschland/Österreich

Beste Darstellerin
Emmanuelle Riva
LIEBE

Bester Darsteller
Jean-Louis Trintignant
LIEBE

Bestes Drehbuch
Tobias Lindholm und Thomas Vinterberg
JAGTEN
Dänemark

Beste Kamera (CARLO DI PALMA AWARD)
Sean Bobbitt
SHAME
Großbritannien

Bester Schnitt
Joe Walker
SHAME

Bestes Production Design
Maria Djurkovic
DAME, KÖNIG, AS, SPION
(TINKER TAILOR SOLDIER SPY)
Großbritannien/Frankreich/Deutschland

Bester Komponist
Alberto Iglesias
DAME, KÖNIG, AS, SPION

Europäische Entdeckung (Prix FIPRESCI)
KAUWBOY

Beste Co-Produktion (Prix EURIMAGES)
Helena Danielsson

Europäischer Beitrag zum Weltkino
Helen Mirren

Preis furs Lebenswerk
Bernardo Bertolucci

Publikumspreis
HASTA LA VISTA
HASTA LA VISTA
Regie: Geoffrey Enthoven
Belgien

Internationale Filmfestspiele Berlin

62. «Berlinale», 9.-19. Februar 2012
Direktoren der Filmfestspiele: Dieter Kosslick (Leiter), Christoph Terhechte (Internationales Forum des jungen Films), Wieland Speck (Panorama), Maryanne Redpath & Florian Weghorn (Generation)

Großer Preis («Goldener Bär»)
CÄSAR MUSS STERBEN
CESARE DEVE MORIRE
Regie: Paolo & Vittorio Taviani
Italien

Großer Preis der Jury («Silberner Bär»)
CSAK A SZÉL
regie: Bence Fliegauf

Beste Regie («Silberner Bär»)
Christian Petzold
BARBARA

Beste Darstellerin («Silberner Bär»)
Rachel Mwanza
REBELLE
Regie: Kim Nguyen

Bester Darsteller («Silberner Bär»)
Mikkel Boe Følsgaard
EN KONGELIG AFFÆRE
Regie: Nikolaj Arcel

Herausragende künstlerische Leistung («Silberner Bär»)
Lutz Reitemeier
Kamera in BAI LU YUAN
Regie Wang Quan'an

Bestes Drehbuch («Silberner Bär»)
Nikolaj Arcel, Rasmus Heisterberg
EN KONGELIG AFFÆRE

Sonderpreis («Silberner Bär»)
WINTERDIEB
(L'ENFANT D'EN HAUT)
Regie: Ursula Meier

Alfred-Bauer-Preis
TABU
Regie: Miguel Gomes

Preis Bester Erstlingsfilm
KAUWBOY
Regie: Boudewijn Koole

Lobende Erwähnung
Tepenin Ardi
BEYOND THE HILL
Regie: Emin Alper (Forum)

Goldener Ehrenbär
Meryl Streep

Berlinale Kamera
Studio Babelsberg, Haro Senft, Ray Dolby

Preise Sektion Generation

Kplus Kinderjury

«Gläserner Bär»
ARCADIA
Regie: Olivia Silver
USA

Lobende Erwähnung
KIKOETERU, FURI WO SITA DAKE
regie: Kaori Imaizumi
Japan

«Gläserner Bär» bester Kurzfilm
JULIAN
Regie: Matthew Moore
Australien

Lobende Erwähnung Kurzfilm
BINO
Regie: Billie Pleffer
Australien

14plus Jugendjury

«Gläserner Bär»
LAL GECE
Regie: Reis Çelik
Türkei

Lobende Erwähnung
KRONJUVELERNA
Regie: Ella Lemhagen
Schweden

«Gläserner Bär» bester Kurzfilm
MEAHEAD
Regie: Sam Holst
Neuseeland

Lobende Erwähnung Kurzfilm
663114

Regie: Isamu Hirabayashi
Japan

Kplus Internationale Jury

Großer Preis des Deutschen Kinderhilfswerks
KAUWBOY
Regie: Boudewijn Koole

Spezialpreis des Deutschen Kinderhilfswerkes (Kurzfilm)
BINO

Lobende Erwähnung (Großer Preis des Deutschen Kinderhilfswerkes)
GATTU
Regie: Rajan Khosa
Indien

Lobende Erwähnung (Spezialpreis des Deutschen Kinderhilfswerkes)
L
Regie: Thais Fujinaga
Brasilien

Preis Ökumenische Jury

Wettbewerb
CÄSAR MUSS STERBEN
CESARE DEVE MORIRE
Regie: Paolo & Vittorio Taviani
Italien

Lobende Erwähnung
REBELLE
Regie: Kim Nguyen
Kanada

Panorama
DIE WAND
Regie: Julian Roman Pölsler
Österreich/Deutschland

Lobende Erwähnung:
PARADA
Regie: Srdjan Dragojevic
Serbien

Forum
LA DEMORA
Regie: Rodrigo Plá
Uruguay

Filmpreise 2012

FIPRESCI-Preise

Wettbewerb
TABU

Panorama
ATOMIC AGE
L'ÂGE ATOMIQUE
Regie: Héléna Klotz
Frankreich

Forum
HEMEL
Regie: Sacha Polak
Niederlande

Preis der Gilde Deutscher Filmkunsttheater
A MOI SEULE
regie: Frédéric Videau
Frankreich

C.I.C.A.E. (Confédération des Cinémas d'Art de Essai)

Panorama
DEATH FOR SALE
Regie: Faouzi Bensaïdi

Forum
KAZOKU NO KUNI
regie: Yang Yonghi

Label Europa Cinemas
MY BROTHER THE DEVIL
Regie: Sally El Hosaini

Lobende Erwähnung
DOLLHOUSE
Regie: Kirsten Sheridan

Teddy Awards

Bester Spielfilm
KEEP THE LIGHTS ON
Regie: Ira Sachs

Bester Dokumentarfilm
CALL ME KUCHU
Regie: Malika Zouhali-Worrall, Katherine Fairfax Wright

Bester Kurzfilm
LOXORO
Regie: Claudia Llosa

Teddy Jury Award
JAURÈS
Regie: Vincent Dieutre

Made in Germany – Förderpreis Perspektive
Annekatrin Hendel
DISKO

Dfjw-Preis Dialogue en Perspective
THIS AIN'T CALIFORNIA
Regie: Marten Persiel

Caligari-Filmpreis
TEPENIN ARDI
Regie: Emin Alper

Lobende Erwähnungen
Bagrut Lochamim, Regie: Silvina Landsmann
ESCUELA NORMAL
Regie: Celina Murga
Jaurès, Regie: Vincent Dieutre

NETPAC-Preis
PAZIRAIE SADEH
Regie: Mani Haghighi

Friedensfilmpreis
CSAK A SZÉL
Regie: Bence Fliegauf

Amnesty International Filmpreis
CSAK A SZÉL

Cinema Fairbindet Preis
CALL ME KUCHU

Leser- und Publikumspreise

PanoramaPublikumsPreis

Spielfilm
PARADA

Dokumentarfilm
MARINA ABRAMOVIC THE ARTIST IS PRESENT
Regie: Matthew Akers

Leserpreis der Berliner Morgenpost
BARBARA

Leserpreis des Tagesspiegel
LA DEMORA

Leserpreis der Siegessäule
PARADA

Lobende Erwähnung
CALL ME KUCHU

Preis des Berlinale Talent Campus

Score Competition
Christoph Fleischmann (Deutschland)

Berlin Today Award
Rafael Balulu (Israel)
BATMAN AT THE CHECKPOINT

Lobende Erwähnung
David Lalé (Großbritannien)
WHITE LOBSTER

Internationale Filmfestspiele Cannes

65. Filmfestspiele Cannes
16. – 27. Mai 2012
Künstlerischer Leiter des Festivals:
Thierry Frémaux

Großer Preis («Goldene Palme»)
LIEBE
AMOUR
Regie: Michael Haneke
Frankreich/Deutschland/Österreich

Großer Preis der Jury
REALITY
Regie: Matteo GARRONE
Italien

Preis der Jury
ANGELS' SHARE – EIN SCHLUCK FÜR DIE ENGEL
THE ANGELS' SHARE
Regie: Ken Loach
Großbritannien/Frankreich/Belgien/Italien

Beste Regie
Carlos Reygadas
POST TENEBRAS LUX
Mexiko/Frankreich/Niederlande

Bestes Drehbuch
Cristian Mungiu
DUPĂ DEALURI
Rumänien

Beste Darstellerin (ex aequo)
Cristina Flutur und Cosmina Stratan
DUPĂ DEALURI

Bester Darsteller
Mads Mikkelsen
JAGTEN
Regie: Thomas Vinterberg
Dänemark

Bester Kurzfilm («Goldene Palme")
SESSIZ-BE DENG
Regie: L. Rezan Yesilbas

Preis der Ökumenischen Jury
JAGTEN

Lobende Erwähnung
BEASTS OF THE SOUTHERN WILD
Regie: Benh Zeitlin
USA

Preise «Un certain regard»

Bester Film
DESPUÉS DE LUCIA
Regie: Michel Franco
Mexiko/Frankreich

Spezialpreis der Jury
LE GRAND SOIR
Regie: Gustave Kervern, Benoît Delépine
Frankreich

Lobende Erwähnung
DJECA
(DIE KINDER VON SARAJEVO)
Regie: Aida BEGIC
Deutschland/Frankreich/Türkei

Beste Darstellerinnen «Un certain regard»
Emilie Dequenne
À PERDRE LA RAISON
Suzanne Clément
LAURENCE ANYWAYS

Erster Preis Cinéfondation
DOROGA NA
Regie: Taisia Igumentseva

Zweiter Preis Cinéfondation
ABIGAIL
Regie, James Reilly

Dritter Preis Cinéfondation
LOS ANFITRIONES (LES HÔTES)
Regie Miguel Angel Moulet

Caméra d'Or
BEASTS OF THE SOUTHERN WILD

Internationale Filmfestspiele Locarno

65. Internationale Filmfestspiele
Locarno
1. bis 11. August 2012
Direktor des Festivals: Olivier Père

Großer Preis («Goldener Leopard'")
LA FILLE DE NULLE PART
regie: Jean-Claude Brisseau
Frankreich

Spezialpreis der Jury
SOMEBODY UP THERE LIKES ME
Regie: Bob Byington
USA

Beste Regie
Ying Liang
WO HAI YOU HUA YAO SHUO
Südkorea/VR China

Beste Darstellerin
An Nai
WO HAI YOU HUA YAO SHUO

Bester Darsteller
Walter Saabel
DER GLANZ DES TAGES
Regie: Tizza Covi and Rainer Frimmel
Österreich

Lobende Erwähnung
Candy (Darsteller)
A ULTIMA VEZ QUE VI MACAU
portugal

«Concorso Cineasti del presente»

«Goldener Leopard» (Cineasti del presente – Premio George Foundation)
INORI
Regie: Pedro González-Rubio
Japan

Beste Regie
Joel Potrykus
APE
USA

Spezialpreis (Ciné+ Cineasti del presente)
NOT IN TEL AVIV
Regie: Nony Geffen
Israel

Lobende Erwähnung
TECTONICS
Regie: Peter Bo Rappmund
USA

«Opera Prima»

«Goldener Leopard" (Erstlingsfilm)
JI YI WANG ZHE WO
Regie: Song Fang
VR China

Lobende Erwähnung
APE

Ökumenische Jury
UNE ESTONIENNE À PARIS
regie: Ilmar Raag
Frankreich/Estland/Belgien

Lobende Erwähnung
DER GLANZ DES TAGES

FIPRESCI Preis
LEVIATHAN
Regie: Lucien Castaing-Taylor und Véréna Paravel,
Großbritannienn/USA/Frankreich

«Piazza Grande»

Publikumspreis
LORE
Regie: Cate Shortland
Deutschland/Österreich/Großbritannien

Variety Piazza Grande Award
CAMILLE REDOUBLE
Regie: Noémie Lvovsky
Frankreich

Internationale Filmfestspiele San Sebastián

60. Festival Donostia San Sebastián
21.–29 September 2012
Direktor des Festivals: José Luis Rebordinos

Bester Film («Goldene Muschel»)
IN IHREM HAUS
DANS LA MAISON
Regie: François Ozon
Frankreich

Spezialpreis der Jury
BLANCANIEVES
Regie: Pablo Berger
Spanien/Frankreich

Beste Regie («Silberne Muschel»)
Fernando Trueba
EL ARTISTA Y LA MODELO
spanien

Beste Darstellerin («Silberne Muschel")
ex aequo
Macarena García
BLANCANIEVES

Katie Coseni
FOXFIRE
Frankreich/Kanada

Bester Darsteller («Silberne Muschel")
José Sacristán
EL MUERTO Y SER FELIZ
spanien/Argentinien/Frankreich

Beste Kamera
Touraj Aslani
FASLE KARGADAN
Türkei

Bestes Drehbuch
François Ozon
IN IHREM HAUS

Lobende Erwähnung der Jury
THE ATTACK
Regie: Ziad Doueiri
Libanon/Katar/Belgien

Kutxa-New Directors Award
CARNE DE PERRO
Regie: Fernando Guzzoni
Chile/Frankreich/Deutschland

Lobende Erwähnungen
PARVIZ
Regie: Majid Barzagar
Iran

EL LIMPIADOR
Regie: Adrián Saba
Peru

Horizontes Award
EL ÚLTIMO ELVIS
Regie: Armando Bo
Argentinien/USA

Lobende Erwähnungen
ERA UMA VEZ EU, VERÔNICA
Regie: Marcelo Gomes
Brasilien

DESPUÉS DE LUCÍA
Regie: Michel Franco
Mexiko/Frankreich

SIGNIS-Preis
DÍAS DE PESCA
Regie: Carlos Sorin
Argentinien

FIPRESCI-Preis
EL MUERTO Y SER FELIZ
Regie: Javier Rebollo
Spanien/Argentinien/Frankreich

Sebastiane 2012 Award
JOVEN & ALOCADA
Regie: Marialy Rivas
Chile

Internationale Filmfestspiele von Venedig

69. Internationale Filmfestspiele
Venedig
29. August – 8. September 2012
Direktor des Festivals: Alberto Barbera

Bester Film («Goldener Löwe»)
PIETÀ
Regie: Kim Ki-duk
Südkorea

Großer Preis der Jury («Silberner Löwe»)
PARADIES: GLAUBE
Regie: Ulrich Seidl
Österreich

Beste Regie («Silberner Löwe»)
THE MASTER
Regie: Paul Thomas Anderson
USA

Beste Darstellerin
Hadas Yaron

LEMALE ET HA'CHALAL
(FILL THE VOID)
Regie: Rama Bursthein
Israel

Bester Darsteller
Philip Seymour Hoffman und Joaquin Phoenix
THE MASTER

Bester Nachwuchsdarsteller
Fabrizio Falco
LA BELLA ADDORMENTATA
regie: Marco Bellocchio
und
È STATO IL FIGLIO
Regie: Daniele Ciprì
beide Italien

Beste Kamera
Daniele Ciprì
È STATO IL FIGLIO

bestes Drehbuch
Olivier Assayas
APRÈS MAI

FIPRESCI-Preis
THE MASTER

SIGNIS-Preis
TO THE WONDER
Regie: Terrence Malick
USA

Lobende Erwähnung
LEMALE ET HA'CHALAL

iNTERFILM-Preis zur Förderung des Interreligiösen Dialogs
WADJDA
Regie: Haifaa Al Mansour
Saudi-Arabien

Internationales Filmfestival Mannheim-Heidelberg

61. Filmfestival Mannheim-Heidelberg
8.–18. November 2012
Leiter des Festivals: Michael Kötz

Großer Preis von Mannheim-Heidelberg
FINAL WHISTLE
Regie: Niki Karimi
Iran

Rainer-Werner-Fassbinder-Preis
GOOD LUCK AND TAKE CARE OF EACH OTHER
Regie: Jens Sjögren
Schweden

Spezialpreis der Jury
Simón Franco
TIEMPOS MENOS MODERNOS
Chile

Lobende Erwähnung
WHEN YESTERDAY COMES
Regie: Hsiu Chiung Chiang, Singing Chen, Wi Ding Ho, Ko Shang Shen
Taiwan

Publikumspreis
NOW, FORAGER – A FILM ABOUT LOVE AND FUNGI
Regie: Jason Cortlund und Julia Halperin
USA/Polen

FIPRESCI-Preis
SEENELKÄIK
(MUSHROOMING)
Regie: Toomas Hussar
Estland

Preis der Ökumenischen Jury
LE SAC DE FARINE – THE BAG OF FLOUR
Regie: Kadija Leclere
Belgien/Marokko

Lobende Erwähnung
W SYPIALNI – IN A BEDROOM
Regie: Tomasz Wasilewski
Polen

Empfehlungen der Kinobetreiber
LA NIÑA – THE GIRL
Regie: David Riker
USA/Großbritannien/Mexiko 2012

NOW, FORAGER – A FILM ABOUT LOVE AND FUNGI

SILENT CITY
Regie: Threes Anna
Niederlande/Luxemburg/Belgien

Weitere Festivalpreise 2012

Internationale Kurzfilmtage Oberhausen
(Oberhausen, 26.4.–1.5.2012)

Großer Preis der Stadt Oberhausen
SNOW TAPES
regie: Mich'ael Zupraner
Israel/Palästinensische Gebiete

Hauptpreise der Jury
REFRAMING THE ARTIST
Regie: Sascha Pohle
Niederlande

TEN FIVE IN THE GRASS
Regie: Kevin Jerome Everson
USA

Lobende Erwähnungen
SOUNDING GLASS
Regie: Sylvia Schedelbauer
Deutschland 2011

TIC TAC
Regie: Josephine Ahnelt
Österreich

Ökumenische Jury
ODETE
Regie: Clarissa Campolina, Ivo Lopes Araújo, Luiz Pretti
Brasilien

Internationales Festival für Dokumentar- und Animationsfilm Leipzig
(DOK Leipzig, 29.10–4.11.2012)

Internationaler Wettbewerb

«Goldene Taube» (Langmetrage)
COLOMBIANOS
Regie: Tora Martens
Schweden

«Silberne Taube» (Langmetrage)
SOFIA'S LAST AMBULANCE
Regie: Ilian Metev
Bulgarien

Internationaler Wettbewerb für kurze Dokumentarfilme

«Goldene Taube» (Kurzmetrage)
BOUCHBENNERSCH OTTO.
VOM UMGANG MIT ANDERSARTIGKEIT
Regie: Janina Jung
Deutschland

Internationaler Wettbewerb Animationsfilm

«Goldene Taube»
FATHER
Regie: Ivan Bogdanov, Moritz Mayerhofer, Veljko Popovic, Asparuh Petrov, Rositsa Raleva, Dmitry Yagodin
Bulgarien/Kroatien/Deutschland

«Silberne Taube»
DOUBLE FIKRET
Regie: Haiyang Wang
VR China

Deutscher Wettbewerb Dokumentarfilm

«Goldene Taube»
HEINO JAEGER – LOOK BEVOR YOU KUCK
Regie: Gerd Kroske
Deutschland

Talent-Taube
KERN
Regie: Severin Fiala und Veronika Franz
Österreich

Preis der Ökumenischen Jury
LIKE STONE LIONS AT THE GATEWAY INTO NIGHT
Regie: Olivier Zuchat
Schweiz

FIPRESCI-Preis
ANOTHER NIGHT ON EARTH
Regie: David Munoz
Spanien

22. Filmfestival Cottbus
(6.–11. November 2012)

Wettbewerb Spielfilm

Bester Film
DZIEN KOBIET
Regie: Maria Sadowska
Polen

Lobende Erwähnung
HALIMIN PUT
Regie: Arsen Anton Ostojic
Kroatien/Bosnien und Herzegowina/Slowenien

Spezialpreis beste Regie
JESTEM BOGIEM
Regie: Leszek Dawid
Polen

Herausragende Darstellerinnen
Anna Mikhalkova und Yana Troyanova
KOKOKO
Regie: Avdotya Smirnova
Russland

Herausragender Darsteller
Vladimir Svirski
IM NEBEL
(V TUMANE)
Regie: Sergei Loznitsa
Deutschland/Lettland/Niederlande/Weißrussland/Russland

Wettbewerb Kurzspielfilm
SWIETO ZMARLYCH
Regie: Aleksandra Terpinska
Polen

Ökumenischer Filmpreis
IM NEBEL

32. Festival «Max Ophüls Preis»
(Saarbrücken 16.–22.1.2012)

Max Ophüls Preis
MICHAEL
Regie: Markus Schleinzer
Deutschland

Preis der Saarländischen Ministerpräsidentin
TRANSPAPA
Regie: Sarah Judith Mettke

Dokumentarfilmpreis
DER PAPST IST KEIN JEANSBOY
Regie: Sobo Swobodnik

Darstellerpreise
Peri Baumeister
MICHAEL FUITH

Preis für mittellange Filme
HEILIG ABEND MIT HASE
Regie: Lilli Thalgott

Kurzfilmpreis
DVA
Regie: Mickey Nedimovic

Förderpreis der DEFA-Stiftung
DAS DING AM DEICH – VOM WIDERSTAND GEGEN EIN ATOMKRAFTWERK
Regie: Antje Hubert

54. Nordische Filmtage
(Lübeck, 31.10.–4.11.2012)

NDR Filmpreis (ex aequo)
ÄTA SOVA DÖ
regie: Gabriela Pichler
Schweden

JAGTEN
Regie: Thomas Vinterberg
Dänemark

Kirchlicher Filmpreis Interfilm
LIEBE AUF FINNISCH
VUOSAARI
Regie: Aku Louhimies
Finnland

Dokumentarfilmpreis
PURKITETTUJA UNELMIA
Regie: Katja Gauriloff
Finnland

Lobende Erwähnung
SNÚIÐ LÍF ELVU
regie: Egill Eðvarðsson
Island

Preis der Kinderjury:
HEMMELIGHEDEN
Regie: Morten Køhlert
Dänemark

Lobende Erwähnung
ISDRAKEN
Regie: Martin Högdahl
Schweden

Kinder- und Jugendfilmpreis
HEMMELIGHEDEN

Caligari Filmpreis 2012
TEPENIN ARDI – BEYOND THE HILL
Regie: Emin Alper
Türkei/Griechenland
Ein Vater, zwei Söhne, drei Enkel – eine Männergesellschaft, aus drei Generationen, lauter inglourious basterds, irgendwo in der Türkei. Man lebt eins mit der Natur, mit den Tieren, zwischen Fluss und Wäldern, inmitten einer atemberaubend schönen, wilden Berglandschaft, und mit »den Anderen«, den Feinden hinter den Bergen. Im Laufe einer Geschichte, die sehr ruhig und konzentriert beginnt, und immer schneller und dichter wird, wechselt unsere Blickrichtung immer wieder. In Großaufnahmen lernen wir die einzelnen Personen als Individuen, als Menschen in ihrer Würde kennen. Wir werden dann auch Zeugen einer Familienaufstellung mit filmischen Mitteln, die die inneren Risse, die Dynamik und Spannung dieser drei Generationen aufzeigt. Dann wieder sehen wir Soldaten, uniformierte Besucher, die – wie Aliens aus einem anderen Universum –, durch die Berge streifen. Schließlich wirkt die Kamera selbst wie ein Besucher aus einer anderen Welt, wie ein Voyeur, der durch die Büsche, versteckt, von außen dem Treiben zusieht. In seinem allererstem Film ist Emin Alper ein unerhört reifes Werk geglückt, das echtes Kino ist und unbedingt die große Leinwand verdient. Alper entfaltet einen Strudel voller Bezüge und unter der Oberfläche lauernder Konflikte. »Tepenin Ard?« fragt danach, was den Mann zum Mann macht: Die Frau? Die Waffe in der Hand? Das Stück Land unter den Füßen? Die Feinde? Er zeigt den Zusammenprall von Tradition und Moderne, von Stadt und Land, guten Sitten und Amoral, Träumen und Wirklichkeit, osmanisch-imperialer Vergangenheit und republikanischer Zukunft, und in alldem einen Mikrokosmos der türkischen Gegenwartsgesellschaft. Und er zeigt das »Andere«. Ein Film über die Macht der Väter, die Macht des Schicksal, die Macht der Paranoia – inszeniert voller Schönheitssinn, Dramatik, großer surrealer phantastischer Momente, mit soziologischem Blick, Sinn für Irrsinn und ironischem Humor. Eine Einladung an alle engagierten Kinokuratoren, die zahlreichen Facetten dieses Films zu entfalten, ästhetische wie gesellschaftliche Bezüge für den Zuschauer erlebbar zu machen.«

Der Bundesverband kommunale Filmarbeit vergibt den wichtigsten Preis der «Berlinale»-Festivalsektion Internationales Forum des jungen Films gemeinsam mit dem Filmmagazin FILMDIENST. Die von den Kommunalen Kinos und dem FILMDIENST gestiftete Auszeichnung ist mit 4.000 Euro dotiert.

Amerikanische Akademiepreise 2012 («Oscars»)

Bei der 85. Verleihung der Academy Awards im Dolby Theatre (früher: Kodak Theatre) am Sonntag, den 24. Februar 2013, wurden die «Oscars» wie folgt vergeben:

Bester englischsprachiger Film
ARGO
Regie: Ben Affleck
Produzenten: Ben Affleck, George Clooney, Grant Heslov

Bester nicht-englischsprachiger Film
LIEBE
AMOUR
Österreich/Deutschland
(Regie: Michael Haneke)

Bester Dokumentarfilm
SEARCHING FOR SUGAR MAN
Regie: Malik Bendjelloul, Simon Chinn

Bester kurzer Dokumentarfilm
INOCENTE
Regie: Sean Fine, Andrea Nix Fine

Bester Animationsfilm
MERIDA - LEGENDE DER HIGHLANDS
BRAVE
Regie: Mark Andrews, Brenda Chapman

Bester animierter Kurzfilm
PAPERMAN
IM FLUG EROBERT
Regie: John Kahrs

Bester Kurzfilm
CURFEW
Regie: Shawn Christensen

Beste Regie
Ang Lee
LIFE OF PI: SCHIFFBRUCH MIT TIGER
(LIFE OF PI)

Beste Hauptdarstellerin
Jennifer Lawrence
SILVER LININGS - WENN DU MIR, DANN ICH DIR
(SILVER LININGS PLAYBOOK)
Regie: David O. Russell

Bester Hauptdarsteller
Daniel Day-Lewis
LINCOLN
(LINCOLN)
Regie: Steven Spielberg

Bester Nebendarsteller
Christoph Waltz
DJANGO UNCHAINED
Regie: Quentin Tarantino

Beste Nebendarstellerin
Anne Hathaway
LES MISÉRABLES
Regie: Tom Hooper

Bestes Originaldrehbuch
Quentin Tarantino
DJANGO UNCHAINED

Bestes adaptiertes Drehbuch
Chris Terrio
ARGO

Beste Kamera
Claudio Miranda
LIFE OF PI: SCHIFFBRUCH MIT TIGER
(LIFE OF PI)

Bestes Szenenbild
Rick Carter, Jim Erickson
LINCOLN

Bestes Kostümdesign
Jacqueline Durran
ANNA KARENINA

Bester Schnitt
William Goldenberg
ARGO

Bester Ton
Lon Bender, Andy Nelson, Mark Paterson, Simon Hayes
LES MISÉRABLES

Bester Tonschnitt
Paul N. J. Ottosson
ZERO DARK THIRTY
und
Per Hallberg, Karen Baker Landers
JAMES BOND 007: SKYFALL

Bestes Make-up/beste Frisuren
Lisa Westcott, Julie Dartnell
LES MISÉRABLES

Beste Filmmusik
Mychael Danna
LIFE OF PI: SCHIFFBRUCH MIT TIGER

Bester Filmsong
Adele Adkins, Paul Epworth
JAMES BOND 007: SKYFALL

Beste visuelle Effekte
TigerBill Westenhofer, Guillaume Rocheron, Erik-Jan De Boer, Donald R. Elliott
LIFE OF PI: SCHIFFBRUCH MIT

Ehren-«Oscars»
Hal Needham, US-amerikanischer Stuntman
Donn Alan Pennebaker, US-amerikanischer Dokumentarfilmer
George Stevens, Jr., u. a.
Gründungsdirektor des American Film Institute

Jean Hersholt Humanitarian Award
Jeffrey Katzenberg, US-amerikanischer Filmproduzent

Lexikon der Regisseure 2012

A
Aarniokoski, Douglas
The Day – Fight. Or Die, 2011
Abbou, Olivier
Obamama, 2011
Abdi, Shiar
Mes – Lauf!, 2011
Abel, Dominique
Die Fee, 2011
Abu-Assad, Hany
The Courier, 2011
Achache, Mona
Um Bank und Kragen, 2011
Açiktan, Ozan
Sen Kimsin – Wer bist du?, 2012
Adam, Mark
Stahlkappen, 2006
Adamik, Kasia
Outlaw of War, 2009
Adams, Liz
Flight 23 – Air Crash, 2012
Adetuyi, Robert
Beat the World, 2011
Affleck, Ben
Argo, 2012
Aguilar, Nils
Voices of Transition, 2012
Ahmed, Babar
Ninja – Im Zeichen des Drachen, 2009
Aiello, Mariano
Awka Liwen – Rebellion im Morgengrauen, 2010
Akay, Ezel
Typ-F – Der Film, 2012
Åkerlund, Jonas
I'm Going to Tell You a Secret – Madonna, 2005
Akers, Matthew
Marina Abramovic: The Artist is Present, 2012
Åkesson, Henrik JP
Night Hunt – Die Zeit des Jägers, 2011
Akhtar, Farhan
Don – The King is Back, 2011
Akhtar, Zoya
Man lebt nur einmal – Zindagi Na Milegi Dobara, 2011
Akil, Salim
Sparkle, 2012
Akin, Fatih
Müll im Garten Eden, 2012

Aksoy, Faruk
Fetih 1453, 2010
Alabdallah, Yahya
The Last Friday – Al juma al akheira, 2011
Alatar, Mohammed
Jerusalem – The East Side Story, 2008
Alexandre, Maxime
Christopher Roth, 2010
Alfredson, Tomas
Dame, König, As, Spion, 2011
Algül, Hakan
Berlin Kaplani, 2011
Alioto, Dean
Shadowheart – Der Kopfgeldjäger, 2008
Allen, Tim
Kleine Lügen auf Bewährung, 2009
Allen, Woody
To Rome with Love, 2012
Allet-Coche, Sophie
Blonder als die Polizei erlaubt, 2012
Alnoy, Siegrid
Spieglein an der Wand, 2012
Alper, Emin
Tepenin ardi – Beyond the Hill, 2012
Altieri, Mitchell
The Thompsons, 2012
Altinay, Mehmet Ilker
Typ-F – Der Film, 2012
Alvart, Christian
Wolff – Kampf im Revier, 2011
Alvi, Suroosh
Heavy Metal in Baghdad, 2007
Améris, Jean-Pierre
Zu gut für diese Welt, 2011
Amin, Ayten
Tahrir 2011, 2011
Amis, Stephen
The 25th Reich, 2012
Anders, Sean
Der Chaos-Dad, 2012
Andersen, Martin
100 Ghost Street – The Return of Richard Speck, 2012
Anderson, Bill
Die Tochter des Spartacus, 2003
Lewis – Auf falscher Fährte, 2010
Anderson, Paul
Resident Evil: Retribution, 2011
Anderson, Paul W.S.
siehe: Anderson, Paul

Anderson, R. Christian
Defcon 2012 – Die verlorene Zivilisation, 2010
Anderson, Sonia
Pink Floyd – Behind the Wall, 2011
Anderson, Wes
Moonrise Kingdom, 2012
Andrä, Wolfgang
The Other Europeans in: Der zerbrochene Klang, 2011
Andrä, Yvonne
The Other Europeans in: Der zerbrochene Klang, 2011
Andreas, Casper
Slutty Summer – Die ganz anders romantische Komödie, 2004
Four Letter Word... Liebe kann so einfach sein, 2007
LA-LA Land, 2011
Andresen, Arild
The Liverpool Goalie oder: Wie man die Schulzeit überlebt!, 2010
Andrews, Mark
Merida – Legende der Highlands, 2012
Andrews, Mark C.
US Seal Team, 2008
Annaud, Jean-Jacques
Black Gold, 2011
Anspach, Sólveig
Bin gleich zurück, 2008
Anspichler, Stephan
Violinissimo, 2011
Antoniak, Urszula
Code Blue, 2011
Antoniazzi, Marco
Kleine Fische, 2009
Antonijevic, Peter
Little Murder, 2011
Apetri, Bogdan George
Periferic, 2010
Aramaki, Shinji
Starship Troopers: Invasion, 2012
Arbid, Danielle
Beirut Hotel, 2011
Arcel, Nikolaj
Die Wahrheit über Männer, 2010
Die Königin und der Leibarzt, 2012
Archibald, Chad
Neverlost, 2010
Arning, Uta
Snowchild, 2011

Lexikon der Regisseure

Arnold, Andrea
Wuthering Heights, 2011
Arsever, Ersan
Bir Ses Böler Geceyi – Ein Schrei durchbricht die Nacht, 2012
Askins, Howie
Evidence, 2011
Atef, Emily
Töte mich, 2011
Atkins, Mark
Dragon Crusaders, 2011
Sand Sharks, 2011
Battle of Los Angeles, 2011
Atteln, Günter
Die Thomaner, 2011
Aubert Schlumberger, Elisabeth
Das unbekannte Gstaad, 2011
Audiard, Jacques
Der Geschmack von Rost und Knochen, 2012
August, John
The Nines, 2007
August-Perna, Nick
The Swell Season – Die Liebesgeschichte nach Once, 2011
Avnet, Jon
Damit ihr mich nicht vergesst, 2011
Axelsson, Oskar Thór
Black's Game – Kaltes Land, 2012
Ayer, David
End of Watch, 2012
Ayerra, José Ramón
Der Adler des Königs, 2011
Azuelos, Lisa
LOL, 2012

B

Bács, Zsolt
Das Kind, 2012
Bademsoy, Aysun
Ehre, 2011
Baget, Jesse
Breathless, 2012
Baier, Jo
siehe: Baier, Jochen
Baier, Jochen
Die Heimkehr, 2011
Baier, Johanna Jackie
House of Shame – Chantal All Night Long, 2011
Baiz, Andrés
Das verborgene Gesicht, 2011
Bajramovic, Dean
Gangster Kartell, 2010
Balagueró, Jaume
Sleep Tight, 2011

Balci, Emine Emel
ICH LIEBE DICH, 2012
Bang Carlsen, Jon
Im Namen der Liebe, 2012
Barbarash, Ernie
Six Bullets, 2012
Barbieux, Jean-Marc
Kommt die Apokalypse?, 2012
Barco, Olias
Kill me please, 2010
Bardehle, Peter
Churchills größtes Spiel – Challenging Churchill, 2012
Bardin, Pawel
Skinheads 88, 2009
Barfoed, Kasper
Der Kandidat, 2008
Barker, Chris
Die Königin der Erdmännchen, 2008
Barker, Steve
Outpost – Black Sun, 2011
Barnett, Mike
Superheroes – Voll echte Superhelden, 2011
Barnz, Daniel
Phoebe im Wunderland, 2008
Baroux, Olivier
Die Tuschs – Mit Karacho nach Monaco!, 2011
Barr, Colin
Space Dive – The Red Bull Stratos Story, 2012
Barratier, Christophe
Krieg der Knöpfe, 2011
Barry, Ian
Auf der Jagd nach dem Weihnachtsmann, 2003
Barthel, Holger
Ein Sommer in Kroatien, 2011
Bartmann, Stefan
Rosamunde Pilcher: In der Mitte des Lebens, 2012
Barylli, Gabriel
Barylli's Baked Beans, 2011
Base, Giulio
Doc West 2 – Nobody schlägt zurück, 2010
Bassett, Michael J.
Silent Hill: Revelation (3D), 2012
Batra, Shakun
Hochzeit mit Folgen ..., 2012
Battles, Barry
The Baytown Outlaws, 2012
Bauder, Marc
Das System – Alles verstehen heißt alles verzeihen, 2010

Baumann, Ulli
Inga Lindström: Der Tag am See, 2011
Verloren auf Borneo, 2012
Johanna und der Buschpilot – Der Weg nach Afrika, 2012
Johanna und der Buschpilot – Die Legende der Kraniche, 2012
Baumann-von Broen, Edda
Tall Girls, 2011
Baur, Gisela
Das Milliardenversprechen, 2011
Baxmeyer, Florian
Die Jagd nach dem Bernsteinzimmer, 2012
Beatty, Maria
Fucking Different XXX, 2011
Beck, Pola
Am Himmel der Tag, 2012
Becker, Lars
Nachtschicht – Reise in den Tod, 2011
Geisterfahrer, 2012
Nachtschicht – Geld regiert die Welt, 2012
Trau niemals deiner Frau, 2012
Schief gewickelt, 2012
Beckermann, Ruth
American Passages, 2011
Beckham, Mike
Die Wundermaschine von Antikythera, 2011
Bégoin, Stéphane
Europa, Entstehung eines Kontinents, 2012
Behrens, Ulf
Klappe Cowboy!, 2012
Beigbeder, Frédéric
Das verflixte 3. Jahr, 2012
Bekmambetov, Timur
Abraham Lincoln Vampirjäger, 2012
Bell, Anthony
Alpha und Omega, 2010
Bell, William Brent
Devil Inside – Keine Seele ist sicher, 2011
Bellucci, Nicola
Im Garten der Klänge, 2010
Bellusci, Dan
SciFi High – The Movie Musical, 2010
Bellware, Andrew
Clone Hunter, 2009
Battle NY – Day 2, 2011
Die Entscheidung – Blade Runner 2, 2011
Android Insurrection, 2012
Prometheus Trap, 2012
Bendjelloul, Malik
Searching for Sugar Man, 2012
Benedikt, Julian
Sehnsucht nach Schönheit, 2011
Benli, Orçun
Bu son olsun, 2012

Bensaïdi, Faouzi
Death for Sale, 2011
Beom-gu, Cho
Adrenalin Rush, 2011
Bercot, Emmanuelle
Les infideles, 2012
Beresford, Bruce
Peace, Love & Misunderstanding, 2011
Berg, Peter
Battleship, 2011
Berger, Edward
Mutter muss weg, 2012
Berger, Marco
Ausente, 2011
Bergeron, Eric
Ein Monster in Paris, 2011
Bergmark, Jörgen
Arne Dahl – Falsche Opfer, 2012
Berlin, Charlotte
Maria Wern, Kripo Gotland – Schwarze Schmetterlinge, 2011
Maria Wern, Kripo Gotland – Kinderspiel, 2011
Berlinger, Joe
Under African Skies, 2011
Bernet, David
Raising Resistance, 2011
Bertbeder, Sébastien
Die schlafende Stadt, 2011
Bessai, Carl
Repeaters – Tödliche Zeitschleife, 2010
Bessenger, Mark
Bite Marks, 2011
Besson, Luc
The Lady, 2011
Besuden, Eike
Faust II reloaded – Den lieb ich, der Unmögliches begehrt!, 2010
Bettinelli-Olpin, Matt
V/H/S – Eine mörderische Sammlung, 2012
Bezançon, Rémi
Die Abenteuer der kleinen Giraffe Zarafa, 2012
Bhardwaj, Vishal
Kaminey – Ungleiche Brüder, 2009
Susannas 7 Männer, 2011
Bhogal, Nirpal
Sisters' Hood – Die Mädchen-Gang, 2011
Bier, Susanne
Love Is All You Need, 2012
Birk Pedersen, Lise
Putins Kuss, 2012
Birkenstock, Arne
Sound of Heimat, 2011
Bitterman, Shem
The Job, 2009

Black, Anne K.
Paladin – Der Drachenjäger, 2011
Blumencron, Maria
Wie zwischen Himmel und Erde, 2012
Boase, Edward
Freiwild – Zum Abschuss freigegeben, 2011
Bobin, James
Die Muppets, 2011
Bochert, Marc-Andreas
Die Schöne und das Biest, 2012
Bodenstein, Uta
Die Herren der Spiele, 2012
Boermans, Bobby
Claustrofobia, 2011
Böhlich, Bernd
Bis zum Horizont, dann links!, 2012
Bohn, Thomas
Reality XL, 2011
Bohnenkamp, Friedrich
Steffi Graf – Ein Porträt, 2012
Bohse, Sven
Unter Umständen verliebt, 2011
Boillot, Olivier
Die Insel am Ende der Zeit, 2011
Bojanov, Konstantin
Avé, 2011
Boll, Uwe
Schwerter des Königs – Zwei Welten, 2011
Bolt, Ben
Downton Abbey, 2010/2011
Bolton, Matthew
Paranormal Investigations 4 – Sanatorium, 2011
Bondarchuk, Fjodor
Dark Planet – Prisoners of Power, 2008
Bonello, Bertrand
Haus der Sünde, 2011
Bonito, John
Carjacked – Jeder hat seine Grenzen, 2011
Bonitzer, Pascal
Ich denk' an euch, 2006
Bont, Kuno
Gardi – Die Unendlichkeit des Spiels, 2011
Borensztein, Sebastián
Chinese zum Mitnehmen, 2011
Borgers, Nathalie
Winds of Sand – Women of Rock: Die Frauenkarawane der Toubou, 2009
Liebesgrüße aus den Kolonien, 2010
Borgfeld, Bettina
Raising Resistance, 2011
Bornedal, Ole
Possession – Das Dunkle in dir, 2012
Bornhak, Achim
Frühling für Anfänger, 2011

Borrel, Philippe
Welt ohne Menschen, 2012
Borrelli, Mauro
The Ghostmaker, 2011
Boss, Cyrill
Das Haus der Krokodile, 2011
Bouchareb, Rachid
Just Like a Woman, 2012
Bourque, Jason
Der Supersturm – Die Wetter-Apokalypse, 2011
Crash Site – Lost in Wilderness, 2011
Bousman, Darren Lynn
11-11-11 – Das Tor zur Hölle, 2011
Jersey Devil, 2012
Bouzereau, Laurent
Roman Polanski – A Film Memoir, 2011
Bowers, David
Gregs Tagebuch – Ich war's nicht!, 2012
Bradley, Dan
Red Dawn, 2012
Brady, Tom
Bucky Larson: Born to be a Star, 2010
Branche, Raphëlle
Palestro, Algerien – Folgen eines Hinterhalts, 2012
Brandström, Charlotte
GSI – Spezialeinheit Göteborg – Unter Beschuss, 2012
GSI – Spezialeinheit Göteborg – Weißes Gold, 2012
Brandt, Michael
The Double, 2011
Brandt, Spike
Scooby-Doo! Das Geheimnis der Zauber-Akademie, 2009
Brasse, Marc
Vom Traum zum Terror – München 1972, 2012
Braun, Bettina
Wo stehst du?, 2012
Brendel, Rieke
Die wahre Miss Marple – Der kuriose Fall Margaret Rutherford, 2012
Brenneke, Frank
Das hat mit Gerechtigkeit wenig zu tun, 2011
Bretzinger, Jürgen
Pfarrer Braun: Ausgegeigt!, 2012
Briant, Chris
Die Jäger – The New Open Season, 2011
Brickell, James
Das Great Barrier Reef, 2012
Bright, Paul
Zeit der Entscheidung, 2011

Bright, Simon
Robert Mugabe – Macht um jeden Preis, 2011
Bristow, Leif
Sophie & Shiba, 2010
Broecker, Josh
Marie Brand und die falsche Frau, 2012
Brooks, David
ATM – Tödliche Falle, 2012
Brousseau, Robert
Race: Rebellen – Piloten – Krieger, 2007
Bruckner, David
V/H/S – Eine mörderische Sammlung, 2012
Brückner, David
Dead Survivors, 2010
Brüggemann, Dietrich
3 Zimmer/Küche/Bad, 2012
Brüggenthies, Stephan
Unser gelber Musikladen, 2010
Brugués, Alejandro
Juan of the Dead, 2011
Brüning, Jürgen
Fucking Different XXX, 2011
Bryan, Robbie
iMurders – Chatroom des Todes, 2008
Bryan, Rupert
The Hike – Ausflug ins Grauen, 2011
Buch, Franziska
Yoko, 2011
Buch, Mikael
Let My People Go!, 2011
Buchen, Stephan
Das Jahr des Frühlings, 2011
Buck, Detlev
Die Vermessung der Welt, 2012
Buck, Douglas
The Theatre Bizarre, 2011
Bücking, Hans-Günther
Wilsberg – Aus Mangel an Beweisen, 2011
Wilsberg – Halbstark, 2011
Wilsberg – Die Bielefeld-Verschwörung, 2011
Buitenhuis, Penelope
Hard Ride to Hell, 2010
Bulut, Aydin
Typ-F – Der Film, 2012
Bürgi, O'Neil
Fenster zum Jenseits, 2012
Burkard, Konstanze
Verwundete Seelen, 2011
Burman, Daniel
La suerte en tus manos – Das Glück in deinen Händen, 2012
Burns, Anthony
Skateland – Zeiten ändern sich, 2010

Burns, Dominic
Airborne – Come Die With Me, 2012
Burns, Ric
Andy Warhol – Godfather of Pop, 2006
Burr, Jeff
Tornado Warning, 2012
Burton, Tim
Dark Shadows, 2012
Busch, Markus
Die Räuberin, 2010
Buschka, Jörg
Buschka entdeckt Deutschland, 2012
Bustillo, Alexandre
Livid – Das Blut der Ballerinas, 2011
Butler, Chris
ParaNorman, 2012
Bütler, Heinz
Rembrandt und sein Sammler, 2011
Byrne, Anthony
Short Order – Das Leben ist ein Buffet, 2005
Byrne, Darragh
Parked – Gestrandet, 2011
Bzymek, Zbigniew
Utopians, 2011

C
Cabezas, Paco
Neon Flesh, 2010
Çaglar, Alper
Dag, 2012
Caillat, François
Das Doktoren-Bataillon – Kolonialmedizin in Zentralafrika, 2011
Calvi, Fabrizio
Die große Finanzpumpe, 2012
Der Tanz der Geier, 2012
Cameron, James
Titanic, 1997
Titanic 3D, 1997/2011
Campana, Paolo
Vinylmania – Das Leben in 33 Umdrehungen pro Minute, 2010
Campbell, Esther May
Kommissar Wallander – Hunde von Riga, 2012
Campbell, Graeme
Die Reise des Weihnachtsbaum, 2009
Campion, Paul
The Devil's Rock, 2011
Campiotti, Giacomo
Ihr Name war Maria, 2012
Carax, Léos
Holy Motors, 2012
Carballo, Manuel
Der Exorzismus der Emma Evans, 2010

Carbon, Julien
Red Nights, 2009
Carlsen, Henning
Erinnerung an meine traurigen Huren, 2011
Carlsen, Johan
Headlock, 2011
Carnahan, Joe
The Grey – Unter Wölfen, 2012
Caro, Niki
Der Engel mit den dunklen Flügeln, 2009
Carraway, Kevin
7 Below – Haus der dunklen Seelen, 2011
Carré, Jean-Michel
Ukraine: Demokratie mit Hindernissen, 2012
Cassenti, Frank
Nacht der Besessenheit – Die Lila-Zeremonie der Derdeba, 2011
Caton-Jones, Michael
Die Tore der Welt, 2012
Cattet, Hélène
Amer – Die dunkle Seite deiner Träume, 2010
Cavayé, Fred
Point Blank – Aus kurzer Distanz, 2010
Les infideles, 2012
Cayre, Hannelore
Der Pflichtverteidiger, 2009
Cazeneuve, Fabrice
Nylons und Zigaretten, 2010
Çelik, Reis
Typ-F – Der Film, 2012
Lal Gece, 2012
Cernak, John
Der kleine Zauberer – Hüter des magischen Kristalls, 2008
Çetin, Sinan
Çanakkale Çocuklari, 2012
Ceylan, Nuri Bilge
Once Upon a Time in Anatolia, 2011
Chan, Frankie
14 Schwerter, 2011
Chan, Gordon
Painted Skin – Die verfluchten Krieger, 2008
The Four, 2012
Chan, Jackie
1911 Revolution, 2011
Chao-bin, Su
Dark Stone – Reign of Assassins, 2010
Chapkanov, Todor
Weather Wars, 2011
Chapman, Brenda
Merida – Legende der Highlands, 2012

Chappuis, Philippe
Titeuf. Le Film, 2011
Charles, Larry
Der Diktator, 2012
Charreyron, Antoine
The Prodigies, 2011
Chartier, Pierre-Alain
Der kleine Prinz, 2011
Chauvistré, Michael
Friede Freude Eierkuchen, 2012
Chbosky, Stephen
Vielleicht lieber morgen, 2012
Chekalow, Sergej
Black Sheep – 7 gegen die Hölle, 2010
Cheney, Douglas
Chaos auf 4 Pfoten – Sommer mit Hund, 2007
Chéreau, Patrice
Ruhelos, 2009
Chia-Liang, Liu
The Eight Diagram Pole Fighters, 1984
Ching-po, Wong
Revenge – Sympathy for the Devil, 2010
Chomet, Sylvain
Der Illusionist, 2009
Chopra, Yash
Solang ich lebe – Jab Tak Hai Jaan, 2012
Christiansen, Christian E.
ID:A – Identität anonym, 2011
Chun, Janet
The Four, 2012
Chung, Juwan
Baby – Live Fast. Kill Young, 2008
Clarin, Philipp
Musensöhne, 2011
Claxton, Gavin
Das Chaos – Gar nicht allein zu Haus!, 2007
Cobeaga, Borga
Lovestorming, 2010
Cohen, Daniel
Kochen ist Chefsache, 2012
Cohen, Ilan Duran
Wenn Spione singen, 2007
Cohen, Lewis
Cirque du Soleil – Lovesick, 2006
Cohn, Jared
Born Bad, 2011
Hold Your Breath, 2012
Coira, Jorge
18 Comidas – 18 Mahlzeiten, 2010
Colagrande, Giada
A Woman, 2010
Collardey, Samuel
Der Lehrling, 2008
Colusso, Enrica
Home Sweet Home, 2012

Combe, David
Kommt die Apokalypse?, 2012
Comodin, Alessandro
Giacomos Sommer, 2011
Companéez, Nina
Auf der Suche nach der verlorenen Zeit, 2010
Condon, Bill
Breaking Dawn – Biss zum Ende der Nacht, Teil 2, 2012
Cook, Jesse T.
Monster Brawl, 2011
Cook, Victor
Ben 10: Destroy All Aliens, 2007
Coppola, Francis Ford
Twixt – Virginias Geheimnis, 2011
Copus, Nick
Ice – Der Tag, an dem die Welt erfriert, 2010
Coraci, Frank
Das Schwergewicht, 2012
Cortés, Rodrigo
Red Lights, 2012
Cottet, Jean-Claude
Eine andere Zeit, 2008
Coulin, Delphine
17 Mädchen, 2011
Coulin, Muriel
17 Mädchen, 2011
Courtès, Alexandre
The Incident, 2011
Les infideles, 2012
Courtiaud, Laurent
Red Nights, 2009
Cova, Gustavo
Boogie – Sexstisch, gewalttätig und sadistisch, 2009
Cowan, Rich
The River Murders – Blutige Rache, 2011
Cowan, Rob
Messages Deleted, 2009
Crawford, Curtis
Weiblich, tödlich sucht ..., 2011
Crialese, Emanuele
Terraferma, 2011
Cronenberg, David
Cosmopolis, 2012
Crook, Josh
La Soga – Wir wurden alle unschuldig geboren, 2009
Crooks, Harold
Endstation Fortschritt?, 2011
Crow, Chris
Panic Button, 2011
Crowe, Cameron
Wir kaufen einen Zoo, 2011

Cuissot, Pascal
Vauban – Baumeister und Feldherr, 2011
Cultraro, Adamo P.
Tactical Force, 2011
Cunningham, Tim T.
Sick Boy, 2011
Cupellini, Claudio
Ein ruhiges Leben, 2010
Curtis, Simon
My Week With Marilyn, 2011
Cutforth, Dan
Katy Perry: Part of Me 3D, 2012
Cutler, R.J.
The September Issue – Hinter den Kulissen von «Vogue», 2009

D

D'Arienzo, Chris
Die Barry Munday Story, 2010
d'Errata, Daisy
Being ... Putin, 2011
Dag, Umut
Kuma, 2012
Dagtekin, Bora
Türkisch für Anfänger, 2012
Dahrendorf, Sibylle
Knistern der Zeit – Christoph Schlingensief und sein Operndorf in Burkina Faso, 2012
Daldry, Stephen
Extrem laut & unglaublich nah, 2011
Dalkiran, Biray
Bana Bir Soygun Yaz!, 2012
Daly, John
Von Hitlers Schergen gehetzt, 2004
Daly, Lance
Good Doctor – Tödliche Behandlung, 2011
Damen, Jorkos
Das Haus Anubis – Pfad der 7 Sünden, 2011
Damian, Michael
Flicka 2 – Freunde fürs Leben, 2010
Eine Prinzessin zu Weihnachten, 2011
Flicka 3 – Beste Freunde, 2012
Danquart, Didi
Bittere Kirschen, 2011
Dapkins, Chris
The Swell Season – Die Liebesgeschichte nach Once, 2011
Dardenne, Jean-Pierre
Der Junge mit dem Fahrrad, 2011
Dardenne, Luc
Der Junge mit dem Fahrrad, 2011
Darnell, Eric
Madagascar 3: Flucht durch Europa, 2012

Daub, Fabian
Rosia Montana – Ein Dorf am Abgrund, 2012
Davies, Andrew
Die wahre Miss Marple – Der kuriose Fall Margaret Rutherford, 2012
Davies, Terence
The Deep Blue Sea, 2011
Davison, Bruce
Bigfoot – Die Legende lebt!, 2012
Davison, Joe
Die Nacht der Zombies, 2010
Davletyarov, Renat
Familie und andere Katastrophen, 2012
Day, Kyle
Cherry Bomb, 2011
Dayton, Jonathan
Ruby Sparks – Meine fabelhafte Freundin, 2012
de Aragues, Richard
Isle of Man TT – Hart am Limit, 2011
De Emmony, Andy
West is West, 2010
de Jong, Steven
Storm Bound – Abenteuer auf hoher See, 2007
Mein Freund Shadow – Abenteuer auf der Pferdeinsel, 2011
de la Huerta, Paz
X-Femmes Vol. 2, 2008
de la Patellière, Alexandre
Der Vorname, 2012
de Oliveira, Manoel
Die Eigenheiten einer jungen Blondine, 2009
de Raaf, Melissa
Felicia über alles, 2009
de Riberolles, François
Wenn die Vulkane erwachen, 2012
de Rouvre, Charles-Antoine
Frankreichs schönste Küsten, 2011
de Van, Marina
Im finsteren Walde, 2011
Decaillon, Benoit
Sodium Babies – Die Geschichte eines Vampir Ghouls, 2009
Decaillon, Julien
Sodium Babies – Die Geschichte eines Vampir Ghouls, 2009
DeCoteau, David
Snow White, 2011
Defurne, Bavo
Noordzee, Texas, 2011
Dehnhardt, Sebastian
Drei Leben: Axel Springer – Verleger – Feindbild – Privatmann, 2012

del Cerro, Jesús
Carlitos großer Traum, 2008
Delaporte, Matthieu
Der Vorname, 2012
Delbridge, John
Katie Fforde: Leuchtturm mit Aussicht, 2011
Inga Lindström: Die Sache mit der Liebe, 2012
Delpias, Jean-Christophe
Auf Grund gelaufen, 2011
Delpierre, Hervé-Martin
Sport, Mafia und Korruption, 2011
Delpy, Julie
Familientreffen mit Hindernissen, 2011
2 Tage New York, 2011
Demange, Yann
Dead Set – Reality Bites, 2008
Demant, Ebbo
Im fliegenden Sarg, 2011
Deniz, Özcan
Evim Sensin – Du bist mein Zuhause, 2012
Depew, John
CO2, 2010
DePietro, Julio
The Good Guy – Wenn der Richtige der Falsche ist, 2009
Derflinger, Sabine
Tag und Nacht, 2010
Derrickson, Scott
Sinister, 2012
Desai, Chetan
Prinz Rama – Im Reich der Mythen und Legenden, 2010
Desmet, Lode
Krieg ist kein Spiel!, 2010
Devers, Claire
Der Börsenhai, 2011
Dewald, Madeleine
Global Viral. Die Virus-Metapher, 2010
Deyoe, Adam
The Running Dead, 2012
Dhalia, Heitor
Gone, 2012
di Chiera, Franco
Die Farben der Haut, 2010
Diab, Mohamed
Kairo 678, 2010
Diaz, Philippe
Now and Later, 2009
DiBlasi, Anthony
Cassadaga – Hier lebt der Teufel, 2011
Dierbach, Alexander
Uns trennt das Leben, 2010
Diesen, Trygve Allister
Kommissar Winter: Rotes Meer, 2010

Dietl, Helmut
Zettl, 2011
Dietz, Heinz
Der Ballermann – Ein Bulle auf Mallorca, 2012
Dieutre, Vincent
Jaurès, 2012
Dill-Riaz, Shaheen
Schulter an Schulter, 2011
Dinslage, Wolfgang
Für Elise, 2011
Disa, Mike
Dead Space: Aftermath, 2011
Dispensa, Steve
SciFi High – The Movie Musical, 2010
Dodson, David
8 erste Dates, 2011
Doehner, Walter
Dunkle Lust – Eine tödliche Versuchung, 2010
Im Bann der Leidenschaft, 2011
Dogan, Zeynel
Babamin Sesi – Die Stimme meines Vaters, 2011
Dombasle, Arielle
X-Femmes Vol. 2, 2008
X-Femmes Vol. 1, 2008
Dominik, Andrew
Killing Them Softly, 2012
Dommenget, Oliver
Flirtcamp, 2011
online – Meine Tochter in Gefahr, 2012
Mich gibt's nur zweimal, 2012
Donaldson, Roger
Pakt der Rache, 2011
Donnellan, Declan
Bel Ami, 2012
Donovan, Jim
Verführt, 2010
Donzelli, Valérie
Das Leben gehört uns, 2011
Doremus, Drake
Like Crazy, 2011
Dornhelm, Robert
Udo Proksch – Out of Control, 2010
Dörrie, Doris
Glück, 2011
Downer, John
Die Eisbären – Aug in Aug mit den Eisbären, 2010
Dowse, Michael
Beerfriends – Zwei Prolos für ein Halleluja, 2010
Goon – Kein Film für Pussies, 2011
Doyle, Sean
Ready for Hangover, 2009

Dragoi, Sorin
Flirten auf Russisch, 2011
Dragojevic, Srdjan
Parada, 2012
Dresen, Andreas
Herr Wichmann aus der dritten Reihe, 2012
Dridi, Karim
Die Hand Fatimas, 2008
Driscoll, Ryan Lee
Axed, 2012
Dror, Duki
Erich Mendelsohn – Visionen für die Ewigkeit, 2011
Drury, David
The Take – Zwei Jahrzehnte in der Mafia, 2009
du Potet, Caroline
Home Invasion – Der Feind in meinem Haus, 2010
du Potet, Eric
Home Invasion – Der Feind in meinem Haus, 2010
Dubois, Hubert
Kinder als Arbeitssklaven, 2011
Duculot, Pierre
Das Haus auf Korsika, 2011
Dugan, Dennis
Jack und Jill, 2011
Dujardin, Jean
Les infideles, 2012
Dumont, Bruno
Hadewijch, 2009
Dunye, Cheryl
Mommy is Coming, 2012
Dupieux, Quentin
Wrong, 2012
Duplass, Jay
Jeff, der noch zu Hause lebt, 2011
Duplass, Mark
Jeff, der noch zu Hause lebt, 2011
Durkin, Sean
Martha Marcy May Marlene, 2011
Durst, Fred
Charlie Banks – Der Augenzeuge, 2007

E
Eagles, Bill
Strike Back – Geschäft mit dem Tod, 2011
Eastwood, Clint
J. Edgar, 2011
Egger, Urs
Der Staatsanwalt – Mord am Rhein, 2012

Eicker, Petra
Die Mühen der Ebene, 2012
Eigler, Martin
Stralsund – Blutige Fährte, 2011
Eik, Alexander
Varg Veum – Geschäft mit dem Tod, 2011
Eisener, Jason
Hobo with a Shotgun, 2011
Eisenman, Rafael
Underground – Tödliche Bestien, 2011
Eisenschenk, Herbert
Gustav Klimt – Der Geheimnisvolle, 2012
Eisenstein, Sergej M.
Oktober, 1927
El Mechri, Mabrouk
The Cold Light of Day, 2012
El-Qalqili, Pary
Schildkrötenwut, 2012
Elford-Argent, Douglas
Nictophobia – Folter in der Dunkelheit, 2010
Elkaïm, Jérémie
X-Femmes Vol. 2, 2008
Elliott, Stephen
Die Trauzeugen, 2011
Ellis, Brad
Am Ende der Nacht, 2010
Eltringham, Bille
Lewis – Unter dem Stern des Todes, 2010
Emanuel, Michael
Menschenfresser – Das Monster will Nahrung, 2009
Emery, Jill
Ukraine: Demokratie mit Hindernissen, 2012
Emigholz, Heinz
Parabeton – Pier Luigi Nervi und römischer Beton, 2012
Perret in Frankreich und Algerien, 2012
Endemann, Till
Auslandseinsatz, 2012
Enlen, Martin
Das Geheimnis in Siebenbürgen, 2010
Bella Block – Unter den Linden, 2012
Mittlere Reife, 2012
Enthoven, Geoffrey
Hasta La Vista, 2011
Epstein, Michael
Lennon, NYC, 2010
Erhart, Tomas
Der Blender, 2012
Erlbaum, Marc
Café – Wo das Leben sich trifft, 2011
Erni, Barbara
Staub und Sterne, 2011

Ernits, Heiki
Lotte und das Geheimnis der Mondsteine, 2011
Ernst, Annette
Der Mann, der alles kann, 2011
Errando, Tono
Chico & Rita, 2010
Eskiköy, Orhan
Babamin Sesi – Die Stimme meines Vaters, 2011
Espinosa, Daniel
Safe House, 2012
Estevez, Emilio
Dein Weg, 2010
Estibal, Sylvain
Das Schwein von Gaza, 2011
Ettlich, Wolfgang
Hotel Biss – Vision einer Bürgerbewegung, 2012
Eubank, William
Angels & Airwaves – Love, 2011
Evans, Gareth
The Raid, 2011
Evans, Gareth Huw
siehe: Evans, Gareth
Ezzat, Tamer
Tahrir 2011, 2011

F
Fabrick, Johannes
Der letzte schöne Tag, 2011
Fackler, Nicholas
Immer noch Liebe!, 2008
Fahrer, Dieter
Thorberg, 2011
Fairfax Wright, Katherine
Call Me Kuchu, 2012
Fajziew, Dzhanik
Türkisch Gambit: 1877 – Die Schlacht am Bosporus, 2005
Falardeau, Philippe
Monsieur Lazhar, 2011
Farges, Joël
Meine Reise zum Dach der Welt, 2012
Fargo, James
Born to Ride, 2011
Farino, Julian
Die Tochter meines besten Freundes, 2011
Faris, Valerie
Ruby Sparks – Meine fabelhafte Freundin, 2012
Farnarier, Christophe
The First Rasta, 2010
Farrelly, Bobby
Die Stooges – Drei Vollpfosten drehen ab, 2012

Farrelly, Peter
Die Stooges – Drei Vollpfosten drehen ab, 2012
Farrugia, Dominique
Duo Infernale – Zwei Profis ohne Plan, 2011
Fassaert, Tom
De Engel van Doel, 2011
Faucon, Philippe
Wie das Leben spielt, 2006
Favorite, Nicholas
Saw Terror, 2008
Fay, Cecily
Dragon Crusaders, 2011
Febvre, Frédéric
Frankreich – Wild und schön, 2011
Fedorchenko, Alexej
Stille Seelen, 2011
Fedulova, Katja
Glücksritterinnen, 2010
Fehse, Jan
Jasmin, 2011
Feifer, Michael
The First Ride of Wyatt Earp, 2011
Eine tierische Bescherung, 2011
Feige, Burkhard
Pension Freiheit, 2012
Feist, Herade
I Love Democracy: Russland, 2011
Feistl, Katinka
Schleuderprogramm, 2012
Feistle, Walter
Dead Fucking Last, 2012
Fell, Sam
ParaNorman, 2012
Ferrara, Abel
4:44 Last Day on Earth, 2011
Ferraro, Nicolas
Das Wrack des Sonnenkönigs – Tauchfahrt in Toulon, 2012
Ferres, Veronica
Tsunami – Das Leben danach, 2011
Ferstl, Konstantin
Trans Bavaria, 2011
Fetterly, Mike
Monster High – Mega Monsterparty, 2012
Feyder, Jacques
Die neuen Herren, 1929
Fiebeler, Carsten
Sushi in Suhl, 2012
Fiennes, Ralph
Coriolanus, 2010
Filipovic, Stevan
Skinning – Wir sind das Gesetz, 2010
Fincher, David
Verblendung, 2011

Finelli, Paul
Harodim – Nichts als die Wahrheit?, 2012
Finlay, Jeanie
Sound it Out, 2011
Fischa, Michael
George A. Romero Presents Deadtime Stories, 2009
Fischer, Elmar
Offroad, 2011
Bloch: Der Fremde, 2012
Fischer, Sam
Memorial Day, 2011
Fischer, Torsten C.
Bella Block – Der Fahrgast und das Mädchen, 2011
Zwei übern Berg, 2011
Jahr des Drachen, 2012
Spreewaldkrimi – Eine tödliche Legende, 2012
Fischerauer, Bernd
Europas letzter Sommer – Die Julikrise 1914, 2012
Fisher, Chris
Meeting Evil, 2011
Fitoussi, Marc
Copacabana, 2010
Fitz, Florian David
Jesus liebt mich, 2012
FitzGibbon, Ian
Am Ende eines viel zu kurzen Tages, 2011
Flanagan, Mike
Absentia, 2011
Florentine, Isaac
Sofia – Im Visier der Macht, 2012
Flores, Phil
The Thompsons, 2012
Flórez, Catalina
Kauf mich! – Geschichten aus dem Rotlichtmilieu, 2011
Flynn, Scott L.
Der Kindermörder, 2007
Foenkinos, David
Nathalie küsst, 2011
Foenkinos, Stéphane
Nathalie küsst, 2011
Folkson, Sheree
Wer ist die Braut?, 2011
Fontaine, Anne
Mein liebster Alptraum, 2010
Forbes, Patrick
WikiLeaks – Geheimnisse und Lügen, 2011
Forgács, Péter
German Unity@Balaton – Honigland, 2011

Forster, Marc
Machine Gun Preacher, 2011
Forzani, Bruno
Amer – Die dunkle Seite deiner Träume, 2010
Foster, Giles
Rosamunde Pilcher: Die andere Frau, 2012
Fothergill, Alastair
Im Reich der Raubkatzen, 2011
Fox, Eytan
Yossi, 2012
Fox, Jennifer
My Reincarnation, 2011
Fox, Josh
Gasland, 2010
Fox, Ted
Bloodsport – Supreme Champion, 2010
Franco, James
The Ape – Auf diesem Planeten laust dich der Affe ..., 2005
Franke, Leslie
Kinder von St. Georg – Die Jugendjahre, 2012
Franke, Ulrike
ARBEIT HEIMAT OPEL, 2012
Frankel, David
Ein Jahr vogelfrei, 2011
Wie beim ersten Mal, 2012
Frankowski, Nathan
No Saints for Sinners, 2011
Fratzscher, Peter
Der Staatsanwalt – Die Toten im Weinberg, 2011
Frears, Stephen
Lady Vegas, 2012
Fresnadillo, Juan Carlos
Intruders, 2011
Freydank, Jochen Alexander
Und weg bist du, 2012
Fricke, Ron
Samsara, 2011
Fridell, Daniel
El Medico – Die Cubaton Geschichte, 2011
Friedkin, William
Killer Joe, 2011
Friedler, Eric
Ein deutscher Boxer, 2012
Friedman, Peter
Consuelo – Engel der Armen, 2011
Fritel, Jérôme
Goldman Sachs – Eine Bank lenkt die Welt, 2012
Froehly, Vincent
Buffalo Bill im Wilden Osten, 2012
Fromm, Friedemann

Komm, schöner Tod, 2011
Hannas Entscheidung, 2011
Fromm, Rainer
Propaganda, Hass, Mord – Die Geschichte des rechten Terrors in Europa, 2012
Froschmayer, Florian
Im Brautkleid meiner Schwester, 2011
Mit geradem Rücken, 2012
Fuhrmann, Benedict
Pension Freiheit, 2012
Fujiwara, Toshi
No Man's Zone, 2011
Furst, Griff
Universal Soldiers, 2007
Arachnoquake, 2012
Fusée, Sylvain
Ein Musketier für alle Fälle, 2011
Fywell, Tim
Liebesleid und Leidenschaft, 2003
Des Hauses Hüterin, 2007

G

Gabai, Richard
Ruf der Wildnis, 2009
Gachot, Georges
L'ombrello di Beatocello, 2012
Gaghan, Stephen
Abandon, 2002
Gagnon, Philippe
Der tödliche Beschützer, 2007
Gallo, George
Die Farben des Herbstes, 2006
Gannaway, Bobs
Das Geheimnis der Feenflügel 3D, 2012
Gansel, Dennis
Die vierte Macht, 2011
Garassino, Nacho
Prison Escape – Der Tunnel der Knochen, 2011
Garcia, Dan
Da Block Party 3 – Jetzt geht's richtig ab!, 2008
Wieder ein Mord im Weißen Haus, 2010
Garcia, Dave
Da Block Party 3 – Jetzt geht's richtig ab!, 2008
García, Rodrigo
Albert Nobbs, 2011
García, Víctor
Hellraiser: Revelations – Die Offenbarung, 2011
Garde, Claudia
Bankraub für Anfänger, 2011
Gardel, Fabrice
I Love Democracy: Tunesien, 2011

Gärtner, Florian
Manche mögen's glücklich, 2011
Die Mongolettes – Wir wollen rocken!, 2011
Mann kann, Frau erst recht, 2012
Gass-Donnelly, Ed
Small Town Murder Songs, 2010
Gassmann, Jan
Off Beat, 2011
Gassot, Marc
Schlacht um Finnland, 2007
Gatlif, Tony
Empört Euch!, 2011
Gauriloff, Katja
Ravioli – Träume in Dosen, 2011
Gavras, Julie
Late Bloomers, 2011
Gavras, Romain
Our Day Will Come, 2010
Geddes, John
Exit Humanity, 2011
Gelpke, Basil
Mensch 2.0 – Die Evolution in unserer Hand, 2012
Gens, Xavier
The Divide – Die Hölle sind die anderen, 2011
Genser, Andrew
Bis das Blut kocht, 2011
Genzai, Ikiru
Ralf. Sex in der Wüste, 2011
Georgsson, Henrik
Die Brücke – Transit in den Tod (5), 2011
Die Brücke – Transit in den Tod (4), 2011
Gerber, Tom
Liebe und andere Unfälle, 2011
Gerhardt, Peter
Als Hessen fliegen lernte – Die Geschichte der Luftfahrt, 2010
Gerner, Martin
Generation Kunduz – Der Krieg der Anderen, 2011
Gerrets, Boris
Menschen, die ich hätte sein können und vielleicht auch bin, 2010
Gershfield, Jonathan
3 und raus!, 2008
Gersina, Peter
Die Aufnahmeprüfung, 2011
Sams im Glück, 2011
Gerster, Jan Ole
Oh Boy, 2012
Geschonneck, Matti
Das Ende einer Nacht, 2011
Eine Frau verschwindet, 2012
Geyrhalter, Nikolaus
Donauspital, 2012

Gibson, Angus
Kolumbiens Trauma – Verschwunden im Justizpalast, 2011
Gies, Hajo
Zum Kuckuck mit der Liebe, 2011
Mord in bester Gesellschaft – Der Tod der Sünde, 2011
Gies, Martin
Inga Lindström: Ein Lied für Solveig, 2012
Inga Lindström: Vier Frauen und die Liebe, 2012
Gil, Mateo
Blackthorn, 2011
Gillard, Stuart
Tochter von Avalon, 2010
Gillett, Tyler
V/H/S – Eine mörderische Sammlung, 2012
Gilroy, Tony
Das Bourne Vermächtnis, 2012
Giovinazzo, Buddy
The Theatre Bizarre, 2011
Girotti, Mario
Doc West 2 – Nobody schlägt zurück, 2010
Giwa, Max
StreetDance 2, 2012
Gladitz, Ralph
Das Milliardenversprechen, 2011
Glasner, Matthias
Gnade, 2012
Glazer, Mitch
Passion Play, 2010
Gleize, Delphine
Ein Leben für die Pferde, 2009
Glodell, Evan
Bellflower, 2011
Gluck, Ben
Alpha und Omega, 2010
Goddard, Drew
The Cabin in the Woods, 2011
Godet, Alain
Alpen-Monopoly in Andermatt, 2011
Goedel, Peter
Die Nacht ist nicht allein zum Schlafen da, 2011
Goël, Stéphane
Aus der Küche ins Bundeshaus, 2011
Goessens, Emiliano
Irene Huss, Kripo Göteborg – Teufelskreis, 2011
Irene Huss, Kripo Göteborg – Die Tote im Keller, 2011
Goette, Aelrun
Ein Jahr nach morgen, 2012
Goh, Aun Hoe
Fischen Impossible – Eine tierische Rettungsaktion, 2011

Goldbart, Nicolás
Phase 7, 2011
Goldenberg, Rachel
Die Prinzessin und das Pony, 2011
Grimm's Snow White, 2012
Goldfinger, Arnon
Die Wohnung, 2011
Goldowskaja, Marina
Anna Politkowskaja – Ein Leben für die Freiheit, 2011
Gomes, Miguel
Tabu – Eine Geschichte von Liebe und Schuld, 2012
Gómez Concheiro, Iria
The Boys From Guerrero City, 2011
Goodwin, R.W.
Alien Trespass, 2009
Gordon, Fiona
Die Fee, 2011
Gorelick, Steven
Die Ökonomie des Glücks, 2011
Gören, Serif
Ay büyürken uyuyamam, 2011
Gottschlich, Ayla
Der Auftrag – Anklage Mord, 2012
Gow, David
Stahlkappen, 2006
Graf, Dominik
Das unsichtbare Mädchen, 2011
Lawinen der Erinnerung, 2012
Graham, Joseph
Strapped, 2010
Graichen, Gisela
Die Bernsteinstraße, 2012
Gramatke, Alexandra
20 Geigen auf St. Pauli, 2011
Grandrieux, Philippe
Ein See, 2008
Grant, Jeremy
Where the Trail Ends, 2011
Green, David Gordon
Bad Sitter, 2011
Greenwood, Feth
Dragon Crusaders, 2011
Gregorini, Francesca
Die Mädchen von Tanner Hall, 2009
Gregory, David
The Theatre Bizarre, 2011
Grieser, Johannes
Das Duo – Tote lügen besser, 2012
Griffin, Phil
Britney: For the Record, 2008
Griffiths, Mark
Au Pair 3 – Abenteuer im Paradies, 2008
Grimonprez, Johan
Double Take, 2009

Grobler, Sebastian
Schneeweißchen und Rosenrot, 2012
Groos, Wolfgang
Die Vampirschwestern, 2012
Groß, Christine
Das traurige Leben der Gloria S., 2011
Grossenbacher, Ulrich
Messies, ein schönes Chaos, 2011
Grote, Gerald
Bis an DIE GRENZE – Der private Blick auf die Mauer, 2012
Grote, Ulrike
Die Kirche bleibt im Dorf, 2011
Grünler, Jörg
Liebe am Fjord – Abschied von Hannah, 2012
Grünthal, Julian M.
Mary & Johnny, 2011
Grup Yorum,
Typ-F – Der Film, 2012
Grützner, Andreas
Das hat mit Gerechtigkeit wenig zu tun, 2011
Guédiguian, Robert
Der Schnee am Kilimandscharo, 2011
Guérin, Franck
I Love Democracy: Tunesien, 2011
I Love Democracy: USA, 2012
Guermanika, Valeria Gaï
Alle sterben, ich nicht, 2008
Guerra, Ciro
Die Reisen des Windes, 2009
Guggenheim, Davis
U2 – From the Sky Down, 2011
Guigui, Martin
Inside the Darkness – Ruhe in Frieden, 2011
Guiraudie, Alain
Der Ausreißer, 2009
Gulager, John
Piranha 2, 2011
Güler, Ersoy
Sag Salim – Unverletzt, 2012
Gunther, Mike
Set Up, 2011
Gunton, Michael
Unser Leben, 2011
Guo, Xiaolu
Ufo in her Eyes, 2011
Gutierrez, Sebastian
Hangover in L.A., 2011
Gutmann, Michael
Bamberger Reiter. Ein Frankenkrimi, 2012
Guzman, Phillip
2:22, 2008
Sex Killer – Lust. Mord. Wahnsinn, 2010

H

Ha, Yu
Howling – Der Killer in dir, 2012
Haaga, Trent
Chop – One Piece at a Time, 2011
Haars, Steffen
New Kids Nitro, 2011
Hachmeister, Lutz
The Real American – Joe McCarthy, 2011
Haeb, Ingo
Sohnemänner, 2011
Haentjes, Mathias
Kriegswende, 2012
Hafner, Georg M.
München 1970, 2012
Haft, Jan
Das grüne Wunder – Unser Wald, 2012
Haghighi, Mani
Modest Reception, 2012
Hahne, Nick
24 Hours – One Team. One Target, 2011
Hahne, Tim
24 Hours – One Team. One Target, 2011
Haikala, Antti
Santa Claus und der Zauberkristall – Jonas rettet Weihnachten, 2011
Hajaig, Hadi
Cleanskin – Bis zum Anschlag, 2012
Haldimann, Hans
Weiterleben, 2011
Hall, Mark S.
Sushi – The Global Catch, 2011
Hallström, Lasse
Lachsfischen im Jemen, 2011
Hamacher, Ulrike
Liebe, Babys und gestohlenes Glück, 2011
Liebe, Babys und ein Neuanfang, 2011
Hamrell, Harald
Arne Dahl – Misterioso, 2011
Han-min, Kim
War of the Arrows, 2011
Handloegten, Hendrik
Sechzehneichen, 2012
Haneke, Michael
Liebe, 2012
Hänsel, Marion
Schwarzer Ozean, 2010
Hansen-Løve, Mia
Un amour de jeunesse, 2011
Haofeng, Xu
The Sword Identity, 2011
Har'el, Alma
Bombay Beach, 2011
Hara, Keiichi
Ein Sommer mit Coo, 2007

Hardt, Oliver
The United States of Hoodoo, 2012
Hardy, Robert
Lewis – Unter dem Stern des Todes, 2010
Hardy, Sara
Verwundet in Afghanistan – Leben nach dem Krieg, 2009
Hark, Tsui
Flying Swords of Dragon Gate, 2011
Harney, Lisa Sabina
Flucht aus dem Höllenkerker – Die legendäre Fahrt der Catalpa, 2007
Hars-Tschachotin, Boris
Sergej in der Urne, 2009
Hartlaub, Lea
Uhlenflug, 2010
Hartmann, Christine
Tsunami – Das Leben danach, 2011
Frisch gepresst, 2012
Harvey, Aaron
Catch.44 – Der ganz große Coup, 2011
Häselbarth, Silvia
Drei Brüder à la carte, 2011
Hasenberg, Achim Michael
I Want To Run – Das härteste Rennen der Welt, 2011
Hasfogel, Robert
Männer zum Knutschen, 2011
Hasumi, Eiichiro
Wild Seven, 2011
Hatton, Christopher
Robotropolis, 2011
Hattop, Karola
Die sechs Schwäne, 2012
Der Rekordbeobachter, 2012
Hauck, Elke
Der Preis, 2011
Hauke, Wilfried
Eine königliche Affäre, 2010
Haupt, Stefan
Sagrada – das Wunder der Schöpfung, 2010
Hawes, James
Banks – Der Solist, 2010
Hay, Andy
Supernatural – Ich liebe dich, bitte stirb für mich, 2007
Haynes, Toby
Sherlock – Der Reichenbachfall, 2011
Kommissar Wallander – Ein Mord im Herbst, 2012
Hazanavicius, Michel
The Artist, 2011
Les infideles, 2012
Head, Justin
Night Drive – Hyänen des Todes, 2010

Headland, Leslye
Die Hochzeit unserer dicksten Freundin, 2012
Hebbeln, Toke Constantin
Wir wollten aufs Meer, 2012
Heffernan, Kevin
Slammin' Salmon – Butter bei die Fische!, 2008
Heidecker, Tim
Tim and Eric's Billion Dollar Movie, 2012
Heidinger, Sebastian
Traumfabrik Kabul, 2011
Heim, Gabriel
Kiss Me, I'm Jewish, 2010
Held, Olaf
Roadcrew, 2011
Helin, Sofia
Die Brücke – Transit in den Tod (3), 2011
Heller, Peter
Süßes Gift – Hilfe als Geschäft, 2012
Hellings, Sarah
Inspector Barnaby – Der Tod malt mit, 2003
Inspector Barnaby – Tief unter der Erde, 2005
Helm, Ingo
Im fliegenden Sarg, 2011
Heming, Scott
Race: Rebellen – Piloten – Krieger, 2007
Hemingway, Anthony
Red Tails, 2012
Herek, Stephen
Liebe und Eis 4 – Feuer und Eis, 2012
Hermanus, Oliver
Beauty, 2011
Hernández, Antonio
Ritter des heiligen Grals, 2011
Hernández, Paula
Un Amor, 2011
Herzog, Werner
Happy People: Ein Jahr in der Taiga, 2012
Hess, Joachim
Diamantenparty, 1973
Heydon, Rob
Irvine Welsh's Ecstasy, 2011
Hezel, Thomas
Rosamunde Pilcher: Ungezügelt ins Glück, 2011
Hickenlooper, George
Casino Jack, 2010
Hicks, Scott
The Lucky One – Für immer der Deine, 2012
Hightower, Edward
Herkules rettet das Weihnachtsfest, 2011

Higuchi, Shinji
Die verborgene Festung – Hidden Fortress, 2008
Hill, Peter
Zwei blaue Augen, 1986
Hill, Terence
siehe: Girotti, Mario
Hille, Kristina
Awka Liwen – Rebellion im Morgengrauen, 2010
Hinnen, Andri
Unter Wasser atmen – Das zweite Leben des Dr. Nils Jent, 2011
Hirsch, Hannes
Tagträumer, 2012
Hirtz, Dagmar
Herzversagen, 2012
Hock, Joanne
Trinity Goodheart, 2011
Hoelck, Patrick
Mercy, 2009
Hoene, Matthias
Cockneys vs. Zombies, 2012
Hofer, Gustav
Italy, Love It or Leave It, 2011
Höfer, Irene
Mütter und Töchter – Geliebte Feindinnen?, 2011
Höfer, Petra
Deutschland von oben, 2012
Hoffman, Jerzy
1920 – Die letzte Schlacht, 2011
Hogan, David
Behemoth – Monster aus der Tiefe, 2011
Hogan, Sean
Obsession – Tödliche Spiele, 2011
Hogg, Joanna
Archipelago, 2010
Holden, Pat
When the Lights Went Out, 2012
Holland, Agnieszka
Outlaw of War, 2009
In Darkness, 2011
Holland, Jesse
Yellow Brick Road, 2010
Hollerbach, Gesa
Die Mühen der Ebene, 2012
Holm, Richard
Irene Huss, Kripo Göteborg – Der im Dunkeln wacht, 2011
Irene Huss, Kripo Göteborg – Tödliches Netz, 2011
GSI – Spezialeinheit Göteborg – Gegen die Zeit, 2012
GSI – Spezialeinheit Göteborg – Frage des Gewissens, 2012

Holmes, Martha
Unser Leben, 2011
Holmes, Peggy
Das Geheimnis der Feenflügel 3D, 2012
Holst, Marius
King of Devil's Island, 2010
Holthouse, Richard
Inspector Barnaby – Grab des Grauens, 2004
Inspector Barnaby – Blick in den Schrecken, 2005
Inspector Barnaby – Pikante Geheimnisse, 2006
Inspector Barnaby – Tod im Liebesnest, 2010
Hong-jin, Na
The Yellow Sea, 2010
Honoré, Christophe
Die Liebenden – von der Last, glücklich zu sein, 2011
Hooper, Tom
The Damned United – Der ewige Gegner, 2009
Hopewell, Chris
Die fürchterliche Furcht vor dem Fürchterlichen, 2012
Horlait, Olivier
Ein griechischer Sommer, 2011
Hormann, Sherry
Anleitung zum Unglücklichsein, 2012
Horn, Hans
Die Tote im Moorwald, 2011
Horn, Julia
In mir keine Welt, 2011
Hozer, Michèle
Glenn Gould – Genie und Leidenschaft, 2009
Hreno, Jason
Poison Ivy: The Secret Society, 2008
Huber, Florian
Vom Traum zum Terror – München 1972, 2012
Huber, Richard
Kreutzer kommt ... ins Krankenhaus, 2012
Hubert, Antje
Das Ding am Deich – Vom Widerstand gegen ein Atomkraftwerk, 2012
Huettner, Ralf
Ausgerechnet Sibirien, 2012
Hun, Jang
The Front Line – Der Krieg ist nie zu Ende, 2011
Hundley, Jeremiah
The Mercenary, 2010
Huntgeburth, Hermine
Die Abenteuer des Huck Finn, 2012

Hurwitz, Jon
American Pie: Das Klassentreffen, 2012
Hussain, Karim
The Theatre Bizarre, 2011
Hustache-Mathieu, Gérald
Who Killed Marilyn?, 2011
Huth, James
Und nebenbei das große Glück, 2012
Hütter, Marion
Dichter und Kämpfer. Das Leben als Poetryslammer in Deutschland, 2012
Hwang, Insung
Sweet Karma – A Dominatrix Story, 2010
Hyams, John
Universal Soldier – Tag der Abrechnung, 2012

I
Iguchi, Noboru
Zombie Girl, 2011
Zombie Ass, 2011
Ihnen, Frauke
Für die Dauer einer Reise, 2011
Ilfrich, Kay
Eisen bewegen in Kiel, 2011
Iliff, W. Peter
Der Übergang – Rites of Passage, 2011
Imboden, Markus
Ein starkes Team – Die Gottesanbeterin, 2011
Der Verdingbub, 2011
Tod einer Brieftaube, 2011
Imhoof, Markus
More Than Honey, 2012
Ingram, Terry
Der Sieg des Odysseus, 2008
Die Weihnachtshütte, 2011
Iscove, Robert
Love N' Dancing, 2008
Isham, Jared
Bounty – Die Rache ist mein, 2009
Ishii, Katsuhito
Smuggler, 2011
Isker, Akim
Das Versteck, 2011
Islas, Ricardo
Frankenstein – Day of the Beast, 2011
Issawi, Hesham
Cairo Exit, 2011
Ives, Stephen
Panama-Kanal, 2011

J
Jackson, Faye
Strigoi – Der Untote, 2009
Jackson, Peter
Der Hobbit: Eine unerwartete Reise, 2012
Jacobs, Anja
Einer wie Bruno, 2011
Jacobs, Timo
Klappe Cowboy!, 2012
Jacobsen, Jannicke Systad
Turn me on, Goddammit, 2011
Jacquot, Benoît
Leb wohl, meine Königin!, 2012
Jakimchuk, Alexander
Kriegssöldner – The Killer War, 2010
Jampolsky, Marc
Schlittenhunde für die Front, 2011
Baumeister des Straßburger Münsters, 2012
Janson, Uwe
Die Schuld der Erben, 2011
Hänsel und Gretel, 2012
Jaoui, Laurent
Indien – Land mit Zukunft, 2012
Jardeby, Joakim
Die verrückten Wikinger, 2010
Jardin, Frédéric
Sleepless Night – Nacht der Vergeltung, 2011
Jarecki, Andrew
All Beauty Must Die, 2010
Jarecki, Nicholas
Arbitrage, 2012
Jaynes, Brian T.
Humans vs. Zombies, 2012
Je-kyu, Kang
Prisoners of War, 2011
Jean, Patric
Die Herrschaft der Männer, 2009
Jee-woon, Kim
Doomsday Book, 2012
Jenkins, Paul
Ishiwara Kanji – Der General, der Japan in den Zweiten Weltkrieg führte, 2012
Jensen, Tomas Villum
Das Ende der Welt, 2009
Jeralds, Scott
Tom & Jerry – Piraten auf Schatzsuche, 2006
Jesse, Sandor
Der kleine Rabe Socke, 2012
Jessen, Lars
Balthasar Berg – Sylt sehen uns sterben, 2011
Der Weihnachtsmuffel, 2011
Fraktus, 2012

Jeudy, Patrick
General de Gaulle – Riese auf tönernen Füßen, 2011
Jeuland, Yves
Es ist Mitternacht, Paris erwacht, 2011
Ji-hoon, Kim
Sector 7, 2011
Joffé, Roland
Glaube, Blut und Vaterland, 2011
Johansson, Paul
Die Atlas Trilogie: Wer ist John Galt?, 2011
Johnsen, Sara
Stadtneurosen, 2009
Johnson, Neil
Alien Dawn, 2012
Johnson, Rian
Looper, 2012
Jolie, Angelina
In the Land of Blood and Honey, 2011
Jones, Dylan
Dragon Crusaders, 2011
Jones, Jon
Titanic, 2011
Jones, Kirk
Was passiert, wenn's passiert ist, 2012
Jones, Ty
Der letzte Atemzug, 2010
Joost, Henry
Paranormal Activity 4, 2012
Jouvet, Émilie
Fucking Different XXX, 2011
Jun-ik, Lee
Krieg der Königreiche – Battlefield Heroes, 2011
Jung, Simone
Natalie – Der Klang nach der Stille, 2011
Jung-hyun, Hwang
Die Athena-Verschwörung – In tödlicher Mission, 2010
Junger, Gil
Businessplan zum Verlieben, 2010
Jutzi, Phil
Mutter Krausens Fahrt ins Glück, 1929
Jutzi, Piel
siehe: Jutzi, Phil
Juusonen, Kari
Niko 2 – Kleines Rentier, großer Held, 2012

K
Kabisch, Christine
Schlaflos in Schwabing, 2012
Kahane, Peter
Ein Toter führt Regie, 2005
Kahlmeyer, Benjamin
Die Welt zu Gast bei Fremden, 2011

Kahn, Joseph
Detention – Nachsitzen kann tödlich sein, 2011
Kaige, Chen
Wuji – Die Meister des Schwertes, 2010
Kaijser, Simon
Stockholm Ost, 2011
Kalina, Jon
Ausländer oder eingebürgert?, 2012
Kamiya, Makoto
Resident Evil: Damnation, 2012
Kamp, Mischa
Tony 10, 2012
Kapnist, Elisabeth
Das Leben, ungeordnet, 2011
Kapur, Pankaj
Mausam – Jahreszeiten der Liebe, 2011
Karabey, Hüseyin
Typ-F – Der Film, 2012
Karacadag, Hasan
D@bbe: Vom Teufel besessen, 2012
Karen, Michael
Agent Ranjid rettet die Welt, 2012
Karolinski, Alexa
Oma & Bella, 2012
Karukoski, Dome
Helden des Polarkreises, 2010
Kassovitz, Mathieu
Rebellion, 2011
Kasten, Jeremy
The Theatre Bizarre, 2011
Katabuchi, Sunao
Das Mädchen mit dem Zauberhaar, 2009
Kaufman, Paul A.
Magic Beyond Words – Die zauberhafte Geschichte der J.K. Rowling, 2011
Kaufman, William
Last Bullet – Showdown der Auftragskiller, 2012
Kaufmann, Rainer
Milchgeld. Ein Kluftingerkrimi, 2011
Blaubeerblau, 2012
In den besten Familien, 2012
Kawas, Lance
Restitution – Rache kennt kein Erbarmen, 2011
Kawase, Naomi
Hanezu no tsuki, 2011
Kay, Manuela
Fucking Different XXX, 2011
Kedar, Veronica
Joe + Belle, 2011
Keglevic, Peter
Das Duo – Der tote Mann und das Meer, 2011

Kehler, Dieter
Rosamunde Pilcher: Das Geheimnis der weißen Taube, 2011
Kreuzfahrt ins Glück – Hochzeitsreise nach Australien, 2011
keine Angabe,
Goldrausch – Die Geschichte der Treuhand, 2011
Keining, Alexandra Therese
Küss mich – Kyss Mig, 2011
Keller, Marco
Kahlschlag – Der Kampf um Brasiliens letzte Wälder, 2011
Kelly, Brian
Downton Abbey, 2010/2011
Kendrick, Alex
Fireproof, 2008
Courageous – Ein mutiger Weg, 2011
Kennedy, Jake
Penance – Sie zahlen für ihre Sünden, 2009
Kennel, Judith
Unter anderen Umständen – Spiel mit dem Feuer, 2011
Kent, Don
Ein Lied für eine Königin, 2011
Kerekes, Peter
Cooking History – 6 Kriege, 11 Rezepte, 60.361.024 Tote, 2009
Keshavarz, Maryam
Sharayet – Eine Liebe in Teheran, 2010
Keusch, Michael
Ein Sommer im Elsass, 2011
Ein Sommer in Schottland, 2012
Khalfoun, Franck
Alexandre Ajas Maniac, 2012
Khashoggi, Mohamed
Little Hercules, 2009
Khasin, Leo
Kaddisch für einen Freund, 2011
Khavn,
Mondomanila, 2010
Khemir, Nacer
Sheherazade, 2011
Ki-duk, Kim
Arirang – Bekenntnisse eines Filmemachers, 2011
Pieta, 2012
Kiefersauer, Matthias
Was machen Frauen morgens um halb vier?, 2012
Kiening, Ralph
Heute weiß es jeder ...!, 2011
Kiliç, Adem
Sümela's Code: Temel, 2011
Moscova's Code Temel, 2011

Kinkel, Martin
Der Staatsanwalt – Gefangen und erpresst, 2011
Der Staatsanwalt – Tödlicher Pakt, 2011
Der Staatsanwalt – Schlangengrube, 2011
Kirjavainen, Sakari
Schlacht um Finnland, 2007
Kirk, Michael
Obama gegen Romney, 2012
Kjellberg, Martin
Paranormal Cellar, 2003
Klamt, Andrzej
Die geteilte Klasse, 2011
Klandt, Christian
Little Thirteen, 2011
Klayman, Alison
Ai Weiwei: Never Sorry, 2012
Kleefeld, Isabel
Ruhm, 2011
Familie Windscheidt – Der ganz normale Wahnsinn, 2011
Klein, Carlos
Where the Condors Fly, 2012
Klein, Dietmar
Ein Drilling kommt selten allein, 2011
Inseln vor dem Wind, 2012
Kleinberger, Alex E.
Nachtexpress, 2012
Kleinhans, Markus
Pension Freiheit, 2012
Klotz, Héléna
Atomic Age, 2011
Kluge, Alexander
Mensch 2.0 – Die Evolution in unserer Hand, 2012
Klugman, Brian
The Words, 2012
Klüh, Svenja
Krähen und Kalifenjahre, 2011
Knautz, Jon
The Shrine, 2010
Knigge, Jobst
Drei Leben: Axel Springer – Verleger – Feindbild – Privatmann, 2012
Kobayashi, Masahiro
Harus Reise, 2010
Kobayashi, Yoshinori
Krümels Traum – Ich will Polizeihund werden, 2010
Koenig, Baudouin
I Love Democracy: Türkei, 2012
Koepp, David
Premium Rush, 2012
Koepp, Volker
Livland, 2012

Kohlberg, Jim
The Music Never Stopped, 2011
Köhne, Werner
Die Fugger, 2011
Kolirin, Eran
The Exchange, 2011
Kollek, Amos
Chronik einer Krise, 2011
Koller, Xavier
Eine wen iig, dr Dällebach Kari, 2011
Kopp, Bill
Tom & Jerry – Mit Vollgas um die Welt, 2005
Koppel, Lena
Die Kunst sich die Schuhe zu binden, 2011
Kopple, Barbara
Kick, 2005
Korber, Serge
Jean-Louis Trintignant – Warum ich lebe, 2012
Kore-eda, Hirokazu
I Wish, 2011
Kormákur, Baltasar
Contraband, 2012
Kornhoff, Lars
Tagträumer, 2012
Korostyshevsky, Maxim
Soldiers of Fortune, 2012
Köse, Adnan G.
Kleine Morde, 2011
Koshofer, Nina
Kriegswende, 2012
Kosminsky, Peter
Gelobtes Land, 2011
Kossakovsky, Victor
siehe: Kossakowski, Viktor
Kossakowski, Viktor
¡Vivan Las Antipodas!, 2011
Kowalowa, Elena
Kriegssöldner – The Killer War, 2010
Kozole, Damjan
Callgirl, 2009
Kramer, Brigitte
Ulrike Ottinger – Die Nomadin vom See, 2012
Krantz, Tony
The Big Bang, 2011
Kraus, Chris
ROSAKINDER, 2012
Kreindl, Michael
Kennen Sie ihren Liebhaber?, 2011
Mordkommission Istanbul – Transit, 2012
Mordkommission Istanbul – Blutsbande, 2012

Krejčík, Jiří
Das höhere Prinzip, 1960
Krekel, Oliver
Robin Hood – Ghosts of Sherwood, 2012
Krieg, Robert
Newo Ziro – Neue Zeit, 2011
Kriszun, Rolf-Axel
Propaganda, Hass, Mord – Die Geschichte des rechten Terrors in Europa, 2012
Krohmer, Stefan
Riskante Patienten, 2012
Kronthaler, Thomas
Das Wunder von Merching, 2011
Das Leben ist ein Bauernhof, 2012
Kroske, Gerd
Heino Jaeger – look before you kuck, 2012
Krummacher, Jessica
Totem, 2011
Kubooka, Toshiyuki
Berserk: Das goldene Zeitalter – Das Ei des Königs, 2012
Kudrna, Tomás
Auf die Nacht folgt der Tag, 2011
Kühn, Christoph
Glauser, 2011
Kulcsar, Barbara
Nebelgrind, 2011
Kunle, Daniel
Wir könnten auch anders, 2012
Kunvari, Anne
Volkskrankheit Arbeitslosigkeit, 2011
Künzel, Peter
Pumping Ercan, 2011
Kürten, Berno
Der Schwarzwaldhof – Der verlorene Sohn, 2010
Die Nonne und der Kommissar – Verflucht, 2011
Der Schwarzwaldhof – Lauter Liebe, 2012
Kurtzman, Alex
Zeit zu leben, 2012
Kurzel, Justin
Die Morde von Snowtown, 2011
Kwapis, Ken
Der Ruf der Wale, 2011

L
Labaki, Nadine
Wer weiß, wohin?, 2011
LaBruce, Bruce
Fucking Different XXX, 2011
Lacombe, Julien
Das Haus der Geheimnisse, 2011

Lacoste, Paul
Entre Les Bras – 3 Sterne. 2 Generationen. 1 Küche, 2011
Lagos, Aimee
96 Minuten, 2011
Laguna, Sonny
Blood Runs Cold, 2011
Lahiff, Craig
Swerve – Falscher Ort, falsche Zeit, 2011
Laine, Marion
Ein schlichtes Herz, 2008
Unbekannter Anrufer, 2011
Lainé, Rémi
Das Rote-Khmer-Tribunal – Eine Frage der Gerechtigkeit, 2011
Palestro, Algerien – Folgen eines Hinterhalts, 2012
Lam, Dante
The Viral Factor, 2012
Lamby, Stephan
Der Domino-Effekt – Chronik der Euro-Krise, 2011
Lammert, Oliver
Global Viral. Die Virus-Metapher, 2010
Lamorre, Stéphanie
Die Mädchenbanden von L.A., 2011
Lando, Jeffery Scott
Der Dämon – Im Bann des Goblin, 2010
Super Tanker 2012, 2011
Ghostquake, 2012
Lang, Joachim
Da, wo ich bin, ist Panama, 2002
Langjahr, Erich
Mein erster Berg, ein Rigi Film, 2012
Langley, Adrian
Donkey, 2010
Langton, Simon
Stolz und Vorurteil, 1995
Lanthimos, Giorgos
Alpen, 2011
Lapid, Nadav
Policeman, 2011
Lara, Rafael
Der Kreuzmörder, 2010
Laranas, Yam
The Echo, 2008
Laresgoiti, Francisco
2033 – Das Ende ist nah!, 2009
Larry, Sheldon
Leave it on the Floor, 2011
Lartigau, Eric
Les infideles, 2012
Lau, William
Barbie und das Geheimnis von Oceana 2, 2011

Lauer, Peter
Level Up, 2011
Laumeister, Shannah
Bert Stern – The Man Who Shot Marilyn, 2011
Launiger, Holger
Wir könnten auch anders, 2012
Laurent, Mélanie
X-Femmes Vol. 1, 2008
Lavaine, Eric
Nix zu verhaften, 2010
Law, Dennis
Die Vampirjäger, 2010
Lawson, Joseph J.
Nazi Sky – Die Rückkehr des Bösen!, 2012
Lord of the Elves – Das Zeitalter der Halblinge, 2012
Le Gris, Jérôme
Requiem For a Killer, 2011
Le Maire, Jérôme
Tee oder Elektrizität, 2012
Lechner, Norbert
Tom und Hacke, 2012
Leconte, Daniel
I Love Democracy: Türkei, 2012
I Love Democracy: Griechenland, 2012
Leconte, Emmanuel
I Love Democracy: Griechenland, 2012
I Love Democracy: USA, 2012
Lee, Ang
Life of Pi: Schiffbruch mit Tiger, 2012
Lee, Daniel
White Vengeance – Kampf um die Qin-Dynastie, 2011
Lee, Hélène
The First Rasta, 2010
Lee, Jay
Alyce – Außer Kontrolle, 2011
Lee, Spike
Bad 25, 2012
Lehmann, Claudia
SCHILF. Alles, was denkbar ist, existiert, 2011
Leigh, Julia
Sleeping Beauty, 2011
Leijonborg, Erik
Maria Wern, Kripo Gotland – Die Insel der Puppen, 2011
Lellouche, Gilles
Les infideles, 2012
Lellouche, Sophie
Paris Manhattan, 2012
Lemke, Klaus
Berlin für Helden, 2012
Lemkin, Rob
Enemies of the People – A Personal Journey Into the Heart of the Killing Fields, 2010
León de Aranoa, Fernando
Amador und Marcelas Rosen, 2010
Lerch, Christian
Was weg is, is weg, 2012
Lerdam, Jørgen
Die Olsenbande in feiner Gesellschaft, 2010
Niko 2 – Kleines Rentier, großer Held, 2012
Lerner, Danny
Tierisch Cool – Ein Hund in New York, 2009
Leser, Julia
RADIOACTIVISTS – Protest in Japan since Fukushima, 2011
Lespert, Jalil
Des vents contraires, 2011
Leth, Asger
Ein riskanter Plan, 2011
Levi, Stefano
Out of the Darkness – Der Weg ins Licht, 2011
Levin, Thunder
American Warship – Die Invasion beginnt, 2012
Levine, Jonathan
50/50 – Freunde fürs (Über)Leben, 2011
Levinson, Sam
Another Happy Day, 2011
Leyser, Yoni
William S. Burroughs: A Man Within, 2011
Leytner, Nikolaus
Die lange Welle hinterm Kiel, 2011
Li, Zhang
1911 Revolution, 2011
Lie, Jean-Christophe
Die Abenteuer der kleinen Giraffe Zarafa, 2012
Lieberman, Robert
The Tortured – Das Gesetz der Vergeltung, 2010
Liebesman, Jonathan
Zorn der Titanen, 2012
Lieff, Judy
Deaf Jam, 2010
Lien, Clint
Behind Your Eyes, 2011
Lien, Jens
Sons of Norway, 2011
Lightning, Georgina
American Evil, 2008
Liimatainen, Kirsi Marie
Festung, 2011

Lincoln, Todd
Apparition – Dunkle Erscheinung, 2012
Lindblom, Leif
Maria Wern, Kripo Gotland – Schwarze Schmetterlinge, 2011
Maria Wern, Kripo Gotland – Kinderspiel, 2011
Linders, Angela
Robert Bosch – Vermächtnis eines Großindustriellen, 2011
Lindman, Åke
Beyond the Front Line – Kampf um Karelien, 2004
Schlacht um Finnland, 2007
Lindtner Næss, Arne
Magic Silver 2 – Die Suche nach dem magischen Horn (3D), 2011
Linke, Andreas
Baron Münchhausen, 2012
Lipsitz, Jane
Katy Perry: Part of Me 3D, 2012
Lisheng, Lin
Million Dollar Crocodile – Die Jagd beginnt, 2012
Liu, Håkon
Miss Kicki, 2009
Lloyd, Phyllida
Die eiserne Lady, 2011
Lluca, Enkelejd
Frankfurt Coincidences, 2011
Loach, Ken
Angels' Share – Ein Schluck für die Engel, 2012
Lobato, Rogelio
Valentina's Tango, 2007
Löcker, Ivette
Nachtschichten, 2010
Lodato, Doug
Ticket Out – Flucht ins Ungewisse, 2010
Loeb, Caroline
X-Femmes Vol. 1, 2008
Loeken, Michael
ARBEIT HEIMAT OPEL, 2012
Loop, Jonah
Arena, 2011
Lord, Peter
Die Piraten – Ein Haufen merkwürdiger Typen, 2011
Lord, Phil
21 Jump Street, 2012
Lorenz, Hermann
Kinder von St. Georg – Die Jugendjahre, 2012
Lorenz, Robert
Back in the Game, 2012

Losmann, Carmen
Work Hard – Play Hard, 2011
Loter, Steve
Disneys Kim Possible: Das Hephaestus-Projekt, 2005
Lovelace, Will
Shut up and play the hits, 2012
Loznitsa, Sergej
Im Nebel, 2012
Lu, Zhang
Am Grenzfluss, 2009
Lubitsch, Ernst
Die Puppe, 1919
Lüchinger, Thomas
Guets Neus – schöö, wüescht ond schööwüescht, 2011
Lumet, Sidney
The Wiz – Das zauberhafte Land, 1978
Lund, Martin
Knerten traut sich, 2010
Luostarinen, Kiti
Zu Hause im Dorf, 2012
Lürsen, Joram
Das Geheimnis des Magiers, 2010
Lütter, Dirk
Die Ausbildung, 2010
Lyde, John
Osombie, 2012
Lyon, Nick
2012 Zombie Apocalypse, 2011
Lyssy, Rolf
Ursula – Leben in Anderswo, 2011

M
Macdonald, Kevin
Marley, 2012
MacFarlane, Seth
Ted, 2012
MacGillivray, William D.
The Man of a Thousand Songs, 2010
Machado, Tiago Mata
Os Residentes, 2010
Mackay, Neil
Der Killer, 2011
MacLowry, Randall
Der Goldrausch, 2006
Madden, John
Best Exotic Marigold Hotel, 2011
Mäder, Roger
Schwerelos, 2012
Madonna,
W.E., 2011
Madsen, Ole Christian
Superclassico ... Meine Frau will heiraten, 2011

Magnat, Julien
Faces in the Crowd, 2011
Maíllo, Kike
Eva, 2011
Mak, Marco
Xin – Die Kriegerin, 2009
Maliwan, Thanapon
Der Auftragskiller – Meister des Thai-Boxens, 2009
Maljarewskij, Sascha
8 erste Dates, 2011
Mancuso, Franck
R.I.F. – Ich werde dich finden, 2011
Manfredonia, Giulio
Tutto tutto niente niente, 2012
Mann, Ami Canaan
Texas Killing Fields, 2011
Manning, Kilian
Snowblind, 2010
Manning, Q.
Corruption.gov, 2010
Mannix, Max
Rain Fall, 2009
Mantovani, Rizal
Lost Paradise – Playmates in Hell, 2009
Manwaring, Greg
Kleiner starker Panda, 2011
Marano, Vincenzo
Sans état d'âme – Begierde, 2008
Marchal, Olivier
A Gang Story – Eine Frage der Ehre, 2011
Margolies, Rob
She Wants Me, 2012
Mariscal, Javier
Chico & Rita, 2010
Mårlind, Måns
Underworld Awakening (3D), 2011
Marron, Carmen
Go For It!, 2011
Marschall, Andreas
Masks, 2011
Marshall, Tonie
X-Femmes Vol. 1, 2008
Martin, Raya
Independencia, 2009
Martin, Scott
Battle Force – Todeskommando Aufklärung, 2011
Martínez Moreno, Juan
Game of Werewolves – Die Jagd beginnt, 2011
Martinez, Justin
V/H/S – Eine mörderische Sammlung, 2012
Martino, Steve
Ice Age 4 – Voll verschoben, 2012

Marzuk, Mike
Fünf Freunde, 2011
Maserrat, Mani
Arne Dahl – Böses Blut, 2012
Masín, Tomás
3 Seasons In Hell, 2009
Masset-Depasse, Olivier
Illegal, 2010
Mather, James
Lockout, 2012
Matheson, Tim
Im Fadenkreuz 3 – Einsatz in Kolumbien, 2009
Matten, Sven
Off Shore, 2011
Matthiesen, Mads
Teddy Bear, 2012
Maury, Julien
Livid – Das Blut der Ballerinas, 2011
Maxwell, Drew
The Guardians, 2009
May, Bradford
Megastorm, 2009
Mayr, Christoph
Bulb Fiction, 2011
Mazuy, Patricia
Sport de filles, 2011
Mazzacurati, Carlo
6 x Venedig, 2010
McBrearty, Patrick
Bounty Hunters, 2011
McCarthy, Nicholas
The Pact, 2012
McClure, Jourdan
Rogue River, 2010
McConnell, Justin
The Collapsed, 2011
McCoy, Mike
Act of Valor, 2012
McDonagh, Martin
7 Psychos, 2012
McG,
siehe: Nichol, Joseph McGinty
McGrady, Patrick
Wagner & Me, 2010
McGrath, Tom
Madagascar 3: Flucht durch Europa, 2012
McGuigan, Paul
Sherlock – Ein Skandal in Belgravia, 2011
Sherlock – Die Hunde von Baskerville, 2011
McHenry, Edward
Nazi Invasion – Team Europa, 2010
McHenry, Rory
Nazi Invasion – Team Europa, 2010

Mckinlay, Scott W.
Bonesaw, 2006
McLoughlin, Tom
Sexy Biester in der Highschool, 2008
McNamara, Sean
Soul Surfer, 2011
McQuaid, Glenn
V/H/S – Eine mörderische Sammlung, 2012
McQuarrie, Christopher
Jack Reacher, 2012
McQueen, Steve
Shame, 2011
McTeigue, James
The Raven – Prophet des Teufels, 2012
Meed, Geoff
Amityville Haunting, 2011
Meehl, Cindy
Buck, 2011
Meerapfel, Jeanine
Der deutsche Freund, 2012
Megaton, Olivier
96 Hours – Taken 2, 2012
Megerdichew, Anton
Dark World – Das Tal der Hexenkönigin, 2010
Mehra, Rakeysh Omprakash
Bollywood – Die größte Liebesgeschichte aller Zeiten, 2011
Meier, Ursula
Winterdieb, 2012
Meirelles, Fernando
360, 2011
Meletzky, Franziska
Geliebtes Kind, 2011
Melo Guevara, Juan Carlos
Jardin de Amapolas – Mohnblumenwiese, 2012
Mendeluk, George
Nightmare – Der Tod wartet auf dich, 2008
Zombie – The Terror Experiment, 2010
Mendes, Sam
Skyfall, 2012
Mendoti, Sam
Golden Winter – Wir suchen ein Zuhause, 2012
Menendez, Joe
Und wieder eine tierische Bescherung, 2011
Menzel, Jiří
Auf die Nacht folgt der Tag, 2011
Merlet, Agnès
Hideaways – Die Macht der Liebe, 2011
Mettke, Sarah Judith
Transpapa, 2012

Mettler, Peter
The End of Time, 2012
Metzger, Helmut
Katie Fforde: Sprung ins Glück, 2011
Katie Fforde: Diagnose Liebe, 2011
Katie Fforde: Sommer der Wahrheit, 2012
Mein Herz in Malaysia, 2012
Katie Fforde: Ein Teil von dir, 2012
Metzlaff, Barbara
20 Geigen auf St. Pauli, 2011
Meugniot, Will
Bob der Baumeister – Der Dino Spaß Park, 2011
Meurice, Jean-Michel
Unsere algerische Geschichte, 2011
Der Tanz der Geier, 2012
Die große Finanzpumpe, 2012
Meyer, Stephan
Der Hafenpastor, 2012
Wunschkind, 2012
Meyer, Willy
Der Fischer vom Bodensee, 2012
Meyer-Ricks, Kai
Nein, Aus, Pfui! Ein Baby an der Leine, 2012
Meyjes, Menno
Manolete – Blut und Leidenschaft, 2007
Michalkow, Nikita
Die Sonne, die uns täuscht – Der Exodus, 2010
Die Sonne, die uns täuscht – Die Zitadelle, 2011
Michaud, Charles-Olivier
On the Beat, 2011
Mihaileanu, Radu
La source des femmes, 2011
Miike, Takashi
Hara-Kiri – Tod eines Samurai, 2011
Miles, Terry
Recoil, 2011
Dawn Rider, 2012
Milla, Stefano
Königreich der Gladiatoren, 2011
Miller, Barbara
Forbidden Voices, 2012
Miller, Bennett
Die Kunst zu gewinnen – Moneyball, 2011
Miller, Brian A.
House of the Rising Sun, 2011
Miller, Chris
21 Jump Street, 2012
Miller, Logan
Touching Home – So spielt das Leben, 2008
Miller, Noah

Touching Home – So spielt das Leben, 2008
Mills, Crispan
Die fürchterliche Furcht vor dem Fürchterlichen, 2012
Minder, Veronika
My Generation, 2011
Ming-sing, Wong
Choy Lee Fut, 2011
Minkoff, Rob
Flypaper – Wer überfällt hier wen?, 2011
Mirabella-Davis, Carlo
The Swell Season – Die Liebesgeschichte nach Once, 2011
Miroshnichenko, Sergei
Geboren in der Sowjetunion – Neun Leben 1983 bis heute, 2011
Mirtahmasb, Mojtaba
This Is Not a Film, 2010
Mischer, Britta
Bar 25 – Tage außerhalb der Zeit, 2012
Mitton, Andy
Yellow Brick Road, 2010
Mo-Sun, Alejo
Fallen Empire – Die Rebellion der Aradier, 2011
Moberg, Alexander
Irene Huss, Kripo Göteborg – Im Schutz der Schatten, 2011
Irene Huss, Kripo Göteborg – Hetzjagd auf einen Zeugen, 2011
Molina, Christian
Tagebuch einer Nymphomanin, 2008
Moll, Bruno
Alpsegen, 2011
Moll, Dominik
Der Mönch, 2011
Möller, Mike
Street Gangs – Show No Mercy, 2012
Monahan, Jeff
George A. Romero Presents Deadtime Stories, 2009
Monfery, Dominique
Leon und die magischen Worte, 2009
Monroe, Steven R.
Monster Worms – Angriff der Monsterwürmer, 2010
Dragon Chronicles – Die Jabberwocky-Saga, 2011
Montag, Frank W.
Cannibal Diner, 2012
Moore, Cornelia
Die Insel der Pferde – Du bist mein Leben!, 2008
Moore, Jason
Pitch Perfect, 2012

Moore, Nick
Henry der Schreckliche (3D), 2011
Moore, Rich
Ralph reicht's, 2012
Moore, Tomm
Das Geheimnis von Kells, 2009
Mordillat, Gérard
Die Mondnacht von Toulon, 2011
Morel, Gaël
Der Tag, der alles veränderte, 2007
Moretti, Eddy
Heavy Metal in Baghdad, 2007
Morgenthaler, Andrea
Ruhe Sanft, 2008
Joana und die Mächte der Finsternis, 2010
Morneau, Louis
Werwolf – Das Grauen lebt unter uns, 2012
Morris, Keith Alan
Gutter King – König der Kämpfer, 2010
Mosleh, Nicole
Nemesis, 2012
Moss, Craig
Die Beilight Saga: Breaking Wind – Bis(s) einer heult!, 2011
Bad Ass, 2012
Mouret, Emmanuel
Die Kunst zu lieben, 2011
Moverman, Oren
Rampart – Cop außer Kontrolle, 2011
Mrotek, Andrzej
Armed and Deadly, 2011
Mucha, Stanislaw
Die Pfandleiherin, 2010
Muggli, Stefan
Unter Wasser atmen – Das zweite Leben des Dr. Nils Jent, 2011
Mukherjee, Kaushik «Q»
Gandu – Wichser, 2010
Mulcahy, Lisa
Ein zauberhaftes Weihnachtsgeschenk, 2010
Mullan, Peter
Gangs of Glasgow, 2010
Müller, Frank
Pumping Ercan, 2011
Müllerschön, Nikolai
Doppelgängerin, 2011
Hochzeiten, 2011
Mumenthaler, Milagros
Abrir puertas y ventanas, 2011
Munden, Marc
Das karmesinrote Blütenblatt, 2011
Munga, Djo
Viva Riva!, 2010
Murga, Celina
Escuela normal, 2012

Murlowski, John
Freeway Killer, 2009
Eine tierische Bescherung, 2009
Murnberger, Wolfgang
Kebab mit Alles, 2011
So wie du bist, 2012
Murphy, Paul
Love Birds – Ente gut alles gut, 2011
Mylod, Mark
Der perfekte Ex, 2011
Myung-jun, Kim
Die Athena-Verschwörung – In tödlicher Mission, 2010

N
Nachapetow, Rodion
Contamination, 2008
Näcke, Diana
Meine Freiheit, deine Freiheit, 2011
Naefe, Vivian
Der Doc und die Hexe – Nebenwirkungen, 2011
Bella Australia, 2011
Der Doc und die Hexe – Katastrophenalarm, 2011
Obendrüber, da schneit es, 2012
Najjar, Najwa
Granatäpfel und Myrrhe, 2008
Nakache, Olivier
Ziemlich beste Freunde, 2011
Nakata, Hideo
Incite Mill – Jeder ist sich selbst der Nächste, 2010
Naranjo, Gerardo
Miss Bala, 2011
Nations, Robin
Cooper – Eine wunderbare Freundschaft, 2011
Naworcki, Mike
Ein veggietales Abenteuer – Drei heldenhafte Piraten, 2008
Nègre, Laurent
Operation Casablanca, 2010
Negret, Antonio
siehe: Negret, José Antonio
Negret, José Antonio
Transit, 2011
Neher, Marita
Mütter und Töchter – Geliebte Feindinnen?, 2011
Nennstiel, Thomas
Idiotentest, 2011
Nicht mit mir, Liebling, 2011
Im Alleingang – Die Stunde der Krähen, 2011
Vermächtnis der Wanderhure, 2012

Nesher, Avi
Ein Sommer in Haifa, 2010
Nettheim, Daniel
The Hunter, 2011
Netzer, Calin Peter
Ehrenmedaille, 2009
Neubert, Udo
Urlaub von Hartz IV - Wir reisen in die DDR, 2011
Neveldine, Mark
Ghost Rider: Spirit of Vengeance, 2011
Newell, Mike
Große Erwartungen, 2012
Newitt, Jeff
Die Piraten - Ein Haufen merkwürdiger Typen, 2011
Ng, Francis
Xin - Die Kriegerin, 2009
Nichol, Joseph McGinty
Das gibt Ärger, 2012
Nichols, Jeff
Take Shelter - Ein Sturm zieht auf, 2011
Nicholson, Ryan
Famine - 20 Students, 20 Hours, 20 Horrible Ways To Die, 2011
Nickel, Andreas
Messner, 2012
Nickerson, Jimmy
From Mexico With Love, 2007
Nickles, Michael A.
Playback, 2012
Nicolella, John
Mike Hammer - Mädchen, Morde und Moneten, 1989
Niessner, Andi
Willkommen in Kölleda, 2011
Nikolaev, Petr
Knights of Blood, 2009
Das Massaker von Lidice, 2011
Nikolitsch, Jarko
Glanz & Gloria, 2012
Nilsson, Anders
GSI - Spezialeinheit Göteborg - Rache der Löwen, 2012
GSI - Spezialeinheit Göteborg - Ein perfekter Plan, 2012
Nixey, Troy
Don't Be Afraid of the Dark, 2010
Noëlle, Marie
Ludwig II., 2012
Nolan, Christopher
The Dark Knight Rises, 2012
Nolte, Monika
Newo Ziro - Neue Zeit, 2011
Norberg-Hodge, Helena
Die Ökonomie des Glücks, 2011

Nordaas, Aleksander
Thale - Ein dunkles Geheimnis, 2012
Norton, Zeke
Barbie - Die Prinzessin und der Popstar, 2012
Nossiter, Jonathan
Rio für Anfänger, 2010
Nourizadeh, Nima
Project X, 2012
Nuala, Nayato Fio
Fight - City of Darkness, 2011
Nualsuth, Thanadol
Die Rache der Königskobra, 2010
Nuridsany, Claude
Wunder der Natur, 2011
Nyanja, Bob
Der Hauptmann von Nakara, 2011

O
O'Brien, Billy
Planet der Monster, 2011
O'Brien, Declan
Wrong Turn 4 - Bloody Beginnings, 2011
O'Connor, Gavin
Warrior, 2011
Oakley, Danny
Der kleine Zauberer - Hüter des magischen Kristalls, 2008
Oberg, M.X.
Ein Ton Blau, 2012
Odermatt, Urs
Der böse Onkel, 2011
Odoul, Damien
Woher wir kommen, 2011
Ohlin, Lisa
Simon, 2011
Okpako, Branwen
Die Geschichte der Auma Obama, 2011
Oldenburg, Manfred
Drei Leben: Axel Springer - Verleger - Feindbild - Privatmann, 2012
Olguín, Jorge
Armageddon of the Living Dead, 2008
Olivares, Gerardo
Wolfsbrüder, 2010
Olnek, Madeleine
Codependent Lesbian Space Alien Seeks Same, 2011
Olson, Tamara
18-Year-Old-Virgin, 2009
Olsson, Mattias
Night Hunt - Die Zeit des Jägers, 2011
Önder, Sirri Süreyya
Typ-F - Der Film, 2012
Onneken, Edzard
Lotta & die großen Erwartungen, 2011

Tessa Hennig: Elli gibt den Löffel ab, 2012
Opitz, Florian
Speed - Auf der Suche nach der verlorenen Zeit, 2011
Oppermann, Claus
Bis an DIE GRENZE - Der private Blick auf die Mauer, 2012
Ormerod, Nick
Bel Ami, 2012
Ornstein, Bruce
Vamperifica - Blood Sucks, 2011
Orozco, Juan Felipe
Greetings to the Devil, 2011
Orr, Gregory
Recreator - Du wirst repliziert, 2011
Overweg, Calle
Beziehungsweisen, 2011
Özdemir, Vedat
Typ-F - Der Film, 2012
Ozon, François
In ihrem Haus, 2012
Ozpetek, Ferzan
siehe: Özpetek, Ferzan
Özpetek, Ferzan
Magnifica presenza, 2012

P
Page, John
Die Ökonomie des Glücks, 2011
Pajuha, Nisha
Schatten der Schönheit, 2011
Paley, Nina
Sita Sings the Blues, 2008
Palmer, Ben
Sex on the Beach, 2011
Palmer, David
Brother's Justice, 2010
Palmer, Ian
Knuckle, 2011
Palud, Xavier
The Blind Man, 2012
Panahi, Jafar
This Is Not a Film, 2010
Pandilha, José
Elite Squad - Im Sumpf der Korruption, 2010
Pansard, Mathieu
I Love Democracy: Russland, 2011
Paounov, Andrey
Der Junge, der König war, 2011
Papavassiliou, Jorgo
Ein Sommer in den Bergen, 2011
Paquin, Andrew
Open House, 2010
Parenti, Neri
Colpi di fulmine, 2012

Lexikon der Regisseure

Parker, Brad
Chernobyl Diaries, 2012
Parkhill, Matthew
The Caller – Anrufe aus der Vergangenheit, 2011
Parkinson, Andrew
Obsession – Tödliche Spiele, 2011
Parmer, Keith
Mob Rules – Der Gangsterkrieg, 2010
Paronnaud, Vincent
Huhn mit Pflaumen, 2011
Pasquini, Dania
StreetDance 2, 2012
Patrick, Scott
Rise of the Black Bat, 2012
Pavlovski, Saso
This is Not an American Movie, 2011
Pawlikowski, Pawel
Die geheimnisvolle Fremde, 2011
Payne, Alexander
The Descendants – Familie und andere Angelegenheiten, 2011
Payne, Jamie
Supernatural – Life Line, 2007
Pedersen, Janus Metz
Camp Armadillo, 2010
Peirano, Pedro
Gatos viejos – Old Cats, 2010
Pejo, Robert-Adrian
Der Kameramörder, 2009
Pellington, Mark
I Melt With You, 2011
Penn, Zak
Zwischenfall am Loch Ness, 2004
Perazio, Vincent
Das Wrack des Sonnenkönigs – Tauchfahrt in Toulon, 2012
Percival, Brian
Downton Abbey, 2010/2011
Percival, Daniel
Strike Back – Tödliches Kommando, 2011
Peren, Maggie
Die Farbe des Ozeans, 2011
Pérennou, Marie
Wunder der Natur, 2011
Peres, Guillaume
Das Wrack des Sonnenkönigs – Tauchfahrt in Toulon, 2012
Peretz, Jesse
Our Idiot Brother, 2011
Perez, Gilles
Rebellen am Ball, 2012
Perez, Jack
Mordlust – Some Guy Who Kills People, 2011

Perisic, Vladimir
Ordinary People, 2009
Persiel, Marten
This Ain't California, 2012
Peter, Jan
Meine Einheit – Schicksale im vereinigten Deutschland, 2010
Friedrich – Ein deutscher König, 2011
Peters, Katarina
Man for a Day, 2012
Petersen, Kristian
Fucking Different XXX, 2011
Peterson, Megan
Heathens and Thieves, 2012
Pethke, Katharina
Louisa, 2011
Petry, Marco
Heiter bis wolkig, 2012
Pettiette, P.J.
Julia X, 2011
Petzold, Christian
Barbara, 2011
Peyton, Brad
Die Reise zur geheimnisvollen Insel, 2011
Pfeifer, Marion Leonie
Zeit der Namenlosen, 2012
Pfeiffer, Maris
Ein starkes Team – Eine Tote zu viel, 2011
Phillips, Bob
Jack Says, 2008
Phillips, Mike
Flying Fortress, 2011
Phillips, Simon
Andrew Lloyd Webber's Love Never Dies, 2012
Picareta, Lourdes
Das Jahr des Frühlings, 2011
Pichler, Andreas
Das Venedig Prinzip, 2012
Pientka, Dirk
Der Bergdoktor – Virus, 2012
Pil-sung, Yim
Doomsday Book, 2012
Pilleri, Tim
Bis das Blut kocht, 2011
Pinaud, Pierre
Sag, dass du mich liebst, 2012
Pinzler, Jutta
Nie wieder Fleisch?, 2011
Pirhasan, Baris
Typ-F – Der Film, 2012
Pirhasan, Yusuf
Kurtulus son durak, 2011
Plaza, Paco
[Rec]3 Genesis, 2012

Pleszczynski, Stefan
Wege aus der Hölle, 2007
Poet, Paul
Empire Me – Der Staat bin ich!, 2011
Pohland, Hansjürgen
Die Rebellen von Oberhausen, 2012
Polat, Ayse
Luks Glück, 2010
Põldma, Janno
Lotte und das Geheimnis der Mondsteine, 2011
Polish, Michael
Der Gestank des Erfolges, 2009
Pölsler, Julian Roman
Die Wand, 2012
Pong, Elodie
Contemporary, 2010
Pooley, Leanne
Shackletons Retter, 2011
Popov, Dmitri
Flirten auf Russisch, 2011
Porumboiu, Corneliu
Police, adjective, 2009
Pouchain, Philippe
Juliette Gréco – Die Unvergleichliche, 2011
Pradetto, Wilma
Höllentrips, 2010
Prestel, Peter
Die Bernsteinstraße, 2012
Prieto, Luis
Pusher, 2012
Prior, D. Kerry
Untote wie wir – Man ist so tot wie man sich fühlt, 2009
Probost, Irina
Janosch – Komm, wir finden einen Schatz!, 2010
Prochaska, Andreas
Spuren des Bösen, 2010
Die unabsichtliche Entführung der Frau Elfriede Ott, 2010
Das Wunder von Kärnten, 2011
Spuren des Bösen – Racheengel, 2012
Pucitta, Miriam
Friede Freude Eierkuchen, 2012
Puiu, Cristi
Aurora, 2010
Pyun, Albert
The Sword and the Sorcerer 2, 2010

Q

Quirijns, Klaartje
Anton Corbijn Inside Out, 2012

R

Rabaté, Pascal
Holidays by the Sea, 2011
Rachata, Krissanapong
Thai Fighter – Die Jagd nach dem Microchip, 2011
Radulescu, Razvan
Felicia über alles, 2009
Radwanski jr., Stasch
Killer God, 2010
Ragazzi, Luca
Italy, Love It or Leave It, 2011
Ramsay, Lynne
We Need to Talk About Kevin, 2011
Ramsey, Peter
Die Hüter des Lichts, 2012
Randl, Lola
Die Libelle und das Nashorn, 2012
Ranisch, Axel
Dicke Mädchen, 2011
ROSAKINDER, 2012
Rapaport, Michael
Beats, Rhymes & Life: The Travels Of A Tribe Called Quest, 2011
Rasper, Ingo
Vatertage – Opa über Nacht, 2012
Ratliff, George
Wer's glaubt, wird selig – Salvation Boulevard, 2011
Rau, Carsten
Strom aus der Wüste, 2012
Ray, Christopher
2-Headed Shark Attack, 2010
Ray, Fred Olen
Supershark, 2011
Raymont, Peter
Glenn Gould – Genie und Leidenschaft, 2009
Reber, Roland
Die Wahrheit der Lüge, 2011
Rech, Rouven
Adopted, 2010
Recha, Marc
Sing um dein Leben, 2008
Reed, Dan
Lewis – Die Alles-oder-Nichts-Frage, 2010
Reed, Tripp
Alraune – Die Wurzel des Grauens, 2010
Reeves, Dale C.
Bloodfighter of the Underworld, 2007
Regel, Dirk
Mensch Mama!, 2012
Register, Brett
Bis das Blut kocht, 2011
Reiné, Roel
Scorpion King 3: Kampf um den Thron, 2011

Reiner, Rob
The Magic of Belle Isle – Ein verzauberter Sommer, 2012
Reithmeier, Michael
Pumping Ercan, 2011
Reitman, Jason
Young Adult, 2011
Renaud, Chris
Der Lorax, 2012
Renfroe, Jeff
Civic Duty, 2006
Renner, Bettina
Begrabt mein Herz in Dresden, 2012
Renoh, Hervé
Paris Express, 2010
Renton, Nicholas
Lewis – Die Geister, die ich rief, 2010
Retzer, Otto W.
Das Traumhotel – Brasilien, 2011
Das Traumhotel – Vietnam, 2011
Reyels, Ann-Kristin
Formentera, 2012
Reynaud, Jean
Das Rote-Khmer-Tribunal – Eine Frage der Gerechtigkeit, 2011
Rice, Donald
Cheerful Weather for the Wedding, 2012
Richards, David
Supernatural – Verhängnisvolle Berührung, 2007
Rick, Stephan
Unter Nachbarn, 2011
Riebl, Michael
Vatertag, 2011
Riedel, Alexander
Hundsbuam – Die letzte Chance, 2012
Riedelsheimer, Thomas
Breathing Earth – Susumu Shingus Traum, 2012
Riedelsperger, Erhard
Auf der Spur des Löwen, 2011
Riesser, Dan
Bis das Blut kocht, 2011
Rihs, Oliver
Dating Lanzelot, 2011
Riou, Yves
Juliette Gréco – Die Unvergleichliche, 2011
Roach, Jay
Die Qual der Wahl, 2012
Robbins, Brian
Noch tausend Worte, 2011
Robelin, Stéphane
Und wenn wir alle zusammenziehen?, 2011

Robert, Scott C.
Naked Fear 3 – Angst bis in den Tod, 2009
Roberts, Johannes
Roadkill, 2011
Storage 24, 2012
Robertson, Elise
Cannibal Rising, 2012
Robin, Marie-Monique
Die Zukunft pflanzen, 2012
Robinson, Andrew
Amok – Columbine School Massacre, 2009
Robinson, Bruce
Rum Diary, 2011
Robinson, Julie Anne
Einmal ist keinmal, 2012
Roche, Marc
Goldman Sachs – Eine Bank lenkt die Welt, 2012
Rochefort, Jean
Ein Leben für die Pferde, 2009
Röckenhaus, Freddie
Deutschland von oben, 2012
Rockwell, Alexandre
Pete Smalls is Dead, 2010
Rödl, Josef
Kabarett, Kabarett, 2010
Rodnunsky, Serge
War Flowers, 2011
Rodriguez, Boris
Eddie – The Sleepwalking Cannibal, 2011
Rodriguez, Robert
Spy Kids 4 – Alle Zeit der Welt 4D, 2011
Rof, Gilles
Rebellen am Ball, 2012
Rohrwacher, Alice
Corpo Celeste, 2011
Rojas Vera, Gabriel
Karen llora en un bus, 2011
Rola, Carlo
Rosa Roth – Trauma, 2011
Das Kindermädchen, 2011
Roll, Gernot
Die kleine Lady, 2012
Romy, Bruno
Die Fee, 2011
Ron, Gustavo
Ways to Live Forever – Die Seele stirbt nie, 2010
Ronkainen, Mika
Freizeit-Machos, 2010
Rooks, Conrad
Siddhartha, 1972
Rosado, Pedro Pérez
Wilaya, 2012

Lexikon der Regisseure

Röse, Eva
Maria Wern, Kripo Gotland – Schwarze Schmetterlinge, 2011
Rose, Timo
Unrated 2: Scary as Hell, 2011
Rosen, Peter
Das Gesicht der Perfektion – Der Geiger Jascha Heifetz, 2010
Rösener, Ringo
Unter Männern – Schwul in der DDR, 2012
Rosenmüller, Marcus H.
siehe: Rosenmüller, Marcus Hausham
Rosenmüller, Marcus Hausham
Wer's glaubt, wird selig, 2012
Pension Freiheit, 2012
Rosenthal, Tatia
Der Sinn des Lebens für 9,99 $, 2009
Ross, Gary
Die Tribute von Panem – The Hunger Games, 2012
Rossacher, Hannes
On Jack's Road, 2012
Udo Lindenberg auf Tour: Deutschland im März 2012 – Ein Roadmovie, 2012
Rostock, Susanne
Sing Your Song, 2010
Rotger, François
Ein Wort hätte genügt, 2008
Roth, Thomas
Der Kommissar und das Meer – Allein im finsteren Wald, 2011
Der Kommissar und das Meer – Niemand hat Schuld, 2012
Rothemund, Marc
Mann tut was Mann kann, 2012
Rothemund, Sigi
Donna Leon – Schöner Schein, 2011
Engel der Gerechtigkeit – Brüder fürs Leben, 2011
Oma wider Willen, 2011
Mein verrücktes Jahr in Bangkok, 2011
Die Jagd nach dem weißen Gold, 2012
Rothwell, Jerry
Samenspender unbekannt, 2010
Rowe, Sally
Eine Frage des Geschmacks – Starkoch Paul Liebrandt, 2011
Rowitz, Michael
Rat mal, wer zur Hochzeit kommt, 2011
Roy, Mathieu
Endstation Fortschritt?, 2011
Roy, Richard
Das Komplott – Abducted, 2007
Roze
Kein Weg zurück, 2009

Rumley, Simon
Obsession – Tödliche Spiele, 2011
Runeborg, Johannes
Zeit der Rache – Im Namen des Vaters, 2010
Rusnak, Josef
Beyond – Die rätselhafte Entführung der Amy Noble, 2011
Russell, Tiller
Der letzte Ritt des Ransom Pride, 2010
Rutare, Micho
Adopting Terror, 2012
Ruzicka, Jan
Schmidt & Schwarz, 2011
Ruzowitzky, Stefan
Cold Blood – Kein Ausweg. Keine Gnade., 2012
Rybojad, Stéphane
Special Forces, 2011
Rye, Renny
Inspector Barnaby – Haus voller Hass, 2004
RZA
The Man with the Iron Fists, 2012

S

Saarela, Olli
Priest of Evil, 2010
Sabella, Paul
Bob der Baumeister – Der Dino Spaß Park, 2011
Sachs Bostrup, Charlotte
Karla & Jonas, 2010
Sachs, Ira
Keep the Lights on, 2012
Sacks, Steve
Monster High – Mega Monsterparty, 2012
Said, Dain
Bunohan – Return to Murder, 2011
Saine, Henry
Der letzte Lovecraft, 2009
Salama, Amr
Tahrir 2011, 2011
Salazar, Miguel
Kolumbiens Trauma – Verschwunden im Justizpalast, 2011
Saleh, Tarik
Metropia, 2009
Salles, Walter
On the Road – Unterwegs, 2012
Salva, Victor
Rosewood Lane, 2011
Sämann, Peter
Lilly Schönauer – Liebe auf den zweiten Blick, 2011
Lebe dein Leben, 2011

Toni Costa – Kommissar auf Ibiza: Küchenkunst, 2012
Sambath, Thet
Enemies of the People – A Personal Journey Into the Heart of the Killing Fields, 2010
Samuell, Yann
Der Krieg der Knöpfe, 2011
Sánchez Lansch, Enrique
Ouvertüre 1912 – Die Deutsche Oper Berlin, 2012
Sanders, Rupert
Snow White and the Huntsman, 2012
Sanford, Arlene
Disney Meine Schwester Charlie unterwegs – Der Film, 2011
Sang-ho, Han
Speckles – Die Abenteuer eines kleinen Dinosauriers, 2011
Sang-woo, Lee
Soldaten der Apokalypse – A Little Pond, 2009
Sasabe, Kiyoshi
Kaiten – Human Torpedo War, 2006
Satajew, Akan
Der Liquidator – Töten war sein Job, 2011
Satin, Dennis
Heiratsschwindler küsst man nicht, 2011
Weihnachten ... ohne mich, mein Schatz!, 2011
Wir haben gar kein Auto, 2012
Sato, Shinsuke
Gantz – Die ultimative Antwort, 2011
Satrapi, Marjane
Huhn mit Pflaumen, 2011
Satzinger, Michael
Welt ohne Männer, 2012
Sauder, Régis
Wir sind alle Prinzessinnen, 2011
Saul, Anno
Reiff für die Insel – Neubeginn, 2011
Saura, Carlos
Ich, Don Giovanni, 2009
Flamenco, Flamenco, 2010
Savini, Tom
The Theatre Bizarre, 2011
Scafaria, Lorene
Auf der Suche nach einem Freund fürs Ende der Welt, 2012
Scemla, Jérôme
Frankreichs schönste Küsten, 2011
Schäfer, André
John Irving und wie er die Welt sieht, 2011

Moderne Kreuzfahrer – Von Mördern,
  Machos und Matrosen, 2012
Schaffer, Akiva
The Watch – Nachbarn der 3. Art, 2012
Schalko, David
Der Aufschneider, 2009
Schall, Ute
Das traurige Leben der Gloria S., 2011
Schamoni, Ulrike
Abschied von den Fröschen, 2011
Scharang, Elisabeth
Vielleicht in einem anderen Leben, 2012
Schaub, Christoph
Nachtlärm, 2012
Scheffner, Philip
Revision, 2012
Schelenz, Sevé
Skew, 2011
Schenkman, Richard
Abraham Lincoln vs. Zombies, 2012
Schick, Gerhard
Allah in Ehrenfeld, 2012
Schiemann, Georg
Geschichten aus den Bergen – Das Edelweißcollier, 2010
Schilling, Regina
Geschlossene Gesellschaft – Der Missbrauch an der Odenwaldschule, 2011
Schilt, Martin
Die Wiesenberger – No Business Like Show Business, 2011
Schimpke, Alexander
Ferien im Niemandsland, 2012
Schlaich, Frieder
Weil ich schöner bin, 2012
Schleinzer, Markus
Michael, 2011
Schleppi, Helmut
Der Weihnachtsabend, 2011
Schlöndorff, Volker
Das Meer am Morgen, 2011
Schlossberg, Hayden
American Pie: Das Klassentreffen, 2012
Schmid, Alice
Die Kinder vom Napf, 2011
Schmid, Hans-Christian
Was bleibt, 2012
Schmid, Luzia
Geschlossene Gesellschaft – Der Missbrauch an der Odenwaldschule, 2011
Schmidt, Alex
Du hast es versprochen, 2011
Schmidt, Eckhart
Marilyn Monroe – Ich möchte geliebt werden, 2010

Schmidt, Marc
Matthijs' Regeln, 2012
Schmidt-Garre, Jan
Der atmende Gott – Reise zum Ursprung des modernen Yoga, 2011
Schmitz, Carolin
Schönheit, 2011
Schmitz, Oliver
Willkommen im Krieg, 2011
Allein unter Nachbarn, 2012
Schnaas, Andreas
Unrated 2: Scary as Hell, 2011
Schnee, Christoph
2 für alle Fälle – Manche mögen Mord, 2011
Der Klügere zieht aus, 2012
Das Millionen Rennen, 2012
Schneider, Michael
Die Tote ohne Alibi, 2011
Schneider, Stefan
Konrad Adenauer – Stunden der Entscheidung, 2012
Schnell, Urs
Bottled Life: Nestlés Geschäfte mit Wasser, 2011
Schnitt, Jonathan
Foxtrott 4, 2012
Schoeller, Pierre
Der Aufsteiger, 2011
Schoemann, Michael
Kleiner starker Panda, 2011
Schoen, Hartmut
Alleingang, 2010
Schoendoerffer, Frédéric
Switch – Ein mörderischer Tausch, 2011
Scholey, Keith
Im Reich der Raubkatzen, 2011
Schoukens, Sophie
Marieke und die Männer, 2010
Schramm, Andrea
Der achte Sommer, 2010
Schranz, Silke
Australien in 100 Tagen, 2012
Schreier, Jake
Robot & Frank, 2012
Schrewe, Christoph
Dann kam Lucy, 2011
Emilie Richards: Spuren der Vergangenheit, 2011
Schroeder, Laura
Schatzritter, 2012
Schubert, Dietrich
Allein die Wüste, 2011
Schueppel, Uli M.
siehe: Schüppel, Uli M.
Schuller, Jean-Louis
The Road Uphill, 2012

Schulman, Ariel
Paranormal Activity 4, 2012
Schult, Astrid
Die Vermittler, 2011
Die Tea Party, 2012
Schulz, Birgit
Robert Bosch – Vermächtnis eines Großindustriellen, 2011
Allah in Ehrenfeld, 2012
Schumacher, Joel
Trespass, 2011
Schüppel, Uli M.
Brötzmann – Da gehört die Welt mal mir, 2012
Schwaiger, Günter
Abendland Ibiza, 2011
Schwartz, Josh
Fun Size – Süßes oder Saures, 2012
Schwarz, Florian
Hannah Mangold & Lucy Palm, 2011
Schwarz, Jeffrey
Wrangler – Das Leben einer Legende, 2008
Schwarz, Samuel
Mary & Johnny, 2011
Schwarzenberger, Xaver
Die Verführerin Adele Spitzeder, 2011
Clarissas Geheimnis, 2012
Schweiger, Til
Schutzengel, 2012
Schwietert, Stefan
Balkan Melodie, 2012
Schwimmer, David
Trust, 2010
Schwochow, Christian
Die Unsichtbare, 2011
Der Turm, 2012
Sciamma, Céline
Tomboy, 2011
Scorsese, Martin
Hugo Cabret, 2011
Scott, Jordan
Cracks, 2009
Scott, Ken
Starbuck, 2011
Scott, Ridley
Prometheus – Dunkle Zeichen, 2012
Sczepanski, Thomas
The Hunt – Menschenjagd, 2012
Sears, Michael F.
Liebe gewinnt, 2011
Sehr, Peter
Ludwig II., 2012
Seidel, Clarissa
RADIOACTIVISTS – Protest in Japan since Fukushima, 2011

Lexikon der Regisseure

Seilhamer, Kimberly
Jack the Reaper, 2011
Seitz, Anni
Vatertage, 2011
Seker, Murat
Tanz der Schakale 2, 2012
Selge, Titus
Überleben an der Wickelfront, 2011
Sen, Paul
Steve Jobs: The Lost Interview, 2011
Senn, Andreas
Verfolgt – Der kleine Zeuge, 2011
Seok-yun, Kim
Detective K – Im Auftrag des Königs, 2011
Seong-yun, Oh
Liefi – Ein Huhn in der Wildnis, 2011
Serafini, Marco
Das Geheimnis der Villa Sabrini, 2011
Utta Danella – Prager Geheimnis, 2012
Serre, Magali
Die Chinesen kommen! Europas Rettung oder Untergang?, 2012
Sethi, Kanwal
Fernes Land, 2010
Seurat, Marie
Damaskus, voller Erinnerungen, 2012
Sewitsky, Anne
Anne liebt Philipp, 2011
Sezgin, Yesim
Çanakkale 1915, 2012
Shankman, Adam
Rock of Ages, 2012
Shapiro, Craig
Dr. Dolittle 4, 2008
Shelton, Lynn
Your Sister's Sister, 2011
Shepard, Dax
Brother's Justice, 2010
Sher, Roy
Mein süßer Kanarienvogel, 2011
Sheridan, Jim
Dream House, 2011
Shortland, Cate
Lore, 2012
Sid, Pascal
Das Haus der Geheimnisse, 2011
Sieling, Charlotte
Die Brücke – Transit in den Tod (1), 2011
Die Brücke – Transit in den Tod (2), 2011
Siering, Kay
Abenteuer Sibirien, 2012
Silberston, Jeremy
Inspector Barnaby – Unglücksvögel, 2003
Silla, Karine
Kuss des Schmetterlings, 2011

Silva, Sebastián
Gatos viejos – Old Cats, 2010
Silvestre, Emmanuel
Villa Captive, 2011
Simpson, Daniel
Spiderhole – Jemand muss zahlen, 2010
Simpson, Julian
Superstorm – Hurrikan außer Kontrolle, 2007
Sims, Joseph Stephen
Bad Behaviour, 2010
Sinav, Osman
Uzun Hikaye, 2012
Sinclair, John Douglas
Heathens and Thieves, 2012
Singh, Tarsem
Spieglein Spieglein – Die wirklich wahre Geschichte von Schneewittchen, 2011
Sinha, Anubhav
RA.One – Superheld mit Herz, 2011
Siu-Tung, Ching
Das Todesduell der Shaolin, 1983
Die Legende der weißen Schlange, 2011
Siwe, Lisa
Die Brücke – Transit in den Tod (3), 2011
Six, Tom
Human Centipede – Der menschliche Tausendfüßler, 2008
Sjogren, John
Corruption.gov, 2010
Skinner, Damian
Rape & Revenge, 2006
Skov, Martin
Ninjago – Das Jahr der Schlangen, 2011
Slee, Mike
Die Königin der Erdmännchen, 2008
Sletaune, Pål
Babycall, 2011
Smaczny, Paul
Die Thomaner, 2011
Smith, Peter
Inspector Barnaby – Immer wenn der Scherenschleifer..., 2004
Inspector Barnaby – Blumen des Bösen, 2005
Sobol, Jonathan
A Beginner's Guide to Endings, 2010
Soderbergh, Steven
Girlfriend Experience, 2009
Haywire, 2011
Magic Mike, 2012
Soisson, Joel
Kinder des Zorns: Genesis – Der Anfang, 2011

Sokurow, Alexander
Faust, 2011
Sollima, Stefano
A.C.A.B. – All Cops Are Bastards, 2012
Son Le, Thanh
Clash – Die Söldner, 2009
Sonnenfeld, Barry
Men in Black 3, 2012
Sono, Sion
Guilty of Romance, 2011
Sori, Fumihiko
Dragon Age – Dawn of the Seeker, 2012
Söth, Michael
Bauernfrühstück, 2011
Soudani, Mohammed
Lionel, 2010
Southcombe, Barnaby
I, Anna, 2012
Southern, Dylan
Shut up and play the hits, 2012
Spaulding, Ethan
Scooby-Doo! Das Grusel-Sommercamp, 2010
Speckenbach, Jan
Die Vermissten, 2011
Specogna, Heidi
Carte Blanche, 2011
Speer, Scott
Step up: Miami Heat, 2012
Spiegel, Scott
Hostel 3, 2011
Spielberg, Steven
Gefährten, 2011
Spiner, Fernando
Aballay – Der Mann ohne Angst, 2010
St. Leger, Stephen
Lockout, 2012
Stachura, Joseph P.
Redemption, 2011
Stahl, Christian
Gangsterläufer, 2010
Stankiewicz, Ewa
Wenn du gehst, 2010
Stanley, Richard
The Theatre Bizarre, 2011
Stanton, Andrew
John Carter – Zwischen zwei Welten, 2011
Stapleton, Alex
Ufos, Sex und Monster – Das wilde Kino des Roger Corman, 2011
Stark, Christoph
Tabu – Es ist die Seele... ein Fremdes auf Erden, 2011
Stassen, Ben
Sammys Abenteuer 2, 2012

Stein von Kamienski, Nikolaus
Vater Mutter Mörder, 2011
Rommel, 2012
Stein, Björn
Underworld Awakening (3D), 2011
Stein, Markus
Unter Männern – Schwul in der DDR, 2012
Stein, Niki
siehe: Stein von Kamienski, Nikolaus
Steiner, Nicolas
Kampf der Königinnen, 2011
Stelzer, Manfred
Der Heiratsschwindler und seine Frau, 2011
Stennert, Philipp
Das Haus der Krokodile, 2011
Stenzel, Alexander
Das Jahr des Frühlings, 2011
Stern, Klaus
Versicherungsvertreter – Die erstaunliche Karriere des Mehmet Göker, 2011
Sternthal, Lee
The Words, 2012
Sterzenbach, Susanne
Das Jahr des Frühlings, 2011
Steurer, Matthias
Ganz der Papa, 2011
Plötzlich 70!, 2011
Zu schön um wahr zu sein, 2012
Wohin der Weg mich führt, 2012
Stienz, Felix
Puppe, Icke & der Dicke, 2011
Stimpson, John
Weihnachtszauber, 2011
Stockwell, John
Dark Tide, 2012
Code Name Geronimo, 2012
Stoddard, Jason
Another American Crime, 2010
Stoll Ward, Pablo
siehe: Stoll, Pablo
Stoll, Pablo
3 / Tres, 2012
Stoller, Nicholas
Fast verheiratet, 2012
Stone, Oliver
Savages, 2012
Stora, Benjamin
Unsere algerische Geschichte, 2011
Story, Tim
Stürmische Zeiten – Gib niemals auf, 2009
Denk wie ein Mann, 2012
Stout, Tom
The One Warrior, 2011

Strauss-Schulson, Todd
Harold & Kumar – Alle Jahre wieder, 2011
Strietmann, Pia
Tage die bleiben, 2011
Struckmann, Tino
Kesselschlacht in der Normandie, 2011
Styles, Richard
Bloodsport – Supreme Champion, 2010
Sucsy, Michael
Für immer Liebe, 2011
Sullivan, Brett
Andrew Lloyd Webber's Love Never Dies, 2012
Sundvall, Kjell
Die Nacht der Jäger, 2011
Sung-Hee, Jo
End of Animal, 2010
Susser, Spencer
Hesher – Der Rebell, 2010
Swanberg, Joe
V/H/S – Eine mörderische Sammlung, 2012
Swimberge, France
Kommt die Apokalypse?, 2012
Sycholt, Stefanie
Die Löwin, 2011
Sylvester, Joey
Walk a Mile in My Pradas, 2011
Szabó, István
Hinter der Tür, 2012
Szumowska, Malgorzata
Das bessere Leben, 2011
Szumowska, Malgoska
siehe: Szumowska, Malgorzata

T
Tabogo, Andres
Black Worm, 2007
Tachibana, Masaki
.hack//Quantum, 2010
Tae-hun, Kim
Die Athena-Verschwörung – In tödlicher Mission, 2010
Tafel, Sibylle
Rotkäppchen, 2012
Heiraten ist auch keine Lösung, 2012
Tal, Tamar
Life in Stills, 2011
Tamahori, Lee
The Devil's Double, 2011
Tanter, Paul
White Collar Hooligan, 2012
Taretto, Gustavo
Medianeras, 2011
Tarr, Béla
Das Turiner Pferd, 2011

Tartakovsky, Genndy
Hotel Transsilvanien, 2012
Tass, Nadia
Hoffnungslos glücklich, 2010
Tataru, Oliver
Anatomie des Weggehens, 2012
Taviani, Paolo
Cäsar muss sterben, 2011
Taviani, Vittorio
Cäsar muss sterben, 2011
Taylor, Brian
Ghost Rider: Spirit of Vengeance, 2011
Taylor, Deon
Chain Letter – The Art of Killing, 2010
Taylor-Stanley, Julia
These Foolish Things, 2006
Teigler, Rolf
Tagträumer, 2012
Temtchine, Richard
How to Seduce Difficult Women, 2009
Tengeler, Jan
Sound of Heimat, 2011
Teodorescu, Alina
Flirten auf Russisch, 2011
Terrero, Jessy
Freelancers, 2012
Thalheim, Robert
ROSAKINDER, 2012
The Vicious Brothers,
Grave Encounters, 2010
Theede, Christian
Tierisch verknallt, 2011
Alles Bestens, 2012
Allerleirauh, 2012
Theron, Roland
Zu den letzten Grenzen der Erde: Mapaoni-Expedition, 2011
Thome, Rudolf
Ins Blaue, 2011
Thompson, Lea
Wege aus der Hölle, 2007
Thornley, Wayne
Zambezia, 2012
Thöß, Markus
Das Office of Special Affairs – O.S.A. – Der Scientology-Geheimdienst, 2012
Thümena, Thomas
Jean Tinguely, 2010
Thurber, Rawson Marshall
Ein verhängnisvoller Sommer, 2008
Thurmeier, Michael
Ice Age 4 – Voll verschoben, 2012
Thurn, Hansjörg
Die Rache der Wanderhure, 2011

Unter Frauen, 2012
Thys, Guy Lee
Mixed Kebab, 2012
Tibbetts, Carl
Retreat, 2011
Tibbon, Talya
Jagd auf Bin Laden, 2012
Tiefenbach, Matthias
Halbe Hundert, 2012
Tiefenbacher, Matthias
Eine halbe Ewigkeit, 2011
Und dennoch lieben wir, 2012
Tirard, Laurent
Asterix & Obelix – Im Auftrag Ihrer Majestät, 2012
Tixier, Alain
Benny – Allein im Wald, 2011
Toft Jacobsen, Espen
Der große Bär, 2011
Tögel, Hans-Jürgen
Rosamunde Pilcher: Die falsche Nonne, 2012
Kreuzfahrt ins Glück – Hochzeitsreise nach Jersey, 2012
Toledano, Eric
Ziemlich beste Freunde, 2011
Trachte, Tim
Davon willst du nichts wissen, 2011
Trageser, Tim
Mandy will ans Meer, 2011
Kommissarin Lucas – Bombenstimmung, 2012
Kommissarin Lucas – Die sieben Gesichter der Furcht, 2012
Trajkov, Ivo
90 Minuten – Das Berlin Projekt, 2011
Trank, Josh
Chronicle – Wozu bist du fähig?, 2011
Travis, Pete
Dredd – 3D, 2012
Traviss, Reg
Screwed – Krieg im Knast, 2011
Trenchard-Smith, Brian
Long Lost Son, 2006
Trier, Joachim
Oslo, August 31, 2011
Trost, Tracy
Im Weihnachtsschnee, 2010
Trottnow, Barbara
Deutsch aus Liebe, 2008-10
Trouble, Courtney
Fucking Different XXX, 2011
Trueba, Fernando
Chico & Rita, 2010
Tsangari, Athina Rachel
Attenberg, 2010

Tsitos, Filippos
Ein starkes Team – Schöner wohnen, 2012
Tsujimoto, Takanori
Red Tears, 2011
Tucker, Anand
Die Zeit, die uns noch bleibt, 2007
Tunie, Tamara
See You in September, 2010
Twomey, Nora
Das Geheimnis von Kells, 2009
Tykwer, Tom
Cloud Atlas, 2012
ROSAKINDER, 2012
Tyldum, Morten
Headhunters, 2011

U
Uekrongtham, Ekachai
Coffin – Lebendig begraben, 2008
Ulmer, Bruno
Das Musée d'Orsay in Paris, 2011
Underwood, Ron
Santa Baby 2, 2009
Üngör, Ali Levent
Mevsim Çicek Acti – Blüte der Jahreszeit, 2012

V
Valente, Martin
Väter und andere Katastrophen, 2011
Valette, Eric
On the Run, 2011
Valinia, Amir
Jurassic Predator, 2010
Vallée, Jean-Marc
Café de Flore, 2011
van den Bergh, Regardt
Tornado und der Pferdeflüsterer, 2009
van der Kuil, Flip
New Kids Nitro, 2011
van Strien, Elbert
Two Eyes Staring – Der Tod ist kein Kinderspiel, 2010
Vasyukov, Dmitry
Happy People: Ein Jahr in der Taiga, 2012
Velasco, Diego
The Zero Hour, 2010
Venier, Massimo
Die 1000 Euro-Generation, 2009
Verbong, Ben
Ein vorbildliches Ehepaar, 2012
Verhoeven, Michael
Die zweite Hinrichtung – Amerika und die Todesstrafe, 2011
Bloch: Heißkalte Seele, 2012

Vernon, Conrad
Madagascar 3: Flucht durch Europa, 2012
Verow, Todd
Fucking Different XXX, 2011
Vetter, Marcus
Cinema Jenin, 2010
Viatte, Augustin
Frankreich – Wild und schön, 2011
Villaverde, Xavier
The Sex of Angels, 2012
Villella, Chad
V/H/S – Eine mörderische Sammlung, 2012
Villetard, Xavier
Flüchtig – Das rätselhafte Leben des B. Traven, 2011
Vilsmaier, Joseph
Russisch Roulette, 2011
Der Meineidbauer, 2011
Bavaria – Traumreise durch Bayern, 2012
Vince, Robert
Treasure Buddies – Die Schatzschnüffler in Ägypten, 2012
Santa Pfote 2 – Die Weihnachtswelpen, 2012
Vincent, Christian
Die Köchin und der Präsident, 2012
Vincent, John
The 6th Extinction, 2009
Vinokurova, Anastasia
Klempner für tausend Seelen, 2011
Viré, Benjamin
Cannibal, 2010
Viveiros, Craig
Ghosted – Albtraum hinter Gittern, 2011
Volach, David
Mein Vater, mein Herr, 2007
von Arx, Mirjam
Virgin Tales, 2012
von Castelberg, Christian
Hunkeler und die Augen des Ödipus, 2011
von Flotow, Katharina
Jean-Jacques Rousseau – Nichts zu verbergen, 2012
von Furstenberg, Tatiana
Die Mädchen von Tanner Hall, 2009
von Glasow, Niko
Alles wird gut, 2011
von Heinz, Julia
ROSAKINDER, 2012
Hanni & Nanni 2, 2012
von Münchow-Pohl, Ute
Der kleine Rabe Socke, 2012
von Naso, Lancelot
Die Braut im Schnee, 2010

von Praunheim, Rosa
König des Comics – Ralf König, 2012
Rosas Welt, 2012
von Seydlitz, Mark
Dora Heldt: Bei Hitze ist es wenigstens nicht kalt, 2011
Dora Heldt: Kein Wort zu Papa, 2011
von Stürler, Manuel
Winternomaden, 2012
von Traben, Tina
Pommes essen, 2011
von Trotha, Désirée
Woodstock in Timbuktu, 2011
von Wedemeyer, Clemens
Muster, 2012
Vu, Victor
Blood Letter – Schrift des Blutes, 2012
Vuorensola, Timo
Iron Sky, 2012

W
Wachowski, Andy
Cloud Atlas, 2012
Wachowski, Lana
Cloud Atlas, 2012
Wadimoff, Nicolas
Opération Libertad, 2012
Wagner, Petra K.
siehe: Wagner, Petra Katharina
Wagner, Petra Katharina
Herbstkind, 2012
Sprinter – Haltlos in die Nacht, 2012
Wagner, Stephan
Lösegeld, 2011
Der Fall Jakob von Metzler, 2012
Wagon, Virginie
Clara geht für immer, 2011
Wåhlin, Nils
Paranormal Cellar, 2003
Wain, David
Wanderlust – Der Trip ihres Lebens, 2011
Walker, Steve
Buebe gö z'Tanz, 2011
Walsh, Matt
George A. Romero Presents Deadtime Stories, 2009
Walther, Connie
Zappelphilipp, 2012
Walther, Joachim
Im Dickicht der Spendenindustrie, 2012
Wandaogo, Britta
Nichts für die Ewigkeit, 2011
Wang, Wayne
Der Seidenfächer, 2011

Ward, Duncan
Boogie Woogie – Sex, Lügen, Geld und Kunst, 2009
Wareheim, Eric
Tim and Eric's Billion Dollar Movie, 2012
Watkins, James
Die Frau in Schwarz, 2011
Waugh, Scott
Act of Valor, 2012
Waxman, Keoni
Maximum Conviction, 2012
Weaver, David
Der Samariter – Tödliches Finale, 2012
Webb, Marc
The Amazing Spider-Man, 2012
Weber, Bernard
Die Wiesenberger – No Business Like Show Business, 2011
Weber, Bill
We Were Here, 2011
Weber, Walter
Meine Tochter, ihr Freund und ich, 2012
Wech, Michael
Der Domino-Effekt – Chronik der Euro-Krise, 2011
Wedhorn, Tanja
Ein Sommer im Elsass, 2011
Weerasethakul, Apichatpong
Mekong Hotel, 2012
Wegener, Mareike
Mark Lombardi – Kunst und Konspiration, 2012
Wegrzyn, Radek
Violinissimo, 2011
Sommer auf dem Land, 2011
Weibel, Sascha
Hard Stop, 2011
Weide, Robert B.
Woody Allen: A Documentary, 2012
Weigl, Wolfgang
blindlings – blindspot, 2009
Weiland, Paul
Sixty Six, 2006
Wein, Daryl
Lola gegen den Rest der Welt, 2012
Weiner, Clay
Fred – Der Film, 2010
Weinert, Steffen
Finn und der Weg zum Himmel, 2012
Weingartner, Hans
Die Summe meiner einzelnen Teile, 2011
Weissman, David
We Were Here, 2011
Welter, Markus
Der Teufel von Mailand, 2012

Wen, Jiang
Let the Bullets Fly – Tödliche Kugel, 2010
Wendel, Achim
Der Männerclub – Denn Freundschaft ist mehr als bloß Freundschaft, 2012
Wenders, Hella
Berg Fidel – Eine Schule für alle, 2011
Wendler, Hauke
Strom aus der Wüste, 2012
Wenk, Michael
Germaine Damar – Der tanzende Stern, 2009–11
Wessel, Kai
Mord in Ludwigslust, 2011
Lena Fauch und die Tochter des Amokläufers, 2012
West, Simon
The Expendables 2, 2012
Stolen, 2012
West, Ti
The Innkeepers – Hotel des Schreckens, 2011
V/H/S – Eine mörderische Sammlung, 2012
Westerwelle, Stefan
Detlef, 2012
Westfeldt, Jennifer
Friends with Kids, 2012
Wheatley, Ben
Kill List, 2011
Whedon, Joss
Marvel's The Avengers, 2012
Wheeler, Anne
Knockout – Born to Fight, 2011
Wheeler, Scott
Celebrity Sex Tape, 2012
White, Susanna
Jane Eyre, 2006
Whitecross, Mat
Sex & Drugs & Rock & Roll, 2010
Wichniarz, Karsten
Afrika ruft nach dir, 2012
Alles außer Liebe, 2012
Widlok, Gudrun F.
Adopted, 2010
Wieland, Ute
Deckname Luna, 2012
Wiese, Marc
Camp 14 – Total Control Zone, 2012
Wiest, Andrew
Die Abenteuer von Chris Fable, 2010
Wigand, Tomy
Omamamia, 2012
Wild, Anne
Tagträumer, 2012

Lexikon der Regisseure

Wilde, Robert
Jonas – Stell dir vor, es ist Schule und du musst wieder hin!, 2011
Willbrandt, Nils
Blutadler, 2011
Willing, Nick
Alice im Wunderland, 2009
Neverland, 2011
Willitzkat, Fred R.
Die Genialität des Augenblicks – Der Fotograf Günter Rössler, 2012
Wills, Adrian
Michael Jackson – The Immortal World Tour, 2012
Wilmes, Beatrix
Die Grundschüler, 2011
Wilson, Sheldon
Red: Werewolf Hunter, 2010
Super Twister, 2011
Snowmageddon – Hölle aus Eis und Feuer, 2011
Windfeld, Kathrine
Agent Hamilton – Im Interesse der Nation, 2012
Winding Refn, Nicolas
Drive, 2011
Wingard, Adam
V/H/S – Eine mörderische Sammlung, 2012
Winterberg, Yury
Meine Einheit – Schicksale im vereinigten Deutschland, 2010
Wiseman, Len
Total Recall, 2012
Withrow, Tommy
Scorpius Gigantus, 2005
Witte, Udo
Aus Liebe zu dir, 2010
Inga Lindström: Sommer der Erinnerung, 2011
Wittlich, Angelika
Alexander Granach – Da geht ein Mensch, 2012
Witz, Martin
The Substance – Albert Hofmanns LSD, 2011
Wnendt, David
Kriegerin, 2011
Wolf, Christof
Im Angesicht der Dunkelheit, 2008
Wolfe, Katie
Kawa, 2010
Wolfsperger, Douglas
Doppelleben, 2011
Wolk, Andy
Ein Engel in der Stadt, 2004

Wong, Jing
Future X-Cops, 2010
Wongkamlao, Petchtai
TJ – Next Generation, 2007
Woo-ping, Yuen
Twin Warriors, 1993
Wood, Andrés
Violeta Parra, 2011
Woodhead, Leslie
Jagd auf Bin Laden, 2012
Woolcock, Penny
Exodus, 2007
Worobjew, Witali
Der Bomber, 2011
Worobjow, Witali
siehe: Worobjew, Witali
Wortmann, Sönke
Das Hochzeitsvideo, 2012
Wright, Joe
Anna Karenina, 2012
Wright, Jon
Grabbers, 2012
Wulf, Fredo
Eisen bewegen in Kiel, 2011
Wüstenberg, Christian
Australien in 100 Tagen, 2012
Wynorski, Jim
Camel Spiders – Angriff der Monsterspinnen, 2011
Wyss, Tobias
Flying Home – Mein Onkel in Amerika, 2011

Y

Yakin, Boaz
Safe – Todsicher, 2012
Yamamoto, Yasuichiro
Detektiv Conan – Das Requiem der Detektive, 2006
Detektiv Conan – Die azurblaue Piratenflagge, 2007
Detektiv Conan – Die Partitur des Grauens, 2008
Yates, Gary
Shadow Island Mysteries – Geheimnisvolle Weihnachten, 2010
Yau, Herman
Ip Woman, 2011
Yip, Wilson
Magic to Win, 2011
A Chinese Ghost Story – Die Dämonenkrieger, 2011
Yong Kim, So
Treeless Mountain, 2008
Younglove, Douglas S.
Killer Expendables, 2010

Yuriko, Nana
Bar 25 – Tage außerhalb der Zeit, 2012
Yuyama, Kunihiko
Pokémon – Zoroark: Meister der Illusionen, 2010

Z

Z, Baldvin
siehe: Zophoníasson, Baldvin
Zabeil, Jan
Der Fluss war einst ein Mensch, 2011
Zaccaro, Maurizio
Die Swingmädchen, 2010
Zaguroli, Jim
Bis das Blut kocht, 2011
Zahavi, Dror
München 72 – Das Attentat, 2011
Zakarin, Scott
Girls Team – 9 Models und 1 Coach, 2008
Zalla, Christopher
Padre Nuestro – Vater unser, 2006
Zambrano Cassella, Jose
Sacred – Die Prophezeiung, 2009
Zamm, Alex
Dr. Dolittle 5, 2009
Ze'evi, Chanoch
Meine Familie, die Nazis und ich, 2012
Zeitlin, Benh
Beasts of the Southern Wild, 2012
Zelnik, Friedrich
Die Weber, 1927
ZEP
siehe: Chappuis, Philippe
Zéro, Karl
Being ... Putin, 2011
Ziegenbalg, Oliver
Russendisko, 2012
Ziller, Paul
Die Saat des Bösen, 2011
Der jüngste Tag – Das Ende der Menschheit, 2011
Das Philadelphia Experiment – Reactivated, 2012
Zimbalist, Jeff
Bollywood – Die größte Liebesgeschichte aller Zeiten, 2011
Zirilli, Daniel
The Mercenary, 2010
Zophoníasson, Baldvin
Jitters – Schmetterlinge im Bauch, 2010
Zouhali-Worrall, Malika
Call Me Kuchu, 2012
Zünd, Jacqueline
Goodnight Nobody, 2010
Zwiagintsew, Andrej
Elena, 2011

Lexikon der Originaltitel

Das Verzeichnis nennt die ausländischen Filmtitel, wobei die bestimmten und unbestimmten Artikel den jeweiligen Filmtiteln nachgestellt sind.

0-9

100 GHOST STREET: THE RETURN OF RICHARD SPECK. 100 Ghost Street – The Return of Richard Speck.
11-11-11. 11-11-11 – Das Tor zur Hölle.
11-11-11 – THE PROPHECY. 11-11-11 – Das Tor zur Hölle.
14 AMAZONS, THE. 14 Schwerter.
17 FILLES. 17 Mädchen.
18 COMIDAS. 18 Comidas – 18 Mahlzeiten.
18-YEAR-OLD-VIRGIN. 18-Year-Old-Virgin.
1920 BITWA WARSZAWSKA. 1920 – Die letzte Schlacht.
1ST FURRY VALENTINE. Prinzessin und das Pony, Die.
2 DAYS IN NEW YORK. 2 Tage New York.
2033. 2033 – Das Ende ist nah!.
21 JUMP STREET. 21 Jump Street.
2:22. 2:22.
25TH REICH, THE. The 25th Reich.
2-HEADED SHARK ATTACK. 2-Headed Shark Attack.
3. 3 / Tres.
3 HOLIDAZ TALES. Und wieder eine tierische Bescherung.
3 SEZONY V PEKLE. 3 Seasons In Hell.
360. 360.
4:44 LAST DAY ON EARTH. 4:44 Last Day on Earth.
50/50. 50/50 – Freunde fürs (Über)Leben.
6 BULLETS. Six Bullets.
6TH EXTINCTION, THE. The 6th Extinction.
7 GWANGGU. Sector 7.
7 KHOON MAAF. Susannas 7 Männer.
8 PERVYKH SVIDANIY. 8 erste Dates.
96 MINUTES. 96 Minuten.
$ 9,99. Sinn des Lebens für 9,99 $, Der.

A

A BOUT PORTANT. Point Blank – Aus kurzer Distanz.
A L'AVEUGLE. The Blind Man.
À L'OMBRE DE LA BEAUTÉ. Schatten der Schönheit.
A LA GUERRE COMME A LA GUERRE. Krieg ist kein Spiel!.
A LA RECHERCHE DU TEMPS PERDU. Auf der Suche nach der verlorenen Zeit.
ABALLAY, EL HOMBRE SIN MIEDO. Aballay – Der Mann ohne Angst.
ABANDON. Abandon.
ABDUCTED: FUGITIVE FOR LOVE. Komplott – Abducted, Das.
ABELAR: TALES OF AN ANCIENT EMPIRE. The Sword and the Sorcerer 2.
ABENDLAND IBIZA. Abendland Ibiza.
ABRAHAM LINCOLN: VAMPIRE HUNTER. Abraham Lincoln Vampirjäger.
ABRAHAM LINCOLN VS. ZOMBIES. Abraham Lincoln vs. Zombies.
ABRIR PUERTAS Y VENTANAS. Abrir puertas y ventanas.
ABRUPT DECISION. Zeit der Entscheidung.
ABSENTIA. Absentia.
A.C.A.B.: ALL COPS ARE BASTARDS. A.C.A.B. – All Cops Are Bastards.
ACT OF VALOR. Act of Valor.
ADIEUX À LA REINE, LES. Leb wohl, meine Königin!.
ADIÓS A LA REINA. Leb wohl, meine Königin!.
ADOPTING TERROR. Adopting Terror.
ADVENTURES OF CHRIS FABLE, THE. Abenteuer von Chris Fable, Die.
AFFLICTED, THE. Another American Crime.
AFRICAN CATS – KINGDOM OF COURAGE. Im Reich der Raubkatzen.
AFRIKA RUFT NACH DIR. Afrika ruft nach dir.
ÂGE ATOMIQUE, L'. Atomic Age.
AGUILA ROJA – LA PELICULA. Adler des Königs, Der.
AI WEIWEI: NEVER SORRY. Ai Weiwei: Never Sorry.
AIR COLLISION. Flight 23 – Air Crash.
AIRBORNE. Airborne – Come Die With Me.
AIT TERJUN PENGANTIN. Lost Paradise – Playmates in Hell.
AJTÓ, AZ. Hinter der Tür.
AKO SA VARIA DEJINY. Cooking History – 6 Kriege, 11 Rezepte, 60.361.024 Tote.
AL JUMA AL AKHEIRA. The Last Friday – Al juma al akheira.
AL MOR WA AL RUMMAN. Granatäpfel und Myrrhe.
ALBERT NOBBS. Albert Nobbs.
ALEXANDRA DAVID-NEEL – J'IRAI PAYS DES NEIGES. Meine Reise zum Dach der Welt.
ALGERIE, NOTRE HISTOIRE. Unsere algerische Geschichte.
ALICE. Alice im Wunderland.
ALIEN DAWN. Alien Dawn.
ALIEN TRESPASS. Alien Trespass.
ALL GOOD THINGS. All Beauty Must Die.
ALL TOGETHER, THE. Chaos – Gar nicht allein zu Haus!, Das.
ALLIGATOR X. Jurassic Predator.
ALPEN-MONOPOLY IN ANDERMATT. Alpen-Monopoly in Andermatt.
ALPHA AND OMEGA. Alpha und Omega.
ALPIS. Alpen.
ALPSEGEN. Alpsegen.
ALYCE. Alyce – Außer Kontrolle.
AMADOR. Amador und Marcelas Rosen.
AMAZING SPIDER-MAN, THE. The Amazing Spider-Man.
AMER. Amer – Die dunkle Seite deiner Träume.
AMERICAN BATTLESHIP. American Warship – Die Invasion beginnt.
AMERICAN EXPERIENCE: THE GOLD RUSH, THE. Goldrausch, Der.
AMERICAN MASTERS: LENNON, NYC. Lennon, NYC.
AMERICAN PASSAGES. American Passages.
AMERICAN REUNION. American Pie: Das Klassentreffen.
AMIGO ALEMÁN, EL. deutsche Freund, Der.
AMITYVILLE HAUNTING. Amityville Haunting.

Lexikon der Originaltitel

AMOR, UN. Un Amor.
AMOUR. Liebe.
AMOUR DE JEUNESSE, UN. Un amour de jeunesse.
AMOUR DURE TROIS ANS, L'. verflixte 3. Jahr, Das.
AND WHEN DID YOU LAST SEE YOUR FATHER?. Zeit, die uns noch bleibt, Die.
ANDREW LLOYD WEBBER'S LOVE NEVER DIES. Andrew Lloyd Webber's Love Never Dies.
ANDROID INSURRECTION. Android Insurrection.
ANDY WARHOL: A DOCUMENATRY. Andy Warhol – Godfather of Pop.
ANGEL DOG. Cooper – Eine wunderbare Freundschaft.
ANGELS & AIRWAVES LOVE. Angels & Airwaves – Love.
ANGELS' SHARE, THE. Angels' Share – Ein Schluck für die Engel.
ANNA KARENINA. Anna Karenina.
ANOTHER HAPPY DAY. Another Happy Day.
ANTON CORBIJN INSIDE OUT. Anton Corbijn Inside Out.
APE, THE. The Ape – Auf diesem Planeten laust dich der Affe ....
APOCAPLYSE, L'. Kommt die Apokalypse?.
APOLLONIDE (SOUVENIRS DE LA MAISON CLOSE), L'. Haus der Sünde.
APPARITION, THE. Apparition – Dunkle Erscheinung.
APRENTI, L'. Lehrling, Der.
APRÈS LUI. Tag, der alles veränderte, Der.
APRIL SHOWERS. Amok – Columbine School Massacre.
ARACHNOQUAKE. Arachnoquake.
ARBITRAGE. Arbitrage.
ARCHIPELAGO. Archipelago.
ARENA. Arena.
ARGO. Argo.
ARIRANG. Arirang – Bekenntnisse eines Filmemachers.
ARMADILLO. Camp Armadillo.
ARMED AND DEADLY. Armed and Deadly.
ARNE DAHL: MISTERIOSO. Arne Dahl – Misterioso.
ARNE DAHL: ONT BLOD. Arne Dahl – Böses Blut.
ARNE DAHL: UPP TILL TOPPEN AV BERGET. Arne Dahl – Falsche Opfer.

ART D'AIMER, L'. Kunst zu lieben, Die.
ARTIST, THE. The Artist.
ARYAN COUPLE, THE. Von Hitlers Schergen gehetzt.
AS THE NIGHT FALLS. Nacht der Zombies, Die.
ASALTO AL CINE. The Boys From Guerrero City.
ASSASSIN'S BULLET. Sofia – Im Visier der Macht.
ASTÉRIX ET OBÉLIX: AU SERVICE DE SA MAJESTÉ. Asterix & Obelix – Im Auftrag Ihrer Majestät.
ATHENA: GOODESS OF WAR. Athena-Verschwörung – In tödlicher Mission, Die.
ATLAS SHRUGGED: PART 1. Atlas Trilogie: Wer ist John Galt?, Die.
ATM. ATM – Tödliche Falle.
ATTACK: L.A.. Battle of Los Angeles.
ATTENBERG. Attenberg.
AU CUL DU LOUP. Haus auf Korsika, Das.
AU PAIR III – ADVENTURES IN PARADISE. Au Pair 3 – Abenteuer im Paradies.
AUFSCHNEIDER, DER. Aufschneider, Der.
AUKMEN. Thai Box Fighter.
AURORA. Aurora.
AUSENTE. Ausente.
AUTRE VERSANT DE GSTAAD, L'. unbekannte Gstaad, Das.
AVALON HIGH. Tochter von Avalon.
AVÉ. Avé.
AVENGERS, THE. Marvel's The Avengers.
AVENTURES DE PHILIBERT, CAPTAINE PUCEAU, LES. Musketier für alle Fälle, Ein.
AWKA LIWEN – REBELLION AT DAWN. Awka Liwen – Rebellion im Morgengrauen.
AXED. Axed.
AY BÜYÜRKEN UYUYAMAM. Ay büyürken uyuyamam.

B

BABAMIN SESI. Babamin Sesi – Die Stimme meines Vaters.
BABY. Baby – Live Fast. Kill Young.
BABYCALL. Babycall.
BACHELORETTE. Hochzeit unserer dicksten Freundin, Die.
BAD 25. Bad 25.
BAD ASS. Bad Ass.

BAD BEHAVIOUR. Bad Behaviour.
BAGMAN. Casino Jack.
BAI SHE CHUAN SHUO. Legende der weißen Schlange, Die.
BAI WAN JU. Million Dollar Crocodile – Die Jagd beginnt.
BAIL ENFORCERS. Bounty Hunters.
BAISER PAPILLON, UN. Kuss des Schmetterlings.
BALKAN MELODIE. Balkan Melodie.
BALLAD FOR A QUEEN. Lied für eine Königin, Ein.
BALLADA O BOMBERE. Bomber, Der.
BANA BIR SOYGUN YAZ!. Bana Bir Soygun Yaz!.
BANKABLE. Um Bank und Kragen.
BARBIE IN A MERMAID TALE 2. Barbie und das Geheimnis von Oceana 2.
BARBIE: THE PRINCESS AND THE POPSTAR. Barbie – Die Prinzessin und der Popstar.
BARRENS, THE. Jersey Devil.
BARRY MUNDAY. Barry Munday Story, Die.
BARYLLI'S BAKED BEANS. Barylli's Baked Beans.
BATISSEURS DE LA CATHEDRALE, LES. Baumeister des Straßburger Münsters.
BATTLE FORCE. Battle Force – Todeskommando Aufklärung.
BATTLE: NEW YORK, DAY 2. Battle NY – Day 2.
BATTLE OF LOS ANGELES. Battle of Los Angeles.
BATTLE RECON. Battle Force – Todeskommando Aufklärung.
BATTLESHIP. Battleship.
BAY RONG. Clash – Die Söldner.
BAYTOWN OUTLAWS, THE. The Baytown Outlaws.
BEASTS OF THE SOUTHERN WILD. Beasts of the Southern Wild.
BEAT THE WORLD. Beat the World.
BEATS, RHYMES & LIFE: THE TRAVELS OF A TRIBE CALLED QUEST. Beats, Rhymes & Life: The Travels Of A Tribe Called Quest.
BEAUTY. Beauty.
BEAUTY AND THE BRIEFCASE. Businessplan zum Verlieben.
BEGINNER'S GUIDE TO EBDINGS, A. A Beginner's Guide to Endings.
BEHIND ENEMY LINES: COLOMBIA. Im Fadenkreuz 3 – Einsatz in Kolumbien.

BEHIND YOUR EYES. Behind Your Eyes.
BEHRMOTH. Behemoth – Monster aus der Tiefe.
BEING PUTIN. Being ... Putin.
BEL AMI. Bel Ami.
BEL AMI – STORIA DI UN SEDUTTORE. Bel Ami.
BELLFOLWER. Bellflower.
BEN 10 DESTROY ALL ALIENS. Ben 10: Destroy All Aliens.
BENEATH THE DARKNESS. Inside the Darkness – Ruhe in Frieden.
BERLIN KAPLANI. Berlin Kaplani.
BERSERK: OGON JIDAI HEN I – HAOU NO TAMAGO. Berserk: Das goldene Zeitalter – Das Ei des Königs.
BERT STERN: ORIGINAL MADMAN. Bert Stern – The Man Who Shot Marilyn.
BEST EXOTIC MARIGOLD HOTEL, THE. Best Exotic Marigold Hotel.
BEYOND. Beyond – Die rätselhafte Entführung der Amy Noble.
BEYROUTH HOTEL. Beirut Hotel.
BIEN-AIMÉS, LES. Liebenden – von der Last, glücklich zu sein, Die.
BIG BANG, THE. The Big Bang.
BIG MIRACLE. Ruf der Wale, Der.
BIG YEAR, THE. Jahr vogelfrei, Ein.
BIGFOOT. Bigfoot – Die Legende lebt!.
BIOHAZARD DAMNATION. Resident Evil: Damnation.
BIR SES BÖLER GECEYI. Bir Ses Böler Geceyi – Ein Schrei durchbricht die Nacht.
BIR ZAMANLAR ANADOLU'DA. Once Upon a Time in Anatolia.
BITE MARKS. Bite Marks.
BITTER TASTE OF FREEDOM, A. Anna Politkowskaja – Ein Leben für die Freiheit.
BLACK GOLD. Black Gold.
BLACK WORM. Black Worm.
BLACKSHEEP. Black Sheep – 7 gegen die Hölle.
BLACKTHORN. Blackthorn.
BLÅFJELL 2 – JAKTEN PÅ DET MAGISKE HORN. Magic Silver 2 – Die Suche nach dem magischen Horn (3D).
BLOOD LETTER. Blood Letter – Schrift des Blutes.
BLOOD RUNS COLD. Blood Runs Cold.
BLOODED. Freiwild – Zum Abschuss freigegeben.
BLUTADLER. Blutadler.
BOB THE BUILDER: BIG DINO DIG. Bob der Baumeister – Der Dino Spaß Park.

BODYGUARD 2, THE. TJ – Next Generation.
BOLLYWOOD – THE GREATEST LOVE STORY EVER TOLD. Bollywood – Die größte Liebesgeschichte aller Zeiten.
BOMBAY BEACH. Bombay Beach.
BONHEUR N'ARRIVE JAMAIS SEUL, UN. Und nebenbei das große Glück.
BONOBOS. Benny – Allein im Wald.
BONS BAISERS DE LA COLONIE. Liebesgrüße aus den Kolonien.
BOOGIE, EL ACEITOSO. Boogie – Sexstisch, gewalttätig und sadistisch.
BOOGIE WOOGIE. Boogie Woogie – Sex, Lügen, Geld und Kunst.
BORN BAD. Born Bad.
BORN IN THE USSR: 21 UP. Geboren in der Sowjetunion – Neun Leben 1983 bis heute.
BORN TO RIDE. Born to Ride.
BÖSE ONKEL, DER. böse Onkel, Der.
BOTTLED LIFE: NESTLES GESCHÄFTE MIT WASSER. Bottled Life: Nestlés Geschäfte mit Wasser.
BOUDICA. Tochter des Spartacus, Die.
BOUNTY. Bounty – Die Rache ist mein.
BOURNE LEGACY, THE. Bourne Vermächtnis, Das.
BOX OF SHADOWS. The Ghostmaker.
BOY WHO WAS A KING, THE. Junge, der König war, Der.
BRAVE. Merida – Legende der Highlands.
BRAZEN BULL, THE. Nictophobia – Folter in der Dunkelheit.
BREAKING WIND. Beilight Saga: Breaking Wind – Bis(s) einer heult!, Die.
BREATHING EARTH – SUSUMU SHINGUS DREAM. Breathing Earth – Susumu Shingus Traum.
BREATHLESS. Breathless.
BRITNEY: FOR THE RECORD. Britney: For the Record.
BRON/BROEN. Brücke – Transit in den Tod (1), Die.
BRON/BROEN. Brücke – Transit in den Tod (2), Die.
BRON/BROEN. Brücke – Transit in den Tod (3), Die.
BRON/BROEN. Brücke – Transit in den Tod (4), Die.
BRON/BROEN. Brücke – Transit in den Tod (5), Die.
BROTHER'S JUSTICE. Brother's Justice.

BU SON OLSUN. Bu son olsun.
BUCK. Buck.
BUCKY LARSON: BORN TOBE A STAR. Bucky Larson: Born to be a Star.
BUEBE GÖ Z'TANZ. Buebe gö z'Tanz.
BUFFALO BILL ET LA CONQUETE DE L'EST. Buffalo Bill im Wilden Osten.
BULB FICTION. Bulb Fiction.
BUMBLEFUCK USA. Bumblefuck USA.
BUNOHAN. Bunohan – Return to Murder.

C

C'EST ICI QUE JE VIS. Sing um dein Leben.
CABIN IN THE WOODS, THE. The Cabin in the Woods.
CAFE. Café – Wo das Leben sich trifft.
CAFE DE FLORE. Café de Flore.
CAI LI FO. Choy Lee Fut.
CAIRO 678. Kairo 678.
CAIRO EXIT. Cairo Exit.
ÇAKALLARLA DANS 2: HASTASIYIZ DEDE. Tanz der Schakale 2.
CALL ME KUCHU. Call Me Kuchu.
CALL OF THE WILD. Ruf der Wildnis.
CALLER, THE. The Caller – Anrufe aus der Vergangenheit.
CAMEL SPIDERS. Camel Spiders – Angriff der Monsterspinnen.
CAMPAIGN, THE. Qual der Wahl, Die.
ÇANAKKALE 1915. Çanakkale 1915.
ÇANAKKALE ÇOCUKLARI. Çanakkale Çocuklari.
CANNIBAL. Cannibal.
CAPITAINE DE NAKARA, LE. Hauptmann von Nakara, Der.
EL CAPITAN TRUENO Y SANTO GRIAL. Ritter des heiligen Grals.
CARA OCULTA, LA. verborgene Gesicht, Das.
CARJACKED. Carjacked – Jeder hat seine Grenzen.
CARLITOS Y EL CAMPO DE LOS SUENOS. Carlitos großer Traum.
CARNE DE NEON. Neon Flesh.
CARTE BLANCHE. Carte Blanche.
CASINO JACK. Casino Jack.
CASSADAGA. Cassadaga – Hier lebt der Teufel.
CATALPA RESCUE, THE. Flucht aus dem Höllenkerker – Die legendäre Fahrt der Catalpa.
CATCH.44. Catch.44 – Der ganz große Coup.
CAVALIERS SEULS. Leben für die Pferde, Ein.

Lexikon der Originaltitel

CELEBRITY SEX TAPE. Celebrity Sex Tape.
CESARE DEVE MORIRE. Cäsar muss sterben.
CHAIN LETTER. Chain Letter – The Art of Killing.
CHEERFUL WEATHER FOR THE WEDDING. Cheerful Weather for the Wedding.
CHEF, LA RECETA DE LA FELICIDAD, EL. Kochen ist Chefsache.
CHERNOBYL DIARIES. Chernobyl Diaries.
CHERRY BOMB. Cherry Bomb.
CHICO & RITA. Chico & Rita.
CHILDREN OF THE CORN: GENESIS. Kinder des Zorns: Genesis – Der Anfang.
CHIP HAI. Thai Fighter – Die Jagd nach dem Microchip.
CHISELED. Saw Terror.
CHOICE 2012, THE. Obama gegen Romney.
CHOI-JONG-BYEONG-GI HWAL. War of the Arrows.
CHOP. Chop – One Piece at a Time.
CHRISTMAS AT CASTLEBURY HALL. Prinzessin zu Weihnachten, Eine.
CHRISTMAS KISS, A. Weihnachtszauber.
CHRISTMAS LODGE. Weihnachtshütte, Die.
CHRISTMAS SNOW, A. Im Weihnachtsschnee.
CHRISTMAS WITH A CAPITAL C. Weihnachtsabend, Der.
CHRISTOPHER ROTH. Christopher Roth.
CHRONICA SHEL MASHBER. Chronik einer Krise.
CHRONICLE. Chronicle – Wozu bist du fähig?.
CIGARETTES ET BAS NYLON. Nylons und Zigaretten.
CINEMA JENIN. Cinema Jenin.
CINQ PARTIES DU MONDE, LES. Mondnacht von Toulon, Die.
CIRQUE DU SOLEIL: LOVESICK. Cirque du Soleil – Lovesick.
CITIZEN OR STRANGER. Ausländer oder eingebürgert?.
CITOYENS OU ÉTRANGERS. Ausländer oder eingebürgert?.
CIVIC DUTY. Civic Duty.
CLARA S'EN VA MOURIR. Clara geht für immer.
CLARISSAS GEHEIMNIS. Clarissas Geheimnis.
CLAUSTROFOBIA. Claustrofobia.
CLE DES CHAMPS, LA. Wunder der Natur.
CLEANSKIN. Cleanskin – Bis zum Anschlag.
CLONE HUNTER. Clone Hunter.
CLOUD ATLAS. Cloud Atlas.
CO2. CO2.
COCHON DE GAZA, LE. Schwein von Gaza, Das.
COCKNEYS VS. ZOMBIES. Cockneys vs. Zombies.
CODE BLUE. Code Blue.
CODE NAME: GERONIMO. Code Name Geronimo.
CODEPENDENT LESBIAN SPACE ALIEN SEEKS SAME. Codependent Lesbian Space Alien Seeks Same.
COEUR SIMPLE, UN. schlichtes Herz, Ein.
COFFIN, THE. Coffin – Lebendig begraben.
COLD LIGHT OF DAY, THE. The Cold Light of Day.
COLLAPSED, THE. The Collapsed.
COLLISION EARTH. jüngste Tag – Das Ende der Menschheit, Der.
COLOR DEL OCÉANO, EL. Farbe des Ozeans, Die.
COLPI DI FULMINE. Colpi di fulmine.
COMME UN CHEF. Kochen ist Chefsache.
COMMIS D'OFFICE. Pflichtverteidiger, Der.
CONTAMINATION. Contamination.
CONTEMPORARY. Contemporary.
CONTINENTAL DRIFT. Ice Age 4 – Voll verschoben.
CONTRABAND. Contraband.
COOKING HISTORY. Cooking History – 6 Kriege, 11 Rezepte, 60.361.024 Tote.
COOL DOG. Tierisch Cool – Ein Hund in New York.
COOPER. Cooper – Eine wunderbare Freundschaft.
COPACABANA. Copacabana.
CORIOLANUS. Coriolanus.
CORMAN'S WORLD: EXPLOITS OF A HOLLYWOOD REBEL. Ufos, Sex und Monster – Das wilde Kino des Roger Corman.
CORPO CELESTE. Corpo Celeste.
CORRUPTION.GOV. Corruption.gov.
COSMOPOLIS. Cosmopolis.
COURAGEOUS. Courageous – Ein mutiger Weg.
COURIER, THE. The Courier.
COURSIER. Paris Express.
CRACKS. Cracks.
CRASH SITE. Crash Site – Lost in Wilderness.
CRAZY ON THE OUTSIDE. Kleine Lügen auf Bewährung.
CRIMENES DE LUJURIA. Im Bann der Leidenschaft.
CRIMSON PETAL AND THE WHITE, THE. karmesinrote Blütenblatt, Das.
CUENTO CHINO, UN. Chinese zum Mitnehmen.
CULTURES EN TRANSITION. Voices of Transition.
CUTTING EDGE: FIRE AND ICE, THE. Liebe und Eis 4 – Feuer und Eis.

D

DA BLOCK PARTY 3. Da Block Party 3 – Jetzt geht's richtig ab!.
D@BBE 2. D@bbe: Vom Teufel besessen.
D@BBE: BIR CIN VAKASI. D@bbe: Vom Teufel besessen.
DAG. Dag.
DAM 999. DAM 999 – Wasser kennt keine Gnade.
DAMAS, AU PERIL DU SOUVENIR. Damaskus, voller Erinnerungen.
DAMNED UNITED, THE. The Damned United – Der ewige Gegner.
DANS LA LUMIÈRE. The Lady.
DANS LA MAISON. In ihrem Haus.
DANS LA VIE. Wie das Leben spielt.
DANS TON SOMMEIL. Home Invasion – Der Feind in meinem Haus.
DARK HORSE, THE. Insel der Pferde – Du bist mein Leben!, Die.
DARK KNIGHT RISES, THE. The Dark Knight Rises.
DARK SHADOWS. Dark Shadows.
DARK TIDE. Dark Tide.
DATING LANZELOT. Dating Lanzelot.
DAWN OF THE DRAGONSLAYER. Paladin – Der Drachenjäger.
DAWN RIDER. Dawn Rider.
DAY, THE. The Day – Fight. Or Die.
DAYLIGHT FADES. Am Ende der Nacht.
DCI BANKS. Banks – Der Solist.
DE GAULLE, LE GEANT AUX PIEDS D'ARGILE. General de Gaulle – Riese auf tönernen Füßen.
DE LA CUISINE AU PARLEMENT. Aus der Küche ins Bundeshaus.
DE ROUILLE ET D'OS. Geschmack von Rost und Knochen, Der.

Lexikon der Originaltitel

DEAD FUCKING LAST. Dead Fucking Last.
DEAD SEASON. The Running Dead.
DEAD SET. Dead Set – Reality Bites.
DEAD SPACE: AFTERMATH. Dead Space: Aftermath.
DEADFALL. Cold Blood – Kein Ausweg. Keine Gnade..
DEADFALL TRIAL. Kein Weg zurück.
DEADTIME STORIES 2. George A. Romero Presents Deadtime Stories.
DEAF JAM. Deaf Jam.
DEATH FOR SALE. Death for Sale.
DEATH OF A SUPERHERO. Am Ende eines viel zu kurzen Tages.
DECOY BRIDE, THE. Wer ist die Braut?.
DEEP BLUE SEA, THE. The Deep Blue Sea.
DEGUCHI NO NAI UMI. Kaiten – Human Torpedo War.
DÉLICATESSE, LA. Nathalie küsst.
DERNIER VENDREDI, LE. The Last Friday – Al juma al akheira.
DERRIERE LES MURS. Haus der Geheimnisse, Das.
DES VENTS CONTRAIRES. Des vents contraires.
DESCENDANTS, THE. The Descendants – Familie und andere Angelegenheiten.
DESCENDENTS. Armageddon of the Living Dead.
DESTINY RIDE. Sans état d'âme – Begierde.
DETENTION. Detention – Nachsitzen kann tödlich sein.
DEVIL INSIDE, THE. Devil Inside – Keine Seele ist sicher.
DEVIL'S DOUBLE, THE. The Devil's Double.
DEVIL'S ROCK, THE. The Devil's Rock.
DIARIO DE UNA NINFOMANA. Tagebuch einer Nymphomanin.
DIARY OF A WIMPY KID: DOG DAYS. Gregs Tagebuch – Ich war's nicht!.
DICTATOR, THE. Diktator, Der.
DISNEY GOOD LUCK CHARLIE, IT'S CHRISTMAS!. Disney Meine Schwester Charlie unterwegs – Der Film.
DISNEY'S KIM POSSIBLE: SO THE DRAMA. Disneys Kim Possible: Das Hephaestus-Projekt.
DIVIDE, THE. The Divide – Die Hölle sind die anderen.
DOMINATION MASCULINE, LA. Herrschaft der Männer, Die.

DOMINATRIX STORY, A. Sweet Karma – A Dominatrix Story.
DON 2. Don – The King is Back.
DON'T BE AFRAID OF THE DARK. Don't Be Afraid of the Dark.
DONAUSPITAL. Donauspital.
DONKEY. Donkey.
DONNER PASS. Cannibal Rising.
DONOR UNKNOWN. Samenspender unbekannt.
DOOMAN RIVER. Am Grenzfluss.
DOOR, THE. Hinter der Tür.
DOUBLE, THE. The Double.
DOUBLE TAKE. Double Take.
DOWNTON ABBEY. Downton Abbey.
DR DOLITTLE: MILLION DOLLAR MUTTS. Dr. Dolittle 5.
DR. DOLITTLE – TAIL TO THE CHIEF. Dr. Dolittle 4.
DR. SEUSS' THE LORAX. Lorax, Der.
DRAGON AGE: DAWN OF THE SEEKER. Dragon Age – Dawn of the Seeker.
DRAGON CRUSADERS. Dragon Crusaders.
DRAGON EYES. Dragon Eyes.
DREAM HOUSE. Dream House.
DREDD 3D. Dredd – 3D.
DREI BRÜDER À LA CARTE. Drei Brüder à la carte.
DRIVE. Drive.
DUEL OF THE DEATH. Todesduell der Shaolin, Das.

E

EARTHKILLER. Entscheidung – Blade Runner 2, Die.
ECHO, THE. The Echo.
ECONOMICS OF HAPPINESS, THE. Ökonomie des Glücks, Die.
EDDIE – THE SLEEPWALKING CANNIBAL. Eddie – The Sleepwalking Cannibal.
EDUCATION OF AUMA OBAMA, THE. Geschichte der Auma Obama, Die.
EDUCATION OF CHARLIE BANKS, THE. Charlie Banks – Der Augenzeuge.
EIGHT DIAGRAM POLE FIGHTERS, THE. The Eight Diagram Pole Fighters.
EINE WEN IIG, DR DÄLLEBACH KARI. Eine wen iig, dr dällebach kari.
EK MAIN AUR EKK TU. Hochzeit mit Folgen ....
ELENA. Elena.
ELLES. bessere Leben, Das.
EMPATHY. Supernatural – Verhängnisvolle Berührung.

EMPIRE ME. Empire Me – Der Staat bin ich!.
END OF TIME, THE. The End of Time.
END OF WATCH. End of Watch.
ENEMIES AMONG US. Wieder ein Mord im Weißen Haus.
ENEMIES OF THE PEOPLE. Enemies of the People – A Personal Journey Into the Heart of the Killing Fields.
ENFANT D' EN HAUT, L'. Winterdieb.
ENFANTS DE LA BALLE, LES. Staub und Sterne.
ENFANTS FORCATS, LES. Kinder als Arbeitssklaven.
ENGEL VAN DOEL, DE. De Engel van Doel.
ENIGMATIQUE HISTOIRE DE B. TRAVEN, L'. Flüchtig – Das rätselhafte Leben des B. Traven.
ENTRE LES BRAS. Entre Les Bras – 3 Sterne. 2 Generationen. 1 Küche.
ENTRELOBOS. Wolfsbrüder.
ESCAPE FROM TIBET. Wie zwischen Himmel und Erde.
ESCUELA NORMAL. Escuela normal.
ESTATE DI GIACOMO, L'. Giacomos Sommer.
ET MAINTENANT, ON VA OÙ?. Wer weiß, wohin?.
ET SI ON VIVAIT TOUS ENSEMBLE?. Und wenn wir alle zusammenziehen?.
EUROPE, L'ODYSSEE D'UN CONTINENT. Europa, Entstehung eines Kontinents.
EVA. Eva.
EVIDENCE. Evidence.
EVIM SENSIN. Evim Sensin – Du bist mein Zuhause.
EXERCICE DE L'ETAT, L'. Aufsteiger, Der.
EXIT HUMANITY. Exit Humanity.
EXODUS. Exodus.
EXPEDITION MAPAONI – L'INACCESSIBLE FRONTIÈRE. Zu den letzten Grenzen der Erde: Mapaoni-Expedition.
EXPENDABLES 2, THE. The Expendables 2.
EXTREMELY LOUD AND INCREDIBLY CLOSE. Extrem laut & unglaublich nah.

F

F TIPI FILM. Typ-F – Der Film.
FÅ MEG PÅ, FOR FAEN. Turn me on, Goddammit.
FAB FIVE: THE TEXAS CHEERLEADER

SCANDAL. Sexy Biester in der Highschool.
FACES IN THE CROWD. Faces in the Crowd.
FAMINE. Famine – 20 Students, 20 Hours, 20 Horrible Ways To Die.
FANTASTIC FEAR OF EVERYTHING, A. fürchterliche Furcht vor dem Fürchterlichen, Die.
FAR FROM HEAVEN. Mädchenbanden von L.A., Die.
FASE 7. Phase 7.
FAUST. Faust.
FÉE, LA. Fee, Die.
FELICIA, INAINTE DE TOATE. Felicia über alles.
FEMME DU VEME, LA. geheimnisvolle Fremde, Die.
FENSTER ZUM JENSEITS. Fenster zum Jenseits.
FEROCIOUS PLANET. Planet der Monster.
FETIH 1453. Fetih 1453.
FEW BEST MEN, A. Trauzeugen, Die.
FIL D'ARIANE, LE. Unbekannter Anrufer.
FIREPROOF. Fireproof.
FIRST COMPUTER IN THE WORLD: EXCITING HISTORY OF THE ANCIENT ANTIKYTHERA MECHANISM, THE. Wundermaschine von Antikythera, Die.
FIRST RASTA, THE. The First Rasta.
FIVE-YEAR ENGAGEMENT, THE. Fast verheiratet.
FLAMENCO, FLAMENCO. Flamenco, Flamenco.
FLICKA 2. Flicka 2 – Freunde fürs Leben.
FLICKA: COUNTRY PRIDE. Flicka 3 – Beste Freunde.
FLYING HOME. Flying Home – Mein Onkel in Amerika.
FLYING SWORDS OF DRAGON GATE. Flying Swords of Dragon Gate.
FLYPAPER. Flypaper – Wer überfällt hier wen?.
FORBIDDEN VOICES. Forbidden Voices.
FORCES SPECIALES. Special Forces.
FÖRSVUNNEN. Night Hunt – Die Zeit des Jägers.
FORTRESS. Flying Fortress.
FOUR LETTER WORD, A. Four Letter Word… Liebe kann so einfach sein.
FRAMOM FRÄMSTA LINJEN. Beyond the Front Line – Kampf um Karelien.

FRANCE SAUVAGE, LA. Frankreich – Wild und schön.
FRANK. Chaos auf 4 Pfoten – Sommer mit Hund.
FRANKENSTEIN: DAY OF THE BEAST. Frankenstein – Day of the Beast.
FRED: THE MOVIE. Fred – Der Film.
FREELANCERS. Freelancers.
FREETIME MACHOS. Freizeit-Machos.
FREEWAY KILLER. Freeway Killer.
FRIENDS WITH KIDS. Friends with Kids.
FROM MEXICO WITH LOVE. From Mexico With Love.
FROM THE SHADOWS. Naked Fear 3 – Angst bis in den Tod.
FROM THE SKY DOWN. U2 – From the Sky Down.
FUBAR II. Beerfriends – Zwei Prolos für ein Halleluja.
FUK SAU CHE CHI SEI. Revenge – Sympathy for the Devil.
FUN SIZE. Fun Size – Süßes oder Saures.
FUTURE X-COPS. Future X-Cops.

G

GAG. Bonesaw.
GAMIN AU VÉLO, LE. Junge mit dem Fahrrad, Der.
GANDU. Gandu – Wichser.
GANGSTER EXCHANGE. Gangster Kartell.
GANTZ. Gantz – Die ultimative Antwort.
GARDEN OF EVIL. Saat des Bösen, Die.
GARDI – DIE UNENDLICHKEIT DES SPIELS. Gardi – Die Unendlichkeit des Spiels.
GASLAND. Gasland.
GATOS VIEJOS. Gatos viejos – Old Cats.
GEHEIM, HET. Geheimnis des Magiers, Das.
GÉNÉRAL INSHIWARA – L'HOMME QUI DÉCLENCHA LA GUERRE. Ishiwara Kanji – Der General, der Japan in den Zweiten Weltkrieg führte.
GENERAZIONE MILLE EURO. 1000 Euro-Generation, Die.
GENIUS WITHIN: THE INNER LIFE OF GLENN GOULD. Glenn Gould – Genie und Leidenschaft.
GEORGE A. ROMERO PRESENTS DEADTIME STORIES. George A. Romero Presents Deadtime Stories.
GEORGE A. ROMEROS DEADTIME STORIES 2. George A. Romero Presents Deadtime Stories Vol. 2.

GERMAINE DAMAR – DER TANZENDE STERN. Germaine Damar – Der tanzende Stern.
GHOST RIDER: SPIRIT OF VENGEANCE. Ghost Rider: Spirit of Vengeance.
GHOSTED. Ghosted – Albtraum hinter Gittern.
GHOSTMAKER, THE. The Ghostmaker.
GHOSTQUAKE. Ghostquake.
GIFT OF THE MAGI. zauberhaftes Weihnachtsgeschenk, Ein.
GIRL WALKS INTO A BAR. Hangover in L.A..
GIRL WITH THE DRAGON TATTOO, THE. Verblendung.
GIRLFRIEND EXPERIENCE, THE. Girlfriend Experience, The.
GLAUSER. Glauser.
GO FOR IT!. Go For It!.
GOBLIN. Dämon – Im Bann des Goblin, Der.
GOING DOWN IN LA-LA LAND. LA-LA Land.
GO-JI-JEON. The Front Line – Der Krieg ist nie zu Ende.
GOLDEN CHRISTMAS, A. tierische Bescherung, Eine.
GOLDEN CHRISTMAS 2> THE SECOND TALE, A. Und wieder eine tierische Bescherung.
GOLDEN WINTER. Golden Winter – Wir suchen ein Zuhause.
GOLDMAN SACHS: LA BANQUE QUI DIRIGE LE MONDE. Goldman Sachs – Eine Bank lenkt die Welt.
GONE. Gone.
GOOD DOCTOR, THE. Good Doctor – Tödliche Behandlung.
GOOD GUY, THE. The Good Guy – Wenn der Richtige der Falsche ist.
GOODNIGHT NOBODY. Goodnight Nobody.
GOON. Goon – Kein Film für Pussies.
GRABBERS. Grabbers.
GRANDE POMPE A PHYNANCES, LA. Tanz der Geier, Der.
GRAVE ENCOUNTERS. Grave Encounters.
GRAY MAN, ThE. Kindermörder, Der.
GREAT BARRIER REEF. Great Barrier Reef, Das.
GREAT EXPECTATIONS. Große Erwartungen.
GRENADES ET MYRRHE. Granatäpfel und Myrrhe.
GREY, THE. The Grey – Unter Wölfen.

GRIMM'S SNOW WHITE. Grimm's Snow White.
GUARDIANS. The Guardians.
GUERRE DES BOUTONS, LA. Krieg der Knöpfe, Der.
GUERRE EST DÉCLARÉE, LA. Leben gehört uns, Das.
GUETS NEUS – SCHÖÖ, WÜESCHT OND SCHÖÖWÜESCHT. Guets Neus – schöö, wüescht ond schööwüescht.
GUSTAV KLIMT – DER GEHEIMNISVOLLE. Gustav Klimt – Der Geheimnisvolle.
GUTTER KING. Gutter King – König der Kämpfer.

H
.HACK//QUANTUM. .hack//Quantum.
HADEWIJCH. Hadewijch.
HA-DIRA. Wohnung, Die.
HAHITHALFUT. The Exchange.
HALF BROKEN THINGS. Des Hauses Hüterin.
HAMILTON – I NATIONES INTRESSE. Agent Hamilton – Im Interesse der Nation.
HANZU NO TSUKI. Hanezu no tsuki.
HAPPY MAGIC. Magic to Win.
HARA-KIRI: DEATH OF A SAMURAI. Hara-Kiri – Tod eines Samurai.
HARD RIDE TO HELL. Hard Ride to Hell.
HARD STOP. Hard Stop.
HARJUNPÄÄ JA PAHAN PAPPI. Priest of Evil.
HARODIM – LOOK CLOSER. Harodim – Nichts als die Wahrheit?.
HARU TONO TABI. Harus Reise.
HA-SIPPUR SHEL YOSSI. Yossi.
HASTA LA VISTA!. Hasta La Vista.
HAUNTED HIGH. Ghostquake.
HAVE A LITTLE FAITH. Damit ihr mich nicht vergesst.
HAVOC. Kick.
HAYWIRE. Haywire.
HEATHENS AND THIEVES. Heathens and Thieves.
HEAVENLY VINTAGE, A. Engel mit den dunklen Flügeln, Der.
HEAVY METAL IN BAGHDAD. Heavy Metal in Baghdad.
HEIMKEHR, DIE. Heimkehr, Die.
HELLRAISER: REVELATIONS. Hellraiser: Revelations – Die Offenbarung.
HERE COMES THE BOOM. Schwergewicht, Das.
HESHER. Hesher – Der Rebell.
HIDEAWAYS. Hideaways – Die Macht der Liebe.

HIKE, THE. The Hike – Ausflug ins Grauen.
HIROKIN. Fallen Empire – Die Rebellion der Aradier.
HITLER'S CHILDREN. Meine Familie, die Nazis und ich.
HOBBIT: AN UNEXPECTED JOURNEY, THE. Hobbit: Eine unerwartete Reise, Der.
HOBO WITH A SHOTGUN. Hobo with a Shotgun.
HODEJEGERNE. Headhunters.
HOFSHAT KAITS. Mein Vater, mein Herr.
HOI SAM MO FA. Magic to Win.
HOLD YOUR BREATH. Hold Your Breath.
HOLY MOTORS. Holy Motors.
HOME SWEET HOME. Home Sweet Home.
HONG MEN YAN. White Vengeance – Kampf um die Qin-Dynastie.
HOOLING. Howling – Der Killer in dir.
HOPE SPRINGS. Wie beim ersten Mal.
HORA CERO, LÖA. The Zero Hour.
HORRID HENRY: THE MOVIE. Henry der Schreckliche (3D).
HORS SAISON. andere Zeit, Eine.
HOSTEL 3. Hostel 3.
HOSTEL: PART III. Hostel 3.
HOTEL TRANSYLVANIA. Hotel Transsilvanien.
HOUSE OF THE RISING SUN. House of the Rising Sun.
HOW TO SEDUCE DIFFICULT WOMEN. How to Seduce Difficult Women.
HOWLING. Howling – Der Killer in dir.
HUA PI. Painted Skin – Die verfluchten Krieger.
HUMAN CENTIPEDE (FIRST SEQUENCE), THE. Human Centipede – Der menschliche Tausendfüßler.
HUMNS VS ZOMBIES. Humans vs. Zombies.
HUNGER GAMES, THE. Tribute von Panem – The Hunger Games, Die.
HUNKELER UND DIE AUGEN DES ÖDIPUS. Hunkeler und die Augen des Ödipus.
HUNT, THE. The Hunt – Menschenjagd.
HUNTER, THE. The Hunter.
HUNTERS, THE. Jäger – The New Open Season, Die.
HUR MÅNGA LINGON FINNS DET I VÄRLDEN. Kunst sich die Schuhe zu binden, Die.
HURRICANE SEASON. Stürmische Zeiten – Gib niemals auf.

HUSET VID VÄGENS ÄNDE. Paranormal Cellar.
HWANGHAE. The Yellow Sea.

I
I, ANNA. I, Anna.
I CAPTURE THE CASTLE. Liebesleid und Leidenschaft.
I LOVE DEMOCRACY: LA GRECE. I Love Democracy: Griechenland.
I LOVE DEMOCRACY: LES ÉTATS-UNIS. I Love Democracy: USA.
I LOVE DEMOCRACY: RUSSIE. I Love Democracy: Russland.
I LOVE DEMOCRACY: TUNISIE. I Love Democracy: Tunesien.
I LOVE DEMOCRACY: TURQUIE. I Love Democracy: Türkei.
I'M GOING TO TELL YOU A SECRET. I'm Going to Tell You a Secret – Madonna.
I MELT WITH YOU. I Melt With You.
IBIZA OCCIDENT. Abendland Ibiza.
ICE. Ice – Der Tag, an dem die Welt erfriert.
ICE AGE: CONTINENTAL DRIFT. Ice Age 4 – Voll verschoben.
ICHIMEI. Hara-Kiri – Tod eines Samurai.
ID:A. ID:A – Identität anonym.
IL EST MINUIT, PARIS S'EVEILLE. Es ist Mitternacht, Paris erwacht.
ILE, L'. Insel am Ende der Zeit, Die.
ILE: LES NAUFRAGES DE LA TERRE PERDUE, L'. Insel am Ende der Zeit, Die.
ILLÉGAL. Illegal.
ILLUSIONIST, THE. Illusionist, Der.
ILLUSIONISTE, L'. Illusionist, Der.
IMAGE PROBLEM. Image Problem.
IMURDERS. iMurders – Chatroom des Todes.
IN FILM NIST. This Is Not a Film.
IN THE FOG. Im Nebel.
IN THE LAND OF BLOOD AND HONEY. In the Land of Blood and Honey.
IN THE NAME OF LOVE. Im Namen der Liebe.
IN THE NAME OF THE KING 2: TWO WORLDS. Schwerter des Königs – Zwei Welten.
INBETWEENERS MOVIE, THE. Sex on the Beach.
INCESSANT VISIONS. Erich Mendelsohn – Visionen für die Ewigkeit.
INCIDENT, THE. The Incident.

Lexikon der Originaltitel

INCIDENT AT LOCH NESS. Zwischenfall am Loch Ness.
INDE, UNE PUISSANCE EMERGEE, L'. Indien – Land mit Zukunft.
INDEPENDENCIA. Independencia.
INDIGNADOS. Empört Euch!.
INFIDELES, LES. Les infideles.
INGA LINDSTRÖM: SOMMER DER ERINNERUNG. Inga Lindström: Sommer der Erinnerung.
INNKEEPERS, THE. The Innkeepers – Hotel des Schreckens.
INRYU MYEONGMANG BOGOSEO. Doomsday Book.
INSELN VOR DEM WIND. Inseln vor dem Wind.
INSHITE MIRU: 7-KAKAN NO DESU GÊMU. Incite Mill – Jeder ist sich selbst der Nächste.
INTOUCHABLES. Ziemlich beste Freunde.
INTRUDERS. Intruders.
INVENTION OF HUGO CABRET, THE. Hugo Cabret.
IO, DON GIOVANNI. Ich, Don Giovanni.
IRENE HUSS – DEN SOM VAKAR I MÖRKRET. Irene Huss, Kripo Göteborg – Der im Dunkeln wacht.
IRENE HUSS – DET LÖMSKA NÄTET. Irene Huss, Kripo Göteborg – Tödliches Netz.
IRENE HUSS – EN MAN MED LITET ANSIKTE. Irene Huss, Kripo Göteborg – Die Tote im Keller.
IRENE HUSS – I SKYDD AV SKUGGORNA. Irene Huss, Kripo Göteborg – Im Schutz der Schatten.
IRENE HUSS – JAGAT VITTNE. Irene Huss, Kripo Göteborg – Hetzjagd auf einen Zeugen.
IRENE HUSS – TYSTNADENS CIRKEL. Irene Huss, Kripo Göteborg – Teufelskreis.
IRON LADY, THE. eiserne Lady, Die.
IRON SKY. Iron Sky.
IRVINE WELSH'S ECSTASY. Irvine Welsh's Ecstasy.
ITALY, LOVE IT OR LEAVE IT. Italy, Love It or Leave It.

J

J. EDGAR. J. Edgar.
JAB TAK HAI JAAN. Solang ich lebe – Jab Tak Hai Jaan.
JABBERWOCK. Dragon Chronicles – Die Jabberwocky-Saga.
JACK AND JILL. Jack und Jill.
JACK REACHER. Jack Reacher.
JACK SAYS. Jack Says.
JACK THE REAPER. Jack the Reaper.
JACKBOOTS ON WHITEHALL. Nazi Invasion – Team Europa.
JÄGARNA 2. Nacht der Jäger, Die.
JAGEUN YEONMOT. Soldaten der Apokalypse – A Little Pond.
JANE EYRE. Jane Eyre.
JANOSIK. PRAWDZIWA HISTORIA. Outlaw of War.
JARDIN DE AMAPOLAS. Jardin de Amapolas – Mohnblumenwiese.
JASCHA HEIFETZ – GOD'S FIDDLER. Gesicht der Perfektion – Der Geiger Jascha Heifetz, Das.
JASMIN. Jasmin.
JAURES. Jaurès.
JE PENSE A VOUS. Ich denk' an euch.
JE SUIS UNE VILLE ENDORMIE. schlafende Stadt, Die.
JEAN-JACQUES ROUSSEAU – TOUT DIRE. Jean-Jacques Rousseau – Nichts zu verbergen.
JEAN-LOUIS TRINTIGNANT, POURQUOI QUE JE VIS. Jean-Louis Trintignant – Warum ich lebe.
JEFF, WHO LIVES AT HOME. Jeff, der noch zu Hause lebt.
JERSEY DEVIL – THE BARRENS. Jersey Devil.
JIAN HU NU XIA QIU JIN. Ip Woman.
JIANG SHI XIN ZHAN SHI. Vampirjäger, Die.
JIANYU. Dark Stone – Reign of Assassins.
JIK ZIN. The Viral Factor.
JIN-SEUNG-EUI KKEUT. End of Animal.
JMENEM KRALE. Knights of Blood.
JOB, THE. The Job.
JOE + BELLE. Joe + Belle.
JOHAN FALK. GSI – Spezialeinheit Göteborg – Ein perfekter Plan.
JOHAN FALK. GSI – Spezialeinheit Göteborg – Frage des Gewissens.
JOHAN FALK: BARNINFILTRATÖREN. GSI – Spezialeinheit Göteborg – Gegen die Zeit.
JOHAN FALK: GSI – SPELETS REGLER. GSI – Spezialeinheit Göteborg – Weißes Gold.
JOHANN FALK: CODENAMN LISA. GSI – Spezialeinheit Göteborg – Unter Beschuss.
JOHN CARTER. John Carter – Zwischen zwei Welten.
JOIE DE VIVRE, LA. Zu gut für diese Welt.
JØRGEN + ANNE = SANT. Anne liebt Philipp.
JO-SEON MYEONG-TAM-JEONG. Detective K – Im Auftrag des Königs.
JOURNEY 2: THE MYSTERIOUS ISLAND. Reise zur geheimnisvollen Insel, Die.
JUAN DE LOS MUERTOS. Juan of the Dead.
JULIA X. Julia X.
JULIETTE GRÉCO, L'INSOUMISE. Juliette Gréco – Die Unvergleichliche.
JUST LIKE A WOMAN. Just Like a Woman.
JUSTIFY. Sweet Karma – A Dominatrix Story.

K

KAEMPESTORE BJORN, DEN. große Bär, Der.
KAKUSI TORIDE NO SAN AKUNIN. verborgene Festung – Hidden Fortress, Die.
KAMERAMÖRDER, DER. Kameramörder, Der.
KAMINEY. Kaminey – Ungleiche Brüder.
KANDIDATEN. Kandidat, Der.
KAPPA NO KU TO NATSU YASUMI. Sommer mit Coo, Ein.
KAREN LLORA EN UN BUS. Karen llora en un bus.
KARLA OG JONAS. Karla & Jonas.
KATY PERRY: PART OF ME. Katy Perry: Part of Me 3D.
KEBAB MIT ALLES. Kebab mit Alles.
KEEP THE LIGHTS ON. Keep the Lights on.
KEEPER'N TIL LIVERPOOL. The Liverpool Goalie oder: Wie man die Schulzeit überlebt!.
KERITY, LA MAISON DES CONTES. Leon und die magischen Worte.
KHAMSA. Hand Fatimas, Die.
KHEW AR-KHARD. Rache der Königskobra, Die.
KHMER ROUGE, A SIMPLE MATTER OF JUSTICE. Rote-Khmer-Tribunal – Eine Frage der Gerechtigkeit, Das.
KILL LIST. Kill List.
KILL ME PLEASE. Kill me please.
KILLER BY NATURE. Killer Expendables.
KILLER GOD. Killer God.
KILLER JOE. Killer Joe.
KILLING THEM SOFTLY. Killing Them Softly.

KIM POSSIBLE: SO THE DRAMA. Disneys Kim Possible: Das Hephaestus-Projekt.
KINAKO: MINARAI KEISATSUKEN NO MONOGATARI. Krümels Traum – Ich will Polizeihund werden.
KINDER VOM NAPF, DIE. Kinder vom Napf, Die.
KINGDOM OF GLADIATORS. Königreich der Gladiatoren.
KISEKI. I Wish.
KISS AND A PROMISE, A. Sex Killer – Lust. Mord. Wahnsinn.
KLEINE FISCHE. Kleine Fische.
KLEINE LADY, DIE. kleine Lady, Die.
KNERTEN GIFTER SEG. Knerten traut sich.
KNISTERN DER ZEIT – CHRISTOPH SCHLINGENSIEF UND SEIN OPERNDORF IN BURKINA FASO. Knistern der Zeit – Christoph Schlingensief und sein Operndorf in Burkina Faso.
KNOCKOUT. Knockout – Born to Fight.
KNUCKLE. Knuckle.
KOI NO TSUMI. Guilty of Romance.
KOMMISSARIE WINTER: VÄNASTE LAND. Kommissar Winter: Rotes Meer.
KONGELIG AFFÆRE, EN. Königin und der Leibarzt, Die.
KONGEN AV BASTØY. King of Devil's Island.
KOTI KYLÄSSÄ, KYLÄ KOTONA. Zu Hause im Dorf.
KUMA. Kuma.
KURTULUS SON DURAK. Kurtulus son durak.
KWIK. Adrenalin Rush.
KYSS MIG. Küss mich – Kyss Mig.

L
L.A.: GANGS DE FEMMES. Mädchenbanden von L.A., Die.
LAC, UN. See, Ein.
LADY, THE. The Lady.
LADY GENERALS OF YANG FAMILY, THE. 14 Schwerter.
LAL GECE. Lal Gece.
LANGE WELLE HINTERM KIEL, DIE. lange Welle hinterm Kiel, Die.
LAST BREATH. letzte Atemzug, Der.
LAST CHRISTMAS, THE. Shadow Island Mysteries – Geheimnisvolle Weihnachten.
LAST LOVECRAFT: RELIC OF CTHULHU, THE. letzte Lovecraft, Der.

LAST RITES OF RANSOM PRIDE, THE. letzte Ritt des Ransom Pride, Der.
LATE BLOOMERS. Late Bloomers.
LAY THE FAVORITE. Lady Vegas.
LEAVE IT ON THE FLOOR. Leave it on the Floor.
LEBEN IST EIN BAUERNHOF, DAS. Leben ist ein Bauernhof, Das.
LET MY PEOPLE GO!. Let My People Go!.
LET THE BULLETS FLY. Let the Bullets Fly – Tödliche Kugel.
LEVEL UP. Level Up.
LEWIS: DARK MATTER. Lewis – Unter dem Stern des Todes.
LEWIS: FALLING DARKNESS. Lewis – Die Geister, die ich rief.
LEWIS: THE DEAD OF WINTER. Lewis – Auf falscher Fährte.
LEWIS: YOUR SUDDEN DEATH QUESTION. Lewis – Die Alles-oder-Nichts-Frage.
LIDICE. Massaker von Lidice, Das.
LIEBE UND ANDERE UNFÄLLE. Liebe und andere Unfälle.
LIEN TORNADO. Tornado Warning.
LIFE INTERRUPTED, A. Wege aus der Hölle.
LIFE LINE. Supernatural – Life Line.
LIFE OF PI. Life of Pi: Schiffbruch mit Tiger.
LIKE CRAZY. Like Crazy.
LIKVIDATOR. Liquidator – Töten war sein Job, Der.
LILLY SCHÖNAUER – LIEBE AUF DEN ZWEITEN BLICK. Lilly Schönauer – Liebe auf den zweiten Blick.
LIONEL. Lionel.
LITTLE BIG PANDA. Kleiner starker Panda.
LITTLE DEATHS. Obsession – Tödliche Spiele.
LITTLE HERCULES. Little Hercules.
LITTLE MURDER. Little Murder.
LITTLE POND, A. Soldaten der Apokalypse – A Little Pond.
LIVIDE. Livid – Das Blut der Ballerinas.
LOBOS DE ARGA. Game of Werewolves – Die Jagd beginnt.
LOCAL COLOR. Farben des Herbstes, Die.
LOCKOUT. Lockout.
LOL. LOL.
LOLA VERSUS. Lola gegen den Rest der Welt.
LONG LOST SON. Long Lost Son.
LONG MEN FEI JIA. Flying Swords of Dragon Gate.

LONGHORNS. Longhorns.
LONGING FOR BEAUTY. Sehnsucht nach Schönheit.
LOOPER. Looper.
LORD OF THE ELVES. Lord of the Elves – Das Zeitalter der Halblinge.
LORDS OF THE UNDERWORLD. Bloodfighter of the Underworld.
LORE. Lore.
LOTTE JA KUUKIVI SALADUS. Lotte und das Geheimnis der Mondsteine.
LOVE. Angels & Airwaves – Love.
LOVE BIRDS. Love Birds – Ente gut alles gut.
LOVE N' DANCING. Love N' Dancing.
LOVE NEVER DIES. Andrew Lloyd Webber's Love Never Dies.
LOVELY, STILL. Immer noch Liebe!.
LUCKY ONE, THE. The Lucky One – Für immer der Deine.
LUDWIG II.. Ludwig II..
LYONNAIS, LES. A Gang Story – Eine Frage der Ehre.

M
MAAGINEN KRISTALLI. Santa Claus und der Zauberkristall – Jonas rettet Weihnachten.
MACHINE GUN PREACHER. Machine Gun Preacher.
MADAGASCAR 3: EUROPE'S MOST WANTED. Madagascar 3: Flucht durch Europa.
MADANGEUL NAON AMTAK. Liefi – Ein Huhn in der Wildnis.
MADE IN PARIS. Ich denk' an euch.
MAGIC BEYOND WORDS: THE JK ROWLING STORY. Magic Beyond Words – Die zauberhafte Geschichte der J.K. Rowling.
MAGIC MIKE. Magic Mike.
MAGIC OF BELLE ISLE, THE. The Magic of Belle Isle – Ein verzauberter Sommer.
MAGIC TO WIN. Magic to Win.
MAGISTICAL, THE. kleine Zauberer – Hüter des magischen Kristalls, Der.
MAGNIFICA PRESENZA. Magnifica presenza.
MAI WEI. Prisoners of War.
MAIMAI SHINKO TO SENNEN NA MAHO. Mädchen mit dem Zauberhaar, Das.
MAN ON A LEDGE. riskanter Plan, Ein.
MAN WITH THE IRON FISTS, THE. The Man with the Iron Fists.

Lexikon der Originaltitel

MANDRAKE. Alraune – Die Wurzel des Grauens.
MANEATER. Menschenfresser – Das Monster will Nahrung.
MANIAC. Alexandre Ajas Maniac.
MANOLETE. Manolete – Blut und Leidenschaft.
MANOLETE: BLOOD & PASSION. Manolete – Blut und Leidenschaft.
MARIA DI NAZARET. Ihr Name war Maria.
MARIA WERN – INTE ENS DET FÖRFLUTNA. Maria Wern, Kripo Gotland – Die Insel der Puppen.
MARIA WERN – POJKE FÖRSVUNNEN. Maria Wern, Kripo Gotland – Kinderspiel.
MARIA WERN – SVART FJÄRIL. Maria Wern, Kripo Gotland – Schwarze Schmetterlinge.
MARIEKE, MARIEKE. Marieke und die Männer.
MARINA ABRAMOVIC: THE ARTIST IS PRESENT. Marina Abramovic: The Artist is Present.
MARLEY. Marley.
MARQUIS, LE. Duo Infernale – Zwei Profis ohne Plan.
MARTHA MARCY MAY MARLENE. Martha Marcy May Marlene.
MARY & JOHNNY. Mary & Johnny.
MATADOR'S MISTRESS, A. Manolete – Blut und Leidenschaft.
MATCHING JACK. Hoffnungslos glücklich.
MATCHMAKER, THE. Sommer in Haifa, Ein.
MATTER OF TASTE: SERVING UP PAUL LIEBRANDT, A. Frage des Geschmacks – Starkoch Paul Liebrandt, Eine.
MAUSAM. Mausam – Jahreszeiten der Liebe.
MAXIMUM CONVICTION. Maximum Conviction.
MEANWHILE IN MAMELODI. Welt zu Gast bei Fremden, Die.
MEDALIA DE ONOARE. Ehrenmedaille.
MEDIANERAS. Medianeras.
MEDICINS DE BROUSSE. Doktoren-Bataillon – Kolonialmedizin in Zentralafrika, Das.
MEDICO: THE CUBATON STORY, EL. El Medico – Die Cubaton Geschichte.
MEERKAT MANOR: THE STORY BEGINS. Königin der Erdmännchen, Die.
MEETING EVIL. Meeting Evil.
MEGA CYCLONE. Super Twister.
MEGASTORM. Megastorm.
MEI LOI GING CHAAT. Future X-Cops.
MEIN ERSTER BERG, EIN RIGI FILM. Mein erster Berg, ein Rigi Film.
MEINEIDBAUER, DER. Meineidbauer, Der.
MEITANTAI CONAN: SENRITSU NO FURU SUKOA. Detektiv Conan – Die Partitur des Grauens.
MEITANTEI CONAN: KONPEKI NO HITSUGI. Detektiv Conan – Die azurblaue Piratenflagge.
MEITANTEI CONAN: TANTEITACHI NO REQUIEM. Detektiv Conan – Das Requiem der Detektive.
MEKONG HOTEL. Mekong Hotel.
MEMORIA DE MIS PUTAS TRISTES. Erinnerung an meine traurigen Huren.
MEMORIAL DAY. Memorial Day.
MEN IN BLACK III. Men in Black 3.
MENDELSOHN'S INCESSANT VISIONS. Erich Mendelsohn – Visionen für die Ewigkeit.
MENSCH 2.0 – DIE EVOLUTION IN UNSERER HAND. Mensch 2.0 – Die Evolution in unserer Hand.
MER A L'AUBE, LA. Meer am Morgen, Das.
MERCENARY, THE. The Mercenary.
MERCY. Mercy.
MES. Mes – Lauf!.
MESSAGES DELETED. Messages Deleted.
MESSIES, EIN SCHÖNES CHAOS. Messies, ein schönes Chaos.
METROPIA. Metropia.
MEVSIM ÇICEK ACTI. Mevsim Çicek Acti – Blüte der Jahreszeit.
MÈZFÖLD. German Unity@Balaton – Honigland.
MICHAEL. Michael.
MICHAEL JACKSON: THE IMMORTAL WORLD TOUR. Michael Jackson – The Immortal World Tour.
MIDSOMER MURDERS: BAD TIDINGS. Inspector Barnaby – Immer wenn der Scherenschleifer....
MIDSOMER MURDERS: BIRDS OF PREY. Inspector Barnaby – Unglücksvögel.
MIDSOMER MURDERS: COUNTRY MATTERS. Inspector Barnaby – Pikante Geheimnisse.
MIDSOMER MURDERS: GHOSTS OF CHRISTMAS PAST. Inspector Barnaby – Haus voller Hass.
MIDSOMER MURDERS: HIDDEN DEPTHS. Inspector Barnaby – Tief unter der Erde.
MIDSOMER MURDERS: ORCHIS FATALIS. Inspector Barnaby – Blumen des Bösen.
MIDSOMER MURDERS: PAINTED IN BLOOD. Inspector Barnaby – Der Tod malt mit.
MIDSOMER MURDERS: SECOND SIGHT. Inspector Barnaby – Blick in den Schrecken.
MIDSOMER MURDERS: THE FISHER KING. Inspector Barnaby – Grab des Grauens.
MIDSOMER MURDERS: THE NOBLE ART. Inspector Barnaby – Tod im Liebesnest.
MIENTRAS DUERMES. Sleep Tight.
MIKE HAMMER: MURDER TAKES ALL. Mike Hammer – Mädchen, Morde und Moneten.
MIROIR MON AMOUR. Spieglein an der Wand.
MIRROR MIRROR. Spieglein Spieglein – Die wirklich wahre Geschichte von Schneewittchen.
MISS BALA. Miss Bala.
MISS KICKI. Miss Kicki.
MISSION MASSAKER. Mission Massaker.
MIXED KEBAB. Mixed Kebab.
MOB RULES. Mob Rules – Der Gangsterkrieg.
MODEL BALL. Girls Team – 9 Models und 1 Coach.
MOINE, LE. Mönch, Der.
MOISSONS DU FUTUR, LES. Zukunft pflanzen, Die.
MON PIRE CAUCHEMAR. Mein liebster Alptraum.
MONDE SANS HUMAINS ?, UN. Welt ohne Menschen.
MONDOMANILA, OR: HOW I FIXED MY HAIR AFTER A RATHER LONG JOURNEY. Mondomanila.
MONEYBALL. Kunst zu gewinnen – Moneyball, Die.
MONGOLIAN DEATH WORMS. Monster Worms – Angriff der Monsterwürmer.
MONJE, EL. Mönch, Der.
MONSIEUR LAZHAR. Monsieur Lazhar.
MONSTER BRAWL. Monster Brawl.
MONSTER HIGH: GHOUL'S RULE!. Monster High – Mega Monsterparty.

Lexikon der Originaltitel

MONSTER KILLER. Red Tears.
MONSTRE A PARIS, UN. Monster in Paris, Ein.
MOONRISE KINGDOM. Moonrise Kingdom.
MORE THAN HONEY. More Than Honey.
MORT A VENDRE. Death for Sale.
MOSKOVA'NIN SIFRESI TEMEL. Moscova's Code Temel.
MOYA BEZUMNAYA SEMYA. Familie und andere Katastrophen.
MUJIN CHITAI TOSHI FUJIWARA. No Man's Zone.
MUPPETS, THE. Muppets, Die.
MUSÉE D'ORSAY. LE PASSAGER DU TEMPS. Musée d'Orsay in Paris, Das.
MUSIC NEVER STOPPED, THE. The Music Never Stopped.
MY DOG'S CHRISTMAS MIRACLE. tierische Bescherung, Eine.
MY GENERATION. My Generation.
MY REINCARNATION. My Reincarnation.
MY SWEET CANARY. Mein süßer Kanarienvogel.
MY WEEK WITH MARILYN. My Week With Marilyn.
MYSTERIES OF PITTSBURGH, THE. verhängnisvoller Sommer, Ein.

N

NACHTEXPRESS. Nachtexpress.
NACHTLÄRM. Nachtlärm.
NACHTSCHICHTEN. Nachtschichten.
NAPAPIIRIN SANKARIT. Helden des Polarkreises.
NATIONAL TREE, THE. Reise des Weihnachtsbaum, Die.
NAZIS AT THE CENTER OF THE EARTH. Nazi Sky – Die Rückkehr des Bösen!.
NEBELGRIND. Nebelgrind.
NEDS. Gangs of Glasgow.
NEIGES DU KILIMANDJARO, LES. Schnee am Kilimandscharo, Der.
NEL GIARDINO DIE SUONI. Im Garten der Klänge.
NÉMET EGYSÉG @ BALATONNÁL. German Unity@Balaton – Honigland.
NEVERLAND. Neverland.
NEVERLOST. Neverlost.
NEW KIDS NITRO. New Kids Nitro.
NI À VENDRE NI À LOUER. Holidays by the Sea.
NICOSTRATOS LE PÉLICAN. griechischer Sommer, Ein.

NIE OPUSZCZAJ MNIE. Wenn du gehst.
NIGHT DRIVE. Night Drive – Hyänen des Todes.
NIGHTMARE AT THE END OF THE HALL. Nightmare – Der Tod wartet auf dich.
NIGHTS IN THE GARDENS OF SPAIN. Kawa.
NIKO 2: FAMILY AFFAIRS. Niko 2 – Kleines Rentier, großer Held.
NIKO 2 – LENTÄJÄVELJEKSET. Niko 2 – Kleines Rentier, großer Held.
NIKOSTRATROS – ENA XEHORISTO KALOKAIRI. griechischer Sommer, Ein.
NINES, THE. The Nines.
NINJAGO: MASTERS OF SPINJITZU. Ninjago – Das Jahr der Schlangen.
NINJA'S CREED. Ninja – Im Zeichen des Drachen.
NO BROTHER OF MINE. tödliche Beschützer, Der.
NO CONTROLES. Lovestorming.
NO MAN'S ZONE. No Man's Zone.
NO MAN'S ZONE – MUJIN CHITAI TOSHI FUJIWARA. No Man's Zone.
NO SAINTS FOR SINNERS. No Saints for Sinners.
NOIR OCÉAN. Schwarzer Ozean.
NOM DE CODE: POILUS D'ALASKA. Schlittenhunde für die Front.
NOORDZEE, TEXAS. Noordzee, Texas.
NOTRE JOUR VIENDRA. Our Day Will Come.
NOTRE PARADIS. Unser Paradies.
NOUS, PRINCESSES DE CLÈVES. Wir sind alle Prinzessinnen.
NOUVEAUX MESSIEURS, LES. neuen Herren, Die.
NOUVELLE GUERRE DES BOUTONS, LA. Krieg der Knöpfe.
NOW & LATER. Now and Later.
NUIT BLANCHE. Sleepless Night – Nacht der Vergeltung.
NUIT DE LA POSSESSION – LIL DE DERDEBA, LA. Nacht der Besessenheit – Die Lila-Zeremonie der Derdeba.
NUITS ROUGES DU BOURREAU DE JADE, LES. Red Nights.

O

OBAMAMA. Obamama.
OBITAEMYJ OSTROV. Dark Planet – Prisoners of Power.
ODYSSEUS & THE ISLE OF MISTS. Sieg des Odysseus, Der.
OFF BEAT. Off Beat.

OKTJABR. Oktober.
OLD CATS. Gatos viejos – Old Cats.
OLDER THAN AMERICA. American Evil.
OLSEN-BANDEN PA DE BONEDE GULVE. Olsenbande in feiner Gesellschaft, Die.
OMA WIDER WILLEN. Oma wider Willen.
OMBRELLO DI BEATOCELLO, L'. L'ombrello di Beatocello.
ON THE ROAD. On the Road – Unterwegs.
ONCE I WAS. Sommer in Haifa, Ein.
ONE FOR THE MONEY. Einmal ist keinmal.
ONE IN THE CHAMBER. Last Bullet – Showdown der Auftragskiller.
ONE LIFE. Unser Leben.
ONE WARRIOR, THE. The One Warrior.
OPEN HOUSE. Open House.
OPÉRATION CASABLANCA. Operation Casablanca.
OPÉRATION LIBERTAD. Opération Libertad.
ORANGES, THE. Tochter meines besten Freundes, Die.
ORDINARY PEOPLE. Ordinary People.
ORDRE ET LA MORALE, L'. Rebellion.
ÖRÖI. Jitters – Schmetterlinge im Bauch.
OSCURA SEDUCCION. Dunkle Lust – Eine tödliche Versuchung.
OSLO, 31. AUGUST. Oslo, August 31.
OSOMBIE. Osombie.
OTHER WIFE, THE. Rosamunde Pilcher: Die andere Frau.
OUR IDIOT BROTHER. Our Idiot Brother.
OUTPOST: BLACK SUN. Outpost – Black Sun.
OVA NE E AMERIKANSKI FILM. This is Not an American Movie.
OVSYANKI. Stille Seelen.

P

PAAM HAYITI. Sommer in Haifa, Ein.
PACT, THE. The Pact.
PADRE NUESTRO. Padre Nuestro – Vater unser.
PALESTRO, ALGÉRIE: HISTOIRES D'UNE EMBUSCADE. Palestro, Algerien – Folgen eines Hinterhalts.
PANAMA CANAL. Panama-Kanal.
PANIC BUTTON. Panic Button.
PANMAN. Bis das Blut kocht.
PARADA. Parada.
PARANORMAL ACTIVITY 4. Paranormal Activity 4.

Lexikon der Originaltitel

PARANORMAL INCIDENT. Paranormal Investigations 4 – Sanatorium.
PARANORMAN. ParaNorman.
PARIS MANHATTAN. Paris Manhattan.
PARKED. Parked – Gestrandet.
PARLEZ-MOI DE VOUS. Sag, dass du mich liebst.
PASSION PLAY. Passion Play.
PAZIRAIE SADEH. Modest Reception.
PEACE, LOVE & MISUNDERSTANDING. Peace, Love & Misunderstanding.
PENANCE. Penance – Sie zahlen für ihre Sünden.
PENNY'S SHADOW. Mein Freund Shadow – Abenteuer auf der Pferdeinsel.
PEOPLE I COULD HAVE BEEN AND MAYBE AM. Menschen, die ich hätte sein können und vielleicht auch bin.
PEOPLE LIKE US. Zeit zu leben.
PERFECT HOST, THE. Dinner for One – Eine mörderische Party.
PERFECT ROOMMATE, THE. Weiblich, tödlich sucht ....
PERFECT TEACHER, THE. Verführt.
PERIFERIC. Periferic.
PERKS OF BEING A WALLFLOWER, THE. Vielleicht lieber morgen.
PERSÉCUTION. Ruhelos.
PETE SMALLS IS DEAD. Pete Smalls is Dead.
PETIT INDI. Sing um dein Leben.
PETIT POUCET, LE. Im finsteren Walde.
PETIT PRINCE, LE. kleine Prinz, Der.
PEUPLE DE VOLCANS, LE. Wenn die Vulkane erwachen.
PHILADELPHIA EXPERIMENT – RE-ACTIVATED, THE. Philadelphia Experiment – Reactivated, Das.
PHOEBE IN WONDERLAND. Phoebe im Wunderland.
PIETA. Pieta.
PINK FLOYD: BEHIND THE WALL. Pink Floyd – Behind the Wall.
PIRANHA 3DD. Piranha 2.
PIRATES! BAND OF MISFITS (3D), THE. Piraten – Ein Haufen merkwürdiger Typen, Die.
PIRATES WHO DON'T DO ANYTHING – A VEGGIE TALES MOVIE, THE. veggietales Abenteuer – Drei heldenhafte Piraten, Ein.
PITCH PERFECT. Pitch Perfect.
PLAISIR DE CHANTER, LE. Wenn Spione singen.

PLANQUE, LA. Versteck, Das.
PLAYBACK. Playback.
PO DLOUHE NOCI DEN. Auf die Nacht folgt der Tag.
PODZIELONA KLASA. geteilte Klasse, Die.
POISON IVY: THE SECRET SOCIETY. Poison Ivy: The Secret Society.
POKEMON – THREE SIDES OF EVERY STORY!. Pokémon – Zoroark: Meister der Illusionen.
POLAR BEARS: SPY ON THE ICE. Eisbären – Aug in Aug mit den Eisbären, Die.
POLITIST, ADJECTIV. Police, adjective.
POMEGRANATES AND MYRRH. Granatäpfel und Myrrhe.
POOR CONSUELO CONQUERS THE WORLD. Consuelo – Engel der Armen.
POSESION DE EMMA EVANS, LA. Exorzismus der Emma Evans, Der.
POSSESSION, THE. Possession – Das Dunkle in dir.
POULET AUX PRUNES. Huhn mit Pflaumen.
POUPOUPIDOU. Who Killed Marilyn?.
POUPOUPIDOU – NOBODY ELSE BUT YOU. Who Killed Marilyn?.
PREMIER RASTA, LE. The First Rasta.
PREMIUM RUSH. Premium Rush.
PRÉNOM, LE. Vorname, Der.
PRIDE AND PREJUDICE. Stolz und Vorurteil.
PRINCESS AND THE PONY, THE. Prinzessin und das Pony, Die.
PRINCESS FOR CHRISTMAS, A. Prinzessin zu Weihnachten, Eine.
PRODIGIES, THE. The Prodigies.
PROIE, LA. On the Run.
PROJECT X. Project X.
PROMETHEUS. Prometheus – Dunkle Zeichen.
PROMETHEUS TRAP. Prometheus Trap.
PROMISE, THE. Gelobtes Land.
PROTEGER ET SERVIR. Nix zu verhaften.
PUSHER. Pusher (2012).
PUTINS KYS. Putins Kuss.
PYATAYA KAZN. Kriegssöldner – The Killer War.
PYEONG-YANG-SEONG. Krieg der Königreiche – Battlefield Heroes.

Q

QUAND LE CHINE DELOCALISE EN EUROPE .... Chinesen kommen!

Europas Rettung oder Untergang?, Die.
QUICK. Adrenalin Rush.
QUINTO MANDAMIENTO, EL. Kreuzmörder, Der.

R

RACE. Race: Rebellen – Piloten – Krieger.
RADIOACTIVISTS – PROTEST IN JAPAN SINCE FUKUSHIMA. RADIOACTIVISTS – Protest in Japan since Fukushima.
RAGAZZE DELLO SWING, LE. Swingmädchen, Die.
RAID: REDEMPTION, THE. The Raid.
RAIN FALL. Rain Fall.
RAISING RESISTANCE. Raising Resistance.
RAMAYANA:THE EPIC. Prinz Rama – Im Reich der Mythen und Legenden.
RAMPART. Rampart – Cop außer Kontrolle.
RANG ZIDAN FEI. Let the Bullets Fly – Tödliche Kugel.
RA.ONE. RA.One – Superheld mit Herz.
RAPACE. Börsenhai, Der.
RAVEN, THE. The Raven – Prophet des Teufels.
READY OR NOT. Ready for Hangover.
REBELLES DU FOOT, LES. Rebellen am Ball.
[REC]3 GENESIS. [Rec]3 Genesis.
RECOIL. Recoil.
RECREATOR. Recreator – Du wirst repliziert.
RED DAWN. Red Dawn (2012).
RED LIGHTS. Red Lights.
RED RIDGE. Rape & Revenge.
RED ROSE OF NORMANDY. Kesselschlacht in der Normandie.
RED TAILS. Red Tails.
RED TEARS – KORUI. Red Tears.
RED: WEREWOLF HUNTER. Red: Werewolf Hunter.
REDEMPTION. Redemption (2011).
REGELS VAN MATTHIJS, DE. Matthijs' Regeln.
REIGN OF ASSASSINS. Dark Stone – Reign of Assassins.
REMBRANDT UND SEIN SAMMLER. Rembrandt und sein Sammler.
RENAISSANCE DU VAISSEAU AMIRAL DU ROI SOLEIL. Wrack des Sonnenkönigs – Tauchfahrt in Toulon, Das.
REPEATERS. Repeaters – Tödliche Zeitschleife.

REQUIEM POUR UNE TUEUSE. Requiem For a Killer.
RESIDENT EVIL: RETRIBUTION. Resident Evil: Retribution.
RESIDENTES, OS. Os Residentes.
REST IN PEACE. Ruhe Sanft.
RESTE DU MONDE, LE. Woher wir kommen.
RESTITUTION. Restitution - Rache kennt kein Erbarmen.
RETREAT. Retreat.
REVENANT, THE. Untote wie wir - Man ist so tot wie man sich fühlt.
REVOLT. Sons of Norway.
R.I.F (RECHERCHES DANS L'INTERNET DES FAMILLES). R.I.F. - Ich werde dich finden.
RIO SEX COMEDY. Rio für Anfänger.
RIO, SEXE ET UN PEU DE TRAGI-COMEDIE. Rio für Anfänger.
RISE AND FALL OF A WHITE COLLAR HOOLIGAN, THE. White Collar Hooligan.
RISE OF THE BLACK BAT. Rise of the Black Bat.
RISE OF THE GUARDIANS. Hüter des Lichts, Die.
RITES OF PASSAGE. Übergang - Rites of Passage, Der.
RIVER MURDERS, THE. The River Murders - Blutige Rache.
RIVIERE TUMEN, LA. Am Grenzfluss.
ROAD UPHILL, THE. The Road Uphill.
ROADKILL. Roadkill.
ROBERT MUGABE... WHAT HAPPENED?. Robert Mugabe - Macht um jeden Preis.
ROBIN HOOD - GHOSTS OF SHERWOOD. Robin Hood - Ghosts of Sherwood.
ROBOT & FRANK. Robot & Frank.
ROBOTROPOLIS. Robotropolis.
ROCK OF AGES. Rock of Ages.
ROGUE RIVER. Rogue River.
ROI DE L'EVASION, LE. Ausreißer, Der.
ROMAN POLANSKI - A FILM MEMOIR. Roman Polanski - A Film Memoir.
ROMMEL. Rommel.
RON HYNES: THE MAN OF A THOUSAND SONGS. The Man of a Thousand Songs.
ROSAMUNDE PILCHER: UNGEZÜGELT INS GLÜCK. Rosamunde Pilcher: Ungezügelt ins Glück.
ROSEWOOD LANE. Rosewood Lane.
ROYAL KILL. Ninja - Im Zeichen des Drachen.

RUBY SPARKS. Ruby Sparks - Meine fabelhafte Freundin.
RUHM. Ruhm.
RUM DIARY. Rum Diary.
RUSSIAN GIRLS. Flirten auf Russisch.
RUSSISCH ROULETTE. Russisch Roulette.
RUSSIYA 88. Skinheads 88.

S

SACRED, THE. Sacred - Die Prophezeiung.
SAFE. Safe - Todsicher.
SAFE HOUSE. Safe House.
SAG SALIM. Sag Salim - Unverletzt.
SAGRADA - EL MISTERI DE LA CREACIÓ. Sagrada - das Wunder der Schöpfung.
SÄILÖTTYJÄ UNELMIA. Ravioli - Träume in Dosen.
SALMON FISHING IN THE YEMEN. Lachsfischen im Jemen.
SALUDA AL DIABLO DE MI PARTE. Greetings to the Devil.
SALVATION BOULEVARD. Wer's glaubt, wird selig - Salvation Boulevard.
SAMARITAN, THE. Samariter - Tödliches Finale, Der.
SAMMY'S AVONTUREN 2. Sammys Abenteuer 2.
SAMSARA. Samsara.
SANCTUARY, THE. Auftragskiller - Meister des Thai-Boxens, Der.
SAND SHARKS. Sand Sharks.
SANDHEDEN OM MÆND. Wahrheit über Männer, Die.
SANS ETAT D'AME. Sans état d'âme - Begierde.
SANTA BABY 2. Santa Baby 2.
SANTA PAWS 2: THE SANTA PUPS. Santa Pfote 2 - Die Weihnachtswelpen.
SANTA'S DOG. Herkules rettet das Weihnachtsfest.
SAVAGES. Savages.
SAVEURS DU PALAIS, LES. Köchin und der Präsident, Die.
SCHATZRITTER AN D'GEHEIMNIS VUM MELUSINA, D'. Schatzritter.
SCHEEPJONGENS VAN BONTEKOE, DE. Storm Bound - Abenteuer auf hoher See.
SCHÖNE UND DAS BIEST, DIE. Schöne und das Biest (2012), Die.
SCHWERELOS. Schwerelos (2012).
SCIFI HIGH - THE MOVIE MUSICAL. SciFi High - The Movie Musical.

SCOOBY-DOO! ABRACADABRA-DOO. Scooby-Doo! Das Geheimnis der Zauber-Akademie.
SCOOBY-DOO! CAMP SCARE. Scooby-Doo! Das Grusel-Sommercamp.
SCORPION KING 3: BATTLE FOR REDEMPTION. Scorpion King 3: Kampf um den Thron.
SCORPIUS GIGANTUS. Scorpius Gigantus.
SCREWED. Screwed - Krieg im Knast.
SEA OF SOULS: THE PRAYER TREE. Supernatural - Ich liebe dich, bitte stirb für mich.
SEAL TEAM SIX: THE RAID ON OSAMA BIN LADEN. Code Name Geronimo.
SEAL TEAM VI. US Seal Team.
SEAL TEAM VI: JOURNEY INTO DARKNESS. US Seal Team.
SEARCHING FOR SUGAR MAN. Searching for Sugar Man.
SEATTLE SUPERSTORM. Supersturm - Die Wetter-Apokalypse, Der.
SECOND EXECUTION OF ROMELL BROOM, THE. zweite Hinrichtung - Amerika und die Todesstrafe, Die.
SECRET OF KELLS, THE. Geheimnis von Kells, Das.
SECRET OF THE WINGS. Geheimnis der Feenflügel 3D, Das.
SECRET SANTA. Auf der Jagd nach dem Weihnachtsmann.
SEE YOU IN SEPTEMBER. See You in September.
SEEDS OF DESTRUCTION. Saat des Bösen, Die.
SEEFOOD. Fischen Impossible - Eine tierische Rettungsaktion.
SEEKING A FRIEND FOR THE END OF THE WORLD. Auf der Suche nach einem Freund fürs Ende der Welt.
SEEKING JUSTICE. Pakt der Rache.
SEI VENEZIA. 6 x Venedig.
SEN KIMSIN. Sen Kimsin - Wer bist du?.
SENS DE LA VIE POUR 9,99 $, LE. Sinn des Lebens für 9,99 $, Der.
SEPTEMBER ISSUE, THE. The September Issue - Hinter den Kulissen von «Vogue».
SERBUAN MAUT. The Raid.
SET UP. Set Up.
SEVEN BELOW. 7 Below - Haus der dunklen Seelen.
SEVEN BELOW ZERO. 7 Below - Haus der dunklen Seelen.

Lexikon der Originaltitel

SEVEN PSYCHOPATHS. 7 Psychos.
SEX & DRUGS & ROCK & ROLL. Sex & Drugs & Rock & Roll.
SEXO DE LOS ÁNGELES, EL. The Sex of Angels.
SHACKLETON'S CAPTAIN. Shackletons Retter.
SHADOW ISLAND MYSTERIES: THE LAST CHRISTMAS. Shadow Island Mysteries – Geheimnisvolle Weihnachten.
SHADOWHEART. Shadowheart – Der Kopfgeldjäger.
SHAME. Shame.
SHARAYET. Sharayet – Eine Liebe in Teheran.
SHE WANTS ME. She Wants Me.
SHEHERAZADE. Sheherazade.
SHERLOCK – A SCANDAL IN BELGRAVIA. Sherlock – Ein Skandal in Belgravia.
SHERLOCK – THE HOUNDS OF BASKERVILLE. Sherlock – Die Hunde von Baskerville.
SHERLOCK – THE REICHENBACH FALL. Sherlock – Der Reichenbachfall.
SHORT ORDER. Short Order – Das Leben ist ein Buffet.
SHOTER, HA. Policeman.
SHRINE, THE. The Shrine.
SHUT UP AND PLAY THE HITS. Shut up and play the hits.
SI DA MING BU. The Four.
SICK BOY. Sick Boy.
SIDDHARTHA. Siddhartha.
SIEN NUI YAU WAN. A Chinese Ghost Story – Die Dämonenkrieger.
SILENT HILL: REVELATION 3D. Silent Hill: Revelation (3D).
SILENT SOULS – OVSYANKI. Stille Seelen.
SIMON OCH EKARNA. Simon (2011).
SING YOUR SONG. Sing Your Song.
SINGULARIDADES DE UMA RAPARIGO LOURA. Eigenheiten einer jungen Blondine, Die.
SINISTER. Sinister.
SISANJE. Skinning – Wir sind das Gesetz.
SITA SINGS THE BLUES. Sita Sings the Blues.
SITTER, THE. Bad Sitter.
SIXTY SIX. Sixty Six.
SKALDEDE FRISØR, DEN. Love Is All You Need.
SKATELAND. Skateland – Zeiten ändern sich.
SKELETON LAKE. Killer, Der.
SKET. Sisters' Hood – Die Mädchen-Gang.
SKEW. Skew.
SKILLS. Zeit der Rache – Im Namen des Vaters.
SKIN DEEP. Farben der Haut, Die.
SKOONHEID. Beauty.
SKRAPP UP. Bin gleich zurück.
SKYFALL. Skyfall.
SKYLAB, LE. Familientreffen mit Hindernissen.
SLAMMIN' SALMON, THE. Slammin' Salmon – Butter bei die Fische!.
SLEEPING BEAUTY. Sleeping Beauty.
SLOVENKA. Callgirl.
SLUTTY SUMMER. Slutty Summer – Die ganz anders romantische Komödie.
SMALL TOWN MURDER SONGS. Small Town Murder Songs.
SMELL OF SUCCESS, THE. Gestank des Erfolges, Der.
SNOW FLOWER AND THE SECRET FAN. Seidenfächer, Der.
SNOW WHITE: A DEADLY SUMMER. Snow White.
SNOW WHITE AND THE HUNTSMAN. Snow White and the Huntsman.
SNOWCHILD. Snowchild.
SNOWMAGADDON. Snowmageddon – Hölle aus Eis und Feuer.
SNOWMAGEDDON CHRISTMAS. Snowmageddon – Hölle aus Eis und Feuer.
SNOWTOWN. Morde von Snowtown, Die.
SO WIE DU BIST. So wie du bist.
SODIUM BABIES. Sodium Babies – Die Geschichte eines Vampir Ghouls.
SOFIA. Sofia – Im Visier der Macht.
SOGA, LA. La Soga – Wir wurden alle unschuldig geboren.
SOLDIERS OF FORTUNE. Soldiers of Fortune.
SOLOS. Armageddon of the Living Dead.
SOME GUY WHO KILLS PEOPLE. Mordlust – Some Guy Who Kills People.
SOMMER IN SCHOTTLAND, EIN. Sommer in Schottland, Ein.
SØNNER AV NORGE. Sons of Norway.
SONS OF NORWAY. Sons of Norway.
SOPHIE. Sophie & Shiba.
SOPHIE AND SHEBA. Sophie & Shiba.
SORCERER AND THE WHITE SNAKE, THE. Legende der weißen Schlange, Die.
SOUL SURFER. Soul Surfer.
SOUND IT OUT. Sound it Out.
SOURCE DES FEMMES, LA. La source des femmes.
SPACE DIVE. Space Dive – The Red Bull Stratos Story.
SPACE TWISTER. Super Twister.
SPARKLE. Sparkle.
SPECKLES – THE TARBOSAURUS. Speckles – Die Abenteuer eines kleinen Dinosauriers.
SPIDERHOLE. Spiderhole – Jemand muss zahlen.
SPORT DE FILLES. Sport de filles.
SPORT, MAFIA ET CORRUPTION. Sport, Mafia und Korruption.
SPUREN DES BÖSEN. Spuren des Bösen.
SPUREN DES BÖSEN – RACHEENGEL. Spuren des Bösen – Racheengel.
SPY KIDS: ALL THE TIME IN THE WORLD 4D. Spy Kids 4 – Alle Zeit der Welt 4D.
STAATSANWALT – TÖDLICHER PAKT, DER. Staatsanwalt – Tödlicher Pakt, Der.
STARBUCK. Starbuck.
STARSHIPTROOPERS: INVASION. Starship Troopers: Invasion.
STEEL TOES. Stahlkappen.
STEP UP REVOLUTION. Step up: Miami Heat.
STEVE JOBS: THE LOST INTERVIEW. Steve Jobs: The Lost Interview.
STOCKHOLM ÖSTRA. Stockholm Ost.
STOLEN. Stolen.
STORAGE 24. Storage 24.
STORM, THE. Megastorm.
STORM WAR. Weather Wars.
STORY OF JEN. Ein Wort hätte genügt.
STRAPPED. Strapped.
STREETDANCE 2. StreetDance 2.
STRIGOI. Strigoi – Der Untote.
STRIKE BACK: PROJECT DAWN. Strike Back – Tödliches Kommando.
STRIKE BACK – PROJECT DAWN III+IV. Strike Back – Geschäft mit dem Tod.
SUBSTANCE – ALBERT HOFMANNS LSD, THE. The Substance – Albert Hofmanns LSD.
SUERTE EN TUS MANOS, LA. La suerte en tus manos – Das Glück in deinen Händen.
SUMAGURA: OMAE NO MIRAI O HAKOBE. Smuggler.

SÜMELA'NIN SIFRESI: TEMEL. Sümela's Code: Temel.
SUPER SHARK. Supershark.
SUPER TANKER. Super Tanker 2012.
SUPERCLÁSICO. Superclassico ... Meine Frau will heiraten.
SUPERHERO. Am Ende eines viel zu kurzen Tages.
SUPERHEROS. Superheroes – Voll echte Superhelden.
SUPERSTORM. Superstorm – Hurrikan außer Kontrolle.
SUPREME CHAMPION. Bloodsport – Supreme Champion.
SUR LE RYTHME. On the Beat.
SURVIVING PROGRESS. Endstation Fortschritt?.
SUSHI: THE GLOBAL CATCH. Sushi – The Global Catch.
SVARTUR A LEIK. Black's Game – Kaltes Land.
SWEATY BEARDS. verrückten Wikinger, Die.
SWELL SEASON, THE. The Swell Season – Die Liebesgeschichte nach Once.
SWERVE. Swerve – Falscher Ort, falsche Zeit.
SWIETA KROWA. Sommer auf dem Land.
SWITCH. Switch – Ein mörderischer Tausch.
SWORD IDENTITY, THE. The Sword Identity.
SWORD OF BLOOD. Red Tears.

T

TABU. Tabu – Eine Geschichte von Liebe und Schuld.
TABU – ES IST DIE SEELE... EIN FREMDES AUF ERDEN. Tabu – Es ist die Seele... ein Fremdes auf Erden.
TACTICAL FORCE. Tactical Force.
TAG UND NACHT. Tag und Nacht (2010).
TAHRIR 2011. Tahrir 2011.
TAI JI: ZHSNG SAN FENG. Twin Warriors.
TAI-CHI MASTER. Twin Warriors.
TAKE, THE. The Take – Zwei Jahrzehnte in der Mafia.
TAKE SHELTER. Take Shelter – Ein Sturm zieht auf.
TAKEN 2. 96 Hours – Taken 2.
TALÁN EGY MÁSIK ÉLETBEN. Vielleicht in einem anderen Leben.
TALES OF AN ANCIENT EMPIRE. The Sword and the Sorcerer 2.

TALI-THANTALA 1944. Schlacht um Finnland.
TANNER HALL. Mädchen von Tanner Hall, Die.
TARUNG: CITY OF DARKNESS. Fight – City of Darkness.
TED. Ted.
TEDDY BEAR. Teddy Bear.
TEMNYY MIR. Dark World – Das Tal der Hexenkönigin.
TEPENIN ARDI. Tepenin ardi – Beyond the Hill.
TERRAFERMA. Terraferma.
TERROR BENEATH, THE. Saat des Bösen, Die.
TEUFEL VON MAILAND, DER. Teufel von Mailand, Der.
TEXAS KILLING FIELDS. Texas Killing Fields.
THALE. Thale – Ein dunkles Geheimnis.
THAT'S MY BOY. Chaos-Dad, Der.
THE OU L'ELECTRICITE, LE. Tee oder Elektrizität.
THEATRE BIZARRE, THE. The Theatre Bizarre.
THERE BE DRAGONS. Glaube, Blut und Vaterland.
THESE FOOLISH THINGS. These Foolish Things.
THIEN MENH ANH HUNG. Blood Letter – Schrift des Blutes.
THINK LIKE A MAN. Denk wie ein Mann.
THIS MEANS WAR. Das gibt Ärger.
THOMPSONS, THE. The Thompsons.
THORBERG. Thorberg.
THOUSAND WORDS, A. Noch tausend Worte.
THREE AND OUT. 3 und raus!.
THREE STOOGES, THE. Stooges – Drei Vollpfosten drehen ab, Die.
TIC. Mob Rules – Der Gangsterkrieg.
TICKET OUT. Ticket Out – Flucht ins Ungewisse.
TIM & ERIC'S BILLION DOLLAR MOVIE. Tim and Eric's Billion Dollar Movie.
TINGUELY. Jean Tinguely.
TINKER, TAILOR, SOLDIER, SPY. Dame, König, As, Spion.
TINKERBELL AND THE SECRET OF THE WINGS. Geheimnis der Feenflügel 3D, Das.
TITANIC. Titanic (1997).
TITANIC. Titanic (2011).
TITANIC 3D. Titanic 3D.
TITEUF – LE FILM. Titeuf. Le Film.

TO ROME WITH LOVE. To Rome with Love.
TOM & JERRY IN SHIVER ME WHISKERS. Tom & Jerry – Piraten auf Schatzsuche.
TOM AND JERRY: THE FAST AND THE FURRY. Tom & Jerry – Mit Vollgas um die Welt.
TOM UND HACKE. Tom und Hacke.
TOMA, LA. Kolumbiens Trauma – Verschwunden im Justizpalast.
TOMBOY. Tomboy.
TOMIE ANRIMITEDDO. Zombie Girl.
TONY 10. Tony 10.
TORINÓI LÓ, A. Turiner Pferd, Das.
TORNADO AND THE KALAHARI HORSE WHISPERER. Tornado und der Pferdeflüsterer.
TORTURED, THE. The Tortured – Das Gesetz der Vergeltung.
TOTAL RECALL. Total Recall.
TOUCHING HOME. Touching Home – So spielt das Leben.
TRACING SHADOW. Xin – Die Kriegerin.
TRANSIT. Transit.
TRAU NIEMALS DEINER FRAU. Trau niemals deiner Frau.
TREASUE BUDDIES. Treasure Buddies – Die Schatzschnüffler in Ägypten.
TREELESS MOUNTAIN. Treeless Mountain.
TRESPASS. Trespass.
TRIGGERMAN. Doc West 2 – Nobody schlägt zurück.
TRINITY GOODHEART. Trinity Goodheart.
TROPA DE ELITE – O INIMIGO AGORA E OUTRO. Elite Squad – Im Sumpf der Korruption.
TROUBLE WITH THE CURVE. Back in the Game.
TRUST. Trust.
TT3D: CLOSER TO THE EDGE. Isle of Man TT – Hart am Limit.
TUCHE, LES. Tuschs – Mit Karacho nach Monaco!, Die.
TUE-MOI. Töte mich.
TUNEL DE LOS HUESOS, EL. Prison Escape – Der Tunnel der Knochen.
TURETSKI GAMBIT. Türkisch Gambit: 1877 – Die Schlacht am Bosporus.
TUTTO TUTTO NIENTE NIENTE. Tutto tutto niente niente.
TWILIGHT SAGA: BREAKING DAWN – PART 2, THE. Breaking Dawn – Biss zum Ende der Nacht, Teil 2.

TWIXT. Twixt – Virginias Geheimnis.
TZALMANIA, HA'. Life in Stills.

U
UDO PROKSCH – OUT OF CONTROL. Udo Proksch – Out of Control.
UKRAINE. INDEPENDANCE DE 18H A 20H. Ukraine: Demokratie mit Hindernissen.
UN JOUR MON PÈRE VIENDRA. Väter und andere Katastrophen.
UNABSICHTLICHE ENTFÜHRUNG DER FRAU ELFRIEDE OTT, DIE. unabsichtliche Entführung der Frau Elfriede Ott, Die.
UNDER AFRICAN SKIES. Under African Skies.
UNDERGROUND. Underground – Tödliche Bestien.
UNDERWORLD AWAKENING. Underworld Awakening (3D).
UNITED STATES OF HOODOO, THE. The United States of Hoodoo.
UNIVERSAL SOLDIER: DAY OF RECKONING. Universal Soldier – Tag der Abrechnung.
UNIVERSAL SOLDIERS. Universal Soldiers.
UNTER UMSTÄNDEN VERLIEBT. Unter Umständen verliebt.
UNTER WASSER ATMEN – DAS ZWEITE LEBEN DES DR. NILS JENT. Unter Wasser atmen – Das zweite Leben des Dr. Nils Jent.
UPPERDOG. Stadtneurosen.
URBAN FIGHTER. Street Gangs – Show No Mercy.
URSULA – LEBEN IN ANDERSWO. Ursula – Leben in Anderswo.
UTOMLYONNYE SOLNTSEM 2. Sonne, die uns täuscht – Der Exodus, Die.
UTOMLYONNYE SOLNTSEM 2. Sonne, die uns täuscht – Die Zitadelle, Die.
UTOPIANS. Utopians.
UZUN HIKAYE. Uzun Hikaye.

V
V TUMANE. Im Nebel.
VALENTINA'S TANGO. Valentina's Tango.
VALPARAISO. Auf Grund gelaufen.
VAMPERIFICA. Vamperifica – Blood Sucks.
VAMPIRE WARRIORS. Vampirjäger, Die.
VÄNASTE LAND. Kommissar Winter: Rotes Meer.
VARG VEUM – I MORKET ER ALLE ULVER GRA. Varg Veum – Geschäft mit dem Tod.
VATERTAG. Vatertag.
VAUBAN. Vauban – Baumeister und Feldherr.
VAUBAN, LA SUEUR EPARGNE LA SANG. Vauban – Baumeister und Feldherr.
VED VERDENS ENDE. Ende der Welt, Das.
VENEDIG PRINZIP, DAS. Venedig Prinzip, Das.
VERDINGBUB, DER. Verdingbub, Der.
VERFÜHRERIN ADELE SPITZEDER, DIE. Verführerin Adele Spitzeder, Die.
VERMESSUNG DER WELT, DIE. Vermessung der Welt, Die.
VERY HAROLD AND KUMAR 3D CHRISTMAS, A. Harold & Kumar – Alle Jahre wieder.
V/H/S. V/H/S – Eine mörderische Sammlung.
VIAJES DEL VIENTO, LOS. Reisen des Windes, Die.
VIE EN VRAC, LA. Leben, ungeordnet, Das.
VIE TRANQUILLE, UNE. ruhiges Leben, Ein.
VIELLEICHT IN EINEM ANDEREN LEBEN. Vielleicht in einem anderen Leben.
VILLA CAPTIVE. Villa Captive.
VINTER'S LUCK, THE. Engel mit den dunklen Flügeln, Der.
VINYLMANIA: WHEN LIFE RUNS AT 33 REVOLUTIONS PER MINUTE. Vinylmania – Das Leben in 33 Umdrehungen pro Minute.
VIOLETA SE FUE A LOS CIELOS. Violeta Parra.
VIRGIN TALES. Virgin Tales.
VITA TRANQUILLA, UNA. ruhiges Leben, Ein.
VIVA RIVA!. Viva Riva!.
¡VIVAN LAS ANTIPODAS!. ¡Vivan Las Antipodas!.
VOW, THE. Für immer Liebe.
VSE UMRUT, A YA OSTANUS. Alle sterben, ich nicht.
VYSSI PRINCIP. höhere Prinzip, Das.

W
W CIEMNOSCI. In Darkness.
WAGNER & ME. Wagner & Me.
WAHRE MISS MARPLE – DER KURIOSE FALL MARGARET RUTHERFORD, DIE. wahre Miss Marple – Der kuriose Fall Margaret Rutherford, Die.
WAIRUDO 7. Wild Seven.
WALK A MILE IN MY PRADAS. Walk a Mile in My Pradas.
WALLANDER – AN EVENT IN AUTUMN. Kommissar Wallander – Ein Mord im Herbst.
WALLANDER – THE DOGS OF RIGA. Kommissar Wallander – Hunde von Riga.
WAND, DIE. Wand, Die.
WANDERLUST. Wanderlust – Der Trip ihres Lebens.
WAR FLOWERS. War Flowers.
WAR HORSE. Gefährten.
WARRIOR. Warrior.
WARRIOR QUEEN. Tochter des Spartacus, Die.
WARRIOR'S HEART, A. Liebe gewinnt.
WATCH, THE. The Watch – Nachbarn der 3. Art.
WAY, THE. Dein Weg.
WAYS TO LIVE FOREVER. Ways to Live Forever – Die Seele stirbt nie.
W.E.. W.E..
WE ARE FAMILY. Familie und andere Katastrophen.
WE BOUGHT A ZOO. Wir kaufen einen Zoo.
WE NEED TO TALK ABOUT KEVIN. We Need to Talk About Kevin.
WE WERE HERE. We Were Here.
WEATHER WARS. Weather Wars.
WEITERLEBEN. Weiterleben.
WELT OHNE MÄNNER. Welt ohne Männer.
WEREWOLF: THE BEAST AMONG US. Werwolf – Das Grauen lebt unter uns.
WEST IS WEST. West is West.
WHAT HAPPENS NEXT. Liebe in der Luft.
WHAT'S YOUR NUMBER?. perfekte Ex, Der.
WHAT TO EXPECT WHEN YOU'RE EXPECTING. Was passiert, wenn's passiert ist.
WHEN ANGELS COME TO TOWN. Engel in der Stadt, Ein.
WHEN PIGS HAVE WINGS. Schwein von Gaza, Das.
WHEN THE LIGHTS WENT OUT. When the Lights Went Out.
WHERE THE CONDORS FLY. Where the Condors Fly.

WHERE THE TRAIL ENDS. Where the Trail Ends.
WIE ZWISCHEN HIMMEL UND ERDE. Wie zwischen Himmel und Erde.
WIESENBERGER – NO BUSINESS LIKE SHOW BUSINESS, DIE. Wiesenberger – No Business Like Show Business, Die.
WIKILEAKS – SECRETS AND LIES. WikiLeaks – Geheimnisse und Lügen.
WILAYA. Wilaya.
WILD 7. Wild Seven.
WILLIAM S. BURROUGHS: A MAN WITHIN. William S. Burroughs: A Man Within.
WINDS OF SAND – WOMEN OF ROCK. Winds of Sand – Women of Rock: Die Frauenkarawane der Toubou.
WINTERNOMADEN. Winternomaden.
WIZ, THE. The Wiz – Das zauberhafte Land.
WO KOU DE ZONG JI. The Sword Identity.
WOMAN, A. A Woman.
WOMAN IN BLACK, THE. Frau in Schwarz, Die.
WOMAN KNIGHT OF MIRROR LAKE, THE. Ip Woman.
WOMAN ON THE FIFTH, THE. geheimnisvolle Fremde, Die.
WOODY ALLEN: A DOCUMENTARY. Woody Allen: A Documentary, Das.
WORDS, THE. The Words.
WORLD BEFORE HER, THE. Schatten der Schönheit.
WORLD WITHOUT END. Tore der Welt, Die.
WORLD'S FIRST COMPUTER, THE. Wundermaschine von Antikythera, Die.
WOUNDED. Verwundet in Afghanistan – Leben nach dem Krieg.
WRANGLER – ANATOMY OF AN ICON. Wrangler – Das Leben einer Legende.
WRATH OF THE TITANS. Zorn der Titanen.
WRECK-IT RALPH. Ralph reicht's.
WRONG. Wrong.
WRONG TIURN 4: BLOODY BEGINNINGS. Wrong Turn 4 – Bloody Beginnings.
WRONG TURN 4. Wrong Turn 4 – Bloody Beginnings.
WU LANG BA GUA GUN. The Eight Diagram Pole Fighters.
WUNDER VON KÄRNTEN, DAS. Wunder von Kärnten, Das.
WUTHERING HEIGHTS. Wuthering Heights.
WYATT EARP'S REVENGE. The First Ride of Wyatt Earp.
WYLDS, THE. Abenteuer von Chris Fable, Die.

X

X-FEMMES VOL. 1. X-Femmes Vol. 1.
XIAN SI JUE. Todesduell der Shaolin, Das.
XINHAI GEMING. 1911 Revolution.
XTINCTION: PREDATOR X. Jurassic Predator.

XUEHUA YU MISHAN. Seidenfächer, Der.

Y

YANG FAMILY GENERALS. 14 Schwerter.
YANG MEN NU JIANG ZHI JUN LING. 14 Schwerter.
YANG WOMEN GENERALS. 14 Schwerter.
YELLOWBRICKROAD. Yellow Brick Road.
YOKO. Yoko.
YOUNG ADULT. Young Adult.
YOUR SISTER'S SISTER. Your Sister's Sister.

Z

ZAMBEZIA. Zambezia.
ZARAFA. Abenteuer der kleinen Giraffe Zarafa, Die.
ZHAO SHI GU ER. WuJi – Die Meister des Schwertes.
ZHUI YING. Xin – Die Kriegerin.
ZINDAGI NA MILEGI DOBARA. Man lebt nur einmal – Zindagi Na Milegi Dobara.
ZOMBIE APOCALYPSE. 2012 Zombie Apocalypse.
ZOMBIE ASS: TOILET OF THE DEAD. Zombie Ass.
ZOMBIE – THE TERROR EXPERIMENT. Zombie – The Terror Experiment.
ZONBI ASU. Zombie Ass.
ZWART WATER. Two Eyes Staring – Der Tod ist kein Kinderspiel.